JUSTICIA CONSTITUCIONAL Y JURISDICCIÓN CONSTITUCIONAL
TRATADO DE DERECHO CONSTITUCIONAL - TOMO XII

**Colección Tratado de Derecho Constitucional**

I. *Historia constitucional de Venezuela*, Caracas 2013, 1096 páginas.

II. *Orígenes del constitucionalismo moderno en Hispanoamérica*, Caracas 2014, 980 páginas

III. *Cambio político y consolidación del Estado de derecho (1958-1998),* Caracas 2015, 1162 páginas

IV. *Instituciones del Estado democrático de derecho. Constitución de 1961*, Caracas 2015, 1180 páginas

V. *Derechos y garantías constitucionales en la Constitución de 1961 (La Justicia Constitucional),* Caracas 2015, 1022 páginas

VI. *Asamblea Constituyente y Proceso Constituyente (1999)*, Caracas 2013, 1198 páginas

VII. *La Constitución de 1999: El Estado Democrático y Social de Derecho*, Caracas 2014, 1190 páginas

VIII. *Golpe de Estado Constituyente, Estado Constitucional y Democracia,* Caracas 2015, 1018 páginas

IX. *Concentración y centralización del poder y régimen autoritario,* Caracas 2015, 1198 páginas

X. *Derechos y garantías constitucionales y la acción de amparo,* Caracas 2017, 1196 páginas.

XI. *El derecho y la acción de amparo en el derecho constitucional comparado,* Caracas 2017, 1150 páginas.

XII. *La justicia constitucional y Jurisdicción Constitucional,* Caracas 2017, 1198 páginas.

XIII. *Práctica y distorsión de la justicia constitucional,* Caracas 2017, 954 páginas.

XIV. *El juez legislador y la patología de la justicia constitucional,* Caracas 2017, 1060 páginas.

XV. *El desmantelamiento de la democracia y el Estado Totalitario,* Caracas 2017, 1050 páginas.

XVI. *La Destrucción del Estado de derecho, la ruina de la democracia y la dictadura judicial,* Caracas 2017, 1146 páginas

**Allan R. Brewer-Carías**

*Profesor de la Universidad Central de Venezuela (desde 1963)*
*Simón Bolívar Professor, University of Cambridge (1985-1986)*
*Professeur Associé, Université de Paris II (1989-1990)*
*Adjunct Professor of Law, Columbia Law School, New York (2006-2008)*

# JUSTICIA CONSTITUCIONAL Y JURISDICCIÓN CONSTITUCIONAL

**COLECCIÓN**
**TRATADO DE DERECHO CONSTITUCIONAL**
**TOMO XII**

Fundación de Derecho Público
Editorial Jurídica Venezolana

Caracas, 2017

http://www.allanbrewercarias.com
Email: allan@brewercarias.com

Hecho el Depósito de Ley
ISBN: 978-980-365-297-5
Depósito Legal: lf5402015340900

Editado por: Editorial Jurídica Venezolana
Avda. Francisco Solano López, Torre Oasis, P.B., Local 4, Sabana Grande,
Apartado 17.598 – Caracas, 1015, Venezuela
Teléfono 762.25.53, 762.38.42. Fax. 763.5239
http://www.editorialjuridicavenezolana.com.ve
Email fejv@cantv.net

Impreso por: Lightning Source, an INGRAM Content company
para Editorial Jurídica Venezolana International Inc.
Panamá, República de Panamá.
Email: editorialjuridicainternational@gmail.com

Diagramación, composición y montaje
por: Mirna Pinto, en letra Times New Roman, 10,5
Interlineado 11, Mancha 19 x 12.5 cm

## CONTENIDO GENERAL

## *QUINTA PARTE*



## SEXTA PARTE

# PRESENTACIÓN

Este Tomo XII de la *Colección Tratado de derecho Constitucional*, sobre *Justicia Constitucional y Jurisdicción Constitucional*, es la continuación del contenido del Tomo V de la Colección, en el cual recogimos todos los estudios sobre Justicia Constitucional escritos antes de la entrada en vigencia de la Constitución de 1999. Las regulaciones de ésta fueron, en realidad, la culminación de un proceso continuo de desarrollo y perfeccionamiento de la Justicia Constitucional en Venezuela, de manera que aquellos estudios pueden considerarse como los antecedentes directos de lo establecido en la Constitución de 1999. Ello por lo demás, se corrobora por el hecho de que las regulaciones básicas de la Constitución de 1999 en materia de Justicia constitucional y de la Jurisdicción constitucional, fueron producto de las propuestas que tuve ocasión de formular en 1999 ante la Asamblea Nacional Constituyente y su Comisión Constitucional, para la redacción del Texto Fundamental, tal como se explica en el Tomo VI de esta misma Colección *Tratado de Derecho Constitucional*.

Los estudios que se recogen en este Tomo XII de la Colección son, por tanto, todos referidos al régimen de la justicia constitucional desarrollado a partir de 2000, en el marco de las regulaciones de la Constitución de 1999, la mayoría de los cuales fueron publicados en forma dispersa en libros y revistas durante los últimos lustros, en muchas partes y fechas, y que hemos aquí, agrupados en las siguientes partes:

En la *Primera parte*, sobre los Principios de la Justicia Constitucional, se publican seis estudios que se refieren a temas relativos la supremacía constitucional como fundamento de la justicia constitucional; la justicia constitucional como garantía de la Constitución; la variedad de los sistemas de justicia constitucional; la efectividad de la justicia constitucional en el marco del Estado de derecho, la democracia y el control del poder; y a algunos retos de la justicia constitucional en América Latina a comienzos del siglo XXI. Dichos trabajos, en su mayoría, sirvieron para conformar una parte de mi libro: *La Justicia Constitucional. Procesos y Procedimientos Constitucionales*, publicado por el Instituto Mexicano de Derecho Procesal Constitucional, Editorial Porrúa, México 2007Porrúa 2007.

En la *Segunda parte*, se publican diversos estudios elaborados apenas sancionada la Constitución de 1999, que fueron mis primeras aproximaciones y visión de conjunto sobre el sistema de justicia constitucional que se previó en la misma, con particular referencia al desarrollo jurisprudencial y su explicación, a veces errada en la Exposición de Motivos del Texto fundamental; a los instrumentos de justicia constitucional previstos en la Constitución (acción de inconstitucionalidad, controversia constitucional, protección constitucional frente a particulares); al tema de la justicia constitucional local en el país; a los procesos y procedimientos constitucionales ante la Jurisdicción Constitucional; y a la conformación contemporánea del sistema venezolano de justicia constitucional.

En la *Tercera parte,* se recogen diversos trabajos relativos al régimen legal de la Jurisdicción Constitucional que se estableció a partir de la reforma de la Ley Orgánica del Tribunal Supremo de Justicia de 2010, con sus antecedentes en la Ley sancionada en 2004, y que se publicaron en el libro sobre dicha Ley Orgánica, editado por la Editorial Jurídica Venezolana en 2010, y que se refieren específicamente a la organización y competencia de la Sala Constitucional del dicho Tribunal, como Jurisdicción Constitucional; al régimen del procedimiento común que rige para los diversos procesos y procedimientos constitucionales que se desarrollan ante la Jurisdicción Constitucional; y a los procesos constitucionales para la protección de derechos constitucionales ante la Jurisdicción Constitucional.

En la *Cuarta Parte* se recogen los diversos estudios sobre la Justicia constitucional y los procesos y procedimientos constitucionales, que conformaron buena parte del antes referido libro que con el mismo título fue editado por el Instituto Mexicano de Derecho Procesal Constitucional, Editorial Porrúa, México 2007, y que se refieren en particular, primero, a la justicia constitucional impartida por la jurisdicción ordinaria a través del método difuso de control de constitucionalidad; segundo a la justicia constitucional ejercida por la Jurisdicción Constitucional, donde se analizan los principios del método concentrado de justicia constitucional; el proceso de control de constitucionalidad de las leyes y demás actos de similar rango y valor (la acción popular); los otros procesos de control concentrado de la constitucionalidad por vía principal; y los procedimientos de control obligatorio de la constitucionalidad de ciertos actos estatales; y tercero, la justicia constitucional ejercida por la jurisdicción contencioso administrativa, donde se analiza sucesivamente el rol del juez contencioso administrativo como juez constitucional; la constitucionalización del contencioso administrativo; las características de la jurisdicción contencioso administrativa, y sus órganos y competencia; y en particular, el proceso contencioso de los actos administrativos

En la *Quinta parte*, de recogen otros estudios sobre los diversos métodos de la justicia constitucional, y que se refieren, primero, a cuatro entradas sobre los métodos de control constitucional redactadas con destino al *Diccionario sobre Justicia Constitucional* elaborado en el Instituto de Investigaciones Jurídicas de la Universidad de México; segundo, a la legitimación activa ante la Jurisdicción Constitucional en Venezuela; tercero, al recurso de interpretación constitucional abstracta en Venezuela; y cuarto, al régimen y alcance de la actuación de oficio en materia de justicia constitucional.

En la *Sexta parte*, se recogen diversos estudios sobre la situación y progreso de la justicia constitucional en Latinoamérica, que se publicaron en el libro sobre *Derecho Procesal Constitucional. Instrumentos para la Justicia Constitucional*, editado inicialmente por Investigaciones Jurídicas SA. (San José) (primera edición) y por Ediciones Doctrina y Ley Ltda. (Bogotá) (segunda edición), 2013 y finalmente por el Centro de Estudios de Derecho Procesal Constitucional de la Universidad Monteávila, Editorial Jurídica Venezolana, Caracas 2015, referidos, en particular, a una aproximación comparativa sobre la justicia constitucional; a dos aproximaciones al sistema panameño de justicia constitucional a la luz del derecho comparado; al sistema de justicia constitucional de Honduras, también en dos aproximaciones, antes y después de la sanción de la Ley de Justicia Constitucional de 2004; al sistema de justicia constitucional de la República Dominicana, igualmente en dos aproximaciones, antes y después de la Ley Orgánica del Tribunal Constitucional y de los Procedimientos Constitucionales, y a los actos estatales sujetos al control por parte del Tribunal Constitucional de ese país, con referencia al necesario deslinde entre la Jurisdicción Constitucional y la Jurisdicción Contencioso Administrativa; al modelo mixto o integral de control de constitucionalidad en Venezuela y Colombia; y a aspectos de la acción inconstitucionalidad Perú y Venezuela.

En la *Séptima parte*, se recogen diversos estudios sobre el tema de las sentencias constitucionales y la interpretación constitucional, en particular, referidos a la potestad de la Jurisdicción Constitucional para interpretar la Constitución con efectos vinculantes; a los efectos de las sentencias constitucionales en Venezuela; y a los efectos de las sentencias dictadas en los procesos de inconstitucionalidad de las leyes en el Perú y su contraste con el sistema venezolano.

Y en la *Octava parte*, se recogen dos estudios sobre el tema contemporáneo del control de convencionalidad, en particular referidos a su conceptualización y su necesario deslinde respecto del control de constitucionalidad; y a algunos antecedentes de la protección del derecho convencional en el ámbito interno, con particular referencia a Venezuela.

Al estudio del derecho de amparo y la acción de amparo en Venezuela y en el derecho comparado, dedicamos los Tomos X y XI de la *Colección Tratado de Derecho Constitucional*; y al estudio detallado de la práctica y distorsión de la justicia constitucional en los últimos lustros en Venezuela, y a los problemas de la patología de la justicia constitucional, por su parte, dedicaremos los Tomos XIII a XVI de esta misma *Colección Tratado de Derecho Constitucional.*

*New York, septiembre de 2016*

## *PRIMERA PARTE*

# LOS PRINCIPIOS DE LA JUSTICIA CONSTITUCIONAL

**Esta Primera parte, al igual que la Tercera Parte de este Tomo XII del *Tratado de Derecho Constitucional*, sobre *Justicia Constitucional y Jurisdicción Constitucional* conforme a su desarrollo después de sancionada la Constitución de 1999, está conformada por varios estudios, la mayoría de los cuales se publicaron en el libro *La Justicia Constitucional. Procesos y Procedimientos Constitucionales,* editado por la Biblioteca Porrúa de Derecho Procesal Constitucional, que dirige el profesor Eduardo Ferrer Mac Gregor, Editorial Porrúa, Instituto Mexicano de Derecho Procesal Constitucional, México 2007.**

**El libro estuvo precedido del siguiente Prólogo del profesor Domingo García Belaúnde:**

***"A la fecunda inquietud intelectual de Allan R. Brewer-Carías debemos este nuevo libro sobre la "justicia constitucional" en donde se ofrece, dentro de un marco general que nos ubica en el actual escenario occidental, todo un planteamiento sobre lo que el título enuncia.***

***La obra parte de enunciados generales de carácter doctrinario y luego desarrolla la problemática tal como se da actualmente en Venezuela, con importantes referencias a sus antecedentes históricos que se hunden, como se sabe, en el siglo XIX.***

***Este trabajo se divide en varias partes. La primera está dedicada a los principios de la Justicia constitucional, en donde se desarrolla el aspecto referido a los fundamentos, el de la garantía de la Constitución y la variedad de sistemas de Justicia constitucional, así como de su efectividad en el Estado de Derecho.***

***La segunda está referida a la Justicia constitucional tal como es impartida por la justicia ordinaria, desarrollando el tema del control difuso y el proceso de Amparo constitucional.***

***La tercera parte está dedicada al control de constitucionalidad por parte de la jurisdicción constitucional, esto es, por un órgano calificado como es el caso de la Sala Constitucional del Tribunal Supremo en Venezuela y sus diversas modalidades. Y la cuarta y última, al control de constitucionalidad por la jurisdicción contencioso-administrativa.***

*El panorama que ofrece Brewer-Carías en esta obra, es decididamente completo y constituye un adecuado tratamiento de la Justicia constitucional, y de como ella opera en Venezuela. En lo personal, tengo algunas dudas sobre la pertinencia de la inclusión de un apartado final dedicado al contencioso-administrativo, o proceso administrativo como le llaman otros, que se diferencia de los demás procesos por lo que es su objeto de defensa. Pero desde un punto de vista más amplio de defensa de la Constitución, ello se puede comprender fácilmente.*

********

*No hace falta demasiada perspicacia para darse cuenta de que el tratamiento que aquí hace Brewer-Carías del aspecto de la Justicia constitucional en su país es exhaustivo y sobre todo actual, pues como se sabe, la vigente Constitución bolivariana de 1999 ha cambiado radicalmente la normativa existente en la previa Constitución de 1961. Y ha representado en lo formal un avance considerable que ha consolidado el modelo que venía desde mediados del siglo XIX, y que muchos, en especial Humberto Nogueira Alcalá y el mismo Brewer-Carías, han calificado como "colombo-venezolano". Esto sin olvidar la forma anómala como se llega a esta Constitución y la manera como ha empezado a operar en el actual y complicado ambiente político venezolano.*

*Lo que hay que destacar es no solo la calidad de la obra, sino la relevancia de su autor. Brewer-Carías, a quien me honro en conocer desde hace varios lustros y con quien he compartido muchos momentos de mi vida académica y personal, es un trabajador incansable, un motor de actividades académicas y un publicista de miras muy amplias. No solo ha incursionado con éxito en el Derecho Administrativo y por cierto en el Derecho Constitucional, de los cuales es hoy en día figura cimera en su país -y porque no en la América Latina- sino que además ha volcado su interés en otras áreas, como lo demuestra la reciente edición, notablemente ampliada y remozada de su libro La ciudad ordenada (Editorial Criteria, Caracas 2007) hermoso volumen de historia, con abundantes gráficos que representan diversos aspectos de la ciudad española, cómo fue fundada y cómo se desarrolló, que fue como su título lo enuncia, en forma programada y no al azar, lo cual es fácil comprobar al ver la estructura de nuestras ciudades actuales que tienen matriz hispánica. Esto para entender que España no solo destruyó mucho, sino que sobre todo se dedicó a construir aquí un mundo que en realidad era nuevo.*

*En lo referente al tema del control constitucional, Brewer-Carías se inició desde muy pronto en el estudio del tema, haciendo planteamientos históricos, organizacionales y sobre todo de la forma como se llevaban a cabo los respectivos procesos ante las diferentes jurisdicciones. Y solo recientemente ha elaborado una distinción, que aquí reitera, entre la "justicia constitucional" y la "jurisdicción constitucional". La primera es de carácter general y englobante, y la segunda es orgánica. Es decir, vinculada a un determinado ente que conoce el control y resuelve el petitorio.*

*Y si bien no muy conocido, la extensa y valiosa obra de Brewer-Carías no nace en el vacío. Por un lado es heredera de una tradición de estudios que viene de atrás. Y por otro se ha beneficiado de la presencia de varios juristas extranje-*

*ros (Antonio Moles Caubet, Roberto Goldschmidt) al extremo que el manual clásico por excelencia publicado en Venezuela a mediados de los cuarenta del siglo pasado, se debe a un suizo, Ernesto Wolf (Tratado de Derecho Constitucional Venezolano, 2 vols., Caracas 1945).Y también en el tema que nos ocupa, hay mucha obra escrita con anterioridad.*

*Como no viene al caso que haga un excurso sobre los procesos que contempla la Justicia constitucional en Venezuela y la manera tan acertada como los analiza nuestro autor, voy a aprovechar este espacio que gentilmente se me brinda, para precisamente hacer un pequeño recurrido sobre la manera como la doctrina venezolana en los cincuenta últimos años ha enfocado teóricamente este problema, considerando cómo se ubica y califica a este enfoque, y más aun cuando en las últimas décadas se ha empezado a difundir en nuestra América, el vocablo "derecho procesal constitucional" que está teniendo un gran avance, pero que aun no es de uso generalizado en Venezuela, país que tampoco ha estado ajeno a él, como veremos a continuación.*

********

*Al igual que Colombia, Venezuela tiene un sistema de control constitucional bastante original, que surge a mediados del siglo XIX como ya indiqué, pero se consolida por así decirlo, avanzado el siglo XX. Y si bien es cierto que en Venezuela se inicia el sistema con mayor antelación, se presenta con más consistencia en Colombia, y ambos correrán paralelos durante mucho tiempo, hasta que Colombia, ya a mediados del siglo XX, empieza a perfilar un órgano distinto para ejercer el control constitucional, como es la Sala Constitucional (1968) y finalmente la Corte Constitucional en la Constitución de 1991. Venezuela, por el contrario, da un gran salto al crear la Sala Constitucional con la Constitución de 1999, si bien por el entorno en la que ha nacido y ha venido desarrollándose, dista mucho de ser el modelo democrático, que sí lo es la experiencia colombiana.*

*En lo que se refiere a la literatura, ésta ha sido abundante, sobre todo por parte de la doctrina constitucional y dentro de los manuales de la disciplina desde hace varias décadas. Pero son pocos, en realidad, los tratamientos independientes en lo que a nuestro tema se refiere, lo que empieza a surgir recién a mediados del siglo XX.*

*En lo atinente a la doctrina, quizá el primer tratamiento orgánico lo tengamos en la tesis doctoral de José Guillermo Andueza Acuña de 1954, y que publica al año siguiente: La jurisdicción constitucional en el Derecho venezolano, Universidad Central de Venezuela, Caracas 1955 (segunda edición inalterada en 1974, bajo el mismo sello editorial).*

*Andueza hace una exposición lineal del problema en Venezuela, desde un punto de vista del desarrollo histórico y el aspecto procesal que se da en ese país. Pero no se detiene en cuanto al concepto mismo, ya que entiende que la "jurisdicción constitucional" está dedicada al control y garantía de la Constitución, en especial del control jurisdiccional de la constitucionalidad de las leyes.*

*Posteriormente, o sea, a fines de la década de los años cincuenta, llega a Caracas luego de un exilio político en la Argentina y en Puerto Rico, la importante figura de Manuel García Pelayo, quien venía con el prestigio de ser discípulo del gran Adolfo G. Posada, y haber hecho importantes publicaciones, en especial el Derecho Constitucional Comparado cuya primera edición había realizado en Madrid bajo el sello editorial de "Revista de Occidente" en 1951, y que tantas ediciones iba a tener. Curiosamente, la presencia de García Pelayo en la Universidad Central de Venezuela no iba a significar un avance o influencia determinante del Derecho Constitucional en las nuevas promociones o incluso en la comunidad académica venezolana, pues el maestro español para esa época se iba a dedicar cada vez más a los estudios de Ciencia Política.*

*Esto lo demuestra el hecho de que fundara, al interior de la Universidad Central, el Instituto de Estudios Políticos y luego una importante publicación que iba a tener larga influencia: "Politeia". No obstante esto, fueron muchos los que intentaron convencer a García Pelayo para que retornase a las canteras constitucionales, como lo acreditan algunos ensayos o lecciones breves que publica, sobre todo a iniciativa de los juristas mexicanos. Y que además estuviese entre los organizadores del Primer Congreso Iberoamericano de Derecho Constitucional que se llevó a cabo en México en agosto de 1975, al cual sin embargo, no asistió. De hecho, el grueso de la obra constitucional de García Pelayo se da antes de su exilio. Y solo vuelve al tema, en forma dispersa aun cuando enjundiosa, a partir de 1980, cuando es llamado para integrar y luego presidir el Tribunal Constitucional español, vuelto su país a la democracia. Y que fuera motivo para nuevas incursiones académicas sobre el tema y que volviera sobre sus pasos, como lo demuestran sus visitas a diversos países de la América Latina en esa época (en Lima estuvo en 1986 durante un seminario ad-hoc que presidió y en donde lo traté largamente). Luego de dos periodos en el Tribunal Constitucional, volvió a Caracas en donde se había vuelto a casar, y finalmente murió en 1991 luego de una penosa enfermedad.*

*Apoyo y colaborador cercano de García Pelayo en su estancia caraqueña fue el entonces joven Francisco Rubio Llorente, quien luego iba a tener destacada trayectoria académica y llegaría a ser miembro y vicepresidente del Tribunal Constitucional español y más tarde presidente del Consejo de Estado. Pero la presencia de Rubio Llorente en Caracas no tuvo en realidad ninguna trascendencia. Se dedicó a labores administrativas, a publicar algunos artículos de alta divulgación, a dictar clases y a hacer traducciones por encargo, no siempre muy acertadas. Fue una experiencia interesante en lo personal, pero sin frutos en lo académico.*

*El panorama a partir de los años setenta está en lo fundamental signado con la presencia de Humberto J. La Roche, proveniente de la Universidad del Zulia, en donde llegará a ser Rector, para luego pasar al Tribunal Supremo de Justicia como magistrado, falleciendo en Caracas pocos años después (en 2000).*

*Si bien no muy numerosa, la obra de La Roche es sólida, bien documentada y de vasta influencia. Entre su primera producción cabe señalar una monografía de largo aliento y de corte comparativo que demuestra un buen manejo de fuentes: El control jurisdiccional de la constitucionalidad en Venezuela y los*

*Estados Unidos, Universidad del Zulia, Maracaibo 1972. Posteriormente, representó a Venezuela en el Encuentro de Sochagota (Colombia) que se llevó a cabo en noviembre de 1977, y en donde por primera vez en el mundo iberoamericano se analizó con detenimiento el tema de la entonces llamada "jurisdicción constitucional". Ahí presenta una ponencia titulada "La jurisdicción constitucional en Venezuela y la nueva Ley Orgánica de la Corte Suprema de Justicia". En ella dice que la jurisdicción constitucional está relacionada con la actividad de los tribunales sobre aspectos de orden constitucional, y la disciplina que lo estudia es el "derecho procesal constitucional". Y cita en su apoyo a Niceto Alcalá-Zamora y Castillo, si bien no se detiene en este aserto (las ponencias fueron publicadas por los participantes en revistas de sus respectivos países de origen: las actas lo fueron tardíamente y tienen la siguiente ficha: AA.VV. La jurisdicción constitucional en Iberoamérica, Universidad Externado de Colombia, Bogotá 1984, la contribución de La Roche a pp. 495-526). Esta fecha, 1977, sería la primera vez que en la doctrina venezolana se utiliza el concepto de "derecho procesal constitucional", aun cuando sin mayor eco.*

*Por su parte, La Roche tiene dos publicaciones que gozaron de larga influencia: la primera es Instituciones constitucionales del Estado venezolano, novena edición, Edit. Metas, Maracaibo 1984 que incluye el texto de una conferencia sobre Kelsen de tipo informativo que impartió en 1982 en el Colegio de Abogados del Zulia (pp. 288-293) en donde se refiere a la Constitución austriaca, al Tribunal Constitucional que ella consagra y al control constitucional. Y señala nuevamente, que según Alcalá-Zamora y Castillo, Kelsen es el fundador del "derecho procesal constitucional". No obstante esto, el capítulo VI del libro está dedicado al tema del control que titula como "La justicia constitucional" y explica su funcionamiento en Venezuela, así como sus antecedentes históricos, utilizando indistintamente el concepto de "justicia constitucional" y "jurisdicción constitucional".*

*Adicionalmente en su Derecho Constitucional, tomo I, 20ᵃᵐᵃ edición, Vadell Hnos. Editores, Valencia 1991 (pensada en tres tomos, pero de los que apareció solo el primero) dedica el capítulo IX a "La justicia constitucional" y dice que ella es el conjunto de mecanismos y técnicas utilizadas para mantener el orden fundamental, cuando es violado por disposiciones que le son repugnantes o por actos que lo contradicen (p. 248).*

*Esta posición genérica, sin mayores afinamientos y que utiliza indistintamente ambos vocablos, lo repite en otros trabajos en donde además hace referencias tangenciales al "derecho procesal constitucional" (vid. por ejemplo, La jurisdicción constitucional y lo contencioso-administrativo en Venezuela en "Revista de la Fundación Procuraduría General de la República", núm. 10, 1994 y La Constitución de 1961 y la custodia de su integridad en Venezuela en AA.VV. "Estudios sobre la Constitución", Libro Homenaje a Rafael Caldera, tomo IV, Universidad Central de Venezuela, Caracas 1979).*

*Por la misma época se publica el importante texto de Orlando Tovar Tamayo, La jurisdicción constitucional, Academia de Ciencias Políticas y Sociales, Caracas 1983. Tovar señala que la jurisdicción constitucional es el conjunto de mecanismos que garantizan la vigencia de la Constitución (pp. 22-23). La obra presenta un panorama histórico y comparado, que desarrolla la parte venezolana, pero que tiene un importante apartado dedicado a la experiencia fallida del Tribunal Constitucional chileno (1971-1973) que el autor conocía muy bien por haber vivido en Chile en la época de tales acontecimientos.*

********

*Luego de la vasta como fructífera influencia de Humberto J. La Roche, aparece la obra fundamental y extensísima de Allan R. Brewer-Carías, que se inicia en el área del Derecho Administrativo en los años sesenta y luego a mediados de la década de los ochenta del siglo XX, se extiende al Derecho Constitucional, disciplinas ambas que cultiva desde entonces con singular acierto. Brewer-Carías es, luego de La Roche, el representante de la disciplina en Venezuela y que además ha trascendido sus fronteras, constituyendo un referente obligado para las generaciones que han venido después.*

*La obra de Brewer-Carías es inmensa e imposible de abarcar en pocos párrafos. Sin embargo, es factible hacer un seguimiento de ese desarrollo a través de algunos textos fundamentales, que aquí analizaremos.*

*Brewer-Carías se inicia en el ámbito administrativo, como ya lo adelanté, disciplina que enseña y de la que hace publicaciones desde la década de 1960 (cf. Instituciones Fundamentales del Derecho Administrativo y la Jurisprudencia Venezolanas, Universidad Central de Venezuela, Caracas 1964). Un resumen y actualización de sus enfoques puede verse en su reciente Derecho Administrativo (Universidad Externado de Colombia y Universidad Central de Venezuela, 2 tomos, Bogotá 2005).*

*Sin embargo, es en la década de los ochenta cuando los intereses de Brewer-Carías se enderezan hacia temas de Derecho Constitucional, sin dejar de lado problemas de fronteras, y de manera especial los del control constitucional. Así figura en sus libros Estado de Derecho y control judicial (Justicia constitucional, contencioso administrativo y Derecho de Amparo) Instituto Nacional de Administración Pública, Alcalá de Henares-Madrid 1987 y Judicial Review in Comparative Law, Cambridge University Press, 1989.*

*Con posterioridad, inicia un ambicioso proyecto de comentario y análisis de la Constitución venezolana de 1961, entonces vigente, que superando la exégesis, toca temas diversos del constitucionalismo histórico, aspectos comparados y recurrentes de carácter político, doctrinario e incluso administrativo, con amplias referencias legales y jurisprudenciales, que dan a su trabajo una dimensión rara vez alcanzada, como lo demuestra su desarrollo en siete densos volúmenes (cf. Instituciones políticas y constitucionales, Editorial Jurídica Venezolana y Universidad Católica del Táchira, Caracas-San Cristóbal, 1996-1998). En esta obra, el tomo VI está dedicado a "La justicia constitucional" que es completísimo, cubriendo los principios de la justicia constitucional, los modelos de justicia constitucional, tanto venezolano como latinoamericano, el control difuso, el control concentrado, aspectos comparados del control constitucional en especial europeos y con incidencia en algunos casos, como Panamá, el modelo colombo-venezolano, entre otros. En suma, se trata de un análisis panorámico sobre el tema, con abundantes referencias doctrinales, históricas y comparativas, que lo convierten de por sí en un tratado sobre la materia, en donde además realiza importantes contribuciones personales para entender el problema en cuestión.*

*Cabe advertir que las obras mencionadas no son las únicas, pero sí las más representativas en el tema y en la época, y si bien son prácticamente exhaustivas, no tocan el aspecto teórico de la disciplina, a la cual en términos generales califica como "justicia constitucional" y que es entendida en términos englobantes, o sea, cubriendo aspectos fundacionales, de desarrollo, teóricos, comparados, etc. Y en esto no hace más que seguir la tradición venezolana, aun cuando no toma en cuenta los atisbos de La Roche, el autor más importante que lo precedió en la generación anterior.*

*Pero poco después, a raíz de la promulgación de la nueva Constitución venezolana de 1999, en la que Brewer-Carías tiene presencia como parte de un grupo minoritario y opositor en la Constituyente que la aprobó, adopta un nuevo enfoque. Y así luego de haber estudiado y desarrollado el tema con aspectos procesales o de procedimiento, distingue por un lado "la justicia constitucional" y por otro "la jurisdicción constitucional". Lo vemos por vez primera en su pequeño libro El sistema de justicia constitucional en la Constitución de 1999, Editorial Jurídica Venezolana, Caracas 2000.*

*En esta oportunidad señala que "la expresión justicia constitucional es un concepto material que equivale a control judicial de la constitucionalidad de las leyes y demás actos estatales, el cual ha sido ejercido en nuestro país, siempre, por todos los tribunales pertenecientes a todas las jurisdicciones, es decir, por todos los órganos que ejercen el Poder Judicial"......." en cambio, la expresión jurisdicción constitucional es una noción orgánica, que tiende a identificar un órgano especifico del Poder Judicial que tiene, en forma exclusiva, la potestad de anular ciertos actos estatales por razones de inconstitucionalidad.......en los países europeos dicha jurisdicción constitucional corresponde a los tribunales o cortes europeos....en cambio, en Venezuela, siempre ha correspondido al Supremo Tribunal de Justicia, ahora a través de la Sala Constitucional". Y agrega luego:"la noción de justicia constitucional, por tanto, es distinta a la de jurisdicción constitucional" (p. 13).*

*El mismo concepto lo reitera en otras publicaciones posteriores, en especial en su extenso comentario a la vigente Constitución (cf. La Constitución de 1999, Derecho constitucional venezolano, Editorial Jurídica Venezolana, 4ta edición, 2 tomos, Caracas 2004 y Mecanismos nacionales de protección de los derechos humanos, Instituto Interamericano de Derechos Humanos, San José 2005). En forma paralela y dentro de un contexto mayor detalla la manera como se tramitan los procesos constitucionales ante la jurisdicción constitucional (cf. Ley Orgánica del Tribunal Supremo de Justicia - Procesos y procedimientos constitucionales y contencioso administrativos), Editorial Jurídica Venezolana, Caracas 2005, pp. 79-128; vid. también Mario Pesci Feltri, La Constitución y el Proceso, Editorial Jurídica Venezolana, Caracas 2006.*

*La tesis que sostiene nuestro autor, reiterado en diversas oportunidades, no ha sido mayormente ahondada en lo que respecta a su ubicación, es decir, si esta temática merece ser considerada como una disciplina autónoma o si de-*

*be ser parte de otra. Y en este supuesto, si debe tener naturaleza procesal o sí por el contrario, filiación sustantiva, es decir, perteneciente al Derecho Constitucional.*

*Al mismo tiempo que su producción en castellano, Brewer-Carías se ha dedicado a divulgar en otros ámbitos, sobre todo el sajón, el sistema de control y defensa constitucional que opera no solo en Venezuela, sino en los demás países de la América Latina, con incursiones importantes en la problemática europea, como puede verse en algunos de sus títulos en inglés y francés, como "Judicial Review in Comparative Law" (1985-1986) y "La justice constitutionnelle et le pouvoir judiciaire" (1992), ambos ahora reunidos en un volumen de largo alcance: Allan R. Brewer-Carías, Études de Droit Public Comparé, Bruylant ed., Bruxelles 2001; y en la obra que actualmente está trabajando sobre Judicial Protection of Human Rights in Latin America. A Comparative Constitutional Law Study on the Latin American Injunction for the Protection of Constitucional Rights (Amparo proceeding), hasta ahora publicado para el uso de los estudiantes de la Columbia Law School (New York, 2006), donde enseña actualmente.*

********

*Con posterioridad a la obra, tanto docente como escrita de Brewer-Carías, han surgido otros estudios centrados, de manera especial, en el sistema venezolano de control constitucional, en donde sin entrar al problema de los fundamentos, se adopta indistintamente la nomenclatura "justicia constitucional" y "jurisdicción constitucional", sin que se haya pretendido ir más allá, ni retornar a algunos de los planteos de La Roche ni tampoco ahondar las tesis de Brewer-Carías. Si no que más bien son desarrollos de la problemática o de algunos de sus aspectos de fundamentación o legitimación e incluso de los netamente procesales.*

*Así, sin ahondar demasiado tenemos en primer lugar las importantes contribuciones de Carlos Ayala Corao que empiezan en los ochenta y continúan hasta ahora (entre otros, cf."La jurisdicción constitucional en Venezuela" en AA.VV. La jurisdicción constitucional en Iberoamérica, Domingo García Belaunde y Francisco Fernández Segado, coordinadores, Dykinson y otros, Madrid 1997 y "Algunas consideraciones sobre la jurisdicción constitucional en Venezuela" en Lecturas Constitucionales Andinas, Lima, núm. 4, 1995). En forma lateral, Ayala hace un amplio excurso sobre el "derecho procesal constitucional" en el prólogo que destina al libro de Gustavo José Linares Benzo, El proceso de Amparo en Venezuela, Editorial Jurídica Venezolana, Caracas 1993 y los continúa en su libro Del Amparo constitucional al Amparo Interamericano como instituto para la protección de los derechos humanos, IIDH-Editorial Jurídica Venezolana, Caracas, 1998. Pero sin que de ello haya surgido un planteo más elaborado.*

********

*Los estudios sobre "justicia constitucional" se han renovado en Venezuela a partir de la nueva Constitución de 1999, sobre la cual se ha publicado gran cantidad de ensayos, pero siempre bajo el rotulo de "justicia constitucional" o "jurisdicción constitucional" (en especial en la "Revista de Derecho Constitucional" que se publica desde 1999).*

*Así tenemos las contribuciones de Jesús María Casal H. de las que debemos rescatar, Constitución y Justicia Constitucional, Univ. Católica Andrés Bello, Caracas 2004. Y el libro escrito por el mismo Casal conjuntamente con W. Hassemer y N. Lössing La jurisdicción constitucional, Democracia y Estado de Derecho, Universidad Católica Andrés Bello, Caracas 2005.*

*En fecha más reciente, hay que destacar los valiosos ensayos de José Vicente Haro G. que tocan aspectos de importancia (vid. en este punto, La jurisdicción constitucional en la Constitución de 1999 en AA.VV. "El nuevo Derecho Constitucional Venezolano", ponencias al IV Congreso de Derecho Constitucional en homenaje al doctor Humberto J. La Roche; Jesús María Casal H. y Alma Chacón Hanson, coordinadores, Universidad Católica Andrés Bello, Caracas 2001 y El sistema de justicia constitucional en la Constitución venezolana de 1999 en AA.VV. "Defensa de la Constitución-Garantismo y Controles", Libro de reconocimiento a Germán J. Bidart Campos, Víctor Bazán, coordinador, Ediar, Buenos Aires 2003).*

*Y aun cuando en algunos centros de estudios venezolanos, sobre todo en Caracas, se ha intentado crear cursos universitarios que incentiven el "derecho procesal constitucional", esto no ha prosperado. Y es difícil que suceda, no obstante las novedades de la nueva Constitución, en tanto continúe la actual situación política que el país vive.*

********

*El breve recorrido que hemos hecho sobre la producción constitucional venezolana, aun cuando circunscrito a un solo punto, nos demuestra varias cosas. La primera es que existe en ese país bolivariano -auténticamente tal porque así lo es históricamente y no porque alguna constitución lo mencione- una verdadera tradición en materia de Derecho Público, que ha estado atenta a lo que pasa en otras partes, y que adicionalmente se ha beneficiado de la presencia de personalidades extranjeras. Lo segundo es que sin llegar a un nivel muy sofisticado, ha tenido una élite que ha reflexionado sobre los problemas seriamente, aun cuando estimamos que en el punto que nos interesa, no ha dado todavía el gran paso, pero que es algo perfectamente posible. En tercer lugar, que dentro de esa tradición, la obra fecunda de Brewer-Carías representa una tradición, esto es, una continuidad y además una superación en el sentido hegeliano del término. Es decir, ir más allá, pero asumiendo el pasado. Y finalmente, que toda la obra del Brewer-Carías se presenta, por su extensión y por el acierto de sus grandes intuiciones, tremendamente original y estimulante para todos los que han venido después, así como para sus colegas y amigos latinoamericanos.*

********

*Brewer-Carías representa sobre todo la persistencia de una terca vocación por el Derecho Público, por el control que debe imperar en todo Estado de Derecho, por la vigencia de la democracia y sus mecanismos y además por defender la peculiar originalidad que tiene el sistema democrático y constitucional en nuestra América, que nada tiene que envidiar a lo foráneo, por más que nuestras limitaciones económicas, sociales y políticas hagan que el modelo a veces no funcione o no lo haga de manera óptima.*

*De ahí que esta obra, fruto de la paciencia y de la tenacidad, constituya el último fruto de su autor, luchando siempre en el nivel académico por el Imperio del Derecho, y del que ahora da diario como batallador testimonio.*

*Al presentar esta obra al público latinoamericano, cuando nuestro dilecto amigo se encuentra perseguido injustamente y fuera de su patria, le extendemos el más rendido testimonio de nuestro homenaje y nuestra amistad."*

*Domingo García Belaunde*
*Lima, marzo de 2007*

La justicia constitucional, es decir, la posibilidad de control judicial de la constitucionalidad de las leyes y demás actos estadales, deriva de la idea misma de la Constitución como norma fundamental y suprema, que debe prevalecer sobre toda otra norma o acto estatal. Ello implica, precisamente, el poder de los jueces o de ciertos órganos constitucionales en ejercicio de funciones jurisdiccionales de controlar la constitucionalidad de los actos estatales, incluidas las leyes, declarándolos incluso nulos cuando sean contrarios a la Constitución. Ese fue el gran y principal aporte de la Revolución Norteamericana al constitucionalismo moderno, y su desarrollo progresivo ha sido el fundamento de los sistemas de justicia constitucional en el mundo contemporáneo.

Como lo expresó en su momento Manuel García Pelayo:

> "La Constitución, en tanto que norma fundamental positiva, vincula a todos los poderes públicos incluidos el Parlamento y por tanto, la ley no puede ser contraria a los preceptos constitucionales, a los principios de que éstos arrancan o que se infieren de ellos, y a los valores a cuya realización aspira. Tal es lo que configura la esencia del Estado constitucional de derecho..."[1].

Y en efecto, uno de los principios fundamentales del Estado de derecho es la primacía del principio de legalidad, en el sentido de que todos los órganos del Estado están subordinados al mismo, el cual se manifiesta principalmente en dos formas: en primer lugar, en la primacía de la Constitución en relación a las leyes y los otros actos del Estado, especialmente aquellos dictados en ejecución directa e inmediata de la Constitución; y en segundo lugar, además, en la primacía de las leyes como actos del Parlamento en relación a todos los demás actos del Estado.

Pero por supuesto, la sumisión de todos los órganos estatales a la Constitución implica, no sólo su sometimiento al texto expreso de la misma, sino a los principios y valores fundamentales que están a la base de la misma y que, al mismo tiempo, pueden inferirse de sus normas.

---

1 *V.*, Manuel García Pelayo, "El Status del Tribunal Constitucional", *Revista Española de Derecho Constitucional,* Nº 1, Madrid, 1981, p. 18.

Precisamente, uno de los roles fundamentales del juez constitucional es la identificación y aplicación de los dichos principios y valores.

En esta forma, la posibilidad misma de la justicia constitucional, no solamente es el resultado último de la consolidación del Estado de derecho, sino también, en particular, de la noción de Constitución como norma suprema y positiva. Es decir, como en su momento también lo señaló Mauro Cappelletti, la Constitución concebida "no como una simple pauta de carácter político, moral o filosófico, sino como una ley verdadera, positiva y obligante, con un carácter supremo y más permanente que la legislación positiva ordinaria"[2].

La justicia constitucional, tiene por tanto su fundamento, tal como la concibió Hans Kelsen en las primeras décadas del Siglo pasado, por una parte en el principio de la supremacía constitucional; y por la otra, en la garantía judicial de dicha supremacía[3].

## *SECCIÓN PRIMERA:*

## *LA SUPREMACÍA CONSTITUCIONAL COMO FUNDAMENTO DE LA JUSTICIA CONSTITUCIONAL*

Sin duda, una de las principales características del constitucionalismo moderno es el concepto de Constitución como realidad normativa producto de la voluntad popular, directamente aplicable a los ciudadanos y gobernantes. Como lo puntualizó Eduardo García de Enterría al iniciarse el proceso democrático en España en las últimas décadas del siglo pasado, las Constituciones son normas jurídicas efectivas, que prevalecen en el proceso político, en la vida social y económica del país, y que sustentan la validez a todo el orden jurídico[4]. Se trata, siempre, de una ley suprema, real y efectiva, que contiene normas directamente aplicables tanto a los órganos del Estado como a los individuos.

Este concepto, si bien fue novedoso en la práctica de la España democrática, fue el concepto adoptado en los Estados Unidos de América desde los inicios del constitucionalismo, el cual desde el siglo XIX se siguió en los países de América Latina. Fue también el concepto que se adoptó en Europa después de la Revolución France-

---

2 *V.*, Mauro Cappelletti, *Judicial Review of Legislation and its Legitimacy. Recent Developments. General Report. International Association of Legal Sciences.* Uppsala, 1984 (mimeo), p. 20; también publicado como "Rapport général" en L. Favoreu y J.A. Jolowicz (ed), *Le contrôle juridictionnel des lois Légitimité, effectivité et développements récents*, Paris 1986, pp. 285-300.

3 *V.*, Hans Kelsen, "La garantie juridictionnelle de la Constitution (La Justice constitutionnelle)", *Revue du Droit Public et de la Science Politique en France et á l'étranger*, Paris, Vol. XLV, 1928, p. 214. *V.*, además, Allan R. Brewer-Carías, "La Justicia Constitucional", *Revista Jurídica del Perú*, Nº 3, 1995, Trujillo, Perú, pp. 121 a 160; Allan R. Brewer-Carías, Control de la constitucionalidad. La justicia constitucional" en *El Derecho Público de finales de Siglo. Una perspectiva iberoamericana*, Fundación BBV, Editorial Civitas, Madrid 1996, pp. 517-570; y Allan R. Brewer-Carías, *Instituciones Políticas y Constitucionales*, T. VI: *La Justicia Constitucional*, Universidad Católica del Táchira-Editorial Jurídica Venezolana, Caracas, San Cristóbal, 1996, 21 y ss.

4 *V.*, Eduardo García de Enterría, *La Constitución como norma y el Tribunal constitucional*, Madrid, 1985, p. 33, 39, 66, 71, 177 y 187.

sa, y que luego de haber sido abandonado durante el siglo XIX, fue redescubierto durante el siglo pasado, particularmente después de la Segunda Guerra Mundial.

En efecto, originalmente la Constitución fue concebida como una ley fundamental que limitaba a los órganos del Estado y proclamaba los derechos fundamentales de los individuos, producto de un consenso político logrado por el pueblo mismo, y por lo tanto, directamente aplicable por los tribunales. Este concepto de Constitución, adoptado por algunos países de Europa continental luego de la Revolución Francesa, sin embargo, fue modificado posteriormente por la restauración del principio monárquico, el cual transformó la Constitución en un código formal y abstracto del sistema político, otorgado por el Rey y no directamente impuesto por los tribunales. En este contexto, la Constitución no incluía normas directamente aplicables a los individuos, quienes sólo estaban sometidos a las leyes, y aun cuando contenía una parte orgánica, la falta de medios de control de la constitucionalidad de los actos estatales, trajo como consecuencia la pérdida de su carácter normativo.

Ese concepto de Constitución en los sistemas jurídicos de Europa continental, como se dijo, cambió después de la Segunda Guerra Mundial, volviéndose nuevamente a la concepción original de ley suprema, con normas directamente aplicables tanto a los órganos del Estado como a los individuos, juzgadas por los Tribunales, y no como simples buenas intenciones. Tal como lo consideró la Corte Suprema de los Estados Unidos, por ejemplo, en el caso *Trop vs. Dulles,* 356 US 86 (1958), en la cual expresó, en relación al carácter normativo de la Constitución, que:

> "Las disposiciones de la Constitución no son adagios trillados ni contraseñas vacías. Son principios vitales y vivos que autorizan y limitan los poderes gubernamentales de nuestra Nación. Son normas de Gobierno. Cuando se cuestiona ante este Tribunal la constitucionalidad de una ley del Congreso, debemos aplicar dichas normas. De lo contrario, los términos de la Constitución se convertirían en poco más que buenas intenciones".

Por ello, en los sistemas jurídicos contemporáneos las Constituciones tienen un carácter normativo, principio que incluso rige en Francia gracias a la labor del Consejo Constitucional, y que contrasta con el sistema constitucional tradicional que se había instaurado por las Leyes constitucionales de 1875, en el cual debido a la inexistencia de una declaración de derechos del hombre en el texto de la Constitución[5], sus disposiciones habían sido consideradas como no directamente aplicables a los individuos. Fue precisamente gracias a varias decisiones del Consejo Constitucional adoptadas en los años setenta del siglo pasado, que el "bloque de la constitucionalidad"[6] fue progresivamente ampliado para incluir en el mismo, a la Declaración de los Derechos del Hombre y del Ciudadano de 1789, a los principios de los Preámbulos de las Constituciones de 1946 y 1958, y a los principios fundamentales reconocidos por las leyes de la República[7]. Esto llevó a Jean Rivero a afirmar, en

5 *V.*, Jean Rivero, *Les libertés publiques*, vol. 1, Paris, 1973, p. 70.

6 *V.*, Louis Favoreu, "Le principe de constitutionalité. Essai de définition d'après la jurisprudence du Conseil constitutionnel" en *Recueil d'études en l'honneur de Charles Eisenmann*, París, 1977, p. 33.

7 *V.*, Louis Favoreu, *Le contrôle juridictionnel des lois et sa légitimité. Développements récents en Europe occidentale, Association Internationale des Sciences Juridiques, Colloque d'Uppsala*, 1984

relación con la creación del derecho por el juez constitucional, que con las decisiones del Consejo Constitucional basadas en "la Constitución y, en particular, en su Preámbulo", en Francia se había producido "una revolución":

> "He allí, de una sola vez, la Declaración de 1789, el Preámbulo de 1946, los principios fundamentales reconocidos por las leyes de la República, integrados a la Constitución francesa, aun cuando la Constituyente no lo quiso. La Constitución francesa duplicó de tamaño por simple voluntad del Consejo Constitucional"[8].

Este carácter normativo de la Constitución en relación con los órganos del Estado y con los individuos, y su aplicación por los tribunales, también ha provocado cambios en relación con las llamadas "normas programáticas" de la Constitución, las cuales tradicionalmente habían sido consideradas como normas sólo directamente aplicables al Legislador[9] y no exigibles directamente por los individuos.

En efecto, en las Constituciones modernas, particularmente en el texto relativo a los derechos económicos y sociales, se encuentran normas que en muchos casos están formuladas como pautas o programas políticos dirigidos al Legislador. Esto llevó a considerar que tales normas constitucionales no se aplicaban directamente a los individuos mientras el Legislador no hubiera adoptado las leyes formales necesarias para ejecutar el "programa" establecido. Por ello, únicamente las leyes dictadas para el desarrollo jurídico del programa eran las que se consideraba que debían ser aplicadas por los tribunales.

Por el contrario, el carácter normativo de la Constitución como tendencia esencial del constitucionalismo contemporáneo, tiende a la superación del carácter programático atribuido a algunas normas constitucionales, y a reforzar su ejecución por los tribunales como normas directamente aplicables a los individuos, dejando de ser consideradas sólo como aquellas "buenas intenciones" a las que hacía referencia el *Chief Justice* Warren de la Corte Suprema de los Estados Unidos, en el caso *Trop vs. Dulles*, 356 US 86 (1958). Es por ello que dichas "normas programáticas" o disposiciones que indican los propósitos del Estado, también deben ser aplicadas por los tribunales, como principios que deben orientar las acciones de los órganos del Estado.

Por otra parte, en el derecho constitucional contemporáneo, la justicia constitucional es fundamentalmente posible no sólo cuando existe una Constitución como norma verdaderamente aplicable por los tribunales, sino además, cuando la misma tiene efectiva supremacía sobre el orden jurídico en su conjunto, en el sentido de que prevalece frente a todas las normas, actos y principios de derecho contenidos en un sistema jurídico determinado. Esta supremacía de la Constitución sobre las demás fuentes del derecho y, en particular, sobre los actos del Parlamento, implica que la

---

(mineo), p. 8; también publicado en L. Favoreu y J. A. Jolowicz, *Le contrôle juridictionnel des lois..., cit.*, pp. 17 y ss.

8 *V.*, Jean Rivero, "Rapport de Synthèse" in L. Favoreu (ed), *Cours Constitutionnelles Européennes et Droit Fondamental*, Aix-en-Provence, 1982, p. 520.

9 *V.*, Eduardo García de Enterría, "La Constitución como norma..." *op. cit.*, pp. 37, 69. *Cfr.* P. Biscaretti di Ruffia y S. Rozmaryn, "La Constitution comme loi fondamental dans les Etats de l'Europe Occidentale et dans les Etats Socialistes", Torino, 1966, p. 39.

Constitución es la ley suprema que determina los valores supremos del orden jurídico, y que, desde esa posición de supremacía, puede ser tomada como parámetro para determinar la validez de las demás normas jurídicas del sistema.

## I. LOS ANTECEDENTES BRITÁNICOS DE LA SUPREMACÍA CONSTITUCIONAL Y EL CONSTITUCIONALISMO NORTEAMERICANO

Esta concepción de la Constitución como ley suprema sin duda, tiene su origen en el constitucionalismo norteamericano, constituyendo no sólo una de sus grandes contribuciones a la historia del derecho y al constitucionalismo moderno, sino el fundamento de la noción misma de justicia constitucional.

Esta concepción, en especial en Norteamérica, integró la tradición del derecho natural en la versión de John Locke y Edward Coke, de la "ley de leyes" y "ley inmutable", es decir, *lex legum, lex aeterna y lex immutabile,* con una forma jurídica concreta que se plasmó en los Pactos y Cartas de las Colonias norteamericanas, que fueron formalizadas posteriormente como tales leyes fundamentales en un documento solemne producto de la voluntad popular, precisamente aquél que iba a darse a conocer bajo el nombre de "Constitución"[10].

Esta concepción de la Constitución como ley suprema o fundamental, nacida en Norteamérica, precisamente de la técnica de la justicia constitucional la cual derivó de esa supremacía constitucional, provino, sin embargo, del *common law* británico, considerado en sí mismo como ley fundamental.

En efecto, antes del Siglo XVII, en el sistema británico, el *common law,* es decir, la ley no legislada, prevalecía sobre las leyes formales o *statutes* que eran consideradas como normas particulares o excepcionales en relación al derecho consuetudinario previamente establecido[11]. Esa práctica de la supremacía del *common law* sobre las leyes formales o, como lo expuso el Juez Edward Coke, "la supremacía tradicional del *common law* sobre la autoridad del Parlamento"[12], se plasmó en el famoso caso *Dr. Bonham* de 1610, en el que Coke afirmó:

> "Aparece en nuestros libros que en muchos casos, el *common law* controla los actos del Parlamento y a veces, los juzga totalmente nulos: pues, cuando un acto del Parlamento va en contra del sentido común y la razón, o es incompatible o imposible de aplicar, el *common law* lo controlará y juzgará como nulo"[13].

Este "sentido común y la razón", sin duda, era algo fundamental y permanente, en pocas palabras, una ley suprema, obligante para el Parlamento y para los tribunales ordinarios.

---

10 *V.*, E.S. Corwin, The "Higher Law" Background of American Constitutional Law, N.Y., 1955 (reimpreso en Harvard Law Review, Vol. XLII, 1928-1929, pp. 149-185 y 365-409).

11 *V.*, M. Cappelletti, Judicial Review in the Contemporary World, Indianapolis, 1971, pp. 36-37.

12 Citado por E. S. Conwin, *op. cit.*, p. 38. Con respecto al razonamiento de Coke, *v.* W. Holdsworth, A History of English Law, Vol. V, Londres, 1966, p. 475. Véase además J. Beauté, Un Grand Juriste Anglais: Sir Edward Coke 1552–1634, ses idées politiques et constitucionnelles, París, 1975.

13 *V.*, en Ch. H. McIlwain, The High Court of Parliament and its Supremacy, Yale, 1919, pp. 286-301. Véase las críticas a las opiniones de Lord Coke en L. B. Boudin, Government by Judiciary, Vol. I, New York, 1932, pp. 485-517.

Una de esas leyes fundamentales, de acuerdo con Coke, era, precisamente, la Carta Magna de 1215. Coke explicó que fue llamada "Carta Magna, no por su tamaño o extensión... sino... por la gran importancia y grandeza de su contenido; en pocas palabras, por ser la fuente de todas las leyes fundamentales del Reino"[14]. La Carta Magna se consideraba, así, como una ley fundamental y como tal, es que puede tenerse como el lejano antecedente de las Constituciones modernas.

Con respecto al concepto de ley suprema obligante para el Parlamento, en otro caso, el *Day vs. Savadge* de 1614, el Juez Hobart, sin hacer referencia directa al caso *Bonham,* afirmó:

> "Incluso un Acto del Parlamento, dictado contra la natural equity, como el que hace a un hombre juez en su propia causa, en sí mismo es nulo; porque jura *naturae sunt immutabilia* y aquella es *leges legum*"[15].

Pero todo esto cambió después de la "Gloriosa Revolución" de 1688, la cual provocó que en el derecho británico se afianzara el principio de la supremacía y soberanía del Parlamento; de donde derivó el principio de la sumisión general del ordenamiento al poder legislativo. Sin embargo, a pesar de ello, doce años después de la Revolución, el Juez Hotl, en el caso *City of London vs. Wood* de 1701, aún comentaba el caso del *Dr. Bonham* afirmando:

> "Y lo que dice Lord Coke en el caso del Dr. Bonham... está lejos de ser una extravagancia, ya que resulta muy razonable y cierto afirmar que si un Acto del Parlamento ordenara que una persona sea a la vez juez y parte, o lo que es lo mismo, juez en su propia causa, se trataría de un acto nulo; puesto que es imposible que uno sea juez y parta, ya que el juez es el que decide entre parte y parte"[16].

Sin embargo, Holt aceptaba el principio según el cual "un Acto del Parlamento puede estar equivocado", pues el principio de la supremacía del Parlamento ya había sido reconocido, aún cuando consideraba que hubiera "parecido bien extraño"[17] si fuera contrario a los principios del derecho natural –hoy *natural justice*–.

Debe decirse, sin embargo, que fue dicha supremacía del Parlamento, la que paradójicamente tuvo un efecto directo en el desarrollo de la justicia constitucional en Norteamérica ya que, antes de la Declaración de Independencia, las leyes dictadas por las Legislaturas coloniales, en varias oportunidades fueron declaradas inválidas por estar en contradicción con las leyes de Inglaterra o con las Cartas coloniales[18]. En consecuencia, como lo afirmó Mauro Cappelletti:

> "Aun cuando la Gloriosa Revolución de 1688 marcó, en Inglaterra, el triunfo de la supremacía legislativa, las Colonias americanas, sin embargo, habían heredado las ideas de Coke con respecto tanto a la subordinación de la Corona

---

14 *V.*, E. S. Conwin, *op. cit.*, pp. 54-55.

15 *Ídem*, p. 52.

16 *Ídem*, p. 52.

17 *V.*, Ch. H. McIlwain, *op. cit.*, p. 37.

18 *V.*, C.P. Patterson, "The development and evaluation of Judicial Review", Washington Law Review, N° 13, 1938, p. 75, 171, 353.

y del Parlamento a la ley suprema, como a un Poder Judicial acostumbrado a interpretar y, a veces, a ignorar los actos legislativos que violaran principios superiores... Paradójicamente, la Gloriosa Revolución no sólo no obstaculizó sino que estimuló el desarrollo de la nueva doctrina del control judicial"[19].

Por ello, Cappelletti insistió en la misma idea, al señalar:

> "El principio de la supremacía parlamentaria –y por lo tanto, de la supremacía del derecho positivo–, introducida en Inglaterra después de la Gloriosa Revolución de 1688, produjo en América resultados bien diferentes de aquellos que tuvo en Inglaterra. En Inglaterra, el resultado consistió en despojar a los jueces de cualquier facultad de control sobre la validez de la legislación, a pesar de los primeros éxitos de la doctrina de Lord Coke. En América, por lo contrario, el resultado fue facultar a los jueces coloniales para desconocer la legislación local que no estuviera en conformidad con la ley inglesa. Quedó pues dilucidada la aparente paradoja: de cómo el principio inglés de supremacía no controlada de la legislatura, coadyuvó en América a la formación de un sistema opuesto, en vez de impedirlo"[20].

En esta forma, si bien es cierto que la decisión en el caso Dr. Bonham, no ocupó lugar importante alguno de las decisiones judiciales en Inglaterra, particularmente después de la victoria final del Parlamento sobre la Corona, sin embargo, su doctrina pasó a América, precisamente como lo expresó Edward S. Corwin, "para incrementar el arsenal de armas que se acumularon en contra de las reivindicaciones de soberanía por parte del Parlamento"[21].

En efecto, los colonos americanos se sumaron directamente a la tradición de Coke con respecto a la necesaria subordinación tanto de la Corona como del propio Parlamento a una ley suprema, consignada en gran medida en un documento singular que después de la Declaración de Independencia se convirtió en la Constitución que sería adoptada por cada uno de los nuevos Estados que originaron los Estados Unidos. Por esa razón, después de la sanción de las Constituciones de las antiguas colonias en 1776, en algunos Estados, particularmente en Pennsylvania y Vermont, se fue conformando la idea de que las leyes dictadas por las Asambleas Legislativas de los nuevos Estados no podían ser contrarias a sus leyes fundamentales. De allí que los Tribunales de New Jersey, por ejemplo, en 1780, ya hubieran empezado a aplicar la idea del control judicial de la constitucionalidad[22].

En la Convención Constitucional de 1787, sin embargo, el problema del control judicial de la constitucionalidad sólo se trató ocasionalmente, pues las discusiones giraron más bien en torno al concepto de la supremacía de la Constitución sobre la legislación de los Estados; es decir, al principio según el cual la Constitución federal era la ley suprema del país que debían aplicar los jueces a pesar de cualquier dispo-

---

19 *V.*, Mauro Cappelletti, *Judicial Review in the Contemporary World, op. cit.*, pp. 38-39.

20 *Ídem*, p. 40.

21 *V.*, E. S. Corwin, *op. cit.*, p. 53.

22 *V.*, W. J. Wagner, *The Federal States and their Judiciary*, The Hague, 1959, pp. 87-88; Sylvia Snowiss, *Judicial review and the Law of the Constitution*, Yale University Press, New Haven and London 1990, pp. 50 y ss.

sición contraria de las Constituciones o Leyes de los Estados de la Unión, lo que se consagró en el propio texto de la Constitución de 1787, en lo que se conoce como la "Cláusula de supremacía"[23].

Debe señalarse, sin embargo, que en su artículo I, sección 9, la Constitución norteamericana había impuesto algunas limitaciones al Congreso[24], habiendo sido concebida, además, en 1789, tanto la primera Enmienda a la Constitución como las otras nueve dirigidas a configurar una Declaración de derechos y garantías individuales *(Bill of rights),* como una limitación impuesta sobre el Poder Legislativo, al estipular que (Primera Enmienda):

> "El Congreso no legislará respecto al establecimiento de una religión, o la prohibición del libre ejercicio de la misma; ni pondrá cortapisas a la libertad de expresión o de la prensa; ni coartará el derecho de las personas a reunirse en forma pacífica, y pedir al Gobierno la reparación de los agravios".

En todo caso, la "Cláusula de supremacía", las limitaciones constitucionales impuestas al Congreso por la Constitución y sus Enmiendas y la autoridad concedida a la Corte Suprema para "resolver cualquier causa, en derecho y equidad, derivada de esta Constitución" (artículo III, sección 2), junto con los antecedentes británicos de la "ley suprema", llevaron progresivamente a la adopción formal de la doctrina de la supremacía constitucional y, en consecuencia, del control judicial de la constitucionalidad[25].

Esta idea de la supremacía de la Constitución como norma fundamental y suprema, en todo caso, fue desarrollada por primera vez en 1788, por Alexander Hamilton en *The Federalist,* cuando al referirse al papel de los Jueces como intérpretes de la ley afirmó:

> "Una Constitución es, de hecho, y así debe ser considerada por los jueces, como una ley fundamental. Por tanto, les corresponde establecer su significado así como el de cualquier acto proveniente del cuerpo legislativo. Si se produce una situación irreconciliable entre ambos, por supuesto, la preferencia debe darse a la que tiene la mayor obligatoriedad y validez, o, en otras palabras, la Constitución debe prevalecer sobre las Leyes, así como la intención del pueblo debe prevalecer sobre la intención de sus representantes".

Incluso, en respuesta a la afirmación según la cual "los poderes de los tribunales para declarar nulos actos legislativos contrarios a la Constitución" podría implicar "una superioridad del Poder Judicial sobre el Poder Legislativo", Hamilton expresó:

---

23 Artículo VI, parágrafo 2° de la Constitución: "Esta Constitución y las Leyes de los Estados Unidos que se sancionen conforme a ella, y todos los Tratados firmados o por firmar bajo la autoridad de los Estados Unidos, conformarán la Ley Suprema de la Nación; y los Jueces de cada Estado estarán subordinados a ella, independientemente de cualquier disposición contraria de las Leyes de cualquier Estado".

24 Por ejemplo: "El privilegio del autor de *Habeas Corpus* no se suspenderá, salvo cuando así lo requiera la seguridad pública en los casos de rebelión o invasión". No se dictará Ley alguna de efectos individuales o ex post facto" (numerales 2 y 3).

25 *V.,* Sylvia Snowiss, *Judicial Review..., cit.,* pp. 90 y ss.

"La afirmación –según la cual los Tribunales deben preferir la Constitución a las leyes– no implica de ninguna manera una superioridad del Poder Judicial sobre el cuerpo legislativo. Sólo supone que el poder del pueblo está por encima de ambos; y que cuando la voluntad de la legislatura declarada en sus Leyes, esté en oposición con la del pueblo declarada en la Constitución, los jueces deben regirse por la última más que por la primera. Ellos deben basar sus decisiones en las leyes fundamentales, antes que en aquellas que no son fundamentales".

Su conclusión fue pues, la siguiente:

"Por consiguiente, ningún acto legislativo contrario a la Constitución, puede ser válido. Negar esto significaría afirmar que el adjunto es más importante que su principal; que el sirviente está por encima de su patrón; que los representantes del pueblo son superiores al pueblo mismo; que los hombres que actúan en virtud de poderes, puedan hacer no sólo lo que sus poderes no les autorizan sino también lo que les prohíben".

Así es como en *The Federalist,* Hamilton no solamente desarrolló la doctrina de la supremacía de la Constitución, sino también, aun más importante, la doctrina de "los jueces como guardianes de la Constitución", como lo expresa el título de la Carta Nº 78 en la que Hamilton, al referirse a la Constitución como limitación de los poderes del Estado y, en particular, de la autoridad legislativa, afirmó que:

"Limitaciones de este tipo sólo pueden ser preservadas, en la práctica, mediante los Tribunales de justicia, cuyo deber tiene que ser el de declarar nulos todos los actos contrarios al tenor manifiesto de la Constitución. De lo contrario, todas las reservas de derechos o privilegios particulares, equivaldrían a nada"[26].

Posteriormente, la posibilidad de que los Tribunales pudieran invalidar leyes "incompatibles con la Constitución, los Tratados o normas de los Estados Unidos" fue contemplada por el Primer Congreso, en la primera Ley judicial de 1789. Ello llevó a los tribunales federales de Circuito, en 1795, en el caso *Vanhorne's Lessee vs. Dorrance* y en 1800, en el caso *Cooper vs. Telfair,* a declarar nulas leyes estadales que eran incompatibles tanto con la Constitución Federal como con la de los Estados[27].

En realidad, el principio de la supremacía de la Constitución se desarrolló en relación con la legislación de los Estados, en el caso *Vanhorne's Lessee vs. Dorrance,* 2. Dallas 304 (1795), resuelto por un Tribunal Federal de Circuito en el que el juez Williams Paterson declaró inválida por inconstitucional una Ley del Estado de Pennsylvania. En sus instrucciones al Jurado, comparando los sistemas de Inglaterra y de Norteamérica, expresó:

"Algunos de los jueces en Inglaterra, han tenido la audacia de declarar que un Acto del Parlamento que vaya en contra de la natural equity, es nulo; sin embargo, tal opinión contraría la posición general según la cual, la validez de un

26 *V., The Federalist* (ed. B.F. Wright), Cambridge, Mass. 1961, pp. 491-493.

27 *V.,* W. J. Wagner, *The Federal States..., op. cit.,* pp. 90-91.

Acto del Parlamento no puede ser cuestionada por el Poder Judicial; no se puede discutir y debe obedecerse. El poder del Parlamento es absoluto y supremo; el Parlamento es omnipotente en la jerarquía política. Además, en Inglaterra, no existe Constitución escrita, ninguna ley fundamental, nada visible, nada real, nada cierto mediante el cual pueda cuestionarse una Ley. En América, las cosas son muy diferentes: cada Estado de la Unión tiene su Constitución escrita con exactitud y precisión".

Luego, se planteó lo siguiente:

"¿Qué es una Constitución? Es la forma de gobierno, delineada por la mano todo poderosa del pueblo, en la cual se establecen algunos principios primarios de leyes fundamentales. La Constitución es cierta y permanente; contiene la voluntad permanente del pueblo y es la ley suprema de la Nación; es soberana con relación al poder legislativo y sólo puede ser revocada o modificada por la autoridad que la hizo".

En el mismo orden de ideas, se refirió a la legislación preguntándose:

"¿Qué son las legislaturas? Criaturas de la Constitución; le deben a ella su existencia; derivan sus poderes de la Constitución; son sus mandatarias, y por lo tanto, todos sus Actos deben conformarse a ella, so pena de ser nulos. La Constitución es la obra o la voluntad del pueblo mismo, en su capacidad original, soberana e ilimitada. La ley es obra o voluntad de la legislatura en su capacidad derivada y subordinada. Una es obra del creador y la otra de la criatura. La Constitución fija limitaciones al ejercicio de la autoridad legislativa y prescribe la órbita en la cual ésta se debe mover".

En sus afirmaciones de 1795, además, el juez Paterson señaló al Jurado:

"En pocas palabras, señores, la Constitución es la cúspide del sistema político, alrededor de la cual se mueven los cuerpos legislativos, ejecutivo y judicial. Cualquiera que sea la situación en otros países, en este no cabe la menor duda de que cualquier acto legislativo incompatible con la Constitución, resulta absolutamente nulo...".

De acuerdo con estas orientaciones, e independientemente de la intención que pudieron tener los redactores de la Constitución en relación con el control judicial de la constitucionalidad como uno de los principios fundamentales del sistema constitucional norteamericano, ese control se estableció por primera vez respecto de las leyes federales, en el famoso caso *Marbury vs. Madison*, 5. U.S. (1 Cranch), 137; 2 L. Ed 60 (1803)[28], en el cual el principio de la supremacía de la Constitu-

28 Con relación a este caso véase en general E. S. Corwin, *The Doctrine of judicial review. Its legal and historical basis and other Essays*, Princeton, 1914, pp. 1 y 78. El caso que provocó la decisión puede resumirse así: El Presidente John Adams, justo antes de finalizar su período, había nombrado a William Marbury como Juez de Paz. El nuevo Presidente, Thomas Jefferson, no quería a Marbury en el ejercicio del cargo, y ordenó al Secretario de Estado, James Madison, que no le diera el nombramiento. Marbury pidió a la Corte Suprema una orden o mandamiento judicial requiriendo del Secretario de Estado le otorgara el nombramiento. En la decisión, y aun cuando el *Chief Justice* John Marshall considerara que se había tratado injustamente a Marbury, desechó el caso al considerar que la Corte Suprema no tenía com-

ción fue el argumento principal para el ejercicio de tal poder de control judicial de la constitucionalidad de las leyes por parte de la Corte Suprema.

En efecto, el *Chief Justice* Marshall, buscando determinar si de conformidad con la Constitución, la Corte Suprema podía ejercer la autoridad que le había sido conferida por la Ley Judicial de 1789, de dictar *writs of mandamus* a los empleados públicos, y considerando que ello "no estaba previsto en la Constitución", decidió "investigar la posibilidad de que una jurisdicción así conferida pudiera ejercerse"; para lo cual desarrolló la doctrina de la supremacía de la Constitución basándose en la pregunta de si "un acto incompatible con la Constitución podía o no llegar a convertirse en ley de la Nación?".

Con miras a responder esta pregunta siguió un razonamiento lógico, estableciendo, en primer lugar, el principio de la supremacía de la Constitución. Inició su argumentación aceptando la idea de la existencia de un "derecho original" del pueblo a fijar los principios que han de regir "su futuro gobierno", como "la base sobre la cual se ha erigido todo el sistema norteamericano". En su opinión, este derecho original de adoptar tales principios "fundamentales" y "permanentes" representaba una tarea considerable, de tal manera que no debía "repetirse frecuentemente".

Esta "voluntad original y suprema", decía, "organiza el gobierno..., confiere a diferentes departamentos sus poderes respectivos... (y) fija ciertas limitaciones que dichos departamentos no pueden sobrepasar". Consideró que el Gobierno de los Estados Unidos era del tipo en el que "los poderes de la Legislatura están definidos y limitados" y fue precisamente, para que "estas limitaciones no puedan ser mal interpretadas u olvidadas", por lo que se adoptó una Constitución escrita con aquellos principios fundamentales y permanentes.

Luego, el juez Marshall se preguntó:

> "¿Para qué fin están limitados los poderes, y para qué fin tal limitación se pone por escrito si dichos límites pudieran ser transgredidos, en cualquier momento, por aquellos a quienes se busca restringir? La distinción entre un gobierno con poderes limitados y otro con poderes ilimitados desaparece, si esos límites no obligan a los individuos sobre quienes se imponen, y si los actos prohibidos y aquellos permitidos tienen la misma obligatoriedad".

La alternativa, según el, como proposición demasiado evidente para ser cuestionada, era la siguiente, o:

> "que la Constitución controla cualquier acto legislativo incompatible con ella; o que el poder legislativo puede modificar la Constitución mediante un acto ordinario";

en relación a lo cual explicaba:

> "En esta alternativa no hay término medio. O la Constitución es una ley suprema soberana, que no puede ser modificada por medios ordinarios, o está en el mismo nivel que los actos legislativos ordinarios y, al igual que éstos, puede ser modificada cuando le plazca a la legislatura.

---

petencia para ordenar actuaciones a un órgano del Poder Ejecutivo, a pesar de que la Ley Judicial la autorizaba para ello, considerando que al así hacerlo la ley estaba en contradicción con la Constitución.

> Si la primera parte de la alternativa es cierta, entonces un acto legislativo contrario a la Constitución no es una ley; si la última parte es cierta, entonces las constituciones escritas no son sino intentos absurdos por parte del pueblo de limitar un poder por naturaleza ilimitable".

Por supuesto, su conclusión fue que la Constitución era "la ley suprema y soberana de la Nación", principio que consideraba "como uno de los principios fundamentales de nuestra sociedad". En consecuencia, aceptó el postulado según el cual "un acto de la legislatura incompatible con la Constitución es nulo", considerando como "la esencia misma del deber judicial", el determinar las normas que rigen el caso, cuando una ley está en oposición a la Constitución. En estos casos, concluyó, "la Constitución es superior a cualquier acto ordinario de la legislatura; la Constitución, y no tales actos ordinarios, deben regir el caso al que ambos se aplican". Lo contrario, significaría otorgar "a la legislatura una omnipotencia real y práctica...; significaría lo mismo que prescribir limitaciones y declarar que estas pueden ser transgredidas a voluntad... lo que, en conjunto, socavaría el fundamento mismo de todas las Constituciones escritas".

Después de este caso, el principio de supremacía de la Constitución, en el sentido de que prevalece sobre cualquier otra ley incompatible con ella, se convirtió en una de las principales características del constitucionalismo moderno y, por supuesto, de la posibilidad misma del control judicial de la constitucionalidad de las leyes.

En todo caso, en la actualidad, la supremacía de la Constitución no es únicamente un principio de deducción jurídica según la lógica del caso *Marbury vs. Madison,* sino que ha sido y es a menudo, también, una consecuencia de declaraciones expresas de de la misma Constitución. Ese fue el caso clásico y primigenio en Europa, gracias a los aportes de H. Kelsen, de la Constitución checoslovaca de 1920, la cual estipuló en el artículo I, 1:

> "Todas las leyes contrarias a la Carta Constitucional, a sus partes y a las Leyes que la modifican o completan, son inválidas".

Este tipo de declaración expresa, considerada por el mismo Kelsen como una de las "garantías objetivas" de la Constitución[29], ya puede considerarse como una tendencia general en el constitucionalismo contemporáneo, en especial en las Constituciones de América Latina[30] y África[31]. En este último caso, como lo afirmó B. O. Nwabueze, "cuando un Tribunal declara una ley nula por inconstitucionalidad no es sino el portavoz, el instrumento, de la Constitución"[32].

---

29 *V.*, Hans Kelsen, "La garantie juridictionnelle de la Constitution (La Justice constitutionnelle)", *Revue du Droit Public et de la Science Politique en France et á l'étranger,* Paris, Vol., XLV, 1928, p. 214.

30 Por ejemplo, la Constitución de 1999 de Venezuela determina en el artículo 25: "Cualquier acto del Poder Público que viole o menoscabe los derechos garantizados por esta Constitución es nulo...".

31 *V.*, B.O. Nwabueze, *Judicial Control of Legislative Action and its Legitimacy. Recent Development (African Regional Report),* International Association of Legal Science. Uppsala Colloquium, 1984 (mineo), p. 2; también publicado en L. Favoreu y J. A. Jolowicz, *Le contrôle juridictionnel des lois... cit.*, pp. 193 y ss.

32 *Ídem., doc. cit.*, p. 2.

Este concepto de supremacía constitucional, es decir, de la Constitución considerada como una ley fundamental y suprema, según la concibió el constitucionalismo norteamericano, aún cuando durante el siglo XIX no tuvo seguidores en Europa, finalmente fue adoptado durante el siglo pasado.

El inicial rechazo europeo respecto de este principio de la supremacía de la Constitución y de la posibilidad misma de la justicia constitucional, a pesar del proceso histórico nacido de la Revolución Francesa, se explica por el desarrollo del principio monárquico, como consecuencia de la restauración de la Monarquía a principios del siglo XIX, que hizo del Rey una fuente de poder preconstitucional, reduciendo la Constitución a un simple código formal que otorgaba el Monarca, particularmente en relación con los órganos del Estado, sin parte dogmática alguna relacionada con los derechos fundamentales aplicables a los individuos[33]. Además, otro elemento que también contribuyó al rechazo del principio de supremacía de la Constitución, fue el de la soberanía parlamentaria y la interpretación extrema de la separación de los poderes, que otorgó al Legislador inmunidad respecto del Poder Judicial.

La doctrina de la supremacía de la Constitución y del control jurisdiccional de la constitucionalidad, en realidad, sólo se abrió camino en Europa después de la Primera Guerra Mundial, principalmente a través del sistema constitucional concebido por Hans Kelsen para su país, reflejado tanto en la Constitución austriaca como en la checoslovaca de 1920. Años más tarde, después de la Segunda Guerra Mundial, el sistema austriaco de supremacía constitucional y justicia constitucional sería adoptado por Alemania e Italia para luego, por su influencia, extenderse a otros sistemas constitucionales europeos, como sucedió inicialmente en España y Portugal.

Como le señaló hace algunos años Louis Favoreu, no fue sino en las últimas décadas del siglo pasado cuando Europa volvió a "descubrir" a la Constitución como una ley suprema, a los efectos de colocar algunos valores fundamentales de la sociedad fuera del alcance de mayorías parlamentarias ocasionales o temporales, transfiriendo el tradicional carácter sagrado de los actos del Parlamento a la Constitución. De allí que la Constitución haya sido "rejuridificada" en el sentido de que se le comenzó a considerar como una ley fundamental directamente ejecutable por los jueces y aplicable a los individuos[34].

La situación en América Latina, en todo caso, siempre fue distinta. Bajo la inspiración del constitucionalismo americano, el principio de la supremacía constitucional y de la justicia constitucional se arraigó allí desde el siglo XIX, habiendo pasado a configurarse como uno de los principios clásicos del constitucionalismo latinoamericano.

En esta forma, por ejemplo, el sistema constitucional venezolano, al concebirse, en 1811, se basó en el principio de la supremacía constitucional, siendo la Constitución considerada como un cuerpo normativo que no sólo organizaba el ejercicio del Poder Público, sino que también declaraba los derechos fundamentales de los ciudadanos, expresando que todo acto estatal que los violase debía considerarse nulo. Ese

---

33 Eduardo García de Enterría, *La Constitución como norma ... op. cit.*, pp. 55-56.

34 *V.*, Louis Favoreu, *Le contrôle juridictionnel des lois et sa légitimité. Développements récents en Europe occidentale, doc. cit.*, p. 23.

principio de consagración en la Constitución de normas positivas directamente aplicables a los individuos, ha caracterizado el constitucionalismo venezolano y latinoamericano hasta el presente[35].

Este principio de la supremacía de la Constitución inevitablemente condujo en Venezuela, hace siglo y medio (1858), al desarrollo de un sistema de control judicial de la constitucionalidad de los actos estatales, en particular, en su inicio, de los actos de los Estados[36].

Ello fue explicado por la antigua Corte Suprema de Justicia en 1962, cuando decidió una acción popular interpuesta contra la Ley aprobatoria del Tratado de Extradición firmado con los Estados Unidos de América, de la manera siguiente:

> "La existencia de un control judicial de la constitucionalidad de los actos del Poder Público por parte del más alto Tribunal de la República, es tradición en Venezuela, y resulta indispensable en todo régimen que pretenda subsistir como Estado de derecho.
>
> Porque lo inconstitucional es siempre antijurídico y contrario al principio que ordena al Poder Público en todas sus ramas, sujetarse a las normas constitucionales y legales que definen sus atribuciones. Lo inconstitucional es un atropello a los derechos ciudadanos y al orden jurídico en general, que tiene su garantía suprema en la Ley Fundamental del Estado.
>
> En los países libremente regidos, toda actividad individual o gubernativa ha de mantenerse necesariamente circunscrita a los limitas que le señala la Carta Fundamental, cuyas prescripciones, como expresión solemne de la voluntad popular en la esfera del Derecho Público, son normas de ineludible observancia para gobernantes y gobernados, desde el más humilde de los ciudadanos hasta los más altos Poderes del Estado.
>
> De los principios consignados en la Constitución, de las normas por ella trazadas, así en su parte dogmática como en su parte orgánica, deben ser simple desarrollo las leyes y disposiciones que con posterioridad a la misma se dicten; y tan inconstitucionales, y por consiguiente, abusivas serían éstas si de tal misión excedieran, como inconstitucionales y también abusivos lo serían cualquiera otros actos de los Poderes Públicos que abierta mente contravinieran lo estatuido en la Ley Fundamental"[37].

---

35 *V.*, Allan R. Brewer-Carías, *Estado de derecho y Control Judicial,* Madrid, 1987, pp. 17 y ss. La Constitución de Venezuela del 21 de diciembre de 1811, que fue la primera de América Latina, estableció expresamente que toda "Ley contraria" a la declaración de derechos de los ciudadanos, "que se expida por la legislatura federal o por las provincias será absolutamente nula y de ningún valor" (Art. 199). Véase Allan R. Brewer-Carías, *Las Constituciones de Venezuela,* Madrid 1985, p. 200.

36 *V.*, los comentarios acerca de control judicial de la constitucionalidad como consecuencia de la supremacía de la Constitución, en Pablo Ruggeri Para, *La supremacía de la Constitución y su defensa,* Caracas 1941; José Guillermo Andueza, *La Jurisdicción Constitucional en el derecho venezolano,* Caracas 1955; Allan R. Brewer-Carías, *Estado de derecho y control judicial..., cit.,* pp. 19 y ss.

37 *V.*, sentencia de la antigua Corte Suprema de Justicia en Pleno, 15-3-62. *V.*, *Gaceta Oficial* N° 760, Extra., 22-36-2, pp. 3-7.

Como consecuencia de este principio de la supremacía constitucional, la Constitución de 1999, siguiendo una tradición constitucional que se remota a la Constitución de 1858[38], consagra, en su artículo 336, la competencia de la Sala Constitucional del Tribunal Supremo de Justicia para declarar la nulidad por inconstitucionalidad de las leyes y demás actos normativos de los cuerpos deliberantes nacionales, estadales y municipales, y de los actos del Congreso y del gobierno dictados en ejecución directa de la Constitución. En cuanto a los actos judiciales y administrativos, incluyendo los reglamentos, por supuesto, también están sometidos a medios de control de legalidad y constitucionalidad, mediante los recursos de casación y de apelación, o mediante acciones judiciales contencioso administrativas (Artículo 259).

Por otra parte, como se dijo, el artículo 334 de la Constitución autoriza a todos los tribunales de la República a declarar inaplicables en la decisión de casos concretos, cualquier acto normativo del Estado cuando sean considerados inconstitucionales y, por lo tanto, a dar preferencia a las normas constitucionales. En consecuencia, además del sistema de control concentrado de la constitucionalidad, también se ha adoptado un sistema difuso de justicia constitucional. Por consiguiente, tal como ocurre actualmente en el sistema portugués y de Colombia, se puede afirmar que el sistema venezolano de control judicial de la constitucionalidad de las leyes y otros actos del Estado, al menos formalmente, es uno de los más completos en el derecho comparado, que mezcla el sistema difuso de control judicial de la constitucionalidad de las leyes, con el sistema concentrado[39].

Con respecto al carácter mixto del sistema venezolano, la antigua Corte Suprema de Justicia en Sala Político Administrativa, en sentencia N° 1212 de 30 de mayo de 2000 (Caso: *Carlos P. García P. vs. República (Ministerio de Justicia. Cuerpo Técnico de Policía Judicial*), sostuvo:

> "La Constitución de la República Bolivariana de Venezuela, concretamente, el artículo 334 establece como obligación para todos los Jueces de la República la de asegurar la integridad de la Constitución, en el ámbito de sus competencias y conforme a lo previsto en su texto y en las leyes, para que de este modo, la justicia constitucional sea ejercida por todos los Tribunales, consagrándose el control difuso de la constitucionalidad. De este modo, se establece para todos los Jueces, de cualquier nivel, el poder-deber para controlar la constitucionalidad de los actos normativos del poder Público y ofrecer a todas las personas la tutela efectiva en el ejercicio de sus derechos e intereses legítimos, al no aplicar a los casos concretos que deban decidir, las normas que estimen inconstitucionales. Por tanto, si bien en nuestro país se puede afirmar que existe una "jurisdicción constitucional", concentrada en la Sala Constitucional del Tribunal Supremo de Justicia, no es menos cierto que por mandato expreso de la propia

38 *V.*, J. G. Andueza, *La jurisdicción constitucional en el derecho venezolano*, Caracas, 1955, p. 46.

39 *V.*, en general, Allan R. Brewer-Carías, *El control de la constitucionalidad de los actos estatales*, Caracas, 1977; *Estado de derecho y Control Judicial, cit.*, pp. 19 y ss.; y también, "Algunas consideraciones sobre el control jurisdiccional de la constitucionalidad de los actos estatales en el derecho venezolano", en *Revista de Administración Pública,* N° 76, Madrid, 1975, pp. 419-446.

Constitución de 1999, se encuentra previsto el control difuso de la misma como obligación para todos los Jueces de la República"[40].

Por consiguiente, en Venezuela, el sistema de control de la constitucionalidad es un sistema mixto en el que el sistema difuso funciona paralelamente con el sistema concentrado atribuido éste último a la Tribunal Supremo de Justicia[41].

## II. LA SUPREMACÍA Y LA RIGIDEZ CONSTITUCIONAL

Hemos señalado que el control jurisdiccional de la constitucionalidad, en particular de las leyes, requiere, en primer lugar, de la existencia de una Constitución escrita producto de un poder constituyente soberano que es el pueblo, concebida como una ley fundamental y ejecutable con efectos directos, tanto respecto de los órganos del Estado como de los individuos. Igualmente hemos señalado que para que exista justicia constitucional, la Constitución debe gozar de superioridad y supremacía jerárquica, con relación a todos los poderes constituidos, creados por la misma Constitución.

Esa supremacía está clara y estrechamente vinculada con el carácter rígido de la Constitución, es decir, con el principio de que sus normas son inmunes ante los poderes del Legislador ordinario. Esta característica de la Constitución conforma otro de los principios generales del constitucionalismo contemporáneo, dejando a salvo sistemas tales como los del Reino Unido o Nueva Zelanda que no tienen Constitución escrita, la cual, por ello, es de carácter flexible[42].

Supremacía y rigidez, por tanto, son las condiciones esenciales para que pueda darse el control judicial de la constitucionalidad, el cual por tanto, en principio, sólo es posible en relación con las Constituciones rígidas[43], respecto de las cuales adquiere su plena significación. Cuando la ley fundamental es adoptada de manera estable, de forma que sus enmiendas y reformas sólo pueden realizarse mediante procedimientos especiales y no a través de procedimientos legislativos ordinarios, es que puede hablarse de posibilidad efectiva del control de constitucionalidad.

Por ello, Maurice Duverger consideró que "la existencia de un control jurisdiccional de la constitucionalidad de las leyes requiere que la Constitución sea rígida y no flexible"[44], y ello es así pues, en definitiva, es en el marco de las Constituciones rígidas donde se puede distinguir entre normas constitucionales y normas ordinarias, y donde el principio de la supremacía constitucional es definitivamente aceptado.

En estos sistemas de Constituciones rígidas, el principio de *lex superior derogart legi inferiori* es el que se aplica al juzgar la constitucionalidad de las leyes; mientras que en los sistemas de constituciones flexibles, en los cuales la Constitución no

---

40 *V.*, en *Revista de Derecho Público*, N° 82, EJV, Caracas 2000, p. 446.

41 *V.*, en general, Allan R. Brewer-Carías, *El control concentrado de la constitucionalidad de las leyes*, Editorial Jurídica Venezolana, Caracas 1994; y *Judicial Review in Comparative Law*, Cambridge University Press, Cambridge UK 1989.

42 *V.*, en general, J. Bryce, "Constituciones flexibles y Constituciones rígidas", Madrid, 1962, p. 19.

43 *V.*, al contrario, G. Trujillo Fernández, "Dos estudios sobre la constitucionalidad de las leyes". La Laguna, 1970, pp. 11, 17.

44 *V.*, M. Duverger, *Institutions politiques et Droit Constitutionnel*, Paris, 1965, p. 222.

cuenta con un carácter de ley suprema, el conflicto entre normas jurídicas no es aquél expresado por el Juez Marshall de la Corte Suprema norteamericana en el caso *Marbury vs. Madison,* sino entre normas del mismo rango. Por ello, en tales casos, los principios tradicionales de interpretación son los de: *lex posterior derogat legi priori y lex specialis derogat legi generali*[45].

Ahora bien, si bien es cierto que en sistemas constitucionales con Constituciones flexibles, la ausencia de un texto constitucional estable faculta al legislador ordinario para reformar o enmendar la Constitución y, por lo tanto, impide el desarrollo de un sistema efectivo de justicia constitucional, sin embargo, en esos países podría establecerse una distinción entre normas constitucionales y normas legislativas ordinarias no desde el punto de vista formal en el sentido de que las primeras sólo podrían modificarse o enmendarse mediante procedimientos especiales, sino desde el punto de vista de su contenido[46]. En esos casos, si bien un sistema de justicia constitucional en sentido formal no podría existir, ello no resulta imposible en sentido sustantivo, con respecto al contenido de las normas[47]. Además, en esos países con Constituciones flexibles, también se pueden identificar algunas dificultades en relación con la reforma de algunos actos del Parlamento, lo que permite la posibilidad de establecer incluso algún control formal de la "constitucionalidad" de la legislación, lo que hasta cierto punto sucede en Israel.[48]

## III. LA SUPREMACÍA CONSTITUCIONAL Y LOS PRINCIPIOS CONSTITUCIONALES NO ESCRITOS

Ahora bien, si bien es cierto que un auténtico sistema de justicia constitucional es posible en países con Constituciones escritas y rígidas, el control jurisdiccional de la constitucionalidad de las leyes opera no sólo respecto al texto formal de los artículos constitucionales, sino también en relación con los principios y valores no escritos que resultan de la Constitución y de su espíritu[49].

El tema, por supuesto, tradicionalmente ha sido objeto de discusión, particularmente en los Estados Unidos de América, debido al papel activo que la Corte Suprema ha asumido en diversas ocasiones, en especial, en materia de protección de derechos fundamentales, resultando del debate respecto del papel de los jueces

---

45 *V.*, P. de Vega García, "Jurisdicción Constitucional y Crisis de la Constitución", *Revista de Estudios Políticos*, Nº 7, Madrid, 1979, p. 206.

46 *V.*, G. Trujillo Fernández, *op. cit,* pp. 17-18.

47 *V.*, P. Lucas Murillo de la Cueva, "El Examen de la constitucionalidad de las leyes y la Soberanía Parlamentaria", *Revista de Estudios Políticos,* N° 7, Madrid, 1979, p. 206.

48 *V.*, A. Shapira, *The Constitution and its Defense in Israel: Fundamentals, Guarantees, Emergency Powers and Reform,* International Congress on the Constitution and its Defense, U.N.A.M., México, 1982 (mimeo), pp. 25. *V.*, también A Shapira, "Judicial Review without a Constitution: the Israeli Paradox", *Temple Law Quaterly,* 56, 1983, p. 405. *V.*, la referencia en el caso *Bergman vs. Ministerio de Finanzas* 23 PD (1) 693, 1969 en J.D. Whyte, *Judicial Review of Legislation and its Legitimacy: Developments in the Common Law World,* International Association of Legal Sciences, Uppsala Colloquium (mimeo) p. 57.

49 *V.*, L. Favoreu, "Rapport général Introductif" en L. Favoreu (ed.), *Cours Constitutionnelles... cit.,* p. 45.

en materia de justicia constitucional, dos posturas antagónicas: el rol interpretativo o el rol no-interpretativo de los jueces[50].

Según el método interpretativo, los jueces constitucionales deben limitarse a aplicar y ejecutar las normas concretas contenidas en los artículos de la Constitución escrita o derivadas de ellos en forma claramente implícita. Este modelo fue el originalmente seguido por Hamilton y el Juez Marshall; y conforme al mismo, las leyes sólo pueden ser consideradas nulas mediante deducción, siempre que la premisa fundamental se encuentre claramente en la Constitución.

En el extremo opuesto, el del modelo no interpretativo, se permite a los jueces ir más allá de las referencias literales a la Constitución y aplicar normas que no se encuentran en el marco del documento escrito, pero que forman parte de los valores fundamentales y permanentes de una sociedad determinada y de su sistema político. En opinión de Thomas Grey, la forma más pura del modelo no interpretativo partía de la premisa de que los principios del gobierno republicano y de la *natural justice* en relación con los derechos humanos, establecían limitaciones a la autoridad legislativa, sin que debieran tenerse en cuenta los términos precisos del texto escrito de la Constitución, y ni siquiera su propia existencia[51]. Este modelo no-interpretativo, a pesar de que la Constitución de 1798 y las Enmiendas de 1791 no consagraban el principio de igualdad y que la Enmienda XIV (1868) sólo establecía la cláusula de protección igual[52], fue el seguido por la Corte Warren en las decisiones relativas a cuestiones sobre discriminación racial y protección de las minorías[53].

Por supuesto, la elección entre el modelo interpretativo y el no-interpretativo ha sido, y probablemente seguirá siendo, una de las interrogantes más importantes con respecto al papel de la justicia constitucional y del control judicial de la constitucionalidad de las leyes. La adopción de un modelo u otro depende, en realidad, del contenido de la Constitución misma y de la manera y fecha en que fueron redactados sus artículos. El hecho es que cuando una Constitución tiene más de doscientos años, como la norteamericana, resulta imposible en la actualidad plasmar cuáles fueron en su momento, las intenciones conocidas de sus redactores, quienes vivieron en una sociedad patriarcal que desapareció desde hace mucho tiempo, en especial con respecto a las llamadas cláusulas abiertas de la Constitución[54].

---

50 *V.*, J. H. Ely. *Democracy and distrust. A Theory of judicial review,* 1980, pp. 1-2; T. Grey, "Do we have an unwritten constitution?", *Stanford Law Review,* N° 27, 1975, p. 703; T. Grey, "Origins of the Unwritten Constitution: Fundamental Law in American Revolutionary Thought", *Stanford Law Review,* N° 30, 1978, pp. 843-847; E. García de Enterría, *op. cit.,* pp. 210-221; M. Cappelletti, "El formidable problema del control judicial y la contribución del análisis comparado", *Revista de Estudios Políticos,* N° 13, Madrid, 1980, pp. 68-69, "The mighty problem" of judicial review and the contribution of comparative analysis, in *Southern California Law Review,* 1980, p. 409); B. Caine, "Judicial Review: Democracy versus Constitutionality", *Temple Law Quaterly,* 56, (2), 1973, p. 298.

51 *V.*, T. Grey, "Origins of the Unwritten Constitution: Fundamental Law in American Revolutionary Thought", *Stanford Law Review,* N° 30, 1978, pp. 844.

52 *V.*, J. H. Ely, *op. cit.,* pp. 79-90; E. García de Enterría, *op. cit.,* pp. 216-217. *V.*, también R. Berger, *Government by Judiciary. The Transformation of the fourteen Amendment,* 1977.

53 *V.*, en particular *Brown vs Board of Education of Topeka,* 347 U.S. 483 (1954). *V.*, el texto en S.I. Kutler (ed.) *op. cit.,* pp. 548-5…

54 *V.*, J. H. Ely, *op. cit.,* p. 13; E. García de Enterría, *op. cit.,* p. 211.

Sin embargo, en casos concretos, tales intenciones deben determinarse, siendo ese, precisamente, el papel de los jueces.

Por supuesto, la situación es diferente en sistemas constitucionales dotados de textos constitucionales contemporáneos de contenido detallado, en los cuales a veces puede resultar difícil desarrollar el modelo no-interpretativo. En todo caso, la adopción de uno u otro modelo también depende de la tradición jurídica de cada país.

Por ejemplo, en el ámbito de los derechos fundamentales, el Tribunal Federal suizo desarrolló ampliamente el modelo no interpretativo para su protección, de manera que algunos derechos fundamentales importantes, como la libertad personal, la libertad de expresión o el derecho a ser oído (audiencia previa) si bien no se encontraban expresos en el texto de la Constitución federal, fueron reconocidos por el Tribunal Federal como derechos constitucionales no escritos. Al respecto el Tribunal, en realidad, no interpretó la Constitución, sino que la perfeccionó, al considerar que ese era su deber como juez constitucional. Esta actitud se justifica por el hecho de que su función consiste, precisamente, en garantizar los fundamentos del Estado federal democrático, en conformidad con la ley[55].

Por el contrario, en el caso del Tribunal Constitucional austriaco, como lo señaló Theo Ohlinger, durante el siglo pasado éste adoptó el método interpretativo, considerándose limitado por el texto constitucional. La tarea interpretativa por supuesto, siempre se consideró de gran importancia, debido a que las normas más importantes de la Constitución relativas a los derechos fundamentales habían sido redactadas en el siglo XIX, algunas con un estilo formalista y lapidario. En esta tarea, sin embargo, la orientación positivista del Tribunal Constitucional fue determinante, aferrándose a una aplicación cuidadosa del método interpretativo. Esto condujo a que cuando el Tribunal Constitucional consideró que la ausencia de una norma constitucional afectaba una situación particular, estimó que su deber sólo consistía en solicitar al legislador constitucional que llenase el vacío, considerándose incompetente para hacerlo jurisdiccionalmente[56].

En contraste con esta situación, en relación al ámbito de la protección de los derechos fundamentales, debe destacarse como ejemplo del modelo no–interpretativo, el desarrollado durante las últimas décadas del siglo pasado del Consejo Constitucional francés, que lo llevó, como juez constitucional, no solamente a superar el modelo interpretativo, sino a alcanzar la forma más pura del modelo de justicia constitucional no-interpretativa. Ello ocurrió, particularmente, en casos en los cuales controló la conformidad de la legislación con los "principios generales" o con las "tradiciones republicanas" no definidas, vagas y no escritas, "encontradas" por el Consejo Constitucional y definidos como de rango jurídico superior[57].

En este sentido, la actitud del Consejo Constitucional francés cambió radicalmente a partir de los años setenta del siglo pasado, después de la importante decisión adoptada el 16 de julio de 1971[58] con respecto a la libertad de asociación, y al valor

---

55 *V.*, T. Ohlinger, "Objet et portée de la protection des droits fondamentaux: la Cour Constitutionnelle Autrichienne", in L. Favoreu (ed.), *Cours Constitutionnelles...*, pp. 335-336.

56 *Idem.*, p. 346.

57 *V.*, M. Cappelletti, "El formidable problema... *loc. cit.*, nota 20, p. 69.

58 *V.*, en L. Favoreu y L. Philip, *Les grandes décisions du Conseil Constitutionnel*, París 1984, pp. 222-237.

del Preámbulo de la Constitución. En contraste con el criterio del antiguo Comité Consultivo Constitucional que elaboró la Constitución de 1958 conforme al cual, el papel del Consejo Constitucional no tenía por objeto garantizar el cumplimiento de las disposiciones del Preámbulo de la Constitución; en 1971, el Consejo Constitucional reconoció el valor jurídico positivo de dicho Preámbulo de la Constitución de 1958, con todas sus consecuencias[59], configurándose así, lo que Louis Favoreu llamó el "bloque de la constitucionalidad"[60].

En efecto, el Preámbulo de la Constitución francesa de 1958 establece lo siguiente:

> "El pueblo francés proclama solemnemente su subordinación a los Derechos del Hombre y a los principios de soberanía nacional tal como están definidos por la Declaración de 1789, confirmados y completados por el Preámbulo de la Constitución de 1946".

Este Preámbulo de la Constitución, hasta 1971, había sido considerado por el propio Consejo Constitucional como un mero principio de orientación para la interpretación constitucional; habiendo considerado que su competencia estaba "estrictamente limitada" por el texto constitucional[61].

Esta actitud, sin embargo, cambió con la mencionada decisión del Consejo Constitucional del 16 de julio de 1971, cuando resolvió que una nueva ley, al establecer un procedimiento previo de controles judiciales para que una asociación pudiera tener capacidad jurídica, era contraria a la Constitución. Esa ley, en realidad, era una reforma a la Ley de 1910 referida a las Asociaciones sin fines de lucro, que había sido introducida por el Gobierno a la consideración de la Asamblea Nacional en 1970, la cual el Consejo Constitucional consideró inconstitucional[62].

La Constitución de 1958, a través del Preámbulo de la Constitución de 1946, se refería a los "principios fundamentales reconocidos por las leyes de la República" entre los cuales debe mencionarse el principio de libertad de asociación. De acuerdo con este principio, las asociaciones pueden constituirse libremente y pueden desarrollar sus actividades públicamente, con la única condición de hacer una declaración previa, cuya validez no podía ser sometida a una intervención previa por parte de autoridades administrativas o judiciales.

---

59 *V.*, L. Favoreu, "Rapport général Introductif", en L. Favoreu (ed) *Cours Constitutionnelles. ... cit.*, pp. 45-46.

60 *V.*, L. Favoreu, "Le principe de la constitutionalité. Essai de définition d'après la jurisprudence du Conseil Constitutionnel", *loc. cit.*, p. 34.

61 *V.*, L. Hamon, "Contrôle de Constitutionalité et protection des droits individuels. A propos de trois décisions récentes du Conseil Constitutionnel", *Recueil Dalloz Sirey 1974,* Chronique XVI, p. 85.

62 *V.*, la decisión del Consejo Constitucional en L. Favoreu y J. Philip, *Les grandes décisions du Conseil Constitutionnel, cit.*, p. 222. *V.*, los comentarios de la decisión del 16 de julio de 1971 en J. Rivero, "Note", *L'Actualité Juridique. Droit Administratif,* 1971, p. 537; J. Rivero "Principes fondamentaux par les lois de la République; une nouvelle catégorie constitutionnelle?", *Dalloz 1974, Chroniques,* p. 265; J. E. Bardsley, "The Constitutional Council and Constitutional Liberties in France", *The American Journal of Comparative Law Journal,* 20 (3), 1972, p. 43; y B. Nicolas, "Fundamental Rights and Judicial Review in France", *Public Law Journal,* 1978, p. 83.

El Consejo Constitucional decidió que las limitaciones impuestas a las asociaciones por la nueva Ley que establecían un control judicial previo a la mencionada declaración, eran inconstitucionales. Por ello, Jean Rivero afirmó que:

> "La libertad de asociación, la cual no está expresamente consagrada ni por la Declaración ni por "los principios particularmente necesarios en nuestro tiempo", pero que ha recibido su status de una Ley del 1° de julio de 1901, se la ha reconocido, por la decisión citada (del Consejo Constitucional), come dotada de un carácter constitucional, y ello no solamente como principio, sino incluso, en relación con las modalidades de su ejercicio"[63].

El impacto de esta decisión fue resumido por Barry Nicholas, de la manera siguiente:

> "Marcó un cambio inequívoco con respecto a la tradición constitucional de la supremacía de la ley. Declaró, por sobre todo, que incluso del ámbito reservado a la legislación por el artículo 30 de la Constitución, había principios fundamentales que el Parlamento no podía alterar ni infringir. Y sobre todo, declaró que aquellos principios fundamentales se encontraban no solamente en la misma Constitución sino también en su Preámbulo, y a través del mismo, en el Preámbulo de 1946 (y presumiblemente, también en la Declaración de 1789)"[64].

La decisión del 16 de julio de 1971 acerca de la libertad de asociación, puede considerarse como un ejemplo de la voluntad creativa del Consejo Constitucional para determinar los derechos fundamentales, aun cuando para ello tenía que basar su decisión en el Preámbulo de la Constitución de 1958, y a través de éste, en el Preámbulo de la Constitución de 1946, considerado como uno de los "principios fundamentales reconocidos por las leyes de la República". Por lo tanto, con el fin de establecer un derecho fundamental o una libertad como "principio fundamental", el Consejo Constitucional se basó en una ley específica existente, particularmente, en relación con la libertad de asociación, como era la Ley del 1° de julio de 1901 que la reconocía.

Sin embargo, en otros casos[65], como sucedió con el derecho a la defensa, el Consejo Constitucional, para deducirlo no se basó en la existencia de una ley en particular, sino en "los principios fundamentales reconocidos por las leyes de la República". En la decisión de 19/20 de enero de 1981[66], en esta forma, el Consejo Constitucional cambió radicalmente la situación previa con respecto al derecho a la defensa, el cual había sido considerado por el Consejo de Estado, simplemente, como un

---

63 *V.*, J. Rivero, "Les garanties constitutionnelles des Droits de l'Homme en Droit français", *IX Joumées Juridiques Franco-Latino-américaines,* Bayonne, 21-23 mai, 1976 (mimeo), p. 11.

64 *V.*, B. Nicholas, "Fundamental Rights and Judicial Review in France", Public Law, 1978, p. 89.

65 Las decisiones del 8 de noviembre de 1976; del 2 de diciembre de 1976; del 19 de enero de 1981; del 20 de enero de 1981. *Cfr.* las citas en F. Luchaire, "Procédures et Techniques de Protection des Droits Fondamentaux. Conseil Constitutionnel Français", en L. Favoreu (ed), *Cours Constitutionnelles Européennes.* .. *cit.,* pp. 69, 70, 83.

66 *V.*, L. Favoreu y L. Philip, *Les grandes décisions.... cit.,* pp. 490, 517.

principio general del derecho"[67]. Al contrario, luego de la decisión de 1981, el Consejo Constitucional lo reconoció como parte de los "principios y valores de rango constitucional", expresión empleada por el Consejo Constitucional para "designar de manera genérica todas las normas que tienen rango constitucional, sin estar incluidas en el texto de la Constitución"[68].

Por todo lo anterior, en la actualidad, en Francia, como consecuencia de la ampliación del principio de constitucionalidad, la "conformidad con la Constitución" no se entiende estrictamente como la conformidad con una disposición expresa de la Constitución. Al contrario, desde los años setenta del siglo pasado, la noción de norma constitucional que puede servir de norma de referencia para el control jurisdiccional de la constitucionalidad se entiende, cada vez más, en sentido más amplio, incluyendo disposiciones y principios que están fuera del texto expreso constitucional, y en particular, contenidos en la Declaración de 1789, en los Preámbulos de las Constituciones de 1946 y 1958, en los principios fundamentales reconocidos por las leyes de la República y en los principios generales con valor constitucional[69].

En todo caso, sigue vigente la discusión relativa a si es o no necesario disponer de una norma de referencia escrita, para que se pueda producir el control de la constitucionalidad de las leyes. Distintas soluciones se han formulado según los varios sistemas de control[70], aun cuando puede observarse una clara tendencia a permitir el método no-interpretativo de justicia constitucional con un papel cada vez más activo del juez constitucional.

## IV. LA ADAPTACIÓN DE LA CONSTITUCIÓN Y SU INTERPRETACIÓN

En efecto, el tipo normal y habitual de control jurisdiccional de la constitucionalidad de las leyes que se ha desarrollado en todos los sistemas constitucionales en los cuales se establece el principio de la supremacía de la Constitución, está basado en la existencia de normas escritas en la Constitución a las cuales deben conformarse todos los órganos del Estado, en especial, el Legislador. En este caso, evidentemente, el problema básico de la justicia constitucional con base en el modelo interpretativo, se refiere al grado de claridad del texto constitucional en cuestión, y consecuentemente, a la factibilidad del ejercicio del control jurisdiccional de la constitucionalidad de las leyes con respecto a nociones vagas, imprecisas o indeterminadas contenidas en los artículos constitucionales, y en la necesidad de un juez constitucional para adaptar el texto de la Constitución, con el fin de garantizar su efectividad y supremacía.

---

67 *V.*, D. G. Lavroff, "El Consejo Constitucional Francés y la Garantía de las libertades públicas", *Revista Española de Derecho Constitucional,* N° 1 (3), 1981, pp. 54-55; L. Favoreu y L. Philip, *Les grandes décisions... cit,* p. 213

68 *V.*, L. Favoreu, "Les décisions du Conseil Constitutionnel dans l'affaire desnationalisations", *Revue du Droit Public et de la Science Politique en France et à l'étranger,* T. XCVIII, N° 2, París 1982, p. 401.

69 *V.*, L. Favoreu, "L'application directe et l'effet indirect des normes constitutionnelles", *French Report to the XI International Congress of Comparative Law, Caracas,* 1982 (mimeo), p. 4

70 *V.*, E. Smith, *Contrôle juridictionnel de la législation et sa légitimité. Développements récents dans les cinq pays scandinaves,* Rapport au Symposium de l'Association Internacionale des Sciences Juridiques, Uppsala, 1984 (mimeo), p. 61. También publicado en L. Favoreu y J. A. Jolowicz (ed), *Le contrôle juridictionnel des lois... cit.,* pp. 225-282.

Como se señaló anteriormente, la situación depende del carácter contemporáneo o anticuado que tenga el texto constitucional, del número de sus disposiciones o regulaciones y de la precisión o vaguedad de los artículos del mismo.

Sin embargo, incluso en las Constituciones contemporáneas, respecto de sus declaraciones de derechos fundamentales, algunas veces están redactadas de manera sintética, vaga y elusiva; sus normas a veces se expresan en conceptos indeterminados como libertad, orden público, democracia, justicia, dignidad, igualdad, función social o interés público[71], todo lo cual tiene que conducir a los jueces a ejercer un papel de interpretación muy activo, de lo que se ha dado en llamar las "ambigüedades preciosas"[72] de las Constituciones.

En todo caso, estas expresiones vagas e imprecisas de las Constituciones siempre expresan algunos conceptos o valores esenciales relacionados con los fundamentos generales de una sociedad determinada y su sistema político; por tanto, tiene que ser en relación con éstos últimos que el juez constitucional debe desempeñar su papel creativo, y determinar el sentido exacto del concepto. Estas expresiones, llamadas "conceptos jurídicos indeterminados" o "nociones jurídicas imprecisas"[73] las cuales están incluidas en las Constituciones, principalmente por su carácter general, son las que el juez constitucional debe explicar e identificar; y mediante un proceso interpretativo, fijar sus fronteras para lo cual debe tomar en cuenta, sobre todo, los valores supremos que derivan de la Constitución y que generalmente se encuentran en el Preámbulo o en los primeros artículos del Texto.

La posición del juez constitucional frente a la Constitución no es, pues, muy diferente de la que cualquier juez tiene normalmente ante las leyes, las cuales deben ser interpretadas; y así como los jueces no deben sustituir al Legislador deduciendo conceptos contrarios a lo que está escrito en la ley, tampoco pueden interpretar la Constitución de manera tal que lleguen a deducir conceptos que vayan en contra del texto constitucional y de sus valores fundamentales[74].

Sin embargo, el juez constitucional siempre tiene un deber adicional al juez ordinario: debe defender la Constitución y, en especial, los valores que en un momento dado estuvieron en la base de su creación. Por esta razón, el juez constitucional en su proceso interpretativo, debe adaptar la Constitución a los valores de la sociedad y del sistema político, con miras, precisamente, a "mantener viva la Constitución"[75]. Para este fin, no cabe la menor duda que para controlar la constitucionalidad de la

---

71 *V.*, M. Cappelletti, "Nécessité et légitimité de la justice constitutionnelle" en L. Favoreu (ed) *Cours Constitutionnelles Européennes et Droits fondamentaux*, Paris, 1982, p. 474.

72 "Si bien es cierto que la precisión ocupa un sitial de honor en la redacción de una decisión gubernamental, no es menos cierto que se vuelve mortal en una Constitución que se quiere permanezca como un cuerpo viviente". S.M. Hufstedles, "In the name of Justice", *Stanford Lawyers,* 14 (1), 1979, pp. 3-4, citado por M. Cappelletti; "Nécessité et légitimité...", *loc. cit.*, p. 474. Véase las referencias en E. García de Enterría, *op. cit.*, p. 229; y en L. Favoreu, "Le contrôle juridictionnel des lois et sa légitimité.. ." *doc. cit.*, p. 32.

73 *V.*, F. Sainz Moreno, *Conceptos jurídicos, interpretación y discrecionalidad administrativa*, Madrid, 1976; E. García de Enterría, *La lucha contra las inmunidades de poder en el Derecho Administrativo*, Madrid, 1980, p. 32.

74 *V.*, F. Luchaire, "Procédures et techniques...", *loc. cit.*, p. 83.

75 *V.*, M. Cappelletti, "El formidable problema...", *loc. cit.*, p. 78.

legislación, debe desarrollar una actividad creativa de manera de permitir la aplicación moderna y efectiva de Constituciones que, por ejemplo, fueron escritas en el Siglo XIX.

En este sentido, la Constitución no puede ser considerada como un documento estático. Por el contrario, siempre debe adaptarse a la evolución de las necesidades e instituciones sociales. Y precisamente, en este proceso de adaptación de la Constitución, el papel del juez constitucional ha sido de vital importancia, como lo demostró la Corte Suprema norteamericana, al dictar importantes decisiones en relación con la discriminación racial en el sistema educativo.

Al referirse a la Enmienda XIV, por ejemplo, el *Chief Justice* Warren de la Corte Suprema, declaró en el caso *Brow vs. Board of Education of Topeka,* 347 U.S. 483 (1954), que:

> "Al enfocar este problema no podemos regresarnos a 1868 cuando se adoptó la Enmienda, y ni siquiera a 1896 cuando sé decidió el caso *Plessy vs. Ferguson.* Debemos examinar la educación pública a la luz de su desarrollo completo y del lugar que ocupa actualmente en la vida americana, en toda la Nación. Solamente de esta manera puede determinarse si la segregación en las escuelas públicas priva a los demandantes de una protección igual de las leyes".

Tal afirmación lo llevó a concluir, señalando lo siguiente:

> "Que en el campo de la educación pública la doctrina "separados pero iguales" no tiene lugar. Establecimientos educacionales separados son intrínsecamente desiguales. Por ello, sostenemos que los demandantes así como otros en situación similar de quienes han intentado las acciones son, debido a la segregación de la que se quejan, privados de una protección igual por parte de las leyes, garantizada por la Enmienda XIV".

En el mismo sentido, esta adaptación de la Constitución por el juez constitucional quedó demostrada en Francia por el Consejo Constitucional, en el famoso caso de las Nacionalizaciones en 1982, en el cual se aplicó el artículo relativo al derecho de propiedad contenido en la Declaración de los Derechos del Hombre y del Ciudadano en 1789 y, consecuentemente, se declaró el derecho de propiedad con rango constitucional.

En su decisión del 16 de enero de 1982[76], aun cuando el artículo de la Declaración de 1789 relativo al derecho de propiedad fue considerado obsoleto, estimándose que su interpretación no podía realizarse sino en un sentido radicalmente diferente al que tenía en 1789[77], el Consejo Constitucional declaró que:

> "Considerando que, si posteriormente a 1789 y hasta nuestros días, las finalidades y las condiciones de ejercicio del derecho de propiedad han experimentado una evolución caracterizada a la vez por una notable extensión de su campo de aplicación a dominios individuales nuevos, y por limitaciones exigidas por el interés general, los principios mismos enunciados por la Declaración de los De-

76 *V.*, L. Favoreu y L. Philip, *Les grandes décisions...*, *cit.*, pp. 525-562

77 *V.*, L. Favoreu, "Le contrôle juridictionnel des lois et sa légitimité..., *doc. cit.*, p. 3.2.

rechos del Hombre tienen pleno valor constitucional, tanto en lo que concierne al carácter fundamental del derecho de propiedad cuya conservación constituye uno de los objetivos de la sociedad política, y que está colocado en el mismo nivel que la libertad, la seguridad y la resistencia a la opresión, como en lo que concierne a las garantías otorgadas a los titulares de este derecho y las prerrogativas del poder público..."[78].

En esta forma, el Consejo Constitucional no sólo "creó" un derecho fundamental constitucional al asignar rango y valor constitucional a la Declaración de 1789, sino que también adaptó el antiguo "sagrado" y absoluto derecho de propiedad consagrado hace más de doscientos años, al derecho limitado y limitable de nuestros tiempos, aun cuando su preservación lo llevó a declarar inconstitucionales algunos de los artículos de la Ley de Nacionalización.

De lo anteriormente señalado resulta claro que en todos los sistemas constitucionales dotados de Constituciones escritas, para que las Constituciones sean vistas como leyes supremas cuyas normas deben prevalecer sobre cualquier otra en el ordenamiento jurídico, el principio de la supremacía de la Constitución no sólo se aplica a sus artículos escritos sino también a las normas no escritas que pueden deducirse por los jueces constitucionales del texto fundamental, como parte de los valores supremos que se encuentran en el fundamento de una sociedad determinada y de su sistema político.

En todo caso, el principio de supremacía de la Constitución quedaría como letra muerta si el sistema constitucional no brindase un conjunto completo de garantías constitucionales para darle efectividad. Una de estas garantías es, precisamente, la justicia constitucional, es decir, los poderes otorgados a los jueces, tanto ordinarios como especiales, para controlar la constitucionalidad de las leyes y de todos los demás actos del Estado.

## V. EL DERECHO CIUDADANO A LA SUPREMACÍA CONSTITUCIONAL

En efecto, si partimos del supuesto de que la Constitución es manifestación de la voluntad del pueblo que debe prevalecer sobre la voluntad de los órganos constituidos, el principal derecho constitucional que los ciudadanos tienen es *el derecho a dicha supremacía,* es decir, al respeto de la propia voluntad expresada en la Constitución. Nada se ganaría con señalar que la Constitución, como manifestación de la voluntad del pueblo, debe prevalecer sobre la de los órganos del Estado, si no existiere el derecho de los integrantes del pueblo de exigir el respeto de esa Constitución y su supremacía.

El constitucionalismo moderno, por tanto, en nuestro criterio, está montado no sólo sobre el principio de la supremacía constitucional, sino en que como secuela del mismo, existe *un derecho del ciudadano a esa supremacía*[79], que se concreta,

78 *V.*, L. Favoreu y L. Philip, *Les grandes décisions..., cit.*, p. 526. *Cfr.* L. Favoreu, "Les décisions du Conseil Constitutionnel dan l'affaire des nationalisations", *loc. cit.*, p. 406.

79 *V.*, Allan R. Brewer-Carías, "El amparo a los derechos y libertades constitucionales (una aproximación comparativa)" en *La protección jurídica del ciudadano. Estudios en Homenaje al Profesor Jesús González Pérez,* T. III, Madrid 1993, pp. 2.696 y 2.697.

conforme al principio de la separación de poderes, en *un derecho fundamental a la tutela judicial efectiva de la supremacía constitucional.*

En esta forma, el desarrollo de la justicia constitucional en sus dos vertientes, como protección de la parte orgánica de la Constitución, o como protección de su parte dogmática, es decir, de los derechos y libertades constitucionales, en definitiva no es más que la manifestación de la garantía constitucional del derecho fundamental del ciudadano al respecto de la supremacía constitucional, es decir, a la tutela judicial efectiva de dicha supremacía.

Este derecho fundamental, así, se concreta tanto en un derecho al control jurisdiccional de la constitucionalidad de los actos estatales, sea mediante sistemas de justicia constitucional concentrados o difusos, y en un derecho al amparo judicial de los demás derechos fundamentales de las personas, sea mediante acciones o recursos de amparo u otros medios judiciales de protección inmediata de los mismos. La consecuencia de este derecho fundamental, sin duda, implica el poder atribuido a los jueces de asegurar la supremacía constitucional, sea declarando la nulidad de los actos contrarios a la Constitución, sea restableciendo los derechos fundamentales vulnerados por acciones ilegítimas, tanto de los órganos del Estado como de los particulares.

Tratándose de un derecho fundamental de los ciudadanos, el de asegurar la supremacía constitucional mediante la tutela judicial de la misma, es evidente que sólo la Constitución podría limitar dicho derecho, es decir, sería incompatible con la idea del derecho fundamental de la supremacía constitucional que se postula, cualquier limitación legal a la misma, sea manifestada en actos estatales excluidos del control judicial de constitucionalidad; sea en derechos constitucionales cuya violación no fuera amparable en forma inmediata. Tal como lo señaló la antigua Corte Suprema de Justicia de Venezuela:

> "si la regla general constitucionalmente establecida es la del pleno ejercicio del control constitucional de todos los actos del Poder Público, cualquier excepción a dicha regla tendría que emanar, necesariamente, de la propia Constitución. Ni siquiera una disposición legal podría sustraer alguno de aquellos actos al control antes dicho; y menos aún pueden autorizarlo los órganos jurisdiccionales como intérpretes fieles que deben ser del contenido de aquella norma. A todo evento, y, ante la duda que pudiera surgir acerca de si algún acta emanado del Poder Público es o no susceptible de revisión constitucional por acción directa, debe optarse, en obsequio a aquel amplio y fundamental principio constitucional, por admitir su examen por parte de este Alto Tribunal"[80].

La supremacía constitucional es una noción absoluta, que no admite excepciones, por lo que el derecho constitucional a su aseguramiento tampoco puede admitir excepciones, salvo por supuesto, que las establezca la propia Constitución. De lo anterior resulta que, en definitiva, en el derecho constitucional contemporáneo, la justicia constitucional se ha estructurado como una garantía adjetiva al derecho fundamental del ciudadano a la supremacía constitucional.

---

80 *V.*, sentencia de la Corte Suprema de Justicia en Pleno de 15-3-62, en *Gaceta Oficial,* Nº 760, Extraordinaria de 22-3-62.

En cierta forma, como lo señaló Sylvia Snowiss en su análisis histórico sobre los orígenes de la justicia constitucional de Norteamérica, ésta ha surgido como un sustituto a la revolución[81].

En efecto, si los ciudadanos tienen derecho a la supremacía constitucional, como pueblo soberano, cualquier violación de la Constitución podría dar lugar a la revocatoria del mandato a los representantes o a su sustitución por otros, en aplicación del derecho a la resistencia o revuelta que defendía John Locke[82]. En caso de opresión de los derechos o de abuso o usurpación, la revolución era la solución o la vía de solución de los conflictos entre el pueblo y los gobernantes.

Como sustituto de la misma, sin embargo, surgió el poder atribuido a los jueces para dirimir los conflictos constitucionales entre los poderes constituidos o entre éstos y el pueblo. Esa es, precisamente, la tarea del juez constitucional, quedando configurada la justicia constitucional como la principal garantía al derecho ciudadano a la supremacía constitucional.

## *SECCIÓN SEGUNDA:*

## *LA JUSTICIA CONSTITUCIONAL COMO GARANTÍA DE LA CONSTITUCIÓN*

**El texto de esta sección, además, se publicó en el libro coordinado por Armin von Bogdandy, Eduardo Ferrer Mac-Gregor y Mariela Morales Antoniazzi, *La Justicia Constitucional y su Internacionalización. ¿Hacia un Ius Constitucionale Commune en América Latina?*, Instituto de Investigaciones Jurídicas, Instituto Iberoamericano de Derecho Constitucional, Max Planck Institut Für Ausländisches Öffentliches Rechts Und Völkerrecht, Universidad Nacional Autónoma de México, México 2010, Tomo I, pp. 25-62; y en *Revista de Derecho Público*, Nº 9-10, Asociación Costarricense de Derecho Administrativo, San José, Costa Rica 2010, pp. 9-28. Fue publicado también con el título: "La justicia constitucional como garantía de la Constitución," en *Derecho Procesal Constitucional. Instrumentos para la Justicia Constitucional*, Ediciones Doctrina y Ley Ltda., Bogotá 2013, pp. 19-4.**

En el mundo contemporáneo, el signo más característico del Estado de derecho o del Estado sometido al derecho es, sin duda, la existencia de un sistema de control judicial de la conformidad con el derecho de *todos* los actos estatales, lo cual se aplica no sólo a los actos administrativos, a través del tradicional control contencioso administrativo, sino a las leyes y demás actos estatales de similar rango, a través del sistema de justicia constitucional[83].

---

81 *V.*, Silvia Snowiss, *Judicial Review..., cit.*, p. 113.

82 *V.*, John Locke, *Two Treatises of Government* (ed. Peter Laslett), Cambridge UK, 1967, pp. 221 y ss.

83 Por eso Jean Rivero estimó que el último paso en la construcción del Estado de derecho, es que el Legislador mismo esté sometido a una norma superior, la Constitución, en "Rapport de Synthèse", en L. Favoreu (ed.), *Cours constitutionnelles européennes et droits fundamentaux,* París, 1982, p. 519. Así mismo P. Lucas Murillo de la Cueva, calificó a la justicia constitucional como "la culminación de la construcción del Estado de derecho", en "El Examen de la Constitucionalidad de las Leyes y la Soberanía Parlamentaria", en *Revista de Estudios Políticos,* Nº 7, Madrid, 1979, p. 200.

Este principio, que puede hoy considerarse elemental y que tiene sus raíces en el constitucionalismo norteamericano[84], sin embargo, solo se consolidó en Europa continental hace pocas décadas, con las adopción de la noción de Constitución rígida, el principio de su supremacía, la garantía de la nulidad de los actos estatales que la vulneren, la consagración constitucional de los derechos fundamentales, y la consideración de la Constitución como norma de derecho positivo directamente aplicable a los ciudadanos[85], cuya aceptación, incluso, fue calificada hacia finales del siglo pasado como producto de una "revolución"[86], que los países europeos sólo en las últimas décadas de dicho siglo comenzaron a "redescubrir"[87].

Ahora bien, la justicia constitucional, es decir, la posibilidad de control judicial de la constitucionalidad de las leyes y demás actos estadales, deriva precisamente de esa idea de la Constitución como norma fundamental y suprema, que debe prevalecer sobre toda otra norma o acto estatal; lo que implica el poder de los jueces o de ciertos órganos constitucionales en ejercicio de funciones jurisdiccionales, de controlar la constitucionalidad de los actos estatales, incluidas las leyes, declarándolos incluso nulos cuando sean contrarios a la Constitución. Ese fue el gran y principal aporte de la Revolución Norteamericana al constitucionalismo moderno, y su desarrollo progresivo ha sido el fundamento de los sistemas de justicia constitucional en el mundo contemporáneo.

Como lo expresó en su momento Manuel García Pelayo:

> "La Constitución, en tanto que norma fundamental positiva, vincula a todos los poderes públicos incluidos el Parlamento y por tanto, la ley no puede ser contraria a los preceptos constitucionales, a los principios de que éstos arrancan o que se infieren de ellos, y a los valores a cuya realización aspira. Tal es lo que configura la esencia del Estado constitucional de derecho..."[88].

Es decir, como en su momento también lo señaló Mauro Cappelletti, la Constitución concebida "no como una simple pauta de carácter político, moral o filosófico, sino como una ley verdadera, positiva y obligante, con un carácter supremo y más permanente que la legislación positiva ordinaria"[89]. O como lo puntualizó Eduardo

---

84 *V.*, en particular A. Hamilton, *The Federalist* (ed. B. F. Wright), Cambridge Mass. 1961, *letter* N° 78, pp. 491-493. Véanse además, los comentarios de Alexis de Tocqueville, *Democracy in America* (ed. J. P. Mayer and M. Lerner), London, 1968, vol. I, p. 120.

85 *V.*, Eduardo García de Enterría, *La Constitución como norma y el Tribunal Constitucional*, Madrid, 1981.

86 *V.*, J. Rivero, "Rapport de Synthèse", en L. Favoreu (ed.), *Cours constitutionnelles européennes et droits fundamentaux*, París, 1982, p. 520, donde califica la aceptación de muchos de esos principios por el Consejo Constitucional como una "revolución".

87 El término lo usó con razón Louis Favoreu, al señalar que ha sido sólo después de la Primera Guerra Mundial, y particularmente, después de la Segunda Guerra Mundial, que los países europeos han "redescubierto" la Constitución como texto de carácter jurídico y como norma fundamental, en "Actualité et légitimité du contrôle juridictionnel des lois en Europe Occidentale", *Revue du Droit Public et de la Science Politique en France et á l'étranger*, 1984, p. 1.176.

88 Véase Manuel García Pelayo, "El Status del Tribunal Constitucional", en *Revista Española de Derecho Constitucional*, N° 1, Madrid, 1981, p. 18.

89 *V.*, Mauro Cappelletti, *Judicial Review of Legislation and its Legitimacy. Recent Developments*. General Report. International Association of Legal Sciences. Uppsala, 1984 (mimeo), p. 20; también publicado

García de Enterría al iniciarse el proceso democrático en España en las últimas décadas del siglo pasado, las Constituciones son normas jurídicas efectivas, que prevalecen en el proceso político, en la vida social y económica del país, y que sustentan la validez a todo el orden jurídico[90]. Se trata, siempre, de una ley suprema, real y efectiva, que contiene normas directamente aplicables tanto a los órganos del Estado como a los individuos.

Este concepto, si bien fue novedoso en la práctica de la España democrática, fue el concepto adoptado en los Estados Unidos de América desde los inicios del constitucionalismo, el cual desde el siglo XIX se siguió en los países de América Latina. Fue también el concepto que se adoptó en Europa después de la Revolución Francesa, y que luego de haber sido abandonado durante el siglo XIX, fue redescubierto durante el siglo pasado, particularmente después de la Segunda Guerra Mundial.

En efecto, originalmente la Constitución fue concebida como una ley fundamental que limitaba a los órganos del Estado y proclamaba los derechos fundamentales de los individuos, producto de un consenso político logrado por el pueblo mismo, y por lo tanto, directamente aplicable por los tribunales. Este concepto de Constitución, adoptado por algunos países de Europa continental luego de la Revolución Francesa, sin embargo, fue modificado posteriormente por la restauración del principio monárquico, el cual transformó la Constitución en un código formal y abstracto del sistema político, otorgado por el Rey y no directamente impuesto por los tribunales. En este contexto, la Constitución no incluía normas directamente aplicables a los individuos, quienes sólo estaban sometidos a las leyes, y aun cuando contenía una parte orgánica, la falta de medios de control de la constitucionalidad de los actos estatales, trajo como consecuencia la pérdida de su carácter normativo.

Ese concepto de Constitución en los sistemas jurídicos de Europa continental, como se dijo, cambió después de la Segunda Guerra Mundial, volviéndose nuevamente a la concepción original de ley suprema, con normas directamente aplicables tanto a los órganos del Estado como a los individuos, juzgadas por los Tribunales, y no como simples buenas intenciones. Tal como lo consideró la Corte Suprema de los Estados Unidos en el caso *Trop vs. Dulles,* 356 US 86 (1958), en la cual expresó, en relación al carácter normativo de la Constitución, que:

> "Las disposiciones de la Constitución no son adagios trillados ni contraseñas vacías. Son principios vitales y vivos que autorizan y limitan los poderes gubernamentales de nuestra Nación. Son normas de Gobierno. Cuando se cuestiona ante este Tribunal la constitucionalidad de una ley del Congreso, debemos aplicar dichas normas. De lo contrario, los términos de la Constitución se convertirían en poco más que buenas intenciones".

Por ello, en los sistemas jurídicos contemporáneos las Constituciones tienen un carácter normativo, principio que incluso rige en Francia gracias a la labor del Consejo Constitucional, y que contrasta con el sistema constitucional tradicional que se

---

como "Rapport général" en L. Favoreu y J.A. Jolowicz (ed), *Le contrôle juridictionnel des lois Légitimité, effectivité et développements récents,* París 1986, pp. 285-300.

90 *V.*, Eduardo García de Enterría, *La Constitución como norma y el Tribunal Constitucional*, Madrid, 1981, pp. 33, 39, 66, 71, 177 y 187.

había instaurado por las Leyes constitucionales de 1875, en el cual debido a la inexistencia de una declaración de derechos del hombre en el texto de la Constitución[91], sus disposiciones habían sido consideradas como no directamente aplicables a los individuos. Fue precisamente gracias a varias decisiones del Consejo Constitucional adoptadas en los años setenta del siglo pasado, que el "bloque de la constitucionalidad"[92] fue progresivamente ampliado para incluir en el mismo, a la Declaración de los Derechos del Hombre y del Ciudadano de 1789, a los principios de los Preámbulos de las Constituciones de 1946 y 1958, y a los principios fundamentales reconocidos por las leyes de la República[93]. Esto llevó a Jean Rivero a afirmar, en relación con la creación del derecho por el juez constitucional, que con las decisiones del Consejo Constitucional basadas en "la Constitución y, en particular, en su Preámbulo", en Francia se había producido "una revolución":

> "He allí, de una sola vez, la Declaración de 1789, el Preámbulo de 1946, los principios fundamentales reconocidos por las leyes de la República, integrados a la Constitución francesa, aun cuando la Constituyente no lo quiso. La Constitución francesa duplicó de tamaño por simple voluntad del Consejo Constitucional"[94].

La Constitución así configurada, en un Estado de derecho, en todo caso y por sobre todo tiene que ser dotada de supremacía en relación con cualquier otra norma jurídica o cualquier acto que emane del Estado, lo que implica que los actos del Parlamento y de absolutamente todos los demás órganos del Estado no pueden violar las normas de la Constitución, y los principios constitucionales que de ellos derivan.

No hay que olvidar que las Constituciones contemporáneas contienen, al mismo tiempo, una parte orgánica y una parte dogmática; la primera referida a la organización del Estado, la distribución y la separación del Poder Público y los mecanismos relativos a su funcionamiento; la segunda, a los derechos fundamentales y a las limitaciones impuestas a los órganos del Estado por su respeto y prevalencia. Por ello, la preeminencia de la Constitución significa no sólo la estricta observancia de las normas y procedimientos establecidos en la Constitución para regular el funcionamiento de los órganos del Estado, sino también el respeto de los derechos fundamentales de los ciudadanos, declarados o implícitos en la misma. Todo ello implica, por supuesto y por ejemplo en lo que respecta al Parlamento, no sólo la obligación de respetar las normas constitucionales que rigen la separación de poderes y evitar usurpar las atribuciones del Ejecutivo y del Poder Judicial, sino además, la necesidad de actuar de conformidad con los procedimientos para la elaboración de las leyes que prevé la Constitución, en los cuales no puede, en ningún caso, violar los derechos

---

91 *V.*, Jean Rivero, *Les libertés publiques*, vol. 1, Paris, 1973, p. 70.

92 *V.*, Louis Favoreu, "Le principe de constitutionalité. Essai de définition d'après la jurisprudence du Conseil constitutionnel" en *Recueil d'études en l'honneur de Charles Eisenmann*, París, 1977, p. 33.

93 *V.*, Louis Favoreu, *Le contrôle juridictionnel des lois et sa légitimité. Développements récents en Europe occidentale*, Association Internationale des Sciences Juridiques, Colloque d'Uppsala, 1984 (mineo), p. 8; también publicado en L. Favoreu y J. A. Jolowicz, *Le contrôle juridictionnel des lois Légitimité, effectivité et développements récents*, París 1986, pp. 17 y ss.

94 *V.*, Jean Rivero, "Rapport de Synthèse" in L. Favoreu (ed), *Cours Constitutionnelles Européennes et Droit Fondamental*, Aix-en-Provence, 1982, p. 520.

fundamentales que garantiza la Constitución. Lo mismo se aplica a la actuación de los demás órganos del Estado, en particular del Ejecutivo y de los propios tribunales, incluyendo los Tribunales Constitucionales que como garantes de la Constitución están, por sobre todo, sometidos a la misma.

La sujeción a la supremacía de la Constitución por todos los órganos del Estado, por otra parte, no sólo implica sumisión a las normas de carácter orgánico y de procedimiento, sino también a las de orden sustantivo. Por ello es que una ley puede ser inconstitucional no sólo por vicios en el procedimiento de formación de las leyes que afecten su elaboración, sino por razones de fondo, cuando su contenido es contrario a las normas o principios enunciados en la Constitución incluido los relativos a los derechos fundamentales o derivados de los mismos. Por tanto, la inconstitucionalidad de los actos estatales puede ser de forma o de fondo[95].

## I. LA SUPREMACÍA CONSTITUCIONAL Y SUS GARANTÍAS

Por supuesto, como toda supremacía normativa, para ser efectiva requiere ser garantizada, es decir, requiere de ser dotada de las necesarias garantías jurídicas, que tratándose de la Constitución como norma suprema resultan ser la culminación de la construcción del Estado de derecho. Entre ellas, está precisamente el sistema de justicia constitucional, concebido precisamente por Hans Kelsen en las primeras décadas del siglo pasado, como la garantía jurisdiccional por excelencia del principio de la supremacía constitucional[96].

Y efectivamente, la supremacía de la Constitución sería imperfecta e inoperante desde el punto de vista jurídico, si no se establecieran las necesarias garantías que la protejan frente a los actos inconstitucionales del Estado o de cualquier ruptura del ordenamiento constitucional, es decir, los medios para protegerla tanto en su parte orgánica, incluyendo los procesos y procedimientos constitucionales; como en la dogmática que se refiere a los derechos fundamentales. En general, e históricamente, se han distinguido dos tipos de garantías de la supremacía de la Constitución: las políticas y las jurisdiccionales. Las primeras se atribuyen, en general, a los órganos políticos supremos de carácter representativo del Estado, y fue la que existió, en general, en los regímenes jurídicos donde se impuso una interpretación extrema tanto del principio de la separación de poderes, como del principio de la unidad del Poder del Estado. En el primer caso, esa fue tradicionalmente la situación en Francia hasta la creación del Consejo Constitucional, donde la Asamblea Nacional era el único poder del Estado con facultad de velar por la constitucionalidad de las leyes. En el segundo caso, se trata del sistema que fue adoptado en la casi totalidad de los antiguos Estados socialistas del este de Euro-

95 *V.*, H. Kelsen. "La garantie juridictionnelle de la Constitution (La justice constitutionnelle)", en *Revue du Droit public et de la Science politique en France et à l'étranger,* Paris, 1928, p. 202.

96 *Ídem.*, p. 214. Véase además, Allan R. Brewer-Carías, "La Justicia Constitucional", en *Revista Jurídica del Perú,* Nº 3, 1995, Trujillo, Perú, pp. 121 a 160; Allan R. Brewer-Carías, "Control de la constitucionalidad. La justicia constitucional" en *El Derecho Público de finales de Siglo. Una perspectiva iberoamericana,* Fundación BBV, Editorial Civitas, Madrid 1996, pp. 517-570; Allan R. Brewer-Carías, *Instituciones Políticas y Constitucionales,* T. VI. *La Justicia Constitucional*, Universidad Católica del Táchira-Editorial Jurídica Venezolana, Caracas, San Cristóbal, 1996, 21 ss; Allan R. Brewer-Carías, *La Justicia Constitucional. Procesos y procedimientos constitucionales,* UNAM, Mexico 2007.

pa, y que en el Continente americano aún existe en Cuba, donde el órgano supremo y políticamente representativo es el único que puede ejercer el control de la constitucionalidad de las leyes.

En los sistemas europeos, donde la garantía política de la constitucionalidad le correspondía a los órganos políticos representativos, se tendía a asimilar los órganos controlados y los órganos de control[97], lo que suscitó críticas incluso en el mundo socialista, al considerarse el sistema inadecuado o por lo menos "poco satisfactorio." En todo caso, el argumento en favor de este tipo de garantía o medio de protección de la Constitución se basaba en el principio de la unidad del poder del Estado (y el rechazo del principio de la separación de poderes) que caracterizó el régimen jurídico de derecho público de los países socialistas, lo que implicaba, siempre, la supremacía del poder del órgano políticamente representativo del Estado. La consecuencia lógica de esta preeminencia fue la imposibilidad de confiar el poder de control de la constitucionalidad de las leyes a otro órgano, y considerar como ilegítimo cualquier otro control que pudiese ser ejercido por un órgano del Estado diferente del órgano supremo representativo, incluyendo la autoridad judicial[98]. Antes de los cambios constitucionales que se produjeron en el mundo socialista a partir de 1990, sin embargo, sólo tres países, Yugoslavia, Checoslovaquia y Polonia habían instituido una garantía jurisdiccional de la Constitución, confiando el poder de control de la constitucionalidad de las leyes a Tribunales Constitucionales especiales, inspirándose en el principio de la supremacía de la Constitución y en el principio de la separación de poderes del Estado. Esta tendencia se ha seguido posteriormente en el proceso de transformación política y democratización del antiguo mundo socialista, continuando con el modelo de tribunales constitucionales, por ejemplo, en la República Checa y en Polonia.

Por otra parte, en los regímenes en los cuales se siguió una interpretación rigurosa del principio de la separación de poderes o que adoptaron el principio de la supremacía y soberanía del Parlamento, evidentemente que no pudo haber un sistema de control judicial de la constitucionalidad de las leyes. Este fue el caso de todos los países de Europa continental después de la Revolución Francesa y de la restauración de la Monarquía, y es aún el caso de Inglaterra. En Europa, la Monarquía y el principio de la representación basado en la elección del cuerpo legislativo, tuvo como consecuencia la adopción del principio de la supremacía del Parlamento sobre los demás poderes del Estado y, por consiguiente, la primacía de las leyes o actos del Parlamento sobre todas las demás normas y actos estatales.

En el siglo XIX, por tanto, en Europa era inconcebible suponer cualquier alteración del principio de la supremacía de la ley, producto de la voluntad general. Este principio, sencillamente, hacía inconcebible cualquier incumplimiento de la Constitución por parte del Parlamento, siendo el Ejecutivo (el Monarca) el verda-

---

97 *V.*, P. Biscaretti di Ruffia, "Les Constitutions européennes: notions introductives" en P. Biscaretti di Ruffia y S. Rozmaryn, *La Constitution comme loi fondamentale dans les Etats socialistes,* Torino, 1966, p. 70.

98 *V.*, P. Nikolic, *Le contrôle juridictionnel des lois et sa légitimité. (Dévenloppement récents dans les pays socialistes),* Informe, Association Internationale des Sciences juridiques, Uppsala, 1984 (mimeo), pp. 14-217. Publicado también en L. Favoreu and J. A. Jolowicz (ed) *Le contrôle juridictionnel des lois. Légitimité, effectivité et développements récents,* París 1986, pp. 1-115.

dero enemigo del ciudadano, el cual podía caer en la tentación de hacer prevalecer su propia voluntad sobre la del pueblo, encarnada por el Parlamento.

Por ello, era inconcebible que el Parlamento pudiera equivocarse o fallar. Este mito de la Asamblea como expresión absoluta de la voluntad popular, fuente segura e infalible de la voluntad colectiva, fue, sin duda, el fruto histórico del jacobinismo francés, del cual, basado en el principio absoluto de la representación de la voluntad nacional, nacería el dogma de la soberanía parlamentaria; dogma en virtud del cual en Francia se proscribía en forma absoluta todo poder por encima de la Asamblea, y se hacía, naturalmente, del Poder Judicial, un simple instrumento de ejecución de las leyes sancionadas por la Asamblea, quitándole hasta la facultad de interpretarlas. De allí el conocido procedimiento del *"référé législatif"* que imponía a los jueces la obligación de consultar a la Asamblea Nacional, en caso de duda en la interpretación de las leyes[99].

Esta obligación derivaba de la más pura tradición de las teorías de Montesquieu, según las cuales los jueces no eran más que "la boca que pronuncia la palabra de ley"; por tanto, meros seres pasivos, incapaces ni siquiera de moderar la fuerza o rigor de dichas leyes[100].

Por otra parte, dicha obligación ocupaba un lugar predominante en la famosa Ley del 16-24 de agosto de 1790 sobre la organización judicial, en cuyo artículo 10 del Título II se estableció el principio de la separación de los poderes legislativo y judicial en los términos siguientes: "Los tribunales no podrán participar ni directa ni indirectamente en el ejercicio del poder legislativo; ni impedir ni suspender la ejecución de los decretos del cuerpo legislativo..." Y el artículo 12 del mismo Título agregaba: "Ellos (los tribunales) no podrán hacer reglamentos sino que se dirigirán al cuerpo legislativo cada vez que crean necesario, sea interpretar una ley o hacer una nueva".

El *"référé législatif"* como se dijo, constituía en ese entonces, el instrumento mediante el cual el cuerpo legislativo podía interpretar las leyes, interpretación a la que los jueces ni siquiera podían proceder.

Por ello, Robespierre decía que la palabra "jurisprudencia" debía ser eliminada de la lengua francesa, agregando:

> "En un Estado que tiene una Constitución, una legislación, la jurisprudencia de los tribunales no es otra cosa que la ley... si una autoridad distinta del legislador podría interpretar las leyes, ella elevaría su voluntad por encima de la del legislador"[101].

En nombre de este principio jacobino de la Asamblea, producto de la Revolución, en Francia, durante mucho tiempo se rechazó la posibilidad de que las autoridades judiciales pudieran anular las decisiones que emanaban de la Asamblea.

---

99 *V.*, Art. 2 de la Ley del 16-24 agosto 1790; y Art. 21 de la Ley de 27 de noviembre -1° diciembre 1790. *V.*, las referencias en M. Troper, *La séparation des pouvoirs et l'histoire constitutionnelle française*, Paris 1980, pp. 58 y ss.

100 Citado por Ch. H. Mc Ilwain, *The High Court of Parliament and its Supremacy*, Yale, 1910, p. 323.

101 Citado por M. Troper, *La séparation des pouvoirs et l'histoire constitutionnelle française*, París 1980, *cit.*, p. 60.

En el Reino Unido, este fue precisamente el mismo principio de la soberanía del Parlamento, fruto de la "Gloriosa Revolución" de 1688, que aún impide en la actualidad, a las instancias judiciales, poder velar por la constitucionalidad de las leyes. De acuerdo con este principio, la tarea de los jueces es sólo aplicar las leyes y, por supuesto, interpretarlas, pero éstos no tienen poder alguno para controlarlas, pues las decisiones del cuerpo legislativo traducen la voluntad soberana del pueblo.

Partiendo de esta concepción tradicional de la separación de los poderes, todo sistema de control judicial de la constitucionalidad de las leyes era considerado atentatorio al principio de la soberanía del Parlamento, que se basaba en la preeminencia del Legislador sobre los demás poderes del Estado. Esta concepción se apoyaba en la idea de que el Parlamento estaba compuesto por representantes del pueblo, quienes, como tales, en el seno de un régimen democrático representativo, representaban al soberano. En este sentido, se consideraba inadmisible toda intervención de una instancia constitucional cualquiera tendiente a limitar la autonomía del órgano representativo supremo del Estado, razón por la cual el control de la constitucionalidad de las leyes sólo podía ser ejercido por ese órgano.

En todo caso, debe tenerse en cuenta que el principio de la soberanía del pueblo, como dogma fundamental de todo Estado de derecho democrático, y que está a la base de las Constituciones modernas, es un principio político inherente al poder constituyente del Estado, no al poder de los cuerpos constituidos del mismo, que ejercen el Poder Público. Por consiguiente, en nuestro criterio, no tenía sentido que se pudiera haber continuado con el debate sobre la soberanía relativa de los cuerpos constituidos del Estado, ya que todos emanan del soberano que es el pueblo, y son sus representantes. Asimismo, actualmente no puede tener sentido alegar la soberanía del Parlamento para frenar la instauración de un mecanismo jurisdiccional capaz de garantizar la Constitución, a la cual también está subordinado el Parlamento.

Para retomar el argumento desde otro punto de vista, no hay que olvidar que en los regímenes democráticos tanto de tipo presidencial como parlamentario, el Presidente de la República o el Jefe de Gobierno son elegidos por el pueblo o surgen de la soberanía popular, al igual que los miembros del Parlamento. A partir del momento en que la Constitución reconoce la soberanía del pueblo, resulta totalmente claro que esta calidad no puede ser conferida a un órgano del Estado. No hay que olvidar que todos los poderes del Estado y todos los órganos que los ejercen derivan su legitimidad del pueblo; por consiguiente, ningún órgano constitucional es ni puede ser verdaderamente soberano, ni siquiera una Asamblea Constituyente designada por el pueblo ni el Parlamento, y todos están sujetos a la Constitución.

Además, tampoco debe olvidarse que en las democracias contemporáneas, la relación entre las fuerzas políticas y sociales tiende a relativizar las funciones constitucionales de los órganos del Estado, transformando en muchos casos al Parlamento en una especie de foro de los partidos políticos en el cual se obliga al gobierno a negociar con ellos, tal y como lo hacen con los sindicatos y los grupos de presión. Esta primacía fáctica de los partidos políticos en algunos casos ha erosionado el principio mismo de la separación de poderes y, por el contrario, ha llevado a que los poderes se concentren en manos del gobierno o de los mismos partidos políticos[102]. Por ello, incluso, ha surgido la necesidad de adoptar medidas a fin de orientar, por vías constitucionales, las actividades de los órganos del Estado y las de los mismos partidos,[103] de manera que no es incluso infrecuente que los órganos de control de la constitucionalidad, además de controlar la constitucionalidad de las leyes, puedan controlar la constitucionalidad de la actuación de los partidos políticos.

## II. EL CONTROL JURISDICCIONAL DE LA CONSTITUCIONALIDAD Y EL FIN DEL ABSOLUTISMO PARLAMENTARIO

Ahora bien, salvo en el Reino Unido, puede decirse que en Europa se disipó en gran medida el mito de la soberanía del Parlamento, con algunas excepciones como en Holanda, cuya Constitución expresamente establece que "la constitucionalidad de los actos del parlamento y de los tratados, no pueden ser revisados por los tribunales" (artículo 120). En contraste, puede decirse que el control jurisdiccional de la constitucionalidad de las leyes apareció en Europa luego de la gran crisis que se produjo al finalizar la primera guerra mundial y como consecuencia de las tragedias posteriores que hicieron desaparecer los derechos individuales. Ello condujo no sólo a la transformación de la Constitución en un verdadero código normativo, directamente aplicable y obligante, sino a la creación de órganos constitucionales cuya tarea fue la protección jurisdiccional del orden constitucional y la garantía de la supremacía de la Constitución, no sólo en relación al Poder Ejecutivo (controlado, en forma separada, por otro tipo de instancia judicial o jurisdiccional contencioso administrativa), sino esencialmente en relación al Parlamento, es decir, particularmente sobre las leyes y demás actos legislativos.

En consecuencia, la soberanía del Parlamento dejó de ubicarse sobre la justicia, y el control jurisdiccional de la constitucionalidad se convirtió en el instrumento que permitió la sujeción del Parlamento a la Constitución, sobre todo cuando la formación de mayorías efímeras desequilibran los poderes del Estado o cuando la irracionalidad de las relaciones políticas y sociales puedan afectar los principios y valores superiores de la sociedad.

De hecho, las terribles lecciones que se aprendieron resultantes de los abusos de los regímenes nazi y fascista en Europa, tal vez fueron las que permitieron derrumbar los mitos y teorías de la época en cuanto al carácter infalible de la ley. Por ello, como lo destacó Louis Favoreu, "el mito de Rousseau sobre el carácter infalible de la ley y del Parlamento por el que se expresa la voluntad general, se ha derrumbado", por lo que la célebre fórmula según la cual "el legislador no puede actuar mal" *(ne peut mal faire)* tuvo que ser revisada[104].

---

102 *V.*, Manuel García Pelayo, *El Estado de Partidos,* Madrid, 1986; Allan R. Brewer-Carías, *Problemas del Estado de Partidos,* Caracas, 1988.

103 *V.*, P. Lucas Murillo de la Cueva, "El examen de la constitucionalidad de las leyes y la soberanía parlamentaria", en *Revista de Estudios Políticos,* N° 7, Madrid, 1979, p. 212.

104 *V.*, L. Favoreu, "Europe occidentale," en L. Favoreu y J. A. Jolowicz. (ed) *Le contrôle juridictionnel des lois. Légitimité, effectivité et développements récents,* Paris 1986, p. 43. Publicado como "Actualité et légitimité du contrôle juridictionnel des lois en Europe occidentale," en *Revue du Droit publie et de la Science politique en France et à l'étranger,* Paris, 1984 (5), pp. 1.147 y 1.201.

En efecto, la experiencia europea del siglo pasado adquirida durante el período comprendido entre las dos guerras, hizo que naciera un sentimiento de prudencia, marcado de escepticismo, con referencia a los Parlamentos y su pretendida soberanía y al mito de la representatividad. Tal y como lo resaltó Mauro Cappelletti, los europeos se dieron cuenta de que se habían hecho "demasiadas ilusiones sobre la teoría democrática liberal" en vista de que a menudo "la realidad se alejaba del mito de la supremacía de la voluntad del pueblo"; que "los Parlamentos y su legislación podían transformarse en los instrumentos de regímenes despóticos, y de que las mayorías podían ser brutalmente opresivas"[105]. De hecho, los legisladores de la República de Weimar y de la Italia de Mussolini no sólo fracasaron como garantes de la libertad, sino que, al contrario, se transformaron en el instrumento de mayorías circunstanciales en beneficio de la consolidación de regímenes totalitarios.

Por supuesto, puede afirmarse que estos dos países aprendieron la lección, y no sólo introdujeron en sus nuevas Constituciones sancionadas después de la Segunda Guerra Mundial, valores fundamentales con raíces sólidas y derechos fundamentales que quedaron fuera del alcance del Parlamento, sino que también elaboraron un principio de control jurisdiccional de la constitucionalidad de las leyes creando Cortes y Tribunales Constitucionales, como lo había hecho Austria en los años veinte.

En este sentido, se tomó conciencia de la necesidad de proteger las libertades no sólo contra el Ejecutivo sino también contra el Legislador. Tal como lo señaló Jean Rivero:

> "La vieja idea, que domina todo el siglo XIX liberal, de la protección de la libertad por la ley tiende a sustituirse por la idea experimental de la necesidad de la protección de las libertades contra la ley. Y esta evolución ha hecho posible este fenómeno extraordinario, de aceptación de una autoridad superior al legislador mismo, de una autoridad encargada de imponer al legislador el respeto de la Constitución"[106].

En consecuencia, los países de Europa continental adoptaron un sistema de control jurisdiccional de la constitucionalidad de las leyes tomando caminos diferentes al del sistema norteamericano y latinoamericano de control judicial, y por otros motivos. Según Louis Favoreu, el fenómeno europeo se produjo no tanto por un problema de lógica jurídica del constitucionalismo, que a la luz del caso *Marbury vs. Madison,* una ley contraria a la Constitución no puede ser aplicada; sino por un problema de lógica política. Se trató más bien:

> "Del temor a la opresión por una mayoría parlamentaria, lo que fue determinante en el cambio de posición de los países de Europa occidental en cuanto al control jurisdiccional de la constitucionalidad de las leyes"[107].

---

105 *V.*, M. Cappelletti, "Rapport général" en L. Favoreu y J. A. Jolowicz. (ed) *Le contrôle juridictionnel des lois. Légitimité, effectivité et développements récents,* Paris 1986, pp. 293-294.

106 *V.*, J. Rivero, "Rapport de Synthèse" in L. Favoreu (ed), *Cours constitutionnelles européennes et Droits fondamentaux,* Aix–en–Provence, 1982, p. 519.

107 *V.*, L. Favoreu, "Europe occidentale" en L. Favoreu y J. A. Jolowicz. (ed) *Le contrôle juridictionnel des lois. Légitimité, effectivité et développements récents,* París 1986, p. 43.

Igualmente, es posible, encontrar una explicación a esta lógica política del control jurisdiccional de la constitucionalidad de las leyes, en el hecho de que un gran número de países, la representatividad de la voluntad general expresada por los elegidos, se desmitificó, sobre todo porque el cuerpo legislativo se ha conformado la mayoría de las veces por individuos escogidos por los partidos políticos, por lo que al ser indiscutiblemente una emanación de esos mismos partidos, de hecho no han representado verdaderamente a la voluntad popular.

En todo caso, la idea de introducir en el bloque de la constitucionalidad un cierto número de valores fuera del alcance de mayorías circunstanciales o pasajeras, contribuyó, de una forma u otra, a transferir el carácter tradicionalmente sagrado de la ley, a la Constitución. En otras palabras, se desacralizó a la Ley en beneficio de la Constitución.

En consecuencia, después de la Segunda Guerra Mundial puede decirse que en los países de Europa continental se produjo "un redescubrimiento de la Constitución como texto de carácter jurídico"[108] o más bien, que esos países comenzaron a descubrir la verdadera naturaleza fundamental de la Constitución, viendo en ella una ley superior y suprema, aplicable a todos los órganos del Estado y a los individuos, e imponible por los tribunales. Tal y como lo puso de manifiesto Mauro Cappelletti, un hecho totalmente novedoso en el constitucionalismo europeo moderno:

> "...Es el serio esfuerzo por concebir la Constitución, no como una simple guía de carácter moral, política o filosófica, sino como una ley verdadera, ella misma *positiva y obligatoria*, pero de una naturaleza superior, más permanente que la legislación ordinaria"[109].

Y, por supuesto, esta ley positiva y superior debía aplicarse a todos los órganos del Estado, en especial, al Parlamento y al Gobierno.

En este sentido es que se ha dicho, como lo destacamos al inicio, que el control jurisdiccional de la constitucionalidad de los actos del Estado es la consecuencia última de la consolidación del Estado de derecho en el cual los órganos del Estado, no siendo soberanos, están sujetos a los límites impuestos por una Constitución, que tiene fuerza de ley suprema.

Este argumento ya había sido puesto de manifiesto, en Francia, hace casi una centuria, por Paul Duez, cuando señalaba que:

> "El derecho público moderno establece, como axioma, que los Gobiernos no son soberanos y que, en particular, el Parlamento está limitado en su acción legislativa por normas jurídicas superiores que no puede infringir; los actos del Parlamento están sujetos a la Constitución, y ningún acto del Parlamento puede ser contrario a la Constitución"[110].

---

108 *Idem*.

109 *V.*, M. Cappelletti, "Rapport général" en L. Favoreu y J. A. Jolowicz. (ed) *Le contrôle juridictionnel des lois. Légitimité, effectivité et développements récents,* París 1986, p. 294.

110 *V.*, P. Duez, "Le contrôle juridictionnel de la constitutionalité des lois en France" en *Mélanges Hauriou,* París, 1929, p. 214.

En esa forma, al proclamar el principio de que todos los órganos del Estado están sujetos a límites impuestos por la Constitución como norma suprema, Duez añadió:

> "No vasta proclamar tal principio, éste debe ser organizado, y deben adoptarse medidas prácticas y efectivas para poder garantizarlo"[111].

Más adelante, Duez destacó la importancia, en Francia, del sistema de control jurisdiccional contencioso administrativo referido a la Administración Pública y a los actos administrativos, agregando que:

> "El espíritu de legalidad exige que se establezca un control con respecto a los actos legislativos";

concluyendo de la manera siguiente:

> "No hay una verdadera democracia organizada ni un Estado de derecho, salvo cuando existe y funciona este control de la legalidad de las leyes"[112].

La lógica del razonamiento de Duez, totalmente extraño en 1929 y en las décadas subsiguientes al pensamiento dominante en Francia, era y sigue siendo impecable: ningún órgano del Estado puede ser considerado soberano, y todos los órganos del Estado, en particular el Legislador, en sus actividades, están sujetos a los límites establecidos por las normas superiores, contenidas en la Constitución.

Por ello, las leyes y demás actos del Parlamento siempre deben estar sujetos a la Constitución, y no pueden ser contrarios a la misma. En consecuencia, el espíritu de legalidad impone la existencia y funcionamiento no sólo del control de la legalidad de los actos administrativos, sino también del control de la constitucionalidad de las leyes. Por ello, solamente en aquellos países donde existe este tipo de control, puede decirse que existe verdadera democracia organizada y un Estado de derecho.

En todo caso, el control jurisdiccional de la "legalidad de las leyes" al que se refería Duez es, precisamente, el control jurisdiccional de la constitucionalidad de las leyes y de los otros actos del Estado dictados en ejecución directa de la Constitución, donde "legalidad" significa "constitucionalidad".

La tesis de Duez, en todo caso, fue acogida en Francia cincuenta años después, por el Consejo Constitucional francés, en su decisión sobre las nacionalizaciones de 16 de enero de 1978, al indicar lo siguiente:

> "Considerando que si el artículo 34 de la Constitución coloca dentro del dominio de la ley a "las nacionalizaciones de empresas y las transferencias de empresas del sector público al sector privado", esta disposición, al igual que la que confía a la ley la determinación de los principios fundamentales del régimen de la propiedad, no podría dispensar al legislador, en el ejercicio de su competencia, del respeto de los principios y de las reglas de valor constitucional que se imponen a todos los órganos del Estado"[113].

---

111 *Idem.* p. 21.

112 *Ibid.*, p. 215.

113 *V.*, L. Favoreu y L. Philip, *Les grandes décisions du Conseil constitutionnel, cit.*, p. 527. L. Favoreu, "Les décisions du Conseil constitutionnel dans l'affaire des nationalisations", en *Revue du droit public et de la science politique en France et à l'étranger*, T. XCVIII, N° 2, Paris 1982, p. 400.

Refiriéndose a esta decisión del Consejo Constitucional, Louis Favoreu la calificó con respecto a la situación anterior, como "la afirmación fundamental de la plenitud de la realización del Estado de derecho en Francia en la medida en que el legislador, hasta una época reciente, escapaba, de hecho o de derecho, a la sumisión a una regla superior"[114].

La supremacía de la Constitución sobre el Parlamento marcó, además, el fin del absolutismo parlamentario[115]; modificó el antiguo concepto de soberanía parlamentaria y, con la creación del Consejo Constitucional, abrió paso a la justicia constitucional en Francia, la cual después de varias décadas de funcionar en forma *a priori*, y por tanto limitada, en 2008 se ha ampliado, al adoptarse el control *a posteriori* de constitucionalidad de las leyes. Este proceso, en todo caso, como se ha dicho antes, ya se había iniciado antes de manera más amplia en otros países de Europa continental como Austria, Alemania e Italia.

Otro factor que contribuyó a la aparición de mecanismos de control jurisdiccional de la constitucionalidad de las leyes fue la transformación de la noción de "ley" como acto del Parlamento. De hecho, las leyes, antiguamente consideradas en la tradición del siglo XIX, como el fruto de la tarea del legislador como expresión de la voluntad general, con la evolución de los regímenes parlamentarios realmente se habían convertido en actos de la mayoría parlamentaria y del propio Gobierno, mediante un sistema de vasos comunicantes a través de los partidos políticos. En esta forma, las leyes no siempre han sido, necesariamente, la expresión de la voluntad de todos los ciudadanos, ni han sido sancionadas por una mayoría sólida y mítica; en muchos casos sólo han sido, como lo señaló Jean Rivero, "la expresión de la voluntad gubernamental aprobada por una mayoría solidaria"[116]. Además, teniendo en cuenta la evolución de las tareas del Estado, la ley ha tendido a convertirse en un producto mucho más técnico, cuyo contenido, incluso, escapa con frecuencia al control efectivo de los miembros del Parlamento, puesto que son los tecnócratas en el seno de la Administración los que a veces la conciben y fijan su contenido, sin la participación efectiva de aquellos. Por ello, en virtud de que en muchos casos las leyes traducen más la voluntad gubernamental que la voluntad general, el control jurisdiccional constituye un instrumento eficaz que permite velar por su constitucionalidad.

En todo caso, la supremacía de la Constitución y su influencia sobre el Legislativo hizo que la misma Constitución se dotara de garantías jurisdiccionales en vez de políticas, sobre todo cuando en Francia, la experiencia del Senado Conservador de 1799 y de la Constitución de 1852 había demostrado que estas últimas eran ineficaces. En general, como se dijo, las Constituciones habían fijado la distribución de los poderes públicos entre los diferentes órganos del Estado y esencialmente habían otorgado poderes fundamentales al Legislativo, cuerpo que tradicionalmente había sido considerado como infalible puesto que era la expresión misma de la voluntad popular. Sin embargo, desde el punto de vista político, el auto control del Parlamento fue ilusorio.

---

114 *Idem, loc. cit.*, p. 400.

115 *V.*, J. Rivero, "Fin d'un absolutisme", *Pouvoirs,* 13, Paris, 1980, pp. 5-15.

116 J. Rivero, "Rapport de synthése", en L. Favoreu (ed.), *Cours constitutionnelles européennes et droits fundamentaux,* Paris, 1982, p. 519.

Por otra parte, las Constituciones comenzaron a establecer progresivamente declaraciones de derechos fundamentales de los individuos y de las minorías, incluso contra la voluntad de la mayoría. Por ello, como lo señaló Mauro Cappelletti, "ningún sistema eficaz de control de los derechos puede estar confiado a los electores o a las personas y órganos dependientes y estrechamente tributarios, de la voluntad de la mayoría"[117], en otros términos, del Legislativo propiamente dicho.

Esta es la razón por la cual, contrariamente a los sistemas de control político de la constitucionalidad de las leyes, la tendencia general del constitucionalismo contemporáneo en los regímenes constitucionales dotados de una Constitución escrita, fue prever la existencia de medios de protección judicial o jurisdiccional de la Constitución, otorgando poderes efectivos de control de la constitucionalidad de las leyes sea a los tribunales o a las autoridades judiciales ordinarias, sea a los Tribunales especiales.

Debe decirse, en efecto, que en la mayoría de los países contemporáneos, la justicia constitucional, es decir, el poder de controlar la constitucionalidad de las leyes y proteger los derechos fundamentales, es hoy día conferida constitucionalmente a los órganos que ejercen el Poder Judicial. En estos países, puede decirse que el juez constitucional es el Poder Judicial. En otros países, en cambio, particularmente de Europa continental, las autoridades judiciales no ejercen completamente la justicia constitucional sino que ésta está conferida, en algunos casos, a órganos constitucionales diferentes e independientes del Poder Judicial, especialmente creados para ello, en la forma de Cortes, Tribunales o Consejos Constitucionales. Por lo tanto, en estos países, el juez constitucional no siempre es una autoridad judicial, sino un órgano constitucional que no depende del Poder Judicial ni de ningún otro poder del Estado.

Evidentemente, en ambos sistemas, el juez constitucional ejerce una función jurisdiccional, en el sentido de declarar el derecho con fuerza de verdad legal en calidad de órgano independiente en el seno del Estado, de los órganos de los poderes legislativo y ejecutivo. En ambos sistemas, la justicia constitucional es la expresión más elocuente de la supremacía de la Constitución y de su garantía. La diferencia entre ellos estriba en el hecho de que en el primer sistema, es decir, en aquellos países en los cuales el Poder Judicial es juez constitucional, la garantía jurisdiccional de la supremacía de la Constitución es una garantía judicial, mientras que, en los demás sistemas, sólo se trata de una garantía jurisdiccional, pero no judicial. Pero por supuesto, en ambos casos, para que la justicia constitucional sea efectiva, los órganos encargados de ejercerla tienen que estar dotados de autonomía e independencia.

Ahora bien, de acuerdo con los principios del constitucionalismo moderno que se desprendieron de la Revolución Norteamericana, el Poder Judicial debe considerarse como el poder del Estado que tiene, por excelencia, la función de ser juez constitucional, es decir, el poder del Estado que de conformidad con el principio de la separación de los poderes debe velar por la supremacía de la Constitución, tanto desde un punto de vista orgánico como dogmático; estando por tanto facultado para controlar la constitucionalidad de las leyes y proteger los derechos fundamentales establecidos en la Constitución.

---

117 M. Cappelletti, "Rapport général", en L. Favoreu y J. A. Jolowicz. (ed) *Le contrôle juridictionnel des lois. Légitimité, effectivité et développements récents,* Paris 1986, p. 295.

Puede decirse que este es el principio en casi todos los países del mundo contemporáneo que han tenido la influencia del constitucionalismo moderno, sin las desviaciones relativas a la separación de los poderes emanadas de la Revolución Francesa. Esta es la razón por la cual el principio general en el ámbito del control de la constitucionalidad de las leyes, salvo en los países europeos, es la atribución de la función de juez constitucional al Poder Judicial. En cambio, en cuanto a la protección de los derechos y garantías constitucionales, en todos los países del mundo contemporáneo, el Poder Judicial, es decir, la autoridad judicial, es a quien corresponde la tarea de ser guardián de las libertades y de los derechos constitucionales de los individuos[118].

Por otra parte, debe destacarse que cuando el control jurisdiccional de la constitucionalidad de las leyes se atribuye al Poder Judicial, éste puede ser tarea de todos los jueces o de algunos de ellos. En el primer caso, el sistema de control judicial de la constitucionalidad es el sistema difuso, el más difundido en el mundo contemporáneo; en el segundo caso, el sistema de control de la constitucionalidad de las leyes es el sistema concentrado ya que la tarea de controlar se concede a un solo órgano judicial, bien sea la Corte Suprema del país o a un Tribunal constitucional perteneciente al Poder Judicial. En algunos países, incluso, ambos sistemas de control coexisten[119].

En todo caso, el control jurisdiccional de la constitucionalidad de las leyes, es decir, este poder de controlar la conformidad de actos del Estado con la Constitución, especialmente los actos legislativos y aquellos dictados en ejecución directa de la Constitución, sólo puede darse en sistemas jurídicos en los cuales existe una Constitución escrita, que impone límites a las actividades de los órganos del Estado y, en particular, al Parlamento, y donde la separación de poderes está garantizada. En consecuencia, incluso en los sistemas de control judicial, el poder de los tribunales para controlar la constitucionalidad de los actos del Estado no es necesariamente una consecuencia de la existencia de un Poder Judicial autónomo e independiente, sino de los límites jurídicos impuestos en una Constitución sancionada como ley suprema a los órganos constituidos del Estado.

## III. LA JUSTICIA CONSTITUCIONAL Y LAS LIMITACIONES CONSTITUCIONALES A LOS ÓRGANOS ESTATALES

Como se ha señalado, para que exista control jurisdiccional de la constitucionalidad de las leyes, no sólo es necesario que exista una Constitución escrita, como norma suprema que consagre los valores fundamentales de una sociedad, sino además, es necesario que esa norma superior se establezca en forma rígida y estable, en el sentido de que no puede ser modificada por la legislación ordinaria. En un sistema de este tipo, todos los órganos del Estado están limitados por la Constitución y están sujetos a la misma, por lo que sus actividades deben ser llevadas a cabo de conformidad con esta ley suprema.

---

118 Allan R. Brewer-Carías, *Constitutional Protection of Human Rights in Latin America,* Cambridge University Press, New York, 2009.

119 Allan R. Brewer-Carías, *Judicial Review in Comparative Law,* Cambridge University Press, Cambridge 1989.

Esto implica, por supuesto, no sólo que la Administración y los jueces, como órganos de ejecución de la ley, están sujetos a la legalidad (Constitución y "legislación"), sino también que los órganos que crean la "legislación", especialmente los cuerpos legislativos, también están sujetos a la Constitución.

En todo caso, una Constitución escrita y rígida, ubicada en la cúspide de un sistema jurídico, no sólo exige que todos los actos dictados por los órganos del Estado en ejecución directa o indirecta de la misma la respeten y no la violen, sino también, una garantía que prevenga y sancione dicha violación[120]. Precisamente, el control jurisdiccional de la constitucionalidad es el poder atribuido, generalmente, a los órganos que ejercen el Poder Judicial, de controlar el cumplimiento de la ley suprema de un país, por parte de los órganos del Estado.

Ahora bien, en todos los sistemas jurídicos dotados de Constituciones escritas y rígidas, puede decirse que siempre existe un sistema jerarquizado de normas y actos jurídicos, por lo que no todos los actos del Estado tienen el mismo nivel de derivación en la creación de normas jurídicas. Al contrario, en primer lugar, existen actos que ejecutan directa e inmediatamente la Constitución y que sólo están sujetos a esta norma suprema, a los cuales se denomina genéricamente como "legislación"; y en segundo lugar, existen actos del Estado que ejecutan indirectamente la Constitución, y que se producen al mismo tiempo en ejecución directa e inmediata de la "legislación", y por consiguiente, directamente sujeta a ella. Entre los primeros se encuentran, básicamente, las leyes formales, los otros actos del Parlamento, incluyendo los *interna corporis,* y los actos de gobierno dictados de conformidad con los poderes constitucionales que le han sido conferidos al Jefe de Gobierno. Entre los segundos se encuentran los actos administrativos y los actos judiciales.

En un Estado de derecho, la garantía del principio de legalidad está establecida respecto de los dos niveles de creación o derivación de las normas jurídicas, a través de tres sistemas de control jurisdiccional: primero, el control jurisdiccional de la constitucionalidad establecido para controlar los actos del Estado dictados en ejecución directa de la Constitución; segundo, el control jurisdiccional contencioso administrativo establecido básicamente respecto de los actos administrativos; y tercero, con respecto a los actos judiciales dictados por los Tribunales, los sistemas de control judicial de apelación o casación.

Además, en el Estado de derecho en el cual la Constitución establece los derechos y libertades fundamentales, también existen mecanismos de control judicial o amparo a fin de garantizar y proteger dichos derechos contra cualquier acto del Estado que pueda violarlos, e incluso, contra actos de los particulares que puedan afectarlos.

Ahora bien, la justicia constitucional o si se quiere los sistemas de control jurisdiccional de la constitucionalidad, tienen particular relevancia respecto de los actos de los órganos constitucionales del Estado, donde el principio de "legalidad" se convierte en "constitucionalidad", pues se trata de actos que ejecutan directa e inmediatamente la Constitución.

---

120 *V.*, H. Kelsen, "La garantie juridictionnelle de la Constitution (La Justice Constitutionnelle, en *Revue du Droit public et de la Science politique en France et à l'étranger,* Paris, 1928, pp. 197-257.

En efecto, entre los actos estatales sujetos al control de la constitucionalidad están las leyes formales, y precisamente por ello es por lo que la justicia constitucional se identifica normalmente con el control jurisdiccional de la constitucionalidad de las leyes[121]. Sin embargo, las leyes no son los únicos actos del Estado dictados en ejecución directa e inmediata de la Constitución y en ejercicio de poderes constitucionales. Además, existen otros actos de los cuerpos legislativos, como los Reglamentos Internos y de Debates e, incluso, otros actos parlamentarios sin forma de ley y de contenido no normativo, como los que regula la Constitución y mediante los cuales el Congreso o la Asamblea o sus Cámaras legislativas se relacionan con otros órganos constitucionales del Estado (aprobaciones de Tratados, u otros actos políticos, por ejemplo). Todos estos actos adoptados por el Parlamento están sujetos a la Constitución porque se dictan en virtud de poderes que le están atribuidos directamente por el texto fundamental. Por ello, en un Estado de derecho, estos actos también están sometidos al control de la constitucionalidad[122].

Además de estos actos del Parlamento, el Gobierno, en un Estado de derecho, también dicta actos que ejecutan directamente la Constitución, que en el sistema jurídico jerarquizado tienen el mismo rango que las leyes y en algunos casos, incluso tienen la misma fuerza que una ley formal.

En efecto, en el derecho constitucional contemporáneo, en una variedad de formas, el gobierno dicta actos que tienen la misma fuerza que una ley formal bien sea mediante una legislación delegada o en virtud de poderes establecidos directamente en la misma Constitución. En esos casos, se trata de actos ejecutivos con contenido normativo y la misma jerarquía, fuerza y poder de derogación que la ley formal dictada por el parlamento. Por ello, estos decretos-leyes dictados en ejecución directa de la Constitución, no son actos administrativos, sino actos de contenido normativo y rango legislativo. En consecuencia, también están sujetos al control jurisdiccional de la constitucionalidad[123].

Por otra parte, el Presidente de la República o el Gobierno también tiene poderes establecidos en la Constitución para dictar ciertos actos políticos sin ninguna interferencia legislativa, como por ejemplo, cuando declara el estado de sitio o emergencia, o la restricción o suspensión de las garantías constitucionales, cuando dirige las relaciones internacionales o cuando veta una ley sancionada en el Parlamento. Todos estos actos, denominados en Europa continental como "actos de gobierno", también están sujetos al control de la constitucionalidad. Es cierto que conforme al criterio tradicional del derecho administrativo francés, esos "actos del gobierno" se configuraron con miras a ser excluidos del control contencioso administrativo, sea por su contenido político, por sus motivos o porque eran dictados por el gobierno en sus relaciones con otros órganos constitucionales, especialmente, con el Parlamento[124].

---

121 *V.*, por ejemplo, M. Cappelletti, *Judicial Review in Contemporary World,* Indianapolis, 1971; Allan R. Brewer-Carías, *Judicial Review in Comparative Law,* Cambridge, 1989.

122 *V.*, H. Kelsen, "La garantie juridictionnelle de la Constitution (La Justice Constitutionnelle, en *Revue du Droit public et de la Science politique en France et à l'étranger,* París, 1928, p. 228.

123 *Ídem.*, p. 229.

124 *V.*, la obra clásica de P. Duez, *Les actes de gouvernement,* Paris, 1953.

Sin embargo, como se ha indicado, estos actos también están sujetos a la Constitución, y por consiguiente, también están sometidos al control jurisdiccional de la constitucionalidad.[125]

Por último, en los sistemas jurídicos contemporáneos, y dejando de lado los problemas que derivan de las concepciones monistas y dualistas, los tratados y acuerdos internacionales también están sujetos al control jurisdiccional de la constitucionalidad[126], bien sea directamente o a través del control sobre las leyes del Parlamento o los actos de gobierno que los incorporan al orden jurídico interno. Excepciones hay, sin embargo, como en el caso de Holanda, donde la Constitución excluye de todo control de constitucionalidad además de sobre las leyes, sobre los tratados (art. 120); lo que por otra parte se mitigaron la previsión en la Constitución del control de conformidad de todos los actos estatales, incluyendo las leyes, con respecto de los tratados de aplicación general e inmediata (artículo 94), como los relativos a los derechos humanos, lo cual ha originado un importante sistema de control de "convencionalidad" de las leyes, con efectos similares al control de constitucionalidad pero básicamente en materia de derechos humanos.

En todo caso, lo que es general, es que en los sistemas jurídicos con una Constitución escrita, todos los actos del Estado dictados en ejecución de la Constitución están sujetos al control jurisdiccional de la constitucionalidad.

## IV. LA LEGITIMIDAD DEL CONTROL JURISDICCIONAL DE LA CONSTITUCIONALIDAD Y LOS SISTEMAS DE DISTRIBUCIÓN DEL PODER PÚBLICO

Puede afirmarse que en el constitucionalismo moderno, el Poder Judicial, supuestamente el "menos peligroso"[127] de todos los poderes del Estado, recibió la tarea de defender la Constitución y velar por la constitucionalidad de las leyes. Ese es el caso en los Estados Unidos de América y en los países de América Latina. En otros casos, como en Europa, la función jurisdiccional del control de la constitucionalidad ha sido atribuida a órganos o tribunales constitucionales especiales independientes del Poder Judicial.

Tanto en uno como en otro caso, este hecho, particularmente en Europa, desencadenó en el pasado un debate interminable referente al "gigantesco problema del control judicial", según la expresión utilizada por Cappelletti, centrándose la discusión en torno a la legitimidad o ilegitimidad del poder conferido a órganos estatales que no son responsables ante el pueblo ni electos por éste, de controlar los actos de otros que, en cambio, sí son políticamente responsables y elegidos democráticamente[128]; o desde otro punto de vista, en torno al carácter democrático o no democrático del control jurisdiccional[129].

---

125 *V.*, H. Kelsen, "La garantie juridictionnelle de la Constitution (La Justice Constitutionnelle, en *Revue du Droit public et de la Science politique en France et à l'étranger,* París, 1928, p. 230.

126 *Ídem,* p. 231.

127 *V.*, A. Bickel, *The Least Dangerous Branch. The Supreme Court at the Bar of Politics,* Indianapolis 1962.

128 *V.*, M. Cappelletti, "El formidable problema del control judicial y la contribución del análisis comparado", *Revista de Estudios Políticos,* N° 13, Madrid 1980, pp. 61-103 ("The mighty problem of

En este debate, en los regímenes en los que prevalecía la soberanía del Parlamento, las posiciones se alternaron, sea para justificar la ausencia de control jurisdiccional o judicial de la constitucionalidad, sea para criticar dicho control, porque los jueces habrían demostrado un activismo desmesurado en la adaptación de la Constitución, estableciendo normas constitucionales no escritas o atribuyendo a ciertas normas un carácter constitucional. En esas condiciones, se estimó que el control jurisdiccional podía ser "ilegítimo", pues se pensaba que los órganos estatales no elegidos no debían controlar a los cuerpos elegidos del Estado, y porque los órganos públicos no elegidos no podían tener la facultad para determinar qué norma podía tener fuerza de ley, es decir, pronunciarse sobre su constitucionalidad o su inconstitucionalidad.

En todo caso, este debate puede considerarse no sólo como interminable y abstracto, sino bizantino, particularmente porque se basa en un supuesto problema de legitimidad abstracta del control jurisdiccional, que sólo podría resolverse de forma abstracta[130]. El problema del control jurisdiccional de la constitucionalidad o de los poderes otorgados a los jueces o a órganos constitucionales de naturaleza jurisdiccional para velar por la constitucionalidad de las leyes, no puede ser tratado o discutido bajo el ángulo de la legitimidad o ilegitimidad partiendo del principio de que la democracia sólo se basa en la representatividad. La democracia va más allá del marco de la sola representatividad y de las elecciones, porque se trata más bien de un modo político de vida y de un sistema montado necesariamente, además, en el principio de la separación de poderes y en el control del poder, en el pluralismo político, y la existencia y garantía de las libertades individuales y los derechos fundamentales de los seres humanos que tienen primacía[131]. Ello es así, al punto de que se puede decir que un sistema de control jurisdiccional efectivo de la constitucionalidad de las leyes no es viable en regímenes no democráticos, sobre todo porque en esos sistemas no puede existir una verdadera independencia y autonomía de los jueces[132]; siendo absolutamente claro que no se puede ejercer un control judicial efectivo en sistemas en los que no se garantiza la autonomía e independencia del Poder Judicial[133]. En esos sistemas, por más elecciones que pueda haber, y por más "representativos" que puedan ser los miembros del Parlamento, no hay efectiva democracia y en ellos, el juez constitucional sometido al poder, es más bien un instrumento de consolidación del autoritarismo.

---

Judicial Review and the contribution of comparative analysis", en *Southern California Law Review*, 1980, p. 409).

129 *V.*, M. Cappelletti, "Rapport Général", en L. Favoreu y J. A. Jolowicz. (ed) *Le contrôle juridictionnel des lois. Légitimité, effectivité et développements récents*, París 1986, pp. 296 y ss.

130 *V.*, Allan R. Brewer-Carías, *Judicial Review in Comparative Law, cit.*, pp. 116 y ss.

131 Como por ejemplo, se ha establecido expresamente en los artículos 3 y 4 de la Carta Interamericana de Derechos Humanos de 2001.

132 *V.*, M. Cappelletti, "Rapport Général", en L. Favoreu y J. A. Jolowicz. (ed) *Le contrôle juridictionnel des lois. Légitimité, effectivité et développements récents*, Paris 1986, p. 29.

133 *V.*, J. Carpizo y H. Fix-Zamudio, "The necessily for and the Legitimacy of the Judicial Review of the Constitutionality of the Laws in Latin America, Developments. International Association of Legal Sciences". Uppsala Colloquium 1984 (mineo), p. 22. Publicado también en L. Favoreu y J. A. Jolowicz (ed). *Le contrôle juridictionnel des lois. Légitimité effectivité et et développements récents*, Paris 1986, pp. 119-151.

Fue por esta razón por la cual muchos países europeos instauraron un control jurisdiccional en materia de constitucionalidad luego de períodos de dictadura, como fue el caso en Alemania, Italia, España y Portugal[134].

De allí, por supuesto, no puede deducirse que la justicia constitucional sea sólo un sistema propio de nuevas democracias, o de Estados cuya tradición democrática es más débil y quebradiza[135].

En consecuencia, en todo régimen representativo y democrático porque está garantizada la separación de poderes y el control del poder, el poder otorgado a los jueces o a ciertos órganos constitucionales independientes y autónomos para vigilar las anomalías del Legislativo y las infracciones del órgano representativo contra los derechos fundamentales, debe considerarse como completamente democrático y legítimo[136].

Como lo puso de manifiesto Jean Rivero en su Informe final en el Coloquio Internacional de Aix-en-Provence en 1981 sobre la protección de derechos fundamentales por parte de los Tribunales constitucionales en Europa:

> "Creo, incluso, que el control marca un progreso en el sentido de la democracia, que no es solamente un modo de atribución del poder, sino también un modo de ejercicio del poder. Y pienso que todo lo que refuerce las libertades fundamentales del ciudadano va en el sentido de la democracia"[137].

En este orden de ideas, Eduardo García de Enterría, refiriéndose a las libertades constitucionales y a los derechos fundamentales como límites impuestos a los poderes de Estado, observó lo siguiente:

> "Si la Constitución los consagra, es obvio que una mayoría parlamentaria ocasional que los desconozca o los infrinja, lejos de estar legitimada para ello por el argumento mayoritario, estará revelando su abuso de poder, su posible intento de postración o de exclusión de la minoría.
>
> La función protectora del Tribunal Constitucional frente a este abuso, anulando los actos legislativos atentatorios de la libertad de todos o de algunos ciudadanos, es el único instrumento eficaz frente a ese atentado; no hay alternativa posible si se pretende una garantía efectiva de la libertad, que haga de ella algo más que simple retórica del documento constitucional"[138].

---

134 *V.*, L. Favoreu, "Europe occidentale", en L. Favoreu y J. A. Jolowicz. (ed) *Le contrôle juridictionnel des lois. Légitimité, effectivité et développements récents,* Paris 1986, p. 44. *Cfr.* P. de Vega García, "Jurisdicción constitucional y Crisis de la Constitución", en *Revista de Estudios políticos,* N° 7, Madrid, 1979, p. 108.

135 Como lo afirmó Francisco Rubio Llorente, "Seis tesis sobre la jurisdicción constitucional en Europa", en *Revista Española de Derecho Constitucional,* N° 35, Madrid 1992, p. 12.

136 *V.*, E. V. Rostow, "The Democratic Character of Judicial Review", en *Harvard Law Review,* 193, 1952.

137 *V.*, J. Rivero, "Rapport de Synthèse", en L. Favoreu (ed.), *Cours constitutionnelles européennes et droits fundamentaux,* París, 1982, pp. 525-526. *Cfr.* M. Cappelletti "Rapport Général" en L. Favoreu y J. A. Jolowicz. (ed) *Le contrôle juridictionnel des lois. Légitimité, effectivité et développements récents,* Paris 1986, p. 300.

138 *V.*, E. García de Enterría, *La Constitución como norma y el Tribunal constitucional,* Madrid, 1985, p. 190.

Este mismo argumento lo expuso Hans Kelsen en 1928, para refutar la tesis referente a la fuerza de la mayoría. A este respecto escribió:

> "Si se ve la esencia de la democracia, no en el poder todo poderoso de la mayoría, sino en el compromiso constante entre los grupos representados en el Parlamento por la mayoría y la minoría, y luego en la paz social, la justicia constitucional surge como un medio particularmente adecuado para llevar a cabo esta idea. La simple amenaza de recurso a un tribunal constitucional puede ser, en manos de la minoría, un instrumento para impedir a la mayoría violar inconstitucionalmente intereses jurídicamente protegidos, y, para oponerse eventualmente a la dictadura de la mayoría, que no es menos peligrosa para la paz social, que la de la minoría"[139].

Pero la legitimidad democrática del control jurisdiccional de la constitucionalidad de las leyes no sólo proviene de la garantía de protección de los derechos fundamentales, sino también de los aspectos orgánicos de la Constitución, es decir, de los sistemas de distribución y separación de poderes adoptados por la Constitución.

En este respecto cabe destacar que el problema de la legitimidad de dicho control nunca se ha planteado en el caso de la distribución vertical del Poder del Estado, propio de los regímenes políticamente descentralizados o de tipo federal. Al contrario, puede afirmarse que el control jurisdiccional de la constitucionalidad de las leyes está estrechamente ligado al federalismo[140].

En efecto, el federalismo exige la imposición de un cierto grado de supremacía de las leyes federales sobre la legislación local, regional o de los Estados miembros. Por ello, no es casualidad que los países dotados de una estructura federal y políticamente descentralizados, hayan sido los primeros en instaurar un control judicial de la constitucionalidad de las leyes. Ese fue el caso, durante el siglo XIX, de los Estados Unidos de América, y de todos los Estados federales de América Latina (Argentina, Brasil, México y Venezuela), los cuales instauraron un sistema de control judicial de la constitucionalidad de las leyes y demás actos del Estado. De igual modo, en Europa, al haber Alemania adoptado un modelo de Estado federal, Italia un sistema regional descentralizado y España el sistema de comunidades autónomas, estos tres países establecieron un sistema de control jurisdiccional de la constitucionalidad de las leyes.

En todos estos casos, la necesidad de instaurar un control judicial o jurisdiccional de la constitucionalidad de las leyes se justificaba, precisamente, con miras a resolver los conflictos de poder que pudieran surgir entre las diversas instancias políticas nacionales y regionales. Una de las tareas fundamentales de las Cortes y Tribunales Constitucionales en Austria, Alemania, Italia y España, y del control judicial de la constitucionalidad que ejercen las Cortes Supremas y Tribunales Constitucionales en América Latina es, precisamente, la resolución de los conflictos y colisiones entre las instancias Político Administrativas nacionales y los Estados miembros de la federación, las regiones o entidades locales políticas o las comunidades autónomas,

---

139 *V.*, H. Kelsen, "La garantie juridictionnelle de la Constitution (La justice constitutionnelle)", en *Revue du Droit public et de la Science politique en France et à l'étranger,* Paris, 1928, p. 253.

140 *V.*, W. J. Wagner, *The Federal States and their Judiciary,* The Hague, 1959, p. 85.

según los países. En el caso de los Estados Federales o regionalizados, la descentralización política contribuyó a la aparición y consolidación de Cortes o Tribunales Constitucionales encargados, precisamente, de velar por la constitucionalidad de las leyes, para garantizar el equilibrio constitucional entre el Estado y las otras entidades territoriales. Por ello, en los Estados federales y los políticamente descentralizados, no puede haber duda en cuanto a la legitimidad del control jurisdiccional de la constitucionalidad de las leyes, ni puede haber debate al respecto, salvo para justificar su existencia y necesidad.

Por consiguiente, los problemas de legitimidad que plantea el control jurisdiccional de la constitucionalidad de las leyes no pueden tener relación alguna ni con la garantía de la Constitución referente a la forma del Estado, al federalismo o la descentralización política, ni tampoco con la que se refiere a los derechos fundamentales del individuo. En estos casos, ello constituye un freno para el poder legislativo, por lo que dicho control jurisdiccional se ejerce legítimamente sin ninguna duda.

Sin embargo, no puede decirse lo mismo respecto de la distribución horizontal o la separación de poderes. Aun cuando este principio también le impone límites al poder legislativo, en este caso, la aceptación del control judicial de la constitucionalidad de las leyes ha suscitado polémicas en cuanto a su legitimidad, en particular, debido a que ese control se enfrentaba al principio de la supremacía del Parlamento sobre los demás poderes del Estado. Por otra parte, ello mismo ha proporcionado argumentos en favor del control judicial, como elemento de contrapeso esencial entre los diferentes poderes del Estado, para garantizar la Constitución.

En efecto, la separación de poderes, consecuencia de la distribución horizontal de los poderes del Estado entre sus órganos, entre otras cosas ha exigido esencialmente un mecanismo independiente para garantizar el contenido orgánico de la Constitución. Tal sistema de control siempre ha sido indispensable, en particular, en cuanto a la delimitación de poderes entre el Legislativo y el Ejecutivo. En este caso, en particular, ha sido necesario intercalar un sistema de contrapeso con miras a mantener el equilibrio que plantea la Constitución. Por ello, por ejemplo, los poderes otorgados a los órganos judiciales para controlar la constitucionalidad y la legalidad de los actos administrativos siempre fueron aceptados sin discusión, como poderes estrechamente relacionados al concepto de Estado de derecho.

Sin embargo, como se ha señalado, los principios tradicionales de la supremacía del Parlamento, por un lado, y, por el otro, de la separación de poderes, fueron tan importantes en Europa, que tuvieron como consecuencia impedir a las autoridades judiciales toda posibilidad de ejercer su poder de control, no sólo sobre la legalidad de los actos administrativos, sino también sobre la constitucionalidad de las leyes. Esa fue la razón por la que en Francia se creó la Jurisdicción Contencioso Administrativa independiente del Poder Judicial, y en general, en Europa se hubieran desarrollaron sistemas de control jurisdiccional de la constitucionalidad, pero tomando la precaución de confiarlos a nuevos órganos constitucionales, distintos y separados del Poder Judicial. En esta forma, la necesidad ineludible de instaurar un control jurisdiccional de la constitucionalidad de las leyes como garantía de la Constitución, se adaptó a la interpretación extrema del principio de la separación de poderes conforme al cual, tradicionalmente se consideraba toda tentativa de control judicial de la constitucionalidad de las leyes, como una injerencia inadmisible de las autoridades judiciales en el campo del Legislador.

Esta confrontación entre la necesidad de instaurar un control jurisdiccional de la Constitución y el principio de la separación de poderes fue, precisamente, lo que llevó a la creación de Tribunales constitucionales en Europa continental, con la atribución jurisdiccional particular y específica de velar por la constitucionalidad de las leyes, sin que ello se atribuyera, sin embargo, al orden judicial tradicional. En esta forma, se puso fin a la antinomia, creándose nuevos Tribunales o Cortes constitucionales, ubicadas jerárquicamente por encima de los órganos que ejercen los poderes públicos horizontalmente; en consecuencia ubicados por encima del Parlamento, del Ejecutivo y de las autoridades judiciales, con miras a velar por la supremacía de la Constitución sobre todos los órganos del Estado.

El llamado "sistema austriaco" de control jurisdiccional de la constitucionalidad o el "modelo Europeo", como también se lo ha llamado[141], se caracteriza así, por el hecho de que la justicia constitucional fue confiada a un órgano constitucional en algunos casos estructuralmente independiente de las autoridades judiciales ordinarias, es decir del Poder Judicial y de su organización. Además, en general, los miembros de los Tribunales Constitucionales no pertenecen a la carrera judicial y son más bien, nombrados por los órganos políticos del Estado, en particular por el Parlamento y el Ejecutivo. Este sistema dio origen a órganos constitucionales especiales que, como se dijo, en algunos casos no pertenecen al Poder Judicial, pero que en todo caso, ejercen una actividad jurisdiccional propiamente dicha.

Estas Cortes, Consejos y Tribunales Constitucionales fueron considerados como los "intérpretes supremos de la Constitución", según el calificativo que le atribuyó la Ley Orgánica que creó el Tribunal Constitucional en España[142] o como los "guardianes de la Constitución"[143]. Eduardo García de Enterría, al hablar del Tribunal Constitucional español, lo calificó de "comisario del poder constituyente, encargado de defender la Constitución y de velar por que todos los órganos constitucionales conserven su estricta calidad de poderes constituidos"[144] y el antiguo presidente de ese mismo Tribunal español, Manuel García Pelayo vio en él "un órgano constitucional instituido y directamente estructurado por la Constitución" y que:

> "Como regulador de la constitucionalidad de la acción estatal, está destinado a dar plena existencia al Estado de derecho y a asegurar la vigencia de la distribución de poderes establecida por la Constitución, ambos componentes inexcusables, en nuestro tiempo, del verdadero "Estado constitucional"[145].

141 *V.*, L. Favoreu, "Actualité et légitimité du contrôle juridictionnel des lois en Europe occidentale", en *Revue du Droit Public et de la Science Politique en France et á l'étranger,* 1984, p. 1.149.

142 Art. 1. Ley Orgánica del Tribunal constitucional. Oct. 1979, *Boletín Oficial del Estado,* Nº 239.

143 *V.*, G. Leibholz, *Problemas fundamentales de la Democracia*, Madrid, 1971 p. 15.

144 *V.*, E. García de Enterría, *La Constitución como norma y el Tribunal constitucional,* Madrid, 1985, p. 198.

145 *V.*, M. García Pelayo, "El Status del Tribunal constitucional", en *Revista Española de Derecho Constitucional,* Nº 1, Madrid, 1981, p. 15.

## V. EL JUEZ CONSTITUCIONAL Y LA PROTECCIÓN DE DERECHOS FUNDAMENTALES

Por otra parte, debe señalarse que la defensa de la Constitución como función esencial de la justicia constitucional no sólo tiene como objetivo garantizar los diferentes modos de distribución del poder entre los cuerpos constituidos del Estado y así, la estabilidad y continuidad política del Estado, sino que además, tiene la función de garantizar los derechos y libertades individuales fundamentales. Se trata, sin duda, de otro elemento esencial del Estado de derecho y uno de los argumentos de peso empleados para defender la legitimidad del control jurisdiccional de la constitucionalidad de los actos del Estado.

En efecto, la justicia constitucional o el control jurisdiccional de la constitucionalidad de las leyes están estrechamente relacionados con la declaración constitucional y efectiva de los derechos fundamentales. Precisamente, cuando existen declaraciones de derechos y libertades fundamentales con respecto a los valores constitucionales de una sociedad determinada, es que más surge la necesidad de instaurar un sistema de control jurisdiccional de la constitucionalidad.

Ahora bien, aun cuando la idea de declarar y establecer derechos fundamentales en una Constitución tenga sus antecedentes históricos en las Revoluciones Americana y Francesa y haya sido práctica normal en toda América Latina desde comienzos del siglo XIX, en realidad, ésta sólo surgió en Europa después de la Segunda Guerra Mundial. Precisamente, la creación de sistemas de control jurisdiccional de la constitucionalidad en Europa, salvo los implantados en Austria y Checoslovaquia en los años veinte del siglo pasado, como medios para defender los derechos del hombre, sólo se desarrollaron después de la Segunda Guerra Mundial debido, precisamente, a las graves violaciones de los mismos que se produjeron. En este caso, por ejemplo, el hecho de que en Italia y en Austria se hubiera incluido por primera vez en su Constitución, una declaración de los derechos humanos y paralelamente se hubiera admitido la necesidad de establecer mecanismos adecuados que asegurasen su defensa, entre los cuales figuraba el control de la constitucionalidad de las leyes, no fue producto de una mera casualidad.

En cambio, la ausencia de una declaración constitucional de los derechos individuales o fundamentales como un medio para limitar la acción del legislador, ha sido una de las razones primordiales que explican la inexistencia de cualquier sistema de control judicial o jurisdiccional de la constitucionalidad de las leyes, tal y como lo ilustra el caso británico. Esta situación condujo a D.G.T. Williams, con razón, a expresar que "el problema de fondo en cuanto a la consagración constitucional de los derechos fundamentales o de una estructura federal en el Reino Unido, es el control judicial", puesto que "la adopción de una declaración constitucional de derechos fundamentales supondría naturalmente el ejercicio por los tribunales ingleses de sus poderes de control", es decir, que le correspondería a los tribunales ordinarios "garantizar o proteger ciertas libertades fundamentales contra el legislador propiamente dicho."[146] Sin embargo, en cierta forma ello se logró en el Reino Unido y en países como Holanda, que excluyen el control judicial de la constitucionalidad de las leyes, con el control de la conformidad de las leyes con la Convención Europea de Derechos Humanos.

---

146 *V.*, D. G. T. Williams, "The Constitution of the United Kingdom", en *Cambridge Law Journal*, 31, 1972, pp. 278-279.

En todo caso, es evidente que en los regímenes dotados de Constituciones escritas, si la Constitución se rige en la ley suprema, con fuerza directamente obligatoria, el sistema constitucional debe establecer expresamente los medios para defenderla y garantizarla. En caso contrario, como lo puso de manifestó Kelsen:

> "Una Constitución en la cual no exista la garantía de la anulación de actos inconstitucionales, no es, en sentido técnico, plenamente obligatoria... Una Constitución en la cual los actos inconstitucionales y, en particular, las leyes inconstitucionales, permanezcan igual de válidas –porque su inconstitucionalidad no permita anularlas– equivale, desde el punto de vista propiamente jurídico, más o menos a un acto sin fuerza obligatoria"[147].

Las garantías jurisdiccionales de la Constitución, es decir, el poder conferido a las autoridades judiciales ordinarias o a instancias constitucionales especiales, según el caso, para declarar inconstitucionales los actos de los órganos que ejercen los poderes públicos que violen la Constitución o para incluso, anular los que tienen efectos generales, son los mecanismos esenciales del Estado de derecho para asegurar el respeto de la ley, por parte de todos los órganos del Estado; el respeto que les impone la Constitución conforme a los sistemas de distribución del poder del Estado en vigencia[148], y, además, el respeto de los derechos y libertades fundamentales que consagra la Constitución.

## VI. EL JUEZ CONSTITUCIONAL COMO GUARDIÁN DE LA CONSTITUCIÓN, Y EL PROBLEMA DEL CONTROL DEL GUARDIÁN

Tal como Eduardo García de Enterría calificó al Tribunal Constitucional español, el órgano estatal de control de la constitucionalidad de las leyes se ha constitutivo en "comisario del poder constituyente, encargado de defender la Constitución y de velar por que todos los órganos constitucionales conserven su estricta calidad de poderes constituidos"[149].

Si las Constituciones son normas jurídicas efectivas, que prevalecen en el proceso político, en la vida social y económica del país, y que sustentan la validez a todo el orden jurídico[150], la solución institucional para preservar su vigencia y la libertad, está precisamente en establecer estos comisarios del poder constituyente, como guardianes de la Constitución, que al tener por misión asegurar que todos los órganos del Estado la acaten, también tienen que adaptarse a lo que el texto fundamental establece, sometiéndose a su normativa, estándole vedado mutarla.

Es decir, como tal guardián de la Constitución, y como sucede en cualquier Estado de derecho, el sometimiento del tribunal constitucional a la Constitución es una preposición absolutamente sobreentendida y no sujeta a discusión, ya que sería in-

---

147 *V.*, H. Kelsen, "La garantie juridictionnelle de la Constitution (La justice constitutionnelle)", en *Revue du Droit public et de la Science politique en France et à l'étranger,* Paris, 1928, p. 250.

148 *V.*, M. Hiden, "Constitutional Rights in the Legislative process: the Finish system of advance control of Legislation", en *Scandinavian Law,* 17, Estocolmo, 1973, p. 97.

149 *V.*, E. García de Enterría, *La Constitución como norma y el Tribunal constitucional*, Madrid, 1985, p. 198.

150 *Idem*, pp. 33, 39, 66, 71, 177 y 187.

concebible que el juez constitucional pueda violar la Constitución que está llamado a aplicar y garantizar. Esa la podrían violar los otros poderes del Estado, pero no el guardián de la Constitución.

Sin embargo, para garantizar que ello no ocurra, otra garantía adicional se establece en todos los sistemas jurídicos, y es que el tribunal constitucional debe gozar de absoluta independencia y autonomía frente a todos los poderes del Estado, pues un tribunal constitucional sujeto a la voluntad del poder, en lugar de ser el guardián de la Constitución se convierte en el instrumento más atroz del autoritarismo. El mejor sistema de justicia constitucional, por tanto, en manos de un juez sometido al poder, es letra muerta para los individuos y es un instrumento para el fraude a la Constitución. En todo caso, para garantizar esa autonomía e independencia, en todas las Constituciones donde se han establecido sistemas de justicia constitucional, se han dispuesto, entre otros aspectos, mecanismos tendientes a lograr una elección de los miembros o magistrados de los tribunales, de manera de neutralizar las influencias políticas no deseadas en una democracia[151]. Con ello se busca asegurar, por la forma de selección de sus integrantes, que los poderes atribuidos a un órgano estatal de esta naturaleza quien no tiene quien lo controle, no sean distorsionados y abusados. La pregunta, en todo caso, en este campo de los tribunales constitucionales, *Quis custodies ipso custodiem*? siempre hay que hacerla, aunque no tenga respuesta[152]. Por ello, George Jellinek decía que la única garantía del guardián de la Constitución al final radica en su "conciencia moral;"[153] y Alexis de Tocqueville fue tan preciso al observar cuando analizó la Constitución federal de los Estados Unidos que:

> "La paz, la prosperidad, y la existencia misma de la Unión están depositados en manos de siete Jueces Federales. Sin ellos, la Constitución sería letra muerta...,
>
> No solo los Jueces federales deben ser buenos ciudadanos, y hombres con la información e integridad indispensables en todo magistrado, sino que deben ser hombres de Estado, suficientemente sabios para percibir los signos de su tiempo,

---

151 *V.*, Allan R. Brewer-Carías, "The question of Legitimacy: How to choose the Supreme Court Judges", en Ingolf Pernice, Julianne Kokott, Cheryl Sauders (eds), *The Future of the European Judicial System in Comparative Perspective*. 6th International ECLN Colloquium / IACL Round Table, Berlin, 2-4 November 2005, European Constitutional Law Network Series, Vol. 6, Nomos, Berlín 2006, pp. 153-182; y Allan R. Brewer-Carías "La cuestión de legitimidad: cómo escoger los jueces de las Cortes Supremas. La doctrina europea y el contraste latinoamericano," en *Estudios sobre el Estado Constitucional (2005-2006)*. Cuadernos de la Cátedra Fundacional Allan R. Brewer Carías de Derecho Público, Universidad Católica del Táchira, Nº 9, Editorial Jurídica Venezolana. Caracas, 2007, pp. 125-161

152 *V.*, Jorge Carpizo, *El Tribunal Constitucional y sus límites*, Grijley Ed., Lima 2009, pp. 44, 47, 51; Allan R. Brewer-Carías, "*Quis Custodiet Ipsos Custodes*: De la interpretación constitucional a la inconstitucionalidad de la interpretación", en *Revista de Derecho Público*, Nº 105, Editorial Jurídica Venezolana, Caracas 2006, pp. 7-27; y en VIII Congreso Nacional de derecho Constitucional, Perú, Fondo Editorial 2005, Colegio de Abogados de Arequipa, Arequipa, septiembre 2005, pp. 463-489.

153 *V.*, George Jellinek, *Ein Verfassungsgerichtshof fur Österreich*, Alfred Holder, Wien 1885, citado por Francisco Fernández Segado, "Algunas reflexiones generales en torno a los efectos de las sentencias de inconstitucionalidad y a la relatividad de ciertas fórmulas esterotipadas vinculadas a ellas," in *Anuario Iberoamericano de Justicia Constitucional*, Centro de Estudios Políticos y Constitucionales, Nº 12, 2008, Madrid 2008, p. 196.

sin miedo para afrontar obstáculos que puedan dominarse, no lentos en poder apartarse de la corriente cuando el oleaje amenaza con barrerlos junto con la supremacía de la Unión y la obediencia debida a sus leyes.

El Presidente, quien ejerce poderes limitados, puede fallar sin causar gran daño en el Estado. El Congreso puede errar sin que la Unión se destruya, porque el cuerpo electoral en el cual se origina puede provocar que se retracte en las decisiones cambiando sus miembros. Pero si la Corte Suprema alguna vez está integrada por hombres imprudentes y malos, la Unión caería en la anarquía y la guerra civil"[154].

Esto es particularmente importante a tener en cuenta en regímenes democráticos, donde la tentación de los tribunales constitucionales en convertirse en legisladores e incluso en poder constituyente, resquebraja el principio de la separación de poderes, pues cumplirían funciones estatales sin estar sometidos a control alguno ni del pueblo ni de otros órganos estatales. En otras palabras, la usurpación incontrolada por el juez constitucional de poderes normativos "podría transformar al guardián de la Constitución en soberano"[155].

Y la verdad, es que lamentablemente, en muchos países, por el régimen político desarrollado o por la condición de los integrantes de los tribunales constitucionales, estos importantes instrumentos diseñados para garantizar la supremacía de la Constitución, para asegurar la protección y el respeto de los derechos fundamentales y asegurar el funcionamiento del sistema democrático, algunas veces se han convertido en uno de los más diabólicos instrumentos del autoritarismo, legitimando las acciones de las otras ramas del poder público contrarias a la Constitución[156], y en algunos casos, por propia iniciativa, en fieles servidores de quienes detentan el poder, configurándose lo que podría denominarse la "patología" de la justicia constitucional. Esta afección ocurre, precisamente, cuando los tribunales constitucionales asumen las funciones del legislador, o proceden a mutar[157] la Constitución en forma ilegíti-

---

154 *V.*, Alexis de Tocqueville, *Democracy in America*, Chapter VIII "The Federal Constitution," de la traducción de Henry Reeve, revisada y corregida en 1899, en http://xroads.virginia.edu /~HYPER/ DETOC/1ch08.htm. Véase igualmente la referencia en Jorge Carpizo, *El Tribunal Constitucional y sus límites*, Grijley Ed., Lima 2009, pp. 46-48.

155 *V.*, Francisco Fernández Segado, "Algunas reflexiones generales en torno a los efectos de las sentencias de inconstitucionalidad y a la relatividad de ciertas fórmulas esterotipadas vinculadas a ellas," en *Anuario Iberoamericano de Justicia Constitucional*, Centro de Estudios Políticos y Constitucionales, N° 12, 2008, Madrid 2008, p. 161.

156 *V.*, Néstor Pedro Sagües, *La interpretación judicial de la Constitución*, LexisNexis, Buenos Aires 2006, p. 31

157 Una mutación constitucional ocurre cuando se modifica el contenido de una norma constitucional de tal forma que aún cuando la misma conserva su contenido, recibe una significación diferente. *V.*, Salvador O. Nava Gomar, "Interpretación, mutación y reforma de la Constitución. Tres extractos," en Eduardo Ferrer Mac-Gregor (coordinador), *Interpretación Constitucional*, T. II, Ed. Porrúa, Universidad Nacional Autónoma de México, México 2005, pp. 804 ss. *V.*, en general sobre el tema, Konrad Hesse, "Límites a la mutación constitucional", en *Escritos de derecho constitucional*, Centro de Estudios Constitucionales, Madrid 1992. Véase por ejemplo sobre el caso de Venezuela, Allan R. Brewer-Carías, "El juez constitucional al servicio del autoritarismo y la ilegítima mutación de la Constitución: el caso de la Sala Constitucional del Tribunal Supremo de Justicia de Venezuela (1999-2009)", en *Revista de Administración Pública*, N° 180, Centro de Estudios Políticos y Constitucionales, Madrid 2009, pp. 383-418.

ma y fraudulenta[158], configurando un completo cuadro de "in" justicia constitucional[159]. En una situación como esa, sin duda, todas las ventajas de la justicia constitucional como garantía de la supremacía de la Constitución se desvanecen, y la justicia constitucional pasa a convertirse en el instrumento político más letal para la violación impune de la Constitución, la destrucción del Estado de derecho y el desmantelamiento de la democracia[160].

## *SECCIÓN TERCERA:*

## *LA VARIEDAD DE LOS SISTEMAS DE JUSTICIA CONSTITUCIONAL*

### I. LA CLASIFICACIÓN DE LOS SISTEMAS

Es evidente, en todo caso, que en el mundo contemporáneo no existe un solo sistema de justicia constitucional, sino que más bien existe una gran variedad de sistemas. Pueden adoptarse diferentes criterios para clasificar estos diversos sistemas de control jurisdiccional de la constitucionalidad de los actos del Estado, especialmente de la legislación[161]; sin embargo, todos se relacionan con un criterio básico: el referente a los órganos del Estado que pueden ejercer las funciones de justicia constitucional. En efecto, como se ha señalado, el control jurisdiccional de la constitucionalidad puede ser ejercido por todos los tribunales de un país determinado; sólo por la Corte Suprema del país, o por un órgano constitucional especialmente creado con ese fin.

En el primer caso, todos los tribunales de un país determinado tienen la facultad de juzgar la constitucionalidad de las leyes. Este es el caso de Estados Unidos de América, habiéndose llamado este sistema el "sistema americano" porque se adoptó primero, en Estados Unidos, particularmente, después del famoso caso *Marbury vs. Madison* decidido por la Corte Suprema en 1803. Además, muchos otros países, con o sin tradición del *common law,* también aplican este sistema[162], como es el caso, por ejemplo, en América latina de Argentina, Brasil, Colombia, Ecuador, Guatemala, Perú, Nicaragua, México, República Dominicana y Venezuela, y en Europa de

---

158 *V.*, Néstor Pedro Sagües, *La interpretación judicial de la Constitución*, Buenos Aires 2006, pp. 56-59, 80-81, 165 y ss.

159 *V.*, por ejemplo el caso en Venezuela durante la primera década del siglo XXI, en Allan R. Brewer-Carías, *Crónica de la "In" Justicia Constitucional. La Sala Constitucional y el autoritarismo en Venezuela*, Editorial Jurídica Venezolana, Caracas 2007.

160 Véase por ejemplo, también sobre el caso de Venezuela, Allan R. Brewer-Carías, "La demolición del Estado de derecho y la destrucción de la democracia en Venezuela (1999-2009)", en José Reynoso Núñez y Herminio Sánchez de la Barquera y Arroyo (Coordinadores), *La democracia en su contexto. Estudios en homenaje a Dieter Nohlen en su septuagésimo aniversario,* Instituto de Investigaciones Jurídicas, Universidad nacional Autónoma de México, México 2009, pp. 477-517.

161 *V.*, en general M. Cappelletti, *Judicial Review..., cit.,* p. 45; Véase Mauro Cappelletti, "El Control Jurisdiccional de la Constitucionalidad de las Leyes en el Derecho Comparado", en *Revista de la Facultad de Derecho*, Nº 65, T. XVI, México, 1966, pp. 28 a 33; M. Cappelletti and J. C. Adams, "Judicial Review of Legislation: European Antecedents and Adaptations", *Harvard Law Review,* 79, 6, Abril de 1966, p. 1.207; Allan R. Brewer-Carías, *Judicial Review in Comparative Law, cit.,* pp. 125 y ss.

162 *V.*, Héctor Fix Zamudio, "Protección procesal de los Derechos Humanos", *Boletín Mexicano de Derecho Comparado,* Nº 13-14, México, enero-agosto 1972, p. 78.

Grecia, Australia, Canadá, la India, Japón, Suecia, Noruega y Dinamarca. A este sistema también se lo denomina sistema difuso de control judicial de la constitucionalidad[163] porque el control judicial se atribuye a todos los tribunales desde el nivel más bajo hasta la Corte Suprema del país.

Por otra parte, existe el sistema concentrado de justicia constitucional, donde la facultad de control de la constitucionalidad de las leyes y de otros actos del Estado producidos en ejecución directa de la Constitución, se atribuye a un solo órgano del Estado, sea la Corte Suprema o un órgano constitucional, Tribunal, Corte o Consejo Constitucional especialmente creado para ese fin. Este último caso, se conoce como el "sistema austriaco" porque en Europa se estableció primero en Austria, en 1920[164].

Este sistema, también llamado el "modelo europeo", cuando el poder de control se atribuye a un Tribunal o Corte Constitucional particularmente ubicado fuera del Poder Judicial o a la Corte Suprema, es aplicado en Europa, en Alemania, Italia y España; y en América Latina, en forme exclusiva, en Bolivia, Costa Rica, Chile, El Salvador, Honduras, Panamá, Paraguay y Uruguay, y conjuntamente con el método difuso, en Brasil, Colombia, Ecuador, Guatemala, Perú, Nicaragua, México, República Dominicana y Venezuela. Se lo denomina sistema concentrado de control jurisdiccional por oposición al sistema difuso, porque la facultad de control de la constitucionalidad de los actos del Estado sólo se le confiere a un órgano constitucional que puede ser la Corte Suprema de un país dado o a un Tribunal Constitucional especialmente creado para tal fin que, puede o no estar integrado dentro de la organización del Poder Judicial[165].

Ahora bien, en el caso de los Tribunales Constitucionales europeos, hay que tener en cuenta que si bien, efectivamente, tienen calidad de órganos constitucionales independientes y separados de los órganos tradicionales del Estado (Legislativo, Ejecutivo y Judicial), siempre resuelven conflictos constitucionales en el marco del ejercicio de una función jurisdiccional. En tal sentido ni estos tribunales constitucionales ni los tribunales judiciales cuando actúan como jueces constitucionales, aun cuando ejercen un poder de control constitucional, pueden considerarse, como señaló Hans Kelsen[166], que actúan como un "legislador negativo".

En efecto, para refutar la objeción a la justicia constitucional derivada del principio de la separación de poderes, Hans Kelsen alegaba que cuando el tribunal constitucional anulaba un acto del Parlamento, este ejercía una actividad legislativa y no jurisdiccional. Sostenía que:

---

163 *V.*, M. Cappelletti, "El control judicial de la constitucionalidad de las leyes en el Derecho Comparado", *Revista de la Facultad de Derecho de México,* Nº 61, 1966, p. 28; Allan R. Brewer-Carías, *Judicial Review in Comparative Law, cit.*

164 *Ídem.*

165 *V.*, Allan R. Brewer-Carías, *Judicial Review..., cit.*, pp. 182 y ss., *El control concentrado de la constitucionalidad de las leyes, cit.*, pp. 127 y ss.

166 *V.*, H. Kelsen, *loc. cit.*, p. 226.

> "Anular una ley es formular una norma general: ya que la anulación de una ley tiene el mismo carácter de generalidad que su elaboración, siendo por así decirlo, la elaboración pero con un signo negativo; por consiguiente, ella misma una función legislativa"[167].

Pero en realidad, cuando una Corte o un Tribunal constitucional anula una ley, no lo hace discrecionalmente ni por conveniencia, sino que se basa en criterios jurídicos, y procede a hacerlo aplicando una ley superior, la Constitución; de manera que no ejerce, en este sentido, función legislativa alguna[168]. Ejerce, verdaderamente, una función jurisdiccional, como la que se asigna a las autoridades judiciales, pero en este caso a título de garantía de la Constitución. Y si bien es cierto que los jueces constitucionales cuando deben resolver sobre la constitucionalidad de actos legislativos, a menudo toman decisiones de carácter político, lo hacen con base en métodos y criterios legales, en el marco de un proceso iniciado a instancia de parte con la legitimación necesaria. Esto es así, incluso, cuando se acude a la justicia constitucional mediante una acción popular[169] con miras a obtener una decisión de la Tribunal Supremo o de la Corte Constitucional sobre la inconstitucionalidad de una ley, como es el caso en Venezuela y Colombia.

Ahora bien, como se ha dicho, en los sistemas norteamericanos y latinoamericano, el control jurisdiccional de la constitucionalidad de las leyes forma en general parte de las atribuciones del Poder Judicial, cuyo ejercicio corresponde tanto a la Corte Suprema como a la justicia ordinaria. En estos sistemas se puede afirmar que el juez constitucional es el Poder Judicial. En cambio, en el sistema europeo, el control jurisdiccional de la constitucionalidad de las leyes en muchos casos se ha asignado a Cortes o Tribunales Constitucionales creados como órganos de rango constitucional e independiente del Poder Judicial. Ejercen una función jurisdiccional como en Francia lo hacen los órganos de la jurisdicción administrativa, aunque en forma separada de las autoridades judiciales. En ambos sistemas, la justicia constitucional es el resultado del ejercicio de una función jurisdiccional, la cual no es monopolio del Poder Judicial.

Debe señalarse que el Consejo Constitucional en Francia, en su decisión del 22 de julio de 1980, en la cual analizó la conformidad con la Constitución de la Ley del 25 de julio de 1980 sobre la convalidación de los actos administrativos[170], se refirió a la existencia de un tercer poder del Estado, conjuntamente con los poderes legislativo y ejecutivo, que se podía calificar de "poder jurisdiccional" y que engloba las jurisdicciones administrativa y judicial. Ahora bien, en ese mismo "poder jurisdiccional" o "Poder Judicial"[171] podría incluirse al Consejo Constitucional. En consecuencia en Francia, el "Poder Jurisdiccional" podría ahora considerarse como un poder formado por las jurisdicciones administrativa, judicial y constitucional, esta última confiada al Consejo Constitucional. En esta forma, en Francia podría afirmar-

167 *Ídem.*, p. 224.

168 *V.*, A. Pérez Gordo, *El Tribunal Constitucional y sus Funciones,* Barcelona, 1982, p. 41.

169 *V.*, en sentido contrario B. O. Nwabueze, *Judicial Control of Legislative action..., doc. cit.*, p. 3.

170 *V.*, L. Favoreu y L. Philip, *op. cit.*, pp. 472 y ss.

171 *V.*, L. Favoreu, "Chronique", *Revue du Droit Public et de la Science Politique,* Paris, 1980, p. 1.661.

se que el control de la constitucionalidad de las leyes y el respeto de los derechos fundamentales se ejerce por el "Poder Jurisdiccional", en la misma forma que el "Poder Judicial" lo ejerce en los países de América.

En todo caso, debe señalarse que no existe un único sistema de justicia constitucional para garantizar y defender la Constitución, así como tampoco puede existir un sistema ideal que pueda aplicarse a todos los países[172]. En el derecho constitucional contemporáneo, cada país ha desarrollado su propio sistema, habiendo sido el sistema difuso atribuido a los órganos del Poder Judicial, iniciado en Norteamérica, el que más influencia ha tenido.

En otros países se ha adoptado una mezcla de los sistemas antes mencionados, el difuso y el concentrado, con miras a permitir que ambos tipos de control funcionen al mismo tiempo. Este es el caso, en América Latina, de Brasil, Colombia, Ecuador, Guatemala, México, Nicaragua, Perú, República Dominicana, Venezuela y en Europa, de Portugal, donde todos los tribunales tiene la facultad de juzgar la constitucionalidad de las leyes, y por consiguiente, pueden decidir en forma autónoma la inaplicabilidad de una ley en un proceso dado, y además, la Corte Suprema o un Tribunal o Corte Constitucional tienen la facultad de declarar la nulidad por inconstitucionalidad de las leyes, en un proceso constitucional. Como se ha señalado, esos países tienen un sistema mixto, que aplica en paralelo, los métodos difuso y concentrado de control judicial de la constitucionalidad, quizá el más completo en derecho comparado.

Por otra parte, con respecto a los denominados sistemas concentrados de la constitucionalidad, en los cuales la facultad de control es otorgada a un sólo órgano constitucional, como la Corte Supremo o un Tribunal o Corte Constitucional, se pueden observar otras diferencias[173].

En primer lugar, en relación al momento en el que se efectúa el control de la constitucionalidad de las leyes, el control puede producirse antes de la sanción de la ley, como es el caso en Francia, o puede ser ejercido por el Tribunal luego de que la ley ha entrado en vigor, como es el caso en Alemania e Italia. En otros países como España, Portugal, Colombia y Venezuela se han adoptado ambas posibilidades. En Venezuela, una ley sancionada por el Congreso antes de su entrada en vigor, puede ser sometida por el Presidente de la República al Tribunal Supremo, independientemente del veto presidencial, con el fin de obtener una decisión relativa a su constitucionalidad; pero igualmente, el Tribunal Supremo, puede decidir sobre la constitucionalidad de la ley después de su publicación y de su entrada en vigor, cuando es impugnada por la vía de acción popular.

Además, en relación con los sistemas concentrados de control de la constitucionalidad, existen dos vías para ejercerlo: la vía incidental y la vía principal[174]. En primer caso, la cuestión constitucional sólo se considera justiciable cuando está estrecha y directamente relacionada con un proceso en particular, en el cual la consti-

172 *V.*, Allan R. Brewer-Carías, *Judicial Review..., cit.*, pp. 125 y ss.

173 *V.*, Allan R. Brewer-Carías, *El control concentrado de la constitucionalidad de las leyes, cit.*, pp. 44 y ss.

174 *V.*, Allan R. Brewer-Carías, *El control concentrado de la constitucionalidad..., cit.*, pp. 28 y ss.

tucionalidad de la ley específica, no es el único aspecto requerido para el solo desenlace del proceso. Debe destacarse, que el carácter incidental del control judicial es de la esencia de los sistemas de control difuso y, por tanto, de todos los sistemas jurídicos que siguen el modelo americano. En los sistemas de control concentrado, el control de la constitucionalidad puede ser incidental y la Corte Suprema o el Tribunal Constitucional sólo pueden intervenir y decidir cuando así sea requerido por el tribunal ordinario al cual está sometido el caso. En estas circunstancias, la cuestión constitucional ante el Tribunal Constitucional le es sometida por el tribunal ordinario que debe decidir el caso concreto.

Ahora bien, en cuanto al sistema concentrado de control de la constitucionalidad, el poder de control otorgado a la Corte Suprema o a un Tribunal Constitucional, también puede ser ejercido por vía principal, mediante una acción directa en la que la constitucionalidad de una ley específica constituye la única cuestión del proceso, sin relación ni referencia a un caso particular. En este último supuesto puede hacerse otra distinción en cuanto a la legitimación para ejercer la acción directa de inconstitucionalidad. En numerosos países dotados de un sistema concentrado de control de la constitucionalidad, únicamente son los otros órganos del Estado los que pueden ejercer la acción directa de constitucionalidad ante el Tribunal Constitucional, por ejemplo, el Jefe de Gobierno o un cierto número de representantes en el Parlamento.

Otros sistemas de control concentrado, sin embargo, permiten que los particulares puedan ejercer la acción de inconstitucionalidad, sea alegando que una determinada ley afecta los derechos de un individuo o, como en el caso de Colombia y Venezuela, mediante una acción popular en la que cualquier ciudadano puede solicitar al Tribunal Supremo o a la Corte Constitucional que decida su solicitud referente a la inconstitucionalidad de una ley determinada, sin que exista condición especial con respecto a la legitimación.

Ahora bien, con respecto a esta distinción entre sistemas concentrado y difuso de control de la constitucionalidad también se puede hacer otra diferencia según los efectos legales que surte la decisión jurisdiccional de control. En este sentido, pueden distinguirse decisiones con efectos *in casu et inter partes* o *erga omnes,* es decir, decisiones que surten efectos solamente entre las partes de un juicio determinado, o que surten efectos generales, aplicables a cualquiera.

Por ejemplo, en los sistemas de control concentrado, de acuerdo con el modelo austriaco, cuando la decisión jurisdiccional es una consecuencia del ejercicio de una acción objetiva, en general, los efectos de tal decisión mediante la cual se anula la ley, son generales con validez *erga omnes*[175].

En cambio, en los sistemas de control difuso, la decisión del juez en materia de inconstitucionalidad sólo tiene efectos *ínter partes.* Por consiguiente, en estos sistemas, una ley declarada inconstitucional con efectos *ínter partes,* en principio, es nula y no surte ningún tipo de efectos para el caso concreto ni para las partes en el mismo. Por ello, en este caso, la decisión es, en principio, retroactiva en el sentido de que tiene consecuencias *ex tunc* o *pro pretaerito,* es decir, la ley declarada inconstitucional se considera como si nunca hubiera existido a nunca hubiera sido

175 *V.,* Allan R. Brewer-Carías, *El control concentrado de la constitucionalidad..., cit.*, pp. 31 y ss.

válida. En estos casos, esta decisión tiene efectos "declarativos", en el sentido de que declara la nulidad preexistente de la ley inconstitucional[176].

Por el contrario, en los sistemas de control concentrado, una ley anulada por inconstitucional, con efectos *erga omnes,* se considera, en principio, como anulable. La decisión en este caso es, por lo tanto, en principio prospectiva ya que tiene consecuencias *ex nunc y pro futuro;* es decir, la ley anulada por inconstitucional, es considerada como habiendo surtido efectos hasta su anulación por el Tribunal o hasta el momento que este determine como consecuencia de la decisión. En este caso, por consiguiente, la decisión tiene efectos "constitutivos" ya que la ley se vuelve inconstitucional solamente después de la decisión[177].

Sin embargo, esta distinción relativa a los efectos de la decisión judicial con respecto a la inconstitucionalidad de una ley, no es absoluta. Por un lado, si bien es cierto que en el sistema de control difuso la decisión surte efectos *inter partes,* cuando la decisión es adoptada por la Corte Suprema como consecuencia de la doctrina *stare decisis,* los efectos prácticos de la decisión son, de hecho, generales, en el sentido de que obliga a todos los Tribunales inferiores del país. Por ello, a partir del momento en que la Corte Suprema declara inconstitucional una ley, en principio, ningún otro Tribunal podría aplicarla.

Por otro lado, en sistemas de control concentrado de la constitucionalidad, cuando se adopta una decisión en una cuestión incidental de constitucionalidad, algunos sistemas constitucionales han establecido que los efectos de la misma, en principio, sólo se relacionan con el proceso particular en el que se planteó la cuestión de constitucionalidad, y entre las partes de dicho proceso, aunque como hemos señalado esa no es la regla general.

En cuanto a los efectos declarativos o constitutivos de la decisión, o sus efectos retroactivos o prospectivos, el paralelismo absoluto entre los sistemas difuso y concentrado también ha desparecido.

En los sistemas de control difuso de la constitucionalidad, aun cuando los efectos de las decisiones declarativas de inconstitucionalidad de la ley sean *ex tunc, pro pretaerito,* en la práctica, algunas excepciones en casos regulados por el derecho civil, han hecho que dicha invalidez de la ley no sea siempre retroactiva. De la misma manera, en los sistemas de control concentrado de la constitucionalidad, aun cuando los efectos de las decisiones anulatorias de una ley por inconstitucionalidad en principio sean constitutivos, *ex nunc, pro futuro,* también en la práctica, algunas excepciones en casos regulados por el derecho penal, han hecho que dicha invalidez de la ley, sea retroactiva y beneficie al reo.

## II. EL SISTEMA MIXTO O INTEGRAL DE JUSTICIA CONSTITUCIONAL EN VENEZUELA

La Constitución venezolana de 1999 establece en forma expresa en sus artículos 266, 334 y 336 la competencia de la Sala Constitucional del Tribunal Supremo de Justicia para declarar la nulidad por inconstitucionalidad, de las leyes y demás actos

176 *V.,* Allan R. Brewer-Carías, *Judicial Review..., cit.,* pp. 131 y ss.

177 Allan R. Brewer-Carías, *El control concentrado..., cit.,* pp. 32 y ss.

de los cuerpos deliberantes de carácter nacional, estadal o municipal dictados en ejecución directa de la Constitución, así como de los actos con rango legal dictados por el Ejecutivo Nacional.

Es decir, la Constitución prevé un control judicial concentrado de la constitucionalidad de todos los actos estatales, con exclusión de los actos judiciales y de los actos administrativos respecto de los cuales prevé medios específicos de control de legalidad y constitucionalidad (recurso de casación, apelaciones y Jurisdicción Contencioso Administrativa). De acuerdo con la Constitución, por tanto, existe un control concentrado de la constitucionalidad reservado en el nivel nacional, a los actos estatales de rango legal o de ejecución directa de la Constitución (leyes, actos parlamentarios sin forma de ley y actos de gobierno); en el nivel estadal, a las leyes emanadas de las Asambleas Legislativas y demás actos de ejecución directa de la Constitución; y en el nivel municipal, a las Ordenanzas Municipales, consideradas invariablemente como leyes locales, y demás actos de ejecución directa de la Constitución. Este control de la constitucionalidad de los actos estatales permite a la Sala Constitucional del Tribunal Supremo de Justicia declarar su nulidad cuando sean violatorios o colidan con la Constitución. Se trata, por tanto, como hemos dicho, de un control concentrado de la constitucionalidad de las leyes, y otros actos estatales de rango legal o de ejecución directa e inmediata de la Constitución atribuido a la Sala Constitucional.

Pero además, tanto el artículo 20 del Código de Procedimiento Civil, el artículo 19 del Código Orgánico Procesal Civil, como la propia Constitución (art. 334) permiten a todos los tribunales de la República, cuando decidan un caso concreto, declarar la inaplicabilidad de las leyes y demás actos estatales normativos cuando estimen que son inconstitucionales, dándole por tanto preferencia a las normas constitucionales. Se trata, sin duda, de la base legal del método difuso de control de la constitucionalidad.

Por tanto, el sistema venezolano de control de la constitucionalidad de las leyes y otros actos estatales, puede decirse que es uno de los más amplios conocidos en el mundo actual si se lo compara con los que muestra el derecho comparado, pues mezcla el llamado control difuso de la constitucionalidad de las leyes con el control concentrado de la constitucionalidad de las mismas[178]. En esta forma, no puede identificárselo, en particular, con alguno de los dos métodos de control de constitucionalidad que muestra el derecho comparado[179], configurándose como un sistema mixto o integral.

---

178 De acuerdo a la terminología acuñada por Piero Calamandrei, *La illegittimitá Costituzionale delle Leggi*, Padova, 1950, p. 5; y difundida por Mario Capelletti, *Judicial Review in the contemporary World*, Indianápolis, 1971. *V.*, Allan R. Brewer-Carías, *Judicial review in comparative law*, Cambridge University Press, 1989. *V.*, además, Allan R. Brewer-Carías, *El sistema mixto o integral de control de constitucionalidad en Colombia y Venezuela*, Bogotá, 1995.

179 *V.*, Allan R. Brewer-Carías, *El control de la constitucionalidad de los actos estatales*, Caracas, 1977; "Algunas consideraciones sobre el control jurisdiccional de la constitucionalidad de los actos estatales en el Derecho venezolano", *Revista de Administración Pública*, N° 76, Madrid, 1975, pp. 419 a 446; "La Justicia Constitucional en Venezuela", Simposio Internacional sobre Modernas Tendencias de Derecho Constitucional (España y América Latina). Universidad Externado de Colombia, Bogotá, Nov. 1986, p. 102. Véase además, M. Gaona Cruz, "El control judicial ante el Derecho Comparado" en *Archivo de*

Este sistema mixto de control de la constitucionalidad tiene su fundamento en el principio básico del constitucionalismo del carácter de norma suprema que tiene la Constitución, la cual no sólo regula orgánicamente el funcionamiento de los órganos estatales sino que establece los derechos fundamentales de los ciudadanos. Este principio de la supremacía constitucional y de la Constitución como norma suprema de derecho positivo directamente aplicable a los individuos que se establece en el artículo 7 de la Constitución de 1999, es el que ha conducido, inevitablemente, al desarrollo del sistema mixto de justicia constitucional en Venezuela establecido hace más de un Siglo[180].

En torno al carácter mixto del sistema venezolano, la antigua Corte Suprema de Justicia insistió sobre el ámbito del control de la constitucionalidad de las leyes, al señalar que está encomendado:

> "No tan sólo al Supremo Tribunal de la República, sino a los jueces en general, cualquiera sea su grado y por ínfima que fuere su categoría. Basta que el funcionaria forme parte de la rama judicial para ser custodio de la Constitución y aplicar, en consecuencia, las normas de ésta prevalecientemente a las leyes ordinarias... Empero, la aplicación de la norma fundamental por parte de los jueces de grado, sólo surte efecto en el caso concreto debatido, y no alcanza, por lo mismo, sino a las partes interesadas en el conflicto; en tanto, que cuando se trata de la ilegitimidad constitucional de las leyes pronunciadas por el Supremo Tribunal en ejercicio de su función soberana, como intérprete de la Constitución y en respuesta a la acción pertinente, loa efectos de la decisión se extienden *erga omnes* y cobran fuerza de ley. En el primer caso, el control es incidental y especial; y en el segundo, principal y general; y cuando éste ocurre, vale decir, cuando el recurso es autónomo, éste es formal o material, según que la nulidad verse sobre una irregularidad concerniente al proceso elaborativo de la ley, o bien que no obstante haberse legislado regularmente en el aspecto formalista, el contenido intrínseca de la norma adolezca de vicios sustanciales"[181].

En consecuencia, el sistema venezolano de justicia constitucional es un sistema mixto, en el cual el control difuso de la constitucionalidad está atribuido a todos los tribunales de la República, y el sistema concentrado, con relación a las leyes y demás actos de rango legal o de ejecución directa e inmediata de la Constitución, está atribuido a la Sala Constitucional del Tribunal Supremo de Justicia. Por ello, consideramos conveniente hacer una apreciación general respecto de los principios general que rigen para ambos métodos de control[182].

---

*Derecho Público y Ciencias de la Administración* (El Derecho Público en Colombia y Venezuela), Vol. VII, 1986, Caracas, 1986.

180 *V.*, los comentarios en relación con sistema mixto de justicia constitucional en Venezuela como consecuencia del principio de supremacía constitucional en R. Feo, *Estudios sobre el Código de Procedimiento Civil Venezolano,* T. I, Caracas, 1904, pp. 26-35; R. Marcano Rodríguez, *Apuntaciones Analíticas sobre las materias fundamentales y generales del Código de Procedimiento Civil Venezolano,* Caracas, T. I, pp. 36-38; A. Borjas, *Comentarios al Código de Procedimiento Civil,* T. I, Caracas, pp. 33-35.

181 *V.*, sentencia de la antigua Corte federal de 19-6-53, en *Gaceta Forense,* Nº 1, 1953, pp. 77 y 78.

182 *V.*, en general, Allan R. Brewer-Carías, *La Justicia Constitucional*, T. VI, Instituciones Políticas y Constitucionales, *op. cit.*, pp. 86 y ss.

## *SECCIÓN CUARTA:*

## *LA EFECTIVIDAD DE LA JUSTICIA CONSTITUCIONAL: ESTADO DE DERECHO, DEMOCRACIA Y CONTROL DEL PODER*

Como señalamos al inicio, la justicia constitucional, sin duda, es "la culminación de la edificación del *Estado de derecho*"[183] y la consecuencia directa del proceso de constitucionalización del mismo, es decir, de la adopción de una Constitución como ley suprema, en la cual no sólo se establece la organización de los poderes del Estado y sus limitaciones, sino que se declaran y garantizan los derechos fundamentales de los ciudadanos.

En este sentido, la justicia constitucional, considerada como la facultad de los tribunales (sean tribunales constitucionales, ordinarios o especiales) para controlar la constitucionalidad de la legislación, es, sin lugar a dudas, el logro más importante del ciudadano frente a la autoridad absoluta de los órganos del Estado, y en particular, frente a la supremacía y soberanía de los Parlamentos.

Incluso, en su origen, de la misma manera como el constitucionalismo moderno surgió en Norteamérica, como reacción contra la soberanía del Parlamento inglés, la justicia constitucional en su concepción americana original, también fue una reacción contra el cuerpo legislativo y sus facultades[184]. El Congreso de los Estados Unidos, como los demás órganos del Estado, debía estar sujeto a la Constitución y, por consiguiente, todas las leyes del Congreso sancionadas en violación de la Constitución debían ser consideradas nulas. De lo contrario, la Constitución sería letra muerta, o como lo expresó Alexander Hamilton: "equivaldría a nada"[185].

Esta concepción se encuentra dentro de la lógica del Estado de derecho, por lo que Jean Rivero, en su "Informe de síntesis" presentado en el segundo coloquio celebrado en Aix-en-Provence en 1981, sobre "Las Cortes Constitucionales Europeas y los Derechos Fundamentales", expresó:

> "La lógica del Estado de derecho coloca a la Constitución en la cúspide de la pirámide de normas, de donde las demás normas extraen su validez. Pero debe reconocerse que durante un largo siglo esta lógica se encontró frenada..., por el mito de la supremacía de la ley, y que para alcanzar la última etapa de la construcción del Estado de derecho, ese que somete al legislador mismo a una norma superior a su propia voluntad, ha sido necesaria la transformación que vengo de señalar"[186].

Por consiguiente, el control jurisdiccional de la constitucionalidad de las leyes es la consecuencia directa de la culminación de la construcción del Estado de derecho, como un Estado cuyos órganos están limitados en sus acciones por la Constitución,

---

183 *V.*, P. Lucas Murillo de la Cueva, "El examen de la constitucionalidad de las leyes y la soberanía parlamentaria", *loc. cit.*, p. 200.

184 *V.*, E. S. Corwin, "The 'Higher Law' Background of American Constitutional Law", *cit.*, p. 53.

185 *V.*, Alexander Hamilton, *The Federalist, cit.*, p. 491.

186 Se refiere a la aceptación de una autoridad superior al legislador encargada de imponerle el respeto de la Constitución. *V.*, J. Rivero, "Rapport de Synthèse", en L. Favoreu (ed), *Cours Constitutionnelles Européennes et Droits Fondamentaux, cit.*, p. 519.

la cual, además, establece los derechos fundamentales de los individuos y los medios de protección de los mismos contra dichos órganos del Estado y, en particular, contra el Legislador. Esto llevó a Rivero a afirmar que esta evolución del Estado de derecho producida en relación con el sistema constitucional francés:

> "Ha hecho posible ese fenómeno extraordinario que es la aceptación de una autoridad superior al legislador mismo, de una autoridad encargada de imponer al legislador el respeto de la Constitución por parte del legislador"[187].

La constitucionalización del Estado de derecho, por tanto, está esencialmente ligada a la idea de la justicia constitucional, y esa es la razón por la cual Mauro Cappelletti, en uno de los informes presentados a dicho Coloquio de Aix-en-Provence, manifestó que:

> "El constitucionalismo, en su estado más avanzado, ha exigido un órgano o un grupo de órganos, suficientemente independientes de los poderes "políticos" –el legislativo y el ejecutivo– para proteger una regla de derecho superior y relativamente permanente, contra las tentaciones que son inherentes al poder"[188].

En este sentido, los tribunales, considerados políticamente como los "menos peligrosos" o los "más débiles" de los tres poderes del Estado, son precisamente, cuando son órganos independientes, los encargados por excelencia de controlar el cumplimiento de la Constitución por parte de los poderes Ejecutivo y Legislativo.

Esto es de la esencia del Estado de derecho, que ante todo tiene que ser democrático. No hay que olvidar, en efecto, que en el mundo contemporáneo dicho Estado de derecho está construido, en primer lugar, sobre la existencia de una Constitución como norma suprema, directamente aplicable a los particulares; en segundo lugar, sobre la democracia como régimen político, que tiene por objeto asegurar el gobierno del pueblo como titular de la soberanía, sea en forma indirecta a través de representantes, o bien mediante instrumentos para su ejercicio directo; en tercer lugar, sobre el goce y ejercicio de los derechos humanos, como fin esencial del orden político; y en cuarto lugar, por encima de todo, sobre el control del poder como sistema político constitucional, que tiene por objeto impedir el abuso de quienes lo ejercen.

Estos cuatro elementos están interrelacionados de manera que ninguno puede existir aisladamente y sin que exista el otro: no puede haber efectiva supremacía constitucional, verdadera democracia, ni efectivo goce y protección de los derechos humanos si no hay control del poder; y sólo en democracia es que se concibe el sistema de derechos humanos, la posibilidad de controlar el poder y garantizar efectivamente la supremacía de la Constitución.

En otras palabras, para que pueda existir y funcionar efectivamente la democracia y se pueda asegurar realmente la protección de los derechos humanos y la supremacía constitucional mediante la justicia constitucional, se requiere de un marco constitucional que establezca y permita el control del poder, de manera que los di-

---

187 *Idem.*, p. 519.

188 *V.*, M. Cappelletti, "Nécessité et légitimité de la justice constitutionnelle" en L. Favoreu (ed) *Cours Constitutionnelles Européennes et Droits Fondamentaux, cit.*, p. 483. También reproducido en *Revue Internationale de Droit Comparé,* 1981 (2), p. 647.

versos poderes del Estado puedan limitarse mutuamente, y mediante su división y distribución, el poder pueda frenar al poder. Sólo en un sistema donde exista el control del poder puede haber garantía esencial de todos los valores de la propia democracia, como el respeto a la voluntad popular, la vigencia de los derechos humanos, el pluralismo político, la alternabilidad republicana o el Estado de derecho.

Precisamente por ello, en ese instrumento internacional excepcionalísimo como es la *Carta Democrática Interamericana* adoptada en la Asamblea General de la Organización de Estados Americanos, en Lima, el 11 de septiembre de 2001, se enumeraron en su artículo 3, como elementos esenciales de la democracia representativa, además del respeto a los derechos humanos y las libertades fundamentales; además del acceso al poder y su ejercicio con sujeción al Estado de derecho; además de la celebración de elecciones periódicas, libres, justas y basadas en el sufragio universal y secreto, como expresión de la soberanía del pueblo; y además del régimen plural de partidos y organizaciones políticas; la necesaria existencia –dice– de "la separación e independencia de los poderes públicos". Además, la misma *Carta* definió en su artículo 4°, como componentes fundamentales del ejercicio de la democracia, la transparencia de las actividades gubernamentales, la probidad, la responsabilidad de los gobiernos en la gestión pública, y el respeto por los derechos sociales y la libertad de expresión y de prensa. Además, se declaró que son igualmente fundamentales para la democracia la subordinación constitucional de todas las instituciones del Estado a la autoridad civil legalmente constituida y el respeto al Estado de derecho de todas las entidades y sectores de la sociedad. La democracia, por tanto, es mucho más que las solas elecciones y votaciones.

Sin embargo, entre todos esos elementos y componentes esenciales de la democracia, sin duda, el que se refiere a la separación e independencia de los Poderes Públicos es precisamente el que permite estructurar un verdadero régimen democrático, permite asegurar la supremacía de la Constitución y permite la efectiva vigencia de los derechos humanos[189] mediante un efectivo sistema de justicia constitucional.

No olvidemos que en nuestros países de América Latina, desde hace mucho tiempo y con todos los altos y bajos de su efectividad, hemos tenido sistemas de justicia constitucional e instituciones que han buscado asegurar el respeto a los derechos humanos, la sujeción del poder al derecho, elecciones más o menos regulares y libres y un régimen plural de partidos. Pero si nuestras democracias no terminan de arraigar, es porque nos ha faltado implantar efectivamente el último de los elementos mencionados en la Carta Democrática Interamericana, el de la efectiva "separación e independencia de los poderes"; es decir, el orden constitucional que debe existir en toda democracia para controlar y limitar el poder, y que hace posible la misma gobernabilidad de la democracia, y en particular, lograr una efectiva representación política; la posibilidad real de participación política del ciudadano; un buen gobierno que sea transparente y responsable, la garantía de los derechos humanos y la vigencia efectiva del Estado de derecho mediante la justicia constitucional.

---

189 *V.*, sobre la Carta Democrática Interamericana y la crisis de la democracia en Venezuela, Allan R. Brewer-Carías, *La crisis de la democracia venezolana. La Carta Democrática Interamericana y los sucesos de abril de 2002*, Ediciones El Nacional, Caracas 2002, pp. 137 y ss. Este libro puede consultarse en la *página web:* allanbrewercarias.com (Publicaciones 2002).

Porque sin control del poder no sólo la democracia no es gobernable, sino que no pueden tener efectiva vigencia todos sus otros factores esenciales antes mencionados, pues sólo controlando al Poder es que puede haber elecciones completamente libres y justas, es decir, puede haber representatividad efectiva; sólo controlando al poder es que puede haber pluralismo político; sólo controlando al Poder es que puede haber efectiva participación democrática; sólo controlando al Poder es que se puede asegurar una efectiva transparencia en su ejercicio, con exigencia de la rendición de cuentas por los gobernantes; sólo controlando el Poder es que se puede asegurar un buen gobierno sometido al respeto de la Constitución y del Estado de derecho; sólo controlando el Poder es que puede haber un efectivo acceso a la justicia; y sólo controlando al Poder es que puede haber real y efectiva garantía de respeto a los derechos humanos.

Al contrario demasiada concentración y centralización del poder, si no hay independencia y autonomía de los poderes, particularmente del poder judicial, y sin controles efectivos sobre los gobernantes, y peor aún, si estos tienen o creen tener apoyo popular, conduce al autoritarismo y, en definitiva, a la tiranía. Y esta fue la historia de la humanidad durante el Siglo pasado, que nos muestra precisamente a tiranos que usaron el voto de la mayoría para acceder al poder y desde allí aplicaron el autoritarismo para acabar con la propia democracia y con todos sus elementos, comenzando por los derechos humanos.

Desde los inicios del constitucionalismo moderno, además, estos principios quedaron plasmados en la misma Declaración francesa de los Derechos del Hombre y del Ciudadano de 1789, cuando proclamó que "toda sociedad en la cual la garantía de los derechos no esté asegurada, ni la separación de poderes determinada, no tiene Constitución" (art. XVI). Constitución, separación de poderes, respeto a los derechos humanos, y más modernamente, la democracia, han sido y continúan siendo los signos más arraigados, y no necesariamente desarrollados en la práctica, del constitucionalismo contemporáneo propios del Estado de derecho.

Para poder ejercer este control del poder, por supuesto, se requiere por sobre todo que los jueces y, en particular, el juez constitucional, sea efectivamente autónomo e independiente de las diversas ramas del poder público, pues de lo contrario, si se trata de un órgano controlado por el poder político de turno, en lugar de ser el guardián de la Constitución y del Estado de derecho, puede ser el instrumento más diabólico del autoritarismo y de la destrucción del mismo. Como a los tribunales constitucionales nadie los controla, se pueden convertir en un poder constituyente derivado no regulado en el texto constitucional, y sus inconstitucionales interpretaciones de la Constitución pueden pasar ilegítimamente a formar parte de la propia Constitución. La pregunta de siempre que suscita el poder incontrolado, *Quis custodiet ipsos custodes,* por tanto, aquí adquiere todo su significado, pues no tiene respuesta[190].

Por ello, por sobre todo, más que las competencias que le son atribuidas, lo importante en un juez o tribunal constitucional es su autonomía e independencia frente al poder. Y ese es el problema que ha existido y aún existe en muchos de nuestros

190 *V.,* Allan R. Brewer-Carías, "*Quis Custodiet ipsos Custodes*: De la interpretación constitucional a la inconstitucionalidad de la interpretación", en *VIII Congreso Nacional de derecho Constitucional,* Fondo Editorial 2005, Colegio de Abogados de Arequipa, Perú Arequipa 2005, pp. 463-489.

países, y que aqueja la justicia constitucional en Venezuela en los comienzos del siglo XXI, donde lamentablemente la Sala Constitucional del Tribunal Supremo de Justicia, particularmente con la última reforma de la Ley del Tribunal Supremo de Justicia de 2004[191] y con la forma como desde 1999 se ha realizado la integración del mismo, no es la garantía del Estado de derecho que debería esperarse.

Lamentablemente, la integración del Tribunal Supremo se hizo con magistrados controlados por el poder político y lo que es peor, dependientes del mismo, ya que pueden ser removidos por una Asamblea Nacional totalmente controlada políticamente por el Ejecutivo, incluso sin voto calificado. Todo ello, lamentablemente, se ha hecho en el marco de proceso de demolición progresiva y sistemática del Poder Judicial que en los últimos años se ha desarrollado en el país[192], en el cual, incluso, ha participado la propia Sala Constitucional con decisiones que han resquebrajado el Estado de derecho[193]. Por ello, no podemos dejar de advertir que el magnífico sistema de justicia constitucional que en Venezuela se construyó, pieza a pieza, durante décadas para afianzar el Estado de derecho en democracia, y que se analiza en este libro, lamentablemente, dado el resquebrajamiento de la democracia que se ha producido en estos primeros años del Siglo XXI, corre el riesgo de ser demolido, como ha ocurrido con tantas otras instituciones del Estado de derecho.

## *SECCIÓN QUINTA:*

## *ALGUNOS RETOS DE LA JUSTICIA CONSTITUCIONAL EN AMÉRICA LATINA A COMIENZOS DEL SIGLO XXI*

**El texto de esta sección es el de la Ponencia elaborada para el *I Congreso Panameño de Derecho Procesal Constitucional* y el *III Congreso Internacional: Proceso y Constitución,* Panamá, 27-29 junio de 2012. Fue enviado para ser publicado en el libro coordinado por David Aníbal Ortiz Gaspar y Katty Aquize Cáceres, *Tendencias actuales del Estado Constitucional contemporáneo: apuntes para una discusión*", Editorial ARA Editores, Lima Perú, 2013.**

---

191 *V.,* Allan R. Brewer-Carías, *Ley Orgánica del Tribunal Supremo de Justicia,* Caracas 2004.

192 *V.,* Allan Brewer-Carías, "La progresiva y sistemática demolición institucional de la autonomía e independencia del Poder Judicial en Venezuela 1999-2004", en *XXX Jornadas J.M Domínguez Escovar, Estado de derecho, Administración de justicia y derechos humanos,* Instituto de Estudios Jurídicos del Estado Lara, Barquisimeto Venezuela 2005, pp. 33-174.

193 *V.,* por ejemplo, lo que hemos expuesto en Allan Brewer-Carías, *La Sala Constitucional Versus El Estado Democrático de Derecho. El secuestro del poder electoral y de la Sala Electoral del Tribunal Supremo y la confiscación del derecho a la participación política,* Los Libros de El Nacional, Colección Ares, Caracas 2004; y en "El secuestro de la Sala Electoral por la Sala Constitucional del Tribunal Supremo de Justicia, en *La Guerra de las Salas del TSJ frente al Referendum Revocatorio.* Editorial Aequitas. Caracas 2004, pp. 13-58; "El secuestro del poder electoral y la conficación del derecho a la participación política mediante el referendo revocatorio presidencial: Venezuela 2000-2004", Studi Urbinati, *Rivista trimestrale di Scienze Giuridiche*, Politiche ed Economiche, Año LXXI - 2003/04 Nuova Serie A - N° 55,3. Urbino, Italia 2003. Università degli studi di Urbino. pp. 379-436; "La ilegítima despersonalización de las sociedades, la ilegal distorsión del régimen de la responsabilidad societaria y la violación del debido proceso en la jurisprudencia de la Sala Constitucional de Venezuela", en Alfredo Morles e Irene Valera (Coordinadores), *Derecho de Grupos de Sociedades.* Academia de Ciencias Políticas y Sociales, Centro de Investigaciones Jurídicas, Serie Eventos, N° 19, Caracas 2005, pp. 91-129.

## INTRODUCCIÓN

La aceptación generalizada de la justicia constitucional como potestad asignada a los jueces para controlar la constitucionalidad de las leyes y demás actos de los órganos del Estado a los efectos de garantiza la supremacía de la Constitución, fue la culminación de la configuración del Estado Constitucional de derecho de nuestro tiempo[194]. Ello se completó en el mundo contemporáneo, en general después de la segunda guerra mundial, con base en varios de los principios fundamentales del constitucionalismo contemporáneo, entre los cuales están:

*Primero*, el principio de que la soberanía reside en el pueblo, y que ningún órgano del Estado es ni puede ser soberano, con lo cual se puso fin a la antigua soberanía del Parlamento y de la ley como supuesta expresión de la voluntad general.

*En segundo lugar*, el principio de que el pueblo, en ejercicio de su soberanía, es el que otorga la Constitución, de manera que la misma sólo puede ser modificada por el pueblo o mediante los mecanismos por éste dispuestos en la propia Constitución.

*En tercer lugar*, el principio de que la Constitución otorgada por el pueblo es la ley suprema del Estado y la sociedad, la cual se impone a todos, gobernantes y gobernados, en la cual se regula no sólo el ejercicio mismo de la soberanía, sino la organización del Estado con las competencias y límites de los órganos que ejercen el Poder Público; el régimen político democrático para el funcionamiento de la sociedad; y la declaración y reconocimiento de los derechos humanos, entre los cuales se destaca el propio derecho a la Constitución y a su supremacía.

Estos tres principios implican que todos los actos estatales, incluidas las leyes, están sujetos a la Constitución y, por tanto, al control de constitucionalidad que los ciudadanos tiene derecho de requerir para garantizar la supremacía constitucional, mediante el ejercicio de acciones y recursos ante los órganos jurisdiccionales a los cuales se asigna competencia para no aplicar las leyes que estimen inconstitucionales cuando decidan casos concretos, o para declarar su nulidad con efectos *erga omnes*[195].

---

194 Tal como lo señaló Manuel García Pelayo, al referirse al Tribunal Constitucional, el mismo es "un órgano constitucional instituido y directamente estructurado por la Constitución," el cual "como regulador de la constitucionalidad de la acción estatal, está destinado a dar plena existencia al Estado de derecho y a asegurar la vigencia de la distribución de poderes establecida por la Constitución, ambos componentes inexcusables, en nuestro tiempo, del verdadero "Estado constitucional". Véase en Manuel García Pelayo, "El Status del Tribunal Constitucional," en *Revista Española de Derecho Constitucional*, N° 1, Madrid, 1981, p. 15.

195 *V.*, en general sobre los sistemas de justicia constitucional, Allan R. Brewer-Carías, "La Justicia Constitucional," en *Revista Jurídica del Perú,* N° 3, 1995, Trujillo, Perú, pp. 121 a 160; Allan R. Brewer-Carías, "Control de la constitucionalidad. La justicia constitucional" en *El Derecho Público de finales de Siglo. Una perspectiva iberoamericana*, Fundación BBV, Editorial Civitas, Madrid 1996, pp. 517-570; Allan R. Brewer-Carías, *Judicial Review in Comparative Law, Law,* Cambridge 1989*; Instituciones Políticas y Constitucionales,* T. VI, *La Justicia Constitucional*, Universidad Católica del Táchira-Editorial Jurídica Venezolana, Caracas, San Cristóbal, 1996, 21 ss; Allan R. Brewer-Carías, *La Justicia Constitucional.* Procesos *y procedimientos constitucionales*, UNAM, México 2007; *Derecho Procesal Constitucional. Instrumentos para la Justicia Constitucional*, Ed. Investigaciones Jurídicas, San José Costa Rica 2012. Procesos.

Estos tres principios del constitucionalismo fueron en definitiva, los que originaron la justicia constitucional como potestad estatal para garantizar la Constitución[196], que fue desarrollada en América desde comienzos del siglo XIX, y en Europa desde comienzos del siglo XX, pero afianzada particularmente después de la segunda guerra mundial al ponerse fin a la soberanía del parlamento.

Esos mismos principios, en todo caso, ante la práctica constitucional experimentada en América Latina en los últimos lustros, continúan planteando los retos fundamentales que sigue teniendo la justicia constitucional en el mundo contemporáneo, entre los cuales se destacan:

*Primero*, que el juez constitucional debe efectivamente actuar como comisario del poder constituyente, de manera que la soberanía permanezca siempre en el pueblo y no sea usurpada por los órganos constituidos;

*Segundo*, que el juez constitucional, como garante de la Constitución, debe efectivamente asegurar que las modificaciones o reformas a la misma se realicen conforme a lo que ha sido la voluntad del pueblo plasmada en sus normas;

*Tercero*, que el juez constitucional como comisario del poder constituyente y garante de la Constitución en si mismo, en su carácter de poder constituido, tiene que estar sometido a la Constitución misma, sin poderla mutar ilegítimamente;

*Cuarto*, que el juez constitucional como garante del régimen político previsto en la constitución, debe asegurar que el acceso y el ejercicio del poder solo se haga conforme a sus previsiones; y

*Quinto*, que el juez constitucional como garante de los derechos fundamentales, debe asegurar su efectiva vigencia y protección sobre la base del principio de la progresividad.

Mi intención, en estas notas, particularmente de cara a las recientes experiencias constitucionales en algunos países de América Latina, donde se han arraigado autoritarismos tanto en fraude a la Constitución como a la propia voluntad popular, es referirme ahora a los tres primeros de los retos mencionados, a cuyo efecto destacaré en contraste, los casos más importantes de lo que puede denominarse la patología de la justicia constitucional, y que hay que insistir en advertir a los efectos de evitar que el mal desarrollado se propague, conforme a la cual el juez constitucional en lugar de ser efectivamente el guardián de la Constitución, ha terminado siendo el verdugo del Estado constitucional.

## *PRIMER RETO: QUE EL JUEZ CONSTITUCIONAL EFECTIVAMENTE ACTÚE COMO COMISARIO DEL PODER CONSTITUYENTE, DE MANERA QUE LA SOBERANÍA PERMANEZCA SIEMPRE EN EL PUEBLO Y NO SEA USURPADA POR LOS ÓRGANOS CONSTITUIDOS*

Como lo indicó Eduardo García de Enterría, un Tribunal Constitucional es el "comisario del poder constituyente, encargado de defender la Constitución y de ve-

196 *V.*, H. Kelsen. "La garantie juridictionnelle de la Constitution (La justice constitutionnelle)", en *Revue du Droit public et de la Science politique en France et à l'étranger*, Paris, 1928, p. 214.

lar por que todos los órganos constitucionales conserven su estricta calidad de poderes constituidos,"[197] por lo cual el primer reto que tiene la justicia constitucional en América Latina, particularmente frente a las experiencias constitucionales recientes, es precisamente asegurar que la soberanía permanezca en el pueblo como poder constituyente y que no se asuma ni se usurpe por órgano constituido alguno del Estado.

Por ello, en un régimen de Estado constitucional, es esencial la distinción entre el poder constituyente que corresponde al pueblo, y los poderes constituidos que corresponden a los órganos del Estado, incluyendo en estos a las llamadas Asambleas Constituyentes, de manera que el juez constitucional pueda frenar las pretensiones incluso de estas de pretender ejercer en si mismas un poder constituyente "originario" o con "plenos poderes" para imponer su voluntad sobre los órganos constituidos, sobre todo porque como lo afirmó el Tribunal Supremo de Venezuela en la sentencia citada, "Una reforma constitucional sin ningún tipo de límites, constituiría un fraude constitucional."

Eso sucedió precisamente con la Asamblea Nacional Constituyente de Venezuela de 1999[198], y la Asamblea Constituyente de Ecuador en 2007, con el agravante de que ninguna de las dos estaba prevista en las Constituciones vigentes en esos países como mecanismo de reforma de la Constitución, de manera que incluso su elección y conformación no tenía base constitucional. La misma se estableció *ad hoc*, a la medida y mediante sendos referendos consultivos, totalmente manipulado desde el poder, con los cuales se barrió el principio de supremacía constitucional.

El primer reto que la justicia constitucional tiene en América Latina en el futuro, por tanto, es el asumir efectivamente el rol de guardián del poder constituyente e impedir que los órganos constituidos del Estado, incluyendo los circunstanciales, asuman o usurpen el poder constituyente del pueblo[199].

---

197 *V.*, E. García de Enterría, *La Constitución como norma y el Tribunal constitucional*, Madrid, 1985, p. 198.

198 *V.*, Allan R. Brewer-Carías, *Reforma Constitucional y Fraude a la Constitución (1999-2009)*, Academia de Ciencias Políticas y Sociales, Caracas 2009.

199 Ello fue precisamente lo que hicieron los tribunales contencioso administrativos en Honduras, incluyendo la Corte Suprema de Justicia en 2009 al decidir como jueces constitucionales la suspensión de los efectos de los actos de convocatoria de una Asamblea Constituyente por el Presidente de la República, no prevista en la Constitución, para modificar una cláusula pétrea constitucional como as la prohibición de la reelección presidencial. Lamentablemente, en ese caso, la labor del juez constitucional, fue empañada por una actuación militar que expulsó al Presidente de la República del territorio, originando una crisis política continental. Véase en general sobre este caso, Allan R. Brewer-Carías, "Reforma Constitucional, Asamblea Nacional Constituyente y Control judicial contencioso administrativo: El caso de Honduras (2009) y el precedente venezolano (1999)", en *Revista de la Facultad de Derecho,* N° 60-61, (2005-2009), Universidad Católica Andrés Bello, Caracas 2009, pp. 63-112; en *Revista Mexicana Statum Rei Romanae de Derecho Administrativo. Homenaje de Nuevo León a Jorge Fernández Ruiz,* Con. 3, Julio-Dic. 2009, Asociación Mexicana de Derecho Administrativo, Facultad de Derecho y Criminología de la Universidad Autónoma de Nuevo León, Monterrey, México 2009, pp. 11-77; y en *Revista Aragonesa de Administración Pública,* N° 34, (junio 2009), Gobierno de Aragón, Zaragoza 2009, pp. 481-529. Véase igualmente Allan R. Brewer-Carías, *Reforma Constitucional, Asamblea Constituyente, y Control Judicial: Honduras (2009), Ecuador (2007) y Venezuela (1999),* Serie Derecho Administrativo N° 7, Universidad Externado de Colombia, Bogotá 2009, 144 pp.

### 1. *Las enseñanzas del caso venezolano de 1999: una Asamblea Constituyente con poderes de "poder constituyente originario" cuyos actos el Juez Constitucional los consideró inmunes al control de constitucionalidad*

En tal sentido debe recordarse el caso del proceso constituyente venezolano de 1999, desarrollado al margen de la Constitución, por una Asamblea Constituyente que asumió poderes constituyentes originarios que el pueblo no le había atribuido[200].

A tal efecto, el mismo día en el cual el Presidente Hugo Chávez tomó posesión de su cargo para el cual había sido electo conforme a las previsiones de la Constitución de 1961, el 2 de febrero de 1999, dictó un Decreto N° 3 para la realización de un referendo consultivo buscando que el pueblo se pronunciase "sobre la convocatoria de una Asamblea Nacional Constituyente" (Art. 1) que no estaba prevista en la Constitución de 1961 como un mecanismo de reforma constitucional; "con el propósito de transformar el Estado y crear un nuevo ordenamiento jurídico que permita el funcionamiento efectivo de una Democracia Social y Participativa" (primera pregunta). Con dicho decreto el Presidente buscaba que el pueblo lo autorizara, pura y simplemente, para que fuera él mismo quien fijase "mediante un Acto de Gobierno [...], oída la opinión de los sectores políticos, sociales y económicos, las bases del proceso comicial en el cual se elegirán los integrantes de la Asamblea Nacional Constituyente" (Segunda pregunta)[201]. Es decir, pretendió el Presidente que mediante un referendo, el pueblo le delegara la potestad constituyente de establecer el estatuto de una Asamblea Constituyente no establecida en la Constitución que proponía se eligiera.

Del contenido del Decreto de convocatoria, sin embargo, se evidenciaba que lo que se convocaba no era un referendo consultivo que era lo único que autorizaba el artículo 181 de la Ley Orgánica del Sufragio y Participación Política que se había invocado como su base legal, de manera que de las preguntas lo que realmente se evidenciaban es que lo que se estaba convocando en realidad, era un referendo decisorio y autorizatorio no regulado ni previsto en dicha norma legal[202]. Además la convocatoria que se pretendía no era para que la Asamblea reformara la Constitución, sino para que asumiera un poder total y pudiera incluso sustituir a los poderes constituidos aún antes de la aprobación de una nueva Constitución, buscando delegar además en el Presidente de la República el poder soberano mismo de decidir el estatuto de la Constituyente, lo que vulneraba los principios más elementales del Estado de derecho y era incompatible con los valores supremos de una sociedad democrática.

---

200 *V.*, Allan R. Brewer-Carías, *Asamblea Constituyente y Ordenamiento Constitucional,* Serie Estudios N° 53, Biblioteca de la Academia de Ciencias Políticas y Sociales, Caracas 1999, 328 pp. Sobre las sentencias de la Corte Suprema de Justicia de 22 de enero de 1999 que avalaron el desencadenamiento del proceso constituyente véase: Allan R. Brewer-Carías, *Poder Constituyente Originario y Asamblea Nacional Constituyente,* Caracas 1999.

201 *V.*, en *Gaceta Oficial* N° 36.634 de 02-02-99.

202 Como lo señaló Ricardo Combellas, "Estamos hablando de un referendo consultivo, no de un referendo decisorio, cuya aprobación demanda necesariamente en Venezuela, tal como lo propuso con visión avanzada la Comisión Bicameral, una reforma constitucional" en *¿Qué es la Constituyente? Voz para el futuro de Venezuela,* COPRE, Caracas 1998.

Como era de esperarse, a las pocas semanas, el Decreto N° 3 fue impugnado por inconstitucional ante la Sala Político-Administrativa de la Corte Suprema de Justicia[203], por ser un instrumento destinado a servir para un fraude a la Constitución, impugnándose igualmente los actos del Consejo Supremo Electoral convocando el referendo. Una de las acciones de nulidad fue decidida por la Sala Político Administrativa en sentencia de 18 de marzo de 1999, mediante la cual se anuló la segunda de las preguntas propuestas por el Presidente en la convocatoria al referendo, considerando que el estatuto de la Constituyente tenía que aprobarse por el pueblo[204]. Para ello, la sentencia afirmó que la actuación de una Asamblea Constituyente era posible porque lo permitía la Constitución de 1961, lo que implicaba considerar que la misma no podía perder vigencia alguna durante la actuación de la Asamblea Nacional Constituyente, la cual debía encontrar en dicho texto el límite de su actuación. Ello significaba que durante el funcionamiento de la Asamblea, los poderes constituidos debían continuar actuando conforme a la Constitución que estaba vigente, no pudiendo la Asamblea ni disolverlos ni asumir directamente sus competencias constitucionales.

Días antes de ser publicada dicha sentencia, sin embargo, el día 10 de marzo de 1999, y sin duda ya advertido, el Presidente de la República, emitió un nuevo acto administrativo reformatorio del Decreto N° 3, mediante el cual ordenó publicar en *Gaceta Oficial* la propuesta del Ejecutivo Nacional mediante la cual fijaba las bases de la convocatoria de la Asamblea Nacional Constituyente, conforme a lo que luego decidió la Corte, esta vez disponiendo que las mismas serían *sometidas a la aprobación del pueblo en el referendo* convocado[205]. En esas bases, sin embargo, se incorporó una frase en la Décima Base, en la cual se afirmaba que:

> "Una vez instalada la Asamblea Nacional Constituyente, como poder originario que recoge la soberanía popular, deberá dictar sus propios estatutos de funcionamiento, teniendo como límites los valores y principios de nuestra historia republicana, así como el cumplimiento de los tratados internacionales, acuerdos y compromisos válidamente suscritos por la República, el carácter progresivo de los derechos fundamentales del hombre y las garantías democráticas dentro del más absoluto respeto de los compromisos asumidos."

Este texto fue reproducido por el Consejo Nacional Electoral en la nueva convocatoria que tuvo que hacer para el referendo consultivo, de manera que la Resolución respectiva que dictó fue de nuevo impugnada por considerarse que desacataba el fallo de la Corte Suprema del 18 de marzo de 1999, cuando le pretendía atribuir "carácter originario" a la futura Asamblea Nacional Constituyente.

---

203 *V.*, el texto de la acción de nulidad en Allan R. Brewer-Carías, *Asamblea Constituyente y Ordenamiento Constitucional*, Academia de Ciencias Políticas y Sociales, Caracas 1999, pp. 255 a 321. *V.*, la relación de todas las acciones de nulidad intentadas en Carlos M. Escarrá Malavé, *Proceso Político y Constituyente*, Caracas 1999, anexo 4.

204 *V.*, el texto de la sentencia en Allan R. Brewer-Carías, *Poder Constituyente Originario y Asamblea Nacional Constituyente*, Caracas 1999, pp. 169 a 185; y en *Revista de Derecho Público*, N° 77-80, Editorial Jurídica Venezolana, Caracas 1999, pp. 73 y ss.

205 Contenido en un "Aviso Oficial" publicado en *G.O.* N° 36.658 de 10-03-99, con las bases de la convocatoria de la asamblea nacional constituyente, para ser sometida para la aprobación del pueblo en el referéndum convocado para el 25 de abril de 1999.

Dicha impugnación fue resuelta por la Sala Político Administrativa de la Corte Suprema, en la sentencia de 13 de abril de 1999[206], en la cual observó que ciertamente:

> "en la sentencia dictada por esta Sala el 18 de marzo de 1999 se expresó con *meridiana claridad* que la Asamblea Constituyente a ser convocada, 'no significa, en modo alguno, por estar precisamente vinculada su estructuración al propio espíritu de la Constitución vigente, bajo cuyos términos se producirá su celebración, la alteración de los principios fundamentales del Estado democrático de derecho', y que 'en consecuencia, es la Constitución vigente la que permite la preservación del Estado de derecho y la actuación de la Asamblea Nacional Constituyente, en caso de que la voluntad popular sea expresada en tal sentido en la respectiva consulta".

En consecuencia, a los efectos de que no se indujera "a error al electorado y a los propios integrantes de la Asamblea Nacional Constituyente, si el soberano se manifestase afirmativamente acerca de su celebración, en lo atinente a su alcance y límites", la Sala ordenó que se eliminase la frase *"como poder originario que recoge la soberanía popular",* a cuyo efecto corrigió y reformuló expresamente el texto de la base comicial octava, sin dicha frase.

Después de todas estas vicisitudes judiciales[207], y de la corrección del Decreto N° 3 de 2 de febrero de 1999, que fue el primer acto violatorio de la Constitución de 1961 en todo aquél proceso, el proceso constituyente quedó abierto, habiéndose celebrado el referendo consultivo el 25 de abril de 1999, en el cual se aprobó la propuesta de convocar una Asamblea Constituyente la cual fue electa el 25 de julio de 1999, integrada con una mayoría abrumadora de constituyentes propuestos por el Presidente Chávez[208].

La Asamblea, en todo caso, estaba sometida a las bases aprobadas por la voluntad popular expresada en el referendo consultivo del 25 de abril de 1999; razón por la cual, durante su funcionamiento debió haber respetado la vigencia de la Constitución de 1961, la cual sólo podía perder vigencia cuando el pueblo se pronunciara, mediante posterior referendo aprobatorio sobre la nueva Constitución. Sin embargo, ello no fue así, y fue la Asamblea Constituyente la que materializó el golpe de Estado contra la Constitución[209], desacatando además las órdenes judiciales emanadas de la Corte Suprema, para lo cual sus miembros incurrieron expresamente en

---

206 *V.*, el texto en Allan R. Brewer-Carías, *Poder Constituyente Originario y Asamblea Nacional Constituyente*, Caracas 1999, pp. 190 a 198. Igualmente en *Revista de Derecho Público*, N° 77-80, Editorial Jurídica Venezolana, Caracas 1999, pp. 85 y ss.

207 *V.*, sobre las diversas sentencias dictadas en el proceso de conformación de la Constituyente, Allan R. Brewer-Carías, "La configuración judicial del proceso constituyente en Venezuela de 1999 o de cómo el guardián de la Constitución abrió el camino para su violación y para su propia extinción", en *Revista de Derecho Público*, N° 77-80, Editorial Jurídica Venezolana, Caracas 1999, pp. 453-514.

208 De un total de 131 constituyentes electos, 125 con el apoyo del Presidente Chávez, con lo que la "oposición" quedó formada por sólo 6 constituyentes electos como independientes. Cuatro electos en la circunscripción nacional (Allan R. Brewer-Carías, Alberto Franceschi, Claudio Fermín y Jorge Olavarría) y dos en las circunscripciones regionales (Antonio Di'Giampaolo y Virgilio Ávila Vivas).

209 *V.*, Allan R. Brewer-Carías, *Golpe de Estado y proceso constituyente en Venezuela*, *op. cit*, p. 160.

el "error" que quiso evitar la Corte, y, contrariando su decisión, desde su instalación el 3 de agosto de 1999 asumieron expresamente lo que se denominó un "poder constituyente originario" que el pueblo no le había conferido[210].

En esa oportunidad, en efecto, al aprobar su Estatuto de Funcionamiento en forma inconstitucional por violación a la voluntad popular expresada en el referendo consultivo del 25 de abril[211], la Asamblea se declaró a si misma "*depositaria de la voluntad popular y expresión de su Soberanía con las atribuciones del Poder Originario para reorganizar el Estado Venezolano y crear un nuevo ordenamiento jurídico democrático,*" disponiendo además, que "en uso de las atribuciones que le son inherentes, *podrá limitar o decidir la cesación de las actividades de las autoridades que conforman el Poder Público*" (artículo 1). Como consecuencia de ello, la Asamblea también resolvió que "todos los organismos del Poder Público *quedaban subordinados"* a la misma y, en consecuencia, que estaban en la obligación de *cumplir y hacer cumplir* los "actos jurídicos estatales" que emitiera (parágrafo primero, artículo 1°).

En esta forma, la Asamblea se auto atribuyó potestades públicas por encima tanto de la Constitución de 1961 como de las "normas constitucionales" contenidas en la expresión de la voluntad soberana del pueblo en las "bases comiciales" votadas en el referendo de 25 de abril de 1999. En cuanto a las previsiones de la Constitución entonces vigente de 1961, por disposición de la propia Asamblea, en su Estatuto de Funcionamiento se dispuso que sólo se mantendrían en vigencia "en todo aquello que no colida o sea contrario con los actos jurídicos y demás decisiones de la Asamblea Nacional Constituyente" (art. 1, parágrafo segundo)[212].

Con la asunción de este poder, la Asamblea había consumado el golpe de Estado, pues se daba a sí misma una carta blanca para violar una Constitución que estaba vigente, y someter a todos los órganos del Poder Público constituido y electos a estarle "subordinados," imponiéndoles la obligación de cumplir sus "actos jurídicos estatales"; ruptura del hilo constitucional que luego se materializó mediante sucesivos actos constituyentes que la propia antigua Corte Suprema de Justicia como juez constitucional no supo controlar hasta que fue cesada, víctima de su propia debilidad

---

210 En el acto de instalación, el discurso dado por quien venía de ser electo presidente de la Asamblea concluyó con estas frases "la Asamblea Nacional Constituyente es originaria y soberana", en *Gaceta Constituyente (Diario de Debates), Agosto-Septiembre 1999,* Sesión de 03-08-99, N° 1, p. 4. Véase nuestro voto salvado respecto de la aprobación de dicho Estatuto por la Asamblea Constituyente, en Allan R. Brewer-Carías, *Debate Constituyente (Aportes a la Asamblea Nacional Constituyente),* Fundación de Derecho Público, Editorial Jurídica Venezolana, T. I (8 agosto-8 septiembre 1999), Caracas 1999, pp. 15 a 39.

211 *V., Gaceta Constituyente* (Diario de Debates), Agosto-Septiembre 1999, Sesión de 07-08-99, N° 4, p. 151. Véase también nuestro voto salvado por razones de inconstitucionalidad respecto de la aprobación del Estatuto en *Gaceta Constituyente* (Diario de Debates), Agosto-Septiembre 1999, Sesión de 07-08-99, N° 4, pp. 6 a 13.

212 *V.,* en *Gaceta Constituyente (Diario de Debates), Agosto-Septiembre 1999,* Sesión de 07-08-99, N° 4, p. 144. Véase el texto, además, en *Gaceta Oficial* N° 36.786 de 14-09-99. Como ha señalado Lolymar Hernández Camargo, con la aprobación del Estatuto "quedó consumada la inobservancia a la voluntad popular que le había impuesto límites a la Asamblea Nacional Constituyente... Se auto proclamó como poder constituyente originario, absoluto e ilimitado, con lo cual el Estado perdió toda razón de ser, pues si se mancilló la voluntad popular y su manifestación normativa (la Constitución), no es posible calificar al Estado como de derecho ni menos aun democrático", en *La Teoría del Poder Constituyente, cit.,* p. 73.

o complicidad. Entre dichos actos constituyentes dictados como "poder constituyente originario" que conformaron el golpe de Estado contra la Constitución de 1961, se destacan:

En *primer lugar*, el "Decreto mediante el cual se declara la *reorganización de todos los órganos del Poder Público*" de fecha 12 de agosto de 1999[213], para cuya emisión la Asamblea invocó que supuestamente ejercía "el poder constituyente otorgado por este [el pueblo] mediante referendo..."; es decir, que ejercía un "poder constituyente" que supuestamente le había otorgado el "poder constituyente" (pueblo) en el "referendo," lo cual no era cierto, por lo cual en realidad la Asamblea se fundamentó para aprobar el Decreto, en "lo dispuesto en el artículo primero del Estatuto de esta Asamblea" mediante el cual se había auto conferido, a sí misma, dicho supuesto carácter de poder constituyente originario..

En *segundo lugar*, el decreto de 19 de agosto de 1999 mediante el cual la Asamblea Nacional Constituyente resolvió declarar "al Poder Judicial en emergencia" (Art. 1°), creando una Comisión de Emergencia Judicial, que asumió el proceso de intervención de la Justicia[214], lesionando la autonomía e independencia del Poder Judicial, suplantando los órganos regulares del gobierno y administración de la Justicia[215]. El Decreto tuvo la misma fundamentación que los anteriores "en ejercicio del poder constituyente originario" supuestamente otorgado por el pueblo a la Asamblea mediante referendo, lo cual no era cierto, pues fue mediante el artículo 1° del Estatuto de Funcionamiento de la propia Asamblea y el artículo único del Decreto de la Asamblea que declaró la reorganización de todos los Poderes Públicos constituidos, con los cuales la Asamblea se auto confirió a dicho poder. Este proceso de intervención política del poder judicial incluso fue formalmente conocido por la Corte Suprema de Justicia, la cual, como juez constitucional, adoptó el 23 de agosto de 1999 un desafortunado Acuerdo[216], en el cual "fijó posición" ante la ilegítima intervención llegando aceptarla mediante la designación de uno de sus propios magistrados como integrante de la ilegítima Comisión de Emergencia Judicial nombrada por la Asamblea.

En *tercer lugar*, el "Decreto mediante el cual *se regulan las funciones del Poder Legislativo*"[217] dictado por la Asamblea el 25 de agosto de 1999, reformado cinco días después, el 30 de agosto de 1999[218]; arrogándose esta vez directa y abiertamente un "poder constituyente originario" que nadie le había otorgado, sino ella misma en su propio Estatuto de funcionamiento. Mediante este Decreto, la Asamblea, mate-

213 *Gaceta Oficial* N° 36.764 de 13-08-99. Véase en Allan R. Brewer-Carías, *Debate Constituyente,* T. I, *op. cit.*, pp. 43 a 56; y en *Gaceta Constituyente (Diario de Debates), Agosto-Septiembre de 1999, cit.*, Sesión de 12-08-99, N° 8, pp. 2 a 4.

214 *Gaceta Oficial* N° 36.772 de 25-08-99 reimpreso en *Gaceta Oficial* N° 36.782 de 08-09-99.

215 *V.*, en Allan R. Brewer-Carías, *Debate Constituyente,* T. I, *op. cit.*, p. 57 a 73; y en *Gaceta Constituyente (Diario de Debates), Agosto-Septiembre de 1999, cit,* Sesión de 18-08-99, N° 10, pp. 17 a 22. *V.*, el texto del Decreto en *Gaceta Oficial* N° 36.782 de 08-09-99.

216 *V.*, nuestros comentarios sobre el Acuerdo en Allan R. Brewer-Carías, *Debate Constituyente,* T. I, *op. cit.*, pp. 141 y ss. *V.*, además, los comentarios de Lolymar Hernández Camargo, *La Teoría del Poder Constituyente, cit,* pp. 75 y ss.

217 *Gaceta Oficial* N° 36.772 de 25-08-99.

218 *Gaceta Oficial* N° 36.776 de 31-08-99.

rialmente, declaró la cesación de las Cámaras Legislativas (Senado y Cámara de Diputados), cuyos miembros habían sido electos unos meses antes, en noviembre de 1998, atribuyéndole además, inconstitucionalmente, la función legislativa del Estado a la Comisión Delegada del Congreso y a la propia Asamblea Constituyente[219]. En el Decreto de regulación del Poder Legislativo, la Asamblea también intervino y eliminó las Asambleas Legislativas de los Estados de la Federación, violando la Constitución y vulnerando la autonomía de los Estados, al disponer que las funciones de las mismas serían ejercidas por unas Comisiones Delegadas de cada una, regulando la forma de su integración (Art. 11); y además, revocando el mandato de los Diputados de las Asambleas que no integrasen las Comisiones delegadas respectivas (Art. 12).

Finalmente, en *cuarto lugar*, el Decreto del "Régimen de Transición del Poder Público,"[220] dictado el 22 de diciembre de 1999, dos días después de la "proclamación" de la nueva Constitución luego de haber sido aprobada por el pueblo, pero una semana antes de su entrada formal en vigencia, pues la publicación de la Constitución en *Gaceta Oficial* había sido deliberadamente demorada hasta el 30 de diciembre de 1999[221], mediante el cual la Asamblea modificó la propia Constitución (y su régimen transitorio) recién aprobada (15-12-1999), sin someter ese "acto constitucional" a la aprobación popular".

El juez constitucional, frente a todos estos actos "constituyentes" dictados en ejercicio de un pretendido "poder constituyente originario," que no tenía atribuido, simplemente se abstuvo de controlar efectivamente su constitucionalidad, para lo cual adoptó varias decisiones avalando el golpe de Estado que se había consumado. Entre ellas se destacan:

Primero, una confusa sentencia del 14 de octubre de 1999 (caso: *Impugnación del Decreto de Regulación de las Funciones del Poder Legislativo*)[222] mediante la cual, la antigua Corte Suprema, cambiando el criterio que previamente había sustentado en la sentencia anterior de la Sala Político Administrativa del 18 de marzo de 1999, desligó formalmente y *ex post facto* a la Asamblea de su sometimiento a la Constitución de 1961, permitiendo que aquélla pudiera desconocerla, con lo cual "legitimó" el golpe de Estado que la Asamblea había dado al desconocer la Constitución de 1961, particularmente en los diversos actos "constituyentes" e inconstitucionales que había adoptado en los dos meses precedentes.

Segundo, otra sentencia dictada esta vez con motivo de la impugnación del Decreto sobre el Régimen de Transición del Poder Público, y por el nuevo Tribunal Supremo de Justicia cuyos integrantes habían sido nombrados en dicho Decreto, la

---

219 *V.*, en Allan R. Brewer-Carías, *Debate Constituyente,* T. I, *op. cit.,* pp. 75 a 113; y en *Gaceta Constituyente (Diario de Debates), Agosto-Septiembre 1999, cit.*, Sesión de 25-08-99, N° 13, pp. 12 a 13 y 27 a 30 y Sesión de 30-08-99, N° 16, pp. 16 a 19. *V.*, el texto del Decreto en *Gaceta Oficial* N° 36.772 de 26-08-99. Con posterioridad, sin embargo, y con la intermediación de la Iglesia Católica, el 9-9-99, la directiva de la Asamblea llegó a un acuerdo con la directiva del Congreso, con lo cual, de hecho, se dejó sin efecto el contenido del Decreto, siguiendo el Congreso funcionando conforme al régimen de la Constitución de 1961. Véase el texto del Acuerdo en *El Nacional,* Caracas 10-9-99, p. D-4.

220 *V.*, en *Gaceta Oficial* N° 36.859 de 29-12-99.

221 *V.*, en *Gaceta Constituyente (Diario de Debates), Noviembre 1999-Enero 2000, cit.,* Sesión de 22-12-99, N° 51, pp. 2 y ss. Véase *Gaceta Oficial* N° 36.859 de 29-12-99; y *Gaceta Oficial* N° 36.860 de 30-12-99.

222 *V.*, en *Revista de Derecho Público,* N° 77-80, Editorial Jurídica Venezolana, Caracas 1999, pp. 111 y ss.

Sala Constitucional en sentencia Nº 4 de fecha 26 de enero de 2000 (Caso *Eduardo García*), decidiendo en su propia causa reconoció que dicho Decreto, a pesar de que no era emanación de la voluntad popular (no había sido aprobado en el referendo aprobatorio de la Constitución), era "un acto de rango y naturaleza constitucional," concluyendo que:

> "dado el carácter originario del poder conferido por el pueblo de Venezuela a la Asamblea Nacional Constituyente, mediante la pregunta Nº 1 y la Base Comicial Octava del referendo consultivo nacional, aprobado el 25 de abril de 1999, y por tanto la no sujeción de este poder al texto constitucional vigente para la época, la demanda propuesta, al fundamentar las presuntas transgresiones en la referida Constitución y no en los parámetros y principios consagrados en las bases fijadas en le citado referendo, conduce forzosamente a su improcedencia".

Con ello, *ex post facto*, el juez constitucional no sólo aceptó que la Asamblea Constituyente había sido titular de un "poder constituyente originario" que supuestamente le había conferido el pueblo, lo cual no era cierto, sino que dispuso que los actos de la Asamblea Constituyente no habían estado sujetos a la Constitución de 1961, vigente durante su funcionamiento. Con ello, la Sala Constitucional del Tribunal Supremo en definitiva dispuso la inmunidad jurisdiccional respecto de los actos constituyentes. Ello lo ratificó el Tribunal Supremo en sentencia Nº 6 de fecha 27 de enero de 2000, al declarar de nuevo, como improcedente, otra acción de nulidad interpuesta contra el referido Decreto, indicando que la Sala entendía:

> "que hasta la fecha de la publicación de la nueva Constitución, la que le precedió (1961) estuvo vigente, lo cual se desprende de la Disposición Derogatoria Única; y como los actos de la Asamblea Nacional Constituyente no estaban sujetos a la Constitución derogada, los mismos sólo podrían estar regulados –como fuera señalado por la sentencia de la Corte Suprema de Justicia en Pleno antes referida– por normas supraconstitucionales. Así, por argumento en contrario, sólo los actos dictados por la Asamblea Nacional Constituyente con posterioridad a la publicación de la nueva Constitución estarían sujetos a ésta".

De todo lo anterior resultó que el acto de la Asamblea Nacional Constituyente (Decreto sobre el Régimen de Transición del Poder Público) impugnado en esta oportunidad, publicado en la *Gaceta Oficial* número 36.859 del 29 de diciembre de 1999, esto es, con anterioridad a la entrada en vigencia de la nueva Constitución de Venezuela de 1999, se consideró que no estaba sujeto ni a ésta ni a la Constitución precedente de 1961. Reconoció, así, el Tribunal Supremo de Justicia, rango constitucional al régimen transitorio inventado por la Asamblea Nacional Constituyente, pero desligándolo tanto de la Constitución de 1961 como de la propia Constitución de 1999; régimen transitorio que además contenía el acto de designación de los propios Magistrados. Lo menos que podían haber hecho ichos magistrados era inhibirse, pero no fue así; y esa y otras sentencias que juzgaron sobre dicho régimen, constituyeron violación del principio elemental del Estado de derecho conforme al cual nadie puede ser juez en su propia causa.

Tercero, otra sentencia, la N° 186 de 28-03-2000 (caso: *Allan R. Brewer-Carías y otros*), dictada con motivo de declarar sin lugar la demanda de nulidad intentada contra el Estatuto Electoral del Poder Público dictado el 30 de enero de 2000[223] por la propia Asamblea Constituyente sin tener potestad alguna para ello, la Sala Constitucional legitimó de nuevo el rango constitucional de las disposiciones de "Transición del Poder Público" argumentando esta vez que la Asamblea Nacional Constituyente, para cumplir su misión de transformar el Estado, crear un nuevo ordenamiento jurídico y dictar una nueva Constitución que sustituyera a la de 1961, supuestamente tenía varias alternativas para regular el régimen constitucional transitorio: *Una*, elaborar unas "Disposiciones Transitorias" que formaran parte de la Constitución para ser aprobada por el pueblo mediante referendo; y *otra*, dictar actos constituyentes aparte, de valor y rango constitucional, que originarían un régimen transitorio constitucional paralelo, no aprobado por el pueblo. Ello, sin embargo no era cierto, pues conforme a la voluntad popular expresada en el referendo de 25 de abril de 1999, sólo el propio pueblo podía aprobar la Constitución mediante referendo aprobatorio, por lo que no podía existir ninguna otra norma de rango constitucional que no fuera aprobada por el propio pueblo. Por tanto, partiendo del falso supuesto de que conforme al referendo del 25 de abril de 1999, la Asamblea Nacional Constituyente podía poner en vigencia normas constitucionales no aprobadas por el pueblo, el Tribunal Supremo de Justicia consideró que el Estatuto Electoral impugnado, al tener rango constitucional, no podía violar la Constitución de 1999, como fue lo que habíamos alegado en el recurso de nulidad[224].

De esta premisa fundamental, falsa y contradictoria, el Tribunal Supremo de Justicia entonces derivó su decisión, en la cual:

*Primero:* Reconoció la existencia de un vacío legal (que sólo la Asamblea había creado) en las Disposiciones Transitorias de la Constitución de 1999, y pretendió llenarlo con una interpretación violatoria de la soberanía popular. El "limbo jurídico" que refiere con toda diligencia la sentencia había sido inventado por la Asamblea Nacional Constituyente, y no fue originado por el pueblo al aprobar las Disposiciones Transitorias de la Constitución. Al haber sido creado por dicha Asamblea, por su arbitrariedad, de lo que se requería era de un remedio judicial constitucional por parte del Tribunal Constitucional y no de una bendición. Este, en efecto, lo que hizo fue aceptar la violación constitucional y forzando la interpretación, trató de enderezar un entuerto constitucional.

*Segundo:* Incurrió en contradicción, al considerar que el régimen transitorio de orden constitucional iniciado el 25 de abril de 1999 "finalizó con la aprobación de la Constitución" del 30 de diciembre de 1999 por el pueblo, y paralelamente, admitió la existencia de otro régimen transitorio "paraconstitucional" no aprobado por el pueblo.

*Tercero:* Contradijo la sentencia de la propia Sala Constitucional del 27 de febrero de 2000, que había establecido la sumisión de los actos de la Asamblea Nacional Constituyente dictados con posterioridad a la publicación de la Constitución el 30 de diciembre 1999, a la Constitución de 1999, pues en esta nueva sentencia señaló que los actos de la Asamblea Nacional Constituyente dictados después de esa fecha tam-

---

223 *V.*, en *Gaceta Oficial* N° 36.884 de 03-02-00.

224 *V.*, Allan R. Brewer-Carías, *La Constitución de 1999*, 3ª Edición, Caracas 2001, pp. 270 y ss.

bién tenían rango "constitucional". No es que eran "supraconstitucionales" sino de igual rango que la Constitución aprobada por referendo, sin estar ello regulado en las Disposiciones Transitorias de la propia Constitución y sin haber sido aprobadas por el pueblo.

*Cuarto:* Contradijo y desconoció el poder derogatorio expreso de la nueva Constitución en relación con todas las normas preconstitucionales contrarias a sus disposiciones y no sólo las dictadas con base en la Constitución de 1961. No hay Disposición Transitoria alguna en la Constitución de 30 de diciembre de 1999 que hubiera asegurado la supervivencia de normas dictadas por la Asamblea Nacional Constituyente, que después de publicada la Constitución, contrariasen sus disposiciones. El Tribunal Supremo de Justicia, así, pretendió de nuevo suplir el vacío producido por la arbitrariedad de la Asamblea Nacional Constituyente, y marginó la voluntad popular.

Sin embargo, el aspecto más importante de la sentencia que se comenta del Tribunal Supremo es que dejó sentado el principio de que supuestamente la Asamblea Nacional Constituyente podía dictar normas de rango constitucional, no aprobadas por el pueblo mediante referendo, y que por tanto escapaban de todo control judicial por el juez constitucional. Esto, sin duda, era un criterio violatorio de la base comicial novena del referendo del 25 de abril de 1999, que la antigua Corte Suprema de Justicia en Corte Plena, en la citada sentencia de 14 de octubre de 1999 (Caso*: Henrique Capriles Radonski vs. Decreto de Regulación de funciones del Poder Legislativo)* había considerado de rango "supraconstitucional".

En efecto, la base comicial novena del referendo del 25 abril de 1999, que, se insiste, se había considerado de rango supraconstitucional por lo que a ella estaba sometida la Asamblea Nacional Constituyente en su actuación, estableció que la nueva Constitución que elaborara la Asamblea sólo entraría en vigencia una vez aprobada mediante referendo. De ello se deducía que la voluntad popular en Venezuela, expresada en el referendo del 25 de abril de 1999, fue que la Asamblea Nacional Constituyente –a diferencia de lo que había ocurrido en Colombia en 1991– no podía poner en vigencia la nueva Constitución ni norma constitucional alguna, sino que éstas tenían que ser aprobadas por el pueblo, mediante referendo.

Al dictar esta sentencia, el Tribunal Supremo se había olvidado consultar la base comicial Novena (la sentencia sólo hizo referencia a las bases primera y octava) que imponía, con carácter supraconstitucional, la exigencia de que la Constitución y toda norma de rango constitucional producto de la Asamblea Nacional Constituyente tenía que ser aprobada por el pueblo mediante referendo, para poder considerarse aprobada definitivamente. Eso ocurrió con el texto de la Constitución y sus Disposiciones Transitorias aprobadas en el referendo del 15 de diciembre de 1999, pero no ocurrió con el "Régimen Transitorio del Poder Público" dictado por la Asamblea con posterioridad y, al cual, sin embargo, el Tribunal Supremo le reconoció "rango análogo a la Constitución" con vigencia "paralelamente a la Constitución vigente."

La Sala Constitucional, sin embargo, simplemente aceptó que el régimen transitorio dictado al margen de la Constitución de 1999, no aprobado por el pueblo, había sido "emanación del poder constituyente," es decir, habían surgido "del régimen nacido del referendo del 25 de abril de 1999, que es un régimen de producción originaria de rango análogo a la Constitución misma", lo que como se ha visto, no era cierto. Lo grave de la decisión del juez constitucional, además, fue que dispuso, sobre la vigencia de dicho régimen de transición del Poder Público, que el mismo "tendrá vigencia hasta la implantación efectiva de la organización y funcionamiento de las instituciones previstas por la Constitución aprobada, de conformidad con la legislación que a los efectos apruebe la Asamblea Nacional". Con ello, la Constitución de 1999, por decisión del juez constitucional, quedó con muchas de sus disposiciones en suspenso, prolongándose la transitoriedad a veces hasta por una década, como ocurrió con la intervención del Poder Judicial, cuya Comisión de Reorganización sobrevivió hasta 2011.

De lo anterior resulta, por tanto, que conforme a la doctrina sentada por el juez constitucional, en Venezuela, a partir de 2000 existieron dos regímenes constitucionales paralelos: uno contenido en la Constitución de 1999 que fue aprobada por el pueblo; y otro, dictado por la Asamblea Nacional Constituyente con posterioridad a dicha aprobación, no aprobado por el pueblo y de vigencia imprecisa hasta que se aprobase toda la legislación que preveía la propia Constitución de 1999, lo cual en muchos casos ha durado lustros. El Tribunal Supremo de Justicia, lamentablemente, en lugar de cumplir su deber como contralor de la constitucionalidad, quiso resolver el vacío creado por la Asamblea Constituyente después de aprobada la Constitución de 1999 por referendo popular, y así violentó el ordenamiento constitucional y frustró la esperanza de que pudiera apuntalar el Estado de Derecho, precisamente cuando comenzaba a entrar en aplicación la nueva Constitución.

Todo este sistema de doble régimen constitucional paralelo y yuxtapuesto lo confirmó la Sala Constitucional, posteriormente, en el auto dictado el 12 de diciembre de 2000 con motivo de resolver sobre la pretensión de amparo que había acumulado la Defensora del Pueblo a la acción de nulidad por inconstitucionalidad que intentó contra la Ley Especial para la Ratificación o Designación de los Funcionarios y Funcionarias del Poder Ciudadano y Magistrados y Magistradas del Tribunal Supremo de Justicia para el Primer Período Constitucional de 14 de noviembre de 2000[225], en el cual señaló que "a partir de la aprobación de las bases comiciales y la instalación de la Asamblea Nacional Constituyente […], hasta la promulgación de la actual Constitución" […] siguió vigente la Constitución de la República de Venezuela de 1961, coexistiendo con los actos que dictó la Asamblea Nacional Constituyente, [que] en lo que contraríen a dicha Constitución, adquirieron la categoría de actos constitucionales, ya que es el pueblo soberano, por medio de sus representantes, quien deroga puntualmente disposiciones constitucionales, creando así un doble régimen, donde como ya lo ha señalado esta Sala, coexistía la Constitución de 1961 con los actos constituyentes".

Es insólito que un tribunal constitucional, encargado de velar por la supremacía constitucional, pudiera llegar a considerar que el Régimen de Transición del Poder Público dictado por la Asamblea Nacional Constituyente, después de aprobada popularmente la Constitución de 1999 y de haber sido proclamada por la propia Asamblea, pudiera tener el mismo rango que la propia Constitución sin haber sido aprobado por el pueblo. ¿Para qué, entonces, la realización de un referendo aprobatorio de la Constitución, si la Asamblea Nacional Constituyente supuestamente podía, a su discreción, poner en vigencia normas de rango constitucional, sin aprobación po-

225 *Gaceta Oficial* N° 37.077 de 14-11-00.

pular? Este papel del Tribunal Supremo de Justicia en relación con el proceso constituyente venezolano, sin duda, como lo afirmamos en 2002, "se recordará, sí, en los anales de nuestra historia constitucional, pero no precisamente por su apego a la constitucionalidad"[226].

## 2. *Las enseñanzas del caso ecuatoriano de 2007: una Asamblea Constituyente con "plenos poderes" que se auto declaró inmune al control de constitucionalidad por el Juez Constitucional*

En Ecuador, en 2007 puede decirse que sucedió algo similar a lo que ocurrió en Venezuela 1999[227]. El presidente Rafael Correa, en lo que materialmente fue su primer decreto de gobierno dictado también en el mismo día de la toma de posesión de su cargo, el 15 de enero de 2007, dictó el Decreto N°. 2 convocando a una consulta popular para que se convocara e instalase una Asamblea Constituyente que no estaba prevista en la Constitución vigente en ese momento como mecanismo para reformar la Constitución, en términos muy similares al Decreto N° 3 antes comentado del presidente Hugo Chávez de Venezuela de 1999.

El Decreto presidencial ecuatoriano N° 2, convocando una consulta popular, fue para que el pueblo se pronunciara sobre la siguiente pregunta:

> ¿Aprueba usted que se convoque e instale una Asamblea Constituyente *con plenos poderes*, de conformidad con el Estatuto Electoral que se adjunta, para que transforme el marco institucional del Estado, y elabore una nueva Constitución?

El Decreto, ya siguiendo la lección del caso venezolano, sin embargo, dispuso que no sería el Presidente el que pretendía dictar el Estatuto de la Constituyente, sino que en la papeleta de votación se debía incorporar dicho Estatuto relativo a su elección, instalación y funcionamiento cuyo texto, sin embargo, igual que en el caso venezolano, el Presidente propuso en forma unilateral, sin debate alguno en el país. En dicho Estatuto, sobre la "naturaleza y finalidad de la Asamblea Constituyente" se dispuso en su artículo 1°, lo siguiente:

> Artículo 1. Naturaleza y finalidad de la Asamblea Constituyente. La Asamblea Constituyente es convocada por el pueblo ecuatoriano y *está dotada de plenos poderes* para transformar el marco institucional del Estado, y para elaborar una nueva Constitución. La Asamblea Constituyente respetará, profundizando en su contenido social y progresivo, los derechos fundamentales de los ciudadanos y ciudadanas. El texto de la Nueva Constitución será aprobado mediante Referéndum Aprobatorio.

---

226 *V.*, Allan R. Brewer-Carías, *Golpe de Estado y proceso constituyente en Venezuela,* Universidad Nacional Autónoma de México, México 2002, p. 363.

227 *V.*, sobre el proceso en Ecuador: Allan R. Brewer-Carías, "El inicio del proceso constituyente en Ecuador en 2007 y las lecciones de la experiencia venezolana de 1999," en José Mª Serna de la Garza (Coordinador), *Procesos Constituyentes contemporáneos en América latina. Tendencias y perspectivas,* Universidad Nacional Autónoma de México, México 2009, pp. 451-505; y *Reforma Constitucional, Asamblea Constituyente, y Control Judicial: Honduras (2009), Ecuador (2007) y Venezuela (1999),* Serie Derecho Administrativo N° 7, Universidad Externado de Colombia, Bogotá 2009.

Es decir, en el decreto presidencial del Ecuador, como también se expresó en el mismo sentido de las bases comiciales que había propuesto el Presidente venezolano en 1999, se planteó la convocatoria de una Asamblea Constituyente "*con plenos poderes* para que transforme el marco institucional del Estado, y elabore una nueva Constitución". Esto planteaba otro tema y era el relativo a si la Asamblea Constituyente, durante su funcionamiento, estaba sometida, como todos los órganos del Estado y los individuos, a la Constitución de 1998 que le había dado origen, la cual conforme se deducía del propio Estatuto de la Asamblea, debería permanecer vigente hasta que el pueblo, mediante referendo, aprobase la nueva Constitución. Ello, como hemos señalado, no quedó claro en Venezuela en 1999, y la Asamblea Nacional Constituyente de ese año, una vez electa, se apartó de la Constitución alegando que tenía poder constituyente originario, que en la terminología utilizada en Ecuador era con "plenos poderes", interviniendo y disolviendo los poderes constituidos, todo al margen de la Constitución entonces vigente.

En Ecuador en todo caso sucedió algo similar, siendo el tema de los plenos poderes que se querían atribuir a la Asamblea Constituyente uno de los temas centrales en el debate parlamentario, donde en la Comisión de Asuntos Constitucionales se presentaron propuestas para la modificación de la pregunta de la consulta, para reducir los "plenos poderes" sólo para elaborar una nueva Constitución, y para elimina la propuesta inicial para que la Asamblea tuviera la posibilidad de modificar el marco institucional del Estado, circunscribiéndose su labor específica a emitir una nueva Carta Política. Así, por ejemplo, el la sesión del 8 de febrero de 2007, se buscaba generar consenso en cuanto al tema de la consulta popular y posterior instalación de la Asamblea Constituyente, de manera que la misma respetara "los poderes constituidos y garantizara la participación de todos los ciudadanos". Agregaba la propuesta de uno de los diputados que la Constituyente debía "respetar las funciones de las instituciones legalmente constituidas", aclarando que "dar plenos poderes se corre el riesgo no únicamente de una disolución del Congreso, sino del Ejecutivo, Corte Suprema, tribunales Constitucional y Supremo Electoral, algo que podría desarticular el aparto institucional del Estado, lo cual nadie apoya". A ello respondió el 9 febrero el Ministro de Gobierno, indicando "que no se pretende, a través de la Asamblea, disolver los poderes del Estado". Otros diputados consideraban, al contrario que "la Asamblea Nacional Constituyente es de plenos poderes aunque otros digan lo contrario, ya que está establecido en diferentes doctrinas que una Asamblea tiene plenos poderes, a diferencia de una reforma constitucional que se podría hacer desde el Congreso".

De acuerdo con este debate, una de las propuestas en el Congreso, apuntaba a que la Asamblea Constituyente respetara "los períodos del Ejecutivo, Legislativo, prefectos, alcaldes, consejeros, concejales y delegados a Juntas Parroquiales", y no interfiriera en sus funciones; otros congresistas plantearon la necesidad de que se le dieran "atribuciones ilimitadas a la Asamblea." En todo caso, el 13 de febrero de 2007, con 57 votos, el Congreso Nacional aprobó dar paso a la consulta popular como paso previo a la instalación de una Asamblea Constituyente, pero con una serie de modificaciones al proyecto original. El Presidente de la República el 14 de febrero consideraba que con esa decisión, el Congreso "se había sometido a la voluntad popular al haber aprobado la consulta popular con 57 votos"; y en esa misma fecha, se anunciaba la decisión del Tribunal Supremo Electoral, de que la convocatoria oficial de la consulta popular se haría el 1 de marzo y la votación se realizaría el 15 de abril de 2007; aún cuando se encontraba a la espera de "una posible modificación al estatuto para la Asamblea Constituyente, por parte del Ejecutivo." En la misma fecha del 14 de febrero, el Presidente de la República, ya manifestaba su posición sobre el tema central del debate parlamentario, cuestionando la decisión del Congreso y anunciando que "una vez que se haya instalado la Asamblea Nacional Constituyente pondrá a disposición su cargo y pedirá la disolución del Congreso Nacional"; ello a pesar de que el Parlamento en día anterior había negado la posibilidad de que la Constituyente destituya a las dignidades elegidas el 15 de octubre y el 26 de noviembre.

El 27 de febrero, en todo caso, consecuencia del debate, el Presidente de la República emitió un nuevo decreto N° 148, conservando el texto de la pregunta formulada en el Decreto inicial N° 2 del 15 de febrero, anexando el Estatuto Electoral en el cual se incorporaron modificaciones diversas, el cual fue entregado al Tribunal Supremo Electoral el 28 de febrero. Con esos instrumentos el Tribunal Supremo Electoral procedió a la convocatoria de la consulta popular sobre la Asamblea Constituyente, sucediéndose varios debates y conflictos institucionales entre el Poder Ejecutivo, el Tribunal Electoral, el Congreso y el Tribunal Constitucional.

El resultado fue que Congreso, el 2 de marzo, aprobó demandar ante el Tribunal Constitucional la inconstitucionalidad de la convocatoria de consulta popular realizada por el Tribunal Supremo Electoral, la cual se presentó el 9 de marzo, con expresa solicitud de celeridad, expresando el Presidente de la Comisión de Asuntos Constitucionales que se trataba de un "primer paso para frenar una dictadura." Sobre dicha demanda de inconstitucionalidad que preparó el Congreso, el Presidente de la República el 6 de marzo ya declaraba que la misma no cabía, y que sería una obstrucción a un proceso electoral en marcha, y obstruirlo "sería una descarada intromisión de un poder del Estado en otro poder en principio independiente", advirtiendo que ello no se permitiría "decida lo que decida la mayoría anti patriota, anti histórica, anti ciudadana corrupta," y anunciado que el Gobierno garantizaba "el funcionamiento de este Tribunal Supremo Electoral y la ejecución de la consulta popular".

El 9 de marzo, el Presidente del Tribunal Constitucional, rechazaba las declaraciones del Presidente de la República de que no acatará los fallos de esa institución. El Presidente del Tribunal Supremo Electoral, por su parte, sobre la demanda expresó que un eventual pronunciamiento de inconstitucionalidad a la consulta popular, planteada por el Congreso Nacional al Tribunal Constitucional, "no puede obstaculizar un referéndum ya convocado, puesto que su decisión no tendría un carácter retroactivo." Agregó además, amenazando al Tribunal Constitucional, que "en estos momentos del periodo electoral nada ni nadie puede detener el proceso", y otro miembro del organismo señalaba que "un fallo en contra de la consulta sería ilegítimo", agregando que "si los vocales del Tribunal Constitucional pretenden tramitar incluso esa demanda, y peor aún resolverla, también están atentando en contra del proceso electoral y serán juzgados".

Las amenazas contra el Tribunal Constitucional siguieron, y el 13 de marzo el Tribunal Supremo Electoral dio a conocer que los vocales de la Comisión de Admisibilidad del Tribunal Constitucional serían sancionados por haber dado acogida y acceder a tramitar la demanda presentada por el Congreso Nacional para evitar la realización de la consulta popular el 15 de abril. Además, uno de los integrantes del Tribunal Supremo Electoral consideró que los vocales del Tribunal Constitucional debían "inadmitir cualquier demanda en contra del Tribunal, el artículo 155 así lo establece porque se trataría de una interferencia más al proceso electoral que está en marcha".

La reacción del Tribunal Supremo Electoral contra todos los congresistas que votaron por la "demanda de inconstitucionalidad en contra de la consulta popular y también por la destitución del presidente del Tribunal" no se hizo esperar, y todos quienes el 9 de marzo habían votado fueron destituidos. El Presidente del Congreso solicitó al Tribunal Constitucional que dirimiera la constitucionalidad de las actuaciones del Tribunal Supremo Electoral, de destituir a esos 57 legisladores, lo cual no fue admitido por el Tribunal según decisión del 13 de marzo. La razón para ello habría sido que el pedido fue presentado por el Presidente del Congreso, sin ponerlo a consideración de los diputados, por lo que en el caso se carecía de resolución del Congreso Nacional en el que se hubiera autorizado al Presidente a presentar la demanda de "dirimencia de competencia." El Tribunal Constitucional en esta forma se salía del debate y renunció a ser el garante de la supremacía constitucional.

La destitución de los congresistas, que conformaban en número una mayoría del parlamento, por supuesto paralizó al órgano legislativo. Algunos congresistas destituidos intentaron diversos recursos de amparo contra la decisión del Tribunal Supremo Electoral, los cuales, al ser admitidos, provocó la destitución de los jueces que los habían acordado por parte del Tribunal Supremo Electoral. El 2 de abril de 2007, el Tribunal Supremo Electoral ratificó la resolución que había adoptado el 7 marzo mediante la cual había destituido de su cargo a 57 legisladores, frente a lo cual el Presidente del Congreso clamaba en la prensa para que el Tribunal Constitucional decidiera la cuestión; "Ni los unos ni los otros, el Tribunal Constitucional es el que tiene la última palabra y voy a acatar lo que diga el Tribunal Constitucional". Conforme a la Ley de Control Constitucional del Ecuador, el Tribunal Constitucional es el "órgano supremo del control constitucional" (artículo 3), y ante un conflicto constitucional como el que se evidencia del recuento de las vicisitudes jurídicas planteadas en tres meses, desde el 15 de enero al 15 de abril de 2007, tenía que haber decidido. Llama la atención, sin embargo, que en ese período, antes de la votación de la consulta popular, el Tribunal Constitucional no decidió ninguna de las acciones intentadas en su sede, de manera que el 15 de abril de 2007, se efectuó la consulta popular, habiendo resultado aprobado con abrumadora mayoría la convocatoria a la Constituyente.

Sin embargo, posteriormente, y ya quizás demasiado tarde, fue cuando mediante sentencia del 5 de julio de 2007[228] el Tribunal Constitucional decidió la acción de inconstitucionalidad que habían interpuesto los Congresistas contra la Resolución PLE-TSE-13-13-2-2007 del Tribunal Supremo Electoral básicamente por el temor a que se produjera una clausura del Congreso. En la decisión, el Tribunal Constitucional se pronunció en relación con la atribución a la Asamblea Constituyente ya electa y los "plenos poderes" que se le asignaron en el artículo 1° del Estatuto, considerando que dicha norma no le otorgaba a la Asamblea Constituyente el poder de asumir facultades de los poderes constituidos sino que quedaba limitada a dictar el nuevo texto constitucional y que mientras ejerciese el poder constituyente el orden constitucional establecido seguiría vigente.

Pero como se dijo, la decisión adoptada después de electa la Asamblea, y n antes como procedía, fue tarde, y la justicia tarde a veces no es justicia. Por ello, una vez

228 Resolución N° 008-07-TC, R.O. N° 133, 24 de julio de 2007.

electa la Asamblea Constituyente en la cual los partidarios del presidente Correa obtuvieron una mayoría superior al 80 % de los escaños, la Asamblea, en su primera decisión, que fue el del Mandato Constituyente N° 1 del 29 de noviembre de 2007[229] (Artículos 2, 3, 5, 6 y 7), contrariando la decisión del Tribunal Constitucional, hizo su propia interpretación de los "plenos poderes" que le asignaba la pregunta sometida a consulta popular, y procedió a establecer que sus decisiones eran superiores a cualquier otra norma del orden jurídico y que, por ello, no podían ser susceptibles de control o impugnación por parte de los poderes constituidos, lo que por supuesto incluía al propio Tribunal Constitucional. La Asamblea Constituyente estableció, además, que los jueces y tribunales que tramitaran cualquier acción contraria a sus decisiones serían destituidos de su cargo y sometidos al enjuiciamiento correspondiente. La Asamblea Constituyente, además, asumió la función legislativa del Estado, y procedió a cesar a los parlamentarios que habían sido electos el año anterior, el 15 de octubre de 2006. Al mes siguiente, al aprobar su Reglamento de Funcionamiento del 11 de diciembre de 2007[230], la Asamblea Constituyente estableció que el ordenamiento jurídico se mantendría vigente "con la excepción de lo que resuelva en sentido contrario la asamblea constituyente".

En el Ecuador, por tanto, el Tribunal Constitucional se abstuvo de ejercer oportunamente el control de constitucionalidad de los de convocatoria de la Asamblea Constituyente; y luego no fue que el Tribunal Constitucional el cual declarara la inmunidad jurisdiccional de los actos de la Asamblea Constituyente, como sucedió en Venezuela y se ha analizado anteriormente mediante la asignación a los mismos de un rango "para constitucional", sino que fue la propia Asamblea Constituyente la cual declaró a sus actos inmunes al control de constitucionalidad, lo cual fue aceptado por el Tribunal Constitucional.

Estos dos casos de experiencias constitucionales recientes en América Latina muestran, sin duda, cómo el primero de los retos de la justicia constitucional sigue siendo el que el Juez Constitucional asuma efectivamente el rol de guardián del poder constituyente que sólo corresponde al pueblo, e impida que los órganos constituidos del Estado, incluyendo los circunstanciales Asambleas Constituyentes, asuman o usurpen el poder constituyente del pueblo.

## *SEGUNDO RETO: QUE EL JUEZ CONSTITUCIONAL, COMO GARANTE DE LA CONSTITUCIÓN, EFECTIVAMENTE ASEGURE QUE LAS MODIFICACIONES A LA MISMA SE REALICEN CONFORME A SUS NORMAS*

El segundo reto de la justicia constitucional al cual me quería referir en estas notas, es que el Juez Constitucional, como garante de la Constitución, efectivamente asegure que las modificaciones a la misma se realicen conforme a sus propias normas, es decir, conforme a la voluntad del pueblo expresada en la Constitución.

Es decir, las Constituciones, como manifestaciones de la voluntad popular, establecen expresamente los mecanismos y procedimientos para su reforma, los cuales

229 R.O. N° 223, Suplemento, 30 de noviembre de 2007.

230 Disposición final primera, R.O. N° 236, suplemento, 30 de diciembre de 2007.

confirman el principio de la rigidez, y ellos deben respetarse por los órganos constituidos del Estado. De ello resulta que toda manipulación de las normas constitucionales para producir su reforma o modificación sin sujetarse a los procedimientos constitucionales no sólo es inconstitucional sino que puede calificarse como un "fraude a la Constitución". Sobre ello se refirió hace ya varias décadas, G. Liet-Veaux al estudiar las revoluciones de Italia, Alemania y Francia cuando se establecieron los regímenes fascista y nacional-socialista, precisando que el fraude constitucional consiste en crear un nuevo órgano de revisión encargado de dictar una nueva Constitución, distinto al previsto en esta; o en la utilización del procedimiento de reforma para, sin romper con el sistema de legalidad establecido, proceder a la creación de un nuevo régimen político y un ordenamiento constitucional diferente[231].

Como lo expresó hace unos años la Sala Constitucional del Tribunal Supremo de Justicia de Venezuela en la sentencia N° 74 de 25 de enero de 2006, un *fraude a la Constitución* ocurre cuando se destruyen las teorías democráticas "mediante el procedimiento de cambio en las instituciones existentes *aparentando respetar las formas y procedimientos* constitucionales", o cuando se utiliza "del procedimiento de reforma constitucional para proceder a la creación de un nuevo régimen político, de un nuevo ordenamiento constitucional, sin alterar el sistema de legalidad establecido, como ocurrió con el *uso fraudulento de los poderes* conferidos por la ley marcial en la Alemania de la Constitución de *Weimar*, forzando al Parlamento a conceder a los líderes fascistas, en términos de dudosa legitimidad, la plenitud del poder constituyente, otorgando un poder legislativo ilimitado"[232].

De lo anterior resulta que la Constitución como manifestación de la voluntad del pueblo como poder constituyente originario, debe prevalecer sobre la voluntad de los órganos constituidos, por lo que su modificación sólo puede llevarse a cabo conforme se dispone en su propio texto, como expresión-imposición de la voluntad popular producto de ese poder constituyente originario que le corresponde en exclusiva.

Este postulado de la supremacía de la Constitución en tanto que norma fundamental, que además se encuentra expresado en artículos de muchas de nuestras constituciones (p.e. el artículo 7 de la Constitución venezolana de 1999), es uno de los pilares fundamentales del Estado Constitucional, que comenzó a desarrollarse desde los propios albores del constitucionalismo moderno, cuando en 1788, Alexander Hamilton en *The Federalist,* afirmó que "ningún acto legislativo contrario a la Constitución, puede ser válido", al punto de que "negar esto significaría afirmar que ..."los representantes del pueblo son superiores al pueblo mismo; que los hombres que actúan en virtud de poderes, puedan hacer no sólo lo que sus poderes no les autorizan sino también lo que les prohíben"[233].

La contrapartida de la obligación de los órganos constituidos de respetar la Constitución, de manera que el poder constituyente originario prevalezca sobre la voluntad de dichos órganos estatales constituidos, es el derecho constitucional que todos los ciudadanos tienen en un Estado Constitucional, a que se respete la voluntad popular expresada en la Constitución, es decir, *el derecho fundamental a la supremacía*

---

231 *V.*, G. Liet-Veaux, "La fraude à la Constitution", *Revue du Droit Public,* Paris 1943, pp. 116-150.

232 *V.*, en *Revista de Derecho Público* N° 105, Editorial Jurídica Venezolana, Caracas 2006, pp. 76 y ss.

233 *The Federalist* (ed. B.F. Wright), Cambridge, Mass. 1961, pp. 491-493.

*constitucional*. Nada se ganaría con señalar que la Constitución, como manifestación de la voluntad del pueblo, debe prevalecer sobre la de los órganos del Estado, si no existiere el derecho de los integrantes del pueblo de exigir el respeto de esa Constitución, y además, la obligación de los órganos jurisdiccionales de velar por dicha supremacía.

El constitucionalismo moderno, por tanto, no sólo está montado sobre el principio de la supremacía constitucional, sino que como consecuencia del mismo, también está montado sobre el derecho del ciudadano a esa supremacía[234], que se concreta, conforme al principio de la separación de poderes, en un derecho fundamental a la tutela judicial efectiva de la supremacía constitucional, es decir, a la justicia constitucional.

Por ello, el mismo Hamilton, al referirse al papel de los Jueces en relación con dicha supremacía constitucional también afirmó:

> "Una Constitución es, de hecho, y así debe ser considerada por los jueces, como una ley fundamental. Por tanto, les corresponde establecer su significado así como el de cualquier acto proveniente del cuerpo legislativo. Si se produce una situación irreconciliable entre ambos, por supuesto, la preferencia debe darse a la que tiene la mayor obligatoriedad y validez, o, en otras palabras, la Constitución debe prevalecer sobre las Leyes, así como *la intención del pueblo debe prevalecer sobre la intención de sus representantes*."

Con base en estos postulados se desarrolló, no sólo la doctrina de la supremacía de la Constitución, sino también, aún más importante, la doctrina de "los jueces como guardianes de la Constitución", tal como lo expresó el mismo Hamilton al referirse a la Constitución como limitación de los poderes del Estado y, en particular, de la autoridad legislativa, afirmando que:

> "Limitaciones de este tipo sólo pueden ser preservadas, en la práctica, mediante los Tribunales de justicia, *cuyo deber tiene que ser el de declarar nulos todos los actos contrarios al tenor manifiesto de la Constitución*. De lo contrario, todas las reservas de derechos o privilegios particulares, equivaldrían a nada"[235].

De estos postulados puede decirse que en el constitucionalismo moderno surgió el sistema de justicia constitucional en sus dos vertientes, como protección de la parte orgánica de la Constitución, y como protección de su parte dogmática, es decir, de los derechos y libertades constitucionales, lo que en definitiva, no es más que la manifestación de la garantía constitucional del derecho fundamental del ciudadano al respecto de la supremacía constitucional.

Tratándose de un derecho fundamental de los ciudadanos dado el principio de la reserva legal es evidente que sólo la Constitución podría limitarlo, es decir, sería incompatible con la idea misma del derecho fundamental de la supremacía constitu-

---

234 *V.*, Allan R. Brewer-Carías, "El amparo a los derechos y libertades constitucionales (una aproximación comparativa)" en *La protección jurídica del ciudadano. Estudios en Homenaje al Profesor Jesús González Pérez*, T. III, Madrid 1993, pp. 2.696 y 2.697.

235 *The Federalist* (ed. B.F. Wright), Cambridge, Mass. 1961, pp. 491-493.

cional que se postula, cualquier limitación legal al mismo, sea manifestada en actos estatales excluidos del control judicial de constitucionalidad; sea en derechos constitucionales cuya violación no fuera amparable en forma inmediata.

La supremacía constitucional es una noción absoluta, que no admite excepciones, por lo que el derecho constitucional a su aseguramiento tampoco puede admitir excepciones, salvo por supuesto, las que establezca la propia Constitución. Todos los actos estatales, por tanto, incluso aquellos que se dicten con motivo de los procedimientos de revisión o reforma constitucional, cualquiera que sea su naturaleza, en tanto que sean manifestaciones de voluntad de los poderes constituidos, están sometidos a la Constitución y al control judicial de constitucionalidad. De lo contrario, no tendría sentido ni la supremacía constitucional ni el derecho ciudadano a dicha supremacía constitucional.

Ejemplos hay del ejercicio de este poder de control por el juez constitucional, así como de la ilegítima renuncia del juez constitucional a ejercerlo, bajo el peso del autoritarismo. En el primer caso está la decisión del la Corte Constitucional de Colombia de 2010, respecto de la Ley sobre la reforma constitucional referida al tema de la reelección presidencial, la cual fue declarada inexequible por violar la Constitución[236], de lo que resultó que el Presidente de la República no pudiese volver a ser reelecto. Lamentablemente, las enseñanzas del caso venezolano conducen a otro panorama.

### 1. *Las enseñanzas del caso venezolano: el juez constitucional renunciando a controlar la constitucionalidad de los procedimientos de reforma constitucional desarrollados en violación de la Constitución*

En efecto, en contraste, en Venezuela, en 2007 la Jurisdicción Constitucional atribuía a la Sala Constitucional del Tribunal Supremo de Justicia, violando la misma Constitución, renunció a ejercer el control de la constitucionalidad de los actos de los poderes constituidos cumplidos para llevar adelante una "reforma constitucional" propuesta a iniciativa del Presidente de la República conforme al procedimiento de "reforma constitucional" regulado en los artículos 342 y siguientes de la Constitución", cuando por las trasformaciones fundamentales al Estado que contenía el proyecto, debía haberse sometido al procedimiento de la "Asamblea Nacional Constituyente" conforme al artículo 347 y siguientes del texto fundamental.

Con la reforma propuesta en 2007, en efecto, se pretendía cambiar radicalmente el modelo de Estado descentralizado, democrático, pluralista y social de derecho que se había venido construyendo y consolidando desde la segunda guerra mundial, por el de un *Estado Socialista, centralizado, policial y militarista*, con una doctrina oficial "bolivariana", que se identificó como "el Socialismo del Siglo XXI", con un sistema económico socialista de capitalismo de Estado[237]. El procedimiento seguido

---

236 *V.*, la sentencia de la Corte Constitucional sobre la Ley N° 1354 de 2009, en Comunicado N° 9, de 26 de febrero de 2010, en www.corteconstitucional.com

237 *V.*, el Proyecto de Exposición de Motivos para la Reforma Constitucional, Presidencia de la República, Proyecto Reforma Constitucional. Propuesta del presidente Hugo Chávez, Agosto 2007, p. 19. *V.*, sobre esta reforma Allan R. Brewer-Carías, *Hacia la consolidación de un Estado Socialista, Centralizado, Policial y Militarista*. Comentarios sobre el sentido y alcance de las propuestas de reforma constitucional 2007, Colección Textos Legislativos, N° 42, Editorial Jurídica Venezolana, Caracas 2007.

para buscar dicha reforma violaba por tanto abiertamente la Constitución, y aún cuando el pueblo fue el que se encargó de rechazar la reforma en el referendo convocado para su aprobación del 2 de diciembre de 2007, en el proceso seguido quedó evidenciada la patología de la justicia constitucional manifestada en la negativa de la Jurisdicción Constitucional en juzgar sobre la constitucionalidad del procedimiento de reforma seguido.

Con ocasión del irregular procedimiento de reforma constitucional que se desarrollo, se interpusieron diversas acciones de amparo constitucional, que se ejercieron contra los actos estatales que se sucedieron en el mismo, en cuyas sentencias dictadas por la Sala Constitucional del Tribunal Supremo, la misma desconoció el derecho ciudadano a la supremacía constitucional y a la tutela judicial efectiva, y fue declarando inadmisibles o que no había lugar a ellas. Con tal fin, la Sala, consideró, por una parte, que no había legitimación alguna de parte de los recurrentes para intentar las acciones, y por la otra, con el absurdo argumento de que los actos estatales dictados en el procedimiento de reforma constitucional (la presentación del proyecto y la sanción de la Asamblea Nacional) no eran actos que producían efectos jurídicos externos, ni podían causar gravamen a los derechos de los ciudadanos, concluyó que los mismos solamente hubieran podido ser impugnados cuando concluyera el procedimiento con el referendo aprobatorio de la reforma[238].

En estas decisiones, la Sala Constitucional, en definitiva, no fue que declaró "inadmisible" la acción, sino que lo que hizo fue negar el derecho ciudadano de acceso a la justicia y a la tutela judicial efectiva consagrados en la Constitución (art. 26), al "inventar" un tipo de "decisión" judicial no prevista en la Ley que rige sus funciones, de declarar que "no ha lugar a la acción", lo que equivale a decidir, que el ciudadano en ese caso, no tiene derecho de acceder a la justicia. Ello fue la negación misma del Estado de derecho[239].

Es decir, la Sala Constitucional, al declarar la inadmisibilidad de estas acciones de amparo constitucional, en definitiva, lo que consideró fue que la norma del artículo 342 supuestamente no contenía derecho constitucional alguno, concluyendo, como lo dijo en una de las sentencias dictadas, N° 2042 (Caso *Néstor Luís Romero*) de 2 de noviembre de 2007, que el accionante no tenía "legitimación activa alguna para incoar la presente acción de amparo constitucional, por cuanto no señaló, ni se evidencia de autos, de qué manera las actuaciones denunciadas como lesivas son susceptibles de vulnerar sus derechos constitucionales", por lo cual declaró inadmisible

---

238 *V.*, por ejemplo sentencia del Tribunal Supremo de Justicia en Sala Constitucional N° 1974 de 23-10-2007, Caso *José Ignacio Guedez Yépez* en http://www.tsj.gov.ve/decisiones/scon/Octubre/1974-231007-07-1055.htm; sentencia del Tribunal Supremo de Justicia en Sala Constitucional N° 2042 del 2 de Noviembre de 2007, Caso *Néstor Luis Romero Méndez* en http:// www. tsj.gov.ve/decisiones /scon/Noviembre/2042-021107-07-1374.htm; Véase la sentencia del Tribunal Supremo de Justicia en Sala Constitucional No 2108 del 7 de Noviembre de 2007, Caso *Jorge Paz Nava y otros* en http:// www.tsj.gov.ve/decisiones/scon/Noviembre/2108-071107-07-1484.htm

239 *V.*, el estudio de las respectivas sentencias en Allan R. Brewer-Carías, "El juez constitucional vs. la supremacía constitucional. O de cómo la Jurisdicción Constitucional en Venezuela renunció a controlar la constitucionalidad del procedimiento seguido para la "reforma constitucional" sancionada por la Asamblea Nacional el 2 de noviembre de 2007, antes de que fuera rechazada por el pueblo en el referendo del 2 de diciembre de 2007", en *Revista de Derecho Público*, N° 112, Editorial Jurídica Venezolana, Caracas, 2007, pp. 661-694.

la acción de conformidad conforme a lo dispuesto en el artículo 19,5, de la Ley Orgánica del Tribunal Supremo de Justicia, "por la falta de legitimación del accionante".

Pero no quedó allí la actuación de la Sala Constitucional ante la reforma, sino que en adición, y con motivo de conocer, también, diversas acciones de inconstitucionalidad que se intentaron contra los diversos actos estatales adoptados en el procedimiento de reforma constitucional (iniciativa presidencial, aprobación por la Asamblea Nacional y convocatoria por el Consejo Nacional Electoral), le Sala Constitucional simplemente las declaró como "improponibles," luego de que la Presidenta de dicha Sala había hecho un anuncio público en la materia. En efecto, desde el día 17 de agosto de 2007, sólo dos días después de que el Presidente de la República había presentado su Anteproyecto de reforma ante la Asamblea Nacional para intentar, en fraude a la Constitución, iniciar el procedimiento de "reforma constitucional", la Presidenta de la Sala Constitucional del Tribunal Supremo (es decir, de la Jurisdicción Constitucional) y del propio Tribunal Supremo, quien a la vez era miembro del Consejo Presidencial designado para elaborar esa reforma constitucional, adelantándose a cualquier posible y previsible impugnación por inconstitucionalidad de la iniciativa presidencial y del trámite parlamentario, y emitiendo opinión impunemente, prejuzgando cualquier asunto, dijo lo siguiente conforme se reseñó en la prensa:

> "dejó en claro que la Sala Constitucional no tramitará ninguna acción relacionada con las modificaciones al texto fundamental, hasta tanto éstas no hayan sido aprobadas por los ciudadanos en el referendo. "Cualquier acción debe ser presentada después del referendo cuando la reforma ya sea norma, porque no podemos interpretar una tentativa de norma. Después de que el proyecto sea una norma podríamos entrar a interpretarla y a conocer las acciones de nulidad"[240].

Y eso fue, precisamente, lo que decidió la Sala Constitucional en múltiples sentencias, como por ejemplo, en su sentencia N° 2189 de Noviembre de 2007 (Caso *Confederación de Profesionales Universitarios de Venezuela (CONFEPUV)* y otros), en la cual participó la Presidenta quien no se inhibió como hubiera correspondido en un Estado de derecho al haber adelantado públicamente opinión sobre lo decidido, comprometiendo su imparcialidad[241], y en la cual más bien declaró como "improponible" una acción de inconstitucionalidad contra el acto de la Asamblea Nacional que había sancionado la reforma constitucional[242]. Es decir, el juez constitucional, simplemente, se negó a ejercer el control de constitucionalidad e incluso,

240 Reseña del periodista Juan Francisco Alonso, en *El Universal*, Caracas 18-08-07.

241 Conforme al artículo 8 del Código de Ética del Juez, "La imparcialidad constituye supuesto indispensable para la correcta administración de justicia, y por ello el magistrado...juez... que se hallare incurso en alguna causal de inhibición o recusación o viere comprometida su imparcialidad por alguna circunstancia previa o sobreviniente al proceso del cual deba conocer, debe separarse inmediatamente del mismo sin esperar a que se le recuse".

242 *V.*, la sentencia del Tribunal Supremo de Justicia en Sala Constitucional N° 2189 de 22 de Noviembre de 2007, Caso *Confederación de Profesionales Universitarios de Venezuela (CONFEPUV) y otros*, en http://www.tsj.gov.ve/decisiones/scon/Noviembre/2189-221107-07-1596.htm

negó el derecho ciudadano acceder a la justicia y a obtener tutela judicial. Consideró la Sala en la sentencia, que "la decisión conforme a la cual el Presidente en Consejo de Ministros hubiere acordado presentar una iniciativa de Reforma; la remisión mediante la cual dicha autoridad ejerció la potestad de iniciativa del procedimiento de Reforma de la Constitución, como los pronunciamientos o decisiones posteriores que ha venido emitiendo o tomando la Asamblea Nacional con ocasión del ejercicio de aquélla potestad, son actos de trámite, y en tal sentido resultan inimpugnables de forma separada e independiente"[243]. En otra sentencia, la misma Sala Constitucional argumentó que "el proyecto de reforma constitucional sancionado por la Asamblea Nacional el día 2 de noviembre de 2007, al tratarse de un acto normativo no perfeccionado, no puede producir efectos jurídicos externos y, por lo tanto, no es posible controlar jurisdiccionalmente *a priori* su contenido"; razón por la cual en este caso, también declaró "improponible en derecho la acción popular de inconstitucionalidad intentada"[244].

El Juez constitucional "inventando" una nueva categoría de decisiones de la Jurisdicción Constitucional, distinta a la inadmisibilidad, o a declarar sin lugar la acción, lo que hizo fue negar del derecho ciudadano de accionar, es decir, de acceso a la justicia y a una tutela judicial efectiva que consagra el artículo 26 de la Constitución. Con todas las sentencias dictadas en el mismo sentido, la Sala Constitucional del Tribunal Supremo de Justicia, como Jurisdicción Constitucional, deliberadamente y tal como lo había anunciado públicamente, con anterioridad, su Presidenta, renunció a ejercer el control de constitucionalidad sobre los actos de los poderes constituidos relativos a la reforma constitucional, lo que sin duda contrasta con lo que sucede en otros países latinoamericanos y con lo que incluso se regula expresamente en muchas Constituciones.

Fue el caso, por ejemplo, de lo que sucedió en Colombia, no sólo en 2009, sino antes desde 2003. Conforme a la Constitución colombiana, en efecto, la Corte Constitucional tiene a su cargo la guarda de la integridad y supremacía de la Constitución, y *en particular de los procedimientos para la revisión constitucional*, (arts. 241, 379). Sobre ello, la Corte Constitucional en sentencia N° C-551 del 9 de julio de 2003, por ejemplo, con ocasión del proceso de reforma de la que propuso el Presidente de la República y fue aprobada por el Congreso de la República a través de la Ley N° 796 de 2003, decidió que:

> "La Constitución ha establecido "un control reforzado sobre la convocatoria de un referendo, porque además del control automático que ejerce la Corte sobre la ley de referendo, es viable la acción pública de inconstitucionalidad contra el acto reformatorio de la Constitución". Y este control reforzado es razonable por cuanto, como lo señaló el citado auto, la "reforma a la Constitución por medio de un referendo es un procedimiento que comprende diversas etapas. Por ende, conforme al artículo 241 ord. 2, la Corte ejerce el control automático definitivo sobre la ley que somete a decisión del pueblo un proyecto de reforma

243 *V.*, sentencia del Tribunal Supremo de Justicia en Sala Constitucional N° 2108 del 7 de Noviembre de 2007, Caso *Jorge Paz Nava y otros* en http://www.tsj.gov.ve/decisiones/scon/Noviembre/2108-071107-07-1484.htm

244 *Ídem.*

constitucional, sin perjuicio de lo señalado en el artículo 379 superior". Concluyó entonces el citado auto que la "Corte ejerce un control automático sobre todos los eventuales vicios de procedimiento en la formación de la ley que convoca a referendo".

Por otra parte, debe recordarse que en la Constitución de Costa Rica, el artículo 10, b) atribuye a la Sala Constitucional de la Corte Suprema de Justicia, competencia para conocer de las *consultas sobre proyectos* de reforma constitucional; que en la Constitución de Chile, el artículo 82, 2 atribuye al Tribunal Constitucional competencia para resolver las *cuestiones sobre constitucionalidad que se susciten durante la tramitación de los proyectos* de reforma constitucional.

No es posible, por tanto, realizar una reforma constitucional mediante un procedimiento distinto al establecido en la propia Constitución, por lo que los procedimientos de reforma o enmienda constitucional que no se desarrollen conforme a las normas constitucionales que los regulan, o que versen por ejemplo sobre asuntos o materias que la Constitución prohíbe, son inconstitucionales y pueden ser controlados por la Jurisdicción Constitucional, que en el caso de Venezuela, es la Sala Constitucional del Tribunal Supremo de Justicia; órgano que sin embargo, como se ha analizado anteriormente, renunció a ejercer la justicia constitucional, con el argumento de que había que esperar que el procedimiento constitucional culminase en todas sus etapas, incluso con la "aprobación" mediante referendo, para que una vez publicada la nueva Constitución en Gaceta Oficial, una reforma constitucional inconstitucionalmente realizada pudiera impugnarse. Para ese momento, sin duda, entonces, como hecho cumplido, hasta hubiera podido surgir una eventual tesis de la prevalencia de la voluntad popular expresada como poder constituyente originario en el referendo frente a la supremacía constitucional. Sobre ello tenemos experiencia en Venezuela[245].

En todo caso, en cuanto al procedimiento de "reforma constitucional" desarrollado inconstitucionalmente en Venezuela entre agosto y diciembre de 2007, sin embargo, como se dijo, fue el pueblo el que se encargó de ponerle fin, mediante el masivo rechazo popular a la reforma, la cual no fue aprobada en el referendo del 2 de diciembre de 2007.

### 2. *Otras enseñanzas del caso venezolano: el juez constitucional absteniéndose de controlar la constitucionalidad de la inconstitucional implementación de la reforma constitucional rechazada por el pueblo mediante leyes y decretos leyes*

Sin embargo, la patología de la justicia constitucional en Venezuela no sólo se manifestó en la abstención por parte del Juez Constitucional de controlar la constitucionalidad del procedimiento seguido para la reforma constitucional de 2007, sino en que la misma reforma tramitada inconstitucionalmente y rechazada por el pueblo mediante referendo, fue implementada mediante leyes y decretos leyes evidentemente inconstitucionales que la Sala Constitucional se abstuvo de controlar. En este

---

245 *V.*, Allan R. Brewer-Carías, "El desequilibrio entre soberanía popular y supremacía constitucional y la salida constituyente en Venezuela en 1999", en la *Revista Anuario Iberoamericano de Justicia Constitucional,* N° 3, 1999, Centro de Estudios Políticos y Constitucionales, Madrid 2000, pp. 31-56.

caso, también fue la abstención del Juez Constitucional lo que permitió la implementación de la rechazada reforma en violación de la Constitución[246].

Así ocurrió, por ejemplo, con los Decretos Leyes que fueron dictados con fundamento en la Ley habilitante de febrero de 2007[247], y que en la orientación del proyecto de reforma constitucional rechazado popularmente tendiente a consolidad un Estado Socialista, tuvieron como objetivo establecer un sistema socialista de planificación centralizada,[248] un sistema económico socialista[249], y la Fuerza Armada Bolivariana con una Milicia no prevista en la Constitución[250].

También ocurrido con la sanción de leyes, como la dictada para regular el Distrito Capital como una entidad territorial totalmente dependiente del Poder Nacional[251], reviviéndose el desaparecido "Distrito Federal" de 1864, contrariando abiertamente la Constitución que lo concibe como una entidad con autonomía política.

Todas estas leyes fueron objeto de recursos de inconstitucionalidad, no habiendo sido los mismos siquiera decididos por el Juez Constitucional. Lamentablemente para el Estado de derecho, el Presidente de la república estaba absolutamente seguro de que la sumisa Sala Constitucional que controlaba, jamás ejercería el control de constitucionalidad sobre esos textos inconstitucionales.

Y lo mismo ocurrió con el conjunto de leyes dictadas por la Asamblea Nacional después de que se realizaron las elecciones legislativas de septiembre de 2010. En las mismas el gobierno perdió la mayoría del voto popular y la mayoría calificada que tenía en la Asamblea, pero sin embargo, antes de que tomaran posesión los nuevos diputados y se instalara la nueva Asamblea electa, la ya deslegitimada Asamblea Nacional procedió a sancionar un conjunto de Leyes Orgánicas con el deliberado propósito de regular, al margen de la Constitución, el marco normativo de un nuevo Estado, *distinto y paralelo al Estado Constitucional*, que no es otra cosa que el Estado Socialista, Centralizado, Militarista y Policial que se quiso regular en la rechazada reforma constitucional, denominado "Estado Comunal" o "Estado del Poder Popular." Dichas Leyes Orgánicas en efecto, fueron las del Poder Popular, de las Comunas, del

---

246 *V.*, los trabajos de Lolymar Hernández Camargo, "Límites del poder ejecutivo en el ejercicio de la habilitación legislativa: Imposibilidad de establecer el contenido de la reforma constitucional rechazada vía habilitación legislativa," en *Revista de Derecho Público*, N° 115 *(Estudios sobre los Decretos Leyes)*, Editorial Jurídica venezolana, Caracas 2008, pp. 51 ss.; Jorge Kiriakidis, "Breves reflexiones en torno a los 26 Decretos-Ley de Julio-Agosto de 2008, y la consulta popular refrendaría de diciembre de 2007", *Idem,* pp. 57 ss.; y José Vicente Haro García, Los recientes intentos de reforma constitucional o de cómo se está tratando de establecer una dictadura socialista con apariencia de legalidad (A propósito del proyecto de reforma constitucional de 2007 y los 26 decretos leyes del 31 de julio de 2008 que tratan de imponerla)", *Ídem*, pp. 63 ss

247 *Gaceta Oficial* 38.617, de fecha 1° de febrero de 2007.

248 *V.*, por ejemplo, Allan R. Brewer-Carías, "Comentarios sobre la inconstitucional creación de la Comisión Central de Planificación, centralizada y obligatoria", *Revista de Derecho Público*, N° 110, (abril-junio 2007), Editorial Jurídica Venezolana, Caracas 2007, pp. 79-89.

249 Por ejemplo, Ley Orgánica de Seguridad y Soberanía Agroalimentaria, y Ley para el fomento y desarrollo de la economía popular, *Gaceta Oficial* N° 5.890 Extraordinaria de 31 julio de 2008.

250 *V.*, Ley sobre la Ley Orgánica de la Fuerza Armada Nacional, *Gaceta Oficial* con fecha 31 de julio de 2008.

251 *Gaceta Oficial* N° 39.156 de 13 de abril de 2009.

Sistema Económico Comunal, de Planificación Pública y Comunal y de Contraloría Social[252].

Además, en el mismo marco de estructuración del Estado Comunal montado sobre el Poder Popular, igualmente en diciembre de 2010 se reformó la Ley Orgánica del Poder Público Municipal eliminándose las Juntas parroquiales, y se reformó las Leyes de los Consejos Estadales de Planificación y Coordinación de Políticas Públicas, y de los Consejos Locales de Planificación Pública[253].

Dichas leyes, todas, implementaron aspectos de la rechazada reforma constitucional y todas fueron impugnadas ante la Jurisdicción Constitucional por violar la Constitución y el derecho de participación de los ciudadanos en el proceso de su formación[254]. Pero frente a ello, la respuesta del Juez Constitucional hasta ahora ha sido el silencio, es decir, la abstención de decidir los recursos de nulidad por inconstitucionalidad intentados, permitiendo así el propio juez constitucional, la implementación de la reforma constitucional de 2007, contra la voluntad popular que la había rechazado.

## *TERCER RETO: QUE EL JUEZ CONSTITUCIONAL, COMO PODER CONSTITUIDO QUE ES, TIENE QUE CUMPLIR SU FUNCIÓN DE GARANTE DE LA CONSTITUCIÓN CON SUJECIÓN LA MISMA, SIN PODERLA MUTAR ILEGÍTIMAMENTE*

El tercer reto que tiene en la actualidad el Juez Constitucional que quería destacar en esta exposición, es que el mismo, como poder constituido que es, por más máximo intérprete que sea de la Constitución, ante todo está sometido a la misma, de manera que siempre tiene que cumplir su función de garante de la aquella sometido a sus previsiones, las cuales no puede cambiar o mutar ilegítimamente. Como lo expresó hace años la Sala Constitucional del Tribunal Supremo de Justicia de Venezuela en una sentencia N° 74 de 25 de enero de 2006, cuando el Juez Constitucional otorga "a las normas constitucionales una interpretación y un sentido distinto del que realmente tienen, que es, en realidad, una modificación no formal de la Constitución misma," lo que ocurre es un *falseamiento de la Constitución*"[255].

---

252 *V.*, en *Gaceta Oficial* N° 6.011 Extra. de 21-12-2010. Respecto de todas dichas leyes, la Sala Constitucional declaró en cada caso la constitucionalidad del carácter orgánico de las mismas. Véase por ejemplo, sentencia N° 1330 de 17-12-2010 en http://www.tsj.gov.ve/decisiones/scon/Diciembre/1330-171210-2010-10-1436.html; sentencia N° 1329 de 16-12-2010 en http://www.tsj.gov.ve/decisiones/scon/Diciembre/1329-161210-2010-10-1434.html; y sentencia N° 1329 de 16-12-2010 en http://www.tsj.gov.ve/decisiones/scon/Diciembre/%201328-161210-2010-10-1437.html.

253 *V.*, en *Gaceta Oficial* N° 6.015 Extra. de 30-12-2010.

254 *V.*, el texto del recurso de nulidad por inconstitucionalidad de todas esas leyes en José Ignacio Hernández, Jesús María Alvarado, Luis A. Herrera Orellana, "Los vicios de inconstitucionalidad de la Ley Orgánica del Poder Popular," en Allan R. Brewer-Carías *et al.*, *Leyes Orgánicas sobre el Poder Popular y el Estado Comunal*, Editorial Jurídica Venezolana, Caracas 2011, pp. 507-593. *V.*, además, Allan R. Brewer-Carías, "La desconstitucionalización del Estado de derecho en Venezuela: del Estado Democrático y Social de derecho al Estado Comunal Socialista, sin reformar la Constitución", en *Estado Constitucional,* Año 1, N° 2, Editorial Adrus, Lima, junio 2011, pp. 217-236.

255 *V.*, en *Revista de Derecho Público* N° 105, Editorial Jurídica Venezolana, Caracas 2006, pp. 76 y ss.

De ello resulta, además, que las modificaciones a la Constitución, conforme al texto expreso de la misma, no pueden realizarse por la Jurisdicción Constitucional por más poder que tenga de interpretar la Constitución, sino sólo mediante los procedimientos precisos que se establecen en las propias Constituciones.

Cualquier modificación de la Constitución efectuada fuera de dichos procedimientos, es inconstitucional e ilegítima, razón por la cual la Jurisdicción Constitucional, al ejercer su facultad de interpretación del contenido y alcance de las normas constitucionales no puede, en forma alguna, "modificar" la Constitución, sobre todo si no se trata de normas que sean ambiguas, imprecisas, mal redactadas y con errores de lenguaje. Si lo hace, lo que estaría realizando sería un falseamiento de la Constitución, es decir, una "mutación" ilegítima y fraudulenta de la misma, que falsea su contenido[256].

La mutación constitucional ocurre en efecto cuando como resultado de una interpretación de la Constitución realizada por el Juez Constitucional, el resultado es que "se modifica el contenido de una norma constitucional de tal forma que aún cuando la misma conserva su contenido, recibe una significación diferente"[257]. Hay por supuesto mutaciones constitucionales legítimas, lo que ocurre cuando mediante la interpretación de normas constitucionales por el Juez Constitucional con base en la aplicación de los principios fundamentales establecidos en el propio texto fundamental, como por ejemplo el principio de la progresividad, o el principio *pro homine*, en materia de derechos humanos[258], se interpreta el alcance de las normas reguladoras de tales derechos en sentido garantista o protectivo más allá de las previsiones formales del articulado constitucional. En tal sentido puede decirse que el rol del Juez Constitucional "adaptando" la Constitución a los efectos de garantizar la protección de los derechos fundamentales, incluso de aquellos no enumerados expresamente en la Constitución, y además, a veces sin que siquiera exista una cláusula abierta que proteja los derechos "inherentes a la persona humana," puede decirse que se ha aceptado con gran frecuencia en el mundo contemporáneo[259], particularmente cuando el Juez Constitucional como consecuencia de su labor interpretativa formula y crea "deberes afirmativos" a cargo de las entidades públicas para asegurar la protección de los derechos[260]. Pero en otros casos, la mutación constitucional,

---

256 *V.*, Néstor Pedro Sagües, *La interpretación judicial de la Constitución*, Buenos Aires 2006, pp. 56-59, 80-81, 165 y ss.

257 *V.*, Salvador O. Nava Gomar, "Interpretación, mutación y reforma de la Constitución. Tres extractos" en Eduardo Ferrer Mac-Gregor (coordinador), *Interpretación Constitucional*, T. II, Ed. Porrúa, Universidad Nacional Autónoma de México, México 2005, pp. 804 ss. Véase en general sobre el tema, Konrad Hesse, "Límites a la mutación constitucional", en *Escritos de derecho constitucional*, Centro de Estudios Constitucionales, Madrid 1992.

258 *V.*, Pedro Nikken, *La protección internacional de los derechos humanos: Su desarrollo progresivo*, Instituto Interamericano de Derechos Humanos, Ed. Civitas, Madrid 1987; Mónica Pinto, "El principio *pro homine*: Criterio hermenéutico y pautas para la regulación de los derechos humanos," en *La aplicación de los tratados sobre derechos Humanos por los tribunales locales*, Centro de Estudios Legales y Sociales, Buenos Aires 1997, p. 163.

259 *V.*, en general, Allan R. Brewer-Carías, *Constitutional Courts as Positive Legislators*, Cambridge University Press, New York 2011, pp. 79 y ss.

260 Para poner un solo ejemplo, véase en relación con la evolución de la protección al derecho a la no discriminación en los Estados Unidos, en Laurence Claus y Richard S. Kay, "Constitutional Courts as Posi-

desligada de la protección de los derechos humanos, puede resultar en un ilegítimo falseamiento de la Constitución al servicio de un proyecto político autoritario. Por ello, si bien es cierto que los jueces constitucionales pueden considerarse como un vehículo fenomenal, con base en la aplicación de los principios constitucionales democráticos, para procurar la adaptación de la Constitución, reafirmando el Estado de derecho; también es cierto que pueden convertirse en el instrumento más diabólico de dictadura constitucional, cuando en un marco de ausencia de efectiva separación de poderes, adaptan la Constitución democrática a un modelo autoritario, convalidan o se abstienen de controlar violaciones constitucionales realizadas por regímenes autoritarios; no estando sujetos en si mismo a control alguno[261].

En tiempos recientes, en alguno de nuestros países de América Latina se puede destacar apreciar esta tendencia del Juez Constitucional de mutar ilegítimamente la Constitución, abandonando su rol de poder constituido garante de la misma, procediendo, desligándose de la misma, a "adaptarla" a un proyecto autoritario o a la política gubernamental del momento. Ha sido el caso, por ejemplo, de la Sala Constitucional del Tribunal Supremo de Venezuela, implementando a fuerza de interpretación constitucional, la rechazada reforma constitucional de 2007, y de la Sala Constitucional de la Corte Suprema de Nicaragua, declarando "inconstitucional" una norma de la Constitución para permitir la reelección presidencial.

1. *Las enseñanzas del caso venezolano: el juez constitucional mutando ilegítimamente la Constitución para implementar directamente la reforma constitucional rechazada por el pueblo*

En Venezuela, en efecto, la Sala Constitucional del Tribunal Supremo de Justicia, una vez que la reforma constitucional propuesta por el Presidente de la república en 2007 fue rechazada por el pueblo en referendo, ha procedido en forma ilegítima a implementarla, no sólo como antes se ha dicho, por su activa omisión en ejercer su función de guardián de la Constitución ante leyes y decretos leyes inconstitucionales que la han implementado, sino también por su positiva acción realizando interpretaciones constitucionales abstractas, en general a petición del propio Poder Ejecutivo, que han conducido a ilegítimas mutaciones constitucionales en fraude a la voluntad popular y a la propia Constitución[262].

Entre las múltiples mutaciones ilegítimas que ha efectuado la Sala Constitucional[263], se destacan tres que quiero referir destinadas específicamente a la implementación de la reforma constitucional rechazada de 2007, relativas al régimen de pro-

---

tive Legislators in the United States," en Allan R. Brewer-Carías, *Constitutional Courts as Positive Legislators*, Cambridge University Press, New York 2011, pp. 816 y ss.

261 *V.*, Allan R. Brewer-Carías, "La reforma constitucional en América Latina y el control de constitucionalidad," en *Reforma de la Constitución y control de constitucionalidad. Congreso Internacional junio 14 al 17 de 2005*), Pontificia Universidad Javeriana, Bogotá, 2005, pp. 108-159.

262 *V.*, Allan R. Brewer-Carías, "El juez constitucional al servicio del autoritarismo y la ilegítima mutación de la Constitución: el caso de la Sala Constitucional del Tribunal Supremo de Justicia de Venezuela (1999-2009)", en *IUSTEL, Revista General de Derecho Administrativo*, N° 21, junio 2009, Madrid, ISSN-1696-9650.

263 *V.*, en general, Allan R. Brewer-Carías, *Constitutional Courts as Positive Legislators*, Cambridge University Press, New York 2011, pp. 79 y ss.

tección internacional de los derechos humanos, a la forma federal del Estado y al financiamiento público de los partidos políticos.

### A. *Las mutaciones constitucionales en materia de protección internacional de los derechos humanos*

Siguiendo una tendencia universal contemporánea, que ha permitido a los tribunales constitucionales la aplicación directa de los tratados internacionales en materia de derechos humanos para su protección, ampliando progresivamente el elenco de los mismos, en el propio texto de las Constituciones se ha venido progresivamente reconociendo en forma expresa el rango normativo de los referidos tratados[264], al punto de que en Venezuela el artículo 23 de la Constitución dispuso que "los tratados, pactos y convenciones relativos a derechos humanos, suscritos y ratificados por Venezuela, tienen jerarquía constitucional y prevalecen en el orden interno, en la medida en que contengan normas sobre su goce y ejercicio más favorables a las establecidas en esta Constitución y en las leyes de la República".

Esta norma, sin duda, fue uno de las más importantes en materia de derechos humanos en el país pues por una parte, le otorga a los tratados internacionales en materia de derechos humanos no sólo rango constitucional, sino rango *supra constitucional,* es decir, un rango superior respecto de las propias normas constitucionales, los cuales deben prevalecer sobre las mismas en caso de regulaciones más favorables a su ejercicio. Además, por otra parte, el artículo establece el principio de la aplicación inmediata y directa de dichos tratados por los tribunales y demás autoridades del país. Su inclusión en la Constitución, sin duda, fue un avance significativo en la construcción del esquema de protección de los derechos humanos, que se aplicó por los tribunales declarando la prevalencia de las normas de Convención Americana de Derechos Humanos en relación con normas constitucionales y legales.

Sin embargo, en sentencia N° 1.939 de 18 de diciembre de 2008 (Caso *Gustavo Álvarez Arias y otros*) la Sala Constitucional al declarar inejecutable una sentencia de la Corte Interamericana de Derechos Humanos, de fecha 5 de agosto de 2008, dictada en el caso de los ex-magistrados de la Corte Primera de lo Contencioso Administrativo (*Apitz Barbera y otros ("Corte Primera de lo Contencioso Administrativo" vs. Venezuela*), resolvió definitivamente que el artículo 23 citado de la Constitución "no otorga a los tratados internacionales sobre derechos humanos rango "supraconstitucional", reservándose la Sala la potestad de determinar cuál sería la norma aplicable. En esta forma, la Sala Constitucional en Venezuela dispuso una ilegítima mutación constitucional, reformando el artículo 23 de la Constitución al eliminar el carácter supranacional de la Convención Americana de Derechos Humanos en

264 En relación con esta clasificación general, *V.*, Rodolfo E. Piza R., *Derecho internacional de los derechos humanos: La Convención Americana*, San José 1989; y Carlos Ayala Corao, "La jerarquía de los instrumentos internacionales sobre derechos humanos", en *El nuevo derecho constitucional latinoamericano*, IV Congreso venezolano de Derecho constitucional, Vol. II, Caracas 1996 y *La jerarquía constitucional de los tratados sobre derechos humanos y sus consecuencias*, México, 2003; Humberto Henderson, "Los tratados internacionales de derechos humanos en el orden interno: la importancia del principio *pro homine*", en *Revista IIDH*, Instituto Interamericano de Derechos Humanos, N° 39, San José 2004, pp. 71 y ss. *V.*, también, Allan R. Brewer-Carías, *Mecanismos nacionales de protección de los derechos humanos*, Instituto Internacional de Derechos Humanos, San José, 2004, pp. 62 y ss.

los casos en los cuales contenga previsiones más favorables al goce y ejercicio de derechos humanos respecto de las que están previstas en la propia Constitución.

Debe advertirse, por otra parte, que tan se trata de una reforma constitucional ilegítima, que esa fue una de las propuestas de reforma que se formularon por el "Consejo Presidencial para la Reforma de la Constitución," designado por el Presidente de la República[265], en informe de junio de 2007[266], en el cual, en relación con el artículo 23 de la Constitución, lo que se buscaba era eliminar totalmente la jerarquía constitucional de las previsiones de los tratados internacionales de derechos humanos y su prevalencia sobre el orden interno, proponiéndose la formulación de la norma sólo en el sentido de que: "los tratados, pactos y convenciones relativos a derechos humanos, suscritos y ratificados por Venezuela, mientras se mantenga vigentes, forma parte del orden interno, y son de aplicación inmediata y directa por los órganos del Poder Público".

Esa propuesta de reforma constitucional que afortunadamente no llegó a cristalizar, era un duro golpe al principio de la progresividad en la protección de los derechos que se recoge en el artículo 19 de la Constitución, que no permite regresiones en la protección de los mismos[267]. Sin embargo, lo que no pudo hacer el régimen autoritario mediante una reforma constitucional, la cual al final fue rechazada por el pueblo, lo hizo la Sala Constitucional del Tribunal Supremo en su larga carrera al servicio del autoritarismo[268].

Pero en materia de derechos humanos, el articulo 23 de la Constitución además dispuso que las normas de los tratados, pactos y convenciones internacionales relativos a los son "de aplicación inmediata y directa por los tribunales y demás órganos del Poder Público" (art. 23). Sobre esta norma, sin embargo, la Sala Constitucional del Tribunal Supremo, al reivindicar un carácter de máximo y último intérprete de la Constitución y de los tratados, pactos y convenios sobre derechos humanos que no tiene, pues todas las Salas del Tribunal Supremo lo tienen, ha establecido en sentencia N° 1492 de 15 de julio de 2003 (Caso: *Impugnación de diversos artículos del Código Penal*), que por adquirir los mencionados tratados jerarquía constitucional e integrarse a la Constitución vigente, "*el único capaz de interpretarlas*, con miras al derecho venezolano, es el juez constitucional, conforme al artículo 335 de la vigente Constitución, en especial, al intérprete nato de la Constitución de 1999, y, que es la Sala Constitucional, y así se declara". De allí la Sala señaló que

---

265 *V.*, Decreto N° 5138 de 17-01-2007, *Gaceta Oficial* N° 38.607 de 18-01-2007.

266 El documento circuló en junio de 2007 con el título Consejo Presidencial para la Reforma de la Constitución de la República Bolivariana de Venezuela, "Modificaciones propuestas". El texto completo fue publicado como *Proyecto de Reforma Constitucional. Versión atribuida al Consejo Presidencial para la reforma de la Constitución de la república Bolivariana de Venezuela*, Editorial Atenea, Caracas 01 de julio de 2007, 146 pp.

267 *V.*, esta proyectada reforma constitucional Allan R. Brewer-Carías, *Hacia la consolidación de un Estado Socialista, Centralizado, Policial y Militarista. Comentarios sobre el sentido y alcance de las propuestas de reforma constitucional 2007*, Colección Textos Legislativos, N° 42, Editorial Jurídica Venezolana, Caracas 2007, pp. 122 y ss.

268 *V.*, entre otros aspectos, los contenidos en el libro Allan R. Brewer-Carías, *Crónica sobre la "In" Justicia Constitucional. La Sala Constitucional y el autoritarismo en Venezuela*, Colección Instituto de Derecho Público, Universidad Central de Venezuela, N° 2, Caracas 2007.

> "es la Sala Constitucional quien determina cuáles normas sobre derechos humanos de esos tratados, pactos y convenios, prevalecen en el orden interno; al igual que cuáles derechos humanos no contemplados en los citados instrumentos internacionales tienen vigencia en Venezuela"[269].

Con esta decisión inconstitucional, la Sala Constitucional ha mutado ilegítimamente la Constitución, pues conforme a la norma de su artículo 23, esa potestad no sólo corresponde a la Sala Constitucional, sino a todos los tribunales de la República cuando actúen como juez constitucional, por ejemplo, al ejercer el control difuso de la constitucionalidad de las leyes o al conocer de acciones de amparo. La pretensión de la Sala Constitucional en concentrar toda la justicia constitucional no se ajusta a la Constitución y al sistema de justicia constitucional que regula, de carácter mixto e integral; y menos aún en materia de derechos humanos, cundo es la propia Constitución la que dispone que los tratados, pactos e instrumentos internacionales sobre derechos humanos ratificados por la República son "de aplicación inmediata y directa por los tribunales" (art. 23).

Por último, en materia de derechos humanos, la Sala Constitucional en la sentencia antes indicada N° 1.939 de 18 de diciembre de 2008 (Caso *Gustavo Álvarez Arias y otros*) que en realidad debería identificarse como Caso *Estado venezolano vs. La Corte Interamericana de Derechos Humanos*, además, desconoció las decisiones de la Corte Interamericana de Derechos Humanos, declarándolas inejecutables, contrariando el régimen internacional de los tratados.

Con dicha sentencia, en efecto, dictada en juicio iniciado por la Procuraduría General de la República que es un órgano dependiente del Ejecutivo Nacional, la Sala Constitucional declaró "inejecutable" en Venezuela la sentencia de la Corte Interamericana de Derechos Humanos de fecha 5 de agosto de 2008," que se había dictado en el caso de unos ex-magistrados de la Corte Primera de lo Contencioso Administrativo (*Apitz Barbera y otros ("Corte Primera de lo Contencioso Administrativo" vs. Venezuela*), separados ilegítima e inconstitucionalmente de sus cargos, y en la cual se había condenado al Estado Venezolano por violación de sus garantías judiciales[270].

Ahora bien, en Venezuela es la propia Constitución en el artículo 31 la que garantiza expresamente en Venezuela el acceso de las personas a la protección internacional en materia de derechos humanos, con la obligación del Estado de ejecutar las decisiones de los órganos internacionales[271].

La decisión de la sala Constitucional, por tano, fue un acto de rebelión contra la justicia internacional y contra la propia Constitución.

---

269 *V.*, en *Revista de Derecho Público*, N° 93-96, Editorial Jurídica Venezolana, Caracas 2003, pp. 135 y ss.

270 *V.*, en www.corteidh.or.cr. Excepción Preliminar, Fondo, Reparaciones y Costas, Serie C N° 182.

271 Artículo 31. Toda persona tiene derecho, en los términos establecidos por los tratados, pactos y convenciones sobre derechos humanos ratificados por la República, a dirigir peticiones o quejas ante los órganos internacionales creados para tales fines, con el objeto de solicitar el amparo a sus derechos humanos. // El Estado adoptará, conforme a procedimientos establecidos en esta Constitución y en la ley, las medidas que sean necesarias para dar cumplimiento a las decisiones emanadas de los órganos internacionales previstos en este artículo.

En América latina, sin embargo, no era la primera vez que ello ocurría. En Perú había ocurrido en relación con la sentencia de la Corte Interamericana en el *Caso Castillo Petruzzi* de 30 de mayo de 1999 (Serie C, núm. 52), la cual después de que declarar que el Estado peruano había violado masivamente las garantía judiciales del interesado[272], la Sala Plena del Consejo Supremo de Justicia Militar del Perú se negó a ejecutar el fallo, considerando que la misma desconocía la Constitución Política del Perú y la sujetaba a "la Convención Americana sobre Derechos Humanos en la interpretación que los jueces de dicha Corte efectúan *ad-libitum* en esa sentencia"[273].

En 2008, entonces, le correspondió a Venezuela seguir los pasos del régimen autoritario del Presidente Fujimori en el Perú, y la Sala Constitucional del Tribunal Supremo también declaró en la mencionada decisión N° 1.939 de 18 de diciembre de 2008 (Caso *Abogados Gustavo Álvarez Arias y otros*), como "inejecutable" la sentencia de la Corte Interamericana de Derechos Humanos Primera de 5 de agosto de 2008 en el caso *Apitz Barbera y otros ("Corte Primera de lo Contencioso Administrativo" vs. Venezuela* acusando a la Corte Interamericana de haber usurpado el poder del Tribunal Supremo[274]. En su decisión, la Sala Constitucional, citando precisamente como precedente la decisión antes señalada de 1999 de la Sala Plena del Consejo Supremo de Justicia Militar del Perú, precisó que la Corte Interamericana de Derechos Humanos, no podía "pretender excluir o desconocer el ordenamiento

---

272 Como consecuencia, en la sentencia la Corte Interamericana declaró "la invalidez, por ser incompatible con la Convención, del proceso en contra de los señores Jaime Francisco Sebastián Castillo Petruzzi" y otros, ordenando "que se les garantice un nuevo juicio con la plena observancia del debido proceso legal", y además, "al Estado adoptar las medidas apropiadas para reformar las normas que han sido declaradas violatoria de la Convención Americana sobre Derechos Humanos en la presente sentencia y asegurar el goce de los derechos consagrados en la Convención Americana sobre derechos Humanos a todas las personas que se encuentran bajo su jurisdicción, sin excepción alguna". *V.*, en http://www.tsj.gov.ve/decisiones/scon/Diciembre/1939-181208-2008-08-1572.html

273 Precisamente frente a esta declaratoria por la Sala Plena del Consejo Supremo de Justicia Militar del Perú sobre la inejecutabilidad del fallo de 30 de mayo de 1999 de la Corte Interamericana de Derechos Humanos en el Perú, fue que la misma Corte Interamericana dictó el fallo subsiguiente, antes indicado, de 7 de noviembre de 1999, declarando que "el Estado tiene el deber de dar pronto cumplimiento a la sentencia de 30 de mayo de 1999 dictada por la Corte Interamericana en el caso Castillo Petruzzi y otros." Sergio García Ramírez (Coord.), *La Jurisprudencia de la Corte Interamericana de Derechos Humanos*, Universidad Nacional Autónoma de México, Corte Interamericana de Derechos Humanos, México, 2001, p. 629 Ello ocurrió durante el régimen autoritario que tuvo el Perú en la época del Presidente Fujimori, y que condujo a que dos meses después de dictarse la sentencia de la Corte Interamericana del 30 de mayo de 1999, el Congreso del Perú aprobase el 8 de julio de 1999 el retiro del reconocimiento de la competencia contenciosa de la Corte, lo que se depositó al día siguiente en la Secretaría General de la OEA/ Este retiro fue declarado inadmisible por la propia Corte Interamericana, en la sentencia del caso *Ivcher Bronstein* de 24 de septiembre de 1999, considerando que un "Estado parte sólo puede sustraerse a la competencia de la Corte mediante la denuncia del tratado como un todo". *Ídem*, pp. 769-771. En todo caso, posteriormente en 2001 Perú derogó la Resolución de julio de 1999, restableciéndose a plenitud la competencia de la Corte interamericana para el Estado .

274 El tema, ya lo había adelantado la Sala Constitucional en su conocida sentencia N° 1.942 de 15 de julio de 2003 (Caso: *Impugnación de artículos del Código Penal, Leyes de desacato*) (*V.*, en *Revista de Derecho Público*, N° 93-96, Editorial Jurídica Venezolana, Caracas 2003, pp. 136 y ss.) en la cual al referirse a los Tribunales Internacionales "comenzó declarando en general, que en Venezuela "por encima del Tribunal Supremo de Justicia y a los efectos del artículo 7 constitucional, no existe órgano jurisdiccional alguno, a menos que la Constitución o la ley así lo señale, y que aun en este último supuesto, la decisión que se contradiga con las normas constitucionales venezolanas, carece de aplicación en el país, y así se declara".

constitucional interno", y que había dictado "pautas de carácter obligatorio sobre gobierno y administración del Poder Judicial que son competencia exclusiva y excluyente del Tribunal Supremo de Justicia" y establecido "directrices para el Poder Legislativo, en materia de carrera judicial y responsabilidad de los jueces, violentando la soberanía del Estado venezolano en la organización de los poderes públicos y en la selección de sus funcionarios, lo cual resulta inadmisible." Acusó además, a la Corte Interamericana de haber utilizado su fallo "para intervenir inaceptablemente en el gobierno y administración judicial que corresponde con carácter excluyente al Tribunal Supremo de Justicia," argumentando que con la "sentencia cuestionada" la Corte Interamericana pretendía "desconocer la firmeza de decisiones administrativas y judiciales que han adquirido la fuerza de la cosa juzgada, al ordenar la reincorporación de los jueces destituidos".

Posteriormente, la Sala Constitucional del Tribunal Supremo de Justicia mediante otra sentencia N° 1547 de fecha 17 de octubre de 2011 (Caso *Estado Venezolano vs. Corte Interamericana de Derechos Humanos*)[275], también declaró "inejecutable" otra decisión de la Corte Interamericana de Derechos Humanos de 1° de septiembre de 2011 (caso *Leopoldo López vs. Estado de Venezuela)*, al conocer y decidir una "acción innominada de control de constitucionalidad" que no existe en el ordenamiento constitucional venezolano, y que también fue ejercida por el Procurador General de la República contra dicha sentencia de la Corte Interamericana[276]. En esta, la Corte Interamericana decidió conforme a la Convención Americana de Derechos Humanos (art. 32.2), que la restricción al derecho pasivo al sufragio (derecho a ser elegido) que se le había impuesto al Sr. Leopoldo López por la Contraloría General de la República de Venezuela mediante una decisión administrativa, no judicial, era contraria a la Convención, pues dichas restricciones a derechos políticos sólo puede establecerse mediante imposición de una condena dictada mediante sentencia judicial, con las debidas garantías del debido proceso[277].

En la sentencia dictada por la Sala Constitucional para declarar inejecutable esa decisión internacional en Venezuela, la misma consideró que la Corte Interamericana se había desviado "de la Convención Americana y sus propias competencias, "emitiendo órdenes directas a órganos del Poder Público venezolano (Asamblea Nacional y Consejo Nacional Electoral), usurpando funciones cual si fuera una potencia colonial y pretendiendo imponer a un país soberano e independiente criterios políticos e ideológicos absolutamente incompatibles con nuestro sistema constitucional"[278].

---

275 *V.*, en http://www.tsj.gov.ve/decisiones/scon/Octubre/1547-171011-2011-11-1130.html

276 *V.*, Allan R. Brewer-Carías, "El ilegítimo "control de constitucionalidad" de las sentencias de la Corte Interamericana de Derechos Humanos por parte la Sala Constitucional del Tribunal Supremo de Justicia de Venezuela: el caso *Leopoldo López vs. Venezuela, septiembre 2011*," en *Revista de Derecho Público*, N° 128, Editorial Jurídica Venezolana, Caracas 2011.

277 *V.*, Allan R. Brewer-Carías, "El derecho político de los ciudadanos a ser electos para cargos de representación popular y el alcance de su exclusión judicial en un régimen democrático (O de cómo la Contraloría General de la República de Venezuela incurre en inconstitucionalidad e inconvencionalidad al imponer sanciones administrativas de inhabilitación política a los ciudadanos)," en *Libro homenaje a Francisco Cumplido*, Asociación Chilena de Derecho Constitucional, Santiago de Chile, 2011.

278 *V.*, en http://www.tsj.gov.ve/decisiones/scon/Octubre/1547-171011-2011-11-1130.htmll

Así siguió el proceso del gobierno para desligarse de la Convención Americana sobre Derechos Humanos, y de la jurisdicción de la Corte Interamericana de Derechos Humanos, utilizando para ello a su propio Tribunal Supremo de Justicia; lo cual se ha sido expresado formalmente por el Presidente de la República como voluntad del gobierno en mayo de 2012[279].

En esta materia, la Sala Constitucional también dispuso una ilegítima mutación constitucional, reformando el artículo 23 de la Constitución en la forma cómo se pretendía en 2007 en la antes mencionada propuesta del "Consejo Presidencial para la Reforma de la Constitución", designado por el Presidente de la República, al buscar agregar al artículo 23 de la Constitución, también en forma regresiva, que "corresponde a los tribunales de la República conocer de las violaciones sobre las materias reguladas en dichos Tratados", con lo que se buscaba establecer una prohibición constitucional para que la Corte Interamericana de Derechos Humanos pudiera conocer de las violaciones de la Convención Americana de Derechos Humanos. Es decir, con una norma de este tipo, Venezuela hubiera quedado excluida constitucionalmente de la jurisdicción de dicha Corte internacional y del sistema interamericano de protección de los derechos humanos[280].

En esta materia, también, lo que no pudo hacer el régimen autoritario mediante una reforma constitucional, la cual al final fue rechazada por el pueblo, lo hizo la Sala Constitucional del Tribunal Supremo en su larga carrera al servicio del autoritarismo.

### B. *La mutación constitucional en relación con la distribución de competencias en el Estado federal*

Otra mutación constitucional ilegítima realizada por el Juez Constitucional ocurrió en Venezuela en relación con las normas constitucionales relativas a la forma federal del Estado y a la distribución de las competencias territoriales, de acuerdo con lo que se pretendió en la reforma constitucional de 2007, y a pesar de que fue rechazada por el pueblo.

En efecto, Venezuela siempre ha estado organizada como un Estado Federal, para lo cual, aún cuando encubriendo a una federación centralizada[281], la Constitución establece un sistema de distribución de competencias entre los niveles territoriales

---

279 El Presidente de la República solicitó formalmente al Consejo de Estado que dictaminara sobre el retiro de Venezuela de la Convención Interamericana de Derechos Humanos; retiro que incluso fue apoyado por la Asamblea nacional en declaración de 9 de mayo de 2012. *V.*, en http://eltiempo.com.ve/vene zuela/politica/asamblea-nacional-aprobo-acuerdo-que-respalda-retiro-de-venezuela-de-la-cidh/52223.

280 *V.*, sobre esta proyectada reforma constitucional Allan R. Brewer-Carías, *Hacia la consolidación de un Estado Socialista, Centralizado, Policial y Militarista. Comentarios sobre el sentido y alcance de las propuestas de reforma constitucional 2007*, Colección Textos Legislativos, N° 42, Editorial Jurídica Venezolana, Caracas 2007, p. 122.

281 *V.*, nuestros estudios sobre el tema, elaborados apenas la Constitución fue sancionada: Allan R. Brewer-Carías, *Federalismo y Municipalismo en la Constitución de 1999 (Alcance de una reforma insuficiente y regresiva)*, Editorial Jurídica Venezolana, Caracas-San Cristóbal 2001; "El Estado federal descentralizado y la centralización de la federación en Venezuela. Situación y perspectiva de una contradicción constitucional" en Diego Valadés y José María Serna de la Garza (Coordinadores), *Federalismo y regionalismo*, Universidad Nacional Autónoma de México, Tribunal Superior de Justicia del Estado de Puebla, Instituto de Investigaciones Jurídicas, Serie Doctrina Jurídica N° 229, México 2005, pp. 717-750.

(Poder Municipal, el Poder Estadal y el Poder Nacional), que en definitiva, sólo puede cambiarse sino mediante una reforma constitucional (artículos 136, 156, 164, 178 y 179)[282]. Específicamente, en materia de infraestructura para la circulación y el transporte, la Constitución la competencia "exclusiva" al Poder Nacional en materia del "sistema de vialidad y de ferrocarriles nacionales (artículo 156,27), asignado sin embargo, en forma exclusiva a los Estados, "La conservación, administración y aprovechamiento de carreteras y autopistas nacionales... en coordinación con el Poder Nacional;" competencia que deben ejercer sujetos a "la coordinación con el Poder Nacional," que éste debe regular.

Este sistema se quiso reformar en la propuesta de reforma constitucional de 2007, la cual como se ha dicho fue rechazada por el pueblo en referendo de 2 de diciembre de 2007, con la que se buscaba modificar el mencionado sistema, centralizando aún más al Estado, y terminando de centralizar materialmente todas las competencias del Poder Público en el nivel nacional[283]. En particular con la reforma se buscaba "nacionalizar," la referida competencia que el artículo 164,10 de la Constitución de 1999 atribuye a los Estados en materia de la conservación, administración y aprovechamiento de autopistas y carreteras nacionales"[284].

Sin embargo, la Sala Constitucional, en sentencia N° 565 de 15 de abril de 2008[285], dictada con motivo de decidir un recurso autónomo de interpretación de dicho artículo formulado por el Poder Ejecutivo nacional, pura y simplemente modificó el contenido de dicha norma constitucional y dispuso, como interpretación vinculante de la misma, que esa "competencia exclusiva" *no es tal competencia exclusiva*, sino una competencia concurrente y que, incluso, el Poder Nacional puede revertirla a su favor eliminando toda competencia de los Estados. La Sala Constitucional, en efecto, decidió que la Administración Nacional "en ejercicio de la potestad de coordinación pueda asumir directamente la conservación, administración y el aprovechamiento de las carreteras y autopistas nacionales, así como los puertos y aeropuertos de uso comercial", y que "corresponde al Ejecutivo Nacional por órgano del Presidente de la República en Consejo de Ministros, decretar la intervención para asumir la prestación de servicios y bienes de las carreteras y autopistas nacionales, así como los puertos y aeropuertos de uso comercial", en aquellos casos que la prestación del servicio "por parte de los Estados es deficiente o inexistente".

---

282 *V.*, Allan R. Brewer-Carías, "Consideraciones sobre el régimen de distribución de competencias del Poder Público en la Constitución de 1999" en Fernando Parra Aranguren y Armando Rodríguez García Editores, *Estudios de Derecho Administrativo. Libro Homenaje a la Universidad Central de Venezuela, Facultad de Ciencias Jurídicas y Políticas, con ocasión del Vigésimo Aniversario del Curso de Especialización en Derecho Administrativo*, T. I, Tribunal Supremo de Justicia, Colección Libros Homenaje N° 2, Caracas 2001, pp. 107-136.

283 *V.*, Allan R. Brewer-Carías, *Hacia la Consolidación de un Estado Socialista, Centralizado, Policial y Militarista. Comentarios sobre el sentido y alcance de las propuestas de reforma constitucional 2007*, Colección Textos Legislativos, N° 42, Editorial Jurídica Venezolana, Caracas 2007, pp. 41 y ss.

284 *V.*, Allan R. Brewer-Carías, *La Reforma Constitucional de 2007 (Comentarios al Proyecto Inconstitucionalmente sancionado por la Asamblea Nacional el 2 de Noviembre de 2007)*, Colección Textos Legislativos, N° 43, Editorial Jurídica Venezolana, Caracas 2007, pp. 72 y ss.

285 *Cfr.* Sentencia de la Sala Constitucional, N° 565, caso *Procuradora General de la República*, recurso de interpretación del artículo 164.10 de la Constitución de 1999 de fecha 15 de Abril de 2008, en http://www.tsj.gov.ve/decisiones/scon/Abril/565-150408-07-1108.htm

Con esta interpretación, lo que el Juez Constitucional hizo fue mutar el texto constitucional usurpando la soberanía popular a la cual está reservado el poder constituyente, cambiado la forma federal del Estado al trastocar el sistema de distribución territorial de competencias entre el Poder Nacional y los Estados, y en particular "nacionalizando," contra lo que expresamente dispone la Constitución, competencias atribuidas en forma exclusiva a los Estados[286]. La Sala Constitucional, así, olvidándose de que se trata de una competencia exclusiva de los Estados que había sido descentralizada desde 1989 mediante la Ley de Orgánica de Descentralización, dispuso que como las carreteras y puentes nacionales son bienes de la República, lo que es obvio, "en caso de haber sido transferidos a los Estados *pueden ser cogestionados por éstos a través de convenios, pero también reasumidos por el Poder Público Nacional mediante un procedimiento de reversión, ya que la titularidad originaria de los mismos le corresponde a la República*". Entonces, sin base constitucional o legal alguna, la Sala Constitucional dispuso que "corresponde al Ejecutivo Nacional por órgano del Presidente de la República en Consejo de Ministros, decretar la intervención para asumir la prestación de servicios y bienes de las carreteras y autopistas nacionales, así como los puertos y aeropuertos de uso comercial, en aquellos casos que a pesar de haber sido transferidas esas competencias, la prestación del servicio o bien por parte de los Estados es deficiente o inexistente, sobre la base de los artículos 236 y 164.10 de la Constitución".

Después de una ilegítima "modificación constitucional" de esta naturaleza, realizada mediante interpretación vinculante, que trastocó el orden jurídico o, como lo dijo la propia Sala, la misma "genera una necesaria revisión y modificación de gran alcance y magnitud del sistema legal vigente", exhortando a la Asamblea Nacional a que procediera "a la revisión y correspondiente modificación de la normativa legal vinculada con la interpretación vinculante establecida en la presente decisión[287], en orden a establecer una regulación legal congruente con los principios constitucionales y derivada de la interpretación efectuada por esta Sala en ejercicio de sus competencias". En cumplimiento de esta exhortación, la Asamblea Nacional muy diligentemente reformó en marzo de 2009, la Ley Orgánica de Descentralización, Delimitación y Transferencia de Competencias del Poder Público[288], a los efectos de eliminar las competencias exclusivas de los Estrados establecidas en los ordinales 3 y 5 del artículo 11 de dicha Ley, agregando dos nuevas normas autorizando al Ejecutivo Nacional para revertir la transferencia de las competencias concedidas a los estados, y para decretar la intervención de bienes y prestaciones de servicios públicos transferidos. Con ello se completó el fraude constitucional dispuesto por la Sala Constitucional, trastocándose el régimen federal.

---

286 *V.*, Allan R. Brewer-Carías, "La Sala Constitucional como poder constituyente: la modificación de la forma federal del estado y del sistema constitucional de división territorial del poder público, en *Revista de Derecho Público*, N° 114, (abril-junio 2008), Editorial Jurídica Venezolana, Caracas 2008, pp. 247-262.

287 De ello resulta según la sentencia: "la necesaria revisión general de la Ley Orgánica de Descentralización, Delimitación y Transferencia de Competencias del Poder Público, Ley General de Puertos y la Ley de Aeronáutica Civil, sin perjuicio de la necesaria consideración de otros textos legales para adecuar su contenido a la vigente interpretación".

288 *Gaceta Oficial* N° 39 140 del 17 de marzo de 2009.

### C. *La mutación constitucional en relación con el financiamiento de los partidos políticos*

El artículo 67 de la Constitución de 1999 expresamente prohibió "el financiamiento de las asociaciones con fines políticos con fondos provenientes del Estado", al establecer enfáticamente que el mismo "no se permitirá"[289], cambiando así, radicalmente, el régimen de financiamiento público a los partidos políticos que se había previsto en el artículo 230 de la Ley Orgánica del Sufragio y Participación Política de 1998. En dicha Ley se había buscado establecer un mayor equilibrio y equidad para la participación de los partidos en la vida democrática y en especial en las campañas electorales, tratando de mitigar los desequilibrios y perversiones que podían producirse con el solo financiamiento privado a los partidos, y el eventual financiamiento público indirecto, irregular y corrupto, sólo para los partidos de gobierno[290]. Con la prohibición constitucional, al derogarse este artículo de la Ley Orgánica, quedó derogado con el régimen de financiamiento público a los partidos políticos, abandonándose la tendencia inversa que predomina en el derecho comparado.

Esta prohibición constitucional expresa sobre el financiamiento público de los partidos políticos, fue uno de los temas a los que se refirió la reforma constitucional que a iniciativa del Presidente de la República[291], se pretendió aprobar durante el año 2007, con la cual expresamente se buscó modificar la mencionada prohibición constitucional del artículo 67, previéndose en la norma, al contrario, que "el Estado podrá financiar las actividades electorales", pero sin indicarse si se trata de un financiamiento a los partidos políticos en general. Como se ha dicho la antes mencionada propuesta de Reforma Constitucional de 2007, fue rechazada por voluntad popular expresada abrumadoramente contra su aprobación en el referendo del 2 de diciembre de 2007[292], con lo que el régimen de financiamiento a los partidos políticos, a su funcionamiento interno y a sus actividades electorales continuó prohibida en la Constitución.

Sin embargo, a pesar de dicha prohibición constitucional y del rechazo popular a modificarla, la Sala Constitucional del Tribunal Supremo de Justicia, actuando como Jurisdicción Constitucional, en sentencia N° 780 de 8 de mayo de 2008 (Exp. N° 06-0785), mediante una interpretación constitucional vinculante, mutó de nuevo la Constitución, sustituyéndose a la voluntad popular y al poder constituyente originario, disponiendo que "en lo que respecta al alcance de la prohibición de financiamiento público de asociaciones políticas" contenida en la mencionada norma, la misma:

---

289 *V.*, sobre la versión inicial de esta norma y sobre nuestra propuesta para su redacción en Allan R. Brewer-Carías, *Debate Constituyente (Aportes a la Asamblea Nacional Constituyente),* T. II (9 septiembre-17 octubre 1999). Fundación de Derecho Público - Editorial Jurídica Venezolana, Caracas, 1999, p. 129.

290 *V.*, en general sobre el tema, Allan R. Brewer-Carías, "Consideraciones sobre el financiamiento de los partidos políticos en Venezuela" en *Financiamiento y democratización interna de partidos políticos. Memoria del IV Curso Anual Interamericano de Elecciones,* San José, Costa Rica, 1991, pp. 121 a 139.

291 Véase el documento Proyecto de Exposición de Motivos para la Reforma Constitucional, Presidencia de la República, Proyecto Reforma Constitucional. Propuesta del presidente Hugo Chávez Agosto 2007; y la publicación: Proyecto de Reforma Constitucional. Elaborado por el ciudadano Presidente de la República Bolivariana de Venezuela, Hugo Chávez Frías, Editorial Atenea, Caracas agosto 2007, p. 19.

292 *V.*, Allan R. Brewer-Carías, "La proyectada reforma constitucional de 2007", rechazada por el poder constituyente originario", en *Anuario de Derecho Público 2007,* Universidad Monteavila, Caracas 2008.

"se circunscribe a la imposibilidad de aportar fondos a los gastos corrientes e internos de las distintas formas de asociaciones políticas, pero dicha limitación, no resulta extensiva a la campaña electoral, como etapa fundamental del proceso electoral".

Es decir, la Sala Constitucional, ante una norma tan clara e igualmente tan criticable como la contenida en el artículo 67 de la Constitución, cuya reforma se había intentado hacer en 2007 pero sin lograrse por ser rechazada por la voluntad popular, en esta sentencia ni más ni menos, se erigió en poder constituyente, sustituyendo al pueblo, y dispuso la reforma de la norma, vía su interpretación, en el mismo sentido que se pretendía en la rechazada reforma constitucional, disponiendo en definitiva, que la prohibición constitucional "no limita que en el marco del proceso electoral y como gasto inherente a una fase esencial del mismo, el Estado destine fondos con el objeto de financiar el desarrollo de las campañas electorales, de los partidos y asociaciones políticas", es decir, lo contrario de lo que dispone la Constitución. Así, la Sala Constitucional, dispuso que lo que la Constitución prohíbe es sólo el financiamiento por el Estado de "los gastos corrientes e internos de las distintas formas de asociaciones políticas", pero no de la "campaña electoral, como etapa fundamental del proceso electoral". Es decir, el Juez Constitucional, simplemente, dispuso que la Constitución no dice lo que dice, sino todo lo contrario; que cuando dice que no se permite "el financiamiento de las asociaciones con fines políticos con fondos provenientes del Estado", no es eso lo que establece, sino lo que prohíbe es solamente "el financiamiento de los gastos corrientes e internos de las asociaciones con fines políticos con fondos provenientes del Estado"; y que los gastos de las campañas electorales de dichas asociaciones con fines políticas, en cambio, si pueden ser financiadas con fondos provenientes del Estado. La Sala, finalmente, precisó que una cosa es que el Estado financie "los gastos corrientes e internos" de los partidos políticos y otra cosa es que financie "sus campañas electorales", deduciendo sin fundamento alguno que lo que la Constitución prohíbe es lo primero y no lo segundo.

Pudo ser muy loable la intención del Juez Constitucional de permitir el financiamiento de las campañas electorales de los partidos políticos con fondos provenientes del Estado, pero habiendo sido ello prohibido expresamente por la Constitución[293], sólo reformándola es que se podría lograr lo contrario, como se pretendió con la propuesta de reforma de 2007, rechazada por el pueblo. Y ello fue lo que en este caso hizo el Juez Constitucional en Venezuela: reformar la Constitución, usurpando el poder constituyente originario que es del pueblo e, incluso contra su propia voluntad expresada cinco meses antes al rechazar precisamente esa reforma constitucional en igual sentido, estableció la posibilidad de financiar las campañas electorales de los partidos políticos.

---

293 Por ello fue, incluso, que entre otros aspectos salvamos nuestro voto en relación con dicha norma. *V.*, Allan R. Brewer-Carías, *Debate Constituyente (Aportes a la Asamblea Nacional Constituyente)*, T. III (18 octubre-30 noviembre 1999). Fundación de Derecho Público - Editorial Jurídica Venezolana, Caracas, 1999, pp. 239, 259.

### 2. *Una enseñanza del caso nicaragüense: el juez constitucional mutando ilegítimamente la Constitución en materia de reelección presidencial*

La Constitución de Nicaragua establece en su artículo 147, primer aparte a), que "No podrá ser candidato a Presidente ni Vicepresidente de la República: a) El que ejerciere o hubiere ejercido en propiedad la Presidencia de la República en cualquier tiempo del período en que se efectúa la elección para el período siguiente, ni el que la hubiere ejercido por dos períodos presidenciales".

Se trata, por tanto, de una prohibición constitucional clara y diáfana prohibiendo la reelección presidencial. La norma, sin embargo, fue "reformada" o mutada por la Sala Constitucional de Nicaragua, mediante sentencia N° 504 de 19 de octubre de 2009, al decidir, no una acción directa de inconstitucionalidad, sino una acción de amparo constitucional que se había intentado contra una decisión del Consejo Supremo Electoral, en la cual dicho Consejo había rechazado la petición que se le había formulado el 15 de octubre por diversos candidatos a reelección, solicitando se les aplicara el principio de igualdad a todos los funcionarios públicos en materia electoral. En el caso del Consejo Supremo Electoral consistió en el rechazo de la petición debido a la ausencia de competencia del Consejo para decidir sobre tales materias.

En Nicaragua, de acuerdo con el artículo 52.5 de la Ley de Amparo, la acción de amparo no procede en materia electoral, y por tanto, no procedía contra las decisiones del Consejo Supremo Electoral. Sin embargo, a pesar de esta restricción legal, habiendo la Sala Constitucional entrado a conocer de la misma, en su sentencia, en una forma incomprensible declaró que el artículo 147 de la Constitución era "inaplicable", mutando así ilegítimamente la Constitución, al eliminar del texto la rígida prohibición constitucional a la reelección presidencial[294]. Posteriormente, esta decisión de la sala Constitucional fue ratificada por la Corte Plena de la Corte Suprema de Justicia, en sentencia del 30 de septiembre, 2010, con el objeto de establecer su aplicabilidad *erga omnes*.

En esta forma, como consecuencia de la sentencia de la Sala Constitucional del 19 de octubre, 2009 dictada sólo cuatro días después de que se presentó la solicitud inicial ante el Consejo Supremo Electoral, se permitió en Nicaragua la reelección presidencial del Presidente Ortega, para lo cual la Sala consideró que la norma del artículo 147 de la Constitución violaba el derecho a la igualdad, el derecho al sufragio y el derecho a la personalidad consagrados en los Arts. 27, 47, 48, 50 y 51 de la Constitución, entre otros, declarando en consecuencia que la norma era inconstitucional en la parte antes mencionada[295]. La sentencia consideró en efecto, que el de-

294 *V.*, Sergio J. Cuarezma Terán and Francisco Enríquez Cabistán, *Nicaragua National Report*, p. 43; Allan R. Brewer-Carías, *Constitutional Courts as Positive Legislators*, Cambridge University Press, New York 2011, p. 101.

295 Véase el comentario a la sentencia, el Dr. Iván Escobar Fornos, Magistrado de la Corte Suprema de Justicia de Nicaragua, quien indicó que: "Se ha considerado que ésta no es una interpretación [de la Constitución] como se pretende sino más bien una derogación de la prohibición de la reelección antes señalada". *Ensayo presentado por el autor ante la Mesa Redonda Jurídica Internacional organizada por la Fundación Alexandre Gusman y el Instituto de Pesquisa de Relaciones Internacionales* (del ITAMARATI, Brasil), Septiembre, 2010, p. 33; citado en el documento de presentado por Renaldy J. Gutiérrez, *Estado de Derecho, Misión de la Federación Interamericana de Abogados (Las Experiencias de Nicaragua y El Salvador)*, ¿Justicia Constitucional o Activismo Judicial?, presentado en el *Seminario de de-*

recho a la igualdad era podía considerarse violado porque el Art. 147 contenía una "interdicción electoral solo para el Presidente" lo cual consideró la Sala que "representa un trato desigual, cuando como queda claro hay igualdad de condiciones...". Afirmó además la Sala Constitucional "que los principios constitucionales que informan nuestra Constitución Política en su Preámbulo y Parte Dogmática, prevalecen sobre el resto de Disposiciones Constitucionales que conforman nuestra Constitución Política...". De seguidas, la Sala Constitucional además de referirse a los "principios constitucionales" que informan los derechos fundamentales hace mención a "la Soberanía, al igual que la Igualdad, la Unidad Centroamericana, la Independencia, la Autodeterminación, la Paz Social, el Bien común, la Libertad, la Justicia, el respeto a la dignidad de la persona humana, el pluralismo político, social y étnico, la cooperación internacional, el respeto a la libre autodeterminación de los pueblos", para concluir afirmando sin mucha ilación, que los miembros del Consejo Supremo Electoral no podían "negarse a cumplir con la voluntad del Pueblo Soberano, de elegir y ser elegido de manera directa como sus representantes a los ciudadanos que crean conveniente, aplicando de manera inescrutable [*sic*] los Principios Fundamentales de Igualdad, Libertad y Soberanía, de no ser así ocurriría una muerte política para los recurrentes, violando también el Derecho al reconocimiento de la personalidad y capacidad jurídica... y el reconocimiento de los derechos inherentes a la persona humana consignados en las Declaraciones Universales de Derechos Humanos..." De ello, la Sala concluyo afirmando que la decisión accionada en amparo del Consejo Supremo Electoral del 16 de octubre de 2009, transgredía "los ya referidos principios constitucionales de los ciudadanos nicaragüenses, por lo cual resulta falta de motivación y congruencia, violando el derecho de petición y a obtener una resolución fundada en derecho; en consecuencia debe ampararse a los recurrentes..." de ello, resultó la decisión de "declarar la inaplicabilidad... del Art. 147 CN, únicamente en la parte que transcribimos al inicio de esta Sección, por existir "una Antinomia constitucional con respecto a" los principios constitucionales antes referidos". Es decir, la Sala Constitucional declaró la inconstitucionalidad de una norma constitucional, con lo cual mutó la Constitución, permitiendo así la reelección presidencial en Nicaragua lo que se materializó en las elecciones generales de noviembre de 2011.

***

*El juez constitucional como guardián de la constitución, y el problema del control del guardián.*

Si las Constituciones son normas jurídicas efectivas, que prevalecen en el proceso político, en la vida social y económica del país, y que sustentan la validez a todo el orden jurídico, la solución institucional para preservar su vigencia y la libertad, está precisamente en establecer a los Jueces Constitucionales como comisarios del poder constituyente y guardianes de la Constitución, que al tener por misión asegurar que todos los órganos del Estado la acaten, también tienen que adaptarse a lo que

---

*recho comparado sobre separación de poderes del Estado y la "Political Questions Doctrine" en los Estados Unidos de América*, organizado por Sala Constitucional de la Corte Suprema de Justicia en cooperación con Duquesne University (Pittsburh), San José, Costa Rica, 28 y 29 de marzo de 2012.

el texto fundamental establece, debiendo someterse a su normativa, estándole vedado mutarla.

Es decir, como tal guardián de la Constitución, y como sucede en cualquier Estado de derecho, el sometimiento del tribunal constitucional a la Constitución es una preposición absolutamente sobreentendida y no sujeta a discusión, ya que sería inconcebible que el juez constitucional pueda violar la Constitución que está llamado a aplicar y garantizar. Esa la podrían violar los otros poderes del Estado, pero no el guardián de la Constitución.

Sin embargo, para garantizar que ello no ocurra, otra garantía adicional debe establecerse en todos los sistemas jurídicos, –y he aquí otro de los grandes retos de la justicia constitucional– y es que el Juez Constitucional debe gozar de absoluta independencia y autonomía frente a todos los poderes del Estado, pues un tribunal constitucional sujeto a la voluntad del poder, en lugar de ser el guardián de la Constitución se convierte en el instrumento más atroz del autoritarismo.

El mejor sistema de justicia constitucional, por tanto, en manos de un juez sometido al poder, es letra muerta para los individuos y es un instrumento para el fraude a la Constitución. Por ello, para garantizar esa autonomía e independencia, en todas las Constituciones donde se han establecido sistemas de justicia constitucional, se han dispuesto, entre otros aspectos, mecanismos tendientes a lograr una elección de los miembros o magistrados de los tribunales, de manera de neutralizar las influencias políticas no deseadas en una democracia[296]. Con ello se busca asegurar, por la forma de selección de sus integrantes, que los poderes atribuidos a un órgano estatal de esta naturaleza quien no tiene quien lo controle, no sean distorsionados y abusados. La pregunta, en todo caso, en este campo de los Jueces Constitucionales, *Quis custodies ipso custodiem*? siempre hay que hacerla, aunque no tenga respuesta[297]. Por ello, George Jellinek decía que la única garantía del guardián de la Constitución al final radica en su "conciencia moral;"[298] y Alexis de Tocqueville fue tan preciso al observar cuando analizó la Constitución federal de los Estados Unidos que:

---

296 *V.*, Allan R. Brewer-Carías, "The question of Legitimacy: How to choose the Supreme Court Judges", en Ingolf Pernice, Julianne Kokott, Cheryl Sauders (eds), *The Future of the European Judicial System in Comparative Perspective*. 6[th] International ECLN Colloquium / IACL Round Table, Berlin, 2-4 November 2005, European Constitutional Law Network Series, Vol. 6, Nomos, Berlín 2006, pp. 153-182; y Allan R. Brewer-Carías "La cuestión de legitimidad: cómo escoger los jueces de las Cortes Supremas. La doctrina europea y el contraste latinoamericano", en *Estudios sobre el Estado Constitucional (2005-2006)*. Cuadernos de la Cátedra Fundacional Allan R. Brewer Carías de Derecho Público, Universidad Católica del Táchira, Nº 9, Editorial Jurídica Venezolana, Caracas, 2007, pp. 125-161.

297 *V.*, Jorge Carpizo, *El Tribunal Constitucional y sus límites*, Grijley Ed., Lima 2009, pp. 44, 47, 51; Allan R. Brewer-Carías, "*Quis Custodiet Ipsos Custodes*: De la interpretación constitucional a la inconstitucionalidad de la interpretación", en *Revista de Derecho Público*, Nº 105, Editorial Jurídica Venezolana, Caracas 2006, pp. 7-27; y en *VIII Congreso Nacional de Derecho Constitucional, Perú*, Fondo Editorial 2005, Colegio de Abogados de Arequipa, Arequipa, septiembre 2005, pp. 463-489.

298 *V.*, George Jellinek, *Ein Verfassungsgerichtshof fur Österreich*, Alfred Holder, Wien 1885, citado por Francisco Fernández Segado, "Algunas reflexiones generales en torno a los efectos de las sentencias de inconstitucionalidad y a la relatividad de ciertas fórmulas estereotipadas vinculadas a ellas," en *Anuario Iberoamericano de Justicia Constitucional*, Centro de Estudios Políticos y Constitucionales, Nº 12, 2008, Madrid 2008, p. 196.

> "La paz, la prosperidad, y la existencia misma de la Unión están depositados en manos de siete Jueces Federales. Sin ellos, la Constitución sería letra muerta...,
>
> No solo los Jueces federales deben ser buenos ciudadanos, y hombres con la información e integridad indispensables en todo magistrado, sino que deben ser hombres de Estado, suficientemente sabios para percibir los signos de su tiempo, sin miedo para afrontar obstáculos que puedan dominarse, no lentos en poder apartarse de la corriente cuando el oleaje amenaza con barrerlos junto con la supremacía de la Unión y la obediencia debida a sus leyes.
>
> El Presidente, quien ejerce poderes limitados, puede fallar sin causar gran daño en el Estado. El Congreso puede errar sin que la Unión se destruya, porque el cuerpo electoral en el cual se origina puede provocar que se retracte en las decisiones cambiando sus miembros. Pero si la Corte Suprema alguna vez está integrada por hombres imprudentes y malos, la Unión caería en la anarquía y la guerra civil"[299].

Esto es particularmente importante a tener en cuenta en regímenes democráticos, donde la tentación de los Jueces Constitucionales en convertirse en legisladores e incluso en poder constituyente, resquebraja el principio de la separación de poderes, pues cumplirían funciones estatales sin estar sometidos a control alguno ni del pueblo ni de otros órganos estatales. En otras palabras, la usurpación incontrolada por el juez constitucional de poderes normativos "podría transformar al guardián de la Constitución en soberano"[300].

Y la verdad, es que lamentablemente, en muchos países, por el régimen político desarrollado o por la condición de los integrantes de los tribunales constitucionales, estos importantes instrumentos diseñados para garantizar la supremacía de la Constitución, para asegurar la protección y el respeto de los derechos fundamentales y asegurar el funcionamiento del sistema democrático, algunas veces se han convertido en un instrumento del autoritarismo, legitimando las acciones de las otras ramas del poder público contrarias a la Constitución, y en algunos casos, por propia iniciativa, en fieles servidores de quienes detentan el poder, configurándose lo que podría denominarse la "patología" de la justicia constitucional. La afección que la origina ocurre precisamente cuando los tribunales constitucionales asumen las funciones del legislador, o proceden a mutar[301] la Constitución en forma ilegítima y fraudulenta, configu-

---

299 *V.*, Alexis de Tocqueville, *Democracy in America*, Chapter VIII "The Federal Constitution," de la traducción de Henry Reeve, revisada y corregida en 1899, en http://xroads.virginia.edu/~HYPER /DETOC/1_ch08.htm Véase igualmente la referencia en Jorge Carpizo, *El Tribunal Constitucional y sus límites*, Grijley Ed., Lima 2009, pp. 46-48.

300 *V.*, Francisco Fernández Segado, "Algunas reflexiones generales en torno a los efectos de las sentencias de inconstitucionalidad y a la relatividad de ciertas fórmulas estereotipadas vinculadas a ellas", en *Anuario Iberoamericano de Justicia Constitucional*, Centro de Estudios Políticos y Constitucionales, Nº 12, 2008, Madrid 2008, p. 161.

301 *V.*, por ejemplo sobre el caso de Venezuela, Allan R. Brewer-Carías, "El juez constitucional al servicio del autoritarismo y la ilegítima mutación de la Constitución: el caso de la Sala Constitucional del Tribunal Supremo de Justicia de Venezuela (1999-2009)", en *Revista de Administración Pública*, Nº 180, Centro de Estudios Políticos y Constitucionales, Madrid 2009, pp. 383-418.

rando un completo cuadro de "in" justicia constitucional[302]. En una situación como esa, sin duda, todas las ventajas de la justicia constitucional como garantía de la supremacía de la Constitución se desvanecen, y la justicia constitucional pasa a convertirse en el instrumento político más letal para la violación impune de la Constitución, la destrucción del Estado de derecho y el desmantelamiento de la democracia[303].

Como lo reconoció la propia Sala Constitucional del Tribunal Supremo de Justicia de Venezuela en su sentencia N° 1309/2001, en la cual consideró que "el derecho es una teoría normativa puesta al servicio de la política que subyace tras el proyecto axiológico de la Constitución", de manera que la interpretación constitucional debe comprometerse "con la mejor teoría política que subyace tras el sistema que se interpreta o se integra y con la moralidad institucional que le sirve de base axiológica (*interpretatio favor Constitutione*)".

Por supuesto, dicha "política que subyace tras el proyecto axiológico de la Constitución" o la "teoría política que subyace" tras el sistema que le sirve de "base axiológica," a la que se refiere el Juez Constitucional venezolano, no es la que resulta de la Constitución propia del "Estado democrático social de derecho y de justicia," que está montado sobre un sistema político de separación de poderes, democracia representativa y libertad económica; sino el que ha venido definiendo el gobierno autoritario contra la Constitución y que ha encontrado eco en las decisiones de la propia Sala Constitucional, como propia de un Estado centralizado, que niega la representatividad, montado sobre una supuesta democracia participativa controlada y de carácter socialista[304], declarando la Sala que los estándares que se adopten para tal interpretación constitucional "deben ser compatibles con el proyecto político de la Constitución" precisando que:

> "no deben afectar la vigencia de dicho proyecto con elecciones interpretativas ideológicas que privilegien los derechos individuales a ultranza o que acojan la primacía del orden jurídico internacional sobre el derecho nacional en detrimento de la soberanía del Estado". (Subrayados de la Sala)

Concluyó así, la Sala Constitucional afirmando que "no puede ponerse un sistema de principios supuestamente absoluto y suprahistórico por encima de la Constitución," siendo inaceptables las teorías que pretenden limitar "so pretexto de valideces universales, la soberanía y la autodeterminación nacional". Por ello, en otra sentencia N° 1265/2008 la misma Sala estableció que en caso de evidenciarse una con-

---

302 *V.*, por ejemplo el caso en Venezuela durante la primera década del siglo XXI, en Allan R. Brewer-Carías, *Crónica de la "In" Justicia Constitucional. La Sala Constitucional y el autoritarismo en Venezuela*, Editorial Jurídica Venezolana, Caracas 2007.

303 *V.*, por ejemplo, también sobre el caso de Venezuela, Allan R. Brewer-Carías, "La demolición del Estado de derecho y la destrucción de la democracia en Venezuela (1999-2009)," en José Reynoso Núñez y Herminio Sánchez de la Barquera y Arroyo (Coordinadores), *La democracia en su contexto. Estudios en homenaje a Dieter Nohlen en su septuagésimo aniversario,* Instituto de Investigaciones Jurídicas, Universidad nacional Autónoma de México, México 2009, pp. 477-517.

304 La Sala Constitucional, incluso, ha construido la tesis de que la Constitución de 1999 ahora "privilegia los intereses colectivos sobre los particulares o individuales", habiendo supuestamente cambiado "el modelo de Estado liberal por un Estado social de derecho y de justicia" (sentencia de 5 de agosto de 2008, N° 1265/2008, http://www.tsj.gov.ve:80/decisiones/scon/Agosto/1265-050808-05-1853.htm) cuando ello no es cierto, pues el Estado social de derecho ya estaba en la Constitución de 1961.

tradicción entre la Constitución y una convención o tratado internacional, "deben prevalecer las normas constitucionales que privilegien el interés general y el bien común, debiendo aplicarse las disposiciones que privilegien los intereses colectivos [...] sobre los intereses particulares..."[305].

La verdad es que ante estas expresiones del Juez Constitucional venezolano, pocas palabras pueden agregarse para evidenciar los enormes retos que tiene la justicia constitucional en América latina, precisamente para hacer prevalecer frente a gobiernos autoritarios, los valores democráticos universales que privilegian al individuo frente al Estado.

New York, mayo 2012

305 *V.*, en http://www.tsj.gov.ve/decisiones/scon/Diciembre/1939-181208-2008-08-1572.html

## *SEGUNDA PARTE*

# PRIMERAS APROXIMACIONES AL SISTEMA DE JUSTICIA CONSTITUCIONAL EN LA CONSTITUCIÓN DE 1999 CON LA CONSOLIDACIÓN DE LA JURISDICCIÓN CONSTITUCIONAL

## *SECCIÓN PRIMERA:*

## *LA JUSTICIA CONSTITUCIONAL EN LA CONSTITUCIÓN DE VENEZUELA DE 1999 (2001)*

**El texto de esta sección primera es el texto ampliado de la conferencia dictada en el *Seminario Internacional sobre Constitución y Democracia en los Umbrales del Siglo XXI*, Universidad de Lima, 3 de mayo de 2001. Publicado también en el libro: Allan R. Brewer-Carías, *Reflexiones sobre el constitucionalismo en América* (con una Biblio Verbi Grafía del autor), Colección Cuadernos de la Cátedra Fundacional Doctor Charles Brewer Maucó "Historia del Derecho en Venezuela", Universidad Católica Andrés Bello, Nº 2, Editorial Jurídica Venezolana, Caracas 2001, pp. 255-286. Una versión de este estudio se publicó igualmente, en el libro: *Derecho Procesal Constitucional*, Colegio de Secretarios de la Suprema Corte de Justicia de la Nación, A.C., T. III, Editorial Porrúa, México 2003, pp. 2091-212.**

### I. PRINCIPIOS GENERALES DEL SISTEMA VENEZOLANO DE JUSTICIA CONSTITUCIONAL

En Venezuela se ha venido desarrollando desde el siglo XIX, un sistema de justicia constitucional[306] mixto o integral[307], que combina, por una parte, el método difu-

---

306 *V.*, en general Mauro Cappelletti, *Judicial Review in the Contemporary World*, Indianápolis, 1971; "El control judicial de la constitucionalidad de las leyes en el Derecho Comparado", en *Revista de la Facultad de Derecho de México*, Nº 61, México 1966; Allan R. Brewer-Carías, *Judicial Revieu incomparative Law*, Cambridge 1989.

307 *V.*, Allan R. Brewer-Carías, *El sistema mixto o integral de control de la constitucionalidad en Colombia y Venezuela*, Bogotá 1995; Manuel Gaona Cruz, "El control de la constitucionalidad de los actos jurídicos en Colombia ante el Derecho Comparado", en *Archivo de Derecho Público y Ciencias de la Administración, Derecho Público en Venezuela y Colombia*, Vol. VII 1984-1985, Instituto de Derecho Público, UCV, Caracas 1986, pp. 39 a 114.

so de control de constitucionalidad, conforme al cual todos los jueces tienen competencia para decidir la inaplicación de una ley o cualquier norma jurídica cuando la consideren contraria a la Constitución, competencia que incluso pueden ejercer *ex officio*, aplicando preferentemente la Constitución en el caso concreto sometido a su conocimiento y decisión; y por la otra, el método concentrado de control de la constitucionalidad de las leyes y demás actos normativos (nacionales, estadales y municipales), mediante la atribución al Tribunal Supremo de Justicia y a partir de 2000 a su Sala Constitucional, de poderes anulatorios de las leyes y demás actos normativos de similar rango, contrarios a la Constitución, los cuales se ejercen cuando conoce del asunto mediante el ejercicio de acciones populares de inconstitucionalidad.

Este sistema, que también han adoptado otros países[308] se han venido perfeccionando por un lapso de más de 150 años, encontrando su marco regulatorio actual en la Constitución de 1999, texto que recoge toda la tradición anterior[309].

En efecto el artículo 7 de la Constitución de 1999[310] declara, *expressis verbis*, que su texto es "la norma suprema y el fundamento de todo el ordenamiento jurídico"; por lo que para garantizar esa supremacía y lograr que la Constitución tenga plena efectividad, en su mismo texto se regula todo un sistema de justicia constitucional mediante la asignación a todos los jueces de la República, en el ámbito de sus respectivas competencias y conforme a lo previsto en la Constitución y en la ley, de la obligación "de asegurar la integridad de la Constitución" (art. 334)[311].

En consecuencia, la justicia constitucional, como competencia judicial para velar por la integridad y supremacía de la Constitución, en Venezuela se ejerce por *todos los jueces* y no sólo por el Tribunal Supremo de Justicia, en cualquier causa o proceso que conozcan y, además, especialmente, cuando conozcan de acciones de amparo o de las acciones contencioso administrativas al tener la potestad para anular actos administrativos por contrariedad a la Constitución (como forma de contrariedad al derecho) (art. 259)[312].

En cuanto al Tribunal Supremo de Justicia, en materia de justicia constitucional todas sus Salas tienen expresamente como competencia garantizar "la supremacía y efectividad de las normas y principios constitucionales", correspondiéndoles, a todas, ser "el máximo y último intérprete de la Constitución" y velar "por su uniforme interpretación y aplicación" (art. 335). También lo es la Sala Constitucional, me-

---

308 *V.*, Allan R. Brewer-Carías, "La jurisdicción constitucional en América Latina", en Domingo García Belaúnde y Francisco Fernández Segado (editores), *La jurisdicción constitucional en Ibero-América*, Madrid 1997, pp. 117-161.

309 *V.*, en general Allan R. Brewer-Carías, *El sistema de justicia constitucional en la Constitución de 1999*, Caracas 2000.

310 El texto de la Constitución de 30-12-99 fue inicialmente publicado en *Gaceta Oficial* Nº 36.860 de 30-12-99. Posteriormente, con correcciones se publicó en *Gaceta Oficial* Nº 5.453 Extraordinario de 24-3-00. Véanse los comentarios que hemos formulado en Allan R. Brewer-Carías, *La Constitución de 1999*, 3ª ed., Caracas, 2000, Caracas 2001.

311 *V.*, nuestra propuesta en relación con este artículo en Allan R. Brewer-Carías, *Debate Constituyente (Aportes a la Asamblea Nacional Constituyente)*, T. II, (9 septiembre-17 octubre 1999), Caracas 1999, pp. 24 y 34.

312 *V.*, Allan R. Brewer-Carías, *La Justicia Contencioso-Administrativa, Instituciones Políticas y Constitucionales*, T. VII, Caracas 1997, pp. 26 y ss.

diante la cual el Tribunal Supremo de Justicia concentra la Jurisdicción Constitucional (arts. 266, ord. 1° y 336).

En los países europeos, dicha Jurisdicción Constitucional corresponde a los Tribunales o Cortes Constitucionales (muchas, incluso, ubicadas fuera del Poder Judicial), al igual que en algunos países latinoamericanos. En cambio, en Venezuela, la Jurisdicción Constitucional siempre ha correspondido al Supremo Tribunal de Justicia[313], y ahora, a través de su Sala Constitucional, al cual se ha atribuido el monopolio para anular ciertos y determinados actos estatales: las leyes y demás actos de rango legal o de ejecución directa e inmediata de la Constitución.

Por tanto, la Sala Constitucional no tiene el monopolio del control concentrado de la constitucionalidad *de todos* los actos estatales; lo que tiene es el monopolio de dicho control *sólo respecto de determinados actos estatales* (los de rango y fuerza de ley y los dictados en ejecución directa e inmediata de la Constitución). Ello es lo que, además, caracteriza la "Jurisdicción Constitucional" en el derecho comparado: la atribución exclusiva a un órgano judicial del poder anulatorio de determinados, y sólo de determinados actos estatales[314].

Por ello puede decirse, en general, que el control concentrado de la constitucionalidad de los actos estatales conforme a la Constitución, se ejerce por dos Jurisdicciones distintas: la Jurisdicción Constitucional y la Jurisdicción Contencioso Administrativa. Así, los órganos de esta última tienen competencia, conforme al artículo 259 de la Constitución, para controlar la constitucionalidad de los otros actos de los órganos del Poder Ejecutivo y de los otros Poderes del Estado dictados en ejecución indirecta de la Constitución: los actos administrativos, tanto normativos (Reglamentos) como no normativos, que son siempre actos de rango sublegal, es decir, *no* son actos dictados "en ejecución directa e inmediata de la Constitución" (sino más bien, dictados en ejecución de la legislación), cuyo control de constitucionalidad es el que corresponde exclusivamente a la Sala Constitucional del Tribunal Supremo.

Ahora bien, de lo antes expuesto resulta que el sistema de justicia constitucional en Venezuela permite el ejercicio del control de la constitucionalidad de los actos estatales mediante los siguientes mecanismos: el método difuso de control de la constitucionalidad de las leyes y demás actos normativos; la protección de los derechos constitucionales mediante las acciones de amparo; el control por contrariedad al derecho de los actos administrativos por motivos de inconstitucionalidad mediante las acciones contencioso administrativas de anulación; y el control de la constitucionalidad de ciertos actos estatales que corresponde a la Jurisdicción Constitucional[315].

---

313 *V.*, Allan R. Brewer-Carías, *La Justicia Constitucional, Instituciones Políticas y Constitucionales*, T. VI, Caracas 1996, pp. 131 y ss.

314 *V.*, en general, Allan R. Brewer-Carías, *Judicial Review in Comparative Law*, *op. cit.*, p. 190; y Allan R. Brewer-Carías, *El control concentrado de la constitucionalidad de las leyes (Estudio de Derecho Comparado)*, Caracas 1994, p. 19.

315 *V.*, sentencia N° 194 de la Sala Constitucional de 15-02-2001, caso: *Gobernación del Estado Trujillo vs. Comisión Legislativa del Estado Yaracuy*.

En esta forma, en la Constitución de 1999 se recogen todos los principios del sistema mixto o integral del sistema de justicia constitucional, propio de la tradición venezolana[316].

## II. EL MÉTODO DIFUSO DE CONTROL DE LA CONSTITUCIONALIDAD DE LAS LEYES

Uno de los medios específicos para el ejercicio de la justicia constitucional, es la posibilidad que tiene todo juez de la República de ser juez de la constitucionalidad de las leyes y demás actos normativos. Se trata del método denominado de control difuso de la constitucionalidad de leyes que existe en nuestro país desde el siglo XIX[317], regulado en el artículo 20 del Código de Procedimiento Civil, que establece que:

> *Artículo 20:* Cuando la ley vigente, cuya aplicación se pida, colidiere con alguna disposición constitucional, los jueces aplicarán ésta con preferencia.

El principio del control difuso, más recientemente, se recogió en el artículo 19 del Código Orgánico Procesal Penal, con este texto:

> *Artículo 19: Control de la Constitucionalidad.* Corresponde a los jueces velar por la incolumidad de la Constitución de la República. Cuando la ley cuya aplicación se pida colidiere con ella, los tribunales deberán atenerse a la norma constitucional.

A los efectos de consolidar constitucionalmente el método de control difuso de la constitucionalidad de las leyes, como ha ocurrido, por ejemplo, en Colombia, desde 1910 (art. 4); Guatemala, en 1965 (art. 204); Bolivia, en 1994 (art. 228); Honduras, en 1982 (art. 315) y Perú, en 1993 (art. 138); propusimos incorporar a la Constitución una disposición similar[318], que terminó siendo ubicada, también a propuesta nuestra[319], en el artículo 334, con el siguiente texto:

> *Artículo 334*: En caso de incompatibilidad entre esta Constitución y una ley u otra norma jurídica, se aplicarán las disposiciones constitucionales, correspondiendo a los tribunales en cualquier causa, aun de oficio, decidir lo conducente.

---

316 *V.*, Allan R. Brewer-Carías, "La justicia constitucional en la nueva Constitución" en *Revista de Derecho Constitucional* N° 1, Editorial Sherwood, Caracas sep.-dic. 1999, pp. 35 a 44; Allan R. Brewer-Carías, *El Sistema de justicia constitucional en la Constitución de 1999*, Caracas 2000.

317 Fue consagrado expresamente en el derecho positivo en el Código de Procedimiento Civil de 1897. *V.*, Allan R. Brewer-Carías, *Judicial Review in Comparative Law*, *op. cit.* pp. 127 y ss.; Allan R. Brewer-Carías, *La Justicia Constitucional, Instituciones Políticas y Constitucionales,* T. VI, *op. cit.*, Caracas 1996, pp. 86 y ss.

318 *V.*, nuestras propuestas respecto del artículo 7 en Allan R. Brewer-Carías, *Debate Constituyente,* T. II, *op. cit.*, pp. 24 y 34.

319 *V.*, Allan R. Brewer-Carías, *Debate Constituyente (Aportes a la Asamblea Nacional Constituyente),* T. III, (18 octubre-30 noviembre 1999), Caracas 1999, pp. 94 a 105.

En esta forma, el método de control difuso de la constitucionalidad adquirió en Venezuela rango constitucional[320], el cual, incluso, puede ser ejercido *de oficio* por los tribunales[321], incluyendo, por supuesto, las diversas Salas del Supremo Tribunal.

Este método difuso de control de la constitucionalidad de las leyes, en Venezuela, puede decirse que sigue los principios desarrollados en el derecho comparado: tiene su fundamento en el principio de la supremacía constitucional, conforme al cual los actos inconstitucionales son nulos y sin ningún valor, aún cuando esta constatación de la nulidad corresponda a la autoridad judicial.

Todo juez, por tanto, al conocer de un caso o una controversia concreta, puede resolver sobre la inconstitucionalidad de la norma jurídica que debe aplicar a la resolución del caso, como cuestión incidental en el mismo; poder que en el caso de Venezuela puede ejercer *ex officio*, sin requerimiento de parte interesada. La decisión del juez tiene sólo efectos *inter partes* en el proceso concreto y por tanto, efectos declarativos[322].

En cuanto a la legitimación activa para plantear la cuestión de inconstitucionalidad en un proceso, en principio, corresponde a las partes en el procedimiento, con fundamento en el interés concreto que defienden en el mismo.

Ahora bien, la Constitución de 1999, ha consagrado el derecho de acceso a los órganos de administración de justicia no sólo para hacer valer los derechos e intereses de la persona en concreto, sino "incluso los colectivos o difusos" (art. 26), con lo cual se ha constitucionalizado la posibilidad de acciones procesales que se intenten en representación de intereses colectivos o difusos[323].

En consecuencia, si se trata de un juicio iniciado para la defensa de intereses colectivos o difusos, quien ejerza la representación en el juicio o sea parte en el mismo, puede también alegar la cuestión de constitucionalidad para el ejercicio, por el juez, del control difuso de la constitucionalidad[324].

Hemos dicho además, que en el sistema venezolano, conforme a la Constitución (art. 334), el propio juez de oficio puede plantearse, al decidir, la cuestión de constitucionalidad de la ley que debe regir el caso, por lo que también puede considerarse que tiene la legitimación activa necesaria para ello. Estimamos, sin embargo, que en esos casos, el juez debería oír a las partes, antes de decidir, sobre la cuestión de constitucionalidad que plantee, a fin de garantizar el derecho al debido proceso y a la defensa de las partes (art. 49, C).

---

320 *V.*, sentencia N° 1213 de la Sala Político Administrativa de 30-05-2000, caso: *Carlos P. García P. vs. Cuerpo Técnico de la Policía Judicial.*

321 En contraste con la regla general en el derecho comparado que siempre exige instancia de parte interesada, ésta ha sido una de las características del sistema venezolano. *V.*, Allan R. Brewer-Carías, *La Justicia Constitucional, Instituciones Políticas y Constitucionales,* T. VI, *op. cit.*, p. 101.

322 *V.*, Allan R. Brewer-Carías, *Judicial Review in Comparative Law, cit.*, pp. 127 y ss.

323 Destacados nuestros. Véase sentencia de la Sala Constitucional N° 656 de 05-06-2001, caso: *Defensor del Pueblo vs. Comisión Legislativa Nacional.*

324 *V.*, sentencia de la Sala Constitucional N° 1048 de 17-02-2000, caso: *William O. Ojeda O. vs. Consejo Nacional Electoral.*

Por otra parte, el Ministerio Público en los procesos judiciales en los cuales interviene, sean de orden civil (arts. 129 y ss. CPC) o de carácter penal (art. 285 C; art. 105 Código Orgánico Procesal Penal), también tiene la legitimación necesaria para plantear la cuestión de constitucionalidad para que el juez ordinario la decida en el caso concreto, respecto de la ley que lo rige.

Por último, la Constitución de 1999 creó como un órgano del Poder Público Nacional (Poder Ciudadano) la figura del Defensor del Pueblo, con amplias facultades para velar por el efectivo respeto y garantía de los derechos humanos, y proteger los derechos e intereses legítimos, colectivos y difusos de las personas contra las arbitrariedades, desviaciones de poder y errores cometidos en la prestación de los servicios públicos, pudiendo interponer acciones y recursos (art. 281 C). En los juicios respectivos, por supuesto, el Defensor del Pueblo y las partes intervinientes en los mismos, tienen la legitimación necesaria para plantear la cuestión de constitucionalidad de las leyes.

## III. EL CONTROL JUDICIAL DE LA CONSTITUCIONALIDAD EJERCIDO MEDIANTE EL AMPARO JUDICIAL A LOS DERECHOS Y GARANTÍAS CONSTITUCIONALES

En la Constitución de 1999, la institución del amparo ha quedado consolidada como un *derecho constitucional*[325] y, en consecuencia, como una obligación que tienen todos los tribunales de amparar, en el ámbito de su competencia, a todas las personas en el goce y ejercicio de todos sus derechos y garantías constitucionales.

En tal sentido y dentro de la orientación que tenía el artículo 49 de la Constitución de 1961, en el artículo 27 de la Constitución de 1999 se estableció que:

> Toda persona *tiene derecho* a ser amparada por los tribunales en el goce y ejercicio de los derechos, aún de aquellos inherentes a la persona humana que no figuren expresamente en esta Constitución o en los instrumentos internacionales sobre derechos humanos.

Ahora bien, en el caso de la acción de amparo constitucional, la Constitución precisó además, expresamente, que el procedimiento debe ser oral, público, breve, gratuito y no sujeto a formalidad, teniendo el juez competente potestad para restablecer inmediatamente la situación jurídica infringida o la situación que más se asemeje a ella; para lo cual todo tiempo debe ser hábil y el tribunal debe tramitar el asunto con preferencia a cualquier otro.

En consecuencia, conforme a la Ley Orgánica de Amparo sobre Derechos y Garantías Constitucionales de 1988[326], los tribunales competentes para conocer de dichas acciones, que son los de primera instancia, actúan como jueces constitucionales. En caso de no existir tribunales de primera instancia en la localidad respectiva, cualquier juez de la misma puede conocer de la acción de amparo (art. 9 LOADGC).

---

325 *V.*, Allan R. Brewer-Carías, *El Derecho y la Acción de Amparo, Instituciones Políticas y Constitucionales*, T. V, Caracas, 1998, pp. 19 y ss.

326 *V.*, en *Gaceta Oficial* Nº 33.891 de 22-01-88. Véase en general Allan R. Brewer-Carías y Carlos M. Ayala Corao, *Ley Orgánica de Amparo sobre Derechos y Garantías Constitucionales,* Caracas 1988.

Por eso, el control de constitucionalidad que se ejerce por los jueces al decidir acciones de amparo también puede considerarse como un control difuso.

La Constitución de 1999, en consecuencia, no derogó tácitamente, en forma alguna la Ley Orgánica de Amparo, la cual continúa vigente. Sin embargo, la Sala Constitucional, al interpretar el artículo 27 de la Constitución ha introducido algunas "reformas" a la Ley Orgánica, en forma totalmente irregular pues la Jurisdicción Constitucional no puede ser un "legislador positivo"[327].

En todo caso, del ordenamiento constitucional venezolano, debe destacarse que la institución del amparo ha sido concebida en forma amplia, de manera de asegurar un medio judicial expedito para que toda persona afectada en cualquiera de sus derechos constitucionales (y no sólo los que puedan considerarse como "fundamentales") pueda requerir la protección judicial inmediata, contra toda violación o amenaza de violación, provenga de actos, hechos u omisiones de los entes y autoridades públicas o de particulares y corporaciones privadas.

La legitimación activa para intentar la acción de amparo corresponde a toda persona afectada en sus derechos y garantías constitucionales, cualquiera que sean[328], incluso aquellos inherentes a la persona humana no enumerados expresamente en la Constitución o en los tratados internacionales sobre derechos humanos ratificados por la República. Se destaca, en este sentido, que tales tratados tienen en Venezuela jerarquía constitucional y que, incluso, su aplicación prevalece en el orden interno en la medida en que contengan normas sobre el goce y ejercicio de los derechos que sean más favorables que las establecidas en la propia Constitución y en las leyes (art. 23 C).

Ahora bien, la jurisprudencia ha sido constante en atribuir a la acción de amparo un carácter personalísimo, de manera que la legitimación activa corresponde, en principio, a "la persona directamente afectada por la vulneración de los derechos y garantías constitucionales"[329].

Por tanto, como se ha dicho, en Venezuela la acción de amparo procede contra toda actuación u omisión de los órganos del Estado, contra toda persona jurídica, natural o moral, estatal o no estatal, incluso contra particulares, por cualquier violación o amenaza de violación de derechos y garantías constitucionales. Incluso, las personas jurídicas de derecho público pueden intentar una acción de amparo para defender los derechos constitucionales de los que pueden ser titulares, como el derecho al debido proceso, el derecho a la igualdad o a la irretroactividad de la ley. El

---

327 Fue Hans Kelsen quien comparó a los Tribunales Constitucionales con ser "*legisladores negativos*" al equiparar la anulación de una ley con su derogación. *V.*, Allan R. Brewer-Carías, *Judicial Review in Comparative Law, op. cit.*, p. 192. Véase las "reformas" indicadas en Allan R. Brewer-Carías, *El Sistema de Justicia Constitucional en la Constitución de 1999,* Caracas, 2000, pp. 28 a 64.

328 Estos, como se ha dicho, pueden ser los derechos individuales, políticos, sociales, culturales, educativos, económicos, indígenas y ambientales y sus garantías constitucionales enumerados en los arts. 19 a 129 de la Constitución. En Venezuela no existe la limitación que se establece en otros países (pe. Alemania y España) que reduce la acción de amparo para proteger sólo los "derechos fundamentales". Véase Allan R. Brewer-Carías, *El amparo a los derechos y garantías constitucionales (una aproximación comparativa),* Caracas 1993.

329 *V.*, por ejemplo, sentencia de la Sala Constitucional de 15-03-2000, *Revista de Derecho Público,* Nº 81, EJV, 2000, pp. 322-323.

Tribunal Supremo de Justicia en Sala Constitucional, en cambio, basándose en una errada y restrictiva concepción del amparo y de lo que debe entenderse por garantía constitucional, ha negado la procedencia de la acción de amparo intentada por los Estados de la Federación, para tutelar la garantía constitucional de la autonomía política-territorial que la Constitución establece[330].

Por otra parte, en virtud de reconocimiento constitucional de la tutela judicial de los intereses difusos y colectivos, la Sala Constitucional del Tribunal Supremo ha admitido la posibilidad del ejercicio de la acción de amparo en protección de derechos colectivos y difusos, como el de los electores en sus derechos políticos, e incluso ha acordado medidas cautelares con efectos *erga omnes* "tanto para las personas naturales y organizaciones que han solicitado la protección de amparo constitucional como para todos los electores en su conjunto"[331].

Por otra parte, teniendo el Defensor del Pueblo competencia para la promoción, defensa y vigilancia de los derechos y garantías constitucionales "además de los intereses legítimos, colectivos o difusos de los ciudadanos" (arts. 280 y 281,2 C), la Sala Constitucional ha admitido la legitimación activa del Defensor del Pueblo para intentar acciones de amparo en representación de la globalidad de los ciudadanos, como por ejemplo, contra la amenaza por parte de la Comisión Legislativa Nacional de nombrar a los miembros del Consejo Nacional Electoral sin cumplir con los requisitos constitucionales[332].

Debe puntualizarse, por último, en relación con la protección de los derechos humanos, que la Constitución de 1999 incorporó expresamente a sus normas la institución de la *acción de habeas data,* conforme al antecedente de Brasil seguido en Colombia, regulada en el artículo 28, con el siguiente texto:

> *Artículo 28:* Toda persona tiene derecho de acceder a la información y a los datos que sobre sí misma o sobre sus bienes consten en registros oficiales o privados, con las excepciones que establezca la ley, así como de conocer el uso que se haga de los mismos y su finalidad, y a solicitar ante el tribunal competente la actualización, la rectificación o la destrucción de aquellos, si fuesen erróneos o afectasen ilegítimamente sus derechos. Igualmente, podrá acceder a documentos de cualquier naturaleza que contengan información cuyo conocimiento sea de interés para comunidades o grupos de personas. Queda a salvo el secreto de las fuentes de información periodística y de otras profesiones que determine la ley.

Sobre esta acción constitucional, la Sala Constitucional del Tribunal Supremo ha puntualizado que no se trata de una acción de amparo propiamente dicha, indicando

---

330 *V.*, sentencia Nº 1.395 de 21-11-2000, caso: *Gobernaciones de Estado vs. Ministerio de Finanzas.*

331 Sentencia de la Sala Constitucional Nº 483 de 29-05-2000, caso: *"Queremos Elegir" y otros, Revista de Derecho Público*, Nº 82, 2000, EJV, pp. 489-491. En igual sentido sentencia de la misma Sala Nº 656 de 5-6-2001, caso *Defensor del Pueblo vs. Comisión Legislativa Nacional*, y Nº 714 de 13-07-2000, caso: *APRUM.*

332 Sentencia de la Sala Constitucional Nº 656 de 05-06-01, caso: *Defensor del Pueblo vs. Comisión Legislativa Nacional.*

sin embargo, que tienen legitimación activa para intentar la acción de *habeas data* "la persona que esté reseñada en lo personal o en sus bienes"[333].

## IV. EL CONTROL DE LA CONSTITUCIONALIDAD DE LOS REGLAMENTOS Y ACTOS ADMINISTRATIVOS EJERCIDOS POR LA JURISDICCIÓN CONTENCIOSO-ADMINISTRATIVA

El artículo 259 de la Constitución precisa que la Jurisdicción Contencioso-Administrativa corresponde al Tribunal Supremo de Justicia y a los demás tribunales que determine la ley teniendo competencia para anular los actos administrativos generales o individuales contrarios a derecho, incluso por desviación de poder; condenar al pago de sumas de dinero y a la reparación de daños y perjuicios originados en responsabilidad de la Administración; conocer de reclamos por la prestación de servicios públicos y disponer lo necesario para el restablecimiento de las situaciones jurídicas subjetivas lesionadas por la actividad administrativa.

Conforme a esta norma, por tanto, el ejercicio de la justicia constitucional también corresponde, conforme a la Constitución de 1999, a los tribunales que conforman la Jurisdicción Contencioso-Administrativa, al ejercer su competencia de anulación de los actos administrativos, incluidos los Reglamentos, contrarios a derecho, es decir, contrarios sea a la Constitución, a las leyes o a las demás fuentes del derecho administrativo[334]. Es decir, todos los jueces contencioso-administrativos, conforme al artículo 259 de la Constitución, tienen potestad para declarar la nulidad de los actos administrativos, no sólo por razones de ilegalidad sino por inconstitucionalidad, ejerciendo la justicia constitucional.

De lo anterior resulta que así como debe diferenciarse la "Jurisdicción Constitucional" que se atribuye a la Sala Constitucional, de la función de justicia constitucional que corresponde a todos los jueces; también, debe establecerse la diferenciación entre la Jurisdicción Constitucional y la Jurisdicción Contencioso-Administrativa[335]. La diferencia entre ambas jurisdicciones, como se ha dicho, está en la competencia *por el objeto* que se atribuye a los Tribunales que las componen: la Jurisdicción Constitucional que corresponde al Tribunal Supremo de Justicia en *Sala Constitucional,* tiene por objeto conocer de las acciones de nulidad por inconstitucionalidad *contra las leyes y demás actos de rango legal o de ejecución directa e inmediata de la Constitución;* en cambio, la Jurisdicción Contencioso Administrativa que corresponde al mismo Tribunal Supremo, pero en *Sala Político Administrativa y en Sala Electoral* y a los *demás tribunales* que señale la ley[336], tiene por objeto, entre otros, conocer de las *acciones de nulidad por inconstitucionalidad o ilegalidad contra los actos administrativos* y, por tanto, de rango *sub legal.*

---

333 Sentencia N° 332 de la Sala Constitucional de 14-03-2001, caso*: Insaca vs. Director de Drogas y Cosméticos del Ministerio de Sanidad y Asistencia Social.*

334 *V.*, Allan R. Brewer-Carías, *La Justicia Contencioso-Administrativa, Instituciones Políticas y Constitucionales*, T. VII, *op. cit.*, pp. 26 y ss.

335 Así lo propusimos expresamente ante la Asamblea Nacional Constituyente. *V.*, Allan R. Brewer-Carías, *Debate Constituyente,* T. II, *op. cit.*, pp. 245 y ss.

336 La Corte Primera de lo Contencioso Administrativo y los Tribunales Superiores con competencia contencioso-administrativa ubicados en todo el país.

Esto implica que ambas Jurisdicciones se diferencian por el objeto de las acciones y no por el motivo de las mismas: la Jurisdicción Constitucional conoce de la nulidad de las leyes y demás actos de rango legal o de ejecución directa e inmediata de la Constitución; en cambio, la Jurisdicción Contencioso Administrativa, conoce de la nulidad de los actos administrativos, sea cual fuere el motivo de impugnación.

En consecuencia, conforme a la Constitución, corresponde a los órganos de la Jurisdicción Contencioso Administrativa, conocer de las acciones de nulidad contra los actos administrativos, aún cuando las mismas se fundamenten en motivos de inconstitucionalidad que son motivos de contrariedad al derecho. Por ello, conforme al artículo 266, ordinal 5 de la Constitución, la Sala Político Administrativa del Tribunal Supremo tiene competencia:

> Para declarar la nulidad total o parcial de los reglamentos y demás actos administrativos generales o individuales del Ejecutivo Nacional, cuando sea procedente.

Ello significa que, por su objeto, la Sala Político-Administrativa y la Sala Electoral del Tribunal Supremo de Justicia, según sus competencias, tienen atribución exclusiva, como juez constitucional, para declarar la nulidad de los Reglamentos por razones de inconstitucionalidad, así como de todos los demás actos administrativos de la Administración Pública Nacional Central por los mismos motivos.

Ahora bien, la legitimación activa para impugnar en vía contencioso-administrativa los actos administrativos por razones de inconstitucionalidad y de legalidad, varía según se trate de Reglamentos o en general, de actos administrativos de carácter normativo (de efectos generales), o de actos administrativos de efectos particulares.

En el sistema contencioso administrativo venezolano se ha establecido, desde el siglo XIX, el carácter de acción popular de la acción de nulidad que se ejerce contra los Reglamentos y demás actos administrativos de contenido normativo, que corresponde a cualquier persona. En consecuencia, basta un simple interés en la legalidad o constitucionalidad para que cualquier persona tenga la legitimación suficiente para intentar la acción de nulidad por inconstitucionalidad o ilegalidad contra el acto administrativo reglamentario o de efectos generales[337].

Sin embargo, respecto de los actos administrativos de efectos particulares, la legitimación para impugnarlos ante los tribunales de la jurisdicción contencioso-administrativa, legalmente corresponde sólo a quienes tengan "interés personal, legítimo y directo" en la anulación del acto, es decir, a quienes el acto administrativo lesiona personal y directamente en sus derechos e intereses legítimos[338].

Esta doctrina legal, sin embargo, ha variado a partir de la entrada en vigencia de la nueva Constitución de 1999, conforme lo ha decidido el Tribunal Supremo de

---

337 *V.*, Allan R. Brewer-Carías, *La Justicia Contencioso-Administrativa, Instituciones Políticas y Constitucionales*, T. VII, Caracas 1997, pp. 74 y ss. Véase, por ejemplo, sentencia del Tribunal Supremo de Justicia en Sala Político Administrativa, de 24-11-99, caso: *Comité Interprofessionnel du vin de Champagne*; sentencia de la Corte Primera de lo Contencioso-Administrativo de 22-03-00, caso: *Banco de Venezolano de Crédito v. Superintendencia de Bancos, Revista de Derecho Público,* Nº 81, EJV, Caracas 2000, pp. 452-453.

338 Art. 121 LOCSJ.

Justicia, al considerar que para intentar un recurso contencioso administrativo de anulación, basta alegar un interés legítimo, pero no es necesario que sea ni personal ni directo[339].

Por otra parte, en materia contencioso-administrativo, aún antes de la entrada en vigencia de la nueva Constitución en 1999, ya se había abierto la posibilidad de protección de intereses colectivos, particularmente contra actuaciones urbanísticas[340]. En todo caso, y con las características antes identificadas en relación con la protección de intereses colectivos o difusos, puede admitirse la legitimidad de los ciudadanos para intentar la acción de nulidad contencioso-administrativa incluso contra actos administrativos de efectos particulares, que además de lesionar al accionante, lesionen un derecho colectivo o difuso[341].

En todo caso, las sentencias anulatorias de actos administrativos, tanto normativos como de efectos particulares, producen efectos *erga omnes*[342], por lo que ninguna diferencia deriva de que la acción se haya intentado en representación de un derecho particular o de un derecho colectivo o difuso.

## V. EL CONTROL CONCENTRADO DE LA CONSTITUCIONALIDAD DE LAS LEYES

### 1. *La Sala Constitucional de la Corte Suprema de Justicia, como Jurisdicción Constitucional*

Otra forma de ejercicio de la justicia constitucional que ha sido tradicional en Venezuela, es el ejercicio del control de la constitucionalidad mediante la potestad judicial anulatoria de las leyes y demás actos estatales con rango de ley o dictados en ejecución directa e inmediata de la Constitución, que se atribuye sólo y exclusivamente a la Sala Constitucional del Tribunal Supremo de Justicia, que se ha configurado como la Jurisdicción Constitucional[343].

En efecto, de acuerdo con los artículos 266,1; 334 y 336 de la Constitución, corresponde a la Sala Constitucional del Tribunal Supremo, conforme a una tradición que se remonta a 1858[344], el ejercicio de la Jurisdicción Constitucional con competencia exclusiva para la anulación de las leyes y demás actos estatales de rango legal o dictados en ejecución directa de la Constitución.

En efecto, conforme al artículo 334 de la Constitución,

339 Véase sentencia de la Sala Político Administrativa de la Corte Suprema de Justicia de 13-04-00, caso: *Banco Fivenez vs. Junta de Emergencia Financiera*, *Revista de Derecho Público*, Nº 82, EJV, Caracas 2000, pp. 582-583.

340 *V.*, Allan R. Brewer-Carías, *La justicia contencioso administrativa, Instituciones Políticas y Constitucionales*, T. VII, pp. 130 y ss.

341 *Ídem.*

342 *Ídem.*

343 Arts. 266,1; 334 y 336 de la Constitución.

344 *V.*, Allan R. Brewer-Carías, *La Justicia Constitucional, Instituciones Políticas y Constitucionales*, T. VI, *op. cit.*, pp. 131 y ss.

Corresponde exclusivamente a la Sala Constitucional del Tribunal Supremo de Justicia como jurisdicción constitucional, declarar la nulidad de las leyes y demás actos de los órganos que ejercen el Poder Público dictados en ejecución directa e inmediata de la Constitución o que tengan rango de ley.

Conforme a esta norma, cuando la Sala Constitucional del Tribunal Supremo, como Jurisdicción Constitucional, es requerida mediante una *acción popular,* como ha sido la tradición venezolana[345], tiene las siguientes atribuciones de control concentrado de la constitucionalidad de determinados actos estatales, con poderes anulatorios, previstas en el artículo 336:

1. Declarar la nulidad total o parcial de las leyes nacionales y demás actos con rango de ley de la Asamblea Nacional que colidan con esta Constitución.

2. Declarar la nulidad total o parcial de las Constituciones y leyes estadales, de las ordenanzas municipales y demás actos de los cuerpos deliberantes de los Estados y Municipios dictados en ejecución directa e inmediata de la Constitución y que colidan con ésta.

3. Declarar la nulidad total o parcial de los actos con rango de ley dictados por el Ejecutivo Nacional que colidan con esta Constitución.

4. Declarar la nulidad total o parcial de los actos en ejecución directa e inmediata de la Constitución, dictados por cualquier otro órgano estatal en ejercicio del Poder Público, cuando colidan con ésta.

En esta forma, insistimos, quedó definitivamente establecida la diferencia entre la Jurisdicción Contencioso Administrativa y la Jurisdicción Constitucional, por el objeto del control y no por los motivos de control[346], por lo que sólo compete a la Jurisdicción Constitucional conocer de la anulación, por inconstitucionalidad por supuesto, de las leyes y demás actos dictados en ejecución directa e inmediata de la Constitución (como los actos de gobierno o los *interna corporis* de la Asamblea) o que tengan rango de Ley (Decretos-Leyes); correspondiendo, en cambio, a la Jurisdicción Contencioso Administrativa conocer de la nulidad de los actos administrativos, incluidos los Reglamentos, por motivos de inconstitucionalidad y de ilegalidad (contrariedad del derecho).

Antes de la entrada en vigencia de la Constitución de 1999, y desde 1858, la Jurisdicción Constitucional había siempre correspondido a la Corte Suprema de Justicia en Corte Plena[347]; por eso, una de las novedades de la Constitución de 1999 fue la creación de la Sala Constitucional del Tribunal Supremo de Justicia (art. 262), a la cual se le ha atribuido la Jurisdicción Constitucional (art. 266, ord. 1°), consistente en la potestad anulatoria de las leyes y demás actos de igual rango y jerarquía o dictados en ejecución directa e inmediata de la Constitución, y el ejercicio de otras

---

345 *V.*, Allan R. Brewer-Carías, *ídem*, pp. 137 y ss.

346 *V.*, Allan R. Brewer-Carías, *La justicia contencioso-administrativo, Instituciones Políticas y Constitucionales*, T. VII, *op. cit.*, pp. 26 a 33.

347 *V.*, Allan R. Brewer-Carías, *La Justicia Constitucional, Instituciones Políticas y Constitucionales*, T. VI, *cit.*, pp. 131 y ss.

competencias en materia de justicia constitucional enumeradas en el artículo 336. De lo anterior resulta, por tanto, que el control concentrado de la constitucionalidad de las leyes y demás actos estatales de rango y valor de ley o dictados en ejecución directa e inmediata de la Constitución, se atribuye exclusivamente a la Sala Constitucional del Tribunal Supremo, constituida como Jurisdicción Constitucional.

Como sucede en la casi totalidad de las Jurisdicciones Constitucionales que muestra el derecho comparado[348], por supuesto que se trata de una Jurisdicción que se caracteriza única y exclusivamente por *el objeto* de control: sólo se refiere a los actos estatales dictados en ejecución directa e inmediata de la Constitución (donde se incluyen las leyes) y a ningún otro; por lo que *no es* una Jurisdicción que se pueda caracterizar por el *motivo* de control (inconstitucionalidad).

En otras palabras, por tanto, lo que se atribuye a la Sala Constitucional no es el control concentrado de la constitucionalidad *de los actos estatales* sino sólo el control concentrado de la constitucionalidad respecto a *determinados y específicos actos estatales:* los dictados por los órganos que ejercen el Poder Público denominados leyes o de rango legal o dictados en ejecución directa e inmediata de la Constitución.

## 2. *La interpretación constitucional*

Ahora bien, como Sala del Tribunal Supremo de Justicia, al igual que todas las otras Salas que lo componen, la Sala Constitucional tiene la misión de

> Garantizar la supremacía y efectividad de las normas y principios constitucionales: será el máximo y último intérprete de la Constitución y velará por su uniforme interpretación y aplicación (art. 335, primer aparte).

Esto corrobora que conforme al sistema venezolano, al corresponder la justicia constitucional a todos los Tribunales de la República, todos tienen la potestad de interpretar la Constitución. Lo único que diferencia la interpretación constitucional que haga la Sala Constitucional del Tribunal Supremo, particularmente cuando ejerce el control concentrado de la constitucionalidad de las leyes, de la que hagan las otras Salas del mismo y los demás Tribunales de la República, es que aquella es vinculante y esta no. Ese es el sentido –y ningún otro– del segundo aparte del artículo 335 de la Constitución al señalar que:

> Las interpretaciones que establezca la Sala Constitucional sobre el contenido o alcance de las normas constitucionales son vinculantes para las otras Salas del Tribunal Supremo y demás tribunales de la República.

Esta norma, además, debe interpretarse en su propio contexto: el carácter vinculante no puede recaer sobre cualquier frase o razonamiento interpretativo que contenga una sentencia de la Sala Constitucional. Al contrario, se requiere de una interpretación expresa de la Sala "sobre el contenido o alcance de las normas constitucionales y principios constitucionales". Es decir, lo vinculante es la "interpretación constitucional" (de alguna norma o principio constitucional) y no cualquier interpretación normativa. Por tanto, no tiene carácter vinculante la interpretación que pueda hacer la Sala Constitucional de alguna ley o de cualquier norma de rango legal o reglamentario.

---

348 *V.*, Allan R. Brewer-Carías, *Judicial Review in Comparative Law, op. cit.*, pp. 190 y ss.

Por otra parte, para que se produzca la interpretación vinculante de una norma constitucional, debe estar en juego un caso judicial relativo a la misma, sea con motivo de una acción popular de nulidad; de una acción por omisión; de una acción de amparo constitucional; de una solicitud de control de constitucionalidad de tratados, de leyes orgánicas o de decretos de Estado de excepción; de la resolución de una controversia constitucional o del conocimiento de un recurso de revisión contra sentencias de amparo o dictadas con motivo del ejercicio del control difuso de la constitucionalidad. En esos casos no pueden considerarse vinculantes los razonamientos o la parte "motiva" de las sentencias, sino sólo la interpretación que se haga, en concreto, del contenido o alcance de una norma específica de la Constitución.

### 3. *La acción popular de inconstitucionalidad*

Ahora bien, en relación con el control concentrado de la constitucionalidad de las leyes y demás actos estatales de rango legal o dictados en ejecución directa de la Constitución, que ejerce la Sala Constitucional como Jurisdicción Constitucional, lo más importante a destacar comparativamente del sistema venezolano, es que la legitimación activa para intentar las acciones corresponde a cualquier persona, configurándose la acción, como una *actio popularis.*

En tal sentido, el artículo 112 de la Ley Orgánica de la Corte Suprema de Justicia, ha establecido que

> Toda persona natural o jurídica plenamente capaz, que sea afectada en sus derechos o intereses por Ley, reglamento, ordenanza u otro acto de efectos generales emanado de alguno de los cuerpos deliberantes nacionales, estadales o municipales o del Poder Ejecutivo Nacional, puede demandar la nulidad del mismo, ante la Corte, por razones de inconstitucionalidad o de ilegalidad.

Conforme a esta norma, por tanto, todo habitante del país con plena capacidad jurídica puede intentar el recurso de inconstitucionalidad. La Ley Orgánica acoge, por tanto, la doctrina de la acción popular[349].

En todo caso, el hecho de que el artículo 112 de la Ley Orgánica exija que la ley impugnada afecte los derechos e intereses del accionante, no significa que la acción haya dejado de ser popular. El objetivo de la acción popular, ha dicho la antigua Corte Suprema, es la "defensa objetiva de la majestad de la Constitución y de su supremacía", y si es cierto que la Ley Orgánica de la Corte Suprema requiere que el accionante sea afectado "en sus derechos e intereses", esta expresión debe interpretarse en forma "rigurosamente restrictiva"[350]. Con base en ello, la antigua Corte Suprema de Justicia, llegó a la conclusión de que:

> Cuando una persona ejerce el recurso de inconstitucionalidad en los términos del artículo 112 de su ley, *debe presumirse*, al menos relativamente, que el acto recurrido en alguna forma afecta los derechos o intereses del recurren-

349 *V.*, Allan R. Brewer-Carías, *La Justicia Constitucional, Instituciones Políticas y Constitucionales*, T. VI, pp. 144 y ss.

350 Sentencia de la Corte en Pleno de 30-06-82, en *Revista de Derecho Público*, Nº 11, EJV, Caracas 1982, p. 138.

te en su condición de ciudadano venezolano, salvo que del contexto del recurso aparezca manifiestamente lo contrario, o que el mismo fuere declarado inadmisible conforme al artículo 115 de la ley de la Corte[351].

De acuerdo a este criterio, por tanto, como lo ha dicho la Corte Suprema en Sala Plena, la acción popular en definitiva "puede ser ejercida por cualquier ciudadano plenamente capaz"[352]. Más recientemente, la Sala Constitucional en sentencia N° 1077 de 22-08-01, ha puntualizado sobre la legitimación activa en la acción popular, que en la misma "cualquier persona capaz procesalmente tiene interés procesal y jurídico para proponerla, sin necesidad de un hecho histórico concreto que lesione la esfera jurídica privada del accionante. Es el actor un tutor de la constitucionalidad y esa tutela le da el interés para actuar, haya sufrido o no un daño proveniente de la inconstitucionalidad de una ley. Este tipo de acciones populares es excepcional[353].

## VI. EL CONTROL CONCENTRADO PREVENTIVO DE LA CONSTITUCIONALIDAD DE ACTOS ESTATALES

En el sistema de justicia constitucional tradicional en Venezuela, el único supuesto que pudiera considerarse como un mecanismo de control preventivo de la constitucionalidad de los actos estatales con rango de ley o dictados en ejecución directa o inmediata de la Constitución, era cuando la Corte Suprema de Justicia conocía de la inconstitucionalidad de una ley sancionada y aún no promulgada, con motivo y como secuela del ejercicio de un veto presidencial a la misma[354]. Ahora, la Constitución de 1999 ha introducido la figura del control preventivo de la constitucionalidad en forma expresa respecto de los tratados internacionales y respecto de las leyes orgánicas, y ha desligado el control de la constitucionalidad por iniciativa del Presidente de la República, del veto presidencial a las leyes.

### 1. *El control de la constitucionalidad de los tratados internacionales*

En *primer lugar,* está el control previo de la constitucionalidad que está previsto en el artículo 336, ordinal 5° de la Constitución en relación con los *tratados internacionales,* al atribuir a la Sala Constitucional competencia para "verificar, a solicitud del Presidente o Presidenta de la República o de la Asamblea Nacional, la conformidad con la Constitución de los tratados internacionales suscritos por la República antes de su ratificación". Lo importante a destacar respecto de esta norma es que incorporó al sistema de justicia constitucional en Venezuela una figura que tuvo su origen en los sistemas constitucionales europeos, como el francés y el español, y que existe en Colombia[355], el cual permite el control de la constitucionalidad de un tratado internacional suscrito por la República antes de su ratificación y de su aprobación por ley, de ser necesario, y evitar, en esos casos, la im-

---

351. *Ídem.*

352. Sentencia de 19-11-85, en *Revista de Derecho Público,* N° 25, EJV, Caracas 1986, p. 131.

353 Caso: *Servicio Tulio León Briceño,* en *Revista de Derecho Público,* N° 83, Caracas 2000, pp. 247 y ss.

354. *V.,* Allan R. Brewer-Carías, *La Justicia Constitucional, Instituciones Políticas y Constitucionales,* T. VI, *op. cit.* pp. 134 y ss.

355. *V.,* Allan R. Brewer-Carías, *Ídem,* p. 590.

pugnación posterior de la ley aprobatoria del tratado ante el Tribunal Supremo. Ahora bien, en relación con la norma constitucional que regula este control preventivo de constitucionalidad, debe destacarse lo siguiente:

*Primero*, la legitimación activa para la solicitud de control preventivo por parte del Tribunal Supremo, corresponde al Presidente de la República o a la Asamblea Nacional. No puede interpretarse que la norma atribuya la iniciativa sólo al Presidente *de la* Asamblea Nacional. Este no tiene la iniciativa, sino que la decisión es de la Asamblea. Lo contrario sería contradictorio con el carácter colegiado de la Asamblea.

Esto implica, en todo caso, que no puede ejercerse una acción popular para que el Tribunal Supremo realice esta verificación constitucional.

*Segundo*, lo que el Tribunal Supremo en Sala Constitucional debe verificar es "la conformidad con la Constitución de los tratados internacionales suscritos por la República antes de su ratificación". Puede tratarse de cualquier tratado internacional, sea que para su validez se requiera o no de ley aprobatoria; incluso, aún cuando no requiera ley aprobatoria, la Asamblea Nacional podría solicitar este control de constitucionalidad.

*Tercero,* se destaca que la solicitud de control debe formularse antes de la ratificación del Tratado. Por tanto, después de su suscripción por el Ejecutivo Nacional, antes de su ratificación, la solicitud de control puede formularse.

Por último, debe señalarse que de acuerdo con la Constitución, esta solicitud de control tiene por objeto verificar la conformidad del Tratado Constitucional con la Constitución; por lo que si el tratado no resulta conforme con la Constitución, entonces no puede ser ratificado. De ello puede resultar, en todo caso, una iniciativa de reforma constitucional para entonces adaptar la Constitución al Tratado. Esto, por lo demás, fue lo que ocurrió en Europa, por ejemplo, en Francia y en España, luego de suscribirse el Tratado de Maastrich de 1992 de la Unión Europea, que fue sometido a control constitucional ante el Consejo Constitucional francés y el Tribunal Constitucional español, los cuales lo consideraron contrario a las respectivas Constituciones, habiéndose entonces producido, en ambos países, la reforma de sus Constituciones, para adaptarlas al Tratado de la Unión Europea y así poder ratificarlo[356].

Es evidente, en todo caso, que si la Sala Constitucional considera en su decisión que el Tratado Internacional es conforme con la Constitución, entonces no podría posteriormente ejercerse contra la ley aprobatoria del Tratado una acción popular de inconstitucionalidad.

Un mecanismo de control de constitucionalidad de este tipo, en todo caso, es muy importante en procesos de integración económica regional, pues en la práctica llevaría a la ratificación de los Tratados respectivos sólo después de la verificación de su constitucionalidad por el Tribunal Supremo y evitar, así, la impugnación posterior de la ley aprobatoria de los Tratados, como ocurrió en Venezuela en los casos de los Tratados relativos al Acuerdo de Integración de la ahora Comunidad Andina[357].

---

356 *V.*, en general Allan R. Brewer-Carías, *Implicaciones constitucionales de los procesos de integración regional*, Caracas, 1998, pp. 75 y ss.

357 *V.*, la sentencia de la Corte Suprema de Justicia de 10-07-90 y los comentarios en Allan R. Brewer-Carías, "El control de la constitucionalidad de las leyes aprobatorias de Tratados Internacionales y la

### 2. *El control preventivo de la constitucionalidad de las leyes orgánicas*

El *segundo* mecanismo de control preventivo de constitucionalidad, es el previsto en el artículo 203 de la Constitución, conforme al cual, la Sala Constitucional debe pronunciarse, antes de su promulgación, sobre la constitucionalidad del carácter orgánico de las *leyes orgánicas* que así hayan sido calificadas por la Asamblea Nacional conforme al artículo 203 de la Constitución, al admitirse el proyecto por el voto de las 2/3 partes de los integrantes presentes antes de iniciarse la discusión del respectivo proyecto de ley.

Son estas leyes que la Asamblea Nacional haya calificado expresamente de orgánicas, y no comprendidas en la enumeración anterior, las que el Presidente de la Asamblea o el Presidente de la República deben remitir, *automáticamente*, antes de su promulgación, a la Sala Constitucional del Tribunal Supremo de Justicia, para que se pronuncie acerca de la constitucionalidad de ese carácter orgánico.

### 3. *El control de la constitucionalidad de leyes sancionadas antes de su promulgación*

El *tercero* de los mecanismos de control preventivo de la constitucionalidad es el previsto en el artículo 214 de la Constitución, en los casos en los que así lo solicite el Presidente de la República, en el lapso que tiene para promulgar las leyes. Conforme a esa norma, la Sala Constitucional debe pronunciarse sobre la inconstitucionalidad de una ley o de algunos de sus artículos, a solicitud del Presidente de la República, antes de la promulgación de la ley. El Presidente de la República, por tanto, es el que tiene la legitimación activa para requerir, en este caso, el control de constitucionalidad[358].

Se regula, así, un control de la constitucionalidad de las leyes sancionadas y no promulgadas, que se ha desvinculado del llamado "veto presidencial" a las leyes, que siempre implica su devolución a la Asamblea Nacional.

Es decir, la posibilidad de que el Presidente de la República someta al pronunciamiento del Tribunal Supremo de Justicia la inconstitucionalidad de una ley sancionada que se le haya enviado para su promulgación, no está ligada al veto presidencial ante la Asamblea, sino que en el lapso de diez (10) días que tiene para su promulgación, puede dirigirse directamente al Tribunal Supremo, sin necesidad de devolverla previamente a la Asamblea Nacional.

## VII. EL CONTROL CONCENTRADO OBLIGATORIO DE CONSTITUCIONALIDAD DE LOS DECRETOS DE ESTADO DE EXCEPCIÓN

De acuerdo con el artículo 339 de la Constitución, el Decreto que declare el Estado de Excepción debe, en todo caso, ser remitido por el Presidente de la República a la Sala Constitucional del Tribunal Supremo, para que se pronuncie sobre su inconstitucionalidad. Por ello, el artículo 336,6 le atribuye a la Sala, competencia ex-

---

cuestión constitucional de la integración latinoamericana", *Revista de Derecho Público,* Nº 44, EJV, Caracas 1990, pp. 225 a 229.

358 La Sala Constitucional ha considerado que se trata de una legitimación activa exclusiva del Presidente de la República. Véase sentencia Nº 194 de 15-02-2001.

presa para "revisar, en todo caso, *aun de oficio*, la constitucionalidad de los decretos que declaren estados de excepción dictados por el Presidente de la República".

Esta atribución de control de constitucionalidad obligatorio, constituye otra novedad introducida por la Constitución de 1999, conforme al antecedente de Colombia (art. 241, ord. 7). En Venezuela se ha agregado, sin embargo, la posibilidad de ejercicio de esta atribución por la Sala, *de oficio*. Se trata, en efecto, del único supuesto constitucional en el cual la Sala puede actuar de *ex officio*, una vez que el Decreto se haya publicado en *Gaceta Oficial*.

En ejercicio de este control, la Sala Constitucional puede pronunciarse no sólo sobre la constitucionalidad de los decretos que declaren el estado de excepción, sino sobre la constitucionalidad del contenido de los mismos conforme a lo dispuesto en los artículos 337 y siguientes de la Constitución. En particular, la Sala debe verificar, al decretarse el estado de excepción y restringirse alguna garantía constitucional, si el decreto contiene, por ejemplo, efectivamente, la necesaria *regulación* "del ejercicio del derecho cuya garantía se restringe" (art. 339).

## VIII. EL CONTROL DE CONSTITUCIONALIDAD DE LA OMISIÓN DE LOS ÓRGANOS LEGISLATIVOS

Otra institución novedosa en materia de justicia constitucional que establece la Constitución de 1999, es el denominado control de la constitucionalidad de las omisiones de actuación de los órganos legislativos[359]. En tal sentido, el artículo 336,7 de la Constitución atribuyó a la Sala Constitucional, competencia para

> Declarar la inconstitucionalidad de las omisiones del poder legislativo municipal, estadal o nacional, cuando hayan dejado de dictar las normas o medidas indispensables para garantizar el cumplimiento de la Constitución, o las hayan dictado en forma incompleta, y establecer el plazo y, de ser necesario, los lineamientos de su corrección.

Esta norma consagra una amplísima potestad atribuida a la Sala Constitucional y que supera el inicial antecedente portugués. En efecto, en el supuesto de la Constitución Portuguesa, la legitimación para requerir el ejercicio de esta potestad de control de constitucionalidad la tenían el Presidente de la República, el Ombudsman o los Presidentes de las Regiones Autónomas[360]; en cambio, en el texto de la Constitución de 1999 no se establece condicionamiento alguno a la legitimación, por lo que tratándose de omisiones normativas[361], el mecanismo para impulsar su control puede recibir el mismo tratamiento de una *acción popular*, es decir, bastaría el simple interés en la constitucionalidad para intentar la acción.

---

359 Es una institución que tiene su origen en el sistema portugués, véase Allan R. Brewer-Carías, *Judicial Review in Comparative Law, op. cit.*, p. 269

360 *V.*, Allan R. Brewer-Carías, *Judicial Review in Comparative Law, op. cit.*, p. 269.

361 O como lo ha calificado la Sala Constitucional: "Silencio legislativo y el funcionamiento anormal legislativo". Sentencia Nº 1819 de 08-08-2000 de la Sala Político-Administrativa, caso: *René Molina vs. Comisión Legislativa Nacional*.

## IX. LA RESOLUCIÓN DE CONTROVERSIAS CONSTITUCIONALES ENTRE LOS ÓRGANOS DEL PODER PÚBLICO

El Tribunal Supremo, en Sala Constitucional, también tiene competencia, conforme al artículo 336,9 para "dirimir las controversias constitucionales que se susciten entre cualesquiera de los órganos del Poder Público".

Conforme a ello, la Jurisdicción Constitucional, debe resolver los conflictos constitucionales que se planteen entre los órganos que ejercen el Poder Público, tanto en su distribución vertical (República, Estados y Municipios), como en su división horizontal a nivel nacional (Poder Legislativo, Poder Ejecutivo, Poder Judicial, Poder Ciudadano, Poder Electoral) y a nivel estadal y municipal (Poder Legislativo y Poder Ejecutivo).

Es decir, se trata de la resolución de controversias sobre atribuciones *constitucionales* entre los órganos que ejercen del Poder Público; que son distintas a las controversias administrativas que se puedan suscitar entre la República, los Estados, Municipios u otro ente público, las que competen ser resueltas por la Sala Político-Administrativa del Tribunal Supremo de Justicia (art. 266, ord. 4º), como Jurisdicción Contencioso-Administrativa[362].

## X. LA FACULTAD EXTRAORDINARIA DE LA JURISDICCIÓN CONSTITUCIONAL PARA LA REVISIÓN DE SENTENCIAS EN MATERIA DE INCONSTITUCIONALIDAD

Hasta la entrada en vigencia de la Constitución de 1999, el ejercicio del control difuso de la constitucionalidad era una potestad que correspondía exclusivamente a los tribunales ordinarios, agotándose el conocimiento del asunto de constitucionalidad en las dos instancias respectivas que rigen en el procedimiento, dejando a salvo los casos de admisión del recurso de casación ante las Salas de Casación del Tribunal Supremo, en cuyo supuesto la cuestión de constitucionalidad resuelta en la sentencia respectiva, puede ser objeto de revisión por la Sala de Casación respectiva (arts. 312 y ss. CPC). En el mismo sentido, en materia de amparo constitucional, las decisiones correspondían exclusivamente a los jueces de instancia, agotándose el proceso en las dos instancias ordinarias.

En la Constitución de 1999, sin embargo, se ha introducido un correctivo a la posible dispersión y falta de uniformidad de las decisiones judiciales concernientes a acciones de amparo y al control difuso de la constitucionalidad de las leyes, al atribuirse a la Sala Constitucional del Tribunal Supremo de Justicia competencia para "revisar las sentencias definitivamente firmes de amparo constitucional y de control de constitucionalidad de leyes o normas jurídicas dictadas por los tribunales de la República, en los términos establecidos por la ley orgánica respectiva" (art. 336,10 C).

En relación con esta atribución de la Sala Constitucional debe señalarse que, por supuesto, la misma no se configura como la de una apelación ni como la de una segunda o tercera instancia general en la materia. Se trata de una competencia extraordinaria para que la Sala Constitucional pueda revisar, a su juicio y discreción, me-

---

362 Sentencia de la Sala Político Administrativa Nº 1819 de 08-08-2000, caso: *René Molina vs. Comisión Legislativa Nacional.*

diante un recurso extraordinario que pueden ejercer las partes, las sentencias de *última instancia* dictadas por los tribunales de la República en materia de amparo constitucional o en ejercicio de control difuso de la constitucionalidad de las leyes.

Se trata, por tanto, de una potestad de revisión que nunca puede ser obligatoria, sino que, a juicio de la Sala, la puede ejercer en forma discrecional[363]; ello, con el objeto de evitar que se pudiera abrir un recurso extraordinario de obligatoria decisión por la Sala, contra todas las sentencias referidas, lo cual sería imposible de manejar por la magnitud de casos. De allí la discrecionalidad que tiene la Sala Constitucional para escoger los casos en los cuales juzgue conveniente conocer del recurso de revisión y tomar una decisión en materia constitucional mediante la cual, incluso, pueda establecer una interpretación vinculante.

En definitiva, este "mecanismo extraordinario de revisión" no se regula como un derecho de los interesados, sino como una potestad de la Sala Constitucional de efectuar la revisión, sin tener obligación alguna para ello. Lo contrario hubiese sido totalmente desquiciante para el orden judicial e impediría a la Sala cumplir la función de garantizar la uniformidad en la interpretación de las normas y principios constitucionales. Sobre ello, la "Exposición de Motivos" de la Constitución explica que "no siendo un derecho", la Asamblea Nacional Constituyente, al elaborar la Constitución, supuestamente "habría decidido dejar a la ley orgánica respectiva su desarrollo concreto".

## XI. EL RECURSO DE INTERPRETACIÓN CONSTITUCIONAL

Debe mencionarse, por último, entre las competencias de la Sala Constitucional como Jurisdicción Constitucional, la atribución que tiene para conocer de recursos abstractos de interpretación de la Constitución, que ha creado la propia Sala Constitucional de la interpretación que le ha dado al artículo 335 de la Constitución, que atribuye al Tribunal Supremo el carácter de ser "máximo y último intérprete de la Constitución".

En efecto, con anterioridad a la entrada en vigencia de la Constitución de 1999, el artículo 42, ordinal 24 de la Ley Orgánica de la Corte Suprema de Justicia atribuía competencia a la Sala Político Administrativa de la Corte Suprema para interpretar los "textos legales, en los casos previstos en la Ley". En esa misma tradición, la Constitución de 1999 estableció como competencia del Tribunal Supremo de Justicia, el "conocer de los recursos de interpretación sobre el contenido y alcance de los textos legales", pero "en los términos contemplados en la ley" (artículo 266, ordinal 6º), atribución que debe ser ejercida "por las diversas Salas conforme a lo previsto en esta Constitución y en la ley" (único aparte, artículo 266 C). Por tanto, mientras se dicte una nueva ley que regule las funciones del máximo tribunal, la Sala Político Administrativa es la que debe seguir conociendo de este especial recurso de interpretación de textos legales, de conformidad con la Ley Orgánica de la Corte Suprema de Justicia.

Ahora bien, a pesar de que el ordenamiento jurídico venezolano sólo regula este recurso de interpretación de textos legales, sin embargo, la Sala Constitucional ha

---

363 En cierta forma, el recurso es similar al denominado *writ of cerciorari* del sistema norteamericano. *V.*, Allan R. Brewer-Carías, *Judicial Review in Comparative Law*, *op.cit.* p. 141; Véase los comentarios de Jesús María Casal, *Constitución y Justicia Constitucional*, Caracas 2000, p. 92.

creado un recurso autónomo de interpretación de las normas constitucionales, no previsto constitucional ni legalmente, basándose para ello en el artículo 26 de la Constitución que consagra el derecho de acceso a la justicia, del cual dedujo que si bien dicha acción no está prevista en el ordenamiento jurídico, tampoco está prohibida y, por lo tanto,

> Cualquiera con interés jurídico puede solicitar la interpretación de la ley conforme a las previsiones legales, y también la interpretación de la Constitución, para así obtener una sentencia de mera certeza sobre el alcance y contenido de las normas constitucionales; acción que sería de igual naturaleza que la de interpretación de la ley[364].

La Sala, para llegar a tal conclusión, adujo que:

> Para acceder a la justicia se requiere que el accionante tenga interés jurídico y que su pretensión esté fundada en derecho y, por tanto, no se encuentre prohibida por ley, o no sea contraria a derecho. No es necesario que existan normas que contemplen expresamente la posibilidad de incoar una acción con la pretensión que por medio de ella se ventila, bastando para ello que exista una situación semejante a las prevenidas en la ley, para la obtención de sentencias declarativas de mera certeza, de condena, o constitutivas. Este es el resultado de la expansión natural de la juridicidad.

De ello concluyó la Sala Constitucional que "no requieren los ciudadanos de leyes que contemplen, en particular, el recurso de interpretación constitucional, para interponerlo"[365].

Ahora bien, en cuanto a la legitimación activa para intentar este recurso de interpretación constitucional, la Sala Constitucional estimó que el recurrente debe tener un interés particular en el sentido de que

> Como persona pública o privada debe invocar un interés jurídico actual, legítimo, fundado en una situación jurídica concreta y específica en que se encuentra, y que requiere necesariamente de la interpretación de normas constitucionales aplicables a la situación, a fin de que cese la incertidumbre que impide el desarrollo y efectos de dicha situación jurídica.

La Sala precisó que se "está ante una acción con legitimación restringida, aunque los efectos del fallo sean generales". Por ello, la Sala señaló que "puede declarar inadmisible un recurso de interpretación que no persiga los fines antes mencionados, o que se refiere al supuesto de colisión de leyes con la Constitución, ya que ello origina otra clase de recurso".

> La finalidad de tal acción de interpretación constitucional sería una declaración de certeza sobre los alcances y el contenido de una norma constitucional, y formaría un sector de la participación ciudadana, que podría hacerse incluso

---

364 Sentencia N° 1077 de la Sala Constitucional de 22-09-00, caso: *Servio Tulio León Briceño. V.*, en *Revista de Derecho Público,* N° 83, Caracas 2000, pp. 247 y ss.

365 Este criterio fue luego ratificado en sentencias de fecha 09-11-00 (N° 1347), 21-11-00 (N° 1387), y 05-04-01 (N° 457), entre otras.

como paso previo a la acción de inconstitucionalidad, ya que la interpretación constitucional podría despejar dudas y ambigüedades sobre la supuesta colisión. Se trata de una tutela preventiva.

Agregando más adelante:

La petición de interpretación puede resultar inadmisible, si ella no expresa con precisión en qué consiste la oscuridad, ambigüedad o contradicción entre las normas del texto constitucional, o en una de ellas en particular; o sobre la naturaleza y alcance de los principios aplicables; o sobre las situaciones contradictorias o ambiguas surgidas entre la Constitución y las normas del régimen transitorio o del régimen constituyente[366].

## *SECCIÓN SEGUNDA:*

## *EL SISTEMA DE JUSTICIA CONSTITUCIONAL EN LA CONSTITUCIÓN DE 1999 (COMENTARIOS SOBRE SU DESARROLLO JURISPRUDENCIAL Y SU EXPLICACIÓN, A VECES ERRADA, EN LA EXPOSICIÓN DE MOTIVOS), (2000)*

**El estudio que conforma esta sección se publicó, apenas se conoció la "Exposición de Motivos" de la Constitución por la Editorial Jurídica Venezolana, en el libro: *El sistema de justicia constitucional en la Constitución de 1999 (Comentarios sobre su desarrollo jurisprudencial y su explicación, a veces errada, en la Exposición de Motivos)*, Editorial Jurídica Venezolana, Caracas 2000, 134 pp. Parte de este estudio se publicó como: "Comentarios sobre la ilegítima "Exposición de Motivos" de la Constitución de 1999 relativa al sistema de justicia constitucional", en la *Revista de Derecho Constitucional*, Nº 2, Enero-Junio 2000, Caracas 2000, pp. 47-59. Alguna versión reducida de este trabajo se incluyó en la obra: *Reflexiones sobre el constitucionalismo en América* (con una Biblio Verbi Grafia del autor), Colección Cuadernos de la Cátedra Fundacional Doctor Charles Brewer Maucó "Historia del Derecho en Venezuela", Universidad Católica Andrés Bello, Nº 2, Editorial Jurídica Venezolana, Caracas 2001, pp. 255-286; y fue reproducido en el libro *Derecho Procesal Constitucional*, Colegio de Secretarios de la Suprema Corte de Justicia de la Nación, A.C., Editorial Porrúa, México 2001, pp. 931-961.**

### I. SUPREMACÍA CONSTITUCIONAL Y CONTROL

El artículo 7 de la Constitución de 1999[367] declara expresamente que su texto es "la norma suprema y el fundamento de todo el ordenamiento jurídico; respecto de lo

366. Caso: *Servicio Tulio León Briceño*, en *Revista de Derecho Público*, Nº 83, Caracas 2000, pp. 247 y ss.

367 El texto de la Constitución de 30-12-99 fue inicialmente publicada en *Gaceta Oficial* Nº 36.860 de 30-12-99. Posteriormente, el texto de la Constitución de 1999 se publicó en *Gaceta Oficial* Nº 5453 Extraordinario de 24-3-00. *V.*, los comentarios que hemos formulado en Allan R. Brewer-Carías, *La Constitución de 1999,* Caracas, 2000.

cual la "Exposición de Motivos" de la Constitución, publicada el 24-03-00[368] (en lo adelante la "Exposición") señaló que, en esa forma, se consagran:

> "los principios de supremacía y fuerza normativa de la Constitución, según los cuales ella es la norma de mayor jerarquía y alcanza su vigencia a través de esa fuerza normativa o su capacidad de operar en la vida histórica de forma determinante o reguladora. Dichos principios constituyen el fundamento de todos los sistemas constitucionales del mundo y representan la piedra angular de la democracia, de la protección de los derechos fundamentales y de la justicia constitucional".

Precisamente para garantizar esa supremacía y lograr que la Constitución tenga plena efectividad, en el texto mismo de la Constitución se regula todo un sistema de justicia constitucional, mediante la asignación a todos los jueces de la República, en el ámbito de sus respectivas competencias y conforme a lo previsto en la

---

368 En la *Gaceta Oficial* Nº 5453 Extraordinario de 24-03-2000, además de publicarse, de nuevo, el texto de la Constitución del 30-12-1999 para corregir supuestos "errores de gramática, sintaxis y estilo" –lo que, en sí mismo, es completamente impropio–; se publicó una "Exposición de Motivos" supuestamente "decretada" por la Asamblea Nacional Constituyente el día de su sesión de clausura, el 30-01-2000. Quienes ordenaron publicar dicha "Exposición de Motivos" se cuidaron de dejar constancia en la *Gaceta Oficial* (p. 15) que estuve "ausente", en dicha sesión, como en efecto así ocurrió. La palabra "ausente", sin embargo, no se puso a continuación del nombre de los otros veintiocho (28) Constituyentes que no asistieron a la Sesión, según consta de la *Gaceta Constituyente (Diario de Debates),* Noviembre 1999-Enero 2000, Caracas 2000, Sesión del 30-01-2000, p. 2. En todo caso, consideré y considero ilegítimos todos los supuestos "actos constituyentes" dictados por la Asamblea Nacional Constituyente luego de haber sido *proclamada* la Constitución de 1999, por la misma Asamblea, el 20-12-99, razón por la cual la última oportunidad en la que asistí a sus sesiones fue, precisamente, ese día 20-12-99; excepción hecha de la Sesión del 25-01-2000, después de publicada la Constitución, en la cual se inició la discusión de la Ley Especial sobre el Régimen del Distrito Capital, *Única competencia* que se asignó a la Asamblea Nacional Constituyente en la Disposición Transitoria Primera de la Constitución. / En todo caso, la "Exposición de Motivos" decretada por la Asamblea Nacional Constituyente, definitivamente no fue discutida ni aprobada seriamente por la Asamblea, ni su texto fue conocido con anterioridad al 30-01-2000, fecha en la cual supuestamente fue "decretada"; y ni siquiera con anterioridad al 24-03-2000, fecha de su publicación en la *Gaceta Oficial.* Dicha "Exposición de Motivos" por tanto, no es tal. Mal podría tratarse de una Exposición de Motivos aprobada el 30-01-2000, supuestamente de una Constitución publicada en un mes antes, el 30-12-99, cuando en realidad hace referencia al texto "corregido", publicado el 24-03-2000. / Pero leído su contenido, lo que se aprecia es que el texto es, en unos aspectos, una simple e incompleta glosa de las normas constitucionales, con un notorio y desconcertante desbalance, que se aprecia, por ejemplo, en el caso de los artículos que regulan los derechos laborales (arts. 87 a 97) a los cuales sólo se les dedican tres (3) líneas; y en otros aspectos, una "interpretación" de la Constitución que no "explica" nada sobre los diversos artículos, sino que expresa el criterio personal de quien o quienes redactaron la "Exposición", lo que los lleva, incluso, a establecer arbitrariamente supuestas "orientaciones" que deberían ser seguidas por el legislador, y que nunca fueron siquiera consideradas en la Asamblea, ni en sus Comisiones ni en las discusiones o comentarios informales de quienes intervinieron en la redacción del articulado. / Esto último sucede, particularmente, precisamente con la parte de la "Exposición de Motivos" relativa al Capítulo I *(De la garantía de esta Constitución)* del Título VIII *(De la protección de esta Constitución)*, en la cual, si bien se explica correctamente la orientación general del sistema de justicia constitucional mixto o integral que se consolida en la Constitución; sin embargo, se hacen afirmaciones, se emiten conceptos y se proponen futuras regulaciones legales que no responden a lo que fue la intención de los Constituyentes.

Constitución y en la ley, de la obligación "de asegurar la integridad de la Constitución" (art. 334)[369].

En consecuencia, la justicia constitucional, como competencia judicial para velar por la integridad y supremacía de la Constitución, en Venezuela se ejerce por *todos los jueces* y no sólo por el Tribunal Supremo de Justicia, en cualquier causa o proceso que conozcan y, además, en particular, cuando conozcan de acciones de amparo o de las acciones contencioso administrativas al tener la potestad para anular actos administrativos por contrariedad a la Constitución (como forma de contrariedad al derecho) (art. 259)[370].

En cuanto al Tribunal Supremo de Justicia, en materia de justicia constitucional, todas sus Salas tienen expresamente como competencia garantizar "la supremacía y efectividad de las normas y principios constitucionales", correspondiéndoles a todas ser "el máximo y último intérprete de la Constitución" y velar "por su uniforme interpretación y aplicación" (art. 335). No es cierto, por tanto, como se ha afirmado, que la Sala Constitucional sea "el máximo y último intérprete de la Constitución"[371]. Esta es una apreciación completamente errada, que no deriva del texto de la Constitución, de cuyo artículo 335, al contrario, se deriva que todas las Salas ejercen la justicia constitucional conforme a sus respectivas competencias y son el máximo y último intérprete de la Constitución. También lo es la Sala Constitucional, mediante la cual el Tribunal Supremo de Justicia concentra la Jurisdicción Constitucional (arts. 266, ord. 1° y 336).

En todo caso, sobre el carácter de todas las Salas como Tribunal Supremo, la propia Sala Constitucional se ha pronunciado en sentencia de 28-03-00 (Caso: *Microcomputers Store S.A.*), al declarar que el artículo 1 de la Ley Orgánica de la Corte Suprema de Justicia de 1976, está conforme con la nueva Constitución, al prohibir la admisión de recurso alguno contra las decisiones dictadas por el Tribunal Supremo de Justicia en Pleno o por alguna de sus Salas, señalando que esta norma, lejos de ser inconstitucional,

> "más bien garantiza su aplicación, ya que tal como quedó expuesto, el Tribunal Supremo de Justicia se encuentra conformado por las Salas que lo integran, las cuales conservan el mismo grado jerárquico y todas representan en el ámbito de sus competencias al Tribunal Supremo de Justicia como máximo representante del Poder Judicial".

De todo lo anterior resulta, en todo caso, que la expresión "justicia constitucional" es un concepto material que equivale a *control judicial de la constitucionalidad de las leyes y demás actos estatales,* el cual ha sido ejercido en nuestro país, siem-

---

369 *V.*, nuestra propuesta en relación con este artículo en Allan R. Brewer-Carías, *Debate Constituyente (Aportes a la Asamblea Nacional Constituyente),* T. II, (9 Septiembre-17 Octubre 1999), Caracas 1999, pp. 24 y 34.

370 *V.*, Allan R. Brewer-Carías, *Instituciones Políticas y Constitucionales*, T. VII, La Justicia Contencioso-Administrativa, Caracas 1997, p. 26 y ss.

371 *V.*, en José Vicente Haro G., "La justicia constitucional en Venezuela y la Constitución de 1999" en *Revista de Derecho Constitucional,* Editorial Sherwood, N° 1, Caracas, Sep-Dic. 1999, pp. 137 y 146.

pre, por todos los tribunales pertenecientes a todas las Jurisdicciones, es decir, por todos los órganos que ejercen el Poder Judicial.

En cambio, la expresión *"Jurisdicción Constitucional"* es una noción orgánica, que tiende a identificar a un órgano específico del Poder Judicial que tiene, en forma exclusiva, la potestad de anular *ciertos actos estatales* por razones de inconstitucionalidad, en particular, las leyes y demás actos con rango de ley o de ejecución directa e inmediata de la Constitución.

En los países europeos, dicha Jurisdicción Constitucional corresponde a los Tribunales o Cortes Constitucionales (muchas, incluso, ubicadas fuera del Poder Judicial), al igual que en algunos países latinoamericanos. En cambio, en Venezuela, siempre ha correspondido al Supremo Tribunal de Justicia[372], ahora a través de su Sala Constitucional.

La noción de justicia constitucional, por tanto, es distinta a la de Jurisdicción Constitucional. En consecuencia, es errada la apreciación que ha hecho la Sala Constitucional en su sentencia Nº 129 de 17-03-2000, cuando señaló que

> "la Sala Constitucional tiene atribuida competencia para ejercer la jurisdicción constitucional, es decir, la potestad de juzgar y de hacer ejecutar lo juzgado en materia constitucional".

No es posible, en efecto, identificar la Jurisdicción Constitucional con "la potestad de juzgar en materia constitucional" que equivaldría a justicia constitucional.

La garantía de la supremacía y efectividad de la Constitución y ser su máximo y último interprete, se insiste, corresponde a todas las Salas del Tribunal Supremo, por igual, por lo que tampoco es correcto señalar como lo hizo la citada sentencia de 17-03-2000, ni siquiera que "en particular" dicha función corresponde a la Sala Constitucional. Esa "particularidad" no deriva de norma alguna de la Constitución. Lo único "particular" que resulta de las competencias judiciales en materia de justicia constitucional, es el monopolio atribuido a la Sala Constitucional para anular ciertos y determinados actos estatales: las leyes y demás actos de rango legal o de ejecución directa e inmediata de la Constitución. Por tanto, ni siquiera la Sala Constitucional tiene el monopolio para ejercer el control concentrado de la constitucionalidad de los actos estatales.

De lo anterior deriva, en definitiva, que no es correcto deducir de la Constitución que la Sala Constitucional tenga la potestad de "juzgar y de hacer ejecutar lo juzgado en materia constitucional" y considerar que eso sea equivalente a la "Jurisdicción Constitucional", pues ello significaría equiparar la justicia constitucional con la Jurisdicción Constitucional.

En todo caso, los principios sobre el sistema de justicia constitucional se recogen en un Capítulo I *(De la garantía de esta Constitución)* del Título VIII *(De la protección de esta Constitución)* de la Constitución de 1999, respecto del cual la "Exposición de Motivos" de la misma, lo justifica haciendo referencia a que supuestamente con ello se habría seguido,

---

372 *V.*, Allan R. Brewer-Carías, *Instituciones Políticas y Constitucionales,* T. VI, *La Justicia Constitucional,* Caracas 1996, p. 642; Allan R. Brewer-Carías, *Judicial Review in Comparative Law,* Cambridge, 1989, p. 406.

> "una tendencia presente en España, Francia, Italia, Portugal, Rumania y en algunos países latinoamericanos".

Esta apreciación, por supuesto, por su formulación generalizante, es totalmente incorrecta, primero, porque ni en la Constitución de España, ni en la de Francia, ni en la de Rumania existe un Título destinado a regular las "garantías constitucionales"; el cual si existe en la de Italia y Portugal; pero en ninguno de dichos países, salvo en algunos aspectos en Portugal, existe un sistema mixto o integral de justicia constitucional, por lo que mal podía seguirse en Venezuela la "tendencia" de todos esos países; y segundo, porque si se siguió alguna "tendencia", fue la latinoamericana que, tiende cada vez más, a la regulación de un sistema mixto de justicia constitucional.

Nosotros fuimos quienes propusimos la inclusión de un Título especial para regular la *garantía de la Constitución* en una de las primeras reuniones de la Comisión Constitucional de la Asamblea Nacional Constituyente (las celebradas en la sede de la Academia Nacional de la Historia)[373]; y si tuvimos en mente algunos textos constitucionales que regularan el tema de la *Garantía de la Constitución* en un Título aparte, fueron los de las Constituciones de Perú, (Título V, arts. 200 y ss.), Guatemala (Título VI, arts. 263 y ss.) y Honduras (Título IV, arts. 182 y ss.)[374].

En todo caso, y aparte de la ligereza en que incurrió la "Exposición de Motivos" en la "explicación" de las supuestas fuentes de inspiración para incluir un nuevo Capítulo de la Constitución destinado a la garantía de la Constitución; en cuanto al sentido general de la regulación que contiene del sistema venezolano de justicia constitucional, puede decirse que la "Exposición" lo explica en términos adecuados.

En efecto, comienza afirmando que son "los principios de supremacía y fuerza normativa de la Constitución" (que encuentran consagración, expresa en el artículo 7), sobre los cuales "descansa la justicia constitucional", reconociéndose correctamente que:

> "la justicia constitucional en Venezuela la ejercen todos los tribunales de la República, no sólo mediante el control difuso de la constitucionalidad, sino además, por otros medios, acciones o recursos previstos en la Constitución y en las leyes, como la acción de amparo constitucional, destinada a ofrecer una tutela judicial reforzada de los derechos humanos reconocidos y garantizados expresa o implícitamente en la Constitución".

Por supuesto, la referencia a la acción de amparo es sólo ejemplificativa, pues hay otros medios, acciones o recursos previstos en la Constitución a través de los cuales se materializa la justicia constitucional, como la acción popular de inconstitucionalidad, las acciones contencioso administrativas de nulidad de los actos administrativos, y la desaplicación de normas constitucionales en casos concretos judiciales. Por ello, más adelante, la "Exposición" indica que:

---

373 Por tanto, no fue en las reuniones de la Comisión Constitucional celebradas en la Sede del CIED donde se acordó incluir en la nueva Constitución un Título dedicado a la garantía de la Constitución, como lo sugiere José Vicente Haro, "La justicia constitucional...", *loc. cit.* p. 154

374 *V.*, la coincidencia en la referencia a estos países de América Latina, en José Vicente Haro, "La justicia constitucional...", *loc. cit.* p. 173.

"De esta forma, se esboza el sistema venezolano de justicia constitucional, reafirmándose la coexistencia de los métodos de control concentrado, difuso y extraordinario de la constitucionalidad, los cuales se ejercen a través de la acción popular de inconstitucionalidad, la aplicación preferente de la Constitución respecto a leyes o normas inconstitucionales en un caso concreto, y la acción del amparo".

En este sentido, debe destacarse el voto salvado del Magistrado Héctor Peña Torrelles a la sentencia Nº 7 de la Sala Constitucional del Tribunal Supremo de Justicia de 01-02-2000 (Caso: *José A. Mejía y otros*) en el cual precisó los principios del sistema de justicia constitucional en la nueva Constitución, así:

> Es bien sabido que la idea de la justicia constitucional en los Estados de Derecho surge de la necesidad de dar protección a la Constitución frente a las arbitrariedades del Poder Público, que atenten contra la preservación del orden jurídico y el respeto a los derechos fundamentales del individuo. Las formas de protección de la Constitución acogidas por los distintos ordenamientos se dividen en un control concreto o difuso y un control abstracto o concentrado.
>
> En el primero de los casos, se permite a los distintos jueces ejercer una porción de esta justicia constitucional en los casos particulares que les corresponde decidir, y el segundo de los supuestos se deja en un órgano especializado, que sería el jerarca de la jurisdicción constitucional, como contralor de la constitucionalidad de los actos dictados en ejecución directa e inmediata de la Constitución o que tengan rango de Ley. A partir de allí se ejerce la supremacía constitucional, que en unos casos se atribuye a una Corte o Tribunal autónomo y en otros sistemas -como el caso de Venezuela- se inserta en el máximo organismo jurisdiccional del país, no ya desde su resolución caso por caso, sino como órgano rector del resto del sistema de justicia. En Venezuela, tanto el ordenamiento jurídico basado en la Constitución de 1961, como en la Constitución recientemente aprobada por voluntad popular, se han consagrado las dos formas de control constitucional, lo cual constituye una tendencia de avanzada en la doctrina comparada. La nueva Constitución ha asumido este sistema mixto de control constitucional pero ha dado un paso más al crear la Sala Constitucional, atribuyéndole la tarea de ser el máximo intérprete de las normas y principios constitucionales y darle carácter vinculante a sus interpretaciones. La importancia de la justicia constitucional en la nueva Constitución se revela de forma expresa en su ubicación en el Texto Fundamental; en efecto, el Constituyente de 1999, ha establecido de forma intencional las competencias de esta Sala en el título de VIII denominado "DE LA PROTECCIÓN DE LA CONSTITUCIÓN", en el cual se refleja la alta responsabilidad que le ha sido conferida, dadas las competencias atribuidas en los artículos 335 y 336 de la misma.

De lo anterior resulta claramente, por tanto, que no es lo mismo "justicia constitucional" que "Jurisdicción Constitucional". La primera corresponde a todos los Tribunales mediante diversos medios judiciales; la segunda está atribuida a un solo órgano judicial que ejerce el control concentrado de la constitucionalidad de las leyes y demás actos con rango legal o dictados en ejecución directa e inmediata de la Constitución y que es la Sala Constitucional del Tribunal Supremo de Justicia.

Pero no por ello, como se ha dicho, la Sala tiene el monopolio del control concentrado de la constitucionalidad de todos los actos estatales; lo que tiene es el monopolio de dicho control *sólo respecto de determinados actos estatales* (los de rango y fuerza de ley y los dictados en ejecución directa e inmediata de la Constitución). Ello es lo que, además, caracteriza la "Jurisdicción Constitucional" en el derecho comparado: la atribución exclusiva a un órgano judicial del poder anulatorio de determinados, y sólo de determinados, actos estatales[375].

Por ello puede decirse, en general, que el control concentrado de la constitucionalidad de los actos estatales conforme a la Constitución, se ejerce por dos Jurisdicciones distintas: la Jurisdicción Constitucional y la Jurisdicción Contencioso Administrativa.

En relación con la Jurisdicción Constitucional, como bien lo dice la "Exposición",

> "el control concentrado de la constitucionalidad de las *leyes* y de los demás actos de los órganos que ejercen el Poder Público *dictados en ejecución directa e inmediata de la Constitución...* corresponde exclusivamente a la Sala Constitucional del Tribunal Supremo".

Y como lo refuerza luego la misma "Exposición":

> "la exclusividad de la Sala Constitucional en el ejercicio de la jurisdicción constitucional, implica que sólo a dicho órgano le corresponde ejercer el control concentrado de la constitucionalidad *de las leyes y demás actos de los órganos del Poder Público dictados en ejecución directa e inmediata de la Constitución...*".

En consecuencia, los órganos de la Jurisdicción Contencioso Administrativa tienen competencia, conforme al artículo 259 de la Constitución, para controlar la constitucionalidad de los actos administrativos, tanto normativos (Reglamentos) como no normativos, que son siempre actos de rango sublegal.

De ello resulta, por tanto, que los órganos de la Jurisdicción Contencioso Administrativa y, ahora también, de la Jurisdicción Electoral, ejercen la justicia constitucional mediante el control concentrado de la constitucionalidad, al conocer de los recursos contenciosos administrativos de anulación contra actos administrativos por razones de inconstitucionalidad.

En esos casos, los órganos de la Jurisdicción Contencioso Administrativa ejercen el control concentrado de la constitucionalidad de los actos administrativos, que *no* son actos dictados "en ejecución directa e inmediata de la Constitución", cuyo control de constitucionalidad es el que corresponde exclusivamente a la Sala Constitucional del Tribunal Supremo.

---

375 *V.*, en general, Allan R. Brewer-Carías, *Judicial Review in Comparative Law, op. cit.* p. 190; y Allan R. Brewer-Carías, *El control concentrado de la constitucionalidad de las leyes (Estudio de Derecho Comparado)*, Caracas 1994, p. 19.

## II. LOS INSTRUMENTOS DE LA JUSTICIA CONSTITUCIONAL

Ahora bien, tal como resulta de lo antes expuesto, el sistema de justicia constitucional en Venezuela permite el ejercicio del control de la constitucionalidad de los actos estatales mediante los siguientes mecanismos: el control difuso de la constitucionalidad de las leyes y demás actos normativos; la protección de los derechos constitucionales mediante las acciones de amparo; el control por contrariedad al derecho de los actos administrativos por motivos de inconstitucionalidad mediante las acciones contencioso administrativas de anulación; y el control de la constitucionalidad de ciertos actos estatales que corresponde a la Jurisdicción Constitucional.

En esta forma se recogen, en la Constitución de 1999, todos los principios del sistema mixto o integral del sistema de justicia constitucional, propia de la tradición venezolana[376].

### 1. *El control difuso de la constitucionalidad de las leyes*

Una de las formas específicas para el ejercicio de la justicia constitucional, es la posibilidad que tiene todo juez de la República de ser juez de la constitucionalidad de las leyes. Se trata del método denominado de control difuso de la constitucionalidad de leyes que existe en nuestro país desde el siglo pasado[377], regulado en el artículo 20 del Código de Procedimiento Civil, que establece que:

> "*Artículo 20*: Cuando la ley vigente, cuya aplicación se pida, colidiere con alguna disposición constitucional, los jueces aplicarán ésta con preferencia".

El principio del control difuso, más recientemente, se recogió en el artículo 19 del Código Orgánico Procesal Penal, con este texto:

> "*Artículo 19:* Control de la Constitucionalidad. Corresponde a los jueces velar por la incolumidad de la Constitución de la República. Cuando la ley cuya aplicación se pida colidiere con ella, los tribunales deberán atenerse a la norma constitucional".

A los efectos de consolidar constitucionalmente el método de control difuso de la constitucionalidad de las leyes, como ha ocurrido por ejemplo, en otros países como Colombia, desde 1910 (art. 4); Guatemala, en 1965 (art. 204); Bolivia, en 1994 (art. 228); Honduras, en 1982 (art. 315) y Perú, en 1993 (art. 138); propusimos incorpo-

---

376 *V.*, Allan R. Brewer-Carías, "La justicia constitucional en la nueva Constitución" en *Revista de Derecho Constitucional* Nº 1, Caracas Sep.-Dic. 1999, p. 35 a 44; Allan R. Brewer-Carías, *El Sistema mixto o integral de control de la constitucionalidad en Colombia y Venezuela,* Bogotá 1995.

377 *V.*, Allan R. Brewer-Carías, *Judicial Review in Comparative Law, op. cit.* p. 127 y ss.; Allan R. Brewer-Carías, *Instituciones Políticas y Constitucionales*, T. VI, *La Justicia Constitucional, op. cit.*, Caracas 1996, p. 86 y ss.

rar a la Constitución una disposición similar[378], que terminó siendo ubicada, también a propuesta nuestra[379], en el artículo 334, con el siguiente texto:

> "En caso de incompatibilidad entre esa Constitución y una ley u otra norma jurídica, se aplicarán las disposiciones constitucionales, correspondiendo a los tribunales en cualquier causa, aun de oficio, decidir lo conducente".

En esta forma, el método de control difuso de la constitucionalidad adquirió en nuestro país rango constitucional, el cual, incluso, puede ser ejercido *de oficio* por los tribunales[380], incluyendo, por supuesto, las diversas Salas del Supremo Tribunal.

## 2. *La competencia judicial en materia de amparo*

En la Constitución de 1999 la institución del amparo ha quedado consolidada como un *derecho constitucional*[381] y, en consecuencia, como una obligación de todos los tribunales de amparar, en el ámbito de su competencia, a las personas en el goce y ejercicio de sus derechos y garantías constitucionales.

En tal sentido y dentro de la orientación que tenía el artículo 49 de la Constitución de 1961, en el artículo 27 de la Constitución de 1999 se estableció que:

> "Toda persona *tiene derecho* a ser amparada por los tribunales en el goce y ejercicio de los derechos, aún de aquellos inherentes a la persona humana que no figuren expresamente en esta Constitución o en los instrumentos internacionales sobre derechos humanos".

Además, en la Constitución de 1999 se incorporó expresamente la institución de la *acción de habeas data,* conforme al antecedente de Brasil seguido en Colombia, regulada en el artículo 28, con el siguiente texto:

> *Artículo 28:* Toda persona tiene derecho de acceder a la información y a los datos que sobre sí misma o sobre sus bienes consten en registros oficiales o privados, con las excepciones que establezca la ley, así como de conocer el uso que se haga de los mismos y su finalidad, y a solicitar ante el tribunal competente la actualización, la rectificación o la destrucción de aquellos, si fuesen erróneos o afectasen ilegítimamente sus derechos. Igualmente, podrá acceder a documentos de cualquier naturaleza que contengan información cuyo conocimiento sea de interés para comunidades o grupos de personas. Queda a salvo el secreto de las fuentes de información periodística y de otras profesiones que determine la ley.

---

378 *V.*, nuestras propuestas respecto del artículo 7 en Allan R. Brewer-Carías, *Debate Constituyente,* T. II, *op. cit.*, p. 24 y 34; *cfr.* la apreciación de José Vicente Haro, "La justicia constitucional...", *loc. cit.* p. 159-160.

379 *V.*, Allan R. Brewer-Carías, *Debate Constituyente (Aportes a la Asamblea Nacional Constituyente),* T. III, (18 Octubre-30 Noviembre 1999), Caracas 1999, p. 94 a 105.

380 Esta ha sido una de las características del sistema venezolano. Véase Allan R. Brewer-Carías, *Instituciones Políticas y Constitucionales,* T. VI, *La Justicia Constitucional, op. cit.*, p. 101.

381 *V.*, Allan R. Brewer-Carías, *Instituciones Políticas y Constitucionales*, T. V, *El Derecho y la Acción de Amparo*, Caracas, 1998, p. 19 y ss.

Ahora bien, en el caso de la acción de amparo constitucional, la Constitución precisó además, expresamente, que el procedimiento debe ser oral, público, breve, gratuito y no sujeto a formalidad, teniendo el juez competente potestad para restablecer inmediatamente la situación jurídica infringida o la situación que más se asemeje a ella; para lo cual todo tiempo debe ser hábil y el tribunal lo debe tramitar con preferencia a cualquier otro asunto.

En consecuencia, conforme a la Ley Orgánica de Amparo sobre Derechos y Garantías Constitucionales, los tribunales competentes para conocer de dichas acciones actúan como jueces constitucionales, incluso en los casos en los cuales las diversas Salas del Tribunal Supremo de Justicia conocen de acciones de amparo constitucional en única instancia o en apelación.

La Constitución de 1999, en consecuencia no derogó tácitamente, en forma alguna, la Ley Orgánica de Amparo, la cual continúa vigente. Sin embargo, la Sala Constitucional, al interpretar el artículo 27 de la Constitución ha introducido algunas "reformas" a la Ley Orgánica, en forma totalmente irregular pues la Jurisdicción Constitucional no puede ser un "legislador positivo"[382].

Estas modificaciones a la Ley Orgánica se han producido en diversas materias.

### A. *El problema de la "concentración" de la competencia en materia de amparo en la Sala Constitucional*

En *primer lugar,* en el campo de las competencias de las Salas del Tribunal Supremo en materia de amparo. En efecto, constitucionalmente, todas las Salas del Tribunal Supremo son competentes conforme a la Ley Orgánica de Amparo, para conocer de acciones de amparo. Sin embargo, la Sala Constitucional del Tribunal Supremo, en sentencia del 20-01-2000 dictada con motivo de decidir la admisibilidad de una acción de amparo (Caso: *Emery Mata Millán vs. Ministro del Interior y Justicia y otros*), interpretó erradamente los principios constitucionales y resolvió *concentrar* en la propia Sala Constitucional, las competencias para conocer de las acciones de amparo que venían conociendo las otras Salas, en única instancia contra altos funcionarios nacionales (art. 8 Ley Orgánica de Amparo); o contra las sentencias dictadas en primera instancia por los Tribunales Superiores de la República, la Corte Primera de lo Contencioso Administrativo y las Cortes de Apelaciones en lo Penal; o las apelaciones o consultas de las sentencias dictadas por esos mismos Tribunales cuando conocieran de acciones de amparo en primera instancia.

#### a. *Apreciación de la Sala Constitucional sobre el ámbito de la jurisdicción constitucional*

En dicha sentencia, en efecto, la Sala Constitucional comenzó por constatar el ámbito de la Jurisdicción Constitucional, que:

> En la recientemente promulgada Constitución de la República Bolivariana de Venezuela se creó el Tribunal Supremo de Justicia; a este Tribunal, por inter-

382 Fue Hans Kelsen el que comparó a los Tribunales Constitucionales con ser "*legisladores negativos*" al equiparar la anulación de una ley con su derogación. *V.*, Allan R. Brewer-Carías, *Judicial Review in Comparative Law, op. cit.* p. 192.

medio de su Sala Constitucional, le corresponde, conforme a lo dispuesto en el último aparte del artículo 266 de la Constitución, ejercer la jurisdicción constitucional.

Además, las interpretaciones que haga la Sala Constitucional, en ejercicio de esa jurisdicción, son de carácter vinculante para las otras Salas de este Supremo Tribunal y demás Tribunales de la República (como se desprende del contenido del artículo 335 *ejusdem*).

La Sala Constitucional, en la sentencia, además de precisar el ámbito de la Jurisdicción Constitucional, afirmó su competencia para conocer de la materia de amparo, así:

> La jurisdicción constitucional comprende, entre otros asuntos, no sólo declarar la nulidad de las leyes y demás actos de los órganos que ejercen el poder público, dictados en ejecución directa o inmediata de la Constitución o que tengan rango legal (artículo 334 de la Constitución de la República Bolivariana de Venezuela), sino también la revisión de las sentencias de amparo constitucional y de control de constitucionalidad de las leyes o normas jurídicas dictadas por los Tribunales de la República, en los términos establecidos por la ley orgánica respectiva (numeral 10 del artículo 336 de la Constitución).

b. *Apreciación de la Sala Constitucional sobre la vigencia inmediata de los preceptos orgánicos de la Constitución*

La Sala Constitucional, en la mencionada sentencia, para afirmar su competencia en materia de amparo consideró sobre la aplicación inmediata de las normas orgánicas de la Constitución, señaló que:

> Si bien es cierto, que la Constitución dispone la promulgación de una Ley Orgánica para regular el ejercicio de la facultad prevista en el numeral 10 del artículo 336 de la Constitución, es principio aceptado en la doctrina constitucional, que los preceptos orgánicos son de inmediata aplicación por todos los poderes públicos, y, en particular, por los órganos a los que la disposición constitucional se refiere. Exista o no las normas que desarrollen la regulación constitucional, ésta es plenamente eficaz por si misma y, por lo tanto, establece pautas para el funcionamiento del órgano al que se refiera la norma constitucional. En consecuencia aún cuando no haya sido dictada la ley que desarrolle el precepto constitucional, la disposición contenida en el numeral 10 del artículo 336 de la Constitución, es de aplicación inmediata por la Sala Constitucional.

c. *Precisión de las competencias en materia de amparo constitucional*

Con fundamento en lo antes señalado, en la sentencia de 20-01-00, la Sala Constitucional estableció que ha sido facultada por la Constitución en materia de amparo de la siguiente forma:

a'. *Apreciación de la Sala Constitucional sobre el ámbito de la jurisdicción constitucional*

La Sala señaló, en cuanto a su competencia general en la materia, lo siguiente:

Por ser función de esta Sala, según el artículo 335 de la Constitución, la interpretación de dicha Carta Magna, es claro que la materia de su conocimiento abarca las infracciones constitucionales, como lo demuestran las atribuciones, que la Constitución de la República Bolivariana de Venezuela otorga a la Sala Constitucional en su artículo 336. Esta circunstancia la convierte en la Sala que por la materia tiene la competencia para conocer, según el caso, de las acciones de amparo constitucional propuestas conforme a la Ley Orgánica de Amparo Sobre Derechos y Garantías Constitucionales. Por otra parte, debido a su condición de juez natural en la jurisdicción constitucional, la competencia que contempla el artículo 8 de la Ley Orgánica de Amparo sobre Derechos y Garantías Constitucionales ha desaparecido, ya que la materia constitucional corresponde a esta Sala (téngase presente que la creación de una Sala con competencia constitucional, origina un criterio orgánico para delimitar la competencia en el cual se encuentran comprendidos, necesariamente, todos los asuntos relacionados con la Constitución)".

Con fundamento en los razonamientos anteriores, la Sala Constitucional declaró que la competencia expresada en los artículos 7 y 8 de la Ley Orgánica de Amparo sobre Derechos y Garantías Constitucionales se distribuirá así:

b'. *Competencia de la Sala Constitucional en única instancia*

En cuanto a la competencia para conocer de acciones de amparo en única instancia que Ley Orgánica atribuía a la Sala Político Administrativa de la Corte Suprema de Justicia, la Sala Constitucional en la citada sentencia señaló:

> 1. Corresponde a la Sala Constitucional, por su esencia, al ser la máxima protectora de la Constitución y además ser el garante de la supremacía y efectividad de las normas y principios constitucionales, de acuerdo con el artículo 335 de la Constitución de la República Bolivariana de Venezuela, el conocimiento directo, en única instancia, de las acciones de amparo a que se refiere el artículo 8 de la Ley Orgánica de Amparo sobre Derechos y Garantías Constitucionales, incoadas contra los altos funcionarios a que se refiere dicho artículo, así como contra los funcionarios que actúen por delegación de las atribuciones de los anteriores. Igualmente, corresponde a esta Sala Constitucional, por los motivos antes expuestos, la competencia para conocer de las acciones de amparo que se intenten contra las decisiones de última instancia emanadas de los Tribunales o Juzgados Superiores de la República, la Corte Primera de lo Contencioso Administrativo y las Cortes de Apelaciones en lo Penal que infrinjan directa e inmediatamente normas constitucionales.

c'. *Competencia de la Sala Constitucional en Segunda Instancia*

En cuanto a las competencias en Segunda instancia, la Sala Constitucional las comentó, indicando lo siguiente:

> 2. Asimismo, corresponde a esta Sala conocer las apelaciones y consultas sobre las sentencias de los Juzgados o Tribunales Superiores aquí señalados, de la Corte Primera de lo Contencioso Administrativo y las Cortes de Apelaciones en lo Penal, cuando ellos conozcan la acción de amparo en Primera Instancia.

#### d'. *Competencia de los Tribunales de Primera Instancia*

En cuanto a la competencia de los Tribunales de Primera Instancia en materia de amparo, la Sala Constitucional dispuso lo siguiente:

> 3. Corresponde a los Tribunales de Primera Instancia de la materia relacionada o afín con el amparo, el conocimiento de los amparos que se interpongan, distintos a los expresados en los números anteriores, siendo los Superiores de dichos Tribunales quienes conocerán, las apelaciones y consultas que emanen de los mismos, de cuyas decisiones no habrá apelación ni consulta.
>
> 4. En materia penal, cuando la acción de amparo tenga por objeto la libertad y seguridad personales, será conocida por el Juez de Control, a tenor del artículo 60 del Código Orgánico Procesal Penal, mientras que los Tribunales de Juicio Unipersonal serán los competentes para conocer los otros amparos de acuerdo la naturaleza del derecho o garantía constitucional violado o amenazado de violación, que sea afín con su competencia natural. Las Cortes de Apelaciones conocerán de las apelaciones y consultas de las decisiones que se dicten en esos amparos…

#### e'. *El control difuso de la constitucionalidad y la competencia de amparo*

A pesar de la restricción que la Sala impuso sobre las competencias de amparo, en cuanto al control difuso de la constitucionalidad la Sala señaló lo siguiente:

> Reconoce esta Sala que a todos los Tribunales del país, incluyendo las otras Salas de este Supremo Tribunal, les corresponde asegurar la integridad de la Constitución, mediante el control difuso de la misma, en la forma establecida en el artículo 334 de la Constitución de República Bolivariana de Venezuela, pero ello no les permite conocer mediante la acción de amparo las infracciones que se les denuncian, salvo los Tribunales competentes para ello que se señalan en este fallo, a los que hay que agregar los previstos en el artículo 9 de la Ley Orgánica de Amparo Sobre Derechos y Garantías Constitucionales…
>
> Dentro de la interpretación de las normas constitucionales que puede realizar esta Sala, conforme al citado artículo 335, se encuentra, como se dijo, el establecer el contenido y alcance de las normas constitucionales, por lo que normas que colidan con la Constitución de la República Bolivariana de Venezuela, quedan sin efecto alguno, y así se declara.

#### f'. *La competencia en materia de amparo ejercida conjuntamente con la acción de nulidad contencioso administrativa*

En cuanto al ejercicio conjunto de la acción de amparo con la acción contencioso administrativo de nulidad prevista en el artículo 5° de la Ley Orgánica de Amparo, la Sala en la antes mencionada sentencia señaló lo siguiente:

> Consecuente con la doctrina sobre la competencia que la Sala desarrolla en este fallo, así como con el principio antes expuesto que las leyes cuyos artículos no colidan con la Constitución, continúan vigentes, pasa la Sala a interpretar la

competencia de los tribunales que deban conocer los amparos previstos en el artículo 5° de la Ley Orgánica de Amparo Sobre Derechos y Garantías Constitucionales.

Dicho artículo, a juicio de esta Sala, no colide con la Constitución y por lo tanto, tiene plena vigencia, y según él, las acciones de amparo pueden ejercerse conjuntamente con el recurso contencioso administrativo de nulidad de actos administrativos o contra las conductas omisivas.

Al estar vigente el citado artículo 5°, surge una excepción a la doctrina sobre la competencia en materia de amparo, contenida en este fallo, y es que los tribunales, incluyendo las Salas de este Supremo Tribunal, que conozcan de procesos de nulidad de actos administrativos de efectos particulares, o contra negativas o abstenciones de la Administración, mediante recursos contenciosos administrativos, podrán a su vez conocer de los amparos previstos en el artículo 5° de la Ley Orgánica de Amparo Sobre Derechos y Garantías Constitucionales, siempre que el recurso de nulidad o por abstención de la Administración, no se funde en una infracción directa e inmediata de la Constitución, y siempre que la acción de amparo no se encuentre caduca.

Resultado de la doctrina que se expone, es que las Salas de este Tribunal Supremo de Justicia que conocen amparos que no se han ejercido conjuntamente con recursos contenciosos administrativos, remitirán a esta Sala las acciones de amparo que venían tramitando, mientras que la Sala Político-Administrativa y la Sala Electoral seguirán conociendo los amparos que se ejercieron o se ejerzan conjuntamente con el recurso contencioso administrativo o electoral de anulación de actos o contra las conductas omisivas.

d. *El voto salvado del Magistrado Peña Torrelles*

En relación con esta sentencia, de la Sala Constitucional del 20-01-00 el Magistrado Héctor Peña Torrelles, salvó su voto al considerar que tanto del artículo 334 como del 336 de la Constitución emerge:

> "...de forma indubitable, que el criterio acogido por el Constituyente para definir las competencias de la Sala Constitucional, atiende *al rango de las actuaciones objeto de control*, esto es, que dichas actuaciones tienen una relación directa con la Constitución, por ser en unos casos actos dictados en ejecución directa e inmediata de la misma, y, en otros, omisiones de obligaciones indispensables para garantizar el cumplimiento de la Constitución. Así las cosas, *la normativa constitucional aludida imposibilita una eventual interpretación que tienda a identificar las competencias de la Sala Constitucional con los vicios de inconstitucionalidad que se imputen a otros actos o con las actuaciones de determinados funcionarios u órganos del Poder Público.*
>
> Concretamente, por lo que respecta a la competencia para conocer del amparo constitucional, quien suscribe considera que a los efectos de determinarla debe partirse de la Disposición Derogatoria Única de la Constitución de 1999, la cual señala que "*queda derogada la Constitución de la República de Venezuela decretada el veintitrés de enero de mil novecientos sesenta y uno.*

*El resto del ordenamiento jurídico mantendrá su vigencia en todo lo que no contradiga a esta Constitución*".

Por otro lado, se observa que el artículo 27 de la Constitución vigente, consagra la garantía de los ciudadanos para ser amparados en el goce y ejercicio de los derechos y garantías constitucionales, indicándose, que el procedimiento a seguirse "*será oral, público, breve, gratuito y no sujeto a formalidad, y la autoridad judicial competente tendrá potestad para restablecer inmediatamente la situación jurídica infringida a la situación que más se asemeje a ella. Todo el tiempo será hábil y el tribunal lo tramitará con preferencia a cualquier otro asunto.*

La norma no establece una competencia exclusiva en materia de amparo constitucional, salvo la prevista en el numeral 10 del artículo 336 de la Constitución que consagra un recurso extraordinario de revisión de las sentencias de amparo dictadas por los diferentes tribunales. Por lo que en materia de competencia, queda vigente la Ley Orgánica de Amparo sobre Derechos y Garantías Constitucionales, siendo necesario adaptar sus criterios atributivos de competencia a la nueva Constitución.

El fallo que antecede se pronunció al respecto, sin embargo, a juicio de quien suscribe debió ser más preciso en cuanto a la competencia de esta Sala Constitucional en determinados casos.

Así, con respecto a la interpretación de la norma prevista en el artículo 8 de la Ley Orgánica de Amparo sobre Derechos y Garantías Constitucionales, quien suscribe coincide con que esta Sala debe asumir el conocimiento de los amparos intentados contra los Altos funcionarios que se mencionan en dicha norma, pero cuando sus actuaciones sean análogas a las previstas en el artículo 336 de la Constitución, esto es, cuando se trate de actos dictados en ejecución directa e inmediata de la Constitución u omisiones de las medidas indispensables para garantizar el cumplimiento de la misma. Este razonamiento coincide tanto con la previsión contenida en el artículo 8, como con la intención del Constituyente que, al establecer las competencias de esta Sala, asumió como criterio el rango de las actuaciones objeto de control de constitucionalidad. En efecto, para precisar la afinidad de una Sala con un caso concreto deberá establecerse el ámbito de las relaciones jurídicas donde surgen las presuntas violaciones constitucionales, correspondiendo el conocimiento a la Sala Constitucional, de las acciones de amparo interpuestas contra las actuaciones de los sujetos a que alude el artículo 8, cuando como fuera señalado las mismas se refieran a las establecidas en sus competencias, es decir, los actos dictados en ejecución directa e inmediata de la Constitución o las omisiones constitucionales…

Por lo anterior, en opinión de quien suscribe, el artículo 35 de la Ley Orgánica de Amparo sobre Derechos y Garantías Constitucionales, que prevé las apelaciones o consultas en materia de amparo, es preciso al indicar que la misma corresponde al Tribunal Superior respectivo atendiendo a la materia del caso concreto. En el mismo sentido, el artículo 4 *ejusdem* que consagra el acción debe interponerse "*...por ante un tribunal superior al que emitió el pronuncia-*

*miento"*. Por lo tanto, la competencia de los amparos contra sentencias será del órgano jurisdiccional superior al que emitió la sentencia presuntamente lesiva de derechos constitucionales, de acuerdo con la materia respectiva.

De lo anterior, se colige que, hasta tanto no exista una modificación de dicha norma o la existencia de otra disposición que atribuya tal competencia a la Sala Constitucional, ésta no podrá asumir tal conocimiento, ya que tal proceder constituiría una alteración del régimen procesal previsto en la Ley Orgánica de Amparo sobre Derechos y Garantías Constitucionales, materia esta (legislación procesal) que es de la estricta reserva legal, por estar atribuida al Poder Legislativo Nacional.

Este criterio fue ratificado por el Magistrado Peña Torrelles en su voto salvado a la sentencia Nº 12 de fecha 08-02-2000 de la misma Sala Constitucional, al señalar que:

> No era la intención del Constituyente -como lo ha entendido la mayoría de la Sala- centralizar las competencias en materia de amparo constitucional atribuidas al más Alto Tribunal de la República en una sola de sus Salas. De allí que, la Sala debió interpretar que en materia de competencias para conocer del amparo permanecían incólumes las normas atributivas de competencia previstas en la Ley Orgánica de Amparo sobre Derechos y Garantías Constitucionales, de acuerdo con la evolución jurisprudencial que hasta entonces habían mantenido de forma reiterada tanto la Corte Suprema de Justicia como el resto de los tribunales de la República.
>
> En el caso concreto de las apelaciones o consultas, la norma contenida en el artículo 35 de la Ley Orgánica de Amparo sobre Derechos y Garantías Constitucionales, que prevé las apelaciones o consultas de las sentencias dictadas en materia de amparo, es precisa al indicar que las mismas corresponden al *Tribunal Superior respectivo* atendiendo a la materia del caso concreto. Ahora bien, cuando dicho artículo alude a los "*Tribunales Superiores*", no se refiere necesariamente al Tribunal de Alzada, sino a un tribunal jerárquicamente superior dentro de la organización de los tribunales de la República con competencia en la materia a fin a la relación jurídica dentro de la cual ocurrió la presunta violación de derechos constitucionales, tal como lo entendió tanto la doctrina como la jurisprudencia patria, atendiendo al hecho de que la especialización de los tribunales contribuye a las soluciones más idóneas y eficaces en cada caso. De allí que, estima el disidente, el criterio de la afinidad de los derechos o garantías constitucionales se debió mantener igualmente entre las distintas Salas del Tribunal Supremo, adecuándose a las competencias de las nuevas Salas de la forma siguiente: para precisar la afinidad de una Sala con un caso concreto debe establecerse el ámbito de las relaciones jurídicas donde surgieron las presuntas violaciones constitucionales correspondiendo el conocimiento a aquella Sala cuyo ámbito material de competencia sea análogo a la relación jurídica involucrada (administrativa, civil, penal, laboral, agraria, electoral, mercantil, etc.).
>
> De lo anterior, se desprende que, la competencia para conocer de las apelaciones y consultas de las decisiones dictadas, en materia de amparo por los Juzgados Superiores, la Corte Primera de lo Contencioso-Administrativo y Cortes de Apelaciones en lo Penal, debe distribuirse, según la materia entre las distin-

tas Salas del Tribunal Supremo de Justicia. No existe, -como señalara- en el texto constitucional ninguna norma que atribuya a esta Sala competencia para conocer en segunda instancia de las acciones de amparo, por lo que, hasta tanto no hubiese una modificación del artículo 35 de la Ley Orgánica de Amparo sobre Derechos y Garantías Constitucionales o la existencia de otra disposición que atribuyese tal competencia a la Sala Constitucional, ésta no debió asumir tal conocimiento. Por el contrario, debió permanecer inalterado el régimen competencial que se ha seguido en esta materia, el cual es similar al previsto en el resto del ordenamiento jurídico venezolano, en virtud de que, dicho régimen permanece vigente por no contradecir ninguna norma constitucional tal como lo establece la Disposición Derogatoria Única de la Constitución de 1999.

La modificación de las competencias realizadas por la mayoría sentenciadora, constituye -a juicio de quien disiente- una alteración del régimen procesal previsto en la Ley Orgánica de Amparo sobre Derechos y Garantías Constitucionales, materia esta (legislación procesal) que es de la estricta reserva legal, por estar atribuida al Poder Legislativo Nacional, de conformidad con el numeral 32 del artículo 156 de la Constitución de la República Bolivariana de Venezuela.

e. *Los efectos "derogatorios" de la sentencia de la Sala y las recomendaciones de la Exposición de Motivos*

En esta forma, la Sala Constitucional, aún reconociendo la vigencia de la Ley Orgánica de Amparo, al formular la interpretación contenida en las sentencias antes citadas, en nuestro criterio "derogó" disposiciones de dicha Ley Orgánica. Sin embargo, y por vía de excepción, consideró que las otras Salas y los Tribunales Contencioso Administrativos si debían seguir siendo competentes para conocer de las acciones de amparo ejercidas conjuntamente con recursos contencioso administrativos de anulación.

Estimamos que la Sala Constitucional se extralimitó en su interpretación de la Constitución, pues del texto de la misma no resulta competencia exclusiva alguna de la Sala para conocer de las acciones de amparo que se intenten ante el Tribunal Supremo o de las apelaciones o consultas en relación con sentencias de amparo dictadas por la Corte Primera de lo Contencioso Administrativa, las Cortes de Apelaciones en lo Penal o los Tribunales Superiores[383]. La Sala Constitucional sólo tiene competencia exclusiva para ejercer la Jurisdicción Constitucional, pero no para actuar como único juez constitucional.

Por otra parte, en cuanto a la interpretación de la Sala de que los Tribunales Contencioso Administrativos (incluidos la Sala Político Administrativa y la Sala Electoral) pueden continuar conociendo de las acciones de amparo intentadas conjuntamente con acciones de nulidad contra actos administrativos, debe destacarse que fue condicionada en la sentencia citada a:

> "siempre que el recurso de nulidad o por abstención de la Administración, no se funde en una infracción directa e inmediata de la Constitución..."

383 Confróntese la apreciación coincidente de Jesús María Casal, *Constitución y Justicia Constitucional,* Caracas, 2000, p. 91.

Debe señalarse que esta salvedad es totalmente contraria a lo previsto en la Constitución en cuanto a la competencia de la Jurisdicción Contencioso Administrativa, definida por el objeto de impugnación, que son los actos administrativos (incluidos los Reglamentos) y no por los motivos de impugnación. La salvedad indicada en la sentencia podría conducir a que la Sala Constitucional estuviese tentada a interpretar que toda impugnación de un Reglamento o acto administrativo por violación "directa e inmediata de la Constitución" escaparía de la competencia de las Salas Político Administrativa o Electoral y de los demás tribunales contencioso administrativos, y sería competencia de la Sala Constitucional. Ello no sólo sería contrario al texto de la Constitución, sino que desquiciaría el sistema contencioso administrativo, cuya Jurisdicción se identifica por el objeto de impugnación (actos administrativos); desquiciamiento que en forma infructuosa algunas sentencias de la Sala Político Administrativo trataron de hacer en el pasado, al pretender distinguir un recurso de inconstitucionalidad de un supuesto recurso de ilegalidad[384].

Afortunadamente, sin embargo, la propia Sala Constitucional ha descartado este criterio en sentencia Nº 194 de 04-04-2000 en la cual desaplicó el artículo 181 de la Ley Orgánica de la Corte Suprema de Justicia; sentencia a la cual hacemos referencia más adelante.

En todo caso, como lo ha señalado el Magistrado Héctor Peña Torrelles en el voto salvado a la sentencia de la Sala Constitucional de 20-01-2000 (Caso: *Domingo Gustavo Ramírez Monja*),

> "la normativa constitucional aludida imposibilita una eventual interpretación que tienda a identificar las competencias de la Sala Constitucional con los vicios de inconstitucionalidad que se imputen a otros actos o con las actuaciones de determinados funcionarios u órganos del Poder Público".

En nuestro criterio, la conclusión que deriva del texto de la Constitución es que todas las Salas del Tribunal Supremo, en el ámbito de sus respectivas competencias, pueden y deben conocer de acciones de amparo sobre derechos y garantías constitucionales; y nada establece el texto constitucional de lo cual pueda derivarse alguna posibilidad de concentración de la competencia en materia de amparo constitucional en la Sala Constitucional, tal y como lo ha hecho la Sala al establecer la antes mencionada "interpretación vinculante".

Sin embargo, en la "Exposición" *publicada con posterioridad* a la sentencia antes citada, se afirma como "orientación" o "guía" al legislador, que con motivo de la creación de la Sala Constitucional:

> "de la entrada en vigencia de la Constitución y de la naturaleza esencialmente constitucional de los derechos humanos y de la acción de amparo, la Sala Constitucional *podrá asumir las competencias que en materia de amparo constitucional tenían las diferentes Salas* de la extinta Corte Suprema de Justicia, en los casos de amparo autónomo contra altas autoridades de rango constitucional,

384 *V.*, sentencia de 28-06-83, Caso *Cenadica*, en Allan R. Brewer-Carías y Luis Ortiz Álvarez, *Las grandes decisiones de la Jurisprudencia Contencioso-Administrativa,* Caracas 1996, p. 573 y ss. *V.*, la crítica ha esta sentencia en Allan R. Brewer-Carías, *Instituciones Políticas y Constitucionales.* T. VII. *La justicia contencioso-administrativa, cit.* p. 28 y ss.

amparo contra decisiones judiciales y apelaciones o consultas en amparo, dado que la Sala Constitucional pasa a ser la Sala del Tribunal Supremo con *competencia afín* para conocer y decidir tales asuntos".

La verdad es que nada autoriza del texto constitucional, para llegar a esta absurda "recomendación"[385]. Ante todo, porque es falso que la Sala Constitucional sea la única que tenga "competencia afín" para conocer de amparos constitucionales. Es cierto lo de la "naturaleza esencialmente constitucional de los derechos humanos" pero ello no puede conducir a pensar que la Sala Constitucional sea la única en el Tribunal Supremo que conoce de cuestiones constitucionales. La Sala Político Administrativa y la Sala Electoral también conocen de cuestiones constitucionales cuando deciden recursos de nulidad contra actos administrativos por "contrariedad al derecho" (lo que conlleva la inconstitucionalidad); y las Salas de Casación también conocen de cuestiones de constitucionalidad, cuando casan las sentencias. Por tanto, es totalmente falso afirmar que sólo la Sala Constitucional sería la que tendría competencia para conocer de acciones de amparo, dada la afinidad de la naturaleza constitucional de los derechos humanos con las competencias de control de constitucionalidad que tiene.

Por otra parte, en nuestro criterio, concentrar en la Sala Constitucional el conocimiento de todas las acciones de amparo de las que conocen las diversas Salas del Tribunal Supremo, es totalmente inconveniente para el adecuado funcionamiento de la justicia constitucional y para la protección de los derechos y garantías constitucionales, lo que exige una competencia definitivamente difusa en materia de amparo constitucional.

Por lo demás, no se entiende cómo la "Exposición de Motivos" de la Constitución formula estas recomendaciones al legislador, cuando del texto de la misma no se deriva intención alguna de que "sólo la Sala Constitucional, será competente para resolver las acciones de amparo en el Tribunal Supremo de Justicia". Ello puede que lo piense o piensen quien o quienes redactaron la "Exposición", pero ello ni fue discutido en la Asamblea Nacional Constituyente, ni es "motivo" alguno respecto de alguna norma constitucional. Ninguna norma siquiera sugiere que eso pueda ocurrir.

### B. *La ilegítima orientación al legislador contenida en la "Exposición de Motivos" de la Constitución sobre el ejercicio de pretensiones de amparo conjuntamente con otras acciones judiciales*

Por otra parte, también debe destacarse la ilegítima inclusión, en la "Exposición", de una "orientación" para la reforma de la legislación sobre amparo y sobre lo contencioso administrativo, que no deriva del texto constitucional.

En efecto, como se dijo, el artículo 27 de la Constitución definitivamente reguló el amparo como un derecho constitucional, y no sólo como una específica garantía adjetiva (acción de amparo), por lo que los Tribunales pueden ser requeridos para asegurar la protección de los derechos y garantías constitucionales mediante múltiples acciones, recursos o medios judiciales, tanto mediante el ejercicio de la acción

385 *V.*, en sentido coincidente, la apreciación de Jesús María Casal, *Constitución y Justicia Constitucional, op. cit.*, p. 111.

autónoma de amparo como acumulando la pretensión de amparo con acciones judiciales ordinarias o contencioso administrativas. Por ello, precisamente, la previsión del artículo 5° de la Ley Orgánica de Amparo sobre Derechos y Garantías Constitucionales que permite el ejercicio de la pretensión de amparo conjuntamente con el recurso contencioso administrativo de anulación[386].

Ahora bien, en virtud de la absurda propuesta de la "Exposición" de que la Sala Constitucional supuestamente "será competente para resolver las acciones de amparo en el Tribunal Supremo" entonces su redactor o redactores han propuesto que en forma obligatoria:

> "la ley orgánica respectiva *deberá* eliminar la acción de amparo que se ejerce conjuntamente con el recurso contencioso administrativo de nulidad y que permite a las Salas Político-Administrativa y Electoral, suspender los efectos de los actos administrativos cuya nulidad les corresponde conocer y decidir".

De nuevo encontramos en este párrafo una recomendación que nada tiene que ver con "Exposición de Motivos" alguna de una norma constitucional. Nada, en la Constitución de 1999, sugiere que esa haya sido la intención del Constituyente, por lo que no pasa de ser la opinión personal del redactor o redactores de la "Exposición"[387].

Al contrario, la intención del Constituyente en materia de amparo, antes que eliminar el carácter de "derecho constitucional" del amparo, que dio origen a la previsión del artículo 5° de la Ley Orgánica de Amparo, fue reforzar en el artículo 27 dicha naturaleza como "derecho" de amparo[388]. Lo que se buscó asegurar con dicho artículo 5° de la Ley Orgánica de Amparo, en todo caso, es una actuación judicial cautelar más expedita que la normal del contencioso administrativo, cuando está de por medio la violación de un derecho constitucional. Si ello se resuelve regulando *in extenso,* en el régimen del contencioso administrativo, la potestad cautelar del juez, pues bienvenida sea la regulación; pero ello nada tiene que ver con la "Exposición de Motivos" de una Constitución, donde no hay norma alguna que sugiera la propuesta.

Ello también se puede argumentar respecto del párrafo de la "Exposición" destinado a proponer que la futura ley orgánica modifique el sistema de condiciones de admisibilidad de los recursos contencioso administrativos de nulidad (eliminación de la exigencia de agotamiento de la vía administrativa o del lapso de caducidad) cuando se aleguen vicios de inconstitucionalidad o nulidad absoluta. La reforma propuesta, sin duda, puede considerarse cónsona con las nuevas tendencias del contencioso administrativo, como lo hemos dicho desde hace años[389], pero nada tienen que ver con la "Exposición de Motivos" de la Constitución, donde nada de eso se regula.

---

386 *V.*, sobre el origen de esta norma en la discusión del Proyecto de Ley Orgánica de Amparo en Allan R. Brewer-Carías, *Estudios de Derecho Público,* T. III, *(Labor en el Senado 1985-1987),*Caracas, 1989, p. 209.

387 *V.*, en sentido coincidente en cuanto a la crítica, Jesús María Casal, *Constitución y Justicia Constitucional, op. cit.* p. 112

388 *V.*, Allan R. Brewer-Carías, *Debate Constituyente,* T. II, *op. cit.* p. 92 y ss.

389 *V.*, Allan R. Brewer-Carías, *Nuevas tendencias en el Contencioso Administrativo,* Caracas, 1993, p. 138 y 150.

En igual sentido debe mencionarse la propuesta de que la futura ley orgánica "elimine" la acción de amparo cautelar que se ejerce conjuntamente con la acción popular de inconstitucionalidad (art. 3 Ley Orgánica de Amparo), y que se consagró, también, para garantizar el amparo como un "derecho constitucional". Su eliminación también es posible si se regula lo mismo como poder cautelar del juez, como lo dice el redactor o redactores de la "Exposición":

> "incluyendo la suspensión de los efectos de la norma cuya nulidad se solicite, únicamente para la situación concreta de los accionantes, partes o terceros que intervinieren en el proceso y mientras dure el juicio de nulidad correspondiente".

De eso precisamente se trataba, por lo que regular lo mismo dentro de los poderes cautelares del juez constitucional, nada añade. Lo que no tiene sentido es la formulación de la propuesta en la "Exposición de Motivos" de una Constitución donde no hay norma alguna que siquiera permita "sugerir" tal reforma.

### C. *Las nuevas normas procesales relativas a los juicios de amparo*

La Sala Constitucional del Tribunal Supremo de Justicia, por otra parte, en diversas sentencias ha modificado el procedimiento en materia de amparo, también en forma irregular, pues con ello ha actuado como legislador positivo.

#### a. *Las nuevas normas procesales en los casos de acción autónoma de amparo*

En efecto, la Sala Constitucional del Tribunal Supremo de Justicia, en sus primeras sentencias de 2000, también "interpretó" el artículo 27 de la Constitución que regula la acción de amparo y procedió a "adaptar" el procedimiento regulado en la Ley Orgánica de Amparo sobre Derechos y Garantías Constitucionales, al texto de la nueva Constitución, estableciendo en realidad un *nuevo procedimiento* que impropiamente modifica o reforma el regulado en la Ley Orgánica.

Así, en la sentencia Nº 7 de 01-02-2000 (Caso: *José A. Mejía y otros*), la Sala, teniendo en cuenta que por mandato del artículo 27 de la Constitución el procedimiento de la acción de amparo constitucional "será oral, público, breve, gratuito y no sujeto a formalidades"; siendo las características de oralidad y ausencia de formalidades que rigen estos procedimientos, las que permiten que la autoridad judicial restablezca inmediatamente, a la mayor brevedad, la situación jurídica infringida o la situación que más se asemeje a ella; y considerando que el artículo 27 de la Constitución es de aplicación inmediata; estimó que debía "adaptar" el procedimiento de amparo establecido en la Ley Orgánica de Amparo sobre Derechos y Garantías Constitucionales a las prescripciones del artículo 27 de la Constitución, aplicando además, el 49 de la Constitución que impone el debido proceso, cuyos elementos deben estar presentes en el procedimiento de amparo cuyas normas procesales también deben adecuarse a dicha norma, de manera que:

> "... el agraviante, tiene derecho a que se le oiga a fin de defenderse, lo que involucra que se le notifique efectivamente de la solicitud de amparo; de disponer del tiempo, así sea breve, para preparar su defensa; de la posibilidad, que tienen todas las partes, de contradecir y controlar los medios de prueba ofrecidos por el promovente, y por esto el procedimiento de las acciones de amparo deberá contener los elementos que conforman el debido proceso".

Como consecuencia de esta orientación:

"...la Sala Constitucional, obrando dentro de la facultad que le otorga el artículo 335 *ejusdem,* de establecer interpretaciones sobre el contenido y alcance de las normas y principios constitucionales, las cuales serán en materia de amparo vinculantes para los tribunales de la República, interpreta los citados artículos 27 y 49 de la Constitución de la República Bolivariana de Venezuela, en relación con el procedimiento de amparo previsto en la Ley Orgánica de Amparo sobre Derechos y Garantías Constitucionales, distinguiendo si se trata de amparos contra sentencias o de los otros amparos, excepto el cautelar, de la siguiente forma:

a'. *El procedimiento en la acción de amparo que no sea contra sentencias*

a''. *Inicio del procedimiento*

De acuerdo con la sentencia N° 7 de la Sala Constitucional:

1. Con relación a *los amparos que no se interpongan contra sentencias,* tal como lo expresan los artículos 16 y 18 de la Ley Orgánica de Amparo sobre Derechos y Garantías Constitucionales, el proceso se iniciará por escrito o en forma oral conforme a lo señalado en dichos artículos;

a'''. *La indicación, con la solicitud, de los medios de prueba*

La sentencia de la Sala Constitucional agrega que:

"...pero el accionante además de los elementos prescritos en el citado artículo 18 deberá también señalar en su solicitud, oral o escrita, las pruebas que desea promover, siendo esta una carga cuya omisión produce la preclusión de la oportunidad, no solo la de la oferta de las pruebas omitidas, sino la de la producción de todos los instrumentos escritos, audiovisuales o gráficos, con que cuenta para el momento de incoar la acción y que no promoviere y presentare con su escrito o interposición oral; prefiriéndose entre los instrumentos a producir los auténticos".

b'''. *El principio de la libertad de medios probatorios*

En general, sobre los medios de prueba, la sentencia N° 7 de la Sala Constitucional dispuso:

"El principio de libertad de medios regirá estos procedimientos, valorándose las pruebas por la sana critica, excepto la prueba instrumental que tendrá los valores establecidos en los artículos 1359 y 1360 del Código Civil para los documentos públicos y en el artículo 1363 del mismo Código para los documentos privados auténticos y otros que merezcan autenticidad, entre ellos los documentos públicos administrativos".

b''. *Admisión de la solicitud*

Presentada la solicitud de amparo, conforme a la sentencia de la Sala:

"Los Tribunales o la Sala Constitucional que conozcan de la solicitud de amparo, por aplicación de los artículos de la Ley Orgánica de Amparo sobre Derechos y Garantías Constitucionales, admitirán o no el amparo, ordenarán que se amplíen los hechos y las pruebas, o se corrijan los defectos u omisiones de la solicitud, para lo cual se señalará un lapso, también preclusivo. Todo ello conforme a los artículos 17 y 19 de la Ley Orgánica de Amparo sobre Derechos y Garantías Constitucionales".

c''. *Citación y notificaciones para la audiencia constitucional*

Una vez admitida la acción, de acuerdo con la sentencia de la Sala Constitucional:

"... se ordenará la citación del presunto agraviante y la notificación del Ministerio Público, para que concurran al tribunal a conocer el día en que tendrá lugar la audiencia oral, la cual tendrá lugar, tanto en su fijación como para su practica, dentro de las noventa y seis (96) horas a partir de la última notificación efectuada.

Para dar cumplimiento a la brevedad y falta de formalidad, la notificación podrá ser practicada mediante boleta, o comunicación telefónica, fax, telegrama, correo electrónico, o cualquier medio de comunicación interpersonal, bien por el órgano jurisdiccional o bien por el Alguacil del mismo, indicándose en la notificación la fecha de comparecencia del presunto agraviante y dejando el Secretario del órgano jurisdiccional, en autos, constancia detallada de haberse efectuado la citación o notificación y de sus consecuencias".

d''. *Audiencia constitucional*

a'''. *Audiencia pública y oral y pruebas del presunto agraviante*

Conforme a la sentencia de la Sala,

"En la fecha de la comparecencia que constituirá una audiencia oral y pública, las partes, oralmente, propondrán sus alegatos y defensas ante la Sala Constitucional o el tribunal que conozca de la causa en primera instancia, y esta o este decidirá, si hay lugar a pruebas, caso en que el presunto agraviante podrá ofrecer las que considere legales y pertinentes, ya que este es el criterio que rige la admisibilidad de las pruebas. Los hechos esenciales para la defensa del agraviante, así como los medios ofrecidos por él se recogerán en un acta, al igual que las circunstancias del proceso".

b'''. *Preguntas del Juez Constitucional*

La sentencia de la Sala señaló:

"Los Jueces Constitucionales siempre podrán interrogar a las partes y a los comparecientes".

c'''. *Efectos de la falta de comparencia a la audiencia constitucional*

La Sala, en la sentencia citada, dispuso que

"La falta de comparecencia del presunto agraviante a la audiencia oral aquí señalada producirá los efectos previstos en el artículo 23 de la Ley Orgánica de Amparo Sobre Derechos y Garantías Constitucionales.

La falta de comparecencia del presunto agraviado dará por terminado el procedimiento, a menos que el Tribunal considere que los hechos alegados afectan el orden público, caso en que podrá inquirir sobre los hechos alegados, en un lapso breve, ya que conforme al principio general contenido en el artículo 11 del Código de Procedimiento Civil y el artículo 14 de la Ley Orgánica de Amparo Sobre Derechos y Garantías Constitucionales, en materia de orden público el juez podrá tomar de oficio las providencias que creyere necesarias".

d'''. *Régimen de litis consorcios*

La Sala, respecto de litis consorcios, señaló:

"En caso de *litis consorcios* necesarios activos o pasivos, cualquiera de los *litis consortes* que concurran a los actos, representará al consorcio".

e''. *Pruebas*

a'''. *Admisión y evacuación*

En relación con las pruebas, la Sala señaló:

"El órgano jurisdiccional, en la misma audiencia, decretará cuáles son las pruebas admisibles y necesarias, y ordenará, de ser admisibles, también en la misma audiencia, su evacuación, que se realizará en ese mismo día, con inmediación del órgano en cumplimiento del requisito de la oralidad o podrá diferir para el día inmediato posterior la evacuación de las pruebas".

b'''. *Grabación y registro de las actuaciones en cuanto a pruebas*

Sobre el desarrollo de la actividad probatoria en la audiencia la Sala estableció que:

"Cuando se trate de causas que cursen ante tribunales cuyas decisiones serán conocidas por otros jueces o por esta Sala, por la vía de la apelación o consulta, en cuanto a las pruebas que se evacuen en las audiencias orales, se grabarán o registrarán las actuaciones, las cuales se verterán en actas que permitan al juez de la Alzada conocer el devenir probatorio. Además, en la audiencia ante el Tribunal que conozca en primera instancia en que se evacuen estas pruebas de lo actuado, se levantará un acta que firmarán los intervinientes. El artículo 189 del Código Procedimiento Civil regirá la confección de las actas, a menos que las partes soliciten que los soportes de los actas se envíen al Tribunal Superior".

f''. *Procedimiento no sujeto a formalidades*

En cuanto a los principios generales del procedimiento la sentencia de la Sala señaló que:

"Debido al mandato constitucional de que el procedimiento de amparo no estará sujeto a formalidades, los trámites como se desarrollarán las audiencias y la evacuación de las pruebas, si fueran necesarias, las dictará en las audiencias el tribunal que conozca del amparo, siempre manteniendo la igualdad entre las partes y el derecho de defensa. Todas las actuaciones serán públicas, a menos que por protección a derechos civiles de rango constitucional, como el comprendido en el artículo 60 de la Constitución de la República Bolivariana de Venezuela, se decida que los actos orales sean a puerta cerrada, pero siempre con inmediación del tribunal".

g''. *Decisión*

De acuerdo con la sentencia de la Sala Constitucional:

"Una vez concluido el debate oral o las pruebas, el juez o el Tribunal en el mismo día estudiará individualmente el expediente o deliberará (en los caso de los Tribunales colegiados) y podrá:

a) decidir inmediatamente; en cuyo caso expondrá de forma oral los términos del dispositivo del fallo; el cual deberá ser publicado íntegramente dentro de los cinco (5) días siguientes a la audiencia en la cual se dictó la decisión correspondiente. El fallo lo comunicará el juez o el presidente del Tribunal Colegiado, pero la sentencia escrita la redactará el ponente o quien el Presidente del Tribunal Colegiado decida.

El dispositivo del fallo surtirá los efectos previstos en el artículo 29 de la Ley Orgánica de Amparo Sobre Derechos y Garantías Constitucionales, mientras que la sentencia se adaptará a lo previsto en el artículo 32 *ejusdem.*

b) Diferir la audiencia por un lapso que en ningún momento será mayor de cuarenta y ocho (48) horas, por estimar que es necesaria la presentación o evacuación de alguna prueba que sea fundamental para decidir el caso o a petición de alguna de las partes o del Ministerio Público".

h''. *Apelación y consulta*

En relación con la apelación y consulta de las sentencias de amparo, la sentencia de la Sala dispuso lo siguiente:

"Contra la decisión dictada en primera instancia, podrá apelarse dentro de los tres (3) días siguientes a la publicación del fallo, la cual se oirá en un sólo efecto a menos que se trate del fallo dictado en un proceso que, por excepción, tenga una sola instancia.

De no apelarse, pero ser el fallo susceptible de consulta, deberá seguirse el procedimiento seguido en el artículo 35 de la Ley Orgánica de Amparo Sobre Derechos y Garantías Constitucionales, esto es, que la sentencia será consultada con el Tribunal Superior respectivo, al cual se le remitirá inmediatamente el expediente, dejando copia de la decisión para la ejecución inmediata. Este Tribunal decidirá en un lapso no mayor de treinta (30) días. La falta de decisión equivaldrá a una denegación de justicia, a menos que por el volumen de consultas a decidir se haga necesario prorrogar las decisiones conforma al orden de entrada de las consultas al Tribunal de la segunda instancia".

b'. *El procedimiento en la acción de amparo contra sentencias*

En cuanto a las acciones de amparo contra sentencias, la sentencia de la Sala señaló lo siguiente:

"2. Cuando el *amparo sea contra sentencias,* las formalidades se simplificarán aún más y por un medio de comunicación escrita que deberá anexarse al expediente de la causa donde se emitió el fallo, inmediatamente a su recepción, se notificará al juez o encargado del Tribunal, así como a las partes en su domicilio procesal, de la oportunidad en que habrá de realizarse la audiencia oral, en la que ellos manifestarán sus razones y argumentos respecto a la acción. Los amparos contra sentencias se intentarán con copia certificada del fallo objeto de la acción, a menos que por la urgencia no pueda obtenerse a tiempo la copia certificada, caso en el cual se admitirán las copias previstas en el artículo 429 del Código Procedimiento Civil, no obstante en la audiencia oral deberá presentarse copia auténtica de la sentencia.

Las partes del juicio donde se dictó el fallo impugnado podrán hacerse partes, en el proceso de amparo, antes y aún dentro de la audiencia pública, mas no después, sin necesidad de probar su interés. Los terceros coadyuvantes deberán demostrar su interés legítimo y directo para intervenir en los procesos de amparo de cualquier clase antes de la audiencia pública.

La falta de comparecencia del Juez que dicte el fallo impugnado o de quien esté a cargo del Tribunal, no significará aceptación de los hechos, y el órgano que conoce del amparo, examinará la decisión impugnada".

c'. *Voto salvado del Magistrado Peña Torrelles*

En relación con esta decisión el Magistrado Héctor Peña Torrelles, salvó su voto en la siguiente forma:

"3. Por lo que respecta al procedimiento para tramitar el amparo que se establece en el fallo que antecede, observa quien disiente que en el mismo se han consagrado aspectos no previstos en la Ley Orgánica de Amparo sobre Derechos y Garantías Constitucionales, lo cual, lejos de ser una adaptación al artículo 27 de la Constitución vigente se convierte en un procedimiento nuevo y distintos conservando algunos de las fases que establece la Ley, violando de esta forma el principio de reserva legal en materia de procedimientos.

Quien suscribe está de acuerdo con el fallo por lo que se refiere a la necesaria adaptación de la Ley Orgánica de Amparo sobre Derechos y Garantías Constitucionales a los principios de oralidad e informalidad previstos en el citado artículo 27; sin embargo, considera que el exceso de rigorismo que se ha plasmado en materia probatoria atenta justamente contra la brevedad e informalidad del amparo, asimilándolo a un juicio ordinario civil. En este aspecto, ha debido dejarse al juez que conozca del caso concreto la determinación de la necesidad y forma de tramitación de la fase probatoria.

En todo caso, considero que el presunto agraviado deberá siempre probar sus alegatos, sin necesidad de que tenga que obligatoriamente indicar en la interposición de la acción cuáles medios utilizará a tales fines; por lo que, se atenta contra sus derechos constitucionales al fijarse la preclusión de la oportunidad para promover pruebas prevista en el fallo, por cuanto se están limitando su derechos a la defensa y a la tutela judicial efectiva mediante un mecanismo distinto al previsto en la Constitución.

En cuanto a otras particularidades de los medios probatorios, de los litisconsortes, y de las formas de notificación, no había necesidad de establecer lineamientos al respecto, porque la Ley Orgánica de Amparo sobre Derechos y Garantías Constitucionales permitía acudir de forma supletoria a las normas procesales en vigor (artículo 48).

Observa con preocupación el disidente que en el procedimiento establecido se haya consagrado una amplia gama de formas de notificación a los presuntos agraviantes, que además de no estar previstas en el ordenamiento procesal vigente, atenta contraría el principio de seguridad jurídica por cuanto en los casos de notificaciones vía teléfono, fax, correo electrónico *"o cualquier medio de notificación interpersonal",* no se ha establecido la forma en que se dejará constancia en el expediente de que la *notificación* ha cumplido su finalidad, esto es, poner en conocimiento del interesado de la admisión de un amparo interpuesto en su contra.

De otra parte, el disidente considera que no debe realizarse una fase oral en los amparos contra decisiones judiciales. En este punto, la Sala Constitucional debió acoger el razonamiento que la reiterada jurisprudencia sostuvo en este sentido. En efecto, los amparos contra decisiones judiciales constituye una excepción al principio de la cosa juzgada, por lo que se trata de un juicio de estricto derecho, donde no se analizarán las cuestiones de hecho del juicio donde se produjo la decisión impugnada; además, la sentencia debe bastarse a sí misma, y las infracciones de derechos constitucionales que puedan derivarse de la misma, no deberán requerir de otras defensas. Es por esta razón que se interpretó acertadamente que el informe del juez es meramente potestativo.

Finalmente, el disidente estima que, permitir a discreción del juez la alteración de los principios constitucionales en materia procesal desarrollados por la Ley, lejos de proteger a la Constitución, la convierte en un texto manejable con base en criterios de oportunidad o conveniencia del aplicador judicial, que en definitiva causa inseguridad jurídica en un Estado de Derecho, lo que se traduce en su desaparición".

De lo anterior resulta, por tanto, que en la actualidad, el procedimiento en la acción de amparo no está regulado en la Ley Orgánica de Amparo sino en una sentencia de la Sala Constitucional. La seguridad jurídica, en consecuencia, parecería que no es un valor fundamental en la mente de algunos Magistrados de dicha Sala, pues de lo contrario hubieran hecho una recomendación a la futura Asamblea Nacional para la reforma de la Ley Orgánica de Amparo.

b. *Las nuevas normas procesales en los casos de amparo cautelar ejercido conjuntamente con otra acción*

En relación con los casos de ejercicio conjunto de la pretensión de amparo con otras acciones, la Sala Constitucional también estableció modalidades nuevas de procedimiento, en la sentencia N° 88 de 14-03-2000 (Caso: *Ducharme de Venezuela, C.A.*), en la siguiente forma:

a'. *Modalidades de ejercicio de la acción de amparo*

La Sala comenzó indicando lo siguiente en relación con las modalidades de ejercicio de la acción de amparo:

> Observa esta Sala, que mediante la sentencia de la entonces Corte Suprema de Justicia en Pleno, del 21 de mayo de 1996, que anuló el artículo 22 de la Ley Orgánica de Amparo sobre Derechos y Garantías Constitucionales, se establecieron las distintas alternativas de tramitación de los amparos ejercidos de forma conjunta con otras acciones, basándose para ello en la potestad consagrada en el artículo 102 de la Ley Orgánica de la Corte Suprema de Justicia, en los siguientes términos:
>
> *"1.Tramitar la solicitud de amparo constitucional de conformidad con lo dispuesto en los artículos 23 y siguientes de la Ley Orgánica de Amparo.*
>
> *2. En caso de que la solicitud de amparo sólo tenga por objeto la suspensión de los efectos del acto administrativo recurrido, darle el mismo tratamiento de beneficio que la suspensión de efectos prevista en el artículo 136 de la Ley Orgánica de la Corte Suprema de Justicia.*
>
> *3. Si la solicitud de amparo tiene por objeto la obtención de una medida cautelar de las previstas en el parágrafo primero del artículo 588 del Código de Procedimiento Civil, tramitarla de conformidad con lo previsto en el Título II del Libro Tercero de dicho Código.*
>
> *No obstante, se observa que la potestad prevista en el artículo 102 de la Ley Orgánica de la Corte Suprema de Justicia otorgada al juez Contencioso Administrativo, le permite a éste la aplicación de otros procedimientos de acuerdo a la naturaleza del caso y a las exigencias de la protección constitucional.* (Subrayado de la Sala).
>
> Con fundamento en la sentencia parcialmente transcrita, en concordancia con el artículo 102 de la Ley Orgánica de la Corte Suprema de justicia, y atendiendo a los principios procesales consagrados en la nueva Constitución que se inspira en lograr la preservación de la tutela judicial efectiva y una pronta decisión a los asuntos sometidos a los órganos jurisdiccionales (artículo 26), esta Sala Constitucional del Tribunal Supremo de Justicia establece el siguiente procedimiento para tramitar *las acciones de nulidad interpuestas conjuntamente con medida cautelar de amparo*:

b'. *Admisibilidad de la acción principal*

La Sala ha establecido, como primer aspecto, la necesidad de que el juez se pronuncie sobre la admisibilidad de la acción principal, indicando lo siguiente:

1. Una vez recibida en esta Sala la acción de nulidad, interpuesta conjuntamente con amparo constitucional, el Juzgado de Sustanciación de la Sala decidirá mediante auto sobre la admisibilidad de la acción principal, a menos que por la urgencia del caso la Sala decida pronunciarse sobre la admisión de la misma, supuesto en que también la Sala se pronunciará sobre el amparo ejercido conjuntamente con la referida acción de nulidad.

2. En caso de que se declare inadmisible la acción principal, se dará por concluido ejercicio y se ordenará el archivo del expediente.

c'. *Cuaderno separado para la decisión del amparo cautelar*

Admitida la acción principal, de acuerdo con lo indicado por la Sala:

3.... en el mismo auto se ordenará abrir cuaderno separado en el cual se designará Ponente, a los efectos de decidir sobre el amparo constitucional.

4. El procedimiento de nulidad continuará su trámite por ante el Juzgado de Sustanciación, y la Sala decidirá sobre la procedencia o no del amparo constitucional.

d'. *Decisión sobre la pretensión y de amparo cautelar y convocatoria a la audiencia constitucional*

De acuerdo con la sentencia de la Sala,

En el caso que se acuerde el amparo se le notificará de dicha decisión al presunto agraviante, para que, si lo estima pertinente, formule oposición contra la medida acordada, dentro de las cuarenta y ocho (48) horas siguientes a su notificación, supuesto en el cual se convocará para una audiencia oral y pública que se efectuará en el tercer (3°) día siguiente a la formulación de la oposición, a fin de que las partes expongan sus alegatos.

En el auto en el que se fije la celebración de la audiencia oral y pública, se ordenará la notificación del Ministerio Público.

e'. *Decisión sobre el amparo luego de la audiencia*

De acuerdo con la sentencia antes citada, una vez concluido el debate oral, la Sala en el mismo día deliberará, y podrá:

a) Pronunciarse inmediatamente sobre la oposición, en cuyo caso se expondrá de forma oral los términos de la decisión, la cual deberá ser publicada íntegramente dentro de los cinco (5) días siguientes a la audiencia en la cual se dictó aquélla.

b) Diferir la audiencia oral por un lapso que en ningún momento será mayor de cuarenta y ocho (48) horas por estimar que es necesario la presentación o evacuación de alguna prueba que sea fundamental para decidir el caso, o a petición de alguna de las partes o del Ministerio Público.

#### f'. *Efectos de la sentencia de amparo*

Conforme se indica en la sentencia:

> 6. La decisión recaída sobre el amparo constitucional en nada afecta la tramitación de la causa principal.

### 3. *El juez contencioso administrativo como juez constitucional*

El ejercicio de la justicia constitucional también corresponde conforme a la Constitución de 1999, en particular, a la Jurisdicción Contencioso Administrativa, al ejercer su competencia de anulación de los actos administrativos, incluidos los Reglamentos, contrarios a derecho, es decir, contrarios sea a la Constitución, a las leyes o a las demás fuentes del derecho administrativo[390]. Es decir, todos los jueces contencioso administrativos, conforme al artículo 259 de la Constitución, tienen potestad para declarar la nulidad de los actos administrativos, no sólo por ilegalidad sino por inconstitucionalidad, ejerciendo la justicia constitucional.

Así lo ha resuelvo expresamente la Sala Político Administrativa del Tribunal Supremo en sentencia Nº 152 de 17-02-2000 (Caso: *Aerolínea Internacional S.A.*) al precisar su criterio interpretativo en ejercicio de la competencia atribuida por el Constituyente a todas las Salas del Tribunal Supremo de Justicia en el artículo 335 de la Constitución de la República Bolivariana de Venezuela, señalando que:

> En este sentido, la Sala Político Administrativa analiza sus competencias en el texto de la Constitución de la República Bolivariana de Venezuela, concretamente, la establecida en los ordinales 4° y 5° del artículo 266, en concordancia con lo dispuesto en el artículo 259 que consagra expresamente la jurisdicción contencioso-administrativa:
>
> Conforme a las disposiciones del ordenamiento jurídico vigente, le corresponde a esta Sala Político Administrativa, entre otras, el ejercicio de las siguientes competencias:
>
> 1. Garantizar la supremacía y efectividad de las normas y principios constitucionales, así como velar por su uniforme interpretación y aplicación conforme lo establece el artículo 335 de la Constitución.
>
> 2. Declarar la nulidad total o parcial, cuando sea procedente de los Reglamentos y demás actos administrativos, *por razones de inconstitucionalidad* e ilegalidad, conforme al ordinal 5° del artículo 266 de la Constitución y 259 *ejusdem...*"

De lo anterior resulta que así como debe diferenciarse la "Jurisdicción Constitucional" que se atribuye a la Sala Constitucional, de la función de justicia constitucional que corresponde a todos los jueces; también, debe establecerse claramente la

---

390 *V.*, Allan R. Brewer-Carías, *Instituciones Políticas y Constitucionales*, T. VII, *La Justicia Contencioso-Administrativa, op. cit.*, p. 26 y ss.

diferenciación entre la Jurisdicción Constitucional y la Jurisdicción Contencioso-Administrativa[391].

La diferencia entre ambas jurisdicciones, está en la competencia *por el objeto,* que se atribuye a los Tribunales que las componen: la Jurisdicción Constitucional que corresponde al Tribunal Supremo de Justicia en *Sala Constitucional,* tiene por objeto conocer de las acciones de nulidad por inconstitucionalidad *contra las leyes y demás actos de rango legal o ejecución directa e inmediata de la Constitución;* en cambio, la Jurisdicción Contencioso Administrativa que corresponde al mismo Tribunal Supremo, pero en *Sala Político Administrativa y en Sala Electoral* y a los *demás tribunales* que señale la Ley, tiene por objeto, entre otros, conocer de las *acciones de nulidad por inconstitucionalidad o ilegalidad contra los actos administrativos* y, por tanto, de rango *sub legal.*

Esto implica que ambas Jurisdicciones se diferencian por el objeto de las acciones y no por el motivo de las mismas: la Jurisdicción Constitucional conoce de la nulidad de las leyes y demás actos de rango legal o de ejecución directa e inmediata de la Constitución; en cambio, la Jurisdicción Contencioso Administrativa, conoce de la nulidad de los actos administrativos, sea cual fuere el motivo de impugnación.

Así lo había expuesto el Magistrado Héctor Peña Torrelles en su Voto Salvado a la sentencia Nº 2 de 20-01-2000 (Caso: *Domingo G. Ramírez*), al señalar que:

> "...de forma indubitable, el criterio acogido por el Constituyente para definir las competencias de la Sala Constitucional, atiende al rango de las actuaciones *objeto de control,* esto es, que dichas actuaciones tienen una relación directa con la Constitución, por ser en unos casos actos dictados en ejecución directa e inmediata de la misma, y, en otros, omisiones de obligaciones indispensables para garantizar el cumplimiento de la Constitución.
>
> Así las cosas, la normativa constitucional aludida imposibilita una eventual interpretación que tienda a identificar las competencias de la Sala Constitucional con los vicios de inconstitucionalidad que se imputen a otros actos o con las actuaciones de determinados funcionarios u órganos del Poder Público".

Posteriormente, así lo resolvió expresamente la Sala Constitucional, en sentencia Nº 194 de 04-04-2000 (Ponencia del Magistrado Héctor Peña Torrelles), al decidir un recurso de nulidad por razones de inconstitucionalidad ejercido conjuntamente con una pretensión de amparo constitucional contra un dispositivo del Reglamento de Personal y Régimen Disciplinario del Personal del Instituto Autónomo Policía Municipal del Municipio Chacao y contra los actos administrativos dictados en ejecución del Reglamento impugnado, señalando lo siguiente:

> "La Constitución vigente distingue claramente la jurisdicción constitucional de la contencioso-administrativa, delimitando el alcance de ambas competencias *en atención al objeto de impugnación,* es decir, *al rango de los actos objeto de control y no a los motivos por los cuales se impugnan.*

---

391 Así lo propusimos expresamente ante la Asamblea Nacional Constituyente. *V.*, Allan R. Brewer-Carías, *Debate Constituyente,* T. II, *op. cit.* p. 245 y ss.

En efecto, de conformidad con el último aparte del artículo 334 de la Constitución de la República Bolivariana de Venezuela:

> "Corresponde exclusivamente a la Sala Constitucional del Tribunal Supremo de Justicia como jurisdicción constitucional, declarar la nulidad de las leyes y demás actos de los órganos que ejercen el Poder Público *dictados en ejecución directa e inmediata de la Constitución o que tenga rango de Ley"*.

Asimismo, en el artículo 336 *eiusdem* se establece de forma particularizada las competencias de esta Sala. Igualmente, en el artículo 214 *eiusdem* se le otorga la competencia para realizar el control previo de la constitucionalidad de las leyes antes de su promulgación. Y por último, la determinación de la constitucionalidad del carácter orgánico otorgado por la Asamblea Nacional a las leyes así calificadas, de forma previa a su promulgación (artículo 203 *eiusdem*). En tal sentido, esta Sala Constitucional ha señalado que:

> "el criterio acogido por el Constituyente para definir las competencias de la Sala Constitucional, atiende *al rango de las actuaciones objeto de control,* esto es, que dichas actuaciones tienen una relación directa con la Constitución que es el cuerpo normativo de más alta jerarquía dentro del ordenamiento jurídico en un Estado de Derecho contemporáneo. Así las cosas, *la normativa constitucional aludida imposibilita una eventual interpretación que tienda a identificar las competencias de la Sala Constitucional con los vicios de inconstitucionalidad que se imputen a otros actos o con las actuaciones de determinados funcionarios u órganos del Poder Público"* (Sentencia de fecha 27 de enero de 2000, caso: *Milagros Gómez y otros*).
>
> De esta forma, la Sala Constitucional, en el ejercicio de la jurisdicción constitucional, conoce de los recursos de nulidad interpuestos contra los actos realizados en ejecución directa de la Constitución o que tengan forma de ley. De allí que, en el caso de autos, al tratarse el reglamento impugnado de un acto de rango sublegal, esta Sala Constitucional carece de competencia para controlar su conformidad a Derecho, ya que tal competencia corresponde a la jurisdicción contencioso administrativa. Así se decide.

En consecuencia, conforme a la Constitución, corresponde a los órganos de la jurisdicción contencioso administrativo, conocer de las acciones de nulidad contra los actos administrativos, así las mismas se fundamenten en motivos de inconstitucionalidad que son motivos de contrariedad al derecho. Por ello, conforme al artículo 266, ordinal 5 de la Constitución, la Sala Político Administrativa del Tribunal Supremo tiene competencia:

> "Para declarar la nulidad total o parcial de los reglamentos y demás actos administrativos generales o individuales del Ejecutivo Nacional, cuando sea procedente";

Ello significa que por su objeto, la Sala Político-Administrativa y la Sala Electoral, según su competencia, tienen atribución exclusiva, como juez constitucional, para declarar la nulidad de los Reglamentos por razones de inconstitucionalidad, así como de todos los demás actos administrativos por los mismos motivos, y nada autoriza del texto de la Constitución que pudiera conducir a concentrar en la Sala Constitucional el ejercicio de dicha potestad anulatoria de actos administrativos por motivos de inconstitucionalidad; pues la Jurisdicción Constitucional que corresponde a la Sala Constitucional sólo se determina por el objeto de control (leyes, actos estatales de rango legal y actos estatales de ejecución directa de la Constitución) y no por los motivos de control.

Debe señalarse, además, que teniendo competencia los tribunales contencioso administrativos para declarar la nulidad de los actos administrativos incluso por razones de inconstitucionalidad, siempre hemos considerado como inconstitucional la norma del artículo 181 de la Ley Orgánica de la Corte Suprema de Justicia, que le quitaba competencia a los Tribunales contencioso administrativos, asignándole tal competencia exclusivamente a la Sala Político Administrativa de la Corte Suprema, órgano en el cual debían declinar la competencia[392]. Esta irregular situación ha sido corregida por la Sala Constitucional del Tribunal Supremo, en la sentencia Nº 194 de 04-04-2000 (Ponencia de Héctor Peña Torrelles), al resolver inaplicar dicho artículo 181 de la Ley Orgánica de la Corte Suprema, por inconstitucional, conforme a los siguientes razonamientos:

> De manera que la nueva Constitución atribuye a la Sala Político Administrativa el conocimiento de las acciones de nulidad de reglamentos, con independencia de que los vicios lo sean por razones de inconstitucionalidad o de ilegalidad. Sin embargo, la Constitución de 1999, en concordancia con las competencias acordadas a la Sala Político Administrativa por la Ley Orgánica de la Corte Suprema de Justicia, limita esta competencia para controlar la actividad reglamentaria del *Poder Ejecutivo Nacional,* y nada dice sobre la actividad de este tipo emanada de las entidades estadales o municipales, supuesto sobre el cual versa el caso de autos.

Ahora bien, observa esta Sala que el artículo 181 de la Ley Orgánica de la Corte Suprema de Justicia establece:

> "*Artículo 181.* Mientras se dicta la Ley que organice la jurisdicción contencioso-administrativo, los Tribunales Superiores *que tengan atribuida competencia en lo Civil, conocerán, en primera instancia en sus respectivas circunscripciones, de las acciones o recursos de nulidad contra los actos administrativos de efectos generales o particulares, emanados de autoridades estadales o municipales de su jurisdicción, si son impugnados por razones de ilegalidad.*
>
> *Cuando la acción o el recurso se funden en razones de inconstitucionalidad, el Tribunal declinará su competencia en la Corte Suprema de Justicia.*
>
> En la tramitación de dichos juicios los Tribunales Superiores aplicarán en sus casos, las normas establecidas en las Secciones Segunda, Tercera y Cuarta del Capítulo II, Título V, de esta Ley.
>
> Contra las decisiones dictadas con arreglo a este artículo, podrá interponerse apelación dentro del término de cinco días, para ante la Corte Primera de lo Contencioso-Administrativo a que se refiere el artículo 184 de esta Ley" (Destacado de la Sala).

---

392 *V.*, Allan R. Brewer-Carías, *Nuevas tendencias del Contencioso Administrativo, op. cit.* p. 47 y *Instituciones Políticas y Constitucionales*, T. VII, *La justicia contencioso-administrativa, op. cit.* p. 28 y ss.

De acuerdo con la norma antes transcrita, los tribunales superiores con competencia en materia contencioso administrativo son los competentes para conocer de los actos generales o particulares de rango sublegal emanados de las autoridades estadales y municipales; sin embargo, limitan tal conocimiento a violaciones de Ley, y las violaciones constitucionales corresponderían a la Sala Político Administrativa de este Alto Tribunal.

Con anterioridad, la jurisprudencia de la Sala Político Administrativa, como cúspide de la jurisdicción contencioso-administrativa, al interpretar esta norma en relación con el artículo 206 de la Constitución de 1961 (que hoy corresponde al 259 de la Constitución de 1999), había considerado lo siguiente:

"(...) por el hecho de que por mandato constitucional los tribunales de la jurisdicción contencioso-administrativa son competentes para anular los actos administrativos por contrariedad al Derecho, lo que supone no sólo el control de la ley sino, evidentemente, el de la Constitución, la disposición contenida en el último párrafo del artículo 181 de la Ley Orgánica de la Corte Suprema de Justicia –donde se establece que cuando en los recursos de anulación que corresponda conocer originalmente a los tribunales superiores y a la Corte Primera de lo Contencioso Administrativo se alegaren razones de inconstitucionalidad la competencia será de la Corte Suprema de Justicia– debe ser interpretada de la forma más restrictiva posible, es decir, que sólo y exclusivamente cuando el fundamento del recurso de anulación sean violaciones directas y exclusivas de la Constitución se debe remitir el expediente a la Sala (...)" (Sentencia de la Sala Político Administrativa del 22 de mayo de 1996, caso: *Reyes José Hernández*).

Sobre la base del anterior precedente, debe esta Sala interpretar el artículo 181 de la Ley Orgánica de la Corte Suprema de Justicia, a la luz de la Constitución, a los fines de fijar su alcance, partiendo del hecho que la nueva Constitución delimitó claramente –como fuera señalado– la competencia de la jurisdicción contencioso administrativa atendiendo al rango de los actos administrativos y no al motivo de la impugnación.

En efecto, el artículo 259 de la Constitución otorga competencia a todos los órganos de la jurisdicción contencioso-administrativa para anular los actos administrativos generales o individuales contrarios a derecho. Dentro de dichos órganos corresponde –según surge de la norma transcrita precedentemente– a los Juzgados Superiores con competencia en lo contencioso administrativo, el conocimiento de los actos emanados de las autoridades municipales y estadales, salvo que la acción o recurso se funden en razones de inconstitucionalidad, caso en que el Tribunal declinará la competencia en el Tribunal Supremo de Justicia.

Ahora bien, considera esta Sala constitucional que el primer aparte del artículo 181 de la Ley Orgánica de la Corte Suprema de Justicia, al impedir a los Juzgados Superiores con competencia en lo contencioso-administrativo el conocer de la nulidad de los actos administrativos (generales o particulares), cuando se aleguen vicios de inconstitucionalidad, contradice lo dispuesto en el artículo 259 de la Constitución, por cuanto éste otorga facultades a los Tribunales en lo contencioso-administrativo para anular los actos administrativos generales o individuales por contrariedad a derecho, que comprende –sin lugar a dudas– tanto la inconstitucionalidad como la ilegalidad.

Por otro lado, la norma a que se contrae dicho aparte del citado artículo 181 se aparta de la verdadera intención del legislador al regular temporalmente la jurisdicción contencioso-administrativa que era, por una parte, desconcentrar las competencias que tenía la Sala Político Administrativa, como el único tribunal contencioso administrativo, y por la otra parte, acercar más la justicia al ciudadano, sobre todo cuando existen controversias entre éstos y los entes estadales y municipales.

De manera que, por tales circunstancias y en especial a que por mandato constitucional los tribunales de la jurisdicción contencioso administrativa son competentes para anular actos administrativos por contrariedad al derecho, esta Sala Constitucional estima que la disposición contenida en el primer aparte del referido artículo 181 es a todas luces contraria a la Constitución, motivo por el cual en uso de la potestad prevista en el artículo 334 de la Constitución, **inaplica a los fines de determinar la competencia en el caso de autos**, el primer aparte del artículo 181 de la Ley Orgánica de la Corte Suprema de Justicia por ser inconstitucional, al enfrentar de manera incontestable la disposición establecida en el segundo aparte del artículo 259 de la Constitución, en cuanto sustrae a los tribunales contencioso administrativos distintos a la Sala Político-Administrativa de este Tribunal Supremo, la competencia que le fue otorgada por la propia Constitución para conocer de la nulidad de los actos administrativos (generales o particulares) contrarios a Derecho.

### 4. *El control concentrado de la constitucionalidad de ciertos actos estatales y la Jurisdicción Constitucional*

Por último, otra forma de ejercicio de la justicia constitucional es mediante el control de la constitucionalidad, a través de la potestad judicial anulatoria de las leyes, de los actos estatales con rango de ley o dictados en ejecución directa e inmediata de la Constitución, así como la potestad de resolver las colisiones de leyes y las controversias constitucionales entre órganos del Poder Público, y revisar las sentencias dictadas en juicios de amparo o con motivo del ejercicio del control difuso de la constitucionalidad. En estos supuestos, sin embargo, a diferencia de los anteriores, la Constitución atribuye tales potestades solo y exclusivamente a la Sala Constitucional del Tribunal Supremo de Justicia, que se configura como la Jurisdicción Constitucional.

## II. LA JURISDICCIÓN CONSTITUCIONAL: LA SALA CONSTITUCIONAL

De acuerdo con los artículos 266,1; 334 y 336 de la Constitución, corresponde a la Sala Constitucional del Tribunal Supremo, el ejercicio de la Jurisdicción Constitucional con competencia en las siguientes materias.

### 1. *La potestad anulatoria por inconstitucionalidad de las leyes y demás actos dictados en ejecución directa e inmediata de la Constitución*

#### A. *La Jurisdicción Constitucional caracterizada por su objeto y la actio popularis*

En *primer lugar,* la Constitución de 1999 precisó el régimen del control concentrado de la constitucionalidad de las leyes, configurándose claramente al Tribunal Supremo de Justicia en Sala Constitucional, como Jurisdicción Constitucional, a los efectos de la anulación de las mismas.

Por ello, el mismo artículo 334 de la Constitución dispone:

> "Corresponde exclusivamente a la Sala Constitucional del Tribunal Supremo de Justicia como jurisdicción constitucional, declarar la nulidad de las leyes y demás actos de los órganos que ejercen el Poder Público dictados en ejecución directa e inmediata de la Constitución o que tengan rango de ley".

Precisamente, conforme a esta norma, la Sala Constitucional del Tribunal Supremo, como Jurisdicción Constitucional, requerida mediante *acción popular,* como ha sido la tradición venezolana[393] tiene las siguientes atribuciones de control concentrado de la constitucionalidad de determinados actos estatales, con poderes anulatorios, previstas en el artículo 336:

> 1. Declarar la nulidad total o parcial de las *leyes nacionales* y demás actos con *rango de ley* de la Asamblea Nacional que colidan con esta Constitución.
>
> 2. Declarar la nulidad total o parcial de las *Constituciones* y *leyes estadales*, de las *ordenanzas municipales* y demás actos de los cuerpos deliberantes de los Estados y Municipios dictados en *ejecución directa e inmediata* de la Constitución y que colidan con ésta.
>
> 3. Declarar la nulidad total o parcial de los *actos con rango de ley* dictados por el Ejecutivo Nacional que colidan con esta Constitución.
>
> 4. Declarar la nulidad total o parcial de los *actos en ejecución directa e inmediata* de la Constitución, dictados por cualquier otro órgano estatal en ejercicio del Poder Público.

En esta forma, insistimos, quedó definitivamente establecida la diferencia entre la Jurisdicción Contencioso Administrativa y la Jurisdicción Constitucional, por el objeto del control y no por los motivos de control[394], por lo que sólo compete a la Jurisdicción Constitucional, conocer de la anulación, por inconstitucionalidad por supuesto, de las leyes y demás actos dictados en ejecución directa e inmediata de la Constitución (como los actos de gobierno o los *interna corporis* de la Asamblea) o que tengan rango de Ley (Decretos-Leyes); correspondiendo, en cambio, a la Jurisdicción

---

393 *V.*, Allan R. Brewer-Carías, *Instituciones Políticas y Constitucionales*, T. VI, *La Justicia Constitucional, op. cit.* p. 137 y ss.

394 *V.*, Allan R. Brewer-Carías, *Instituciones Políticas y Constitucionales*, T. VII, *La justicia contencioso-administrativo, op. cit.* p. 26 a 33.

Contencioso Administrativa conocer de la nulidad de los actos administrativos, incluidos los Reglamentos, por motivos de inconstitucionalidad y de ilegalidad (contrariedad del derecho).

En este sentido, una de las novedades de la Constitución de 1999 fue la creación de la Sala Constitucional del Tribunal Supremo de Justicia (art. 262), a la cual se le ha atribuido la Jurisdicción Constitucional (art. 266, ord. 1°) consistente en la potestad anulatoria de las leyes y demás actos de igual rango y jerarquía o de ejecución directa e inmediata de la Constitución, y el ejercicio de otras competencias en materia de justicia constitucional enumeradas en el artículo 336.

De lo anterior resulta, por tanto, que el control concentrado de la constitucionalidad de las leyes y demás actos estatales de rango y valor de ley o dictados en ejecución directa e inmediata de la Constitución, se atribuye exclusivamente a la Sala Constitucional del Tribunal Supremo, constituido como Jurisdicción Constitucional.

Insistimos que se trata, como la casi totalidad de las Jurisdicciones Constitucionales que muestra el derecho comparado, de una Jurisdicción que se caracteriza única y exclusivamente por *el objeto* de control: sólo se refiere a los actos estatales dictados en ejecución directa e inmediata de la Constitución (donde se incluyen las leyes) y a ningún otro; por lo que *no es* una Jurisdicción que se pueda caracterizar por el *motivo* de control (inconstitucionalidad)[395].

Esto lo ha establecido claramente la propia Sala Constitucional del Tribunal Supremo en sentencia N° 6 de 27-01-2000 al señalar lo siguiente:

> De lo anterior emerge, de forma indubitable, que el criterio acogido por el Constituyente para definir las competencias de la Sala Constitucional, atiende *al rango de las actuaciones objeto de control*, esto es, que dichas actuaciones tienen una relación directa con la Constitución, por ser en unos casos actos dictados en ejecución directa e inmediata de la misma, y, en otros, omisiones de obligaciones indispensables para garantizar el cumplimiento de la Constitución.
>
> Así las cosas, *la normativa constitucional aludida imposibilita una eventual interpretación que tienda a identificar las competencias de la Sala Constitucional con los vicios de inconstitucionalidad que se imputen a otros actos o con las actuaciones de determinados funcionarios u órganos del Poder Público.*

En sentido coincidente se ha pronunciado la Sala Político Administrativa del Tribunal Supremo en sentencia N° 713 de 30-03-2000, así:

> En este sentido, la Sala observa que, conforme al nuevo ordenamiento constitucional, el control concentrado de constitucionalidad *de algunos actos,* como los normativos, dictados por los cuerpos deliberantes a todos los niveles político territoriales, los dictados en ejecución directa e inmediata de la Constitución y, los que tengan rango de ley, se llevan ante la Sala Constitucional como órgano especializado que ejerce la jurisdicción constitucional. Este control concentrado de la constitucionalidad lo llevaba la Corte en Pleno -bajo la vigencia de la Constitución de 1961- respecto a *ciertos actos,* como eran los contemplados en los ordinales 3°, 4° y 6 del artículo 215 de la Constitución de 1961.

---

395 *V.*, Allan R. Brewer-Carías, *Judicial Review in Comparative Law, op. cit.* p. 190.

En otras palabras, por tanto, lo que se atribuye a la Sala Constitucional no es el control concentrado de la constitucionalidad *de los actos estatales* sino sólo el control concentrado de la constitucionalidad respecto a *determinados y específicos actos estatales:* los dictados por los órganos que ejercen el Poder Público denominados leyes o de rango legal o en ejecución directa e inmediata de la Constitución.

Al crearse en el texto constitucional la Sala Constitucional como órgano especializado del Tribunal Supremo para ejercer la "Jurisdicción Constitucional", ello se pensó así, deliberadamente, siguiendo la evolución del sistema venezolano. Por ello, no es cierto, como lo indica la "Exposición" que en la Asamblea Nacional Constituyente se hubieran presentado "algunas propuestas con el objeto de crear una Corte o Tribunal Federal Constitucional, en lugar de una Sala Constitucional en el Tribunal Supremo de Justicia"[396]. Ninguna propuesta en tal sentido se consideró en la Comisión Constitucional, donde se elaboró el articulado del Capítulo, ni en las plenarias de la Asamblea Nacional Constituyente y, por nuestra parte, estamos convencidos de la inconveniencia e inoportunidad de tal propuesta en nuestro país, por los conflictos innecesarios que podría originar[397]. Si las atribuciones asignadas a la Sala Constitucional del Tribunal Supremo en pocos meses han originado los conflictos que se comentan en estas páginas; la creación de una Corte Constitucional, incluso separada del Poder Judicial, controlada por el Poder, hubiese sido catastrófica desde el punto de vista del Estado de Derecho; y si a la Sala Constitucional se le pueden atribuir "el carácter y las competencias que tiene en derecho comparado cualquier Corte o Tribunal Constitucional" como lo dice la "Exposición", entonces era y es totalmente innecesario crear un Tribunal Constitucional aparte y paralelo al Tribunal Supremo, que pudiera tender a erigirse en el único intérprete de la Constitución, por encima del mismo Tribunal Supremo de Justicia.

Precisamente por ello es que, deliberadamente, en la Constitución se indica que el Tribunal Supremo de Justicia (no la Sala Constitucional) es el que

> "garantizará la supremacía y efectividad de las normas y principios constitucionales: será el máximo y último intérprete de la Constitución y velará por su uniforme interpretación y aplicación" (art. 335, primer aparte).

Adicionalmente, dicha norma constitucional establece que el valor de las interpretaciones constitucionales que, en particular, establezca la Sala Constitucional sobre el contenido o alcance de las normas y principios constitucionales, "son vinculantes para las otras Salas del Tribunal Supremo de Justicia y demás tribunales de la República". Se le da, así, a las interpretaciones constitucionales establecidas por la Sala, valor de precedente, de obligatoria aplicación por los demás tribunales y, además, por las otras Salas del Tribunal Supremo. Sin embargo, ello no excluye la competencia de las otras Salas para tomar decisiones en materia constitucional e interpretar la Constitución, al aplicarla en los casos concretos que conozcan. Como hemos señalado, todas las Salas son, en sí mismas, el Tribunal Supremo.

---

396 Como lo indica José Vicente Haro, "La justicia constitucional..." *loc. cit.* p. 136. *V.*, las apreciaciones contrarias de Jesús María Casal, *Constitución y Justicia Constitucional, op. cit.* p. 107.

397 *V.*, nuestra posición en Allan R. Brewer-Carías, *Debate Constituyente,* T. II, *op. cit.*, p. 249.

La sentencia de la Sala Constitucional del 20-01-2000 (Caso *Emery Mata Millan*), sin embargo, a pesar de que reconoce la competencia de todos los Tribunales, incluyendo las otras Salas, para asegurar la integridad de la Constitución, indica que "ello no les permite conocer mediante la acción de amparo las infracciones que se les denuncian", lo cual es simplemente incomprensible.

En todo caso, se insiste, la cualidad y potestad de garantizar la supremacía constitucional y ser último y máximo interprete de la Constitución corresponde a todas las Salas del Tribunal Supremo, cada cual conforme a su competencia, y nada autoriza derivar de un texto tan preciso como el del artículo 335 (primer aparte), como lo hace la "Exposición de Motivos", que esas "cualidad y potestades" las posee:

> "únicamente en Sala Constitucional dado que ésta ejerce con exclusividad el control concentrado de la constitucionalidad".

Esta afirmación de la "Exposición" es doblemente falsa: en *primer lugar,* porque no es cierto, como se ha dicho anteriormente, que la Sala Constitucional ejerza "con exclusividad el control concentrado de la constitucionalidad" ya que los órganos de la Jurisdicción Contencioso Administrativa y de la Jurisdicción Electoral también ejercen el control concentrado de la constitucionalidad. Lo que es exclusivo de la Sala Constitucional es el ejercicio del control concentrado de la constitucionalidad *sobre ciertos actos estatales:* las leyes y demás actos de rango legal y los dictados en ejecución directa e inmediata de la Constitución, correspondiendo a la Sala Político Administrativa, a la Sala Electoral y a los demás Tribunales de la Jurisdicción Contencioso-Administrativa y Electoral ejercer el control concentrado de la constitucionalidad respecto de los actos administrativos.

### B. *La potestad judicial de interpretar la Constitución y los efectos de la interpretación constitucional de la Sala Constitucional*

Pero en *segundo lugar,* la afirmación de la "Exposición" es también falsa, porque no es cierto que la Constitución atribuya ni haya querido atribuir a la Sala Constitucional del Tribunal Supremo lo que el artículo 335 atribuye claramente a dicho Tribunal y por ende, a todas sus Salas, cada una en el ámbito de sus competencias: garantizar la supremacía y efectividad de las normas y principios constitucionales; ser el máximo y último intérprete de la Constitución y velar por su uniforme interpretación y aplicación. Esas funciones, se insiste, corresponden a todas las Salas del Tribunal Supremo de Justicia e, incluso, al Tribunal mismo en Sala Plena y nada autoriza del texto constitucional ni de la intención de los proyectistas derivar una conclusión como lo que se inserta en la "Exposición".

Por otra parte, es también completamente falso que la Sala Constitucional tenga el monopolio de la interpretación de la Constitución como lo indica la "Exposición", al señalar que:

> "las facultades interpretativas que en tal sentido se otorgan al Tribunal Supremo de Justicia, en consonancia con las características básicas de la justicia constitucional en derecho comparado, sólo pueden ser ejercidas por órgano de la Sala Constitucional, pues a ella le corresponde exclusivamente el ejercicio de la jurisdicción constitucional".

Aquí, la "Exposición" confunde conceptos sin ningún fundamento. En el derecho comparado no hay ninguna "característica básica" que atribuya al órgano que ejerce la Jurisdicción Constitucional el monopolio de "interpretar la Constitución". Sólo en Panamá podría pensarse que ello podría ser así, al concentrarse en la Corte Suprema de Justicia de dicho país toda la justicia constitucional[398].

En nuestro sistema, al contrario, como lo hemos señalado y lo reconoce en otra parte la "Exposición", al corresponder la justicia constitucional a todos los Tribunales de la República, todos tienen la potestad de interpretar la Constitución. Lo único que diferencia la interpretación constitucional que haga la Sala Constitucional del Tribunal Supremo de la que hagan las otras Salas del mismo y los demás Tribunales de la República, es que aquella es vinculante y esta no. Ese es el sentido –y ningún otro– del segundo aparte del artículo 335 de la Constitución al señalar que:

> "Las interpretaciones que establezca la Sala Constitucional sobre el contenido o alcance de las normas constitucionales son vinculantes para las otras Salas del Tribunal Supremo y demás tribunales de la República".

Esta norma, además, debe interpretarse en su propio contexto: el carácter vinculante no puede recaer sobre cualquier frase o razonamiento interpretativo que contenga una sentencia de la Sala Constitucional. Al contrario, se requiere de una interpretación expresa de la Sala "sobre el contenido o alcance de las normas constitucionales y principios constitucionales". Es decir, lo vinculante es la "interpretación constitucional" (de alguna norma o principio constitucional) y no cualquier interpretación normativa. Por tanto, no tiene carácter vinculante la interpretación que pueda hacer la Sala Constitucional de alguna ley o cualquier norma de rango legal o reglamentario.

Por otra parte, para que se produzca la interpretación vinculante de una norma constitucional, debe estar en juego un caso judicial relativo a la misma, sea con motivo de una acción popular de nulidad; de una acción por omisión; de una acción de amparo constitucional; de una solicitud de control de constitucionalidad de tratados, de leyes orgánicas o de decretos de Estado de excepción; de la resolución de una controversia constitucional o del conocimiento de un recurso de revisión contra sentencias de amparo o dictadas con motivo del ejercicio del control difuso de la constitucionalidad. En esos casos no pueden considerarse vinculantes los razonamientos o la parte "motiva" de las sentencias, sino sólo la interpretación que se haga, en concreto, del contenido o alcance de una norma específica de la Constitución.

Es en este sentido que, conforme lo indica la "Exposición",

> "el carácter vinculante de las interpretaciones de las normas y principios constitucionales será el principal instrumento de la Sala Constitucional para fortalecer la justicia constitucional, darle eficacia al Texto Fundamental y brindan mayor seguridad jurídica a los ciudadanos".

---

398 *V.*, en Allan R. Brewer-Carías, "El sistema panameño de control concentrado de constitucionalidad en el Derecho Comparado" en *El Nuevo Derecho Constitucional Latinoamericano, IV Congreso Venezolano de Derecho Constitucional,* Volumen II, Fundación Konrad Adenauer, Asociación Venezolana de Derecho Constitucional, Caracas, 1996, pp. 889 a 974; y en Allan R. Brewer-Carías, *Instituciones Políticas y Constitucionales,* T. VI, *La justicia constitucional, op. cit.*, p. 439 y ss.

### C. *La exclusión del objeto de control de la Sala Constitucional de las sentencias de las otras Salas del Tribunal Supremo*

Por otra parte, debe destacarse también el ilegítimo principio formulado en la "Exposición", de que las Salas del Tribunal Supremo no serían "Tribunal Supremo" y sus sentencias podrían ser revisadas por la Sala Constitucional.

En efecto, de acuerdo con el artículo 262 de la Constitución, el Tribunal Supremo funciona en Sala Plena y en las Salas Constitucional, Político-Administrativa, Electoral, de Casación Civil, de Casación Penal y de Casación Social. Todas las Salas, por tanto, constituyen el Tribunal Supremo de Justicia, cada cual con su específica integración y competencia, y no hay Sala alguna que esté por encima de otra. Cuando una Sala decide, decide el Tribunal Supremo de Justicia como máximo Tribunal de la República, por lo que dichas sentencias no pueden ser revisadas por ninguna otra instancia judicial superior que no existe[399].

Consideramos que sería totalmente contrario a la Constitución, por tanto, la "sugerencia" u "orientación" que pretende formular la "Exposición" en el sentido de que:

> "la ley deberá consagrar un mecanismo de carácter extraordinario mediante el cual la Sala Constitucional pueda revisar los actos o sentencias de las demás Salas del Tribunal Supremo de Justicia que contraríen la Constitución o las interpretaciones que sobre sus normas o principios haya previamente fijado la Sala Constitucional..."

La misma "Exposición" más adelante, en sentido similar errado, señala que:

> "En todo caso, la ley orgánica respectiva garantizará que ningún órgano del Poder Público quede fuera del control constitucional, estableciendo entre otros aspectos, la competencia de la Sala Constitucional para controlar la constitucionalidad de las actuaciones de las demás Salas del Tribunal Supremo de Justicia, mediante el mecanismo extraordinario que considere más adecuado".

Ante esta extraña e inaceptable "sugerencia", debe señalarse lo siguiente:

En *primer lugar*, de acuerdo con el texto constitucional, en ningún caso podría admitirse que el Tribunal Supremo de Justicia es sólo "Supremo" en una Sala y no lo es en las otras. Ello no es lo que regula la Constitución que considera como parte del Tribunal Supremo de Justicia, igualmente "Supremas", a todas sus Salas las cuales al sentenciar, sentencian como "Tribunal Supremo de Justicia" en los casos que conocen conforme a sus respectivas competencias.

En *segundo lugar,* no es posible constitucionalmente hablando, que se someta a "control concentrado de constitucionalidad" ante la Sala Constitucional algún acto o sentencia de las otras Salas del Tribunal Supremo, las cuales, como toda sentencia, son esencialmente de rango sublegal, es decir, no son actos estatales dictados en ejecución directa e inmediata de la Constitución. Por ello no podría establecerse un recurso u otro "mecanismo de carácter extraordinario" para ser ejercido contra las sentencias de las Salas del Tribunal Supremo (¿incluyendo la Sala Plena?), por ante la Sala Constitucional. Ello convertiría a la Sala Constitucional en la única realmente "suprema", sustituyendo al Tribunal Supremo de Justicia en tal supremacía.

---

399 *V.*, los comentarios de Jesús María Casal, *Constitución y Justicia Constitucional, op. cit.*, p. 110.

Si una Sala del Tribunal Supremo no acata una interpretación constitucional vinculante establecida por la Sala Constitucional, ello lo que podría originar sería una controversia constitucional, que tendría que ser resuelta por la propia Sala Constitucional, conforme a lo establecido en el ordinal 9 del artículo 336, pero sin que ésta pueda convertirse en órgano revisor de las sentencias de las otras Salas. Además, para que pueda darse la controversia es necesario que la interpretación vinculante establecida por la Sala Constitucional, lo sea realmente, indicando con precisión, en la sentencia respectiva, cómo debe interpretarse la norma constitucional, decisión que, además, debe publicarse en *Gaceta Oficial.*

En todo caso, debe señalarse que si bien es cierto, como lo explica la "Exposición" que "todo acto del Poder Público, sin excepción, debe estar sometido al control constitucional", por lógica, ello excluye a las sentencias del Tribunal Supremo de Justicia. No tiene lógica alguna que con este aserto se pretenda establecer un control de la constitucionalidad de las sentencias de las Salas del Tribunal Supremo a ser ejercido por la Sala Constitucional, y se excluya de dicho control a las sentencias de la propia Sala Constitucional. El absurdo de esta situación pone en evidencia la ilegitimad del planteamiento.

## 2. *El control previo de la constitucionalidad de actos estatales*

En el sistema de justicia constitucional tradicional en Venezuela, el único supuesto que podía considerarse como un mecanismo de control previo de la constitucionalidad de los actos estatales con rango de ley o dictados en ejecución directa o inmediata de la Constitución, era cuando la Corte Suprema de Justicia conocía de la inconstitucionalidad de una ley sancionada y aún no promulgada, con motivo del veto presidencial a la misma.

Ahora, la Constitución de 1999 ha introducido la figura del control preventivo de la constitucionalidad en forma expresa respecto de los tratados internacionales y respecto de las leyes orgánicas, y ha desligado el control de la constitucionalidad por iniciativa del Presidente de la República, desvinculado con motivo del veto presidencial a las leyes.

### A. *Tratados Internacionales*

En *primer lugar,* está el control previo de la constitucionalidad, que estaba previsto en el artículo 336, ordinal 5° de la Constitución publicada el 30-12-99 en relación con los *tratados internacionales,* al atribuir a la Sala Constitucional competencia para:

> 5. Verificar, a solicitud del Presidente o Presidenta de la República o de la Asamblea Nacional, la conformidad de la Constitución con los tratados internacionales suscritos por la República antes de su ratificación.

En la "versión" de la Constitución corregida, que apareció publicada en la *Gaceta Oficial* N° 5453 Extraordinaria de 24-03-00, este ordinal fue cambiado, al establecer como competencia de la Sala Constitucional:

> "5. Verificar, a solicitud del Presidente o Presidenta de la República o de la Asamblea Nacional, la conformidad con la Constitución de los tratados internacionales suscritos por la República antes de su ratificación".

Aparte de la modificación que resalta, que si bien es correcta está muy lejos de ser sólo de forma, lo importante es destacar que con esta norma se incorporó al sistema de justicia constitucional en Venezuela una figura que tuvo su origen en los sistemas constitucionales europeos, como el francés y el español, y que existe en Colombia[400], el cual permite el control previo de la constitucionalidad de un tratado internacional suscrito por la República y evitar, en esos casos, la impugnación posterior de la ley aprobatoria del tratado ante el Tribunal Supremo.

Sobre este control preventivo, la "Exposición" señala lo siguiente:

> "En materia de control preventivo, se atribuye a la Sala Constitucional la potestad de verificar la constitucionalidad de los tratados internacionales suscritos por la República antes de su ratificación.
>
> En derecho comparado, una de las principales funciones de la justicia constitucional es el control de la constitucionalidad de los acuerdos y tratados internacionales, a través de un control preventivo que se ejerce antes de su ratificación y entrada en vigencia. Particularmente en las constituciones europeas, así como en varias constituciones de países de América Latina, se prevé este mecanismo con el objeto de que las relaciones entre el derecho internacional público o el derecho comunitario, por una parte, y el derecho interno de cada Estado, por la otra, se presenten con la mayor armonía y uniformidad posible.
>
> Se consideró necesario el control preventivo de la constitucionalidad de los tratados internacionales dados que luego del proceso de conclusión de un tratado internacional, es decir, de su ratificación y entrada en vigencia por las vías previstas en el derecho constitucional y en el derecho internacional público, la eventual y posterior declaración de inconstitucionalidad del mismo o de alguna de sus disposiciones por parte de la Sala Constitucional no podría, en principio, ser opuesta como una justificación para incumplir dicho tratado sin que se comprometa la responsabilidad internacional de la República.
>
> En todo caso, el objetivo de ese mecanismo de control preventivo, no sólo es que se verifique la constitucionalidad de un acuerdo o tratado internacional sin que se comprometa la responsabilidad internacional de la República, sino además que, en el caso de que alguna de sus disposiciones resulte inconstitucional, se ratifique con la debida reserva, siempre que se desee su ratificación, o si el mismo no admite reservas, se evalúe la necesidad y conveniencia de ratificarlo luego de una enmienda o reforma de la Constitución en los aspectos que sean necesarios, para lograr así la mayor armonía posible en las relaciones entre el derecho internacional o comunitario y el derecho interno venezolano.
>
> La potestad de activar el control preventivo de los tratados internacionales corresponderá al Presidente de la República o a la Asamblea Nacional, siendo facultativo su ejercicio. Se descartó así la posibilidad de un control preventivo con carácter obligatorio, dado que podría traducirse en un obstáculo para la fluidez y la buena marcha de las relaciones internacionales de la República".

---

400 *V.*, Allan R. Brewer-Carías, *Instituciones Políticas y Constitucionales*, T. VI, *La Justicia Constitucional, op. cit.* p. 590.

Ahora bien, en relación con la norma constitucional que regula este control preventivo de constitucionalidad, debe destacarse lo siguiente:

En *primer lugar,* la solicitud de control por parte del Tribunal Supremo, en estos casos de control preventivo, corresponde al Presidente de la República o a la Asamblea Nacional. No puede interpretarse que la norma atribuya la iniciativa solo al Presidente de la Asamblea Nacional. Este no tiene la iniciativa, sino que la decisión es de la Asamblea. Lo contrario sería un sin sentido.

Esto implica, en todo caso, que no puede ejercerse una acción popular para que el Tribunal Supremo realice esta verificación constitucional.

En *segundo lugar,* lo que el Tribunal Supremo en Sala Constitucional debe verificar es "la conformidad con la Constitución de los tratados internacionales suscritos por la República antes de su ratificación". Puede tratarse de cualquier tratado internacional, sea que para su validez requiera o no de ley aprobatoria; incluso, aún cuando no requiera ley aprobatoria, la Asamblea Nacional podría solicitar este control de constitucionalidad.

En *tercer lugar,* se destaca que la solicitud de control debe formularse antes de la ratificación del Tratado. Por tanto, después de su suscripción por el Ejecutivo Nacional, antes de su ratificación, puede formularse la solicitud de control.

Por último, debe señalarse que de acuerdo con la norma, esta solicitud de control tiene por objeto verificar la conformidad del Tratado Constitucional con la Constitución, y no "la conformidad de la Constitución con los tratados internacionales" como decía el Texto Constitucional aprobado en el referéndum del 15-12-00 y publicado el 30 de diciembre de 1999, lo que no tenía sentido, pues los tratados no tienen jerarquía superior a la Constitución. El control es al revés, como fue "corregido" en la nueva versión de la Constitución: la Sala debe verificar la conformidad del tratado internacional con la Constitución; y si el tratado no resulta conforme con la Constitución, entonces no puede ser ratificado. De ello puede resultar, en todo caso, una iniciativa de reforma constitucional para entonces adaptar la Constitución al Tratado. Esto, por lo demás, fue lo que ocurrió en Europa, por ejemplo, en Francia y en España, luego de suscribirse el Tratado de Maastricht de 1992 de la Unión Europea, que fue sometido a control constitucional ante el Consejo Constitucional Francés y el Tribunal Constitucional Español, los cuales lo consideraron contrario a las respectivas Constituciones, habiéndose entonces producido, en ambos países, la reforma de sus Constituciones, para adaptarlas al Tratado de la Unión Europea y así poder ratificarlo[401].

Es evidente, en todo caso, que si la Sala Constitucional considera en su decisión que el Tratado Internacional es conforme con la Constitución, entonces no podría posteriormente ejercerse contra la ley aprobatoria del Tratado una acción de inconstitucionalidad.

Un mecanismo de control de constitucionalidad de este tipo, en todo caso, es muy importante en procesos de integración económica regional, pues en la práctica llevaría a la ratificación de los Tratados respectivos sólo después de la verificación de su cons-

401 *V.*, en general Allan R. Brewer-Carías, *Implicaciones constitucionales de los procesos de integración regional,* Caracas, 1998, p. 75 y ss.

titucionalidad por el Tribunal Supremo y evitar, así, la impugnación posterior de la ley aprobatoria de los Tratados, como ha ocurrido en Venezuela en los casos de los Tratados relativos al Acuerdo de Integración de la ahora Comunidad Andina[402].

### B. *Leyes orgánicas*

El *segundo* mecanismo de control preventivo de constitucionalidad, es el previsto en el artículo 203 de la Constitución conforme al cual, la Sala Constitucional debe pronunciarse, antes de su promulgación, sobre la constitucionalidad del carácter orgánico de las *leyes orgánicas* que así hayan sido calificadas por la Asamblea Nacional.

El artículo 203 de la Constitución, en efecto, define las leyes orgánicas en cinco sentidos:

En *primer lugar,* las que así denomina la Constitución, y esto ocurre en los siguientes casos: Ley Orgánica de Fronteras (art. 15), Ley Orgánica de División Territorial (art. 16), Ley Orgánica de la Fuerza Armada Nacional (art. 41), Ley Orgánica del Sistema de Seguridad Social (art. 86), Ley Orgánica para la Ordenación del Territorio (art. 128), Ley Orgánica que establece los límites a los emolumentos de los funcionarios públicos (art. 147), Ley Orgánica de Régimen Municipal (art. 169), Ley Orgánica que regule los Distritos Metropolitanos (arts. 171, 172), Ley Orgánica que regule la inelegibilidad de funcionarios (art. 189), Ley Orgánica de reserva al Estado de actividades, industria o servicios (art. 302), Ley Orgánica del Consejo de Defensa de la Nación (art. 323), Ley Orgánica que regule el recurso de revisión de las sentencias de amparo y de control difuso de la constitucionalidad (art. 336), Ley Orgánica de los Estados de Excepción (art. 338 y Disposición Transitoria Tercera, 2), Ley Orgánica sobre refugiados y asilados (Disposición Transitoria Cuarta, 2), Ley Orgánica sobre Defensa Pública (Disposición Transitoria Cuarta, 5), Ley Orgánica de Educación (Disposición Transitoria Sexta), Ley Orgánica de Pueblos Indígenas (Disposición Transitoria Séptima), Ley Orgánica del Trabajo (Disposición Transitoria Cuarta, 3), y Ley Orgánica Procesal del Trabajo (Disposición Transitoria Cuarta, 4) y Código Orgánico Tributario (Disposición Transitoria Quinta).

En *segundo lugar,* también son leyes orgánicas las que se dicten para organizar los poderes públicos como son: Ley Orgánica de la Administración Pública –Poder Ejecutivo–, (art. 236, ord. 20); Ley Orgánica de la Procuraduría General de la República (art. 247), Ley Orgánica del Poder Judicial, Ley Orgánica del Tribunal Supremo de Justicia (art, 262); Ley Orgánica del Poder Electoral (art. 292 y Disposición Transitoria Octava); Ley Orgánica del Poder Ciudadano, comprendidas la Ley Orgánica de la Contraloría General de la República, Ley Orgánica de la Fiscalía General de la República –Ministerio Público–, y Ley Orgánica de la Defensoría del Pueblo (Disposición Transitoria Novena); Ley Orgánica de Régimen Municipal –Poder Municipal– (art. 169 y Disposición Transitoria Primera) y Ley Orgánica que regule los Consejos Legislativos Estadales (art. 162).

---

402 *V.*, la sentencia de la Corte Suprema de Justicia de 10-07-90 y los comentarios en Allan R. Brewer-Carías, "El control de la constitucionalidad de las leyes aprobatorias de Tratados internacionales y la cuestión constitucional de la integración latinoamericana", *Revista de Derecho Público,* N° 44, Caracas 1990, pp. 225 a 229.

En *tercer lugar,* también son leyes orgánicas, aquellas destinadas a "desarrollar los derechos constitucionales", lo que abre un inmenso campo para tal categoría, ya que ello implica que todas las leyes que se dicten para desarrollar el contenido de los artículos 19 a 129 deben ser leyes orgánicas.

En *cuarto lugar,* también son leyes orgánicas "las que sirvan de marco normativo a otras leyes". Tal es el caso, por ejemplo, del Código Orgánico Tributario que debe servir de marco a las leyes tributarias específicas o de la Ley Orgánica de Régimen Presupuestario que debe servir de marco normativo a las leyes anuales o plurianuales de presupuesto, o la Ley Orgánica de Crédito Público la cual debe servir de marco normativo a las leyes específicas de operaciones de crédito público.

Y en *quinto lugar,* también son leyes orgánicas, aquellas que así sean calificadas, como orgánicas, por la Asamblea Nacional, (supuesto que no comprende los cuatro casos anteriores) al admitirse el proyecto por el voto de las 2/3 partes de los integrantes presentes antes de iniciarse la discusión del respectivo proyecto de ley.

Son estas leyes que la Asamblea Nacional haya calificado de orgánicas, las que deben ser remitidas, automáticamente, antes de su promulgación, a la Sala Constitucional del Tribunal Supremo de Justicia, para que se pronuncie acerca de la constitucionalidad de su carácter orgánico. La Sala Constitucional debe decidir la cuestión en el término de diez (10) días contados a partir de la fecha de recibo de la comunicación; y si la Sala declara que la ley no es orgánica, entonces esta perderá ese carácter.

### C. *Leyes sancionadas antes de su promulgación*

El *tercero* de los mecanismos de control preventivo de la constitucionalidad es el previsto en el artículo 214 de la Constitución, en los casos de solicitud del Presidente de la República, en el lapso que tiene para promulgar las leyes. Conforme a esa norma, la Sala Constitucional debe pronunciarse sobre la inconstitucionalidad de una ley o de algunos de sus artículos, a solicitud del Presidente de la República, antes de la promulgación de la ley.

Se regula, así, un control de constitucionalidad de leyes sancionadas y no promulgadas, que se ha desvinculado del llamado "veto presidencial" a las leyes, que siempre implica su devolución a la Asamblea Nacional. Sobre este nuevo tipo de control constitucional, la "Exposición" indica lo siguiente:

> Otra competencia de la Sala Constitucional en materia de control será la de verificar la constitucionalidad de las leyes antes de su promulgación, conforme al procedimiento establecido en el Título V Capítulo I Sección Cuarta de la Constitución, para el caso del reparo presidencial fundamentado en razones de inconstitucionalidad. En esta materia, la Asamblea Nacional Constituyente consideró inconveniente extender la legitimación para activar el mecanismo de control preventivo a otras personas con determinado interés u órganos del Poder Público distintos al Presidente de la República. Al respecto, se tuvo en cuenta que con posterioridad a la promulgación de una ley, todas las personas tienen a su alcance la acción popular clásica del sistema de justicia constitucional venezolano y, además, la Sala Constitucional tiene el poder cautelar propio de toda Corte o Tribunal Constitucional en derecho comparado, en virtud del cual puede dictar cualquier medida que fuera necesaria para proteger los derechos humanos y garantizar la integridad de la Constitución.

Debe señalarse, en todo caso, que en nuestro país se ha regulado tradicionalmente el veto presidencial a las leyes, ahora regulado en el artículo 214 de la Constitución, de manera que una vez que una Ley se ha sancionado, el Presidente de la Asamblea Nacional debe remitirla al Presidente de la República para su promulgación. El Presidente, dentro del lapso de diez (10) días que tiene para la promulgación puede, con acuerdo del Consejo de Ministros, solicitar a la Asamblea Nacional, mediante exposición razonada, que modifique alguna de las disposiciones de la ley o levante la sanción a toda ley o parte de ella. En esos casos, la Asamblea debe decidir acerca de los aspectos planteados por el Presidente por mayoría absoluta de los diputados presentes y le remitirá la ley para su promulgación. En este caso, el Presidente debe proceder a promulgar la ley dentro de los cinco (5) días siguientes a su recibo, sin poder formular nuevas observaciones.

En la Constitución de 1961, sin embargo, se disponía que cuando el veto presidencial se hubiese fundado en la inconstitucionalidad de la ley, entonces, dentro del término que tenía para promulgar la ley luego de su devolución al Congreso, podía acudir a la Corte Suprema de Justicia, solicitando su decisión acerca de la inconstitucionalidad. Este sistema de control preventivo estaba ligado al veto presidencial y debía pasar primero por la devolución de la ley al Congreso, con base en argumentos de inconstitucionalidad (art. 173).

En la Constitución de 1999, sin embargo, este sistema se cambió radicalmente, y el artículo 214 si bien regula el veto presidencial, luego, en párrafo aparte, establece lo siguiente:

> Cuando el Presidente o Presidenta de la República considere que la ley o alguno de sus artículos, es inconstitucional solicitarán el pronunciamiento de la Sala Constitucional del Tribunal Supremo de Justicia, en el lapso de diez días que tiene para promulgar la misma. El Tribunal Supremo de Justicia decidirá en el término de quince días contados desde el recibo de la comunicación del Presidente o Presidenta de la República. Si el Tribunal negare la inconstitucionalidad invocada o no decidiere en el lapso anterior, el Presidente o Presidenta de la República promulgará la ley dentro de los cinco días siguientes a la decisión del Tribunal o al vencimiento de dicho lapso.

Conforme a esta norma, la posibilidad de que el Presidente de la República someta al pronunciamiento del Tribunal Supremo de Justicia la inconstitucionalidad de una ley sancionada que se le haya enviado para su promulgación, no está ligada al veto presidencial ante la Asamblea, sino que en el lapso de diez (10) días que tiene para su promulgación, puede dirigirse directamente al Tribunal Supremo, sin devolverla a la Asamblea Nacional.

Debe indicarse, además, que en las discusiones de la Asamblea Nacional Constituyente no se consideró, en forma alguna, la cuestión de que la iniciativa para controlar la constitucionalidad de las leyes sancionadas, aún no promulgadas, pudiera extenderse expresamente a "otras personas con determinado interés u órganos del Poder Público distintos al Presidente de la República". No es correcta, por tanto la apreciación de la "Exposición de Motivos" cuando indica que la "Asamblea Nacional Constituyente consideró inconveniente" realizar tal extensión pues simplemente ello nunca fue planteado ni discutido[403].

3. *La revisión obligatoria de la constitucionalidad de los Decretos de Estado de Emergencia*

De acuerdo con el artículo 339 de la Constitución, el Decreto que declare el Estado de Excepción debe, en todo caso, ser presentado por el Presidente de la República a la Sala Constitucional del Tribunal Supremo, para que se pronuncie sobre su inconstitucionalidad. Por ello, el artículo 336 le atribuye a la Sala, competencia expresa para:

> 6. Revisar, en todo caso, *aun de oficio*, la constitucionalidad de los decretos que declaren estados de excepción dictados por el Presidente o Presidenta de la República.

Sobre este supuesto de control de constitucionalidad, la "Exposición" indica que:

> En lo que se refiere a la protección de los derechos humanos, la Sala Constitucional tendrá importantes funciones. En primer lugar, con el objeto de reforzar la protección de los derechos humanos reconocidos y garantizados expresa o implícitamente en la Constitución, se acoge un mecanismo consagrado en alguna Constitución de América Latina, en virtud del cual la Sala Constitucional debe, en todos los casos y aun de oficio, controlar la constitucionalidad de los decretos que declaren estado de excepción. Esta será la única competencia que podrá ejercer de oficio la Sala Constitucional y ello por tratarse de la protección de los derechos humanos, razón por la cual se ha previsto expresamente en texto constitucional.

En efecto, esta atribución de control de constitucionalidad obligatorio, también es una novedad introducida por la Constitución de 1999, conforme al antecedente de Colombia (art. 241, ord. 7); con el agregado, en nuestro país, de la posibilidad de ejercicio de esta atribución por la Sala, de oficio. Se trata, en efecto, del único supuesto constitucional en el cual la Sala puede actuar de oficio.

En ejercicio de este control, la Sala Constitucional puede pronunciarse no sólo sobre la constitucionalidad de los decretos que declaren el estado de excepción, sino sobre la constitucionalidad del contenido del decreto conforme a lo dispuesto en los artículos 337 y siguientes de la Constitución. En particular, la Sala debe verificar, al decretarse el estado de excepción y restringirse alguna garantía constitucional, si el decreto contiene, por ejemplo, efectivamente, la necesaria *regulación* "del ejercicio del derecho cuya garantía se restringe" (art. 339).

---

403 No se entiende, por tanto, la argumentación que hace José Vicente Haro en este tema. Está bien que él considere inconveniente tal extensión, pero ello no autoriza a que pueda deducirse que "la Asamblea Nacional Constituyente" haya debatido este asunto y lo haya considerado "inconveniente" lo cual, insistimos, ni siquiera fue planteado. Véase José Vicente Haro, "La justicia constitucional..." *loc. cit.* p. 181 a 183.

### 4. *El control de constitucionalidad de las leyes por omisión*

Otra institución novedosa en materia de justicia constitucional que establece la Constitución de 1999, es el denominado control de la constitucionalidad de las leyes por omisión[404]. En tal sentido, el artículo 336 de la Constitución publicada el 30-12-99, atribuyó a la Sala Constitucional, competencia para:

> 7. Declarar la inconstitucionalidad del poder legislativo municipal, estadal o nacional, cuando hayan dejado de dictar las normas o medidas indispensables para garantizar el cumplimiento de la Constitución, o las hayan dictado en forma incompleta, y establecer el plazo y, de ser necesario, los lineamientos de su corrección.

En la "versión" de la Constitución publicada el 24-03-00, esta norma fue "corregida", agregándose la expresión "de las omisiones" antes de la frase "del Poder Legislativo...", de manera que quedase claro que la declaratoria de inconstitucionalidad, como era lógico, no se refería "al poder legislativo"[405]. Por ello en la nueva "versión", el ordinal comienza redactado así:

> "7. Declarar la inconstitucionalidad de las omisiones del poder legislativo..."

En todo caso, en esta norma del ordinal 7 el artículo 336, se consagra una amplísima potestad que se ha atribuido a la Sala Constitucional y que supera el inicial antecedente portugués. En efecto, en el supuesto de la Constitución Portuguesa, la legitimación para requerir esta competencia la tenían el Presidente de la República, el Ombudsman o los Presidentes de las Regiones Autónomas[406]; en cambio, en el texto de la Constitución de 1999, no se establece condicionamiento alguno a la legitimación, por lo que tratándose de omisiones normativas, el mecanismo para impulsar su control podría recibir el mismo tratamiento de una acción popular.

### 5. *El control de la vigencia de las leyes mediante la declaración de colisión*

Conforme a una tradicional competencia de la Corte Suprema de Justicia (art. 215, ord. 5° de la Constitución de 1961), el artículo 336 de la Constitución de 1999 le atribuye al Tribunal Supremo competencia para:

> 8. Resolver las colisiones que existan entre diversas disposiciones legales y declarar cuál de éstas debe prevalecer.

Este mecanismo de control, antes que un control de constitucionalidad, es un control respecto de la vigencia de la ley en casos de derogación tácita. En efecto, en los casos en los cuales se dicte una ley que contraríe las disposiciones de otra ley, sin que contenga una derogación expresa, si la derogación tácita no es evidente pue-

---

404 Es una institución que tiene su origen en el sistema portugués, *V.* Allan R. Brewer-Carías, *Judicial Review in Comparative Law, op. cit.*, p. 269.

405 Llama la atención, sin embargo, que en el trabajo de José Vicente Haro, antes citado, publicado en febrero de 2000, se haga referencia, en relación con este ordinal del artículo 336 a un texto de la Constitución que no era el publicado el 30-12-99, que era el único que estaba vigente cuando redactó su trabajo, sino a un texto que luego resultó ser el "corregido" en la "versión" de la Constitución publicado posteriormente, el 24-03-2000. *V.*, José Vicente Haro, "La justicia constitucional...", *loc. cit.* p. 171 y 188.

406 *V.*, Allan R. Brewer-Carías, *Judicial Review in Comparative Law, op.cit.*, p. 269.

den plantearse situaciones en las cuales las dos leyes pueden considerarse aplicables. En estos supuestos, el Tribunal Supremo debe resolver la colisión que pueda existir entre las disposiciones legales, y declarar cuál de ellas debe prevalecer, lo que implica considerar como derogada la que no prevalece.

### 6. *La resolución de controversias constitucionales entre los órganos del Poder Público*

El Tribunal Supremo, en Sala Constitucional, también tiene competencia, conforme al artículo 336, para:

> 9. Dirimir las controversias constitucionales que se susciten entre cualesquiera de los órganos del Poder Público.

Sobre esta competencia, la "Exposición de Motivos" de la Constitución precisa lo siguiente:

> La Constitución establece como competencia de la Sala Constitucional resolver las controversias constitucionales que se susciten entre cualesquiera de los órganos que ejercen el Poder Público. Al respecto, destacan dos elementos esenciales; en primer lugar, que se trata de controversias entre cualesquiera de los órganos que la Constitución prevé en la distribución horizontal o vertical del Poder Publico y, en segundo lugar, que deben tratarse de controversias constitucionales, es decir, de aquellas cuya decisión depende del examen, interpretación y aplicación de normas constitucionales, tales como las que se refieren al reparto competencial entre los diferentes órganos del Estado, especialmente, las que distribuyen el poder en los niveles nacional, estadal y municipal.
>
> De esta forma, todas aquellas controversias constitucionales entre la República y alguno de los estados o municipios, es decir, entre el poder central y el descentralizado territorialmente, serán resueltas por la Sala Constitucional dentro del procedimiento que se establecerá en la ley orgánica respectiva. En todo caso, esta atribución tiene por objeto que la Sala Constitucional como garante y máximo defensor de los principios consagrados en el Texto Fundamental ajuste la actuación de los órganos que ejercen el Poder Público, al cauce constitucional.

Por tanto, esta competencia de orden constitucional tiene por objeto resolver los conflictos entre los órganos del Poder Público, tanto en su distribución vertical (República, Estados y Municipios), como en su división horizontal a nivel nacional (Poder Legislativo, Poder Ejecutivo, Poder Judicial, Poder Ciudadano, Poder Electoral) y a nivel estadal y municipal (Poder Legislativo y Poder Ejecutivo).

Es decir, se trata de resolución de controversias sobre atribuciones *constitucionales* entre los órganos del Poder Público; que son distintas a las controversias administrativas que se susciten entre la República, los Estados, Municipios u otro ente público, las que compete ser resueltas por la Sala Político-Administrativa del Tribunal Supremo (art. 266, ord. 4°), como Jurisdicción Contencioso-Administrativa.

En consecuencia, por ejemplo, es evidente que un conflicto de competencia entre jueces para conocer de una acción de amparo, no puede atraer la competencia atribuida a la Sala Constitucional conforme al ordinal 9° de artículo 336 de la Constitución. Sin embargo, en una forma realmente inexplicable, la Sala Constitucional lo consideró así en sentencia N° 7 del 01-02-2000, lo que originó un acertado voto salvado del Magistrado Héctor Peña Torrelles en el cual expuso lo siguiente:

> Por su parte, el referido numeral 9 del artículo 336, atribuye competencia a la Sala Constitucional para decidir las controversias de índole constitucional que se susciten entre los distintos órganos del Poder Público. Al respecto, tanto la jurisprudencia patria como la experiencia del Derecho Comparado, es pacífica en entender que esta competencia para resolver conflictos entre entes públicos está referida a la solución de las controversias de índole político-territorial o relativas a las competencias constitucionales entre los órganos previstos en la Constitución.
>
> En tal sentido, el Catedrático español E. García De Enterría, en su obra *La Constitución como norma y el Tribunal Constitucional* (Editorial Civitas, Madrid, 1985 pp. 149 y 150), al delimitar el objeto que constituye la competencia relativa a la resolución de los conflictos constitucionales atribuidas al Tribunal Constitucional Español, señala:
>
> "Aquí están, por una parte, los atañentes a la organización territorial del Estado, entre éste y las Comunidades Autónomas o por éstas entre sí. Por otra parte, los conflictos entre los principales órganos del Estado.
>
> La justificación de esta competencia del Tribunal Constitucional parece clara: como ha notado la doctrina alemana, todo conflicto entre órganos constitucionales (...) es, por sí mismo, un conflicto constitucional que pone en cuestión el sistema organizatorio que la Constitución, como una de sus funciones básicas ha establecido. Por ello mismo, sólo el Tribunal Constitucional, donde existe, puede ser órgano adecuado para la resolución de estos conflictos, que afectan a la esencia misma de la Constitución, a la cuidadosa distribución de poder y de correlativas competencias por ella operada".
>
> Por su parte, G. Zagrebelsky (*La giustizia costituzionale,* Editorial II Mulino, 1989, p. 333) justifica la competencia dada a la Corte Constitucional Italiana, sobre la base de la arquitectura organizativa compleja delineada en su Constitución, que califica de "*pluralismo istituzionale*", el cual deriva de la clásica tripartición de los poderes de origen liberal, de lo cual surge una pluralidad de órganos constitutivos de un gobierno central y de gobiernos regionales; y de la pluralidad de sujetos constitutivos de la forma del Estado, todo lo cual garantiza un modelo democrático participativo. Por esta razón se atribuye a la Corte Constitucional el control de la repartición de los poderes entre los diversos órganos y sujetos constitucionales, cuando los mismos entren en conflicto.
>
> De allí que la decisión que el Tribunal debe adoptar en estos casos tiende a la solución de tales controversias, señalando -en la mayoría de los casos- a cuál de los órganos corresponde un territorio o una competencia constitucionalmente establecida. Por tal razón, la legitimación para interponer esta solicitud *está restringida a los titulares de los órganos susceptibles de entrar en conflicto; y en ningún caso ha sido concebida esta vía en la jurisdicción constitucional para dirimir controversias intersubjetivas entre particulares,* ni entre éstos y los órganos públicos, para los cuales el ordenamiento jurídico ha establecido distintas vías judiciales, dentro de las que se encuentra la acción de amparo.

Confunde el fallo la competencia para dirimir conflictos entre órganos del poder público con la acción de amparo, partiendo de una errada interpretación de los antecedentes que la jurisprudencia patria ha sentado de forma evolutiva a las distintas vías para dirimir conflictos entre entes públicos. No es esta una competencia que haya nacido con la Constitución de 1999, que pueda interpretarse como una norma que permita resolver cualquier asunto donde esté involucrado uno o más entes del Estado. La Constitución de 1961 y la Ley Orgánica de la Corte Suprema de Justicia contemplaban estas vías jurisdiccionales, atribuyéndoselas a la Sala Político-Administrativa de la extinta Corte Suprema de Justicia, distinguiéndose distintas modalidades de controversias, atendiendo en unos casos a los órganos en conflicto y en otros casos al objeto de la controversia. La idea siempre fue lograr resolver las dificultades en el cumplimiento de las competencias entre los distintos entes políticos u órganos administrativos o la delimitación de los territorios entre los entes político territoriales. Otra categoría de conflictos se suscitaba en materia de legitimidad de las autoridades cuando existían varias que se atribuían una misma investidura.

La Constitución de 1999 dio un paso de avanzada al distinguir los conflictos de índole constitucional de los conflictos administrativos, atribuyendo competencias a las Salas Constitucional y Político-Administrativa respectivamente, atendiendo a la naturaleza de la competencia de cada una de estas Salas. De esta forma, el sistema de competencias toma coherencia ya que, para resolver conflictos constitucionales entre los entes públicos, es necesario hacer una interpretación de la Constitución, a fin de determinar cuál de los órganos en conflicto tiene atribuida una función y cuál estaría eventualmente usurpando funciones de otros entes; en este casos se le otorgó la competencia a la Sala Constitucional. En el mismo sentido, las controversias administrativas se producen con ocasión de la interpretación de las normas de rango infraconstitucional, que por su naturaleza corresponde controlar a los órganos de la jurisdicción contencioso-administrativa y el Constituyente se la ha atribuido a su más alto Tribunal que es la Sala Político-Administrativa.

Por lo anterior, el Magistrado disidente se aparta del razonamiento del fallo que permite atribuir competencia a esta Sala Constitucional para resolver un amparo constitucional contra órganos públicos menores con fundamento en el numeral 9 del artículo 336 de la Constitución. En tal sentido, considera que tal atribución fue conferida a esta Sala para: a) Resolver controversias entre las entidades político territoriales (República, Estados, Territorios Federales, Distrito Capital, Dependencias Federales y Municipios), derivados del sistema federal y descentralizado de gobierno establecido en la Constitución; y b) Resolver las controversias que surjan entre los demás órganos de los Poderes Públicos cuyas atribuciones están previstas en la Constitución.

7. *La revisión de las sentencias dictadas por los tribunales de instancia en cuestiones de constitucionalidad*

Por último, el artículo 336 de la Constitución en el texto publicado el 30-12-99 atribuía a la Sala Constitucional, competencia para:

10. Revisar las sentencias de amparo constitucional y de control de constitucionalidad de leyes o normas jurídicas dictadas por los tribunales de la República, en los términos establecidos por la ley orgánica respectiva.

En la nueva "versión" de la Constitución publicada el 24-03-2000, el encabezamiento de esta norma aparece redactada así:

9. Revisar las sentencias *definitivamente firmes* de amparo constitucional...

Es decir, se agregó al texto constitucional en su "versión" del 24-03-2000 una frase de contenido jurídico preciso, como es la de calificar las sentencias objeto de revisión, como las que sean *definitivamente firmes.*

### A. *La revisión constitucional no es una apelación ni consulta*

Sobre esta norma, debe comenzarse señalando que, por supuesto, esta competencia no se configuraba ni se configura como la de una apelación ni como la de una segunda instancia general en la materia. Se trata de una competencia excepcional para que la Sala Constitucional pueda revisar, a su juicio y discreción, mediante un recurso extraordinario que se puede ejercer contra sentencias de *última instancia* dictadas por los tribunales de la República (excluido, en nuestro criterio, el Tribunal Supremo y sus Salas) en materia de amparo constitucional o en ejercicio de control difuso de la constitucionalidad de las leyes. Las Salas de la Corte, en nuestro criterio deberían seguir siendo competentes para conocer, sea en única instancia o en apelación, conforme a la Ley de la materia, de acciones de amparo; ya que nada autoriza en el texto de la Constitución para concentrar esas competencias en la Sala Constitucional y dejar a las otras Salas, sin competencias constitucionales. En realidad, la única competencia constitucional que, conforme a la Constitución (arts. 334 y 336), es *exclusiva* de la Sala Constitucional, es la de anular las leyes y demás actos de rango legal y de ejecución directa e inmediata de la Constitución (Jurisdicción Constitucional).

En todo caso, es de destacar que conforme a nuestra apreciación y propuesta, el texto del ordinal 10 fue aprobado en la Asamblea iniciándose con la frase "Revisar, a juicio de la Sala, las sentencias...", con el objeto de dejar claro a nivel constitucional, que se trataba de una potestad de revisión que nunca puede ser obligatoria, sino a juicio de la Sala, que la puede ejercer en forma discrecional[407]. La frase mencionada, sin embargo, fue inexplicablemente eliminada[408]. De lo que se trataba era de evitar que se pudiera abrir un recurso extraordinario, de obligatoria decisión por la Sala, contra todas las sentencias referidas, lo cual sería imposible de manejar, por la magnitud de casos. De allí la discrecionalidad que debe tener la Sala Constitucional para escoger los casos en los cuales juzga conveniente conocer del recurso de revisión.

407 En cierta forma, el recurso es similar al denominado *writ of cerciorari* del sistema norteamericano. *V.*, Allan R. Brewer-Carías, *Judicial Review in Comparative Law*, *op.cit.* p. 141; *V.*, los comentarios de Jesús María Casal, *Constitución y Justicia Constitucional, op. cit.* p. 92.

408 Véase la "justificación" *ex post facto* de la eliminación de la frase por parte de un miembro de la llamada "Subcomisión Técnica" designada por la directiva de la Asamblea en José Vicente Haro, "La justicia constitucional...", *loc. cit.*, p. 160 a 170.

En todo caso, la Sala Constitucional, en la sentencia Nº 7 de 20-01-2000 (Caso: *Emery Mata Millán*) antes citada, interpretó dicho artículo 336, ordinal 10 de la Constitución considerando que

> "5. La labor revisora de las sentencias de amparo que atribuye el numeral 10 del artículo 336 de la vigente Constitución a esta Sala y que será desarrollada por la ley orgánica respectiva, la entiende esta Sala en el sentido de que en los actuales momentos una forma de ejercerla es mediante la institución de la consulta, prevista en el artículo 35 de la Ley Orgánica de Amparo Sobre Derechos y Garantías Constitucionales, pero como la institución de la revisión a la luz de la doctrina constitucional es otra, y las instituciones constitucionales deben entrar en vigor de inmediato, cuando fuera posible, sin esperar desarrollos legislativos ulteriores, considera esta Sala que en forma selectiva, sin atender a recurso específico y sin quedar vinculado por peticiones en este sentido, la Sala por vía excepcional puede revisar discrecionalmente las sentencias de amparo que ...sean de la exclusiva competencia de los Tribunales de Segunda Instancia, quienes conozcan la causa por apelación y que por lo tanto no susceptibles de consulta, así como cualquier otro fallo que desacate la doctrina vinculante de esta Sala, dictada en materia constitucional".

En esta sentencia la Sala, por una parte, asimiló indebidamente el recurso extraordinario con la consulta en materia de amparo; y por la otra, le atribuyó correctamente el carácter discrecional de la potestad revisora de la Sala, como lo propusimos en la Asamblea[409].

En todo caso, en relación con la sentencia de la Sala Constitucional antes citada, el Magistrado Peña Torrelles salvó su voto y expuso lo siguiente:

> "Por otra parte, quien suscribe considera que la facultad prevista en el numeral 10 del artículo 336 no es asimilable a la consulta o apelación prevista en el artículo 35 de la Ley Orgánica de Amparo sobre Derechos y Garantías Constitucionales, por cuanto esta Sala no es un tribunal de alzada ni superior materialmente de ningún tribunal de la República. La aludida competencia de revisión debe interpretarse como una potestad extraordinaria de revisión de sentencias dictadas por el resto de los tribunales cuando éstos conozcan como jueces constitucionales de amparo o cuando ejerzan el control difuso de la constitucionalidad de las normas, para verificar cuestiones de derecho relativas a la interpretación de las normas y principios constitucionales, a los fines de lograr una uniformidad de criterios".

Ahora bien, en cuanto a esta potestad revisora atribuida a la Sala Constitucional, como se dijo, el texto de la Constitución publicada el 31-12-99 se limitaba a mencionar que la revisión procedía contra "sentencias" de amparo o dictadas con ocasión de ejercerse el control difuso de la constitucionalidad. Como se evidencia de la sentencia antes citada, la falta de criterio interpretativo adecuado del sentido de esta potestad revisora, también llevó a la Sala Constitucional en sentencia Nº 2 de 20-01-2000 (Caso: *Domingo G. Ramírez M.*) a interpretar que en ciertos casos, la tal potes-

409 *V.*, las referencias a nuestras proposiciones comentadas en José Vicente Haro, "La justicia constitucional...." *loc. cit.* p. 166 y 167.

tad de revisión se podía realizar conociendo, la Sala Constitucional, como "tribunal de alzada", respecto de sentencias de amparo, lo que es totalmente errado. La sentencia citada, en efecto, señaló lo siguiente:

> Esta disposición, a juicio de la Sala, debido a su formulación genérica, amerita ser relativizada a través de una interpretación que permita mantener el equilibrio de esta facultad con la necesaria desconcentración de atribuciones que debe existir respecto a los distintos órganos que conforman el Poder Judicial así como la preservación de la garantía a la doble instancia, la cual no sólo corresponde en esta materia a la Sala Constitucional, habida cuenta que, de acuerdo a la ley orgánica que rige la materia, aquella podría corresponder a otros tribunales distintos a este supremo órgano judicial.
>
> Con base a lo anterior, interpreta la Sala que esta facultad revisora debe ejercerse necesariamente respecto de todas las sentencias de amparo constitucional dictadas por los Tribunales o Juzgados Superiores de la República, Corte Primera de lo Contencioso Administración y las Cortes de Apelaciones en lo Penal, cuando conozcan de esta materia como tribunales de primera instancia.
>
> Igualmente, debe entenderse que la referida facultad de revisión puede ser ejercida, con relación a las decisiones de amparo dictadas por los tribunales que hayan conocido en consulta o apelación de las decisiones dictadas por sus inferiores jerárquicos. En estos casos, a diferencia de la hipótesis anterior, el objeto de la revisión lo constituye una sentencia dictada en segunda instancia. En consecuencia, visto que en estas situaciones se garantiza el principio de la doble instancia, la revisión debe revestir un carácter facultativo para la Sala Constitucional.

En relación con esta decisión el Magistrado Héctor Peña Torrelles también salvó su voto, indicando, con razón, lo siguiente:

> Por otra parte, quien suscribe considera que la facultad prevista en el numeral 10 del artículo 336 no es asimilable a la consulta o apelación prevista en el artículo 35 de la Ley Orgánica de Amparo sobre Derechos y Garantías Constitucionales, por cuanto esta Sala no es un tribunal de alzada ni superior materialmente de ningún tribunal de la República. La aludida competencia de revisión debe interpretarse como una potestad extraordinaria de revisión de sentencias dictadas por el resto de los tribunales cuando éstos conozcan, como jueces constitucionales de amparo o cuando ejerzan el control difuso de la constitucionalidad de las normas, para verificar cuestiones de derecho relativas a la interpretación de las normas y principios constitucionales, a los fines de lograr una uniformidad de criterios.
>
> Por lo anterior, en opinión de quien suscribe, el artículo 35 de la Ley Orgánica de Amparo sobre Derechos y Garantías Constitucionales, que prevé las apelaciones o consultas en materia de amparo, es preciso al indicar que la misma corresponde al Tribunal Superior respectivo atendiendo a la materia del caso concreto. En el mismo sentido, el artículo 4 *eiusdem* que consagra el amparo contra decisiones judiciales, también es claro al señalar que dicha acción debe interponerse "*...por ante un tribunal superior al que emitió el pronunciamien-*

*to*". Por lo tanto, la competencia de los amparos contra sentencias será del órgano jurisdiccional superior al que emitió la sentencia presuntamente lesiva de derechos constitucionales, de acuerdo con la materia respectiva.

De lo anterior, se colige que, hasta tanto no exista una modificación de dicha norma o la existencia de otra disposición que atribuya tal competencia a la Sala Constitucional, ésta no podrá asumir tal conocimiento, ya que tal proceder constituiría una alteración del régimen procesal previsto en la Ley Orgánica de Amparo sobre Derechos y Garantías Constitucionales, materia esta (legislación procesal) que es de la estricta reserva legal, por estar atribuida al Poder Legislativo Nacional.

Posteriormente en el voto salvado a la sentencia N° 12 de la misma Sala Constitucional del 08-02-2000, en la cual se decidió en sentido similar a la sentencia N° 2, al mismo Magistrado Peña Torrelles amplió su voto salvado indicando, con razón, lo siguiente:

El fallo que antecede afirmó la competencia de la Sala Constitucional para conocer de las apelaciones contra las decisiones dictadas en materia de amparo por los Juzgados Superiores, Corte Primera de lo Contencioso-Administrativo y las Cortes de Apelaciones en lo Penal, cuando éstos conozcan en primera instancia. Para arribar a tal conclusión, la sentencia señala textualmente:

"...con la creación de esta Sala, vértice de la jurisdicción constitucional, el propio Texto Fundamental determinó su propósito esencial, cual es garantizar la supremacía y efectividad de la Constitución, así como velar porque los preceptos constitucionales se interpreten y apliquen correctamente. Este control lo ejerce –entre otras atribuciones– a través de las revisiones, bien obligatorias –entre las cuales se encuentran las consultas o apelaciones a que hace referencia el aludido artículo 35– o facultativas, cuando se haya agotado la doble instancia".

En criterio del disidente, con el anterior razonamiento la mayoría sentenciadora confunde la acción de amparo prevista en el artículo 27 de la Constitución, que compete a todos los tribunales de la República, con la atribución conferida en forma exclusiva a esta Sala en el numeral 10 del artículo 336 *eiusdem* para "*revisar las sentencias de* amparo *constitucional y de control de constitucionalidad de leyes o normas jurídicas*" dictadas por los tribunales de la República. Esta competencia de la Sala constituye un medio extraordinario que tiene como finalidad lograr una uniformidad de criterios en cuanto a la interpretación de los derechos que garantiza la Constitución y en el ejercicio del control de la constitucionalidad que ejercen todos los tribunales.

A juicio del disidente, esta revisión extraordinaria no puede asimilarse a una segunda instancia, ya que cuando un juez conoce en alzada está obligado no sólo a examinar cuestiones de derecho sino también las circunstancias fácticas de cada caso, lo cual no ha sido la intención del Constituyente al fijar la competencia prevista en el referido numeral 10 del artículo 336 constitucional, que está referido a una revisión de cuestiones de derecho relativas a la interpretación de las normas y principios constitucionales, cuyo objeto no es otro que preservar la uniformidad de criterios.

Por lo anterior, no comparto la tesis de la mayoría que asimila la apelación o la consulta previstas en el artículo 35 de la Ley Orgánica de Amparo sobre Derechos y Garantías Constitucionales a la potestad de revisión conferida a esta Sala en la nueva Constitución. Ello además conduce al absurdo de afirmar que los tribunales cuando conocen en segunda instancia están ejerciendo esa facultad de revisión, que –indiscutiblemente– es una competencia exclusiva dada a la Sala Constitucional por la Carta Magna.

Por las mismas razones antes señaladas, también discrepo de la distinción que el fallo anterior realiza entre "revisión obligatoria" o "revisión facultativa", dependiendo de si la sentencia "revisada" ha agotado o no la doble instancia, lo cual se traduce en una interpretación dual de la norma constitucional. El fallo en este aspecto no razona cuál es el fundamento de tal distinción sencillamente decide que en el numeral 10 del artículo 336 se consagran dos competencias en materia de amparo constitucional, a saber:

a) Como tribunal de segunda instancia en materia de amparo cuando la sentencia es dictada en primera instancia por los Juzgados Superiores, Corte Primera de lo Contencioso-Administrativo y las Cortes de Apelaciones en lo Penal, lo cual configura una *"revisión obligatoria";* y

b) Como tribunal competente para conocer del "recurso extraordinario de revisión" cuando se haya agotado la doble instancia en amparo, que será una *"revisión facultativa"*.

Estimo que tal clasificación, no se infiere de la Constitución, por lo cual no puede calificarse de "interpretación constitucional". En tal sentido, reitero lo expuesto en el voto concurrente que formulara a las sentencias del 20 de enero del 2000 (Casos: *Domingo Ramírez Monja y Emery Mata Millán*).

### B. *El objeto de la revisión son las sentencias de última instancia*

Por otra parte, debe insistirse en el hecho de que en la versión de la Constitución publicada el 20-04-2000, uno de los artículos "modificados" fue precisamente el ordinal 10 del artículo 336, al cual se le agregó la frase *"definitivamente firmes"* para identificar las sentencias de amparo constitucional y de control de constitucionalidad de leyes o normas jurídicas dictadas por los tribunales de la República, que podían ser objeto del recurso de revisión. Esta frase no estaba en el texto original sometido a referéndum ni en el correspondiente a la "versión" de la Constitución publicada de 30-12-1999[410].

Es decir, en esta forma, en *primer lugar,* se "precisó", aún cuando parcialmente, en la nueva "versión" de la Constitución, lo que era obvio, y es el carácter extraordi-

410 Llama la atención, también en este caso, que en los comentarios que hace José Vicente Haro respecto de esta norma constitucional, en su trabajo antes citado, publicado en febrero de 2000, se cita el ordinal 10° con el agregado de las sentencias "definitivamente firme" cuando ello no estaba en el texto constitucional vigente en esa fecha, publicado el 31-12-99; pues en definitiva dicho agregado se incorporó al texto constitucional en la "versión" publicada posteriormente, el 24-03-2000. *V.*, José Vicente Haro, "La justicia constitucional..." *loc. cit.*, p. 171 y 189.

nario de esta revisión por la Sala Constitucional de sentencias de amparo o de cuestiones constitucionales dictadas por los Tribunales de instancia. Ello implica que las sentencias que pueden ser objeto del "recurso extraordinario" a regularse, deben ser definitivamente firmes, razón por la cual, con la "nueva versión" de la Constitución se derrumba la incorrecta decisión de la Sala Constitucional antes comentada que asimilaba la "revisión" de las sentencias de amparo con aquellos supuestos en los cuales la Sala Constitucional supuestamente debía conocer de casos de amparo en apelación o consulta. Ello era totalmente contrario a la naturaleza de este recurso extraordinario de revisión.

Pero en *segundo lugar,* debe destacarse que al agregarse al artículo constitucional sólo la frase "definitivamente firmes", consideramos que parcialmente se cambió la naturaleza extraordinaria del recurso de revisión, pues tal como quedó redactada la norma, podría proceder contra sentencias de primera instancia definitivamente firmes, pero contra las cuales no se ejerció el recurso ordinario de apelación, que podía existir, lo cual no tiene sentido[411].

En efecto, procesalmente no es lo mismo una sentencia "definitivamente firme" que una sentencia de "última instancia"; la primera, es una sentencia definitiva en el sentido de que no es interlocutoria, por tanto, pone fin a un juicio; y que, además, ha quedado firme porque no se ha apelado o es de última instancia. Por tanto puede haber sentencias definitivamente firmes, de primera instancia, porque no fueron apeladas. No puede, por tanto, confundirse un concepto con otro. Lo que se debatió en la Asamblea Constituyente permitía concluir que lo que se quería era que sólo pudieran ser objeto de revisión las sentencias de última instancia.

Por ello, en la propuesta que formulamos ante la Asamblea Nacional Constituyente el 31-10-99 sobre el control difuso de la constitucionalidad de las leyes, consideramos que en la Constitución:

> "también debería atribuirse a la Sala Constitucional una competencia para conocer de un recurso extraordinario de revisión que pueda intentarse contra las sentencias de *última instancia* en las cuales se resuelvan cuestiones constitucionales relativas a las leyes, de conocimiento discrecional por la Sala. En esta forma, en materia de cuestiones de constitucionalidad, la Sala Constitucional de la Suprema Corte, a su juicio, podría tener la última palabra en estas materias y en los casos en los que estime necesario estatuir con fuerza de precedente y uniformizar la jurisprudencia"[412].

Por tanto, es totalmente incorrecta la apreciación que hizo José Vicente Haro al señalar que del debate en la Asamblea haya quedado

> "suficientemente claro que ese mecanismo de revisión debe ser ejercido respecto de las sentencias de última instancia o "definitivamente firmes" dictadas por los jueces de la República en materia de amparo o control difuso de la constitucionalidad"[413].

---

411 *V.*, los comentarios de Jesús María Casal, *Constitución y Justicia Constitucional, op. cit.* p. 106.

412 *V.*, Allan R. Brewer-Carías, *Debate Constituyente,* T. III, *op.cit.* p. 105.

413 Véase José Vicente Haro, "La justicia constitucional..." *loc. cit.* p. 170.

Esta confusión de Haro entre estos dos conceptos, creyendo que son equivalentes, quizás lo llevó a participar en la "corrección" del texto constitucional y agregar la mencionada frase. Lo que si queda claro de todo esto es que la utilización, en la "Exposición", de la frase "definitivamente firme" (que aparece por primera vez en la "versión" de la Constitución publicada el 24-03-2000), pone en evidencia que dicha "Exposición" no se "decretó" el 30-01-2000 como lo dice su texto, pues para esa fecha la expresión no estaba en el texto publicado de la Constitución el 30-12-1999. La "extraña coincidencia" más bien sugiere que la "Exposición" se elaboró posteriormente en algún momento previo al 24-03-2000, coincidiendo con la ilegítima "corrección" de la Constitución[414].

C. *La revisión constitucional como potestad discrecional*

Debe insistirse, por otra parte, en relación con este "mecanismo extraordinario de revisión" que la intención de la norma fue su previsión, no como un derecho de los interesados, sino como una potestad de la Sala Constitucional de efectuar la revisión, sin tener obligación alguna para ello. Lo contrario hubiese sido totalmente desquiciante para el orden judicial y hubiera impedido a la Sala cumplir la función de garantizar la uniformidad en la interpretación de las normas y principios constitucionales. Sobre ello, la "Exposición" explica que "no siendo un derecho", la Asamblea Nacional Constituyente supuestamente habría decidido" dejar a la ley orgánica respectiva su desarrollo concreto". Por supuesto que el desarrollo concreto tenía que corresponder a la ley, pero no así la orientación del carácter discrecional de la revisión, que propusimos; y que implica de acuerdo con la "Exposición", que:

> "...la referida competencia de la Sala Constitucional no puede ni debe entenderse como parte de los derechos a la defensa, tutela judicial efectiva y amparo consagrados en la Constitución, sino, según lo expuesto, como un mecanismo extraordinario de revisión cuya finalidad constituye únicamente darle uniformidad a la interpretación de las normas y principios constitucionales".

***

Debe señalarse, por otra parte, que la "Exposición" concluye sus comentarios, propuestas, interpretaciones, glosas o apreciaciones respecto del Capítulo de la garantía de la Constitución, sin duda formuladas por sus redactores pero no "decretadas" por la Asamblea Nacional Constituyente, sobre el sistema de justicia constitucional venezolano, "justificando" la inclusión de la antes mencionada competencia de la Sala Constitucional para, por vía extraordinaria, revisar las sentencias de amparo y de cuestiones de constitucionalidad, como una supuesta respuesta a "la principal crítica" formulada a nuestro sistema, según la cual el mismo no lograba una interpretación uniforme de la Constitución, pues no había "imbricación" entre el método de control difuso y el método de control concentrado de constitucionalidad[415].

---

414 La "coincidencia" también se aprecia de los conceptos emitidos por José Vicente Haro, "La justicia constitucional...", *loc. cit.*, p. 171 y 189.

415 En esto "coincide" también José Vicente Haro, "La justicia constitucional...", *loc. cit.*, p. 191.

El último párrafo de la "Exposición" relativa al Capítulo I del Título VIII, en efecto, indica lo siguiente:

> "En todo caso, el mecanismo extraordinario de revisión que se deberá establecer por ley orgánica, vinculará por primera vez y dejando a salvo la temprana regulación de la Constitución de 1901, los métodos de control difuso y concentrado de la constitucionalidad que han coexistido en nuestro ordenamiento jurídico por más de cien años, respondiendo con ello a la principal crítica formulada a nuestro sistema de justicia constitucional, que reconocía la coexistencia de los mencionados métodos de control, pero destacaba que entre uno y otro no existía realmente una coordinación, vínculo o conexión que procurara armonizarlos o articularlos para lograr una interpretación uniforme de la Constitución, razón por la cual no podía ser calificado como integral, dado que existían modalidades de control paralelas, establecidas una al lado de la otra, sin conexión entre si.
>
> Por tal razón, la Constitución consagra un sistema mixto o integrado de control de la constitucionalidad, atribuyendo a la Sala Constitucional la función de coordinar los métodos de control mediante la armonización de la jurisprudencia constitucional y la interpretación uniforme del Texto Fundamental".

Este párrafo final, sin duda, merece algunos comentarios. El sistema venezolano de justicia constitucional, como el colombiano, con razón ha sido calificado desde hace más de dos décadas como un sistema mixto o integral, que combina el método difuso con el método concentrado de control de constitucionalidad[416], enriquecido, además con el desarrollo de los medios de protección judicial de los derechos y garantías constitucionales (amparo, *hábeas corpus* y *hábeas data*).

El método concentrado de control de la constitucionalidad de las leyes tiene su antecedente en la Constitución de 1858; y la previsión expresa del método difuso de control de la constitucionalidad, comenzó a ser derecho positivo en el Código de Procedimiento Civil de 1897[417].

La Constitución de 1901, ciertamente, estableció una regulación que no se repitió posteriormente, y que en definitiva puede considerarse como una restricción al método difuso, ya que limitaba el poder de los jueces de desaplicar, con toda autonomía e independencia y en los casos concretos que debían decidir, las normas legales que considerasen contrarias a la Constitución, aplicando ésta preferentemente; obligándolos a someter la cuestión de constitucionalidad que se le planteare al conocimiento de la Corte Suprema de Justicia para su decisión previa. Sólo si llegado el momento de dictar sentencia sin que el juez recibiera la decisión de la Corte Suprema, entonces podía resolver (art. 106, ord. 8).

---

416 *V.*, Manuel Gaona Cruz, "El control de la constitucionalidad de los actos jurídicos en Colombia ante el Derecho Comparado", en *Archivo de Derecho Público y Ciencias de la Administración,* Vol. VII 1984-1985, *Derecho Público en Venezuela y Colombia,* Instituto de Derecho Público, UCV, Caracas 1986, pp. 39 a 114.

417 *V.*, Allan R. Brewer-Carías, *Instituciones Políticas y Constitucionales*, T. VI, Justicia Constitucional, *op.cit.*, p. 85 y ss.

No hay razón alguna para considerar esta "regulación" como una "temprana" solución a la supuesta falta de coordinación, vínculo o articulación entre los métodos difuso y concentrado de control de constitucionalidad; ni tienen fundamento alguno las críticas formuladas al sistema venezolano por tener los dos métodos de control en paralelo[418].

La falta de uniformización de la jurisprudencia en el método difuso de control de constitucionalidad, que permite a todos los jueces desaplicar normas legales cuando estimen que son contrarias a la Constitución, en realidad, consigue su correctivo o se logra sea a través del principio *stare decisis* en el sistema norteamericano, o del sistema del precedente en el sistema mexicano, o mediante la posibilidad de ejercicio, en paralelo, del método concentrado de control de constitucionalidad que atribuía poderes anulatorios a la antigua Corte Suprema de Justicia, y ahora, a la Sala Constitucional del Tribunal Supremo[419].

El paralelismo de ambos métodos de control, en nuestro país, ha sido, precisamente, el punto de conexión, vínculo o coordinación entre ambos, el cual se perfecciona, ahora, sin duda, con la previsión del recurso extraordinario contra las sentencias de amparo y que resuelvan cuestiones constitucionales.

Sin embargo, no entendemos cómo puede derivarse de allí una supuesta "función" atribuida en la Constitución a la Sala Constitucional, de "coordinar" los métodos (difuso y concentrado) de control de la constitucionalidad, máxime si como hemos visto, la Sala Constitucional no tiene, en absoluto, un pretendido monopolio de la interpretación constitucional que pudiera originar "uniformidad", pues todos los tribunales y todas las Salas del Tribunal Supremo tienen la potestad de interpretar el texto constitucional.

## *SECCIÓN TERCERA:*

## *INSTRUMENTOS DE JUSTICIA CONSTITUCIONAL EN VENEZUELA (ACCIÓN DE INCONSTITUCIONALIDAD, CONTROVERSIA CONSTITUCIONAL, PROTECCIÓN CONSTITUCIONAL FRENTE A PARTICULARES)" (2002)*

**Esta sección recoge el texto de la Ponencia presentada al VII Congreso Iberoamericano de Derecho Constitucional, Instituto de Investigaciones Jurídicas UNAM, Instituto Iberoamericano de Derecho Constitucional, Ciudad de México, 12 al 15 de febrero de 2002. Fue publicado en Juan Vega Gómez y Edgar Corzo Sosa (Coordinadores) *Instrumentos de tutela y justicia constitucional Memoria del VII Congreso Iberoamericano de Derecho Constitucional*, Instituto de Investigaciones Jurídicas, Serie Doctrina Jurídica, Nº 99, México 2002, pp. 75-99.**

---

418 Lo que si es definitivo es que la previsión del ordinal 10 del artículo 336 de la Constitución no constituye ningún "mecanismo de articulación" entre el control difuso y el control concentrado, como lo afirma José Vicente Haro, "La justicia constitucional…", *loc. cit.*, p. 191.

419 *V.*, lo que hemos expuesto desde hace años, criticando las apreciaciones de Cappelleti, en Allan R. Brewer-Carías, *Judicial Review in comparative Law*, *op. cit.* p. 129

## I. PRINCIPIOS GENERALES DEL SISTEMA VENEZOLANO DE JUSTICIA CONSTITUCIONAL

En Venezuela se ha venido desarrollando desde el siglo XIX, un sistema de justicia constitucional[420] mixto o integral[421], que combina, por una parte, el método difuso de control de constitucionalidad, conforme al cual todos los jueces tienen competencia para decidir la inaplicación de una ley o cualquier norma jurídica cuando la consideren contraria a la Constitución, competencia que incluso pueden ejercer *ex officio*, aplicando preferentemente la Constitución en el caso concreto sometido a su conocimiento y decisión; y por la otra, el método concentrado de control de la constitucionalidad de las leyes y demás actos normativos (nacionales, estadales y municipales), mediante la atribución al Tribunal Supremo de Justicia y a partir de 2000 a su Sala Constitucional, de poderes anulatorios de las leyes y demás actos normativos de similar rango, contrarios a la Constitución, los cuales se ejercen cuando conoce del asunto mediante el ejercicio de acciones populares de inconstitucionalidad.

Este sistema, que también han adoptado otros países[422] se han venido perfeccionando por un lapso de más de 150 años, encontrando su marco regulatorio actual en la Constitución de 1999, texto que recoge toda la tradición anterior[423].

En efecto el artículo 7 de la Constitución de 1999[424] declara, *expressis verbis*, que su texto es “la norma suprema y el fundamento de todo el ordenamiento jurídico”; por lo que para garantizar esa supremacía y lograr que la Constitución tenga plena efectividad, en su mismo texto se regula todo un sistema de justicia constitucional mediante la asignación a todos los jueces de la República, en el ámbito de sus respectivas competencias y conforme a lo previsto en la Constitución y en la ley, de la obligación “de asegurar la integridad de la Constitución” (art. 334)[425].

---

420 *V.*, en general Mauro Cappelletti, *Judicial Review in the Contemporary World*, Indianápolis, 1971; “El control judicial de la constitucionalidad de las leyes en el Derecho Comparado”, en *Revista de la Facultad de Derecho de México*, N° 61, México 1966; Allan R. Brewer-Carías, *Judicial Revieu in Comparative Law*, Cambridge 1989; Allan R. Brewer-Carías, *Études de Droit Public Comparé*, Bruylant, Bruxelles, 2001, pp. 523 a 1167.

421 *V.*, Allan R. Brewer-Carías, *El sistema mixto o integral de control de la constitucionalidad en Colombia y Venezuela*, Bogotá 1995; Manuel Gaona Cruz, “El control de la constitucionalidad de los actos jurídicos en Colombia ante el Derecho Comparado”, en *Archivo de Derecho Público y Ciencias de la Administración, Derecho Público en Venezuela y Colombia*, Vol. VII 1984-1985, Instituto de Derecho Público, UCV, Caracas 1986, pp. 39 a 114.

422 *V.*, Allan R. Brewer-Carías, “La jurisdicción constitucional en América Latina”, en Domingo García Belaúnde y Francisco Fernández Segado (editores), *La jurisdicción constitucional en Ibero-América*, Madrid 1997, pp. 117-161.

423 *V.*, en general Allan R. Brewer-Carías, *El sistema de justicia constitucional en la Constitución de 1999*, Caracas 2000.

424 El texto de la Constitución de 30-12-99 fue inicialmente publicado en *Gaceta Oficial* N° 36.860 de 30-12-99. Posteriormente, con correcciones se publicó en *Gaceta Oficial* N° 5.453 Extraordinario de 24-3-00. Véanse los comentarios que hemos formulado en Allan R. Brewer-Carías, *La Constitución de 1999*, Caracas, 2000; 3ª ed. Caracas 2001.

425 *V.*, nuestra propuesta en relación con este artículo en Allan R. Brewer-Carías, *Debate Constituyente (Aportes a la Asamblea Nacional Constituyente)*, T. II, (9 septiembre-17 octubre 1999), Caracas 1999, pp. 24 y 34.

En consecuencia, la justicia constitucional, como competencia judicial para velar por la integridad y supremacía de la Constitución, en Venezuela se ejerce por *todos los jueces* y no sólo por el Tribunal Supremo de Justicia, en cualquier causa o proceso que conozcan y, además, especialmente, cuando conozcan de acciones de amparo o de las acciones contencioso administrativas al tener la potestad para anular actos administrativos por contrariedad a la Constitución (como forma de contrariedad al derecho) (art. 259)[426].

En cuanto al Tribunal Supremo de Justicia, en materia de justicia constitucional todas sus Salas tienen expresamente como competencia garantizar "la supremacía y efectividad de las normas y principios constitucionales", correspondiéndoles, a todas, ser "el máximo y último intérprete de la Constitución" y velar "por su uniforme interpretación y aplicación" (art. 335). También lo es la Sala Constitucional, mediante la cual el Tribunal Supremo de Justicia concentra la Jurisdicción Constitucional (arts. 266, ord. 1° y 336).

En los países europeos, dicha Jurisdicción Constitucional corresponde a los Tribunales o Cortes Constitucionales (muchas, incluso, ubicadas fuera del Poder Judicial), al igual que en algunos países latinoamericanos. En cambio, en Venezuela, la Jurisdicción Constitucional siempre ha correspondido al Supremo Tribunal de Justicia[427], y ahora, a través de su Sala Constitucional, al cual se ha atribuido el monopolio para anular ciertos y determinados actos estatales: las leyes y demás actos de rango legal o de ejecución directa e inmediata de la Constitución.

Por tanto, la Sala Constitucional no tiene el monopolio del control concentrado de la constitucionalidad *de todos* los actos estatales; lo que tiene es el monopolio de dicho control *sólo respecto de determinados actos estatales* (los de rango y fuerza de ley y los dictados en ejecución directa e inmediata de la Constitución).

Ello es lo que, además, caracteriza la "Jurisdicción Constitucional" en el derecho comparado: la atribución exclusiva a un órgano judicial del poder anulatorio de determinados, y sólo de determinados actos estatales[428].

Por ello puede decirse, en general, que el control concentrado de la constitucionalidad de los actos estatales conforme a la Constitución, se ejerce por dos Jurisdicciones distintas: la Jurisdicción Constitucional y la Jurisdicción Contencioso Administrativa. Así, los órganos de esta última tienen competencia, conforme al artículo 259 de la Constitución, para controlar la constitucionalidad de los otros actos de los órganos del Poder Ejecutivo y de los otros Poderes del Estado dictados en ejecución indirecta de la Constitución: los actos administrativos, tanto normativos (Reglamentos) como no normativos, que son siempre actos de rango sublegal, es decir, *no* son actos dictados "en ejecución directa e inmediata de la Constitución" (sino más bien,

---

426 *V.*, Allan R. Brewer-Carías, *La Justicia Contencioso-Administrativa, Instituciones Políticas y Constitucionales*, T. VII, Caracas 1997, pp. 26 y ss.

427 *V.*, Allan R. Brewer-Carías, *La Justicia Constitucional, Instituciones Políticas y Constitucionales*, T. VI, Caracas 1996, pp. 131 y ss.

428 *V.*, en general, Allan R. Brewer-Carías, *Judicial Review in Comparative Law, op. cit.*, p. 190; y Allan R. Brewer-Carías, *El control concentrado de la constitucionalidad de las leyes (Estudio de Derecho Comparado)*, Caracas 1994, p. 19.

dictados en ejecución de la legislación), cuyo control de constitucionalidad es el que corresponde exclusivamente a la Sala Constitucional del Tribunal Supremo.

Ahora bien, de lo antes expuesto resulta que el sistema de justicia constitucional en Venezuela permite el ejercicio del control de la constitucionalidad de los actos estatales mediante los siguientes mecanismos: el método difuso de control de la constitucionalidad de las leyes y demás actos normativos; la protección de los derechos constitucionales mediante las acciones de amparo; el control por contrariedad al derecho de los actos administrativos por motivos de inconstitucionalidad mediante las acciones contencioso administrativas de anulación; y el control de la constitucionalidad de ciertos actos estatales que corresponde a la Jurisdicción Constitucional[429].

En esta forma, en la Constitución de 1999 se recogen todos los principios del sistema mixto o integral del sistema de justicia constitucional, propia de la tradición venezolana[430].

## II. EL MÉTODO DIFUSO DE CONTROL DE LA CONSTITUCIONALIDAD DE LAS LEYES

Uno de los medios específicos para el ejercicio de la justicia constitucional, es la posibilidad que tiene todo juez de la República de ser juez de la constitucionalidad de las leyes y demás actos normativos. Se trata del método denominado de control difuso de la constitucionalidad de leyes que existe en nuestro país desde el siglo XIX[431], regulado en el artículo 20 del Código de Procedimiento Civil, que establece que:

> *Artículo 20:* Cuando la ley vigente, cuya aplicación se pida, colidiere con alguna disposición constitucional, los jueces aplicarán ésta con preferencia.

El principio del control difuso, más recientemente, se recogió en el artículo 19 del Código Orgánico Procesal Penal, con este texto:

> *Artículo 19: Control de la Constitucionalidad.* Corresponde a los jueces velar por la incolumidad de la Constitución de la República. Cuando la ley cuya aplicación se pida colidiere con ella, los tribunales deberán atenerse a la norma constitucional.

A los efectos de consolidar constitucionalmente el método de control difuso de la constitucionalidad de las leyes, como ha ocurrido, por ejemplo, en Colombia, desde 1910 (art. 4); Guatemala, en 1965 (art. 204); Bolivia, en 1994 (art. 228); Honduras, en 1982 (art. 315) y Perú, en 1993 (art. 138); propusimos incorporar a la Constitu-

---

429 *V.*, sentencia Nº 194 de la Sala Constitucional de 15-02-2001, caso: *Gobernación del Estado Trujillo vs. Comisión Legislativa del Estado Yaracuy.*

430 *V.*, Allan R. Brewer-Carías, "La justicia constitucional en la nueva Constitución" en *Revista de Derecho Constitucional* Nº 1, Editorial Sherwood, Caracas sep.-dic. 1999, pp. 35 a 44; Allan R. Brewer-Carías, *El Sistema de justicia constitucional en la Constitución de 1999,* Caracas 2000.

431 Fue consagrado expresamente en el derecho positivo en el Código de Procedimiento Civil de 1897. *V.*, Allan R. Brewer-Carías, *Judicial Review in Comparative Law*, *op. cit.* pp. 127 y ss.; Allan R. Brewer-Carías, *La Justicia Constitucional, Instituciones Políticas y Constitucionales,* T. VI, *op. cit.*, Caracas 1996, pp. 86 y ss.

ción una disposición similar[432], que terminó siendo ubicada, también a propuesta nuestra[433], en el artículo 334, con el siguiente texto:

> *Artículo 334*: En caso de incompatibilidad entre esta Constitución y una ley u otra norma jurídica, se aplicarán las disposiciones constitucionales, correspondiendo a los tribunales en cualquier causa, aun de oficio, decidir lo conducente.

En esta forma, el método de control difuso de la constitucionalidad adquirió en Venezuela rango constitucional[434], el cual, incluso, puede ser ejercido *de oficio* por los tribunales[435], incluyendo, por supuesto, las diversas Salas del Supremo Tribunal.

Este método difuso de control de la constitucionalidad de las leyes, en Venezuela, puede decirse que sigue los principios desarrollados en el derecho comparado: tiene su fundamento en el principio de la supremacía constitucional, conforme al cual los actos inconstitucionales son nulos y sin ningún valor, aún cuando esta constatación de la nulidad corresponda a la autoridad judicial. Todo juez, por tanto, al conocer de un caso o una controversia concreta, puede resolver sobre la inconstitucionalidad de la norma jurídica que debe aplicar a la resolución del caso, como cuestión incidental en el mismo; poder que en el caso de Venezuela puede ejercer *ex officio*, sin requerimiento de parte interesada. La decisión del juez tiene sólo efectos *inter partes* en el proceso concreto y por tanto, efectos declarativos[436].

En cuanto a la legitimación activa para plantear la cuestión de inconstitucionalidad en un proceso, en principio, corresponde a las partes en el procedimiento, con fundamento en el interés concreto que defienden en el mismo.

Ahora bien, la Constitución de 1999, ha consagrado el derecho de acceso a los órganos de administración de justicia no sólo para hacer valer los derechos e intereses de la persona en concreto, sino "incluso los colectivos o difusos" (art. 26), con lo cual se ha constitucionalizado la posibilidad de acciones procesales que se intenten en representación de intereses colectivos o difusos[437].

En consecuencia, si se trata de un juicio iniciado para la defensa de intereses colectivos o difusos, quien ejerza la representación en el juicio o sea parte en el mismo, puede también alegar la cuestión de constitucionalidad para el ejercicio, por el juez, del control difuso de la constitucionalidad[438].

---

432 *V.*, nuestras propuestas respecto del artículo 7 en Allan R. Brewer-Carías, *Debate Constituyente,* T. II, *op. cit.*, pp. 24 y 34.

433 *V.*, Allan R. Brewer-Carías, *Debate Constituyente (Aportes a la Asamblea Nacional Constituyente),* T. III, (18 octubre-30 noviembre 1999), Caracas 1999, pp. 94 a 105.

434 *V.*, sentencia Nº 1213 de la Sala Político Administrativa de 30-05-2000, caso: *Carlos P. García P. vs. Cuerpo Técnico de la Policía Judicial.*

435 En contraste con la regla general en el derecho comparado que siempre exige instancia de parte interesada, ésta ha sido una de las características del sistema venezolano. *V.*, Allan R. Brewer-Carías, *La Justicia Constitucional, Instituciones Políticas y Constitucionales,* T. VI, *op. cit.*, p. 101.

436 *V.*, Allan R. Brewer-Carías, *Judicial Review in Comparative Law, cit.*, pp. 127 y ss.

437 Destacados nuestros. Véase sentencia de la Sala Constitucional Nº 656 de 05-06-2001, caso: *Defensor del Pueblo vs. Comisión Legislativa Nacional.*

438 *V.*, sentencia de la Sala Constitucional Nº 1048 de 17-02-2000, caso: *William O. Ojeda O. vs. Consejo Nacional Electoral.*

Hemos dicho además, que en el sistema venezolano, conforme a la Constitución (art. 334), el propio juez *de oficio* puede plantearse, al decidir, la cuestión de constitucionalidad de la ley que debe regir el caso, por lo que también puede considerarse que tiene la legitimación activa necesaria para ello. Estimamos, sin embargo, que en esos casos, el juez debería oír a las partes, antes de decidir, sobre la cuestión de constitucionalidad que plantee, a fin de garantizar el derecho al debido proceso y a la defensa de las partes (art. 49,C).

Por otra parte, el Ministerio Público en los procesos judiciales en los cuales interviene, sean de orden civil (arts. 129 y ss. CPC) o de carácter penal (art. 285 C; art. 105 Código Orgánico Procesal Penal), también tiene la legitimación necesaria para plantear la cuestión de constitucionalidad para que el juez ordinario la decida en el caso concreto, respecto de la ley que lo rige.

Por último, la Constitución de 1999 creó como un órgano del Poder Público Nacional (Poder Ciudadano) la figura del Defensor del Pueblo, con amplias facultades para velar por el efectivo respeto y garantía de los derechos humanos, y proteger los derechos e intereses legítimos, colectivos y difusos de las personas contra las arbitrariedades, desviaciones de poder y errores cometidos en la prestación de los servicios públicos, pudiendo interponer acciones y recursos (art. 281 C). En los juicios respectivos, por supuesto, el Defensor del Pueblo y las partes intervinientes en los mismos, tienen la legitimación necesaria para plantear la cuestión de constitucionalidad de las leyes.

## III. LA ACCIÓN DE INCONSTITUCIONALIDAD Y EL CONTROL CONCENTRADO DE LA CONSTITUCIONALIDAD DE LAS LEYES

### 1. *La Sala Constitucional de la Corte Suprema de Justicia, como Jurisdicción Constitucional*

Otra forma de ejercicio de la justicia constitucional que ha sido tradicional en Venezuela, es el ejercicio del control de la constitucionalidad mediante la potestad judicial anulatoria de las leyes y demás actos estatales con rango de ley o dictados en ejecución directa e inmediata de la Constitución, que se atribuye sólo y exclusivamente a la Sala Constitucional del Tribunal Supremo de Justicia, que se ha configurado como la Jurisdicción Constitucional[439].

En efecto, de acuerdo con los artículos 266,1; 334 y 336 de la Constitución, corresponde a la Sala Constitucional del Tribunal Supremo, conforme a una tradición que se remonta a 1858[440], el ejercicio de la Jurisdicción Constitucional con competencia exclusiva para la anulación de las leyes y demás actos estatales de rango legal o dictados en ejecución directa de la Constitución.

En efecto, conforme al artículo 334 de la Constitución,

439 Arts. 266,1; 334 y 336 de la Constitución.

440 *V.*, Allan R. Brewer-Carías, La Justicia Constitucional, Instituciones Políticas y Constitucionales, T. VI, *op. cit.*, pp. 131 y ss.

> Corresponde exclusivamente a la Sala Constitucional del Tribunal Supremo de Justicia como jurisdicción constitucional, declarar la nulidad de las leyes y demás actos de los órganos que ejercen el Poder Público dictados en ejecución directa e inmediata de la Constitución o que tengan rango de ley.

Conforme a esta norma, cuando la Sala Constitucional del Tribunal Supremo, como Jurisdicción Constitucional, es requerida mediante una *acción popular,* como ha sido la tradición venezolana[441], tiene las siguientes atribuciones de control concentrado de la constitucionalidad de determinados actos estatales, con poderes anulatorios, previstas en el artículo 336:

> 1. Declarar la nulidad total o parcial de las leyes nacionales y demás actos con rango de ley de la Asamblea Nacional que colidan con esta Constitución.
>
> 2. Declarar la nulidad total o parcial de las Constituciones y leyes estadales, de las ordenanzas municipales y demás actos de los cuerpos deliberantes de los Estados y Municipios dictados en ejecución directa e inmediata de la Constitución y que colidan con ésta.
>
> 3. Declarar la nulidad total o parcial de los actos con rango de ley dictados por el Ejecutivo Nacional que colidan con esta Constitución.
>
> 4. Declarar la nulidad total o parcial de los actos en ejecución directa e inmediata de la Constitución, dictados por cualquier otro órgano estatal en ejercicio del Poder Público, cuando colidan con ésta.

En esta forma, insistimos, quedó definitivamente establecida la diferencia entre la Jurisdicción Contencioso Administrativa y la Jurisdicción Constitucional, por el objeto del control y no por los motivos de control[442], por lo que sólo compete a la Jurisdicción Constitucional conocer de la anulación, por inconstitucionalidad por supuesto, de las leyes y demás actos dictados en ejecución directa e inmediata de la Constitución (como los actos de gobierno o los *interna corporis* de la Asamblea) o que tengan rango de Ley (Decretos-Leyes); correspondiendo, en cambio, a la Jurisdicción Contencioso Administrativa conocer de la nulidad de los actos administrativos, incluidos los Reglamentos, por motivos de inconstitucionalidad y de ilegalidad (contrariedad del derecho).

Antes de la entrada en vigencia de la Constitución de 1999, y desde 1858, la Jurisdicción Constitucional había siempre correspondido a la Corte Suprema de Justicia en Corte Plena[443]; por eso, una de las novedades de la Constitución de 1999 fue la creación de la Sala Constitucional del Tribunal Supremo de Justicia (art. 262), a la cual se le ha atribuido la Jurisdicción Constitucional (art. 266, ord. 1°), consistente en la potestad anulatoria de las leyes y demás actos de igual rango y jerarquía o dictados en ejecución directa e inmediata de la Constitución, y el ejercicio de otras

---

441 *V.*, Allan R. Brewer-Carías, *idem*, pp. 137 y ss.

442 *V.*, Allan R. Brewer-Carías, *La justicia contencioso-administrativo, Instituciones Políticas y Constitucionales*, T. VII, *op. cit.*, pp. 26 a 33.

443 *V.*, Allan R. Brewer-Carías, *La Justicia Constitucional, Instituciones Políticas y Constitucionales*, T. VI, *cit.*, pp. 131 y ss.

competencias en materia de justicia constitucional enumeradas en el artículo 336. De lo anterior resulta, por tanto, que el control concentrado de la constitucionalidad de las leyes y demás actos estatales de rango y valor de ley o dictados en ejecución directa e inmediata de la Constitución, se atribuye exclusivamente a la Sala Constitucional del Tribunal Supremo, constituida como Jurisdicción Constitucional.

Como sucede en la casi totalidad de las Jurisdicciones Constitucionales que muestra el derecho comparado[444], por supuesto que se trata de una Jurisdicción que se caracteriza única y exclusivamente por *el objeto* de control: sólo se refiere a los actos estatales dictados en ejecución directa e inmediata de la Constitución (donde se incluyen las leyes) y a ningún otro; por lo que *no es* una Jurisdicción que se pueda caracterizar por el *motivo* de control (inconstitucionalidad).

En otras palabras, por tanto, lo que se atribuye a la Sala Constitucional no es el control concentrado de la constitucionalidad *de los actos estatales* sino sólo el control concentrado de la constitucionalidad respecto a *determinados y específicos actos estatales:* los dictados por los órganos que ejercen el Poder Público denominados leyes o de rango legal o dictados en ejecución directa e inmediata de la Constitución.

2. *La interpretación constitucional*

Ahora bien, como Sala del Tribunal Supremo de Justicia, al igual que todas las otras Salas que lo componen, la Sala Constitucional tiene la misión de

> Garantizar la supremacía y efectividad de las normas y principios constitucionales: será el máximo y último intérprete de la Constitución y velará por su uniforme interpretación y aplicación (art. 335, primer aparte).

Esto corrobora que conforme al sistema venezolano, al corresponder la justicia constitucional a todos los Tribunales de la República, todos tienen la potestad de interpretar la Constitución. Lo único que diferencia la interpretación constitucional que haga la Sala Constitucional del Tribunal Supremo, particularmente cuando ejerce el control concentrado de la constitucionalidad de las leyes, de la que hagan las otras Salas del mismo y los demás Tribunales de la República, es que aquella es vinculante y esta no. Ese es el sentido –y ningún otro– del segundo aparte del artículo 335 de la Constitución al señalar que:

> Las interpretaciones que establezca la Sala Constitucional sobre el contenido o alcance de las normas constitucionales son vinculantes para las otras Salas del Tribunal Supremo y demás tribunales de la República.

Esta norma, además, debe interpretarse en su propio contexto: el carácter vinculante no puede recaer sobre cualquier frase o razonamiento interpretativo que contenga una sentencia de la Sala Constitucional. Al contrario, se requiere de una interpretación expresa de la Sala "sobre el contenido o alcance de las normas constitucionales y principios constitucionales". Es decir, lo vinculante es la "interpretación constitucional" (de alguna norma o principio constitucional) y no cualquier interpretación normativa.

---

444 *V.*, Allan R. Brewer-Carías, *Judicial Review in Comparative Law, op. cit.*, pp. 190 y ss.

Por tanto, no tiene carácter vinculante la interpretación que pueda hacer la Sala Constitucional de alguna ley o de cualquier norma de rango legal o reglamentario.

Por otra parte, para que se produzca la interpretación vinculante de una norma constitucional, debe estar en juego un caso judicial relativo a la misma, sea con motivo de una acción popular de nulidad; de una acción por omisión; de una acción de amparo constitucional; de una solicitud de control de constitucionalidad de tratados, de leyes orgánicas o de decretos de Estado de excepción; de la resolución de una controversia constitucional o del conocimiento de un recurso de revisión contra sentencias de amparo o dictadas con motivo del ejercicio del control difuso de la constitucionalidad. En esos casos no pueden considerarse vinculantes los razonamientos o la parte "motiva" de las sentencias, sino sólo la interpretación que se haga, en concreto, del contenido o alcance de una norma específica de la Constitución.

### 3. *La acción popular de inconstitucionalidad*

Ahora bien, en relación con el control concentrado de la constitucionalidad de las leyes y demás actos estatales de rango legal o dictados en ejecución directa de la Constitución, que ejerce la Sala Constitucional como Jurisdicción Constitucional, lo más importante a destacar comparativamente del sistema venezolano, es que la legitimación activa para intentar las acciones corresponde a cualquier persona, configurándose la acción, como una *actio popularis*.

En tal sentido, el artículo 112 de la Ley Orgánica de la Corte Suprema de Justicia, ha establecido que

> Toda persona natural o jurídica plenamente capaz, que sea afectada en sus derechos o intereses por Ley, reglamento, ordenanza u otro acto de efectos generales emanado de alguno de los cuerpos deliberantes nacionales, estadales o municipales o del Poder Ejecutivo Nacional, puede demandar la nulidad del mismo, ante la Corte, por razones de inconstitucionalidad o de ilegalidad.

Conforme a esta norma, por tanto, todo habitante del país con plena capacidad jurídica puede intentar el recurso de inconstitucionalidad. La Ley Orgánica acoge, por tanto, la doctrina de la acción popular[445].

En todo caso, el hecho de que el artículo 112 de la Ley Orgánica exija que la ley impugnada afecte los derechos e intereses del accionante, no significa que la acción haya dejado de ser popular. El objetivo de la acción popular, ha dicho la antigua Corte Suprema, es la "defensa objetiva de la majestad de la Constitución y de su supremacía", y si es cierto que la Ley Orgánica de la Corte Suprema requiere que el accionante sea afectado "en sus derechos e intereses", esta expresión debe interpretarse en forma "rigurosamente restrictiva"[446]. Con base en ello, la antigua Corte Suprema de Justicia, llegó a la conclusión de que:

---

445 *V.*, Allan R. Brewer-Carías, *La Justicia Constitucional, Instituciones Políticas y Constitucionales*, T. VI, pp. 144 y ss.

446 Sentencia de la Corte en Pleno de 30-06-82, en *Revista de Derecho Público*, Nº 11, EJV, Caracas 1982, p. 138.

Cuando una persona ejerce el recurso de inconstitucionalidad en los términos del artículo 112 de su ley, *debe presumirse*, al menos relativamente, que el acto recurrido en alguna forma afecta los derechos o intereses del recurrente en su condición de ciudadano venezolano, salvo que del contexto del recurso aparezca manifiestamente lo contrario, o que el mismo fuere declarado inadmisible conforme al artículo 115 de la ley de la Corte[447].

De acuerdo a este criterio, por tanto, como lo ha dicho la Corte Suprema en Sala Plena, la acción popular en definitiva "puede ser ejercida por cualquier ciudadano plenamente capaz[448]". Más recientemente, la Sala Constitucional en sentencia N° 1077 de 22-08-01, ha puntualizado sobre la legitimación activa en la acción popular, que en la misma "cualquier persona capaz procesalmente tiene interés procesal y jurídico para proponerla, sin necesidad de un hecho histórico concreto que lesione la esfera jurídica privada del accionante. Es el actor un tutor de la constitucionalidad y esa tutela le da el interés para actuar, haya sufrido o no un daño proveniente de la inconstitucionalidad de una ley. Este tipo de acciones populares es excepcional[449]".

## IV. EL AMPARO JUDICIAL A LOS DERECHOS Y GARANTÍAS CONSTITUCIONALES, INCLUSO CONTRA PARTICULARES

En la Constitución de 1999, la institución del amparo ha quedado consolidada como un *derecho constitucional*[450] y, en consecuencia, como una obligación que tienen todos los tribunales de amparar, en el ámbito de su competencia, a todas las personas en el goce y ejercicio de todos sus derechos y garantías constitucionales.

En tal sentido y dentro de la orientación que tenía el artículo 49 de la Constitución de 1961, en el artículo 27 de la Constitución de 1999 se estableció que:

> Toda persona *tiene derecho* a ser amparada por los tribunales en el goce y ejercicio de los derechos, aún de aquellos inherentes a la persona humana que no figuren expresamente en esta Constitución o en los instrumentos internacionales sobre derechos humanos.

Ahora bien, en el caso de la acción de amparo constitucional, la Constitución precisó además, expresamente, que el procedimiento debe ser oral, público, breve, gratuito y no sujeto a formalidad, teniendo el juez competente potestad para restablecer inmediatamente la situación jurídica infringida o la situación que más se asemeje a ella; para lo cual todo tiempo debe ser hábil y el tribunal debe tramitar el asunto con preferencia a cualquier otro.

En consecuencia, conforme a la Ley Orgánica de Amparo sobre Derechos y Garantías Constitucionales de 1988[451], los tribunales competentes para conocer de di-

---

447 *Ídem*.

448 Sentencia de 19-11-85, en *Revista de Derecho Público*, N° 25, EJV, Caracas 1986, p. 131.

449 Caso: *Servicio Tulio León Briceño*, en *Revista de Derecho Público*, N° 83, Caracas 2000, pp. 247 y ss.

450 *V.*, Allan R. Brewer-Carías, *El Derecho y la Acción de Amparo, Instituciones Políticas y Constitucionales*, T. V, Caracas, 1998, pp. 19 y ss.

451 *V.*, en *Gaceta Oficial* N° 33.891 de 22-01-88. Véase en general Allan R. Brewer-Carías y Carlos M. Ayala Corao, *Ley Orgánica de Amparo sobre Derechos y Garantías Constitucionales*, Caracas 1988.

chas acciones, que son los de primera instancia, actúan como jueces constitucionales. En caso de no existir tribunales de primera instancia en la localidad respectiva, cualquier juez de la misma puede conocer de la acción de amparo (art. 9 LOADGC). Por eso, el control de constitucionalidad que se ejerce por los jueces al decidir acciones de amparo también puede considerarse como un control difuso.

La Constitución de 1999, en consecuencia, no derogó tácitamente, en forma alguna la Ley Orgánica de Amparo, la cual continúa vigente. Sin embargo, la Sala Constitucional, al interpretar el artículo 27 de la Constitución ha introducido algunas "reformas" a la Ley Orgánica, en forma totalmente irregular pues la Jurisdicción Constitucional no puede ser un "legislador positivo"[452].

En todo caso, del ordenamiento constitucional venezolano, debe destacarse que la institución del amparo ha sido concebida en forma amplia, de manera de asegurar un medio judicial expedito para que toda persona afectada en cualquiera de sus derechos constitucionales (y no sólo los que puedan considerarse como "fundamentales") pueda requerir la protección judicial inmediata, contra toda violación o amenaza de violación, provenga de actos, hechos u omisiones de los entes y autoridades públicas o de particulares y corporaciones privadas.

La legitimación activa para intentar la acción de amparo corresponde a toda persona afectada en sus derechos y garantías constitucionales, cualquiera que sean[453], incluso aquellos inherentes a la persona humana no enumerados expresamente en la Constitución o en los tratados internacionales sobre derechos humanos ratificados por la República. Se destaca, en este sentido, que tales tratados tienen en Venezuela jerarquía constitucional y que, incluso, su aplicación prevalece en el orden interno en la medida en que contengan normas sobre el goce y ejercicio de los derechos que sean más favorables que las establecidas en la propia Constitución y en las leyes (art. 23 C).

Ahora bien, la jurisprudencia ha sido constante en atribuir a la acción de amparo un carácter personalísimo, de manera que la legitimación activa corresponde, en principio, a "la persona directamente afectada por la vulneración de los derechos y garantías constitucionales"[454].

Por tanto, como se ha dicho, en Venezuela la acción de amparo procede contra toda actuación u omisión de los órganos del Estado, contra toda persona jurídica, natural o moral, estatal o no estatal, incluso contra particulares, por cualquier violación o amenaza de violación de derechos y garantías constitucionales. Incluso, las

---

452 Fue Hans Kelsen quien comparó a los Tribunales Constitucionales con ser "*legisladores negativos*" al equiparar la anulación de una ley con su derogación. *V.*, Allan R. Brewer-Carías, *Judicial Review in Comparative Law, op. cit.*, p. 192. Véase las "reformas" indicadas en Allan R. Brewer-Carías, *El Sistema de Justicia Constitucional en la Constitución de 1999,* Caracas, 2000, pp. 28 a 64.

453 Estos, como se ha dicho, pueden ser los derechos individuales, políticos, sociales, culturales, educativos, económicos, indígenas y ambientales y sus garantías constitucionales enumerados en los arts. 19 a 129 de la Constitución. En Venezuela no existe la limitación que se establece en otros países (pe. Alemania y España) que reduce la acción de amparo para proteger sólo los "derechos fundamentales". *V.*, Allan R. Brewer-Carías, *El amparo a los derechos y garantías constitucionales (una aproximación comparativa)*, Caracas 1993.

454 Véase por ejemplo, sentencia de la Sala Constitucional de 15-03-2000, *Revista de Derecho Público,* Nº 81, EJV, 2000, pp. 322-323.

personas jurídicas de derecho público pueden intentar una acción de amparo para defender los derechos constitucionales de los que pueden ser titulares, como el derecho al debido proceso, el derecho a la igualdad o a la irretroactividad de la ley. El Tribunal Supremo de Justicia en Sala Constitucional, en cambio, basándose en una errada y restrictiva concepción del amparo y de lo que debe entenderse por garantía constitucional, ha negado la procedencia de la acción de amparo intentada por los Estados de la Federación, para tutelar la garantía constitucional de la autonomía política-territorial que la Constitución establece[455].

Por otra parte, en virtud de reconocimiento constitucional de la tutela judicial de los intereses difusos y colectivos, la Sala Constitucional del Tribunal Supremo ha admitido la posibilidad del ejercicio de la acción de amparo en protección de derechos colectivos y difusos, como el de los electores en sus derechos políticos, e incluso ha acordado medidas cautelares con efectos *erga omnes* "tanto para las personas naturales y organizaciones que han solicitado la protección de amparo constitucional como para todos los electores en su conjunto"[456].

Por otra parte, teniendo el Defensor del Pueblo competencia para la promoción, defensa y vigilancia de los derechos y garantías constitucionales "además de los intereses legítimos, colectivos o difusos de los ciudadanos" (arts. 280 y 281,2 C), la Sala Constitucional ha admitido la legitimación activa del Defensor del Pueblo para intentar acciones de amparo en representación de la globalidad de los ciudadanos, como por ejemplo, contra la amenaza por parte de la Comisión Legislativa Nacional de nombrar a los miembros del Consejo Nacional Electoral sin cumplir con los requisitos constitucionales[457].

Debe puntualizarse, por último, en relación con la protección de los derechos humanos, que la Constitución de 1999 incorporó expresamente a sus normas la institución de la *acción de habeas data,* conforme al antecedente de Brasil seguido en Colombia, regulada en el artículo 28, con el siguiente texto:

> *Artículo 28:* Toda persona tiene derecho de acceder a la información y a los datos que sobre sí misma o sobre sus bienes consten en registros oficiales o privados, con las excepciones que establezca la ley, así como de conocer el uso que se haga de los mismos y su finalidad, y a solicitar ante el tribunal competente la actualización, la rectificación o la destrucción de aquellos, si fuesen erróneos o afectasen ilegítimamente sus derechos. Igualmente, podrá acceder a documentos de cualquier naturaleza que contengan información cuyo conocimiento sea de interés para comunidades o grupos de personas. Queda a salvo el secreto de las fuentes de información periodística y de otras profesiones que determine la ley.

Sobre esta acción constitucional, la Sala Constitucional del Tribunal Supremo ha puntualizado que no se trata de una acción de amparo propiamente dicha, indicando

---

455 Véase sentencia Nº 1.395 de 21-11-2000, caso: *Gobernaciones de Estado vs. Ministerio de Finanzas.*

456 Sentencia de la Sala Constitucional Nº 483 de 29-05-2000, caso: *"Queremos Elegir" y otros, Revista de Derecho Público*, Nº 82, 2000, EJV, pp. 489-491. En igual sentido sentencia de la misma Sala Nº 656 de 5-6-2001, caso *Defensor del Pueblo vs. Comisión Legislativa Nacional*, y Nº 714 de 13-07-2000, caso: *APRUM.*

457 Sentencia de la Sala Constitucional Nº 656 de 05-06-01, caso: *Defensor del Pueblo vs. Comisión Legislativa Nacional.*

sin embargo, que tienen legitimación activa para intentar la acción de *habeas data* "la persona que esté reseñada en lo personal o en sus bienes"[458].

## V. LA RESOLUCIÓN DE CONTROVERSIAS CONSTITUCIONALES ENTRE LOS ÓRGANOS DEL PODER PÚBLICO

El Tribunal Supremo, en Sala Constitucional, también tiene competencia, conforme al artículo 336,9 para "dirimir las controversias constitucionales que se susciten entre cualesquiera de los órganos del Poder Público".

Conforme a ello, la Jurisdicción Constitucional, debe resolver los conflictos constitucionales que se planteen entre los órganos que ejercen el Poder Público, tanto en su distribución vertical (República, Estados y Municipios), como en su división horizontal a nivel nacional (Poder Legislativo, Poder Ejecutivo, Poder Judicial, Poder Ciudadano, Poder Electoral) y a nivel estadal y municipal (Poder Legislativo y Poder Ejecutivo).

Es decir, se trata de la resolución de controversias sobre atribuciones *constitucionales* entre los órganos que ejercen del Poder Público; que son distintas a las controversias administrativas que se puedan suscitar entre la República, los Estados, Municipios u otro ente público, las que competen ser resueltas por la Sala Político-Administrativa del Tribunal Supremo de Justicia (art. 266, ord. 4°), como Jurisdicción Contencioso-Administrativa[459].

Esto exige distinguir, por supuesto, las controversias constitucionales de las controversias administrativas. Esto lo ha precisado el Tribunal Supremo de Justicia, al señalar que para identificar la controversia constitucional, es necesario

> Que los sujetos entre los cuales se presente la misma, sean aquellos que tienen asignada, en forma expresa, atribuciones para tales actuaciones o normas en el propio texto constitucional, esto es, instituciones supremas del Estado, cuya regulación orgánica se contiene en el propio texto constitucional, a diferencia de otras, en las que la configuración institucional concreta se defiere al legislador ordinario;

y en sentido contrario:

> No estaremos en presencia de la controversia constitucional a que se refiere la norma bajo examen, cuando las partes en la misma no poseen el carácter de órganos el Poder Público, con atribuciones consagradas en el texto Constitucional, lo cual excluye no sólo a particulares, sino también a funcionarios vicarios o quienes no posean el carácter de órganos, aun cuando por virtud de norma expresa tengan atribuidas funciones públicas o sean autoridad pública[460].

---

458 Sentencia N° 332 de la Sala Constitucional de 14-03-2001, caso: *Insaca vs. Director de Drogas y Cosméticos del Ministerio de Sanidad y Asistencia Social.*

459 Sentencia de la Sala Político Administrativa N° 1819 de 08-08-2000, caso: *René Molina vs. Comisión Legislativa Nacional.*

460 Sentencia de la Sala Político Administrativa N° 1819 de 08-08-2000, caso: *René Molina vs. Comisión Legislativa Nacional.*

En todo caso, la legitimación activa para intentar un recurso a los efectos de dirimir controversias constitucionales, corresponde a los órganos del Poder Público que sean parte en la controversia. Como fue precisado en un Voto Salvado a la sentencia Nº 7 de la Sala Constitucional de 01-02-2000:

> La legitimación para interponer esta solicitud está restringida a los titulares de los órganos susceptibles de entrar en conflicto; y en ningún caso ha sido concebida esta vía en la jurisdicción constitucional para dirimir controversias intersubjetivas entre particulares, ni entre éstos y los órganos públicos, para los cuales el ordenamiento jurídico ha establecido distintas vías judiciales, dentro de las que se encuentra la acción de amparo[461].

## VI. OTRAS VÍAS DE CONTROL DE LA CONSTITUCIONALIDAD ANTE LA JUSTICIA CONSTITUCIONAL

### 1. *El control concentrado preventivo de la constitucionalidad de actos estatales*

En el sistema de justicia constitucional tradicional en Venezuela, el único supuesto que pudiera considerarse como un mecanismo de control preventivo de la constitucionalidad de los actos estatales con rango de ley o dictados en ejecución directa o inmediata de la Constitución, era cuando la Corte Suprema de Justicia conocía de la inconstitucionalidad de una ley sancionada y aún no promulgada, con motivo y como secuela del ejercicio de un veto presidencial a la misma[462].

Ahora, la Constitución de 1999 ha introducido la figura del control preventivo de la constitucionalidad en forma expresa respecto de los tratados internacionales y respecto de las leyes orgánicas, y ha desligado el control de la constitucionalidad por iniciativa del Presidente de la República, del veto presidencial a las leyes.

#### A. *El control de la constitucionalidad de los tratados internacionales*

En *primer lugar,* está el control previo de la constitucionalidad que está previsto en el artículo 336, ordinal 5° de la Constitución en relación con los *tratados internacionales,* al atribuir a la Sala Constitucional competencia para "verificar, a solicitud del Presidente o Presidenta de la República o de la Asamblea Nacional, la conformidad con la Constitución de los tratados internacionales suscritos por la República antes de su ratificación".

Lo importante a destacar respecto de esta norma es que incorporó al sistema de justicia constitucional en Venezuela una figura que tuvo su origen en los sistemas constitucionales europeos, como el francés y el español, y que existe en Colombia[463], el cual permite el control de la constitucionalidad de un tratado internacional suscrito por la República antes de su ratificación y de su aprobación por ley, de ser

461 Voto Salvado del Magistrado Héctor Peña Torrelles, caso: *José Amando Mejía y otros.*

462 *V.,* Allan R. Brewer-Carías, *La Justicia Constitucional, Instituciones Políticas y Constitucionales*, T. VI, *op. cit.* pp. 134 y ss.

463 *V.,* Allan R. Brewer-Carías, *Ídem,* p. 590.

necesario, y evitar, en esos casos, la impugnación posterior de la ley aprobatoria del tratado ante el Tribunal Supremo.

Ahora bien, en relación con la norma constitucional que regula este control preventivo de constitucionalidad, debe destacarse lo siguiente:

P*rimero*, la legitimación activa para la solicitud de control preventivo por parte del Tribunal Supremo, corresponde al Presidente de la República o a la Asamblea Nacional. No puede interpretarse que la norma atribuya la iniciativa sólo al Presidente de la Asamblea Nacional. Este no tiene la iniciativa, sino que la decisión es de la Asamblea. Lo contrario sería contradictorio con el carácter colegiado de la Asamblea.

Esto implica, en todo caso, que no puede ejercerse una acción popular para que el Tribunal Supremo realice esta verificación constitucional.

*Segundo*, lo que el Tribunal Supremo en Sala Constitucional debe verificar es "la conformidad con la Constitución de los tratados internacionales suscritos por la República antes de su ratificación". Puede tratarse de cualquier tratado internacional, sea que para su validez se requiera o no de ley aprobatoria; incluso, aún cuando no requiera ley aprobatoria, la Asamblea Nacional podría solicitar este control de constitucionalidad.

*Tercero,* se destaca que la solicitud de control debe formularse antes de la ratificación del Tratado. Por tanto, después de su suscripción por el Ejecutivo Nacional, antes de su ratificación, la solicitud de control puede formularse.

Por último, debe señalarse que de acuerdo con la Constitución, esta solicitud de control tiene por objeto verificar la conformidad del Tratado Constitucional con la Constitución; por lo que si el tratado no resulta conforme con la Constitución, entonces no puede ser ratificado. De ello puede resultar, en todo caso, una iniciativa de reforma constitucional para entonces adaptar la Constitución al Tratado. Esto, por lo demás, fue lo que ocurrió en Europa, por ejemplo, en Francia y en España, luego de suscribirse el Tratado de Maastricht de 1992 de la Unión Europea, que fue sometido a control constitucional ante el Consejo Constitucional francés y el Tribunal Constitucional español, los cuales lo consideraron contrario a las respectivas Constituciones, habiéndose entonces producido, en ambos países, la reforma de sus Constituciones, para adaptarlas al Tratado de la Unión Europea y así poder ratificarlo[464].

Es evidente, en todo caso, que si la Sala Constitucional considera en su decisión que el Tratado Internacional es conforme con la Constitución, entonces no podría posteriormente ejercerse contra la ley aprobatoria del Tratado una acción popular de inconstitucionalidad.

Un mecanismo de control de constitucionalidad de este tipo, en todo caso, es muy importante en procesos de integración económica regional, pues en la práctica llevaría a la ratificación de los Tratados respectivos sólo después de la verificación de su constitucionalidad por el Tribunal Supremo y evitar, así, la impugnación posterior

---

464 *V.*, en general Allan R. Brewer-Carías, *Implicaciones constitucionales de los procesos de integración regional*, Caracas, 1998, pp. 75 y ss.

de la ley aprobatoria de los Tratados, como ocurrió en Venezuela en los casos de los Tratados relativos al Acuerdo de Integración de la ahora Comunidad Andina[465].

B. *El control preventivo de la constitucionalidad de las leyes orgánicas*

El *segundo* mecanismo de control preventivo de constitucionalidad, es el previsto en el artículo 203 de la Constitución, conforme al cual, la Sala Constitucional debe pronunciarse, antes de su promulgación, sobre la constitucionalidad del carácter orgánico de las *leyes orgánicas* que así hayan sido calificadas por la Asamblea Nacional conforme al artículo 203 de la Constitución, al admitirse el proyecto por el voto de las 2/3 partes de los integrantes presentes antes de iniciarse la discusión del respectivo proyecto de ley.

Son estas leyes que la Asamblea Nacional haya calificado expresamente de orgánicas, y no comprendidas en la enumeración anterior, las que el Presidente de la Asamblea o el Presidente de la República debe remitir, *automáticamente*, antes de su promulgación, a la Sala Constitucional del Tribunal Supremo de Justicia, para que se pronuncie acerca de la constitucionalidad de ese carácter orgánico.

C. *El control de la constitucionalidad de leyes sancionadas antes de su promulgación*

El *tercero* de los mecanismos de control preventivo de la constitucionalidad es el previsto en el artículo 214 de la Constitución, en los casos en los que así lo solicite el Presidente de la República, en el lapso que tiene para promulgar las leyes. Conforme a esa norma, la Sala Constitucional debe pronunciarse sobre la inconstitucionalidad de una ley o de algunos de sus artículos, a solicitud del Presidente de la República, antes de la promulgación de la ley. El Presidente de la República, por tanto, es el que tiene la legitimación activa para requerir, en este caso, el control de constitucionalidad[466].

Se regula, así, un control de la constitucionalidad de las leyes sancionadas y no promulgadas, que se ha desvinculado del llamado "veto presidencial" a las leyes, que siempre implica su devolución a la Asamblea Nacional.

Es decir, la posibilidad de que el Presidente de la República someta al pronunciamiento del Tribunal Supremo de Justicia la inconstitucionalidad de una ley sancionada que se le haya enviado para su promulgación, no está ligada al veto presidencial ante la Asamblea, sino que en el lapso de diez (10) días que tiene para su promulgación, puede dirigirse directamente al Tribunal Supremo, sin necesidad de devolverla previamente a la Asamblea Nacional.

465 *V.*, la sentencia de la Corte Suprema de Justicia de 10-07-90 y los comentarios en Allan R. Brewer-Carías, "El control de la constitucionalidad de las leyes aprobatorias de Tratados Internacionales y la cuestión constitucional de la integración latinoamericana", *Revista de Derecho Público,* Nº 44, EJV, Caracas 1990, pp. 225 a 229.

466 La Sala Constitucional ha considerado que se trata de una legitimación activa exclusiva del Presidente de la República. Véase sentencia Nº 194 de 15-02-2001.

### 2. *El control concentrado obligatorio de constitucionalidad de los decretos de estado de excepción*

De acuerdo con el artículo 339 de la Constitución, el Decreto que declare el Estado de Excepción debe, en todo caso, ser remitido por el Presidente de la República a la Sala Constitucional del Tribunal Supremo, para que se pronuncie sobre su inconstitucionalidad. Por ello, el artículo 336,6 le atribuye a la Sala, competencia expresa para "revisar, en todo caso, *aun de oficio*, la constitucionalidad de los decretos que declaren estados de excepción dictados por el Presidente de la República".

Esta atribución de control de constitucionalidad obligatorio, constituye otra novedad introducida por la Constitución de 1999, conforme al antecedente de Colombia (art. 241, ord. 7). En Venezuela se ha agregado, sin embargo, la posibilidad de ejercicio de esta atribución por la Sala, *de oficio*. Se trata, en efecto, del único supuesto constitucional en el cual la Sala puede actuar de *ex officio*, una vez que el Decreto se haya publicado en *Gaceta Oficial*.

En ejercicio de este control, la Sala Constitucional puede pronunciarse no sólo sobre la constitucionalidad de los decretos que declaren el estado de excepción, sino sobre la constitucionalidad del contenido de los mismos conforme a lo dispuesto en los artículos 337 y siguientes de la Constitución.

En particular, la Sala debe verificar, al decretarse el estado de excepción y restringirse alguna garantía constitucional, si el decreto contiene, por ejemplo, efectivamente, la necesaria *regulación* "del ejercicio del derecho cuya garantía se restringe" (art. 339).

### 3. *El control de constitucionalidad de la omisión de los órganos legislativos*

Otra institución novedosa en materia de justicia constitucional que establece la Constitución de 1999, es el denominado control de la constitucionalidad de las omisiones de actuación de los órganos legislativos[467]. En tal sentido, el artículo 336,7 de la Constitución atribuyó a la Sala Constitucional, competencia para

> Declarar la inconstitucionalidad de las omisiones del poder legislativo municipal, estadal o nacional, cuando hayan dejado de dictar las normas o medidas indispensables para garantizar el cumplimiento de la Constitución, o las hayan dictado en forma incompleta, y establecer el plazo y, de ser necesario, los lineamientos de su corrección.

Esta norma consagra una amplísima potestad atribuida a la Sala Constitucional y que supera el inicial antecedente portugués. En efecto, en el supuesto de la Constitución Portuguesa, la legitimación para requerir el ejercicio de esta potestad de control de constitucionalidad la tenían el Presidente de la República, el Ombudsman o los Presidentes de las Regiones Autónomas[468]; en cambio, en el texto de la Constitución de 1999 no se establece condicionamiento alguno a la legitimación, por lo que

---

467 Es una institución que tiene su origen en el sistema portugués, *v.* Allan R. Brewer-Carías, *Judicial Review in Comparative Law, op. cit.*, p. 269

468 *V.*, Allan R. Brewer-Carías, *Judicial Review in Comparative Law, op. cit.*, p. 269.

tratándose de omisiones normativas[469], el mecanismo para impulsar su control puede recibir el mismo tratamiento de una *acción popular*, es decir, bastaría el simple interés en la constitucionalidad para intentar la acción.

## 4. *El recurso de interpretación constitucional*

Debe mencionarse, por último, entre las competencias de la Sala Constitucional como Jurisdicción Constitucional, la atribución que tiene para conocer de recursos abstractos de interpretación de la Constitución, que ha creado la propia Sala Constitucional de la interpretación que le ha dado al artículo 335 de la Constitución, que atribuye al Tribunal Supremo el carácter de ser "máximo y último intérprete de la Constitución".

En efecto, con anterioridad a la entrada en vigencia de la Constitución de 1999, el artículo 42, ordinal 24 de la Ley Orgánica de la Corte Suprema de Justicia atribuía competencia a la Sala Político Administrativa de la Corte Suprema para interpretar los "textos legales, en los casos previstos en la Ley".

En esa misma tradición, la Constitución de 1999 estableció como competencia del Tribunal Supremo de Justicia, el "conocer de los recursos de interpretación sobre el contenido y alcance de los textos legales", pero "en los términos contemplados en la ley" (artículo 266, ordinal 6°), atribución que debe ser ejercida "por las diversas Salas conforme a lo previsto en esta Constitución y en la ley" (único aparte, artículo 266 C).

Por tanto, mientras se dicte una nueva ley que regule las funciones del máximo tribunal, la Sala Político Administrativa es la que debe seguir conociendo de este especial recurso de interpretación de textos legales, de conformidad con la Ley Orgánica de la Corte Suprema de Justicia.

Ahora bien, a pesar de que el ordenamiento jurídico venezolano sólo regula este recurso de interpretación de textos legales, sin embargo, la Sala Constitucional ha creado un recurso autónomo de interpretación de las normas constitucionales, no previsto constitucional ni legalmente, basándose para ello en el artículo 26 de la Constitución que consagra el derecho de acceso a la justicia, del cual dedujo que si bien dicha acción no está prevista en el ordenamiento jurídico, tampoco está prohibida y, por lo tanto,

> Cualquiera con interés jurídico puede solicitar la interpretación de la ley conforme a las previsiones legales, y también la interpretación de la Constitución, para así obtener una sentencia de mera certeza sobre el alcance y contenido de las normas constitucionales; acción que sería de igual naturaleza que la de interpretación de la ley[470].

La Sala, para llegar a tal conclusión, adujo que:

---

469 O como lo ha calificado la Sala Constitucional: "Silencio legislativo y el funcionamiento anormal legislativo". Sentencia N° 1819 de 08-08-2000 de la Sala Político-Administrativa, caso: *René Molina vs. Comisión Legislativa Nacional*.

470 Sentencia N° 1077 de la Sala Constitucional de 22-09-00, caso: *Servio Tulio León Briceño. V.*, en *Revista de Derecho Público,* N° 83, Caracas 2000, pp. 247 y ss.

Para acceder a la justicia se requiere que el accionante tenga interés jurídico y que su pretensión esté fundada en derecho y, por tanto, no se encuentre prohibida por ley, o no sea contraria a derecho. No es necesario que existan normas que contemplen expresamente la posibilidad de incoar una acción con la pretensión que por medio de ella se ventila, bastando para ello que exista una situación semejante a las prevenidas en la ley, para la obtención de sentencias declarativas de mera certeza, de condena, o constitutivas. Este es el resultado de la expansión natural de la juridicidad.

De ello concluyó la Sala Constitucional que "no requieren los ciudadanos de leyes que contemplen, en particular, el recurso de interpretación constitucional, para interponerlo"[471].

Ahora bien, en cuanto a la legitimación activa para intentar este recurso de interpretación constitucional, la Sala Constitucional estimó que el recurrente debe tener un interés particular en el sentido de que

Como persona pública o privada debe invocar un interés jurídico actual, legítimo, fundado en una situación jurídica concreta y específica en que se encuentra, y que requiere necesariamente de la interpretación de normas constitucionales aplicables a la situación, a fin de que cese la incertidumbre que impide el desarrollo y efectos de dicha situación jurídica.

La Sala precisó que se "está ante una acción con legitimación restringida, aunque los efectos del fallo sean generales". Por ello, la Sala señaló que "puede declarar inadmisible un recurso de interpretación que no persiga los fines antes mencionados, o que se refiere al supuesto de colisión de leyes con la Constitución, ya que ello origina otra clase de recurso".

La finalidad de tal acción de interpretación constitucional sería una declaración de certeza sobre los alcances y el contenido de una norma constitucional, y formaría un sector de la participación ciudadana, que podría hacerse incluso como paso previo a la acción de inconstitucionalidad, ya que la interpretación constitucional podría despejar dudas y ambigüedades sobre la supuesta colisión. Se trata de una tutela preventiva.

Agregando más adelante:

La petición de interpretación puede resultar inadmisible, si ella no expresa con precisión en qué consiste la oscuridad, ambigüedad o contradicción entre las normas del texto constitucional, o en una de ellas en particular; o sobre la naturaleza y alcance de los principios -aplicables; o sobre las situaciones contradictorias o ambiguas surgidas entre la Constitución y las normas del régimen transitorio o del régimen constituyente[472].

471 Este criterio fue luego ratificado en sentencias de fecha 09-11-00 (Nº 1347), 21-11-00 (Nº 1387), y 05-04-01 (Nº 457), entre otras.

472. Caso: *Servicio Tulio León Briceño*, en *Revista de Derecho Público*, Nº 83, Caracas 2000, pp. 247 y ss.

## *SECCIÓN CUARTA:*

## *LA JUSTICIA CONSTITUCIONAL LOCAL EN VENEZUELA (2002)*

**El texto que conforma esta sección es el del trabajo publicado en el libro coordinado por Eduardo Ferrer Mac-Gregor y Rodolfo Vegas Hernández, *Justicia Constitucional Local*, Fundación Universitaria de Derecho, Administración y Política, (FUNDAp), Santiago de Querétaro, México, 2002, pp. 89-100; publicado también en Eduardo Ferrer Mac-Gregor (Coordinador), *Derecho Procesal Constitucional,* Colegio de Secretarios de la Suprema Corte de Justicia de la Nación, AC, Editorial Porrúa, Tomo IV, México 2003, pp. 3647-3712.**

### I. PRINCIPIOS GENERALES DEL SISTEMA VENEZOLANO DE JUSTICIA CONSTITUCIONAL Y LA PRECISIÓN DE LA "JUSTICIA CONSTITUCIONAL LOCAL"

Desde el siglo XIX, en Venezuela se ha venido desarrollando un sistema de justicia constitucional[473] mixto o integral[474], que combina, por una parte, el método difuso de control de constitucionalidad, conforme al cual todos los jueces tienen competencia para decidir la inaplicación de una ley o cualquier norma jurídica cuando la consideren contraria a la Constitución, competencia que incluso pueden ejercer *ex officio*, aplicando preferentemente la Constitución en el caso concreto sometido a su conocimiento y decisión; y por la otra, el método concentrado de control de la constitucionalidad de las leyes y demás actos normativos, tanto nacionales como locales (estadales y municipales), mediante la atribución al Tribunal Supremo de Justicia y a partir de 2000 a su Sala Constitucional, de poderes anulatorios de dichos actos cuando sean contrarios a la Constitución, los cuales se ejercen cuando conoce del asunto mediante el ejercicio de acciones populares de inconstitucionalidad. Este sistema, que también han adoptado otros países[475] se ha venido perfeccionando durante un lapso de más de 150 años, encontrando su marco regulatorio actual en la Constitución de 1999, texto que recoge toda la tradición anterior[476].

Ahora bien, dentro de dicho sistema de justicia constitucional, en un Estado Federal como el venezolano, se puede identificar, por su objeto, un subsistema de "jus-

---

473 *V.*, en general Mauro Cappelletti, *Judicial Review in the Contemporary World*, Indianápolis, 1971; "El control judicial de la constitucionalidad de las leyes en el Derecho Comparado", *Revista de la Facultad de Derecho de México*, Nº 61, México 1966; Allan R. Brewer-Carías, *Judicial Revieu in Comparative Law*, Cambridge 1989.

474 *V.*, Allan R. Brewer-Carías, *El sistema mixto o integral de control de la constitucionalidad en Colombia y Venezuela*, Bogotá 1995; Manuel Agona Cruz, "El control de la constitucionalidad de los actos jurídicos en Colombia ante el Derecho Comparado", en *Archivo de Derecho Público y Ciencias de la Administración*, Vol. VII 1984-1985, *Derecho Público en Venezuela y Colombia*, Instituto de Derecho Público, UCV, Caracas 1986, pp. 39 a 114.

475 *V.*, Allan R. Brewer-Carías, "La jurisdicción constitucional en América Latina", en Domingo García Belaúnde y Francisco Fernández Segado. *La jurisdicción constitucional en Ibero-América*, Madrid 1997, pp. 117-161.

476 *V.*, en general Allan R. Brewer-Carías, *El sistema de justicia constitucional en la Constitución de 1999*, Caracas 2000.

ticia constitucional local", relativo al control de la constitucionalidad de los actos de los Estados de la Federación y de los Municipios.

En efecto, la Federación venezolana deriva de la distribución vertical del Poder Público a nivel de los 24 Estados de la Federación y de los 338 Municipios existentes, los cuales ejercen tanto el Poder Legislativo como el Poder Ejecutivo con autonomía política y gobierno propio, no sujeto a control de tutela del Poder Nacional. Los actos de los Estados y Municipios son, por tanto, objeto de control por la justicia constitucional.

Es a esa "justicia constitucional local" a la cual, en particular, queremos referirnos en estas notas.

En efecto, el artículo 7 de la Constitución de 1999[477] declara, *expressis verbis*, que su texto es "la norma suprema y el fundamento de todo el ordenamiento jurídico"; por lo que para garantizar esa supremacía y lograr que la Constitución tenga plena efectividad, en su mismo texto se regula todo un sistema de justicia constitucional mediante la asignación a todos los jueces de la República, en el ámbito de sus respectivas competencias y conforme a lo previsto en la Constitución y en la ley, de la obligación "de asegurar la integridad de la Constitución" (art. 334)[478].

En consecuencia, la justicia constitucional, como competencia judicial para velar por la integridad y supremacía de la Constitución, en Venezuela se ejerce por *todos los jueces* y no sólo por el Tribunal Supremo de Justicia, en cualquier causa o proceso que conozcan y, además, especialmente, cuando conozcan de acciones de amparo o de las acciones contencioso administrativas al tener la potestad para anular actos administrativos, incluidos los estadales y municipales, por contrariedad a la Constitución (como forma de contrariedad al derecho) (art. 259)[479].

En cuanto al Tribunal Supremo de Justicia, en materia de justicia constitucional todas sus Salas tienen expresamente como competencia garantizar "la supremacía y efectividad de las normas y principios constitucionales", correspondiéndoles, a todas, ser "el máximo y último intérprete de la Constitución" y velar "por su uniforme interpretación y aplicación" (art. 335). También lo es la Sala Constitucional, mediante la cual el Tribunal Supremo de Justicia concentra la Jurisdicción Constitucional (arts. 266, ord. 1° y 336) para anular ciertos y determinados actos estatales: las leyes y demás actos de rango legal o de ejecución directa e inmediata de la Constitución; entre ellos, además de las leyes nacionales, las leyes estadales y las ordenanzas municipales.

Por tanto, la Sala Constitucional no tiene el monopolio del control concentrado de la constitucionalidad *de todos* los actos estatales; lo que tiene es el monopolio de

---

477 El texto de la Constitución de 30-12-99 fue inicialmente publicado en *Gaceta Oficial* N° 36.860 de 30-12-99. Posteriormente, con correcciones se publicó en *Gaceta Oficial* N° 5.453 Extraordinario de 24-3-00. Véanse los comentarios que hemos formulado en Allan R. Brewer-Carías, *La Constitución de 1999,* Caracas, 2000; 3ª ed. Caracas 2001.

478 *V.*, nuestra propuesta en relación con este artículo en Allan R. Brewer-Carías, *Debate Constituyente (Aportes a la Asamblea Nacional Constituyente),* T. II, (9 Septiembre-17 Octubre 1999), Caracas 1999, pp. 24 y 34.

479 *V.*, Allan R. Brewer-Carías, *La Justicia Contencioso-Administrativa, Instituciones Políticas y Constitucionales*, T. VII, Caracas 1997, pp. 26 y ss.

dicho control *sólo respecto de determinados actos estatales,* los de rango y fuerza de ley y los dictados en ejecución directa e inmediata de la Constitución, sean nacionales, estadales o municipales. Ello es lo que, además, caracteriza la "Jurisdicción Constitucional" en el derecho comparado: la atribución exclusiva a un órgano judicial del poder anulatorio de determinados, y sólo de determinados actos estatales[480].

Ahora bien, de lo antes expuesto resulta que el sistema de justicia constitucional local en Venezuela permite el ejercicio del control de la constitucionalidad de los actos de los Estados y de los Municipios mediante los siguientes mecanismos: el método difuso de control de la constitucionalidad de las leyes y demás actos normativos dictados por los órganos de los Estados y de los Municipios; la protección de los derechos constitucionales mediante las acciones de amparo contra los actos estadales y municipales; el control por contrariedad al derecho de los actos administrativos estadales y municipales por motivos de inconstitucionalidad mediante las acciones contencioso administrativas de anulación; el control de la constitucionalidad de las leyes estadales y ordenanzas municipales que corresponde a la Jurisdicción Constitucional; y el control de la constitucionalidad de la omisión de los órganos legislativos estadales y municipales[481].

En esta forma, en la Constitución de 1999 se recogen todos los principios del sistema mixto o integral del sistema de justicia constitucional, propia de la tradición venezolana[482].

## II. EL MÉTODO DIFUSO DE CONTROL DE LA CONSTITUCIONALIDAD DE LAS LEYES Y DEMÁS NORMAS JURÍDICAS ESTADALES Y MUNICIPALES

Uno de los medios específicos para el ejercicio de la justicia constitucional es la posibilidad que tiene todo juez de la República de ser juez de la constitucionalidad de las leyes y demás actos normativos. Se trata del método denominado de control difuso de la constitucionalidad de leyes que existe en nuestro país desde el siglo XIX[483], regulado en el artículo 20 del Código de Procedimiento Civil, que establece que:

> *Artículo 20*: Cuando la ley vigente, cuya aplicación se pida, colidiere con alguna disposición constitucional, los jueces aplicarán ésta con preferencia.

480 *V.*, en general, Allan R. Brewer-Carías, *Judicial Review in Comparative Law, op. cit.*, p. 190; y Allan R. Brewer-Carías, *El control concentrado de la constitucionalidad de las leyes (Estudio de Derecho Comparado)*, Caracas 1994, p. 19.

481 *V.*, sentencia N° 194 de la Sala Constitucional de 15-02-2001, caso: *Gobernación del Estado Trujillo vs. Comisión Legislativa del Estado Yaracuy.*

482 *V.*, Allan R. Brewer-Carías, "La justicia constitucional en la nueva Constitución" en *Revista de Derecho Constitucional* N° 1, Editorial Sherwood, Caracas Sep.-Dic. 1999, pp. 35 a 44; Allan R. Brewer-Carías, *El Sistema de justicia constitucional en la Constitución de 1999,* Caracas 2000.

483 Fue consagrado expresamente en el derecho positivo en el Código de Procedimiento Civil de 1897. *V.*, Allan R. Brewer-Carías, *Judicial Review in Comparative Law*, *op. cit.* pp. 127 y ss.; Allan R. Brewer-Carías, *La Justicia Constitucional, Instituciones Políticas y Constitucionales,* T. VI, *op. cit.*, Caracas 1996, pp. 86 y ss.

El principio del control difuso, más recientemente, se recogió en el artículo 19 del Código Orgánico Procesal Penal, con este texto:

> *Artículo 19: Control de la Constitucionalidad.* Corresponde a los jueces velar por la incolumidad de la Constitución de la República. Cuando la ley cuya aplicación se pida colidiere con ella, los tribunales deberán atenerse a la norma constitucional.

A los efectos de consolidar constitucionalmente el método de control difuso de la constitucionalidad de las leyes, como ha ocurrido, por ejemplo, en Colombia, desde 1910 (art. 4); Guatemala, en 1965 (art. 204); Bolivia, en 1994 (art. 228); Honduras, en 1982 (art. 315) y Perú, en 1993 (art. 138); propusimos incorporar a la Constitución una disposición similar[484], que terminó siendo ubicada, también a propuesta nuestra[485], en el artículo 334, con el siguiente texto:

> Art. 334. ...En caso de incompatibilidad entre esta Constitución y una ley u otra norma jurídica, se aplicarán las disposiciones constitucionales, correspondiendo a los tribunales en cualquier causa, aun de oficio, decidir lo conducente.

En esta forma, el método de control difuso de la constitucionalidad adquirió en Venezuela rango constitucional[486], el cual, incluso, puede ser ejercido *de oficio* por los tribunales[487], incluyendo, por supuesto, las diversas Salas del Supremo Tribunal; y no sólo respecto de las leyes nacionales, sino estadales o municipales y, en general, respecto de cualquier norma jurídica, incluso reglamentos locales.

Este método difuso de control de la constitucionalidad de las normas jurídicas, en Venezuela, puede decirse que sigue los principios desarrollados en el derecho comparado: tiene su fundamento en el principio de la supremacía constitucional, conforme al cual los actos inconstitucionales son nulos y sin ningún valor, aún cuando esta constatación de la nulidad corresponda a la autoridad judicial.

Todo juez, por tanto, al conocer de un caso o una controversia concreta, puede resolver sobre la inconstitucionalidad de las normas jurídicas, incluso estadales o municipales, que debe aplicar a la resolución del caso, como cuestión incidental en el mismo; poder que en el caso de Venezuela puede ejercer *ex officio*, sin requerimiento de parte interesada.

La decisión del juez tiene sólo efectos *inter partes* en el proceso concreto y por tanto, efectos declarativos[488].

---

484 *V.*, nuestras propuestas respecto del artículo 7 en Allan R. Brewer-Carías, *Debate Constituyente,* T. II, *op. cit.*, pp. 24 y 34.

485 *V.*, Allan R. Brewer-Carías, *Debate Constituyente (Aportes a la Asamblea Nacional Constituyente),* T. III, (18 Octubre-30 Noviembre 1999), Caracas 1999, pp. 94 a 105.

486 *V.*, sentencia Nº 1213 de la Sala Político Administrativa de 30-05-2000, caso: *Carlos P. García P. vs. Cuerpo Técnico de la Policía Judicial.*

487 En contraste con la regla general en el derecho comparado que siempre exige instancia de parte interesada, ésta ha sido una de las características del sistema venezolano. *V.*, Allan R. Brewer-Carías, *La Justicia Constitucional, Instituciones Políticas y Constitucionales,* T. VI, *op. cit.*, p. 101.

488 *V.*, Allan R. Brewer-Carías, *Judicial Review in Comparative Law, cit.,* pp. 127 y ss.

## III. EL CONTROL JUDICIAL DE LA CONSTITUCIONALIDAD DE LOS ACTOS ESTADALES Y MUNICIPALES EJERCIDO MEDIANTE EL AMPARO JUDICIAL A LOS DERECHOS Y GARANTÍAS CONSTITUCIONALES

En la Constitución de 1999, la institución del amparo ha quedado consolidada como un *derecho constitucional*[489] y, en consecuencia, como una obligación que tienen todos los tribunales de amparar, en el ámbito de su competencia, a todas las personas en el goce y ejercicio de todos sus derechos y garantías constitucionales.

En tal sentido y dentro de la orientación que tenía el artículo 49 de la Constitución de 1961, en el artículo 27 de la Constitución de 1999 se estableció que:

> Toda persona *tiene derecho* a ser amparada por los tribunales en el goce y ejercicio de los derechos, aún de aquellos inherentes a la persona humana que no figuren expresamente en esta Constitución o en los instrumentos internacionales sobre derechos humanos.

Ahora bien, en el caso de la acción de amparo constitucional, la Constitución precisó, además, expresamente, que el procedimiento debe ser oral, público, breve, gratuito y no sujeto a formalidad, teniendo el juez competente potestad para restablecer inmediatamente la situación jurídica infringida o la situación que más se asemeje a ella; para lo cual todo tiempo debe ser hábil y el tribunal debe tramitar el asunto con preferencia a cualquier otro.

En consecuencia, conforme a la Ley Orgánica de Amparo sobre Derechos y Garantías Constitucionales de 1988[490], los tribunales competentes para conocer de dichas acciones, que son los de primera instancia, actúan como jueces constitucionales. En caso de no existir tribunales de primera instancia en la localidad respectiva, cualquier juez de la misma puede conocer de la acción de amparo (art. 9 LOADGC). Por eso, el control de constitucionalidad que se ejerce por los jueces al decidir acciones de amparo también puede considerarse como un control difuso.

En todo caso, del ordenamiento constitucional venezolano, debe destacarse que la institución del amparo ha sido concebida en forma amplia, de manera de asegurar un medio judicial expedito para que toda persona afectada en cualquiera de sus derechos constitucionales (y no sólo los que puedan considerarse como "fundamentales") pueda requerir la protección judicial inmediata, contra toda violación o amenaza de violación, provenga de actos, hechos u omisiones de los entes y autoridades públicas nacionales estadales, municipales o de particulares y corporaciones privadas.

Por tanto, en Venezuela, la acción de amparo procede contra toda actuación u omisión de los órganos del Estado sea de carácter nacional o local (Estados y Municipios), contra toda persona jurídica, natural o moral, estatal o no estatal, incluso contra particulares, por cualquier violación o amenaza de violación de derechos y garantías constitucionales.

---

489 *V.*, Allan R. Brewer-Carías, *El Derecho y la Acción de Amparo, Instituciones Políticas y Constitucionales*, T. V, Caracas, 1998, pp. 19 y ss.

490 *V.*, en *Gaceta Oficial* Nº 33.891 de 22-01-88. Véase en general Allan R. Brewer-Carías y Carlos M. Ayala Corao, *Ley Orgánica de Amparo sobre Derechos y Garantías Constitucionales,* Caracas 1988.

## IV. EL CONTROL DE LA CONSTITUCIONALIDAD DE LOS REGLAMENTOS Y DEMÁS ACTOS ADMINISTRATIVOS ESTADALES Y MUNICIPALES EJERCIDOS POR LA JURISDICCIÓN CONTENCIOSO-ADMINISTRATIVA

El artículo 259 de la Constitución precisa que la Jurisdicción Contencioso-Administrativa corresponde al Tribunal Supremo de Justicia y a los demás tribunales que determine la ley teniendo competencia para anular los actos administrativos generales o individuales, nacionales, estadales y municipales contrarios a derecho, incluso por desviación de poder; condenar al pago de sumas de dinero y a la reparación de daños y perjuicios originados en responsabilidad de la Administración; conocer de reclamos por la prestación de servicios públicos y disponer lo necesario para el restablecimiento de las situaciones jurídicas subjetivas lesionadas por la actividad administrativa.

Conforme a esta norma, por tanto, el ejercicio de la justicia constitucional también corresponde, conforme a la Constitución de 1999, a los tribunales que conforman la Jurisdicción Contencioso-Administrativa, al ejercer su competencia de anulación de los actos administrativos, nacionales, estadales, municipales, incluidos los Reglamentos, contrarios a derecho, es decir, contrarios sea a la Constitución, a las leyes o a las demás fuentes del derecho administrativo[491]. Es decir, todos los jueces del contencioso-administrativos, conforme al artículo 259 de la Constitución, tienen potestad para declarar la nulidad de los actos administrativos, no sólo por razones de ilegalidad, sino por inconstitucionalidad, ejerciendo la justicia constitucional.

De lo anterior resulta que así como debe diferenciarse la "Jurisdicción Constitucional" que se atribuye a la Sala Constitucional, de la función de justicia constitucional que corresponde a todos los jueces; también, debe establecerse la diferenciación entre la Jurisdicción Constitucional y la Jurisdicción Contencioso-Administrativa[492]. La diferencia entre ambas jurisdicciones, como se ha dicho, radica en la competencia *por el objeto* que se atribuye a los Tribunales que las componen: la Jurisdicción Constitucional que corresponde al Tribunal Supremo de Justicia en *Sala Constitucional,* tiene por objeto conocer de las acciones de nulidad por inconstitucionalidad *contra las leyes y demás actos de rango legal o de ejecución directa e inmediata de la Constitución;* en cambio, la Jurisdicción Contencioso Administrativa que corresponde al mismo Tribunal Supremo, pero en *Sala Político Administrativa y en Sala Electoral* y a los *demás tribunales* que señale la ley (la Corte Primera de lo Contencioso Administrativo y los Tribunales Superiores con competencia contencioso administrativo), tiene por objeto, entre otros, conocer de las *acciones de nulidad por inconstitucionalidad o ilegalidad contra los actos administrativos* y, por tanto, de rango *sub legal.*

En particular, en cuanto a los actos administrativos de los Estados y Municipios, corresponde a los Tribunales Superiores con competencia contencioso administrativa, conocer de las acciones de nulidad contra los actos administrativos, estadales y

---

491 *V.*, Allan R. Brewer-Carías, *La Justicia Contencioso-Administrativa, Instituciones Políticas y Constitucionales*, T. VII, *op. cit.*, pp. 26 y ss.

492 Así lo propusimos expresamente ante la Asamblea Nacional Constituyente. *V.*, Allan R. Brewer-Carías, *Debate Constituyente*, T. II, *op. cit.*, pp. 245 y ss.

municipales aún cuando las mismas se fundamenten en motivos de inconstitucionalidad que son motivos de contrariedad al derecho. Así lo establece expresamente el artículo 181 de la Ley Orgánica de la Corte Suprema de Justicia que regula transitoriamente la Jurisdicción contencioso-administrativa.

Ahora bien, en el sistema contencioso administrativo venezolano se ha establecido, desde el siglo XIX, el carácter de acción popular de la acción de nulidad que se ejerce contra los Reglamentos y demás actos administrativos de contenido normativo, que corresponde a cualquier persona. En consecuencia, basta un simple interés en la legalidad o constitucionalidad para que cualquier persona tenga la legitimación suficiente para intentar la acción de nulidad por inconstitucionalidad o ilegalidad contra el acto administrativo reglamentario o de efectos generales, sea nacional, estadal o municipal[493].

Sin embargo, respecto de los actos administrativos de efectos particulares, la legitimación para impugnarlos ante los tribunales de la jurisdicción contencioso-administrativa, legalmente corresponde sólo a quienes tengan "interés personal, legítimo y directo" en la anulación del acto, es decir, a quienes el acto administrativo lesiona personal y directamente en sus derechos e intereses legítimos[494]. Esta doctrina legal, sin embargo, ha variado a partir de la entrada en vigencia de la nueva Constitución de 1999, conforme lo ha decidido el Tribunal Supremo de Justicia, al considerar que para intentar un recurso contencioso administrativo de anulación, basta alegar un interés legítimo, pero no es necesario que sea ni personal ni directo[495].

Por otra parte, en materia contencioso-administrativo, aún antes de la entrada en vigencia de la nueva Constitución en 1999, ya se había abierto la posibilidad de protección de intereses colectivos, particularmente contra actuaciones urbanísticas particularmente de los Municipios;[496] en cuyo caso el recurrente debe alegar además de que el acto de lesiona su interés legitimo que también al accionante, lesiona un derecho colectivo o difuso[497].

## V. EL CONTROL CONCENTRADO DE LA CONSTITUCIONALIDAD DE LAS LEYES ESTADALES Y DE LAS ORDENANZAS MUNICIPALES

Otra forma de ejercicio de la justicia constitucional que ha sido tradicional en Venezuela es el ejercicio del control de la constitucionalidad mediante la potestad judicial anulatoria de las leyes y demás actos estatales con rango de ley o dictados en ejecución directa e inmediata de la Constitución, que se atribuye sólo y exclusi-

493 *V.*, Allan R. Brewer-Carías, *La Justicia Contencioso-Administrativa, Instituciones Políticas y Constitucionales*, T. VII, Caracas 1997, pp. 74 y ss. Véase por ejemplo, sentencia del Tribunal Supremo de Justicia en SPA, de 24-11-99, caso: *Comité Interprofessionnel du vin de Champagne*; sentencia de la Corte Primera de lo Contencioso-Administrativo de 22-03-00, caso: *Banco de Venezolano de Crédito v. Superintendencia de Bancos, Revista de Derecho Público,* N° 81, EJV, Caracas 2000, pp. 452-453.

494 Art. 121 LOCSJ.

495 Véase sentencia de la Sala Político Administrativa de la CSJ de 13-04-00, caso: *Banco Fivenez vs. Junta de Emergencia Financiera, Revista de Derecho Público*, N° 82, EJV, Caracas 2000, pp. 582-583.

496 *V.*, Allan R. Brewer-Carías, *La Justicia Contencioso-Administrativa, Instituciones Políticas y Constitucionales,* T. VII, pp. 130 y ss.

497 *Ídem.*

vamente a la Sala Constitucional del Tribunal Supremo de Justicia, que se ha configurado como la Jurisdicción Constitucional[498].

En efecto, de acuerdo con los artículos 266,1; 334 y 336 de la Constitución, corresponde a la Sala Constitucional del Tribunal Supremo, el ejercicio de la Jurisdicción Constitucional con competencia en las siguientes materias:

En *primer lugar,* conforme a una tradición que se remonta a 1858[499], la Constitución de 1999 precisó el régimen del control concentrado de la constitucionalidad de las leyes, atribuyendo al Tribunal Supremo de Justicia en Sala Constitucional, competencia exclusiva para la anulación de las mismas.

En efecto, conforme al artículo 334 de la Constitución,

> Corresponde exclusivamente a la Sala Constitucional del Tribunal Supremo de Justicia como jurisdicción constitucional, declarar la nulidad de las leyes y demás actos de los órganos que ejercen el Poder Público dictados en ejecución directa e inmediata de la Constitución o que tengan rango de ley.

Conforme a esta norma, cuando la Sala Constitucional del Tribunal Supremo, como Jurisdicción Constitucional, es requerida mediante una *acción popular,* como ha sido la tradición venezolana[500], tiene las siguientes atribuciones de control concentrado de la constitucionalidad de determinados actos estatales, con poderes anulatorios, previstas en el artículo 336:

> 1. Declarar la nulidad total o parcial de las leyes nacionales y demás actos con rango de ley de la Asamblea Nacional que colidan con esta Constitución.
>
> 2. Declarar la nulidad total o parcial de las Constituciones y leyes estadales, de las ordenanzas municipales y demás actos de los cuerpos deliberantes de los Estados y Municipios dictados en ejecución directa e inmediata de la Constitución y que colidan con ésta.
>
> 3. Declarar la nulidad total o parcial de los actos con rango de ley dictados por el Ejecutivo Nacional que colidan con esta Constitución.
>
> 4. Declarar la nulidad total o parcial de los actos en ejecución directa e inmediata de la Constitución, dictados por cualquier otro órgano estatal en ejercicio del Poder Público, cuando colidan con ésta.

Como sucede en la casi totalidad de las Jurisdicciones Constitucionales que muestra el derecho comparado[501], por supuesto que se trata de una Jurisdicción que se caracteriza única y exclusivamente por *el objeto* de control: sólo se refiere a los actos estatales dictados en ejecución directa e inmediata de la Constitución (donde se incluyen las leyes) y a ningún otro; por lo que *no es* una Jurisdicción que se pueda caracterizar por el *motivo* de control (inconstitucionalidad).

---

498 Arts. 266,1; 334 y 336 de la Constitución.

499 *V.*, Allan R. Brewer-Carías, *La Justicia Constitucional, Instituciones Políticas y Constitucionales*, T. VI, *op. cit.*, pp. 131 y ss.

500 *V.*, Allan R. Brewer-Carías, *ídem*, pp. 137 y ss.

501 *V.*, Allan R. Brewer-Carías, *Judicial Review in Comparative Law, op. cit.*, pp. 190 y ss.

En otras palabras, por tanto, lo que se atribuye a la Sala Constitucional no es el control concentrado de la constitucionalidad *de los actos estatales,* sino sólo el control concentrado de la constitucionalidad respecto a *determinados y específicos actos estatales:* los dictados por los órganos que ejercen el Poder Público denominados leyes o de rango legal o dictados en ejecución directa e inmediata de la Constitución.

En efecto, conforme al artículo 164,1 de la Constitución, corresponde a cada Estado de la Federación dictar su Constitución para organizar sus poderes públicos, competencia que ejercen los Consejos Legislativos estadales; los cuales, además, conforme al artículo 162,1 de la Constitución tienen la competencia general para "legislar sobre las materias de la competencia estadal".

Tanto las Constituciones estadales como las leyes dictadas por los Consejos Legislativos estadales están sujetos a la Constitución de la República, por lo que las violaciones de ésta, por aquéllas, pueden dar origen al control de constitucionalidad por la Sala Constitucional del Tribunal Supremo.

Debe señalarse que de acuerdo con la Constitución, la competencia de la Sala Constitucional es para declarar la nulidad de las leyes estadales que colidan con la Constitución de la República; por ello, ha sido jurisprudencia de la antigua Corte Suprema de Justicia declarar su incompetencia en los casos de impugnación de una ley estadal alegando infracción de la Constitución estadal[502].

En cuanto a las Ordenanzas Municipales, dada la garantía de autonomía que tienen los Municipios en la Constitución (art 168), los Concejos Municipales que ejercen al Poder Legislativo Municipal tienen competencia para dictar la legislación local que sea necesaria.

Las Ordenanzas Municipales, por tanto, son las "leyes locales" por excelencia[503], ya que mediante ellas es que la autoridad municipal estatuye con carácter general[504] a través de un procedimiento específico de formación de las leyes locales, sobre las materias propias de la vida local. Sobre este carácter de "leyes locales" de las Ordenanzas Municipales, la jurisprudencia de la Corte Suprema ha sido reiterativa[505], habiendo sostenido lo siguiente:

> Entre nosotros las Ordenanzas tienen el carácter de leyes, puesto que se lo da originalmente la Constitución Nacional y la misma del Estado, al erigir las Municipalidades en Poder, atribuyéndoles el ejercicio de una parte del Poder Público, dentro de los límites ante señalados.
>
> Y siendo la facultad legislativa la manifestación primordial de la autonomía del Municipio, tienen que aplicársele a las Ordenanzas dictadas, a esas "leyes locales", las reglas generales concernientes a las nacionales o estadales, o sea,

---

502 *V.*, sentencia de la Corte Plena de 19-12-75, *Gaceta Oficial* N° 1.742 Extraordinaria de 21-05-76 pp 26 y 27; *cit.* en Allan R Brewer-Carías, *Justicia Constitucional. Instituciones Políticas y Constitucionales*, T. VI, *op cit.* p. 196.

503 Art. 43 Ley Orgánica del Régimen Municipal.

504 *V.*, Allan R. Brewer-Carías, *El Régimen Municipal en Venezuela*, Caracas, 1984

505 *V.*, por ejemplo, sentencias de la antigua Corte Federal y de Casación en Sala Político Administrativa de 27-02-40, *Memoria 1941*, p. 20 y de 02-03-42, *Memoria 1943*, p. 121.

que aquéllas guardan –lo mismo que éstas– igual subordinación a los principios generales del derecho y a la Constitución Nacional o estadal, respectivamente[506].

En todo caso, las Ordenanzas Municipales, por estar sujetas a la Constitución, pueden ser susceptibles de impugnación por vía de acción popular de inconstitucionalidad, única forma de revisión de las mismas por otra autoridad distinta del propio Concejo Municipal que las dictó.[507]

Por otra parte, debe señalarse que la Sala Constitucional del Tribunal Supremo de Justicia, al igual que todas las otras Salas que lo componen, tiene la misión de garantizar la supremacía y efectividad de las normas y principios constitucionales: ser el máximo y último intérprete de la Constitución y velar por su uniforme interpretación y aplicación (art. 335, primer aparte).

Esto corrobora que conforme al sistema venezolano, al corresponder la justicia constitucional a todos los Tribunales de la República, todos tienen la potestad de interpretar la Constitución. Lo único que diferencia la interpretación constitucional que haga la Sala Constitucional del Tribunal Supremo, particularmente cuando ejerce el control concentrado de la constitucionalidad de las leyes, incluso de las leyes estadales y municipales, de la que hagan las otras Salas del mismo y los demás Tribunales de la República, es que aquélla es vinculante y ésta no. Ese es el sentido del segundo aparte del artículo 335 de la Constitución al señalar que: "Las interpretaciones que establezca la Sala Constitucional sobre el contenido o alcance de las normas constitucionales son vinculantes para las otras Salas del Tribunal Supremo y demás tribunales de la República".

Por otra parte, en relación con el control concentrado de la constitucionalidad de las leyes nacionales, estadales y municipales y demás actos estatales de rango legal o dictados en ejecución directa de la Constitución, que ejerce la Sala Constitucional como Jurisdicción Constitucional, lo más importante a destacar comparativamente del sistema venezolano es que la legitimación activa para intentar las acciones corresponde a cualquier persona, configurándose la acción, como una *actio popularis.*

En tal sentido, el artículo 112 de la Ley Orgánica de la Corte Suprema de Justicia, ha establecido que

> Toda persona natural o jurídica plenamente capaz, que sea afectada en sus derechos o intereses por Ley, reglamento, ordenanza u otro acto de efectos generales emanado de alguno de los cuerpos deliberantes nacionales, estadales o municipales o del Poder Ejecutivo Nacional, puede demandar la nulidad del mismo, ante la Corte, por razones de inconstitucionalidad o de ilegalidad.

Conforme a esta norma, por tanto, todo habitante del país con plena capacidad jurídica puede intentar el recurso de inconstitucionalidad. La Ley Orgánica acoge,

506 *V.*, sentencia de la antigua Corte Federal de 24-11-53 en *Gaceta Forense*, N° 2, 1953, pp. 174 y 175. *V.*, además, la sentencia de la Sala Político-Administrativa de la antigua Corte Suprema de Justicia de 11-11-92, en *Revista de Derecho Público,* N° 52, Caracas, 1992, p. 135.

507 Una de las manifestaciones de la autonomía municipal es, precisamente, que "los actos de los Municipios no podrán ser impugnados sino por ante los órganos jurisdiccionales de conformidad con esta Constitución y las leyes" (art. 168 de la Constitución).

por tanto, la doctrina de la acción popular[508]. Por ello, la antigua Corte Suprema de Justicia, llegó a la conclusión de que:

> Cuando una persona ejerce el recurso de inconstitucionalidad en los términos del artículo 112 de su ley, *debe presumirse*, al menos relativamente, que el acto recurrido en alguna forma afecta los derechos o intereses del recurrente en su condición de ciudadano venezolano, salvo que del contexto del recurso aparezca manifiestamente lo contrario, o que el mismo fuere declarado inadmisible conforme al artículo 115 de la ley de la Corte[509].

De acuerdo a este criterio, por tanto, como lo ha dicho la Corte Suprema de Justicia en Sala Plena, la acción popular, en definitiva "puede ser ejercida por cualquier ciudadano plenamente capaz"[510]. Más recientemente, la Sala Constitucional en sentencia N° 1077 de 22-08-01, ha puntualizado sobre la legitimación activa en la acción popular, que en la misma "cualquier persona capaz procesalmente tiene interés procesal y jurídico para proponerla, sin necesidad de un hecho histórico concreto que lesione la esfera jurídica privada del accionante. Es el actor un tutor de la constitucionalidad y esa tutela le da el interés para actuar, haya sufrido o no un daño proveniente de la inconstitucionalidad de una ley. Este tipo de acciones populares es excepcional[511].

## VI. EL CONTROL DE CONSTITUCIONALIDAD DE LA OMISIÓN DE LOS ÓRGANOS LEGISLATIVOS ESTADALES Y MUNICIPALES

Otra institución novedosa en materia de justicia constitucional que establece la Constitución de 1999, es el denominado control de la constitucionalidad de las omisiones de actuación de los órganos legislativos[512].

En tal sentido, el artículo 336,7 de la Constitución atribuyó a la Sala Constitucional, competencia para...

> ...declarar la inconstitucionalidad de las omisiones del poder legislativo municipal, estadal o nacional, cuando hayan dejado de dictar las normas o medidas indispensables para garantizar el cumplimiento de la Constitución, o las hayan dictado en forma incompleta, y establecer el plazo y, de ser necesario, los lineamientos de su corrección.

Esta norma consagra una amplísima potestad atribuida a la Sala Constitucional y que supera el inicial antecedente portugués. En efecto, en el supuesto de la Constitución Portuguesa, la legitimación para requerir el ejercicio de esta potestad de control de constitucionalidad la tenían el Presidente de la República, el Ombudsman o los

---

508 *V.*, Allan R. Brewer-Carías, *La Justicia Constitucional, Instituciones Políticas y Constitucionales*, T. VI, pp. 144 y ss.

509 *Idem.*

510 Sentencia de 19-11-85, en *Revista de Derecho Público,* N° 25, EJV, Caracas 1986, p. 131.

511 Caso *Servio Tulio León Briceño.*

512 Es una institución que tiene su origen en el sistema portugués, véase Allan R. Brewer-Carías, *Judicial Review in Comparative Law, op. cit.*, p. 269.

Presidentes de las Regiones Autónomas[513]; en cambio, en el texto de la Constitución de 1999, no se establece condicionamiento alguno a la legitimación, por lo que tratándose de omisiones normativas[514], el mecanismo para impulsar su control puede recibir el mismo tratamiento de una *acción popular*, es decir, bastaría el simple interés en la constitucionalidad para intentar la acción.

## VII. LA RESOLUCIÓN DE CONTROVERSIAS CONSTITUCIONALES ENTRE LOS ÓRGANOS DEL PODER PÚBLICO

El Tribunal Supremo, en Sala Constitucional, también tiene competencia, conforme al artículo 336,9 para "dirimir las controversias constitucionales que se susciten entre cualesquiera de los órganos del Poder Público".

Conforme a ello, la Jurisdicción Constitucional, debe resolver los conflictos constitucionales que se planteen entre los órganos que ejercen el Poder Público, tanto en su distribución vertical (República, Estados y Municipios), como en su división horizontal a nivel nacional (Poder Legislativo, Poder Ejecutivo, Poder Judicial, Poder Ciudadano, Poder Electoral) y a nivel estadal y municipal (Poder Legislativo y Poder Ejecutivo).

Es decir, se trata de la resolución de controversias sobre atribuciones *constitucionales* entre los órganos que ejercen del Poder Público; que son distintas a las controversias administrativas que se puedan suscitar entre la República, los Estados, Municipios u otro ente público, las que competen ser resueltas por la Sala Político-Administrativa del Tribunal Supremo de Justicia (art. 266, ord. 4°), como Jurisdicción Contencioso-Administrativa[515].

Los conflictos entre los Estados y Municipios, y entre éstos y la República de carácter constitucional; así como los conflictos entre los órganos que ejercen el Poder Legislativo y el Poder Ejecutivo en los Estados (Consejos Legislativos y Gobernadores) y en los Municipios (Concejos Municipales y Alcaldes), por tanto, deben ser resueltos por la Sala Constitucional del Tribunal Supremo.

# *SECCIÓN QUINTA:*

# *LOS PROCESOS Y PROCEDIMIENTOS CONSTITUCIONALES ANTE LA JURISDICCIÓN CONSTITUCIONAL EN VENEZUELA (2005)*

**Esta sección recoge el trabajo que con el mismo título fue publicado en el *Anuario de Derecho Constitucional Latinoamericano 2005*, 11° año, Tomo I, Konrad-Adenauer-Stiftung, Programa Estado de Derecho para Sudamérica, Uruguay 2005, pp. 301-330.**

---

513 *V.*, Allan R. Brewer-Carías, *Judicial Review in Comparative Law, op. cit.*, p. 269.

514 O como lo ha calificado la Sala Constitucional: "Silencio legislativo y el funcionamiento anormal legislativo". Sentencia N° 1819 de 08-08-2000 de la Sala Político-Administrativa, caso: *René Molina vs. Comisión Legislativa Nacional.*

515 Sentencia de la Sala Político Administrativa N° 1819 de 08-08-2000, caso: *René Molina vs. Comisión Legislativa Nacional.*

## INTRODUCCIÓN

El sistema de justicia constitucional en Venezuela puede considerarse que es de carácter mixto o integral, pues combina el denominado método difuso de control de la constitucionalidad de las leyes, como poder-deber que tienen todos los jueces, al decidir casos concretos, de desaplicar leyes que consideren contrarias a la Constitución aplicando preferentemente el texto fundamental; con el denominado método concentrado de control de la constitucionalidad de las leyes y demás actos de rango y valor de las mismas, ejercido exclusivamente y con poderes anulatorios por la Sala Constitucional del Tribunal Supremo de Justicia[516]

El primero de dichos métodos de control de constitucionalidad, cuya consagración expresa en el ordenamiento jurídico se remonta a 1897[517], está ahora expresamente consagrado en el artículo 334 de la Constitución de 1999, que establece:

> *Art. 334.* En caso de incompatibilidad entre esta Constitución y una Ley u otra norma jurídica, se aplicarán las disposiciones constitucionales, correspondiendo a los Tribunales en cualquier causa, aún de oficio, decidir lo conducente.

En esta forma, a propuesta nuestra en la Constitución de 1999[518] se consolidó constitucionalmente el método de control difuso de la constitucionalidad de las leyes, como ya había ocurrido por ejemplo, en otros países como Colombia, desde 1910 (art. 4); Guatemala, en 1965 (art. 204); Bolivia, en 1994 (art. 228); Honduras, en 1982 (art. 315) y Perú, en 1993 (art. 138). La Ley Orgánica del Tribunal Supremo de Justicia de 2004[519], ha ratificado esta potestad judicial, al disponer en el artículo 5, párrafo 1°, 4, lo siguiente:

> De conformidad con lo previsto en la Constitución de la República Bolivariana de Venezuela, todo tribunal de la República podrá ejercer el control difuso de la constitucionalidad únicamente para el caso concreto, en cuyo supuesto dicha sentencia estará expuesta a los recursos o acciones ordinarias o extraordinarias a que haya lugar; quedando a salvo en todo caso, que la Sala Constitucional haga uso, de oficio o a instancia de parte, de la competencia prevista en el numeral 16 de este artículo y se avoque a la causa para revisarla cuando ésta se encuentre definitivamente firme.

---

516 *V.*, Allan R. Brewer-Carías, *El sistema mixto e integral de control de la constitucionalidad en Colombia y Venezuela*, Universidad Externado De Colombia, Bogotá 1995; *El sistema de justicia constitucional en la Constitución de 1999*, Editorial Jurídica Venezolana, Caracas, 2000.

517 Art. 20 del Código de Procedimiento Civil de 1897. *V.*, Allan R. Brewer-Carías, *Judicial Review in Comparative Law*, Cambridge University Press, Cambridge 1989, pp. 127 y ss. Este estudio ha sido publicado más recientemente, ampliado, en Allan R. Brewer-Carías, *Études de Droit Public Comparé*, Bruylant, Bruxelles, 2002, pp. 525-934. *V.*, además, Allan R. Brewer-Carías, *La Justicia Constitucional*, T. VI, *Instituciones Políticas y Constitucionales*, Editorial Jurídica Venezolana, Caracas, 1996, pp. 86 y ss.; y Allan R. Brewer-Carías, *La Constitución de 1999. Derecho Constitucional Venezolano*, T. II, Editorial Jurídica Venezolana, Caracas, 2004, pp. 883 y ss.

518 *V.*, nuestras propuestas respecto del artículo 7 en Allan R. Brewer-Carías, *Debate Constituyente (Aportes a la Asamblea Nacional Constituyente)*, T. II, Fundación de Derecho Público, Editorial Jurídica Venezolana, Caracas 1999, pp. 24 y 34; y 94 a 105.

519 *Gaceta Oficial* N° 37942 de 19-05-2004.

El desarrollo del método difuso de control de la constitucionalidad, sin embargo, a pesar de la claridad constitucional y legal con la cual se ha consolidado, ha comenzado a ser ilegítimamente limitado por la Sala Constitucional del Tribunal Supremo, al cercenarles a los jueces la potestad que necesariamente tienen que tener en la aplicación de dicho método, de interpretar las normas y principios constitucionales en relación con las leyes que precisamente deben aplicar o desaplicar en los casos concretos que decidan. Así, en la sentencia Nº 833 de 15 de mayo de 2001 (Caso: *Instituto Autónomo Policía Municipal de Chacao vs. Corte Primera de lo Contencioso Administrativo*), la Sala Constitucional al interpretar el artículo 334 de la Constitución, estableció "con carácter vinculante... en qué consiste el control difuso, y en qué consiste el control concentrado de la Constitución"; y al preguntarse ¿si en ejercicio del control difuso un juez puede interpretar los principios constitucionales, y en base a ellos, suspender la aplicación de una norma?, señaló:

> Fuera de la Sala Constitucional, debido a las facultades que le otorga el artículo 335 de la Constitución vigente, con su carácter de máximo y última intérprete de la Constitución y unificador de su interpretación y aplicación, no pueden los jueces desaplicar o inaplicar normas, fundándose en principios constitucionales o interpretaciones motu propio que de ellas hagan, ya que el artículo 334 comentado no expresa que según los principios constitucionales, se adelante tal control difuso. Esta es función de los jueces que ejercen el control concentrado, con una modalidad para el derecho venezolano, cual es que sólo la interpretación constitucional que jurisdiccionalmente haga esta Sala, es vinculante para cualquier juez, así esté autorizado para realizar control concentrado.

Esta sentencia de la Sala Constitucional en realidad, es una más que muestra la tendencia a la concentración de la justicia constitucional en la Jurisdicción Constitucional, lo cual es contrario a las previsiones constitucionales.

Ahora bien, el segundo método de control de la constitucionalidad existente en Venezuela, es el del control concentrado de la constitucionalidad de las leyes y de otros actos estatales el cual, con antecedentes en el Siglo XIX, se atribuye sólo y exclusivamente a la Sala Constitucional del Tribunal Supremo de Justicia, la cual se ha configurado definitivamente en la Constitución de 1999 como una Jurisdicción Constitucional (Arts. 266,1; 334 y 336 de la Constitución). Como tal es la llamada a conocer de una serie de procesos y procedimientos constitucionales con el objeto de garantizar la supremacía constitucional en forma concentrada, que rebasan el clásico control de constitucionalidad de las leyes.

Antes de la entrada en vigencia de la Constitución de 1999, la Jurisdicción Constitucional en Venezuela siempre se había atribuido al más alto Tribunal de la república y no a un órgano jurisdiccional especializado, de manera que conforme a la Constitución de 1961, por ejemplo, la jurisdicción constitucional se ejerció por la Corte Suprema de Justicia en Sala Plena[520]. Una de las novedades de la Constitución de 1999 fue precisamente la creación de la Sala Constitucional del Tribunal Supremo de Justicia (art. 262), a la cual ahora se le ha atribuido la Jurisdicción Constitucional (art. 266,1), consistente en la potestad anulatoria de las leyes y demás actos

520 *V.*, Allan R. Brewer-Carías, *Debate Constituyente*, T. II, *op. cit.*, pp. 131 y ss.

de igual rango y jerarquía o dictados en ejecución directa e inmediata de la Constitución, así como en el ejercicio de otras competencias en materia de justicia constitucional enumeradas en el artículo 336.

Como sucede en la casi totalidad de las Jurisdicciones Constitucionales que muestra el derecho comparado[521], por supuesto que se trata de una Jurisdicción que en principio se caracteriza única y exclusivamente por *el objeto* de control: En principio, sólo se refiere a los actos estatales dictados en ejecución directa e inmediata de la Constitución (donde se incluyen las leyes), así como a las sentencias dictadas en materia constitucional; por lo que *no es* una Jurisdicción que se pueda caracterizar sólo por el *motivo* de control (inconstitucionalidad). Además, conoce de otras cuestiones de orden constitucional, como las omisiones del Legislador y la resolución de conflictos de rango constitucional entre los órganos del Poder Público.

En otras palabras, lo que se atribuye a la Sala Constitucional no es el control concentrado de la constitucionalidad *de todos los actos estatales,* sino sólo de *determinados y específicos actos estatales:* los dictados por los órganos que ejercen el Poder Público denominados leyes o que tengan rango legal o los dictados en ejecución directa e inmediata de la Constitución. Además, y por vía extraordinaria, se le atribuye a la sala Constitucional la revisión de las sentencias dictadas en materia constitucional (amparo, por ejemplo). Como Sala del Tribunal Supremo de Justicia, al igual que todas las otras Salas que lo componen, la Sala Constitucional tiene la misión de garantizar la supremacía y efectividad de las normas y principios constitucionales, y como todas las otras Salas, puede considerarse el máximo y último intérprete de la Constitución, con el deber de velar por su uniforme interpretación y aplicación (art. 335, primer aparte).

Esto corrobora que conforme al sistema venezolano, al corresponder la justicia constitucional a todos los Tribunales de la República, todos tienen la potestad de interpretar la Constitución. Lo único que diferencia la interpretación constitucional que haga la Sala Constitucional del Tribunal Supremo de la que hagan las otras Salas del mismo y los demás Tribunales de la República, particularmente cuando ejerce el control concentrado de la constitucionalidad de las leyes, es que aquella puede ser vinculante y esta no. Ese es el sentido del segundo aparte del artículo 335 de la Constitución al señalar que:

> Las interpretaciones que establezca la Sala Constitucional sobre el contenido o alcance de las normas constitucionales son vinculantes para las otras Salas del Tribunal Supremo y demás tribunales de la República.

Esta norma, además, debe interpretarse en su propio contexto: el carácter vinculante no puede recaer sobre cualquier frase o razonamiento interpretativo que contenga una sentencia de la Sala Constitucional. Al contrario, se requiere de una interpretación expresa de la Sala "sobre el contenido o alcance de las normas constitucionales y principios constitucionales". Es decir, lo vinculante es la "interpretación constitucional" (de alguna norma o principio constitucional) y no cualquier interpretación normativa. Por tanto, no tiene carácter vinculante la interpretación que pueda hacer la Sala Constitucional de alguna ley o de cualquier norma de rango legal o reglamentario.

---

521 *V.*, Allan R. Brewer-Carías, *Judicial Review in Comparative Law, op. cit.*, pp. 190 y ss.

Ahora bien, nuestro interés en las presentes notas, es identificar los distintos procesos y procedimientos constitucionales cuyo conocimiento se atribuye a la Sala Constitucional como Jurisdicción Constitucional, con particular énfasis en la precisión de las reglas relativas a la legitimación activa y pasiva que se requiere para actuar en los mismos, que es lo que permite identificar y distinguir si se está en presencia de un proceso constitucional donde siempre existe una litis o contradictorio, de los procedimientos constitucionales en los cuales no existe tal contradictorio. Distinguiremos así, a través del análisis de las diversas acciones, recursos o solicitudes que se pueden formular ante la Sala Constitucional para el control de la constitucionalidad, lo que son los procesos constitucionales, propia y procesalmente hablando, en los cuales tiene que establecerse una litis o contradictorio entre un demandante y unos demandados que deben ser citados; de lo que son procedimientos constitucionales, en los cuales no se plantea tal contradictorio. La Ley Orgánica del Tribunal Supremo de 2004, sólo he regulado expresamente las normas procesales del proceso constitucional en el caso de la acción popular de inconstitucionalidad de las leyes, pero no respecto de otros procesos constitucionales, respecto de los cuales las reglas procesales deben construirse conforme a la doctrina jurisprudencial de la propia Sala Constitucional.

## I. LOS PROCESOS CONSTITUCIONALES ANTE LA JURISDICCIÓN CONSTITUCIONAL

### 1. *El proceso constitucional de control de la constitucionalidad de las leyes iniciado mediante la acción popular de inconstitucionalidad*

El primer proceso constitucional que se desarrolla ante la Jurisdicción Constitucional, y que ha sido históricamente el que ha caracterizado al sistema venezolano, es el que tiene por objeto que la Sala Constitucional juzgue con poderes anulatorios y a instancia de cualquier persona mediante acción popular[522], la constitucionalidad de las leyes y demás actos estatales de igual rango o valor que las leyes.

En efecto, de acuerdo con el artículo 334 de la Constitución, y conforme a una tradición que se remonta a 1858[523], corresponde a la Sala Constitucional conocer de los procesos de inconstitucionalidad de las leyes y demás actos de valor o rango de ley, al disponer que le "corresponde exclusivamente… como jurisdicción constitucional, declarar la nulidad de las leyes y demás actos de los órganos que ejercen el Poder Público dictados en ejecución directa e inmediata de la Constitución o que tengan rango de ley".

Conforme al artículo 336 de la Constitución, la Sala Constitucional del Tribunal Supremo, como Jurisdicción Constitucional tiene las siguientes atribuciones de control concentrado de la constitucionalidad de determinados actos estatales, con poderes anulatorios:

---

522 *V.*, Allan R. Brewer-Carías, *La Justicia Constitucional,* T. VI, *Instituciones Políticas y Constitucionales, op. cit*, pp. 137 y ss.

523 *Ídem,* pp. 131 y ss.

1. Declarar la nulidad total o parcial de las *leyes nacionales* y demás actos con *rango de ley* de la Asamblea Nacional que colidan con esta Constitución.

2. Declarar la nulidad total o parcial de las *Constituciones* y *leyes estadales*, de las *ordenanzas municipales* y demás actos de los cuerpos deliberantes de los Estados y Municipios dictados en *ejecución directa e inmediata* de la Constitución y que colidan con ésta.

3. Declarar la nulidad total o parcial de los *actos con rango de ley* dictados por el Ejecutivo Nacional que colidan con esta Constitución.

4. Declarar la nulidad total o parcial de los *actos en ejecución directa e inmediata* de la Constitución, dictados por cualquier otro órgano estatal en ejercicio del Poder Público.

El artículo 5°, párrafo 1°, de la Ley Orgánica del Tribunal Supremo de Justicia de 2004 ha precisado estas atribuciones de la Sala Constitucional, al atribuirle poderes para:

6. Declarar la nulidad total o parcial de las leyes nacionales y demás actos con rango de ley de la Asamblea Nacional, que colidan con la Constitución de la República Bolivariana de Venezuela, mediante el ejercicio del control concentrado de la constitucionalidad. La sentencia que declare la nulidad total o parcial deberá publicarse en la *Gaceta Oficial de la República Bolivariana de Venezuela*, determinando expresamente sus efectos en el tiempo;

7. Declarar la nulidad total o parcial de las Constituciones y leyes estadales, de las ordenanzas municipales y demás actos de los cuerpos deliberantes de los Estados, Municipios y del Distrito Capital, dictados en ejecución directa e inmediata de la Constitución y que colidan con ella, mediante el ejercicio del control concentrado de la constitucionalidad. La sentencia que declare la nulidad total o parcial deberá publicarse en la *Gaceta Oficial de la República Bolivariana de Venezuela* y en la *Gaceta Oficial Estadal o Municipal* que corresponda, determinando expresamente sus efectos en el tiempo;

8. Declarar la nulidad total o parcial de los actos con rango de ley dictados por el Ejecutivo Nacional, que colidan con la Constitución de la República Bolivariana de Venezuela, mediante el ejercicio del control concentrado de la constitucionalidad. La sentencia que declare la nulidad total o parcial deberá publicarse en la *Gaceta Oficial de la República Bolivariana de Venezuela*;

9. Declarar la nulidad total o parcial de los actos dictados por cualquier órgano en ejercicio del Poder Público, en ejecución directa e inmediata de la Constitución de la República Bolivariana de Venezuela, cuando colidan con ésta y que no sean reputables como actos de rango legal.

En relación con este "control concentrado de la constitucionalidad" de las leyes y demás actos estatales de rango legal o dictados en ejecución directa e inmediata de la Constitución, que con poderes anulatorios ejerce la Sala Constitucional como Jurisdicción Constitucional; el artículo 5, párrafo 3° de la Ley Orgánica del Tribunal Supremo de Justicia de 2004 dispone que:

> Sólo corresponderá a la Sala Constitucional en los términos previstos en esta Ley, la cual no podrá conocerlo incidentalmente en otras causas, sino únicamente cuando medie *un recurso popular de inconstitucionalidad*, en cuyo caso no privará el principio dispositivo, pudiendo la Sala suplir, de oficio, las deficiencias o técnicas del recurrente sobre las disposiciones expresamente denunciadas por éste, por tratarse de un asunto de orden público. Los efectos de dicha sentencia serán de aplicación general, y se publicará en la *Gaceta Oficial de la República Bolivariana de Venezuela*, y en la *Gaceta Oficial del Estado o Municipio* según corresponda.

Sin embargo, como se analizará más adelante, al contrario de lo dispuesto en esta norma, la Sala Constitucional ha creado un incidente de constitucionalidad para conocer, aún de oficio, del control concentrado de la nulidad de las leyes.

Ahora bien, lo más importante que debe destacarse comparativamente del sistema venezolano de control concentrado de la constitucionalidad de las leyes, es que la legitimación activa para intentar las acciones que originan el proceso constitucional corresponde a cualquier persona, configurándose la acción como una *actio popularis.* Por ello, el artículo 21, párrafo 9° de la Ley Orgánica de 2004 ha establecido que la legitimación activa para ejercer la acción de inconstitucionalidad, corresponde a:

> Toda persona natural o jurídica, que sea afectada en sus derechos o intereses por una ley, reglamento, ordenanza... emanado de alguno de los órganos del Poder Público Nacional, Estadal o Municipal.

Conforme a esta norma, por tanto, todo habitante de la República con capacidad jurídica puede intentar la acción de inconstitucionalidad contra las leyes, sin distingo alguno, sean emanadas de la Asamblea Nacional, de los Consejos Legislativos de los Estados de la federación o de los Concejos Municipales (Ordenanzas). Por tanto, a nivel nacional, la acción popular procede incluso contra las leyes aprobatorias de tratados[524]. La Ley Orgánica acoge, por tanto, la doctrina de la acción popular en cuanto a que legitima para intentar el recurso no sólo a los ciudadanos sino a "toda persona natural o jurídica"[525].

Ahora bien en cuanto a la popularidad de la acción debe clarificarse el sentido de la regulación de la Ley Orgánica, cuando exige que el acto impugnado en alguna forma afecte los "derechos o intereses" del recurrente[526]. Esta precisión del artículo 21, párrafo 9° de la Ley Orgánica (equivalente al artículo 112 de la derogada Ley Orgánica de la Corte Suprema de Justicia de 1976) podría considerarse, en cierta forma, como una reducción de la popularidad de la acción a límites razonables: exige la lesión de los derechos o intereses del recurrente, pero puede, por supuesto tra-

---

524 *V.*, Allan R. Brewer-Carías, "El control de la constitucionalidad de las leyes aprobatorias de Tratados Internacionales y la cuestión constitucional de la integración latinoamericana", *Revista de Derecho Público,* N° 44, Editorial Jurídica Venezolana, Caracas, 1990, pp. 225 a 229.

525 *V.*, Allan R. Brewer-Carías, *La Justicia Constitucional*, T. VI, *Instituciones Políticas y Constitucionales, op. cit.*, pp. 144 y ss.

526 *Cfr.* Allan R. Brewer-Carías, *Las garantías constitucionales de los derechos del hombre,* Editorial Jurídica Venezolana, Caracas, 1976, p. 53.

tarse de un simple interés, aun cuando específico. Por ejemplo, si se tratase de una ley de un Estado, se podría exigir ser residente de dicho Estado o tener bienes o intereses en el mismo, de manera que la ley impugnada pueda lesionar los intereses del recurrente, y éste pueda tener un simple interés en la constitucionalidad de la ley. Si por ejemplo, se trata de la impugnación de una Ordenanza Municipal se podría exigir, al menos, que el recurrente fuera residente del Municipio respectivo o, por ejemplo, tuviera bienes en él, de manera que sus derechos o su simple interés pudieran ser lesionados. En estos casos, por supuesto, no se perdería el carácter popular de la acción.

Si se tratase de una ley nacional en cambio, en principio, cualquier habitante del país con capacidad jurídica podría impugnar la ley pues su interés simple en la constitucionalidad estaría lesionado por la ley inconstitucional. Sin embargo, aún en estos casos, algunas precisiones a la legitimación activa podrían surgir: si se tratase, por ejemplo, de la impugnación de una ley que estableciera una discriminación respecto a las mujeres, violatoria de la Constitución por discriminatoria, la acción, en principio, no podría ser intentada sino por una mujer[527]. La Ley Orgánica, sin quitarle la popularidad de la acción, puede considerarse que la precisa al grado de que exista una lesión potencial al interés del recurrente, por su residencia, por su condición o por la situación de sus bienes.

En este sentido, la antigua Corte Suprema de Justicia en Corte Plena, con motivo de la impugnación por vía de acción popular del Código Orgánico Tributario, había apreciado la legitimación del accionante en su condición de contribuyente así:

> Tal como se alega en la demanda, la accionante –persona jurídica constituida– aparece con el interés legítimo que exige el artículo 112 de la Ley de la Corte para demandar la nulidad de disposiciones del Código Orgánico Tributario que es un acto legislativo de efectos generales, por cuanto es contribuyente de impuesto sobre la renta que solicitó reintegro, y por eso le conciernen las normas del Código Orgánico Tributario, en especial las que son objeto de la nulidad demandada en este caso"[528].

En todo caso, las dudas acerca de la extensión de la restricción a la popularidad de la acción[529] fueron dilucidadas por la antigua Corte Suprema de Justicia, la cual había considerado que la exigencia del artículo 112 de la derogada Ley Orgánica (que se recoge en la Ley de 2004) en el sentido de que la ley impugnada afecte los derechos e intereses del accionante, no significa que la acción popular se hubiera eliminado, ni que se hubiese establecido una especial exigencia de legitimación activa para solicitar de la Corte Suprema el ejercicio del control de la constitucionalidad. El objetivo de la acción popular, dijo la Corte, es la "defensa objetiva de la ma-

---

527 *V.*, en contrario, la sentencia de la Corte Suprema de Justicia en Sala Plena de anulación del art. 970 del Código de Comercio, en *Jurisprudencia de Ramírez y Garay*, 1er. semestre, 1964, p. 599, *cit.*, por Humberto J. La Roche, *El control jurisdiccional de la constitucionalidad en Venezuela y Estados Unidos*, Maracaibo, 1972, p. 100.

528 *V.*, la sentencia de 15-10-85 en *Revista de Derecho Público*, N° 25, Editorial Jurídica Venezolana, Caracas, 1986, p. 110.

529 *V.*, L. H. Farías Mata, "¿Eliminada la Acción Popular del Derecho Positivo Venezolano?", en *Revista de Derecho Público*, N° 11, Editorial Jurídica Venezolana, Caracas, 1982, pp. 5-18.

jestad de la Constitución y de su supremacía", y si es cierto que la Ley Orgánica de la Corte Suprema requiere que el accionante sea afectado "en sus derechos e intereses", esta expresión debe interpretarse en forma "rigurosamente restrictiva"[530]. Con base en ello, la antigua Corte Suprema de Justicia, llegó a la conclusión de que:

> Cuando una persona ejerce el recurso de inconstitucionalidad en los términos del artículo 112 de su ley, *debe presumirse*, al menos relativamente, que el acto recurrido en alguna forma afecta los derechos o intereses del recurrente en su condición de ciudadano venezolano, salvo que del contexto del recurso aparezca manifiestamente lo contrario, o que el mismo fuere declarado inadmisible conforme al artículo 115 de la ley de la Corte[531].

Más recientemente, la Sala Constitucional del Tribunal Supremo de Justicia en sentencia Nº 1077 de 22-08-01, ha puntualizado sobre la legitimación activa en la acción popular, lo siguiente:

> Por otra parte, existe en nuestro ordenamiento la acción popular de inconstitucionalidad, donde cualquier persona capaz procesalmente tiene interés procesal y jurídico para proponerla, sin necesidad de un hecho histórico concreto que lesione la esfera jurídica privada del accionante.
>
> Es el actor un tutor de la constitucionalidad y esa tutela le da el interés para actuar, haya sufrido o no un daño proveniente de la inconstitucionalidad de una ley. Este tipo de acciones populares es excepcional[532].

El artículo 21, párrafo 9º de la Ley Orgánica dispone, además, que el Fiscal General de la República y demás funcionarios a quienes las leyes les atribuyen tal facultad, pueden también "solicitar la nulidad del acto, cuando éste afecte un interés general". En el caso del Defensor del Pueblo, conforme al artículo 281,3 de la Constitución, tiene competencia para interponer acciones de inconstitucionalidad.

Ahora bien, la Ley Orgánica de 2004 estableció en materia de control de la constitucionalidad de las leyes, una innovación sustancial consistente en establecer un verdadero proceso, al disponer que la acción popular constituya una "demanda" y prescribir la necesidad de "citar" a quienes se considera como demandados.

En cuanto a la demanda, el artículo 21, párrafo 10º dispone que en la misma se debe indicar con toda precisión la ley o acto impugnado, las disposiciones constitucionales o legales cuya violación se denuncie y las razones de hecho y de derecho en que se funde la acción. Si la nulidad se concreta a determinados artículos, a ellos se debe hacer mención expresa en la solicitud, indicándose respecto de cada uno la motivación pertinente.

---

530 Sentencia de la Corte en Pleno de 30-06-82, en *Revista de Derecho Público*, Nº 11, Editorial Jurídica Venezolana, Caracas, 1982, p. 138.

531 *Ídem.* De acuerdo a este criterio, por tanto, como lo ha dicho la Corte Suprema en Sala Plena, la acción popular en definitiva "puede ser ejercida por cualquier ciudadano plenamente capaz". Sentencia de 19-11-85, en *Revista de Derecho Público*, Nº 25, Editorial Jurídica Venezolana, Caracas, 1986, p. 131.

532 Caso: *Servio Tulio León Briceño,* Sentencia Nº 1077 de la Sala Constitucional de 22-09-00. *V.*, en *Revista de Derecho Público,* Nº 83, Editorial Jurídica Venezolana, Caracas, 2000, pp. 247 y ss.

A la demanda se debe acompañar un ejemplar o copia del acto impugnado, el instrumento que acredite el carácter con que actúe el demandante, si no lo hace en nombre propio, y cualesquiera otros documentos que considere necesarios para hacer valer sus derechos.

El Juzgado de Sustanciación de la Sala Constitucional (Art. 19, párrafo 5° LOTSJ), tal como lo dispone el en el artículo 21, párrafo 12° de la Ley Orgánica, en el auto de admisión debe ordenar "la citación del representante del organismo o del funcionario que haya dictado el acto"; y debe ordenar "la citación de los interesados, por medio de carteles que se publicarán en un diario de circulación nacional, para que se den por citados, en un lapso de 10 días hábiles siguientes: contados a partir de la publicación del cartel o de la notificación del último de los interesados". El recurrente está obligado a consignar un ejemplar del periódico donde fue publicado el cartel, dentro de los 3 días siguientes a su publicación, de manera que el incumplimiento de esta obligación se entiende que desiste del recurso, y se debe ordenar el archivo del expediente.

En el auto de admisión de la demanda también debe citarse al Fiscal General de la República, si éste no hubiere iniciado el juicio, quien debe consignar un informe hasta el vencimiento del plazo para presentar los informes; y al Procurador General de la República en el caso de que la intervención de éste en el procedimiento fuere requerida por estar en juego los intereses patrimoniales de la República.

Durante el lapso de comparecencia de los interesados para hacerse parte en el juicio, también alegando un simple interés en la constitucionalidad, es decir, con el mismo carácter popular de la acción, pueden comparecer interesados dándose por citados con el carácter de coadyuvantes del demandante o como demandados, defensores de la constitucionalidad de la ley. Es decir, en el proceso constitucional de la constitucionalidad de las leyes, una vez intentada y admitida una acción popular, cualquier persona que pueda ser lesionada en sus derechos e intereses puede coadyuvar en la impugnación o en la defensa del acto recurrido, siempre que reúna las mismas condiciones del demandante[533].

### 2. *El proceso constitucional de control de la constitucionalidad de las leyes como incidente con motivo del control difuso de constitucionalidad efectuado por otras Salas del Tribunal Supremo*

Como se ha dicho, una de las formas específicas para el ejercicio de la justicia constitucional en Venezuela, es la posibilidad que tiene todo juez de la República, incluyendo las otras Salas del Tribunal Supremo, de ser juez de la constitucionalidad de las leyes.

Se trata del método denominado de control difuso de la constitucionalidad de leyes que existe en Venezuela desde el siglo XIX regulado además de en el artículo 334 de la Constitución, antes citado, en el artículo 20 del Código de Procedimiento Civil, que establece que:

533 Tal como lo precisaba la derogada Ley Orgánica de la Corte Suprema de Justicia de 1976 en su artículo 137: "Sólo podrán hacerse parte en los procedimientos a que se refieren las secciones Segunda y Tercera de este Capítulo, las personas que reúnan las mismas condiciones exigidas para el accionante o recurrente". Esta norma desapareció en la vigente Ley Orgánica del Tribunal Supremo de Justicia de 2004.

> *Artículo 20*: Cuando la ley vigente, cuya aplicación se pida, colidiere con alguna disposición constitucional, los jueces aplicarán ésta con preferencia.

El principio del control difuso también se recogió en el artículo 19 del Código Orgánico Procesal Penal, con este texto:

> *Artículo 19: Control de la Constitucionalidad*. Corresponde a los jueces velar por la incolumidad de la Constitución de la República. Cuando la ley cuya aplicación se pida colidiere con ella, los tribunales deberán atenerse a la norma constitucional.

Ahora bien, con motivo del ejercicio del control difuso de la constitucionalidad de las leyes, particularmente por las otras Salas del Tribunal Supremo de Justicia, la Sala Constitucional ha venido desarrollando un mecanismo de control abstracto, vía incidente, de constitucionalidad de las leyes, desarrollando incluso poderes de control de oficio de la constitucionalidad.

Es decir, partiendo del control difuso, la Sala Constitucional ha desarrollado otro mecanismo de control concentrado de la constitucionalidad, al declarar la nulidad con efectos generales de disposiciones legales por vía de lo que ha llamado incidente de constitucionalidad.

En efecto, mediante sentencia N° 1225 de 19 de octubre de 2000, la Sala Constitucional trató el tema referente a la derogación tácita de leyes preconstitucionales por la entrada en vigencia de la Constitución, respecto de lo cual señaló que correspondiéndole "declarar la derogatoria con efectos *erga omnes* y *pro futuro* de una norma de rango legal vía la cláusula derogatoria única constitucional, en virtud del monopolio que en materia de protección constitucional le asigna la Constitución", tal poder podría "desplegarlo la Sala aun de oficio en los casos que le toque resolver, o a través de un recurso directo de inconstitucionalidad"... Sin embargo, al constatar la Sala la posibilidad de que mediante el ejercicio del control difuso de la constitucionalidad de las leyes previsto en el artículo 334 de la Constitución, otras Salas del Tribunal Supremo o cualquier tribunal de la República pudieran desaplicarlas "respecto al caso concreto, sin tener que emitir pronunciamiento alguno sobre su derogación, pero sí sobre su incongruencia material con alguna norma constitucional"; precisó que:

> En atención a la incidencia en el ordenamiento jurídico de tal cuestión, el Tribunal o Sala desaplicante deberán remitir a esta Sala Constitucional copia de la decisión, a la cual anexarán copia de los autos, con el fin de someterlo a la revisión correspondiente, todo en obsequio de la seguridad jurídica y de la coherencia que debe caracterizar al ordenamiento jurídico en su conjunto[534].

Esta doctrina jurisprudencial, particularmente en relación con las otras Salas del Tribunal Supremo ha sido ahora regulada expresamente en la Ley Orgánica del Tribunal Supremo, al imponerse la obligación a sus Salas de informar a la Sala Constitucional sobre las decisiones que adopten en materia de control difuso, a los efectos de que esta resuelva en abstracto sobre la inconstitucionalidad de la ley respectiva.

534 *V.*, en *Revista de Derecho Público*, N° 84, Editorial Jurídica Venezolana, Caracas 2000, pp. 259-260.

En efecto, en el artículo 5°, párrafo 1°, 22 de la Ley Orgánica se atribuyó a la Sala Constitucional competencia para efectuar el "examen abstracto y general sobre la constitucionalidad de una norma previamente desaplicada mediante control difuso de la constitucionalidad por una Sala del Tribunal Supremo de Justicia, absteniéndose de conocer sobre el mérito y fundamento de la sentencia pasada con fuerza de cosa juzgada"; a cuyo efecto, en el artículo 5°, párrafo 5°, se dispuso que:

> De conformidad con el numeral 22 de este artículo, cuando cualquiera de las Salas del Tribunal Supremo de Justicia haga uso del control difuso de la constitucionalidad, únicamente para un caso concreto, deberá informar a la Sala Constitucional sobre los fundamentos y alcances de la desaplicación adoptada para que ésta proceda a efectuar un examen abstracto sobre la constitucionalidad de la norma en cuestión, absteniéndose de revisar el mérito y alcance de la sentencia dictada por la otra Sala, la cual seguirá conservando fuerza de cosa juzgada. En caso que el examen abstracto de la norma comporte la declaratoria total o parcial de su nulidad por inconstitucional, la sentencia de la Sala Constitucional deberá publicarse en la *Gaceta Oficial de la República Bolivariana de Venezuela* y en la *Gaceta Oficial del Estado o Municipio*, de ser el caso.

Por supuesto, en este caso, la Sala Constitucional estaría obligada a iniciar el proceso constitucional de inconstitucionalidad de las leyes, abriendo el contradictorio y citando, mediante cartel, a todos los que puedan tener interés en ello, aplicando analógicamente el procedimiento del proceso constitucionalidad de inconstitucionalidad de las leyes regulado para cuando se inicia mediante acción popular.

### 3. *El proceso constitucional de control preventivo de la constitucionalidad de los tratados*

En el artículo 336, ordinal 5° de la Constitución de 1999 se estableció una innovación en materia de control de constitucionalidad, al regularse la competencia de la Sala Constitucional, en relación con los *tratados internacionales,* para:

> *5°.* Verificar, a solicitud del Presidente o Presidenta de la República o de la Asamblea Nacional, la conformidad con esta la Constitución de los tratados internacionales suscritos por la República antes de su ratificación.

Se incorporó así al sistema de justicia constitucional venezolano, un proceso de control de constitucionalidad (que se recoge en el artículo 5, párrafo 1°,10 de la Ley Orgánica) que tuvo su origen en los sistemas constitucionales europeos, como el francés y el español, y que existe en Colombia[535], mediante el cual se permite el control de la constitucionalidad de un tratado internacional suscrito por la República, antes de su ratificación y en su caso, antes de su aprobación por ley. Esta atribución de la Sala Constitucional, por supuesto, no elimina la posibilidad de que mediante una acción popular cualquier persona pueda iniciar un proceso constitucional contra la ley aprobatoria de un Tratado.

---

535 *V.*, Allan R. Brewer-Carías, *La Justicia Constitucional*, T. VI, *Instituciones Políticas y Constitucionales, op. cit.*, p. 590.

Lo que se persigue con esta atribución, es que en forma preventiva, es decir, antes de la ratificación del Tratado y en su caso, antes de que se sancione la ley aprobatoria, la Sala Constitucional pueda pronunciarse sobre su constitucionalidad.

Ahora bien, en relación con este proceso constitucional de control preventivo de la constitucionalidad de los tratados, debe destacarse lo siguiente:

En primer lugar, la legitimación activa para la solicitud de control preventivo de constitucionalidad por parte de la Sala Constitucional del Tribunal Supremo, se reserva al Presidente de la República o a la Asamblea Nacional como órgano colegiado. La norma no le atribuya la iniciativa al Presidente de la Asamblea Nacional, por lo que la solicitud debe ser aprobada por decisión mayoritaria de la Asamblea. Esto implica, en todo caso, que conforme a la Constitución, en este caso de control preventivo (antes de la ratificación) de los Tratados, no puede ejercerse una acción popular para que el Tribunal Supremo realice tal verificación constitucional. La acción popular, en cambio, como se dijo, podría intentarse contra las leyes aprobatorias de los tratados, una vez sancionadas y publicadas.

La solicitud que formule el Presidente de la República o la Asamblea Nacional, por supuesto, debe ser motivada, en el sentido de que debe argumentar sobre las dudas de conformidad o inconformidad del tratado con la Constitución. Ello, necesariamente, debe llevar a la sala Constitucional a abrir un contradictorio.

*Segundo*, lo que el Tribunal Supremo en Sala Constitucional debe verificar es "la conformidad con la Constitución de los tratados internacionales suscritos por la República antes de su ratificación". Puede tratarse de cualquier tratado internacional, sea que para su validez se requiera o no de ley aprobatoria; y aún cuando no requiera ley aprobatoria, la Asamblea Nacional podría solicitar este control de constitucionalidad.

*Tercero,* se destaca que la solicitud de control debe formularse antes de la ratificación del Tratado, es decir, después de su suscripción por el Ejecutivo Nacional, pero antes de su ratificación.

Por último, debe señalarse que de acuerdo con la Constitución, esta solicitud de control tiene por objeto verificar la conformidad del Tratado Constitucional con la Constitución; por lo que si el tratado no resulta conforme con la Constitución, entonces no puede ser ratificado. De ello puede resultar, en todo caso, una iniciativa de reforma constitucional para entonces adaptar la Constitución al Tratado. Esto, por lo demás, fue lo que ocurrió en Europa, por ejemplo, en Francia y en España, luego de suscribirse el Tratado de Maastrich de 1992 de la Unión Europea, que fue sometido a control constitucional ante el Consejo Constitucional francés y el Tribunal Constitucional español, los cuales lo consideraron contrario a las respectivas Constituciones, habiéndose entonces producido, en ambos países, la reforma de sus Constituciones, para adaptarlas al Tratado de la Unión Europea y así poder ratificarlo[536].

Es evidente, en todo caso, que si la Sala Constitucional considera en su decisión que el Tratado Internacional es conforme con la Constitución, entonces no podría posteriormente ejercerse contra la ley aprobatoria del Tratado una acción popular de inconstitucionalidad.

536 *V.*, en general Allan R. Brewer-Carías, *Implicaciones constitucionales de los procesos de integración regional,* Editorial Jurídica Venezolana, Caracas, 1998, pp. 75 y ss.

Un mecanismo de control de constitucionalidad de este tipo, en todo caso, es muy importante en procesos de integración económica regional, pues en la práctica llevaría a la ratificación de los Tratados respectivos sólo después de la verificación de su constitucionalidad por el Tribunal Supremo y evitar, así, la impugnación posterior de la ley aprobatoria de los Tratados, como ocurrió en Venezuela en los casos de los Tratados relativos al Acuerdo de Integración de la ahora Comunidad Andina[537].

Ahora bien, dado el interés general envuelto en el ejercicio de esta competencia por la Sala Constitucional, estimamos que en ausencia de un procedimiento específico establecido legalmente para el desarrollo de este proceso, el que se desarrolle ante la Sala Constitucional debe configurarse como tal, de manera de asegurar el desarrollo de un contradictorio, conforme a lo cual toda persona pueda tener el derecho de hacerse parte y argumentar en el mismo, sea a favor de los argumentos de cuestionamiento constitucional del tratado o en defensa del mismo. Por tanto, la Sala Constitucional, en este caso, si bien la legitimación activa se reserva al Presidente de la República y a la Asamblea Nacional, debería aplicar analógicamente el procedimiento previsto en el artículo 21, párrafo 12° de la Ley Orgánica antes comentado, y citar a los interesaos por cartel, para que se hagan parte en el proceso, sea coadyuvando la solicitud del Presidente o de la Asamblea, sea asumiendo la defensa de la constitucionalidad del tratado, abriendo la posibilidad del contradictorio.

### 4. *El proceso constitucional de control preventivo de la constitucionalidad de leyes sancionadas antes de su promulgación*

Otro medio de control preventivo de la constitucionalidad de las leyes es el previsto en el artículo 214 de la Constitución, respecto de las leyes sancionadas por la Asamblea Nacional. El Presidente de la república, al recibir la ley sancionada para su promulgación puede solicitar a la Sala Constitucional, en el lapso que tiene para promulgar las leyes, que esta la revise por cuestiones de constitucionalidad. La legitimación activa para iniciar este proceso se reserva al Presidente de la República[538], por lo que con esta regulación se ratifica el criterio jurisprudencial de la improcedencia de la acción popular contra las leyes sancionadas, antes de su promulgación ejecutiva y su publicación. La solicitud que formule el Presidente de la República para que la Sala Constitucional se pronuncie sobre la inconstitucionalidad de una ley o de algunos de sus artículos, antes de la promulgación de la ley, por supuesto, tiene que estar fundamentada y argumentada en derecho.

Ahora bien, sobre este proceso constitucional, debe destacarse que también es una innovación de la Constitución de 1999, que lo ha regulado desvinculándolo del llamado "veto presidencial" a las leyes, que siempre implica su devolución a la Asamblea Nacional. En efecto, en Venezuela se ha regulado tradicionalmente el veto presidencial a las leyes, ahora regulado en el artículo 214 de la Constitución, de

---

537 Véase la sentencia de la Corte Suprema de Justicia de 10-07-90 y los comentarios en Allan R. Brewer-Carías, "El control de la constitucionalidad de las leyes aprobatorias de Tratados Internacionales y la cuestión constitucional de la integración latinoamericana", *Revista de Derecho Público,* N° 44, Editorial Jurídica Venezolana, Caracas, 1990, pp. 225 a 229.

538 La Sala Constitucional ha considerado que se trata de una legitimación activa exclusiva del Presidente de la República. Véase sentencia N° 194 de 15-02-2001 en *Revista de Derecho Público*, N° 85-88, Editorial Jurídica venezolana, Caracas 2001, pp. 416 y ss.

manera que una vez que una ley se ha sancionado, el Presidente de la Asamblea Nacional debe remitirla al Presidente de la República para su promulgación. El Presidente, dentro del lapso de 10 días que tiene para la promulgación, con acuerdo del Consejo de Ministros, puede solicitar a la Asamblea Nacional, mediante exposición razonada, que modifique alguna de las disposiciones de la ley o levante la sanción a toda ley o parte de ella. En esos casos, la Asamblea debe decidir acerca de los aspectos planteados por el Presidente por mayoría absoluta de los diputados presentes y le remitirá la ley para su promulgación. En este caso, el Presidente debe proceder a promulgar la ley dentro de los 5 días siguientes a su recibo, sin poder formular nuevas observaciones ante la Asamblea. En la Constitución de 1961, sin embargo, se disponía que cuando el veto presidencial se hubiese fundado en la inconstitucionalidad de la ley, entonces, dentro del término que tenía para promulgar la ley luego de su devolución al Congreso, el Presidente podía acudir a la Corte Suprema de Justicia, solicitando su decisión acerca de la inconstitucionalidad de la misma. Este sistema de control preventivo de constitucionalidad estaba ligado al veto presidencial y debía pasar primero por la devolución de la ley al Congreso, con base en argumentos de inconstitucionalidad (art. 173).

En la Constitución de 1999, sin embargo, como se dijo, este sistema se cambió radicalmente, y el artículo 214, si bien regula el veto presidencial, luego, en párrafo aparte, establece que:

> Cuando el Presidente o Presidenta de la República considere que la ley o alguno de sus artículos son inconstitucional solicitarán el pronunciamiento de la Sala Constitucional del Tribunal Supremo de Justicia, en el lapso de diez días que tiene para promulgar la misma. El Tribunal Supremo de Justicia decidirá en el término de quince días contados desde el recibo de la comunicación del Presidente o Presidenta de la República. Si el Tribunal negare la inconstitucionalidad invocada o no decidiere en el lapso anterior, el Presidente o Presidenta de la República promulgará la ley dentro de los cinco días siguientes a la decisión del Tribunal o al vencimiento de dicho lapso.

Conforme a esta norma, la posibilidad de que el Presidente de la República someta al pronunciamiento del Tribunal Supremo de Justicia la inconstitucionalidad de una ley sancionada que se le haya enviado para su promulgación, no está por tanto ligada al veto presidencial a la ley y su devolución a la Asamblea, sino que en el lapso de 10 días que tiene para su promulgación, puede dirigirse directamente al Tribunal Supremo, sin necesidad de devolverla previamente a la Asamblea Nacional.

Ahora bien, dado el interés general envuelto en la publicación de las leyes sancionadas por la Asamblea Nacional, si bien la Constitución exige que la Sala Constitucional resuelva la solicitud presidencial en un breve lapso 15 días contados desde el recibo de la comunicación del Presidente; ello no debe impedir que en el proceso constitucional que debe abrirse, cualquier persona, inclusive los diputados que votaron la ley, se puedan hacer parte en el proceso, sea como coadyuvantes de las objeciones de inconstitucionalidad formuladas por el Presidente de la República, sea como defensores de la constitucionalidad de la ley sancionada, con base en su simple interés en la constitucionalidad y dada la tradición de la popularidad del control de constitucionalidad de las leyes. A tal efecto, al recibir la solicitud del Presidente de la república, la Sala Constitucionalidad debe hacer pública la solicitud a los efectos de garantizar el contradictorio del proceso, emplazando y citando a los interesados para que se puedan hacer parte.

### 5. *El proceso constitucional de control de la inconstitucionalidad de la omisión del Legislador y de los otros órganos del Poder Público*

Otro proceso constitucional novedoso en materia de justicia constitucional que establece la Constitución de 1999, es el denominado control de la constitucionalidad de las omisiones de actuación de los órganos legislativos[539]. En tal sentido, el artículo 336 de la Constitución atribuyó a la Sala Constitucional, competencia para:

> 7. Declarar la inconstitucionalidad de las omisiones del poder legislativo municipal, estadal o nacional, cuando hayan dejado de dictar las normas o medidas indispensables para garantizar el cumplimiento de la Constitución, o las hayan dictado en forma incompleta, y establecer el plazo y, de ser necesario, los lineamientos de su corrección.

La Ley Orgánica del Tribunal Supremo de Justicia ha reiterado esta competencia de la Sala Constitucional, en el artículo 5, párrafo 1°, asignándole potestad para:

> 13. Declarar la inconstitucionalidad de las omisiones del Poder Legislativo Municipal, Estadal o Nacional cuando haya dejado de dictar las normas o medidas indispensables para garantizar el cumplimiento de la Constitución de la República Bolivariana de Venezuela, o las haya dictado en forma incompleta, y establecer el plazo y, de ser necesario, los lineamientos generales esenciales para su corrección, sin que ello implique usurpación de funciones de otro órgano del Poder Público, o extralimitación de atribuciones;

La Ley Orgánica agregó, además, en el mismo artículo, la competencia general de la Sala Constitucional para:

> 13. Declarar la inconstitucionalidad de las omisiones de cualquiera de los órganos que ejerzan el Poder Público de rango nacional, respecto a obligaciones o deberes establecidos directamente por la Constitución de la República Bolivariana de Venezuela.

Estas normas, sin duda, consagran una amplísima potestad de control de las conductas omisivas del legislador atribuida a la Sala Constitucional y que supera el inicial antecedente portugués. En efecto, en el supuesto de la Constitución Portuguesa, la legitimación para requerir el ejercicio de esta potestad de control de constitucionalidad la tenían el Presidente de la República, el Ombudsman o los Presidentes de las Regiones Autónomas[540]; en cambio, en el texto de la Constitución de 1999 no se establece condicionamiento alguno a la legitimación, por lo que tratándose de omisiones normativas[541], el mecanismo para impulsar su control puede recibir el mismo tratamiento de una *acción popular*, es decir, bastaría el simple interés en la constitucionalidad para intentar la acción.

---

539 Es una institución que tiene su origen en el sistema portugués, *v.* Allan R. Brewer-Carías, *Judicial Review in Comparative Law, op. cit.*, p. 269.

540 *V.*, Allan R. Brewer-Carías, *Judicial Review in Comparative Law, op. cit.*, p. 269.

541 O como lo ha calificado la Sala Constitucional: "Silencio legislativo y el funcionamiento anormal legislativo". *V.*, Sentencia N° 1819 de 08-08-2000, Caso: *René Molina vs. Comisión Legislativa Nacional*, en *Revista de Derecho Público,* N° 83, Editorial Jurídica Venezolana, Caracas 2000, p. 266.

Aún cuando la Ley Orgánica no reguló procedimiento alguno en este caso, la naturaleza popular de la acción, debería conducir a un proceso contradictorio, en el sentido de que la Sala debería citar al titular del órgano omiso, y además, mediante cartel, a todas las personas interesadas a los efectos de que puedan hacerse parte en el proceso, aplicando analógicamente el procedimiento para los casos de control de la constitucionalidad iniciados mediante la acción popular.

### 6. *El proceso constitucional de las controversias constitucionales entre los órganos del Poder Público*

El Tribunal Supremo, en Sala Constitucional, también tiene competencia, conforme al artículo 336 de la Constitución, para:

> 9. Dirimir las controversias constitucionales que se susciten entre cualesquiera de los órganos del Poder Público.

Sobre esta competencia (que recoge el artículo 5°, párrafo 1°,15 de la Ley Orgánica), la "Exposición de Motivos" de la Constitución precisó lo siguiente:

> La Constitución establece como competencia de la Sala Constitucional resolver las controversias constitucionales que se susciten entre cualesquiera de los órganos que ejercen el Poder Público. Al respecto, destacan dos elementos esenciales: en primer lugar, que se trata de controversias entre cualesquiera de los órganos que la Constitución prevé en la distribución horizontal o vertical del Poder Publico y, en segundo lugar, que deben tratarse de controversias constitucionales, es decir, de aquellas cuya decisión depende del examen, interpretación y aplicación de normas constitucionales, tales como las que se refieren al reparto competencial entre los diferentes órganos del Estado, especialmente, las que distribuyen el poder en los niveles nacional, estadal y municipal.
>
> De esta forma, todas aquellas controversias constitucionales entre la República y alguno de los Estados o Municipios, es decir, entre el poder central y el descentralizado territorialmente, serán resueltas por la Sala Constitucional dentro del procedimiento que se establecerá en la ley orgánica respectiva. En todo caso, esta atribución tiene por objeto que la Sala Constitucional como garante y máximo defensor de los principios consagrados en el Texto Fundamental ajuste la actuación de los órganos que ejercen el Poder Público, al cauce constitucional.

De lo anterior resulta que esta competencia de la Sala Constitucional, como Jurisdicción Constitucional, tiene por objeto resolver los conflictos constitucionales que se planteen entre los órganos que ejercen el Poder Público, tanto en su distribución vertical (República, Estados y Municipios), como en su división horizontal a nivel nacional (Poder Legislativo, Poder Ejecutivo, Poder Judicial, Poder Ciudadano, Poder Electoral) y a nivel estadal y municipal (Poder Legislativo y Poder Ejecutivo).

Es decir, se trata de la resolución de controversias sobre atribuciones *constitucionales* entre los órganos que ejercen del Poder Público; que son distintas a las controversias administrativas que se puedan suscitar entre la República, los Estados, Municipios u otro ente público, las que compete ser resueltas por la Sala Político-Administrativa del Tribunal Supremo de Justicia (art. 266,4), como Jurisdicción Contencioso-Administrativa.

Esto exige distinguir, por supuesto, las controversias constitucionales de las controversias administrativas; tal y como lo ha precisado el Tribunal Supremo de Justicia, al señalar que para identificar la controversia constitucional, es necesario

> Que los sujetos entre los cuales se presente la misma, sean aquellos que tienen asignada, en forma expresa, atribuciones para tales actuaciones o normas en el propio texto constitucional, esto es, instituciones supremas del Estado, cuya regulación orgánica se contiene en el propio texto constitucional, a diferencia de otras, en las que la configuración institucional concreta se defiere al legislador ordinario;

y en sentido contrario:

> No estaremos en presencia de la controversia constitucional a que se refiere la norma bajo examen, cuando las partes en la misma no poseen el carácter de órganos el Poder Público, con atribuciones consagradas en el texto Constitucional, lo cual excluye no sólo a particulares, sino también a funcionarios vicarios o quienes no posean el carácter de órganos, aun cuando por virtud de norma expresa tengan atribuidas funciones públicas o sean autoridad pública[542].

En todo caso, la legitimación activa para intentar un recurso a los efectos de dirimir controversias constitucionales, corresponde a los órganos del Poder Público que sean parte en la controversia. Como fue precisado en un Voto Salvado a la sentencia N° 7 de la Sala Constitucional de 01-02-2000:

> La legitimación para interponer esta solicitud está restringida a los titulares de los órganos susceptibles de entrar en conflicto; y en ningún caso ha sido concebida esta vía en la jurisdicción constitucional para dirimir controversias intersubjetivas entre particulares, ni entre éstos y los órganos públicos, para los cuales el ordenamiento jurídico ha establecido distintas vías judiciales, dentro de las que se encuentra la acción de amparo[543].

Sin embargo, en este caso de las controversias constitucionales entre órganos del Poder Público, si bien la ley Orgánica no ha establecido un procedimiento específico, sin duda que se trata de una litis, en la cual hay un órgano estatal demandante y un órgano estatal demandado. En tal sentido, en la Ley Orgánica se ha regulado el procedimiento para la resolución de controversias administrativas, que bien podría ser aplicado por analogía en estos casos. Dicho procedimiento, en efecto, exige que la controversia se inicie mediante demanda escrita que debe interponer la entidad interesada, donde debe exponer en forma clara y detallada el asunto de que se trate, e indicar la otra entidad contra quien obra la acción. (Art. 21, párrafo 23°). Admitida la demanda, el Juzgado de Sustanciación debe emplazar a la entidad demandada para que comparezca ante el Tribunal Supremo de Justicia, en un plazo de 20 días hábiles, más el término de la distancia, en caso de que sea procedente, para que con-

542 Sentencia de la Sala Político Administrativa N° 1819 de 08-08-2000, caso: *René Molina vs. Comisión Legislativa Nacional,* en *Revista de Derecho Público,* N° 83, Editorial Jurídica Venezolana, Caracas 2000, p. 266.

543 Voto Salvado del Magistrado Héctor Peña Torrelles, Caso: *José Amando Mejía y otros.* en *Revista de Derecho Público,* N° 81, Editorial Jurídica Venezolana, Caracas 2000.

signen el fundamento de sus pretensiones, en relación con la materia litigiosa y las razones de hecho y de derecho en que se funde (Art. 25, párrafo 25). Incluso, en estos casos, la Ley Orgánica prevé que vencido el plazo para el cual fue emplazado la entidad demandada y no compareciere, de oficio se le designará un defensor para que lo represente en el proceso, al cual se le notificará, a fin de que comparezca, dentro de los 5 días hábiles siguientes para la aceptación y juramentación. Las funciones del defensor cesan al hacerse parte en el juicio el representante del ente, quien en tal caso debe continuar en el estado en que se encuentre el juicio;(Art. 21, párrafo 27).

### 7. *El proceso constitucional de la interpretación constitucional*

Debe mencionarse, además, entre las competencias de la Sala Constitucional como Jurisdicción Constitucional, la atribución que tiene para conocer de recursos abstractos de interpretación de la Constitución, los cuales han sido creados por la propia Sala Constitucional, mediante la interpretación que le ha dado al artículo 335 de la Constitución, que atribuye al Tribunal Supremo el carácter de ser "máximo y último intérprete de la Constitución".

En efecto, con anterioridad a la entrada en vigencia de la Constitución de 1999, el artículo 42,24 de la derogada Ley Orgánica de la Corte Suprema de Justicia sólo atribuía competencia a la Sala Político Administrativa de la Corte Suprema para interpretar los "textos legales, en los casos previstos en la Ley". En esa misma tradición, la Constitución de 1999 estableció como competencia del Tribunal Supremo de Justicia, el "conocer de los recursos de interpretación sobre el contenido y alcance de los textos legales", pero "en los términos contemplados en la ley" (artículo 266,6), atribución que debe ser ejercida "por las diversas Salas conforme a lo previsto en esta Constitución y en la ley" (único aparte, artículo 266). Por ello, el artículo 5, párrafo 1°, de la Ley Orgánica de 2004, atribuye a todas las Salas del Tribunal Supremo, competencia para:

> 52. Conocer del recurso de interpretación y resolver las consultas que se le formulen acerca del alcance e inteligencia de los textos legales, en los casos previstos en la ley, siempre que dicho conocimiento no signifique una sustitución del mecanismo, medio o recurso previsto en la ley para dirimir la situación si la hubiere.

Ahora bien, a pesar de que el ordenamiento jurídico venezolano sólo regulaba y regula el recurso de interpretación respecto de textos legales, sin embargo, la Sala Constitucional ha considerado que "no requieren los ciudadano de leyes que contemplen, en particular, el recurso de interpretación constitucional, para interponerlo"[544], procediendo a crear un recurso autónomo de interpretación de las normas constitucionales, no previsto constitucional ni legalmente, basándose para ello en el artículo 26 de la Constitución que consagra el derecho de acceso a la justicia, del cual dedujo que si bien dicha acción no estaba prevista en el ordenamiento jurídico, tampoco estaba prohibida, agregando que, por lo tanto:

---

544 Este criterio fue luego ratificado en sentencias de fecha 09-11-00 (N° 1347), 21-11-00 (N° 1387), y 05-04-01 (N° 457), entre otras.

No es necesario que existan normas que contemplen expresamente la posibilidad de incoar una acción con la pretensión que por medio de ella se ventila, bastando para ello que exista una situación semejante a las prevenidas en la ley, para la obtención de sentencias declarativas de mera certeza, de condena, o constitutivas. Este es el resultado de la expansión natural de la juridicidad[545].

La acción de interpretación de la Constitución, como lo precisó la Sala Constitucional, es una acción de igual naturaleza que la de interpretación de la ley[546], es decir, tiene por objeto obtener una sentencia declarativa de mera certeza sobre el alcance y contenido de las normas constitucionales, que no anula el acto en cuestión, pero que busca en efecto semejante, ya que en estos casos, coincide el interés particular con el interés constitucional; agregando que:

> La finalidad de tal acción de interpretación constitucional sería una declaración de certeza sobre los alcances y el contenido de una norma constitucional, y formaría un sector de la participación ciudadana, que podría hacerse incluso como paso previo a la acción de inconstitucionalidad, ya que la interpretación constitucional podría despejar dudas y ambigüedades sobre la supuesta colisión. Se trata de una tutela preventiva[547].

En cuanto a la legitimidad necesaria para interponer la demanda, la Sala Constitucional ha señalado que el recurrente debe tener un interés particular en el sentido de que:

> Como persona pública o privada debe invocar un interés jurídico actual, legítimo, fundado en una situación jurídica concreta y específica en que se encuentra, y que requiere necesariamente de la interpretación de normas constitucionales aplicables a la situación, a fin de que cese la incertidumbre que impide el desarrollo y efectos de dicha situación jurídica.

La Sala precisó además que se "está ante una acción con legitimación restringida, aunque los efectos del fallo sean generales"; por lo que señaló que "puede declarar inadmisible un recurso de interpretación que no persiga los fines antes mencionados, o que se refiere al supuesto de colisión de leyes con la Constitución, ya que ello origina otra clase de recurso".

En la antes mencionada sentencia N° 1077 de 22-09-01, la Sala Constitucional reiteró su criterio sobre la legitimación activa para intentar el recurso de interpretación, señalando que el recurrente debe tener un "interés jurídico personal y directo", de manera que en la demanda se exprese con precisión, como condición de admisibilidad, "en qué consiste la oscuridad, ambigüedad o contradicción entre las normas del texto constitucional, o en una de ellas en particular; o sobre la naturaleza y alcance de los principios aplicables; o sobre las situaciones contradictorias o ambiguas

545 Sentencia N° 1077 de la Sala Constitucional de 22-09-00 (Caso: *Servio Tulio León Briceño)*, en *Revista de Derecho Público*, N° 83, Editorial Jurídica Venezolana, Caracas, 2000, pp. 247 y ss.

546 *Ídem*

547 *Ibídem*

surgidas entre la Constitución y las normas del régimen transitorio o del régimen constituyente”[548].

En todo caso, estimamos que en el supuesto de la acción de interpretación constitucional, también se está en presencia de un proceso constitucional, que requiere de un accionante, debiendo abrirse el proceso a un contradictorio; pues así como puede haber personas con interés jurídico en determinada interpretación de la Constitución, igualmente puede haber otras personas con interés jurídico en otra interpretación. En tal sentido, la Sala debe emplazar y citar a los interesados para garantizarles el que puedan hacerse parte en el proceso, y alegar a favor de una u otra interpretación del texto constitucional.

Debe indicarse, además, que en sentencia Nº 1347, de fecha 09-11-2000, la Sala Constitucional delimitó el carácter vinculante de las interpretaciones establecidas con motivo de decidir los recursos de interpretación, señalando que:

> Las interpretaciones de esta Sala Constitucional, en general, o las dictadas en vía de recurso interpretativo, se entenderán vinculantes respecto al núcleo del caso estudiado, todo ello en un sentido de límite mínimo, y no de frontera intraspasable por una jurisprudencia de valores oriunda de la propia Sala, de las demás Salas o del universo de los tribunales de instancia.

### 8. *El proceso constitucional de la revisión de sentencias en materia constitucional*

Tradicionalmente, el control concentrado de la constitucionalidad se ha construido en torno al objeto de control, habiéndose referido en general a las leyes, a los actos con rango legal o con valor de ley y a los actos dictados en ejecución directa e inmediata de la Constitución.

Sin embargo, en los sistemas mixtos o integrales de control de la constitucionalidad, al combinarse el control difuso con el control concentrado, se han previsto mecanismos extraordinarios para la revisión de sentencias dictadas por los tribunales de instancia en materia constitucional, atribuyéndose el conocimiento de tales recursos de revisión a la Jurisdicción Constitucional, como órgano de control concentrado de control de constitucionalidad.

En tal sentido, el artículo 336 de la Constitución atribuye a la Sala Constitucional, competencia para:

548 Caso: *Servicio Tulio León Briceño*, en *Revista de Derecho Público*, Nº 83, Editorial Jurídica Venezolana, Caracas, 2000, pp. 247 y ss. Adicionalmente, en otra sentencia, Nº 1029 de 13-06-2001, la Sala Constitucional atemperó el rigorismo de declarar inadmisible el recurso si no precisaba el contenido de la acción, ya que señaló que “La solicitud deberá expresar: 1.- Los datos concernientes a la identificación del accionante y de su representante judicial; 2.- Dirección, teléfono y demás elementos de ubicación de los órganos involucrados; 3.- Descripción narrativa del acto material y demás circunstancias que motiven la acción”.

9. *Revisar las sentencias definitivamente firmes de amparo constitucional y de control de constitucionalidad de leyes o normas jurídicas dictadas por los tribunales de la República, en los términos establecidos por la ley orgánica respectiva.*

Esta competencia ha sido recogida en el artículo 5, párrafo 1°,16 de la Ley Orgánica del Tribunal Supremo, como competencia excepcional para que la Sala Constitucional pueda revisar, a su juicio y discreción, mediante un recurso extraordinario[549] que se puede ejercer contra sentencias de *última instancia* dictadas por los tribunales de la República, incluidas las otras Salas del Tribunal Supremo, en materia de amparo constitucional o dictadas en ejercicio del método difuso de control de la constitucionalidad de las leyes.

Esta potestad revisora de la Sala, como lo propusimos a la Asamblea Nacional Constituyente[550], es de ejercicio discrecional a los efectos evitar que se pueda abrir un recurso de obligatoria admisión y decisión por la Sala, contra todas las sentencias referidas, lo cual sería imposible de manejar por la magnitud de casos. De allí la discrecionalidad que tiene la Sala Constitucional para escoger los casos en los cuales juzga conveniente conocer del recurso de revisión. En definitiva, como lo ha señalado la Sala Constitucional en su sentencia N° 727 de 8 de abril de 2003, la norma constitucional:

> [n]o dispone, de manera alguna, la creación de una tercera instancia en los procesos cuyas decisiones son sometidas a revisión. El precepto constitucional que se refirió lo que incorpora es una potestad estrictamente excepcional y facultativa para la Sala Constitucional que, como tal, debe ejercerse con la máxima prudencia en cuanto a la admisión y procedencia de recursos de revisión de sentencias definitivamente firmes"[551].

En la propuesta que formulamos ante la Asamblea Nacional Constituyente el 31 de octubre de 1999 sobre el control difuso de la constitucionalidad de las leyes, consideramos que en la Constitución:

> [T]ambién debería atribuirse a la Sala Constitucional una competencia para conocer de un recurso extraordinario de revisión que pueda intentarse contra las sentencias de *última* instancia en las cuales se resuelvan cuestiones constitucionales relativas a las leyes, de conocimiento discrecional por la Sala.

---

549 *V.*, en general, José V. Haro G., "El mecanismo extraordinario de revisión de sentencias definitivamente firmes de amparo y control difuso de la constitucionalidad previsto en el artículo 336, numeral 10 de la Constitución", en *Revista de Derecho Constitucional,* N° 3 (julio-diciembre), Editorial Sherwood, Caracas, 2000, pp. 231-266; Adán Febres Cordero, "La revisión constitucional", en *Nuevos estudios de derecho procesal, Libro Homenaje a José Andrés Fuenmayor,* Vol. I, Tribunal Supremo de Justicia, Colección Libros Homenaje, N° 8, Caracas, 2002 pp. 489 a 508.

550 En cierta forma, el recurso es similar al denominado *writ of certiorari* del sistema norteamericano. *V.*, Allan R. Brewer-Carías, *Judicial Review in Comparative Law*, *op. cit.*, p. 141; Véase los comentarios de Jesús María Casal, *Constitución y Justicia Constitucional,* Caracas 2000, p. 92.

551 Caso: *Revisión de la sentencia dictada por la Sala Electoral en fecha 21 de noviembre de 2002),* en *Revista de Derecho Público*, N° 93-96, Editorial Jurídica Venezolana, Caracas, 2003.

En esta forma, en materia de cuestiones de constitucionalidad, la Sala Constitucional de la Suprema Corte, a su juicio, podría tener la última palabra en estas materias y en los casos en los que estime necesario estatuir con fuerza de precedente y uniformizar la jurisprudencia[552].

Ahora bien, ante la ausencia de legislación reguladora de la Jurisdicción Constitucional, ha sido la Sala Constitucional la que ha construido sucesivamente, mediante su labor interpretativa, los contornos del recurso extraordinario de revisión y el alcance de su potestad revisora. Ya a finales de 2000, como consecuencia de las sentencias Nos. 1, 2, 44 y 714 de ese mismo año, la Sala resumía el conjunto de reglas o condiciones que debía presentar una sentencia para que procediera dicho recurso, así:

> 1°) La sentencia que se pretenda someter a revisión debe haber cumplido con la doble instancia, bien sea por la vía de la apelación o de la consulta, por lo cual no debe entenderse como una nueva instancia.
>
> 2°) La revisión constitucional se admitirá sólo a los fines de preservar la uniformidad de la interpretación de normas y principios constitucionales o cuando exista una deliberada violación de preceptos de ese rango, lo cual será analizado por la Sala Constitucional, siendo siempre facultativo de ésta su procedencia.
>
> 3°) Como corolario de lo anterior, a diferencia de la consulta, el recurso de revisión constitucional no procede *ipso iure,* ya que éste depende de la iniciativa de un particular, y no de la del juez que dictó la decisión, a menos que la propia Sala Constitucional de oficio así lo acuerde, tomando en cuenta siempre la finalidad del recurso[553].

Posteriormente, mediante sentencia N° 93 de 6 de febrero de 2001 (Caso: *Olimpia Tours and Travel vs. Corporación de Turismo de Venezuela*), la Sala comenzó a ampliar su propia competencia revisora, agregando como objeto de revisión otras sentencias dictadas por las Salas del Tribunal Supremo u otros tribunales, distintas a las dictadas en materia de amparo o de control difuso de constitucionalidad, afirmando su potestad para revisar, además de estas, las siguientes:

> 3. Las sentencias definitivamente firmes que hayan sido dictadas por las demás Salas de este Tribunal o por los demás tribunales o juzgados del país apartándose u obviando expresa o tácitamente alguna interpretación de la Constitución contenida en alguna sentencia dictada por esta Sala con anterioridad al fallo impugnado, realizando un errado control de constitucionalidad al aplicar indebidamente la norma constitucional.
>
> 4. Las sentencias definitivamente firmes que hayan sido dictadas por las demás Salas de este Tribunal o por los demás tribunales o juzgados del país que de manera evidente hayan incurrido, según el criterio de la Sala, en un error

---

552 *V.*, Allan R. Brewer-Carías, *Debate Constituyente (Aportes a la Asamblea nacional Constituyente),* T. III, Fundación de Derecho Público, Editorial Jurídica Venezolana, caracas 1999, p. 105.

553 *V.*, sentencia de 02-11-2000 (Caso: *Roderick A. Muñoz P. vs. Juzgado de los Municipios Carache, Candelaria y José Felipe Márquez Cañizales de la Circunscripción Judicial del Estado Trujillo*) en *Revista de Derecho Público*, N° 84, (octubre-diciembre), Editorial Jurídica Venezolana, Caracas, 2000, p. 367.

grotesco en cuanto a la interpretación de la Constitución o que sencillamente hayan obviado por completo la interpretación de la norma constitucional. En estos casos hay también un errado control constitucional[554].

La Sala Constitucional, por otra parte, en sentencia Nº 727 de 8 de abril de 2003 continuó precisando las sentencias que pueden ser objeto del recurso extraordinario de revisión, indicando que además de las sentencias de amparo constitucional y las sentencias de control expreso de constitucionalidad de leyes o normas jurídicas fundamentadas en un errado control de constitucionalidad, pueden ser objeto del recurso de revisión":

> (iii) Las sentencias que de manera evidente hayan incurrido, según el criterio de la Sala, en un error grotesco en cuanto a la interpretación de la Constitución o que sencillamente hayan obviado por completo la interpretación de la norma constitucional y (iv) Las sentencias que hayan sido dictadas por las demás Salas de este Tribunal o por los demás juzgados del país apartándose u obviando, expresa o tácitamente, alguna interpretación de la Constitución que contenga alguna sentencia de esta Sala con anterioridad al fallo que sea impugnado[555].

En esta forma, la Sala Constitucional amplió el ámbito de su potestad constitucional revisora de sentencias dictadas en juicios de amparo o con motivo de control difuso de la constitucionalidad, abarcando otras sentencias, incluso las dictadas por las otras Salas del Tribunal Supremo, lo que constituye una limitación no autorizada en la Constitución al debido proceso y al derecho a la cosa juzgada, con importantes repercusiones en el ámbito de la seguridad jurídica y del Estado de derecho. La Sala Constitucional en efecto, luego de analizar la garantía del debido proceso en relación con la revisión extraordinaria de sentencias definitivamente firmes, en sentencia Nº 93 de 6 de febrero de 2001 (Caso: *Olimpia Tours and Travel vs. Corporación de Turismo de Venezuela*), extendió su potestad revisora en relación con sentencias que –por supuesto a juicio de la propia Sala– "se aparten del criterio interpretativo de la norma constitucional que haya previamente establecido la Sala"; para lo cual simplemente se preguntó: "¿puede esta Sala, de conformidad con lo establecido en la Constitución, revisar las sentencias definitivamente firmes diferentes a las establecidas en el numeral 10 del artículo 336 de la Constitución que contraríen el criterio interpretativo que esta Sala posee de la Constitución?. La respuesta a la pregunta, la formuló la Sala interpretando el artículo 335 de la Constitución, en particular en cuanto establece el carácter vinculante de las interpretaciones que establezca la Sala sobre el contenido o alcance de las normas y principios constitucionales; del cual dedujo que "las demás Salas del Tribunal Supremo de Justicia y los demás tribunales y juzgados de la República están obligados a decidir con base en el criterio interpretativo que esta Sala tenga de las normas constitucionales"; concluyendo con la afirmación de que la sala posee entonces potestad para revisar tanto las sentencias definitivamente firmes expresamente establecidas en el numeral 10 del artículo 336 "*así como las sentencias definitivamente firmes que se aparten del criterio interpretativo*

---

554 *V.*, en *Revista de Derecho Público*, Nº 85-88, Editorial Jurídica Venezolana, Caracas, 2001, pp. 414-415.

555 Caso: *Revisión de la sentencia dictada por la Sala Electoral en fecha 21 de noviembre de 2002,* en *Revista de Derecho Público*, Nº 93-96, Editorial Jurídica Venezolana, Caracas, 2003.

*de la norma constitucional que haya previamente establecido esta Sala*, lo que en el fondo no es más que una concepción errada del juzgador al realizar el control de la constitucionalidad, y así se declara[556].

Esta doctrina[557], por lo demás, particularmente en relación con la revisión de sentencias de las otras Salas del Tribunal Supremo de Justicia, fue recogida por la Ley Orgánica del Tribunal Supremo, al disponer en el artículo 5°, párrafo 4°, la potestad de la sala para:

> Revisar las sentencias dictadas por una de las Salas, cuando se denuncie fundadamente la violación de principios jurídicos fundamentales contenidos en la Constitución de la República Bolivariana de Venezuela, Tratados, Pactos o Convenios Internacionales suscritos y ratificados válidamente por la República, o que haya sido dictada como consecuencia de un error inexcusable, dolo, cohecho o prevaricación; asimismo podrá avocarse al conocimiento de una causa determinada, cuando se presuma fundadamente la violación de principios jurídicos fundamentales contenidos en la Constitución de la República Bolivariana de Venezuela, Tratados, Pactos o Convenios Internacionales suscritos y ratificados válidamente por la República, aun cuando por razón de la materia y en virtud de la ley, la competencia le esté atribuida a otra Sala.

Ahora bien, debe destacarse de esta doctrina jurisprudencial de la Sala Constitucional para ejercer el control de constitucionalidad respecto de cualquier sentencia, la auto-atribución que la Sala Constitucional se ha hecho de poderes de de control de oficio, rompiendo entonces el principio dispositivo, como lo decidió en la sentencia No. 331 de 13 de marzo de 2001 (Caso: *Henrique Capriles R. vs. Comisión Nacional de Casinos, Salas de Bingo y Máquinas Traganíqueles*)[558].

Incluso, la Sala ha establecido que el incidente de control de la constitucionalidad de oficio, lo puede ejercer la Sala mediante la institución del avocamiento, que la Sala misma creó antes de la entrada en vigencia de la Ley Orgánica de 2004, al negarle el monopolio que tenía en esa materia la Sala Político Administrativa[559].

Esta doctrina del avocamiento ha sido recogida por la Ley Orgánica de 2004, al establecer la atribución de cualesquiera de todas las Salas del Tribunal Supremo de Justicia, en las materias de su respectiva competencia, para recabar de cualquier tribunal de instancia, *de oficio o a instancia de parte*, con conocimiento sumario de la situación, cualquier expediente o causa en el estado en que se encuentre, para resolver si se avoca y directamente asume el conocimiento del asunto o, en su defecto lo asigna a otro tribunal (Artículo 18, párrafo 11°). Dada las repercusiones de esta atri-

---

556 *Ídem*. pp. 412-414.

557 En sentencia de la Sala Constitucional N° 899 de 31-5-2002, la Sala se había arrogado la competencia para de oficio dejar sin efecto dediciones judiciales que considerase quebrantaban preceptos constitucionales. Véase en *Revista de Derecho Público*, N° 85-88, Editorial Jurídica Venezolana, Caracas 2001, pp. 393-394.

558 *V.*, en *Revista de Derecho Público*, N° 85-88, Editorial Jurídica Venezolana, Caracas 2001, p. 391.

559 *V.*, sentencia N° 456 de 15 de marzo de 2002 (Caso: *Arelys J. Rodríguez vs. Registrador Subalterno de Registro Público, Municipio Pedro Zaraza, Estado Carabobno*) en la cual la Sala se declaró competente para conocer de solicitudes de avocamiento en jurisdicción constitucional, respecto de juicios de amparo, en *Revista de Derecho Público*, N° 89-92, Editorial Jurídica Venezolana, Caracas 2002.

bución generalizada, la propia Ley Orgánica dispuso que "esta atribución deberá ser ejercida con suma prudencia y sólo en caso grave, o de escandalosas violaciones al ordenamiento jurídico que perjudique ostensiblemente la imagen del Poder Judicial, la paz pública, la decencia o la institucionalidad democrática venezolana, y se hayan desatendido o mal tramitado los recursos ordinarios o extraordinarios que los interesados hubieren ejercido"(Artículo 18, párrafo 12°). Al admitir la solicitud de avocamiento, la Sala debe oficiar al tribunal de instancia, requiriendo el expediente respectivo, y puede ordenar la suspensión inmediata del curso de la causa y la prohibición de realizar cualquier clase de actuación. Serán nulos los actos y las diligencias que se dicten en desacuerdo por el mandamiento de prohibición (Art. 18, párrafo 13°). La sentencia sobre el avocamiento la debe dictar la Sala competente, la cual puede decretar la nulidad y subsiguiente reposición del juicio al estado que tiene pertinencia, o decretar la nulidad de alguno o algunos de los actos de los procesos, u ordenar la remisión del expediente para la continuación del proceso o de los procesos en otro tribunal competente por la materia, así como adoptar cualquier medida legal que estime idónea para restablecer el orden jurídico infringido (Art. 18, párrafo 14°).

### 10. *El proceso constitucional sobre colisión (vigencia y derogación) de leyes*

Conforme a una tradicional competencia que tenía la antigua Corte Suprema de Justicia (art. 215, 5 de la Constitución de 1961), el artículo 336 de la Constitución de 1999 le atribuye al Tribunal Supremo competencia para:

> 8. Resolver las colisiones que existan entre diversas disposiciones legales y declarar cuál de éstas debe prevalecer.

Este mecanismo de control, antes que un control abstracto de constitucionalidad, es un control respecto de la vigencia de las leyes en casos de derogación tácita en aplicación del artículo 218 de la Constitución que dispone que "las leyes se derogan por otras leyes".

Sin embargo, como lo ha señalado la Sala Constitucional, "no se puede pretender que a través de este mecanismo se resuelvan cuestiones de inconstitucionalidad"[560].

En efecto, en los casos en los cuales se dicte una ley que contraríe las disposiciones de otra ley, sin que contenga una derogación expresa, si la derogación tácita no es evidente pueden plantearse situaciones en las cuales las dos leyes pueden considerarse aplicables. En estos supuestos, el Tribunal Supremo a instancia de parte mediante el recurso de colisión, debe resolver la que pueda existir entre dos disposiciones legales que regulan el mismo supuesto en forma diferente, y que por lo mismo se encuentran en conflicto[561], y declarar cuál de ellas debe prevalecer, lo que implica considerar como derogada la que no prevalece.

Sobre este recurso, la Sala Constitucional ha ratificado la doctrina jurisprudencial que había sentado la Sala Plena de la antigua Corte Suprema de Justicia en sentencia

---

560 *V.*, sentencia N° 265 de 25-04-2000 en *Revista de Derecho Público*, N° 82, (abril-junio), Editorial Jurídica Venezolana, Caracas, 2000, p. 146.

561 *V.*, sentencia N° 356 de 11-05-2000 en *Revista de Derecho Público*, N° 82, (abril-junio), Editorial Jurídica Venezolana, Caracas, 2000, p. 147.

de 31 de octubre de 1995 (Caso: *Alí José Venturini B.*), la cual transcribió en sentencia N° 265 de 25 de abril de 2000, en la cual se dispuso lo siguiente sobre el procedimiento respectivo:

> 1. La Corte conoce del mismo a instancia de parte interesada, tal como lo prevé el artículo 82 de la Ley Orgánica de la Corte Suprema de Justicia. (...).
>
> 2. Se trata de un verdadero y propio recurso, en el sentido de que se solicita a la Corte se dirima un conflicto planteado por la preexistencia de normas que aparentemente coliden[562].

En cuanto al procedimiento, estimamos que la Sala, en estos casos de colisión, debe igualmente abrir un contradictorio, aplicando analógicamente el procedimiento en casos de acción popular, citando a los interesados para que se hagan parte en el proceso.

## II. LOS PROCEDIMIENTOS DE CONTROL DE LA CONSTITUCIONALIDAD DE CIERTOS ACTOS ESTATALES

Además, de los procesos constitucionales de control de constitucionalidad antes identificados, en los cuales en general debe abrirse un contradictorio, dada la demanda o solicitud fundamentada que los motiva, además, ante la Jurisdicción Constitucional en Venezuela se desarrollan dos procedimientos constitucionales de control de constitucionalidad en los cuales, al contrario, puede decirse que no se abre un contradictorio ni se entraba una litis, dado que se trata de procedimientos obligatorios y automáticos establecidos para el control de constitucionalidad de determinados actos estatales, en particular, de ciertas leyes orgánicas y de los decretos de estados de excepción.

### 1. *El procedimiento de control de constitucionalidad obligatorio de ciertas leyes orgánicas*

Conforme al artículo 203 de la Constitución, la Sala Constitucional debe pronunciarse sobre la constitucionalidad del carácter orgánico de las *leyes orgánicas que así hayan sido calificadas por la Asamblea Nacional, antes de su promulgación*. No se trata, por tanto, de un procedimiento de control de constitucionalidad establecido respecto de cualquier ley orgánica, sino de sólo aquellas así calificadas por la Asamblea Nacional; ya que hay otras leyes orgánicas así calificadas directamente en el texto constitucional, respecto de las cuales no se requiere el control obligatorio de constitucionalidad por parte de la sala Constitucional.

Puede decirse, entonces, que en este caso, no existe un verdadero proceso, pues no hay ni demanda ni fundamentación requerida alguna que cuestione la calificación de la ley como orgánica. No habiendo una legitimación activa atribuida a un órgano o persona específica para requerir este control, el mismo debe realizarse de manera automática, para lo cual, la Asamblea Nacional está obligada a remitir la ley sancionada a la Sala Constitucional. Adicionalmente debe señalarse que la Sala Constitu-

---

562 *V.*, sentencia N° 265 de 25-04-2000 en *Revista de Derecho Público*, N° 82, (abril-junio), Editorial Jurídica Venezolana, Caracas, 2000, p. 146

cional ha admitido que en los casos de delegación legislativa al Presidente de la República mediante leyes habilitantes, cuando éste, al dictar un Decreto-Ley lo califique como de carácter orgánico, debe también remitirlo a la Sala Constitucional para que ésta verifique la constitucionalidad del calificativo de orgánico[563].

En todo caso, la Sala Constitucional debe decidir la cuestión en el término de 10 días contados a partir de la fecha de recibo de la comunicación; y si la Sala declara que la ley no es orgánica, entonces esta pierde ese carácter.

2. *El procedimiento de control de constitucionalidad obligatorio de los decretos de estado de excepción*

De acuerdo con el artículo 339 de la Constitución, el Decreto que declare el Estado de Excepción debe en todo caso ser remitido por el Presidente de la República a la Sala Constitucional del Tribunal Supremo, para que ésta se pronuncie sobre su inconstitucionalidad. Por ello, el artículo 336 le atribuye a la Sala, competencia expresa para:

> *6.* Revisar, en todo caso, *aun de oficio*, la constitucionalidad de los decretos que declaren estados de excepción dictados por el Presidente o Presidenta de la República.

Sobre este supuesto de control de constitucionalidad (que recoge la Ley Orgánica en su artículo 5°, párrafo 1°,11), la "Exposición de Motivos" de la Constitución, indicó que:

> En lo que se refiere a la protección de los derechos humanos, la Sala Constitucional tendrá importantes funciones. En primer lugar, con el objeto de reforzar la protección de los derechos humanos reconocidos y garantizados expresa o implícitamente en la Constitución, se acoge un mecanismo consagrado en alguna Constitución de América Latina, en virtud del cual la Sala Constitucional debe, en todos los casos y aun de oficio, controlar la constitucionalidad de los decretos que declaren estado de excepción. Esta será la única competencia que podrá ejercer de oficio la Sala Constitucional y ello por tratarse de la protección de los derechos humanos, razón por la cual se ha previsto expresamente en texto constitucional.

En efecto, esta atribución de control de constitucionalidad obligatorio, constituye otra novedad introducida por la Constitución de 1999, conforme al antecedente de Colombia (art. 241,7). En Venezuela se ha agregado, sin embargo, la posibilidad de ejercicio de esta atribución por la Sala, *de oficio*. Se trata, en efecto, del único supuesto constitucional en el cual la Sala puede actuar de *ex officio*, una vez que el Decreto se haya publicado en *Gaceta Oficial*.

En ejercicio de este control, la Sala Constitucional puede pronunciarse no sólo sobre la constitucionalidad de los decretos que declaren el estado de excepción, sino sobre la constitucionalidad del contenido de los mismos conforme a lo dispuesto en

---

563 *V.*, sentencia N° 1716 de 19-09-01, Decreto-Ley Orgánica de los Espacios Acuáticos e Insulares (Decreto N° 1437 de 30-08-01), en *Revista de Derecho Público*, N° 85-89, Editorial Jurídica Venezolana, Caracas, 2001, pp. 418 y ss.

los artículos 337 y siguientes de la Constitución. En particular, la Sala debe verificar, al decretarse el estado de excepción y restringirse alguna garantía constitucional, si el decreto contiene, por ejemplo, efectivamente, la necesaria *regulación* sobre el ejercicio del derecho cuya garantía se restringe" (art. 339).

## CONCLUSIÓN

De lo anteriormente expuesto resulta, por tanto, que el control concentrado de la constitucionalidad de las leyes y otros actos estatales se desarrolla en Venezuela, ante la Sala Constitucional, a través de diversos procesos y procedimientos constitucionales de control. En los primeros, es decir, en los procesos constitucionales puede decirse que siempre debe trabarse una litis entre partes, iniciándose siempre mediante una demanda o solicitud de inconstitucionalidad que debe estar fundamentada en derecho; en los procedimientos constitucionales, en cambio, el control judicial es automático.

Septiembre, 2004

## *SECCIÓN SEXTA:*

## *LA CONFORMACIÓN CONTEMPORÁNEA DEL SISTEMA VENEZOLANO DE JUSTICIA CONSTITUCIONAL (2011)*

**El estudio que se publica en esta sección se elaboró partiendo de lo expuesto en el trabajo "Sobre la justicia constitucional y la justicia contencioso administrativo. A 35 años del inicio de la configuración de los procesos y procedimientos constitucionales y contencioso administrativos (1976-2011)," publicado en Allan R. Brewer-Carías y Víctor Hernández Mendible (Directores), *El contencioso administrativo y los procesos constitucionales,* Editorial Jurídica Venezolana, Caracas 2011, pp. 19-74. Publicado también con el título: "La conformación contemporánea del sistema venezolano de justicia constitucional," en el libro: *Derecho Procesal Constitucional. Instrumentos para la Justicia Constitucional*, Ediciones Doctrina y Ley Ltda., Bogotá 2013, pp. 133-168.**

La Constitución venezolana de 1999 establece en forma expresa en sus artículos 266, 334 y 336 la competencia de la Sala Constitucional del Tribunal Supremo de Justicia para declarar la nulidad por inconstitucionalidad, de las leyes y demás actos de los cuerpos deliberantes de carácter nacional, estadal o municipal dictados en ejecución directa de la Constitución, así como de los actos con rango legal dictados por el Ejecutivo Nacional.

Es decir, la Constitución prevé un control judicial concentrado de la constitucionalidad de todos los actos estatales, con exclusión de los actos judiciales y de los actos administrativos respecto de los cuales prevé medios específicos de control de legalidad y constitucionalidad (recurso de casación, apelaciones y Jurisdicción Contencioso Administrativa). De acuerdo con la Constitución, por tanto, existe un control concentrado de la constitucionalidad reservado en el nivel nacional, a los actos estatales de rango legal o de ejecución directa de la Constitución (leyes, actos parlamentarios sin forma de ley y actos de gobierno); en el nivel estada], a las leyes emanadas de las Asambleas Legislativas y demás actos de ejecución directa de la Constitución; y en el nivel municipal, a las Ordenanzas Municipales, consideradas invariablemente como leyes locales, y demás actos de ejecución directa de la Constitución. Este control de la constitucionalidad de los actos estatales permite a la Sala Constitucional del Tribunal Supremo de Justicia declarar su nulidad cuando sean violatorios o colidan con la Constitución. Se trata, por tanto, como hemos dicho, de un control concentrado de la constitucionalidad de las leyes, y otros actos estatales de rango legal o de ejecución directa e inmediata de la Constitución atribuido a la Sala Constitucional. Se trata de un sistema de control que se incorporó expresamente en el ordenamiento constitucional desde la Constitución de 1858[564].

Pero además, tanto el artículo 20 del Código de Procedimiento Civil, el artículo 19 del Código Orgánico Procesal Penal, como la propia Constitución (art. 334) le otorgan potestad a todos los tribunales de la República, cuando decidan un caso concreto, para declarar la inaplicabilidad de las leyes y demás actos estatales normativos cuando estimen que son inconstitucionales, dándole por tanto preferencia a las normas constitucionales. Se trata, sin duda, de la base legal del método difuso de control de la constitucionalidad que está incorporada en forma expresa en el derecho positivo desde el Código de Procedimiento Civil de 1897.

Por tanto, el sistema venezolano de control de la constitucionalidad de las leyes y otros actos estatales, puede decirse que es uno de los más amplios conocidos en el mundo actual si se lo compara con los que muestra el derecho comparado, pues mezcla el llamado control difuso de la constitucionalidad de las leyes con el control concentrado de la constitucionalidad de las mismas[565]. En esta forma, no puede identificárselo, en particular, con alguno de los dos clásicos métodos de control de constitucionalidad que muestra el derecho comparado[566], configurándose durante bastante más de un siglo como un sistema mixto o integral que se ha construido basado en el principio de la supremacía constitucional, ahora expresamente declarado en el artículo 7 de la Constitución[567].

---

564 *V.*, en general sobre el sistema venezolano de justicia constitucional: Allan R. Brewer-Carías, *La Justicia Constitucional, procesos y procedimientos constitucionales*, Universidad Nacional Autónoma de México, México 2007.

565 De acuerdo a la terminología acuñada por Piero Calamandrei, *La illegittimitá Costituzionale delle Leggi,* Padova, 1950, p. 5; y difundida por Mario Capelletti, *Judicial Review in the contemporary World, Indianápolis, 1971.* Véase Allan R. Brewer-Carías, *Judicial review in comparative law,* Cambridge University Press, *1989.* Véase además, Allan R. Brewer-Carías, *El sistema mixto o integral de control de constitucionalidad en Colombia y Venezuela,* Bogotá, 1995.

566 *V.*, Allan R. Brewer-Carías, *El control de la constitucionalidad de los actos estatales,* Caracas, 1977; "Algunas consideraciones sobre el control jurisdiccional de la constitucionalidad de los actos estatales en el Derecho venezolano", *Revista de Administración Pública,* N° 76, Madrid, 1975, pp. 419 a 446; "La Justicia Constitucional en Venezuela", Simposio Internacional sobre Modernas Tendencias de Derecho Constitucional (España y América Latina). Universidad Externado de Colombia, Bogotá, Nov. 1986, 102 páginas. *V.*, además, M. Gaona Cruz, "El control judicial ante el Derecho Comparado" en *Archivo de Derecho Público y Ciencias de la Administración* (El Derecho Público en Colombia y Venezuela), Vol. VII, 1986, Caracas, 1986.

567 *V.*, los comentarios en relación con sistema mixto de justicia constitucional en Venezuela como consecuencia del principio de supremacía constitucional en R. Feo, *Estudios sobre el Código de Procedimiento Civil Venezolano,* Caracas, 1904, T. I, pp. 26-35; R. Marcano Rodríguez, *Apuntaciones Analíticas sobre las materias fundamentales y generales del Código de Procedimiento Civil Venezolano,* T. I, Caracas, pp. 36-38; A. Borjas, *Comentarios al Código de Procedimiento Civil,* Caracas, T. I, pp. 33-35.

En torno al carácter mixto del sistema venezolano, la antigua Corte Suprema de Justicia insistió sobre el ámbito del control de la constitucionalidad de las leyes, al señalar que está encomendado:

> "No tan sólo al Supremo Tribunal de la República, sino a los jueces en general, cualquiera sea su grado y por ínfima que fuere su categoría. Basta que el funcionaria forme parte de la rama judicial para ser custodio de la Constitución y aplicar, en consecuencia, las normas de ésta prevalecientemente a las leyes ordinarias... Empero, la aplicación de la norma fundamental por parte de los jueces de grado, sólo surte efecto en el caso concreto debatido, y no alcanza, por lo mismo, sino a las partes interesadas en el conflicto; en tanto, que cuando se trata de la ilegitimidad constitucional de las leyes pronunciadas por el Supremo Tribunal en ejercicio de su función soberana, como intérprete de la Constitución y en respuesta a la acción pertinente, los efectos de la decisión se extienden *erga omnes* y cobran fuerza de ley. En el primer caso, el control es incidental y especial; y en el segundo, principal y general; y cuando éste ocurre, vale decir, cuando el recurso es autónomo, éste es formal o material, según que la nulidad verse sobre una irregularidad concerniente al proceso elaborativo de la ley, o bien que no obstante haberse legislado regularmente en el aspecto formalista, el contenido intrínseca de la norma adolezca de vicios sustanciales"[568].

En consecuencia, el sistema venezolano de justicia constitucional es un sistema mixto, en el cual el control difuso de la constitucionalidad está atribuido a todos los tribunales de la República, y el sistema concentrado, con relación a las leyes y demás actos de rango legal o de ejecución directa e inmediata de la Constitución, está atribuido a la Sala Constitucional del Tribunal Supremo de Justicia, el cual, en la actualidad, se complementa con otros procesos y procedimientos constitucionales que desde mitades del siglo XX se le fueron agregando al sistema, los cuales se desarrollan ante la Jurisdicción Constitucional en Venezuela, es decir, ante la Sala Constitucional del Tribunal Supremo de Justicia.

El inicio de la configuración contemporánea del sistema puede decirse que se inició con la sanción de la muy importante Ley Orgánica de la Corte Suprema de Justicia de 30 de julio de 1976[569] que sustituyó la Ley Orgánica de la Corte Federal de 2 de agosto 1953[570], la cual durante sus veinticinco años de vigencia, y a pesar de las escasas y muy simples normas de orden procesal que tenía, establecidas en adición a las normas que contenía de atribución de competencia en materia constitucional. Estas últimas estaban destinadas a la Corte Federal, que ejercía la Jurisdicción Constitucional, la cual se había creado en la Constitución de 1953 en forma separada de la Corte de Casación. Antes de 1953, y durante el siglo XX, lo que siempre existió en Venezuela fue un solo tribunal supremo, denominado Corte Federal y de Casación, la cual, precisamente con el nombre de Corte Suprema de Justicia se resta-

568 *V.*, sentencia de la antigua Corte federal de 19-6-53, en *Gaceta Forense*, Nº 1, 1953, pp. 77 y 78.

569 *V.*, en *Gaceta Oficial* Nº 1.893, Extraordinaria del 30-07-76. Véase sobre los comentarios sobre dicha Ley en Josefina Calcaño de Temeltas y Allan R. Brewer-Carías, *Ley Orgánica de la Corte Suprema de Justicia*, Caracas 1989.

570 *V.*, en *Compilación Legislativa de Venezuela, Anuario 1952*, Editorial Andrés Bello, Caracas 1953, pp. 331-343.

bleció en la Constitución de 1961 refundiendo las dos mencionadas Cortes, Federal y de Casación, que funcionaron entre 1953 y 1961 en una sola Corte Suprema.

En todo caso, fue con la Ley de la Corte Suprema de Justicia de 1976, dictada bajo la vigencia de la Constitución de 1961, cuando, con base en las competencias asignadas a la Corte Suprema en la propia Constitución, se inició la regulación efectiva en un texto legal de los procedimientos en materia de control judicial de la constitucionalidad de los actos dictados en ejercicio del Poder Público; para lo cual la misma Ley precisó como una de las funciones primordiales de la Corte Suprema de Justicia, la de "controlar de acuerdo con la Constitución y las Leyes, la constitucionalidad y legalidad de los actos del Poder Público" (art. 18).

Fue por tanto en el marco de la Constitución de 1961 y particularmente con la aplicación de la Ley Orgánica de la Corte Suprema de 1976 cuando comenzó a tener lugar efectivamente, mediante el trabajo de la jurisprudencia de la propia Corte Suprema[571], la configuración contemporánea de la justicia constitucional en Venezuela[572]. Ello se continuó después de la sanción de la Constitución de 1999, mediante la aplicación por el nuevo Tribunal Supremo de Justicia, y particularmente por la Sala Constitucional creada en el mismo, de la misma Ley Orgánica de la antigua Corte Suprema de 1976 y luego de la Ley Orgánica del Tribunal Supremo sancionada en 2004[573], y reformada en 2010[574].

## I. LAS BASES LEGISLATIVAS INICIALES

La Ley Orgánica de la Corte Federal de 1953, sin duda, fue la fuente legislativa primigenia que sirvió para dar inicio a la configuración de los procesos constitucionales, partiendo de las competencias que se atribuyeron a dicha Corte en el artículo 41 de la Constitución de 1953. Esas y las previstas en el artículo 7 de la Ley Orgánica, en definitiva, fueron las que dieron origen a dichos procesos.

---

571 *V.*, sobre la jurisprudencia en materia administrativa y constitucional durante los años sesenta y setenta del siglo pasado, en Allan R. Brewer-Carías, *Jurisprudencia de la Corte Suprema 1930-74 y Estudios de Derecho Administrativo,* T. V, *La Jurisdicción Contencioso Administrativa,* Vol. 1 y 2, y T. VII, *La Jurisdicción Constitucional*, Instituto de Derecho Público, Facultad de Derecho, Universidad Central de Venezuela, Caracas, 1978.

572 *V.*, Allan R. Brewer-Carías, "Balance y perspectivas de los treinta años del Control Judicial de los Poderes Públicos en Venezuela," en *Boletín de la Academia de Ciencias Políticas y Sociales,* N° 149, Caracas 2010, pp. 193-208; y "Sobre la justicia constitucional y la justicia contencioso administrativo. A 35 años del inicio de la configuración de los procesos y procedimientos constitucionales y contencioso administrativos (1976-2011)," en Allan R. Brewer-Carías y Víctor Hernández Mendible (Directores), *El contencioso administrativo y los procesos constitucionales,* Editorial Jurídica Venezolana, Caracas 2011, pp. 19-74.

573 *V.*, en *G.O.* N° 37.942 de 19-05-2004. Véanse los comentarios sobre esta ley, en Allan R. Brewer-Carías, *Ley Orgánica del Tribunal Supremo de Justicia. El Tribunal Supremo de Justicia y los procesos y procedimientos constitucionales y contenciosos administrativos*, Editorial Jurídica Venezolana, Caracas 2004.

574 *V.*, en *G.O.* N° 5.991 Extraordinaria de 29-07-2010, reimpresa en dos oportunidades: *G.O.* N° 39.483 de 9-8-2010 y *G.O.* N° 39.522, de 1-10-2010. *V.*, los comentarios sobre esta ley, en Allan R. Brewer-Carías y Víctor Hernández Mendible, *Ley Orgánica del Tribunal Supremo de Justicia. El Tribunal Supremo de Justicia y los procesos y procedimientos constitucionales y contencioso electorales,* Editorial Jurídica Venezolana, Caracas 2010.

En cuanto a los procesos constitucionales[575], en efecto, de acuerdo con las competencias previstas en la Ley de la Corte Federal, se configuraron los tres siguientes:

En primer lugar, el proceso constitucional de nulidad por inconstitucionalidad de los actos estatales, a cuyo efecto se atribuyó en el artículo 7.8 de la Ley a la Corte Federal la competencia para:

> 8. Declarar la nulidad de todos los actos del Poder Público que sean violatorios de la Constitución Nacional, así como la de aquéllos a que se refiere el artículo 41 de la misma, cuando ello no fuere atribuido por la Ley a otra Autoridad.

El artículo 41 de la Constitución de 1953 se refería al principio de legalidad y al de la competencia ("El Poder Público se ejercerá conforme a esta Constitución y a las leyes que definan sus atribuciones y facultades"), agregando que "todo acto que extralimite dicha definición constituye una usurpación de atribuciones." Además, la Constitución asignó a la Corte Federal en su artículo 41.10 la competencia en materia de control de constitucionalidad, para:

> 10. Declarar la nulidad total o parcial de las Leyes Nacionales y Estatales y de las Ordenanzas o Acuerdos Municipales, cuando colidan con la Constitución de la República. La nulidad se limitará al párrafo, artículo o artículos en que aparezca la colisión, salvo que éstos sean de tal importancia, por su conexión con los demás, que, a juicio de la Corte, su nulidad acarreare la de todo el acto legislativo.

En segundo lugar, el otro proceso constitucional relativo a la solución de controversias de orden constitucional que se pudiesen suscitar entre los Estados, en particular, las relativas a límites, al atribuirse en el artículo 7 de la Ley a la Corte federal competencia para:

> 13. Dirimir las controversias sobre límites entre las diversas Entidades Federales; y.
>
> 14. Dirimir las controversias de cualquier naturaleza que se susciten entre la Nación y los Estados; entre dos o más Estados; entre éstos y el Distrito Federal o los Territorios Federales; entre los funcionarios del Orden Político o Administrativo de la Nación y los de los Estados, del Distrito Federal y de los Territorios Federales y de ellos entre sí...

Por último, en tercer lugar, la Ley de la Corte Federal también previó en el artículo 7.12, entre las competencias de la misma, la relativa a resolver las colisiones legislativas, asignándoles la competencia "para declarar cuál Ley debe prevalecer cuando se hallen en colisión las Nacionales entre sí, o éstas con las de los Estados o con las Ordenanzas Municipales; qué artículo o artículos de una Ley han de regir cuando exista colisión entre ellos; cuál Ley debe prevalecer cuando se hallen en colisión entre sí las Leyes de un mismo Estado o las de los Estados con las Ordenanzas Municipales o cuando éstas se hallen en colisión entre sí; y cuáles son el

575 Sobre estos procesos constitucionales en el marco de la Ley Orgánica de la Corte Federal, *v.* José Guillermo Andueza, *La Jurisdicción Constitucional en el derecho venezolano,* Caracas 1955.

artículo o artículos de la Ley Estatal u Ordenanza Municipal que han de regir cuando existiere colisión entre las disposiciones de ellas, siempre que en las Constituciones o Leyes de los Estados no se señale la competencia de otro Tribunal".

## II. LOS PROCESOS CONSTITUCIONALES DE "CONTROL JUDICIAL DE LOS PODERES PÚBLICOS" EN LA CONSTITUCIÓN DE 1961 Y EN LA LEY ORGÁNICA DE LA CORTE SUPREMA DE JUSTICIA DE 1976

### 1. *Las competencias de la Corte Suprema en materias constitucionales conforme a la Ley Orgánica de la Corte Suprema de Justicia de 1976*

A pesar de las precarias normas procesales antes mencionadas de la Ley Orgánica de la Corte Federal de 1953, relativas a los procesos y procedimientos constitucionales, ello no impidió su desarrollo por parte de la jurisprudencia y de la doctrina nacional[576], particularmente, después del inicio del régimen democrático en 1958 y después de la entrada en vigencia la Constitución de 1961; en un proceso que culminó con la importante Ley Orgánica de la Corte Suprema de Justicia de 1976.

En esta Ley, en efecto, se establecieron una serie de normas procesales nuevas, que aún cuando de carácter transitorio, permitieron a la propia Corte Suprema seguir con un nuevo aliento legislativo en su labor de creación jurisprudencial[577], sentando así las bases del moderno derecho procesal constitucional y contencioso administrativo.

En la Constitución de 1961, en efecto, partiendo de la orientación incorporada en la Constitución de 1947[578] y que tuvo muy corta vigencia, se regularon con precisión las competencias de la Corte Suprema de Justicia en materia de justicia constitucional, en normas cuyo origen remoto se sitúa en las disposiciones de la Constitución de 1858[579].

Así, el artículo 215 de la Constitución de 1961 atribuyó a la Corte Suprema de Justicia, en Corte Plena, competencia para:

---

576 Antes de la promulgación de la Ley de 1953, incluso, véase en materia contencioso administrativa, Luis Torrealba Narváez, "Consideraciones acerca de la Jurisdicción Contencioso Administrativa, su Procedimiento y Algunas Relaciones de éste con el de la Jurisdicción Judicial Civil", en *Anales de la Facultad de Derecho,* Universidad Central de Venezuela, Caracas, 1951; y en materia constitucional, Pablo Ruggeri Parra, *La supremacía de la Constitución y su defensa,* Caracas 1941.

577 Por lo que se refiere a la jurisprudencia en materia constitucional y administrativa a partir de 1980, véase la recopilada trimestral efectuada por Mary Ramos Fernández, "Jurisprudencia Administrativa y Constitucional", en la Sección "Información Jurisprudencial", de la *Revista de Derecho Público*, desde que se inició, en 1980, Editorial Jurídica Venezolana, Caracas 1980.

578 Martín Pérez Guevara, quien fuera Presidente de la Corte Suprema de Justicia, con razón señaló que el punto de partida para el desarrollo del sistema de control de la constitucionalidad de las leyes y del control judicial de los actos administrativos, fue la Constitución de 1947; que orientó la atribución a la Corte Suprema de Justicia, creada en la Constitución de 1961, de la función de controlar la constitucionalidad y legalidad de los actos del Poder Público. Véase Martín Pérez Guevara, en *El control jurisdiccional de los Poderes Públicos en Venezuela*, Instituto de Derecho Público, Caracas, 1979, pp. 18, 19 y 29.

579 *V.,* en Allan R. Brewer-Carías, *La Justicia Constitucional. Procesos y procedimientos Constitucionales*, México 2007, pp. 49, 309; y en *Instituciones Políticas y Constitucionales*, T. VI, Justicia Constitucional, Universidad Católica del Táchira, Editorial Jurídica Venezolana, San Cristóbal-Caracas 1996, 131 y ss.

3. Declarar la nulidad total o parcial de las leyes nacionales y demás actos de los cuerpos legislativos que colindan con esta constitución;

4. Declarar la nulidad total o parcial de las leyes estadales, de las ordenanzas municipales y demás actos de los cuerpos deliberantes de los Estados o Municipios que colindan con esta Constitución;

5. Resolver las colisiones que existan entre las diversas disposiciones legales y declarar cuál de éstas debe prevalecer;

6. Declarar la nulidad de los reglamentos y demás actos del Ejecutivo Nacional cuando sean violatorios de esta Constitución.

Con base en estas normas, se concentró en la Corte Plena de la Corte Suprema de Justicia, la competencia para conocer de las acciones y los subsiguientes procesos en materia de control de la constitucionalidad de las leyes, de los "reglamentos" entendiéndose que se trataba sólo de los "Reglamentos Ejecutivos," y de los "demás actos del Ejecutivo Nacional," lo que se entendía como referido a aquellos que no eran "actos administrativos," estos últimos sometidos a control contencioso administrativo ante una de las Salad de la Corte Suprema de Justicia, la Sala Constitucional, la cual conforme al artículo 206 de la Constitución era la llamada a conocer de las acciones de nulidad y los subsiguientes procesos contencioso administrativo respecto de los mismos.

Con base en esta concentración de competencias, y en ausencia de la legislación acorde con el texto constitucional de 1961, fue entonces la propia Corte Suprema la que en su jurisprudencia, fue sentando las bases para el futuro desarrollo del derecho procesal constitucional y por supuesto también, en paralelo del derecho procesal administrativo. Puede decirse, precisamente, que fue con base en estas normas que la antigua Corte Suprema de Justicia elaboró las bases de los procesos contencioso administrativos[580], las cuales desarrolladas por la doctrina nacional[581], condujeron a la sanción de la Ley Orgánica de la Corte Suprema de Justicia de 1976.

Esta Ley de 1976, en todo caso, permitió que se comenzaran a delinear los siguientes sistemas de control judicial de constitucionalidad de los actos estatales:

En primer lugar, conforme se disponía en el artículo 49 de la Constitución de 1961, relativo al control de la constitucionalidad de los actos estatales violatorios de los derechos y garantías constitucionales, se configuró la acción y proceso constitucional de amparo constitucional, regulado originalmente en la Disposición Transitoria Cuarta de dicha Constitución respecto de los actos estatales violatorios de la li-

---

580 *V.*, además de las fuentes de jurisprudencia antes citadas, en Allan R. Brewer-Carías y Luís Ortiz Álvarez, *Las grandes decisiones de la jurisprudencia Contencioso administrativa*, Editorial Jurídica Venezolana, Caracas 1996.

581 *V.*, por ejemplo, antes de 1976, Hildegard Rondón de Sansó, *El Sistema Contencioso administrativo de la Carrera Administrativa. Instituciones, Procedimiento y Jurisprudencia*, Ediciones Magón, Caracas 1974.

bertad personal, y a partir de 1988, en la Ley Orgánica de Amparo sobre Derechos y Garantías Constitucionales[582].

En segundo lugar, con base en el tradicional artículo 20 del Código de Procedimiento Civil, se encontraba configurado el procedimiento constitucional de control difuso de constitucionalidad de las leyes previéndose la potestad de todos los tribunales para en cualquier proceso, dar aplicación preferente a la Constitución "cuando la Ley vigente, cuya aplicación se pida, colidiere con alguna disposición constitucional." Mediante este método de control, cualquiera de las partes en un proceso puede solicitar para el caso concreto, o el juez decidirlo de oficio, la inaplicabilidad de una ley que se estime inconstitucional, en cuyo caso, el juez puede aplicar con preferencia la Constitución e inaplicar la ley en la decisión, teniendo la decisión por supuesto, efectos *inter partes.*

En tercer lugar, con base en el artículo 215, ordinales 3°, 4° y 6° de la Constitución de 1961 y en el artículo 42, ordinales 1° a 4° y 11 y 12 de la Ley Orgánica de 1976, el sistema de control concentrado de la constitucionalidad de las leyes y demás actos estatales de rango legal o de ejecución directa de la Constitución, así como de los Reglamentos Ejecutivos; lo que dio origen a los procesos constitucionales de anulación, cuyo conocimiento se atribuyó a la Corte Suprema de Justicia en Corte Plena, y que se iniciaban mediante el ejercicio de la acción popular de inconstitucionalidad. Mediante las mencionadas disposiciones se otorgó a la Corte Suprema de Justicia el monopolio de la declaratoria de nulidad por inconstitucionalidad, de las leyes y demás actos de ejecución directa de la Constitución y de los Reglamentos Ejecutivos, con efectos *erga omnes.*

Conforme a estas normas, y con las normas procesales que se establecieron en la Ley Orgánica de la Corte Suprema de Justicia de 1976 y que se destinaron en común a regular los procesos de nulidad por inconstitucionalidad e ilegalidad que constituyen el origen tanto del proceso constitucional de anulación como del proceso contencioso administrativo de anulación, fue entonces que se configuraron las normas procesales básicas en la materia. Esas previsiones procesales que contribuyeron a la conformación de los procesos constitucionales fueron las de los artículos 112 a 118 de la dicha Ley Orgánica relativos a la impugnación de los "actos de efectos generales," prevista independiente del tipo de acto impugnado o del motivo de impugnación. Aparte, en los artículos 121 a 129 de la misma Ley Orgánica, relativos a la impugnación de los "actos administrativos de efectos particulares," se establecieron las normas básicas que por su lado condujeron al desarrollo de los procesos contencioso administrativos.

Lo importante en establecer ahora, es sin embargo, que fue esa fuente legal común la que permitió consolidar uno de los principio más importante tanto del derecho procesal constitucional como del derecho procesal administrativo, que es el carácter universal del control de constitucionalidad y de ilegalidad[583], en el sentido

582 *V.*, en *G.O.* N° 33.891 de 22-01-1988. *V.*, en Allan R. Brewer-Carías, Carlos Ayala Corao y Rafael J. Chavero Gazdik, *Ley Orgánica de Amparo sobre Derechos y Garantías Constitucionales*, Editorial Jurídica Venezolana, 6ª edición corregida, aumentada y actualizada, Caracas 2007.

583 Lo que significa que no hay ni puede haber actos excluidos de control. Véase por ejemplo, Allan R. Brewer-Carías, "La universalidad del control contencioso administrativo" en *Libro de la Amistad en Homenaje a Enrique Pérez Olivares,* Caracas 1992, pp. 203-226, y en *Revista de Derecho Público*, N°

de que no podía ni puede haber acto estatal alguno que escape al control judicial tanto mediante los procesos constitucionales como mediante los procesos contencioso administrativos.

Al materializarse esta universalidad, sin embargo, las únicas distinciones fundamentales que se establecieron en relación con las acciones que iniciaban los procesos, se basaron en la legitimación y en el lapso de tiempo para accionar. En tal sentido, en el artículo 112 de la Ley Orgánica de 1976 se reguló la legitimación para ejercer tanto la acción de anulación por inconstitucionalidad contra las leyes, ordenanzas y reglamentos ejecutivos; como la acción contencioso administrativa de anulación por razones de inconstitucionalidad o de ilegalidad contra los demás actos administrativos de efectos generales (distintos al reglamento Ejecutivo), configurándose dichas acciones como acciones populares. En cambio, en materia de impugnación de los actos administrativos de efectos particulares, el artículo 121 restringió la legitimación para intentar la acción solo respecto de las personas que tuviesen "interés personal, legítimo y directo en impugnar el acto."

Otra de las distinciones básicas en los procesos se refirió a la oportunidad para intentar las acciones, distinguiéndose, de nuevo, entre las acciones (de inconstitucionalidad o contencioso administrativa) para la impugnación de las leyes, ordenanzas, reglamentos y demás actos estatales de efectos generales, incluidos los actos administrativos de efectos generales, por una parte; y por la otra, la acción contencioso administrativa para la impugnación de los actos administrativos de efectos particulares. Para ello, el artículo 134 de la Ley Orgánica de 1976 estableció que "Las acciones o recursos de nulidad contra los actos generales del Poder Público podrán intentarse en cualquier tiempo, pero los dirigidos a anular actos particulares de la Administración, caducarán en el término de seis meses contados a partir de su publicación en el respectivo órgano oficial, o de su notificación al interesado, si fuere procedente y aquélla no se efectuare. Sin embargo, aún en el segundo de los casos señalados, la ilegalidad del acto podrá oponerse siempre por vía de excepción, salvo disposiciones especiales."

Estas normas comunes condujeron, en la Ley Orgánica, a una distribución de competencias según el acto impugnado: las leyes, ordenanzas y demás actos de ejecución directa de la Constitución (y excepcionalmente los reglamentos Ejecutivos) se impugnaban por razones de inconstitucionalidad en un proceso constitucional que se desarrollaba ante la Corte Suprema de Justicia en Corte Plena (art. 42.4); y los actos administrativos de efectos generales o de efectos particulares se impugnaban por razones de inconstitucionalidad o de ilegalidad, ante la Sala Político-Administrativa en un proceso contencioso administrativo (art. 42, ords. 11 y 12).

---

46, Editorial Jurídica Venezolana, Caracas, abril-junio 1991, pp. 5-22; "El proceso constitucional de amparo en Venezuela: su universalidad y su inefectividad en el régimen autoritario," en *Horizontes Contemporáneos del Derecho Procesal Constitucional. Liber Amicorum Néstor Pedro Sagüés,* Centro de Estudios Constitucionales del Tribunal Constitucional, Lima 2011.

## 2. *Los procesos constitucionales conforme a la Ley Orgánica de la Corte Suprema de Justicia de 1976*

Conforme a la Constitución de 1961 y a la Ley Orgánica de la Corte Suprema de Justicia, antes de entrar en vigencia la Constitución de 1999, en materia de procesos constitucionales, se podían distinguir entonces los siguientes:

*Primero*, el proceso constitucional de anulación de actos estatales por inconstitucionalidad, materializado en el llamado control concentrado de la constitucionalidad de las leyes y demás actos estatales (nacionales, estadales y municipales) de rango legal o de ejecución directa de la Constitución, regulado en los ordinales 1 a 4 del artículo 215 de la Constitución de 1961 y en el ordinales 1, 2 y 3 y 11 del artículo 42 de la Ley Orgánica de 1976[584]. Este proceso constitucional que se desarrollaba ante la Corte Plena de la Corte Suprema de Justicia, se extendía, además, hacia los Reglamentos Ejecutivos, los cuales a pesar de ser actos administrativos, sólo se podían impugnar por motivos de inconstitucionalidad ante la Jurisdicción Constitucional (art. 42.4), y no ante la Jurisdicción contencioso administrativa que es donde lógicamente correspondía.

Estas competencias de anulación por inconstitucionalidad ante la Corte en Pleno, se ponían en movimiento mediante el ejercicio de la acción popular de inconstitucionalidad, produciendo la decisión respectiva, efectos *erga omnes*, y en principio *pro futuro, ex nunc*, aun cuando la Ley Orgánica dejó a la Corte Plena la determinación de los efectos de sus decisiones de anulación en el tiempo.

*Segundo*, el proceso constitucional de amparo a los derechos y garantía constitucionales, conforme a lo dispuesto en el artículo 49 de la Constitución de 1961, que se iniciaba mediante acción de amparo o mediante pretensión ejercida conjuntamente con otra acción, contra todo tipo de acto estatal o de actuaciones o vías de hecho de particulares, y para la protección de todos los derechos y garantías establecidos en la Constitución, o que fueran inherentes a la persona humana, habiéndose llegado a incluir los establecidos en los tratados internacionales de derechos humanos. Este proceso constitucional, como dijimos, fue regulado en la Ley Orgánica de Amparo sobre Derechos y Garantías Constitucionales de 1988.

En *tercer* lugar, estaba el proceso constitucional para la solución de las controversias constitucionales, que podía derivarse del artículo 215.8 de la Constitución de 1961 y del artículo 42.13 de la Ley Orgánica de 1976 y cuyo conocimiento se atribuyó a la Sala Político Administrativa de la antigua Corte Suprema, para "dirimir las controversias en que una de las partes sea la República o algún Estado o Municipio, cuando la contraparte sea otra de esas mismas entidades".

En la Ley Orgánica de 1976 se podía identificar, además, un procedimiento constitucional desarrollado ante la Corte Plena, para decidir acerca de la inconstitucionalidad de las leyes que solicite el Presidente de la República antes de ponerle el ejecútese, conforme al artículo 173 de la Constitución de 1961 (art. 42.2).

584 *V.*, Allan R. Brewer-Carías, *El control de la constitucionalidad de los actos estatales*, Caracas 1977; e Instituciones Políticas y Constitucionales, Justicia Constitucional, T. VI, Universidad Católica del Táchira, Editorial Jurídica Venezolana, San Cristóbal-Caracas 1996.

Tal era, en líneas muy generales, no sólo la fuente legislativa que utilizó la Corte Suprema de Justicia para sentar las bases de los procesos constitucionales que estaban ya configurados cuando se sancionó la Constitución de 1999, sino el marco general de dichos procesos.

## III. LOS PROCESOS CONSTITUCIONALES EN LA CONSTITUCIÓN DE 1999, CONFORME A LA LEY ORGÁNICA DEL TRIBUNAL SUPREMO DE 2004

La Constitución de 1999, sin duda, puede considerarse como el punto culminante de la evolución del sistema de control de constitucionalidad de los actos estatales y, por tanto, el punto de partida para la configuración definitiva del derecho procesal constitucional en Venezuela.

La misma se concibió formalmente como el marco jurídico para un Estado de derecho, que conlleva la necesaria sumisión de todas las actuaciones de los órganos del Estado al ordenamiento jurídico preestablecido, compuesto no sólo por la Constitución y las leyes, sino por el conjunto de reglamentos y normas dictados por las autoridades competentes. De ello deriva el principio de la legalidad, que en relación con todos los órganos del Estado, y en particular de la Administración Pública, les impone la obligación de actuar con arreglo a lo establecido en la Constitución, ley y las otras normas jurídicas que regulan su actividad[585].

### 1. *La Jurisdicción Constitucional en la Constitución de 1999*

Esta idea del Estado de derecho implica, además, la indispensable previsión de garantías de control judicial a los efectos de asegurar la sumisión de los órganos del Estado al derecho, a cuyo efecto se han desarrollado y estructurado por una parte, la Jurisdicción Constitucional, y por la otra, la Jurisdicción Contencioso Administrativa, las cuales se distinguen, como siempre, no por los motivos de impugnación de los actos estatales, sino básicamente, por los actos objeto de control[586].

Conforme al artículo 266.1 de la Constitución de 1999, el Tribunal Supremo de Justicia ejerce la Jurisdicción Constitucional la cual conforme al Título VIII de la misma está atribuida, en exclusiva, a la Sala Constitucional.

Pero por supuesto, Jurisdicción Constitucional no se puede confundir con "justicia constitucional." Esta última se refiere en general a la competencia judicial para velar por la integridad y supremacía de la Constitución, y que en Venezuela se ejerce por *todos los jueces* y no sólo por el Tribunal Supremo de Justicia, ni sólo por su Sala Constitucional, en cualquier causa o proceso que conozcan y, además, en particular, cuando conozcan de acciones de amparo o de las acciones contencioso admi-

585 *V.*, Antonio Moles Caubet, *El principio de legalidad y sus implicaciones,* Universidad Central de Venezuela, Facultad de Derecho, Publicaciones del Instituto de Derecho Público, Caracas 1974.

586 *V.*, Allan R. Brewer-Carías, *Instituciones Políticas y Constitucionales,* T. VI, *Justicia Constitucional,* Universidad Católica del Táchira-Editorial Jurídica Venezolana, Caracas-San Cristóbal 1996; Editorial Jurídica Venezolana, Caracas 1997; La Justicia Constitucional (Procesos y procedimientos constitucionales), Universidad nacional Autónoma de México, México 2007.

nistrativas al tener la potestad para anular actos administrativos por contrariedad a la Constitución (como forma de contrariedad al derecho) (art. 259)[587].

En cuanto al Tribunal Supremo de Justicia, en materia de justicia constitucional, todas sus Salas también tienen expresamente como competencia, el garantizar "la supremacía y efectividad de las normas y principios constitucionales", correspondiéndoles a todas las salas el ser "el máximo y último intérprete de la Constitución" y velar "por su uniforme interpretación y aplicación" (art. 335). La Sala Constitucional, por tanto, no es "el máximo y último intérprete de la Constitución" como se ha afirmado[588], o como lo ha señalado la propia Sala Constitucional, no es el órgano judicial que tenga "el monopolio interpretativo último de la Constitución"[589]. Esta es una apreciación completamente errada, que no deriva del texto de la Constitución, de cuyo artículo 335, al contrario, lo que se deriva es que *todas las Salas* ejercen la justicia constitucional conforme a sus respectivas competencias y son el máximo y último intérprete de la Constitución. También se deriva que es a través de la Sala Constitucional, que el Tribunal Supremo de Justicia concentra la Jurisdicción Constitucional (Arts. 266, ord. 1° y 336).

De lo anterior resulta, en todo caso, que la expresión "justicia constitucional" es un concepto material que equivale a *control judicial de la constitucionalidad de las leyes y demás actos estatales,* el cual ha sido ejercido en Venezuela, siempre, por todos los tribunales pertenecientes a todas las Jurisdicciones, es decir, por todos los órganos que ejercen el Poder Judicial, dando origen a los procesos constitucionales.

En cambio, la expresión *"Jurisdicción Constitucional"* es una noción orgánica, que tiende a identificar a un órgano específico del Poder Judicial que tiene, en forma exclusiva, la potestad de anular *ciertos actos estatales* por razones de inconstitucionalidad, en particular, las leyes y demás actos con rango de ley o de ejecución directa e inmediata de la Constitución; atribución que en Venezuela siempre ha correspondido al Supremo Tribunal de Justicia,[590] ahora a través de su Sala Constitucional. Por ello, el artículo 334 de la Constitución establece que:

> "Corresponde exclusivamente a la Sala Constitucional del Tribunal Supremo de Justicia como jurisdicción constitucional, declarar la nulidad de las leyes y demás actos de los órganos que ejercen el Poder Público dictados en ejecución directa e inmediata de esta Constitución o que tengan rango de ley, cuando colidan con aquella".

La noción de justicia constitucional, por tanto, es distinta a la de Jurisdicción Constitucional. Esta se identifica con la potestad de la Sala Constitucional de juzgar

---

587 *V.,* Allan R. Brewer-Carías, *Instituciones Políticas y Constitucionales*, T. VII, *La Justicia Contencioso administrativa*, Universidad Católica del Táchira-Editorial Jurídica Venezolana, Caracas-San Cristóbal 1997, pp. 26 y ss.

588 *V.,* en José Vicente Haro G., "La justicia constitucional en Venezuela y la Constitución de 1999." en *Revista de Derecho Constitucional*, Editorial Sherwood, N° 1, Caracas, sep-dic. 1999, pp. 137 y 146.

589 *V.,* sentencia N° 1374 de 09-11-2000, en *Revista de Derecho Público*, N° 84, Editorial Jurídica Venezolana, Caracas 2000, p. 267.

590 *V.,* Allan R. Brewer-Carías, *Instituciones Políticas y Constitucionales,* T. VI, *La Justicia Constitucional,* Universidad Católica del Táchira-Editorial Jurídica Venezolana, Caracas 1996; Allan R. Brewer-Carías, *Judicial Review in Comparative Law,* Cambridge, 1989.

en materia constitucional, y aquella en cambio con la "la potestad de juzgar en materia constitucional" que corresponde, además de a la Sala Constitucional, a otros órganos judiciales[591].

La particularidad de la Jurisdicción Constitucional, si se quiere, es que tiene atribuidas en forma exclusiva unas competencias judiciales en materia de justicia constitucional, como son por ejemplo, las de anular ciertos y determinados actos estatales: las leyes y demás actos de rango legal o de ejecución directa e inmediata de la Constitución, y las de revisar las sentencias en materia constitucional. De ello deriva, que la Sala Constitucional ni siquiera tiene el monopolio para ejercer el control concentrado de la constitucionalidad de los actos estatales, y solo tiene el monopolio de dicho control *respecto de determinados actos estatales* (los de rango y fuerza de ley y los dictados en ejecución directa e inmediata de la Constitución), como se la caracteriza en el derecho comparado[592].

Por ello puede decirse, en general, que el control concentrado de la constitucionalidad de los actos estatales conforme a la Constitución, se ejerce por dos Jurisdicciones distintas: la Jurisdicción Constitucional y la Jurisdicción Contencioso Administrativa. Ello se deriva del hecho de que los órganos de la Jurisdicción Contencioso Administrativa tienen competencia, conforme al artículo 259 de la Constitución, para controlar la constitucionalidad de los actos administrativos, tanto normativos (Reglamentos) como no normativos, que son siempre actos de rango sublegal. Esta norma, eliminó la incongruencia que en la Constitución de 1961 prevalecía, al atribuir a la Jurisdicción Constitucional de entonces (Corte Plena), la competencia para controlar la constitucionalidad de los Reglamentos Ejecutivo, tal como ya se ha dicho anteriormente.

De ello resulta, por tanto, que los órganos de la Jurisdicción Contencioso Administrativa ejercen la justicia constitucional mediante el control concentrado de la constitucionalidad, al conocer de los recursos contenciosos administrativos de anulación contra los actos administrativos por razones de inconstitucionalidad; entendiéndose por supuesto que los actos administrativos son siempre de carácter sublegal, no siendo por tanto en forma alguna dictados "en ejecución directa e inmediata de la Constitución". Estos últimos actos ejecutivos están sometidos al control de constitucionalidad exclusivamente a cargo de la Sala Constitucional del Tribunal Supremo.

Con base en este marco constitucional se dictó la Ley Orgánica del Tribunal Supremo de Justicia de 2004, la cual derogó la Ley Orgánica de la Corte Suprema de Justicia de 1976, cuyo articulado había sido el que efectivamente había innovado en esta materia, habiendo sentando las bases para el ejercicio del control jurisdiccional. La Ley de 2004, en realidad, salvo por lo que se refirió a las nuevas normas que eran indispensables para poner a funcionar un nuevo Tribunal que había sustituido a la

591 No es correcto, por tanto, lo afirmado por la Sala Constitucional en el sentido de que la misma tenga atribuida competencia para ejercer la "la potestad de juzgar y de hacer ejecutar lo juzgado en materia constitucional". Véase sentencia N° 129 de 17-03-2000 (Caso *Vicente Bautista García Fermín),* Expediente 00-0005. Ello sólo es así cuando ejerce la Jurisdicción Constitucional.

592 *V.,* en general, Allan R. Brewer-Carías, *Judicial Review in Comparative Law, op. cit.* p. 190; y Allan R. Brewer-Carías, *El control concentrado de la constitucionalidad de las leyes (Estudio de Derecho Comparado),* Caracas 1994, p. 19.

antigua Corte Suprema, desde el punto de vista sustantivo no pasó de ser, en realidad, sino una muy mala y disparatada copia de las previsiones de la Ley de 1976.

Sin embargo desde el punto de vista formal, la Ley Orgánica de 2004 se caracterizó por tener una disparatada composición, una asistemática división y una absurda ordenación[593]. La verdad es que puede decirse que no existe en los anales de la historia legislativa del país, desde 1830, un texto legal tan mal concebido y peor expresado como aquella Ley Orgánica de 2004, que quedó como legado de unos legisladores poco conocedores de la más elemental técnica legislativa; que sancionaron un texto que será ejemplo de cómo no debe legislarse.

En dicha Ley Orgánica de 2004, en todo caso, en su artículo 5, párrafo 2°, se le atribuyeron al Tribunal Supremo en Sala Constitucional, como Jurisdicción Constitucional[594], los asuntos previstos en los numerales 3 al 23 del párrafo 1° de dicho artículo, que originaron por una parte diversos procesos constitucionales, y por la otra algunos procedimientos constitucionales, en los cuales no se traba *litis* procesal.

## 2. *Los procesos constitucionales en la Ley Orgánica de 2004*

En primer lugar, están por tanto, una serie de competencias atribuidas a la Sala Constitucional que originan procesos constitucionales y que están signados por el principio de la bilateralidad, requiriendo siempre instancia de parte. Esos de acuerdo con la Ley Orgánica de 2004 eran los siguientes:

### A. *El proceso constitucional de control concentrado de la constitucionalidad de las leyes y actos de ejecución directa de la Constitución*

Primero el proceso constitucional de control concentrado de constitucionalidad de las leyes y otros actos estatales de igual rango y valor (control concentrado de la

---

593 *V.*, la crítica sobre la técnica de redacción utilizada en la ley de 2004 en Carlos Luis Carrillo Artiles, *Ley Orgánica del Tribunal Supremo de Justicia. Titulada, Concordada, Comentada con sus Antecedentes y Modificaciones*, Funeda, Caracas 2004, pp. 7-13.

594 *V.*, en general, Allan R. Brewer-Carías, *El Sistema de Justicia Constitucional en la Constitución de 1999: Comentarios sobre su desarrollo jurisprudencial y su explicación a veces errada, en la Exposición de Motivos*, Editorial Jurídica Venezolana, Caracas 2000; Allan R. Brewer-Carías, "La Justicia Constitucional en la Nueva Constitución" en *Revista de Derecho Constitucional*, N° 1, Septiembre-Diciembre 1999, Editorial Sherwood, Caracas 1999, pp. 35-44; Allan R. Brewer-Carías, "La justicia constitucional en la Constitución de 1999", en *Derecho Procesal Constitucional*, Colegio de Secretarios de la Suprema Corte de Justicia de la Nación, A.C., Editorial Porrúa, México 2001, pp. 931-961. Publicado también en *Reflexiones sobre el Constitucionalismo en América*, Editorial Jurídica Venezolana, Caracas 2001, pp. 255-285; Jesús M. Casal H., *Constitución y justicia constitucional: los fundamentos de la justicia constitucional en la nueva Carta Magna*, Universidad Católica Andrés Bello, Caracas 2000; Héctor Fix Zamudio, "La justicia constitucional y la judicialización de la política", en *Constitución y Constitucionalismo Hoy*. Editorial Ex Libris, Caracas 2000, pp. 557-592; Jesús M. Casal H., "Hacia el fortalecimiento y racionalización de la justicia constitucional", en *Revista de Derecho Constitucional*, N° 2 (enero-junio), Editorial Sherwood, Caracas 2000, pp. 215-242; Antonio Canova González, "La futura justicia constitucional en Venezuela", en *Revista de Derecho Constitucional*, N° 2 (enero-junio), Editorial Sherwood, Caracas 2000, pp. 93-181; María A. Bonnemaison, "El control constitucional de los Poderes Públicos", en *Bases y principios del sistema constitucional venezolano* (Ponencias del VII Congreso Venezolano de Derecho Constitucional realizado en San Cristóbal del 21 al 23 de Noviembre de 2001), Volumen II, pp. 233-260; Carla Crazut Jiménez, "Progreso de la protección constitucional en Venezuela", en *Libro Homenaje a Enrique Tejera París, Temas sobre la Constitución de 1999*, Centro de Investigaciones Jurídicas (CEIN), Caracas 2001, pp. 273 a 289.

constitucionalidad), regulado en los ordinales 6 a 9 del párrafo 1° del artículo 5 de la Ley Orgánica de 2004 que atribuían a la Sala Constitucional las siguientes competencias en materia de control de la constitucionalidad de actos del Estado establecidas en el artículo 336 de la Constitución, según los actos objeto de control:

En primer lugar, "6. Declarar la nulidad total o parcial de las *leyes nacionales y demás actos con rango de ley de la Asamblea Nacional,* que colidan con la Constitución de la República Bolivariana de Venezuela, mediante el ejercicio del control concentrado de la constitucionalidad."

Esta norma repetía tanto el texto constitucional como el del artículo 42.1 de la Ley Orgánica de 1976, a los cuales sólo se le agregó la última frase sobre el "ejercicio del control concentrado de la constitucionalidad," terminología que, por tanto, adquirió rango legal en Venezuela. Los actos con rango de ley de la Asamblea Nacional serían aquellos actos parlamentarios sin forma de ley dictados en ejecución directa e inmediata de la Constitución, como los *interna corporis.*

En segundo lugar, "7. Declarar la nulidad total o parcial de las *Constituciones y leyes estadales, de las ordenanzas municipales y demás actos* de los cuerpos deliberantes de los Estados, Municipios y del Distrito Capital, dictados *en ejecución directa e inmediata de la Constitución* y que colidan con ella, mediante el ejercicio del control concentrado de la constitucionalidad."

En este caso, también, la novedad respecto de lo que establecía la Constitución de 1999 y de lo que establecía Ley Orgánica de 1976 no sólo fue la calificación del proceso, también como "el ejercicio del control concentrado de la constitucionalidad", sino la referencia, conforme a la Constitución (arts. 334 y 336) de los actos estatales sometidos a control como aquellos dictados en ejecución directa e inmediata de la Constitución, y que sin tener "valor de ley" tienen el mismo rango. En la Ley Orgánica se agregaron, además, los actos de tal naturaleza del Distrito Capital.

En tercer lugar, "8. Declarar la nulidad total o parcial de *los actos con rango de ley dictados por el Ejecutivo Nacional*, que colidan con la Constitución de la República Bolivariana de Venezuela, mediante el ejercicio del control concentrado de la constitucionalidad."

Esta norma se refería, básicamente, a los decretos leyes dictados en virtud de ley habilitante (art. 203), así como a las regulaciones sobre el ejercicio de derechos constitucionales que debe dictar el Ejecutivo Nacional en caso de restricción de garantías derivadas de un decreto de estado de excepción (art. 339). Se destaca igualmente, el calificativo del proceso que originaba la competencia como de "el ejercicio del control concentrado de la constitucionalidad.

En cuarto lugar, "9. Declarar la nulidad total o parcial de los actos dictados por cualquier órgano en ejercicio del Poder Público, en ejecución directa e inmediata de la Constitución de la República Bolivariana de Venezuela, cuando colidan con ésta y que no sean reputables como actos de rango legal."

Lamentablemente en la identificación del objeto de la acción de inconstitucionalidad en este caso, el Legislador de 2004 no sólo no lo calificó como "control concentrado de la constitucionalidad", perdiendo la coherencia normativa, sino que no entendió las disposiciones constitucionales (arts. 334, 336.4) que se refieren al control de constitucionalidad de los "actos dictados en ejecución directa e inmediata de la Constitución," los cuales precisamente por ello tienen rango legal, aún cuando puedan no tener valor de ley. Las categorías de actos dictados en ejecución directa e inmediata de la Constitución y los actos con rango de ley, no son excluyentes. Los actos dictados en ejecución directa e inmediata de la Constitución, precisamente por ello sólo pueden estar regulados por sus normas y no admiten que se pueda dictar una ley para regularlos. Pero la noción nada tiene que ver con el concepto de normas constitucionales de aplicación directa e inmediata. No es lo mismo, por tanto, un acto dictado en ejecución directa e inmediata de la Constitución que una norma constitucional de aplicación directa e inmediata[595].

En todo caso, en ejercicio de estas cuatro competencias (ordinales 6 a 9) y aún cuando no se utilizó la misma terminología en el ordinal 9, la Sala Constitucional ejercía el "control concentrado de la constitucionalidad", el cual, como lo precisaba el artículo 5, párrafo 3° de la Ley Orgánica de 2004:

> "Sólo corresponderá a la Sala Constitucional en los términos previstos en esta Ley, la cual no podrá conocerlo incidentalmente en otras causas, sino únicamente cuando medie un recurso popular de inconstitucionalidad, en cuyo caso no privará el principio dispositivo, pudiendo la Sala suplir, de oficio, las deficiencias o técnicas del recurrente sobre las disposiciones expresamente denunciadas por éste, por tratarse de un asunto de orden público".

Con esta disposición expresa, en el caso de control concentrado de constitucionalidad, el Legislador buscó poner límite a la potestad de control concentrado de oficio que había venido desarrollando la Sala Constitucional, imponiendo aquí el principio dispositivo al exigir el ejercicio de una acción popular. Esta terminología de "recurso popular de inconstitucionalidad", además, adquirió rango legal en Venezuela con esta disposición.

Debe advertirse, por último, que si bien en todos estos casos se hablaba en la Ley Orgánica de "ejercicio del control concentrado de constitucionalidad," la verdad es que no lo agotaban, pues los otros procesos constitucionales que se desarrollaba ante la Sala Constitucional como Jurisdicción Constitucional, también constituían, precisamente por ello, control concentrado de la constitucionalidad.

### B. *El proceso constitucional de control concentrado de la constitucionalidad con motivo de incidente derivado del ejercicio del control difuso de la constitucionalidad*

Segundo, el proceso constitucional de control concentrado de la constitucionalidad de las leyes como incidente con motivo del control difuso de constitucionalidad efectuado por otras Salas del Tribunal Supremo. De acuerdo con lo dispuesto en el artículo 5, párrafo 1°, 22 de la Ley Orgánica, era competencia de la Sala Constitucional:

---

595 Ello, lamentablemente se ha confundido en forma inaceptable por la Sala Constitucional en la sentencia N° 566 de 12-04-2004 (Caso *Julio Borges, César Pérez Vivas, Henry Ramos Allup, Jorge Sucre Castillo, Ramón José Medina y Gerardo Blyde vs. Consejo Nacional Electoral*) mediante la cual la Sala Constitucional se avocó al conocimiento de la causa relativa al referendo revocatorio presidencial que competía a la Sala Electoral. *V.*, los comentarios en Allan R. Brewer-Carías, *La Sala Constitucional vs. El Estado Democrático de Derecho (El secuestro del Poder Electoral y de la Sala Electoral del Tribunal Supremo y la confiscación del derecho a la participación política)*, Ediciones El Nacional, Caracas 2004, pp. 133 y ss.

> "22. Efectuar el examen abstracto y general sobre la constitucionalidad de una norma previamente desaplicada mediante control difuso de la constitucionalidad por alguna de las Salas del Tribunal Supremo de Justicia, absteniéndose de conocer sobre el mérito y fundamento de la sentencia pasada con fuerza de cosa juzgada".

En estos casos, conforme al artículo 5, párrafo 5°,

> "Cuando cualquiera de las Salas del Tribunal Supremo de Justicia haga uso del control difuso de la constitucionalidad, únicamente para un caso concreto, deberá informar a la Sala Constitucional sobre los fundamentos y alcances de la desaplicación adoptada para que ésta proceda a efectuar un examen abstracto sobre la constitucionalidad de la norma en cuestión, absteniéndose de revisar el mérito y alcance de la sentencia dictada por la otra Sala, la cual seguirá conservando fuerza de cosa juzgada".

Conforme a estas normas, por tanto, la Sala Constitucional del Tribunal Supremo era competente para ejercer el control concentrado de la constitucionalidad de las normas legales cuando las mismas hubieran sido desaplicadas en casos concretos por las otras Salas del Tribunal Supremo mediante la aplicación del método difuso de control de constitucionalidad.

### C. *El proceso constitucional de control de la constitucionalidad de las omisiones legislativas*

Tercero, el proceso constitucional de control concentrado de la inconstitucionalidad de la omisión del Legislador y de los demás órganos del Poder Público en relación con sus obligaciones constitucionales, el cual se extiende a las omisiones de los órganos que ejercen el poder legislativo municipal, estadal o nacional, cuando dichos órganos hayan dejado de dictar las normas o medidas indispensables para garantizar el cumplimiento de la Constitución, o las hubiesen dictado en forma incompleta. En la decisión de estos procesos, la Sala Constitucional tiene competencia para establecer el plazo para la emisión de la legislación necesaria y para, de ser necesario, establecer los lineamientos para la corrección de la misión.

La Constitución reguló este proceso constitucional de control de la constitucionalidad de las omisiones del Legislador (art. 336,7), el cual se recogió en el artículo 5, párrafo 1°,12 de la Ley Orgánica, al atribuirse a la Sala Constitucional, competencia para:

> "Declarar la inconstitucionalidad de las omisiones del Poder Legislativo Municipal, Estadal o Nacional cuando haya dejado de dictar las normas o medidas indispensables para garantizar el cumplimiento de la Constitución de la República Bolivariana de Venezuela, o las haya dictado en forma incompleta, y establecer el plazo y, de ser necesario, los lineamientos generales esenciales para su corrección, *sin que ello implique usurpación de funciones de otro órgano del Poder Público, o extralimitación de atribuciones*".

La última frase subrayada, constituye un agregado del Legislador respecto de lo que dispone la Constitución, en el sentido de imponerle límites a la Sala Constitucional en cuanto a que los lineamientos que puede establecer para la corrección de la omisión por parte del órgano legislativo, no puede implicar en caso alguno, que la

Sala pueda sustituirse en el ejercicio de la competencia del órgano legislativo omiso y asumir y ejercer su competencia; es decir, usurpar sus funciones e incurrir en extralimitación de atribuciones[596].

Pero la Ley Orgánica en su artículo 5, párrafo 1°,13 amplió las competencias de la Sala Constitucional, al regular el control concentrado de la constitucionalidad de las omisiones respecto de cualesquiera otros órganos del Poder Público, y no sólo del órgano legislativo, en relación con el cumplimiento de obligaciones directamente establecidas en la Constitución, así:

> "13. Declarar la inconstitucionalidad de las omisiones de cualquiera de los órganos que ejerzan el Poder Público de rango nacional, respecto a obligaciones o deberes establecidos directamente por la Constitución de la República Bolivariana de Venezuela".

Esta disposición, tal como está redactada, implicaba la concentración en la Sala Constitucional, por ejemplo, del conocimiento de todas las acciones de amparo o contencioso administrativas contra las conductas omisivas de los entes y funcionarios públicos en el cumplimiento de las obligaciones que le son impuestas en las regulaciones referidas, por ejemplo, a los derechos constitucionales, que son normas de aplicación directa e inmediata.

Ello resquebrajaba las competencias judiciales en materia de amparo y contencioso administrativas.

### D. *El proceso constitucional para la solución de controversias constitucionales*

Cuarto, el proceso constitucional para la solución de las controversias constitucionales entre los órganos del Poder Público. De acuerdo con el artículo 336.9 de la Constitución, la Sala Constitucional conforme al artículo 5, párrafo 1°,15 de la Ley Orgánica tiene competencia para: "15. Dirimir las controversias constitucionales que se susciten entre cualquiera de los órganos del Poder Público".

### E. *El proceso constitucional de interpretación abstracta de la Constitución*

Quinto, el proceso constitucional de la interpretación constitucional. A pesar de la jurisprudencia desarrollada por la Sala Constitucional, la Ley Orgánica no reguló expresamente el proceso constitucional de interpretación de la Constitución, mediante acción autónoma; y lo que la Ley estableció fue un conjunto de atribuciones que son comunes a todas las Salas del Tribunal Supremo, entre las cuales está el conocimiento de los recursos de interpretación de las leyes.

---

596 Como lo hizo en agosto de 2003 al designar a los miembros del Consejo Nacional Electoral, y limitarle sus atribuciones. Véase sentencias N° 2073 de 4-8-2003 (Caso: *Hernann E. Escarrá Malavé (acción de inconstitucionalidad por omisión contra la Asamblea Nacional)*, y N° 2341 de 25-08-2003 (Caso *Hermann Escarrá y otros*), en *Revista de Derecho Público*, N° 93-96, EJV, Caracas 2003, pp. 520 ss. y pp. 525 y ss. *V.*, los comentarios en Allan R. Brewer-Carías, *La Sala Constitucional vs. El Estado Democrático de Derecho, (El secuestro del Poder Electoral y de la Sala Electoral del Tribunal Supremo y la confiscación del derecho a la participación política)*, Caracas 2004, pp. 43 y ss.

### F. *El proceso constitucional de revisión de sentencias constitucionales*

Sexto, el proceso constitucional de la revisión de sentencias en materia constitucional. De acuerdo con la innovación consagrada en el artículo 336,10 de la Constitución[597], se atribuye a la Sala Constitucional la competencia para conocer del recurso extraordinario de revisión de sentencias definitivamente firmes dictadas en los procesos de amparo constitucional y por los jueces ejerciendo el control difuso de constitucionalidad de leyes o normas jurídicas al decidir casos concretos. Conforme con el artículo 5, párrafo 1°,16 de la Ley Orgánica de 2004, igualmente se atribuyó competencia a la Sala Constitucional competencia para "revisar las sentencias definitivamente firmes de amparo constitucional y control difuso de la constitucionalidad de leyes o normas jurídicas, dictadas por los demás tribunales de la República".

Se trata de una competencia que tiene por objeto establecer la uniformidad de la aplicación e interpretación constitucional, al permitirle a la Sala Constitucional conocer, a su discreción, de los recursos extraordinarios de revisión que se intenten contra sentencias definitivamente firmes de los tribunales dictadas en materia de amparo, en los casos en los cuales han ejercido el control difuso de la constitucionalidad de las leyes.

En particular, sobre las sentencias dictadas en ejercicio del control difuso de la constitucionalidad, el artículo 5, párrafo 4° de la Ley Orgánica, dispuso que "de conformidad con lo previsto en la Constitución de la República Bolivariana de Venezuela, todo tribunal de la República podrá ejercer el control difuso de la constitucionalidad únicamente para el caso concreto, en cuyo supuesto dicha sentencia estará expuesta a los recursos o acciones ordinarias o extraordinarias a que haya lugar". Dicho artículo dejó "a salvo en todo caso", que la Sala Constitucional pueda hacer uso, *de oficio o a instancia de parte,* de la competencia de revisión prevista en el numeral 16 del artículo 5 "y se avoque a la causa para revisarla cuando ésta se encuentre definitivamente firme".

La jurisprudencia de la Sala Constitucional, sin embargo, apartándose de la Constitución, fue ampliando sus competencias de revisión de sentencias dictadas por otras Salas del Tribunal Supremo (distintas a las dictadas en materia de amparo o de control difuso de la constitucionalidad), lo cual fue regularizado por el Legislador en la Ley Orgánica de 2004, atribuyendo además a la Sala Constitucional, en su artículo 5, párrafo 1°, 4, competencia para:

> "4. Revisar las sentencias dictadas por una de las Salas, cuando se denuncie fundadamente la violación de principios jurídicos fundamentales contenidos en la Constitución de la República Bolivariana de Venezuela, Tratados, Pactos o

---

597 En la propuesta que formulamos ante la Asamblea Nacional Constituyente el 31 de octubre de 1999 sobre el control difuso de la constitucionalidad de las leyes, consideramos que en la Constitución: "También debería atribuirse a la Sala Constitucional una competencia para conocer de un recurso extraordinario de revisión que pueda intentarse contra las sentencias de *última instancia* en las cuales se resuelvan cuestiones constitucionales relativas a las leyes, de conocimiento discrecional por la Sala. En esta forma, en materia de cuestiones de constitucionalidad, la Sala Constitucional de la Suprema Corte, a su juicio, podría tener la última palabra en estas materias y en los casos en los que estime necesario estatuir con fuerza de precedente y uniformizar la jurisprudencia". *V.*, Allan R. Brewer-Carías, *Debate Constituyente, (Aportes a la Asamblea Nacional Constituyente),* T. III (18 octubre-30 noviembre 1999), Fundación de Derecho Público-Editorial Jurídica Venezolana, Caracas 1999, p. 105.

Convenios Internacionales suscritos y ratificados válidamente por la República, o que haya sido dictada como consecuencia de un error inexcusable, dolo, cohecho o prevaricación; asimismo podrá avocarse al conocimiento de una causa determinada, cuando se presuma fundadamente la violación de principios jurídicos fundamentales contenidos en la Constitución de la República Bolivariana de Venezuela, Tratados, Pactos o Convenios Internacionales suscritos y ratificados válidamente por la República, aun cuando por razón de la materia y en virtud de la ley, la competencia le esté atribuida a otra Sala".

Debe mencionarse por último, que conforme al artículo 5, párrafo 1°,14 la Ley Orgánica de 2004, siguiendo la tradición en la materia, reguló, la competencia de la Sala Constitucional para resolver sobre la colisión (vigencia y derogación) de leyes, atribuyendo a la Sala Constitucional competencia para "resolver las colisiones que existan entre diversas disposiciones legales y declarar cuál debe prevalecer."

En este caso se trata de un proceso destinado a determinar cuál es la ley aplicable en caso de colisiones entre leyes.

### 3. *Los procedimientos constitucionales en la Ley Orgánica de 2004*

Pero por otra parte, como se dijo, conforme a la Constitución, la Ley Orgánica definió una serie de competencias respecto de procedimientos de control concentrado de la constitucionalidad de ciertos actos estatales, los cuales no se rigen por el principio de la bilateralidad ni requieren de instancia de parte. Así, estos se refieren de acuerdo con la Constitución, en primer lugar, a mecanismos de control de constitucionalidad, de carácter preventivo, primero, respecto del carácter orgánico de las leyes (art. 203); segundo respecto de la conformidad con la Constitución de los tratados internacionales suscritos por la República, antes de su ratificación (art. 335.5); y tercero a la revisión en todo caso, aun de oficio, de la constitucionalidad de los decretos que declaren estados de excepción dictados por el Presidente de la República (artículo 336.6).

Estos procedimientos constitucionales, en efecto, son los siguientes:

#### A. *El procedimiento constitucional de control preventivo de la constitucionalidad de las leyes orgánicas*

Primero, el procedimiento de control concentrado y obligatorio de la constitucionalidad de las leyes orgánicas. La Constitución estableció, en su artículo 203, un control de constitucionalidad de carácter obligatorio respecto de ciertas leyes orgánicas, aquellas "que así haya calificado la Asamblea Nacional" en la forma dispuesta en dicha norma; las cuales constituyen sólo uno de los cinco tipos de leyes orgánicas que regula la Constitución.

El artículo 5, párrafo 1°, 17 de la Ley Orgánica, sin embargo, pareció haber extendido este control automático y obligatorio por parte la Sala Constitucional respecto de *todas las leyes orgánicas*, al atribuirle competencia para:

> "17. Conocer, antes de su promulgación, la constitucionalidad del carácter orgánico de las leyes dictadas por la Asamblea Nacional, y de los Decretos con Fuerza de Ley que dicte el Presidente de la República en Consejo de Ministros mediante Ley Habilitante".

A pesar de lo mal redactado de la norma, debía presumirse que el control previsto respecto de los decretos ejecutivos con fuerza de Ley en ella establecido, sólo se refiere a aquellos que tengan el carácter de "leyes orgánicas".

B. *El procedimiento constitucional de control automático de la constitucionalidad de los decretos de estados de excepción*

Segundo, el procedimiento de control concentrado y obligatorio de constitucionalidad de los decretos de estado de excepción. Conforme al artículo 336,6 de la Constitución, el artículo 5, párrafo 1°,11 de la Ley Orgánica atribuye a la Sala Constitucional competencia para controlar la constitucionalidad en forma obligatoria de los decretos de estados de excepción, así: "11. Revisar, en todo caso, aun de oficio, la constitucionalidad de los decretos que declaren estados de excepción dictados por el Presidente o Presidenta de la República."

C. *El procedimiento constitucional de control preventivo de la constitucionalidad de los tratados internacionales*

Tercero, el proceso constitucional de control concentrado preventivo de la constitucionalidad de los Tratados. Conforme al artículo 5, párrafo 1°, 10 de la Ley, y al artículo 336.5 de la Constitución, la Sala Constitucional era y es competente para verificar, a solicitud del Presidente de la República o de la Asamblea Nacional, la conformidad con la Constitución, de los Tratados Internacionales suscritos por la República antes de su ratificación.

Se trata entonces del ejercicio de un control concentrado de carácter preventivo de la constitucionalidad de los tratados internacionales, a solicitud del Presidente de la República o de la Asamblea nacional.

A ello habría que agregar la competencia de la Sala Constitucional para la resolución de controversias en relación con los tratados internacionales, que se reguló en la Ley Orgánica, en el artículo 5, párrafo 1°, 23, al atribuirle competencia para:

> "23. Conocer de las controversias que pudieren suscitarse con motivo de la interpretación y ejecución de los tratados, convenios o acuerdos internacionales suscritos y ratificados por la República. La sentencia dictada deberá ajustarse a los principios de justicia internacionalmente reconocidos y será de obligatorio cumplimiento por parte del Estado Venezolano".

Nada más reguló la Ley Orgánica sobre estas competencias ni sobre la legitimación activa para iniciar el proceso.

D. *El procedimiento constitucional de control preventivo de la constitucionalidad de las leyes aún no promulgadas*

Cuarto, el proceso constitucional de control concentrado preventivo de la constitucionalidad de leyes sancionadas antes de su promulgación tal como se reguló en el artículo 214 de la Constitución. Conforme al artículo 5, párrafo 1°,21 de la Ley Orgánica, correspondía a la Sala Constitucional, "conocer de la solicitud de pronunciamiento, efectuada por el Presidente de la República, sobre la inconstitucionalidad de las leyes sancionadas por la Asamblea Nacional, de conformidad con lo previsto en el artículo 214 de la Constitución de la República Bolivariana de Venezuela"[598].

En este caso, igualmente se trata del ejercicio de un control concentrado preventivo de la constitucionalidad de las leyes antes de su publicación, a solicitud del Presidente de la República e independientemente del ejercicio del veto presidencial.

## IV. LOS PROCESOS Y PROCEDIMIENTOS CONSTITUCIONALES CONFORME A LA LEY ORGÁNICA DEL TRIBUNAL SUPREMO DE JUSTICIA DE 2010

En 2010, se sancionó la nueva la Ley Orgánica del Tribunal Supremo de Justicia que derogó la Ley Orgánica de 2004, volviéndose en cierta forma, particularmente desde el punto de vista formal, al espíritu de la Ley Orgánica de 1976, es decir, la vuelta a la sensatez legislativa.

La Ley Orgánica de 2010, en efecto, en relación con el de la Ley 2004, solo significó una variación en cuanto al ámbito de sus Disposiciones Transitorias procesales, que eran la médula de esta regulación legal desde 1976, quedando en la misma reducidas a regular sólo los procesos y procedimientos constitucionales y los contencioso electorales, incluyendo, en los primeros, además de la acción popular de inconstitucionalidad, las demandas de protección de derechos e intereses colectivos y difusos y el proceso de *habeas data*[599].

En esta última materia, en realidad, lo que hizo la Asamblea fue poner en articulado las normas que como legislador positivo había venido dictando la Sala Constitucional del Tribunal Supremo en varias de sus sentencias. El resultado ha sido, en todo caso, que en la Ley de 2010 se han eliminado de las normas transitorias que estaban destinadas a regular los procesos contencioso-administrativos, que se han incorporado en la nueva Ley Orgánica de la Jurisdicción Contencioso Administrativa de 2010[600].

Es decir, los pocos cambios sustantivos que se aprecian en la Ley Orgánica del Tribunal Supremo de 2010, en comparación con la de 2004, contrastan sin embargo, con los grandes cambios introducidos en la Ley Orgánica desde el punto de vista formal, en el sentido de que afortunadamente, sus redactores tuvieron la virtud de haber superado la disparatada y asistemática composición de aquella. En la Ley Orgánica de 2010 afortunadamente volvió a la racional división de Títulos, Capítulos y Secciones, y aquellos largos, interminables, desordenados y confusos artículos que tenía, se han agrupado en la forma usual de la más elemental técnica legislativa tradicional.

---

598 En esta forma, este control de constitucionalidad de las leyes no sancionadas, ni publicadas, se desligó del veto presidencial tal como estaba regulado en la Constitución de 1961, artículo 173.

599 *V.*, Allan R. Brewer-Carías, "Introducción General al Régimen del Tribunal Supremo de Justicia y de los procesos y procedimientos constitucionales y contencioso electorales," en Allan R. Brewer-Carías y Víctor Hernández Mendible, *Ley Orgánica del Tribunal Supremo de Justicia. El Tribunal Supremo de Justicia y los procesos y procedimientos constitucionales y contencioso electorales*, Editorial Jurídica Venezolana, Caracas 2010.

600 *V.*, en *Gaceta Oficial* N° 39.451 de 22-06-2010. Véanse los comentarios sobre esta ley, en Allan R. Brewer-Carías y Víctor Hernández Mendible, *Ley Orgánica de la Jurisdicción Contencioso Administrativa,* Editorial Jurídica Venezolana, Caracas 2010.

En la Ley Orgánica de 2010, se pueden también identificar los distintos procesos y procedimientos constitucionales cuyo conocimiento se atribuye a la Sala Constitucional como Jurisdicción Constitucional, dependiendo si es su conformación procesal se está en presencia de una *litis* o contradictorio. En los procesos constitucionales, en efecto, tiene que establecerse una *litis* o contradictorio entre un demandante y unos demandados que deben ser emplazados, que son procesos sujetos a tramitación como se indica en el artículo 128 de la Ley Orgánica; en cambio en los procedimientos constitucionales no se plantea tal contradictorio, y conforme al artículo 145 de la Ley Orgánica son los que no requieren sustanciación.

### 1. *Los diversos procesos constitucionales en la Ley Orgánica de 2010*

En esta forma, la Ley Orgánica del Tribunal Supremo de 2010 permite distinguir los siguientes procesos constitucionales:

#### A. *El proceso constitucional de control de la constitucionalidad de las leyes y demás actos de ejecución directa de la Constitución*

Primero, el proceso constitucional de control de la constitucionalidad de las leyes iniciado mediante la acción popular de inconstitucionalidad, que se desarrolla ante la Jurisdicción Constitucional, y en el cual la Sala Constitucional tiene poderes anulatorios teniendo sus decisiones en tal sentido efectos *erga omnes*, y en principio *pro futuro* o *ex nunc*. Este proceso constitucional de anulación se desarrolla de acuerdo con el artículo 334 de la Constitución, respecto de las leyes y demás actos estatales de valor o rango de ley, o dictados "en ejecución directa e inmediata de la Constitución o que tengan rango de ley".

Esto significa, que de acuerdo con el artículo 336, numerales 1 a 4 de la Constitución, la Sala Constitucional del Tribunal Supremo, como Jurisdicción Constitucional tiene la atribución de control concentrado de la constitucionalidad de las *leyes nacionales* y demás actos con *rango de ley* de la Asamblea Nacional; las *Constituciones* y *leyes estadales*, las *ordenanzas municipales* y demás actos de los cuerpos deliberantes de los Estados y Municipios dictados en *ejecución directa e inmediata* de la Constitución; los *actos con rango de ley* dictados por el Ejecutivo Nacional; y los *actos en ejecución directa e inmediata* de la Constitución, dictados por cualquier otro órgano estatal en ejercicio del Poder Público. Estas competencias se repiten, en el artículo 25, numerales 1 a 4 de la Ley Orgánica.

Tratándose de un proceso constitucional que se inicia mediante una acción popular, rige el principio dispositivo, de manera que la Sala Constitucional en ningún caso puede iniciar de oficio el control concentrado de la constitucionalidad de las leyes, como en decisiones anteriores lo había pretendido[601].

---

601 *V.*, por ejemplo en sentencia N° 331 de 13 de marzo de 2001 (Caso *Henrique Capriles R. vs. Comisión Nacional de Casinos, Salas de Bingo y Máquinas Traganíqueles*), en *Revista de Derecho Público*, N° 85-88, Editorial Jurídica Venezolana, Caracas 2001, p. 391.

### B. *El proceso constitucional de control de la constitucionalidad de las leyes derivado del incidente del control difuso de la constitucionalidad de las leyes*

Segundo, proceso constitucional de control de la constitucionalidad de las leyes derivado del incidente del control difuso de la constitucionalidad de las leyes.

En efecto, debe señalarse que con motivo del ejercicio del control difuso de la constitucionalidad de las leyes, en particular, por parte de las otras Salas del Tribunal Supremo, la Sala Constitucional también había venido desarrollando un mecanismo de control abstracto, vía incidente, de constitucionalidad de las leyes, desarrollando incluso poderes de control de oficio de la constitucionalidad. Es decir, partiendo del control difuso por las otras Salas, la Sala Constitucional había desarrollado otro mecanismo de control concentrado de la constitucionalidad[602], al declarar la nulidad con efectos generales de disposiciones legales por vía de lo que ha llamado incidente de constitucionalidad. Esta posibilidad ahora se ha recogido en el artículo 33 de la Ley Orgánica al disponer que:

> "Cuando cualquiera de las Salas del Tribunal Supremo de Justicia y los demás tribunales de la República ejerzan el control difuso de la constitucionalidad deberán informar a la Sala Constitucional sobre los fundamentos y alcance de la desaplicación que sea adoptada, para que ésta proceda a efectuar un examen abstracto sobre la constitucionalidad de la norma en cuestión. A tal efecto deberán remitir copia certificada de la sentencia definitivamente firme"[603].

En estos casos, conforme al artículo 34 de la Ley,

> "cuando se declare la conformidad a derecho de la desaplicación por control difuso, la Sala Constitucional podrá ordenar el inicio del procedimiento de nulidad que dispone esta Ley. Igualmente procederá cuando el control difuso de la constitucionalidad sea ejercido por dicha Sala".

### C. *El proceso constitucional de control de la inconstitucionalidad de la omisión del Legislador*

Segundo, el proceso constitucional de control de la inconstitucionalidad de la omisión del Legislador, que como se ha dicho también reguló la Constitución de 1999 (art. 336.7), al atribuirle a la Sala Constitucional competencia para "declarar la inconstitucionalidad de las omisiones del poder legislativo municipal, estadal o nacional, cuando hayan dejado de dictar las normas o medidas indispensables para garantizar el cumplimiento de la Constitución, o las hayan dictado en forma incompleta, y establecer el plazo y, de ser necesario, los lineamientos de su corrección".

La Ley Orgánica, reiteró estas competencias, pero las amplió al atribuirle a la Sala Constitucional también competencia para declarar la inconstitucionalidad de las

602 *V.*, sentencia N° 1225 de 19 de octubre de 2000. Véase en *Revista de Derecho Público*, N° 84, Editorial Jurídica Venezolana, Caracas 2000, pp. 259-260.

603 El artículo 5, párrafo 5° de la Ley Orgánica de 2004 agregaba en esta misma norma la aclaratoria lógica de que la sala debía abstenerse "de revisar el mérito y alcance de la sentencia dictada por la otra Sala, la cual seguirá conservando fuerza de cosa juzgada.

omisiones de cualquiera de los órganos del Poder Público Nacional, Estatal y Municipal (art. 25,7). El mecanismo para impulsar este control de las omisiones legislativas estimamos que recibe el mismo tratamiento de una *acción popular*, es decir, que basta el simple interés en la constitucionalidad para intentar la acción, desarrollándose un proceso contradictorio.

### D. *El proceso constitucional de las controversias constitucionales*

Tercero, el proceso constitucional de las controversias constitucionales entre los órganos del Poder Público. El Tribunal Supremo, en Sala Constitucional, también tiene competencia, conforme al artículo 336.9 de la Constitución, para "dirimir las controversias constitucionales que se susciten entre cualesquiera de los órganos del Poder Público", lo que ha sido recogido en el artículo 25.9 de la Ley Orgánica. Esta competencia de la Sala Constitucional tiene por objeto resolver los conflictos constitucionales que se planteen entre los órganos que ejercen el Poder Público, tanto en su distribución vertical (República, Estados y Municipios), como en su división horizontal a nivel nacional (Poder Legislativo, Poder Ejecutivo, Poder Judicial, Poder Ciudadano, Poder Electoral) y a nivel estadal y municipal (Poder Legislativo y Poder Ejecutivo).

Es decir, se trata de la resolución de controversias sobre atribuciones *constitucionales* entre los órganos que ejercen del Poder Público; que son distintas a las controversias administrativas que se puedan suscitar entre la República, los Estados, Municipios u otro ente público, las que compete ser resueltas por la Sala Político-Administrativa del Tribunal Supremo de Justicia (art. 266,4), como Jurisdicción Contencioso-Administrativa.

En estos casos, la legitimación activa para intentar un recurso a los efectos de dirimir controversias constitucionales, corresponde a los órganos del Poder Público que sean parte en la controversia, abriéndose en el proceso, necesariamente una litis entre órganos del Poder Público en controversia, habiendo necesariamente un órgano estatal demandante y un órgano estatal demandado.

### E. *El proceso constitucional de la interpretación de las leyes*

Cuarto, el proceso constitucional de la interpretación constitucional, que deriva de la competencia de la Sala Constitucional como Jurisdicción Constitucional, para conocer del recurso de interpretación abstracta de la Constitución, que fue creado por la propia Sala Constitucional, mediante la interpretación que le dio al artículo 335 de la Constitución[604], que atribuye al Tribunal Supremo el carácter de ser "máximo y último intérprete de la Constitución." El artículo 25.17 de la Ley Orgánica de 2010, sin embargo, ha consagrado como competencia de la Sala Constitucional el conocer "la demanda de interpretación de normas y principios que integran el sistema constitucional," la cual en los términos del artículo 128 de la Ley Orgánica da origen a un proceso constitucional.

---

604 Sentencia N° 1077 de la Sala Constitucional de 22-09-00 (Caso *Servio Tulio León Briceño),* en *Revista de Derecho Público,* N° 83, Editorial Jurídica Venezolana, Caracas 2000, pp. 247 y ss. *V.,* Allan R. Brewer-Carías, "Le recours d'interprétation abstrait de la Constitution au Vénézuéla", en *Le renouveau du droit constitutionnel, Mélanges en l'honneur de Louis Favoreu*, Dalloz, Paris 2007, pp. 61-70.

Este proceso, como lo precisó la Sala Constitucional, tiene por objeto obtener una sentencia declarativa de mera certeza sobre el alcance y contenido de las normas constitucionales, que no anula el acto en cuestión, pero que busca en efecto semejante, ya que en estos casos, coincide el interés particular con el interés constitucional. En cuanto a la legitimidad necesaria para interponer la demanda, la Sala Constitucional ha señalado que el recurrente debe tener un interés particular en el sentido de que "Como persona pública o privada debe invocar un interés jurídico actual, legítimo, fundado en una situación jurídica concreta y específica en que se encuentra, y que requiere necesariamente de la interpretación de normas constitucionales aplicables a la situación, a fin de que cese la incertidumbre que impide el desarrollo y efectos de dicha situación jurídica"[605].

En todo caso, estimamos que en el supuesto de la acción de interpretación constitucional, también se está en presencia de un proceso constitucional, que requiere de un accionante, debiendo abrirse el proceso a un contradictorio conforme a las normas procesales antes indicadas. Ello por lo demás deriva de lo que se establece en el artículo 128 de la Ley Orgánica. Lamentablemente, sin embargo, no ha sido ese el criterio de algunas sentencias de la Sala Constitucional dictadas antes de la sanción de la Ley[606].

## 2. *Los diversos procedimientos constitucionales en la Ley de 2010*

Aparte de los anteriores procesos constitucionales en la Ley Orgánica de 2010, en los cuales en general debe abrirse un contradictorio, dada la demanda o solicitud fundamentada que los motiva, conforme a las previsiones de la Ley Orgánica también se pueden desarrollar varios procedimientos constitucionales de control de constitucionalidad, los cuales, al contrario, no requieren sustanciación (art. 145) por lo que puede decirse que en los mismos no se abre un contradictorio ni se entraba una *litis*. En general se trata de procedimientos en algunos casos obligatorios y automáticos establecidos para el control de constitucionalidad de determinados actos estatales, en particular, de ciertas leyes orgánicas y de los decretos de estados de excepción. Estos son:

### A. *El procedimiento constitucional de control preventivo de la constitucionalidad de los tratados internacionales*

Primero, el procedimiento constitucional de control preventivo de la constitucionalidad de los tratados internacionales. En el artículo 336.5 de la Constitución de 1999 como se ha dicho, se estableció una innovación en materia de control de constitucionalidad, al regularse la competencia de la Sala Constitucional, a solicitud del Presidente de la República o de la Asamblea Nacional, para verificar la conformidad

605 Caso: *Servio Tulio León Briceño*, en *Revista de Derecho Público*, N° 83, Editorial Jurídica Venezolana, Caracas 2000, pp. 247 y ss. Adicionalmente, en otra sentencia, N° 1029 de 13-06-2001, la Sala Constitucional atemperó el rigorismo de declarar inadmisible el recurso si no precisaba el contenido de la acción, ya que señaló que "La solicitud deberá expresar: 1.- Los datos concernientes a la identificación del accionante y de su representante judicial; 2.- Dirección, teléfono y demás elementos de ubicación de los órganos involucrados; 3.- Descripción narrativa del acto material y demás circunstancias que motiven la acción".

606 *V.*, sentencia N° 2651 de 2 de octubre de 2003 (Caso *Ricardo Delgado*, Interpretación artículo 174 de la Constitución).

con la Constitución de los tratados internacionales suscritos por la República antes de su ratificación. Se trata de un control previo de la constitucionalidad de los tratados antes de su ratificación y en su caso, antes de su aprobación por ley, lo que implica que en esos casos no puede ejercerse una acción popular para que el Tribunal Supremo realice tal verificación constitucional. La acción, en cambio, podría intentarse contra las leyes aprobatorias de los tratados, pero una vez sancionadas y publicadas.

B. *El procedimiento constitucional de control de la constitucionalidad de los decretos de estados de excepción*

Segundo, el procedimiento de control de constitucionalidad obligatorio de los decretos de estado de excepción. De acuerdo con el artículo 339 de la Constitución, el decreto que declare el Estado de Excepción debe en todo caso ser remitido por el Presidente de la República a la Sala Constitucional del Tribunal Supremo, para que ésta se pronuncie sobre su inconstitucionalidad. Por ello, el artículo 336.6 le atribuye a la Sala, competencia expresa para "revisar, en todo caso, *aun de oficio*, la constitucionalidad de los decretos que declaren estados de excepción dictados por el Presidente de la República." Se trata del único supuesto constitucional en el cual la Sala puede actuar de *ex officio*, una vez que el decreto se haya publicado en *Gaceta Oficial*.

C. *El procedimiento constitucional de revisión de sentencias constitucionales*

Tercero, el procedimiento constitucional de la revisión de sentencias en materia constitucional. A tal efecto, como hemos dicho, el artículo 336.10 de la Constitución atribuye a la Sala Constitucional, competencia que es de ejercicio discrecional, para "revisar las sentencias definitivamente firmes de amparo constitucional y de control de constitucionalidad de leyes o normas jurídicas dictadas por los tribunales de la República, en los términos establecidos por la Ley Orgánica respectiva[607]".

Esta competencia, sin embargo, fue inmediatamente ampliada por la sala Constitucional al establecer en la sentencia N° 93 de 6 de febrero de 2001 (Caso *Olimpia Tours and Travel vs. Corporación de Turismo de Venezuela*), dentro del objeto de revisión otras sentencias dictadas por las Salas del Tribunal Supremo u otros tribunales, distintas a las dictadas en materia de amparo o de control difuso de constitucionalidad, afirmando así su potestad para revisar, además de estas, las siguientes:

607 Esta competencia fue recogida en el artículo 5, párrafo 1°,16 de la Ley Orgánica de 2004, como competencia excepcional para que la Sala Constitucional pudiera revisar, a su juicio y discreción, mediante un recurso extraordinario que se podía ejercer contra sentencias de *última instancia* dictadas por los tribunales de la República, incluidas las otras Salas del Tribunal Supremo, en materia de amparo constitucional o dictadas en ejercicio del método difuso de control de la constitucionalidad de las leyes. Véase en general, José V. Haro G., "El mecanismo extraordinario de revisión de sentencias definitivamente firmes de amparo y control difuso de la constitucionalidad previsto en el artículo 336, numeral 10 de la Constitución", en *Revista de Derecho Constitucional,* N° 3 (julio-diciembre), Editorial Sherwood, Caracas 2000, pp. 231-266; Adán Febres Cordero, "La revisión constitucional", en *Nuevos estudios de derecho procesal, Libro Homenaje a José Andrés Fuenmayor,* Vol. I, Tribunal Supremo de Justicia, Colección Libros Homenaje, N° 8, Caracas 2002 pp. 489 a 508.

3. Las sentencias definitivamente firmes que hayan sido dictadas por las demás Salas de este Tribunal o por los demás tribunales o juzgados del país apartándose u obviando expresa o tácitamente alguna interpretación de la Constitución contenida en alguna sentencia dictada por esta Sala con anterioridad al fallo impugnado, realizando un errado control de constitucionalidad al aplicar indebidamente la norma constitucional.

4. Las sentencias definitivamente firmes que hayan sido dictadas por las demás Salas de este Tribunal o por los demás tribunales o juzgados del país que de manera evidente hayan incurrido, según el criterio de la Sala, en un error grotesco en cuanto a la interpretación de la Constitución o que sencillamente hayan obviado por completo la interpretación de la norma constitucional. En estos casos hay también un errado control constitucional[608].

Esta tendencia expansiva, fue legitimizada en la Ley Orgánica de 2010, en los numerales 10, 11 y 12 del artículo 25, en los cuales, además de asignarse competencia a la Sala para revisar las sentencias definitivamente firmes en las que se haya "ejercido el control difuso de la constitucionalidad de las leyes u otras normas jurídicas", se le asignó competencia para revisar las sentencias definitivamente firmes "cuando hayan desconocido algún precedente dictado por la Sala Constitucional; efectuado una indebida aplicación de una norma o principio constitucional; o producido un error grave en su interpretación; o por falta de aplicación de algún principio o normas constitucionales;" o cuando incurran en "violación de principios jurídicos fundamentales que estén contenidos en la Constitución, tratados, pactos o convenios internacionales suscritos y ratificados válidamente por la República o cuando incurran en violaciones de derechos constitucionales".

La única norma procesal respecto de este recurso extraordinario de revisión de sentencia en la Ley Orgánica, se consagró en su artículo 35 en el cual se dispone que:

> *Artículo 35.* Cuando ejerza la revisión de sentencias definitivamente firmes, la Sala Constitucional determinará los efectos inmediatos de su decisión y podrá reenviar la controversia a la Sala o Tribunal respectivo o conocer la causa, siempre que el motivo que haya generado la revisión constitucional sea de mero derecho y no suponga una nueva actividad probatoria; o que la Sala pondere que el reenvío pueda significar una dilación inútil o indebida, cuando se trate de un vicio que pueda subsanarse con la sola decisión que sea dictada.

---

608 *V.*, en *Revista de Derecho Público*, N° 85-88, Editorial Jurídica Venezolana, Caracas 2001, pp. 414-415. La Sala Constitucional, por otra parte, en sentencia N° 727 de 8 de abril de 2003 continuó precisando las sentencias que pueden ser objeto del recurso extraordinario de revisión, indicando que además de las sentencias de amparo constitucional y las sentencias de control expreso de constitucionalidad de leyes o normas jurídicas fundamentadas en un errado control de constitucionalidad, pueden ser objeto del recurso de revisión": "(iii) Las sentencias que de manera evidente hayan incurrido, según el criterio de la Sala, en un error grotesco en cuanto a la interpretación de la Constitución o que sencillamente hayan obviado por completo la interpretación de la norma constitucional y (iv) Las sentencias que hayan sido dictadas por las demás Salas de este Tribunal o por los demás juzgados del país apartándose u obviando, expresa o tácitamente, alguna interpretación de la Constitución que contenga alguna sentencia de esta Sala con anterioridad al fallo que sea impugnado." *V.*, Caso *Revisión de la sentencia dictada por la Sala Electoral en fecha 21 de noviembre de 2002*, en *Revista de Derecho Público*, N° 93-96, Editorial Jurídica Venezolana, Caracas 2003. Véase también, *Revista de Derecho Público*, N° 82, Editorial Jurídica Venezolana, Caracas 2001, pp. 412-414.

### D. *El procedimiento constitucional de control de la constitucionalidad de las leyes orgánicas*

Cuarto, el procedimiento de control de constitucionalidad obligatorio de ciertas leyes orgánicas. Conforme al artículo 203 de la Constitución, la Sala Constitucional debe pronunciarse sobre la constitucionalidad del carácter orgánico de las *leyes orgánicas* que así hayan sido calificadas por la Asamblea Nacional, antes de su promulgación. No se trata, por tanto, de un procedimiento de control de constitucionalidad establecido respecto de cualquier Ley Orgánica, sino de sólo aquellas así calificadas por la Asamblea Nacional. En estos casos, el Presidente de la Asamblea o el Presidente de la República deben remitir, *automáticamente*, antes de su promulgación, a la Sala Constitucional del Tribunal Supremo de Justicia, para que ésta se pronuncie acerca de la constitucionalidad de ese carácter orgánico. Sin embargo, la Ley Orgánica de 2010, ha establecido una competencia general que no se ajusta al sentido de la norma constitucional, al atribuir a la Sala Constitucional competencia para "determinar, antes de su promulgación, la constitucionalidad del carácter orgánico de las leyes que sean sancionadas por la Asamblea Nacional".

En todo caso, puede decirse que en estos procedimientos tampoco existe un proceso, pues no hay ni demanda ni fundamentación requerida alguna que cuestione la calificación de la ley como orgánica. No habiendo una legitimación activa atribuida a un órgano o persona específica para requerir este control, el mismo debe realizarse de manera automática, para lo cual, la Asamblea Nacional está obligada a remitir la ley sancionada a la Sala Constitucional.

### E. *El procedimiento constitucional de control preventivo de la constitucionalidad de las leyes*

Quinto, el procedimiento constitucional de control preventivo de la constitucionalidad de leyes sancionadas antes de su promulgación, que resulta del artículo 214 de la Constitución, respecto de las leyes sancionadas por la Asamblea Nacional, lo que se ha establecido, también, en el artículo 25.15 de la Ley Orgánica. Se trata de una innovación de la Constitución de 1999, que lo ha regulado desvinculándolo del llamado "veto presidencial" a las leyes, que siempre implica su devolución a la Asamblea Nacional.

En estos casos, el Presidente de la República, al recibir la ley sancionada para su promulgación, puede solicitar a la Sala Constitucional en el lapso que tiene para promulgar las leyes, que la revise por cuestiones de constitucionalidad. La legitimación activa para iniciar este proceso se reserva al Presidente de la República[609], por lo que con esta regulación se ratifica el criterio jurisprudencial de la improcedencia de la acción popular contra las leyes sancionadas, antes de su promulgación ejecutiva y su publicación.

---

609 La Sala Constitucional ha considerado que se trata de una legitimación activa exclusiva del Presidente de la República. *V.*, sentencia N° 194 de 15-02-2001, en *Revista de Derecho Público*, N° 85-88, Editorial Jurídica Venezolana, Caracas 2001, pp. 416 y ss.

### 3. *El tema del proceso sobre colisión de leyes*

Debe mencionarse por último, que en la Ley Orgánica y conforme a la Constitución, se establece el proceso sobre colisión de leyes, que no es propiamente de "constitucionalidad" sino de determinación de la vigencia o derogación de disposiciones legales.

Conforme a una tradicional competencia que tenía la antigua Corte Suprema de Justicia (art. 215, 5 de la Constitución de 1961), el artículo 336.8 de la Constitución de 1999 le atribuye al Tribunal Supremo competencia para "resolver las colisiones que existan entre diversas disposiciones legales y declarar cuál de éstas debe prevalecer". Este mecanismo de control, antes que un control abstracto de constitucionalidad, es un control respecto de la vigencia de las leyes en casos de derogación tácita en aplicación del artículo 218 de la Constitución que dispone que "las leyes se derogan por otras leyes".

Sobre este recurso, la Sala Constitucional ha ratificado la doctrina jurisprudencial que había sentado la Sala Plena de la antigua Corte Suprema de Justicia en sentencia de 31 de octubre de 1995 (Caso *Alí José Venturini B.*), la cual transcribió en sentencia Nº 265 de 25 de abril de 2000, en la cual se dispuso que "1. La Corte conoce del mismo a instancia de parte interesada, tal como lo prevé el artículo 82 de la Ley Orgánica de la Corte Suprema de Justicia. (…); [y que] 2. Se trata de un verdadero y propio recurso, en el sentido de que se solicita a la Corte se dirima un conflicto planteado por la preexistencia de normas que aparentemente coliden[610]".

En cuanto al procedimiento, la Sala Constitucional en este caso, igualmente debe abrir un contradictorio, notificando y emplazando a los interesados para que se hagan parte en el proceso.

***

El tema del control judicial de la constitucionalidad de los actos del Estado por supuesto no se agota en el establecimiento en la constitución y en la ley de los procesos constitucionales.

Para que dicho control tenga efectividad, es indispensable, no sólo que el Estado esté formalmente configurado como un Estado de Derecho, sino que funcione como tal, en un régimen democrático, donde esté garantizada la separación de poderes y, en particular, la autonomía e independencia de los jueces. Sólo jueces constitucionales autónomos e independientes son los que, por ejemplo, pueden declarar la nulidad de los actos dictados en ejercicio del Poder Legislativo y del Poder Ejecutivo, de ejecución directa de la Constitución. Es por ello, precisamente, que la Jurisdicción Constitucional tuvo en Venezuela su proceso de formación y mayor desarrollo a partir de la entrada en vigencia de la Constitución de 1961, durante las cuatro décadas de democracia que vivió el país hasta 1999.

Lamentablemente, a partir de la entrada en vigencia de la Constitución de 1999 y durante la última década 1999-2011, la situación ha variado radicalmente y el régimen autoritario que se ha apoderado del Estado ha hecho añicos la independencia y

610 *V.*, sentencia Nº 265 de 25-04-2000 en *Revista de Derecho Público*, Nº 82, Editorial Jurídica Venezolana, Caracas 2000, p. 146.

autonomía del Tribunal Supremo de Justicia y de los jueces en general[611], situación en la cual el control efectivo de la constitucionalidad de los actos del Estado ha quedado en entredicho.

Ello, al menos, es lo que nos muestra la experiencia en los últimos años del funcionamiento de la Jurisdicción Constitucional[612], particularmente desde que el Poder Ejecutivo, a partir de 2000 controló el nombramiento de los Magistrados del Tribunal Supremo de Justicia, lo que se consolidó a partir de 2004[613], y se agravó en 2010[614], mediante un nombramiento de Magistrados casi todos sometidos al Poder Ejecutivo.

---

611 *V.*, Rafael J. Chavero Gazdik, *La Justicia Revolucionaria. Una década de reestructuración (o involución) Judicial en Venezuela*, Editorial Aequitas, Caracas 2011; Laura Louza Scognamiglio, *La revolución judicial en Venezuela*, FUNEDA, Caracas 2011; Allan R. Brewer-Carías, "La progresiva y sistemática demolición institucional de la autonomía e independencia del Poder Judicial en Venezuela 1999-2004", en *XXX Jornadas J.M Domínguez Escovar, Estado de derecho, Administración de justicia y derechos humanos*, Instituto de Estudios Jurídicos del Estado Lara, Barquisimeto, 2005, pp. 33-174.

612 *V.*, Allan R. Brewer-Carías, *Crónica Sobre la "In" Justicia Constitucional. La Sala Constitucional y el autoritarismo en Venezuela*, Colección Instituto de Derecho Público, Universidad Central de Venezuela, N° 2, Editorial Jurídica Venezolana, Caracas 2007; "El rol del Tribunal Supremo de Justicia en Venezuela, en el marco de la ausencia de separación de poderes, producto del régimen autoritario", en *Segundo Congreso Colombiano de Derecho Procesal Constitucional, Bogotá D.C., 16 de marzo de 2011*, Centro Colombiano de Derecho Procesal Constitucional, Universidad Católica de Colombia, Bogotá de Bogotá 2011, pp. 85-111; "El juez constitucional al servicio del autoritarismo y la ilegítima mutación de la Constitución: el caso de la Sala Constitucional del Tribunal Supremo de Justicia de Venezuela (1999-2009)," en *Revista de Administración Pública*, N° 180, Madrid 2009, pp. 383-418.

613 Tal como lo reconoció públicamente el Presidente de la Comisión parlamentaria que escogió los Magistrados, al punto de afirmar públicamente que "En el grupo de postulados no hay nadie que vaya actuar contra nosotros". Dicho diputado en efecto, declaró a la prensa: "Si bien los diputados tenemos la potestad de esta escogencia, el Presidente de la República fue consultado y su opinión fue tomada muy en cuenta". Añadió: "Vamos a estar claros, nosotros no nos vamos a meter autogoles. En la lista había gente de la oposición que cumplen con todos los requisitos. La oposición hubiera podido usarlos para llegar a un acuerdo en las últimas sesiones, pero no quisieron. Así que nosotros no lo vamos a hacer por ellos. En el grupo de postulados no hay nadie que vaya actuar contra nosotros". *V., El Nacional*, Caracas, 13 de diciembre de 2004. La Comisión Interamericana de Derechos Humanos sugirió en su Informe a la Asamblea General de la OEA para 2004 que las "normas de la Ley Orgánica del Tribunal Supremo de Justicia habrían facilitado que el Poder Ejecutivo manipulara el proceso de elección de magistrados llevado a cabo durante 2004". Véase Comisión Interamericana de Derechos Humanos, *Informe sobre Venezuela 2004*, párrafo 180.

614 Con motivo de la ilegitima "reforma" de la Ley Orgánica del Tribunal Supremo de 2010, mediante una irregular "reimpresión por error material," ver Víctor Rafael Hernández Mendible, "Sobre la nueva reimpresión por "supuestos errores" materiales de la Ley Orgánica del Tribunal Supremo, octubre de 2010," y Antonio Silva Aranguren, "Tras el rastro del engaño en la web de la Asamblea Nacional", en *Revista de Derecho Público*, N° 124, Editorial Jurídica Venezolana, Caracas 2011, pp. 110-111 y pp. 112-114, respectivamente), el nombramiento de los nuevos Magistrados del Tribunal Supremo significó el control total de casi todas sus Salas por el poder político, al punto de que Hildegard Rondón de Sansó señaló que "El mayor de los riesgos que plantea para el Estado la desacertada actuación de la Asamblea Nacional en la reciente designación de los Magistrados del Tribunal Supremo de Justicia, no está solo en la carencia, en la mayoría de los designados de los requisitos constitucionales, sino el haber llevado a la cúspide del Poder Judicial la decisiva influencia de un sector del Poder Legislativo, ya que para diferentes Salas, fueron elegidos cinco parlamentarios." Destacó además la profesora Sansó que "todo un sector fundamental del poder del Estado, va a estar en manos de un pequeño grupo de sujetos que no son juristas, sino políticos de profesión, y a quienes corresponderá, entre otras funciones el control de los actos normativos;" agregando que "Lo más grave es que los designantes, ni un solo momento se percataron de que estaban nombrando a los jueces máximos del sistema jurídico venezolano que, como tales, tenían

Sin duda, una ley como la sancionada en 2010 relativa al Tribunal Supremo de Justicia con las disposiciones necesarias sobre la Jurisdicción Constitucional, en cualquier parte podría ser una pieza fundamental llamada a garantizar la constitucionalidad de las acciones del Estado, y la libertad y los derechos ciudadanos. Esa ley, a pesar de sus deficiencias, en un régimen democrático, hubiera podido ser un instrumento fenomenal para garantizar el sometimiento del Estado a la Constitución y las leyes.

Lamentablemente, sin embargo, por la sumisión del Poder Judicial en su conjunto a los designios del Poder Ejecutivo, dicha ley en estos tiempos no pasa de ser un papel sin importancia. ¿De qué sirve una ley que regule el Tribunal Supremo de Justicia, en particular, su Sala Constitucional, si sus Magistrados, además de inhibirse en ejercer el control de la constitucionalidad de leyes y actos estatales, lo que han hecho es legitimar el ejercicio autoritario del Poder, cuyos magistrados consideran que es uno y único, denunciando al principio mismo de la separación de poderes, como mecanismo que "debilita al Estado"?[615]

De esto ya tenemos dilatada experiencia en el país, con una Sala Constitucional que ha mutado a su antojo la Constitución[616], por ejemplo implementando vía interpretación lo que no se pudo imponer mediante referendo en la proyectada reforma constitucional de 2007, es decir, a pesar de que fuera rechazada por el pueblo[617]; que ha reformado arbitrariamente y a su antojo leyes, incluso de oficio, sin tener autoridad alguna para ello, y a pesar incluso hasta de protestas de la propia Asamblea Nacional[618]. Si esto lo hace el más alto tribunal de la República, nada serio se puede esperar del resto de los tribunales, salvo sumisión al Poder o inhibición frente al mismo.

---

que ser los más aptos, y de reconocido prestigio como lo exige la Constitución." Concluyó reconociendo entre "los graves errores" que incidieron sobre la elección, el hecho de "la configuración del Comité de Postulaciones Judiciales, al cual la Constitución creó como un organismo neutro, representante de los "diferentes sectores de la sociedad" (Art. 271), pero la Ley Orgánica del Tribunal Supremo de Justicia, lo convirtió en forma inconstitucional, en un apéndice del Poder Legislativo. La consecuencia de este grave error era inevitable: los electores eligieron a sus propios colegas, considerando que hacerlo era lo más natural de este mundo y, ejemplo de ello fueron los bochornosos aplausos con que se festejara cada nombramiento". *V.*, en Hildegard Rondón de Sansó, "*Obiter Dicta.* En torno a una elección," en *La Voce d'Italia*, Caracas 14-12-2010.

615 *V.*, Juan Francisco Alonso, "La división de poderes debilita al estado. La presidenta del TSJ [Luisa Estela Morales] afirma que la Constitución hay que reformarla," *El Universal*, Caracas 15-12-2009, http://www.eluniversal.com/2009/12/05/pol_art_morales:-la-divisio_1683109. shtml

616 *V.*, entre otros, Allan R. Brewer-Carías, "La fraudulenta mutación de la Constitución en Venezuela, o de cómo el juez constitucional usurpa el poder constituyente originario," en *Anuario de Derecho Público*, Centro de Estudios de Derecho Público de la Universidad Monteávila, Año 2, Caracas 2009, pp. 23-65; "La ilegítima mutación de la Constitución por el juez constitucional y la demolición del Estado de derecho en Venezuela," *Revista de Derecho Político*, N° 75-76, Homenaje a Manuel García Pelayo, Universidad Nacional de Educación a Distancia, Madrid, 2009, pp. 289-325.

617 *V.*, Allan R. Brewer-Carías, "La proyectada reforma constitucional de 2007, rechazada por el poder constituyente originario," en *Anuario de Derecho Público 2007*, Año 1, Instituto de Estudios de Derecho Público de la Universidad Monteávila, Caracas 2008, pp. 17-65.

618 *V.*, la sentencia del Tribunal Supremo de Justicia, Sala Constitucional, N° 301 del 27-02-2007 (Caso *Adriana Vigilanza y Carlos A. Vecchio*) (Exp. N° 01-2862) en *Gaceta Oficial* N° 38.635 del 01-03-2007. *V.*, comentarios en Allan R. Brewer-Carías, "El juez constitucional en Venezuela como legislador positivo de oficio en materia tributaria" en *Revista de Derecho Público* N° 109, Editorial Jurídica Venezolana, Caracas 2007, pp. 193-212; y "De cómo la Jurisdicción constitucional en Venezuela, no sólo legisla de

Y por supuesto, en esta situación, a pesar de que se pueda contar con leyes nuevas, el control judicial de actos de los órganos que ejercen los Poderes Públicos lamentablemente no pasará de ser una parodia. Esa es lamentable y trágica la situación actual y la perspectiva que tenemos hacia el futuro, que solo será cambiable cuando la democracia se imponga como régimen político, y cuando quienes sin escrúpulos asaltaron el poder desde 1999, sean devueltos a la oscura mediocridad de la cual salieron.

De lo contrario, la perspectiva es que veamos florecer un nuevo "derecho" en el país, en el cual, por ejemplo, simplemente no exista el derecho constitucional ni el administrativo, ni el derecho procesal y mucho menos el derecho procesal constitucional o el derecho procesal administrativo[619].

oficio, sino subrepticiamente modifica las reformas legales que "sanciona", a espaldas de las partes en el proceso: el caso de la aclaratoria de la sentencia de Reforma de la Ley de Impuesto sobre la Renta de 2007, *Revista de Derecho Público*, N° 114, Editorial Jurídica Venezolana, Caracas 2008, pp. 267-276.

619 Ello es lo que se puede apreciar, por ejemplo, de la "malla curricular" que forma el plan de la carrera "Estudios Jurídicos" para formar "abogados" que ofrece una llamada "Universidad Bolivariana de Venezuela," donde ninguna de esas ramas del derecho existe. *V.*, en la página web del Ministerio del Poder Popular para la Educación Superior" en http://www.ubv.edu.ve/index.php?option=com_content&view=article&id=94&Itemid=105; y en http://pfgej.org.ve/index.php?option=com_content&view=article&id=37&Itemid=37

## *TERCERA PARTE*

# EL RÉGIMEN LEGAL DE LA JURISDICCIÓN CONSTITUCIONAL EN LA LEY ORGÁNICA DEL TRIBUNAL SUPREMO DE JUSTICIA (2010)

**El texto de esta Tercera parte del Tomo XII de la Colección *Tratado de Derecho Constitucional*, se ha elaborado partiendo del texto de la "Introducción General al régimen del Tribunal Supremo de Justicia y de los procesos y procedimientos constitucionales y contencioso electoral", en el libro: Allan R. Brewer-Carías, y Víctor Hernández Mendible, *Ley Orgánica del Tribunal Supremo de Justicia. El Tribunal Supremo de Justicia y los procesos y procedimientos constitucionales y contencioso electorales*, Editorial Jurídica Venezolana, Colección Textos Legislativos N° 48, Caracas 2010, pp. 9-164.**

La Jurisdicción Constitucional y los procesos y procedimientos constitucionales están regulados en la Ley Orgánica del Tribunal Supremo de Justicia de 2010[620] (en lo adelante LOTSJ 2010), que sustituyó y derogó la Ley Orgánica del Tribunal Supremo de Justicia que había sido sancionada en 2004[621], la cual, a su vez, había derogado la Ley Orgánica de la Corte Suprema de Justicia de 1976[622], que ha sido el texto legal que efectivamente innovó en esta materia, particularmente en cuanto a la regulación del control jurisdiccional de los Poderes Públicos[623].

La nueva Ley Orgánica de 2010, si se la compara con la Ley Orgánica de 2004, puede decirse que en términos generales sólo varió en dos grandes aspectos, uno sustantivo y otro formal.

---

620 La Ley Orgánica fue originalmente publicada en *Gaceta Oficial* N° 5.991 Extraordinaria de 29 de julio de de 2010, y fue reimpresa por error material en *Gaceta Oficial* N° 39.483 de 9 de agosto de 2010. *V.*, el texto en las pp. 225 y ss. de este libro

621 *V.*, en *Gaceta Oficial* N° 37.942 del 19 de mayo de 2004. Véase sobre el texto de dicha Ley Orgánica los comentarios en Allan R. Brewer-Carías, *Ley Orgánica del Tribunal Supremo de Justicia. Procesos y procedimientos constitucionales y contencioso administrativos,* Editorial Jurídica Venezolana, Caracas 2004; 3[ra] Ed. corregida y aumentada, 3[da] Reimpresión, Caracas 2007.

622 *V.*, en *Gaceta Oficial* N° 1.893 Extra. de 03 de julio de 1976. Véase sobre el texto de dicha Ley Orgánica los comentarios en Allan R. Brewer-Carías y Josefina Calcaño de Temeltas, *Ley Orgánica de la Corte Suprema de Justicia,* Caracas 1989.

623 *V.*, la obra colectiva *El control jurisdiccional de los Poderes Públicos en Venezuela*, Instituto de Derecho Público, Universidad Central de Venezuela, Caracas 1979.

Desde el punto sustantivo, la variación fundamental se ha producido en cuanto al ámbito de las Disposiciones Transitorias de carácter procesal que desde 1976 habían constituido la médula de esta regulación legal, de manera que en la Ley Orgánica de 2010 las mismas han quedado reducidas a regular, sólo, los procesos y procedimientos constitucionales y contencioso electorales, incluyendo ahora, en los primeros, en particular, a la acción popular de inconstitucionalidad, a las demandas de protección de derechos e intereses colectivos y difusos y al proceso de habeas data. En especial, en los dos últimos casos, el Legislador recogió básicamente las reglas que había venido estableciendo la Sala Constitucional del Tribunal Supremo de Justicia en diversas sentencias. En esta forma, desde el punto de vista sustantivo, en la Ley Orgánica de 2010 se eliminaron las normas transitorias que regulaban los procesos contencioso administrativos que ahora se han regulado en la Ley Orgánica de la Jurisdicción Contencioso Administrativa sancionada en diciembre de 2009 y que ha entrado el 22 de junio de 2010[624].

Desde el punto de vista formal, en cambio, puede decirse que la Ley Orgánica del Tribunal Supremo de Justicia 2010 si introdujo cambios fundamentales en relación con la Ley Orgánica de 2004, pues afortunadamente, sus redactores superaron la disparatada disposición, asistemática división y absurda ordenación del articulado que esta tenía, y que la misma Asamblea Nacional, en un todavía incomprensible acto legislativo, había sancionado[625].

La verdad es que no existe en los anales de la historia legislativa del país desde 1830 a la fecha, un texto legal tan mal concebido y expresado como fue la Ley Orgánica de 2004. Y así, lamentablemente, quedará en los anaqueles de las bibliotecas, como ejemplo no sólo de cómo no debe legislarse, sin de quienes nunca debieron haber sido legisladores y menos jueces[626].

En todo caso, afortunadamente, en la nueva LOTSJ 2010 se ha vuelto a la racional división de los textos legales en Títulos, Capítulos y Secciones, de manera que los largos, interminables y desordenados "artículos" que tenía la Ley de 2004, han quedado agrupados en la forma usual de la técnica legislativa tradicional.

Así, siendo la LOTSJ 2010 una Ley de contenido más reducido que la Ley Orgánica de 2004, los 23 artículos que aquella tenía se han convertido en los 192 artículos actuales, que son algo más que los 154 artículos que tenía la Ley Orgánica de 1976.

---

624 La Ley Orgánica se publicó inicialmente en *Gaceta Oficial* N° 39.447 de 16 de junio de 2010, y fue reimpresa por error material en *Gaceta Oficial* N° 39.451 de 22 de junio de 2010.

625 *V.*, la crítica sobre la técnica de redacción utilizada en la ley de 2004 en Carlos Luis Carrillo Artiles, *Ley Orgánica del Tribunal Supremo de Justicia. Titulada, Concordada, Comentada con sus Antecedentes y Modificaciones*, Funeda, Caracas 2004, pp. 7-13.

626 La secuela de toda aquella desastrosa experiencia legislativa fue que el diputado que tuvo a su cargo, con toda la ignorancia imaginable, la redacción de la referida Ley Orgánica de 2004, y quien por primera vez fue el que propuso al país una reforma constitucional para permitir la reelección indefinida del Presidente de la República, fue luego "premiado" por la propia Asamblea Nacional designándolo como Magistrado del Tribunal Supremo de Justicia; y por el propio Tribunal Supremo, designándolo como Director Ejecutivo de la Magistratura. En esos cargos duró poco tiempo, pues después de iniciar la "limpieza" del Poder Judicial, renunció antes de que fuera destituido, acusado de corrupción. *V.*, la entrevista realizada por Roberto Giusti a Luis Velázquez Alvaray, "Hay que poner una bomba al Palacio de Justicia", en http://www.eluniversal.com/ 2006/03/26/pol_art_26174A.shtml

## *SECCIÓN PRIMERA:*

## *ASPECTOS DEL RÉGIMEN CONSTITUCIONAL Y LEGAL DEL TRIBUNAL SUPREMO DE JUSTICIA*

### I. BASES CONSTITUCIONALES DEL RÉGIMEN DEL TRIBUNAL SUPREMO DE JUSTICIA

#### 1. *El Tribunal Supremo de Justicia y sus Salas*

El Tribunal Supremo de Justicia fue creado por la Constitución de 1999[627], sustituyendo a la Corte Suprema de Justicia que había creado la Constitución de 1961. Esta a su vez, fusionó en una sola, las dos Cortes que había creado la Constitución de 1953: la Corte Federal y la Corte de Casación. Estas habían sustituido, a la vez, a la Corte Suprema de Justicia que había creado la Constitución de 1947 en sustitución de la Corte Federal y de Casación que funcionó durante la primera mitad del Siglo XX desde que fue creada por la Constitución de 1904.

No ha sido infrecuente, por tanto, en nuestra historia institucional, los cambios de nombre dados por los Constituyentes al más alto Tribunal de la República. En la Constitución de 1999, además se lo regula compuesto por seis Salas: las Salas Constitucional (Jurisdicción Constitucional), Político-Administrativa (Jurisdicción Contencioso Administrativa), Electoral (Jurisdicción Contencioso Electoral), de Casación Civil, Casación Penal y de Casación Social, cuya integración y competencia se remite a la ley orgánica, regulándose en la Constitución solamente la competencia de la Sala Social en lo referente a la casación agraria, laboral y de menores (art. 262)[628].

Estas Salas, como lo determinó la Sala Constitucional, tienen "el mismo grado jerárquico y todas representan en el ámbito de sus competencias al Tribunal Supremo de Justicia como máximo representante del Poder Judicial," observando además, no sólo que "dentro de la configuración de los tribunales de la República, el Tribunal Supremo de Justicia (antes Corte Suprema de Justicia) es el órgano máximo dentro de la administración de justicia, no estando sus decisiones sujetas a control de otro órgano, por estar el mismo en la cúspide del Poder Judicial"; sino que "dentro de la estructura del Alto Tribunal, no se encuentra una Sala que tenga preeminencia sobre el resto de las mismas, ya que tal como quedó expuesto, todas las Salas conservan el

---

627 Sobre la Constitución de 1999 *v.*, Allan R. Brewer-Carías, *La Constitución de 1999, Derecho Constitucional Venezolano,* 2 Tomos, Caracas 2004.

628 En la primera discusión de la Constitución se aprobó que cada Sala estaría integrada por 3 Magistrados, lo cual se modificó en segunda discusión en cuanto a la Sala Constitucional, llevando su integración a 5 Magistrados. A pesar de que esto fue inexplicablemente eliminado del texto constitucional publicado el 30 de diciembre de 1999, sin embargo, cuando la Asamblea Nacional Constituyente hizo las designaciones transitorias de los Magistrado del Tribunal Supremo, aún antes de que la Constitución fuera publicada, al dictar el inconstitucional Régimen Transitorio del Poder Público del 22 de diciembre de 1999, nombró sin fundamento legal ni constitucional alguno a 3 Magistrados en cada Sala con excepción de la Sala Constitucional, en la cual designó 5 Magistrados. *V.,* Allan R. Brewer-Carías, *Golpe de Estado y Proceso Constituyente en Venezuela,* UNAM, México 2002, pp. 350 y ss.

mismo grado de jerarquía dentro de dicho órgano, atendiendo a las materias que le competen a cada una de ellas"[629].

La Sala Constitucional, sin embargo, al analizar su propia potestad para revisar las sentencias de las otras Salas por razones de inconstitucionalidad, lo cual no estaba regulado en la Constitución, posteriormente señaló que dicha "competencia revisora de la Sala Constitucional no es jerárquica sino potestativa"[630].

## 2. *El régimen constitucional de los Magistrados*

### A. *Las condiciones para ser Magistrado*

De acuerdo con el artículo 263 de la Constitución, para ser Magistrado del Tribunal Supremo de Justicia se requiere:

> "1. Tener la nacionalidad venezolana por nacimiento y sin otra nacionalidad conforme al artículo 41 de la Constitución.
>
> 2. Ser ciudadano o ciudadana de reconocida honorabilidad.
>
> 3. Ser jurista de reconocida competencia, gozar de buena reputación, haber ejercido la abogacía durante un mínimo de quince años y tener título universitario de postgrado en materia jurídica; o haber sido profesor universitario o profesora universitaria en ciencia jurídica durante un mínimo de quince años y tener la categoría de profesor o profesora titular; o ser o haber sido juez o jueza superior en la especialidad correspondiente a la Sala para la cual se postula, con un mínimo de quince años en el ejercicio de la carrera judicial, y reconocido prestigio en el desempeño de sus funciones.
>
> 4. Cualesquiera otros requisitos establecidos por la ley".

Lamentablemente, estas condiciones para ser magistrado del Tribunal Supremo no sólo fueron violentadas con motivo de la designación de los Magistrados efectuada por la Asamblea Nacional Constituyente en diciembre de 1999, sino por la Asamblea Nacional en 2000 conforme a la "Ley Especial para la Ratificación o Designación de los Funcionarios y Funcionarias del Poder Ciudadano y Magistrados y Magistradas del Tribunal Supremo de Justicia para el primer período constitucional" de 14-11-2000[631]. Dicha Ley fue objeto de una acción de nulidad por inconstitucionalidad intentada por la Defensora del Pueblo, y al momento de pronunciarse la Sala Constitucional sobre la admisibilidad de la pretensión de amparo que había sido

---

629 *V.*, sentencia Nº 158 de 28 de marzo de 2000 (Caso: *Impugnación del artículo 1 de la Ley Orgánica de la Corte Suprema de Justicia*), en *Revista de Derecho Público*, Nº 81, Editorial Jurídica Venezolana, Caracas 2000, p. 109.

630 *V.*, en *Revista de Derecho Público,* Nº 85-88, Editorial Jurídica Venezolana, Caracas, 2001, p. 406.

631 *Gaceta Oficial* Nº 37.077 de 14-11-00. *V.*, en general, Carlos Luis Carrillo Artiles, "El desplazamiento del principio de supremacía constitucional por la vigencia de los interregnos temporales", *Revista de Derecho Constitucional,* Nº 3, Caracas, 2000, pp. 86 y ss.

formulada conjuntamente, mediante auto de 12 de diciembre de 2000[632], se desligó de la Constitución en cuanto al cumplimiento de las condiciones de elegibilidad previstas en el artículo 263 respecto de los Magistrados que estaban en funciones y que habían sido designados provisionalmente el 22 de diciembre de 1999 y que aspiraban ser "ratificados" (decidiendo, por tanto, en su propia causa, contra todo principio del Estado de derecho); "inventando" el argumento de que la figura de la "ratificación" no estaba prevista en la Constitución, por lo que el artículo 263 de la misma supuestamente sólo se aplicaba cuando los Magistrados fueran a designarse *ex novo*, pero no cuando fueran a ser ratificados[633].

### B. *La postulación de Magistrados*

El artículo 264 de la Constitución remitió a la ley orgánica la determinación del procedimiento para la elección de los Magistrados del Tribunal Supremo. Sin embargo, precisó directamente que en todo caso, pueden postularse candidatos ante el Comité de Postulaciones Judiciales (art. 270), por iniciativa propia o por organizaciones vinculadas con la actividad jurídica. El Comité, oída la opinión de la comunidad, debe efectuar una preselección para su presentación al Poder Ciudadano, el cual debe efectuar una segunda preselección que debe ser presentada a la Asamblea Nacional, la cual en definitiva, es la que debe efectuar la selección[634]. Los ciudadanos pueden ejercer fundadamente objeciones a cualquiera de los postulados ante el Comité de Postulaciones Judiciales, o ante la Asamblea Nacional.

### C. *El Comité de Postulaciones Judiciales*

#### a. *Integración*

La Constitución concibe al Comité de Postulaciones Judiciales (art. 270) como un órgano asesor del Poder Judicial para la selección de los candidatos a magistrados del Tribunal Supremo de Justicia (art. 264). Igualmente, el Comité debe asesorar a los colegios electorales judiciales para la elección de los jueces de la jurisdicción disciplinaria.

Este Comité de Postulaciones Judiciales, dice la Constitución, debe estar integrado "por representantes de los diferentes sectores de la sociedad", de conformidad con lo que establezca la ley, lo que implica un derecho ciudadano de participación que debe ser garantizado por la Ley. Conforme al artículo 270 de la Constitución, el Comité es un órgano asesor del Poder Judicial para la selección de los candidatos a magistrados del Tribunal Supremo de Justicia, por lo que se trata de un órgano per-

---

632 *V.*, en *Revista de Derecho Público*, N° 84, (octubre-diciembre), Editorial Jurídica Venezolana, Caracas, 2000, pp. 108 y ss.

633 El resultado de declarar la inaplicabilidad de la Constitución para la "ratificación" de los Magistrados, llevó a los Magistrados de la Sala a "legislar" y autodefinirse un "régimen especial" relativo a las condiciones de elegibilidad de los mismos, aplicables a ellos mismos, además, alegando el principio de no discriminación. Por eso la Defensora del Pueblo anunció que solicitaría la inhibición de los Magistrados de la Sala Constitucional. Véase *El Universal*, Caracas, 16-12-2000, p. 1-4.

634 *V.*, nuestro voto salvado en esta materia en Allan R. Brewer-Carías, *Debate Constituyente (Aportes a la Asamblea nacional Constituyente)*, T. III, Fundación de Derecho Público, Caracas 1999, pp. 201 y ss. y 290.

manente que, además, debe asesorar a los Colegios electorales judiciales para la elección de los jueces de la jurisdicción disciplinaria. Este Comité de Postulaciones Judiciales debe estar integrado "por representantes de los diferentes sectores de la sociedad, de conformidad con lo que establezca la Ley" (art. 270). Se trata, en definitiva, en una Constitución que en más de cincuenta artículos habla de participación, de un *mecanismo directamente regulado en la Constitución* para asegurar la participación de los "diversos sectores de la sociedad" en la gestión de asuntos públicos. No se trata de un mecanismo de consulta y mucho menos a través de mesa de diálogos, sino de participación activa de los ciudadanos a través de representantes de los diversos sectores de la sociedad[635].

No se olvide que uno de los motivos principales que originó la crisis política y la necesidad de una Asamblea Constituyente y de una reforma constitucional como la de 1999, fue la reacción contra la democracia meramente representativa de partidos, buscando su perfeccionamiento con aspectos de democracia de participación, entre muchos aspectos, precisamente en el nombramiento por el antiguo Congreso de los altos integrantes de los poderes públicos que no eran electos popularmente.

La crítica al sistema de designación de esos altos funcionarios públicos no electos por el Congreso (el Fiscal General de la República, el Contralor General de la Republica y los Magistrados de la Corte Suprema de Justicia) que establecía la Constitución de 1961, y que le daba poder discrecional para ello, puede decirse que fue generalizada en el país. La queja se refería a la falta de participación y al monopolio que ejercían los partidos políticos representados en el Congreso, en dichas designaciones. Por ello, en la Asamblea Nacional Constituyente, en esta materia se impuso el principio de la participación sobre el principio de la representatividad, y si bien se le atribuyó a la Asamblea Nacional la competencia para designar a los titulares de los órganos no electos popularmente del Poder Público, la reforma más importante que se introdujo consistió en *quitarle a la Asamblea la potestad discrecional para hacer tales nombramientos.*

En concreto, la Constitución reguló una forma precisa de *participación activa de la sociedad*, consistente en atribuirle a unos Comités de Postulaciones la *potestad exclusiva* de hacer las postulaciones de candidatos ante la Asamblea Nacional, por lo que no se pueden formular postulaciones directamente ante la Asamblea Nacional ni la Asamblea puede designar otras personas distintas a las postuladas por los Comités de Postulaciones. Esos Comités son órganos intermedios, algunos permanentes, que obligatoriamente deben estar integrados por *representantes de los diferentes sectores de la sociedad*. Son diferentes a la Asamblea Nacional, y los representantes populares (diputados) no podrían formar parte de los mismos. Sin embargo, lamentablemente, este postulado constitucional ha sido violado al regularse la conformación del Comité de Postulaciones Electorales en la Ley Orgánica del Poder Electoral, del Comité de Postulaciones del Poder ciudadano en la ley Orgánica del Poder Ciudadano, y el Comité de Postulaciones Judiciales, en la Ley Orgánica del

635 *V.*, Allan R. Brewer-Carías, "La participación ciudadana en la designación de los titulares de los órganos no electos de los Poderes Públicos en Venezuela y sus vicisitudes políticas," en *Revista Iberoamericana de Derecho Público y Administrativo*, Año 5, N° 5-2005, San José, Costa Rica 2005, pp. 76-95.

Tribunal Supremo de Justicia, los cuales se han integrado con diputados a la Asamblea Nacional, como "Comisiones Parlamentarias" ampliadas[636].

### b. *Procedimiento para las postulaciones*

En efecto, en particular, en cuanto a la designación de los Magistrados del Tribunal Supremo de Justicia, el artículo 264 de la Constitución, como se dijo, dispone que las postulaciones de candidatos sólo puedan hacerse ante un Comité de Postulaciones Judiciales, por iniciativa propia o por organizaciones vinculadas a la actividad jurídica.

Ahora bien, el procedimiento constitucional previsto para la designación de los magistrados del Tribunal Supremo, que debía ser regulado en la Ley, es el siguiente: El Comité, recibidas las postulaciones, "oída la opinión de la comunidad, efectuará una preselección para su presentación al Poder Ciudadano". Este órgano, integrado por el Fiscal General de la República, el Defensor del Pueblo y el Contralor General de la República (art. 273) debe efectuar "una segunda preselección que será presentada a la Asamblea Nacional, la cual hará la selección definitiva" (art. 264).

---

636 Por supuesto, la forma de integración de los Comités de Postulaciones era esencial para que se aplicara la Constitución, por lo que la Asamblea Nacional estaba *obligada a llenar el vacío legal*, mediante una legislación que regulase los Comités de Postulaciones. Resultaba inadmisible que la Asamblea Nacional pretendiera legislar, *para no legislar*, como sucedió con la antes mencionada "Ley Especial para la Ratificación o Designación de los Funcionarios y Funcionarias del Poder Ciudadano y Magistrados y Magistradas del Tribunal Supremo de Justicia para el primer período constitucional" de 14-11-2000, que violó tanto los artículos 264, 270 y 279 de la Constitución, como los artículos 20 y 33 del Decreto de la Asamblea Nacional Constituyente sobre "Régimen de Transición del Poder Público" cuyo rango constitucional fue reconocido por el Tribunal Supremo. Estas normas exigían que la Asamblea Nacional, una vez electa, debía realizar las designaciones definitivas de los altos funcionarios "de conformidad con la Constitución". La referida "Ley Especial para la designación de los altos funcionarios públicos del Poder Judicial y del Poder Ciudadano" violó la Constitución al no organizar los Comités de Postulaciones que ésta exigía, integrados por representantes de los diversos sectores de la sociedad, y sustituirlos por una simple Comisión Parlamentaria. En efecto, la Ley Especial dispuso que la Asamblea Nacional para hacer las designaciones de los mencionados funcionarios públicos, debía designar una "Comisión integrada por 15 diputados o diputadas, que actuará como Comisión de Evaluación de Postulaciones" (art. 3); la cual, una vez instalados sus miembros, debían seleccionar, "a través de mecanismos de consulta, una lista de 12 representantes de los diversos sectores de la sociedad, que presentará ante la Asamblea Nacional para que ésta proceda a designar, por mayoría absoluta, 6 representantes, quienes integrarán la Comisión y actuarán como miembros de la misma, con derecho a voz y voto" (art. 4). Se dispuso, además, que "para hacer efectivos los principios de publicidad y participación de la ciudadanía", la Comisión debía implementar "dichos mecanismos a través de consultas y participación de las comunidades", para lo cual debía instrumentar "mesas de diálogo donde estén representados los diversos sectores de la sociedad y con las cuales se consultarán y evaluarán las postulaciones recibidas" (art. 5). Esos representantes debían ser designados por la Comisión de listas que presentaran "las diversas organizaciones de la ciudadanía interesadas en participar en el proceso" (art. 6). Las postulaciones recibidas para la designación de los integrantes de los Poderes Públicos Nacionales regulados en la ley debían ser objeto de consulta pública a los efectos de que se presentasen ante el Comité los respaldos u objeciones fundadas (art. 7). Como resultado del proceso, la Comisión debía elaborar una lista de postulados para ser sometida a la consideración de la Asamblea Nacional, para la designación definitiva (art. 9). Basta leer dicha Ley Especial para evidenciar su inconstitucionalidad. Fue una burla a la Constitución y constituyó la confiscación del derecho a la participación política garantizado en forma expresa en el Texto Constitucional. *V.*, Allan R. Brewer-Carías, *Golpe de Estado y Proceso Constituyente en Venezuela, cit.*, pp. 389 y ss.

D. *El período de los Magistrados*

El artículo 264 dispone que los Magistrados del Tribunal Supremo de Justicia deban ser elegidos por un único período de doce años. En consecuencia, se excluye en reelección de los Magistrados.

E. *La remoción*

De acuerdo con el artículo 265, los magistrados del Tribunal Supremo de Justicia pueden ser removidos por la Asamblea Nacional mediante una mayoría calificada de las dos terceras partes de sus integrantes, previa audiencia concedida al interesado, en caso de faltas graves ya calificadas por el Poder Ciudadano, en los términos que la ley establezca. Esta, sin duda, es una injerencia no conveniente ni aceptable de la instancia política del Poder en relación con la Administración de Justicia, pues permite un amplio margen para permitir un régimen sancionatorio que puede lesionar la autonomía e independencia del Tribunal Supremo.

3. *Las atribuciones del Tribunal Supremo*

El Tribunal Supremo de Justicia, ejerce, en exclusiva, la jurisdicción constitucional (art. 334); es la máxima autoridad judicial en la jurisdicción contencioso-administrativa (art. 259) y en la jurisdicción contencioso electoral (art. 297); resuelve los conflictos entre autoridades judiciales; conoce en exclusiva de los recursos de casación y de interpretación; y tiene a su cargo declarar si hay o no méritos para el enjuiciamiento de altos funcionarios públicos.

Tales atribuciones están definidas en el artículo 266, en la forma siguiente:

A. *La jurisdicción constitucional*

Conforme al artículo 266,1, corresponde al Tribunal Supremo, ejercer la jurisdicción constitucional conforme al Título VIII de esta Constitución, la cual está atribuida en exclusiva a la Sala Constitucional.

B. *La intervención en el enjuiciamiento de altos funcionarios del Estado*

Corresponde al Tribunal Supremo en Sala Plena, conocer del enjuiciamiento del Defensor del Pueblo (art. 282) y, además:

> "2. Declarar si hay o no mérito para el enjuiciamiento del Presidente o Presidenta de la República o quien haga sus veces, y en caso afirmativo, continuar conociendo de la causa previa autorización de la Asamblea Nacional, hasta sentencia definitiva.
>
> 3. Declarar si hay o no mérito para el enjuiciamiento del Vicepresidente o Vicepresidenta de la República, de los o las integrantes de la Asamblea Nacional o del propio Tribunal Supremo de Justicia, de los Ministros o Ministras, del Procurador o Procuradora General, del Fiscal o Fiscala General, del Contralor o Contralora General de la República, del Defensor o Defensora del Pueblo, los Gobernadores o Gobernadoras, oficiales u oficialas generales y almirantes de la

Fuerza Armada Nacional[637] y de los jefes o jefas de misiones diplomáticas de la República y, en caso afirmativo, remitir los autos al Fiscal o Fiscala General de la República o a quien haga sus veces, si fuere el caso; y si el delito fuere común, continuará conociendo de la causa hasta la sentencia definitiva".

Es de destacar, que en la enumeración de la norma, en relación con los funcionarios que tienen el privilegio[638] del antejuicio de mérito, sin duda, por una inadvertencia, no se incluyó a los miembros del Poder Electoral, cuyos titulares (Rectores), por tanto, constitucionalmente no gozarían de dicho privilegio. Por ello, la Sala Electoral del Tribunal Supremo de Justicia en sentencia N° 45 de 17 de mayo de 2000 consideró contraria a la Constitución la previsión del artículo 52 de la Ley Orgánica del Sufragio y Participación Política que establecía el antejuicio de mérito para los miembros del Consejo Nacional Electoral. En dicha sentencia, sin embargo, la Sala aclaró que:

> "Sin embargo, al margen de todo lo anteriormente expuesto, esta Sala considera necesario precisar que su decisión versa únicamente –no podía ser de otra manera, en atención a su esfera de competencia– sobre la vigencia del referido dispositivo legal, como cuestión previa a su interpretación, que resulta de la aplicación del test de comparabilidad o compatibilidad con la Constitución de 1999. Ello no implica, por tanto, pronunciamiento alguno acerca de la interpretación de la normativa constitucional que regula el antejuicio de mérito, en lo concerniente a la exclusión de esa prerrogativa de los titulares del máximo órgano del Poder Electoral, la cual genera dudas en el marco del principio fundamental de la Constitución que declara que Venezuela es un Estado de derecho y de justicia (art. 2), y del mismo principio de igualdad, pues dicha función interpretativa es una competencia exclusiva y excluyente de la Sala Constitucional.
>
> En efecto, en ese orden de ideas parece sumamente útil que la referida Sala llegara a dilucidar, por ejemplo, la justificación axiológica de la exclusión de la prerrogativa procesal, contenido en el artículo 266 constitucional, a los miembros no ya de un órgano electoral, como aparecía concebido en el régimen preconstitucional, sino del órgano rector de un nuevo Poder, cuya consagración significó una ruptura del tradicional esquema de división del Poder Público Nacional. Esta justificación resulta hoy más que necesaria, si se toma en cuenta que a los titulares del otro nuevo Poder, el Ciudadano, cuya consagración también se inscribe en la aludida ruptura, sí les fue otorgada la referida prerrogativa"[639].

---

637 Sobre el antejuicio de mérito a los oficiales de la Fuerza Armada, véase la sentencia de la Sala Constitucional del Tribunal Supremo de Justicia de 09-02-2001 en *Revista de Derecho Público*, N° 85-88, Editorial Jurídica Venezolana, Caracas, 2001, pp. 155 y ss.

638 Sobre el antejuicio de mérito como excepción al principio de la igualdad, véase las sentencias de la Sala Plena del Tribunal Supremo de Justicia de 02-05-2000 y de 11-5-2000 y de la sala Electoral N° 45 de 17-05-2000 en *Revista de Derecho Público*, N° 82, (abril-junio), Editorial Jurídica Venezolana, Caracas, 2000, pp. 173 y ss. y 177 y ss.

639 *V.*, en *Revista de Derecho Público*, N° 82, (abril-junio), Editorial Jurídica Venezolana, Caracas, 2000, p. 181.

C. *La intervención en la remoción de los titulares de los órganos del Poder Ciudadano*

El artículo 233 dispone que el Tribunal Supremo pueda decretar la destitución del Presidente de la República. Por otra parte, conforme al artículo 279 de la Constitución, el Tribunal Supremo debe pronunciarse previamente a la remoción por la Asamblea Nacional, de los Titulares del Poder Ciudadano (Contralor General de la República, Fiscal General de la República, Defensor del Pueblo). En igual sentido, el Tribunal Supremo debe pronunciarse previamente a la remoción por la Asamblea, de los integrantes del Consejo Nacional Electoral (art. 296). Estas competencias deben ejercerse en Corte Plena.

D. *En materia de jurisdicción contencioso administrativa y contencioso electoral*

En cuanto a las competencias que corresponden a la jurisdicción contenciosa administrativa y a la jurisdicción contenciosa electoral, el artículo 266 atribuye al Tribunal Supremo, las siguientes:

> "4. Dirimir las controversias administrativas que se susciten entre la República, algún Estado, Municipio u otro ente público, cuando la otra parte sea alguna de esas mismas entidades, a menos que se trate de controversias entre Municipios de un mismo Estado, caso en el cual la ley podrá atribuir su conocimiento a otro tribunal.
>
> 5. Declarar la nulidad total o parcial de los reglamentos y demás actos administrativos generales o individuales del Ejecutivo Nacional, cuando sea procedente".

Estas competencias corresponden a la Sala Político Administrativa y a la Sala Electoral[640].

E. *Los recursos de interpretación*

De acuerdo con el artículo 266,6, también corresponde al Tribunal Supremo, la atribución de "conocer de los recursos de interpretación sobre el contenido y alcance de los textos legales, en los términos contemplados en la ley".

Esta competencia antes se ejercía en exclusiva, conforme a la Ley Orgánica de la Corte Suprema, por la Sala Político Administrativa; pero desde la entrada en vigencia de la Constitución de 1999, la jurisprudencia de la Sala Constitucional la extendió al conocimiento de todas las Salas del Tribunal Supremo.

F. *Los conflictos de competencia judicial*

También corresponde al Tribunal Supremo en todas sus Salas, conforme al artículo 266:

---

640 *V.*, Carlos Pérez Fernández y Miguel A. Torrealba Sánchez, "Notas sobre la jurisdicción contencioso electoral en la Constitución de 1999", en *Revista de Derecho Administrativo,* Nº 12 (mayo-agosto), Editorial Sherwood, Caracas, 2001, pp. 165-192.

"7. Decidir los conflictos de competencia entre tribunales, sean ordinarios o especiales, cuando no exista otro tribunal superior o común a ellos en el orden jerárquico".

G. *El tribunal de Casación*

Además, el artículo 266,8 atribuye al Tribunal Supremo en sus Salas de Casación Civil, de Casación Penal y de Casación Social la competencia para:

"8. Conocer del recurso de casación".

4. *El gobierno y administración del Poder Judicial*

Una de las principales innovaciones de la Constitución de 1999, fue el atribuir al Tribunal Supremo de Justicia, el gobierno y la administración del Poder Judicial, eliminando al Consejo de la Judicatura que como órgano con autonomía funcional ejercía estas funciones conforme a la previsión del artículo 217 de la Constitución de 1961[641].

## II. ASPECTOS DEL RÉGIMEN DEL TRIBUNAL SUPREMO EN LA LEY ORGÁNICA

1. *El régimen legal del Tribunal como el órgano rector del Poder Judicial y el más alto Tribunal de la República*

La LOTSJ 2010, fue dictada con el objeto de establecer el régimen, organización y funcionamiento del Tribunal Supremo de Justicia (Art. 1); concibiéndolo como parte que es del Sistema de Justicia[642], como el máximo órgano rector del Poder Judicial, el cual goza de autonomía funcional, financiera y administrativa (art. 2).

En su carácter de rector del Poder Judicial y su máxima representación, le corresponde al Tribunal la dirección, el gobierno y la administración del Poder Judicial, incluyendo la elaboración y ejecución de su presupuesto, así como la inspección y vigilancia de los tribunales de la República y de las defensorías públicas, de conformidad con la Constitución (art. 2) y las leyes, como la Ley Orgánica del Poder Judicial, la Ley del Sistema de Justicia, el Código de Ética del Juez Venezolano y la propia LOTSJ 2010; atribuciones que, además, ejerce a través de la Dirección Ejecutiva de la Magistratura.

El Tribunal Supremo de Justicia, siendo el más alto Tribunal de la República, contra sus decisiones, en cualquiera de sus Salas, no se puede oír, ni admitir acción o recurso alguno, salvo lo previsto en el artículo 25.10, 25.11 y 25.12 de la Ley (Art. 3), en los cuales se regula la competencia de la Sala Constitucional para conocer del recurso de revisión constitucional de sentencias, incluyendo las de las otras Salas.

641 *V.*, Laura Louza, "El Tribunal Supremo de Justicia en la Constitución de la República Bolivariana de Venezuela", *Revista de derecho del Tribunal Supremo de Justicia,* N° 4, Caracas, 2002, pp. 379 a 437; Nélida Peña Colmenares, "El Tribunal Supremo de Justicia como órgano de dirección, gobierno, administración, inspección y vigilancia del Poder Judicial venezolano", *Revista de derecho del Tribunal Supremo de Justicia,* N° 8, Caracas, 2003, pp. 391 a 434; y Olga Dos Santos, "Comisión Judicial del Tribunal Supremo de Justicia", *Revista de Derecho del Tribunal Supremo de Justicia*, N° 6, Caracas, 2002, pp. 373 a 378.

642 *V.*, la Ley del Sistema de Justicia en *Gaceta Oficial* N° 39.276 del 1 de octubre de 2009.

Además, el Tribunal Supremo de Justicia, en todas sus Salas, está llamado a garantizará la supremacía y efectividad de las normas y principios constitucionales, siendo el máximo y último intérprete de la Constitución, correspondiéndole velar por su uniforme interpretación y aplicación (art. 4), mediante el control, de acuerdo con la Constitución y las leyes, de la constitucionalidad y legalidad de todos los actos del Poder Público.

Como parte del sistema de justicia judicial, y dado el principio constitucional de la gratuidad de la justicia, el artículo 5 de la Ley Orgánica ratifica que "El Tribunal Supremo de Justicia no podrá establecer tasas, aranceles, comisiones, ni exigir pago alguno por sus servicios".

### 2. *La composición del Tribunal Supremo: Las Salas*

El Tribunal Supremo de Justicia está compuesto por 32 Magistrados y funciona en las siguientes Salas: Constitucional, Político-Administrativa, Electoral, de Casación Civil, de Casación Penal y de Casación Social, así como por la Sala Plena que esta integrada por los Magistrados de todas las Salas señaladas (art. 7). La Sala Constitucional está integrada por 7 Magistrados y las demás Salas por cinco Magistrados; y cada Sala tiene un Secretario y un Alguacil (arts. 8 y 12).

### 3. *Régimen general para la toma de decisiones*

El quórum requerido para que la Sala Plena y cada una de las otras Salas pueda deliberar, es por mayoría absoluta de los Magistrados que la deban integrar (art. 10).

En cuanto al quórum para decidir, la Ley Orgánica dispone que para que las decisiones del Tribunal Supremo de Justicia sean válidas, en Sala Plena o en cualquiera de sus Salas, se requiere el voto favorable de la mayoría absoluta de los miembros que la deban integrar (art. 11).

### 4. *La potestad sancionatoria del Tribunal Supremo*

De acuerdo con lo establecido en los artículos 121 a 124 de la Ley Orgánica del Tribunal Supremo, éste puede imponer cuando sea procedente, sanciones de multa y expulsión de su sede en la siguiente forma:

> "1. Las Salas del Tribunal Supremo de Justicia tienen la potestad de sancionar con multa de hasta cien unidades tributarias (100 U.T.) a quienes irrespeten, ofendan o perturben con sus actuaciones al Poder Judicial, al Tribunal Supremo de Justicia o a sus órganos o funcionarios o funcionarias; o a quienes hagan uso abusivo de recursos o acciones judiciales. Igualmente, sancionarán a las partes que falten el respeto al orden debido en los actos que realicen, o que incumplan, desobedezcan o desacaten las decisiones, acuerdos u órdenes judiciales o llamen públicamente a ello (Art. 121).
>
> 2. Las Salas del Tribunal Supremo de Justicia también tienen la potestad de sancionar con multa por desacato, equivalente hasta doscientas unidades tributarias (200 U.T.), a las personas o funcionarios o funcionarias que no acataren sus órdenes o decisiones o no le suministraren oportunamente las informaciones, datos o expedientes que solicitare de ellos, sin perjuicio de las sanciones penales, civiles, administrativas o disciplinarias a que hubiere lugar (Art. 122).

> 3. Las Salas pueden también sancionar con multa por reincidencia, si quien hubiere sido sancionado con las multas antes indicadas fuese reincidente la multa. En tal caso, la multa será entre doscientas unidades tributarias (200 U.T.) y trescientas unidades tributarias (300 U.T.) (Art. 123)".

En todos los casos de multa, conforme se establece en el artículo 125 de la Ley Orgánica, el sancionado puede reclamar por escrito la decisión judicial que las imponga, dentro de los tres días hábiles siguientes a su notificación, donde debe exponer las circunstancias favorables a su defensa. El reclamo debe ser decidido por la Sala respectiva dentro de los cinco días hábiles siguientes al vencimiento del lapso para reclamar la decisión en la cual la Sala puede ratificar, revocar o reformar la sanción, siempre y cuando no cause mayor gravamen al sancionado.

Conforme se dispone en el artículo 121, la multa se debe pagar ante cualquier entidad bancaria receptora de fondos públicos nacionales dentro de los 30 días continuos siguientes a la notificación de la decisión que imponga la sanción o de la decisión que resuelva el reclamo conforme a lo que se establece en el artículo 125 de esta Ley. La constancia de haberse efectuado el pago será consignada a los autos dentro de los cinco días hábiles siguientes al vencimiento del plazo para el pago.

Si el sancionado no pagare la multa en el lapso establecido la sanción podrá aumentarse entre un tercio y la mitad del total de la multa.

> "4. Los Magistrados o Magistradas de las Salas que integran el Tribunal Supremo de Justicia, además, tienen la potestad conforme al artículo 124 de la Ley Orgánica para expulsar de la sede del Tribunal a cualquier persona que transgreda el orden dentro del recinto o que se encuentre incurso en los supuestos que se han descrito para los casos de multas, sin perjuicio de la aplicación de las mismas".

En esta forma, la LOTSJ 2010, eliminó la sanción de potestad de privación de libertad que inconstitucionalmente había establecido la Ley Orgánica de 2004 (Art. 23, párrafo 1) ignorando lo dispuesto en el artículo 44,1 de la Constitución que sólo permite la privación de la libertad como decisión judicial en un proceso excluyendo los arrestos "judiciales" establecidos en ejercicio de una función administrativa[643].

### 5. *Las incompatibilidades y las inhibiciones y recusaciones de magistrados*

El principio en la materia es, por supuesto, que los Magistrados del Tribunal Supremo de Justicia no pueden ejercer otros cargos remunerados, estableciéndose en el artículo 39, que pueden "ejercer cargos académicos y docentes siempre y cuando no sea a tiempo completo o no resulten incompatibles con el ejercicio de sus funciones; y ser miembro de comisiones codificadoras, redactoras o revisoras

---

643 Así lo ha resuelto, por ejemplo, la Corte Primera de lo Contencioso Administrativo en sentencia de 01-06-2000 (Caso: *Julio Rico*), en *Revista de Derecho Público*, Nº 82 (abril junio), Editorial Jurídica Venezolana, Caracas 2000, pp. 285 y ss.

de leyes, ordenanzas y reglamentos que, según las disposiciones que la rijan, no constituyan destinos públicos remunerados"[644].

Conforme al artículo 53 de la ley, la inhibición o la recusación de los Magistrados puede tener lugar hasta que venzan los lapsos de sustanciación, si es el caso, o dentro de los 3 días siguientes al momento en que se produzca la causa que las motive. Los Magistrados y demás funcionarios del Tribunal Supremo de Justicia, están sujetos, supletoriamente, a las reglas que sobre inhibición y recusación establece las normas procesales en vigor, en particular, el Código de Procedimiento Civil y el Código Orgánico Procesal Penal (Art. 54).

El artículo 55 regula el supuesto de que se inhibieran o fueren recusados todos los Magistrados que integran alguna de las Salas, en cuyo caso, debe conocer de la incidencia el Presidente de la Sala Plena, a menos que éste también sea uno de los inhibidos o recusados, en cuyo caso debe conocer de la incidencia el Primer Vicepresidente de la misma; y si éste también se hubiere inhibido o fuere recusado, debe resolver el Segundo Vicepresidente. Si éste también se inhibe o es recusado entonces deben conocer los Directores en orden de antigüedad. Y si tampoco éstos pudieren conocer, lo hará aquél de los Magistrados, no inhibido, ni recusado, a quien corresponda decidir conforme a una lista que debe elaborar la Sala Plena en el día hábil siguiente a aquél, en que hubiere designado su Directiva, o posteriormente en la fecha más inmediata.

En caso de que ninguno de los Magistrados pudiere conocer de la incidencia, conforme al artículo 56, deben conocer de ella los suplentes en el orden establecido en la lista que a tal efecto debe elaborar también el Tribunal en Sala Plena, en la misma oportunidad antes indicada. Asimismo, se debe convocar a los suplentes, cuando se inhiban o sean recusados todos los Magistrados de la Sala Plena.

Cuando la inhibición sea parcial y se produjere en la Sala Plena, conforme al artículo 57, se debe proceder según lo antes dispuesto. Pero si se produjere recusación o inhibición en otras Salas, el conocimiento de la incidencia corresponde al Presidente de la respectiva Sala, a menos que se halle entre los recusados o inhibidos, en cuyo caso, debe conocer su Vicepresidente, y si éste también estuviese impedido, debe decidir el Magistrado suplente no inhibido, ni recusado, a quien corresponda conocer, teniendo en cuenta el orden en que aparezcan en las listas de que formen parte, respectivamente. La convocatoria de los suplentes o conjueces compete al Presidente de la Sala respectiva.

La circunstancia de que alguna lista de suplentes o conjueces esté incompleta, no impide que se convoque a los demás que figuren en ella, en los casos en que sea procedente. Pero al quedar incompleta alguna lista de suplentes, el Presidente del Tribunal lo debe comunicar a la Asamblea Nacional, a los fines del nombramiento de los mismos (Art. 58).

En todo caso, declarada con lugar la recusación o inhibición, se debe constituir la respectiva Sala Accidental con los suplentes a quienes corresponda llenar la falta (Art. 59).

---

644 En la LOTSJ 2004 se establecía en general, además que los Magistrados no podían ejercer "profesiones o actividades incompatibles con sus funciones (Art. 8), lo que se había recogido en el texto de la Ley sancionado en mayo de 2010, pero fue eliminado en la publicación de la *Gaceta Oficial*.

Siguiendo los principios constitucionales, el artículo 37 de la Ley Orgánica establece que los Magistrados del Tribunal Supremo de Justicia son responsables personalmente por los delitos o faltas que cometan con ocasión del ejercicio de sus funciones, sin perjuicio de las demás responsabilidades a que haya lugar de conformidad con la ley.

### 6. *El régimen de remoción de los magistrados*

El artículo 62 de la Ley Orgánica, establece que los Magistrados del Tribunal Supremo de Justicia pueden ser removidos de sus cargos, en los términos que establece el artículo 265 de la Constitución, en casos de faltas graves, que son las siguientes:

"1. Las que establecen la Ley Orgánica del Poder Ciudadano y el Código de Ética del Juez Venezolano y la Jueza Venezolana.

2. Manifiesta incapacidad física o mental permanente, certificada por una junta médica que designe el Tribunal Supremo de Justicia previa autorización de la Asamblea Nacional.

3. No ser imparcial o independiente en el ejercicio de sus funciones.

4. Eximirse del ejercicio de sus funciones, salvo en los casos de inhibición o recusación.

5. Llevar a cabo activismo político partidista, gremial, sindical o de índole semejante.

6. Realizar actividades incompatibles con sus funciones, por sí o por interpuestas personas.

7. Ejercer simultáneamente otro cargo público remunerado, salvo lo que se dispone para cargos académicos o docentes a que se refiere esta Ley.

8. Abandonar el cargo y así lo declare el Tribunal Supremo de Justicia.

9. Incumplir o incurrir en negligencia manifiesta en el ejercicio de sus atribuciones y deberes.

10. Que sus actos públicos atenten contra la respetabilidad del Poder Judicial y de los órganos que represente.

11. Cometer hechos graves que, constitutivos o no de delito, pongan en peligro su credibilidad e imparcialidad y comprometan la dignidad del cargo.

12. Cuando ejerzan influencia directa en la designación de quienes cumplan funciones públicas.

13. Cuando incurran en abuso o exceso de autoridad.

14. Cuando incurran en grave e inexcusable error de derecho, cohecho, prevaricación, dolo o denegación de justicia.

15. Cuando hubiere suministrado datos falsos con motivo de su postulación como Magistrado a la fecha de la misma, que impida conocer o tergiverse el cumplimiento de los requisitos exigidos en la presente ley y en la Constitución.

16. Cuando la actitud pública de los Magistrados o Magistradas atente contra el funcionamiento del Tribunal Supremo de Justicia, de alguna de sus Salas o del Poder Judicial.

17. Cuando infrinjan algunas de las prohibiciones que están establecidas en la Constitución y en las leyes".

De acuerdo con el artículo 63 de la Ley, una vez calificada la falta y recibidas las actuaciones del Consejo Moral Republicano, el Presidente de la Asamblea Nacional debe convocar, dentro de los 10 días hábiles siguientes, a una sesión plenaria para escuchar al interesado, debiendo resolver sobre la remoción inmediatamente después de dicha sesión.

La LOTSJ 2010, afortunadamente, corrigió la inconstitucionalidad en la que había incurrido el Legislador en 2004 que haber agregado, en fraude a la Constitución, una forma de remoción encubierta de los magistrados basada en una supuesta "anulación del acto administrativo de nombramiento de los Magistrados" que se podía adoptar con el voto de la simple mayoría de la Asamblea (Art. 23)[645].

## III. PRINCIPIOS SOBRE LA PARTICIPACIÓN POPULAR ANTE EL TRIBUNAL SUPREMO

El artículo 119 de la Ley Orgánica establece como un derecho de toda persona el de "participar de manera organizada, directa y protagónica en la formación de las políticas y control de la gestión del Tribunal Supremo de Justicia," a través de los consejos comunales y las demás formas de organización popular, incluyendo las que corresponden a los pueblos y comunidades indígenas, de conformidad con lo que previsto en el ordenamiento jurídico.

Se consagra así, en la ley Orgánica, la obligación del Tribunal Supremo de Justicia, sus órganos auxiliares y todos los tribunales de la República generar las condiciones más favorables para garantizar el ejercicio pleno y efectivo de este derecho.

Por otra parte, el artículo 120 de la ley Orgánica dispone que el Tribunal Supremo de Justicia, a través de su Junta Directiva y de sus órganos auxiliares, deba suministrar amplia, oportuna y veraz información sobre su organización, funcionamiento y actividades, con el fin de que el pueblo participe y ejerza control social sobre su gestión pública.

El Tribunal Supremo de Justicia y sus órganos auxiliares, en esta forma, están obligados a crear, mantener y actualizar un sistema de información físico y electrónico que debe contener, entre otros, el esquema actualizado de su organización y funcionamiento, así como un mecanismo de comunicación e información electrónica disponible para todas las personas.

---

645 Esta inconstitucional potestad fue incluso ejercida en junio de 2004 en contra del Magistrado Franklin Arrieche, Primer Vicepresidente del Tribunal Supremo. *V.*, *El Nacional*, Caracas 16-06-2004, p. A-5.

Una de las innovaciones de la LOTSJ 2010 ha sido la creación de la *Gaceta Judicial de la República Bolivariana de Venezuela*, la cual se califica en el artículo 126 de la Ley, como el órgano oficial de divulgación de los fallos, acuerdos y resoluciones del Tribunal Supremo de Justicia cuya publicación ordena esta ley; así como de las sentencias que dicten cada una de las Salas, cuando su contenido fuere de interés general[646].

En todo caso, se deben publicar en la *Gaceta Judicial* las sentencias que declaren la nulidad de normas y las que resuelvan demandas de interpretación legal o constitucional fijando el contenido o alcance de la norma de que se trate.

Las publicaciones contenidas en la *Gaceta Judicial* tendrán fuerza de documento público, sin perjuicio de que los actos en ella contenidos gocen de autenticidad a partir de su publicación en el expediente por parte de la Secretaría de la Sala correspondiente y sin perjuicio de la potestad de las Salas de fijar los efectos de sus decisiones en el tiempo.

La *Gaceta Judicial* de la República Bolivariana de Venezuela podrá tener formato electrónico cuando así lo decida la Sala Plena, de conformidad con la ley.

## *SECCIÓN SEGUNDA:*

## *LA COMPETENCIA DE LA SALA CONSTITUCIONAL: LA JURISDICCIÓN CONSTITUCIONAL*

Conforme al artículo 25 de la Ley, corresponde al Tribunal Supremo en Sala Constitucional los siguientes asuntos que originan, por una parte procesos constitucionales, y por la otra, procedimientos constitucionales:

### I. LAS COMPETENCIAS QUE ORIGINAN PROCESOS CONSTITUCIONALES

#### 1. *El proceso constitucional de control de constitucionalidad de las leyes y otros actos estatales de igual rango y valor (control concentrado de la constitucionalidad)*

La Ley Orgánica regula el proceso constitucional de control concentrado de la constitucionalidad de las leyes, al atribuir en los numerales 1 a 5 del artículo 25 competencia a la Sala Constitucional para anular los siguientes actos estatales cuando violen la Constitución, siguiendo las previsiones del artículo 336 de la Constitución:

##### A. *Leyes y actos de rango legal de la Asamblea Nacional*

"1. Declarar la nulidad total o parcial de las *leyes nacionales y demás actos con rango* de *ley de la Asamblea Nacional*, que colidan con la Constitución de la República Bolivariana de Venezuela".

646 En la Disposición Final Primera se estableció una *vacatio legis* respecto de esta norma, difiriéndose su entrada en vigencia hasta el 1° de enero de dos mil once.

Los actos con rango de ley de la Asamblea Nacional serían aquellos actos parlamentarios sin forma de ley dictados en ejecución directa e inmediata de la Constitución, como los *interna corporis* (Reglamento Interior y de Debates, por ejemplo).

B. *Leyes estadales y municipales y actos de los órganos legislativos estadales y municipales dictados en ejecución directa de la Constitución*

"2. Declarar la nulidad total o parcial de las *Constituciones y leyes estadales, de las ordenanzas municipales y demás actos* de los cuerpos deliberantes de los Estados y Municipios dictados *en ejecución directa e inmediata de la Constitución* y que colidan con ella"[647].

C. *Actos de rango legal del Ejecutivo Nacional*

"3. Declarar la nulidad total o parcial de *los actos con rango de ley que sean dictados por el Ejecutivo Nacional,* que colidan con la Constitución de la República Bolivariana de Venezuela"[648].

Esta norma se refiere, básicamente, a los decretos leyes dictados en virtud de ley habilitante (Art. 203), así como a las regulaciones que deba dictar el Ejecutivo Nacional en caso de restricción de garantías derivadas de un decreto de estado de excepción (Art. 339).

D. *Actos estatales de ejecución directa e inmediata de la Constitución*

"4. Declarar la nulidad total o parcial de los actos *en ejecución directa e inmediata de la Constitución,* dictados por cualquier órgano estatal en ejercicio del Poder Público, cuando colidan con aquella".

Debe recordarse que en el artículo 5.1.9 de la LOTSJ 2004, se había agregado al final del numeral la frase "*y que no sean reputables como actos de rango legal*", la cual, con razón, se ha eliminado en la LOTSJ 2010. Lamentablemente en la identificación del objeto de la acción de inconstitucionalidad en este caso, el Legislador de 2004 no había entendido las disposiciones constitucionales (Arts. 334, 336,4) que se refieren al control de constitucionalidad de los "actos dictados en ejecución directa e inmediata de la Constitución", los cuales precisamente por ello, tienen rango legal, aún cuando puedan no tener valor de ley.

---

647 En el artículo 5, 1, 7 de la LOTSJ 2004, también se agregaba la frase "mediante el ejercicio del control concentrado de la constitucionalidad," que ha sido eliminada. Del artículo también se eliminó de la competencia los actos del los cuerpos deliberantes Distrito Capital que se indicaban en la LOTSJ 2004, sin duda en vista de que en la inconstitucional Ley Especial Sobre la Organización y Régimen del Distrito Capital se lo reguló como un órgano dependiente del Poder Nacional y no como una entidad política de la República, el cual por lo demás no tiene órgano deliberante, ya que esa función se atribuyó a la Asamblea Nacional. *V.*, la Ley Especial Sobre la Organización y Régimen del Distrito Capital en *Gaceta Oficial* N° 39.156 de 13 de abril de 2009.

648 En el artículo 5, 1, 8 de la LOTSJ 2004, también agregaba la frase "mediante el ejercicio del control concentrado de la constitucionalidad", que ha sido eliminada.

Las categorías de actos dictados en ejecución directa e inmediata de la Constitución y los actos con rango de ley, no son excluyentes. Los actos dictados en ejecución directa e inmediata de la Constitución, por otra parte, por ello mismo sólo pueden estar regulados por sus normas y no admiten que se pueda dictar una ley para regularlos. No es lo mismo, por tanto, un acto de ejecución directa e inmediata de la Constitución que una norma constitucional de aplicación directa e inmediata[649].

E. *El medio procesal para el inicio de los procesos: La acción popular de inconstitucionalidad*

En todo caso, en ejercicio de estas cuatro competencias (ordinales 1 a 4), la Sala Constitucional ejerce el "control concentrado de la constitucionalidad", el cual, de conformidad con la Constitución, como lo precisa el artículo 32 de la Ley Orgánica:

> "sólo corresponderá a la Sala Constitucional en los términos previstos en esta Ley, mediante demanda popular de inconstitucionalidad, en cuyo caso, no privará el principio dispositivo, pudiendo la Sala suplir, de oficio, las deficiencias o técnicas del demandante por tratarse de un asunto de orden público. Los efectos de dicha sentencia serán de aplicación general, y se publicará en la *Gaceta Oficial de la República*, y en la *Gaceta Oficial del Estado o Municipio* según corresponda".

Con esta disposición expresa, en el caso de control concentrado de constitucionalidad, se estableció el principio dispositivo para el inicio del control concentrado de la constitucionalidad, mediante el ejercicio de la acción popular, habiendo adquirido rango legal la terminología "recurso popular de inconstitucionalidad."

En estos casos, le excepción al principio dispositivo, mediante poderes de oficio, queda limitada a la posibilidad para la Sala de sólo suplir de oficio las deficiencias o técnicas del demandante. Sin embargo, la Ley Orgánica estableció otro límite al principio dispositivo al permitir el inicio de un proceso de control concentrado de la constitucionalidad como consecuencia del ejercicio del control difuso.

F. *El proceso constitucional de control de la constitucionalidad de las leyes de oficio, como consecuencia del ejercicio del control difuso de constitucionalidad*

En efecto, de acuerdo con lo dispuesto en el 33 de la Ley Orgánica, es competencia de la Sala Constitucional, realizar un examen abstracto de la constitucionalidad de leyes y demás actos normativos, con ocasión del ejercicio del control difuso de la constitucionalidad por las mismas por las demás Salas del Tribunal Supremo o por otros tribunales. A tal efecto, el artículo 33 de la ley Orgánica dispone que:

---

649 Ello, lamentablemente también se confundido en forma inaceptable por la Sala Constitucional en la sentencia Nº 566 de 12-04-2004 (Caso: *Julio Borges, César Pérez Vivas, Henry Ramos Allup, Jorge Sucre Castillo, Ramón José Medina y Gerardo Blyde vs. Consejo Nacional Electoral*) mediante la cual la Sala Constitucional se avocó al conocimiento de la causa relativa al referendo revocatorio presidencial que competía a la Sala Electoral. Véase los comentarios en Allan R. Brewer-Carías, *La Sala Constitucional vs. El Estado democrático de derecho (El secuestro del Poder Electoral y de la sala Electoral del tribunal Supremo y la confiscación del derecho a la participación política),* Ediciones El Nacional, Caracas 2004, pp. 133 y ss.

"Cuando cualquiera de las Salas del Tribunal Supremo de Justicia y los demás tribunales de la República ejerzan el control difuso de la constitucionalidad deberán informar a la Sala Constitucional sobre los fundamentos y alcance de la desaplicación que sea adoptada, para que ésta proceda a efectuar un examen abstracto sobre la constitucionalidad de la norma en cuestión. A tal efecto deberán remitir copia certificada de la sentencia definitivamente firme"[650].

En estos casos, conforme al artículo 34 de la Ley,

"cuando se declare la conformidad a derecho de la desaplicación por control difuso, la Sala Constitucional podrá ordenar el inicio del procedimiento de nulidad que dispone esta Ley. Igualmente procederá cuando el control difuso de la constitucionalidad sea ejercido por dicha Sala".

2. *El proceso constitucional de control de la inconstitucionalidad de la omisión del Legislador y de los demás órganos del Poder Público en relación con sus obligaciones constitucionales*

La Constitución había regulado el proceso constitucional de control de la constitucionalidad de las omisiones del Legislador (Art. 336,7), el cual se recogido en el artículo 25 de la Ley Orgánica, al atribuirse a la Sala Constitucional, competencia para:

"Declarar la inconstitucionalidad de las omisiones del Poder Legislativo Municipal, Estadal o Nacional, cuando haya dejado de dictar las normas o medidas indispensables para garantizar el cumplimiento con la Constitución de la República Bolivariana de Venezuela, o las haya dictado en forma incompleta, así como las omisiones de cualquiera de los órganos del Poder Público Nacional, Estadal o Municipal, y establecer el plazo y, si fuera necesario, los lineamientos o las medidas para su corrección"[651].

En el artículo 5,1,12 de la LOTSJ 2004, que era equivalente a esta norma de la LOTSJ 2010, se había agregado al final de la norma la frase: "*sin que ello implique usurpación de funciones de otro órgano del Poder Público, o extralimitación de atribuciones*", lo que constituía un agregado del Legislador respecto de lo que dispone la Constitución, en el sentido de imponerle límites a la Sala Constitucional en cuanto a que los lineamientos que puede establecer para la corrección de la omisión por parte del órgano legislativo, no puede implicar en caso alguno, que la Sala pueda sustituirse en el ejercicio de la competencia del órgano legislativo omiso y asumir y ejercer su competencia; es decir, usurpar sus funciones e incurrir en extralimitación de atribuciones[652].

---

650 El artículo 5, párrafo 5° de la LOTSJ 2004 agregaba en esta misma norma la aclaratoria lógica de que la sala debía abstenerse "de revisar el mérito y alcance de la sentencia dictada por la otra Sala, la cual seguirá conservando fuerza de cosa juzgada.

651 El artículo 5, 1, 12 de la LOTSJ 2004 se agregó al final de la norma la frase: "sin que ello implique usurpación de funciones de otro órgano del Poder Público, o extralimitación de atribuciones".

652 Como lo hizo en agosto de 2003 al designar a los miembros del Consejo Nacional Electoral, y limitarle sus atribuciones. Véase sentencia N° 2341 de 25-08-2003 (Caso: *Hermann Escarrá y otros*). *V.*, los co-

Por otra parte, siguiendo la misma orientación de la LOTSJ 2004 (artículo 5, 1, 13) en esta norma, en relación con la disposición constitucional, la competencia de la Sala Constitucional se amplió al regular el control de las omisiones "de cualquiera de los órganos del Poder Público Nacional, Estadal y Municipal", respecto del cumplimiento de obligaciones directamente establecidas en la Constitución.

Esta disposición, tal como está redactada, extiende la competencia de la Sala Constitucional para conocer no sólo de las omisiones legislativas o normativas, sino de cualquier omisión de cualquier órgano del Estado en ejercicio del Poder Público, lo que podría significar la concentración en la Sala Constitucional, por ejemplo, del conocimiento de todas las acciones de amparo contra las conductas omisivas de los entes y funcionarios públicos en el cumplimiento de las obligaciones que resultan de todos los derechos constitucionales, ya que las normas que los son de aplicación directa e inmediata. Ello sería completamente absurdo, y desnaturalizaría el sentido del control de la constitucionalidad de las omisiones del legislador que es lo que está previsto en la Constitución.

### 3. *El proceso constitucional sobre colisión (vigencia y derogación) de leyes*

Conforme a lo dispuesto en el artículo 336,8 de la Constitución, el artículo 25.8 de la Ley Orgánica atribuye a la Sala Constitucional competencia para:

> "8. Resolver las colisiones que existan entre diversas disposiciones legales y declarar cuál debe prevalecer".

Esta atribución origina el proceso constitucional de la colisión de leyes.

### 4. *El proceso constitucional de las controversias constitucionales entre los órganos del Poder Público*

De acuerdo con el artículo 336,9 de la Constitución, la Sala Constitucional conforme al artículo 25.9 de la Ley, tiene competencia para:

> "9. Dirimir las controversias constitucionales que se susciten entre cualquiera de los órganos del Poder Público".

Esta atribución origina el proceso constitucional de la colisión de leyes.

### 5. *El proceso constitucional de la interpretación constitucional*

La LOTSJ 2010 ha regulado por primera vez a nivel legislativo, la competencia expresa de la Sala Constitucional para "conocer la demanda de interpretación de normas y principios que integran el sistema constitucional," siguiendo, sin duda, la jurisprudencia desarrollada por la misma Sala Constitucional desde 2000, cuando creó el recurso de interpretación de las normas constitucionales[653]. Esta competencia, que da origen al proceso constitucional de interpretación constitucional, por su-

---

mentarios en Allan R. Brewer-Carías, *La Sala Constitucional vs. El Estado democrático de derecho*, Caracas, 2004, pp. 43 y ss.

653 *V.*, en particular la sentencia de la Sala Constitucional N° 1077 de la Sala Constitucional de 22-09-00 (Caso: *Servio Tulio León Briceño)*, en *Revista de Derecho Público,* N° 83, Editorial Jurídica Venezolana, Caracas, 2000, pp. 247 y ss.

puesto, es distinta de la relativa a la interpretación de las leyes que es común a todas las Salas. Por otra parte, tal como se ha regulado, es mucho más amplia que la que se había venido desarrollando jurisprudencialmente, pues incluye demandas de interpretación de "normas y principios" no sólo de la Constitución, sino que "integren el sistema constitucional", sin que se defina el ámbito del mismo.

## II. LAS COMPETENCIAS RESPECTO DE LOS PROCEDIMIENTOS DE CONTROL DE LA CONSTITUCIONALIDAD DE CIERTOS ACTOS ESTATALES

### 1. *El procedimiento constitucional de control preventivo de la constitucionalidad de los Tratados*

Conforme al artículo 25.5 de la Ley, y al artículo 336,5 de la Constitución, la Sala Constitucional es competente para verificar, a solicitud del Presidente de la República o de la Asamblea Nacional, "la conformidad con la Constitución de la República Bolivariana de Venezuela, de los tratados internacionales suscritos por la República, antes de su ratificación".

Esta atribución origina el procedimiento constitucional de control preventivo y obligatorio de tratados internacionales.

### 2. *El procedimiento de control de constitucionalidad obligatorio de los decretos de estado de excepción*

Conforme al artículo 336,6 de la Constitución, el artículo 25.6 de la Ley Orgánica atribuye a la Sala Constitucional competencia para controlar la constitucionalidad en forma obligatoria de los decretos de estados de excepción, así:

> "6. Revisar, en todo caso, aun de oficio, la constitucionalidad de los decretos que declaren estados de excepción que sean dictados por el Presidente de la República".

Esta atribución origina el procedimiento constitucional de control obligatorio de los decretos sobre estados de excepción.

### 3. *El procedimiento constitucional de la revisión de sentencias en materia constitucional*

De acuerdo con la innovación consagrada en el artículo 336,10 de la Constitución, la Sala Constitucional tiene competencia para "revisar las sentencias definitivamente firmes de amparo constitucional y de control de constitucionalidad de leyes o normas jurídicas dictadas por los tribunales de la República, en los términos establecidos por la ley orgánica respectiva". Esta atribución origina el procedimiento constitucional de revisión de sentencias en materia constitucional.

Esta competencia precisa, para revisar en forma extraordinaria solo dos tipos de sentencias, las dictadas por los tribunales en materia de "amparo constitucional" y en las cuales se hubiese realizado el "control [difuso] de constitucionalidad de leyes," sin embargo, siguiendo la jurisprudencia desarrollada por la Sala Constitucional desde 2000[654], se ha ampliado considerablemente, habiéndose previsto en el artículo 25.10 de la Ley Orgánica, como competencia de la Sala Constitucional, sin relación alguna con sentencias de amparo o en las cuales se efectuó el control difuso, el:

> "10. Revisar las sentencias definitivamente firmes que sean dictadas por los Tribunales de la República, cuando hayan desconocido algún precedente dictado por la Sala Constitucional; efectuado una indebida aplicación de una norma o principio constitucional; o producido un error grave en su interpretación; o por falta de aplicación de algún principio o normas constitucionales".

A esta competencia se suma la indicada en el artículo 25.11 y 25.12 de la Ley Orgánica, para:

> "11. Revisar las sentencias dictadas por las otras Salas que se subsuman en los supuestos que señala el numeral anterior, así como la violación de principios jurídicos fundamentales que estén contenidos en la Constitución de la República Bolivariana de Venezuela, tratados, pactos o convenios internacionales suscritos y ratificados válidamente por la República o cuando incurran en violaciones de derechos constitucionales.
>
> 12. Revisar las sentencias definitivamente firmes en las que se haya ejercido el control difuso de la constitucionalidad de las leyes u otras normas jurídicas, que sean dictadas por las demás Salas del Tribunal Supremo de Justicia y demás Tribunales de la República".

En la Constitución, como se ha visto, se trataba de una competencia que tenía por objeto establecer la uniformidad de la aplicación e interpretación constitucional, al permitirle a la Sala Constitucional conocer, a su discreción, de los recursos extraordinarios de revisión que se intentasen sólo contra sentencias definitivamente firmes de los tribunales en materia de amparo y de control difuso de la constitucionalidad de las leyes. Sin embargo, siguiendo la jurisprudencia de la propia Sala Constitucional en cuanto a la ampliación ilegal de sus competencias de revisión de sentencias dictadas por otras Salas del Tribunal Supremo y otros tribunales (distintas a las dictadas en materia de amparo o de control difuso de la constitucionalidad), el Legislador ha regularizado en la LOTSJ 2010 esta amplísima competencia de revisión sin fundamento constitucional.

### 4. *El procedimiento de control de constitucionalidad obligatorio de las leyes orgánicas*

La Constitución estableció, en su artículo 203, un control de constitucionalidad de carácter obligatorio respecto de ciertas leyes orgánicas, precisamente las "que así haya calificado la Asamblea Nacional" en la forma dispuesta en dicha norma; las que constituyen sólo uno de los cinco tipos de leyes orgánicas que regula la

654 *V.*, Allan R. Brewer-Carías, *El sistema de justicia constitucional en la Constitución de 1999 (Comentarios sobre su desarrollo jurisprudencial y su explicación, a veces errada, en la Exposición de Motivos)*, Editorial Jurídica Venezolana, Caracas 2000.

Constitución. Esta atribución origina el procedimiento constitucional de control obligatorio del carácter orgánico de ciertas leyes.

El artículo 25.14 de la ley Orgánica ahora ha extendido este control automático y obligatorio por parte la Sala Constitucional respecto de *todas las leyes orgánicas*, al atribuirle competencia para:

> "14. Determinar, antes de su promulgación, la constitucionalidad del carácter orgánico de las leyes que sean sancionadas por la Asamblea Nacional, o de los decretos con rango, valor y fuerza de Ley que sean dictados por el Presidente de la República en Consejo de Ministros".

A pesar de lo mal redactado de la norma, se presume que el control previsto respecto de los decretos ley en ella establecido, se refiere sólo a aquellos que tengan el carácter de orgánico.

### 5. *El procedimiento constitucional de control preventivo de la constitucionalidad de leyes sancionadas antes de su promulgación*

Conforme al 214 de la Constitución, y con el artículo 25,15 de la ley Orgánica, cuando el Presidente de la República considere que la ley sancionada por la Asamblea Nacional que le ha sido remitida para su promulgación, o alguno de sus artículos, es inconstitucional, debe solicitar el pronunciamiento de la Sala Constitucional del Tribunal Supremo de Justicia, en el lapso de 10 días que tiene para promulgar la misma. La Sala Constitucional debe decidir en el término de 15 días contados desde el recibo de la comunicación del Presidente de la República. Si el Tribunal negare la inconstitucionalidad invocada o no decidiere en el lapso anterior, el Presidente de la República debe promulgar la ley dentro de los 5 días siguientes a la decisión del Tribunal o al vencimiento de dicho lapso.

Con esta previsión se ha establecido un procedimiento de control preventivo de la constitucionalidad de las leyes sancionadas antes de su promulgación y publicación, a iniciativa del Presidente de la República, el cual por lo demás, se desligó de la figura del veto presidencial tal como estaba regulado en la Constitución de 1961.

## III. LAS COMPETENCIAS EN MATERIA DE AMPARO

### 1. *Competencias en única instancia*

La Ley Orgánica en su artículo 25, numerales 18 y 20 a 23 atribuye a la Sala Constitucional competencias para conocer de acciones de amparo en única instancia en los siguientes casos:

> "18. Conocer en única instancia las demandas de amparo constitucional que sean interpuestas contra los altos funcionarios o funcionarias públicos nacionales de rango constitucional.
>
> 20. Conocer las demandas de amparo constitucional autónomo contra las decisiones que dicten, en última instancia, los juzgados superiores de la República, salvo de las que se incoen contra las de los Juzgados Superiores en lo Contencioso Administrativo.
>
> 21. Conocer las demandas y las pretensiones de amparo para la protección de intereses difusos o colectivos cuando la controversia tenga trascendencia nacio-

nal, salvo lo que disponen leyes especiales y las pretensiones que, por su naturaleza, correspondan al contencioso de los servicios públicos o al contencioso electoral.

22. Conocer de las demandas de amparo contra los actos, actuaciones y omisiones del Consejo Nacional Electoral, de la Junta Electoral Nacional, de la Comisión de Registro Civil y Electoral, de la Comisión de Participación Política y Financiamiento, así como los demás órganos subalternos y subordinados del Poder Electoral".

En esta forma, se concentró en la Sala Constitucional la competencia para conocer de las acciones de amparo contra sentencias de última instancia de todos los tribunales de la República, y la competencia para conocer de las acciones de amparo para la protección de intereses difusos y colectivos; y se le borró a la Sala Electoral, su competencia para conocer de acciones de amparo en la materia electoral contra autoridades electorales.

2. *Competencia en apelación*

En materia de apelaciones contra sentencias de amparo, el artículo 25 de la ley Orgánica igualmente se concentró en la Sala Constitucional la competencia para conocer en apelación de las sentencias de amparo dictadas por todos los tribunales de la República, excepto en materia contencioso administrativa, así:

> "19. Conocer las apelaciones contra las sentencias que recaigan en los procesos de amparo constitucional autónomo que sean dictadas por los juzgados superiores de la República, salvo contra las de los Juzgados Superiores en lo Contencioso Administrativo".

En esta forma, con excepción de la Sala Político Administrativa, fueron borradas las competencias de las otras Salas del Tribunal Supremo para conocer en apelación en materia de amparo, concentrándose la competencia en la Sala Constitucional.

## IV. LA COMPETENCIA PARA LA RESOLUCIÓN DE CONFLICTOS ENTRE LAS SALAS DEL TRIBUNAL SUPREMO

Conforme al artículo 25.13 de la ley Orgánica, corresponde a la Sala Constitucional, resolver los conflictos de cualquier naturaleza que puedan suscitarse entre las Salas que integran el Tribunal Supremo de Justicia o entre los funcionarios del propio Tribunal, con motivo de sus funciones.

Esta competencia, como se dijo, conforme a la Ley Orgánica de 1976, correspondía, como es lógico, a la Sala Plena de la antigua Corte Suprema de Justicia (Art. 42,7); sin embargo, sin sentido alguno, en la LOTSJ 2004 la competencia se atribuyó a la Sala Constitucional, que es una Sala igual a todas las otras, lo que se repitió en la LOTSJ 2010. En todo caso, no se entiende cómo puede ser la propia Sala Constitucional la que sea la llamada a resolver los conflictos cuando se susciten entre ella misma y otras Salas.

## V. LA COMPETENCIA EN MATERIA DE AVOCAMIENTO

La Ley Orgánica de 2010, siguiendo la orientación del artículo 5.1.4 también ha atribuido a la sala Constitucional en su artículo 25.16, competencia para:

"16. Avocar las causas en las que se presuma violación al orden público constitucional, tanto de las otras Salas como de los demás tribunales de la República, siempre que no haya recaído sentencia definitivamente firme".

## VI. OTRAS COMPETENCIAS

Además, la Ley Orgánica, en el artículo 31 atribuye a todas las Salas un conjunto de competencias comunes que se analizan al final.

## VII. LAS COMPETENCIAS COMUNES A TODAS LAS SALAS

### 1. *El proceso de la interpretación de las leyes*

La Ley Orgánica, en su artículo 31.5, siguiendo la orientación de la LOTSJ 2004 y la jurisprudencia de la Sala Constitucional, atribuyó a todas las Salas del Tribunal Supremo, competencia para conocer del recurso de interpretación de las leyes, así:

> "5. Conocer las demandas de interpretación acerca del alcance e inteligencia de los textos legales, siempre que dicho conocimiento no signifique una sustitución del mecanismo, medio o recurso que disponga la ley para dirimir la situación de que se trate".

### 2. *La posibilidad generalizada del avocamiento*

En igual sentido, la Ley Orgánica ha extendido a todas las Salas en su artículo 31.1, la posibilidad del avocamiento, incluso de oficio, así:

> "1. Solicitar de oficio, o a petición de parte, algún expediente que curse ante otro tribunal, y avocarse al conocimiento del asunto cuando lo estime conveniente".

### 3. *El conocimiento de acciones conexas*

La Ley Orgánica en su artículo 31.3, atribuye a las Salas, competencia para

> "3. Conocer los juicios en que se ventilen varias pretensiones conexas, siempre que al tribunal esté atribuido el conocimiento de alguna de ellas".

### 4. *La resolución de conflictos judiciales*

La competencia en materia de resolución de conflictos judiciales también se incluyó para todas las Salas en el artículo 31.4, así:

> "4. Decidir los conflictos de competencia entre tribunales, sean ordinarios o especiales, cuando no exista otro tribunal superior y común a ellos en el orden jerárquico".

### 5. *El conocimiento de recursos de hecho*

El artículo 31.2 también atribuyó a todas las Salas, competencia para "conocer de los recursos de hecho que le sean presentados.

### 6. *La competencia residual*

Por último, el artículo 31.6 incluye una competencia residual para todas las Salas del Tribunal Supremo, así:

> "6. Conocer cualquier controversia o asunto litigioso que le atribuyan las leyes, o que le corresponda conforme a éstas en su condición de más alto Tribunal de la República".

## *SECCIÓN TERCERA:*

## *RÉGIMEN COMÚN PROCEDIMENTAL ANTE EL TRIBUNAL SUPREMO DE JUSTICIA*

## I. PRINCIPIOS PROCESALES GENERALES

### 1. *Principios del proceso*

Los procesos que se regulan en la Ley Orgánica, como lo precisa su artículo 85, constituyen "instrumentos fundamentales para la realización de la justicia" y se deben regir "por los principios de gratuidad, simplicidad, economía, uniformidad, inmediación, oralidad y realidad". Conforme lo dispuso la Constitución, "no se sacrificará la justicia por la omisión de formalidades no esenciales."

El Tribunal Supremo de Justicia en cada una de sus Salas debe favorecer la utilización de las herramientas tecnológicas disponibles para la sustanciación de las causas sometidas a su conocimiento, a los efectos de asegurar la implementación de trámites transparentes y expeditos.

En todo caso, los medios alternativos para la resolución de conflictos también pueden utilizarse en cualquier grado y estado del proceso, salvo que se trate de materia de orden público, o aquellas no susceptibles de transacción o convenimiento, de conformidad con la Ley (Art. 88).

En cuanto a las normas que rigen los procesos ante el Tribunal Supremo, sin perjuicio de las establecidas en la Ley Orgánica y otras leyes Orgánicas como la de la Jurisdicción Contencioso Administrativa, las reglas del Código de Procedimiento Civil deben regir como normas supletorias. Sin embargo, cuando en el ordenamiento jurídico no se preceptúe un proceso especial a seguir se puede aplicar el que las Salas juzguen más conveniente para la realización de la justicia, siempre que tenga fundamento legal (Art. 98).

### 2. *Principio dispositivo y actuación de oficio*

El artículo 89 de la ley Orgánica garantiza el principio dispositivo al establecer que el Tribunal Supremo de Justicia debe conocer de los asuntos que le competen a instancia de parte interesada. La excepción la constituye aquellos casos en los que el Tribunal pueda actuar de oficio, lo que ocurre sólo "en los casos que disponga la ley". Se eliminó, así, de la LOSJ 2010, la absurda previsión del artículo 18, párrafo 7º de la LOTSJ 2004, en la cual se había regulado la posibilidad de actuación de oficio sin tener en cuenta el principio de la reserva legal, disponiéndose el Tribunal y sus Salas pueden actuar de oficio, no sólo en los casos contemplados en la propia

Ley Orgánica, sino "cuando así lo amerite". Esto, lamentablemente, dejaba a la libre apreciación de los Magistrados del Tribunal Supremo la posibilidad sin límites de actuación de oficio, lo que afortunadamente ha sido eliminado en la Ley de 2010.

En todas las demandas o solicitudes que se dirijan al Tribunal Supremo de Justicia debe siempre indicarse la Sala a la que corresponde el conocimiento del asunto, aún cuando la omisión de este requisito o la indicación incorrecta de la Sala no impide que se remita a la Sala competente (Art. 90). Además, quien actúe ante cualquiera de las Salas del Tribunal Supremo de Justicia requiere estar asistido jurídicamente de abogado que cumpla los requisitos que exige el ordenamiento (Art. 87). La LOTSJ 2010 eliminó la exigencia que establecía el artículo 18, párrafo 4° de la LOTSJ 2004 en el sentido de que los abogados para actuar ante el Tribunal debían tener un mínimo de 5 años de graduado, lo que sin duda, violaba el derecho a la igualdad y no discriminación que garantiza el artículo 21 de la Constitución.

### 3. *Principios del debido proceso respecto de las notificaciones de las partes*

De acuerdo con el artículo 91 de la Ley Orgánica, las notificaciones de las partes e interesados deben realizarse "en principio" en forma personal entregándola con acuse de recibo que sea firmado por los destinatarios o por su representante legal. "No obstante," agregó la norma, "se admiten las notificaciones practicadas por los siguientes medios:

*Primero*, mediante boleta u oficio que sea dejada por el Alguacil en el domicilio procesal del sujeto de que se trate, luego de lo cual dicho funcionario debe dejar constancia escrita de haberla practicado. Dicha boleta debe contener la identificación completa de las partes, el objeto de la pretensión, el término de comparecencia y clara advertencia de las consecuencias procesales de su incumplimiento. Al momento de librarse la boleta se debe ordenar su publicación en el portal electrónico del Tribunal Supremo de Justicia.

*Segundo*, mediante correspondencia postal[655].

Las notificaciones que sean practicadas conforme a lo que se establece en estos dos supuestos, conforme al artículo 92, surten efectos el día de despacho siguiente a que su práctica conste en autos.

Y *tercero*, mediante boleta que debe ser enviada a través de sistemas de comunicación telegráficos, facsimilares, electrónicos y similares, en cuyo caso el Secretario debe dejar constancia en el expediente de haberla practicado. A tal efecto, cuando se incorporen al proceso, las partes deben indicar su dirección de correo electrónico o número de fax. Al momento de librarse la boleta se debe ordenar su publicación en el portal electrónico del Tribunal Supremo de Justicia. En este caso, conforme al artículo 92 de la Ley, la notificación surte efectos al quinto día de despacho siguiente a cuando su práctica conste en autos y su publicación en el portal electrónico del Tribunal Supremo de Justicia.

En los casos en los cuales fuese imposible efectuar la notificación por cualesquiera de los cuatro medios antes mencionados, dispone el artículo 93 que entonces

---

655 En el texto sancionado de la Ley se aclaró que en este caso el correo utilizado podía ser "correo público o privado." Ello se eliminó del texto publicado en *Gaceta Oficial*.

se debe practicar mediante la fijación de un cartel en la Secretaría de la Sala, que debe contener la identificación completa de las partes, el objeto de la pretensión, el término de comparecencia que sea aplicable y clara advertencia de las consecuencias procesales de su incumplimiento. En la misma oportunidad, se debe publicar el cartel en el portal electrónico del Tribunal Supremo de Justicia. En estos casos, las partes se entienden notificadas una vez vencido el término de 10 días de despacho siguientes a que conste en autos la fijación del cartel.

### 4. *Principios sobre la perención*

Conforme lo dispone el articulo 94 de la Ley Orgánica, la instancia se extingue de pleno derecho en las causas que hayan estado paralizadas por más de un año por inactividad de parte actora, antes de la oportunidad de los informes o de la fijación de la audiencia, según el caso. La perención de la instancia deja firme la sentencia apelada o la actuación objeto de la demanda, salvo que lesionen normas de orden público (Art. 96).

En consecuencia, después de que se hayan realizado los informes o de la fijación de la audiencia para ello, como lo decidió la sala Constitucional en sentencia N° 1466 de 5 de agosto de 2004 (Caso: *José Manuel Vadell G.*) al aplicar el Código de procedimiento Civil, "*la inactividad del Juez después de vista la causa, no producirá la perención*".

En todo caso, dispone el artículo 95 de la Ley que se puede declarar la perención de la instancia en los procesos que comprendan materia ambiental; o cuando se trate de pretensiones que estén dirigidas a sancionar los delitos contra los derechos humanos, el patrimonio público, o el tráfico de estupefacientes o sustancias psicotrópicas.

## II. RÉGIMEN GENERAL DE LAS SENTENCIAS

### 1. *Las Ponencias*

En todos los asuntos que sean sometidos al conocimiento del Tribunal Supremo de Justicia, conforme lo dispone el artículo 99 de la Ley, el Presidente de la Sala respectiva, debe designar un Magistrado ponente, dentro de los 3 días hábiles siguientes, computables desde el momento en que se hubiere dado entrada al asunto. Las ponencias deben ser asignadas en estricto orden cronológico de acuerdo con la fecha y hora de presentación de las respectivas actuaciones. El Presidente de cada Sala debe actuar como Magistrado ponente en aquellas causas que le correspondan, y en los asuntos que él se reserve (Art. 100).

### 2. *Las discusiones de las Ponencias y sus proyectos*

El Presidente de la Sala debe convocar a todos los Magistrados que constituyan la Sala respectiva, por lo menos una vez a la semana, o cuantas veces sea necesario para la discusión y decisión de los asuntos y proyectos de sentencia que sean sometidos a su conocimiento; o para el suministro de información sobre el estado de los asuntos en que sean Ponentes o para adoptar las medidas que requieran la celeridad de los procesos y el normal y eficaz funcionamiento del Tribunal Supremo de Justicia (art. 101). Conforme al artículo 102 de la Ley, el Magistrado ponente debe presentar, a los demás Magistrados, un proyecto de sentencia para su consideración en Sala.

### 3. *El quórum para las decisiones y las sentencias y sus votos*

Para que las decisiones de las salas del Tribunal Supremo sean válidas se requiere el voto de la mayoría absoluta de los miembros que conformen la Sala respectiva. En caso de empate, se debe suspender la deliberación y se debe convocar a una segunda reunión. Si el empate persiste, el voto del Presidente de la Sala respectiva, debe ser considerado doble (art. 103).

En caso de que un proyecto de sentencia no cuente con la aprobación de la mayoría de los miembros de la Sala, la ponencia debe reasignarse a otro Magistrado de la Sala correspondiente.

Conforme al artículo 104 de la Ley Orgánica, el Magistrado que disienta de la decisión o de su motiva, debe anunciar su voto salvado o concurrente, según corresponda, que debe consignar por escrito en el que fundamente las razones de su desacuerdo, dentro de los 3 días de despacho siguientes a la aprobación del proyecto de sentencia. Este escrito debe ser firmado por todos los Magistrados de la Sala respectiva y se debe agregar a la sentencia.

La sentencia y el voto salvado o concurrente de los Magistrados, conforme se indica en el artículo 105 de la Ley Orgánica, se debe publicar con la firma de todos los Magistrados que hubieren asistido a la sesión en la que se aprobó la sentencia, con inclusión de los que hubieren disentido.

Sin perjuicio de ello, la decisión puede publicarse, aunque no haya sido suscrita por todos los Magistrados que integren la Sala respectiva, si sus firmantes constituyen, por lo menos la mayoría absoluta de quienes la conforman, y entre los firmantes se encuentre la mayoría que esté conforme con ella.

## III. LAS NORMAS ESPECÍFICAS PARA EL PROCEDIMIENTO EN CASOS DE AVOCAMIENTO

Sobre la institución del avocamiento, que la ley atribuye como competencia común a todas las Salas del Tribunal Supremo (Art. 31.1), debe mencionarse que con anterioridad a la LOTSJ 2004, era una competencia exclusiva de la Sala Político Administrativa; lo cual no impidió a la sala Constitucional negarle el monopolio que aquella tenía en esa materia.

En efecto, mediante sentencia Nº 456 de 15 de marzo de 2002 (Caso: *Arelys J. Rodríguez vs. Registrador Subalterno de Registro Público, Municipio Pedro Zaraza, Estado Carabobo*) la Sala Constitucional se declaró competente para conocer de solicitudes de avocamiento en jurisdicción constitucional (respecto de juicios de amparo)[656]; considerando en otra sentencia Nº 806 de 24 de abril de 2002 (Caso: *Sindicato Profesional de Trabajadores al Servicio de la Industria Cementera)* como nula la norma de la derogada Ley Orgánica de la Corte Suprema de Justicia de 1976 (Art. 43) que consagraba la figura del avocamiento como competencia exclusiva de la Sala Político Administrativa, en virtud de que "es incompatible con el principio de distribución de competencias por la materia a nivel del máximo tribunal de la República, sin que la propia Constitución lo autorice ni establezca una excepción al mismo en tal sentido"; señalando:

---

656 *V.*, en *Revista de Derecho Público*, Nº 89-92, Editorial Jurídica Venezolana, Caracas 2002.

"Esta Sala Constitucional, no obstante la claridad y laconismo con que fue redactado el precepto, objeta el monopolio que se desprende de la lectura conjunta de ambos artículos, en lo que respecta a que el trámite de las solicitudes de avocamiento sea una facultad exclusiva y excluyente de Sala Político Administrativa.

Es decir, y sobre ello ahondará seguidamente, esta Sala es del parecer que tal potestad es inconsistente desde el punto de vista constitucional, y que la misma corresponde, en un sentido contrario a como lo trata dicho dispositivo, a todas las Salas del Tribunal Supremo de Justicia, según que el juicio curse en un tribunal de instancia de inferior jerarquía a la Sala que en definitiva decida examinar la petición (aquí el vocablo *inferior* se entiende en sentido amplio, ya que algunas de estas Salas no son propiamente *alzada* de dichos tribunales; tal sucede con las de casación)...

Llegado este punto, siendo, pues, que la facultad de avocamiento conferida a la Sala Político Administrativa por el artículo 43 de la Ley Orgánica de la Corte Suprema de Justicia no está prevista en la Constitución, ni se deduce de ella, ni la justifica su texto, y que, por el contrario, conspira contra el principio de competencia que informa la labor que desempeñan las Salas del máximo tribunal de la República (art. 232), esta Sala concluye en que dicho precepto resulta inconstitucional...

Tales declaraciones no son, propiamente, precedentes de la posición que mantiene esta Sala Constitucional respecto al tema, toda vez que en ellas se sostuvo, al mismo tiempo, que dicha facultad excepcional, no obstante las referidas limitaciones, resultaba de la *exclusiva* potestad de dicha Sala Político Administrativa (*Vid.* sobre el punto de la exclusividad: *ob. cit.* pp. 40 y 41). Criterio de exclusividad que ha sido expresamente abandonado por esta Sala desde su sentencia N° 456 del 15-03-02, caso: *Mariela Ramírez de Cabeza.* Lo que sí comparte es lo relativo a que la Sala Político Administrativa no estaba constitucionalmente facultada para examinar solicitudes de avocamiento ni adentrarse a su conocimiento cuando de conflictos ajenos a su competencia natural se tratara.

Pero, para prestar un mejor servicio a la justicia, esta Sala Constitucional dará, en atención a sus propias competencias, un giro en este camino, pues declarará que tal competencia (con los límites impuestos por la práctica judicial comentada) debe extenderse a las demás Salas del Tribunal Supremo de Justicia[657]".

Esta doctrina fue recogida por la LOTSJ 2004, al establecer la atribución de cualesquiera de todas las Salas del Tribunal Supremo de Justicia, en las materias de su respectiva competencia, para recabar de cualquier tribunal de instancia, *de oficio o a instancia de parte*, con conocimiento sumario de la situación, cualquier expediente o causa en el estado en que se encuentre, para resolver si se avoca y directamente asume el conocimiento del asunto o, en su defecto lo asigna a otro tribunal (Artículo 18, párrafo 11°).

---

657 *V.*, en *Revista de Derecho Público*, N° 89-92, Editorial Jurídica Venezolana, Caracas 2002, pp. 179 y ss.

Dada las repercusiones de esta atribución generalizada, la propia LOTSJ 2004 dispuso que "esta atribución deberá ser ejercida con suma prudencia y sólo en caso grave, o de escandalosas violaciones al ordenamiento jurídico que perjudique ostensiblemente la imagen del Poder Judicial, la paz pública, la decencia o la institucionalidad democrática venezolana, y se hayan desatendido o mal tramitado los recursos ordinarios o extraordinarios que los interesados hubieren ejercido"(Artículo 18, párrafo 12º).

La orientación establecida en la citada jurisprudencia, y en la LOTSJ 2004, ha sido ahora recogida en la LOTSJ 2010, disponiéndose entre las competencias comunes de todas las Salas del Tribunal Supremo, la de poder solicitar de oficio, o a petición de parte, algún expediente que curse ante otro tribunal, y avocarse al conocimiento del asunto en los casos que disponga la ley (Art. 31.1), para lo cual la Ley Orgánica ha establecido los siguientes principios del procedimiento:

1. El artículo 106 de la Ley Orgánica precisa que cualesquiera de las Salas del Tribunal Supremo de Justicia en las materias de su respectiva competencia, *de oficio o a instancia de parte*, con conocimiento sumario de la situación, podrá recabar de cualquier tribunal de instancia, en el estado en que se encuentre, cualquier expediente o causa para resolver si se avoca y asume el conocimiento del asunto o, en su defecto, lo asigna a otro tribunal.

2. Esta atribución deberá ser ejercida, como lo indica el artículo 10, con suma prudencia, y sólo en casos graves desordenes procesales o de escandalosas violaciones al ordenamiento jurídico que perjudiquen ostensiblemente la imagen del Poder Judicial, la paz pública, la decencia o la institucionalidad democrática.

3. La Sala debe examinar las condiciones de admisibilidad del avocamiento, en cuanto que el asunto curse ante algún tribunal de la República, independientemente de su jerarquía y de especialidad o de la etapa o fase procesal en que se encuentre, así como de las irregularidades que se aleguen hayan sido oportunamente reclamadas sin éxito en la instancia a través de los recursos ordinarios (Artículo 108).

4. Al admitir la solicitud de avocamiento, la Sala debe oficiar al tribunal de instancia, requiriendo el expediente respectivo, y puede ordenar la suspensión inmediata del curso de la causa y la prohibición de realizar cualquier clase de actuación. De acuerdo con el mismo artículo 108, "serán nulos los actos y las diligencias que se dicten en desacato a la suspensión o prohibición que se expida".

5. La sentencia sobre el avocamiento la debe dictar la Sala competente, la cual puede decretar la nulidad y subsiguiente reposición del juicio al estado que tenga pertinencia, o decretar la nulidad de alguno o algunos de los actos de los procesos, u ordenar la remisión del expediente para la continuación del proceso o de los procesos en otro tribunal competente por la materia, así como adoptar cualquier medida legal que estime idónea para restablecer el orden jurídico infringido (Art. 109).

## IV. EL RÉGIMEN PROCESAL TRANSITORIO

La Ley Orgánica, siguiendo la orientación de la LOCSJ de 1976 y de la LOTSJ de 2004, también incluyó una serie de disposiciones transitorias para la tramitación de los recursos y solicitudes que se intenten ante la Sala Constitucional y la Sala Electoral, hasta tanto se dicten las leyes que regulan las competencias de las Salas Constitucional y Contencioso Electoral, los cuales por tanto se rigen por los procedimientos que se establecen en la Ley y demás normativas especiales en cuanto sean aplicables (art. 127).

En cuanto a los procedimientos en materia contencioso administrativa, que también había sido objeto tradicional de las Disposiciones Transitorias de las Leyes anteriores, a partir de 2010 han comenzado a ser regulados en la Ley Orgánica de la Jurisdicción Contencioso Administrativa[658].

## *SECCIÓN CUARTA:*

## *LOS DIVERSOS PROCESOS Y PROCEDIMIENTOS CONSTITUCIONALES QUE SE DESARROLLAN ANTE LA JURISDICCIÓN CONSTITUCIONAL*

### I. LA JUSTICIA CONSTITUCIONAL Y LA JURISDICCIÓN CONSTITUCIONAL

El sistema de justicia constitucional en Venezuela puede considerarse que es de carácter mixto o integral, pues combina el denominado método difuso de control de la constitucionalidad de las leyes, como poder-deber que tienen todos los jueces, al decidir casos concretos, de desaplicar leyes que consideren contrarias a la Constitución aplicando preferentemente el texto fundamental; con el denominado método concentrado de control de la constitucionalidad de las leyes y demás actos de rango y valor de las mismas, ejercido exclusivamente y con poderes anulatorios por la Sala Constitucional del Tribunal Supremo de Justicia[659].

El primero de dichos métodos de control de constitucionalidad, el control difuso, cuya consagración expresa en el ordenamiento jurídico se remonta a 1897[660], está ahora expresamente consagrado en el artículo 334 de la Constitución de 1999 , que establece:

> "*Artículo 334*. En caso de incompatibilidad entre esta Constitución y una Ley u otra norma jurídica, se aplicarán las disposiciones constitucionales, correspondiendo a los Tribunales en cualquier causa, aún de oficio, decidir lo conducente".

En esta forma, a propuesta nuestra, en la Constitución de 1999[661] se consolidó constitucionalmente el método de control difuso de la constitucionalidad de las le-

---

658 *V.*, en *Gaceta Oficial* N° 39.447 de 16 de junio de 2010, y reimpresa por error material en *Gaceta Oficial* N° 39.451 de 22 de junio de 2010. *V.*, los comentarios a esta Ley en Allan R. Brewer-Carías y Víctor Hernández Mendible, *Ley Orgánica de la Jurisdicción Contencioso Administrativa*, Editorial Jurídica Venezolana, Caracas 2010.

659 *V.*, Allan R. Brewer-Carías, *El sistema mixto e integral de control de la constitucionalidad en Colombia y Venezuela*, Bogotá 1995; *El sistema de justicia constitucional en la Constitución de 1999*, Caracas, 2000.

660 Artículo 20 del Código de Procedimiento Civil de 1897. *V.*, Allan R. Brewer-Carías, *Judicial Review in Comparative Law*, Cambridge University Press, Cambridge 1989, pp. 127 y ss.; Allan R. Brewer-Carías, *La Justicia Constitucional*, T. VI, *Instituciones Políticas y Constitucionales*, Caracas, 1996, pp. 86 y ss. *V.*, en general Allan R. Brewer-Carías, *La Constitución de 1999. Derecho Constitucional Venezolano*, Caracas, 2004.

661 *V.*, nuestras propuestas respecto del artículo 7 en Allan R. Brewer-Carías, *Debate Constituyente*, T. II, Fundación de Derecho Público, Editorial Jurídica Venezolana, Caracas 1999, pp. 24 y 34; y 94 a 105.

yes, como ya había ocurrido por ejemplo, en otros países como Colombia, desde 1910 (art. 4); Guatemala, en 1965 (art. 204); Bolivia, en 1994 (art. 228); Honduras, en 1982 (art. 315) y Perú, en 1993 (art. 138). La LOTSJ 2004, incluso ratificó esta potestad judicial, al disponer en el artículo 5,4, lo siguiente:

> "De conformidad con lo previsto en la Constitución de la República Bolivariana de Venezuela, todo tribunal de la República podrá ejercer el control difuso de la constitucionalidad únicamente para el caso concreto, en cuyo supuesto dicha sentencia estará expuesta a los recursos o acciones ordinarias o extraordinarias a que haya lugar; quedando a salvo en todo caso, que la Sala Constitucional haga uso, de oficio o a instancia de parte, de la competencia prevista en el numeral 16 de este artículo y se avoque a la causa para revisarla cuando ésta se encuentre definitivamente firme".

Esta norma, sin embargo, desapareció del contenido de la LOTSJ 2010.

En todo caso, sobre esta potestad de los jueces del control difuso, puede decirse que a pesar de la claridad constitucional con la cual se consolidó, el mismo ha comenzado a ser ilegítimamente limitado por la Sala Constitucional del Tribunal Supremo, al cercenarles a los jueces la potestad que necesariamente tienen que tener en la aplicación de dicho método, de interpretar las normas y principios constitucionales en relación con las leyes que precisamente deben aplicar o desaplicar en los casos concretos que decidan. Así, en la sentencia N° 833 de 15 de mayo de 2001 (Caso: *Instituto Autónomo Policía Municipal de Chacao vs. Corte Primera de lo Contencioso Administrativo*), la Sala Constitucional al interpretar el artículo 334 de la Constitución, estableció "con carácter vinculante... en qué consiste el control difuso, y en qué consiste el control concentrado de la Constitución"; y al preguntarse ¿si en ejercicio del control difuso un juez puede interpretar los principios constitucionales, y en base a ellos, suspender la aplicación de una norma?, señaló:

> "Fuera de la Sala Constitucional, debido a las facultades que le otorga el artículo 335 de la Constitución vigente, con su carácter de máximo y última intérprete de la Constitución y unificador de su interpretación y aplicación, no pueden los jueces desaplicar o inaplicar normas, fundándose en principios constitucionales o interpretaciones motu propio que de ellas hagan, ya que el artículo 334 comentado no expresa que según los principios constitucionales, se adelante tal control difuso. Esta es función de los jueces que ejercen el control concentrado, con una modalidad para el derecho venezolano, cual es que sólo la interpretación constitucional que jurisdiccionalmente haga esta Sala, es vinculante para cualquier juez, así esté autorizado para realizar control concentrado".

Esta sentencia de la Sala Constitucional en realidad, es una más que muestra la tendencia a la concentración de la justicia constitucional en la Jurisdicción Constitucional, lo cual es contrario a las previsiones constitucionales.

Ahora bien, el segundo método de control de la constitucionalidad existente en Venezuela, es el del control concentrado de la constitucionalidad de las leyes y de otros actos estatales el cual, con antecedentes en el Siglo XIX, se atribuye sólo y exclusivamente a la Sala Constitucional del Tribunal Supremo de Justicia, la cual se ha configurado definitivamente en la Constitución de 1999 como una Jurisdicción Constitucional (Arts. 266,1; 334 y 336 de la Constitución).

Como tal es la llamada a conocer de una serie de procesos y procedimientos constitucionales con el objeto de garantizar la supremacía constitucional en forma concentrada, que rebasan el clásico control de constitucionalidad de las leyes.

Antes de la entrada en vigencia de la Constitución de 1999, la Jurisdicción Constitucional en Venezuela siempre se había atribuido al más alto Tribunal de la República y no a un órgano jurisdiccional especializado, de manera que conforme a la Constitución de 1961, por ejemplo, la Jurisdicción Constitucional se ejerció por la Corte Suprema de Justicia en Sala Plena[662]. Una de las novedades de la Constitución de 1999 fue precisamente la creación de la Sala Constitucional del Tribunal Supremo de Justicia (art. 262), a la cual se le atribuyó la Jurisdicción Constitucional (art. 266,1), consistente en la potestad anulatoria de las leyes y demás actos de igual rango y jerarquía o dictados en ejecución directa e inmediata de la Constitución, así como en el ejercicio de otras competencias en materia de justicia constitucional enumeradas en el artículo 336.

Como sucede en la casi totalidad de las Jurisdicciones Constitucionales que muestra el derecho comparado[663], por supuesto que se trata de una Jurisdicción que en principio se caracteriza única y exclusivamente por *el objeto* de control: En principio, sólo se refiere a los actos estatales dictados en ejecución directa e inmediata de la Constitución (donde se incluyen las leyes), así como a las sentencias dictadas en materia constitucional; por lo que *no es* una Jurisdicción que se pueda caracterizar sólo por el *motivo* de control (inconstitucionalidad). Además, conoce de otras cuestiones de orden constitucional, como las omisiones del Legislador y la resolución de conflictos de rango constitucional entre los órganos del Poder Público.

En otras palabras, lo que se atribuye a la Sala Constitucional no es el control concentrado de la constitucionalidad *de todos los actos estatales,* sino sólo de *determinados y específicos actos estatales:* los dictados por los órganos que ejercen el Poder Público denominados leyes o que tengan rango legal o los dictados en ejecución directa e inmediata de la Constitución. Además, y por vía extraordinaria, se le atribuye a la Sala Constitucional la revisión de las sentencias dictadas en materia constitucional (amparo, por ejemplo). Como Sala del Tribunal Supremo de Justicia, al igual que todas las otras Salas que lo componen, la Sala Constitucional tiene la misión de garantizar la supremacía y efectividad de las normas y principios constitucionales, y como todas las otras Salas, puede considerarse el máximo y último intérprete de la Constitución, con el deber de velar por su uniforme interpretación y aplicación (art. 335, primer aparte).

Esto corrobora que conforme al sistema venezolano, al corresponder la justicia constitucional a todos los Tribunales de la República, todos tienen la potestad de interpretar la Constitución.

Lo único que diferencia la interpretación constitucional que haga la Sala Constitucional del Tribunal Supremo de la que hagan las otras Salas del mismo y los demás Tribunales de la República, particularmente cuando ejerce el control concentra-

---

662 *V.,* Allan R. Brewer-Carías, *Debate Constituyente, op. cit.,* pp. 131 y ss.

663 *V.,* Allan R. Brewer-Carías, *Judicial Review in Comparative Law,* Cambridge University Press, Cambridge 1989, pp. 190 y ss. Este estudio ha sido publicado más recientemente, ampliado, en Allan R. Brewer-Carías, *Études de Droit Public Comparé*, Bruylant, Bruxelles, 2002.

do de la constitucionalidad de las leyes, es que aquella puede ser vinculante y esta no. Ese es el sentido del segundo aparte del artículo 335 de la Constitución al señalar que:

> "Las interpretaciones que establezca la Sala Constitucional sobre el contenido o alcance de las normas constitucionales son vinculantes para las otras Salas del Tribunal Supremo y demás tribunales de la República".

Esta norma, además, se ha recogido en la LOTSJ 2010, al disponer en su artículo 4 que "las interpretaciones que establezca la Sala Constitucional sobre el contenido o alcance de las normas y principios constitucionales son vinculantes para las otras Salas del Tribunal Supremo de Justicia y demás tribunales de la República."

Estas normas deben en todo caso interpretarse en su propio contexto: el carácter vinculante no puede recaer sobre cualquier frase o razonamiento interpretativo que contenga una sentencia de la Sala Constitucional. LO que se requiere es una interpretación expresa de la Sala "sobre el contenido o alcance de las normas constitucionales y principios constitucionales", por lo que lo vinculante es la "interpretación constitucional" (de alguna norma o principio constitucional) y no cualquier interpretación normativa. Por tanto, no tiene carácter vinculante la interpretación que pueda hacer la Sala Constitucional de alguna ley o de cualquier norma de rango legal o reglamentario. Sin embargo, como al contrario lo ha precisado la Sala Constitucional en sentencia Nº 727 de 8 de abril de 2003 (Caso*: Omar Enrique Gómez D*):

> "De un fallo de la Sala Constitucional, lo vinculante es la interpretación sobre el contenido y alcance de las normas constitucionales. De igual modo son vinculantes las interpretaciones que hace la Sala de normas infralegales pero desde la Constitución...
>
> Ahora bien, es propicia la oportunidad para que la Sala insista en que, de un fallo de la Sala Constitucional, lo vinculante es la interpretación sobre el contenido y alcance de las normas constitucionales, como se apresuró a precisarlo en sentencia Nº 291 del 03 de mayo de 2000, en estos términos: "*...debe puntualizar esta Sala que sus criterios vinculantes se refieren a la interpretación sobre el contenido y alcance de las normas constitucionales y no sobre la calificación jurídica de hechos, ajenos a las normas constitucionales."* De igual modo son vinculantes las interpretaciones que hace la Sala de normas infralegales pero desde la Constitución, para, la mayoría de las veces, la adaptación de aquéllas a un Texto Constitucional posterior, pero superior a ellas; en estos casos, la Sala determina cuál es la interpretación que debe darse a una norma de rango distinto al legal dentro de los parámetros de las normas, principios o valores superiores que se incorporaron a la Constitución de la República Bolivariana de Venezuela y que, desde allí, irradian a todo el ordenamiento jurídico".

Ahora bien, a continuación se identificarán los distintos procesos y procedimientos constitucionales cuyo conocimiento se atribuye a la Sala Constitucional como Jurisdicción Constitucional, con particular énfasis en la precisión de las reglas relativas a la legitimación activa y pasiva que se requiere para actuar en los mismos, que es lo que permite identificar y distinguir si se está en presencia de un proceso constitucional donde siempre existe una litis o contradictorio, de los procedimientos constitucionales en los cuales no existe tal contradictorio. Distinguiremos así, a través del análisis de las diversas acciones, recursos o solicitudes que se pueden formular ante la Sala Constitucional para el control de la constitucionalidad, lo que son los procesos constitucionales, propia y procesalmente hablando, en los cuales tiene que establecerse una litis o contradictorio entre un demandante y unos demandados que deben ser emplazados, que son procesos sujetos a tramitación como se indica en el artículo 128 de la Ley Orgánica; de lo que son procedimientos constitucionales, en los cuales no se plantea tal contradictorio, y conforme al artículo 145 de la ley Orgánica son los que no requieren sustanciación. Antes, nos referiremos a los principios del régimen procesal común aplicable ante la Jurisdicción Constitucional (Sala Constitucional).

## II. RÉGIMEN PROCESAL COMÚN ANTE LA JURISDICCIÓN CONSTITUCIONAL

Tal como se indica en el artículo 128 de la LOTSJ 2010, en su texto sólo se ha regulado en forma transitoria, las normas procesales comunes aplicables a los procesos constitucionales en los siguientes casos: la acción popular de inconstitucionalidad de las leyes (Art. 25, numerales 1, 2, 3, y 4); el control de la constitucionalidad por omisión legislativa (Art. 25.7); la resolución de colisiones entre leyes (Art 25. 8); la resolución de los conflictos constitucionales entre órganos del Poder Público (Art. 25.9); y los recursos de interpretación de las leyes (Art. 25.17). Algunas de estas normas comunes de procedimiento, sin embargo, también se aplican a los procedimientos constitucionales, regulados en los numerales 5, 6, 10, 11, 12, 13, 14, y 15 del mismo artículo 25 de la Ley.

### 1. *Inicio del procedimiento: Las demandas, recursos y solicitudes*

Como se dijo, de acuerdo con el artículo 90 de la Ley, en todas las demandas o solicitudes que se dirijan al Tribunal Supremo de Justicia debe indicarse la Sala a la que corresponde el conocimiento del asunto, con la precisión de que la omisión de este requisito o la indicación incorrecta de la Sala, no impedirá que se remita a la Sala competente.

Junto con las demandas o solicitudes, conforme al artículo 129, el demandante debe presentar su escrito con la documentación indispensable para que se valore su admisibilidad, ante la Sala Constitucional o ante cualquiera de los tribunales que ejerzan competencia territorial en el lugar donde tenga su residencia, cuando su domicilio se encuentre fuera del Área Metropolitana de Caracas. En este último caso, el tribunal que lo reciba debe dejar constancia de la presentación al pie de la demanda y en el Libro Diario, y debe remitir a la Sala Constitucional el expediente debidamente foliado y sellado, dentro de los tres días hábiles siguientes. En el caso de que la demanda sea presentada sin la documentación respectiva se debe pronunciar su inadmisión.

### 2. *La información sobre la demanda, la designación del Ponente y el curso de las causas no sujetas a sustanciación*

El artículo 132 de la Ley Orgánica dispone que en la misma oportunidad en que se dé cuenta de la demanda se designará ponente, quien debe conocer de la totalidad del juicio con tal carácter, incluso sus incidencias.

En las causas a que se refieren los numerales 5, 6, 10, 11, 12, 13, 14, y 15 del artículo 25 de la Ley, que se consideran que no se requiera sustanciación, conforme se indica en el artículo 145, la Sala debe decidir en un lapso de 30 días de despacho contados a partir del día en que se dé cuenta del recibo de las actuaciones, salvo lo que preceptúan la Constitución y leyes especiales.

Queda en todo caso a salvo la facultad de la Sala Constitucional de dictar autos para mejor proveer y fijar audiencia si lo estima pertinente.

### 3. *La decisión sobre la admisibilidad de la demanda*

El mismo artículo 132 de la ley dispone que la Sala deberá decidir acerca de la admisión de la demanda[664] dentro de los cinco despacho siguientes, a la oportunidad en que se de cuenta de la demanda y se haya designado ponente. Sin embargo, en las demandas que sean de tal modo ininteligibles, que resulte imposible su tramitación, se debe ordenar la corrección en lugar de su admisión. Entonces, sólo en el caso de que la parte demandante no corrija el escrito dentro del lapso de 3 días de despacho, o en el supuesto de que, si lo hiciere, no subsanare la falta advertida, la Sala Constitucional debe negar la admisión de la demanda (Art. 134).

El artículo 133 de la Ley Orgánica enumera las siguientes causales de inadmisión de la demanda:

> "1. Cuando se acumulen acciones o recursos que se excluyan mutuamente o cuyos procedimientos sean incompatibles.
>
> 2. Cuando no se acompañen los documentos indispensables para verificar si la acción o recursos es admisible cuando así lo disponga la ley.
>
> 3. Cuando sea manifiesta la falta de legitimidad o representación que se atribuya al demandante o de quien actúe en su nombre, respectivamente.
>
> 4. Cuando haya cosa juzgada o litispendencia.
>
> 5. Cuando contenga conceptos ofensivos o irrespetuosos.
>
> 6. Cuando haya falta de legitimación pasiva"[665].

En la oportunidad de la admisión, conforme al artículo 135 de la Ley Orgánica, se debe ordenar la citación de la parte demandada. Asimismo, se debe ordenar la notificación del Fiscal General de la República, si éste no hubiere iniciado el juicio, para que consigne su informe acerca de la controversia; al Procurador General de la República, de conformidad con la ley que rige sus funciones, del Defensor del Pueblo y así como de cualquier otra autoridad que estime pertinente. Igualmente, se debe ordenar emplazar a los interesados por medio de un cartel.

---

664 De acuerdo con la LOTSJ 2004, la admisión antes correspondía al Juzgado de Sustanciación. Art. 19,5. En la LOTSJ 2010, solo se conserva la competencia del Juzgado de Sustanciación para decidir sobre la admisibilidad de demandas en materia contencioso-electoral.

665 Esta última causal fue agregada en el texto de la Ley Orgánica al publicarse en la *Gaceta Oficial*.

Si fuera necesario, en el mismo auto de admisión se debe solicitar a la demandada los antecedentes administrativos del caso.

En todo caso, si el auto de admisión recayere fuera del plazo, se ordenará la notificación de la parte demandante.

Una vez admitida la demanda, se debe ordenar la remisión del expediente al Juzgado de Sustanciación para su tramitación.

4. *La participación de los interesados y el cartel de emplazamiento*

El Juzgado de Sustanciación, dentro de los 5 días de despacho siguientes al recibo del expediente y cuando sea verificada que la parte demandante esta a derecho, debe librar los oficios y el cartel correspondientes (Art. 136).

En cuanto al cartel de emplazamiento, el mismo conforme lo dispone el artículo 137 de la ley, debe ser publicado por la parte demandante en un diario de circulación nacional o regional, según sea el caso, para que los interesados concurran dentro del lapso de 10 días de despacho siguientes a que conste en autos su publicación. La parte demandante tiene un lapso de 10 días de despacho, contados a partir del momento en que se haya librado el cartel, para retirarlo y publicarlo y consignar en autos un ejemplar del periódico donde hubiese sido publicado. Si la parte demandante incumpliere con esta carga, entonces se debe declarar la perención de la instancia y se debe ordenar el archivo del expediente, salvo que existan razones de orden público que justifiquen la continuación de la causa, en cuyo caso, el cartel debe ser publicado por el propio Juzgado de Sustanciación.

Cuando venzan los lapsos antes indicados, se debe dejar transcurrir un término de 10 días de despacho para que se entienda que los interesados hayan quedado notificados (Art. 138). Luego del vencimiento del término antes indicado, conforme al artículo 139, y una vez que conste en autos haberse efectuado la última de las notificaciones, el Juzgado de Sustanciación se debe pronunciar, dentro del lapso de 3 días de despacho, sobre la participación de los intervinientes.

5. *Defensas y pruebas*

Concluido este lapso, dispone el mismo artículo 139 de la Ley, que debe comenzar a transcurrir un lapso de 10 días de despacho para que consignen los escritos para la defensa de sus intereses y promuevan pruebas, si lo estiman pertinente. En esa oportunidad los intervinientes deben evacuar las pruebas documentales. En todo caso, en el expediente se debe dejar constancia de la fecha en que venza el plazo para la consignación de los escritos.

Dentro de los 3 días de despacho siguientes al vencimiento del lapso de promoción, las partes pueden oponerse a la admisión de las pruebas de la contraparte que consideren manifiestamente ilegales o impertinentes.

Dentro de los 5 días de despacho siguientes al vencimiento del lapso antes indicado, conforme se indica en el artículo 140 de la Ley, el Juzgado de Sustanciación, debe providenciar los escritos de prueba; debe admitir las que sean legales y procedentes y debe desechar las que aparezcan manifiestamente ilegales o impertinentes. En el mismo auto, el Tribunal debe ordenar que se omita toda declaración o prueba sobre aquellos hechos que aparezcan claramente como no controvertidos entre las partes.

En esa oportunidad se debe fijar la audiencia pública y se debe remitir el expediente a la Sala.

En caso de que ninguno de los intervinientes promueva pruebas distintas a las documentales, la causa debe entrar en estado de sentencia y el Juzgado de Sustanciación debe remitir el expediente a la Sala, para que decida en un plazo de 20 días de despacho.

La norma deja en todo caso a salvo la facultad de la Sala Constitucional de fijar audiencia si lo estima pertinente.

6. *Previsiones sobre medidas cautelares*

Dispone el artículo 130 de la ley Orgánica, que en cualquier estado y grado del proceso las partes pueden solicitar, y la Sala Constitucional puede acordar, aun de oficio, las medidas cautelares que estime pertinentes. La Sala Constitucional cuenta con los más amplios poderes cautelares como garantía de la tutela judicial efectiva, para cuyo ejercicio tendrá en cuenta las circunstancias del caso y los intereses públicos en conflicto.

Entre estas medidas cautelares, esta, por ejemplo, en los casos de los procesos de control de la constitucionalidad de las leyes, la posibilidad para la Sala Constitucional de suspender los efectos de las mismas. Esto se admitió por la antigua Corte Suprema de Justicia y se ratificó por la propia Sala Constitucional, en la sentencia N° 1946 de 16 de julio de 2003, la Sala Constitucional reiteró la siguiente doctrina:

> "[La] doctrina de la Sala en materia de solicitud de medida cautelar innominada acumulada al recurso de nulidad por inconstitucionalidad (*Cfr*. fallo N° 1.181/2001, del 29-06, Caso: *Ronald Blanco La Cruz*) ha sido conteste en afirmar que la medida de inaplicación requerida supone una interrupción temporal de la eficacia del contenido normativo de la disposición impugnada, y que, como tal, constituye una importante excepción legal al principio general, según el cual, con base en la presunta validez intrínseca a todo acto legal, éste tiene fuerza obligatoria y produce todos sus efectos desde el momento mismo de su publicación en la *Gaceta Oficial*, aplicándose únicamente como medida excepcional cuando sea muy difícil reparar por sentencia definitiva los daños que resulten de la aplicación del contenido normativo del texto legal impugnado, por lo cual no debe olvidarse que la inaplicación de un instrumento normativo como medida cautelar colide con la presunción de validez de los actos legales y su obligatoriedad desde su publicación en la *Gaceta Oficial de la República*, de los Estados o Municipios, circunstancia que pone de manifiesto el hecho de que un manejo sin equilibrio de aquella inaplicación causaría un quebrantamiento del principio de autoridad, por tanto, para que pueda ser acordada, tiene que existir una verdadera y real justificación.
>
> Adicionalmente, ha sido reiterada la jurisprudencia de la Sala en cuanto a que los extremos requeridos por el artículo 585 del Código de Procedimiento Civil son necesariamente concurrentes junto al especial extremo consagrado en el Parágrafo Primero del artículo 588 *eiusdem*, es decir, que debe existir fundado temor de que se causen lesiones graves o de difícil reparación cuyo origen ha de ser la aplicación de la norma impugnada, de manera tal que faltando la prueba de cualquier de estos elementos, el Juez constitucional no podría bajo ningún

aspecto decretar la medida preventiva, pues estando vinculada la controversia planteada en sede constitucional con materias de Derecho Público, donde puedan estar en juego intereses generales, el Juez debe además realizar una ponderación de los intereses en conflicto para que una medida particular no constituya una lesión de intereses generales en un caso concreto".

En la misma decisión, la Sala estableció las siguientes premisas fundamentales para el otorgamiento o no de solicitudes cautelares innominadas en procedimientos de nulidad por motivos de inconstitucionalidad:

> "(i) el carácter excepcional de la inaplicación de una norma, (ii) la verosimilitud del derecho que se dice vulnerado o amenazado, (iii) la condición de irreparable o de difícil reparación por la definitiva de la situación jurídica o derecho que se alega como propio, (iv) la posibilidad efectiva de que se produzcan nuevos daños a la parte actora u otras personas por la aplicación de la norma cuya nulidad se pretende, y (v) la necesidad de evitar perjuicios en la satisfacción de intereses comunes a todos los integrantes de la sociedad"[666].

Por último debe mencionarse que cuando se acuerde alguna medida cautelar, se podrá formular oposición dentro de un lapso de 3 días de despacho. Si hubiere oposición, se debe abrir cuaderno separado y se debe entender abierta una articulación de 3 días de despacho para que los intervinientes promuevan y evacuen pruebas. Dentro de los 5 días de despacho siguientes la Sala debe sentenciar la incidencia cautelar (Art. 131).

### 7. *La audiencia y el debate procesal*

En la audiencia pública Las partes deben exponer sus alegatos en una audiencia pública, tal como se regula en el artículo 141 de la Ley Orgánica. Cuando comience el acto de dicha audiencia, el Presidente de la Sala debe señalar a las partes el tiempo de que disponen para que expongan y de igual modo debe proceder si manifestaren su deseo de ejercer el derecho a réplica o contrarréplica.

Exige el artículo 142 de la Ley, que al inicio de la audiencia pública la Sala debe exponer en qué términos quedó trabada la controversia y debe ordenar, si fuera el caso, la evacuación de las pruebas, en la misma audiencia o en otra oportunidad. Asimismo, debe resolver cualquier incidencia en relación con el control y contradicción de la prueba.

En todo caso, si no fuere suficiente la audiencia fijada para agotar completamente el debate, ésta debe continuar en la oportunidad que fije el Tribunal y así cuantas veces fuere necesario hasta agotarlo.

Una vez que oiga a los intervinientes, el Tribunal puede ordenar la evacuación de las pruebas que juzgue necesarias para el esclarecimiento de los hechos que aparezcan dudosos u oscuros.

---

666 Caso: *Impugnación de la Ley de Tierras*. Doctrina reiterada en la sentencia Nº 653 de la Sala Constitucional de 04-04-2003 (Caso: *Impugnación de las Leyes de Reforma Parcial de las Leyes que establecen el Impuesto al Débito Bancario y el Impuesto al Valor Agregado*).

Luego de la conclusión de la audiencia pública se debe levantar un acta, la cual debe ser firmada por todos los intervinientes. Si éstos se negaren a hacerlo, el Secretario debe dejar constancia de ello. La audiencia será la última actuación de las partes en materia litigiosa.

En todo caso, conforme al artículo 143, la inasistencia de la parte demandante se debe entender como desistimiento tácito de la demanda y se debe dar por terminado el proceso, a menos que la Sala considere que el asunto afecta al orden público.

Luego de la conclusión del debate, los Magistrados deben deliberar y conforme al artículo 144 de la Ley Orgánica, pueden: en primer lugar, decidir inmediatamente el fondo del asunto y exponer en forma oral los términos del dispositivo del fallo; en segundo lugar, dictar la decisión en la oportunidad de publicarse la sentencia cuando las circunstancias del caso así lo ameriten; y en tercer lugar, diferir por una sola vez y hasta por un lapso de 5 días de despacho, el pronunciamiento del dispositivo del fallo, cuando la complejidad del asunto así lo requiera.

El texto íntegro del fallo debe ser publicado dentro de los 10 días de despacho siguientes a la celebración de la audiencia pública o al vencimiento del diferimiento.

### 8. *La interpretación vinculante*

Siguiendo la previsión constitucional, la Ley Orgánica también ha dispuesto en el artículo 4 que las interpretaciones que establezca la Sala Constitucional sobre el contenido o alcance de las normas y principios constitucionales son vinculantes para las otras Salas del Tribunal Supremo de Justicia y demás tribunales de la República.

### 9. *Procesos y procedimientos constitucionales*

La Ley Orgánica, siguiendo la orientación de la Constitución distingue al regular las causas que e ventilan ante la Jurisdicción Constitucional, entre aquellas que constituyen procesos constitucionales y aquellas que constituyen procedimientos constitucionales, en el sentido de que los primeros, requieren sustanciación y giran en torno a un contradictorio; y los segundos, no requieren de sustanciación.

Constituyen entonces procesos constitucionales, conforme se indica en el artículo 128 de la Ley Orgánica, los que tienen por objeto: el control de la constitucionalidad de las leyes mediante la acción popular (Art. 25, numerales 1, 2, 3, y 4); el control de la constitucionalidad por omisión legislativa (Art. 25.7); la resolución de colisiones entre leyes (Art 25. 8); la resolución de los conflictos constitucionales entre órganos del Poder Público (Art. 25.9); y los recursos de interpretación de las leyes (Art. 25.17).

En cuanto a los procedimientos constitucionales, conforme se indica en el artículo 145 de la Ley Orgánica, que son los que no requieren sustanciación, son los que tienen por objeto: el control de constitucionalidad de los tratados internacionales (Art 25.5); la revisión constitucional de los decretos de estado de excepción (Art 25.6); la revisión constitucional de sentencias (Art 25, numerales 10, 11 y 12); el control del carácter orgánico de las leyes (Art 25.14); el control de constitucionalidad a priori de las leyes (Art 25.15). En estas causas a que se refieren los numerales 5, 6, 10, 11, 12, 13, 14, y 15 del artículo 25 de esta Ley, que se consideran que no se requiera sustanciación, conforme se indica en el artículo 145, la Sala debe decidir en un lapso de 30 días de despacho contados a partir del día en que se dé cuenta del recibo de las actuaciones, salvo lo que preceptúan la Constitución y leyes especiales.

Veremos a continuación algunos aspectos específicos de orden procesal en relación a los procesos y a los procedimientos constitucionales.

## III. ASPECTOS ESPECÍFICOS DE ORDEN PROCESAL RESPECTO DE LOS PROCESOS CONSTITUCIONALES

### 1. *El proceso constitucional de control de la constitucionalidad de las leyes iniciado mediante la acción popular de inconstitucionalidad*

El primer proceso constitucional que se desarrolla ante la Jurisdicción Constitucional, y que ha sido históricamente el que ha caracterizado al sistema venezolano, es el que tiene por objeto que la Sala Constitucional juzgue con poderes anulatorios y a instancia de cualquier persona mediante acción popular[667], la constitucionalidad de las leyes y demás actos estatales de igual rango o valor que las leyes.

En efecto, de acuerdo con el artículo 334 de la Constitución, y conforme a una tradición que se remonta a 1858[668], corresponde a la Sala Constitucional conocer de los procesos de inconstitucionalidad de las leyes y demás actos de valor o rango de ley, al disponer que le "corresponde exclusivamente… como jurisdicción constitucional, declarar la nulidad de las leyes y demás actos de los órganos que ejercen el Poder Público dictados en ejecución directa e inmediata de la Constitución o que tengan rango de ley".

Conforme al artículo 336, numerales 1 a 4 de la Constitución, la Sala Constitucional del Tribunal Supremo, como Jurisdicción Constitucional entonces la atribución de control concentrado de la constitucionalidad de los siguientes actos estatales, con poderes anulatorios cuando sean violatorios de la Constitución: las *leyes nacionales* y demás actos con *rango de ley* de la Asamblea Nacional; las *Constituciones* y *leyes estadales*, las *ordenanzas municipales* y demás actos de los cuerpos deliberantes de los Estados y Municipios dictados en *ejecución directa e inmediata* de la Constitución; los *actos con rango de ley* dictados por el Ejecutivo Nacional; y los *actos en ejecución directa e inmediata* de la Constitución, dictados por cualquier otro órgano estatal en ejercicio del Poder Público.

Estas competencias se repiten, como se ha dicho, en el artículo 25, numerales 1 a 4 de la Ley Orgánica.

En relación con este "control concentrado de la constitucionalidad" de las leyes y demás actos estatales de rango legal o dictados en ejecución directa e inmediata de la Constitución, que con poderes anulatorios ejerce la Sala Constitucional como Jurisdicción Constitucional; el artículo 32 de la Ley Orgánica precisa que el mismo sólo debe ser ejercido "mediante demanda popular de inconstitucionalidad". Sin embargo, conforme a esa misma norma, en este proceso no priva el principio dispositivo en el sentido de que la Sala puede suplir, de oficio, las deficiencias o técnicas del demandante por tratarse de un asunto de orden público.

---

667 *V.*, Allan R. Brewer-Carías, *El control de la constitucionalidad de los actos estatales*, Caracas 1977, pp. 120 y ss.

668 *V.*, Allan R. Brewer-Carías, *La Justicia Constitucional,* T. VI, *Instituciones Políticas y Constitucionales,* Universidad Católica del Táchira, Editorial Jurídica Venezolana, San Cristóbal Caracas 1996, 131 y ss.

### A. *La legitimación popular*

Ahora bien, lo más importante que debe destacarse comparativamente del sistema venezolano de control concentrado de la constitucionalidad de las leyes, es que la legitimación activa para intentar las acciones que originan el proceso constitucional corresponde a cualquier persona, configurándose la acción como una *actio popularis* que se ejerce conforme al artículo 32 de la Ley Orgánica mediante una "demanda popular de inconstitucionalidad". Esa demanda, conforme al artículo 135 de la Ley Orgánica, también la puede interponer el Fiscal General de la República y también, conforme al artículo 281,3 de la Constitución, el Defensor del Pueblo.

En consecuencia, todo habitante de la República con capacidad jurídica puede intentar la acción de inconstitucionalidad contra las leyes, sin distingo alguno, sean emanadas de la Asamblea Nacional, de los Consejos Legislativos de los Estados de la federación o de los Concejos Municipales (Ordenanzas). Por tanto, a nivel nacional, incluso la acción popular procede incluso contra las leyes aprobatorias de tratados[669].

Debe recordarse, sin embargo, que esta popularidad de la acción en décadas anteriores en virtud de las previsiones de la LOCSJ 1976 y de la LOTSJ 2004, había sido objeto de precisiones, a, exigir la jurisprudencia que había indicarse que el acto impugnado debía afectar en alguna forma los derechos o intereses del recurrente, así fuera su simple interés, sin que ello significase una reducción de la popularidad de la acción. Por ejemplo, si se trataba de una ley de un Estado, se podía exigir que el impugnante fuera residente de dicho Estado o tuviera bienes o intereses en el mismo, de manera que la ley impugnada pudiera afectarlo en alguna forma, y éste pudiera tener un simple interés en la constitucionalidad de la ley. Si por ejemplo, se trataba de la impugnación de una Ordenanza Municipal se podía exigir, al menos, que el recurrente fuera residente del Municipio respectivo o, por ejemplo, tuviera bienes en el mismo, de manera que sus derechos o su simple interés pudieran ser lesionados. En estos casos, por supuesto, no se perdía el carácter popular de la acción, pero la legitimación era precisada.

Si se trataba de una ley nacional en cambio, en principio, cualquier habitante del país con capacidad jurídica podía impugnar la ley pues su interés simple en la constitucionalidad estaría lesionado por la ley inconstitucional. Sin embargo, aún en estos casos, algunas precisiones a la legitimación activa podían surgir: si se trataba, por ejemplo, de la impugnación de una ley que estableciera una discriminación respecto a las mujeres, violatoria de la Constitución por discriminatoria, la acción, en principio, no podía ser intentada sino por una mujer[670].

En todo caso, la antigua Corte Suprema de Justicia en Corte Plena, con motivo de la impugnación por vía de acción popular del Código Orgánico Tributario, había apreciado la legitimación del accionante en su condición de contribuyente así:

---

669 *V.*, Allan R. Brewer-Carías, "El control de la constitucionalidad de las leyes aprobatorias de Tratados Internacionales y la cuestión constitucional de la integración latinoamericana", *Revista de Derecho Público*, Nº 44, Editorial Jurídica Venezolana, Caracas, 1990, pp. 225 a 229.

670 *V.*, en contrario, la sentencia de la antigua Corte Suprema de Justicia en Sala Plena de anulación del art. 970 del Código de Comercio, en *Jurisprudencia de Ramírez y Garay*, 1er semestre, Caracas 1964, p. 599, *cit.*, por Humberto J. La Roche, *El control jurisdiccional de la constitucionalidad en Venezuela y Estados Unidos*, Maracaibo, 1972, p. 100.

"Tal como se alega en la demanda, la accionante –persona jurídica constituida– aparece con el interés legítimo que exige el artículo 112 de la Ley de la Corte para demandar la nulidad de disposiciones del Código Orgánico Tributario que es un acto legislativo de efectos generales, por cuanto es contribuyente de impuesto sobre la renta que solicitó reintegro, y por eso le conciernen las normas del Código Orgánico Tributario, en especial las que son objeto de la nulidad demandada en este caso"[671].

En ese caso, era la condición de contribuyente la que daba la legitimación para impugnar la ley. Ahora bien, en todo caso, si en algún momento pudieron haber dudas sobre la posible restricción a la popularidad de la acción[672], las mismas comenzaron a ser dilucidadas por la antigua Corte Suprema de Justicia, la cual había considerado que la exigencia del artículo 112 de la derogada Ley Orgánica (que se recogió en la LOTSJ 2004 y se eliminó en la LOTSJ 2010) en el sentido de que la ley impugnada afectase "los derechos e intereses" del accionante, no significaba que la acción popular se hubiese eliminado, ni que se hubiese establecido una especial exigencia de legitimación activa para el ejercicio de la acción popular de control de la constitucionalidad. El objetivo de la acción popular, dijo la antigua Corte, es la "defensa objetiva de la majestad de la Constitución y de su supremacía"[673]. Con base en ello, la antigua Corte Suprema de Justicia, llegó a la conclusión de que:

"Cuando una persona ejerce el recurso de inconstitucionalidad en los términos del artículo 112 de su ley, *debe presumirse*, al menos relativamente, que el acto recurrido en alguna forma afecta los derechos o intereses del recurrente en su condición de ciudadano venezolano, salvo que del contexto del recurso aparezca manifiestamente lo contrario, o que el mismo fuere declarado inadmisible conforme al artículo 115 de la ley de la Corte"[674].

Más recientemente, la Sala Constitucional del Tribunal Supremo de Justicia en sentencia Nº 1077 de 22 de agosto de 2001, puntualizó sobre la legitimación activa en la acción popular, lo siguiente:

"Por otra parte, existe en nuestro ordenamiento la acción popular de inconstitucionalidad, donde cualquier persona capaz procesalmente tiene interés procesal y jurídico para proponerla, sin necesidad de un hecho histórico concreto que lesione la esfera jurídica privada del accionante.

---

671 *V.*, la sentencia de 15-10-85 en *Revista de Derecho Público,* Nº 25, Editorial Jurídica Venezolana, Caracas, 1986, p. 110.

672 *V.*, L. H. Farías Mata, "¿Eliminada la Acción Popular del Derecho Positivo Venezolano?", en *Revista de Derecho Público,* Nº 11, Editorial Jurídica Venezolana, Caracas, 1982, pp. 5-18.

673 Sentencia de la Corte en Pleno de 30-06-82, en *Revista de Derecho Público*, Nº 11, Editorial Jurídica Venezolana, Caracas, 1982, p. 138.

674 *Idem.* De acuerdo a este criterio, por tanto, como lo ha dicho la Corte Suprema en Sala Plena, la acción popular en definitiva "puede ser ejercida por cualquier ciudadano plenamente capaz". Sentencia de 19-11-85, en *Revista de Derecho Público,* Nº 25, Editorial Jurídica Venezolana, Caracas, 1986, p. 131.

> Es el actor un tutor de la constitucionalidad y esa tutela le da el interés para actuar, haya sufrido o no un daño proveniente de la inconstitucionalidad de una ley. Este tipo de acciones populares es excepcional"[675].

En esta forma quedó definitivamente claro que la popularidad de la acción de inconstitucionalidad es completa, de manera que tiene legitimación activa para impugnar el acto "cualquier persona capaz procesalmente", sea persona natural o jurídica, sin necesidad de que sea necesario en forma alguna que se tenga que alegar que la ley impugnada lesione en alguna forma "la esfera jurídica privada del accionante". Esta popularidad de la acción de inconstitucionalidad, fue constatada por la Sala Constitucional Nº 796 de 22 de julio de 2010 (Caso: *Asociación civil SUMATE, Francisco Javier Suárez y otros*), en la cual indicó que:

> "por regla general, se ha establecido que la acción de nulidad por inconstitucionalidad es una acción popular que puede ser ejercida por cualquier ciudadano, vale decir, que toda persona tiene, en principio, la cualidad o interés procesal para la impugnación de las leyes o actos con rango de ley, por medio de la acción de nulidad por inconstitucionalidad. Dicho en otros términos, la legislación venezolana no exige un interés procesal calificado, ni por la posible existencia de una especial situación de hecho que vincule alguna posición jurídico-subjetiva con cierta norma legal (individualizada), ni por el ejercicio de un cargo público, sea de representación popular o sea dentro del Poder Ciudadano[676]".

Sin embargo, en la misma sentencia, a renglón seguido, la Sala Constitucional le negó legitimación a una Asociación civil que tenía por objeto "promover en todas las formas posibles de la democracia como sistema de convivencia social dentro del marco de la libertad y el respeto a los derechos humanos[677]", para intentar una acción de inconstitucionalidad contra actos del Consejo Nacional Electoral en relación con la convocatoria del referendo aprobatorio de la enmienda constitucional celebrado en febrero de 2009. Y ello lo hizo la Sala Constitucional después de constatar que la Asociación, con toda legitimidad, primero, buscaba "...liderizar o cooperar con iniciativas" que repercutían directamente sobre rasgos fundamentales de la democracia, con el "fin pretender guiar al Pueblo Venezolano en la adopción de posiciones políticas;" segundo, que en el pasado, parcialmente, habría recibido financiamiento del *National Endowment For Democracy"* –lo que en el marco del ordenamiento venezolano no tenía nada de ilegítimo-, entidad que la Sala calificó como "una organización vinculada financiera e ideológicamente a la política de otra nación," pues esta "supervisada y recibe permanentemente fondos del Congreso de los Estados Unidos;" tercero que tal financiamiento constituía, "una típica manifestación de la política intervencionista de una potencia extranjera para incidir en los asuntos internos del Estado venezolano;" y cuarto, que asignar de "manera mediata" dichos recursos a la Asociación, "a los fines de '*liderizar*' a un sector de la pobla-

675 Caso: *Servio Tulio León Briceño,* Sentencia Nº 1077 de la Sala Constitucional de 22-09-00. *V.*, en *Revista de Derecho Público,* Nº 83, Editorial Jurídica Venezolana, Caracas, 2000, pp. 247 y ss.

676 *V.,* en http://www.tsj.gov.ve/decisiones/scon/Julio/796-22710-2010-09-0555.html

677 Se trató de la Asociación Civil Súmate, que ha venido realizando en el último lustro, destacadas actividades de promoción y control electoral dentro del marco democrático.

ción que se presenta opositor al gobierno legítimo y democrático de la República," ello supuestamente "representa una franca lesión de la autonomía funcional que demanda la actuación pública y, dentro de ésta, a los procesos políticos internos del Estado venezolano, concretamente los actos preparatorios del proceso de enmienda constitucional". En consecuencia, la Sala Constitucional, pura y simplemente, sin autoridad alguna para ello, desestimó la cualidad de la Asociación civil "para interponer la presente demanda de nulidad, por carecer de legitimidad para actuar en defensa de intereses extranjeros sobre asuntos de política interna[678]". O sea, que conforme a esta arbitraria doctrina jurisprudencial, en definitiva, la acción popular de inconstitucionalidad dejó de ser "popular," en el sentido de que para la Sala Constitucional no "toda persona" tiene la cualidad o interés procesal para intentarla, careciendo de legitimación, por ejemplo, según la Sala, aquellas "personas" que liderizen sectores que sean de oposición "al gobierno legítimo y democrático".

B. *El principio dispositivo en el control concentrado de la constitucionalidad de las leyes*

Como se ha dicho, la Ley Orgánica establece expresamente en su artículo 32 que en el control concentrado de la constitucionalidad de las leyes sólo puede realizarse por la Sala Constitucional, mediante la demanda popular de inconstitucionalidad, privando entonces el principio dispositivo, excepto en cuanto a la potestad de la Sala de suplir, de oficio, las deficiencias o técnicas del demandante por tratarse de un asunto de orden público. La consecuencia es que la Sala Constitucional en ningún caso puede iniciar de oficio el control concentrado de la constitucionalidad de las leyes. Con esta disposición el Legislador limitó la potestad que la propia Sala Constitucional había comenzado a auto atribuirse el ejercicio del control concentrado de la constitucionalidad de las leyes, de oficio, como incidente en cualquier proceso que cursase ante ella, y sin que se hubiese intentado acción popular alguna.

En efecto, la Sala Constitucional en sentencia Nº 331 de 13 de marzo de 2001 (Caso: *Henrique Capriles R. vs. Comisión Nacional de Casinos, Salas de Bingo y Máquinas Traganíqueles*), resolvió afirmar sus poderes de control de la constitucionalidad de oficio, dado el carácter de orden público constitucional del control constitucional, cuando con fundamento en los artículos 334 y 335 de la Constitución, conozca de algún asunto, para lo cual dijo:

> "Así pues, las referidas potestades de la Sala y la interpretación concatenada y armoniosa de los citados dispositivos constitucionales, la comprensión de los principios enunciados en el texto de la Exposición de Motivos de la Carta Fundamental, y la doctrina sentada por la jurisprudencia de esta Sala, que procura salvaguardar la vigencia de los postulados constitucionales, sirven de fundamento para declarar, como garante de la supremacía de la Constitución y en ejercicio de las facultades que la misma posee, de oficio, la ilegitimidad de alguna actuación, cuando habiendo sido sometido un caso a su análisis, observe que la misma ha transgredido el orden público constitucional, y en tal virtud proceda de manera inmediata y efectiva, a restaurar a través de la forma que considere idónea, la subversión advertida. En definitiva, considera la Sala que

678 *V.*, en http://www.tsj.gov.ve/decisiones/scon/Julio/796-22710-2010-09-0555.html

el control constitucional jurisdiccional constituye materia de orden público constitucional, y siendo la Sala el garante de la supremacía de la Constitución, al constatar su violación, puede actuar de oficio, como en efecto lo hace en esta oportunidad"[679].

Posteriormente, mediante sentencia N° 2.588 de 11 de diciembre de 2001, la Sala Constitucional declaró:

> "su facultad, en virtud de ser el juez de la ley y titular del control concentrado de la constitución, de tramitar en cualquiera de los procedimientos a que den lugar las acciones ventilables ante ella, o de las cuales conozca, el denominado incidente de constitucionalidad, el cual existe cuando la cuestión planteada (no necesariamente alegada) sobre la constitucionalidad de una norma legal es prejudicial respecto de la resolución de un proceso constitucional o de una causa que curse ante la Sala".

Para justificar esta declaratoria de propia competencia, la Sala recurrió a criterios establecidos en sistemas de control exclusivamente concentrados de la constitucionalidad de las leyes (que no es el caso de Venezuela, dado el carácter mixto e integral), argumentando como sigue:

> "Incidentes de este tipo se han solucionado de tres modos: bien a través de un juicio de constitucionalidad sin un pronunciamiento expreso de nulidad de la ley inconstitucionalidad; ya sea por el ejercicio de un control autónomo de constitucionalidad a través de un proceso separado del que dio origen al incidente, y, finalmente, merced a un control incidental de constitucionalidad que se realiza a través de un procedimiento de constitucionalidad pero dentro del proceso que ha dado lugar al incidente.
>
> Dicha técnica fue consagrada por primera vez en el artículo 140 de la Constitución austríaca de 1920. Actualmente, la consagran la Constitución del mencionado Estado (artículos 139.1 y 140); la Ley del Tribunal Constitucional Federal alemán (artículos 67 y 95) –recurso indirecto o encubierto–; la Ley Orgánica del Tribunal Constitucional español (artículos 55.2 y 67) –cuestión previa de carácter constitucional o incidente de constitucionalidad– y lo ha desarrollado jurisprudencialmente la Corte Constitucional italiana a partir del auto N° 22, del 9 de abril de 1960 –Corte *giudice a quo* o *autorimessione*–.
>
> La razón que apuntala esta facultad, señaladamente cuando la misma deriva en la declaratoria pro futuro y con efectos *erga omnes* de la norma inconstitucional –y no en la mera desaplicación del precepto para el caso concreto–, se afinca en la coherencia que existe entre una declaración de este tipo con la función de los tribunales constitucionales, en tanto ejecutores del denominado control concentrado de la constitucionalidad.
>
> Los términos en que se expresó la Corte Constitucional italiana a la hora de asumir esta competencia son suficientemente reveladores de la razón apuntada. Según dicho tribunal:

---

679 *V.*, en *Revista de Derecho Público*, N° 85-88, Editorial Jurídica Venezolana, Caracas 2001, p. 391.

"....no puede considerarse que la misma Corte –que es el único órgano competente para decidir las cuestiones de constitucionalidad de las leyes– venga obligada a aplicar leyes inconstitucionales y tampoco que, en la hipótesis de inconstitucionalidad de las leyes que regulan la materia, pueda y deba inaplicarlas, sin poner en marcha el mecanismo (de alcance general y necesario en el vigente ordenamiento) destinado a conducir, con las debidas garantías de contradictorio, a la eliminación con efectos *erga omnes*, de las leyes inconstitucionales". Citado a su vez por: Luis J. Mieres Mieres, *El incidente de constitucionalidad en los procesos constitucionales*, p. 56 y 57)".

De lo anterior, Sala Constitucional concluyó su razonamiento señalando lo siguiente:

"Siendo que a los tribunales constitucionales les corresponde, como una de sus competencias esenciales, declarar la nulidad de leyes colidentes con la Constitución, luce entonces congruente con dicho cometido que, ante la presencia de normas inconstitucionales que resulten prejudiciales al asunto que en definitiva vaya a decidirse (como es el presente caso), esta Sala resulte competente para declarar la nulidad de dicha norma por colidir con la Constitución, esto es, la invalide, no sólo a sus propios efectos, sino también para el resto de los tribunales, órganos del Estado y particulares.

De este modo se mantiene la unidad del ordenamiento constitucional y se evita la contradicción que resulta de la coexistencia de una norma inconstitucional (declarada así para un caso concreto), pero vigente para el resto de los operadores judiciales a falta de una natural declaratoria de nulidad. Así se establece"[680].

Todo este intento de la Sala Constitucional, en todo caso fue limitado por la LOTSJ desde 2004, lo que se ha ratificado en la LOTSJ 2010.

### C. *La excepción al principio dispositivo y el proceso constitucional de control de la constitucionalidad de las leyes como incidente con motivo del control difuso de constitucionalidad, o incluso de oficio*

Hemos señalado que una de las formas específicas para el ejercicio de la justicia constitucional en Venezuela, es la posibilidad que tiene todo juez de la República, incluyendo las otras Salas del Tribunal Supremo, de ser juez de la constitucionalidad de las leyes. Se trata del método denominado de control difuso de la constitucionalidad de leyes que existe en Venezuela desde el siglo XIX regulado además de en el artículo 334 de la Constitución, antes citado, en el artículo 20 del Código de Procedimiento Civil, que establece que:

"*Artículo 20*: Cuando la ley vigente, cuya aplicación se pida, colidiere con alguna disposición constitucional, los jueces aplicarán ésta con preferencia".

El principio del control difuso también se recogió en el artículo 19 del Código Orgánico Procesal Penal, con este texto:

---

680 *V.*, en *Revista de Derecho Público,* N° 85-88, Editorial Jurídica Venezolana, Caracas 2001, pp. 396 y ss.

> *"Artículo 19: Control de la Constitucionalidad.* Corresponde a los jueces velar por la incolumidad de la Constitución de la República. Cuando la ley cuya aplicación se pida colidiere con ella, los tribunales deberán atenerse a la norma constitucional".

Ahora bien, con motivo del ejercicio del control difuso de la constitucionalidad de las leyes, particularmente por las otras Salas del Tribunal Supremo de Justicia, la Sala Constitucional también había venido desarrollando un mecanismo de control abstracto, vía incidente, de constitucionalidad de las leyes, desarrollando incluso poderes de control de oficio de la constitucionalidad. Es decir, partiendo del control difuso, la Sala Constitucional había desarrollado otro mecanismo de control concentrado de la constitucionalidad, al declarar la nulidad con efectos generales de disposiciones legales por vía de lo que ha llamado incidente de constitucionalidad.

Esta posibilidad ahora se ha recogido en el artículo 33 de la ley Orgánica al disponer que:

> "Cuando cualquiera de las Salas del Tribunal Supremo de Justicia y los demás tribunales de la República ejerzan el control difuso de la constitucionalidad deberán informar a la Sala Constitucional sobre los fundamentos y alcance de la desaplicación que sea adoptada, para que ésta proceda a efectuar un examen abstracto sobre la constitucionalidad de la norma en cuestión. A tal efecto deberán remitir copia certificada de la sentencia definitivamente firme."[681]

En estos casos, conforme al artículo 34 de la Ley,

> "cuando se declare la conformidad a derecho de la desaplicación por control difuso, la Sala Constitucional podrá ordenar el inicio del procedimiento de nulidad que dispone esta Ley. Igualmente procederá cuando el control difuso de la constitucionalidad sea ejercido por dicha Sala."

Como se dijo, esta posibilidad ya se había establecido por la Sala Constitucional mediante sentencia N° 1225 de 19 de octubre de 2000, en la cual trató el tema referente a la derogación tácita de leyes preconstitucionales por la entrada en vigencia de la Constitución, respecto de lo cual señaló que correspondiéndole "declarar la derogatoria con efectos *erga omnes* y *pro futuro* de una norma de rango legal vía la cláusula derogatoria única constitucional, en virtud del monopolio que en materia de protección constitucional le asigna la Constitución", tal poder podría "desplegarlo la Sala aun de oficio en los casos que le toque resolver, o a través de un recurso directo de inconstitucionalidad"... Sin embargo, al constatar la Sala la posibilidad de que mediante el ejercicio del control difuso de la constitucionalidad de las leyes previsto en el artículo 334 de la Constitución, otras Salas del Tribunal Supremo o cualquier tribunal de la República pudieran desaplicarlas "respecto al caso concreto, sin tener que emitir pronunciamiento alguno sobre su derogación, pero sí sobre su incongruencia material con alguna norma constitucional"; precisó que:

---

681 El artículo 5, párrafo 5° de la LOTSJ 2004 agregaba en esta misma norma la aclaratoria lógica de que la sala debía abstenerse "de revisar el mérito y alcance de la sentencia dictada por la otra Sala, la cual seguirá conservando fuerza de cosa juzgada".

> "En atención a la incidencia en el ordenamiento jurídico de tal cuestión, el Tribunal o Sala desaplicante deberán remitir a esta Sala Constitucional copia de la decisión, a la cual anexarán copia de los autos, con el fin de someterlo a la revisión correspondiente, todo en obsequio de la seguridad jurídica y de la coherencia que debe caracterizar al ordenamiento jurídico en su conjunto"[682].

Esta doctrina jurisprudencial, particularmente en relación con las otras Salas del Tribunal Supremo, como se ha dicho, fue regulada expresamente en la Ley Orgánica (Arts. 33 y 34); estando la Sala Constitucional esta obligada a iniciar el proceso constitucional de inconstitucionalidad de las leyes, abriendo el contradictorio y citando, mediante cartel, a todos los que puedan tener interés en ello, aplicando analógicamente el procedimiento del proceso constitucionalidad de inconstitucionalidad de las leyes regulado para cuando se inicia mediante acción popular[683].

D. *Los efectos erga omnes de las decisiones*

Por último debe mencionarse que la Ley Orgánica establece expresamente los efectos de las sentencias dictadas con motivo del ejercicio del control de constitucionalidad de las leyes por la sala Constitucional, disponiendo que "serán de aplicación general, y se publicarán en la *Gaceta Oficial* de la República, y en la *Gaceta Oficial* del Estado o Municipio según corresponda" (Art. 32).

2. *El proceso constitucional de control de la inconstitucionalidad de la omisión del Legislador*

Otro proceso constitucional novedoso en materia de justicia constitucional que establece la Constitución de 1999, es el denominado control de la constitucionalidad de las omisiones de actuación de los órganos legislativos. En tal sentido, el artículo 336 de la Constitución atribuyó a la Sala Constitucional, competencia para:

> "7. Declarar la inconstitucionalidad de las omisiones del poder legislativo municipal, estadal o nacional, cuando hayan dejado de dictar las normas o medidas indispensables para garantizar el cumplimiento de la Constitución, o las hayan dictado en forma incompleta, y establecer el plazo y, de ser necesario, los lineamientos de su corrección".

La Ley Orgánica, como se ha dicho, reiteró estas competencias, ampliándolas al atribuirle a la Sala Constitucional competencia para declarar la inconstitucionalidad de las omisiones de cualquiera de los órganos del Poder Público Nacional, Estatal y Municipal (Art. 25,7).

Estas normas, sin duda, consagran una amplísima potestad de control de las conductas omisivas del legislador y de los órganos del Estado atribuida a la Sala Constitucional y que supera el inicial antecedente portugués. En efecto, en el supuesto de la Constitución Portuguesa, la legitimación para requerir el ejercicio de esta potestad

682 *V.*, en *Revista de Derecho Público*, N° 84, Editorial Jurídica Venezolana, Caracas 2000, pp. 259-260.

683 *V.*, también sobre el tema del contradictorio, la sentencia de la Sala Constitucional N° 806 de 24-04-2002 (Caso: *Sindicato Profesional de Trabajadores al Servicio de la Industria Cementera)* en *Revista de Derecho Público*, N° 89-92, Editorial Jurídica Venezolana, Caracas 2002, pp. 179 y ss.

de control de constitucionalidad la tenían el Presidente de la República, el Ombudsman o los Presidentes de las Regiones Autónomas[684]; en cambio, en el texto de la Constitución de 1999 no se establece condicionamiento alguno a la legitimación, por lo que tratándose de omisiones normativas[685], el mecanismo para impulsar su control puede recibir el mismo tratamiento de una *acción popular*, es decir, bastaría el simple interés en la constitucionalidad para intentar la acción.

En este caso, la naturaleza popular de la acción conduce a un proceso contradictorio, que se rige por las reglas procesales antes analizadas.

En esta materia, deben destacarse dos decisiones importantes. En primer lugar, la sentencia de la Sala Constitucional Nº 3118 de 6 octubre de 2003, mediante la cual se declaró la inconstitucionalidad de la omisión de la Asamblea Nacional en dictar la Ley Orgánica de Régimen Municipal (Caso: *Inconstitucionalidad de la omisión de la Asamblea Nacional por no haber dictado dentro del plazo fijado por el Constituyente de 1999 una Ley sobre Régimen Municipal*), en la cual la Sala señaló:

> "Al igual que el recurso de anulación, lo previsto en el numeral 7 del artículo 336 de la Constitución es, en principio, un mecanismo puesto al alcance de los justiciables, si bien en este caso la legitimación no es tan amplia como en el recurso de nulidad, tal como ha debido precisar esta Sala. Son, así, dos acciones que ponen en marcha el aparato judicial, en concreto la jurisdicción constitucional asignada a esta Sala.
>
> Ahora bien, así como existe un control difuso, que permite a los jueces apartarse del texto expreso de una ley, incluso de oficio, si colidiese con una norma contenida en la Constitución, la Sala Constitucional –y sólo ella– puede declarar la inconstitucionalidad de una omisión del órgano que ejerza el poder legislativo, siempre que lo haga en el curso de un proceso.
>
> Es lo mismo que sucede en el control difuso: con ocasión de un juicio instaurado por demanda particular, el tribunal de la causa juzga la constitucionalidad de una norma. En este caso, se juzga la constitucionalidad de una inacción, pero también con ocasión de un proceso que surgió por recurso. En ambos supuestos el pronunciamiento puede ser de oficio, si bien el tribunal no puede ser el que funja de accionante, sino que se requiere de una inicial solicitud.
>
> En el caso de autos, la Sala ha declarado el alcance de la disposición cuya interpretación se le solicitó, pero al hacerlo ha constatado la existencia de una omisión de la Asamblea Nacional que es contraria a la Constitución. No tiene más posibilidad que declararla y ordenar lo que sea necesario para darle fin. Otra actitud implicaría aceptación de una infracción.

---

684 *V.*, Allan R. Brewer-Carías, *Judicial Review in Comparative Law*, Cambridge University Press, Cambridge 1989, p. 269.

685 O como lo ha calificado la Sala Constitucional: "Silencio legislativo y el funcionamiento anormal legislativo", en sentencia Nº 1819 de 08-08-2000 de la Sala Político-Administrativa (Caso: *René Molina vs. Comisión Legislativa Nacional*), en *Revista de Derecho Público,* Nº 83, Editorial Jurídica Venezolana, caracas 2000, p. 266.

Siendo ello así, se debe acotar que si bien el órgano legislativo nacional expresó en su informe las causas por las cuales aún no ha sancionado la Ley Orgánica del Poder Público Municipal, en criterio de la Sala, las actividades de consulta –totalmente valederas– a que hace referencia la Asamblea Nacional no justifican, por sí mismas, el retraso de la aprobación de la Ley, pues seguramente fue con esa finalidad por la que el propio constituyente de 1999 le otorgó al legislador un año para que se abocara a normar las áreas más sensibles para el desarrollo político del país, en atención al nuevo orden constitucional.

Por otra parte, en lo que respecta a lo que refirió como la actividad realizada por lo que denominó "*la oposición*", debe recordarle la Sala que la omisión le es atribuible al órgano legislativo como un todo, sin que pueda darse cabida a la imputación de perturbaciones que pudieran realizar fracciones de los diputados que integran ese órgano, ya que ellos en su individualidad no son reconocidos, para los fines de este mecanismo de tutela constitucional, como responsables de la omisión y, en todo caso, tal actitud, de ser cierta, pudiera llevar a responsabilidades personales; pero jamás pueden ser la justificante de que la Asamblea Nacional incumpla con un mandato constituyente. Vale la pena acotar que, en todo caso, un retraso en los términos planteados bien puede ser entendido, dentro del contexto político actual del país, siempre y cuando éste se mantenga dentro de los límites de la racionalidad, pero se trata de un retraso que ya remonta a los dos (2) años y que por recaer sobre una materia que, como el propio órgano legislativo nacional acotó, representa el afianzamiento y desarrollo del Poder Municipal, que tras la vigencia de la Constitución de la República Bolivariana de Venezuela ha encontrado sensibles modificaciones, exigen sean desarrolladas con prontitud por la legislación, dado que la normativa preconstitucional en esta materia se hace cada vez más insuficiente.

Por lo expuesto, esta Sala declara que la falta de sanción de la ley sobre régimen municipal dentro del plazo previsto en la Disposición Transitoria Cuarta de la Constitución constituye una violación del Texto Fundamental, a la que debe dársele pronta terminación. En atención a ello, esta Sala ordena a la Asamblea Nacional preparar, discutir y sancionar, dentro del plazo máximo de tres (3) meses contados a partir de la notificación de este fallo, una ley sobre régimen municipal que se adapte a las previsiones del Capítulo IV del Título IV de la Constitución y, en especial, a los principios contenidos en su artículo 169. Así se declara".

La Sala Constitucional también ha tenido ocasión de pronunciarse sobre la inconstitucionalidad de la omisión del órgano legislativo, con motivo de la falta de designación de los rectores miembros del Consejo nacional Electoral. Así ocurrió mediante la sentencia Nº 2073 de 4 de agosto de 2003, (Caso: *Hernann E. Escarrá Malavé; acción de inconstitucionalidad por omisión contra la Asamblea Nacional*), en la cual la Sala le fijó un lapso a la Asamblea Nacional para hacer los nombramientos; y con la sentencia Nº 2341 de 25 de agosto de 2003, mediante la cual la Asamblea Nacional sustituyó a la Asamblea e hizo las designaciones provisionales.

### 3. *El proceso constitucional sobre colisión (vigencia y derogación) de leyes*

Conforme a una tradicional competencia que tenía la antigua Corte Suprema de Justicia (art. 215, 5 de la Constitución de 1961), como se ha dicho, el artículo 336.8 de la Constitución de 1999 le atribuye al Tribunal Supremo competencia para "resolver las colisiones que existan entre diversas disposiciones legales y declarar cuál de éstas debe prevalecer".

Este mecanismo de control, antes que un control abstracto de constitucionalidad, es un control respecto de la vigencia de las leyes en casos de derogación tácita en aplicación del artículo 218 de la Constitución que dispone que "las leyes se derogan por otras leyes". Sin embargo, como lo ha señalado la Sala Constitucional, "no se puede pretender que a través de este mecanismo se resuelvan cuestiones de inconstitucionalidad"[686].

En efecto, en los casos en los cuales se dicte una ley que contraríe las disposiciones de otra ley, sin que contenga una derogación expresa, si la derogación tácita no es evidente pueden plantearse situaciones en las cuales las dos leyes pueden considerarse aplicables. En estos supuestos, el Tribunal Supremo a instancia de parte mediante el recurso de colisión, debe resolver la que pueda existir entre dos disposiciones legales que regulan el mismo supuesto en forma diferente, y que por lo mismo se encuentran en conflicto[687], y declarar cuál de ellas debe prevalecer, lo que implica considerar como derogada la que no prevalece.

Sobre este recurso, la Sala Constitucional ha ratificado la doctrina jurisprudencial que había sentado la Sala Plena de la antigua Corte Suprema de Justicia en sentencia de 31 de octubre de 1995 (Caso: *Alí José Venturini B.*), la cual transcribió en sentencia Nº 265 de 25 de abril de 2000, en la cual se dispuso lo siguiente sobre el procedimiento respectivo:

> "1. La Corte conoce del mismo a instancia de parte interesada, tal como lo prevé el artículo 82 de la Ley Orgánica de la Corte Suprema de Justicia. (...).
>
> 2. Se trata de un verdadero y propio recurso, en el sentido de que se solicita a la Corte se dirima un conflicto planteado por la preexistencia de normas que aparentemente coliden"[688].

En cuanto al procedimiento, como se ha visto, la sala Constitucional debe igualmente abrir un contradictorio, notificando y emplazando a los interesados para que se hagan parte en el proceso.

---

686 *V.*, sentencia Nº 265 de 25-04-2000 en *Revista de Derecho Público*, Nº 82, Editorial Jurídica Venezolana, Caracas, 2000, p. 146.

687 *V.*, sentencia Nº 356 de 11-05-2000 en *Revista de Derecho Público*, Nº 82, Editorial Jurídica Venezolana, Caracas, 2000, p. 147.

688 *V.*, sentencia Nº 265 de 25-04-2000 en *Revista de Derecho Público*, Nº 82, Editorial Jurídica Venezolana, Caracas, 2000, p. 146.

### 4. *El proceso constitucional de las controversias constitucionales entre los órganos del Poder Público*

El Tribunal Supremo, en Sala Constitucional, también tiene competencia, conforme al artículo 336.9 de la Constitución, para "dirimir las controversias constitucionales que se susciten entre cualesquiera de los órganos del Poder Público."

Sobre esta competencia, que recoge el artículo 25.9 de la Ley Orgánica, la "Exposición de Motivos" de la Constitución precisó lo siguiente:

> "La Constitución establece como competencia de la Sala Constitucional resolver las controversias constitucionales que se susciten entre cualesquiera de los órganos que ejercen el Poder Público. Al respecto, destacan dos elementos esenciales: en primer lugar, que se trata de controversias entre cualesquiera de los órganos que la Constitución prevé en la distribución horizontal o vertical del Poder Publico y, en segundo lugar, que deben tratarse de controversias constitucionales, es decir, de aquellas cuya decisión depende del examen, interpretación y aplicación de normas constitucionales, tales como las que se refieren al reparto competencial entre los diferentes órganos del Estado, especialmente, las que distribuyen el poder en los niveles nacional, estadal y municipal.
>
> De esta forma, todas aquellas controversias constitucionales entre la República y alguno de los Estados o Municipios, es decir, entre el poder central y el descentralizado territorialmente, serán resueltas por la Sala Constitucional dentro del procedimiento que se establecerá en la ley orgánica respectiva. En todo caso, esta atribución tiene por objeto que la Sala Constitucional como garante y máximo defensor de los principios consagrados en el Texto Fundamental ajuste la actuación de los órganos que ejercen el Poder Público, al cauce constitucional".

De lo anterior resulta que esta competencia de la Sala Constitucional, como Jurisdicción Constitucional, tiene por objeto resolver los conflictos constitucionales que se planteen entre los órganos que ejercen el Poder Público, tanto en su distribución vertical (República, Estados y Municipios), como en su división horizontal a nivel nacional (Poder Legislativo, Poder Ejecutivo, Poder Judicial, Poder Ciudadano, Poder Electoral) y a nivel estadal y municipal (Poder Legislativo y Poder Ejecutivo).

Es decir, se trata de la resolución de controversias sobre atribuciones *constitucionales* entre los órganos que ejercen del Poder Público; que son distintas a las controversias administrativas que se puedan suscitar entre la República, los Estados, Municipios u otro ente público, las que compete ser resueltas por la Sala Político-Administrativa del Tribunal Supremo de Justicia (art. 266,4), como Jurisdicción Contencioso-Administrativa.

Esto exige distinguir, por supuesto, las controversias constitucionales de las controversias administrativas; tal y como lo ha precisado el Tribunal Supremo de Justicia, al señalar que para identificar la controversia constitucional, es necesario:

> "Que los sujetos entre los cuales se presente la misma, sean aquellos que tienen asignada, en forma expresa, atribuciones para tales actuaciones o normas en el propio texto constitucional, esto es, instituciones supremas del Estado, cuya regulación orgánica se contiene en el propio texto constitucional, a diferencia de otras, en las que la configuración institucional concreta se defiere al legislador ordinario";

y en sentido contrario:

> "No estaremos en presencia de la controversia constitucional a que se refiere la norma bajo examen, cuando las partes en la misma no poseen el carácter de órganos el Poder Público, con atribuciones consagradas en el texto Constitucional, lo cual excluye no sólo a particulares, sino también a funcionarios vicarios o quienes no posean el carácter de órganos, aun cuando por virtud de norma expresa tengan atribuidas funciones públicas o sean autoridad pública"[689].

En todo caso, la legitimación activa para intentar un recurso a los efectos de dirimir controversias constitucionales, corresponde a los órganos del Poder Público que sean parte en la controversia. Como fue precisado en un Voto Salvado a la sentencia Nº 7 de la Sala Constitucional de 01-02-2000:

> "La legitimación para interponer esta solicitud está restringida a los titulares de los órganos susceptibles de entrar en conflicto; y en ningún caso ha sido concebida esta vía en la jurisdicción constitucional para dirimir controversias intersubjetivas entre particulares, ni entre éstos y los órganos públicos, para los cuales el ordenamiento jurídico ha establecido distintas vías judiciales, dentro de las que se encuentra la acción de amparo"[690].

Sin embargo, en este caso de las controversias constitucionales entre órganos del Poder Público sin duda que se trata de una litis, en la cual hay un órgano estatal demandante y un órgano estatal demandado, que se rige por las normas procesales del proceso establecido en la Ley.

### 5. *El proceso constitucional de la interpretación constitucional*

Debe mencionarse, por último, entre las competencias de la Sala Constitucional como Jurisdicción Constitucional, la atribución que tiene para conocer del recurso de interpretación abstracta de la Constitución, que fue creado por la propia Sala Constitucional, mediante la interpretación que le dio al artículo 335 de la Constitución, que atribuye al Tribunal Supremo el carácter de ser "máximo y último intérprete de la Constitución". El artículo 25.17 de la Ley Orgánica, ahora ha consagrado como competencia de la Sala Constitucional el conocer "la demanda de interpretación de normas y principios que integran el sistema constitucional", la cual en los términos del artículo 128 de la ley Orgánica da origen a un proceso constitucional.

En efecto, con anterioridad a la entrada en vigencia de la Constitución de 1999, el artículo 42,24 de la LOCSJ de 1976 sólo atribuía competencia a la Sala Político Administrativa de la Corte Suprema para interpretar los "textos legales, en los casos previstos en la Ley". En esa misma tradición, la Constitución de 1999 estableció como competencia del Tribunal Supremo de Justicia, el "conocer de los recursos de interpretación sobre el contenido y alcance de los textos legales", pero "en los

---

689 Sentencia de la Sala Político Administrativa Nº 1819 de 08-08-2000 (Caso: *René Molina vs. Comisión Legislativa Nacional*), en *Revista de Derecho Público*, Nº 83, Editorial Jurídica Venezolana, Caracas 2000, pp. 264 y ss.

690 Voto Salvado del Magistrado Héctor Peña Torrelles, Caso: *José Amando Mejía y otros*, en *Revista de Derecho Público*, Nº 81, Editorial Jurídica Venezolana, Caracas 2000.

términos contemplados en la ley" (artículo 266,6), atribución que debe ser ejercida "por las diversas Salas conforme a lo previsto en esta Constitución y en la ley" (único aparte, artículo 266). Por ello, el artículo 5, párrafo 1°, de la LOTSJ 2004, atribuyó a todas las Salas del Tribunal Supremo, competencia para:

> "52. Conocer del recurso de interpretación y resolver las consultas que se le formulen acerca del alcance e inteligencia de los textos legales, en los casos previstos en la ley, siempre que dicho conocimiento no signifique una sustitución del mecanismo, medio o recurso previsto en la ley para dirimir la situación si la hubiere".

Ahora bien, a pesar de que el ordenamiento jurídico venezolano sólo regulaba el recurso de interpretación respecto de textos legales, sin embargo, la Sala Constitucional consideró que "no requieren los ciudadanos de leyes que contemplen, en particular, el recurso de interpretación constitucional, para interponerlo,"[691] procediendo en 2000 a crear un recurso autónomo de interpretación de las normas constitucionales, no previsto constitucional ni legalmente, basándose para ello en el artículo 26 de la Constitución que consagra el derecho de acceso a la justicia, del cual dedujo que si bien dicha acción no estaba prevista en el ordenamiento jurídico, tampoco estaba prohibida, agregando que, por lo tanto:

> "No es necesario que existan normas que contemplen expresamente la posibilidad de incoar una acción con la pretensión que por medio de ella se ventila, bastando para ello que exista una situación semejante a las prevenidas en la ley, para la obtención de sentencias declarativas de mera certeza, de condena, o constitutivas. Este es el resultado de la expansión natural de la juridicidad"[692].

La acción de interpretación de la Constitución, como lo precisó la Sala Constitucional, es una acción de igual naturaleza que la de interpretación de la ley,[693] es decir, tiene por objeto obtener una sentencia declarativa de mera certeza sobre el alcance y contenido de las normas constitucionales, que no anula el acto en cuestión, pero que busca en efecto semejante, ya que en estos casos, coincide el interés particular con el interés constitucional; agregando que:

> "La finalidad de tal acción de interpretación constitucional sería una declaración de certeza sobre los alcances y el contenido de una norma constitucional, y formaría un sector de la participación ciudadana, que podría hacerse incluso como paso previo a la acción de inconstitucionalidad, ya que la interpretación constitucional podría despejar dudas y ambigüedades sobre la supuesta colisión. Se trata de una tutela preventiva"[694].

Sin embargo, a pesar de esa naturaleza declarativa, las dos acciones tienen una clara delimitación, en el sentido de que si bien la acción de interpretación constitu-

---

691 Este criterio fue luego ratificado en sentencias de fecha 09-11-00 (N° 1347), 21-11-00 (N° 1387), y 05-04-01 (N° 457), entre otras.

692 Sentencia N° 1077 de la Sala Constitucional de 22-09-00 (Caso: *Servio Tulio León Briceño)*, en *Revista de Derecho Público,* N° 83, Editorial Jurídica Venezolana, Caracas, 2000, pp. 247 y ss.

693 *Ídem.*

694 *Ibídem.*

cional, de acuerdo con la doctrina jurisprudencial es monopolio de la Sala Constitucional; la acción de interpretación de las leyes corresponde a todas las Salas, no teniendo competencia alguna la Sala Constitucional para proceder a conocer de recursos de interpretación de leyes, encubriéndolos como si se tratara de una interpretación constitucional[695].

Ahora bien, específicamente en los casos de recursos de interpretación constitucional, como se ha dicho, si bien la LOTSJ 2004 nada previó sobre esta creación de la Sala Constitucional, fue finalmente la LOTSJ 2010 la que lo ha establecido expresamente al atribuir a la Sala Constitucional competencia para "conocer la demanda de interpretación de normas y principios que integran el sistema constitucional" (Art. 25.17), la cual origina uno de los procesos constitucionales.

En cuanto a la legitimidad necesaria para interponer la demanda, la Sala Constitucional ha señalado que el recurrente debe tener un interés particular en el sentido de que:

> "Como persona pública o privada debe invocar un interés jurídico actual, legítimo, fundado en una situación jurídica concreta y específica en que se encuentra, y que requiere necesariamente de la interpretación de normas constitucionales aplicables a la situación, a fin de que cese la incertidumbre que impide el desarrollo y efectos de dicha situación jurídica".

La Sala precisó además que se "está ante una acción con legitimación restringida, aunque los efectos del fallo sean generales"; por lo que señaló que "puede declarar inadmisible un recurso de interpretación que no persiga los fines antes mencionados, o que se refiere al supuesto de colisión de leyes con la Constitución, ya que ello origina otra clase de recurso".

En la antes mencionada sentencia N° 1077 de 22 de septiembre de 2001, la Sala Constitucional reiteró su criterio sobre la legitimación activa para intentar el recurso de interpretación, señalando que el recurrente debe tener un "interés jurídico personal y directo", de manera que en la demanda se exprese con precisión, como condición de admisibilidad, "en qué consiste la oscuridad, ambigüedad o contradicción entre las normas del texto constitucional, o en una de ellas en particular; o sobre la naturaleza y alcance de los principios aplicables; o sobre las situaciones contradictorias o ambiguas surgidas entre la Constitución y las normas del régimen transitorio o del régimen constituyente"[696]. Sobre el requisito de la exigencia del caso concreto,

---

695 Por ejemplo, la Sala Constitucional en sentencia N° 797 de 22 de julio de 2010, calificó un recurso de interpretación de leyes relativo al artículo 5 de Ley Especial de Transferencia de los Recursos y Bienes Administrados Transitoriamente por el Distrito Metropolitano de Caracas al Distrito Capital; a los numerales 4 y 5 del artículo 9 de la Ley Especial sobre la Organización y Régimen del Distrito Capital, y a la Disposición Transitoria Tercera de la Ley Especial del Régimen Municipal a Dos Niveles del Área Metropolitana de Caracas, como un supuesto recurso de interpretación constitucional, para despojar a la Sala Político Administrativa de su competencia para decidir en la materia, procediendo entonces, no a interpretar artículo alguno de la Constitución, sino a interpretar dichas leyes para resolver situaciones de hecho concretas. *V.*, en http://www.tsj.gov.ve/decisiones/ scon/Julio/797-22710-2010-10-0252.html.

696 Caso: *Servio Tulio León Briceño*, en *Revista de Derecho Público*, N° 83, Editorial Jurídica Venezolana, Caracas, 2000, pp. 247 y ss. Adicionalmente, en otra sentencia, N° 1029 de 13-06-2001, la Sala Constitucional atemperó el rigorismo de declarar inadmisible el recurso si no precisaba el contenido de la acción, ya que señaló que "La solicitud deberá expresar: 1.- Los datos concernientes a la identificación del

ha dicho la Sala Constitucional que ello "no es más que un reflejo de la necesidad de reservar al recurso de interpretación su verdadera justificación y evitar que se convierta en un medio indiscriminado de resolución de consultas"[697].

En todo caso, estimamos que en el supuesto de la acción de interpretación constitucional, también se está en presencia de un proceso constitucional, que requiere de un accionante, debiendo abrirse el proceso a un contradictorio conforme a las normas procesales antes indicadas. Ello por lo demás deriva de lo que se establece en el artículo 128 de la Ley Orgánica. Lamentablemente, sin embargo, no ha sido ese el criterio de algunas sentencias de la Sala Constitucional dictadas antes de la sanción de la Ley. Por ejemplo, la Sala Constitucional en sentencia N° 2651 de 2 de octubre de 2003 (Caso: *Ricardo Delgado (Interpretación artículo 174 de la Constitución)* señaló que:

> "Aun cuando ninguna norma obliga a la Sala Constitucional a llamar a nadie para decidir un recurso de interpretación, entiende necesario hacerlo, con base en el derecho a la participación –extendido al ámbito judicial– y con fundamento en la imprescindible tutela de los intereses.
>
> Tiene razón el apoderado del Estado Miranda al afirmar que, en el recurso de interpretación, no cabe la denuncia de violación al derecho a la defensa, pues no se trata de un procedimiento de carácter contencioso.
>
> En efecto, es de unánime aceptación doctrinal y jurisprudencial que el recurso de interpretación debe tener como pretensión la exclusiva determinación del alcance de normas –en este caso constitucionales–, por lo que no hay *litis*, enfrentamiento entre unas partes, respecto de las cuales haya que procurar su defensa.
>
> El anterior aserto no implica, por supuesto, que no deba respetarse la debida tramitación, en este caso fijada por vía judicial debido a la inexistencia de ley. Debe recordarse que el procedimiento es el mecanismo ideado para que la sentencia se produzca luego del cumplimiento de ciertas fases que se estiman relevantes, pero también hay que destacar que debido proceso y defensa no van siempre de la mano. La defensa requiere de un debido proceso, pero el debido proceso no está diseñado sólo para garantizar la defensa de partes enfrentadas. Sirve para mucho más que eso.
>
> [omissis]
>
> ...Aunque en teoría la Sala no necesita realmente oír a nadie más para dar su opinión vinculante, la prudencia y la responsabilidad le exigen otra conducta. Por ello, la Sala no se limita a estudiar el caso aisladamente, con prescindencia de los pareceres ajenos, sino que procura llamar a quienes pudieran tener algo

---

accionante y de su representante judicial; 2.- Dirección, teléfono y demás elementos de ubicación de los órganos involucrados; 3.- Descripción narrativa del acto material y demás circunstancias que motiven la acción".

697 *V.*, sentencia N° 2651 de 2 de octubre de 2003 (Caso: *Ricardo Delgado (Interpretación artículo 174 de la Constitución*)

que decir y que, al hacerlo, podrían ilustrar a los magistrados en la toma de su propia postura. A veces no lo ha hecho, por la urgencia, y con ello no ha violado derecho alguno, pues –se insiste– no hay partes a las que proteger en su derecho. Ahora, el que no haya derechos en juego (aunque en el caso concreto bien puede haberlos) no implica que no haya intereses que tutelar. Para la protección de esos intereses la Sala formula invitaciones, no citaciones. No hay de qué defenderse, pero sí sobre qué opinar.

Como se observa, el planteamiento del apoderado del Consejo Nacional Electoral encierra un aspecto de suma importancia, en modo alguno baladí. El problema es que se ha enfocado de manera incorrecta, con fundamento en un imposible derecho a la defensa, cuando en realidad la justificación de la intervención de los terceros en un proceso como el de autos es una distinta, como bien lo hizo notar el representante del Estado Miranda: el derecho a la participación en la adopción de decisiones en las que se tenga interés.

[omissis]

Entonces, la Sala, aun cuando ninguna norma le obliga a llamar a nadie para decidir un recurso de interpretación, entiende necesario hacerlo, con base en ese derecho a la participación –extendido al ámbito judicial– y con fundamento en la imprescindible tutela de los intereses. Por ello, la Sala mantiene y mantendrá como práctica la de notificar y publicar edictos. No puede ser de otra forma, salvo en casos de urgencia, si se piensa en que el fallo será vinculante y de efectos *erga omnes*".

Por último debe señalarse que en la sentencia N° 1347, de fecha 09-11-2000, la Sala Constitucional delimitó el carácter vinculante de las interpretaciones establecidas con motivo de decidir los recursos de interpretación, señalando que:

"Las interpretaciones de esta Sala Constitucional, en general, o las dictadas en vía de recurso interpretativo, se entenderán vinculantes respecto al núcleo del caso estudiado, todo ello en un sentido de límite mínimo, y no de frontera intraspasable por una jurisprudencia de valores oriunda de la propia Sala, de las demás Salas o del universo de los tribunales de instancia".

## IV. ASPECTOS ESPECÍFICOS DE ORDEN PROCESAL RESPECTO DE LOS PROCEDIMIENTOS CONSTITUCIONALES

Además, de los procesos constitucionales de control de constitucionalidad antes identificados, en los cuales en general debe abrirse un contradictorio, dada la demanda o solicitud fundamentada que los motiva, además, ante la Jurisdicción Constitucional conforme a las previsiones de la Ley Orgánica se desarrollan varios procedimientos constitucionales de control de constitucionalidad en los cuales, al contrario, no requieren sustanciación (Art. 145) puede decirse que no se abre un contradictorio ni se entraba una litis, dado que se trata de procedimientos en algunos casos obligatorios y automáticos establecidos para el control de constitucionalidad de determinados actos estatales, en particular, de ciertas leyes orgánicas y de los decretos de estados de excepción.

1. *El procedimiento constitucional de control preventivo de la constitucionalidad de los tratados internacionales*

En el artículo 336, ordinal 5° de la Constitución de 1999 se estableció una innovación en materia de control de constitucionalidad, al regularse la competencia de la Sala Constitucional, en relación con los *tratados internacionales,* para:

> "5°. Verificar, a solicitud del Presidente o Presidenta de la República o de la Asamblea Nacional, la conformidad con esta la Constitución de los tratados internacionales suscritos por la República antes de su ratificación".

Se incorporó así al sistema de justicia constitucional venezolano, un proceso de control de constitucionalidad (que se recoge en el artículo 25.5 de la Ley Orgánica) que tuvo su origen en los sistemas constitucionales europeos, como el francés y el español, y que existe en Colombia, mediante el cual se permite el control de la constitucionalidad de un tratado internacional suscrito por la República, antes de su ratificación y en su caso, antes de su aprobación por ley. Esta atribución de la Sala Constitucional, por supuesto, no elimina la posibilidad de que mediante una acción popular cualquier persona pueda iniciar un proceso constitucional contra la ley aprobatoria de un Tratado. Lo que se persigue con esta atribución, es que en forma preventiva, es decir, antes de la ratificación del Tratado y en su caso, antes de que se sancione la ley aprobatoria, la Sala Constitucional pueda pronunciarse sobre su constitucionalidad.

Ahora bien, en relación con este proceso constitucional de control preventivo de la constitucionalidad de los tratados, debe destacarse lo siguiente:

En *primer lugar,* la legitimación activa para la solicitud de control preventivo de constitucionalidad por parte de la Sala Constitucional del Tribunal Supremo, se reserva al Presidente de la República o a la Asamblea Nacional como órgano colegiado. La norma no le atribuya la iniciativa al Presidente de la Asamblea Nacional, por lo que la solicitud debe ser aprobada por decisión mayoritaria de la Asamblea. Esto implica, en todo caso, que conforme a la Constitución, en este caso de control preventivo (antes de la ratificación) de los Tratados, no puede ejercerse una acción popular para que el Tribunal Supremo realice tal verificación constitucional. La acción popular, en cambio, como se dijo, podría intentarse contra las leyes aprobatorias de los tratados, una vez sancionadas y publicadas.

La solicitud que formule el Presidente de la República o la Asamblea Nacional, por supuesto, debe ser motivada, en el sentido de que debe argumentar sobre las dudas de conformidad o inconformidad del tratado con la Constitución. Ello, necesariamente, debe llevar a la Sala Constitucional a abrir un contradictorio.

*Segundo*, lo que el Tribunal Supremo en Sala Constitucional debe verificar es "la conformidad con la Constitución de los tratados internacionales suscritos por la República antes de su ratificación". Puede tratarse de cualquier tratado internacional, sea que para su validez se requiera o no de ley aprobatoria; y aún cuando no requiera ley aprobatoria, la Asamblea Nacional podría solicitar este control de constitucionalidad.

*Tercero,* se destaca que la solicitud de control debe formularse antes de la ratificación del Tratado, es decir, después de su suscripción por el Ejecutivo Nacional, pero antes de su ratificación.

Por último, debe señalarse que de acuerdo con la Constitución, esta solicitud de control tiene por objeto verificar la conformidad del Tratado Constitucional con la Constitución; por lo que si el tratado no resulta conforme con la Constitución, entonces no puede ser ratificado. De ello puede resultar, en todo caso, una iniciativa de reforma constitucional para entonces adaptar la Constitución al Tratado. Esto, por lo demás, fue lo que ocurrió en Europa, por ejemplo, en Francia y en España, luego de suscribirse el Tratado de *Maastrich* de 1992 de la Unión Europea, que fue sometido a control constitucional ante el Consejo Constitucional francés y el Tribunal Constitucional español, los cuales lo consideraron contrario a las respectivas Constituciones, habiéndose entonces producido, en ambos países, la reforma de sus Constituciones, para adaptarlas al Tratado de la Unión Europea y así poder ratificarlo[698].

Es evidente, en todo caso, que si la Sala Constitucional considera en su decisión que el Tratado Internacional es conforme con la Constitución, entonces no podría posteriormente ejercerse contra la ley aprobatoria del Tratado una acción popular de inconstitucionalidad.

Un mecanismo de control de constitucionalidad de este tipo, en todo caso, es muy importante en procesos de integración económica regional, pues en la práctica llevaría a la ratificación de los Tratados respectivos sólo después de la verificación de su constitucionalidad por el Tribunal Supremo y evitar, así, la impugnación posterior de la ley aprobatoria de los Tratados, como ocurrió en Venezuela en los casos de los Tratados relativos al Acuerdo de Integración de la ahora Comunidad Andina[699].

### 2. *El procedimiento de control de constitucionalidad obligatorio de los decretos de estado de excepción*

De acuerdo con el artículo 339 de la Constitución, el Decreto que declare el Estado de Excepción debe en todo caso ser remitido por el Presidente de la República a la Sala Constitucional del Tribunal Supremo, para que ésta se pronuncie sobre su inconstitucionalidad. Por ello, el artículo 336.6 le atribuye a la Sala, competencia expresa para "revisar, en todo caso, *aun de oficio*, la constitucionalidad de los decretos que declaren estados de excepción dictados por el Presidente de la República."

Sobre este supuesto de control de constitucionalidad (que recoge la Ley Orgánica en su artículo 25.6), la "Exposición de Motivos" de la Constitución, indicó que:

> "En lo que se refiere a la protección de los derechos humanos, la Sala Constitucional tendrá importantes funciones. En primer lugar, con el objeto de reforzar la protección de los derechos humanos reconocidos y garantizados expresa o implícitamente en la Constitución, se acoge un mecanismo consagrado en alguna Constitución de América Latina, en virtud del cual la Sala Constitucional debe, en todos los casos y aun de oficio, controlar la constitucionalidad de los decretos que declaren estado de excepción. Esta será la única competencia que

---

698 *V.*, en general Allan R. Brewer-Carías, *Implicaciones constitucionales de los procesos de integración regional*, Editorial Jurídica Venezolana, Caracas, 1998, pp. 75 y ss.

699 *V.*, la sentencia de la Corte Suprema de Justicia de 10-07-90 y los comentarios en Allan R. Brewer-Carías, "El control de la constitucionalidad de las leyes aprobatorias de Tratados Internacionales y la cuestión constitucional de la integración latinoamericana", *Revista de Derecho Público,* Nº 44, Editorial Jurídica Venezolana, Caracas, 1990, pp. 225 a 229.

podrá ejercer de oficio la Sala Constitucional y ello por tratarse de la protección de los derechos humanos, razón por la cual se ha previsto expresamente en texto constitucional".

En efecto, esta atribución de control de constitucionalidad obligatorio, constituye otra novedad introducida por la Constitución de 1999, conforme al antecedente de Colombia (art. 241,7). En Venezuela se ha agregado, sin embargo, la posibilidad de ejercicio de esta atribución por la Sala, *de oficio*. Se trata, en efecto, del único supuesto constitucional en el cual la Sala puede actuar de *ex officio*, una vez que el Decreto se haya publicado en *Gaceta Oficial*.

En ejercicio de este control, la Sala Constitucional puede pronunciarse no sólo sobre la constitucionalidad de los decretos que declaren el estado de excepción, sino sobre la constitucionalidad del contenido de los mismos conforme a lo dispuesto en los artículos 337 y siguientes de la Constitución. En particular, la Sala debe verificar, al decretarse el estado de excepción y restringirse alguna garantía constitucional, si el decreto contiene, por ejemplo, efectivamente, la necesaria *regulación* sobre el ejercicio del derecho cuya garantía se restringe" (art. 339).

### 3. *El procedimiento constitucional de la revisión de sentencias en materia constitucional*

Tradicionalmente, el control concentrado de la constitucionalidad se ha construido en torno al objeto de control, habiéndose referido en general a las leyes, a los actos con rango legal o con valor de ley y a los actos dictados en ejecución directa e inmediata de la Constitución.

Sin embargo, en los sistemas mixtos o integrales de control de la constitucionalidad, al combinarse el control difuso con el control concentrado, se han previsto mecanismos extraordinarios para la revisión de sentencias dictadas por los tribunales de instancia en materia constitucional, atribuyéndose el conocimiento de tales recursos de revisión a la Jurisdicción Constitucional, como órgano de control concentrado de control de constitucionalidad.

En tal sentido, como hemos dicho, el artículo 336.10 de la Constitución atribuye a la Sala Constitucional, competencia para "revisar las sentencias definitivamente firmes de amparo constitucional y de control de constitucionalidad de leyes o normas jurídicas dictadas por los tribunales de la República, en los términos establecidos por la ley orgánica respectiva"[700].

---

700 Esta competencia fue recogida en el artículo 5, párrafo 1°,16 de la LOTSJ 2004, como competencia excepcional para que la Sala Constitucional pudiera revisar, a su juicio y discreción, mediante un recurso extraordinario que se podía ejercer contra sentencias de *última instancia* dictadas por los tribunales de la República, incluidas las otras Salas del Tribunal Supremo, en materia de amparo constitucional o dictadas en ejercicio del método difuso de control de la constitucionalidad de las leyes. *V.*, en general, José V. Haro G., "El mecanismo extraordinario de revisión de sentencias definitivamente firmes de amparo y control difuso de la constitucionalidad previsto en el artículo 336, numeral 10 de la Constitución", en *Revista de Derecho Constitucional,* N° 3 (julio-diciembre), Editorial Sherwood, Caracas, 2000, pp. 231-266; Adán Febres Cordero, "La revisión constitucional", en *Nuevos estudios de derecho procesal, Libro Homenaje a José Andrés Fuenmayor,* Vol. I, Tribunal Supremo de Justicia, Colección Libros Homenaje, N° 8, Caracas, 2002, pp. 489 a 508.

Esta potestad revisora de la Sala, como lo propusimos a la Asamblea Nacional Constituyente[701], es de ejercicio discrecional a los efectos evitar que se pueda abrir un recurso de obligatoria admisión y decisión por la Sala, contra todas las sentencias referidas, lo cual sería imposible de manejar por la magnitud de casos. De allí la discrecionalidad que tiene la Sala Constitucional para escoger los casos en los cuales juzga conveniente conocer del recurso de revisión. En definitiva, como lo ha señalado la Sala Constitucional en su sentencia Nº 727 de 8 de abril de 2003, la norma constitucional:

> "[n]o dispone, de manera alguna, la creación de una tercera instancia en los procesos cuyas decisiones son sometidas a revisión. El precepto constitucional que se refirió lo que incorpora es una potestad estrictamente excepcional y facultativa para la Sala Constitucional que, como tal, debe ejercerse con la máxima prudencia en cuanto a la admisión y procedencia de recursos de revisión de sentencias definitivamente firmes"[702].

En la propuesta que formulamos ante la Asamblea Nacional Constituyente el 31 de octubre de 1999 sobre el control difuso de la constitucionalidad de las leyes, consideramos que en la Constitución:

> "También debería atribuirse a la Sala Constitucional una competencia para conocer de un recurso extraordinario de revisión que pueda intentarse contra las sentencias de *última instancia* en las cuales se resuelvan cuestiones constitucionales relativas a las leyes, de conocimiento discrecional por la Sala.
>
> En esta forma, en materia de cuestiones de constitucionalidad, la Sala Constitucional de la Suprema Corte, a su juicio, podría tener la última palabra en estas materias y en los casos en los que estime necesario estatuir con fuerza de precedente y uniformizar la jurisprudencia"[703].

Ahora bien, ante la ausencia de legislación reguladora de la Jurisdicción Constitucional, la Sala Constitucional fue construyendo sucesivamente, mediante su labor interpretativa, los contornos del recurso extraordinario de revisión y el alcance de su potestad revisora.

Ya a finales de 2000, como consecuencia de las sentencias Nos. 1, 2, 44 y 714 de ese mismo año, la Sala resumía el conjunto de reglas o condiciones que debía presentar una sentencia para que procediera dicho recurso, así:

> "1°) La sentencia que se pretenda someter a revisión debe haber cumplido con la doble instancia, bien sea por la vía de la apelación o de la consulta, por lo cual no debe entenderse como una nueva instancia.

---

701 En cierta forma, el recurso es similar al denominado *writ of cerciorari* del sistema norteamericano. *V.*, Allan R. Brewer-Carías, *Judicial Review in Comparative Law*, *op. cit.*, p. 141. Véase los comentarios de Jesús María Casal, *Constitución y Justicia Constitucional,* Caracas 2000, p. 92.

702 Caso: *Revisión de la sentencia dictada por la Sala Electoral en fecha 21 de noviembre de 2002*, en *Revista de Derecho Público*, Nº 93-96, Editorial Jurídica Venezolana, Caracas, 2003.

703 *V.*, Allan R. Brewer-Carías, *Debate Constituyente,* T. III, *op. cit.*, p. 105.

2°) La revisión constitucional se admitirá sólo a los fines de preservar la uniformidad de la interpretación de normas y principios constitucionales o cuando exista una deliberada violación de preceptos de ese rango, lo cual será analizado por la Sala Constitucional, siendo siempre facultativo de ésta su procedencia.

3°) Como corolario de lo anterior, a diferencia de la consulta, el recurso de revisión constitucional no procede ipso iure, ya que éste depende de la iniciativa de un particular, y no de la del juez que dictó la decisión, a menos que la propia Sala Constitucional de oficio así lo acuerde, tomando en cuenta siempre la finalidad del recurso"[704].

Posteriormente, mediante sentencia N° 93 de 6 de febrero de 2001 (Caso: *Olimpia Tours and Travel vs. Corporación de Turismo de Venezuela*), la Sala comenzó a ampliar su propia competencia revisora, agregando como objeto de revisión otras sentencias dictadas por las Salas del Tribunal Supremo u otros tribunales, distintas a las dictadas en materia de amparo o de control difuso de constitucionalidad, afirmando su potestad para revisar, además de estas, las siguientes:

"3. Las sentencias definitivamente firmes que hayan sido dictadas por las demás Salas de este Tribunal o por los demás tribunales o juzgados del país apartándose u obviando expresa o tácitamente alguna interpretación de la Constitución contenida en alguna sentencia dictada por esta Sala con anterioridad al fallo impugnado, realizando un errado control de constitucionalidad al aplicar indebidamente la norma constitucional.

4. Las sentencias definitivamente firmes que hayan sido dictadas por las demás Salas de este Tribunal o por los demás tribunales o juzgados del país que de manera evidente hayan incurrido, según el criterio de la Sala, en un error grotesco en cuanto a la interpretación de la Constitución o que sencillamente hayan obviado por completo la interpretación de la norma constitucional. En estos casos hay también un errado control constitucional"[705].

La Sala Constitucional, por otra parte, en sentencia N° 727 de 8 de abril de 2003 continuó precisando las sentencias que pueden ser objeto del recurso extraordinario de revisión, indicando que además de las sentencias de amparo constitucional y las sentencias de control expreso de constitucionalidad de leyes o normas jurídicas fundamentadas en un errado control de constitucionalidad, pueden ser objeto del recurso de revisión":

"(iii) Las sentencias que de manera evidente hayan incurrido, según el criterio de la Sala, en un error grotesco en cuanto a la interpretación de la Constitución o que sencillamente hayan obviado por completo la interpretación de la norma constitucional y (iv) Las sentencias que hayan sido dictadas por las demás Salas

704 *V.*, sentencia de 02-11-2000 (Caso: *Roderick A. Muñoz P. vs. Juzgado de los Municipios Carache, Candelaria y José Felipe Márquez Cañizales de la Circunscripción Judicial del Estado Trujillo*) en *Revista de Derecho Público*, N° 84, (octubre-diciembre), Editorial Jurídica Venezolana, Caracas, 2000, p. 367.

705 *V.*, en *Revista de Derecho Público*, N° 85-88, Editorial Jurídica Venezolana, Caracas, 2001, pp. 414-415.

de este Tribunal o por los demás juzgados del país apartándose u obviando, expresa o tácitamente, alguna interpretación de la Constitución que contenga alguna sentencia de esta Sala con anterioridad al fallo que sea impugnado"[706].

En esta forma, la Sala Constitucional amplió, ignorando los límites constitucionales, el ámbito de su potestad constitucional revisora de sentencias dictadas en juicios de amparo o con motivo de control difuso de la constitucionalidad, abarcando otras sentencias, incluso las dictadas por las otras Salas del Tribunal Supremo, lo que constituye una limitación no autorizada en la Constitución al debido proceso y al derecho a la cosa juzgada, con importantes repercusiones en el ámbito de la seguridad jurídica y del Estado de derecho. La Sala Constitucional en efecto, luego de analizar la garantía del debido proceso en relación con la revisión extraordinaria de sentencias definitivamente firmes, en sentencia Nº 93 de 6 de febrero de 2001 (Caso: *Olimpia Tours and Travel vs. Corporación de Turismo de Venezuela*), extendió su potestad revisora en relación con sentencias que –por supuesto a juicio de la propia Sala– "se aparten del criterio interpretativo de la norma constitucional que haya previamente establecido la Sala"; para lo cual simplemente se preguntó: "¿puede esta Sala, de conformidad con lo establecido en la Constitución, revisar las sentencias definitivamente firmes diferentes a las establecidas en el numeral 10 del artículo 336 de la Constitución que contraríen el criterio interpretativo que esta Sala posee de la Constitución?". La respuesta a la pregunta, la formuló la Sala interpretando el artículo 335 de la Constitución, en particular en cuanto establece el carácter vinculante de las interpretaciones que establezca la Sala sobre el contenido o alcance de las normas y principios constitucionales; del cual dedujo que "las demás Salas del Tribunal Supremo de Justicia y los demás tribunales y juzgados de la República están obligados a decidir con base en el criterio interpretativo que esta Sala tenga de las normas constitucionales". De allí siguió el siguiente razonamiento de la Sala:

> "El hecho de que el Tribunal Supremo de Justicia o los demás tribunales de la República cometan errores graves y grotescos en cuanto a la interpretación de la Constitución o no acojan las interpretaciones ya establecidas por esta Sala, implica, además de una violación e irrespeto a la Constitución, una distorsión a la certeza jurídica y, por lo tanto, un quebrantamiento del Estado de Derecho. Por ello, la norma contenida en el artículo 335 de la Constitución establece un control concentrado de la constitucionalidad por parte de esta Sala en lo que respecta a la unificación de criterio relativa a la interpretación de la Constitución.
>
> El Texto Fundamental le otorga pues a la Sala Constitucional una potestad única y suprema en cuanto a la interpretación de la Constitución.... Ahora bien, ¿cómo puede esta Sala ejercer esa potestad máxima de interpretación de la Constitución y unificar el criterio interpretativo de los preceptos constitucionales, si no posee mecanismos extraordinarios de revisión sobre todas las instancias del Poder Judicial incluyendo las demás Salas en aquellos casos que la interpretación de la Constitución no se adapte al criterio de esta Sala? Es definitivamente incongruente con la norma constitucional contenida en el artículo 335

706 Caso: *Revisión de la sentencia dictada por la Sala Electoral en fecha 21 de noviembre de 2002*, en *Revista de Derecho Público*, Nº 93-96, Editorial Jurídica Venezolana, Caracas, 2003.

antes citado que, habiendo otorgado la Constitución a esta Sala el carácter de máximo intérprete de los preceptos constitucionales en los términos antes señalados, y habiendo establecido el Texto Fundamental el carácter vinculante de tales decisiones, no pueda esta Sala *de oficio o a solicitud de la parte afectada* por una decisión de alguna otra Sala del Tribunal Supremo de Justicia o de algún tribunal o juzgado de la República, revisar la sentencia que contraríe una interpretación de algún precepto constitucional previamente establecido o que según esta Sala erróneamente interprete la norma constitucional.

De conformidad con lo anterior, sería inútil la función integradora y de mantenimiento de la coherencia o ausencia de contradicciones en los preceptos constitucionales ejercida por esta Sala, si ésta no poseyera la suficiente potestad para imponer el carácter vinculante de sus interpretaciones establecido expresamente en el artículo 335 de la Constitución o que no pudiera revisar sentencias donde es evidente y grotesca la errónea interpretación.

En el mismo sentido, la norma constitucional referida sería inútil si los tribunales de la República o las demás Salas del Tribunal Supremo de Justicia, en ejercicio del control difuso de la constitucionalidad establecido en el artículo 334 de la Constitución, no pudieren corregir decisiones que se aparten del criterio interpretativo establecido por la Sala Constitucional. Es, más bien, imperativo para todos los tribunales del país así como para las demás Salas del Tribunal Supremo de Justicia, en ejercicio del control difuso de la constitucionalidad establecido en el artículo 334 de la Constitución de la República Bolivariana de Venezuela, revocar en segunda instancia aquellas decisiones que se aparten de alguna interpretación que esta Sala haya realizado de las normas constitucionales.

Es pues evidente, que la Constitución de la República Bolivariana de Venezuela estableció una fórmula para cohesionar la interpretación de la norma constitucional, y, en tal sentido, el Texto Fundamental designó a la Sala Constitucional como el ente con la máxima potestad para delimitar el criterio interpretativo de la Constitución y hacerlo vinculante para los demás tribunales de la República y las demás Salas del Tribunal Supremo de Justicia. Por ello, la Sala Constitucional posee discrecionalmente la potestad coercitiva otorgada por la Constitución para imponer su criterio de interpretación de la Constitución, cuando así lo considere en defensa de una aplicación coherente y unificada de la Carta Magna, evitando así que existan criterios dispersos sobre las interpretaciones de la norma constitucional que distorsionen el sistema jurídico creando incertidumbre e inseguridad en el mismo.

Por consiguiente, esta Sala considera que la propia Constitución le ha otorgado la potestad de corregir las decisiones contrarias a las interpretaciones preestablecidas por la propia Sala o que considere la Sala acogen un criterio donde es evidente el error en la interpretación de las normas constitucionales. Esto tiene el propósito de imponer la potestad constitucional de la Sala Constitucional de actuar como "máximo y último intérprete de la Constitución". Se desprende entonces del artículo 335 de la Constitución de la República Bolivariana de Venezuela, que esta norma establece expresamente la potestad de revisión extraordinaria de sentencias definitivamente firmes que se aparten de la interpretación que de manera uniforme debe imponer esta Sala.

Posee entonces potestad esta Sala para revisar tanto las sentencias definitivamente firmes expresamente establecidas en el numeral 10 del artículo 336 contra aquellas, tal como se dejó sentado anteriormente, *así como las sentencias definitivamente firmes que se aparten del criterio interpretativo de la norma constitucional que haya previamente establecido esta Sala*, lo que en el fondo no es más que una concepción errada del juzgador al realizar el control de la constitucionalidad, y así se declara"[707].

Esta doctrina[708], por lo demás, particularmente en relación con la revisión de sentencias de las otras Salas del Tribunal Supremo de Justicia, fue recogida por la LOTSJ de 2004 (artículo 5°, párrafo 4°[709]), y ha sido también establecida en la LOTSJ 2010, en los numerales 10, 11 y 12 del artículo 25, en los cuales, además de asignarse competencia a la Sala para revisar las sentencias definitivamente firmes en las que se haya "ejercido el control difuso de la constitucionalidad de las leyes u otras normas jurídicas", se le asignó competencia para revisar las sentencias definitivamente firmes "cuando hayan desconocido algún precedente dictado por la Sala Constitucional; efectuado una indebida aplicación de una norma o principio constitucional; o producido un error grave en su interpretación; o por falta de aplicación de algún principio o normas constitucionales"; o cuando incurran en "violación de principios jurídicos fundamentales que estén contenidos en la Constitución, tratados, pactos o convenios internacionales suscritos y ratificados válidamente por la República o cuando incurran en violaciones de derechos constitucionales".

La única norma procesal respecto de este recurso extraordinario de revisión de sentencia en la Ley Orgánica, se consagró en su artículo 35 en el cual se dispone que:

> "*Artículo 35*. Cuando ejerza la revisión de sentencias definitivamente firmes, la Sala Constitucional determinará los efectos inmediatos de su decisión y podrá reenviar la controversia a la Sala o Tribunal respectivo o conocer la causa, siempre que el motivo que haya generado la revisión constitucional sea de mero derecho y no suponga una nueva actividad probatoria; o que la Sala pondere que el reenvío pueda significar una dilación inútil o indebida, cuando se trate de un vicio que pueda subsanarse con la sola decisión que sea dictada".

---

707 *V.*, en *Revista de Derecho Público*, N° 82, Editorial Jurídica Venezolana, Caracas, 2001, pp. 412-414.

708 En sentencia de la Sala Constitucional N° 899 de 31-5-2002, la Sala se había arrogado la competencia para de oficio dejar sin efecto dediciones judiciales que considerase quebrantaban preceptos constitucionales. Véase en *Revista de Derecho Público*, N° 85-88, Editorial Jurídica Venezolana, Caracas 2001, pp. 393-394.

709 Este artículo delimitaba la competencia así: "Revisar las sentencias dictadas por una de las Salas, cuando se denuncie fundadamente la violación de principios jurídicos fundamentales contenidos en la Constitución de la República Bolivariana de Venezuela, Tratados, Pactos o Convenios Internacionales suscritos y ratificados válidamente por la República, o que haya sido dictada como consecuencia de un error inexcusable, dolo, cohecho o prevaricación; asimismo podrá avocarse al conocimiento de una causa determinada, cuando se presuma fundadamente la violación de principios jurídicos fundamentales contenidos en la Constitución de la República Bolivariana de Venezuela, Tratados, Pactos o Convenios Internacionales suscritos y ratificados válidamente por la República, aun cuando por razón de la materia y en virtud de la ley, la competencia le esté atribuida a otra Sala".

### 4. *El procedimiento de control de constitucionalidad obligatorio de ciertas leyes orgánicas*

Conforme al artículo 203 de la Constitución, la Sala Constitucional debe pronunciarse sobre la constitucionalidad del carácter orgánico de las *leyes orgánicas* que así hayan sido calificadas por la Asamblea Nacional, antes de su promulgación. No se trata, por tanto, de un procedimiento de control de constitucionalidad establecido respecto de cualquier ley orgánica, sino de sólo aquellas así calificadas por la Asamblea Nacional.

En efecto, el mismo artículo 203 de la Constitución, establece cinco categorías de leyes orgánicas:

En primer lugar, las que así denomina la Constitución, y esto ocurre en los siguientes casos: Ley Orgánica de Fronteras (art. 15), Ley Orgánica de División Territorial (art. 16), Ley Orgánica de la Fuerza Armada Nacional (art. 41), Ley Orgánica del Sistema de Seguridad Social (art. 86), Ley Orgánica para la Ordenación del Territorio (art. 128), Ley Orgánica que establece los límites a los emolumentos de los funcionarios públicos (art. 147), Ley Orgánica de Régimen Municipal (art. 169), Ley Orgánica que regule los Distritos Metropolitanos (arts. 171, 172), Ley Orgánica que regule la inelegibilidad de funcionarios (art. 189), Ley Orgánica de reserva al Estado de actividades, industria o servicios (art. 302), Ley Orgánica del Consejo de Defensa de la Nación (art. 323), Ley Orgánica que regule el recurso de revisión de las sentencias de amparo y de control difuso de la constitucionalidad (art. 336), Ley Orgánica de los Estados de Excepción (art. 338 y Disposición Transitoria Tercera, 2), Ley Orgánica sobre refugiados y asilados (Disposición Transitoria Cuarta, 2), Ley Orgánica sobre Defensa Pública (Disposición Transitoria Cuarta, 5), Ley Orgánica de Educación (Disposición Transitoria Sexta), Ley Orgánica de Pueblos Indígenas (Disposición Transitoria Séptima), Ley Orgánica del Trabajo (Disposición Transitoria Cuarta, 3), y Ley Orgánica Procesal del Trabajo (Disposición Transitoria Cuarta, 4) y Código Orgánico Tributario (Disposición Transitoria Quinta).

En *segundo lugar,* también son leyes orgánicas las que se dicten para organizar los poderes públicos como son: Ley Orgánica de la Administración Pública –Poder Ejecutivo–, (art. 236,20); Ley Orgánica de la Procuraduría General de la República (art. 247), Ley Orgánica del Poder Judicial, Ley Orgánica del Tribunal Supremo de Justicia (art. 262); Ley Orgánica del Poder Electoral (art. 292 y Disposición Transitoria Octava); Ley Orgánica del Poder Ciudadano, comprendidas la Ley Orgánica de la Contraloría General de la República, Ley Orgánica de la Fiscalía General de la República –Ministerio Público–, y Ley Orgánica de la Defensoría del Pueblo (Disposición Transitoria Novena); Ley Orgánica de Régimen Municipal –Poder Municipal– (art. 169 y Disposición Transitoria Primera) y Ley Orgánica que regule los Consejos Legislativos Estadales (art. 162).

En *tercer lugar,* también son leyes orgánicas, aquellas destinadas a "desarrollar los derechos constitucionales", lo que abre un inmenso campo para tal categoría, ya que ello implica que todas las leyes que se dicten para desarrollar el contenido de los artículos 19 a 129 deben ser leyes orgánicas.

En *cuarto lugar,* también son leyes orgánicas "las que sirvan de marco normativo a otras leyes". Tal es el caso, por ejemplo, del Código Orgánico Tributario que debe servir de marco a las leyes tributarias específicas o de la Ley Orgánica sobre la

Administración Financiera del Estado que debe servir de marco normativo a las leyes anuales o plurianuales de presupuesto, o las leyes específicas de operaciones de crédito público.

Por último, y en *quinto lugar,* también son leyes orgánicas aquellas que así sean calificadas, como orgánicas, por la Asamblea Nacional, (supuesto que no comprende los cuatro casos anteriores) al admitirse el proyecto por el voto de las 2/3 partes de los integrantes presentes antes de iniciarse la discusión del respectivo proyecto de ley.

Son estas últimas leyes que la Asamblea Nacional haya calificado expresamente de orgánicas, y no comprendidas en la enumeración anterior, las que conforme a la Constitución, el Presidente de la Asamblea o el Presidente de la República deben remitir, *automáticamente*, antes de su promulgación, a la Sala Constitucional del Tribunal Supremo de Justicia, para que ésta se pronuncie acerca de la constitucionalidad de ese carácter orgánico. Sin embargo, la Ley Orgánica de 2010, ha establecido una competencia general que no se ajusta al sentido de la norma constitucional, al atribuir a la Sala Constitucional competencia para "determinar, antes de su promulgación, la constitucionalidad del carácter orgánico de las leyes que sean sancionadas por la Asamblea Nacional".

En todo caso, puede decirse que en estos procedimientos tampoco existe un proceso, pues no hay ni demanda ni fundamentación requerida alguna que cuestione la calificación de la ley como orgánica. No habiendo una legitimación activa atribuida a un órgano o persona específica para requerir este control, el mismo debe realizarse de manera automática, para lo cual, la Asamblea Nacional está obligada a remitir la ley sancionada a la Sala Constitucional.

Adicionalmente debe señalarse que la Sala Constitucional estableció que en los casos de delegación legislativa al Presidente de la República mediante leyes habilitantes, cuando éste, al dictar un Decreto-Ley lo califique como de carácter orgánico, debe también remitirlo a la Sala Constitucional para que ésta verifique la constitucionalidad del calificativo de orgánico[710]. Ello, por lo demás, fue aclarado en el Artículo 25.17 de la Ley Orgánica, al prever expresamente la revisión judicial sobre el carácter orgánico en relación con los decretos leyes que dicte el Presidente de la República.

En todo caso, la Sala Constitucional debe decidir la cuestión en el término de 10 días contados a partir de la fecha de recibo de la comunicación; y si la Sala declara que la ley no es orgánica, entonces esta pierde ese carácter.

### 5. *El procedimiento constitucional de control preventivo de la constitucionalidad de leyes sancionadas antes de su promulgación*

Otro medio de control preventivo de la constitucionalidad de las leyes es el previsto en el artículo 214 de la Constitución, respecto de las leyes sancionadas por la Asamblea Nacional, lo que se ha establecido, también, en el artículo 25.15 de la ley Orgánica.

---

710 *V.*, sentencia N° 1716 de 20-09-01, Caso: *Decreto-Ley Orgánica de los Espacios Acuáticos e Insulares (Decreto N° 1437 de 30-08-01)*, en *Revista de Derecho Público*, N° 85-88, Editorial Jurídica Venezolana, Caracas, 2001, pp. 418 y ss.

En efecto, el Presidente de la República, al recibir la ley sancionada para su promulgación puede solicitar a la Sala Constitucional en el lapso que tiene para promulgar las leyes, que esta la revise por cuestiones de constitucionalidad. La legitimación activa para iniciar este proceso se reserva al Presidente de la República[711], por lo que con esta regulación se ratifica el criterio jurisprudencial de la improcedencia de la acción popular contra las leyes sancionadas, antes de su promulgación ejecutiva y su publicación.

La solicitud que formule el Presidente de la República para que la Sala Constitucional se pronuncie sobre la inconstitucionalidad de una ley o de algunos de sus artículos, antes de la promulgación de la ley, por supuesto, tiene que estar fundamentada y argumentada en derecho.

Ahora bien, sobre este proceso constitucional, debe destacarse que también fue una innovación de la Constitución de 1999, que lo ha regulado desvinculándolo del llamado "veto presidencial" a las leyes, que siempre implica su devolución a la Asamblea Nacional. En efecto, en Venezuela se había regulado tradicionalmente el veto presidencial a las leyes, ahora regulado en el artículo 214 de la Constitución, de manera que una vez que una ley se ha sancionado, el Presidente de la Asamblea Nacional debe remitirla al Presidente de la República para su promulgación. El Presidente, dentro del lapso de 10 días que tiene para la promulgación, con acuerdo del Consejo de Ministros, puede solicitar a la Asamblea Nacional, mediante exposición razonada, que modifique alguna de las disposiciones de la ley o levante la sanción a toda ley o parte de ella. En esos casos, la Asamblea debe decidir acerca de los aspectos planteados por el Presidente por mayoría absoluta de los diputados presentes y le remitirá la ley para su promulgación. En este caso, el Presidente debe proceder a promulgar la ley dentro de los 5 días siguientes a su recibo, sin poder formular nuevas observaciones ante la Asamblea.

En la Constitución de 1961, sin embargo, se disponía que cuando el veto presidencial se hubiese fundado en la inconstitucionalidad de la ley, entonces, dentro del término que tenía para promulgar la ley luego de su devolución al Congreso, el Presidente podía acudir a la Corte Suprema de Justicia, solicitando su decisión acerca de la inconstitucionalidad de la misma. Este sistema de control preventivo de constitucionalidad estaba ligado al veto presidencial y debía pasar primero por la devolución de la ley al Congreso, con base en argumentos de inconstitucionalidad (art. 173).

En la Constitución de 1999, en cambio, como se dijo, este sistema se cambió radicalmente, y el artículo 214, si bien regula el veto presidencial, luego, en párrafo aparte, establece que:

> "Cuando el Presidente o Presidenta de la República considere que la ley o alguno de sus artículos es inconstitucional solicitarán el pronunciamiento de la Sala Constitucional del Tribunal Supremo de Justicia, en el lapso de diez días que tiene para promulgar la misma. El Tribunal Supremo de Justicia decidirá en el término de quince días contados desde el recibo de la comunicación del Presidente o Presidenta de la República. Si el Tribunal negare la inconstitucionali-

711 La Sala Constitucional ha considerado que se trata de una legitimación activa exclusiva del Presidente de la República. Véase sentencia N° 194 de 15-02-2001, en *Revista de Derecho Público*, N° 85-88, Editorial Jurídica venezolana, Caracas 2001, pp. 416 y ss.

dad invocada o no decidiere en el lapso anterior, el Presidente o Presidenta de la República promulgará la ley dentro de los cinco días siguientes a la decisión del Tribunal o al vencimiento de dicho lapso".

Conforme a esta norma, la posibilidad de que el Presidente de la República someta al pronunciamiento del Tribunal Supremo de Justicia la inconstitucionalidad de una ley sancionada que se le haya enviado para su promulgación, no está por tanto ligada al veto presidencial a la ley y su devolución a la Asamblea, sino que en el lapso de 10 días que tiene para su promulgación, puede dirigirse directamente al Tribunal Supremo, sin necesidad de devolverla previamente a la Asamblea Nacional.

## *SECCIÓN QUINTA:*
## *LOS PROCESOS CONSTITUCIONALES PARA LA PROTECCIÓN DE DERECHOS CONSTITUCIONALES ANTE LA JURISDICCIÓN CONSTITUCIONAL*

La Ley Orgánica también estableció, entre sus Disposiciones Transitorias, las regulaciones procesales fundamentales sobre de dos procesos constitucionales destinados a la protección de derechos constitucionales, diferenciadas de la acción de amparo constitucional que está regulada en su Ley Orgánica de Amparo sobre Derechos y Garantías Constitucionales, que son, por una parte, el proceso en las demandas de protección de derechos e intereses colectivos y difusos, es decir, el amparo colectivo; y el proceso de habeas data.

### I. EL PROCEDIMIENTO EN LAS DEMANDAS DE PROTECCIÓN DE DERECHOS E INTERESES COLECTIVOS Y DIFUSOS

#### 1. *La legitimación activa*

La legitimación activa para demandar la protección de sus derechos e intereses colectivos o difusos, conforme al artículo 146 de la ley, corresponde a "toda persona", por lo que estamos igualmente en presencia de una acción popular.

#### 2. *Competencia*

Conforme al mismo artículo 146 de la Ley Orgánica, y salvo lo dispuesto en las leyes especiales, cuando los hechos que se describan posean trascendencia nacional su conocimiento corresponde a la Sala Constitucional. En caso contrario, la competencia corresponde a los tribunales de primera instancia en lo civil de la localidad donde aquellos se hayan generado.

En caso de que la competencia de la demanda corresponda a la Sala Constitucional, pero los hechos hayan ocurrido fuera del Área Metropolitana de Caracas, el demandante puede presentarla ante un tribunal civil de su domicilio. En tal caso, el tribunal que la reciba debe deja constancia de la presentación al pie de la demanda y en el Libro Diario y debe remitir el expediente debidamente foliado y sellado, dentro de los tres días de despacho siguientes.

En todo caso en que la demanda de protección de derechos e intereses colectivos o difusos competa a la Sala Constitucional, el ponente designado debe conocer de la totalidad del juicio con tal carácter, incluso sus incidencias (Art. 165).

El procedimiento, se rige por las disposiciones de la ley Orgánica, sin perjuicio de que sea de aplicación supletoria las normas previstas en el Código de Procedimiento Civil (Art. 166).

3. *Requisitos de la demanda*

La demanda de protección de derechos e intereses colectivos o difusos, tal como lo exige el artículo 147 de la Ley, debe presentarse por escrito que debe contener lo siguiente:

> "1. Los datos concernientes a la identificación del demandante y de la persona que actúe en su nombre, y en este caso con la suficiente identificación del poder conferido;
>
> 2. Suficiente identificación del demandante y del demandado, señalamiento de su domicilio o residencia y, de ser el caso, indicación de las circunstancias de su localización.
>
> 3. La relación de los hechos y los fundamentos de derecho en que se base la pretensión;
>
> 4. Cualquier explicación complementaria relacionada con la situación jurídica infringida, a fin de ilustrar el criterio jurisdiccional.
>
> 5. Identificación de los instrumentos en que se fundamente la pretensión, esto es, aquellos de los que se derive inmediatamente el derecho deducido. Estos instrumentos deben ser producidos con el escrito de la demanda".

En todo caso, si la solicitud no llena los requisitos antes mencionados, tal como se indica en el artículo 148 de la Ley, se debe notificar al demandante para que corrija el defecto u omisión dentro del lapso de 3 días de despacho siguientes desde que conste en autos la notificación. Si no lo hiciere, la demanda debe ser declarada inadmisible, salvo que esté involucrado el orden público, en cuyo caso se debe ordenar la continuación del proceso. En las demandas que sean de tal modo ininteligibles que resulte imposible su tramitación, se debe ordenar la corrección del escrito en lugar de su admisión. En el caso de que la parte demandante no corrija el escrito dentro del lapso de 3 días de despacho siguientes desde que conste en autos su notificación, o en el supuesto de que si lo hiciere no subsanare la falta advertida, se debe entonces declarará inadmisible la demanda, salvo que esté involucrado el orden público, en cuyo caso también se debe ordenará la continuación del proceso (Art. 149).

4. *La admisión de la demanda*

Conforme al artículo 151 de la Ley, en la misma oportunidad en que se dé cuenta de la demanda o de su corrección, el Tribunal se debe pronunciar sobre su admisión dentro del lapso de 5 días de despacho siguientes.

Conforme al artículo 150, las demandas para la protección de sus derechos e intereses colectivos o difusos deben declararse inadmisibles en los siguientes casos:

"1. Cuando se acumulen demandas o pretensiones que se excluyan mutuamente o cuyos procedimientos sean incompatibles.

2. Cuando sea manifiesta la falta de legitimidad o representación que se atribuya el demandante o de quien actúe en su nombre, respectivamente.

3. Cuando haya cosa juzgada o litispendencia.

4. Cuando la pretensión pueda ser satisfecha a través de otras vías o cuando por su naturaleza el conocimiento de la pretensión corresponda al contencioso de los servicios públicos o al contencioso electoral.

5. Cuando contenga conceptos ofensivos o irrespetuosos".

Cuando se declare admisible la demanda, en el caso de la Sala Constitucional, además, se debe designar ponente, quien debe conocer de la totalidad del juicio con tal carácter, con inclusión de sus incidencias (Art. 151).

En el auto de admisión, tal como lo exige el artículo 152 de la Ley, se debe ordenar la citación de la parte demandada; la notificación de la Defensoría del Pueblo, si ésta no hubiere iniciado el juicio; del Ministerio Público; y de cualquier otra autoridad que se estime pertinente.

Igualmente se debe emplazar a los interesados por medio de un cartel a expensas de la parte demandante.

Cuando sea verificada la estadía a derecho de la parte demandante, el tribunal debe librar los oficios y el cartel.

### 5. *El emplazamiento de los interesados*

El emplazamiento de los interesados debe realizarse mediante cartel que de acuerdo con el artículo 153 de la ley, debe ser publicado en un diario de circulación nacional o regional, según el caso, para que los interesados concurran dentro del lapso de 10 días de despacho siguientes a que conste en autos su publicación. La parte demandante tendrá un lapso de 10 días de despacho, que se contarán a partir del momento en que se haya librado el cartel para retirarlo y publicarlo y consignar en autos un ejemplar del periódico donde hubiese sido publicado. Si la parte demandante incumpliere con esta carga se debe declarar la perención de la instancia y se debe ordenar el archivo del expediente; salvo que existan razones de orden público que justifiquen la continuación de la causa, en cuyo caso, el cartel debe ser publicado por el Tribunal.

Cuando venzan los lapsos antes indicados, debe dejarse transcurrir un término de 10 días de despacho para que se entienda que los interesados han quedado notificados (Art. 154). Luego del vencimiento de este término, y una vez que conste en autos haberse efectuado la última de las notificaciones, el Tribunal se debe pronunciar, dentro del lapso de 3 días de despacho, sobre la participación de los intervinientes; concluido este lapso entonces debe comenzar a transcurrir otro de 10 días de despacho para que se dé contestación a la demanda (Art. 155).

### 6. *Lapso probatorio*

Vencida la oportunidad para dar contestación a la demanda, se debe iniciar un lapso de 10 días de despacho para promover pruebas. En esa misma ocasión deben evacuarse las pruebas documentales.

Dentro de los 3 días de despacho siguientes al vencimiento del lapso de promoción, las partes pueden oponerse a la admisión de las pruebas de la contraparte que consideren manifiestamente ilegales o impertinentes. Vencido este lapso, dentro de los 5 días de despacho siguientes el Tribunal debe providenciar los escritos de prueba, admitiendo las que sean legales y procedentes y desechando las que aparezcan manifiestamente ilegales e impertinentes. En el mismo auto, el Tribunal debe ordenar que se omita toda declaración o prueba sobre aquellos hechos en que aparezcan claramente convenidas las partes y debe fijar una audiencia pública, la cual tendrá lugar al quinto día de despacho siguiente (Art. 156).

### 7. *Medidas cautelares*

Conforme se indica en el artículo 163, en cualquier estado y grado del proceso las partes pueden solicitar al tribunal y éste puede acordar, aun de oficio, las medidas cautelares que estime pertinentes. El tribunal cuenta con los más amplios poderes cautelares para garantizar la tutela judicial efectiva, teniendo en cuenta las circunstancias del caso y los intereses públicos en conflicto.

Cuando se acuerde alguna medida cautelar, puede formularse oposición dentro de los 3 días de despacho. Si la hubiere, se debe abrir cuaderno separado y se debe entender abierta una articulación de 5 días de despacho para que los intervinientes promuevan y evacuen pruebas. Dentro de los 5 días de despacho siguientes, el Tribunal sentenciará la incidencia cautelar (Art. 164).

### 8. *La audiencia pública y la decisión del juicio*

A la audiencia pública que el Tribunal debe fijar, deben concurrir las partes. En todo caso, la inasistencia de la parte demandante a la audiencia se debe entender como desistimiento de la demanda y se dará por terminado el procedimiento, a menos que el Tribunal considere que el asunto afecta al orden público (Art. 159).

Al inicio de la audiencia pública el Tribunal, conforme se indica en el artículo 157 de la ley, debe exponer en qué términos quedó trabada la controversia y debe ordenar, de ser el caso, la evacuación de las pruebas en la misma audiencia o en otra oportunidad. Asimismo, el Tribunal debe resolver cualquier incidencia en relación al control y contradicción de la prueba.

En la audiencia pública las partes deben exponer sus alegatos, para cuyo efecto, como lo dispone el artículo 158 de la Ley, el Tribunal al comenzar el acto, debe señalar a las partes el tiempo de que disponen para exponer y en igual forma debe proceder si las partes manifestaren su deseo de hacer uso del derecho a réplica o contrarréplica.

En todo caso, si no fuere suficiente la audiencia fijada para agotar completamente el debate, esta debe continuar en la oportunidad que fije el Tribunal y así cuantas veces fuere necesario hasta agotarlo.

Una vez oídas las partes, el Tribunal puede ordenar la evacuación de las pruebas que juzgue necesarias para el esclarecimiento de los hechos que aparezcan dudosos u oscuros.

Cuando finalice la audiencia pública se debe levantar un acta la cual debe ser firmada por cada uno de los intervinientes y, si se negaren a hacerlo, el Secretario debe dejar constancia de ello.

La audiencia es la última actuación de las partes en materia litigiosa.

Conforme se determina en el artículo 160, una vez concluido el debate, el Tribunal puede:

> "1. Decidir inmediatamente el fondo del asunto y exponer en forma oral los términos del dispositivo del fallo.
>
> 2. Dictar la decisión en la oportunidad de publicarse la sentencia, cuando las circunstancias del caso así lo ameriten.
>
> 3. Diferir por una sola vez y hasta por un lapso de cinco días de despacho, el pronunciamiento del dispositivo del fallo, cuando la complejidad del asunto así lo requiera".

El texto íntegro del fallo debe ser publicado dentro de los 10 días de despacho siguientes a la celebración de la audiencia pública o del vencimiento del diferimiento.

#### 9. *Apelación*

Contra la decisión que se dicte en primera instancia se oirá apelación en ambos efectos, dentro de los 5 días de despacho siguientes a su publicación o notificación, ante el Juzgado Superior en lo Civil (Art. 161).

Después de que el expediente sea recibido por el Juzgado Superior, deben transcurrir 5 días de despacho para que las partes presenten sus escritos ante la alzada. Concluido este lapso, el Juzgado Superior debe decidir la apelación dentro de los 20 días de despacho siguientes.

Antes de emitir decisión, el Tribunal puede convocar a una audiencia pública cuando la complejidad del caso así lo amerite, para lo que debe seguir las reglas que se estipulan en los artículos precedentes (Art. 162).

## II. EL PROCEDIMIENTO EN LAS ACCIONES DE *HABEAS DATA*

El proceso en los casos de *habeas data*, en ausencia de normas legales, había venido siendo establecido por la jurisprudencia de la Sala Constitucional. Ahora la Ley Orgánica las normas de procedimiento se han establecido legalmente, en forma transitoria. Analizaremos esas normas, pero antes estimamos importante estudiar la doctrina de la sala Constitucional en la materia.

### 1. *La doctrina jurisprudencial de la Sala Constitucional en materia de habeas data*

#### A. *Sobre el derecho de habeas data*

En efecto, el artículo 28 de la Constitución de 1999, siguiendo la orientación de las Constituciones latinoamericanas recientes, estableció expresamente en Venezuela la acción de *habeas data* mediante la cual se garantiza a todas las personas el derecho de acceder a la información y a los datos que sobre sí misma o sobre sus bienes consten en registros oficiales o privados, con las excepciones que establezca la ley, así como conocer el uso que se haga de los mismos y su finalidad, y a solicitar ante el tribunal competente la actualización, la rectificación o la destrucción de aquellos, si fuesen erróneos o afectasen ilegítimamente sus derechos.

Estos derechos, como lo señaló la Sala Constitucional del Tribunal Supremo de Justicia en sentencia de 9 de noviembre de 2009 (Caso: *Mercedes Josefina Ramírez, Acción de Habeas Data*),

> "no involucran directamente nulidades, ni indemnizaciones, sino otorgan situaciones jurídicas esenciales al ser humano: como lo es la existencia de un recurso sobre su persona en archivos públicos o privados, por lo que no resulta vinculante para el Juez Constitucional lo que pida el quejoso, sino la situación fáctica ocurrida en contravención a los derechos y garantías constitucionales y los efectos que ella produce, que el actor trata que cesen y dejen de perjudicarlo; o simplemente la información sobre sí mismo que tiene derecho a conocer existente en los registros público o privados"[712].

Por otra parte, el artículo 28 de la Constitución también consagra el derecho de toda persona de acceder a documentos de cualquier naturaleza que contengan información cuyo conocimiento sea de interés para comunidades o grupos de personas, quedando a salvo el secreto de las fuentes de información periodística y de otras profesiones que determine la ley.

La norma, por tanto, consagra dos derechos distintos, sobre los cuales la Sala Constitucional en sentencia de 23 de agosto de 2000 (Caso: *Veedores de UCAB*) expresó en materia de derecho de acceso:

> "el artículo 28 separa el acceso a la información y a los datos, del acceso a documentos que contengan información, la cual debe ser puntual, sobre cualquier tópico, sean o no dichos documentos soportes de bases de datos, que tengan interés para las comunidades o grupos. El acceso a estos documentos es distinto al de las bases de datos, de cualquier tipo. Se trata de acceder a documentos en sentido amplio, escritos o meramente representativos (de allí que la norma expresa que son documentos de cualquier naturaleza), que por alguna razón contienen información de interés para el grupo, o para la comunidad. Tal interés debe ser decidido por el juez, para ordenar su exhibición, por lo que debe ser alegado, no bastando la subjetiva apreciación del actor en ese sentido"[713].

Estos derechos de *habeas data*, por otra parte, son también distintos al derecho garantizado en el artículo 143 de la misma Constitución que tienen todos los ciudadanos a ser informados oportuna y verazmente por la Administración Pública, sobre el estado de las actuaciones en que estén directamente interesados, y a conocer las resoluciones definitivas que se adopten sobre el particular. Asimismo, consagra la norma el derecho de acceso a los archivos y registros administrativos, sin perjuicio

---

712 *V.*, en http://www.tsj.gov.ve/decisiones/scon/Noviembre/1511-91109-2009-09-0369.html

713 *V.*, en *Revista de Derecho Público*, N° 85-88, Editorial Jurídica Venezolana, Caracas 2001, pp. 500-501.

de los límites aceptables dentro de una sociedad democrática en materias relativas a seguridad interior y exterior, a investigación criminal y a la intimidad de la vida privada, de conformidad con la ley que regule la materia de clasificación de documentos de contenido confidencial o secreto. La norma prohíbe, en todo caso, la censura a los funcionarios públicos en relación a lo que informen sobre asuntos bajo su responsabilidad.

En cuanto al derecho de habeas data que consagra el artículo 28 de la Constitución, la Sala Constitucional del Tribunal Supremo de Justicia en su sentencia N° 1050 del 23 de agosto de 2000 (caso: *Ruth Capriles y otros*), determinó que se trata de un "derecho de las personas a conocer la información que sobre ellas, hayan sido compiladas por otras" consecuencia del hecho de que "tanto el Estado, como los particulares, mediante diversas formas de compilación de datos: manuales, computarizados, etc., registran y almacenan datos e informaciones sobre las personas o sobre sus bienes, y en vista que tal recopilación puede afectar la vida privada, la intimidad, el honor, la reputación, la vida económica y otros valores constitucionales de las personas naturales o jurídicas, la Constitución, para controlar tales registros, otorga varios derechos a la ciudadanía que aparecen recogidos en el artículo 28 citado". Estos derechos en criterio de la Sala Constitucional son los siguientes:

"1) El derecho de conocer sobre la existencia de tales registros.

2) El derecho de acceso individual a la información, la cual puede ser nominativa, o donde la persona queda vinculada a comunidades o a grupos de personas.

3) El derecho de respuesta, lo que permite al individuo controlar la existencia y exactitud de la información recolectada sobre él.

4) El derecho de conocer el uso y finalidad que hace de la información quien la registra.

5) El derecho de actualización, a fin que se corrija lo que resulta inexacto o se transformó por el transcurso del tiempo.

6) El derecho a la rectificación del dato falso o incompleto.

7) El derecho de destrucción de los datos erróneos o que afectan ilegítimamente los derechos de las personas."

A los efectos de ejercer esta acción de habeas data, la Sala Constitucional en su sentencia de 2000 precisó que se trata de derechos que giran alrededor de los datos recopilados sobre las personas o sobre sus bienes, por lo que la legitimación activa corresponde a quienes tengan "un interés, personal, legítimo y directo en quien ejerza estos derechos, ya que es la información sobre su persona y bienes el que lo origina". En otras palabras, dijo la Sala, quien quiere hacer valer estos derechos que conforman el habeas data, "lo hace porque se trata de datos que le son personales". Es decir, "quien no alega que el habeas data se solicita para obtener información sobre sus datos registrados, carece de interés legítimo en tal acción, ya que no hace uso del derecho que otorga dicha norma, con los otros derechos que nacen de la misma, los cuales giran alrededor de las informaciones personales".

La doctrina anterior fue ratificada por la Sala Constitucional en sentencia Nº 332 de 14 de marzo de 2001 (Caso: *Insaca vs. Ministerio de Sanidad y Asistencia Social*), en la cual volvió a analizar la norma del artículo 28 de la Constitución, en cuanto a la justiciabilidad de los derechos que contiene, concluyendo que daban origen a acciones autónomas distintas y no siempre vinculadas al amparo constitucional;[714] ratificando el criterio de que en virtud de que para ese momento no se había sancionado ley reguladora alguno del procedimiento constitucional a seguir para la justiciabilidad de esos derechos, la Sala Constitucional se reservó la competencia, como Jurisdicción Constitucional, para conocer "de las controversias que surjan con motivo de las normas constitucionales aun no desarrolladas legislativamente, hasta que las leyes que regulan la Jurisdicción Constitucional, decidan lo contrario", agregando que:

> "Con esta doctrina la Sala evita la dispersión que ocurre en otros países, donde la acción de habeas data que se incoa autónomamente, ha sido conocida por Tribunales Civiles, o de otra naturaleza, tomando en cuenta la afinidad de la materia que conoce el tribunal con la que se pretende ventilar con el habeas data.
>
> Existiendo en el país una Sala Constitucional, específica para conocer lo relativo a las infracciones de la Carta Fundamental, no parece lógico, ante el silencio de la ley, atribuir el conocimiento de estas causas a tribunales distintos. Tal interpretación es vinculante a partir de esta fecha (14-03-2001 y así se declara"[715].

Por otra parte, en cuanto a las condiciones de admisibilidad de la acción de habeas data, la Sala ratificó la legitimación para accionar respecto de las persona que reseñadas en lo personal o en sus bienes, en los registros mencionados, sin necesidad de alegar daño alguno en los casos en que pide el acceso a la información o el conocimiento de la finalidad para la cual la mantiene el recopilador; agregando que para poderse intentar la acción respectiva, el acceso a la información debía haber sido previamente denegado por la autoridad administrativa, es decir, los derechos:

> "han de ser ejercidos previamente (incluso extrajudicialmente y tal vez hasta por vía administrativa en algunos casos) ante el recopilador real o supuesto, por lo que la lesión al titular de los derechos nace de ese ejercicio extrajudicial fallido. Si se le niega extrajudicialmente el ejercicio, porque no se le da acceso a la información, se le da errónea, o no se explica legalmente para qué se registra, se le infringe su situación jurídica que nace directamente de la Constitución.
>
> Ante tal negativa, la víctima puede optar entre un juicio ordinario, para hacer valer su derecho negado, acumulando pretensiones; o un amparo a los mismos fines si se dan los supuestos para ello, para que se le restablezca la situación de acceder o conocer realmente, ante la necesidad de precaver la situación jurídica de una lesión irreparable[716]".

---

714 *V.*, en *Revista de Derecho Público*, Nº 85-88, Editorial Jurídica Venezolana, Caracas 2001, p. 488.

715 *Idem*. 492.

716 *Idem*. 492.

Además, dijo la Sala Constitucional que el accionante "debe fundar la demanda en la existencia cierta de un sistema de información que lleva una persona, dentro del cual existen datos e informaciones referentes al accionante (datos e informaciones en plural, es decir, varios que permitan delinear en alguna materia un perfil de la persona, o de sus bienes)"[717].

### B. *La determinación del procedimiento para los procesos de habeas data*

#### a. *La doctrina de 2003*

Posteriormente, mediante sentencia N° 2551 de 24 de septiembre de 2003 (caso: *Jaime Ojeda Ortiz*)[718], tratándose en el caso de una solicitud de destrucción de una información que se encontraba en una base de datos, a los efectos de hacer efectivo los derechos a que se refiere el artículo 28 constitucional (derecho de acceso a la información, derecho de conocer uso y finalidad de los datos, derecho de actualización, rectificación y destrucción de la información), en virtud de que la Asamblea Nacional no había dictado la legislación necesaria para ello, la Sala pasó a establece el procedimiento a seguir en estos casos, en uso de la facultad que le confería el artículo 102 de la derogada Ley Orgánica de la Corte Suprema de Justicia, decidiendo "aplicar al presente caso, mientras no se haya establecido por ley el procedimiento propio de la acción de habeas data, el proceso establecido en el Código de Procedimiento Civil para el juicio oral, pero con las variantes destinadas a potenciar la oralidad, brevedad, concentración e inmediación de esta clase de procesos", conforme a las siguientes reglas procesales:

1) Al admitirse la acción, se debe comunicar al accionante que tiene la carga de promover en un lapso de cinco (5) días después de su notificación, a menos que se encuentren a derecho, toda la prueba documental de que dispongan, así como la mención del nombre, apellido y domicilio de los testigos si los hubiere.

2) Los llamados a juicio como demandados, deben proceder a contestar por escrito la demanda, sin que sean admisibles cuestiones previas, produciendo un escrito de contestación que debe contener sus defensas o excepciones de manera escrita, sin citas jurisprudenciales ni doctrinales, y que además debe contener la promoción y producción de la prueba documental de que dispongan y de los testigos que rendirán declaración en el debate oral.

3) A partir de la contestación, el tribunal debe aplicará para la sustanciación de la causa, lo dispuesto en los artículos del 868 al 877 del Código de Procedimiento Civil, pudiendo las partes promover, en el término señalado en el artículo 868 citado, las pruebas que creyeren convenientes ofrecer, conforme al artículo 395 *eiusdem*. La audiencia preliminar prevista en el artículo 868 del Código de Procedimiento Civil debe ser dirigida por la Sala.

---

717 *Idem*, pp. 492-495.

718 *V.*, en http://www.tsj.gov.ve/decisiones/scon/Septiembre/2551-240903-03-0980.htm

b. *La doctrina de 2009*

Posteriormente mediante sentencia de 9 de noviembre de 2009 (caso *Mercedes Josefina Ramírez, Acción de Habeas Data*)[719], la Sala hizo un balance en retrospectiva de los resultados obtenidos con la tramitación del *habeas data* a través de dicho procedimiento, llegando a la conclusión que, "por carecer de unidad del acto oral, durante el trámite se prolonga en demasía la decisión sobre el fondo del asunto, en el cual, se supone, está en controversia un derecho constitucional que exige tutela efectiva de la justicia constitucional".

En consecuencia, la Sala decidió modificar el procedimiento establecido en la sentencia N° 2551 del 24 de septiembre de 2003 (caso: *Jaime Ojeda Ortiz*) en materia de *habeas data*, estableciendo ahora "un procedimiento judicial especial preferente y sumario", por tanto, "más breve" de manera que permita pronta decisión judicial, y por tanto, "más idóneo con la necesidad de tutela expedita de los derechos constitucionales aludidos en el artículo 28 Constitucional." Para ello, invocó la aplicación inmediata del artículo 27 de la Constitución y la atribución conferida en el artículo 335 de la misma, apartándose del precedente asentado en el antes mencionado fallo N° 2551 de 24 de septiembre de 2003 (caso: *Jaime Ojeda Ortiz*), de manera de "llenar el vacío legislativo que existe en torno a esta novísima acción constitucional de habeas data". A tal efecto, dado el carácter vinculante de la sentencia, la Sala resolvió implementar a partir de la fecha de la sentencia, y hasta tanto la Asamblea Nacional legisle al efecto, el siguiente procedimiento:

1. El proceso se debe iniciar por escrito y el demandante debe señalar en su solicitud las pruebas que desea promover. El incumplimiento de esta carga produce la preclusión de la oportunidad, no sólo la de la oferta de las pruebas omitidas, sino también de la producción de todos los instrumentos escritos, audiovisuales o gráficos con que cuenta el demandante para incoar la acción. Las pruebas se deben valorar por la sana crítica, excepto la prueba instrumental que tiene los valores establecidos en los artículos 1359 y 1360 del Código Civil para los documentos públicos, y en el artículo 1363 *eiusdem* para los documentos privados auténticos y otros que merezcan autenticidad, entre ellos los documentos públicos administrativos.

2. La parte accionante debe consignar, conjuntamente con el libelo de la demanda, el documento fundamental de su pretensión, con el objeto de cumplir con lo señalado en la sentencia N° 1281/2006, caso: *Pedro Reinaldo Carbone Martínez*. En efecto, con anterioridad a esta último fallo de 2006, la sala había admitido acciones de *habeas data* que no habían sido acompañadas con algún documento fundamental o indispensable que comprobara por ejemplo, la existencia de los registro policiales que se pretendían destruir o actualizar (por ejemplo, fallo N° 2.829 del 7 de diciembre de 2004), criterio que sin embargo fue cambiado la sentencia N° 1281 de 2006, exigiéndose en lo sucesivo que con las demandas se consigne el documento fundamental de su pretensión, de manera que conforme al párrafo quinto del artículo 19 de la Ley Orgánica del Tribunal Supremo de Justicia, la falta de consignación del documento indispensable o fundamental acarrea la declaratoria de inadmisibilidad de las acciones. A tal efecto la sala consideró que por ejemplo en materia policial,

---

719 *V.*, en http://www.tsj.gov.ve/decisiones/scon/Noviembre/1511-91109-2009-09-0369.html

existiendo procedimientos administrativos destinados a la exclusión de datos, la presentación por parte del accionante del dictamen de respuesta expedido por la autoridad policial, caso de que éste no satisfaga enteramente la solicitud del requirente, se debe entender que cumple cabalmente con el requisito de admisibilidad de presentación de documento fundamental, dispuesto en el párrafo quinto del artículo 19 de la Ley Orgánica del Tribunal Supremo de Justicia para la presentación el *habeas data*. Ello no excluye, sin embargo, que el accionante pueda presentar sustitutivamente cualquier otro documento que sirva como medio probatorio de la existencia indiscutible de los registros policiales.

3. Admitida la acción se debe ordenar la notificación del presunto agraviante para que concurra ante la Secretaría de la Sala Constitucional a conocer el día y la hora en que se celebrará la audiencia oral, la cual debe tener lugar, tanto en su fijación como para su práctica dentro de las noventa y seis (96) horas siguientes a partir de la última de las notificaciones ordenadas. Para dar cumplimiento a la brevedad y para no incurrir en excesivos formalismos, la notificación puede ser practicada mediante boleta, o comunicación telefónica, fax, telegrama, correo electrónico o cualquier medio de comunicación interpersonal, dejando el Secretario de la Sala constancia detallada en autos de haberse efectuado la notificación y de sus consecuencias.

4. Se debe ordenar la notificación del Fiscal General de la República.

5. En la oportunidad fijada para la celebración de la audiencia oral y pública las partes oralmente deben proponer sus alegatos y defensas. La Sala debe decidir si hay lugar a pruebas, y las partes pueden ofrecer las que consideren legales y pertinentes. Los hechos esenciales para la defensa por el presunto agraviante, así como los medios que ofrezca se deben recoger en un acta al igual que las otras circunstancias del proceso.

6. En la misma audiencia, la Sala Constitucional debe decretar cuáles son las pruebas admisibles y necesarias; y de ser admisibles debe ordenar su evacuación en la misma audiencia, pudiendo diferir la oportunidad para su evacuación.

7. La audiencia oral debe realizarse con presencia de las partes, pero la falta de comparecencia del presunto agraviado dará por terminado el procedimiento, a menos de que el Tribunal considere que los hechos alegados afectan el orden público, caso en el cual puede inquirir sobre los hechos alegados en un lapso breve. La falta de comparecencia del presunto agraviante no acarrea la admisión de los hechos, pero la Sala puede diferir la celebración de la audiencia o solicitar al presunto agraviante que presente un informe que contenga una relación sucinta de los hechos. La omisión de la presentación del referido informe se debe entender como un desacato.

8. En caso de litis consorcios necesarios activos o pasivos, cualquiera de los litis consortes que concurran a los actos representará al consorcio.

9. El desarrollo de las audiencias y la evacuación de las pruebas están bajo la dirección de la Sala Constitucional manteniéndose la igualdad entre las partes y el derecho de defensa. Todas las actuaciones deben ser públicas, salvo que la Sala decida que la audiencia sea a puerta cerrada de oficio o a solicitud de parte por estar comprometidas la moral y las buenas costumbres, o porque exista prohibición expresa de ley.

10. Una vez concluido el debate oral los Magistrados deben deliberar y podrán:

a) decidir inmediatamente; en cuyo caso deben exponer de forma oral los términos del dispositivo del fallo; el cual debe ser publicado íntegramente dentro de los cinco (5) días siguientes a la audiencia en la cual se dictó la decisión correspondiente. El dispositivo del fallo lo debe comunicar el Magistrado o la Magistrada presidente de la Sala Constitucional, pero el extenso de la sentencia lo debe redactar el Magistrado Ponente.

b) Diferir la audiencia por estimar que es necesaria la presentación o evacuación de alguna prueba o recaudo que sea fundamental para decidir el caso. En el mismo acto se debe fijar la oportunidad de la continuación de la audiencia oral.

11. Lo correspondiente a la recusación y demás incidencias procesales y, en general, en todo lo no previsto en el presente procedimiento se debe aplicar lo dispuesto en la Ley Orgánica del Tribunal Supremo de Justicia."

En esta forma, ante la carencia del legislador de establecer el procedimiento de las acciones de habeas data, ha sido el Juez Constitucional el que ha suplido la abstención, estableciendo en sus sentencias el procedimiento a seguir. Es decir, una vez más, el Juez Constitucional venezolano ha asumido el rol de Legislador positivo en materia de derecho procesal constitucional[720].

## 2. *El procedimiento transitorio en las demanda de Habeas Data*

### A. *El derecho de habeas data y el proceso*

De acuerdo con el artículo 167 de la Ley, toda persona tiene derecho a conocer los datos que a ella se refieran así como su finalidad, que consten en registros o bancos de datos públicos o privados; y, en su caso, exigir la supresión, rectificación, confidencialidad, inclusión, actualización o el uso correcto de los datos cuando resulten inexactos o agraviantes. A tal efecto se establece la demanda de habeas data, para cuya tramitación el artículo 168 de la Ley, dispone que todo tiempo sea hábil, no admitiéndose incidencias procesales.

La ley Orgánica, además, en su artículo 175, dispone un proceso sumario de corrección en los casos de errores numéricos o materiales, tales como cambio de letras, palabras mal escritas o escritas con errores ortográficos, transcripción o traducción errónea de nombres y apellidos, y otros semejantes, el procedimiento se reducirá a demostrar ante el juez la existencia del error por los medios de prueba admisibles y el juez, con conocimiento de causa, resolverá lo que considere conveniente.

En particular, las correcciones de los errores en las actas del Registro Civil se deben tramitar ante los tribunales y órganos administrativos correspondientes según lo que disponen en las leyes especiales correspondientes.

---

720 *V.*, Allan R. Brewer-Carías, "El juez constitucional como legislador positivo y la inconstitucional reforma de la Ley Orgánica de Amparo mediante sentencias interpretativas," en Eduardo Ferrer Mac-Gregor y Arturo Zaldívar Lelo de Larrea (Coordinadores), *La ciencia del derecho procesal constitucional. Estudios en homenaje a Héctor Fix-Zamudio en sus cincuenta años como investigador del derecho*, Instituto de Investigaciones Jurídicas, Universidad Nacional Autónoma de México, T. V, México 2008, pp. 63-80.

B. *Condición de admisibilidad de la acción: la abstención de respuesta*

La demanda de *habeas data*, como lo precisa el artículo 167 de la Ley, sólo puede interponerse en caso de que el administrador de la base de datos se abstenga de responder el previo requerimiento formulado por el agraviado dentro de los 2 días hábiles siguientes al mismo o lo haga en sentido negativo, salvo que medien circunstancias de comprobada urgencia.

C. *Requisitos de la demanda y competencia de los tribunales municipales contencioso administrativos*

La demanda de *habeas data*, tal como lo exige el artículo 169 de la Ley, debe presentarse por escrito ante el Tribunal de Municipio con competencia en lo Contencioso Administrativo y con competencia territorial en el domicilio del solicitante, conjuntamente con los instrumentos fundamentales en los que se sustente su pretensión, a menos que acredite la imposibilidad de su presentación.

D. *Principio de publicidad en el procedimiento*

De acuerdo con lo que establece el artículo 177 de la Ley, todas las actuaciones serán públicas. Sin embargo, el Tribunal, de oficio o a solicitud de parte, cuando estén comprometidas la moral y las buenas costumbres, o cuando exista disposición expresa de ley, podrá ordenar la reserva del expediente y que la audiencia sea a puerta cerrada.

E. *Las notificaciones*

En particular, en estos procesos de *habeas data*, conforme se dispone en el artículo 178 de la Ley, las notificaciones pueden ser practicadas mediante boleta, o comunicación telefónica, fax, telegrama, correo electrónico o cualquier medio de comunicación interpersonal, dejando el Secretario constancia detallada en autos de haberse efectuado y de sus consecuencias, con arreglo a lo que disponen en los artículos 91, 92 y 93 de la misma Ley.

F. *Informe del agraviante y su contradicción*

Después de la admisión de la demanda de *habeas data*, el Tribunal debe ordenar al supuesto agraviante que presente un informe sobre el objeto de la controversia y que remita la documentación correspondiente, dentro de los 5 días siguientes a su notificación. La falta de remisión del informe debe ser sancionada con multa conforme al régimen que establecen los artículos 121 y siguientes de la ley, sin perjuicio de la responsabilidad a que hubiere lugar (Art. 170).

En cualquier caso el Tribunal puede ordenar la evacuación de las pruebas que juzgue necesarias para el esclarecimiento de los hechos.

Una vez que sea recibido el informe o sean evacuadas las pruebas que hubieren sido ordenadas por el Tribunal, deben transcurrir 3 días para que el solicitante formule observaciones. Tras la conclusión de este lapso, el Tribunal debe decidir dentro de los 5 días siguientes (Art. 171).

### G. *Medidas cautelares*

En cualquier estado y grado del proceso las partes pueden solicitar al tribunal y éste puede acordar, aun de oficio, las medidas cautelares que estime pertinentes. A tal efecto, conforme al artículo 176 de la Ley, el tribunal cuenta con los más amplios poderes cautelares para garantizar la tutela judicial efectiva, teniendo en cuenta las circunstancias del caso y los intereses en conflicto.

### H. *Audiencia pública y la decisión*

Antes de emitir decisión, el Tribunal puede convocar a una audiencia pública cuando la complejidad del caso así lo amerite, para lo cual debe seguir las reglas que se estipulan en los artículos 157 al 160 de la Ley respecto de las demandas de protección de derechos e intereses colectivos o difusos (Art. 171).

La sentencia que declare con lugar el *habeas data* ordenará al agraviante de forma inmediata la exhibición, supresión, rectificación, confidencialidad, inclusión, actualización o el uso correcto de los datos, según corresponda. Quien incumpliere con esta orden será penado con prisión de 6 meses a un año, a cuyo efecto el Tribunal debe oficiar al Ministerio Publico para que inicie la averiguación penal correspondiente (Art. 172).

### I. *Apelación*

Contra la decisión que se dicte en primera instancia, conforme se establece en el artículo 173, se oirá apelación en un solo efecto ante la alzada correspondiente, dentro de los 3 días siguientes a su publicación o notificación.

Después de que el expediente sea recibido por el Juzgado Superior, el artículo 174 dispone que deban transcurrir 5 días de despacho para que las partes presenten sus escritos ante la alzada. Concluido este lapso, el Juzgado Superior debe decidir la apelación dentro de los 30 días continuos siguientes. La decisión que dicte el Tribunal de Alzada no será objeto de casación.

## *CUARTA PARTE*

# LA JUSTICIA CONSTITUCIONAL Y LOS PROCESOS Y PROCEDIMIENTOS CONSTITUCIONALES (2007)

**Esta Cuarta Parte de este Tomo XII del *Tratado de Derecho Constitucional* está conformada por varias partes medulares del libro sobre *La Justicia Constitucional. Procesos y Procedimientos Constitucionales* publicado en la Biblioteca Porrúa de Derecho Procesal Constitucional, que dirige el profesor Eduardo Ferrer Mac-Gregor, Editorial Porrúa, Instituto Mexicano de Derecho Procesal Constitucional, México 2007.**

**En dicho libro, en la Presentación, en relación con las partes que aquí se publican, expresamos lo siguiente:**

**"En la Segunda Parte estudiaremos los procesos constitucionales que se desarrollan ante todos los órganos del Poder Judicial, en decir, ante los tribunales de la jurisdicción ordinaria, lo que ocurre cuando aplican el método difuso de control de constitucionalidad de las leyes y demás actos estatales normativos al decidir casos concretos, o al conocer de los procesos de amparo constitucional. En Venezuela, en efecto, desde 1897, el Código de Procedimiento Civil estableció la posibilidad de que todo órgano judicial pueda ejercer el control de la constitucionalidad de las leyes y demás actos normativos al decidir cualquier proceso, cuando la ley vigente cuya aplicación se pida, colidiere con alguna disposición constitucional, en cuyo caso los tribunales deben aplicar ésta con preferencia (artículo 20). Es el método difuso de control de la constitucionalidad de las leyes, que ha recogido el artículo 334 de la Constitución de 1999, conforme al cual cualquiera de las partes en un proceso, puede solicitar la inaplicabilidad de una Ley que se estime inconstitucional, en cuyo caso, el juez, quien también está autorizado para decidir el asunto de oficio, puede aplicar con preferencia la Constitución e inaplicar la ley en el caso concreto, teniendo por supuesto la decisión, efectos *inter partes*.**

**Pero además, los jueces ordinarios en Venezuela (particularmente los de primera instancia) tienen competencia para conocer de procesos de amparo constitucional para la protección de los derechos y garantías establecidos en la Constitución, tal como se establece en el artículo 27 de la Constitución, mediante un procedimiento breve, público, oral, gratuito y no sujeto a formalidades, en el cual el juez puede restablecer inmediatamente la situación**

**jurídica infringida. En toda decisión judicial en materia de amparo, hay siempre un juicio de control de la constitucionalidad, pues lo que se persigue con ellos es sólo la protección de derechos y garantías constitucionales.**

**En la Tercera Parte, estudiaremos los procesos y procedimientos constitucionales que se desarrollan específicamente ante la Jurisdicción Constitucional, que los artículos 266,1 y 334 de la Constitución atribuyen a la Sala Constitucional del Tribunal Supremo de Justicia, y que están destinados a controlar la constitucionalidad de las leyes y demás actos estatales de similar rango y valor y de los dictados en ejecución directa de la Constitución. Este control de constitucionalidad se configura como un sistema de control concentrado de la constitucionalidad de dichos actos estatales, que otorga a dicha Sala Constitucional el monopolio de su declaratoria de nulidad, por inconstitucionalidad, con efectos *erga omnes*. Este control, como lo señaló hace años la antigua Corte Suprema de Justicia, "ha sido tradicional en Venezuela, y es indispensable en todo régimen que pretenda subsistir como Estado de derecho"[721], y se ejerce tanto mediante vías principales, como la acción popular de inconstitucionalidad de las leyes establecida desde 1858, como por vías incidentales, como la revisión de las sentencias dictadas mediante el control difuso de constitucionalidad o en materia de amparo.**

**En la Cuarta parte estudiaremos el proceso de control de constitucionalidad y, además, de legalidad en relación con los reglamentos y demás actos administrativos que se desarrolla ante la Jurisdicción Contencioso Administrativa, que el artículo 259 de la Constitución atribuye a las Salas Político Administrativa y Electoral del Tribunal Supremo de Justicia y demás tribunales determinados en la ley. En cuanto al aspecto de control de constitucionalidad, este sistema se configura como un sistema de control concentrado de la constitucionalidad de dichos reglamentos y demás actos administrativos, y que otorga a dichas Salas y demás tribunales competentes el monopolio de su declaratoria de nulidad, por inconstitucionalidad y, por supuesto, por ilegalidad con efectos *erga omnes*.**

En el mundo contemporáneo, el signo más característico del Estado de derecho o del Estado sometido al derecho es, sin duda, la existencia de un sistema de control judicial de la conformidad con el derecho de *todos* los actos estatales, lo cual se aplica no sólo a los actos administrativos, a través del tradicional control contencioso administrativo, sino a las leyes y demás actos estatales de similar rango, a través del sistema de justicia constitucional[722].

---

721 *V.*, sentencia de la antigua Corte Suprema de Justicia, Sala Plena de 15-3-62 en *Gaceta Oficial,* Nº 760, Extr. de 22-3-62, pp. 3 a 7.

722 Por eso Jean Rivero estimó que el último paso en la construcción del Estado de derecho, es que el Legislador mismo esté sometido a una norma superior, la Constitución, en "Rapport de Synthèse", en L. Favoreu (ed.), *Cours constitutionnelles européennes et droits fundamentaux,* París, 1982, p. 519. Así mismo P. Lucas Murillo de la Cueva, calificó a la justicia constitucional como "la culminación de la construcción del Estado de derecho", en "El Examen de la Constitucionalidad de las Leyes y la Soberanía Parlamentaria", *Revista de Estudios Políticos,* Nº 7, Madrid, 1979, p. 200.

Este principio, que puede hoy considerarse elemental y que tiene sus raíces en el constitucionalismo norteamericano[723], sin embargo, solo se consolidó en Europa continental hace pocas décadas, con las adopción de la noción de Constitución rígida, el principio de su supremacía, la garantía de la nulidad de los actos estatales que la vulneren, la consagración constitucional de los derechos fundamentales, y la consideración de la Constitución como norma de derecho positivo directamente aplicable a los ciudadanos[724], cuya aceptación, incluso, fue calificada hacia finales del Siglo pasado como producto de una "revolución"[725]. De allí la gran diferencia en la trayectoria constitucional del Estado que ha existido entre los países de América Latina y los países de Europa continental. América" Latina fue tributaria directa de los principios del constitucionalismo moderno originados en la Revolución Norteamericana y en la Revolución Francesa, principios que, salvo en las Constituciones revolucionarias francesas de fines del siglo XVIII y principios del siglo XIX, los países europeos no siguieron, y sólo en las últimas décadas del siglo pasado comenzaron a "redescubrir"[726].

No olvidemos que los países de América Latina iniciaron su proceso constitucional en 1811 –antes incluso de la sanción de la primera Constitución española, la de Cádiz de 1812[727]–, con la aprobación de un texto constitucional por una Asamblea electa democráticamente, con carácter de Constitución rígida y con la nota de su supremacía, en la cual se enumeraron los derechos fundamentales y se estableció el principio de la nulidad de los actos estatales contrarios a la Constitución y violatorios de dichos derechos. Esa fue la "Constitución Federal para los Estados de Venezuela" de 21 de diciembre de 1811, la cual incluso, fue precedida por una "Declaración de los Derechos del Pueblo", adoptada por el mismo Supremo Congreso de Venezuela el 1° de julio de ese mismo año de 1811[728].

A partir de la Revolución Hispanoamericana iniciada en 1810, por tanto, y durante los últimos doscientos años, el constitucionalismo latinoamericano siguió inva-

---

723 *V.*, en particular A. Hamilton, *The Federalist* (ed. B. F. Wright), Cambridge Mass. 1961, *letter* N° 78, pp. 491-493. Véanse además, los comentarios de Alexis de Tocqueville, *Democracy in America* (ed. J. P. Mayer and M. Lerner), London, 1968, vol. I, p. 120.

724 *V.*, Eduardo García de Enterría, *La Constitución como norma y el Tribunal Constitucional*, Madrid, 1981.

725 *V.*, J. Rivero, "Rapport de Synthèse", *loc. cit.*, p. 520, donde califica la aceptación de muchos de esos principios por el Consejo Constitucional como una "revolución".

726 El término lo usó con razón Louis Favoreu, al señalar que ha sido sólo después de la Primera Guerra Mundial, y particularmente, después de la Segunda Guerra Mundial, que los países europeos han "redescubierto" la Constitución como texto de carácter jurídico y como norma fundamental, en "Actualité et légitimité du contrôle juridictionnel des lois en Europe Occidentale", *Revue du Droit Public et de la Science Politique en France et á l'étranger*, 1984, p. 1.176.

727 *V.*, Allan R. Brewer-Carías, "El paralelismo entre el constitucionalismo venezolano y el constitucionalismo de Cádiz (o de cómo el de Cádiz no influyó en el venezolano)", en *La Constitución de Cádiz. Hacia los orígenes del Constitucionalismo Iberoamericano y Latino*, Unión Latina-Universidad Católica Andrés Bello, Caracas 2004, pp. 223-331.

728 *V.*, los textos en Allan R. Brewer-Carías, *Las Constituciones de Venezuela*, Madrid, 1985, pp. 175-205. La Constitución de 1811 fue la cuarta Constitución del Mundo Moderno (después de la norteamericana 1787, de la francesa 1791 y de la polaca 1791) y la Declaración de Derechos, la tercera del Mundo Moderno (después de las provincias norteamericanas –Virginia, 1776– y las Enmiendas a la Constitución norteamericana de 1971, y de la francesa 1789).

riablemente los principios acuñados por las Revoluciones Norteamericana y Francesa que dieron origen al Estado liberal de derecho, particularmente en cuanto al principio de la sumisión de *todos los actos estatales al derecho* con la Constitución en la cúspide del orden jurídico, y en cuanto a la existencia de un control judicial de la constitucionalidad y legalidad de los actos estatales. La esencia del Estado constitucional de derecho en América Latina, incluso a pesar de las múltiples y variadas vicisitudes que nuestros países han tenido y que continúan teniendo en sus regímenes políticos, para decirlo con palabras de Manuel García Pelayo, formalmente ha sido "que la Constitución, en tanto que norma fundamental positiva, vincula a todos los poderes públicos incluido el Parlamento, y que, por tanto, la Ley no puede ser contraria a los preceptos constitucionales, a los principios de que éstos arrancan, o que se infieren de ellos, y a los valores a cuya realización aspira"[729].

En esta forma, el principio de la primacía del derecho se ha manifestado siempre en América Latina en las dos vertientes fundamentales del Estado de derecho: por una parte, en la primacía de la Constitución dada su supremacía, sobre la Ley y los demás actos estatales dictados en ejecución directa de la Constitución (*interna corporis*, decretos-leyes y actos de gobierno); y por la otra, en la primacía de la Ley sobre todos los actos de los órganos estatales dictados en ejecución indirecta de la Constitución. Por eso, el Estado de derecho no sólo ha significado en nuestros países, como tradicionalmente sólo significó en Europa hasta hace pocas décadas, el sometimiento de los actos administrativos y judiciales a la ley –de allí el desarrollo del contencioso administrativo y del recurso de casación–; sino en el sometimiento de todos los actos estatales a la Constitución. De allí el desarrollo en América Latina, desde mediados del siglo XIX, de la acción de inconstitucionalidad de las leyes, en algunos casos incluso, como acción popular, y de la acción o juicio de amparo de los derechos fundamentales frente a cualquier acto o actuación estatal[730]. Por tanto, lo que en los años veinte del siglo pasado proclamaba Hans Kelsen –el padre, sin duda, del modelo europeo de justicia constitucional–, de que desde el punto de vista jurídico una Constitución sin garantías contra los actos inconstitucionales y en la cual éstos, y particularmente, las leyes inconstitucionales permanecen en vigor porque no pueden ser anulados –que era la situación europea hasta 1920–, no pasa de ser "un deseo sin fuerza obligatoria"[731]; ha sido un postulado consustancial al constitucionalismo latinoamericano desde su propio inicio a comienzos del siglo XIX.

Conforme a los postulados anteriores, uno de los principios fundamentales del régimen constitucional del Estado en Venezuela, ha sido el de la supremacía constitucional, que implica que "la Ley fundamental sea no sólo superior a los demás cuerpos legales, sino que sobre ella, no puede existir ninguna otra forma jurídica"[732].

---

729 *V.*, Manuel García Pelayo, "El 'Status' del Tribunal Constitucional", en *Revista Española da Derecho Constitucional*, vol. I, N° 1, Madrid, 1981, p. 18.

730 El recurso de amparo se consagró por primera vez en la Constitución del Estado de Yucatán en México en 1841 y a nivel federal, en el Acta de Reformas constitucionales de 1847. *V.*, Héctor Fix-Zamudio, *Ensayos sobre el derecho de amparo*, Ed. Porrúa, México 2003.

731 *V.*, Hans Kelsen, "La garantie juridictionnelle de la Constitution (La justice constitutionnelle)", *Revue de Droit Public et de la Science Politique en France et l'étranger*, París, 1928, p. 250.

732 *V.*, sentencia de la antigua Corte Suprema de Justicia, Sala Político Administrativa de 14-3-62 en *Gaceta Forense*, N° 35, 1962, p. 177.

Dicho principio, incluso, ahora está establecido en forma expresa en la Constitución de 1999[733] al disponer su artículo 7 que:

> Artículo 7. La Constitución es la norma suprema y el fundamento del ordenamiento jurídico. Todas las personas y los órganos que ejercen el Poder Público están sujetos a esta Constitución.

Como consecuencia, en la cúspide del ordenamiento jurídico está el ordenamiento constitucional establecido como decisión política por el Poder Constituyente y sólo modificable, como tal decisión, por éste y mediante los mecanismos particulares previstos en la misma Constitución.

Entre las consecuencias fundamentales de esta supremacía constitucional debe destacarse la de la necesaria sujeción de todos los actos dictados por los órganos estatales a los preceptos constitucionales. Ello implica, para que el Estado de derecho tenga sentido y coherencia, la nulidad de todo acto del Estado dictado en contravención de las disposiciones del texto fundamental. Por ello, el Estado de derecho no estaría completamente estructurado, si el ordenamiento jurídico no estableciera diversos mecanismos para asegurarles a los ciudadanos la posibilidad de controlar la constitucionalidad de los actos estatales. En el establecimiento de estos controles, radica una de las garantías constitucionales de los derechos del hombre.

Ahora bien, conforme a lo señalado anteriormente, en Venezuela, el principio de la supremacía constitucional tiene consagración expresa, al establecerse en el ordenamiento jurídico múltiples mecanismos que permiten a los particulares controlar el sometimiento a las disposiciones constitucionales, de todos los actos del Estado; y además, el sometimiento a la ley de los actos estatales dictados en su ejecución.

En consecuencia, conforme a la Constitución, todos los actos de órganos estatales dictados en ejercicio del Poder Público Nacional, Estadal o Municipal, son susceptibles de ser controlados por los órganos del Poder Judicial en cuanto a su conformidad con la Constitución, y en su caso, en cuanto a su conformidad con la legalidad.

Este libro tiene por objeto estudiar, precisamente, los principios de la justicia constitucional en Venezuela desarrollados en las últimas décadas y plasmados en la Constitución de 1999[734], es decir, los procesos y procedimientos constitucionales

---

733 Sobre la Constitución de 1999 *V.*, Allan R. Brewer-Carías, *La Constitución de 1999. Derecho Constitucional Venezolano*, Editorial Jurídica Venezolana, 2 vols. Caracas 2004.

734 *V.*, en general, Allan R. Brewer-Carías, El Sistema de Justicia Constitucional en la Constitución de 1999: Comentarios sobre su desarrollo jurisprudencial y su explicación a veces errada, en la Exposición de Motivos, Editorial Jurídica Venezolana, Caracas, 2000; Allan R. Brewer-Carías, "La Justicia Constitucional en la Nueva Constitución" en *Revista de Derecho Constitucional*, Nº 1, Septiembre-Diciembre 1999, Editorial Sherwood, Caracas, 1999, pp. 35-44; Allan R. Brewer-Carías, "La justicia constitucional en la Constitución de 1999", en *Derecho Procesal Constitucional, Colegio de Secretarios de la Suprema Corte de Justicia de la Nación, A.C.*, Editorial Porrúa, México 2001, pp. 931-961. Publicado también en *Reflexiones sobre el Constitucionalismo en América*, Editorial Jurídica Venezolana, Caracas, 2001, pp. 255-285; Jesús M. Casal H., *Constitución y justicia constitucional: los fundamentos de la justicia constitucional en la nueva Carta Magna*, Universidad Católica Andrés Bello, Caracas, 2000; Héctor Fix Zamudio, "La justicia constitucional y la judicialización de la política", en *Constitución y Constitucionalismo Hoy*. Editorial Ex Libris, Caracas, 2000, pp. 557-592; Jesús M. Casal H., "Hacia el fortalecimiento y racionalización de la justicia constitucional", en *Revista de Derecho Constitucional*, Nº 2 (enero-junio), Editorial Sherwood, Caracas, 2000, pp. 215-242; Antonio Canova González, "La futura justicia constitucional en Venezuela", en *Revista de Derecho Constitucional*, Nº 2 (enero-junio), Editorial Sher-

establecidos para ejercer el control judicial de la constitucionalidad de los actos estatales, que se realiza por todas las jurisdicciones, sea por los tribunales de la jurisdicción ordinaria, de la Jurisdicción Constitucional y de la Jurisdicción Contencioso Administrativa. En definitiva, este libro estudia las líneas generales de lo que en América latina se ha venido denominando como "derecho procesal constitucional"[735], terminología que sólo se ha empleado ocasionalmente en Venezuela, en alguna sentencia de la Sala Constitucional del Tribunal Supremo[736].

---

wood, Caracas, 2000, pp. 93-181; María A. Bonnemaison, "El control constitucional de los Poderes Públicos", en *Bases y principios del sistema constitucional venezolano (Ponencias del VII Congreso Venezolano de Derecho Constitucional realizado en San Cristóbal del 21 al 23 de Noviembre de 2001)*, Volumen II, pp. 233-260; Carla Crazut Jiménez, "Progreso de la protección constitucional en Venezuela", en *Libro Homenaje a Enrique Tejera París, Temas sobre la Constitución de 1999*, Centro de Investigaciones Jurídicas (CEIN), Caracas, 2001, pp. 273 a 289.

735 *V.*, por ejemplo, Néstor Pedro Sagües, *Derecho procesal constitucional*, 4 vols, Buenos Aires, 1988; Gerardo Eto Cruz, *Breve introducción al derecho procesal constitucional*, Trujillo, 1990; Ernesto Rey Cantor, *Introducción al derecho procesal constitucional*, Ediciones Universidad Libre, Bogotá, 1994; Rubén Hernández Valle, *Derecho procesal constitucional*, Juricentro, San José 1995; Oswaldo A. Gozáini, *Derecho procesal constitucional*, Editorial de la Universidad de Belgrano, Buenos Aires 1999; Domingo García Belaúnde, *Derecho procesal constitucional*, Ed. Marsol, Trujillo, 1998, y Temis, Bogotá 2001; Héctor Fix-Zamudio, *Introducción al derecho procesal constitucional*, Fundación de Derecho, Administración y Política, México, 2002; Eduardo Ferrer Mac-Gregor (Coordinador), *Derecho procesal constitucional*, 4 vols., Ed. Porrúa, México 2003; Cesar Landa Arroyo, Teoría del derecho procesal constitucional, palestra Lima, 2003; Eduardo Ferrer Mac-Gregor, *Ensayos de derecho procesal constitucional*, Ed. Porrúa, México 2004; Samuel Abad Yupanqui, Derecho procesal constitucional, gaceta Jurídica, Lima 2004. Véase además, la *Revista Iberoamericana de derecho procesal constitucional*, Instituto Iberoamericano de Derecho Procesal Constitucional, Ed. Porrúa, México, que se edita desde 2003. Véase también Domingo García Belaúnde y Eloy Espinosa-Saldaña Barrera, *Encuesta sobre derecho procesal constitucional*, Jurista Editores, Lima, 2006; y la obra colectiva José F. Palomino Manchego (Coordinador), *El derecho procesal constitucional peruano. Estudios en Homenaje a Domingo García Belaúnde*, Editora Jurídica Grijley, 3 vols., Lima 2005.

736 La Sala Constitucional del Tribunal Supremo de Justicia, en efecto, en sentencia de 30 de junio de 2000 (Caso: *Defensoría del Pueblo vs. Comisión Legislativa Nacional*), expresó: "Esta Sala en anteriores oportunidades ha expresado –y lo reitera– que el ***Derecho Procesal Constitucional*** difiere del procesal común, ya que las normas del Código de Procedimiento Civil, orientadas a resolver litigios entre partes, que solo son atinentes a ellas y a sus propios intereses, tienen que tener una connotación distinta a la de los procesos constitucionales, donde el mantenimiento de la supremacía, efectividad y de los principios constitucionales, no solo son materias atinentes a todo el mundo, sino que no pueden verse limitados por formalismos, o instituciones que minimicen la justicia constitucional. Por ello, la Sala ha sostenido que los requisitos que exige el Código de Procedimiento Civil a las sentencias, no se aplican totalmente a las de los Tribunales Constitucionales, y se añade ahora, que los efectos de los fallos constitucionales tampoco pueden ser totalmente idénticos a los de las decisiones de otros campos de la jurisdicción. De acuerdo al artículo 257 Constitucional, el proceso constituye un instrumento fundamental para la realización de la justicia; la cual debe ser idónea, expedita, sin dilaciones indebidas y sin formalismos inútiles, y estos principios contenidos en el artículo 26 Constitucional, al que se une el de la eficacia de los trámites señalado en el artículo 257 *eiusdem*, permiten que para cumplir con ellos la sentencia del Tribunal constitucional pueda tener un alcance más amplio que los fallos del proceso de naturaleza civil". *V.*, en *Revista de Derecho Público*, Nº 85-88, Editorial Jurídica Venezolana, Caracas 2001, pp. 473 y ss. *V.*, además, la sentencia Nº 412 de 08-03-2002, en *Revista de Derecho Público*, Nº 89-92, Editorial Jurídica Venezolana, Caracas 2002, pp. 393 y ss.

## *SECCIÓN PRIMERA:*

## *LA JUSTICIA CONSTITUCIONAL IMPARTIDA POR LA JURISDICCIÓN ORDINARIA: EL MÉTODO DIFUSO DE CONTROL DE CONSTITUCIONALIDAD*

**El texto de esta sección también fue publicado en Víctor Bazán (coord.), *Derecho Procesal Constitucional Americano y Europeo*, Edit. Abeledo-Perrot, dos tomos, Buenos Aires, Rep. Argentina, 2010, T. I, pp. 671-690. Publicado también con el título: "El método difuso de control de constitucionalidad de las leyes," en el libro: *Derecho Procesal Constitucional. Instrumentos para la Justicia Constitucional*, Ediciones Doctrina y Ley Ltda., Bogotá 2013, pp. 51-72.**

El control de constitucionalidad de los actos estatales, y en particular de las leyes, como se ha dicho, en Venezuela no es monopolio de una determinada jurisdicción, ni particularmente de la Jurisdicción Constitucional que corresponde a la Sala Constitucional del Tribunal Supremo de Justicia.

En realidad todos los jueces ejercen la justicia constitucional y pueden ser jueces constitucionales en la decisión de los casos concretos que tengan que resolver conforme a sus competencias ordinarias al aplicar el método difuso de control de constitucionalidad de las leyes, o al decidir procesos constitucionales de amparo en los cuales resuelvan sobre la protección de los derechos y garantías constitucionales, en los cuales siempre se produce un juicio de constitucionalidad respecto del acto lesivo, en particular si se trata de actos de autoridades estatales.

La justicia constitucional impartida por los tribunales de la jurisdicción ordinaria, entonces, se concreta, tanto en la aplicación del método difuso de control de constitucionalidad como en los procesos de amparo constitucional.

En cuanto al método difuso, el mismo deriva de la clasificación de los mecanismos de justicia constitucional para el control de la constitucionalidad de los actos del Estado, especialmente de la legislación[737], según los órganos del Estado a los cuales se encomienda se ejercicio, en el sentido de que pueden ser todos los tribunales o uno sólo, sea la Corte Suprema o un Tribunal Constitucional.

El primer tipo es del control difuso, denominado "modelo americano", establecido en los Estados Unidos de América desde el caso *Marbury vs. Madison* en el cual la Corte Suprema, en 1803, consideró el control de constitucionalidad de las leyes como una función-deber de los tribunales de justicia. El sistema, sin embargo, no es propio de los países con tradición del *common law*[738], y se aplica, por ejemplo, en

---

737 *V.*, en general M. Cappelletti, *Judicial Review in the Contemporary World*, Indianapolis 1971, p. 45; *V.*, Mauro Cappelletti, "El Control Jurisdiccional de la Constitucionalidad de las Leyes en el Derecho Comparado", en *Revista de la Facultad de Derecho*, México, Nº 65, T. XVI, 1966, pp. 28 a 33; M. Cappelletti and J. C. Adams, "Judicial Review of Legislation: European Antecedents and Adaptations", *Harvard Law Review*, 79, 6, Abril de 1966, p. 1.207; Allan R. Brewer-Carías, *Judicial Review in Comparative Law*, Cambridge 1989, pp. 125 ss.; Allan R. Brewer-Carías, *La Justicia Constitucional (Procesos y procedimientos constitucionales)*, Porrúa, México 2007, 79 ss.

738 *V.*, Héctor Fix Zamudio, "Protección procesal de los Derechos Humanos", *Boletín Mexicano de Derecho Comparado*, Nº 13-14, México, enero-agosto 1972, p. 78.

América Latina, en Argentina, Brasil, Colombia, Ecuador, Guatemala, Perú, Nicaragua, México, República Dominicana y Venezuela.

El segundo tipo, es el del control concentrado de justicia constitucional, el cual, aún cuando establecido desde el siglo pasado en América latina, se lo conoce, sin embargo, como el "sistema austriaco" o "modelo europeo" por la importancia que tuvo su establecimiento en Austria, en 1920, cuando el poder de control se atribuyó, no a la Corte Suprema existente como sucedió en América Latina, sino a un Tribunal o Corte Constitucional creado al efecto, a veces ubicado fuera del Poder Judicial (Alemania, Italia, España, Francia, Portugal). Este sistema se aplica también en América Latina, en ambas modalidades: por un Tribunal Constitucional (Bolivia, Chile, Colombia, Ecuador, Guatemala y Perú) o por la Corte Suprema (Costa Rica, El Salvador, Honduras, Panamá, Paraguay, Brasil, Nicaragua, México, República Dominicana y Venezuela)[739].

A la diferencia entre ambos sistemas de control, basada en el órgano judicial que lo ejerce, se suma la diferencia que en general existe respecto de los efectos legales que surte la decisión de control. En los sistemas de control concentrado, cuando la decisión jurisdiccional es una consecuencia del ejercicio de una acción, en general, los efectos de tal decisión mediante la cual se anula la ley, son generales con validez *erga omnes*[740]. La decisión, en este caso es, en principio, prospectiva, ya que tiene consecuencias *ex nunc y pro futuro;* es decir, la ley anulada por inconstitucional, es considerada como habiendo surtido efectos hasta su anulación por el Tribunal o hasta el momento que este determine como consecuencia de la decisión. En este caso, por consiguiente, la decisión tiene efectos "constitutivos" ya que la ley se vuelve inconstitucional solamente después de la decisión[741].

En cambio, en los sistemas de control difuso, la decisión del juez en materia de inconstitucionalidad sólo tiene efectos *ínter partes*, de manera que la ley declarada inconstitucional con efectos *ínter partes,* en principio, es nula y no surte ningún tipo de efectos para el caso concreto ni para las partes en el mismo. Por ello, en este caso, la decisión es, en principio, retroactiva en el sentido de que tiene consecuencias *ex tunc* o *pro pretaerito,* es decir, la ley declarada inconstitucional se considera como si nunca hubiera existido o nunca hubiera sido válida. En estos casos, esta decisión tiene efectos declarativos, en el sentido de que declara la nulidad preexistente de la ley inconstitucional[742].

Sin embargo, esta distinción relativa a los efectos de la decisión judicial con respecto a la inconstitucionalidad de una ley, no es absoluta. Por un lado, si bien es cierto que en el sistema de control difuso la decisión surte efectos *inter partes,* cuando la decisión es adoptada por la Corte Suprema como consecuencia de la doctrina *stare decisis,* los efectos prácticos de la decisión son, de hecho, generales, en el sentido de que obliga a todos los Tribunales inferiores del país. Por ello, a partir del momento en que la Corte Suprema declara inconstitucional una ley, en principio, ningún otro Tribunal podría aplicarla.

---

739 *V.*, Allan R. Brewer-Carías, *Judicial Review..., cit.,* pp. 182 y ss., *El control concentrado de la constitucionalidad de las leyes,* Editorial Jurídica Venezolana, Caracas 1994, pp. 127 y ss.

740 *V.*, Allan R. Brewer-Carías, *El control concentrado de la constitucionalidad..., cit.*, pp. 31 y ss.

741 Allan R. Brewer-Carías, *El control concentrado de la constitucionalidad…, cit.*, pp. 32 y ss.

742 *V.*, Allan R. Brewer-Carías, *Judicial Review in Comparative Law, cit.*, pp. 131 y ss.

Por otro lado, en sistemas de control concentrado de la constitucionalidad, cuando se adopta una decisión en una cuestión incidental de constitucionalidad, algunos sistemas constitucionales (Uruguay y Paraguay) han establecido que los efectos de la misma, en principio, sólo se relacionan con el proceso particular en el que se planteó la cuestión de constitucionalidad, y entre las partes de dicho proceso, aunque como hemos señalado, esa no es la regla general.

Por otra parte, en cuanto a los efectos declarativos o constitutivos de la decisión, o sus efectos retroactivos o prospectivos, el paralelismo absoluto entre los sistemas difuso y concentrado también ha desparecido. En los sistemas de control difuso de la constitucionalidad, aun cuando los efectos de las decisiones declarativas de inconstitucionalidad de la ley sean *ex tunc, pro pretaerito,* en la práctica, algunas excepciones en materia de derecho civil (protección de derechos adquiridos), han hecho que dicha invalidez de la ley no sea siempre retroactiva. De la misma manera, en los sistemas de control concentrado de la constitucionalidad, aun cuando los efectos de las decisiones anulatorias de una ley por inconstitucionalidad en principio sean constitutivos, *ex nunc, pro futuro,* también en la práctica, algunas excepciones en casos regulados por el derecho penal, han hecho que dicha invalidez de la ley, pueda ser retroactiva en beneficie del reo.

## I. ALGO SOBRE EL SISTEMA MIXTO O INTEGRAL DE JUSTICIA CONSTITUCIONAL EN VENEZUELA

En Venezuela, como también sucede en muchos otros países latinoamericanos (Colombia, Ecuador, Guatemala, Perú, El Salvador, Brasil, Nicaragua, México, República Dominicana y Venezuela), desde el siglo pasado se aplican ambos sistemas de justicia constitucional en forma paralela, dando origen a un sistema mixto o integral[743]. En efecto, por una parte, la Constitución de 1999 establece en forma expresa en sus artículos 266, 334 y 336 la competencia de la Sala Constitucional del Tribunal Supremo de Justicia para declarar la nulidad por inconstitucionalidad de las leyes y demás actos de los cuerpos deliberantes de carácter nacional, estadal o municipal dictados en ejecución directa de la Constitución, así como de los actos con rango legal dictados por el Ejecutivo Nacional.

Es decir, la Constitución prevé un control judicial concentrado de la constitucionalidad de todos los actos estatales (con exclusión de los actos judiciales y de los actos administrativos respecto de los cuales prevé medios específicos de control de

---

743 Véanse los comentarios en relación con sistema mixto de justicia constitucional en Venezuela como consecuencia del principio de supremacía constitucional en R. Feo, *Estudios sobre el Código de Procedimiento Civil Venezolano,* T. I, Caracas, 1904, pp. 26-35; R. Marcano Rodríguez, *Apuntaciones Analíticas sobre las materias fundamentales y generales del Código de Procedimiento Civil Venezolano,* T. I, Caracas, pp. 36-38; A. Borjas, *Comentarios al Código de Procedimiento Civil,* T. I, Caracas, pp. 33-35; Allan R. Brewer-Carías, *El control de la constitucionalidad de los actos estatales,* Caracas, 1977; "Algunas consideraciones sobre el control jurisdiccional de la constitucionalidad de los actos estatales en el Derecho venezolano", *Revista de Administración Pública,* N° 76, Madrid, 1975, pp. 419 a 446; "La Justicia Constitucional en Venezuela", Simposio Internacional sobre Modernas Tendencias de Derecho Constitucional (España y América Latina). Universidad Externado de Colombia, Bogotá, Nov. 1986; y M. Gaona Cruz, "El control judicial ante el Derecho Comparado" en *Archivo de Derecho Público y Ciencias de la Administración* (El Derecho Público en Colombia y Venezuela), Vol. VII, 1986, Caracas, 1986.

legalidad y constitucionalidad, como el recurso de casación, las apelaciones y las acciones ante la Jurisdicción Contencioso Administrativa) de rango legal o de ejecución directa de la Constitución, que en el ámbito nacional son las leyes, los actos parlamentarios sin forma de ley y los actos de gobierno; en el nivel estadal, son las leyes emanadas de las Asambleas Legislativas y demás actos de ejecución directa de la Constitución; y en el nivel municipal, son las Ordenanzas Municipales, consideradas invariablemente como leyes locales, y los demás actos de ejecución directa de la Constitución.

Pero por otra parte, tanto el artículo 20 del Código de Procedimiento Civil, el artículo 19 del Código Orgánico Procesal Penal, como la propia Constitución (art. 334) atribuyen a todos los tribunales de la República cuando decidan un caso concreto, el poder de declarar la inaplicabilidad de las leyes y demás actos estatales normativos cuando estimen que son inconstitucionales, dándole por tanto preferencia a las normas constitucionales. Se trata, sin duda, de la base legal del control difuso de la constitucionalidad.

Este carácter mixto del sistema venezolano fue destacado por la antigua Corte Suprema de Justicia en 1953 al señalar que el control de constitucionalidad está encomendado:

> "No tan sólo al Supremo Tribunal de la República, sino a los jueces en general, cualquiera sea su grado y por ínfima que fuere su categoría. Basta que el funcionaria forme parte de la rama judicial para ser custodio de la Constitución y aplicar, en consecuencia, las normas de ésta prevalecientemente a las leyes ordinarias... Empero, la aplicación de la norma fundamental por parte de los jueces de grado, sólo surte efecto en el caso concreto debatido, y no alcanza, por lo mismo, sino a las partes interesadas en el conflicto; en tanto, que cuando se trata de la ilegitimidad constitucional de las leyes pronunciadas por el Supremo Tribunal en ejercicio de su función soberana, como intérprete de la Constitución y en respuesta a la acción pertinente, loa efectos de la decisión se extienden *erga omnes* y cobran fuerza de ley. En el primer caso, el control es incidental y especial; y en el segundo, principal y general; y cuando éste ocurre, vale decir, cuando el recurso es autónomo, éste es formal o material, según que la nulidad verse sobre una irregularidad concerniente al proceso elaborativo de la ley, o bien que no obstante haberse legislado regularmente en el aspecto formalista, el contenido intrínseca de la norma adolezca de vicios sustanciales"[744].

## II. EL FUNDAMENTO CONSTITUCIONAL Y LEGAL DEL MÉTODO DIFUSO DE CONTROL DE CONSTITUCIONALIDAD DE LAS LEYES

En cuanto al método denominado de control difuso de la constitucionalidad de leyes, como se ha dicho, el mismo existe en Venezuela desde el siglo XIX[745],

744 *V.*, sentencia de la antigua Corte federal de 19-6-53, en *Gaceta Forense,* Nº 1, 1953, pp. 77 y 78. *V.*, en general, Allan R. Brewer-Carías, *Instituciones Políticas y Constitucionales,* T. VI, *La Justicia Constitucional,* Editorial Jurídica Venezolana, Caracas 1996, pp. 86 y ss.

745 *V.*, Allan R. Brewer-Carías, *Judicial Review in Comparative Law, cit.*, pp. 127 ss.; Allan R. Brewer-Carías, *Instituciones Políticas y Constitucionales*, T. VI, *La Justicia Constitucional, cit.*, pp. 86 y ss.

habiéndose regulado expresamente desde 1897 en el Código de Procedimiento Civil, que ahora establece que:

> *"Artículo 20:* Cuando la ley vigente, cuya aplicación se pida, colidiere con alguna disposición constitucional, los jueces aplicarán ésta con preferencia".

Más recientemente, esta norma se recogió en el artículo 19 del Código Orgánico Procesal Penal, al disponer que:

> *"Artículo 19:* Control de la Constitucionalidad. Corresponde a los jueces velar por la incolumidad de la Constitución de la República. Cuando la ley cuya aplicación se pida colidiere con ella, los tribunales deberán atenerse a la norma constitucional".

Siguiendo la orientación de consolidar constitucionalmente el método de control difuso de la constitucionalidad de las leyes, como se ha establecido en las Constituciones de Colombia, desde 1910 (art. 4); Guatemala, en 1965 (art. 204); Bolivia, en 1994 (art. 228); Honduras, en 1982 (art. 315) y Perú, en 1993 (art. 138); en la Constitución venezolana de 1999 se incluyó una disposición similar[746] en el artículo 334, con el siguiente texto:

> "En caso de incompatibilidad entre esa Constitución y una ley u otra norma jurídica, se aplicarán las disposiciones constitucionales, correspondiendo a los tribunales en cualquier causa, aun de oficio, decidir lo conducente".

En esta forma, el método de control difuso de la constitucionalidad adquirió rango constitucional, previéndose, incluso, que puede ser ejercido *de oficio* por los tribunales[747] incluyendo, por supuesto, las diversas Salas del Supremo Tribunal[748]. Como lo ha señalado la Sala Político Administrativa del Tribunal Supremo en sentencia Nº 1213 de 30 de mayo de 2000 (Caso: *Carlos P. García P. vs. Ministerio de Justicia. Cuerpo Técnico de Policía Judicial*:

> "La Constitución de la República Bolivariana de Venezuela, concretamente, el artículo 334 establece como obligación para todos los Jueces de la República la de asegurar la integridad de la Constitución, en el ámbito de sus competencias y conforme a lo previsto en su texto y en las leyes, para que de este modo, la justicia constitucional sea ejercida por todos los Tribunales, consagrándose el control difuso de la constitucionalidad. De este modo, se establece para todos los Jueces,

---

746 *V.*, nuestras propuestas respecto del artículo 7 en Allan R. Brewer-Carías, *Debate Constituyente,* T. II, Fundación de Derecho Público-Editorial Jurídica Venezolana, Caracas, 1999, pp. 24 y 34; Allan R. Brewer-Carías, *Debate Constituyente (Aportes a la Asamblea Nacional Constituyente),* T. III, (18 Octubre-30 Noviembre 1999), Fundación de Derecho Público-Editorial Jurídica Venezolana, Caracas, 1999, pp. 94 a 105

747 Esta ha sido una de las características del sistema venezolano. *V.*, Allan R. Brewer-Carías, *Instituciones Políticas y Constitucionales,* T. VI, *La Justicia Constitucional, cit.*, p. 101.

748 La Sala Constitucional del Tribunal Supremo, sin embargo, en forma completamente incomprensible, ha resuelto que como a la misma le corresponde ejercer el control concentrado la constitucionalidad, es incompetente para ejercer el control difuso. Véase sentencia Nº 2294 de 24-9-2004 (Caso: *Henry León Pérez y otros vs. Decisión de la Sala Segunda de la Corte de Apelaciones del Circuito Judicial Penal de la Circunscripción Judicial del Estado Carabobo*), en *Revista de Derecho Público*, Nº 99-100, Editorial Jurídica Venezolana, Caracas, 2004, p. 311.

de cualquier nivel, el poder-deber para controlar la constitucionalidad de los actos normativos del poder Público y ofrecer a todas las personas la tutela efectiva en el ejercicio de sus derechos e intereses legítimos, al no aplicar a los casos concretos que deban decidir, las normas que estimen inconstitucionales. Por tanto, si bien en nuestro país se puede afirmar que existe una "jurisdicción constitucional", concentrada en la Sala Constitucional del Tribunal Supremo de Justicia, no es menos cierto que por mandato expreso de la propia Constitución de 1999, se encuentra previsto el control difuso de la misma como obligación para todos los Jueces de la República"[749].

La Sala Constitucional, sin embargo, ha limitado el ámbito del poder de los jueces de desaplicar normas que estimen inconstitucionales, al cercenarles la potestad que necesariamente deben tener para interpretar las normas constitucionales en relación con las leyes que deben aplicar en los casos concretos que decidan. Así, en la sentencia Nº 833 de 25 de mayo de 2001, la Sala interpretó el artículo 334 de la Constitución, y apartándose del texto constitucional, estableció "con carácter vinculante... en qué consiste el control difuso, y en qué consiste el control concentrado de la Constitución", y respondiendo a la pregunta de "¿si en ejercicio del control difuso un juez puede interpretar los principios constitucionales, y en base a ellos, suspender la aplicación de una norma?", resolvió lo siguiente:

> "Fuera de la Sala Constitucional, debido a las facultades que le otorga el artículo 335 de la Constitución vigente, con su carácter de máximo y última intérprete de la Constitución y unificador de su interpretación y aplicación, no pueden los jueces desaplicar o inaplicar normas, fundándose en principios constitucionales o interpretaciones *motu propio* que de ellas hagan, ya que el artículo 334 comentado no expresa que según los principios constitucionales, se adelante tal control difuso. Esta es función de los jueces que ejercen el control concentrado, con una modalidad para el derecho venezolano, cual es que sólo la interpretación constitucional que jurisdiccionalmente haga esta Sala, es vinculante para cualquier juez, así esté autorizado para realizar control concentrado.
>
> Ahora bien, el juez al aplicar el derecho adjetivo, debe hacerlo ceñido a la Constitución, adaptándose en sus actuaciones a lo constitucional, y por ello sin que se trate de un control difuso, sino de aplicación de la ley, puede anular los actos procesales que contraríen a la Constitución, y sus principios. Este actuar amoldado a la Constitución es parte de su obligación de asegurar la integridad constitucional y, dentro de la misma, el juez debe rechazar en su actividad todo lo que choque con la Constitución.
>
> Conforme a lo expuesto, la defensa y protección de los derechos fundamentales corresponde a todos los jueces, los que los ejercen desde diversas perspectivas: mediante el control difuso y, otros, mediante el control concentrado; pero todo este control corresponde exclusivamente a actos netamente jurisdiccionales, sin que otros órganos del Poder Público, ni siquiera en la materia llamada

749 *V.*, en *Revista de Derecho Público*, Nº 82, Editorial Jurídica Venezolana, Caracas, 2000, p. 446.

cuasi-jurisdiccional, puedan llevarlo a cabo. El artículo 334 constitucional es determinante al respecto...

Siendo la Constitución la cúspide del ordenamiento jurídico, tanto en lo formal como en lo material, no puede prescindirse de ella en la aplicación e interpretación de todo el ordenamiento, por lo que todos los jueces, y no sólo los de la jurisdicción constitucional, están en el deber de mantener su integridad, y de allí, surge el control difuso, así como las extensiones señaladas del control concentrado"[750].

Dejando aparte esta interpretación restrictiva que se aparta del sentido de la norma constitucional, el método de control difuso de la constitucionalidad de las leyes, como se ha dicho, confiere a cualquier juez de cualquier nivel en la jerarquía judicial[751], el poder necesario para actuar como juez constitucional, estando autorizado para juzgar la constitucionalidad de la ley que debe aplicar en la resolución del caso concreto y, en consecuencia, decidir su inaplicabilidad al mismo cuando la consideren inconstitucional, dando aplicación preferente a la Constitución[752].

## III. LA LÓGICA DEL MÉTODO DIFUSO COMO CONSECUENCIA DEL PRINCIPIO DE LA SUPREMACÍA CONSTITUCIONAL

Desde el punto de vista lógico y racional, este poder general de todo juez de actuar como juez constitucional deriva del hecho de que si la Constitución se considera como la ley suprema del país, como por lo demás lo declara expresamente el artículo 7 de la Constitución de 1999, en todo caso de conflicto entre una ley y la Constitución, ésta es la que debe prevalecer, considerándose como un deber de todo juez el decidir cuál es la ley aplicable en un caso concreto[753]. Este método de control, como se ha dicho, deriva del principio de la supremacía constitucional y del consecuente poder de todo juez de controlar la constitucionalidad de las leyes que resultó de la

---

750 *V.*, Caso: *Instituto Autónomo Policía Municipal de Chacao vs. Corte Primera de lo Contencioso Administrativo*, en *Revista de Derecho Público*, N° 85-88, Editorial Jurídica Venezolana, Caracas 2001, pp. 369 y ss.

751 Por supuesto, se trata de un poder reservado a los jueces y que no puede ser ejercido por autoridades administrativas o de otro orden no judiciales. Véase sentencia de la Sala Constitucional N° 331 de 13-3-2001, Caso: *Henrique Capriles R. vs. Comisión Nacional de Casinos, Salas de Bingo y Máquinas Traganíqueles*, en *Revista de Derecho Público*, N° 85-88, EJV, Caracas 2001, p. 373.

752 *V.*, Allan R. Brewer-Carías, *Judicial Review in Comparative Law*, Cambridge, 1989, pp. 127 y ss. Allan R. Brewer-Carías, "Prólogo" al libro de Humberto Briceño León, *La acción de Inconstitucionalidad en Venezuela*, Caracas, 1989; José V. Haro, "El sentido y alcance del control difuso de la constitucionalidad: ¿control abstracto o control concreto?", en *El Derecho Público a comienzos del siglo XXI. Estudios homenaje al Profesor Allan R. Brewer-Carías*, T. I, Instituto de Derecho Público, UCV, Civitas Ediciones, Madrid, 2003, pp. 1003-1014.

753 *V.*, Antonio Canova González, "Rasgos generales de los modelos de justicia constitucional en derecho comparado: Estados Unidos de América", en *Temas de Derecho Administrativo: Libro Homenaje a Gonzalo Pérez Luciani*, Volumen I. Editorial Torino, Caracas, 2002, pp. 373-411; Antonio Canova González, "Rasgos generales de los modelos de justicia constitucional en Derecho Comparado: (2) Kelsen", en *Revista de Derecho Constitucional*, N° 6, enero-diciembre 2002, Editorial Sherwood, Caracas, 2003, pp. 65 a 88; Antonio Canova González, "Rasgos generales de los modelos de justicia constitucional en Derecho Comparado: (3) Europa Actual", en *Revista de Derecho Constitucional*, N° 7, enero-junio 2003, Editorial Sherwood, Caracas, 2003, pp. 75 a 114.

práctica judicial de la interpretación de la Constitución de los Estados Unidos de 1787, y en particular de la muy conocida "Cláusula de Supremacía" contenida en el artículo VI, Sección 2, el cual dispone:

> "Esta Constitución, y las leyes de los Estados Unidos que se expidan con arreglo a ella, y todos los Tratados celebrados o que se celebren bajo la autoridad de los Estados Unidos, serán la suprema Ley del país y los jueces de cada Estado estarán obligados a observarlos, a pesar de cualquier cosa en contrario, que se encuentre en la Constitución o las leyes de cualquier Estado".

Esta "Cláusula de Supremacía", por lo demás, se recogió en el artículo 227 de la Constitución Federal para las Provincias de Venezuela de 1811, que estableció en una forma más amplia lo siguiente:

> "La presente Constitución, las leyes que en consecuencia se expidan para ejecutarla y todos los Tratados que se concluyan bajo la autoridad del Gobierno de la Unión serán la Ley suprema del Estado en toda la extensión de la Confederación, y las autoridades y habitantes de las Provincias estarán obligados a obedecerlas y observarlas religiosamente sin excusa ni pretexto alguno; pero las leyes que se expidieren contra el tenor de ello *no tendrán ningún valor*, sino cuando hubieren llenado las condiciones requeridas para una justa y legítima revisión y sanción".

Y fue precisamente la "Cláusula de Supremacía" de la Constitución norteamericana, limitada en su formulación respecto a las Constituciones y leyes de los Estados Miembros de la Federación, la que en el caso *Marbury vs. Madison (1803)* fue extendida a las leyes federales, a través de una interpretación y aplicación lógica y racional del principio de la supremacía de la Constitución, el cual, como se ha visto, en otros países encontró expresión formal en el derecho constitucional positivo.

Sin embargo, a pesar de su origen en el sistema norteamericano, el método difuso de control judicial de la constitucionalidad de las leyes no es peculiar a los sistemas jurídicos anglosajones o del *common law,* siendo compatible con los sistemas jurídicos de tradición civil o de derecho romano; habiendo existido desde el siglo XIX en muchos de los países de América Latina, como Argentina que sigue más de cerca el modelo norteamericano, y de Brasil, Colombia, Ecuador, Guatemala, Perú, Nicaragua, México, República Dominicana y Venezuela, donde existe en paralelo con el método concentrado. El método también se ha aplicado en Europa, en países con una tradición de derecho civil como Suiza, Grecia y Portugal.

En consecuencia, el método difuso de control judicial de constitucionalidad existe y ha funcionado en sistemas jurídicos tanto con tradición de *common law* como de derecho romano, por lo que no compartimos la apreciación que hace unas décadas formularon Mauro Cappelletti y John Clarke Adams, cuando señalaron que existía una incompatibilidad fundamental entre el método difuso de control judicial de la constitucionalidad y los sistemas jurídicos basados en la tradición del derecho romano[754], así como tampoco compartimos lo que el mismo Mauro Cappelletti señaló, en otra parte, al referirse a la experiencia de Italia y Alemania Federal antes de la crea-

754 *V.*, M. Cappelletti and J.C. Adams, "Judicial Review of legislation: European Antecedents and adaptations", *Harvard Law Review,* 79 (6), 1966, p. 1215.

ción de sus respectivas Corte y Tribunal Constitucionales, señalando que esos países "revelaron completamente, la no adaptación del método descentralizado (difuso) de control judicial para los países con sistemas jurídicos de derecho civil"[755].

En nuestro criterio, los argumentos en favor del método concentrado de control judicial que se formularon en Europa Continental, no pueden resolverse con base en su supuesta adaptabilidad o no con un sistema jurídico particular, sino con el respectivo sistema constitucional. Si en este se consagra y garantiza la supremacía constitucional, la consecuencia lógica y necesaria es la atribución dada a todos los jueces del poder de decidir cuál norma debe ser aplicada cuando existe una contradicción entre una ley particular y la Constitución, estando entonces obligados a dar prioridad a la Constitución, como un verdadero deber, independientemente del sistema jurídico de tradición de *common law o* de derecho romano que exista en el país.

Por supuesto, otra cuestión es la relativa a los efectos prácticos que puede tener la adopción del método difuso de control de la constitucionalidad. Así, en ausencia de método alguno de control de la constitucionalidad, en Europa, antes de los años veinte del siglo pasado y con el marco tradicional del principio de la separación de poderes basado en los principios de soberanía del Legislador, de la supremacía de la Ley y de la desconfianza en los tribunales como órganos de control de la acción legislativa, las críticas al método difuso de control de la constitucionalidad formuladas en Europa, fueron tan antiguas como la existencia misma del mismo "modelo europeo" de control. Por ejemplo, Hans Kelsen, el creador del modelo austriaco hizo referencia a los problemas que originaba el método difuso de control para justificar "la centralización del poder para examinar la regularidad de las normas generales", subrayando "la ausencia de unidad en las soluciones" y "la incertidumbre legal" que resultaba cuando "un tribunal se abstenía de aplicar una ley considerada irregular, en tanto que otro tribunal hacía lo contrario"[756]. En sentido similar, Cappelletti y Adams insistieron en que el método difuso de control constitucional "puede llevar a una grave incertidumbre y confusión, cuando un tribunal decide aplicar una ley y otro la considera inconstitucional"[757].

Pero en realidad, estos problemas existen tanto en los sistemas del *common law* como de derecho romano que han adoptado el método difuso, no pudiendo considerarse como esencialmente peculiares a los países con tradición de derecho romano que lo han adoptado. Sin embargo, lo contrario fue lo que pretendieron demostrar Cappelletti y Adams basando su argumento en los efectos correctivos respecto de esos problemas que tiene la doctrina del *stare decisis,* que es peculiar del sistema norteamericano y extraña a los sistemas de tradición de derecho romano. Su argumento, básicamente, fue el siguiente:

---

755 *V.,* M. Cappelletti, *Judicial Review in the Contemporary World,* Indiannapolis, 1971, p. 59. En sentido similar M. Fromont considera que es "difícil admitir el método difuso de control de constitucionalidad en países con tradición de derecho romano. *V.,* "Preface" en J.C. Beguin, *Le Contrôle de la Constitutionalité des lois en République Fédérale d'Allemagne,* Paris, 1982, p. V.

756 *V.,* H. Kelsen, "La garantie juridictionnelle de la Constitution (La Justice constitutionnelle)" *Revue du Droit Public et de la Science Politique en France et a l'étranger",* 1928, p. 218.

757 *V.,* M. Cappelletti and J.C. Adams, "Judicial Review of legislation: European Antecedents and adaptations", *loc. cit.,* p. 1215.

> "Conforme a la doctrina angloamericana de *stare decisis*, la decisión del más alto Tribunal en cualquier jurisdicción es obligatoria para todos los tribunales inferiores de la misma jurisdicción, por lo que tan pronto el Tribunal Supremo ha declarado una ley inconstitucional, ningún otro tribunal puede aplicarla. La Corte no necesita que se le confiera un especial poder para declarar una ley inválida, ni debe decidir otros aspectos más allá de la aplicabilidad de la ley cuestionada al caso concreto; el principio *stare decisis* hace el resto, al requerir de los otros tribunales el seguir el precedente en todos los casos sucesivos. Por lo que aun cuando la ley inconstitucional continúe en la *Gaceta Oficial*, es una "ley muerta".

Por ello, concluyeron estos autores su argumento señalando:

> "...*stare decisis*, sin embargo, no es normalmente un principio de los sistemas jurídicos de derecho romano, donde los tribunales generalmente no están obligados por las decisiones de los más altos tribunales"[758].

El argumento fue luego desarrollado por el mismo Cappelletti, al señalar:

> "por cuanto el principio de *stare decisis* es extraño a los jueces en los sistemas jurídicos de derecho civil, un método de control de la constitucionalidad que permita a cada juez decidir sobre la constitucionalidad de las leyes, puede conducir a que una ley pueda ser inaplicada por algunos jueces, por inconstitucional y ser considerada aplicable, por otros jueces en sus decisiones. Aún más, el mismo órgano judicial, que puede algún día haber desaplicado una ley, puede luego, al día siguiente, considerarla aplicable, cambiando su criterio acerca de la legitimidad constitucional de la Ley. Además, entre diferentes tipos o grados de tribunales podrían surgir diferencias, por ejemplo, entre un tribunal de la jurisdicción ordinaria y tribunales de la jurisdicción administrativa, o entre jueces jóvenes y más radicales de los tribunales inferiores y jueces mayores de conciencia tradicional de los tribunales superiores... El resultado extremadamente peligroso de ello, puede ser un grave conflicto entre órganos judiciales y una grave incertidumbre respecto de la Ley aplicable"[759].

Sin embargo, insistimos en que esos problemas derivados del principio de la supremacía constitucional existen tanto en países con tradición de sistemas de *common law* como de derecho romano, y si bien es cierto que la doctrina *stare decisis* es una corrección a los problemas anotados, dicha corrección no es absoluta, pues no todos los casos en los cuales los tribunales inferiores decidan cuestiones de constitucionalidad, por ejemplo, en los Estados Unidos, llegan a la Corte Suprema, la cual decide discrecionalmente los casos que conoce (28 *U.S. Code*, Secc. 1254, 1255, 1256, 1257; Rule Nº 17 de la Corte Suprema). Por otra parte, la doctrina obligatoria impuesta por el Tribunal Supremo o un Tribunal Constitucional no es extraña a los países de tradición derecho civil, como ocurre en Venezuela con las interpretaciones vinculantes y obligatorias que puede adoptar la Sala Constitucional (art. 335).

Por otra parte, y aún cuando la doctrina *stare decisis,* tal como es conocida en los países del *common law,* sea de excepcional aplicación en países con sistemas jurídi-

---

758 *Idem*, p. 1215.

759 *V.*, M. Cappelletti, *Judicial Review in the Contemporary World, cit.*, p. 58.

cos de la tradición del derecho romano, aquellos en los cuales se ha adoptado un método difuso de control de constitucionalidad han adoptado, paralelamente, sus propios correctivos a los problemas planteados, con efectos similares. Por ejemplo, en el sistema de amparo mexicano, la Constitución ha establecido el principio de que la Ley de Amparo debe regular los casos en los cuales la "jurisprudencia", es decir, los precedentes judiciales de las Cortes Federales, debe ser obligatoria (art. 107, Sección XIII, parágrafo 1 de la Constitución, Enmienda de 1950-1951). Por ello, la Ley de Amparo establece los casos en los cuales las decisiones de la Corte Suprema e, incluso, de las Cortes de Circuito, deben considerarse como precedentes obligatorios, lo que sucede sólo cuando se hayan dictado cinco decisiones consecutivas, que no sean interrumpidas por alguna decisión incompatible, con el mismo efecto.

Los efectos de esta "jurisprudencia" parcialmente han sido considerados como equivalentes a los que resultan del principio *stare decisis*. Incluso, en el sistema de amparo mexicano, el llamado "amparo contra leyes" ha sido desarrollado también como una acción extraordinaria de inconstitucionalidad de leyes auto-aplicativas, que afecten directamente derechos de un individuo, y que pueden ser impugnadas ante las Cortes Federales, permitiéndoles juzgar la inconstitucionalidad de la ley sin relación alguna con un proceso concreto[760]. En estos casos, además, en la reforma constitucional de 1988, se ha atribuido a la Suprema Corte el poder de decidir en última instancia todos los casos de amparo en los cuales la decisión respectiva resuelva sobre la inconstitucionalidad de leyes federales y establezca una interpretación directa de alguna norma constitucional (art. 107, IX).

En sentido similar, en Argentina y Brasil, países que también siguen de cerca el modelo norteamericano en el sentido del poder otorgado a todos los tribunales de decidir no aplicar las leyes basados en consideraciones constitucionales, se ha establecido la institución procesal denominada "recurso extraordinario de inconstitucionalidad" que puede formularse ante la Corte Suprema contra decisiones judiciales adoptadas en última instancia en las cuales se considera una ley federal como inconstitucional e inaplicable al caso concreto[761]. En estos casos, la decisión adoptada por la Corte Suprema tiene efectos *in caso et inter partes* pero siendo dictada por el Tribunal Supremo, tiene de hecho efectos obligatorios respecto de los tribunales inferiores[762]. En igual sentido, otros países con tradición de derecho romano que han adoptado el método difuso de control de constitucionalidad, han establecido mecanismos judiciales especiales para superar los problemas que se puedan derivar de decisiones contradictorias en materia constitucional de tribunales diferentes. Es el caso de Grecia, donde la Constitución de 1975 estableció una Corte Suprema Especial, con poderes para decidir sobre materias de inconstitucionalidad de las leyes cuando se

---

760 *V.*, Robert D. Baker, *Judicial Review in Mexico. A Study of the Amparo Suit,* Austin, 1971, pp. 164, 250-251, 256, 259.

761 *V.*, H. Fix Zamudio, *Veinticinco años de evolución de la Justicia Constitucional 1940-1965,* México, 1968, uu. 26, 36; J. Carpizo *y* H. Fix Zamudio, "La necesidad y la legitimidad de la revisión judicial en América Latina. Desarrollo reciente", *Boletín Mexicano de Derecho, Comparado,* 52, 1985, p. 33; también publicado en L. Favoreu y J.A. Jolowicz (ed.), *Le contrôle juridictionnel des lois. Légitimité, effectivité et developpements récents,* París, 1986, pp. 119-151.

762 *V.*, J.R. Vanossi and P.E. Ubertone, *Instituciones de defensa de la Constitución en la Argentina,* UNAM. Congreso Internacional sobre la Constitución y su Defensa, México, 1982 (mineo), p. 32.

adopten decisiones contradictorias en la materia, por el Consejo de Estado, la Corte de Casación o la Corte de Cuentas. En esos casos, las decisiones de la Corte Suprema Especial tienen efectos absolutos y generales en lo que concierne al control de la constitucionalidad de las leyes[763]. En igual sentido, otros países europeos con tradición de derecho romano que han adoptado el método difuso de control de la constitucionalidad, también han adoptado paralelamente un método concentrado de control, asignando a la Corte Suprema del país el poder de anular leyes inconstitucionales. Es el caso de Suiza, donde a pesar de que no exista control judicial de constitucionalidad en relación con las leyes federales, la Corte Federal tiene poder para declarar la inconstitucionalidad de leyes cantonales, con efectos *erga omnes,* cuando se requiera su decisión a través del denominado "recurso de derecho público" en casos de violación de derechos fundamentales[764].

Finalmente, en los otros países con tradición de derecho romano donde se ha adoptado el método difuso de control de la constitucionalidad, debe tenerse en cuenta, particularmente en materia de casación, el valor de las decisiones de la Sala de Casación de la Corte Suprema para los tribunales de instancia. En Venezuela, el Código de Procedimiento Civil establece que "los jueces de instancia procurarán acoger la doctrina de casación establecida en los casos análogos, para defender la integridad de la legislación y la uniformidad de la jurisprudencia" (art. 321). Por tanto, si en su sentencia, la Sala de Casación ha hecho uso del poder de control difuso de la constitucionalidad, esa doctrina, en principio, debe ser seguida por los jueces de instancia.

Pero en los casos en que los asuntos no lleguen a la Sala de Casación, los sistemas de tradición de derecho romano con método difuso de control de constitucionalidad, además han establecido correctivos a los problemas originados por la incertidumbre y conflictividad de decisiones judiciales, mediante el establecimiento de un sistema mixto de control de constitucionalidad, que combina el método difuso con el método concentrado. En América Latina es el caso de Brasil, Colombia, Ecuador, Guatemala, México, Nicaragua, Perú, República Dominicana y Venezuela, donde conforme al método concentrado de control de constitucionalidad, un Tribunal Constitucional o la Corte Suprema pueden anular formalmente las leyes inconstitucionales, con efectos *erga omnes*. En consecuencia, en estos países, paralelamente al poder atribuido a cualquier tribunal para considerar en un caso concreto una ley como inconstitucional y desaplicarla, la Corte o Tribunal Supremo o un Tribunal Constitucional tiene el poder de anular con efectos generales las leyes impugnadas por inconstitucionales[765].

En Venezuela, además, a partir de la Constitución de 1999, otros correctivos se han establecido, consistentes, en primer lugar, en la previsión del recurso extraordinario de revisión ante la Sala Constitucional que puede interponerse contra las sen-

763 *V.*, E. Spiliotopoulos, "Judicial Review of Legislative Acts in Greece", *Temple Law Quarterly,* 56, (2), Philadelphia, 1983, pp. 496-500.

764 *V.*, E. Zellweger. "El Tribunal Federal Suizo en calidad de Tribunal Constitucional", *Revista de la Comisión Internacional de Juristas,* Vol. VII (1), 1966, p. 119; H. Fix Zamudio, *Los tribunales constitucionales y los derechos humanos,* México 1980, p. 84.

765 *V.*, A.R. Brewer-Carías, *El Control de la Constitucionalidad de los actos estatales*, Caracas, 1977; L.C. Sachica, *El Control de la Constitucionalidad y sus mecanismos*, Bogotá, 1908.

tencias dictadas en juicios de amparo o en las cuales el juez haya aplicado el método difuso de control de constitucionalidad (art. 333,10); y en segundo lugar, regulándose la posibilidad de interpretación vinculante que pueda establecer la Sala Constitucional sobre el contenido y alcance de las normas constitucionales (art. 335).

En consecuencia, en el mismo sentido en el cual se ha desarrollado la doctrina *stare decisis* en los países con sistemas jurídicos del *common law* para resolver los problemas de incertidumbre y la posible conflictividad entre las decisiones judiciales adoptadas por los diferentes tribunales en materia de inconstitucionalidad de las leyes que un método difuso puede originar, también los países con sistemas jurídicos de tradición de derecho romano que han adoptado el mismo método, han desarrollado diversos mecanismos legales para prevenir los efectos negativos originados por los mencionados problemas, sea otorgando carácter obligatorio a los precedentes, o sea asignando los poderes necesarios a una Corte Suprema para declarar la inconstitucionalidad de las leyes, con carácter general y efectos obligatorios.

Los eventuales problemas originados por la aplicación del método difuso de control de constitucionalidad de las leyes, en consecuencia, son comunes a los países que lo han adoptado, sea que pertenezcan a sistemas jurídicos con tradición de derecho romano o de *common law,* por lo que la adopción del método difuso no puede conducir, en si mismo, a considerarlo como incompatible con los sistemas jurídicos de derecho romano, por el solo hecho que no exista en ellos la regla del *stare decisis.*

En nuestro criterio, el único aspecto de compatibilidad que en este respecto es absoluto, es que cuando existe el principio de la supremacía de la Constitución, la consecuencia lógica del mismo es el poder de todos los jueces que tienen a su cargo la aplicación de la ley, de decidir sobre la inaplicabilidad de la legislación cuando ésta contradice la Constitución, dando preferencia a la Constitución en sí misma. Este fue el sistema original de control de la constitucionalidad después del triunfo de la Constitución sobre el Legislador.

Sin embargo, en los países europeos con tradición de sistema jurídico de derecho romano, la tradicional desconfianza respecto del poder judicial fue la que abrió el camino al establecimiento de un sistema concentrado de control de la constitucionalidad que en cierto sentido provocó el "redescubrimiento" de la supremacía constitucional a través de otros medios judiciales. Pero esto no puede conducir a que se considere el método difuso de control de la constitucionalidad de la legislación como incompatible con los sistemas jurídicos con tradición de derecho romano.

## IV. LA RACIONALIDAD DEL MÉTODO DIFUSO

Como hemos señalado, la esencia del método difuso de control de constitucionalidad está en la noción de supremacía constitucional, en el sentido de que si la Constitución es la ley suprema de un país y que, como tal, prevalece sobre las otras leyes, ningún otro acto del Estado que sea contrario a la Constitución puede ser una ley efectiva y, al contrario, debe ser considerado como nulo. En palabras del Juez Marshall, si la Constitución es "la ley fundamental y suprema de una nación... un acto del legislador que repugne a la Constitución es nulo", *Marbury vs. Madison* 3 US (1 Cranch) 137 (1803). En este sentido, la efectiva garantía de la supremacía de la Constitución es que los actos que colidan con la Constitución son, en efecto, nulos, y como tales, tienen que ser considerados por los tribunales, los cuales son, precisamente, los órganos estatales llamados a aplicar las leyes.

## 1. *La nulidad de los actos estatales inconstitucionales*

En consecuencia, el primer aspecto que muestra la racionalidad del método difuso de control de constitucionalidad es la consideración como nulos de los actos estatales, particularmente de las leyes que colidan con la Constitución. Así, por ejemplo, la Constitución venezolana expresamente declara que las leyes, que son actos dictados en ejercicio del Poder Público, que violen o menoscaben los derechos garantizados en la Constitución, son nulos (art. 25).

La declaración como nulo de un acto estatal significa considerar que jurídicamente no existe, porque es irregular, en el sentido de que no se corresponde con las condiciones establecidas para su emisión por una norma de rango superior. Esto fue lo que Hans Kelsen denominó la "garantía objetiva de la Constitución"[766], lo que implica que un acto estatal nulo no puede producir efectos y, en principio, no necesita de otro acto estatal que así lo declare. Si ello fuera necesario, entonces, la garantía no sería la nulidad del acto, sino su anulabilidad.

En consecuencia, en estricta lógica, la supremacía de la Constitución significa que todo acto estatal que viole la Constitución es nulo y, por tanto, teóricamente cualquier autoridad pública e incluso, los particulares, estarían autorizados para examinar su irregularidad, declarar su inexistencia y considerar el acto inválido como no obligatorio. Por supuesto, esto podría conducir a la anarquía jurídica, por lo que conforme al principio de la separación de poderes, el derecho positivo establece límites respecto de este poder de examinar la regularidad de los actos estatales, y lo reserva a los órganos judiciales. En consecuencia, cuando un acto estatal viola la Constitución y es nulo, esta nulidad sólo puede ser examinada por los jueces y sólo los jueces tienen el poder para considerar y declarar el acto nulo[767]. Sólo excepcionalmente las mismas Constituciones establecen la antes mencionada lógica, conse-

---

766 *V.*, H. Kelsen, *loc. cit.*, p. 214.

767 La Sala Constitucional del Tribunal Supremo, por ello, anuló una decisión de un órgano administrativo que pretendió ejercer el control difuso de la constitucionalidad de una Ley. En sentencia Nº 332 de 13-3-2001 (Caso: *Henrique Capriles vs. Comisión Nacional de Casinos, Salas de Bingo y Máquinas Traganíqueles*) la Sala señaló: "Visto el contenido de la norma constitucional transcrita, considera esta Sala evidente que la Comisión Nacional de Casinos, Salas de Bingo y Máquinas Traganíqueles, incurrió en una flagrante violación de lo dispuesto en la misma, al ejercer un control difuso de la constitucionalidad de la norma contenida en el artículo 25 de la Ley para el Control de los Casinos, Salas de Bingo y Máquinas Traganíqueles, al desaplicarla y no dar estricto cumplimiento a los requisitos previstos en la misma para el otorgamiento de las Licencias cuestionadas, por estimarla contraria a lo dispuesto en el artículo 71 constitucional; atribución que conforme a lo dispuesto en el trascrito artículo 334, es exclusiva de los jueces o juezas de la República, quienes la ejercen con ocasión de un caso concreto sometido a su conocimiento, al verificar la incompatibilidad entre el texto fundamental y otra ley o norma jurídica, cuya aplicación se les solicita. "En efecto, son los jueces y juezas de la República quienes al constatar la existencia de una colisión entre una norma de menor rango a la Constitución, y ésta, aplicarán la última preferentemente, al caso concreto de que se trate, quedando a cargo de esta Sala, la declaratoria de inconstitucionalidad de la ley o la norma, con efectos *erga omnes,* por ser ésta una atribución exclusiva y excluyente de la misma, conforme lo dispone el mismo artículo 334 del Texto Fundamental, el cual le inviste la condición de órgano que ostenta el monopolio del "control concentrado de la Constitución". "Así pues, establece esta Sala que la violación del artículo 334 aludido no versa sobre la inconstitucionalidad del artículo 25 de la Ley para el Control de los Casinos, Salas de Bingo y Máquinas Traganíqueles, sino sobre el ejercicio por parte de la Comisión de Casinos, Salas de Bingo y Máquinas Traganíqueles de una atribución que no le correspondía, ni le corresponde, por prescripción expresa del citado artículo 334". *V.*, en *Revista de Derecho Público*, Nº 85-88, Editorial Jurídica Venezolana, Caracas, 2001, pp. 376-377.

cuencia de la garantía objetiva, por ejemplo, cuando la Constitución venezolana declara que los actos dictados en usurpación de autoridad son nulos (art. 138), como sería un acto que derogue la propia Constitución por acto de fuerza, en cuyo caso todo ciudadano investido o no de autoridad tiene incluso el deber de colaborar en el restablecimiento de su efectiva vigencia (art. 333).

Pero sin embargo, a pesar de los límites impuestos por el derecho positivo respecto del poder de examinar la nulidad de los actos estatales, esto no significa que la garantía de la Constitución cese de ser la nulidad de los actos estatales y que aquellos la transformen en anulabilidad. Al contrario, la nulidad del acto inconstitucional persiste, pero con la limitación derivada de la reserva legal atribuida a los jueces para declarar, con exclusividad, su nulidad.

Así, hasta que no sea judicialmente declarado inconstitucional, el acto irregular debe ser considerado como siendo efectivo y obligatorio por cualquier autoridad pública y particularmente, por las autoridades administrativas y los particulares; pero una vez que el juez declara su inconstitucionalidad en relación con un caso concreto, entonces el acto deviene nulo y sin valor, con relación a dicho proceso.

En conclusión, en el método difuso de control de la constitucionalidad, el deber de todos los jueces es el de examinar la constitucionalidad de las leyes, y declarar, cuando ello sea necesario, que una ley particular no debe ser aplicada a un proceso específico en razón de que es inconstitucional y, por tanto, considerarla nula y sin valor.

### 2. *El poder de todos los jueces*

Lo anterior nos conduce al segundo aspecto de la racionalidad del método difuso de control de la constitucionalidad, el cual es, que el poder para declarar la inconstitucionalidad de la legislación es atribuida a todos los jueces de un país determinado.

En efecto, si la Constitución es la Ley suprema del país y el principio de la supremacía es aceptado, entonces la Constitución se debe aplicar con preferencia sobre cualquier otra ley que sea inconsistente con la misma, sea que ello esté expresamente establecido en el texto expreso de la Constitución (artículo 334) o de la ley (artículo 20 del Código de Procedimiento Civil), o sea una consecuencia implícita de su supremacía.

Consecuentemente, las leyes que violen la Constitución o que en cualquier forma colidan con sus normas, principios y valores, son, como hemos dicho, nulas y sin valor, y no pueden ser aplicadas por los tribunales, los cuales tienen que aplicar preferentemente la Constitución.

Todos los tribunales deben en consecuencia decidir los casos concretos que están considerando, como lo decía el Juez Marshall en el caso *Marbury vs. Madison 5 US* (1 Cranch), 137 (1803), "conforme a la Constitución desaplicando la ley inconstitucional" siendo esto "la verdadera esencia del deber judicial". En consecuencia, en el método difuso de control de la constitucionalidad, este rol corresponde a todos los jueces y no sólo a una Corte o Tribunal en particular, y no debe ser sólo visto como un poder atribuido a los tribunales, sino como un deber de los mismos para decidir conforme a las reglas constitucionales, desaplicando las leyes contrarias a sus normas.

### 3. *El carácter incidental del método difuso*

Este deber de todos los tribunales de dar preferencia a la Constitución y, en consecuencia, desaplicar las leyes que consideren inconstitucionales y, por tanto, nulas y sin valor, nos lleva al tercer aspecto de la racionalidad del método difuso de control de la constitucionalidad de las leyes, el cual es, que este deber judicial sólo puede ser cumplido *incidenter tantum,* es decir, en un proceso concreto que el juez esté conociendo conforme a su competencia, en el cual, por tanto, la inconstitucionalidad de la ley o norma no es ni el objeto de dicho proceso ni el asunto principal del mismo. Como lo dice el artículo 20 del Código de Procedimiento Civil: los jueces deben aplicar la Constitución con preferencia cuando la ley vigente cuya aplicación se pida y que regula el caso concreto, colidiere con alguna disposición constitucional.

En consecuencia, en este caso, siempre debe iniciarse y estar en curso un proceso ante un tribunal en cualquier materia, por lo que el método difuso de control de la constitucionalidad siempre es de carácter incidental, en el sentido de que la cuestión de inconstitucionalidad de una ley y su inaplicabilidad, se plantea en un caso o proceso concreto (*cases and controversies*), cualquiera sea su naturaleza, en el cual la aplicación o no de una norma concreta es considerada por el juez como relevante para la decisión del caso. En consecuencia, en el método difuso de control de constitucionalidad, el *thema decidendum,* es decir, el objeto principal del proceso y de la decisión judicial no es la consideración abstracta de la constitucionalidad o inconstitucionalidad de la ley o su aplicabilidad o inaplicabilidad, sino más bien, la decisión de un caso concreto por ejemplo, en materia civil, penal, administrativa, mercantil o laboral, etc., en el cual la cuestión de constitucionalidad sólo es un aspecto incidental en el proceso que sólo debe ser considerada por el juez para resolver la aplicabilidad o no de una ley en la decisión del caso concreto, cuando surgen cuestiones relativas a su inconstitucionalidad.

### 4. *La iniciativa del poder de los jueces*

Tratándose de un deber de los jueces el aplicar la Constitución en un caso concreto y, para su decisión, desaplicar la ley que consideren inconstitucional, el cuarto aspecto de la racionalidad del método difuso consiste en que los jueces deberían poder considerar *de oficio* las cuestiones de constitucionalidad, a pesar de que ninguna de las partes en el proceso la haya planteado. De hecho, esta es la consecuencia directa de la garantía de la Constitución cuando se establece como "garantía objetiva", lo que implica la nulidad de las leyes contrarias a la Constitución, y la reserva dada a los jueces para considerar la nulidad y la inaplicabilidad de una norma en un caso concreto.

Dentro de este marco, la inconstitucionalidad de la ley en relación con los procesos particulares no debe quedar a la sola instancia de las partes en el proceso, por lo que aún cuando las partes no planteen ante el Juez la cuestión de inconstitucionalidad, éste tiene el deber de considerarla, y decidir, de oficio, sobre la inconstitucionalidad de la ley. Este aspecto de la racionalidad del método difuso de control de la constitucionalidad incluso está expresamente establecido en muchos países como en

Venezuela[768] (artículo 334 de la Constitución) y en Grecia.[769] Sin embargo, en la mayoría de los países conforme al principio dispositivo, prevalece la prohibición dispuesta en las normas procesales generales para que los tribunales puedan considerar de oficio, al decidir un caso concreto, cualquier cuestión, incluso las cuestiones de inconstitucionalidad[770].

En todo caso, el signo común de este aspecto de la racionalidad del método difuso es que la cuestión de inconstitucionalidad sólo puede ser incidental en un proceso particular el cual, por supuesto, siempre debe ser iniciado a instancia de parte.

5. *El efecto inter partes de la decisión judicial*

El quinto aspecto de la racionalidad del método difuso de control de constitucionalidad se refiere a los efectos de la decisión que adopten los tribunales en relación con la constitucionalidad o aplicabilidad de la ley en un caso concreto; y este aspecto de los efectos de la decisión judicial busca determinar, primero, a quienes afecta la decisión, y segundo, el momento en el cual comienza a surtir efectos.

En relación con el primer aspecto, la racionalidad del método difuso es que la decisión adoptada por el Juez sólo tiene efectos en relación con las partes en el proceso concreto en la cual aquella se adopta. En otras palabras, en el método difuso de control de constitucionalidad, la decisión adoptada sobre la inconstitucionalidad e inaplicabilidad de la ley en un caso concreto, sólo tiene efectos *in casu et inter partes,* es decir, en relación con el caso y exclusivamente, en relación con las partes que han participado en el mismo, por lo que no puede ser aplicada a otros particulares extraños a la relación procesal. Esta es la consecuencia directa del antes mencionado aspecto relativo al carácter incidental del método difuso de control de constitucionalidad.

En efecto, si la decisión judicial sobre la constitucionalidad y aplicabilidad de una ley sólo puede ser adoptada en un proceso particular desarrollado entre partes específicas, la lógica del sistema consiste en que la decisión sólo se puede aplicar a este proceso en particular y a las partes del mismo y, en consecuencia, no puede ni beneficiar ni perjudicar a ningún otro individuo ni a otros procesos.

En consecuencia, si en una decisión judicial, una ley es considerada inconstitucional, esto no significa que dicha ley haya sido invalidada y que no sea efectiva y aplicable en otros casos. Sólo significa que en cuanto concierne a ese proceso particular y a las partes que en el mismo intervinieron, en el cual el Juez decidió la inaplicabilidad de la Ley, es que ésta debe considerarse inconstitucional, nula y sin valor, sin que ello tenga ningún efecto con relación a otros procesos, otros jueces y otros particulares.

---

768 Así lo sostuvimos desde hace décadas. Véase Allan R. Brewer-Carías, "La Justicia Constitucional en Venezuela" en *Modernas Tendencias del derecho constitucional en España y América Latina, Revista de la Universidad Externado de Colombia*, Noviembre 1986, Bogotá 1986, p. 538; *Judicial Review in Comparative Law*, Cambridge 1989, p. 133.

769 *V.*, E. Spilliotopoulos, "Judicial review of legislative acts in Grece", *loc. cit.*, p. 479.

770 *V.*, la discusión sobre el tema en J.R. Vanossi y E. Ubertone, *op. cit.*, p. 24; G. Bidart Campos, *El Derecho Constitucional del Poder,* T. II, Cap. XXI; y J.R. Vanossi, *Teoría Constitucional,* T. II, Buenos Aires, 1976, pp. 318 y 319.

En todo caso, a los efectos de poder uniformizar los criterios jurisprudenciales por la posibilidad de múltiples decisiones judiciales, en muchos países se han establecido correcciones a estos efectos *inter partes,* sea a través de la doctrina *stare decisis* o mediante regulaciones de derecho positivo, al establecerse, por ejemplo, el recurso extraordinario de revisión de las sentencias que resuelvan las cuestiones incidentales de constitucionalidad que se puede ejercer ante el Tribunal Supremo o un Tribunal Constitucional, como sucede en Venezuela (art. 336,10).

Pero puede darse el caso de que la decisión judicial aplicando el método difuso de control de constitucionalidad en un caso concreto, como un juicio de amparo, la dicte el órgano de la Jurisdicción Constitucional, en cuyo caso, los efectos de la decisión podrían ser de carácter *erga omnes*[771].

6. *Los efectos declarativos de las decisiones judiciales*

Ahora bien, los efectos *inter partes* de la decisión judicial adoptada conforme al método de control difuso de constitucionalidad, están directamente relacionados con otras cuestiones concernientes también a los efectos de la decisión, pero en el tiempo, es decir, la determinación del momento cuando la declaración de inconstitucionalidad comienza a ser efectiva y, por supuesto, también con relación a la nulidad como garantía de la Constitución.

En efecto, hemos señalado que el principal aspecto de la racionalidad del método difuso de control de constitucionalidad es el de la supremacía de la Constitución sobre todos los demás actos estatales, lo que lleva a considerar que las leyes contrarias a la Constitución son nulas y sin valor, siendo ésta la garantía más importante de la Constitución. En consecuencia, cuando un juez decide sobre la constitucionalidad de una ley, y la declara inconstitucional e inaplicable a un caso concreto, es porque la considera nula y sin valor, tal cual como si nunca hubiera existido. Por ello, la decisión tiene efectos declarativos, en el sentido de que declara que una ley es inconstitucional y consecuentemente que ha sido inconstitucional desde que se dictó. Así, la ley cuya inaplicabilidad se decide por ser contraria a la Constitución, debe ser considerada por el juez como si nunca ha tenido validez y como si siempre ha sido nula y sin valor. Por ello es que se dice que la decisión del juez, en virtud de ser de carácter declarativo, tiene efectos *ex tunc, pro pretaerito* o de carácter retroactivo, en el sentido de que dichos efectos se retrotraen al momento en que la norma considerada inconstitucional fue dictada, evitando que la ley pueda tener efectos, por supuesto, solamente en lo que concierne al caso concreto decidido por el juez y con relación a las partes

---

771 Así lo decidió, por ejemplo, la Sala Constitucional del Tribunal Supremo de Justicia de Venezuela al resolver un proceso de amparo intentado en defensa de intereses colectivos o difusos, en sentencia Nº 85 de 24 de enero de 2002, (Caso: *Asociación Civil Deudores Hipotecarios de Vivienda Principal (Asodeviprilara) vs. Superintendencia de Bancos y Otras Instituciones Financieras y otros*), al expresar que como resultado de ese control: "la ley sobre la que se ejerce el control no ha sido anulada por inconstitucional, y sólo deja de aplicarse en el caso concreto, que en materia de acciones por derechos e intereses difusos o colectivos, que es la que conduce a la doctrina planteada, tienen un rango de desaplicación de mayor amplitud, producto de lo "universal" de la pretensión y de la naturaleza *erga omnes* de los fallos que en ellos se dictan; y por ello la desaplicación de la ley al caso, no resulta tan puntual como cuando en un juicio concreto se declara inaplicable una ley por inconstitucional, o se declara inconstitucional a una norma ligada a la situación litigiosa". Véase en *Revista de Derecho Público*, Nº 89-92, Editorial Jurídica Venezolana, Caracas, 2002.

que intervinieron en el proceso. El acto legislativo declarado inconstitucional por un juez conforme al método difuso de control de constitucionalidad, por tanto, es considerado, como nulo y sin valor *ab initio*, de manera que no es anulado por el juez sino que éste sólo declara su inconstitucionalidad y nulidad preexistentes.

### 7. *La revisión de las sentencias dictadas mediante el método difuso*

Una de las críticas europeas más frecuentes al método difuso de control de constitucionalidad de las leyes, es la posible dispersión de las decisiones judiciales en materia constitucional, por lo que para garantizar la posibilidad de la uniformización de la interpretación jurisprudencial de la Constitución, como se dijo, los sistemas jurídicos han establecido diversos mecanismos que permiten al más alto tribunal del país conocer en última instancia de las sentencias en las que se aplique dicho método.

Es el caso en Venezuela, donde la Constitución (artículo 336, 10) asigna a la Sala Constitucional la competencia para revisar, a su discreción, las sentencias definitivamente firmes dictadas por los tribunales en las cuales se aplique el método difuso, y hayan sido objeto de un recurso extraordinario de revisión. En todo caso, mecanismos de revisión por parte de los Tribunales Constitucionales o Tribunales Supremos también se han regulado en otros países de América Latina, en algunos casos mediante recursos extraordinarios (Argentina, Brasil, Colombia, México) cuyo conocimiento, en algunos casos es de carácter discrecional, y en otros casos, mediante una revisión obligatoria (Bolivia, Ecuador, Honduras).

## CONCLUSIÓN

En conclusión, podemos señalar, en el campo de los principios, que la racionalidad del método difuso de control de constitucionalidad que establecen expresamente tanto el artículo 20 del Código de Procedimiento Civil, el 19 artículo del Código Orgánico Procesal Civil y el artículo 334 de la Constitución, funciona en Venezuela de la siguiente manera:

La Constitución tiene un carácter supremo sobre todo el orden jurídico, por lo que los actos contrarios a la Constitución no pueden tener efectos y son considerados nulos y sin valor.

Todos los jueces tienen el poder y el deber de aplicar la Constitución, y en consecuencia, de dar preferencia a la Constitución sobre las leyes que la violen, y a declararlas inconstitucionales e inaplicables en la decisión de los casos concretos de los cuales conocen.

El poder-deber de los jueces de considerar una ley inconstitucional aplicando preferentemente la Constitución, sólo puede ser ejercido en un proceso particular, iniciado a instancia de parte, donde la cuestión constitucional sólo es una cuestión incidental, y cuando su consideración es necesaria para resolver el caso.

La decisión judicial relativa a la inconstitucionalidad e inaplicabilidad en un proceso concreto puede ser adoptada *de oficio* por el Juez, pues es su deber el aplicar y respetar la supremacía de la Constitución.

En estos casos, la decisión adoptada por los jueces sobre la inconstitucionalidad e inaplicabilidad de la ley sólo tiene efectos *inter partes* en relación con el caso concreto en el cual se adopta; y tiene efectos declarativos en el sentido que declara la nulidad *ab initio* de la ley. Por ello, al declarar una ley inconstitucional e inaplicable, de hecho la decisión tiene efectos *ex tunc y pro pretaerito* en el sentido que ellos son retroactivos al momento en que se promulgó la ley, la cual es considerada como no habiendo producido efecto alguno en relación con caso concreto y a las partes que en él intervinieron.

Todas las decisiones dictadas por los Tribunales en las cuales se haya ejercido el control difuso de la constitucionalidad de las leyes pueden ser objeto del recurso extraordinario de revisión que puede ejercerse directamente ante la Sala Constitucional del Tribunal Supremo, el cual tiene el poder discrecional de escoger los casos y establecer incluso interpretaciones vinculantes de la Constitución.

Todos estos principios los resumió la Sala Constitucional del Tribunal Supremo, precisamente en una interpretación vinculante del artículo 334 de la Constitución, en sentencia Nº 833 de 25 de mayo de 2001, en la cual dispuso:

> "Consecuencia de dicha norma es que corresponde a todos los jueces (incluso los de la jurisdicción alternativa) asegurar la integridad de la Constitución, lo cual adelantan mediante el llamado control difuso.
>
> Dicho control se ejerce cuando en una causa de cualquier clase que está conociendo el juez, éste reconoce que una norma jurídica de cualquier categoría (legal, sub legal), que es incompatible con la Constitución. Caso en que el juez del proceso, actuando a instancia de parte o de oficio, la desaplica (la suspende) para el caso concreto que está conociendo, dejando sin efecto la norma en dicha causa (y sólo en relación a ella), haciendo prevalecer la norma constitucional que la contraría.
>
> Por lo tanto, el juez que ejerce el control difuso, no anula la norma inconstitucional, haciendo una declaratoria de carácter general o particular en ese sentido, sino que se limita a desaplicarla en el caso concreto en el que consideró que los artículos de la ley invocada, o hasta la propia ley, coliden con la Constitución...
>
> Conforme al artículo 334 aludido, el control difuso sólo lo efectúa el juez sobre normas (lo que a juicio de esta Sala incluye las contractuales) y no sobre actos de los órganos que ejercen el poder público, así ellos se dicten en ejecución directa e inmediata de la Constitución.
>
> No debe confundirse el control difuso, destinado a desaplicar normas jurídicas, con el poder que tiene cualquier juez como garante de la integridad de la Constitución, de anular los actos procesales que atenten contra ella o sus principios, ya que en estos casos, el juzgador cumple con la obligación de aplicar la ley, cuya base es la Constitución.
>
> Distinta es la situación del juez que desaplica una norma porque ella colide con la Constitución, caso en que la confrontación entre ambos dispositivos (el constitucional y el legal) debe ser clara y precisa"[772].

---

772 *V.*, Caso: *Instituto Autónomo Policía Municipal de Chacao vs. Corte Primera de lo Contencioso Administrativo*, en *Revista de Derecho Público*, Nº 85-88, Editorial Jurídica Venezolana, Caracas 2001, pp. 369 ss.

## *SECCIÓN SEGUNDA:*

## *LA JUSTICIA CONSTITUCIONAL EJERCIDA POR LA JURISDICCIÓN CONSTITUCIONAL (2007)*

Aparte del control de constitucionalidad ejercida por la jurisdicción ordinaria, la segunda forma de ejercicio de la justicia constitucional es mediante el control de la constitucionalidad ejercido por la Jurisdicción Constitucional, a través de la potestad judicial anulatoria de las leyes u otros actos con rango de ley o dictados en ejecución directa e inmediata de la Constitución, así como la potestad de resolver las colisiones de leyes y las controversias constitucionales entre órganos del Poder Público, y de revisar las sentencias dictadas en juicios de amparo o con motivo del ejercicio del control difuso de la constitucionalidad. En todos estos supuestos, sin embargo, a diferencia de los anteriores, la Constitución atribuye tales potestades solo y exclusivamente a la Sala Constitucional del Tribunal Supremo de Justicia, que se configura como el órgano de la Jurisdicción Constitucional.

Como lo expuso la propia Sala Constitucional en la sentencia N° 1 de 2 de enero de 2000 (Caso: *Emery Mata Millán*):

> "La jurisdicción constitucional comprende, entre otros asuntos, no sólo declarar la nulidad de las leyes y demás actos de los órganos que ejercen el poder público, dictados en ejecución directa o inmediata de la Constitución o que tengan rango legal (artículo 334 de la Constitución de la República Bolivariana de Venezuela), sino también la revisión de las sentencias de amparo constitucional y de control de constitucionalidad de las leyes o normas jurídicas dictadas por los Tribunales de la República, en los términos establecidos por la ley orgánica respectiva (numeral 10 del artículo 336 de la Constitución)"[773].

En todo caso, en la interpretación vinculante que estableció la Sala Constitucional sobre el articulo 334 de la Constitución, sobre la jurisdicción constitucional y el control concentrado de la constitucionalidad, en la sentencia N° 833 de 25 de mayo de 2001 (Caso: *Instituto Autónomo Policía Municipal de Chacao vs. Corte Primera de lo Contencioso Administrativo*), expuso lo siguiente:

> "La declaratoria general de inconstitucionalidad de una o un conjunto de normas jurídicas (leyes), corresponde con exclusividad a la Sala Constitucional del Tribunal Supremo de Justicia, quien, ante la colisión, declara, con carácter *erga omnes*, la nulidad de la ley o de la norma inconstitucional. Dicha declaratoria es diferente a la desaplicación de la norma, tratándose de una decisión de nulidad que surte efectos generales (no para un proceso determinado) y contra todo el mundo. Mientras que los Tribunales de la República, incluyendo las Salas del Tribunal Supremo de Justicia diferentes a la Constitucional, pueden ejercer sólo el control difuso. Las Salas Constitucional y Político Administrativa pueden ejercer el control difuso en una causa concreta que ante ella se ventile, y el control concentrado mediante el juicio de nulidad por inconstitucionalidad, cuyo conocimiento a ellas corresponde. La máxima jurisdicción constitucional se re-

773 *V.*, en *Revista de Derecho Público*, N° 81, Editorial Jurídica Venezolana, Caracas, 2000, p. 226.

fiere al control concentrado, el cual es un control por vía de acción, que lo ejerce la Sala Constitucional, conforme al artículo 336 constitucional y, en ciertos casos, la Sala Político Administrativa...

A diferencia de otros países (donde existen tribunales constitucionales) en Venezuela, –siendo parte del Poder Judicial– se encuentra la Sala Constitucional del Tribunal Supremo de Justicia, a la cual corresponde la jurisdicción constitucional, pero tal jurisdicción no tiene una cobertura total en el control concentrado.

El artículo 334 de la Constitución, crea la jurisdicción constitucional, la cual corresponde a la Sala Constitucional.

La jurisdicción constitucional tiene encomendado el control concentrado de la Constitución. Ese control concentrado, que corresponde con exclusividad a la Sala Constitucional conforme al artículo 334 antes citado, otorga competencia a esta Sala para declarar la nulidad de:

1) Leyes;

2) Actos de los órganos que ejercen el Poder Público, dictados en ejecución directa e inmediata de la Constitución;

3) Actos de los órganos que ejercen el Poder Público que tengan rango de ley.

El artículo 336 *eiusdem*, aclara la enumeración del artículo 334 en su tercer parágrafo, y considera leyes:

1) Las nacionales emanadas de la Asamblea Nacional (numeral 1);

2) Actos con rango de ley, emanados de la Asamblea Nacional (numeral 2);

3) Constituciones Estadales (numeral 2);

4) Leyes Estadales (numeral 2);

5) Ordenanzas Municipales (numeral 2);

6) Actos con rango de ley dictados por el Ejecutivo Nacional (numeral 3).

De este último tipo de actos, los decretos leyes dictados por el Ejecutivo (artículo 336, numeral 10), producto de leyes habilitantes, son actos con rango de ley, y como leyes son de igual naturaleza que la normativa dictada por la Sala Plena de este Tribunal Supremo de Justicia en el ejercicio del artículo 267 constitucional.

Como expresa Pablo Pérez Tremps en su obra Tribunal Constitucional y Poder Judicial, Centro de Estudios Constitucionales, pp. 116, "determinar qué violación es mediata y cuál inmediata no es tarea sencilla, ya que hay manifestaciones jurídicas inmediatamente subordinadas a la Constitución distinta de las leyes, por contener la Carta Fundamental normas materiales dirigidos a todos los poderes públicos y no solo normas para la creación de normas. La constitucionalidad no está en la actualidad referida sólo a las leyes, sino a todas las actuaciones de los Poderes Públicos" y, en consecuencia, a los actos de los jueces y tribunales, como apunta Pérez Tremps (*Ob. cit.* p. 118). Dada esa amplitud, todos lo conflictos derivados de la aplicación de la norma constitucional no pueden ser atribuidos al conocimiento de la jurisdicción constitucional *stricto sensu* (Tribunales Constitucionales, en Venezuela, Sala Constitucional), y por ello, al existir categorías jurídicas, que a veces rompen la relación de subordinación inmediata entre Constitución, leyes, reglamentos, actos en ejecución inmediata o mediata del Texto Fundamental, tienen a su vez que existir categorías en la jurisdicción, respecto al control concentrado de la Carta Fundamental[774].

Como también lo ha resumido la Sala Constitucional del Tribunal Supremo de Justicia en sentencia N° 194 de 15 de febrero de 2001, respecto a lo que constituye la Jurisdicción Constitucional atribuida a la misma:

> "Dentro de las competencias atribuidas por el Texto Fundamental a la Sala Constitucional, enmarcadas dentro del ejercicio de la Jurisdicción Constitucional, se encuentran las enumeradas en su artículo 336, relativas al control *a posteriori* de la constitucionalidad de las leyes nacionales y demás actos con rango de ley de la Asamblea Nacional, leyes estatales, ordenanzas, actos de rango de ley dictados por el Ejecutivo Nacional, los dictados por cualquier otro órgano estatal en ejercicio del Poder Público, los decretos que declaren estados de excepción y sentencias definitivamente firme dictadas por cualquier órgano jurisdiccional que colidan con algún precepto constitucional o doctrina sentada por la Sala Constitucional o que hayan ejercido el control difuso de la constitucionalidad de determinados actos.
>
> Pero el constituyente no se limitó a un control *a posteriori* de la constitucionalidad de los actos antes mencionados, sino que consagró un sistema amplio de protección de los derechos constitucionales, a la par de las más modernas tendencias de la Jurisdicción Constitucional a nivel mundial, dentro de los cuales se encuentra el control de omisiones legislativas, la posibilidad de resolver colisiones de leyes con preceptos constitucionales y de resolver conflictos de autoridades.
>
> Adicionalmente, la Sala Constitucional tiene dentro de sus competencias el control preventivo de la constitucionalidad de los tratados internacionales, la cual es ejercida a instancia del Presidente de la República o de la Asamblea Nacional; las de control preventivo de la constitucionalidad de los proyectos de leyes nacionales, también a instancia del Presidente de la República; y el control preventivo en cuanto al pronunciamiento de la constitucionalidad del carácter orgánico de las leyes calificadas como tales por la Asamblea Nacional"[775].

---

774 *V.*, en *Revista de Derecho Público*, N° 85-88, Editorial Jurídica Venezolana, Caracas, 2001, pp. 370.

775 *V.*, sentencia N° 194 de la Sala Constitucional de 15-02-2001, caso: *Gobernación del Estado Trujillo vs. Comisión Legislativa del Estado Yaracuy.*

Antes de analizar las diferentes modalidades de control de la constitucionalidad por la Jurisdicción Constitucional, nos referiremos a su configuración en la sala Constitucional del Tribunal Supremo.

## *SUB-SECCIÓN PRIMERA: JURISDICCIÓN CONSTITUCIONAL*

## I. LA SALA CONSTITUCIONAL DEL TRIBUNAL SUPREMO

### 1. *El Tribunal Supremo de Justicia y sus salas*

El Tribunal Supremo de Justicia fue creado por la Constitución de 1999[776], sustituyendo a la antigua Corte Suprema de Justicia que había sido creada por la Constitución de 1961, al fusionar en una sola, las dos Cortes que había creado la Constitución de 1953: la Corte Federal y la Corte de Casación. Estas habían sustituido, a la vez, a la Corte Suprema de Justicia que había creado la Constitución de 1947 en sustitución de la Corte Federal y de Casación que funcionó durante la primera mitad del Siglo XX desde que fue creada por la Constitución de 1904.

No ha sido infrecuente, por tanto, en nuestra historia institucional, los cambios de nombre dados por los Constituyentes al más alto Tribunal de la República. En la Constitución de 1999, además se lo regula compuesto por seis Salas: las Salas Constitucional, Político Administrativa, Electoral, de Casación Civil, de Casación Penal y de Casación Social, cuya integración y competencia se remite a la ley orgánica, regulándose en la Constitución solamente la competencia de la Sala Social en lo referente a la casación agraria, laboral y de menores (art. 262)[777]. De acuerdo con la Ley Orgánica, la Sala Constitucional esta integrada por 7 Magistrados y las Salas Político Administrativa, de Casación Civil, de Casación Penal, de Casación Social y Electoral estarán integradas por 5 Magistrados cada una de ellas (Art. 2, párrafo 2º).

Estas Salas, como lo ha determinado la Sala Constitucional, tienen "el mismo grado jerárquico y todas representan en el ámbito de sus competencias al Tribunal Supremo de Justicia como máximo representante del Poder Judicial", observando además, no sólo que "dentro de la configuración de los tribunales de la República, el Tribunal Supremo de Justicia (antes Corte Suprema de Justicia) es el órgano máximo dentro de la administración de justicia, no estando sus decisiones sujetas a control de otro órgano, por estar el mismo en la cúspide del Poder Judicial"; sino que "dentro de la estructura del Alto Tribunal, no se encuentra una Sala que tenga preeminencia sobre el resto de las mismas, ya que tal como quedó expuesto, todas las

---

776 Sobre la Constitución de 1999 *v.*, Allan R. Brewer-Carías, *La Constitución de 1999, Derecho Constitucional Venezolano,* 2 Tomos, Caracas 2004.

777 En la primera discusión de la Constitución se aprobó que cada Sala estaría integrada por 3 Magistrados, lo cual se modificó en segunda discusión en cuanto a la Sala Constitucional, llevando su integración a 5 Magistrados. A pesar de que esto fue inexplicablemente eliminado del texto constitucional publicado el 30 de diciembre de 1999, sin embargo, cuando la Asamblea Nacional Constituyente hizo las designaciones transitorias de los Magistrado del Tribunal Supremo, aún antes de que la Constitución fuera publicada, al dictar el inconstitucional Régimen Transitorio del Poder Público del 22 de diciembre de 1999, nombró sin fundamento legal ni constitucional alguno a 3 Magistrados en cada Sala con excepción de la Sala Constitucional, en la cual designó 5 Magistrados. *V.*, Allan R. Brewer-Carías, *Golpe de Estado y Proceso Constituyente en Venezuela,* UNAM, México 2002, pp. 350 y ss.

Salas conservan el mismo grado de jerarquía dentro de dicho órgano, atendiendo a las materias que le competen a cada una de ellas"[778].

La Sala Constitucional, sin embargo, al analizar su propia potestad de revisar las sentencias de las otras Salas por razones de inconstitucionalidad, lo cual no estaba regulado en la Constitución, posteriormente señaló que dicha "competencia revisora de la Sala Constitucional no es jerárquica sino potestativa"[779].

El artículo 264 de la Constitución remite a la ley orgánica la determinación del procedimiento para la elección de los Magistrados del Tribunal Supremo. Sin embargo, precisa directamente que en todo caso, los candidatos deben postularse ante el Comité de Postulaciones Judiciales (art. 270), por iniciativa propia o por organizaciones vinculadas con la actividad jurídica. Los ciudadanos pueden ejercer fundadamente objeciones a cualquiera de los postulados ante el Comité de Postulaciones Judiciales, o ante la Asamblea Nacional.

El Comité, que debería estar integrado exclusivamente por representantes de los diversos sectores de la sociedad, oída la opinión de la comunidad, debe efectuar una preselección para su presentación al Poder Ciudadano, el cual debe efectuar una segunda preselección que debe ser presentada a la Asamblea Nacional, la cual en definitiva, es la que debe efectuar la selección[780]. Lamentablemente, sin embargo, la Ley Orgánica distorsionó el carácter del Comité y lo convirtió en una simple "comisión parlamentaria ampliada"[781].

En efecto, la Ley Orgánica del Tribunal Supremo de Justicia de 19 de mayo de 2004[782], fue dictada con el objeto de establecer el régimen, organización y funcionamiento del Tribunal Supremo de Justicia (Art. 1). El artículo 1, párrafo 2° de la Ley precisa que el mismo constituye parte del Sistema de Justicia, es el máximo órgano y rector del Poder Judicial, y goza de autonomía funcional, financiera y administrativa.

Tiene su sede en la ciudad de Caracas, la cual es su asiento permanente, sin perjuicio de que la Sala Plena resuelva provisionalmente ejercer las funciones del Tribunal en otro lugar de la República (art. 1, párrafo 6°).

En su carácter de rector del Poder Judicial y su máxima representación, le corresponde la dirección, el gobierno y la administración del Poder Judicial, incluyendo la elaboración y ejecución de su presupuesto, así como la inspección y vigilancia de los tribunales de la República y de las Defensorías Públicas, todo de conformidad

---

778 *V.*, sentencia N° 158 del 28 de marzo 2000 (Caso: *Impugnación del artículo 1 de la Ley Orgánica de la Corte Suprema de Justicia*), en *Revista de Derecho Público*, N° 81, Editorial Jurídica Venezolana, Caracas 2000, p. 109.

779 *V.*, en *Revista de Derecho Público,* N° 85-88, Editorial Jurídica Venezolana, Caracas, 2001, p. 406.

780 *V.*, nuestro voto salvado en esta materia en Allan R. Brewer-Carías, *Debate Constituyente (Aportes a la Asamblea Nacional Constituyente),* T. III, Fundación de Derecho Público, Caracas 1999, pp. 201 y ss. y 290.

781 *V.*, Allan R. Brewer-Carías, "La progresiva y sistemática demolición institucional de la autonomía e independencia del Poder Judicial en Venezuela 1999-2004", en el libro: *XXX Jornadas J.M Domínguez Escovar, Estado de derecho, Administración de justicia y derechos humanos*, Instituto de Estudios Jurídicos del Estado Lara, Barquisimeto, 2005, pp. 33-174.

782 *Gaceta Oficial* N° 37.942 del 19 de mayo de 2004. Véase el texto al final de este libro.

con la Ley Orgánica del Poder Judicial, el Código de Ética del Juez o Jueza Venezolanos y la presente Ley, atribuciones que ejercerá a través de la Dirección Ejecutiva de la Magistratura.

El Tribunal Supremo de Justicia, siendo el más alto Tribunal de la República, contra sus decisiones, en cualquiera de sus Salas, no se puede oír, ni admitir acción o recurso alguno, salvo lo previsto en el artículo 5, párrafo 1°, numerales 4 y 16 de la Ley (Art. 1, párrafo 3°), que regulan la competencia de la Sala Constitucional para conocer del recurso de revisión constitucional de sentencias, incluyendo las de las otras Salas.

Además, el Tribunal Supremo de Justicia, en todas sus Salas, está llamado a garantizará la supremacía y efectividad de las normas y principios constitucionales, siendo el máximo y último intérprete de la Constitución, correspondiéndole velar por su uniforme interpretación y aplicación (art. 1, párrafo 4°).

Como parte del sistema judicial, y dado el principio constitucional de la gratuidad de la justicia, el artículo 1, párrafo 5°, de la Ley Orgánica ratifica que "El Tribunal Supremo de Justicia no podrá establecer tasas, aranceles, comisiones, ni exigir pago alguno por sus servicios".

El Tribunal Supremo de Justicia, ejerce, en exclusiva, la Jurisdicción Constitucional (art. 334), es la máxima autoridad judicial en la Jurisdicción Contencioso Administrativa (art. 259) y en la jurisdicción contencioso electoral (art. 297), resuelve los conflictos entre autoridades judiciales, conoce en exclusiva de los recursos de casación y de interpretación y tiene a su cargo declarar si hay o no méritos para el enjuiciamiento de altos funcionarios.

Todas estas competencias hacen del Tribunal Supremo de Justicia la más alta e importante institución judicial del país, la cual, para cumplir sus funciones, debería gozar de total independencia y autonomía. Lamentablemente, sin embargo, la autonomía del Tribunal Supremo ha sido lesionada en la propia Constitución al disponerse la posibilidad de que los magistrados puedan ser removidos por la Asamblea Nacional, es decir, por decisiones políticas.

Ello lo desarrolla el artículo 23, párrafo 3° de la Ley Orgánica, al establecer que los Magistrados del Tribunal Supremo de Justicia pueden ser sancionados o removidos de sus cargos, en casos de faltas graves, por la Asamblea Nacional, previa la solicitud y calificación de las faltas que realizare el Poder Ciudadano. En caso de remoción, la misma debe ser acordada por aprobación de una mayoría calificada de las 2/3 partes de los integrantes de la Asamblea Nacional, previa audiencia del Magistrado.

A partir del momento en que el Poder Ciudadano califique la falta como grave y solicite la remoción por unanimidad, el Magistrado queda suspendido del cargo, hasta la decisión definitiva de la Asamblea Nacional. Asimismo, queda suspendido si el Tribunal Supremo de Justicia declara que hay mérito para enjuiciarlo; en tal caso, esta medida es diferente a la sanción de suspensión prevista en la Ley Orgánica del Poder Ciudadano. El artículo 12, párrafo 1° de la Ley Orgánica desarrolla el contenido del artículo 265 de la Constitución, indicando que los Magistrados del Tribunal Supremo de Justicia pueden ser removidos de sus cargos en los términos establecidos en dicho artículo 265 constitucional, a cuyo efecto estableció una serie de supuestos que configuran la "causa grave" para ello, incluyendo unas tan genéricas como la el "incumplimiento o negligencia manifiesta en el ejercicio de sus atribuciones y deberes," o "cuando infrinjan algunas de las prohibiciones establecidas en la Constitución de la República Bolivariana de Venezuela y en las leyes".

De acuerdo con el artículo 12, párrafo 2° de la Ley, una vez calificada la falta y recibidas las actuaciones del Consejo Moral Republicano, el Presidente de la Asamblea Nacional debe convocar, dentro de los 10 días hábiles siguientes, a una sesión plenaria para dar audiencia y escuchar al interesado, debiendo resolver sobre la remoción inmediatamente después de dicha exposición.

Pero la Ley Orgánica del Tribunal Supremo de Justicia, en un evidente fraude a la Constitución, la cual limita la pérdida de la investidura de los Magistrados del Tribunal Supremo como sanción, a la remoción por faltas graves por mayoría calificada antes indicada, ha establecido en forma inconstitucional, otra forma de pérdida de la investidura de los Magistrados, que ha regulado como sanción en el artículo 23, así:

> "La Asamblea Nacional, por *mayoría simple*, podrá anular el acto administrativo mediante el cual se designa a un Magistrado o Magistrada, principal o suplente, cuando éste hubiere suministrado datos falsos con motivo de su postulación a la fecha de la misma, que impida conocer o tergiverse el cumplimiento de los requisitos exigidos en la presente Ley y en la Constitución de la República Bolivariana de Venezuela; o cuando la actitud pública de éstos, que atente contra la majestad o prestigio del Tribunal Supremo de Justicia, de cualquiera de sus Salas, de los Magistrados o Magistradas del Poder Judicial; o cuando atente contra el funcionamiento del Tribunal Supremo de Justicia, de alguna de sus Salas o del Poder Judicial. Estos actos administrativos de anulación tienen pleno valor y eficacia, y contra ellos sólo procede el recurso de nulidad"[783].

## 2. *La Sala Constitucional como Jurisdicción Constitucional*

En particular, conforme al artículo 266,1 de la Constitución, el Tribunal Supremo de Justicia ejerce la Jurisdicción Constitucional conforme al Título VIII de la Constitución, la cual está atribuida en exclusiva a la Sala Constitucional.

Pero por supuesto, Jurisdicción Constitucional no se puede confundir con "justicia constitucional". Esta última, como hemos señalado, como competencia judicial para velar por la integridad y supremacía de la Constitución, en Venezuela se ejerce por *todos los jueces* y no sólo por el Tribunal Supremo de Justicia ni sólo por su Sala Constitucional, en cualquier causa o proceso que conozcan y, además, en particular, cuando conozcan de acciones de amparo o de las acciones contencioso administrativas al tener la potestad para anular actos administrativos por contrariedad a la Constitución (como forma de contrariedad al derecho) (art. 259)[784].

---

783 Esta inconstitucional potestad fue ejercida en junio de 2004 en contra del Magistrado Franklin Arrieche, Primer Vicepresidente del Tribunal Supremo. Véase *El Nacional*, Caracas 16-06-2004, p. A-5.

784 *V.*, Allan R. Brewer-Carías, *La Justicia Contencioso administrativa*, T. VII, *Instituciones Políticas y Constitucionales*, Universidad Católica del Táchira-Editorial Jurídica Venezolana, Caracas, 1997, pp. 26 y ss.

En cuanto al Tribunal Supremo de Justicia, en materia de justicia constitucional, todas sus Salas tienen expresamente como competencia garantizar "la supremacía y efectividad de las normas y principios constitucionales", correspondiéndoles a todas ser "el máximo y último intérprete de la Constitución" y velar "por su uniforme interpretación y aplicación" (art. 335). No es cierto, por tanto, como se ha afirmado, que la Sala Constitucional sea "el máximo y último intérprete de la Constitución"[785], o como lo ha señalado la propia Sala Constitucional de tener "el monopolio interpretativo último de la Constitución"[786].

Esta es una apreciación completamente errada, que no deriva del texto de la Constitución, de cuyo artículo 335, al contrario, se deriva que *todas las Salas* ejercen la justicia constitucional conforme a sus respectivas competencias y son el máximo y último intérprete de la Constitución. También lo es la Sala Constitucional, a través de la cual el Tribunal Supremo de Justicia concentra la Jurisdicción Constitucional (Arts. 266, ord. 1° y 336).

En todo caso, sobre el carácter de todas las Salas como Tribunal Supremo, la propia Sala Constitucional se pronunció en sentencia N° 158 de 28 de marzo de 2000 (Caso: *Microcomputers Store S.A.*) al declarar que el artículo 1 de la Ley Orgánica de la Corte Suprema de Justicia de 1976, estaba conforme con la nueva Constitución, al prohibir la admisión de recurso alguno contra las decisiones dictadas por el Tribunal Supremo de Justicia en Pleno o por alguna de sus Salas, señalando que esta norma, lejos de ser inconstitucional,

> "Más bien garantiza su aplicación, ya que tal como quedó expuesto, el Tribunal Supremo de Justicia se encuentra conformado por las Salas que lo integran, las cuales conservan el mismo grado jerárquico y todas representan en el ámbito de sus competencias al Tribunal Supremo de Justicia como máximo representante del Poder Judicial"[787].

Posteriormente, sin embargo, la Sala Constitucional al afirmar su competencia para conocer del recurso extraordinario de revisión de constitucionalidad contra las sentencias de las otras Salas del Tribunal Supremo, señaló que el artículo 1° de la anterior Ley Orgánica de la Corte, para considerarlo compatible con la Constitución, sólo se refería "a los recursos preexistentes y supervivientes a la Constitución de 1999, distintos al recurso extraordinario de revisión constitucional de sentencias de las demás Salas del Máximo Tribunal"[788].

De lo anterior resulta, en todo caso, que la expresión "justicia constitucional" es un concepto material que equivale a *control judicial de la constitucionalidad de las*

---

785 *V.*, en José Vicente Haro G., "La justicia constitucional en Venezuela y la Constitución de 1999" en *Revista de Derecho Constitucional*, Editorial Sherwood, N° 1, Caracas, sep.-dic. 1999, pp. 137 y 146.

786 *V.*, sentencia N° 1374 de 09-11-2000, en *Revista de Derecho Público*, N° 84, (octubre-diciembre), Editorial Jurídica Venezolana, Caracas, 2000, p. 267.

787 *V.*, en *Revista de Derecho Público*, N° 81, (enero-marzo), Editorial Jurídica Venezolana, Caracas, 2000, p. 109.

788 *V.*, sentencia de la Sala Constitucional N° 33 de 25-01-2001 (Caso: *Revisión de la sentencia dictada por la Sala de casación Social del tribunal Supremo de Justicia de fecha 10 de mayo de 2001*, interpuesta por Baker Hugher SRL), en *Revista de Derecho Público*, N° 85-88, Editorial Jurídica Venezolana, Caracas, 2001, p. 405

*leyes y demás actos estatales,* el cual ha sido ejercido en Venezuela, siempre, por todos los tribunales pertenecientes a todas las Jurisdicciones, es decir, por todos los órganos que ejercen el Poder Judicial.

En cambio, la expresión *"Jurisdicción Constitucional"* es una noción orgánica, que tiende a identificar a un órgano específico del Poder Judicial que tiene, en forma exclusiva, la potestad de anular *ciertos actos estatales* por razones de inconstitucionalidad, en particular, las leyes y demás actos con rango de ley o de ejecución directa e inmediata de la Constitución. En los países europeos, dicha Jurisdicción Constitucional corresponde a los Tribunales o Cortes Constitucionales (muchas, incluso, ubicadas fuera del Poder Judicial), al igual que en algunos países latinoamericanos. En cambio, en Venezuela, siempre ha correspondido al Supremo Tribunal de Justicia[789], ahora a través de su Sala Constitucional.

La noción de justicia constitucional, por tanto, es distinta a la de Jurisdicción Constitucional, siendo en consecuencia errada la apreciación que hizo la Sala Constitucional en su sentencia Nº 129 de 17 de marzo de 2000, cuando señaló que:

> "La Sala Constitucional tiene atribuida competencia para ejercer la jurisdicción constitucional, es decir, la potestad de juzgar y de hacer ejecutar lo juzgado en materia constitucional"[790].

No es posible, en efecto, identificar la Jurisdicción Constitucional con "la potestad de juzgar en materia constitucional" que equivaldría a justicia constitucional.

La garantía de la supremacía y efectividad de la Constitución y ser su máximo y último interprete, se insiste, corresponde a todas las Salas del Tribunal Supremo, por igual, por lo que tampoco es correcto señalar como lo hizo la citada sentencia de 17 de marzo de 2000, ni siquiera que "en particular" dicha función corresponde a la Sala Constitucional. Esa "particularidad" no deriva de norma alguna de la Constitución. Lo único "particular" que resulta de las competencias judiciales en materia de justicia constitucional, es el monopolio atribuido a la Sala Constitucional para anular ciertos y determinados actos estatales: las leyes y demás actos de rango legal o de ejecución directa e inmediata de la Constitución. Por tanto, ni siquiera la Sala Constitucional tiene el monopolio para ejercer el control concentrado de la constitucionalidad de los actos estatales.

De lo anterior deriva, en definitiva, que no es correcto deducir de la Constitución que la Sala Constitucional tenga la potestad de "juzgar y de hacer ejecutar lo juzgado en materia constitucional" y considerar que eso sea equivalente a la "Jurisdicción Constitucional", pues ello significaría equiparar la justicia constitucional con la Jurisdicción Constitucional. Se insiste, la "justicia constitucional" corresponde a todos los Tribunales mediante diversos medios judiciales; la Jurisdicción Constitucional está atribuida a un solo órgano judicial que ejerce el control concentrado de la constitucionalidad de las leyes y demás actos con rango legal o dictados en ejecución directa e inmediata de la Constitución y que es la Sala Constitucional del Tribunal Supremo de Justicia.

---

789 *V.*, Allan R. Brewer-Carías, *La Justicia Constitucional,* T. VI, *Instituciones Políticas y Constitucionales,* Universidad Católica del Táchira-Editorial Jurídica Venezolana, Caracas, 1996; Allan R. Brewer-Carías, *Judicial Review in Comparative Law,* Cambridge, 1989.

790 Expediente 00-0005 (Caso: *Vicente Bautista García Fermín*).

Pero no por ello, como se ha dicho, la Sala tiene el monopolio del control concentrado de la constitucionalidad de todos los actos estatales; lo que tiene es el monopolio de dicho control *sólo respecto de determinados actos estatales* (los de rango y fuerza de ley y los dictados en ejecución directa e inmediata de la Constitución). Ello es lo que, además, caracteriza la "Jurisdicción Constitucional" en el derecho comparado: la atribución exclusiva a un órgano judicial del poder anulatorio de determinados, y sólo de determinados, actos estatales[791]. Por ello puede decirse, en general, que el control concentrado de la constitucionalidad de los actos estatales conforme a la Constitución, se ejerce por dos Jurisdicciones distintas: la Jurisdicción Constitucional y la Jurisdicción Contencioso Administrativa.

En consecuencia, los órganos de la Jurisdicción Contencioso Administrativa tienen competencia, conforme al artículo 259 de la Constitución, para controlar la constitucionalidad de los actos administrativos, tanto normativos (Reglamentos) como no normativos, que son siempre actos de rango sublegal.

De ello resulta, por tanto, que los órganos de la Jurisdicción Contencioso Administrativa y, ahora también, de la Jurisdicción Electoral, ejercen la justicia constitucional mediante el control concentrado de la constitucionalidad, al conocer de los recursos contenciosos administrativos de anulación contra actos administrativos por razones de inconstitucionalidad.

En esos casos, los órganos de la Jurisdicción Contencioso Administrativa ejercen el control concentrado de la constitucionalidad de los actos administrativos, que *no* son actos dictados "en ejecución directa e inmediata de la Constitución", cuyo control de constitucionalidad es el que corresponde exclusivamente a la Sala Constitucional del Tribunal Supremo.

### 3. *Las competencias de la Jurisdicción Constitucional*

Conforme al artículo 5, párrafo 2°, corresponde al Tribunal Supremo en Sala Constitucional como Jurisdicción Constitucional[792], los asuntos previstos en los

---

791 *V.*, en general, Allan R. Brewer-Carías, *Judicial Review in Comparative Law, op. cit.* p. 190; y Allan R. Brewer-Carías, *El control concentrado de la constitucionalidad de las leyes (Estudio de Derecho Comparado)*, Caracas, 1994, p. 19.

792 *V.*, en general, Allan R. Brewer-Carías, *El Sistema de Justicia Constitucional en la Constitución de 1999: Comentarios sobre su desarrollo jurisprudencial y su explicación a veces errada, en la Exposición de Motivos*, Editorial Jurídica Venezolana, Caracas, 2000; Allan R. Brewer-Carías, "La Justicia Constitucional en la Nueva Constitución" en *Revista de Derecho Constitucional*, N° 1, Septiembre-Diciembre 1999, Editorial Sherwood, Caracas, 1999, pp. 35-44; Allan R. Brewer-Carías, "La justicia constitucional en la Constitución de 1999", en *Derecho Procesal Constitucional*, Colegio de Secretarios de la Suprema Corte de Justicia de la Nación, A.C., Editorial Porrúa, México 2001, pp. 931-961. Publicado también en *Reflexiones sobre el Constitucionalismo en América*, Editorial Jurídica Venezolana, Caracas, 2001, pp. 255-285; Jesús M. Casal H., *Constitución y justicia constitucional: los fundamentos de la justicia constitucional en la nueva Carta Magna*, Universidad Católica Andrés Bello, Caracas, 2000; Héctor Fix Zamudio, "La justicia constitucional y la judicialización de la política", en *Constitución y Constitucionalismo Hoy*. Editorial Ex Libris, Caracas, 2000, pp. 557-592; Jesús M. Casal H., "Hacia el fortalecimiento y racionalización de la justicia constitucional", en *Revista de Derecho Constitucional*, N° 2 (enero-junio), Editorial Sherwood, Caracas, 2000, pp. 215-242; Antonio Canova González, "La futura justicia constitucional en Venezuela", en *Revista de Derecho Constitucional*, N° 2 (enero-junio), Editorial Sherwood, Caracas, 2000, pp. 93-181; María A. Bonnemaison, "El control constitucional de los Poderes Públicos", en *Bases y principios del sistema constitucional venezolano* (Ponencias del VII Congre-

numerales 3 al 23 del párrafo 1° de dicho artículo, que originan las siguientes competencias:

### A. *Competencias que originan procesos constitucionales*

En primer lugar, están una serie de competencias atribuidas a la Sala Constitucional originan procesos constitucionales que, en todo caso, están signados por el principio de la bilateralidad, requiriendo siempre instancia de parte. Esos son los siguientes:

#### a. *El proceso constitucional de control concentrado de constitucionalidad de las leyes y otros actos estatales de igual rango y valor (control concentrado de la constitucionalidad)*

Los ordinales 6 a 9 del párrafo 1° del artículo 5 de la Ley Orgánica atribuyen a la Sala Constitucional las siguientes competencias en materia de control de la constitucionalidad de actos del Estado establecidas en el artículo 336 de la Constitución, según los actos objeto de control:

En *primer* lugar,

> "6. Declarar la nulidad total o parcial de las *leyes nacionales y demás actos con rango de ley de la Asamblea Nacional*, que colidan con la Constitución de la República Bolivariana de Venezuela, mediante el ejercicio del control concentrado de la constitucionalidad".

Esta norma repite tanto el texto constitucional como el del artículo 42,1 de la Ley Orgánica de 1976, a los cuales sólo se les agregó la última frase sobre el "ejercicio del control concentrado de la constitucionalidad", terminología que, por tanto, adquirió rango constitucional en Venezuela.

Los actos con rango de ley de la Asamblea Nacional serían aquellos actos parlamentarios sin forma de ley dictados en ejecución directa e inmediata de la Constitución, como los *interna corporis*.

En *segundo* lugar,

> "7. Declarar la nulidad total o parcial de las *Constituciones y leyes estadales, de las ordenanzas municipales y demás actos* de los cuerpos deliberantes de los Estados, Municipios y del Distrito Capital, dictados *en ejecución directa e inmediata de la Constitución* y que colidan con ella, mediante el ejercicio del control concentrado de la constitucionalidad".

En este caso, también, la novedad respecto de lo que establece la Constitución y de los que establecía Ley Orgánica de 1976 no sólo es la calificación del proceso, también como "el ejercicio del control concentrado de la constitucionalidad"; sino la referencia, conforme a la Constitución (Arts. 334 y 336) de los actos estatales some-

---

so Venezolano de Derecho Constitucional realizado en San Cristóbal del 21 al 23 de Noviembre de 2001), Volumen II, pp. 233-260; Carla Crazut Jimenez, "Progreso de la protección constitucional en Venezuela", en *Libro Homenaje a Enrique Tejera París, Temas sobre la Constitución de 1999*, Centro de Investigaciones Jurídicas (CEIN), Caracas, 2001, pp. 273 a 289.

tidos a control como aquellos dictados en ejecución directa e inmediata de la Constitución, y que sin tener "valor de ley" tienen el mismo rango. En la Ley Orgánica se agregaron, además, los actos de tal naturaleza del Distrito Capital.

En *tercer* lugar,

> "8. Declarar la nulidad total o parcial de *los actos con rango de ley dictados por el Ejecutivo Nacional*, que colidan con la Constitución de la República Bolivariana de Venezuela, mediante el ejercicio del control concentrado de la constitucionalidad".

Esta norma se refiere, básicamente, a los decretos leyes dictados en virtud de ley habilitante (Art. 203), así como a las regulaciones sobre el ejercicio de derechos constitucionales que debe dictar el Ejecutivo Nacional en caso de restricción de garantías derivadas de un decreto de estado de excepción (Art. 339). Se destaca igualmente, el calificativo del proceso que origina la competencia como de "el ejercicio del control concentrado de la constitucionalidad.

En *cuarto* lugar,

> "9. Declarar la nulidad total o parcial de los actos dictados por cualquier órgano en ejercicio del Poder Público, *en ejecución directa e inmediata de la Constitución de la República Bolivariana de Venezuela*, cuando colidan con ésta y *que no sean reputables como actos de rango legal*".

Lamentablemente en la identificación del objeto de la acción de inconstitucionalidad en este caso, el Legislador no sólo no lo calificó como "control concentrado de la constitucionalidad", perdiendo la coherencia normativa, sino que no entendió las disposiciones constitucionales (Arts. 334, 336,4) que se refieren al control de constitucionalidad de los "actos dictados en ejecución directa e inmediata de la Constitución", los cuales precisamente por ello tienen rango legal, aún cuando puedan no tener valor de ley. Las categorías de actos dictados en ejecución directa e inmediata de la Constitución y los actos con rango de ley, no son excluyentes. Los actos dictados en ejecución directa e inmediata de la Constitución, precisamente por ello sólo pueden estar regulados por sus normas y no admiten que se pueda dictar una ley para regularlos. Pero la noción nada tiene que ver con el concepto de normas constitucionales de aplicación directa e inmediata. No es lo mismo, por tanto, un acto dictado en ejecución directa e inmediata de la Constitución que una norma constitucional de aplicación directa e inmediata[793].

En todo caso, en ejercicio de estas cuatro competencias (ordinales 6 a 9) y aún cuando no se utilizó la misma terminología en el ordinal 9, la Sala Constitucional ejerce el "control concentrado de la constitucionalidad", el cual, como lo precisa el artículo 5, párrafo 3° de la Ley Orgánica:

---

793 Ello, lamentablemente se ha confundido en forma inaceptable por la Sala Constitucional en la sentencia N° 566 de 12-04-2004 (Caso: *Julio Borges, César Pérez Vivas, Henry Ramos Allup, Jorge Sucre Castillo, Ramón José Medina y Gerardo Blyde vs. Consejo Nacional Electoral*) mediante la cual la Sala Constitucional se avocó al conocimiento de la causa relativa al referendo revocatorio presidencial que competía a la Sala Electoral. Véase los comentarios en Allan R. Brewer-Carías, *La Sala Constitucional vs. El Estado democrático de derecho (El secuestro del Poder Electoral y de la sala Electoral del tribunal Supremo y la confiscación del derecho a la participación política),* Ediciones El Nacional, Caracas 2004, pp. 133 y ss.

> "Sólo corresponderá a la Sala Constitucional en los términos previstos en esta Ley, la cual no podrá conocerlo incidentalmente en otras causas, sino únicamente cuando medie un recurso popular de inconstitucionalidad, en cuyo caso no privará el principio dispositivo, pudiendo la Sala suplir, de oficio, las deficiencias o técnicas del recurrente sobre las disposiciones expresamente denunciadas por éste, por tratarse de un asunto de orden público".

Con esta disposición expresa, en el caso de control concentrado de constitucionalidad, el Legislador ha puesto límite a la potestad de control concentrado de oficio que había venido desarrollando la Sala Constitucional, imponiendo aquí el principio dispositivo al exigir el ejercicio de una acción popular. Esta terminología de "recurso popular de inconstitucionalidad", además, adquirió rango legal en Venezuela con esta disposición.

Debe advertirse, por último, que si bien en todos estos casos se habla en la Ley Orgánica de "ejercicio del control concentrado de constitucionalidad", la verdad es que no lo agotan, pues los otros procesos constitucionales que se desarrollan ante la Sala Constitucional como Jurisdicción Constitucional, también constituyen, precisamente por ello, control concentrado de la constitucionalidad.

b. *El proceso constitucional de control concentrado de la constitucionalidad de las leyes como incidente con motivo del control difuso de constitucionalidad efectuado por otras Salas del Tribunal Supremo*

De acuerdo con lo dispuesto en le artículo 5, párrafo 1°, 22 de la Ley Orgánica, es competencia de la Sala Constitucional:

> "22. Efectuar el examen abstracto y general sobre la constitucionalidad de una norma previamente desaplicada mediante control difuso de la constitucionalidad por alguna de las Salas del Tribunal Supremo de Justicia, absteniéndose de conocer sobre el mérito y fundamento de la sentencia pasada con fuerza de cosa juzgada".

En estos casos, conforme al artículo 5, párrafo 5°,

> "Cuando cualquiera de las Salas del Tribunal Supremo de Justicia haga uso del control difuso de la constitucionalidad, únicamente para un caso concreto, deberá informar a la Sala Constitucional sobre los fundamentos y alcances de la desaplicación adoptada para que ésta proceda a efectuar un examen abstracto sobre la constitucionalidad de la norma en cuestión, absteniéndose de revisar el mérito y alcance de la sentencia dictada por la otra Sala, la cual seguirá conservando fuerza de cosa juzgada".

Conforme a estas normas, por tanto, la Sala Constitucional del Tribunal Supremo es competente para ejercer el control concentrado de la constitucionalidad de las normas legales cuando las mismas hayan sido desaplicadas en casos concretos por las otras Salas del Tribunal Supremo mediante la aplicación del método difuso de control de constitucionalidad.

c. *El proceso constitucional de control concentrado preventivo de la constitucionalidad de los Tratados*

Conforme al artículo 5, párrafo 1°,10 de la Ley, y al artículo 336,5 de la Constitución, la Sala Constitucional es competente para verificar, a solicitud del Presidente de la República o de la Asamblea Nacional, la conformidad con la Constitución, de los Tratados Internacionales suscritos por la República antes de su ratificación.

Se trata entonces del ejercicio de un control concentrado de carácter preventivo de la constitucionalidad de los tratados internacionales, a solicitud del Presidente de la República o de la Asamblea nacional.

d. *El proceso constitucional de control concentrado preventivo de la constitucionalidad de leyes sancionadas antes de su promulgación*

Conforme al artículo 5, párrafo 1°,21 de la Ley Orgánica, corresponde a la Sala Constitucional, "conocer de la solicitud de pronunciamiento, efectuada por el Presidente de la República, sobre la inconstitucionalidad de las leyes sancionadas por la Asamblea Nacional, de conformidad con lo previsto en el artículo 214 de la Constitución de la República Bolivariana de Venezuela"[794].

En este caso, igualmente se trata del ejercicio de un control concentrado preventivo de la constitucionalidad de las leyes antes de su publicación, a solicitud del Presidente de la República e independientemente del ejercicio del veto presidencial.

e. *El proceso constitucional de control concentrado de la inconstitucionalidad de la omisión del Legislador y de los demás órganos del Poder Público en relación con sus obligaciones constitucionales*

La Constitución reguló el proceso constitucional de control de la constitucionalidad de las omisiones del Legislador (Art. 336,7), el cual se recogió en el artículo 5, párrafo 1°,12 de la Ley Orgánica, al atribuirse a la Sala Constitucional, competencia para

> "Declarar la inconstitucionalidad de las omisiones del Poder Legislativo Municipal, Estadal o Nacional cuando haya dejado de dictar las normas o medidas indispensables para garantizar el cumplimiento de la Constitución de la República Bolivariana de Venezuela, o las haya dictado en forma incompleta, y establecer el plazo y, de ser necesario, los lineamientos generales esenciales para su corrección, *sin que ello implique usurpación de funciones de otro órgano del Poder Público, o extralimitación de atribuciones*".

La última frase subrayada, constituye un agregado del Legislador respecto de lo que dispone la Constitución, en el sentido de imponerle límites a la Sala Constitucional en cuanto a que los lineamientos que puede establecer para la corrección de la omisión por parte del órgano legislativo, no puede implicar en caso alguno, que la Sala pueda sustituirse en el ejercicio de la competencia del órgano legislati-

794 En esta forma, este control de constitucionalidad de las leyes no sancionadas, ni publicadas, se desligó del veto presidencial tal como estaba regulado en la Constitución de 1961, artículo 173.

vo omiso y asumir y ejercer su competencia; es decir, usurpar sus funciones e incurrir en extralimitación de atribuciones[795].

Pero la Ley Orgánica en su artículo 5, párrafo 1°,13 amplió las competencias de la Sala Constitucional, al regular el control concentrado de la constitucionalidad de las omisiones respecto de de cualesquiera otros órganos del Poder Público, y no sólo del órgano legislativo, en relación con el cumplimiento de obligaciones directamente establecidas en la Constitución, así:

> "13. Declarar la inconstitucionalidad de las omisiones de cualquiera de los órganos que ejerzan el Poder Público de rango nacional, respecto a obligaciones o deberes establecidos directamente por la Constitución de la República Bolivariana de Venezuela".

Esta disposición, tal como está redactada, podría implicar la concentración en la Sala Constitucional, por ejemplo, del conocimiento de todas las acciones de amparo o contencioso administrativas contra las conductas omisivas de los entes y funcionarios públicos en el cumplimiento de las obligaciones que le son impuestas en las regulaciones referidas, por ejemplo, a los derechos constitucionales, que son normas de aplicación directa e inmediata. Ello resquebrajaría las competencias judiciales en materia de amparo y contencioso administrativas.

f. *El proceso constitucional para la solución de las controversias constitucionales entre los órganos del Poder Público*

De acuerdo con el artículo 336,9 de la Constitución, la Sala Constitucional conforme al artículo 5, párrafo 1°,15 de la ley Orgánica tiene competencia para:

> "15. Dirimir las controversias constitucionales que se susciten entre cualquiera de los órganos del Poder Público".

g. *El proceso constitucional de la interpretación constitucional*

A pesar de la jurisprudencia desarrollada por la Sala Constitucional, la Ley Orgánica no reguló expresamente el proceso constitucional de interpretación de la Constitución, mediante acción autónoma. Como se verá más adelante, lo que establece es un conjunto de atribuciones que son comunes a todas las Salas del Tribunal Supremo, entre las cuales está el conocimiento de los recursos de interpretación de las leyes.

h. *El proceso constitucional de la revisión de sentencias en materia constitucional*

De acuerdo con la innovación consagrada en el artículo 336,10 de la Constitución, y conforme con el artículo 5, párrafo 1°,16 de la ley Orgánica la Sala Constitu-

---

795 Como lo hizo en agosto de 2003 al designar a los miembros del Consejo Nacional Electoral, y limitarle sus atribuciones. Véase sentencias N° 2073 de 4-8-2003 (Caso: *Hernann E. Escarrá Malavé (acción de inconstitucionalidad por omisión contra la Asamblea Nacional)*, y N° 2341 de 25-08-2003 (Caso: *Hermann Escarrá y otros*), en *Revista de Derecho Público*, N° 93-96, EJV, Caracas 2003, pp. 520 ss. y pp. 525 ss. *V.*, los comentarios en Allan R. Brewer-Carías, *La Sala Constitucional vs. El Estado democrático de derecho*, Caracas, 2004, pp. 43 y ss.

cional tiene competencia para conocer del recurso extraordinario de revisión de sentencias dictadas en materia constitucional, así:

> "16. Revisar las sentencias definitivamente firmes de amparo constitucional y control difuso de la constitucionalidad de leyes o normas jurídicas, dictadas por los demás tribunales de la República".

Se trata de una competencia que tiene por objeto establecer la uniformidad de la aplicación e interpretación constitucional, al permitirle a la Sala Constitucional conocer, a su discreción, de los recursos extraordinarios de revisión que se intenten contra sentencias definitivamente firmes de los tribunales dictadas en materia de amparo en los casos en los cuales han ejercido el control difuso de la constitucionalidad de las leyes.

En particular, sobre las sentencias dictadas en ejercicio del control difuso de la constitucionalidad, el artículo 5, párrafo 4° de la Ley Orgánica, dispuso que "de conformidad con lo previsto en la Constitución de la República Bolivariana de Venezuela, todo tribunal de la República podrá ejercer el control difuso de la constitucionalidad únicamente para el caso concreto, en cuyo supuesto dicha sentencia estará expuesta a los recursos o acciones ordinarias o extraordinarias a que haya lugar". Dicho artículo dejó "a salvo en todo caso", que la Sala Constitucional pueda hacer uso, *de oficio o a instancia de parte,* de la competencia de revisión prevista en el numeral 16 del artículo 5 "y se avoque a la causa para revisarla cuando ésta se encuentre definitivamente firme".

Como se verá más adelante, la jurisprudencia de la Sala Constitucional, apartándose de la Constitución, ha venido ampliando sus competencias de revisión de sentencias dictadas por otras Salas del Tribunal Supremo (distintas a las dictadas en materia de amparo o de control difuso de la constitucionalidad), lo cual el Legislador ha regularizado en la Ley Orgánica, atribuyendo además a la Sala Constitucional, en su artículo 5, párrafo 1°, 4, competencia para:

> "4. Revisar las sentencias dictadas por una de las Salas, cuando se denuncie fundadamente la violación de principios jurídicos fundamentales contenidos en la Constitución de la República Bolivariana de Venezuela, Tratados, Pactos o Convenios Internacionales suscritos y ratificados válidamente por la República, o que haya sido dictada como consecuencia de un error inexcusable, dolo, cohecho o prevaricación; asimismo podrá avocarse al conocimiento de una causa determinada, cuando se presuma fundadamente la violación de principios jurídicos fundamentales contenidos en la Constitución de la República Bolivariana de Venezuela, Tratados, Pactos o Convenios Internacionales suscritos y ratificados válidamente por la República, aun cuando por razón de la materia y en virtud de la ley, la competencia le esté atribuida a otra Sala";

#### i. *El proceso constitucional sobre colisión (vigencia y derogación) de leyes*

Conforme a lo dispuesto en el artículo 336,8 de la Constitución, el artículo 5, párrafo 1°,14 de la ley Orgánica atribuye a la Sala Constitucional:

> "14. Resolver las colisiones que existan entre diversas disposiciones legales y declarar cuál debe prevalecer".

En este caso se trata de un proceso constitucional destinado a determinar cuál es la ley aplicable en caso de colisiones entre leyes.

B. *Las competencias respecto de los procedimientos de control de la constitucionalidad de ciertos actos estatales*

En segundo lugar, además de las competencias de la sala Constitucional para conocer de una serie de procesos constitucionales, están los casos referidos a procedimientos constitucionales de control concentrado de la constitucionalidad de actos estatales, los cuales no se rigen por el principio de la bilateralidad ni requieren de instancia de parte.

a. *El procedimiento de control concentrado y obligatorio de la constitucionalidad de las leyes orgánicas*

La Constitución estableció, en su artículo 203, un control de constitucionalidad de carácter obligatorio respecto de ciertas leyes orgánicas, aquellas "que así haya calificado la Asamblea Nacional" en la forma dispuesta en dicha norma; las cuales constituyen sólo uno de los cinco tipos de leyes orgánicas que regula la Constitución.

El artículo 5, párrafo 1°, 17 de la ley Orgánica, sin embargo, parece haber extendido este control automático y obligatorio por parte la Sala Constitucional respecto de *todas las leyes orgánicas*, al atribuirle competencia para:

> "17. Conocer, antes de su promulgación, la constitucionalidad del carácter orgánico de las leyes dictadas por la Asamblea Nacional, y de los Decretos con Fuerza de Ley que dicte el Presidente de la República en Consejo de Ministros mediante Ley Habilitante".

A pesar de lo mal redactado de la norma, debe presumirse que el control previsto respecto de los decretos ejecutivos con fuerza de Ley en ella establecido, sólo se refiere a aquellos que tengan el carácter de "leyes orgánicas".

b. *El procedimiento de control concentrado y obligatorio de constitucionalidad de los decretos de estado de excepción*

Conforme al artículo 336,6 de la Constitución, el artículo 5, párrafo 1°,11 de la ley Orgánica atribuye a la Sala Constitucional competencia para controlar la constitucionalidad en forma obligatoria de los decretos de estados de excepción, así:

> "11. Revisar, en todo caso, aun de oficio, la constitucionalidad de los decretos que declaren estados de excepción dictados por el Presidente o Presidenta de la República".

C. *Las competencias en materia de resolución de controversias en relación con los tratados internacionales*

En tercer lugar, se destaca la competencia de la Sala Constitucional que ha regulado la Ley Orgánica el artículo 5, párrafo 1°,23 al atribuirle competencia para:

"23. Conocer de las controversias que pudieren suscitarse con motivo de la interpretación y ejecución de los tratados, convenios o acuerdos internacionales suscritos y ratificados por la República. La sentencia dictada deberá ajustarse a los principios de justicia internacionalmente reconocidos y será de obligatorio cumplimiento por parte del Estado Venezolano".

Nada más reguló la Ley Orgánica sobre estas competencias ni sobre la legitimación activa para iniciar el proceso.

### D. *La competencia para la resolución de conflictos entre las Salas del Tribunal Supremo*

Conforme al artículo 5, párrafo 1°,3 de la Ley Orgánica, corresponde a la Sala Constitucional resolver los conflictos de cualquier naturaleza que puedan suscitarse entre las Salas que integran el Tribunal Supremo de Justicia o entre los funcionarios del propio Tribunal, con motivo de sus funciones.

Esta competencia, conforme a la Ley Orgánica derogada de 1976, correspondía, como era lógico, a la Corte Plena de la antigua Corte Suprema de Justicia (Art. 42,7); sin embargo, sin sentido alguno, en la Ley Orgánica de 2004 la competencia se atribuyó a la Sala Constitucional, que es una de las Salas del Tribunal Supremo que es igual a todas las otras. No se entiende, por ejemplo, cómo puede ser la propia Sala Constitucional la que sea la llamada a resolver los conflictos cuando se susciten entre ella misma y las otras Salas.

## *SUB-SECCIÓN SEGUNDA: PRINCIPIOS DEL MÉTODO CONCENTRADO DE JUSTICIA CONSTITUCIONAL*

**Este texto fue publicado también en el libro de José de Jesús Navaja Macías y Víctor Bazán (Coordinadores), *Derecho Procesal Constitucional*, T. I, Orlando Cárdenas Editor, Irapuato, GTO, México, 2007, pp. 251-272. Publicado también con el título: "El método concentrado de control de constitucionalidad de las leyes," en el libro: *Derecho Procesal Constitucional. Instrumentos para la Justicia Constitucional*, Ediciones Doctrina y Ley Ltda., Bogotá 2013, pp. 73-88.**

El método concentrado de control jurisdiccional de la constitucionalidad de las leyes[796], contrariamente al sistema difuso, se caracteriza por el hecho de que el ordenamiento constitucional confiere *a un solo órgano estatal* el poder de actuar como juez constitucional *con poderes de anulación*, es decir, que este sistema existe cuando un solo órgano estatal tiene la facultad de decidir jurisdiccionalmente la nulidad por inconstitucionalidad de los actos legislativos y otros actos del Estado de rango y valor similar a las leyes.

El órgano estatal dotado del privilegio de ser único juez de la constitucionalidad de las leyes con poderes anulatorios, aun cuando sea generalmente similar al "mode-

---

796 *V.*, Allan R. Brewer-Carías, *El control concentrado de la constitucionalidad de las leyes (Estudio de Derecho Comparado)*, Caracas, 1994; Allan R. Brewer-Carías, *La Justicia Constitucional*, Vol. VI, *Instituciones Políticas y Constitucionales*, Caracas 1996.

lo europeo" de Tribunales constitucionales especiales[797], no implica necesariamente la existencia de un Tribunal Constitucional especial, concebido constitucionalmente fuera del Poder Judicial. El sistema sólo implica la atribución, a un órgano particular del Estado que ejerce una actividad jurisdiccional, del poder y del deber de actuar como juez constitucional con poderes anulatorios. Esta es la esencia propia del sistema concentrado con relación al sistema difuso, sea que el órgano dotado del poder para actuar como juez constitucional sea el Tribunal más alto del Poder Judicial o una Sala especializada del mismo o un Tribunal especializado en materia constitucional; y en este último caso, sea que se trate de un órgano constitucional especial creado fuera de la organización judicial o dentro de la misma, aun cuando este último aspecto no resulte esencial para establecer la distinción.

## I. LA SUPREMACÍA DE LA CONSTITUCIÓN Y EL CARÁCTER EXPRESO DEL MÉTODO CONCENTRADO

Desde un punto de vista lógico y racional, puede afirmarse que el poder conferido a un órgano estatal que ejerce una actividad jurisdiccional para que actúe como juez constitucional con poderes anulatorios, es una consecuencia del principio de la supremacía de la Constitución. En estos sistemas de justicia constitucional concentrada, siendo la Constitución la Ley suprema de país, es evidente que en caso de conflicto entre un acto estatal y la Constitución, ésta última debe prevalecer. Sin embargo, la Constitución no siempre confiere poderes a todos los tribunales para que actúen como jueces constitucionales. En muchos casos, reserva este poder a la Corte o Tribunal Supremo de Justicia o a un Tribunal Constitucional especial, sobre todo en lo que respecta a algunos actos del Estado los cuales solamente pueden ser anulados por dichos órganos cuando contradicen la Constitución.

De manera general puede señalarse que la lógica del método reside en el principio de la supremacía de la Constitución y del deber de los tribunales de decidir la ley aplicable a cada caso en particular[798]; ello sin embargo, con una limitación precisa: el poder de decidir la inconstitucionalidad de los actos legislativos y otros actos del Estado del mismo rango se reserva al Tribunal o Corte Suprema de Justicia o a una Corte, un Consejo o un Tribunal Constitucional. En consecuencia, en el método concentrado de control de la constitucionalidad de las leyes, cuando se establece como método exclusivo, todos los demás tribunales continúan teniendo plenos poderes para decidir sobre la constitucionalidad de las normas aplicables en cada caso concreto, salvo las de las leyes o actos dictados en ejecución inmediata de la Constitución[799].

---

797 *V.*, M. Cappelletti, *Judicial Review in the Contemporary World,* Indianápolis, 1971, pp. 46, 50, 63; José F. Palomino Manchego, "Los orígenes de los Tribunales constitucionales en América Latina", en *El Derecho Público a comienzos del siglo XXI. Estudios homenaje al Profesor Allan R. Brewer-Carías,* T. I, Instituto de Derecho Público, UCV, Civitas Ediciones, Madrid, 2003, pp. 1015-1026.

798 *V.*, W.K. Geck, "Judicial Review of Statutes: A Comparative Survey of Present Institutions and Practices", *Cornell Law Quarterley,* 51, 1966, p. 278.

799 *V.*, Manuel García Pelayo. "El status del Tribunal Constitucional", *Revista Española de Derecho Constitucional,* 1. Madrid, 1981, p. 19; E. García de Enterría, *La Constitución y el Tribunal Constitucional,* Madrid, 1981, p. 65. En particular en los sistemas concentrados de control de la constitucionalidad, los tribunales dotados de funciones de justicia administrativa siempre tienen el poder para actuar como juez

En todo caso, un método concentrado de control de la constitucionalidad de las leyes, el cual se basa en el principio de la supremacía de la Constitución, a diferencia del método difuso, no puede, por lo tanto, desarrollarse como consecuencia de la labor pretoriana de los jueces en sus decisiones judiciales, como sucedió en el caso del sistema difuso de control de la constitucionalidad, por ejemplo, en los Estados Unidos y en Argentina. Al contrario, debe ser expresamente establecido en la Constitución. Por tanto, las funciones de justicia constitucional con poderes anulatorios relativas a ciertos actos del Estado, reservadas a un Tribunal o Corte Suprema o a un Tribunal Constitucional especial, requieren texto expreso.

Por consiguiente, dadas las limitaciones que ello implica tanto al deber como al poder de todos los jueces de determinar, en cada caso, la ley aplicable, sólo se puede implantar un sistema concentrado de control jurisdiccional de la constitucionalidad en la medida en que está previsto *expressis verbis* por normas constitucionales. En esta forma, la Constitución, como ley suprema de un país, es el único texto que puede limitar los poderes y deberes generales de los tribunales para decidir la ley aplicable en cada caso; es la única habilitada para atribuir dichos poderes y deberes en lo referente a ciertos actos del Estado, a ciertos órganos constitucionales, sea la Corte o Tribunal Supremo o una Corte, un Consejo o un Tribunal Constitucional.

Por lo tanto, el método concentrado de control jurisdiccional de la constitucionalidad solamente puede ser un sistema de control establecido y regido expresamente por la Constitución. Los órganos del Estado a los cuales la Constitución reserva el poder de actuar como jueces constitucionales con poderes anulatorios respecto de algunos actos del Estado tienen el carácter de jueces constitucionales, es decir, de órganos del Estado creados y regidos expresamente por la Constitución, trátese de un Tribunal o Corte Suprema de Justicia existente o de una Corte, un Consejo o un Tribunal Constitucional especialmente creado para tal fin. En Venezuela, ese órgano es la Sala Constitucional del Tribunal Supremo de Justicia, al cual la Constitución le otorga en exclusiva la potestad de anular las leyes y demás actos estatales que tengan rango legal o que sean dictados en ejecución directa e inmediata de la Constitución (art. 334), pero sin dejar de atribuir a los jueces en general el método difuso de control de constitucionalidad de las leyes en los casos concretos que decidan (art. 334).

## II. LA COMPATIBILIDAD DEL MÉTODO CONCENTRADO CON TODOS LOS SISTEMAS JURÍDICOS

El método concentrado de control de la constitucionalidad de las leyes también puede decirse que es compatible con todos los sistemas jurídicos, es decir, no es propio de los sistemas de derecho civil ni tampoco incompatible con la tradición del *common law*.

En realidad, se trata de un sistema que debe establecerse en una Constitución escrita, y poco importa que el sistema jurídico del país sea de derecho civil o de *common law*, aun cuando es más frecuente en países de derecho civil, lo que no ha im-

constitucional de los actos administrativos. *V.*, C. Frank, *Les fonctions juridictionnelles du Conseil d'Etat dans l'ordre constitutionnel*, París, 1974.

pedido que se haya desarrollado en muchos países surgidos del proceso de descolonización inglesa con Constituciones escritas.

El sistema concentrado de control de la constitucionalidad en todo caso, no puede reducirse a los sistemas constitucionales en los cuales existe una Corte, un Consejo o un Tribunal Constitucional. Por esta razón consideramos que es erróneo, para estudiar el sistema, el enfoque que consiste en identificar el sistema concentrado de control de la constitucionalidad de las leyes con el "modelo europeo" de Cortes, Consejos o Tribunales constitucionales especiales.

De hecho, aun cuando el método concentrado de control de la constitucionalidad de las leyes se conozca también como el sistema "austriaco"[800] o "modelo europeo"[801] debido a la existencia de una Corte, un Consejo o un Tribunal Constitucional especial encargado por la Constitución de actuar como juez constitucional fuera del Poder Judicial, debe recalcarse el hecho de que la característica fundamental del sistema no es la existencia de una Corte, un Consejo o un Tribunal Constitucional especial, sino más bien, la atribución exclusiva a un solo órgano constitucional del Estado del poder de actuar como juez constitucional con poderes anulatorios en lo que respecta a algunos actos del Estado, trátese del Tribunal Supremo o de la Corte Suprema de Justicia existente en el país o de una Sala Constitucional de los mismos o de una Corte, un Consejo o un Tribunal Constitucional especialmente creado.

La adopción del método es una elección constitucional, una decisión constituyente tomada en función de las circunstancias concretas de cada país, pero no necesariamente implica la creación de Tribunales Constitucionales especiales con el fin de garantizar la justicia constitucional, ni la organización de tales Tribunales fuera del Poder Judicial. En Venezuela el método ha existido desde 1858 atribuido siempre a la Corte Suprema, y a partir de 2000 a una Sala Constitucional del Tribunal Supremo de Justicia (arts. 334 y 336).

En Europa, por ejemplo, la multiplicación de los Tribunales Constitucionales encargados de ejercer el sistema concentrado de control de la constitucionalidad de las leyes, debe considerarse como una consecuencia práctica de una tradición constitucional particular, vinculada al principio de la supremacía de la ley, a la separación de poderes y a la desconfianza hacia los jueces en lo que respecta al control de los actos estatales y particularmente de los administrativos[802]. Sin embargo, esto no puede llevar a considerar que el "modelo" del sistema concentrado de control de la constitucionalidad de las leyes esté limitado a la creación de órganos constitucionales fuera del Poder Judicial, para que actúen como jueces constitucionales. Antes del "descubrimiento" europeo de la justicia constitucional a través de la creación de Cortes o Tribunales constitucionales especiales después de la Primera Guerra Mun-

---

800 *V.*, M. Cappelletti, *op. cit.*, p. 50; J. Carpizo et H. Fix Zamudio, "La necesidad y la legitimidad de la revisión judicial en América Latina. Desarrollo reciente", *Boletín Mexicano de Derecho Comparado*, 52, 1985, p. 36.

801 *V.*, L. Favoreu, "Actualité et légitimité du contrôle juridictionnel des lois en Europe occidentale", *Revue du Droit public et de la Science politique en France et a l'étranger*, 1985 (5), París, p. 1149; publicado también en L. Favoreu y J.A. Jolowicz (ed.), *Le contrôle juridictionnel des lois. Légitimité, effectivité et développements récents*. Paris, 1986, pp. 17-68.

802 *V.*, M. Cappelletti, *op. cit.*, p. 54; M. Cappelletti y J.C. Adams, "Judicial Review of Legislation: European Antecedents and Adaptation", *Harvard Lew Review*, Vol. 79 (6), 1966, p. 1211.

dial, otros países con tradición de derecho civil habían implantado a partir de mediados del siglo XIX, sistemas concentrados de control de la constitucionalidad, atribuyendo a sus Cortes Supremas una jurisdicción exclusiva y original, con el fin de anular leyes y otros actos del Estado con efectos, similares, cuando éstos contradicen la Constitución. Este es el caso de algunos sistemas constitucionales latinoamericanos, incluso si, con alguna frecuencia, han combinado el sistema concentrado con el sistema difuso de control de la constitucionalidad, como ha sucedido en Venezuela.

De lo anterior se desprenden tres conclusiones con respecto al método concentrado de control de la constitucionalidad de las leyes.

En primer lugar, el método concentrado de control de la constitucionalidad sólo puede existir cuando está establecido *expressis verbis* en la Constitución; por lo tanto, no puede surgir de la sola interpretación del principio de la supremacía de la Constitución. En segundo lugar, el método, concentrado de control de la constitucionalidad, al atribuir a un solo órgano constitucional las funciones de justicia constitucional con poderes anulatorios, no es incompatible con algún sistema jurídico perteneciente al *common law* o al derecho civil, aun cuando se haya desarrollado ampliamente en los países de derecho civil. En tercer lugar, el método concentrado de control de la constitucionalidad no necesariamente supone atribuir funciones de justicia constitucional con poderes anulatorios a una Corte, un Consejo o un Tribunal Constitucional especial creado separadamente de la organización judicial, sino que también puede existir cuando las funciones de justicia constitucional con poderes anulatorios se atribuyen al Tribunal o Corte Suprema de Justicia existente en el país, incluso si, en numerosos países, en este último caso, el sistema tiende a combinarse con algunos aspectos del sistema difuso de control de la constitucionalidad.

## III. LA RACIONALIDAD DEL MÉTODO

Como se ha señalado anteriormente, la esencia del método concentrado de control de la constitucionalidad de las leyes, por supuesto, también es la noción de supremacía de la Constitución. En efecto, si la Constitución es la ley suprema de un país y, por lo tanto, prevalece ante todas las demás leyes, entonces un acto del Estado que contradiga la Constitución no puede constituir una norma efectiva; al contrario, debe considerarse nulo. Ahora bien, el principal elemento que aclara la diferencia entre los dos grandes sistemas de control de la constitucionalidad (difuso y concentrado) no es una posible concepción distinta de la Constitución y de su supremacía, sino más bien el tipo de garantía adoptada en el sistema constitucional para preservar dicha supremacía. Como lo indicó Hans Kelsen en 1928, estas "garantías objetivas" son la nulidad o la anulabilidad del acto inconstitucional.

Por nulidad se entiende, como lo explicó Kelsen, que el acto inconstitucional del Estado no puede considerarse objetivamente como un acto jurídico; en consecuencia, no se requiere, en principio, de ningún otro acto jurídico para quitarle al primero su calidad usurpada de acto jurídico. En este caso, teóricamente cualquier órgano o autoridad pública o cualquier individuo tendría el derecho de examinar la regularidad de los actos considerados nulos, con el fin de decidir su irregularidad y juzgarlos no conformes y no obligatorios.

En cambio, si otro acto jurídico fuera necesario para establecer la nulidad del acto inconstitucional, la garantía constitucional no sería la nulidad sino la anulabilidad[803].

Ahora bien, en principio, la nulidad de los actos inconstitucionales del Estado es la garantía de la Constitución que conduce al sistema difuso de control de la constitucionalidad, aun cuando la ley positiva restrinja el poder que podría tener cualquier persona para juzgar como nulos los actos inconstitucionales[804] y atribuya este poder de manera exclusiva a los tribunales, como se puede observar en forma generalizada, dada la necesidad de confiabilidad y seguridad jurídica.

Por otra parte, la otra garantía de la Constitución, a saber la anulabilidad de los actos inconstitucionales del Estado, es precisamente la que conduce, en principio, al sistema concentrado de control de la constitucionalidad de las leyes.

### 1. *La anulabilidad de algunos actos inconstitucionales del Estado*

En efecto, el primer aspecto que muestra la racionalidad del sistema concentrado de control de la constitucionalidad de las leyes es el principio de anulabilidad de algunos actos del Estado, en particular de las leyes y otros actos dictados en ejecución directa de la Constitución, cuando la contradicen.

Contrariamente a la nulidad de los actos del Estado, la anulabilidad de dichos actos cuando se considera como una garantía objetiva de la Constitución, significa que el acto del Estado, aun irregular o inconstitucional, una vez producido por una institución pública, debe considerarse como un acto del Estado, y como tal, válido y efectivo hasta que el órgano que lo produjo lo derogue o revoque o hasta que se decida su anulación por otro órgano del Estado con los poderes constitucionales correspondientes. Este es precisamente el caso de los sistemas concentrados de control de la constitucionalidad, en los cuales la Constitución confiere el poder para anular algunos actos del Estado cuando se juzgan inconstitucionales, a un solo órgano constitucional, sea éste el Tribunal o Corte Suprema existente o un órgano creado especial y separadamente del Poder Judicial, con funciones jurisdiccionales que le permiten actuar como juez constitucional con poderes anulatorios.

En todo caso, debe señalarse que en los sistemas concentrados de control de la constitucionalidad, la anulabilidad de los actos del Estado no constituye la única garantía de la Constitución puesto que siempre va acompañada de la nulidad con relación a todos los actos del Estado distintos de aquellos que sólo pueden ser anulados por el Tribunal Constitucional o por la Corte Suprema.

En efecto, como se ha señalado, en lo que respecta a los actos del Estado de rango inferior en la jerarquía de las normas, por ejemplo, los actos administrativos normativos, todos los jueces, en un sistema concentrado de control de la constitucionalidad, tienen normalmente el poder de considerarlos nulos cuando son inconstitucionales, con relación al juicio particular en el cual fueron cuestionados.

---

803 *V.*, H. Kelsen, "La garantie juridictionnelle de la Constitution. La Justice constitutionnelle" *Revue du Droit Public et de la Science politique en France et a l'étranger,* 1928, París, p. 124.

804 *Idem.*, p. 215.

En estos casos, la garantía de la Constitución es la nulidad del acto inconstitucional del Estado, aun cuando solamente los tribunales estén habilitados para examinarlo.

En consecuencia, la particularidad del sistema concentrado de control de la constitucionalidad reside en el hecho de que la ley positiva establece un límite adicional a los efectos de la inconstitucionalidad de los actos, a saber, que respecto de algunos de éstos, el poder para declarar su nulidad por inconstitucionalidad , y por tanto, para considerarlos sin efectos, ha sido reservado exclusivamente a un solo órgano constitucional: el Tribunal o Corte Suprema existente o una Corte, un Consejo o un Tribunal Constitucional especial. En estos casos, y con relación a tales actos, tratándose normalmente de actos legislativos y otros actos del Estado de rango o efectos similares en el sentido que sean de ejecución directa de la Constitución, la garantía de la Constitución ha sido reducida a la anulabilidad del acto del Estado considerado inconstitucional.

En conclusión, en los sistemas constitucionales que poseen sólo un sistema concentrado de control de la constitucionalidad, el deber de todos los jueces y todos los tribunales consiste en examinar la constitucionalidad de los actos del Estado. Sin embargo, cuando el acto cuestionado es una ley u otro acto de ejecución directa de la Constitución, los tribunales ordinarios no pueden juzgar su inconstitucionalidad, puesto que dicho poder está reservado a un Tribunal Constitucional especial o al Tribunal o Corte Suprema de un país determinado, el cual puede anular el acto. En este caso, la garantía de la Constitución es la anulabilidad y entonces el acto queda anulado con efectos generales, puesto que es considerado o declarado nulo, no solamente respecto de un caso particular, sino en general, con efectos *erga omnes*.

Salvo esta excepción jurisdiccional particular, la cual es propia del método concentrado de control de la constitucionalidad, todos los demás tribunales o jueces pueden, en un juicio concreto, decidir la inaplicabilidad de los actos normativos del Estado no contemplados por esta excepción, considerándolos nulos cuando los juzguen viciados de inconstitucionalidad. En estos casos, la garantía de la Constitución es, sin lugar a dudas, la nulidad.

### 2. *El poder de un órgano constitucional para anular algunos actos inconstitucionales del Estado*

El segundo aspecto de la racionalidad del método concentrado de control de la constitucionalidad es que el poder para declarar la nulidad de las leyes está conferido a un órgano constitucional con funciones jurisdiccionales, sea el Tribunal o Corte Suprema existente en un país determinado, sea una Sala Constitucional de los mismos, sea una Corte, un Consejo o un Tribunal Constitucional especialmente creado. Por consiguiente, el método concentrado posee una particularidad doble: en primer lugar, el poder para anular ciertos actos inconstitucionales está conferido a un solo órgano constitucional con funciones jurisdiccionales, y en segundo lugar, de acuerdo con la excepción mencionada, el poder de dichos órganos constitucionales para juzgar la inconstitucionalidad y declarar la nulidad de ciertos actos del Estado no concierne a todos los actos del Estado, sino a un número limitado de ellos, normalmente las leyes y otros actos de la Asamblea o Congreso o del Gobierno, de rango legal o dictados en ejecución directa e inmediata de la Constitución y únicamente sometidos a sus regulaciones.

Se ha señalado anteriormente que el método concentrado de control de la constitucionalidad no implica necesariamente el otorgamiento del poder para anular leyes a una Corte, un Consejo a un Tribunal Constitucional especialmente creado, tal como sucede en Europa, sino que dicho poder puede ser conferido al Tribunal o Corte Suprema existente en el país, como es el caso en América Latina mucho antes de que Europa continental implantase el modelo de los Tribunales constitucionales en 1920.

En efecto, desde mediados del siglo diecinueve, muchos países latinoamericanos habían adoptado un sistema concentrado de control de la constitucionalidad confiriendo a la Corte Suprema del país el poder para decidir la nulidad de las leyes. Debe señalarse los casos de Colombia y Venezuela que poseen un verdadero sistema concentrado de control de la constitucionalidad desde 1858, en los cuales la Corte o Tribunal Supremo ha tenido el monopolio de la anulación de las leyes. En Colombia, en 1991, este poder ha sido transferido a una Corte Constitucional y en Venezuela, en 1999, ha sido atribuido a la Sala Constitucional del Tribunal Supremo.

Debe señalarse que, por lo general, los sistemas de control de la constitucionalidad que se han desarrollado en América Latina durante los últimos 150 años se han ido orientando progresivamente hacia sistemas mixtos de control de la constitucionalidad, en los cuales coexisten el método difuso y el método concentrado. Este es el caso de Brasil, Colombia, Ecuador, Guatemala, México, Nicaragua, Perú, República Dominicana y Venezuela. No obstante, algunos sistemas de América Latina han permanecido exclusivamente concentrados, como por ejemplo el de Bolivia, Costa Rica, Chile, El Salvador, Honduras, Panamá, Paraguay y Uruguay donde la Corte Suprema de Justicia o en su caso el Tribunal constitucional, tienen una jurisdicción exclusiva y original para declarar la inconstitucionalidad de las leyes[805].

Debe destacarse, sin embargo, que la modalidad del método concentrado de control de la constitucionalidad basado en la creación de un órgano constitucional especial, una Corte, un Consejo o un Tribunal para actuar como juez constitucional dotado del poder original *y* exclusivo para anular las leyes y otros actos de rango y efectos similares, ha marcado, por su carácter novedoso, la evolución de la justicia constitucional en las últimas décadas, desde la creación de las primeras Cortes Constitucionales en Austria y Checoslovaquia en 1920. El sistema fue adoptado más tarde en Alemania y en Italia después de la Segunda Guerra Mundial, y más recientemente en España y en Portugal. También había sido adoptado antes de 1990, en algunos países ex socialistas (Yugoslavia, Checoslovaquia y Polonia) y desarrollado con posterioridad a 1989 en casi todos; y es el que se desarrolló bajo una forma particular en Francia.

Bajo la influencia del modelo europeo pero con características propias de los sistemas latinoamericanos, el sistema también se implantó en Guatemala en la década de los sesenta y en Chile hacia principios de los años 70, con la creación de un Tri-

---

805 *V.*, H. Gros Espiell, *La Constitución y su defensa*, Uruguay, UN, Congreso Internacional sobre la Constitución su defensa, México, 1982, (mimeo), p. 7; J.P. Gatto de Souza, "El control constitucional de los actos del Poder público", *Memoria de la Reunión de Presidentes de Cortes Supremas de Justicia de Iberoamérica, el Caribe, España y Portugal*, Caracas, 1983, p. 661; L.M. Angaña, "Ponencia" (Paraguay), en *idem.*, p. 55.

bunal Constitucional, y luego apareció en Ecuador y Perú donde fueron creados Tribunales de Garantías constitucionales. En Perú, en 1994 se cambió su denominación por Tribunal Constitucional. En 1991, la nueva Constitución colombiana, como se dijo, creó una Corte Constitucional; y en 1994 la reforma constitucional en Bolivia creó un Tribunal Constitucional. En Costa Rica, Honduras y Venezuela, por ejemplo, funcionan Salas Constitucionales de los Tribunales o Cortes Supremas.

En todo caso, puede considerarse que la introducción de un sistema de justicia constitucional en Europa fue el resultado de la influencia de la teoría pura del derecho de Hans Kelsen, quien diseñó la norma constitucional como fuente de validez para todas las normas del ordenamiento jurídico con un corolario fundamental: la necesidad de un órgano del Estado encargado de garantizar la Constitución, es decir, de resolver los conflictos entre las normas reglamentarias y aquellas de jerarquía superior en las que se basan las primeras (las legales), y entre todas ellas, y en última instancia, con la Constitución[806]. Este órgano era un Tribunal Constitucional al cual debían recurrir todos los tribunales cuando debían aplicar una ley cuya constitucionalidad fuera dudosa. En tal sistema, por lo tanto, los tribunales ordinarios no tenían el poder para abstenerse de aplicar leyes inconstitucionales. Pero dentro de su concepción teórica original, este sistema concentrado de control de la constitucionalidad de las leyes no había sido concebido por Kelsen como el ejercicio de una función jurisdiccional, sino más bien como un "sistema de legislación negativa"[807]. En este caso, se consideraba que la Corte Constitucional no decidía específicamente la constitucionalidad de las leyes; tal función estaba reservada al tribunal *a quo* que hubiera planteado la cuestión de la constitucionalidad por ante la Corte Constitucional. Normalmente, la competencia de esta última estaba limitada a la cuestión puramente abstracta de la compatibilidad lógica que debía existir entre la ley y la Constitución. Desde este punto de vista puramente teórico, puesto que no había ninguna aplicación concreta de la ley en un caso específico, se consideraba que no se trataba del ejercicio de una actividad jurisdiccional que implicara una decisión concreta. Esto llevó a Kelsen a sostener que, cuando el Tribunal Constitucional declaraba la inconstitucionalidad de una ley, la decisión, por tener efectos *erga omnes,* era una "acción legislativa" y que la decisión del Tribunal Constitucional tenía "fuerza de ley". Es también la razón por la cual la ley debía ser considerada válida hasta la adopción de la decisión de anularla, por la cual los jueces estaban obligados a aplicarla[808].

Tal concepción fue desarrollada por Kelsen para responder a las objeciones eventuales que podían formularse al control jurisdiccional de la acción legislativa, dado el concepto de supremacía del Parlamento hondamente arraigado en el derecho constitucional europeo. En esta forma, prohibiendo a los jueces ordinarios abstenerse de aplicar las leyes, y confiriendo a una Corte Constitucional el poder para declarar la inconstitucionalidad de una ley con efectos *erga omnes,* el Poder Judicial quedaba subordinado a las leyes sancionadas por el Parlamento, y al mismo tiempo, se mantenía la supremacía de la Constitución con respecto al Parlamento. La Corte

---

806 *V.*, H. Kelsen, *loc. cit.*, pp. 201, 223.

807 *V.*, H. Kelsen, *loc. cit.*, pp. 224, 226: *V.*, los comentarios de E. García de Enterría, *op. cit.*, pp. 57, 132.

808 *V.*, H. Kelsen, *loc. cit.*, pp. 224, 225.

Constitucional, así, más que una competidora del Parlamento, se concebía como su complemento natural. Sus funciones se limitaban a juzgar la validez de una ley empleando la pura lógica racional, sin tener que decidir conflictos en casos específicos, y a actuar como un "legislador negativo", aun cuando no espontáneamente, sino a instancia de las partes interesadas. Según Kelsen, el Poder Legislativo se dividía así en dos partes: la primera, ejercida por el Parlamento con la iniciativa política, como "legislador positivo"; y la segunda, ejercida por el Tribunal Constitucional, como "legislador negativo", con el poder para anular las leyes que violasen la Constitución[809].

De acuerdo con esta concepción, por supuesto, era necesaria que la Corte Constitucional fuese un órgano separado de los poderes tradicionales del Estado y no formara parte de las autoridades judiciales[810].

Hoy día, si bien se ha aceptado el carácter jurisdiccional (no legislativo) de la actividad de estas Cortes Constitucionales especiales rechazando su llamado carácter de "legislador negativo"[811], la idea de conferir funciones jurisdiccionales a un órgano constitucional especialmente creado (Corte, Consejo o Tribunal Constitucional) generalmente ubicado fuera de la organización judicial, prevaleció en Europa continental y abrió camino al "modelo europeo" de control de la constitucionalidad. Este, en cierta manera, se desarrolló como consecuencia de un compromiso entre la necesidad de un sistema de justicia constitucional derivado de la noción de supremacía constitucional y la concepción tradicional europea de la separación de los poderes, la cual niega el poder a los jueces para juzgar la invalidez de las leyes inconstitucionales[812].

En todo caso, es evidentemente erróneo identificar el sistema concentrado de control de la constitucionalidad de las leyes con el "modelo europeo", ya que un sistema en el cual la jurisdicción exclusiva y original para anular las leyes y otros actos del Estado se confieren al Tribunal o Corte Suprema de Justicia existente en un país dado y ubicado en la cúspide de la organización judicial, también debe ser considerado como un sistema concentrado de control de la constitucionalidad. Por esta razón, el segundo aspecto de la racionalidad del sistema concentrado de control de la constitucionalidad, es el otorgamiento a un órgano constitucional particular, sea el Tribunal o Corte Suprema o una Corte, un Consejo o un Tribunal Constitucional especialmente creado, del papel de juez constitucional con el fin de anular leyes con efectos *erga omnes.*

### 3. *El carácter incidental y principal del método*

Contrariamente al método difuso de control de la constitucionalidad, el cual siempre tiene un carácter incidental, el método concentrado puede tener un carácter principal o un carácter incidental, en la medida en que las cuestiones constitucionales relativas a las leyes lleguen a la Corte suprema o a la Corte Constitucional en

809 *V.*, los comentarios relativos al pensamiento de Kelsen en E. García de Enterría, *op. cit.*, pp. 57, 58, 59, 131, 132, 133.

810 *V.*, H. Kelsen, *loc. cit.*, p. 223.

811 *V.*, M. Cappelletti y J. C. Adams, *loc. cit.*, pp. 1218, 1219.

812 *V.*, M. Cappelletti, *op. cit.*, p. 67.

virtud de una acción directa intentada ante la misma o cuando un tribunal inferior donde a instancia de parte o *ex officio* se planteó la cuestión constitucional, recurre a la Corte.

En consecuencia, el tercer aspecto de la racionalidad del método concentrado de control de la constitucionalidad de las leyes, en el cual el poder para anularlas se confiere al Tribunal o Corte Suprema o a una Corte especial, es que la cuestión constitucional puede alcanzar la Corte de manera directa o principal mediante una acción contra la ley, o de manera incidental cuando la cuestión constitucional se plantea en un tribunal inferior con motivo de un juicio particular y concreto. En este caso, el juez debe remitir su decisión al Tribunal o la Corte Suprema o a la Corte Constitucional, para luego poder adoptar la resolución final del caso de acuerdo con la decisión tomada por la Corte. En ambos casos, el control de la constitucionalidad de las leyes es de tipo concentrado, porque un solo órgano está autorizado para juzgar la constitucionalidad de la ley.

Sin embargo, este carácter esencial del control concentrado no siempre implica que la cuestión constitucional deba plantearse sólo de una manera principal o incidental. Podría ser cualquiera de las dos y también ambas paralelamente, según las normas de la ley positiva. En esta forma, en nuestra opinión, no existe en el derecho comparado ningún motivo para identificar el sistema concentrado de control de la constitucionalidad con el carácter principal o abstracto del método de revisión de la cuestión constitucional. Si bien ello era cierto en el sistema original austriaco implantado en 1920, ya no lo es en el derecho constitucional contemporáneo[813] en el cuál el sistema concentrado de control de la constitucionalidad puede derivar de ambos métodos: principal e incidental.

En el sistema principal, la cuestión constitucional relativa a una ley es "la cuestión principal" y única del juicio iniciado mediante acción directa que puede ser interpuesta por ante la Corte Suprema o la Corte Constitucional, tanto por los ciudadanos mediante un *actio popularis,* o regida por reglas de legitimación particulares, por funcionarios o autoridades públicas específicas. Es el método que siempre ha existido en Venezuela mediante acción popular.

En el método incidental, la cuestión constitucional puede ser planteada por una parte ante un tribunal ordinario como una cuestión incidental en un juicio o *ex officio* por el tribunal. Este tribunal es, entonces, el único que puede remitir la cuestión constitucional ante la Corte Suprema o la Corte Constitucional, en cuyo caso se debe suspender la decisión del caso concreto hasta que la cuestión constitucional haya sido resuelta por la Corte Suprema o la Corte Constitucional. Este método no se ha aplicado en Venezuela, salvo en la previsión por unos años una figura similar en el Código de Procedimiento Civil de 1897.

### 4. *El poder de iniciativa del control de la constitucionalidad*

Como viene de señalarse, la cuestión de la constitucionalidad referente a la validez de una ley normalmente se plantea ante el Tribunal o Corte Suprema o la Corte Constitucional mediante una acción o por remisión de un tribunal inferior. En ambos casos, el juez constitucional debe decidir en derecho, sin considerar los hechos.

---

813 *V.*, M. Capelletti, *op. cit.*, pp. 69, 72.

En ambos casos, como se señaló, la cuestión constitucional debe formularse ante el Tribunal o Corte Suprema o la Corte Constitucional, por lo que ésta no tiene iniciativa propia para actuar como juez constitucional[814]. En esta forma, el principio *nemo judex sine actore* se aplica, pero una vez que la cuestión constitucional ha llegado a la Corte como consecuencia de una acción o de su remisión por parte de un tribunal inferior, el principio *in judex judicet ultra petitum partis* ya no es operante. Esto significa que el Tribunal o Corte Suprema o la Corte Constitucional, como juez constitucional, una vez requerida por una parte o por un medio incidental, tiene poderes *ex officio* para considerar cuestiones de constitucionalidad distintas a las que han sido planteadas.

Por otra parte, si bien es cierto que el Tribunal o Corte Suprema o la Corte Constitucional no tienen iniciativa propia para iniciar el procedimiento de control concentrado relativo a las leyes, debe recordarse que en el método incidental de control concentrado de la constitucionalidad, los tribunales inferiores que deben remitir la cuestión constitucional, pueden tener la iniciativa de plantearla por ante el Tribunal o Corte Suprema o a la Corte Constitucional. Es decir, los tribunales ordinarios, cuando plantean cuestiones constitucionales mediante el método incidental, no siempre están vinculados a lo que las partes o el Fiscal invoquen, por lo que cuando consideran el caso particular, pueden plantear la cuestión constitucional *ex officio y* transmitirla al Tribunal o Corte Suprema o a la Corte Constitucional para que ésta decida.

Esta es una consecuencia del principio de supremacía de la Constitución y del deber de los jueces de aplicar la ley. Por tanto, aun cuando en el sistema concentrado de control de la constitucionalidad, la Constitución prohíba a los tribunales ordinarios actuar como jueces constitucionales en cuanto a las leyes, esto no quiere decir que en caso de que éstos consideren inconstitucional una ley aplicable a la decisión de un caso concreto, no tengan el poder para plantear la cuestión constitucional y no puedan transmitirla al juez constitucional. Lo contrario significaría la ruptura con el principio de la supremacía de la Constitución y con el papel de los jueces en la aplicación de la ley.

### 5. *Los efectos erga omnes de las decisiones de la Corte*

El quinto aspecto de la racionalidad del sistema concentrado de control de la constitucionalidad se refiere a los efectos de las decisiones dictadas por el Tribunal o Corte Suprema o por la Corte Constitucional relativas a la inconstitucionalidad de la ley, sea que la cuestión constitucional haya sido planteada mediante una acción o de manera incidental, por remisión de un tribunal inferior. Este aspecto de los efectos de la decisión judicial también busca determinar, primero, a quién afecta la decisión, y segundo, cuándo comienzan los efectos de la decisión.

En lo que la primera cuestión se refiere, la racionalidad del sistema concentrado de control de la constitucionalidad implica que la decisión dictada por el Tribunal o

814 De manera excepcional, el Tribunal Constitucional Federal de la Antigua Federación de Yugoslavia poseía poderes *ex officio* para iniciar un procedimiento de control de la constitucionalidad de las leyes. Ver artículo 4 de la Ley de la Corte Constitucional de Yugoslavia, 31-12-1963, en B.T. Blazojevic (ed.), *Constitucional Judicature,* Beograd, 1965, p. 16.

Corte Suprema o por la Corte Constitucional, actuando como juez constitucional, tiene efectos generales *erga omnes.* Esto sucede cuando el control de la constitucionalidad se ejerce mediante una acción directa interpuesta por ante la Corte Constitucional o el Tribunal o Corte Suprema. En estos casos, la relación procesal puede decirse que no se establece entre un demandante y un demandado, sino más bien, fundamentalmente, entre un recurrente y una ley cuya constitucionalidad está cuestionada. En este caso, el objeto de la decisión acerca de la constitucionalidad de la ley es su anulación, y los efectos de la decisión son necesariamente *erga omnes.* Nunca podrían ser *inter partes,* particularmente debido a la ausencia de "partes" propiamente dichas en el procedimiento.

Por otra parte, en el sistema concentrado de control de la constitucionalidad iniciado por el método incidental, cuando se plantea una cuestión constitucional referente a una ley planteada en un procedimiento concreto y el tribunal inferior la remite al Tribunal o Corte Suprema o a la Corte Constitucional para que sea objeto de una decisión, dicha decisión también debe adoptarse sobre la base de los aspectos de derecho y no con respecto a los hechos, por lo que en principio, también tiene efectos *erga omnes,* es decir, no limitados al juicio concreto en el que se planteó la cuestión constitucional ni a las partes del mismo.

En efecto, en ambos casos del sistema concentrado o de control de la constitucionalidad, a través del método principal o del incidental, el Tribunal o Corte Suprema o la Corte Constitucional respectiva, debe decidir de manera abstracta la cuestión de la constitucionalidad de la ley, sin ninguna referencia a los hechos ni al juicio concreto en el que se planteó la cuestión constitucional. Por consiguiente, en el sistema concentrado, el juez constitucional no decide una cuestión constitucional con miras a resolver un caso concreto entre partes; el juez constitucional, como se señaló, no toma decisiones con respecto a un caso concreto sino únicamente con respecto a una cuestión de constitucionalidad de una ley. La lógica del sistema consiste pues, en que la decisión debe aplicarse en general a todos y a cualquier órgano del Estado por sus efectos *erga omnes.*

En consecuencia, cuando una ley sea considerada inconstitucional por la Corte Constitucional o por el Tribunal o Corte Suprema actuado como juez constitucional con poderes anulatorios, ello significa que dicha ley queda anulada y no pueda ejecutarse ni aplicarse a la resolución del caso concreto, pero tampoco a ninguna otra cosa.

### 6. *Los efectos constitutivos de la decisión*

Estos efectos *erga omnes* de la decisión jurisdiccional en el sistema concentrado de control de la constitucionalidad de las leyes están estrechamente vinculados tanto a la cuestión de los efectos temporales de la decisión, en particular la determinación de cuándo la decisión es efectiva, como al aspecto ya mencionado de la anulabilidad de algunos actos del Estado como garantía de la Constitución.

En efecto, tal como se ha señalado anteriormente, el primer y más importante aspecto de la racionalidad del método concentrado de control de la constitucionalidad, como de todos los métodos de justicia constitucional que se han establecido, es que la supremacía de la Constitución con respecto a todos los demás actos del Estado lo que conlleva a considerar que una ley contraria a la Constitución debe ser nula. También se señaló que, aun cuando la garantía de la Constitución en los sistemas de control de la constitucionalidad sea, en principio, la nulidad de los actos inconstitucionales del Estado, la Constitución ha restringido su propia garantía en lo que respecta a algunos actos del Estado como las leyes, reservando el examen y la declaración de la nulidad de las leyes a un solo órgano constitucional: el Tribunal o Corte Suprema o una Corte un Consejo o un Tribunal Constitucional especialmente creado, al cual se ha conferido el poder exclusivo de declarar la nulidad de dichos actos.

En consecuencia, cuando un juez constitucional decide la anulación por inconstitucionalidad de una ley, la decisión jurisdiccional tiene efectos prospectivos *ex nunc o pro futuro,* es decir, que no se remontan al momento de la promulgación de la ley considerada inconstitucional. Por lo tanto, los efectos producidos hasta el momento de la anulación de la ley se consideran válidos. En consecuencia, la ley declarada inconstitucional por un juez constitucional en el sistema concentrado de control de la constitucionalidad de las leyes, debe considerarse como un acto válido que ha producido efectos completos hasta su anulación por la Corte.

Este aspecto de la lógica del sistema concentrado de control de la constitucionalidad, sin embargo, está matizado por el mismo sistema constitucional, cuando éste establece una distinción entre los vicios de inconstitucionalidad que pueden afectar las leyes con nulidad absoluta o nulidad relativa. En el caso de los vicios constitucionales que pueden acarrear la nulidad absoluta de una ley, la anulación de la ley decidida por un juez constitucional produce evidentemente efectos *ex tunc,* puesto que una ley considerada nula de manera absoluta no puede producir ningún efecto. En consecuencia, en estos casos, la anulación de la ley tiene efectos *pro praeterito* o efectos retroactivos, ya que es considerada nula *ab initio.* En cambio, si el vicio constitucional de la ley que llevó a su anulación por el juez constitucional no es tan grave como para producir su nulidad absoluta, sino una nulidad relativa, entonces los efectos de la anulación de la ley son únicamente *ex nunc, pro futuro.* En todo caso y en definitiva, es el juez constitucional el que determinará los efectos de su decisión en el tiempo.

*A manera de conclusión*

En conclusión, se puede afirmar que en principio, la racionalidad del método concentrado de control de la constitucionalidad de las leyes funciona de la manera siguiente:

La Constitución ejerce su supremacía sobre el ordenamiento jurídico en su conjunto; por consiguiente, los actos que la contradicen no pueden tener ningún efecto y se consideran nulos.

En principio, por lo que respecta a los actos del Estado subordinados a la ley, todos los tribunales tienen el poder y el deber de aplicar la Constitución y las leyes. Por lo tanto, deben dar la preferencia a la Constitución y a las leyes con relación a los actos del Estado que las violan, y declararlos inconstitucionales e inaplicables al juicio concreto desarrollado por ante los tribunales. Sin embargo, por lo que se refiere a algunos actos del Estado, como las leyes y otros actos inmediatamente subordinados a la Constitución, esta última reserva expresamente el poder examinar y declarar la inconstitucionalidad de tales actos, así como el poder anularlos, a un solo órgano constitucional, sea el Tribunal o Corte Suprema de un país determinado, o una Corte, un Consejo o un Tribunal Constitucional especialmente creado, integrado o no al Poder Judicial.

Este poder del juez constitucional para declarar la inconstitucionalidad de algunos actos del Estado sólo puede ejercerse si es solicitado mediante una acción directa interpuesta ante él contra la ley inconstitucional para que la examine de manera abstracta, o cuando un tribunal remite al juez constitucional una cuestión constitucional planteada en un juicio concreto. En este último caso, el carácter incidental de la cuestión acarrea efectos suspensivos, es decir, que el caso concreto sólo podrá ser resuelto después que el juez constitucional adopte su decisión con respecto a la constitucionalidad de la ley; decisión que debe adoptarse de manera abstracta y sin referencia a los hechos del juicio concreto.

Por lo tanto, la decisión de la Corte Constitucional puede adoptarse mediante un método principal o incidental con respecto a la constitucionalidad de la ley, sin que el juez constitucional pueda plantear la cuestión *motu propio o ex officio.* Sin embargo, cuando se somete la cuestión constitucional ante el juez constitucional, éste tiene el poder *ex officio* para considerar otras cuestiones constitucionales. En el caso del método incidental, el tribunal inferior que planteó la cuestión tiene el poder *ex officio* de formularla ya que no está limitado a la iniciativa de las partes.

La decisión adoptada por el juez constitucional en cuanto a la inconstitucionalidad de una ley tiene efectos *erga omnes* para con todos los órganos del Estado y todos los individuos. También tiene efectos constitutivos en la medida en que pronuncia la nulidad de la ley, por lo que la decisión, en principio, tiene efectos *ex nunc* y *pro futuro* en el sentido en que no son retroactivos. En este caso, el acto anulado debe ser considerado como habiendo producido efectos válidos hasta el momento de su anulación, a menos que la nulidad que lo afecta sea absoluta.

Por supuesto, en el sistema concentrado de control de la constitucionalidad esta lógica no siempre es absoluta, y cada sistema jurídico ha diseñado correctivos para las eventuales desviaciones de cada uno de los aspectos de la racionalidad del sistema, con relación a la anulabilidad o nulidad del acto inconstitucional, a la iniciativa de la Corte, a los efectos *inter partes o erga omnes* de la decisión y a su carácter declarativo o constitutivo.

## *SUB-SECCIÓN TERCERA: EL PROCESO DE CONTROL DE CONSTITUCIONALIDAD DE LAS LEYES Y DEMÁS ACTOS DE SIMILAR RANGO Y VALOR (LA ACCIÓN POPULAR)*

El primer proceso constitucional que se desarrolla ante la Jurisdicción Constitucional, y que ha sido históricamente el que ha caracterizado al sistema venezolano, es el que tiene por objeto que la Sala Constitucional juzgue con poderes anulatorios y a instancia de cualquier persona mediante acción popular[815], la constitucionalidad de las leyes y demás actos estatales de igual rango o valor que las leyes.

En efecto, de acuerdo con el artículo 334 de la Constitución, y conforme a una tradición que se remonta a 1858[816], corresponde a la Sala Constitucional conocer de

815 *V.*, Allan R. Brewer-Carías, *El control de la constitucionalidad de los actos estatales*, Caracas 1977, pp. 120 y ss.

816 *V.*, Allan R. Brewer-Carías, *La Justicia Constitucional*, T. VI, *Instituciones Políticas y Constitucionales, op.cit*, pp. 131 y ss.

los procesos de inconstitucionalidad de las leyes y demás actos de valor o rango de ley, al disponer que le "corresponde exclusivamente... como jurisdicción constitucional, declarar la nulidad de las leyes y demás actos de los órganos que ejercen el Poder Público dictados en ejecución directa e inmediata de la Constitución o que tengan rango de ley".

Conforme al artículo 336 de la Constitución, la Sala Constitucional del Tribunal Supremo, como Jurisdicción Constitucional tiene las siguientes atribuciones de control concentrado de la constitucionalidad de determinados actos estatales, con poderes anulatorios:

> "1. Declarar la nulidad total o parcial de las leyes nacionales y demás actos con rango de ley de la Asamblea Nacional que colidan con esta Constitución".
>
> 2. Declarar la nulidad total o parcial de las Constituciones y leyes estadales, de las ordenanzas municipales y demás actos de los cuerpos deliberantes de los Estados y Municipios dictados en ejecución directa e inmediata de la Constitución y que colidan con ésta.
>
> 3. Declarar la nulidad total o parcial de los actos con rango de ley dictados por el Ejecutivo Nacional que colidan con esta Constitución.
>
> 4. Declarar la nulidad total o parcial de los actos en ejecución directa e inmediata de la Constitución, dictados por cualquier otro órgano estatal en ejercicio del Poder Público".

El artículo 5°, párrafo 1°, de la Ley Orgánica del Tribunal Supremo de Justicia de 2004 ha precisado estas atribuciones de la Sala Constitucional, al atribuirle poderes para:

> "6. Declarar la nulidad total o parcial de las leyes nacionales y demás actos con rango de ley de la Asamblea Nacional, que colidan con la Constitución de la República Bolivariana de Venezuela, mediante el ejercicio del control concentrado de la constitucionalidad. La sentencia que declare la nulidad total o parcial deberá publicarse en la *Gaceta Oficial de la República Bolivariana de Venezuela*, determinando expresamente sus efectos en el tiempo;
>
> 7. Declarar la nulidad total o parcial de las Constituciones y leyes estadales, de las ordenanzas municipales y demás actos de los cuerpos deliberantes de los Estados, Municipios y del Distrito Capital, dictados en ejecución directa e inmediata de la Constitución y que colidan con ella, mediante el ejercicio del control concentrado de la constitucionalidad. La sentencia que declare la nulidad total o parcial deberá publicarse en la *Gaceta Oficial de la República Bolivariana de Venezuela* y en la *Gaceta Oficial Estadal o Municipal* que corresponda, determinando expresamente sus efectos en el tiempo;
>
> 8. Declarar la nulidad total o parcial de los actos con rango de ley dictados por el Ejecutivo Nacional, que colidan con la Constitución de la República Bolivariana de Venezuela, mediante el ejercicio del control concentrado de la constitucionalidad. La sentencia que declare la nulidad total o parcial deberá publicarse en la *Gaceta Oficial de la República Bolivariana de Venezuela*;

9. Declarar la nulidad total o parcial de los actos dictados por cualquier órgano en ejercicio del Poder Público, en ejecución directa e inmediata de la Constitución de la República Bolivariana de Venezuela, cuando colidan con ésta y que no sean reputables como actos de rango legal".

En relación con este "control concentrado de la constitucionalidad" de las leyes y demás actos estatales de rango legal o dictados en ejecución directa e inmediata de la Constitución, que con poderes anulatorios ejerce la Sala Constitucional como Jurisdicción Constitucional; el artículo 5, párrafo 3° de la Ley Orgánica del Tribunal Supremo de Justicia de 2004 dispone como principio general que:

> "Sólo corresponderá a la Sala Constitucional en los términos previstos en esta Ley, la cual no podrá conocerlo incidentalmente en otras causas, sino únicamente cuando medie *un recurso popular de inconstitucionalidad*, en cuyo caso no privará el principio dispositivo, pudiendo la Sala suplir, de oficio, las deficiencias o técnicas del recurrente sobre las disposiciones expresamente denunciadas por éste, por tratarse de un asunto de orden público. Los efectos de dicha sentencia serán de aplicación general, y se publicará en la *Gaceta Oficial de la República Bolivariana de Venezuel*a, y en la *Gaceta Oficial del Estado o Municipio* según corresponda".

Sin embargo, como se analizará más adelante, al contrario de lo dispuesto en esta norma, la Sala Constitucional ha creado un incidente de constitucionalidad para conocer, aún de oficio, del control concentrado de la nulidad de las leyes.

## I. LA INICIATIVA EN EL PROCESO DE INCONSTITUCIONALIDAD

El proceso de inconstitucionalidad de las leyes desarrollado ante la sala Constitucional del Tribunal Supremo puede iniciarse cuando se intenta una acción popular, o con motivo de un incidente de constitucionalidad desarrollado ante cualquiera de las Salas del Tribunal Supremo de Justicia mediante la aplicación del método difuso de control de constitucionalidad.

### 1. *La acción popular de inconstitucionalidad*

Ahora bien, en relación con el control concentrado de la constitucionalidad de las leyes y demás actos estatales de rango legal o dictados en ejecución directa de la Constitución, que ejerce la Sala Constitucional como Jurisdicción Constitucional, lo más importante a destacar comparativamente del sistema venezolano, es que la legitimación activa para intentar las acciones corresponde a cualquier persona, configurándose la acción, como una *actio popularis.*

En tal sentido, el artículo 21, párrafo 9° de la Ley Orgánica de 2004 ha establecido que la legitimación activa para ejercer la acción de inconstitucionalidad, corresponde a:

> "Toda persona natural o jurídica, que sea afectada en sus derechos o intereses por una ley, ordenanza, emanado de alguno de los órganos del Poder Público Nacional, Estadal o Municipal".

Conforme a esta norma, por tanto, todo habitante del país con plena capacidad jurídica puede intentar el recurso de inconstitucionalidad contra las leyes, sin distingo alguno, sean emanadas de la Asamblea Nacional, de los Consejos Legislativos de los Estados de la federación o de los Concejos Municipales (Ordenanzas). Por tanto, a nivel nacional, la acción popular procede incluso contra las leyes aprobatorias de tratados[817]. La Ley Orgánica acoge, por tanto, la doctrina de la acción popular en cuanto a que legitima para intentar el recurso no sólo a los ciudadanos sino a "toda persona natural o jurídica"[818]. Los otros países de América latina que han regulado la acción popular de inconstitucionalidad de las leyes, son Colombia, Panamá y El Salvador.

Como lo precisó la Corte Primera de lo Contencioso Administrativo en sentencia de 22 de marzo de 2000, "todo ciudadano capaz en derecho, tiene la cualidad para impugnar el acto general, cuando lo ataque por inconstitucionalidad", por lo que tratándose de una "acción popular" "*se ha requerido un simple interés para la acción popular de inconstitucionalidad* ... y este ha sido definido como el derecho general otorgado por Ley a todo ciudadano, para que pueda acudir a los tribunales competentes a demandar la nulidad de un acto general viciado de inconstitucionalidad .... Se dice acción popular, por cuanto comporta la posibilidad cierta de que cualquier persona *actualice y concrete en el acto impugnado* un derecho que es general a los ciudadanos"[819].

Sin embargo, en cuanto a la popularidad de la acción, la Ley Orgánica establece una restricción: se necesitaría además, que el acto impugnado, en alguna forma afecte los "derechos o intereses" del recurrente[820]. Esta precisión del artículo 21, párrafo 9 de la Ley Orgánica podría considerarse que, en cierta forma, restringiría la popularidad de la acción a sus límites razonables: exige la lesión de los derechos o intereses del recurrente, pero puede, por supuesto, tratarse de un simple interés, aun cuando específico. Por ejemplo, si se tratase de una ley de un Estado, al menos se requeriría ser residente de dicho Estado o tener bienes o intereses en el mismo, de manera que la ley impugnada pueda lesionar los intereses del recurrente, y éste pueda tener un simple interés en la constitucionalidad de la ley.

Si por ejemplo, se trata de la impugnación de una Ordenanza Municipal se exigiría, al menos, que el recurrente fuera residente del Municipio respectivo o, por ejemplo, tuviera bienes en él, de manera que sus derechos o su simple interés pudieran ser lesionados. En estos casos, por supuesto, no se perdería el carácter popular de la acción.

Si se tratase de una ley nacional en cambio, en principio, cualquier habitante del país, con capacidad jurídica plena, podría impugnar la ley pues su interés simple en la constitucionalidad estaría lesionado por la ley inconstitucional. Sin embargo, aún en estos casos, algunas limitaciones a la legitimación activa podrían surgir: si se tra-

---

817 *V.*, Allan R. Brewer-Carías, "El control de la constitucionalidad de las leyes aprobatorias de Tratados Internacionales y la cuestión constitucional de la integración latinoamericana", *Revista de Derecho Público,* N° 44, Editorial Jurídica Venezolana, Caracas, 1990, pp. 225 a 229.

818 *V.*, Allan R. Brewer-Carías, *La Justicia Constitucional*, T. VI, *Instituciones Políticas y Constitucionales, op. cit.*, pp. 144 y ss.

819 *V.*, sentencia de la Corte Primera de lo Contencioso administrativo de 22-03-00, caso: *Banco de Venezolano de Crédito v. Superintendencia de Bancos*, *Revista de Derecho Público,* N° 81, EJV, Caracas 2000, pp. 452-453.

820 *Cfr.* Allan R. Brewer-Carías, *Las garantías constitucionales de los derechos del hombre*, Caracas 1976, p. 53.

tase, por ejemplo, de la impugnación de una ley que estableciera una discriminación respecto a las mujeres, violatoria de la Constitución por discriminatoria, la acción, en principio, no podría ser intentada sino por una mujer[821]. La Ley Orgánica, sin quitarle la popularidad de la acción, puede considerarse que la restringe al grado de que exista una lesión potencial al interés del recurrente, por su residencia, por su condición o por la situación de sus bienes.

En este sentido, la antigua Corte Suprema de Justicia en Corte Plena, con motivo de la impugnación por vía de acción popular de unas normas del Código Orgánico Tributario, apreció la legitimación del accionante en su condición de contribuyente así:

> "Tal como se alega en la demanda, la accionante –persona jurídica constituida– aparece con el interés legítimo que exige el artículo 112 de la Ley de la Corte para demandar la nulidad de disposiciones del Código Orgánico Tributario que es un acto legislativo de efectos generales, por cuanto es contribuyente de impuesto sobre la renta que solicitó reintegro, y por eso le conciernen las normas del Código Orgánico Tributario, en especial las que son objeto de la nulidad demandada en este caso"[822].

En todo caso, las dudas acerca de la extensión de la restricción a la popularidad de la acción[823] fueron dilucidadas por la antigua Corte Suprema de Justicia, la cual había considerado que la exigencia del artículo 112 de la derogada Ley Orgánica (que se recoge el artículo 21, párrafo 22 de la Ley Orgánica de 2004) en el sentido de que la ley impugnada afecte los derechos e intereses del accionante, no significa que la acción popular se hubiera eliminado, ni que se hubiese establecido una especial exigencia de legitimación activa para solicitar el ejercicio del control concentrado de la constitucionalidad.

El objetivo de la acción popular, dijo entonces la Corte, es la "defensa objetiva de la majestad de la Constitución y de su supremacía", y si es cierto que la Ley Orgánica requiere que el accionante sea afectado "en sus derechos e intereses", esta expresión debe interpretarse en forma "rigurosamente restrictiva"[824]. Con base en ello, la antigua Corte Suprema de Justicia, llegó a la conclusión de que:

> "Cuando una persona ejerce el recurso de inconstitucionalidad en los términos del artículo 112 de su ley, *debe presumirse*, al menos relativamente, que el acto recurrido en alguna forma afecta los derechos o intereses del recurrente en su condición de ciudadano venezolano, salvo que del contexto del recurso aparezca

---

821 *V.*, en contrario la sentencia de la Corte Suprema de Justicia en Sala Plena de anulación del art. 970 del Código de Comercio, en *Jurisprudencia de Ramírez y Garay*, 1er semestre, 1964, p. 599, *cit*., por Humberto J. La Roche, *El control jurisdiccional de la constitucionalidad en Venezuela y Estados Unidos,* Maracaibo 1972, p. 100.

822 *V.*, la sentencia de 15-10-85 en *Revista de Derecho Público,* Nº 25, EJV, Caracas 1986, p. 110.

823 *V.*, L. H. Farías Mata, "¿Eliminada la Acción Popular del Derecho Positivo Venezolano?", en *Revista de Derecho Público,* Nº 11, EJV, Caracas 1982, p. 5-18.

824 Sentencia de la Corte en Pleno de 30-06-82, en *Revista de Derecho Público*, Nº 11, EJV, Caracas 1982, p. 138.

manifiestamente lo contrario, o que el mismo fuere declarado inadmisible conforme al artículo 115 de la ley de la Corte"[825].

Más recientemente, la Sala Constitucional en sentencia N° 1077 de 22 de septiembre de 2000, sobre la legitimación activa en la acción popular, puntualizó que con la misma, "cualquier persona capaz procesalmente tiene interés procesal y jurídico para proponerla, sin necesidad de un hecho histórico concreto que lesione la esfera jurídica privada del accionante" en cuyo caso, el actor es "un tutor de la constitucionalidad y esa tutela le da el interés para actuar, haya sufrido o no un daño proveniente de la inconstitucionalidad de una ley"[826]; habiendo resumido la doctrina en la materia en sentencia N° 37 de 27 de enero de 2004 (Caso: *Impugnación de los artículos 129 y 132 de la Ley de Minas*) así:

> "Nuestra legislación procesal establece, de manera verdaderamente excepcional en el Derecho Comparado, una legitimación amplísima cuando se trata de la impugnación de actos normativos, incluso de rango sub-legal. No se trata, en realidad, de una acción popular pura, en el sentido de estar reconocida a todos y en cualquier caso, pero sí se le acerca mucho, puesto que difícilmente faltará entre la población el simple interés que la ley exige para demandar.
>
> Siendo una acción de naturaleza básicamente popular prácticamente pierde sentido la referencia al interés propio del accionante. Bastaran exponer las razones para impugnar la norma para que el tribunal –esta Sala, de ser un acto de rango legal– entre a analizar la procedencia del recurso. La inadmisión, de darse, se producirá normalmente a causa de la evidencia de que el demandante carece del más mínimo interés, toda vez que las acciones judiciales deben tener una justificación que no sea la meramente teórica. Por tanto, no es al actor a quien en realidad toca demostrar su interés, el cual puede fácilmente presumirse; corresponde hacerlo a quien se opone a la demanda, o al juez, si es que lo verifica de oficio. De esta manera, la amplitud de la legitimación reconocida en la legislación venezolana –para el caso de la impugnación de actos normativos– hace que se presuma el interés del actor, a menos que de los autos se desprenda su carencia, caso en que el juez debe rechazarla.
>
> Esa amplísima legitimación obedece a la necesidad –no aceptada por otros sistemas jurídicos– de que toda persona que pudiera ser sujeto de la aplicación de una norma, tenga capacidad para debatir en juicio su validez. La acción de nulidad, por ello, tiene entre nosotros un carácter de abstracción: no se requiere un caso concreto, sino apenas la posibilidad –ni siquiera probabilidad– de su existencia"[827].

---

825 *Idem.* De acuerdo a este criterio, por tanto, como lo ha dicho la Corte Suprema en Sala Plena, la acción popular en definitiva "puede ser ejercida por cualquier ciudadano plenamente capaz". Sentencia de 19-11-85, en *Revista de Derecho Público*, N° 25, EJV, Caracas 1986, p. 131.

826 *V.*, Caso: *Servio Tulio León Briceño*, en *Revista de Derecho Público*, N° 83, EJV, Caracas 2000, pp. 248 y ss.

827 *V.*, en *Revista de Derecho Público*, N° 97-98, EJV, Caracas 2004, pp. 402 y ss.

El artículo 21, párrafo 9° de la Ley Orgánica dispone, además, que el Fiscal General de la República y demás funcionarios a quienes las leyes les atribuyen tal facultad, puede también "solicitar la nulidad del acto, cuando éste afecte un interés general". En el caso del Defensor del Pueblo, conforme al artículo 281,3 de la Constitución, este también tiene competencia para interponer acciones de inconstitucionalidad.

Ahora bien, la Ley Orgánica de 2004 estableció en materia de control de la constitucionalidad de las leyes, una innovación sustancial consistente en establecer un verdadero proceso, al disponer que la acción popular constituya una "demanda" y prescribir la necesidad de "citar" a quienes se considera como demandados.

En cuanto a la demanda, el artículo 21, párrafo 10° de la Ley Orgánica dispone que en la misma se deba indicar con toda precisión la ley o acto impugnado, las disposiciones constitucionales o legales cuya violación se denuncie y las razones de hecho y de derecho en que se funde la acción. Si la nulidad se concreta a determinados artículos, a ellos se debe hacer mención expresa en la solicitud, indicándose respecto de cada uno la motivación pertinente. A la demanda se debe acompañar un ejemplar o copia del acto impugnado, el instrumento que acredite el carácter con que actúe el demandante, si no lo hace en nombre propio, y cualesquiera otros documentos que considere necesarios para hacer valer sus derechos.

El Juzgado de Sustanciación de la Sala Constitucional (Art. 19, párrafo 5° LOTSJ), tal como lo dispone el en el artículo 21, párrafo 12° de la Ley Orgánica, en el auto de admisión debe ordenar "la citación del representante del organismo o del funcionario que haya dictado el acto"; y debe ordenar "la citación de los interesados, por medio de carteles que se publicarán en un diario de circulación nacional, para que se den por citados, en un lapso de 10 días hábiles siguientes: contados a partir de la publicación del cartel o de la notificación del último de los interesados". El recurrente está obligado a consignar un ejemplar del periódico donde fue publicado el cartel, dentro de los 3 días siguientes a su publicación, de manera que el incumplimiento de esta obligación se entiende que desiste del recurso, y se debe ordenar el archivo del expediente.

En el auto de admisión de la demanda también debe citarse al Fiscal General de la República, si éste no hubiere iniciado el juicio, quien debe consignar un informe hasta el vencimiento del plazo para presentar los informes; y al Procurador General de la República en el caso de que la intervención de éste en el procedimiento fuere requerida por estar en juego los intereses patrimoniales de la República.

Durante el lapso de comparecencia de los interesados para hacerse parte en el juicio, también alegando un simple interés en la constitucionalidad, es decir, con el mismo carácter popular de la acción, pueden comparecer interesados dándose por citados con el carácter de coadyuvantes del demandante o como demandados, defensores de la constitucionalidad de la ley. Es decir, en el proceso constitucional de la constitucionalidad de las leyes, una vez intentada y admitida una acción popular, cualquier persona que pueda ser lesionada en sus derechos e intereses puede coadyuvar tanto a la impugnación como a la defensa del acto recurrido, siempre que reúna las mismas condiciones del demandante.

## 2. *El proceso constitucional de control de constitucionalidad de las leyes, iniciado de oficio por la Sala Constitucional*

La Sala Constitucional, por otra parte, ha establecido en su doctrina, la posibilidad de ejercer el control concentrado de la constitucionalidad de las leyes, de oficio, como incidente en cualquier proceso que curse ante ella, y sin que se haya intentado acción popular alguna.

En efecto, mediante sentencia N° 2.588 de 11 de diciembre de 2001, la Sala Constitucional declaró:

> "[Declaró] su facultad, en virtud de ser el juez de la ley y titular del control concentrado de la constitución, de tramitar en cualquiera de los procedimientos a que den lugar las acciones ventilables ante ella, o de las cuales conozca, el denominado incidente de constitucionalidad, el cual existe cuando la cuestión planteada (no necesariamente alegada) sobre la constitucionalidad de una norma legal es prejudicial respecto de la resolución de un proceso constitucional o de una causa que curse ante la Sala".

Para justificar esta declaratoria de propia competencia, la Sala recurrió a criterios establecidos en sistemas de control exclusivamente concentrados de la constitucionalidad de las leyes (que no es el caso de Venezuela, dado el carácter mixto e integral del mismo), argumentando como sigue:

> "Incidentes de este tipo se han solucionado de tres modos: bien a través de un juicio de constitucionalidad sin un pronunciamiento expreso de nulidad de la ley inconstitucionalidad; ya sea por el ejercicio de un control autónomo de constitucionalidad a través de un proceso separado del que dio origen al incidente, y, finalmente, merced a un control incidental de constitucionalidad que se realiza a través de un procedimiento de constitucionalidad pero dentro del proceso que ha dado lugar al incidente.
>
> Dicha técnica fue consagrada por primera vez en el artículo 140 de la Constitución austriaca de 1920. Actualmente, la consagran la Constitución del mencionado Estado (artículos 139.1 y 140); la Ley del Tribunal Constitucional Federal alemán (artículos 67 y 95) –recurso indirecto o encubierto–; la Ley Orgánica del Tribunal Constitucional español (artículos 55.2 y 67) –cuestión previa de carácter constitucional o incidente de constitucionalidad– y lo ha desarrollado jurisprudencialmente la Corte Constitucional italiana a partir del auto N° 22, del 9 de abril de 1960 –Corte *giudice a quo* o *autorimessione*–.
>
> La razón que apuntala esta facultad, señaladamente cuando la misma deriva en la declaratoria pro futuro y con efectos *erga omnes* de la norma inconstitucional –y no en la mera desaplicación del precepto para el caso concreto–, se afinca en la coherencia que existe entre una declaración de este tipo con la función de los tribunales constitucionales, en tanto ejecutores del denominado control concentrado de la constitucionalidad.
>
> Los términos en que se expresó la Corte Constitucional italiana a la hora de asumir esta competencia son suficientemente reveladores de la razón apuntada. Según dicho tribunal:

"....no puede considerarse que la misma Corte –que es el único órgano competente para decidir las cuestiones de constitucionalidad de las leyes– venga obligada a aplicar leyes inconstitucionales y tampoco que, en la hipótesis de inconstitucionalidad de las leyes que regulan la materia, pueda y deba inaplicarlas, sin poner en marcha el mecanismo (de alcance general y necesario en el vigente ordenamiento) destinado a conducir, con las debidas garantías de contradictorio, a la eliminación con efectos *erga omnes*, de las leyes inconstitucionales". Citado a su vez por: Luis J. Mieres Mieres, *El incidente de constitucionalidad en los procesos constitucionales*, p. 56 y 57)".

De lo anterior, Sala Constitucional concluyó su razonamiento señalando lo siguiente:

"Siendo que a los tribunales constitucionales les corresponde, como una de sus competencias esenciales, declarar la nulidad de leyes colidentes con la Constitución, luce entonces congruente con dicho cometido que, ante la presencia de normas inconstitucionales que resulten prejudiciales al asunto que en definitiva vaya a decidirse (como es el presente caso), esta Sala resulte competente para declarar la nulidad de dicha norma por colidir con la Constitución, esto es, la invalide, no sólo a sus propios efectos, sino también para el resto de los tribunales, órganos del Estado y particulares.

De este modo se mantiene la unidad del ordenamiento constitucional y se evita la contradicción que resulta de la coexistencia de una norma inconstitucional (declarada así para un caso concreto), pero vigente para el resto de los operadores judiciales a falta de una natural declaratoria de nulidad. Así se establece"[828].

Como se indicó anteriormente, el artículo 5, párrafo 3° de la Ley Orgánica del Tribunal Supremo de Justicia de 2004 dispuso que la Sala Constitucional sólo puede ejercer el control concentrado de constitucionalidad, "en los términos previstos en esta Ley, la cual no podrá conocerlo incidentalmente en otras causas, sino únicamente cuando medie *un recurso popular de inconstitucionalidad"*. La jurisprudencia de la Sala, sin embargo, será la que determinará el futuro del mencionado control incidental de la constitucionalidad.

En todo caso, en cuanto al procedimiento que debe ser aplicado a este proceso de control de la constitucionalidad de las leyes, vía incidental, aún de oficio, ante la Sala Constitucional, esta precisó que se debía tratar de un proceso constitucional, donde debía abrirse el contradictorio, así:

"En cuanto al procedimiento aplicable, y especialmente respecto a la audiencia de los defensores de la ley y de los interesados, esta Sala reconoce la necesidad de que dicha audiencia se efectúe en los más de los casos, para lo cual deberá notificarse al órgano legislativo respectivo y a los demás del procedimiento en que se suscite la incidencia.

---

828 *V.*, en *Revista de Derecho Público,* N° 85-88, Editorial Jurídica Venezolana, Caracas 2001, pp. 396 y ss.

Ello viene apoyado por el respecto al derecho a la defensa y por la práctica unánime de los tribunales constitucionales anteriormente mencionados"[829].

3. *El proceso constitucional de control de la constitucionalidad de las leyes como incidente con motivo del control difuso de constitucionalidad efectuado por otras salas del tribunal supremo*

Como se ha dicho, una de las formas específicas para el ejercicio de la justicia constitucional en Venezuela, es la posibilidad que tiene todo juez de la República, incluyendo las otras Salas del Tribunal Supremo, de ser juez de la constitucionalidad de las leyes. Se trata del método difuso de la constitucionalidad de leyes que, como se ha analizado anteriormente, existe en Venezuela desde el siglo XIX regulado además de en el artículo 334 de la Constitución, antes citado, en el artículo 20 del Código de Procedimiento Civil y en el artículo 19 del Código Orgánico Procesal Penal.

Ahora bien, con motivo del ejercicio del control difuso de la constitucionalidad de las leyes, particularmente por las otras Salas del Tribunal Supremo de Justicia, la Sala Constitucional fue desarrollando un mecanismo de control abstracto, vía incidente, de constitucionalidad de las leyes, desarrollando incluso poderes de control de oficio de la constitucionalidad. Es decir, partiendo del control difuso, la Sala Constitucional fue desarrollada otro mecanismo de control concentrado de la constitucionalidad, al declarar la nulidad con efectos generales de disposiciones legales por vía de lo que ha llamado incidente de constitucionalidad.

Mediante sentencia N° 1225 de 19 de octubre de 2000, la Sala Constitucional trató el tema referente a la derogación tácita de leyes preconstitucionales por la entrada en vigencia de la Constitución, respecto de lo cual señaló que correspondiéndole "declarar la derogatoria con efectos *erga omnes* y *pro futuro* de una norma de rango legal vía la cláusula derogatoria única constitucional, en virtud del monopolio que en materia de protección constitucional le asigna la Constitución", tal poder podría "desplegarlo la Sala aun de oficio en los casos que le toque resolver, o a través de un recurso directo de inconstitucionalidad"... Sin embargo, al constatar la Sala la posibilidad de que mediante el ejercicio del control difuso de la constitucionalidad de las leyes previsto en el artículo 334 de la Constitución, otras Salas del Tribunal Supremo o cualquier tribunal de la República pudieran desaplicarlas "respecto al caso concreto, sin tener que emitir pronunciamiento alguno sobre su derogación, pero sí sobre su incongruencia material con alguna norma constitucional"; precisó que:

---

829 En el caso específico de la sentencia, sin embargo, la Sala señaló: "Sin embargo, en virtud de la homogeneidad con que la jurisprudencia de este Tribunal ha venido decidiendo el tema –como más adelante se pondrá de relieve–; en vista, además, de que la decisión conllevará una mera definición de la Sala que le competa decidir el fondo de la solicitud, sin que por ello resulte afectado algún derecho sustancial del solicitante, muy al contrario, a través del mismo se garantiza su derecho a la tutela judicial efectiva, específicamente la faz que guarda relación con el derecho al juez natural, es por lo que la Sala prescindirá en este caso de dicho trámite. Así se establece. *V.*, en *Revista de Derecho Público*, N° 85-88, Editorial Jurídica Venezolana, Caracas 2001, p. 397. Igualmente, la sentencia de la Sala Constitucional N° 806 de 24-04-2002 (Caso: *Sindicato Profesional de Trabajadores al Servicio de la Industria Cementera)* en *Revista de Derecho Público*, N° 89-92, Editorial Jurídica Venezolana, Caracas 2002, pp. 179 y ss.

"En atención a la incidencia en el ordenamiento jurídico de tal cuestión, el Tribunal o Sala desaplicante deberán remitir a esta Sala Constitucional copia de la decisión, a la cual anexarán copia de los autos, con el fin de someterlo a la revisión correspondiente, todo en obsequio de la seguridad jurídica y de la coherencia que debe caracterizar al ordenamiento jurídico en su conjunto"[830].

Esta doctrina jurisprudencial, particularmente en relación con las otras Salas del Tribunal Supremo ha sido ahora regulada expresamente en la Ley Orgánica del Tribunal Supremo, al imponerse la obligación a las Salas de informar a la Sala Constitucional sobre las decisiones que adopten en materia de control difuso, a los efectos de que esta resuelva en abstracto sobre la inconstitucionalidad de la ley respectiva.

En efecto, en el artículo 5°, párrafo 1°, 22 de la Ley Orgánica se atribuyó a la Sala Constitucional competencia para efectuar el "examen abstracto y general sobre la constitucionalidad de una norma previamente desaplicada mediante control difuso de la constitucionalidad por una Sala del Tribunal Supremo de Justicia, absteniéndose de conocer sobre el mérito y fundamento de la sentencia pasada con fuerza de cosa juzgada"; a cuyo efecto, en el artículo 5°, párrafo 5°, se dispuso que:

"De conformidad con el numeral 22 de este artículo, cuando cualquiera de las Salas del Tribunal Supremo de Justicia haga uso del control difuso de la constitucionalidad, únicamente para un caso concreto, deberá informar a la Sala Constitucional sobre los fundamentos y alcances de la desaplicación adoptada para que ésta proceda a efectuar un examen abstracto sobre la constitucionalidad de la norma en cuestión, absteniéndose de revisar el mérito y alcance de la sentencia dictada por la otra Sala, la cual seguirá conservando fuerza de cosa juzgada. En caso que el examen abstracto de la norma comporte la declaratoria total o parcial de su nulidad por inconstitucional, la sentencia de la Sala Constitucional deberá publicarse en la *Gaceta Oficial de la República Bolivariana de Venezuela* y en la *Gaceta Oficial del Estado o Municipio*, de ser el caso".

Por supuesto, en este caso, la Sala Constitucional estaría obligada a iniciar el proceso constitucional de inconstitucionalidad de las leyes, abriendo el contradictorio y citando, mediante cartel, a todos los que puedan tener interés en ello, aplicando analógicamente el procedimiento del proceso constitucionalidad de inconstitucionalidad de las leyes regulado para cuando se inicia mediante acción popular.

## II. EL OBJETO DEL PROCESO DE CONSTITUCIONALIDAD

### 1. *El ámbito del control y la ausencia de actos excluidos*

La Sala Constitucional del Tribunal Supremo, como Jurisdicción Constitucional, requerida mediante *acción popular,* como ha sido la tradición venezolana[831] tiene las siguientes atribuciones de control concentrado de la constitucionalidad de determinados actos estatales, con poderes anulatorios, previstas en el artículo 336:

---

830 *V.*, en *Revista de Derecho Público*, N° 84, Editorial Jurídica Venezolana, Caracas 2000, pp. 259-260.

831 *V.*, Allan R. Brewer-Carías, *La Justicia Constitucional*, T. VI, *Instituciones Políticas y Constitucionales, op. cit.*, p. 137 y ss.

"1. Declarar la nulidad total o parcial de las *leyes nacionales* y demás actos con *rango de ley* de la Asamblea Nacional que colidan con esta Constitución.

2. Declarar la nulidad total o parcial de las *Constituciones* y *leyes estadales-*, de las *ordenanzas municipales* y demás actos de los cuerpos deliberantes de los Estados y Municipios dictados en *ejecución directa e inmediata* de la Constitución y que colidan con ésta.

3. Declarar la nulidad total o parcial de los *actos con rango de ley* dictados por el Ejecutivo Nacional que colidan con esta Constitución.

4. Declarar la nulidad total o parcial de los *actos en ejecución directa e inmediata* de la Constitución, dictados por cualquier otro órgano estatal en ejercicio del Poder Público".

De esta enumeración, por supuesto, resulta que sólo los actos sub–constitucionales pueden ser objeto de control de la constitucionalidad por la Sala Constitucional, quedando excluidas las normas de la propia Constitución de dicho control[832]. Los actos de reforma constitucional, sin embargo, si vulneran las cláusulas pétreas de la Constitución o si no se adaptan a las previsiones formales de los procedimientos de revisión establecidas en los artículos del Texto, en nuestro criterio, podrían ser objeto de control, pues en definitiva, como producto del poder constituyente instituido, serían actos de ejecución directa e inmediata de la Constitución.

Con los artículos 334 y 336 de la Constitución quedó definitivamente establecida la diferencia entre la Jurisdicción Contencioso Administrativa y la Jurisdicción Constitucional, por el objeto del control y no por los motivos de control[833], por lo que sólo compete a la Jurisdicción Constitucional, conocer de la anulación, por inconstitucionalidad por supuesto, de las leyes y demás actos dictados en ejecución directa e inmediata de la Constitución (como los actos de gobierno o los *interna corporis* de la Asamblea) o que tengan rango de ley (decretos leyes); correspondiendo, en cambio, a la Jurisdicción Contencioso Administrativa conocer de la nulidad de los actos administrativos, incluidos los reglamentos, por motivos de inconstitucionalidad y de ilegalidad (contrariedad del derecho).

En relación con el artículo 334 de la Constitución, la Jurisdicción Constitucional y el control concentrado de la constitucionalidad, la Sala Constitucional estableció una interpretación vinculante en la sentencia N° 833 de 25 de mayo de 2001 (Caso: *Instituto Autónomo Policía Municipal de Chacao vs. Corte Primera de lo Contencioso Administrativo*), en los siguientes términos:

"La jurisdicción constitucional tiene encomendado el control concentrado de la Constitución. Ese control concentrado, que corresponde con exclusividad a la Sala Constitucional conforme al artículo 334 antes citado, otorga competencia a esta Sala para declarar la nulidad de:

---

832 *V.*, sentencia N° 1140 de 05-10-2000 de la Sala Constitucional en *Revista de Derecho Público*, N° 84, (octubre-diciembre), Editorial Jurídica Venezolana, Caracas, 2000, p. 101.

833 *V.*, Allan R. Brewer-Carías, *La justicia contencioso administrativo*, T. VII, *Instituciones Políticas y Constitucionales, op. cit.*, pp. 26 a 33.

1) Leyes;

2) Actos de los órganos que ejercen el Poder Público, dictados en ejecución directa e inmediata de la Constitución;

3) Actos de los órganos que ejercen el Poder Público que tengan rango de ley.

El artículo 336 *eiusdem*, aclara la enumeración del artículo 334 en su tercer parágrafo, y considera leyes:

1) Las nacionales emanadas de la Asamblea Nacional (numeral 1);

2) Actos con rango de ley, emanados de la Asamblea Nacional (numeral 2);

3) Constituciones Estadales (numeral 2);

4) Leyes Estadales (numeral 2);

5) Ordenanzas Municipales (numeral 2);

6) Actos con rango de ley dictados por el Ejecutivo Nacional (numeral 3).

De este último tipo de actos, los decretos leyes dictados por el Ejecutivo (artículo 336, numeral 10), producto de leyes habilitantes, son actos con rango de ley, y como leyes son de igual naturaleza que la normativa dictada por la Sala Plena de este Tribunal Supremo de Justicia en el ejercicio del artículo 267 constitucional…"[834].

En consecuencia, conforme a la Constitución, pueden ser objeto de una acción popular de inconstitucionalidad los actos estatales "con rango de ley, provengan de la Asamblea Nacional, del Presidente de la República o de órganos deliberantes estadales y municipales, siempre que emanen como aplicación directa e inmediata del texto constitucional"[835], los cuales son los siguientes: 1) Las leyes nacionales, estadales y las ordenanzas municipales; 2) Los actos parlamentarios sin forma de ley de la Asamblea Nacional, de los Consejos Legislativas estadales, o de los Concejos Municipales, que son dictados en ejecución directa de la Constitución, y que no constituyan actos administrativos; 3) Los decretos leyes dictados por el Ejecutivo nacional; 4) Los demás actos con rango de ley dictados por los Poderes Judicial y Electoral; 5) Los actos de gobierno dictados por el Ejecutivo Nacional; y 6) Los demás actos con rango de ley o que sean dictados por los órganos del poder público en ejecución directa de la Constitución.

De acuerdo con esta enumeración, puede decirse que el sistema constitucional venezolano no admite fisuras en cuanto al control jurisdiccional de la constitucionalidad, en el sentido de que la supremacía constitucional no admite actos que la con-

---

834 *V.*, en *Revista de Derecho Público*, N° 85-88, Editorial Jurídica Venezolana, Caracas, 2001, pp. 370.

835 *V.*, sentencia de la Sala Constitucional N° 1122 de 8-6-2006 (Caso: *Confederación Venezolana de Industriales (Conindustria) vs. Decreto Presidencial* N° 4.248 del 30 de enero de 2006), en *Revista de Derecho Público*, N° 106, Editorial Jurídica Venezolana, Caracas, 2006, p. 208.

traríen sin que puedan ser susceptibles de control. Esta, por otra parte, fue la doctrina tradicionalmente sentada por la antigua Corte Suprema, como se deduce, por ejemplo, de lo que expresó en su sentencia del 15 de marzo de 1962:

> "Porque si la regla general constitucionalmente establecida es la del pleno ejercicio del control constitucional de los actos del Poder Público, cualquier excepción a dicha regla tendría que emanar, necesariamente, de la propia Constitución. Ni siquiera una disposición legal podría sustraer alguno de aquellos actos al control antes dicho; y menos aún pueden autorizarlo los órganos jurisdiccionales como intérpretes fieles que deben ser del contenido de aquella norma. A todo evento, y, ante la duda que pudiera surgir acerca de si algún acto emanado del Poder Público es o no susceptible de revisión constitucional por acción directa, debe optarse, en obsequio a aquel amplio y fundamental principio constitucional, por admitir su examen por parte de este Alto Tribunal.
>
> La contrarío sería establecer obstáculos al control constitucional que, en ninguna forma ha previsto nuestro ordenamiento jurídico. Se consagrarían así excepciones, sin respaldo legal, a la función más importante y soberana constitucionalmente atribuida, a lo largo de toda la historia patria, al más alto Tribunal de la República: la de vigilar y mantener en todo momento y en su amplia integridad el imperio de la Constitución"[836].

Sin embargo, esta sana doctrina, establecida en 1962 fue radicalmente quebrantada por la misma antigua Corte Suprema de Justicia tres años después, en sentencia de 29 de abril de 1965, en la cual estableció casos de actos estatales no susceptibles de control de la constitucionalidad, sugiriendo que este control no era absoluto. En dicha decisión, la antigua Corte señaló lo siguiente:

> "Pero es de observar que el control jurisdiccional de la constitucionalidad intrínseca de los actos estatales no ha sido consagrado en forma absoluta, pues del estudio de la propia Constitución Nacional, de la Ley Orgánica de la Corte de Casación *(sic)* y de precedentes jurisprudenciales surgen y se justifican situaciones excepcionales en que los actos del Poder Público en sus tres ramas no están sometidos al control de la jurisdicción constitucional.
>
> En lo tocante al Poder Legislativo Nacional existen varios casos en que sus actos están excluidos del control jurisdiccional de su constitucionalidad intrínseca, como expresamente lo estatuye el artículo 159 de la Constitución Nacional.
>
> De modo que los cuerpos legislativos, al ejercer sus atribuciones privativas, salvo lo que la misma Constitución establece sobre extralimitación de atribuciones, no están sujetos a ninguna clase de control, incluso el jurisdiccional, y por tanto ningún otro poder puede cuestionar en su aspecto privativo la validez de los actos realizados.

---

836 *V.*, sentencia de la antigua Corte Suprema de Justicia, Sala Plena de 15-3-62 en *G.O.* Nº 760, Extraordinaria de 22-3-62.

Por lo que respecta particularmente a la Cámara del Senado, goza ésta además de ciertas atribuciones de naturaleza política o de naturaleza discrecional que, en atención a su índole, tampoco están sometidas en su ejercicio al control constitucional, tales como: a) Autorización a funcionarios o empleados públicos para aceptar cargos, honores o recompensas de gobiernos extranjeros; b) Autorización para emplear misiones militares venezolanas en el exterior o extranjeras en el país, a solicitud del Ejecutivo Nacional; c) Autorización al Presidente de la República para salir del territorio nacional.

En lo que atañe particularmente a la Cámara de Diputados, también goza ésta del ejercicio de un derecho político no sometido en cuanto al fondo, al control objetivo de constitucionalidad, como es el da "dar voto de censura a los Ministros" en forma simple o con la consiguiente remoción del Ministro si así lo acuerdan las dos terceras partes de los Diputados presentes (artículo 153 de la Constitución Nacional).

En lo que respecta a las Cámaras en sesión conjunta también existen actos qua por su naturaleza discrecional están excluidos del control constitucional; entre ellos puede citarse: 1) Recibir y examinar el mensaje anual del Presidente de la República; 2) Examinar y aprobar o improbar las Memorias y Cuentas del Despacho Ejecutivo Nacional y de cualquier otro organismo o funcionario que esté obligado a ello.

En lo relativo a los actos que el Presidente de la República está facultado para realizar en ejercicio de sus atribuciones constitucionales, un atento examen de las mismas conduce a la conclusión de que determinadas actuaciones presidenciales, en cualquiera de los dos caracteres de Jefe de Ejecutivo Nacional o Jefe del Estado Venezolano asignados a aquél por el artículo 181 de la Constitución, están excluidos del control jurisdiccional en atención a que por su propia esencia son actos de índole eminentemente política o actos de gobierno, o de índole discrecional; situaciones en que no cabe aplicar a los motivos determinantes de la actuación el expresado control constitucional.

Entre tales actos encuéntrense según el artículo 190 de la Constitución Nacional los siguientes: Fijar el contingente de las Fuerzas Armadas Nacionales; convocar el Congreso a sesiones extraordinarias y reunir en Convención a algunos o a todos los Gobernadores de las entidades federales.

Con base en las excepciones que se han indicado en lo relativo al control jurisdiccional sobre la constitucionalidad intrínseca de los actos del Poder Público, puede sentarse la conclusión de que este control no ha sido establecido en forma rígida o absoluta, pues están sustraídas a su dominio diversas situaciones tanto en el orden legislativo, coma en el judicial y en el ejecutivo"[837].

Mediante esta sentencia, la antigua Corte estableció su incompetencia para controlar la constitucionalidad de una serie de actos que al contrario, constitucionalmen-

837 *V.*, sentencia de la antigua Corte Suprema de Justicia, Sala Plena de 29-4-65 edición de la *Imprenta Nacional,* 1965, pp. 9 a 11.

te están sujetos a dicho control de la constitucionalidad, tal como la propia Corte, en innumerables sentencias dictadas posteriormente se encargó de precisar, abandonando totalmente dicha doctrina de 1965.

### 2. *Las leyes*

En primer lugar, son objeto de control de la constitucionalidad por parte de la Sala Constitucional, mediante el ejercicio de la acción popular, las leyes sean éstas nacionales, estadales o municipales. En Venezuela, en efecto, conforme al sistema de distribución vertical del Poder Público, propio de la organización política federal, además de la Asamblea Nacional, que sanciona las leyes nacionales, tanto los Consejos Legislativos de los Estados como los Concejos Municipales ejercen el poder normativo en sus respectivos ámbitos del Poder Público, mediante la emisión de leyes estadales o locales, estas últimas, las ordenanzas municipales. Por tanto, pueden ser objeto de la acción popular de inconstitucionalidad por ante la Sala Constitucional, las leyes nacionales, las leyes estadales y las ordenanzas municipales, tal y como lo ha precisado la Sala Constitucional en sentencia N° 3347 de 3 de diciembre de 2003 (Caso: *Impugnación de la Ordenanza sobre Pensiones y Jubilaciones del Municipio José Antonio Páez del Estado Yaracuy*):

> "Constitucionalmente, en nuestro ordenamiento jurídico existen tres niveles de legislación, todos de idéntico rango: el nacional, el estadal y el municipal. Así, las leyes nacionales, las leyes estadales y las ordenanzas municipales comparten jerarquía. Es ese mismo rango el que permite que todas esas normas sean impugnables ante la jurisdicción constitucional, que está a cargo de esta Sala. Por supuesto, el hecho de que se trate de actos de idéntico rango no significa que en determinados supuestos alguno de ellos no pueda sujetarse a otro. No es subordinación, pues no existe jerarquía: es la manifestación del respeto a las competencias constitucionales de cada ente"[838].

#### A. *Las leyes nacionales*

Es indudable, que entre los actos sometidos al control de la constitucionalidad, los de mayor importancia son las leyes, en virtud de su rango y en la mayoría de los casos, de su generalidad.

Ahora bien, la Constitución define como Ley a "los actos que sancione la Asamblea Nacional como cuerpo legislador" (artículo 202) por lo que para precisar la noción de Ley en el ordenamiento constitucional venezolano, basta un criterio orgánico formal: actos que sancione la Asamblea actuando como cuerpo legislador, sin atender al contenido del acto ni a sus efectos generales o carácter abstracto.

Tal como lo precisó con claridad la antigua Corte Suprema de Justicia:

> "Acoge sólo la Constitución esa forma simple pero precisa para tipificar dicho concepto, lo que significa *que la mera circunstancia de que una norma sea sancionada por las Cámaras como cuerpos colegisladores basta para que figure como Ley dentro de nuestro ordenamiento jurídico*. Este concepto, claro y preci-

838 *V.*, en *Revista de Derecho Público*, N° 93-96, Editorial Jurídica Venezolana, Caracas, 2003, p. 121.

so de lo que la Constitución concibe como Ley, no admite ni puede admitir interpretaciones contrarias a su texto, ni menos aún la asignación de otros requisitos o condiciones que, si bien pueden ser atribuibles o procedentes en legislaciones donde el concepto de Ley obedece a otros criterios doctrinales, en manera alguna son adecuados al que terminantemente se fija en la Constitución venezolana"[839].

Esta interpretación precisa y terminante condujo a dar por concluida la vieja polémica originada por la distinción entre leyes formales y leyes materiales, y que planteaba la impugnabilidad por la vía del recurso de inconstitucionalidad de sólo las leyes con contenido normativo (leyes materiales)[840]. Al contrario, por ejemplo, la antigua Corte Suprema de Justicia decidió demanda de nulidad respecto de leyes aprobatorias de contratos de interés general. Por tanto, el control de la constitucionalidad de las leyes que corresponde a la Sala Constitucional se ejerce sobre cualquier clase de ley: ley orgánica, ley ordinaria o ley de bases (artículo 203), de contenido normativo o de efectos particulares.

Por supuesto, el control de la constitucionalidad de las leyes procede, en principio, con respecto de las leyes que han cumplido todos los requisitos de eficacia, es decir, que han sido promulgadas, y que por tanto, surten sus efectos. Esto plantea, sin embargo, varios tipos de problemas relativos al control de la constitucionalidad de las leyes sancionadas pero no promulgadas; de las leyes promulgadas pero aún no vigentes; de las leyes derogadas y de las leyes de vigencia temporal.

En efecto, en cuanto a las leyes sancionadas por la Asamblea Nacional pero no promulgadas por el Presidente de la República, sólo podrían ser impugnadas mediante control preventivo a instancia del propio Presidente de la República (artículo 214), por lo que no pueden ser objeto de impugnación por vía de acción popular. A pesar de que hace varias décadas ello si se había admitido[841], puede decirse que la doctrina tradicional es que sólo las leyes publicadas pueden ser impugnadas median-

839 *V.*, sentencia de la antigua Corte Suprema de Justicia, Sala Plena de 15-3-62 en *G.O.*, Nº 760, Extraordinaria de 22-3-62.

840 *V.*, sentencia de 5 de marzo de 1937, la antigua Corte Federal y de Casación en *Memoria 1938,* pp. 226 a 299. La posición de la Corte, sin embargo, no fue siempre consecuente con esa doctrina, y en sentencias de 1937 y 1938 declaró la nulidad de diversas leyes formales. Véase sentencias de la antigua Corte Federal y de Casación, Sala Plena de 16-11-37 en *Memoria 1938,* p. 339 por la cual declaró la nulidad de la Ley que decretó el estudio y trazado de un ferrocarril; de 26-11-37 en *Memoria 1938,* p. 350 por la cual declaró la nulidad de una Ley especial que autorizó un préstamo a una Municipalidad; y de 22-12-37, *Memoria 1938,* p. 381, por la cual declaró la nulidad de leyes especiales contentivas de donaciones a diversas municipalidades, es decir, de efectos particulares.

841 La antigua Corte federal y de Casación en sentencia de 1940 sostuvo lo siguiente: "Un proyecto de ley votado por la Asamblea Legislativa, es ya una Ley en potencia, si bien inejecutable todavía, por faltarle la sanción presidencial. Cuando esta se efectúa, es ya una ley ejecutable, pero que, sin embargo, carece aún de la cualidad de ser obligatoria *erga omnes,* por no haberse hecho su publicación en el órgano oficial. Mas, como en cualquiera de esos tres estados o penados de una Ley, contra ella puede ya actuarse en nulidad por vía judicial; "las leyes son perfectas como obra legislativa, para el voto de los Cámaras; ejecutorias, por la promulgación y obligatorias, por la publicación. El interés jurídico de la acción en nulidad estribará, pues, en que si la Ley está en su primer estado, no se la promulgue; si ha sido promulgada no se la publique, y si ya ha sido publicada, no sea obligatoria". Véase sentencia de la antigua Corte Federal y de Casación, Sala Político Administrativa de 6-6-40 en *Memoria, 1941,* pp. 167 y 168.

te acción popular, pues ellas son las que surten efectos[842], conforme al artículo 1° del Código Civil[843].

Pero la propia Ley puede establecer un momento distinto de la publicación para su entrada en vigencia. En algunos casos, inclusive, esta *vacatio legis* es obligatoria, como por ejemplo sucede en materia de leyes tributarias, respecto de las cuales la Constitución exige que "la ley tributaria fijará su lapso de entrada en vigencia. En ausencia del mismo se entenderá fijado en sesenta días continuos" (artículo 317), después de haber sido publicada. El sistema de la *vacatio legis,* en todo caso, es bastante frecuente en la práctica legislativa.

Ahora bien, el problema a plantearse en relación con el control de la constitucionalidad de las leyes, en este caso, es la posibilidad de ejercer el recurso de inconstitucionalidad contra leyes sancionadas y publicadas pero no vigentes, durante el lapso de la *vacatio.* La ley, en estos casos, no hay duda, puede producir ciertos efectos. El primero precisamente es abrir la *vacatio legis,* y el hecho de que aún no haya entrado en vigencia ni le quita el carácter de ley ni los efectos que puede, en ese lapso, producir. Por tanto, como toda ley, podría ser objeto de un recurso de inconstitucionalidad con el objeto, precisamente, si se resuelve a tiempo, de impedir que entre en vigencia.

Pero en el otro extremo del tema de la vigencia de las leyes, la cuestión relativa a la posibilidad de impugnar por vía de la acción de inconstitucionalidad las leyes ya derogadas también se ha planteado, y su solución debería depender, evidentemente, de los efectos de la sentencia declaratoria de nulidad por inconstitucionalidad de las leyes. Si esta tiene efectos constitutivos, *pro futuro,* no hay duda que, en principio, sólo las leyes vigentes podrían ser objeto del recurso de inconstitucionalidad[844].

En el mismo sentido, desde 1949, las decisiones de las antiguas Cortes Supremas siempre fueron denegatorias de las solicitudes de nulidad de leyes derogadas[845], considerando que "las facultades constitucionales de control de la Constitución de este Alto Tribunal sólo se refieren a leyes vigentes", por lo que al solicitarse la nulidad por inconstitucionalidad de una ley derogada "la Corte carece de materia sobre qué decidir"[846]. Posteriormente, en 1966, la antigua Corte Suprema sostuvo el mismo criterio, al precisar que entre las circunstancias determinantes de la relación procesal en el recurso de inconstitucionalidad, "tiene especial relieve la existencia mis-

---

842 *V.,* Joaquín Sánchez-Covisa, *La vigencia temporal de la Ley en el Ordenamiento Jurídico Venezolano*, Caracas, 1956, p. 58.

843 En igual sentido, la Ley de Publicaciones Oficiales de 22-7-41 establece que "Las leyes entrarán en vigor desde la fecha que ellas mismas señalen; y, en su defecto desde que aparezcan en la *Gaceta Oficial...*" (Art. 2).

844 *V.,* Allan R. Brewer-Carías, *Derecho Administrativo,* T. I, Caracas, 1975, pp. 334 y ss.

845 Con anterioridad el criterio era el contrario, por ejemplo en sentencia de la antigua Corte Federal y de Casación, Sala Político Administrativa de 13-1-40 en *Memoria 1941,* p. 102. En esta sentencia, por contraposición a la nulidad, la Corte señalaba que "la derogatoria obra sólo para el futuro. Deja en pie los actos realizados en aplicación de la Ley derogada. En cambio, la nulidad obra retroactivamente y suprime todos los efectos que había producido la aplicación de la ley nula. El interés que hubo para demandar la nulidad subsiste, pues, aun después de la revocatoria por derogación".

846 *V.,* sentencia de la antigua Corte Federal y de Casación, Sala Plena de 21-3-49 en *Gaceta Forense,* N° 1, 1949, pp. 13 a 15.

ma del acto impugnado por inconstitucionalidad, cuya validez o nulidad viene a constituirse, precisamente, en la materia u objeto del proceso", por lo que al solicitarse la nulidad de un acto que ya ha cesado en su vigencia, el recurso carece de objeto[847].

Por otra parte, mediante sentencia de 6 de diciembre de 1973, con motivo de la impugnación de un Acuerdo del Concejo Municipal del Distrito Federal, derogado posteriormente por una Ordenanza, la antigua Corte Suprema de Justicia ratificó el criterio, en los siguientes términos:

> "Ahora bien, por efecto de la promulgación de la citada Ordenanza, el recurso interpuesto en este procedimiento carece, para el momento, de toda finalidad y objeto, en virtud de que el Acuerdo impugnado de nulidad fue derogado y sustituido por la Ordenanza en vigor. En este mismo orden de razones, cualquier vicio o defecto que pudiera haber padecido el mencionado Acuerdo, habría quedado remediado por el nueva estatuto, sancionado y promulgado conforme a la Ley y el cual vendría a ser el instrumento cuestionable, si se objetara nuevamente la personalidad jurídica de la "Fundación Caracas". En consecuencia, el presente recurso de nulidad carece de objeto, y por tal motivo, resulta inútil la decisión que se pronuncie sobre sus planteamientos"[848].

Como consecuencia de esta doctrina jurisprudencial, la cual ha sido ratificada por la Sala Constitucional[849], siendo en principio los efectos de la sentencia declaratoria de inconstitucionalidad de carácter constitutivo, es decir, hacia el futuro, no hay duda de que las leyes derogadas no pueden ser impugnadas por el recurso de inconstitucionalidad, salvo que la impugnación se fundamente en la nulidad absoluta prevista en los artículos 25 y 138 de la Constitución.

El criterio de que sólo las leyes vigentes pueden ser las impugnadas mediante acción popular, lo ha ratificado la Sala Constitucional, señalando que las leyes derogadas:

> "pierden su vigencia al cumplir la finalidad para la cual fueron promulgadas, por lo que agotada como ha sido, la misma no puede ser objeto de un juicio de constitucionalidad respecto a la Constitución vigente para emitir pronunciamiento acerca de los presuntos vicios denunciados...
>
> El criterio expuesto anteriormente, tiene su fundamento en que las leyes derogadas por la entrada en vigencia de un nuevo texto legal, pierden su eficacia en el ordenamiento jurídico, por lo que, de ninguna manera las mismas pueden contradecir preceptos constitucionales; por tanto siendo ello así, concluye esta Sala, que las leyes derogadas, deben ser excluidas de la posibilidad de ejercer sobre ellas el control de constitucionalidad, por cuanto las mismas han dejado

---

847 *V.*, sentencia de la antigua Corte Suprema de Justicia, Sala Político Administrativa de 20-1-66 en *Gaceta Forense*, N° 51, 1968, pp. 13 y 14.

848 *V.*, sentencia de la antigua Corte Suprema de Justicia, Sala Político Administrativa de 20-1-66, en *Gaceta Forense*, N° 1.649, Extraordinaria de 29-4-74.

849 *V.*, sentencia N° 1109 de 4-10-2000, en *Revista de Derecho Público*, N° 84, EJV, Caracas 2000, pp. 294 y ss.

de ser leyes vigentes, en razón de lo cual debe declararse la inadmisibilidad sobrevenida, del recurso de nulidad que por razones de inconstitucionalidad interpuso la actora contra las disposiciones previstas en los artículos 7, 15, literales *d, e, f, o* y 65 de la –hoy– derogada Ley Orgánica del Consejo de la Judicatura, publicada en la *Gaceta Oficial* N° 34.068 de fecha 7 de octubre de 1988. Así se decide"[850].

Siguiendo los mismos planteamientos formulados respecto de las leyes derogadas en cuanto a su no impugnabilidad por la vía del recurso de inconstitucionalidad, puede decirse también que las leyes de vigencia temporal, como las leyes anuales de presupuesto, al perder su vigencia por cesación de sus efectos, tampoco podrían ser impugnadas[851].

Sin embargo, es evidente que una ley derogada podría haber producido efectos jurídicos que subsistan a su derogatoria, y que harían procedente su impugnación[852]. Ello lo ha reconocido la Sala Constitucional en una decisión posterior de 8 de abril de 2003, precisamente en relación con una ley anual de presupuesto, en la cual señaló:

> "Al respecto, la Sala observa que aun cuando se trata de una Ley con carácter anual, que podría considerarse derogada con la entrada en vigencia de la Ley de Presupuesto que se dicte para regir el período fiscal del año siguiente (2003), no puede estimarse –como se ha decidido en otros casos– que "...deben ser excluidas de la posibilidad de ejercer contra ellas la acción de inconstitucionalidad, por cuanto las mismas no son leyes vigentes de acuerdo con lo establecido en el artículo 1° del Código Civil antes citado" (*ver* sentencia del 30 de octubre de 2001, recaída en el acción de nulidad por inconstitucionalidad contra la Ley de Reforma Parcial de la Ley que Crea el Instituto de Beneficencia Pública y Bienestar Social del Estado Táchira); toda vez que las disposiciones aquí impugnadas producen efectos jurídicos –aun cuando esté vigente una nueva Ley de presupuesto– en la esfera subjetiva de personas como es el caso del Gobernador, autoridad indicada como responsable de la ejecución de los pagos a que se contraen las partidas creadas en dichas disposiciones, por lo que no se ha eliminado en el recurrente, la necesidad de que se declare –de ser procedente– el cese de los efectos

---

850 *V.*, sentencia de la Sala Constitucional en la cual hizo referencia las sentencias siguientes: N° 524 de la Sala Constitucional de 8-06-2000 (Caso: *Enrique Agüero Gorrín y Otros*) (en *Revista de Derecho Público*, N° 82, (octubre-diciembre), Editorial Jurídica Venezolana, Caracas, 2000, pp. 450); en Sala Político Administrativa de 20-01-1996 y de 6-12-1973; Corte Suprema de Justicia en Sala Plena de 25-11-1995. *V., Revista de Derecho Público*, N° 84, Editorial Jurídica Venezolana, Caracas, 2000, pp. 293 y ss.

851 La antigua la antigua Corte Suprema de Justicia en Sala Político Administrativa en sentencia de 7-4-75 en este sentido señaló: "Cierto es que las leyes se derogan por otras leyes, pero es obvio que leyes de la naturaleza de la impugnada pierden su vigencia al cumplir la finalidad para la cual fueron promulgadas, por lo cual es evidente que al perder vigencia la ley en cuestión carece de sentido práctico proceder al análisis, y posterior pronunciamiento, acerca de los presuntos vicios y colisiones denunciados por los demandantes". *V.*, en *G.O.*, N° 1.754, Extraordinaria de 19-6-75.

852 *V.*, en general, Carlos Pérez Fernández, "Las normas derogadas como objeto de control en la jurisdicción constitucional", en *Temas de Derecho Administrativo: Libro Homenaje a Gonzalo Pérez Luciani,* Volumen II. Editorial Torino, Caracas, 2002, pp. 503-560.

perjudiciales que la ley cuyas disposiciones estima viciadas de inconstitucionalidad, le están causando"[853].

En cuanto a la impugnabilidad de las leyes aprobatorias de tratados internacionales, en 1964 la antigua Corte Suprema de Justicia sentó el criterio de excluirlas del control de constitucionalidad, dado el principio *pacta sum servanda* que obliga al Estado en el ámbito internacional, considerando sin embargo que en los casos de tratados internacionales inconstitucionales, "aunque el Estado venezolano carece de poder jurídico para anularlos jurisdiccionalmente por sí y ante sí con efectos *erga omnes*, es indudable que en cada caso concreto de colisión sometido a su decisión, los tribunales venezolanos deben aplicar por mandato legal la norma constitucional con preferencia a cualquier otro texto de ley, incluso los tratados internacionales"[854], tal como ahora se regula en los artículos 334 de la Constitución y 20 del Código de Procedimiento Civil. Esta doctrina, que en su momento fue ampliamente comentada y criticada[855], posteriormente fue modificada en la sentencia de la antigua Corte Suprema de Justicia en Corte Plena, de 10 de julio de 1990, en la cual al declarar sin lugar una acción de inconstitucionalidad contra un artículo de la Ley Aprobatoria del Acuerdo de Cartagena, admitió la posibilidad de la impugnación de las leyes aprobatorias de tratados internacionales[856].

Igual situación se ha planteado, por lo demás, con la posibilidad de impugnación de contratos de interés nacional aprobados por el Parlamente, respecto de lo cual la antigua Corte Suprema, señaló:

> "Pretender que un acto de la importancia de una Ley aprobatoria de un contrato de interés público integrado por actuaciones de dos importantes ramas del Poder Público, la Ejecutiva y la Legislativa, pueda escapar, por obra y gracia de un in-

---

853 *V.*, Caso: *Impugnación Ley de Presupuesto del Estado Amazonas*, (Exp. 02-0151). Véase *Revista de Derecho Público*, Nº 93-96, Editorial Jurídica Venezolana, Caracas, 2003, pp. 506 ss. Adicionalmente, en sentencia Nº 6 de 13-1-2004 (Caso: *Impugnación de la Ordenanza sobre Apuestas Lícitas del Concejo Municipal del entonces Distrito Girardot del Estado Aragua*) la Sala Constitucional ha admitido que existen dos supuestos en que persiste el interés en declarar la inconstitucionalidad de un texto derogado: el primero cuando la norma impugnada se trasladó a un nuevo texto, que sí esté vigente; y el segundo cuando, aun sin ese traslado, la disposición recurrida mantiene sus efectos en el tiempo; véase en *Revista de Derecho Público*, Nº 97-98, Editorial Jurídica Venezolana, Caracas, 2004, pp. 404 y ss. Igualmente, sentencia Nº 2571 de 11-11-2004 (Caso: *Polimeros Del Lago C.A y otros vs. Impugnación de la Ordenanza sobre Fundación Cuerpo de Bomberos del Distrito Miranda del Estado Zulia*), en *Revista de Derecho Público*, Nº 99-100, Editorial Jurídica Venezolana, Caracas, 2004, pp. 314.

854 *V.*, sentencia de 29 de abril de 1965, dictada por la Corte Plena, ésta señaló que carecía de competencia para conocer y declarar la nulidad absoluta, parcial o total de la ley aprobatoria del Tratado de Extradición que la República de Venezuela tiene celebrado con los Estados Unidos de América, en *Gaceta Oficial* Nº 958 Extra, de 21-5-65; y en la publicación: *Sentencia por la cual se declara sin lugar la demanda de nulidad de la Ley Aprobatoria del Tratado de Extradición Venezuela–USA,* Imprenta Nacional, Caracas, 1965, pp. 12 y ss.

855 *V.*, Gonzalo Pérez Luciani, "El control jurisdiccional de la constitucionalidad de leyes aprobatorias de Tratados Internacionales", en *RFD*, UCAB, Nº 4, Caracas, 1966-1967, pp. 293 y ss; José Gabriel Sarmiento Núñez, "El control de la constitucionalidad de las leyes y de los Tratados" en *Libro Homenaje al Doctor Eloy Lares Martínez,* T. II, Caracas, 1984, pp. 705 y ss.

856 *V.*, Allan R. Brewer-Carías, "El control de la constitucionalidad de las leyes aprobatorias de Tratados internacionales y la cuestión constitucional de la integración latinoamericana", *Revista de Derecho Público,* Nº 44, 1990, pp. 225-229.

terés privado incurso en dicho acto, del soberano control de la constitucionalidad que es privativo de esta Suprema Corte, es dejar abierta una peligrosa brecha para que, por ese medio contractual, puedan producirse violaciones constitucionales incontrolables, ya que, en tal caso, únicamente los actos unilaterales de los Altos Poderes, podrían ser objeto de la acción anulatoria respectiva"[857].

La Sala Constitucional del Tribunal Supremo de Justicia, por su parte, ha ratificado que "los Acuerdos del Poder Legislativo Nacional aprobatorias de contratos de interés nacional son actos dictados en ejecución directa e inmediata de la Constitución, por lo cual su control constitucional corresponde exclusivamente a esta Sala Constitucional"[858].

### B. *Las Constituciones y las leyes estadales*

Conforme al artículo 162,1 de la Constitución, corresponde a los Consejos Legislativos de los Estados la facultad de "legislar sobre las materias de la competencia estadal", entre las cuales está, "dictar su Constitución para organizar los poderes públicos [del Estado], en conformidad con lo dispuesto en esta Constitución". Por tanto, tanto las Constituciones estadales como las leyes dictadas por los Consejos Legislativos están sujetas a la Constitución y, por supuesto, al control de la constitucionalidad de las mismas mediante acción popular; potestad de control que se ha ejercido tradicionalmente en forma muy amplia, mediante la cual la Jurisdicción Constitucional ha declarado en muchos casos la nulidad de artículos de Constituciones estadales y de leyes de los Estados, particularmente en casos de usurpación de competencias atribuidas en la Constitución al Poder Nacional.

Sin embargo, a pesar del carácter de las Constituciones estadales que deberían privar sobre las leyes ordinarias estadales, la Constitución no atribuyó a tribunal alguno competencia para declarar la nulidad de las últimas cuando colidan con las primeras, provocando que desde los años cuarenta la antigua Corte se declarara incompetente para conocer de las colisiones entre leyes estadales entre sí o entre las leyes y las Constituciones estadales[859]. No existiendo en Venezuela una distribución vertical del Poder Público respecto del Poder Judicial ni, por tanto, Cortes Supremas

---

857 *V.*, sentencia de la antigua Corte Suprema de Justicia, Sala Plena de 15-3-62 en *G.O.*, Nº 760, Extraordinaria de 23-3-62. Véase sobre el particular G. Pérez Luciani, "El Control Jurisdiccional de la Constitucionalidad de las Leyes no Normativas Aprobatorias de Contratos", *loc. cit.*, pp. 207 a 231. *V.*, además, los argumentos del Voto Salvado del Magistrado J. G. Sarmiento Núñez, a la sentencia de la antigua Corte Suprema de Justicia, Sala Plena de 29-4-65, *loc. cit.*, pp. 31 y ss. y 66 y ss.; y Allan R. Brewer-Carías, "Consideraciones sobre los efectos de la ruptura de la ecuación económica de un Contrato Administrativo por una Ley declarada nula por Inconstitucional" en *Cuadernos de Derecho Público*, Departamento de Derecho Público, Facultad de Derecho, ULA, Mérida, 1976, pp. 5 y ss.

858 *V.*, sentencia Nº 357 de 11-5-2000, en *Revista de Derecho Público*, Nº 82, EJV, Caracas 2000, p. 447

859 *V.*, la sentencia de la CSF en SPA del 14-1-41 en *Memoria 1942*, p. 111. En igual sentido sentencia de la misma antigua Corte Federal y de Casación, Sala Político Administrativa 20-1-39 en *Memoria 1940*, p. 130. En sentencia de la antigua Corte Suprema de Justicia, Sala Político Administrativa de 19-12-75 se decidió lo siguiente "El control jurisdiccional de la constitucionalidad de las Leyes y demás actos de las Asambleas Legislativas, lo ejerce este Alto Tribunal como guardián de la Constitución, para asegurar la supremacía y recta interpretación de éste en todo el país, motivo por el cual dichos actos no pueden ser impugnadas por el recurso de inconstitucionalidad alegando infracción de un artículo de la Constitución de un Estado". *V.*, en *G.O.*, Nº 1.741, Extraordinaria de 21-5-76, pp. 26 y 27.

en los Estados, dada la centralización del sistema judicial, o hay justificación alguna para que el Supremo Tribunal haya renunciado a controlar la constitucionalidad de las leyes estadales en relación con lo dispuesto en las propias Constituciones de los Estados.

C. *Las Ordenanzas Municipales*

En el ordenamiento constitucional venezolano, dada la consagración de la autonomía del Municipio que implica la libre "gestión en las materias de su competencia" (artículo 168,2), los Concejos Municipales tienen competencia para dictar la legislación local que sea necesaria. Las Ordenanzas Municipales por tanto, son las "leyes locales" por excelencia relativa a las materias propias de la vida local, sobre lo cual la jurisprudencia de la antigua Corte Suprema fue siempre reiterativa[860], habiendo sostenido lo siguiente:

> "entre nosotros, las Ordenanzas tienen el carácter de leyes, puesta que se lo da originariamente la Constitución Nacional y la misma del Estado, al erigir las Municipalidades en Poder, atribuyéndoles el ejercicio de una parte del Poder Público, dentro de los límites antes señalados. Y siendo la facultad legislativa la manifestación primordial de la autonomía del Municipio, tiene que aplicársele a las Ordenanzas dictadas, a esas "leyes locales", las reglas generales concernientes a las nacionales o estadales, o sea, que aquéllas guardan –lo mismo que éstas– igual subordinación a los principios generales del derecho y a la Constitución Nacional o estadal, respectivamente"[861].

En consecuencia, las Ordenanzas Municipales como leyes locales están sujetas a la Constitución, y pueden ser impugnadas por vía de la acción popular de inconstitucionalidad, única forma de revisión de las mismas por otra autoridad distinta del propio Concejo Municipal que las dictó[862]. En innumerables oportunidades la antigua Corte Suprema de Justicia se pronunció sobre la nulidad de ordenanzas municipales, por inconstitucionalidad, y entre las decisiones que con mayor frecuencia se

860 *V.*, por ejemplo, sentencias de la antigua Corte Federal y de Casación, Sala Político Administrativa 27-2-40, *Memoria 1941*, p. 20 y de 2-3-42 en *Memoria 1943*, p. 121.

861 *V.*, sentencia de la antigua Corte Federal de 24-11-53 en *Gaceta Forense*, Nº 2, 1953, pp. 174 y 175. La antigua Corte Suprema en sentencia de 6 de febrero de 1991, señaló: "Es evidente e indiscutible que una Ordenanza Municipal... es la expresión de la potestad legislativa, limitada desde luego, por las normas que la Constitución Nacional y la Ley Orgánica de Régimen Municipal le reconoce a las Municipalidades como derivación de su autonomía. En consecuencia, considera la Corte en Pleno que una Ordenanza Municipal debe ser considerada y calificada como un acto legislativo emanado de un órgano colegiado del Poder Público, como lo es el Concejo Municipal, *y la competencia de la Corte Suprema de Justicia –en Sala Plena–* para conocer y decidir acerca de la impugnación de una determinada Ordenanza, por razones de inconstitucionalidad, *está establecida en la Constitución Nacional (artículo 29) y las Leyes Orgánicas de la Corte Suprema de Justicia y de Régimen Municipal, en sus artículos 42 (3) y 4, respectivamente, y así se declara...*"). *Revista de Derecho Público,* Nº 52, Caracas, 1902, p. 135.

862 Una de las manifestaciones de la autonomía municipal es, precisamente, que "Los actos de los Municipios no podrán ser impugnados sino por ante los órganos jurisdiccionales de conformidad con esta Constitución y las leyes" (Art. 168 de la Constitución).

destacan, están las referentes a Ordenanzas creadoras de impuestos y contribuciones invadiendo las competencias que la Constitución reserva al Poder Nacional[863].

A pesar de algunas absurdas sentencias de la Sala Constitucional N° 2353/2001, 246/2002 y 254/2002, negándole a las Ordenanzas el carácter de leyes locales, atribuyendo el control de constitucionalidad de las mismas a la Sala Político Administrativa del Tribunal Supremo, como si se tratase de actos administrativos[864], finalmente la Sala Constitucional rectificó dicho criterio en sentencias posteriores, ejerciendo su competencia para conocer de las acciones de inconstitucionalidad contra las ordenanzas, considerándolas como tales leyes locales[865].

### 3. *Los actos parlamentarios sin forma de ley*

El ordinal 1° del artículo 336 de la Constitución, como se ha dicho, establece que la Sala Constitucional tiene competencia para declarar la nulidad total o parcial "de las leyes nacionales y *demás actos* con rango de ley de la Asamblea Nacional que colidan con esta Constitución", cuando conozca del asunto al ejercerse una acción popular de inconstitucionalidad.

Estos "demás actos" con rango de ley de la Asamblea Nacional, tal como lo interpretó la antigua Corte Suprema de Justicia, son los actos del Parlamento dictados en ejecución directa e inmediata de las disposiciones constitucionales que, sin ser leyes, tengan rango equivalente a las mismas. Así lo entendió la antigua Corte Suprema de Justicia con motivo de decidir un recurso de interpretación del artículo 42,1 de la derogada Ley Orgánica de la propia Corte, acordando fijar su interpretación en el sentido de que "los demás actos" referidos en la norma "debe entenderse que se refiere a actos emitidos por el cuerpo legislativo nacional, en ejecución directa e inmediata de disposiciones constitucionales que, sin serlo, tengan rango equivalente a la ley"[866].

---

863 *V.*, las sentencias de la Corte Suprema citadas y parcialmente transcritas en Allan R. Brewer-Carías, *Jurisprudencia de la Corte Suprema 1930–1947, y Estudios de Derecho Administrativo,* T. II, Caracas, 1976, pp. 335 y ss. y en especial, pp. 449 y ss. *V.*, además, la sentencia de la Sala Político Administrativo de 7-5-85 en *Revista de Derecho Público* N° 23, Caracas 1985, pp. 148 y 149.

864 *V.*, en *Revista de Derecho Público*, N° 89-92, Editorial Jurídica Venezolana, Caracas, 2002.

865 *V.*, sentencias de 7 de junio 2002 (Caso: *Iván Darío Badell– Recurso de Nulidad contra la Ordenanza sobre Terrenos y Ejidos de Propiedad Municipal del Municipio Acarigua, Distrito Páez del Estado Portuguesa*), N° 928 de 15 de mayo de 2002 (Caso: *Impugnación de la Ordenanza sobre Pensiones y Jubilaciones dictada por el Concejo del Municipio José Antonio Páez del Estado Yaracuy*), *Revista de Derecho Público*, N° 89-92, EJV, Caracas 2002, pp. 382 ss., y N° 1535 de 2003 (Caso: *Impugnación de la Ordenanza sobre Juegos y Apuestas Lícitas del Concejo Municipal del Municipio Junín del Estado Táchira*), *Revista de Derecho Público*, N° 93-96, Editorial Jurídica Venezolana, Caracas, 2003, p. 503. Véase en general, sobre las Ordenanzas como leyes locales, *v.*, Rafael Pérez Octavio, "El rango de las Ordenanzas Municipales a la luz de la reciente jurisprudencia emanada del Tribunal Supremo de Justicia", *Revista de Derecho Constitucional,* N° 6, enero-diciembre-2002, Editorial Sherwood, Caracas, 2003, pp. 153 a 164; Mariela Nani Torres y Rafael Ortiz-Ortiz, "Naturaleza y régimen de competencia constitucional en la impugnación de las ordenanzas municipales", *Temas de derecho administrativo, Libro Homenaje a Gonzalo Pérez Luciani,* Vol. II, Tribunal Supremo de Justicia, Colección Libros Homenaje, N° 7, Caracas, 2002, pp. 141 a 225.

866 *V.*, sentencia de 25-1-94 (Consultada en original).

Entre “los actos con rango de ley (de ejecución directa e inmediata de la Constitución) distintas a las leyes nacionales, que sean dictados por la Asamblea Nacional”, la Sala Constitucional ha señalado que se encuentran:

> “tanto los actos de instalación y funcionamiento de las sesiones de la Asamblea Nacional, subsumibles en la categoría de actos legislativos sin forma de ley, como el Reglamento Interior y Debates de la Asamblea Nacional, normativa de rango legal por el que se establece la organización interna del Órgano Legislativo Nacional y los procedimientos que internamente deben seguir sus integrantes para el desempeño de sus funciones, por ser ambas modalidades de actos legislativos (los primeros sin forma de ley y el último con forma de ley), resultado de la ejecución directa e inmediata de la Constitución por parte de la Asamblea Nacional[867]”.

Por tanto, conforme a este criterio, de acuerdo con el artículo 336,1 de la Constitución, podrían ser objeto de acción popular de inconstitucionalidad por ante la Jurisdicción Constitucional, los actos parlamentarios sin forma de ley, es decir, los dictados por la Asamblea Nacional en ejecución directa de la Constitución, dentro de los cuales están los actos dictados por en ejercicio de sus atribuciones privativas conforme al artículo 187 de la Constitución, sea que se trate de actos de efectos generales o de efectos particulares, incluyendo los de carácter político, como por ejemplo, poponer enmiendas y reformas a la Constitución (ord. 2); ejercer funciones de control sobre el Gobierno (ord. 3); decretar amnistías (ord. 5); aprobar las líneas generales del plan de desarrollo económico y social (ord. 8); dar voto de censura al Vicepresidente Ejecutivo y a los Ministros (ord. 10); autorizar el empleo de misiones militares venezolanas en el exterior o extranjeras en el país (ord. 11); y autorizar la salida del Presidente de la República del territorio nacional cuando su ausencia se prolongue por un lapso superior a cinco días consecutivos (ord. 17). Están además, los actos dictados por la Asamblea sobre su propia organización y funcionamiento como dictar su reglamento interno y aplicar las sanciones en él previstas a quienes lo infrinjan; calificar sus integrantes y conocer de sus renuncias; organizar su servicio de seguridad interna; acordar y ejecutar su presupuesto de gastos; ejecutar las resoluciones concernientes a su funcionamiento y organización administrativa (artículo 187, ordinales 19 a 23).

Sobre estos actos, la antigua Sala Político Administrativa señaló en sentencia de 14 de septiembre de 1993 dictada con motivo de la impugnación del Acuerdo del antiguo Congreso declarando la falta absoluta del Presidente de la República, que:

> “no nos encontramos en presencia de un acto administrativo, cuya nulidad sería de competencia de algún órgano de la jurisdicción contencioso-administrativa, como se dejó sentado, sino de un acuerdo del Congreso dictado en uso de atribuciones conferidas expresa y directamente de la Constitución (artículo 188), por lo que su rango o jerarquía es de Ley, desde el punto de vista puramente formal. Es-

---

867 *V.*, sentencia N° 2820 de 28-10-2003 (Caso: *Impugnación de la primera sesión extraordinaria de la Asamblea Nacional celebrada el 19 de diciembre de 2002 y de la Reforma Parcial del Reglamento Interior y de Debates de la Asamblea Nacional*, publicado en *Gaceta Oficial* N° 37.601, de fecha 2 de enero de 2003) en *Revista de Derecho Público*, N° 93-96, Editorial Jurídica Venezolana, Caracas, 2003, p. 514.

tando, por tanto, comprendido dentro de las actos de los cuerpos legislativos nacionales a los que se refiere el ordinal 3° del artículo 215, constitucional"[868].

4. *Los decretos leyes*

El ordinal 3 del artículo 336 también atribuye a la Sala Constitucional competencia para "declarar la nulidad total o parcial de actos con rango de ley dictados por el Ejecutivo Nacional que colidan con esta Constitución".

Estos *decretos-leyes*[869] dictados por el Presidente de la República en Consejo de Ministros, pueden ser de tres clases: los *decretos leyes* dictados en virtud de delegación legislativa mediante una ley habilitación (Art. 203; 236,8), los *decretos leyes* de organización ministerial (Art. 236,20)[870] y los *decretos leyes* dictados con ocasión de estados de excepción (Arts. 236,7; 337).). En todos estos casos de decretos leyes, si bien todos pueden ser objeto de regulaciones legislativas que los condicionan (leyes habilitantes o leyes orgánicas) autorizadas en la Constitución, los mismos tienen rango y valor de ley.

Todos estos decretos leyes pueden ser objeto de control concentrado de constitucionalidad por la Sala Constitucional, aún cuando en forma diferente. En cuanto a los decretos leyes relativas a los estados de excepción, los mismos no pueden ser objeto de control de constitucionalidad mediante acción popular, ya que respecto de ellos la Constitución establece un control de constitucionalidad preventivo obligatorio que también ejerce la Sala Constitucional, tal como se verá más adelante. Por tanto, los que pueden ser impugnados mediante acción popular son los decretos leyes habilitados y los relativos a la organización ministerial.

---

868 Consultada en original.

869 *V.*, en general, sobre los decretos leyes, Antonio Moles Caubet, *Dogmática de los Decretos-Leyes, Lección inaugural Curso 1974*, Universidad Central de Venezuela, Facultad de Derecho, Centro de Estudios para Graduados Caracas, 1974; Eloisa Avellaneda Sisto, "Los Decretos Leyes", *Revista de Control Fiscal*, N° 105, abril-junio, XXIII (1982), Contraloría General de la República, Caracas, 1982, pp. 55-116; Eloísa Avellaneda Sisto, "Los decretos del Presidente de la República", *Revista de la Facultad de Derecho de la Universidad Católica Andrés Bello*, N° 48 (diciembre), Caracas, 1993, pp. 345-387; Eloísa Avellaneda Sisto "El régimen de los Decretos-Leyes, con especial referencia a la Constitución de 1999", en *Estudios de Derecho Administrativo-Libro Homenaje a la Universidad Central de Venezuela*, Volumen I. Tribunal Supremo de Justicia, Caracas, 2001, pp. 69-105; José Peña Solís "Análisis crítico de la doctrina de la Sala Constitucional del Tribunal Supremo de Justicia sobre las leyes orgánicas y los decretos leyes orgánicos", en *Ensayos de Derecho Administrativo-Libro Homenaje a Nectario Andrade Labarca,* Volumen II. Tribunal Supremo de Justicia, Caracas, 2004, pp. 375-414; y Allan R. Brewer-Carías, "Los actos ejecutivos en la Constitución venezolana y su control judicial "en *Reflexiones sobre el constitucionalismo en América,* Colección Cuadernos de la Cátedra Fundacional Doctor Charles Brewer Maucó "Historia del Derecho en Venezuela", Universidad Católica Andrés Bello, N° 2, Editorial Jurídica Venezolana, Caracas, 2001, pp. 187-241.

870 *V.*, sobre estos decretos, Daniel Leza Betz, "La organización y funcionamiento de la administración pública nacional y las nuevas competencias normativas del Presidente de la República previstas en la Constitución de 1999: al traste con la reserva legal formal ordinaria en el Derecho Constitucional venezolano", *Revista de Derecho Público*, N° 82 (abril-junio), Editorial Jurídica Venezolana, Caracas, 2000, pp. 19-55; Gerardo Rupérez Caníbal, "La flexibilización de la reserva legal organizativa en el ámbito de la administración pública nacional", *Revista de Derecho*, N° 8, Tribunal Supremo de Justicia, Caracas, 2003, pp. 435-452.

En cuanto a los decretos leyes habilitados, se trata de *decretos con fuerza de ley* (actos legislativos delegados) (Art. 236,8), que exigen la previa sanción de leyes habilitantes, definidas en el artículo 203 de la Constitución como "las sancionadas por la Asamblea Nacional por las 3/5 partes de sus integrantes, a fin de establecer directrices, propósitos y marco de las materias que se delegan al Presidente de la República, *con rango y valor de Ley*". Estas leyes habilitantes deben fijar un plazo para su ejecución.

Se estableció, en esta forma, por primera vez en el constitucionalismo venezolano, la figura de la delegación legislativa[871], en el sentido de que si bien la Asamblea Nacional es competente para "legislar en las materias de la competencia nacional y sobre el funcionamiento de las demás ramas del Poder Nacional" (art. 187,1); la misma Asamblea, mediante una ley habilitante puede delegar en el Presidente de la República, en Consejo de Ministros, la potestad legislativa[872].

Las materias que corresponden a la competencia del Poder Nacional y sobre las cuales puede versar la delegación legislativa, son las enumeradas en el artículo 156 de la Constitución, por lo que, la legislación relativa a esas materias podría ser delegada al Presidente de la República, pues constitucionalmente no habría límite alguno establecido. Por ello, esta delegación legislativa de la Asamblea Nacional en el Presidente de la República en Consejo de Ministros, no sólo es una innovación de la Constitución de 1999, sino que la misma no tiene precedentes en el constitucionalismo contemporáneo, por la amplitud como está concebida. Esta delegación, por otra parte, cambió el régimen que establecía la Constitución de 1961, la cual se limitaba a autorizar al Presidente de la República para dictar medidas extraordinarias en materias económicas y financieras, exclusivamente, previa habilitación por el Congreso (Arts. 190, ord. 8)[873].

En la Constitución de 1999, en cambio, se ha regulado una amplísima posibilidad de delegación legislativa, sin limitación respecto de las materias que puede contener, lo cual podría resultar en un atentado inadmisible contra el principio constitucional de la reserva legal. Sobre esta delegación legislativa, incluso, el Tribunal Supremo de Justicia, en Sala Constitucional, se ha pronunciado sin fijarle o buscarle límites, admitiendo, incluso, la delegación legislativa en materias que corresponden ser reguladas por leyes orgánicas, en la siguiente forma:

> "Puede apreciarse, en consecuencia, que, de acuerdo con el nuevo régimen constitucional, *no existe un límite material* en cuanto al objeto o contenido del decreto ley, de manera que, a través del mismo, pueden ser reguladas materias que, según el artículo 203 de la Constitución, corresponden a leyes orgánicas; así, *no existe limitación* en cuanto a la jerarquía del decreto ley que pueda dic-

---

871 *V.*, Allan R. Brewer-Carías, *El Poder Nacional y el sistema democrático de gobierno, Instituciones Políticas y Constitucionales*, T. III, Caracas, 1996, pp. 40 y ss.

872 *V.*, Eloisa Avellaneda Sisto, "El régimen de los Decretos-Leyes, con especial referencia a la Constitución de 1999", en F. Parra Aranguren y A. Rodríguez G. (Editores) *Estudios de Derecho Administrativo, Libro Homenaje a la Universidad Central de Venezuela*, T. I, Tribunal Supremo de Justicia, Caracas, 2001, pp. 69 a 106.

873 Sobre estos actos en la Constitución de 1961 *v.*, Gerardo Fernández, *Los Decretos Leyes,* cuadernos de la Cátedra Allan R. Brewer-Carías de Derecho Administrativo, UCAB, Caracas, 1992.

tarse con ocasión de una ley habilitante, por lo cual podría adoptar no sólo el rango de una ley ordinaria sino también de una ley orgánica"[874].

Sin embargo el primer problema que plantea esta posibilidad de delegación legislativa sin límites expresos en cuanto a las materias a delegar está, sin embargo, en determinar si es posible tal delegación en materias que impliquen regulación de los derechos y garantías constitucionales. Esta, conforme al artículo 156 de la Constitución, es una materia de competencia nacional, pero conforme a un principio constitucional fundamental, de la esencia del Estado de derecho, dicho régimen es de la reserva legal[875], es decir, que las regulaciones, restricciones y limitaciones a los derechos y garantías constitucionales sólo pueden ser establecidas mediante *ley formal* (artículo 202 de la Constitución). Por ello, estimamos que la delegación legislativa mediante leyes habilitantes al Presidente de la República para dictar decretos con rango y valor de Ley, no puede abarcar materias que se refieran al régimen relativo a los derechos y garantías constitucionales[876].

Los otros decretos leyes que regula la Constitución y que pueden ser objeto de la acción popular de inconstitucionalidad son los referidos en el artículo 236,20 de la Constitución, mediante los cuales el Presidente de la República en Consejo de Ministros, fija el número, organización y competencia de los ministerios y la organización y funcionamiento del Consejo de Ministros, dentro de los principios y lineamientos que señale la correspondiente Ley Orgánica de la Administración Pública. Con esta norma se varió de manera sustancial el sistema de la Constitución de 1961, que seguía la tradición constitucional iniciada desde el siglo XIX, y que rigidizaba la organización ministerial de manera que sólo la ley la podía determinar (art. 193).

En desarrollo de esta potestad organizativa de rango constitucional atribuida al Presidente de la República en Consejo de Ministros, el artículo 58 Ley Orgánica de la Administración Pública le atribuye la facultad para fijar, mediante decreto, "el número, denominación, competencia y organización de los ministerios y otros órganos de la Administración Pública nacional, con base en parámetros de adaptabilidad de las estructuras administrativas a las políticas públicas que desarrolla el poder ejecutivo nacional y en los principios de organización y funcionamiento establecidos en la presente ley".

---

874 *V.*, sentencia N° 1716 de 19-09-01, dictada con ocasión de la revisión constitucional del Decreto con fuerza de Ley Orgánica de los Espacios Acuáticos e Insulares de 2001.

875 *V.*, Allan R. Brewer-Carías, "Prólogo" a la obra de Daniel Zovatto G., *Los Estados de Excepción y los Derechos Humanos en América Latina*, Caracas-San José 1990, pp. 24 y ss.

876 La Convención Interamericana de Derechos Humanos, que en Venezuela tiene rango constitucional y es de aplicación prevalente en el derecho interno (art. 23), establece que: *Artículo 30.- Alcance de las Restricciones.* Las restricciones permitidas, de acuerdo con esta Convención, al goce y ejercicio de los derechos y libertades reconocidos en la misma, no pueden ser aplicadas sino conforme a leyes que se dicten por razones de interés general y con el propósito para el cual han sido establecidas". La Corte Interamericana de Derechos Humanos ha establecido que la expresión "leyes" contenida en esta norma sólo puede referirse a los actos legales emanados de "los órganos legislativos constitucionalmente previstos y democráticamente electos" (Opinión Consultiva OC-6/87 de 09-03-86. *Revista IIDH,* N° 3, San José 1986, pp. 107 y ss.), y que, en el caso de Venezuela, es la Asamblea Nacional.

### 5. *Otros actos con rango de ley emanados del poder judicial y del poder electoral*

Pero aparte de los decretos leyes, la Sala Constitucional ha establecido la existencia de otros actos estatales de rango legal, distintos a los emanados del Poder Legislativo (leyes, actos parlamentarios sin forma de ley) y del Poder Ejecutivo (decretos leyes), indicando al referirse a estos últimos que esos "actos con rango de ley, y como leyes son de *igual naturaleza que la normativa dictada por la Sala Plena de este Tribunal Supremo de Justicia* en el ejercicio del artículo 267 constitucional"[877]. En esta forma, la propia sala Constitucional ha identificado como actos con rango legal a la normativa que pueda dictar el Tribunal Supremo de Justicia sobre el gobierno y administración del Poder Judicial, la cual estaría sometida a control de constitucionalidad por la Sala Constitucional del mismo Tribunal. En igual sentido ha resuelto la Sala Constitucional respecto de ciertos actos normativos emanados del Consejo Nacional Electoral, en particular, los dictados en ausencia de regulaciones legales en cuanto al régimen de los referendos revocatorios[878].

### 6. *Los actos de gobierno*

También pueden considerarse como actos con rango de ley los actos de gobierno[879] dictados por el Presidente de la República en ejercicio sólo de atribuciones constitucionales[880], es decir, en ejecución directa e inmediata de la Constitución, y que por ello no pueden estar regulados o limitados por la Asamblea Nacional mediante leyes. Es el caso, por ejemplo, de los actos de dirección de la acción de gobierno, del nombramiento del Vicepresidente Ejecutivo, de dirección de las relaciones exteriores, de dirección de la Fuerza Armada, de concesión de indultos, de convocatoria de la Asamblea Nacional a sesiones extraordinarias, y de la disolución de la Asamblea Nacional (Art. 236, ord. 2, 3, 4, 5, 6, 9,19, 21).

Sobre estos actos de gobierno, como lo ha indicado la Sala Constitucional:

> "como señala la doctrina patria "*...la noción de acto de gobierno en Venezuela, ha sido delineada sobre la base de un criterio estrictamente formal: se trata de actos dictados por el Presidente de la República, en ejecución directa de la Constitución, en ejercicio de la función de gobierno*". (*vid.* Allan R. Brewer-Carías: *El control de la constitucionalidad de los Actos Estatales*, Colección Estudios Jurídicos N° 2, Editorial Jurídica Venezolana, Caracas, 1977, p. 113). Dichos actos, de indudable naturaleza política, no obstante, pueden ser impugnados no sólo por la vía de la acción de amparo constitucional, sino mediante el recurso

---

877 *V.*, sentencia N° 833 de 25-5-2001 (Caso: *Instituto Autónomo Policía Municipal de Chacao vs. Corte Primera de lo Contencioso Administrativo*) en *Revista de Derecho Público*, N° 85-88, Editorial Jurídica Venezolana, Caracas, 2001, pp. 369 y ss.

878 *V.*, Allan R. Brewer-Carías, "El secuestro del Poder Electoral y la confiscación del derecho a la participación política mediante el referendo revocatorio presidencial: Venezuela 2000-2004", en *Boletín Mexicano de Derecho Comparado*, Instituto de Investigaciones Jurídicas, Universidad Nacional Autónoma de México, N° 112. México, enero-abril 2005 pp. 11-73.

879 *V.*, Allan R. Brewer-Carías, *Derecho Administrativo,* T. I, Caracas, 1975, pp. 378 y 391.

880 Allan R. Brewer-Carías, "Comentarios sobre la doctrina del acto de gobierno, del acto político, del acto de Estado y de las cuestiones políticas como motivo de inmunidad jurisdiccional de los Estados en sus Tribunales nacionales", en *Revista de Derecho Público*, N° 26, Editorial Jurídica Venezolana, Caracas, abril-junio 1986, pp. 65-68.

de nulidad por inconstitucionalidad ante el Tribunal Supremo de Justicia, en Sala Constitucional, conforme lo dispuesto en la Constitución de la República Bolivariana de Venezuela, tal como lo ha reconocido esta Sala en anterior oportunidad, al señalar, con fundamento en el artículo 334 del Texto Fundamental, que "...en ejercicio de la jurisdicción constitucional, conoce de los recursos de nulidad interpuestos contra los actos realizados en ejecución directa de la Constitución..."[881].

Estos actos de gobierno, por tanto, dictados en el ejercicio de la función de gobierno y no en ejercicio de la función administrativa, no son actos administrativos[882], pues emanan del Presidente de la República en ejercicio de atribuciones que la Constitución le asigna directamente.

Sobre estos actos de gobierno, la antigua Corte Suprema de Justicia en Corte Plena, ya había elaborado una importante jurisprudencia. Por ejemplo, al conocer de la impugnación de un Decreto de Suspensión de Garantías constitucionales, en sentencia de 11 de marzo de 1993, en la cual señaló:

> "Es ampliamente conocida en el ámbito constitucional la teoría del "acto de gobierno", "gubernativo" o "acto político", conforme a la cual, en su formulación clásica, el Presidente de la República como cabeza del Ejecutivo y Jefe de Estado (artículo 181 de la Constitución) ejerce, además de funciones propiamente administrativas, otras de contenido distinto, atinentes a la "oportunidad política" o actos que por su naturaleza, intrínsecamente ligada a la conducción y subsistencia del Estado, no son en la misma medida enjuiciables. Se institucionalizaba así, la figura intimidante de la "razón de Estado" como justificación a toda cuestión de la cual el Gobierno no tuviera que rendir debida cuenta.
>
> Semejante construcción sustentada en la tesis de la llamada "soberanía suprema", cuyo nacimiento teórico ubican distintos autores en la época posterior a la caída del régimen napoleónico, pronto empezó a ser revisada con criterios cada vez más estrictos que llevaron a una categorización jurisprudencial de los actos de esa naturaleza excluidos del control jurisdiccional, también cada vez más reducida.

---

881 *V.*, la sentencia N° 880 de 01-08-2000 (Caso: *Domingo Palacios A. vs. Comisión Legislativa Nacional*), en *Revista de Derecho Público*, N° 83, Editorial Jurídica Venezolana, Caracas, 2000, p. 93.

882 *V.*, Allan R. Brewer-Carías, *Las Instituciones Fundamentales del Derecho Administrativo y la Jurisprudencia Venezolana,* Caracas, 1964, pp. 26, 108 y 323 y ss. No compartimos la tesis sostenida por Eloy Lares Martínez de que la noción de actos de gobierno que nosotros hemos sostenido desde 1963 es "inútil" y que puede resolverse acudiendo a la noción de los poderes discrecionales. Véase en *Manual... cit.*, pp. 183 a 185. Sobre la noción de actos de gobierno, acogida por la Procuraduría General de la República, véase *Doctrina Procuraduría General de la República 1973,* Caracas, 1974, pp. 127 a 131.

Debe señalarse, además, que dentro de la competencia de la Corte Suprema está la de "declarar la nulidad de los actos administrativos del Ejecutivo Nacional, cuando sea procedente" (Art. 215, Ord. 79). En la Le Orgánica de la Corte Suprema de Justicia se establece la competencia de la Corte para declarar la nulidad por inconstitucionalidad de los "actos de efectos generales del Poder Ejecutivo Nacional" (Ord. 4° del Art. 42), distintos de los Reglamentos, y en general de todos los otros actos del Poder Ejecutivo (Art. 42, Ord. 11) distintos de los actos administrativos individuales (Art. 42, Ord. 10).

En Venezuela, la falta de una disposición expresa al respecto en el Texto Fundamental, ha sentado este Alto Tribunal, como nota identificadora de esa especie jurídica, aquellos actos que, en ejecución directa e inmediata de la Constitución, son de índole eminentemente política. (*Vid.* SPA del 21-11-88, Caso: *Jorge Olavarría*).

Dentro de este contexto, concuerdan autores y jurisprudencia nacional y extranjera en mantener dentro de esa clasificación, entre otros, el indulto, los actos relativos a la conducción de las relaciones entre el Gobierno y países extranjeros, la declaratoria de emergencia, y precisamente, el acto que en concreto interesa analizar a los fines de este fallo: La suspensión de las garantías constitucionales[883].

En el mismo sentido, la antigua Corte Suprema de Justicia en Sala Político Administrativa, en sentencia de 21 noviembre de 1988 precisó la noción del acto de gobierno, como un acto ejecutivo dictado en ejecución directa de la Constitución y no de la ley ordinaria, distinguiéndolos así de los actos administrativos, en la forma siguiente:

"4º) *Permanecen* todavía incólumes los principios sentados por la Corte –a los que se refieren los apoderados del Consejo, pero aplicándolos inexactamente al caso de autos– respecto de los "actos de gobierno", especie jurídica que, en razón de su *superior jerarquía, derivada del hecho de que son producidos en ejecución directa e inmediata de la Constitución y no de la ley ordinaria*, ha sido *excluida* hasta ahora, por la propia Corte, de la totalidad del control jurisdiccional de constitucionalidad, "en atención –como ella misma ha expresado– a que *por su propia esencia* son actos de *índole eminentemente política* o actos de gobierno, o de índole *discrecional*; situaciones en que no cabe aplicar a los *motivos* determinantes de la actuación el expresado control *constitucional*".

Los principios jurisprudenciales alegados por los defensores de la actuación del Consejo en la Resolución recurrida, permanecen, en efecto, aún vigentes (a más de la comentada decisión del 29-4-65, en Corte Plena, véase la de 28-6-83: CENADICA, dictada en S. PA); mas, no son aplicables al caso de autos como ellos lo pretenden, sino –insiste la Sala– sólo a las *actuaciones emanadas de la cúspide del Poder Ejecutivo en función de gobierno, es decir, a los denominados por la doctrina "actos de gobierno", emitidos justa y precisamente en ejecución directa e inmediata de la Constitución;* y no a los producidos, como los de autos, por una administración –la electoral en el caso– que ejecutó, de manera directa e inmediata, normas de rango inferior al de la Carta Magna, a saber: las de la Ley Orgánica del Sufragio. Así se declara[884].

En esta forma, como se ha señalado, la noción del acto de gobierno en Venezuela ha sido delineada con base en un criterio estrictamente formal: se trata de los actos dictados por el Presidente de la República, en ejecución directa de la Constitución, en ejercicio de la función de gobierno[885]. No se trata, por tanto, de actos administra-

883 *V.*, en la *Revista de Derecho Público,* Nº 53-54, 1993, pp. 155 y ss.

884 *V.*, en *Revista de Derecho Público,* Nº 36, Caracas, 1988, pp. 62 y ss.

885 *V.*, Allan R. Brewer-Carías, *Las Instituciones Fundamentales del Derecho Administrativo y la Jurisprudencia Venezolana,* Caracas, 1964, pp. 26, 108 y 323 y ss. y *Derecho Administrativo*, T. I, *cit.*, pp. 391 y ss.

tivos que siempre son de rango sub legal, ni de actos en cuyo dictado el Presidente deba someterse a normas legislativas. Como actos dictados en ejercicio de atribuciones constitucionales por el Presidente de la República, el Poder Legislativo no puede regular la forma o manera de sus dictados pues incurriría en una usurpación de funciones.

Los actos de gobierno, por tanto, si bien no son actos sometidos a la ley en sentido formal, pues la función de gobierno no puede ser regulada por el Legislador, sí son actos sometidos a la Constitución, en virtud de que son dictados por el Presidente de la República en ejercicio de competencias constitucionales. Como actos sometidos a la Constitución, también están sujetos al control de la constitucionalidad que ejerce la Jurisdicción Constitucional[886].

### 7. *Los demás actos dictados en ejecución directa e inmediata de la constitución*

Por último, también pueden ser impugnados por la vía de la acción popular ante la Sala Constitucional del Tribunal Supremo, los demás actos de los órganos estadales dictados en ejecución directa e inmediata de la Constitución, sobre los cuales la Sala Constitucional en sentencia Nº 2748 de 20 de diciembre de 2001, ha indicado que "la competencia para ejecutar dichos actos [debe estar] de tal manera, clara e indubitable, atribuida por la Constitución al órgano ejecutante que no requiera de una ley habilitante que regule su ejercicio y que, la misma Constitución no lo reserve (su ejercicio) a la creación de una ley por el Poder Legislativo", precisando que:

> "La calificación de acto dictado en ejecución directa de la Constitución, esta referida a la forma de cómo un determinado acto jurídico se articula con las normas constitucionales, es decir si su ejecución obedece en primer término a una disposición legal que regula su práctica o si deriva directamente de una norma constitucional que no requiere de ley alguna que regule el ejercicio del derecho o de la atribución que fundamenta el acto"[887].

En consecuencia, en el ámbito nacional, además de los actos legislativos, los decretos leyes, los demás actos de rango legal y los actos de gobierno, también pueden ser objeto del control concentrado de constitucionalidad cualquier otro dictado en eje-

---

886 *V.*, Allan R. Brewer-Carías, "Comentarios sobre la doctrina del acto de gobierno, del acto político, del acto de Estado y de las cuestiones políticas como motivo de inmunidad jurisdiccional de los Estados en sus tribunales nacionales", *Revista de Derecho Público,* Nº 26, Caracas, 1986, pp. 6-68.

887 *V.*, (Caso: *Fiscal General de la República vs. Consejo Nacional Electoral*) en *Revista de Derecho Público*, Nº 85-88, Editorial Jurídica Venezolana, Caracas, 2001, p. 390. Por ello, la Sala Constitucional en sentencia Nº 32 de 26-03-2003 (Caso: *Desiré Santos A. vs. Consejo Nacional Electoral),* al referirse al acto de convocatoria de un referendo dictado por el Consejo Nacional Electoral, y rechazar el pretendido rango legal que se le quería atribuir a los efectos de su régimen de impugnación y supuesta competencia de la Sala Constitucional, señaló que "Lo contrario sería considerar –como aparentemente pretende argüirse con este alegato–, que la instrumentación de cualquier institución, derecho o principio constitucional mediante el correspondiente acto de normación, constituye un acto de ejecución directa o inmediata de la Carta Fundamental, argumento que, llevado a sus más extremas consecuencias, conllevaría a concederle tal rango a prácticamente todo el ordenamiento jurídico, puesto que el mismo, en última instancia, constituye un mecanismo de aplicación o desarrollo de la normativa constitucional", en *Revista de Derecho Público*, Nº 93-96, Editorial Jurídica Venezolana, Caracas, 2003, p. 490.

cución directa e inmediata de la Constitución, no sólo por los órganos nacionales del Poder Público, sino también, los que puedan emanar de los Estados y Municipios.

## III. EL PROCEDIMIENTO ANTE LA JURISDICCIÓN CONSTITUCIONAL

### 1. *Algunos principios generales*

El procedimiento ante la Jurisdicción Constitucional está regulado en Venezuela, en la Ley Orgánica del Tribunal Supremo de Justicia de 2004[888], "transitoriamente" mientras se dicta la Ley de la Jurisdicción Constitucional. Sobre este, la Sala Constitucional del Tribunal Supremo, en sentencia Nº 1645 de 19 de agosto de 2004 (Caso: *Gregorio Pérez Vargas, Impugnación Constitución Federal del Estado Falcón*), al comentar sobre la derogación de la antigua Ley Orgánica de la Corte Suprema de Justicia por la nueva Ley Orgánica del Tribunal Supremo de Justicia y sus efectos procesales, estableció que:

> "Esa derogación no deja de producir una situación curiosa, pues los aspectos procesales constituían en la ley derogada una regulación provisional, a la espera de la ley sobre el contencioso constitucional y el contencioso administrativo, pero resulta que la nueva ley tiene la misma vocación de provisionalidad, en virtud de que se sigue a la espera de la normativa procesal concreta. Dos leyes aparentemente organizativas se convierten así en verdadera legislación adjetiva, si bien es deseo de esta Sala una mayor prontitud en la sanción de un cuerpo jurídico coherente, expresamente destinado a reglar los siempre complejos asuntos procedimentales, dejando en el pasado el triste ejemplo de una provisionalidad que excedió los veinticinco años"[889].

La Ley Orgánica, en todo caso, reitera una serie de normas principistas sobre el Estado de Justicia y el proceso, muchas de las cuales son repeticiones de las que están establecidas en la Constitución.

Por ejemplo, sobre el proceso, el artículo 18, párrafo 1°, repitiendo lo establecido en los artículos 26 y 257 de la Constitución, precisa que el proceso establecido en la Ley, constituye el instrumento fundamental para la realización de la justicia, y se regirá por los principios de simplicidad, eficacia, celeridad, economía, uniformidad, mediación y oralidad. No se sacrificará a la justicia por la omisión de formalidad en lo esencial.

Por otra parte, el artículo 18, párrafo 7° de la Ley establece el principio dispositivo en el sentido de que el Tribunal Supremo de Justicia debe conocer de los asuntos que le competen, a instancia de parte interesada. La excepción al principio, sin embargo, conforme a la misma norma, desafortunadamente se reguló sin tener en cuenta el principio de la reserva legal, porque en la misma se dispuso que no obstante dicho principio, el Tribunal y sus Salas pueden actuar de oficio, no sólo en los casos contemplados en la propia Ley Orgánica como se establecía en el artículo 82 de la

---

888 *V.*, Allan R. Brewer-Carías, *Ley Orgánica del Tribunal Supremo de Justicia*, Editorial Jurídica Venezolana, Caracas 2005.

889 Expediente 04-0824. Véase en *Revista de Derecho Público*, Nº 99-100, Editorial Jurídica Venezolana, Caracas 2004, pp. 254 y ss.

Ley derogada, sino "cuando así lo amerite". Esto, lamentablemente, deja a la libre apreciación de los Magistrados del Tribunal Supremo la posibilidad sin límites de actuación de oficio, demoliendo el principio dispositivo que la propia Ley Orgánica consagra.

De acuerdo con lo dispuesto en el artículo 19, párrafo 16° de la Ley Orgánica, la instancia se extingue de pleno derecho en las causas que hayan estado paralizadas por más de un año, *antes de la presentación de los informes*. Dicho término debe empezar a contarse a partir de la fecha en que se haya efectuado el último acto procesal. Transcurrido dicho lapso, dice la norma, el Tribunal Supremo de Justicia debe declarar consumada la perención *de oficio o a instancia de parte*, "la cual debe ser notificada a las partes, mediante un cartel publicado en un diario de circulación nacional". Luego de transcurrido un lapso de 15 días continuos se debe declarar la perención de la instancia.

Aparte de haber precisado con claridad que no puede operar la perención cuando la paralización por más de un año ocurra después del acto de informes, la norma ha sido calificada por la Sala Constitucional del Tribunal Supremo de Justicia en sentencia N° 1466 de 5 de agosto de 2004 (Caso: *José Manuel Vadell G.*) como "contradictoria y de imposible entendimiento", y como "absurda y carente de elemental lógica"; destacando que su última parte "crea una confusión tal que no permite establecer su inteligencia y hacer aplicativo lo que pareciera haber sido la intención del precepto". La Sala, en efecto, destacó que "carecería de sentido que antes de que se declarase la perención fuese obligatorio que se ordenase la publicación de un cartel", toda vez que la norma es inequívoca cuando establece la extinción de la instancia de pleno derecho en las causas que hayan estado paralizadas por más de un año. Además, consideró la Sala que en esa situación, no habría interesado alguno en pagar los costos de la publicación del cartel, razón por la cual resolvió "abandonar" el criterio establecido en los fallos N° 1.379 y 1.265/2004 en los cuales había ordenado "tal publicación en un esfuerzo por hacer aplicativa la norma (núm. 1.245/2004)". En fin, tomando en consideración "la ambigüedad y oscuridad de la norma", la Sala Constitucional consideró "imperativo, de conformidad con lo dispuesto en el artículo 19 del Código Civil, arbitrar una solución a la institución de la perención de la instancia de las causas que cursan ante el Tribunal Supremo de Justicia"; lo que hizo disponiendo lo siguiente:

> "En tal sentido, la Sala acuerda desaplicar por ininteligible la disposición contenida en el párrafo quince del artículo 19 de la novísima Ley Orgánica del Tribunal Supremo de Justicia, que pareciera obedecer a un *lapsus calamis* del Legislador y, en atención a lo dispuesto en el aludido artículo 19 del Código Civil, acuerda aplicar supletoriamente el Código de Procedimiento Civil, de carácter supletorio, conforme a lo dispuesto en el primer aparte del artículo 19 de la Ley Orgánica del Tribunal Supremo de Justicia, en lo relativo a la perención de la instancia".

Dicho precepto legal previene, en su encabezamiento, lo siguiente:

> *Toda instancia se extingue por el transcurso de un año sin haberse ejecutado ningún acto de procedimiento por las partes. La inactividad del Juez después de vista la causa, no producirá la perención.*

En consecuencia, por cuanto el anterior precepto regula adecuada y conveniente la institución que examinamos, el instituto procesal de la perención regulado en el Código de Procedimiento Civil, cuando hubiere lugar a ello, será aplicado a las causas que cursen ante este Alto Tribunal cuando se dé tal supuesto. Así se decide".

Lamentablemente, al tratar de resolver un "*lapsus calamis*" del Legislador, la Sala Constitucional incurrió en otros: no identificó el artículo del Código de Procedimiento Civil que ordenó aplicar supletoriamente, que es el artículo 267; se fundamentó sin sentido alguno, para la aplicación de dicha norma supletoriamente, en el "artículo 19 del Código Civil", que cita dos veces, cuando éste en realidad se refiere a las personas jurídicas; identificó la parte del artículo 19 que analizó, como párrafo quince (15°) del artículo 19 de la Ley Orgánica, cuando en realidad es el párrafo 16° (podría ser el *aparte* 15° del artículo); hizo referencia al "primer aparte del artículo 19 de la Ley Orgánica" cuando para ser coherentes, debió identificarlo como párrafo 2° del artículo 19; y al acordar desaplicar el mencionado párrafo 16°, en su texto completo, "suspendió" la disposición que buscaba impedir que pudiera operar la perención y se pudiera extinguir la instancia de pleno derecho en las causas que pudieran estar paralizadas por más de un año, *después* de la presentación de los informes.

Por otra parte, se debe destacar que como lo indica el artículo 19, párrafo 17°, la perención de la instancia no se puede declarar en los procesos que comprenda materia ambiental o penal, cuando se trate de acciones dirigidas a sancionar los delitos contra los derechos humanos, o contra el patrimonio público, o contra el tráfico de estupefacientes o sustancias psicotrópicas. El incumplimiento a la presente obligación será considerado como falta grave de los Magistrados que integran la Sala y que declararon con lugar la perención pudiendo ser sancionados con la remoción del cargo.

Por último, de acuerdo con el artículo 19, párrafo 18°, el desistimiento de la apelación o la perención de la instancia deja firme la sentencia apelada o el acto recurrido, salvo que esto violente normas de orden público y por disposición de la ley; corresponde al Tribunal Supremo de Justicia el control de la legalidad de la decisión o acto impugnado.

En cuanto al régimen general del procedimiento, el artículo 18, párrafo 6° de la Ley establece el principio de que "Las acciones o recursos que se tramiten ante el Tribunal Supremo de Justicia se realizarán de acuerdo con los procedimientos establecidos en los códigos y leyes nacionales, con excepción de los previstos en la presente Ley". De esta norma redactada en forma bien confusa, debe deducirse que lo que quiso establecer fue que los procedimientos establecidos en la Ley Orgánica debían aplicarse en la tramitación de las acciones y recursos ante el Tribunal Supremo, y que sólo en caso de no establecerse regulación expresa en la misma, entonces regirían los códigos y leyes nacionales.

El mismo principio se regula nuevamente en el artículo 19, párrafo 2° de la Ley, cuando repitiendo lo que establecían los artículos 88, 107 y 127 de la derogada ley Orgánica del Tribunal Supremo de Justicia, establece que "Las reglas del Código de Procedimiento Civil regirán como normas supletorias en los procedimientos que cursen ante el Tribunal Supremo de Justicia". En los juicios en que sea parte la República, además, dispone el artículo 21, párrafo 1° de la Ley, "supletoriamente se aplicará lo contenido en las normas del procedimiento ordinario, salvo lo establecido en esta Ley".

Sin embargo, cuando en el ordenamiento jurídico no se contemple un procedimiento especial a seguir, se podrá aplicar el que juzgue más conveniente para la realización de la justicia, siempre que tenga su fundamento jurídico legal (Art. 19, párrafo 2°).

Por último, el artículo 19, párrafo 3° dispone que "Las acciones o recursos no contenidos en la presente Ley se tramitarán de acuerdo con los procedimientos establecidos en los códigos y demás leyes del ordenamiento jurídico".

La insuficiencia de la Ley Orgánica en cuanto al procedimiento en los procesos constitucionales (y contencioso administrativos) obligó a la Sala Constitucional a disponer una serie de normas procesales específicas, muchas de las cuales fueron "establecidas" en la sentencia citada N° 1645 del 19 de agosto de 2004 (Caso: *Gregorio Pérez Vargas, Impugnación de la Constitución Federal del Estado Falcón*), con la siguiente motivación:

> "Para la Sala, el procedimiento establecido cumple con los requerimientos de todo proceso: oral, pues las partes exponen sus planteamientos sin necesidad de escritos, si bien todo quedará debidamente asentado en acta; concentración, pues se eliminan trámites innecesarios y se condensan en una sola oportunidad todos los aspectos relacionados con la fijación de los términos de la controversia y las pruebas, quedando la Sala en disposición para dictar una pronta decisión; e inmediación, pues las partes exponen directamente sus pretensiones ante los jueces.
>
> De esa manera, el procedimiento queda considerablemente simplificado, sin que en nada se trastoque el espíritu del legislador. La Sala, con ocasión del vacío dejado acerca de la comparecencia de los citados y la oportunidad para la solicitud de lapso probatorio, ha efectuado una integración de las normas, basada en la analogía y en la aplicación de los principios constitucionales y legales en materia procesal".

En fin, ha señalado la Sala, que el procedimiento establecido en la sentencia, como se verá a continuación,

> "Mantiene todas las fases imprescindibles del juicio, con la ventaja de permitir a las partes exponer directamente a los Magistrados sus planteamientos y a ellos resolverlos sin necesidad de dilación. Por lo general, las defensas previas son de fácil resolución, como también lo es lo relacionado con la admisión de los terceros y de las pruebas. Nada justifica que aspectos que pueden ser decididos de inmediato deban esperar. El procedimiento escrito, del que se ha apartado el Texto Fundamental de manera expresa, da pie a los retrasos, pues los jueces no reciben de inmediato la solicitud y no se ven compelidos a actuar con prontitud; la presencia de los justiciables obliga a actuar con celeridad, dejando a salvo, como no

podría ser de otra forma, los casos en que la Sala considere que debe tomar un tiempo para el estudio más detenido"[890].

## 2. *El inicio del procedimiento*

### A. *Ausencia de lapso para la interposición de la acción popular*

De acuerdo con el artículo 21, párrafo 21° de la ley Orgánica las acciones o recursos de nulidad contra los actos generales del Poder Público podrán intentarse en cualquier tiempo; es decir, se establece la el principio general de la imprescriptibilidad de la acción, la cual, además, es una acción popular.

### B. *Requisitos de la demanda y sus anexos*

El artículo 21, párrafo 10° de la Ley Orgánica exige que la demanda indique con toda precisión el acto impugnado, las disposiciones constitucionales cuya violación se denuncie y las razones de hecho y de derecho en que se funde la acción.

Si la nulidad se concreta a determinados artículos de una ley, por ejemplo, a ellos se debe hacer mención expresa en la solicitud, indicándose respecto de cada uno la motivación pertinente.

A la demanda se debe acompañar un ejemplar o copia del acto impugnado, el instrumento que acredite el carácter con que actúe el demandante, si no lo hace en nombre propio, y cualesquiera otros documentos que considere necesarios para hacer valer sus derechos.

La Sala Constitucional ha considerado, en todo caso, que a pesar de que el ordenamiento venezolano haya sido especialmente generoso al haber establecido la acción popular, nunca ha prescindido de la exigencia de una demanda particular y razonada, de manera que la acción no debe reducirse a ser una simple denuncia carente de explicación, pues ello se acercaría a la falta misma de recurso[891].

---

890 El Magistrado Pedro Rafael Rondón Haaz concurrió con la mayoría sentenciadora respecto del fallo, con las siguientes razones: "Aunque se comparte tanto la solución del caso concreto como algunas de las consideraciones de la decisión anterior –p.e. las que guardan relación con la declaratoria de mero derecho en los juicios de nulidad de actos de ejecución directa de la Constitución–, quien concurre estima que la mayoría excedió el propósito integrador de la jurisprudencia para la solución de los problemas de adaptación a la Constitución de leyes preconstitucionales y de lagunas normativas, que es lo que ha venido haciendo la Sala. En este sentido, linda, al menos, con violación a la reserva legal y al principio de separación de poderes el que la Sala Constitucional, so pretexto de llenar el vacío de la norma respecto al lapso para la solicitud de la apertura de la causa a pruebas –situación que debería ser excepcional por la naturaleza del asunto que se debate, tal como lo demuestra la práctica–, "rediseñe" el procedimiento de Ley. Conviene la aclaratoria de que no se discrepa, en general, del elemento de oralidad que se incluyó, lo que no puede compartirse es el que se haga por la vía de la jurisprudencia cuando la ley no presenta, en este punto, ningún vacío, ambigüedad u oscuridad que requieran de interpretación o integración por parte del juez, de modo que, en criterio del Magistrado que concurre, en lugar de un beneficio para los justiciables, se ha introducido un indeseable elemento de inseguridad jurídica, a escasos meses de vigencia de la Ley Orgánica del Tribunal Supremo de Justicia". *V.*, en *Revista de Derecho Público*, N° 99-100, Editorial Jurídica Venezolana, Caracas 2004, pp. 254 y ss.

891 *V.*, sentencia N° 340 de 9-3-2004 (Caso: *Impugnación de la Ley Orgánica de la Contraloría General de la República y del Sistema Nacional de Control Fiscal y del Reglamento sobre los Concursos para la*

### C. *Trámite inicial de la demanda: la admisibilidad*

El artículo 19, párrafo 4° de la Ley Orgánica exige que en la misma audiencia en que se dé cuenta de la demanda, recurso o solicitud al Presidente de la Sala, este debe disponer su remisión al Juzgado de Sustanciación junto con los anexos correspondientes, a los efectos de decidir acerca de la admisión o inadmisibilidad de la demanda o recurso, conforme al artículo 19, párrafo 5° de la Ley, el cual debe decidir mediante auto motivado, dentro de los tres 3 días hábiles siguientes al recibo del expediente.

El artículo 19, párrafo 6° de la Ley establece las siguientes causales generales de inadmisibilidad de las demandas, aplicables a las acciones de inconstitucionalidad:

–si el conocimiento de la acción o recurso compete a otro tribunal;

–cuando se acumulen acciones o recursos que se excluyan mutuamente o cuyos procedimientos sean incompatibles;

–cuando no se acompañen los documentos indispensables para verificar si la acción o recursos es admisible;

–si contiene conceptos ofensivos o irrespetuosos;

–es de tal modo ininteligible que resulte imposible su tramitación;

–cuando sea manifiesta la falta de representación o legitimidad que se atribuya al demandante, recurrente o accionante; o

–en la cosa juzgada.

Del auto por el cual se declare inadmisible la demanda, recurso o solicitud, puede apelarse por ante la Sala respectiva, dentro de los tres (3) días hábiles siguientes (Art. 19, párrafo 5°).

### 3. *La citación del demandado, la notificación al Fiscal General y al Procurador General de la República y el emplazamiento de los interesados*

Una de las innovaciones introducidas en la Ley Orgánica de 2004, como se ha dicho, fue la de establecer claramente el contradictorio procesal en los casos de juicios de nulidad, exigiendo la "citación" del ente autor del acto como demandado, y además el emplazamiento de los demás interesados. En tal sentido, el artículo 21, párrafo 12° de la Ley, dispone que en el auto de admisión se deba ordenar "la citación del representante del organismo o del funcionario que haya dictado el acto".

Asimismo, cuando fuere procedente, en esa misma oportunidad, se puede ordenar el emplazamiento de los interesados, por medio de carteles que se deben publicar en un diario de circulación nacional, "para que se den por citados, en un lapso de diez días hábiles siguientes contados a partir de la publicación del cartel o de la notificación del último de los interesados". El recurrente debe consignar un ejemplar del

---

*designación de los titulares de las Contralorías Municipales y Distritales*), en *Revista de Derecho Público*, N° 97-98, EJV, Caracas 2004, p. 405.

periódico donde fue publicado el cartel, dentro de los tres días siguientes a su publicación. Si incumple con esta obligación se entiende que desiste del recurso, y se debe ordenar el archivo del expediente[892].

En el mismo auto de admisión, se debe asimismo ordenar la notificación al Fiscal General de la República, si éste no hubiere iniciado el juicio, el cual puede consignar un informe antes del vencimiento del plazo para presentarlo; y al Procurador General de la República en el caso de que la intervención de éste en el procedimiento fuere requerida por estar en juego los intereses patrimoniales de la República. En estos casos, por supuesto, no se trata de una "citación" a dichos funcionarios.

Ahora bien, en relación con esta primera fase del procedimiento en los juicios de nulidad de actos estatales, la Sala Constitucional en la citada sentencia Nº 1645 del 19 de agosto de 2004 (Caso: *Gregorio Pérez Vargas, Impugnación de la Constitución Federal del Estado Falcón*), estableció la siguiente "norma":

> "1) Admitida la demanda, se harán las citaciones y notificaciones que prevé el artículo 21. En las citaciones y notificaciones se emplazará para la comparecencia ante el Tribunal. Por analogía, se concederá a todos los citados el plazo de diez días hábiles establecidos para los terceros que comparecen en virtud de la publicación del cartel. Ese plazo se contará a partir de la citación (del demandado o del Procurador General) o de la notificación (por oficio, para el Fiscal General; por cartel, para los interesados). Tanto en las citaciones como en el cartel se indicará que luego del vencimiento del lapso de comparecencia, se informará sobre la convocatoria para un acto público y oral"[893].

4. *El emplazamiento de las partes para el acto oral*

La Sala Constitucional, en la antes mencionada sentencia Nº 1645 del 19 de agosto de 2004 (Caso: *Gregorio Pérez Vargas, Impugnación de la Constitución Federal del Estado Falcón*), sobre esta materia "estableció" estas normas innovadoras en relación con lo previsto en la Ley Orgánica:

> "2) A los citados y notificados se les emplazará para un acto oral, en el que se expondrán los argumentos del demandante y se precisará la controversia. La fijación de ese acto la hará el Juzgado de Sustanciación de la Sala, una vez que conste en autos la realización de todas las formalidades relacionadas con la citación y con la notificación, de manera similar a lo dispuesto en el artículo 223 del Código de Procedimiento Civil. De esta manera, una vez que venzan los diez días hábiles para todos los llamados a comparecer, el Juzgado de Sustanciación dará por precluida la oportunidad para hacerlo y dictará el auto convocando para un acto oral y público. El plazo para dictar ese auto será de tres días, por aplicación del artículo 10 del Código de Procedimiento Civil. Previo a la realización de dicho acto, la Sala calificará el interés de los terceros que pretendan hacerse parte en el proceso.

---

892 *V.*, sobre el cartel de emplazamiento lo resuelto por la Sala Constitucional en sentencia Nº 1238 de 21-6-2006 (Caso: *Gustavo González Velutini*), en *Revista de Derecho Público,* Nº 106, EJV, Caracas 2006, pp. 226 y ss.

893 *V.*, en *Revista de Derecho Público*, Nº 99-100, Editorial Jurídica Venezolana, Caracas 2004, pp. 254 y ss.

3) En el acto público, que se realizará ante la Sala directamente, el actor expondrá brevemente los términos de su demanda y el demandado opondrá las defensas previas que estime pertinentes. El demandado podrá consignar escrito con sus defensas de fondo, a fin de que se agregue a los autos y sirva para el estudio del expediente durante la relación de la causa. Idéntico poder tendrá la Procuraduría General de la República y el Ministerio Público. De ser aceptada la intervención de terceros, éstos expondrán de manera breve sus argumentos a favor o en contra de la demanda y podrán consignar escrito contentivo de su criterio respecto del mérito de la controversia. El Presidente de la Sala, según la complejidad del caso, fijará al inicio del acto el tiempo que se concederá a cada parte, sin que nunca pueda ser inferior a los diez minutos.

4) De existir defensas que deban ser resueltas de manera inmediata, por referirse a la competencia del tribunal o la admisibilidad del recurso, los Magistrados se retirarán a deliberar. Una vez logrado el acuerdo sobre el aspecto planteado, se reiniciará el acto y el Presidente de la Sala lo comunicará a las partes y quedará asentado en el acta. Si la Sala estimase necesario suspender el acto para resolver la defensa opuesta, se hará una nueva convocatoria, la cual deberá hacerse dentro de los diez días de despacho siguientes. En caso de suspensión del acto, las partes podrán presentar, dentro de los tres días de despacho siguientes, los escritos sobre la defensa opuesta, a fin de ilustrar el criterio de la Sala"[894].

### 5. *Decisiones del juzgado de sustanciación*

Si bien en principio, conforme al artículo 21, párrafo 17° de la Ley Orgánica, las excepciones o defensas opuestas en el curso de los juicios de nulidad deben ser decididas en la sentencia definitiva, el Juzgado de Sustanciación puede decidir que alguna de ellas deba resolverse previamente, en cuyo caso, si fuere necesario, abrirá una articulación con arreglo a lo dispuesto en el artículo 386 del Código de Procedimiento Civil.

### 6. *Sobre las medidas cautelares: suspensión de efectos de la ley impugnada*

De acuerdo con el artículo 19, párrafo 11° de la Ley, en cualquier estado y grado del proceso las partes pueden solicitar, y el Tribunal Supremo de Justicia puede acordar, *aun de oficio*, las medidas cautelares que estimen pertinentes para resguardar la apariencia de buen derecho invocada y garantizar las resultas del juicio, siempre que dichas medidas no prejuzguen sobre la decisión definitiva. Al dictarlas, por supuesto, la Sala debe tener en cuenta el orden público donde pueden estar en juego intereses generales, por lo que debe poner en la balanza los intereses en conflicto y de tal manera verificar que con la medida en particular no se llegue a producir una lesión a intereses generales[895].

---

894 *V.*, en *Revista de Derecho Público*, N° 99-100, Editorial Jurídica Venezolana, Caracas 2004, pp. 254 y ss.

895 *V.*, sentencia N° 2786 de 12-11-2002 (Caso: *Impugnación de los artículos 51 y 66 de la Ley de Medicamentos)*, en *Revista de Derecho Público*, N° 89-92, EJV, Caracas 2002, p. 385.

Aún cuando no prevista expresamente en la Ley Orgánica, en relación con las leyes y demás actos de efectos generales, la jurisprudencia había venido admitiendo la posibilidad de suspensión de sus efectos en casos excepcionales, a juicio del juez, particularmente cuando se trate de la protección de derechos constitucionales[896]. A tales efectos, la Sala Constitucional, en su sentencia Nº 1946 de 16 de julio de 2003 (Caso: *Impugnación del artículo 211 de la Ley de Tierras y Desarrollo Agrario*) estableció que deben tomarse en cuenta los siguientes elementos: "(i) el carácter excepcional de la inaplicación de una norma, (ii) la verosimilitud del derecho que se dice vulnerado o amenazado, (iii) la condición de irreparable o de difícil reparación por la definitiva de la situación jurídica o derecho que se alega como propio, (iv) la posibilidad efectiva de que se produzcan nuevos daños a la parte actora u otras personas por la aplicación de la norma cuya nulidad se pretende, y (v) la necesidad de evitar perjuicios en la satisfacción de intereses comunes a todos los integrantes de la sociedad".

Ello lo hizo después de reiterar lo siguiente:

> "La doctrina de la Sala en materia de solicitud de medida cautelar innominada acumulada al recurso de nulidad por inconstitucionalidad (*Cfr.* fallo Nº 1.181/2001, del 29-06, Caso: *Ronald Blanco La Cruz*) ha sido conteste en afirmar que la medida de inaplicación requerida supone una interrupción temporal de la eficacia del contenido normativo de la disposición impugnada, y que, como tal, constituye una importante excepción legal al principio general, según el cual, con base en la presunta validez intrínseca a todo acto legal, éste tiene fuerza obligatoria y produce todos sus efectos desde el momento mismo de su publicación en la *Gaceta Oficial*, aplicándose únicamente como medida excepcional cuando sea muy difícil reparar por sentencia definitiva los daños que resulten de la aplicación del contenido normativo del texto legal impugnado, por lo cual no debe olvidarse que la inaplicación de un instrumento normativo como medida cautelar colide con la presunción de validez de los actos legales y su obligatoriedad desde su publicación en la *Gaceta Oficial de la República*, de los Estados o Municipios, circunstancia que pone de manifiesto el hecho de que un manejo sin equilibrio de aquella inaplicación causaría un quebrantamiento del principio de autoridad, por tanto, para que pueda ser acordada, tiene que existir una verdadera y real justificación.
>
> Adicionalmente, ha sido reiterada la jurisprudencia de la Sala en cuanto a que los extremos requeridos por el artículo 585 del Código de Procedimiento Civil son necesariamente concurrentes junto al especial extremo consagrado en el Parágrafo Primero del artículo 588 *eiusdem*, es decir, que debe existir fundado temor de que se causen lesiones graves o de difícil reparación cuyo origen ha de ser la aplicación de la norma impugnada, de manera tal que faltando la prueba de cualquier de estos elementos, el Juez constitucional no podría bajo ningún aspecto decretar la medida preventiva, pues estando vinculada la controversia planteada en sede constitucional con materias de Derecho Público, donde pue-

---

896 *V.*, sentencia de la Sala Constitucional Nº 234 de 20-2-2001 (Caso: *Lidia Cropper y otro vs. Alcaldía del Distrito Metropolitana de Caracas*), en *Revista de Derecho Público*, Nº 85-88, EJV, Caracas 2001, p. 421.

dan estar en juego intereses generales, el Juez debe además realizar una ponderación de los intereses en conflicto para que una medida particular no constituya una lesión de intereses generales en un caso concreto"[897].

## 7. *Sobre las pruebas*

El artículo 19, párrafo 12° de la Ley Orgánica dispone, en general, que en los procedimientos que se tramiten ante el Tribunal Supremo de Justicia sólo se admitirán como medios probatorios la experticia, la inspección judicial, incluyendo aquellos documentos que formen parte de los archivos de la Administración Pública, cuando haya constancia que la prueba que de ellos se pretende deducir no puede llevarse de otro modo a los autos, las posiciones juradas y los instrumentos públicos o privados.

Sin embargo, las autoridades y los representantes legales de la República no están obligados a absolver posiciones, pero contestarán por escrito las preguntas que, en igual forma, les hicieren el Juez o la contraparte sobre hechos de que tengan conocimiento personal y directo.

Conforme al artículo 21, párrafo 14° de la Ley Orgánica, el Tribunal Supremo de Justicia, en cualquier estado de la causa, puede solicitar información o hacer evacuar de oficio las pruebas que considere pertinentes.

El artículo 21, párrafo 13° de la Ley Orgánica permite a cualquiera de las partes, que una vez practicada la citación, que puedan solicitar la apertura de un lapso para promover y evacuar las pruebas que consideren convenientes para la mejor defensa de sus intereses.

Dicho lapso, por tanto, sólo se abre a solicitud de parte, es decir, no se abre automáticamente; y el mismo es de cinco días *hábiles* para promover las pruebas y de treinta días *continuos* para evacuarlas. En caso de que fuere necesario, dicho plazo puede extenderse por una sola vez, por un lapso de quince días continuos, cuando sea necesario. En el período de promoción de pruebas las partes deben indicar los hechos sobre los cuales recaerán las mismas y deben producir aquéllas que no requieran evacuación.

Se debe destacar de esta norma, que con la misma se cambió radicalmente la regulación que existía conforme a la Ley anterior y que establecía la obligatoriedad de la apertura del lapso de pruebas, lo que originaba una innecesaria dilación procesal en los juicios que fueran de mero derecho. Sobre esta innovación, la Sala Constitucional del Tribunal Supremo, en la sentencia N° 1645 ya citada de 19 de agosto de 2004 (Caso: *Gregorio Pérez Vargas, Impugnación de la Constitución federal del Estado Falcón*), destacó que:

---

897 *V.*, sentencia N° 1946 de 16-7-2003 (Caso: *Impugnación del artículo 211 de la Ley de Tierras y Desarrollo Agrario*) en *Revista de Derecho Público*, N° 93-96, EJV, Caracas 2003, p. 507. Doctrina reiterada en la sentencia N° 653 de la Sala Constitucional de 04-04-2003 (Caso *Impugnación de las Leyes de Reforma Parcial de las Leyes que establecen el Impuesto al Débito Bancario y el Impuesto al Valor Agregado*). Véase además, sentencia de la Sala Constitucional N° 270 de 25-4-2000, en *Revista de Derecho Público*, N° 82, EJV, Caracas 2000, p. 452.

"La ley derogada contenía una importante e injustificada diferencia procesal: mientras en el juicio contra actos generales –como el de autos– era obligatoria la apertura del proceso a pruebas, no era así en el supuesto de los actos individuales, en los que era siempre imprescindible la petición de parte. Difícil de explicar esto, si se piensa en que lo usual es que en las demandas contra normas no sea necesaria prueba alguna, al ser una controversia de carácter jurídico, mientras que en el juicio contra actos de efectos particulares suele ser relevante la prueba.

Para esta Sala, el procedimiento fijado por la ley derogada para el caso de las demandas contra normas impedía la necesaria celeridad y la economía procesal, toda vez que exigía la realización de una fase que en la mayor parte de los casos resultaba inútil. La experiencia judicial demostraba que las partes no solían hacer uso del período probatorio, porque la controversia solía limitarse a asuntos jurídicos. Por ello, los sesenta días continuos a que se refería el artículo 117 del texto legal derogado corrían inútilmente, en exclusivo desmedro de la justicia"[898].

En cambio, como se dijo, con la Ley Orgánica de 2004 se estableció la regla general de que sólo se abre el lapso probatorio cuando las partes lo soliciten; como lo señaló la Sala Constitucional en la antes mencionada sentencia Nº 1645: "Puede observarse que la nueva ley previó lo que esta Sala considera correcto: eliminar la obligatoriedad del lapso probatorio –en todos los procesos, y no sólo aquellos contra normas–, dejando su apertura a la solicitud de las partes, dueños reales del proceso".

Ahora bien, en cuanto a la oportunidad en la cual las partes pueden pedir la apertura del lapso de pruebas, la Sala Constitucional en la antes citada sentencia Nº 1645, señaló que "el asunto parece fácil: una vez practicada la citación, las partes podrán solicitar la apertura del lapso de pruebas. El problema es que la ley revela descuido en los aspectos relacionados con la citación. Se prevén las siguientes, en el párrafo 12 del artículo 21: la del autor del acto, la del Fiscal General de la República y/o el Procurador General de la República y la de los interesados, la cual se efectuará por cartel publicado en prensa".[899]

La Sala Constitucional continuó su razonamiento indicando que "aparte de que el legislador no regula con cuidado la institución de la citación y la notificación, incurre en el error de fijar la petición de apertura del lapso probatorio para el momento en que se practique la citación, pero no da plazos para que los citados se presenten en el tribunal. Por supuesto, no puede pensarse que la solicitud la harán el mismo día en que la citación se practica –imposible exigir tal premura, cuando no se conoce bien el caso–, pero tampoco puede dejarse indefinido el momento en que precluye la oportunidad para hacerlo". Por ello la Sala Constitucional consideró obligatorio indicar cuál debe ser ese momento, pues siendo intención del legislador que las partes, "una vez que estén citadas, puedan informar al Tribunal acerca de su deseo de que la causa cuente con un lapso probatorio" es imprescindible emplazarles para un acto al

898 *V.*, en *Revista de Derecho Público*, Nº 99-100, Editorial Jurídica Venezolana, Caracas 2004, pp. 254 y ss.

899 *V.*, en *Revista de Derecho Público*, Nº 99-100, Editorial Jurídica Venezolana, Caracas 2004, pp. 254 y ss.

que deberán comparecer; llegando a la conclusión de que el único plazo es el previsto para los llamados interesados: diez días hábiles. La Ley Orgánica indica que ese plazo se cuenta desde la publicación del cartel o de la última notificación de los interesados, lo que para la Sala Constitucional "no puede tener otro sentido que el de la última citación en los casos en que no se publique cartel, al no ser esa publicación obligatoria". Esa comparecencia, a juicio de la Sala Constitucional, tiene "por objeto informarles acerca de la realización de un acto al que también deberán comparecer y que será la ocasión para solicitar la apertura del lapso probatorio". Se trata del acto oral para el cual deben ser convocados el demandado y las partes intervinientes, que como se dijo, la Sala Constitucional "estableció" en esa sentencia N° 1645 del 19 de agosto de 2004, no previsto en la Ley Orgánica.

En relación con dicho acto vinculado al tema probatorio, en efecto, la Sala Constitucional "estableció" en dicha sentencia la siguiente norma:

> "5) En caso de que no se planteen defensas o de que sean resueltas en el mismo acto, continuará el acto público y se interrogará a las partes acerca de su interés en la apertura del lapso probatorio. Si alguna de ellas la solicita, deberá indicar los hechos que estima necesario probar e informará acerca de las pruebas que estime pertinentes. El Tribunal se pronunciará, en el mismo acto, acerca de la necesidad de probar los hechos indicados por la parte solicitante. Cualquiera de las partes podrá, en el mismo acto, promover las pruebas, sin limitarse sólo a anunciarlas a la Sala. De ser necesario, el Tribunal se pronunciará sobre la admisibilidad de las mismas. Las pruebas admitidas se entregarán al Secretario de la Sala, quien las agregará luego a los autos. Si las partes manifiestan que todas las pruebas serán promovidas exclusivamente en ese acto, la Sala declarará innecesario el lapso legal para la promoción posterior. De no abrirse entonces lapso para la promoción, comenzará a correr el lapso para la evacuación de las pruebas que lo requieran, contenido en el artículo 21 de la Ley el cual se aplicará por analogía. De no haber necesidad de evacuación, la Sala declarará ello expresamente y dará por concluida la tramitación de las pruebas. La oposición tanto de la admisión como de la orden de evacuación a las pruebas se formulará y resolverá en el mismo acto, para lo cual los Magistrados podrán retirarse a deliberar"[900].

8. *La continuación del procedimiento ante la Sala*

Conforme al artículo 19, párrafo 13°, cuando quede firme el auto que declare inadmisible las pruebas, concluya la evacuación de las pruebas admitidas o termine el lapso de evacuación, el Juez de Sustanciación debe devolver el expediente a la Sala, a fin de que continúe el procedimiento. Esta norma se repite en el artículo 19, párrafo 22°, al disponer que "Cuando quede firme el auto que declare inadmisible las pruebas o termine el lapso de evacuación de pruebas, o se decida el asunto conforme al párrafo anterior", el Juez del Juzgado de Sustanciación debe devolver el expediente a la Sala respectiva, la cual debe fijar la hora en que serán presentados los informes, dentro de los cinco días hábiles siguientes, de acuerdo con las formalidades previstas en la norma.

---

900 *V.*, en *Revista de Derecho Público*, N° 99-100, Editorial Jurídica Venezolana, Caracas 2004, pp. 254 y ss.

En la audiencia en que se dé cuenta de un expediente remitido por el Juzgado de Sustanciación, a los fines de la continuación del juicio, tal como lo dispone el artículo 19, párrafo 7° de la Ley Orgánica, se debe designar un Magistrado ponente conforme al procedimiento previsto en el artículo 20 de la Ley Orgánica. El Magistrado Ponente debe dar inicio a la relación de la causa dentro de los tres días hábiles siguientes.

De acuerdo con el artículo 20, párrafo 10 de la Ley Orgánica, en los asuntos sometidos a conocimiento del Tribunal Supremo de Justicia, el Presidente de la Sala, debe designar un Magistrado ponente, dentro de los tres días hábiles siguientes, contados a partir de la admisión de la demanda. El artículo 21, párrafo 15° de la Ley Orgánica, en relación con los juicios de nulidad (procesos constitucionales y contencioso administrativos) repite esta exigencia de designación de un Magistrado Ponente, "vencido el período de pruebas, en caso de que fuere solicitado o expirado el lapso previsto para promover, cuando no sea necesario evacuarlas", conforme al procedimiento contemplado en el artículo 20 de la misma Ley Orgánica.

Las ponencias deben ser asignadas en estricto orden cronológico, de acuerdo con la fecha y hora de presentación de las respectivas actuaciones.

El Presidente de cada Sala, conforme lo dispone el artículo 20, párrafo 2° de la Ley Orgánica, debe actuar como Magistrado ponente en aquellas causas que le correspondan, y en los asuntos que él mismo se reserve. En este último caso, la decisión se debe adoptar por auto motivado que contemple las causas que justifiquen la ruptura del orden cronológico de asignación de ponencias.

En el artículo 19, párrafo 28° de la Ley Orgánica, se señala que "durante la cuenta, el Presidente de la Sala podrá reservar algunos asuntos para mejor proveer, dentro del término de diez días hábiles, cuando así lo exijan las circunstancias del caso".

### 9. *Las etapas de la relación de la causa y los informes*

La relación de la causa conforme al artículo 19, párrafo 8° de la Ley Orgánica, consiste en el estudio individual o colectivo del expediente por los Magistrados que conforman la Sala. La fecha en que comience la relación de la causa debe hacerse constar en el expediente.

La primera etapa de la relación de la causa se produce, consiguientemente, antes del acto de informes.

Tal como lo exige el artículo 19, párrafo 9° de la Ley Orgánica, luego de iniciada la relación de la causa, las partes deben presentar sus informes en forma oral, dentro de los diez días hábiles siguientes, a la hora que fije la Sala. Sobre esta norma, la Sala Constitucional, en sentencia N° 1645 del 19 de agosto de 2004 (Caso: *Gregorio Pérez Vargas, Impugnación de la Constitución federal del Estado Falcón*), ha destacado que

> "Una de las innovaciones más relevantes en el ámbito judicial venezolano fue la disposición constitucional –de 1999– acerca de la oralidad en los procesos. Bastante se ha destacado ese particular, por lo que no es necesario insistir en su importancia. La experiencia, de hecho, se ha encargado de confirmar la celeridad que proporciona el método oral, amén de la sensación de cercanía entre partes y jueces.

La Ley Orgánica del Tribunal Supremo de Justicia logró, pero sólo parcialmente, incorporar esa novedad. El artículo 19, párrafo 9, contiene la obligatoriedad de informes orales. Se abandonan así los informes escritos que preveía la ley derogada, la cual únicamente establecía la oralidad a instancia de parte. En el nuevo régimen la oralidad de los informes es la regla, sin admitir excepciones"[901].

Ahora bien, al comenzar el acto de informes, el Presidente de la Sala debe señalar a las partes el tiempo de que disponen para exponer sus informes, y de igual modo, debe proceder si las partes manifestaren su deseo de hacer uso del derecho de réplica o contrarréplica.

Los informes constituyen la última actuación de las partes en relación con la materia litigiosa que sea objeto del juicio o de la incidencia que se trate (Art. 19, párrafo 9°).

Conforme al artículo 19, párrafo 10° de la Ley Orgánica, una vez realizado el acto de informes, debe comenzar una segunda etapa de la relación de la causa, que debe tener una duración de veinte días hábiles.

Dicho lapso puede ser prorrogado, por una sola vez, por el mismo tiempo, mediante auto razonado, cuando el número de piezas que conforma el expediente, la gravedad o complejidad del asunto u otras razones así lo impongan.

La Sala Constitucional, además, en la antes citada sentencia N° 1645 de 19 de agosto de 2004, "estableció" las siguientes otras normas procesales, en los casos de juicios de nulidad de actos estatales:

> "6) Si no hubiera promoción de pruebas o cuando hubiera vencido el lapso para evacuarlas, de ser necesario, se procederá a la designación de ponente y se dará inicio a la relación. Se suprimirá el acto de informes en los casos en que no haya pruebas, toda vez que el acto público sirve para poner a los Magistrados al tanto de la controversia y bastará dejar transcurrir el lapso para la relación y permitir así el análisis individual o colectivo del expediente. De existir pruebas, se realizará el acto de informes orales, a fin de que las partes puedan exponer sus conclusiones sobre ellas. Al final del acto, las partes podrán consignar escrito contentivo de esas conclusiones.
>
> 7) Una vez concluida la relación, así lo hará constar la Secretaría de la Sala, dirá "vistos" y comenzará a transcurrir el plazo para la preparación del fallo. La sentencia contendrá una breve reseña de los actos del procedimiento y un resumen de los alegatos y argumentos de las partes, con exclusión de las defensas previas opuestas en el acto público, sobre las que la Sala se habrá pronunciado en su oportunidad"[902].

---

901 *V.*, en *Revista de Derecho Público*, N° 99-100, Editorial Jurídica Venezolana, Caracas 2004, pp. 254 y ss.

902 *V.*, en *Revista de Derecho Público*, N° 99-100, Editorial Jurídica Venezolana, Caracas 2004, pp. 254 y ss.

El Tribunal Supremo de Justicia conforme se establece en el artículo 21, párrafo 16° de la Ley Orgánica, puede dictar sentencia definitiva, sin relación, ni informes, cuando el asunto fuere de mero derecho.

Sobre el artículo 135 de la derogada Ley Orgánica de la Corte Suprema de Justicia que regulaba esta posibilidad de decidir un asunto sin relación ni informes cuando fuera de mero derecho, la Sala Constitucional del Tribunal Supremo, en su citada sentencia N° 1645 del 19 de agosto de 2004 (Caso: *Gregorio Pérez Vargas, Impugnación de la Constitución federal del Estado Falcón*), hizo las siguientes consideraciones, que también deben aplicarse a lo previsto en el mencionado párrafo 16° del artículo 21 de la vigente Ley Orgánica:

> "Para esta Sala, el procedimiento fijado por la ley derogada para el caso de las demandas contra normas impedía la necesaria celeridad y la economía procesal, toda vez que exigía la realización de una fase que en la mayor parte de los casos resultaba inútil. La experiencia judicial demostraba que las partes no solían hacer uso del período probatorio, porque la controversia solía limitarse a asuntos jurídicos. Por ello, los sesenta días continuos a que se refería el artículo 117 del texto legal derogado corrían inútilmente, en exclusivo desmedro de la justicia.
>
> Es cierto que el artículo invocado por ambas partes de este proceso –el 135 de la Ley Orgánica de la Corte Suprema de Justicia– fue preceptuado justamente para remediar esta situación y permitir la declaratoria de mero derecho. El legislador, sin embargo, no logró compatibilizar esa intención con el texto de la disposición, pues dispuso una consecuencia que nada tenía que ver con tal declaratoria: la eliminación de la relación y de los informes. Recordemos que ese artículo disponía el poder de *dictar "sentencia definitiva, sin relación ni informes, cuando el asunto fuera de mero derecho"*. Así, la ley permitió simplificar el procedimiento en las causas en las que el asunto se limitase a consideraciones puramente jurídicas.
>
> La declaratoria de mero derecho, entonces, se producía en las causas sin hechos que probar, como entienden las partes que es el caso de autos. Ello explica la constante jurisprudencia de la Sala sosteniendo que esa declaratoria tendría dos consecuencias: la eliminación del período probatorio –no señalada en la ley– y la posibilidad de supresión de la relación de la causa y del acto de informes. Fue criterio posterior de la Sala que en las causas de mero derecho no se perdía el interés de las partes en exponer su opinión sobre la validez del acto impugnado, que bien puede referirse a aspectos puramente jurídicos, por lo que no debía eliminarse el acto de informes, última actuación procedimental para traer a los autos esas apreciaciones. De esta manera, aunque la letra de la ley permitía eliminarlo, se decidió mantenerlo, si bien se aceptó la posibilidad de que las circunstancias del caso demostrasen que no era necesaria su celebración. La Sala estaba consciente de que, en la tramitación del recurso de nulidad, no se prevé una contestación de la demanda, con lo que para el autor del acto impugnado los informes son esenciales.
>
> El mantenimiento del acto de informes hizo a la Sala mantener también la segunda etapa de la relación, que viene a continuación de aquél. Como la relación está establecida para permitir a los magistrados hacer el estudio del expediente,

la ley la dividió en esas dos fases, teniendo como intermedio el acto de informes: así los magistrados pueden conocer los términos de la controversia y dedicarse a su estudio, tanto una vez evacuadas las pruebas promovidas y admitidas, como una vez que las partes y los terceros han expuesto sus conclusiones. Por ello, si se suprime el período probatorio, parece innecesaria la primera etapa de la relación, aun cuando conservase importancia la segunda. En jurisprudencia aun más reciente, la Sala estimó imprescindible ambas etapas, por razones prácticas, con lo que la declaratoria de mero derecho nada tenía que ver con lo que se leía en el referido artículo 135, sino con la pura eliminación del lapso de pruebas.

Se apartó el juez de la letra de la ley, a fin de darle sentido a la norma. Con los vaivenes reseñados en las líneas precedentes, el Máximo Tribunal procuró dar sentido a la declaratoria de mero derecho, dentro del marco general del proceso. Era indudable que el legislador olvidó establecer lo que era la consecuencia natural de la declaratoria: la supresión de los 60 días continuos para promoción y evacuación de pruebas que preveía la Ley. Fue la jurisprudencia la que tuvo que corregir ese error.

No obstante, ni la interpretación dada a aquel artículo 135 fue suficiente para garantizar un proceso idóneo, toda vez que se basaba en la consideración de la necesidad del lapso probatorio –aunque sea eliminable–, cuando en realidad ese lapso carece normalmente de interés para las partes. De esta manera, la ley no tuvo en cuenta, a los efectos del lapso de pruebas, las evidentes diferencias que existen entre la demanda contra actos individuales y la dirigida contra normas. Aun peor: el artículo 126 de la ley derogada no exigía la apertura automática del lapso de pruebas en los juicios contra actos individuales; las partes o terceros podían solicitar su apertura, durante el lapso de comparencia, indicando los hechos sobre los que recaerían las pruebas que pretendieren promover, así como producir las que no requiriesen evacuación. Como se observa, en los juicios en los que puede presuponerse la necesidad de la prueba, la ley no estableció la obligatoriedad de una fase procesal a tal efecto. Ello, sin duda, se debía al hecho de que en tales juicios la prueba principal suele ser el expediente administrativo, el cual es requerido de oficio por el propio tribunal aun antes de la admisión del recurso.

En fin, la letra y la interpretación del mencionado artículo 135 hacían pensar que se garantizaba la tutela judicial efectiva, al permitir la supresión del lapso probatorio cuando no hiciera falta. Ahora bien, no puede ocultar la Sala que la solicitud de declaratoria de mero derecho solía retrasar –y no simplificar– el proceso. No era para nadie desconocido que la petición producía el pase del expediente desde el Juzgado de Sustanciación a la Sala, acumulándose con los otros muchos ya existentes. Ello ocasionaba que la supresión del lapso de pruebas se produjese incluso después de la oportunidad a la que de todas formas hubiera concluido ese lapso, con lo que no se había ganado nada. Al contrario, perdía todo el sistema de administración de justicia: la Sala se ocupaba inútilmente de un asunto y los justiciables perdían confianza en la utilidad de la petición. De allí su desprestigio, que solía ser vista con recelo por los abogados experimentados, quienes preferían esperar el transcurso íntegro del lapso probatorio"[903].

En relación con el texto del párrafo 16° del artículo 21 de la Ley Orgánica, sin embargo, la Sala Constitucional agregó lo siguiente:

> "Ahora bien, el mismo artículo 21 de la nueva ley reprodujo el artículo 135 de la ley derogada. Su párrafo 21 establece que se *"podrá dictar sentencia definitiva, sin relación ni informes, cuando el asunto fuera de mero derecho"*. La Sala lamenta que el legislador haya pretendido cambiar la situación, preceptuando la eliminación del lapso de pruebas con carácter obligatorio, pero haya mantenido una norma que estaba prevista para el caso contrario. Si el Máximo Tribunal se esforzó en mostrar cómo la disposición legislativa era injustificada y constituía un error jurídico, es incomprensible que el legislador se desentendiese de ello, cuando es evidente que sólo lograría que el juez repita su criterio".
>
> La Sala declara, pues, que no es necesaria declaración alguna de mero derecho, pues es suficiente la ausencia de petición para la apertura del lapso probatorio. La relación y los informes deberán hacerse, si es el caso, de acuerdo con lo establecido en esta decisión[904].

## 10. *La decisión*

### A. *Tramites para la decisión de la causa*

De acuerdo con el artículo 2, párrafo 2° de la Ley Orgánica, el quórum requerido para deliberar en la Sala Constitucional es por mayoría simple de los Magistrados que respectivamente la forman. En cuanto al quórum de decisión, el artículo 2, párrafo 5° de la Ley Orgánica precisa que para que sean válidas las decisiones de la Sala, se requiere el voto favorable de la mayoría simple de sus miembros. Esta norma se repite en el artículo 20, párrafo 5° de la Ley, donde se establece que "para que sean válidas las decisiones se requiere el voto de la mayoría simple de los miembros de la Sala respectiva".

Dispone el artículo 20, párrafo 3° de la Ley Orgánica, que el Presidente de la Sala debe convocar a todos los Magistrados que constituyan la Sala, por lo menos una vez a la semana, o cuantas veces sea necesario, a los fines de discutir y decidir los asuntos y proyectos de sentencia sometidos a su conocimiento; o para informar sobre el estado de los asuntos en que sean ponentes o para adoptar las medidas que requieran la celeridad de los procesos y el normal y eficaz funcionamiento del Tribunal Supremo de Justicia.

---

903 *V.*, en *Revista de Derecho Público*, N° 99-100, Editorial Jurídica Venezolana, Caracas 2004, pp. 254 y ss.

904 *V.*, en *Revista de Derecho Público*, N° 99-100, Editorial Jurídica Venezolana, Caracas 2004, pp. 254 y ss.

Conforme al artículo 20, párrafo 4° de la Ley Orgánica el Magistrado ponente debe informar a los demás Magistrados de la Sala, acerca de los puntos de hecho y de las cuestiones de derecho que suscite el estudio del asunto, proponer soluciones a los mismos, y someter oportunamente a la consideración de éstos un proyecto de decisión.

El artículo 20, párrafo 5 de la Ley Orgánica exige que el Magistrado ponente deba presentar el proyecto de decisión a los demás Magistrados, quienes deben formular sus observaciones o manifestar su conformidad con el mismo, dentro de los cinco días hábiles siguientes.

En caso de que surjan observaciones al proyecto de decisión, el Magistrado ponente debe realizar las modificaciones formuladas que considere pertinentes, dentro de los tres días hábiles siguientes. Al tercer día hábil siguiente, se debe volver a presentar el proyecto de decisión corregido o los fundamentos que sostienen su criterio para mantener el proyecto original, para ser sometido a votación. El Presidente de la Sala será el último en votar.

En caso de empate, se debe suspender la deliberación y se debe convocar a una segunda reunión para el día hábil siguiente. Si el empate persiste, se debe suspender nuevamente la discusión y se debe convocar a otra reunión para el día hábil siguiente, a fin de adoptar la decisión definitiva. De continuar el empate, el voto del Presidente de la Sala será considerado doble.

El Magistrado que se encuentre en desacuerdo o disienta de la decisión, debe anunciar su voto salvado, que debe consignar por escrito en el que fundamente las razones, fácticas y jurídicas de su negativa, dentro de los tres días hábiles siguientes. Este escrito debe ser firmado por todos los Magistrados de la Sala y se debe agregar a la sentencia.

En caso de que el proyecto no cuente con la aprobación de la mayoría de los miembros de la Sala, la ponencia debe reasignarse a otro Magistrado de la Sala, conforme al trámite antes reseñado.

### B. *El contenido de la decisión: anulación*

Como lo precisa el artículo 21, párrafo 18° de la Ley Orgánica, siguiendo lo que establecían los artículos 119 y 131 de la Ley Orgánica derogada de 1976, en su fallo definitivo de la Sala Constitucional debe declarar si procede o no la nulidad de los actos o de los artículos impugnados, y determinará, en su caso, los efectos de la decisión en el tiempo. En la sentencia citada de la Sala Constitucional N° 1645 del 19 de agosto de 2004, se exigió, además, que la sentencia debe contener "una breve reseña de los actos del procedimiento y un resumen de los alegatos y argumentos de las partes, con exclusión de las defensas previas opuestas en el acto público, sobre las que la Sala se habrá pronunciado en su oportunidad"[905].

Por último, siguiendo lo que regulaba el artículo 130 de la Ley Orgánica derogada, el artículo 21, párrafo 17° de la Ley Orgánica, dispone que las excepciones o defensas opuestas en el curso de los juicios de nulidad deben ser decididas en la sen-

---

905 *V.*, en *Revista de Derecho Público*, N° 99-100, Editorial Jurídica Venezolana, Caracas 2004, pp. 254 y ss.

tencia definitiva, a menos que el Juzgado de Sustanciación considere que debe resolverse alguna de ellas previamente, en cuyo caso, si fuere necesario, abrirá una articulación con arreglo a lo dispuesto en el artículo 386 del Código de Procedimiento Civil.

Cuando la acción hubiese sido temeraria o evidentemente infundada, la Sala debe imponer al solicitante multa entre cincuenta unidades tributarias (50 U.T.) y cien unidades tributarias (100 U.T.) (Artículo 21, párrafo 18°).

En los casos de sentencias de anulación total o parcial de leyes nacionales y demás actos con rango de ley de la Asamblea Nacional y de Constituciones y leyes estadales, de las ordenanzas municipales y demás actos de los cuerpos deliberantes de los Estados, Municipios y del Distrito Capital, el artículo 5, párrafo 1°, numerales 6 y 7) dispone que la sentencia debe determinar "expresamente sus efectos en el tiempo".

En consecuencia, si bien como se ha dicho, en principio las sentencias anulatorias tienen efectos *ex nunc, pro futuro*, la sentencia podría determinar efectos anulatorios *ex tunc, pro praeterito*, particularmente cuando se trate de protección de derechos constitucionales.

### C. *La publicación de la decisión*

Tanto la decisión como el escrito que contempla el voto salvado de los Magistrados se deben publicar con la firma de todos los Magistrados, incluyendo los que hubieren salvado su voto, en el primer día hábil siguiente, en la *Gaceta Oficial de la República Bolivariana de Venezuela* (Art. 20, párrafo 6°). Se trata de una obligación general de publicación en la *Gaceta Oficial* de todas las sentencias que dicte el Tribunal Supremo.

En cuanto a los juicios de nulidad, el artículo 21, párrafo 19° de la Ley reitera que el Tribunal Supremo de Justicia debe ordenar la publicación de la decisión en la *Gaceta Oficial* de la República; y en el caso de que fuese declarado con lugar el recurso, debe prescribir que en el *sumario* de ésta se indique, con toda precisión, el acto o disposición anulada.

Además, esta obligación de publicar estos fallos se repite y reitera sucesivamente en las normas atributivas de competencia a la Sala Constitucional para conocer de los procesos constitucionales de control de la constitucionalidad. Así, en el artículo 5, párrafo 1°,6 sobre la competencia para declarar la nulidad total o parcial de las *leyes nacionales y demás actos con rango de ley de la Asamblea Nacional,* se dispone en la segunda frase del numeral, que "La sentencia que declare la nulidad total o parcial deberá publicarse en la *Gaceta Oficial de la República Bolivariana de Venezuela,* determinando expresamente sus efectos en el tiempo".

En el artículo 5, párrafo 1°,7 sobre la competencia para declarar la nulidad total o parcial de las *Constituciones y leyes estadales, de las ordenanzas municipales y demás actos* de los cuerpos deliberantes de los Estados, Municipios y del Distrito Capital, se dispuso en la segunda frase del numeral que "La sentencia que declare la nulidad total o parcial deberá publicarse en la *Gaceta Oficial de la República Bolivariana de Venezuela* y en la *Gaceta Oficial Estadal o Municipal* que corresponda, determinando expresamente sus efectos en el tiempo".

En el artículo 5, párrafo 1°,8 sobre la competencia para declarar la nulidad total o parcial de *los actos con rango de ley dictados por el Ejecutivo Nacional,* se agregó en la segunda frase del numeral, que "La sentencia que declare la nulidad total o parcial deberá publicarse en la *Gaceta Oficial de la República Bolivariana de Venezuela*".

Adicionalmente, en el párrafo 3° del artículo 5 de la Ley Orgánica, en el cual se regula en general el ejercicio por la Sala Constitucional del "control concentrado de la constitucionalidad", en los casos de procesos constitucionales de nulidad, se reiteró que los efectos de las sentencias de nulidad son "de aplicación general, y se publicará en la *Gaceta Oficial de la República Bolivariana de Venezuela,* y en la *Gaceta Oficial del Estado o Municipio* según corresponda".

Por último, en los casos de procesos constitucionales de control de la constitucionalidad de las leyes como incidente con motivo del control difuso de constitucionalidad efectuado por otras Salas del Tribunal Supremo, en le artículo 5, párrafo 1°,22 de la Ley Orgánica se dispone que "En caso que el examen abstracto de la norma comporte la declaratoria total o parcial de su nulidad por inconstitucional, la sentencia de la Sala Constitucional deberá publicarse en la *Gaceta Oficial de la República Bolivariana de Venezuela* y en la *Gaceta Oficial del Estado o Municipio,* de ser el caso.

Es difícil encontrar en una ley, tal reiteración, como sucede con esta Ley Orgánica.

## IV. LOS EFECTOS DE LA DECISIÓN EN LOS CASOS DE CONTROL CONCENTRADO DE LA CONSTITUCIONALIDAD

El contenido de la sentencia, en los juicios de inconstitucionalidad puede consistir en la interpretación de la norma impugnada acorde con la Constitución, con base en el principio *favor constitutione*[906]; o puede consistir en la declaración de la nulidad total o parcial del acto impugnado o en declarar improcedente el recurso, no pudiendo contener decisiones de condena por daños y perjuicios[907]. En estos casos, el

---

906 En la sentencia N° 2855 de 20-11-2002 (Caso: *Impugnación de varios artículos del Decreto con Fuerza de Ley de Tierras y Desarrollo Agrario*), la Sala Constitucional sostuvo lo siguiente: "Puede ocurrir, sin embargo, que el texto de una determinada disposición normativa se halle, en efecto, conforme a la Constitución, pero sólo en tanto se le interprete de una determinada manera. Es lo que se alude como el principio hermenéutico *favor constitucione*, conforme al cual, cuando surjan dudas acerca de la incompatibilidad de un dispositivo legal con la Constitución o se intuya la existencia de un conflicto normativo, el operador jurídico debe proceder a la interpretación de aquél en el sentido que se adecue al texto constitucional, logrando la armonía del sistema a través de su labor exegética sin permitir su nulidad; no se trata de erigirse en "*legislador negativo*", lo importante es asumir una interpretación de acuerdo con los principios y valores que la Constitución expresa", en *Revista de Derecho Público*, N° 89-92, EJV, Caracas 2002, p. 376. Véase además, sentencias N° 899 de 20-5-2005 (Caso: *Impugnación del Plan Especial "Centro Cívico de Chacao" y la Ordenanza de Zonificación del Centro Cívico de Chacao del Municipio Chacao del Estado Miranda*), en *Revista de Derecho Público*, N° 102, EJV, Caracas 2005, p. 154; y N° 934 de 9-5-2006 (Caso: *Impugnación del artículo 11 de la Ley Orgánica del Poder Electoral*), en *Revista de Derecho Público*, N° 106, EJV, Caracas 2006, p. 68.

907 *V.*, sentencia de la Sala Constitucional N° 302 de 16-3-2005 (Caso: *Impugnación de la Ordenanza Electoral de Justicia de Paz del Municipio Autónomo Baruta del Estado Miranda*), en *Revista de Derecho Público*, N° 101, EJV, Caracas 2005, p. 206.

carácter de la decisión es mero declarativo, por lo que no tiene vías de ejecución coactiva. La antigua Corte Suprema, en este sentido, en una sentencia del 6 de febrero de 1964, sostuvo lo siguiente:

> "...La decisión que antecede es una sentencia declarativa que se limitó a pronunciar la improcedencia de la demanda de inconstitucionalidad del acto, en los términos establecidos en el fallo. Por consiguiente, dicha decisión carece de todo atributo que permita llevar a efecto la ejecución coactiva a que se refiere el ordenamiento procesal"[908].

Por supuesto, los efectos de la sentencia varían en uno y otro caso.

### 1. *Efectos de la sentencia declarativa de la improcedencia de la acción*

En el caso de que la sentencia sea declarativa de la improcedencia de la acción y por tanto, de los vicios de inconstitucionalidad denunciados, la decisión tiene, sin duda, efectos *erga omnes* en relación a la constitucionalidad de la Ley, al menos en cuanto a los artículos impugnados y a los vicios denunciados. En relación a éstos, la decisión tiene el valor de cosa juzgada, los cuales por supuesto no se extienden a otros actos legislativos similares que puedan ser impugnados, por los mismos vicios.

Este planteamiento fue analizado por la Sala de Casación Civil, Mercantil y del Trabajo de la antigua Corte Suprema de Justicia, al considerar los efectos de una sentencia de la Sala Político Administrativa de la misma Corte en la cual se anuló una Ordenanza Municipal por inconstitucional. La situación fue la siguiente: La Sala Político Administrativa, en una decisión, había declarado sin lugar una acción popular de inconstitucionalidad intentada contra una Ordenanza Municipal del Distrito Boconó del Estado Trujillo relativa a cuestiones tributarias. Posteriormente, en un procedimiento civil ordinario en el cual una Ordenanza Municipal de otro Distrito (en este caso, del Distrito Valera del mismo Estado Trujillo) similar a la anterior, debía ser aplicada, una parte alegó su inconstitucionalidad lo cual fue decidido por el juez civil con base en sus poderes de control difuso de la inconstitucionalidad. El caso civil llegó por vía de recurso de casación ante la Sala de Casación Civil de la antigua Corte Suprema, en la cual se planteó la aplicabilidad de la antes mencionada decisión de la Sala Político Administrativa, respecto de la otra Ordenanza Municipal. La Sala de Casación Civil, entonces en una decisión de 12 de diciembre de 1963, estableció lo siguiente:

> "...habiendo sido impugnada ante la Sala Político Administrativa, la constitucionalidad de una Ordenanza del Distrito Boconó del Estado Trujillo, y habiendo decidido dicha Sala que tal Ordenanza no es inconstitucional, se quiere hacer valer esa decisión como argumento decisivo para establecer lo mismo con respecto a otra similar del Distrito Valera, sobre la misma materia.
>
> Es de observar que aunque dicha decisión produce cosa juzgada *erga omnes*, ésta se circunscribe estrictamente a la materia misma decidida, o sea, a la constitucionalidad de la Ordenanza del Distrito Boconó, pero nunca puede preten-

---

908 *V.*, sentencia de la antigua Corte Suprema de Justicia, Sala Político Administrativa de 6-2-64 en *Gaceta Forense*, N° 43, 1964, pp. 162 y 163.

derse hacerla extensiva a la del Distrito Valera, ni a ninguna otra, pese a que versen sobre la misma materia y a la eventual similitud de sus respectivos ordenamientos.

Suscitada en este juicio la cuestión de constitucionalidad de la Ordenanza del Distrito Valera, por vía incidental, como excepción, los Tribunales de instancia que sentenciaron este juicio, tenían completa libertad para examinar y decidir, conforme el artículo 7 del Código de Procedimiento Civil, si la Ordenanza que se invocaba ante ellos, era o no inconstitucional, sin estar ligado a cosa juzgada ninguna, porque no la había. Ellos encontraron que la Ordenanza en cuestión no es inconstitucional y ordenaron su cumplimiento.

Lo mismo ocurre con esta Sala de Casación Civil, Mercantil y del Trabajo, que tampoco está obligada en absoluto por la cosa juzgada pronunciada sobre materia diferente, en que se decidió sobre la constitucionalidad de una Ordenanza diferente a ésta cuyo cumplimiento aquí se demanda. Si la decisión de la Sala Político Administrativa hubiera versado sobre la Ordenanza del Distrito Valera, para esta Sala, como para todo el mundo, la constitucionalidad de aquella estaría fuera de toda discusión, por haber recaído sobre ella cosa juzgada.

No tratándose precisamente de esa Ordenanza, sino de otra diferente, el caso es de control constitucional relativo e indirecto y esta Sala tiene absoluta y amplia jurisdicción, libertad y discreción para decidir, a los solos efectos de este proceso, si esa Ordenanza que aquí se invoca colide o no con la Constitución Nacional, a los efectos de las infracciones que se imputan a la recurrida, por haber cumplido ésta con las disposiciones de dicha Ordenanza que, según el formalizante, son inconstitucionales. La jurisprudencia sentada por dicha Sala Política al establecer los motivos de su decisión, merecen el mayor respeto y atención de esta Sala Civil, al dictaminar en asuntos semejantes, pero no la obligan como tampoco la obligaría su propia jurisprudencia en asuntos anteriormente decididos, si encontrare razones suficientes para modificar su criterio"[909].

Algunos principios básicos resultan de esta sentencia de 1963, que deben retenerse:

En *primer* lugar, se confirma el poder absoluto de todos los jueces de ejercer el control de la constitucionalidad de las leyes mediante el método difuso de justicia constitucional.

En *segundo* lugar, se confirman los poderes de Tribunal Supremo (antigua Corte Suprema de Justicia) para controlar la constitucionalidad de las leyes en forma concentrada, a través de decisiones que tienen efectos *erga omnes.*

En *tercer*, lugar se confirma que los efectos de *cosa juzgada* de la decisión del Tribunal Supremo concerniente a la constitucionalidad de las leyes, sea cuando la ley es anulada o cuando la acción popular es declarada sin lugar, sólo se refieren a la particular y específica ley impugnada ante la Sala Constitucional, y no pueden extenderse respecto de otros actos legislativos.

---

909 *V.*, sentencia de la antigua Corte Suprema de Justicia, Sala de Casación Civil de 12-12-63 en *Gaceta Forense,* N° 42, 1963, pp. 667 a 672.

Por tanto, en caso de una decisión de la Sala Constitucional declarando sin lugar una acción popular contra una ley y, en consecuencia, estimando su constitucionalidad, la misma tiene efectos *erga omnes* y valor de cosa juzgada en el sentido de que la constitucionalidad de esa Ley debe ser admitida por todos los jueces, quienes están obligados a seguir el criterio de la Sala. Por tanto, declarada por la Sala la constitucionalidad de una ley no podrían los jueces de instancia, conforme a los artículos 334 de la Constitución y 20 del Código de Procedimiento Civil, inaplicarla a un caso concreto por considerarla inconstitucional.

En este sentido, en otra decisión de la antigua Sala de Casación Civil, Mercantil y del Trabajo de la Corte Suprema de Justicia de 11 de agosto de 1971, la Corte fue aún más clara al establecer que una decisión de la antigua Sala Político Administrativa por la cual declaró improcedente un recurso de inconstitucionalidad (ahora competencia de la Sala Constitucional), debía aplicarse necesariamente por la Sala de Casación, así como por los tribunales de Primera Instancia, por ser aquél un pronunciamiento con fuerza *erga omnes.* En tal virtud, la Sala de Casación declaró con lugar un recurso de casación interpuesto respecto de una sentencia de instancia que no aplicó la decisión de la Sala Político Administrativa que había considerado válido un acto municipal y por tanto, había declarado improcedente su impugnación[910].

### 2. *Efectos de la sentencia declarativa de la nulidad del acto impugnado: valor erga omnes*

Cuando la decisión de la Sala Constitucional es de declaratoria de nulidad del acto impugnado, totalmente, o de los artículos del mismo que hayan sido atacados, ello produce la cesación de los efectos del acto, y la Sala, inclusive, puede pronunciarse sobre la nulidad de todos los actos que se realizaron con base al acto declarado nulo[911].

---

910 *V.*, sentencia de la antigua Corte Suprema de Justicia, Sala de Casación Civil de 11-8-71 en *Gaceta Forense,* N° 73, 1971, pp. 477 y ss. En este sentido la Procuraduría General de la República ha estimado los efectos de la declaratoria sin lugar de un recurso de inconstitucionalidad en los términos siguientes: "Por otra parte, el recurso ratificado en el presente juicio por los apoderados de la Municipalidad fue declarado sin lugar por la Corte Federal y de Casación, en Sala Político Administrativa, el 13 de junio de 1938. Semejante declaratoria obtenida por vía de acción produce cosa juzgada, cuyos efectos valen *erga omnes.* "La sentencia de inconstitucionalidad, como toda sentencia judicial, produce cosa juzgada. La que se obtenga en la jurisdicción objetiva, ya sea estimatoria o desestimatoria, produce siempre efectos *erga omnes.* De este principio se desprenden consecuencias de gran interés práctico como la de la irrevocabilidad. Cuando la Corte Federal declara sin lugar el recurso por no contener el acta estatal impugnado los vicios denunciados, esa decisión no podrá ser revisada por gozar de las características de toda sentencia que produce cosa juzgada: la indiscutibilidad y la inmutabilidad. Para el caso de que la Corte Federal haya declarado sin lugar un recurso de inconstitucionalidad y sin embargo se le vuelve a impugnar por las mismas razones y con apoyo de las mismas disposiciones constitucionales, la Corte deberá declarar improcedente el nuevo recurso por cuanto ello es ya cosa juzgada. En consecuencia la Corte deberá aplicar de oficio su anterior sentencia o decidir la excepción de cosa juzgada opuesta por el Procurador de la Nación". *V.*, en J. G. Andueza, *La Jurisdicción Constitucional en el Derecho Venezolano;* Universidad Central de Venezuela. Sección de Publicaciones. Facultad de Derecho, vol. II, Caracas, 1955, p. 99; y en *Doctrina Procuraduría General de la República, 1963,* Caracas, 1964, pp. 199 y ss.

911 *V.*, sentencia de la antigua Corte Suprema de Justicia, de 4-4-74 en *Gaceta Oficial* N° 1.657, Extraordinaria de 7-6-74, pp. 2 y 3.

El pronunciamiento de la Sala Constitucional, como antes se ha dicho, de acuerdo con la lógica del método concentrado de control de constitucionalidad, tiene valor general, es decir, *erga omnes,* y esto lo mantuvo la jurisprudencia de la antigua Corte Suprema desde hace muchas décadas. En efecto, ya en una sentencia de 17 de noviembre de 1938, la antigua Corte Federal y de Casación, sostuvo lo siguiente:

> "La Corte Federal y de Casación está en el grado más alto de la jerarquía judicial; la cosa juzgada por ella establecida, aun suponiéndola errada en doctrina, es siempre la última palabra del Poder Judicial, contra la cual no pueden nada, en derecho ni ella misma, ni los otros dos Poderes. Siendo una institución federal, con atribuciones exclusivas para anular *erga omnes* las leyes y actos del Poder Público que violen la Constitución, esto la constituye en soberano intérprete del texto constitucional y de las Leyes ordinarias y en único Juez de los actos de los Poderes Públicos y de los altos funcionarios del Estado. Cualquier funcionario, por elevado que sea, o cualquiera de los otros Poderes Públicos que pretenda hacer prevalecer su propia interpretación que la Ley, sobre la interpretación y aplicación que de la misma haya hecho esta Corte al decidir o resolver algo sobre el mismo asunto, usurpa atribuciones y viola la Constitución y las leyes de la República"[912].

En igual sentido también se pronunció la antigua Corte Federal en sentencia del 21 de marzo de 1939, donde calificó sus decisiones como "disposiciones complementarias de la Constitución y Leyes de la República y surten sus efectos *erga omnes*[913]; y en sentencia de 16 de diciembre de 1940, donde señaló que sus decisiones "entran a formar una legislación especial emergente del Poder Constituyente secundario que en tales materias ejerce este Alto Tribunal"[914].

La antigua Corte Federal, también fue coincidente con este criterio, y en sentencia del 19 de junio de 1953, señaló que sus decisiones, como tienen efectos *erga omnes,* "cobran fuerza de ley"[915].

Por su parte, la antigua Corte Suprema de Justicia en Sala de Casación Civil, Mercantil y del Trabajo en sentencia de 21 de diciembre de 1963, fue precisa en este sentido:

> "El control absoluto de constitucionalidad lo ejerce en primer término la Corte Suprema de Justicia, en pleno, cuando declara la nulidad total o parcial de una Ley nacional por inconstitucional.

---

912 *V.*, sentencia de la antigua Corte Federal y de Casación, Sala Político Administrativa 17-11-38, en *Memoria 1939,* pp. 330 a 334.

913 *V.*, sentencia de la antigua Corte Federal y de Casación, Sala Político Administrativa 21-3-39 en *Memoria 1940,* p. 176.

914 *V.*, sentencia de la antigua Corte Federal y de Casación, Sala Político Administrativa 16-12-40 en *Memoria 1941,* p. 311.

915 *V.*, sentencia de la antigua Corte Federal de 19-6-53 en *Gaceta Forense*, N° 1, 1953, pp. 77 y 78. La antigua Corte Suprema de Justicia, Sala Político Administrativa en sentencia de 19-11-68, en *Gaceta Forense*, N° 62, 1968, pp. 106 a 113, ha sostenido que "los efectos de las decisiones que dicte la Corte al ejercer esa atribución sólo se extienden al tiempo durante el cual subsista la vigencia del precepto constitucional en que aquélla se haya basado".

Tal decisión deja sin efecto la Ley o la parte de ella que sea anulada, y tiene fuerza de cosa juzgada *erga omnes*. Esta nulidad es pronunciada en virtud de la llamada acción popular.

Una atribución similar, pero sólo en cuanto a leyes estadales y ordenanzas municipales, es ejercitada por la Sala Político Administrativa de este Supremo Tribunal, también por acción popular, y su declaratoria produce igualmente cosa juzgada *erga omnes*.

"Quiere esto decir que la declaratoria de constitucionalidad o inconstitucionalidad de una Ley, por acción principal (popular) es definitiva y surte efectos contra todos, pues tal presunta Ley deja de serlo desde el momento de ser declarada inconstitucional. Lo mismo ocurre en los casos de Leyes estadales y ordenanzas municipales, cuya inconstitucionalidad sea pronunciada"[916].

En definitiva, de acuerdo a la doctrina establecida por la antigua Corte Suprema, reiterada por la Sala Constitucional del Tribunal Supremo, la sentencia declaratoria de inconstitucionalidad de una ley, por tanto, la anula con efectos *erga omnes* y carácter de cosa juzgada absoluta.

### 3. *Los efectos de la declaratoria de nulidad parcial de normas*

En los casos de declaratoria de nulidad parcial de normas, la Sala Constitucional ha desarrollado una doctrina conforme a la cual, asumiendo poderes normativos, le ha dado efectos integradores a la decisión respectiva de manera que la norma anulada parcialmente, con un nuevo contenido, surta efectos. En tal sentido, en una aclaración de la sentencia que declaró la nulidad parcial del artículo 197 del Código de Procedimiento Civil sobre lapsos procesales, la Sala resolvió lo siguiente:

> "Por tanto, cuando una norma es declarada enteramente nula es porque el operador jurídico, es decir la Sala, luego de haber realizado un análisis exhaustivo del contenido de la norma impugnada contrapuesto a los principios constitucionales señalados como trasgredidos, ha concluido que el valor normativo en ella contenido resulta inconstitucional, sin que medie posibilidad alguna de que persista su existencia en el mundo jurídico, pues se alteraría de forma insoslayable el orden instaurado, considerando que el dispositivo normativo contenido en el artículo 119 de la Ley Orgánica de la Corte Suprema de Justicia, le otorga la facultad de fijar los efectos de dicha declaratoria en el tiempo, es decir, hacia el pasado o pro futuro, lo cual en definitiva constituye la exclusión total de dicha norma en el sistema normativo existente.
>
> Situación diferente se plantea en los casos de nulidad parcial de una norma, donde la totalidad de la norma no resulta inconstitucional, sino que son algunos de sus elementos los que violan dispositivos constitucionales, supuesto en el cual, la Sala Constitucional excluye de la estructura de la norma el elemento que resulte inconstitucional, siempre y cuando el supuesto al cual va dirigida esa norma no desaparezca o se altere en su totalidad de forma tal que constituya una norma sin objeto.

---

916 *V.*, sentencia de la antigua Corte Suprema de Justicia, Sala de Casación Civil de 12-12-63 en *Gaceta Forense*, N° 42, pp. 667 a 672.

Ahora bien, en el último de los supuestos referidos, y que resulta ser el caso regulado por el fallo cuya aclaratoria se solicita, se debe admitir que la relación jurídica condicionada por la norma de una u otra manera, se ve afectada con el control de constitucionalidad ejercido, ya que la norma impugnada, a través de la declaratoria de nulidad parcial, se ha convertido en una norma nueva y diferente de la norma inicial, lo cual implica aceptar, que al constituirse en una norma distinta, el operador jurídico debe plasmar en su sentencia el alcance del nuevo dispositivo normativo, pues, se parte de que dicha norma va integrada a un texto normativo sistemático, donde los preceptos establecidos en cada artículo, en reiteradas ocasiones guardan relación entre sí. De allí que, la determinación del alcance de dicha norma se hace fundamental para establecer en qué afecta la misma la relación jurídica que condiciona, así como el esquema aplicativo del texto normativo que integra.

Así pues, al prosperar la nulidad parcial de la norma impugnada nace una nueva norma y para aplicar tal norma, resulta necesario e indispensable su interpretación, lo cual no es posible hacerlo sin desentrañar previamente el significado de los signos en los que exteriormente se manifiesta, obviamente, sin perder nunca de vista el todo del cual forma parte, debiendo la Sala, en su condición de operador jurídico, imprimirle a la norma los caracteres ideológicos que lo llevaron a determinar su nulidad parcial en resguardo de los derechos constitucionales"[917].

### 4. *La cuestión de los efectos temporales de las sentencias dictadas en ejercicio del control concentrado de la constitucionalidad*

Pero dentro de los efectos de las sentencias declaratorias de nulidad por inconstitucionalidad, sin duda, el problema fundamental que se plantea se refiere al momento en que comienzan a producirse; en otras palabras, determinar si el acto declarado nulo se considera que surtió sus efectos hasta que se lo declaró nulo por la Sala, o al contrario, se estima como si nunca hubiera surtido efectos. Bajo otro ángulo, determinar si la decisión de la Sala comienza a surtir efectos desde el momento que se publica o sus efectos se retrotraen al momento en que el acto anulado se dictó.

Como ya se ha comentado sobre este punto, ni derogada Ley Orgánica de la Corte Suprema de Justicia de 1976 ni la Ley Orgánica del Tribunal Supremo de Justicia de 2004 resolvieron expresamente dichas cuestiones, sino que se limitan a señalar que la Sala Constitucional debe determinar expresamente los efectos de su decisión en el tiempo (artículo 5, párrafo 1°, numerales 6 y 7).

Ahora bien, existiendo en Venezuela un sistema mixto de justicia constitucional, que implica el funcionamiento en paralelo, de los dos métodos básicos de control de constitucionalidad que muestra el derecho comparado: por una parte el método difuso, que se ejerce por todos los jueces, y por la otra el método concentrado que se ejerce por la Sala Constitucional del Tribunal Supremo (y respecto de los actos administrativos por los órganos de la Jurisdicción Contencioso Administrativa); no ha

---

917 *V.*, sentencia N° 319 de 9-3-2001 (Aclaratoria de la sentencia sobre nulidad parcial de los artículos 197 del Código de Procedimiento Civil y 18 de la Ley Orgánica del Poder Judicial), en *Revista de Derecho Público*, N° 85-88, EJV, Caracas 2001, pp. 395 y ss.

sido infrecuente la confusión sobre los efectos de las decisiones en materia de control de la constitucionalidad, lo que ha llevado en muchos casos a la aplicación de la doctrina de la garantía de la nulidad del acto inconstitucional, propia del control difuso, al control concentrado, ignorando las diferencias fundamentales entre los dos sistemas de justicia constitucional. Ello resulta, por ejemplo, de la sentencia de la Sala Constitucional Nº 359 de 15 de mayo de 2000:

> "Ahora bien, de acuerdo con lo previsto en el artículo 119 de la Ley Orgánica de la Corte Suprema de Justicia, se debe determinar los efectos en el tiempo de las decisiones anulatorias de normas. En este sentido, la jurisprudencia de la Corte Suprema de Justicia ha indicado que en tales casos, debe entenderse que produce sus efectos *ex tunc*, es decir, hacia el pasado. Así, en reciente sentencia con ocasión de decidir la solicitud de ejecución de un fallo que no había fijado los efectos en el tiempo de una sentencia anulatoria, se indicó:
>
> "Ha sido señalado precedentemente que la sentencia anulatoria extinguió la norma por considerarla viciada, sin limitar, de conformidad con lo dispuesto en el artículo 131 de 14 Ley Orgánica de la Corte Suprema de Justicia, los efectos de la anulación en el tiempo, en razón de lo cual, este efecto es *ex tunc*, es decir hacia el pasado; opera desde el momento mismo en que la norma fue dictada" (Sentencia de la Sala Político Administrativa del 11 de noviembre de 1999, caso *Policarpo Rodríguez*).
>
> En el caso antes citado, si bien se dio efecto *ex tunc* al fallo anulatorio, la sentencia fijó los términos de la ejecución, es decir, los parámetros y el tiempo mediante los cuales los afectados por la norma anulada podían ejercer sus derechos.
>
> En el caso de autos, esta Sala por razones de seguridad jurídica, para evitar un desequilibrio en la estructura de la administración pública estadal y la preservación de los intereses generales, así como en resguardo de los derechos de los beneficiados por la ley Estadal, fija los efectos *ex nunc*, es decir, a partir de la publicación de este fallo por la Secretaria de esta Sala Constitucional".[918]

En realidad, el principio en la materia, como se ha dicho, opera en sentido inverso: en principio, por razones de seguridad jurídica las sentencias anulatorias de las leyes tienen efectos *ex nunc*, *pro futuro*; y excepcionalmente, cuando la protección constitucional de derechos así lo exija, pueden ser dotadas de efectos *ex tunc*, de carácter retroactivo.

Por tanto, parra plantear este problema en sus justos límites, deben situarse claramente los efectos del control difuso de la constitucionalidad de los actos estatales, que son totalmente diferentes a los efectos del control concentrado de la constitucionalidad. La confusión entre los efectos de ambos controles, como hemos dicho, no pocas veces ha conducido a errores, incluso entre las propias Salas de la antigua Corte Suprema de Justicia.

---

918 *V.*, en *Revista de Derecho Público*, Nº 82, Editorial Jurídica Venezolana, Caracas, 2000, p. 454. Véase además, sentencia Nº 816 de 26-7-00, en *Revista de Derecho Público*, Nº 83, Editorial Jurídica Venezolana, Caracas, 2000, p. 273.

En efecto, mediante el sistema de control difuso, hemos dicho, cualquier juez en un juicio concreto puede apreciar la constitucionalidad de una ley, estimarla inconstitucional y, por tanto, no aplicarla a la resolución del caso concreto, con efectos *inter partes.* En esta forma, todo juez de la República es juez constitucional. En la aplicación del otro método de control de la constitucionalidad de las leyes, el control concentrado que corresponde a la Sala Constitucional, ésta asume su rol de supremo intérprete[919] o defensor[920] de la Constitución, a la cual corresponde ser el fiel de la balanza en la aplicación del principio de la separación de poderes[921] teniendo que proclamar, al decidir la acción de inconstitucionalidad, la "extinción jurídica" del acto recurrido o el mantenimiento del mismo con la plenitud de sus efectos[922].

Los efectos del control de la constitucionalidad en ambos casos, por tanto, difieren y en ausencia de una ley reguladora específicamente de la Jurisdicción Constitucional[923], las soluciones del derecho comparado puede servir de ilustración sobre el alcance y efectos de dichos controles, y sirvieron de orientación frecuentemente utilizada por las decisiones de la antigua Corte Suprema de Justicia. Pero por supuesto, no es ni adecuado ni posible aplicar las características del control de la constitucionalidad de las leyes del modelo norteamericano, exclusivamente de carácter difuso, al control de la constitucionalidad de las leyes que ejerce la Sala Constitucional, de carácter monopolísticamente concentrado.

En efecto, como ya hemos dicho, en el control difuso de la constitucionalidad de las leyes que ejercen todos los órganos jurisdiccionales conforme a los artículos 334 de la Constitución y 20 del Código de Procedimiento Civil, cuando un juez desaplica una ley que estima inconstitucional aplicando preferentemente la Constitución, esa decisión no afecta la validez de la ley, por lo que sólo tiene efectos declarativos, que se aplican *in casu et inter partes,* y se extienden *pro pretaerito*[924].

Por tanto, la "retroactividad" de la declaratoria de no aplicabilidad de la ley tiene sólo sentido bajo el ángulo de que el juez estima que ella nunca ha surtido efectos, es decir, de que los efectos de la declaración de inconstitucionalidad operan *ex tunc,*

---

919 Lo que implica la irreversabilidad de sus decisiones. *V.*, artículo 211 de la Constitución. La doctrina, sin embargo, ha sido establecida desde hace muchos años por la propia Corte. *V.*, por ejemplo, sentencia de la CEF en SPA de 17-11-38 en *Memoria 1939,* pp. 330 y ss.

920 *V.*, sentencia de la antigua Corte Suprema de Justicia, Sala Político Administrativa de 4-3-41 en *Memoria 1942,* pp. 128 a 130.

921 *V.*, por ejemplo, sentencia de la antigua Corte Federal y de Casación, Sala Político Administrativa de 3-5-39 en *Memoria, 1940,* p. 217; y de 17-4-41 en *Memoria, 1942,* pp. 182 y ss.

922 *V.*, sentencia de la antigua Corte Suprema de Justicia, Sala Político Administrativa de 20-1-66 en *Gaceta Forense,* N° 51, 1968, p. 13.

923 *V.*, por ejemplo, el Proyecto de Ley de la Jurisdicción Constitucional en CAP, *Informe sobre la Reforma de la Administración Pública Nacional,* Caracas, 1972, vol. II, pp. 47 y ss.

924 En palabras de A. y S. Tunc en su magistral análisis del sistema constitucional norteamericano sobre la decisión de desaplicar una ley por inconstitucional en Estados Unidos: "La Ley no es ni derogada ni anulada. Ella es pura y simplemente desconocida como si no fuera una ley sino, si se quiere, una simple apariencia de ley, y los derechos de las partes son regulados como si ella no hubiera sido nunca aprobada. La decisión del juez se limita, pura y simplemente a ignorar la ley...". Del principio según el cual una ley inconstitucional se la considera como si nunca hubiera sido aprobada, "deriva el efecto retroactivo de la declaración de inconstitucionalidad". *V.*, A. y S. Tune, *Le Système Constitutionnel des Etats Unis d'Amerique,* Paris, 1954, volumen II, pp. 294 y 295.

al ser una decisión mero declarativa de una inconstitucionalidad o nulidad preexistente. En este sentido, por ejemplo, la apreciación de la inconstitucionalidad de la ley ya derogada, pero que se aplicó durante su vigencia al caso concreto que el juez está conociendo, tiene justificación, pues la declaratoria de inaplicabilidad de la ley, al ignorar su existencia, tiene sentido para el proceso, aun cuando la ley esté derogada en el momento de la decisión. Por ello, como la decisión judicial que se pronuncia en el control difuso de la constitucionalidad de las leyes tiene "efectos retroactivos", evidentemente que pueden referirse a las leyes derogadas, respecto de los efectos que pudo haber producido durante su vigencia[925].

Conforme a lo anteriormente señalado puede entonces estimarse que la decisión de desaplicar una ley inconstitucional conforme al método difuso de control de la constitucionalidad de las leyes, si bien tiene sólo y exclusivamente efectos *inter partes,* equivale a una decisión mero declarativa, de efectos retroactivos *pro pretérito* o *ex tunc.* El juez no anula la ley al ejercer este control, sino que sólo declara o constata una inconstitucionalidad preexistente, por lo que ignora la existencia de la ley (la considera inexistente) y no la aplica al caso concreto cuyo conocimiento jurisdiccional le corresponde.

Pero como hemos dicho, los efectos del control difuso de la constitucionalidad de las leyes son completamente diferentes a los efectos que produce el ejercicio del control concentrado de la constitucionalidad cuando la Sala Constitucional anula una ley por inconstitucionalidad. En estos casos, cuando la Sala, como Jurisdicción Constitucional, ejerce sus atribuciones previstas en el artículo 336 de la Constitución, "declara la nulidad" de la ley, es decir, anula la ley, la cual hasta el momento en que se publique la sentencia de la Sala, es válida y eficaz, habiendo surtido todos los efectos no obstante su inconstitucionalidad; y esto en virtud de la presunción de constitucionalidad que las leyes tienen[926], equivalente, *mutatis mutandis,* a la presunción de la legalidad que acompaña a los actos administrativos[927].

A esta diferencia entre el control difuso y el control concentrado de la constitucionalidad de las leyes, hay que agregar otra complementaria y también fundamental: la naturaleza "general" de la anulación, que si bien carece de eficacia retroactiva, pues como se dijo la misma es *ex nunc o pro futuro,* opera sin embargo *erga omnes*[928].

---

925 *V.*, J. G. Andueza, *La jurisdicción constitucional en el derecho venezolano*, Caracas, 1955, pp. 56-57.

926 *V.*, J. G. Andueza, *La jurisdicción constitucional... op. cit.*, p. 90.

927 *V.*, Allan R. Brewer-Carías, *Las Instituciones Fundamentales del Derecho Administrativo y Jurisprudencia Venezolana,* Caracas, 1964, p. 31. En efecto, tal como lo señala Mauro Cappelletti al insistir en la diferencia entre los métodos difuso y concentrado del control de la constitucionalidad: "Puede afirmarse que mientras el sistema estadounidense de control judicial de la constitucionalidad de las leyes, tiene el carácter de un control meramente declarativo, a la inversa, el austriaco asume la naturaleza de un control constitutivo de la validez y de la consiguiente ineficacia de las leyes contrarias a la Constitución, y de aquí se concluye con plena coherencia, que, mientras en el primer sistema (de eficacia meramente declarativa operan *ex tunc,* o sea, retroactivamente –se trata en efecto, repito de la simple declaración de una nulidad absoluta preexistente–, en el sistema austriaco, por el contrario, la eficacia (constitutiva, es decir, de anulación) de la sentencia de inconstitucionalidad obra *ex nunc,* y por lo tanto, *pro futuro,* excluyéndose una retroactividad de la eficacia de anulación". *V.*, Mauro Cappelletti, *loc. cit.*, pp. 58 y 59.

928 *V.*, por ejemplo, sentencia de la antigua Corte Federal y de Casación, Sala Político Administrativa 17-11-38 en *Memoria 1939,* pp. 330 a 334; sentencia de la CF de 19-6-53 en *Gaceta Forense,* Nº 1, 1953, pp.

Ahora bien, así como puede afirmarse que la generalidad de los sistemas de control concentrado de la constitucionalidad de las leyes que nos muestra el derecho comparado, establecen indudablemente los efectos generales de las sentencias del Tribunal Supremo o Corte Constitucional que declare la nulidad por inconstitucionalidad de una ley y su eficacia *ex nunc,* es decir, sólo hacia el futuro, asimismo sucede con el control de la constitucionalidad de las leyes que la Sala Constitucional ejerce en forma concentrada, conforme al artículo 336 de la Constitución.

Es más, puede afirmarse que en ninguno de los sistemas concentrados del control de la constitucionalidad de las leyes que se conocen, se atribuye efectos generales hacia el pasado, es decir, *ex nunc, pro pretaerito* a todas las sentencias declaratorias de nulidad por inconstitucionalidad, las cuales no son mero declarativas, ni tienen efecto retroactivos, sino que son sólo constitutivas; y en los sistemas italianos y alemán, éstos son restringidos fundamentalmente al ámbito penal[929]. Y la solución de estas dos legislaciones –la italiana y la alemana– es lógica, pues si bien sería monstruoso, por las repercusiones que tendría sobre la seguridad jurídica, pretender que las sentencias declaratorias de la nulidad por inconstitucionalidad de una ley tengan efectos mero declarativos, y que, por tanto, se tuvieran como nunca dictados o cumplidos los actos realizados antes de que la ley fuera declarada nula, asimismo podría resultar injusto que en los casos penales, las sentencias adoptadas conforme a una ley declarada posteriormente nula, no fueran afectados por la anulación por inconstitucionalidad. De ahí la excepción respecto de los casos penales que la legislación italiana y alemana establece para el principio de que los efectos de las sentencias declaratorias de nulidad por inconstitucionalidad sólo se producen hacia el futuro.

Es más, la misma situación pragmática del conflicto que puede surgir entre la seguridad jurídica y las sentencias penales, ha llevado a la jurisprudencia norteamericana a establecer excepciones al principio contrario: hemos visto que en Estados Unidos, el control constitucional es de carácter difuso, siendo los efectos de las sentencias declaratorias de inconstitucionalidad de carácter retroactivo, por ser mero

---

77 y ss.; y sentencia de la antigua Corte Suprema de Justicia, Sala Plena de 29-4-65 publicada por la *Imprenta Nacional,* 1965, pp. 113 y 116. *Cfr. Doctrina Procuraduría General de la República, 1963,* Caracas, 1964, pp. 199 a 201. En otras palabras, tal como Cappelletti señala, "una vez pronunciada la sentencia de constitucionalidad, la ley respectiva es privada de efectos de manera general, ni más ni menos que si hubiere sido abrogada por una ley posterior, y, por el contrario, recuperan su vigencia las disposiciones legislativas anteriores a la ley de inconstitucionalidad" (*loc. cit.,* p. 59 –subrayado del autor–); siendo los efectos del control concentrado de la inconstitucionalidad radicalmente distintos a los efectos particulares inter partes del control difuso de la constitucionalidad, tal como se ha visto.

929 Tal es el supuesta por ejemplo, de la Ley Constitucional italiana de 11 de marzo de 1953, que establece las normas complementarias de la Constitución en lo concerniente a la Corte Constitucional, cuyo artículo 30 expresa: "Las normas declaradas inconstitucionales no pueden ser aplicadas a partir del día siguiente a la publicación de la decisión. Cuando en aplicación de la norma declarada inconstitucional haya sido pronunciada una sentencia irrevocable, cesará su ejecución y todos los efectos penales" (*V.,* F. Rubio Llorente, *La Corte Constitucional Italiana,* Cuadernos del Instituto de Estudios Políticos, Nº 8, UCV, Caracas, 1966, p. 53). Asimismo la Ley del Tribunal Constitucional Federal Alemán de 12 de marzo de 1951, establece que "permanecen inmutables las resoluciones firmes, apoyadas en una norma declarada nula" por el Tribunal Constitucional Federal, aun cuando "es admisible la revisión del procedimiento según los preceptos de la Ley de Procedimiento Penal, contra una sentencia penal formal apoyada" sobre la misma norma declarada nula (*V.,* Art. 79 en F. Rubio Llorente, "El Tribunal Constitucional Alemán", *Revista de la Facultad de Derecho,* UCV, Nº 18, Caracas, 1959, p. 154).

declarativas; hemos señalado que, en principio, el ámbito de dichas sentencias es *ínter partes,* pero que en virtud de la técnica de los precedentes, y de la regla *stare decisis* las mismas adquieren carácter general obligatorio. Sin embargo, a pesar de ello, la jurisprudencia ha extendido el carácter retroactivo sólo a los casos penales, respetando, al contrario, los efectos cumplidos en materias civiles, y administrativas en base a una ley declarada inconstitucional[930].

Ahora bien, siendo el control de la constitucionalidad de las leyes atribuido por la Constitución a la Sala Constitucional del Tribunal Supremo un control concentrado, es evidente que los efectos de la declaratoria de nulidad por inconstitucionalidad de una ley, en ausencia de norma expresa constitucional o legal alguna, sólo pueden ser producidos *erga omnes* pero hacia el futuro; es decir, las sentencias son en principio constitutivas, *pro futuro y* sus efectos, *ex nunc,* no pueden extenderse hacia el pasado (no pueden ser retroactivas). Puede decirse que este ha sido el criterio no sólo seguido en el pasado por la doctrina venezolana[931], sino por la jurisprudencia de la antigua Corte Suprema de Justicia, aun cuando en uno que en otro caso, la antigua Corte como ahora la Sala Constitucional, no han sido consecuentes.

En efecto, la antigua Corte Suprema tanto en Pleno como en su Sala Político Administrativa sostuvieron el carácter constitutivo de los efectos de las sentencias en materia de control de la constitucionalidad; criterio que sin embargo fue contradicho por la antigua Sala de Casación Civil[932].

En efecto, la antigua Corte Federal y de Casación en 1940 con razón sostuvo el criterio de que:

> "las leyes se dictan para que tengan ejecución, debiendo por ello, ser cumplidas aun cuando su existencia por razones de adecuada impugnación, sufra la contingencia de su nulidad constitucional. Sólo se extingue su vigencia por la sentencia definitiva declaratoria de haber lugar a dicha impugnación"[933].

En otras palabras, en la sentencia de la antigua Corte de declaratoria de nulidad por inconstitucionalidad de una Ley, ésta se limita a "proclamar la extinción jurídi-

930 *V.,* J. A. C. Grant, "The legal effect of a rulling that a statute is inconstitucional" *Detroit College of Law Review,* 1978, pp. 207-237, *Cfr.* M. Cappelletti, "El control jurisdiccional de la constitucionalidad de las leyes en el derecho comparado", *Revista de la Facultad de Derecho,* 65, México, 1966, pp. 63-64.

931 En su libro sobre *La Jurisdicción Constitucional en el Derecho Venezolano (cit),* José Guillermo Andueza ha sido abundante y terminante en la demostración de que la sentencia de declaratoria de nulidad por inconstitucionalidad es de carácter constitutivo, pues "la presunción de constitucionalidad de que gozan los Poderes Públicos se hace que éstos produzcan todos sus efectos jurídicos hasta tanto la Corte no pronuncie su nulidad. En consecuencia, la sentencia de la Corte deberá necesariamente respetar los efectos que el acto estatal produjo durante su vigencia" (93), pues "ella realiza una modificación en los efectos del acto estatal. Es decir, la sentencia hace ineficaz un acto que antes era válido" (p. 94). Conforme al mismo Andueza y en acuerdo con la más ortodoxa doctrina, "lo que caracteriza a las sentencias constitutivas es la ausencia de efectos retroactivos. Ellas continúan siempre *pro futuro, ex nunc;* es decir, que la sentencia produce sus efectos desde el día de su publicación" (p. 94). No compartimos, por tanto, la opinión de Humberto J. la Roche, *El control Jurisdiccional en Venezuela y Estados Unidos,* Maracaibo, 1972, p. 153.

932 *V.,* en *Gaceta Forense,* Nº 101, año 1978, pp. 591-592.

933 *V.,* sentencia de la antigua Corte Federal y de Casación de 20-12-40, *cit.* por J. G. Andueza, *La jurisdicción constitucional... op. cit.,* p. 90.

ca" de la ley impugnada[934]. Es decir, la antigua Corte sostuvo que las leyes producen todos los efectos hasta tanto no sean declaradas nulas; pues como señaló en otra decisión, "los actos anulables son válidos y, una vez consumados, surten plenamente sus efectos, mientras no sea declarada su nulidad"[935], y si bien los efectos de sus sentencias declaratorias de nulidad por inconstitucionalidad son de carácter general, *erga omnes*[936], es evidente que las decisiones de la Corte en materia de inconstitucionalidad al declarar nula una ley, entran a formar parte, *mutatis mutandis,* de "una legislación especial emergente del Poder Constituyente secundario que en tales materias ejerce este Alto Tribunal"[937], pues esas decisiones "tienen carácter de disposiciones complementarias de la Constitución y leyes de la República"[938] o, en otras palabras, como lo dijo expresamente la antigua Corte, los efectos de dichas decisiones "se entienden *erga omnes* y cobran fuerza de ley"[939].

Por tanto, si la ley declarada nula por inconstitucionalidad en virtud de la decisión judicial, como dice Cappelletti, "es privada de efectos de manera general, ni más ni menos como si hubiera sido aprobada por una ley posterior"[940], es claro que así como una ley no puede tener efectos retroactivos, la sentencia declaratoria de nulidad por inconstitucionalidad, que tiene, como lo sostiene la jurisprudencia venezolana "fuerza de ley", tampoco puede tener efectos retroactivos; y tan lógica es esta afirmación, que en algunos sistemas constitucionales latinoamericanos como en Ecuador, el principio clásico de la irretroactividad de las leyes fue extendido a las sentencias del Tribunal de Garantías Constitucionales[941].

Este principio de la irretroactividad de los efectos de las decisiones de la Jurisdicción Constitucional declaratorias de nulidad por inconstitucionalidad de las leyes, que surge de su carácter constitutivo y no declarativo, fue reconocido expresamente por la antigua Corte Suprema en Sala Político Administrativa en 1965, cuando al declarar la nulidad por inconstitucionalidad de una Ordenanza Municipal que creó un impuesto contraviniendo la prohibición contenida en el artículo 18, ordinal 4, de la Constitución, rechazó la solicitud del recurrente de "que se condene a la Municipalidad, al reintegro de las sumas de dinero que haya recabado indebidamente, por concepto de cobro de la contribución discutida... por considerar que ella no está

934 *V.*, sentencia de la antigua Corte Suprema de Justicia, Sala Político Administrativa de 20-1-66 en *Gaceta Forense,* N° 51, 1966, p. 13.

935 *V.*, sentencia de la antigua Corte Suprema de Justicia, Sala Político Administrativa de 15-2-67 en *Gaceta Forense,* N° 55, 1967, p. 70.

936 *V.*, sentencias de la antigua Corte Federal y de Casación, Sala Político Administrativa 17-11-38, *Memoria 1939,* p. 330; de 21-3-39, en *Memoria 1940,* p. 176; de 16-12-40 en *Memoria 1941,* p. 311; y de la CF de 19-6-53, en *Gaceta Forense,* N° 1, 1953, pp. 77 y 78.

937 *V.*, sentencia de la antigua Corte Federal y de Casación, Sala Político Administrativa 16-12-40, en *Memoria 1941,* p. 311.

938 *V.*, sentencia de la antigua Corte Federal y de Casación, Sala Político Administrativa de 21-3-39, en *Memoria, 1940,* p. 176.

939 *V.*, sentencia de la antigua Corte Federal de 19-6-53 en CF, N° 1, 1953, pp. 77 y 78.

940 *V.*, M. Cappelletti, *loc. cit.,* p. 59.

941 *V.*, J. G. Andueza, *La jurisdicción constitucional...op. cit.*, p. 94.

ajustada a derecho"[942]. En esta forma, la antigua Corte reconoció el carácter constitutivo, de efectos hacia el futuro, de su decisión de nulidad de la Ordenanza, pues de lo contrario, si hubiera estimado que los efectos de la decisión eran mero declarativos, *ex tunc,* hubiera procedido a condenar a la Municipalidad al reintegro solicitado.

Posteriormente, en 1968, la antigua Corte insistió en la presunción de legitimidad de las leyes al señalar que "los actos legislativos nacionales una vez sancionados y promulgados conservan su validez y eficacia hasta que no sean derogados por el cuerpo que los dictó o anulados por la Corte, y, entre tanto, su legitimidad ampara también las actuaciones de otras autoridades en conformidad con los poderes que les atribuyen"[943], por lo que una vez declarada la nulidad de la ley por inconstitucionalidad, si se le dieran efectos retroactivos de dicha declaratoria, ello equivaldría a dejar sin efecto todos los actos cumplidos en ejecución de la ley, con grave perjuicio para la seguridad jurídica.

Por ello, insistimos en nuestro criterio, de que en Venezuela los efectos de las decisiones de la Sala Constitucional declaratorias de nulidad por inconstitucionalidad de las leyes, son los propios de las sentencias constitutivas, es decir, que sólo producen efectos hacia el futuro. Ello, por otra parte, es congruente con las decisiones respecto de las solicitudes de nulidad por inconstitucionalidad de leyes ya derogadas. Como lo señaló José Guillermo Andueza hace unas décadas, "que la posición que se adopte en torno a esas solicitudes, depende de la posición que se tenga sobre los efectos de la sentencia de inconstitucionalidad". Si a ésta se le atribuyen efectos retroactivos, evidentemente que pueden anularse las leyes derogadas, ya que así se pone término a los efectos que la ley, durante su vigencia, pudo producir. Pero si la sentencia sólo rige *pro futuro,* resulta contradictorio que pueda anularse una ley que no existe, ya que los efectos producidos durante su vigencia no pueden destruirse en virtud del principio que ampara a todo acto estatal que es el de la presunción de constitucionalidad[944].

---

942 *V.*, sentencia de la antigua Corte Suprema de Justicia, Sala Político Administrativa de 18-11-65 en *Gaceta Forense,* N° 50, 1967, p. 111. Este ha sido el criterio también de la antigua Corte Federal y de Casación, al decidir expresamente en una sentencia de 27 de febrero de 1940, la siguiente: "Se observa: la sentencia recurrida para declarar sin lugar la acción intentada se fundamenta en que la Ordenanza Municipal que dio motivo a la multa impuesta al actor por infracción de uno de sus artículos, fue dictada por una autoridad competente y surtió todos sus efectos hasta el día en que fue declarada nula por la Corte Federal y de Casación, que era el Tribunal revestido de competencia para ello, por lo que los efectos del fallo de Casación no pueden retrotraerse a la fecha de vencimiento de la Ordenanza sino que se producen a partir de la fecha de dicho fallo; y como por otra parte el actor al no apelar de la multa se conformó con la sanción fiscal que le fue impuesta, concluye la recurrida que no hubo pago de lo indebido y por tanto son improcedentes los daños y perjuicios reclamados como consecuencia de aquel pago. Esta Corte considera que los fundamentos expuestos, en que se apoya la recurrida, están ajustados a los principios legales que rigen la materia. En nuestro Derecho Administrativo las Ordenanzas Municipales dictadas en virtud de las atribuciones que la Constitución Nacional concede a las Municipalidades tienen el carácter de leyes locales, y como tales cabe aplicarles la regla de la no retroactividad de sus disposiciones. Siendo esas Ordenanzas la obra de una autoridad administrativa, revestida de una parte del Poder Público, dichos actos conservan toda su validez jurídica aún en el caso de adolecer de vicios que los haga anulables, mientras esta nulidad no haya sido pronunciada por el Tribunal competente. *V.*, sentencia de la antigua Corte Federal y de Casación, Sala Político Administrativa 27-2-40 en *Memoria 1941,* p. 20.

943 *V.*, sentencia de la antigua Corte Suprema de Justicia, Sala Político Administrativa de 13-2-68 en *Gaceta Forense,* N° 59, 1969, p. 85.

944 *V.*, J. G. Andueza, *La jurisdicción constitucional...op. cit.*, pp. 56 y 57.

Por ello, como se ha dicho, las decisiones de la antigua Corte con posterioridad a 1949 fueron siempre denegatorias de las solicitudes de nulidad de leyes derogadas[945], lo que ha sido ratificado por la Sala Constitucional.

Conforme a este criterio sostenido por la Corte, es evidente que en Venezuela, como principio general, las sentencias declaratorias de nulidad por inconstitucionalidad de las leyes tienen efectos generales *erga omnes,* pero sólo se extienden hacia el futuro en el sentido de que las mismas anulan una ley que si bien produjo sus efectos hasta el momento de la publicación de la sentencia, la misma se extingue jurídicamente a partir de ese momento. Los efectos de la sentencia, en este sentido, no pueden ser retroactivos, propios de las sentencias mero declarativas, sino sólo *pro futuro,* propios de las sentencias constitutivas[946].

En consecuencia, en nuestro propio criterio, el control judicial de constitucionalidad de las leyes que realiza la Sala Constitucional conforme al artículo 336 de la Constitución, como control concentrado, tiene por objeto la anulación de las leyes ("declarar la nulidad" dice la Constitución, y no "declarar la inconstitucionalidad"); anulación que se realiza con efectos *erga omnes*; los cuales se extienden *pro futuro (ex nunc)* mediante una sentencia de las denominadas "constitutivas", por oposición a las "declarativas"[947], salvo que se trate de casos de nulidad absoluta, en virtud de expresas disposiciones constitucionales, tal como se verá.

---

945 *V.,* sentencias de la antigua Corte Federal y de Casación, Sala Plena 21-12-49, en *Gaceta Forense,* Nº 1, 1949, p. 15; y de la antigua Corte Suprema de Justicia, Sala Político Administrativa de 20-1-66, en *Gaceta Forense,* Nº 51, 1968, pp. 13 y 14.

946 Este y no otro fue, por ejemplo, el criterio seguido en la Corte en la sentencia que declaró la nulidad por inconstitucionalidad del articulo 20 de la ley aprobatoria del Contrato celebrado entre el Ejecutivo Nacional y el Banco de Venezuela, S. A., dictada el 15 de marzo de 1962 (*V.,* sentencia de la antigua Corte Suprema de Justicia, Sala Plena en *G.O.,* Nº 760, Extr. de 2-3-62), y para darse cuenta de ello basta recoger la opinión del Magistrado Ponente de dicha sentencia, José Gabriel Sarmiento Núñez, sostenida en su voto salvado a la sentencia de la Corte Suprema de Justicia que declaró sin lugar la demanda de nulidad por inconstitucional del ordinal 14 del artículo 11 de la Ley aprobatoria del Tratado de Extradición suscrito entre Venezuela y los Estados Unidos de Norteamérica el 29 de abril de 1965. En dicho vota salvado el Magistrado Ponente de la sentencia de declaratoria de nulidad del artículo 20 de la Ley aprobatoria del contrato celebrado entre el Ejecutivo Nacional y el Banco de Venezuela, al insistir en la distinción entre el control difuso y el concentrado de la constitucionalidad de las leyes en Venezuela, señaló que en el primero, el que ejercen los Tribunales conforme el artículo 7 del Código de Procedimiento Civil, la decisión "tiene un carácter relativo, ya que afecta sólo al caso concreto controvertido y no obliga las futuras de –ese u otros tribunales. En cambio, lo decidido al respecto por la Corte Suprema de Justicia (en el control concentrado) tiene un carácter, absoluto: la nulidad de la ley es proclamada *erga omnes,* o sea, frente a todos los casos, y surte efectos *ex tune (sic),* es decir, a partir de la decisión". *V.,* sentencia de la antigua Corte Suprema de Justicia, Sala Plena de 29-4-65, publicada por la *Imprenta Nacional,* 1965, p. 74.

947 En este sentido, debe señalarse que este criterio universal en el derecho comparado y aceptado por la jurisprudencia y doctrina venezolana, ha sido acogido por los proyectistas de la Ley de la Jurisdicción Constitucional, al establecer en el artículo 19 del proyecto lo siguiente: "Las normas declaradas inconstitucionales no podrán ser aplicadas ni tendrán efecto alguno desde el día siguiente a la publicación en la *Gaceta Oficial* de la sentencia o, a falta de publicación, a partir del décimo día de su firma. Cuando en virtud de ellas hubiese sido pronunciada una sentencia firme de condena en curso de ejecución, cesará ésta y con ella todos los demás efectos penales". (*v*., Proyecto de Ley de la Jurisdicción Constitucional elaborado por los profesores Sebastián Martín-Retortillo, Francisco Rubio Llorente y Allan R. Brewer-Carías, en Comisión de Administración Pública, *Informe sobre la Reforma de la Administración Pública Nacional,* CAP, vol. II, Caracas, 1972, p. 551).

En todo caso, en el centro de la cuestión a partir de 1976 estaba el artículo 131 de la Ley Orgánica de la Corte Suprema de Justicia, que era igual al actual artículo 5, párrafo 1°, numerales 6 y 7 de la Ley Orgánica del Tribunal Supremo de Justicia, el cual atribuye, a la Sala Constitucional la obligación de establecer los efectos de sus decisiones en el tiempo, con lo que a pesar de que en principio, los efectos de sus decisiones declaratorias de nulidad por inconstitucionalidad deben seguir siendo, como en todos los sistemas concentrados de justicia constitucional, de carácter constitutivo, y de efectos *pro futuro, ex nunc*[948], la Sala puede corregir los efectos desfavorables que la rigidez de este principio pueda provocar, particularmente en el campo de los derechos y garantías constitucionales, y atribuirle a sus sentencias efectos retroactivos, *pro pretaerito, ex tunc.*

Por supuesto, incluso en estos casos relativos a los derechos y garantías constitucionales en nuestro criterio el problema de la rigidez del principio de los efectos *ex nunc, pro futuro* de la sentencia anulatoria de una ley, y que podría significar que la Ley violatoria de una garantía constitucional, a pesar de su declaratoria de nulidad, pudo producir efectos hasta que se produjo esa declaratoria, queda resuelto, pues es la propia Constitución la que establece una garantía contra esa situación, al declarar la nulidad absoluta de los "actos del Poder Público" –incluso las leyes– que lesionen los derechos y garantías constitucionales (artículo 25).

Por tanto, la nulidad absoluta de ciertos actos expresamente establecidos en la Constitución, es lo que permite que ciertas sentencias de la Corte declaratorias de nulidad de una ley, tengan efecto retroactivo, hacia el pasado, y se las considere como de carácter declarativo, *ex tunc.* En decir, y a pesar del poder que tiene la propia Sala Constitucional para determinar los efectos de sus decisiones en el tiempo, en el ordenamiento constitucional venezolano sólo puede llegarse a admitir que las sentencias de la misma declaratorias de nulidad de una ley tienen siempre la categoría de sentencias declarativas, produciendo efectos hacia el pasado, en los casos en que la propia Constitución califica a una ley o acto estatal como nulo o ineficaz, supuesto que sólo se regula en los artículos 25 y 138 de la Constitución. En efecto, el artículo 25 de la Constitución contiene la primera de las normas que declara *per se,* la nulidad absoluta de "todo acto dictado en ejercicio del Poder Público", en los cuales se incluyen las leyes, cuando "viole o menoscabe los derechos garantizados por esta Constitución y la ley".

Conforme a esta primera excepción expresa, una ley que, por ejemplo, establezca una discriminación fundada en "la raza, el sexo, el credo o la condición social", viola expresamente el derecho a la igualdad garantizado en el artículo 21 de la Constitución, o una ley que por ejemplo, regule "penas infamantes o perpetuas", viola abiertamente el artículo 44,3° de la Constitución. Ahora bien, conforme al texto constitucional del artículo 25, esas leyes serían "nulas", con vicio de nulidad absoluta, no pudiendo producir ningún efecto jurídico e inclusive no debiendo ser aplicadas por autoridad alguna, so pena de incurrir en responsabilidad. En estos casos, la decisión de la Sala Constitucional al declarar la nulidad por inconstitucionalidad de

---

948 Por ejemplo en sentencia de antigua Corte Suprema de Justicia, Sala Político Administrativa de 23-2-84, al declarar la nulidad por inconstitucional del acto de instalación de una Asamblea Legislativa, la Corte dispuso expresamente que "la presente decisión no tendrá efecto retroactivo alguno en relación con las actuaciones cumplidas por la Asamblea Legislativa" (Consultada en original).

la ley no podría tener otro carácter que el mero declarativo, en virtud del texto expreso de la Constitución. Se trata, en efecto, de la constatación de una nulidad ya establecida en la Constitución, extinguiéndose la ley hacia el futuro y hacia el pasado, en el sentido que en virtud de la propia declaratoria de la ley como "nula" por la Constitución, se considera que ella nunca pudo surtir efectos. Por tanto, en los supuestos en que están en juego los derechos garantizados por la Constitución y que son los que regula el artículo 25 de dicho texto, la sentencia declaratoria de nulidad de la ley inconstitucional, no podría tener efectos constitutivos, ni en consecuencia, podría dejar incólumes los efectos producidos por una ley inconstitucional con anterioridad a la declaratoria de nulidad por la Sala.

El segundo caso de regulación expresa de la excepción al principio del efecto constitutivo de las sentencias de la Corte Suprema declaratoria de nulidad por inconstitucionalidad de las leyes, está contenido en el artículo 138 de la Constitución que establece, que "toda autoridad usurpada es ineficaz, y sus actos son nulos"; y por usurpación de autoridad hay que entender "el vicio que acompaña a todo acto dictado por una persona desprovista totalmente de autoridad"[949], es decir, "el usurpador es aquel que la ejerce y realiza sin ningún tipo de investidura, ni regular ni prescrita. El concepto de usurpación, en este caso, emerge cuando una persona que no tiene *auctoritas* actúa como autoridad"[950], en el sentido del término "autoridad", que emplea la Constitución (Artículos 138 y 350). De allí que, como dice la Constitución, la autoridad usurpada sea ineficaz y sus actos sean nulos. Este segundo caso de texto expreso de la Constitución que declara como "nulo", con vicio de nulidad absoluta e "ineficaz", un acto estatal, implica que la sentencia que declare la nulidad por inconstitucionalidad, por ejemplo, de una "ley dictada por un gobierno que se organice por la fuerza, sólo puede tener efectos declarativos de una nulidad ya establecida expresamente en la propia Constitución.

Pero, insistimos, aparte de estas dos previsiones expresas de la Constitución mediante la cuales el mismo texto constitucional declara la nulidad absoluta de una ley, lo cual produce, como consecuencia, que la sentencia de la Sala Constitucional declaratoria de la nulidad por inconstitucionalidad tenga meros efectos declarativos; sólo podrían admitirse como excepción al principio adoptado por nuestro sistema constitucional, de los efectos constitutivos de las sentencias de la Sala declaratorias de la nulidad por inconstitucionalidad de las leyes que se estiman, como principio general, viciadas de nulidad relativa (anulabilidad), en aquellos casos en los cuales la misma Sala, en forma expresa en su sentencia, establezca la nulidad absoluta, lo cual podría producirse conforme al artículo 5, párrafo 1°, numerales 6 y 7 de la Ley Orgánica del Tribunal Supremo de Justicia, por ejemplo, en algunos supuestos de usurpación de funciones, concepto constitucional enteramente distinto al señalado de usurpación de autoridad[951] o en otros que determine expresamente[952]. Sin embar-

949 *V.*, Allan R. Brewer-Carías, *Las Instituciones Fundamentales del Derecho Administrativo y la Jurisprudencia Venezolana*, Caracas, 1964, p. 62.

950 *Idem*, p. 59.

951 *V.*, Allan R. Brewer-Carías, *Las Instituciones Fundamentales... cit.*, p. 60.

952 En alguna sentencia aislada en este sentido, la Corte ha señalado al anular una Ordenanza Municipal contraria a la igualdad tributaria, que las infracciones constitucionales de la misma "vician de nulidad absoluta todas sus disposiciones". Véase sentencia de la antigua Corte Federal y de Casación, Sala Polí-

go, si la Sala no califica expresamente en su decisión a una ley que declara nula como viciada de nulidad absoluta, retrotrayendo los efectos de la nulidad hacia el pasado, se tiene como vigente el principio general señalado de la nulidad relativa.

De acuerdo con lo anteriormente señalado, por tanto, puede concluirse que, como principio general, toda sentencia declaratoria de nulidad por inconstitucionalidad de una ley dictada por la Sala Constitucional conforme al artículo 336 de la Constitución, tiene efectos *erga omnes,* y el carácter de una sentencia constitutiva, con efectos *ex nunc, pro futuro* salvo que el propio texto de la sentencia declare la nulidad absoluta de la ley o ésta se pronuncie en virtud de lo previsto en los artículos 25 y 138 de la Constitución, en cuyo caso, tendría carácter declarativo.

Sin embargo, inclusive en estos casos, esta retroactividad de la sentencia no sería absoluta, sino que en realidad implicaría que todas las situaciones particulares nacidas de la aplicación de la ley declarada nula serían susceptibles de impugnación[953], por lo que en muchos supuestos podría sostenerse que permanecían incólumes las situaciones jurídicas respecto de cuya impugnación se hayan consumado los lapsos de caducidad o prescripción de las acciones correspondientes.

### 5. *Los efectos de cosa juzgada*

Por último, tratándose de una actividad jurisdiccional emanada de la Jurisdicción Constitucional (artículo 334 de la Constitución) la declaratoria de nulidad, así como sus alcances, como resultado de una sentencia que produce efectos *erga omnes*, se convierte en cosa juzgada al respecto.

Como lo ha señalado la Sala Constitucional, la sentencia "debe ser acatada y respetada por los órganos legislativos que dictaron la ley anulada total o parcialmente, o por los órganos del poder público que produjeron el acto, ya que la sentencia firme equivale a una ley (artículo 273 del Código de Procedimiento Civil) y es vinculante hacia el futuro (artículo 273 del Código de Procedimiento Civil), sin que ningún juez pueda volver a sentenciar la controversia ya decidida por un fallo (artículo 272 del Código de Procedimiento Civil), por lo que el tema juzgado en el proceso no es objeto de nueva discusión y la colectividad en su totalidad (personas naturales y jurídicas), deben respetar la nulidad declarada sin poder alzarse contra ella"[954].

La consecuencia de ello es que entre las características de las sentencias definitivamente firmes dictadas por la Jurisdicción Constitucional, está la de la presunción

---

tico Administrativa 28-3-41 en *Memoria 1942,* p. 158. Por otra parte, en una sentencia reciente de la Sala Político Administrativa de la Corte Suprema de 5-12-85, al declarar la nulidad, por ilegalidad (violación de la Ley Orgánica de Régimen Municipal) de una Ordenanza de zonificación municipal, aun cuando no estaban en juego la violación de derechos fundamentales, la Sala dejó "expresa constancia de que los efectos de la anulación de derechos fundamentales, de carácter absoluto, se retrotraen, por tanto, al 12 de mayo de 1983, fecha de la entrada en vigencia de la Ordenanza impugnada" (Consultada en original, p. 15).

953 Este es el criterio, con el cual coincidimos, de la Procuraduría General de la República. Diferimos del mismo en el sentido de que la Procuraduría estima que todas las sentencias declaratorias de nulidad de una ley tienen carácter declarativo y, por tanto, efectos hacia el pasado. *V.*, el criterio de 12-11-68 en *Doctrina Procuraduría General de la República, 1968,* Caracas, 1969, pp. 20 y ss. en particular p. 25.

954 *V.,* la sentencia de la Sala Constitucional N° 181 de 16-2-2006, en *Revista de Derecho Público*, N° 105, EJV, Caracas, 2006, p. 220

legal que impide, por la autoridad de la cosa juzgada, que lo que ha sido objeto de la sentencia firme vuelva a discutirse, o pierda sus efectos, por lo que éstos se mantienen en el tiempo. La consecuencia de ello, es "que la nulidad declarada por inconstitucionalidad que indica con precisión la disposición anulada (artículo 21 de la Ley Orgánica del Tribunal Supremo de Justicia), invalida la ley o el acto, señalando sus efectos *ex nunc* o *ex tunc* (artículo 5 de la Ley Orgánica del Tribunal Supremo de Justicia), pero siempre partiendo de la base que hacia el futuro dejó de existir la ley anulada total o parcialmente, sin que ella tenga vigencia alguna"[955].

Por último, debe indicarse que precisamente por el efecto de cosa juzgada ha llevado a la Sala Constitucional a declarar *in limene* como inconstitucional los artículos de una nueva ley, que rediten artículos precedentemente anulados por la Sala[956].

## *SUB-SECCIÓN CUARTA: LOS OTROS PROCESOS DE CONTROL CONCENTRADO DE LA CONSTITUCIONALIDAD POR VÍA PRINCIPAL*

Además del control concentrado por medio de la acción popular, la Constitución y la Ley Orgánica establecen otros procesos de control de constitucionalidad por vía principal, en particular, en los casos de control concentrado de la constitucionalidad de carácter preventivo, de control de la constitucionalidad de la omisión legislativa, de resolución de controversias constitucionales entre los órganos del Estado, de interpretación abstracta de la Constitución y de resolución de la colisión de leyes.

### I. LOS PROCESOS DE CONTROL CONCENTRADO DE LA CONSTITUCIONALIDAD DE CARÁCTER PREVENTIVO

La Constitución de 1999 estableció como una innovación en el sistema constitucional venezolano, dos modalidades de control concentrado de la constitucionalidad de las leyes y actos normativos de carácter preventivo, es decir, que se ejercen antes de que los mismos entren en vigencia. Es el caso en relación con los tratados internacionales y con las leyes sancionadas no promulgadas.

#### 1. *El proceso constitucional de control preventivo de la constitucionalidad de los tratados*

En el artículo 336,5 de la Constitución de 1999 se estableció una innovación en materia de control de constitucionalidad, al regularse la competencia de la Sala Constitucional, en relación con los *tratados internacionales,* para:

> 5°. Verificar, a solicitud del Presidente o Presidenta de la República o de la Asamblea Nacional, la conformidad con esta la Constitución de los tratados internacionales suscritos por la República antes de su ratificación.

Se incorporó así al sistema de justicia constitucional venezolano, un proceso de control de constitucionalidad (que se recoge en el artículo 5, párrafo 1.10 de la Ley

955 *Idem*. p. 221.

956 *V.*, sentencia N° 728 de 5-4-2006 (Caso: *Impugnación del artículo 421 del Código Penal*), en *Revista de Derecho Público*, N° 106, EJV, Caracas 2006, p. 214.

Orgánica) que tuvo su origen en los sistemas constitucionales europeos, como el francés y el español, y que existe en Colombia, mediante el cual se permite el control de la constitucionalidad de un tratado internacional suscrito por la República, antes de su ratificación y en su caso, antes de su aprobación por ley. Esta atribución de la Sala Constitucional, por supuesto, no elimina la posibilidad de que mediante una acción popular cualquier persona pueda iniciar un proceso constitucional contra la ley aprobatoria de un tratado. Lo que se persigue con esta atribución, es que en forma preventiva, es decir, antes de la ratificación del tratado y en su caso, antes de que se sancione la ley aprobatoria, la Sala Constitucional pueda pronunciarse sobre su constitucionalidad.

Ahora bien, en relación con este proceso constitucional de control preventivo de la constitucionalidad de los tratados, debe destacarse lo siguiente:

En *primer lugar,* la legitimación activa para la solicitud de control preventivo de constitucionalidad por parte de la Sala Constitucional del Tribunal Supremo, se reserva al Presidente de la República o a la Asamblea Nacional como órgano colegiado. La norma no le atribuya la iniciativa al Presidente de la Asamblea Nacional, por lo que la solicitud debe ser aprobada por decisión mayoritaria de la Asamblea. Esto implica, en todo caso, que conforme a la Constitución, en este caso de control preventivo (antes de la ratificación) de los tratados, no puede ejercerse una acción popular para que el Tribunal Supremo realice tal verificación constitucional. La acción popular, en cambio, como se dijo, podría intentarse contra las leyes aprobatorias de los tratados, una vez sancionadas y publicadas.

La solicitud que formule el Presidente de la República o la Asamblea Nacional, por supuesto, debe ser motivada, en el sentido de que debe argumentar sobre las dudas de conformidad o inconformidad del tratado con la Constitución. Ello, necesariamente, debe llevar a la Sala Constitucional a abrir un contradictorio.

*Segundo*, lo que el Tribunal Supremo en Sala Constitucional debe verificar es "la conformidad con la Constitución de los tratados internacionales suscritos por la República antes de su ratificación". Puede tratarse de cualquier tratado internacional, sea que para su validez se requiera o no de ley aprobatoria; y aún cuando no requiera ley aprobatoria, la Asamblea Nacional podría solicitar este control de constitucionalidad.

*Tercero,* se destaca que la solicitud de control debe formularse antes de la ratificación del Tratado, es decir, después de su suscripción por el Ejecutivo Nacional, pero antes de su ratificación.

Por último, debe señalarse que de acuerdo con la Constitución, esta solicitud de control tiene por objeto verificar la conformidad del tratado internacional con la Constitución; por lo que si el tratado no resulta conforme con la Constitución, entonces no puede ser ratificado. De ello puede resultar, en todo caso, una iniciativa de reforma constitucional para entonces adaptar la Constitución al tratado. Esto, por lo demás, fue lo que ocurrió en Europa, por ejemplo, en Francia y en España, luego de suscribirse el Tratado de *Maastrich* de 1992 de la Unión Europea, que fue sometido a control constitucional ante el Consejo Constitucional francés y el Tribunal Constitucional español, los cuales lo consideraron contrario a las respectivas Constituciones, habiéndose entonces producido, en ambos países, la reforma de sus Constituciones, para adaptarlas al Tratado de la Unión Europea y así poder ratificarlo[957].

Es evidente, en todo caso, que si la Sala Constitucional considera en su decisión que el tratado internacional es conforme con la Constitución, ello produce cosa juzgada y entonces no podría posteriormente ejercerse contra la ley aprobatoria del tratado una acción popular de inconstitucionalidad.

Un mecanismo de control de constitucionalidad de este tipo, en todo caso, es muy importante en procesos de integración económica regional, pues en la práctica llevaría a la ratificación de los tratados respectivos sólo después de la verificación de su constitucionalidad por el Tribunal Supremo y evitar, así, la impugnación posterior de la ley aprobatoria de los tratados, como ocurrió en Venezuela en los casos de los tratados de integración relativos a la ahora Comunidad Andina[958].

Ahora bien, dado el interés general envuelto en el ejercicio de esta competencia por la Sala Constitucional, estimamos que en ausencia de un procedimiento específico establecido legalmente para el desarrollo de este proceso, el que se desarrolle ante la Sala Constitucional debe configurarse como tal, de manera de asegurar el desarrollo de un contradictorio, conforme a lo cual toda persona pueda tener el derecho de hacerse parte y argumentar en el mismo, sea a favor de los argumentos de cuestionamiento constitucional del tratado o en defensa del mismo. Por tanto, la Sala Constitucional, en este caso, si bien la legitimación activa se reserva al Presidente de la República y a la Asamblea Nacional, debería aplicar analógicamente el procedimiento previsto en el artículo 21, párrafo 12° de la Ley Orgánica antes comentado, y citar a los interesaos por cartel, para que se hagan parte en el proceso, sea coadyuvando la solicitud del Presidente o de la Asamblea, sea asumiendo la defensa de la constitucionalidad del tratado, abriendo la posibilidad del contradictorio.

### 2. *El proceso constitucional de control preventivo de la constitucionalidad de leyes sancionadas antes de su promulgación*

Otro medio de control preventivo de la constitucionalidad de las leyes es el previsto en el artículo 214 de la Constitución, respecto de las leyes sancionadas por la Asamblea Nacional. El Presidente de la República, al recibir la ley sancionada para su promulgación puede solicitar a la Sala Constitucional, en el lapso que tiene para promulgar las leyes, que esta la revise por cuestiones de constitucionalidad. La legitimación activa para iniciar este proceso se reserva al Presidente de la República[959], por lo que con esta regulación se ratifica el criterio jurisprudencial de la improcedencia de la acción popular contra las leyes sancionadas, antes de su promulgación ejecutiva y su publicación.

---

957 *V.*, en general Allan R. Brewer-Carías, *Implicaciones constitucionales de los procesos de integración regional,* Editorial Jurídica Venezolana, Caracas, 1998, pp. 75 y ss.

958 *V.*, la sentencia de la Corte Suprema de Justicia de 10-07-90 y los comentarios en Allan R. Brewer-Carías, "El control de la constitucionalidad de las leyes aprobatorias de Tratados Internacionales y la cuestión constitucional de la integración latinoamericana", *Revista de Derecho Público,* N° 44, Editorial Jurídica Venezolana, Caracas, 1990, pp. 225 a 229.

959 La Sala Constitucional ha considerado que se trata de una legitimación activa exclusiva del Presidente de la República. Véase sentencia N° 194 de 15-02-2001, en *Revista de Derecho Público*, N° 85-88, Editorial Jurídica venezolana, Caracas 2001, pp. 416 y ss.

La solicitud que formule el Presidente de la República para que la Sala Constitucional se pronuncie sobre la inconstitucionalidad de una ley o de algunos de sus artículos, antes de la promulgación de la ley, por supuesto, tiene que estar fundamentada y argumentada en derecho.

Ahora bien, sobre este proceso constitucional, debe destacarse que también es una innovación de la Constitución de 1999, que lo ha regulado desvinculándolo del llamado "veto presidencial" a las leyes, que siempre implica su devolución a la Asamblea Nacional. En efecto, en Venezuela se ha regulado tradicionalmente el veto presidencial a las leyes, ahora regulado en el artículo 214 de la Constitución, de manera que una vez que una ley se ha sancionado, el Presidente de la Asamblea Nacional debe remitirla al Presidente de la República para su promulgación. El Presidente, dentro del lapso de diez días que tiene para la promulgación, con acuerdo del Consejo de Ministros, puede solicitar a la Asamblea Nacional, mediante exposición razonada, que modifique alguna de las disposiciones de la ley o levante la sanción a toda ley o parte de ella. En esos casos, la Asamblea debe decidir acerca de los aspectos planteados por el Presidente por mayoría absoluta de los diputados presentes y le remitirá la ley para su promulgación. En este caso, el Presidente debe proceder a promulgar la ley dentro de los cinco días siguientes a su recibo, sin poder formular nuevas observaciones ante la Asamblea.

En la Constitución de 1961, sin embargo, se disponía que cuando el veto presidencial se hubiese fundado en la inconstitucionalidad de la ley, entonces, dentro del término que tenía para promulgar la ley luego de su devolución al Congreso, el Presidente podía acudir a la Corte Suprema de Justicia, solicitando su decisión acerca de la inconstitucionalidad de la misma. Este sistema de control preventivo de constitucionalidad estaba ligado al veto presidencial y debía pasar primero por la devolución de la ley al Congreso, con base en argumentos de inconstitucionalidad (art. 173).

En la Constitución de 1999, sin embargo, como se dijo, este sistema se cambió radicalmente, y el artículo 214, si bien regula el veto presidencial, luego, en párrafo aparte, establece que:

> "Cuando el Presidente o Presidenta de la República considere que la ley o alguno de sus artículos es inconstitucional solicitarán el pronunciamiento de la Sala Constitucional del Tribunal Supremo de Justicia, en el lapso de diez días que tiene para promulgar la misma. El Tribunal Supremo de Justicia decidirá en el término de quince días contados desde el recibo de la comunicación del Presidente o Presidenta de la República. Si el Tribunal negare la inconstitucionalidad invocada o no decidiere en el lapso anterior, el Presidente o Presidenta de la República promulgará la ley dentro de los cinco días siguientes a la decisión del Tribunal o al vencimiento de dicho lapso".

Conforme a esta norma, la posibilidad de que el Presidente de la República someta al pronunciamiento del Tribunal Supremo de Justicia la inconstitucionalidad de una ley sancionada que se le haya enviado para su promulgación, no está por tanto ligada al veto presidencial a la ley y su devolución a la Asamblea, sino que en el lapso de diez días que tiene para su promulgación, puede dirigirse directamente al Tribunal Supremo, sin necesidad de devolverla previamente a la Asamblea Nacional.

Ahora bien, dado el interés general envuelto en la publicación de las leyes sancionadas por la Asamblea Nacional, si bien la Constitución exige que la Sala Constitucional resuelva la solicitud presidencial en un breve lapso quince días contados desde el recibo de la comunicación del Presidente; ello no debe impedir que en el proceso constitucional que debe abrirse, cualquier persona, inclusive los diputados que votaron la ley, se puedan hacer parte en el proceso, sea como coadyuvantes de las objeciones de inconstitucionalidad formuladas por el Presidente de la República, sea como defensores de la constitucionalidad de la ley sancionada, con base en su simple interés en la constitucionalidad y dada la tradición de la popularidad del control de constitucionalidad de las leyes. A tal efecto, al recibir la solicitud del Presidente de la República, la Sala Constitucional debe hacer pública la solicitud a los efectos de garantizar el contradictorio del proceso, emplazando y citando a los interesados para que se puedan hacer parte.

Por último, debe señalarse que la competencia de la Sala Constitucional sólo se refiere al control de leyes nacionales sancionadas no promulgadas, por lo que se ha declarado incompetente para conocer del proceso de inconstitucionalidad de leyes estadales sancionadas pero no publicadas, decidiendo además, que no pueden las Constituciones estadales establecer dicha competencia[960].

## II. EL PROCESO CONSTITUCIONAL DE CONTROL DE LA CONSTITUCIONALIDAD DE LA OMISIÓN DEL LEGISLADOR

Otro proceso constitucional novedoso en materia de justicia constitucional que establece la Constitución de 1999, es el denominado control de la constitucionalidad de las omisiones de actuación de los órganos legislativos[961]. En tal sentido, el artículo 336,7 de la Constitución atribuyó a la Sala Constitucional, competencia para:

> "Declarar la inconstitucionalidad de las omisiones del poder legislativo municipal, estadal o nacional, cuando hayan dejado de dictar las normas o medidas indispensables para garantizar el cumplimiento de la Constitución, o las hayan dictado en forma incompleta, y establecer el plazo y, de ser necesario, los lineamientos de su corrección".

La Ley Orgánica del Tribunal Supremo de Justicia ha reiterado esta competencia de la Sala Constitucional, en el artículo 5, párrafo 1°, asignándole potestad para:

> "13. Declarar la inconstitucionalidad de las omisiones del Poder Legislativo Municipal, Estadal o Nacional cuando haya dejado de dictar las normas o medidas indispensables para garantizar el cumplimiento de la Constitución de la República Bolivariana de Venezuela, o las haya dictado en forma incompleta, y establecer el plazo y, de ser necesario, los lineamientos generales esenciales para su corrección, sin que ello implique usurpación de funciones de otro órgano del Poder Público, o extralimitación de atribuciones";

---

960 *V.*, sentencia N° 194 de 15-2-2001 (Caso: *Control preventivo de constitucionalidad sobre el Proyecto de Ley de Reforma Parcial de la Ley Especial de Conservación, Administración y Aprovechamiento de la Vialidad del Estado Trujillo*), en *Revista de Derecho Público*, N° 85-88, EJV, Caracas 2001, p. 416 y ss.

961 Es una institución que tiene su origen en el sistema portugués, véase Allan R. Brewer-Carías, *Judicial Review in Comparative Law*, *op. cit.*, p. 269. *V.*, Jesús María Casal, "La protección de la Constitución frente a las omisiones legislativas", en *Anuario de Derecho Constitucional Latinoamericano*, Edición 2003, Konrad Adenauer Stiftung, Montevideo, 2003, pp. 33 a 82.

La Ley Orgánica agregó, además, en el mismo artículo, la competencia general de la Sala Constitucional para:

> "13. Declarar la inconstitucionalidad de las omisiones de cualquiera de los órganos que ejerzan el Poder Público de rango nacional, respecto a obligaciones o deberes establecidos directamente por la Constitución de la República Bolivariana de Venezuela".

Estas normas, sin duda, consagran una amplísima potestad de control de las conductas omisivas del legislador atribuida a la Sala Constitucional y que supera el inicial antecedente portugués. En efecto, en el supuesto de la Constitución Portuguesa, la legitimación para requerir el ejercicio de esta potestad de control de constitucionalidad la tenían el Presidente de la República, el Ombudsman o los Presidentes de las Regiones Autónomas[962]; en cambio, en el texto de la Constitución de 1999 no se establece condicionamiento alguno a la legitimación, por lo que tratándose de omisiones normativas[963], el mecanismo para impulsar su control puede recibir el mismo tratamiento de una *acción popular*, es decir, bastaría el simple interés en la constitucionalidad para intentar la acción.

Aún cuando la Ley Orgánica no reguló procedimiento alguno en este caso, la naturaleza popular de la acción, debería conducir a un proceso contradictorio, en el sentido de que la Sala debería citar al titular del órgano omiso, y además, mediante cartel, a todas las personas interesadas a los efectos de que puedan hacerse parte en el proceso, aplicando analógicamente el procedimiento para los casos de control de la constitucionalidad iniciados mediante la acción popular.

En esta materia, deben destacarse algunas decisiones importantes de la Sala Constitucional. En primer lugar, en relación con las omisiones en materia de legislación, respecto de lo cual, la Sala Constitucional en sentencia Nº 3118 de 6 octubre de 2003, declaró la inconstitucionalidad de la omisión de la Asamblea Nacional en dictar la Ley Orgánica de Régimen Municipal (Caso: *Inconstitucionalidad de la omisión de la Asamblea Nacional por no haber dictado dentro del plazo fijado por el Constituyente de 1999 una Ley sobre Régimen Municipal*), señalando lo siguiente:

> "Al igual que el recurso de anulación, lo previsto en el numeral 7 del artículo 336 de la Constitución es, en principio, un mecanismo puesto al alcance de los justiciables, si bien en este caso la legitimación no es tan amplia como en el recurso de nulidad, tal como ha debido precisar esta Sala. Son, así, dos acciones que ponen en marcha el aparato judicial, en concreto la jurisdicción constitucional asignada a esta Sala.
>
> Ahora bien, así como existe un control difuso, que permite a los jueces apartarse del texto expreso de una ley, incluso de oficio, si colidiese con una norma

---

962 *V.*, Allan R. Brewer-Carías, *Judicial Review in Comparative Law,* Cambridge University Press, Cambridge 1989, p. 269.

963 O como lo ha calificado la Sala Constitucional: "Silencio legislativo y el funcionamiento anormal legislativo", en sentencia Nº 1819 de 08-08-2000 de la Sala Político Administrativa (Caso: *René Molina vs. Comisión Legislativa Nacional*), en *Revista de Derecho Público,* Nº 83, Editorial Jurídica Venezolana, caracas 2000, p. 266.

contenida en la Constitución, la Sala Constitucional –y sólo ella– puede declarar la inconstitucionalidad de una omisión del órgano que ejerza el poder legislativo, siempre que lo haga en el curso de un proceso.

Es lo mismo que sucede en el control difuso: con ocasión de un juicio instaurado por demanda particular, el tribunal de la causa juzga la constitucionalidad de una norma. En este caso, se juzga la constitucionalidad de una inacción, pero también con ocasión de un proceso que surgió por recurso. En ambos supuestos el pronunciamiento puede ser de oficio, si bien el tribunal no puede ser el que funja de accionante, sino que se requiere de una inicial solicitud.

En el caso de autos, la Sala ha declarado el alcance de la disposición cuya interpretación se le solicitó, pero al hacerlo ha constatado la existencia de una omisión de la Asamblea Nacional que es contraria a la Constitución. No tiene más posibilidad que declararla y ordenar lo que sea necesario para darle fin. Otra actitud implicaría aceptación de una infracción.

Siendo ello así, se debe acotar que si bien el órgano legislativo nacional expresó en su informe las causas por las cuales aún no ha sancionado la Ley Orgánica del Poder Público Municipal, en criterio de la Sala, las actividades de consulta –totalmente valederas– a que hace referencia la Asamblea Nacional no justifican, por sí mismas, el retraso de la aprobación de la Ley, pues seguramente fue con esa finalidad por la que el propio constituyente de 1999 le otorgó al legislador un año para que se abocara a normar las áreas más sensibles para el desarrollo político del país, en atención al nuevo orden constitucional.

Por otra parte, en lo que respecta a lo que refirió como la actividad realizada por lo que denominó "*la oposición*", debe recordarle la Sala que la omisión le es atribuible al órgano legislativo como un todo, sin que pueda darse cabida a la imputación de perturbaciones que pudieran realizar fracciones de los diputados que integran ese órgano, ya que ellos en su individualidad no son reconocidos, para los fines de este mecanismo de tutela constitucional, como responsables de la omisión y, en todo caso, tal actitud, de ser cierta, pudiera llevar a responsabilidades personales; pero jamás pueden ser la justificante de que la Asamblea Nacional incumpla con un mandato constituyente. Vale la pena acotar que, en todo caso, un retraso en los términos planteados bien puede ser entendido, dentro del contexto político actual del país, siempre y cuando éste se mantenga dentro de los límites de la racionalidad, pero se trata de un retraso que ya remonta a los dos (2) años y que por recaer sobre una materia que, como el propio órgano legislativo nacional acotó, representa el afianzamiento y desarrollo del Poder Municipal, que tras la vigencia de la Constitución de la República Bolivariana de Venezuela ha encontrado sensibles modificaciones, exigen sean desarrolladas con prontitud por la legislación, dado que la normativa preconstitucional en esta materia se hace cada vez más insuficiente"[964].

964 *V.*, en *Revista de Derecho Público*, N° 93-96, Editorial Jurídica Venezolana, Caracas, 2003, pp. 525 ss.

Con base en lo expuesto, la Sala Constitucional, en ese caso, declaró que la falta de sanción de la ley sobre régimen municipal dentro del plazo previsto en la Disposición Transitoria Cuarta de la Constitución constituía una violación del Texto Fundamental, a la que debía dársele pronta terminación; y en atención a ello, ordenó a la Asamblea Nacional preparar, discutir y sancionar dentro del plazo máximo de tres meses contados a partir de la notificación del fallo, una ley sobre régimen municipal que se adaptase a las previsiones del Capítulo IV del Título IV de la Constitución y, en especial, a los principios contenidos en su artículo 169, lo que no cumplió la Asamblea sino dos años después.

En estos casos, evidentemente, la Sala Constitucional no podría sustituirse en el legislador y dictar la ley respectiva, obviando la función de la representación popular y el procedimiento constitucional de formación de las leyes. Sin embargo, la Sala Constitucional ha forzado su rol en la materia y si bien ha reconocido que por la complejidad de la materia la Jurisdicción Constitucional difícilmente podría suplir la omisión del Legislador en su totalidad, señalando que "es constitucionalmente imposible incluso para esta Sala, pese a su amplia competencia constitucional, transformarse en legislador y proporcionar a la colectividad las normas que exige", sin embargo ha considerado que si está facultada para proporcionar soluciones a aspectos concretos, incluso por medio de la adopción de reglas generales que ocupen temporalmente el lugar de las normas ausentes, pero no para corregir por completo la inactividad del legislador y dictar las normas que se requieran[965].

En estos casos, la Sala Constitucional, ha conocido del recurso por omisión de sus funciones por parte de la Asamblea Nacional, en efectuar los nombramientos de altos funcionarios públicos no electos popularmente que debe hacer conforme a la Constitución. Así ocurrió respecto del nombramiento de los miembros (rectores) del Consejo Nacional Electoral ante la omisión de la Asamblea, pero con la peculiaridad de que la sala Constitucional no sólo declaró como inconstitucional la omisión legislativa, sino que se sustituyó en el ejercicio de tal atribución. En efecto, mediante sentencia N° 2073 de 4 de agosto de 2003, (Caso: *Hernann E. Escarrá Malavé; acción de inconstitucionalidad por omisión contra la Asamblea Nacional*), la Sala le fijó un lapso a la Asamblea Nacional para hacer los nombramientos, y luego de que la designación de los titulares del Consejo Nacional Electoral no se pudo realizar por la Asamblea Nacional, por no haber podido lograr los acuerdos políticos necesarios que aseguraran la mayoría calificada que exige la Constitución para hacer tales nombramientos, la Sala Constitucional mediante sentencia N° 2341 de 25 de agosto de 2003 (Caso: *Hernann E. Escarrá Malavé; acción de inconstitucionalidad por omisión contra la Asamblea Nacional*), una vez verificado que hasta esa fecha la Asamblea Nacional no había designado a los rectores del Poder Electoral, y estando dentro del lapso que la Sala misma se fijó para hacer la designación, procedió a hacerlo previas las siguientes consideraciones:

> "1°) Como se trata de un nombramiento provisional no previsto en la Ley Orgánica del Poder Electoral, pero que atiende al mantenimiento de la supremacía constitucional, ante el vacío institucional producto de la omisión del

---

965 *V.*, sentencia N° 1043 de 31-5-2004 (Caso: *Consejo Legislativo del Estado Zulia*), en *Revista de Derecho Público*, N° 97-98, EJV, Caracas 2004, p. 408.

nombramiento de los rectores electorales, la Sala, en lo posible, aplicará la Ley Orgánica del Poder Electoral con las variables necesarias derivadas de la naturaleza de las medidas provisorias.

2°) La Sala toma en cuenta el acucioso trabajo del Comité de Postulaciones Electorales, quien recibió 408 postulaciones y las redujo, previo análisis de las mismas, a 200, y luego a 115, que fueron sometidas a un proceso público de objeciones, finalizado el cual el número de postulados aceptados quedó reducido a 86, de los cuales 63 personas fueron propuestas por la sociedad civil.

En las designaciones, la Sala nombrará rectores principales o suplentes a las personas que postuló la sociedad civil, el Poder Ciudadano y las Universidades Nacionales que podían hacerlo; ello sin menoscabo de su poder para la elección de personas fuera de los que fueron candidateados.

3°) La Sala garantiza, al Poder Electoral que ella nombre en forma provisoria, la mayor autonomía, tal como corresponde a uno de los Poderes Públicos.

El órgano rector del Poder Electoral, conforme al artículo 293.1 constitucional, podrá desarrollar la normativa que le asigna la Ley Orgánica del Poder Electoral, elaborar los proyectos de leyes que le corresponden con exclusividad conforme a las Disposición Transitoria Tercera de la citada Ley, y presentarlas ante la Asamblea Nacional.

Corresponde al Poder Electoral la normativa tendente a la reglamentación de los procesos electorales y los referendos, en desarrollo de la Ley Orgánica del Poder Electoral, en particular la que regula las peticiones sobre los procesos electorales y referendos, así como las condiciones para ellos, la autenticidad de los peticionarios, la propaganda electoral, etc., así como resolver las dudas y vacíos que susciten las leyes electorales.

4°) Dentro de la autonomía del Poder Electoral, los órganos de dicho Poder señalarán los términos para cumplir sus cometidos.

5°) Con el fin de facilitar la integración del Consejo Nacional Electoral y sus órganos subordinados, la Sala procede a designar en esta sentencia, su composición, así como la del Consejo de Participación Política, el cual de manera provisoria y ante el vacío constitucional, funcionará como un ente consultivo del Poder Electoral. Para este último nombramiento, la Sala tomó en cuenta las consultas que se hicieron a los partidos políticos representados en la Asamblea Nacional y que se llevaron a cabo en el Tribunal[966].

Partiendo de estas consideraciones, sin embargo, la Sala Constitucional no se limitó a suplir la abstención de la Asamblea Nacional nombrando a los rectores del Consejo Nacional Electoral, obviando los procedimientos constitucionales de postulación y de mayoría calificada de la Asamblea, sino que extralimitándose en sus funciones y limitando injustificada e ilegítimamente la propia autonomía del Conse-

966 *V.*, en *Revista de Derecho Público*, N° 93-96, Editorial Jurídica Venezolana, Caracas, 2003, pp. 525 y ss.

jo Nacional Electoral como órgano rector de dicho Poder Público, procedió a nombrar directamente a todos los funcionarios directivos del organismo, competencia que no correspondía a la Asamblea Nacional (sino al propio Consejo Nacional Electoral que estaba nombrando) y respecto de cuyo ejercicio no se había producido omisión alguna que pudiera justificar tales nombramientos. En efecto, en la sentencia, de acuerdo con el artículo 13 de la Ley Orgánica del Poder Electoral, la Sala además de nombrar a los rectores principales y sus respectivos; y además, designó al Presidente y Vicepresidente del cuerpo, lo que correspondía al mismo; al Secretario y al Consultor Jurídico del Consejo Nacional Electoral; a los integrantes de los órganos subordinados: Junta Nacional Electoral; Comisión de Registro Civil y Electoral; Comisión de Participación Política y Financiamiento; y a miembros de un Consejo de Participación[967].

## III. EL PROCESO CONSTITUCIONAL DE LA RESOLUCIÓN DE LAS CONTROVERSIAS CONSTITUCIONALES ENTRE LOS ÓRGANOS DEL PODER PÚBLICO

El Tribunal Supremo, en Sala Constitucional, también tiene competencia, conforme al artículo 336 de la Constitución, para:

> "9. Dirimir las controversias constitucionales que se susciten entre cualesquiera de los órganos del Poder Público".

Esta competencia de la Sala, que recoge el artículo 5°, párrafo 1°,15 de la Ley Orgánica, tiene por objeto principal dirimir las controversias constitucionales que se susciten entre los órganos del Poder Público, tanto en su división horizontal como en su distribución vertical, a los efectos de "la protección de la estructura institucional del Estado y su régimen competencial, con el propósito de corregir las eventuales invasiones por parte de algún órgano del Poder Público en la esfera de competencias de otro"[968].

De lo anterior resulta que esta competencia de la Sala Constitucional, como Jurisdicción Constitucional, tiene por objeto resolver las controversias o conflictos constitucionales que se planteen entre los órganos que ejercen el Poder Público, en su distribución vertical entre la República, los Estados y los Municipios; y en su división horizontal a nivel nacional entre los órganos que ejercen el Poder Legislativo, el Poder Ejecutivo, el Poder Judicial, el Poder Ciudadano y el Poder Electoral, y a nivel estadal y municipal entre los órganos que ejercen el Poder Legislativo y Poder Ejecutivo. Dichas competencias deben ser de naturaleza constitucional, es decir, aquellas cuya decisión depende del examen, interpretación y aplicación de normas constitucionales, como las que se refieren al reparto competencial entre los diferentes órganos del Estado, especialmente, las que distribuyen el poder en los niveles

---

967 *V.*, Allan R. Brewer-Carías, "El secuestro del Poder Electoral y la confiscación del derecho a la participación política mediante el referendo revocatorio presidencial: Venezuela 2000-2004", en *Boletín Mexicano de Derecho Comparado*, Instituto de Investigaciones Jurídicas, Universidad Nacional Autónoma de México, N° 112, México, enero-abril 2005 pp. 11-73.

968 *V.*, sentencia de la Sala Constitucional N° 1937 de 15-7-2003 (Caso: *Controversia constitucional entre el Alcalde del Municipio Píritu del Estado Falcón y el Concejo Municipal de dicha entidad político territorial*), en *Revista de Derecho Público*, N° 93-96, EJV, Caracas 2003, pp. 529 y ss.

nacional, estadal y municipal[969]; entendiéndose por controversia, "aquella situación en la cual dos o mas personas, discuten larga y reiteradamente, contendiendo y alegando razones contra el parecer de otro sobre intereses contrapuestos"[970].

Es decir, se trata de la resolución de controversias sobre atribuciones *constitucionales* entre los órganos que ejercen del Poder Público; que son distintas a las controversias administrativas que se puedan suscitar entre la República, los Estados, Municipios u otro ente público, cuyo conocimiento compete a la Sala Político Administrativa del Tribunal Supremo de Justicia (art. 266,4), como Jurisdicción Contencioso Administrativa.

Esto exige distinguir, por supuesto, las controversias constitucionales de las controversias administrativas; tal y como lo ha precisado el Tribunal Supremo de Justicia, al señalar que para identificar la controversia constitucional, es necesario:

> "Que los sujetos entre los cuales se presente la misma, sean aquellos que tienen asignada, en forma expresa, atribuciones para tales actuaciones o normas en el propio texto constitucional, esto es, instituciones supremas del Estado, cuya regulación orgánica se contiene en el propio texto constitucional, a diferencia de otras, en las que la configuración institucional concreta se defiere al legislador ordinario";

y en sentido contrario:

> "No estaremos en presencia de la controversia constitucional a que se refiere la norma bajo examen, cuando las partes en la misma no poseen el carácter de órganos el Poder Público, con atribuciones consagradas en el texto Constitucional, lo cual excluye no sólo a particulares, sino también a funcionarios vicarios o quienes no posean el carácter de órganos, aun cuando por virtud de norma expresa tengan atribuidas funciones públicas o sean autoridad pública"[971].

En cuanto a los requisitos de admisibilidad de la acción para la resolución de conflictos entre órganos del Poder Público, la Sala Constitucional, mediante sentencia N° 3191 de 11 de diciembre de 2002, estableció los siguientes criterios de inadmisibilidad de la acción, cuando se de alguno de los siguientes supuestos:

> "1. Cuando el accionante sea una persona distinta a un ente que ejerza potestades de Poder Público Constitucional.

---

969 *V.*, por ejemplo, sentencia de la Sala Constitucional N° 2401 de 8-10-2004 (Caso: *Gobernador del Estado Carabobo vs. Poder Ejecutivo Nacional*), en *Revista de Derecho Público,* N° 99-100, EJV, Caracas 2004, p. 317.

970 Véase sentencia de la Sala Político Administrativa N° 1819 de 08-08-2000 (Caso: *René Molina vs. Luis Miquilena*), en *Revista de Derecho Público*, N° 83, (julio-septiembre), Editorial Jurídica Venezolana, Caracas, 2000, p. 267. Véase en general, Véase Gilberto Alejandro Guerrero-Rocca, "Controversias constitucionales y conflictos de autoridad: Una necesaria distinción", en *Revista de Derecho Constitucional,* N° 7, enero-junio 2003, Editorial Sherwood, Caracas, 2003, pp. 137 a 159.

971 Sentencia de la Sala Político Administrativa N° 1819 de 08-08-2000 (Caso: *René Molina vs. Comisión Legislativa Nacional*) en *Revista de Derecho Público,* N° 83, Editorial Jurídica Venezolana, Caracas 2000, pp. 264 y ss.

2. En caso de que el conocimiento de la acción competa a otro tribunal. Deja así esta Sala claramente establecido que la acción de conflicto constitucional no sustituye los recursos procesales existentes, de modo que resultará inadmisible si el recurrente persigue adelantar un pronunciamiento sobre un asunto planteado ante otro órgano jurisdiccional o pretende sustituir algún medio ordinario a través del cual el juez pueda solventar la controversia...

3. Cuando se acumulen acciones que se excluyan mutuamente o cuyos procedimientos sean incompatibles;

4. Cuando no se acompañen los documentos indispensables para verificar si la acción es admisible;

5. Si contiene conceptos ofensivos o irrespetuosos o es de tal modo ininteligible o contradictoria que resulte imposible su tramitación;

6. Cuando sea manifiesta la falta de representación que se atribuya el actor.

7. Cuando en sentencias de esta Sala, anteriores a su interposición, se haya resuelto el punto, y no sea necesario modificarlo. Este motivo de inadmisibilidad no opera en razón de la precedencia de una decisión respecto al mismo asunto planteado, sino a la persistencia en el ánimo de la Sala del criterio sustentado en la decisión previa"[972].

En particular respecto de la legitimación activa para intentar un recurso a los efectos de dirimir controversias constitucionales, ella corresponde a los órganos del Poder Público que sean parte en la controversia. Como fue precisado en un Voto Salvado a la sentencia Nº 7 de la Sala Constitucional de 01 de febrero de 2000:

> "La legitimación para interponer esta solicitud está restringida a los titulares de los órganos susceptibles de entrar en conflicto; y en ningún caso ha sido concebida esta vía en la jurisdicción constitucional para dirimir controversias ínter subjetivas entre particulares, ni entre éstos y los órganos públicos, para los cuales el ordenamiento jurídico ha establecido distintas vías judiciales, dentro de las que se encuentra la acción de amparo"[973].

Sin embargo, en este caso de las controversias constitucionales entre órganos del Poder Público, si bien la Ley Orgánica no ha establecido un procedimiento específico, sin duda que se trata de una litis, en la cual hay un órgano estatal demandante y un órgano estatal demandado.

En tal sentido, en la Ley Orgánica se ha regulado el procedimiento para la resolución de controversias administrativas, que bien podría ser aplicado por analogía en estos casos. Dicho procedimiento, en efecto, exige que la controversia se inicie mediante demanda escrita que debe interponer la entidad interesada, en la cual debe

---

972 *V.*, Sentencia Nº 3191 de 11-12-2002, en *Revista de Derecho Público*, Nº 89-92, Editorial Jurídica Venezolana, Caracas, 2002.

973 *V.*, voto Salvado del Magistrado Héctor Peña Torrelles, Caso: *José Amando Mejía y otros*, en *Revista de Derecho Público*, Nº 81, Editorial Jurídica Venezolana, Caracas, 2000.

exponer en forma clara y detallada el asunto de que se trate, e indicar la otra entidad contra quien obra la acción. (Art. 21, párrafo 23°). Admitida la demanda, el Juzgado de Sustanciación debe emplazar a la entidad demandada para que comparezca ante el Tribunal Supremo de Justicia, en un plazo de veinte días hábiles, más el término de la distancia, en caso de que sea procedente, para que consignen el fundamento de sus pretensiones, en relación con la materia litigiosa y las razones de hecho y de derecho en que se funde (Art. 25, párrafo 25).

Incluso, en estos casos, la Ley Orgánica prevé que vencido el plazo para el cual fue emplazado la entidad demandada y no compareciere, de oficio se le designará un defensor para que la represente en el proceso, al cual se le notificará, a fin de que comparezca, dentro de los cinco días hábiles siguientes para la aceptación y juramentación. Las funciones del defensor cesan al hacerse parte en el juicio el representante del ente, quien en tal caso debe continuar en el estado en que se encuentre el juicio (Art. 21, párrafo 27).

## IV. EL PROCESO CONSTITUCIONAL DE LA INTERPRETACIÓN CONSTITUCIONAL

Debe mencionarse, además, entre las competencias de la Sala Constitucional como Jurisdicción Constitucional, la atribución que tiene para conocer de recursos abstractos de interpretación de la Constitución, los cuales han sido creados por la propia Sala Constitucional[974], mediante la interpretación que le ha dado al artículo 335 de la Constitución, que atribuye al Tribunal Supremo el carácter de ser "máximo y último intérprete de la Constitución".

En efecto, con anterioridad a la entrada en vigencia de la Constitución de 1999, el artículo 42,24 de la derogada Ley Orgánica de la Corte Suprema de Justicia sólo atribuía competencia a la Sala Político Administrativa de la Corte Suprema para interpretar los "*textos legales*, en los casos previstos en la Ley". En esa misma tradición, la Constitución de 1999 estableció como competencia del Tribunal Supremo de Justicia, el "conocer de los recursos de interpretación sobre el contenido y alcance de los *textos legales*", pero "en los términos contemplados en la ley" (artículo 266,6), atribución que debe ser ejercida "por las diversas Salas conforme a lo previsto en esta Constitución y en la ley" (único aparte, artículo 266). Por ello, el artículo 5, párrafo 1°, de la Ley Orgánica de 2004, atribuye a *todas las Salas* del Tribunal Supremo, competencia para:

---

974 *V.*, en general, Ángela Figueruelo, "Consideraciones en torno al recurso de interpretación constitucional", en *Revista de Derecho Constitucional,* N° 4 (enero-julio), Editorial Sherwood, Caracas, 2001, pp. 261-274; Cosimina Pellegrino Pacera, "La interpretación de la Constitución de 1999 por la Sala Constitucional del Tribunal Supremo de Justicia: ¿Existe un recurso autónomo de interpretación constitucional? (A raíz de la sentencia de fecha 22 de septiembre de 2000)", en *Libro Homenaje a Enrique Tejera París, Temas sobre la Constitución de 1999,* Centro de Investigaciones Jurídicas (CEIN), Caracas, 2001, pp. 291 a 332; Arcadio Delgado Rosales, "El recurso de interpretación en la Constitución de 1999" en *Revista de derecho del Tribunal Supremo de Justicia,* N° 2, Caracas, 2000, pp. 243 a 247; Marianella Villegas Salazar, "Comentarios sobre el recurso de interpretación constitucional en la Jurisprudencia de la Sala Constitucional", *Revista de Derecho Público,* N° 84, (octubre-diciembre), Editorial Jurídica Venezolana, Caracas, 2000, p. 417-425.

"52. Conocer del recurso de interpretación y resolver las consultas que se le formulen acerca del alcance e inteligencia de los *textos legales*, en los casos previstos en la ley, siempre que dicho conocimiento no signifique una sustitución del mecanismo, medio o recurso previsto en la ley para dirimir la situación si la hubiere".

Ahora bien, a pesar de que el ordenamiento jurídico venezolano sólo regulaba y regula el recurso de interpretación respecto de textos legales, sin embargo, la Sala Constitucional en una importante sentencia N° 1077 de 22 de septiembre de 2000 (Caso: *Servio Tulio León Briceño*) consideró que "no requieren los ciudadano de leyes que contemplen, en particular, el recurso de interpretación constitucional, para interponerlo"[975], procediendo a crear un recurso autónomo de interpretación de las normas constitucionales, no previsto constitucional ni legalmente, basándose para ello en el artículo 26 de la Constitución que consagra el derecho de acceso a la justicia, del cual dedujo que si bien dicha acción no estaba prevista en el ordenamiento jurídico, tampoco estaba prohibida, agregando que, por lo tanto:

"No es necesario que existan normas que contemplen expresamente la posibilidad de incoar una acción con la pretensión que por medio de ella se ventila, bastando para ello que exista una situación semejante a las prevenidas en la ley, para la obtención de sentencias declarativas de mera certeza, de condena, o constitutivas. Este es el resultado de la expansión natural de la juridicidad"[976].

La acción de interpretación de la Constitución, como lo precisó la Sala Constitucional, es una acción de igual naturaleza que la de interpretación de la ley[977], es decir, tiene por objeto obtener una sentencia declarativa de mera certeza sobre el alcance y contenido de las normas constitucionales, que no anula el acto en cuestión, pero que busca en efecto semejante, ya que en estos casos, coincide el interés particular con el interés constitucional; agregando que:

"La finalidad de tal acción de interpretación constitucional sería una declaración de certeza sobre los alcances y el contenido de una norma constitucional, y formaría un sector de la participación ciudadana, que podría hacerse incluso como paso previo a la acción de inconstitucionalidad, ya que la interpretación constitucional podría despejar dudas y ambigüedades sobre la supuesta colisión. Se trata de una tutela preventiva"[978].

---

975 Este criterio fue luego ratificado en sentencias N° 1347 de fecha 09-11-00, en *Revista de Derecho Público*, N° 84, Editorial Jurídica Venezolana, Caracas, 2000, pp. 264 y ss.; (N° 1387 de 21-11-00, en *Idem*, pp. 275 ss, y N° 457 de 05-04-01, entre otras.

976 *V.*, sentencia N° 1077 de la Sala Constitucional de 22-09-00 (Caso: *Servio Tulio León Briceño)*, en *Revista de Derecho Público*, N° 83, Editorial Jurídica Venezolana, Caracas, 2000, pp. 247 y ss. Véase además, la sentencia de la Sala N° 1487 de 6-8-2004 (Caso: *Interpretación del artículo 72 de la Constitución de la República Bolivariana de Venezuela*), donde la sala ha recogido los principios generales que regulan este recurso de interpretación, en *Revista de Derecho Público*, N° 99-100, Editorial Jurídica Venezolana, Caracas, 2004, pp. 322 y ss.

977 *Idem*.

978 *Ibidem*.

Sobre este recurso de interpretación, la Sala Constitucional ha dicho que a través del mismo, la Sala:

> "Precisará el núcleo de los preceptos, valores o principios constitucionales, en atención a dudas razonables respecto a su sentido y alcance, originadas en una presunta antinomia u oscuridad en los términos, cuya inteligencia sea pertinente aclarar por este órgano, a fin de satisfacer la necesidad de seguridad jurídica –sin que queden excluidos de por sí otros sentidos o alcances que la cultura política y jurídica o la ética pública desarrollen–. Su fin, pues, es esclarecedor y completivo y, en este estricto sentido, judicialmente creador; en ningún caso legislativo.
>
> Consiste primordialmente en una mera declaración, con efectos vinculantes sobre el núcleo mínimo de la norma estudiada o sobre su "intención" (comprensión) o extensión, es decir, con los rasgos o propiedades que se predican de los términos que forman el precepto y del conjunto de objetos o de dimensiones de la realidad abarcadas por él, cuando resulten dudosos u obscuros, respetando, a la vez, la concentración o generalidad de las normas constitucionales.
>
> Dicho carácter concentrado, que debe quedar incólume, más que un defecto es una ventaja de las normas constitucionales, es la condición de su operatividad y su adaptabilidad en el tiempo en razón de la dialéctica social.
>
> Por lo tanto, en atención al carácter concentrado del control constitucional, es decir, siendo comprensivas muchas de sus normas de decisiones políticas fundamentales (en la terminología de Carl Schmitt), de determinaciones de fines del Estado o principios rectores de la política social o económica –al modo en que los han definido los constitucionalistas alemanes–, son, por ello, susceptibles de múltiples desarrollos; y en consideración de la posición de máximo intérprete constitucional del órgano de control, se deduce que las interpretaciones de esta Sala Constitucional, en general, o las dictadas en vía de recurso interpretativo, se entenderán vinculantes respecto al núcleo del caso estudiado, todo ello en un sentido de límite mínimo, y no de frontera intraspasable por una jurisprudencia de valores oriunda de la propia Sala, de las demás Salas o del universo de los tribunales de instancia"[979].

Las normas que pueden ser objeto de interpretación mediante este recurso, como también lo ha determinado la Sala Constitucional, son las que conforman el "bloque de constitucionalidad", es decir, además de las normas contenidas en la Constitución, las de los tratados o convenios internacionales que autorizan la producción de normas por parte de organismos multilaterales, las normas generales dictadas por la Asamblea Nacional Constituyente o aquellas otras normas también de rango legal que cumplen una función constitucional[980].

---

979 *V.*, en *Revista de Derecho Público*, Nº 84, (octubre-diciembre), Editorial Jurídica Venezolana, Caracas, 2002, p. 267.

980 *V.*, sentencia de la Sala Constitucional Nº 278 de 19-02-2002 en *Revista de Derecho Público*, Nº 89-92, Editorial Jurídica Venezolana, Caracas, 2002.

Para que la Sala entre a conocer de un recurso de interpretación, por otra parte, se requiere la existencia de un caso concreto, a los efectos de "reservar al recurso de interpretación su verdadera justificación y evitar que se convierta en un medio indiscriminado de resolución de consultas"[981]

Por ello, en cuanto a la legitimación necesaria para interponer la demanda, en la antes mencionada sentencia Nº 1077 de 22 de septiembre de 2000, la Sala Constitucional ha señalado que el recurrente debe tener un interés particular en el sentido de que:

> "Como persona pública o privada debe invocar un interés jurídico actual, legítimo, fundado en una situación jurídica concreta y específica en que se encuentra, y que requiere necesariamente de la interpretación de normas constitucionales aplicables a la situación, a fin de que cese la incertidumbre que impide el desarrollo y efectos de dicha situación jurídica".

La Sala precisó además que se "está ante una acción con legitimación restringida, aunque los efectos del fallo sean generales"; por lo que señaló que "puede declarar inadmisible un recurso de interpretación que no persiga los fines antes mencionados, o que se refiere al supuesto de colisión de leyes con la Constitución, ya que ello origina otra clase de recurso".

En la antes mencionada sentencia Nº 1077 de 22-09-01, la Sala Constitucional reiteró su criterio sobre la legitimación activa para intentar el recurso de interpretación, señalando que el recurrente debe tener un "interés jurídico personal y directo", de manera que en la demanda se exprese con precisión, como condición de admisibilidad, "en qué consiste la oscuridad, ambigüedad o contradicción entre las normas del texto constitucional, o en una de ellas en particular; o sobre la naturaleza y alcance de los principios aplicables; o sobre las situaciones contradictorias o ambiguas surgidas entre la Constitución y las normas del régimen transitorio o del régimen constituyente"[982]. Agregando más adelante:

> "La petición de interpretación puede resultar inadmisible, si ella no expresa con precisión en qué consiste la oscuridad, ambigüedad o contradicción entre las normas del texto constitucional, o en una de ellas en particular; o sobre la naturaleza y alcance de los principios aplicables; o sobre las situaciones contradictorias o ambiguas surgidas entre la Constitución y las normas del régimen transitorio o del régimen constituyente"[983].

---

981 *V.*, sentencia Nº 2651 de fecha 02-10-2003 en *Revista de Derecho Público,* Nº 93-96, Editorial Jurídica Venezolana, Caracas, 2003.

982 *V.*, Caso: *Servio Tulio León Briceño*, en *Revista de Derecho Público*, Nº 83, Editorial Jurídica Venezolana, Caracas, 2000, pp. 247 y ss. Adicionalmente, en otra sentencia, Nº 1029 de 13-06-2001, la Sala Constitucional atemperó el rigorismo de declarar inadmisible el recurso si no precisaba el contenido de la acción, ya que señaló que "La solicitud deberá expresar: 1.- Los datos concernientes a la identificación del accionante y de su representante judicial; 2.- Dirección, teléfono y demás elementos de ubicación de los órganos involucrados; 3.- Descripción narrativa del acto material y demás circunstancias que motiven la acción".

983 *V.*, Caso: *Servicio Tulio León Briceño*, en *Revista de Derecho Público*, Nº 83, (julio-septiembre), Editorial Jurídica Venezolana, Caracas, 2000, pp. 247 y ss.

Adicionalmente, en otra sentencia, N° 1029 de 13-06-2001, la Sala Constitucional atemperó el rigorismo de declarar inadmisible el recurso si no se precisaba el contenido de la acción, ya que señaló que:

> "La solicitud deberá expresar: 1.- Los datos concernientes a la identificación del accionante y de su representante judicial; 2.- Dirección, teléfono y demás elementos de ubicación de los órganos involucrados; 3.- Descripción narrativa del acto material y demás circunstancias que motiven la acción".

En cuanto a los motivos del recurso, la Sala expresó que el recurso de interpretación tiene como objeto resolver:

> "Cuál es el alcance de una norma constitucional o de los principios que lo informan, cuando los mismo no surgen claros del propio texto de la Carta Fundamental; o de explicar el contenido de una norma contradictoria, oscura o ambigua; o del reconocimiento, alcance y contenido, de principios constitucionales"[984].

Debe indicarse, además, que en sentencia N° 1347, de 9 de septiembre de 2000, la Sala Constitucional delimitó aún más los contornos del recurso de interpretación constitucional, destacando los siguientes:

> "2.- Precisión en cuanto al motivo de la acción. La petición de interpretación puede resultar inadmisible, si ella no expresa con precisión en qué consiste la oscuridad o ambigüedad de disposiciones, o la contradicción entre las normas del texto constitucional; o sobre la naturaleza y alcance de los principios aplicables; o sobre las situaciones contradictorias o ambiguas observadas en el análisis comparativo de la Constitución y las normas del régimen transitorio o del régimen constituyente.
>
> 3.- Será inadmisible el recurso, cuando en sentencias de esta Sala anteriores a su interposición, se haya resuelto el punto, y no sea necesario modificarlo. Este motivo de inadmisibilidad no opera en razón de la precedencia de una decisión respecto al mismo asunto planteado, sino a la persistencia en el ánimo de la Sala del criterio a que estuvo sujeta la decisión previa.
>
> 4.- Por otro lado, esta Sala deja claramente establecido que el recurso de interpretación constitucional no puede sustituir los recursos procesales existentes ni traducirse en una acción de condena, ni declarativa, ni constitutiva, por lo que si el recurrente persigue adelantar un pronunciamiento sobre un asunto planteado ante otro órgano jurisdiccional o pretende sustituir con esta vía algún medio ordinario a través del cual el juez pueda aclarar la duda planteada, el recurso deberá ser declarado inadmisible por existir otro recurso.
>
> En este sentido, ya se pronunció la Sala en la sentencia mencionada en los siguientes términos:

---

984 *Ídem.*

Ahora bien, el que esta Sala, como parte de las funciones que le corresponden y de la interpretación de la ley, de la cual forma parte la Constitución, pueda abocarse a conocer una petición en el sentido solicitado por el accionante, no significa que cualquier clase de pedimento puede originar la interpretación, ya que de ser así, se procuraría opinión de la Sala ante cualquier juicio en curso o por empezar, para tratar de vincular el resultado de dichos juicios, con la opinión que expresa la Sala, eliminando el derecho que tienen los jueces del país y las otras Salas de este Tribunal de aplicar la Constitución y de asegurar su integridad (artículo 334 de la vigente Constitución), así como ejercer el acto de juzgamiento, conforme a sus criterios; lográndose así que se adelante opinión sobre causas que no han comenzado, y donde tales opiniones previas tienden a desnaturalizar el juzgamiento.

5.- Tampoco puede pretender el recurrente acumular a la pretensión interpretativa otro recurso o acción de naturaleza diferente, ya que conllevaría a la inadmisibilidad por inepta acumulación de pretensiones o procedimientos que se excluyen mutuamente. Tal sería el caso en que pretenda acumular un recurso de interpretación con un conflicto de autoridades, o que se solicite conjuntamente la nulidad de un acto de algún órgano del Poder Público –tanto en el caso que se pretenda que la decisión abarque ambas pretensiones o que las estime de forma subsidiaria–, o que promueva la interpretación de algún texto de naturaleza legal o sublegal, o la acumule con un recurso de colisión de leyes o de éstas con la propia Constitución.

6.- De igual modo, será inadmisible la solicitud de interpretación cuando exista la convicción de que constituye un intento subrepticio de obtener resultados cuasi jurisdiccionales que desbordan el fin esclarecedor de este tipo de recursos; es decir, que lo planteado persiga más bien la solución de un conflicto concreto entre particulares o entre éstos y órganos públicos, o entre estos últimos entre sí; o una velada intención de lograr una opinión previa sobre la inconstitucionalidad de una ley. En fin, cuando lo pedido desnaturalice los objetivos del recurso de interpretación”[985].

En todo caso, estimamos que en el supuesto de la acción de interpretación constitucional también se está en presencia de un proceso constitucional, que requiere de un accionante, debiendo abrirse el proceso a un contradictorio; pues así como puede haber personas con interés jurídico en determinada interpretación de la Constitución, igualmente puede haber otras personas con interés jurídico en otra interpretación. En tal sentido, la Sala debe emplazar y citar a los interesados para garantizarles que puedan hacerse parte en el proceso, y alegar a favor de una u otra interpretación del texto constitucional.

Sin embargo, sobre esto, después de haber creado el recurso, la Sala Constitucional, en sentencia N° 2651 de 2 de octubre de 2003 (Caso: *Ricardo Delgado (Interpretación artículo 174 de la Constitución),* le negó el carácter de proceso constitucional señalando que en virtud de que “el recurso de interpretación debe tener como

985 *V.*, en *Revista de Derecho Público*, N° 84, (octubre-diciembre), Editorial Jurídica Venezolana, Caracas, 2000, p. 270.

pretensión la exclusiva determinación del alcance de normas –en este caso constitucionales–", entonces "no hay *litis*, enfrentamiento entre unas partes, respecto de las cuales haya que procurar su defensa". Agregó la Sala:

"Quizás parte de la confusión derive del hecho de que la jurisprudencia de esta Sala exige, para la admisión del recurso de interpretación, la existencia de un caso concreto. Eso podría llevar a creer que se está en presencia de un litigio, así sea eventual. De hecho, en el asunto de autos, la duda interpretativa enfrenta ya a varios órganos estatales, cada uno con su particular opinión.

Ahora bien, la exigencia del caso concreto no es más que un reflejo de la necesidad de reservar al recurso de interpretación su verdadera justificación y evitar que se convierta en un medio indiscriminado de resolución de consultas. Por tanto, es sólo un requisito de legitimación –es decir, la puerta al tribunal–, sin que ello se materialice luego en la posibilidad de que el juez satisfaga pretensiones distintas a la meramente interpretativa.

De acuerdo con lo indicado, el caso concreto es el requisito para pedir la interpretación, demostrando que hay mérito suficiente para que sea el Máximo Tribunal de la República el que se pronuncie, pero sin que ello dé lugar a que se resuelva el mismo: lo que se aclara es la duda interpretativa que existía en ese supuesto. La controversia se seguirá o se llevará ante quien corresponda, para lo cual se supone que el fallo de la Sala debe ser de utilidad. Es la razón, precisamente, de algunos de los fallos de inadmisión que ha dictado esta Sala, en las oportunidades en que los accionantes no se han limitado en su pretensión, sino que han pedido pronunciamiento distintos a la sola interpretación, queriendo que el caso concreto sea no sólo el legitimante del recurso, sino también el fondo de lo que se decidirá.

...Aunque en teoría la Sala no necesita realmente oír a nadie más para dar su opinión vinculante, la prudencia y la responsabilidad le exigen otra conducta. Por ello, la Sala no se limita a estudiar el caso aisladamente, con prescindencia de los pareceres ajenos, sino que procura llamar a quienes pudieran tener algo que decir y que, al hacerlo, podrían ilustrar a los magistrados en la toma de su propia postura. A veces no lo ha hecho, por la urgencia, y con ello no ha violado derecho alguno, pues –se insiste– no hay partes a las que proteger en su derecho. Ahora, el que no haya derechos en juego (aunque en el caso concreto bien puede haberlos) no implica que no haya intereses que tutelar. Para la protección de esos intereses la Sala formula invitaciones, no citaciones. No hay de qué defenderse, pero sí sobre qué opinar.

...Entonces, la Sala, aun cuando ninguna norma le obliga a llamar a nadie para decidir un recurso de interpretación, entiende necesario hacerlo, con base en ese derecho a la participación –extendido al ámbito judicial– y con fundamento en la imprescindible tutela de los intereses. Por ello, la Sala mantiene y mantendrá como práctica la de notificar y publicar edictos. No puede ser de otra forma, salvo en casos de urgencia, si se piensa en que el fallo será vinculante y de efectos *erga omnes*".

Debe indicarse, además, que en sentencia Nº 1347, de fecha 09-11-2000, la Sala Constitucional delimitó el carácter vinculante de las interpretaciones establecidas con motivo de decidir los recursos de interpretación, señalando que:

> "Las interpretaciones de esta Sala Constitucional, en general, o las dictadas en vía de recurso interpretativo, se entenderán vinculantes respecto al núcleo del caso estudiado, todo ello en un sentido de límite mínimo, y no de frontera intraspasable por una jurisprudencia de valores oriunda de la propia Sala, de las demás Salas o del universo de los tribunales de instancia".

## V. EL PROCESO CONSTITUCIONAL SOBRE COLISIÓN (VIGENCIA Y DEROGACIÓN) DE LEYES

Conforme a una tradicional competencia que tenía la antigua Corte Suprema de Justicia (art. 215, 5 de la Constitución de 1961), el artículo 336 de la Constitución de 1999 le atribuye al Tribunal Supremo competencia para:

> "8. Resolver las colisiones que existan entre diversas disposiciones legales y declarar cuál de éstas debe prevalecer".

Este mecanismo de control, antes que un control abstracto de constitucionalidad, es un control respecto de la vigencia de las leyes en casos de derogación tácita en aplicación del artículo 218 de la Constitución que dispone que "las leyes se derogan por otras leyes". Sin embargo, como lo ha señalado la Sala Constitucional, "no se puede pretender que a través de este mecanismo se resuelvan cuestiones de inconstitucionalidad"[986].

En efecto, en los casos en los cuales se dicte una ley que contraríe las disposiciones de otra ley, sin que contenga una derogación expresa, si la derogación tácita no es evidente pueden plantearse situaciones en las cuales las dos leyes pueden considerarse aplicables. En estos supuestos, el Tribunal Supremo a instancia de parte mediante el recurso de colisión, debe resolver la colisión que pueda existir entre dos disposiciones legales que regulan el mismo supuesto en forma diferente, y que por lo mismo se encuentran en conflicto[987], y declarar cuál de ellas debe prevalecer, lo que implica considerar como derogada la que no prevalece.

Sobre este recurso, la Sala Constitucional ha ratificado la doctrina jurisprudencial que había sentado la Sala Plena de la antigua Corte Suprema de Justicia en sentencia de 31 de octubre de 1995 (Caso: *Alí José Venturini B.*), la cual transcribió en sentencia Nº 265 de 25 de abril de 2000, en la cual se dispuso lo siguiente sobre el procedimiento respectivo:

> "1. La Corte conoce del mismo a instancia de parte interesada, tal como lo prevé el artículo 82 de la Ley Orgánica de la Corte Suprema de Justicia. (…).

---

986 *V.*, sentencia Nº 265 de 25-04-2000 en *Revista de Derecho Público*, Nº 82, (abril-junio), Editorial Jurídica Venezolana, Caracas, 2000, p. 146.

987 *V.*, sentencia Nº 356 de 11-05-2000 en *Revista de Derecho Público*, Nº 82, (abril-junio), Editorial Jurídica Venezolana, Caracas, 2000, p. 147.

2. Se trata de un verdadero y propio recurso, en el sentido de que se solicita a la Corte se dirima un conflicto planteado por la preexistencia de normas que aparentemente coliden"[988].

En cuanto al procedimiento, estimamos que la Sala, en estos casos de colisión, debe igualmente abrir un contradictorio, aplicando analógicamente el procedimiento en casos de la acción popular, citando a los interesados para que se hagan parte en el proceso. Como lo precisó la Sala Constitucional en sentencia N° 889 de 31 de mayo de 2001 (Caso: *Recurso de colisión entre algunos artículos del Decreto con rango y fuerza de Ley de Arrendamientos Inmobiliarios y otras leyes*), al indicar que el procedimiento más conveniente a aplicar para la tramitación de este recurso conforme a su naturaleza, es el que se encuentra previsto para los juicios de nulidad de los actos administrativos de efectos generales, con exclusión de la etapa probatoria y sin relación ni informes, por tratarse de un asunto de mero derecho. En consecuencia, el procedimiento dispuesto por la Sala en estos casos es el siguiente:

> "1° Presentado el recurso ante la Secretaría de esta Sala, se dará cuenta del mismo y se remitirá al Juzgado de Sustanciación;
>
> 2° El Juzgado de Sustanciación decidirá acerca de su admisión dentro de las tres audiencias siguientes a la del recibo del expediente.
>
> 3° En el auto de admisión se dispondrá, conforme a lo establecido en el artículo 116 de la Ley Orgánica de la Corte Suprema de Justicia notificar por oficio al Presidente del órgano que haya dictado los actos normativos objeto del recurso y al Fiscal General de la República, si éste no lo hubiera interpuesto. También podrá ordenarse la notificación del Procurador General de la República en caso de estar involucrados los intereses patrimoniales de la República.
>
> 4° Practicadas las notificaciones ordenadas en el auto de admisión, el Juzgado de Sustanciación procederá a remitir el expediente a la Sala, la cual designará el Ponente.
>
> 5° Designado el ponente, la Sala decidirá el recurso dentro de los treinta (30) días siguientes, a menos que la complejidad y naturaleza del asunto exija mayor lapso.
>
> 6° No habrá lugar a etapa probatoria alguna ni a relación de la causa ni informes"[989].

988 *V.*, sentencia N° 265 de 25-04-2000 en *Revista de Derecho Público*, N° 82, (abril-junio), Editorial Jurídica Venezolana, Caracas, 2000, p. 146.

989 *V.*, en *Revista de Derecho Público*, N° 85-88, Editorial Jurídica Venezolana, Caracas, 2001, p. 53.

## *SUB-SECCIÓN QUINTA: LOS PROCEDIMIENTOS DE CONTROL OBLIGATORIO DE LA CONSTITUCIONALIDAD DE CIERTOS ACTOS ESTATALES*

Además de los procesos constitucionales de control de constitucionalidad iniciados por vía principal, antes identificados, en los cuales en general debe abrirse un contradictorio, dada la demanda o solicitud fundamentada que los motiva, ante la Jurisdicción Constitucional en Venezuela se desarrollan dos procedimientos constitucionales de control de constitucionalidad en los cuales, al contrario, puede decirse que no se abre un contradictorio ni se entraba una litis, dado que se trata de procedimientos obligatorios y automáticos establecidos para el control de constitucionalidad de determinados actos estatales, en particular, de ciertas leyes orgánicas y de los decretos de estados de excepción.

### I. EL PROCEDIMIENTO DE CONTROL DE CONSTITUCIONALIDAD OBLIGATORIO DE CIERTAS LEYES ORGÁNICAS

Conforme al artículo 203 de la Constitución, la Sala Constitucional debe pronunciarse sobre la constitucionalidad del carácter orgánico de las *leyes orgánicas* que hayan sido calificadas como tales por la Asamblea Nacional, antes de su promulgación. No se trata, por tanto, de un procedimiento de control de constitucionalidad establecido respecto de cualquier ley orgánica, sino de sólo aquellas así calificadas por la Asamblea Nacional.

En efecto, el mismo artículo 203 de la Constitución, establece cinco categorías de leyes orgánicas:

En *primer lugar,* las que así denomina la Constitución, y esto ocurre en los siguientes casos: Ley Orgánica de Fronteras (art. 15), Ley Orgánica de División Territorial (art. 16), Ley Orgánica de la Fuerza Armada Nacional (art. 41), Ley Orgánica del Sistema de Seguridad Social (art. 86), Ley Orgánica para la Ordenación del Territorio (art. 128), Ley Orgánica que establece los límites a los emolumentos de los funcionarios públicos (art. 147), Ley Orgánica de Régimen Municipal (art. 169), Ley Orgánica que regule los Distritos Metropolitanos (arts. 171, 172), Ley Orgánica que regule la inelegibilidad de funcionarios (art. 189), Ley Orgánica de reserva al Estado de actividades, industria o servicios (art. 302), Ley Orgánica del Consejo de Defensa de la Nación (art. 323), Ley Orgánica que regule el recurso de revisión de las sentencias de amparo y de control difuso de la constitucionalidad (art. 336), Ley Orgánica de los Estados de Excepción (art. 338 y Disposición Transitoria Tercera, 2), Ley Orgánica sobre refugiados y asilados (Disposición Transitoria Cuarta, 2), Ley Orgánica sobre Defensa Pública (Disposición Transitoria Cuarta, 5), Ley Orgánica de Educación (Disposición Transitoria Sexta), Ley Orgánica de Pueblos Indígenas (Disposición Transitoria Séptima), Ley Orgánica del Trabajo (Disposición Transitoria Cuarta, 3), y Ley Orgánica Procesal del Trabajo (Disposición Transitoria Cuarta, 4) y Código Orgánico Tributario (Disposición Transitoria Quinta).

En *segundo lugar,* también son leyes orgánicas las que se dicten para organizar los poderes públicos como son: Ley Orgánica de la Administración Pública –Poder Ejecutivo–, (art. 236,20); Ley Orgánica de la Procuraduría General de la República (art. 247), Ley Orgánica del Poder Judicial, Ley Orgánica del Tribunal Supremo de Justicia (art. 262); Ley Orgánica del Poder Electoral (art. 292 y Disposición Transitoria Octava); Ley Orgánica del Poder Ciudadano, comprendidas la Ley Orgánica de la Contraloría General de la República, Ley Orgánica de la Fiscalía General de la República –Ministerio Público–, y Ley Orgánica de la Defensoría del Pueblo (Disposición Transitoria Novena); Ley Orgánica de Régimen Municipal –Poder Municipal– (art. 169 y Disposición Transitoria Primera) y Ley Orgánica que regule los Consejos Legislativos Estadales (art. 162).

En *tercer lugar,* también son leyes orgánicas, aquellas destinadas a "desarrollar los derechos constitucionales", lo que abre un inmenso campo para tal categoría, ya que ello implica que todas las leyes que se dicten para desarrollar el contenido de los artículos 19 a 129 deben ser leyes orgánicas.

En *cuarto lugar,* también son leyes orgánicas "las que sirvan de marco normativo a otras leyes". Tal es el caso, por ejemplo, del Código Orgánico Tributario que debe servir de marco a las leyes tributarias específicas o de la Ley Orgánica sobre la Administración Financiera del Estado que debe servir de marco normativo a las leyes anuales o plurianuales de presupuesto, o las leyes específicas de operaciones de crédito público.

Por último, y en *quinto lugar,* también son leyes orgánicas aquellas que así sean calificadas, como orgánicas, por la Asamblea Nacional, (supuesto que no comprende los cuatro casos anteriores) al admitirse el proyecto por el voto de las 2/3 partes de los integrantes presentes antes de iniciarse la discusión del respectivo proyecto de ley.

Son estas últimas leyes, las que la Asamblea Nacional haya calificado expresamente de orgánicas, y que no sean de las comprendidas en la enumeración anterior, las que el Presidente de la Asamblea o el Presidente de la República deben remitir, *automáticamente*, antes de su promulgación, a la Sala Constitucional del Tribunal Supremo de Justicia para que ésta se pronuncie acerca de la constitucionalidad de ese carácter orgánico.

Puede decirse, entonces, que en este caso no existe un verdadero proceso, pues no hay ni demanda ni fundamentación requerida alguna que cuestione la calificación de la ley como orgánica. No habiendo una legitimación activa atribuida a un órgano o persona específica para requerir este control, el mismo debe realizarse de manera automática, para lo cual, la Asamblea Nacional está obligada a remitir la ley sancionada a la Sala Constitucional. Adicionalmente debe señalarse que la Sala Constitucional ha admitido que en los casos de delegación legislativa al Presidente de la República mediante leyes habilitantes, cuando éste al dictar un decreto ley lo califique como de carácter orgánico, debe también remitirlo a la Sala Constitucional para que ésta verifique la constitucionalidad del calificativo de orgánico[990].

En todo caso, la Sala Constitucional debe decidir la cuestión en el término de diez días contados a partir de la fecha de recibo de la comunicación; y si la Sala declara que la ley no es orgánica, entonces la misma pierde ese carácter.

---

990 *V.*, sentencia N° 1716 de 20-09-01, Caso: *Decreto-Ley Orgánica de los Espacios Acuáticos e Insulares (Decreto N° 1437 de 30-08-01)*, en *Revista de Derecho Público*, N° 85-88, Editorial Jurídica Venezolana, Caracas, 2001, pp. 418 y ss.

## II. EL PROCEDIMIENTO DE CONTROL DE CONSTITUCIONALIDAD OBLIGATORIO DE LOS DECRETOS DE ESTADO DE EXCEPCIÓN

La Constitución regula el régimen de los estados de excepción, autorizando al Presidente de la República para decretarlos mediante decretos leyes, conforme al artículo 337 de la Constitución, en caso de "circunstancias de orden social, económico, político, natural o ecológico, que afecten gravemente la seguridad de la Nación, de las instituciones y de los ciudadanos, a cuyo respecto resultan insuficientes las facultades de las cuales se disponen para hacer frente a tales hechos". El régimen de los estados de excepción ha sido regulado en la Ley Orgánica sobre Estados de Excepción de 15-08-2001[991].

En estos casos de estados de excepción, que conforme al artículo 338 de la Constitución, pueden ser el estado de alarma, el estado de emergencia económica, el estado de conmoción interior y el estado de conmoción exterior, el Presidente de la República, en Consejo de Ministros, puede decretarlos mediante actos que como lo precisa el artículo 22 de la Ley Orgánica, tiene "rango y fuerza de ley". En estos casos, además, conforme se establece en el artículo 337 de la Constitución, el Presidente de la República en Consejo de Ministros también puede restringir temporalmente las garantías consagradas en la Constitución "Salvo las referidas a los derechos a la vida, prohibición de incomunicación o tortura, el derecho al debido proceso, el derecho a la información y los demás derechos humanos intangibles"[992].

Este es el único supuesto establecido en la Constitución de 1999 conforme al cual el Presidente puede restringir las garantías constitucionales (art. 236, ord. 7), habiéndose eliminado toda posibilidad de "suspender" dichas garantías como lo autorizaba la Constitución de 1961 (art. 241). De ello deriva, además, que tampoco podrían restringirse los derechos constitucionales, sino sólo sus "garantías"[993].

De acuerdo con el artículo 339 de la Constitución, el decreto que declare el estado de excepción debe en todo caso ser remitido por el Presidente de la República a la Sala Constitucional del Tribunal Supremo, para que ésta se pronuncie sobre su inconstitucionalidad. Por ello, el artículo 336 le atribuye a la Sala, competencia expresa para:

> "6. Revisar, en todo caso, *aun de oficio*, la constitucionalidad de los decretos que declaren estados de excepción dictados por el Presidente o Presidenta de la República".

---

991 *Gaceta Oficial* Nº 37261 de 15-08-2001.

992 En relación con la enumeración de las garantías constitucionales de derechos que no pueden ser objeto de restricción, en forma alguna, conforme al artículo 337 (regulados en los artículos 43; 43, ord. 2; 46, ord. 1; 49 y 58 de la Constitución), debe considerarse que forman parte de "los demás derechos humanos intangibles" cuyas garantías tampoco pueden restringirse, los indicados como no restringibles en el Pacto Internacional de Derechos Civiles y Políticos (art. 4), y en la Convención Americana de Derechos Humanos (art. 27).

993 *V.*, Allan R. Brewer-Carías, "Consideraciones sobre la suspensión o restricción de las garantías constitucionales", en *Revista de Derecho Público,* Nº 37, EJV, Caracas, 1989, pp. 5 y ss.

Sobre este supuesto de control de constitucionalidad, que recoge la Ley Orgánica en su artículo 5°, párrafo 1°,11, la supuesta "Exposición de Motivos" de la Constitución de la Constitución, indicó que:

> "En lo que se refiere a la protección de los derechos humanos, la Sala Constitucional tendrá importantes funciones. En primer lugar, con el objeto de reforzar la protección de los derechos humanos reconocidos y garantizados expresa o implícitamente en la Constitución, se acoge un mecanismo consagrado en alguna Constitución de América Latina, en virtud del cual la Sala Constitucional debe, en todos los casos y aun de oficio, controlar la constitucionalidad de los decretos que declaren estado de excepción. Esta será la única competencia que podrá ejercer de oficio la Sala Constitucional y ello por tratarse de la protección de los derechos humanos, razón por la cual se ha previsto expresamente en texto constitucional".

En efecto, esta atribución de control de constitucionalidad obligatorio, constituye otra novedad introducida por la Constitución de 1999, conforme al antecedente de Colombia (art. 241,7). En Venezuela se ha agregado, sin embargo, la posibilidad de ejercicio de esta atribución por la Sala, *de oficio*, tratándose del único supuesto constitucional en el cual la Sala puede iniciar un procedimiento *ex officio*, una vez que el decreto se haya publicado en *Gaceta Oficial*.

En ejercicio de este control, la Sala Constitucional puede pronunciarse no sólo sobre la constitucionalidad de los decretos que declaren el estado de excepción, sino sobre la constitucionalidad del contenido de los mismos conforme a lo dispuesto en los artículos 337 y siguientes de la Constitución. En particular, la Sala debe verificar, al decretarse el estado de excepción y restringirse alguna garantía constitucional, si el decreto contiene, por ejemplo, efectivamente, la necesaria *regulación* sobre el ejercicio del derecho cuya garantía se restringe" (art. 339).

## *SUB-SECCIÓN SEXTA: EL CONTROL CONCENTRADO DE CONSTITUCIONALIDAD POR VÍA INCIDENTAL*

Además de los procesos y procedimientos constitucionales de control concentrado de constitucionalidad de las leyes por vía principal, en la Constitución y en la Ley Orgánica del Tribunal Supremo de Justicia se han establecido dos procedimientos de control concentrado de constitucionalidad por vía incidental, con motivo del ejercicio por la Sala Constitucional de sus poderes de revisión de las sentencias de los tribunales sobre materias constitucionales y de los poderes de avocamiento que en cualquier causa.

Por decisión de la Sala Constitucional, otro mecanismo de control concentrado de constitucionalidad en forma incidental sería el proceso para la decisión de las acciones de *habeas data*.

## I. EL PROCESO CONSTITUCIONAL DE LA REVISIÓN DE SENTENCIAS EN MATERIA DE AMPARO Y EN LOS CASOS DE APLICACIÓN DEL MÉTODO DIFUSO DE CONTROL DE CONSTITUCIONALIDAD

Tradicionalmente, el control concentrado de la constitucionalidad se ha construido en torno al objeto de control, habiéndose referido en general a las leyes, a los actos con rango legal o con valor de ley y a los actos dictados en ejecución directa e inmediata de la Constitución.

Sin embargo, en los sistemas mixtos o integrales de control de la constitucionalidad, al combinarse el control difuso con el control concentrado, se han previsto mecanismos extraordinarios para la revisión de sentencias dictadas por los tribunales de instancia en materia constitucional, atribuyéndose el conocimiento de tales recursos de revisión a la Jurisdicción Constitucional, como órgano de control concentrado de control de constitucionalidad.

En tal sentido, el artículo 336,10 de la Constitución atribuye a la Sala Constitucional, competencia para:

> "Revisar las sentencias definitivamente firmes de amparo constitucional y de control de constitucionalidad de leyes o normas jurídicas dictadas por los tribunales de la República, en los términos establecidos por la ley orgánica respectiva".

Esta competencia "extraordinaria, excepcional, restringida y discrecional" como ha sido calificada por la Sala Constitucional[994], ha sido recogida en el artículo 5, párrafo 1°,16 de la Ley Orgánica del Tribunal Supremo, donde se regula como una competencia excepcional para que la Sala Constitucional pueda revisar, a su juicio y discreción, mediante un recurso extraordinario[995] las sentencias de *última instancia* dictadas por los tribunales de la República, incluidas las otras Salas del Tribunal Supremo, dictadas en materia de amparo constitucional o dictadas en ejercicio del método difuso de control de la constitucionalidad de las leyes. La revisión, por tanto, es inadmisible respecto de sentencias interlocutorias, como son las que resuelven amparos cautelares[996], excepto cuando sean definitivamente firmes[997].

Esta potestad revisora de la Sala, como lo propusimos a la Asamblea Nacional Constituyente[998], es de ejercicio discrecional a los efectos evitar que se pueda abrir un recurso de obligatoria admisión y decisión por la Sala, contra todas las sentencias referidas, lo cual sería imposible de manejar por la magnitud del número de casos. De allí la discrecionalidad que tiene la Sala Constitucional para escoger los casos en los cuales juzga conveniente conocer del recurso de revisión.

---

994 *V.*, sentencia de la Sala Constitucional N° 2585 de 03-11-2003 (Caso: *Tulio A. Álvarez; revisión de sentencia*), en *Revista de Derecho Público*, N° 93-96, EJV, Caracas 2003, p. 541

995 *V.*, en general, José V. Haro G., "El mecanismo extraordinario de revisión de sentencias definitivamente firmes de amparo y control difuso de la constitucionalidad previsto en el artículo 336, numeral 10 de la Constitución", en *Revista de Derecho Constitucional,* N° 3 (julio-diciembre), Editorial Sherwood, Caracas, 2000, pp. 231-266; Adán Febres Cordero, "La revisión constitucional", en *Nuevos estudios de derecho procesal, Libro Homenaje a José Andrés Fuenmayor,* Vol. I, Tribunal Supremo de Justicia, Colección Libros Homenaje, N° 8, Caracas, 2002 pp. 489 a 508.

996 *V.*, sentencia de la Sala Constitucional N° 218 de 29-10-2003 (Caso: *Tulio A. Álvarez; revisión de sentencia*), en *Revista de Derecho Público*, N° 93-96, EJV, Caracas 2003, p. 536

997 *V.*, sentencia de la Sala Constitucional N° 442 de 23-03-2004 (Caso: *Revisión de sentencia (Ismael García*), en *Revista de Derecho Público*, N° 97-98, EJV, Caracas 2004, p. 431.

998 *V.*, Allan R. Brewer-Carías, *Debate Constituyente (Labor en la Asamblea Nacional Constituyente*, T. III, Caracas 1999, p. 105. En cierta forma, el recurso es similar al denominado *writ of cerciorari* del sistema norteamericano. *V.*, Allan R. Brewer-Carías, *Judicial Review in Comparative Law*, *op. cit.*, p. 141. Véase los comentarios de Jesús María Casal, *Constitución y Justicia Constitucional,* Caracas 2000, p. 92.

En definitiva, como lo ha señalado la Sala Constitucional en su sentencia Nº 727 de 8 de abril de 2003, la norma constitucional:

> "No dispone, de manera alguna, la creación de una tercera instancia en los procesos cuyas decisiones son sometidas a revisión. El precepto constitucional que se refirió lo que incorpora es una potestad estrictamente excepcional y facultativa para la Sala Constitucional que, como tal, debe ejercerse con la máxima prudencia en cuanto a la admisión y procedencia de recursos de revisión de sentencias definitivamente firmes"[999].

En la propuesta que formulamos ante la Asamblea Nacional Constituyente el 31 de octubre de 1999 sobre el control difuso de la constitucionalidad de las leyes, consideramos que en la Constitución:

> "También debería atribuirse a la Sala Constitucional una competencia para conocer de un recurso extraordinario de revisión que pueda intentarse contra las sentencias de *última instancia* en las cuales se resuelvan cuestiones constitucionales relativas a las leyes, de conocimiento discrecional por la Sala. En esta forma, en materia de cuestiones de constitucionalidad, la Sala Constitucional de la Suprema Corte, a su juicio, podría tener la última palabra en estas materias y en los casos en los que estime necesario estatuir con fuerza de precedente y uniformizar la jurisprudencia"[1000].

Ahora bien, ante la ausencia de legislación reguladora de la Jurisdicción Constitucional, ha sido la Sala Constitucional la que ha construido sucesivamente, mediante su labor interpretativa, los contornos del recurso extraordinario de revisión y el alcance de su potestad revisora. Ya a finales de 2000, como consecuencia de las sentencias Nos. 1, 2, 44 y 714 de ese mismo año, cuando la Sala resumió el conjunto de reglas o condiciones que debía presentar una sentencia para que procediera dicho recurso, así:

> "1º) La sentencia que se pretenda someter a revisión debe haber cumplido con la doble instancia, bien sea por la vía de la apelación o de la consulta, por lo cual no debe entenderse como una nueva instancia.
>
> 2º) La revisión constitucional se admitirá sólo a los fines de preservar la uniformidad de la interpretación de normas y principios constitucionales o cuando exista una deliberada violación de preceptos de ese rango, lo cual será analizado por la Sala Constitucional, siendo siempre facultativo de ésta su procedencia.

---

999 Caso: *Revisión de la sentencia dictada por la Sala Electoral en fecha 21 de noviembre de 2002*), en *Revista de Derecho Público*, Nº 93-96, Editorial Jurídica Venezolana, Caracas, 2003.

1000 *V.*, Allan R. Brewer-Carías, *Debate Constituyente*, T. III, *op. cit.*, p. 105.

3º) Como corolario de lo anterior, a diferencia de la consulta, el recurso de revisión constitucional no procede *ipso iure*, ya que éste depende de la iniciativa de un particular, y no de la del juez que dictó la decisión, a menos que la propia Sala Constitucional de oficio así lo acuerde, tomando en cuenta siempre la finalidad del recurso"[1001].

Posteriormente, mediante sentencia Nº 93 de 6 de febrero de 2001 (Caso: *Olimpia Tours and Travel vs. Corporación de Turismo de Venezuela*), la Sala comenzó a ampliar su propia competencia revisora, sin apegarse a lo establecido en la Constitución, agregando como objeto de revisión otras sentencias dictadas por las Salas del Tribunal Supremo u otros tribunales, distintas a las dictadas en materia de amparo o de control difuso de constitucionalidad, afirmando su potestad para revisar, además de estas, las siguientes:

> "3. Las sentencias definitivamente firmes que hayan sido dictadas por las demás Salas de este Tribunal o por los demás tribunales o juzgados del país apartándose u obviando expresa o tácitamente alguna interpretación de la Constitución contenida en alguna sentencia dictada por esta Sala con anterioridad al fallo impugnado, realizando un errado control de constitucionalidad al aplicar indebidamente la norma constitucional.
>
> 4. Las sentencias definitivamente firmes que hayan sido dictadas por las demás Salas de este Tribunal o por los demás tribunales o juzgados del país que de manera evidente hayan incurrido, según el criterio de la Sala, en un error grotesco en cuanto a la interpretación de la Constitución o que sencillamente hayan obviado por completo la interpretación de la norma constitucional. En estos casos hay también un errado control constitucional"[1002].

La Sala Constitucional, por otra parte, en sentencia Nº 727 de 8 de abril de 2003 continuó precisando las sentencias que pueden ser objeto del recurso extraordinario de revisión, indicando que además de las sentencias de amparo constitucional y las sentencias de control expreso de constitucionalidad de leyes o normas jurídicas fundamentadas en un errado control de constitucionalidad, pueden también ser objeto del recurso de revisión:

> "(iii) Las sentencias que de manera evidente hayan incurrido, según el criterio de la Sala, en un error grotesco en cuanto a la interpretación de la Constitución o que sencillamente hayan obviado por completo la interpretación de la norma constitucional y (iv) Las sentencias que hayan sido dictadas por las demás Salas de este Tribunal o por los demás juzgados del país apartándose u obviando, expresa o tácitamente, alguna interpretación de la Constitución que contenga alguna sentencia de esta Sala con anterioridad al fallo que sea impugnado"[1003].

---

1001 *V.*, sentencia de 02-11-2000 (Caso: *Roderick A. Muñoz P. vs. Juzgado de los Municipios Carache, Candelaria y José Felipe Márquez Cañizales de la Circunscripción Judicial del Estado Trujillo*) en *Revista de Derecho Público*, Nº 84, (octubre-diciembre), Editorial Jurídica Venezolana, Caracas, 2000, p. 367.

1002 *V.*, en *Revista de Derecho Público*, Nº 85-88, Editorial Jurídica Venezolana, Caracas, 2001, pp. 414-415.

1003 Caso: *Revisión de la sentencia dictada por la Sala Electoral en fecha 21 de noviembre de 2002*, en *Revista de Derecho Público*, Nº 93-96, Editorial Jurídica Venezolana, Caracas, 2003.

En esta forma, la Sala Constitucional amplió el ámbito de su potestad constitucional revisora de sentencias que la Constitución reduce a las dictadas en juicios de amparo o con motivo de la aplicación del método difuso de control de la constitucionalidad, abarcando otras sentencias, incluso las dictadas por las otras Salas del Tribunal Supremo, lo que constituye una limitación no autorizada en la Constitución al debido proceso y al derecho a la cosa juzgada, con importantes repercusiones en el ámbito de la seguridad jurídica y del Estado de derecho.

La Sala Constitucional en efecto, luego de analizar la garantía del debido proceso en relación con la revisión extraordinaria de sentencias definitivamente firmes, en sentencia N° 93 de 6 de febrero de 2001 (Caso: *Olimpia Tours and Travel vs. Corporación de Turismo de Venezuela*), extendió su potestad revisora en relación con sentencias que –por supuesto a juicio de la propia Sala– "se aparten del criterio interpretativo de la norma constitucional que haya previamente establecido la Sala"; para lo cual simplemente se preguntó: "¿puede esta Sala, de conformidad con lo establecido en la Constitución, revisar las sentencias definitivamente firmes diferentes a las establecidas en el numeral 10 del artículo 336 de la Constitución que contraríen el criterio interpretativo que esta Sala posee de la Constitución?".

La respuesta a la pregunta, la formuló la propia Sala interpretando el artículo 335 de la Constitución, en particular en cuanto establece el carácter vinculante de las interpretaciones que establezca sobre el contenido o alcance de las normas y principios constitucionales; del cual dedujo en la misma sentencia N° 93 de 2001 que "las demás Salas del Tribunal Supremo de Justicia y los demás tribunales y juzgados de la República están obligados a decidir con base en el criterio interpretativo que esta Sala tenga de las normas constitucionales".

De allí siguió el siguiente razonamiento:

> "El hecho de que el Tribunal Supremo de Justicia o los demás tribunales de la República cometan errores graves y grotescos en cuanto a la interpretación de la Constitución o no acojan las interpretaciones ya establecidas por esta Sala, implica, además de una violación e irrespeto a la Constitución, una distorsión a la certeza jurídica y, por lo tanto, un quebrantamiento del Estado de derecho. Por ello, la norma contenida en el artículo 335 de la Constitución establece un control concentrado de la constitucionalidad por parte de esta Sala en lo que respecta a la unificación de criterio relativa a la interpretación de la Constitución.
>
> El Texto Fundamental le otorga pues a la Sala Constitucional una potestad única y suprema en cuanto a la interpretación de la Constitución.... Ahora bien, ¿cómo puede esta Sala ejercer esa potestad máxima de interpretación de la Constitución y unificar el criterio interpretativo de los preceptos constitucionales, si no posee mecanismos extraordinarios de revisión sobre todas las instancias del Poder Judicial incluyendo las demás Salas en aquellos casos que la interpretación de la Constitución no se adapte al criterio de esta Sala? Es definitivamente incongruente con la norma constitucional contenida en el artículo 335 antes citado que, habiendo otorgado la Constitución a esta Sala el carácter de máximo intérprete de los preceptos constitucionales en los términos antes señalados, y habiendo establecido el Texto Fundamental el carácter vinculante de tales decisiones, no pueda esta Sala *de oficio o a solicitud de la parte afectada* por una decisión de alguna otra Sala del Tribunal Supremo de Justicia o de

algún tribunal o juzgado de la República, revisar la sentencia que contraríe una interpretación de algún precepto constitucional previamente establecido o que según esta Sala erróneamente interprete la norma constitucional.

De conformidad con lo anterior, sería inútil la función integradora y de mantenimiento de la coherencia o ausencia de contradicciones en los preceptos constitucionales ejercida por esta Sala, si ésta no poseyera la suficiente potestad para imponer el carácter vinculante de sus interpretaciones establecido expresamente en el artículo 335 de la Constitución o que no pudiera revisar sentencias donde es evidente y grotesca la errónea interpretación.

En el mismo sentido, la norma constitucional referida sería inútil si los tribunales de la República o las demás Salas del Tribunal Supremo de Justicia, en ejercicio del control difuso de la constitucionalidad establecida en el artículo 334 de la Constitución, no pudieren corregir decisiones que se aparten del criterio interpretativo establecido por la Sala Constitucional. Es, más bien, imperativo para todos los tribunales del país así como para las demás Salas del Tribunal Supremo de Justicia, en ejercicio del control difuso de la constitucionalidad establecido en el artículo 334 de la Constitución de la República Bolivariana de Venezuela, revocar en segunda instancia aquellas decisiones que se aparten de alguna interpretación que esta Sala haya realizado de las normas constitucionales.

Es pues evidente, que la Constitución de la República Bolivariana de Venezuela estableció una fórmula para cohesionar la interpretación de la norma constitucional, y, en tal sentido, el Texto Fundamental designó a la Sala Constitucional como el ente con la máxima potestad para delimitar el criterio interpretativo de la Constitución y hacerlo vinculante para los demás tribunales de la República y las demás Salas del Tribunal Supremo de Justicia. Por ello, la Sala Constitucional posee discrecionalmente la potestad coercitiva otorgada por la Constitución para imponer su criterio de interpretación de la Constitución, cuando así lo considere en defensa de una aplicación coherente y unificada de la Carta Magna, evitando así que existan criterios dispersos sobre las interpretaciones de la norma constitucional que distorsionen el sistema jurídico creando incertidumbre e inseguridad en el mismo.

Por consiguiente, esta Sala considera que la propia Constitución le ha otorgado la potestad de corregir las decisiones contrarias a las interpretaciones preestablecidas por la propia Sala o que considere la Sala acogen un criterio donde es evidente el error en la interpretación de las normas constitucionales. Esto tiene el propósito de imponer la potestad constitucional de la Sala Constitucional de actuar como "máximo y último intérprete de la Constitución". Se desprende entonces del artículo 335 de la Constitución de la República Bolivariana de Venezuela, que esta norma establece expresamente la potestad de revisión extraordinaria de sentencias definitivamente firmes que se aparten de la interpretación que de manera uniforme debe imponer esta Sala.

Posee entonces potestad esta Sala para revisar tanto las sentencias definitivamente firmes expresamente establecidas en el numeral 10 del artículo 336 contra aquellas, tal como se dejó sentado anteriormente, *así como las sentencias definitivamente firmes que se aparten del criterio interpretativo de la norma constitucional que haya previamente establecido esta Sala*, lo que en el fondo no es más que una concepción errada del juzgador al realizar el control de la constitucionalidad, y así se declara"[1004].

Esta doctrina[1005], por lo demás, particularmente en relación con la revisión de sentencias de las otras Salas del Tribunal Supremo de Justicia, fue recogida por la Ley Orgánica del Tribunal Supremo, al disponer en el artículo 5°, párrafo 4°, la potestad de la Sala para:

> "Revisar las sentencias dictadas por una de las Salas, cuando se denuncie fundadamente la violación de principios jurídicos fundamentales contenidos en la Constitución de la República Bolivariana de Venezuela, Tratados, Pactos o Convenios Internacionales suscritos y ratificados válidamente por la República, o que haya sido dictada como consecuencia de un error inexcusable, dolo, cohecho o prevaricación; asimismo podrá avocarse al conocimiento de una causa determinada, cuando se presuma fundadamente la violación de principios jurídicos fundamentales contenidos en la Constitución de la República Bolivariana de Venezuela, Tratados, Pactos o Convenios Internacionales suscritos y ratificados válidamente por la República, aun cuando por razón de la materia y en virtud de la ley, la competencia le esté atribuida a otra Sala"[1006].

Sin embargo, en relación con las sentencias de instancia, luego de toda la evolución jurisprudencial antes indicada, al sancionar la Ley Orgánica del Tribunal Supremo de Justicia en 2004, el artículo 5, párrafo 1°,16, la Asamblea Nacional redujo la competencia de la Sala Constitucional conforme a la Constitución, sólo para "revisar las sentencias de definitivamente firmes de amparo constitucional y control difuso de control de la constitucionalidad de las leyes o normas jurídicas, dictadas por los demás tribunales de la República". Frente a esta limitación del legislador, la reacción de la Sala Constitucional no se hizo esperar, y mediante sentencia N° 1922 de 3 de septiembre de 2004 (Caso: *Jorge L. Rodríguez vs. Decisión Juzgado Accidental Superior Agrario del Estado Aragua, Carabobo y Cojedes*) indicó que ello generaba "un cambio respecto a los supuestos de procedencia para la revisión constitucional, establecidos –con carácter vinculante a falta de regulación legal– por la Sala en sentencia dictada el 6 de febrero de 2001 (Caso: *Corpoturismo*)", desconociendo la norma legal y ratificando la creación jurisprudencial[1007].

---

1004 *V.*, en *Revista de Derecho Público*, N° 82, Editorial Jurídica Venezolana, Caracas, 2001, pp. 412-414.

1005 En sentencia de la Sala Constitucional N° 899 de 31-5-2002, la Sala se había arrogado la competencia para de oficio dejar sin efecto dediciones judiciales que considerase quebrantaban preceptos constitucionales. Véase en *Revista de Derecho Público*, N° 85-88, Editorial Jurídica Venezolana, Caracas 2001, pp. 393-394.

1006 En estos casos, ha resuelto la Sala, que la competencia de revisión debe entenderse que no es respecto de cualquier tipo de sentencia, sino que debe tratarse de un fallo que decida sobre el fondo de lo debatido. *V.*, sentencia N° 2235 de 22-9-2004 (Caso: *Miguel A. Carico M. vs. Decisión Sala de Casación Social del Tribunal Supremo de Justicia*), en *Revista de Derecho Público*, N° 99-100, Editorial Jurídica Venezolana, Caracas 2004, p. 325.

1007 *V.*, en *Revista de Derecho Público*, N° 99-100, Editorial Jurídica Venezolana, Caracas 2004, p. 381. En sentido similar véase la sentencia de la Sala Constitucional N° 1573 de 12-7-2005 (Caso: *Carbonell Thielsen, C.A. vs. Revisión de sentencia de la Sala de Casación Civil del Tribunal Supremo de Justicia*),

Ahora bien, debe destacarse de esta doctrina jurisprudencial de la Sala Constitucional para ejercer el control de constitucionalidad respecto de cualquier sentencia, que la auto atribución de competencia que la Sala Constitucional se ha hecho abarca poderes de control de oficio, rompiendo entonces, también inconstitucionalmente con el principio dispositivo. En efecto, la Sala Constitucional en sentencia Nº 331 de 13 de marzo de 2001 (Caso: *Henrique Capriles R. vs. Comisión Nacional de Casinos, Salas de Bingo y Máquinas Traganíqueles*), resolvió afirmar sus poderes de control de la constitucionalidad de oficio, dado el carácter de orden público constitucional del control constitucional, cuando con fundamento en los artículos 334 y 335 de la Constitución, conozca de algún asunto, para lo cual ha dicho lo siguiente:

> "Las referidas potestades de la Sala y la interpretación concatenada y armoniosa de los citados dispositivos constitucionales, la comprensión de los principios enunciados en el texto de la Exposición de Motivos de la Carta Fundamental, y la doctrina sentada por la jurisprudencia de esta Sala, que procura salvaguardar la vigencia de los postulados constitucionales, sirven de fundamento para declarar, como garante de la supremacía de la Constitución y en ejercicio de las facultades que la misma posee, de oficio, la ilegitimidad de alguna actuación, cuando habiendo sido sometido un caso a su análisis, observe que la misma ha transgredido el orden público constitucional, y en tal virtud proceda de manera inmediata y efectiva, a restaurar a través de la forma que considere idónea, la subversión advertida.
>
> En definitiva, considera la Sala que el control constitucional jurisdiccional constituye materia de orden público constitucional, y siendo la Sala el garante de la supremacía de la Constitución, al constatar su violación, puede actuar de oficio, como en efecto lo hace en esta oportunidad"[1008].

## II. LA POTESTAD DE LA SALA CONSTITUCIONAL DE AVOCARSE AL CONOCIMIENTO DE CUALQUIER CAUSA

Otro medio incidental de control de constitucionalidad por la Sala Constitucional del Tribunal Supremo de Justicia, el cual también, incluso, puede ejercerse de oficio, es mediante la potestad de la Sala Constitucional de avocarse al conocimiento de cualquier causa que curse ante cualquier tribunal, lo que implica que la Sala pueden paralizar todo tipo de proceso y entrar a conocerlos directamente, eliminando, entre otros, el orden procesal y la garantía constitucional de la doble instancia.

---

en la cual la sala reiteró "su criterio sostenido en decisión del 25 de enero de 2001, (Caso *Baker Hughes*) donde estableció la facultad que detenta, como máximo garante de la constitucionalidad de los actos del poder público, para revisar las actuaciones de las demás Salas de este Supremo Tribunal que contraríen las normas y principios contenidos en la Constitución de la República Bolivariana de Venezuela, así como aquellas que se opongan a las interpretaciones que sobre tales normas haya realizado esta Sala Constitucional, en ejercicio de las atribuciones conferidas de forma directa por el Texto Constitucional, según se desprende del dispositivo contenido en el numeral 10 del artículo 336 de la Constitución de la República Bolivariana de Venezuela, no obstante la ausencia de desarrollo legislativo al respecto"; en *Revista de Derecho Público*, Nº 103, EJV, Caracas 2005, p. 238 y ss.

1008 *V.*, en *Revista de Derecho Público*, Nº 85-88, Editorial Jurídica Venezolana, Caracas 2001, p. 391.

En efecto, antes de la entrada en vigencia de la Constitución, la derogada Ley Orgánica de la Corte Suprema de Justicia en una normativa que había sido muy cuestionada, había atribuido a la Sala Político Administrativa de la misma, la potestad de avocarse al conocimiento de una causa que cursara ante otro tribunal, a cuyo efecto la misma Sala se había auto restringido sus poderes[1009].

Sin embargo, aún con dicha disposición limitativa, antes de que entrara en vigencia la Ley Orgánica del Tribunal Supremo de Justicia de 2004, la Sala Constitucional le negó el monopolio que en materia de avocamiento tenía la Sala Político Administrativa del Tribunal Supremo, y mediante sentencia N° 456 de 15 de marzo de 2002 (Caso: *Arelys J. Rodríguez vs. Registrador Subalterno de Registro Público, Municipio Pedro Zaraza, Estado Carabobo*) se declaró competente para conocer de solicitudes de avocamiento en Jurisdicción Constitucional respecto de juicios de amparo[1010].

En otra sentencia N° 806 de 24 de abril de 2002 (Caso: *Sindicato Profesional de Trabajadores al Servicio de la Industria Cementera),* además, la sala consideró nula la referida norma de la derogada Ley Orgánica de la Corte Suprema de Justicia de 1976 (Art. 43) que consagraba la figura del avocamiento como competencia exclusiva de la Sala Político Administrativa, argumentando que ello era "incompatible con el principio de distribución de competencias por la materia a nivel del máximo Tribunal de la República, sin que la propia Constitución lo autorice ni establezca una excepción al mismo en tal sentido"; señalando además que:

> "Esta Sala Constitucional, no obstante la claridad y laconismo con que fue redactado el precepto, objeta el monopolio que se desprende de la lectura conjunta de ambos artículos, en lo que respecta a que el trámite de las solicitudes de avocamiento sea una facultad exclusiva y excluyente de Sala Político Administrativa.
>
> Es decir, y sobre ello ahondará seguidamente, esta Sala es del parecer que tal potestad es inconsistente desde el punto de vista constitucional, y que la misma corresponde, en un sentido contrario a como lo trata dicho dispositivo, a todas las Salas del Tribunal Supremo de Justicia, según que el juicio curse en un tribunal de instancia de inferior jerarquía a la Sala que en definitiva decida examinar la petición (aquí el vocablo inferior se entiende en sentido amplio, ya que algunas de estas Salas no son propiamente alzada de dichos tribunales; tal sucede con las de casación)...
>
> Llegado este punto, siendo, pues, que la facultad de avocamiento conferida a la Sala Político Administrativa por el artículo 43 de la Ley Orgánica de la Corte Suprema de Justicia no está prevista en la Constitución, ni se deduce de ella, ni la justifica su texto, y que, por el contrario, conspira contra el principio de competencia que informa la labor que desempeñan las Salas del máximo tribunal de la República (art. 232), esta Sala concluye en que dicho precepto resulta inconstitucional...

---

1009 *V.*, Roxana Orihuela, *El avocamiento de la Corte Suprema de Justicia,* Editorial Jurídica Venezolana, Caracas, 1998.

1010 *V.*, en *Revista de Derecho Público,* N° 89-92, Editorial Jurídica Venezolana, Caracas, 2002.

Tales declaraciones no son, propiamente, precedentes de la posición que mantiene esta Sala Constitucional respecto al tema, toda vez que en ellas se sostuvo, al mismo tiempo, que dicha facultad excepcional, no obstante las referidas limitaciones, resultaba de la exclusiva potestad de dicha Sala Político Administrativa (*Vid.* sobre el punto de la exclusividad: *ob. cit.* pp. 40 y 41). Criterio de exclusividad que ha sido expresamente abandonado por esta Sala desde su sentencia Nº 456 del 15-03-02, caso: *Mariela Ramírez de Cabeza*. Lo que sí comparte es lo relativo a que la Sala Político Administrativa no estaba constitucionalmente facultada para examinar solicitudes de avocamiento ni adentrarse a su conocimiento cuando de conflictos ajenos a su competencia natural se tratara.

Pero, para prestar un mejor servicio a la justicia, esta Sala Constitucional dará, en atención a sus propias competencias, un giro en este camino, pues declarará que tal competencia (con los límites impuestos por la práctica judicial comentada) debe extenderse a las demás Salas del Tribunal Supremo de Justicia"[1011].

Esta doctrina, evidentemente inconstitucional, por violatoria de la garantía al debido proceso, sin embargo fue recogida por la Ley Orgánica del Tribunal Supremo de Justicia de 2004, al establecer en su artículo 5, párrafo 1°, 48, la competencia de *todas las Salas* del Tribunal Supremo de poder avocarse al conocimiento de causas que cursen en otros tribunales, así:

> "*5. P1. 48*. Solicitar de oficio, o a petición de parte, algún expediente que curse ante otro tribunal, y avocarse al conocimiento del asunto cuando lo estime conveniente".

En consecuencia se atribuyó a todas las Salas del Tribunal Supremo de Justicia, se presume que en las materias de su respectiva competencia, la potestad de recabar de cualquier "otro tribunal", es decir, distinto del Tribunal Supremo (tribunales de instancia), *de oficio o a instancia de parte*, con conocimiento sumario de la situación, cualquier expediente o causa en el estado en que se encuentre, para resolver si se avoca y directamente asume el conocimiento del asunto o, en su defecto lo asigna a otro tribunal (Artículo 18, párrafo 11°).

En virtud de las repercusiones procesales de esta atribución generalizada, la propia Ley Orgánica dispuso que deba ser ejercida, como lo indica ahora el artículo 18, párrafo 12° de la Ley Orgánica, "con suma prudencia":

> "[Y] sólo en caso grave, o de escandalosas violaciones al ordenamiento jurídico que perjudique ostensiblemente la imagen del Poder Judicial, la paz pública, la decencia o la institucionalidad democrática venezolana, y se hayan desatendido o mal tramitado los recursos ordinarios o extraordinarios que los interesados hubieren ejercido".

En estos casos, prescribe la Ley Orgánica, que al admitir la solicitud de avocamiento, la Sala debe oficiar al tribunal de instancia requiriendo el expediente respectivo, y puede ordenar la suspensión inmediata del curso de la causa y la prohibición de que se realice cualquier clase de actuación; considerándose nulos los actos y las

1011 *V.*, en *Revista de Derecho Público*, Nº 89-92, Editorial Jurídica Venezolana, Caracas 2002, pp. 179 y ss.

diligencias que se dicten en desacuerdo por el mandamiento de prohibición (Art. 18, párrafo 13°). La sentencia sobre el avocamiento la debe dictar la Sala competente, la cual puede decretar la nulidad y subsiguiente reposición del juicio al estado que tiene pertinencia, o decretar la nulidad de alguno o algunos de los actos de los procesos, u ordenar la remisión del expediente para la continuación del proceso o de los procesos en otro tribunal competente por la materia, así como adoptar cualquier medida legal que estime idónea para restablecer el orden jurídico infringido (Art. 18, párrafo 14°).

El avocamiento por parte de las Salas del Tribunal Supremo, por supuesto, puede ser un instrumento procesal de primera importancia para asegurar la justicia en procesos en los cuales la misma ha sido subvertida; pero a la vez, puede configurarse en el más injusto de los instrumentos procesales precisamente para acabar con la justicia.

Pero además de haber extendido la facultad de avocamiento a todas las Salas, respecto de causas que cursen en "otros tribunal" de instancia (distintos por tanto al propio Tribunal Supremo), la Ley Orgánica ha atribuido en particular a la Sala Constitucional en el artículo 5, párrafo 1°, ordinal 4, la facultad de avocarse "al conocimiento de una causa determinada, cuando se presuma fundadamente la violación de principios jurídicos fundamentales contenidos en la Constitución de la República Bolivariana de Venezuela, Tratados, Pactos o Convenios Internacionales suscritos y ratificados válidamente por la República, aun cuando por razón de la materia y en virtud de la ley, la competencia le esté atribuida a otra Sala". En esta forma, las causas que cursan ante las diferentes Salas del Tribunal Supremo de Justicia también han quedado a la merced de la Sala Constitucional, la cual puede subvertir el orden procesal, con sólo "presumir fundamentadamente" la violación de principios constitucionales.

## III. EL PROCESO DE *HABEAS DATA*

Otro instrumento de control de constitucionalidad incidental que puede ejercer la Sala Constitucional, se refiere a los casos de acciones de *habeas corpus*, cuyo conocimiento se ha reservado la sala Constitucional.

En efecto, la Constitución de 1999, siguiendo la orientación de las Constituciones latinoamericanas recientes, como la de Brasil[1012], se estableció expresamente la acción de *habeas data* mediante la cual se garantiza a las personas el derecho de acceder a la información y a los datos que sobre sí misma o sobre sus bienes consten en registros oficiales o privados, con las excepciones que establezca la ley, así como conocer el uso que se haga de los mismos y su finalidad, y a solicitar ante el tribunal competente la actualización, la rectificación o la destrucción de aquellos, si fuesen erróneos o afectasen ilegítimamente sus derechos. Igualmente, el artículo 28 de la Constitución precisa que toda persona podrá acceder a documentos de cualquier naturaleza que contengan información cuyo conocimiento sea de interés para comunidades o grupos de personas, quedando a salvo el secreto de las fuentes de información periodística y de otras profesiones que determine la ley.

---

1012 Sobre esta acción véase, Allan R. Brewer-Carías, *El amparo a los derechos y garantías constitucionales (Una aproximación comparativa)*, Caracas, 1993, p. 48.

Por supuesto, no todos los derechos que derivan del artículo 28 de la Constitución dan lugar al ejercicio de acciones que tiendan a restablecer de inmediato situaciones jurídicas infringidas mediante una acción de amparo, pues muchos de esos derechos a lo que conducen es a pretensiones de condena o creación de una situación jurídica como resultado de su ejercicio. Del artículo 28, en efecto, se deriva que las personas tienen claramente dos derechos estrechamente unidos:

En *primer lugar,* el de acceder a la información y a los datos que sobre sí misma o sus bienes consten en registros oficiales o privados (informáticos o no), a menos que la ley les niegue el acceso, lo que puede resultar de prohibiciones expresas derivadas de la protección de determinados secretos de la vida privada, de la seguridad del país, de derechos de autor, etc. Este derecho implica el derecho de conocer si alguien lleva registros sobre los demás

En *segundo lugar,* el de conocer la finalidad y uso que el compilador le da a esos datos e informaciones.

La Sala Constitucional del Tribunal Supremo en sentencia N° 332 de 14 de marzo de 2001 (Caso: *Insaca vs. Ministerio de Sanidad y Asistencia Social),* ha analizado extensivamente la norma, en cuanto a la justiciabilidad de esos derechos, señalando que

> "no responden en principio a amparos constitucionales. El primero de ellos (derecho a conocer) es de naturaleza netamente inquisitiva, ajeno a la estructura que para el proceso de amparo señala el artículo 18 de Ley Orgánica de Amparo sobre Derechos y Garantías Constitucionales. El amparo no es un proceso de pesquisa, y ello se deduce de las exigencias que debe cumplir el escrito de amparo, contenidas en el citado artículo 18, que exige se afirmen unos hechos como ciertos. Los derechos del artículo 28 constitucional, se ejercen mediante acciones autónomas, y ellos no se ejecutan como una modalidad del amparo, como lo sostienen Víctor Pedro Sagües (*Acción de Amparo*, Astrea), o Augusto Morello (*Constitución y Proceso*, Abeledo Perrot, Buenos Aires) para el derecho argentino, así como lo hacen otros autores (*Habeas data*, por Alicia Pierini, Valentin Lorences y María Inés Tornabene, Buenos Aires, Editorial Universidad, 1999). Sin embargo, como luego lo señala este fallo, hay oportunidades en que pueden ejercerse mediante el amparo)"[1013].

Ahora bien, en virtud de no haberse dictado la ley respectiva, como se ha dicho, la Sala Constitucional ha establecido el criterio de reservarse, como Jurisdicción Constitucional, el conocer "de las controversias que surjan con motivo de las normas constitucionales aun no desarrolladas legislativamente, hasta que las leyes que regulan la Jurisdicción Constitucional, decidan lo contrario", agregando que:

> "Con esta doctrina la Sala evita la dispersión que ocurre en otros países, donde la acción de *habeas data* que se incoa autónomamente, ha sido conocida por Tribunales Civiles, o de otra naturaleza, tomando en cuenta la afinidad de la materia que conoce el tribunal con la que se pretende ventilar con el *habeas data.*

---

1013 *V.*, en *Revista de Derecho Público*, N° 85-88, Editorial Jurídica Venezolana, Caracas 2001, p. 488.

Existiendo en el país una Sala Constitucional, específica para conocer lo relativo a las infracciones de la Carta Fundamental, no parece lógico, ante el silencio de la ley, atribuir el conocimiento de estas causas a tribunales distintos. Tal interpretación es vinculante a partir de esta fecha (14-03-2001 y así se declara"[1014].

Ahora bien, en cuanto a las acciones que derivan del artículo 28 de la Constitución, la Sala ha señalado que los derechos que consagra:

"han de ser ejercidos previamente (incluso extrajudicialmente y tal vez hasta por vía administrativa en algunos casos) ante el recopilador real o supuesto, por lo que la lesión al titular de los derechos nace de ese ejercicio extrajudicial fallido. Si se le niega extrajudicialmente el ejercicio, porque no se le da acceso a la información, se le da errónea, o no se explica legalmente para qué se registra, se le infringe su situación jurídica que nace directamente de la Constitución.

Ante tal negativa, la víctima puede optar entre un juicio ordinario, para hacer valer su derecho negado, acumulando pretensiones; o un amparo a los mismos fines si se dan los supuestos para ello, para que se le restablezca la situación de acceder o conocer realmente, ante la necesidad de precaver la situación jurídica de una lesión irreparable[1015].

Ahora bien, en relación con la posibilidad de intentar un amparo con base en el artículo 28 de la Constitución, el accionante, a juicio de la Sala:

"Debe fundar la demanda en la existencia cierta de un sistema de información que lleva una persona, dentro del cual existen datos e informaciones referentes al accionante (datos e informaciones en plural, es decir, varios que permitan delinear en alguna materia un perfil de la persona, o de sus bienes).

La discusión sobre la existencia de los registros (privados u oficiales) y su contenido con respecto al accionante, no puede ser motivo del amparo, ya que éste no persigue objetivos investigativos, de pesquisa, sino restablecedor en base a la afirmación cierta de una situación jurídica y la transgresión denunciada de un derecho constitucional que lesiona tal situación. Luego, una acción de naturaleza pesquisatoria, que tal vez pudiere ser creada en una ley que expanda el artículo 28 de la vigente Constitución, escapa del ámbito del amparo, y éste no es procedente cuando de ella se trate. Podría el legislador instaurar un proceso pesquisatorio, pero él sería distinto al del actual amparo.

Diferente es la situación, cuando de manera cierta, por lo regular por mandato legal, existe el registro, y los datos o informaciones personales deben constar en él, y se niegan al interesado (hecho negativo del cual está eximido de prueba el accionante). Tal es el caso del Registro Electoral, por ejemplo, como lo reconoció esta Sala en los casos: "Veedores de la UCAB" y William Orlando Ojeda Osorio (fallos del 23 y 31 de agosto de 2000, respectivamente). Lo hasta ahora expuesto,

1014 *Ídem* 492.

1015 *Ídem* 492.

denota que no siempre el *habeas data* puede subsumirse dentro de un amparo constitucional, pero la vía del amparo no está cerrada para los distintos derechos que nacen del artículo 28 de la vigente Constitución"[1016].

Por último, la misma Sala Constitucional del Tribunal Supremo, en su citada sentencia N° 332 de 14 de marzo de 2001, en torno a la legitimación para accionar en protección de los derechos establecidos en los artículos 28 y 143 de la Constitución, estableció los siguientes criterios:

Conforme a lo expuesto en esta decisión, toda persona que está reseñada en lo personal o en sus bienes, en los registros regulados por el artículo 28 constitucional, es legitimado activo para incoar la acción de *habeas data*, sin necesidad de alegar daño alguno en los casos en que pide el acceso a la información o el conocimiento de la finalidad para la cual la mantiene el recopilador. En igual situación se encuentra el que pretende el acceso a los registros y archivos administrativos.

> El artículo 143 de la vigente Constitución otorga este último derecho de acceso a los ciudadanos, o sea a personas naturales, sin embargo, la intención del constituyente no ha podido ser otorgar tales derechos solo a esas personas, ya que la razón de ser de la norma, que es informarse del estado de las actuaciones administrativas y de lo que aparece registrado y archivado, a fin de poder ejercer en el primer supuesto el derecho a la defensa, y en el segundo el de conocer lo que lo beneficie o lo perjudique que esté depositado en los registros y archivos, resulta una razón que atañe por igual a las personas naturales y a las personas jurídicas, que se encuentren ante esa circunstancia en similar situación que las naturales, por lo que puedan gozar de tal derecho de acceso.

Con relación al resto de los derechos de *habeas data* contemplados en el artículo 28 constitucional, quien los ejerce debe tener un interés directo en que se actualice, rectifique, se proteja o excluya el dato o información; sobre lo cual la Sala en su sentencia de fecha 23 de agosto de 2000 (Caso: *Veedores de UCAB*) expresó:

> "Lo personal de la información, restringe para aquellos que no piden sus datos o informaciones, el derecho que otorga el aludido artículo 28, ya que de no ser así, se estaría ante una vía para interferir en la intimidad o en la vida privada de las personas, en la obtención de secretos industriales o comerciales, en asuntos atinentes a la defensa y seguridad nacional, etc., los cuales son valores constitucionales igualmente protegidos y por ello la remisión que hace la norma a documentos de cualquier naturaleza que contengan información de interés para comunidades o grupos de personas, no puede ser entendida sino como aquellas informaciones que corresponden al peticionario, como parte de una comunidad o un grupo de personas.
>
> Advierte la Sala, que en materia de derecho de acceso, el artículo 28 separa el acceso a la información y a los datos, del acceso a documentos que contengan información, la cual debe ser puntual, sobre cualquier tópico, sean o no dichos documentos soportes de bases de datos, que tengan interés para las comunidades o grupos. El acceso a estos documentos es distinto al de las bases de datos,

1016 *Ídem* pp. 492-495.

de cualquier tipo. Se trata de acceder a documentos en sentido amplio, escritos o meramente representativos (de allí que la norma expresa que son documentos de cualquier naturaleza), que por alguna razón contienen información de interés para el grupo, o para la comunidad. Tal interés debe ser decidido por el juez, para ordenar su exhibición, por lo que debe ser alegado, no bastando la subjetiva apreciación del actor en ese sentido"[1017].

## *SUB-SECCIÓN SÉPTIMA: LA POTESTAD JUDICIAL DE INTERPRETAR LA CONSTITUCIÓN Y SUS EFECTOS*

Como se ha dicho, la cualidad y potestad de garantizar la supremacía constitucional y ser último y máximo interprete de la Constitución corresponde a todas las Salas del Tribunal Supremo, cada cual conforme a su competencia, y nada autoriza derivar de un texto tan preciso como el del artículo 335 (primer aparte), como hizo la supuesta "Exposición de Motivos" de la Constitución, que esas "cualidad y potestades" las posee "únicamente en Sala Constitucional dado que ésta ejerce con exclusividad el control concentrado de la constitucionalidad".

Esta afirmación no es correcta porque no es cierto que la Constitución atribuya ni haya querido atribuir a la Sala Constitucional del Tribunal Supremo lo que el artículo 335 asigna claramente a dicho Tribunal y por tanto a todas sus Salas, cada una en el ámbito de sus competencias: garantizar la supremacía y efectividad de las normas y principios constitucionales; ser el máximo y último intérprete de la Constitución y velar por su uniforme interpretación y aplicación. Esas funciones, se insisten, *corresponden a todas las Salas* del Tribunal Supremo de Justicia e, incluso, al Tribunal mismo en Sala Plena y nada autoriza del texto constitucional ni de la intención de los proyectistas derivar una conclusión como lo que se inserta en la "Exposición de Motivos".

Por tanto, es completamente falso que conforme a la Constitución, la Sala Constitucional tenga el monopolio de su interpretación como lo indicó la referida "Exposición de Motivos", al señalar que:

> "Las facultades interpretativas que en tal sentido se otorgan al Tribunal Supremo de Justicia, en consonancia con las características básicas de la justicia constitucional en derecho comparado, sólo pueden ser ejercidas por órgano de la Sala Constitucional, pues a ella le corresponde exclusivamente el ejercicio de la jurisdicción constitucional".

Aquí, la "Exposición de Motivos" confundió los conceptos sin fundamento alguno. En el derecho comparado no hay ninguna "característica básica" que atribuya al órgano que ejerce la Jurisdicción Constitucional el monopolio de "interpretar la Constitución".

---

1017 *Ídem*. pp. 500-501.

Sólo excepcionalmente en países como Costa Rica o Panamá podría pensarse que ello podría ser así, al concentrarse en la Corte Suprema de Justicia de dichos países toda la justicia constitucional[1018].

En nuestro sistema, al contrario, como lo hemos señalado y lo reconoció en otra parte la supuesta "Exposición de Motivos", al corresponder la justicia constitucional a todos los tribunales de la República, todos tienen la potestad de interpretar la Constitución. Lo único que diferencia la interpretación constitucional que hace la Sala Constitucional del Tribunal Supremo de la que hacen las otras Salas del mismo y los demás tribunales de la República, es que aquella puede ser vinculante y esta no. Ese es el sentido –y ningún otro– del segundo aparte del artículo 335 de la Constitución al señalar que:

> "Las interpretaciones que establezca la Sala Constitucional sobre el contenido o alcance de las normas constitucionales son vinculantes para las otras Salas del Tribunal Supremo y demás tribunales de la República".

En estos casos, las decisiones de la Sala "son vinculantes para todos los órganos jurisdiccionales del país, los [cuales] están obligados a decidir con base en el criterio interpretativo que la Sala tenga de las normas constitucionales, pues, de no ser así, ello implicaría, además de una violación e irrespeto a la Constitución, una distorsión a la certeza jurídica y, por lo tanto, un quebrantamiento del Estado de derecho"[1019].

Sobre esto, la Sala Constitucional señaló en la sentencia N° 106 de 11 de febrero de 2004 (Caso: *Interpretación del Estatuto Electoral del Poder Público en cuanto a la reelección de Gobernadores*), que:

> "la interpretación contenida en el artículo 335 es una verdadera *iurisdatio*, en la medida que declara, *erga omnes*, el contenido y alcance de los principios y normas constitucionales (en contraposición al control difuso, donde los efectos interpretativos del fallo es individualizado); sin embargo, dentro del mismo sistema concentrado se debe distinguir la *iurisdatio* de la función que controla la constitucionalidad de las leyes (*iurisdictio*), pues esta función nomofiláctica decreta la invalidez de las normas que colidan con la constitución. En cambio aquélla es una función interpretativa, aunque también general, que no recae sobre normas subconstitucionales sino sobre el sistema constitucional mismo. Lo importante es que tanto la *iurisdatio* como la *iurisdictio* son funciones interpretativas que, por un lado, sólo le está permitido a la Sala Constitucional, y por el otro, no puede ser confundido con la interpretación que se haga desde la Constitución.
>
> Siendo ello así, de lo expuesto se desprenden dos conclusiones importantes. La primera, que todo control concentrado es una interpretación de la Constitu-

1018 *V.*, en Allan R. Brewer-Carías, "El sistema panameño de control concentrado de constitucionalidad en el Derecho Comparado" en *El Nuevo Derecho Constitucional Latinoamericano, IV Congreso Venezolano de Derecho Constitucional,* Volúmen II, Fundación Konrad Adenauer, Asociación Venezolana de Derecho Constitucional, Caracas, 1996, p. 889 a 974; y en Allan R. Brewer-Carías, *La justicia constitucional*, T. VI, *Instituciones Políticas y Constitucionales, op. cit.*, pp. 439 y ss.

1019 *V.*, sentencia de la Sala Constitucional N° 2822 de 28-10-2003 (Caso: *SHRM de Venezuela C.A. vs Inspectoría del Trabajo de la Zona del Hierro de Puerto Ordaz, Estado Bolívar*), en *Revista de Derecho Público*, N° 93-96, EJV, Caracas 2003, p. 500.

ción y, por ende, la interpretación del texto constitucional con carácter general y vinculante le está atribuida solamente a la Sala Constitucional; y, la segunda, que toda interpretación desde la Constitución no puede exceder del carácter individual, esto es, que la aplicación de la norma constitucional no puede exceder de los estrictos límites del caso en concreto"[1020].

Sin embargo, contrariamente a lo antes dicho y al texto expreso del artículo 335 de la Constitución, la sala Constitucional ha asumido el carácter de único "máximo y último interprete de la Constitución", estableciendo una "interpretación vinculante" en la materia en sentencia N° 833 de 25 de mayo de 2001 (Caso: *Instituto Autónomo Policía Municipal de Chacao vs. Corte Primera de lo Contencioso Administrativo*) afirmando lo siguiente:

> "Planteado así la interpretación de los artículos 334, 335 y 336 de la Constitución, ¿en materia de control concentrado de la Constitución tiene alguna competencia la Sala Político Administrativa?.
>
> Con base en que el artículo 335 constitucional otorga al Tribunal Supremo de Justicia la garantía, supremacía y efectividad de las normas y principios constitucionales, se ha argüido que las Salas del Tribunal Supremo de Justicia ejercen tal garantía, pero de la letra del artículo y de lo que, en teoría, corresponde a la jurisdicción constitucional, lo que se evidencia es que es a la Sala Constitucional a quien se refiere el artículo 335 y no a las otras Salas del Tribunal Supremo de Justicia, ya que dicha norma establece que el Tribunal Supremo de Justicia es el máximo y último intérprete de la Constitución, y a continuación establece:
>
> "Las interpretaciones que establezca la Sala Constitucional sobre el contenido y alcance de las normas y principios constitucionales son vinculantes para las otras Salas del Tribunal Supremo de Justicia y demás tribunales de la República".
>
> Por lo tanto, el artículo 335 no está otorgando a ninguna Sala distinta a la Constitucional, ningún tipo de control concentrado, sino sólo el control difuso, ya que si no ¿cómo entender que siendo el Tribunal Supremo el máximo y último intérprete de la Constitución, sea la Sala Constitucional la que establece interpretaciones vinculantes para las otras Salas?"[1021].

En todo caso, la interpretación judicial de una norma no es otra cosa que la operación intelectual del juez que tiene por objeto indagar sobre el significado, sentido, alcance, fin o valor de la norma general y abstracta que está contenida en la Constitución, en las leyes y en otros actos estatales normativos. Esa función, por supuesto, también corresponde a la Sala Constitucional del Tribunal Supremo[1022], la cual al interpretar la Constitución, sin embargo, no puede crear nuevas normas legales.

---

1020 *V.*, sentencia N° 106 11-2-2004 (Caso: *Interpretación del artículo 3 del Estatuto Electoral del Poder Público*), en *Revista de Derecho Público*, N° 97-98, EJV, Caracas 2004, pp. 406 y ss.

1021 *V.*, en *Revista de Derecho Público*, N° 85-88, Editorial Jurídica Venezolana, Caracas, 2001, pp. 370.

1022 *V.*, en general, Claudia Storini, "Hermenéutica y Tribunal Constitucional", *Revista de Derecho Constitucional*, N° 5, julio-diciembre 2001, Editorial Sherwood, Caracas, 2002, pp. 221 a 246; Claudia Storini, "El alcance jurídico de la teoría de la interpretación como límite a la labor del Tribunal Constitucional",

Sobre la interpretación de la Constitución en general, la Sala Constitucional del Tribunal Supremo de Justicia ha reconocido en sentencia de 13 de diciembre de 2000 (Caso: *Alfredo Peña*) que si bien a la Sala "le corresponde el monopolio interpretativo último de la Constitución", sin embargo:

> "al universo de los órganos públicos, así como a los entes privados y personas naturales, les toca, por su parte, interpretar el ordenamiento jurídico desde la Constitución, así como desplegar sus múltiples actividades hacia la Constitución (*Vid.* Sent. N° 457/2001), ya que, sin lugar a dudas, al existir desde el aspecto subjetivo una doble vinculación al texto constitucional, esto es, que sujeta en su actividad tanto a los órganos que ejercen el Poder Público como a los particulares, ésta –la vinculación– se traduce en una aplicación que sólo se logra mediante la interpretación constante del texto constitucional. Todos los ciudadanos, entes u órganos son, en mayor o menor medida, operadores jurídicos de la Carta Magna, la diferencia estriba con respecto a la Sala, como lo ha indicado en otras oportunidades, que ella es la última intérprete de la Constitución y, por lo tanto, sus sentencias, destinadas a ese fin, son vinculantes para todos los ciudadanos y demás órganos del Poder Público (inclusive las demás Salas de este Tribunal Supremo de Justicia), de lo cual deriva características muy precisas con respecto a la forma en que se hace la interpretación constitucional. En una, de la Constitución, la interpretación es general; en la otra, desde la Constitución, la interpretación es individual.
>
> Con ocasión a esa interpretación que constantemente se realiza de la normativa constitucional, la Sala, con base en el Texto Fundamental, ha ahondado en la construcción teórica de los dos mecanismos de interpretación constitucional que existen en nuestro ordenamiento (*Vid.* Sent. N° 1309/2001). Es así como la Carta Magna estatuye un control difuso (artículo 334) y un control concentrado (artículo 335) de la constitucionalidad de la actividad pública, señalando en su artículo 335 la competencia del Tribunal Supremo de Justicia para garantizar la supremacía y efectividad de las normas y principios constitucionales, declarando a la Sala Constitucional su máximo y último intérprete para velar por la uniforme interpretación y aplicación de su articulado".
>
> En ese sentido, la interpretación contenida en el artículo 335 es una verdadera *iurisdatio*, en la medida que declara, *erga omnes*, el contenido y alcance de los principios y normas constitucionales (en contraposición al control difuso, donde los efectos interpretativos del fallo es individualizado); sin embargo, dentro del mismo sistema concentrado se debe distinguir la *iurisdatio* de la función que controla la constitucionalidad de las leyes (*iurisdictio*), pues esta función nomofiláctica decreta la invalidez de las normas que colidan con la constitución. En cambio aquélla es una función interpretativa, aunque también general, que no

---

*Revista de Derecho Constitucional,* N° 6, enero-diciembre 2002, Editorial Sherwood, Caracas, 2003, pp. 191 a 212; Mario Pesci Feltri Martínez, "La jurisdicción normativa y los artículos 335 y 336 de la Constitución", en *El Derecho Público a comienzos del siglo XXI. Estudios homenaje al Profesor Allan R. Brewer-Carías,* T. I, Instituto de Derecho Público, UCV, Civitas Ediciones, Madrid, 2003, pp. 1029-1054; Govea & Bernardoni, *Las respuestas del Supremo T.S.J sobre la Constitución venezolana de 1999. 250 preguntas y sus respuestas*. Editorial La Semana Jurídica, Caracas, 2002, pp. 267-424.

recae sobre normas sub–constitucionales sino sobre el sistema constitucional mismo. Lo importante es que tanto la *iurisdatio* como la *iurisdictio* son funciones interpretativas que, por un lado, sólo le está permitido a la Sala Constitucional, y por el otro, no puede ser confundido con la interpretación que se haga desde la Constitución[1023].

De todo lo anterior, en dicha sentencia de 2000, ratificada en sentencia Nº 106 de 11 de febrero de 2004, conforme lo señaló la Sala, se desprenden dos conclusiones importantes.

> "La primera, que todo control concentrado es una interpretación de la Constitución y, por ende, la interpretación del texto constitucional con carácter general y vinculante le está atribuida solamente a la Sala Constitucional; y, la segunda, que toda interpretación desde la Constitución no puede exceder del carácter individual, esto es, que la aplicación de la norma constitucional no puede exceder de los estrictos límites del caso en concreto"[1024].

Ahora bien, en cuanto a los criterios que debe utilizar la Sala Constitucional en los casos de control concentrado de la constitucionalidad para interpretar la Constitución y determinar el sentido y alcance de las normas y principios constitucionales, uno de los principios que deben guiar dicha labor es el principio general *favor constitucione*, al cual se refirió en la sentencia Nº 2855 de 20 de noviembre de 2002 (Caso: *Impugnación de artículos de la Ley de Tierras y Desarrollo Agrícola*) donde la Sala sentó el criterio de que en relación con las actuaciones de los órganos que ejercen el Poder Público, rige "el principio normativo conservacionista, conforme al cual debe presumirse la constitucionalidad de los actos que aquellos emitan. De tal manera, que los actos públicos se presumen legítimos en tanto y en cuanto, mediante una interpretación razonable de la Constitución, puedan ser armonizados con ésta", agregando lo siguiente:

> "Puede ocurrir, sin embargo, que el texto de una determinada disposición normativa se halle, en efecto, conforme a la Constitución, pero sólo en tanto se le interprete de una determinada manera. Es lo que se alude como el principio hermenéutico *favor constitucione*, conforme al cual, cuando surjan dudas acerca de la incompatibilidad de un dispositivo legal con la Constitución o se intuya la existencia de un conflicto normativo, el operador jurídico debe proceder a la interpretación de aquél en el sentido que se adecue al texto constitucional, logrando la armonía del sistema a través de su labor exegética sin permitir su nulidad; no se trata de erigirse en "*legislador negativo*", lo importante es asumir una interpretación de acuerdo con los principios y valores que la Constitución expresa.
>
> El principio de la constitucionalidad de las leyes, que no sólo se limita a la afirmación formal de que la Ley se tendrá por válida hasta cuando sea declarada inconstitucional, implica además: la confianza otorgada al legislativo en la observancia y en la interpretación correcta de los principios constitucionales; la

1023 Exp: 03-3199.

1024 Exp: 03-3199.

seguridad de que la ley no será declarada inconstitucional sino cuando exista insalvable contradicción con la Constitución; y siempre que existiendo la posibilidad de que la amplitud para interpretar la ley se preste a una inconstitucional, hay que presumir que sea "*razonablemente posible*" que el Legislador ha sobreentendido que la interpretación correcta será aquella que permita a la misma mantenerse dentro de los límites constitucionales (García de Enterría, *La Constitución como Norma y el Tribunal Constitucional*, Editorial Civitas, p. 96)"[1025].

Ahora bien, en su labor de interpretar la Constitución, es evidente que la Sala Constitucional no puede sustituirse en el pueblo, es decir, no puede crear nuevas normas constitucionales no previstas en el Texto o que no resulten de la integración de sus normas, ni puede modificarlas, estableciendo, por ejemplo, excepciones no previstas en ellas; así como tampoco puede dictar normas legales o modificar o reformar las que estén contenidas en las leyes sancionadas por la Asamblea Nacional.

El juez constitucional nunca puede ser legislador; puede anular las leyes con efectos *erga omnes*, eliminándolas del ordenamiento jurídico, con efecto similar a la derogación, como si fuera un "legislador negativo" (H. Kelsen); pero nunca puede ser un "legislador positivo", que dicta normas. De hacerlo, no sólo incurriría en usurpación de autoridad, por la usurpación de las funciones legislativas que corresponden a la Asamblea Nacional, lo que haría de la sentencia un acto nulo e ineficaz (art. 138 C), sino que violaría el principio democrático, que impone que la "ley" sólo puede ser emanación de los órganos del Estado integrados por representantes del pueblo, elegidos mediante votación popular. Es decir, al determinar la interpretación de una norma, la Sala no puede crear nuevas normas o reformar o derogar las que están expresamente en la ley.

Lamentablemente, sin embargo, la Sala Constitucional en Venezuela no ha seguido está lógica, y en más de una oportunidad ha legislado por la vía de interpretar la Constitución, tal como ha ocurrido por ejemplo, y como se ha señalado anteriormente, al determinar las normas de procedimiento tanto del proceso derivado de la acción de amparo, como del proceso de control concentrado de la constitucionalidad de las leyes. La propia Sala, en su sentencia N° 33 de 25 de enero de 2001 (Caso: *Revisión de la sentencia dictada por la Sala de Casación Social del Tribunal Supremo de Justicia de fecha 10 de mayo de 2001, interpuesta por Baker Hugher S.R.L),* argumentó como sigue sobre su carácter y naturaleza como "una instancia jurisdiccional con una marcada especialización de tutela, tendente a asegurar la integridad, supremacía y efectividad de la Constitución":

> "Esta especialización se concreta en el ejercicio de la tutela constitucional en su máxima intensidad. No precisamente al modo en que la ejercía la Sala Plena de la entonces Corte Suprema de Justicia, la cual estaba restringida en sus funciones de garantía constitucional como si de un legislador negativo se tratase, es decir, la Sala Plena actuaba como un complemento del Poder Legislativo (único ente propiamente sujeto a la Constitución) en tanto se encargaba de revocar los actos de rango y fuerza de ley que éste dictaba contraviniendo la Constitución. Siendo que

1025 *V.*, en *Revista de Derecho Público,* N° 89-92, Editorial Jurídica Venezolana, Caracas, 2002.

ésta no era concebida como un cuerpo jurídico normativo directamente aplicable a los distintos operadores jurídicos, se entendía que las interpretaciones de la Constitución que hiciera la Sala Plena no tenían carácter vinculante, y su influencia estaba asociada al efecto abrogatorio de los fallos de nulidad de actos con rango o fuerza de ley. Muy por el contrario, a esta Sala Constitucional le corresponde no sólo anular actos de esa naturaleza, sino que tiene asignada tanto la interpretación del texto constitucional, con el fin de salvar sus dificultades o contradicciones, como hacer valer el principio jurídico–político según el cual los derechos fundamentales preceden y limitan axiológicamente las manifestaciones del poder. Para ello se le ha puesto al frente del aparato jurisdiccional respecto a su aplicación, al punto de vincular sus decisiones a las demás Salas del Tribunal Supremo de Justicia, no sólo en gracia a su potestad anulatoria, sino como derivación de la función antes apuntada"[1026].

Ahora bien, conforme a la Constitución, al ejercer el control concentrado de la constitucionalidad de las leyes, lo que la Sala puede hacer en relación con las normas que considere inconstitucionales es anularlas y ello sólo cuando la Sala conoce de una acción de nulidad, pero nunca cuando decide una acción de amparo, o revisa una sentencia de amparo, o decide un recurso de interpretación abstracto. En los casos en los cuales conozca de un recurso de colisión de leyes, lo que podría resolver la Sala es declarar cual ley debe prevalecer en relación con otra, en virtud del poder derogatorio de las leyes. En todo caso, además, puede interpretar las normas constitucionales incluso con carácter vinculante, pero ello no la autoriza a legislar.

Sin embargo, como se ha dicho, la Sala Constitucional ha pretendido configurarse como "legislador positivo" al anular normas, tal como resulta del criterio expuesto en la sentencia N° 319 de 9 de marzo de 2001 (Aclaratoria a la sentencia del Caso: *Nulidad artículos 917 del Código de Procedimiento Civil y artículo 18 de la Ley Orgánica del Poder Judicial*), al formular "ciertas consideraciones acerca de los efectos de la declaratoria de nulidad parcial en el control concentrado de la constitucionalidad de las leyes":

> "Así, observa esta Sala que según lo dispuesto en el artículo 266, numeral 1, de la Constitución, es atribución de este Tribunal Supremo de Justicia ejercer la Jurisdicción Constitucional; y, conforme a lo establecido en el artículo 336 numeral 1, *eiusdem*, es competencia exclusiva de esta Sala Constitucional "declarar la nulidad total o parcial de las leyes nacionales y demás actos con rango de ley de la Asamblea Nacional, que colidan con esta Constitución". Expuestas así las cosas, la referida norma asigna dos posibles consecuencias al ejercicio de dicho control por parte de esta Sala; una, determinar la nulidad total de la norma impugnada y la otra, la nulidad parcial de la misma, lo cual abre un abanico de posibilidades al momento de ejercer dicho control.
>
> Por tanto, cuando una norma es declarada enteramente nula es porque el operador jurídico, es decir la Sala, luego de haber realizado un análisis exhaustivo del contenido de la norma impugnada contrapuesto a los principios constitucionales señalados como trasgredidos, ha concluido que el valor normativo en ella

1026 *V.*, en *Revista de Derecho Público*, N° 85-88, Editorial Jurídica Venezolana, Caracas, 2001, p. 401.

contenido resulta inconstitucional, sin que medie posibilidad alguna de que persista su existencia en el mundo jurídico, pues se alteraría de forma insoslayable el orden instaurado, considerando que el dispositivo normativo contenido en el artículo 119 de la Ley Orgánica de la Corte Suprema de Justicia, le otorga la facultad de fijar los efectos de dicha declaratoria en el tiempo, es decir, hacia el pasado o pro futuro, lo cual en definitiva constituye la exclusión total de dicha norma en el sistema normativo existente.

Situación diferente se plantea en los casos de nulidad parcial de una norma, donde la totalidad de la norma no resulta inconstitucional, sino que son algunos de sus elementos los que violan dispositivos constitucionales, supuesto en el cual, la Sala Constitucional excluye de la estructura de la norma el elemento que resulte inconstitucional, siempre y cuando el supuesto al cual va dirigida esa norma no desaparezca o se altere en su totalidad de forma tal que constituya una norma sin objeto.

Ahora bien, en el último de los supuestos referidos, y que resulta ser el caso regulado por el fallo cuya aclaratoria se solicita, se debe admitir que la relación jurídica condicionada por la norma de una u otra manera, se ve afectada con el control de constitucionalidad ejercido, ya que la norma impugnada, a través de la declaratoria de nulidad parcial, se ha convertido en una *norma nueva y diferente de la norma inicial*, lo cual implica aceptar, que al constituirse en una norma distinta, el operador jurídico debe plasmar en su sentencia el alcance del *nuevo dispositivo normativo*, pues, se parte de que dicha norma va integrada a un texto normativo sistemático, donde los preceptos establecidos en cada artículo, en reiteradas ocasiones guardan relación entre sí. De allí que, la determinación del alcance de dicha norma se hace fundamental para establecer en qué afecta la misma la relación jurídica que condiciona, así como el esquema aplicativo del texto normativo que integra.

Así pues, al prosperar la nulidad parcial de la norma impugnada *nace una nueva norma* y para aplicar tal norma, resulta necesario e indispensable su interpretación, lo cual no es posible hacerlo sin desentrañar previamente el significado de los signos en los que exteriormente se manifiesta, obviamente, sin perder nunca de vista el todo del cual forma parte, debiendo la Sala, en su condición de operador jurídico, imprimirle a la norma los caracteres ideológicos que lo llevaron a determinar su nulidad parcial en resguardo de los derechos constitucionales"[1027].

Por otra parte, estimamos que la norma del artículo 335 de la Constitución debe interpretarse en su propio contexto: el carácter vinculante no puede recaer sobre cualquier frase o razonamiento interpretativo que contenga una sentencia de la Sala Constitucional. Al contrario, se requiere de una interpretación expresa de la Sala "sobre el contenido o alcance de las normas constitucionales y principios constitucionales". Es decir, lo vinculante es la "interpretación constitucional" de alguna

---

1027 *V.*, en *Revista de Derecho Público*, Nº 85-88, Editorial Jurídica Venezolana, Caracas, 2001, pp. 395 y 396.

norma o principio constitucional y no cualquier interpretación normativa. Por tanto, no tiene carácter vinculante la interpretación que pueda hacer la Sala Constitucional de alguna ley o cualquier norma de rango legal o reglamentario, salvo que ello sea hecho "desde la Constitución". Como lo ha puntualizado la Sala Constitucional en su sentencia Nº 727 de 8 de abril de 2003:

> "Ahora bien, es propicia la oportunidad para que la Sala insista en que, de un fallo de la Sala Constitucional, lo vinculante es la interpretación sobre el contenido y alcance de las normas constitucionales, como se apresuró a precisarlo en sentencia Nº 291 del 03 de mayo de 2000, en estos términos: "... debe puntualizar esta Sala que sus criterios vinculantes se refieren a la interpretación sobre el contenido y alcance de las normas constitucionales y no sobre la calificación jurídica de hechos, ajenos a las normas constitucionales". De igual modo son vinculantes las interpretaciones que hace la Sala de normas infralegales pero desde la Constitución, para, la mayoría de las veces, la adaptación de aquéllas a un Texto Constitucional posterior, pero superior a ellas; en estos casos, la Sala determina cuál es la interpretación que debe darse a una norma de rango distinto al legal dentro de los parámetros de las normas, principios o valores superiores que se incorporaron a la Constitución de la República Bolivariana de Venezuela y que, desde allí, irradian a todo el ordenamiento jurídico.
>
> En el caso de autos, la afirmación que se destacó en la trascripción de la sentencia Nº 1179/02, revela el criterio que la Sala usó para la resolución de un caso concreto, con relación a una norma de rango legal, sin el establecimiento, para ello, de alguna relación con normas constitucionales, pero no es uno de los criterios vinculantes cuya preservación se protege a través de la revisión extraordinaria a que se refiere el artículo 336.10 constitucional, como medio de protección de la integridad de la Constitución de la República Bolivariana de Venezuela y de su armónica interpretación por todos los tribunales del país. Así se declara"[1028].

Por tanto, en los casos de interpretación constitucional realizada por la Sala Constitucional, ello no significa que todo el cuerpo motivo de una sentencia pueda llegar a tener ese carácter vinculante. La "doctrina" expuesta por la Sala en una sentencia y que sirve de motivación para decidir, nunca podría carácter vinculante, aún cuando sea un valioso instrumento auxiliar para la aplicación de la Constitución. En realidad, lo que puede ser vinculante de una sentencia, sólo puede ser la parte resolutiva de la misma, en la cual la Sala Constitucional fije la interpretación de una norma, y ello debe señalarlo expresamente[1029]. En ese caso, la interpretación de la

1028 *V.*, en *Revista de Derecho Público*, Nº 93-96, Editorial Jurídica Venezolana, Caracas, 2003.

1029 *V.*, por ejemplo, la sentencia Nº 2651 de 02-10-2003 en la cual se indicó expresamente que como interpretación vinculante que "1. El artículo 174 de la Constitución establece que la primera autoridad civil de los Municipios es el Alcalde, por lo que ningún funcionario distinto, puede tener atribuciones que sean privativas de esas autoridades. 2. Los prefectos, jefes civiles y cualquier otra autoridad pueden válidamente tener un ámbito de actuación coincidente con el territorio municipal, pero ello no implica, en ningún caso, la asunción de los poderes que correspondan a los Alcaldes como primera autoridad civil del Municipio". Más adelante en la sentencia, la Sala agregó: "4. Como la primera autoridad civil de un Municipio es el Alcalde, de acuerdo con el artículo 174 de la Constitución, es él quien debe llevar los registros correspondientes, y ya no los Prefectos ni Jefes Civiles, antiguas primeras autoridades de Muninorma establecida, pasa a ser fuente del derecho del mismo rango que el que tiene la norma que se interpreta: si es una norma constitucional, la interpretación adquiere rango constitucional, y si es una ley la que se interpreta, adquiere rango legal. Por ello, la Sala Constitucional no puede, *ad libitum,* estar modificando sus interpretaciones.

Por otra parte, para que se produzca la interpretación vinculante de una norma constitucional, debe estar en juego un caso judicial relativo a la misma, sea con motivo de una acción popular de nulidad; de una acción por omisión; de una acción de amparo constitucional; de una solicitud de control de constitucionalidad de tratados, de leyes orgánicas o de decretos de Estado de excepción; de la resolución de una controversia constitucional o del conocimiento de un recurso de revisión contra sentencias de amparo o dictadas con motivo del ejercicio del control difuso de la constitucionalidad. En esos casos no pueden considerarse vinculantes los razonamientos o la parte "motiva" de las sentencias, sino sólo la interpretación que se haga, en concreto, del contenido o alcance de una norma específica de la Constitución.

En todo caso, lo que debe quedar claramente precisado es que la Sala Constitucional no puede pretender por la vía de la interpretación de la Constitución sustituir las funciones de los otros Poderes Públicos, ni asumir las tareas del Legislador ni de la Administración. La propia Sala Constitucional en su sentencia N° 1347 de 9 de septiembre de 2000 ha hecho el esfuerzo por auto limitarse en este respecto, para evitar la tentación totalizante, señalando que en la solución de los recursos de interpretación constitucional, teniendo en cuenta el principio de la separación de poderes y su relación con la función de seguridad del Estado de derecho, la Sala no podrá convertirse:

> "Un obstáculo ni en un contralor del ejercicio de las funciones de los órganos del Poder Público. En línea con este razonamiento, la Sala no podrá suplir las potestades de los órganos del Poder Público u ordenar la manera en que se desempeñarán en el ejercicio de sus actividades propias, pues a todos ellos cabe actuar según sus competencias y de acuerdo con el derecho.
>
> Por lo tanto, los órganos que integran el Poder Público, en la consecución de sus cometidos, no tendrán más dirección y vigilancia que la que establezca nuestra Constitución, las leyes y demás normas aplicables. Sería impropio del poder garantizador de la Constitución que ejerce esta Sala y a través de este recurso, el velar *motu propio* y de manera indiscriminada, por la eficacia y eficiencia, incluso en la realización de la Constitución, de los órganos legislativos y administrativos de la jerarquía que fuesen.

---

cipios y parroquias. Ello, sin perjuicio de las reglas para casos especiales que fijó el Código Civil. 5. Esa primera autoridad civil de los municipios, si bien anteriormente tenía el control total del Registro Civil, ahora debe actuar sólo como colaborador con el órgano que constitucionalmente tiene el poder de centralización del Registro: la Comisión de Registro Civil y Electoral, por lo que debe atenerse a lo que, al respecto, dispone la Ley Orgánica del Poder Electoral", y concluyó señalando: "Esta Sala, en virtud de que el presente fallo fija una interpretación vinculante de normas constitucionales, ordena publicarlo en la *Gaceta Oficial de la República Bolivariana de Venezuela*, por razones de seguridad jurídica, los efectos de la decisión comenzaran a surgir a partir de esa publicación, con lo que esta Sala reconoce expresamente la validez de los actos registrales realizados con anterioridad por prefectos y jefes civiles". *V.*, en *Revista de Derecho Público,* N° 93-96, Editorial Jurídica Venezolana, Caracas, 2003.

Esta posición delimita la función político-jurídica que le toca asumir a este Tribunal en cuanto a su función de máximo custodio de la Constitución. De allí que, si bien él se encuentra en la cúspide de los órganos judiciales que refieren sus funciones a la Constitución, su labor consiste, primeramente, de cara al universo de operadores jurídicos, en mantener abierta la posibilidad de que, en el ejercicio de las competencias que tienen atribuidas, cumplan con sus objetivos, participen plenamente en la toma de las decisiones en que les quepa actuar, y, una vez actuadas estas potencialidades, derechos, deberes o potestades, según sea el caso, controlar en grado a la competencia que la propia Constitución le faculta, la correspondencia de dichas actuaciones con respecto a la norma fundamental.

Lo político administrativo o legislativo, en el sentido de elegir el camino o el modo más acorde con el bienestar social, si bien el procedimiento de su elección en muchos casos viene ya señalado por la Constitución, así como los campos en que se mueve la realidad social a que deben prestar sus servicios, sólo le corresponde dictarlo a los entes que ejercen las estrictas funciones político administrativas o legislativas, sin que este Tribunal ex ante les señale la mejor forma de hacerlo.

8.- En definitiva, la Sala se cuidará, con el mayor rigor, al absolver un recurso de interpretación, pues es su propio juez y freno, de no pronunciarse sobre acciones a ser ejecutadas, programas a ser encaminados, políticas a ser establecidas o, en fin, sobre la manera de ejercer sus funciones otros órganos; siempre orientándose dentro del marco teleológico de la norma que estuviere en cuestión, sea que ésta persiga definir diferentes grados de organización y cohesión de la vida social, establecer autoridades y roles sociales, reglas de comportamiento o directivas para la acción, procedimientos para la resolución de conflictos, o la distribución del uso de la fuerza; ya sea que dichas normas respondan a la función conservadora o promocional que se le asigna al derecho, con sus respectivos mecanismos positivos o negativos de control"[1030].

## *SECCIÓN TERCERA:*

## *LA JUSTICIA CONSTITUCIONAL EJERCIDA POR LA JURISDICCIÓN CONTENCIOSO ADMINISTRATIVA*

El ejercicio de la justicia constitucional también corresponde conforme a la Constitución de 1999, a la Jurisdicción Contencioso Administrativa, al ejercer su competencia de anulación de los reglamentos y demás actos administrativos contrarios a derecho, es decir, contrarios a la Constitución, a las leyes o a las demás fuentes del derecho administrativo[1031].

1030 *V.*, en *Revista de Derecho Público*, Nº 84, Editorial Jurídica Venezolana, Caracas, 2000, p. 268.

1031 *V.*, Allan R. Brewer-Carías, *La Justicia Contencioso administrativa*, T. VII, *Instituciones Políticas y Constitucionales, op. cit.*, pp. 26 y ss.

Es decir, todos los jueces contencioso administrativos, conforme al artículo 259 de la Constitución, tienen potestad para declarar la nulidad de los actos administrativos, no sólo por ilegalidad sino por inconstitucionalidad, ejerciendo la justicia constitucional.

Así lo resolvió expresamente la Sala Político Administrativa del Tribunal Supremo en sentencia N° 152 de 17 de febrero de 2000 (Caso: *Aerolínea Internacional S.A.*) al precisar su criterio interpretativo en ejercicio de la competencia atribuida por el Constituyente a todas las Salas del Tribunal Supremo de Justicia en el artículo 335 de la Constitución de la República Bolivariana de Venezuela, señalando que le corresponde "garantizar la supremacía y efectividad de las normas y principios constitucionales, así como velar por su uniforme interpretación y aplicación conforme lo establece el artículo 335 de la Constitución", y particularmente "2. Declarar la nulidad total o parcial, cuando sea procedente de los Reglamentos y demás actos administrativos, por razones de inconstitucionalidad e ilegalidad, conforme al ordinal 5° del artículo 266 de la Constitución y 259 *ejusdem*..."

De lo anterior resulta que así como debe diferenciarse la "Jurisdicción Constitucional" que se atribuye a la Sala Constitucional, de la función de justicia constitucional que corresponde a todos los jueces; también, debe establecerse claramente la diferenciación entre la Jurisdicción Constitucional y la Jurisdicción Contencioso Administrativa[1032].

La diferencia entre ambas jurisdicciones, está en la competencia *por el objeto* que se atribuye a los Tribunales que las componen: la Jurisdicción Constitucional que corresponde al Tribunal Supremo de Justicia en *Sala Constitucional,* tiene por objeto conocer de las acciones de nulidad por inconstitucionalidad *contra las leyes y demás actos de rango legal o ejecución directa e inmediata de la Constitución;* en cambio, la Jurisdicción Contencioso Administrativa que corresponde al mismo Tribunal Supremo, pero en *Sala Político Administrativa y en Sala Electoral* y a los *demás tribunales* que señale la Ley, tiene por objeto, entre otros, conocer de las *acciones de nulidad por inconstitucionalidad o ilegalidad contra los reglamentos y demás actos administrativos* y, por tanto, de rango *sub legal.*

Esto implica que ambas Jurisdicciones se diferencian por el objeto de las acciones y no por el motivo de las mismas: la Jurisdicción Constitucional conoce de la nulidad de las leyes y demás actos de rango legal o de ejecución directa e inmediata de la Constitución; en cambio, la Jurisdicción Contencioso Administrativa, conoce de la nulidad de los actos administrativos, sea cual fuere el motivo de impugnación.

Así se expuso, por ejemplo, en un Voto Salvado a la sentencia N° 2 de 20-01-2000 (Caso: *Domingo G. Ramírez*), al señalar que:

> "...de forma indubitable, el criterio acogido por el Constituyente para definir las competencias de la Sala Constitucional, atiende al rango de las actuaciones objeto de control, esto es, que dichas actuaciones tienen una relación directa con la Constitución, por ser en unos casos actos dictados en ejecución directa e inmediata de la misma, y, en otros, omisiones de obligaciones indispensables para ga-

---

1032 Así lo propusimos expresamente ante la Asamblea Nacional Constituyente. *V.*, Allan R. Brewer-Carías, *Debate Constituyente,* T. II, *op. cit.*, pp. 245 y ss.

rantizar el cumplimiento de la Constitución. Así las cosas, la normativa constitucional aludida imposibilita una eventual interpretación que tienda a identificar las competencias de la Sala Constitucional con los vicios de inconstitucionalidad que se imputen a otros actos o con las actuaciones de determinados funcionarios u órganos del Poder Público"[1033].

Posteriormente, con ese mismo texto se resolvió en la sentencia de la Sala Constitucional N° 6 de 27 de enero de 2000[1034]; criterio que se ratificó expresamente por la misma la Sala, en sentencia N° 194 de 04 de abril de 2000, al decidir un recurso de nulidad por razones de inconstitucionalidad ejercido conjuntamente con una pretensión de amparo constitucional contra un dispositivo del Reglamento de Personal y Régimen Disciplinario del Personal del Instituto Autónomo Policía Municipal del Municipio Chacao y contra los actos administrativos dictados en ejecución del Reglamento impugnado, señalando lo siguiente:

> "La Constitución vigente distingue claramente la jurisdicción constitucional de la contencioso administrativa, delimitando el alcance de ambas competencias en *atención al objeto de impugnación*, es decir, *al rango de los actos objeto de control y no a los motivos por los cuales se impugnan*"[1035].

En efecto, de conformidad con el último aparte del artículo 334 de la Constitución de la República Bolivariana de Venezuela, "Corresponde exclusivamente a la Sala Constitucional del Tribunal Supremo de Justicia como jurisdicción constitucional, declarar la nulidad de las leyes y demás actos de los órganos que ejercen el Poder Público *dictados en ejecución directa e inmediata de la Constitución o que tenga rango de Ley"*.

Asimismo, en el artículo 336 de la Constitución se establecen en forma particularizada las competencias de la Sala; igualmente, en el artículo 214 del texto constitucional, se le otorga la competencia para realizar el control previo o preventivo de la constitucionalidad de las leyes antes de su promulgación; y además, la competencia para determinar la constitucionalidad del carácter orgánico otorgado por la Asamblea Nacional a las leyes así calificadas, de forma previa a su promulgación (artículo 203).

En tal sentido, la Sala Constitucional, en la sentencia N° 194 de 4 de abril de 2000 ratificó lo que había decidido en sentencia de 27 de enero de 2000 (Caso *Milagros Gómez y otros*), así:

> "El criterio acogido por el Constituyente para definir las competencias de la Sala Constitucional, atiende *al rango de las actuaciones objeto de control,* esto es, que dichas actuaciones tienen una relación directa con la Constitución que es el cuerpo normativo de más alta jerarquía dentro del ordenamiento jurídico en un Estado de derecho contemporáneo. Así las cosas, *la normativa constitucional aludida imposibilita una eventual interpretación que tienda a identificar*

---

1033 Voto salvado del Magistrado Héctor Peña Torrelles.

1034 *V.*, en *Revista de Derecho Público*, N° 81, (enero-marzo), Editorial Jurídica Venezolana, Caracas, 2000, p. 213.

1035 *V.*, en *Revista de Derecho Público*, N° 82, Editorial Jurídica Venezolana, Caracas 2000.

*las competencias de la Sala Constitucional con los vicios de inconstitucionalidad que se imputen a otros actos o con las actuaciones de determinados funcionarios u órganos del Poder Público"*[1036].

De lo anterior, la Sala concluyó precisando su propia competencia así:

> "la Sala Constitucional, en el ejercicio de la jurisdicción constitucional, conoce de los recursos de nulidad interpuestos contra los actos realizados en ejecución directa de la Constitución o que tengan forma de ley. De allí que, en el caso de autos, al tratarse el reglamento impugnado de un acto de rango sublegal, esta Sala Constitucional carece de competencia para controlar su conformidad a Derecho, ya que tal competencia corresponde a la Jurisdicción Contencioso Administrativa. Así se decide"[1037].

## *SUB-SECCIÓN PRIMERA: EL JUEZ CONTENCIOSO ADMINISTRATIVO COMO JUEZ CONSTITUCIONAL*

En consecuencia, conforme a la Constitución, corresponde a los órganos de la jurisdicción contencioso administrativo, conocer de las acciones de nulidad contra los reglamentos y demás actos administrativos, así las mismas se fundamenten en motivos de inconstitucionalidad que son motivos de contrariedad al derecho; es decir, el juez contencioso administrativo además de ser juez de la legalidad es juez constitucional de dichos actos. Por ello, conforme al artículo 266,5 de la Constitución, la Sala Político Administrativa del Tribunal Supremo tiene competencia:

> "Para declarar la nulidad total o parcial de los reglamentos y demás actos administrativos generales o individuales del Ejecutivo Nacional, cuando sea procedente";

Ello significa que por su objeto, la Sala Político Administrativa y la Sala Electoral, según su competencia, tienen atribución exclusiva, como juez constitucional, para declarar la nulidad de los reglamentos por razones de inconstitucionalidad, así como de todos los demás actos administrativos por los mismos motivos, y nada autoriza del texto de la Constitución que pudiera conducir a concentrar en la Sala Constitucional el ejercicio de dicha potestad anulatoria de actos administrativos por motivos de inconstitucionalidad; pues la Jurisdicción Constitucional que corresponde a la Sala Constitucional sólo se determina por el objeto de control (leyes, actos estatales de rango legal y actos estatales de ejecución directa de la Constitución) y no por los motivos de control[1038].

---

1036 *V.*, en *Revista de Derecho Público*, Nº 82, Editorial Jurídica Venezolana, Caracas 2000.

1037 *V.*, en *Revista de Derecho Público*, Nº 82, Editorial Jurídica Venezolana, Caracas 2000.

1038 *V.*, la sentencia Nº 3537 de 16-11-2005 (Caso: *C.A. La Electricidad de Caracas y Otras vs. Artículo 16 de la Ley Orgánica de Seguridad y Defensa, el Reglamento* Parcial N° 2 de la Ley Orgánica de Seguridad y Defensa, y Diversos Decretos del Presidente de la República y Resoluciones del Ministro de la Defensa), en la cual la Sala Constitucional ha precisado que la Constitución de 1999 deslindó claramente que "la jurisdicción constitucional –atribuida a esta Sala– de la contencioso administrativa, de manera que sólo se incluye dentro de la primera a los actos que sean dictados en ejecución directa e inmediata de la Constitución y dentro de la segunda a todo acto sub–legal, aunque en él se denuncien vicios de inconstitucionalidad"; agregando que "la jurisdicción constitucional se define, hoy día, según los actos impug-

Debe señalarse, además, que teniendo competencia los tribunales contencioso administrativos para declarar la nulidad de los actos administrativos incluso por razones de inconstitucionalidad, siempre habíamos considerado inconstitucional la norma del artículo 181 de la derogada Ley Orgánica de la Corte Suprema de Justicia, que le quitaba competencia a los tribunales contencioso administrativo para conocer de la inconstitucionalidad de los actos administrativos, asignándosela exclusivamente a la antigua Sala Político Administrativa de la Corte Suprema, órgano en el cual debían declinar la competencia[1039].

Esta irregular situación fue corregida por la Sala Constitucional del Tribunal Supremo, en la sentencia Nº 194 de 4 abril de 2000, al resolver inaplicar dicho artículo 181 de la Ley Orgánica de la Corte Suprema, por inconstitucional, señalando que "la nueva Constitución atribuye a la Sala Político Administrativa el conocimiento de las acciones de nulidad de reglamentos, con independencia de que los vicios lo sean por razones de inconstitucionalidad o de ilegalidad".

Sin embargo, observó la Sala en dicha sentencia que el artículo 181 de la derogada Ley Orgánica de la Corte Suprema de Justicia, si bien le atribuía competencia a los tribunales superiores contencioso administrativos para conocer en primera instancia de las acciones o recursos de nulidad contra los actos administrativos de efectos generales o particulares, emanados de autoridades estadales o municipales de su jurisdicción, precisaba que "Cuando la acción o el recurso se funde en razones de inconstitucionalidad, el Tribunal declinará su competencia en la Corte Suprema de Justicia"; lo cual fue considerado contrario a la Constitución pues la nueva Constitución había delimitado "claramente la competencia de la Jurisdicción Contencioso Administrativa atendiendo al rango de los actos administrativos y no al motivo de la impugnación". De ello, la Sala resolvió lo siguiente:

> En efecto, el artículo 259 de la Constitución otorga competencia a todos los órganos de la Jurisdicción Contencioso Administrativa para anular los actos administrativos generales o individuales contrarios a derecho. Dentro de dichos órganos corresponde –según surge de la norma transcrita precedentemente– a los Juzgados Superiores con competencia en lo contencioso administrativo, el conocimiento de los actos emanados de las autoridades municipales y estadales, salvo que la acción o recurso se funden en razones de inconstitucionalidad, caso en que el Tribunal declinará la competencia en el Tribunal Supremo de Justicia.

---

nables y, en ese sentido, sólo abarca actos con rango de ley, provengan de la Asamblea Nacional o del Presidente de la República, o actos de órganos deliberantes estadales y municipales, siempre que ellos emanen como aplicación directa e inmediata del Texto Constitucional. La Jurisdicción Contencioso Administrativa, en cambio, está concebida ahora para conocer de actos sub-legales, sin importar el vicio que se les impute. En tal virtud, no es la violación de una norma fundamental lo que permite a la jurisdicción constitucional conocer de un acto, como sucedía con anterioridad, sino la jerarquía del mismo. Por ello, un acto sub-legal, así se le imputen variados vicios de inconstitucionalidad, no corresponderá a la jurisdicción constitucional, la cual se le ha asignado a esta Sala en el artículo 334 de la vigente Carta Magna"; en *Revista de Derecho Público*, Nº 104, EJV, Caracas 2005, pp. 216 ss. *V.*, además, sentencia de la Sala Constitucional Nº 1122 de 8-6-2006 (Caso: *Confederación Venezolana de Industriales (Conindustria) vs. Decreto Presidencial Nº 4.248 del 30 de enero de 2006*), en *Revista de Derecho Público*, Nº 106, EJV, Caracas 2006, pp. 208 y ss.

1039 *V.*, Allan R. Brewer-Carías, *Nuevas tendencias del Contencioso Administrativo, op. cit. pp. 47 y La justicia contencioso administrativa*, T. VII, *Instituciones Políticas y Constitucionales, op. cit.*, pp. 28 y ss.

Ahora bien, considera esta Sala constitucional que el primer aparte del artículo 181 de la Ley Orgánica de la Corte Suprema de Justicia, al impedir a los Juzgados Superiores con competencia en lo contencioso administrativo el conocer de la nulidad de los actos administrativos (generales o particulares), cuando se aleguen vicios de inconstitucionalidad, contradice lo dispuesto en el artículo 259 de la Constitución, por cuanto éste otorga facultades a los Tribunales en lo contencioso administrativo para anular los actos administrativos generales o individuales por contrariedad a derecho, que comprende –sin lugar a dudas– tanto la inconstitucionalidad como la ilegalidad.

Por otro lado, la norma a que se contrae dicho aparte del citado artículo 181 se aparta de la verdadera intención del legislador al regular temporalmente la Jurisdicción Contencioso Administrativa que era, por una parte, desconcentrar las competencias que tenía la Sala Político Administrativa, como el único tribunal contencioso administrativo, y por la otra parte, acercar más la justicia al ciudadano, sobre todo cuando existen controversias entre éstos y los entes estadales y municipales.

De manera que, por tales circunstancias y en especial a que por mandato constitucional los tribunales de la Jurisdicción Contencioso Administrativa son competentes para anular actos administrativos por contrariedad al derecho, esta Sala Constitucional estima que la disposición contenida en el primer aparte del referido artículo 181 es a todas luces contraria a la Constitución, motivo por el cual en uso de la potestad prevista en el artículo 334 de la Constitución, *inaplica a los fines de determinar la competencia en el caso de autos*, el primer aparte del artículo 181 de la Ley Orgánica de la Corte Suprema de Justicia por ser inconstitucional, al enfrentar de manera incontestable la disposición establecida en el segundo aparte del artículo 259 de la Constitución, en cuanto sustrae a los tribunales contencioso administrativos distintos a la Sala Político Administrativa de este Tribunal Supremo, la competencia que le fue otorgada por la propia Constitución para conocer de la nulidad de los actos administrativos (generales o particulares) contrarios a Derecho"[1040].

Estos criterios fueron posteriormente ratificados en la interpretación vinculante que hizo la Sala Constitucional del artículo 334 de la Constitución, en la sentencia N° 833 de 25 de mayo de 2001 (Caso: *Instituto Autónomo Policía Municipal de Chacao vs. Corte Primera de lo Contencioso Administrativo*), en la cual expuso su criterio sobre le alcance de la competencia que el artículo 266,5 de la Constitución atribuye a la Sala Político Administrativa de este Tribunal Supremo: "Declarar la nulidad total o parcial de los reglamentos y demás actos administrativos generales o individuales del Ejecutivo Nacional, cuando sea procedente"; indicando lo siguiente.

Se da así, al reglamento, naturaleza de acto administrativo y, como tal, se le coloca en el mismo plano de las resoluciones ministeriales, que son los demás actos a que se refiere el artículo trascrito; a pesar que el numeral 5 del artículo 266 citado, no se refiere a la nulidad por inconstitucional. La Sala Político

1040 *V.*, en *Revista de Derecho Público*, N° 82, Editorial Jurídica Venezolana, Caracas, 2000, p. 429 y ss.

Administrativa ha venido sosteniendo que –fundada además en la Ley Orgánica de la Corte Suprema de Justicia–, es competente para conocer de tales nulidades, compartiendo con la Sala Constitucional el control concentrado. ¿Realmente es así?

A juicio de esta Sala, y aunque el numeral 5 de la mencionada norma constitucional no lo establezca expresamente, al Reglamento –como acto administrativo– le dio, el constituyente, una connotación distinta a los "actos con rango de ley" que dicta el Ejecutivo Nacional que, en consecuencia, son otros, como los decretos leyes que, previa autorización por una ley habilitante, puede dictar el Ejecutivo (artículo 236, numeral 8 de la Constitución), por lo que la jurisdicción constitucional (sic) para el control concentrado está compartida en Venezuela entre la Sala Constitucional y la Sala Político Administrativa; pues, esta última también conoce de la inconstitucionalidad de los actos de los órganos estadales en ejercicio del poder público que no respondan a la aplicación directa e inmediata de la Constitución. Sin embargo, la estructura constitucional conduce a que la jurisdicción constitucional (sic), ejercida por la Sala Político Administrativa, esté supeditada en cuanto a las interpretaciones constitucionales, a las emitidas –con efecto vinculante– por la Sala Constitucional.

El control concentrado de la Sala Constitucional, no consiste en el conocimiento de la constitucionalidad de toda norma pública (normas generales) y de todos los actos del poder público, ya que la Sala Político Administrativa ejerce un control mediato de la inconstitucionalidad, motivo por el cual el artículo 336 de la vigente Constitución, se refiere con respecto a la competencia de la Sala Constitucional, a actos de los órganos estadales en ejecución directa e inmediata de la Constitución"[1041].

## *SUB-SECCIÓN SEGUNDA: LA CONSTITUCIONALIZACIÓN DEL CONTENCIOSO ADMINISTRATIVO*

El Estado de derecho implica, ante todo, la necesaria sumisión de todas las actuaciones de los órganos del Estado al ordenamiento jurídico preestablecido, compuesto no sólo por la Constitución y las leyes, sino por el conjunto de reglamentos y

---

1041 *V.*, en *Revista de Derecho Público*, N° 85-88, Editorial Jurídica Venezolana, Caracas, 2001, pp. 370. *V.*, además, la sentencia de la sala Constitucional N° 2353 de 23-11-2001 (Caso: *Impugnación de la Ordenanza de Impuestos sobre Juegos y Apuestas del Municipio Iribarren del Estado Lara*), en la cual la Sala aún cuando intentó revisar su doctrina y definir la Jurisdicción Constitucional, no por el objeto de control sino por los motivos de control, concluyó ratificándola en los siguientes términos: "De conformidad con lo expuesto en la presente decisión, lo cual debe considerarse como una interpretación vinculante de la Constitución, obligatoria para todos los tribunales del país, incluyendo las demás Salas del Máximo Tribunal de la República, cuando la acción o recurso se funde en razones de inconstitucionalidad los tribunales declinarán su competencia en la Sala Constitucional del Tribunal Supremo de Justicia sólo en el caso que se trate de la declaratoria de nulidad de una ley, o de un acto del Poder Público dictado en ejecución directa e inmediata de la Constitución. Es decir, que los procedimientos de nulidad o anulación que se refieran a actos que no hayan sido dictados en ejecución directa e inmediata de la Constitución deberán seguirse como procedimientos contencioso administrativos regulados en la actualidad y en forma provisional por la Ley Orgánica de la Corte Suprema de Justicia, mientras no se dicte la ley que regule la Jurisdicción Contencioso Administrativa, y así se decide; en *Idem*, pp. 374 ss.

normas dictados por las autoridades competentes. De ello deriva el principio de la legalidad, que en relación con los órganos de la Administración Pública les impone la obligación de actuar con arreglo a lo establecido en la Constitución, ley y las otras normas jurídicas que regulan su actividad[1042].

Esta idea del Estado de derecho implica, además, la indispensable previsión de garantías de control judicial a los efectos de asegurar la sumisión de los órganos del Estado al derecho, a cuyo efecto se han desarrollado y estructurado además de la Jurisdicción Constitucional, otras jurisdicciones especiales, como la Jurisdicción Contencioso Electoral y la Jurisdicción Contencioso Administrativa, las cuales se distinguen, básicamente como se dijo, por los actos objeto de control[1043].

En particular, para asegurar la sumisión de los actos y demás actuaciones de la Administración Pública al derecho, es que se han desarrollado los procesos contencioso administrativos y la misma Jurisdicción Contencioso Administrativa ubicada generalmente dentro del Poder Judicial, lo que no excluye la previsión, también, de garantías de orden administrativo, como los recursos administrativos regulados en las Leyes de procedimientos administrativos[1044]. Estos recursos administrativos permiten a los interesados exigir el control de la legalidad de los actos dentro de la propia Administración, además de que les permite exigir el control y revisión de la oportunidad de los actos cuestionados. Es decir, en el ámbito administrativo puede decirse que además de la garantía de la legalidad, existe la garantía del control de la oportunidad de las actuaciones administrativas.

Pero fuera del seno de la propia Administración, el principio de la legalidad que deriva del Estado de derecho tiene su respuesta específica en la garantía judicial frente a los actos y las actuaciones administrativas, cuya organización da origen a la Jurisdicción Contencioso Administrativa, es decir, al conjunto de órganos judiciales encargados de controlar la constitucionalidad y legalidad de las actuaciones de la Administración, tanto por sus actos, omisiones y hechos materiales, como por las relaciones jurídico administrativas en las cuales aquélla intervenga[1045].

La norma fundamental que constitucionaliza esta Jurisdicción en Venezuela está contenida en el artículo 259 de la Constitución de 1999[1046], la cual dispone:

> "La Jurisdicción Contencioso Administrativa corresponde al Tribunal Supremo de Justicia y a los demás tribunales que determina la ley. Los órganos de la Juris-

---

1042 *V.*, Antonio Moles Caubet, *El principio de legalidad y sus implicaciones*, Universidad Central de Venezuela, Facultad de Derecho, Publicaciones del Instituto de Derecho Público, Caracas, 1974.

1043 *V.*, Allan R. Brewer-Carías, *Justicia Constitucional*, T. VI, *Instituciones Políticas y Constitucionales*, Editorial Jurídica Venezolana, Caracas, 1996; y *Justicia contencioso administrativa*, T. VII, *Instituciones Políticas y Constitucionales*, Editorial Jurídica Venezolana, Caracas, 1997

1044 *V.*, Allan R. Brewer-Carías, *El derecho administrativo y la Ley Orgánica de procedimientos Administrativos*, Editorial Jurídica Venezolana, Caracas, 1992; Allan R. Brewer-Carías, *Los principios del procedimiento administrativo en América Latina*, Universidad del Rosario, Editorial Legis, Bogotá, 2002.

1045 *V.*, Allan R. Brewer-Carías, *Las Instituciones Fundamentales del Derecho Administrativo y. la Jurisprudencia Venezolana.* Publicaciones de la Facultad de Derecho, Universidad Central de Venezuela, Caracas, 1964, pp. 295 y ss.

1046 *V.*, en general Allan R. Brewer-Carías, *La Constitución de 1999. Derecho Constitucional Venezolano*, 2 Tomos, Editorial Jurídica Venezolana, Caracas, 2004 dicción Contencioso Administrativa son competentes para anular los actos administrativos generales o individuales contrarios a derecho, incluso por desviación de poder; condenar al pago de sumas de dinero y a la reparación de daños y perjuicios originados en responsabilidad de la Administración; conocer de reclamos por la prestación de servicios públicos y disponer lo necesario para el restablecimiento de las situaciones jurídicas subjetivas lesionadas por la actividad administrativa".

Ha sido precisamente con base en esta norma constitucional, que repite casi textualmente el contenido del artículo 206 de la anterior Constitución de 1961, que en Venezuela se ha desarrollado la Jurisdicción Contencioso Administrativa que se ejerce por la Sala Político Administrativa del Tribunal Supremo de Justicia y por los otros tribunales establecidos por ley, con la misión específica, entre otras, de ejercer la justicia constitucional y de la legalidad respecto de los actos de la Administración. La configuración de dicha jurisdicción, por otra parte, se ha completado en la Constitución de 1999, al regularse también, en el artículo 297, a la Jurisdicción Contencioso Electoral atribuyéndose su ejercicio a la Sala Electoral del Tribunal Supremo de Justicia y los demás tribunales que determine la ley; especializándose así, el control de legalidad y constitucionalidad respecto de los actos administrativos dictados por los órganos del Poder Electoral.

Con base en el artículo 206 de la Constitución de 1961, la jurisprudencia de la antigua Corte Suprema de Justicia elaboró las bases del contencioso administrativo[1047], las cuales desarrolladas por la doctrina nacional[1048], condujeron a la sanción

1047 En cuanto a la jurisprudencia, *v.*, en Allan R. Brewer-Carías, *Jurisprudencia de la Corte Suprema 1930-74 y Estudios de Derecho Administrativo,* T. V, *La Jurisdicción Contencioso Administrativa,* Vol. 1 y 2, Instituto de Derecho Público, Facultad de Derecho, Universidad Central de Venezuela, Caracas, 1978; Allan R. Brewer-Carías y Luís Ortiz Álvarez, *Las grandes decisiones de la jurisprudencia Contencioso administrativa,* Editorial Jurídica Venezolana, Caracas, 1996; y Luís Ortiz-Álvarez, *Jurisprudencia de medidas cautelares en el contencioso administrativo (1980-1994),* Editorial Jurídica Venezolana, Caracas, 1995.

1048 *V.*, Luis Torrealba Narváez, "Consideraciones acerca de la Jurisdicción Contencioso Administrativa, su Procedimiento y Algunas Relaciones de éste con el de la Jurisdicción Judicial Civil", en *Anales de la Facultad de Derecho,* Universidad Central de Venezuela, Caracas, 1951; Hildegard Rondón de Sansó, *El Sistema Contencioso administrativo de la Carrera Administrativa. Instituciones, Procedimiento y Jurisprudencia,* Ediciones Magón, Caracas, 1974. *V.*, asimismo, Allan R. Brewer-Carías, *Estado de derecho y Control Judicial,* Madrid, 1985, pp. 281 y ss; José Araujo Juárez, José, *Derecho Procesal Administrativo,* Vadell Hermanos editores, Caracas, 1996; Allan R. Brewer-Carías, *Contencioso Administrativo,* T. VII, *Instituciones Políticas y Constitucionales,* Editorial Jurídica Venezolana, Caracas-San Cristóbal, 1997; Antonio Canova González, *Reflexiones para la reforma del sistema contencioso administrativo venezolano,* Editorial Sherwood, Caracas, 1998; Carlos L. Carrillo Artiles, *El recurso jurisdiccional contra las abstenciones u omisiones de los funcionarios públicos,* Universidad Católica Andrés Bello, Caracas, 1996; Víctor Hernández-Mendible, *Tutela judicial cautelar en el contencioso administrativo*, Vadell Hermanos editores, Caracas, 1998; Daniela Urosa Maggi, *Tutela judicial frente a la inactividad administrativa en el derecho español y venezolano*, Funeda, Caracas, 2003. *V.*, además, las siguientes obras colectivas: *El Control Jurisdiccional de los Poderes Públicos en Venezuela,* Instituto de Derecho Público, Facultad de Ciencias Jurídicas y Políticas, Universidad Central de Venezuela, Caracas, 1979; *Contencioso Administrativo en Venezuela,* Editorial Jurídica Venezolana, tercera edición, Caracas, 1993; *Derecho Procesal Administrativo,* Vadell Hermanos editores, Caracas, 1997; *8ª Jornadas "J.M. Domínguez Escovar" (Enero 1983), Tendencias de la jurisprudencia venezolana en materia contencioso administrativa,* Facultad de Ciencias Jurídicas y Políticas, U.C.V., Corte Suprema de Justicia; Instituto de Estudios Jurídicos del Estado Lara, Tip. Pregón, Caracas, 1983; *Contencioso Administrativo, I Jornadas de Derecho* de la derogada Ley Orgánica de la Corte Suprema de Justicia de 1976[1049], en cuyas normas se reguló el procedimiento contencioso administrativo ante la Corte. En las Disposiciones Transitorias de esa Ley, además, se reguló la organización de la Jurisdicción Contencioso Administrativa, con indicación de los diversos tribunales que además de la Sala Político Administrativa de la Corte Suprema, la integraban, particularmente, la Corte Primera de lo Contencioso Administrativo y Tribunales Superiores Contencioso Administrativos. Incomprensiblemente, sin embargo, la nueva Ley Orgánica del Tribunal Supremo de Justicia de mayo de 2004[1050], a pesar de regular los principios del procedimiento contencioso administrativo en sus artículos 18 a 21, sin embargo carece de Disposiciones transitorias para darle base legal fundamental a la organización de la Jurisdicción. Sólo se establece en la Disposición Derogatoria, Transitoria y Final de la Ley, que mientras se dicte la Ley de la Jurisdicción Contencioso Administrativa, el procedimiento regulado sólo se aplica a los juicios desarrollados ante el propio Tribunal Supremo, agregando que respecto de los otros tribunales, la Sala Plena debe dictar un Reglamento Especial que regule "el funcionamiento y la competencia de los tribunales respectivos", lo que hasta 2006 no había ocurrido, de manera que el régimen del procedimiento se ha establecido jurisprudencialmente.

En todo caso, de acuerdo con la Constitución y con la Ley Orgánica del Tribunal Supremo de Justicia, la Jurisdicción Contencioso Administrativa en Venezuela está configurada como una jurisdicción especial integrada al Poder Judicial, por lo que los tribunales que la integran lo que tienen en realidad es una competencia específica para conocer de litigios en los cuales interviene la Administración[1051]. Esta Jurisdicción comenzó a estructurarse desde 1925 cuando se atribuyó a la antigua Corte Federal y de Casación, el poder anulatorio sobre los actos administrativos; luego que desde 1830, se había atribuido al Supremo Tribunal el conocimiento de las demandas contra los entes públicos, como un fuero judicial especial para la Administración Pública.

En la norma del artículo 259 de la Constitución se sigue la misma tradición, al asignarse competencia en materia contencioso administrativa a órganos que integran el Poder Judicial, pero ratificándose el principio de la pluralidad orgánica, en el sentido de que no sólo el Tribunal Supremo de Justicia tiene competencia en la materia, sino los demás tribunales que determine la Ley. Con ello, como lo dijo la antigua

---

*Administrativo Allan Randolph Brewer-Carías,* Funeda, Caracas, 1995; *XVIII Jornadas "J.M. Domínguez Escovar, Avances jurisprudenciales del contencioso-administrativo en Venezuela,* 2 Tomos, Instituto de Estudios Jurídicos del Estado Lara, Diario de Tribunales Editores, S.R.L. Barquisimeto, 1993.

1049 Ley Orgánica de la Corte Suprema de Justicia del 30 de julio de 1976 (LOCSJ) en *Gaceta Oficial* Nº 1.893, Extraordinaria del 30-07-76. Véase sobre dicha Ley: Allan R. Brewer-Carías y Josefina Calcaño de Temeltas, *Ley Orgánica de la Corte Suprema de Justicia*, Editorial Jurídica Venezolana, Caracas 1994.

1050 Ley Orgánica del Tribunal Supremo de Justicia (LOTSJ), *Gaceta Oficial*, Nº 37942 de 20-05-2004

1051 *V.*, Martín Pérez Guevara, "Prólogo", en Allan R. Brewer-Carías, *Jurisprudencia de la Corte Suprema 1930-74 y Estudios de Derecho Administrativo,* T. II. *Ordenamiento Orgánico y Tributario del Estado,* Instituto de Derecho Público, Facultad de Derecho, Universidad Central de Venezuela, Caracas, 1976, pp. 1-10.

Corte Suprema de Justicia en sentencia de 15 de octubre de 1970 al comentar la norma similar del artículo 206 de la Constitución de 1961, se buscó:

> "Sobre todo, resolver, de una vez, en nuestro país, mediante un precepto constitucional, la polémica que ha dividido a tratadistas y legisladores, tanto en Europa como en América, acerca de la conveniencia de que sean órganos independientes del Poder Judicial los que conozcan de las cuestiones que se susciten entre los particulares y la Administración con motivo de la actividad propia de ésta, en sus diversos niveles.
>
> Como se indica en la Exposición de Motivos de la Constitución, ésta "consagra el sistema justicialista de la Jurisdicción Contencioso Administrativa", apartándose del sistema francés y reafirmando la tendencia tradicionalmente predominante en la legislación nacional, de atribuir el control jurisdiccional de la legalidad de los actos de la Administración a los órganos del Poder Judicial"[1052].

Tanto la Constitución de 1961 como la de 1999 atribuyeron al Legislador una amplia potestad para la determinación de los tribunales que integran tanto la Jurisdicción Contencioso Administrativa como la Jurisdicción Contencioso Electoral, con las solas limitaciones constitucionales en el sentido de que conforme al artículo 266, sólo la sala Político Administrativa del Tribunal Supremo de Justicia tiene competencia para:

> "4. Dirimir las controversias administrativas que se susciten entre la República, algún Estado, Municipio u otro ente público, cuando la otra parte sea alguna de esas mismas entidades, a menos que se trate de controversias entre Municipios de un mismo Estado, caso en el cual la ley podrá atribuir su conocimiento a otro tribunal.
>
> 5. Declarar la nulidad total o parcial de los reglamentos y demás actos administrativos generales o individuales del Ejecutivo Nacional, cuando sea procedente.
>
> 6. Conocer de los recursos de interpretación sobre el contenido y alcance de los textos legales, en los términos contemplados en la ley".

Al reservarse al Tribunal Supremo, en general, el control de la constitucionalidad e ilegalidad con poderes anulatorios de los reglamentos y demás actos administrativos del Ejecutivo Nacional, ello permitió atribuir a los tribunales superiores con competencia contencioso administrativa el control de la constitucionalidad e ilegalidad de los actos de las autoridades administrativas de los Estados y Municipios. En cuanto a las demás autoridades administrativas nacionales que no conforman estrictamente los órganos del "Ejecutivo Nacional", el control contencioso administrativo de sus actos, tanto por razones de inconstitucionalidad cómo de ilegalidad, se atribuyó conforme la Ley Orgánica de la Corte Suprema de Justicia de 1976, a la Corte Primera de lo Contencioso Administrativo.

---

1052 *V.*, sentencia de la antigua Corte Suprema de Justicia, Sala Político Administrativa de 15-12-70 en *Gaceta Forense*, N° 70, 1970, pp. 179-185 y en *Gaceta Oficial*, N° 29.434 de 6-2-71, pp. 219-984-5.

Ahora bien, la importancia del texto del artículo 259 de la Constitución, y su efecto inmediato, que es la constitucionalización de la Jurisdicción Contencioso Administrativa, radica en los siguientes cuatro aspectos[1053].

En *primer* lugar, en la *universalidad del control* de constitucionalidad y legalidad que la Constitución regula respecto de los reglamentos y demás actos administrativos, en el sentido, de que todos, absolutamente todos los actos administrativos pueden ser sometidos a control judicial por los órganos de la jurisdicción contencioso administrativa.

La intención de los proyectistas de la norma, tanto en la Constitución de 1961 como en la de 1999, fue la de que a todos los actos administrativos, por cualquier motivo de contrariedad al derecho, puedan ser controlados por los tribunales que conforman la Jurisdicción Contencioso Administrativa. La Constitución no admite excepciones, y como lo explicó la Exposición de Motivos de la Constitución de 1961, la fórmula "contrarios a derecho es una enunciación general que evita una enumeración que puede ser peligrosa al dejar fuera de control algunos actos administrativos".

Ello, por supuesto, trae como consecuencia fundamental que cualquier exclusión de control judicial respecto de actos administrativos específicos sería inconstitucional, sea que dicha exclusión se haga por vía de ley o por las propias decisiones de los tribunales, en particular, del propio Tribunal Supremo de Justicia.

La universalidad del control radica entonces en que todos los actos administrativos están sometidos a control judicial de constitucionalidad y legalidad, por cualquier motivo de contrariedad al derecho, de manera que los órganos de la Jurisdicción Contencioso Administrativa tienen competencia constitucional para juzgar tanto la constitucionalidad como la legalidad propiamente dicha de los actos administrativos. Sería contrario a la intención de la Constitución, por tanto, cualquier limitación a la competencia de dichos demás tribunales de la Jurisdicción Contencioso Administrativa (distintos al Tribunal Supremo de Justicia) a las solas cuestiones de ilegalidad.

En *segundo* lugar y como consecuencia de esta tendencia hacia la universalidad del control, se ha puesto a disposición de los particulares un conjunto de recursos y acciones para acceder a la justicia contencioso administrativa que, por supuesto, además del recurso de nulidad contra los reglamentos y demás actos administrativos de efectos generales o de efectos particulares, incluso con pretensión de amparo constitucional, están el recurso contra la abstención o negativa de los funcionarios públicos a actuar conforme a las obligaciones legales que tienen; el recurso de interpretación de las leyes; el conjunto de demandas contra los entes públicos; y las acciones para resolver los conflictos entre autoridades administrativas del Estado.

Pero en *tercer* lugar, la importancia de la constitucionalización de la Jurisdicción Contencioso Administrativa, es decir, del control judicial de constitucionalidad y legalidad de todos los actos administrativos, está en que no sólo la norma constitucional del artículo 259 persigue una asignación de competencias a unos órganos ju-

1053 *V.*, Allan R. Brewer-Carías, *Nuevas Tendencias en el Contencioso Administrativo en Venezuela*, Editorial Jurídica Venezolana, Caracas, 1993.

diciales, sino en que consagra un *derecho fundamental del ciudadano a la tutela judicial efectiva frente a la Administración*, en el sentido de lo establecido en el artículo 26 de la propia Constitución y en el artículo 18, primer párrafo de la Ley Orgánica del Tribunal Supremo. En esta forma, la Jurisdicción Contencioso Administrativa se configura constitucionalmente como un sistema judicial para la protección de los administrados frente a la Administración. De allí la ratificación del principio de la universalidad del control, en el sentido de que tratándose de un derecho constitucional al mismo, no podría el Legislador excluir de control a determinados actos administrativos.

Además, en *cuarto* lugar, la forma como están concebidas constitucionalmente la universalidad de control y el derecho ciudadano a la tutela judicial frente a la Administración, implica la asignación al juez contencioso administrativo de *amplísimos* poderes de tutela, no sólo para el control de la constitucionalidad y legalidad objetivas que debe siempre ser respetada por la Administración, sino de las diversas situaciones jurídicas subjetivas que pueden tener los particulares en relación con la Administración. De allí que el contencioso administrativo, conforme al artículo 259 de la Constitución, no sea solamente un proceso contra actos administrativos, sino que está concebido como un sistema de justicia para la tutela de los derechos subjetivos y de los intereses legítimos de los administrados, incluyendo, por supuesto, los derechos y libertades constitucionales. Por tanto, no se concibe el contencioso administrativo sólo como un proceso de control de constitucionalidad y legalidad, sino también de tutela de los derechos e intereses de los recurrentes frente a la Administración.

Por ello, el juez contencioso administrativo, de acuerdo a los propios términos del artículo 259 de la Constitución, tiene competencia no sólo para anular los actos administrativos contrarios a derecho, sino para condenar a la Administración al pago de sumas de dinero y a la reparación de daños y perjuicios originados en responsabilidad de la misma, y además, para disponer lo necesario para el restablecimiento de las situaciones jurídicas subjetivas lesionadas por la autoridad administrativa, incluyendo en la expresión "situaciones jurídicas subjetivas" no sólo el clásico derecho subjetivo, sino los derechos constitucionales y los propios intereses legítimos, personales y directos de los ciudadanos.

## *SUB-SECCIÓN TERCERA: LAS CARACTERÍSTICAS DE LA JURISDICCIÓN CONTENCIOSO ADMINISTRATIVA*

El proceso de configuración contemporánea de la Jurisdicción Contencioso Administrativa en Venezuela, puede decirse que culminó con la incorporación en la Constitución de 1961 del artículo 206, el cual se ha recogido en el artículo 259 de la Constitución de 1999. Con base en dichas normas, desde 1976 mediante la derogada Ley Orgánica de la Corte Suprema de Justicia, la cual fue sustituida en 2004 por la Ley Orgánica del Tribunal Supremo de Justicia, se han venido delineando las características fundamentales de dicha Jurisdicción que analizaremos a continuación[1054].

---

1054 La Ley Orgánica del Tribunal Supremo de Justicia de 2004, lamentablemente derogó las normas transitorias de la vieja Ley Orgánica de la Corte Suprema de Justicia, dejando sin soporte legislativo directo a

## I. LA JURISDICCIÓN ESPECIAL

La Jurisdicción Contencioso Administrativa es, ante todo, una jurisdicción especial en el sentido de que se trata de un conjunto de órganos judiciales encargados de controlar la constitucionalidad y legalidad de los actos, hechos y relaciones jurídico-administrativas.

En este sentido, el sistema venezolano se apartó del sistema francés que nació de la interpretación del principio de la separación de poderes que se efectuó en los días de la Revolución francesa, a la luz de una peculiar tradición y evolución de desconfianza en los jueces, de lo que derivó la prohibición establecida para los jueces de poder controlar la Administración y sus actos. Ello, sin duda, condujo al propio desarrollo del derecho administrativo que tanto influenció en todos los países latinos, pero sin el ingrediente del sistema jurisdiccional administrativo separado del judicial que se desarrolló en Francia, el cual difícilmente podría ser exportable a otros sistemas jurídicos[1055]. Los mismos autores franceses han comprendido esta peculiaridad y han afirmado que por supuesto, la jurisdicción administrativa separada de la jurisdicción judicial, no es condición necesaria para la existencia misma del derecho administrativo[1056].

En todo caso, en Venezuela como en la gran mayoría de los países latinoamericanos, el derecho administrativo no se construyó con base en los criterios de distinción entre una jurisdicción judicial y una jurisdicción administrativa, y más bien su configuración paulatina dio origen a la competencia especializada de determinados tribunales para conocer de litigios en los cuales interviene la Administración, pero integrados en el Poder Judicial[1057]. Como se dijo, ello comenzó a partir de la Constitución de 1925, con la atribución a la entonces Corte Federal y de Casación de la competencia para declarar "la nulidad de los Decretos o Reglamentos que dictare el Poder Ejecutivo para la ejecución de las leyes cuando alteren su espíritu, razón o propósito de ellas", es decir, la posibilidad de un recurso contencioso administrativo de anulación pero sólo contra actos administrativos generales o individuales dictados por el Presidente de la República (art. 120). Esta atribución de la Corte Federal y de Casación fue ampliada respecto a todos los actos administrativos a partir de la Constitución de 1931 (art. 120,12), y posteriormente en la Constitución de 1961 con la atribución de la Corte Suprema de Justicia para declarar la nulidad de los actos administrativos generales o individuales contrarios a derecho e incluso por desviación de poder (Artículo 215,7 y artículo 206.), texto que se recogió en la Constitución de 1999.

---

los órganos de la Jurisdicción Contencioso Administrativa que se habían estructurado, hasta que se dicte la futura Ley de la Jurisdicción Contencioso Administrativa.

1055 La situación de Colombia, en este sentido, es excepcional en el derecho comparado Véase, Miguel González Rodríguez, *Derecho procesal Administrativo,* Bogotá, 1986.

1056 *V.*, J. Rivero, *Droit Administratif,* Precis Dalloz, 1962, París, p. 118.

1057 *V.*, M. Pérez Guevara, "Prólogo", en Allan R. Brewer-Carías, *Jurisprudencia de la Corte Suprema 1930-74 y Estudios de Derecho Administrativo,* T. II, *Ordenamiento Orgánico y Tributario del Estado,* Instituto de Derecho Público, Facultad de Derecho, Universidad Central de Venezuela, Caracas, 1976, pp. 1-10.

## II. EL CONTROL DE LA ADMINISTRACIÓN

La existencia de la Jurisdicción Contencioso Administrativa tiene su razón de ser en la necesidad de una jurisdicción especial para controlar la constitucionalidad y legalidad de la actividad de la Administración, expresión a la cual conforme al artículo 259 de la Constitución puede darse tanto una connotación material como orgánica, en el sentido de actividades y de órganos, todos sujetos a control.

En cuanto a los órganos, todos los que conforman la organización de la Administración Pública están sujetos a dicho control, tanto los que derivan de la distribución vertical del Poder Público conforme a la forma federal del Estado (Administraciones Públicas nacional, estadal y municipal); como los que derivan de la separación orgánica de poderes (Administración Pública central y descentralizada, con forma de derecho público o de derecho privado). En cuanto a la actividad administrativa sujeta a control, abarca todas las desarrolladas por los órganos del Estado de carácter sub legal, con exclusión de las dictadas por los tribunales en función jurisdiccional.

En definitiva, y particularmente a partir de la Ley Orgánica de la Corte Suprema de Justicia de 1976, la Jurisdicción Contencioso Administrativa se estableció como un fuero judicial especial para controlar la constitucionalidad y legalidad de los actos de la Administración Pública.

## III. EL CONTROL DE LA CONFORMIDAD CON EL DERECHO

De acuerdo al artículo 259 de la Constitución, como se ha dicho, los órganos de la Jurisdicción Contencioso Administrativa, constituidos no sólo por el Tribunal Supremo de Justicia sino por los demás Tribunales que determine la Ley, son competentes para anular los actos administrativos generales o individuales "contrarios a derecho", incluso por desviación de poder, por lo que la competencia en materia de control a cargo de dichos órganos, se origina cualquiera que sea el motivo de contrariedad al derecho, es decir, sea por razones de inconstitucionalidad, de ilegalidad propiamente dicha, o de contrariedad a cualquiera de las otras fuentes del derecho administrativo (violación de reglamentos y demás actos de efectos generales, violación de la cosa juzgada administrativa, violación de los principios generales del derecho administrativo, etc.).

No existe, por tanto, en Venezuela, constitucionalmente hablando, limitación alguna en cuanto a los motivos de control respecto de los cuales pueden conocer los órganos de la Jurisdicción Contencioso Administrativa, y que pudiera conducir a limitar el conocimiento de estos órganos a meras cuestiones de legalidad, excluyéndoles la competencia para conocer de cuestiones de constitucionalidad.

Por ello es que decimos que en Venezuela, el juez contencioso administrativo es juez constitucional de los reglamentos y demás actos administrativos, y es juez constitucional de amparo respecto de todas las actuaciones de las autoridades administrativas, lo que ha sido ratificado por la Ley Orgánica del Tribunal Supremo de 2004 al atribuirle competencia a la Sala Político Administrativa del Tribunal Supremo, para declarar la nulidad de los actos administrativos de autoridades nacionales "por razones de inconstitucionalidad e ilegalidad" (Art. 5, Párrafo 1°, numerales 30 y 35).

El hecho de que la Sala Constitucional del Tribunal Supremo de Justicia tenga competencia exclusiva para declarar la nulidad por inconstitucional, con efectos *erga omnes* de las leyes y demás actos estatales de rango legal o dictados en ejecución directa e inmediata de la Constitución (Art. 334 de la Constitución), no excluye, por tanto, que los órganos de la Jurisdicción Contencioso Administrativa sean los competentes para controlar la constitucionalidad de los reglamentos y demás actos normativos. Por ello es que hemos señalado que la "justicia constitucional" en Venezuela no está atribuida en exclusividad, como sucede en otros países a una Sala Constitucional o al sólo Tribunal Supremo de Justicia, sino que se imparte por todos los tribunales del país.

Los órganos de la Jurisdicción Contencioso Administrativa (aún los distintos al Tribunal Suprema) son, por tanto, jueces constitucionales de los reglamentos y demás actos administrativos cuando controlan la sumisión de éstos al derecho, de manera que de acuerdo con lo dispuesto en el artículo 259, la justicia constitucional también corresponde a los tribunales de esta Jurisdicción, al ejercer su competencia de anulación de los actos administrativos, incluidos los reglamentos, contrarios a derecho, es decir, contrarios sea a la Constitución, a las leyes o a las demás fuentes del derecho administrativo[1058]. En definitiva, como se ha dicho, la diferencia entre la Jurisdicción Constitucional y la Jurisdicción Contencioso Administrativa, se hace "en atención al objeto de impugnación, es decir, al rango de los actos objeto de control y no a los motivos por los cuales se impugnan"[1059].

En consecuencia, conforme a la Constitución, corresponde a los órganos de la Jurisdicción Contencioso Administrativa, conocer de las acciones de nulidad contra los reglamentos y demás actos administrativos, así las mismas se fundamenten en motivos de inconstitucionalidad que son motivos de contrariedad al derecho. Por ello, conforme al artículo 266, ordinal 5 de la Constitución, la Sala Político Administrativa del Tribunal Supremo tiene competencia para declarar la nulidad total o parcial de los reglamentos y demás actos administrativos generales o individuales del Ejecutivo Nacional, cuando sea procedente.

Debe mencionarse, por último, que los poderes del Juez contencioso administrativo para controlar la constitucionalidad de los actos administrativos en los juicios de nulidad, que lo configuran como juez constitucional, se complementan con la posibilidad establecida en la Ley Orgánica de Amparo sobre Derechos y Garantías Constitucionales de actuar como juez constitucional de amparo, al conocer de las acciones de amparo que proceden "contra todo acto administrativo, actuaciones materiales, vías de hecho, abstenciones u omisiones que violen o amenacen violar un derecho o una garantía constitucionales, cuando no exista un medio procesal breve, sumario y eficaz, acorde con la protección constitucional" (Art. 5)[1060]. Dichas acciones de amparo contra actos administrativos o abstenciones de la Administración,

---

1058 *V.*, Allan R. Brewer-Carías, *La Justicia Contencioso administrativa*, T. VII, *Instituciones Políticas y Constitucionales, op. cit.*, pp. 26 y ss.

1059 *V.*, la sentencia N° 194 de 04-04-2000 de la sala Constitucional (Caso *Impugnación del Reglamento de Personal y Régimen Disciplinario del Personal del Instituto Autónomo Policía Municipal del Municipio Chacao*), en *Revista de Derecho Público*, N° 82, Editorial Jurídica Venezolana, Caracas, 2000, p. 429 y ss. Este criterio han sido ratificado en la interpretación vinculante que la Sala Constitucional ha hecho del articulo 334 de la Constitución, en la sentencia N° 833 de 25 de mayo de 2001 (Caso: *Instituto Autónomo Policía Municipal de Chacao vs. Corte Primera de lo Contencioso Administrativo*), en *Revista de Derecho Público*, N° 85-88, Editorial Jurídica Venezolana, Caracas, 2001, pp. 276.

1060 *V.*, sentencia de la Corte Primera de lo Contencioso Administrativo de 10-10-91 en *Revista de Derecho Público*, N° 48, Editorial Jurídica Venezolana, Caracas 1991, p. 135.

además, como se ha analizado anteriormente, se puede interponer ante los Tribunales contencioso administrativos en forma autónoma, o conjuntamente con el recurso contencioso administrativo de anulación, como quedó definitivamente clarificado por la sentencia de la antigua Corte Suprema en el caso *Tarjetas Banvenez,* por sentencia en 10-07-91[1061].

Pero indudablemente, siendo la actividad de la Administración de rango sub legal, en general, el juez contencioso administrativo, como contralor de la conformidad con el derecho de los reglamentos y demás actos administrativos, normalmente es juez de la legalidad de los mismos. Por ello, particularmente después de la entrada en vigencia de la Ley Orgánica de Procedimientos Administrativos en 1981, texto que reguló por primera vez los requisitos de los actos administrativos, se ha venido desarrollando una riquísima jurisprudencia no sólo en la identificación precisa de los vicios de los actos administrativos (incompetencia; vicio en el objeto; vicio en la base legal; vicio en la causa o motivos –falso supuesto–; vicio en la finalidad –desviación de poder–; –vicio de arbitrariedad por el traspaso de los límites al poder discrecional–; y vicios en el procedimiento, en la exteriorización del acto y en la motivación) sino en los efectos jurídicos de esos vicios respecto a los actos impugnados: nulidad absoluta o nulidad relativa, particularmente dada la regulación de la mencionada Ley Orgánica de los supuestos de nulidad absoluta, cuya enumeración es cerrada (Art. 19).

En esta forma, y como consecuencia de esa labor jurisprudencial los motivos de impugnación por razones de ilegalidad se han ampliado y discriminado en forma tal, que no hay materialmente motivo de contrariedad al derecho que no haya sido identificado por la jurisprudencia.

## *SUB-SECCIÓN CUARTA: LOS ÓRGANOS DE LA JURISDICCIÓN CONTENCIOSO ADMINISTRATIVA*

De acuerdo al mencionado artículo 259 de la Constitución, “la Jurisdicción Contencioso Administrativa corresponde al Tribunal Supremo de Justicia y a los demás Tribunales que determine la ley”.

La derogada Ley Orgánica de la Corte Suprema de Justicia de 1976 había precisado las competencias en esta materia contencioso administrativa, y transitoriamente, había dispuesto, hasta tanto se dictase la Ley de la Jurisdicción Contencioso Administrativa y se organizase la misma, el establecimiento con sede en Caracas, de un tribunal denominado Corte Primera de lo Contencioso Administrativo, cuyos miembros los designaba la propia Corte Suprema en Sala Político Administrativa y había regulado además, la competencia en materia contencioso administrativa de algunos Tribunales Superiores en lo Civil.

Estas normas, lamentablemente fueron derogadas por la nueva Ley Orgánica del Tribunal Supremo de 2004, sin que se hubiesen expresamente sustituido por otras disposiciones transitorias, por lo que la organización de la Jurisdicción Contencioso Administrativa desde mayo de 2004 quedó sin regulación expresa específica. A pesar de ello, no solo los tribunales existen sino que el Tribunal Supremo ha continua-

---

1061 *V.*, en *Revista de Derecho Público,* N° 47, Editorial Jurídica Venezolana, Caracas 1991, pp. 169-174.

do nombrando a los Magistrados tanto de la Corte Primera como de una Corte Segunda en lo Contencioso Administrativo.

Nos referiremos, por tanto, a la organización de la Jurisdicción Contencioso Administrativa conforme se deriva de la Constitución y de las normas contenidas en las mencionadas disposiciones transitorias de la Ley Orgánica del Tribunal Supremo de Justicia.

## I. EL TRIBUNAL SUPREMO DE JUSTICIA EN SALA POLÍTICO ADMINISTRATIVA Y EN SALA ELECTORAL

El Tribunal Supremo de Justicia, como se ha dicho, como el más alto Tribunal de la República está regulado en la Ley Orgánica del Tribunal Supremo de Justicia de 2004[1062], en la cual se desarrollan las competencias de sus Salas: la Sala Plena y las Salas Constitucional, Político Administrativa, Electoral, de Casación Civil, de Casación Penal y de Casación Social.

En cuanto a las competencias contencioso administrativas del Tribunal Supremo, conforme a los artículos 259 y 297 de la Constitución, están establecidas en el artículo 266 de la Constitución y desarrolladas en el artículo 5 de la Ley Orgánica del Tribunal Supremo de Justicia.

Conforme a los ordinales 4 y 5 del artículo 266 de la Constitución, como ya se ha destacado, la Sala Político Administrativa tiene las siguientes competencias:

> "4. Dirimir las controversias administrativas que se susciten entre la República, algún Estado, Municipio u otro ente público, cuando la otra parte sea alguna de esas mismas entidades, a menos que se trate de controversias entre Municipios de un mismo Estado, caso en el cual la ley podrá atribuir su conocimiento a otro tribunal.
>
> 5. Declarar la nulidad total o parcial de los reglamentos y demás actos administrativos generales o individuales del Ejecutivo Nacional, cuando sea procedente".

Estas atribuciones de la Sala Político Administrativa, han sido desarrolladas en los ordinales 24 al 37 del artículo 5, párrafo 1° de la Ley Orgánica del Tribunal Supremo de Justicia. En cuanto a la Sala Electoral, las competencias se establecieron en los orinales 45 y 46 del mismo artículo 5, párrafo 1° de la Ley Orgánica.

Además, corresponde tanto a la Sala Político Administrativa como a la Sala Electoral (así como a las otras Salas en asuntos afines con la materia debatida), las competencias comunes enumeradas en los numerales 47 a 52 del mismo artículo 5, párrafo 1° de la LOTSJ.

Además del Tribunal Supremo de Justicia en Sala Político Administrativa y Sala Electoral, cuyas competencias en materia contencioso administrativa están establecidas directamente en la Constitución y desarrolladas en la Ley Orgánica del Tribunal Supremo de Justicia, la legislación ha venido organizando los demás tribunales de esta jurisdicción, los cuales pueden clasificarse en dos grandes categorías:

---

1062 *V.*, la Ley Orgánica del Tribunal Supremo de Justicia en *Gaceta Oficial* N° 37942 de 19-05-2004.

Los tribunales de lo que podría denominarse la jurisdicción "ordinaria" de lo contencioso administrativo y los tribunales de la jurisdicción "especial" contencioso administrativa.

En la primera categoría están las Cortes de lo Contencioso administrativo y los ocho Tribunales Superiores con competencia en lo contencioso administrativo ubicados en las ocho regiones del país, y que a pesar de la carencia regulatoria de la Ley Orgánica de mayo de 2004, ha continuado funcionando conforme a las disposiciones transitorias de la derogada Ley Orgánica de la Corte Suprema de Justicia, con el régimen respecto de las demandas contra los entes públicos, establecido por la Sala Político Administrativa del Tribunal Supremo de Justicia en sentencia N° 1209 de 2 de septiembre de 2004"[1063].

## II. LOS TRIBUNALES DE LA JURISDICCIÓN ORDINARIA CONTENCIOSO ADMINISTRATIVA

### 1. *Cortes Primera y Segunda de lo Contencioso Administrativo*

La Corte Primera de lo Contencioso administrativo, constituida desde 1978 como órgano colegiado compuesto de cinco Magistrados, y ahora, la Corte Segunda de lo Contencioso Administrativo creada desde 2004[1064], competentes para conocer de los asuntos que enumeraba en el artículo 182 de la derogada Ley Orgánica de la Corte Suprema de Justicia, que son los siguientes:

> "1° De los conflictos de competencia que surjan entre tribunales de cuyas decisiones pueda conocer en apelación.
>
> 2° De los recursos de hecho intentados contra las decisiones relativas a la admisibilidad de la apelación en las causas cuyo conocimiento le corresponda en segunda instancia.
>
> 3° De las acciones o recursos de nulidad que puedan intentarse por razones de ilegalidad contra los actos administrativos emanados de autoridades diferentes a las señaladas en los ordinales 9°, 10, 11 y 12 del artículo 42 de esta Ley, si su conocimiento no estuviere atribuido a otro Tribunal.
>
> 4° De las apelaciones que se interpongan contra las decisiones dictadas, en primera instancia, por los Tribunales Superiores en lo Civil y Contencioso administrativo, regulados en el artículo 181 de la Ley Orgánica o que conozcan de recursos especiales contencioso administrativos, entre los cuales están el Tribunal de Carrera Administrativa, el Tribunal de Apelaciones de Inquilinato, y el Tribunal Superior Agrario.
>
> 5° De los juicios de expropiación intentados por la República...

---

1063 *V.*, en *Revista de Derecho Público*, N° 99-100, EJV, Caracas 2004, pp. 295 y ss.

1064 Con motivo de esa intervención, en octubre de 2003 además, se creó una Corte Segunda de lo Contencioso Administrativo; pero sólo fue en julio de 2004 cuando el Tribunal Supremo nombró los Magistrados de ambas Cortes, y recomenzaron su funcionamiento. Véase en *El Nacional*, Caracas, 16-07-2004, p. A-6.

6° De cualquier acción que se proponga contra la República o algún Instituto Autónomo o empresa en la cual el Estado tenga participación decisiva, si su cuantía excede de un millón de bolívares, pero no pasa de cinco millones de bolívares, y su conocimiento no está atribuido por la Ley a otra autoridad.

7° De las controversias que se susciten con motivo de la adquisición, goce, ejercicio o pérdida de la nacionalidad o de los derechos que de ella derivan, sin perjuicio de lo establecido en la Cuarta Disposición Transitoria de la Constitución".

Contra las decisiones dictadas por las Cortes en los asuntos señalados en los ordinales 1° al 4° de este artículo 182, no se debía oír recurso alguno. En cambio, disponía el artículo 185 de la derogada Ley Orgánica, que contra las sentencias definitivas que dictase la Corte primera en los demás juicios de que conociera, sí podía interponerse apelación dentro del término de cinco días, ante la Corte Suprema de Justicia. Esta norma, que había eliminado la doble instancia en muchos asuntos contencioso administrativos, sin embargo, fue desaplicada por inconstitucional por el Tribunal Supremo de justicia, por considerar que contrariaba la garantía constitucional de la doble instancia establecida como componente del debido proceso.

En efecto, a pesar de que la Constitución admite que este derecho podría restringirse por la ley, sin embargo y con fundamento en el artículo 23 de la misma Constitución que otorga rango constitucional a los tratados sobre derechos humanos suscritos por la República, aplicando las normas de la Convención Americana de Derechos Humanos (art. 8, 1 y 2) por ser más favorables y por tanto por prevalecer aún ante la norma constitucional, la Sala Constitucional del Tribunal Supremo en ejercicio del control difuso de la constitucionalidad, desaplicó el artículo 185 de la derogada Ley Orgánica de la Corte Suprema de Justicia que negaba la apelación contra las decisiones de la Corte Primera de lo Contencioso Administrativo por ante la Sala político Administrativa del Tribunal Supremo[1065]; así como el artículo 891 del Código de Procedimiento Civil que negaba la apelación respecto de fallos de menor cuantía[1066].

## 2. *Los tribunales superiores en lo civil y contencioso administrativo*

De acuerdo a lo que establecía el artículo 181 de la derogada Ley Orgánica de la Corte Suprema de Justicia, mientras se dictase la Ley que organizara la Jurisdicción Contencioso Administrativa, los Tribunales Superiores que tuvieran atribuida competencia en lo Civil debían conocer, en primera instancia en sus respectivas circunscripciones, de las acciones o recursos de nulidad contra los actos administrativos de efectos generales o particulares, emanados de autoridades estadales o municipales de

1065. *V.*, sentencia N° 87 de 14-03-2000 de la Sala Constitucional en *Revista de Derecho Público*, N° 81, (enero-marzo), Editorial Jurídica Venezolana, Caracas, 2000, pp. 157 y ss; y en relación con el mismo asunto, véase sentencia N° 802 de 13-04-2000 de la Sala Político Administrativa del Tribunal Supremo en *Revista de Derecho Público*, N° 82, (abril-junio), Editorial Jurídica Venezolana, Caracas, 2000, pp. 270 y ss.

1066. *V.*, sentencia N° 328 de 09-03-2001 de la Sala Constitucional en *Revista de Derecho Público*, N° 85-88, Editorial Jurídica Venezolana, Caracas, 2001, pp. 108 y ss. En contraste, en relación con el artículo 195 del Código de Procedimiento Civil, véase sentencia N° 178 de 01-03-2001 de la Sala Político Administrativa del Tribunal Supremo en *Revista de Derecho Público*, N° 85-88, Editorial Jurídica Venezolana, Caracas, 2001, pp. 104 y ss.

su jurisdicción, si eran impugnados "por razones de ilegalidad". Sin embargo, como se ha dicho, la norma precisaba en forma totalmente inconvenientemente que cuando la acción o el recurso se fundase en razones de inconstitucionalidad, el tribunal debía declinar su competencia en la Corte Suprema de Justicia, lo cual ha sido considerado contrario a la Constitución por la Sala Constitucional.

Estos Tribunales, de acuerdo a la misma derogada Ley Orgánica (Art. 182) conocen también, en sus respectivas circunscripciones:

> "1°De la abstención o negativa de las autoridades estadales o municipales a cumplir determinados actos a que estén obligados por las leyes cuando sea procedente, en conformidad con ellas.
>
> 2° De cualquier acción que se proponga contra la República o algún Instituto Autónomo o empresa en la cual el Estado tenga participación decisiva, si su cuantía no excede de un millón de bolívares y su conocimiento no está atribuido a otra autoridad.
>
> 3° De las apelaciones contra las decisiones que dicten otros Tribunales de su jurisdicción en los juicios intentados ante ellos contra un Estado o Municipio.
>
> 4° De las apelaciones contra las decisiones que dicten los Jueces de Distrito en materia inquilinaria.
>
> 5° De los recursos de hecho cuyo conocimiento les corresponda de acuerdo con la Ley".

En todo caso, contra las decisiones de estos tribunales puede interponerse apelación dentro del término de cinco días para ante la Corte Primera de lo Contencioso administrativo a que se refería el artículo 184 de la Ley.

La Corte Primera de lo Contencioso administrativo, conoce de las apelaciones y recursos de hecho que se interpusieran contra las decisiones dictadas en los juicios a que se referían los ordinales 1° y 2° de dicho artículo.

La Jurisdicción Contencioso Administrativa se organizó en 1977 en 8 regiones por Decreto N° 2.057 de 3 de marzo de 1977[1067], en las cuales se crearon Tribunales Superiores en lo Civil, Mercantil y Contencioso Administrativo. Además, por Resolución N° 861 del Consejo de la Judicatura de 09-05-91[1068], se eliminó la competencia mercantil al Juzgado Superior Primero de la Región Capital y se le atribuyó competencia en materia inquilinaria, eliminándose el Tribunal de Apelaciones de Inquilinato y creándose en su lugar tres Tribunales Superiores en lo Civil, y Contencioso administrativo más, con competencia inquilinaria en la Región Capital.

El antiguo Consejo de la Judicatura, por Resolución N° 2643 de 13-04-94[1069], con el objeto de ubicar los órganos de la Jurisdicción Contencioso Administrativa al alcance de los ciudadanos que los requirieran, particularmente por los efectos del pro-

1067 *V., Gaceta Oficial* N° 31.201 de 23-03-77.

1068 *V., Gaceta Oficial* N° 34.775 de 13-08-91.

1069 *V., Gaceta Oficial* N° 35.458 de 11-05-94.

ceso de descentralización, reorganizó completamente la Jurisdicción Contencioso Administrativa a nivel de los tribunales Superiores con competencia en dicha materia, suprimiéndosela, y estableciendo la organización de la misma en 24 Tribunales Superiores, que debía entrar en vigencia a partir del 16 de septiembre de 1994. Lamentablemente dicha organización de los Tribunales Superiores con competencia en lo contencioso administrativa fue dejada sin efecto antes de que la Resolución entrase en vigencia, la cual posteriormente fue derogada, mediante Resolución Nº 88 de 20 de diciembre de 1994, luego reformada por Resolución Nº 235 de 24 de abril de 1995, la cual dividió el territorio nacional en once circunscripciones judiciales contencioso administrativas con vigencia a partir del 1° de junio de 1995[1070]. Los once Juzgados Superiores Contencioso Administrativos resultantes han tenido competencia para conocer de los asuntos, acciones y recursos previstos en los artículos 181 y 185 de la derogada Ley Orgánica de la Corte Suprema de Justicia, así como de los recursos que se propusieran contra los reparos previstos en la Ley Orgánica de la Contraloría General de la República.

En particular, debe mencionarse que la Ley del Estatuto de la Función Pública[1071] dispuso en su Disposición Transitoria Primera que mientras se dictase la ley que regule la Jurisdicción Contencioso Administrativa, son competentes en primera instancia para conocer de las controversias a que se refiere el artículo 93 de esta Ley, los jueces superiores con competencia en lo contencioso administrativo en el lugar donde hubieren ocurrido los hechos, donde se hubiere dictado el acto administrativo, o donde funcione el órgano o ente de la Administración Pública que dio lugar a la controversia.

## III. LA JURISDICCIÓN ESPECIAL CONTENCIOSO ADMINISTRATIVA

### 1. *Los Tribunales Superiores de lo Contencioso Tributario*

De acuerdo al Código Orgánico Tributario[1072], son competentes para conocer en primera instancia de los procedimientos establecidos en dicho Código, los Tribunales Superiores de lo Contencioso Tributario, los cuales los deben sustanciar y decidir con arreglo a las normas del mismo. De las decisiones dictadas por dichos Tribunales, puede apelarse dentro de los términos previstos en el Código, para ante el Tribunal Supremo de Justicia.

Sin embargo, el conocimiento de los procedimientos relativos a los ilícitos sancionados con penas restrictivas de la libertad, corresponden a la jurisdicción penal ordinaria (Artículo 329 del Código Orgánico Tributario (COT). El antiguo Consejo de la Judicatura, mediante Resolución Nº 254 de 27 de junio de 1995[1073] había regulado la organización de la jurisdicción contencioso–tributario, dividiendo el territorio nacional en 6 circunscripciones Judiciales.

---

1070 *V., Gaceta Oficial* Nº 35.715 de 22-05-95.

1071 *V.*, en *Gaceta Oficial* Nº 37.522 del 06-09-2002.

1072 *V.*, Ley 42, *Gaceta Oficial* Nº 37.305 17-10-2001, artículos 329 y ss.

1073 *V., Gaceta Oficial* Nº 35.747 de 06-07-95.

Estos tribunales son competentes en materia tributaria nacional respecto de los actos dictados por las Administraciones comprendidas dentro de su ámbito territorial de competencia. Son igualmente competentes en materia tributaria estadal y municipal respecto de actos dictados por las autoridades estadales y municipales comprendidas dentro de su ámbito territorial de competencia conforme al artículo 329 del Código Orgánico Tributario.

2. *La Jurisdicción especial Contencioso Administrativa Agraria*

Finalmente, debe mencionarse que de acuerdo con la Ley de Tierras y Desarrollo Agrario se ha establecido la Jurisdicción Contencioso Administrativa especial agraria que se ejerce por los Tribunales Superiores Regionales Agrarios con competencia para conocer de los recursos que se intenten contra cualquiera de los actos administrativos agrarios. También se atribuyó competencia a la Sala Especial Agraria de la Sala de Casación Social del Tribunal Supremo para conocer de las causas en segunda instancia (Art. 171). El artículo 172 de la Ley precisó que las competencias atribuidas comprenden el conocimiento de todas las acciones que por cualquier causa, sean intentadas con ocasión de la actividad u omisión de los órganos administrativos en materia agraria, incluyéndoos el régimen de los contratos administrativos, el régimen de expropiaciones, las demandas patrimoniales y demás acciones con arreglo al derecho común que sean interpuestas contra cualquiera de los órganos o los entes agrarios.

## *SUB-SECCIÓN QUINTA: LA COMPETENCIA DE LA JURISDICCIÓN CONTENCIOSO ADMINISTRATIVA*

La competencia de la Jurisdicción Contencioso Administrativa implica la potestad y la obligación que tienen determinados órganos judiciales que la componen, de conocer y resolver determinados litigios relativos a los actos administrativos o a las actuaciones de la Administración. Por tanto, el problema del examen de la competencia de la Jurisdicción Contencioso Administrativa se reduce, de una parte, a la determinación de la naturaleza de la materia que ella está obligada a conocer y, por otra parte, a la determinación de los poderes del juez en la resolución de los litigios que debe conocer.

Esta competencia jurisdiccional es de orden público. Por tanto, las disposiciones legales y constitucionales que la establezcan no pueden renunciarse ni relajarse por convenios particulares (Artículo 6 del Código Civil). Por supuesto, este carácter de orden público de la competencia jurisdiccional no sólo se refiere a los particulares y administrados, sino que también tiene especial referencia a los mismos órganos jurisdiccionales, de manera que los órganos de la Jurisdicción Contencioso Administrativa, como cualquier órgano jurisdiccional, no pueden desconocer su competencia, sea porque conozcan de litigios respecto a los cuales no tienen cualidad para conocer, sea porque rehúsen a conocer cuestiones que pertenecen a su competencia. Examinaremos entonces, en primer lugar, la delimitación de la competencia contencioso-administrativa; y, en segundo lugar, examinaremos los poderes del juez contencioso administrativo.

## I. LA DELIMITACIÓN DE LA COMPETENCIA

De acuerdo con los artículos 259 y 297 de la Constitución y con su desarrollo conforme al artículo 5 de la Ley Orgánica del Tribunal Supremo de Justicia, la competencia de los órganos de la Jurisdicción Contencioso Administrativa está establecida, por una parte, por la materia, y por la otra, por los sujetos controlados, los entes públicos, particularmente en el caso de las demandas contra los mismos, con referencia particular a los concesionarios de servicios públicos.

En efecto, en materia de control de constitucionalidad y legalidad, la competencia de la Jurisdicción Contencioso Administrativa es una competencia en razón de la materia, es decir, en razón de la naturaleza administrativa de los actos que ella debe controlar. Ello se deduce del principio general definido en el Código de Procedimiento Civil, conforme al cual, "la competencia por razón de la materia se determina por la naturaleza de la cuestión que se discute, y por las disposiciones legales que la regulan" (Artículo 28 CPC). En materia de control de constitucionalidad y legalidad, esta "naturaleza de la cuestión que se discute" está delimitada en el antes citado artículo 259 de la Constitución, en el cual se hace referencia a los "actos administrativos", a la "administración", a los "servicios públicos", a la "responsabilidad" administrativa y a la "actividad administrativa". De ello se deduce que el ámbito de la Jurisdicción Contencioso Administrativa en materia de control de constitucionalidad y legalidad es el conocimiento de los litigios en que la "Administración" sea parte, originados ya sea por sus "actos administrativos", la "responsabilidad" de la administración, por la prestación de "servicios públicos" o por la "actividad administrativa".

Este ámbito de competencia en *primer* lugar implica, en principio, la exclusión de la competencia de la Jurisdicción Contencioso Administrativa respecto de las actividades de otros entes jurídicos extraños al Estado venezolano y de su Administración Pública. Litigios entre particulares, por ejemplo, no pueden ser objeto de la Jurisdicción Contencioso Administrativa, y un conflicto entre partes privadas no puede ser llevado nunca ante esa Jurisdicción, así como tampoco un litigio en el cual intervienen un Estado extranjero y un particular. En definitiva, para que intervenga la Jurisdicción Contencioso Administrativa, es necesario que el conflicto incida en una actividad realizada por una persona jurídica estatal, y sólo excepcionalmente, por entidades o corporaciones privadas pero que ejerzan autoridad en virtud de Ley expresa[1074]. En esta excepción estaría la competencia contencioso-administrativa en materia de reclamos por la prestación de servicios públicos, en cuyo caso podría quedar involucrado un conflicto entre un particular (usuario) y una empresa privada concesionario del servicio público.

En *segundo* lugar, el principio también implica la exclusión de toda competencia de esta jurisdicción con relación con las leyes y demás actos de rango legal de la Asamblea Nacional, con las sentencias y con los actos de gobierno del Estado. En cambio los actos administrativos de la Asamblea Nacional y de los tribunales son recurribles ante la Jurisdicción Contencioso Administrativa a pesar de que emanen

1074 *V.*, las referencias a Sentencias de la Corte Primera de lo Contencioso administrativo en H. Rondón de Sansó, "Ampliación del ámbito contencioso administrativo", *Revista de Derecho Público,* N° 22, EJV, Caracas, 1985, pp. 33-49.

de un órgano legislativo o judicial, el cual, en estos casos, actúan en ejercicio de una función administrativa. Es decir, quedan excluidos del control de la jurisdicción contencioso administrativo los actos de la Asamblea Nacional que sean de rango legal cumplidos en ejercicio de la función normativa o de gobierno; pero los actos que se cumplen por dichos órganos legislativos, de rango sublegal en ejercicio de la función administrativa si son actos susceptibles de ser recurridos ante la Jurisdicción Contencioso Administrativa. Un acto administrativo de la Asamblea Nacional recurrible ante la Sala Político Administrativa, sería por ejemplo el acto administrativo mediante el cual se "anule" el nombramiento de un Magistrado (Art. 23,4). Este mismo razonamiento se aplica respecto de los actos administrativos del Poder Judicial.

En cuanto a los actos administrativos de los otros Poderes Públicos, como los que conforman el Poder Ciudadano (Fiscal General de la República, Contralor General de la República, Defensor del Pueblo), caen bajo el control de la Sala Político Administrativa del Tribunal Supremo; y los actos de los órganos del Poder Electoral, caen bajo el control de la Sala Electoral del Tribunal Supremo y de los otros tribunales de la jurisdicción contencioso electoral que se creen.

## II. LOS PODERES DEL JUEZ

Pero al hablar de la competencia de la Jurisdicción Contencioso Administrativa, además de determinar su ámbito, debemos precisar cuáles son los poderes que el juez puede ejercer con relación a las materias de las cuales puede conocer, lo cual tiene relación, por lo demás, con el derecho que toda persona tiene, conforme al artículo 18, párrafo 2 de la Ley Orgánica, de acceder al Tribunal Supremo de Justicia en cualesquiera de sus Salas, para hacer valer sus derechos e intereses, incluso los colectivos o difusos, a la tutela efectiva de los mismos y a obtener con prontitud la decisión correspondiente.

En efecto, en *primer lugar,* el juez contencioso administrativo puede declarar la nulidad de los reglamentos y demás actos administrativos por inconstitucionalidad o ilegalidad, en general, por contrariedad al derecho como está establecido no sólo en los artículos 259 y 266 de la Constitución, sino también en la Ley Orgánica del Tribunal Supremo de Justicia. Conforme a estas normas, como se ha visto, el Tribunal Supremo de Justicia y los tribunales con competencia en lo contencioso administrativo, tienen atribución para declarar "la nulidad de actos administrativos, generales o individuales, contrarios a derecho, incluso por desviación de poder"; es decir, conforme al artículo 5, párrafo 1° de la ley Orgánica del Tribunal Supremo:

> "30. Declarar la nulidad total o parcial de los reglamentos y demás actos administrativos generales o individuales del Poder Ejecutivo Nacional, *por razones de inconstitucionalidad o ilegalidad*;
>
> 31. Declarar la nulidad, cuando sea procedente *por razones de inconstitucionalidad o de ilegalidad*, de los actos administrativos generales o individuales de los órganos que ejerzan el Poder Público de rango Nacional".

Pero además, de acuerdo al artículo 21, párrafo 18° de la Ley Orgánica, con la pretensión de anulación en materia contencioso administrativa también puede formularse una pretensión de condena derivada precisamente de esa anulación, y así la sentencia, además de anular el acto puede resolver condenar a la Administración al pago de sumas de dinero, y a la reparación de daños y perjuicios originados en responsabilidad administrativa, así como disponer lo necesario para el restablecimiento de las situaciones jurídicas subjetivas lesionadas por la actividad administrativa. En este campo, la pretensión de anulación, por tanto, también puede estar acompañada de una pretensión de condena e, incluso de una pretensión de amparo de los derechos fundamentales.

Aparte de estas cuestiones de anulación y condena que se pueden suscitar ante la Jurisdicción Contencioso Administrativa, en *segundo lugar*, están todas las otras cuestiones en las cuales no se plantea la nulidad de actos administrativos, al ejercer la competencia general establecida en el artículo 5, párrafo 1° de la Ley Orgánica que atribuye a la Sala Político Administrativa del Tribunal Supremo, competencia para:

> "24. Conocer de las demandas que se propongan contra la República, los Estados, los Municipios, o algún Instituto Autónomo, ente público o empresa, en la cual la República ejerza un control decisivo y permanente, en cuanto a su dirección o administración se refiere, si su cuantía excede de setenta mil una unidades tributarias (70.001 U.T.);
>
> 27. Conocer de las reclamaciones contra las vías de hecho imputadas a los órganos del Ejecutivo Nacional y demás altas autoridades de rango nacional que ejerzan el Poder Público".

En *tercer lugar*, y conforme a la previsión que se estableció en la Ley Orgánica de 1976, como un aspecto específico del contencioso de las demandas, se destaca el *contencioso de los contratos administrativos*, al atribuirse a la Sala Político Administrativa competencia para conocer de las "cuestiones de cualquier naturaleza que se susciten con motivo de la interpretación, cumplimiento, caducidad, nulidad, validez o resolución de los contratos administrativos en los cuales sea parte la República, los Estados o los Municipios, si su cuantía excede de setenta mil una unidades tributarias (70.001 U.T.)" (Art. 5,25). Se trata, sin embargo, de un contencioso limitado, sólo al conocimiento de los contratos suscritos por los entes públicos territoriales y no por los otros entes públicos como los institutos autónomos o las empresas del Estado.

En *cuarto lugar*, y como una innovación de la Constitución de 1999, un cuarto tipo de competencia que puede ser ejercida por la Jurisdicción Contencioso Administrativa, se refiere a los reclamos por la prestación de los servicios públicos. Se abre así en campo del *contencioso de los servicios públicos*, que sin embargo, la Ley Orgánica no reguló.

En esta materia, sólo se reguló en el artículo 5, ordinal 37, la competencia de la Sala Político Administrativa del tribunal Supremo para "conocer y decidir, en segunda instancia, las apelaciones y demás acciones o recursos contra las sentencias, dictadas por los Tribunales Contencioso Administrativos, cuando su conocimiento no estuviere atribuido a otro tribunal, que decidan sobre las acciones de reclamos por la prestación de servicios públicos nacionales".

En *quinto lugar*, además de los poderes de anulación y de condena, y del contencioso de los contratos administrativos y de los servicios públicos, un quinto tipo de competencia puede ser ejercida por la Jurisdicción Contencioso Administrativa, relativa a la *interpretación*. En relación a esta última, debe señalarse que antes de 1976 no era usual hablar en Venezuela de que existiera una competencia de interpretación en el ámbito de la jurisdicción contencioso-administrativa[1075]. Posteriormente en la Ley de Carrera Administrativa de 1970 se consagró un recurso de interpretación ante el Tribunal de la Carrera Administrativa, en relación a las dudas que surgieran en cuanto a la aplicación e interpretación de dicha Ley y sus Reglamentos, aclarándose que el ejercicio de dicho recurso no podía ser motivo para la paralización de ninguna medida que las autoridades competentes pudieran ordenar[1076]. Mediante esta norma legal se puede decir que por primera vez en Venezuela se consagró expresamente la competencia para conocer del recurso de interpretación de las leyes atribuida a la Jurisdicción Contencioso Administrativa aún cuando en este caso, limitada al contencioso funcionarial.

Posteriormente, en la derogada Ley Orgánica de la Corte Suprema de Justicia de 1976 se estableció en forma general, la competencia del Supremo Tribunal para "conocer del recurso de interpretación y resolver las consultas que se le formulen acerca del alcance e inteligencia de los textos legales", pero "en los casos previstos en la Ley" (Art. 42,24), con lo cual quedaba por ser regulada dicha competencia. Con base en ello, en todo caso, la antigua Corte Suprema de Justicia se reservó conocer, incluso, del recurso de interpretación previsto en la derogada Ley de Carrera Administrativa.

En la Ley Orgánica del Tribunal Supremo de Justicia de 2004, el contencioso de interpretación quedó establecido en el ordinal 55 del artículo 5 de la Ley Orgánica del Tribunal Supremo, pero como una competencia general que corresponde ahora a todas las Salas, con competencia afín con la materia debatida, en la siguiente forma: "Conocer del recurso de interpretación y resolver las consultas que se le formulen acerca del alcance e inteligencia de los textos legales, en los casos previstos en la ley, siempre que dicho conocimiento no signifique una sustitución del mecanismo, medio o recurso previsto en la ley para dirimir la situación si la hubiere".

En *sexto lugar*, otra competencia general de la Jurisdicción Contencioso Administrativa que deriva del artículo 5, párrafo 1°, ordinal 26 de la Ley Orgánica del Tribunal Supremo de Justicia (establecida desde la derogada Ley de 1976), es la atribuida a la Sala Político Administrativa para "Conocer de la abstención o negativa del Presidente de la República, del Vicepresidente Ejecutivo de la República y de los Ministros del Ejecutivo Nacional, así como de las máximas autoridades de los demás organismos de rango constitucional con autonomía funcional, financiera y administrativa y del Alcalde del Distrito Capital, a cumplir específicos y concretos actos a que estén obligados por las Leyes"[1077]. Se trata del *contencioso administrativo contra la carencia administrativa.*

Por último, en *séptimo lugar*, se debe mencionar la competencia atribuida a la Sala Político Administrativa en el artículo 266,4 de la Constitución, para dirimir las

1075 Allan R. Brewer-Carías y Enrique Pérez Olivares. "El Recurso Contencioso administrativo de Interpretación en el Sistema Jurídico Venezolano", en *Revista de la Facultad de Derecho.* Universidad Central de Venezuela, N° 32, Caracas, 1965, pp. 103-126.

1076 Artículo 64 de la derogada Ley de Carrera Administrativa de 1970.

1077 *V.,* Allan R. Brewer-Carías, "La abstención, silencio y negativa de la Administración y su control" en *El Derecho Venezolano en 1982,* Ponencias al Congreso Internacional de Derecho Comparado, UCV, Caracas, 1982, pp. 603 y ss.

controversias administrativas que se susciten entre la República, algún Estado, Municipio u otro ente público, cuando la otra parte sea alguna de esas mismas entidades, a menos que se trate de controversias entre Municipios de un mismo Estado, caso en el cual la ley puede atribuir su conocimiento a otro tribunal. Esta competencia da origen al *contencioso de la solución de controversias administrativas.*

## III. LOS DIVERSOS TIPOS DE ACCIONES Y RECURSOS CONTENCIOSO ADMINISTRATIVO

Como puede apreciarse de la expuesto anteriormente, a partir de 1961 la Jurisdicción Contencioso Administrativa encontró un claro y expreso fundamento constitucional en el artículo 206 del texto fundamental, cuya norma se ha reproducido en el artículo 259 de la Constitución de 1999, en el cual se la define con una amplitud considerable y, ciertamente, comparativamente más completa que la que para ese momento tenían los modelos europeos, y que había seguido la jurisprudencia.

En efecto, con base dicho artículo 206 de la Constitución de 1961 y al contenido de la Ley Orgánica de la Corte Suprema de Justicia de 1976 el viejo esquema tradicional del contencioso administrativo en su clásica división de contencioso de anulación y contencioso de plena jurisdicción quedó totalmente superado[1078], pudiéndose distinguir conforme al artículo 259 de la Constitución y a la Ley Orgánica del Tribunal Supremo de Justicia de 2004, seis tipos de procesos contencioso administrativos: en primer lugar, el contencioso de los actos administrativos; en segundo lugar, el contencioso de las demandas contra los entes públicos; en tercer lugar, el contencioso de los servicios públicos; en cuarto lugar, el contencioso de las conductas omisivas de la Administración; en quinto lugar el contencioso de la interpretación[1079]; y en sexto lugar, el contencioso de la solución de las controversias administrativas. Las acciones, recursos y pretensiones procesales varían en cada uno de esos tipos de contencioso y, por supuesto, también varían las reglas de procedimiento aplicables a los diversos procesos, incluso las relativas a la legitimación activa.

Interesa destacar en este libro sobre la justicia constitucional, solamente el primero de estos aspectos, que es en el cual el juez contencioso administrativo actúa normalmente además de cómo juez de legalidad, como juez constitucional.

---

1078 *Cfr.* Allan R. Brewer-Carías, "Los diversos tipos de acciones y recursos contencioso administrativos en Venezuela", *Revista de Derecho Público,* N° 25, Editorial Jurídica Venezolana, Caracas, 1986, pp. 5-30, y en *Estado de derecho y Control Judicial, cit.*, p. 243 y ss. Véase en defensa del recurso de plena jurisdicción, Enrique Iribarren M., "¿Existe en Venezuela un recurso autónomo de plena jurisdicción?", *Revista de la Fundación Procuraduría General de la República,* N° 1, 1986, pp. 113-153. Por ejemplo, H. Rondón de Sansó, ha señalado que en su lugar, por ejemplo, podrían distinguirse ahora tres tipos de acciones contencioso administrativas: acciones de impugnación de actos administrativos unilaterales o bilaterales, que conducen a la anulación de los mismos como consecuencia del control de legalidad; acciones de condena, de prestación o declarativas de condena, particularmente en materia de responsabilidad contractual y extracontractual y de restablecimiento de situaciones jurídicas subjetivas lesionadas por la actividad administrativa, que conducen a decisiones del juez de dar, hacer o no hacer frente a la Administración; y acciones declarativas tendientes al reconocimiento o protección de un derecho subjetivo o a la interpretación de una situación jurídica o una norma; en "Medios de proceder por la vía contencioso administrativa" en A. Moles y otros, *Contencioso administrativo..., cit.*, pp. 110-123.

1079 *Cfr.* Allan R. Brewer-Carías, "Los diversos tipos de acciones..." *loc. cit.*, pp. 6 y ss.

## *SUB-SECCIÓN SEXTA: EL PROCESO CONTENCIOSO DE LOS ACTOS ADMINISTRATIVOS*

La característica fundamental del proceso contencioso administrativo de los actos administrativos, es que el objeto de las acciones y recursos que lo inician, siempre es un acto administrativo, y en ellos siempre existe una pretensión de anulación de los mismos por razones de constitucionalidad o ilegalidad.

Debe destacarse que nos referimos al "contencioso de los actos administrativos" y no del contencioso de anulación, pues si bien siempre debe haber una pretensión de anulación respecto de los actos impugnados, el proceso *no se agota* en dicha anulación, y las acciones y recursos pueden contener otras pretensiones procesales de condena adicionales y anexas a la pretensión de anulación del acto administrativo, conforme se establece en el artículo 259 de la Constitución y en el artículo 21, párrafo 18° de la Ley Orgánica del Tribunal Supremo de Justicia.

En virtud de que pueden formularse pretensiones de condena anexas a las pretensiones de anulación de un acto administrativo, el contencioso de los actos administrativos se concibe como un *proceso subjetivo,* a pesar de que el objeto principal del mismo es un acto administrativo. Por ello, en la nueva Ley Orgánica del Tribunal Supremo de Justicia, el contencioso de los actos administrativos se configuró como un proceso conforme al esquema procesal del proceso ordinario, en el cual se entabla una *litis* entre demandante y demandado, con la necesidad de presentación de una demanda (Art. 21, párrafo 10°) y la citación (Art. 21, párrafo 12°) del demandado y la invitación a participar en el juicio al Fiscal General de la República y a todos los interesados, a los efectos de la contestación.

En ausencia de disposición expresa en la Ley para que se efectúe el acto de contestación, podía interpretarse que para el órgano del ente público autor del acto de la entidad demandada, conforme al artículo 360 del Código de Procedimiento Civil, la contestación podía ocurrir dentro de los 20 días siguientes a la citación. Sin embargo, en virtud de que el artículo 21, párrafo 12° de la Ley Orgánica establece para los interesados emplazados por cartel, un lapso de comparecencia de 10 días contados a partir de la publicación del mismo o de la notificación del último de los interesados, la Sala Constitucional ha interpretado la norma concluyendo en que el acto de contestación debe ocurrir en el acto oral al cual deben ser convocadas las partes una vez transcurrido el referido lapso de 10 días.

En efecto, en sentencia N° 1645 del 19 de agosto de 2004 (Caso: *Gregorio Pérez Vargas, Impugnación de la Constitución Federal del Estado Falcón*), expuso los siguientes criterios, ante las carencias de la Ley Orgánica[1080], particularmente en cuanto a la regulación de la oralidad del proceso:

> "Lo primero que se observa es que se varió la denominación usada por la ley derogada: "notificación" en lugar de "citación". Ese cambió tal vez obedeció al continuo reclamo doctrinal y jurisprudencial a favor de la naturaleza subjetiva de los procesos, que exige hablar de verdaderas partes y relegar la idea de pro-

---

1080 *V.*, Alejandra Figueiras Robisco, "La nueva jurisprudencia sobre las competencias judiciales y el procedimiento en el orden contencioso administrativo. Estado (provisionalísimo) de la cuestión", en *Revista de Derecho Público,* N° 99-100, Editorial Jurídica Venezolana, Caracas 2004, pp. 11-24.

cesos objetivos, en puro interés del derecho, sin nadie a quien citar para que comparezca al juicio, sino sólo notificar para que esté enterado de su existencia.

Si ése fue el propósito, sin embargo poco logró el legislador: en realidad no cambió el fondo; únicamente lo hicieron los términos. Tras las nuevas citaciones no hay nada distinto a las anteriores notificaciones. Unas y otras no están establecidas dentro de un verdadero proceso subjetivo –un conflicto entre partes–, sino como mecanismos para poner en conocimiento de interesados –obvios, en el caso del autor del acto; posibles, en el caso de los particulares distintos al recurrente– la existencia de la demanda. Lo anterior parece irrefutable si se piensa que el legislador olvidó incluir un elemento esencial en toda citación: el emplazamiento para comparecer ante el Tribunal. Con la citación, en lenguaje procesal, en realidad se cumplen dos cometidos: uno, hacer del conocimiento del citado la existencia de una demanda que ha sido admitida; y dos, emplazarle para presentarse en el tribunal (emplazamiento y comparecencia).

En la Ley Orgánica del Tribunal Supremo de Justicia, sin embargo, sólo hay un plazo para la comparecencia: el preceptuado para los usualmente denominados terceros interesados, es decir, aquellos que acuden al tribunal en virtud del cartel publicado en prensa. A ellos se les conceden diez días hábiles *"a partir de la publicación del cartel o de la notificación del último de los interesados"*. Se observa como la ley retoma el término "notificación" de los interesados, cuando poco antes se refiere a su citación. Ello tiene su razón: el legislador estaba consciente de que el único verdaderamente citado es el autor del acto, aparte de la Procuraduría General, como representante de la República. Ni el Fiscal General de la República ni los terceros cuya identidad es imprecisa son citados: se les invita a participar. Son notificados del proceso; si es su deseo, intervendrán; si no lo consideran necesario, no lo harán. Por supuesto, los llamados por cartel pueden demostrar un interés tal que los convierta en partes, como lo son el demandante y el demandado, y con ese carácter de partes –sobre-venidas– se comportarán en el juicio, teniendo las facultades que esa condición les da.

Puede notarse, entonces, que aparte de que el legislador no regula con cuidado la institución de la citación y la notificación, incurre en el error de fijar la petición de apertura del lapso probatorio para el momento en que se practique la citación, pero no da plazos para que los citados se presenten en el tribunal. Por supuesto, no puede pensarse que la solicitud la harán el mismo día en que la citación se practica –imposible exigir tal premura, cuando no se conoce bien el caso–, pero tampoco puede dejarse indefinido el momento en que precluye la oportunidad para hacerlo. Para la Sala, pues, es obligatorio indicar cuál será ese momento, para lo cual se hacen las consideraciones siguientes:

La intención del legislador parece ser que las partes, una vez que estén citadas, puedan informar al Tribunal acerca de su deseo de que la *causa* cuente con un lapso probatorio. *Para ello es imprescindible emplazarles para un acto al que deberán comparecer. El único plazo, según lo indicado, es el previsto para los llamados interesados: diez días hábiles. La ley indica que ese plazo se cuenta desde la publicación del cartel o de la última notificación de los interesados, lo que para la Sala no puede tener otro sentido que el de la última citación en los casos en que no se publique cartel, al no ser esa publicación obligatoria.*

Para la Sala, debe actuarse de manera similar al caso de los juicios de amparo constitucional: es decir, citar a las partes para que comparezcan ante el Tribunal. Esa comparecencia tendrá por objeto informarles acerca de la realización de un acto al que también deberán comparecer y que será la ocasión para solicitar la apertura del lapso probatorio. Esta Sala debe, al respecto, observar lo siguiente:

Una de las innovaciones más relevantes en el ámbito judicial venezolano fue la disposición constitucional –de 1999– acerca de la oralidad en los procesos. Bastante se ha destacado ese particular, por lo que no es necesario insistir en su importancia. La experiencia, de hecho, se ha encargado de confirmar la celeridad que proporciona el método oral, amén de la sensación de cercanía entre partes y jueces.

La Ley Orgánica del Tribunal Supremo de Justicia logró, pero sólo parcialmente, incorporar esa novedad. El artículo 19, párrafo 9, contiene la obligatoriedad de informes orales. Se abandonan así los informes escritos que preveía la ley derogada, la cual únicamente establecía la oralidad a instancia de parte. En el nuevo régimen la oralidad de los informes es la regla, sin admitir excepciones.

Ahora bien, cuando se lee la totalidad de la nueva ley se puede verificar que la oralidad está ausente del resto del proceso.

La Sala estima que ello constituye un apartamiento de la voluntad del Constituyente, que ha querido un proceso fundamentalmente oral y no sólo de manera muy parcial. La demanda contra una ley, es cierto, amerita un escrito concienzudo que tal vez sea innecesario en casos más sencillos, pero ello no es suficiente para que en todo el procedimiento –salvo los informes– se prescinda de la oralidad. Por el contrario, el legislador debió seguir el espíritu de la letra de la Constitución y prever actos orales.

En criterio de la Sala, la Ley Orgánica del Tribunal Supremo de Justicia carece de un acto oral al inicio del procedimiento. Lo correcto es que partes e interesados comparezcan ante el Tribunal a imponerse de los términos de la controversia.

Como la ley sí prevé que las partes pueden solicitar la apertura de lapso probatorio, la Sala estima prudente regular el procedimiento de forma de permitir que ello se haga de forma oral, en un acto que, además, satisfaga otros dos principios procesales: el de concentración y el de inmediación"[1081].

En todo caso, y a pesar de todas las fallas advertidas por la Sala Constitucional, con la Ley Orgánica puede decirse que se consolidó el carácter de proceso subjetivo del contencioso de los actos administrativos[1082], en el cual además de ser un juicio

1081 *V.*, en *Revista de Derecho Público*, N° 99-100, Editorial Jurídica Venezolana, caracas 2004, pp. 254 y ss.

1082 Como lo señaló la antigua Corte Suprema, el recurso de nulidad debe considerarse como un recurso "subjetivo" pues "se protege la integridad de la norma sólo en función de la situación jurídica subjetiva igualmente alterada". Véase sentencia de la Corte Suprema de Justicia en Sala Político Adminiscontra un acto administrativo en relación al cual se solicita del juez declare su nulidad, en el mismo puede haber pronunciamiento de condena que se pretenden *como consecuencia de la anulación.* Por tanto, en el contencioso de los actos administrativos, contrariamente a lo que ocurría conforme a la Ley Orgánica de 1976, ahora se demanda a la persona jurídica de derecho público o estatal que dictó el acto recurrido y no sólo se impugna el acto, pudiendo además, formularse pretensiones de condena contra dichas personas de derecho público u otros entes que hayan dictado el acto. Por tanto, ahora, en el contencioso de los actos administrativos si hay propiamente un demandante y un demandado, debiendo citarse al representante del organismo o al funcionario que haya dictado el acto, e invitarse a los interesados en la impugnación del acto recurrido o en la defensa del mismo, para que se hagan parte.

Por otra parte, de acuerdo con el artículo 21, párrafo 9° de la Ley Orgánica "El Fiscal General de la República y demás funcionarios a quienes las leyes les atribuyen tal facultad, podrán también solicitar la nulidad del acto, cuando éste afecte un interés general".

En el proceso, además, se pueden hacer parte todos aquellos interesados que ostenten un derecho subjetivo o un interés personal, legítimo y directo similar al que ostente el recurrente[1083]. Por tanto, si se trata de la impugnación de actos administrativos de efectos generales puede hacerse parte toda persona plenamente capaz alegando un simple interés, o si se trata de la impugnación de actos administrativos de efectos particulares, debe ser el titular de al menos un interés personal, legítimo y directo (Art. 21, párrafo 9° LOTSJ ).

Ahora bien, de acuerdo con el artículo 21, párrafo 12° de la Ley Orgánica, una vez presentada la demanda de nulidad de un acto administrativo, en el auto de admisión de dicha demanda se debe ordenar la citación del representante del organismo o del funcionario que haya dictado el acto. Asimismo, cuando fuere procedente, en esa misma oportunidad, el juez puede ordenar el emplazamiento de los interesados, por medio de carteles que se deben publicar en un diario de circulación nacional, para que se den por citados, en un lapso de diez días hábiles siguientes contados a partir de la publicación del cartel o de la notificación del último de los interesados. El recurrente debe consignar un ejemplar del periódico donde fue publicado el cartel, dentro de los tres días siguientes a su publicación. El incumplimiento de esta obligación se entiende como desistimiento del recurso, en cuyo caso se debe ordenar el archivo del expediente.

La misma norma dispone que se debe "citar" (en realidad es notificar) al Fiscal General de la República, si éste no hubiere iniciado el juicio, el cual debe consignar un informe hasta el vencimiento del plazo para presentar los informes; y al Procurador General de la República en el caso de que la intervención de éste en el procedimiento fuere requerida por estar en juego los intereses patrimoniales de la República.

En todo caso, en el procedimiento del proceso contencioso de los actos administrativos, aun cuando es de carácter litigioso y subjetivo, se le reconocen al juez una

---

trativa de 03-10-85 en *Revista de Derecho Público,* N° 24, Editorial Jurídica Venezolana, Caracas, 1985, pp. 156-162.

1083 Así lo disponía el Artículo 137 de la Ley Orgánica de 1976. Esta norma relativa a la legitimación pasiva en el contencioso administrativa fue incomprensiblemente eliminada en la Ley Orgánica de 2004.

serie de poderes inquisitivos incluso para solicitar informaciones y hacer evacuar pruebas de oficio (Artículo 21, párrafo 14, LOTSJ ), y además, para continuar el proceso contra un acto administrativo, a pesar del desistimiento del recurrente, cuando el acto recurrido viole normas de orden público (Artículo 19, párrafo 18 LOTSJ ).

Hemos dicho que el recurso, en el contencioso de los actos administrativos, además de pretensiones de anulación puede contener pretensiones de condena, lo cual conlleva a que el contencioso de los actos administrativos actualmente se clasifique en tres clases: el contencioso de anulación; el contencioso de anulación y condena, y el contencioso de anulación y amparo. En los tres, el juez contencioso administrativo puede actuar como juez constitucional respecto de los actos administrativos impugnados.

## I. EL CONTENCIOSO DE ANULACIÓN DE LOS ACTOS ADMINISTRATIVOS

El proceso contencioso de anulación de los actos administrativos se puede configurar, en efecto, cuando la *pretensión única* del recurso es la anulación de un acto administrativo. El proceso contencioso-administrativo en este caso, ya no tiene regulaciones adjetivas diferentes según el objeto del recurso como se establecía en la Ley Orgánica de 1976. Con la Ley Orgánica de 2004, el procedimiento fue uniformizado, sea que se trate de la anulación de un acto administrativo de efectos generales (reglamento), de un acto administrativo de efectos particulares o de un acto administrativo bilateral (contratos públicos), dejándose a salvo, por supuesto, aspectos específicos como la legitimación, el lapso de caducidad y otros que se analizan más adelante.

Si bien en el pasado hubo discusión en torno a los criterios de distinción entre los actos administrativos de efectos generales y los actos administrativos de efectos particulares que adoptó la Ley Orgánica de la Corte Suprema de Justicia de 1976 para regular dos procedimientos distintos[1084]; con la nueva Ley, a pesar de que se sigue con la misma distinción para definir la legitimación activa para la impugnación de los actos administrativos, sin embargo, el interés adjetivo de la misma desapareció al establecerse ahora un sólo procedimiento para la impugnación de los actos administrativos (Art. 21, párrafo 9° ss.). En todo caso, sobre la referida distinción que recoge la Ley Orgánica, por ejemplo, para exigir simple interés en cuanto a la impugnación de actos administrativos de efectos generales, y un interés personal, legítimo y directo en cuanto a la impugnación de los actos administrativos de efectos particulares (Art. 21, párrafo 9°), en nuestro criterio, está referido al carácter normativo o no normativo de los actos recurridos. Así, los actos administrativos de efectos generales son los reglamentos y demás actos normativos, cuyos destinatarios son indeterminados e indeterminables; en cambio, los actos administrativos de efectos particulares, son los que no tienen carácter normativo, y cuyos destinatarios o es un sujeto de de-

1084 *V.*, J.G. Andueza, "El control de la constitucionalidad y el contencioso administrativo" en A. Moles Caubet y otros, *Contencioso administrativo... cit.*, pp. 66 y ss.

recho (acto individual) o una pluralidad de ellos, pero determinados o determinables (acto general)[1085].

En todo caso, dos cuestiones adjetivas deben precisarse en relación con la distinción entre los actos administrativos de efectos generales y los de efectos particulares, y son las relativas a la legitimación para interponer la acción y a la caducidad del recurso o acción

### 1. *El tema de la legitimación*

#### A. *La acción popular para la impugnación de los actos administrativos de efectos generales*

El artículo 21, párrafo 9° de la Ley Orgánica, dispone al iniciar la regulación de los juicios de nulidad contra los actos administrativos, que:

> "Toda persona natural o jurídica, que sea afectada en sus derechos o intereses por una ley, reglamento, ordenanza u otro acto administrativo de efectos generales emanado de alguno de los órganos del Poder Público Nacional, Estadal o Municipal, o que tengan interés personal, legítimo y directo en impugnar un acto administrativo de efectos particulares, puede demandar la nulidad del mismo ante el Tribunal Supremo de Justicia, por razones de inconstitucionalidad o de ilegalidad".

En este artículo de la Ley Orgánica se reguló en igual forma la legitimación necesaria para la impugnación ante la Jurisdicción Constitucional por vía de acción de inconstitucionalidad de las leyes nacionales y estadales y de las ordenanzas municipales, que se inicia mediante la acción popular de inconstitucionalidad ante la Sala Constitucional; así como para la impugnación ante la Jurisdicción Contencioso Administrativa de los reglamentos y demás actos administrativos de carácter normativo o de efectos generales, que también se inicia mediante la acción popular contencioso administrativa de ilegalidad e inconstitucionalidad. En ambos casos, se está en presencia de una acción popular, que también regulaba la Ley Orgánica de 1976 y que como se ha señalado, tiene larga tradición en Venezuela con antecedentes desde mitad del Siglo XIX.

De acuerdo este régimen, para intentar tanto la acción de inconstitucionalidad de las leyes como el recurso contencioso administrativo de inconstitucionalidad e ilegalidad de reglamentos y actos administrativos de efectos generales, no se requiere condición especial alguna del recurrente, por lo que la legitimación corresponde en general, a todo habitante de la República con base en el "simple interés" que tenga en la constitucionalidad y legalidad. Esta acción popular fue definida por la jurisprudencia, como la que "corresponde a todos y cada uno de los individuos que componen un conglomerado, para impugnar la validez de un acto del Poder Público que, por tener un carácter normativo y general, obra *erga omnes,* y, por tanto, su vigencia

---

1085 *V.*, Allan R. Brewer-Carías, *El control de la constitucionalidad de los actos estatales.* Caracas, 1977, pp. 7-10; y "El recurso contencioso administrativo, contra los actos de efectos particulares" en Instituto de Derecho Público, *El control jurisdiccional... cit.*, pp. 173-174.

afecta e interesa a todos por igual"[1086]. En estos casos de impugnación de actos normativos, dijo la antigua Corte Suprema, éstos "pueden ser impugnados por la vía de la acción popular, ejercida libremente por cualquier ciudadano que se encuentre en el pleno goce de sus derechos, esto es, que tenga capacidad procesal" invocando simplemente "el derecho que tiene todo ciudadano a que la administración respete la legalidad"[1087]. En este caso, agregaba la antigua Corte, "la acción que se da... a cualquiera del pueblo (de allí su denominación) está dirigida a la defensa de un interés público que es a la vez simple interés del accionante quien por esta sola razón no requiere estar investido de un interés jurídico diferencial o legítimo"[1088].

La Ley Orgánica de 2004, sin embargo, exige que el recurrente contra un acto administrativo de efectos generales sea "afectado en sus derechos e intereses" por el acto recurrido (Art. 21, párrafo 9°), lo que no significa en modo alguno la eliminación de la acción popular ni el establecimiento de una especial legitimación activa para interponerla, referida a la protección o defensa de derechos subjetivos o intereses legítimos de ciudadanos en particular. Su objeto, dijo la antigua Corte Suprema, es "la defensa objetiva de la majestad de la Constitución y su supremacía", y si bien la Ley Orgánica exige que la persona que ejerza el recurso sea "afectada en sus derechos o intereses" ello se ha considerado como de "interpretación rigurosamente restrictiva", concluyendo la Corte que cuando se ejerce el recurso de anulación contra los actos administrativos de efectos generales, "*debe presumirse*", al menos relativamente, que el acto de efectos generales recurrido *en alguna forma* afecta los derechos o intereses del recurrente en su condición de ciudadano venezolano, salvo que del contexto del recurso aparezca manifiestamente lo contrario"[1089].

En todo caso, debe señalarse que además de a las personas naturales o jurídicas afectadas en sus derechos o intereses por el acto recurrido, la Ley Orgánica otorga legitimación para intentar la acción popular, al Fiscal General de la República y demás funcionarios a quienes las leyes les atribuyen tal facultad, como el Defensor del Pueblo, cuando el acto recurrido afecte un interés general.

### B. *La exigencia de un interés personal, legítimo y directo en la impugnación de los actos administrativos de efectos particulares*

Como se ha dicho, una de las innovaciones de la Ley Orgánica de 2004 fue la uniformización del procedimiento en los juicios de nulidad de los actos administra-

---

1086 Véase la sentencia de la antigua Corte Federal de 14-03-60 en *Gaceta Forense* N° 27, 1960, pp. 127-132 y la sentencia de la Corte Suprema de Justicia en Sala Político Administrativa de 18-02-71 en *Gaceta Oficial* N° 1.472 Extra. de 11-06-71. Véase en Allan R. Brewer-Carías, *Jurisprudencia de la Corte Suprema 1940-1975 y Estudios de Derecho Administrativo,* T. V, Vol. I, Caracas, 1978, pp. 209-304.

1087 *V.*, la sentencia de la Corte Suprema de Justicia en Sala Político Administrativa de 06-02-64 en *Gaceta Oficial* N° 27.373 de 21-02-64. Véase en Allan R. Brewer-Carías, *Jurisprudencia..., cit.*, T. V, Vol. I, p. 296.

1088 *V.*, la sentencia de la Corte Suprema de Justicia en Sala Político Administrativa de 18-02-71 en *Gaceta Oficial* N° 1.472 Extra, de 11-06-71, y la sentencia de la Corte Suprema de Justicia en Sala Político Administrativa de 21-11-74, en *G.O.* N° 30.594 de 10-01-75. Véase en Allan R. Brewer-Carías, *Jurisprudencia..., cit.*, T. V, Vol. I, pp. 304 y 314.

1089 *V.*, la sentencia de la Corte Suprema de Justicia en Corte Plena de 30-06-82, en *Revista de Derecho Público* N° 11, Editorial Jurídica Venezolana, Caracas, 1982, pp. 135-138.

tivos, eliminándose la distinción que establecía la Ley de 1976 entre dos procedimientos según el objeto impugnado: actos administrativos de efectos generales y actos administrativos de efectos particulares. Sólo han persistido, de esa distinción, las reglas particulares de la legitimación activa y pasiva, y algunas específicas como las relativas a la caducidad y a la de suspensión de efectos de los actos administrativos de efectos particulares (Art. 21, párrafo 22º).

En efecto, de acuerdo a lo previsto en el artículo 21, párrafo 9º de la Ley Orgánica del Tribunal Supremo de Justicia, siguiendo lo que regulaba la Ley Orgánica de 1976, la nulidad de actos administrativos de efectos particulares sólo puede ser solicitada por quienes "tengan interés personal, legítimo y directo en impugnar un acto". En esta forma, la legitimación activa para intentar la acción o recurso de nulidad de los actos administrativos de efectos particulares, corresponde al menos al titular de un interés legítimo en que el acto sea anulado. Por supuesto, el titular de otra situación jurídica subjetiva más protegida por el ordenamiento jurídico, como es el derecho subjetivo, también tiene legitimación activa para impugnar el acto administrativo de efectos particulares que lo lesione.

Este recurso, por supuesto, procede no sólo contra los actos administrativos de efectos particulares expresos, sino también contra los actos tácitos denegatorios derivados del denominado silencio administrativo negativo previsto en la Ley Orgánica de Procedimientos Administrativos[1090]. Además, por supuesto, los actos administrativos impugnables no sólo son los dictados por las autoridades ejecutivas, sino los emanados de los órganos legislativos y judiciales, y de los órganos de los Poderes Ciudadano y Electoral[1091], así como los emanados de entidades privadas que pueden emanarlos en virtud de ejercer en alguna forma poderes públicos[1092].

Ahora bien, en todos esos casos, la legitimación activa para interponer los recursos corresponde a los titulares de un interés personal, legítimo y directo, noción que había sido delineada por la jurisprudencia contencioso administrativa antes de la entrada en vigencia de la Constitución de 1999, como la situación jurídica subjetiva que deriva de la relación jurídica que se establece entre un sujeto de derecho y la Administración Pública con ocasión de un acto administrativo, por ser dicho sujeto de derecho el destinatario del acto o por encontrase en una particular situación de hecho frente a la conducta de la Administración, que hace que el ordenamiento jurídico proteja particularmente su interés en la legalidad de la actividad administrativa[1093].

---

1090 Art. 4, Ley Orgánica de Procedimientos Administrativos (LOPA), *G.O.* Nº 2.818 Extra, de 01-07-81. Véase Allan R. Brewer-Carías, "El sentido del silencio administrativo negativo en la Ley Orgánica de Procedimientos Administrativos", *Revista de Derecho Público,* Nº 8, Editorial Jurídica Venezolana, Caracas, 1981, pp. 27-34.

1091 *V.,* Allan R. Brewer-Carías, "El problema de la definición del acto administrativo" en *Libro Homenaje al Dr. Eloy Lares Martínez,* UCV, Caracas, 1984, T. I, pp. 25 a 78.

1092 *V.,* Hildegard Rondón de Sansó, "Ampliación del ámbito contencioso administrativo", *Revista de Derecho Público,* Nº 22, Editorial Jurídica Venezolana, Caracas, 1985, pp. 33-49.

1093 *V.,* Allan R. Brewer-Carías, "Aspectos de la legitimación activa en los recursos contencioso administrativos contra los actos administrativos de efectos particulares", *Revista de Derecho Público,* Nº 16, Editorial Jurídica Venezolana, Caracas, 1983, pp. 227-233.

En la configuración de esta noción de interés legítimo, personal y directo, la labor de la antigua Corte Suprema de Justicia fue muy importante, al vincularla a "la posición en que se encuentren las partes respecto de la pretensión procesal; por lo que sólo las personas que mantengan determinada relación con la pretensión están legitimadas en el proceso en que la misma se deduce". Agregó la Corte, que el legitimado tiene "que ser la persona concreta, con facultad de poder reclamar o imponer una decisión administrativa.

En resumen, puede estimarse la legitimación como la consideración especial en que tiene la Ley, dentro de cada proceso, a las personas que se hallan en una determinada relación con el objeto del litigio", es decir, con el acto administrativo recurrido. En otras palabras, el interesado es aquél que ostente un interés jurídicamente relevante en la anulación del acto[1094].

Además, la Sala Político Administrativa de la antigua Corte Suprema de Justicia, en sentencia de 21 de diciembre de 1972, considerando la legitimación activa en estos recursos como resultado de una particular situación de hecho del administrado respecto del acto recurrido, señaló lo siguiente:

> "Las circunstancias expresadas dejan constancia de que la cuestión debatida en este proceso tiene que ver directamente con la particular situación de hecho en que se encuentra la actora, como vecina de la zona donde habita y en una de cuyas áreas, cercana también a su vivienda podría levantarse una construcción en perjuicio de sus derechos y con violación, en su parecer, por parte de la Administración, de las normas de interés general que atienden al desarrollo urbanístico de la región.
>
> Conforme a tales razones, la Corte estima que la decisión administrativa que se discute está relacionada con el derecho de la actora, cuyo interés legítimo, personal y directo en el planteamiento del caso puede resolver, y en consecuencia, su legitimación activa en el proceso, ha quedado plenamente demostrada"[1095].

La Ley Orgánica del Tribunal Supremo de Justicia de 2004 repitió el contenido de la norma de la derogada Ley Orgánica de 1976, exigiéndose el interés personal, legítimo y directo como condición de legitimidad para interponer el recurso contencioso de anulación contra los actos administrativos de efectos particulares (Art. 21, párrafo 9°).

### C. *El tema de los intereses colectivos y difusos*

Ahora bien, la legitimación activa en el contencioso de anulación de los actos administrativos se ha venido ampliando, para proteger además del interés personal, legítimo y directo del recurrente en los casos de actos administrativos de efectos particulares, otras situaciones jurídicas subjetivas que corresponden a una comunidad concreta o a la colectividad en general. En esta forma, se le ha venido reconociendo legitimación para actuar a las entidades representativas de intereses colectivos legalmente establecidas y reconocidas (intereses colectivos), y a quienes en determi-

---

1094 *V., Gaceta Oficial* N° 27.373 de 21-02-64, pp. 203-509 y 203-510. La Corte siguió en esta decisión la opinión de Jesús González Pérez, *Derecho Procesal Administrativo,* T. II, Madrid, 1966, p. 263.

1095 *V., Gaceta Oficial.* N° 1.568 Extra. de 12-02-73.

nadas circunstancias invoquen la protección de los intereses supra individuales que conciernen a toda la colectividad (intereses difusos). La Constitución de 1999, en tal sentido, ha garantizado expresamente el derecho de las personas de acceder a la justicia para "hacer valer sus derechos e intereses, incluso los colectivos o difusos" (Art. 26), lo que repite el artículo 18, párrafo 2° de la Ley Orgánica.

Antes de la entrada en vigencia de la Constitución de 1999, podían distinguirse los intereses colectivos de los intereses difusos. En cuanto a los intereses colectivos, éstos se concretaban en comunidades compuestas por sujetos de derecho más o menos determinables, siendo en definitiva intereses de grupo que se perseguían en forma unificada al tener el grupo características y aspiraciones comunes[1096]. Las entidades que actuaban en defensa de los intereses de grupo podrían interponer recursos de anulación contra los actos administrativos de efectos particulares que afectasen dichos intereses colectivos, como era el caso, por ejemplo, de los Sindicatos, Colegios Profesionales y las Asociaciones Cooperativas[1097]. También estaban las Asociaciones de Vecinos reguladas en la derogada Ley Orgánica de Régimen Municipal de 1989[1098], en los casos en los que el acto administrativo impugnado afectase un interés de la comunidad vecinal (interés colectivo) como un todo.

En otros casos, se trataba de entidades que, como las juntas conservadoras del ambiente o de consumidores y usuarios, también podrían asumir frente a determinados actos administrativos la defensa de intereses difusos, por ejemplo, relacionados con la calidad de vida que en este caso correspondían a una pluralidad indeterminada o indeterminable de sujetos y que el ordenamiento protegía jurídicamente, en razón de su carácter social y comunitario. En este orden de ideas, por ejemplo, el Reglamento N° 1 de la derogada Ley Orgánica de Régimen Municipal sobre participación de la comunidad[1099], asignó a las asociaciones de vecinos dentro de sus actividades de interés comunitario, entre otras, "la preservación y el mejoramiento de la calidad de la vida de sus integrantes en comunidad" y "la adecuada prestación de los servicios públicos" (artículo 3, ordinales 1° y 2°). En esta forma, la asociación de vecinos como tal, sólo podía ejercer recursos contra actos administrativos que lesionas en el interés colectivo vecinal de orden urbanístico o en general "los derechos de los vecinos"; lo que no las autorizaba para actuar en procesos en los que sólo correspondía la legitimación a un vecino concreto, y no a la comunidad vecinal, en cuyo caso era aquél quien tenía que ostentar un interés personal, legítimo y directo. En tal sentido, por ejemplo, la Corte Primera de lo Contencioso Administrativo en sentencia N° 1037 de 1 de agosto de 2000 (Caso: *Asociación de Propietarios y Residentes de la Urbanización Miranda (APRUM) vs. Alcaldía del Municipio Sucre del Estado Miranda*) analizó el tema de la legitimación de las asociaciones de vecinos o del

1096 *V.*, M. Sánchez Morón, *La participación del ciudadano en la Administración Pública*, Madrid, 1980, p. 125.

1097 *V.*, Allan R. Brewer-Carías "El Derecho Administrativo y la participación de los administrados en las tareas administrativas", *Revista de Derecho Público,* N° 22, Editorial Jurídica Venezolana, Caracas, 1985, pp. 14-51.

1098 Art. 173, LORM. *Gaceta Oficial* N° 4.409 de 15-06-89.

1099 *V.*, en *Gaceta Oficial* N° 34.609 de 05-12-90.

ente que las agrupaba, para participar en los procesos contenciosos administrativos en los que se discutía la nulidad de un acto que afecte a la comunidad urbana[1100].

Por otra parte, la Ley de Protección al Consumidor y al Usuario de 2004[1101] consagró como uno de los derechos de los consumidores "la protección de los intereses individuales o colectivos en los términos que establece esta Ley" (Art. 6,7); agregándose en el artículo 80 que la defensa de los derechos establecidos en la Ley, podrá ser ejercida tanto a título individual como colectivo, y en este último caso, cuando se encuentren involucrados intereses o derechos colectivos o difusos.

Ahora bien, con la garantía de acceso a la justicia establecida en la Constitución para los titulares de "intereses colectivos o difusos" (Art. 26), la Sala Constitucional le ha dado un tratamiento uniforme a los mismos[1102], habiendo establecido para intentar la acción, en sentencia N° 1048 de 17 de febrero de 2000, los siguientes factores:

> "1. Que el que acciona lo haga en base no sólo a su derecho o interés individual, sino en función del derecho o interés común o de incidencia colectiva.
>
> 2. Que la razón de la demanda (o del amparo interpuesto) sea la lesión general a la calidad de vida de todos los habitantes del país o de sectores de él, ya que la situación jurídica de todos los componentes de la sociedad o de sus grupos o sectores, ha quedado lesionada al desmejorarse su calidad común de vida.
>
> 3. Que los bienes lesionados no sean susceptibles de apropiación exclusiva por un sujeto (como lo sería el accionante).
>
> 4. Que se trata de un derecho o interés indivisible que comprenda a toda la población del país o a un sector o grupo de ella.
>
> 5. Que exista un vínculo, así no sea jurídico, entre quien demanda en interés general de la sociedad o de un sector de ella (interés social común), nacido del daño o peligro en que se encuentra la colectividad (como tal). Daño o amenaza que conoce el Juez por máximas de experiencia, así como su posibilidad de acaecimiento.
>
> 6. Que exista una necesidad de satisfacer intereses sociales o colectivos, antepuestos a los individuales.
>
> 7. Que el obligado deba una prestación indeterminada, cuya exigencia es general"[1103].

---

1100 *V.*, en *Revista de Derecho Público,* N° 83 (julio-septiembre), Editorial Jurídica Venezolana, Caracas 2000, pp. 391-399.

1101 *Gaceta Oficial* N° 37.930 del 04-05-04

1102 *V.*, sentencia de la Sala Constitucional N° 656 de 05-06-2001, Caso: *Defensor del Pueblo vs. Comisión Legislativa Nacional.*

1103 *V.*, sentencia de la Sala Constitucional N° 1048 de 17-02-2000 (Caso: *William O. Ojeda O. vs. Consejo Nacional Electoral*), en *Revista de Derecho Público,* N° 83, Editorial Jurídica Venezolana, Caracas 2000, pp. 325-326.

### 2. *El tema de la caducidad*

La distinción entre los actos administrativos de efectos generales y los de efectos particulares, por otra parte, también tiene consecuencias en cuanto a la caducidad de los recursos.

En el caso de la acción popular tanto de inconstitucionalidad de las leyes como la contencioso administrativa de anulación de los reglamentos y demás actos administrativos de efectos generales, precisamente por el carácter popular de la acción, la Ley Orgánica dispone "que los actos generales del Poder Público podrán intentarse en cualquier tiempo", estableciendo en este caso la imprescriptibilidad del recurso (Art. 21, párrafo 21).

En cambio, en los casos de acciones dirigidas a anular actos administrativos de efectos particulares de la Administración, la Ley Orgánica establece que "caducarán en el término de seis meses contados a partir de su publicación en el respectivo órgano oficial, o de su notificación al interesado, si fuere procedente y aquélla no se efectuare, o cuando la administración no haya decidido el correspondiente recurso administrativo en el término de noventa días continuos, contados a partir de la fecha de interposición del mismo.

## II. EL CONTENCIOSO DE ANULACIÓN DE LOS ACTOS ADMINISTRATIVOS BILATERALES (CONTRATOS)

Por último, en cuanto al contencioso de anulación debe señalarse que la Ley Orgánica establece la posibilidad de que personas extrañas a la relación contractual impugnen los contratos o acuerdos que celebre la Administración.

Es un proceso distinto al "contencioso de los contratos administrativos", y que en este caso regula el artículo 21, párrafo 2° de la Ley Orgánica como una acción de nulidad, al precisar que:

> "Toda persona natural o jurídica, o el Fiscal General de la República o el Defensor del Pueblo podrá proponer ante el Tribunal Supremo de Justicia, demanda de nulidad, por ilegalidad o inconstitucionalidad de contratos, convenios o acuerdos celebrados por los organismos públicos nacionales, estadales, municipales o del Distrito Capital, cuando afecten los intereses particulares o generales, legítimos, directos, colectivos o difusos de los ciudadanos y ciudadanas".

En estos casos, no se trata de un contencioso de las demandas contra los entes públicos que puede intentar el contratante de la Administración con motivo de la ejecución de contratos administrativos (Art. 5, párrafo 1°,25 LOTSJ), sino de acciones de nulidad intentadas contra contratos, acuerdos o convenciones celebrados por la Administración particularmente por personas extrañas a la relación contractual, que afecten los "intereses particulares o generales, legítimos, directos, colectivos o difusos de los ciudadanos". Se trata, en definitiva, por la legitimación amplia que se consagra, de la regulación de una acción popular de nulidad por inconstitucionalidad o ilegalidad que se puede ejercer contra contratos o convenios suscritos por la Administración, y no particularmente contra "contratos administrativos".

La Ley Orgánica no reguló en este caso un procedimiento contencioso específico, por lo que a pesar de la ubicación al comienzo de la norma del artículo 21 de la

Ley, consideramos que se debería aplicar el procedimiento de los juicios de nulidad regulado en el artículo 21, párrafos 9° y siguientes de la Ley Orgánica.

## III. EL CONTENCIOSO DE ANULACIÓN Y CONDENA

Hemos señalado que en el contencioso de los actos administrativos, si bien la anulación de los mismos es un elemento constante en el objeto de los recursos, éste no se agota en la sola pretensión de anulación. De acuerdo con el artículo 21, párrafo 18 de la Ley Orgánica (equivalente al 131 de la Ley Orgánica de 1976, y que había sido uno de los aspectos más importantes de la misma), además de la pretensión de anulación, ésta puede estar acompañada de pretensiones de condena, con lo cual se puede decir que quedó rota la tradicional dicotomía del contencioso de anulación, por un lado, y del contencioso de los derechos, por el otro[1104].

Por tanto, en el contencioso de los actos administrativos, además de la anulación del acto, el juez puede condenar a la Administración al pago de sumas de dinero, a la reparación de daños y perjuicios y al restablecimiento de las situaciones jurídicas subjetivas lesionadas por el acto anulado.

En efecto, el artículo 21, párrafo 18 de la Ley Orgánica del Tribunal Supremo de Justicia establece lo siguiente:

> "En su fallo definitivo el Tribunal Supremo de Justicia declarará, si procede o no, la nulidad de los actos o de los artículos impugnados, y determinará, en su caso, los efectos de la decisión en el tiempo; igualmente podrá, de acuerdo con los términos de la solicitud, condenar el pago de sumas de dinero y a la reparación de daños y perjuicios originados en responsabilidad de la administración, así como disponer lo necesario para el restablecimiento de las situaciones jurídicas subjetivas lesionadas por la actividad administrativa".

Esta norma tiene una importancia destacada en la configuración del proceso contencioso administrativo en Venezuela, con las siguientes implicaciones:

En *primer lugar*, las pretensiones de anulación de los actos administrativos pueden acompañarse de pretensiones de condena. Por tanto, cuando éstas dependan de lesiones a situaciones jurídicas subjetivas producidas por actos administrativos, en el mismo recurso de anulación de éstos pueden acumularse las pretensiones de condena, con lo cual se sigue el procedimiento de los juicios de nulidad y no el de las demandas contra los entes públicos.

Por tanto, en estos casos, sigue siendo un proceso que es básicamente contra un acto administrativo, pero en el cual con la reforma de 2004, puede considerarse que hay partes propiamente dichas, pudiendo formularse pretensiones de condena a la Administración como consecuencia directa de la anulación.

En *segundo lugar*, las pretensiones de condena que pueden acompañar al recurso de anulación, de acuerdo al artículo 259 de la Constitución y 21, párrafo 18° de la Ley Orgánica, pueden tener su origen básicamente en la responsabilidad de la Ad-

---

1104 *V.*, los comentarios de A. Moles Caubet sobre lo que llamó "el contencioso mixto", en "Rasgos generales de la Jurisdicción Contencioso Administrativa", en Instituto de Derecho Público, *El control jurisdiccional de los Poderes Públicos loc. cit.*, pp. 76-77.

ministración derivada del acto administrativo inconstitucional o ilegal, buscándose la condena a la Administración al pago de sumas de dinero, a la reparación de daños y perjuicios o al restablecimiento de la situación jurídica subjetiva lesionada por la actividad administrativa. Esta variedad de pretensiones tiene efectos fundamentales en cuanto a la legitimación activa y al contenido de la decisión del juez contencioso administrativo.

En efecto, en cuanto a la legitimación activa, el artículo 21, párrafo 18° de la Ley Orgánica ha ratificado como consecuencia, la finalización definitiva del monopolio que antes de 1976, tenía el derecho subjetivo sobre las situaciones jurídicas subjetivas, particularmente en cuánto a su resarcibilidad o indemnizabilidad. Por tanto, la tradicional idea de que el interés personal, legítimo y directo era sólo una situación jurídica *procesal* para impugnar actos administrativos, y de que la pretensión de condena sólo correspondía a los titulares de derechos subjetivos ha quedado superada, y del artículo 21, párrafo 18° de la Ley resulta que dentro de las situaciones jurídicas subjetivas sustantivas, además del tradicional derecho subjetivo, también cabe ubicar los intereses legítimos, y éstos, al igual que aquéllos, pueden dar lugar a pretensiones de condena y a su resarcimiento.

Por tanto, la legitimación activa en el contencioso de anulación y condena no sólo corresponde al titular de un derecho subjetivo lesionado por el acto administrativo impugnado, sino también al titular de un interés personal, legítimo y directo, lo cual, por supuesto, variaría según el tipo de pretensión de condena. Por ejemplo, si se trata de una pretensión de condena derivada de responsabilidad administrativa originada por el acto administrativo impugnado, pueden distinguirse dos supuestos: si se trata de un acto administrativo que lesiona el derecho subjetivo al cocontratante de la Administración en relación con un contrato celebrado con la Administración, la legitimación activa para impugnar el acto ilegal, y pretender el pago de sumas de dinero o la reparación de daños y perjuicios, corresponde al titular del derecho subjetivo lesionado (cocontratante). En el mismo orden de ideas, por ejemplo, si se trata de un acto administrativo que lesiona el derecho subjetivo del funcionario público de carrera a la estabilidad, la legitimación activa para impugnar un acto inconstitucional o ilegal de destitución y para pretender el pago de sumas de dinero, la reparación de daños y perjuicios por la destitución ilegal o el restablecimiento al cargo público de carrera, corresponde al titular del derecho subjetivo lesionado (funcionario público destituido).

Pero la responsabilidad de la Administración no sólo puede surgir de la lesión de derechos subjetivos (contractuales o estatutarios), sino también puede surgir de la lesión a intereses legítimos, personales y directos, cuyos titulares no sólo tienen la legitimación para impugnar los actos administrativos ilegales que los lesionen, sino también para pretender la condena a la Administración a la reparación de daños y perjuicios originados por el acto ilegal, y al restablecimiento del interés legítimo lesionado por la autoridad administrativa.

Pero no sólo la esencia de la legitimación activa se ha modificado en el contencioso administrativo de los actos administrativos, sino que a partir de 1976, también se han modificado sustancialmente los poderes del juez en sus decisiones de anulación y condena, pues éstas pueden incluso, llegar a sustituir la actuación de la Administración.

En efecto, en el esquema tradicional del contencioso administrativo de anulación, el juez se limitaba a anular el acto recurrido correspondiendo a la Administración la ejecución de la decisión judicial. El juez no podía ni ordenar actuaciones a la Administración ni sustituirse a la Administración y adoptar decisiones en su lugar. Sin embargo, este criterio tradicional ha sido superado por el derecho positivo, y no sólo la pretensión de anulación puede estar acompañada de pretensiones de condena al pago de sumas de dinero o la reparación de daños y perjuicios, sino que más importante, la pretensión de anulación puede estar acompañada de pretensiones de condena a la Administración al restablecimiento de la situación jurídica subjetiva (derecho subjetivo o interés legítimo) lesionada, lo que implica el poder del juez de formular órdenes o mandatos de hacer o de no hacer (prohibiciones) a la Administración. No se olvide que el artículo 259 de la Constitución habla de los poderes del juez contencioso administrativo para "disponer lo necesario para el restablecimiento de las situaciones jurídicas subjetivas lesionadas por la actividad administrativa", con lo cual se le está confiriendo una especie de jurisdicción de equidad similar a las decisiones de *injunction* o *mandamus* del derecho angloamericano[1105], o a las que pueden adoptarse en los procesos de amparo. Por tanto, al "disponer lo necesario para el restablecimiento de la situación jurídica lesionada", no sólo puede el juez ordenar a la Administración adoptar determinadas decisiones, sino prohibirle actuar en una forma determinada. Y más aún, cuando sea posible con la sola decisión judicial, puede restablecer directamente la situación jurídica lesionada (y no sólo ordenarle a la Administración que la restablezca).

Debe indicarse, por último que el los casos de demandas contra los entes públicos, las mismas están sometidas a los lapsos de prescripción ordinarios del derecho civil.

## IV. EL CONTENCIOSO DE ANULACIÓN Y AMPARO

El tercer campo específico del contencioso de los actos administrativos, es el contencioso de anulación y amparo, que se desarrolla cuando la pretensión de anulación del acto administrativo está acompañada de una pretensión de restablecimiento de una garantía o derecho constitucional violado por el acto recurrido, conforme se regula expresamente en la Ley Orgánica de Amparo sobre Derechos y Garantías Constitucionales de 1988[1106]. En este caso, cuando la lesión al derecho o garantía constitucional la produce un acto administrativo, la vía ordinaria de amparo constitucional es el recurso contencioso administrativo de anulación, que puede ser ejercido por el titular del derecho o garantía constitucional vulnerado (legitimación activa).

Por supuesto, este contencioso de anulación y amparo, lleva a recordar la problemática del amparo en Venezuela, el cual no está regulado constitucionalmente como un único y específico recurso cuyo conocimiento está atribuido a un único órgano jurisdiccional[1107], sino más bien como un derecho constitucional de los indi-

---

1105 *V.*, H. W. R. Wade, *Administrative Law*, *Oxford*, 1982, pp. 515, 629.

1106 *V.*, *Gaceta Oficial* N° 33.891 de 22-1-88. Véase Allan R. Brewer-Carías y Carlos Ayala Corao, *Ley Orgánica de Amparo sobre Derechos y Garantías Constitucionales,* Editorial Jurídica Venezolana, Caracas 1988, pp. 242.

1107 Por ejemplo el recurso de amparo en España, cuyo conocimiento se atribuye al Tribunal Constitucional. Art. 161, Constitución 1978.

viduos a ser amparados por los tribunales de la República, lo cual puede lograrse a través de diversas acciones o recursos existentes incluso, mediante una acción autónoma de amparo[1108].

En efecto, como se ha dicho, de acuerdo con el artículo 27 de la Constitución:

> "*Artículo 27.* Toda persona tiene derecho a ser amparada por los tribunales en el goce y ejercicio de los derechos y garantías constitucionales, aun de aquellos inherentes a la persona que no figuren expresamente en esta Constitución o en los instrumentos internacionales sobre derechos humanos.
>
> El procedimiento de la acción de amparo constitucional será oral, público, breve, gratuito y no sujeto a formalidad; y la autoridad judicial competente tendrá potestad para restablecer inmediatamente la situación jurídica infringida o la situación que más se asemeje a ella. Todo tiempo será hábil y el tribunal lo tramitará con preferencia a cualquier otro asunto"

Conforme a esta norma, por tanto, hemos sostenido que en el ordenamiento jurídico venezolano puede haber múltiples vías judiciales para amparar los derechos constitucionales frente a atentados en el goce y ejercicio de los mismos, tanto por parte de autoridades como de particulares, siempre que se prevea un procedimiento breve y sumario que permita restablecer de inmediato el derecho infringido.

Incluso entre esas vías judiciales está la acción de amparo autónoma, en el sentido de que procede cuando no exista otra vía judicial que permita la protección del derecho o la que existe resulte inadecuada para la protección constitucional[1109].

Por tanto, cuando un acto administrativo es el que vulnera el goce o ejercicio de un derecho o garantía constitucional, el medio judicial de amparo constitucional, en principio, debe ser precisamente el proceso contencioso administrativo de los actos administrativos que permite al juez, de acuerdo al artículo 259 de la Constitución, al igual que lo hace el artículo 27 del mismo texto fundamental, no sólo anular el acto que perturba el derecho (lo cual es el fundamento del amparo en este caso) sino restablecer la situación jurídica subjetiva infringida[1110].

Estos planteamientos, como se ha dicho, han sido recogidos en su mayor parte, en la Ley Orgánica de Amparo sobre Derechos y Garantías Constitucionales de 1988, en cuyo artículo 5° se establece:

> "La acción de amparo procede contra todo acto administrativo, actuaciones materiales, vías de hecho, abstenciones u omisiones que violen o amenacen violar un derecho o garantía constitucional, cuando no exista un medio procesal breve, sumario y eficaz, acorde con la protección constitucional".

Por tanto, la acción autónoma de amparo procede también contra actos administrativos o contra conductas omisivas de la Administración que violen o amenacen vio-

---

1108 Véase Allan R. Brewer-Carías, "El derecho de amparo y la acción de amparo", *Revista de Derecho Publico,* N° 22, Editorial Jurídica Venezolana, Caracas, 1985. pp. 51-61.

1109 *Idem. V.,* Allan R. Brewer-Carías, "Introducción general al Régimen del Derecho de Amparo a los Derechos y Garantías Constitucionales", *Ley Orgánica de Amparo..., cit.*, pp. 52 y ss.

1110 En igual sentido, Art. 21, párrafo 18° LOTSJ.

lar un derecho o garantía constitucionales, pero siempre que no exista "un medio procesal breve, sumario y eficaz, acorde con la protección constitucional". En consecuencia, si dicho medio existe no procede la acción de amparo; y es la propia Ley Orgánica de Amparo la que se ocupa de prever dicho "medio procesal breve, sumario y efectivo, acorde con la protección constitucional", y ese es, en principio, el recurso contencioso administrativo de anulación, siempre que exista en la localidad un tribunal con competencia contencioso administrativa.

En estos casos, prevé la Ley que la acción de amparo puede ejercerse contra actos administrativos de efectos particulares o contra abstenciones o negativas de la Administración, ante el juez contencioso administrativo competente, si lo hubiere en la localidad, "conjuntamente con el recurso contencioso administrativo de anulación de actos administrativos o contra las conductas omisivas, respectivamente, que se ejerza". En estos casos agrega el artículo 5 de la Ley Orgánica de Amparo, el juez, "en forma breve, sumaria, efectiva, si lo considera procedente para la protección constitucional suspenderá los efectos del acto recurrido como garantía de dicho derecho constitucional violado, mientras dure el juicio".

En esta forma, para que la protección y amparo de derechos constitucionales por vía del recurso contencioso administrativo de anulación pueda ser completamente efectiva, la Ley Orgánica de Amparo ha previsto algunos correctivos en el procedimiento del mismo, por ejemplo, al ampliar la procedencia de la suspensión de efectos de los actos impugnados en forma más expedita cuando se alegue violación de un derecho constitucional, es decir, vicios de inconstitucionalidad o de nulidad absoluta del acto recurrido; al eliminar el lapso de caducidad de seis meses para la impugnación de los actos administrativos violatorios de derechos y garantías constitucionales que son nulos, de nulidad absoluta, conforme lo establece el artículo 25 de la Constitución; y al eximir al recurrente de la necesidad de agotamiento previo de la vía administrativa para ejercer el recurso de nulidad y amparo.

Así, y además, para garantizar que este recurso contencioso administrativo de anulación y amparo sea un medio procesal breve, sumario y efectivo, acorde con la protección constitucional, el parágrafo único del artículo 5° de la Ley Orgánica de Amparo, precisa que:

> "Cuando se ejerza la acción de amparo contra actos administrativos conjuntamente con el recurso contencioso administrativo que se fundamente en la violación de un derecho constitucional, el ejercicio del recurso procederá en cualquier tiempo, aún después de transcurridos los lapsos de caducidad previstos en la Ley; y no será necesario el agotamiento previo de la vía administrativa".

Por tanto, un acto administrativo violatorio de un derecho o garantía constitucional puede ser impugnado en vía contencioso administrativa en cualquier tiempo, siempre que se acompañe al recurso de anulación una pretensión de amparo; y contra dicho acto sólo puede ejercerse la acción de amparo aún que hayan transcurrido más de seis meses de dictado (Art. 6, Ord. 4°) si se ejerce conjuntamente con el recurso contencioso administrativo de anulación. En estos casos, por tanto, tampoco se aplica la causal de inadmisibilidad derivada del lapso de caducidad de seis meses para impugnar los actos administrativos de efectos particulares, prevista en la Ley Orgánica del Tribunal Supremo de Justicia (Art. 21, párrafo 21°).

Así, cuando se ejerza la acción de amparo contra actos administrativos conjuntamente con el recurso contencioso administrativo de anulación, no opera la causal de inadmisibilidad prevista en el ordinal 4° del artículo 6° de la Ley Orgánica de Amparo en casos de "consentimiento expreso" cuando hubieran transcurrido seis (6) meses después de la violación o la amenaza al derecho protegido.

Por tanto, en relación a la existencia del requisito legal del lapso de caducidad para la admisibilidad del recurso contencioso administrativo de anulación, conforme a la Ley Orgánica de Amparo, si se trata de actos administrativos nulos de nulidad absoluta violatorios de derechos constitucionales, no puede haber caducidad del recurso contencioso-administrativo por tratarse precisamente de una vía de amparo. Por tanto, el "recurso contencioso administrativo de anulación y amparo" se podría intentar contra el acto administrativo inconstitucional y nulo, en los términos del artículo 25 de la Constitución, en cualquier tiempo. Sin embargo, en otros casos, como por ejemplo, en materia de actos de trámite que por no ser definitivos no son susceptibles de recursos contencioso administrativos de anulación, si violan un derecho fundamental podrían ser objeto de una acción autónoma de amparo. En estos casos, por no ser definitivos, estos actos no serían recurribles en vía contencioso-administrativa, pero si son violatorios de derechos constitucionales, contra ellos procedería la acción autónoma de amparo.

En definitiva, frente a los actos administrativos, el amparo de los derechos constitucionales se puede lograr a través del recurso contencioso administrativo de anulación, que es un medio judicial de amparo, resultando en principio inadmisible intentar contra ellos la acción autónoma de amparo, cuando exista un juez contencioso administrativo en la localidad, por ser la vía contencioso administrativa de anulación y amparo, conforme a la propia Ley Orgánica de Amparo, un medio procesal breve, sumario y eficaz, acorde con la protección constitucional.

Por último, el otro elemento que debe destacarse respecto del proceso contencioso administrativo de anulación y amparo, se refiere a los poderes del juez. En este caso, de acuerdo a los artículos 259 y 25 de la Constitución y al artículo 21, párrafo 18° de la Ley Orgánica del Tribunal Supremo de Justicia, el juez contencioso administrativo tiene "potestad para restablecer la situación jurídica infringida o en su caso, para "disponer lo necesario" para su restablecimiento. Esto significa que el juez del contencioso de anulación y amparo, una vez anulado el acto, puede directamente restablecer el derecho constitucional infringido y sustituirse a la Administración, y además, adoptar mandamientos de hacer o de no hacer en relación con la Administración, para asegurar no sólo dicho restablecimiento, sino además, impedir la sucesiva vulneración del derecho o garantía constitucional por la Administración. Por supuesto, además, y de acuerdo a lo señalado anteriormente, en caso de proceder, y conforme a lo solicitado, el juez podría adoptar las decisiones de condena respecto de la Administración, por los daños y perjuicios que se pudieran haber causado al recurrente por el acto anulado.

*QUINTA PARTE*

# OTROS ESTUDIOS SOBRE LOS MÉTODOS DE LA JUSTICIA CONSTITUCIONAL

## *SECCIÓN PRIMERA:*

## *CINCO ENTRADAS AL DICCIONARIO DE DERECHO PROCESAL CONSTITUCIONAL Y CONVENCIONAL (2014)*

**Las cinco notas que forman esta sección primera se publican fueron cinco entradas redactadas para el *Diccionario de Derecho Procesal Constitucional y Convencional* (Coordinadores: Eduardo Ferrer Mac-Gregor, Fabiola Martínez Ramírez, Giovanni A. Figueroa Mejía, editado por Poder Judicial de la Federación, Consejo de la Judicatura Federal, Universidad Nacional Autónoma de México, Instituto de Investigaciones Jurídicas, Serie Doctrina Jurídica, N° 692, México, 2014, 2 vols.**

### I. CONTROL DE CONSTITUCIONALIDAD DIFUSO

El control de constitucionalidad difuso es uno de los métodos desarrollados en el derecho procesal constitucional para asegurar la supremacía de la Constitución, consistente en otorgar el poder-deber para controlar la constitucionalidad de las leyes a todos los jueces de un país, y no a uno sólo. Tuvo su origen en los Estados Unidos de América, respecto de leyes federales, con ocasión de lo resuelto en la sentencia de la Corte Suprema del caso *Marbury vs. Madison* de 1808, aún cuando se había aplicado con anterioridad en relación con las leyes de los Estados de la Unión, como sucedió en el caso. *Vanhorne's Lessee* v. *Dorrance* (1795). Por ello se le conoce también como el "modelo americano" de control de constitucionalidad, el cual, sin embargo, a pesar de su origen, no puede considerarse como propio de los países con tradición del *common law*, habiéndose desarrollado, desde el siglo XIX en muchos países de América Latina, como por ejemplo, en Argentina, Brasil, Colombia, Ecuador, México y Venezuela; y en otros países como Grecia, Australia, Canadá, India, Japón, Suecia, Noruega y Dinamarca.

El control de constitucionalidad difuso, en algunos países está concebido como el único método de control de constitucionalidad de las leyes existente, como es el caso de los Estados Unidos y de Argentina; y en otros muchos países se han sido desarrollando como formando parte de un sistema mixto o integral de control de constitucionalidad, que funciona en paralelo con el control de constitucionalidad concentrado, como es el caso de Colombia, Ecuador, Guatemala, Perú, El Salvador, Brasil, Nicaragua, México, República Dominicana y Venezuela. En los primeros casos, en general, el método resultó de una creación jurisprudencial para asegurar la supremacía constitucional; y en los otros casos, derivó, con el mismo propósito, de su consagración expresa en los textos legales o constitucionales como sucedió en Venezuela desde el Código de Procedimiento Civil de 1879, y en Colombia, desde la Constitución de 1910. Siguiendo el antecedente colombiano, luego se estableció en forma expresa en muchas Constituciones, siendo de las más recientes la Constitución de Venezuela de 1999 cuyo artículo 334, establece que: "En caso de incompatibilidad entre esa Constitución y una ley u otra norma jurídica, se aplicarán las disposiciones constitucionales, correspondiendo a los tribunales en cualquier causa, aun de oficio, decidir lo conducente".

Como en todo sistema de control de constitucionalidad, lo que justifica este poder otorgado a los jueces es el carácter supremo de la Constitución, lo que implica que ninguna ley que sea contraria a la misma puede ser una ley efectiva y, al contrario, debe ser considerado como nula y sin valor alguno, lo que a comienzos del siglo pasado Hans Kelsen denominó como una de la "garantías objetivas de la Constitución", lo que implica que siendo una ley inconstitucional un acto nulo, no puede producir efectos, correspondiendo a todos los jueces el poder para considerar y declarar dicha nulidad, "desaplicando la ley inconstitucional" al decidir el caso concreto dando preferencia a la Constitución.

En estos casos, el juez al decidir y declarar como inconstitucional la Ley y, por tanto, considerarla como inaplicable para resolver el caso concreto, lo hace estimándola como nula y sin valor, *ab initio*, tal como si nunca hubiera existido. En estos casos, el juez no anula la ley, sino que por considerarla inconstitucional y nula desde que se dictó; es decir, la considera como si siempre ha sido nula y sin valor. Por ello, la decisión adoptada por el juez al ejercer el control de constitucionalidad difuso tiene sólo efectos declarativos, y por tanto, efectos *ex tunc, pro pretaerito* o de carácter retroactivo. Ello implica que dichos efectos se retrotraen al momento en el cual la norma considerada inconstitucional fue dictada, evitando que la ley pueda tener efectos, por supuesto, solamente en lo que concierne al caso concreto decidido por el juez y con relación a las partes que intervinieron en el proceso.

Todo ello implica que el control de constitucionalidad difuso sólo puede ser cumplido *incidenter tantum,* es decir, en un proceso concreto que el juez esté conociendo conforme a su competencia judicial ordinaria, en el cual, por tanto, la inconstitucionalidad de la ley o norma no es ni el objeto principal de dicho proceso ni el *thema decidendum* del mismo, sino que es un pronunciamiento que tiene carácter incidental. Es decir, la cuestión de inconstitucionalidad de una ley y su inaplicabilidad, en el método difuso, se plantea en un caso o proceso concreto (*cases and controversies*), cualquiera sea su naturaleza, en el cual la aplicación o no de una norma concreta es considerada por el juez como relevante para la decisión del caso.

Por otra parte, tratándose de un deber de los jueces el aplicar la Constitución en un caso concreto y, para su decisión, desaplicar la ley que consideren inconstitucional, si bien en la mayoría de los países se deja el planteamiento de la cuestión como excepción que deben formular las partes, en otros países, como sucede en Venezuela y Grecia, el juez tiene poderes para ejercer de oficio dicho el control de constitucionalidad difuso.

Por último, siendo una decisión que el juez adopta como cuestión incidental en un proceso concreto, dicha decisión declarando la inconstitucionalidad de una ley y su inaplicabilidad al caso concreto, sólo tiene efectos *in casu et inter partes,* es decir, en relación con las partes en el proceso concreto en la cual aquella se adopta, por lo que no puede ser aplicada a otros particulares extraños a la relación procesal.

Por supuesto, el control difuso podría originar decisiones disímiles en el orden judicial, o como lo destacó Kelsen, "la ausencia de unidad en las soluciones" y "la incertidumbre legal" que resulta cuando "un tribunal se abstiene de aplicar una ley considerada irregular, en tanto que otro tribunal hace lo contrario". En sentido similar, Mauro Cappelletti y Adams insistieron en que el control difuso de constitucionalidad podía "llevar a una grave incertidumbre y confusión, cuando un tribunal decide aplicar una ley y otro la considera inconstitucional."

Todo ello, aunado al temor al "gobierno de los jueces" en la doctrina europea de comienzos del siglo pasado, contribuyó a que los temores quedasen disipados con soluciones en los diversos sistemas donde se aplica el control de constitucionalidad difuso, lo cual ocurrió, primero, a través del desarrollo de la doctrina *stare decisis,* como sucede en los Estados Unidos, derivada del carácter vinculante de las interpretaciones que adopte la Corte Suprema ante la cual se puede acceder mediante el *writ of cerciorari*; segundo, a través de la regulación expresa de recursos extraordinarios de revisión de las sentencias que resuelvan las cuestiones incidentales de constitucionalidad que se pueden ejercer ante el Tribunal Supremo, como sucede en Argentina, Brasil, Colombia, Venezuela, Portugal, Suiza y Grecia, con decisiones que en algunos casos se las declara como vinculantes; o tercero, mediante el establecimiento, en paralelo al método de control de constitucionalidad difuso, del método de control de constitucionalidad concentrado, como es el caso en América Latina de Brasil, Colombia, Ecuador, Guatemala, México, Nicaragua, Perú, República Dominicana y Venezuela, con la posibilidad de que con motivo de una acción de nulidad, la ley en cuestión sea anulada con efectos *erga omnes*.

## II. CONTROL DE CONSTITUCIONALIDAD CONCENTRADO

El control de constitucionalidad concentrado de leyes, contrariamente al método de control difuso, se caracteriza por el hecho de que el ordenamiento constitucional confiere expresamente a un solo órgano estatal, el poder de anular las leyes sancionadas por el Parlamento que se consideren inconstitucionales. Por ello, tratándose de un poder de anular las leyes, el método de control concentrado siempre tiene que emanar de texto expreso de la Constitución, es decir, debe estar previsto *expressis verbis* por normas constitucionales, siendo inconcebible su desarrollo pretoriano como ocurrió con el control de constitucionalidad difuso.

En el caso del control de constitucionalidad concentrado, la atribución constitucional expresa a un Tribunal Constitucional especializado o al Tribunal o Corte Suprema de un país, de la potestad exclusiva para anular las leyes por inconstitucionalidad, es lo que lo convierte en la Jurisdicción Constitucional. Existiendo, como existía en Europa, una honda desconfianza respecto de los jueces para que pudieran declarar las leyes como inconstitucionales y decidieran no aplicarlas, el compromiso entre la necesidad de un sistema de justicia constitucional derivado de la noción de supremacía constitucional y la concepción tradicional europea de la separación de los poderes, fue lo que llevó a establecer los Tribunales Constitucionales fuera del

Poder Judicial, con poderes anulatorios de las leyes inconstitucionales, a los cuales los jueces ordinarios están obligados a someterles las cuestiones de constitucionalidad que surjan en los procesos en curso. Ello, sin embargo, no les impedía que en virtud del principio de la supremacía constitucional, pudieran tener la potestad para decidir sobre la constitucionalidad de las normas sub legales aplicables en cada caso concreto.

Si bien el control de constitucionalidad concentrado encontró por primera vez consagración expresa en la Constitución de Venezuela de 1858, como potestad atribuida a la Corte Suprema para anulas las leyes provinciales contrarias a la Constitución, fue después de la Primera Guerra Mundial, cuando encontró pleno desarrollo a partir de la multiplicación de los Tribunales Constitucionales en Europa. Por ello, al método de control concentrado se lo conoce como el "sistema austríaco" o el "modelo europeo" por la difusión de los Tribunales Constitucionales especiales originados en Europa con la propuesta de Hans Kelsen para Austria y Checoslovaquia en 1920. Sin embargo, ello no implica necesariamente que para que exista un sistema de control de constitucionalidad concentrado necesariamente deba crearse un Tribunal o Consejo Constitucional especial, ubicado dentro o fuera del Poder Judicial, como sucedió en Austria, Alemania, España, Italia Portugal y Francia; y en América Latina, en Guatemala, Perú, Chile, Ecuador, Colombia y República Dominicana.

Lo que caracteriza al control de constitucionalidad concentrado, en realidad es el hecho de que la potestad anulatoria de las leyes inconstitucionales esté atribuida a un solo y único tribunal, que puede bien ser el Tribunal o Corte Suprema del país. Este fue el caso, por ejemplo, en América Latina, en países en los cuales coexisten el método difuso y el método concentrado, como Brasil, México, Nicaragua, y Venezuela. No obstante, algunos sistemas de América Latina han permanecido con un sistema de control de constitucionalidad exclusivamente concentrados, como por ejemplo ha sido el caso de Bolivia y Chile con Tribunales Constitucionales y de Costa Rica, El Salvador, Honduras, Panamá, Paraguay y Uruguay donde la Corte Suprema de Justicia es la que tiene asignada la Jurisdicción Constitucional de control de la constitucionalidad de las leyes. El fundamento del establecimiento del control de constitucionalidad concentrado de las leyes, por supuesto, también es la noción de supremacía de la Constitución, lo que afecta de inconstitucionalidad las leyes que sean contrarias a la misma. Sin embargo, al regularse por el Constituyente estableciendo la Jurisdicción Constitucional, la garantía adoptada para preservarla supremacía, como también lo indicó Hans Kelsen, no es la declaración de la nulidad de las leyes inconstitucionales, sino su anulabilidad mediante una decisión judicial.

Ello implica que una vez sancionada una ley, aún cuando irregular o inconstitucional, debe considerarse como un acto estatal válido y efectivo hasta que el órgano que lo produjo lo derogue, o hasta que se decida su anulación por la Jurisdicción Constitucional. En este caso, la garantía de la supremacía de la Constitución es la anulabilidad de la ley, y al pronunciarse el acto queda anulado con efectos generales, puesto que es considerado o declarado nulo, no solamente respecto de un caso particular, sino en general, con efectos *erga omnes*. Ello fue lo que llevó a Kelsen a sostener que, cuando el Tribunal Constitucional declaraba la inconstitucionalidad de una ley, la decisión, por tener efectos *erga omnes,* era una "acción legislativa" y que la decisión del Tribunal Constitucional tenía "fuerza de ley," pues se lo consideraba como el complemento natural del Parlamento.

En todo caso, siendo el objeto del proceso ante la Jurisdicción Constitucional la anulación de una ley por inconstitucional, el proceso constitucional puede tener un carácter principal, cuando la cuestión constitucional relativa a una ley es la cuestión principal de un proceso iniciado mediante acción directa interpuesta, sea por los ciudadanos en general mediante un *actio popularis,* o regida por reglas de legitimación particulares, atribuida, por ejemplo a ciertos funcionarios o autoridades pública. El proceso constitucional de anulación, además, puede tener carácter incidental, cuando las cuestiones constitucionales relativas a las leyes llegan a la Jurisdicción Constitucional en virtud de remisión o referencia formulada por un tribunal inferior donde a instancia de parte o *ex officio* se haya planteado la cuestión constitucional respecto de una ley, para poder luego decidir de acuerdo con la decisión tomada por la Jurisdicción Constitucional.

En los casos de control de constitucionalidad concentrado tanto ejercido por la vía principal, de la acción de inconstitucionalidad, como por la vía incidental de la cuestión de constitucionalidad, si el proceso constitucional concluye con una decisión de la Jurisdicción Constitucional de carácter anulatorio, la misma siempre tiene efectos generales *erga omnes.* En ambos casos, la Jurisdicción Constitucional debe decidir de manera abstracta la cuestión de la constitucionalidad de la ley, sin referencia alguna a los hechos ni al juicio concreto en el cual se pudo plantear la cuestión constitucional. En todo caso, la anulación pronunciada en la sentencia es de carácter constitutivo, en el sentido de que la Ley anulada en principio debe considerarse como habiendo producido efectos válidos hasta el momento de su anulación, a menos que la nulidad que lo afecta sea una nulidad absoluta. Por tanto, la decisión, en principio, tiene efectos *ex nunc* y *pro futuro* en el sentido en que no son retroactivos, es decir, que no se remontan al momento de la promulgación de la ley considerada inconstitucional; excepto en casos de nulidad absoluta en los cuales el juez la puede considerar nula *ab initio* y le puede dar a la decisión efectos *ex tunc, pro praeterito,* pues una ley considerada nula de manera absoluta no puede producir ningún efecto. En todo caso y en definitiva, es el juez constitucional el que debe determinar los efectos de su decisión en el tiempo.

## III. CONTROL DE CONSTITUCIONALIDAD MIXTO

En el derecho procesal constitucional, la potestad de ejercer el control de la constitucionalidad de las leyes se puede atribuir, a todos los jueces que integran el Poder Judicial, o a un solo órgano judicial o con funciones jurisdiccionales, lo que origina la clásica distinción de los sistemas de justicia constitucional según el método de control que se ejerce: en primer lugar, el método de control de constitucionalidad difuso, cuando el poder para apreciar la constitucionalidad de las leyes y, en su caso, declarar su inconstitucionalidad e inaplicabilidad al caso concreto, se atribuye a todos los jueces de un país, cualquiera que sea su jerarquía; y en segundo lugar, el método de control concentrado de la constitucionalidad de las leyes, conforme al cual el poder anulatorio respecto de las mismas cuando sean contrarias a la Constitución, se atribuye a un solo órgano estatal, sea a la Corte o Tribunal Supremo de Justicia del país o a un Tribunal Constitucional especialmente creado para ello. Ambos sistemas de justicia constitucional, sin duda, responden a principios diferentes, pero pueden coexistir en paralelo, como ha sucedido en buena parte de los regímenes constitucionales de los países latinoamericanos, donde se ha venido configurando un sistema mixto o integral de control de constitucionalidad de las leyes.

En efecto, dentro de los sistemas de justicia constitucional, además de aquellos que adoptan en exclusiva el método de control de constitucionalidad difuso, como sucede en los Estados Unidos o en Argentina; y de aquellos que adoptan también en exclusiva el modelo de control de constitucionalidad concentrado, atribuyendo la Jurisdicción Constitucional la potestad para anular las leyes a un Tribunal o Corte Constitucional, como sucede por ejemplo en Austria, Alemania, España, Italia, Bolivia y Chile; al Tribunal o Corte Suprema del país, como sucede en Panamá y Uruguay; o a una Sala Constitucional especializada dentro del mismo, como sucede en Paraguay, Costa Rica, El Salvador y Honduras; se ha venido configurando un sistema mixto o integral de justicia constitucional que se caracteriza por combinar a la vez y en paralelo, el control de constitucionalidad difuso y el control de constitucionalidad concentrado.

En Europa es el caso de Portugal, y en América Latina el sistema mixto o integral se ha adoptado en Brasil, Colombia, Ecuador, Guatemala, Perú, México, y Venezuela, donde además del control de constitucionalidad difuso establecido en muchos casos desde el siglo XIX, se ha atribuido la potestad para ejercer el control de constitucionalidad concentrado, a una Jurisdicción Constitucional ejercida por un Tribunal Constitucional (Colombia, Guatemala, Ecuador, Perú); por el Tribunal o Corte Suprema del país (Brasil), o por una Sala Constitucional dentro del mismo (México y Venezuela).

En los países en los cuales existe un sistema mixto o integral de control de la constitucionalidad, dado el funcionamiento paralelo del método de control de constitucionalidad difuso que ejercen todos los jueces, el control de constitucionalidad concentrado de las leyes es siempre de carácter principal, del cual conoce la Jurisdicción Constitucional cuando se ejerce una acción de inconstitucionalidad ante la misma, siendo el método incidental, en general, incompatible con el mismo. En estos casos de sistemas mixtos o integral, los jueces no están autorizados para abstenerse de ejercer el control de constitucionalidad difuso y remitir la decisión de la cuestión constitucional ante la Jurisdicción Constitucional. En cambio lo que se ha establecido en algunos países, como Venezuela, es la obligación para los jueces que ejerzan el control difuso de la constitucionalidad de informar a la Sala Constitucional del Tribunal Supremo sobre los fundamentos y alcance de la desaplicación de la ley que sea adoptada, para que ésta pueda, de oficio, proceder a ordenar el inicio del procedimiento de nulidad y efectuar un examen abstracto sobre la constitucionalidad de la norma en cuestión.

## IV. ACCIÓN POPULAR DE INCONSTITUCIONALIDAD

La acción popular de inconstitucionalidad es el medio procesal establecido en el derecho procesal constitucional, mediante el cual cualquier persona o ciudadano, con base en un simple interés en la constitucionalidad de las leyes, puede iniciar el proceso de control constitucional concentrado de las leyes, demandando la anulación de las mismas por razones de inconstitucionalidad. Se trata, en definitiva, del instrumento procesal establecido para asegurar el derecho de las personas a la supremacía constitucional, o el derecho de los ciudadanos al ejercicio del control sobre las leyes inconstitucionales. Por ello, la acción popular, además de ser un instrumento de participación democrática, se puede considerarse como el instrumento procesal más acabado para asegurar el acceso ciudadano a los mecanismos de control de constitucionalidad concentrado de las leyes, al no establecer condiciones de admisibilidad de la acción basadas en la legitimación activa, y permitir que cualquiera pueda acceder ante la Jurisdicción Constitucional.

Sin embargo, a pesar de dicha amplitud, la acción popular no es una institución común en el derecho procesal constitucional, de manera que más bien la regla en la mayoría de los países con sistemas de control de constitucionalidad concentrado, es el establecimiento de condiciones de admisibilidad basadas en la legitimación activa para accionar. Es el caso, por ejemplo, de la previsión de reserva para al ejercicio de la acción directa de inconstitucionalidad de las leyes a determinados funcionarios u órganos del Estado (Presidente del Gobierno, Ministerio Público, miembros del Parlamento), quienes son los únicos que pueden acceder ante los Tribunales Constitucionales, como sucede en general en Europa y en muchos países latinoamericanos; o de la previsión para la legitimación activa para accionar cuando se permita el ejercicio de la acción a los particulares, de la existencia de determinado interés personal o directo en la anulación, como sucede en Uruguay, Honduras y Paraguay.

La acción popular existe, por ejemplo, en Venezuela, Colombia, Ecuador, Panamá, El Salvador, Nicaragua y Guatemala, como instrumento para el ejercicio del control concentrado de la constitucionalidad de las leyes por vía principal, indistintamente de que en Venezuela, Colombia y Guatemala exista un sistema mixto o integral de control de constitucionalidad de las leyes, donde el método concentrado se ejerce combinado con el método difuso de control de constitucionalidad; o de que en Panamá, Ecuador, El Salvador y Nicaragua tengan un sistema de control de constitucionalidad exclusivamente concentrado.

En Venezuela, cualquier persona, natural o jurídica, nacional o extranjero puede ejercer la acción popular de inconstitucionalidad de las leyes y en Ecuador, cualquier persona, individual o colectivamente. En Colombia, Panamá, El Salvador y Nicaragua, se otorga legitimación para intentar la acción popular a los ciudadanos, lo que desde el punto de vista teórico implicaría que su ejercicio se atribuye a las personas que están en ejercicio de los derechos políticos (ciudadanía), que en general son los nacionales. En Guatemala, aún cuando el legislador enumeró los legitimados para ejercer la acción de inconstitucionalidad de las leyes identificando a la Junta Directiva del Colegio de Abogados, al Ministerio Público, y al Procurador de Derechos Humanos, agregó que también puede ser intentada por "cualquier persona con el auxilio de tres abogados colegiados activos", lo que confirma la popularidad a la acción.

La acción popular de inconstitucionalidad, además de tener por objeto el asegurar el control de constitucionalidad concentrado de las leyes, en la mayoría de los países en los cuales se ha establecido, también se la regula como un instrumento para el ejercicio del control de constitucionalidad y legalidad de otros actos estatales normativos, de orden sub legal, como los reglamentos y resoluciones normativas. En Ecuador ello se atribuye a la Corte Constitucional, y en Venezuela, por ejemplo, aparte del control de constitucionalidad de las leyes que ejerce la sala Constitucional del Tribunal Supremo, a los efectos del control de constitucionalidad y legalidad respecto de los reglamentos y demás actos ejecutivos normativos, la acción popular también está prevista, pero para ser ejercida ante la Jurisdicción Contencioso Administrativa que es la que tiene competencia exclusiva para anular actos administrativos contrarios a derecho.

En otros países como en el Perú, la acción popular de inconstitucionalidad sólo está prevista como un medio procesal para el control de constitucionalidad de los reglamentos, normas administrativas y resoluciones y decretos de carácter general, cualquiera sea la autoridad de la que emanen, por infracción de la Constitución y de la Ley; no existiendo posibilidad de ejercer la acción popular de inconstitucionalidad en contra de las leyes, cuya impugnación está sometida a requisitos procesales que reducen la legitimación activa.

La acción popular de inconstitucionalidad como instrumento para iniciar el proceso de control constitucional concentrado de las leyes ante la Jurisdicción Constitucional, en todo caso, se distingue de las "acciones populares" referidas por ejemplo en la Constitución de Colombia, cuyo objeto es la protección de los derechos e intereses colectivos y difusos, como los relacionados con el patrimonio, el espacio, la seguridad y la salubridad públicos, la moral administrativa, el ambiente, la libre competencia económica y otros de similar naturaleza; y que en otros países se configuran como acciones de amparo colectivo para la protección de derechos o intereses difusos.

## V. DERECHO PROCESAL CONSTITUCIONAL (VENEZUELA)

El derecho procesal constitucional en Venezuela, que tiene por objeto el estudio de los procesos y procedimientos de control de constitucionalidad, es decir, mediante los cuales se imparte la justicia constitucional, aún cuando sin esa denominación específica, es una disciplina jurídica que se comenzó a desarrollar a partir de la reforma constitucional de 1947, mediante la cual se introdujo en el país un cambio sustancial en el régimen político, estableciéndose las bases de un régimen democrático, que comenzó a asegurar el control judicial del poder, y que luego de una década de dictadura militar, a partir de 1958 reflorecería con el desarrollo del modelo de Estado democrático y social de derecho, que se consolidó con la Constitución de 1961.

Fue por tanto a raíz de la entrada en vigencia de dicha Constitución de 1947, cuando comenzaron a aparecer en la historia de la bibliografía jurídica venezolana, los primeros estudios monográficos sobre el tema de la justicia constitucional, con los trabajos del profesor Pablo Ruggeri Parra: *La Supremacía de la Constitución y su defensa. Jurisprudencia del Alto Tribunal venezolano (1870-1940),* Tipografía Venezuela, Caracas 1941 y *Estudio sobre control constitucional*, Editorial Venezuela, Caracas 1946. A ese estudio le siguió, en 1955, la tesis de grado del profesor José Guillermo Andueza sobre *La jurisdicción constitucional en el derecho venezolano*, Universidad Central de Venezuela, Caracas 1955, trabajo que sin duda fue uno de los primeros estudios modernos sobre el derecho constitucional en el país.

Con posterioridad, después de la entrada en vigencia de la Constitución democrática de 1961, se proliferaron los estudios sobre el derecho constitucional y en especial, sobre la justicia constitucional, de manera que en 1972 salió publicada la obra del profesor Humberto J. La Roche, sobre *El control jurisdiccional de la constitucionalidad en Venezuela y Estados Unidos*, Universidad del Zulia, Maracaibo 1972, 278 pp.; en 1977 se publicó la obra del profesor Allan R. Brewer-Carías sobre *El control de la constitucionalidad de los actos estatales*, Editorial Jurídica Venezolana, Caracas 1977, 219 pp.; y una década después, en 1983, la obra del profesor Orlando Tovar Tamayo, sobre *El jurisdicción constitucional,* Academia de Ciencias Políticas y Sociales, Caracas 1983, 149 pp. En 1987, además, se publicó la obra del profesor Allan R. Brewer-Carías, sobre *Estado de derecho y control judicial (justicia constitucional, contencioso administrativo y amparo en Venezuela),* Instituto Nacional de Administración Pública, Madrid 1987, 657 pp. A ella le siguió la publicación de la obra del mismo profesor Brewer-Carías sobre *Judicial Review in Comparative Law,* Cambridge University Press, Cambdridge 1989; y posteriormente, del mismo autor siguieron otros trabajos sobre justicia constitucional, publicados en dos de los siete tomos de su obra sobre *Instituciones Políticas y Constitucionales*, Editorial Jurídica Venezolana, Universidad Católica del Táchira, Caracas-San Cristóbal, 1997 (Tomo V. *Derecho y acción de amparo*, 577 pp. y el tomo VI. *La justicia constitucional,* 642 pp.)

A partir de la entrada en vigencia de la Constitución de 1999, no sólo hubo un nuevo resurgimiento de los estudios de derecho constitucional en general, sino específicamente sobre el tema de la justicia constitucional, lo que se manifestó con la publicación del trabajo del profesor Jesús María Casal, *Constitución y Justicia Constitucional. Los fundamentos de la justicia constitucional en la nueva Carta Magna*, Universidad Católica Andrés Bello, Caracas 2000, 130 pp.; y del profesor Allan R. Brewer-Carías, *El sistema de justicia constitucional en la Constitución de 1999 (Comentarios sobre su desarrollo jurisprudencial y su explicación, a veces errada, en la Exposición de Motivos),* Editorial Jurídica Venezolana, Caracas 2000, 134 pp. Posteriormente el profesor Brewer-Carías publicó su libro sobre *La Justicia Constitucional. Procesos y Procedimientos Constitucionales,* Editorial Porrúa, México 2007.

Posteriormente, el profesor Brewer-Carías publicó en 2012, su obra sobre *Derecho Procesal Constitucional. Instrumentos de la Justicia Constitucional,* editada por Editorial Investigaciones Jurídicas, San José, Costa Rica 2912, 628 pp. Una segunda edición de esta obra salió publicada por Ediciones derecho y Ley Ltda. Bogotá, 2013, 614 pp.; y una tercera edición, está en curso de edición en 2014 por el Centro de Estudios Derecho Procesal Constitucional de la Universidad Monteávila, con sede en Caracas. Este libro en realidad, fue el primero que se publicó en Venezuela con el título de "derecho procesal constitucional". Posteriormente se han publicado sobre el tema los siguientes libros: Humberto Enrique III Bello Tabares, *Sistema de amparo: derecho procesal constitucional, un enfoque crítico y procesal del instituto,* Ediciones Paredes, Caracas, 2012, 618 pp. y Antonio J. Bello Lozano Márquez, *Lecciones de Derecho Procesal Constitucional: procesos judiciales de naturaleza constitucional*, Caracas, 2013, 167 pp.

Por otra parte, después de una multitud de estudios monográficos publicados en revistas jurídicas sobre justicia constitucional y control de constitucionalidad, la expresión derecho procesal constitucional fue utilizada en diversos artículos doctrinales, y entre ellos, los siguientes: Jesús María Alvarado Andrade, "La necesaria disputa por el empleo de la expresión derecho procesal constitucional en Venezuela" en *Boletín de la Academia de Ciencias Políticas y Sociales*, N° 146, Academia de Ciencias Políticas y Sociales, Caracas, 2008, pp. 185-218; Gonzalo F. Pérez Salazar, "Justificación del estudio del Derecho Procesal Constitucional en Venezuela" en *Anuario de Derecho Público*, N° 2, Centro de Estudios de Derecho Público de la Universidad Monteávila, Caracas, 2008, pp. 85-92; y Jesús María Alvarado Andrade, "Hacia la construcción de un derecho procesal constitucional en Venezuela (Notas apreciativas críticas sobre nuestro sistema de justicia constitucional)", *Revista de Derecho Público* N° 118, Editorial Jurídica Venezolana, Caracas, 2009, pp. 21-57.

El Centro de Estudios Derecho Procesal Constitucional de la Universidad Monteávila fundado en 2012, por otra parte, fue el primer centro de Investigación universitario establecido en el país con el propósito de estudiar y divulgar la disciplina del derecho procesal constitucional en Venezuela. El Centro ha organizado congresos internacionales sobre el tema, habiendo publicado los siguientes libros: Gonzalo Pérez Salazar y Luis Petit Guerra (Coordinadores), *I Congreso Internacional de Derecho Procesal Constitucional: los retos del derecho procesal constitucional en Latinoamérica en homenaje al Dr. Román Duque Corredor*, Universidad Monteávila-Centro Venezolano de Derecho Procesal Constitucional-Fundación de Estudios de Derecho Administrativo (FUNEDA), Caracas, 2011; *La Justicia Constitucional en el Estado Social de Derecho, en homenaje a Néstor Pedro Sagués*, Universidad Monteávila, Fundación Estudios de Derecho Administrativo, Caracas 2012, 501 pp.; *La Justicia Constitucional y la Justicia Administrativa como garantía de los Derechos Humanos, Homenaje a Gonzalo Pérez Luciani y en el marco del vigésimo aniversario de Funeda*, Caracas 2013; siendo todo ese esfuerzo el colorario, a nivel universitario, del inicio del desarrollo de la disciplina, que se originó con la creación de diversos Cursos de postgrado sobre Derecho Procesal Constitucional en diversas Facultades de Derecho de diversas Universidades, como la Universidad Monteávila y la Universidad Católica Andrés Bello.

De lo anterior resulta por tanto, que la disciplina del derecho procesal constitucional, con tal denominación, comenzó a tener desarrollo efectivo después de más de una década de estar en vigencia la Constitución de 1999.

## *SECCIÓN SEGUNDA:*

## *LA LEGITIMACIÓN ACTIVA ANTE LA JURISDICCIÓN CONSTITUCIONAL EN VENEZUELA (2002)*

**El texto de esta Sección se fue elaborando por aproximaciones sucesivas, y diversas versiones del texto fueron publicadas en el curso del tiempo, en la siguiente forma: "Principios sobre la legitimación requerida para activar la justicia constitucional en Venezuela", en *Memorias del Seminario de Justicia Constitucional y Derechos Humanos. Homenaje al Dr. Rodolfo Piza E.* (diciembre 2002), Corte Interamericana de Derechos Humanos, Sala Constitucional República de Costa Rica, Instituto de Derecho Constitucional Costarricense, San José, Costa Rica, s/f., pp. 67-137; "La legitimación activa ante la Justicia Constitucional en Venezuela" en *Boletín de la Academia de Ciencias Políticas y Sociales, Ponencias venezolanas para el XVI Congreso Internacional de Derecho Comparado, (Brisbane-Australia)*, Nº 139, Año LXVIV, Enero-Junio 2002, Caracas 2002, pp. 229-276; "Aspectos de la legitimación activa ante la jurisdicción constitucional en Venezuela» en *Justicia, libertad y derechos humanos. Ensayos en homenaje a Rodolfo E. Piza Escalante*, T. II, Instituto Interamericano de Derechos Humanos, San José, Costa Rica 2003, pp. 715-747; "La qualité pour agir devant la juridiction constitutionnelle du Venezuela", en *Mouvement du droit public. Mélanges en l'honneur de Franck Moderne*, Dalloz, París 2004, pp. 763-780; "Standing to raise constitutional issues in Venezuela" en Richard S. Kay (Ed), *Standing to raise constitutional issues: comparative perspectives, XVIth Congress of the International Academy of Comparative Law, Académie Internationale de Droit Comparé, Brisbane***

***2002*, Bruylant, Bruxelles 2005, pp. 67-92. El texto también fue publicado en el libro: *Constitución, democracia y control del poder*, Mérida 2004, pp. 311-346.**

El sistema de justicia constitucional en Venezuela puede considerarse que es de carácter mixto o integral, pues combina el denominado método difuso de control de la constitucionalidad de las leyes, como poder-deber de todos los jueces al decidir casos concretos, de desaplicar leyes que consideren contrarias a la Constitución, aplicando ésta preferentemente; con el denominado método concentrado de control de la constitucionalidad de las leyes y demás actos de rango y valor similar, como atribución ejercida, con poderes anulatorios, exclusivamente por la Sala constitucional del Tribunal Supremo de Justicia[1111]

El primer método de control de constitucionalidad, cuya consagración expresa en el ordenamiento jurídico se remonta a 1897[1112], está ahora expresamente consagrado en el artículo 334 de la Constitución de 1999, que establece:

> *Art. 334.* En caso de incompatibilidad entre esta Constitución y una Ley u otra norma jurídica, se aplicarán las disposiciones constitucionales, correspondiendo a los Tribunales en cualquier causa, aún de oficio, decidir lo conducente.

El segundo método de control de la constitucionalidad, el control concentrado que también ha sido tradicional en Venezuela, se atribuye sólo y exclusivamente a la Sala Constitucional del Tribunal Supremo de Justicia, que se ha configurado como la Jurisdicción Constitucional.

En efecto, de acuerdo con los artículos 266,1; 334 y 336 de la Constitución, corresponde a la Sala Constitucional del Tribunal Supremo, el ejercicio de la Jurisdicción Constitucional con competencia en las siguientes materias:

En *primer lugar,* conforme a una tradición que se remonta a 1858[1113], el artículo 334 de la Constitución de 1999 precisó el régimen del control concentrado de la constitucionalidad de las leyes, en la siguiente forma:

> Corresponde exclusivamente a la Sala Constitucional del Tribunal Supremo de Justicia como jurisdicción constitucional, declarar la nulidad de las leyes y demás actos de los órganos que ejercen el Poder Público dictados en ejecución directa e inmediata de la Constitución o que tengan rango de ley.

Conforme a esta norma, cuando la Sala Constitucional del Tribunal Supremo, como Jurisdicción Constitucional, es requerida mediante una *acción popular,* como ha sido la tradición venezolana[1114], tiene las siguientes atribuciones de control concentrado de la constitucionalidad de determinados actos estatales, con poderes anulatorios, previstas en el artículo 336:

---

1111 *V.*, Allan R. Brewer-Carías, *El sistema mixto e integral de control de la constitucionalidad en Colombia y Venezuela*, Bogotá 1995; *El sistema de justicia constitucional en la Constitución de 1999,* Caracas 2000.

1112 Art. 20 del Código de Procedimiento Civil de 1897.

1113 *V.*, Allan R. Brewer-Carías, *La Justicia Constitucional, Instituciones Políticas y Constitucionales*, T. VI, Caracas 1996, pp. 131 y ss.

1114 *V.*, Allan R. Brewer-Carías, *ídem*, pp. 137 y ss.

1. Declarar la nulidad total o parcial de las *leyes nacionales* y demás actos con *rango de ley* de la Asamblea Nacional que colidan con esta Constitución.

2. Declarar la nulidad total o parcial de las Constituciones y leyes estadales, de las ordenanzas municipales y demás actos de los cuerpos deliberantes de los Estados y Municipios dictados en ejecución directa e inmediata de la Constitución y que colidan con ésta.

3. Declarar la nulidad total o parcial de los actos con rango de ley dictados por el Ejecutivo Nacional que colidan con esta Constitución.

4. Declarar la nulidad total o parcial de los *actos en ejecución directa e inmediata* de la Constitución, dictados por cualquier otro órgano estatal en ejercicio del Poder Público.

Antes de la entrada en vigencia de la Constitución de 1999, y desde 1858, la Jurisdicción Constitucional había siempre correspondido a la Corte Suprema de Justicia en Corte Plena[1115]; por eso, una de las novedades de la Constitución de 1999 fue la creación de la Sala Constitucional del Tribunal Supremo de Justicia (art. 262), a la cual se le ha atribuido la Jurisdicción Constitucional (art. 266, ord. 1°), consistente en la potestad anulatoria de las leyes y demás actos de igual rango y jerarquía o dictados en ejecución directa e inmediata de la Constitución, y el ejercicio de otras competencias en materia de justicia constitucional enumeradas en el artículo 336.

Como sucede en la casi totalidad de las Jurisdicciones Constitucionales que muestra el derecho comparado[1116], por supuesto que se trata de una Jurisdicción que se caracteriza única y exclusivamente por *el objeto* de control: sólo se refiere a los actos estatales dictados en ejecución directa e inmediata de la Constitución (donde se incluyen las leyes) y a ningún otro; por lo que *no es* una Jurisdicción que se pueda caracterizar por el *motivo* de control (inconstitucionalidad).

En otras palabras, lo que se atribuye a la Sala Constitucional no es el control concentrado de la constitucionalidad *de todos los actos estatales,* sino sólo de *determinados y específicos actos estatales:* los dictados por los órganos que ejercen el Poder Público denominados leyes o que tengan rango legal o los dictados en ejecución directa e inmediata de la Constitución.

Como Sala del Tribunal Supremo de Justicia, al igual que todas las otras Salas que lo componen, la Sala Constitucional tiene la misión de

> Garantizar la supremacía y efectividad de las normas y principios constitucionales: será el máximo y último intérprete de la Constitución y velará por su uniforme interpretación y aplicación (art. 335, primer aparte).

Esto corrobora que conforme al sistema venezolano, al corresponder la justicia constitucional a todos los Tribunales de la República, todos tienen la potestad de interpretar la Constitución. Lo único que diferencia la interpretación constitucional que haga la Sala Constitucional del Tribunal Supremo, particularmente cuando ejer-

1115 *V.*, Allan R. Brewer-Carías, *idem*, pp. 131 y ss.

1116 *V.*, Allan R. Brewer-Carías, *Judicial Review in Comparative Law*, Cambrigde 1989, pp. 190 y ss.

ce el control concentrado de la constitucionalidad de las leyes, de la que hagan las otras Salas del mismo y los demás Tribunales de la República, es que aquella es vinculante y esta no. Ese es el sentido del segundo aparte del artículo 335 de la Constitución al señalar que:

> Las interpretaciones que establezca la Sala Constitucional sobre el contenido o alcance de las normas constitucionales son vinculantes para las otras Salas del Tribunal Supremo y demás tribunales de la República.

Esta norma, además, debe interpretarse en su propio contexto: el carácter vinculante no puede recaer sobre cualquier frase o razonamiento interpretativo que contenga una sentencia de la Sala Constitucional. Al contrario, se requiere de una interpretación expresa de la Sala "sobre el contenido o alcance de las normas constitucionales y principios constitucionales". Es decir, lo vinculante es la "interpretación constitucional" (de alguna norma o principio constitucional) y no cualquier interpretación normativa. Por tanto, no tiene carácter vinculante la interpretación que pueda hacer la Sala Constitucional de alguna ley o de cualquier norma de rango legal o reglamentario.

Ahora bien, nuestro interés en las presentes notas, preparadas especialmente para el libro homenaje a nuestro querido amigo el Profesor Frank Moderne es analizar las reglas relativas a la legitimación activa que se requiere para actuar ante la actuación de la Jurisdicción Constitucional, los cuales estudiaremos de acuerdo a las diversas acciones, recursos o solicitudes que se pueden formular ante la Sala Constitucional para el control de la constitucionalidad.

## I. LA ACCIÓN POPULAR DE INCONSTITUCIONALIDAD

En relación con el control concentrado de la constitucionalidad de las leyes y demás actos estatales de rango legal o dictados en ejecución directa de la Constitución, que ejerce la Sala Constitucional como Jurisdicción Constitucional, lo más importante a destacar comparativamente del sistema venezolano, es que la legitimación activa para intentar las acciones corresponde a cualquier persona, configurándose la acción, como una *actio popularis.*

En tal sentido, el artículo 112 de la Ley Orgánica de la Corte Suprema de Justicia, ha establecido en la siguiente forma la legitimación activa para ejercer la acción de inconstitucionalidad:

> *Art. 112.* Toda persona natural o jurídica plenamente capaz, que sea afectada en sus derechos o intereses por Ley, reglamento, ordenanza u otro acto de efectos generales emanado de alguno de los cuerpos deliberantes nacionales, estadales o municipales o del Poder Ejecutivo Nacional, puede demandar la nulidad del mismo, ante la Corte, por razones de inconstitucionalidad o de ilegalidad, salvo lo previsto en las Disposiciones Transitorias de esta Ley.

Conforme a esta norma, por tanto, todo habitante del país con plena capacidad jurídica puede intentar el recurso de inconstitucionalidad. La Ley Orgánica acoge, por tanto, la doctrina de la acción popular en cuanto a que legitima para intentar el recurso no sólo a los ciudadanos sino a "toda persona natural o jurídica plenamente capaz"[1117].

Sin embargo, en cuanto a la popularidad de la acción, la Ley Orgánica establece una restricción: se necesitaría además, que el acto impugnado, en alguna forma afecte los "derechos o intereses" del recurrente[1118]. Esta precisión del artículo 112 de la Ley Orgánica podría considerarse que, en cierta forma, restringiría la popularidad de la acción a sus límites razonables: exige la lesión de los derechos o intereses del recurrente, pero puede, por supuesto tratarse de un simple interés, aun cuando específico. Por ejemplo, si se tratase de una ley de un Estado, al menos se requeriría ser residente de dicho Estado o tener bienes o intereses en el mismo, de manera que la ley impugnada pueda lesionar los intereses del recurrente, y éste pueda tener un simple interés en la constitucionalidad de la ley. Si por ejemplo, se trata de la impugnación de una Ordenanza Municipal se exigiría, al menos, que el recurrente fuera residente del Municipio respectivo o, por ejemplo, tuviera bienes en él, de manera que sus derechos o su simple interés pudieran ser lesionados.

Si se tratase de una ley nacional en cambio, en principio, cualquier habitante del país, con capacidad jurídica plena, podría impugnar la ley pues su interés simple en la constitucionalidad estaría lesionado por la ley inconstitucional. Sin embargo, aún en estos casos, algunas limitaciones a la legitimación activa podrían surgir: si se tratase, por ejemplo, de la impugnación de una ley que estableciera una discriminación respecto a las mujeres, violatoria de la Constitución por discriminatoria, la acción, en principio, no podría ser intentada sino por una mujer[1119]. La Ley Orgánica, sin quitarle la popularidad de la acción, puede considerarse que la restringe al grado de que exista una lesión potencial al interés del recurrente, por su residencia, por su condición o por la situación de sus bienes.

En este sentido, la Corte Suprema de Justicia en Corte Plena, con motivo de la impugnación por vía de acción popular del Código Orgánico Tributario, ha apreciado la legitimación del accionante en su condición de contribuyente así:

> Tal como se alega en la demanda, la accionante –persona jurídica constituida– aparece con el interés legítimo que exige el artículo 112 de la Ley de la Corte para demandar la nulidad de disposiciones del Código Orgánico Tributario que es un acto legislativo de efectos generales, por cuanto es contribuyente de impuesto sobre la renta que solicitó reintegro, y por eso le conciernen las normas del Código Orgánico Tributario, en especial las que son objeto de la nulidad demandada en este caso"[1120].

---

1117 *V.*, Allan R. Brewer-Carías, *La Justicia Constitucional, Instituciones Políticas y Constitucionales*, T. VI, pp. 144 y ss.

1118 *Cfr.* Allan R. Brewer-Carías, *Las garantías constitucionales de los derechos del hombre*, Caracas 1976, p. 53.

1119 *V.*, en contrario la sentencia de la Corte Suprema de Justicia en Sala Plena de anulación del art. 970 del Código de Comercio, en *Jurisprudencia de Ramírez y Garay*, 1er. semestre, 1964, p. 599, *cit.*, por Humberto J. La Roche, *El control jurisdiccional de la constitucionalidad en Venezuela y Estados Unidos,* Maracaibo 1972, p. 100.

1120 *V.*, la sentencia de 15-10-85 en *Revista de Derecho Público,* Nº 25, EJV, Caracas 1986, p. 110.

En todo caso, las dudas acerca de la extensión de la restricción a la popularidad de la acción[1121] fueron dilucidadas por la antigua Corte Suprema de Justicia, la cual había considerado que la exigencia del artículo 112 de la Ley Orgánica en el sentido de que la ley impugnada afecte los derechos e intereses del accionante, no significa que la acción popular se hubiera eliminado, ni que se hubiese establecido una especial exigencia de legitimación activa para solicitar de la Corte Suprema el ejercicio del control de la constitucionalidad. El objetivo de la acción popular, dijo la Corte, es la "defensa objetiva de la majestad de la Constitución y de su supremacía", y si es cierto que la Ley Orgánica de la Corte Suprema requiere que el accionante sea afectado "en sus derechos e intereses", esta expresión debe interpretarse en forma "rigurosamente restrictiva"[1122]. Con base en ello, la antigua Corte Suprema de Justicia, llegó a la conclusión de que:

> ...cuando una persona ejerce el recurso de inconstitucionalidad en los términos del artículo 112 de su ley, *debe presumirse*, al menos relativamente, que el acto recurrido en alguna forma afecta los derechos o intereses del recurrente en su condición de ciudadano venezolano, salvo que del contexto del recurso aparezca manifiestamente lo contrario, o que el mismo fuere declarado inadmisible conforme al artículo 115 de la ley de la Corte[1123].

Más recientemente, la Sala Constitucional en sentencia Nº 1077 de 22 de agosto de 2001, ha puntualizado sobre la legitimación activa en la acción popular, lo siguiente:

> Por otra parte, existe en nuestro ordenamiento la acción popular de inconstitucionalidad, donde cualquier persona capaz procesalmente tiene interés procesal y jurídico para proponerla, sin necesidad de un hecho histórico concreto que lesione la esfera jurídica privada del accionante. Es el actor un tutor de la constitucionalidad y esa tutela le da el interés para actuar, haya sufrido o no un daño proveniente de la inconstitucionalidad de una ley. Este tipo de acciones populares es excepcional[1124].

En todo caso, igual legitimación activa se plantea respecto al coadyuvante en el recurso: intentada una acción popular, cualquier persona que pueda ser lesionada en sus derechos e intereses puede coadyuvar en la impugnación o en la defensa del acto recurrido, siempre que reúna las mismas condiciones del recurrente. Tal como lo precisa la propia Ley Orgánica de la Corte Suprema de Justicia:

> *Art. 137.* Sólo podrán hacerse parte en los procedimientos a que se refieren las secciones Segunda y Tercera de este Capítulo, las personas que reúnan las mismas condiciones exigidas para el accionante o recurrente.

1121 *V.*, L. H. Farías Mata, "¿Eliminada la Acción Popular del Derecho Positivo Venezolano?", en *Revista de Derecho Público,* Nº 11, EJV, Caracas 1982, pp. 5-18.

1122 Sentencia de la Corte en Pleno de 30-06-82, en *Revista de Derecho Público*, Nº 11, EJV, Caracas 1982, p. 138.

1123 *Ídem.* De acuerdo a este criterio, por tanto, como lo ha dicho la Corte Suprema en Sala Plena, la acción popular en definitiva "puede ser ejercida por cualquier ciudadano plenamente capaz". Sentencia de 19-11-85, en *Revista de Derecho Público*, Nº 25, EJV, Caracas 1986, p. 131.

1124 Caso: *Servio Tulio León Briceño.*

## II. EL CONTROL PREVENTIVO DE LA CONSTITUCIONALIDAD DE CIERTOS ACTOS ESTATALES

En el sistema de justicia constitucional tradicional en Venezuela, el único supuesto que podía considerarse como un mecanismo de control preventivo de la constitucionalidad de los actos estatales con rango de ley o dictados en ejecución directa o inmediata de la Constitución, era cuando la Corte Suprema de Justicia conocía de la inconstitucionalidad de una ley sancionada y aún no promulgada, con motivo y como secuela del ejercicio de un veto presidencial a la misma[1125].

Ahora, la Constitución de 1999 ha introducido la figura del control preventivo de la constitucionalidad en forma expresa respecto de los tratados internacionales y respecto de las leyes orgánicas, y ha desligado el control de la constitucionalidad por iniciativa del Presidente de la República, del veto presidencial a las leyes.

### 1. *El control de la constitucionalidad de los tratados internacionales*

En *primer lugar,* está el control previo de la constitucionalidad que está previsto en el artículo 336, ordinal 5° de la Constitución en relación con los *tratados internacionales,* al atribuir a la Sala Constitucional competencia para:

> 5°. Verificar, a solicitud del Presidente o Presidenta de la República o de la Asamblea Nacional, la conformidad con la Constitución de los tratados internacionales suscritos por la República antes de su ratificación.

Lo importante a destacar respecto de esta norma es que incorporó al sistema de justicia constitucional en Venezuela una figura que tuvo su origen en los sistemas constitucionales europeos, como el francés y el español, y que existe en Colombia[1126], el cual permite el control de la constitucionalidad de un tratado internacional suscrito por la República antes de su ratificación y de su aprobación por ley, de ser necesario, y evitar, en esos casos, la impugnación posterior de la ley aprobatoria del tratado ante el Tribunal Supremo.

Ahora bien, en relación con la norma constitucional que regula este control preventivo de constitucionalidad, debe destacarse lo siguiente:

*Primero*, la legitimación activa para la solicitud de control preventivo por parte del Tribunal Supremo, corresponde al Presidente de la República o a la Asamblea Nacional. No puede interpretarse que la norma atribuya la iniciativa sólo al Presidente *de la* Asamblea Nacional. Este no tiene la iniciativa, sino que la decisión es de la Asamblea. Lo contrario sería contradictorio con el carácter colegiado de la Asamblea.

Esto implica, en todo caso, que no puede ejercerse una acción popular para que el Tribunal Supremo realice esta verificación constitucional.

*Segundo*, lo que el Tribunal Supremo en Sala Constitucional debe verificar es "la conformidad con la Constitución de los tratados internacionales suscritos por la República antes de su ratificación".

---

1125 *V.*, Allan R. Brewer-Carías, *La Justicia Constitucional, Instituciones Políticas y Constitucionales*, T. VI, *op. cit.*, pp. 134 y ss.

1126 *V.*, Allan R. Brewer-Carías, *Idem,* p. 590.

Puede tratarse de cualquier tratado internacional, sea que para su validez se requiera o no de ley aprobatoria; incluso, aún cuando no requiera ley aprobatoria, la Asamblea Nacional podría solicitar este control de constitucionalidad.

*Tercero,* se destaca que la solicitud de control debe formularse antes de la ratificación del Tratado. Por tanto, después de su suscripción por el Ejecutivo Nacional, antes de su ratificación, la solicitud de control puede formularse.

Por último, debe señalarse que de acuerdo con la Constitución, esta solicitud de control tiene por objeto verificar la conformidad del Tratado Constitucional con la Constitución; por lo que si el tratado no resulta conforme con la Constitución, entonces no puede ser ratificado. De ello puede resultar, en todo caso, una iniciativa de reforma constitucional para entonces adaptar la Constitución al Tratado. Esto, por lo demás, fue lo que ocurrió en Europa, por ejemplo, en Francia y en España, luego de suscribirse el Tratado de Maastrich de 1992 de la Unión Europea, que fue sometido a control constitucional ante el Consejo Constitucional francés y el Tribunal Constitucional español, los cuales lo consideraron contrario a las respectivas Constituciones, habiéndose entonces producido, en ambos países, la reforma de sus Constituciones, para adaptarlas al Tratado de la Unión Europea y así poder ratificarlo[1127].

Es evidente, en todo caso, que si la Sala Constitucional considera en su decisión que el Tratado Internacional es conforme con la Constitución, entonces no podría posteriormente ejercerse contra la ley aprobatoria del Tratado una acción popular de inconstitucionalidad.

Un mecanismo de control de constitucionalidad de este tipo, en todo caso, es muy importante en procesos de integración económica regional, pues en la práctica llevaría a la ratificación de los Tratados respectivos sólo después de la verificación de su constitucionalidad por el Tribunal Supremo y evitar, así, la impugnación posterior de la ley aprobatoria de los Tratados, como ocurrió en Venezuela en los casos de los Tratados relativos al Acuerdo de Integración de la ahora Comunidad Andina[1128].

### 2. *El control preventivo de la constitucionalidad de las leyes orgánicas*

El *segundo* mecanismo de control preventivo de constitucionalidad, es el previsto en el artículo 203 de la Constitución, conforme al cual, la Sala Constitucional debe pronunciarse, antes de su promulgación, sobre la constitucionalidad del carácter orgánico de las *leyes orgánicas* que así hayan sido calificadas por la Asamblea Nacional.

Debe señalarse, que el artículo 203 de la Constitución, define las leyes orgánicas en cinco sentidos:

En *primer lugar,* las que así denomina la Constitución, y esto ocurre en los siguientes casos: Ley Orgánica de Fronteras (art. 15), Ley Orgánica de División Terri-

---

1127 *V.,* en general Allan R. Brewer-Carías, *Implicaciones constitucionales de los procesos de integración regional,* Caracas, 1998, pp. 75 y ss.

1128 *V.,* la sentencia de la Corte Suprema de Justicia de 10-07-1990 y los comentarios en Allan R. Brewer-Carías, "El control de la constitucionalidad de las leyes aprobatorias de Tratados Internacionales y la cuestión constitucional de la integración latinoamericana", *Revista de Derecho Público,* Nº 44, EJV, Caracas 1990, pp. 225 a 229.

torial (art. 16), Ley Orgánica de la Fuerza Armada Nacional (art. 41), Ley Orgánica del Sistema de Seguridad Social (art. 86), Ley Orgánica para la Ordenación del Territorio (art. 128), Ley Orgánica que establece los límites a los emolumentos de los funcionarios públicos (art. 147), Ley Orgánica de Régimen Municipal (art. 169), Ley Orgánica que regule los Distritos Metropolitanos (arts. 171, 172), Ley Orgánica que regule la inelegibilidad de funcionarios (art. 189), Ley Orgánica de reserva al Estado de actividades, industria o servicios (art. 302), Ley Orgánica del Consejo de Defensa de la Nación (art. 323), Ley Orgánica que regule el recurso de revisión de las sentencias de amparo y de control difuso de la constitucionalidad (art. 336), Ley Orgánica de los Estados de Excepción (art. 338 y Disposición Transitoria Tercera, 2), Ley Orgánica sobre refugiados y asilados (Disposición Transitoria Cuarta, 2), Ley Orgánica sobre Defensa Pública (Disposición Transitoria Cuarta, 5), Ley Orgánica de Educación (Disposición Transitoria Sexta), Ley Orgánica de Pueblos Indígenas (Disposición Transitoria Séptima), Ley Orgánica del Trabajo (Disposición Transitoria Cuarta, 3), y Ley Orgánica Procesal del Trabajo (Disposición Transitoria Cuarta, 4) y Código Orgánico Tributario (Disposición Transitoria Quinta).

En *segundo lugar,* también son leyes orgánicas las que se dicten para organizar los poderes públicos como son: Ley Orgánica de la Administración Pública –Poder Ejecutivo–, (art. 236, ord. 20); Ley Orgánica de la Procuraduría General de la República (art. 247), Ley Orgánica del Poder Judicial, Ley Orgánica del Tribunal Supremo de Justicia (art, 262); Ley Orgánica del Poder Electoral (art. 292 y Disposición Transitoria Octava); Ley Orgánica del Poder Ciudadano, comprendidas la Ley Orgánica de la Contraloría General de la República, Ley Orgánica de la Fiscalía General de la República –Ministerio Público–, y Ley Orgánica de la Defensoría del Pueblo (Disposición Transitoria Novena); Ley Orgánica de Régimen Municipal –Poder Municipal– (art. 169 y Disposición Transitoria Primera) y Ley Orgánica que regule los Consejos Legislativos Estadales (art. 162).

En *tercer lugar,* también son leyes orgánicas, aquellas destinadas a "desarrollar los derechos constitucionales", lo que abre un inmenso campo para tal categoría, ya que ello implica que todas las leyes que se dicten para desarrollar el contenido de los artículos 19 a 129 deben ser leyes orgánicas.

En *cuarto lugar,* también son leyes orgánicas "las que sirvan de marco normativo a otras leyes". Tal es el caso, por ejemplo, del Código Orgánico Tributario que debe servir de marco a las leyes tributarias específicas o de la Ley Orgánica sobre la Administración Financiera del Estado que debe servir de marco normativo a las leyes anuales o plurianuales de presupuesto, o las leyes específicas de operaciones de crédito público.

Por último, y en *quinto lugar,* también son leyes orgánicas aquellas que así sean calificadas, como orgánicas, por la Asamblea Nacional, (supuesto que no comprende los cuatro casos anteriores) al admitirse el proyecto por el voto de las 2/3 partes de los integrantes presentes antes de iniciarse la discusión del respectivo proyecto de ley.

Son estas leyes que la Asamblea Nacional haya calificado expresamente de orgánicas, y no comprendidas en la enumeración anterior, las que el Presidente de la Asamblea o el Presidente de la República deben remitir, *automáticamente*, antes de su promulgación, a la Sala Constitucional del Tribunal Supremo de Justicia, para que se pronuncie acerca de la constitucionalidad de ese carácter orgánico.

Puede decirse, entonces, que en este caso, no existe una legitimación activa atribuida a un órgano o persona específica para requerir este control, sino que el mismo debe ejercerse de manera automática, para lo cual, la Asamblea Nacional está obligada a remitir la ley sancionada a la Sala Constitucional. Adicionalmente debe señalarse que la Sala Constitucional ha admitido que en los casos de delegación legislativa al Presidente de la República, y éste al dictar el Decreto-Ley lo califique como de carácter orgánico, debe también remitirlo a la Sala Constitucional para que ésta verifique la constitucionalidad del calificativo de orgánico[1129].

En todo caso, la Sala Constitucional debe decidir la cuestión en el término de diez (10) días contados a partir de la fecha de recibo de la comunicación; y si la Sala declara que la ley no es orgánica, entonces esta perderá ese carácter.

3. *El control de la constitucionalidad de leyes sancionadas antes de su promulgación*

El *tercero* de los mecanismos de control preventivo de la constitucionalidad es el previsto en el artículo 214 de la Constitución, en los casos en los que así lo solicite el Presidente de la República, en el lapso que tiene para promulgar las leyes. Conforme a esa norma, la Sala Constitucional debe pronunciarse sobre la inconstitucionalidad de una ley o de algunos de sus artículos, a solicitud del Presidente de la República, antes de la promulgación de la ley. El Presidente de la República, por tanto, es el que tiene la legitimación activa para requerir, en este caso, el control de constitucionalidad[1130].

Se regula, así, un control de la constitucionalidad de las leyes sancionadas y no promulgadas, que se ha desvinculado del llamado "veto presidencial" a las leyes, que siempre implica su devolución a la Asamblea Nacional.

En efecto, en Venezuela se ha regulado tradicionalmente el veto presidencial a las leyes, ahora regulado en el artículo 214 de la Constitución, de manera que una vez que una Ley se ha sancionado, el Presidente de la Asamblea Nacional debe remitirla al Presidente de la República para su promulgación. El Presidente, dentro del lapso de diez (10) días que tiene para la promulgación, con acuerdo del Consejo de Ministros, puede solicitar a la Asamblea Nacional, mediante exposición razonada, que modifique alguna de las disposiciones de la ley o levante la sanción a toda ley o parte de ella. En esos casos, la Asamblea debe decidir acerca de los aspectos planteados por el Presidente por mayoría absoluta de los diputados presentes y le remitirá la ley para su promulgación. En este caso, el Presidente debe proceder a promulgar la ley dentro de los cinco (5) días siguientes a su recibo, sin poder formular nuevas observaciones ante la Asamblea.

En la Constitución de 1961, sin embargo, se disponía que cuando el veto presidencial se hubiese fundado en la inconstitucionalidad de la ley, entonces, dentro del término que tenía para promulgar la ley luego de su devolución al Congreso, podía acudir a la Corte Suprema de Justicia, solicitando su decisión acerca de la inconsti-

---

1129 *V.*, sentencia N° 1716 de 20-09-01, Decreto-Ley Orgánica de los Espacios Acuáticos e Insulares (Decreto N° 1437 de 30-08-2001).

1130 La Sala Constitucional ha considerado que se trata de una legitimación activa exclusiva del Presidente de la República. *V.*, sentencia N° 194 de 15-02-2001.

tucionalidad de la misma. Este sistema de control preventivo estaba ligado al veto presidencial y debía pasar primero por la devolución de la ley al Congreso, con base en argumentos de inconstitucionalidad (art. 173).

En la Constitución de 1999, sin embargo, este sistema se cambió radicalmente, y el artículo 214, si bien regula el veto presidencial, luego, en párrafo aparte, establece lo siguiente:

> Cuando el Presidente o Presidenta de la República considere que la ley o alguno de sus artículos son inconstitucionales solicitarán el pronunciamiento de la Sala Constitucional del Tribunal Supremo de Justicia, en el lapso de diez días que tiene para promulgar la misma. El Tribunal Supremo de Justicia decidirá en el término de quince días contados desde el recibo de la comunicación del Presidente o Presidenta de la República. Si el Tribunal negare la inconstitucionalidad invocada o no decidiere en el lapso anterior, el Presidente o Presidenta de la República promulgará la ley dentro de los cinco días siguientes a la decisión del Tribunal o al vencimiento de dicho lapso.

Conforme a esta norma, la posibilidad de que el Presidente de la República someta al pronunciamiento del Tribunal Supremo de Justicia la inconstitucionalidad de una ley sancionada que se le haya enviado para su promulgación, no está ligada al veto presidencial ante la Asamblea, sino que en el lapso de diez (10) días que tiene para su promulgación, puede dirigirse directamente al Tribunal Supremo, sin necesidad de devolverla previamente a la Asamblea Nacional.

## III. EL CONTROL DE CONSTITUCIONALIDAD OBLIGATORIO RESPECTO DE LOS DECRETOS DE ESTADO DE EXCEPCIÓN

De acuerdo con el artículo 339 de la Constitución, el Decreto que declare el Estado de Excepción debe, en todo caso, ser remitido por el Presidente de la República a la Sala Constitucional del Tribunal Supremo, para que se pronuncie sobre su inconstitucionalidad. Por ello, el artículo 336 le atribuye a la Sala, competencia expresa para:

> *6.* Revisar, en todo caso, *aun de oficio*, la constitucionalidad de los decretos que declaren estados de excepción dictados por el Presidente o Presidenta de la República.

Sobre este supuesto de control de constitucionalidad, la "Exposición de Motivos" de la Constitución, indica que:

> En lo que se refiere a la protección de los derechos humanos, la Sala Constitucional tendrá importantes funciones. En primer lugar, con el objeto de reforzar la protección de los derechos humanos reconocidos y garantizados expresa o implícitamente en la Constitución, se acoge un mecanismo consagrado en alguna Constitución de América Latina, en virtud del cual la Sala Constitucional debe, en todos los casos y aun de oficio, controlar la constitucionalidad de los decretos que declaren estado de excepción. Esta será la única competencia que podrá ejercer de oficio la Sala Constitucional y ello por tratarse de la protección de los derechos humanos, razón por la cual se ha previsto expresamente en texto constitucional.

En efecto, esta atribución de control de constitucionalidad obligatorio, constituye otra novedad introducida por la Constitución de 1999, conforme al antecedente de Colombia (art. 241, ord. 7). En Venezuela se ha agregado, sin embargo, la posibilidad de ejercicio de esta atribución por la Sala, *de oficio*. Se trata, en efecto, del único supuesto constitucional en el cual la Sala puede actuar de *ex officio*, una vez que el Decreto se haya publicado en *Gaceta Oficial*.

En ejercicio de este control, la Sala Constitucional puede pronunciarse no sólo sobre la constitucionalidad de los decretos que declaren el estado de excepción, sino sobre la constitucionalidad del contenido de los mismos conforme a lo dispuesto en los artículos 337 y siguientes de la Constitución.

En particular, la Sala debe verificar, al decretarse el estado de excepción y restringirse alguna garantía constitucional, si el decreto contiene, por ejemplo, efectivamente, la necesaria *regulación* "del ejercicio del derecho cuya garantía se restringe" (art. 339).

## IV. EL CONTROL DE CONSTITUCIONALIDAD DE LAS LEYES POR OMISIÓN

Otra institución novedosa en materia de justicia constitucional que establece la Constitución de 1999, es el denominado control de la constitucionalidad de las omisiones de actuación de los órganos legislativos[1131]. En tal sentido, el artículo 336 de la Constitución atribuyó a la Sala Constitucional, competencia para:

> 7. Declarar la inconstitucionalidad de las omisiones del poder legislativo municipal, estadal o nacional, cuando hayan dejado de dictar las normas o medidas indispensables para garantizar el cumplimiento de la Constitución, o las hayan dictado en forma incompleta, y establecer el plazo y, de ser necesario, los lineamientos de su corrección.

Esta norma consagra una amplísima potestad atribuida a la Sala Constitucional y que supera el inicial antecedente portugués. En efecto, en el supuesto de la Constitución Portuguesa, la legitimación para requerir el ejercicio de esta potestad de control de constitucionalidad la tenían el Presidente de la República, el Ombudsman o los Presidentes de las Regiones Autónomas[1132]; en cambio, en el texto de la Constitución de 1999 no se establece condicionamiento alguno a la legitimación, por lo que tratándose de omisiones normativas[1133], el mecanismo para impulsar su control puede recibir el mismo tratamiento de una *acción popular*, es decir, bastaría el simple interés en la constitucionalidad para intentar la acción.

---

1131 Es una institución que tiene su origen en el sistema portugués, *v.*, Allan R. Brewer-Carías, *Judicial Review in Comparative Law, op. cit.*, p. 269

1132 *V.*, Allan R. Brewer-Carías, *Judicial Review in Comparative Law, op. cit.*, p. 269.

1133 O como lo ha calificado la Sala Constitucional: "Silencio legislativo y el funcionamiento anormal legislativo". Sentencia N° 1819 de 08-08-2000 de la Sala Político-Administrativa, caso: *René Molina vs. Comisión Legislativa Nacional*.

## V. LA RESOLUCIÓN DE CONTROVERSIAS CONSTITUCIONALES ENTRE LOS ÓRGANOS DEL PODER PÚBLICO

El Tribunal Supremo, en Sala Constitucional, también tiene competencia, conforme al artículo 336, para:

> *9.* Dirimir las controversias constitucionales que se susciten entre cualesquiera de los órganos del Poder Público.

Sobre esta competencia, la "Exposición de Motivos" de la Constitución precisó lo siguiente:

> La Constitución establece como competencia de la Sala Constitucional resolver las controversias constitucionales que se susciten entre cualesquiera de los órganos que ejercen el Poder Público.
>
> Al respecto, destacan dos elementos esenciales: en primer lugar, que se trata de controversias entre cualesquiera de los órganos que la Constitución prevé en la distribución horizontal o vertical del Poder Publico y, en segundo lugar, que deben tratarse de controversias constitucionales, es decir, de aquellas cuya decisión depende del examen, interpretación y aplicación de normas constitucionales, tales como las que se refieren al reparto competencial entre los diferentes órganos del Estado, especialmente, las que distribuyen el poder en los niveles nacional, estadal y municipal.

De esta forma, todas aquellas controversias constitucionales entre la República y alguno de los Estados o Municipios, es decir, entre el poder central y el descentralizado territorialmente, serán resueltas por la Sala Constitucional dentro del procedimiento que se establecerá en la ley orgánica respectiva.

En todo caso, esta atribución tiene por objeto que la Sala Constitucional como garante y máximo defensor de los principios consagrados en el Texto Fundamental ajuste la actuación de los órganos que ejercen el Poder Público, al cauce constitucional.

De lo anterior resulta que esta competencia de la Sala Constitucional, como Jurisdicción Constitucional, tiene por objeto resolver los conflictos constitucionales que se planteen entre los órganos que ejercen el Poder Público, tanto en su distribución vertical (República, Estados y Municipios), como en su división horizontal a nivel nacional (Poder Legislativo, Poder Ejecutivo, Poder Judicial, Poder Ciudadano, Poder Electoral) y a nivel estadal y municipal (Poder Legislativo y Poder Ejecutivo).

Es decir, se trata de la resolución de controversias sobre atribuciones *constitucionales* entre los órganos que ejercen del Poder Público; que son distintas a las controversias administrativas que se puedan suscitar entre la República, los Estados, Municipios u otro ente público, las que competen ser resueltas por la Sala Político-Administrativa del Tribunal Supremo de Justicia (art. 266, ord. 4º), como Jurisdicción Contencioso-Administrativa.

Esto exige distinguir, por supuesto, las controversias constitucionales de las controversias administrativas. Esto lo ha precisado el Tribunal Supremo de Justicia, al señalar que para identificar la controversia constitucional, es necesario

"Que los sujetos entre los cuales se presente la misma, sean aquellos que tienen asignada, en forma expresa, atribuciones para tales actuaciones o normas en el propio texto constitucional, esto es, instituciones supremas del Estado, cuya regulación orgánica se contiene en el propio texto constitucional, a diferencia de otras, en las que la configuración institucional concreta se defiere al legislador ordinario;"

y en sentido contrario:

"No estaremos en presencia de la controversia constitucional a que se refiere la norma bajo examen, cuando las partes en la misma no poseen el carácter de órganos el Poder Público, con atribuciones consagradas en el texto Constitucional, lo cual excluye no sólo a particulares, sino también a funcionarios vicarios o quienes no posean el carácter de órganos, aun cuando por virtud de norma expresa tengan atribuidas funciones públicas o sean autoridad pública[1134].

En todo caso, la legitimación activa para intentar un recurso a los efectos de dirimir controversias constitucionales, corresponde a los órganos del Poder Público que sean parte en la controversia. Como fue precisado en un Voto Salvado a la sentencia Nº 7 de la Sala Constitucional de 01-02-2000:

"La legitimación para interponer esta solicitud está restringida a los titulares de los órganos susceptibles de entrar en conflicto; y en ningún caso ha sido concebida esta vía en la jurisdicción constitucional para dirimir controversias intersubjetivas entre particulares, ni entre éstos y los órganos públicos, para los cuales el ordenamiento jurídico ha establecido distintas vías judiciales, dentro de las que se encuentra la acción de amparo"[1135].

## VI. EL RECURSO DE INTERPRETACIÓN CONSTITUCIONAL

Debe mencionarse, por último, entre las competencias de la Sala Constitucional como Jurisdicción Constitucional, la atribución que tiene para conocer de recursos abstractos de interpretación de la Constitución, que ha creado la propia Sala Constitucional de la interpretación que le ha dado al artículo 335 de la Constitución, que atribuye al Tribunal Supremo el carácter de ser "máximo y último intérprete de la Constitución".

En efecto, con anterioridad a la entrada en vigencia de la Constitución de 1999, el artículo 42, ordinal 24 de la Ley Orgánica de la Corte Suprema de Justicia atribuía competencia a la Sala Político Administrativa de la Corte Suprema para interpretar los "textos legales, en los casos previstos en la Ley". En esa misma tradición, la Constitución de 1999 estableció como competencia del Tribunal Supremo de Justicia, el "conocer de los recursos de interpretación sobre el contenido y alcance de los textos legales", pero "en los términos contemplados en la ley" (artículo 266, ordinal 6º), atribución que debe ser ejercida "por las diversas Salas conforme a lo previsto en esta Constitución y en la ley" (único aparte, artículo 266 C).

---

1134 Sentencia de la Sala Político Administrativa Nº 1819 de 08-08-2000, caso: *René Molina vs. Comisión Legislativa Nacional.*

1135 Voto Salvado del Magistrado Héctor Peña Torrelles, caso: *José Amando Mejía y otros.*

Por tanto, mientras se dicte una nueva ley que regule las funciones del máximo tribunal, la Sala Político Administrativa es la que debe seguir conociendo de este especial recurso de interpretación de textos legales, de conformidad con la Ley Orgánica de la Corte Suprema de Justicia.

Ahora bien, a pesar de que el ordenamiento jurídico venezolano sólo regula este recurso de interpretación de textos legales, sin embargo, la Sala Constitucional ha creado un recurso autónomo de interpretación de las normas constitucionales, no previsto constitucional ni legalmente, basándose para ello en el artículo 26 de la Constitución que consagra el derecho de acceso a la justicia, del cual dedujo que si bien dicha acción no está prevista en el ordenamiento jurídico, tampoco está prohibida y, por lo tanto,

Cualquiera con interés jurídico puede solicitar la interpretación de la ley conforme a las previsiones legales, y también la interpretación de la Constitución, para así obtener una sentencia de mera certeza sobre el alcance y contenido de las normas constitucionales; acción que sería de igual naturaleza que la de interpretación de la ley[1136].

La Sala, para llegar a tal conclusión, adujo que:

> Para acceder a la justicia se requiere que el accionante tenga interés jurídico y que su pretensión esté fundada en derecho y, por tanto, no se encuentre prohibida por ley, o no sea contraria a derecho. No es necesario que existan normas que contemplen expresamente la posibilidad de incoar una acción con la pretensión que por medio de ella se ventila, bastando para ello que exista una situación semejante a las prevenidas en la ley, para la obtención de sentencias declarativas de mera certeza, de condena, o constitutivas. Este es el resultado de la expansión natural de la juridicidad.

De ello concluyó la Sala Constitucional que "no requieren los ciudadanos de leyes que contemplen, en particular, el recurso de interpretación constitucional, para interponerlo"[1137].

Ahora bien, en cuanto a la legitimación activa para intentar este recurso de interpretación constitucional, la Sala Constitucional estimó que el recurrente debe tener un interés particular en el sentido de que:

> Como persona pública o privada debe invocar un interés jurídico actual, legítimo, fundado en una situación jurídica concreta y específica en que se encuentra, y que requiere necesariamente de la interpretación de normas constitucionales aplicables a la situación, a fin de que cese la incertidumbre que impide el desarrollo y efectos de dicha situación jurídica.

La Sala precisó que se "está ante una acción con legitimación restringida, aunque los efectos del fallo sean generales". Por ello, la Sala señaló que "puede declarar inadmisible un recurso de interpretación que no persiga los fines antes mencionados, o que se refiere al supuesto de colisión de leyes con la Constitución, ya que ello origina otra clase de recurso".

---

1136 Sentencia Nº 1077 de la Sala Constitucional de 22-09-2000, caso: *Servio Tulio León Briceño*. Véase en *Revista de Derecho Público*, Nº 83, Caracas 2000, pp. 247 y ss.

1137 Este criterio fue luego ratificado en sentencias de fecha 09-11-2000 (Nº 1347), 21-11-2000 (Nº 1387), y 05-04-2001 (Nº 457), entre otras.

En la antes mencionada sentencia Nº 1077 de 22-09-01, la Sala Constitucional reiteró su criterio sobre la legitimación activa para intentar el recurso de interpretación señalando que el recurrente debe tener un "interés jurídico personal y directo", el cual es:

> Necesario para incoar una acción de interpretación de ley, el que también se requiere para el ejercicio del recurso de interpretación de la Constitución, ya que se trata de acciones declarativas de mera certeza que tienen en común que no anulan, y que buscan en efecto semejante. En estos casos coincide el interés particular con el interés constitucional.
>
> La finalidad de tal acción de interpretación constitucional sería una declaración de certeza sobre los alcances y el contenido de una norma constitucional, y formaría un sector de la participación ciudadana, que podría hacerse incluso como paso previo a la acción de inconstitucionalidad, ya que la interpretación constitucional podría despejar dudas y ambigüedades sobre la supuesta colisión. Se trata de una tutela preventiva.

Agregando más adelante:

> La petición de interpretación puede resultar inadmisible, si ella no expresa con precisión en qué consiste la oscuridad, ambigüedad o contradicción entre las normas del texto constitucional, o en una de ellas en particular; o sobre la naturaleza y alcance de los principios aplicables; o sobre las situaciones contradictorias o ambiguas surgidas entre la Constitución y las normas del régimen transitorio o del régimen constituyente[1138].

Adicionalmente, en otra sentencia, Nº 1029 de 13-06-2001, la Sala Constitucional atemperó el rigorismo de declarar inadmisible el recurso si no precisaba el contenido de la acción, ya que señaló que:

> La solicitud deberá expresar: 1.- Los datos concernientes a la identificación del accionante y de su representante judicial; 2.- Dirección, teléfono y demás elementos de ubicación de los órganos involucrados; 3.- Descripción narrativa del acto material y demás circunstancias que motiven la acción.

En cuanto a los motivos del recurso, la Sala expresó que el recurso de interpretación tiene como objeto resolver:

> Cuál es el alcance de una norma constitucional o de los principios que lo informan, cuando los mismos no surgen claros del propio texto de la Carta Fundamental; o de explicar el contenido de una norma contradictoria, oscura o ambigua; o del reconocimiento, alcance y contenido, de principios constitucionales.

Debe indicarse, además, que en sentencia Nº 1347, de fecha 09-11-2000, la Sala Constitucional delimitó el carácter vinculante de las interpretaciones establecidas con motivo de decidir los recursos de interpretación, señalando que:

---

1138 Caso: *Servicio Tulio León Briceño*, en *Revista de Derecho Público*, Nº 83, Caracas 2000, pp. 247 y ss.

Las interpretaciones de esta Sala Constitucional, en general, o las dictadas en vía de recurso interpretativo, se entenderán vinculantes respecto al núcleo del caso estudiado, todo ello en un sentido de límite mínimo, y no de frontera intraspasable por una jurisprudencia de valores oriunda de la propia Sala, de las demás Salas o del universo de los tribunales de instancia.

***

Para poder determinar las reglas de legitimación activa para plantear cuestiones de constitucionalidad en vía judicial, por supuesto, es preciso determinar previamente, cual es el sistema de justicia constitucional que existe.

Cuando se trata de países en los cuales, en líneas generales, se ha adoptado el método difuso o el método concentrado de control de constitucionalidad, el régimen de la legitimación activa, complejo siempre, obedece sin embargo a unas líneas básicas. Por ejemplo, en sistemas que siguen la tradición del como el norteamericano, montados básicamente sobre el método difuso de control de constitucionalidad, la regla básica de legitimación activa para plantear las cuestiones de inconstitucionalidad en un juicio concreto, es que la misma corresponde, en principio, a las partes en el proceso, las cuales, además de tener tal situación de partes, deben tener interés personal en solución de la cuestión constitucional[1139].

En cuanto a los sistemas dominados por el método concentrado de control de constitucionalidad, las reglas de la legitimación activa para plantear cuestiones de constitucionalidad ante la jurisdicción constitucional, varían enormemente de un país a otro y de acuerdo al recurso o acción que se presente ante la jurisdicción constitucional.

Hemos analizado el tema en Venezuela, en cuanto al método concentrado de control de la constitucionalidad, que corresponde a la Sala Constitucional del Tribunal Supremo de Justicia, como Jurisdicción Constitucional. Esas reglas relativas en resumen, son las siguientes:

1. En cuanto a la legitimación activa para intentar las acciones directas de inconstitucionalidad ante la Sala Constitucional, de manera que esta pueda ejercer su competencia exclusiva para declarar la nulidad de las leyes y demás actos de similar jerarquía por razones de inconstitucionalidad, corresponde a cualquier persona, con un simple interés en la legalidad. Se trata, por tanto, de una *actio popularis* para el control de la constitucionalidad de las leyes.

2. En cuanto al control preventivo de la constitucionalidad de los Tratados Internacionales, la legitimación activa para someter la cuestión de constitucionalidad ante la Sala Constitucional, corresponde al Presidente de la República o a la Asamblea Nacional. En el caso de las leyes orgánicas, el control preventivo de la constitucionalidad por la Sala Constitucional se debe realizar en forma automática y obligatoria, debiendo el Presidente de la Asamblea remitir la ley orgánica sancionada a la Sala Constitucional.

---

1139 *V.*, Allan R. Brewer-Carías, *Judicial Review in Comparative Law*, *cit.*, p. 144.

En cuanto al control preventivo de la constitucionalidad de leyes sancionadas por la Asamblea Nacional, pero aún no promulgadas, la legitimación activa para su conocimiento por la Sala Constitucional corresponde al Presidente de la República.

3. En cuanto a los Decretos que declaren estados de excepción, los mismos deben ser sometidos a control de la constitucionalidad por la Sala Constitucional, también en forma obligatoria. El Presidente de la República, al dictarlos, debe enviarlos a la misma. Sin embargo, en este caso, la Sala Constitucional tiene atribuida expresamente la potestad de revisar *ex officio* la constitucionalidad de dichos Decretos, lo cual puede hacer desde que se publiquen en la *Gaceta Oficial*.

4. La Sala Constitucional del Tribunal Supremo de Justicia tiene, además, la competencia para declarar la inconstitucionalidad de la omisión de los cuerpos legislativos nacional, estadales o municipales en dictar las normas necesarias para el cumplimiento de la Constitución. La acción de inconstitucionalidad por omisión de actos legislativos, en nuestro criterio, debe seguir las mismas reglas de la legitimación de la acción de inconstitucionalidad de las leyes, como acción popular, por lo que corresponde a todos, bastando un simple interés en la constitucionalidad.

5. La Sala Constitucional también tiene competencia para conocer y resolver las controversias constitucionales que se planteen entre los diversos órganos que ejercen el Poder Público, que resultan tanto de la división vertical del Poder (República, Estados o Municipios) como de la separación horizontal del Poder (Legislativo, Ejecutivo, Judicial, Ciudadano, Electoral). En estos casos, la legitimación para plantear la controversia constitucional, corresponde a los titulares de dichos órganos.

6. Por último, en cuanto al ejercicio del recurso de interpretación constitucional que se puede intentar ante la Sala Constitucional, la legitimación para ello la tienen las personas que aleguen un interés jurídico actual y legítimo fundado en una situación jurídica concreta que requiera de la interpretación constitucional para que cese la incertidumbre que impide su desarrollo.

Hemos señalado que el sistema venezolano de justicia constitucional es de carácter mixto o integral por lo que en materia de la legitimación activa para ejercer el control de constitucionalidad por otras vías distintas al método concentrado, las reglas relativas a la legitimación activa:

1. Para ejercer el control de constitucionalidad de las leyes mediante el método difuso, la legitimación para plantear la cuestión de constitucionalidad en el juicio concreto corresponde a las partes en el mismo, incluso cuando actúen en representación de intereses difusos y colectivos. Los jueces en Venezuela, también tienen el poder-deber de poder plantearse *ex officio,* ellos mismos en el proceso, cuestiones de constitucionalidad para resolver el caso concreto. Adicionalmente, el Ministerio Público y el Defensor del Pueblo, conforme a sus competencias, pueden plantear cuestiones de constitucionalidad en los procesos en los cuales intervienen.

2. En Venezuela se establece, en general, el derecho de toda persona a ser amparado judicialmente en el goce y ejercicio de sus derechos y garantías constitucionales. El juicio de *amparo* también es una vía judicial de control de constitucionalidad, debiendo intentarse la acción de amparo por el titular del derecho o garantía constitucional lesionado, quien es la persona que tiene la legitimación necesaria para ello. La acción de amparo también puede intentarse en representación de derechos constitucionales difusos o colectivos, así como por el Defensor del Pueblo en representación de los mismos.

3. En el ámbito del control judicial de constitucionalidad e ilegalidad contra los Reglamentos y demás actos administrativos generales o individuales, corresponde a los tribunales que conforman la Jurisdicción Contencioso Administrativa, declarar la nulidad de los mismos por dichas razones de inconstitucionalidad o ilegalidad. La legitimación para intentar la acción de nulidad contra los actos administrativos de carácter normativo, corresponde a cualquier persona bastando el simple interés en la legalidad para estar legitimado. Se trata, por tanto, en este caso, de una acción popular. En los casos de actos administrativos de efectos particulares, la legitimación para intentar la acción de nulidad contra los mismos corresponde a las personas que tengan interés legítimo en la anulación del acto.

**Caracas, Octubre 2002**

## *SECCIÓN TERCERA:*

## *EL CONTROL DE CONSTITUCIONALIDAD DE LOS ACTOS DEL PODER EJECUTIVO DICTADOS EN EJECUCIÓN DIRECTA E INMEDIATA DE LA CONSTITUCIÓN, Y EL PRINCIPIO DE LA FORMACIÓN DEL DERECHO POR GRADOS EN VENEZUELA*

**El texto de esta sección, con el mismo título, fue publicado en *Revista Jurídica UDABOL*, Universidad de Aquino Bolivia, Año 1, No. 1, La Paz 2012, pp. 83-129.**

### I. ANTECEDENTES: LA CUESTIÓN DE LOS ACTOS DE GOBIERNO

La doctrina de los actos de gobierno *(acte de gouvernement)* o de los actos políticos *(atto politico o atto di potere politico)* se comenzó a formular en el derecho constitucional europeo y latinoamericano, particularmente en la primera mitad del siglo pasado, para identificar una serie de actos estatales que se consideraban como no justiciables, es decir, no sometidos a control jurisdiccional. Esto fue así, particularmente respecto del control que ejercía la Jurisdicción Contencioso Administrativa, que en ausencia de los contemporáneos sistemas de control de la constitucionalidad, era la única que existía para controlar los actos ejecutivos. Con ello se buscaba, por tanto, identificar una serie de actos estatales, a veces y erradamente considerados como actos administrativos, que escapaban al control de la jurisdicción contencioso-administrativa[1140].

En esa forma, en Francia, principalmente por la ausencia de control judicial alguno de la constitucionalidad de los actos del Estado –lo que sin duda ha cambiado desde la creación del Consejo Constitucional y después de las reformas constitucio-

1140 Para un estudio comparativo de la doctrina del acto de gobierno, en su concepción más tradicional, véase Julio A. Prat, "Contribución al estudio del acto de gobierno," en *Revista de la Facultad de Derecho y Ciencias Sociales*, Año IX, Nº 4. Montevideo 1958, pp. 815-871; y José Luis Carro y Fernández-Valmayor, "La doctrina del acto político," en *Revista de Administración Pública*, Nº 53, Madrid 1967, pp. 73-130. Véase en general sobre el tema, Allan R. Brewer-Carías, "Comentarios sobre la doctrina del acto de gobierno, del acto político, del acto de Estado y de las cuestiones políticas como motivo de inmunidad jurisdiccional de los Estados en sus Tribunales nacionales," en *Revista de Derecho Público*, Nº 26, Editorial Jurídica Venezolana, Caracas 1986, pp. 65-68.

nales de 2009–, y el poder limitado que había sido conferido a los tribunales administrativos, la jurisprudencia, en varias etapas, permitió a la doctrina ir identificando unos *actes de gouvernement* que escapaban del control jurisdiccional en la jurisdicción contencioso-administrativa. La doctrina en la materia fue producto de una creación casuística de la jurisprudencia, difícil de construir doctrinalmente[1141] basada en el criterio del móvil político que movía a la autoridad respectiva a dictarlos, el cual por su imprecisión fue rápidamente abandonado, conduciendo en cambio a la elaboración de una "lista" de actos del Poder Ejecutivo en sus relaciones con otros Poderes Públicos, principalmente con el Legislador, que escapaban a todo control jurisdiccional[1142].

De acuerdo con ello, la "lista" de los actos de gobierno se redujo a los actos del Ejecutivo en sus relaciones con el Parlamento y en sus relaciones internacionales; a ciertos actos ejecutivos derivados del ejercicio del poder de gracia; y a determinados actos ejecutivos de orden excepcional (urgencia, emergencia, estado de sitio) con sus secuelas en materia de orden público.

La misma tendencia se siguió en Italia con la noción del *atto político*, pero con la gran diferencia de que en este caso fue en la Ley que estableció el Consejo de Estado a fines del siglo XIX, donde al regular la jurisdicción contencioso-administrativa, se excluyó de recurso por exceso de poder a los actos emanados del gobierno en el ejercicio del poder político los cuales, por tanto, adquirían una configuración distinta de los actos administrativos.

Ello también condujo a la elaboración de una lista, que incluyó como tales actos políticos, a los actos dictados por el Ejecutivo en sus relaciones internacionales; en sus relaciones con el Parlamento; en ejercicio de una delegación legislativa, o en relación a la seguridad interior y exterior, con lo que se buscó dejarlos inmunes frente a una eventual acción de los particulares que pudiera paralizar sus efectos[1143].

En la misma orientación del sistema italiano, en Portugal la doctrina del acto político también tuvo su origen en el derecho positivo, en Ley Orgánica del Supremo Tribunal Administrativo de 1956 donde se consideró explícitamente como no susceptible de recurso contencioso administrativo de anulación a "los actos de gobierno de contenido esencialmente político"[1144].

Igualmente en España la Ley de la Jurisdicción Contencioso-Administrativa de 1956, en un esfuerzo mayor de precisión de esta noción, excluyó a los "actos políticos" de la jurisdicción contencioso-administrativa, enumerando dichos "los actos

---

1141 *V.*, por ejemplo, los artículos de Chapus, "L'acte de gouvernement, monstre ou victime," en *Cronique Dalloz,* rec. 15-1-1958, p. 2; Virally, "L'introuvable acte de gouvernement," en *Revue de Droit Public et de la Science Politique,* Paris 1952, p. 317.

1142 *V.*, R. Capitant, "De la nature des actes de gouvernments," en *Etudes Juridiques offertes a Julliot de la Morandiere,* París 1964, pp. 99 ss.

1143 *V.*, en particular Enrico Guicciardi, "L'Atto político," en *Archivio di diritto publico,* Vol. II, Padua 1937, pp. 265 a 486; Guglielmo Roehrssen, "L'atto di Potere Político e la Sua Sindi- cabilitá in sede Giudiziaria," en *Rivista de diritto público,* Vol. I, 1936, pp. 557 a 588; y el completo estudio de Cheli, *Atto político e funzione d'indirizzo político,* Milán 1961.

1144 *V.*, Alfonso Rodríguez Queiro, "Actos de Governo e contencioso de anulaçao," en *Estudios en Homenaje al Profesor López Rodó*, Madrid 1972, Vol. II, pp. 101 y ss.

políticos del Gobierno" como "los que afecten a la defensa del territorio nacional, las relaciones internacionales, seguridad interior del Estado y mando y organización militar"[1145].

En cuanto al sistema germánico, el tema de los actos de gobierno también se planteó, al discutirse la cláusula general de competencia de la jurisdicción contencioso-administrativa, y excluirse de la misma los actos de naturaleza política que tuvieran por objeto la salvaguarda de la seguridad y la existencia misma del Estado[1146].

En todos estos sistemas continentales, por tanto, la noción de acto de gobierno se presentó como un acto del Estado, sustancialmente distinto al acto administrativo o en otros casos, como una especie de éstos, pero con la característica común de que gozaban de inmunidad jurisdiccional, en el sentido de que los mismos no podían ser impugnados fundamentalmente ante la jurisdicción contencioso-administrativa. En la ausencia de sistema alguno de control de la constitucionalidad de las leyes, esta fue la esencia de la doctrina del acto de gobierno, la cual, por supuesto, desde las últimas décadas del siglo pasado fue objeto de críticas tendientes a reducir su inmunidad jurisdiccional,[1147] particularmente por el desarrollo en todos los países europeos de la jurisdicción constitucional atribuida a Tribunales o Cortes Constitucionales.

La idea misma de la existencia de ciertos actos estatales que gozan de inmunidad jurisdiccional también se desarrolló en los Estados Unidos de América, con la doctrina de las *political questions* establecida por la jurisprudencia de la Suprema Corte de Justicia para identificar algunos actos de órganos del Estado no susceptibles de revisión judicial en un sistema de control de constitucionalidad exclusivamente difuso como el que existe en los Estados Unidos. Mediante el alegato de cuestiones políticas, la Suprema Corte ha identificado como actos dictados por el Ejecutivo "en cumplimiento de funciones políticas, como son la conducción de las relaciones diplomáticas del país, la confección de tratados, el comando y reducción de las fuerzas armadas, así como las relaciones entre el Ejecutivo y el Legislativo"[1148].

---

1145 *V.*, Aurelio Guaita, "Los actos políticos o de gobierno en el derecho español," en *Revista del Instituto de Derecho Comparado,* N° 4, 1955, pp. 74 ss.; L. Sánchez Agesta, "Concepto jurídico de acto político," en *Homenaje a Pérez Serrano,* Madrid 1959, T. I, pp. 183 ss.

1146 *V.*, Apelt, "L'acte de gouvernement en France et en Allemagne," en *Livre jubilaire du Conseil d'Etat,* Paris, p. 647 y ss.

1147 *V.*, en general, Eduardo García de Enterría, *La lucha contra las inmunidades de poder* (Poderes discrecionales, poderes de gobierno, poderes normativos), Madrid 1979, pp. 50 ss.; Jacques Puisoye, "Pour une conception plus restrictive de la notion d'acte de gouvernement," en *L'Actualité Juridique,* N° 4, 20-4-1965, pp. 211. Algunos visionarios, sin embargo, como Gastón Jèze afirmaban, refiriéndose a la sustracción del control judicial de los actos de gobierno que "[…] a primera vista esta situación –que se halla en absoluta contradicción con las ideas modernas– parece un escándalo intolerable y uno se asombra de que haya existido hasta nuestros días. En verdad, es injustificable: es razón de Estado, es decir, la arbitrariedad, bajo el pretexto de oportunidad política […]." Véase Gastón Jèze, *Los Principios Generales del Derecho Administrativo.* T. I, Depalma, Buenos Aires 1948, p. 413-416, citado en la sentencia N° 2208 de 28 de noviembre de 2007 (Caso *Antonio José Varela y Elaine Antonieta Calatrava Armas vs. Proyecto de Reforma de la Constitución de la República Bolivariana de Venezuela*), en *Revista de Derecho Público,* N° 112, Caracas 2007, pp. 601-606

1148 *V.*, Goodnow, *Droit Administratif des Etats Unis,* p. 52.

Estos actos calificados como *political questions,* por supuesto, también han dado origen a una lista[1149], en la cual se destacan los actos adoptados por el Ejecutivo que pueden tener repercusiones exteriores, lo que conlleva, como la dijo la Suprema Corte en *Ware* v. *Hylton* (1796) a "consideraciones de política, consideraciones de extrema magnitud, y ciertamente completamente fuera de la competencia para poder examinarlos y decidirlos por parte una corte de justicia"[1150].

Las decisiones relativas a las relaciones exteriores, por tanto, como lo dijo el Juez Jackson en *Chicago and Southern Air Lines* v. *Waterman Steamship Co.* (1948):

> "Están enteramente confinadas por nuestra constitución a los departamentos políticos del gobierno... Son decisiones de un tipo respecto del cual los órganos judiciales no tienen ni aptitud, ni facilidad ni responsabilidad y las cuales desde siempre se han considerado que pertenecen al dominio de los poderes políticos no sujetos a intrusión o examen judicial"[1151].

Se destaca así, la célebre decisión *United State ex. reí Knauff* v. *Shaughnessy* (1950) en la cual la Corte Suprema sostuvo que la decisión del Poder Ejecutivo relativa a la expulsión de un extranjero no estaba sujeta a control jurisdiccional, pues se consideró que se trataba de un poder inherente al Poder Ejecutivo, por lo que no correspondía a Tribunal alguno –salvo autorización expresa de la ley– de anular tal decisión de la rama política del gobierno;[1152] y la decisión *Chicago and Southern Air Lines v. Waterman* (1949) en la cual la Corte Suprema confirmó la declinación de competencia de los tribunales en el conocimiento de actos de la *Civil Aeronautics Board* relativos a las licencias de aeronavegación, si éstas tenían efectos fuera de los Estados Unidos, pues ellos podían tener influencia sobre las relaciones exteriores de la Nación[1153].

Estos actos calificados como political questions, por supuesto, también han dado origen a la elaboración de una lista de actos, básicamente relacionados con el principio de separación de poderes y particularmente con las "relaciones entre el poder judicial y las ramas coordinadas del gobierno federal,"[1154] entre los cuales se destacan aquellos actos adoptados por el Ejecutivo que pueden tener repercusiones exteriores.

Aún cuando desarrollada básicamente en el campo de las relaciones exteriores, la Suprema Corte ha considerado también ciertos materias relativas al gobierno de asuntos interiores como cuestiones políticas, y por tanto como no justiciables; como la decisión la de si un Estado debe tener la forma republicana de gobierno, lo que en

1149 *V.*, la que indica Bernard Schwartz, *Le Droit Administratif Américain,* Paris 1952, p. 151.

1150 *Ware v. Hylton*, 3 Dallas, 199 (1796)

1151 *Chicago and Southern Air Lines v. Waterman Steamship Co.*, 333 US 103 (1948) p. 111.

1152 *V.*, en Bernard Schwartz, *Le Droit Administratif Américain*, Paris 1952, p. 152

1153 *V.*, en Bernard Schwartz, *Le Droit Administratif Américain*, Paris 1952, p. 152.

1154 *Baker v. Carr*, 369 US 186 (1962). Véase el texto en David M. O'Brien, *Constitutional Law and Politics. Civil Rights and Civil Liberties*, Vol One, W.W.Norton &Co., New York, pp. 145-157. Véanse los comentarios en Erwin Chemerinsky, *Constitutional Law. Principles and Politics*, Aspen Publishers, New York, 2006, p. 131.

el caso *Luther v. Borden* (1849) se consideró una "decisión vinculante respecto de cualquier otro departamento del gobierno, y no puede ser cuestionada ante un tribunal judicial"[1155].

En todo caso, y aún cuando en la jurisprudencia del Supremo Tribunal se haya llegado a identificar una "lista" de las cuestiones políticas que la Corte ha considerado como no justiciables, la última responsabilidad en determinarlas le corresponde a la Suprema Corte. Como la misma Corte lo ha dicho en *Baker v. Carr* (1962):

> "Decidir si un asunto ha sido asignado en alguna medida por la Constitución a otra rama del gobierno, o si la acción de dicha rama excede cualquier autoridad que se le haya conferido, es en si misma una cuestión de ejercicio delicado en material de interpretación constitucional, y es la responsabilidad de esta Corte como intérprete último de la Constitución..."[1156]

Del ejercicio de esta función, como se dijo, resultó la elaboración de una "lista" de las cuestiones políticas que escapan al control judicial de la Suprema Corte, y que abarcan cuestiones como, por ejemplo, las relativas a la forma republicana de gobierno de un Estado;[1157] al reconocimiento de estados y gobiernos extranjeros, y a las decisiones de establecer o terminar relaciones diplomáticas;[1158] a las fechas de inicio y cesación de hostilidades militares;[1159] a los procedimientos internos del Senado y de la Cámara de Representantes de los Estados Unidos (*interna corporis*);[1160] a la determinación de la forma de celebración de los acuerdos internacionales (tratado, acuerdo ejecutivo, o legislación ordinaria);[1161] a la terminación de tratados;[1162] a la validez de las ratificaciones estatales de propuestas de reforma constitucional;[1163] y al uso de un referéndum para dejar sin efecto un plan de rediseño de distritos parlamentarios aprobado por la legislatura estatal.[1164]

En América Latina, el país que recibió la mayor influencia del sistema Norteamericano de *judicial review* como control de constitucionalidad exclusivamente difuso, fue Argentina, donde también se desarrolló el tema de las cuestiones políticas para identificar unos actos estatales que escapaban a todo control judicial. Allí también, en efecto, se identificaron unos "actos de gobierno" o "actos políticos" exentos de control judicial de constitucionalidad por los jueces, incluyéndose entre los mismos: la declaración de estado de sitio; la declaración de la intervención federal de

---

1155 *Luther v. Borden*, 48 US (7 Howard), 1 (1849). *V.*, los comentarios en Erwin Chemerinsky, *Constitutional Law. Principles and Politics*, Aspen Publishers, New York, 2006, p. 135.

1156 *Baker v. Carr*, 369 US 186 (1962).

1157 *Ídem.*

1158 *Goldwater v. Carter*, 444 U.S. 996 (1979). *V.*, el texto en David M. O'Brien, *Constitutional Law and Politics. Civil Rights and Civil Liberties*, Vol One, W.W.Norton &Co., New York, pp. 157-161.

1159 Commercial Trust Co. v. Miller, 262 U.S. 51 (1923).

1160 *Powell v. McCormack*, 395 U.S. 486 (1969); *Nixon v. United States*, 506 U.S. 224 (1993).

1161 *Dames & Moore v. Regan*, 453 U.S. 654 (1981).

1162 *Goldwater v. Carter*, 444 U.S. 996 (1979). *V.*, los comentarios en Erwin Chemerinsky, *Constitutional Law. Principles and Politics*, Aspen Publishers, New York, 2006, pp. 141, 142.

1163 *Coleman v. Miller*, 307 U.S. 433 (1939).

1164 *Bush v. Gore*, 531 U.S. 98, 121 St.Ct. 525 (2000).

una provincial; la declaración de uso público a los efectos expropiatorios; la declaración de Guerra; la declaración de emergencia para aprobar ciertos impuestos; los actos relativos a las relaciones exteriores; el reconocimiento de nuevos estados extranjeros o nuevos gobiernos de estados extranjeros; y la expulsión de extranjeros. En general, dentro de estas cuestiones políticas están los actos dictados en ejercicio de poderes políticos por órganos del Estado como consecuencia de atribuciones que le son otorgadas directa y exclusivamente en la Constitución[1165], lo que puede ser un elemento útil para identificarlos.

El método difuso de justicia constitucional también se adoptó, desde el siglo XIX, en muchos otros países de América Latina, como Brasil, Colombia, Venezuela, Perú y República Dominicana, pero en todos los casos, mediante la adopción en paralelo del método concentrado de justicia constitucional, dio origen a los sistemas mixtos o integrales de control de constitucionalidad. En otros países se adoptó en forma exclusiva el método concentrado de control de constitucionalidad, como sucedió en Costa Rica, Panamá, Bolivia o Chile. Y en ambos casos, sea de sistemas mixtos o de sistemas exclusivamente concentrados, el principio aplicable es, en general, el de la universalidad del control judicial de la constitucionalidad que no admite actos estatales excluidos de control[1166].

Por tanto, después de la consolidación durante las últimas décadas del siglo pasado, tanto en Europa como en América latina, de los sistemas que aplican el método concentrado de justicia constitucional, puede decirse que la importancia que tuvo la doctrina tradicional de los actos de gobierno fue progresivamente desapareciendo, pues si bien en general escapaban del control judicial contencioso administrativo por no ser actos administrativos, no escapan en general al control que ejercen las cortes o tribunales constitucionales, donde al contrario, impera el principio de que no existen actos excluidos de control.

De lo anterior puede decirse que en general, la doctrina de las cuestiones políticas para identificar actos estatales no justiciables, ha quedado reducida en realidad a los sistemas de justicia constitucional exclusivamente difusos como el que existe en Norteamérica y en Argentina. Ello no significa, sin embargo, que antes de la consolidación de dichos sistemas concentrados de control de constitucionalidad, la doctrina de los actos de gobierno para identificar actos excluidos de control, no haya tenido aplicación bajo la influencia del derecho continental europeo de la primera mitad del siglo XX.

---

1165 *V.*, A. E. Ghigliani, *Del control jurisdiccional de constitucionalidad*, Buenos Aires 1952, p. 85; H. Quiroga Lavie, *Derecho constitucional*, Buenos Aires 1978, p. 482; Lozada, *Derecho Constitucional Argentino*, Buenos Aires 1972, Vol. I, p. 343.

1166 *V.*, para una aproximación comparada a los sistemas de justicia constitucional Allan R. Brewer-Carías, *Judicial Review in Comparative Law*, Cambridge University Press, Cambridge 1989; "La jurisdicción constitucional en América Latina", en Domingo García Belaúnde-Francisco Fernández Segado (Coordinadores), *La jurisdicción constitucional en Iberoamérica*, Dykinson S.L. (Madrid), Editorial Jurídica Venezolana (Caracas), Ediciones Jurídicas (Lima), Editorial Jurídica E. Esteva (Uruguay), Madrid 1997, pp. 117-161; "Ensayo de síntesis comparativa sobre el régimen del amparo en la legislación latinoamericana", en *Revista Iberoamericana de Derecho Procesal Constitucional*, N° 9 enero-junio 2008, Editorial Porrúa, Instituto Iberoamericano de Derecho Procesal Constitucional, México 2008, pp. 311-321.

Por ejemplo, puede mencionarse, aún cuando se trató de una decisión aislada, la sentencia de la antigua Corte Suprema de Justicia en Corte Plena de 29 de abril de 1965, en la cual, en forma evidentemente contraria a la Constitución, señaló que:

> "en lo relativo a los actos que el Presidente de la República está facultado para realizar en ejercicio de sus atribuciones constitucionales, un atento examen de las mismas conduce a la conclusión de que determinadas actuaciones presidenciales en cualquiera de los dos caracteres de Jefe del Ejecutivo Nacional o Jefe del Estado Venezolano asignados a aquél por el artículo 181 de la Constitución, están excluidos de control jurisdiccional de constitucionalidad en atención a que por su propia esencia son actos de índole *eminentemente política o actos de gobierno,* o de índole discrecional; situaciones en que no cabe aplicar a los motivos determinantes de la actuación el expresado control constitucional. Entre tales actos encuéntrense según el artículo 190 de la Constitución Nacional los siguientes: Fijar el contingente de las Fuerzas Armadas Nacionales; convocar al Congreso a sesiones extraordinarias y reunir en Convención a algunos o a todos los gobernantes de la entidades federales[1167]".

Esta decisión de la Corte, a pesar de que fue aislada, como lo dijimos hace décadas, sin duda abrió innecesariamente "una brecha inadmisible en el control jurisdiccional de la constitucionalidad de los actos estatales"[1168], la cual ocurrió afortunadamente sin mayores consecuencias doctrinales ni judiciales, cerrándose desde hace años por la propia jurisprudencia misma de la Corte Suprema. Posteriormente, a pesar de la influencia que el derecho continental europeo tuvo en la conformación del derecho público y administrativo, esa doctrina de los actos de gobierno, no ha tenido aplicación alguna, pues al configurarse el sistema de justicia constitucional como un sistema mixto o integral[1169] con una amplitud considerable[1170], ningún acto del Estado puede escapar del control jurisdiccional de la constitucionalidad y legalidad.

Ello no significa, sin embargo, que en Venezuela no se haya desarrollado una "noción de acto de gobierno" con el objeto de diferenciar entre los actos estatales, determinados actos del Ejecutivo diferenciados de los actos administrativos; pero

---

1167 *V.*, el texto en la edición de la Imprenta Nacional, Caracas 1965, pp. 9 a 11; y en Allan R. Brewer-Carías, *El control de la constitucionalidad de los actos estatales,* Editorial Jurídica Venezolana, Caracas, pp. 110 y 111.

1168 *V.*, Allan R. Brewer-Carías, *El control de la constitucionalidad..., cit.* p. 114.

1169 *V.*, Allan R. Brewer-Carías, *El sistema mixto o integral de control de la constitucionalidad en Colombia y Venezuela*, Universidad Externado de Colombia y Pontificia Universidad Javeriana, Bogotá 1995; "El sistema mixto o integral de control de la constitucionalidad en Colombia y Venezuela," en G. J. Bidart Campos y J. F. Palomino Manchego (Coordinadores*), Jurisdicción Militar y Constitución en Iberoamérica, Libro Homenaje a Domingo García Belaúnde*, Instituto Iberoamericano de Derecho Constitucional (Sección Peruana), Lima 1997, pp. 483-560 y en *Anuario de Derecho Constitucional Latinoamericano*, Fundación Konrad Adenauer, Medellín-Colombia 1996, pp. 163-246.

1170 *V.*, Allan R. Brewer-Carías, *La justicia constitucional (Procesos y procedimientos constitucionales)*, Editorial Porrúa, Instituto Mexicano de Derecho procesal Constitucional, México 2007; *El sistema de justicia constitucional en la Constitución de 1999 (Comentarios sobre su desarrollo jurisprudencial y su explicación, a veces errada, en la Exposición de Motivos)*, Editorial Jurídica Venezolana, Caracas 2000; "La justicia constitucional en la Constitución venezolana de 1999," en *Derecho Procesal Constitucional*, Colegio de Secretarios de la Suprema Corte de Justicia de la Nación, A.C., T. III, Editorial Porrúa, México 2003, pp. 2091-2122.

ello no ha tenido por objeto construir una "doctrina del acto de gobierno" para excluir esos actos del control de la constitucionalidad que ejerce el Tribunal Supremo de Justicia (Sala Constitucional) como Jurisdicción Constitucional.

Al contrario, la noción de acto de gobierno, como actos del Ejecutivo dictados en ejecución directa de normas y atribuciones constitucionales, siguiendo, sin duda, los criterios de la vieja doctrina europea[1171] a lo que condujo en Venezuela fue a identificar un tipo de acto estatal que, por ser dictado en ejecución directa de la Constitución, sólo puede ser controlado jurisdiccionalmente por razones de inconstitucionalidad ante la Sala Constitucional del Tribunal Supremo de Justicia (art. 336.4 Constitución); lo que significa que la noción misma de acto de gobierno condicionada por un esquema formal de ejecución del derecho por grados, y nada tiene que ver con una pretendida inmunidad jurisdiccional de los mismos[1172].

## II. EL PRINCIPIO DE LA FORMACIÓN DEL DERECHO POR GRADOS EN LA DISTINCIÓN ENTRE EL ACTO DE GOBIERNO Y EL ACTO ADMINISTRATIVO

En efecto, los órganos que ejercen el Poder Ejecutivo del Estado, cuando lo ejercen, dictan actos estatales que no son uniformes, y tienen diversa naturaleza según el grado de ejecución de la Constitución que se produce al dictarlos; distinguiéndose, básicamente, los actos de gobierno como actos de ejecución directa e inmediata de la Constitución, y los actos administrativos como actos de ejecución indirecta y mediata de la Constitución.

Ambos actos, como todos los actos estatales, son susceptibles de ser controlados judicialmente para verificar su conformidad con el derecho, correspondiendo el conocimiento de la impugnación de los mismos a Jurisdicciones distintas[1173]. Así, de acuerdo con en el artículo 259 de la Constitución, la competencia para conocer de las acciones de nulidad por ilegalidad e inconstitucionalidad de los actos administrativos corresponde a la Jurisdicción Contencioso Administrativa, lo que repite el artículo 9.1 de la Ley Orgánica de la Jurisdicción Contencioso Administrativa de 2010;[1174] y de acuerdo con la última parte del artículo 334 de la Constitución, corresponde exclusivamente a la Sala Constitucional del Tribunal Supremo de Justicia como Jurisdicción Constitucional, declarar la nulidad de las leyes y demás actos de los órganos que ejercen el Poder Público dictados en ejecución directa e inmediata de esta Constitución, como son los actos de gobierno, o que tengan rango de ley, cuando colidan con aquella, lo que se repite en el artículo 336 de la Constitución y en el artículo 25

---

1171 *Cfr.* Carré de Malberg, *Contribution a la Théorie générale de l'Etat,* Vol. I, Paris 1920, pp. 523 y ss.; Duguit, *Manuel de Droit Constitutionnel,* Paris 1918, pp. 110 y ss.

1172 *V.*, lo expresado en Allan R. Brewer-Carías, *Las Instituciones Fundamentales del Derecho Administrativo y la Jurisprudencia Venezolana*, Caracas 1964, pp. 323 a 326; y Allan R. Brewer-Carías, *El control de la Constitucionalidad de los actos estatales*, Caracas 1977, pp. 84 y ss. y 108 y ss.

1173 *V.*, en general Allan R. Brewer-Carías, y Víctor Hernández Mendible (Directores), *El contencioso administrativo y los procesos constitucionales,* Colección Estudios Jurídicos N° 92, Editorial Jurídica Venezolana, Caracas 2011.

1174 *V.*, la Ley Orgánica en *Gaceta Oficial* N° 39.451 de 22-6-2010. Véanse los comentarios en Allan R. Brewer-Carías, y Víctor Hernández Mendible, *Ley Orgánica de la Jurisdicción Contencioso Administrativa,* Editorial Jurídica Venezolana, Caracas 2010.

de la Ley Orgánica del Tribunal Supremo de Justicia de 2010[1175]. Como lo ha afirmado la Sala Constitucional en 2007, la exclusividad atribuida a la Jurisdicción Constitucional esta referida:

> "a la nulidad de actos dictados en ejecución directa e inmediata de la Constitución, de lo cual emerge de forma indubitable, que el criterio acogido por el Constituyente para definir las competencias de la Sala Constitucional, atiende al rango de las actuaciones objeto de control, esto es, que dichas actuaciones tienen una relación directa con la Constitución que es el cuerpo normativo de más alta jerarquía dentro del ordenamiento jurídico en un Estado de Derecho contemporáneo"[1176].

De acuerdo con estas normas, por tanto, los actos administrativos se impugnan ante la Jurisdicción Contencioso Administrativa por razones de ilegalidad e inconstitucionalidad; y los actos de gobierno se impugnan exclusivamente ante la jurisdicción constitucional por razones de inconstitucionalidad.

Ahora bien, no es este el lugar ni la ocasión para intentar definir sustantivamente uno u otro acto estatal, en particular el acto administrativo[1177], pues de lo que se trata es de buscar delimitarlos con precisión como objeto de asegurar el control judicial por contrariedad al derecho de los mismos tanto por la Jurisdicción Contencioso Administrativa como por la Jurisdicción Constitucional; y en este último caso, en particular, respecto de los actos estatales dictados por órganos Ejecutivos, distintos a los actos administrativos, en ejecución directa e inmediata de la Constitución entre los cuales están los actos de gobierno. Como lo reconoció la Sala Constitucional del Tribunal Supremo en 2000:

> "Sobre este último aspecto, debe aclarar este Máximo Tribunal de Justicia que, como señala la doctrina patria "...la noción de acto de gobierno en Venezuela, ha sido delineada sobre la base de un criterio estrictamente formal: se trata de actos dictados por el Presidente de la República, en ejecución directa de la Constitución, en ejercicio de la función de gobierno". (*Vid.* Allan R. Brewer-Carías: *El control de la constitucionalidad de los Actos Estatales*, Colección Estudios Jurídicos N° 2, Editorial Jurídica Venezolana, Caracas, 1977, p. 113). Dichos actos, de indudable naturaleza política, no obstante, pueden ser impugnados no sólo por la vía de la acción de amparo constitucional, sino mediante el recurso de nulidad por inconstitucionalidad ante el Tribunal Supremo de Justicia, en Sala Constitucional, conforme lo dispuesto en la Constitución de la República Bolivariana de Venezuela, tal como lo ha reconocido esta Sala en anterior oportunidad, al señalar, con fundamento en el artículo 334 del Texto Fun-

---

1175 *V.*, la Ley Orgánica en *Gaceta Oficial* N° 39.483 de 9-8-2010. Véanse los comentarios en Allan R. Brewer-Carías, y Víctor Hernández Mendible, *Ley Orgánica del Tribunal Supremo de Justicia*, Editorial Jurídica Venezolana, Caracas 2010.

1176 *V.*, sentencia N° 2208 de 28 de noviembre de 2007, Caso *Antonio José Varela y Elaine Antonieta Calatrava Armas vs. Proyecto de Reforma de la Constitución de la República Bolivariana de Venezuela*, en *Revista de Derecho Público*, Editorial Jurídica Venezolana, N° 112, Caracas 2007, pp. 601-606.

1177 *V.*, sobre la definición del acto administrativo, Allan R. Brewer-Carías, "El problema de la definición del acto administrativo", en *Libro Homenaje al Doctor Eloy Lares Martínez*, T. I, Facultad de Ciencias Jurídicas y Políticas, Universidad Central de Venezuela, Caracas 1984, pp. 25-78.

damental, que "...en ejercicio de la jurisdicción constitucional, conoce de los recursos de nulidad interpuestos contra los actos realizados en ejecución directa de la Constitución..."[1178].

La delimitación del objeto de control por parte de ambas Jurisdicciones, por supuesto, implica determinar, además, cuál es el ámbito del "derecho" con el cual deben estar conformes los actos estatales objeto de control. Por tanto, independiente de la función estatal que se ejerza y del órgano estatal que los dicte, la determinación de la Jurisdicción llamada a ejercer el control de conformidad con el derecho de los actos estatales, dependerá del grado que tienen en el proceso de formación del derecho.

La Constitución, en efecto, en Venezuela, responde esencialmente al principio fundamental de la formación del derecho por grados, o de la jerarquía normativa de los actos estatales, lo que tiene particular interés para el derecho administrativo, dado que la actividad de la Administración que por esencia el mismo regula, y en particular, la que origina los actos administrativos, es siempre una actividad de carácter sub legal, es decir, de ejecución directa e inmediata de la legislación y sólo de ejecución indirecta y mediata de la Constitución.

## III. LA CONSTITUCIÓN COMO FUENTE DEL ORDENAMIENTO JURÍDICO Y EL SISTEMA JERARQUIZADO DEL ORDENAMIENTO JURÍDICO

En efecto, en el derecho venezolano como en todos los ordenamientos jurídicos modernos puede encontrarse esta distinción entre las normas que integran la Constitución en sí misma, como derecho positivo superior; y las normas que son sancionadas por las autoridades públicas con poderes derivados de la Constitución. En otras palabras, particularmente en virtud del carácter escrito de la Constitución, siempre se puede y debe establecer una distinción entre la norma constitucional en si misma, y legislación ordinaria; y luego, entre la legislación como normas emanadas del Legislador, y las normas dictadas en ejecución de la misma; pudiendo decirse que las normas que integran el ordenamiento jurídico siempre se organizan deliberada o espontáneamente en forma jerárquica, de manera que existen normas que tienen un nivel superior y que siempre prevalecen sobre otras normas de nivel inferior.

Ello deriva del principio de la formación del derecho por grados, que en el constitucionalismo moderno fue formulado por Hans Kelsen al explicar el orden jurídico como sistema de normas de derecho, que constituye una unidad integrado con una multitud de normas estructuradas en forma jerarquizada. Ello determina la relación jerárquica que existe entre el conjunto normas o de reglas de derecho que forman el ordenamiento, de manera que cada norma del mismo siempre deriva de otra, y en la cadena de derivaciones tiene su vértice precisamente en un *Grundnorm* o Constitu-

1178 *V.*, sentencia de la Sala Constitucional N° 880 de 1 de agosto de 2000, Caso: *Domingo Palacios A. vs. Comisión Legislativa Nacional*, *Revista de Derecho Público* N° 83, Editorial Jurídica Venezolana, Caracas 2000, pp 92-93. Citada igualmente en la sentencia N° 2208 de 28 de noviembre de 2007 (Caso *Antonio José Varela y Elaine Antonieta Calatrava Armas vs. Proyecto de Reforma de la Constitución de la República Bolivariana de Venezuela*), en *Revista de Derecho Público*, N° 112, Editorial Jurídica Venezolana, Caracas 2007, pp. 601-606.

ción, que constituye la última razón que justifica la existencia de todas las normas del sistema.

El orden jurídico, en esta concepción, regula su propia creación, de manera que cada norma jurídica determina la forma en la cual debe ser creada la de nivel inferior, con la consecuencia de que esta será válida "por haber sido creada en la forma establecida por otra", y en esta cadena de creación superior siempre "constituye la razón de validez" de la inferior. Decía Kelsen al referirse a este proceso o "vínculo de supra y subordinación", que "la norma que determina la creación de otra, es superior a ésta; [y] la creada de acuerdo con tal regulación, inferior a la primera." La consecuencia de esto es que el orden jurídico, no es "un sistema de normas coordinadas entre si, que se hallasen, por así decirlo, una al lado de otra, en un mismo nivel, sino que se trata de una verdadera jerarquía de diferentes niveles", radicando la unidad de ellas, en el hecho de que "la creación de la de grado más bajo se encuentra determinada por otra de grado superior, cuya creación es determinada, a su vez, por otra todavía más alta." Lo que en definitiva constituye la unidad del sistema es, de acuerdo con Kelsen, "la circunstancia de que tal *regressus* termina en la norma de grado más alto, o básica, que representa la suprema razón de validez de todo el orden jurídico"[1179].

En otras palabras del mismo Kelsen:

> "Una pluralidad de normas constituye una unidad, un sistema o un orden, cuando en el análisis final, su validez depende de una norma o ley única. Esta norma fundamental es la fuente común de validez de todas las normas que pertenecen al mismo orden y que forma su unidad. En esta forma, una norma pertenece a un orden dado cuando sólo existe la posibilidad de hacer que su validez dependa de la norma fundamental que es la base de tal orden"[1180].

Se trata, en definitiva, de la "teoría de la pirámide jurídica", como el mismo Kelsen la denominó[1181], o de la sistematización gradual del ordenamiento jurídico en forma jerárquica, con la Constitución en la cúspide, la cual fue desarrollada particularmente en el campo del derecho administrativo por Adolf Merkl[1182]; particularmente en relación con las funciones del Estado, de manera que la función administrativa siempre es de carácter sub legal, es decir, de ejecución directa de la legislación y sólo indirecta de la Constitución. La teoría, en todo caso, proporciona un buen método de orden lógico para construir un sistema que contentivo de los diversos niveles normativos del ordenamiento jurídico de cualquier Estado contemporá-

---

1179 H. Kelsen, *Teoría General del Derecho y del Estado*, Universidad Nacional Autónoma de México, Imprenta Universitaria, México, D.F., 1958, p. 146; H. Kelsen, *General Theory of Law and State,* trans. Wedberg, rep. 1901, pp. 110 y ss.

1180 H. Kelsen, *Teoría pura del Derecho,* Buenos Aires, 1981, p. 135; H. Kelsen, *Puré Theory of Law,* Cap. IX, *Teoría pura del Derecho,* Buenos Aires, 1981, p. 135.

1181 H. Kelsen, *Teoría General del Estado*, trad. Luis Legaz Lacambra, Editora Nacional, México, 1954, p. 325.

1182 *V.*, A. Merkl, *Teoría General del Derecho Administrativo,* Madrid, 1935, pp. 7-62. *V.*, también H. Kelsen, "La garantie juridictionnelle de la Constitution (La Justice constitutionnelle)," en *Revue du Droit Public et de la Science Politique en France et a l'étranger,* París 1928, pp. 197-257.

neo. También suministra una explicación lógica para determinar la validez formal de cada uno de esos niveles normativos.

Además, permite establecer los confines formales de la "legalidad" de cada uno de los actos de los diversos órganos del Estado, en relación con el nivel o grado que tiene cada norma que se crea en ese sistema jurídico.

En efecto, el derecho positivo de cualquier Estado consiste no sólo en las leyes como actos formales emanados del Parlamento, sino también en otros actos normativos, como los decretos leyes, los *interna corporis* del parlamento, los reglamentos y los principios generales del derecho. Todos estos preceptos que hacen que el ordenamiento jurídico se aplique en un momento determinado, no sólo tienen orígenes diferentes sino también diferentes jerarquías o grados distintos, de manera que no se pueden considerar como normas coordinadas situadas en yuxtaposición[1183]. Al contrario, todo ordenamiento jurídico tiene una estructura jerarquizada con sus normas distribuidas en diferentes niveles, más o menos una sobre la otra. Dentro de esta jerarquía, necesariamente debe haber una conexión formal entre las normas, pues a pesar de sus orígenes y características diferentes, están orgánicamente relacionadas.

En consecuencia, el ordenamiento jurídico no puede ser interpretado como un mero agregado de componentes inorgánicos y desordenados, o simplemente como una mera yuxtaposición causal de normas. Al contrario, para poder comprender a cabalidad el ordenamiento jurídico de un Estado, todos esos componentes deben organizarse en forma jerárquica, de manera que formen un sistema jurídico con diferentes tipos de normas unificadas y relacionadas.

En otras palabras, deben responder a un orden sistemático, con relaciones de dependencia entre las diferentes partes, partiendo de la existencia de una base común de validez, con la forma de ley fundamental y superior (Constitución), de manera que la creación de una norma legal siempre se basa en otra norma legal.

Por ejemplo, la sanción de leyes ordinarias o actos de la Asamblea están regulados por la Constitución, como lo están los actos de gobierno que dicta el Presidente de la República; y la potestad para reglamentar las leyes y la forma en que debe hacerse, está regulada por las leyes formales.

En cuanto a las decisiones judiciales y a las actuaciones de los tribunales, las mismas están sujetas a normas legales establecidas en leyes formales y en reglamentos. Asimismo, los actos administrativos están sometidos a las leyes ordinarias, y a los reglamentos; y así sucesivamente.

Con este método, en consecuencia, en el análisis global del ordenamiento jurídico es que se establece la distinción entre aquéllos actos de Estado que se dictan en ejecución directa e inmediata de la Constitución, es decir, que son dictados directamente en ejercicio de poderes constitucionales, y aquéllos cuya ejecución no está directamente relacionada con la Constitución y que se dictan en ejercicio directo de poderes establecidos en normas de derecho inferiores a la Constitución. Estos son actos de ejecución directa e inmediata de la legislación y de ejecución indirecta y mediata de la Constitución.

---

1183 *V.*, H. Kelsen, *Teoría pura...*, *cit.*, p. 147.

## IV. LA FORMACIÓN DEL DERECHO POR GRADOS EN LA CONSTITUCIÓN DE 1999

Este principio de la formación del derecho por grados es uno de los principios fundamentales del derecho público que adopta la Constitución de 1999; conforme a la cual todas las actuaciones del Estado derivan de la ejecución de la Constitución como norma suprema, en forma escalonada y sucesiva, configurándose entonces dos tipos de actividades estatales: aquéllas que derivan de la ejecución directa e inmediata de la Constitución; y aquellas que son de ejecución directa e inmediata de la Legislación y, por tanto, de ejecución indirecta y mediata de la Constitución[1184].

En efecto, partiendo de la consideración de la Constitución como norma suprema y como fundamento del ordenamiento jurídico, como lo declara incluso su artículo 7, hay actividades que realizan determinados órganos del Estado en cumplimiento de atribuciones establecidas directa y exclusivamente en la Constitución, sin que exista o pueda existir otro acto estatal de ejecución directa e inmediata de la Constitución, como las leyes, que las regulen y que se interpongan entre la Constitución y la actividad.

Esto sucede, por ejemplo, con la actividad legislativa de la Asamblea Nacional o la actividad de gobierno del Presidente de la República. Además, hay otras actividades de los órganos del Estado que se realizan en cumplimiento de atribuciones establecidas no sólo en la Constitución sino básicamente en las leyes, donde por principio existe o puede y debe existir un cuerpo legislativo que las regule. Por ejemplo, la actividad judicial y, precisamente, la actividad administrativa.

Las actividades realizadas en ejecución directa e inmediata de la Constitución, precisamente por ello, sólo están y pueden estar sometidas a lo que dispone el texto fundamental, no teniendo competencia el Legislador para regularlas mediante leyes; las segundas, en cambio, son actividades realizadas en ejecución directa e inmediata de la legislación e indirecta y mediata de la Constitución, las cuales, precisamente por ello, además de estar sometidas al texto fundamental (como toda actividad estatal), están sometidas a las regulaciones establecidas, además de en la Constitución, en las leyes y en las otras fuentes del derecho.

Las actividades que se realizan en ejecución directa e inmediata de la Constitución, por otra parte, como se dijo, sólo están sometidas al control de constitucionalidad a cargo de la Jurisdicción Constitucional que corresponde a la Sala Constitucional del Tribunal Supremo (Arts. 334, 336,2 y 4); las segundas, en cambio, están sometidas al control de constitucionalidad y de legalidad que corresponden a las otras Jurisdicciones del Poder Judicial, tanto a las ordinarias, como sucede con las apelaciones y la Casación en lo que concierne a la actividad judicial; como a la

1184 *V.*, sobre el sistema jerarquizado o graduado del orden jurídico en el orden constitucional venezolano Allan R. Brewer-Carías, *Derecho Administrativo*, T. I, Ediciones de la Facultad de Derecho, Caracas, 1975, pp. 373 y ss.; *Evolución Histórica del Estado,* T. VI *de Instituciones Políticas y Constitucionales,* Universidad Católica del Táchira, Editorial Jurídica Venezolana, Caracas, San Cristóbal 1996, pp. 107-117; *Los Principios fundamentales del derecho público (Constitucional y Administrativo)*, Editorial Jurídica Venezolana, Caracas 2005, pp. 19 y ss.

Jurisdicción Contencioso-Administrativa y a la Jurisdicción Contencioso-Electoral (Arts. 259, 297) cuando se trata de actividades administrativas[1185].

Las actividades administrativas, por tanto y por esencia, constituyen actividades estatales que se realizan siempre en ejecución directa e inmediata de la legislación y por tanto, en ejecución indirecta y mediata de la Constitución; y precisamente por ello es que son esencialmente de carácter sublegal, aún cuando en un momento dado no se haya dictado la legislación correspondiente que las regule en concreto.

Sin embargo, este principio fundamental del constitucionalismo venezolano, ha sido lamentablemente violentado por la Sala Constitucional del Tribunal Supremo de Justicia, para justificar su supuesta competencia exclusiva para controlar la actividad administrativa desarrollada por el Consejo Supremo Electoral, en lo que se refiere a los actos administrativos dictados en relación con el proceso de referendo revocatorio del mandato del Presidente de la República, realizado durante el año 2004, impidiendo así a la Sala Electoral (Jurisdicción Contencioso-Electoral) ejercer sus competencias constitucionales de control de dicha actividad[1186].

En esta materia, lo que en ningún momento puede confundirse es el principio de aplicación directa de las normas constitucionales, antes analizado, es decir de que hay "normas constitucionales de aplicación directa e inmediata", como por ejemplo aquellas que atribuyen competencia a los órganos del Estado y aquellas que declaran derechos y garantías constitucionales; con el principio de "los actos que se dictan en ejecución directa e inmediata de la Constitución". Es decir, una cosa es el principio de la aplicación directa e inmediata de las normas constitucionales que en materia de derechos fundamentales o de competencia de los órganos del Poder Público, no requieren (pero no excluyen) la existencia previa de leyes para poder ser aplicadas; y otra cosa es el rango que tiene los diversos actos dictados por los órganos en ejercicio del Poder Público en relación con la Constitución, en el sentido de que algunos son dictados en ejecución directa e inmediata de la Constitución (rango legal) no siendo posible su regulación por ley, y otros lo son en ejecución directa e inmediata de la legislación e indirecta y mediata de la Constitución pudiendo esencialmente ser

---

1185 Como lo ha señalado la Sala Constitucional del Tribunal Supremo de Justicia en sentencia N° 1268 de 06-07-2004 al referirse a los actos dictados por la Dirección Ejecutiva de la Magistratura del propio Tribunal Supremo: "por cuanto no se trata, el que fue impugnado, de un acto del Poder Público que hubiere sido dictado en ejecución directa de la Constitución, sino en ejercicio de función administrativa y, por ende, de rango sublegal, no es la jurisdicción constitucional que ejerce esta Sala la que tiene competencia para su control. Por el contrario, y de conformidad con el artículo 259 de la Constitución, corresponde a la jurisdicción contencioso-administrativa el conocimiento de la demanda de nulidad que en su contra se formuló y así se decide". *V.*, en *Revista de Derecho Público*, N° 99-100, Editorial Jurídica Venezolana, Caracas 2004.

1186 *V.*, la sentencia de avocamiento el N° 566 el 12 de abril de 2004 (Caso: *Julio Borges, César Pérez Vivas, Henry Ramos Allup, Jorge Sucre Castillo, Ramón José Medina y Gerardo Blyde vs. Consejo Nacional Electoral*) con motivo de la impugnación de la Resolución N° 040302-131 de 2 de marzo de 2004 del Consejo Nacional Electoral, mediante la cual dicho órgano informó sobre resultados preliminares de la verificación de las solicitudes y firmas en el procedimiento revocatorio iniciado en relación con el Presidente de la República, y de un Instructivo del mismo Consejo Nacional Electoral sobre el tratamiento por el comité técnico superior de las firmas de caligrafía similar o renglones de planillas llenadas por la misma persona. *V.*, los comentarios en Allan R. Brewer-Carías, *La Sala Constitucional vs. El Estado democrático de derecho (El secuestro del Poder Electoral y de la Sala Electoral del Tribunal Supremo y la confiscación del derecho a la participación política)*, Caracas, 2004.

regulados por la ley (rango sublegal)[1187]. Por ello es que los actos dictados en ejecución directa e inmediata de la Constitución, es decir, de rango legal conforme a la teoría de la formación escalonada del orden jurídico, están sometidos al control de constitucionalidad por parte de la Sala Constitucional (Jurisdicción Constitucional), ya que no son actos en cuya emisión el órgano respectivo pueda estar condicionado por ley alguna. En cambio, los de carácter sublegal están sometidos no sólo a la Constitución sino a la ley, el reglamento y las otras fuentes del derecho, y por eso es que su control corresponde a la Jurisdicción contencioso administrativa y en su caso, a la Jurisdicción contencioso electoral.

De lo anterior resulta que toda actividad administrativa es ante todo, desde el punto de vista formal, una actividad que siempre es de carácter sublegal, es decir, de ejecución directa e inmediata de la legislación (así las leyes reglamentarias correspondientes no se hayan dictado) y de ejecución indirecta y mediata de la Constitución. Por supuesto, también las actividades judiciales son siempre de carácter sublegal, siendo la diferencia entre una y otra de carácter orgánico, en el sentido que las actividades judiciales siempre las realizan órganos autónomos e independientes en ejecución de la función jurisdiccional, como lo son los órganos que ejercen el Poder Judicial.

## V. LOS DIVERSOS ACTOS ESTATALES

Conforme a la Constitución, por tanto, hay una variedad de actos estatales que se dictan por los diversos órganos del Estado ordenados de acuerdo con el principio de la separación de poderes; actos que a la vez tienen su rango de acuerdo al grado que ocupan en la jerarquía del orden jurídico.

En efecto, por ejemplo, la Asamblea Nacional en ejercicio del Poder Legislativo puede ejercer funciones normativas, políticas, jurisdiccionales, de control y administrativas, pero los actos que emanan de la misma al ejercer dichas funciones no son necesariamente ni uniformes ni correlativos.

Cuando la Asamblea Nacional ejerce la función normativa, es decir, crea normas jurídicas de carácter general actuando como cuerpo legislador, dicta *leyes* (Art. 203), pero cuando lo hace en otra forma distinta, por ejemplo, al dictar sus reglamentos internos, ello lo hace a través de *actos parlamentarios sin forma de ley* (Art. 187,19). Ambos son actos legislativos, pero de distinto valor normativo.

Cuando la Asamblea Nacional ejerce la función política, es decir, intervienen en la formulación de las políticas nacionales, lo hacen a través de *leyes* (Art. 303) o a través de *actos parlamentarios sin forma de ley* (Art. 187,10).

---

1187 Lamentablemente, la Sala Constitucional en la citada sentencia N° 566 el 12 de abril de 2004 (Caso: *Julio Borges, César Pérez Vivas, Henry Ramos Allup, Jorge Sucre Castillo, Ramón José Medina y Gerardo Blyde vs. Consejo Nacional Electoral*) para impropiamente atribuirse una competencia que no tenía confundió la noción de "actos estatales dictados en ejecución directa e inmediata de la Constitución", con las "normas constitucionales de aplicación directa e inmediata". Se insiste, los primeros, los actos de "ejecución directa e inmediata de la Constitución" no sólo no requieren de ley alguna que los regule, sino que constitucionalmente no podría dictarse ley alguna que se interponga entre la norma constitucional y el acto estatal que se dicte.

En el caso de la participación en el ejercicio de la función jurisdiccional, al autorizar el enjuiciamiento del Presidente de la República, la Asamblea Nacional concretiza su acción a través de un *acto parlamentario sin forma de ley* (266,2).

Cuando la Asamblea Nacional ejerce sus funciones de control del gobierno y la Administración Pública también dicta *actos parlamentarios sin forma de ley* (Art. 187,3).

Por último, en cuanto al ejercicio de la función administrativa por la Asamblea Nacional, ella puede concretizarse en *leyes* (187,9)[1188], en *actos parlamentarios sin forma de ley* (Art. 187,12) o en *actos administrativos* (Art. 187,22).

Por su parte, cuando los órganos que ejercen el Poder Ejecutivo, particularmente el Presidente de la República, realizan la función normativa, ésta se concretiza en *decretos-leyes* y *reglamentos (actos administrativos de efectos generales*) (Art. 236,10; 266,5).

En el caso de los *decretos-leyes*)[1189], estos pueden ser *decretos leyes* delegados dictados en virtud de una habilitación legislativa (Art. 203; 236,8), *decretos leyes* de organización ministerial (Art. 236,20)[1190] y *decretos leyes* de estados de excepción (Art. 236,7). En todos estos casos de decretos leyes, si bien todos son objeto de regulaciones legislativas que los condicionan (leyes habilitantes o leyes orgánicas) autorizadas en la Constitución; los mismos tienen rango y valor de ley.

Pero el Presidente de la República también realiza la función política, al dictar *actos de gobierno*, que son actos dictados en ejecución directa e inmediata de la Constitución (Art. 236, 2, 4, 5, 6, 19, 21).

En particular, en este caso, dichos actos de gobierno se caracterizan frente a los actos administrativos por dos elementos combinados: en *primer lugar*, porque el acto de gobierno sólo puede ser realizado por el Presidente de la República, como jefe del Estado, "en cuya condición dirige la acción de Gobierno" (Art. 226); y en

---

1188 En el pasado, por ejemplo, eran las leyes aprobatorias de contratos estatales conforme al artículo 126 de la Constitución de 1961.

1189 *V.*, en general, sobre los decretos leyes, Antonio Moles Caubet, *Dogmática de los Decretos-Leyes, Lección inaugural Curso 1974*, Universidad Central de Venezuela, Facultad de Derecho, Centro de Estudios para Graduados Caracas 1974; Eloisa Avellaneda Sisto, "Los Decretos Leyes", *Revista de Control Fiscal*, N° 105, abril-junio, XXIII (1982), Contraloría General de la República, Caracas 1982, pp. 55-116; Eloísa Avellaneda Sisto, "Los decretos del Presidente de la República," *Revista de la Facultad de Derecho de la Universidad Católica Andrés Bello*, N° 48 (diciembre), Caracas, 1993, pp. 345-387; Eloísa Avellaneda Sisto "El régimen de los Decretos-Leyes, con especial referencia a la Constitución de 1999", en *Estudios de Derecho Administrativo - Libro Homenaje a la Universidad Central de Venezuela*, Volumen I. Tribunal Supremo de Justicia, Caracas, 2001, pp. 69-105; José Peña Solís "Análisis crítico de la doctrina de la Sala Constitucional del Tribunal Supremo de Justicia sobre las leyes orgánicas y los decretos leyes orgánicos", en *Ensayos de Derecho Administrativo - Libro Homenaje a Nectario Andrade Labarca,* Volumen II. Tribunal Supremo de Justicia, Caracas, 2004, pp. 375-414.

1190 *V.*, sobre estos decretos, Daniel Leza Betz, "La organización y funcionamiento de la administración pública nacional y las nuevas competencias normativas del Presidente de la República previstas en la Constitución de 1999: al traste con la reserva legal formal ordinaria en el Derecho Constitucional venezolano", en *Revista de Derecho Público*, N° 82 (abril-junio), Editorial Jurídica Venezolana, Caracas, 2000, pp. 19-55; Gerardo Rupérez Caníbal, "La flexibilización de la reserva legal organizativa en el ámbito de la administración pública nacional", en *Revista de Derecho*, N° 8, Tribunal Supremo de Justicia, Caracas 2003, pp. 435-452.

*segundo lugar*, porque se trata de actos dictados en ejecución de atribuciones establecidas directamente en la Constitución, sin posibilidad de condicionamiento legislativo, y que, por tanto, tienen el mismo rango que las leyes[1191].

En todo caso, para distinguir el acto legislativo del acto de gobierno y del acto administrativo no sólo debe utilizarse el criterio orgánico, sino también el criterio formal: el acto de gobierno, aun cuando realizado en ejecución directa de la Constitución, está reservado al Presidente de la República, en tanto que el acto legislativo, realizado también en ejecución directa de la Constitución[1192], en principio está reservado a la Asamblea Nacional; aún cuando esta pueda delegar la potestad normativa con rango de ley en el Presidente de la República mediante una ley habilitante (Art. 203), en cuyo caso el acto dictado por el Presidente mediante decretos leyes habilitados (Art. 236,8) es un acto legislativo, aún cuando delegado. En esta forma, el criterio orgánico distingue el acto de gobierno del acto legislativo, y ambos se distinguen del acto administrativo mediante el criterio formal: tanto el acto de gobierno como el acto legislativo (el dictado por la Asamblea Nacional como el dictado por delegación por el Presidente de la República) se realizan en ejecución directa de competencias constitucionales, en tanto que el acto administrativo siempre es de rango sublegal, es decir, sometido a la ley y realizado en ejecución de la ley, y por tanto, en ejecución mediata e indirecta de la Constitución.

Es decir, los actos de gobierno se distinguen de los actos administrativos dictados por los órganos ejecutivos, en que estos se realizan a todos los niveles de la Administración Pública y siempre tienen rango sublegal, es decir, se dictan por los órganos ejecutivos en ejecución de atribuciones directamente establecidas en la legislación, y sólo en ejecución indirecta y mediata de la Constitución[1193]. Este es el criterio formal, derivado de la teoría merkeliana de construcción escalonada del orden jurídico[1194], para la identificación de la Administración, la cual ha sido acogida en la Constitución al reservarse al control que ejerce Jurisdicción Constitucional a los actos estatales dictados en ejecución directa e inmediata de la Constitución (Art. 336,2), con lo que los actos dictados en ejecución directa e inmediata de la legislación y mediata e indirecta de la Constitución (actos administrativos) caen entonces bajo el control de la Jurisdicción contencioso administrativa (Art. 259) y de la Jurisdicción contencioso electoral (Art. 297).

---

1191 *V.*, Juan D. Alfonso Paradisi, "Los actos de gobierno," en *Revista de Derecho Público*, N° 52, octubre-diciembre, Editorial Jurídica Venezolana, Caracas 1992, pp. 5-23; Pablo Marín Adrián, "Actos de gobierno y la sentencia de la Corte Suprema de Justicia del 11 de marzo de 1993," en *Revista de Derecho Público*, N° 65-66 (enero-junio), Editorial Jurídica Venezolana, Caracas, 1996, pp. 497-519.

1192 La Asamblea Nacional realiza su actividad legislativa en cumplimiento de atribuciones directamente establecidas en la Constitución (Art. 187,1; 203). En el solo caso de las leyes especiales que han de someterse a las leyes orgánicas preexistentes (Art. 203) podría decirse que hay condicionamiento legislativo de la propia actividad legislativa. En igual sentido, los decretos-leyes dictados por el Presidente de la República en ejercicio de la función normativa, están condicionados por la ley habilitante o de delegación (Art. 236,8).

1193 En este sentido es que podría decirse que la actividad administrativa se reduce a ejecución de la ley.

1194 Adolf Merkl, *Teoría General del Derecho Administrativo,* Madrid, 1935, p. 13. *Cfr.*, Hans Kelsen, *Teoría General del Estado,* México, 1957, p. 510, y *Teoría Pura del Derecho,* Buenos Aires, 1974, pp. 135 y ss. Véase algunas de las referencias en Allan R. Brewer-Carías, *Las Instituciones Fundamentales del Derecho Administrativo y la jurisprudencia Venezolana,* Caracas, 1964, pp. 24 y ss.

Pero además, en los casos de ejercicio de la función jurisdiccional, de la función de control y de la función administrativa, los órganos ejecutivos dictan, por ejemplo, *actos administrativos* (Art. 259; 266,5).

En cuanto a los órganos que ejercen el Poder judicial, cuando por ejemplo el Tribunal Supremo de Justicia ejerce la función normativa, dicta reglamentos (actos administrativos de efectos generales)[1195], cuando ejerce la función administrativa y la función de control sobre el Poder Judicial (Art. 267), dictan *actos administrativos*; y cuando ejerce la función jurisdiccional, dictan *actos judiciales* (*sentencias*) (Art. 266, 336); y los primeros están sometidos al control de los órganos de la Jurisdicción Contencioso-Administrativa. Como lo ha dicho la Sala Constitucional del Tribunal Supremo de Justicia en sentencia N° 1268 de 6 de julio de 2004 (Caso: *Yolanda Mercedes Martínez del Moral vs. Comisión Judicial de la Sala Plena del Tribunal Supremo de Justicia*), respecto de un acto administrativo dictado por un órgano del propio Tribunal Supremo en ejercicio de funciones de administración y gobierno del Poder Judicial:

> "En consecuencia, por cuanto no se trata, el que fue impugnado, de un acto del Poder Público que hubiere sido dictado en ejecución directa de la Constitución, sino en ejercicio de función administrativa y, por ende, de rango sublegal, no es la jurisdicción constitucional que ejerce esta Sala la que tiene competencia para su control. Por el contrario, y de conformidad con el artículo 259 de la Constitución, corresponde a la jurisdicción contencioso-administrativa el conocimiento de la demanda de nulidad que en su contra se formuló y así se decide"[1196].

El acto judicial, por su parte, también se distingue del acto de gobierno y de la acto legislativo con base en los dos criterios señalados: desde el punto de vista orgánico, porque el acto judicial está reservado a los Tribunales de la República, en tanto que el acto legislativo está reservado a la Asamblea Nacional, la cual puede delegarlo en el Presidente de la República (leyes habilitantes) y el acto de gobierno está reservada al Presidente de la República[1197]; y desde el punto de vista formal, porque al igual que el acto administrativo, el acto judicial es de rango sublegal, es decir, sometido a la ley y realizado en ejecución de la ley.

Por último, en cuanto a la distinción entre el acto administrativo y el acto judicial, si bien no puede utilizarse el criterio formal de su graduación en el ordenamiento jurídico ya que ambos son dictados en ejecución directa e inmediata de la legislación y en ejecución indirecta y mediata de la Constitución, sí se distinguen con base al criterio orgánico y a otro criterio formal. Desde el punto de vista orgánico, el acto judicial está reservado a los tribunales, con carácter de exclusividad, ya que sólo

---

1195 Los reglamentos establecidos en la Ley Orgánica del Tribunal Supremo de Justicia, Art. 36.12.

1196 *V.*, en *Revista de Derecho Público*, N° 99-100, Editorial Jurídica Venezolana, Caracas 2004.

1197 Puede decirse, entonces, que la separación orgánica de poderes tiene plena concordancia con la división orgánica de las actividades de gobierno (reservada al Presidente de la República), legislativas (reservadas a la Asamblea Nacional, la cual puede delegarla en el ejecutivo Nacional) y judiciales (reservada a los Tribunales). Por supuesto, la coincidencia de actividades específicas con órganos estatales determinados concluye allí, pues la actividad administrativa, al contrario, no está reservada a ningún órgano estatal específico, sino que se realiza por todos ellos.

éstos pueden dictar sentencias; y desde el punto de vista formal, la declaración de lo que es derecho en un caso concreto que realizan los órganos judiciales, se hace mediante un acto que tiene fuerza de verdad legal, que sólo las sentencias poseen.

Por su parte, cuando los órganos que ejercen el Poder Ciudadano realizan la función de control (Art. 274; 281; 289), la función normativa y la función administrativa, la misma se concreta en *actos administrativos de efectos generales* (*reglamentos*) *o de efectos particulares* (Art. 259; 266,5).

Igualmente, cuando los órganos que ejercen el Poder Electoral realizan la función normativa (Art. 293,1), dictan *actos administrativos de efectos generales* (*reglamentos*) (Art. 293,1); y cuando realizan la función administrativa (Art. 293,3) y de control (Art. 293,9), la misma se concreta en *actos administrativos* (Art. 259; 266,5).

En esta forma, el ejercicio de la función normativa se puede manifestar, variablemente, a través de leyes, actos parlamentarios sin forma de ley, decretos-leyes y reglamentos (actos administrativos de efectos generales); el ejercicio de la función política, a través de actos de gobierno, leyes y actos parlamentarios sin forma de ley; el ejercicio de la función jurisdiccional, a través de actos parlamentarios sin forma de ley, actos administrativos y sentencias; el ejercicio de la función de control, a través de leyes, actos parlamentarios sin forma de ley, actos administrativos y sentencias; y el ejercicio de la función administrativa, a través de leyes, actos parlamentarios sin forma de ley y actos administrativos.

En sentido inverso, puede decirse que las leyes sólo emanan de la Asamblea Nacional actuando no sólo en ejercicio de la función normativa, sino de la función política, de la función de control y de la función administrativa; que los actos de gobierno emanan del Presidente de la República, actuando en ejercicio de la función política; que los decretos-leyes emanan también del Presidente en ejercicio de la función normativa; que los actos parlamentarios sin forma de ley sólo emanan de la Asamblea Nacional, actuando en ejercicio de las funciones normativas, política, de control y administrativa; y que los actos judiciales (sentencias) sólo emanan de los tribunales, actuando en ejercicio de la función jurisdiccional. En todos estos casos, el tipo de acto se dicta exclusivamente por un órgano estatal, pero en ejercicio de variadas funciones estatales. Lo privativo y exclusivo de los órganos estatales en esos casos, no es el ejercicio de una determinada función, sino la posibilidad de dictar determinados actos: las leyes y los actos parlamentarios sin forma de ley por la Asamblea Nacional; los actos de gobierno por el Presidente de la República; y los actos judiciales (sentencias) por los tribunales.

En cuanto a los actos administrativos, éstos pueden emanar de la Asamblea Nacional, actuando en función administrativa y en función de control; de los tribunales, actuando en función normativa, en función de control y en función administrativa; de los órganos que ejercen el Poder Ejecutivo (Administración Pública Central) cuando actúan en función normativa, en función jurisdiccional, en función de control y en función administrativa; de los órganos que ejercen el Poder Ciudadano actuando en función normativa, en función de control y en función administrativa; y de los órganos que ejercen el Poder Electoral actuando también en función normativa, en función de control y en función administrativa.

Los actos administrativos en esta forma, y contrariamente a lo que sucede con las leyes, con los actos parlamentarios sin forma de ley, con los decretos-leyes, con los actos de gobierno y con las sentencias judiciales, no están reservados a determinados órganos del Estado, sino que pueden ser dictados por todos ellos y no sólo en ejercicio de la función administrativa, sino de todas las otras funciones del Estado.

Ahora bien, en ese universo de actos estatales, los mismos se distinguen según el grado de ejecución de la Constitución, tal como se ha dicho, entre los actos estatales dictados en ejecución directa e inmediata de la Constitución (actos de rango legal); y los actos estatales dictados en ejecución indirecta y mediata de la Constitución (actos de rango sublegal). En cuanto a los actos estatales dictados en ejecución directa e inmediata de la Constitución son los actos legislativos, los decretos leyes y los actos de gobierno.

Los actos legislativos son las leyes (Arts. 187,1 y 203) y los actos parlamentarios sin forma de ley (actos privativos e *interna corporis*) (Art. 187). Las leyes, incluso, son formalmente definidas en la Constitución, como los actos sancionados por la Asamblea Nacional como cuerpo legislador (Art. 203).

También pueden considerarse como actos con rango y valor de ley los decretos leyes o decretos con fuerza de ley dictados por el Presidente de la República previa autorización por una ley habilitante (Arts. 203; 236, 8); los dictados en materia de organización ministerial (Art. 236,20) y los dictados en estado de excepción (Arts. 236,7; 337).

Los actos del gobierno, por su parte, son los actos dictados por el Presidente de la República en ejercicio sólo de atribuciones constitucionales[1198], y que por ello no pueden estar regulados o limitados por la Asamblea Nacional mediante leyes. Es el caso, por ejemplo, del nombramiento del Vicepresidente Ejecutivo, de la concesión de indultos, de la convocatoria de la Asamblea Nacional a sesiones extraordinarias, y de la disolución de la Asamblea Nacional (Art. 236,3,9,19,21). En cuanto a los actos estatales dictados en ejecución indirecta y mediata de la Constitución son los actos administrativos y los actos judiciales.

Es decir, en la sistematización formal del ordenamiento jurídico, dentro del sistema graduado de producción de normas, salvo los actos dictados en ejecución directa e inmediata de la Constitución, los demás actividades del Estado, particularmente las administrativas, de control y judiciales, se ejercen, no en ejecución directa de las normas constitucionales, sino más bien en ejecución directa de la "legislación", es decir, de las leyes formales o los actos del Parlamento, incluso, de los actos de gobierno o los decretos leyes dictados por los órganos constitucionales competentes, a su vez en ejecución directa de la Constitución.

En esta forma, todas las actividades administrativas y judiciales originan actos dictados en ejecución directa e inmediata de la "legislación", y en ejecución indirecta e mediata de la Constitución; es decir, son actos de carácter sublegal.

---

1198 *V.*, Allan R. Brewer-Carías, "Comentarios sobre la doctrina del acto de gobierno, del acto político, del acto de Estado y de las cuestiones políticas como motivo de inmunidad jurisdiccional de los Estados en sus Tribunales nacionales," en *Revista de Derecho Público*, N° 26, Editorial Jurídica Venezolana, Caracas, abril-junio 1986, pp. 65-68.

En consecuencia, y en particular para el derecho administrativo, los actos administrativos dictados en ejercicio de las diversas funciones del Estado, son actos que por esencia tienen rango sublegal, por lo que, no hay ni puede haber actos administrativos que se dicten en ejecución directa e inmediata de la Constitución.

1. *El orden jurídico y el ámbito del derecho al cual están sometidos los actos estatales*

Ahora bien, todas las actividades de los órganos del Estado, y de sus autoridades y funcionarios, siempre deben realizarse conforme a la ley y dentro de los límites establecidos por la misma. Esto, por supuesto, tiene una particular importancia en relación con la actividad administrativa del Estado, pues da origen al principio de legalidad conforme al cual los órganos del Estado deben estar sujetos a la ley.

La consecuencia de ello es que en un Estado de derecho, el pueblo como electorado es el único cuerpo soberano (poder constituyente) que no tiene limitaciones a su poder, salvo los que se impone a si mismo, de lo que deriva que todos los otros órganos o cuerpos del Estado (poderes constituidos) están sujetos a la ley[1199]. Y "ley" aquí, quiere decir, no sólo "ley formal", es decir, un estatuto o acto de la Asamblea Legislativa o Parlamento, sino también, todas las normas que forman el ordenamiento jurídico estructurado en forma jerárquica, con la Constitución en la cúspide como ley suprema o *Grundnorm.* En este mismo sentido amplio, la expresión "principio de legalidad" empleada en el derecho continental, debe entenderse como equivalente de Estado de derecho.

Por consiguiente, "legalidad", en el derecho constitucional contemporáneo, no es sólo la sumisión a la "ley formal" como acto sancionado por el Legislador, sino que quiere decir sumisión al ordenamiento jurídico, incluyendo a la Constitución y a otras fuentes de derecho. Sin embargo, no hay que olvidar que al definir el principio de la legalidad, los autores franceses[1200] en general utilizaban el significado restringido del término ley, como ley formal, llegando algunos a utilizar un concepto más amplio como sinónimo de "ordenamiento jurídico"[1201], o como Hauriou lo llamó, el *"bloc légal"* (bloque legal) o *"bloc de la légalité"* (bloque de la legalidad)[1202].

Concepción, que en todo caso progresivamente se ha superado, al configurarse la propia Constitución, también, como norma. Además, es claro que los actos del cuerpo legislativo al ser *per se* normas dictadas en ejecución directa de la Constitución, también están subordinadas a ella. En consecuencia, el principio de legalidad en el Estado de derecho contemporáneo también comprende el "principio de constitucionalidad". Por consiguiente los actos dictados en ejecución directa de la Constitución están sometidos a ella y pueden ser controlados; de ahí el control jurisdiccional de la constitucionalidad de las leyes.

---

1199 *V.*, J. D. B. Mitchell, *Constitutional Law,* Edimburgo 1968, p. 62.

1200 *V.*, Ch. Eisenmann, "Le droit administratif et le principe de légalité", en *Etudes et Documente, Conseil d'Etat,* N° 11, París, pp. 45-50.

1201 *V.*, A. de Laubadére, *Traite Elémentaire de Droit Administratif*, París, Nº 369; G. Vedel, *La soumision de l'Administration á la loi* (extraído de la *Revue al Quanon Wal Igtisad,* año 22, El Cairo Nos. 26, 31, 47, 58, 94. 165, 166, citado por Ch. Eisenmann, "Le droit administratif...," *loc. cit.,* pp. 26-27.

1202 *V.*, Ch. Eisenmann, "Le droit administratif...," *loc. cit.*, p. 26.

Ahora bien, hay dos aspectos que deben retenerse de lo dicho anteriormente: en primer lugar, que el principio de legalidad, en el contexto del Estado de derecho, se refiere específicamente a todos los órganos y poderes del Estado, y no sólo a uno, básicamente al Poder Ejecutivo o a la Administración Pública. En consecuencia, en un Estado con Constitución escrita, el órgano legislativo también está limitado por el "principio de legalidad", en el sentido de que sus actividades están constitucionalmente limitadas por lo que pueden ser objeto de control judicial.

En segundo lugar, que en la expresión "principio de legalidad", el término "ley" debe entenderse en el sentido más amplio de "ordenamiento jurídico", y no en el sentido formal de acto emanado del Parlamento, por lo que comprende la Constitución en sí misma, las leyes formales y todas las otras normas del ordenamiento jurídico conformadas en un sistema legal que deriva de la Constitución en forma escalonada y jerarquizada.

Este enfoque conduce a la necesidad de identificar los aspectos centrales de cada sistema jurídico para determinar cuales son las normas aplicables a cada órgano del Estado; en otras palabras, para establecer los confines de la legalidad a la cual están sometidos los diferentes órganos y actos del Estado. Para ello, como hemos dicho, en todos los sistemas legales contemporáneos[1203], existe y debe existir una distinción entre, por una parte, las normas que integran la Constitución en sí misma, como derecho positivo superior, y por otro lado, las normas que son sancionadas por una autoridad con poderes derivados de la Constitución. En otras palabras, debe establecerse una distinción entre la norma constitucional y la legislación ordinaria.

Esta distinción entre el ordenamiento constitucional y la legislación ordinaria, por supuesto, tiene un carácter fundamental en el constitucionalismo moderno, de manera que si el principio de legalidad implica que todas las actividades de un Estado deben realizarse conforme a la ley, indudablemente que resulta necesario determinar, ante todo, cual es la regla de derecho a la cual cada acto del Estado debe confirmarse. Para ello, las normas del ordenamiento que forman un sistema jurídico, como hemos dicho, se organizan deliberadas o espontáneamente en forma jerárquica, de manera que existen normas en un nivel superior que siempre prevalecen sobre otras normas de nivel inferior; lo que a la vez permite basar la validez de ciertas normas en la validez de otras. Según este método, como hemos señalado antes y siguiendo la concepción de Kelsen, cada categoría de normas se basa en otras de mayor jerarquía, y al mismo tiempo, sirve de base para otras de menor jerarquía. En consecuencia, todo el ordenamiento jurídico en vigor constituye un sistema graduado en estructuras jerarquizadas, donde cada norma depende de unas, y donde en definitiva, la validez de todas las normas proviene, en última instancia, de la Constitución, siendo ésta la norma que regula toda la estructura del sistema jurídico, y que se encuentra en la cúspide del mismo.

Y es precisamente con este método, que en el análisis global del ordenamiento jurídico, se puede establecer una distinción entre aquéllos actos de Estado que se dictan en ejecución directa e inmediata de la Constitución, es decir, que son dictados

---

1203 V., G. MacCormack, "Law and Legal system," *The Modern Law Review*, 42 (3), 1979, pp. 285-290: "Legal system" entendido como una recolección de reglas de derecho que tienen en común su interrelación en un orden en particular, básicamente jerárquico.

directamente en ejercicio de poderes constitucionales, y aquéllos cuya ejecución no está directamente relacionada con la Constitución y que se dictan en ejercicio directo de poderes establecidos en normas de derecho inferiores a la Constitución. Son actos de ejecución directa e inmediata de la legislación y de ejecución indirecta y mediata de la Constitución, y todos sometidos a control judicial.

## VI. EL ACTO DE GOBIERNO COMO ACTO DE EJECUCIÓN DIRECTA DE LA CONSTITUCIÓN Y EL CONTROL DE CONSTITUCIONALIDAD

Precisamente, entre los actos que surgen de la ejecución directa e inmediata de la Constitución, como se ha dicho, se encuentran aquellos actos estatales emanados del Jefe de Estado, en ejercicio de poderes que le son asignados en forma directa en la Constitución para ejercer actividades que por ello no están sujetas a regulación por parte del Legislador ordinario, es decir, que el Legislador no puede ni regular ni limitar a través de las leyes.

Nos referimos aquí, de nuevo, a los llamados en el derecho público como actos de gobierno o actos políticos, y que son más o menos equivalentes a la noción norteamericana de "cuestión política"[1204]. Se trata de actos que se dictan en ejecución directa e inmediata de la Constitución, no están sujetos a regulación por ley formal, y son ejercidos por el Jefe de Estado basándose en disposiciones directas de la Constitución. En consecuencia, estos actos de gobierno en la formación escalonada del orden jurídico, también se colocan en el mismo nivel que las leyes formales, y sólo están sujetos a lo establecido en la Constitución, la cual determina su ámbito de legalidad.

El principio de legalidad del Estado, por tanto, es decir, la necesaria sumisión de los órganos del Estado a la ley, en lo referente a estos órganos constitucionales y a los actos dictados en ejecución directa e inmediata de la Constitución, como los actos de gobierno, equivale a sometimiento a la Constitución y al bloque de constitucionalidad. Como ya lo mencionamos, en todos estos casos, "legalidad" equivale a "constitucionalidad;" en otras palabras, sumisión a la Constitución, o actuación de conformidad con las normas establecidas por la Constitución, dentro de los límites constitucionales.

Pero como hemos dicho, en la sistematización formal del ordenamiento jurídico, dentro de este sistema graduado de producción de normas, salvo todos los actos dictados en ejecución directa e inmediata de la Constitución, los demás órganos del Estado, particularmente en las áreas administrativas, de control y judiciales, estas se ejercen, no en ejecución directa de las normas constitucionales sino más bien, en ejecución directa de la "legislación", es decir, de las leyes formales o los actos del Parlamento, incluso, de los actos de gobierno o los decretos leyes dictados por los órganos constitucionales competentes, a su vez en ejecución directa de la Constitución.

---

1204 *V.*, Allan R. Brewer-Carías, "Comentarios sobre la doctrina del acto de gobierno, del acto político, del acto de Estado y de las cuestiones políticas como motivo de inmunidad jurisdiccional de los Estados en sus Tribunales nacionales," en *Revista de Derecho Público*, Nº 26, Editorial Jurídica Venezolana, Caracas 1986, pp. 65-68.

En esta forma, todas las actividades administrativas son en última instancia, actos dictados en ejecución directa e inmediata de la "legislación", y en ejecución indirecta e mediata de la Constitución.

En consecuencia, en un Estado de derecho, el grado de sumisión de la Administración Pública al principio de la legalidad, es de mayor ámbito que el de la sumisión a las normas de derecho por parte de los órganos constitucionales del Estado. La Asamblea o el Parlamento están sometidos a la Constitución e, incluso, el Jefe de Estado o de Gobierno, cuando dicta actos de gobierno sólo está sometido en general, a la Constitución; mientras que los órganos y las autoridades administrativas están envueltos en un área de legalidad de mayor ámbito puesto que están sometidos a la "legislación", la cual ejecutan. Esta es la razón por la cual, en este campo, el principio de legalidad tomó el significado que normalmente tiene en relación a la actividad administrativa del Estado contemporáneo.

Como se ha dicho, conforme a la Constitución, el Presidente de la República puede dictar actos de igual rango que la Ley, pero desvinculados de ésta por ser emanados en ejecución directa e inmediata de la Constitución, que se han denominado como "actos de gobierno"[1205], dictados en el ejercicio de la función política, y que, por tanto, no son actos administrativos[1206]. Al ser dictados con base en atribuciones que la Constitución le asigna directamente al Presidente, el legislador no puede regularlos pues no tiene competencia para regular el ejercicio de la función de gobierno por parte del Poder Ejecutivo. No se trata, por tanto, de actos de carácter sublegal, sino de igual rango que la ley, aún cuando no tengan "valor" de ley por no tener poder derogatorio respecto de las mismas.

Sobre estos actos de gobierno, la antigua Corte Suprema de Justicia en Corte Plena, en sentencia de 11 de marzo de 19 de marzo de 1993 señaló:

> "Es ampliamente conocida en el ámbito constitucional la teoría del "acto de gobierno", "gubernativo" o "acto político", conforme a la cual, en su formulación clásica, el Presidente de la República como cabeza del Ejecutivo y Jefe de Estado (artículo 181 de la Constitución) ejerce, además de funciones propiamente administrativas, otras de contenido distinto, atinentes a la "oportunidad política" o actos que por su naturaleza, intrínsecamente ligada a la conducción y subsistencia del Estado, no son en la misma medida enjuiciables.
>
> Se institucionalizaba así, la figura intimidante de la "razón de Estado" como justificación a toda cuestión de la cual el Gobierno no tuviera que rendir debida cuenta. Semejante construcción sustentada en la tesis de la llamada "soberanía suprema", cuyo nacimiento teórico ubican distintos autores en la época posterior a la caída del régimen napoleónico, pronto empezó a ser revisada con criterios cada vez más estrictos que llevaron a una categorización jurisprudencial de los actos de esa naturaleza excluidos del control jurisdiccional, también cada vez más reducida.

---

1205 *V.*, Allan R. Brewer-Carías, *Derecho Administrativo,* T. I, Caracas, 1975, pp. 378 y 391.

1206 *V.*, Allan R. Brewer-Carías, *Las Instituciones Fundamentales del Derecho Administrativo y la Jurisprudencia Venezolana*, Caracas, 1964, pp. 26, 108 y 323 y ss.

En Venezuela, la falta de una disposición expresa al respecto en el Texto Fundamental, ha sentado este Alto Tribunal, como nota identificadora de esa especie jurídica, aquellos actos que, en ejecución directa e inmediata de la Constitución, son de índole eminentemente política. (*Vid.* SPA del 21-11-88, Caso *Jorge Olavarría*).

Dentro de este contexto, concuerdan autores y jurisprudencia nacional y extranjera en mantener dentro de esa clasificación, entre otros, el indulto, los actos relativos a la conducción de la relaciones entre el Gobierno y países extranjeros...”[1207]

En el mismo sentido, antes, la antigua Corte Suprema de Justicia en Sala Político Administrativa, en sentencia de 21 de noviembre de 1988 había precisado la noción del acto de gobierno, como un acto ejecutivo dictado en ejecución directa de la Constitución y no de la ley ordinaria, distinguiéndolos así de los actos administrativos, en la forma siguiente:

“Permanecen todavía incólumes los principios sentados por la Corte –a los que se refieren los apoderados del Consejo, pero aplicándolos inexactamente al caso de autos– respecto de los “actos de gobierno”, especie jurídica que, en razón de su superior jerarquía, derivada del hecho de que son producidos en ejecución directa e inmediata de la Constitución y no de la ley ordinaria, ha sido excluida hasta ahora, por la propia Corte, de la totalidad del control jurisdiccional de constitucionalidad, “en atención –como ella misma ha expresado– a que por su propia esencia son actos de índole eminentemente política o actos de gobierno, o de índole discrecional; situaciones en que no cabe aplicar a los motivos determinantes de la actuación el expresado control constitucional”.

Los principios jurisprudenciales alegados por los defensores de la actuación del Consejo en la Resolución recurrida, permanecen, en efecto, aún vigentes (a más de la comentada decisión del 29-04-65, en Corte Plena, véase la de 28-06-83: CENADICA, dictada en SPA); mas, no son aplicables al caso de autos como ellos lo pretenden, sino –insiste la Sala– sólo a las actuaciones emanadas de la cúspide del Poder Ejecutivo en función de gobierno, es decir, a los denominados por la doctrina “actos de gobierno”, emitidos justa y precisamente en ejecución directa e inmediata de la Constitución; y no a los producidos, como los de autos, por una administración –la electoral en el caso– que ejecutó, de manera directa e inmediata, normas de rango inferior al de la Carta Magna, a saber: las de la Ley Orgánica del Sufragio. Así se declara”[1208].

De acuerdo con esta categorización, entre los actos de gobierno que puede dictar el Presidente de la República, estarían, por ejemplo, la concesión de indultos (art. 236.19); los actos relativos a la dirección de las relaciones exteriores de la República (art. 236.4); la adopción de decisiones como Comandante en Jefe de las Fuerzas Armadas, como el fijar el contingente de las mismas y promover sus oficiales (art.

1207 *V.*, *Revista de Derecho Público*, Nº 53-54, Caracas, 1993, pp. 155 y ss.

1208 *V.*, en *Revista de Derecho Público*, Nº 36, Caracas, 1988, pp. 62 y ss.

236.5 y 236.6); la declaratoria de los estados de excepción y el decretar la restricción de garantías (art. 236.7); la convocatoria a la Asamblea Nacional a sesiones extraordinarias (art. 236.9); y la disolución de la Asamblea Nacional en caso de que se produzcan tres votos de censura contra el Vicepresidente (arts. 236.21 y 240).

En esta forma, como se ha dicho desde el inicio, la noción del acto de gobierno en Venezuela ha sido delineada básicamente con base en un criterio estrictamente formal, como acto dictado por el Presidente de la República, en ejecución directa e inmediata de la Constitución, pero agregando, sin embargo, que se trata de actos dictados en ejercicio de la función política.[1209] No se trata, por tanto, de actos administrativos que siempre son de rango sublegal, ni de actos en cuyo dictado el Presidente deba someterse a normas legislativas. Como actos dictados en ejercicio de atribuciones constitucionales por el Presidente de la República, el Poder Legislativo no puede regular la forma o manera de sus dictados, pues incurriría en una usurpación de funciones.

Pero como se ha dicho, entonces, además del criterio formal, el acto de gobierno se caracteriza como su nombre lo indica, por el ejercicio de la función política por parte del Presidente de la República. En este sentido, hay que recordar que la división de la potestad estatal (el Poder Público) en ramas y la distribución de su ejercicio entre diversos órganos, no coincide exactamente con la "separación" de las funciones estatales[1210], por lo que el hecho de que exista una separación orgánica de poderes no implica que cada uno de los órganos que lo ejercen tenga necesariamente el ejercicio exclusivo de ciertas funciones, pues paralelamente a las "funciones propias" de cada órgano del Estado, éstos ejercen funciones que por su naturaleza son similares a las que ejercen otros órganos estatales[1211]. En otras palabras, paralelamente a sus funciones propias, realizan funciones distintas a aquellas que les corresponden por su naturaleza[1212].

En la expresión constitucional, por "función" ha de entenderse la acción que desarrollan los órganos estatales o la actividad que desempeñan como tarea que les es inherente, en el sentido que sólo en ejercicio del Poder Público pueden cumplirse. De ahí que la función es toda actividad de la propia esencia y naturaleza de los órganos estatales y, por tanto, indelegable, salvo que exista una autorización constitucional. Entonces, las diversas funciones del Estado son sólo las diversas formas a

1209 *V.*, Allan R. Brewer-Carías, *Las Instituciones Fundamentales del Derecho Administrativo y la Jurisprudencia Venezolana*, Caracas, 1964, pp. 26, 108 y 323 y ss. y *Derecho Administrativo*, T. I, Caracas 1975, *cit.*, pp. 391 y ss.

1210 *V.*, por ejemplo, sentencia de la antigua Corte Federal de 19-6-53, en *Gaceta Forense,* N° 1, Caracas 1953, p. 77; y sentencias de la antigua Corte Suprema de Justicia en Sala Político Administrativa de 18-7-63, en *Gaceta Forense* N° 41, Caracas 1963, pp. 116 y 117; de 27-5-68, en *Gaceta Forense* N° 60, Caracas 1969, pp. 115 y ss.; y de 9-7-69, en *Gaceta Forense* N° 65, Caracas 1969, pp. 70 y ss.

1211 *V.*, la sentencia de la antigua Corte Federal de 19-6-53, en *Gaceta Forense* N° 1, 1953, p. 77; y la sentencia de la antigua Corte Federal y de Casación en Sala Político-Administrativa de 18-7-63, en *Gaceta Forense* N° 41, Caracas 1963, p. 116.

1212 *V.*, sentencia de la antigua Corte Suprema de Justicia en Sala Político Administrativa de 18-7-63, en *Gaceta Forense* N° 41, Caracas 1963, pp. 116 y 117.

través de las cuales se manifiesta la actividad estatal[1213]; y ellas no están atribuidas en forma exclusiva a los órganos del Estado[1214].

Ahora bien, en el mundo contemporáneo estas funciones como tareas inherentes a los órganos del Estado pueden reducirse a cinco, que son la función normativa, la función política, la función administrativa, la función jurisdiccional y la función de control; a las cuales se pueden reconducir todas las actividades del Estado. Estas funciones, realizadas en ejercicio del Poder Público por los órganos estatales, sin embargo, como se dijo, no están encomendadas con carácter exclusivo a diferentes órganos, sino que se ejercen por varios de los órganos estatales.

Ente ellas, nos interesa destacar la función política[1215], como función primordial del Estado, distinta de la función administrativa, por medio de la cual el Presidente de la República ejerce sus actividades como jefe del Estado y jefe del Gobierno de la República[1216], dirigiendo la acción de gobierno (Arts. 226; 236,2). A través de esta función política, el Presidente de la República puede adoptar decisiones en virtud de atribuciones que le son conferidas directamente por la Constitución, en general sin condicionamiento legal alguno, de orden político, las cuales, por tanto, exceden de la administración normal de los asuntos del Estado. Ello ocurre, por ejemplo, cuando dirige las relaciones exteriores, convoca a sesiones extraordinarias a la Asamblea Nacional y cuando la disuelve (Arts. 236, 4, 9, 20).

---

1213 *V.*, Allan R. Brewer-Carías, *Las Instituciones Fundamentales..., cit.*, p. 105. Véase en general, sobre las funciones del Estado: María E. Soto Hernández y Fabiola del Valle Tavares Duarte "Funciones del Estado en la Constitución de la República Bolivariana de Venezuela de 1999," en *Estudios de Derecho Público-Libro Homenaje a Humberto J. La Roche*, Volumen II. Tribunal Supremo de Justicia, Caracas, 2001, pp. 414-457; Gonzalo Pérez Luciani, "Funciones del Estado y actividades de la Administración", *Revista de Derecho Público*, N° 13, enero-marzo, Editorial Jurídica Venezolana, Caracas 1983, pp. 21-30.

1214 El carácter flexible, no rígido ni absoluto, del principio en su aplicación en Venezuela, ha sido destacado repetidamente por la jurisprudencia de la Corte Suprema. En particular, h. Sentencias de la antigua Corte Federal y de Casación en Sala Político Administrativa de 23-2-50 en *Gaceta Forense* N° 4, Caracas 1950, pp. 84 a 39; de la antigua Corte Federal y de Casación en Corte Plena de 26-5-51 en *Gaceta Forense* N° 8, Caracas 1952, p. 114; y Sentencias de la antigua Corte Suprema de Justicia en Sala Político Administrativa de 18-7-63 en *Gaceta Forense*, N° 41, Caracas 1963, pp. 117-118; de 27-5-68 en *Gaceta Forense* N° 60, Caracas 1969, pp. 115 a 118; de 22-4-69 en *Gaceta Forense*, N° 64, Caracas 1969, pp. 5 a 15; de 9-7-69, en *Gaceta Forense*, N° 65, Caracas 1969, pp. 70 a 74; y de 1-6-72, en *Gaceta Oficial* N° 1.523, extraordinario, de 1-6-72, p. 9. Véase además, Allan-R. Brewer-Carías, "Algunas bases del Derecho Público en la jurisprudencia Venezolana," en *RFD*, N° 27, 1963, pp. 143 y 144. Las referencias jurisprudenciales pueden también consultarse en Allan R. Brewer-Carías, *Jurisprudencia de la Corte Suprema (1930-1973) y Estudios de Derecho Administrativo,* T. I, (El ordenamiento constitucional y funcional del Estado), Caracas, 1975, pp. 147 y ss.

1215 En cuanto a esta función del Estado hemos ajustado la terminología que utilizamos en los setenta, de "función de gobierno," sustituyéndola por "función política" por considerarla más precisa, y reservar la expresión gobierno para identificar los "actos de gobierno". *V.*, Allan R. Brewer-Carías, *Derecho Administrativo*, Tomo I, Caracas 1975. Véase en general, sobre esta función: María E. Soto Hernández "Formas jurídicas de actuación de la Administración Pública Nacional en el ejercicio de la Función de Gobierno", en *Temas de Derecho Administrativo-Libro Homenaje a Gonzalo Pérez Luciani*, Volumen II. Tribunal Supremo de Justicia, Caracas, 2002, pp. 805-826.

1216 Aun cuando en algunos casos podría no haber coincidencia, podría decirse que, en general, el Presidente de la República ejerce sus atribuciones de jefe del Estado en ejercicio de la función política, y de jefe del Ejecutivo Nacional, en ejercicio de la función administrativa.

También puede considerarse que ejerce la función política, cuando decreta los estados de excepción y restringe garantías constitucionales, incluso, en este caso, a pesar de que la Constitución dispuso que una Ley Orgánica deba regular la materia (Art. 338)[1217].

La característica fundamental de esta función política es que está atribuida en la Constitución directamente al Presidente de la República, es decir, al nivel superior de los órganos que ejercen el Poder Ejecutivo, no pudiendo otros órganos ejecutivos ejercerla.

Los órganos que ejercen el Poder Ejecutivo en esta forma, realizan fundamentalmente dos funciones propias: la función política y la función administrativa[1218]. La función política, como función del Presidente de la República, se ejerce en ejecución directa de atribuciones constitucionales, en general sin condicionamiento legal alguno. El Legislador, en esta forma, y salvo por lo que se refiere a los estados de excepción dada la autorización constitucional (Art. 338), no puede limitar las facultades políticas del jefe del Estado[1219]. La función política, por tanto, se traduce en actos estatales de rango legal, como son los actos de gobierno, en tanto que la función administrativa se traduce en actos estatales de rango sublegal como son los actos administrativos[1220].

Pero si bien la función política se ejerce con el carácter de función propia por el Presidente de la República en ejercicio del Poder Ejecutivo, ello tampoco se realiza con carácter excluyente, ya que la Asamblea Nacional en ejercicio del Poder Legislativo también realiza la función política, sea a través de actos parlamentarios sin

---

1217 *V.*, la Ley Orgánica sobre Estados de Excepción (Ley N° 32), *G.O.* N° 37.261 de 15-08-2001. *V.*, en general, Allan R. Brewer-Carías, "El régimen constitucional de los estados de excepción," en Víctor Bazan (Coordinador), *Derecho Público Contemporáneo. Libro en Reconocimiento al Dr. Germán Bidart Campos*, Ediar, Buenos Aires, 2003, pp. 1137-1149

1218 La distinción entre "gobierno y administración" es comúnmente empleada por la Constitución. *V.*, por ejemplo, artículos, 21, 27 y 30. En el artículo 191 de la Constitución, en igual sentido habla de "aspectos políticos y administrativos" de la gestión del residente de la República. En tal sentido, al referirse a los órganos del Poder Ejecutivo de los Estados, la Corte ha señalado lo siguiente: "El artículo 21 de la Constitución atribuye al Gobernador del Estado, el gobierno y la administración de la Entidad, como Jefe del Ejecutivo del Estado y Agente del Ejecutivo Nacional o en su respectiva circunscripción. En esta forma, el Poder Ejecutivo Estadal realiza funciones de gobierno, como poder político y funciones que atienden a otra actividad distinta, como poder administrador". Véase sentencia de la antigua Corte Suprema de Justicia en Sala Político Administrativa de 30-6-66, en *Gaceta Forense* N° 52, 1968, p. 231. *Cfr.*, sobre la distinción entre función administrativa y función política como actividades que se realizan en ejercicio del Poder Ejecutivo , el voto salvado a la sentencia de la antigua Corte Suprema de Justicia en Corte Plena de 29-4-65, Imprenta Nacional, 165, pp. 53 y ss.; y Doctrina PGR, 1963, Caracas, 1964, pp. 179 y 180.

1219 El legislador, por ejemplo, no podría limitar las atribuciones del Presidente de convocar a la Asamblea nacional a sesiones extraordinarias.

1220 Sobre la distinción entre los actos del Poder Ejecutivo dictados en ejecución directa de la Constitución o en ejecución directa de la ley, Véase sentencia de la antigua Corte Suprema de Justicia en Sala Político Administrativa de 13-2-68, en *Gaceta Forense* N° 59, Caracas 1969, p. 85. En todo caso, una cosa es atribuir a la función política rango legal y otra es atribuirle "naturaleza legislativa". El decreto de restricción de garantías constitucionales, por ejemplo, tiene rango legal, por cuanto puede "restringir" temporalmente la vigencia de una ley, lo que implica que la modifique ni la derogue. Si la derogara, el acto tendría "naturaleza legislativa". Sobre esta confusión. Véase *Doctrina Procuraduría General de la República, 1971*, Caracas 1972, p. 189.

forma de ley[1221], sea mediante leyes[1222]. En estos casos, también, la función política realizada por los órganos del Poder Legislativo es una actividad de rango legal, es decir, de ejecución directa e inmediata de la Constitución. Pero si bien esta función puede ser realizada tanto por el Presidente de la República como por los órganos legislativos, por lo que no es exclusiva o excluyente, sin embargo, lo que sí es exclusiva de uno u otros órganos es la forma de su ejecución en los casos autorizados por la Constitución: la función política mediante decretos ejecutivos (actos de gobierno), se realiza en forma exclusiva por el Presidente de la República; y mediante leyes o actos parlamentarios sin forma de ley, por la Asamblea nacional.

## VII. EL PRINCIPIO DE LA UNIVERSALIDAD DEL CONTROL JURISDICCIONAL Y EL SOMETIMIENTO DE LOS ACTOS DE GOBIERNO, COMO ACTOS DICTADOS EN EJECUCIÓN DIRECTA DE LA CONSTITUCIÓN, A CONTROL JURISDICCIONAL

En la más reciente sentencia de la Sala Constitucional del Tribunal Supremo de Justicia sobre el tema, N° 1368 dictada en 13 de agosto de 2008 (Caso: *Pedro Numa Salas Bustillos, Impugnación Decreto de Indulto*)[1223], con ocasión de conocer de la impugnación de un decreto presidencial de otorgamiento de indulto formulada catorce años antes, en 1984, trató específicamente, por una parte, al tema de la distinción entre los actos administrativos y los actos de gobierno, y por la otra, al tema de la universalidad del control judicial de la conformidad con el derecho de los actos estatales (constitucionalidad y legalidad). Esta sentencia de la Sala Constitucional bien vale la pena analizarla pues la misma, en cierta forma, constituye un resumen de la tradición jurisprudencial que en la materia de los principios del derecho público se conformó en Venezuela durante las décadas del régimen democrático de finales del siglo pasado[1224].

El caso que originó la sentencia fue el siguiente: en 1984, el Fiscal General de la República interpuso ante la Sala Político Administrativa de la antigua Corte Suprema de Justicia, conforme a sus competencias contencioso administrativas, una acción de nulidad por razones de inconstitucionalidad e ilegalidad contra un decreto presidencial (Decreto N° 2.387 del 29 de diciembre de 1983) mediante el cual se le había concedido indulto a un ciudadano (Pedro Numa Salas Bustillos); considerando que dicho Decreto presidencial "constituye un acto administrativo, que se encuentra viciado de inmotivación, abuso de poder y desviación de poder."

La demanda fue admitida en el mismo año 1984, pero sólo fue siete años después, en 2001 y ya en vigencia la nueva Constitución de 1999, cuando la Sala Político Administrativa declinó la competencia para conocer de la demanda en la Sala Constitucional del Tribunal Supremo. Pasaron otros cuatro años más hasta cuando en 2005 la Sala Constitucional aceptó formalmente la declinatoria de la competen-

1221 Por ejemplo, cuando autoriza al Presidente de la República para salir del territorio nacional. Art. 187,17 de la Constitución; o cuando reserva al Estado determinadas industrias o servicios, Art. 302.

1222 La ley que decreta una amnistía, por ejemplo. Art. 186,5 de la Constitución.

1223 *V.*, en http://www.tsj.gov.ve/decisiones/scon/Agosto/1368-130808-01-2503.htm

1224 *V.*, Allan R. Brewer-Carías, *Los Principios fundamentales del derecho público (Constitucional y Administrativo)*, Editorial Jurídica Venezolana, Caracas 2005.

cia, dictando sentencia después de haber transcurrido otros tres años, el 13 de agosto de 2008. Es decir, para resolver un tema relativamente sencillo en materia de derecho público, el Tribunal supremo se demoró catorce largos años.!!

A los efectos de decidir, la Sala comenzó por analizar la institución del indulto y su naturaleza jurídica y, en particular "si el mismo es susceptible de ser fiscalizado por los órganos del Poder Judicial," partiendo de la premisa de que el "indulto constituye un acto político o de gobierno, cuyo dictado se realiza en ejecución directa e inmediata de la Constitución," por el Presidente de la República, "en el contexto de su función de dirección política de la sociedad" y en uso de la atribución que le confiere el artículo 23.19 de la Constitución de 1999 (Art. 190.21 de la Constitución de 1961).

Se trata, por tanto, dijo la Sala, de "un acto que se emite en el ejercicio de una función eminentemente política [que] de ninguna forma puede ser concebido como una manifestación de la actividad administrativa estatal", (destacado de la Sala) y que si bien es dictado por el Presidente de la República, que "es la cabeza del Poder Ejecutivo Nacional y, por ende, de la Administración Pública Nacional," en este caso, el mismo "actúa en función de gobierno y no en función administrativa".

La Sala consideró que en el universo de los actos enumerados en el artículo 236 de la Constitución hay "una amplia gama de actos, algunos de los cuales se corresponden con el ejercicio de la función administrativa, y otros con la motorización de la función de gobierno." Sin embargo, para definir la función de gobierno, como si por lo visto no había estudio alguno en el país que tratara el tema, la Sala recurrió a un autor español, considerando que la misma "puede ser entendida como una actividad de dirección suprema de la sociedad"[1225], precisando, sin embargo, que "en sentido estricto, es susceptible de ser definida como aquella actividad mediante la cual se ejerce la dirección del gobierno nacional".

La Sala, además, precisó que el indulto, siendo un acto de "naturaleza esencialmente política," implica "una intervención del Poder Ejecutivo en la esfera de actividades propias del Poder Judicial" cumpliendo importantes funciones para coadyuvar "en la atenuación –con base en la equidad–, de las durezas excesivas de la ley penal;" para servir "como mecanismo de reparación de los errores judiciales que no pueden ser reparados a través de los recursos previstos en el ordenamiento jurídico;" o para facilitar "la resocialización del procesado o penado".

Rechazada la calificación del indulto como acto administrativo y precisado su naturaleza como acto de gobierno dictado en ejecución directa de la Constitución, la Sala pasó a analizar "la posibilidad de que el contenido del indulto pueda ser controlado por los órganos de la jurisdicción constitucional," afirmando de entrada que:

> "debe precisarse que el único aspecto de aquél susceptible de control judicial, es el referido a los **motivos** que impulsan al Presidente de la República a conceder tal derecho de gracia, lo cual obedece, en palabras de García Mahamut, a que el reconocimiento y garantía de un contenido material propio de la función de dirección política del Poder Ejecutivo, se traduce en el reconocimiento de un

1225 La cita es de Miguel Caminal Badía, *Manual de Ciencia Política,* Segunda edición, Editorial Tecnos, Madrid 1999, p. 58.

área de actuación reservada a aquél con características distintas de las correspondientes a las áreas de actuación derivadas de otras funciones, como sería, por ejemplo, la administrativa (García Mahamut, Rosario, *El indulto,* Editorial *Marcial Pons,* Madrid-Barcelona 2004, p. 195)". (Destacado de la Sala)

Este párrafo de la sentencia, sin duda es contradictorio, pues la última parte del mismo a lo que conduce es a afirmar que los motivos, al contrario de lo indicado al inicio, serían el único aspecto que **no** es susceptible de control. Parecería, por tanto, que habría un error de tipeo, y un "no" desapareció del párrafo el cual parece referirse a que precisamente los motivos son el único aspecto **no susceptible** de control judicial, lo que además se afirma más adelante en la sentencia al concluir en su primera parte que "Visto entonces que los **motivos** que impulsan la concesión del indulto no son controlables judicialmente…" la Sala pasó entonces sólo verificar si el mismo "a ha cumplido con los requisitos formales necesarios para su legitimidad constitucional".

Ello se confirma, además, con la afirmación que se hace en el párrafo siguiente de que "no obstante lo anterior, existen otros casos en que el indulto, como cualquier acto del poder público, **sí será susceptible de ser fiscalizado por el Poder Judicial**, ello con base en el principio de universalidad del control de todos los actos y actuaciones del Poder Público, el cual implica el pleno control de los actos políticos o de gobierno (entre los cuales se encuentra el indulto)" (énfasis nuestro). Ese control judicial sobre los actos de gobierno lo resumió la Sala así:

> "En efecto, los aspectos formales de validez y competencia del decreto de indulto sí pueden ser objeto control judicial, entre los cuales se ubican la exigencia de que dicho acto sea emitido por el Presidente de la República, así como también que esté refrendado por el Vicepresidente o Vicepresidenta y por el Ministro o Ministra correspondiente (tal como lo ordena el segundo aparte del artículo 236 de la Constitución). Otros aspectos del indulto que también pueden ser revisados judicialmente, están vinculados al respeto de ciertas prohibiciones establecidas en el propio Texto Constitucional, al momento de la concesión del indulto, como es el caso del artículo 29 de la Constitución de la República Bolivariana de Venezuela, en el cual se prohíbe el otorgamiento de indultos en casos de delitos de lesa humanidad, violaciones graves de los derechos humanos y crímenes de guerra".

La consecuencia de ello, por tanto, en criterio de la Sala Constitucional es que "en caso que el indulto sea concedido con inobservancia de algunos de estos requisitos o prohibiciones," el mismo "podrá ser sometido indudablemente al control judicial, en sede de jurisdicción constitucional, toda vez que se trataría de quebrantamientos de normas constitucionales, imputables a un acto dictado en ejecución directa de la Constitución por un órgano del Poder Ejecutivo Nacional".

De lo anterior concluyó la Sala Constitucional, con razón, que el decreto de indulto "constituye un acto de gobierno –y no un acto administrativo– que implica el ejercicio de un derecho de gracia, y que por ende se haya dentro de un ámbito de discrecionalidad política", y que si el mismo "no puede ser controlable en cuanto a sus **motivos** por la jurisdicción constitucional, mucho menos éstos pueden ser revisados en sede de jurisdicción contencioso-administrativa".

Sin embargo, a renglón seguido, la Sala Constitucional pasó a afirmar sin fundamento alguno, que en el caso del indulto como al contrario lo había hecho el Fiscal General de la República al impugnar el decreto presidencial, no resultaba "plausible:"

> "imputarle a dicho acto vicios que obedecen al ámbito propio de los actos administrativos, tales como inmotivación, abuso o exceso de poder, así como también desviación de poder, tal como lo ha pretendido la representación del Ministerio Público."

Esta afirmación de la Sala Constitucional, por supuesto, es excesiva y carece globalmente de fundamento, pues si bien por su naturaleza, en el caso específico del indulto, el mismo no tiene que estar motivado por lo que no es susceptible de ser impugnado por "inmotivación," sin embargo, si podría ser impugnado por abuso o exceso de poder (falso supuesto, por ejemplo, o error de hecho –que la persona indultada no era efectivamente a la cual iba destinada la gracia, por ejemplo–) y, por supuesto, por desviación de poder, que es el uso de la función política para fines distintos a los que se pueden perseguir con el indulto (por ejemplo, para pagar un favor político o de raigambre criminal). Estos vicios no son exclusivos de los actos administrativos, como parece sugerirlo la Sala, pudiendo también viciar los actos de gobierno.

De manera que la afirmación de la Sala Constitucional en su sentencia de que "la intensidad del control judicial en el caso de los actos de gobierno, es muy inferior a la que se ejerce sobre los actos administrativos", no debe aceptarse, sino con limitaciones, que comentaremos al final de este estudio.

En todo caso, de la sentencia comentada, la Sala Constitucional del Tribunal Supremo en Venezuela, trató tres aspectos fundamentales del derecho público que deben destacarse: *primero*, el principio de la formación del derecho por grados que nos permite fijar la distinción entre el acto de gobierno y el acto administrativo; *segundo,* el principio de la universalidad del control jurisdiccional y el sometimiento de los actos de gobierno, como actos dictados en ejecución directa de la Constitución, a control judicial; y en *tercer lugar*, el tema de la universalidad del control extendida al control del ejercicio de los poderes discrecionalidad en los actos estatales.

Por tanto, en sistemas jurídicos con control jurisdiccional de la constitucionalidad de los actos del Estado como el venezolano, los "actos del gobierno", aun cuando escapan al control de los tribunales contencioso administrativos por no estar sujetos a la "ley formal" y no ser actos administrativos, sin embargo si están sujetos al control jurisdiccional de su conformidad al derecho (constitucionalidad) por la Jurisdicción constitucional. Una vez más puede decirse que esos actos del Jefe de Estado, sin lugar a dudas, están sujetos al principio de legalidad; pero aquí "legalidad" significa constitucionalidad (sometimiento a la norma de la Constitución).

En el caso esos actos del Estado dictados en ejecución directa e inmediata de la Constitución, es decir, los actos del Parlamento como las leyes formales o las *interna corporis;* o los actos del Jefe de Estado o de gobierno, dictados en ejercicio de poderes otorgados directa y exclusivamente por la Constitución, para que exista un Estado de derecho en todo el sentido de la palabra, deben estar sujetos a algún sistema de control judicial o jurisdiccional de la constitucionalidad. En este sentido se establecieron, por ejemplo, en Europa continental los Tribunales Constitucionales como órganos constitucionales con el único propósito de controlar la constitucionalidad de los actos del Estado sancionados en ejecución directa e inmediata de la Constitución, como las leyes, y los actos internos del Parlamento, así como los actos de gobierno y los decretos leyes. No es por casualidad que si en Europa, los primeros países en los que se establecieron los primeros Tribunales Constitucionales como Austria y Checoslovaquia (1920), fueron precisamente aquellos en los cuales la organización del sistema constitucional estaba directamente influenciada por la teoría de Kelsen sobre del sistema jurídico como jerarquía de normas. El objetivo específico de estos Tribunales Constitucionales fue juzgar la inconstitucionalidad de los actos del Estado dictados en ejecución directa de la Constitución. Pero no fue sino hasta la década de los cuarenta del Siglo pasado, después de la Segunda Guerra Mundial, cuando en Europa continental se generalizaron los Tribunales Constitucionales para juzgar la constitucionalidad de las leyes y de los actos de gobierno, en particular los que tienen fuerza de ley[1226]. En América Latina, la tradición de control concentrado de la constitucionalidad de las leyes se remonta al Siglo XIX, pero la creación de Tribunales Constitucionales o de Salas Constitucionales de los Tribunales Supremos, como Jurisdicción Constitucional, es de más reciente data.

En otro sentido, debe señalarse que precisamente debido a la ausencia de un órgano constitucional encargado del control de la constitucionalidad de los actos del Estado dictados en ejecución directa e inmediata de la Constitución, y además por la expansión del principio de legalidad en relación a los actos administrativos, fue que se produjo una distorsión en la concepción del Estado de derecho con el desarrollo de la doctrina antes mencionada, de los "actos de gobierno" o "actos políticos". El objetivo de la doctrina era excluir del control de la legalidad a cargo de los tribunales contencioso-administrativos, de ciertos actos políticos dictados por el Jefe de Estado, pero sin que existiera un control alterativo de constitucionalidad. En esta forma, la famosa doctrina francesa de los "actos de gobierno" o de los "actos políticos" en el derecho italiano o español, sé desarrolló mucho antes de que se establecieran en esos países Tribunales Constitucionales. Como ya lo expresamos, según esa doctrina, se suponía que había algunos actos del Ejecutivo que aunque estaban considerados erróneamente como actos administrativos no estaban sometidos a control de legalidad. Esto se debió, principalmente, a que se considerara inicialmente que habían sido formulados por razones políticas, o más tarde, cuando esa doctrina estaba llegando a su fin, porque se considerara que se refería a asuntos establecidos directamente en la Constitución, con referencia a las relaciones entre los diferentes poderes del Estado o entre los órganos constitucionales, o a otros Estados en el orden internacional.

Como ya se señaló, esos actos no estaban sometidos al control contencioso administrativo ni al control de la legalidad administrativa, no porque no se tratara de actos administrativos dictados por razones políticas, sino porque, contrariamente a lo que se aseveraba, en realidad, no eran actos administrativos. En efecto, eran actos de gobierno dictados en ejecución directa e inmediata de la Constitución y el único control al que se les podía someter era al control de la constitucionalidad, que signi-

---

1226 *V.*, Allan R. Brewer-Carías, *Judicial Review in Comparative Law,* Cambridge University Press, Cambridge, 1989.

fica su sumisión a la norma que se había ejecutado para su emisión, es decir, la misma Constitución. Como en esos países no había control jurisdiccional de la constitucionalidad de los actos del Estado, tampoco podía haber control jurisdiccional sobre esos actos, hecho que contribuyó a la distorsión de la doctrina del "acto de gobierno". Por ello, en países como Italia y España, el subsiguiente establecimiento del control de la constitucionalidad de las leyes y de los actos ejecutivos con fuerza de ley, tuvo como consecuencia la reducción o desaparición de la doctrina de la inmunidad jurisdiccional de los actos políticos. Estos actos están ahora bajo el control de los Tribunales Constitucionales.

En Francia, y a pesar de las reformas constitucionales que establecieron en 2009 el control posterior de la constitucionalidad de las leyes, todavía existe la doctrina de la exención de "actos de gobierno" del control contencioso-administrativo, lo que tradicionalmente ha creado un área inmune al control de la legalidad, aún cuando cada vez más reducida.

En todo caso, además de los actos dictados en ejecución directa e inmediata de la Constitución, en los sistemas legales graduados que han dado origen a los sistemas de control judicial o jurisdiccional de la constitucionalidad, es evidente que el principio de legalidad, por su ámbito, desempeña un papel mucho más importante en el segundo nivel de ejecución del ordenamiento jurídico, es decir, en aquellos actos del Estado dictados en ejecución directa e inmediata de la legislación, o en ejecución indirecta y mediata de la Constitución. Aquí, el principio de legalidad se ha desarrollado en el pleno sentido de la palabra, particularmente con referencia a la Administración Pública, dando origen al control judicial o jurisdiccional de la legalidad de los actos administrativos (Jurisdicción contencioso-administrativa), y por consiguiente, al derecho administrativo.

Pero este principio de legalidad, principalmente en sistemas legales con Constituciones escritas, implica por supuesto, no sólo que los órganos que ejercen el Poder Ejecutivo o más ampliamente la Administración Pública estén sujetos a las normas de derecho, sino que los otros órganos del Estado, incluyendo los órganos legislativos, también estén sujetos a las normas de derecho. En consecuencia, lo que constituyen las normas de derecho en relación a cada órgano del Estado, varía y tiene un ámbito diferente dependiendo de la posición que tiene cada norma o acto del Estado en el sistema jurídico jerarquizado. Por ello, para el Legislador, legalidad quiere decir constitucionalidad o sumisión a la Constitución, igual que para el Jefe de Estado con respecto a los actos de gobierno. En ambos casos, dichos actos se adoptan en ejecución directa e inmediata de la Constitución, sin la interferencia de actos del Parlamento, en forma tal que sólo están subordinados a la Constitución y no puede en general haber ley alguna que los condicione. Esta sumisión al derecho es, en todo caso, la que implica que los mismos están sometidos a control judicial por parte de la Jurisdicción Constitucional, respondiendo, por tanto, al principio de la universalidad del control judicial de los actos estatales.

En efecto, por tanto, los actos de gobierno, si bien no son actos que estén sometidos a la ley en sentido formal, pues la función de gobierno no puede ser regulada por el legislador, al ser actos sometidos a la Constitución en virtud de que son dictados por el Presidente de la República en ejercicio de competencias constitucionales, están igualmente sometidos al control de la constitucionalidad que ejerce el Tribunal

Supremo de Justicia[1227] en Sala Constitucional, la cual puede declarar su nulidad, por inconstitucionalidad, con carácter absoluto, es decir, con *erga omnes*.

Sobre que los actos de gobierno como actos de naturaleza política pueden ser objeto de control por la Jurisdicción Constitucional, bastaría plantear un solo ejemplo para darse cuenta de su necesidad, y sería el caso de la fijación del contingente de las Fuerzas Armadas Nacionales, por el Presidente de la República, estableciendo un cupo por razas, lo que violaría el artículo 21 de la Constitución. Dicho acto sería a todas luces inconstitucional y anulable, estando entre los motivos de impugnación de los actos de gobierno, la violación directa de la Constitución.

Debe recordarse que en la sentencia de la antigua Corte Suprema de Justicia en Corte Plena de 29 de abril de 1965, dictada con motivo de la impugnación de la Ley aprobatoria del Tratado de Extradición con los Estados Unidos, la Corte había sentado el criterio restrictivo, ahora totalmente superado en esta materia, al decidir en lo relativo a los actos que el Presidente de la República está facultado para realizar en ejercicio de sus atribuciones constitucionales, "un atento examen de las mismas conduce a la conclusión de que determinadas actuaciones presidenciales, en cualquiera de los dos caracteres de Jefe del Ejecutivo Nacional o Jefe del Estado venezolano asignados a aquél por el artículo 181 de la Constitución, están excluidos del control jurisdiccional de constitucionalidad en atención a que por su propia esencia son actos de índole discrecional; situaciones en que no cabe aplicar a los motivos determinantes de la actuación el expresado control constitucional," considerando la Corte entre tales actos, según el artículo 190 de la Constitución Nacional los siguientes: "Fijar el contingente de las Fuerzas Armadas Nacionales; convocar el Congreso a sesiones extraordinarias y reunir en Convención a algunos o a todos los Gobernadores de las entidades federales." De esta afirmación, concluía la Corte que "en lo relativo al control jurisdiccional sobre la constitucionalidad intrínseca de los actos del Poder Público" podía indicarse que "este control no ha sido establecido en forma rígida o absoluta, pues están, sustraídas a su dominio diversas situaciones tanto en el orden legislativo, como en el judicial y en el ejecutivo"[1228].

Esta decisión, como se ha dicho, ahora totalmente superada, sin embargo, originó la doctrina de supuestos actos excluidos de control judicial aún cuando no en si mismos, sino en los aspectos de los mismos que pudieran ser controlados[1229].

En todo caso, la interpretación doctrinal sobre la exclusión del control de constitucionalidad "intrínseca" de los actos de gobierno, que sólo podía referirse a los motivos del acto, como acto discrecional, pero no a los aspectos relativos a la competencia o a la forma, no fue acogida totalmente de inmediato, al punto que en una sentencia de 21 de noviembre de 1988, la Sala Político Administrativa de la antigua

1227 *V.*, Allan R. Brewer-Carías, "Comentarios sobre la doctrina del acto de gobierno, del acto político, del acto de Estado y de las cuestiones políticas como motivo de inmunidad jurisdiccional de los Estados en sus tribunales nacionales", en *Revista de Derecho Público*, Nº 26, Editorial Jurídica Venezolana, Caracas 1986, pp. 65-68.

1228 *V.*, Allan R. Brewer-Carías, *Jurisprudencia de la Corte Suprema 1930-1974 y Estudios de Derecho Administrativo,* T. IV, Instituto de derecho Público/Editorial Jurídica Venezolana, Caracas, 1977, p. 83.

1229 *V.*, Luis H. Farías Mata, "La doctrina de los actos excluidos en la jurisprudencia del Supremo Tribunal," en *Archivo de Derecho Público y Ciencias de la Administración*, Instituto de Derecho Público, UCV, Vol. I, (1968-1969), Caracas, 1971, pp. 329 a 331.

Corte Suprema de Justicia al conocer de la impugnación de un acto del Consejo Supremo Electoral, afirmó al distinguirlo de los actos de gobierno, que en relación a éstos:

> "Permanecen todavía incólumes los principios sentados por la Corte –a los que se refieren los apoderados del Consejo, pero aplicándolos inexactamente al caso de autos– respecto de los "actos de gobierno", especie jurídica que, en razón de su superior jerarquía, derivada del hecho de que son producidos en ejecución directa e inmediata de la Constitución y no de la ley ordinaria, ha sido excluida hasta ahora, por la propia Corte, de la totalidad del control jurisdiccional de constitucionalidad, "en atención –como ella misma ha expresado– a que por su propia esencia son actos de índole eminentemente política o actos de gobierno, o de índole discrecional; situaciones en que no cabe aplicar a los motivos determinantes de la actuación el expresado control constitucional"[1230].

La discusión sobre el control de constitucionalidad de los actos de gobierno, en todo caso, fue definitivamente cancelada por la antigua Corte Suprema de Justicia en Corte Plena en sentencia de 11 de marzo de 1993 (caso *Gruber Odreman*), al decidir sobre la impugnación por inconstitucionalidad de los decretos de suspensión de garantía y su ejecución, de noviembre de 1992 dictados luego de la sublevación militar del día 27 de ese mes. La Corte entró directamente al tema preguntándose lo siguiente:

> Ahora bien, ¿cabe dentro del marco constitucional venezolano sostener la no enjuiciabilidad de actuaciones de la Administración, de rango ejecutivo o legislativo, en razón de su contenido político?
>
> Para llegar a una respuesta adecuada, se hace imperativo, en primer término, acudir a la construcción que sobre el tema ha hecho esta Corte a través de decisiones donde se pone en evidencia, una vez más, la nunca suficientemente entendida relación de causalidad existente entre el avance del sistema de control jurisdiccional sobre los actos del Poder Público y el desarrollo institucional democrático de un país.
>
> En efecto, no es esta la primera ocasión que se presenta a la Corte de discernir sobre la teoría de los actos exentos de control pues, no pocas veces, ha ido su Sala Político-Administrativa extendiendo pausada pero invariablemente, su ámbito de control –como órgano de la jurisdicción contencioso-administrativa– a toda la actividad del Poder Público; y así igualmente, en cuanto al control constitucional directo, este Alto Tribunal en Pleno ha traspasado barreras conceptuales antes defendidas por la preeminencia de un Estado todopoderoso, criterio hoy francamente superado[1231].

Para fundamentar este criterio, la Corte acudió a su doctrina original sentada en 1962 sobre la universalidad del control de constitucionalidad y citando la sentencia

---

1230 *V.*, en *Revista de Derecho Público*, N° 36, Editorial Jurídica Venezolana Caracas 1988, pp. 62 y ss.

1231 *V.*, en *Revista de Derecho Público*, N° 53-54, Editorial Jurídica Venezolana, Caracas 1993, pp. 218 y ss.

de 15 de marzo de 1962 (dictada con motivo de la acción de nulidad de la ley aprobatoria del contrato con el Banco de Venezuela, como auxiliar de tesorería) señaló:

> "Tal amplitud de criterio, mantenida casi invariablemente por esta Suprema Corte, se ha puesto ya de manifiesto en actos conocidos como típicamente gubernativos, como es el caso, aunque en materia contencioso-administrativa y no constitucional, de la sentencia de fecha 31 de octubre de 1972 (Caso *Manuel Elpidio Páez Almeida, SPA*).
>
> 3. Con arreglo a lo anterior, es indispensable para esta Corte que las actuaciones de la rama ejecutiva del Poder Público, a tenor del artículo 117 de la Constitución que consagra el principio de legalidad ("La Constitución y las leyes definen las atribuciones del Poder Público, y a ellas debe sujetarse su ejercicio"), están sujetas, por imperio de la Carta Fundamental, a la ley en su sentido más amplio y por ende, a revisión judicial: constitucional en aplicación del artículo 215, ordinal 6 *ejusdem* y contencioso administrativo, por previsión del artículo 206 *ibídem*.
>
> Luego, en Venezuela, el problema de los "actos de gobierno" no se contrae a una categoría jurídica revestida de inmunidad jurisdiccional, pues como se ha visto, existe frente a éstos la posibilidad de recurrirlos con base a una garantía constitucional. La cuestión se circunscribe entonces al mayor o menor grado de sujeción al cuerpo normativo, asunto atinente a la competencia reglada y al poder discrecional del funcionario que, en ejecución de la Ley Fundamental, dicta el acto"[1232].

En esta forma, la Corte identificó el problema del control de la constitucionalidad de los actos de gobierno, como un problema de control de actos discrecionales. Para ello, aplicó los principios que la misma Corte había venido estableciendo sobre el control de los actos administrativos discrecionales desde la década de los cincuenta[1233]. Particularmente, se destaca en esa línea, la sentencia de la Sala Político-Administrativa (caso *Depositaria Judicial*) de 2 de noviembre de 1982 en la cual al admitir el control de los actos administrativos discrecionales en relación a la competencia, las formalidades y la finalidad, la Corte señaló que si bien no controla las razones de fondo, mérito de oportunidad y conveniencia, el Juez puede:

> "Revisar la veracidad y la congruencia de los hechos que, a través de la motivación, el funcionario alega que ocurrieron, y con base en los cuales adoptó –apreciándolas según las circunstancias de oportunidad y de conveniencia que tuvo a la vista– la medida posteriormente recurrible ante la jurisdicción contencioso-administrativa[1234].

En todo caso, en la Constitución de 1999 quedó definitivamente establecido el control de constitucionalidad de los actos de gobierno, al atribuir a la Sala Constitu-

---

1232 *Ídem*.

1233 *V.*, Allan R. Brewer-Carías, "Los límites a los problemas discrecionales de las autoridades administrativas," en *Revista de la Facultad de Derecho*, Universidad Católica Andrés Bello, Nº 2, Caracas, 1965.

1234 *V.*, en *Revista de Derecho Público*, Nº 12, Editorial Jurídica Venezolana, Caracas 1982, pp. 124 y ss.

cional del Tribunal Supremo de Justicia, competencia para declarar la nulidad de los mismos cuando colida con la Constitución, cualquiera sea la forma de dicha violación constitucional (arts. 334 y 336,3 y 4); de manera que la doctrina jurisprudencial dominante en esta materia, sentada en la sentencia N° 2208 de 28 de noviembre de 2007 (Caso *Antonio José Varela y Elaine Antonieta Calatrava Armas vs. Proyecto de Reforma de la Constitución de la República Bolivariana de Venezuela*)[1235], ha sido el considerar "como uno de sus paradigmas fundamentales para la materialización de un "*Estado democrático y social de Derecho y de Justicia*" –Artículo 2 de la Constitución–, el principio de la universalidad del control jurisdiccional de la *"actividad"* del Estado, –*Vid.* Sentencia de esta Sala N° 1.815/2004–."

En dicha sentencia, en efecto, la Sala Constitucional, a los efectos de precisar cómo se puede resumir "el principio de la universalidad del control jurisdiccional de la actividad del Estado," como si en Venezuela quizás nunca se hubiera escrito sobre ello, recurrió de nuevo a autores extranjeros, en particular a lo expresado por Andreas Auer, quien al referirse a los fines de la jurisdicción constitucional, señaló que:

> "(…) no hay ningún acto estatal que pueda escapar por definición, a la jurisdicción constitucional. Corresponde, sin embargo, a cada orden jurídico definir los actos sometidos a ella (…)"; así, en el caso venezolano los actos dictados en ejecución directa de la Constitución son parte fundamental de las competencias de la jurisdicción constitucional, que se complementan –desde una perspectiva de tutela judicial efectiva de los particulares– con las atribuciones de la jurisdicción contencioso administrativa –*Cfr.* Acosta Sánchez, José. *Formación de la Constitución y Jurisdicción Constitucional, Fundamentos de la Democracia Constitucional,* Tecnos, Madrid, 1998, p. 347".

Con base en ello, y luego de constatar el proceso lento y paulatino tendiente a que se aceptara la "revisión judicial de los actos estatales" la Sala reiteró su criterio, particularmente en materia de actos de gobierno (*Vid.* Sentencia de esta Sala N° 1.815/2004), expresado en la sentencia N° 1815 de 24 de mayo de 2004, en la cual expuso:

> "(...) la existencia de los actos de gobierno no es discutida: son todos aquellos en los que se manifiesta la dirección política del Estado por parte del Presidente de la República, haciendo para ello uso de poderes que le otorga directamente el Texto Fundamental. Tampoco es discutido el control judicial sobre esos actos, y de hecho el Máximo Tribunal ha conocido de demandas dirigidas contra uno de los actos en los que el Jefe del Estado y del Gobierno da muestras de la considerable amplitud de sus poderes: la limitación de los derechos o de las garantías constitucionales, a través de decretos de suspensión de garantías.
>
> Sería un despropósito, y así lo entiende esta Sala, que los actos del Presidente de la República queden excluidos del control, **si ellos causan efectos jurídicos**.

1235 *V.*, en *Revista de Derecho Público*, N° 112, Editorial Jurídica Venezolana, Caracas 2007, pp. 601-606.

De esta manera, los actos de gobierno no son sólo actos políticos; son más que eso: son jurídicos también (...)"[1236].

En la sentencia N° 2208 de 28 de noviembre de 2007, además, concluyó la sala afirmando que:

"Ciertamente, bajo el ordenamiento jurídico vigente es inconcebible aceptar la existencia de ámbitos jurídicos –actos u actuaciones– de los órganos del Poder Público, desprovistos de una efectiva tutela judicial, sin contradecir los valores fundamentales del imperio de la Constitución de la República Bolivariana de Venezuela.

Así, el concepto histórico "(...) de «acto de gobierno» o «acto político» [que] nace en el Derecho francés durante la etapa de la Restauración borbónica como un mecanismo defensivo del Consejo de Estado que tenía que hacerse perdonar sus orígenes napoleónicos y luchar por su pervivencia. Ese concepto, grato a los nuevos gobernantes, le permite excluir del recurso por exceso de poder los actos de la Administración –y fundamentalmente del Gobierno– que aparecieran inspirados en un «móvil político», calificándolos como actos judicialmente inatacables. Sin embargo, a partir de 1875 el Consejo de Estado reducirá al máximo este concepto, ciñéndolo a los actos dictados en ejercicio de la función gubernamental como distinta de la función administrativa (...)" (*Vid.* Parada, Ramón. *Derecho Administrativo I. Parte General*, Marcial Pons, 2004, p. 93).

Este criterio no puede tener en nuestro sistema de derecho mayor relevancia que el de un dato histórico o doctrinal, ya que el mismo contradice la esencia del sistema de control universal de la jurisdicción constitucional en los términos antes expuestos.

En efecto, el control de constitucionalidad por la vía del recurso de nulidad, debe admitirse siempre y todas las veces que determinado acto que en ejecución directa de la Constitución incida sobre la esfera jurídica de los derechos de los justiciables garantizados por la Constitución, independientemente del "origen" del acto, ya que lo esencial es que exista no un agravio a un derecho de substancia constitucional –circunstancia a ser determinada en juicio–, sino que el acto impugnado tenga relevancia jurídica en la medida que incide sobre la esfera de derechos y deberes de un individuo o a la sociedad en su totalidad o en parte[1237].

El principio de la universalidad del control jurisdiccional de la actividad estatal, no sólo implica que todos los actos estatales están sujetos a dicho control jurisdiccional para verificar su conformidad con el derecho, lo que incluye, en lo que nos interesa ahora para este trabajo, a los actos de gobierno y a los actos administrativos, sino que el control jurisdiccional que ejercen tanto la Jurisdicción Constitucional como la Jurisdicción Contencioso Administrativa es también de ámbito o carácter

---

1236 *V.*, en http://www.tsj.gov.ve/decisiones/scon/Agosto/1815-240804-04-0414.htm. Citada en la sentencia N° 2208 de 28 de noviembre de 2007 (Caso *Antonio José Varela y Elaine Antonieta Calatrava Armas vs. Proyecto de Reforma de la Constitución de la República Bolivariana de Venezuela*), en *Revista de Derecho Público*, N° 112, Editorial Jurídica Venezolana, Caracas 2007, pp. 601-606.

1237 *Ídem.*, pp. 601-606.

universal en el sentido que incide en todos los elementos del acto estatal, sin que pueda servir de excusa el tipo de poderes que han sido atribuidos al órgano estatal para dictar el acto.

En esta materia puede decirse que también quedaron totalmente superadas las restricciones que todavía a mitades del siglo pasado todavía se formulaban al principio de legalidad, que permitían considerar que los actos dictados en ejercicio de poderes derivados de circunstancias excepcionales o en ejercicio de poderes discrecionales quedaban excluidos de control pues el principio de legalidad no les era completamente aplicable[1238].

En cuanto a las circunstancias excepcionales, que originaba los llamados estados de emergencia o de sitio, el constitucionalismo democrático contemporáneo progresivamente las enmarcó sujetándolas, como actos de gobierno, a la Constitución. Ello resulta, por ejemplo, del régimen relativo a la "Protección de la Constitución" que se establece en el propio texto constitucional para regular las circunstancias excepcionales que pueden originar situaciones de excepción que afecten gravemente la seguridad de la Nación, de las instituciones y de las personas, y que ameritan la adopción de medidas político constitucionales para afrontarlas. Conforme al artículo 338 de la Constitución, incluso en 2001 se dictó la Ley Orgánica sobre Estados de Excepción[1239] donde se los regulan, y se determinan las medidas que pueden adoptarse, con sus límites y restricciones, al decretarse los mismos, incluyendo "el ejercicio de los derechos que sean restringidos con la finalidad de restablecer la normalidad en el menor tiempo posible" (Art. 1).

Tanto en la Constitución como en la Ley, además, se establecen diversos mecanismos de control, consistentes no sólo en la presentación del Decreto ejecutivo que declare el estado de excepción dentro de los ocho días siguientes a la Asamblea Nacional, sino su sometimiento automático a control jurisdiccional ante la Sala Constitucional del Tribunal Supremo de Justicia, para que se pronuncie sobre su constitucionalidad. En esa normativa, además, se dispone que el acto de gobierno que decrete el estado de excepción deba cumplir con las exigencias, principios y garantías establecidos en el Pacto Internacional de Derechos Civiles y Políticos y en la Convención Americana sobre Derechos Humanos (Art. 339). Con base en ello las medidas que se adopten no pueden "ser incompatibles con las demás obligaciones que les impone el derecho internacional y no entrañen discriminación alguna fundada únicamente en motivos de raza, color, sexo, idioma, religión u origen social". En igual sentido se dispone en el artículo 27 de la Convención Americana sobre Derechos Humanos.

---

1238 *V.*, por ejemplo, Allan R. Brewer-Carías, *Las Instituciones Fundamentales del Derecho Administrativo y la Jurisprudencia Venezolana*, Universidad Central de Venezuela, Caracas 1964.

1239 *V.*, en *Gaceta Oficial* N° 37.261 de 15-08-2001. *V.*, en general sobre los estados de excepción en la Constitución, Jesús M. Casal H., "Los estados de excepción en la Constitución de 1999," en *Revista de Derecho Constitucional,* N° 1 (septiembre-diciembre), Editorial Sherwood, Caracas, 1999, pp. 45-54; Salvador Leal W., "Los estados de excepción en la Constitución", en *Revista del Tribunal Supremo de Justicia*, N° 8, Caracas, 2003, pp. 335-359; María de los Ángeles Delfino, "El desarrollo de los Estados de Excepción en las Constituciones de América Latina," en *Constitución y Constitucionalismo Hoy*. Editorial Ex Libris, Caracas, 2000, pp. 507-532; Salvador Leal Wilhelm, "Los estados de excepción en la Constitución," en *Revista de Derecho,* N° 8, Tribunal Supremo de Justicia, Caracas, 2003, pp. 335-356.

En la normativa constitucional, además se enmarcó con precisión la posibilidad de que en los estados de excepción se pueda decretar la restricción temporal las garantías consagradas en la Constitución, con excepción absoluta de las referidas a los derechos a la vida, la prohibición de incomunicación o tortura, el derecho al debido proceso, el derecho a la información y los demás derechos humanos intangibles (Art. 337); lista que además está ampliada en el Pacto Internacional de Derechos Civiles y Políticos (Art. 4), y en la Convención Americana de Derechos Humanos (Art. 27). Con esta normativa se restringió adicionalmente el ámbito de acción en estas circunstancias excepcionales al eliminarse de la Constitución la posibilidad de que se pudiesen "suspender" las garantías constitucionales como lo autorizaban los artículos 241 y 190.6 de la Constitución de 1961, que dio origen a tantos abusos institucionales;[1240] y se impone la obligación al Ejecutivo de que en el decreto que declare el estado de excepción y restrinja las garantías, necesariamente se debe "regular el ejercicio del derecho cuya garantía se restringe" (Art. 339). Por ejemplo, si se restringe la libertad de tránsito, en el mismo decreto de restricción debe especificarse en qué consiste la restricción, como podría ser la prohibición de circular a determinadas horas (toque de queda), por ejemplo, o en determinados vehículos[1241].

## *SECCIÓN CUARTA:*

## *EL RECURSO DE INTERPRETACIÓN ABSTRACTA DE INTERPRETACIÓN CONSTITUCIONAL EN VENEZUELA (BOGOTÁ, 2006)*

**El texto que conforma esta sección fue publicado con el título: "Le recours d'interprétation abstrait de la Constitution au Venezuela", en *Le renouveau du droit constitutionnel, Mélanges en l'honneur de Louis Favoreu*, Dalloz, Paris, 2007, pp. 61-70. Fue publicado en el libro: *Estudios sobre el Estado Constitucional*, Editorial Jurídica Venezolana, Caracas 2007, pp. 699-706.**

La Sala Constitucional del Tribunal Supremo de Justicia de Venezuela, como Jurisdicción Constitucional[1242] que es conforme al artículo 334 de la Constitución de

---

1240 *V.*, Allan R. Brewer-Carías, "Consideraciones sobre la suspensión o restricción de las garantías constitucionales," en *Revista de Derecho Público,* Nº 37, Editorial Jurídica Venezolana, Caracas, 1989, pp. 5 y ss.

1241 *V.*, las críticas a la suspensión no regulada de garantías constitucionales en Allan R. Brewer-Carías, "Prólogo" al libro de Daniel Zovatto G., *Los Estados de Excepción y los derechos humanos en América Latina*, Caracas, San José, pp. 24 y ss.

1242 *V.*, Allan R. Brewer-Carías, El Sistema de Justicia Constitucional en la Constitución de 1999: Comentarios sobre su desarrollo jurisprudencial y su explicación a veces errada, en la Exposición de Motivos, Editorial Jurídica Venezolana, Caracas, 2000; "La Justicia Constitucional en la Nueva Constitución" en *Revista de Derecho Constitucional*, Nº 1, Septiembre-Diciembre 1999, Editorial Sherwood, Caracas, 1999, pp. 35-44; Allan R. Brewer-Carías, "La justicia constitucional en la Constitución de 1999", en *Derecho Procesal Constitucional*, Colegio de Secretarios de la Suprema Corte de Justicia de la Nación, A.C., Editorial Porrúa, México 2001, pp. 931-961; publicado también en Reflexiones sobre el Constitucionalismo en América, Editorial Jurídica Venezolana, Caracas, 2001, pp. 255-285; "Instrumentos de justicia constitucional en Venezuela (acción de inconstitucionalidad, controversia constitucional, protección constitucional frente a particulares)", en Juan Vega Gómez y Edgar Corzo Sosa (Coordinadores) Instrumentos de tutela y justicia constitucional Memoria del VII Congreso Iberoamericano de Derecho Constitucional, Instituto de Investigaciones Jurídicas, Serie Doctrina Jurídica, Nº 99, México 2002, pp. 75-99.

1999[1243], ha venido utilizando sus poderes de interpretación de la Constitución para ampliar sus propias competencias contrariando incluso a veces garantías constitucionales del debido proceso, algunas de las cuales se ha pretendido "legalizar" en la Ley Orgánica del Tribunal Supremo de Justicia de 2004[1244].

Una de esas nuevas competencias que la Sala Constitucional se ha creado a si misma, ha sido para conocer de los recursos de interpretación abstractos de la Constitución que se pueden ejercer ante ella, sin relación alguna respecto de un caso concreto; tema que pienso hubiera interesado particularmente a mi amigo Louis Favoreu.

Conocí a Louis Favoreu en Caracas, en 1982, cuando asistió al XII Congreso Internacional de Derecho Comparado de la Academia Internacional de Derecho Comparado de La Haya, que se celebró en la Universidad Central de Venezuela, el cual me correspondió organizar; pero en realidad, comencé a conocer su obra algunos años después, precisamente cuando iniciaba la preparación del curso sobre *Judicial Review in Comparative Law* que dicté en el Curso de Maestría (L.L.M.) del año académico 1985-1986 en la Facultad de Derecho de la Universidad de Cambridge[1245], UK, con ocasión de lo cual tuve lo oportunidad de apreciar su valía académica y sus aportes al estudio de la justicia constitucional europea. Tuve además el privilegio de dar un Seminario en los famosos Cursos y Seminarios anuales sobre la Justicia Constitucional que organizaba en septiembre, en Aix en Provence[1246]. Favoreu, además, fue a Caracas en varias oportunidades donde tuvimos también el privilegio de que participara en algunos cursos y seminarios[1247].

Escribir por tanto, para uno de los merecidos Libros Homenaje que se han estado preparando en su memoria para recordar sus aportes al constitucionalismo, era para mi una tarea obligada, y nada mejor que exponer para ello uno de los aspectos de lo que ha ocurrido desde 2000 en Venezuela, con el desarrollo de la Jurisdicción Constitucional a través de inconstitucionales interpretaciones dadas por la Sala Constitucional del Tribunal Supremo de Justicia de Venezuela respecto de su propias competencias. A un cultor de la justicia constitucional como lo fue Favoreu, estoy seguro le hubiera interesado particularmente.

En Venezuela, el principio de la supremacía constitucional está consagrado expresamente en el artículo 7 de la Constitución, y para garantizar esa supremacía y lograr que la Constitución tenga plena efectividad, en el texto mismo de la Constitución se regula todo un sistema de justicia constitucional[1248], mediante la asignación a

---

1243 *V.*, los comentarios a la Constitución en Allan R. Brewer-Carías, *La Constitución de 1999. Derecho Constitucional Venezolano*, Editorial Jurídica Venezolana, 2 Tomos, Caracas 2004

1244 Allan R. Brewer-Carías, *Ley Orgánica del Tribunal Supremo de Justicia.* Procesos y procedimientos constitucionales y contencioso administrativos, caracas 2004.

1245 *V.*, Allan R. Brewer-Carías, *Judicial Review in Comparative Law*, Cambrige University Press, Cambridge 1989, p. 190; y *El control concentrado de la constitucionalidad de las leyes (Estudio de Derecho Comparado)*, Caracas, 1994.

1246 *V.*, Allan R. Brewer-Carías, *Études de Droit Public Comparé*, Ediciones Bruylant, Bruselas 2002, pp. 935-1167

1247 En particular en las Jornadas Internacionales de Derecho Administrativo, FUNEDA.

1248 *V.*, Alejandra León Parada y Guido Garbati Garbati, "Jurisdicción y Supremacía Constitucional", en *Nuevos estudios de derecho procesal, Libro Homenaje a José Andrés Fuenmayor,* Vol. I, Tribunal Supremo de Justicia, Colección Libros Homenaje, N° 8, Caracas, 2002, pp. 745 a 784.

todos los jueces de la República, en el ámbito de sus respectivas competencias y conforme a lo previsto en la Constitución y en la ley, de la obligación "de asegurar la integridad de la Constitución" (art. 334)[1249].

En consecuencia, la justicia constitucional, como competencia judicial para velar por la integridad y supremacía de la Constitución, en Venezuela se ejerce por *todos los jueces* mediante el método difuso en cualquier causa o proceso que conozcan, el cual también se consagra en texto expreso constitucional (Art. 334), y no sólo por el Tribunal Supremo de Justicia ni sólo por su Sala Constitucional, y, además, en particular, cuando conozcan de acciones de amparo o de las acciones contencioso administrativas al tener la potestad para anular actos administrativos por contrariedad a la Constitución (como forma de contrariedad al derecho) (art. 259)[1250].

En cuanto al Tribunal Supremo de Justicia, en materia de justicia constitucional, todas sus Salas tienen expresamente como competencia conforme a la Constitución para garantizar "la supremacía y efectividad de las normas y principios constitucionales", correspondiéndoles a todas ser "el máximo y último intérprete de la Constitución" y velar "por su uniforme interpretación y aplicación" (art. 335). No es cierto, por tanto, como se lo ha afirmado la Sala Constitucional, que ésta tenga "el monopolio interpretativo último de la Constitución"[1251]. Esta apreciación es completamente errada, pues no deriva del texto de la Constitución, de cuyo artículo 335, se deriva, al contrario, que *todas las Salas* ejercen la justicia constitucional conforme a sus respectivas competencias y son el máximo y último intérprete de la Constitución. También lo es la Sala Constitucional, mediante la cual el Tribunal Supremo de Justicia, concentra la Jurisdicción Constitucional (arts. 266, ord. 1° y 336).

Como toda Jurisdicción Constitucional, la Sala Constitucional ejerce el control concentrado de la constitucionalidad de las leyes y demás actos estatales de rango legal, conforme a las competencias expresas establecidas en la Constitución. A diferencia del método difuso de control, el método concentrado no puede desarrollarse como consecuencia de alguna labor pretoriana de los jueces en sus decisiones judiciales, sino que tiene que estar previsto *expresses verbis* por normas constitucionales, pues es la Constitución, como ley suprema de un país, el único texto que puede limitar los poderes y deberes generales de los tribunales para decidir la ley aplicable en cada caso; y es la única habilitada para atribuir dichos poderes y deberes en relación con ciertos actos del Estado, a ciertos órganos constitucionales, sea un Tribunal o Corte Suprema de Justicia o una Corte, un Consejo o un Tribunal Constitucional.

En Venezuela, como se dijo, ese órgano es la Sala Constitucional del Tribunal Supremo de Justicia, al cual la Constitución le otorga en exclusiva la potestad de anular las leyes y demás actos estatales que tengan rango legal o que sean dictados

---

1249 *V.*, nuestra propuesta en relación con este artículo en Allan R. Brewer-Carías, *Debate Constituyente (Aportes a la Asamblea Nacional Constituyente)*, T. II, (9 Septiembre-17 Octubre 1999), Fundación de Derecho Público-Editorial Jurídica Venezolana, Caracas, 1999, pp. 24 y 34.

1250 *V.*, Allan R. Brewer-Carías, *La Justicia Contencioso-Administrativa*, T. VII, *Instituciones Políticas y Constitucionales*, Universidad Católica del Táchira-Editorial Jurídica Venezolana, Caracas, 1997, pp. 26 y ss.

1251 *V.*, sentencia N° 1374 de 09-11-2000, en *Revista de Derecho Público*, N° 84, (octubre-diciembre), Editorial Jurídica Venezolana, Caracas, 2000, p. 267.

en ejecución directa e inmediata de la Constitución (art. 334), pero sin dejar de atribuir a los jueces en general el método difuso de control de constitucionalidad de las leyes en los casos concretos que decidan (art. 334).

En tal sentido, el artículo 336 de la Constitución atribuye a la Sala Constitucional del Tribunal Supremo de Justicia, como Jurisdicción Constitucional, las siguientes competencias:

1. Declarar la nulidad total o parcial de las leyes nacionales y demás actos con rango de ley de la Asamblea Nacional que colidan con esta Constitución.

2. Declarar la nulidad total o parcial de las Constituciones y leyes estadales, de las ordenanzas municipales y demás actos de los cuerpos deliberantes de los Estados y Municipios dictados en ejecución directa e inmediata de esta Constitución y que colidan con ella.

3. Declarar la nulidad total o parcial de los actos con rango de ley dictados por el Ejecutivo Nacional que colidan con esta Constitución.

4. Declarar la nulidad total o parcial de los actos en ejecución directa e inmediata de esta Constitución, dictados por cualquier otro órgano estatal en ejercicio del Poder Público, cuando colidan con ésta.

5. Verificar, a solicitud del Presidente o Presidenta de la República o de la Asamblea Nacional, la conformidad con esta Constitución de los tratados internacionales suscritos por la República antes de su ratificación.

6. Revisar en todo caso, aun de oficio, la constitucionalidad de los decretos que declaren estados de excepción dictados por el Presidente o Presidenta de la República.

7. Declarar la inconstitucionalidad de las omisiones* del poder legislativo municipal, estadal o nacional, cuando haya dejado de dictar las normas o medidas indispensables para garantizar el cumplimiento de esta Constitución, o las haya dictado en forma incompleta; y establecer el plazo y, de ser necesario, los lineamientos de su corrección.

8. Resolver las colisiones que existan entre diversas disposiciones legales y declarar cuál debe prevalecer.

9. Dirimir las controversias constitucionales que se susciten entre cualesquiera de los órganos del Poder Público.

10. Revisar las sentencias definitivamente firmes de amparo constitucional y de control de constitucionalidad de leyes o normas jurídicas dictadas por los tribunales de la República, en los términos establecidos por la ley orgánica respectiva.

11. Las demás que establezcan esta Constitución y la ley.

En estas normas se precisan por tanto, las atribuciones de la Sala Constitucional para controlar con poderes anulatorios la constitucionalidad de las leyes y demás actos estatales de rango legal o dictados ejecución directa de la Constitución; para controlar la constitucionalidad de los tratados y los decretos de estados de excepción; para controlar la inconstitucionalidad de las omisiones del Legislador; para resolver sobre la colisión de leyes y sobre las controversias constitucionales entre órganos del Estado; y para conocer del recurso de revisión de determinadas sentencias dictadas en juicios de amparo o en las cuales los jueces hubieran ejercido el control difuso de la constitucionalidad.

La Sala Constitucional del Tribunal Supremo de Justicia, sin embargo, lejos de haber actuado en el marco de las atribuciones expresas constitucionales antes indicadas, ha venido efectuando una inconstitucional interpretación constitucional mediante la cual ha venido asumiendo y se ha auto-atribuido competencias no sólo en materia de interpretación constitucional; sino en relación con los poderes de revisión constitucional de cualquier sentencia dictada por cualquier tribunal, incluso por las otras Salas del Tribunal Supremo de Justicia; con los amplísimos poderes de avocamiento en cualquier causa; con los supuestos poderes de actuación de oficio no autorizados en la Constitución; con los poderes de solución de conflictos entre las Salas; con los poderes de control constitucional de las omisiones del Legislador; con la restricción del poder de los jueces de control difuso de la constitucionalidad de las leyes; y con la asunción del monopolio de interpretar los casos de prevalencia en el orden interno de los tratados internacionales en materia de derechos humanos.

En todos estos aspectos, la Sala Constitucional al interpretar la Constitución, ha incurrido en inconstitucionalidad por violar la garantía del debido proceso, habiendo dado lugar a actos viciados de usurpación de funciones. Pero como a la Sala Constitucional, como custodio o guardián de la Constitución, nadie la controla, se ha convertido en una especie de poder constituyente derivado no regulado en el texto constitucional, y sus inconstitucionales interpretaciones de la Constitución han pasado ilegítimamente a formar parte de la propia Constitución. La pregunta de siempre que suscita el poder incontrolado, ***Quis custodiet ipsos custodes,*** por tanto, aquí adquiere todo su significado, pues no tiene respuesta.

En particular nos referiremos en estas notas a la primera de las interpretaciones inconstitucionales efectuadas por la Sala Constitucional sobre sus competencias, al haber "creado" una acción autónoma de interpretación de la Constitución sin fundamento constitucional alguno.

En efecto, con anterioridad a la entrada en vigencia de la Constitución de 1999, el artículo 42,24 de la derogada Ley Orgánica de la Corte Suprema de Justicia había atribuido competencia a la Sala Político Administrativa de la antigua Corte Suprema para interpretar los "textos legales, en los casos previstos en la Ley".

En esa misma tradición, la Constitución de 1999 estableció en forma expresa, la competencia del Tribunal Supremo de Justicia, para "conocer de los recursos de interpretación sobre el contenido y alcance de los textos legales", pero "en los términos contemplados en la ley" (artículo 266,6), atribución que debe ser ejercida "por las diversas Salas conforme a lo previsto en esta Constitución y en la ley" (único aparte, artículo 266). Por ello, el artículo 5, párrafo 1°, de la Ley Orgánica de 2004, atribuye a todas las Salas del Tribunal Supremo, competencia para:

> 52. Conocer del recurso de interpretación y resolver las consultas que se le formulen acerca del alcance e inteligencia de los textos legales, en los casos previstos en la ley, siempre que dicho conocimiento no signifique una sustitución del mecanismo, medio o recurso previsto en la ley para dirimir la situación si la hubiere.

Ahora bien, a pesar de que el ordenamiento constitucional y legal venezolano sólo regulaba y regula el recurso de interpretación respecto de textos legales, la Sala Constitucional ha creado jurisprudencialmente su propia competencia para conocer de recursos abstractos y autónomos de interpretación de la Constitución, mediante una inconstitucional interpretación que le ha dado al artículo 335 de la Constitución, que atribuye a todo el Tribunal Supremo y no sólo a la sala Constitucional, el carácter de ser "máximo y último intérprete de la Constitución".

En efecto, la Sala Constitucional en sentencia N° 1077 de 22 de septiembre de 2000, consideró, simplemente, que los ciudadano no requieren "de leyes que contemplen, en particular, el recurso de interpretación constitucional, para interponerlo"[1252], procediendo a "crear" un recurso autónomo de interpretación abstracta de las normas constitucionales no previsto constitucional ni legalmente, basándose para ello en el artículo 26 de la Constitución que consagra el derecho de acceso a la justicia, del cual dedujo que si bien dicha acción no estaba prevista en el ordenamiento jurídico, tampoco estaba prohibida, agregando que, por lo tanto:

> No es necesario que existan normas que contemplen expresamente la posibilidad de incoar una acción con la pretensión que por medio de ella se ventila, bastando para ello que exista una situación semejante a las prevenidas en la ley, para la obtención de sentencias declarativas de mera certeza, de condena, o constitutivas. Este es el resultado de la expansión natural de la juridicidad[1253].

En esta forma, la acción de interpretación de la Constitución, en criterio de la Sala Constitucional, es una acción de igual naturaleza que la de interpretación de la ley[1254], es decir, tiene por objeto obtener una sentencia declarativa de mera certeza sobre el alcance y contenido de las normas constitucionales, que no anula el acto en cuestión, pero que busca en efecto semejante, ya que en estos casos, coincide el interés particular con el interés constitucional; agregando que:

> La finalidad de tal acción de interpretación constitucional sería una declaración de certeza sobre los alcances y el contenido de una norma constitucional, y formaría un sector de la participación ciudadana, que podría hacerse incluso como paso previo a la acción de inconstitucionalidad, ya que la interpretación constitucional podría despejar dudas y ambigüedades sobre la supuesta colisión. Se trata de una tutela preventiva[1255].

En cuanto a la legitimidad necesaria para interponer la demanda, la Sala Constitucional ha señalado que el recurrente debe tener un interés particular en el sentido de que:

---

1252 *V.*, Sentencia N° 1077 de la Sala Constitucional de 22-09-00, caso: *Servio Tulio León Briceño. V.*, en *Revista de Derecho Público,* N° 83, Caracas, 2000, pp. 247 y ss. Este criterio fue luego ratificado en sentencias de fecha 09-11-00 (N° 1347), 21-11-00 (N° 1387), y 05-04-01 (N° 457), entre otras.

1253 Sentencia N° 1077 de la Sala Constitucional de 22-09-00, caso: *Servio Tulio León Briceño. V.*, en *Revista de Derecho Público,* N° 83, Caracas, 2000, pp. 247 y ss.

1254 *Ídem*

1255 *Ibídem*

> Como persona pública o privada debe invocar un interés jurídico actual, legítimo, fundado en una situación jurídica concreta y específica en que se encuentra, y que requiere necesariamente de la interpretación de normas constitucionales aplicables a la situación, a fin de que cese la incertidumbre que impide el desarrollo y efectos de dicha situación jurídica.

La Sala precisó además que se "está ante una acción con legitimación restringida, aunque los efectos del fallo sean generales"; por lo que señaló que "puede declarar inadmisible un recurso de interpretación que no persiga los fines antes mencionados, o que se refiere al supuesto de colisión de leyes con la Constitución, ya que ello origina otra clase de recurso".

En la antes mencionada sentencia N° 1077 de 22-09-01, la Sala Constitucional reiteró su criterio sobre la legitimación activa para intentar el recurso de interpretación, señalando que el recurrente debe tener un "interés jurídico personal y directo", de manera que en la demanda se exprese con precisión, como condición de admisibilidad, "en qué consiste la oscuridad, ambigüedad o contradicción entre las normas del texto constitucional, o en una de ellas en particular; o sobre la naturaleza y alcance de los principios aplicables; o sobre las situaciones contradictorias o ambiguas surgidas entre la Constitución y las normas del régimen transitorio o del régimen constituyente"[1256].

En este caso de esta acción de interpretación constitucional, puede decirse que se está en presencia de un proceso constitucional, que requeriría de un accionante, como consecuencia de lo debería abrirse el proceso a un contradictorio; pues así como puede haber personas con interés jurídico en determinada interpretación de la Constitución, igualmente puede haber otras personas con interés jurídico en otra interpretación. En tal sentido, la Sala debería emplazar y citar a los interesados para garantizarles el que puedan hacerse parte en el proceso, y alegar a favor de una u otra interpretación del texto constitucional.

Sin embargo, sobre esto, después de haber creado el recurso, la Sala Constitucional, en sentencia N° 2651 de 2 de octubre de 2003 (Caso: *Ricardo Delgado (Interpretación artículo 174 de la Constitución),* le negó el carácter de proceso constitucional señalando que en virtud de que "el recurso de interpretación debe tener como pretensión la exclusiva determinación del alcance de normas –en este caso constitucionales–", entonces "no hay *litis*, enfrentamiento entre unas partes, respecto de las cuales haya que procurar su defensa".

Agregó la Sala:

> Quizás parte de la confusión derive del hecho de que la jurisprudencia de esta Sala exige, para la admisión del recurso de interpretación, la existencia de un caso concreto.

---

1256 Caso: *Servicio Tulio León Briceño*, en *Revista de Derecho Público*, N° 83, Caracas, 2000, pp. 247 y ss. Adicionalmente, en otra sentencia, N° 1029 de 13-06-2001, la Sala Constitucional atemperó el rigorismo de declarar inadmisible el recurso si no precisaba el contenido de la acción, ya que señaló que "La solicitud deberá expresar: 1.- Los datos concernientes a la identificación del accionante y de su representante judicial; 2.- Dirección, teléfono y demás elementos de ubicación de los órganos involucrados; 3.- Descripción narrativa del acto material y demás circunstancias que motiven la acción".

Eso podría llevar a creer que se está en presencia de un litigio, así sea eventual. De hecho, en el asunto de autos, la duda interpretativa enfrenta ya a varios órganos estatales, cada uno con su particular opinión.

Ahora bien, la exigencia del caso concreto no es más que un reflejo de la necesidad de reservar al recurso de interpretación su verdadera justificación y evitar que se convierta en un medio indiscriminado de resolución de consultas. Por tanto, es sólo un requisito de legitimación –es decir, la puerta al tribunal–, sin que ello se materialice luego en la posibilidad de que el juez satisfaga pretensiones distintas a la meramente interpretativa.

De acuerdo con lo indicado, el caso concreto es el requisito para pedir la interpretación, demostrando que hay mérito suficiente para que sea el Máximo Tribunal de la Republica el que se pronuncie, pero sin que ello dé lugar a que se resuelva el mismo: lo que se aclara es la duda interpretativa que existía en ese supuesto. La controversia se seguirá o se llevará ante quien corresponda, para lo cual se supone que el fallo de la Sala debe ser de utilidad. Es la razón, precisamente, de algunos de los fallos de inadmisión que ha dictado esta Sala, en las oportunidades en que los accionantes no se han limitado en su pretensión, sino que han pedido pronunciamiento distintos a la sola interpretación, queriendo que el caso concreto sea no sólo el legitimante del recurso, sino también el fondo de lo que se decidirá.

Aunque en teoría la Sala no necesita realmente oír a nadie más para dar su opinión vinculante, la prudencia y la responsabilidad le exigen otra conducta. Por ello, la Sala no se limita a estudiar el caso aisladamente, con prescindencia de los pareceres ajenos, sino que procura llamar a quienes pudieran tener algo que decir y que, al hacerlo, podrían ilustrar a los magistrados en la toma de su propia postura. A veces no lo ha hecho, por la urgencia, y con ello no ha violado derecho alguno, pues –se insiste– no hay partes a las que proteger en su derecho. Ahora, el que no haya derechos en juego (aunque en el caso concreto bien puede haberlos) no implica que no haya intereses que tutelar. Para la protección de esos intereses la Sala formula invitaciones, no citaciones. No hay de qué defenderse, pero sí sobre qué opinar.

Entonces, la Sala, aun cuando ninguna norma le obliga a llamar a nadie para decidir un recurso de interpretación, entiende necesario hacerlo, con base en ese derecho a la participación –extendido al ámbito judicial– y con fundamento en la imprescindible tutela de los intereses.

Por ello, la Sala mantiene y mantendrá como práctica la de notificar y publicar edictos. No puede ser de otra forma, salvo en casos de urgencia, si se piensa en que el fallo será vinculante y de efectos *erga omnes*.

Por último, debe indicarse que en sentencia N° 1347, de nueve de noviembre de 2000, la Sala Constitucional delimitó el carácter vinculante de las interpretaciones establecidas con motivo de decidir los recursos de interpretación, señalando que:

Las interpretaciones de esta Sala Constitucional, en general, o las dictadas en vía de recurso interpretativo, se entenderán vinculantes respecto al núcleo del caso estudiado, todo ello en un sentido de límite mínimo, y no de frontera intraspasable por una jurisprudencia de valores oriunda de la propia Sala, de las demás Salas o del universo de los tribunales de instancia.

Como puede observarse de lo anterior, estamos en presencia de una ampliación de competencias propias que se ha arrogado la Sala Constitucional, mediante una inconstitucional interpretación de la Constitución, que no establece la posibilidad de este recurso autónomo y abstracto de interpretación de las normas Constitucionales. Por lo demás, nada similar existe en los sistemas de justicia constitucional conocidos.

## *SECCIÓN QUINTA:*

## *RÉGIMEN Y ALCANCE DE LA ACTUACIÓN DE OFICIO EN MATERIA DE JUSTICIA CONSTITUCIONAL*

**Esta sección recoge el texto de la Ponencia para el *IV Encuentro Iberoamericano de derecho procesal constitucional, sobre "Los desafíos del derecho procesal constitucional en la alborada del siglo XXI"*, Instituto Iberoamericano de Derecho Procesal Constitucional, Santiago de Chile, 27-29 de Noviembre de 2006. Publicada en *Estudios Constitucionales. Revista Semestral del Centro de Estudios Constitucionales*, Año 4, N° 2, Universidad de Talca, Santiago, Chile 2006, pp. 221-250; y en *Revista Jurídica*, N° 4, Centro de Investigaciones Jurídicas Dr. Aníbal Rueda, Universidad Arturo Michelena, Valencia, julio-diciembre 2006, pp. 13-40. El texto se publicó igualmente en: *Crónica sobre la "In" Justicia Constitucional. La Sala Constitucional y el autoritarismo en Venezuela*, Colección Instituto de Derecho Público. Universidad Central de Venezuela, N° 2, Editorial Jurídica Venezolana, Caracas 2007, pp. 129-159.**

### I. ALGUNOS PRINCIPIOS GENERALES SOBRE EL SISTEMA VENEZOLANO DE JUSTICIA CONSTITUCIONAL

Es conocido que el sistema de justicia constitucional en Venezuela es de carácter mixto o integral[1257], en el sentido que combina los dos clásicos métodos de control de constitucionalidad de las leyes que hace varias décadas distinguió Mauro Cappelletti[1258], y que a pesar del tiempo transcurrido y de los esfuerzos por superarla, continúa siendo un útil instrumento de clasificación: por una parte, el método difuso de

---

1257 *V.*, Allan R. Brewer-Carías, *El sistema mixto o integral de control de la constitucionalidad en Colombia y Venezuela,* Bogotá 1995; Manuel Agona Cruz, "El control de la constitucionalidad de los actos jurídicos en Colombia ante el Derecho Comparado", en *Archivo de Derecho Público y Ciencias de la Administración,* Vol. VII 1984-1985, *Derecho Público en Venezuela y Colombia,* Instituto de Derecho Público, UCV, Caracas 1986, pp. 39 a 114; Allan R. Brewer-Carías, "La jurisdicción constitucional en América Latina", en *Domingo García Belaúnde y Francisco Fernández Segado, La jurisdicción constitucional en Iberoamérica,* Editorial Dickinson, Madrid 1997, pp. 117 a 161.

1258 *V.*, Mauro Cappelletti, *Judicial Review in the Contemporary World,* Indianápolis, 1971; "El control judicial de la constitucionalidad de las leyes en el Derecho Comparado", *Revista de la Facultad de Derecho de México,* N° 61, México 1966.

control de la constitucionalidad de las leyes ha tenido como arquetipo el sistema norteamericano; y por la otra, el método concentrado de control de la constitucionalidad de las leyes que ha tenido como arquetipo el modelo europeo[1259].

Este sistema mixto o integral puede decirse que adquirió identidad en Venezuela desde el siglo XIX, combinando la competencia de todos los jueces para decidir la inaplicación de una ley cuando la consideren contraria a la Constitución, competencia que incluso siempre han podido ejercer *ex officio*, aplicando preferentemente la Constitución en el caso concreto sometido a su conocimiento y decisión; con la competencia del ahora Tribunal Supremo de Justicia en su Sala Constitucional (antes Corte Suprema de Justicia), para anular las leyes y demás actos de similar rango y valor, contrarios a la Constitución, que se ha ejercido siempre mediante una acción popular de inconstitucionalidad.

La Constitución de 1999, por tanto, puede considerarse como la culminación de un largo proceso, en la cual se recogió toda la experiencia pasada en la materia[1260].

En efecto, el artículo 7 de la Constitución de 1999[1261] declara, *expressis verbis*, que su texto es "la norma suprema y el fundamento de todo el ordenamiento jurídico"; por lo que para garantizar esa supremacía y lograr que la Constitución tenga plena efectividad, se ha asignado a todos los jueces de la República, en el ámbito de sus respectivas competencias y conforme a lo previsto en la Constitución y en la ley, la obligación "de asegurar la integridad de la Constitución" (art. 334)[1262].

En cuanto al Tribunal Supremo de Justicia, todas sus Salas también tienen expresamente competencia en materia de justicia constitucional, para garantizar "la supremacía y efectividad de las normas y principios constitucionales", correspondiéndoles a todas, ser "el máximo y último intérprete de la Constitución" y velar "por su uniforme interpretación y aplicación" (art. 335). Por supuesto, también ello corresponde a la Sala Constitucional, mediante la cual el Tribunal Supremo de Justicia concentra la Jurisdicción Constitucional (arts. 266, ord. 1° y 336).

De todo lo anterior resulta, en todo caso, que la expresión "justicia constitucional" que empleamos en este trabajo, es un concepto material que equivale a *control judicial de la constitucionalidad de las leyes y demás actos estatales,* competencia de control que ha sido ejercida en nuestro país, siempre, por todos los tribunales pertenecientes a todas las jurisdicciones, es decir, por todos los órganos que ejercen el Poder Judicial.

---

1259 *V.*, Allan R. Brewer-Carías, *Judicial Review in Comparative Law*, Cambridge University Press, Cambridge 1989.

1260 *V.*, Allan R. Brewer-Carías, "La justicia constitucional en la nueva Constitución", en *Revista de Derecho Constitucional* N° 1, Editorial Sherwood, Caracas Sep.-Dic. 1999, pp. 35 a 44; Allan R. Brewer-Carías, *El sistema de justicia constitucional en la Constitución de 1999 (Comentarios sobre su desarrollo jurisprudencial y su explicación, a veces errada, en la Exposición de Motivos)*, Editorial Jurídica Venezolana, Caracas 2000.

1261 El texto de la Constitución de 30-12-99 fue inicialmente publicado en *Gaceta Oficial* N° 36.860 de 30-12-99. Posteriormente, con correcciones se publicó en *Gaceta Oficial* N° 5.453 Extraordinario de 24-3-00. *V.*, los comentarios que hemos formulado en Allan R. Brewer-Carías, *La Constitución de 1999. Derecho Constitucional Venezolano*, 2 Vols., Editorial Jurídica Venezolana, Caracas, 2004.

1262 *V.*, nuestra propuesta en relación con este artículo en Allan R. Brewer-Carías, *Debate Constituyente (Aportes a la Asamblea Nacional Constituyente),* T. II, (9 Septiembre-17 Octubre 1999), Fundación de Derecho Público, Caracas 1999, pp. 24 y 34.

La expresión "Jurisdicción Constitucional", es una noción orgánica que tiende a identificar a un órgano específico del Poder Judicial que tiene en forma exclusiva la potestad de anular *con efectos erga omnes ciertos actos estatales* por razones de inconstitucionalidad, en particular, las leyes y demás actos con rango o valor de ley o dictados en ejecución directa e inmediata de la Constitución.

En los países europeos, dicha Jurisdicción Constitucional corresponde a los Tribunales o Cortes Constitucionales (muchas, incluso, ubicadas fuera del Poder Judicial), al igual que en algunos países latinoamericanos. En cambio, en Venezuela, la Jurisdicción Constitucional siempre ha correspondido al Supremo Tribunal de Justicia[1263], y a partir de 2000, a su Sala Constitucional, al cual se ha atribuido el monopolio para anular ciertos y determinados actos estatales: las leyes y demás actos de rango o valor de ley o dictados en ejecución directa e inmediata de la Constitución.

Por tanto, la Sala Constitucional no tiene el monopolio del control concentrado de la constitucionalidad *de todos* los actos estatales; lo que tiene es el monopolio de dicho control *sólo respecto de determinados actos estatales* (los de rango y fuerza de ley y los dictados en ejecución directa e inmediata de la Constitución); característica que por lo demás, identifica a la "Jurisdicción Constitucional" en el derecho comparado[1264].

Ahora bien, en particular, al referirnos a la justicia constitucional ella tiene que impartirse a través de procesos constitucionales, que en la Constitución se definen como los instrumentos fundamentales para la realización de la justicia (art. 253), para lo cual deben siempre desarrollarse con las debidas garantías que establece el texto fundamental (debido proceso), lo que presupone y exige no sólo un contradictorio entre partes, sino el principio dispositivo, de manera que el proceso se inicie a instancia de parte, siendo la excepción la actuación de oficio por parte de los jueces, la cual por supuesto requiere texto expreso. Ello, incluso se declaró en el artículo 18, párrafo 7° de la Ley Orgánica del Tribunal Supremo de Justicia[1265], al establecerse expresamente que el Tribunal Supremo de Justicia debe conocer de los asuntos que le competen, "a instancia de parte interesada".

Las excepciones al principio dispositivo, sin embargo, se han establecido en la propia Constitución, en primer lugar, al regularse el control difuso de la constitucionalidad de las leyes en caso de incompatibilidad entre ellas y la Constitución, aplicando entonces preferentemente las disposiciones de ésta (Art. 334 C.), indicándose expresamente que dicho poder lo pueden ejercer los jueces *de oficio*; y en segundo lugar, en el caso del control concentrado obligatorio de la constitucionalidad de los decretos ejecutivos de declaratoria de estados de excepción dictados

---

1263 *V.*, Allan R. Brewer-Carías, "La Justicia Constitucional", *Instituciones Políticas y Constitucionales*, T. VI, Universidad Católica del Táchira, Editorial Jurídica Venezolana, Caracas-San Cristóbal, 1996, pp. 131 y ss.

1264 *V.*, en general, Allan R. Brewer-Carías, *Judicial Review in Comparative Law, op. cit.*, p. 190; y Allan R. Brewer-Carías, *El control concentrado de la constitucionalidad de las leyes (Estudio de Derecho Comparado)*, Editorial Jurídica Venezolana, Caracas, 1994, p. 19.

1265 *V.* en *Gaceta Oficial*, N° 37.942 de 19 de mayo de 2004. *V.*, Allan R. Brewer-Carías, *Ley Orgánica del Tribunal Supremo de Justicia. Los procesos y procedimientos constitucionales y contenciosos administrativos*, Editorial Jurídica Venezolana, Caracas 2004. El trabajo de esta sección, elaborado cuando estaba vigente la ley Orgánica de 2004, hace referencia a la misma. Con posterioridad la ley se reformó en 2010, pero el contenido de las normas que aquí se citan no varió.

por el Presidente de la República (Art. 336,6 C.), en los cuales se regula la actuación *de oficio* de la Sala Constitucional del Tribunal Supremo de Justicia (art. 5, párrafo 1°,11 de la Ley Orgánica).

Salvo estos dos supuestos de actuación de oficio en materia de justicia constitucional, nada más se dispone en la Constitución en la materia, lo que sin embargo no ha sido impedimento para que el legislador y la propia Sala Constitucional hayan desarrollado poderes judiciales de oficio en materia de justicia constitucional, de dudosa constitucionalidad[1266].

Distinguiremos, por tanto, los supuestos de actuación de oficio en materia de justicia constitucional expresamente regulados en la Constitución, de los supuestos de actuación de oficio desarrollados jurisprudencialmente y mediante ley.

## II. LOS SUPUESTOS CONSTITUCIONALES DE ACTUACIÓN DE OFICIO EN MATERIA DE JUSTICIA CONSTITUCIONAL

Como se ha dicho, la Constitución sólo establece dos supuestos en los cuales el juez constitucional puede actuar de oficio:

En primer lugar, respecto de cualquier juez, al ejercer el método difuso de control de la constitucionalidad de las leyes; el cual como se ha indicado, corresponde a cualquier tribunal, aún de oficio, incluso a las Salas del Tribunal Supremo de Justicia, y entre ellas, a la Sala Constitucional como Jurisdicción Constitucional. Y en segundo lugar, en materia de control concentrado de la constitucionalidad, cuando la Sala Constitucional como Jurisdicción Constitucional revisa en forma obligatoria, aún de oficio, la constitucionalidad de los decretos dictados por el Presidente o Presidenta de la República mediante los cuales se declaren estados de excepción.

### 1. *El método difuso de control de la constitucionalidad de las leyes y los poderes judiciales de actuación de oficio*

Como se ha dicho anteriormente, uno de los medios específicos para el ejercicio de la justicia constitucional en Venezuela, ha sido siempre la posibilidad que tiene todo juez de la República de ser juez de la constitucionalidad de las leyes; conforme a una potestad que le fue atribuida desde el siglo XIX[1267], incluso expresamente en el Código de Procedimiento Civil, cuyo actual artículo 20 establece que:

> "*Artículo 20*: Cuando la ley vigente, cuya aplicación se pida, colidiere con alguna disposición constitucional, los jueces aplicarán ésta con preferencia".

Este principio del control difuso, más recientemente, también se ha recogido en el artículo 19 del Código Orgánico Procesal Penal, con este texto:

---

1266 *V.*, Allan R. Brewer-Carías, "*Quis Custodiet ipsos Custodes*: De la interpretación constitucional a la inconstitucionalidad de la interpretación", en *VIII Congreso Nacional de derecho Constitucional*, Perú, Fondo Editorial 2005, Colegio de Abogados de Arequipa, Arequipa, septiembre 2005, pp. 463-489. *V.*, el texto en las páginas 47 y ss. de este libro.

1267 Fue consagrado expresamente en el derecho positivo en el Código de Procedimiento Civil de 1897. *V.* Allan R. Brewer-Carías, *Judicial Review in Comparative Law*, *op. cit.* pp. 127 y ss.; Allan R. Brewer-Carías, "La Justicia Constitucional", *Instituciones Políticas y Constitucionales,* T. VI, *op. cit.*, Caracas 1996, pp. 86 y ss.

> *"Artículo 19: Control de la Constitucionalidad.* Corresponde a los jueces velar por la incolumidad de la Constitución de la República. Cuando la ley cuya aplicación se pida colidiere con ella, los tribunales deberán atenerse a la norma constitucional".

Siguiendo la tendencia de constitucionalización del control difuso que se había observado en las Constituciones de Colombia desde 1910 (art. 4), Guatemala, en 1965 (art. 204), Bolivia, en 1994 (art. 228), Honduras, en 1982 (art. 315) y Perú, en 1993 (art. 138), el mismo también se incorporó en la Constitución de Venezuela de 1999[1268], en el artículo 334, con el siguiente texto:

> *"Artículo. 334.* En caso de incompatibilidad entre esta Constitución y una ley u otra norma jurídica, se aplicarán las disposiciones constitucionales, correspondiendo a los tribunales en cualquier causa, aun de oficio, decidir lo conducente".

En esta forma, el método de control difuso de la constitucionalidad adquirió en Venezuela rango constitucional, el cual como lo dice expresamente la norma constitucional puede ser ejercido *de oficio* por los tribunales[1269], incluyendo, por supuesto, las diversas Salas del Supremo Tribunal.

Esta competencia judicial ha sido precisada por el Tribunal Supremo de Justicia, en Sala Político Administrativa, al señalar en sentencia N° 1213 del 30-05-2000, lo siguiente:

> "La Constitución de la República Bolivariana de Venezuela, concretamente, el artículo 334, establece como obligación para todos los jueces de la República la de asegurar la integridad de la Constitución en el ámbito de sus competencias y, conforme a lo previsto en su texto y en las leyes, para que, de este modo, la justicia constitucional sea ejercida por todos los Tribunales, consagrándose el control difuso de la constitucionalidad. De este modo se establece para todos los jueces, de cualquier nivel, el poder deber para controlar la constitucionalidad de los actos normativos del Poder Público y ofrecer a todas las personas la tutela efectiva en el ejercicio de sus derechos e intereses legítimos, al no aplicar a los casos concretos que deban decidir, las normas que estimen inconstitucionales. Por tanto, si bien en nuestro país se puede afirmar que existe una "Jurisdicción Constitucional" concentrada en la Sala Constitucional del Tribunal Supremo de Justicia, no es menos cierto que por mandato expreso de la propia Constitución de 1999, se encuentra previsto el control difuso de la misma como obligación para todos los jueces de la República"[1270].

---

1268 *V.*, nuestras propuestas respecto del artículo 7 en Allan R. Brewer-Carías, *Debate Constituyente,* T. II, *op. cit.*, pp. 24 y 34; *V.*, Allan R. Brewer-Carías, *Debate Constituyente (Aportes a la Asamblea Nacional Constituyente)*, T. III, (18 Octubre-30 Noviembre 1999), Caracas 1999, pp. 94 a 105.

1269 En contraste con la regla general en el derecho comparado que siempre exige instancia de parte interesada, ésta ha sido una de las características del sistema venezolano. *V.*, Allan R. Brewer-Carías, "La Justicia Constitucional", *Instituciones Políticas y Constitucionales,* T. VI, *op. cit.*, p. 101.

1270 *V.*, sentencia N° 1213 de la Sala Político Administrativa de 30-05-2000, caso: *Carlos P. García P. vs. Cuerpo Técnico de la Policía Judicial*, en *Revista de Derecho Público*, N° 82, Editorial Jurídica Venezolana, Caracas 2000, p. 446.

El método difuso de control de la constitucionalidad de las leyes, en Venezuela, puede decirse que sigue los principios desarrollados en el derecho comparado: tiene su fundamento en el principio de la supremacía constitucional, conforme al cual los actos inconstitucionales son nulos y sin ningún valor, aún cuando esta constatación de la nulidad corresponda a la autoridad judicial. Todo juez, por tanto, al conocer de un caso o una controversia concreta, puede resolver sobre la inconstitucionalidad de la ley que debe aplicar a la resolución del caso, como cuestión incidental en el mismo, pudiendo desaplicarla dando preferencia a la norma constitucional. La decisión del juez tiene sólo efectos *inter partes* en el proceso concreto y por tanto, efectos declarativos[1271].

En el caso de Venezuela, sin embargo, el poder de controlar la constitucionalidad mediante el método difuso puede ejercerse *ex officio*, por el juez, sin requerimiento de parte interesada, lo cual es excepcional en el derecho comparado.

Sin embargo, a los efectos de garantizar el debido proceso, en estos casos, el juez debe oír a las partes antes de decidir sobre la cuestión de constitucionalidad que plantee, a fin de garantizar el derecho a ser oído y a defensa de las partes (art. 49, C).

2. *El procedimiento de control de constitucionalidad obligatorio de los decretos de estado de excepción*

De acuerdo con el artículo 339 de la Constitución, el decreto que declare el estado de excepción debe ser remitido por el Presidente de la República a la Sala Constitucional del Tribunal Supremo, para que ésta se pronuncie sobre su inconstitucionalidad. Por ello, el artículo 336 le atribuye a la Sala, competencia expresa para:

> "6. Revisar, en todo caso, *aun de oficio*, la constitucionalidad de los decretos que declaren estados de excepción dictados por el Presidente o Presidenta de la República".

Sobre este supuesto de control de constitucionalidad (que recoge la Ley Orgánica en su artículo 5°, párrafo 1°,11), la "Exposición de Motivos" de la Constitución, indicó que:

> "En lo que se refiere a la protección de los derechos humanos, la Sala Constitucional tendrá importantes funciones. En primer lugar, con el objeto de reforzar la protección de los derechos humanos reconocidos y garantizados expresa o implícitamente en la Constitución, se acoge un mecanismo consagrado en alguna Constitución de América Latina, en virtud del cual la Sala Constitucional debe, en todos los casos y aun de oficio, controlar la constitucionalidad de los decretos que declaren estado de excepción. *Esta será la única competencia que podrá ejercer de oficio la Sala Constitucional y ello por tratarse de la protección de los derechos humanos, razón por la cual se ha previsto expresamente en texto constitucional"*.

1271 *V.*, Allan R. Brewer-Carías, *Judicial Review in Comparative Law*, *cit.*, pp. 127 y ss.

En efecto, esta atribución de control de constitucionalidad obligatorio, constituye otra novedad de la Constitución de 1999, que se incorporó al texto conforme al antecedente de Colombia (art. 241,7).

En Venezuela sin embargo, se ha agregado la posibilidad de ejercicio de esta atribución por la Sala, *de oficio*, tratándose del único supuesto de control concentrado de la constitucionalidad en el cual la Sala puede actuar de *ex officio*, una vez que el decreto se haya publicado en *Gaceta Oficial*, lo cual por lo demás lo "aclara" la Exposición de Motivos de la Constitución, aún cuando ella sea de dudosa legitimidad[1272].

En ejercicio de este control, la Sala Constitucional puede pronunciarse no sólo sobre la constitucionalidad de los decretos que declaren el estado de excepción, sino sobre la constitucionalidad del contenido de los mismos conforme a lo dispuesto en los artículos 337 y siguientes de la Constitución. En particular, la Sala debe verificar, al decretarse el estado de excepción y restringirse alguna garantía constitucional, si el decreto contiene, por ejemplo, efectivamente, la necesaria *regulación* sobre el ejercicio del derecho cuya garantía se restringe" (art. 339).

## III. LA PROGRESIVA AMPLIACIÓN JURISPRUDENCIAL Y LEGAL DE LOS PODERES DE ACTUACIÓN DE OFICIO DE LA JURISDICCIÓN CONSTITUCIONAL

Pero a pesar de lo terminante del texto de la mencionada "Exposición de Motivos" de la Constitución al explicar que en ella, a los efectos de "reforzar la protección de los derechos humanos reconocidos y garantizados expresa o implícitamente en la Constitución", se acogió el "mecanismo consagrado en alguna Constitución de América Latina, en virtud del cual la Sala Constitucional debe, en todos los casos y aun de oficio, controlar la constitucionalidad de los decretos que declaren estado de excepción", e indicar que esta sería "*la única competencia que podrá ejercer de oficio la Sala Constitucional y ello por tratarse de la protección de los derechos humanos, razón por la cual se ha previsto expresamente en texto constitucional*"; tanto la Sala Constitucional del Tribunal Supremo a través de su jurisprudencia, como el legislador mediante la Ley Orgánica del Tribunal Supremo, han establecido otros supuestos de poderes de oficio de la Sala Constitucional en materia de justicia constitucional. Estos se han establecido en algunos casos en materia procedimental; en la Ley Orgánica, en forma casi ilimitada a discreción de la Sala Constitucional en el caso del llamado control incidental de la constitucionalidad; en materia de revisión de sentencias dictadas por los tribunales en materia de amparo y de control difuso; y en materia de avocamiento.

---

1272 Sobre la ilegítima "Exposición de Motivos" de la Constitución de 1999. Véanse los comentarios que hemos formulado en Allan R. Brewer-Carías, *El sistema de justicia constitucional en la Constitución de 1999 (Comentarios sobre su desarrollo jurisprudencial y su explicación, a veces errada, en la Exposición de Motivos)*, Editorial Jurídica Venezolana, Caracas 2000.

1. *Supuestos regulados legalmente que permiten al Tribunal Supremo realizar actuaciones de oficio en materia procedimental*

En la Ley Orgánica, en efecto, se pueden identificar diversos supuestos expresamente regulados en los cuales se permite la actuación *de oficio* del Tribunal en el curso de procedimientos ya iniciados. Esto se ha establecido en los siguientes casos:

En primer lugar, a los efectos de poder suplir las deficiencias en las que haya incurrido el recurrente en el escrito de la acción de nulidad que tenga por objeto el ejercicio del control concentrado de la constitucionalidad, el artículo 5, párrafo 3° de la Ley Orgánica, aún cuando precisa que corresponde a la Sala Constitucional conocer de dichos juicios en los términos previstos en esta Ley y "únicamente cuando medie un recurso popular de inconstitucionalidad"; agrega, sin embargo, que en tal caso:

> "[...] no privará el principio dispositivo, pudiendo la Sala suplir, de oficio, las deficiencias o técnicas del recurrente sobre las disposiciones expresamente denunciadas por éste, por tratarse de un asunto de orden público".

En segundo lugar en materia de medidas cautelares, el artículo 19, párrafo 11° de la Ley Orgánica dispone que en cualquier estado y grado del proceso las partes pueden solicitar, y el Tribunal Supremo de Justicia puede acordar, *aún de oficio*, las medidas cautelares que estime pertinentes para resguardar la apariencia de buen derecho invocada y garantizar las resultas del juicio, siempre que dichas medidas no prejuzguen sobre la decisión definitiva.

En tercer lugar en materia de perención de la instancia, de acuerdo con lo dispuesto en el artículo 19, párrafo 16° de la Ley Orgánica, la instancia se extingue de pleno derecho en las causas que hayan estado paralizadas por más de un año, antes de la presentación de los informes. Transcurrido dicho lapso, precisa la norma, el Tribunal Supremo de Justicia debe declarar consumada la perención *de oficio o a instancia de parte*, la cual debe ser notificada a las partes mediante cartel.

2. *La previsión de poderes discrecionales e ilimitados de actuación de oficio de las diversas Salas del Tribunal Supremo de Justicia, incluyendo la Sala Constitucional*

La Ley Orgánica del Tribunal Supremo de Justicia en una norma por demás contradictoria, luego de reafirmar el principio dispositivo que impone la necesidad de instancia de parte, concede la más amplia y discrecional potestad para actuar de oficio a las diversas Salas del Tribunal Supremo que son, además de la Sala Constitucional que ejerce la Jurisdicción Constitucional, las Salsa de la Jurisdicción Contencioso Administrativa que son la Sala Político Administrativa y la Sala Electoral, y las Salas de Casación que son la Sala de Casación Civil, la Sala de Casación Social y la Sala de Casación Penal.

Dicha norma, contenida en el párrafo 7° del artículo 18 de la Ley Orgánica, en efecto, dispone lo siguiente:

> "*Artículo 18.* El Tribunal Supremo de Justicia conocerá de los asuntos que le competen, a instancia de parte interesada; no obstante, podrá actuar de oficio en los casos contemplados en la presente Ley o cuando así lo amerite".

Este párrafo sustituyó el artículo 82 de la vieja Ley Orgánica de la Corte Suprema de Justicia de 1976, en el cual sólo se permitía la actuación de oficio de la antigua Corte Suprema en los casos expresamente regulados en la propia Ley Orgánica, así: "La Corte conocerá de los asuntos de su competencia a instancia de parte interesada, salvo en los casos en que pueda proceder de oficio de acuerdo con la Ley".

En cambio, con la nueva norma del artículo 18, párrafo 7° de la Ley Orgánica, se ha establecido una excepción general al principio dispositivo no autorizada en la Constitución, conforme a la cual, y sin tener en cuenta el principio de la reserva legal, se estableció que el Tribunal y sus Salas pueden actuar *de oficio*, no sólo en los casos contemplados en la propia Ley Orgánica como se establecía en Ley derogada, sino "*cuando así lo amerite*"; es decir a la sola discrecionalidad del Tribunal y de sus Salas. El poder de actuación de oficio conforme a esta norma, por tanto, no sólo se otorga en materia de justicia constitucional, sino en cualquier materia que corresponda a cualquiera de las Salas del Tribunal Supremo.

Con esta reforma se deja entonces a la libre apreciación de los Magistrados del Tribunal Supremo la posibilidad sin límites de actuación de oficio, cuando consideren que ello lo amerita, lo cual estimamos que no se ajusta a la Constitución ni a los principios fundamentales de la administración de justicia y del proceso.

Esta innovación de la Ley Orgánica, sin embargo, puede decirse que responde a una doctrina jurisprudencial que la Sala Constitucional se había venido construyendo precisamente en materia de justicia constitucional, desarrollada en los procesos de revisión constitucional de sentencias (que la Constitución limita respecto de las dictadas en materia de amparo y cuando el juez a quo ejerce el control difuso de la constitucionalidad), tendiente a permitir la revisión de materialmente cualquier sentencia dictada en cualquier juicio, auto-atribuyéndose la Sala poderes de control *de oficio*, rompiendo entonces el principio dispositivo.

En efecto, la Sala Constitucional en sentencia N° 331 de 13 de marzo de 2001 (Caso: *Henrique Capriles R. vs. Comisión Nacional de Casinos, Salas de Bingo y Máquinas Traganíqueles*), resolvió afirmar sus poderes de control de la constitucionalidad *de oficio*, dado el carácter de orden público constitucional al control de constitucionalidad, cuando con fundamento en los artículos 334 y 335 de la Constitución, conozca de algún asunto, para lo cual dijo:

> "Así pues, las referidas potestades de la Sala y la interpretación concatenada y armoniosa de los citados dispositivos constitucionales, la comprensión de los principios enunciados en el texto de la Exposición de Motivos de la Carta Fundamental, y la doctrina sentada por la jurisprudencia de esta Sala, que procura salvaguardar la vigencia de los postulados constitucionales, sirven de fundamento para declarar, como garante de la supremacía de la Constitución y en ejercicio de las facultades que la misma posee, *de oficio,* la ilegitimidad de alguna actuación, cuando habiendo sido sometido un caso a su análisis, observe que la misma ha transgredido el orden público constitucional, y en tal virtud proceda de manera inmediata y efectiva, a restaurar a través de la forma que considere idónea, la subversión advertida. En definitiva, considera la Sala que el control constitucional jurisdiccional constituye materia de orden público

constitucional, y siendo la Sala el garante de la supremacía de la Constitución, al constatar su violación, *puede actuar de oficio,* como en efecto lo hace en esta oportunidad"[1273].

O sea, con fundamento en la noción de orden público constitucional que la Sala no definió, y que en definitiva concierne a la vigencia de la propia Constitución, la Sala Constitucional resolvió auto-atribuirse estos poderes de actuación *de oficio*, con lo cual no sólo rompió el principio dispositivo, sino que dejó a la merced de los Magistrados de la Sala Constitucional el principio de la cosa juzgada, sin que nadie pueda ejercer un control sobre el guardián de la Constitución si este abusa o se excede en su actuación.

3. *El llamado control incidental de la constitucionalidad de las leyes con efectos anulatorios y el problema de su inicio de oficio por la Sala Constitucional*

Conforme al principio dispositivo, la Sala Constitucional, como Jurisdicción Constitucional, sólo puede conocer de un proceso de anulación de las leyes por razones de inconstitucionalidad cuando a requerimiento de parte se haya intentado una acción popular. Pero como además del control concentrado de la constitucionalidad de las leyes, el sistema venezolano admite el control difuso de la constitucionalidad el cual puede ser ejercido por cualquier juez, incluso por la propia Sala Constitucional, incluso de oficio; esta ha desarrollado, durante los últimos años, otro mecanismo de control concentrado de la constitucionalidad, al declarar la nulidad con efectos generales de disposiciones legales por vía de lo que ha llamado incidente de constitucionalidad. Es decir, conforme a esta doctrina jurisprudencial, la Sala se ha construido la posibilidad de ejercer el control concentrado de la constitucionalidad de las leyes, *de oficio*, como incidente en cualquier proceso que cursare ante ella, y sin que hubiera mediado acción popular alguna.

En este proceso de elaboración jurisprudencial se destaca en primer lugar, la sentencia N° 1.225 de 19 de octubre de 2000, en la cual la Sala Constitucional trató el tema referente a la derogación tácita de leyes preconstitucionales por la entrada en vigencia de la Constitución, respecto de lo cual afirmó sus poderes de decisión de oficio, señalando que era:

> "Una consecuencia natural del principio de seguridad jurídica, así como del de protección constitucional, el que le corresponda a esta instancia judicial declarar la derogatoria con efectos *erga omnes* y pro futuro de una norma de rango legal vía la cláusula derogatoria única constitucional, en virtud del monopolio que en materia de protección constitucional le asigna la Constitución. Suscribe así esta Sala la tesis de que, trátese de una norma posterior o anterior a la Constitución, el juicio de correspondencia entre una u otra con respecto a la Carta Magna, implica un análisis respecto al contenido de la norma, por lo que su constitucionalidad o no devendría en causa de la derogación, y no ésta de aquélla.

---

1273 *V.*, en *Revista de Derecho Público*, N° 85-88, Editorial Jurídica Venezolana, Caracas 2001, p. 391.

Tal ejercicio podrá desplegarlo la Sala aun de oficio en los casos que le toque resolver, o a través de un recurso directo de inconstitucionalidad, como considera que es el presente...

Sin embargo, y a pesar de las críticas que se han realizado en otras latitudes respecto a la competencia de los tribunales de instancia de desaplicar normas de rango legal que se estiman derogadas en virtud de una inconstitucionalidad sobrevenida, en nuestro ordenamiento jurídico es en la propia Constitución que se encuentra establecida esta potestad, visto que "En caso de incompatibilidad entre (la) Constitución y una ley u otra norma jurídica, aplicarán las disposiciones constitucionales, correspondiendo a los tribunales en cualquier causa, aun de oficio, decidir lo conducente" (segundo párrafo del artículo 334 constitucional). Por lo tanto, en nuestro sistema, frente a una evidente inconstitucionalidad, ya sea de una norma surgida bajo la Constitución vigente, ya sea que le precediera en el tiempo, pueden los jueces desaplicarla respecto al caso concreto, sin tener que emitir pronunciamiento alguno sobre su derogación, pero sí sobre su incongruencia material con alguna norma constitucional. He allí la diferencia que surge entre la mera desaplicación de normas legales que tocaría realizar a los tribunales de instancia (así como a las demás Salas de este Tribunal), y la declaración de invalidez sobrevenida *erga omnes* y pro futuro que le compete efectuar a esta Sala.

En atención a la incidencia en el ordenamiento jurídico de tal cuestión, el Tribunal o Sala desaplicante deberán remitir a esta Sala Constitucional copia de la decisión, a la cual anexarán copia de los autos, con el fin de someterlo a la revisión correspondiente, todo en obsequio de la seguridad jurídica y de la coherencia que debe caracterizar al ordenamiento jurídico en su conjunto"[1274].

Posteriormente, mediante sentencia Nº 2.588 de 11 de diciembre de 2001, la Sala Constitucional afirmó:

"[Su] facultad, en virtud de ser el juez de la ley y titular del control concentrado de la constitución, de tramitar en cualquiera de los procedimientos a que den lugar las acciones ventilables ante ella, o de las cuales conozca, el denominado incidente de constitucionalidad, el cual existe cuando la cuestión planteada (no necesariamente alegada) sobre la constitucionalidad de una norma legal es prejudicial respecto de la resolución de un proceso constitucional o de una causa que curse ante la Sala".

Para justificar esta declaratoria de propia competencia, la Sala impropiamente recurrió a criterios de derecho comparado establecidos en sistemas de control exclusivamente concentrados de la constitucionalidad de las leyes (como los europeos) y que rechazan el control difuso, que no es el caso de Venezuela dado el carácter mixto e integral que lo caracteriza, argumentando como sigue:

---

1274 *V.*, en *Revista de Derecho Público*, Nº 84, Editorial Jurídica Venezolana, Caracas 2000, pp. 259-260.

"Incidentes de este tipo se han solucionado de tres modos: bien a través de un juicio de constitucionalidad sin un pronunciamiento expreso de nulidad de la ley inconstitucionalidad; ya sea por el ejercicio de un control autónomo de constitucionalidad a través de un proceso separado del que dio origen al incidente, y, finalmente, merced a un control incidental de constitucionalidad que se realiza a través de un procedimiento de constitucionalidad pero dentro del proceso que ha dado lugar al incidente.

Dicha técnica fue consagrada por primera vez en el artículo 140 de la Constitución austríaca de 1920. Actualmente, la consagran la Constitución del mencionado Estado (artículos 139.1 y 140); la Ley del Tribunal Constitucional Federal alemán (artículos 67 y 95) –recurso indirecto o encubierto–; la Ley Orgánica del Tribunal Constitucional español (artículos 55.2 y 67) –cuestión previa de carácter constitucional o incidente de constitucionalidad– y lo ha desarrollado jurisprudencialmente la Corte Constitucional italiana a partir del auto N° 22, del 9 de abril de 1960 –Corte *giudice a quo* o *autorimessione*–.

La razón que apuntala esta facultad, señaladamente cuando la misma deriva en la declaratoria pro futuro y con efectos *erga omnes* de la norma inconstitucional –y no en la mera desaplicación del precepto para el caso concreto–, se afinca en la coherencia que existe entre una declaración de este tipo con la función de los tribunales constitucionales, en tanto ejecutores del denominado control concentrado de la constitucionalidad".

Los términos en que se expresó la Corte Constitucional italiana a la hora de asumir esta competencia son suficientemente reveladores de la razón apuntada. Según dicho tribunal:

"[....] no puede considerarse que la misma Corte –que es el único órgano competente para decidir las cuestiones de constitucionalidad de las leyes– venga obligada a aplicar leyes inconstitucionales y tampoco que, en la hipótesis de inconstitucionalidad de las leyes que regulan la materia, pueda y deba inaplicarlas, sin poner en marcha el mecanismo (de alcance general y necesario en el vigente ordenamiento) destinado a conducir, con las debidas garantías de contradictorio, a la eliminación con efectos *erga omnes*, de las leyes inconstitucionales. Citado a su vez por: Luis J. Mieres Mieres, *El incidente de constitucionalidad en los procesos constitucionales*, p. 56 y 57)".

De lo anterior, Sala Constitucional concluyó su razonamiento señalando lo siguiente:

"Siendo que a los tribunales constitucionales les corresponde, como una de sus competencias esenciales, declarar la nulidad de leyes colidentes con la Constitución, luce entonces congruente con dicho cometido que, ante la presencia de normas inconstitucionales que resulten prejudiciales al asunto que en definitiva vaya a decidirse (como es el presente caso), esta Sala resulte competente para declarar la nulidad de dicha norma por colidir con la Constitución, esto es, la invalide, no sólo a sus propios efectos, sino también para el resto de los tribunales, órganos del Estado y particulares.

De este modo se mantiene la unidad del ordenamiento constitucional y se evita la contradicción que resulta de la coexistencia de una norma inconstitucional (declarada así para un caso concreto), pero vigente para el resto de los operadores judiciales a falta de una natural declaratoria de nulidad. Así se establece"[1275].

Esta doctrina de la Sala, por supuesto, no tiene cabida alguna en Venezuela, donde el control concentrado de la constitucionalidad de las leyes exige instancia de parte (acción popular) y un proceso constitucional contradictorio (litis) en el cual se debe garantizar la citación del ente productor de la norma y la participación como partes de todos los que tengan interés procesal en el asunto. Por ello, incluso, la Sala Constitucional no tuvo más remedio, en este caso, que aclarar que debía tratarse de un proceso constitucional, donde debía abrirse un contradictorio, indicando:

> "En cuanto al procedimiento aplicable, y especialmente respecto a la audiencia de los defensores de la ley y de los interesados, esta Sala reconoce la necesidad de que dicha audiencia se efectúe en los más de los casos, para lo cual deberá notificarse al órgano legislativo respectivo y a los demás del procedimiento en que se suscite la incidencia.
>
> Ello viene apoyado por el respecto al derecho a la defensa y por la práctica unánime de los tribunales constitucionales anteriormente mencionados"[1276].

En todo caso, fue contra esta doctrina jurisprudencial contraria al principio dispositivo, de control concentrado incidental de oficio de la constitucionalidad de las leyes, contra la cual pretendió reaccionar el Legislador, disponiendo en el artículo 5, párrafo 3° de la Ley Orgánica del Tribunal Supremo de Justicia de 2004, que la Sala Constitucional sólo puede ejercer el control concentrado de la constitucionalidad,

> "[...] en los términos previstos en esta Ley, la cual no podrá conocerlo incidentalmente en otras causas, sino únicamente cuando medie *un recurso popular de inconstitucionalidad*".

Esta norma, tan terminante, sin embargo, dados los precedentes jurisprudenciales no queda exenta de futura anulación por la Sala, si llega a insistir en su doctrina jurisprudencial, con el argumento de que es limitativa de su carácter de guardián de la Constitución.

---

1275 *V.*, en *Revista de Derecho Público*, N° 85-88, Editorial Jurídica Venezolana, Caracas 2001, pp. 396 y ss.

1276 En el caso específico de la sentencia, sin embargo, la Sala señaló: "Sin embargo, en virtud de la homogeneidad con que la jurisprudencia de este Tribunal ha venido decidiendo el tema –como más adelante se pondrá de relieve–; en vista, además, de que la decisión conllevará una mera definición de la Sala que le competa decidir el fondo de la solicitud, sin que por ello resulte afectado algún derecho sustancial del solicitante, muy al contrario, a través del mismo se garantiza su derecho a la tutela judicial efectiva, específicamente la faz que guarda relación con el derecho al juez natural, es por lo que la Sala prescindirá en este caso de dicho trámite. Así se establece. *V.*, en *Revista de Derecho Público*, N° 85-88, Editorial Jurídica Venezolana, Caracas 2001, p. 397. Igualmente, la sentencia de la Sala Constitucional N° 806 de 24-04-2002 (Caso: *Sindicato Profesional de Trabajadores al Servicio de la Industria Cementera*) en *Revista de Derecho Público*, N° 89-92, Editorial Jurídica Venezolana, Caracas 2002, pp. 179 y ss. En sentencia de la Sala Constitucional N° 899 de 31-5-2002, la Sala se incluso asumió la competencia para de oficio dejar sin efecto dediciones judiciales que considere quebranten preceptos constitucionales. *V.*, en *Revista de Derecho Público*, N° 85-88, Editorial Jurídica Venezolana, Caracas 2001, pp. 393-394.

4. *La actuación de oficio de la Sala Constitucional en materia de revisión de sentencias*

El control difuso de la constitucionalidad de las leyes previsto en la Constitución (Art. 334) ha sido precisado en el artículo 5, párrafo 4° de la Ley Orgánica, en el cual se dispuso que de conformidad con lo previsto en la Constitución, todo tribunal de la República puede ejercer el control difuso de la constitucionalidad únicamente para el caso concreto, en cuyo supuesto la sentencia respectiva esta expuesta "a los recursos o acciones ordinarias o extraordinarias a que haya lugar", entre los cuales se destaca el recurso de revisión que puede ejercerse ante la Sala Constitucional contra cualquier sentencia firme de última instancia en la que el juez respectivo haya ejercido el control difuso.

En efecto, el artículo 336 de la Constitución atribuye a la Sala Constitucional, competencia para:

> "10. Revisar las *sentencias definitivamente firmes de amparo constitucional y de control de constitucionalidad de leyes* o normas jurídicas dictadas por los tribunales de la República, en los términos establecidos por la ley orgánica respectiva".

Esta competencia también fue recogida en el artículo 5, párrafo 1°,16 de la Ley Orgánica del Tribunal Supremo, como competencia excepcional para que la Sala Constitucional pueda revisar, a su juicio y discreción, mediante un recurso extraordinario[1277] que se puede ejercer contra sentencias de *última instancia* dictadas por los tribunales de la República, incluidas las otras Salas del Tribunal Supremo, en materia de amparo constitucional o dictadas en ejercicio del método difuso de control de la constitucionalidad de las leyes.

Esta potestad revisora de la Sala, como lo propusimos a la Asamblea Nacional Constituyente[1278], es de ejercicio discrecional a los efectos evitar que se pueda abrir un recurso de obligatoria admisión y decisión por la Sala, contra todas las sentencias referidas, lo cual sería imposible de manejar por la magnitud de casos. De allí la posibilidad que tiene la Sala Constitucional para escoger los casos en los cuales estime conveniente conocer del recurso de revisión. En definitiva, como lo ha señalado la Sala Constitucional en su sentencia N° 727 de 8 de abril de 2003, la norma constitucional:

> "[N]o dispone, de manera alguna, la creación de una tercera instancia en los procesos cuyas decisiones son sometidas a revisión. El precepto constitucional que se refirió lo que incorpora es una potestad estrictamente excepcional y fa-

---

1277 *V.*, en general, José V. Haro G., "El mecanismo extraordinario de revisión de sentencias definitivamente firmes de amparo y control difuso de la constitucionalidad previsto en el artículo 336, numeral 10 de la Constitución", en *Revista de Derecho Constitucional,* N° 3 (julio-diciembre), Editorial Sherwood, Caracas, 2000, pp. 231-266; Adán Febres Cordero, "La revisión constitucional", en *Nuevos estudios de derecho procesal, Libro Homenaje a José Andrés Fuenmayor*, Vol. I, Tribunal Supremo de Justicia, Colección Libros Homenaje, N° 8, Caracas, 2002 pp. 489 a 508.

1278 En cierta forma, el recurso es similar al denominado writ of cerciorari del sistema norteamericano. *V.* Allan R. Brewer-Carías, *Judicial Review in Comparative Law*, *op. cit.*, p. 141. *V.*, los comentarios de Jesús María Casal, *Constitución y Justicia Constitucional*, Caracas 2000, p. 92.

cultativa para la Sala Constitucional que, como tal, debe ejercerse con la máxima prudencia en cuanto a la admisión y procedencia de recursos de revisión de sentencias definitivamente firmes"[1279].

En la propuesta que formulamos ante la Asamblea Nacional Constituyente el 31 de octubre de 1999 sobre el control difuso de la constitucionalidad de las leyes, consideramos que en la Constitución:

> "[T]ambién debería atribuirse a la Sala Constitucional una competencia para conocer de un recurso extraordinario de revisión que pueda intentarse contra las sentencias de *última instancia* en las cuales se resuelvan cuestiones constitucionales relativas a las leyes, de conocimiento discrecional por la Sala. En esta forma, en materia de cuestiones de constitucionalidad, la Sala Constitucional de la Suprema Corte, a su juicio, podría tener la última palabra en estas materias y en los casos en los que estime necesario estatuir con fuerza de precedente y uniformizar la jurisprudencia"[1280].

Ahora bien, ante la ausencia de legislación reguladora de la Jurisdicción Constitucional en Venezuela[1281], ha sido la Sala Constitucional la que ha construido progresivamente, mediante su labor interpretativa, los contornos del recurso extraordinario de revisión y el alcance de su potestad revisora.

Ya a finales de 2000, como consecuencia de las sentencias N$^{os}$ 1, 2, 44 y 714 de ese mismo año, la Sala resumía el conjunto de reglas o condiciones que debía presentar una sentencia para que procediera dicho recurso, así:

> "1°) La sentencia que se pretenda someter a revisión debe haber cumplido con la doble instancia, bien sea por la vía de la apelación o de la consulta, por lo cual no debe entenderse como una nueva instancia.
>
> 2°) La revisión constitucional se admitirá sólo a los fines de preservar la uniformidad de la interpretación de normas y principios constitucionales o cuando exista una deliberada violación de preceptos de ese rango, lo cual será analizado por la Sala Constitucional, siendo siempre facultativo de ésta su procedencia.
>
> 3°) Como corolario de lo anterior, a diferencia de la consulta, el recurso de revisión constitucional no procede ipso iure, ya que éste depende de la iniciativa de un particular, y no de la del juez que dictó la decisión, a menos que la propia Sala Constitucional de oficio así lo acuerde, tomando en cuenta siempre la finalidad del recurso"[1282].

---

1279 Caso: *Revisión de la sentencia dictada por la Sala Electoral en fecha 21 de noviembre de 2002*, en *Revista de Derecho Público*, N° 93-96, Editorial Jurídica Venezolana, Caracas, 2003.

1280 *V.*, Allan R. Brewer-Carías, *Debate Constituyente*, T. III, *op. cit.*, p. 105.

1281 El tema sigue estando regulado transitoriamente en la Ley Orgánica del Tribunal Supremo de Justicia.

1282 *V.*, sentencia de 02-11-2000 (Caso: *Roderick A. Muñoz P. vs. Juzgado de los Municipios Carache, Candelaria y José Felipe Márquez Cañizales de la Circunscripción Judicial del Estado Trujillo*) en *Revista de Derecho Público*, N° 84, Editorial Jurídica Venezolana, Caracas, 2000, p. 367.

Posteriormente, mediante sentencia N° 93 de 6 de febrero de 2001 (Caso: *Olimpia Tours and Travel vs. Corporación de Turismo de Venezuela*), la Sala comenzó a ampliar su propia competencia revisora, agregando como objeto de revisión otras sentencias dictadas por las propias Salas del Tribunal Supremo u otros tribunales, distintas a las dictadas en materia de amparo o de control difuso de constitucionalidad, afirmando su potestad para revisar, además de estas, las siguientes:

> "3. Las sentencias definitivamente firmes que hayan sido dictadas por las demás Salas de este Tribunal o por los demás tribunales o juzgados del país apartándose u obviando expresa o tácitamente alguna interpretación de la Constitución contenida en alguna sentencia dictada por esta Sala con anterioridad al fallo impugnado, realizando un errado control de constitucionalidad al aplicar indebidamente la norma constitucional.
>
> 4. Las sentencias definitivamente firmes que hayan sido dictadas por las demás Salas de este Tribunal o por los demás tribunales o juzgados del país que de manera evidente hayan incurrido, según el criterio de la Sala, en un error grotesco en cuanto a la interpretación de la Constitución o que sencillamente hayan obviado por completo la interpretación de la norma constitucional. En estos casos hay también un errado control constitucional"[1283].

La Sala Constitucional, por otra parte, en sentencia N° 727 de 8 de abril de 2003 continuó precisando las sentencias que pueden ser objeto del recurso extraordinario de revisión, indicando que además de las sentencias de amparo constitucional y las sentencias de control expreso de constitucionalidad de leyes o normas jurídicas fundamentadas en un errado control de constitucionalidad, pueden ser objeto del recurso de revisión":

> "(iii) Las sentencias que de manera evidente hayan incurrido, según el criterio de la Sala, en un error grotesco en cuanto a la interpretación de la Constitución o que sencillamente hayan obviado por completo la interpretación de la norma constitucional y (iv) Las sentencias que hayan sido dictadas por las demás Salas de este Tribunal o por los demás juzgados del país apartándose u obviando, expresa o tácitamente, alguna interpretación de la Constitución que contenga alguna sentencia de esta Sala con anterioridad al fallo que sea impugnado"[1284].

En esta forma, la Sala Constitucional amplió el ámbito de su potestad constitucional revisora de sentencias dictadas en juicios de amparo o con motivo de control difuso de la constitucionalidad, abarcando otras sentencias, *incluso las dictadas por las otras Salas del Tribunal Supremo*, lo que constituye una limitación no autorizada en la Constitución al debido proceso y al derecho a la cosa juzgada, con importantes repercusiones en el ámbito de la seguridad jurídica y del Estado de derecho.

La Sala Constitucional en efecto, luego de analizar la garantía del debido proceso en relación con la revisión extraordinaria de sentencias definitivamente firmes, en sentencia N° 93 de 6 de febrero de 2001 (Caso: *Olimpia Tours and Travel vs. Cor-*

---

1283 *V.*, en *Revista de Derecho Público*, N° 85-88, Editorial Jurídica Venezolana, Caracas, 2001, pp. 414-415.

1284 Caso: *Revisión de la sentencia dictada por la Sala Electoral en fecha 21 de noviembre de 2002*, en *Revista de Derecho Público*, N° 93-96, Editorial Jurídica Venezolana, Caracas, 2003.

*poración de Turismo de Venezuela*), extendió su potestad revisora en relación con sentencias que –por supuesto a juicio de la propia Sala– "se aparten del criterio interpretativo de la norma constitucional que haya previamente establecido la Sala"; para lo cual simplemente se preguntó:

> "¿Puede esta Sala, de conformidad con lo establecido en la Constitución, revisar las sentencias definitivamente firmes diferentes a las establecidas en el numeral 10 del artículo 336 de la Constitución que contraríen el criterio interpretativo que esta Sala posee de la Constitución?".

La respuesta a la pregunta, la formuló la propia Sala interpretando el artículo 335 de la Constitución, en particular en cuanto establece el carácter vinculante de las interpretaciones que establezca la Sala sobre el contenido o alcance de las normas y principios constitucionales; del cual dedujo que "las demás Salas del Tribunal Supremo de Justicia y los demás tribunales y juzgados de la República están obligados a decidir con base en el criterio interpretativo que esta Sala tenga de las normas constitucionales". De allí siguió el siguiente razonamiento de la Sala:

> "El hecho de que el Tribunal Supremo de Justicia o los demás tribunales de la República cometan errores graves y grotescos en cuanto a la interpretación de la Constitución o no acojan las interpretaciones ya establecidas por esta Sala, implica, además de una violación e irrespeto a la Constitución, una distorsión a la certeza jurídica y, por lo tanto, un quebrantamiento del Estado de Derecho. Por ello, la norma contenida en el artículo 335 de la Constitución establece un control concentrado de la constitucionalidad por parte de esta Sala en lo que respecta a la unificación de criterio relativa a la interpretación de la Constitución.
>
> El Texto Fundamental le otorga pues a la Sala Constitucional una potestad única y suprema en cuanto a la interpretación de la Constitución.... Ahora bien, ¿cómo puede esta Sala ejercer esa potestad máxima de interpretación de la Constitución y unificar el criterio interpretativo de los preceptos constitucionales, si no posee mecanismos extraordinarios de revisión sobre todas las instancias del Poder Judicial incluyendo las demás Salas en aquellos casos que la interpretación de la Constitución no se adapte al criterio de esta Sala? Es definitivamente incongruente con la norma constitucional contenida en el artículo 335 antes citado que, habiendo otorgado la Constitución a esta Sala el carácter de máximo intérprete de los preceptos constitucionales en los términos antes señalados, y habiendo establecido el Texto Fundamental el carácter vinculante de tales decisiones, no pueda esta Sala *de oficio o a solicitud de la parte afectada* por una decisión de alguna otra Sala del Tribunal Supremo de Justicia o de algún tribunal o juzgado de la República, revisar la sentencia que contraríe una interpretación de algún precepto constitucional previamente establecido o que según esta Sala erróneamente interprete la norma constitucional.
>
> De conformidad con lo anterior, sería inútil la función integradora y de mantenimiento de la coherencia o ausencia de contradicciones en los preceptos constitucionales ejercida por esta Sala, si ésta no poseyera la suficiente potestad para imponer el carácter vinculante de sus interpretaciones establecido expresamente en el artículo 335 de la Constitución o que no pudiera revisar sentencias donde es evidente y grotesca la errónea interpretación.

En el mismo sentido, la norma constitucional referida sería inútil si los tribunales de la República o las demás Salas del Tribunal Supremo de Justicia, en ejercicio del control difuso de la constitucionalidad establecida en el artículo 334 de la Constitución, no pudieren corregir decisiones que se aparten del criterio interpretativo establecido por la Sala Constitucional.

Es, más bien, imperativo para todos los tribunales del país así como para las demás Salas del Tribunal Supremo de Justicia, en ejercicio del control difuso de la constitucionalidad establecido en el artículo 334 de la Constitución de la República Bolivariana de Venezuela, revocar en segunda instancia aquellas decisiones que se aparten de alguna interpretación que esta Sala haya realizado de las normas constitucionales.

Es pues evidente, que la Constitución de la República Bolivariana de Venezuela estableció una fórmula para cohesionar la interpretación de la norma constitucional, y, en tal sentido, el Texto Fundamental designó a la Sala Constitucional como el ente con la máxima potestad para delimitar el criterio interpretativo de la Constitución y hacerlo vinculante para los demás tribunales de la República y las demás Salas del Tribunal Supremo de Justicia. Por ello, la Sala Constitucional posee discrecionalmente la potestad coercitiva otorgada por la Constitución para imponer su criterio de interpretación de la Constitución, cuando así lo considere en defensa de una aplicación coherente y unificada de la Carta Magna, evitando así que existan criterios dispersos sobre las interpretaciones de la norma constitucional que distorsionen el sistema jurídico creando incertidumbre e inseguridad en el mismo.

Por consiguiente, esta Sala considera que la propia Constitución le ha otorgado la potestad de corregir las decisiones contrarias a las interpretaciones preestablecidas por la propia Sala o que considere la Sala acogen un criterio donde es evidente el error en la interpretación de las normas constitucionales. Esto tiene el propósito de imponer la potestad constitucional de la Sala Constitucional de actuar como "máximo y último intérprete de la Constitución". Se desprende entonces del artículo 335 de la Constitución de la República Bolivariana de Venezuela, que esta norma establece expresamente la potestad de revisión extraordinaria de sentencias definitivamente firmes que se aparten de la interpretación que de manera uniforme debe imponer esta Sala.

Posee entonces potestad esta Sala para revisar tanto las sentencias definitivamente firmes expresamente establecidas en el numeral 10 del artículo 336 contra aquellas, tal como se dejó sentado anteriormente, así como las sentencias definitivamente firmes que se aparten del criterio interpretativo de la norma constitucional que haya previamente establecido esta Sala, lo que en el fondo no es más que una concepción errada del juzgador al realizar el control de la constitucionalidad, y así se declara"[1285].

---

1285 *V.*, en *Revista de Derecho Público*, N° 82, Editorial Jurídica Venezolana, Caracas, 2001, pp. 412-414.

Esta doctrina[1286], por lo demás, particularmente en relación con la revisión de sentencias de las otras Salas del Tribunal Supremo de Justicia, fue recogida por la Ley Orgánica del Tribunal Supremo, al disponer en el artículo 5º, párrafo 4º, la potestad de la Sala para:

> "Revisar las sentencias dictadas por una de las Salas, cuando se denuncie fundadamente la violación de principios jurídicos fundamentales contenidos en la Constitución de la República Bolivariana de Venezuela, Tratados, Pactos o Convenios Internacionales suscritos y ratificados válidamente por la República, o que haya sido dictada como consecuencia de un error inexcusable, dolo, cohecho o prevaricación; asimismo podrá avocarse al conocimiento de una causa determinada, cuando se presuma fundadamente la violación de principios jurídicos fundamentales contenidos en la Constitución de la República Bolivariana de Venezuela, Tratados, Pactos o Convenios Internacionales suscritos y ratificados válidamente por la República, aun cuando por razón de la materia y en virtud de la ley, la competencia le esté atribuida a otra Sala".

La culminación de esta doctrina jurisprudencial sobre la competencia relativa al recurso de revisión, independientemente de la ampliación de poderes de la Sala Constitucional de revisar por razones de constitucionalidad materialmente cualquier sentencia, fue recogida en el artículo 5, párrafo 1°,16 de la Ley Orgánica del Tribunal Supremo, como competencia excepcional para que la Sala Constitucional pueda revisar, a su juicio y discreción, mediante un recurso extraordinario[1287] que se puede ejercer contra sentencias de *última instancia* dictadas por los tribunales de la República, incluidas las otras Salas del Tribunal Supremo, en materia de amparo constitucional o dictadas en ejercicio del método difuso de control de la constitucionalidad de las leyes.

Sin embargo, la misma Ley Orgánica del Tribunal Supremo de Justicia, en otra norma contenida en el párrafo 4° del artículo 5, dispuso lo siguiente:

> "*Artículo 5. Párrafo 4.* De conformidad con lo previsto en la Constitución de la República Bolivariana de Venezuela, todo tribunal de la República podrá ejercer el control difuso de la constitucionalidad únicamente para el caso concreto, en cuyo supuesto dicha sentencia estará expuesta a los recursos o acciones ordinarias o extraordinarias a que haya lugar; *quedando a salvo en todo caso, que la Sala Constitucional haga uso, de oficio* o a instancia de parte, de la competencia prevista en el numeral 16 de este artículo y se avoque a la causa para revisarla cuando ésta se encuentre definitivamente firme".

---

1286 En sentencia de la Sala Constitucional Nº 899 de 31-5-2002, la Sala se había arrogado la competencia para de oficio dejar sin efecto dediciones judiciales que considerase quebrantaban preceptos constitucionales. *V.*, en *Revista de Derecho Público*, Nº 85-88, Editorial Jurídica Venezolana, Caracas 2001, pp. 393-394.

1287 *V.*, en general, José V. Haro G., "El mecanismo extraordinario de revisión de sentencias definitivamente firmes de amparo y control difuso de la constitucionalidad previsto en el artículo 336, numeral 10 de la Constitución", en *Revista de Derecho Constitucional*, Nº 3 (julio-diciembre), Editorial Sherwood, Caracas, 2000, pp. 231-266; Adán Febres Cordero, "La revisión constitucional", en Nuevos estudios de derecho procesal, *Libro Homenaje a José Andrés Fuenmayor,* Vol. I, Tribunal Supremo de Justicia, Colección Libros Homenaje, Nº 8, Caracas, 2002 pp. 489 a 508.

En esta forma, la Ley Orgánica, dejó a salvo, "en todo caso", que la Sala Constitucional podría hacer uso, *de oficio o a instancia de parte,* de la competencia de revisión prevista en el numeral 16 del artículo 5 "y se avoque a la causa para revisarla cuando ésta se encuentre definitivamente firme".

Se estableció así entonces, legalmente, en relación con los poderes de la Sala Constitucional de revisión de sentencias dictadas por los tribunales en materia de control difuso de la Constitucionalidad previsto en el artículo. 336,10 de la Constitución, la competencia de la Sala para realizar tal revisión no sólo mediante instancia de parte (recurso de revisión) sino *de oficio.* Ello, por supuesto, hecha por tierra el principio de la cosa juzgada que queda a merced de los Magistrados de la Sala Constitucional sin que pueda existir control alguno sobre el controlante.

## 5. *La actuación de oficio de la Sala Constitucional en materia de avocamiento*

Por último, una competencia excepcional que se había regulado en la derogada Ley Orgánica de la Corte Suprema de Justicia de 1976, reservada a la Sala Político Administrativa de la antigua Corte Suprema de Justicia[1288], era la potestad de avocarse al conocimiento de causas que cursaren en otros Tribunales, siempre a instancia de parte, ha sido ahora ampliada hacia las otras salas, incluso la Sala Constitucional, con posibilidad también de su ejercicio de oficio.

En efecto, antes de la sanción de la nueva Ley Orgánica del Tribunal Supremo en 2004, la Sala Constitucional en su doctrina-jurisprudencia, había extendido esta potestad de avocamiento a todas las Salas del Tribunal Supremo, resolviendo que incluso ello podía ejercerse de oficio y no sólo a instancia de parte. En efecto, mediante sentencia Nº 456 de 15 de marzo de 2002 (Caso: *Arelys J. Rodríguez vs. Registrador Subalterno de Registro Público, Municipio Pedro Zaraza, Estado Carabobo*), la Sala se declaró competente para conocer de solicitudes de avocamiento en jurisdicción constitucional (respecto de juicios de amparo)[1289]; considerando en otra sentencia Nº 806 de 24 de abril de 2002 (Caso: *Sindicato Profesional de Trabajadores al Servicio de la Industria Cementera)* como nula la norma de la derogada Ley Orgánica de la Corte Suprema de Justicia (art. 43) que consagraba la figura del avocamiento como competencia exclusiva de la Sala Político Administrativa, en virtud de considerar que era "incompatible con el principio de distribución de competencias por la materia a nivel del máximo tribunal de la República, sin que la propia Constitución lo autorice ni establezca una excepción al mismo en tal sentido"; señalando:

> "Esta Sala Constitucional, no obstante la claridad y laconismo con que fue redactado el precepto, objeta el monopolio que se desprende de la lectura conjunta de ambos artículos, en lo que respecta a que el trámite de las solicitudes de avocamiento sea una facultad exclusiva y excluyente de Sala Político Administrativa.
>
> Es decir, y sobre ello ahondará seguidamente, esta Sala es del parecer que tal potestad es inconsistente desde el punto de vista constitucional, y que la misma corresponde, en un sentido contrario a como lo trata dicho dispositivo, a todas

1288 Sustituye el artículo 42,29 LOCSJ, con texto similar.

1289 *V.*, en *Revista de Derecho Público,* Nº 89-92, Editorial Jurídica Venezolana, Caracas 2002.

las Salas del Tribunal Supremo de Justicia, según que el juicio curse en un tribunal de instancia de inferior jerarquía a la Sala que en definitiva decida examinar la petición (aquí el vocablo inferior se entiende en sentido amplio, ya que algunas de estas Salas no son propiamente alzada de dichos tribunales; tal sucede con las de casación).

Llegado este punto, siendo, pues, que la facultad de avocamiento conferida a la Sala Político Administrativa por el artículo 43 de la Ley Orgánica de la Corte Suprema de Justicia no está prevista en la Constitución, ni se deduce de ella, ni la justifica su texto, y que, por el contrario, conspira contra el principio de competencia que informa la labor que desempeñan las Salas del máximo tribunal de la República (art. 232), esta Sala concluye en que dicho precepto resulta inconstitucional...

Tales declaraciones no son, propiamente, precedentes de la posición que mantiene esta Sala Constitucional respecto al tema, toda vez que en ellas se sostuvo, al mismo tiempo, que dicha facultad excepcional, no obstante las referidas limitaciones, resultaba de la *exclusiva* potestad de dicha Sala Político Administrativa (*Vid.* sobre el punto de la exclusividad: *ob. cit.* pp. 40 y 41). Criterio de exclusividad que ha sido expresamente abandonado por esta Sala desde su sentencia N° 456 del 15-03-02, caso: *Mariela Ramírez de Cabeza*. Lo que sí comparte es lo relativo a que la Sala Político Administrativa no estaba constitucionalmente facultada para examinar solicitudes de avocamiento ni adentrarse a su conocimiento cuando de conflictos ajenos a su competencia natural se tratara.

Pero, para prestar un mejor servicio a la justicia, esta Sala Constitucional dará, en atención a sus propias competencias, un giro en este camino, pues declarará que tal competencia (con los límites impuestos por la práctica judicial comentada) debe extenderse a las demás Salas del Tribunal Supremo de Justicia"[1290].

En todo caso, la Ley Orgánica del Tribunal Supremo de Justicia de 2004, en su artículo 5, párrafo 1°, 48, no sólo formalmente extendió a todas las Salas la competencia general de avocamiento, sino que incluyó, además, la posibilidad del *avocamiento de oficio*, al prescribir como competencia de las Salas:

"*Artículo 5. Pl. 48.* Solicitar de oficio, o a petición de parte, algún expediente que curse ante otro tribunal, y avocarse al conocimiento del asunto cuando lo estime conveniente".

En esta forma, el orden procesal, la garantía del debido proceso y el derecho a la doble instancia ha quedado a la merced de las Salas del Tribunal Supremo de Justicia, al establecerse la atribución de cualesquiera de ellas, en las materias de su respectiva competencia, para recabar de cualquier tribunal de instancia, *de oficio o a instancia de parte*, con conocimiento sumario de la situación, cualquier expediente o causa en el estado en que se encuentre, para resolver si se avoca y directamente asume el conocimiento del asunto o, en su defecto lo asigne a otro tribunal (Artículo 18, párrafo 11°).

---

1290 *V.*, en *Revista de Derecho Público*, Nº 89-92, Editorial Jurídica Venezolana, Caracas 2002.

Dada las repercusiones de esta atribución generalizada, la propia Ley Orgánica sin embargo dispuso en el Artículo 18, párrafo 12°, que:

> "[...] esta atribución deberá ser ejercida con suma prudencia y sólo en caso grave, o de escandalosas violaciones al ordenamiento jurídico que perjudique ostensiblemente la imagen del Poder Judicial, la paz pública, la decencia o la institucionalidad democrática venezolana, y se hayan desatendido o mal tramitado los recursos ordinarios o extraordinarios que los interesados hubieren ejercido".

Al admitir la solicitud de avocamiento, la Sala debe oficiar al tribunal de instancia, requiriendo el expediente respectivo, y puede ordenar la suspensión inmediata del curso de la causa y la prohibición de realizar cualquier clase de actuación.

La ley precisa, además, que "serán nulos los actos y las diligencias que se dicten en desacuerdo por el mandamiento de prohibición" (art. 18, párrafo 13°).

La sentencia sobre el avocamiento la debe dictar la Sala competente, la cual puede decretar la nulidad y subsiguiente reposición del juicio al estado que tiene pertinencia, o decretar la nulidad de alguno o algunos de los actos de los procesos, u ordenar la remisión del expediente para la continuación del proceso o de los procesos en otro tribunal competente por la materia, así como adoptar cualquier medida legal que estime idónea para restablecer el orden jurídico infringido (Art. 18, párrafo 14°).

***

La Jurisdicción Constitucional ejercida por los tribunales constitucionales o, en el caso de Venezuela, por la Sala Constitucional del Tribunal Supremo de Justicia, sin duda, en el marco teórico de la justicia constitucional, puede considerarse como uno de los puntos culminantes de la construcción del Estado de Derecho. Por ello, con razón, los tribunales constitucionales son los "intérpretes supremos de la Constitución", según el calificativo que le atribuyó la Ley Orgánica que creó el Tribunal Constitucional en España[1291] o como los "guardianes de la Constitución"[1292].

Eduardo García de Enterría, al hablar del Tribunal Constitucional español, lo calificó de "comisario del poder constituyente, encargado de defender la Constitución y de velar porque todos los órganos constitucionales conserven su estricta calidad de poderes constituidos"[1293] y el antiguo presidente de ese mismo Tribunal, nuestro recordado profesor y amigo, Manuel García Pelayo, vio en él "un órgano constitucional instituido y directamente estructurado por la Constitución", y que:

> "Como regulador de la constitucionalidad de la acción estatal, está destinado a dar plena existencia al Estado de derecho y a asegurar la vigencia de la distribución de poderes establecida por la Constitución, ambos componentes inexcusables, en nuestro tiempo, del verdadero "Estado constitucional"[1294].

---

1291 Art. 1. "Ley Orgánica del Tribunal constitucional", Oct. 1979, *Boletín Oficial del Estado*, N° 239.

1292 G. Leibholz, *Problemas fundamentales de la Democracia*, Madrid, 1971 p. 15.

1293 E. García de Enterría, *La Constitución como norma y el Tribunal Constitucional*, Madrid, 1981, p. 198.

1294 M. García Pelayo, "El Status del Tribunal constitucional", *Revista Española da Derecho Constitucional*, vol. I, N° 1, Madrid, 1981, p. 15.

Para ello, por supuesto, se requiere de un tribunal constitucional que sea efectivamente autónomo e independiente de las diversas ramas del poder público, pues de lo contrario, si se trata de un órgano controlado por el poder político de turno, en lugar de ser el guardián de la Constitución y del Estado de derecho, puede ser el instrumento más diabólico del autoritarismo y de la destrucción del mismo.

Como a los tribunales constitucionales nadie los controla, se pueden convertir en un poder constituyente derivado no regulado en el texto constitucional, y sus inconstitucionales interpretaciones de la Constitución pueden pasar ilegítimamente a formar parte de la propia Constitución. La pregunta de siempre que suscita el poder incontrolado, ***Quis custodiet ipsos custodes,*** por tanto, aquí adquiere todo su significado, pues no tiene respuesta[1295].

Por ello, por sobretodo, más que las competencias que le son atribuidas, lo importante en un tribunal constitucional es su autonomía e independencia frente al poder. Y ese es el problema que existe en la Venezuela contemporánea, donde lamentablemente, la Sala Constitucional del Tribunal Supremo de Justicia de Venezuela, con la última reforma de la Ley del Tribunal Supremo de Justicia de 2004, y con la forma como desde 1999 se ha realizado la integración del mismo, no es la garantía que podía esperarse en un Estado de derecho

Lamentablemente, la integración del Tribunal Supremo se ha hecho con magistrados controlados por el poder político y lo que es peor, dependientes del mismo, ya que pueden ser removidos por una Asamblea Nacional totalmente controlada políticamente por el Ejecutivo, incluso sin voto calificado.

Todo ello, lamentablemente, se ha hecho en el marco de proceso de demolición progresiva y sistemática del poder judicial que en los últimos años se ha desarrollado en el país[1296], en el cual, incluso, ha participado la propia Sala Constitucional con decisiones que han resquebrajado el Estado de derecho[1297].

---

1295 *V.*, Allan R. Brewer-Carías, "*Quis Custodiet ipsos Custodes*: De la interpretación constitucional a la inconstitucionalidad de la interpretación", en *VIII Congreso Nacional de derecho Constitucional*, Perú, Fondo Editorial 2005, Colegio de Abogados de Arequipa, Arequipa, septiembre 2005, pp. 463-489. Véase el texto de este trabajo en las páginas 47 y ss. de este libro.

1296 *V.*, Allan R. Brewer-Carías, "La progresiva y sistemática demolición institucional de la autonomía e independencia del Poder Judicial en Venezuela 1999-2004", en *XXX Jornadas J.M Domínguez Escovar, Estado de derecho, Administración de justicia y derechos humanos*, Instituto de Estudios Jurídicos del Estado Lara, Barquisimeto, 2005, pp. 33-174.

1297 *V.*, por ejemplo, lo que hemos expuesto en Allan R. Brewer-Carías, *La Sala Constitucional Versus El Estado Democrático de Derecho. El secuestro del poder electoral y de la Sala Electoral del Tribunal Supremo y la confiscación del derecho a la participación política*, Los Libros de El Nacional, Colección Ares, Caracas 2004, 172 pp.; y en "El secuestro de la Sala Electoral por la Sala Constitucional del Tribunal Supremo de Justicia, en el libro *La Guerra de las Salas del TSJ frente al Referendum Revocatorio*, Editorial Aequitas, Caracas 2004, C.A., pp. 13-58; "El secuestro del poder electoral y la confiscación del derecho a la participación política mediante el referendo revocatorio presidencial: Venezuela 2000-2004", *Studi Urbinati, Rivista trimestrale di Scienze Giuridiche, Politiche ed Economiche*, Año LXXI – 2003/04 Nuova Serie A - N° 55,3, Università degli studi di Urbino, Urbino, Italia 2004, pp. 379-436. V. estos trabajos en la Tercera Parte de este libro, páginas 1975 y ss. *V.*, además, "La ilegítima despersonalización de las sociedades, la ilegal distorsión del régimen de la responsabilidad societaria y la violación del debido proceso en la jurisprudencia de la Sala Constitucional de Venezuela", en Alfredo Morles e Irene Valera (Coordinadores), *Derecho de Grupos de Sociedades*, Academia de Ciencias Políticas y Sociales, Centro de Investigaciones Jurídicas, Serie Eventos, N° 19, Caracas 2005, pp. 91-129.

*SEXTA PARTE*

# ESTUDIOS SOBRE LA SITUACIÓN Y PROGRESO DE LA JUSTICIA CONSTITUCIONAL EN AMÉRICA LATINA

La mayoría de los estudios que conforman esta Sexta Parte fueron publicados en el libro *Derecho Procesal Constitucional. Instrumentos para la justicia constitucional*, que fue publicado en una primera edición por Editorial Investigaciones Jurídicas C.A., San José, Costa Rica 2012, 628 pp. Una segunda edición se publicó con una Presentación de Ana Virginia Calzada, Presidenta de la Sala Constitucional de la Corte Suprema de Justicia de Costa Rica, por Ediciones Doctrina y Ley Ltda. (Bogotá), Investigaciones Jurídicas S.A. (San José), Editorial Jurídica Venezolana (Caracas), Bogotá 2013, 613 pp. La tercera edición actualizada fue publicada en la Colección de Derecho Procesal Constitucional del Centro de Estudios de Derecho Procesal Constitucional, Universidad Monteávila, Editorial Jurídica Venezolana, Caracas 2015, 756 pp.

Dicha tercera edición apareció con la siguiente Nota Explicativa:

"Este recoge diversos ensayos que he escrito durante los últimos años sobre el tema general del derecho procesal constitucional, en los cuales me he referido específicamente a los instrumentos de la justicia constitucional. Los trabajos fueron redactados en tiempos distintos y con motivaciones diferentes y, por tanto, en forma dispersa, habiendo sido la mayoría de ellos publicados en revistas y obras colectivas en diversos países. Ello, sin embargo, una vez apreciados en su conjunto, no impedía que se pudiera elaborar una sistematización coherente de los mismos, de manera de estructurar un libro sobre el tema, que es precisamente lo que hemos hecho. Y así fue que la primera edición del libro saliera publicada en San José, Costa Rica, en edición a cargo de la editorial Investigaciones Jurídicas S.A.

La ocasión de poder incluir todos estos estudios en un solo volumen en dicha edición de San José; estudios que en su mayoría eran de difícil acceso en corto tiempo pues habían sido publicados en forma dispersa y en tiempos diferentes en México, Buenos Aires, Madrid, Caracas, Panamá, Puebla, San José, Lima y Bogotá; y poderlos poner, como conjunto, a disposición de los estudiosos del tema, fue la amable propuesta que me hizo mi apreciado amigo Víctor Rodríguez Rescia, destacado jurista costarricense, sobre su publicación por la Editorial Investigaciones Jurídicas C.A. de San José, la cual acepté gustosamente. Hace ya unos años habíamos trabajado juntos el tema central de este libro en varios viajes a Tegucigalpa y San Pedro de Sula, con ocasión de la misión del Instituto Interamericano de Derechos Humanos de San José que él coordinó, entre 2003 y 2004, de asistencia académica a la Corte Suprema de Justicia de Honduras para la elaboración de la Ley sobre la Justicia Constitucional. Sabía bien, por tanto, de mi permanente trabajo sobre el tema, pero como muchos amigos y estudiosos, por supuesto no podía sabía donde y cuando había yo publicado otros ensayos. De allí, y con ocasión de un reciente y grato rencuentro en Nueva York, surgió su propuesta para este libro y su publicación inicial en San José, que acogió inmediatamente EugenioVargas, Gerente de la Editorial.

Honor que además me hicieron, y que les agradezco mucho, pues me permitió estrechar aún más los lazos con el mundo académico costarricense, los cuales tuve el privilegio de iniciar hace ya más de cuatro décadas desde cuando conocí, en el campus de la Universidad de Costa Rica y en la sede del Colegio de Abogados de Costa Rica, en tiempos en los cuales todos éramos unos jóvenes administrativistas, a mis recordados y queridos amigos Eduardo Ortíz Ortíz y Rodolfo Piza Escalante, compañeros de tantas luchas por el derecho y la institucionalidad democrática en nuestros países de América Latina.

La segunda edición se publicó en Bogotá, en edición de Ediciones Doctrina y Ley Ltda., de Bogotá, conjuntamente con la Editorial Jurídica Venezolana, de Caracas, y la Editorial Investigaciones Jurídicas S.A. de San José, con una Presentación de Ana Virginia Calzada, Presidenta de la Sala Constitucional de la Corte Suprema de Justicia de Costa Rica, que reduce el texto de sus palabras al presentar la primera edición de la obra en San José, en marzo de 2012, honor que me hizo y que de nuevo quiero agradecerle muy especialmente. La iniciativa para dicha segunda edición la tuvo Luis Alberto Reyes, Gerente Ediciones Doctrina y Ley Ltda., quien desde que vio el libro en Panamá, en junio de 2012, con ocasión de la celebración del Primer Congreso Panameño de Derecho Procesal Constitucional y el III Congreso Internacional: Proceso y Constitución, se interesó en la misma.

Como lo expliqué en las dos ediciones anteriores, el libro está precedido de una Introducción General en la cual se trata el tema del desarrollo de la justicia constitucional como garantía de la Constitución, lo que configura al juez constitucional como guardián de la misma, y los diversos trabajos se han agrupado en las siguientes cuatro partes:

En una primera parte, con el título general de los métodos de la justicia constitucional, se recogen dos trabajos donde se estudian los dos clásicos métodos el control de la constitucionalidad de las leyes que se construyeron en el mundo moderno a partir del siglo diecinueve: el llamado método difuso de control de constitucionalidad originado en la doctrina sentada en los Estados Unidos en la sentencia Marbury v. Madison de 1803; y el llamado método concentrado de control de constitucionalidad, relanzado en Europa por Hans Kelsen en la segunda década del siglo veinte, pero adoptado en América Latina desde mitades del siglo diecinueve.

**En la segunda parte del libro, con el título general de la situación y progreso de la justicia constitucional en Latinoamérica, se recogen diversos estudios en los cuales, precedidos por una introducción general donde se hace una aproximación comparativa sobre la justicia constitucional en América Latina, se analiza, en particular, la conformación contemporánea de los sistemas de justicia constitucional tal como se han configurado específicamente, por ejemplo, en Venezuela como un sistema mixto o integral de justicia constitucional; en Panamá, con un sistema exclusivamente concentrado de justicia constitucional; en Honduras, con previsiones constitucionales que permiten el desarrollo de un sistema mixto o integral, pero con una regulación legislativa que lo configuraron como un sistema exclusivamente concentrado de control; y en la República Dominicana, configurado como sistema mixto o integral de control. En estos dos últimos países tuve el privilegio de haber colaborado en la redacción de los instrumentos legales reflejando dichos trabajos las líneas de mis aportes. Para esta tercera edición, se agregó a esta segunda parte mi trabajo sobre "El sistema mixto o integral de control de constitucionalidad en Venezuela y Colombia" publicado en Bogotá en 1995.**

**En la tercera parte, con el título general de las acciones de protección constitucional de los derechos fundamentales, precedidos de una introducción general donde se hace una síntesis comparativa sobre el régimen del amparo en todos los países de América Latina que prevén dicha garantía en la Constitución y disponen de leyes específicas para regularla, se recogen diversos estudios donde se analiza, en particular, el tema de la universalidad del amparo en la Convención Americana de Derechos Humanos y el debate de la reforma del amparo en México en 2007, y el tema del amparo constitucional en Venezuela y de su universalidad; con un estudio final donde se analiza el proceso constitucional de las acciones de habeas data en Venezuela y su configuración mediante sentencias de la Sala Constitucional, las cuales han resultado ser fuente del derecho procesal constitucional.**

**Y en la cuarta parte, con el título general de las sentencias constitucionales y la interpretación constitucional, precedidos de una introducción general donde se hace un estudio comparativo sobre los el rol contemporáneo de los jueces constitucionales como legisladores positivos, se recogen diversos estudios en los cuales se analizan la potestad de la jurisdicción constitucional para interpretar la Constitución con efectos vinculantes; los efectos de las sentencias constitucionales en Venezuela; los efectos de las sentencias dictadas en los procesos de inconstitucionalidad de las leyes en el Perú y su contraste con el sistema venezolano, y la revisión extraordinaria de sentencias ante la jurisdicción constitucional.**

**Esta tercera edición sale ahora en Caracas, ampliada, por iniciativa de los jóvenes constitucionalistas Gonzalo Pérez y Jesús María Alvarado Andrade, integrantes del centro de Estudios de derecho procesal Constitucional de la Universidad Monteávila, quienes han decidido iniciar la Colección de libros de Derecho Procesal Constitucional de dicho del Centro, con este volumen, honor que me hacen. Mi agradecimiento a ellos por la iniciativa, y especialmente a Jesús María Alvarado Andrade por su Prólogo.**

**Nueva York, mayo 2013**

***LA PRESENTACIÓN VERBAL DE LA PRIMERA EDICIÓN LA HIZO LA JUEZ ANA VIRGINIA CALZADA M., PRESIDENTA DE LA SALA CONSTITUCIONAL DE LA CORTE SUPREMA DE JUSTICIA DE COSTA RICA, EN SAN JOSÉ, Y FUE INCLUIDA EN LA SEGUNDA EDICIÓN DE LA OBRA PUBLICADA EN BOGOTÁ, CON EL SIGUIENTE TEXTO:***

***El constitucionalismo moderno, caracterizado y dominado por los postulados del Estado Democrático de Derecho, se caracteriza por haber reconocido y otorgado a la norma fundamental lo que la doctrina ha dado en llamar «Fuerza Normativa de la Constitución». Esta «fuerza normativa» significa que, en la modernidad, la Constitución Política ha dejado de ser considerada un simple conglomerado de enunciados sobre aspectos básicos de la organización estatal, a ser un verdadero compendio del reconocimiento de los derechos inherentes a las personas humanas. Los textos constitucionales de la actualidad difieren, en consecuencia, de aquellas formulaciones generales que poco aportaban a la identificación o consideración de los sistemas jurídicos, para ser efectivas normas estructurales ya no solamente de la organización estatal, sino, particularmente, de la estructura de los derechos y garantías reconocidos a todas las personas.***

***Es aquí donde encontramos la diversificación y especialización del entonces genéricamente denominado «Derecho Constitucional». Hoy resultaría imposible e inadecuado, hacer referencia al Derecho Constitucional, e incluso a los Derechos Humanos, sin identificar las características propias que dentro de un determinado sistema jurídico, posee su Derecho Procesal Constitucional. Esta apreciación implica que para su plena afirmación, el reconocimiento de los derechos de las personas requiere la existencia de efectivos mecanismos de garantía mediante los cuales procurar la defensa y protección de estos derechos. De igual manera, significa que estas garantías deben estar reconocidas y validadas en el propio texto constitucional, para asegurar de esta manera su absoluto respeto y aplicación.***

***Es por esta razón, que junto con el reconocimiento de los derechos de las personas, las normas constitucionales de la modernidad, refieren también los mecanismos por los cuales procurar y asegurar su pleno respeto. Esta es el área de atención focal del «Derecho Procesal Constitucional», que por sus particularidades y trascendencia se le reconoce un área de conocimiento concreta dentro del ámbito de lo jurídico. La ciencia jurídica de hoy, encuentra validez, explicación y sustento, con la inclusión del Derecho Procesal Constitucional como un área específica de atención, estudio y desarrollo. La investigación jurídica de la actualidad, sería incompleta si dentro de sus ámbitos se omitiera considerar e incluir lo que es cada vez más habitual y necesario para el científico y el profesional en Derecho.***

***Por su propia naturaleza y contenido, el Derecho Procesal Constitucional resulta esencial en la práctica del Derecho. Lejos de un simple interés científico, debemos reconocer, hoy más que nunca, la vital trascendencia de esta disciplina para la protección de los derechos humanos, los derechos fundamentales, y los derechos constitucionales. Resultaría impropio explicar o asegurar la existencia de mecanismos ágiles y eficientes de protección, sin las aportaciones que brinda a la ciencia jurídica el Derecho Procesal Constitucional.***

*Es en esta disciplina donde se encuentra el estudio, ideación y desarrollo de esas acciones de garantía que, en definitiva, determinarán la plena vigencia y respeto de los derechos. Es por ello, que resulta de particular relevancia atender a los avances y a la situación particular de cada momento de nuestros sistemas jurídicos. Esto es así, por cuanto esta área del Derecho, ha procurado y permitido que mediante esas acciones de garantía, que por su propia condición deben ser ágiles, dinámicas y expeditas, se materialice la aplicación no sólo de las propias formulaciones normativas de los derechos, sino, también, de los valores y principios que las inspiran.*

*Si hoy en día reconocemos, como lo hace el neoconstitucionalismo, la coexistencia y obligada aplicación no sólo de las normas propiamente dichas, sino de los principios y valores de los cuales derivan aquellas, y se les confiere a estos principios y valores la condición de ser los ejes rectores de la interpretación jurídica, especialmente de la interpretación constitucional, es claro que las acciones de garantía propias del Derecho Procesal Constitucional, son los mecanismos procesales a través de los cuales se manifiesta y concretiza esa aplicación. Derecho sustantivo y derecho procesal, encuentra en esta área la consustancialidad, la integración que requiere la protección de los derechos.*

*Al mismo tiempo, la conjunción de estos mecanismos de protección bajo un especializado modelo jurisdiccional, como lo es la jurisdicción constitucional, enlaza ambos conceptos de manera evidente y necesaria, pretendiendo, más allá de la noción de la jurisdicción constitucional, lograr y materializar la «justicia constitucional».*

*Es por ello que estos tres términos se encuentran íntimamente ligados. Justicia constitucional, jurisdicción constitucional y Derecho Procesal Constitucional, conforman la tríada que representa la defensa del texto constitucional, y la protección de los derechos de las personas.*

*En mi condición de Presidenta de la Sala Constitucional, como docente, como profesional en Derecho, es para mí un gran honor, presentar la más reciente publicación de un amigo de la jurisdicción constitucional costarricense, de un científico del Derecho que a lo largo de su trayectoria académica y profesional nos ha impulsado con su ejemplo y conocimiento, a seguir el camino para defender nuestros derechos y procurar justicia.*

*El doctor Brewer-Carías se ha caracterizado por ser un dinámico activista del Derecho, comprometido con la responsabilidad social y constitucional, y un artífice de amplios procesos de modernización de la justicia constitucional y contencioso administrativa en el mundo occidental; su labor y enseñanza trasciende el ámbito de lo iberoamericano, y se ubica y desenvuelve con propiedad bajo los dos modelos de sistemas jurídicos de Occidente.*

*La obra del doctor Brewer que hoy se publica, precisamente parte de reconocer esa relación simbiótica que existe entre el Derecho Procesal Constitucional y la Justicia Constitucional, identificando de manera precisa cómo las acciones de garantía se erigen en verdaderos pilares para la concreción y obtención de la justicia constitucional.*

*Para el investigador del Derecho, para la academia y para los propulsores de los sistemas jurídicos, esta publicación permite una efectiva ubicación en la coyuntura actual de la justicia constitucional en América Latina. La investigación de don Allan, nos demuestra que nuestra región continúa siendo un campo especial y único para el estudio y desarrollo de las ciencias sociales, donde las ciencias jurídicas no son la excepción. Más allá de realizar una descripción general, esta obra cumple con identificar de manera detallada el «estado de la cuestión», enfatizando aquellas experiencias nacionales que ciertamente hoy en día muestran un esfuerzo, un impulso y un desarrollo especial, para ponerse a tono con la concreción de mecanismos eficientes de protección de los derechos.*

*Esta investigación detalla cómo ha avanzado la democracia y la justicia constitucional en el continente, especialmente en países que aún podemos identificar como poseedores de una institucionalidad democrática joven y en proceso de consolidación. El estudio de estas realidades, si bien nos recuerda los esfuerzos vividos en otros países hace más de veinticinco años, nos ubica en retrospectiva hacia lo que debemos hacer en nuestros países, y cómo podemos contribuir en el desarrollo de la democracia, la institucionalidad y la justicia en nuestro entorno.*

*Si recordamos aquella definición jurisprudencial por la cual se reguló la existencia y aplicación del amparo en República Dominicana promediando los años noventa; los esfuerzos institucionales del Paraguay por asentar una institucionalidad democrática en la última década del siglo XX; o bien, los esfuerzos de fin de siglo de la República de Honduras para instaurar un sistema de jurisdicción constitucional, proceso en el cual el autor tuvo una destacadísima participación, hoy el doctor Brewer nos presenta los avances logrados en esos sistemas y los retos que hoy enfrentan tanto para su propio desarrollo, como dentro del ámbito del derecho comparado.*

*El estudio de la realidad jurídica latinoamericana que contiene la obra, evidencia el tránsito siempre inacabado hacia mejores sistemas de justicia, al mismo tiempo que demuestra que ese camino debe andarse y procurarse, precisamente, con mayor justicia y mejores instancias de protección.*

*Amplio conocedor y asiduo difusor de los mecanismos nacionales de garantía constitucional y de protección de los derechos humanos, es de agradecer al doctor Brewer detenerse en estudiar y mostrarnos la discusión que hoy día se presenta en torno al denominado recurso de amparo en los Estados Unidos Mexicanos, sus particularidades y diferencias con el ampliamente conocido «amparo constitucional». Reconocemos la importancia y el impacto que la configuración del amparo en la realidad mexicana, tuvo en la génesis de los mecanismos de protección de los derechos de las personas, a pesar de que su propia naturaleza lo diferenció posteriormente del amparo como acción de garantía constitucional en los términos que hoy lo conocemos. En su investigación, el doctor Brewer nos guía en el proceso llevado por este procedimiento mexicano, ahora en una fase de acercamiento y reformulación hacia sus homónimos iberoamericanos.*

*La configuración de un nuevo modelo de recurso de amparo en México, viene aparejada a la transformación de la Suprema Corte de Justicia de la Nación en un Tribunal Constitucional, por lo que el cambio de modelo en dicho país*

***resultaría paradigmático. El profesor Brewer profundiza en esta situación y nos muestra las perspectivas que puede tomar esta discusión y su impacto para el Derecho Procesal Constitucional y el constitucionalismo latinoamericano.***

***De igual manera, más allá de las formulaciones nacionales, la obra considera un tema que ya enunciado por la doctrina, incluso por colegas cercanos al autor, encuentra en las investigaciones de don Allan una dimensión de universalidad que ahora se explota y difunde con particular constancia por su trascendencia en el ámbito interno de nuestros países. La consideración del amparo desde la perspectiva del sistema interamericano de protección de los derechos humanos, ocupa un particular espacio dentro de esta obra, y nos refiere, precisamente, esa relevancia para la protección de estos derechos dentro de nuestras realidades nacionales.***

***Finalmente, tal como expresé con anterioridad, el tema de la interpretación, bajo la égida de principios sistemáticos que ordenen y rijan el proceso hermenéutico, resulta fundamental para la debida protección de los derechos humanos. La obra guarda un aparte especial para el tema de la interpretación y la función del juez constitucional, quien en este marco de protección, de concreción del Derecho Procesal Constitucional y de materialización de la justicia constitucional, es, sin duda alguna, un actor fundamental. El juez constitucional, tal como he indicado reiteradamente, debe ejercer su función con conocimiento, criterio y responsabilidad, pero sobre todo independencia, teniendo certeza de que sus decisiones están válida y directamente encaminadas a consolidar y potenciar el Estado Democrático de Derecho y la separación de poderes mediante la debida protección de los derechos de las personas.***

***La obra que ahora se publica, guarda una inmensa riqueza jurídica, pero igualmente una grandiosa riqueza social y cultural, pues en su ameno y erudito lenguaje, el profesor explica con esmero aquellos referidos procesos de transición y consolidación democrática. Se demuestra, una vez más, pero con datos sólidos, evidencias concretas y ejemplos cercanos, esa relación indisoluble entre democracia y justicia, y cómo los eventuales señalamientos de democracia insuficiente deben solventarse, precisamente, con más democracia y más justicia.***

***Estoy plenamente convencida que esta publicación enriquece, sin duda, el saber jurídico y social, a la vez que sienta las bases para una mayor erudición y profundización de esfuerzos para lograr el cometido de mayor protección, mayor democracia y mayor justicia.***

**San José, abril de 2012**

*La tercera edición fue precedida de la siguiente:*

## *NOTA DEL AUTOR A LA TERCERA EDICIÓN*

**Este libro recoge diversos ensayos que he escrito durante los últimos años sobre el tema general del derecho procesal constitucional, en los cuales me he referido específicamente a los instrumentos de la justicia constitucional. Los trabajos fueron redactados en tiempos distintos y con motivaciones diferentes y, por tanto, en forma dispersa, habiendo sido la mayoría de ellos publicados en**

revistas y obras colectivas en en México, Buenos Aires, Madrid, Caracas, Panamá, Puebla, San José, Lima y Bogotá. Ello, sin embargo, una vez apreciados en su conjunto, no impedía que se pudiera elaborar una sistematización coherente de los mismos, de manera de estructurar un libro sobre el tema, que es precisamente lo que hemos hecho. Y así fue que la primera edición del libro saliera publicada en San José, Costa Rica, en edición a cargo de la editorial Investigaciones Jurídicas S.A.

La ocasión de poder incluir todos estos estudios en un solo volumen en dicha edición de San José; estudios que en su mayoría eran de difícil acceso en corto tiempo pues como dije habían sido publicados en tiempos diversos y en varios países; y poderlos poner, como conjunto, a disposición de los estudiosos del tema, fue la amable propuesta que me hizo mi apreciado amigo Víctor Rodríguez Rescia, destacado jurista costarricense, sobre su publicación por la Editorial Investigaciones Jurídicas C.A. de San José, la cual acepté gustosamente. Hace ya unos años habíamos trabajado juntos el tema central de este libro en varios viajes a Tegucigalpa y San Pedro de Sula, con ocasión de la misión del Instituto Interamericano de Derechos Humanos de San José que él coordinó, entre 2003 y 2004, de asistencia académica a la Corte Suprema de Justicia de Honduras para la elaboración del proyecto de la Ley sobre la Justicia Constitucional. Sabía bien, por tanto, de mi permanente trabajo sobre el tema, pero como muchos amigos y estudiosos, por supuesto no podía saber dónde y cuándo había yo publicado otros ensayos. De allí, y con ocasión de un grato reencuentro en Nueva York, surgió su propuesta para este libro y su publicación inicial en San José, lo que acogió inmediatamente Eugenio Vargas, Gerente de la editorial Investigaciones Jurídicas S.A.

Honor que además me hicieron, y que les agradezco mucho, pues me permitió estrechar aún más los lazos con el mundo académico costarricense, los cuales tuve el privilegio de iniciar hace ya más de cuatro décadas desde cuando conocí, en el campus de la Universidad de Costa Rica y en la sede del Colegio de Abogados de Costa Rica, en tiempos en los cuales todos éramos unos jóvenes administrativistas, a mis recordados y queridos amigos Eduardo Ortíz Ortíz y Rodolfo Piza Escalante, compañeros de tantas luchas por el derecho y la institucionalidad democrática en nuestros países de América Latina.

La segunda edición se publicó en Bogotá, en edición de Ediciones Doctrina y Ley Ltda., de Bogotá, conjuntamente con la Editorial Jurídica Venezolana, de Caracas, y la editorial Investigaciones Jurídicas S.A. de San José, con una muy apreciada Presentación de Ana Virginia Calzada, ex Presidenta de la Sala Constitucional de la Corte Suprema de Justicia de Costa Rica, que recoge el texto de sus palabras al presentar la primera edición de la obra en un evento que organizó la Sala Constitucional, en San José, en marzo de 2012, honor que me hizo y que de nuevo quiero agradecerle muy especialmente. La iniciativa para dicha segunda edición la tuvo Luis Alberto Reyes, Gerente de Ediciones Doctrina y Ley Ltda., quien desde que vio el libro en Panamá, en junio de 2012, con ocasión de la celebración del Primer Congreso Panameño de Derecho Procesal Constitucional y el III Congreso Internacional: Proceso y Constitución, se interesó en la misma.

Como lo expliqué en las dos ediciones anteriores, en esta tercera edición, el libro está precedido de una Introducción General en la cual se trata el tema del desarrollo de la justicia constitucional como garantía de la Constitución, lo que configura al juez constitucional como guardián de la misma; y los diversos trabajos se he agrupado en las siguientes cuatro partes:

En una Primera Parte, con el título general de los métodos de la justicia constitucional, recojo dos trabajos donde se estudian los dos clásicos métodos el control de la constitucionalidad de las leyes que se construyeron en el mundo moderno a partir del siglo XIX: el llamado método difuso de control de constitucionalidad originado en la doctrina sentada en los Estados Unidos en la sentencia Marbury v. Madison de 1803; y el llamado método concentrado de control de constitucionalidad, relanzado en Europa por Hans Kelsen en la segunda década del siglo XX, pero adoptado en América Latina desde mitades del siglo XIX. He agregado para esta tercera edición, un estudio más reciente sobre el control de convencionalidad, su conceptualización y su necesario deslinde respecto del control de constitucionalidad.

En la Segunda Parte del libro, con el título general de la situación y progreso de la justicia constitucional en Latinoamérica, recojo diversos estudios en los cuales hago una aproximación comparativa sobre la justicia constitucional en América Latina, analizando, en particular, la conformación contemporánea de los sistemas de justicia constitucional tal como se han configurado específicamente, por ejemplo, en Venezuela como un sistema mixto o integral de justicia constitucional; en Panamá, con un sistema exclusivamente concentrado de justicia constitucional; en Honduras, con previsiones constitucionales que permiten el desarrollo de un sistema mixto o integral, pero con una regulación legislativa que lo configuraron como un sistema exclusivamente concentrado de control; y en la República Dominicana, configurado como sistema mixto o integral de control. En estos dos últimos países tuve el privilegio de haber colaborado en la redacción de los instrumentos legales sobre la Justicia constitucional y la Jurisdicción constitucional, reflejando los trabajos aquí recogidos las líneas de mis aportes.Para esta tercera edición, he agregado parte mi trabajo sobre "El sistema mixto o integral de control de constitucionalidad en Venezuela y Colombia" que había sido publicado en Bogotá por la Universidad Externado de Colombia y la Pontificia Universidad Javeriana en 1995, y que no se había incluido en las ediciones anteriores.

En la Tercera Parte, con el título general de las acciones de protección constitucional de los derechos fundamentales, precedidos de una síntesis comparativa sobre el régimen del amparo en todos los países de América Latina que prevén dicha garantía en la Constitución y disponen de leyes específicas para regularla; he recogido diversos estudios donde he analizado, en particular, el tema de la universalidad del amparo en la Convención Americana de Derechos Humanos y el debate de la reforma del amparo en México en 2007; el tema del amparo constitucional en Venezuela y de su universalidad; y un estudio donde analizo el proceso constitucional de las acciones de *habeas data* en Venezuela y su configuración mediante sentencias de la Sala Constitucional, las cuales han resultado ser fuente del derecho procesal constitucional. Para esta tercera edición he incorporado un reciente estudio específico sobre el derecho de amparo, tutela o protección contra todos los actos estatales y el control de convencionalidad en América Latina.

**Y en la Cuarta Parte, con el título general de las sentencias constitucionales y la interpretación constitucional, precedidos de un estudio comparativo sobre los el rol contemporáneo de los jueces constitucionales como legisladores positivos, recojo diversos estudios en los cuales he analizado la potestad de la jurisdicción constitucional para interpretar la Constitución con efectos vinculantes; los efectos de las sentencias constitucionales en Venezuela; los efectos de las sentencias dictadas en los procesos de inconstitucionalidad de las leyes en el Perú y su contraste con el sistema venezolano, y la revisión extraordinaria de sentencias ante la jurisdicción constitucional.**

**Esta tercera edición sale ahora en Caracas, ampliada, por iniciativa de los jóvenes constitucionalistas Gonzalo Pérez, Jesús María Alvarado Andrade y Luis Alberto Petit Guerra, integrantes del Centro de Estudios de Derecho Procesal Constitucional de la Universidad Monteávila, quienes han decidido incluirla en la Colección de Derecho Procesal Constitucional de dicho Centro, honor que me hacen. Mi agradecimiento a ellos por la iniciativa, y especialmente a Jesús María Alvarado Andrade, por su muy enjundioso y apreciado Prólogo.**

**Nueva York, octubre 2013**

La tercera edición mencionada contó con el siguiente Prólogo de Jesús María Alvarado Andrade*

## *A MODO DE INTRODUCCIÓN*

***Todo buen prólogo como escrito anterior al cuerpo de la obra debe dar cuenta de los aspectos más resaltantes como de su importancia académica, sin que ello implique suplantar su lectura o restarle interés. En ese sentido, el presente esfuerzo no será una excepción a esta regla académica, y por ello, el atrevimiento académico no se dirigirá solamente a profundizar en la biografía del autor –por si solo innecesaria–, sino en los aportes y méritos de esta investigación que tengo el honor de presentar, en tanto se trata de una nueva obra de uno de los juristas más importantes de nuestro país (Venezuela) y del mundo hispanoamericano, cuyo nombre es reconocido más allá de nuestras fronteras[1298], y poseedor de la más "vasta obra jurídica escrita en toda la historia de nuestro país"[1299], y no sería exagerado sostener también, de Hispanoamérica y del mundo en materia jurídica.***

---

* Catedrático de la Universidad Francisco Marroquín, Profesor de Derecho Constitucional de la Universidad Central de Venezuela, Profesor del Departamento de Ciencias Sociales de la Universidad Simón Bolívar; Profesor de la Universidad Católica Andrés Bello y Miembro de la Asociación Venezolana de Derecho Constitucional (AVDC).

1298 Para una muestra *Vid.* V.V.A.A., *El Derecho Público a Comienzos del Siglo XXI. Estudios en Homenaje al Profesor Allan R. Brewer-Carías.* (Coord. Alfredo, Arismendi, y Jesús, Caballero Ortiz), Instituto de Derecho Público-Universidad Central de Venezuela y Civitas Ediciones, S.L., Madrid, 2003; además de Orlando, Vignolo Cueva, y Roberto Jiménez Murillo (Coord.), *Homenaje a Allan Brewer Carías. Comentarios a la Jurisprudencia de Derecho Administrativo del Tribunal Constitucional Peruano (2000–2010),* Ediciones Legales, Jus et Veritas Editorial, Lima, 2011 entre otros.

1299 *Vid.* Jesús, Caballero Ortíz, "Presentación" en V.A.A., *El Derecho Público a Comienzos del Siglo XXI. Estudios en Homenaje al Profesor Allan R. Brewer-Carías.* (Coord. Alfredo Arismendi, y Jesús, Caba-

***Comoquiera que no hace falta presentar prima facie al autor del libro, dado su innegable prestigio en Venezuela y allende de sus fronteras, si luce apropiado resaltar, que durante las siguientes líneas será abordada la única e importante dimensión de verdad humana que es "aquella donde interviene la inteligencia, incluso cuando actúan las pasiones"[1300]. Si bien no se presenta al autor del libro por los momentos, si luce pertinente y obligatorio presentar algunas razones al público lector que expliquen en la medida de lo posible los méritos por parte de quien escribe este prólogo.***

***En tal sentido, debo confesar que me resultó realmente sorprendente que el profesor Brewer-Carías me solicitara el inmenso y desmerecido honor de pedirme un prólogo para esta obra, ya que en realidad, pese a que una de mis tesis de postgrado versa sobre el Derecho Procesal Constitucional[1301], no cuento en la actualidad con publicaciones sistemáticas y específicas dadas a conocer al público sobre el tema, sino que simplemente soy un joven profesor universitario con dedicación y preocupación intelectual permanente por el Derecho Constitucional[1302], en el cual figura como tema descollante la justicia constitucional (judicial review), y en el que he tenido el honor de poder compartir, aprender y recibir la dirección del autor, pese a la distancia generada por la funesta persecución política a la cual ha sido sometido por el régimen socialista totalitario[1303], debido a sus constantes combates y denuncias en defensa del Estado de Derecho y la democracia en Venezuela.***

***Tal solicitud por parte del profesor Brewer-Carías para que escribiera este prólogo, no cabe la menor duda de que ha sido una difícil y comprometedora tarea, no sólo en lo que tiene que ver con el altísimo honor que ello representa, sino en el esfuerzo que he tratado de hacer para cumplir con un escrito sustantivo que retribuya la desmerecida confianza depositada. Tal prólogo, si bien se escribe con la admiración de un discípulo para con un maestro desde su época de estudiante de Derecho y en el que jamás hubiese pensado tener este privilegio, reviste una particularidad, y es que se presentará –en la medida de lo posible– como un adelanto de lo que el lector disfrutará en esta obra, pero contextualizándola en el rico y diverso abanico de la meticulosa y colosal obra de este destacado iuspublicista e intelectual venezolano, deteniéndome en cuatro (4) aspectos que considero revis-***

---

llero Ortiz), T. I, Instituto de Derecho Público-Universidad Central de Venezuela y Civitas Ediciones, S.L., Madrid, 2003, p. 29.

1300 *Vid.*, Manuel, Caballero *Rómulo Betancourt. Político de Nación*, Alfadil-Fondo de Cultura Económica, Venezuela, 2004, p. 19.

1301 *Vid.*, Jesús María Alvarado Andrade, *Hacia un Derecho Procesal Constitucional en Venezuela. Reflexiones sobre su origen, principios y contradicciones*, Universidad Monteávila, Centro de Estudios de Postgrado. Especialización en Derecho Procesal Constitucional, Caracas, 2009, 323 pp. actualmente en proceso de revisión y de cambios exhaustivos para su publicación. Vale advertir, que curiosamente esta tesis estaba dedicada al Prof. Dr. Allan R. Brewer-Carías y al Prof. Dr. Alberto Baumeister Toledo, en tanto personas que admiro en demasía.

1302 La obra que precisamente emprenderé en la materia, tiene como director al Prof. Dr. Allan R. Brewer–Carías y a la Prof. Dra. Pilar Zambrano precisamente. Y tutor al Prof. Dr. Fernando Toller.

1303 *Vid.*, Allan R. Brewer-Carías, *En mi Propia Defensa*. Respuesta preparada con la asistencia de mis defensores Rafael Odreman y León Enrique Cottin contra la infundada acusación fiscal por el supuesto delito de conspiración, Colección Opiniones y Alegatos Jurídicos N° 13. Editorial Jurídica Venezolana. Caracas, 2006, 606 pp.

***ten una estrecha vinculación con el libro que hoy tiene el lector en sus manos, a saber: i) la importancia de la supremacía constitucional; ii) la justicia constitucional (judicial review) como freno al Poder, iii) los peligros de la justicia constitucional (judicial review) en la actualidad y iv) el Derecho Comparado y su relación con la disciplina del Derecho Procesal Constitucional.***

## *I. BREWER-CARÍAS CONSTITUCIONALISTA: LA IMPORTANCIA DE LA SUPREMACÍA CONSTITUCIONAL*

***La profusión intelectual de Brewer-Carías, reconocida nacional e internacionalmente, es sin duda admirable. No hay área del Derecho Público que no haya sido explorada y analizada con detenimiento en su constante e incansable trabajo de docencia, investigación y divulgación, en estos más de cincuenta años como investigador del Derecho[1304]. En sus múltiples preocupaciones intelectuales, el Derecho Público innegablemente ha encontrado un lugar central y privilegiado, y aunque se asocian habitualmente sus aportes, contribuciones y méritos en la construcción nacional y comparada en lo que se refiere al Derecho Administrativo[1305], vale acotar que hace mucho tiempo incursionó fructíferamente en el Derecho Constitucional[1306] para bien del Derecho Público en Venezuela y el mundo, lo cual le ha hecho acreedor de las más importantes distinciones y reconocimientos en todas partes[1307].***

***Si se investigan los antecedentes de dicha incursión en el corpulento curriculum vitae del autor, se observará que ya en 1975 irrumpía definitivamente en el Derecho Constitucional con su conocido Derecho Administrativo, Tomo I[1308], en el cual le dedicó todo un capítulo al "control jurisdiccional de la constitucionalidad de los actos estatales", pero no desde una perspectiva meramente local (nacional) sino comparada, señalando que el sistema de control jurisdiccional de***

---

1304 *Vid.,* José Ignacio, Hernández G., "Los cincuenta años de investigación del profesor Allan R. Brewer-Carías", en *El Universal,* Edición Digital, 9 de diciembre de 2010. [http://www.eluniversal.com /opinion/101209/los–cincuenta–años–de–investigacion–del–profesor–allan–r–brewer–carias%20]

1305 Con bastante provecho *Vid.,* José Ignacio, Hernández G., "Allan R. Brewer-Carías y el concepto de Derecho Administrativo en Venezuela" en *Revista de Administración Pública*, Nº 184, Centro de Estudios Políticos y Constitucionales, Madrid, 2011, pp. 349-355; dónde se establece la importancia incuestionable en este campo.

1306 Ya en 1985 cuando emprendió su obra *Instituciones Políticas y Constitucionales,* que no era otra cosa que la consecuencia del método adoptado en el *Derecho Administrativo*, T. I, antes indicado, manifestaba que "Tengo proyectado volver rápidamente a mi campo específico, y desde ya trabajo en una obra sobre Instituciones de Derecho Administrativo que espero saldrá pronto a la luz pública" *Vid.,* Allan R. Brewer-Carías, "Prólogo" a las *Instituciones Políticas y Constitucionales,* Tomo I: *El Régimen Histórico Constitucional del Estado,* Universidad Católica del Táchira-Editorial Jurídica Venezolana, Caracas-San Cristóbal, 1996, p. 22. También *vid.* Allan R. Brewer-Carías, "El pensamiento constitucional en Venezuela en el Siglo XX" en Diego Valadés, et al (Coords.), *Ideas e Instituciones constitucionales en el Siglo XX*, Siglo Veintiuno Editores, México, 2011, pp. 554-564.

1307 *Vid.,* Víctor Hernández Mendible, "Semblanza del Maestro Iberoamericano Allan R. Brewer-Carías" en Orlando Vignolo Cueva, y Roberto Jiménez Murillo, (Coord.), *Homenaje a Allan Brewer-Carías. Comentarios a la Jurisprudencia de Derecho Administrativo del Tribunal Constitucional Peruano (2000-2010),* Ediciones Legales, Ius et Veritas Editorial, Lima, 2011.

1308 *Vid.,* Allan R. Brewer-Carías, *Derecho Administrativo*, T. I; Publicaciones de la Facultad de Derecho-Universidad Central de Venezuela, Caracas, 1975, pp. 313-347.

***constitucionalidad de los actos estatales venezolano "al contrario de los sistemas que normalmente se aprecian en el derecho comparado [...] no puede identificarse en particular con alguno de esos dos métodos o sistemas –se refería al control difuso y concentrado de la constitucionalidad–, sino que realmente, está conformado por la mezcla de ambos, configurándose entonces como un sistema híbrido"[1309].***

***La inclusión de un capítulo específico acerca del control jurisdiccional de la constitucionalidad de los actos estatales en un Tratado de Derecho Administrativo[1310], lucía extraño para quien no estuviera familiarizado con la tradición francesa –Institutions Politiques and Droit Constitutionnel[1311]– y española –Derecho Político–[1312], enraizado en el siglo XIX y proyectado hasta bien entrado el siglo XX[1313], el cual se enfocaba en el estudio de los factores políticos, sociales y económicos que influyen en la normatividad constitucional, y que el autor del pre-***

---

1309 *Vid.*, Allan R. Brewer-Carías, *Derecho Administrativo*, T. I, *op. cit.*, pp. 313-347.

1310 Fue el primer intento de un Tratado de Derecho Administrativo, luego del conocido *Tratado Elemental de Derecho Administrativo*, de José Manuel Hernández Ron, Editorial Las Novedades, Caracas, 1943. Ese proyecto de 1975, terminaría fallido precisamente por la incursión del autor en temas del Derecho Constitucional. Sólo décadas después, se concretizará en 2013, con la publicación de un importante *Tratado de Derecho Administrativo* con Prólogo del Prof. Dr. Luciano Parejo Alfonso. *Vid.*, Allan R. Brewer-Carías, *Tratado de Derecho Administrativo. Derecho Público Iberoamericano. El derecho administrativo y sus principios fundamentales*, T. I, Editorial Civitas (Thomson Reuters), Fundación de Derecho Público & Editorial Jurídica Venezolana, Madrid, 2013, 1.124 pp.; *Tratado de Derecho Administrativo. Derecho Público Iberoamericano. La Administración Pública*, T. II, Editorial Civitas (Thomson Reuters), Fundación de Derecho Público & Editorial Jurídica Venezolana, Madrid, 2013, 1.082 pp.; *Tratado de Derecho Administrativo. Derecho Público Iberoamericano. Los actos administrativos y los contratos administrativos*, T. III, Editorial Civitas (Thomson Reuters), Fundación de Derecho Público & Editorial Jurídica Venezolana, Madrid, 2013, 1.072 pp.; *Tratado de Derecho Administrativo. Derecho Público Iberoamericano. El Procedimiento Administrativo,* T. IV, Editorial Civitas (Thomson Reuters), Fundación de Derecho Público & Editorial Jurídica Venezolana, Madrid, 2013, 978 pp.; *Tratado de Derecho Administrativo. Derecho Público Iberoamericano. La acción de la Administración: Poderes, Potestades y las Relaciones con los administrados*, T. V, Editorial Civitas (Thomson Reuters), Fundación de Derecho Público y Editorial Jurídica Venezolana, Madrid, 2013, 1.072; *Tratado de Derecho Administrativo. Derecho Público Iberoamericano. La jurisdicción contencioso administrativa*, T. VI, Editorial Civitas (Thomson Reuters), Fundación de Derecho Público & Editorial Jurídica Venezolana, Madrid, 2013, 1.134 pp.

1311 *Vid.*, Maurice, Duverger, *Instituciones Políticas y Derecho Constitucional*, Editorial Ariel, Barcelona, 1970; André, Hauriou, *Droit Constitutionnel et Institutions Politiques*, Édition Montchrestien, París, 1975; Jean, Gicquel, y Jean-Eric, Gicquel, *Droit Constitutionnel et Institutions Politiques*, Édition Montchrestien, París, 2012 y Bertrand, Mathieu, y Philippe, Ardant, *Institutions Politiques et Droit Constitutionnel*, Editeur L.G.D.J, París, 2012.

1312 *Vid.*, entre muchos, Juan, Donoso Cortés, *Lecciones de Derecho Político*, Centro de Estudios Constitucionales, Madrid, 1984; Joaquín Francisco, Pacheco, *Lecciones de Derecho Político*, Centro de Estudios Constitucionales, Madrid, 1984; Eduardo, Espín Templado, *Lecciones de Derecho Político*, Tirant lo Blanch, Valencia, 1994; Antonio, Alcalá Galiano, *Lecciones de Derecho Político*, Centro de Estudios Constitucionales, Madrid, 1984; Pablo, Lucas Verdú, y Pablo Lucas, Murillo de la Cueva, *Manual de Derecho Político*, Vol. I: Introducción y Teoría del Estado, Editorial Tecnos, Madrid, 2001, y Oscar, Alzaga Villaamil, *Derecho Político Español: según la Constitución de 1978*, Vol. I y Vol. II, Editorial Universitaria Ramón Areces, Madrid, 2012.

1313 *Vid.*, Pablo, Lucas Verdú, "¿Una polémica obsoleta o una cuestión recurrente?: Derecho constitucional versus Derecho político" en *Teoría y Realidad Constitucional*, N° 3, Centro de Estudios Ramón Areces, Madrid, 1999, pp. 55-60.

*sente libro denominaba "supuestos" necesarios para la ideal comprensión de las instituciones, no sólo del Derecho Administrativo, sino del Derecho Público en general, para con ello evitar la ignorancia sobre temas que se "ignoran" precisamente "porque inadvertidamente se dan por supuestos"*[1314]*. Ahora bien, tal énfasis por el "control jurisdiccional de la constitucionalidad de los actos estatales" se distanciaba del otrora Derecho Político y de la tradición de las Institutions Politiques and Droit Constitutionnel, en tanto colocaba como dato básico el valor normativo de la Constitución, lo cual será capital en toda la obra posterior del autor, de allí que en rigor, luce válido sostener que desde temprana fecha en su carrera académica el autor incursionó a fortiori en el Derecho Constitucional.*

*En efecto, en toda su obra posterior, el postulado norteamericano –con innegables antecedentes ingleses– de la supremacía constitucional -un dato vital, entre otros, para poder hablar de Constitución normativa-, va a devenir en una preocupación intelectual constante, no sólo desde una perspectiva histórica*[1315] *-en el que se aprecia una sencillez y claridad admirable- sino que también –y quizás esto es lo más importante– desde el punto de vista de las consecuencias jurídicas fundamentales de dicho principio, lo que lo ha llevado en alguna parte de su extensa e influyente obra*[1316]*, a postular un "derecho" del pueblo a exigir dicha supremacía*[1317]*, estrechamente asociado a la idea de que sin las necesarias garantías y apropiados medios jurisdiccionales la supremacía de la Constitución sería "imperfecta e inoperante desde el punto de vista jurídico", ya que no pudiera protegerse la misma frente a actos inconstitucionales del Estado, tal y como puede entreverse en el primer capítulo de este Libro, a saber: "La Justicia Constitucional como garantía de la Constitución".*

*Esta importante preocupación intelectual, propia de un auténtico jurista, y en este caso, irónicamente de un constitucionalista –en un país sin Constitución desde hace mucho tiempo*[1318]*–, lo ha llevado a lo largo de varias décadas a estudiar detenidamente e incesantemente todas las garantías constitucionales*[1319]*, y los me-*

---

1314 *Vid.*, Allan R. Brewer-Carías, *Derecho Administrativo*, T. I, *op. cit.*, p. 12.

1315 *Vid.*, Allan R. Brewer-Carías, *Reflexiones sobre la Revolución Norteamericana (1776), la Revolución Francesa (1789) y la Revolución Hispanoamericana (1810-1830) y sus aportes al Constitucionalismo Moderno*, 2ª Edición Ampliada, Serie Derecho Administrativo N° 2, Universidad Externado de Colombia-Editorial Jurídica Venezolana, Bogotá, 2008, 369 pp.

1316 *Vid.*, Allan R. Brewer-Carías, "El amparo a los derechos y libertades constitucionales (Una aproximación comparativa)" en *La Protección Jurídica del Ciudadano. Estudios en Homenaje al Jesús González Pérez*, T. III, Editorial Civitas, Madrid 1993, pp. 2.696-2.697 y "El juez constitucional vs. la supremacía constitucional" en *Revista Iberoamericana de Derecho Procesal Constitucional,* N° 9, Editorial Porrúa-Instituto Iberoamericano de Derecho Procesal Constitucional. México, 2008, pp. 17-60.

1317 Esta es una tesis que vale la pena discutir y eventualmente criticar, pero que ha pasado inadvertida en los estudios *iuspublicistas* venezolanos. En mi modesto criterio, no estoy muy convencido de que el principio de *supremacía constitucional* devenga en casi un derecho subjetivo. Si fuere así, habría que abordar esto detenidamente, pero no es el momento para ello, ni es la tesis central del libro.

1318 Con la venia de estilo *Vid.*, Jesús María Alvarado Andrade, "Aproximación a la tensión Constitución y libertad en Venezuela" en *Revista de Derecho Público* N° 123, Editorial Jurídica Venezolana, Caracas, 2010, pp. 17-43.

1319 *Vid.*, Allan R. Brewer-Carías, *Garantías Constitucionales de los Derechos del Hombre,* Colección Monografías Jurídicas, N° 1, Editorial Jurídica Venezolana, Caracas, 1976, 145 pp.; y del mismo autor, *Ins-*

***canismos jurisdiccionales que posibilitan el carácter normativo de la Constitución[1320], rechazando con ello toda idea de control político de la Constitución, en especial, si dicho "control" se encuentra atribuido a órganos políticos constituidos, como por ejemplo, los Parlamentos, ya que ello posibilitaría el que los órganos controlados y los órganos de control confluyan, negando con ello en su criterio la idónea separación de poderes propio de un Estado de Derecho[1321].***

***El énfasis de Brewer-Carías por el carácter normativo de la Constitución, coincidió históricamente con la aparición de importantes obras jurídicas del otro lado del Atlántico, como las de los prestigiosos juristas, D. Eduardo García De Enterría (1981)[1322], D. Ignacio de Otto (1987)[1323], D. Francisco Rubio Llorente***

---

*tituciones Políticas y Constitucionales: Los Derechos y Garantías Constitucionales,* T. IV, Universidad Católica del Táchira-Editorial Jurídica Venezolana, Caracas-San Cristóbal, 1996, 566 pp.

1320 *Vid.*, las obras del autor: "Leyes susceptibles de impugnación mediante el recurso de inconstitucionalidad" en *Revista de la Facultad de Derecho*, N° 56, Universidad Central de Venezuela, Caracas, 1975, pp. 71-90; *El Control de la Constitucionalidad de los Actos Estatales*, Colección Estudios Jurídicos, N° 2, Editorial Jurídica Venezolana, Caracas, 1977, 219 pp.; "Algunas consideraciones sobre el control jurisdiccional de la constitucionalidad de los actos estatales en el derecho venezolano" en *Revista de Administración Pública*, N° 76, Centro de Estudios Políticos y Constitucionales, Madrid, 1975, pp. 419-446; *Estado de Derecho y Control Judicial. Justicia Constitucional, Contencioso-Administrativo y Amparo en Venezuela*, Instituto Nacional de Administración Pública, Madrid, 1987, 657 pp.; *Judicial Review in Comparative Law,* Cambridge Studies in International and Comparative Law, New Series, Cambridge University Press, Cambridge, 1989, 406 pp.; "Bases del sistema concentrado de Justicia Constitucional" en *Revista de Derecho Público*, N° 52, Editorial Jurídica Venezolana, Caracas, 1992, pp. 25-39; *El Amparo a los Derechos y Libertades Constitucionales. Una Aproximación Comparativa*, Cuadernos de la Cátedra Allan R. Brewer-Carías de Derecho Público, N° 1, Universidad Católica del Táchira-Editorial Jurídica Venezolana, San Cristóbal, 1993, 138 pp.; "Control de la Constitucionalidad. La Justicia Constitucional" en *El Derecho Público de Finales de Siglo. Una Perspectiva Iberoamericana*, Fundación BBV-Editorial Civitas, Madrid, 1996, pp. 517-570; "La Justicia Constitucional en América Latina", en Domingo, García Belaúnde, & Francisco, Fernández Segado, (Coordinadores), *La Jurisdicción Constitucional en Iberoamérica*, Dykinson S.L. (Madrid), Editorial Jurídica Venezolana (Caracas), Ediciones Jurídicas (Lima), Editorial Jurídica E. Esteva (Uruguay), Madrid, 1997, pp. 117-161; *El Sistema de Justicia Constitucional en la Constitución de 1999. Comentarios sobre su desarrollo jurisprudencial y su explicación, a veces errada, en la Exposición de Motivos*, Editorial Jurídica Venezolana, Caracas, 2000, 134 pp.; *Mecanismos Nacionales de Protección de los Derechos Humanos* (Garantías judiciales de los Derechos Humanos en el Derecho Constitucional Comparado Latinoamericano), Instituto Interamericano de Derechos Humanos (IIDH), Costa Rica-San José, 2005, 300 pp.; *La Justicia Constitucional. Procesos y Procedimientos Constitucionales*, Editorial Porrúa-Instituto Mexicano de Derecho Procesal Constitucional, México, 2007, 521 pp.; *Constitutional Protection of Human Rights in Latin America. A Comparative Study of the Amparo Proceedings*, Cambridge University Press, New York, 2009, 432 pp.; "Prólogo: Los tribunales constitucionales como legisladores positivos. Una aproximación comparativa", al libro de Daniela Urosa Maggi, *La Sala Constitucional del Tribunal Supremo de Justicia como legislador Positivo*, Academia de Ciencias Políticas y Sociales, Serie Estudios N° 96, Caracas, 2011, pp. 9-70; *Constitucional Courts as Positive Legislators*, Cambridge University Press, New York, 2011, 923 pp.; *La Patología de la Justicia Constitucional*, Editorial Investigaciones Jurídicas-Editorial Jurídica Venezolana, San José, Costa Rica, 2012, 596 pp.; *Práctica y Distorsión de la Justicia Constitucional en Venezuela (2008-2012),* Colección Justicia N° 3, Acceso a la Justicia, Academia de Ciencias Políticas y Sociales, Universidad Metropolitana, Editorial Jurídica Venezolana, Caracas, 2012, 520 pp. y Allan R. Brewer-Carías, y Jaime Orlando, Santofimio, *El control de convencionalidad y la responsabilidad del Estado*, Universidad Externado de Colombia, Bogotá, 2013, pp. 31-128.

1321 *Vid.*, Allan R. Brewer-Carías, "Retos constitucionales para el siglo XXI" en *Revista Politeia*, N° 26, Instituto de Estudios Políticos-Universidad Central de Venezuela, Caracas, 2001, pp. 47-68.

1322 *Vid.*, *La Constitución como Norma y el Tribunal Constitucional*, Editorial Civitas Madrid, 2001, 264 pp.

***(1993)[1324] y Manuel Aragón Reyes (1986-1987)[1325] entre otros, quienes luego de la dictadura franquista, lograron con sus obras encauzar a su país (España) en la senda del Estado de Derecho, en tanto viejo y actual ideal político, que fue gestado, vivido, y defendido en Inglaterra y Norteamérica y que hoy se encuentra en preocupante declive –con mayor gravedad en América Latina– gracias a la fuerte influencia de la perniciosa mentalidad anti-liberal y anti-capitalista[1326].***

***Si bien dicha incursión en el Derecho Constitucional obedecía prima facie a una necesidad estrictamente técnica en el estudio del Derecho Administrativo, originada por el proceso de "constitucionalización" del Derecho, que implica que todas las disciplinas sean parte del "Derecho Privado" o del "Derecho Público", se remitan a la Constitución como norma suprema y fundamento del ordenamiento jurídico, no es menos cierto también, que el énfasis del autor por la supremacía de la Constitución, o mejor dicho, la concepción de la Constitución como norma jurídica, fue transformándose en una preocupación intelectual desde una vertiente sustantiva e instrumental.***

***Desde un punto de vista sustantivo, el autor nos explica en esta obra, que originalmente la Constitución fue concebida como norma suprema que limitaba a los órganos del Estado y proclamaba los derechos individuales, producto de un consenso político logrado por el pueblo mismo, por lo que debía ser directamente aplicable por los tribunales[1327], asumiendo con ello los postulados filosóficos y políticos de las Revoluciones Liberales (la Glorious Revolution[1328] y la American Revolution[1329]), las cuales concebían a la Constitución como un documento contentivo de derechos individuales –¡no sociales o prestacionales por favor!– y de una parte orgánica destinada a normar la organización del Estado, con el correlato de devenir en norma jurídica gracias a su justiciabilidad ante los tribunales.***

***Tal afirmación, si bien reviste una indudable importancia, no permite dilucidar per se el concepto de Constitución, o mejor dicho, su definición, como paso previo antes de predicar el carácter de norma jurídica, por lo que el lector debe acudir a otras obras del autor si tiene esta importante preocupación. Así pues, la búsqueda por parte del autor para robustecer el concepto de Constitución, lo ha llevado a lo largo de toda su obra, a investigar, estudiar y a recurrir a criterios***

---

1323 *Vid.*, *Derecho Constitucional. Sistema de Fuentes*, Ariel Derecho, Barcelona, 2001, 315 pp.

1324 *Vid.*, "La Constitución como fuente de Derecho", en *La Forma del Poder. Estudios sobre la Constitución*, Centro de Estudios Constitucionales, Madrid, 1997. pp. 43 y ss.

1325 *Vid.*, "Sobre las nociones de supremacía y supralegalidad constitucional" en *Revista de Estudios Políticos*, Nº 50, Centro de Estudios Políticos y Constitucionales, Madrid, 1986, pp. 9-30 y "El control como elemento inseparable del concepto de Constitución" en *Revista Española de Derecho Constitucional*, Nº 19, Madrid, 1987, pp. 15-52.

1326 Con la venia de estilo, *Vid.* Jesús María Alvarado Andrade, "División del Poder y Principio de Subsidiariedad. El ideal político del Estado de Derecho como base para la libertad y prosperidad material", en *Enfoques sobre Derecho y Libertad en Venezuela*, Serie Eventos N° 30, Academia de Ciencias Políticas y Sociales, Caracas, 2013, pp. 131-185.

1327 *Vid.*, Allan R. Brewer-Carías, *Derecho Procesal Constitucional. Instrumentos para la Justicia Constitucional*, Editorial Investigaciones Jurídicas S.A., San José, Costa Rica, 2012, p. 13.

1328 *Vid.*, Steve, Pincus, *1688: The First Modern Revolution*, Yale University Press, USA, 2011, 664 pp.

1329 *Vid.*, Gordon S. Wood, *The American Revolution: A History*, Modern Library, USA, 2003, 224 pp.

***políticos para definir la Constitución[1330] los cuales en rigor no deben ser otros –en criterio de quien escribe este modesto prólogo– que las ideas y principios forjados por la tradición liberal, defendida y teorizada posteriormente por las mentes esclarecidas de John Locke, Bernard Mandeville, David Hume, Adam Ferguson, Adam Smith y Edmund Burke, entre otros, y con arreglo a la idea de Constitución que estableció la Déclaration des Droits de L'homme et du Citoyen de 1789[1331], la cual pese a que nunca se cumplió, sino tardíamente en Francia como explica el autor, legó la auténtica idea y concepto de Constitución, a saber, aquel documento normativo que tiene por objeto imponer límites efectivos al Estado para poder realzar y garantizar la libertad y propiedad privada de los individuos.***

***En efecto, en la defensa de la supremacía constitucional, si bien el autor predominantemente asume una visión más instrumental que sustantiva, en tanto el objeto del libro son los instrumentos de la justicia constitucional (judicial review) en Derecho Comparado[1332], el lector observará que se presupone una definición de Constitución, la cual en rigor es necesaria y vital para poder hablar con propiedad acerca de la Constitución y entender los disímiles mecanismos de controles jurisdiccionales de la constitucionalidad que se explican magistralmente en este libro. Ahora bien, la quaestio (objeción) que surge a este respecto, es que si bien el autor reitera una y otra vez que los mecanismos jurisdiccionales de protección de la Constitución, –llamados por él en sentido amplio justicia constitucional (judicial review)– afirman la Constitución como norma jurídica, ello no aminora el problema que surge en cuanto a la fundamentación del valor normativo de la Constitución.***

***Así pues, en la presente obra, el autor establece en consonancia con toda la obra académica que le precede, que históricamente la falta de medios de control de la constitucionalidad de los actos estatales trajo como consecuencia la pérdida del carácter normativo de la Constitución, por lo que el lector se encontrará con un vendaval de argumentos en favor de la importancia de la supremacía constitucional, y la conexión que tiene la supremacía constitucional con el control jurisdiccional de la constitucionalidad como garante de su primacía en el ordenamiento jurídico. Ahora bien, a los fines de poder fundamentar el carácter de supremacía y de obligatoriedad de la Constitución, bien sea la venezolana o cualquier otra, es vital dar un paso hacia adelante, recurriendo inevitablemente a lo que denominó H. L.A. Hart, como "Rule of Recognition" (Regla de Reconocimiento), por cuanto los preceptos constitucionales que establecen que "La Constitución es la norma suprema y el fundamento del ordenamiento jurídico", con la consecuencia de que "Todas las personas y los órganos que ejercen el Poder Público están sujetos a esta Constitución" (art. 7), y con el correlato de que "Toda persona tiene el deber***

---

1330 *Vid.*, los "supuestos" en Allan R. Brewer-Carías, *Derecho Administrativo*, T. I, *op. cit.*, p. 12.

1331 Reza la declaración "Toute Société dans laquelle la garantie des Droits n'est pas assurée, ni la séparation des Pouvoirs déterminée, n'a point de Constitution" (Art. 16).

1332 *Vid.*, Allan R. Brewer-Carías, "Instrumentos de Justicia Constitucional en Venezuela. Acción de inconstitucionalidad, controversia constitucional, protección constitucional frente a particulares" en Juan, Vega Gómez, y Edgar, Corzo Sosa, (Coord), *Instrumentos de Tutela y Justicia Constitucional. Memoria del VII Congreso Iberoamericano de Derecho Constitucional*, Instituto de Investigaciones Jurídicas, Serie Doctrina Jurídica, N° 99, México, 2002, pp. 75-99.

*de cumplir y acatar esta Constitución, las leyes y los demás actos que en ejercicio de sus funciones dicten los órganos del Poder Público" (art. 131) entre otros, no resuelven per se, el problema de la fundamentación del valor normativo de la Constitución.*

*Tal fundamentación, tal y como advirtió en su momento H. L.A. Hart, y en lengua castellana Manuel Atienza y Juan Ruiz Manero*[1333] *entre otros, no es algo que pueda resolverse "intrasistemáticamente" al ordenamiento jurídico, identificando cuáles son las normas supremas de un determinado sistema jurídico dentro de ese sistema, sino en la comprensión por las condiciones que hacen verdadera la afirmación de que la "Constitución" de 1999 es suprema y obligatoria al margen de sus preceptos, lo cual sin duda alguna puede evidenciarse, si se dirige la atención fuera del sistema jurídico, en específico, en la aceptación social compartida de tal primacía al margen de los preceptos normativos*[1334].

*Así pues, todo esfuerzo encomiable por parte de la doctrina iuspublicista venezolana por fundamentar el valor normativo de la Constitución, debería acudir a la regla de reconocimiento hartiana, a los fines de evitar la recurrente falacia petitio principii, ya que como antes se advirtió, tal fundamentación no se puede resolver "intrasistemáticamente" al ordenamiento jurídico. En efecto, si bien muchos de los trabajos de dogmática jurídica, y éste que hoy presentamos, contribuyen a fortalecer tanto en la academia, la judicatura, y la sociedad en general el carácter normativo de la Constitución, tal fundamentación se fortalecerá aun mas mediante la aceptación de una norma necesariamente situada fuera del ordenamiento jurídico*[1335]*, que ordena reconocer a la Constitución como "el fundamento del ordenamiento jurídico" y no como un mero documento o carta política, pues aun con un sistema de justicia constitucional (judicial review), éste solo garantizará la supremacía constitucional, si dentro de los criterios últimos de validez aceptados por los órganos de aplicación se encuentra la referida regla que remita el reconocimiento de la Constitución como norma jurídica y las normas dictadas por las autoridades de conformidad con ella.*

*Ahora bien, en esta obra, el Brewer-Carías constitucionalista incumple para fortuna de la comunidad jurídica nacional y mundial, aquella advertencia de las Instituciones Políticas y Constitucionales*[1336]*, en la que confesaba que cerraba "[...] por ahora un capítulo de la incursión de un administrativista en los predios*

---

1333 *Vid.,* Manuel Atienza, y Juan Ruiz Manero, "La Regla de Reconocimiento y el Valor Normativo de la Constitución", en *Revista Española de Derecho Constitucional*, N° 47, Centro de Estudios Políticos y Constitucionales, Madrid, 1996, pp. 29-53.

1334 *Vid.,* Hart H.L.A., *El Concepto de Derecho*, Abeledo Perrot, Buenos Aires, 1998, pp. 125-153.

1335 La Regla de Reconocimiento sólo puede expresarse en un *metalenguaje* y por tanto, no puede formar parte del *lenguaje objeto*, esto es, del derecho positivo. Para comprender qué se entiende por "metalenguaje". *Vid.,* Ricardo Guibourg, Alejandro M. Ghigliani, y Ricardo Guarinoni, *Introducción al Conocimiento Científico*, Editorial Universitaria de Buenos Aires, Buenos Aires, p. 28 y ss.

1336 La primera edición de esta obra en 1982 fue editada por Ediciones Manoa y la Universidad Católica Andrés Bello, Caracas-San Cristóbal. La segunda edición fue en 1985, en la que expresaba lo antes referido, y la tercera edición de 1996-1997 contaba con 7 volúmenes, editada por la Universidad Católica del Táchira y la Editorial Jurídica Venezolana.

*de la ciencia política y del derecho constitucional"*[1337]*, quizás, porque en contextos como el latinoamericano –convulsos en cuanto a instituciones jurídicas y políticas se refiere– no basta con hacer esfuerzos dirigidos a analizar el inagotable y caótico derecho positivo, y en específico, los textos legislativos, sino que es vital hacer esfuerzos por estudiar instituciones, pues luce siempre prioritario que se comprenda debidamente, que si las convicciones subyacentes acerca del ideal político del Rule of Law son endebles o nulas, las realidades adversas a la modernidad en los maltratados países latinoamericanos seguirán profundizándose, para mal de los millones de seres humanos víctimas de esa propaganda malsana, que ha generado en muchos países ese recelo, incomprensión y terquedad hacia el orden social liberal que es el único que puede garantizar la libertad y prosperidad material.*

*Ese enfoque de los estudios jurídicos dirigidos a escudriñar instituciones y alejados del primitivo enfoque que considera que los problemas constitucionales y políticos exclusivamente están asociados a los perversos hombres que detentan el poder, sin atender a los problemas de las estructuras de poder, no sólo fortalece la mentalidad crítica, sino que permite complejizar los cada vez más agudos problemas que surgen en sistemas que se alejan de las reglas y principios del Rule of Law, logrando un replanteamiento de las instituciones –valga acotar, las políticas, constitucionales y administrativas– a los fines de encauzarlas hacia el respeto al ideal político del "Estado de Derecho" (Rule of Law), reforzando los compromisos sociales con la democracia liberal y representativa, y logrando deslastrar mediante razones evidenciadas históricamente, que los arcaicos discursos jurídicos y políticos en Latinoamérica basados en la aversión al Estado de Derecho y a la democracia liberal representativa, en procura de una "ingenua" creencia en la democracia directa como sustituto de aquella, terminan a la postre con toda esperanza de libertad política e individual, tal y como advirtiera Luis Castro Leiva entre:*

> *"Estos pensamientos desdeñosos de la democracia representativa, hechos por la alquimia levantisca y demagógica de caudillejos, nos dicen que es necesario reinventar una democracia directa de las masas. Y nos dicen, además, que hay que hacerlo fuera de este lugar. Este sueño "anarquista" consiste en que cada quien lleve su silla de congresista –su curul– como quien lleva una loncherita para manducarse la república y formar, en un acto de participación política instantánea, una especie de guarapita cívica, la voluntad general de todos"*[1338].

*Por ello, el lector observará que en la presente obra se aprecia a un Brewer-Carías constitucionalista comprometido con la defensa del Estado de Derecho y por tanto con la democracia liberal, y con los diversos mecanismos jurisdiccionales de protección de la Constitución, pero advirtiendo siempre –pues es una constante en su obra como luego abordaremos–, que éstos Tribunales tendrán el deber*

---

1337 *Vid.*, Allan R. Brewer-Carías, *"Prólogo" a las Instituciones Políticas y Constitucionales*, T. I, *op. cit.*, p. 22.

1338 *Vid.*, Luis Castro Leiva, "Discurso de Orden con motivo del XL aniversario del 23 de Enero de 1958", en *Para Leer a Luis Castro Leiva* (Coord. Serrano, Arturo), Konrad-Adenauer-Stiftung-Universidad Católica Andrés Bello, Caracas, 2006, p. 111-112 *nada fácil, de servir de protectores del "Estado de Derecho" (Rule of Law), y de la democracia liberal y representativa, evitando con ello, que las voces atormentadas de los constantes "revolucionarios" latinoamericanos, saquen provecho de esa "enfermedad general de los espíritus", pues como bien advirtió De Tocqueville, las "Revoluciones", sólo conducen a que ciertos aventureros se atrevan a ir siempre "en línea recta, hacia adelante, mientras el viento empuje[1339]", en muchas oportunidades en contra de principios tan caros a la modernidad y libertad –como el del ideal político del Estado de Derecho– porque como advertía Bolívar, –no sin razón– la fuerza no hace libres a los pueblos estúpidos que desconocen el valor de sus derechos[1340].*

## *II. LA JUSTICIA CONSTITUCIONAL (JUDICIAL REVIEW) EN BREWER-CARÍAS: SOBRE LA DESCONFIANZA AL PODER*

*Una consecuencia inevitable de la defensa irrestricta de la supremacía constitucional a través de una definición instrumental de Constitución como norma jurídica en el autor, es la de abordar la importancia que revisten los mecanismos jurisdiccionales de protección de la Constitución. Tal circunstancia lo ha colocado en la necesaria línea de defensa de criterios políticos, filosóficos, históricos y jurídicos, para definir la Constitución, lo cual ha implicado, que le haya resultado vital –no podía ser de otro modo– recurrir a principios de la historia constitucional occidental[1341], en especial, los legados al mundo por la Revolución Inglesa y Americana, y en especial, el de la supremacía constitucional, el cual ha influido en el conflictivo constitucionalismo latinoamericano.*

> *Este principio de la supremacía constitucional no previsto expresamente en la Constitución de dicho país, y reforzado jurisprudencialmente gracias al célebre caso Marbury vs. Madison (5 U.S. 137 1803), obra del astuto Chief Justice John Marshall de la Us Supreme Court, no sólo vino a concretizar para la posteridad la sumisión de todos los actos estatales al Derecho, y con ello las bases de la justicia constitucional (judicial review) moderna, sino que también, ha influido en lo que respecta a la convulsa historia constitucional de Venezuela, como puede verse en la primera "Constitución" de Venezuela, a saber, la de 1811[1342], en el célebre artículo 227:*
>
> *"La presente Constitución, las leyes que en su consecuencia se expidan para ejecutarla, y todos los tratados que se concluyan bajo la autoridad del Gobierno de la Unión, serán la ley suprema del Estado en toda la extensión de la*

---

1339 *Vid.*, Alexis De Tocqueville, *Recuerdos de la Revolución de 1848*, Editora Nacional, Madrid, 1984, p. 88.

1340 *Vid.*, Simón Bolívar, "Manifiesto de Cartagena", en Vladimir Acosta (Ed.), *Independencia, soberanía y justicia social en el pensamiento del libertador Simón Bolívar*, PDVSA La Estancia, Caracas, 2010.

1341 La inquietud del autor por la historia según ha confesado, vino precisamente de la mano de su profesor de Derecho Constitucional, Gustavo Planchart Manrique, y por los libros que poseía su abuelo Rafael Carías Capó. *Vid.*, Allan R. Brewer-Carías, *Historia Constitucional de Venezuela*, Colección Trópicos-Historia, N° 81, Editorial Alfa, T. 2, Caracas, 2008, p. 530.

1342 *Vid.*, Allan R. Brewer-Carías, *Las Constituciones de Venezuela*, Academia de Ciencias Políticas y Sociales, T. I, Caracas 2008, pp. 553 y ss.

***Confederación, y las autoridades y habitantes de las Provincias, estarán obligados a obedecerlas, y observarlas religiosamente sin excusa, ni pretexto alguno; pero las leyes que se expidieren contra el tenor de ella, no tendrán ningún valor, sino cuando hubieren llenado las condiciones requeridas para una justa, y legítima revisión, y sanción".***

***Tal precepto de la "Constitución" Federal de 1811, si bien era casi una copia literal de la cláusula de supremacía contenida en la sección segunda del artículo 6 de la Constitución de Estados Unidos de América[1343], contenía un agregado por lo demás importante, a saber, lo que Hans Kelsen ya en el siglo XX denominó la garantía objetiva de la Constitución, la cual consiste en que todo acto estatal si es contrario a la Constitución resultará nulo, al no requerir de ningún otro acto jurídico para quitarle su calidad usurpada de acto jurídico, por lo que cualquier autoridad pública o individuo puede examinar la regularidad del acto, pudiendo en caso de considerarlo irregular, estimarlo nulo o inválido, mientras que si fuere necesaria la intervención de otro acto jurídico para establecer la nulidad del acto inconstitucional la garantía no sería la nulidad sino la anulabilidad[1344].***

***La plasmación normativa del principio de supremacía constitucional, desde la primera "Constitución", iniciará una intensa tensión de gran actualidad, como lo es, la de concebir bien a la Constitución como una carta política o bien como una norma jurídica suprema y supra-legal, mediante los mecanismos jurisdiccionales o los mecanismos políticos, para lograr la nulidad de todo acto estatal que contradiga los preceptos constitucionales. En efecto, el rol del Poder Judicial conforme a la "Constitución" de 1811, se encontraba constreñido al conocimiento de todos los asuntos contenciosos civiles, o criminales que se deriven del contenido de esta Constitución (art. 115) estableciendo además, autoridad a la Suprema Corte de Justicia para conocer en apelación, según las reglas y excepciones que le prescribiere el Congreso; exclusiva y originalmente, en lo concerniente a los Embajadores, Ministros, y Cónsules, y en los que alguna Provincia fuere parte interesada (art. 116), evidenciándose de esta manera, el intento precario por dotar al texto de 1811 de escasa vigencia, de garantías que permitieran sostener la supremacía constitucional como sucedió con la Constitución de Estados Unidos posterior a la sentencia Marbury vs. Madison con todo y sus vaivenes históricos.***

---

1343 La cual establecía que "Esta Constitución, y las Leyes de los Estados Unidos que de ella emanen, y todos los Tratados celebrados o que se celebren bajo la Autoridad de los Estados Unidos, serán la suprema Ley del País y los Jueces de cada Estado estarán obligados a acatarlos, a pesar de cualquier Disposición contraria que se encuentre en la Constitución o las leyes de cualquier Estado".

1344 Vale recordar que Kelsen afirmaba que "Las garantías objetivas, que tienen al mismo tiempo un carácter represivo acentuado, son la nulidad o anulabilidad del acto irregular. La nulidad significa que un acto que pretende ser acto jurídico y, en especial un acto estatal, no es tal objetivamente porque es irregular, es decir, no responde a las condiciones que prescribe una norma jurídica de grado superior. Al acto nulo le falta de antemano el carácter de jurídico, de manera que no es necesario para retirarle su cualidad usurpada de acto jurídico, otro acto jurídico. Por el contrario, si un nuevo acto fuera necesario se estará en presencia no de una nulidad, sino de una anulabilidad". *Vid*., Hans, Kelsen, "La Garantía Jurisdiccional de la Constitución. La Justicia Constitucional" en *Revista Iberoamericana de Derecho Procesal Constitucional*, N° 10, Editorial Porrúa-Instituto Iberoamericano de Derecho Procesal Constitucional, México, 2008, p. 17.

*Tal conexión entre supremacía constitucional y control por parte de los jueces, luego del fallo de Marbury vs. Madison, no luce patente en las primeras "Constituciones" venezolanas, en tanto se aprecia una disminución del rol de los jueces en comparación con el rol de los órganos representativos, de allí la presencia del control político y no jurisdiccional –por parte de los jueces de los estados de Venezuela antes de la nacionalización de la justicia en 1945–, atribuido a los órganos representativos para que controlaren la constitucionalidad, aun cuando dicho control político irá paulatinamente desapareciéndose hasta lograrse en el derecho venezolano la nulidad de las leyes inconstitucionales, cuando finalmente los controles jurisdiccionales se perfeccionen y se consagren de un modo más preciso, lo que sugiere, si se sigue la –lógica– de Marbury vs. Madison (5 U.S. 137 1803), que dado que la "Constitución" de 1811 y las posteriores adolecían de idóneos mecanismos jurisdiccionales que aseguraran su supremacía, no había en rigor Constitución, si aquellos son un requisito sine qua non para poder hablar con propiedad de ella.*

*La "Constitución" de 1811, tal y como ha explicado el autor, en sus distintos estudios de historia constitucional, fue un texto influenciado por los "principios de la Constitución norteamericana" como a su vez, "de la redacción del texto de las Constituciones francesas revolucionarias, tanto en su parte dogmática como en su parte orgánica"[1345], revoluciones que está demás indicar, son opuestas entre sí conceptualmente, por lo que el examen constitucional riguroso, evidencia que más que un control jurisdiccional a la estirpe del modelo norteamericano que fue construyendo el Chief Justice John Marshall de la U.S. Supreme Court, se consagró en los inicios del "constitucionalismo" en Venezuela, un control político de la constitucionalidad de raigambre francesa.*

*En efecto, la "Constitución" de 1811 estableció un control político sobre los actos estatales, en especial, sobre las leyes provinciales conforme a la idea de la Confederación adoptada, lo que se comprueba al leer las llamadas "Bases del Pacto Federativo que ha de constituir la Autoridad General de la Confederación", en el que si bien se establecía la importancia de la separación de poderes[1346], también se previó que todo aquello que no estuviere delegado a la "Autoridad General de la Confederación", correspondía a cada una de las Provincias que la componen, las cuales conservarían su "Soberanía, Libertad é Independencia, y en uso de ellas, tendrán el derecho exclusivo de arreglar su Gobierno y Administración territorial, bajo las leyes que crean convenientes, con tal que no las sean comprehendidas en la Constitución, ni se opongan ó perjudiquen à los mismos Pactos Federativos que por ellas se establecen".*

1345 *Vid.*, Allan R. Brewer-Carías, "Las primeras manifestaciones del constitucionalismo en las tierras americanas: las primeras Constituciones provinciales y nacionales (1811-1812) como fórmula de convivencia civilizada" en *Revista de Derecho Político*, Nº 84, UNED, Madrid, 2012, p. 256.

1346 Sostenía el texto de 1811 que: "El ejercicio de esta autoridad confiada a la Confederación, no podrá jamás hallarse reunido en sus diversas funciones. El Poder Supremo debe estar dividido en Legislativo, Ejecutivo y Judicial, y confiado á distintos cuerpos independientes entre sí, en sus respectivas facultades. Los individuos que fueren nombrados para excercerlas, se sujetarán inviolablemente al modo, y reglas que en esta Constitución se les prescriben para el cumplimiento, y desempeño de sus destinos".

***La protección política –no jurisdiccional– de la supremacía constitucional, en el texto de 1811, consistía en prohibirle las Provincias ejercer actos que correspondieran a las atribuciones concedidas al Congreso y al Poder Ejecutivo de la Confederación, impidiendo además, que legislaran de modo tal que comprometieran los contratos generales de ella (art. 119). Tal control político, se le asignaba al Poder Legislativo, para que éste examinara "todas las leyes que formasen las Legislaturas provinciales y exponer su dictamen sobre si se oponen o no a la autoridad de la Confederación" (art. 71), lo cual dista mucho del modelo de la Constitución norteamericana, razón por la cual, Tomás Polanco Alcántara y el autor de este libro[1347] han sostenido con razón, que es erróneo afirmar que tal texto es copia de la Constitución norteamericana como recurrentemente se sigue afirmando.***

***Tal afirmación, sobre la supuesta influencia total de la Constitución norteamericana en el texto de 1811, ya había sido refutado por Caracciolo Parra Pérez, en su Historia de la Primera República de Venezuela, al sostener que su influencia mayor obedecía a las ideas surgidas a la ribera del Sena, pues lo que tenía de la norteamericana era "cierto vocabulario, fórmulas retóricas y sonoros postulados humanitarios"[1348]. Tal observación reviste una importancia crucial, ya que nuestro supuesto constitucionalismo, se inicia imitando unas ideas que si bien tomaban parte del discurso general del liberalismo, cuestionaban los presupuestos generales de dicha teoría, con lo cual terminaba siendo un "constitucionalismo" falsamente liberal, como ha explicado el nobel de economía Friedrich August Von Hayek, al ser un producto de un "racionalismo individualista" que tiende siempre a transformarse en lo opuesto del individualismo, a saber, en socialismo o colectivismo[1349].***

***La "Constitución" de 1811 establecía un control político atribuido al Congreso para el mantenimiento de la Confederación, garantizando que las leyes particulares de las Provincias no pudieran entorpecer o colidir con la legislación federal, por lo que el Congreso debía examinarlas antes de tener fuerza y valor en sus respectivos departamentos, pudiéndose entre tanto llevar á ejecución mientras las revisara (art. 124), característica ésta del constitucionalismo venezolano[1350], en el que si bien se le ha atribuido una supuesta influencia de la Revolución Americana, representa todo lo opuesto, pues basta reiterar que siempre tuvo frente a sí el temor de los revolucionarios franceses por los Tribunales, a saber, recelos por el control jurisdiccional de los actos estatales, lo que lo aleja de la influencia norteamericana y de los principios del Estado de Derecho, pues como advertía el conocido jurista George Vedel, refiriéndose a la Révolution Française:***

---

1347 *Vid.*, Allan R. Brewer-Carías, "Las primeras manifestaciones del constitucionalismo en las tierras americanas: las primeras Constituciones provinciales y nacionales (1811-1812) como fórmula de convivencia civilizada", *op. cit.*, p. 256.

1348 *Vid.*, Caracciolo Parra-Pérez, *Historia de la Primera República de Venezuela*, Estudio Preliminar: Mendoza, Cristóbal L., Fundación Biblioteca Ayacucho-Banco Central de Venezuela, Caracas, 2011, p. 366.

1349 *Vid.*, Friedrich Von Hayek, *Individualismo: El Verdadero y el Falso*, Unión Editorial, Madrid, 2009, p. 51.

1350 *Vid.*, Jesús María Casal Hernández, "El Constitucionalismo Venezolano y la Constitución de 1999" en *Revista de la Facultad de Derecho de la Universidad Católica Andrés Bello*, N° 56, Universidad Católica Andrés Bello, Caracas, 2001, pp. 137-179.

> ***Cualquiera que sea el provecho que la Revolución obtuviera como consecuencia de la acción de los Parlamentos, en cuanto esta minó la autoridad real impidiendo que el Estado se transformase dentro de la legalidad, los hombres de la Revolución aprendieron la lección, convirtiéndose para ellos en una especie de dogma la disminución del poder judicial o, más exactamente, a pesar del vocabulario de la época, la oposición a que existiese un poder judicial***[1351]***.***

***La diferencia del "constitucionalismo venezolano" con la Revolución Americana (American Revolution) se evidencia aun mas, en la constante recurrencia a las naciones de "Patria", "sacrificio de sus bienes y de su vida" y la noción roussoniana de "Ley" en los textos constitucionales, las cuales difieren ostensiblemente de los principios del constitucionalismo americano, en el que tales abstracciones racionalistas no tenían tal importancia. De igual modo, en la noción de "soberanía", se ve patente otra diferencia que no es pertinente descuidar, pues si bien allí se establecía que: "La soberanía de un país, ò supremo poder de reglar, y dirigir equitativamente los intereses de la comunidad reside pues esencial y originariamente en la masa general de sus habitantes y se ejercita por medio de Apoderados ó Representantes de estos, nombrados y establecidos conformes á la Constitución" (art. 144), es evidente que no hay modo posible de articular o compatibilizar, una recurrente apelación a la soberanía –de la que se vanaglorian siempre nuestros textos constitucionale– con la supremacía constitucional, si aquella no logra "juridificarse".***

***Bien hayan sido los "Apoderados ó Representantes" o la "masa general de sus habitantes" quienes directamente ejerzan la soberanía, es prioritario retener que en un "Estado de Derecho" (Rule of Law), deben existir límites efectivos al pueblo y a los representantes, para que la tan conocida y a veces no asimilada advertencia de Montesquieu, no adquiera la terrible vigencia que siempre tiene, a saber, el que "Todo estaría perdido si el mismo hombre, el mismo cuerpo de personas principales, de los nobles o del pueblo, ejercieran los tres poderes: el de hacer las leyes, el de ejecutar las resoluciones públicas y el de juzgar los delitos o las diferencias entre particulares"***[1352] ***o la de Lord Acton de que "El poder tiende a corromper y el poder absoluto corrompe absolutamente. Los grandes hombres son casi siempre hombres malos, incluso cuando ejercen influencia y no autoridad: más aún cuando sancionan la tendencia o la certeza de la corrupción con la autoridad. No hay peor herejía que la oficialidad santifique a quien posee el poder"***[1353]***.***

***En los términos de Brewer-Carías, se deduce claramente que al no haber idóneos mecanismos jurisdiccionales de protección de la Constitución, es difícil afirmar la supremacía constitucional, y en específico, la de ser concebida como norma jurídica. Sin embargo, esta primacía de la Constitución, lleva al autor a insistir en que la compatibilidad del "Estado de Derecho" (Rule of Law), con la democracia como régimen político, sólo es posible en el ámbito de la democracia liberal***

---

1351 *Vid.*, George Vedel, *Derecho Administrativo*, Aguilar Ediciones, Madrid, 1980, p. 59.

1352 *Vid.*, Montesquieu, *Del espíritu de las Leyes*, Clásicos del Pensamiento, Editorial Tecnos, 6° Edición, Madrid, 2007, pp. 175 y 176.

1353 *Vid.*, Carta a Mandell Creighton (1887).

*y representativa, ya que el reconocimiento de la Constitución como norma jurídica si bien no excluye la titularidad de la soberanía en el pueblo conforme al postulado del constitucionalismo norteamericano, si excluye toda atribución de la soberanía a un órgano del Estado y todo ejercicio ilimitado de la soberanía por parte del pueblo al margen de la Constitución, en tanto el "Estado de Derecho" (Rule of Law), requiere que la soberanía esté "juridificada", aspecto que eleva la importancia de los controles jurisdiccionales para hacer efectivas las necesarias limitaciones a todos los órganos que ejercen el Poder Público y a todos los ciudadanos.*

*En Venezuela, y en consonancia con los aportes de Brewer-Carías, ha sostenido contundentemente Antonio Canova que: "De hecho, sin justicia constitucional no sería posible hablar propiamente de una Constitución superior y jurídica", ya que "cualquier texto con vocación jurídica sin mecanismos de control jurisdiccional, apenas tendría potencia en el ámbito político, y serviría, a lo sumo para respaldar alguna clase de censura pública, nunca un tipo de control jurisdiccional propiamente tal"*[1354]*. La conexión por tanto entre Constitución como norma jurídica y justicia constitucional (judicial review), desarrollada por Brewer-Carías, no sólo tiene que ver con la atención que le imprime a los mecanismos jurisdiccionales de protección de la Constitución para poder permitir el carácter de norma jurídica, sino también, en cuanto a la necesidad por limitar la soberanía, encauzándola normativamente, para con ello garantizar la supremacía y la supralegalidad, en tanto no hay Constitución, si se reconoce, existe, o se exalta una soberanía ilimitada, bien sea por parte de los órganos que ejercen el Poder Público, o bien por el propio pueblo, como la actual y recurrente frase del "Poder Constituyente Permanente", aspecto que además fue brillantemente criticado por el autor, en el fatídico proceso constituyente venezolano, dando voces de alerta que no fueron escuchadas*[1355]*, como siempre le sucede a los hombres esclarecidos.*

*La afirmación de la "Constitución" de 1811, de que "Ningún individuo, ninguna familia, ninguna porción ó reunión de ciudadanos, ninguna corporación particular, ningún pueblo, ciudad, ó partido, puede atribuirse la soberanía de la sociedad, que es imprescriptible, inajenable é indivisible en su esencia y origen, ni persona alguna podrá ejercer cualquiera función pública del gobierno, sino la ha obtenido por la Constitución" (art. 145), debe entenderse y contextualizarse a la luz de los principios constitucionales de limitación efectiva de la soberanía, a los efectos de posibilitar la existencia real de Constitución, pues ésta requiere una neta separación entre titularidad y ejercicio de la soberanía, a saber, que aquel que es titular de la soberanía, –léase en una democracia el pueblo– no pueda ejercer su soberanía sino en los términos que establece la propia Constitución, pues incluso, como ha indicado Hayek refiriéndose a la democracia, "no es, por su*

1354 *Vid.,* Antonio Canova González, "La inconstitucionalidad de la Ley", en *Revista de la Facultad de Derecho de la Universidad Católica,* N° 60-61, Universidad Católica Andrés Bello, Caracas, 2006, p. 12.

1355 *Vid.,* Allan R. Brewer-Carías, *Golpe de Estado y Proceso Constituyente en Venezuela,* Universidad Nacional Autónoma de México, México, 2002, 405 pp. y *Asamblea Constituyente y Ordenamiento Constitucional,* Serie Estudios N° 53, Biblioteca de la Academia de Ciencias Políticas y Sociales, Caracas, 1999, 328 pp.

*propia naturaleza, un sistema de gobierno ilimitado. No se halla menos obligada que cualquier otro a instaurar medidas protectoras de la libertad individual"*[1356].

*De hecho, tal conciliación entre el principio de la supremacía constitucional, y la soberanía popular, ha llevado al autor, a sostener de manera magistral que:*

> *El primero, el principio de la supremacía constitucional, es un concepto jurídico; y el segundo, el de la soberanía popular, es un concepto político (aunque juridificado); y en torno a ambos es que gira el poder constituyente, es decir, el poder de reformar la Constitución que siempre debe resultar de un punto de equilibrio entre ambos principios. Ni la supremacía constitucional puede impedir el ejercicio de la soberanía por el pueblo, ni este pueda expresarse al margen de la Constitución. En esta forma, en el equilibrio entre ambos principios, que es el equilibrio entre el derecho y los hechos, o entre el derecho y la política, es cómo el poder constituyente debe manifestarse en un Estado constitucional y democrático de derecho. Es decir, la reforma constitucional debe resultar del equilibrio previsto en la Constitución entre soberanía popular y supremacía constitucional, como juridificación del poder constituyente, para hacerlo operativo desde el punto de vista democrático"*[1357].

*Esta permanente tensión o dilema entre soberanía popular y supremacía constitucional, estudiada por el autor en innumerables obras, tendrá en la justicia constitucional (judicial review) una salvaguarda, ya que si el carácter de la supremacía de la Constitución implica que no puede haber ninguna norma que contradiga a la Constitución; que la Constitución a través de sus controles jurisdiccionales será justiciable, a saber, derecho positivo aplicable por los tribunales; que la Constitución regula los mecanismos de producción jurídica a partir de ella y por último, que la Constitución debe ser modificada por procedimientos agravados; entonces luce comprensible que se haga tanto énfasis en el control judicial, a los fines de impedir la conversión de la Constitución en mera hoja de papel. Por ello, el autor, exalta la defensa de la Constitución a través de las instancias jurisdiccionales y no como sucedía con las "Constituciones" del siglo XIX, sometidas a un control político, el cual era ejercido por los órganos representativos, lo que impedía hablar en puridad de Constitución, sino a lo sumo, "una mera exigencia lógica de la unidad del ordenamiento"*[1358]*, si sigue la secuencia lógica del fallo de 1803, que valga acotar, el eminente jurista Brewer-Carías asume.*

*Tal énfasis por el control jurisdiccional a los fines de garantizar la supremacía constitucional en contraposición a los controles políticos, no solo tiene que ver en el autor con la sólida formación que posee respecto a los diversos ordenamientos jurídicos –pasados y actuales, nacionales y comparados–, sino además, por el estudio exhaustivo del desenvolvimiento histórico de determinadas instituciones, lo*

---

1356 *Vid.*, Friedrich A. Von Hayek, *Los Fundamentos de la Libertad*, Universidad Francisco Marroquín-Unión Editorial-Fundación Friedrich A. von Hayek, Madrid, 2008, p. 146.

1357 *Vid.*, Allan R. Brewer-Carías, "Reforma Constitucional, Asamblea Nacional Constituyente y Control Judicial Contencioso Administrativo. El caso de Honduras (2009) y el antecedente Venezolano (1999)", en *Estudios Constitucionales*, N° 2, Centro de Estudios Constitucionales de Chile, Universidad de Talca, Chile, 2009, p. 319.

1358 *Vid.*, Eduardo García de Enterría, *La Constitución como Norma y el Tribunal Constitucional, op. cit.*, p. 42.

*que le ha permitido concluir, que no solo basta la convicción sincera por elevar a la Constitución al rango de norma suprema, afirmando que los actos ejercidos contra cualquier persona fuera de los casos, y contra las formas que la ley determina, son inicuos, "y si por ellos se usurpa la autoridad constitucional, ó la libertad del pueblo, serán tiránicos" (art. 150), sino que es necesario, que la Constitución disponga de un correlativo remedio jurisdiccional para todo acto estatal que atente contra su primacía.*

*La idea en el autor, es que aun cuando los diversos textos constitucionales atribuyan a cada ciudadano la libertad de reclamar sus derechos ante los depositarios de la autoridad pública, con la moderación, y respeto debidos, lo cual en ningún caso podrá impedirse, ni limitarse, sino que por el contrario, "deberán hallar un remedio pronto, y seguro, con arreglo a las leyes, de las injurias, y daños que sufrieren en sus personas, en sus propiedades, en su honor, y estimación", como establecía la "Constitución" de 1811, ello no es equivalente a los necesarios mecanismos jurisdiccionales para someter todas las actuaciones del Poder a la Constitución para garantizar la supremacía, pues un sistema de castigo a los funcionarios que actuaren en contravención a la Constitución (art. 168), no es en rigor un sistema de justicia constitucional (judicial review), sino un mecanismo que colocará a la Constitución en el péndulo de los vaivenes de las conformaciones políticas de los órganos representativos.*

*En el control político de la constitucionalidad decimonónico, en especial en 1811, se establecía que "Todos los empleados de la confederación están sujetos á la inspección de la Cámara de Representantes en el desempeño de sus funciones, y por ella ser acusados ante el Senado de todos los casos de traición, colusión, ó malversación, y este admitirá, oirá, rechazará, y juzgará estas acusaciones, sin que puedan someterse á su juicio por otro órgano que el de la Cámara, á quien toca exclusivamente este derecho" (art. 44), añadiéndose posteriormente que "El Senado tiene todo el poder natural, é incidente de una Corte de Justicia para admitir, oír, juzgar y sentenciar á cualesquiera de los empleados principales en servicio de la Confederación, acusados por la Cámara de Representantes de felonía, mala conducta, usurpación ó corrupción en el uso de sus funciones, arreglándose á la evidencia, y à la justicia de estos procedimientos, y prestando para ello un juramento especial sobre los evangelios antes de empezar la actuación" (art. 52), cuya decisión, –llamada "sentencia"– "no tendrá otro efecto que el deponer al acusado de su empleo, en fuerza de la verdad conocida por averiguación previa, declarándolo incapaz de obtener cargo honorífico, ó lucrativo en la Confederación, sin que esto lo releve de ser ulteriormente perseguido, juzgado, y sentenciado por los competentes Tribunales de Justicia" (art. 58).*

*Tal poder por parte del Congreso (Poder Legislativo) en desmedro del Poder Judicial, inauguró en Venezuela un control político no jurisdiccional sobre determinados actos estatales, en especial, sobre las leyes particulares de las Provincias, las cuales no deberían entorpecer la marcha de las federales, por lo cual estarían sometidas siempre al juicio del Congreso antes de tener fuerza y valor de tales en sus respectivos Departamentos, pudiéndose, entre tanto, llevar a ejecución mientras fuesen revisadas por el Congreso (art. 124). Tal circunstancia, que se*

***repitió luego en la "Constitución" de 1830, ratificó la importancia de la vida provincial, al establecerse un control de la constitucionalidad político y no jurisdiccional[1359] a las diputaciones provinciales, las cuales debían "Informar á la cámara de representantes las infracciones y abusos que se hayan cometido contra la constitución y las leyes, y velar en el exacto cumplimiento de estas" (art. 161 ord. 1 y 57 ord. 4), ya que como ha advertido José Guillermo Andueza "Las Constituciones del año 1830 y siguientes, consagran los principios de constitucionalidad y legalidad de los actos estatales. Pero en vez de establecer un procedimiento dirigido a la impugnación del acto irregular, consagran un procedimiento para hacer efectiva la responsabilidad del autor, dejando éste subsistente[1360]."***

***El predominio del Poder Legislativo sobre el Poder Judicial[1361] irá cambiando posteriormente, pues a partir de la "Constitución" de 1858[1362] comienza a vislumbrarse en Venezuela un control jurisdiccional de la constitucionalidad, al atribuírsele a la Corte Suprema, competencia para "Declarar la nulidad de los actos legislativos sancionados por las Legislaturas provinciales, á pedido de cualquier ciudadano, cuando sean contrarios á la Constitución" (art. 113 ord. 8), "positivizándose" por vez primera, la no menos problemática acción popular de inconstitucionalidad[1363], la cual fue posteriormente eliminada en la "Constitución" de***

1359 *Vid.*, José Guillermo Andueza, *La Jurisdicción Constitucional en el Derecho Venezolano*, Universidad Central de Venezuela-Facultad de Derecho, Caracas, 1974, pp. 45 y ss.

1360 *Ibíd.*, pp. 45 y ss.

1361 Usamos la errónea expresión "Poder Judicial" porque es así como se ha entendido siempre, aun cuando valga advertir que el Judicial en rigor conceptual no es Poder, sino que es Autoridad.

1362 *Vid.*, artículo 215, ordinales J, 4, y 6.C.

1363 Luego de sancionada la "Constitución" de 1999, la Sala Constitucional en sentencia Nº 1077, Caso: *Servio Tulio León Bircaño*, de 22 de septiembre de 2000, sostuvo en relación a la legitimación activa en la llamada "acción popular", que con la misma "cualquier persona capaz procesalmente tiene interés procesal y jurídico para proponerla, sin necesidad de un hecho histórico concreto que lesione la esfera jurídica privada del accionante" en cuyo caso, el actor es "un tutor de la constitucionalidad y esa tutela le da el interés para actuar, haya sufrido o no un daño proveniente de la inconstitucionalidad de una ley". Posteriormente en sentencia Nº 37, *Caso: Asociación Cooperativa Mixta La Salvación*, de 27 de enero de 2004 sostuvo que: "Nuestra legislación procesal establece, de manera verdaderamente excepcional en el Derecho Comparado, una legitimación amplísima cuando se trata de la impugnación de actos normativos, incluso de rango sub-legal. No se trata, en realidad, de una acción popular pura, en el sentido de estar reconocida a todos y en cualquier caso, pero sí se le acerca mucho, puesto que difícilmente faltará entre la población el simple interés que la ley exige para demandar. Siendo una acción de naturaleza básicamente popular prácticamente pierde sentido la referencia al interés propio del accionante. Bastaran exponer las razones para impugnar la norma para que el tribunal –esta Sala, de ser un acto de rango legal– entre a analizar la procedencia del recurso. La inadmisión, de darse, se producirá normalmente a causa de la evidencia de que el demandante carece del más mínimo interés, toda vez que las acciones judiciales deben tener una justificación que no sea la meramente teórica. Por tanto, no es al actor a quien en realidad toca demostrar su interés, el cual puede fácilmente presumirse; corresponde hacerlo a quien se opone a la demanda, o al juez, si es que lo verifica de oficio. De esta manera, la amplitud de la legitimación reconocida en la legislación venezolana –para el caso de la impugnación de actos normativos– hace que se presuma el interés del actor, a menos que de los autos se desprenda su carencia, caso en que el juez debe rechazarla. Esa amplísima legitimación obedece a la necesidad –no aceptada por otros sistemas jurídicos– de que toda persona que pudiera ser sujeto de la aplicación de una norma, tenga capacidad para debatir en juicio su validez. La acción de nulidad, por ello, tiene entre nosotros un carácter de abstracción: no se requiere un caso concreto, sino apenas la posibilidad –ni siquiera probabilidad– de su existencia". Luego la Sala Constitucional en sentencia Nº 796, *Caso: Francisco Javier Suárez y otros*, de 22 de julio de indicó que: "por regla general, se ha establecido que la acción de nulidad por inconstitucionalidad es una acción

***1864, al expresar que "Todo acto del Congreso o del Ejecutivo Nacional que viole los derechos garantizados a los Estados en esta Constitución, o ataque su independencia, deberá ser declarado nulo por la Alta Corte, siempre que así lo pida la mayoría de las legislaturas" (art. 92), sustituyendo la legitimación amplia de todos los ciudadanos por la de las legislaturas, para que éstas obtuvieren la declaración de nulidad de las leyes nacionales o decretos del Ejecutivo Nacional y leyes de las legislaturas de los Estados miembros de la Federación.***

***Pese a que se elimina la llamada acción popular de inconstitucionalidad, con la "Constitución" de 1864, es menester destacar, que se atribuyó a la Alta Corte Federal competencia general para "Declarar cuál sea la ley vigente cuando se hallen en colisión las nacionales entre sí o éstas con las de los Estados o las de los mismos Estados" (art. 89 ord. 9) estableciéndose un tipo de control judicial en relación a la legislación de los Estados miembros de la Federación con las regulaciones federales, mientras que con la "Constitución" de 1893, se estableció, que la Alta Corte Federal tenía como atribución: "Declarar cuál sea la ley, decreto o resolución vigente cuando estén en colisión las nacionales entre sí, o éstas con la de los Estados, o la de mismos Estados, o cualquiera con esta Constitución" (art. 110 ord. 8) expresando además que la Alta Corte Federal tendría como competencia: "Declarar la nulidad de todos los actos a que se refieren los artículos 118 y 119 de esta Constitución, siempre que emanen de autoridad nacional o del Distrito Federal" (art. 110 ord. 9), y la no menos importante proclamación de que: "Los derechos reconocidos y consagrados en los artículos anteriores no serán menoscabos ni dañados por las leyes que reglamenten su ejercicio, y las que esto hicieren serán tenidas como inconstitucionales y carecerán de lada eficacia" (art. 17)[1364], ampliándose con ello, los mecanismos jurisdiccionales de protección de la Constitución de manera concentrada –en la cúspide del Poder Judicial– que luego convergerá con un sistema de control jurisdiccional de la constitucionalidad difuso debido al Código de Procedimiento Civil de 1897 que perdurará en lo formal hasta nuestros días[1365].***

---

popular que puede ser ejercida por cualquier ciudadano, vale decir, que toda persona tiene, en principio, la cualidad o interés procesal para la impugnación de las leyes o actos con rango de ley, por medio de la acción de nulidad por inconstitucionalidad. Dicho en otros términos, la legislación venezolana no exige un interés procesal calificado, ni por la posible existencia de una especial situación de hecho que vincule alguna posición jurídico–subjetiva con cierta norma legal (individualizada), ni por el ejercicio de un cargo público, sea de representación popular o sea dentro del Poder Ciudadano".

1364 Vale recordar la disposición de la "Constitución" de 1811 que establecía que "Para precaver toda transgresión de los altos poderes que nos han sido confiados, declaramos: que todas y cada una de las cosas constituidas en la anterior declaración de derechos, están exentas y fuera del alcance del Poder general ordinario del Gobierno, y que conteniendo ó apoyándose sobre los indestructibles y sagrados principios de la naturaleza, toda ley contraria á ellas que se expida por la Legislatura federal, ò por las provincias, será absolutamente nula y de ningún valor" (art. 199).

1365 *Vid.*, artículo 10 de *Código de Procedimiento Civil* de 14 de Mayo de 1897, artículo 10 del *Código de Procedimiento Civil,* de 18 de Abril de 1904, artículo 7 del *Código de Procedimiento Civil*, de 4 de Julio de 1916, artículo 20 del *Código de Procedimiento Civil*, *Gaceta Oficial* N° 4.209 Extraordinario del 18 de septiembre de 1990, el cual dispone: "Cuando la ley vigente, cuya aplicación se pida, colidiere con alguna disposición constitucional, los Jueces aplicarán ésta con preferencia"; artículo 334 de la *Constitución de la República Bolivariana de Venezuela*, *Gaceta Oficial* N° 5.908 Extraordinario del 19 de febrero de 2009, que dispone: "Todos los jueces o juezas de la República, en el ámbito de sus competencias y

***Si el paso del control político al control jurisdiccional implica una "evolución" en la protección de la "Constitución", es a partir de 1858, que puede considerarse que empieza a operar –aunque incompleto– un sistema de control jurisdiccional que posibilitaba con las limitaciones del caso, la garantía y eficacia del principio de supremacía constitucional. Tal proceso que comenzó a partir de 1858, irá influyendo todas las "Constituciones" decimonónicas y del siglo XX, como puede apreciarse en la de 1901, la cual atribuía a la Corte Federal competencia para declarar "en el término más breve posible, cuál disposición ha de prevalecer en el caso especial que se le someta, cuando la autoridad llamada á aplicar la ley, en el lapso legal señalado para su decisión, motu-propio, ó á la instancia de interesado, acuda en consulta á este Tribunal con copia de los conducente, porque considere que hay colisión de las Leyes Federales ó de los Estados con la Constitución de la República".***

***De igual modo, tal texto constitucional añadía que: "Sin embargo, por este motivo no se detendrá el curso de la causa y llegada la oportunidad de dictar sentencia sin haberse recibido la declaración de que trata esta facultad, aquella se conformará á lo que en particular dispone el Código de Procedimiento Civil. En el caso de que la decisión llegue encontrándose la causa en apelación, el Tribunal de alzada aplicará lo dispuesto por la Corte Federal" (art. 106 ord. 8), precepto que establecía un control incidental difuso, surgido a instancia de parte o bien por decisión del propio juez en el curso de un proceso jurisdiccional –de ahí lo de difuso, al estilo norteamericano– consagrando un control en el que si determinados actos estatales –en este caso, Leyes Federales ó de los Estados– colidían con normas de carácter constitucional[1366], devendrían en inaplicables por contravención al Derecho.***

***Ahora bien, en la "Constitución" de 1904 se atribuía a la Corte Federal y de Casación competencia para "Declarar la nulidad de las leyes nacionales, o de los Estados, cuando colindan con esta Constitución" (art. 95 ord. 10º); mientras que la de 1909, establecía una competencia mucho más amplia, a saber, la de "Decla-***

conforme a lo previsto en esta Constitución y en la ley, están en la obligación de asegurar la integridad de la Constitución. En caso de incompatibilidad entre esta Constitución y una ley u otra norma jurídica, se aplicarán las disposiciones constitucionales, correspondiendo a los tribunales en cualquier causa, aún de oficio, decidir lo conducente", y artículo 19 del *Código Orgánico Procesal Penal*, *Gaceta Oficial* N° 6.078 Extraordinario del 15 de junio de 2012, "Corresponde a los jueces y juezas velar por la incolumidad de la Constitución de la República Bolivariana de Venezuela. Cuando la ley cuya aplicación se pida colidiere con ella, los tribunales deberán atenerse a la norma constitucional". *Vid.*, José Vicente Haro, "El sentido y alcance del control difuso de la constitucionalidad" en *Revista de Derecho Constitucional*, N° 4, Editorial Sherwood, Caracas, 2001, pp. 275-287.

1366 Hoy en día conforme a la *Ley Orgánica del Tribunal Supremo de Justicia*, *Gaceta Oficial* N° 39.522 del 1 de octubre de 2010, se dice que "Cuando cualquiera de las Salas del Tribunal Supremo de Justicia y los demás tribunales de la República ejerzan el control difuso de la constitucionalidad deberán informar a la Sala Constitucional sobre los fundamentos y alcance de la desaplicación que sea adoptada, para que ésta proceda a efectuar un examen abstracto sobre la constitucionalidad de la norma en cuestión. A tal efecto deberán remitir copia certificada de la sentencia definitivamente firme" (art. 33) y además se establece que "Conforme a lo que se dispone en el artículo anterior, cuando se declare la conformidad a derecho de la desaplicación por control difuso, la Sala Constitucional podrá ordenar el inicio del procedimiento de nulidad que dispone esta Ley. Igualmente procederá cuando el control difuso de la constitucionalidad sea ejercido por dicha Sala" (art. 34).

***rar la nulidad de todos los actos de las Cámaras Legislativas ó del Ejecutivo Nacional que violen los derechos garantizados á los Estados ó que ataquen su autonomía y de los actos de las Legislaturas ó de los Concejos Municipales que colidan con las bases 10, 11, 12 y 13 del artículo 12 de esta Constitución" (art. 112 ord. 12)[1367], mientras que en lo que se refiere a la "Constitución" de 1925, vale advertir, que se estableció una competencia a la Corte para que declarara "la nulidad de las leyes nacionales o de los Estados cuando colindan con la Constitución de la República" (art. 120 ord. 9)[1368] además de "la nulidad de los actos de las Cámaras Legislativas o del Ejecutivo Federal que violen los derechos garantizados a los Estados o que ataquen su autonomía, y la de las Asambleas Legislativas o de los Concejos Municipales que violen las restricciones expresadas en el párrafo 3, número 4° del artículo 17 y en el número 3° del artículo 18" (art. 120 ord. 11).***

***Luego, a partir de 1931, la Corte asumió la competencia contencioso-administrativa para "Declarar la nulidad de los Decretos o Reglamentos que dictare el Poder Ejecutivo para la ejecución de las leyes cuando alteren su espíritu, razón o propósito de ellas, y en general, declarar, cuando sea procedente, la nulidad de todos los actos a que se refieren los artículos 42 y 43 de esta Constitución, siempre que emanen de la autoridad nacional o del Distrito Federal, o de los altos funcionarios del Estado. Cuando el acto acusado de nulidad fuere una Resolución Ministerial relativa a la ejecución, interpretación o caducidad de algún contrato celebrado por el Ejecutivo Federal, la Corte no podrá decidir sino mediante el procedimiento pautado que sigue" (art. 120 ord. 12).***

***Sin embargo, en esta revisión histórica, resulta importante destacar la "Constitución" de 1936, pues allí la Corte Suprema asumió la competencia para declarar la nulidad de las ordenanzas municipales (art. 123 ord. 11), en tanto leyes emanadas del órgano legislativo que ejerce el Poder Público municipal cuando violaran la Constitución, siendo un aspecto importante, el énfasis que hace en que "todos los actos del Poder Público violatorios de esta Constitución" (art. 123 ord. 11), son nulos, y todos los actos estatales son susceptibles de control jurisdiccional, lo que inaugurará toda una línea doctrinaria y jurisprudencial en procurar el control jurisdiccional de todos los actos estatales, expresado luego con el principio de que en un "Estado de Derecho", (Rule of Law), no hay actos excluidos de control jurisdiccional[1369], que luego será afianzado en la "Constitución" de 1961, con el establecimiento de un completo control jurisdiccional contencioso-administrativo (art. 258) y constitucional (arts. 333 y ss) que influenciará al texto de 1999.***

---

1367 *Vid.*, Francisco Fernández Segado, "El control de la constitucionalidad en Iberoamérica: sus rasgos generales y su génesis en el pasado siglo" en *Revista Pensamiento Constitucional*, N° 3, Escuela de Posgrado, Maestría de Derecho Constitucional, Fondo Editorial Pontificia Universidad Católica del Perú, Lima, 1996, pp. 251-252.

1368 También decía el artículo que "La nulidad se limitará al párrafo, artículo o artículos en que aparezca la colisión, salvo que éstos sean de tal importancia, por su conexión con los demás, que, a juicio de la Corte, su nulidad acarreare la de toda la Ley" (art. 120 ord. 9).

1369 *Vid.*, Allan R., Brewer-Carías, "La universalidad del control contencioso administrativo" en *Libro de la Amistad en Homenaje a Enrique Pérez Olivares*, Caracas 1992, pp. 203-226, y en *Revista de Derecho Público*, N° 46, Editorial Jurídica Venezolana, Caracas, 1991, pp. 5-22.

*La "Constitución" de 1961, en referencia al contencioso-administrativo disponía que correspondía a la Corte Suprema de Justicia y a los demás Tribunales que determinara la ley el anular los actos administrativos generales o individuales contrarios a Derecho, incluso por desviación de poder; condenar al pago de sumas de dinero y a la reparación de daños y perjuicios originados en responsabilidad de la administración, y disponer lo necesario para el restablecimiento de las situaciones jurídicas subjetivas lesionadas por la actividad administrativa (art. 206), además de un control jurisdiccional de la constitucionalidad, en cabeza de la Corte Suprema de Justicia, para que declarara la nulidad total o parcial de las leyes nacionales y demás actos de los cuerpos legislativos (art. 215 ord. 3); las leyes estadales, ordenanzas municipales y demás actos de los cuerpos deliberantes de los Estados o Municipios (art. 215 ord. 4); reglamentos y demás actos del Ejecutivo Nacional (art. 215 ord. 6); y actos administrativos del Ejecutivo Nacional, cuando sea procedente (art. 215 ord. 7), preceptos que luego tendrán su influencia en la "Constitución" de 1999 como tendrá ocasión de comprobar el lector en este libro.*

*Visto sucintamente esta evolución histórica, en cuanto concierne al control judicial de la constitucionalidad, se colige pues, que dado que predominantemente se asume la visión de que para que exista Constitución debe haber justicia constitucional (judicial review), tal cambio en el ámbito político constitucional, expresado en la reducción de la confianza en el control político de la constitucionalidad, por el control jurisdiccional, haya sido catalogado como positivo por la doctrina nacional. Ello implica que los jueces, irán asumiendo más poderes, y no habrá ya razones normativas válidas, para sostener que haya actos estatales sustraídos del control judicial, de allí, que el establecimiento de un control jurisdiccional sobre todos los actos estatales, terminará a la postre en la convergencia de dos instrumentos de control jurisdiccional de la constitucionalidad, a saber: el control difuso y el control concentrado, llamado mixto e integral de la Constitución por el autor, en el que si bien todos los jueces que integran el Poder Judicial son competentes para controlar la constitucionalidad (art. 334) coexisten dos sistemas, distintos y disímiles, a saber, el método en el que un órgano específico del Poder Judicial, de modo exclusivo, le está atribuido la potestad de anular ciertos actos estatales por razones de inconstitucionalidad, en particular, las leyes y demás actos con rango de ley o de ejecución directa e inmediata de la Constitución; que en el caso venezolano sería la Sala Constitucional del Tribunal Supremo de Justicia (arts. 7, 335, y 336), llamado control concentrado, en contraposición al método llamado difuso, de raigambre norteamericana. Tal sistema bifronte de control jurisdiccional de la constitucionalidad, obligará al jurista Brewer-Carías, a realizar siempre el énfasis debido, en el caso venezolano, ya que luego de una convulsa historia constitucional, en el sistema constitucional venezolano existe un sistema mixto e integral de la constitucionalidad, que presenta elementos del control difuso y de control concentrado al mismo tiempo, en el que por el control difuso, debe entenderse la potestad que tienen todos los jueces de ejercer la justicia constitucional como noción material, ya que todos tienen competencia para ejercer el control judicial de la constitucionalidad de las leyes y demás actos estatales –lo cual ocurre en Argentina, Brasil, Colombia, Ecuador, Guatemala, Perú, Nicaragua, México y República Dominicana– mediante la desaplicación de una Ley o de cualquier acto estatal, acotando los efectos de su decisión a las partes (inter partes), reputando la Ley o un acto estatal determinado como nulo y sin efectos jurídicos para el caso concreto, teniendo efecto retroactivo con consecuencias ex tunc o pro pretaerito, declarándolo inconstitucional como si nunca hubiera existido, debido a los efectos declarativos, lo cual puede estudiarse en los trabajos; "La justicia constitucional como garantía de la Constitución"; "El método difuso de control de constitucionalidad de las leyes"; "El método concentrado de control de constitucionalidad de las leyes" y "El sistema de justicia constitucional de la República Dominicana".*

*En lo que respecta, al control concentrado, como parte del sistema mixto e integral de la constitucionalidad, sostiene Brewer-Carías, que le está atribuido dicho control, a un órgano en específico –Sala Constitucional del Tribunal Supremo de Justicia–, la cual tiene la competencia para declarar la nulidad de determinadas leyes y demás actos estatales de ejecución directa e inmediata de la Constitución de manera erga omnes y con consecuencias ex nunc o pro futuro; lo que implica que la Ley o el acto estatal de ejecución directa e inmediata de la Constitución que se repute inconstitucional, es considerado en este sistema como habiendo surtido efectos hasta su anulación por la Sala Constitucional del Tribunal Supremo de Justicia, o hasta el momento que este determine como consecuencia de la decisión, como sucede en países de la región como Bolivia, Chile, Colombia, Ecuador, Guatemala, Perú, Costa Rica, El Salvador, Honduras, Panamá, Paraguay, Brasil, Nicaragua, México y República Dominicana, aspecto que es exhaustivamente tratado por el autor a lo largo del presente libro, pero en especial, en los siguientes trabajos: "El método concentrado de control de constitucionalidad de las leyes";"La conformación contemporánea del sistema venezolano de justicia constitucional"; "El sistema panameño de justicia constitucional a la luz del derecho comparado"; "El sistema de justicia constitucional de Honduras"; "La potestad de la jurisdicción constitucional para interpretar la Constitución con efectos vinculantes"; "Los efectos de las sentencias constitucionales en Venezuela"; "Los efectos de las sentencias dictadas en los procesos de inconstitucionalidad de las leyes en el Perú y su contraste con el sistema venezolano" y "La revisión extraordinaria de sentencias ante la jurisdicción constitucional".*

*Como se indicó antes, la defensa de la supremacía constitucional ha llevado al prominente jurista a una posición de defensa irrestricta de los mecanismos jurisdiccionales de protección de la Constitución, a los fines de que éstos aseguraren de manera idónea la supremacía normativa de la Constitución por sobre todo acto estatal dictado por los órganos que ejercen el Poder Público, a los fines de impedir el socavamiento de la Constitución, en tanto exigencia de su carácter supremo y rígido, la cual demanda el sometimiento de todos los actos dictados por los órganos que ejercen el Poder Público a la Constitución a través de garantías jurisdiccionales –no políticas– que prevengan y sancionen las violaciones y amenazas si se produjeran.*

*Ahora bien, si bien las Constituciones tradicionalmente se entienden como supremas y rígidas, y en algunos casos como supremas y supralegales, hay que advertir que los términos supra-legalidad y rigidez no significan lo mismo, ya que en rigor cabe sostener conforme a Aragón Reyes, que la supremacía no es más que la "cualidad política de toda Constitución, en cuanto que ésta es siempre (al margen de cualquier consideración ideológica) un conjunto de reglas que se tienen por fundamentales, es decir, por esenciales, para la perpetración de la forma política" mientras que la supra-legalidad viene a ser la "garantía jurídica de la supremacía" en tanto "toda Constitución (en sentido lato) tiene vocación de transformar la supremacía en supra-legalidad"*[1370].

*Comoquiera que el verdadero requisito de la supralegalidad es "la existencia de una fuente de producción distinta para la Constitución que para la ley ordinaria o, lo que es igual, la distinción entre poder constituyente y poder constituido"*[1371]*, hay que mencionar que la rigidez tácita o expresa sólo se refiere a la previsión o no de medios especiales para la reforma de la Constitución, de allí que "la rigidez acompañaría siempre a la supra-legalidad, no como causa o razón de la misma sino como consecuencia"*[1372]*, por lo que los mecanismos jurisdiccionales de control de la constitucionalidad, vienen a ser vistos como resultado lógico del carácter de supremacía y de supralegalidad constitucional, y como ha advertido el Brewer-Carías constitucionalista, un requisito primordial y esencial para hablar en rigor de "Estado de Derecho" (Rule of Law).*

*Es menester destacar, que tal carácter de supremacía y supra-legalidad constitucional, sólo es posible mediante la distinción entre "Poder Constituyente" y "Poder Constituido", en tanto si se postula una supuesta soberanía ilimitada o absoluta al margen del Derecho y de la Constitución, se desvanece la supremacía y pierde sentido también todo control jurisdiccional de la Constitución. Por ello, la escisión entre estos conceptos, permite en rigor la posibilidad de una Constitución, en tanto la soberanía al "juridificarse", deja de ser absoluta e ilimitada, de allí que la diferencia entre "Poder Constituyente" y "Poder Constituido" no es meramente política sino jurídica, ya que un poder absoluto e incontrolable es incompatible con el Derecho, en tanto ámbito de las limitaciones al Poder y no de su exaltación irreflexiva. Por ello, Genaro Carrió, refiriéndose al místico "Pouvoir Constituant Originaire" expresó con la asertividad de siempre, que:*

> *El uso de concepto de poder constituyente originario para justificar la reforma revolucionaria de normas constitucionales importa la pretensión de llevar el concepto normativo de competencia (en el sentido de "potestad" o de "atribución") más allá de los límites dentro de los cuales puede ser usado informativamente o servir realmente de justificación. Cuando para justificar o convalidar una reforma de la Constitución impuesta por la fuerza se habla de la "competencia inicial e ilimitada" del titular del poder constituyente llamado "originario" se dice algo que carece de sentido. Un sujeto jurídico dotado de una competencia total e ilimitada es tan inconcebible como un objeto que tuviera todas las propiedades posibles.*

---

1370 *Vid.*, Manuel Aragón Reyes, "Sobre las nociones de Supremacía y Supralegalidad Constitucional" en *Estudios de Derecho Constitucional*, Centro de Estudios Políticos y Constitucionales, Madrid, 1998, p. 99.

1371 *Ibíd.*, p. 103.

1372 *Ibíd.*, p. 103.

> ***El concepto de "competencia" funciona informativamente dentro de un orden normativo cuya existencia es presupuesta al afirmar que alguien tiene una competencia***[1373]***.***

***Tal advertencia, luce importante en la actualidad, ya que se olvida deliberadamente, que el mundo del Derecho es el mundo de las relativizaciones y las limitaciones, por lo que dentro de una perspectiva eminentemente jurídica, no cabe hablar ni postular un llamado "Pouvoir Constituant Originaire", en tanto ruptura de la escisión del "Poder Constituyente" y "Poder Constituido". Por ello, Brewer-Carías es enfático sobre la importancia que reviste la democracia liberal –única compatible con el "Estado de Derecho" (Rule of Law), como democracia limitada, cuya salvaguarda estará en su criterio, en el control jurisdiccional de la constitucionalidad, incluso sobre los actos de las llamadas y cada vez mas usuales, "Asambleas Constituyentes", por lo que ha criticado de modo constante y sin fisuras, la asunción por parte de éstas de un "Pouvoir Constituant Originaire", en tanto artilugio eficaz para barrer con todo el ordenamiento jurídico que le precede y partir de cero y sin control, con la justificación de que la soberanía del pueblo es ilimitada, y por lo tanto incontrolable jurisdiccionalmente, lo cual ha representado la destrucción del "Estado de Derecho", (Rule of Law), la libertad política e individual, y en general, todos los principios del constitucionalismo, pues estas nuevas "Asambleas Constituyentes" y sus productos, las llamadas "Constituciones", no son más que la excusa, y la manipulación ideológica, para hacer ver falsamente a las débiles sociedades de la región, que los problemas sociales, políticos y económicos solo y exclusivamente se deben a los textos "constitucionales", en clara sintonía con el "papanatismo formalista"***[1374]*** latinoamericano, eludiendo la verdadera cuestión, a saber, la de que "cuando en Iberoamérica, un presidente quiere hacerse un dictador, anula simplemente la constitución que le permite la reelección y se prescribe una nueva que le trasmite legalmente el poder ilimitado"***[1375]***.***

***Si bien los textos constitucionales –no Constituciones en rigor muchas veces- son parte del problema debido a que están inspiradas en tesis colectivistas que impiden el desarrollo económico, cuentan con aspectos militaristas que conllevan a la sumisión de la sociedad civil a la casta militar, y son deficitarias en cuanto controles al Poder, en tanto no llegan a poner límites efectivos a los "titulares ocasionales", es menester indicar, que antes de postular cajas de pandoras como las llamadas "Asambleas Constituyentes", deben los juristas y politólogos entre otros, analizar los problemas institucionales y culturales que han impedido la asimilación de los principios del "Estado de Derecho" (Rule of Law) y del constitucionalismo, y las razones que han imposibilitado la inexistencia de Constitución, por lo que luce vital, antes que cualquier vía traumática, fortalecer las "garantías socia-***

1373 *Vid.*, Genaro Carrió, *Sobre los límites del lenguaje normativo*, Editorial Astrea, Buenos Aires, 2008, p. 48 y 49.

1374 *Vid.*, Francisco Rubio Llorente, "La defensa de la igualdad política en la reciente jurisprudencia de la Corte Suprema Norteamericana" en *Revista de la Facultad de Derecho*, N° 36, Universidad Central de Venezuela, Caracas, 1967, p. 87.

1375 *Vid.*, Karl Loewenstein, *Teoría de la Constitución*, Editorial Ariel, 2° Edición, Madrid, 1979, p. 189 y 190.

*les", o las profundas convicciones sociales sobre la importancia del ideal político del "Estado de Derecho", (Rule of Law), para que incluso la justicia constitucional (judicial review), pueda cumplir un modesto y difícil cometido en el mantenimiento de este denostado ideal político.*

*En efecto, la justicia constitucional (judicial review), en países con sólidas o fuertes convicciones sociales sobre la importancia del "Estado de Derecho", (Rule of Law), no sólo ha sido concebida como "una técnica quintaesenciada de gobierno humano"*[1376]*, sino que ha servido de herramienta importante en el mantenimiento y fortalecimiento de este valioso ideal político, lo cual requiere ciertas matizaciones cuando se trata de Latinoamérica, ya que un optimismo lírico sobre la justicia constitucional (judicial review), puede convertirse en un escollo importante para la pervivencia del "Estado de Derecho" (Rule of Law) y la democracia.*

*En efecto, dado que la justicia constitucional (judicial review), ha sido trasladada a distintos y convulsos países, propensos muchas veces a cualquier credo colectivista y enemigo de la libertad individual, no es baladí recordar, que incluso en el país que legó al mundo moderno el control jurisdiccional de la constitucionalidad, –los Estados Unidos de América– tal técnica "quintaesenciada" se volvió contra los ciudadanos en algunos episodios históricos, y puede ser mucho más amenaza en países sin sólidas instituciones, sino se comprende muy bien su cometido, de allí las tentativas favorables al autoritarismo en muchas de los Tribunales, Cortes y Salas en algunos países de la región, lo cual es un aspecto esencial, y que ha sido analizado por el autor con pluma fina.*

*El falso dilema, por tanto, entre supremacía constitucional y soberanía, ha sido refutado con maestría por Brewer-Carías en favor del "Estado de Derecho", (Rule of Law), sosteniendo que no hay imposibilidad de reforma o cambio constitucional conforme a la Constitución, pero si fuera de ella, advirtiendo la necesaria escisión entre "Poder Constituyente" y "Poder Constituido". Por ello, a la usanza del constitucionalismo americano, concibe a la justicia constitucional (judicial review), como "sustituto de la revolución"*[1377] *con el fin de evitar las constantes apelaciones al cielo (appeal to heaven)*[1378] *necesarias cuando se trata de corregir los desvaríos, abusos o excesos del Poder en circunstancias graves y especialísimas, con el objeto de reescribir la Constitución, en tanto momento excepcional y necesario cuando es imperioso la reivindicación de la potestad soberana enajenada por un uso ilegítimo del poder del Estado, advertida en el célebre caso Marbury v. Madison, 5 U.S. 137 (1803), del Chief Justice John Marshall, que vale la pena recordar:*

---

1376 *Vid.*, Eduardo García de Enterría, *La Constitución como Norma y el Tribunal Constitucional, op. cit.*, p. 175.

1377 *Vid.*, Sylvia Snowiss, *Judicial Review and the Law of the Constitution*, Yale University Press, 1990, pp. 11 ss., 33, 34, 38 ss. y 113., y Allan R. Brewer-Carías, "El juez constitucional vs. la supremacía constitucional. (O de cómo la jurisdicción constitucional en Venezuela renunció a controlar la constitucionalidad del procedimiento seguido para la "reforma constitucional" sancionada por la Asamblea Nacional el 02 de noviembre de 2007, antes de que fuera rechazada por el pueblo en el referendo del 02 de diciembre de 2007)" en *Revista de Derecho Público*, Nº 112, Editorial Jurídica Venezolana, Caracas, 2007, p. 667.

1378 *Vid.*, John Locke, *Segundo Tratado sobre el Gobierno Civil*, Alianza Editorial, Madrid, 2008, p. 150.

> ***El fundamento sobre el que se ha construido el sistema americano no es el derecho originario del pueblo a establecer, para su gobierno futuro, aquellos principios que considere más adecuados para obtener la felicidad. La puesta en práctica de dicho derecho originario exige una gran energía, y por ello no puede ser frecuentemente ejercitado. Por ello, los principios que han sido establecidos se consideran fundamentales. Y como la autoridad de la cual emanan es una autoridad suprema, y solo puede expresarse en contadas ocasiones, tales principios tienen vocación de permanencia***[1379].

***Tal advertencia del Chief Justice, asumido por Brewer-Carías a lo largo de su obra, a veces resulta incomprensible en "espíritus atormentados", que influidos por esa mentalidad heredada de la falsa revolución liberal –la francesa–, siempre quieren comenzar de cero, y creer en que es necesario "romper con todo lo anterior", y con toda posibilidad de construir instituciones sólidas y permanentes, impidiendo con ello, los necesarios compromisos y sacrificios tanto por parte de los gobernantes como de los gobernados, en aras de la supremacía constitucional, y eludiendo también el hecho, de que no solo basta con mecanismos jurisdiccionales que garanticen la supremacía constitucional, sino que luce más importante, el robustecimiento social en cuanto a las convicciones profundas acerca de la importancia del "Estado de Derecho", (Rule of Law), para limitar el Poder y garantizar la libertad individual, la propiedad privada y la posibilidad de bienestar material, aspectos que no se logran siempre y necesariamente con las constantes cajas de pandora "constitucionales", pues como ha advertido Aragón Reyes:***

> ***La carencia de especiales medidas de protección (que no denotan la falta de supremacía sino la existencia de supralegalidad) no son el signo de sus debilidad (precisamente las Constituciones históricas, cuyo ejemplo modélico es la británica, son las que mayor vocación tienen de perpetuidad y las más respetadas tanto por los poderes públicos como por los ciudadanos), sino, por el contrario, de su firmeza y general aceptación, que hacen innecesarias las garantías jurídicas porque disfruta de otras superiores: las garantías sociales***[1380].

## ***III. LOS PELIGROS DE LA JUSTICIA CONSTITUCIONAL (JUDICIAL REVIEW): LA POLÉMICA LEGISLACIÓN POSITIVA***

***La inexistencia de Constituciones auténticas en algunos países de la región, con vocación para controlar el Poder y garantizar la libertad de los ciudadanos, tiene disímiles causas, entre otras –en criterio de quien escribe este prólogo– en el i) el predominio de la mentalidad anti-liberal, ii) la ausencia de separación de poderes, iii) la confianza ciega en las "bondades" del Poder derivado del "Estado Social", iv) las permanentes crisis económicas surgidas al calor de los experimentos socialistas marxistas, social-demócratas y social-cristianos, luego constitucionalizadas en las llamadas "Constituciones Económicas"; v) los constantes "golpes***

---

1379 *Vid.*, Miguel Beltrán De Felipe, & Julio, González García, *Las Sentencias Básicas del Tribunal Supremo de los Estados Unidos de América*, Centro de Estudios Políticos y Constitucionales-Boletín Oficial del Estado, Madrid, 2006, p. 117.

1380 *Vid.*, Manuel Aragón Reyes, "Sobre las nociones de Supremacía y Supralegalidad Constitucional" *op. cit.*, p. 106.

*de Estado" de militares que consideran que se atribuyen de modo exclusivo el carácter de guardianes de las "Constituciones" en detrimento de los ciudadanos –sociedad civil– y los Tribunales, vi) las constantes violaciones a los derechos humanos por parte del Estado, vii) la inexistencia en la práctica de garantías en favor de la propiedad privada, viii) la inexistencia de un aparato productivo competitivo internacional derivado de los prejuicios acerca de la importancia de la propiedad privada y la libertad económica como medios para generar más bienestar material, y frenar el creciente impacto de la miseria y pobreza, problemas institucionales y de mentalidades que perviven y no son superados.*

*Tales aspectos, enunciados de modo enunciativo y no taxativo, aun cuando revelan la inexistencia, debilidad o precariedad institucional en algunos países de la región, son por lo general eludidos, debido a los siempre vanos y absurdos intentos por "demostrar" que el fracaso de algunos países de la región, se debe al color de piel, religión, geografía, historia, mestizaje, "conquista" o "imperialismo", eludiendo la verdadera discusión, que no es otra que la preferencia mayoritaria en nuestros países por postulados colectivistas que diluyen al individuo y lo conciben como "masa"*[1381]*. En efecto, una presencia mayoritaria de lo que se ha dado en llamar la "ideología jurídica de la pobreza"*[1382]*, producto del descrédito hacia lo escasamente liberal que se mantiene en las "Constituciones", fomentada por políticos, empresarios, académicos, jueces, fiscales, organizaciones no gubernamentales (ONGs) entre otros, han conllevado a tesis conceptualmente difíciles de mantener, como aquella que sostiene que es posible conciliar un orden sociopolítico liberal y un orden socio-económico basado en postulados socialistas*[1383]*.*

*Esta imposible conciliación, que viene a ser patente en las tesis del "Estado Social", ha venido a poner en entredicho al "Estado de Derecho", (Rule of Law) pues ésta cláusula al colocar el acento en el Poder y no en sus controles, ha generado una constante y permanente anulación de los derechos individuales en procura de los llamados derechos sociales, (prestacionales) una endeble separación de poderes, y una precaria autonomía e independencia del Poder Judicial, derivada de la tergiversación de las otrora funciones del Poder Judicial, lo cual se evidencia en el rol que cumple con arreglo a esta cláusula la justicia constitucional (judicial review).*

*En efecto, la quimérica idea por tratar de hacer conciliar el "Estado de Derecho" (Rule of Law) con el "Estado Social" obvia que éste tiene por objeto fomentar y expandir a la Administración Pública, la cual adquirirá un inmenso poder bajo la invasiva prestación positiva, a los fines de garantizar los llamados "derechos-exigencia" que promete, lo cual implica relajamientos al control jurisdiccional sobre los actos del Estado. Tal "Estado Social" que implica prestaciones posi-*

1381 *Vid.*, Antonio Canova González, Luis Alfonso, Herrera Orellana, y Giuseppe, Graterol Stefanelli, *Individuos o masa: ¿En qué tipo de sociedad quieres vivir?,* Editorial Galipán S.A., Caracas, 2013.

1382 *Vid.*, Ignacio De León, "La ideología jurídica de la pobreza", en *Bicentenario del Código de Comercio Francés*, (Coord. Alfredo, Morles Hernández, & Irene de Valera,), Academia de Ciencias Políticas y Sociales-Universidad Católica Andrés Bello-Asociación Franco-Venezolana de Juristas-Embajada de Francia, Caracas, 2008, pp. 747–777.

1383 *Vid.*, Germán Carrera Damas, *Una nación llamada Venezuela*, Monte Ávila Editores Latinoamericana, Caracas, 1997, pp. 173 y ss.

***tivas por parte de la Administración, asume para sí la planificación, y el control económico para así proteger a los desiguales, equivocación que repercutirá negativamente en la libertad individual y propiedad privada de los ciudadanos, en tanto la desigualdad no debería ser un problema a combatir, sino la miseria o pobreza, aun cuando es evidente que este mal diagnóstico, no es más que la excusa que asumen los defensores de esta cláusula para lograr la politización de la sociedad civil y la conversión del Estado en planificador a los fines de distribuir ilusoriamente la riqueza[1384], pero distribuyéndose equitativamente la miseria.***

***La inexistencia de separación de poderes, de autonomía e independencia del Poder Judicial[1385], y la tergiversación de las otroras funciones del Poder Judicial al ejercer la justicia constitucional (judicial review), tienen su causa –no única ni exclusiva claro está– en que en el "Estado Social", la Constitución ha venido a perder parte de su sentido tradicional, pues ha cedido su lugar, a la inflación legislativa y a la abultada y poderosa Administración prestacional, la cual está cada vez mas determinada "por la economía moderna, las modalidades de interdependencias en dicha economía, la racionalidad burocrática y la identificación de las funciones sociales y políticas del Estado"[1386].***

***Tal circunstancia ha conllevado a que en la búsqueda por la llamada "Procura Existencial", el Estado ya no esté limitado, sino fortalecido en desmedro del individuo, forjando con ello la relajación de todo tipo de control jurisdiccional sobre los actos del Poder, en tanto en el "Estado Social", se "...confunde al individuo con la sociedad y sobre esta premisa concede al individuo solamente aquella libertad que contribuye al bienestar social, determinada autorizadamente por la sociedad"[1387].***

***La idea de controlar al poder en el "Estado Social de Derecho", no pasa de ser una proclamación vacía, si se atiende al hecho, de que el Estado de Derecho y el Estado Social responden a presupuestos teóricos y filosóficos diferentes, la mayor de las veces irreconciliables. Si en el "Estado de Derecho" (Rule of Law) la finalidad es controlar al poder a los fines de garantizar los derechos individuales, en el "Estado Social", la idea es la de garantizar prestaciones positivas por parte del Estado, en procura de aminorar una supuesta desigualdad generada por el odiado y detestado capitalismo, por lo que en procura del vago concepto de "justicia social", el Estado deviene incontrolado en aras de garantizar el tan mencionado "interés general", lo que ha implicado desde el punto de vista político-constitucional, una grave mutación en la idea de la separación de poderes, al generarse un in-***

---

1384 *Vid.*, José Delgado Ocando, "Diez tesis sobre el Estado Social de Derecho" en *Estudios de Filosofía del Derecho*, Colección de Estudios Jurídicos-Tribunal Supremo de Justicia, Caracas, 2003, pp. 350 y 351.

1385 Para el interesado en abordar un tema vital y que es abordado de modo indirecto en esta obra, como lo es el problema de la escogencia de los jueces, *Vid.*, Allan R. Brewer-Carías, "La cuestión de legitimidad: cómo escoger los jueces de las Cortes Supremas. La doctrina europea y el contraste latinoamericano" *Estudios Sobre El Estado Constitucional (2005-2006)*, Cuadernos de la Cátedra Fundacional Allan R. Brewer Carías de Derecho Público, Universidad Católica del Táchira, N° 9, Editorial Jurídica Venezolana. Caracas, 2007, pp. 125-161.

1386 *Vid.*, José Delgado Ocando, "Diez tesis sobre el Estado Social de Derecho" *op. cit.*, p. 351.

1387 *Vid.*, Edward S. Corwin, *Libertad y Gobierno. El origen, florecimiento y declinación de un famoso concepto jurídico*, Editorial Bibliográfica Argentina, Buenos Aires, 1948, p. 26.

*cremento exorbitante de la legislación para desarrollar –entre otros aspectos– los polémicos derechos sociales, y un poder inusitado en la Administración Pública, que irá suplantando paulatinamente la función empresarial, con el correlato de un Poder Judicial servil a los intereses de los otros poderes, ya que no tendrá por norte controlar los actos del poder, sino el de actuar en consonancia con los otros dos, a los fines de colaborar en el incremento del Poder Estatal, en aras del "interés general".*

*Conforme a la cláusula de "Estado Social", surgida inicialmente a partir de la Constitución Política Mexicana de Querétaro de (1917), Weimar (1919), Ley Fundamental de Bonn (1949), Constitución Española (1978), y el resto de Constituciones Latinoamericanas, se le ha asignado un rol prestacional a la Administración Pública, en búsqueda de la llamada "Procura Existencial" la cual constituye una contradictio in adjecto, con los ideales que persigue el "Estado de Derecho", (rule of Law), lo cual ha repercutido negativamente en la justicia constitucional (judicial review), pues no debe descuidarse el hecho, de que el "Estado Social", genera unas consecuencias peligrosas en el orden socio-político, como es, el relajamiento de todas las reservas, controles y recelos ante el Poder por estar éstos presuntamente en "desuso"*[1388]*, debido entre otros fenómenos, al desplazamiento acelerado de los derechos individuales por los llamados derechos sociales, a los cuales sí el Estado les procurará una garantía y un "apoyo irrestricto"*[1389]*.*

*Esta visión ideológica denominada con bastante imprecisión por lo general como "neo-constitucionalismo", basada también en la anulación de la distinción entre derechos de libertad y derechos sociales, conlleva a una tesis sumamente grave, como es, el que todos los derechos han devenido en la práctica en prestacionales, lo cual genera desde el punto de vista institucional una tergiversación de la justicia constitucional (judicial review), en tanto los jueces en este estado de cosas, pasan a ser unos políticos más, y al dejar de ser la "rama menos peligrosa" (least dangerous branch), asumen la llamada legislación positiva, lo cual luce como impensable a la luz de la teoría clásica de la separación de poderes, afectándose la independencia e imparcialidad judicial.*

*De allí que no sea casual, que aun cuando existan en la región latinoamericana diversos sistemas de justicia constitucional (judicial review), aumente la preocupación por fortalecer los controles internacionales, en especial, aquellos destinados a proteger a los derechos humanos individuales, que son los verdaderos derechos, y se incrementen las peticiones de los ciudadanos ante los sistemas de protección de derechos humanos internacionales y regionales, problema que si bien no está abordado directamente en el libro, su lectura favorece una toma de conciencia del problema, gracias a las pertinentes críticas que efectúa el autor a las tergiversaciones de la justicia constitucional (judicial review), y que ha dado en llamar en otro denso pero sugerente estudio ya citado, la "Patología de la Justicia Constitucional".*

---

1388 *Vid.* Ricardo Guastini, "Sobre el Concepto de Constitución" Miguel, Carbonell, (Ed) *Teoría del Neoconstitucionalismo. Ensayos Escogidos*, Trotta, Madrid, 2008, p. 17.

1389 *Vid.* Paolo Comanducci, "Constitucionalización y Neoconstitucionalismo" en *Positivismo jurídico y neoconstitucionalismo*, Fundación Coloquio Jurídico Europeo, Madrid, 2009, p. 95.

***La llamada legislación positiva, pese a lo antes advertido, es una realidad en varios sistemas constitucionales y es por ello, que el autor, le presta una cuidadosa atención en este libro como es usual en sus trabajos de investigación. Ahora bien, dado que ésta llamada legislación positiva ha adquirido en los últimos tiempos una importancia inusitada, en consonancia con las finalidades del "Estado Social", luce importante recordar que el hecho de que sea una realidad, no implica un "avance" o un progreso en lo que se refiere a los controles jurisdiccionales de protección de la Constitución, ya que en contexto, esta nueva función por parte de la justicia constitucional (judicial review), no es más que el reconocimiento de la claudicación de la separación de poderes, derivada de la ingenua creencia en los poderes bondadosos por parte del Estado, cuando persiguen intereses distintos a los individuales, lo cual es propio de la mentalidad anti-liberal, la cual concibe que en el orden liberal y constitucional clásico hay una exclusión total entre los intereses particulares y los generales, o en rigor, entre el interés propio y el interés común, olvidando que lo que subyace en la concepción liberal es lo opuesto, a saber, que la búsqueda del interés propio conllevará al interés común, pero no al revés, pues como ha expresado un experto en la materia refiriéndose a Adam Smith:***

> ***[…] cultiva la antigua noción de que la justicia conmutativa, el no lesionar al prójimo, al tratar a todo el mundo por igual protege a los débiles.***
>
> ***Puede observarse lo lejos que estamos del moderno derecho tuitivo, es decir, el derecho desequilibrado con la idea de contrarrestar un presunto desequilibrio ya existente, una falacia fundamental para la expansión del Estado moderno, que creció con la excusa de proteger a grupos teóricamente más fuertes. El final de ese camino es el actual desconcierto moral por el cual la solidaridad parece ser concebida sólo como coacción: equivale arrebatarle el dinero a la gente y redistribuirlo. Esto, que requiere obviamente comparaciones interpersonales de utilidad, es explícitamente rechazado por Smith, que llega a decir que no se les puede quitar a los ricos ni siquiera lo que les sobra. Es obvio que no lo declaró porque apreciara a los ricos; al contrario, los despreciaba; pero era consciente de que si se rompe esa máxima de la sociedad liberal, sería muy difícil poner freno a la expansión del poder político***[1390].

***Tal máxima de la sociedad liberal, cada día disuelta en medio de la confusión generalizada sobre las ventajas inobjetables del orden social liberal, ha llevado al desmontaje de todo control al Poder en aras de una supuesta erradicación de la desigualdad***[1391] ***–absolutamente imposible–, lo cual ha reforzado la abolición de la***

---

1390 *Vid.* Carlos Rodríguez Braun, "Estudio Preliminar" a Adam Smith, *La Teoría de los Sentimientos Morales,* Alianza Editorial, Madrid, 2009, p. 16 y 17.

1391 Una de las causas que hicieron posible la formulación de la confusa "justicia social", es la de la supuesta *desigualdad* generada por el capitalismo o el mercado. Esta formulación parte de que hay siempre *desigualdad* en un sistema de libertad, dando por sentado que la igualdad en el ámbito económico por ejemplo, es la relación natural y justa entre los seres humanos. Esta visión problemática, aparte de confundir *desigualdad* con miseria o pobreza, afianza la peligrosa idea de la "justicia social", ya que parte, de que para aminorar tal *desigualdad*, el Poder, debe dirigir su atención a aquellos sectores "menos favorecidos", relajando todos los principios del "Estado de Derecho", (*Rule of Law*), con la finalidad quimérica de corregir tales "injusticias", como si éstas fuesen el resultado de actos humanos centralmente dirigidos *separación de poderes y el desplazamiento de los derechos individuales por los derechos sociales, lo cual ha afectado el desenvolvimiento y el porvenir de la justicia constitucional (judicial review), ya que la asunción por parte de los jueces de una presunta legislación positiva, impide en rigor hablar de estos como jueces, en tanto la función fundamental de estos es la de servir como árbitros y no como una parte más en las controversias que le sometan a su conocimiento.*

*Tal y como advirtieron los clásicos, sólo un Tribunal, Corte o Sala deviene en la "rama menos peligrosa" (least dangerous branch), si como advertía De Tocqueville en su Democracy in America, hay un litigio, un proceso, y un pronunciamiento sobre casos particulares y no generales, en consonancia con la naturaleza pasiva de los jueces, para evitar la invasión de éstos en las funciones legislativas*[1392]*, pues de lo contrario, habría que convenir con Montesquieu en que no "hay libertad si el poder judicial no está separado del legislativo ni del ejecutivo. Si va unido al poder legislativo, el poder sobre la vida y la libertad de los ciudadanos sería arbitrario, pues el juez sería al mismo tiempo legislador. Si va unido al poder ejecutivo, el juez podría tener la fuerza de un opresor"*[1393]*.*

*La importancia del tema, no sólo es actual, sino que es trascendente en la discusión constitucional, y es por ello, que en un libro tan importante como el que se presenta, el autor dedique tantas consideraciones sobre el punto de manera conceptual, y se pronuncie sin ambages contra los "excesos" de la llamada legislación positiva, aun cuando no condene de modo rotundo la idea y la práctica antes aludida. Ello quizás se explica, porque el autor defiende los controles jurisdiccionales de la constitucionalidad en materia de derechos –incluso los sociales– lo cual lo lleva a concebir en algunos casos, a los jueces como "ayudantes" o "auxiliares" del Legislador, y aunque manifieste recelos por la legitimidad del activismo total de los jueces, sosteniendo que lo importante no es rechazar estas actividades legislativas por parte de los jueces constitucionales, sino en "determinar el alcance y los límites de sus decisiones y el grado de interferencia permitido en relación con las funciones legislativas"*[1394]*, vale advertir que ello no resulta sencillo, ya que debido a la existencia de cartas de derechos, principios y valores en la mayoría de las Constituciones, tales límites y alcances pueden resultar estériles, ya que como bien argumentó Kelsen, el gobierno judicial en esos términos puede devenir en una tiranía:*

> *Es precisamente en el dominio de la justicia constitucional en que estas fórmulas pueden jugar un papel extremadamente peligroso. Se podría interpretar que las disposiciones de la Constitución invitan al legislador a conformarse a la justicia, a la equidad, a la igualdad, a la libertad, a la moralidad, etc., como directivas relativas al contenido de las leyes. Evidentemente por*

---

con miras a hacerlos menos favorecidos, descuidando el hecho, de que en un orden espontáneo que nadie puede prever, habrá siempre una desigualdad, que per se, no es dañina.

1392 *Vid.,* Alexis De Tocqueville, *La Democracia en América,* Fondo de Cultura Económica, México, 2000, p. 106-107.

1393 *Vid.*, Montesquieu, *Del espíritu de las Leyes, op. cit.*, pp. 175 y 176.

1394 *Vid.*, Allan R. Brewer-Carías, *Derecho Procesal Constitucional. Instrumentos para la Justicia Constitucional, op. cit.*, pp. 453 y ss.

***error, puesto que solo sería así cuando la Constitución fijara una dirección precisa, es decir cuando la misma Constitución indicara un criterio objetivo cualquiera. Sin embargo, el límite entre estas disposiciones y las disposiciones tradicionales sobre el contenido de las leyes que se encuentran en las Declaraciones de Derechos individuales, se borrará fácilmente, y no es, por tanto, imposible que un Tribunal Constitucional, llamado a decidir sobre la constitucionalidad de una ley, la anule en razón de que es injusta, siendo la justicia un principio constitucional que él debe, en consecuencia, aplicar. Pero el poder del Tribunal sería tal que devendría insoportable. La concepción de la justicia de la mayoría de los jueces de este tribunal podría estar en oposición completa con la concepción de la mayoría de la población y, por tanto, con la de la mayoría del Parlamento que ha votado la ley. Es obvio que la Constitución no ha querido, al emplear una palabra tan imprecisa y equívoca como la de justicia, o cualquiera otra parecida, hacer depender la suerte de toda ley votada por el Parlamento de la buena voluntad de un colegiado de jueces compuesto de una manera más o menos arbitraria desde el punto de vista político, como lo sería el Tribunal Constitucional. Para evitar un semejante desplazamiento del poder –que la Constitución no quiere y que políticamente, es completa mente contraindicado– del Parlamento a una instancia que le es extraña y que puede convertirse en el representante de fuerzas políticas diametralmente distintas de las que se expresan en el Parlamento, la Constitución debe, sobre todo si ella crea un Tribunal Constitucional, abstenerse de ese género de fraseología y, si quiere establecer principios relativos al contenido de las leyes, deberá formularlos de una manera tan precisa como sea posible*[1395].**

***La objeción de Kelsen, respecto a las interpretaciones sobre los derechos y valores a la postre como meras preferencias arbitrarias por parte de los jueces, no es suscrita por el autor*[1396]*, ya que concibe que el control jurisdiccional de la constitucionalidad sobre los actos estatales, no plantea problemas ni en lo que se refiere a la forma de Estado, ni en lo que se refiere a los derechos, incluso los sociales. Su adscripción a Kelsen se encuentra vinculada a la explicación que da el vienés sobre la formación del derecho por grados, a saber, normas estructuradas en forma jerarquizada en el que cada norma deriva de otra, teniendo su vértice en una llamada Grundnorm que constituye la última razón que justifica la existencia de todas las normas del sistema, y a la adscripción de que el Tribunal, Corte o Sala Constitucional, debe controlar los actos estatales de ejecución directa e inmediata de la Constitución incluso sobre los derechos*[1397].**

***Tal rechazo de Kelsen al establecimiento de cartas de derechos y de valores en las Constituciones, cónsono con su relativismo axiológico –emotivismo ético y***

1395 *Vid.*, Hans Kelsen, "La Garantía Jurisdiccional de la Constitución (la justicia constitucional)" *op. cit.*, p. 35 y 36.

1396 *Vid.*, Mario Pesci-Feltri, "La jurisdicción normativa y los artículos 335 y 336 de la Constitución", en *Constitución y Proceso*, Editorial Jurídica Venezolana, Caracas, 2011, pp. 93 y ss.

1397 *Vid.*, Allan R. Brewer-Carías, *Principios Fundamentales Del Derecho Público,* Cuadernos de la Cátedra Allan R. Brewer-Carías de Derecho Administrativo Universidad Católica Andrés Bello. Editorial Jurídica Venezolana, Caracas, 2005, 169 pp.

***subjetivismo–, se debía bien a su paradigma de ciencia a la estirpe de los modelos físico-matemáticos[1398], y también a su preferencia política por una democracia parlamentaria, en tanto ésta presuponía en su criterio ciertas ventajas, a saber, la aceptación de profundos desacuerdos morales, políticos, ideológicos, axiológicos, en una sociedad y la virtud del diálogo democrático-parlamentario, en el que el compromiso entre partidos políticos permitiera la resolución de temas álgidos, evitando la imposición de la mayorías vía votación popular, y a su vez, minimizando los riesgos de la "judicialización" del debate político.***

***La postura de Kelsen manifiesta en muchas obras, pero en especial en Wesen und Wert der Demokratie[1399], aun cuando con profundas variantes teóricas y filosóficas, viene a anticipar cuestionamientos actuales en contra de la justicia constitucional (judicial review)[1400] como garante de los valores democráticos. La crítica, se dirigía –y se dirige, ya que hay toda una línea de investigación sobre este punto– al rechazo contundente a la confusión entre el rol judicial y legislativo, manifiesta en la actualidad, y en la condena a toda intromisión del Poder Judicial en las funciones propias del Parlamento, lo cual no sólo sería un atentado a la separación de poderes, sino a la democracia, ya que ello impide en los hechos, el necesario debate político en los cuerpos representativos sobre los alcances de los derechos, lo cual ha conllevado a la politización en extremo de los Tribunales, Cortes o Salas Constitucionales, los cuales en ejercicio de sus competencias para declarar "omisiones legislativas" y en el establecimiento de "interpretaciones constitucionales" han venido a enmascarar las mas nudas y arbitrarias preferencias personales de los jueces, imponiéndoselas al resto, sin contar con ninguna legitimidad democrática para ello. De allí que Kelsen, postulare la defensa de un mecanismo de representación proporcional, que garantizase que la legislación fuera el resultado de esa combinación política, rechazando toda posibilidad de "tiranía de la mayoría" en el Parlamento, –como anteriormente expresara De Tocqueville– y menos que menos de "legislación positiva" por parte de un Tribunal[1401].***

***La posición política de Kelsen, en cuanto a su rechazo al establecimiento de cartas de derechos y de valores en las Constituciones fue también cónsona con su visión jurídica en cuando al control jurisdiccional de la constitucionalidad, y con su concepto de Constitución, la cual en su criterio, no era más, que la de un documento no vinculante al legislador en cuanto a derechos y valores se refiere, pe-***

1398 *Vid.*, Hans Kelsen, *Teoría Pura del Derecho*, (Trad. Roberto J. Vernengo de la Segunda edición en Alemán) Editorial Porrúa-Universidad Nacional Autónoma de México, México, 2009, p. 9.

1399 *Vid.*, Hans Kelsen, *De la esencia y valor de la democracia*, (Ed. y traducción de Requejo Pagés, Juan Luis), KRK Ediciones, Oviedo, 2006, 240 pp.

1400 *Vid.*, Jeremy Waldron, "The Core of the Case against Judicial Review" en *The Yale Law Journal,* Vol. 115, Nº 6 (Apr., 2006), pp. 1346-1406 y *Law and Disagreement*, Oxford University Press, USA, 2001, 344 pp.

1401 No se olvide que Kelsen no condena la valoración judicial (pruebas, hechos y normas), sino que advierte que no hay pauta objetiva ni verdad posible en materia de juicios de valor. *Vid.*, Hans, Kelsen, *Teoría Pura del Derecho, op. cit.*, pp. 349 y ss.

***ro sí en cuanto a la parte orgánica y procedimental[1402], de allí que el vienés sostuviera un control jurisdiccional para garantizar el carácter de norma jurídica pero de modo distinto al inaugurado por el Chief Justice Marshall al otro lado del Atlántico en 1803 con la célebre sentencia Marbury vs. Madison, 5 U.S. 137 (1803), aun cuando con los rasgos de ser freno a las "tiranías de las mayorías".***

> ***Si se ve que la esencia de la democracia no es la omnipotencia de la mayoría, sino el compromiso constante entre los grupos representados en el Parlamento por la mayoría y la minoría, y por tanto, en la paz social, la justicia constitucional aparece como un medio particularmente idóneo para realizar esta idea. La simple amenaza de interposición del recurso ante el Tribunal Constitucional puede ser, en las manos de la minoría, un instrumento propicio para impedir que la mayoría viole inconstitucionalmente sus intereses jurídicamente protegidos y para oponerse, en última instancia, a la dictadura de la mayoría que no es menos riesgosa para la paz social, que la de la minoría. Desacuerdos constantes, sustanciales y de buena fe entre los miembros de dicha sociedad que están comprometidos con la idea de los derechos[1403].***

***En Brewer-Carías, a diferencia del vienés, hay una defensa sustantiva e instrumental de la Constitución, en el que el acento está colocado tanto en la defensa orgánica como en la defensa dogmática de la Constitución, por lo que el carácter normativo de la misma se encuentra asociado intrínsecamente al control jurisdiccional de la Constitución en consonancia con el falso dilema del Chief Justice Marshall, de que o hay controles jurisdiccionales sobre los actos de los poderes constituidos o no hay Constitución. Esta defensa del control jurisdiccional sobre los derechos, no debería eludir el necesario estudio sobre los peligros, deformaciones o "patologías" que ello genera, los cuales no obedecen única y exclusivamente al gobierno de los menos aptos y no competentes, pues aun contando con los mejores jueces constitucionales, especialistas en Derecho Constitucional, catedráticos con obra escrita, designados idóneamente, no deja de ser peligrosa tal instancia, si a nivel institucional hay una tergiversación o confusión conceptual como la que reina hoy en día en nuestros países, sometidos siempre al dilema antiliberal de socialismo reformista o socialismo revolucionario, ahora puesta de incógnita en las tesis y teorías constitucionales actuales denominadas muchas de ellas como ("neoconstitucionalismo").***

---

1402 Conforme a Kelsen, "Una Constitución a la que le falta la garantía de la anulabilidad de los actos inconstitucionales, no es plenamente obligatoria en su sentido técnico. Aunque en general, no se tenga conciencia de ello –porque una teoría jurídica dominada por la política no permite tomar conciencia– una Constitución en la que los actos inconstitucionales y en particular las leyes inconstitucionales se mantienen válidos –no pudiéndose anular su inconstitucionalidad– equivale más o menos, desde el punto de vista estrictamente jurídico, a un deseo sin fuerza obligatoria. Toda ley, todo reglamento, e incluso, todo acto jurídico general realizado por los particulares tiene una fuerza jurídica superior a la de esa Constitución –a la cual estos actos se encuentran, sin embargo, subordinados y de la que todos ellos deriva su validez– El Derecho positivo vela, no obstante, para que todo acto que esté en contradicción con una norma superior pueda ser anulado, salvo cuando esa norma superior es la propia Constitución". *Vid.*, "La Garantía Jurisdiccional de la Constitución (la justicia constitucional)" *op. cit.*, p. 41.

1403 *Ibíd.*, p. 43.

*La tergiversación en convertir a los jueces en ayudantes del "legislador", ha desembocado en un "gobierno judicial", que no es más que una nueva tiranía, con la característica de que no es menos peligrosa que las tradicionales y arbitrarias tiranías ejercidas por el Poder legislativo o el Poder Ejecutivo, aun cuando ciertamente vale advertir que es más sutil, pues permanece en la sombra y ante un inexistente escrutinio popular. Tal legislación positiva, propiciadora de un debilitamiento de la idea de separación de poderes, en tanto tergiversación de la función jurisdiccional por parte de los Tribunales, reviste de igual modo una importancia a la luz de la tensión entre democracia y justicia constitucional (judicial review), ya que aquella, como sistema dirigido a determinar quién debe ejercer el Poder, –léase el Pueblo–, sólo es posible en un "Estado de Derecho", (Rule of Law), que limite el ejercicio de la soberanía por parte del Pueblo, ya que la idea según la cual el soberano pueda hacer lo que le venga en gana, y así los peores crímenes puedan ser excusados si los aprueba "el soberano", no sólo es un principio pernicioso, sino es en el fondo antidemocrático "y revela un hondo desprecio por el pueblo, cuyos designios se dice seguir"*[1404].

*La adopción por tanto del engañoso dilema del Chief Justice Marshall, el de que sólo hay Constitución –como norma jurídica– si hay un sistema de protección jurisdiccional, aun cuando es discutible, sólo tiene sentido dentro de los cánones del "Estado de Derecho" (Rule of Law) como mayor expresión del liberalismo político. Ello implica, la proscripción de toda idea favorable a una colaboración por parte del Poder Judicial hacia el Poder Legislativo y al Poder Ejecutivo, y de todo activismo judicial, que tienda a relajar los controles al Poder para facilitar la injerencia del Estado en la vida de las personas, ya que ello, aunado a la inexistencia de convicciones sociales sobre la importancia del "Estado de Derecho" (Rule of Law) puede degenerar en un Poder Judicial "democrático", caracterizado por su sumisión a los dictados de las mayorías electorales y políticas para el mantenimiento de unos hombres en cargos –funcionarios y no jueces– en detrimento de la libertad y propiedad de los ciudadanos, desencadenando la lamentable situación descrita y condenada por el autor y que es importante referir:*

> *Y la verdad, es que lamentablemente, en muchos países, por el régimen político desarrollado o por la condición de los integrantes de los tribunales constitucionales, estos importantes instrumentos diseñados para garantizar la supremacía de la Constitución, para asegurar la protección y el respeto de los derechos fundamentales y asegurar el funcionamiento del sistema democrático, algunas veces se han convertido en uno de los más diabólicos instrumentos del autoritarismo, legitimando las acciones de las otras ramas del poder público contrarias a la Constitución, y en algunos casos, por propia iniciativa, en fieles servidores de quienes detentan el poder, configurándose lo que podría denominarse la "patología" de la justicia constitucional. Esta afección ocurre, precisamente, cuando los tribunales constitucionales asumen las funciones del legislador, o proceden a mutar la Constitución en forma ilegítima y fraudulenta, configurando un completo cuadro de "in" justicia constitucio-*

1404 *Vid.*, Manuel Caballero, *Polémicas y otras Formas de Escritura*, Biblioteca Manuel Caballero Nº 14, Editorial Alfa, Caracas, 2008, p. 173.

***nal. En una situación como esa, sin duda, todas las ventajas de la justicia constitucional como garantía de la supremacía de la Constitución se desvanecen, y la justicia constitucional pasa a convertirse en el instrumento político más letal para la violación impune de la Constitución, la destrucción del Estado de derecho y el desmantelamiento de la democracia***[1405].

***Esta situación institucional anormal obedece no sólo a excesos propios de personas malsanas y sin preparación en los grandes temas constitucionales –que las hay– sino al olvido de fundamentales principios que el lector volverá a recordar a lo largo de esta obra, para con ello evitar el incremento de las "patologías" de la justicia constitucional (judicial review), y en especial, la llamada legislación positiva, pues es precisamente ésta, una de las tantas perniciosas ideas que pululan actualmente, y que ha conllevado al aniquilamiento del "Estado de Derecho", (Rule of Law) ya que esta nueva "justicia constitucional" ("judicial review"), no tiene como cometido central el controlar el poder, sino el de servir de instrumento político al servicio de los mas funestos intereses, dirigida por políticos vestidos con togas.***

***Tal circunstancia o reducción de las expectativas que siempre se le atribuyen a la justicia constitucional (judicial review), implica de modo indirecto, un esfuerzo por lograr la tan ansiada compatibilidad entre democracia y "Estado de Derecho" (Rule of Law), partiendo del hecho, de que la legitimidad referida al control judicial tradicionalmente se encuentra asociada a la defensa del "Estado de Derecho" (Rule of Law) en el sentido de servir de freno a las actuaciones de los órganos que ejercen el Poder Público, contrarios a la Constitución, por lo que ésta legitimidad estaría más allá de la legitimidad democrática, y puede ser incluso tan o más importante que la otra, sólo si se asume un Estado de Derecho compatible con una democracia limitada, la cual sólo es posible dentro del orden liberal, pues en dicha situación, la justicia constitucional (judicial review), podría servir de freno impidiendo que las mayorías electorales o políticas socaven la supremacía constitucional.***

***Ello implica que los Tribunales Constitucionales, Salas o Cortes Constitucionales si bien tienen establecida constitucionalmente competencias para establecer interpretaciones definitivas en lo que se refiere a controversias constitucionales y el establecimiento de interpretaciones sobre valores, principios y alcance sobre derechos, sus decisiones no se deben entender como "infalibles"***[1406]***, de allí la importancia que reviste este libro, pues si bien reviste complejidad para un no versado en asuntos constitucionales, no impide que un público lector mucho más amplio, pueda abrevar en él, para que así las convicciones subyacentes en la sociedad sobre el ideal político del "Estado de Derecho" (Rule of Law), a saber, el control del poder con el sentido de favorecer la libertad individual, se robustezca y le permita al pueblo en su totalidad, escrutar las actuaciones de sus Tribunales, pues como ha explicado el eminente jurista y tristemente fallecido jurista Eduardo García de Enterría:***

---

1405 *Vid.*, Allan R., Brewer-Carías, *Derecho Procesal Constitucional. Instrumentos para la Justicia Constitucional, op. cit.*, p. 41.

1406 *Vid.*, Hart H.L.A, *El Concepto de Derecho, op. cit.*, p. 176-183.

> ***En efecto, si en su función interpretativa de la Constitución el pueblo, como titular del poder constituyente, entendiese que el Tribunal había llegado a una conclusión inaceptable (o porque se tratase de una consecuencia implícita en la Constitución de que el constituyente no hubiese tenido consciencia clara y que al serle explicitada no admite, o bien –hipótesis no rechazable como real– porque entendiese que la decisión del Tribunal excede del marco constitucional), podrá poner en movimiento el poder de revisión constitucional y definir la nueva norma en el sentido que el constitucionalismo decida, según su libertad incondicional***[1407]

***Ahora bien, dado que la mayoría de la población en Venezuela, y algunos países, conciben erróneamente los problemas constitucionales como asuntos que de modo exclusivo le incumben a los abogados, luce pertinente destacar, que siendo la justicia constitucional (judicial review) un dato básico para poder hablar de Constitución normativa, ésta debe ser del interés de todos los ciudadanos, por lo que el compromiso con estos temas debe profundizarse y extenderse a toda la sociedad civil, independientemente de que la mayoría de los ciudadanos, no sean estudiantes de una Escuela de Derecho, Magistrados, Jueces o Catedráticos.***

***La situación antes descrita, de descrédito creciente hacia el "Estado de Derecho", (Rule of Law) ha conllevado a un problema grave como es el que la justicia constitucional (judicial review), ha sido aniquilada por la clausula del "Estado Social", la cual ha conseguido, que el viejo ideal político liberal de jueces que sirvieran de contrapeso a las temidas "tiranía de la mayoría" (democracia), ha sido transformado, por la atribución de un poder que de modo subrepticio, garantiza la conducción política de un país, monopolizando la Constitución, manipulándola, mutándola y sustrayéndola del debate político, lo cual es una evidencia de una nueva tiranía que debe ser objeto de severa atención, bien iniciada por los jueces motu proprio, o bien, siendo meros comisarios políticos de un régimen que haya acabado con la independencia judicial.***

***La perspectiva liberal forjadora de la idea-concepto de Constitución formulada y concretizada históricamente en la Glorious Revolution, la Revolución de 1776 y formulada y no concretizada en la Revolución de 1789, implica la toma de consciencia, de que la justicia constitucional (judicial review), no debe tener otra función que la de servir de guardián de la República***[1408] ***y no la de servir de vehículo de la democracia –de allí la afirmación de institución contra-mayoritaria– pues la República –coetus multitudinis iuris consem et utilitatis comunione sociatus– implica aquello que es res populi o la res totius populi, la cual no puede ser subvertida por las mayorías, por lo que la justicia constitucional (judicial review), evitaría que la República en el debate político democrático, termine siendo alguna de sus partes, aunque ésta se revista de ser mayoría.***

---

1407 *Vid.*, Eduardo García de Enterría, *La Constitución como Norma y el Tribunal Constitucional, op. cit.*, p. 201.

1408 Con la venia de estilo *Vid.*, Jesús María Alvarado Andrade, "Reflexiones sobre la justicia constitucional como función republicana. ¿Es la justicia constitucional en Venezuela un instrumento para la democracia? en *Estudios de Derecho Constitucional y Administrativo: libro homenaje a Josefina Calcaño de Temeltas*, Fundación Estudios de Derecho Administrativo (FUNEDA), Caracas, 2010, pp. 363-396.

*Tal circunstancia implica, que la justicia constitucional (judicial review), no debe tener por norte la claudicación del juicio que deben tener los jueces, en aras de una inconstitucional e inadmisible contaminación de los tribunales en discusiones políticas que deberían en una sociedad democrática estar reservadas a los cuerpos representativos, pues la función de los jueces constitucionales, no es la de controlar preventiva ni represivamente aquellos asuntos por los cuales se debe "votar", sino por impedir que los "votos" decidan aquellos aspectos sobre los cuales no se debe "votar"*[1409].

## *IV. EL DERECHO COMPARADO Y EL DERECHO PROCESAL CONSTITUCIONAL*

*El presente libro no es un estudio local acerca de la justicia constitucional (judicial review) venezolana, enfocado en las siempre y cada vez más constantes "invenciones" tropicales nuestras. Es en rigor, un gran Tratado, que va mas allá de lo doméstico, siguiendo una constante en toda la obra académica del autor, cual es, el de elevar la mirada jurídica a todos los sistemas u ordenamientos jurídicos del mundo, con una maestría sin parangón. La riqueza del libro, se halla en la densidad con la que trata los fundamentos de la justicia constitucional (judicial review), y el examen de los distintos sistemas de control jurisdiccional de la constitucionalidad contemporáneos en América Latina, en las que ratifica una vez más su indiscutible magisterio en cuanto a dominio del Derecho Comparado se refiere, tal y como sostuviera el profesor Roland Drago, cuando afirmare hace poco, que "el Profesor Brewer-Carías es considerado desde hace bastante tiempo como uno de los comparatistas más distinguidos de su época"*[1410].

*Analizando las "Constituciones", legislaciones, doctrina y jurisprudencia de cada uno de los países estudiados, el autor nos deleita con un viaje a un mundo desconocido, del cual se puede aprender y advertir riesgos, y en el que no hay condenas a los distintos modelos o sistemas de control judicial adoptados por los países latinoamericanos desde una instancia elevada, sino una descripción y crítica muy rigurosa y global, que permite apreciar la riqueza de cada uno de dichos sistemas, los cuales han sido estudiados por importantes juristas de la región, pese a que la opción personal del autor, si se le inquiriera sobre tal punto, es la de un sistema como el colombo-venezolano en el que coexistan los métodos de control concentrado y difuso.*

*La riqueza de modelos o sistemas de justicia constitucional (judicial review), estudiados en este libro, representan sin duda alguna, un viaje placentero a las Repúblicas de Argentina, Bolivia, Brasil, Chile, Colombia, Costa Rica, Cuba, Ecuador, El Salvador, Guatemala, Honduras, México, Nicaragua, Panamá, Paraguay, Perú, República Dominicana República Dominicana, Uruguay y Venezuela entre otros, en el que el lector podrá apreciar las originalidades, ventajas y*

---

1409 *Vid.*, Gustavo Zagrebelsky, "Jueces constitucionales" en *Revista Iberoamericana de Derecho Procesal Constitucional,* N° 6, Editorial Porrúa-Instituto Iberoamericano de Derecho Procesal Constitucional, 2006, pp. 311-324.

1410 *Vid.*, Roland Drago, "Préface" al libro, *Études de Droit Public Comparé*, Académie International de Droit Comparé-Bruylant, Bruxelles, 2001, p. 7.

***desventajas de tales sistemas*[1411] *sin juicios condenatorios bajo la égida de un modelo adoptado por el autor como perfecto, lo cual evidencia una vez más, las sólidas razones por las cuales se ubica al autor en la prestigiosa lista de los más selectos juristas constitucionalistas y comparatistas del mundo a saber, –a título enunciativo no taxativo–: Piero Calamandrei, Mauro Cappelletti, J. C. Adams, Eduardo García de Enterría, Francisco Rubio Llorente, Jesús González Pérez, Louis Favoreu, Héctor Fix-Zamudio, Francisco Fernández Segado, Manuel Aragón Reyes, Alessandro Pizzorusso, Lucio Pegoraro, Gustavo Zagrebelsky, Alfonso Celotto, Antonio Ruggeri, Antonino Spadaro, Giancarlo Rolla, Néstor Pedro Sagüés, Domingo García Belaunde, Eduardo Ferrer Mac-Gregor, Víctor Ferreres Comella y Osvaldo Alfredo Gozaini, entre otros, debido a su densidad en el tratamiento del Derecho Público en general, y del ahora llamado Derecho Procesal Constitucional.***

***Si bien la obra resulta de interés para juristas no provincianos y domésticos en tanto estudio erudito de Derecho Comparado, vale advertir que contiene una novedad adicional, y es que en Derecho Comparado, se le ha criticado al autor su preferencia por nociones tales como las de justicia constitucional y jurisdicción constitucional, la primera entendida como noción material que corresponde a todos los jueces de la República en el ejercicio del control difuso de la constitucionalidad (art. 334); y la segunda como noción orgánica, ligada al órgano –fuera o no del Poder Judicial– que tiene por objeto conocer de las acciones de nulidad por inconstitucionalidad contra las leyes y demás actos de rango legal o de ejecución directa e inmediata de la Constitución, que en el caso de Venezuela, estaría encomendada a la Sala Constitucional del Tribunal Supremo de Justicia, debido a que en Latinoamérica, se ha venido empleando la noción Derecho Procesal Constitucional, la cual en Venezuela "no es de uso generalizado" aun cuando "tampoco ha estado ajeno a él"*[1412]*.***

***Por tanto, el título del presente libro Derecho Procesal Constitucional. Instrumentos para la Justicia Constitucional, si bien puede ser visto como la asimilación de una "terminología impuesta"*[1413]*, no implica la renuncia por parte del autor, al empleo de los conceptos de justicia constitucional y jurisdicción constitucional*[1414] *como desearía un sector de la doctrina comparada*[1415]*. La razón quizás se deba, a que Brewer-Carías, no le ha interesado en demasía hacer esfuerzos intelectuales***

---

1411 *Vid.*, Antonio Canova, *El Modelo Iberoamericano de Justicia Constitucional: características y originalidad*, Editorial Paredes Libros, Caracas, 2012, 480 pp.

1412 *Vid.*, Domingo García Belaunde, "El Derecho Procesal Constitucional en Venezuela", en *El Derecho Procesal Constitucional en Perspectiva*, en Biblioteca Porrúa de Derecho Procesal Constitucional, N° 24, Editorial Porrúa-Instituto Iberoamericano de Derecho Procesal Constitucional, México 2008, pp. 187 y ss.

1413 *Vid.*, Allan R. Brewer-Carías, "Aspectos de la acción de inconstitucionalidad en Perú y Venezuela" en José F. Palomino Manchego (Coordinador), *El derecho procesal constitucional peruano. Estudios en Homenaje a Domingo García Belaúnde*, T. II. Editorial Jurídica Grijley, Lima, 2005, p. 761.

1414 *Vid.*, Francisco Fernández Segado, "La obsolescencia de la bipolaridad "modelo Americano-modelo europeo-kelseniano" como criterio analítico del control de constitucionalidad y la búsqueda de una nueva tipología explicativa," en *La Justicia Constitucional: Una visión de derecho comparado*, T. I, Ed. Dykinson, Madrid 2009, pp. 129-220.

1415 *Vid.*, el subtítulo de la obra.

*para fomentar las bases de una nueva disciplina, sino que por el contrario, ha estado convencido de que el Derecho Procesal Constitucional, no reviste una particularidad distinta a la de los estudios clásicos referidas a la justicia constitucional o jurisdicción constitucional, en el que hay una confluencia del Derecho Constitucional y del Derecho Procesal, con la particularidad de que engloba a la llamada jurisdicción contencioso-administrativa, en tanto ésta tiene por objeto, conocer de las acciones de nulidad por inconstitucionalidad o ilegalidad contra los actos administrativos y, actos de rango sub legal, por lo que la diferencia de lo contencioso-administrativa con lo contencioso-constitucional en el autor, estaría en la competencia por el objeto y no en los motivos de control, a saber, la inconstitucionalidad o la ilegalidad.*

## *V. PALABRAS FINALES*

*El presente prólogo, tal y como se advirtió al inicio, prescindió de la importante hoja biográfica del autor, a saber, Profesor Emérito de la Universidad Central de Venezuela, Ex Director del Instituto de Derecho Público de la Universidad Central de Venezuela, Miembro de Número de la Academia de Ciencias Políticas y Sociales, (Sillón 10); Vice Presidente de la International Academy of Comparative Law, Catedrático en las prestigiosas universidades de Cambridge; Panthéon-Assas (Paris 2); del Rosario, Externado de Colombia y Columbia, además de autor de una vasta obra académica, conformada por más de ciento cincuenta (150) libros y más de setecientos cincuenta (750) artículos científicos, para enfocarse en la valoración de los aspectos más significativos de la obra, contextualizando la misma, en la rica, amplia y prolífica obra académica de nuestro más prestigioso jurista.*

*Como discípulo que admira al autor desde sus años de estudiante en la bella Universidad Central de Venezuela, a la cual le dedicó y aportó tanto, solo me resta advertir, que jamás hubiese pensado tener este alto honor, y es por ello que le agradezco tal desmerecida petición, en espera de que estas líneas honren su magisterio.*

*Así pues, en mi condición de Catedrático e investigador universitario, y de miembro del Centro de Estudios de Derecho Procesal Constitucional (CEDEPCO) adscrito a la Universidad Monteávila, le agradezco por este nuevo aporte intelectual, invalorable a la comprensión del Derecho Procesal Constitucional, con el que se inicia esta nueva Colección por la Editorial Jurídica Venezolana, que espero pueda ser de utilidad para la comunidad jurídica nacional e internacional, no sin antes referir, a modo de colofón, que una vez estudiada esta obra, me pareció necio preguntarme ¿de dónde saca tanto tiempo para escribir, investigar y estudiar tanto el profesor Brewer-Carías?, pues como él ha advertido, el tiempo "está cumplido y el tiempo es invariable", pero sí considero importante aprovechar la oportunidad, para pedirle al maestro, a que se profundice esa llamada "deformación intelectual"*[1416]*, supuestamente derivada de las dificultades de lenguaje y escritura que tuvo en sus estudios primarios y de bachillerato, para que todos los venezolanos y los estudiosos del Derecho a nivel nacional e internacional, poda-*

---

1416 *Vid.*, Allan R. Brewer-Carías, *Reflexiones sobre la Organización Territorial del Estado en Venezuela y en la América Colonial*, Editorial Jurídica Venezolana. Caracas, 1997, pp. 5-18.

***mos seguirle leyendo, aprendiendo, y conversando con él a través de sus obras, ignorando a los siempre y más abultados mediocres en Venezuela –especialmente– que ven en cada obra publicada suya la comisión de un "delito", que resulta imperdonable, y que ahora se enorgullecen en no estar señalados por un régimen extendido en el tiempo con pretensiones cada día más totalitarias y colectivistas, debido a su intolerancia para con un jurista genial, admirable, crítico, preparado y vertical***[1417]**.**

**Jesús María Alvarado Andrade**

## *SECCIÓN PRIMERA:*

## *UNA APROXIMACIÓN COMPARATIVA SOBRE LA JUSTICIA CONSTITUCIONAL EN AMÉRICA LATINA (1997/2013)*

**El estudio que conforma esta sección, con referencias al sistema de justicia constitucional en el derecho comparado latinoamericano, está basado en lo que expusimos en el libro: *Judicial Review in Comparative Law*, Cambridge University Press, 1989. Diversos estudios basados en ese libro se publicaron así: "La Jurisdicción Constitucional en América Latina," en Domingo García Belaúnde y Francisco Fernández Segado, *La Jurisdicción Constitucional en Iberoamérica*, Madrid 1997, pp. 117-161. El trabajo fue publicado también con el título: "Una aproximación comparativa sobre la justicia constitucional en América Latina," en el libro: *Derecho Procesal Constitucional. Instrumentos para la Justicia Constitucional*, Ediciones Doctrina y Ley Ltda., Bogotá 2013, pp. 91-131.**

La justicia constitucional tiene por objeto, ante todo, asegurar la supremacía normativa de la Constitución por sobre todo acto estatal, es decir, sobre todo acto dictado en ejercicio del Poder Público, incluyendo, por supuesto, las leyes y demás actos del Parlamento. Como consecuencia, los tribunales llamados a ejercer tal control de constitucionalidad pueden anular todos los actos estatales que sean inconstitucionales o declararlos y considerarlos nulos por inconstitucionales e inaplicarlos en los casos concretos que decidan.

En este contexto, el control de constitucionalidad también tiene por objeto particular asegurar la vigencia de la parte dogmática de la Constitución, es decir, de los derechos declarados en el texto fundamental, así como de todos los que sin estar enumerados en forma expresa, sean inherentes a la persona humana. A estos efectos es que se han establecido, además, acciones específicas de protección como las de amparo, *hábeas corpus* y *hábeas data*[1418]. Además, el control judicial de la constitucionalidad también tiene por objeto asegurar la efectiva vigencia de la parte orgánica de la Constitución, la cual en el mundo moderno y en el Estado democrático, siempre se ha construido sobre la base de los principios tanto de la separación orgánica

---

1417 Aprovecho, para darle mis felicitaciones al profesor Brewer-Carías, y mi agradecimiento por haber encendido mi interés en el Derecho Público y el permitirme aprender tanto de él, lo que espero sea así por mucho tiempo. Pues como el siempre señala: ¡ahora es cuándo!.

1418 Allan R. Brewer-Carías, *Constitutional Protection of Human Rights in Latin America. A Comparative Study of the Amparo Proceedings*. Cambridge University Press. New York, 2009, 432 pp.

de poderes, como de la distribución territorial del Poder Público. Es decir, en definitiva, el control de constitucionalidad busca asegurar la vigencia de las normas constitucionales tanto atributivas de poder como limitativas del mismo.

En tal sentido, a los efectos de velar por el respeto del principio de la separación de poderes, el Poder Judicial es el llamado a resolver los conflictos entre los Poderes Legislativo y Ejecutivo y, además, respecto de los otros órganos constitucionales con autonomía funcional, de manera que todos actúen conforme a los poderes atribuidos en la Constitución, sancionando toda usurpación, por inconstitucionalidad.

Además, corresponde a los órganos judiciales encargados del control de la constitucionalidad, mantener el principio de la distribución territorial del poder que establece la Constitución conforme al esquema de descentralización política que disponga, haciendo respetar la autonomía de las entidades regionales y municipales que están constitucionalmente establecidas.

Por último, también forma parte del objeto del control judicial de la constitucionalidad, velar por el mantenimiento del régimen político democrático, de manera de asegurar que no se rompa; sancionando cualquier actuación que sea contraria a los valores de la democracia que establece la Constitución. Por ello, incluso, en algunos países, los Tribunales Constitucionales tienen competencias para proscribir la actuación de partidos políticos cuyo objeto sea destruir la democracia misma.

Ahora bien, a los efectos de asegurarle al Poder Judicial la posibilidad de asumir el rol esencial que debe tener en el Estado Constitucional de derecho, de interpretación de la Constitución y de ejercer el control de la constitucionalidad de los actos estatales; en el mundo contemporáneo se han venido estableciendo una variedad de sistemas de justicia constitucional de acuerdo a las peculiaridades de cada país y de cada sistema constitucional. Estos sistemas de justicia constitucional, en definitiva se pueden agrupar en relación con él o los órganos judiciales llamados a ejercer tal control de la constitucionalidad.

En efecto, en todos los sistemas de justicia constitucional, la potestad de ejercer el control de la constitucionalidad siempre se atribuye, o a todos los jueces que integran el Poder Judicial, o a un solo órgano del mismo. De allí la clásica distinción de los sistemas de justicia constitucional según el método de control que se ejerce: en primer lugar, el método difuso de control, cuando el poder para apreciar la constitucionalidad o inconstitucionalidad de las leyes y, en su caso, declarar su inconstitucionalidad, se atribuye a todos los jueces de un país, cualquiera que sea su jerarquía; y en segundo lugar, el método concentrado de control, conforme al cual el poder anulatorio de las leyes y demás actos estatales contrarios a la Constitución se atribuye a un solo órgano judicial, sea a la Corte Suprema de Justicia del país o a un Tribunal Constitucional especialmente creado para ello.

Ambos sistemas de justicia constitucional, sin duda, responden a principios diferentes, pero pueden coexistir en paralelo, como sucede en buena parte de los regímenes constitucionales de los países latinoamericanos.

En el mundo contemporáneo, por tanto, ya no es posible sostener que el sistema de justicia constitucional que se establezca en un país, tiene que optar entre uno u otro método de control, el concentrado o el difuso, y menos señalar que alguno de ellos pueda ser *incompatible* con los sistemas jurídicos del *common law* o del derecho civil. La realidad muestra, efectivamente, que en una forma u otra, ambos métodos de control de la constitucionalidad coexisten en muchos países, particularmente en América Latina, donde se ha venido configurando un sistema mixto o integral de control de constitucionalidad.

El método difuso de control de constitucionalidad, como poder atribuido a todos los jueces de un país para poder decidir sobre la inconstitucionalidad de una ley que deba aplicarse en un caso concreto, desaplicándola y aplicando preferentemente la Constitución, responde al principio de la garantía objetiva de la supremacía de la Constitución. Conforme a este principio, todo acto contrario a la Constitución debe considerarse nulo; y todos los jueces tienen el poder-deber de apreciar dicha nulidad. Ello es la consecuencia lógica cuando se habla de la Constitución como ley suprema.

Este método de control tiene su origen en los Estados Unidos de Norteamérica, precisamente a raíz de la sentencia dictada en el caso *Marbury vs. Madison* de 1803, en la cual la Corte Suprema de ese país aplicó la Constitución como ley suprema, desaplicando la ley correspondiente al decidir un caso concreto, la cual se consideraba que contrariaba la Constitución, siendo por tanto considerada nula. El método difuso de control fue luego adoptado, también en forma pretoriana, en México (1857), Argentina (1860) y Brasil (1890) y luego, incluso incorporado al texto expreso de muchas leyes y Constituciones. Así sucedió por ejemplo, en el Código de Procedimiento Civil venezolano (1897) y luego entre otras, en las Constituciones de Colombia (1910), Bolivia (1994), Perú (1993), Venezuela (1999).

El método difuso de control de la constitucionalidad, en todo caso, se caracteriza por ser de carácter incidental, en el sentido de que se ejerce al decidirse un caso concreto, como poder que puede ejercer cualquier juez, incluso de oficio. En estos casos, en consecuencia, la decisión adoptada sólo tiene efectos *inter partes* y meramente declarativos. El juez, en estos casos, nunca anula la ley, sólo la considera nula, por lo que la decisión tiene efectos *ex tunc, pro praeterito*.

En relación con este método difuso de control de constitucionalidad, se ha planteado el problema de la eventual falta de uniformidad o la disparidad de decisiones que podrían adoptar los jueces de distinta jerarquía, sobre un tema de inconstitucionalidad de una ley. La solución a este problema, en todo caso, se ha establecido mediante correctivos que los propios sistemas constitucionales han ido adoptando, como la atribución del carácter vinculante a la decisión que adopte la Corte Suprema de Justicia en la materia, como sucede en los Estados Unidos de América, y como se ha establecido en Argentina, Colombia o Venezuela, al conocer de un recurso extraordinario de revisión. En efecto, este correctivo deriva de los mecanismos de consulta o revisión extraordinaria de las sentencias que se dicten conforme al método difuso, lo que permite al Tribunal Supremo uniformizar la jurisprudencia y resolver con carácter obligatorio y vinculante sobre el tema. Otro correctivo al problema se logra con el establecimiento, en paralelo al método difuso, del método concentrado de control de constitucionalidad de las leyes.

Por otra parte, en cuanto al método concentrado de control de constitucionalidad, puede decirse que el mismo tiene su origen en América Latina y fue luego desarrollado, durante el siglo XX, en Europa. Se caracteriza por la atribución a un solo órgano judicial (que puede ser el Tribunal o Corte Suprema con o sin Sala Constitucional, o un Tribunal Constitucional especial), del poder de conocer de la impugnación de leyes por inconstitucionalidad, y de anularlas en caso de que sean contrarias a la Constitución, con efectos *erga omnes*.

En América Latina, este poder se atribuyó inicialmente a las Cortes Supremas de Justicia, y luego de que en Europa, a partir de la década de los veinte del siglo pasado y conforme a las propuestas de Hans Kelsen, se comenzaran a crear Tribunales Constitucionales especiales para ejercer el control concentrado, esta figura institucional se introdujo en América Latina, particularmente en Guatemala, Chile, Colombia, Bolivia, Ecuador y Perú.

En otros casos, para ejercer el método concentrado de control de constitucionalidad, se han creado Salas Constitucionales especializadas en las Cortes Supremas de Justicia, como es el caso de Costa Rica, El Salvador, Honduras y Venezuela; y en otros casos, es la Corte Suprema de Justicia la que ejerce el control, como es el caso de Panamá, Nicaragua, México, Uruguay y Paraguay.

El método concentrado de control de constitucionalidad de las leyes, por tanto, se caracteriza por la atribución a un solo órgano judicial del poder anulatorio de las mismas, más que por el hecho de que para tal efecto se cree o exista un Tribunal Constitucional. Lo importante es la concentración de control en un órgano judicial, más que la forma o naturaleza que puede tener el mismo.

Este método concentrado de control de la constitucionalidad, a diferencia del método difuso, se ejerce en un proceso en el cual su objeto principal es, precisamente, la decisión sobre la inconstitucionalidad de una ley, la cual puede consistir en una decisión anulatoria de la misma, con efectos generales, *erga omnes*, y *ex nunc*, es decir *pro futuro* teniendo la decisión en consecuencia, carácter constitutivo.

El método concentrado de control, por otra parte, puede ser previo o posterior, según que se pueda ejercer contra leyes antes de que entren en vigor o sólo una vez que están vigentes. En algunos casos, como en relación con los Tratados, algunas Constituciones permiten la revisión constitucional por el juez constitucional, de la ley aprobatoria antes de que sea publicada, como sucede en Colombia y en Venezuela.

El método concentrado de control, además, puede ser principal o incidental, según que la cuestión de la inconstitucionalidad de la ley llegue al juez constitucional por vía de una acción de inconstitucionalidad, la cual incluso en algunos casos, como sucede en Colombia, Panamá y Venezuela, puede ser una acción popular; o que llegue por vía incidental, por una incidencia planteada en un juicio concreto, como excepción de inconstitucionalidad. La cuestión de inconstitucionalidad, en estos casos, incluso puede ser planteada de oficio por el juez, como sucede en Venezuela.

## I. EL MÉTODO DIFUSO DE CONTROL CONSTITUCIONALIDAD EN AMÉRICA LATINA

### 1. *Antecedentes y fundamento constitucional*

El control de la constitucionalidad de las leyes, cuando se atribuye a todos los jueces cualquiera que sea su rango y jerarquía, como se dijo, da lugar a lo que se ha denominado el control difuso de la constitucionalidad de las leyes, el cual tiene su origen en los principios del constitucionalismo *norteamericano* y que se extendió, en especial durante el Siglo pasado, a casi todos los países *latinoamericanos*.

De acuerdo con el método difuso, la facultad de declarar la inconstitucionalidad de las leyes se atribuye a todos los jueces de un país determinado, pues si la Constitución es la ley suprema del país y si se reconoce el principio de su supremacía, la Constitución se impone a cualquier otra ley que le sea incoherente. En consecuencia, las leyes que violan la Constitución o que, de una u otra manera, sean contrarias a sus normas, principios o valores, son nulas y no pueden ser aplicadas por los jueces, quienes deben darle prioridad a la Constitución. Como lo afirmó el juez Marshall, en el caso *Marbury vs. Madison* en 1803, todos los jueces y todos los tribunales deben decidir sobre los casos concretos que les son sometidos "de conformidad con la Constitución, desistiendo de la ley inconstitucional" lo que constituye "la verdadera esencia del deber judicial". Sin embargo, en este sistema de control de la constitucionalidad, este papel le corresponde a todos los tribunales y no a uno en particular, y no debe considerarse sólo como un poder, sino como un deber que les está impuesto para decidir sobre la conformidad de las leyes con la Constitución, inaplicándolas cuando sean contrarias a sus normas.

La esencia del método difuso de control de constitucionalidad, por supuesto, como se dijo, radica en la noción de supremacía constitucional y en su efectiva garantía, en el sentido de que si hay actos que coliden con la Constitución, ellos son nulos y como tales tienen que ser considerados por los Tribunales, los cuales son, precisamente, los llamados a aplicar las leyes.

En consecuencia, el primer aspecto que muestra la racionalidad del método difuso de control de constitucionalidad, como garantía objetiva de la Constitución, es el principio de la nulidad de los actos estatales y, particularmente de las leyes que colidan con la Constitución, lo que significa que un acto estatal nulo no puede producir efectos, y no necesitaría de ningún otro acto estatal posterior para quitarle su calidad usurpada de acto estatal. Al contrario, si otro acto estatal fuera necesario para ello, entonces la garantía no sería la nulidad del acto, sino su anulabilidad.

En conclusión, en el método difuso de control de la constitucionalidad, el deber de todos los jueces es el de examinar la constitucionalidad de las leyes que deban aplicar en el caso concreto, y declarar, cuando ello sea necesario, que una ley particular no debe ser aplicada a la decisión de un proceso específico que el juez esté conociendo, en razón de que es inconstitucional, la cual, por tanto, debe considerarse nula y sin valor, para la resolución del caso.

Lo anterior conduce al aspecto central de la racionalidad del método difuso de control de la constitucionalidad, el cual es que el poder para declarar la inconstitucionalidad de la legislación es atribuido a todos los jueces de un país determinado, y no sólo una Corte o Tribunal en particular. Pero en su origen, la particularidad del sistema norteamericano estuvo en que dicho poder de todos los tribunales no estaba expresamente previsto en la Constitución, aún cuando se derivaba del conjunto del sistema constitucional. En el mismo sentido se desarrolló el sistema en Argentina, como creación pretoriana de la Suprema Corte de la Nación.

Sin embargo, en contraste con el sistema norteamericano y argentino, en los demás países *latinoamericanos* el poder de control difuso de la constitucionalidad de las leyes por parte de todos los jueces se ha establecido expresamente de forma general, como una norma de derecho positivo.

Así, por ejemplo, desde 1910, la Constitución colombiana prevé que:

> La Constitución es la norma de normas. En caso de incompatibilidad entre la Constitución y la ley o cualquier otra norma jurídica, se aplicarán las disposiciones constitucionales. (art. 4 C. 1991).

En el mismo sentido, el Código de Procedimiento Civil venezolano desde 1897, establece que:

> Cuando la ley vigente cuya aplicación se requiera está en contradicción con cualquiera de las disposiciones constitucionales, los jueces aplicarán preferiblemente esta última (art. 20).

También en *Guatemala*, desde 1965, la Constitución estableció expresamente el principio que conserva el artículo 204 de la Constitución de 1985, que establece:

> *Art. 204.* Condiciones esenciales de la administración de justicia. Los tribunales de justicia en toda resolución o sentencia observarán obligadamente el principio de que la Constitución de la República prevalece sobre cualquier ley o tratado.

En sentido similar, la Constitución Política de *Bolivia* de 1994, establece que:

> *Art. 228.* La Constitución Política del Estado es la ley suprema del ordenamiento jurídico nacional. Los tribunales, jueces y autoridades la aplicarán con preferencia a las leyes, y éstas con preferencia a cualesquiera otras resoluciones."

También la Constitución de *Honduras* dispone que:

> *Art. 320.* En casos de incompatibilidad entre una norma constitucional y una legal ordinaria, el juez aplicará la primera.

Por último, la Constitución Política del *Perú* de 1993, dispone:

> *Art. 138.* La potestad de administrar justicia emana del pueblo y se ejerce por el Poder Judicial a través de sus órganos jerárquicos con arreglo a la Constitución y a las leyes.
>
> En todo proceso, de existir incompatibilidad entre una norma constitucional y una norma legal, los jueces prefieren la primera. Igualmente, prefieren la norma legal sobre toda otra norma de rango inferior.

En cuanto a *Ecuador*, la Constitución de 1998 atribuyó a la Corte Suprema de Justicia y a los tribunales de última instancia competencias "para declarar inaplicable un precepto legal contrario a las normas de la Constitución", no teniendo dicha declaración "fuerza obligatoria sino en las causas en que se pronunciare" (art. 141).

### 2. *La expansión del método difuso de justicia constitucional hacia América Latina*

Hacia la mitad del Siglo XIX, el sistema norteamericano de control de la constitucionalidad de las leyes puede decirse que influenció la mayor parte de los sistemas latinoamericanos, los cuales terminaron adoptándolo de una u otra forma (Argentina 1860; México 1857; Venezuela 1858; Brasil 1890; República Dominicana 1844; Colombia 1850), orientándose incluso algunos hacia un sistema mixto o integral, sea agregándole al método difuso el método concentrado del control de la constitucionalidad como en Brasil, México y Honduras, o adoptando el sistema mixto o integral desde el principio, como fue el caso de Venezuela, Colombia, Guatemala y Perú. En cambio, el sistema argentino sigue siendo el más parecido al modelo norteamericano.

En efecto, en lo que respecta a Argentina, la Constitución de la República de 1860 establecía, con una terminología muy parecida a la de la Constitución norteamericana, los principios de la supremacía constitucional y el papel que correspondía del Poder Judicial, pero no incluyó norma expresa alguna que confiriera poderes de control de la constitucionalidad de las leyes a la Corte Suprema o a otros Tribunales. Por ello, como sucedió en los Estados Unidos de América, el control de la constitucionalidad también fue una creación de la Suprema Corte, en el caso Sojo (1887) relativo a la inconstitucionalidad de una ley que buscaba ampliar la jurisdicción derivada de la Corte Suprema.

En cuanto al sistema brasilero de control de la constitucionalidad, al igual que el sistema argentino, se trata de uno de los sistemas latinoamericanos más cercanos al modelo norteamericano. Sin embargo, a partir de la Constitución de 1934, puede considerarse como un sistema mixto después de la previsión de una acción directa de inconstitucionalidad, que puede ser intentada ante el Tribunal Supremo Federal con el fin de impugnar una ley.

En cuanto al método difuso, éste fue expresamente previsto desde la Constitución de 1891, al atribuirse al Tribunal Supremo Federal competencia para juzgar, mediante recursos extraordinarios, los casos decididos en última instancia por otros tribunales u otros jueces, en primer lugar, cuando las decisiones cuestionadas estén en contradicción con una disposición de la Constitución o nieguen una ley federal o un tratado; en segundo lugar, cuando declaran la inconstitucionalidad de un tratado o de una ley federal, y en tercer lugar, cuando estimen que una ley u otro acto de un gobierno local es contrario a la Constitución o a una ley federal válida (art. 102, III Constitución).

Esta norma establece, de esta manera, el método difuso de control de la constitucionalidad, así como la facultad del Tribunal Supremo Federal para intervenir en cualquier procedimiento relativo a la constitucionalidad de las leyes.

En cuanto a *México*, la Constitución de 1847, igualmente bajo la influencia del sistema de control de la constitucionalidad *norteamericano*, adoptó el método difuso al atribuir a los tribunales federales el deber de "proteger" los derechos y las libertades enumerados en la Constitución contra cualquier acción de los poderes ejecutivo y legislativo de los Estados miembros o de la Federación. El sistema adquirió perfiles propios en la Constitución de 1857, que creó esa institución jurisdiccional única conocida como *juicio de amparo*, regulada en la actualidad en las disposiciones del texto constitucional de acuerdo a las pautas determinadas desde la Constitución de 1917.

Debe señalarse que el juicio de amparo es una institución compleja que comprende por lo menos cinco acciones y procedimientos judiciales diferentes: el amparo libertad (*habeas corpus*), el amparo judicial (casación), el amparo administrativo (contencioso-administrativo), el amparo agrario y el amparo contra leyes. Entre estos cinco aspectos o contenidos del juicio de amparo, únicamente el último podría considerarse como un medio particular de protección judicial de la Constitución y de control de la constitucionalidad de los actos legislativos, compartiendo algunos puntos comunes con el sistema difuso de control de la constitucionalidad.

En todo caso, en el juicio de amparo, el control judicial de la constitucionalidad de la legislación tiene un carácter incidental con respecto a un procedimiento judicial concreto en el que se plantea la cuestión constitucional, lo que origina el uso del recurso de amparo contra la decisión judicial que aplica la ley anticonstitucional. Este recurso de amparo se intenta contra la "autoridad pública" que dictó el acto cuestionado: el juez que dictó la sentencia; la autoridad administrativa que produjo el acto administrativo; o las autoridades legislativas que sancionaron la ley objeto del amparo contra leyes. Este aspecto pone de manifiesto otra diferencia sustancial en lo que se refiere a las partes involucradas entre el sistema *mexicano* y el método difuso general, pues en el sistema difuso general, las partes en el juicio donde se plantea la cuestión constitucional siguen siendo las mismas del proceso.

Ahora bien, en cuanto al "amparo contra leyes", su particularidad reside en el hecho de que se trata de un procedimiento iniciado mediante una acción directa intentada por un demandante ante un Tribunal Federal de Distrito contra una ley particular, siendo la parte acusada el órgano legislativo que la produjo, el Presidente de la República o los Gobernadores de Estado que la promulgaron, y los Secretarios de Estado quienes la refrendaron y ordenaron su publicación. En estos casos, las decisiones judiciales de los Tribunales federales o de Distrito pueden ser objeto de una revisión por parte de la Corte Suprema de Justicia.

En esta forma, el amparo contra leyes en *México* ha sido considerado como una "acción directa" contra una ley no siendo necesaria para su ejercicio la existencia de un acto administrativo concreto o de una decisión judicial que la aplique. Sin embargo, dado que la cuestión constitucional planteada no puede ser abstracta, sólo las leyes que afectan directamente al demandante, sin necesidad alguna de otro acto del Estado inmediato o posterior, pueden ser objeto de esta acción. Así pues, el objeto de la acción son las leyes auto-aplicativas, es decir, aquellas que, por su contenido causan un perjuicio directo y personal al demandante. Por ello, en principio, la acción de amparo contra leyes debe plantearse ante los tribunales en un plazo de 30 días a partir de su publicación, y la decisión judicial respectiva, por supuesto, como en todo sistema difuso de control de constitucionalidad, tiene efectos *inter partes*.

Debe señalarse, en todo caso, que mediante la reforma constitucional de diciembre de 1994, en *México* se estableció la acción directa de inconstitucionalidad contra las leyes y demás normas de carácter general que se ejerce ante la Suprema Corte de Justicia, con lo cual *México* ha pasado a formar parte de los países con un sistema mixto o integral de control de la constitucionalidad, que combina el método difuso con el concentrado.

La Constitución de *Colombia* de 1991, como se dijo, siguiendo la tradición establecida a partir de la reforma constitucional de 1910, y que se había plasmado en la Ley 57 de 1887, de efímera vigencia, establece en su artículo 4 el principio de la supremacía de la Constitución y la base del sistema de control difuso de la constitucionalidad de las leyes y demás actos normativos. Este sistema de control se ejerce en paralelo al control concentrado atribuido a la Corte Constitucional la cual conoce de la inconstitucionalidad de las leyes mediante acción popular. En *Venezuela*, también existe un sistema mixto o integral de control de la constitucionalidad, al combinarse el control concentrado que ejerce la Corte Suprema de Justicia mediante acción popular, creado en 1858, con el control difuso, previsto desde 1897, en el Código de Procedimiento Civil.

También conforme al modelo *norteamericano* y basado en el principio de la supremacía de la Constitución, la Constitución *guatemalteca* desde 1921, ha consagrado la facultad de los tribunales para declarar, en sus decisiones, la inaplicabilidad de cualquier ley o disposición de los demás poderes del Estado, cuando sean contrarios a las normas contenidas en la Constitución de la República (art 93, c. Constitución de 1921). Esta facultad de los Tribunales, que se configura como un poder difuso de control judicial, se mantuvo en todos los textos constitucionales hasta que la Constitución de 1965 añadió, al sistema difuso, un poder concentrado de control de la constitucionalidad conferido a un Tribunal Constitucional especialmente creado para ese fin, habiendo sido el primero de estos Tribunales creado en *América Latina*. Por lo tanto, desde 1965, el sistema *guatemalteco* de control judicial también puede considerarse como un sistema mixto o integral. Finalmente, también existe un sistema mixto de control de la constitucionalidad en el *Perú*, desde la Constitución de 1979, donde se sentaron las bases del método difuso de justicia constitucional y, además, según el modelo español, se creó un Tribunal de Garantías Constitucionales dotado de poderes concentrados de control de la constitucionalidad, que la reforma de la Constitución de 1993, ha convertido en Tribunal Constitucional. Este Tribunal Constitucional es el único de su tipo, en *América Latina*, ubicado fuera del Poder Judicial.

### 3. *El carácter incidental del método difuso y los poderes ex-officio de los jueces*

El deber de todos los tribunales que deriva del método difuso de control de la constitucionalidad de las leyes, lo que implica el deber de dar preferencia a la Constitución y, en consecuencia, de desaplicar las leyes que consideren inconstitucionales, y por tanto, nulas y sin valor, implica que este deber judicial sólo puede ser cumplido *incidenter tantum,* es decir, en un proceso concreto del cual el juez esté conociendo, y donde la inconstitucionalidad de la ley o norma no es ni el objeto de dicho proceso ni el asunto principal del mismo.

En consecuencia, para que se pueda ejercer el control difuso de la constitucionalidad de las leyes, siempre tiene que existir un proceso ante un Tribunal en cualquier materia, por lo que siempre es un sistema incidental de control, en el sentido de que la cuestión de inconstitucionalidad de una ley y su inaplicabilidad, debe plantearse en un caso o proceso concreto ("*cases or controversies*" como lo ha precisado la jurisprudencia *norteamericana*), cualquiera sea su naturaleza, en el cual la aplicación o no de una norma concreta es considerada por el Juez como relevante para la decisión del caso. En consecuencia, en el método difuso de control de constitucionalidad, el objeto principal del proceso y de la decisión judicial no es la consideración abstracta de la constitucionalidad o inconstitucionalidad de la ley o su aplicabilidad o inaplicabilidad, sino mas bien, la decisión de un caso concreto de carácter civil, penal, administrativo, mercantil, laboral, etc.

Ahora bien, si se trata de un deber de los jueces el aplicar la Constitución en un caso concreto y desaplicar, para su decisión, la ley que consideren inconstitucional, los jueces deberían poder considerar *de oficio* las cuestiones de constitucionalidad, a pesar de que ninguna de las partes en el proceso las haya planteado. De hecho, esta es la consecuencia directa de la garantía objetiva de la Constitución cuando se establece la nulidad de las leyes que le sean contrarias, y lo que, además, produce como consecuencia la reserva dada a los jueces para considerar la nulidad y la inaplicabilidad de una norma en un caso concreto. Por supuesto, en el caso de que la cuestión constitucional se formule por una parte en el proceso, efectivamente debe tratarse de una parte con la legitimación necesaria para actuar como tal, y con el interés requerido para plantear la inaplicabilidad de la ley inconstitucional en el caso concreto.

Debe advertirse, sin embargo, que aún cuando este aspecto de la racionalidad del método difuso de control de la constitucionalidad es seguido en países como *Venezuela* y *Honduras*, en general, las normas procesales de la mayoría de los países prohíben a los Tribunales considerar de oficio, al decidir un caso concreto, cualquier cuestión, incluso las cuestiones de inconstitucionalidad· En tal sentido en *Brasil*, al igual que en *Argentina*, conforme al modelo *norteamericano*, los jueces no tienen el poder de juzgar *ex officio* la constitucionalidad de las leyes, la cual debe ser alegada como una excepción o defensa por una de las partes en el procedimiento.

En el caso de *Colombia*, si bien el texto de la Constitución no excluye los eventuales poderes *ex officio* que puedan tener los jueces para decidir solos, y sin que se lo requiera una parte, desaplicar una determinada ley, se ha entendido que lo que se establece en la Constitución es una "excepción de inconstitucionalidad", en el sentido de que, en todo caso, la cuestión constitucional debe plantearse por una de las partes en el proceso mediante una excepción relativa a la aplicabilidad de una ley; parte que debe tener un interés personal y directo en la no aplicación de la ley en el caso concreto.

### 4. *Los efectos de las decisiones en materia de control difuso de la constitucionalidad*

Otro aspecto de la racionalidad del método difuso de control de constitucionalidad se refiere a los efectos de la decisión que adopten los Tribunales en relación a la constitucionalidad o aplicabilidad de la ley en un caso concreto; y este aspecto de los efectos de la decisión judicial se relaciona con dos preguntas: primero, ¿a quién afecta la decisión?, y segundo, ¿cuándo comienza a surtir efectos?

#### A. *Los efectos inter partes de las decisiones*

En relación al primer interrogante, la racionalidad del método difuso es que la decisión adoptada por el Juez sólo tiene efectos en relación a las partes en el proceso concreto en la cual aquella se adopta. En otras palabras, en el método difuso de control de constitucionalidad, la decisión adoptada en un caso sobre la inconstitucionalidad e inaplicabilidad de la ley, sólo tiene efectos *in casu et inter partes,* es decir, en relación al caso concreto y exclusivamente en relación a las partes que han participado en el proceso, por lo que no puede ser aplicada a otros particulares. Esta es la consecuencia directa del antes mencionado aspecto relativo al carácter incidental del método difuso de control de constitucionalidad.

En consecuencia, si una ley es considerada inconstitucional en una decisión judicial, esto no significa que dicha ley haya sido invalidada y que no sea efectiva y aplicable en otros casos. Sólo significa que en cuanto concierne a ese proceso particular y a las partes que en él intervinieron en el cual el Juez decidió la inaplicabilidad de la Ley, ésta debe considerarse inconstitucional, nula y sin valor, sin que ello tenga ningún efecto en relación a otros procesos, otros jueces y otros particulares.

### B. *Los efectos declarativos de las decisiones judiciales*

Por otra parte, los efectos *inter partes* de la decisión judicial adoptada conforme al método de control difuso de control de la constitucionalidad, están directamente relacionados con otras cuestiones concernientes también a los efectos de la decisión, pero en el tiempo, es decir, respecto de cuándo comienza a ser efectiva la declaración de inconstitucionalidad y, por supuesto, también en relación a la nulidad como garantía de la Constitución.

Cuando un Juez decide sobre la constitucionalidad de una ley, y la declara inconstitucional e inaplicable a un caso concreto, es porque la considera nula y sin valor, tal cual como si nunca hubiera existido. Por ello, la decisión tiene efectos declarativos: declara que una ley es inconstitucional y consecuentemente que ha sido inconstitucional desde que se dictó. Así, la ley cuya inaplicabilidad se decida por ser contraria a la Constitución, debe ser considerada por el Juez como si nunca hubiera tenido validez y como si siempre hubiese sido nula y sin valor.

Por ello es que se dice que la decisión del Juez, de carácter declarativa, tiene efectos *ex tunc, pro praeterito* o de carácter retroactivo, en el sentido de que dichos efectos se retrotraen al momento en el cual la norma considerada inconstitucional fue promulgada. El acto legislativo declarado inconstitucional por un Juez conforme al método difuso de control de constitucionalidad, por tanto, es considerado, *ab initio* como nulo y sin valor, por lo que no es anulado por el Juez sino que éste sólo lo considera como nulo. Por tanto, en estos casos de control constitucional difuso, los jueces no pueden anular la ley sino considerarla inconstitucional, no pudiendo los efectos de su decisión extenderse o generalizarse a otros casos o sujetos.

Por el contrario, tal como sucede en todos los sistemas con control judicial difuso, el Tribunal debe limitarse a decidir la no aplicación de la ley inconstitucional en el caso concreto, por supuesto, sólo cuando ello resulta pertinente para la resolución del caso. Por ello, la ley que ha sido inaplicada en un caso concreto, sigue vigente, y otros jueces pueden seguir aplicándola. Inclusive, el juez que decide no aplicar la ley en un caso concreto, podría cambiar de opinión en un juicio posterior.

## 5. *Las variadas soluciones al problema de la ausencia de uniformidad de las decisiones judiciales que provoca el sistema difuso*

Una cuestión central en relación al método difuso de control de la constitucionalidad de las leyes es la relativa a los efectos prácticos que puede tener su adopción, particularmente en cuanto a la ausencia de unidad de decisiones, de manera que para evitar la incertidumbre del orden legal y las posibles contradicciones en relación a la aplicabilidad de las leyes, se han establecido correcciones a estos efectos declarativos e *inter partes* de las decisiones, a través de la doctrina *stare decisis* o mediante regulaciones de derecho positivo, cuando las decisiones se adoptan por la Corte Suprema de Justicia de un país.

En efecto, en ausencia de método alguno de control de la constitucionalidad en *Europa*, antes de los años veinte y con el marco tradicional del principio de la separación de poderes basado en la soberanía del Legislador, la supremacía de la Ley y la desconfianza en los tribunales como órganos de control de la acción legislativa, una de las críticas fundamentales formuladas al método difuso de control de la constitucionalidad fue, no sólo la ausencia de uniformidad de las decisiones de control, sino la incertidumbre que podía derivarse de las eventuales decisiones contradictorias que podían dictarse en la materia.

En realidad, estos problemas existen en todos los países que han adoptado el método difuso, no pudiendo considerarse como esencialmente peculiares a los países con tradición de derecho romano que lo hayan adoptado, y si bien es cierto que la doctrina *stare decisis* en los países del *common law* es una corrección a los problemas anotados, la misma no es absoluta, pues no todos los casos en los cuales los tribunales inferiores decidan cuestiones de constitucionalidad, por ejemplo, en los *Estados Unidos de Norteamérica*, llegan a la Corte Suprema, la cual decide discrecionalmente los casos que conoce (*writ of certiorary*).

Por otra parte, y aún cuando la doctrina *stare decisis,* tal como es conocida en los países del *common law,* en general no se aplica en países con sistemas jurídicos de la tradición del derecho romano, aquellos en los cuales se ha establecido un método difuso de control de constitucionalidad han adoptado, paralelamente, sus propios correctivos a los problemas planteados, con efectos similares. Por ejemplo, en el sistema de amparo *mexicano*, la Constitución establece el principio de que la Ley de Amparo debe precisar los casos en los cuales la "jurisprudencia", es decir, los precedentes judiciales de las Cortes Federales, deben ser obligatorios (art. 107 Sección XIII, parágrafo 1 de la Constitución, Enmienda de 1950-1951). Por ello, la Ley de Amparo establece los casos en los cuales las decisiones de la Corte Suprema e, incluso, de las Cortes de Circuito, deben considerarse como precedentes obligatorios, lo que sucede sólo cuando se hayan dictado cinco decisiones consecutivas, que no sean interrumpidas por alguna decisión incompatible, con el mismo efecto.

Los efectos de esta "jurisprudencia", parcialmente han sido considerados como equivalentes a los que resultan del principio *stare decisis.* Incluso, en el sistema de amparo *mexicano*, el llamado "amparo contra leyes" ha sido desarrollado también como una acción extraordinaria de inconstitucionalidad de leyes auto-aplicativas, que afecten directamente derechos de un individuo, y que pueden ser impugnadas ante las Cortes Federales, permitiéndoles juzgar la inconstitucionalidad de la ley sin relación alguna con un proceso concreto.

En sentido similar, en *Argentina* y *Brasil*, países que también siguen de cerca el modelo *norteamericano* en el sentido del poder otorgado a todos los tribunales de decidir no aplicar las leyes basados en consideraciones constitucionales, se ha establecido la institución procesal denominada "recurso extraordinario de inconstitucionalidad" que puede formularse ante la Corte Suprema contra decisiones judiciales adoptadas en última instancia en las cuales se considera una Ley federal como inconstitucional e inaplicable al caso concreto. En estos casos, la decisión adoptada por la Corte Suprema tiene efectos *in casu et inter partes,* pero siendo dictada por el Tribunal Supremo, tiene de hecho efectos obligatorios respecto de los tribunales inferiores. El mismo sistema se estableció en *Colombia* al atribuirse a la Corte Constitucional la potestad de revisar las sentencias de amaro. En el caso de Venezuela, la Constitución de 1999 también previó expresamente la competencia de la Sala Constitucional del Tribunal Supremo para conocer de un recurso de revisión contra sentencias definitivas dictadas por los tribunales de instancia cuando ejercer el control difuso de la constitucionalidad de las leyes, cuyo conocimiento es discrecional por parte de la Sala, la cual puede adoptar interpretaciones constitucionales vinculantes para todos los órganos jurisdiccionales. En Honduras, igualmente, en cuanto a las sentencias dictadas por los tribunales de instancia en materia de control difuso de la constitucionalidad, se prevé un mecanismo de consulta obligatoria para ante la Sala de lo Constitucional de la Corte Suprema de Justicia, la cual también está facultada para conocer y resolver solamente aquellos casos que discrecionalmente seleccione por su importancia constitucional, y en cuyo caso, el criterio que establezca en materia constitucional será de obligatorio acatamiento por los órganos jurisdiccionales (art. 74).

Finalmente, en los otros países con tradición de derecho romano donde se ha adoptado el método difuso de control de la constitucionalidad, debe tenerse en cuenta, particularmente en materia de casación, el valor de las decisiones de la Sala de Casación de la Corte Suprema para los Tribunales de instancia. En *Venezuela*, el Código de Procedimiento Civil establece que "los jueces de instancia procurarán acoger la doctrina de casación establecida en los casos análogos, para defender la integridad de la legislación y la uniformidad de la jurisprudencia" (art. 321).

Pero en los casos en que los asuntos no lleguen a la Sala de Casación, los países de tradición de derecho romano con método difuso de control de constitucionalidad, también han establecido correctivos a los problemas originados por la incertidumbre y conflictividad de decisiones judiciales, mediante el establecimiento de un sistema mixto o integral de control de constitucionalidad, que combina el método difuso con el método concentrado. En *América Latina* este es el caso de *Bolivia*, *Colombia*, *Guatemala*, *Perú*, *Venezuela*, y recientemente de *México*, donde paralelamente al método difuso de control de constitucionalidad expresamente previsto en el derecho positivo, también existe el método concentrado de control de constitucionalidad, que autoriza a la Corte Suprema de Justicia o a la Corte Constitucional para anular formalmente las leyes inconstitucionales, con efectos *erga omnes,* cuando es requerida mediante el ejercicio de una acción que incluso puede ser *actio popularis,* como en *Colombia* y *Venezuela*, es decir, que puede ser interpuesta por cualquier persona.

En consecuencia, en estos países, paralelamente al poder atribuido a cualquier tribunal para considerar en un caso concreto una ley como inconstitucional y desaplicarla, la Corte Suprema de Justicia o la Corte Constitucional tiene el poder de anular con efectos generales las leyes impugnadas por inconstitucionales.

En consecuencia, en el mismo sentido en que se ha desarrollado la doctrina *stare decisis* en los países con sistemas jurídicos del *common law,* para resolver los problemas de incertidumbre y posible conflictividad entre las decisiones judiciales adoptadas por los diferentes tribunales en materia de inconstitucionalidad de las leyes que un método difuso puede originar; también los países con sistemas jurídicos de tradición de derecho romano que han adoptado el mismo método, han desarrollado diversos mecanismos legales particulares para prevenir los efectos negativos originados por los mencionados problemas, sea otorgando carácter obligatorio a los precedentes, sea asignando los poderes necesarios a una Corte Suprema o a un Tribunal Constitucional para declarar la inconstitucionalidad de las leyes, con carácter general y efectos obligatorios.

Los eventuales problemas originados por la aplicación del método difuso de control de constitucionalidad de las leyes, en consecuencia, son comunes a todos los países que lo han adoptado, sea que pertenezcan a sistemas jurídicos con tradición de derecho romano o de *common law*, por lo que la adopción del método difuso no puede conducir, en sí mismo, a considerarlo como incompatible con los sistemas jurídicos de derecho romano, por el solo hecho que no exista en ellos la regla del *stare decisis*. Ello lo desmiente el caso de *América Latina*.

## II. EL MÉTODO CONCENTRADO DE CONTROL DE CONSTITUCIONALIDAD EN AMÉRICA LATINA

### 1. *Antecedentes*

Contrariamente al método difuso, el método concentrado de control de la constitucionalidad se caracteriza por el hecho de que el ordenamiento constitucional confiere a *un solo órgano estatal* el poder de actuar como juez constitucional, generalmente respecto de ciertos actos estatales (leyes o actos de similar rango dictados en ejecución directa de la Constitución), en general con potestad para anularlos. Excepcionalmente, en algunos casos, como sucede en Panamá, el control de la constitucionalidad que ejerce la Corte Suprema de Justicia no sólo se refiere a las leyes y demás actos de rango legal, sino materialmente a todos los actos estatales, lo que lo hace único en el mundo.

Este método concentrado de control puede ser *exclusivamente* concentrado como sucede en Panamá, Uruguay, Costa Rica o Paraguay y Honduras; o puede estar establecido en forma combinada con el método difuso de control, como sucede en Colombia, El Salvador, Venezuela, Guatemala, Brasil, México, Perú y Bolivia.

Ahora bien, el órgano estatal dotado del privilegio de ser el único juez constitucional de las leyes con poderes anulatorios (o derogatorios) de las mismas en el sistema concentrado de control de la constitucionalidad, puede ser la Corte Suprema de Justicia ubicada en la cúspide de la jerarquía judicial de un país, como es el caso por ejemplo en *México*; una Sala Constitucional de la Corte Suprema de Justicia, como sucede en Costa Rica, El Salvador, Venezuela y Honduras o una Corte o Tribunal Constitucional creado especialmente por la Constitución, dentro o fuera de la jerarquía judicial para actuar como único juez constitucional, como es el caso de *Colombia, Chile, Perú, Guatemala, Ecuador* y *Bolivia.* En ambos casos, estos órganos tienen en común el ejercicio de una actividad jurisdiccional, como jueces constitucionales.

Por ello, el método concentrado de control de la constitucionalidad, aun cuando sea generalmente similar al "modelo *europeo*" de Tribunales constitucionales especiales, no implica necesariamente la existencia de un Tribunal Constitucional especial, incluso concebido constitucionalmente fuera del Poder Judicial. La experiencia *latinoamericana* de control concentrado de la constitucionalidad así lo demuestra, pues en general, han sido las Cortes Supremas de Justicia las que lo han ejercido; y en los casos en los cuales se ha atribuido a Tribunales Constitucionales el ejercicio del control, estos están dentro del Poder Judicial (*Guatemala, Colombia, Ecuador* y *Bolivia*) con la excepción de los casos de *Chile* y del *Perú*, cuyas Constituciones regularon a los Tribunales Constitucionales fuera del Poder Judicial.

A diferencia del método difuso de control de la constitucionalidad de las leyes, el método concentrado de control de la constitucionalidad, al tener el juez constitucional en general potestades anulatorias (derogatorias, conforme a la terminología de Honduras), evidentemente que no puede desarrollarse como consecuencia de la labor pretoriana de los jueces, sino que debe ser expresamente establecido, *expressis verbis,* por normas constitucionales. En esta forma, la Constitución, como Ley suprema de un país, es el único texto que puede limitar los poderes y deberes generales de los tribunales para decidir la ley aplicable en cada caso; y es la única habilitada para atribuir dichos poderes y deberes con potestades anulatorias, en lo referente a ciertos actos del Estado, a ciertos órganos constitucionales, sea la Corte Suprema o una Corte o Tribunal Constitucional.

En tal sentido, el control concentrado de la constitucionalidad de las leyes se estableció por primera vez en *América Latina*, en *Venezuela*, en la Constitución de 1858, al atribuirse a la Corte Suprema de Justicia competencia para conocer de la *acción popular* de inconstitucionalidad de los actos de las Legislaturas Provinciales, precisándose en el artículo 113, ordinal 8° la competencia de la Corte para:

> Declarar la nulidad de los actos legislativos sancionados por las Legislaturas Provinciales, a petición de cualquier ciudadano, cuando sean contrarios a la Constitución.

Esta atribución de la Corte Suprema, a partir de la Constitución de 1893, se amplió respecto de todas las leyes, decretos y resoluciones inconstitucionales (art. 110, ord. 8°).

En el caso de *Colombia*, la competencia de la Corte Suprema de Justicia en materia de control de constitucionalidad se estableció por primera vez en la Constitución de 1886, respecto de los actos legislativos, en forma limitada y preventiva cuando hubiesen sido objetados por el Gobierno (arts. 88, 90 y 151, ord. 4°). Posteriormente, mediante el Acto Legislativo N° 3 de 31 de octubre de 1910 (reformatorio de la Constitución Nacional), el sistema concentrado *colombiano* de justicia constitucional adquirió plena consagración, al establecerse en el artículo 41, la *acción popular* de inconstitucionalidad, al atribuirse a la Corte Suprema de Justicia como "guardián de la integridad de la Constitución", competencia para:

> Decidir definitivamente sobre la exequibilidad de los actos legislativos que hayan sido objetados como inconstitucionales por el Gobierno, o sobre todas las leyes o decretos acusados ante ella por cualquier ciudadano como inconstitucionales, previa audiencia del Procurador General de la Nación.

La *acción popular* de inconstitucionalidad de las leyes, por tanto, tiene su antecedente en la Constitución *venezolana* de 1858 y en la Constitución *colombiana* de 1910; países en los cuales, como se ha visto, además, se previó el control difuso de la constitucionalidad de las leyes, consagrándoselo formalmente (*expressis verbis*) en *Venezuela* a partir de 1897 y en *Colombia*, en un breve período en 1887 y luego, a partir de 1910; configurándose así un sistema mixto o integral de control de la constitucionalidad, al cual se han ido orientando progresivamente los sistemas *latinoamericanos*. Este es el caso, por ejemplo, además de *Venezuela* y *Colombia*, de *Brasil, Perú, El Salvador* y *Guatemala* y más recientemente, de *México* y ahora de *Honduras*. No obstante, algunos sistemas de *América Latina*, como el de *Panamá, Uruguay* y *Paraguay* y antes el de Honduras, han permanecido exclusivamente concentrados, países donde sólo la Corte Suprema de Justicia tiene una jurisdicción exclusiva y original para declarar la inconstitucionalidad de las leyes.

Debe destacarse, sin embargo, que la modalidad del método concentrado de control de la constitucionalidad basado en la creación de un órgano constitucional especial, una Corte o un Tribunal para actuar como juez constitucional dotado del poder original y exclusivo para anular las leyes y otros actos de rango y efectos similares, ha marcado la evolución de la justicia constitucional en las últimas décadas en *América Latina*. Bajo la influencia del modelo *europeo*, pero de una manera incompleta, el sistema se ha implantado en *Guatemala*, en la década de los sesenta, y en *Chile* hacia principios de los años 70, con la creación de sendos Tribunales Constitucionales. Luego apareció en *Ecuador* y *Perú* donde fueron creados Tribunales de Garantías Constitucionales convertidos recientemente en Tribunales Constitucionales. En 1991, la Constitución de *Colombia*, estableció una Corte Constitucional, al igual que sucedió en *Bolivia*, en 1994.

2. *La diversa configuración del método concentrado de justicia constitucional: exclusivo o combinado con el método difuso*

La esencia de todo sistema de control de la constitucionalidad de las leyes es la noción de supremacía de la Constitución, de manera que si la Constitución es la Ley suprema de un país y, por lo tanto, prevalece ante todas las demás leyes, entonces un acto del Estado que contradiga la Constitución no puede constituir una norma efectiva; al contrario, debe considerarse nulo.

Ahora bien, el principal elemento que aclara la diferencia entre los dos grandes métodos de control de la constitucionalidad (difuso y concentrado) no es una posible distinta concepción de la Constitución y de su supremacía, sino más bien, el tipo de garantía adoptado en el sistema constitucional para preservar dicha supremacía: la nulidad o la anulabilidad del acto inconstitucional. En esta forma, la nulidad de los actos inconstitucionales del Estado es la garantía de la Constitución que conduce al sistema difuso de control de la constitucionalidad; en cambio, la anulabilidad es, precisamente, la que conduce al método concentrado de control de la constitucionalidad de las leyes.

Contrariamente a la nulidad de los actos del Estado, la anulabilidad de dichos actos, cuando se considera como una garantía objetiva de la Constitución, significa que el acto del Estado, aún irregular o inconstitucional, una vez producido por una institución pública debe considerarse como un acto válido y efectivo hasta que el órgano que lo produjo lo derogue o revoque, o hasta que se decida su anulación por otro órgano del Estado con poderes constitucionales para ello. Este es, precisamente, el caso del método concentrado de control de la constitucionalidad, en el cual la Constitución confiere el poder para anular, con efectos generales, algunos actos inconstitucionales del Estado, a un solo órgano constitucional, sea éste la Corte Suprema existente o un órgano creado especialmente dentro o fuera del Poder Judicial, con funciones jurisdiccionales que le permiten actuar como juez constitucional.

En todo caso, en los sistemas constitucionales que adoptan el método concentrado de control de la constitucionalidad, el deber de todos los jueces y tribunales consiste en examinar la constitucionalidad de los actos del Estado. Sin embargo, cuando el acto cuestionado es una ley u otro acto inmediatamente subordinado o de ejecución directa de la Constitución, los tribunales ordinarios no pueden juzgar su inconstitucionalidad, puesto que dicho poder está reservado a un Tribunal Constitucional especial o a la Corte Suprema de un país determinado, el cual puede anular el acto.

Ahora bien, el poder de declarar la nulidad por inconstitucionalidad de las leyes y demás actos de ejecución directa de la Constitución, como se dijo, puede ser ejercido por la Corte Suprema de Justicia en forma exclusiva o por la propia Corte Suprema o un Tribunal Constitucional en un sistema mixto o integral, que además del control concentrado admite el control difuso de la constitucionalidad. En *América Latina* el control concentrado se ha configurado en esas dos formas.

Además, existe una tercera forma de control concentrado que ejercen en forma paralela y exclusiva tanto la Corte Suprema de Justicia como un Tribunal Constitucional.

### A. *El control judicial concentrado de la constitucionalidad de las leyes como método exclusivo*

En algunos países de América Latina se ha configurado el control de la constitucionalidad, exclusivamente como control judicial concentrado de la constitucionalidad de las leyes atribuido en exclusiva a las Cortes Supremas de Justicia en pleno o de una Sala Constitucional especializada de la misma, o a un Tribunal Constitucional. Este último es el caso de *Bolivia* y *Chile* configurados con el con el poder exclusivo de actuar como juez constitucional.

#### a. *El control de constitucionalidad ejercido por la Corte Suprema de Justicia o por una Sala Constitucional de la misma*

En algunos supuestos, como se dijo, la Constitución atribuye a la Corte Suprema el carácter de único juez de la constitucionalidad de las leyes. Es el caso de *Uruguay* y *Panamá.*

En efecto, el artículo 188,1 de la Constitución de *Panamá* le otorga a la Corte Suprema de Justicia el poder exclusivo de proteger la integridad de la Constitución y controlar la constitucionalidad de la legislación a través de dos métodos: mediante el ejercicio de una acción directa o mediante el planteamiento de una cuestión de constitucionalidad de carácter incidental, formulada por un órgano estatal inferior que tenga competencia para impartir justicia. En ambos casos de control, la decisión de la Corte Suprema es de efectos generales, y obligatoria, y no está sujeta a ningún tipo de control.

En el sistema de *Uruguay*, la Constitución de 1989 atribuye a la Corte Suprema de Justicia la jurisdicción exclusiva y originaria para declarar la inconstitucionalidad de las leyes y otros actos del Estado que tengan fuerza de ley, con fundamento tanto en razones substantivas como formales (art. 256). La Corte también conoce de los asuntos de inconstitucionalidad, sea mediante una acción que sólo pueden ejercer los interesados, sea mediante una incidencia planteada en un proceso ordinario. En ambos casos, y a diferencia del sistema *panameño*, las decisiones de la Corte Suprema sobre cuestiones de constitucionalidad se refieren, exclusivamente, al caso concreto, teniendo, por tanto, efectos sólo en los procedimientos en los que fueron adoptados.

#### b. *El control de constitucionalidad ejercido por una sala Constitucional de la Corte Suprema de Justicia*

En otros países, el poder exclusivo de actuar como juez constitucional se ha atribuido particularmente a una *Sala Constitucional* de la Corte Suprema de Justicia. Es el caso de *Paraguay, Costa Rica, El Salvador* y *Honduras.*

En efecto, de manera similar al modelo *uruguayo*, en *Paraguay*, la Constitución de 1992 ha mantenido el sistema de control concentrado de la constitucionalidad, atribuyendo exclusivamente a la Sala Constitucional de la Corte Suprema de Justicia, la competencia para decidir las acciones o excepciones que se planteen con el fin de declarar la inconstitucionalidad e inaplicabilidad de disposiciones contrarias al texto fundamental. De acuerdo con el artículo 260 de la Constitución, el procedimiento puede iniciarse por acción ante la Sala Constitucional o por vía de excepción en cualquier instancia, en cuyo caso se elevan los antecedentes a la Corte. En ambos casos la decisión de la Corte Suprema sólo tiene efectos con respecto al caso concreto y al peticionante.

En la Constitución de *El Salvador* (art. 174), y particularmente a raíz de las reformas de 1991-1992, se ha previsto que la Corte Suprema de Justicia tiene una Sala Constitucional, a la cual corresponde conocer y resolver las demandas de inconstitucionalidad de las leyes, decretos y reglamentos, los procesos de amparo, el *habeas corpus,* y las controversias entre los órganos Legislativos y Ejecutivos.

Como consecuencia de la reforma constitucional de 1989, en *Costa Rica* también se creó una Sala Constitucional en la Corte Suprema de Justicia, que está encargada de declarar exclusivamente la inconstitucionalidad de las normas, independientemente de su naturaleza, así como de los actos de derecho público, a excepción de los actos jurisdiccionales del Poder Judicial. Por consiguiente, en *Costa Rica* se estableció un sistema concentrado de control judicial de la constitucionalidad de las leyes atribuido exclusivamente a la Sala Constitucional de la Corte Suprema de Justicia.

La Sala Constitucional conforme a la Ley de la Jurisdicción Constitucional de 1990, puede ejercer el control de la constitucionalidad mediante cuatro medios distintos: la acción de inconstitucionalidad, las consultas legislativas, las consultas judiciales y la vía preventiva. En el primer caso, se trata del ejercicio de la acción de inconstitucionalidad contra las leyes y otras disposiciones generales, a través de dos procedimientos: la vía incidental y la vía de acción principal o directa. La decisión de la Sala Constitucional que declare la acción con lugar, anula la ley y tiene efectos *erga omnes*.

Según la Constitución y la Ley de la Jurisdicción Constitucional, el segundo medio a través del cual la Sala Constitucional puede ejercer su poder de control judicial concentrado de la constitucionalidad, es el de las consultas que le puede formular la Asamblea Legislativa durante la discusión de las reformas constitucionales, de la aprobación de acuerdos o tratados internacionales y de proyectos de reforma de la Ley de la Jurisdicción Constitucional; y además de proyectos de leyes ordinarias en discusión en la Asamblea, a petición de por lo menos diez diputados. En todos estos casos se trata de un medio de control de la constitucionalidad de tipo preventivo, puesto que la decisión de la Sala Constitucional se adopta antes de la sanción de la Ley, siendo de naturaleza obligatoria. En estos casos, la decisión interpretativa de la Sala Constitucional tiene carácter obligatorio y efectos de cosa juzgada.

El último medio de control de la constitucionalidad de las leyes previsto en *Costa Rica* se refiere al veto presidencial formulado respecto de leyes sancionadas pero no promulgadas, por razones de inconstitucionalidad, de conformidad con el artículo 125 de la Constitución. En esos casos de ejercicio del veto, si la Asamblea no acepta las objeciones constitucionales formuladas por el Presidente, el asunto debe ser sometido a la Sala Constitucional, suspendiéndose la promulgación de la ley.

En *Honduras*, la Constitución de 1982 (art. 184) y su reforma de 2000, también estableció un sistema de control de la constitucionalidad de carácter concentrado atribuido exclusivamente a la Corte Suprema de Justicia, la cual así mismo conoce de los asuntos mediante una acción intentada por las personas interesadas o por vía incidental, mediante la remisión que le hiciera de la cuestión un juez ordinario. Debe señalarse, además, que de acuerdo con el artículo 183, ordinal 2° de la Constitución de Honduras de 1982, también procedía el amparo contra leyes, para que se declarase en casos concretos que la ley no obligaba ni era aplicable al recurrente por contravenir, disminuir o tergiversar cualesquiera de los derechos reconocidos por la Constitución; competencia que la Ley de Amparo de 1936 atribuía a la Corte Suprema de Justicia. Esta competencia fue eliminada en la reforma constitucional de 2006. Por otra parte, debe advertirse que si bien en la Constitución se establece el control difuso (art. 320), en la práctica legislativa el mismo no se ha aplicado, siendo el sistema exclusivamente concentrado.

c. *El control de constitucionalidad ejercido por un Tribunal Constitucional*

En otros casos, el control concentrado de la constitucionalidad de las leyes como sistema exclusivo ha sido atribuido a un Tribunal Constitucional, como es el caso de *Bolivia* y de *Chile*.

Mediante la reforma constitucional de 1994, creó en *Bolivia* un Tribunal Constitucional con poder para ejercer el control concentrado de la constitucionalidad de las leyes. El Tribunal Constitucional tiene así, competencia para conocer de acciones de inconstitucionalidad de las leyes y decidir sobre su nulidad cuando los considere inconstitucionales con efectos *erga omnes* (Articulo 58). Con tal propósito, la acción de inconstitucionalidad de las leyes o reglamentos generales, puede intentarse mediante acción de control abstracta solamente por el Presidente de la Republica, cualquier senador o diputado, por el Procurador general de la república el defensor del Pueblo (Articulo 7,1). También es posible para las partes en un caso, o por decisión del juez respectivo, de oficio, que se eleven ante el Tribunal Constitucional cuestiones de inconstitucionalidad de las leyes mediante un recurso incidental, cuando la decisión del caso concreto dependa en la constitucionalidad de la ley aplicable (Articulo 59).

En *Chile,* a partir de la reforma constitucional de 2006, el sistema de justicia constitucional se configuró como control concentrado exclusivo atribuido al Tribunal Constitucional, habiendo pasado de un sistema concentrado de control de la constitucionalidad que estaba conferido en forma exclusiva a dos órganos judiciales separados: a la Corte Suprema de Justicia, a través de una vía incidental, y al Tribunal Constitucional, a través de una acción directa, y sólo de carácter posterior; a la concentración del control en el solo Tribunal Constitucional.

En efecto, a partir de la reforma constitucional de 1925, se había autorizado a la Corte Suprema de Justicia para declarar la inaplicabilidad de una ley en vigor a un caso concreto por razones de inconstitucionalidad. En esta forma, la Constitución instauró un sistema concentrado de control de la constitucionalidad de carácter incidental por ante la Corte Suprema de Justicia, por medio de una institución llamada "recurso de inaplicación de las leyes". Sin embargo, en vista de que este sistema de control de la constitucionalidad no solucionaba los conflictos constitucionales surgidos entre los órganos del Estado, originados en cuestiones de inconstitucionalidad de las leyes y de otras normas con fuerza equivalente, mediante la reforma constitucional del 21 de enero de 1970 se creó un Tribunal Constitucional con una serie de funciones referentes al control de la constitucionalidad y a la solución de conflictos de atribuciones entre los órganos del Estado.

Este Tribunal fue disuelto en 1973, y posteriormente, restablecido a través de los artículos 81 y 83 de la Constitución de 1980.

El Tribunal Constitucional chileno tenía, entre sus atribuciones, la de juzgar, antes de su promulgación, es decir, en forma preventiva, la constitucionalidad de las leyes orgánicas o las que interpretan preceptos de la Constitución. El Tribunal estaba igualmente autorizado para ejercer el control preventivo sobre toda cuestión que surgiera durante la discusión de los proyectos de ley, de los proyectos de reforma de la Constitución y de las leyes aprobatorias de los Tratados Internacionales sometidos a la sanción del Congreso. El Tribunal también era competente para resolver las cuestiones de constitucionalidad de los decretos del Ejecutivo que tuvieran fuerza de ley; y los reclamos formulados contra el Presidente de la República cuando no promulgase una ley que tenía que haber promulgado, cuando promulgase un texto diferente al sancionado, o cuando publicase decretos constitucionales. El Tribunal también tenía competencia para resolver los conflictos referentes a decretos o resoluciones emitidas por el Presidente de la República, cuando el Controlador General de la República negase su registro por inconstitucionalidad.

Además del control preventivo de la constitucionalidad de la legislación, antes de la reforma constitucional de 2005, en *Chile*, el Tribunal Constitucional tenía atribuidos poderes de control de la constitucionalidad con carácter *a posteriori*, pero sólo respecto a los decretos con fuerza de ley, es decir, a los decretos emitidos por el Presidente de la República en razón de los poderes delegados por el Congreso, así como de los poderes presidenciales relativos a la promulgación de las leyes. En esta forma, el control constitucional sustantivo de la legislación por el Tribunal Constitucional en *Chile* no procedía contra las leyes una vez que éstas hubiesen entrado en vigencia, sino sólo contra los decretos del Ejecutivo con fuerza de ley.

Por otra parte, el Tribunal Constitucional podía ejercer el control de la constitucionalidad *a posteriori* sobre leyes pero únicamente con respecto a las formalidades relativas a su promulgación a cargo del Presidente de la República, a petición de las Cámaras del Congreso, en casos en que como se dijo, el Presidente de la República no promulgase una ley estando obligado a ello, o cuando promulgase un texto distinto del que hubiese sido objeto del procedimiento de formación de las leyes.

A partir de la reforma constitucional de 2005 este sistema se cambió sustancialmente, pasando el sistema a ser un control concentrado exclusivo a cargo del Tribunal Constitucional, eliminándose las antiguas competencias que tenía la Corte Suprema de Justicia en la materia, y que se ejerce a través de dos vías procesales (art. 82): una acción directa de inconstitucionalidad de las leyes ya promulgadas que se intenta ante el Tribunal Constitucional aún cuando sólo por determinados altos funcionarios públicos como el Presidente de la República, el Senado, la Cámara de diputados o el Contralor General de la república; y a través de un incidente de inconstitucionalidad planteado en los tribunales ordinarios, a requerimiento del tribunal o de las partes en el proceso, cuando su decisión depende de la constitucionalidad de la ley aplicable. En el primer caso, la decisión del Tribunal Constitucional tiene efectos anulatorios *erga omnes*, pero en el segundo caso, los efectos de su sentencia son sólo inter partes (Articulo 82,7).

B. *El control judicial concentrado de la constitucionalidad de las leyes ejercido por la Corte Suprema o por un Tribunal Constitucional en un sistema mixto o integral de control (concentrado y difuso)*

El segundo tipo de control judicial concentrado de la constitucionalidad de las leyes atribuido a las Cortes Supremas de Justicia o a los Tribunales Constitucionales se encuentra en aquellos países que han adoptado un sistema mixto o integral de control de la constitucionalidad, en el cual funcionan, paralelamente, el control difuso y el control concentrado.

a. *El control concentrado de la constitucionalidad de las leyes atribuido a la Corte Suprema de Justicia en un sistema mixto o integral de control*

En *Venezuela, Brasil,* y *México*, países que cuentan con un sistema difuso de control de la constitucionalidad, también se ha atribuido a la Corte Suprema de Justicia, en muchos casos a través de una Sala Constitucional, el ejercicio del control concentrado de la constitucionalidad de las leyes.

En efecto, la competencia de la Sala Constitucional del Tribunal Supremo de Justicia de *Venezuela* para declarar la nulidad, por inconstitucionalidad, de las leyes y otros actos de las Cámaras legislativas nacionales, de los Estados miembros de la Federación y de los Municipios, así como de los reglamentos y actos del gobierno promulgados por el Ejecutivo Nacional, está establecida en forma explícita, en los artículos 334 y 336 de la Constitución de 1999, correspondiendo *a todo habitante del país* la posibilidad de ejercer la acción. Se trata, por tanto, de una acción popular. Es decir, la Constitución prevé un control judicial concentrado de la constitucionalidad de todos los actos del Estado, con excepción de los actos judiciales y actos administrativos, para los cuales prevé medios específicos de control de la legalidad y constitucionalidad: el recurso de casación, la apelación y el recurso contencioso administrativo. La decisión anulatoria del Tribunal Supremo, en todo caso, tiene efectos generales, *erga omnes.*

Además, el control concentrado de la constitucionalidad de las leyes puede ejercerse en forma preventiva, respecto de las leyes sancionadas, aún no promulgadas, cuando el Presidente de la República antes de su "ejecútese" someta la consideración de la ley conforme a argumentos de inconstitucionalidad ante la sala Constitucional del Tribunal Supremo de Justicia (art. 214).

La Constitución de *Brasil*, desde 1934 instauró un sistema de control concentrado de la constitucionalidad de las leyes que corresponde al Tribunal Supremo Federal, el cual se perfeccionó definitivamente en la Constitución de 1988. Este control concentrado de la constitucionalidad se desarrolla a través de una acción de inconstitucionalidad, que puede ser de tres tipos: la acción de intervención, la acción genérica y la acción por omisión de los poderes públicos.

La acción de intervención directa fue establecida inicialmente en la Constitución de 1934 para proteger los principios constitucionales federales (gobierno republicano, independencia y armonía de los poderes, carácter temporal de los mandatos electorales, imposibilidad de un segundo mandato sucesivo de los Gobernadores, autonomía municipal, rendición de cuentas administrativas y garantías del Poder Judicial) frente a la legislación que pueden dictar los Estados miembros. En estos casos, la Constitución previó la posibilidad de que el Gobierno federal, mediante esta acción, intervenga en los Estados miembros para asegurar la observancia de dichos principios.

Además de la acción de intervención directa, la Constitución de 1946 también previó una acción directa de inconstitucionalidad, llamada "genérica" de protección de la Constitución, la cual es de dos tipos: por un lado, la que se intenta por ante el Tribunal Supremo Federal para controlar la constitucionalidad de las leyes o actos normativos federales o estadales; y por el otro, la acción que se intenta por ante la Corte Suprema de cada Estado, con el fin de obtener una declaración de inconstitucionalidad de las leyes y actos normativos de los Estados o municipios, pero en relación con las Constituciones de los Estados miembros. En estos casos, la acción sólo pueden intentarla determinados funcionarios o entidades expresamente legitimadas.

El control de la constitucionalidad también puede ser ejercido por el Tribunal Supremo Federal, a través de la acción de inconstitucionalidad por omisión, institución adoptada en la Constitución de 1988, sin duda, bajo la inspiración del sistema de control de la constitucionalidad existente en *Portugal*. El objetivo de esta acción es verificar los casos en los cuales no se han emitido las leyes o actos ejecutivos requeridos para hacer que las normas constitucionales sean plenamente aplicables.

En *México*, mediante la reforma constitucional de 1994 se incorporó un aparte al artículo 105, que trata de la competencia de la Suprema Corte de Justicia asignándole atribuciones para conocer de los conflictos entre los poderes territoriales del Estado federal y, particularmente, de las acciones de inconstitucionalidad que tengan por objeto plantear la posible contradicción entre una norma de carácter general y la Constitución, con excepción de las que se refieran a la materia electoral. La acción sólo pueden intentarla determinados funcionarios y representantes, y la decisión de la Corte tiene efectos generales de invalidez de la Ley inconstitucional.

Como se ha dicho, en Honduras, a pesar de que el sistema de control difuso está expresamente previsto en el artículo 320 de la Constitución, y con la reforma constitucional de 2000 se creó la Sala de lo Constitucional de la Corte Suprema de Justicia, atribuyéndosele competencia exclusiva para conocer del recurso de inconstitucionalidad y anular (derogar) las leyes inconstitucionales, con efectos *erga omnes*; lo que configura un sistema mixto e integral, la ley sobre la Justicia Constitucional de 2004-2005 configuró el sistema como exclusivamente concentrado.

#### b. *El control judicial de la constitucionalidad de las leyes ejercido por Tribunales Constitucionales en un sistema mixto o integral de control*

El control judicial concentrado de la constitucionalidad de las leyes en países que cuentan con el método difuso, también se ha atribuido a Tribunales Constitucionales especialmente creados en las Constituciones con este fin, en general integrados al Poder Judicial.

Este sistema ha sido adoptado en numerosos países de *América Latina*, bajo la influencia *europea*, particularmente en *Colombia, Guatemala, Perú* y *Ecuador*.

La Constitución de *Colombia* de 1991 atribuyó a la Corte Constitucional, el carácter de "guardián de la integridad y supremacía de la Constitución", que antes tenía la Corte Suprema de Justicia. Esta Corte Constitucional tiene a su cargo, entonces, el ejercicio del control concentrado de la constitucionalidad de las leyes y demás actos estatales de similar rango, para lo cual todos los ciudadanos pueden interponer una *acción popular* para requerir la anulación por inconstitucionalidad de dichos actos estatales, incluyendo los actos de reforma de la Constitución, y de convocatoria de referéndum o de asambleas constituyentes referentes a una reforma de la Constitución; los referéndum referentes a leyes, consultas populares y plebiscitos nacionales; decretos que tengan fuerza de ley dictados por el gobierno; decretos legislativos gubernamentales, tratados internacionales y leyes de ratificación de tratados.

La Corte Constitucional, además, ejerce un control preventivo de la constitucionalidad, respecto de las leyes cuya promulgación ha sido vetada por el Presidente de la República por razones de inconstitucionalidad. Además, este control preventivo de la constitucionalidad se prevé como obligatorio en ciertos casos como la emisión de decretos de emergencia o de leyes aprobatorias de tratados.

En todo caso en que la Corte anule por inconstitucionalidad un acto legislativo, esta decisión tiene efectos *erga omnes*. Además, tiene un valor de *res judicata* constitucional, y su contenido es obligatorio para todos, de forma tal que con posterioridad no puede presentarse otra acción de inconstitucionalidad contra el mismo acto.

En *Guatemala*, a partir de la Constitución de 1965, en forma paralela al método difuso se instauró un sistema concentrado de control judicial de la constitucionalidad de las leyes, atribuido a una Corte Constitucional creada para tal fin, siendo el primer país *latinoamericano* en haber creado un Tribunal Constitucional, conforme al modelo europeo.

De acuerdo con la Constitución de 1985, los poderes de control de la constitucionalidad son ejercidos por la Corte Constitucional cuando se ejerce un recurso de inconstitucionalidad, concebido como una acción directa, que puede ser ejercida contra "las leyes y disposiciones de carácter general, objetadas parcial o totalmente de inconstitucionalidad", sólo por determinados funcionarios y autoridades, teniendo la decisión de la Corte efectos generales.

Un elemento importante del procedimiento que se sigue ante la Corte Constitucional en *Guatemala*, es el hecho de que los efectos de la ley o del acto ejecutivo impugnado pueden ser suspendidos provisionalmente por la Corte durante el curso del proceso, cuando la inconstitucionalidad sea notoria y pueda causar gravamen irreparable. Esta decisión de suspender los efectos de la ley o del acto ejecutivo tiene consecuencias generales, de carácter *erga omnes* y debe ser publicada en el *Diario Oficial.*

En *Ecuador*, con motivo de las reformas constitucionales de 1995, se estableció definitivamente el método concentrado de control de la constitucionalidad de las leyes a cargo de un Tribunal Constitucional, que funcionará en paralelo con el método difuso. En esta forma, el Tribunal Constitucional tiene competencia para conocer y resolver sobre las demandas de inconstitucionalidad de las leyes, decretos-leyes, decretos y ordenanzas, y suspender total o parcialmente sus efectos. También tiene competencia el Tribunal Constitucional para conocer y resolver sobre la inconstitucionalidad de los actos administrativos de toda autoridad pública.

El Tribunal Constitucional también ejerce el control preventivo de la constitucionalidad de las leyes al resolver sobre las objeciones de inconstitucionalidad que formule el Presidente de la República en el proceso de formación de las leyes.

Las decisiones del Tribunal Constitucional de declaratoria de inconstitucionalidad causan ejecutoria y deben publicarse en el Registro Oficial, por lo que desde la fecha de la publicación entran en vigencia, dejando sin efecto la disposición y el acto declarado inconstitucional.

Por último de las decisiones que adopten las Salas de la Corte Suprema de Justicia o los tribunales de última instancia en ejercicio de sus poderes de control difuso de la constitucionalidad de las leyes, dichos órganos judiciales deben presentar un informe al Tribunal Constitucional para que éste resuelva con carácter general.

Por último, debe señalarse que la Constitución del *Perú* de 1979, había establecido las bases de un sistema difuso de control de la constitucionalidad y además, había creado el Tribunal de Garantías Constitucionales, con poderes concentrados de control de la constitucionalidad según el modelo *español.*

En la reforma constitucional de 1993 se eliminó el Tribunal de Garantías Constitucionales y se estableció, en su lugar, un Tribunal Constitucional separado del Poder Judicial. Se trata, por tanto, del único Tribunal Constitucional en *América Latina* que no está integrado al Poder Judicial.

Este Tribunal Constitucional ha sido creado como el "órgano de control de la Constitución" y tiene a su cargo conocer de la acción de inconstitucionalidad que sólo pueden ejercer determinados funcionarios o un número elevado de ciudadanos. La acción puede intentarse contra las leyes a actos de similar rango que contravengan la Constitución.

### 3. *El carácter previo o posterior del control concentrado de la constitucionalidad de las leyes*

El sistema de control concentrado de la constitucionalidad puede tener un carácter previo o posterior, o ambos, según que los órganos encargados de ejercer su poder jurisdiccional de control lo hagan antes de que la Ley entre en vigencia, es decir, antes de su promulgación, o una vez en vigencia. Por ello se distingue el control *a priori* del control *a posteriori* de la constitucionalidad de las leyes.

Puede decirse que lo característico del método concentrado de control de la constitucionalidad, es el control posterior, que permite anular actos estatales efectivos pero inconstitucionales y, en *América Latina*, este se combina en muchos casos, con un control *a priori* en algunos casos, a instancias del Presidente de la República cuando veta una ley.

En *Colombia, Venezuela, Ecuador, Panamá, Cosa Rica, Bolivia* y *Chile* en paralelo al control concentrado de la constitucionalidad de las leyes promulgadas ejercido por la propia Corte Suprema de Justicia o un Tribunal Constitucional, también existe un control preventivo que resulta, en general, de las objeciones formuladas por el Presidente de la República, al vetar las leyes por razones de inconstitucionalidad.

En efecto, en *Colombia*, a partir de 1886, en *Venezuela*, a partir de la reforma constitucional de 1945 y en *Ecuador* a partir de la Reforma Constitucional de 1955 la Constitución estableció expresamente la posibilidad de un control preventivo de la constitucionalidad de las leyes nacionales, incluyendo las leyes de aprobación de tratados internacionales y de contratos de interés público, correspondiendo su ejercicio a la Corte Suprema de Justicia o a la Corte o Tribunal Constitucional a petición del Presidente de la República, como consecuencia de su poder de veto respecto de leyes sancionadas por las Cámaras Legislativas.

En *Colombia* cuando una ley es objeto de un veto por causa de inconstitucionalidad, si las Cámaras Legislativas insisten en su promulgación, el Presidente de la República debe enviar el proyecto de ley a la Corte Suprema de Justicia o a la Corte Constitucional la cual debe decidir en un lapso de seis días.

En Venezuela, el control preventivo de la constitucionalidad de las leyes a instancias del presidente de la República, sin embargo, puede decirse que se independizó del veto a la promulgación de la ley, pudiendo el Presidente someter la Ley a la consideración de la Sala Constitucional del Tribunal Supremo cuando considere que algunas normas de la misma son inconstitucionales. Sin embargo, en *Colombia*, además del control previo de constitucionalidad de las leyes por iniciativa del Presidente de la República, la Constitución prevé dos casos de ejercicio de control previo obligatorio de la constitucionalidad por parte de la Jurisdicción Constitucional.

En efecto, en primer lugar, el artículo 241, ord. 7° de la Constitución, prevé que, los decretos legislativos que emanen del Presidente de la República como consecuencia de un estado de sitio, declarado por causa de una guerra, crisis interna, o cuando el orden económico y social del país esté gravemente alterado (arts. 213, 214 y 215), deben ser sometidos en forma obligatoria a control de la constitucionalidad, para lo cual, al día siguiente de su promulgación, el Presidente de la República debe remitir estos decretos a la Corte Constitucional, a la cual corresponde decidir "definitivamente sobre su constitucionalidad" (art. 121). Cualquier ciudadano, puede intervenir en el procedimiento de revisión de los mencionados Decretos Legislativos, para defender o impugnar la constitucionalidad de los mismos (art. 37, Decreto 2067).

La Constitución también prevé en su artículo 241, ord. 10°, que la Corte Constitucional debe decidir definitivamente sobre la inconstitucionalidad de los Tratados internacionales y de las Leyes que los aprueben, a cuyo efecto, el Gobierno debe remitirlos a la Corte dentro de los 6 días siguientes a la sanción de la Ley. En el procedimiento, igualmente, cualquier ciudadano puede intervenir para defender o impugnar la constitucionalidad del Tratado o la Ley. Sólo si la Corte los declara constitucionales, el gobierno puede efectuar el canje de notas; en caso contrario, no serán ratificados.

Por último, aún cuando no se trate de leyes, también se prevé un control previo obligatorio de la constitucionalidad respecto de la convocatoria a un Referendo o a una Asamblea Constituyente para reformar la Constitución, y sólo por vicios de procedimiento en su formación, antes al pronunciamiento popular respectivo (art. 241, ord. 2°); así como de los referendos sobre leyes y de las consultas populares y plebiscitos del orden nacional, sólo por vicios de procedimiento en su convocatoria y realización (art. 241, ord. 3°).

En Venezuela, la Constitución de 1999 también atribuyó a la Sala Constitucional competencia para pronunciarse sobre la inconstitucionalidad de los Tratados internacionales antes de su ratificación, a solicitud del Presidente de la República, y en forma obligatoria, sobre la constitucionalidad de los decretos de estados de excepción (art. 336, 5 y 6)

En *Panamá*, también se ha previsto un control concentrado *a priori* de la constitucionalidad cuando el Presidente de la República objetare un proyecto de ley adoptada por la Asamblea Legislativa, cuando se le envía para su promulgación por razones de inconstitucionalidad, y la Asamblea insista en su adopción. En este caso, corresponde a la Corte Suprema de Justicia decidir sobre su inconstitucionalidad, de manera que si el fallo de la Corte declara el proyecto de ley como constitucional, el Ejecutivo debe sancionarlo y hacerlo promulgar. El mismo principio se aplica a los proyectos de reforma constitucional.

En *Costa Rica*, además de conocer de las cuestiones de constitucionalidad de leyes no promulgadas como consecuencia del veto presidencial, la Sala Constitucional de la Corte Suprema de Justicia tiene competencia para conocer de la inconstitucionalidad de los proyectos de ley como consecuencia de las consultas que le formule la Asamblea Legislativa en el caso de reformas constitucionales o Ley aprobatoria de Tratados Internacionales, o de reforma de la Ley de la Jurisdicción Constitucional.

En el caso de *Bolivia*, el control previo de la constitucionalidad no se regula como consecuencia del poder presidencial de veto de la legislación, sino que en general, la Constitución atribuye al Tribunal Constitucional competencia para absolver las consultas del Presidente de la República, el Presidente del Congreso Nacional y el Presidente de la Corte Suprema de Justicia, sobre la constitucionalidad de proyectos de ley, decretos o resoluciones aplicables a un caso concreto (art. 120, literal h). En estos casos, la opinión del Tribunal Constitucional es obligatoria.

En *Honduras*, la Constitución dispone entre de las atribuciones del Presidente de la República, la posibilidad de vetar las leyes que haya recibido para su promulgación, mediante su devolución al Congreso Nacional, exponiendo las razones en que funda su desacuerdo. El Congreso puede someter la ley a nueva deliberación y eventualmente ratificarla. Sin embargo, si el veto presidencial se hubiese fundado en que el proyecto de ley es inconstitucional, no se puede someter a nueva deliberación sin oír previamente el dictamen de la Corte Suprema de Justicia (Art. 216).

En el caso de *Chile*, puede decirse que siempre ha sido una tradición las competencias del Tribunal Constitucional para resolver *a posteriori* cuestiones de constitucionalidad respecto de los decretos ejecutivos que tengan fuerza de ley; y conforme al artículo 82 de la Constitución, para juzgar, antes de su promulgación, la constitucionalidad de las leyes orgánicas o las que interpretan preceptos de la Constitución.

El Tribunal está igualmente autorizado, para ejercer el control preventivo sobre toda cuestión que surja durante la discusión de los proyectos de ley, de los proyectos de reforma de la Constitución y de las leyes aprobatorias de los Tratados Internacionales sometidos a la sanción del Congreso.

En todos estos casos, el control preventivo ejercido por el Tribunal Constitucional puede ser obligatorio o ejercido a petición de parte. En el caso de las leyes orgánicas constitucionales y de las leyes que interpretan una disposición constitucional, el control preventivo realizado por el Tribunal es obligatorio, a cuyo efecto el Presidente de la Cámara debe enviarle los textos dentro de los cinco días siguientes a su sanción. Dicho control preventivo, incluso, no sólo es obligatorio, sino que el Tribunal puede ejercerlo de oficio, no siendo el procedimiento, en estos casos, de carácter contencioso.

Si en su decisión el Tribunal considera inconstitucional una o varias disposiciones del texto impugnado, debe enviarlo nuevamente a la Cámara correspondiente, cuyo Presidente, a su vez lo debe enviar al Presidente de la República a los efectos de su promulgación, con excepción de las disposiciones consideradas inconstitucionales.

En el caso de proyectos de enmienda constitucional o de los tratados internacionales, el ejercicio del control preventivo por el Tribunal Constitucional sólo es posible si antes de la sanción del texto y durante la discusión del proyecto, se le formula una petición por el Presidente de la República, por una de las Cámaras del Congreso o por una cuarta parte de sus miembros. Por ello, esta petición no tiene efectos suspensivos sobre el procedimiento legislativo y la acción interpuesta por ante el Tribunal es de carácter contenciosa, razón por la cual, en estos casos, el Tribunal debe notificar a los órganos constitucionales interesados y oír sus argumentos.

En todo caso, la decisión del Tribunal que considere inconstitucionales las disposiciones de un proyecto de ley o de un tratado, impide su promulgación.

### 4. *El carácter principal o incidental del control concentrado de la constitucionalidad*

El control concentrado de la constitucionalidad de las leyes puede tener un carácter principal o incidental, o ambos a la vez, según que los asuntos lleguen a la Jurisdicción Constitucional mediante el ejercicio de una acción o mediante remisión por parte de un Tribunal.

En todos los países en los cuales el control concentrado se ha establecido en forma exclusiva, como sucede en *Panamá*, *Uruguay, Paraguay*, *Honduras Bolivia* y *Chile* donde sólo la Corte Suprema de Justicia puede actuar como juez constitucional, el sistema concentrado es a la vez principal e incidental. En cambio, en aquellos países en los cuales existe un sistema mixto o integral de control de la constitucionalidad, donde se combina el método difuso con el método concentrado, el control concentrado de la constitucionalidad de las leyes es siempre de carácter principal, siendo en general, incompatible con el mismo, el método incidental. Así sucede por ejemplo, en Colombia, Venezuela, Perú, Ecuador, Guatemala y México. La excepción a esta regla la constituye, precisamente, el sistema de Honduras donde paralelo a la acción de inconstitucionalidad contra las leyes y a la posibilidad de ejercicio del método difuso, se establece la posibilidad de que se plantee la cuestión de inconstitucionalidad por excepción y vía incidental ante la Sala de lo Constitucional, lo que podría conducir en la práctica a hacer nugatorio el método difuso.

#### A. *El carácter principal e incidental del método concentrado en los sistemas exclusivamente concentrados de control de constitucionalidad*

En *Panamá*, *Uruguay* y *Paraguay*, donde sólo existe el método concentrado y exclusivo de control de la constitucionalidad, como se dijo, éste es, a la vez, principal e incidental.

En estos países, en efecto, un aspecto esencial de la racionalidad del método concentrado de control de la constitucionalidad de las leyes, en el cual el poder para anularlas se confiere a la Corte Suprema de Justicia, es que la cuestión constitucional puede alcanzar a la Corte, en primer lugar, de manera directa o principal mediante una acción ejercida contra la ley o el acto estatal concreto, la cual o sólo se concede a quien tenga interés personal y legítimo como sucede en *Uruguay*, o *Paraguay*, o se atribuye a todos los ciudadanos como es el caso de *Panamá* donde existe la acción popular; y en segundo lugar, de manera incidental, cuando la cuestión constitucional se plantea en un tribunal inferior con motivo de un juicio particular y concreto. En este caso, el juez debe remitir su decisión a la Corte Suprema de Justicia para luego poder adoptar la resolución final del caso, en conformidad con la decisión tomada por la Corte. Este sistema exclusivamente concentrado de control de la constitucionalidad que se ejerce por vía principal y por vía incidental, es el propio del modelo *europeo*.

En todo caso, en el sistema exclusivamente concentrado, cuando se ejerce el control por vía principal, la cuestión constitucional relativa a una ley u otro acto estatal es "la cuestión principal" y única del juicio iniciado mediante acción directa que puede ser interpuesta por ante la Corte Suprema, tanto por los ciudadanos mediante una *actio popularis* o regida por reglas de legitimación particulares. En los supuestos en los cuales la cuestión constitucional se formule de manera incidental, la misma puede ser planteada ante un tribunal ordinario o puede formularse *ex officio* por el tribunal. Este tribunal es, entonces, el único que puede remitir la cuestión constitucional ante la Corte Suprema de Justicia, en cuyo caso debe suspender la decisión del caso concreto hasta que la cuestión constitucional haya sido resuelta por ésta, siendo su decisión obligatoria.

En efecto, en *Panamá* la acción directa está concebida como una *acción popular* que puede ser interpuesta por ante la Corte Suprema por cualquier persona con el fin de denunciar la inconstitucionalidad de las leyes, decretos, decisiones o actos, fundada tanto en cuestiones substantivas como de carácter formal. Por otra parte, la Constitución de *Panamá* estipula que cuando un juez, durante un procedimiento judicial ordinario, observe, *ex-officio* o a instancia de una de las partes, la inconstitucionalidad de normas legales o ejecutivas aplicables al caso, debe someter la cuestión de constitucionalidad a la Corte Suprema; pudiendo el tribunal seguir el procedimiento principal sólo hasta el nivel de decisión.

En *Uruguay*, de acuerdo con la Constitución, la declaración de inconstitucionalidad de una ley y su inaplicación al caso concreto puede ser solicitada ante la Corte Suprema de Justicia por todos aquellos que estimen que sus intereses personales y legítimos han sido lesionados por la misma. En consecuencia, en *Uruguay*, la acción de inconstitucionalidad está sometida a una condición general de legitimación, similar a la que existe en materia de control contencioso administrativo. La cuestión constitucional también puede ser sometida a la Corte Suprema de manera incidental mediante remisión del asunto por un tribunal inferior, sea que éste actúe *ex officio*, sea como consecuencia de una excepción presentada por cualquier parte en el proceso concreto. En este caso, el juez debe enviar a la Corte Suprema un resumen de la cuestión, pudiendo seguir el procedimiento hasta el nivel de decisión. Una vez que la Corte Suprema haya decidido, el tribunal tiene que tomar su propia decisión, de conformidad con lo que la aquélla decida (arts. 258, 259).

En *Costa Rica*, en principio, la acción de inconstitucionalidad sólo puede intentarse por el Contralor General de la República, el Procurador General de la República, el Ministerio Público y el Defensor del Pueblo. Sin embargo, la acción también puede ejercerse de forma directa, cuando no exista, según la naturaleza del caso, ninguna lesión individual y directa o cuando se trate de la defensa de los intereses difusos o de intereses de la colectividad en general.

En este caso, la acción se ejerce contra las normas o leyes auto-aplicativas, que no requieren para su ejecución de actos del Estado interpuestos, en cuyo caso, no es necesario que exista un asunto anterior pendiente para que pueda interponerse la acción. Tampoco es necesario invocar un interés individual; pues se trata de la defensa de intereses difusos o colectivos. Por ello, puede considerarse que en estos casos, la acción de inconstitucionalidad posee un cierto carácter de acción popular.

La vía incidental, que tiene como objetivo solicitar la decisión de la Sala Constitucional de la Corte Suprema de Justicia en materia de constitucionalidad, puede ser utilizada por cualquier persona que sea parte de un procedimiento en curso ante los tribunales, incluso en caso de *habeas corpus* o *amparo*, o ante la Administración, en un procedimiento administrativo que tenga por objeto agotar la vía administrativa. En este último caso, es necesario invocar la cuestión de inconstitucionalidad de la ley, como medio razonable de protección de los derechos o intereses que se consideren afectados.

En estos casos de vía incidental, la acción se presenta directamente ante la Sala Constitucional, y su novedad reside en el hecho de que es posible plantearla, no sólo cuando se trata de un asunto de inconstitucionalidad formulado en un procedimiento judicial, sino también en un procedimiento administrativo. En esta forma, y por razones de economía procesal, para que se pueda ejercer la acción de inconstitucionalidad, no es necesario agotar previamente el procedimiento administrativo y llegar a los tribunales.

Conforme al artículo 120 de la Ley de la Jurisdicción Constitucional de Costa Rica, todos los jueces de la República pueden así mismo formular a la Sala Constitucional una consulta de constitucionalidad, cuando duden de la constitucionalidad de una norma o acto que deban aplicar, o de una acción u omisión que deban juzgar en un caso que les sea sometido. En estos casos, el juez que formule la consulta debe elaborar una resolución donde debe indicar las normas cuestionadas y las razones de las dudas del tribunal con respecto a su validez o interpretación constitucionales. En estos casos, el procedimiento judicial debe suspenderse hasta que la Sala Constitucional haya evacuado la consulta.

En *Honduras*, a los efectos del ejercicio del control exclusivamente concentrado de constitucionalidad que se implementó con la Ley sobre la Justicia Constitucional de 2004-2005, también se prevé como formas de acceder a la Sala de lo Constitucional de la Corte Suprema de Justicia para obtener decisiones de control de la constitucionalidad de las leyes, primero, a través del ejercicio de una acción de inconstitucionalidad por el titular de un interés personal, legítimo y directo (art. 185 de la Constitución); o segundo, por vía incidental, en cualquier procedimiento judicial, como excepción que una parte oponga o de oficio por el Tribunal que conozca del asunto. En este caso de la vía incidental, el procedimiento debe suspenderse antes de dictarse sentencia y elevarse copia de las actuaciones a la Corte Suprema de Justicia.

Igual sucede en Chile, donde como se ha dicho, el control concentrado exclusivo de la constitucionalidad se ejerce por el Tribunal Constitucional desde la reforma constitucional de 2005, por vía de acción, de legitimación restringida a altos funcionarios del Estado y por vía incidental mediante requerimiento formulado por los tribunales (art. 93).

### B. *El carácter exclusivamente principal del método concentrado en los sistemas mixtos o integrales de control de la constitucionalidad*

Ahora bien, en los sistemas mixtos o integrales de control de la constitucionalidad, donde a la vez existe un control difuso y concentrado de la constitucionalidad, en general, este último sólo se ejerce por vía principal, mediante el ejercicio de una acción o demanda de inconstitucionalidad. Esta acción también puede ser una acción popular, o sometida a condiciones particulares de legitimación.

a. *La acción popular*

El ejercicio del control concentrado de la constitucionalidad por vía principal mediante una *acción popular,* en sistemas de controles mixtos o integrales donde el método concentrado se ejerce combinado con el método difuso de control de constitucionalidad, existe en *Colombia* y *Venezuela*. La acción popular, en efecto, puede considerarse como el sistema más acabado de control de la constitucionalidad de las leyes. Sin embargo, su existencia no es frecuente, pues lo normal es que se limite el ejercicio de la acción directa a determinados funcionarios u órganos del Estado (Presidente del Gobierno, Ministerio Público, miembros del Parlamento), para acceder a los Tribunales Constitucionales, como sucede en Europa; o se exija una legitimación activa determinada (interés personal, directo) en caso de que se permita el ejercicio de la acción a los particulares, como sucede en *Uruguay, Honduras* y *Paraguay.*

En *Panamá,* también se ha establecido la *acción popular* como medio procesal para acceder a la Jurisdicción Constitucional de la Corte Suprema de Justicia. La diferencia, en todo caso, entre el sistema *panameño* y el de *Venezuela* y *Colombia,* radica en el objeto del control que es más amplio en *Panamá,* donde no sólo las leyes y demás actos estatales de rango o valor similar pueden ser impugnados por inconstitucionalidad mediante la acción popular, sino todos los actos estatales; y en que el sistema *panameño* de control es exclusivamente concentrado, en tanto que el *colombiano* y el *venezolano* es mixto o integral.

Debe señalarse, en todo caso, que además de los casos de *Colombia, Venezuela* y *Panamá,* también puede identificarse una acción popular de inconstitucionalidad en *El Salvador* y *Nicaragua.*

En efecto, el artículo 96 de la Constitución de 1950 de *El Salvador,* cuyo texto recoge el artículo 183 de la Constitución de 1992, establece la competencia de la Corte Suprema de Justicia, por medio de la Sala de lo Constitucional, como "único tribunal competente para declarar la inconstitucionalidad de las leyes, decretos y reglamentos, en su forma y contenido, de un modo general y obligatorio, y podrá hacerlo *a petición de cualquier ciudadano*".

Por su parte, el artículo 187 de la Constitución de *Nicaragua* de 1995, establece "el recurso por inconstitucionalidad contra toda ley, decreto o reglamento que se oponga a lo prescrito por la Constitución política, el *cual podrá ser instaurado por cualquier ciudadano*".

Se observa, en todo caso, que una pequeña diferencia podría identificarse en cuanto a la legitimación amplia de la *acción popular*: en *Venezuela* se otorga a cualquier persona, al igual que en *Panamá*; en cambio en *El Salvador* y *Nicaragua* al igual que en *Colombia,* se confiere a los ciudadanos, es decir, a quienes gozan de derechos políticos en los respectivos países. Por ello, en *Colombia,* los extranjeros y los nacionales menores de 18 años no pueden ejercer la acción popular lo que no sucede en *Venezuela,* donde la legitimación es más amplia y se refiere a cualquier persona, aún cuando no sea nacional o no goce de los derechos políticos.

En otros países, si bien la legitimación para ejercer la acción de inconstitucionalidad está sometida a algunas restricciones, en definitiva podría identificarse una acción popular de inconstitucionalidad, como es el caso de *Guatemala* y *Ecuador*. En *Guatemala* la Constitución de 1985, reguló los poderes de control de la constitucionalidad ejercidos por la Corte Constitucional, cuando se ejerce un recurso de inconstitucionalidad, concebido como una acción directa (art. 272,a) que puede ser interpuesta contra "las leyes y disposiciones de carácter general, objetadas parcial o totalmente de inconstitucionalidad" (arts. 267 y 272,a). Conforme a la Ley de Amparo, Exhibición personal y de constitucionalidad de 1986, tienen legitimación para plantear la inconstitucionalidad de leyes, reglamentos o disposiciones de carácter general, la Junta Directiva del Colegio de Abogados, el Ministerio Público, el Procurador de Derechos Humanos y "cualquier persona con el auxilio de tres abogados colegiados activos" (art. 134).

En el caso de *Ecuador*, la Constitución de 1995 si bien atribuye legitimación para intentar la demanda de inconstitucionalidad de las leyes y demás actos de similar rango a diversos funcionarios, en definitiva el Tribunal Constitucional puede conocer de las mismas a petición de mil ciudadanos o de cualquier persona, previo informe favorable del Defensor del Pueblo sobre la procedencia, lo que en definitiva equivale a una acción popular.

b. *La legitimación específica para el ejercicio de la acción de inconstitucionalidad*

Salvo los casos de previsión de una acción popular, el ejercicio del control concentrado de la constitucionalidad de las leyes, está sometido a condiciones de legitimación específicas, generalmente reservándose la acción a determinados funcionarios públicos. Excepcionalmente, el caso de Honduras, la acción de inconstitucionalidad de una ley sólo la pueden intentar quienes ostenten un interés personal, legítimo y directo.

Ahora bien, en *Brasil*, para que el Tribunal Supremo Federal controle la constitucionalidad de las leyes y otros actos normativos, la acción federal de inconstitucionalidad puede ser intentada no solamente por el Procurador General de la República, como estaba dispuesto antes de 1988, sino también por el Presidente de la República, el Presidente del Senado, el Presidente de la Cámara de Diputados o el Presidente de las Asambleas Legislativas de los Estados miembros. Por otra parte, esta acción también puede ser interpuesta por el Gobernador de un Estado miembro, por el Consejo Federal de la Orden de los Abogados, por los partidos políticos representados en el Parlamento, por una confederación sindical o por una entidad gremial nacional.

En cuanto a la acción de inconstitucionalidad genérica de los Estados, ésta se interpone por ante las Cortes Supremas de los Estados para juzgar la constitucionalidad de las leyes o actos normativos de los Estados o municipios, con respecto a la Constitución de los Estados miembros. Puede ser interpuesta por el Gobernador del Estado, por la Asamblea Legislativa del Estado, por el Procurador General del Estado, por el Consejo de Abogados del Estado, por las entidades sindicales o gremiales a nivel del Estado o del municipio, siempre y cuando tengan algún interés jurídico en el caso, o por los partidos políticos representados en la Asamblea Legislativa del Estado o, si se trata de un acto normativo emitido por un municipio, por la Cámara correspondiente.

En el caso de *México*, de acuerdo con el artículo 105 de la Constitución, la acción de inconstitucionalidad puede ser interpuesta sólo por: a) El equivalente al treinta y tres por ciento de los integrantes de la Cámara de Diputados del Congreso de la Unión, en contra de leyes federales o del Distrito Federal expedidas por el

Congreso de la Unión; b) El equivalente al treinta y tres por ciento de los integrantes del Senado, en contra de leyes federales o del Distrito Federal expedidas por el Congreso de la Unión o de tratados internacionales celebrados por el Estado Mexicano; c) El Procurador General de la República, en contra de leyes de carácter federal, estatal y del Distrito Federal, así como de tratados internacionales celebrados por el Estado Mexicano; d) El equivalente al treinta tres por ciento de los integrantes de alguno de los órganos legislativos estatales, en contra de leyes expedidas por el propio órgano, y e) El equivalente al treinta y tres por ciento de los integrantes de la Asamblea de Representantes del Distrito Federal, en contra de leyes expedidas por la propia Asamblea.

En *Perú*, las partes legitimadas para intentar la acción de inconstitucionalidad son: el Presidente de la República, la Corte Suprema de Justicia, el Procurador General, sesenta miembros del Congreso, veinte senadores, o cincuenta mil ciudadanos mediante una petición, cuyas firmas deben ser certificadas por el Consejo Supremo Electoral.

En *Guatemala*, conforme a la Ley de Amparo, Exhibición personal y de constitucionalidad de 1986, tienen legitimación para plantear la inconstitucionalidad de leyes, reglamentos o disposiciones de carácter general, la Junta Directiva del Colegio de Abogados, el Ministerio Público, el Procurador de Derechos Humanos y "cualquier persona con el auxilio de tres abogados colegiados activos". Este último convierte el recurso, materialmente, en una acción popular de inconstitucionalidad, como la que existe en *Colombia*, *Panamá* y *Venezuela*.

En sentido similar, en *Ecuador*, la Constitución de 1995 si bien establece una legitimación precisa para ejercer algunas demandas de inconstitucionalidad que pueden intentar el Presidente de la República, el Congreso Nacional, la Corte Suprema de Justicia, los Concejos Provinciales y Municipales y el Defensor del Pueblo, en los casos de demandas de inconstitucionalidad de leyes, decretos-leyes, decretos, ordenanzas y actos administrativos atribuyen la legitimación para accionar "a mil ciudadanos" o a "cualquier persona previo informe favorable del Defensor del Pueblo sobre la procedencia".

### 5. *El poder de iniciativa del control concentrado de la constitucionalidad y la limitación a los poderes del juez constitucional*

#### A. *La ausencia de iniciativa del juez constitucional*

Como viene de señalarse, en general, la cuestión de constitucionalidad referente a la validez de una ley en los sistemas concentrados de control, se plantea normalmente ante la Corte Suprema o la Corte Constitucional mediante el ejercicio de una acción o por remisión de un tribunal inferior. En ambos casos, el juez constitucional, no tiene iniciativa propia para actuar.

En esta forma, en la Jurisdicción Constitucional se aplica el principio *nemo judex sine actore*, pero una vez que la cuestión constitucional ha llegado a la Corte como consecuencia de una acción o de su remisión por parte de un tribunal inferior, el principio *in judex judicet ultra petitum partis* ya no es operante. Esto significa que la Corte Suprema o la Corte Constitucional, como juez constitucional, una vez requerida su actuación por un accionante o por un medio incidental, en general tiene poderes de oficio para considerar cuestiones de constitucionalidad distintas a las que han sido planteadas. Por otra parte, en los casos de control concentrado de la constitucionalidad por vía incidental, el juez ordinario no sólo debe actuar a instancia de parte, sino que en general tiene poderes *ex-officio* para plantear la cuestión constitucional.

B. *La iniciativa de control de la constitucionalidad de los jueces ordinarios en el método incidental del sistema concentrado de control de la constitucionalidad*

En efecto, en el método incidental de control concentrado de la constitucionalidad, en los casos en los cuales los tribunales inferiores remiten la cuestión constitucional al juez constitucional, estos no siempre están vinculados por lo que invoquen las partes o el Fiscal, de manera que cuando consideran el caso particular, pueden plantear la cuestión constitucional de oficio y transmitirla a la Corte Suprema para que ésta decida. Así sucede en *Panamá, Uruguay, Honduras, Costa Rica,* y *Chile.*

Esta es una consecuencia del principio de supremacía de la Constitución y del deber de los jueces de aplicar la ley. Por tanto, aun cuando en el sistema concentrado exclusivo de control de la constitucionalidad, la Constitución prohíba a los tribunales ordinarios actuar como jueces constitucionales en cuanto a las leyes y demás actos reglamentarios, esto no quiere decir que en caso de que estos consideren inconstitucional una disposición legal o reglamentaria aplicable a la decisión de un caso concreto, no tengan el poder para plantear la cuestión constitucional y no puedan transmitirla al juez constitucional. Lo contrario significaría una ruptura con el principio de la supremacía de la Constitución y con el papel de los jueces en la aplicación de la ley.

C. *Los poderes inquisitivos del juez constitucional*

Debe señalarse, por último, que en los casos de control concentrado de la constitucionalidad de las leyes ejercido por vía principal, la Corte Suprema de Justicia o el Tribunal Constitucional no pueden estar condicionados sólo por los motivos o vicios de inconstitucionalidad aducidos por el accionante, por lo que en general se admite el poder de control de oficio, respecto de otros motivos de inconstitucionalidad distintos a los invocados por el accionante. Así sucede en *Panamá, Colombia* y *Venezuela.*

El control de la constitucionalidad también puede abarcar otros preceptos de la ley respectiva no impugnados, si tienen conexión con el o los artículos cuestionados en la acción. Así sucede en *Costa Rica*, *Venezuela* y *Panamá.*

Por otra parte, la vida de la acción de inconstitucionalidad no siempre depende de la voluntad del accionante por lo que en algunos casos, a pesar de que este pueda desistir de la misma, la Corte tiene el poder de seguir conociendo del proceso. Así sucede en *Venezuela* y *Colombia.*

6. *Los efectos de las decisiones en materia de control concentrado de la constitucionalidad*

El último aspecto de la racionalidad del método concentrado de control de la constitucionalidad se refiere a los efectos de las decisiones dictadas por la Corte Suprema o por la Corte Constitucional relativas a la inconstitucionalidad de la ley, sea respecto a los destinatarios de la decisión, sea respecto al tiempo.

### A. *Efectos en cuanto a los destinatarios*

El control concentrado de la constitucionalidad, en general, implica la atribución a un solo órgano estatal de la potestad anulatoria respecto de las leyes inconstitucionales, por lo que en general, los efectos de la decisión anulatoria son *erga omnes*. Sin embargo, en algunos sistemas concentrados de control, los efectos son *inter partes*, respecto del recurrente, aún cuando ello es excepcional.

#### a. *Los efectos erga omnes de la decisión anulatoria*

En lo que se refiere a quienes afecta la decisión del juez constitucional, la racionalidad del sistema concentrado de control de la constitucionalidad implica que la decisión dictada por la Corte Suprema o por la Corte Constitucional, actuando como juez constitucional, tiene efectos generales, *erga omnes*. Este es el valor de las sentencias anulatorias por inconstitucionalidad de la Corte Suprema de Justicia en *Venezuela, México, Costa Rica, Brasil, El Salvador, Honduras* y *Panamá,* y de la Corte o Tribunal Constitucional en *Colombia, Guatemala, Perú, Ecuador, Chile* y *Bolivia*, siguiendo, en este sentido, la situación general en el derecho comparado.

Esto sucede cuando el control de la constitucionalidad se ejerce mediante una acción directa interpuesta por ante la Corte Constitucional o la Corte Suprema, sin conexión con algún caso concreto contencioso. En estos casos, cuando se interpone una acción directa por ante un juez constitucional, la relación procesal no se establece entre un demandante y un demandado, sino más bien, fundamentalmente, entre un recurrente y una ley o acto estatal cuya constitucionalidad está cuestionada. En este caso, el objeto de la decisión acerca de la constitucionalidad de la ley es su anulación, y los efectos de la decisión son necesariamente *erga omnes*. Nunca deberían ser *inter partes*, particularmente debido a la ausencia de las partes propiamente dichas, en el procedimiento.

Por otra parte, en el sistema concentrado exclusivo de control de la constitucionalidad, iniciado por el método incidental, como sucede en *Panamá*, cuando se plantea una cuestión constitucional referente a una ley en un procedimiento concreto y el tribunal inferior la remite a la Corte Suprema para que sea objeto de una decisión, dicha decisión también debe adoptarse con base en aspectos de derecho y no con respecto a los hechos, por lo que también tiene efectos *erga omnes*, es decir, no limitados al juicio concreto en el que se planteó la cuestión constitucional ni a las partes del mismo.

#### b. *Los efectos inter partes de la decisión declaratoria de la inconstitucionalidad*

En contraste con los efectos *erga omnes* de las decisiones anulatorias de leyes por inconstitucionales que, como regla general tienen las que dictan los Tribunales Constitucionales o las Cortes Supremas cuando ejercen el control concentrado de la constitucionalidad, puede decirse que con excepción de Honduras, en todos los países en los cuales la acción o excepción de inconstitucionalidad sólo puede ser ejercida por quien alegue un interés personal y directo, como sucede en *Uruguay* y *Paraguay* los efectos de las decisiones que adopte el juez constitucional sólo afectan al accionante o a las partes en el proceso; es decir, tienen efectos *inter partes.*

En *Honduras*, en cambio, a pesar de que sólo los titulares de un interés personal, legítimo y directo son los que pueden intentar la acción de inconstitucionalidad u oponer la excepción de inconstitucionalidad ante que puede remitirse ante la Corte Suprema, la decisión de ésta tiene efectos *erga omnes*.

En el caso de *Chile*, cuando la decisión del Tribunal Constitucional a ejercer el control concentrado exclusivo de la constitucionalidad de las leyes, se adopta mediante el método incidental, a requerimiento de un tribunal inferior o requerimiento de parte en el proceso, la decisión del Tribunal es de efectos *inter partes*.

B. *Efectos de las decisiones de inconstitucionalidad en el tiempo*

El principio general en cuanto a los efectos temporales de las decisiones adoptadas en materia de control concentrado de la constitucionalidad de las leyes, es que si estas tienen efectos generales, *erga omnes*, dado su carácter anulatorio, entonces sólo tienen efectos constitutivos, *ex nunc, pro futuro*; es decir, no tienen efectos retroactivos.

Esta es la solución general del derecho comparado y la que existe en Panamá, Brasil, México, Colombia, Guatemala, Bolivia, Venezuela, Perú y Ecuador.

Las decisiones anulatorias por inconstitucionalidad, por tanto, no tienen efectos retroactivos, aún cuando excepcionalmente podrían tenerlos en protección de derechos constitucionales. Por ello, la Ley Orgánica del Tribunal Constitucional del *Perú,* luego de precisar que las decisiones anulatorias no tienen efectos retroactivos, establece que la decisión que declare la inconstitucionalidad de un acto normativo del Estado sólo puede servir de base para revisar un procedimiento judicial ya concluido, en el cual se hubiesen aplicado las normas constitucionales. Sin embargo, de conformidad con el principio general excepcional de la aplicabilidad retroactiva de las leyes en materia penal, fiscal y laboral, la Ley Orgánica permite la aplicación en forma retroactiva de la decisión del Tribunal en los procedimientos cuyos efectos pudieran ser favorables para la persona condenada, para el trabajador o para el contribuyente, según los casos.

Por ello, igualmente, la reciente Ley *mexicana* reguladora de la acción de inconstitucionalidad de 1995 precisó que:

> ...la declaración de invalidez de las sentencias no tendrá efectos retroactivos, salvo en materia penal, en la que regirán los principios generales y disposiciones legales aplicables de esta materia (art. 45).

En sentido similar, en *Colombia*, el Decreto Nº 2067 de 1991 regulador de la Jurisdicción Constitucional había establecido que:

> ...los fallos de la Corte sólo tendrán efecto hacia el futuro, salvo para garantizar el principio de favorabilidad en materia penal, policiva y disciplinaria y en el caso previsto en el artículo 149 de la Constitución.

Esta norma, sin embargo, fue declarada nula por inconstitucionalidad por la Corte Constitucional por sentencia Nº C-103/93 por considerarse que ello corresponde decidirlo a la propia Corte Constitucional y no es materia del legislador.

Puede decirse, que por ello, en *Venezuela*, aún cuando rige el principio general señalado, desde la Ley Orgánica de la Corte Suprema de 1976, el legislador no resolvió el asunto en forma expresa, sino que se limitó a señalar que el Tribunal puede determinar los efectos de su decisión "en el tiempo", lo que se repite en la ley Orgánica del Tribunal Supremo de Justicia de 2010 (art. 126). Sin embargo, para precisar los efectos de las sentencias que anulan una Ley por inconstitucionalidad, debe recordarse que en *Venezuela* existe un sistema mixto o integral de control de la constitucionalidad, lo que implica el funcionamiento de dos sistemas de justicia constitucional en paralelo: por un lado, el sistema difuso, ejercido por todos los jueces, y por otro, el sistema concentrado, ejercido por la Sala Constitucional del Tribunal Supremo de Justicia. Por consiguiente, no deben confundirse los efectos de las decisiones en materia de control de la constitucionalidad en uno y otro método.

En efecto, en relación a los casos de control difuso de la constitucionalidad, está claro que la decisión judicial de no aplicar una ley inconstitucional, incluso si tiene sólo y exclusivamente efectos *inter partes*, equivale a una decisión simplemente declarativa, con efectos retroactivos, *pro praeterito* o *ex tunc*. Al ejercer este control difuso, el juez no anula la ley, sino que declara o constata únicamente una inconstitucionalidad preexistente; de forma que ignora la existencia de la ley (es decir, que la considera inexistente) y no la aplica en el caso concreto que corresponde el conocimiento del juez.

Ahora bien, los efectos del control difuso de la constitucionalidad de las leyes son completamente diferentes de los efectos producidos por el ejercicio del control concentrado de la constitucionalidad, cuando la Sala Constitucional declara la nulidad de una ley por inconstitucionalidad. En esos casos, cuando la Sala Constitucional, en el ejercicio de sus atribuciones previstas en el artículo 336 de la Constitución *venezolana*, "declara la nulidad" de la ley, es decir anula la ley, ésta, en principio, es válida y efectiva hasta que se publique la sentencia de la Corte, habiendo producido todos sus efectos a pesar de su inconstitucionalidad, en virtud de la presunción de la constitucionalidad de las leyes.

Como el control de la constitucionalidad de las leyes atribuida a la Sala Constitucional por el artículo 336 de la Constitución es un control concentrado, ejercido mediante acción popular, resulta claro que la sentencia que anula la ley tiene efectos constitutivos, por lo que los efectos de la anulación de la ley por inconstitucionalidad, al no existir una norma expresa constitucional o legal que disponga la solución, sólo pueden producirse *erga omnes* pero hacia el futuro, es decir, que las sentencias son, en principio, constitutivas, *pro futuro* y con efectos *ex nunc*, que no pueden referirse al pasado (no pueden ser retroactivas). Se puede afirmar que ese es el criterio que sigue no sólo la doctrina *venezolana*, sino también, en general, la jurisprudencia de la Corte Suprema de Justicia.

En todo caso, como se dijo a partir de 1976, la vieja Ley Orgánica de la Corte Suprema de Justicia y luego las Leyes del Tribunal Supremo de Justicia de 2004 y 2010, particularmente estas últimas, atribuyen a la Sala Constitucional la potestad de determinar los efectos de su decisión "en el tiempo". Por consiguiente, la Sala puede corregir los efectos desfavorables que podría engendrar el efecto *ex nunc* de sus decisiones, particularmente en el campo de los derechos y garantías constitucionales, y podría atribuir a sus sentencias efectos retroactivos, *pro praeterito, ex tunc*.

Por tanto, en general, las sentencias anulatorias de inconstitucionalidad en los sistemas concentrados de control tienen efectos constitutivos (no declarativos), es decir, *ex nunc* y *pro futuro*, y por tanto, no tienen efectos retroactivos. La excepción a esta regla, sin embargo, la constituye el sistema de *Costa Rica,* cuya Ley de la Jurisdicción Constitucional establece el principio contrario, es decir, que los efectos de la declaración de inconstitucionalidad y anulación de la ley por parte de la Sala Constitucional son *ex tunc* y, por consiguiente, declarativos y retroactivos, salvo en lo referente a los derechos adquiridos de buena fe (art. 91) o respecto de situaciones consolidadas por prescripción, caducidad o en virtud de una sentencia judicial.

En *Guatemala*, en general los efectos de la decisión de la Corte Constitucional son *ex-nunc*; pero si la Corte ha decidido la suspensión provisional de los efectos de una ley durante el proceso, la decisión final tiene efectos *ex tunc*, de forma retroactiva, pero sólo hasta la fecha de la decisión de suspensión de los efectos de la ley cuestionada.

## *SECCIÓN SEGUNDA:*

## *EL SISTEMA PANAMEÑO DE JUSTICIA CONSTITUCIONAL A LA LUZ DEL DERECHO COMPARADO (1995/2013)*

**Este estudio que se recoge en esta sección tiene su origen en el trabajo elaborado como Ponencia a las Segundas Jornadas Internacionales de Derecho Procesal J. Fabregas, organizado por el profesor Cesar Quintero en Panamá en enero de 1995, y que fue publicado como "El sistema panameño de control concentrado de constitucionalidad en el Derecho Comparado" en *Registro Judicial,* Publicación del Órgano Judicial de la República de Panamá, Panamá, Enero 1997, pp. I-XXII; y Febrero 1997, pp. I-XXVI. Posteriormente fue reelaborado y publicado como "El sistema panameño de justicia constitucional a la luz del Derecho Comparado," en *Revista Novum Ius*, Edición Nº 15º, Editada por los Miembros de la Asociación Nueva Generación Jurídica publicación estudiantil de la Facultad de Derecho y Ciencias Políticas de la Universidad de Panamá, Panamá, 2010. pp. 130-168. Publicado también con el título: "El sistema panameño de justicia constitucional a la luz del derecho comparado," en el libro: *Derecho Procesal Constitucional. Instrumentos para la Justicia Constitucional*, Ediciones Doctrina y Ley Ltda., Bogotá 2013, pp. 169-232.**

### I. BASES CONSTITUCIONALES DEL SISTEMA PANAMEÑO DE CONTROL DE CONSTITUCIONALIDAD

#### 1. *El sistema exclusiva y privativamente concentrado*

La Constitución de Panamá de 2004, siguiendo la orientación de la de 1972 reformada en 1978, 1983 y 1994, en sus artículos 171 y 206,1, establece las bases de uno de los sistemas más concentrados, excluyentes y amplios de control de la constitucionalidad que existen en el derecho comparado, al atribuir a la Corte Suprema de Justicia la guarda de la integridad de la Constitución y, como consecuencia, el poder exclusivo para conocer y decidir sobre la inconstitucionalidad de todos los actos estatales.

Dichas normas disponen lo siguiente:

"Artículo 171. Cuando el Ejecutivo objetare un proyecto por inexequible y la Asamblea Nacional, por la mayoría expresada, insistiere en su adopción, aquél lo pasará a la Corte Suprema de Justicia para que decida sobre su inconstitucionalidad. El fallo de la Corte que declare el proyecto constitucional obliga al Ejecutivo a sancionarlo y hacerlo promulgar.

Artículo 206. La Corte Suprema de Justicia tendrá, entre sus atribuciones constitucionales y legales, las siguientes:

1. La guarda de la integridad de la Constitución para la cual la Corte en pleno conocerá y decidirá, con audiencia del Procurador General de la Nación o del Procurador de la Administración, sobre la inconstitucionalidad de las leyes, decretos, acuerdos, resoluciones y demás actos que por razones de fondo o de forma impugne ante ella cualquier persona.

Cuando en un proceso el funcionario público encargado de impartir justicia advirtiere o se lo advirtiere alguna de las partes que la disposición legal o reglamentaria aplicable al caso es inconstitucional, someterá la cuestión al conocimiento del pleno de la Corte, salvo que la disposición haya sido objeto de pronunciamiento por parte de ésta, y continuará el curso del negocio hasta colocarlo en estado de decidir".

Las partes sólo podrán formular tales advertencias una vez por instancia.

De estas normas se deduce la conformación de un sistema exclusivamente concentrado que atribuye a la Corte Suprema de Justicia el control de la constitucionalidad de las leyes y demás actos estatales normativos o no[1419], en la siguiente forma:

1. Por vía de acción popular, de las Leyes, decretos, acuerdos, resoluciones y demás actos estatales. La amplitud del sistema radica en que se trata de un control concentrado de la constitucionalidad, no sólo de las leyes y demás actos de rango legal como sucede, en general, en el derecho comparado, sino de todos los decretos, acuerdos, resoluciones y demás actos estatales, con lo cual, entre otros efectos, el control contencioso-administrativo de los actos administrativos sólo se ejerce por razones de ilegalidad. Además, la acción para el ejercicio del control de constitucionalidad, está concebida como una acción popular, que corresponde a cualquier persona y por tanto, sin legitimación específica sino basada en un simple interés en la constitucionalidad, siguiendo en este aspecto la orientación de los sistemas venezolano y colombiano.

2. Por vía incidental, de las disposiciones legales o reglamentarias, cuando un funcionario público que imparta justicia, de oficio o por advertencia de una de las partes en un proceso público concreto, someta la cuestión de inconstitucionalidad a la Corte Suprema de Justicia.

Se trata de un control de constitucionalidad *incidenter tantum*, que no sólo puede incitar un tribunal o autoridad judicial, sino cualquier funcionario de la Administración actuando en ejercicio de funciones jurisdiccionales. En cuanto a los primeros,

---

1419 *V.*, en general sobre el sistema panameño de justicia constitucional: Carlos Bolívar Pedreschi, *El control de la constitucionalidad en Panamá*. Ediciones Guadarrama, España, 1965; Edgardo Molina Mola, *La jurisdicción constitucional en Panamá*. Edit. Biblioteca Jurídica Dike, Colombia, 1998; Rigoberto González Montenegro, *Los desafíos de la justicia constitucional panameña*, Instituto de Estudios Políticos e Internacionales, Panamá 2002, consultada también en http://www.asamblea.gob.pa/debate/Ediciones_anteriores/Ponencias/DESAFIOS_JUST_CONST_PANAME%C3%91A.pdf el método sigue la orientación general del derecho comparado, con la advertencia de que no sólo se refiere a las leyes, sino también a las disposiciones reglamentarias; y

3. A requerimiento, del Presidente de la República, cuando objetare un proyecto de Ley por inconstitucional (inexequible) y la Asamblea Nacional por mayoría de los 2/3 de los Legisladores que la componen, insistiere en la adopción del proyecto. En este sentido, el sistema da origen a un control previo de constitucionalidad de las leyes, cuando el veto presidencial se funda en razones de inconstitucionalidad. En este aspecto, el sistema recoge la orientación de los sistemas venezolano y colombiano.

Por otra parte, de acuerdo con los artículos 23 y 54 de la Constitución y con los artículos 2611 y 2616 del Código Judicial[1420], las acciones de *habeas corpus* de la libertad personal y de amparo constitucional de los derechos y garantías consagrados en la Constitución se pueden interponer en general ante los tribunales judiciales (incluyendo la Corte Suprema de Justicia).

Las decisiones judiciales dictadas en protección de los derechos y garantías constitucionales, sin duda, también se integran dentro del sistema de justicia constitucional. Sin embargo, en el caso de Panamá, si para la decisión de la acción de habeas corpus o amparo el juez respectivo que conozca de la acción debe declarar la inconstitucionalidad de una ley u otro acto normativo, esa decisión no la puede adoptar y debe proceder a someter la cuestión de inconstitucionalidad ante la Corte Suprema de Justicia.

Por tanto, el carácter "difuso" de la competencia judicial para las decisiones en materia de habeas corpus o amparo, no cambia el sistema exclusivamente concentrado de control de constitucionalidad.

Por ello, el sistema de control de constitucionalidad de Panamá, como se dijo, es uno de los más concentrados y amplios que se conocen en el derecho comparado, siguiendo la orientación de los sistemas también exclusivamente concentrados de Uruguay, Honduras y Paraguay, en el sentido de que no se lo combina con el sistema difuso de control de la constitucionalidad de las leyes. En Panamá, si bien el control difuso se estableció en el los Códigos Judicial y Civil de 1916 y 1917[1421] en el marco de la Constitución de 1904, el mismo fue eliminado totalmente a partir de la reforma constitucional de 1941.

Este sistema panameño de control de la constitucionalidad, exclusivamente concentrado, se desarrolla en el Código Judicial al establecer en su artículo 2545, lo siguiente:

> "Art. 2545.- Al pleno de la Corte Suprema de Justicia le corresponderá privativamente conocer y decidir de manera definitiva y en una sola instancia:
>
> 1. De la inexequibilidad de los proyectos de ley que el Ejecutivo haya objetado como inconstitucional por razones de fondo o de forma.

---

1420 Ley 23 de 01-06-2001, *Gaceta Oficial* N° 24.384 de 10-09-2001.

1421 *V.*, Rigoberto González Montenegro, "La justicia constitucional en Panamá", en *Anuario Iberoamericano de Justicia Constitucional*, Centro de Estudios Políticos y Constitucionales, Madrid 1997, pp. 276 y ss.

2. De las consultas que de oficio o por advertencia de parte interesada, de acuerdo con el artículo 203 de la Constitución, eleve ante ella cualquier autoridad o funcionario que, al impartir justicia en un caso concreto, estime que la disposición o disposiciones aplicables pueden ser inconstitucionales por razones de fondo o de forma; y

3. De la inconstitucionalidad de todas las leyes, decretos de gabinete, decretos leyes, reglamentos, estatutos, acuerdos, resoluciones y demás actos provenientes de autoridad impugnados por razones de fondo o de forma".

### 2. *El sistema panameño de control de la constitucionalidad no es de carácter mixto*

Ahora bien, a pesar de que algunos autores han calificado el sistema panameño de control de la constitucionalidad como un sistema mixto[1422], en realidad, el mismo no tiene dicho carácter, pues dentro de sus componentes no hay, técnicamente, ningún elemento de control difuso de la constitucionalidad de las leyes que permita a cualquier juez, incluso al llamado a decidir una acción de habeas corpus o amparo, desaplicar una ley o acto normativo en la decisión del caso concreto por razones de inconstitucionalidad. El sistema mixto o integral de control de constitucionalidad, en efecto, es aquél en el cual se combina el método concentrado con el método difuso de control de constitucionalidad, como ha sido el modelo tradicional que desde el siglo XIX se ha aplicado en Venezuela y Colombia[1423], y que también funciona en Guatemala, Perú, Brasil, El Salvador y más recientemente en México.

En efecto, en Venezuela, en la Constitución de 1858 se previó la competencia de la Corte Suprema de Justicia para conocer de la acción popular de inconstitucionalidad de los actos de las Legislaturas Provinciales al atribuírsele en el artículo 113,8 competencia para:

> "Declarar la nulidad de los Actos Legislativos sancionados por las legislaturas provinciales, a petición de cualquier ciudadano, cuando sean contrarios a la Constitución".

Esta atribución de la Corte Suprema se amplió a partir de la Constitución de 1893, respecto de las leyes, decretos y resoluciones inconstitucionales (art. 110,8). En la Constitución de 1999, la competencia de la sala Constitucional de la Corte Suprema de Justicia en materia de control concentrado de la constitucionalidad, con poderes anulatorios, se extiende a leyes nacionales y demás actos con rango de ley de la Asamblea Nacional que colidan con esta Constitución; a las Constituciones y leyes estadales, a las ordenanzas municipales y demás actos de los cuerpos deliberantes de los Estados y Municipios dictados en ejecución directa e inmediata de esta

---

1422. *V.*, Arturo Hoyos, "El control judicial y el bloque de constitucionalidad en Panamá", *Boletín del Instituto de Investigaciones Jurídicas*, N° 75, UNAM México 1992, p. 788 y 789; Arturo Hoyos, "La justicia constitucional en Panamá: estructura y evolución reciente", en *Contribuciones (Estado de Derecho)*, Fundación Konrad Adenauer, N° 2, Buenos Aires, 1994, p. 184; Arturo Hoyos, *La interpretación constitucional*, Edit. Temis, Bogotá, p. 8.

1423 *V.*, Allan R. Brewer-Carías, *El sistema mixto o integral de control de la constitucionalidad en Colombia y Venezuela*, Universidad Externado de Colombia, Temas de Derecho Público N° 39; y Pontificia Universidad Javeriana, *Quaestiones Juridicae* N° 5, Bogotá 1995.

Constitución y que colidan con ella; a los actos con rango de ley dictados por el Ejecutivo Nacional que colidan con esta Constitución; y a los actos en ejecución directa e inmediata de esta Constitución, dictados por cualquier otro órgano estatal en ejercicio del Poder Público, cuando colidan con ésta (art. 336)[1424].

Este control concentrado de la constitucionalidad se estableció, en paralelo, con el control difuso, desarrollado durante el siglo XIX por la previsión expresa de la garantía objetiva de la Constitución (nulidad de los actos inconstitucionales) a partir de 1811[1425], el cual encontró consagración legal expresa a partir del Código de Procedimiento Civil de 1897, en la cual se estableció:

> "Art. 10. Cuando la Ley vigente, cuya aplicación se pida, colidiere con alguna disposición constitucional, los tribunales aplicarán ésta con preferencia".

La Constitución de Venezuela de 1999 recogió este principio del control difuso y dispuso en su artículo 334:

> "En caso de incompatibilidad entre esta Constitución y una ley u otra norma jurídica, se aplicarán las disposiciones constitucionales, correspondiendo a los tribunales en cualquier causa, aun de oficio, decidir lo conducente".

En el caso de Colombia, la competencia de la Corte Suprema en materia de control de constitucionalidad se estableció por primera vez en la Constitución de 1886, respecto de los actos legislativos, en forma limitada y preventiva cuando hubiesen sido objetados por el Gobierno (arts. 88, 90 y 151, ord. 4º), y sólo fue mediante el Acto Legislativo Nº 3 de 31-10-1910 (reformatorio de la Constitución Nacional), que el sistema de justicia constitucional adquirió plena consagración, de carácter mixto, al establecerse en los artículos 40 y 41, la acción popular de inconstitucionalidad, en paralelo con el control difuso de la constitucionalidad de las leyes, en la forma siguiente:

> "Art. 40. En todo caso de incompatibilidad entre la Constitución y la Ley se aplicarán de preferencia las disposiciones constitucionales.
>
> Art. 41. A la Corte Suprema de Justicia se le confía la guarda de la integridad de la Constitución. En consecuencia, además de las facultades que le confieren ésta y las leyes, tendrá las siguientes:
>
> Decidir definitivamente sobre la exequibilidad de los actos legislativos que hayan sido objetados como inconstitucionales por el Gobierno, o sobre todas las leyes o decretos acusados ante ella por cualquier ciudadano como inconstitucionales, previa audiencia del Procurador General de la Nación".

---

1424 *V.*, Allan R. Brewer-Carías, *La justicia constitucional (Procesos y procedimientos constitucionales)*, Editorial Porrúa/ Instituto Mexicano de Derecho Procesal Constitucional, México 2007.

1425. *V.*, Allan R. Brewer-Carías, *Estado de Derecho y Control Judicial*, Madrid, 1987, pp. 25 y ss.

De lo anterior resulta que, en realidad, Colombia no fue el primer país que creó la acción popular de inconstitucionalidad de las leyes[1426], la cual tiene su antecedente en la Constitución venezolana de 1858.

En todo caso, estas competencias se recogieron en la Constitución de 1991 en la cual además de ratificarse el control difuso de la constitucionalidad de las leyes, se consolidó el control concentrado al atribuirse la potestad de declarar la nulidad de las mismas una Corte Constitucional.

Este sistema de justicia constitucional que existe en Venezuela y Colombia, aún en la actualidad, es un sistema mixto, que combina el control concentrado con el control difuso, y que además, está concebido en paralelo con la consagración de garantías judiciales para la protección de los derechos constitucionales a través de la acción de amparo o de tutela, cuyo conocimiento corresponde como en Panamá, a todos los tribunales, generalmente de primera instancia.

Los autores panameños que han calificado el sistema de control de constitucionalidad como sistema mixto, lo han hecho al señalar que el sistema concentrado de justicia constitucional, coexiste con la consagración de las acciones de habeas corpus y amparo, cuyo conocimiento corresponde a todos los tribunales ordinarios[1427]. En realidad, la existencia de garantías judiciales de los derechos constitucionales mediante las acciones de habeas corpus, amparo (tutela o protección), *habeas data* o los medios judiciales ordinarios (writs, référés, procedimientos de urgencia)[1428], es un signo de nuestro tiempo, por lo que todos los países con régimen de Estado de Derecho las consagran.

En general, la competencia para conocer y decidir las acciones de amparo o habeas corpus corresponde a los tribunales ordinarios, siendo excepcional su conocimiento exclusivo atribuido a Tribunales Constitucionales (es el sistema europeo de Alemania, Austria, España) o a la Corte Suprema de Justicia (es el caso excepcionalísimo, de la Sala Constitucional de la Corte Suprema de Costa Rica y de El Salvador). Lo normal y común, se insiste, sobre todo en los países anglosajones, en Francia e Italia y en América Latina es la competencia de los tribunales ordinarios para conocer de estas acciones de protección de los derechos constitucionales. En todo caso, al decidirlas, por supuesto, los jueces resuelven como jueces constitucionales cuestiones de inconstitucionalidad, pero limitadamente en relación a la protección de los derechos constitucionales.

El sistema difuso de control de la constitucionalidad de las leyes, en cambio, es mucho más amplio, no sólo cuando se les plantea una cuestión de constitucionalidad en relación a la protección de derechos constitucionales, sino básicamente, cuando en un caso judicial ordinario que no tiene por objeto una cuestión constitucional, los jueces actúan como jueces constitucionales en todo caso en el cual deban aplicar una ley, que juzguen inconstitucional, aplicando preferentemente la Constitución.

---

1426 Como lo afirmó Cesar A. Quintero, "La jurisdicción constitucional en Panamá", en Jorge Fabrega P. (Compilador), *Estudios de Derecho Constitucional Panameño*, Panamá, 1987, p. 826.

1427 A. Hoyos, "El control judicial y el bloque de constitucionalidad en Panamá", *loc. cit.*, p. 790.

1428 Allan R. Brewer-Carías, *El amparo a los derechos y garantías constitucionales (una aproximación comparativa)*, Caracas 1994.

Por ello, en realidad, el sistema de control de constitucionalidad de Panamá es un sistema exclusiva y privativamente concentrado, donde no existe control difuso de la constitucionalidad de las leyes y donde además, como es natural, se prevén garantías judiciales (*habeas corpus* y amparo) de los derechos constitucionales cuyo conocimiento corresponde a los tribunales ordinarios.

### 3. *Aproximación general al sistema concentrado de control de constitucionalidad*

Como se deduce de las disposiciones constitucionales y legales antes transcritas, el sistema de panameño de control de constitucionalidad es un sistema exclusivo y privativo de control concentrado, de una amplitud tal, que lo distingue de todos los sistemas que muestra el derecho comparado[1429].

En efecto, el sistema concentrado de control de la constitucionalidad, contrariamente al sistema difuso, se caracteriza por el hecho de que el ordenamiento constitucional confiere a un solo órgano estatal el poder de actuar como juez constitucional, generalmente de ciertos actos estatales, es decir, este sistema existe cuando un solo órgano estatal tiene la facultad de decidir jurisdiccionalmente la nulidad por inconstitucionalidad de determinados actos estatales, particularmente de los actos legislativos y otros actos del Estado de rango y valor similar. Como se ha señalado, en el caso de Panamá, el control no sólo se refiere a las leyes y demás actos de rango legal, sino materialmente a todos los actos estatales, lo que lo hace único en el derecho comparado.

Ahora bien, el órgano estatal dotado del privilegio de ser único juez constitucional en el sistema concentrado de control de la constitucionalidad puede ser la Corte Suprema de Justicia, ubicada en la cúspide de la jerarquía judicial de un país, como es el caso de Panamá; o una Corte, un Consejo o un Tribunal Constitucional creado especialmente por la Constitución, dentro o fuera de la jerarquía judicial, para actuar como único juez constitucional. En ambos casos, estos órganos tienen en común el ejercicio de una actividad jurisdiccional, como jueces constitucionales.

Por ello, el sistema concentrado de control de la constitucionalidad, aun cuando sea generalmente similar al "modelo europeo" de Tribunales constitucionales especiales[1430], no implica necesariamente la existencia de un Tribunal Constitucional especial, concebido constitucionalmente fuera del Poder Judicial. La experiencia latinoamericana de control concentrado de la constitucionalidad así lo demuestra, pues en general, son las Cortes Supremas de Justicia las que lo ejercen; y en el caso de que se haya atribuido a Tribunales Constitucionales el ejercicio del control, estos están integrados al Poder Judicial (Guatemala, Colombia, Ecuador, Bolivia y Chile) con la sola excepción del caso del Perú, cuya Constitución de 1993 creó el Tribunal Constitucional fuera del Poder Judicial.

En realidad, el sistema sólo implica la atribución, a un órgano particular del Estado que ejerce una actividad jurisdiccional, del poder y del deber de actuar como juez constitucional. Esta es la esencia propia del sistema concentrado con relación al sistema difuso, sea que el órgano dotado del poder para actuar como juez constitu-

---

1429 Allan R. Brewer-Carías, *El control concentrado de la constitucionalidad de las leyes (Estudio de Derecho Comparado)*, Caracas 1994.

1430 M. Cappelletti, *Judicial Review in the Contemporary World*, Indianapolis, 1971, pp. 46, 50, 53.

cional sea el Tribunal más alto del Poder Judicial (Corte Suprema de Justicia) o un Tribunal especializado en materia constitucional, dentro del Poder Judicial; sea que se trate de un órgano constitucional especial, creado fuera de la organización judicial, aun cuando este último aspecto no resulte esencial para establecer la distinción.

Ahora bien, en el caso de Panamá, tratándose de un sistema de control concentrado de la constitucionalidad, exclusivamente concentrado en la Corte Suprema de Justicia, se analizarán a continuación los aspectos más relevantes de dicho sistema, encuadrándolo adecuadamente en el derecho comparado.

## II. LA SUPREMACÍA DE LA CONSTITUCIÓN Y EL SISTEMA CONCENTRADO DE CONTROL DE LA CONSTITUCIONALIDAD

### 1. *La lógica de los sistemas de justicia constitucional*

Desde un punto de vista lógico y racional, puede afirmarse que el poder conferido a un órgano estatal que ejerce una actividad jurisdiccional para que actúe como juez constitucional, es una consecuencia del principio de la supremacía de la Constitución. Así, en todo sistema de justicia constitucional, siendo la Constitución la Ley suprema del país, es evidente que en caso de conflicto entre un acto estatal y la Constitución, ésta última debe prevalecer.

Sin embargo, las Constituciones no siempre confieren poderes a todos los tribunales para que actúen como jueces constitucionales. Cuando así lo hacen se trata de un sistema de control difuso de la constitucionalidad, como el que existe en casi toda América Latina concebido sea en forma exclusiva (Argentina, por ejemplo) o en forma mixta, mezclado con un sistema concentrado (Guatemala, Costa Rica, Colombia, Venezuela, Perú, Brasil, El Salvador, Brasil, México), establecido bajo la inferencia norteamericana; y como el que existió en Panamá, hasta 1941.

Al contrario del sistema difuso, en muchos casos, las Constituciones reservan este poder a la Corte Suprema de Justicia o a un Tribunal Constitucional, sobre todo en lo que respecta a algunos actos del Estado, los cuales solamente pueden ser anulados por dicho órgano cuando contradicen la Constitución. En algunos casos excepcionales, como sucede en Panamá, el poder de la Corte Suprema para actuar como juez constitucional se refiere a absolutamente todos los actos estatales.

### 2. *El sistema concentrado de control de la constitucionalidad de ciertos actos estatales*

En efecto, de manera general puede señalarse que la lógica del sistema concentrado, así como del sistema difuso, reside en el principio de la supremacía de la Constitución y del deber de los tribunales de decidir la ley aplicable a cada caso en particular; ello, sin embargo, con una limitación precisa en el sistema concentrado: el poder de decidir la inconstitucionalidad, generalmente de los actos legislativos y otros actos del Estado del mismo rango, se reserva a la Corte Suprema de Justicia o a un Tribunal Constitucional.

Debe decirse, sin embargo, que en casi todos los países en los cuales existe un sistema concentrado de control de la constitucionalidad, este sólo se refiere a las Leyes y actos de similar rango, por lo que todos los otros tribunales continúan teniendo plenos poderes para decidir sobre la constitucionalidad de las normas aplicables en cada caso concreto, salvo las de las leyes u actos dictados en ejecución inmediata de la Constitución[1431]. Por ejemplo, en materia contencioso-administrativa en Venezuela, los tribunales de la jurisdicción tienen plena competencia para declarar la nulidad de los reglamentos y demás actos administrativos por razones de inconstitucionalidad o por ilegalidad. En el caso de Panamá, sin embargo, el sistema de control concentrado de la constitucionalidad atribuido a la Corte Suprema de Justicia es total, pues se refiere a todos los actos estatales, con lo cual ningún otro Tribunal de la República puede hacer pronunciamientos sobre constitucionalidad de los actos estatales. Ello además se confirma con la atribución que hace el artículo 206,2 de la Constitución a la Corte Suprema de Justicia, de la competencia en materia de:

> "La jurisdicción contencioso-administrativa respecto de los actos, omisiones, prestación defectuosa o deficiente de los servicios públicos, resoluciones, órdenes o disposiciones que ejecuten, adopten, expidan o en que incurran en ejercicio de sus funciones o pretextando ejercerlas, los funcionarios públicos y autoridades nacionales, provinciales, municipales y de las entidades públicas autónomas o semiautónomas. A tal fin, la Corte Suprema de Justicia con audiencia del Procurador de la Administración, podrá anular los actos acusados de ilegalidad; restablecer el derecho particular violado; estatuir nuevas disposiciones en reemplazo de las impugnadas y pronunciarse prejudicialmente acerca del sentido y alcance de un acto administrativo o de su valor legal".

En cambio, por ejemplo, en los sistemas concentrados de control de constitucionalidad europeos atribuidos a Tribunales Constitucionales, el poder de éstos para declarar la nulidad de actos estatales por inconstitucionalidad sólo se extiende a las leyes (o proyectos de Leyes), incluyendo las leyes aprobatorias de Tratados, y demás actos de rango legal o dictados en ejecución directa de la Constitución, como los actos de gobierno y los *interna corporis* de las Cámaras Legislativas (es el caso, en general, con diferencias entre uno u otro país, de Alemania, Austria, Italia, España y Portugal). La misma orientación, en general, la tienen los sistemas de control concentrado de la constitucionalidad de las leyes en América Latina, sea atribuido a Tribunales Constitucionales (Guatemala, Colombia, Ecuador, Perú, Bolivia, Chile) o a las Cortes Supremas de Justicia (El Salvador, Costa Rica, Colombia, Venezuela, Brasil, Uruguay, Paraguay, Honduras, México).

En general, y con diferencias entre cada país, el poder anulatorio de la Corte Suprema o del Tribunal Constitucional, como juez constitucional sólo se refiere a las leyes o proyectos de leyes y a los actos dictados en ejecución directa de la Constitución, como los Decretos Leyes, los actos de gobierno y los actos parlamentarios sin forma de Ley; adicionalmente, en algunos países, a los reglamentos.

---

1431 *Cf.* M. García Pelayo, "El 'Status' del Tribunal Constitucional". *Revista Española de Derecho Constitucional*, 1, Madrid, 1981, p. 19; E. García de Enterría, *La Constitución como norma y el Tribunal Constitucional*, Madrid, 1981, p. 65. En particular en los sistemas concentrados de control de la constitucionalidad, los tribunales dotados de funciones de justicia administrativa siempre tienen el poder para actuar como juez constitucional de los actos administrativos. *V.*, C. Frank, *Les fonctions juridictionnelles du Conseil d'Etat dans l'ordre constitutionnel*, Paris, 1974.

De resto, los otros actos estatales incluyendo los actos administrativos, no están sometidos a control concentrado de la constitucionalidad ante la Jurisdicción Constitucional, y desde el punto de vista de su conformación al texto constitucional están sometidos al control de los jueces respectivos, por ejemplo, los jueces contencioso-administrativos que conocen de la contrariedad al derecho (ilegalidad o inconstitucionalidad) de los actos administrativos, incluyendo los Reglamentos.

En general debe recordarse que conforme a las orientaciones de Kelsen[1432] los actos del Estado sometidos al control jurisdiccional de constitucionalidad pueden ser considerados como actos subordinados a la Constitución de manera inmediata; por lo tanto, el control de la constitucionalidad aparece como la consecuencia de la expresión jerárquica del ordenamiento legal[1433]. Por ello, el control de la constitucionalidad de los actos ejecutivos, normalmente subordinados a las leyes, generalmente se confiere en Europa, a la jurisdicción administrativa y no a las Cortes Constitucionales[1434]. Sin embargo, en particular, según Kelsen, sólo debían quedar excluidos de la jurisdicción constitucional los actos del Estado con efectos particulares (administrativos o judiciales)[1435]; lo que implica que por ejemplo en Austria, las normas ejecutivas o los actos administrativos con efectos generales también estén sometidos a la jurisdicción del Tribunal Constitucional.

### 3. *La amplitud del sistema exclusiva y privativamente concentrado de Panamá respecto de todos los actos estatales*

En contraste con esa orientación general, el sistema de Panamá es totalmente concentrado, al atribuir en su artículo 206,1 a la Constitución a la Corte Suprema de Justicia, competencia exclusiva para conocer y decidir sobre la constitucionalidad de las leyes, y además, de todos "los decretos, acuerdos, resoluciones y demás actos" estatales; o como lo precisan los artículos 2554,3, 2559 y 2561 del Código Judicial, de "las leyes, decretos de gabinete, decretos-leyes, reglamentos, estatutos, acuerdos, resoluciones y demás actos provenientes de autoridad". Esta enunciación del artículo 206,1 de la Constitución, precisada por los mencionados artículos del Código Judicial, conduce a un objeto amplísimo para el ejercicio del poder de control concentrado por parte de la Corte Suprema de Justicia, que abarca, como lo destacó César A. Quintero, el control sobre:

> "La constitucionalidad de leyes, actos administrativos, actos jurisdiccionales y actos políticos dictados por el Órgano Legislativo; de decretos-leyes y decretos de gabinete, así como de resoluciones, órdenes y otros actos administrativos

---

1432 Hans Kelsen, "La garantie juridictionnelle de la Constitution. La Justice Constitutionelle", *Revue du Droit Public et de la Science Politique en France et a l'etranger*, Paris, 1928.

1433 *Cf.* H. Kelsen, *loc. cit.*, pp. 228-231.

1434 "No obstante, a pesar de estas directrices, el control jurisdiccional de los actos ejecutivos se confiere también, en Austria, al Tribunal Constitucional. Al respecto, Kelsen afirmaba: Tal vez estos reglamentos no sean... actos inmediatamente subordinados a la Constitución; su irregularidad consiste inmediatamente en su ilegalidad y, de manera mediata solamente, en su inconstitucionalidad. A pesar de ello, si nos proponemos aplicarles también la competencia de la jurisdicción constitucional, no es tanto por considerar la relatividad... de la oposición entre constitucionalidad directa y constitucionalidad indirecta, sino en razón de la frontera natural entre actos jurídicos generales y actos jurídicos particulares". *Ídem*, p. 230.

1435 *Ídem*, p. 232.

dictados por el Órgano Legislativo o cualquier autoridad administrativa nacional, provincial o municipal; de sentencias u otras decisiones definitivas dictadas por cualquier tribunal judicial o especial"[1436].

Sin duda, la redacción del texto constitucional le da una amplitud única al sistema panameño, permitiendo el control de constitucionalidad, exclusivo y excluyente, de todos los actos estatales, es decir, los provenientes de cualquier autoridad, nacional, provincial o municipal, sea legislativa, ejecutiva o judicial. Por ello, estimamos que las excepciones a este control exclusivo y privativo sólo podrían tener fundamento constitucional, como por ejemplo, la previsión del artículo 207 de la Constitución que establece que "no se admitirán recursos de inconstitucionalidad ni de amparo de garantías constitucionales contra los fallos de la Corte Suprema de Justicia o sus Salas". En el mismo sentido, se destaca la exclusión que ha hecho la jurisprudencia de la Corte Suprema para conocer de la inconstitucionalidad de reformas constitucionales, las cuales, al tener rango constitucional no podrían ser inconstitucionales. Ello no excluye, sin embargo, que pudiera plantearse recurso de inconstitucionalidad por razones de forma, concernientes al procedimiento de reforma constitucional[1437].

Pero adicionalmente, la Corte Suprema de Justicia ha excluido del control de constitucionalidad otros actos estatales: las leyes o normas que no estén vigentes, es decir, las leyes derogadas; los contratos civiles celebrados por el Estado y los Tratados Internacionales. En relación al primer caso, entendemos que ello es consecuencia del carácter constitutivo, con efectos ex nunc, de las sentencias de inconstitucionalidad, pues si los efectos fueran *ex tunc* procedería la declaratoria de inconstitucionalidad de las normas derogadas. Sin embargo, debe señalarse que la Corte Suprema de Justicia "excepcionalmente" ha admitido ejercer el control de la constitucionalidad de normas legales o reglamentarias derogadas, en virtud del principio de la ultra actividad o vigencia residual que pudieran tener dichos preceptos conforme al cual, la norma derogada puede ser aplicada para regular ciertos efectos de eventos que se produjeron cuando estaba vigente[1438]. Se destaca, sin embargo, que estas sentencias se han dictado con motivo del ejercicio del control de constitucionalidad incidental, planteado como advertencia en casos concretos, y no con motivo del ejercicio de una acción popular.

En cuanto a los últimos dos supuestos, coincidimos con los comentarios de Jorge Fábrega P. y César A. Quintero en el sentido de que la exclusión no está justificada en el marco del sistema constitucional panameño[1439]. Por lo demás, las leyes aprobatorias de Tratados son en general objeto de control de constitucionalidad en los países con sistema concentrado de control, como por ejemplo sucede en Austria, Alemania y España; y en América latina en Colombia y Venezuela[1440].

1436 César A. Quintero, *loc. cit.*, p. 829.

1437 César A. Quintero, *loc. cit.*, p. 830.

1438 *V.*, sentencia de 26-3-93, en la cual se citan sentencias anteriores de 8-6-92 y 26-2-93.

1439 *Cfr.* Jorge Fábrega P., "Derecho Constitucional Procesal Panameño" en Jorge Fábrega P. (Compilador), *Estudios de Derecho Constitucional Panameño*, Panamá 1987, pp. 902-903; César A. Quintero, *loc. cit.*, pp. 830-831.

1440 *Cfr.* Allan R. Brewer-Carías, *El control concentrado...., cit.*, pp. 51, 75, 119, 163.

## III. EL CARÁCTER EXPRESO DEL SISTEMA CONCENTRADO DE CONTROL DE LA CONSTITUCIONALIDAD COMO GARANTÍA DE LA CONSTITUCIÓN

### 1. *La creación pretoriana del sistema difuso y el carácter expressis verbis del sistema concentrado*

Un sistema concentrado de control de la constitucionalidad de las leyes, basado en el principio de la supremacía de la Constitución, no puede desarrollarse como consecuencia de la labor pretoriana de los jueces en sus decisiones judiciales, como en cambio sucedió en el caso del sistema difuso de control de la constitucionalidad, por ejemplo, en los Estados Unidos y en Argentina. Al contrario, debe ser expresamente establecido en la Constitución, como sucede en Panamá. Por tanto, las funciones de justicia constitucional relativas a ciertos o a todos los actos del Estado, reservadas a la Corte Suprema o a un Tribunal Constitucional, requieren texto expreso.

Por consiguiente, dadas las limitaciones que ello implica tanto al deber como al poder de todos los jueces de determinar, en cada caso, la ley aplicable, un sistema concentrado de control jurisdiccional de la constitucionalidad sólo se puede implantar en la medida en que está previsto, *expressis verbis*, por normas constitucionales. En esta forma, la Constitución, como Ley suprema de un país, es el único texto que puede limitar los poderes y deberes generales de los tribunales para decidir la ley aplicable en cada caso; es la única habilitada para atribuir dichos poderes y deberes, en lo referente a ciertos actos del Estado, a ciertos órganos constitucionales, sea la Corte Suprema o una Corte, un Consejo o un Tribunal Constitucional.

Por lo tanto, el sistema concentrado de control jurisdiccional de la constitucionalidad solamente puede ser un sistema de control establecido y regido expresamente por la Constitución. Los órganos del Estado a los cuales la Constitución reserva el poder de actuar como jueces constitucionales respecto de algunos o todos actos del Estado, tienen el carácter de jueces constitucionales, es decir, de órganos del Estado creados y regidos expresamente por la Constitución, trátese de la Corte Suprema de Justicia existente o de una Corte, un Consejo o un Tribunal Constitucional especialmente creado para tal fin.

### 2. *El caso panameño: del control difuso al control concentrado de la constitucionalidad*

El sistema de control concentrado de la constitucionalidad se estableció en Panamá, en la Constitución de 1941, mediante una previsión expresa de la Constitución (artículo 188) inspirada, sin duda, en el artículo 149 de la Constitución colombiana cuyo texto resultó de la reforma constitucional establecida mediante el Acto Legislativo Nº 3 de 1910 (artículo 41).

Con anterioridad, la Constitución de 1904 no contenía previsión alguna sobre atribución de la Corte Suprema en materia de control de la constitucionalidad de las leyes y demás actos estatales. La Constitución de 1904 establecía, en cambio, normas expresas derivadas del principio de la supremacía constitucional, como la contenida en el artículo 48 que prohibía "a la Asamblea Nacional dictar leyes que disminuyan, restrinjan o adulteren cualquiera de los derechos individuales consignados" en la Constitución.

Sin duda, con fundamento en el principio de la supremacía constitucional, se desarrolló el control difuso de la constitucionalidad, sin texto constitucional expreso, para lo cual, además, los jueces encontraron apoyo legal en dos normas fundamentales del Código Civil y del Código Judicial de la época.

En efecto, el artículo 12 del Código Civil, establecía y aún establece:

> "Art. 12. Cuando haya incompatibilidad entre una disposición constitucional y una legal, se preferirá aquélla".

Por su parte el artículo 4 del Código Judicial disponía:

> "Art. 4. Es prohibido a los funcionarios del orden judicial aplicar en la administración de justicia, leyes, acuerdos municipales o decretos del Poder Ejecutivo que sea contrarios a la Constitución".

Estas normas, por supuesto, formalizaban el sistema de control difuso de la constitucionalidad que se desarrolló en Panamá, conforme al modelo desarrollado en materialmente toda América Latina, con algunas excepciones como en Uruguay y Paraguay. Este sistema, fue duramente criticado por algunos autores como Eusebio A. Morales y José D. Moscote[1441], resumiéndose esas críticas por Carlos Pedreschi según el cual, el sistema "estaba cargado de inconvenientes y deficiencias" pues dejaba en manos de cualquier funcionario judicial la trascendental función de interpretar los preceptos constitucionales y creaba, a la vez "cierta amargura... al legitimar tantas interpretaciones de la Constitución como jueces existieran en la República[1442]".

En realidad, esta crítica, necesariamente debe vincularse a la realidad del momento del Poder Judicial en Panamá, pero no puede erigirse en apreciación general y objetiva, pues ello sería la negación del sistema de control difuso de la constitucionalidad de las leyes, que es el más difundido en el mundo. En todo caso, las propuestas formuladas por Morales y Moscote, cristalizaron en la reforma constitucional de 1941, cuyo artículo 188, en parte, se inspiró, en parte, en el texto constitucional colombiano conforme a la reforma de 1910, ya señalada. Decimos que en parte, se inspiró en parte de dicho texto, por lo siguiente:

En primer lugar, porque la Constitución de Colombia, conforme a la reforma de 1910, establecía un sistema mixto de control de la constitucionalidad, a la vez difuso y concentrado. La reforma panameña de 1941, sólo tomó en cuenta el sistema concentrado que atribuía a la Corte Suprema la guarda de la Constitución, desechando el sistema de control difuso de la constitucionalidad que también preveía la Constitución colombiana.

En segundo lugar, la inspiración en el texto colombiano fue en parte, pues en éste no se estableció el sistema de control concentrado incidental que se incorporó a la Constitución panameña; y además, el texto colombiano sólo prevería la acción po-

---

1441 *V.*, Eusebio A. Morales "Leyes Inconstitucionales", en *Ensayos, Documentos y Discursos*, Panamá 1928, T. I, p. 221; y José D. Moscote, *Introducción al Estudio de la Constitución*, Panamá 1929, p. 116. Citados por César A. Quintero, *loc. cit.*, p. 818 y 819 y Jorge Fábrega P., *loc. cit.*, pp. 897 a 899.

1442 Carlos B. Pedreschi, *El control de la constitucionalidad en Panamá*, Madrid, 1965, pp. 155; *cit.* por César A. Quintero, *loc. cit.*, p. 818.

pular de inconstitucionalidad contra "todas las leyes" y contra ciertos decretos ejecutivos, particularmente los dictados en ejercicio de facultades extraordinarias que le confiriera el Congreso; en cambio, la Constitución de Panamá la previó respecto de "todas las leyes, decretos, ordenanzas y resoluciones".

En esta forma, el sistema panameño de control de la constitucionalidad pasó de ser un sistema de control difuso a ser un sistema concentrado de control, amplio, exclusivo y excluyente, precisamente por previsión expresa de la Constitución. El sistema establecido es único por lo que, en realidad, no siguió "el modelo de la Constitución colombiana de 1910", como lo ha señalado César A. Quintero[1443] salvo, en parte de la fraseología relativa a la atribución a la Corte Suprema "la guarda de la integridad de la Constitución", y al incorporar la institución de la "acción popular".

### 3. *Otros sistemas de control concentrado y exclusivo de constitucionalidad atribuido a las Cortes Supremas de Justicia en América Latina: Uruguay, Honduras y Paraguay*

Desde el punto de vista del derecho comparado latinoamericano, en realidad, se puede encontrar alguna similitud con la estructura general del sistema panameño de control de la constitucionalidad, en los sistemas de Uruguay, Paraguay y Honduras[1444], con la advertencia, en todo caso, de que, en general, en estos países no es tan amplio, pues sólo se refiere a las leyes o actos estatales de similar rango; y no existe la acción popular, y en cuanto a que los efectos de la decisión de la Corte Suprema en materia de inconstitucionalidad, en el caso de Uruguay y Paraguay son más bien inter partes. En Honduras, en cambio, los efectos de las sentencias que declaren la inconstitucionalidad de normas legales son *erga omnes*.

En efecto, en el sistema uruguayo, la Constitución cuya última reforma es de 1989, atribuye a la Corte Suprema de Justicia la jurisdicción exclusiva y original para declarar la inconstitucionalidad de las leyes y otros actos del Estado que tengan fuerza de ley, con fundamento tanto en razones substantivas como formales (arts. 256 y 257). De acuerdo con la Constitución, la declaración de inconstitucionalidad de una ley y su inaplicación al caso concreto, puede ser solicitada ante la Corte por todos aquellos que estimen que sus intereses personales y legítimos han sido lesionados por la misma (art. 258). En consecuencia, en contraste con la acción popular de Panamá, en Uruguay, la acción de inconstitucionalidad está sometida a una condición general de legitimación, similar a la que existe en materia de control contencioso administrativo.

La cuestión constitucional también puede ser sometida a la Corte Suprema de manera incidental mediante remisión del asunto por un tribunal inferior, sea que éste actúe de oficio, sea como consecuencia de una excepción presentada por cualquier parte en el proceso concreto (art. 258). En este caso, el juez debe enviar a la Corte un resumen de la cuestión, pudiendo seguir el procedimiento hasta el nivel de decisión.

---

1443 *Loc. cit.* p. 825.

1444 *V.*, las referencias en Allan R. Brewer-Carías, *El control concentrado...*, pp. 41 y ss.

Una vez que la Corte Suprema haya decidido, el tribunal tiene que tomar su propia decisión, de conformidad con lo que la Corte Suprema decida (arts. 258 y 259).

En Uruguay, al contrario que en Panamá, las decisiones de la Corte Suprema sobre cuestiones de constitucionalidad se refieren, exclusivamente, al caso concreto, teniendo, por tanto, efectos sólo en los procedimientos en los que fueron adoptados (art. 259). Obviamente, esta solución es clara con respecto a las vías incidentales de control de la constitucionalidad, pero no lo es en los casos en que el asunto constitucional se plantea como una acción directa. En este caso, la Ley Nº 13747 de 1969, referente al procedimiento en materia de justicia constitucional, señala que la decisión puede impedir la aplicación de las normas declaradas inconstitucionales con respecto al que entabló la acción y que obtuvo la decisión, y autoriza a utilizarla como excepción en todos los procedimientos judiciales, incluyendo el control contencioso administrativo.

De manera similar al modelo uruguayo, en Paraguay, la Constitución de 1992 ha mantenido el sistema de control concentrado de la constitucionalidad, atribuido exclusivamente a la Sala Constitucional de la Corte Suprema de Justicia. Esta, por tanto, de acuerdo con el artículo 260, tiene competencia para decidir las acciones o excepciones que se le planteen con el fin de declarar la inconstitucionalidad e inaplicabilidad de disposiciones contrarias al texto fundamental, en la siguiente forma:

1. Conocer y resolver la inconstitucionalidad de las leyes y de otros instrumentos normativos, declarando la inaplicabilidad de las disposiciones contrarias a esta Constitución en cada caso concreto y en fallo que sólo tendrá efecto con relación a ese caso; y

2. Decidir sobre la inconstitucionalidad de las sentencias definitivas o interlocutorias, declarando la nulidad de las que resulten contrarias a esta Constitución.

De acuerdo con la misma norma, el procedimiento puede iniciarse por acción ante la Sala Constitucional de la Corte Suprema de Justicia, y por vía de excepción en cualquier instancia, en cuyo caso se elevarán los antecedentes a la Corte.

En este último caso, el procedimiento relativo al caso concreto debe continuar hasta el nivel de decisión. De todas formas, como se dijo, en ambos casos la decisión de la Corte Suprema sólo tiene efectos con respecto al caso concreto y al peticionante.

En Honduras, a pesar de la existencia de normas constitucionales expresas que permiten identificar la existencia de un control difuso[1445], también se ha establecido un sistema de control exclusivamente concentrado de la constitucionalidad, atribuido a la Sala Constitucional del la Corte Suprema de Justicia.

---

1445 *V.*, Allan R. Brewer-Carías, "El sistema de justicia constitucional en Honduras" en *El sistema de Justicia Constitucional en Honduras (Comentarios a la Ley sobre Justicia Constitucional)*, Instituto Interamericano de Derechos Humanos, Corte Suprema de Justicia. República de Honduras, San José, 2004, pp. 1-148; y "La reforma del sistema de justicia constitucional en Honduras", en *Revista Iberoamericana de Derecho Procesal Constitucional.* Proceso y Constitución (Directores Eduardo Ferrer Mac-Gregor y Aníbal Quiroga León), Nº 4, 2005, Editorial Porrúa, México, pp. 57-77. Véase los comentarios actualizados en el parágrafo 7 de este libro.

En efecto, el artículo 184 de la Constitución de 1982, con redacción similar a la Constitución de Uruguay, establece lo siguiente:

> "Art. 184.- Las leyes podrán ser declaradas inconstitucionales por razón de forma o de contenido.
>
> A la Corte Suprema de Justicia le compete el conocimiento y la resolución originaria y exclusiva en la materia; y deberá pronunciarse con los requisitos de las sentencias definitivas".

En esta forma, la Corte Suprema de Justicia, a través de su Sala de lo Constitucional, tiene la potestad exclusiva de actuar como juez de la constitucionalidad. Su competencia para declarar la inconstitucionalidad de una ley y su inaplicabilidad, puede ser solicitada por quien se considere lesionado en su interés directo, personal y legítimo, a través de las siguientes vías (art. 185 de la Constitución):

1. Por vía de acción que se entabla directamente ante la Corte Suprema de Justicia.

2. Por vía incidental, sea como excepción que puede oponerse en cualquier procedimiento judicial; sea a instancia del Juez o Tribunal que conozca en cualquier procedimiento judicial, quien puede solicitar de oficio la declaración de inconstitucionalidad de una ley y su inaplicabilidad antes de dictar resolución. En este caso de la vía incidental, las actuaciones se deben elevar a la Corte Suprema de Justicia, y el procedimiento debe seguirse hasta el momento de la citación para sentencia, momento a partir del cual se debe suspender en espera de la resolución sobre la inconstitucionalidad.

3. Debe señalarse además, que de acuerdo con el artículo 183,2 de la Constitución de Honduras, y hasta la reforma de 2006, también procedía el amparo contra leyes, que se intentaba ante la Corte Suprema de Justicia, para que se declarase en casos concretos que la ley no obligaba al recurrente ni era aplicable por contravenir, disminuir o tergiversar cualquiera de los derechos reconocidos por la Constitución. Esta modalidad del amparo contra leyes, sin embargo, fue eliminada en 2006.

### 4. *La compatibilidad del sistema concentrado de control de la constitucionalidad con todos los sistemas jurídicos*

Como resulta de lo anterior, puede señalarse que el sistema concentrado de control de la constitucionalidad de las leyes, sin duda, es compatible con todos los sistemas jurídicos, es decir, no es propio de los sistemas de derecho civil ni tampoco incompatible con la tradición del *common law*. En realidad, se trata de un sistema que debe establecerse en una Constitución escrita, y poco importa que el sistema jurídico del país sea de derecho civil o de *common law*, aun cuando es más frecuente en países de derecho civil[1446].

Por ello, la expresión de que "la práctica del *common law* siempre ha sido incompatible con la noción de tribunal constitucional especial según el modelo conti-

1446 *V.*, Allan R. Brewer-Carías, *Judicial Review in Comparative Law*, Cambridge 1989, pp. 186 y ss.

nental"[1447] en materia de control de la constitucionalidad, debe entenderse como una referencia al modelo europeo de Corte, Consejo o Tribunal Constitucional especial, y no, a un sistema "en el que la jurisdicción está determinada y limitada a ciertas cuestiones"[1448]. El sistema concentrado de control de la constitucionalidad no puede reducirse a los sistemas constitucionales en los cuales existe una Corte, un Consejo o un Tribunal Constitucional. Por esta razón, como hemos dicho, consideramos que es erróneo para estudiar el sistema, el enfoque que consiste en identificar el sistema concentrado de control de la constitucionalidad de las leyes con el "modelo europeo" de Cortes, Consejos o Tribunales constitucionales especiales.

De hecho, aun cuando el sistema concentrado de control de la constitucionalidad de las leyes se conozca también como el sistema "austríaco"[1449] o "modelo europeo"[1450] debido a la existencia de una Corte, un Consejo o un Tribunal Constitucional especial, encargado por la Constitución de actuar como juez constitucional fuera del Poder Judicial, debe recalcarse el hecho de que la característica fundamental del sistema no es la existencia de una Corte, una Consejo o un Tribunal Constitucional especial, sino más bien, la atribución exclusiva a un solo órgano constitucional del Estado del poder de actuar como juez constitucional en lo que respecta algunos actos del Estado, trátese de la Corte Suprema de Justicia existente en el país o de una Corte, un Consejo o un Tribunal Constitucional especialmente creado.

La adopción del sistema es una elección constitucional, tomada en función de las circunstancias concretas de cada país, pero no necesariamente implica la creación de Tribunales Constitucionales especiales con el fin de garantizar la justicia constitucional, ni la organización de tales Tribunales fuera del Poder Judicial.

En Europa, por ejemplo, la multiplicación de los Tribunales Constitucionales encargados de ejercer el sistema concentrado de control de la constitucionalidad de las leyes, debe considerarse como una consecuencia práctica de una tradición constitucional particular, vinculada al principio de la supremacía de la Ley, a la separación de los poderes y a la desconfianza hacia los jueces en lo que respecta al control de los actos estatales y particularmente de los administrativos[1451]. Sin embargo, esto no puede llevar a considerar que el "modelo" del sistema concentrado de control de la constitucionalidad de las leyes esté limitado a la creación de órganos constitucionales fuera del Poder Judicial, para que actúen como jueces constitucionales. Antes del "descubrimiento" europeo de la justicia constitucional a través de la creación de

1447 E. Mc Whinney, "Constitutional Review in the Commonwealth", en E. Mosler (ed.), Max-Plank-Institut für Ausländisches öffentliches recht und völkerrecht, Verfassungs gerichtsbarkeit in der Gegenwart, Internationales Kolloquium, Heidelberg, 1961, Köln - Berlín, 1962, p. 80.

1448 *Idem*, p. 80.

1449 M. Cappelletti, *Judicial Review in the Contemporary World*, Indianapolis, 1971, p. 50; J. Carpizo et H. Fix Zamudio, "La necesidad y la legitimidad de la revisión judicial en América Latina. Desarrollo reciente", *Boletín Mexicano de Derecho comparado*, 52, 1985, p. 36.

1450 L. Favoreu, "Actualité et légitimité du contrôle juridictionnel des lois en Europe occidentale", *Revue du Droit public et de la Science politique en France et à l'étranger*, 1985 (5), París, p. 1149. Publicado también en L. Favoreu y J.A. Jolowicz (ed.), *Le contrôle juridictionnel des lois. Légitimité, effectivité et développements récents*, París, 1986, pp. 17-68.

1451 *Cf.* M. Cappelletti, *op. cit.*, p. 54; M. Cappelletti y J.C. Adams, "Judicial Review of Legislation: European Antecedents and Adaptation", Harvard Law Review, Vol. 79, (6), 1966, p. 1211.

Cortes o Tribunales constitucionales especiales después de la Primera Guerra mundial, otros países con tradición de derecho civil habían implantado, a partir de mitades del siglo pasado, sistemas concentrados de control de la constitucionalidad, atribuyendo a sus Cortes Supremas una jurisdicción exclusiva y original, con el fin de anular leyes y otros actos del Estado con efectos similares, cuando éstos contradicen la Constitución. Este es el caso de los sistemas constitucionales latinoamericanos, incluso si, con alguna frecuencia, han combinado el sistema concentrado con el sistema difuso de control de la constitucionalidad.

## IV. LA ANULABILIDAD DE LOS ACTOS ESTATALES COMO GARANTÍA CONSTITUCIONAL QUE FUNDAMENTA EL CONTROL CONCENTRADO

Como se ha señalado anteriormente, la esencia del sistema concentrado de control de la constitucionalidad de las leyes, es la noción de supremacía de la Constitución, de manera que si la Constitución es la Ley suprema de un país y, por lo tanto, prevalece ante todas las demás leyes, entonces un acto del Estado que contradiga la Constitución no puede constituir una norma efectiva; al contrario, debe considerarse nulo.

Ahora bien, el principal elemento que aclara la diferencia entre los dos grandes sistemas de control de la constitucionalidad (difuso y concentrado) no es una posible concepción distinta de la Constitución y de su supremacía, sino más bien el tipo de garantía adoptada en el sistema constitucional para preservar dicha supremacía.

Como lo indicó Hans Kelsen en 1928, estas "garantías objetivas" son la nulidad o la anulabilidad del acto inconstitucional. Por nulidad se entiende, como lo explicó Kelsen, que el acto inconstitucional del Estado no puede considerarse objetivamente como un acto jurídico; en consecuencia, no se requiere, en principio, de ningún otro acto jurídico para quitarle al primero su calidad usurpada de acto jurídico. En este caso, teóricamente, cualquier órgano, cualquier autoridad pública o cualquier individuo tendría el derecho de examinar la regularidad de los actos considerados nulos, con el fin de decidir su irregularidad y juzgarlos no conformes y no obligatorios. En cambio, si otro acto jurídico fuera necesario para establecer la nulidad del acto inconstitucional, la garantía constitucional no sería la nulidad sino la anulabilidad[1452].

Ahora bien, en principio, la nulidad de los actos inconstitucionales del Estado es la garantía de la Constitución que conduce al sistema difuso de control de la constitucionalidad, aun cuando la ley positiva restrinja el poder que podría tener cualquier persona para juzgar como nulos los actos inconstitucionales[1453] y atribuya este poder de manera exclusiva a los tribunales, como se puede observar en forma generalizada, dado la necesidad de confiabilidad y seguridad jurídicas.

Por otra parte, la otra garantía de la Constitución, a saber la anulabilidad de los actos inconstitucionales del Estado es precisamente la que conduce, en principio, al sistema concentrado de control de la constitucionalidad de las leyes. Este es el caso del sistema panameño.

---

1452 H. Kelsen, *loc. cit.*, 1928, París, p. 214.

1453 *Idem*, p. 215.

### 1. *Características generales del sistema concentrado de control de constitucionalidad como garantía de la anulabilidad de los actos inconstitucionales*

En efecto, el aspecto fundamental que muestra la racionalidad del sistema concentrado de control de la constitucionalidad de las leyes, es el principio de anulabilidad de los actos del Estado, cuando contradicen la Constitución.

Contrariamente a la nulidad de los actos del Estado, la anulabilidad de dichos actos, cuando se considera como una garantía objetiva de la Constitución, significa que el acto del Estado, aun irregular o inconstitucional, una vez producido por una institución pública, debe considerarse como un acto del Estado y, como tal, válido y efectivo hasta que el órgano que lo produjo lo derogue o revoque, o hasta que se decida su anulación por otro órgano del Estado, con los poderes constitucionales correspondientes. Este es precisamente el caso de los sistemas concentrados de control de la constitucionalidad, en los cuales la Constitución confiere el poder para anular, generalmente algunos actos del Estado, cuando se juzgan inconstitucionales, a un solo órgano constitucional, sea éste la Corte Suprema existente o un órgano creado especial y separadamente dentro o fuera del Poder Judicial, con funciones jurisdiccionales, que le permiten actuar como juez constitucional.

Sin embargo, debe señalarse que, en general en los sistemas concentrados de control de la constitucionalidad, la anulabilidad de los actos del Estado no constituye la única garantía de la Constitución, puesto que siempre va acompañada de la nulidad. En cierta manera, se configura como una restricción a la regla de la nulidad que deriva de la violación de la Constitución.

En efecto, se ha afirmado que en lo que respecta a la nulidad de los actos inconstitucionales del Estado, en el sistema difuso de control de la constitucionalidad, la ley positiva, con miras a evitar la anarquía jurídica, limita el poder teórico general de las autoridades públicas y los individuos para considerar como inexistente e inválido un acto inconstitucional del Estado, reservando dicho poder a los jueces. Esto significa que, de hecho, el acto inconstitucional del Estado sólo puede ser examinado por los tribunales, los cuales son los únicos en tener el poder para considerarlo nulo; lo que significa que, hasta ese momento, el acto irregular debe considerarse efectivo y obligatorio para las autoridades públicas y los individuos. Por ello, en el sistema difuso de control de la constitucionalidad, una vez que un tribunal ha apreciado y declarado la inconstitucionalidad del acto estatal en relación a un juicio particular, el acto se considera nulo con relación a dicho juicio.

En todo caso, esta misma situación también se presenta en los sistemas constitucionales dotados de un sistema concentrado de control de la constitucionalidad, con relación a todos los actos del Estado distintos de aquellos que sólo pueden ser anulados por el Tribunal Constitucional o por la Corte Suprema. En efecto, como se ha señalado, en lo que respecta a los actos del Estado de rango inferior en la jerarquía de las normas, por ejemplo, los actos administrativos normativos, todos los jueces, en un sistema concentrado de control de la constitucionalidad, tienen normalmente el poder de considerarlos nulos cuando son inconstitucionales, con relación al juicio particular en el cual fueron cuestionados. En estos casos, la garantía de la Constitución es la nulidad del acto inconstitucional del Estado, aun cuando solamente los tribunales estén habilitados para examinarlo.

En consecuencia, la particularidad del sistema concentrado de control de la constitucionalidad reside en el hecho de que la ley positiva establece un límite adicional a los efectos de la inconstitucionalidad de los actos, a saber que respecto de algunos de éstos, el poder para declarar su inconstitucionalidad y su invalidez, y por lo tanto, para considerarlos sin efectos, ha sido reservado exclusivamente a un solo órgano constitucional: la Corte Suprema existente o una Corte, un Consejo o un Tribunal Constitucional especial. En estos casos, y con relación a tales actos, tratándose normalmente de actos legislativos y otros actos del Estado de rango o efectos similares en el sentido en que están inmediatamente subordinados a la Constitución, la garantía de la Constitución ha sido reducida a la anulabilidad del acto del Estado considerado inconstitucional.

En conclusión, en los sistemas constitucionales que poseen un sistema concentrado de control de la constitucionalidad, el deber de todos los jueces y tribunales consiste en examinar la constitucionalidad de los actos del Estado. Sin embargo, cuando el acto cuestionado es una ley u otro acto inmediatamente subordinado o de ejecución directa de la Constitución, los tribunales ordinarios no pueden juzgar su inconstitucionalidad, puesto que dicho poder está reservado a un Tribunal Constitucional especial o a la Corte Suprema de un país determinado, el cual puede anular el acto. En este caso, la garantía de la Constitución es la anulabilidad y entonces el acto queda anulado con efectos generales, puesto que es considerado o declarado nulo, no solamente respecto de un caso particular, sino en general.

Salvo esta excepción jurisdiccional particular, la cual es propia del sistema concentrado de control de la constitucionalidad, todos los demás tribunales o jueces pueden, en un juicio concreto, decidir la inaplicabilidad de los actos normativos del Estado no contemplados por esta excepción, considerándolos nulos cuando los juzguen viciados de inconstitucionalidad. En estos casos, la garantía de la Constitución es, sin lugar a dudas, es la nulidad.

En el sistema de control concentrado de Panamá, como se ha señalado, el mismo es sumamente amplio, en el sentido de que la Corte Suprema de Justicia tiene el monopolio total para anular todos los actos estatales por inconstitucionalidad. En este caso, por tanto, la excepción mencionada se ha convertido en regla absoluta, pues ningún otro tribunal puede declarar la nulidad de ningún acto estatal por inconstitucionalidad.

### 2. *El poder de un órgano constitucional para anular algunos o todos los actos inconstitucionales del Estado*

El otro aspecto de la racionalidad del sistema concentrado de control de la constitucionalidad es que el poder para declarar la nulidad de las leyes está conferido a un órgano constitucional con funciones jurisdiccionales, sea la Corte Suprema existente en un país determinado, sea una Corte, un Consejo o un Tribunal Constitucional especialmente creado. Por consiguiente, el sistema concentrado posee, en general una particularidad doble: en primer lugar, el poder para anular ciertos actos inconstitucionales está conferido a un solo órgano constitucional con funciones jurisdiccionales, y, en segundo lugar, de acuerdo con la excepción mencionada, el poder de dichos órganos constitucionales para juzgar la inconstitucionalidad y declarar la nulidad de actos del Estado, no concierne todos los actos del Estado, sino un número limitado de ellos, normalmente las leyes y otros actos del Congreso o del Gobierno, inmediatamente subordinados a la Constitución o dictados en ejecución directa de ésta y únicamente sometidos a sus regulaciones. Como se dijo, este, sin embargo, no es el caso de Panamá, donde la Corte Suprema de Justicia es el sólo órgano con poder para anular, por inconstitucionalidad, todos los actos estatales.

### 3. *El rechazo de considerar el modelo europeo de justicia constitucional como "el modelo" del control concentrado de la constitucionalidad*

Se ha señalado anteriormente que el sistema concentrado de control de la constitucionalidad no implica necesariamente el otorgamiento del poder para anular leyes a una Corte, un Consejo o un Tribunal Constitucional especialmente creado, tal como sucede en Europa, sino que dicho poder puede ser conferido a la Corte Suprema existente en el país, como es el caso en muchos países de América Latina, mucho antes de que Europa continental implantase el modelo de los Tribunales Constitucionales en 1920.

En efecto, como ya lo hemos señalado, desde mediados del siglo pasado, muchos países latinoamericanos han adoptado un sistema concentrado de control de la constitucionalidad, confiriendo a la Corte Suprema del país el poder para decidir la nulidad de las leyes. Debe insistirse en los casos de Colombia y Venezuela, que poseen desde hace más de un siglo, un sistema concentrado de control de la constitucionalidad, en paralelo con el sistema difuso, en el cual la Corte Suprema ha tenido el monopolio de la anulación de las leyes. En Colombia, en 1991, este poder ha sido transferido a una Corte Constitucional.

Debe insistirse que al contrario del sistema panameño, por lo general, los sistemas de control de la constitucionalidad que se han desarrollado en América Latina, se han ido orientando progresivamente hacia sistemas mixtos de control de la constitucionalidad, en los cuales coexisten el sistema difuso y el sistema concentrado. Este es el caso, por ejemplo, de Venezuela, Colombia, Brasil, Perú, Costa Rica, El Salvador, México y Guatemala. No obstante, como hemos señalado, algunos sistemas de América Latina, como el de Panamá, Uruguay, Bolivia, Honduras y Paraguay permanecieron concentrados, donde la Corte Suprema de Justicia o un Tribunal Constitucional que tiene una jurisdicción exclusiva y original para declarar la inconstitucionalidad de las leyes.

Debe destacarse, sin embargo, que la modalidad del sistema concentrado de control de la constitucionalidad basado en la creación de un órgano constitucional especial, una Corte, un Consejo o un Tribunal para actuar como juez constitucional dotado del poder original y exclusivo para anular las leyes y otros actos de rango y efectos similares, ha marcado, por su carácter novedoso, la evolución de la justicia constitucional en las últimas décadas, desde la creación de las primeras Cortes Constitucionales en Austria y Checoslovaquia en 1920. El sistema fue adoptado más tarde en Alemania y en Italia después de la Segunda Guerra Mundial, y hace unas décadas en España y Portugal. También había sido adoptado, antes de 1990, en algunos países ex socialistas (Yugoslavia, Checoslovaquia y Polonia) y se desarrolló bajo una forma particular en Francia. Bajo la influencia del modelo europeo pero de una manera incompleta, el sistema también se implantó en Guatemala, en la década de los sesenta, y en Chile hacia principios de los años 70, con la creación de un Tribunal Constitucional, y luego apareció en Ecuador y Perú donde fueron creados Tribunales de Garantías Constitucionales. En Perú, en 1993 dicho Tribunal fue sustituido por un

Tribunal Constitucional. En 1991, la nueva Constitución colombiana, como se dijo, creó una Corte Constitucional, al igual que sucedió en Bolivia en 1994.

A pesar del desarrollo del constitucionalismo desde principios del siglo pasado, principalmente gracias a las experiencias norteamericanas, debe admitirse que Europa continental se había quedado atrás de las concepciones constitucionales, por lo que el sistema de justicia constitucional sólo fue adoptado en Europa después de la Primera Guerra Mundial. Dicha adopción se hizo en dos etapas. La primera terminó con la Constitución de Weimar (1919) mediante la cual Alemania instituyó un Tribunal dotado de una jurisdicción para decidir los conflictos entre los poderes constitucionales del Estado y, particularmente, entre los distintos poderes territoriales, distribuidos verticalmente como consecuencia de la organización federal del Estado. La segunda fue el sistema austríaco, creación personal del Profesor Hans Kelsen, quien concibió un sistema que fue recogido inicialmente en la Constitución austríaca de 1920, y luego perfeccionado por la reforma constitucional de 1929.

### 4. *Las influencias de Kelsen en la concepción del modelo europeo*

En todo caso, puede considerarse que la introducción de un sistema de justicia constitucional en Europa fue el resultado de la influencia de las teorías de Hans Kelsen, quien diseñó la norma constitucional como fuente de validez para todas las normas del ordenamiento jurídico con un corolario fundamental: la necesidad de un órgano del Estado encargado de garantizar la Constitución, es decir, de resolver los conflictos entre las normas reglamentarias y aquellas de jerarquía superior en las que se basan las primeras (las legales), y entre todas ellas, y en última instancia, con la Constitución[1454].

Kelsen concibió la justicia constitucional como un aspecto particular de un concepto más general de garantía de la conformidad de una norma inferior con una norma superior de la cual la primera deriva y en base a la cual ha sido determinado su contenido. Así, la justicia constitucional es una garantía de la Constitución que se desprende de la "pirámide jurídica" del ordenamiento legal donde se encuentran determinadas, tanto la unidad como la jerarquía de las diferentes normas.

Debe recordarse que, fuera de Austria y bajo la influencia de Kelsen, Checoslovaquia fue el primer país europeo en adoptar el sistema de control de la constitucionalidad, en su Constitución del 29 de febrero de 1920[1455]. Los fundamentos de la adopción del sistema concentrado de control de la constitucionalidad en Checoslovaquia provinieron de una norma constitucional, la cual estableció de manera explícita la supremacía de la Constitución con respecto al resto del ordenamiento legal, consagrando que "Todas las leyes contrarias a la Constitución o a una de sus partes así como a las leyes que la modifican y la completan se consideran nulas" (art. I,1); prohibiendo expresamente a los tribunales ejercer el control difuso de la constitucio-

1454 H. Kelsen, *loc. cit.*, pp. 201, 223.

1455 Artículo I.1. *V.*, en P. Cruz Villalón, "Dos modos de regulación del control de constitucionalidad: Checoslovaquia (1920-1938) y España (1931-1936)", *Revista Española de Derecho Constitucional*, 5, Madrid, 1982, p. 119.

nalidad de las leyes[1456]. Además, la Constitución estableció la obligación para todos los tribunales de consultar al Tribunal Constitucional en casos de aplicación de una ley considerada como inconstitucional.

Todos estos elementos llevaron a la concentración de la jurisdicción constitucional para juzgar la constitucionalidad de las leyes en un órgano especial, el Tribunal Constitucional, el cual existió hasta 1938[1457].

La concepción de Kelsen acerca del sistema concentrado de control de la constitucionalidad, contrariamente a la del sistema difuso en el cual todos los jueces tienen el poder para abstenerse de aplicar leyes que consideren contrarias a la Constitución, tendía a conferir a un órgano especial el poder exclusivo para declarar la inconstitucionalidad de una ley y para anularla. Este órgano es un Tribunal Constitucional al cual deben recurrir todos los tribunales cuando deben aplicar una ley cuya constitucionalidad sea dudosa. En tal sistema, por lo tanto, los tribunales ordinarios no tienen el poder para abstenerse de aplicar leyes inconstitucionales.

Dentro de su concepción teórica original, este sistema concentrado de control de la constitucionalidad de las leyes no había sido concebido por Kelsen como el ejercicio de una función jurisdiccional, sino más bien como un "sistema de legislación negativa"[1458]. En este caso, se consideraba que la Corte Constitucional no decidía específicamente la constitucionalidad de las leyes; tal función estaba reservada al tribunal *a quo* que hubiera planteado la cuestión de la constitucionalidad por ante la Corte Constitucional. Normalmente, la competencia de esta última estaba limitada a la cuestión puramente abstracta de la compatibilidad lógica que debía existir entre la ley y la Constitución. Desde este punto de vista puramente teórico, puesto que no había ninguna aplicación concreta de la ley en un caso específico, se consideraba que no se trataba del ejercicio de una actividad jurisdiccional que implicara una decisión concreta. Esto llevó a Kelsen a sostener que, cuando el Tribunal Constitucional declaraba la inconstitucionalidad de una ley, la decisión, por tener efectos *erga omnes*, era una "acción legislativa" y que la decisión del Tribunal Constitucional tenía "fuerza de ley". Es también la razón por la cual la ley debía ser considerada válida hasta la adopción de la decisión de anularla, por la cual los jueces estaban obligados a aplicarla[1459].

Tal concepción fue desarrollada por Kelsen para responder a las objeciones eventuales que podían formularse al control jurisdiccional de la acción legislativa, dado el concepto de supremacía del Parlamento, hondamente arraigado en el derecho constitucional europeo. En esta forma, prohibiendo a los jueces ordinarios abstenerse de aplicar las leyes, y confiriendo a una Corte Constitucional el poder para decla-

1456 El artículo 102 establece que "Los tribunales pueden verificar la validez de los reglamentos ejecutivos, cuando examinan una cuestión legal específica; en lo que se refiere a las leyes, sólo pueden verificar si han sido correctamente publicadas", ver en P. Cruz Villalón, *loc. cit.*, p. 135.

1457 También debe observarse que en el régimen constitucional rumano existió un sistema de control de la constitucionalidad de las leyes, en el Artículo 103 de la Carta Fundamental del 29 de marzo de 1923. Sin embargo, este control sólo se confiaba a la Corte de Casación y fue eliminado por la República Popular, bajo la influencia soviética, en la Ley Fundamental de 1948.

1458 H. Kelsen, *loc. cit.* pp. 224, 226. Ver los comentarios de E. García de Enterría, *op. cit.*, pp. 57, 132.

1459 H. Kelsen, *loc. cit.*, pp. 224, 225.

rar la inconstitucionalidad de una ley con efectos *erga omnes*, el Poder Judicial quedaba subordinado a las leyes sancionadas por el Parlamento y, al mismo tiempo, se mantenía la supremacía de la Constitución con respecto al Parlamento.

La Corte Constitucional, así, más que una competidora del Parlamento, se concebía como su complemento natural. Sus funciones se limitaban a juzgar la validez de una ley empleando la pura lógica racional, sin tener que decidir conflictos en casos específicos, y a actuar como un "legislador negativo", aun cuando no espontáneamente, sino a instancia de las partes interesadas. Según Kelsen, el Poder Legislativo se dividió así en dos partes: la primera, ejercida por el Parlamento con la iniciativa política, el "legislador positivo"; y la segunda, ejercida por el Tribunal Constitucional, el "legislador negativo", con el poder para anular las leyes que violasen la Constitución[1460].

De acuerdo con esta concepción, por supuesto, era necesario que la Corte Constitucional fuese un órgano separado de los poderes tradicionales del Estado y no formara parte de las autoridades judiciales[1461].

Hoy día, si bien se ha aceptado el carácter jurisdiccional (no legislativo) de la actividad de estas Cortes Constitucionales especiales rechazando su llamado carácter de "legislador negativo"[1462], la idea de conferir funciones jurisdiccionales a un órgano constitucional especialmente creado (Corte, Consejo o Tribunal Constitucional) generalmente ubicado fuera de la organización judicial, prevaleció en Europa continental y abrió camino al "modelo europeo" de control de la constitucionalidad. Este, en cierta manera, se desarrolló como consecuencia de un compromiso entre la necesidad de un sistema de justicia constitucional derivado de la noción de supremacía constitucional y la concepción tradicional europea de la separación de los poderes, la cual niega el poder a los jueces para juzgar la invalidez de las leyes inconstitucionales[1463].

En todo caso, es evidentemente erróneo identificar el sistema concentrado de control de la constitucionalidad de las leyes con el "modelo europeo", ya que un sistema en el cual la jurisdicción exclusiva y original para anular las leyes y otros actos del Estado se confiere a la Corte Suprema de Justicia existente en un país dado y ubicada en la cúspide de la organización judicial, como es el caso de Panamá, también debe ser considerado como un sistema concentrado de control de la constitucionalidad.

Por esta razón, el otro aspecto de la racionalidad del sistema concentrado de control de la constitucionalidad es el otorgamiento, a un órgano constitucional particular, sea la Corte Suprema o una Corte, un Consejo o un Tribunal Constitucional especialmente creado, del papel de juez constitucional con el fin de anular leyes con efectos *erga omnes*.

---

1460 Ver los comentarios relativos al pensamiento de Kelsen en E. García de Enterría, *op. cit.*, pp. 57, 58, 59, 131, 132, 133.

1461 H. Kelsen, *loc. cit.*, p. 223.

1462 M. Cappelletti y J.C. Adams, *loc. cit.*, pp. 1218, 1219. Ver en Allan R. Brewer-Carías, *Constitutional Courts as Positive Legislators*, Cambridge University Press, New York, 2011, 923 pp.

1463 M. Cappelletti, *op. cit.*, p. 67.

En el caso de Panamá, como hemos señalado, el carácter concentrado del sistema es sumamente amplio, pues al contrario de la generalidad de los países que han adoptado el sistema de control concentrado, la Corte Suprema de Justicia panameña no sólo tiene el poder exclusivo de anular las leyes y demás actos estatales de similar valor o rango, sino materialmente todos los actos estatales. En esa forma, la garantía que la Constitución ha adoptado respecto de su propia supremacía, es la de anulabilidad, con carácter general y absoluto; y no la de la nulidad.

## V. EL CARÁCTER PREVIO O POSTERIOR DEL CONTROL CONCENTRADO DE LA CONSTITUCIONALIDAD

El sistema de control concentrado de la constitucionalidad puede tener un carácter previo o posterior, o ambos. Tal sistema de control funciona en Austria, Italia y España donde se crearon constitucionalmente Cortes, Tribunales o Consejos constitucionales encargados de ejercer el control jurisdiccional de la constitucionalidad de las leyes. Con funciones similares se crearon Tribunales constitucionales en Alemania y Portugal, pero integrados al Poder Judicial.

Estas Cortes Constitucionales ejercen su poder jurisdiccional de control bien sea antes de que la ley entre en vigencia, es decir antes de su promulgación, o una vez en vigencia. Por ello se distingue el control a priori del control a posteriori de la constitucionalidad de las leyes.

En general, puede decirse que los sistemas concentrados de control jurisdiccional que conforman al modelo europeo se caracterizan por la utilización de varios medios de control jurisdiccional de la constitucionalidad de las leyes vigentes, es decir, una vez promulgadas y después de que se hayan iniciado sus efectos normativos jurídicos. Sólo excepcionalmente algunos sistemas concentrados europeos prevén un medio de control preventivo sobre algunos actos del Estado, como por ejemplo en Francia, en relación a las leyes; en Italia, con respecto a las leyes regionales, y en España, en cuanto a las leyes orgánicas y los tratados internacionales.

En todo caso, el fundamento de la existencia de un sistema de control jurisdiccional *a posteriori* reside en la superación del dogma de la soberanía del Parlamento y de la ley, así como en la flexibilización del principio de separación de los poderes. El control jurisdiccional implica la existencia de una Constitución escrita y rígida, dotada de un carácter normativo directamente aplicable a los individuos; de manera que sus límites se imponen a todos los órganos constitucionales, incluyendo al legislador cuyas actividades deben estar en conformidad con su texto y, por lo tanto, sujetas a un control jurisdiccional.

De lo anterior se deduce que en general, puede decirse que lo característico del sistema concentrado de control de la constitucionalidad, sin duda, es el control posterior, que permite anular actos estatales efectivos inconstitucionales. Sin embargo, algunos sistemas de control concentrado sólo preveían un control previo de la constitucionalidad de las leyes, es decir, respecto de proyectos de ley, o de leyes sancionadas, antes de su promulgación, como sucedió en Francia hasta 2009 y en Chile hasta 2005, por ejemplo.

### 1. *El abandono de los sistemas de control preventivo de la constitucionalidad de las leyes, como único método de control concentrado: Francia y Chile*

En efecto, en el derecho comparado, como sistemas de control preventivo de la constitucionalidad de las leyes en tanto que único método de control concentrado, se destacaban los sistemas de Francia y Chile, donde la situación cambió a partir de 2008 y 2005, respectivamente.

En cuanto al sistema preventivo francés de control jurisdiccional de la constitucionalidad de las leyes, el mismo fue definitivamente implantado por la Constitución del 5 de octubre de 1958, la cual creó el Consejo Constitucional (arts. 56 a 63) como órgano constitucional encargado de establecer la conformidad de las leyes a la Constitución "antes de su promulgación" (art. 61). Tal innovación institucional fue producto de una reacción en contra de por lo menos dos de los fundamentos del sistema constitucional francés tradicional, a saber, el absolutismo de la ley y el rechazo de cualquier injerencia judicial con respecto a los demás poderes del Estado, en especial al Parlamento.

En efecto, uno de los principales dogmas políticos derivados de la Revolución Francesa[1464] fue la profunda desconfianza del legislador revolucionario para con los jueces, a quienes les negó cualquier posibilidad de controlar los demás poderes del Estado. Esta posición antijudicial tuvo su razón política de ser en el papel desempeñado por los Parlements prerrevolucionarios, los cuales como Altas Cortes, examinaban las leyes y los decretos que se les sometían con el fin de garantizar que no contenían nada contradictorio con "las leyes fundamentales del Reino", lo que confería a dichos Parlements un poder político conservador considerable[1465]. Este poder lo ejercieron particularmente en la víspera de la Revolución.

Esta desconfianza hacia el Poder Judicial llevó a una interpretación revolucionaria extrema del principio de separación de los poderes: todos los jueces se vieron impedidos no sólo del derecho de controlar los actos legislativos y administrativos, lo que explica porqué, al inicio, la Corte de Casación era un órgano legislativo; sino del poder de interpretar las leyes, el cual había sido reservado al Legislador, quien lo ejercía por decreto promulgado a instancia de los jueces, mediante el denominado référé législatif, lo que se producía en caso de dudas respecto a la interpretación del texto de una ley[1466]. Por consiguiente, los jueces sólo eran, como decía Montesquieu "la boca de la ley", es decir, la boca que pronunciaba las palabras de la ley, y por lo tanto, seres totalmente pasivos, incapaces de apreciar la fuerza o el rigor de la ley[1467].

1464 Allan R. Brewer-Carías "Los aportes de la Revolución Francesa al constitucionalismo moderno y su repercusión en hispanoamérica a comienzos del siglo XIX," en *Revista Ars Boni et Aequi*, Universidad Bernardo O'Higgins, Santiago de Chile, N° 7, Fascículo 2, Santiago de Chile, 2011. pp. 127 y ss.

1465 M. Cappelletti, *op. cit.*, pp. 33-35; F. Luchaire, *Le Conseil Constitutionnel*, París, 1980, pp. 5-6.

1466 *Idem.*

1467 Montesquieu, *De l'esprit des lois*, Book XI, Ch. VI, citado por Ch. H. Mc Ilwain, *The High Court of Parliament and its Supremacy*, Yale, 1910, p. 323.

En todo caso, como se ha señalado, la Constitución de 1958, al crear el Consejo Constitucional y sin rechazar totalmente el dogma de la supremacía de la ley ni la prohibición para los tribunales y los jueces de controlar la constitucionalidad de las leyes, permitió el ejercicio de un control preventivo de la constitucionalidad de las leyes antes de su promulgación (Art. 61).En esta forma, en Francia, hasta 2008, el Consejo Constitucional había ejercido el control de constitucionalidad sólo bajo dos tipos de control preventivo de la constitucionalidad: sobre las leyes no promulgadas y sobre la repartición de las competencias normativas del Estado entre la ley y los reglamentos. En ambos casos, el Consejo Constitucional, aun cuando no tenía el poder para controlar la constitucionalidad de las leyes vigentes, sin embargo desempeñó un papel muy significativo en lo que respecta al desarrollo del principio de la constitucionalidad[1468].

El control preventivo de la constitucionalidad de las leyes no promulgadas es ejercido por el Consejo Constitucional de dos maneras: en forma obligatoria, en cuanto a los reglamentos parlamentarios y las leyes orgánicas, y en forma facultativa, en cuanto a las leyes ordinarias y los tratados internacionales.

En cuanto a las leyes ordinarias estas pueden ser sometidas al Consejo Constitucional, antes de su promulgación, por el Presidente de la República, el Primer Ministro o el Presidente de cualquiera de las Asambleas. La reforma constitucional de 1974 también legitimó para formular la solicitud a 60 diputados y senadores, quienes pueden someter al Consejo Constitucional la cuestión de la constitucionalidad de las leyes ordinarias (art. 61), dando así a las minorías la posibilidad de cuestionar las decisiones adoptadas por la mayoría.

Este control facultativo de la constitucionalidad también se puede ejercer respecto de los tratados internacionales, a instancia del Presidente de la República, del Primer Ministro o del Presidente de cualquiera de las Asambleas. En este caso, el Consejo Constitucional debe decidir si un tratado internacional contiene cláusulas contrarias a la Constitución, por lo que la autorización necesaria para su firma o aprobación sólo puede otorgarse previa una reforma constitucional (art. 54).

En todos los casos en los cuales se recurre al Consejo Constitucional con miras al control de la constitucionalidad de las leyes orgánicas, reglamentos parlamentarios, leyes ordinarias o tratados internacionales, antes de su promulgación, la interposición de la petición produce efectos suspensivos, los cuales comienzan en el momento en que el Consejo recibe la solicitud, por lo que a partir de ese momento, la promulgación del texto normativo cuestionado queda suspendida (art. 61).

Este sistema de control de la constitucionalidad de las leyes en Francia, exclusivamente preventivo, ha sido reformado sustancialmente mediante la reforma constitucional de 2008, al establecerse en el artículo 26 de la ley de reforma N° 2008-724, una nueva provisión a continuación del artículo 61 de la Constitución (que regula el control *a priori*), como artículo 61,1, en el cual se prevé que el control a posteriori incidental, disponiéndose que cuando en el curso de una controversia que se desarrolle ante el Consejo de Estado o la Corte de casación, se alegue que una disposición legal infringe los derechos y libertades consagrados en la Constitución, dichos altos

---

1468 Allan R. Brewer-Carías, *Judicial Review...*, *cit.*, pp. 255 y ss.

tribunales podrán requerir del Consejo Constitucional para que decida la materia, remitiendo la Constitución a una Ley Orgánica para que regule la aplicación de este artículo[1469].

En cuanto al sistema de Chile, debe decirse que si bien el Tribunal Constitucional tenía competencia para resolver las cuestiones de constitucionalidad respecto de los decretos ejecutivos que tuvieran fuerza de ley; en cuanto a las leyes, hasta 2005 estas sólo podían ser objeto de un control preventivo, antes de su promulgación. En tal sentido, el artículo 82 de la Constitución, atribuía al Tribunal Constitucional competencia para juzgar, antes de su promulgación, la constitucionalidad de las leyes orgánicas o las que interpretan preceptos de la Constitución.

El Tribunal estaba igualmente autorizado, a petición de parte, para ejercer el control preventivo sobre toda cuestión que surja durante la discusión de los proyectos de ley, de los proyectos de reforma de la Constitución y de las leyes aprobatorias de los Tratados Internacionales sometidos a la sanción del Congreso.

En todos estos casos, como en el original modelo francés ahora también superado, el control preventivo ejercido por el Tribunal Constitucional podía ser obligatorio o ejercido a petición de parte. En el caso de las leyes orgánicas constitucionales y de las leyes que interpretan una disposición constitucional, el control preventivo realizado por el Tribunal es obligatorio, a cuyo efecto el Presidente de la Cámara debe enviarle los textos dentro de los cinco días siguientes a su sanción. Dicho control preventivo, incluso, no sólo es obligatorio, sino que el Tribunal puede ejercerlo de oficio, no siendo el procedimiento, en estos casos, de carácter contencioso. Si en su decisión, el Tribunal considera inconstitucional una o varias disposiciones del texto impugnado, debe enviarlo nuevamente a la Cámara correspondiente, cuyo Presidente, a su vez lo debe enviar al Presidente de la República a los efectos de su promulgación, con excepción de las disposiciones consideradas inconstitucionales.

En el caso de proyectos de enmienda constitucional o de los tratados internacionales, el ejercicio del control preventivo por el Tribunal Constitucional sólo es posible si antes de la sanción del texto y durante la discusión del proyecto, se le formula una petición por el Presidente de la República, por una de las Cámaras del Congreso o por una cuarta parte de sus miembros. Por ello, esta petición no tiene efectos suspensivos sobre el procedimiento legislativo y la acción interpuesta por ante el Tribunal es de carácter contenciosa, razón por la cual, en estos casos, el Tribunal debe notificar a los órganos constitucionales interesados y oír sus argumentos.

En todo caso, la decisión del Tribunal que considere inconstitucionales las disposiciones de un proyecto de ley o de un tratado, impide su promulgación.

Debe decirse, sin embargo que hasta 2005, el control de la constitucionalidad en Chile, podía ser a posteriori únicamente con respecto a las formalidades relativas a la promulgación de las leyes a cargo del Presidente de la República; a cuyo efecto la Constitución otorgaba al Tribunal la competencia para resolver las peticiones que le formulen las Cámaras del Congreso, en casos en que el Presidente de la República

---

1469 *V.*, Federico Fabbrini, "Kelsen in Paris: France's Constitutional Reform and the Introduction of A Posteriori Constitutional review of legislation", en *German Law Journal*, Vol. 09, N° 10, pp. 1297 ss.

no promulgase una ley estando obligado a ello, o cuando promulgase un texto distinto del que haya sido objeto del procedimiento de formación de las leyes (art. 82).

En todo caso, el sistema de exclusivo control concentrado a priori también ha sido reformado en Chile, mediante la reforma constitucional de 2005, en la cual se ha establecido la posibilidad de un control de constitucionalidad *a posteriori* de carácter incidental. En tal sentido, la reforma al artículo 82,6 de la Constitución, asignó al Tribunal Constitucional competencia para revisar la constitucionalidad y decidir la inaplicabilidad con efectos inter partes, respecto de preceptos legales cuya aplicación en cualquier gestión que se siga ante un tribunal ordinario o especial, resulte contraria a la Constitución. El requerimiento ante el Tribunal lo puede formular el juez correspondiente de oficio o a solicitud de parte en el proceso. El control concentrado a *posteriori* de la constitucionalidad también lo ejerce el Tribunal Constitucional Chileno en vía principal, al decidir la acción de inconstitucionalidad de las leyes que se regula como acción pública, con respecto de preceptos legales que hayan sido previamente declaradas inaplicables en casos concretos conforme a lo antes expuesto (artículo 82,7).

La decisión en estos casos de acción pública, que también puede ser hecha de oficio por el Tribunal Constitucional, tiene efectos *erga omnes*[1470].

## 2. *La fórmula general del control concentrado a posteriori de la constitucionalidad de las leyes*

Habiéndose superado la situación precedente de los sistemas francés y chileno, puede decirse que, en general, los sistemas de control concentrado de la constitucionalidad de las leyes y demás actos de rango y valor de las leyes, son de carácter a posteriori, sea que dicho control lo ejerzan Tribunales Constitucionales como en Europa y algunos países de América Latina, sea que lo ejerzan las Cortes Supremas de Justicia, como sucede en Colombia, Venezuela y Panamá. En estos casos, el control se ejerce en relación a las leyes vigentes, para que sean anuladas si son inconstitucionales, generalmente con carácter *erga omnes*.

En estos sistemas, además, por lo general el sistema es de carácter mixto, pues se combina el control preventivo con el control a posteriori. En Europa, es el caso de Portugal, donde la Constitución, además del sistema difuso de control judicial de la constitucionalidad de las leyes, ha instituido paralelamente, un sistema concentrado de control de la constitucionalidad atribuido al Tribunal Constitucional, el cual lo ejerce no solamente en relación con las leyes promulgadas y, por lo tanto, a posteriori en relación con su aplicación, sino también a título preventivo, a semejanza del modelo francés.

En cuanto al sistema de control preventivo de la constitucionalidad, este está referido a los tratados y acuerdos internacionales, a las leyes, y los decretos-ley oficiales, en el nivel nacional; y a nivel regional, a los actos del Poder legislativo, y a los de carácter normativo de los Ejecutivos regionales.

---

1470 *V.*, Humberto Nogueira Alcalá, *Justicia y Tribunales Constitucionales en América del Sur*, Editorial Jurídica Venezolana, Caracas 2006.

La constitucionalidad de las leyes en Portugal también puede ser objeto de un "examen abstracto minucioso" por parte del Tribunal Constitucional, mediante recurso o acción directa.

En efecto, la inconstitucionalidad de una disposición legal puede ser objeto de un recurso que puede ser introducido ante el Tribunal Constitucional por el Presidente de la República, el Presidente de la Asamblea de la República, el Primer Ministro, los Ombudsman, los Procuradores Generales o una decena de miembros de la Asamblea de la República (art. 281,1). Además, las Asambleas Regionales o los Presidentes de los Gobiernos regionales igualmente tienen la posibilidad de ejercer el recurso directo de inconstitucionalidad contra las leyes que puedan haber lesionado los derechos de las regiones autónomas (art. 281,1).

En América Latina, el sistema mixto también es la regla, existiendo un control preventivo pero sólo mediante objeción formulada por el Presidente de la República, al vetar las leyes por razones de inconstitucionalidad; en paralelo al control concentrado de la constitucionalidad de las leyes promulgadas ejercido por la propia Corte Suprema de Justicia o un Tribunal Constitucional. Es el caso de Colombia, Venezuela y Panamá.

En Venezuela, en efecto, además de que existe un sistema difuso de control de constitucionalidad, también funciona en paralelo un sistema de control concentrado de la constitucionalidad de las leyes[1471] ejercido por la Corte Suprema de Justicia en Sala Constitucional. Se trata en principio de un control de la constitucionalidad a posteriori, ejercido mediante una acción popular, luego de que la ley cuestionada haya entrado en vigor y haya producido efectos. Sin embargo, en el sistema venezolano puede identificarse también un control concentrado de la constitucionalidad de las leyes con carácter previo (*a priori*), ejercido por la Sala Constitucional del Tribunal Supremo de Justicia a petición del Presidente de la República antes de la promulgación de las leyes aprobadas por las Cámaras Legislativas, incluso independientemente del procedimiento de veto legislativo. Por consiguiente, el sistema concentrado de justicia constitucional en Venezuela puede ser tanto preventivo como a posteriori. En tal sentido la Constitución de 1999, en su artículo 214, si bien regula el veto presidencial, luego, en párrafo aparte, establece que:

> "Cuando el Presidente o Presidenta de la República considere que la ley o alguno de sus artículos es inconstitucional solicitarán el pronunciamiento de la Sala Constitucional del Tribunal Supremo de Justicia, en el lapso de diez días que tiene para promulgar la misma. El Tribunal Supremo de Justicia decidirá en el término de quince días contados desde el recibo de la comunicación del Presidente o Presidenta de la República. Si el Tribunal negare la inconstitucionalidad invocada o no decidiere en el lapso anterior, el Presidente o Presidenta de la República promulgará la ley dentro de los cinco días siguientes a la decisión del Tribunal o al vencimiento de dicho lapso".

---

1471. *V.*, nuestros trabajos: Allan R. Brewer-Carías, *El Control de la Constitucionalidad de los actos estatales*, Caracas 1977; "Algunas Consideraciones sobre el control Jurisdiccional de la Constitucionalidad de los actos estatales en el Derecho Venezolano", *Revista de Administración Pública*, Nº 76, Madrid 1975, pp. 419 a 446; *Estado de Derecho y Control Judicial*, *cit*., pp. 17 a 207; *Judicial Review...*, *op. cit*., pp. 279 y ss.

Conforme a esta norma, la posibilidad de que el Presidente de la República someta al pronunciamiento del Tribunal Supremo de Justicia la inconstitucionalidad de una ley sancionada que se le haya enviado para su promulgación, no está por tanto ligada al veto presidencial a la ley y su devolución a la Asamblea, sino que en el lapso de diez días que tiene para su promulgación, puede dirigirse directamente al Tribunal Supremo, sin necesidad de devolverla previamente a la Asamblea Nacional.

Por otra parte, en cuanto al sistema de control concentrado de la constitucionalidad de las leyes de carácter a posteriori se ejerce en Venezuela por la Sala Constitucional del Tribunal Supremo de Justicia cuando sea requerida mediante una acción popular, que puede ser intentada por cualquier habitante de la República (art. 336). Se trata del medio más importante para el ejercicio, por la Sala Constitucional del Tribunal Supremo, del control concentrado de la constitucionalidad de las leyes nacionales, de las de los Estados y de las de los Municipios (Ordenanzas), así como de los actos estatales dictados en ejecución directa e inmediata de la Constitución.

En sentido similar, en Colombia también se ha establecido, además del control difuso de la constitucionalidad, el control concentrado tanto preventivo como a posteriori mediante acción popular.

En cuanto al control preventivo de la constitucionalidad de las leyes, como se ha dicho, la Constitución colombiana, a partir de 1886, ha previsto un método de control preventivo de la constitucionalidad en virtud del poder de veto a la legislación, atribuido al Presidente de la República (arts. 167 y 241,8).

En efecto, cuando una ley es objeto de un veto por causa de inconstitucionalidad, si las Cámaras Legislativas insisten en su promulgación, el Presidente de la República debe enviar el proyecto de ley a la Corte Constitucional la cual debe decidir en un lapso de seis días. En caso de que la Corte declare inconstitucional el proyecto de ley, éste debe ser archivado. Si por el contrario, la Corte rechaza las objeciones constitucionales presentadas por el Presidente de la República, éste está obligado a promulgar la ley (art. 167).

En cuanto al control concentrado de la constitucionalidad de las leyes, como se dijo, en Colombia, la Constitución de 1991 atribuyó a la Corte Constitucional la función de "guardián de la integridad y supremacía de la Constitución" (art. 241), que ejerce, además, mediante el control a posteriori a través de la acción popular. Adicionalmente, la Constitución prevé un control obligatorio por parte de la Corte Constitucional respecto de los decretos que emanen del Presidente de la República como consecuencia de un estado de sitio, declarado por causa de guerra, crisis interna o cuando el orden económico y social del país esté gravemente alterado (arts. 213 y 214). En estos casos, al día siguiente de su promulgación, el Presidente de la República debe remitir esos decretos a la Corte Constitucional, a la cual corresponde decidir "definitivamente sobre su constitucionalidad" (art. 121).

En Panamá, como se ha dicho, se establece un sistema similar al de Colombia y Venezuela en cuanto al control concentrado a priori y a posteriori. En cuanto al primero, de acuerdo al artículo 171 de la Constitución, cuando el Ejecutivo "objetare un proyecto por inexequible" y la Asamblea Nacional, por la mayoría de los dos tercios de los Diputados que la componen, insistiere en su adopción, el Presidente lo pasará a la Corte Suprema de Justicia "para que decida sobre su inconstitucionalidad".

El fallo de la Corte que declare el proyecto constitucional, obliga al Ejecutivo a sancionarlo y hacerlo promulgar[1472].

En tal sentido, el Código Judicial establece en su artículo 2555, lo siguiente:

> Art. 2555. Cuando el Ejecutivo objetare un proyecto de ley por considerarlo inexequible y la Asamblea Legislativa, por mayoría de las dos terceras partes, insistiere en su adopción, el Órgano Ejecutivo dispondrá de un término de seis días hábiles para enviar el proyecto con las respectivas objeciones a la Corte Suprema de Justicia, la cual decidirá definitivamente sobre la exequibilidad del mismo.

De acuerdo con el artículo 2556, también procede el control previo de la constitucionalidad (exequibilidad) respecto de las reformas constitucionales, sólo cuando el Órgano Ejecutivo la objetare por considerar que no se ajusta a lo establecido por la Constitución.

Adicionalmente, como se dijo, en Panamá existe un sistema amplio de control de la constitucionalidad, *a posteriori*, de todos los actos estatales, tanto de carácter principal como de carácter incidental.

## VI. EL CARÁCTER PRINCIPAL E INCIDENTAL DEL SISTEMA DE CONTROL CONCENTRADO DE LA CONSTITUCIONALIDAD

### 1. *La situación general en el derecho comparado*

Contrariamente al sistema difuso de control de la constitucionalidad, el cual siempre tiene un carácter incidental, el sistema concentrado puede tener bien sea un carácter principal o un carácter incidental, en la medida en que las cuestiones constitucionales relativas a las leyes lleguen a la Corte Suprema o a la Corte Constitucional en virtud de una acción directa intentada ante la misma, o cuando un tribunal inferior donde se planteó, a instancia de parte o de oficio, la cuestión constitucional, remite el asunto a la Corte. En Panamá, como se dijo, el sistema concentrado de control de la constitucionalidad es a la vez principal e incidental, como lo es en Uruguay, Honduras y Paraguay.

En consecuencia, otro aspecto de la racionalidad del sistema concentrado de control de la constitucionalidad de las leyes, en el cual el poder para anularlas se confiere a la Corte Suprema o a una Corte especial, es que la cuestión constitucional puede alcanzar la Corte de manera directa o principal mediante una acción contra la ley o el acto estatal concreto o de manera incidental cuando la cuestión constitucional se plantea en un tribunal inferior con motivo de un juicio particular y concreto. En este caso, el juez debe remitir su decisión a la Corte Suprema o a la Corte Constitucional para luego poder adoptar la resolución final del caso, en conformidad con la decisión tomada por la Corte. En ambos casos, el control de la constitucionalidad es de tipo concentrado, porque un solo órgano está autorizado para juzgar la constitucionalidad de la ley.

---

1472 *V.*, en general Rigoberto González Montenegro y Francisco Rodríguez Robles, "La objeción de inexequibilidad constitucional en Panamá", en *Anuario Iberoamericano de Justicia Constitucional*, Centro de Estudios Políticos y Constitucionales, Madrid, 2001, pp. 125 y ss.

En el caso de Panamá, como hemos dicho, sin embargo, el método incidental de control de la constitucionalidad no sólo se refiere a disposiciones legales sino también, reglamentarias.

Ahora bien, este carácter esencial del control concentrado no siempre implica que la cuestión constitucional deba plantearse sólo de una manera principal o de una manera incidental. Podría ser cualquiera de las dos maneras y también ambas paralelamente, como es el caso de Panamá, todo según las normas de la ley positiva.

En esta forma, no existe, en el derecho comparado, ningún motivo para identificar el sistema concentrado de control de la constitucionalidad con el carácter principal o abstracto del método de revisión de la cuestión constitucional. Si bien ello era cierto en el sistema original austríaco implantado en 1920, ya no lo es en el derecho constitucional contemporáneo[1473], en el cual el sistema concentrado de control de la constitucionalidad puede derivar de ambos métodos: principal e incidental.

En el sistema principal, la cuestión constitucional relativa a una ley u otro acto estatal es "la cuestión principal" y única del juicio iniciado mediante acción directa que puede ser interpuesta por ante la Corte Suprema o la Corte Constitucional, tanto por los ciudadanos mediante una *actio popularis* o regida por reglas de legitimación particulares, o por funcionarios o autoridades públicas específicas. En el método incidental, la cuestión constitucional puede ser planteada ante un tribunal ordinario como una cuestión incidental en el juicio o de oficio por el tribunal.

Este tribunal es, entonces, el único que puede remitir la cuestión constitucional ante la Corte Suprema o la Corte Constitucional, en cuyo caso se debe suspender la decisión del caso concreto hasta que la cuestión constitucional haya sido resuelta por la Corte Suprema o la Corte Constitucional[1474].

### 2. *El control concentrado principal de la constitucionalidad y la acción popular*

En el derecho comparado, sin duda, el ejercicio del control concentrado de la constitucionalidad por vía principal, mediante una acción popular es absolutamente excepcional.

Lo normal es que se limite el ejercicio de la acción directa a determinados funcionarios u órganos del Estado (Presidente del Gobierno, Ministerio Público, miembros del Parlamento), como sucede en Europa, para acceder a los Tribunales Constitucionales, o se exija una legitimación activa determinada en caso de que se permita el ejercicio de la acción a los particulares, como sucede en Uruguay, Honduras y Paraguay.

En Panamá, como se ha señalado, desde 1941 y, sin duda, en este punto, por influencia del sistema colombiano, se estableció la acción popular como medio procesal para acceder a la jurisdicción constitucional de la Corte Suprema de Justicia. Igual sistema existe en Venezuela.

---

1473 *Cf.* M. Cappelletti, *op. cit.*, pp. 69, 72.

1474 *Cf.* Allan R. Brewer-Carías, *Judicial Review in Comparative Law, cit.*, pp. 186 y ss.

La diferencia, en todo caso, entre el sistema panameño y el de Venezuela y Colombia, radica en el objeto del control, que es más amplio en Panamá, donde no sólo las leyes y demás actos estatales de rango o valor similar pueden ser impugnados por inconstitucionalidad mediante la acción popular, sino todos los actos estatales.

Debe señalarse, en todo caso, que además de los casos de Colombia, Venezuela y Panamá, también puede identificarse una acción popular de inconstitucionalidad, en El Salvador y Nicaragua.

En efecto, el artículo 96 de la Constitución de 1950 de El Salvador, cuyo texto recoge el artículo 183 de la Constitución de 1992, establece la competencia de la Corte Suprema de Justicia, por medio de la Sala de lo Constitucional, como "único tribunal competente para declarar la inconstitucionalidad de las leyes, decretos y reglamentos, en su forma y contenido, de un modo general y obligatorio, y podrá hacerlo a petición de cualquier ciudadano".

Por su parte, el artículo 187 de la Constitución de Nicaragua establece "el Recurso por Inconstitucionalidad contra toda ley, decreto o reglamento que se oponga a lo prescrito por la Constitución política, el cual podrá ser instaurado por cualquier ciudadano".

Se observa, en todo caso, que una pequeña diferencia podría identificarse en cuanto a la legitimación amplia de la acción popular: en Panamá se otorga a cualquier persona, al igual que en Venezuela; en cambio en El Salvador y Nicaragua, se confiere a los ciudadanos, es decir, a quienes gozan de derechos políticos en los respectivos países[1475].

En otros países, si bien la legitimación para ejercer la acción de inconstitucionalidad está sometida a algunas restricciones, en definitiva podría identificarse una acción popular de inconstitucionalidad, tal es el caso de Guatemala, cuya Constitución de 1985, reguló los poderes de control de la constitucionalidad ejercidos por la Corte Constitucional, cuando se ejerce un recurso de inconstitucionalidad, concebido como una acción directa (art. 272,a), que puede ser interpuesta contra "las leyes y disposiciones de carácter general, objetadas parcial o totalmente de inconstitucionalidad" (arts. 267 y 272,a). Conforme a la Ley de Amparo, Exhibición personal y de constitucionalidad de 1986, tienen legitimación para plantear la inconstitucionalidad de leyes, reglamentos o disposiciones de carácter general, la Junta Directiva del Colegio de Abogados, el Ministerio Público, el Procurador de Derechos Humanos y "cualquier persona con el auxilio de tres abogados colegiados activos" (art. 134). Este último convierte el recurso, materialmente, en una acción popular de inconstitucionalidad, como la que existe en Colombia, Panamá, Venezuela, El Salvador y Nicaragua.

### A. *La acción popular de inconstitucionalidad en Venezuela*

En efecto, en Venezuela desde 1858, la principal característica de la competencia de la Corte Suprema de Justicia en el ejercicio de sus poderes de control concentra-

---

1475 *Cfr.* Luis López Guerra, "Protección de los Derechos Fundamentales por la Jurisdicción Constitucional en Centro América y Panamá", en Instituto de Investigaciones Jurídicas, Centro de Estudios Constitucional México-Centroamérica, Justicia Constitucional Comparada, UNAM, México 1993, p. 86.

do de la constitucionalidad, es que puede ser requerida por cualquier persona natural o jurídica, que goce de sus derechos[1476]. Por consiguiente, el sistema concentrado de justicia constitucional en Venezuela siempre está concebido como un proceso de carácter principal que se desarrolla ante la Corte Suprema, cuando se introduce una acción popular.

Dicha acción popular, tal como lo señaló la misma Corte en 1971, está abierta "a cualquiera del pueblo (de ahí su denominación)", siendo su objetivo "la defensa de un interés público que es a la vez simple interés del accionante quien, por esta sola razón, no requiere estar investido de un interés jurídico diferenciado legítimo". Por consiguiente, en Venezuela, la acción popular está consagrada "para impugnar la validez de un acto del Poder Público, que por tener un carácter normativo y general, obra *erga omnes*, y por tanto, su vigencia afecta e interesa a todos por igual"[1477].

En cuanto a la acción popular, cabe señalar que su "popularidad", tradicionalmente muy amplia, fue de algún modo limitada en 1976 hasta 2010, primero por la Ley Orgánica de la Corte Suprema de Justicia de 1976 y luego por la Ley Orgánica del Tribunal Supremo de Justicia de 2010, la cual exigió un interés simple "particularizado" para poder introducirla. En efecto, el artículo 112 de la Ley de 1976 exigía que el acto impugnado debía lesionar, de algún modo, "los derechos e intereses" del recurrente. Por lo tanto, la amplia popularidad de la acción de inconstitucionalidad puede considerarse que fue objeto de una especie de restricción legal, sin que por ello hubiera perdido su carácter de "acción popular". En efecto, una restricción de este tipo podría considerarse razonable ya que en realidad sólo afectaría la legitimación necesaria en casos extremos. Por ejemplo, si se impugna una Ley de una Asamblea Legislativa de uno de los Estados de la Federación, sería lógico que se considere necesario que el recurrente, por ejemplo, al menos, resida en ese Estado, que tenga bienes en su territorio o que sus derechos e intereses puedan, de algún modo, resultar lesionados por dicha ley[1478].

De todos modos, la misma Corte Suprema de Justicia aclaró las dudas con respecto a la posible restricción de la popularidad de la acción[1479], y consideró que la exigencia del mencionado artículo 112 de la derogada Ley Orgánica en el sentido de que la ley impugnada debía lesionar "los derechos e intereses" del recurrente, no significaba que la acción popular hubiera sido eliminada, ni que se había establecido una exigencia especial de legitimación activa para requerir de la Corte Suprema el ejercicio del control de la constitucionalidad. Según la Corte, el objeto de la acción popular es "la defensa objetiva de la majestad de la Constitución y su supremacía", y si bien es cierto que la Ley Orgánica de la Corte Suprema requiere que los derechos

---

1476 *V.*, sentencia de la Corte Federal del 22/2/60, *Gaceta Forense* Nº 27, 1960, pp. 107, 108; así como la sentencia de la Corte Suprema de Justicia en la Sala Político-Administrativa del 3/10/63, *Gaceta Forense* Nº 42, 1963, pp. 19 y 20, la del 6/2/64 *Gaceta Oficial* Nº 27.373, 21/2/64, la del 30/5/63, *Gaceta Forense* Nº 52, 1968, p. 109, y la del 25/9/73 *Gaceta Oficial* Nº 1643 Extra, 21/3/74, p. 15.

1477 *V.*, la sentencia de la Corte Suprema de Justicia en la Sala Político-Administrativa del 18/2/71, *Gaceta Oficial* Nº 1472 Extra, 11/6/71, p. 6; ver también la sentencia de la Corte Suprema de Justicia en la Sala Político-Administrativa del 6/2/64, *Gaceta Oficial* Nº 27373, 21/2/64.

1478 Allan R. Brewer-Carías, *El Control de la Constitucionalidad...*, *op. cit.*, p. 122.

1479 *V.*, L.H. Farías Mata, "¿Eliminada la Acción Popular del Derecho Positivo Venezolano?", *Revista de Derecho Público*, Nº 11, EJV, Caracas 1982, pp. 5/18.

e intereses del recurrente hayan sido afectados, dicha expresión no debe interpretarse de manera "rigurosamente restrictiva[1480]". Basándose en todo lo anterior, la Corte Suprema llegó a la conclusión de que cuando una persona ejercía la acción popular de inconstitucionalidad en virtud de los términos del mencionado artículo 112 de la Ley de 1976,

> "debe presumirse, al menos relativamente, que el acto de efectos generales recurrido en alguna forma afecta los derechos o intereses del recurrente en su condición de ciudadano venezolano, salvo que del contexto del recurso aparezca manifiestamente lo contrario"[1481].

En todo caso, en la Ley Orgánica del Tribunal Supremo de Justicia de 2010, dictada en sustitución de la Ley Orgánica de 2004, se eliminó esta norma, y en su lugar simplemente se califica la acción de inconstitucionalidad como una "demanda popular de inconstitucionalidad", aclarándose definitivamente el tema de la legitimación activa propia de la acción popular.

Conforme a la Constitución de 1999, el control de la constitucionalidad de los actos del Estado a través de la acción popular está reservado a los actos de rango legal o normativo, es decir, a los actos de ejecución inmediata a la Constitución, y a los reglamentos. A nivel nacional, los actos del Estado de rango legal son las leyes, los actos parlamentarios sin forma de ley y los actos del gobierno; y a nivel de los Estados miembros de la Federación y de los Municipios, las leyes de las Asambleas Legislativas de los Estados miembros y las Ordenanzas dictadas por los Concejos Municipales[1482].

En consecuencia en el nivel nacional, todos los actos estatales de rango legal o dictados en ejecución directa e inmediata de la Constitución son impugnables ante la Jurisdicción Constitucional[1483].

---

1480 Sentencia de la Corte en Sala Plena del 30/6/82, ver en *Revista de Derecho Público*, N° 11, EJV, Caracas 1982, p. 138.

1481 En esta forma, la Corte reservó este recurso de inconstitucionalidad a los actos que tienen efectos *erga omnes* y que interesan a cualquiera. *V.*, al respecto la sentencia de la Corte Suprema de Justicia en la Sala Político-Administrativa del 14/3/60, *Gaceta Oficial* N° 26.222, 1/4/60, pp. 154/225. Debe señalarse que hasta 2010, sin embargo, la Sala Constitucional en diversas sentencias llegó a indicar que nuestra legislación procesal no preveía una "acción popular," en el sentido de estar reconocida a todos, pero sí una muy similar, debido a que difícilmente faltará entre la población el simple interés que la ley exige para demandar. *V.*, por ejemplo, sentencia N° 37 del 27 de enero de 2004; N° 1448 de 2003 y N° 2167 de 2004. *V.*, los comentarios en Allan R. Brewer-Carías, "El juez constitucional en Venezuela como legislador positivo de oficio en materia tributaria". en *Revista de Derecho Público*, N° 109. Editorial Jurídica Venezolana, Caracas, 2007, pp. 198 y ss. y de igual modo "El juez constitucional como legislador positivo de oficio en materia tributaria. La legitimación activa en la acción popular y la impugnación de leyes derogadas" en *Crónica sobre la "in" Justicia Constitucional. La Sala Constitucional y el autoritarismo en Venezuela*, Colección Instituto de Derecho Público, Universidad Central de Venezuela, N° 2, Caracas 2007. pp. 565-592

1482 Las ordenanzas municipales tienen el carácter de leyes locales. *V.*, Allan R. Brewer-Carías, *El Régimen Municipal en Venezuela*, Caracas 1984, p. 162.

1483 La Corte Suprema de Justicia enunció claramente este criterio en los términos siguientes: "El examen de una acción de inconstitucionalidad supone la confrontación entre el acto que se considera viciado y las normas de la Constitución presuntamente infringidas por éste. Si tales normas condicionan el acto, es decir, determinan, por ejemplo, la finalidad de éste, la autoridad competente para realizarlo, o los requi-

Sin embargo, de todos los actos sometidos al control de la constitucionalidad, es evidente que las leyes son las más importantes, en virtud de su alcance general. En este sentido, la Constitución prevé expresamente la competencia del Tribunal Supremo para declarar la nulidad total o parcial de las leyes nacionales, de las leyes de los Estados y de las Ordenanzas Municipales que colidan con la Constitución (art. 336).

### B. *La acción popular en Colombia*

En Colombia, como se ha dicho, conforme a la Constitución de 1991, todos los ciudadanos pueden interponer por ante la Corte Constitucional una acción popular para requerir la anulación, por inconstitucionalidad, de los siguientes actos estatales: actos de reforma de la Constitución, por vicios de procedimiento; actos de convocatoria de referéndum o de asambleas constituyentes referentes a una reforma de la Constitución, por vicios de procedimiento; los referéndum referentes a leyes, consultas populares y plebiscitos nacionales, solamente por vicios de procedimiento en la convocatoria o en su realización; leyes, tanto por su contenido material como por vicios de procedimiento en su elaboración; decretos que tengan fuerza de ley dictados por el gobierno, por su contenido material o por vicios de procedimiento en su elaboración; decretos legislativos gubernamentales, tratados internacionales y leyes de ratificación de tratados (art. 199).

El carácter popular de la acción de inconstitucionalidad viene dado por el hecho de que ésta puede ser ejercida por todos los ciudadanos, incluso sin tener ningún interés en particular, por lo que el procedimiento que se desarrolla ante la Corte Constitucional es de carácter objetivo. En efecto, esta acción no se intenta contra el Estado o contra uno de sus órganos, sino contra una ley o un acto estatal que tenga fuerza de ley. Esa es la razón por la cual, en principio, un ciudadano cualquiera puede intervenir en el procedimiento, adhiriéndose a la petición del accionante, o como parte interesada en el mantenimiento de la ley impugnada (art. 242,2). Igualmente por este carácter popular, de conformidad con el artículo 242.2 de la Constitución, el Procurador de la República debe intervenir en todo caso de acción de inconstitucionalidad.

El carácter objetivo del procedimiento también resulta del hecho de que la Corte Constitucional, como guardián de la Constitución, puede considerar vicios de naturaleza constitucional diferentes de los que fueron denunciados por el accionante o por los ciudadanos que hayan participado en el procedimiento y por consiguiente, puede declarar la inconstitucionalidad de la ley examinada por motivos diferentes a los expresados en la acción (art. 29, Decreto 432 de 1969).

Los vicios de inconstitucionalidad contenidos en el escrito de la acción, por tanto, no limitan en absoluto los poderes de la Corte que, como guardián de la integridad de la Constitución, está autorizada para examinar de oficio el acto cuestionado y para someterlo a todas las condiciones constitucionales[1484].

---

sitos intrínsecos o extrínsecos cuyo incumplimiento puede afectar su validez, la acción o recurso dirigido a anularlo por colidir con la Constitución, es de inconstitucionalidad". Sentencia de la Corte Suprema de Justicia en la Sala Político-Administrativa del 13/2/68, *Gaceta Forense* Nº 59, 1968, p. 83.

1484 L.C. Sáchica, *El Control de la Constitucionalidad y sus mecanismos*, Bogotá 1982, p. 106.

Por otra parte, el desistimiento de la acción por parte del recurrente no tiene efectos inmediatos, dado el papel atribuido a la Corte, y ésta, por consiguiente, puede continuar efectuando el examen constitucional del acto impugnado[1485].

Finalmente, y como consecuencia del carácter popular de la acción, en principio, ningún plazo de caducidad está previsto para su ejercicio; por tanto, como es inextinguible, el ejercicio de la acción popular puede ser considerado como un derecho político de los ciudadanos.

Sin embargo, debe señalarse que la reforma constitucional de 1991 estableció que cuando la acción se basa en vicios formales o de procedimiento de la ley impugnada, la acción está sometida a un lapso de caducidad de un año, contado a partir de la fecha de su publicación (art. 242,3).

### C. *La acción popular en Panamá*

En Panamá, como se ha dicho, conforme al artículo 206.1 de la Constitución, la acción de inconstitucionalidad puede ser interpuesta ante la Corte Suprema de Justicia, "por cualquier persona", por razones de fondo o de forma, contra "leyes, decretos, acuerdos, resoluciones, y demás actos" estatales. Se consagra así la acción popular, cuyo contorno se precisa en el artículo 2550 del Código Judicial, así:

> Art. 2550. Cualquier persona por medio de apoderado legal, puede impugnar ante la Corte Suprema de Justicia las leyes, decretos, acuerdos, resoluciones y demás actos provenientes de autoridad que considere inconstitucionales, y pedir la correspondiente declaración de inconstitucionalidad.

El mismo Código Judicial regula la forma de ejercicio de la acción, exigiendo que la demanda de inconstitucionalidad debe, necesariamente, contener la transcripción literal de la disposición, norma o acto acusados de inconstitucionales; y la indicación de las disposiciones constitucionales que se estimen infringidas y el concepto de la infracción (art. 2560).

Por otra parte, la demanda debe acompañarse de copia debidamente autenticada de la ley, decreto de gabinete, decreto-ley, orden, acuerdo, resolución o acto que se considere inconstitucional. En todo caso, si se trata de una ley u otro documento publicado en la *Gaceta Oficial* no hay necesidad de acompañar la copia, bastando citar el número y fecha de la respectiva *Gaceta Oficial*. Además, cuando el recurrente no haya podido obtener dicha copia, debe exponerlo ante la Corte señalando las causas de la omisión, en cuyo caso la Corte debe ordenar de oficio a la corporación o funcionario respectivo que compulse y envíe las copias correspondientes (art. 2561).

El mismo artículo 2561 del Código precisa que la inobservancia de los requisitos referidos anteriormente producirá la inadmisibilidad de la demanda.

El proceso que se sigue con motivo de la acción popular, en todo caso, es un proceso objetivo en interés de la Constitución, contra la ley o acto impugnado, razón por la cual "en la acción de inconstitucionalidad no cabe desistimiento" (art. 2562).

---

1485 I. Copete Lizarralde, *Lecciones de Derecho Constitucional*, Bogotá, p. 246.

Una vez admitida la demanda la Corte debe dar traslado, por turno, al Procurador General de la Nación o al Procurador de la Administración, para que emita concepto en un término no mayor de 10 días (art. 2563). En el procedimiento, luego de devuelto el expediente por el Procurador, la Corte debe fijar en lista por 3 días en un periódico de circulación nacional, para que en el término de 10 días contados a partir de la última publicación, el demandante y todas las personas interesadas presenten argumentos por escrito sobre el caso (artículo 2564).

### 3. *El control concentrado incidental de la constitucionalidad*

El segundo método de control concentrado de la constitucionalidad, además del método principal por vía de acción, es el método incidental que también existe en Panamá, y que aparte de estar establecido en Uruguay, Honduras, Paraguay y Costa Rica, no es frecuente en América Latina. Ya nos hemos referido al sistema en los tres primeros países. En cuanto a Costa Rica, la Ley de la Jurisdicción Constitucional prevé que todos los jueces de la República pueden formular a la Sala Constitucional una consulta de constitucionalidad, cuando duden de la constitucionalidad de una norma o acto que deban aplicar, o de una acción u omisión que deban juzgar en un caso que les sea sometido (art. 120 LJC).

En estos casos, el juez que formule la consulta debe elaborar una resolución donde debe indicar las normas cuestionadas y las razones de las dudas del tribunal con respecto a su validez o interpretación constitucionales. En estos casos, el procedimiento judicial debe suspenderse hasta que la Sala Constitucional haya evacuado la consulta (art. 104), cuya decisión interpretativa tiene carácter obligatorio y efectos de cosa juzgada (art. 117).

En todo caso, debe señalarse que el método incidental de control concentrado de la constitucionalidad es el más desarrollado en Europa, y quizás la característica más destacada del sistema europeo de control de la constitucionalidad[1486].

#### A. *El método incidental ante algunos Tribunales Constitucionales Europeos*

Los Tribunales Constitucionales Europeos en general conocen de las cuestiones constitucionales, *incidenten tantum*, cuando un juez de las jurisdicciones ordinaria o especial le remite el asunto para su decisión.

En Austria, en efecto, la cuestión constitucional relativa a los actos del Estado puede plantearse ante el Tribunal constitucional por vías distintas al recurso o acción directa, para lo cual en la reforma constitucional de 1929, se adoptó un método incidental de control jurisdiccional, el cual fue ampliado en 1975.

En efecto, de conformidad con la Constitución, la cuestión de la constitucionalidad de las leyes puede plantearse ante el Tribunal Constitucional mediante una remisión que le haga la Corte Administrativa, la Corte Suprema o cualquier Corte de apelación cuando deban aplicar la ley en un procedimiento concreto (art. 140,1). En lo que respecta a los reglamentos ejecutivos, cualquier tribunal puede requerir al Tribunal Constitucional que examine la cuestión constitucional con miras a su anulación por la vía incidental (art. 139,1). En este caso, el procedimiento incidental

1486 *V.*, Allan R. Brewer-Carías, *El control concentrado...*, pp. 173 y ss.

planteado ante el Tribunal Constitucional tiene efectos suspensivos con respecto al proceso concreto en el cual se planteó la cuestión constitucional, por lo que sólo puede proseguirse el procedimiento, después que se dicte la sentencia del Tribunal Constitucional (art. 57 de la Ley del Tribunal).

Aunque la Corte Suprema y las Cortes de apelación no tengan ningún poder de control jurisdiccional de las leyes en el sistema concentrado austríaco, la vía incidental de control jurisdiccional les confiere, en cierto modo, no sólo el poder sino también el deber de no aplicar las leyes cuya constitucionalidad está cuestionada, sin haber oído previamente la sentencia obligatoria de la Corte Constitucional[1487], lo que significa que dichas cortes tienen el poder para juzgar la inconstitucionalidad de las leyes, pero no para anularlas.

En Alemania, el método incidental, conocido como control concreto de las normas (Konkrete Normenkontrolle), está regulado en el artículo 100 de la Constitución Federal, así:

> "Si una Corte considera inconstitucional una ley cuya validez afecta la decisión que debe adoptar, debe procederse a suspender la instancia en espera de una decisión de la Corte de un Land competente en materia de conflicto constitucional cuando se estima que ha habido violación de la Constitución de un Land o de la del Tribunal Constitucional Federal cuando la violación afecta la Ley fundamental. Sucede lo mismo en el caso en que se estime que hay violación de dicha Ley fundamental por parte de la ley de un Land cuando una ley de un Land no esté conforme a una ley federal".

Esta disposición constitucional confirma claramente el carácter concentrado del sistema de control judicial de la constitucionalidad de las leyes en el régimen constitucional de Alemania, debido principalmente a la prohibición implícita que tienen los tribunales de controlar la constitucionalidad de las leyes, incluso sí, como lo hemos visto, éstas conservan un poder de control difuso de la constitucionalidad de los actos normativos administrativos del Estado. En todo caso, contrariamente al control abstracto de las normas en el cual el recurso se refiere a cualquier acto normativo del Estado, el control concreto de las normas sólo se refiere al aspecto formal de las leyes.

Conforme a este método incidental de control judicial, la cuestión constitucional que puede plantearse respecto de una ley, siempre es llevada ante el Tribunal Constitucional mediante remisión que le hace un tribunal cualquiera, cuando en un procedimiento en curso, éste considera inconstitucional una ley cuya validez debe servir de base para su decisión en el caso concreto. Por consiguiente, la cuestión constitucional que se plantea en este caso siempre reviste un carácter incidental vinculado a la solución de un caso concreto por el tribunal; de tal manera que ella debe estar vinculada al caso y ser determinante en su decisión.

En este supuesto, si bien es cierto que los tribunales no tienen el poder de declarar la nulidad de leyes, ni tampoco de decidir de oficio acerca de su inaplicación, en cambio poseen el poder de examinar la inconstitucionalidad de las leyes remitiendo el asunto constitucional al Tribunal Constitucional.

---

1487 M. Cappelletti, *op. cit.*, p. 74.

Además, en estos casos, el juez debe estar convencido de la inconstitucionalidad de la ley, razón por la cual debe fundamentar su criterio por ante el Tribunal Constitucional, explicando en qué medida su decisión depende de la validez de la ley y precisando con cuál disposición constitucional no está ésta conforme (art. 80,2 de la Ley del Tribunal Constitucional Federal).

Por otra parte, la posibilidad de plantear ante el Tribunal Constitucional Federal asuntos referentes a la constitucionalidad de las leyes, es una atribución de los tribunales que pueden ejercer de oficio y cuyo ejercicio no está subordinado a la voluntad de las partes.

Por consiguiente, la atribución de los tribunales de remitir cuestiones constitucionales al Tribunal Constitucional, es independiente de las partes en lo que se refiere a la inconstitucionalidad de una disposición legal, razón por la cual el método incidental de control judicial no necesariamente se origina en una excepción alegada por una de las partes en el proceso concreto.

En todo caso, y a pesar de su carácter incidental, los poderes del Tribunal Constitucional sólo se limitan al examen de la cuestión constitucional planteada por el tribunal respectivo. El Tribunal Constitucional, por lo tanto, no efectúa una revisión del fondo del asunto debatido, sino que se limita a determinar si la ley considerada inconstitucional por el tribunal inferior es o no conforme a la Constitución (art. 80 de la Ley). Por ello, este procedimiento del control judicial concreto de las normas, al igual que aquel de tipo abstracto, también reviste un carácter objetivo.

En todo caso, una vez que el Tribunal Constitucional ha decidido la cuestión constitucional que le ha sido remitida por un tribunal inferior, este último debe retomar la instancia y dictar su sentencia de conformidad con la decisión del Tribunal Constitucional, la cual tiene fuerza obligatoria general (art. 31,1 de la Ley).

En Italia, el medio principal para introducir la cuestión de la constitucionalidad de las leyes por ante la Corte Constitucional y, sin lugar a dudas, el mejor medio para mantener las leyes y los actos legislativos en el marco de la Constitución, es el método incidental expresamente consagrado en la Ley Constitucional N° 1 de 1948, la cual contiene las normas relativas a las sentencias de ilegitimidad constitucional y a las garantías de independencia de la Corte Constitucional. El artículo 1 de esta Ley Constitucional reza como sigue:

> "La cuestión de la ilegitimidad de una ley o de un acto de la República con fuerza de ley, planteada de oficio o invocada por cualquiera de las partes en un juicio y no considerada sin fundamento por el juez, debe ser referida a la Corte Constitucional".

Las normas fundamentales de este método incidental de control jurisdiccional fueron establecidas en la Ley N° 87 de 1953, la cual enfatiza el carácter concentrado incidental del sistema italiano de control jurisdiccional.

De conformidad con dicha Ley N° 87 de 1953, en un juicio intentado por ante un tribunal, cualquiera de las partes o el Ministerio público puede plantear la cuestión de la legitimidad constitucional mediante una petición, indicando, en primer lugar, las disposiciones de la ley o del acto con fuerza de ley del Estado o de la Región, que contienen los vicios de "legitimidad constitucional", y luego las disposiciones de la Constitución o de las "leyes constitucionales" presuntamente violadas.

Una vez planteada la cuestión de la constitucionalidad por ante el juez ordinario, éste debe tomar la decisión de referir la cuestión a la Corte Constitucional cuando se trate de una cuestión prejudicial, es decir, si el caso no permite al juez tomar una decisión evitando la cuestión de la "legitimidad constitucional", e igualmente cuando el juez estime que la cuestión está suficientemente fundamentada (art. 23).

En otras palabras, si el juez considera que la cuestión de constitucionalidad está suficientemente fundada y su resolución es esencial para la decisión del juicio, debe tomar una decisión relativa a la existencia de estas dos condiciones y, por lo tanto, referir la cuestión a la Corte Constitucional anexando a la remisión la declaración de las partes o del Ministerio público, así como el expediente completo del caso, cuyo procedimiento debe suspenderse.

La cuestión constitucional invocada por las partes o el Fiscal puede ser rechazada por el juez, mediante una decisión motivada, cuando estime que el caso no es pertinente o no está suficientemente fundamentado. Sin embargo, tal rechazo no impide que las partes puedan volver a plantear la cuestión posteriormente, en cualquier fase del procedimiento (art. 24).

Tal como lo establecen la Ley Constitucional N° 1 de 1948 y la Ley Constitucional N° 87 de 1953, la cuestión de la legitimidad constitucional también puede ser planteada de oficio por el juez de la causa; en este caso, el juez también debe tomar una decisión en la cual debe indicar con precisión las disposiciones de la ley o de los actos con fuerza de ley consideradas inconstitucionales, así como las normas de la Constitución o de las leyes constitucionales consideradas violadas por la ley cuestionada. El juez, igualmente, debe justificar en su decisión el carácter prejudicial de la cuestión y las razones de la inconstitucionalidad de la ley.

En todo caso, cuando se plantea la cuestión constitucional de la ilegitimidad constitucional de una ley o de un acto del Estado con fuerza de ley, el juez no está obligado por la voluntad de las partes: puede rechazar sus alegatos relativos a cuestiones constitucionales y plantear éstas de oficio. En todo caso, le corresponde al juez decidir la inconstitucionalidad de las leyes, aun cuando no tenga el poder para anularlas, ya que sus poderes se limitan a remitir la cuestión a la Corte Constitucional.

Además, la Corte Constitucional, cuando examina una cuestión constitucional, tampoco está obligada por las partes del juicio original en el cual se planteó la cuestión constitucional. En consecuencia, incluso si bien se debe convocar y oír a las partes del juicio *a quo*, así como a la autoridad ejecutiva involucrada (Presidente del Consejo de Ministros o del Consejo regional) (art. 25 de la Ley 87), el procedimiento iniciado por ante la Corte no constituye un procedimiento contencioso entre partes, sino más bien un procedimiento de carácter objetivo, independiente de la voluntad de las partes, incluso, en los casos de desistimiento de la acción.

El método de control jurisdiccional de la constitucionalidad de las leyes con carácter incidental, también está previsto en España por el artículo 163 de la Constitución, que establece:

> "Cuando un órgano judicial considere, en algún proceso, que una norma con rango de ley, aplicable al caso, de cuya validez dependa el fallo, pueda ser contraria a la Constitución, planteará la cuestión ante el Tribunal Constitucional, en los supuestos, en la forma y con los efectos que establezca la ley, que en ningún caso serán suspensivos"[1488].

El primer aspecto de este método incidental de control jurisdiccional de la constitucionalidad en el sistema español, es que los jueces son los únicos órganos habilitados para plantear ante el Tribunal Constitucional la cuestión constitucional, pudiendo actuar de oficio o a instancia de parte. Las partes pueden plantear la cuestión constitucional en cualquier momento del juicio concreto, pero el juez es quien debe tomar una decisión inapelable, por lo que únicamente cuando estima que la norma examinada es contraria a la Constitución, es que debe remitir la cuestión al Tribunal Constitucional.

De conformidad con la Ley Orgánica que rige el Tribunal[1489], el juez sólo puede plantear esta cuestión constitucional una vez concluido el procedimiento del caso concreto y dentro de los plazos necesarios para decidir el caso. Por este motivo, la cuestión constitucional no tiene efectos suspensivos en el sentido de que el procedimiento debe continuar hasta la adopción de la decisión final.

La remisión al Tribunal Constitucional debe indicar la ley o la norma con fuerza de ley cuya constitucionalidad se cuestiona, así como la norma constitucional presuntamente violada. El juez, además, debe precisar y justificar hasta qué punto la decisión del procedimiento concreto está condicionada por la validez de la norma en cuestión, es decir, debe justificar el carácter prejudicial de la inconstitucionalidad de la ley o del acto normativo en cuanto al juicio concreto.

De todas maneras, antes de tomar su decisión en la materia, el juez debe oír al Ministerio público y a las partes con respecto a la cuestión constitucional (art. 35,2 de la Ley Orgánica del Tribunal). Sin embargo, una vez planteada ante el Tribunal Constitucional la cuestión de la inconstitucionalidad, las partes del procedimiento a quo no tienen el derecho de intervenir en el juicio constitucional. El Tribunal Constitucional sólo tiene el deber de notificar la cuestión a los representantes de los órganos cuyos actos fueron cuestionados, con el fin de permitirles que hagan sus declaraciones en la materia ante el Tribunal (art. 37,2 de la Ley Orgánica).

En relación a este método incidental de control jurisdiccional, sin duda, hay una diferencia entre los regímenes existentes en el sistema español y en el alemán. En este último, la cuestión constitucional incidental sólo puede ser planteada por un tribunal ante el Tribunal Constitucional, cuando el juez está convencido de la inconstitucionalidad de la ley, mientras que, en el sistema español, basta que el juez considere que la norma aplicable "pueda ser contraria a la Constitución", lo que se asemeja más al sistema italiano, en el cual el juez puede plantear la cuestión constitucional cuando considera que tiene suficiente fundamento.

---

1488 *V.*, también Artículo 35, 1 de la Ley Orgánica 2/1979.

1489 Ley Orgánica del Tribunal Constitucional Español 2/1979, de 3 de Octubre.

El método incidental de control concentrado de constitucionalidad, como se ha dicho, también se ha admitido en 2008 en Francia, aún cuando solo respecto de asuntos en curso ante el Consejo de Estado o la Corte de casación.

B. *El método incidental en Panamá: Las consultas sobre constitucionalidad*

Siguiendo, en líneas generales, la orientación de los sistemas europeos, pero con la advertencia de que el método incidental de control de la constitucionalidad fue establecido en Panamá antes que en Europa (salvo Austria), la Constitución panameña lo prevé, como se ha visto, estando regulado en el artículo 2557 del Código Judicial, así:

> Art. 2557. Cuando un servidor público al impartir justicia, advierta que la disposición legal o reglamentaria aplicable al caso es inconstitucional, elevará consulta a la Corte Suprema de Justicia y continuará el curso del negocio hasta colocarlo en estado de decidir.

De esta norma se debe destacar, que el control de constitucionalidad que prevé en forma incidental es más restringido que el control de constitucionalidad que se ejerce en forma principal, pues la consulta oficial de inconstitucionalidad sólo se puede referir a leyes o a actos reglamentarios[1490], siendo el sistema panameño, el único sistema en el derecho comparado, en el cual, la consulta sobre la constitucionalidad de una ley o norma reglamentaria no sólo podrían formularla los jueces, sino cualquier autoridad pública "al impartir justicia", es decir, actuando en función jurisdiccional. Por tanto, el juez ordinario o cualquier funcionario de la Administración Pública actuando en función jurisdiccional, tendrían competencia para formular la consulta, de oficio. Pero también las partes en el proceso o procedimiento concreto tienen la iniciativa para planteársela, a cuyo efecto el artículo 2558 del Código Judicial dispone que:

> Art. 2558. Cuando alguna de las partes en un proceso, advierta que la disposición legal o reglamentaria es inconstitucional, hará la advertencia respectiva a la autoridad correspondiente, quien en un término de 2 días, sin más trámites elevará la consulta a la Corte Suprema de Justicia, para los efectos del artículo anterior.

En todo caso, queda claro que las partes no pueden acudir directamente ante la Corte Suprema, sino que las consultas de constitucionalidad sólo pueden formularlas los funcionarios judiciales, o los administrativos que ejerzan una función jurisdiccional, de oficio o a instancia de parte[1491].

La finalidad de la consulta de constitucionalidad, como lo señaló la Corte Suprema de Justicia:

---

1490 *V.*, en general Cesar A. Quintero, "La consulta de inconstitucionalidad en Panamá," en *Anuario de Derecho* N° 23 y 24, Facultad de Derecho y Ciencias Políticas. Universidad de Panamá, 1994-1995, pp. 224-225.

1491 *V.*, Víctor L. Benavides P., "Breves comentarios sobre la consulta de constitucionalidad", en Jorge Fábrega P. (Compilador), *Estudios de Derecho Constitucional...*, pp. 851 y ss.

"es la de evitar que una norma legal o reglamentaria contraria a las orientaciones constitucionales sirva de fundamento a una decisión o pronunciamiento conclusivo de un proceso cualquiera, que cursa ante un servidor público para su juzgamiento, en nombre del Estado"[1492].

Ha precisado además la Corte Suprema, que para que proceda la consulta de constitucionalidad, es preciso la existencia de un proceso en marcha y la creencia fundada de que la norma será utilizada como fundamento jurídico de la resolución aún no adoptada que concluye la instancia respectiva. No puede entonces la Corte Suprema revisar por esta vía, la constitucionalidad de una norma legal o reglamentaria, fuera de un proceso en marcha ni lo puede hacer, cuando la norma ha sido ya aplicada o cuando resulta racionalmente inaplicable[1493].

En todo caso, el juez o funcionario que consulta debe explicar las razones por las que ocurre a la Corte y señalar en que concepto las disposiciones legales infringen normas constitucionales[1494]. Cuando la advertencia sobre la inconstitucionalidad de una norma legal o reglamentaria, aplicable al caso, la formule una de las partes ante el juez o funcionario correspondiente, debe argumentar su advertencia, indicando las normas constitucionales infringidas; no correspondiéndole al juez o funcionario decidir sobre el fondo de la misma, es decir, sobre si procede o no la consulta, sino que está obligado a remitirla a la Corte Suprema de Justicia en un término de 2 días, sin trámite alguno[1495]. En todo caso, las partes sólo pueden formular la advertencia de inconstitucionalidad una sola vez por instancia.

Por último, debe advertirse como ya indicamos, que la consulta de constitucionalidad, como método de control, tiene un ámbito más reducido que el método principal, pues sólo se refiere a disposiciones legales o reglamentarias, y no puede formularse respecto de otro acto estatal. Por otra parte, la Constitución habla de "disposiciones" legales o reglamentarias, por lo que la consulta debe formularse en relación a normas concretas aplicables al caso y no sobre la totalidad de una ley o reglamento. Además, la consulta no procede sobre la constitucionalidad de disposiciones legales o reglamentarias que ya hubiesen sido objeto de pronunciamiento por parte de la Corte Suprema[1496].

## VII. EL PODER DE INICIATIVA DEL CONTROL CONCENTRADO DE LA CONSTITUCIONALIDAD Y LA LIMITACIÓN A LOS PODERES DEL JUEZ CONSTITUCIONAL

### 1. *La ausencia de iniciativa del juez constitucional*

Como viene de señalarse, en general, la cuestión de constitucionalidad referente a la validez de una ley normalmente se plantea en los sistemas concentrados de control, ante la Corte Suprema o la Corte Constitucional mediante una acción o por re-

---

1492 Fallo de 27-10-81.

1493 *Ídem.*

1494 Fallo de la Corte Suprema de 14-1-91.

1495 Fallo de la Corte Suprema de 29-11-1990.

1496 Víctor Benavides P., *loc. cit.*, pp. 853 y 855.

misión de un tribunal inferior. En ambos casos, el juez constitucional debe decidir en derecho, sin considerar los hechos.

En ambos casos, la cuestión constitucional debe formularse ante la Corte Suprema o la Corte Constitucional, por lo que ésta no tiene iniciativa propia para actuar como juez constitucional[1497]. En esta forma, el principio *nemo judex sine actore* se aplica, pero una vez que la cuestión constitucional ha llegado a la Corte como consecuencia de una acción o de su remisión por parte de un tribunal inferior, el principio *in judex judicet ultra petitum partis* ya no es operante. Esto significa que la Corte Suprema o la Corte Constitucional, como juez constitucional, una vez requerida por una parte o por un medio incidental, tiene poderes de oficio para considerar cuestiones de constitucionalidad distintas a las que han sido planteadas, como también sucede en el sistema de Panamá.

### 2. *La iniciativa de control de la constitucionalidad de los jueces ordinarios en el método incidental del sistema concentrado de control de la constitucionalidad*

Por otra parte, si bien es cierto que la Corte Suprema o la Corte Constitucional no tienen iniciativa propia para iniciar el procedimiento de control constitucional relativo a las leyes, debe recordarse que en el método incidental de control concentrado de la constitucionalidad, los tribunales inferiores que deben remitir la cuestión constitucional al juez constitucional, pueden tener la iniciativa de plantearla por ante la Corte Suprema o a la Corte Constitucional. Es decir, como se dijo, los tribunales ordinarios, cuando plantean cuestiones constitucionales mediante el método incidental, no siempre están vinculados a lo que las partes o el Fiscal invoquen, por lo que cuando consideran el caso particular, pueden plantear la cuestión constitucional de oficio y transmitirla a la Corte Suprema o a la Corte Constitucional para que ésta decida. Así sucede en Panamá.

Esta es una consecuencia del principio de supremacía de la Constitución y del deber de los jueces de aplicar la ley. Por tanto, aun cuando en el sistema concentrado de control de la constitucionalidad, la Constitución prohíba a los tribunales ordinarios actuar como jueces constitucionales en cuanto a las leyes y demás actos reglamentarios, esto no quiere decir que en caso de que estos consideren inconstitucional una disposición legal o reglamentaria aplicable a la decisión de un caso concreto, no tengan el poder para plantear la cuestión constitucional y no puedan transmitirla al juez constitucional. Lo contrario significaría la ruptura con el principio de la supremacía de la Constitución y con el papel de los jueces en la aplicación de la ley.

### 3. *Los poderes inquisitivos del juez constitucional*

Debe señalarse, por último, que en los casos de control concentrado de la constitucionalidad de las leyes ejercido por vía principal, como es el caso de la acción popular, la Corte Suprema de Justicia no puede estar ceñida a los motivos o vicios de inconstitucionalidad aducidos por el accionante, por lo que en general se admite el

---

1497 De manera excepcional, el Tribunal Constitucional Federal de la Antigua Federación de Yugoslavia poseía poderes de oficio para iniciar un procedimiento de control de la constitucionalidad de las leyes. Ver Artículo 4 de la Ley de la Corte Constitucional de Yugoslavia, 31-12-1963, en B.T. Blagojevic (ed.), *Constitutional Judicature*, Beograd, 1965, p. 16.

poder de control de oficio por la Corte Suprema, respecto de otros motivos de inconstitucionalidad distintos a los invocados por el accionante. Así sucede en Panamá y en otros países como Venezuela[1498].

En efecto, la acción popular en Venezuela pone en juego la validez de una ley y la supremacía constitucional, por lo que estimamos que, como ya hemos señalado, la Corte Suprema puede apreciar la inconstitucionalidad del acto cuestionado, por vicios no invocados por el recurrente, sin tener que limitarse a conocer únicamente las denuncias formuladas en el escrito. Por consiguiente, si bien es cierto que la acción popular debe ser formulada por un recurrente por ante la Corte Suprema (art. 82 Ley Orgánica de la Corte), ésta no está totalmente sujeta a la voluntad del mismo en el juicio de inconstitucionalidad. Por ello, a pesar de que el recurrente puede desistir del recurso una vez que este haya sido intentado, la Corte tiene el poder de seguir conociendo del caso (art. 87 de la Ley Orgánica).

En Panamá, el Código Judicial es expreso, en el sentido de otorgar poderes a la Corte Suprema para apreciar, de oficio, en relación a la norma o acto impugnado, cuestiones constitucionales distintas de las alegadas por el demandante, al establecer:

> Art. 2566. En estos asuntos la Corte no se limitará a estudiar la disposición tachada de inconstitucional únicamente a la luz de los textos citados en la demanda, sino que debe examinarla, confrontándola con todos los preceptos de la Constitución que estimen pertinentes.

Pero además, en los sistemas concentrados de control de la constitucionalidad en muchos casos, los jueces constitucionales tienen poderes para, de oficio, apreciar y declarar la inconstitucionalidad de otras normas de una ley distintas a las referidas en la acción[1499].

Es el caso del Tribunal Constitucional Federal de Alemania, cuya decisión sobre la conformidad o no de una Ley con la Constitución, si bien, en principio, puede adaptarse al contenido de la petición, del recurso constitucional o de la remisión que haya hecho un tribunal inferior, según el método utilizado para los fines del control; al pronunciar su decisión, el Tribunal Constitucional no está vinculado a las denuncias efectuadas, en el sentido de que puede plantear de oficio cualquier otro asunto de orden constitucional vinculado con la ley cuestionada o con cualquiera de los artículos de la misma, y por lo tanto, decidir *ultra petita*. Esta es la razón por la cual el mismo artículo 78 de la Ley Federal que instituye el Tribunal Constitucional Federal estipuló que:

> "En caso de que otras disposiciones de la misma ley no estén conformes a la Constitución o a cualquier otra norma de la ley federal, el Tribunal Constitucional Federal puede al mismo tiempo declararlas nulas".

En Italia, en cambio, en todos los casos de control jurisdiccional de la constitucionalidad de las leyes, la Corte Constitucional debe decidir, "dentro de los límites" de la acción o del planteamiento judicial de la cuestión constitucional (art. 27 de la

---

1498 *V.*, en Allan R. Brewer-Carías, *El control concentrado...., cit.*, p. 58.

1499 *Ídem*, pp. 85 y ss.

Ley 87), cuáles son las normas consideradas "ilegítimas", es decir inconstitucionales. En consecuencia, de conformidad con los términos de la Ley N° 87, se ha considerado que la Corte Constitucional no tiene poderes de oficio para analizar cuestiones constitucionales distintas de aquellas que le son sometidas mediante el método incidental o mediante la acción o recurso en el método directo o principal de control de la constitucionalidad. Al respecto, la Corte sólo tiene el poder para declarar "cuáles son las otras disposiciones legislativas cuya ilegitimidad es producto de la decisión adoptada" (art. 27), pero no puede declarar la inconstitucionalidad de disposiciones legislativas diferentes de aquellas indicadas en la remisión efectuada por el juez ordinario o en la acción directa.

En España, como hemos dicho, el Tribunal Constitucional como juez constitucional e intérprete supremo de la Constitución, si bien no puede plantear de oficio una cuestión de inconstitucionalidad, una vez que se haya sometido una cuestión al Tribunal, éste tiene poderes de oficio para plantear otras cuestiones de inconstitucionalidad con respecto a la norma cuestionada, es decir, que puede "basar la declaración de inconstitucionalidad en la violación de cualquier disposición constitucional, haya sido o no invocada en el juicio" (art. 39,2 de la Ley Orgánica del Tribunal). Igualmente, el Tribunal puede ampliar la declaración de inconstitucionalidad a otras disposiciones de la ley a pesar de que se haya producido un cuestionamiento parcial, en casos afines o como consecuencia de la declaración relativa a las disposiciones cuestionadas.

## VIII. LOS EFECTOS DE LAS DECISIONES EN MATERIA DE CONTROL CONCENTRADO DE LA CONSTITUCIONALIDAD

El último aspecto de la racionalidad del sistema concentrado de control de la constitucionalidad se refiere a los efectos de las decisiones dictadas por la Corte Suprema o por la Corte Constitucional relativas a la inconstitucionalidad de la ley, sea que la cuestión constitucional haya sido planteada mediante una acción o de manera incidental, por remisión de un tribunal inferior. Este aspecto de los efectos de la decisión judicial responde a dos preguntas: primero, ¿a quién afecta la decisión?, y segundo, ¿cuándo comienzan los efectos de la decisión?

### 1. *Los efectos erga omnes de la decisión anulatoria*

#### A. *La situación general en Panamá y en el derecho comparado*

En lo que a la primera pregunta se refiere, la racionalidad del sistema concentrado de control de la constitucionalidad implica que la decisión dictada por la Corte Suprema o por la Corte Constitucional, actuando como juez constitucional, tiene efectos generales *erga omnes*. Este es el valor de las sentencias de la Corte Suprema de Justicia de Panamá cuando actúa como juez constitucional.

Esto sucede cuando el control de la constitucionalidad se ejerce mediante una acción directa interpuesta por ante la Corte Constitucional o la Corte Suprema, sin conexión con algún caso concreto contencioso. En estos casos, cuando se interpone una acción directa por ante un juez constitucional, la relación procesal no se establece entre un demandante y un demandado, sino más bien, fundamentalmente, entre un recurrente y una ley o acto estatal cuya constitucionalidad está cuestionada. En este caso, el objeto de la decisión acerca de la constitucionalidad de la ley es su anulación, y los efectos de la decisión son necesariamente *erga omnes*. Nunca deberían ser inter partes, particularmente debido a la ausencia de las partes propiamente dichas, en el procedimiento. Sin embargo, como se ha señalado, en Uruguay y Paraguay, de manera excepcional, las decisiones de la Corte Suprema en materia de control de constitucionalidad siempre tienen efectos inter partes.

Por otra parte, en el sistema concentrado de control de la constitucionalidad, iniciado por el método incidental, cuando se plantea una cuestión constitucional referente a una ley en un procedimiento concreto y el tribunal inferior la remite a la Corte Suprema o a la Corte Constitucional para que sea objeto de una decisión, dicha decisión también debe adoptarse en base a los aspectos de derecho y no con respecto a los hechos, por lo que también tiene efectos *erga omnes*, es decir, no limitados al juicio concreto en el que se planteó la cuestión constitucional ni a las partes del mismo.

En efecto, en ambos casos del sistema concentrado de control de la constitucionalidad, a través del método principal o del incidental, la Corte Suprema o la Corte Constitucional respectiva, de manera abstracta, debe decidir la cuestión de la constitucionalidad de la ley, sin ninguna referencia a los hechos ni al juicio concreto en el que se planteó la cuestión constitucional. Por consiguiente, en el sistema concentrado, el juez constitucional no decide una cuestión constitucional con miras a resolver un caso concreto entre partes; el juez constitucional, como se señaló, no toma decisiones con respecto a un caso concreto, sino únicamente con respecto a una cuestión de constitucionalidad de una ley. La lógica del sistema consiste pues, en que la decisión debe aplicarse en general a todos y a cualquier órgano del Estado por sus efectos *erga omnes*. En consecuencia, cuando una ley sea considerada inconstitucional por la Corte Constitucional o por la Corte Suprema actuando como juez constitucional, ello significa que dicha ley queda anulada y no pueda ejecutarse ni aplicarse a la resolución del caso concreto, pero tampoco a ninguna otra cosa.

### B. *La situación en otros países donde está admitida la acción popular*

En todo caso, y por lo que respecta a los países que cuentan con acción popular, como es el caso de Colombia, Venezuela, El Salvador y Nicaragua, la situación es similar[1500].

En efecto, como en casi todos los casos de control concentrado de la constitucionalidad de las leyes, cuando la Corte Constitucional colombiana declara la inconstitucionalidad de un acto legislativo, esta decisión tiene efectos *erga omnes*. Además, tiene un valor de *res judicata* constitucional, y su contenido es obligatorio para todos, de forma tal que con posterioridad no puede presentarse otra acción de inconstitucionalidad contra el mismo acto[1501]. En particular, este valor de *res judicata* de las decisiones de la Corte Constitucional rige tanto en los casos en los cuales la Corte rechaza la acción de inconstitucionalidad, como en los casos en los cuales declara la inconstitucionalidad del acto impugnado.

---

1500 *V.*, en Allan R. Brewer-Carías, *El control concentrado....*, *cit.*, pp. 96 y 59 y ss.

1501 Como lo establecía la reforma constitucional sancionada por el acto legislativo Nº 1, luego anulado. Véase L.C. Sáchica, *El Control...*, *op. cit.*, pp. 148-149.

Por tanto, y aun cuando en Colombia todos los Tribunales pueden ejercer el control de la constitucionalidad de leyes mediante el sistema difuso, sin embargo no pueden declarar la inaplicabilidad de la ley por el motivo de inconstitucionalidad que la Corte Constitucional hubiese rechazado.

En el caso de Venezuela, la decisión del Tribunal Supremo de Justicia al declarar la nulidad de una ley por inconstitucionalidad como consecuencia, de una acción popular, también tiene un valor general, es decir, *erga omnes*, o como lo indica el artículo 32 de la ley Orgánica del Tribunal Supremo de 2010 son "de aplicación general". Ello, por otra parte, ha sido confirmado por la jurisprudencia de la misma Corte desde hace más de medio siglo. En efecto, en una sentencia fechada el 17 de noviembre de 1938, la antigua Corte Federal y de Casación expresó:

> "La Corte Federal y de Casación está en el grado más alto de la jerarquía judicial; la cosa juzgada por ella establecida, aun suponiéndola errada en doctrina, es siempre la última palabra del Poder Judicial, contra la cual no pueden nada en derecho, ni ella misma ni los otros dos Poderes. Siendo una institución federal, con atribuciones exclusivas para anular *erga omnes* las leyes y los actos del Poder Público que violen la Constitución, esto la constituye en soberano intérprete del texto constitucional y de las Leyes ordinarias, y en único juez de los actos de los Poderes Públicos y de los altos funcionarios del Estado. Cualquier funcionario, por elevado que sea, o cualquiera de los otros Poderes Públicos que pretenda hacer prevalecer su propia interpretación de la ley, sobre la interpretación y aplicación que de la misma haya hecho esta Corte al decidir o resolver algo sobre el mismo asunto, usurpa atribuciones y viola la Constitución y las leyes de la República"[1502].

La antigua Corte Federal y de Casación se pronunció en el mismo sentido, mediante una sentencia del 21 de marzo de 1939, cuando calificó sus decisiones como "disposiciones complementarias de la Constitución y de las leyes de la República, y surten sus efectos *erga omnes*"[1503]. Así mismo, por sentencia del 16 de diciembre de 1940, cuando señaló que sus decisiones "entran a formar una legislación especial emergente del Poder Constituyente secundario que en tales materias ejerce este Alto Tribunal"[1504]. La antigua Corte Federal fue coherente con ese criterio y, por sentencia del 19 de junio de 1953, señaló que sus decisiones "cobran fuerza de ley"[1505] porque tienen efectos *erga omnes*.

---

1502 *V.*, sentencia de la Corte Federal y de Casación en Sala Político-Administrativa del 17/11/38, *Memoria*, 1939, pp. 330 a 334.

1503 *V.*, sentencia de la Corte Federal y de Casación en Sala Político-Administrativa del 21/03/39, *Memoria*, 1940, p. 176.

1504 *V.*, sentencia de la Corte Federal y de Casación en Sala Político-Administrativa del 16/12/40, Memoria, 1941, p. 311.

1505 *V.*, sentencia de la Corte Federal del 19/3/53, *Gaceta Forense* N° 1, 1953, pp. 77-78. Por otra parte, en la sentencia de la Corte Suprema de Justicia en Sala Político-Administrativa del 19/11/68, *Gaceta Forense* N° 62, 1968, pp. 106 a 113, se sostuvo que "los efectos de las decisiones dictadas por Corte Suprema en el ejercicio de sus atribuciones, sólo son válidos mientras subsiste la aplicación del precepto constitucional en el que se basan".

La antigua Corte Suprema de Justicia, en época más reciente, a través de la Sala de Casación Civil, Mercantil y del Trabajo, precisó su posición en la materia, por sentencia del 12 de diciembre de 1963, de la manera siguiente:

> "El control absoluto de constitucionalidad lo ejerce la Corte Suprema de Justicia, en Pleno, cuando declara la nulidad total o parcial de una ley nacional por inconstitucional. Tal decisión deja sin efecto la Ley o la parte de ella que sea anulada, y tiene fuerza de cosa juzgada *erga omnes*. Esta nulidad es pronunciada en virtud de la llamada acción popular".

Una atribución similar, pero sólo en cuanto a leyes estadales y a ordenanzas municipales es ejercida por la Sala Político Administrativa de este Supremo Tribunal, también por acción popular y su declaratoria produce igualmente cosa juzgada *erga omnes*.

Quiere esto decir que la declaratoria de constitucionalidad o inconstitucionalidad de una Ley, por acción principal (popular) es definitiva y surte efectos contra todos, pues tal presunta Ley deja de serla desde el momento de ser declarada inconstitucional. Lo mismo ocurre en los casos de Leyes estadales y ordenanzas municipales, cuya inconstitucionalidad sea pronunciada[1506].

En definitiva, según la doctrina establecida por la Corte, la sentencia declaratoria de inconstitucionalidad de una ley, que por consiguiente anula esta última, tiene efectos *erga omnes*, con carácter de cosa juzgada.

En El Salvador, como lo dice el artículo 183 de la Constitución, la sentencia anulatoria de la Sala de lo Constitucional de la Corte Suprema se pronuncia "de modo general y obligatorio", es decir, con efectos *erga omnes*.

### C. *La situación en los países europeos*

En los países europeos dotados de Cortes o Tribunales Constitucionales, los efectos de las decisiones de los mismos, son siempre *erga omnes*[1507].

Es la situación en Alemania con las decisiones del Tribunal Constitucional, las cuales siempre tienen fuerza obligatoria para con todos los órganos constitucionales de la Federación y de los Länder, así como para con todas las autoridades y los tribunales, y, naturalmente, para todos los particulares. Por tanto, las decisiones del Tribunal Constitucional tienen efectos *erga omnes* (art. 31,1 de la Ley del Tribunal Constitucional Federal).

Particularmente en los casos de control abstracto o concreto de las normas ejercido mediante petición o recurso por un órgano del Estado o remisión por un Tribunal inferior, en los casos en los que el Tribunal Constitucional declara la nulidad de una ley, la decisión reviste la misma fuerza que una ley (art. 31,2), en el sentido de que tiene un carácter obligatorio, *erga omnes*, inclusive para el propio Tribunal Constitucional.

---

1506 *V.*, la sentencia de la Corte Suprema de Justicia en SCCMT del 12/12/63, *Gaceta Forense* Nº 42, 1963, pp. 667 a 672.

1507 *V.*, Allan R. Brewer Carías, *El control concentrado..., cit.* pp. 86 y 185 y ss.

Una situación similar se observa en Austria, donde la decisión del Tribunal Constitucional en materia de control jurisdiccional de la constitucionalidad de las leyes, de los decretos y otros actos del Estado, cuando anula una ley, tiene efectos *erga omnes*, es decir que es obligatoria para todos los tribunales, todas las autoridades administrativas (art. 139, 6; 140, 7) y los particulares.

En Italia, la decisión de la Corte Constitucional de declarar la inconstitucionalidad de una ley también tiene efectos *erga omnes* y, como consecuencia, conforme al artículo 137 de la Constitución, el acto "no puede aplicarse a partir del día siguiente a la publicación de la decisión".

En España, en lo que se refiere a las decisiones de anulación de una ley o de otras normas con fuerza de ley por cualquier medio de control jurisdiccional, sea cuando el Tribunal Constitucional decide un recurso de inconstitucionalidad, o cuando decide acerca de una cuestión de inconstitucionalidad planteada de manera incidental, el artículo 164,1 de la Constitución establece los efectos *erga omnes* de las decisiones, ya que tienen "plenos efectos frente a todos". Además, en los casos de aplicación del método incidental de control jurisdiccional, el Tribunal Constitucional debe inmediatamente informar el tribunal respectivo encargado del juicio, el cual debe a su vez notificar las partes. En este caso, la Ley Orgánica del Tribunal prevé que el juez o el tribunal deberá cumplir la decisión a partir del momento en que se entere, y las partes a partir del momento en que sean notificadas (art. 38,3 de la Ley Orgánica del Tribunal Constitucional).

## 2. *Los efectos constitutivos de la decisión anulatoria del juez constitucional*

### A. *La situación general del sistema, aplicada en Panamá*

Los efectos *erga omnes* de la decisión jurisdiccional en el sistema concentrado de control de la constitucionalidad de las leyes antes señalados, están estrechamente vinculados a la cuestión de los efectos temporales de la decisión, en particular, como consecuencia del principio anulabilidad de algunos actos del Estado como garantía de la Constitución.

En efecto, tal como se ha señalado anteriormente, el más importante aspecto de la racionalidad del sistema concentrado de control de la constitucionalidad, es que la supremacía de la Constitución con respecto a todos los demás actos del Estado, lleva a considerar que una ley contraria a la Constitución debe ser nula. También se señaló que, aun cuando la garantía de la Constitución en los sistemas de control de la constitucionalidad sea, en principio, la nulidad de los actos inconstitucionales del Estado, la Constitución ha restringido su propia garantía, en lo que respecta a algunos actos del Estado, como las leyes, reservando el examen y la declaración de su nulidad a un solo órgano constitucional: la Corte Suprema o una Corte, un Consejo o un Tribunal Constitucional especialmente creado, al cual se ha conferido el poder exclusivo de declarar la nulidad de dichos actos. En Panamá, como se ha dicho, el poder de la Corte Suprema de Justicia para controlar la constitucionalidad se refiere no sólo a las leyes, sino a todos los actos estatales.

En consecuencia, cuando un juez constitucional decide la anulación por inconstitucionalidad de una ley, la decisión jurisdiccional tiene efectos constitutivos: declara la nulidad de la ley debido a su inconstitucionalidad, habiendo ésta producido efectos hasta el momento en que se estableció su nulidad.

De esta manera, la Corte considera, en principio, que la ley cuya nulidad ha sido declarada y establecida, ha sido válida hasta ese momento. Así sucede también en Panamá, al establecer el Código Judicial en su artículo 2573, que:

> "Las decisiones de la Corte proferidas en materia de inconstitucionalidad son finales, definitivas, obligatorias y no tienen efecto retroactivo".

Es la razón por la cual se afirma que, siendo la decisión de la Corte Suprema de carácter constitutivo, tiene efectos prospectivos, *ex nunc* o pro futuro, es decir, que no se remontan al momento de la promulgación de la ley considerada inconstitucional, de manera que las relaciones jurídicas consolidadas o cumplidas no pueden ser modificadas por la sentencia de inconstitucionalidad[1508]. Por lo tanto, los efectos producidos hasta el momento de la anulación de la ley se consideran válidos. En consecuencia, la ley declarada inconstitucional por un juez constitucional en el sistema concentrado de control de la constitucionalidad, debe considerarse como un acto válido que ha producido efectos completos hasta su anulación por la Corte.

Este aspecto de la lógica del sistema concentrado de control de la constitucionalidad, sin embargo, está matizado en algunos sistemas constitucionales, cuando establece una distinción entre los vicios de inconstitucionalidad que pueden afectar las leyes, con nulidad absoluta o nulidad relativa. En el caso de los vicios constitucionales que pueden acarrear la nulidad absoluta de una ley, la anulación de la ley decidida por un juez constitucional produce evidentemente efectos *ex tunc*, puesto que una ley considerada nula de manera absoluta no puede producir ningún efecto. En consecuencia, en estos casos, la anulación de la ley tiene efectos pro praeterito o efectos retroactivos, ya que es considerada nula *ab initio*.

En cambio, si el vicio constitucional de la ley que llevó a su anulación por el juez constitucional no es tan grave como para producir su nulidad absoluta, sino una nulidad relativa, entonces los efectos de la anulación de la ley son únicamente *ex nunc*, pro futuro.

Ahora bien, en el caso de Panamá, como se dijo, conforme al artículo 2573 del Código Judicial, si bien las sentencias de la Corte Suprema de Justicia adoptadas al decidirse una acción popular, en principio, tienen efectos constitutivos, *ex nunc*, cuando anulan el acto estatal, ello es claro cuando se trata de leyes, reglamentos y demás actos normativos. Sin embargo, al referirse también el control constitucional a actos individuales, podría haber casos en los cuales la justicia exigiría atribuir efectos *ex tunc* a la sentencia de la Corte, por ejemplo, cuando se trata de asuntos criminales. En tal sentido debe destacarse la doctrina de la Corte Suprema establecida en fallo de 8 de agosto de 1990, en el cual se estableció lo siguiente:

> "La Corte ha sostenido en innumerables fallos que la declaratoria de inconstitucionalidad no tienen efectos retroactivos. Esta posición ha sido siempre sostenida cuando la que se declara inconstitucional es una norma legal. Igualmente, el artículo 2564 del Código Judicial establece que las decisiones de la Corte

---

1508 *V.*, Francisco Rodríguez Robles, *El proceso de inconstitucionalidad en el ordenamiento jurídico panameño*, Universidad de Panamá, Panamá 1991, p. 113; Rigoberto González Montenegro, "La Justicia constitucional en Panamá," p. 287, consultado en http://www.cepc.es/rap/Publicaciones/Revistas/8/AIB_001_275.pdf

en materia de inconstitucionalidad no tienen efectos retroactivos. Tratándose de normas legales, no queda entonces la menor duda de que las decisiones de la Corte en materia constitucional no producen efectos retroactivos. Sin embargo, la Constitución Nacional, en su artículo 204, permite que se pueda demandar la inconstitucionalidad de actos jurisdiccionales. (Salvo los fallos de la Corte Suprema o de sus Salas) que normalmente se agotan con la ejecución de los mismos y no continúan rigiendo, como es el caso de las normas legales que mantienen su vigencia hasta que sean derogadas por los diferentes medios que la Constitución consagra".

Si se permite que un acto jurisdiccional pueda ser demandado como inconstitucional, es obvio que puede ser declarado inconstitucional. Sostener que la decisión de la Corte en estos casos no produce efecto retroactivo y que sólo produce efectos hacia el futuro, traería como consecuencia que la declaratoria de inconstitucionalidad sea totalmente intrascendente, inocua. Lo que realmente ocurre es que el fallo de inconstitucionalidad de una norma legal produce una derogatoria por mandato constitucional, ya que la Constitución establece en su artículo 311 que quedan derogadas todas las leyes y demás normas jurídicas que sean contrarias a esta Constitución, y, como la Corte tiene por atribución constitucional decidir sobre la inconstitucionalidad de las leyes, cuando declara que una norma legal es inconstitucional la deroga constitucionalmente, en virtud de lo que establece el artículo 311 de la Constitución Nacional.

Si las normas legales se derogan por inconstitucionales, los actos jurisdiccionales deben declararse nulos, por inconstitucionales. Se produce entonces una nulidad constitucional, como consecuencia de la violación de normas constitucionales por un acto jurisdiccional[1509].

Por tanto, en Panamá, en los casos de declaratoria de nulidad por inconstitucionalidad de sentencias, los efectos de la decisión de la Corte Suprema son de carácter declarativo, *ex tunc* y por tanto, retroactivo.

En todo caso, en algunos países, como Costa Rica, expresamente se prevé el efecto contrario, en el sentido de que los efectos de la declaración de inconstitucionalidad y anulación de la ley por parte de la Sala Constitucional de la Corte Suprema, son *ex tunc*, y por tanto, declarativos y retroactivos, salvo en lo referente a los derechos adquiridos de buena fe (art. 91 de la Ley de la Jurisdicción Constitucional), o respecto de situaciones consolidadas por prescripción, caducidad o en virtud de una sentencia judicial (art. 92 de la Ley).

### B. *La situación en Colombia y Venezuela*

En Colombia, el debate tradicional de los efectos *ex tunc* o *ex nunc* de las decisiones dictadas por la Corte al ejercer el control de la constitucionalidad, también se ha dado, aún cuando la mayoría de los autores tienden a atribuir a las mismas sólo los efectos *ex nunc*, pro futuro[1510], lo cual ahora regula expresamente el Decreto 2067 de 1991.

---

1509 Fallo de 8-8-90.

1510 *Cf.* L.C. Sáchica, *El Control..., op. cit.*, p. 68; E. Sarría, *Guarda de la Constitución*, Bogotá, p. 83.

Por tanto, en razón de la presunción de constitucionalidad, las leyes se tienen como efectivas hasta que la Corte pronuncie su nulidad. En consecuencia, las situaciones jurídicas creadas por la ley antes de su anulación sólo podrían ser sometidas a revisión por los procedimientos judiciales ordinarios.

En Venezuela, la Ley Orgánica del Tribunal Supremo de Justicia de 2010, siguiendo la orientación iniciada en la Ley Orgánica la Corte Suprema de 1976, no resolvió expresamente el problema planteado, sino que básicamente se limitó a asignar a la Sala Constitucional la "potestad" de determinar los efectos de su decisión "en el tiempo" en una norma algo confusa (art. 126) que parece sugerir que la sentencia, al ser de interés general, comienza lógicamente a surtir efectos a partir de su publicación en la gaceta Judicial. Sin embargo, para precisar los efectos de las sentencias que anulan una Ley por inconstitucionalidad, debe recordarse que en Venezuela existe un sistema mixto de control de la constitucionalidad, lo que implica el funcionamiento de dos sistemas de justicia constitucional en paralelo: por un lado, el sistema difuso, ejercido por todos los jueces, y por otro, el sistema concentrado, ejercido por la Corte Suprema. Por consiguiente, no deben confundirse los efectos de las decisiones en materia de control de la constitucionalidad en uno y otro sistema.

En efecto, en relación a los casos de control difuso de la constitucionalidad, está claro que la decisión judicial de no aplicar una ley inconstitucional, incluso si tiene sólo y exclusivamente efectos inter partes, equivale a una decisión simplemente declarativa, con efectos retroactivos, pro praeterito o *ex tunc*. Al ejercer este control difuso, el juez no anula la ley, sino que declara o constata únicamente una inconstitucionalidad preexistente; de forma que ignora la existencia de la ley (es decir, que la considera inexistente) y no la aplica en el caso concreto que corresponde el conocimiento del juez.

Ahora bien, los efectos del control difuso de la constitucionalidad de las leyes son completamente diferentes de los efectos producidos por el ejercicio del control concentrado de la constitucionalidad, cuando el Tribunal Supremo declara la nulidad de una ley por inconstitucionalidad. En esos casos, cuando la el Tribunal Supremo, en el ejercicio de sus atribuciones previstas en el artículo 336 de la Constitución, "declara la nulidad" de la ley, es decir anula la ley, ésta, en principio, es válida y efectiva hasta que se publique la sentencia de la Corte, habiendo producido todos sus efectos a pesar de su inconstitucionalidad, en virtud de la presunción de la constitucionalidad de las leyes[1511].

Como el control de la constitucionalidad de las leyes atribuido al Tribunal Supremo en los artículos 334 y 336 de la Constitución es un control concentrado, ejercido mediante acción popular, resulta claro que la sentencia que anula la ley tiene efectos constitutivos, por lo que los efectos de la anulación de la ley por inconstitucionalidad, al no existir una norma expresa constitucional o legal que disponga la solución, sólo pueden producirse *erga omnes* pero hacia el futuro, es decir que las sentencias son, en principio, constitutivas, pro futuro y con efectos ex nunc, que no pueden referirse al pasado (no pueden ser retroactivas). Se puede afirmar que ese es

1511 J.G. Andueza, *op. cit.*, p. 90.

el criterio que sigue no sólo la doctrina venezolana[1512], sino también la jurisprudencia constitucional, aún cuando la misma no ha sido siempre constante[1513].

En todo caso, a partir de 1976, que ha regulado transitoriamente la jurisdicción constitucional, actualmente la ley Orgánica del Tribunal Supremo de Justicia de 2010, atribuye a la Sala Constitucional el poder de determinar los efectos de su decisión "en el tiempo". En consiguiente, la Sala puede corregir los efectos desfavorables que podría engendrar el efecto ex nunc de sus decisiones, particularmente en el campo de los derechos y garantía constitucionales, y puede atribuir a sus sentencias efectos retroactivos, pro praeterito, *ex tunc*.

### C. *La situación en los países europeos*

Puede afirmarse que el conjunto de los sistemas de control jurisdiccional concentrado de la constitucionalidad de las leyes en Europa, ejercido por Cortes Constitucionales, confieren efectos generales a las decisiones de las Cortes Constitucionales que declaran la nulidad de una ley por su inconstitucionalidad, así como la eficacia ex nunc de éstas, es decir, únicamente hacia el futuro. Asimismo, se puede afirmar que ningún sistema concentrado de control jurisdiccional de la constitucionalidad de las leyes atribuye en Europa, a la decisión de la Corte Constitucional, efectos generales hacia el pasado, es decir, *ex tunc*, pro praeterito. Dichas decisiones no son puramente declarativas sino que son solamente constitutivas y no acarrean efectos retroactivos.

Cuando se atribuyen efectos hacia el pasado, como en el sistema alemán e italiano, éstos se limitan fundamentalmente al ámbito penal. Por otra parte, ello es lógico; pues sería monstruoso, debido a las repercusiones respecto a la seguridad pública, pretender que las decisiones de anulación de una ley por ser inconstitucional, tengan efectos puramente declarativos y que, por esta razón, los actos realizados previamente a la declaración de nulidad de la ley, deban ser considerados como no habiendo sido dictados ni cumplidos.

Asimismo, sería injusto que, en asuntos penales, las decisiones adoptadas de conformidad con una ley posteriormente declarada inconstitucional, y por lo tanto, nula, no sean consideradas también como nulas. Esta es la razón por la cual existe la excepción respecto a los asuntos penales establecida en la legislación italiana, en relación los efectos de las decisiones de anulación de una ley por inconstitucional, que en principio sólo se refieren al futuro.

---

1512 En su libro *La jurisdicción constitucional en el Derecho Venezolano (op. cit.)*. José Guillermo Andueza demostró clara y abundantemente que la sentencia de nulidad por inconstitucionalidad tiene un carácter constitutivo. En efecto, señaló que "la presunción de constitucionalidad de que gozan los actos de los Poderes Públicos hace que produzcan todos sus efectos jurídicos hasta tanto la Corte no pronuncie su nulidad. En consecuencia, la sentencia de la Corte deberá necesariamente respetar los efectos que el acto estatal produjo durante su vigencia" (p. 93), pues ésta "realiza una modificación en los efectos del acto estatal. Es decir, la sentencia hace ineficaz un acto que antes era válido" (p. 94). Según Andueza, y según la doctrina más ortodoxa, "lo que caracteriza a las sentencias constitutivas, es la ausencia de efectos retroactivos. Ellas estatuyen siempre pro futuro, ex nunc; es decir, que la sentencia produce sus efectos desde el día de su publicación" (p. 94). Por lo tanto, no compartimos el punto de vista de Humberto J. La Roche, *El Control Jurisdiccional en Venezuela y Estados Unidos*, Maracaibo, 1972, p. 153.

1513 *V.*, en general al respecto Allan R. Brewer-Carías, *Estado de Derecho y Control Judicial, op. cit.*, pp. 185 y ss.

Igualmente, esta misma situación conflictiva que se puede presentar entre la seguridad pública y las decisiones en materia penal ha llevado a la jurisprudencia de la Corte Suprema de los Estados Unidos a formular excepciones al principio contrario. En efecto, en los Estados Unidos, el control judicial de la constitucionalidad tiene un carácter difuso; de allí el carácter retroactivo de los efectos de las decisiones declaratorias de inconstitucionalidad que son puramente declarativas. Estas decisiones, en principio, tienen un ámbito de aplicación inter partes, pero sin embargo, en virtud de la técnica del precedente y de la regla *stare decisis*, dichas decisiones revisten un carácter general obligatorio. En todo caso, a pesar de ello, la jurisprudencia ha reducido el carácter retroactivo a las cuestiones penales, respetando en cambio los efectos producidos en materia civil y administrativa por una ley declarada inconstitucional[1514].

Ahora bien, en cuanto a las decisiones del Tribunal Constitucional en Austria, estas tienen efectos constitutivos en la medida en que anulan la ley o el decreto, pro futuro, *ex nunc*. Sin embargo, el Tribunal Constitucional tiene plenos poderes para anular leyes o decretos ya abrogados, es decir sin validez formal (arts. 139,4 y 140,4), lo que, en principio, implica los efectos retroactivos del control jurisdiccional, o sea una excepción a los efectos *ex nunc*.

De acuerdo con la regla general de los efectos *ex nunc*, propuesta por Hans Kelsen como una cuestión de principio[1515], las situaciones de hecho o aquellas verificadas antes de la anulación de la ley o el decreto, siguen estando sujetas a ésta o éste, salvo en el caso considerado en la decisión, a menos que el Tribunal decida de otra manera (arts. 139,6 y 140,7). Por consiguiente, las consecuencias negativas eventuales de la regla *ex nunc* pueden ser compensadas por la decisión del Tribunal.

Sin embargo, por lo general, los efectos de la decisión del Tribunal sólo comienzan el día de la publicación de la revocación del acto anulado por parte de la autoridad ejecutiva implicada, a menos que el Tribunal determine un plazo para la expiración de los efectos del acto anulado (arts. 139,5 y 140,5) no superior a un año. En este caso y sobre una base puramente discrecional, el inicio de los efectos ex nunc, derivados de la anulación de la ley puede ser pospuesto por el Tribunal.

En el caso de Italia, las decisiones de la Corte Constitucional también tienen carácter constitutivo ya que anulan la ley inconstitucional, y sus efectos son ex nunc, pro futuro. Sin embargo, esta regla ha sido objeto de numerosas discusiones habiendo interpretado la Corte Constitucional la norma constitucional del artículo 136, la

---

1514 *V.*, Allan R. Brewer-Carías, *Judicial Review...*, *cit.*, pp. 201, 223, 233; y *El control concentrado...cit.*, pp. 180 y ss.

1515 H. Kelsen, *loc. cit.*, p. 242. Por ejemplo, en lo que se refiere al sistema austríaco, L. Adamouch declaraba en 1954: "No se puede atribuir un simple valor declarativo a la decisión del Tribunal Constitucional que declara la inconstitucionalidad de una ley; no establece que una ley ha sido nula desde su origen y cuyos efectos deben ser nulos *ex tunc*, es decir, como si se tratara de un acto sin ningún valor jurídico desde su origen. Al contrario, la decisión del Tribunal Constitucional sólo anula el acto inconstitucional, es decir que destruye *ex nunc* su existencia jurídica, exactamente como si hubiese sido abolido por un acto legislativo posterior y como si la existencia jurídica de este acto hubiese terminado", en "Esperienza della Corte Constituzionale della Republica Austriaca", *Revista Italiana per la scienze giuridiche*, Milán, 1954.

cual establece que el acto inconstitucional anulado ya no puede aplicarse a partir del día siguiente a la publicación de la decisión de la Corte, de la manera siguiente:

> "... la decisión relativa a la inconstitucionalidad, si bien es cierto que excluye todos los efectos irrevocablemente producidos por la norma declarada inconstitucional, produce en cambio efectos sobre las situaciones jurídicas que aún no han concluido y que pueden ser regidas de una manera distinta como consecuencia de la decisión. La declaración de inconstitucionalidad de una ley acarrea su inaplicabilidad a todas las relaciones jurídicamente cuestionadas ya que éstas aún no han sido objeto de una decisión con fuerza *res judicata*. La consecuencia es que, en cualquier fase del juicio, el juez debe tomar en consideración, incluso de oficio, dicha decisión de ilegitimidad constitucional cuando decide la relación jurídica concreta de un caso, de la misma manera y en la misma medida que si se tratase de *ius superveniens*"[1516].

En realidad, este criterio de la Corte Constitucional confirma el carácter constitutivo de los efectos de las decisiones que declaran la inconstitucionalidad de las leyes, cuyas excepciones establece la Ley N° 87 de 1953, en la cual los efectos retroactivos de la decisión sólo son aplicables en los casos penales, cuando se ha pronunciado una condena judicial sobre la base de una ley considerada luego como inconstitucional.

En este caso, conforme al artículo 30 de la Ley N° 87, su ejecución y sus efectos penales deben cesar. Otra excepción indirecta de los efectos *ex nunc* de la decisión deriva de la posibilidad de anulación de leyes ya revocadas.

En el caso español de conformidad con el artículo 164,1 de la Constitución, la "declaración de inconstitucionalidad" o "declaración de nulidad" de una ley significa la anulación de ésta, siendo la garantía de la Constitución la anulabilidad de los actos del Estado inconstitucionales más que su nulidad. Por lo tanto, la ley declarada inconstitucional es anulada y la declaración tiene efectos ex nunc, pro futuro. Por este motivo el artículo 161,1 de la Constitución establece expresamente que las decisiones ya adoptadas en los procedimientos judiciales no pierden su valor *res judicata* y el artículo 40,1 de la Ley Orgánica del Tribunal Constitucional prevé lo siguiente:

> "Las sentencias declaratorias de la inconstitucionalidad de Leyes, disposiciones o actos con fuerza de ley, no permitirán revisar procesos fenecidos mediante sentencia con fuerza de cosa juzgada en los que se haya hecho aplicación de las leyes, disposiciones o actos inconstitucionales...".

Como sucede en la mayoría de los sistemas concentrados de control jurisdiccional de la constitucionalidad en Europa, la excepción a los efectos ex nunc se establece en los casos penales, permitiendo efectos retroactivos limitados, lo que se ha ampliado a las decisiones de los tribunales contenciosos administrativos en el caso de sanciones administrativas. Al respecto, el artículo 40,1 de la Ley Orgánica del Tribunal Constitucional prevé la posibilidad de revisar los juicios, en los casos siguientes:

---

1516 Decisión N° 3491, 1957. Citado en F. Rubio Llorente, *La Corte Constitucional Italiana*, Caracas 1966, p. 30.

"procesos penales o contencioso administrativos referentes a un procedimiento sancionador en que, como consecuencia de la nulidad de la norma aplicada, resulte una reducción de la pena o de la sanción, o una exclusión, exención o limitación de la responsabilidad".

Por último, en contraste con la situación en Austria, Italia y España y contrariamente a lo que afirmaba Hans Kelsen con respecto a los efectos de la decisión del juez constitucional en un sistema concentrado de control de la constitucionalidad, cuando éste resuelve la nulidad de una ley[1517]; según la tradición constitucional alemana[1518], en el caso de ejercicio de los controles abstracto y concreto de las normas y tratándose de una decisión acerca de un recurso constitucional contra una ley, cuando en la decisión se declara nula una ley, se entiende que dicha ley es declarada nula e inexistente ab initio, es decir que la decisión del Tribunal tiene efectos retroactivos, *ex tunc*.

Esta doctrina tradicional sin embargo, fue mitigada por el Legislador, en la Ley federal que instituyó el Tribunal Constitucional, al limitar expresamente el alcance de la decisión estableciendo que cuando se declara una ley nula por inconstitucionalidad, sólo se pueden revisar las causas criminales en los casos en que la decisión judicial definitiva esté basada en dicha ley declarada nula (art 79,1 de la Ley del Tribunal Constitucional Federal).

Todas las demás sentencias definitivas y no revisables, así como los actos administrativos basados en la ley declarada nula, deben quedar intactos; sin embargo su ejecución, en caso de que no se hubiese efectuado previamente, debe ser considerada ilegal (art. 79,2 de la Ley del Tribunal).

## CONCLUSIÓN

Como resulta de todo lo anteriormente expuesto, podemos concluir, como lo señalamos al inicio, que el sistema panameño de control de la constitucionalidad, si bien es un sistema de control concentrado de la constitucionalidad que sigue las pautas generales de esa técnica de justicia constitucional, presenta características particulares que lo hacen único desde el punto de vista del derecho comparado.

En efecto, los sistemas de control de la constitucionalidad que muestra el derecho comparado se pueden clasificar de la manera siguiente:

1. Según el órgano a quien compete su ejercicio, se clasifican en difusos o concentrados. En el primer caso, corresponde a todos los jueces; en el segundo caso, sólo corresponde a la Corte Suprema de Justicia o a un Tribunal Constitucional.

2. Según el objeto del control, se clasifican en restringidos o amplios. El control difuso generalmente es restringido en el sentido de que se ejerce sólo sobre las leyes, reglamentos y actos normativos aplicables para la decisión de un caso. El control concentrado, generalmente también es de carácter restringido, en el sentido de que se ejerce sólo sobre las leyes y otros actos de rango legal por ser de ejecución directa de la Constitución. Un sistema amplio de control de constitucionalidad se refiere a todos los actos estatales.

---

1517 H. Kelsen, *loc. cit*, p. 243.

1518 *Cf.* J.C. Béguin, *Le contrôle de la constitutionnalité des lois en République Fédéral d'Alemagne*, París 1982, pp. 209-228.

3. Según el momento en el cual se ejerce el control concentrado, se clasifican en previos o posteriores, según que el control lo ejerza la Corte o el Tribunal Constitucional, antes o después de la promulgación de la Ley.

4. Según el método utilizado para obtener el control concentrado, se clasifican en control por vía principal o por vía incidental. En el primer caso, la acción de inconstitucionalidad puede ser atribuida a determinados funcionarios u órganos del Estado, a quien tenga interés personal, legítimo y directo o a cualquier persona o ciudadano (acción popular). En el segundo caso, la decisión de plantear la cuestión de inconstitucionalidad por vía incidental, corresponde al juez ordinario, teniendo poderes de oficio para ello.

5. Según la garantía objetiva que se establezca de la Constitución, se clasifican en controles que declaran la inconstitucionalidad de un acto estatal, con efectos *ex tunc*; y controles que anulan un acto estatal, generalmente con efectos *ex nunc*. En el primer caso las sentencias son declarativas; en el segundo caso constitutivas. En general, el primer caso coincide con el sistema difuso de control de constitucionalidad; y el segundo, con el sistema concentrado de control.

Ahora bien, en cuanto al sistema panameño de control de la constitucionalidad, puede señalarse lo siguiente:

1. Es un sistema exclusivamente concentrado, en el cual se atribuye a la Corte Suprema de Justicia, en pleno, poderes privativos y excluyentes en materia de justicia constitucional. Dicho sistema de control, en consecuencia, no es mixto, pues el sistema de control difuso se eliminó en Panamá a partir de 1941.

El sistema concentrado de justicia constitucional panameño es tanto *a priori* como *a posteriori*, y se ejerce tanto por vía de acción como por vía incidental.

2. El control concentrado a priori de la constitucionalidad, referido a las leyes no promulgadas, se ejerce por la Corte Suprema a requerimiento del Ejecutivo, cuando éste objete un proyecto de ley emanado de la Asamblea Legislativa por razones de inconstitucionalidad.

3. El control concentrado a posteriori se refiere a todos los actos estatales (leyes, decretos, acuerdos, resoluciones y demás actos estatales), y se ejerce por la Corte Suprema por vía principal, cuando se le requiere el ejercicio de dichos poderes de control, mediante acción popular.

4. Este control concentrado a posteriori referido a disposiciones de una ley o de un reglamento, también se ejerce por la Corte Suprema por vía incidental, mediante remisión que le haga un funcionario que esté impartiendo justicia, de oficio o a instancia de parte, de una cuestión de inconstitucionalidad respecto de las disposiciones de la ley o reglamentos aplicables para la resolución de un caso concreto.

Dicho sistema se asemeja al de Uruguay, Honduras y Paraguay en cuanto al carácter exclusivamente concentrado de constitucionalidad, pero con la diferencia de que en esos países no existe acción popular, y de que en Uruguay y Paraguay los efectos de la decisión de la Corte Suprema son *ad casu et inter partes*.

Dicho sistema, además, se asemeja al venezolano y colombiano en cuanto al control de la constitucionalidad *a priori* y *a posteriori* de las leyes y en cuanto al control por vía principal, mediante acción popular, se asemeja al de Venezuela, Colombia, Nicaragua y El Salvador con la diferencia de que en estos países, sólo se refiere a las leyes, los decretos-leyes y demás actos estatales de rango legal por ser de ejecución directa de la Constitución y a los Reglamentos. Además, en Colombia, Venezuela y El Salvador, a diferencia de Panamá, existe un sistema mixto de control de la constitucionalidad, que mezcla el control difuso con el concentrado; pero no existe el método incidental del control concentrado de la constitucionalidad, que sí se aplica en Panamá.

## *SECCIÓN TERCERA:*

## *LA JUSTICIA CONSTITUCIONAL EN HONDURAS: PRIMERA APROXIMACIÓN (2003)*

**Esta sección recoge el texto de la conferencia dictada en el Seminario sobre el Proyecto de Ley sobre Justicia Constitucional de Honduras, Sala de lo Constitucional de la Corte Suprema de Justicia, Colegio de Abogados de Honduras, Tegucigalpa, Enero 2003. Publicado en el libro: *Constitución, democracia y control del poder*, Mérida 2004, pp. 291-310.**

### INTRODUCCIÓN

El Profesor Manuel García Pelayo, quien fue Presidente del Tribunal Constitucional español, con razón señalaba en uno de sus trabajos, que la culminación de la construcción jurídica del Estado de Derecho radica no sólo en el principio de la supremacía constitucional, sino por sobre todo, en el poder atribuido a los jueces para controlar la constitucionalidad de los actos del Estado y declarar la inconstitucionalidad o anular aquellos que sean contrarios a la Constitución. Esto significa, en definitiva, que la culminación de la edificación del Estado de Derecho está en el establecimiento de un sistema de justicia constitucional, lo cual en el constitucionalismo moderno se traduce en el instrumento jurídico para el ejercicio del derecho ciudadano a la supremacía de la Constitución y al control judicial.

De esto se trata el sistema de justicia constitucional, del poder de los jueces para controlar la constitucionalidad de los actos del Estado y del ejercicio de ese derecho ciudadano a la supremacía de la constitución.

La enorme mayoría de los países de América Latina tienen un sistema de justicia constitucional los cuales, con todos los altibajos derivados de nuestra historia política y a pesar de ellos, se ha venido desarrollando en las últimas décadas. Honduras no escapa a ese proceso, pudiendo decirse que en su orden constitucional actual, posee un completo sistema de justicia constitucional el cual sin embargo espera por un desarrollo legislativo que asegure su efectivo ejercicio.

Se me ha pedido que haga algunos comentarios sobre el sistema hondureño de justicia constitucional, para lo cual dividiré mi exposición en tres partes: en primer lugar, insistiré en el rol del poder judicial en el Estado constitucional contemporáneo; en segundo lugar, me referiré en general a las características de los sistemas de justicia constitucional en el derecho comparado; y en tercer lugar, me referiré al sistema hondureño de justicia constitucional, con referencia particular al Proyecto de Ley sobre Justicia Constitucional que ha elaborado la Sala Constitucional de la Corte Suprema de Justicia.

## I. EL ROL DEL PODER JUDICIAL EN EL ESTADO CONSTITUCIONAL DE DERECHO

En el Estado Constitucional de Derecho, para asegurar la vigencia de la Constitución, el Poder Judicial tiene como misión fundamental no sólo controlar la constitucionalidad de los actos del Estado de manera de preservar incólume la supremacía constitucional, sino ante todo la de ser el supremo interprete de la Constitución.

### 1. *La interpretación de la Constitución*

Las Constituciones, en efecto, nunca pueden ser consideradas como documentos políticos estáticos ni completos, que se agotan en si mismos. No se olvide que las Constituciones son pactos políticos de la sociedad, adaptados por el pueblo en ejercicio del poder constituyente, en un momento determinado, y que requieren de una permanente adaptación, precisamente mediante la interpretación judicial, incluso, a los efectos de identificar y determinar los principio y valores constitucionales no escritos, pero que informan la organización política de un país. Por otra parte, como pactos políticos producto del poder constituyente, las Constituciones no son textos que puedan estar reformándose a cada momento. Al contrario, requieren estabilidad y rigidez para que puedan servir de marco general de conducta para el Estado y la sociedad constituyendo la interpretación judicial el instrumento primario para su adaptación a los nuevos tiempos.

Las Constituciones, básicamente regulan los poderes del Estado y sus límites, y declaran los derechos de los ciudadanos, y todo ello con base en el principio fundamental de la separación de poderes, el cual constituye no solo el fundamento de la democracia, sino la condición para la eficacia de dichos derechos. Esa separación de poderes precisamente, es la que determina que en el marco de las regulaciones constitucionales, el Parlamento es el llamado a desarrollar las normas constitucionales mediante la emisión de leyes; que el Poder Ejecutivo es el llamado a ejecutar y hacer cumplir las disposiciones legislativas; y que los tribunales son los llamados a interpretar y aplicar tanto la Constitución como las leyes y a interpretarlas.

En consecuencia, los órganos llamados a interpretar la Constitución, esencialmente son los jueces; y si bien el Poder Legislativo también debe interpretar la Constitución, ello sólo puede y debe hacerlo a través de la elaboración de leyes las cuales, a su vez, están sometidas al control de constitucionalidad por parte del Poder Judicial. Este, por tanto, en definitiva es el último intérprete de la Constitución, pues controla la interpretación que de la misma haga el Parlamento, cuando desarrolla mediante leyes el texto constitucional.

Por tanto, el Poder Legislativo no puede por otro medio que no sea la sanción de leyes, pretender establecer "interpretaciones" generales de la Constitución; las cuales, de hacerlo también estarían sometidas al control de su constitucionalidad por los órganos del Poder Judicial.

Por lo demás, no debe olvidarse que el origen mismo del control judicial de la constitucionalidad de las leyes se basó en la interpretación que hizo la Corte Suprema de los Estados Unidos en 1803, en la famosa sentencia *Marbury vs. Madison*, de los alcances del principio de la supremacía constitucional. En los doscientos años que han transcurrido desde la emisión de dicha decisión ha sido precisamente dicha Corte Suprema la que mediante su interpretación ha venido adaptando una Constitución dictada a finales del siglo XVIII para una sociedad patriarcal, que hoy no existe, determinando y actualizando sus normas para aplicarlas a situaciones de los nuevos tiempos, tanto modernos como contemporáneos.

Algo similar ha sucedido en Europa, por ejemplo, con el Consejo Constitucional francés el cual ha tenido que aplicar e interpretar la Constitución de 1958 texto que no contiene una enumeración o declaración de derechos, salvo escasas normas relativas, por ejemplo, a la igualdad, la libertad de opinión, la seguridad personal y los partidos políticos. El Consejo Constitucional, sin embargo, interpretando el preámbulo de la Constitución, el cual a la vez hace referencia tanto a la Declaración de los Derechos del Hombre y del Ciudadano de 1789 como al preámbulo de la Constitución de 1946, el cual a su vez, remite a "los principios fundamentales reconocidos por las leyes de la República"; a partir de decisiones tomadas en 1971 materialmente se ha dado rango constitucional a la totalidad de la Declaración de 1789 la cual ha quedado incorporada al bloque de la constitucionalidad. Sin embargo, para aplicarla en el mundo contemporáneo, por supuesto, el Consejo Constitucional ha tenido que interpretar y adaptar las normas sobre propiedad, por ejemplo, para decidir en los inicios de la década de los ochenta, sobre la constitucionalidad del régimen de las nacionalidades a pesar de que en ella se conciba la propiedad como un derecho absoluto pues en el Siglo XVIII aún no se había desarrollado el principio de su función social ni las limitaciones a la propiedad por razones de utilidad pública o de interés general.

Por tanto, puede decirse que es de la esencia del Poder Judicial, la interpretación de la Constitución, particularmente cuando ejerce el control de la constitucionalidad de las leyes. Tal interpretación, por otra parte, tendrá el mismo valor que tienen las sentencias dictadas cuando se controla la constitucionalidad de las leyes. Así, el control que se ejerce mediante el método difuso de control de la constitucionalidad de las leyes como el que existe en los Estados Unidos de América, las decisiones judiciales en la materia sólo tienen efecto *inter partes*, salvo cuando son pronunciadas por la Corte Suprema en cuyo caso, en virtud del principio *stare decisis*, adquieren valor general e imperativo.

En el control de la constitucionalidad de las leyes mediante el método concentrado, como el que en general existe en Europa y en casi toda América Latina, las decisiones judiciales en la materia tienen carácter absoluto, *erga omnes* y por tanto, obligatorias para todos los tribunales, autoridades y personas.

### 2. *El control de la constitucionalidad de las leyes y demás actos estatales*

El Poder Judicial en el Estado Constitucional del Derecho, por tanto, vinculado al de la interpretación de la Constitución, tiene en definitiva por objeto hacer efectivas las garantías constitucionales destinadas a asegurar la supremacía de la Constitución, es decir, velar porque ésta permanezca siendo, efectivamente, de una ley suprema.

A estos efectos, el control de la constitucionalidad de los actos estatales, también puede considerarse de la esencia del rol del Poder Judicial, de manera que se pueda asegurar que todo acto del Poder Público que sea contrario a la Constitución pueda ser considerado nulo o pueda ser anulado.

Ahora bien, el ámbito general del control judicial de la constitucionalidad de los actos del Estado, se puede determinar tomando en cuenta los siguientes elementos:

En cuanto a su objeto el mismo consiste en asegurar la supremacía normativa de la Constitución por sobre todo acto estatal, lo que corresponde todo acto dictado en ejercicio del Poder Público, incluyendo, por supuesto, las leyes y demás actos del Parlamento. Como consecuencia, el tribunal llamado a ejercer tal control de constitucionalidad puede anular todos los actos estatales que sean inconstitucionales o declararlos y considerarlos como nulos.

Por otra parte, el control de constitucionalidad también tiene por objeto particular, el asegurar la vigencia de la parte dogmática de la Constitución, es decir, de los derechos declarados en el texto fundamental, así como de todos los que sin estar expresos, sean inherentes a la persona humana. A estos efectos es que se han establecido además, acciones específicas de protección como el amparo y la tutela y el *hábeas corpus*.

Además, el control judicial de la constitucionalidad también tiene por objeto asegurar la efectiva vigencia de la parte orgánica de la Constitución, la cual en el mundo moderno y en el Estado democrático siempre se ha elaborado conforme a los principios tanto de la separación de poderes como de la distribución territorial del Poder Público. Es decir, en definitiva, el control de constitucionalidad busca asegurar la vigencia de las normas constitucionales tanto atributivas de poder como limitativas del mismo.

En tal sentido, a los efectos de velar por el respeto del principio de la separación de poderes, el Poder Judicial es el llamado a resolver los conflictos entre los Poderes Legislativo y Ejecutivo y, además, respecto de los órganos constitucionales con autonomía funcional, de manera que todos actúen conforme a los poderes atribuidos en la Constitución, sancionando toda usurpación, por inconstitucionalidad. Además, corresponde a los órganos judiciales encargados del control de la constitucionalidad, mantener el principio de la distribución territorial del poder que establece la Constitución conforme al esquema de descentralización política que disponga, haciendo respetar la autonomía de las entidades regionales y municipales que están constitucionalmente establecidas.

Por último, también forma parte del objeto del control judicial de la constitucionalidad, velar por el mantenimiento del régimen político democrático, de manera de asegurar que no se rompa; sancionando cualquier actuación que sea contraria a los valores de la democracia que establece la Constitución. Por ello, incluso, en algunos países, los Tribunales Constitucionales tienen competencias para proscribir la actuación de partidos políticos cuyo objeto sea destruir la democracia misma.

## II. LOS SISTEMAS DE JUSTICIA CONSTITUCIONAL

Ahora bien, a los efectos de asegurarle al Poder Judicial la posibilidad de asumir el rol esencial que debe tener el Estado Constitucional de derecho, de interpretación de la Constitución y de ejercer el control de la constitucionalidad de los actos estatales; en el mundo contemporáneo se han venido estableciendo una variedad de sistemas de justicia constitucional, de acuerdo a las peculiaridades de cada país y de cada sistema constitucional. Estos sistemas de justicia constitucional en definitiva, se pueden agrupar en relación con él o los órganos judiciales llamados a ejercer tal control de la constitucionalidad.

En efecto, en todos los sistemas de justicia constitucional, la potestad de ejercer el control de la constitucionalidad siempre se atribuye a un solo órgano judicial o a todos los jueces que integran el Poder Judicial. De allí la clásica distinción de los sistemas de justicia constitucional según el método de control que se ejerce: Existe el método concentrado de control, cuando el poder anulativo de las leyes y demás actos estatales contrarios a la Constitución se atribuye a un solo órgano judicial, sea a la Corte Suprema de Justicia del país o a un Tribunal Constitucional especialmente creado para ello. Al contrario existe el método difuso de control, cuando el poder para apreciar la constitucionalidad o inconstitucionalidad de las leyes y en su caso declarar su inconstitucionalidad, se atribuye a todos los jueces de un país, cualquiera que sea su jerarquía.

Ambos sistemas de justicia constitucional, sin duda, responden a principios diferentes, pero pueden coexistir en paralelo, como sucede en buena parte de los regímenes constitucionales de los países latinoamericanos.

Es decir, en el mundo contemporáneo ya no es posible sostener que el sistema de justicia constitucional que se establezca en un país, tiene que optar entre uno u otro método de control, el concentrado o el difuso, y menos señalar que alguno de ellos pueda ser *incompatible* con los sistemas jurídicos del *common law* o del derecho civil. La realidad muestra, efectivamente, que en una forma u otra ambos métodos de control de la constitucionalidad coexisten en muchos países, particularmente en América Latina, donde se ha venido configurando un sistema mixto o integral de control de constitucionalidad.

### 1. *Características del método difuso de control de constitucionalidad*

El método difuso de control de constitucionalidad, como poder atribuido a todos los jueces de un país para poder decidir sobre la inconstitucionalidad de una ley que deba aplicarse en un caso concreto, desaplicándola y aplicando preferentemente la Constitución, responde al principio de la garantía objetiva de la supremacía de la Constitución.

Conforme a este principio, todo acto contrario a la Constitución debe considerarse nulo; y todos los jueces tienen poder-deber de apreciar dicha nulidad. Ello es la consecuencia lógica cuando se habla de la Constitución como ley suprema.

Este método de control tiene su origen en los Estados Unidos de Norteamérica, precisamente en la sentencia *Marbury vs. Madison* de 1803, en la cual la Corte Suprema de ese país aplicó la Constitución como ley suprema, desaplicando una ley en su caso concreto, que se consideraba que contrariaba la Constitución, siendo por tanto considerada nula. El método difuso de control fue luego adoptado, también en forma pretoriana, en México (1857), Argentina (1860) y Brasil (1890) y luego, incluso incorporado al texto expreso de muchas leyes y Constituciones. Así sucedió por ejemplo, en el Código de Procedimiento Civil venezolano (1897) y luego en las Constituciones de Colombia (1910), Honduras (1982), Bolivia (1994), Perú (1993) y Venezuela (1999).

El método difuso de control de la constitucionalidad, en todo caso, se caracteriza por ser de carácter incidental, en el sentido de que se ejerce al decidirse un caso concreto, como poder que puede ejercer cualquier juez, incluso de oficio. En estos casos, en consecuencia, la decisión adoptada sólo tiene efectos *inter partes* y meramente declarativos. El juez, en estos casos, nunca anula la ley, sólo la considera nula, por lo que la decisión tiene efectos *ex tunc, pro praeterito*.

En relación con este método difuso de control de constitucionalidad, se ha planteado como problema, la eventual falta de uniformidad o la disparidad de decisiones que podrían adoptar los jueces de distinta jerarquía, sobre un tema de inconstitucionalidad de una ley. La solución a este problema, en todo caso, se ha establecido mediante correctivos que los propios sistemas constitucionales han ido van adoptando, como la atribución del carácter vinculante a la decisión que adopte la Corte Suprema de Justicia en la materia, como sucede en los Estados Unidos de América. Otro correctivo deriva de los mecanismos de revisión extraordinaria de las sentencias que se dicten conforme al método difuso, lo que permite al Tribunal Supremo uniformizar la jurisprudencia y resolver con carácter obligatorio y vinculante sobre el tema; e, incluso, del establecimiento del método concentrado de control de constitucionalidad en forma paralela al método difuso.

## 2. *Las características del método concentrado de control de constitucionalidad*

Por otra parte, el método concentrado de control de constitucionalidad, puede decirse que tiene su origen en América Latina y fue luego desarrollado, durante el siglo XX, en Europa. Se caracteriza por la atribución a un solo órgano judicial, que puede ser el Tribunal o Corte Suprema con o sin Sala Constitucional, o un Tribunal Constitucional especial, del poder de conocer de la impugnación de leyes por inconstitucionalidad, de anularlas en caso de que sean contrarias a la Constitución.

En América Latina este poder inicialmente se atribuyó a las Cortes Supremas de Justicia, y luego de que en Europa, a partir de la década de los veinte del siglo pasado y conforme a las propuestas de Hans Kelsen, se comenzaron a crear Tribunales Constitucionales especiales para ejercer el control concentrado, esta figura institucional se introdujo en América Latina, particularmente en Guatemala, Chile, Colombia, Bolivia, Ecuador y Perú.

En otros casos, para ejercer el método concentrado de control de constitucionalidad, se han creado Salas Constitucionales especializadas en las Cortes Supremas de Justicia, como el caso en Costa Rica, El Salvador, Honduras y Venezuela; y en otros casos, es la Corte Suprema de Justicia la que ejerce el control, como es el caso de Panamá, México, Uruguay y Paraguay.

El método concentrado de control de constitucionalidad de las leyes, por tanto, se caracteriza más por la atribución a un solo órgano judicial del poder anulatorio de las leyes, que por el hecho de que para tal efecto se cree o exista un Tribunal Constitucional. Lo importante es la concentración de control en un órgano judicial, más que la forma o naturaleza que puede tener el mismo.

Este método concentrado de control de la constitucionalidad, a diferencia del método difuso, se ejerce en un proceso en el cual su objeto principal es la decisión sobre la inconstitucionalidad de una ley, la cual puede consistir en una decisión anulatoria de la misma, con efectos generales, *erga omnes*, y *ex nunc*, es decir *pro futuro* teniendo la decisión, en consecuencia carácter constitutivo.

El método concentrado de control, por otra parte, puede ser previo o posterior, según que se pueda ejercer contra leyes antes de que entren en vigor o sólo una vez que están vigentes. En algunos casos, como en relación con los Tratados, algunas Constituciones permiten la revisión constitucional por el juez constitucional antes de que la ley aprobatoria sea publicada, como sucede en Colombia y en Venezuela.

El método concentrado de control, además, puede ser principal o incidental, según que la cuestión de la inconstitucionalidad de la ley llegue al juez constitucional por vía de una acción de inconstitucionalidad, la cual incluso, en algunos casos como en Colombia, Panamá y Venezuela, puede ser una acción popular; o que llegue por vía incidental, por una incidencia planteada en un juicio concreto, como excepción de inconstitucionalidad. La cuestión de inconstitucionalidad, en estos casos, incluso puede ser planteada de oficio por el juez, como sucede en Venezuela.

## III. EL SISTEMA HONDUREÑO DE JUSTICIA CONSTITUCIONAL

Desde hace algunas décadas en Honduras se había venido consolidando un sistema de justicia constitucional el cual inicialmente seguía en forma exclusiva el método concentrado de control, que se atribuía a la Corte Suprema de Justicia de carácter principal e incidental, pero con decisiones que tenían efectos limitados, *inter partes*.

El marco constitucional del sistema de justicia constitucional, sin embargo, ha sido sustancialmente reformado, en particular con las reformas constitucionales de 2001, incorporándose a la Constitución disposiciones que permiten identificar en la actualidad un sistema mixto o integral de control de la constitucionalidad, en el cual, además, se han revalorizado viejas disposiciones constitucionales que no se habían desarrollado legislativamente.

### 1. *El marco constitucional del sistema hondureño de justicia constitucional*

En efecto, de acuerdo con lo dispuesto en la Constitución de Honduras, en la misma se puede distinguir el establecimiento de un sistema de justicia constitucional mixto o integral, que combina el método difuso con el método concentrado de control de constitucionalidad.

#### A. *El método difuso de control*

En cuanto al método difuso de control, el mismo está expresamente establecido en el artículo 320 de la Constitución de Honduras, el cual dispone:

> Art. 320. En casos de incompatibilidad entre una norma constitucional y una legal ordinaria, el juez aplicará la primera.

Este artículo constitucional no podría ser más claro en cuanto al establecimiento del método difuso de control de constitucionalidad de las leyes, ni podría ser objeto de interpretación alguna distinta de lo que deriva de su propio texto y del significado de las palabras empleadas.

Del artículo resulta, primero, el poder atribuido a todos los jueces de aplicar la constitución con preferencia a la ley, cuando estas sean incompatibles. Se trata, por tanto, de una competencia de todos los jueces, la cual sólo pueden ejercer, por supuesto, al decidir los procesos judiciales que se desarrollen en el ámbito de su competencia. Se trata, por tanto, de un método de control que se ejerce al decidirse un caso concreto, donde el fondo del asunto es el propio de un proceso ordinario.

Es decir, conforme a este método de control, no se ejerce un control abstracto de la constitucionalidad de una ley, lo cual no es el tema *decidendum* ni el objeto principal del proceso.

El poder-deber del juez, por tanto, al decidir un caso concreto sobre cualquier asunto en el cual debe aplicar una ley, consiste en aplicar con preferencia la Constitución en caso de que estime que dicha ley es incompatible con una norma constitucional.

Esta decisión en relación con la Constitución y la desaplicación de la ley en caso de incompatibilidad al resolverse judicialmente el caso concreto, por otra parte, puede adoptarla el juez de oficio o a instancia de parte. La Constitución no distingue en esta materia, por lo que la cuestión de la inconstitucionalidad de la ley que deba aplicar un juez para resolver el caso concreto que está conociendo, puede ser planteada de oficio por el propio juez. Por supuesto, también puede tener su origen en una excepción de inconstitucionalidad que presenten las partes en el proceso.

Los efectos de la decisión del juez de desaplicar una ley al resolver un caso concreto, aplicando preferentemente la Constitución, por otra parte, son de carácter declarativo. El juez constata la incompatibilidad de la ley con la Constitución; la considera nula, sin valor y declara la inaplicación de la ley para decidir el caso. El juez, por tanto, no anula la ley, sino que sólo la considera inconstitucional y, por tanto, como si no existiera para el caso concreto. Por eso la desaplica, teniendo su decisión, por tanto, efectos *ex tunc*, retroactivos, pero sólo respecto de las partes en el proceso. Es decir, la decisión en el método difuso de control de constitucionalidad de las leyes, sólo tiene efectos *inter partes*.

Este método difuso de control de la constitucionalidad expresamente previsto en la Constitución, si bien para su ejercicio no requiere de desarrollo legislativo, el mismo resultaría conveniente para que se implemente adecuadamente, pues a pesar de que ha estado previsto constitucionalmente, los jueces no lo han ejercido.

No se olvide, incluso como se ha dicho, que este método de control de constitucionalidad de las leyes tuvo un origen pretoriano tanto en los Estados Unidos de América como en América Latina, habiéndose ejercido por los jueces incluso en ausencia de previsiones constitucionales o legislativas expresas, basándose en el desarrollo del principio de la supremacía constitucional.

### B. *El método concentrado de control*

Pero además del método difuso de control de constitucionalidad de las leyes, la Constitución de Honduras también regula en forma expresa, el método concentrado de control de constitucionalidad al atribuir a la Sala Constitucional de la Corte Suprema de Justicia competencia para declara la inconstitucionalidad de las leyes por razón de su forma o contenido, con efectos anulatorios.

En efecto, el artículo 184 de la Constitución establece que:

> Art. 184. Las leyes podrán ser declaradas inconstitucionales por razón de forma o de contenido. A la Corte Suprema de Justicia le compete el conocimiento y la resolución originaria y exclusiva en la materia y deberá pronunciarse con los requisitos de las sentencias definitivas.

De esta norma, en concordancia con el artículo 315,5 de la Constitución, resulta que la Corte Suprema de Justicia es el órgano judicial competente para conocer en primera y única instancia (competencia originaria), con exclusividad, de inconstitucionalidad de las leyes por razón de forma o de contenido mediante decisiones que tienen efectos generales y derogatorios.

En efecto, tales declaratorias de inconstitucionalidad de las leyes que pronuncia la Corte Suprema, conforme al artículo 316 de la Constitución, "tendrán efectos generales y derogarán la norma constitucional", por lo que lo que es competencia exclusiva de la Corte Suprema de Justicia no es la sola declaratoria de inconstitucionalidad de las leyes, sino solo aquellas que tienen efectos generales y derogatorios (anulatorias) de las leyes, pues como se ha visto, y conforme al método difuso de control de la constitucionalidad de las leyes, todos los jueces pueden declarar tal inconstitucionalidad, pero con sólo carácter *interpartes.*

Precisamente, por el carácter general y por los efectos *ex nunc*, constitutivos y *pro futuro* de la sentencia de inconstitucionalidad dictada por la Corte Suprema de Justicia, es que la Constitución exige que la misma se publique en *La Gaceta* o *Diario Oficial.*

Ahora bien, esta competencia de la Corte Suprema de Justicia para ejercer el método concentrado de control de la constitucionalidad de las leyes, conforme al artículo 316 de la Constitución se atribuye en particular a la Sala Constitucional de la Corte, la cual se configura entonces como la Jurisdicción Constitucional en Honduras con competencia para:

1. Conocer, de conformidad con esta Constitución y la ley, de los recursos de *hábeas corpus*, amparo, inconstitucionalidad y revisión, y

2. Dirimir los conflictos entre los Poderes del Estado, incluido el Tribunal Nacional de Elecciones, así como entre las demás entidades y órganos que indique la ley.

De acuerdo con todas estas normas constitucionales, por tanto, la Sala Constitucional de la Corte Suprema de Justicia, como Jurisdicción Constitucional, puede decirse que no tiene el monopolio de la Justicia Constitucional, sino solo el monopolio del ejercicio del método concentrado de control de la constitucionalidad de las leyes, es decir, la potestad de anular las leyes con motivo del ejercicio de acciones de inconstitucionalidad; y el monopolio de la resolución de conflictos constitucionales entre los órganos del Estado.

La justicia constitucional, en realidad, es mucho más que el ejercicio del método concentrado de control de la constitucionalidad de las leyes, pues como se ha visto, también comprende el ejercicio del método difuso de control, así como el conocimiento de las acciones de amparo y de *hábeas corpus* que también compete a otros tribunales distintos a la Sala Constitucional.

### 2. *Los aportes del Proyecto de Ley sobre Justicia Constitucional (2002)*

Ahora bien, a los efectos de desarrollar el sistema constitucional de justicia constitucional regulado en la Constitución, la Sala Constitucional de la Corte Suprema de Justicia de Honduras ha elaborado un Proyecto de Ley sobre Justicia Constitucional, con el cual se busca desarrollar, en primer lugar, tanto el control difuso de la constitucionalidad de las leyes, como el control concentrado de la constitucionalidad de las mismas ejercido por la Sala Constitucional de la Corte Suprema de Justicia como Jurisdicción Constitucional, a la cual también se atribuye la resolución de los conflictos constitucionales entre los órganos del Estado; y en segundo lugar, el sistema de protección específica de los derechos humanos a través de los recursos de amparo y de *hábeas corpus*.

### A. *La regulación actualizada de las acciones de protección de los derechos humanos*

En materia de amparo y *hábeas corpus*, el Proyecto de Ley busca sustituir y actualizar las normas de la vieja Ley de Amparo de 1936, destacándose las siguientes regulaciones:

En cuanto al objeto de la acción de amparo y conforme con las orientaciones de la Convención Americana de Derechos Humanos (art. 25), se permite su ejercicio contra los actos, omisiones o amenazas de violación por parte de los Poderes Públicos, incluyendo las entidades descentralizadas, desconcentradas, corporaciones municipales e instituciones autónomas (art. 41).

La competencia para conocer de la acción de amparo corresponde tanto a la Sala Constitucional (amparo contra leyes, contra actos de los altos funcionarios públicos y contra sentencias de las Cortes de Apelaciones), como a las Cortes de Apelaciones (amparo contra sentencias de jueces departamentales, seccionales, de ejecución y de paz y contra actos de funcionarios departamentales o seccionales) y a los jueces de letras (amparo contra sentencias de jueces superiores y contra actos de funcionarios municipales y locales) (arts. 9 a 11). En materia de *hábeas corpus*, la competencia se atribuye a todos los tribunales (arts. 9 a 11) en relación con los derechos a la libertad personal y a la integridad física (art. 13).

En cuanto al procedimiento judicial, el mismo se regula como un procedimiento expedito. Particularmente, en materia de *hábeas corpus,* no se requiere de la asistencia de abogado (art. 16) pudiéndose iniciar de oficio (art. 19 y 20), no requiriéndose formalidad alguna para el ejercicio de la acción, la cual puede presentarse oralmente o por escrito, utilizándose cualquier medio de comunicación, en horas o días hábiles o inhábiles, sin necesidad de poder y libre de todo costo (art. 21).

En esta materia de *hábeas corpus*, el principio del procedimiento está en la inmediatez de la protección (art. 26), debiendo realizarse sin pérdida de tiempo (art. 25). Los poderes del juez, en todo caso, atendiendo a la protección constitucional, son muy amplios.

En materia de amparo, las características más importantes de las regulaciones del Proyecto de Ley, son las siguientes:

> En cuanto a los derechos protegidos, conforme a la orientación de la Convención Americana, están los reconocidos en la Constitución y en los Tratados, convenciones y otros instrumentos internacionales sobre derechos humanos (art. 40). La acción de amparo también puede intentarse para proteger los datos personales, como acción de *hábeas data.*

En cuanto a la legitimación activa, la acción corresponde a toda persona sin distingo, sea natural o jurídica, y también la puede intentarla cualquier persona en representación del agraviado (art. 46). También podría intentarse la acción en representación de derechos colectivos o difusos, siempre que el accionante se identifique con algunos de los lesionados. Las colectividades también podrían intentar la acción en nombre de los derechos colectivos, lo cual también podría hacer el Comisionado de Derechos Humanos.

En cuanto a la legitimación pasiva, como se dijo, el amparo procede contra actos de cualquier autoridad, sean leyes, sentencias o actos administrativos (art. 49) y también contra los hechos omisiones o amenazas de violación (art. 13). También procede el amparo contra particulares, aún cuando en forma limitada, respeto de instituciones sostenidas con fondos públicos y las que actúen por delegación de algún órgano del Estado en virtud de concesión, de contrato u otra resolución válida (art. 41).

En cuanto a las formalidades de la acción, las mismas se regulan expresamente (art. 49), debiendo devolverse el escrito al accionante cuando tuviese deficiencias de redacción (art. 50). La tramitación del amparo, por otra parte, debe hacerse con prelación a cualquier otro asunto, con excepción de los casos de exhibición personal (art. 51).

El Proyecto de Ley establece una importante innovación en cuanto a las medidas cautelares, las cuales se consagran con gran amplitud (art. 57), y no sólo se concretan a la suspensión de efectos del acto impugnado, como se regula actualmente. En consecuencia, la medida cautelar puede consistir en ordenes de hacer o de deshacer o en prohibiciones consistentes en ordenes de no hacer.

Se establece en el Proyecto un procedimiento de dos instancias y en todo caso, una consulta obligatoria de las sentencias de los jueces de letras departamentales o seccionales por parte de la Corte de Apelaciones (art. 70). En cuanto a las sentencias de primera instancia de las Cortes de Apelaciones en materia de amparo, también se establece la consulta obligatoria por ante la Sala Constitucional de la Corte Suprema (art. 70).

En cuanto a las sentencias de las Cortes de Apelaciones dictadas en segunda instancia, el Proyecto prevé la posibilidad de ejercicio de un recurso de revisión extraordinario por ante la Sala Constitucional (art. 70), el cual es de conocimiento discrecional, a juicio de la Sala.

### B. *La regulación del control de la constitucionalidad de las leyes*

Siguiendo la normativa constitucional, el Proyecto regula y desarrolla tanto el método difuso como el método concentrado de control de la constitucionalidad.

En cuanto al método difuso de control, el Proyecto desarrolla la norma constitucional, precisando que el control se puede ejercer por el juez competente, incluso de oficio (art. 78). Se establece la posibilidad de apelación contra la sentencia que se dicte en la materia, y en cuanto a las sentencias de segunda instancia dictadas por las Cortes de Apelaciones, se prevé la posibilidad de una petición de revisión ante la Sala Constitucional, en cuyo caso esta también tiene poder discrecional de decidir (art. 78), quedando a juicio de la Sala su admisión.

En cuanto al control concentrado de la constitucionalidad de las leyes, el Proyecto de Ley, conforme a la orientación de la Constitución, establece la competencia de la Sala Constitucional para conocer de la acción, atribuyéndosele además competencia para la resolución de conflictos constitucionales entre los órganos del Estado (art. 79).

Los aspectos más relevantes del Proyecto en esta materia son los siguientes:

> Respecto del objeto de control, procede la acción de inconstitucionalidad contra leyes; contra normas generales, excepto los reglamentos, cuya impugnación debe realizarse por ante la jurisdicción contenciosa-administrativa; contra las reformas constitucionales; contra las leyes aprobatorias de tratados; y contra las leyes contrarias a los tratados en la violación de lo establecido en la Constitución. Sin embargo, en cuanto a las leyes también pueden ser impugnadas por violación de lo dispuesto en Tratados o Convenios Internacionales (art. 81).

Respecto de la legitimación activa para interponer la acción, el Proyecto de Ley sigue el criterio restringido establecido en la Constitución, limitándolo a los titulares de un interés personal, directo y legitimo (art. 81), y la acción es imprescriptible, en el sentido de que puede interponerse en cualquier momento.

El método concentrado de control de la constitucionalidad, por otra parte, se puede ejercer también por vía incidental, cuando se interponga una excepción de inconstitucionalidad de una ley en un proceso (art. 81) o mediante remisión que haga ante la Sala Constitucional un Tribunal que conozca del asunto, para que la Sala Constitucional decida la inconstitucionalidad antes de que el juez dicte sentencia (art. 81). En estos casos de remisión del asunto a la Sala Constitucional no se suspende el trámite del proceso concreto, y sólo se suspende éste al estado de dicha sentencia, de manera que el Juzgado o Tribunal sólo dicte sentencia después que la cuestión de constitucionalidad haya sido resuelta por la Sala Constitucional (art. 87).

Por último, en cuanto a los efectos de la sentencia, el Proyecto de Ley también establece los efectos generales, *erga omnes*, con carácter derogatorio (anulatorio) del acto impugnado (art. 99). Las interpretaciones de la Sala Constitucional, por otra parte, establece el Proyecto de Ley que son vinculantes, *erga omnes,* en lo que se refiere al contenido o alcance de las normas constitucionales (art. 100).

## CONCLUSIÓN

Como se puede apreciar de lo antes expuesto, el sistema hondureño de Justicia Constitucional, conforme a la normativa de la Constitución vigente, puede considerarse como un sistema mixto o integral que combina el método difuso con el método concentrado de control de la constitucionalidad de las leyes.

La Constitución crea la Jurisdicción Constitucional atribuyéndosele a la Sala Constitucional de la Corte Suprema de Justicia, para conocer del control concentrado de la constitucionalidad de las leyes así como para la resolución de conflictos constitucionales ante los órganos del Poder Público.

Además, se regulan las acciones de protección de los derechos humanos, es decir, el amparo y el *hábeas corpus*, atribuyéndose la competencia para conocer de las acciones a los Tribunales en general, incluyéndose en ciertos casos a la Sala Constitucional.

Este sistema de justicia constitucional, sin duda, es de aplicación inmediata conforme a la Constitución. Sin embargo, su desarrollo mediante el Proyecto de Ley sobre la Justicia Constitucional elaborado por la Sala Constitucional, permitirá un más adecuado ejercicio del control de constitucionalidad, incorporando a Honduras en las modernas corrientes de la Justicia Constitucional.

Tegucigalpa / San Pedro de Sula, enero, 2003

## *SECCIÓN CUARTA:*

## *EL SISTEMA DE JUSTICIA CONSTITUCIONAL EN HONDURAS CONFORME A LA LEY DE JUSTICIA CONSTITUCIONAL DE 2004 (2012)*

**El texto que conforma esta sección es el estudio publicado con el título: "El sistema de justicia constitucional en Honduras", en el libro *Comentarios a la Ley sobre Justicia Constitucional (Con la Ley 244-2003 sobre Justicia Consti-***

***tucional y la Ley de Amparo, Decreto 9-1936)*, OIM Editorial, Tegucigalpa 2012, 153 pp. Publicado también con el título: "El sistema de justicia constitucional de Honduras," en el libro: *Derecho Procesal Constitucional. Instrumentos para la Justicia Constitucional*, Ediciones Doctrina y Ley Ltda., Bogotá 2013, pp. 233-399. Este trabajo tiene su origen en el estudio sobre "El sistema de justicia constitucional en Honduras" publicado en el libro de Allan R. Brewer-Carías, Néstor Pedro Sagüés, Jorge Mario García La Guardia, *El sistema de Justicia Constitucional en Honduras (Comentarios a la Ley sobre Justicia Constitucional)*, editado por el Instituto Interamericano de Derechos Humanos, Corte Suprema de Justicia. República de Honduras, San José, 2004, pp. 1-148, el cual se refirió al proyecto de Ley de la Justicia Constitucional aprobado en el Congreso en enero de 2004, el cual posteriormente sufrió algunas modificaciones, hasta su publicación en septiembre de 2005. Sobre dicha Ley también publicamos: "La reforma del sistema de justicia constitucional en Honduras," en *Revista Iberoamericana de Derecho Procesal Constitucional*, N° 4. Editorial Porrúa, México, 2005, pp. 57-77.**

En la construcción del Estado de Derecho, además del principio de la supremacía constitucional, uno de los elementos determinantes de su afianzamiento está en el poder atribuido a los jueces para controlar la constitucionalidad de los actos del Estado, y declarar su inconstitucionalidad o anular aquellos que sean contrarios a la Constitución.

Esto significa, en definitiva, que la culminación de la edificación del Estado de Derecho está en el establecimiento de un sistema de justicia constitucional, lo cual en el constitucionalismo moderno se traduce en el instrumento jurídico para el ejercicio del derecho ciudadano a la supremacía de la Constitución y al control judicial[1519]. Si la Constitución es emanación del pueblo, el primer y principal derecho de los ciudadanos es el derecho a su supremacía, de manera de asegurar que no sólo el pueblo sea el único que pueda modificarla, sino que cualquier violación de la Constitución pueda ser controlada judicialmente.

En esa línea de razonamiento, puede decirse que la gran mayoría de los países de América Latina disponen, en sus sistemas constitucionales, de instrumentos para asegurar la justicia constitucional, los cuales se han venido desarrollando en las últimas décadas, con todos los altibajos derivados de la turbulenta historia política de nuestros pueblos y a pesar de los mismos[1520]. Honduras no escapó a ese proceso,

1519 *V.*, Allan R. Brewer-Carías, "La justicia constitucional como garantía de la Constitución," en Armin von Bogdandy, Eduardo Ferrer Mac-Gregor y Mariela Morales Antoniazzi (Coordinadores), *La Justicia Constitucional y su Internacionalización. ¿Hacia un Ius Constitucionale Commune en América Latina?*, Instituto de Investigaciones Jurídicas, Instituto Iberoamericano de Derecho Constitucional, Max Planck Institut Für Ausländisches Öffentliches Rechts Und Völkerrecht, Universidad Nacional Autónoma de México, México 2010, T. I, pp. 25-62; y en "La justicia constitucional como garantía de la Constitución," en *Revista de Derecho Público*, No. 9-10, Asociación Costarricense de Derecho Administrativo, San José, 2009, pp. 9-28.

1520 *V.*, sobre la justicia constitucional en América Latina, Allan R. Brewer-Carías, *Judicial Review in Comparative Law*, Cambridge University Press, Cambridge 1989; y "La jurisdicción constitucional en América Latina," en Domingo García Belaúnde-Francisco Fernández Segado (Coordinadores), *La jurisdicción constitucional en Iberoamérica*, Dykinson S.L. (Madrid), Editorial Jurídica Venezolana (Caracas), Ediciones Jurídicas (Lima), Editorial Jurídica E. Esteva (Uruguay), Madrid 1997, pp. 117-161.

pudiendo decirse que en su ordenamiento constitucional, después de la reforma constitucional adoptada mediante Decreto N° 162-2000 de 20 de diciembre de 2000, comenzó a disponer de un completo sistema de justicia constitucional.

Ahora bien, antes de analizar el sistema hondureño de justicia constitucional, y para ubicarlo adecuadamente en el derecho comparado, estimamos de interés resumir en primer lugar, los grandes rasgos contemporáneos relativos a los sistemas de justicia constitucional.

## I. APROXIMACIÓN GENERAL COMPARATIVA SOBRE LA JUSTICIA CONSTITUCIONAL

En el mundo contemporáneo no existe un solo sistema de justicia constitucional, o de control jurisdiccional de la constitucionalidad de los actos del Estado, sino que más bien existe una gran variedad de sistemas, particularmente cuando nos referimos al control de la constitucionalidad de las leyes[1521].

Todos los sistemas, sin embargo, se relacionan con un criterio básico y es el referente a los órganos del Estado que pueden ejercer las funciones de justicia constitucional.

En efecto, fundamentalmente, el control jurisdiccional de la constitucionalidad de las leyes puede ser ejercido por todos los tribunales de un país determinado; o sólo por la Corte Suprema del país, o por un órgano constitucional especialmente creado con ese fin.

En el primer caso, todos los tribunales de un país determinado tienen la facultad de juzgar la constitucionalidad de las leyes. Este es el caso de Estados Unidos de América, donde se inició el desarrollo de la justicia constitucional a comienzos del siglo XIX, habiéndose llamado este sistema el "sistema americano" porque se adoptó particularmente, después del famoso caso *Marbury vs. Madison* decidido por la Suprema Corte de ese país en 1803. Además, muchos otros países, con o sin tradición del *common law,* también aplican este sistema[1522], como es el caso, por ejemplo, en América latina de Argentina, Brasil, Colombia, Ecuador, Guatemala, Perú, Nicaragua, México, República Dominicana y Venezuela (también Honduras, en el artículo 320 de la Constitución, aún cuando no se aplique en la práctica), y en Europa de Grecia, Australia, Canadá, la India, Japón, Suecia, Noruega y Dinamarca. A este sistema se lo denomina sistema difuso de control judicial de la constitucionali-

---

1521 *V.,* en general Mauro Cappelletti, "Judicial Review of Legislation and its Legitimacy. Recent Developments» (Rapport général), en L. Favoreu y J.A. Jolowicz (ed), *Le contrôle juridictionnel des lois Légitimité, effectivité et développements récents,* París 1986, pp. 285-300; Véase también, Mauro Cappelletti, "El Control Jurisdiccional de la Constitucionalidad de las Leyes en el Derecho Comparado," en *Revista de la Facultad de Derecho,* México, N° 65, T. XVI, 1966, pp. 28 a 33; M. Cappelletti and J. C. Adams, "Judicial Review of Legislation: European Antecedents and Adaptations", *Harvard Law Review,* 79, 6, Abril de 1966, p. 1.207; Allan R. Brewer-Carías, *Judicial Review in Comparative Law, cit.,* pp. 125 y ss.

1522 *V.,* Héctor Fix Zamudio, "Protección procesal de los Derechos Humanos," en *Boletín Mexicano de Derecho Comparado,* N° 13-14, México, enero-agosto 1972, p. 78.

dad[1523] porque el control judicial se atribuye a todos los tribunales desde el nivel más bajo hasta la Corte Suprema del país.

Por otra parte, existe el sistema concentrado de justicia constitucional, donde la facultad de control de la constitucionalidad de las leyes y de otros actos del Estado producidos en ejecución directa de la Constitución, se atribuye a un solo órgano del Estado, sea la Corte Suprema o un órgano constitucional, Tribunal, Corte o Consejo Constitucional especialmente creado para ese fin. Este último caso, se conoce como el "sistema austriaco" porque en Europa se estableció primero en Austria, en 1920[1524].

Este sistema, también llamado el "modelo europeo", cuando el poder de control se atribuye a un Tribunal o Corte Constitucional particularmente ubicado fuera del Poder Judicial o a la Corte Suprema, es aplicado en Europa, en Alemania, Austria, Italia y España y en muchos de los países de Europa del Este; y en América Latina, en forme exclusiva, en Bolivia, Costa Rica, Chile, El Salvador, Honduras, Panamá, Paraguay y Uruguay, y conjuntamente con el método difuso, en Brasil, Colombia, Ecuador, Guatemala, Perú, Nicaragua, México, República Dominicana y Venezuela. Se lo denomina sistema concentrado de control jurisdiccional por oposición al sistema difuso, porque la facultad de control de la constitucionalidad de los actos del Estado sólo se le confiere a un órgano constitucional que puede ser la Corte Suprema de un país dado o a un Tribunal Constitucional especialmente creado para tal fin que, puede o no estar integrado dentro de la organización del Poder Judicial[1525].

En los sistemas norteamericano y latinoamericano, el control jurisdiccional de la constitucionalidad de las leyes forma en general parte de las atribuciones del Poder Judicial, cuyo ejercicio corresponde tanto a la Corte Suprema o un Tribunal Constitucional, como a la justicia ordinaria. En estos sistemas se puede afirmar que el juez constitucional es el Poder Judicial. En cambio, en el sistema europeo, el control jurisdiccional de la constitucionalidad de las leyes en muchos casos se ha asignado a Cortes o Tribunales Constitucionales creados como órganos de rango constitucional e independiente del Poder Judicial, que sin embargo, ejercen la función jurisdiccional. Es decir, en ambos sistemas, la justicia constitucional es el resultado del ejercicio de una función jurisdiccional, la cual no es monopolio del Poder Judicial.

El desarrollo de los sistemas de justicia constitucional, en todo caso, ha conducido a que se pueda señalar que en la actualidad no existe un único sistema de justicia constitucional para garantizar y defender la Constitución, así como tampoco puede existir un sistema ideal que pueda aplicarse a todos los países[1526]. En el derecho constitucional contemporáneo, cada país ha desarrollado su propio sistema, habiendo sido el sistema difuso atribuido a los órganos del Poder Judicial, iniciado en Norteamérica, el que más influencia ha tenido.

---

1523 *V.*, M. Cappelletti, "El control judicial de la constitucionalidad de las leyes en el Derecho Comparado," en *Revista de la Facultad de Derecho de México,* N° 61, 1966, p. 28; Allan R. Brewer-Carías, *Judicial Review in Compative Law, cit.*

1524 *Ídem.*

1525 *V.*, Allan R. Brewer-Carías, *Judicial Review..., cit.,* pp. 182 y ss., *El control concentrado de la constitucionalidad de las leyes,* Editorial Jurídica Venezolana, Caracas 1994, pp. 127 y ss.

1526 *V.*, Allan R. Brewer-Carías, *Judicial Review..., cit.,* pp. 125 y ss.

En otros países se ha adoptado una mezcla de los sistemas antes mencionados, el difuso y el concentrado, con miras a permitir que ambos tipos de control funcionen al mismo tiempo. Este es el caso, en América Latina, de Brasil, Colombia, Ecuador, Guatemala, México, Nicaragua, Perú, República Dominicana, Venezuela (es el sistema que conforme a la Constitución existe en Honduras, aún cuando la Ley no lo haya regulado), y en Europa, de Portugal, donde todos los tribunales tiene la facultad de juzgar la constitucionalidad de las leyes, y por consiguiente, pueden decidir en forma autónoma la inaplicabilidad de una ley en un proceso dado, y además, la Corte Suprema o un Tribunal o Corte Constitucional tienen la facultad de declarar la nulidad por inconstitucionalidad de las leyes, en un proceso constitucional. Como se ha señalado, esos países tienen un sistema mixto, que aplica en paralelo, los métodos difuso y concentrado de control judicial de la constitucionalidad, quizá el más completo en derecho comparado.

Por otra parte, con respecto a los denominados sistemas concentrados de la constitucionalidad, en los cuales la facultad de control es otorgada a un sólo órgano constitucional, como la Corte Supremo o un Tribunal o Corte Constitucional, se pueden observar otras diferencias[1527].

En primer lugar, en relación al momento en el que se efectúa el control de la constitucionalidad de las leyes, el control puede producirse antes de la sanción de la ley, como es el caso en Francia, o puede ser ejercido por el Tribunal luego de que la ley ha entrado en vigor, como es el caso en Alemania e Italia. En otros países como España, Portugal, Colombia y Venezuela se han adoptado ambas posibilidades. En Venezuela, una ley sancionada por el Congreso antes de su entrada en vigor, puede ser sometida por el Presidente de la República al Tribunal Supremo, independientemente del veto presidencial, con el fin de obtener una decisión relativa a su constitucionalidad; pero igualmente, el Tribunal Supremo, puede decidir sobre la constitucionalidad de la ley después de su publicación y de su entrada en vigor, cuando es impugnada por la vía de acción popular.

Además, en relación con los sistemas concentrados de control de la constitucionalidad, existen dos vías para ejercerlo: la vía incidental y la vía principal[1528]. En primer caso, la cuestión constitucional sólo se considera justiciable cuando está estrecha y directamente relacionada con un proceso en particular, en el cual la constitucionalidad de la ley específica, no es el único aspecto requerido para el solo desenlace del proceso. Debe destacarse, que el carácter incidental del control judicial es de la esencia de los sistemas de control difuso y, por tanto, de todos los sistemas jurídicos que siguen el modelo americano.

En los sistemas de control concentrado, el control de la constitucionalidad puede ser incidental y la Corte Suprema o el Tribunal Constitucional sólo pueden intervenir y decidir cuando así sea requerido por el tribunal ordinario al cual está sometido el caso. En estas circunstancias, la cuestión constitucional ante el Tribunal Constitucional le es sometida por el tribunal ordinario que debe decidir el caso concreto.

---

1527 *V.*, Allan R. Brewer-Carías, *El control concentrado de la constitucionalidad de las leyes, cit.*, pp. 44 y ss.

1528 *V.*, Allan R. Brewer-Carías, *El control concentrado de la constitucionalidad..., cit.*, pp. 28 y ss.

Ahora bien, en cuanto al sistema concentrado de control de la constitucionalidad, el poder de control otorgado a la Corte Suprema o a un Tribunal Constitucional, también puede ser ejercido por vía principal, mediante una acción directa en la que la constitucionalidad de una ley específica constituye la única cuestión del proceso, sin relación ni referencia a un caso particular. En este último supuesto puede hacerse otra distinción en cuanto a la legitimación para ejercer la acción directa de inconstitucionalidad. En numerosos países dotados de un sistema concentrado de control de la constitucionalidad, únicamente son los otros órganos del Estado los que pueden ejercer la acción directa de constitucionalidad ante el Tribunal Constitucional, por ejemplo, el Jefe de Gobierno o un cierto número de representantes en el Parlamento.

Otros sistemas de control concentrado, sin embargo, permiten que los particulares puedan ejercer la acción de inconstitucionalidad, sea alegando que una determinada ley afecta los derechos de un individuo o, como en el caso de Colombia y Venezuela, mediante una acción popular en la que cualquier ciudadano puede solicitar al Tribunal Supremo o a la Corte Constitucional que decida su solicitud referente a la inconstitucionalidad de una ley determinada, sin que exista condición especial con respecto a la legitimación.

Ahora bien, con respecto a esta distinción entre sistemas concentrado y difuso de control de la constitucionalidad también se puede hacer otra diferencia según los efectos legales que surte la decisión jurisdiccional de control. En este sentido, pueden distinguirse decisiones con efectos *in casu et inter partes* o *erga omnes,* es decir, decisiones que surten efectos solamente entre las partes de un juicio determinado, o que surten efectos generales, aplicables a cualquiera.

Por ejemplo, en los sistemas de control concentrado, de acuerdo con el modelo austriaco, cuando la decisión jurisdiccional es una consecuencia del ejercicio de una acción objetiva, en general, los efectos de tal decisión mediante la cual se anula la ley, son generales con validez *erga omnes*[1529].

En cambio, en los sistemas de control difuso, la decisión del juez en materia de inconstitucionalidad sólo tiene efectos *ínter partes.* Por consiguiente, en estos sistemas, una ley declarada inconstitucional con efectos *ínter partes,* en principio, es nula y no surte ningún tipo de efectos para el caso concreto ni para las partes en el mismo. Por ello, en este caso, la decisión es, en principio, retroactiva en el sentido de que tiene consecuencias *ex tunc* o *pro pretaerito,* es decir, la ley declarada inconstitucional se considera como si nunca hubiera existido a nunca hubiera sido válida. En estos casos, esta decisión tiene efectos "declarativos", en el sentido de que declara la nulidad preexistente de la ley inconstitucional[1530].

Por el contrario, en los sistemas de control concentrado, una ley anulada por inconstitucional, con efectos *erga omnes,* se considera, en principio, como anulable. La decisión en este caso es, por lo tanto, en principio prospectiva ya que tiene consecuencias *ex nunc y pro futuro;* es decir, la ley anulada por inconstitucional, es considerada como habiendo surtido efectos hasta su anulación por el Tribunal o hasta el momento que este determine como consecuencia de la decisión.

---

1529 *V.,* Allan R. Brewer-Carías, *El control concentrado de la constitucionalidad..., cit.*, pp. 31 y ss.

1530 *V.,* Allan R. Brewer-Carías, *Judicial Review..., cit.,* pp. 131 y ss.

En este caso, por consiguiente, la decisión tiene efectos "constitutivos" ya que la ley se vuelve inconstitucional solamente después de la decisión[1531].

Sin embargo, esta distinción relativa a los efectos de la decisión judicial con respecto a la inconstitucionalidad de una ley, no es absoluta. Por un lado, si bien es cierto que en el sistema de control difuso la decisión surte efectos *inter partes,* cuando la decisión es adoptada por la Corte Suprema como consecuencia de la doctrina *stare decisis,* los efectos prácticos de la decisión son, de hecho, generales, en el sentido de que obliga a todos los Tribunales inferiores del país. Por ello, a partir del momento en que la Corte Suprema declara inconstitucional una ley, en principio, ningún otro Tribunal podría aplicarla.

Por otro lado, en sistemas de control concentrado de la constitucionalidad, cuando se adopta una decisión en una cuestión incidental de constitucionalidad, algunos sistemas constitucionales han establecido que los efectos de la misma, en principio, sólo se relacionan con el proceso particular en el que se planteó la cuestión de constitucionalidad, y entre las partes de dicho proceso, aunque como hemos señalado esa no es la regla general.

En cuanto a los efectos declarativos o constitutivos de la decisión, o sus efectos retroactivos o prospectivos, el paralelismo absoluto entre los sistemas difuso y concentrado también ha desparecido.

En los sistemas de control difuso de la constitucionalidad, aun cuando los efectos de las decisiones declarativas de inconstitucionalidad de la ley sean *ex tunc, pro pretaerito,* en la práctica, algunas excepciones en casos regulados por el derecho civil, han hecho que dicha invalidez de la ley no sea siempre retroactiva. De la misma manera, en los sistemas de control concentrado de la constitucionalidad, aun cuando los efectos de las decisiones anulatorias de una ley por inconstitucionalidad en principio sean constitutivos, *ex nunc, pro futuro,* también en la práctica, algunas excepciones en casos regulados por el derecho penal, han hecho que dicha invalidez de la ley, sea retroactiva y beneficie al reo.

## II. ALGUNOS ANTECEDENTES HISTÓRICOS EN LA CONFORMACIÓN DEL SISTEMA HONDUREÑO DE JUSTICIA CONSTITUCIONAL

En el marco comparado antes mencionado, el sistema hondureño de justicia constitucional está conformado *en la Constitución actual*, después de la reforma constitucional realizada mediante el Decreto Nº 162-2000 de 20 de diciembre de 2000, como un sistema mixto o integral que combina el control difuso con el control concentrado de la constitucionalidad; pero que en la Ley sobre Justicia Constitucional sancionada en 2004 y publicada en septiembre de 2005, se ha configurado como un sistema exclusivamente concentrado, abandonándose totalmente la regulación del método difuso de control.

Los elementos fundamentales relativos a este sistema de control de la constitucionalidad de las leyes en Honduras, si bien se consolidaron dicha reforma constitucional de 2000, sin embargo tienen sus antecedentes en regulaciones constitucionales que se introdujeron desde el Siglo XIX.

---

1531 Allan R. Brewer-Carías, *El control concentrado…*, *cit.*, pp. 32 y ss.

En efecto, en cuanto a las acciones de protección de los derechos constitucionales, el *habeas corpus* fue establecido en Honduras como derecho a partir de la Constitución de 1865 (art. 77), y en la Constitución de 1894 se garantizó que:

> "Toda persona tiene derecho para requerir amparo contra cualquier atentado o arbitrariedad de que sea victima, y para hacer efectivo el ejercicio de todas las garantías que esta Constitución establece, cuando sea indebidamente coartada en el goce de ellas, por leyes o actos de cualquier autoridad, agente o funcionario público" (art. 29).

Ambas instituciones, el *habeas corpus* y el amparo, se recogieron posteriormente en todas las Constituciones subsiguientes, habiendo estado reguladas en la Constitución de 1982 en los artículos 182 y 183.

En cuanto a los medios judiciales de defensa de la Constitución, a partir de la misma Constitución de 1894 se reconoció el recurso de inconstitucionalidad, disponiéndose que se podía establecerse directamente ante la Corte Suprema de Justicia pero sólo respecto de una ley que se refiriera a asuntos no ventilables ante los Tribunales, recurso que podía interponer "toda persona que al serle aplicada en un caso concreto, sea perjudicada en sus legítimos derechos" (art. 128). Se estableció, así, el embrión del método concentrado de control de la constitucionalidad que se desarrollaría lenta y progresivamente con posterioridad, regulándose en la Constitución de 1936 (art. 145).

Pero la misma Constitución de 1894, además, también estableció el embrión del método difuso de control de la constitucionalidad de las leyes, al disponer que correspondía a los Tribunales "la aplicación de las leyes en casos concretos que legalmente se sometan a su conocimiento y negarles cumplimiento cuando sean contrarias a la Constitución" (art. 125). Este método, incluso, fue previsto con toda precisión en la Constitución de 1936, cuyo artículo 141 estableció que:

> "Es la facultad privativa de las Cortes y demás Tribunales de Justicia juzgar y ejecutar lo juzgado. A ellos corresponde la aplicación de las leyes en casos concretos que legalmente se sometan a su conocimiento y negarles cumplimiento cuando sean contrarias a la Constitución".

Sin embargo, a pesar de esta previsión, la institución no encontró aplicación práctica pues la Ley de Amparo de 1936, dictada por la misma Asamblea Nacional Constituyente que sancionó la Constitución, y que estuvo vigente durante todo el Siglo XX hasta que fue derogada por la Ley sobre la Justicia Constitucional de 2004, reguló expresamente el amparo contra leyes, con los mismos efectos del método difuso de control de constitucionalidad de las leyes, pero atribuyendo la competencia exclusiva para conocer del mismo a la Corte Suprema de Justicia.

En efecto, la Ley de Amparo de 14 de abril de 1936 (reformada por Decreto Nº 125 de 1967), la cual fue dictada por la Asamblea Nacional Constituyente antes de sancionarse la Constitución de diciembre de 1936, reguló el derecho de toda persona de pedir amparo "para que, en casos concretos, se declare que una ley, un reglamento o una disposición de la autoridad, no le es aplicable por ser inconstitucional (art. 1,2), atribuyendo la competencia para conocer de dichos amparos contra normas, calificado impropiamente como un "recurso de inconstitucionalidad", a la Corte Suprema de Justicia (art. 5,1).

Ello condujo a que se consolidara el método concentrado de control de la constitucionalidad con efectos respecto de los casos concretos, es decir, con efectos *inter partes*, quedando inoperante el método difuso de control de constitucionalidad de las leyes que las Constituciones continuaron regulado.

En las Constituciones de 1957 y de 1965, en efecto, se repitió la misma norma sobre el método difuso de control de la constitucionalidad de las leyes (art. 141), el cual sin embargo, tampoco encontró desarrollo alguno en los tribunales, permaneciendo en aplicación el régimen de control concentrado de la constitucionalidad de las leyes a cargo de la Corte Suprema de Justicia, pero con solos efectos *inter partes*, que derivaba del régimen de la Ley de Amparo, y de las propias normas constitucionales.

En efecto, el artículo 232,11 de la Constitución de 1957 (art. 230,11 de la Constitución de 1965) atribuyó a la Corte Suprema de Justicia competencia para "declarar la inconstitucionalidad de las leyes en la forma y casos previstos en esta Constitución", como competencia "originaria y exclusiva" (art. 237; art. 234 de la Constitución de 1965) consistente en la potestad de "la declaración de inconstitucionalidad de una ley y la inaplicación de las disposiciones afectadas por aquélla" (art. 238; art. 236 de la Constitución de 1965). El ejercicio de dicha competencia por la Corte se podía requerir por vía de acción, por vía de excepción y a solicitud de los jueces que conocieran de cualquier procedimiento judicial; y la decisión de la Corte sólo podía referirse "exclusivamente al caso concreto, y sólo tenía "efecto en el procedimiento" en los cuales se hubiera pronunciado (art. 239; art. 237 de la Constitución de 1965), es decir, efectos *inter partes*. Tales potestades llevaron a la Corte Suprema a ejercer en forma exclusiva el control de la constitucionalidad de las leyes y la declaración de su inaplicabilidad en el caso concreto, quedando entonces sin aplicación alguna el artículo 141 sobre el método difuso de control de constitucionalidad de las leyes.

La Constitución de 1982, sancionada mediante Decreto N° 131 de la Asamblea Nacional Constituyente, siguió algo de la orientación de los textos precedentes en cuanto al sistema de justicia constitucional, regulando el control concentrado pero eliminando la mención de los efectos de la sentencia como exclusivamente referida al caso concreto, lo que dio origen a que se considerase que los efectos de las sentencias de la Corte Suprema de Justicia, en estos casos (arts 184 y 185), aún cuando no fueran anulatorios sino sólo de inaplicabilidad, eran sin embargo generales, *erga omnes* y *ex tunc*, en el sentido de que ninguna autoridad podía aplicar la ley en el futuro;[1532] y además siguió regulando el método de control difuso de la constitucionalidad de las leyes (art. 315), el cual tampoco tuvo aplicación práctica por la pervivencia de las regulaciones de la Ley de Amparo de 1936, asumiendo la Corte Suprema el monopolio del control de la constitucionalidad de las leyes.

La reforma constitucional más importante en esta materia, por tanto, puede decirse que se produjo a través del Decreto N° 162-2000 del 20 de diciembre de 2000, mediante el cual se transformó el método de control concentrado de la constitucionalidad de las leyes, que definitivamente pasó de tener efectos de inaplicabilidad

1532 *V.*, Edmundo Orellana, *La Justicia Constitucional en Honduras*, Universidad Nacional Autónoma de Honduras, Tegucigalpa 1993, pp. 160-161. Orellana, sin embargo, destacó que en la práctica, la Corte seguía limitando los efectos de la sentencia al caso concreto. *Ídem*, pp. 165 ss.

*inter partes* de las leyes, a tener efectos anulatorios (derogatorios) de las mismas, con carácter general, *erga omnes*. La reforma de 2000, además, creó la Jurisdicción Constitucional a cargo de la Sala de lo Constitucional de la Corte Suprema de Justicia (art. 316), atribuyéndole la competencia, precisamente, para anular las leyes inconstitucionales, al establecerse que "las sentencias que declaren la inconstitucionalidad de una norma será de ejecución inmediata y tendrá efectos generales, y por tanto derogarán la norma inconstitucional" (art. 316).

Se pasó así, como se ha dicho, de un método de control concentrado con efectos *inter partes*, a un método de control concentrado con efectos generales, *erga omnes*, con lo que el método difuso de control de la constitucionalidad de las leyes que se conservó en el texto constitucional (art. 320) debía haber adquirido plena operatividad, como potestad atribuida a todos los jueces para desaplicar las leyes que consideren inconstitucionales al decidir los casos concretos que deben resolver.

En esta reforma de 2000, además, se atribuyó a la Sala de lo Constitucional la competencia para dirimir los conflictos entre los Poderes del Estado, incluido el Tribunal Nacional de Elecciones, así como entre las demás entidades u órganos que indique la ley (art. 316).

Ahora bien, a los efectos de desarrollar legislativamente este sistema, y con la asistencia de una misión de expertos organizada por el Instituto Interamericano de Derechos Humanos[1533], durante los años 2002-2004 se elaboró un proyecto de *Ley sobre la Justicia Constitucional* que llegó a ser sancionado por el Congreso en enero de 2004[1534]. Dicha Ley, sin embargo, no siguió inmediatamente el procedimiento de formación de las leyes, y sólo fue meses después en septiembre de ese mismo año que como Decreto N° 244-2003 de 20 enero de 2004, fue promulgado por el Presi-

---

1533 La Misión de Expertos estuvo integrada por el profesor Néstor Pédro Sagües y por el autor de este trabajo y fue coordinada por Víctor Rodríguez funcionario del Instituto Interamericano. Los integrantes de la Misión elaboramos un documento de trabajo sobre el Proyecto de Ley y durante su elaboración tuvimos en Tegucigalpa varias reuniones con los magistrados de la Sala Constitucional y con representantes de la comunidad de abogados en dicha ciudad y en San Pedro de Sula. Por mi parte, sobre la reforma y el Proyecto de Ley me correspondió dictar las siguientes conferencias sobre: "*El sistema hondureño de justicia constitucional y el Proyecto de Ley sobre la Justicia Constitucional*," Sala de lo Constitucional, Corte Suprema de Justicia de Honduras, Tegucigalpa, 26/06/02; "*La Justicia Constitucional y el fortalecimiento de la democracia*," Corte Suprema de Justicia de Honduras, Tegucigalpa, 27/06/02; "*La justicia constitucional en Honduras*," en el Seminario-Taller sobre Justicia Constitucional, Sala Constitucional de la Corte Suprema de Justicia y Colegio de Abogados de Honduras, Tegucigalpa, 20/01/2003; "*La justicia constitucional en Honduras*," en el Seminario-Taller sobre el Proyecto de Ley sobre la Justicia Constitucional, Sala Constitucional de la Corte Suprema de Justicia y Colegio de Abogados de Honduras, capítulo de San Pedro de Sula, San Pedro de Sula, 22/01/2003; "Proyecto de Ley sobre Justicia Constitucional," en el Congreso de la República de Honduras, Tegucigalpa, 24/09/03; *El sistema de Justicia Constitucional en Honduras y el Proyecto de Ley sobre Justicia Constitucional*, en Sala de lo Constitucional de la Corte Suprema de Justicia, Colegio de Abogados de Honduras, Tegucigalpa, 24/09/03; y "*La reforma del sistema de justicia constitucional en Honduras: 2004*," en Seminario sobre la Justicia Constitucional en Honduras, Corte Suprema de Justicia, Tegucigalpa, 25-08-2004.

1534 El texto de la Ley sobre la Justicia Constitucional sancionada en enero de 2004, una vez enviado al Instituto Interamericano de Derechos Humanos al culminar su Misión, fue publicado por el Instituto en un libro con trabajos de Allan R. Brewer-Carías, Nestor Pedro Sagües y Jorge Mario García La Guardia, titulado *El sistema de Justicia Constitucional en Honduras (Comentarios a la Ley sobre Justicia Constitucional)*, Instituto Interamericano de Derechos Humanos, Corte Suprema de Justicia República de Honduras, Embajada del Reino de los Países Bajos, San José 2004, pp. 207-239.

dente de la República en fecha 30 de agosto de 2004, habiendo sido publicado en la *Gaceta* N° 30.792 de 3 de septiembre de 2005[1535]. La Ley entró en vigencia veinte días después, es decir, el 23 de septiembre de 2005, con excepción de varios artículos referidos a la garantía de habeas data y al recurso de revisión en materia civil[1536], cuya vigencia se supeditó a la ratificación de "reformas al texto constitucional" que había adoptado el mismo Congreso sobre dichas materias (art. 124).

En todo caso, entre el texto sancionado el 20 de enero de 2004 y el publicado en septiembre de 2004, se introdujeron una serie de modificaciones o "fe de erraras" por el Congreso, muchas de las cuales fueron sustantivas, como las relativas a la eliminación de toda posibilidad de desarrollo del control difuso de la constitucionalidad de las leyes que está previsto en la Constitución (art. 320), y en materia de la garantía de *habeas data*, que había quedado muy deficientemente regulada en la Ley sancionada en enero de 2004. Por ello, en esta última materia relativa al habeas data, el texto definitivo de la Ley publicado en septiembre de 2005 se adaptó a la reforma constitucional que durante ese mismo año 2005 discutió y sancionó el Congreso, y que como Decreto N° 381-2005 de 21 de enero de 2006, se publicó en la *Gaceta* N° 30.920 de 4 de febrero de 2006[1537].

A pesar de estas diferencias iniciales entre los textos sancionados y publicados, es indudable que con el sistema constitucional y legal actual, Honduras cuenta con todos los elementos necesarios para consolidar el modelo de Estado Constitucional del Derecho, cuyo objeto, en definitiva, es hacer efectivas las garantías constitucionales destinadas a asegurar la supremacía de la Constitución, es decir, velar porque ésta permanezca siendo, efectivamente, una ley suprema. Es a estos efectos que el control judicial de la constitucionalidad de los actos estatales puede considerarse como de la esencia del rol del Poder Judicial, de manera que se pueda asegurar que todo acto de los órganos que ejercen el Poder Público que sea contrario a la Constitución, pueda ser considerado nulo o pueda ser anulado.

Ahora bien, a los efectos de estudiar el sistema hondureño de justicia constitucional, analizaremos el texto de la Ley sobre la Justicia Constitucional, explicando en *primer lugar*, las bases constitucionales y legales del sistema de justicia constitucional; en *segundo lugar*, el método difuso de control de constitucionalidad que está previsto en la Constitución y que al final fue eliminado del texto de la ley; en tercer *lugar*, el método concentrado de control de constitucionalidad, que en la Ley tal como fue publicada configuró el sistema hondureño como exclusivamente concentrado; en *cuarto lugar*, las acciones de protección de los derechos humanos; y en *quinto lugar*, la garantía *ex post facto* del debido proceso y la revisión extraordinaria de sentencias.

---

1535 *V.*, el texto de la Ley publicada en la *Gaceta* en 3 de septiembre de 2005 en *Ley sobre Justicia Constitucional. Decreto 244-2003*, Editorial OIM, Tegucigalpa 5 de enero de 2009 (ISBN 00026-690-8-X).

1536 Sobre *habeas data*: Artículo 3.2; 4.9; 9.1; 13.2; 16, 40, 70 y 72; y sobre revisión: artículo 95

1537 *V.*, el texto del decreto en Enrique Flores Valeriano, *La Justicia Constitucional en Honduras*, Litografía López, Tegucigalpa 2006, pp. 222-227.

## III. BASES CONSTITUCIONALES Y LEGALES DEL SISTEMA HONDUREÑO DE JUSTICIA CONSTITUCIONAL

De acuerdo con lo dispuesto en la Constitución de Honduras, en nuestro criterio, en la misma se puede distinguir el establecimiento de un sistema de justicia constitucional mixto o integral, que combina el método difuso con el método concentrado de control de constitucionalidad[1538], el cual, a pesar de que así se desarrolló por el Congreso en la Ley sobre la Justicia Constitucional sancionada inicialmente en enero de 2004, se eliminó del texto de la Ley publicado en septiembre de 2005, en la cual se continuó regulando un sistema de control de constitucionalidad exclusivamente concentrado.

### 1. *El método difuso de control*

A pesar de esta falla legislativa, es indudable que de acuerdo con la Constitución, el método difuso de control de constitucionalidad de las leyes está expresamente establecido en el artículo 320 de la Constitución de Honduras, el cual dispone:

> *Art. 320.* En casos de incompatibilidad entre una norma constitucional y una legal ordinaria, el juez aplicará la primera.

Este artículo constitucional, como se dijo, tiene su antecedente remoto en el artículo 125 de la Constitución de 1894, al disponerse que correspondía a los Tribunales "la aplicación de las leyes en casos concretos que legalmente se sometan a su conocimiento y negarles cumplimiento cuando sean contrarias a la Constitución;" lo que repitió el artículo 141 de la Constitución de 1936.

Es importante destacar que esta norma constitucional contenía dos previsiones expresas: primero, que corresponde a los tribunales "la aplicación de la leyes en casos concretos;" y segundo, que con tal motivo, los tribunales podían desaplicar una ley aplicando preferentemente la Constitución.

Estas previsiones se conservaron en la reforma constitucional de 1982 (Decreto N° 131-1982), pero regulando ambos aspectos, en lugar de en un solo artículo, en dos artículos separados: en el artículo 314 donde se dispuso que a los tribunales "corresponde la aplicación de las leyes en casos concretos;" y en el artículo 315 donde se reguló el control difuso estableciéndose que la misma previsión anterior de que

---

1538 *V.*, en sentido contrario, Enrique Flores Valeriano, *La Justicia Constitucional en Honduras*, Litografía López, Tegucigalpa 2006, pp. 78, 80. Este autor sostiene que el sistema de justicia constitucional en Honduras "se orienta hacia el sistema concentrado" p. 78. Por supuesto, como se argumenta en el texto de este trabajo, discrepamos totalmente de esa apreciación, y aún más de la argumentación que hace el autor en relación con ese sistema "exclusivamente" de control concentrado de Honduras en el sentido de que el mismo haya podrido haber tener su antecedente en un supuesto "recurso de inconstitucionalidad" que haya "nacido y evolucionado en los Estados Unidos de América". *Ídem*, pp. 51 ss. Como es sabido, en los Estados Unidos de América lo que nació y se desarrolló fue precisamente el método contrario, el control difuso de la constitucionalidad de las leyes, y allí no existe "recurso de inconstitucionalidad" alguno que pueda ser similar al que da origen al control de constitucionalidad en los sistemas de control concentrado de constitucionalidad. El *writ of cerciorari* que es lo que permite someter determinadas sentencias a la revisión discrecional por parte de la Suprema Corte de los Estados Unidos, por supuesto, nada tiene en común con las acciones de inconstitucionalidad que se ejercen ante los Tribunales Constitucionales o Cortes Supremas como la que existe en Honduras. Véase en general sobre estos temas en el derecho comparado Edmundo Orellana, *La Justicia Constitucional en Honduras*, Universidad Nacional Autónoma de Honduras, Tegucigalpa 1993, pp. 41-47, 69-85.

"En casos de incompatibilidad entre una norma constitucional y una legal ordinaria, el juez aplicará la primera".

Estas dos previsiones se conservaron en la reforma constitucional de 2001 (Decreto N° 38-2001)[1539], en el capítulo XII relativo al Poder Judicial: la primera, en el artículo 304, que dispone que "corresponde a los órganos jurisdiccionales aplicar las leyes a casos concretos, juzgar y ejecutar lo juzgado;" y la segunda, en el artículo 320, el cual dispone que "en casos de incompatibilidad entre una norma constitucional y una legal ordinaria, se aplicará la primera". Se destaca que si bien de esta segunda norma se eliminó la indicación expresa de las anteriores de que era "el juez" el que debía aplicar la primera, ello no cambió en absoluto el sentido ni contenido de la norma, pues no sólo la misma está en el capítulo sobre el Poder Judicial, relativo a todos los tribunales, sino que en el mismo se indica que son precisamente "los órganos jurisdiccionales" en general los llamados a "aplicar las leyes" siendo ellos, por tanto, los que en los casos concretos que decidan, pueden aplicar la Constitución con preferencia a las leyes que consideren incompatibles con la misma[1540].

De estas normas, en nuestro criterio, no podría ser más clara la previsión de la Constitución en cuanto al establecimiento del método difuso de control de constitucionalidad de las leyes, ni podría ser objeto de interpretación alguna distinta de lo que deriva de su propio texto y del significado de las palabras empleadas. Lamentablemente quizás, haya sido la carga histórica de la tradición de un deficiente control concentrado, la desconfianza general que puede existir en los jueces ordinarios como jueces constitucionales y el monopolio que haya comenzado a desarrollar la Sala Constitucional en materia de justicia constitucional, posiblemente conspiraron contra el desarrollo legislativo del control difuso como inicialmente se había sancionado.

Pero independientemente de esto, ateniéndonos a la norma del artículo 320 de la Constitución en concordancia con la del artículo 306, de las mismas resulta el poder atribuido a todos los jueces de aplicar la Constitución con preferencia a la ley, cuando estas sean incompatibles. Se trata, por tanto, de una competencia judicial que corresponde a todos los jueces, la cual sólo pueden ejercer, por supuesto, al decidir los procesos judiciales que se desarrollen en el ámbito de su competencia, es decir, cuando aplican las leyes a casos concretos. Por tanto, se trata de un método de control de constitucionalidad que se ejerce al decidirse un caso concreto, donde el fondo del asunto es el propio de un proceso ordinario. Es decir, conforme a este método de control, el control que se ejerce no es un control abstracto de la constitucionalidad de una ley, el cual no es el tema *decidendum* ni el objeto principal del proceso.

---

1539 Sancionada por Decreto N° 262-2000 de 22 de diciembre de 2000, *La Gaceta* N° 39.414 de 26 de febrero de 2001 y ratificada por decreto N° 38-2001 de 16 de abril de 2001, en *La Gaceta* N° 29.489 de 29 de mayo de 2001.

1540 En nuestro criterio no tiene fundamento alguno para negar la existencia del control difuso de la constitucionalidad que deriva del artículo 320 de la Constitución, argumentar que como la norma ya no menciona al "juez", entonces la potestad para desaplicar las leyes incompatibles con la Constitución corresponde sólo a la Corte Suprema de Justicia, pues ello significaría negarle a los jueces potestad para aplicar la ley en los casos concretos que decidan, lo que por lo demás se expresa en el artículo 306 de la misma Constitución. Véase en contrario de lo que sostenemos en Enrique Flores Valeriano, *La Justicia Constitucional en Honduras*, Litografía López, Tegucigalpa 2006, p. 83.

El poder-deber del juez, por tanto, al decidir un caso concreto sobre cualquier asunto en el cual debe aplicar una ley, consiste en aplicar con preferencia la Constitución para resolver el asunto concreto, en caso de que estime que dicha ley es incompatible con una norma constitucional.

Esta decisión en relación con la Constitución y la desaplicación de la ley en caso de incompatibilidad al resolverse judicialmente el caso concreto, por otra parte, podría adoptarla el juez de oficio o a instancia de parte.

La Constitución no distingue en esta materia, por lo que la cuestión de la inconstitucionalidad de la ley que deba aplicar un juez para resolver el caso concreto que está conociendo, podría ser planteada de oficio por el propio juez. Por supuesto, también podría tener su origen en una excepción de inconstitucionalidad que presenten las partes en el proceso.

Los efectos de la decisión del juez de desaplicar una ley al resolver un caso concreto, aplicando preferentemente la Constitución, por otra parte, en todos los sistemas en los cuales existe el control difuso, son de carácter declarativo. El juez constata la incompatibilidad de la ley con la Constitución; la considera como nula, sin valor y declara su inaplicación para decidir el caso.

El juez, por tanto, no anula ni "deroga" la ley, sino que sólo la considera inconstitucional y, por tanto, como si no existiera para el caso concreto, no la aplica. Es decir, en estos casos, el juez desaplica la norma legal, teniendo su decisión, por tanto, efectos *ex tunc*, retroactivos, pero sólo respecto de las partes en el proceso. Es decir, la decisión en el método difuso de control de constitucionalidad de las leyes, sólo tiene efectos *inter partes*.

Este método difuso de control de la constitucionalidad expresamente previsto en la Constitución, durante el Siglo XIX tuvo un origen pretoriano tanto en los Estados Unidos de América como en América Latina (comenzando por Argentina y Brasil), habiéndose ejercido por los jueces, incluso en ausencia de previsiones constitucionales o legislativas expresas, basándose en el desarrollo del principio de la supremacía constitucional.

### 2. *El método concentrado de control*

Pero además del método difuso de control de constitucionalidad de las leyes, la Constitución de Honduras también regula en forma expresa, el método concentrado de control de constitucionalidad al atribuir a la Sala de lo Constitucional de la Corte Suprema de Justicia competencia para declarar la inconstitucionalidad de las leyes por razón de su forma o contenido, con efectos anulatorios; que es el que se ha regulado en la Ley sobre la Justicia Constitucional.

En efecto, el artículo 184 de la Constitución establece que:

> *Art. 184.* Las leyes podrán ser declaradas inconstitucionales por razón de forma o de contenido.
>
> A la Corte Suprema de Justicia le compete el conocimiento y al resolución originaria y exclusiva en la materia y deberá pronunciarse con los requisitos de las sentencias definitivas.

De esta norma, en concordancia con el artículo 313.5 de la Constitución, resulta que la Corte Suprema de Justicia es el órgano judicial competente para conocer en primera y única instancia (competencia originaria) y con exclusividad, del "recurso de inconstitucionalidad" de las leyes por razón de forma o de contenido mediante decisiones que tienen efectos generales y derogatorios.

En efecto, tales declaratorias de inconstitucionalidad de las leyes que pronuncia la Corte Suprema, conforme al artículo 316 de la Constitución, "tendrán efectos generales, y por tanto derogarán la norma inconstitucional", por lo que, lo que es competencia exclusiva de la Corte Suprema de Justicia, es conocer y decidir "recursos" de inconstitucionalidad de las leyes, teniendo la decisión efectos generales y derogatorios (anulatorias) de las mismas, pues como se ha visto, y conforme al método difuso de control de la constitucionalidad de las leyes, todos los jueces pueden declarar tal inconstitucionalidad, pero con sólo carácter *inter partes.*

Precisamente por el carácter general y por los efectos *ex nunc*, constitutivos y *pro futuro* de las sentencias de inconstitucionalidad dictadas por la Corte Suprema de Justicia, es que la Constitución exige que las mismas se publiquen en la *Gaceta* o *Diario Oficial* (art. 316.2).

Ahora bien, esta competencia de la Corte Suprema de Justicia para ejercer el método concentrado de control de la constitucionalidad de las leyes, conforme al artículo 316 de la Constitución, se atribuye en particular a la Sala de lo Constitucional de la Corte, la cual se configura entonces como la *Jurisdicción Constitucional* en Honduras, con competencia para:

> 1. Conocer, de conformidad con esta Constitución y la ley, de los recursos de *hábeas corpus*, amparo, inconstitucionalidad y revisión; y,
>
> 2. Dirimir los conflictos entre los Poderes del Estado, incluido el Tribunal Nacional de Elecciones, así como entre las demás entidades y órganos que indique la ley...

De acuerdo con todas estas normas constitucionales, por tanto, la Sala de lo Constitucional de la Corte Suprema de Justicia, como Jurisdicción Constitucional, no tiene el monopolio de la justicia constitucional, es no tiene el monopolio del control de la constitucionalidad de las leyes, sino lo que tiene es el monopolio del ejercicio del método concentrado de control de la constitucionalidad de las leyes, es decir, la potestad exclusiva de conocer y decidir los "recursos de inconstitucionalidad" directos contra las leyes que se formulen ante la Sala Constitucional, con potestad en esos casos para anular las leyes; y además, el monopolio de la resolución de conflictos constitucionales entre los órganos del Estado.

La justicia constitucional, en realidad, es mucho más que el ejercicio del método concentrado de control de la constitucionalidad de las leyes mediante el ejercicio de los recursos de inconstitucionalidad, pues como se ha visto, también comprende el ejercicio del método difuso de control, así como el conocimiento de las acciones de amparo y de *hábeas corpus* que también compete a otros tribunales distintos a la Sala de lo Constitucional.

### 3. *Algunos aportes innovativos en el proceso de elaboración del proyecto de Ley sobre Justicia Constitucional (2003-2004)*

#### A. *La distinción conceptual entre Justicia constitucional y Jurisdicción Constitucional*

Ahora bien, con base estrictamente en las previsiones constitucionales antes mencionadas, a los efectos de desarrollar el sistema constitucional de justicia constitucional regulado en la Constitución de Honduras, durante los años 2002 y 2003, la Sala Constitucional de la Corte Suprema de Justicia de Honduras con la asistencia de la Misión mencionada organizada por el Instituto Interamericano de Derechos Humanos, elaboró un Proyecto de *Ley sobre Justicia Constitucional* cuyo objeto fue, precisamente, desarrollar legislativamente, en *primer lugar*, tanto el control difuso de control de la constitucionalidad de las leyes, como el control concentrado de la constitucionalidad de las mismas ejercido mediante recurso de inconstitucionalidad por la Sala de lo Constitucional de la Corte Suprema de Justicia como Jurisdicción Constitucional, a la cual también se atribuye la resolución de los conflictos constitucionales entre los órganos del Estado; y *en segundo lugar*, el sistema de protección específica de los derechos humanos a través de los recursos de amparo, hábeas corpus y hábeas data. Como se dijo, la Ley sobre Justicia Constitucional fue sancionada por el Congreso Nacional el 20 de enero de 2004, encomendándose en su artículo 116 a la Corte Suprema de Justicia, por medio de la Sala de lo Constitucional, velar por el estricto cumplimiento de lo dispuesto en la misma; texto en el cual se sigue el Proyecto elaborado con dicha orientación[1541].

Debe señalarse, ante todo, que a la Ley se la denominó "Ley sobre Justicia Constitucional", pues como se ha dicho anteriormente, luego de la reforma constitucional de 2000, en Honduras, y al contrario de los que sucede, por ejemplo, en Costa Rica o Panamá, alejándose de lo que había sido la tradición legislativa anterior, la justicia constitucional conforme al texto estricto de la Constitución no se concentra en un solo órgano judicial que conformaría la Jurisdicción Constitucional, y que en Honduras sería la Corte Suprema de Justicia a través de su Sala de lo Constitucional.

Esta Sala, sin duda, se configura en Honduras como la Jurisdicción Constitucional, noción orgánica que identifica un órgano judicial que ejerce el control concentrado de la constitucionalidad de las leyes y demás actos normativos de ejecución inmediata de la Constitución, al decidir recursos de inconstitucionalidad que se intenten contra las mismas, con poderes derogatorios (o anulatorios) de las leyes impugnadas; pero sin tener el monopolio de la justicia constitucional, noción material equiparable a control de constitucionalidad, la cual como se ha dicho, en la Constitución también se atribuye a todos los jueces u órganos jurisdiccionales y que podrían ejercer mediante el método difuso de control de constitucionalidad. En todo caso, en la Ley, al crearse la Secretaría de la Sala Constitucional, se indicó expresamente que la Sala tiene como "papel fundamental" el "ser guardián de la constitucionalidad de las leyes y protector de la Justicia Constitucional" (art. 122).

---

1541 El autor de este estudio tiene en su archivo personal una copia del texto de la Ley sobre la Justicia Constitucional, tal como fue sancionado con fecha 20 de enero de 2004.

Pero además de regular a la Sala de lo Constitucional como Jurisdicción Constitucional, la Ley reguló las competencias en materia de justicia constitucional que ejercen los demás tribunales u órganos jurisdiccionales, por ejemplo, cuando conocen de las acciones de hábeas corpus, amparo o hábeas data, y además, cuando ejercen el método de control difuso de la constitucionalidad de las leyes. Esto último, sin embargo, se eliminó del texto de la ley que fue publicado en septiembre de 2005, con lo que el título que se le había dado a la misma "sobre la justicia constitucional" parcialmente era innecesario. La Ley, con esa eliminación, en realidad quedó como una Ley sobre la Jurisdicción Constitucional y sobre los recursos de garantía y de inconstitucionalidad.

Sin embargo, la denominación de "justicia constitucional" prevaleció al punto de que en título empleado en el artículo 4 de la Ley sancionada en enero de 2004, 200, que se refería a "Reglas especiales de la *Jurisdicción Constitucional,*" fue cambiado, y adaptado al sentido del proyecto, de manera que en el texto publicado en septiembre de 2005, aparece referido a "Reglas especiales de la *justicia constitucional,*" en congruencia, incluso con la redacción de la propia norma del artículo 4 que comienza con la frase "En el ejercicio de *la justicia constitucional* los órganos jurisdiccionales observarán..." De ello queda claro que la expresión "Jurisdicción constitucional" no puede confundirse con "justicia constitucional".

Como consecuencia, conforme a la Ley, todos los tribunales u órganos jurisdiccionales que conocen de cuestiones de constitucionalidad (incluida la Sala de lo Constitucional de la Corte Suprema de Justicia, como Jurisdicción Constitucional) ejercen la justicia constitucional, (arts. 3, 4, 5 y 6) de acuerdo con la Constitución y la Ley, y están sólo sometidos a sus normas (art. 5).

Por ello, el artículo 3° de la Ley dispone que los Juzgados y Tribunales a que se refiere la Ley *ejercen la justicia constitucional* y a ellos les corresponde conocer de las acciones de: 1) *Habeas corpus* o exhibición personal y de *habeas data*; 2) Amparo; 3) Inconstitucionalidad; 4) Revisión; y, además, 5) De los conflictos entre los Poderes del Estado o entre cualquiera de éstos y el Tribunal Supremo Electoral. De los conflictos de competencia o atribuciones de las municipalidades entre si. De los conflictos de competencia o atribuciones que se produzcan entre el Ministerio Público, la Procuraduría General de la Republica y el Tribunal Superior de Cuentas. También tienen competencia para conocer de los demás asuntos que la Constitución de la República o la ley misma le atribuyan (art. 3.6).

En el Proyecto que fue elaborado por la Sala de lo Constitucional en 2003, en todo caso, puede decirse que la redacción que se le había dado al artículo 3 era más rica, jurídicamente hablando, pues no se limitaba sólo a enumerar las diversas acciones de carácter constitucional, sino que contenía regulaciones sustantivas sobre el objeto de la justicia constitucional en general, al indicar que con ella se busca, por una parte, garantizar, mediante las acciones o recursos de amparo y *hábeas corpus* o exhibición personal, los derechos y libertades fundamentales consagrados por la Constitución de la República, y por los tratados, convenciones y otros instrumentos internacionales sobre derechos humanos vigentes en la República de Honduras; y por la otra, ejercer control de la constitucionalidad de las leyes y otras normas de carácter y aplicación general no sometidos al control de la jurisdicción contencioso administrativa; y dirimir los conflictos de competencia constitucional.

B. *El sistema de garantías de la Constitución*

En todo caso, lo que resulta claro de la Ley es que la noción de *justicia constitucional* es de carácter material o sustantiva y se refiere a la competencia que ejercen todos los órganos judiciales que la Ley califica como "órganos jurisdiccionales" cuando les corresponde garantizar la Constitución. Como lo dice el artículo 1° de la Ley:

> *Artículo 1.- Objeto de la Ley.* La presente ley tiene por objeto desarrollar las garantías constitucionales y las defensas del orden jurídico constitucional.

En esta forma, la expresión *Jurisdicción Constitucional*, en cambio, como se ha dicho, es de carácter orgánica, e identifica al órgano jurisdiccional al cual se atribuye *competencia exclusiva* en materia de conocimiento y decisión de los recursos de inconstitucionalidad de las leyes, es decir, en materia de control concentrado de la constitucionalidad de las leyes, y que conforme a la Constitución, es la Sala de lo Constitucional de la Corte Suprema de Justicia. De allí lo previsto en el artículo 7 que dice:

> *Artículo 7.- De la Sala de lo Constitucional-jurisdicción-Integración.* Las funciones que la presente ley atribuye a la Corte Suprema de Justicia, serán cumplidas por ésta a través de la Sala de lo Constitucional, a la cual corresponde la jurisdicción constitucional.
>
> La Sala de lo Constitucional estará integrada por cinco (5) magistrados de la Corte Suprema de Justicia, designados por el pleno de la misma.

Además, conforme al artículo 5 de la Ley, en el ejercicio de la justicia constitucional, los órganos jurisdiccionales solamente están sometidos a la Constitución y la ley.

Las regulaciones de la Ley, en todo caso, responden a las que caracterizan el régimen de la justicia constitucional en el derecho constitucional contemporáneo, y que permiten identificar dos grandes mecanismos de garantía de la Constitución:

*En primer lugar*, los medios judiciales de garantía y defensa de los derechos humanos, en particular, las acciones de hábeas corpus (art. 182 de la Constitución) y de amparo (art. 183 de la Constitución); y *en segundo lugar*, los medios judiciales de control de la constitucionalidad de las leyes y demás actos normativos (art. 184 y 313,5 de la Constitución), y en particular el control concentrado de la constitucionalidad de las Leyes (art. 185 de la Constitución), atribuido a la Sala de lo Constitucional de la Corte Suprema de Justicia, con poderes derogatorios (art. 316 de la Constitución).

Como se dijo, a pesar de que la Constitución regula el control difuso de la constitucionalidad (art. 320 de la Constitución), en el texto de la ley que se publicó en septiembre de 2005 se eliminó toda referencia a dicha materia.

De ello resulta, como se ha dicho, que si bien la Constitución de Honduras establece un sistema mixto o integral de control de la constitucionalidad, siguiendo la tendencia prevaleciente en América Latina; sin embargo, la Ley sobre la Justicia Constitucional que buscaba regular dicho sistema mixto e integral, resultó regulando un sistema exclusivamente concentrado de control de la constitucionalidad, apartándose de las orientación constitucional.

En este contexto, la Ley sobre la Justicia Constitucional destina su *Título Segundo,* a regular las acciones o recursos de protección de los derechos constitucionales: amparo, *habeas corpus* y *hábeas data* (arts. 9 a 73); y su *Título Tercero,* a regular el control de la constitucionalidad de las leyes y demás actos normativos, mediante el método concentrado (arts. 74 a 94), precisando la competencia general de la Sala de lo Constitucional (art. 74), y regulando incluso en su *Título Quinto*, la competencia para resolver los conflictos constitucionales entre órganos del Poder Público (arts. 107 a 110). Además, la Ley regula en su *Título Cuarto* lo concerniente al recurso de revisión (arts. 95 a 106), terminando con los *Títulos Sexto y Séptimo* para algunas Disposiciones Comunes, Finales y Transitorias (arts. 111 a 124).

Todos los órganos jurisdiccionales, incluyendo la Sala de lo Constitucional, cuando ejercen la justicia constitucional, están sometidos a las mismas reglas procesales comunes que establece el artículo 4 y que son las siguientes:

1) Todas las actuaciones se practicaran en papel simple o común;

2) Toda notificación deberá hacerse a más tardar el día siguiente a la fecha de la respectiva providencia, auto o sentencia.

3) La tramitación y resolución de la acción de *hábeas corpus* o exhibición personal será prioritaria respecto de cualquier otro asunto de que estuviere conociendo el correspondiente órgano jurisdiccional. En defecto de tal acción, la prioridad le corresponderá por su orden a la de *hábeas data*, amparo y a la de inconstitucionalidad.

4) Interpuesta cualquiera de las acciones constitucionales, los órganos jurisdiccionales impulsarán de oficio todos los trámites.

5) En la tramitación de las acciones de exhibición personal, *habeas data*, amparo e inconstitucionalidad, prevalecerá el fondo sobre la forma, por lo que los defectos procesales no impedirán la expedita sustanciación de los asuntos. Las partes podrán corregir sus propios errores, siempre que fueren subsanables. No obstante los órganos jurisdiccionales que conozcan del asunto podrán hacerlo de oficio.

6) Contra las providencias, autos y sentencias que se dicten en el ejercicio de la justicia constitucional[1542] no cabrá recurso alguno.

7) Los plazos establecidos en esta ley son improrrogables a menos que la misma disponga lo contrario.

8) El incumplimiento de tales plazos por parte de los titulares de los órganos jurisdiccionales, originará la responsabilidad señalada en la presente ley.

1542 En realidad, aquí debió usarse la expresión "jurisdicción constitucional" en el sentido de que son las decisiones de la Sala de lo Constitucional las que no están sujetas a recurso alguno. Otras sentencias, como las dictadas en casos de amparo, que son dictadas por tribunales inferiores en ejercicio de la justicia constitucional, pueden estar sujetas a apelación.

En todo caso, y como norma supletoria, el artículo 119 de la Ley autoriza a la Sala de lo Constitucional para establecer en los casos no previstos en la Ley, el procedimiento para conocer de los asuntos que se sometan a su decisión, en las resoluciones que adopte de conformidad con la naturaleza del asunto.

En el artículo 2 de la Ley se establece además una norma interpretativa general de gran importancia en el derecho comparado, conforme al principio de la progresividad en la protección de los derechos humanos[1543] conforme al orden jurídico constitucional, incluso, exigiendo que la interpretación se haga conforme a los tratados, convenciones y demás instrumentos internacionales sobre derechos humanos vigentes en la República, dentro de los cuales ocupa lugar preferente la Convención Americana de Derechos Humanos, tomando en consideración las interpretaciones hechas por los tribunales internacionales, en particular, por la Corte Interamericana de Derechos Humanos[1544]. Ello permite insertar el sistema nacional de garantía de la Constitución a los principios del Sistema Interamericano de Protección a los Derechos Humanos. Dicha norma, en efecto, dispone:

> *Artículo 2.- Regla de Interpretación y Aplicación.* Las disposiciones de esta ley se interpretarán y aplicarán siempre de manera que aseguren una eficaz protección de los derechos humanos y el adecuado funcionamiento de las defensas del orden jurídico constitucional.
>
> Se interpretarán y aplicarán de conformidad con los tratados, convenciones y otros instrumentos internacionales sobre derechos humanos vigentes en la República de Honduras, tomando en consideración las interpretaciones que de ellos hagan los tribunales internacionales.

En el Proyecto que elaboró la Sala de lo Constitucional, se establecía, además que la restricción o la suspensión de derechos referidas en los artículos 187 y 188 de la Constitución de la República, no debía alcanzar a las acciones de garantía previstas en la ley, previsión que aún cuando, quedó eliminada del texto sancionado, sin embargo, tiene vigencia debido a las previsiones de la Convención Interamericana de Derechos Humanos.

Ahora bien, el presente estudio está destinado a analizar detalladamente las regulaciones de dicha Ley, por lo que ahora sólo queremos destacar los aportes más significativos de la misma en el afianzamiento del sistema de justicia constitucional en Honduras.

---

1543 Sobre el principio de progresividad véase Pedro Nikken, *La protección internacional de los derechos humanos: su desarrollo progresivo*, Instituto Interamericano de Derechos Humanos, Ed. Civitas, Madrid, 1987; Humberto Henderson, "Los tratados internacionales de derechos humanos en el orden interno: la importancia del principio *pro homine*", en *Revista IIDH, Instituto Interamericano de Derechos Humanos*, Nº 39, San José, 2004, pp. 71 ss. *V.*, también, Allan R. Brewer-Carías, *Mecanismos nacionales de protección de los derechos humanos*, Instituto Internacional de Derechos Humanos, San José, 2004, pp. 62 ss.

1544 Sobre esto véase Allan R. Brewer-Carías, "Nuevas reflexiones sobre el papel de los tribunales constitucionales en la consolidación del Estado democrático de derecho: defensa de la Constitución, control del poder y protección de los derechos humanos", en Francisco Fernández Segado (coordinador), *Dignidad de la persona, Derechos Fundamentales, Justicia Constitucional*, Dykinson, Madrid 2008, pp. 761-826.

### C. *La regulación actualizada de las clásicas acciones de protección de los derechos humanos: amparo y hábeas corpus*

En materia de amparo y hábeas corpus, la Ley buscó sustituir y actualizar las normas de la vieja Ley de Amparo de 1936, agregando además, la previsión relativa a la acción de hábeas data., siguiendo no sólo la larga tradición de regulación legislativa de estas acciones en Honduras, sino su línea del desarrollo en América Latina. El Título II de la Ley, por tanto, sustituye las regulaciones de la Ley que regulaba el amparo y el hábeas corpus de 14 de abril de 1936, cuyo texto quedó entonces formalmente derogado por la nueva Ley (art. 123).

A tal efecto, la Ley al establecer en su artículo 13 el "deber del Estado de garantizar la libertad personal y la integridad e intimidad de la persona humana," establece que el Estado reconoce la garantía de *hábeas corpus* o exhibición personal, y hábeas data, e igualmente la 'garantía de amparo" (art. 41), destacándose entre su normativa, las siguientes regulaciones:

En cuanto al objeto de la acción de amparo y conforme con las orientaciones de la Convención Americana de Derechos Humanos (art. 25)[1545], se permite su ejercicio contra los resoluciones, actos y hechos de cualesquiera de los Poderes del Estado, incluyendo las entidades descentralizadas, desconcentradas; las sostenidas con fondos públicos y las que actúen por delegación de algún órgano del Estado en virtud de concesión, de contrato u otra resolución válida (art. 42). En la Ley sancionada en enero de 2004 se había establecido también expresamente la procedencia de la acción de amparo, expresamente, contra las "omisiones y amenazas," lo que permitía un mayor ámbito del amparo, por lo demás clásico en el derecho comparado[1546], lamentablemente se eliminó en el texto publicado en septiembre de 2005.

Sin embargo, las omisiones se mencionan en los artículos 48, 63.1 y 64, y la amenazas en los artículos 49.6 y 59, quedando en todo caso las mismas subsumidas en actos y hechos.

La competencia para conocer de la acción de *habeas corpus* y de *habeas data* (art. 9.1) corresponde tanto a la Sala de lo Constitucional; y en cuanto a la acción de amparo corresponde tanto a la Sala de lo Constitucional, cuando se intente por violación de los derechos fundamentales cometidos por el Presidente de la República, los Secretarios de Estado, las Cortes de Apelaciones, el Tribunal Superior de Cuentas, la Procuraduría General de la República y el Tribunal Supremo Electoral y acción de *habeas data*), y contra violaciones cometidas por los demás funcionarios con autoridad en toda la República (art. 9).

---

1545 Sobre la universalidad del amparo en la Convención véase Allan R. Brewer-Carías, "El amparo en América Latina: La universalización del régimen de la Convención Americana sobre los Derechos Humanos y la necesidad de superar las restricciones nacionales," en *Ética y Jurisprudencia*, 1/2003, Enero-Diciembre, Universidad Valle del Momboy, Facultad de Ciencias Jurídicas y Políticas, Centro de Estudios Jurídicos "Cristóbal Mendoza", Valera, Estado Trujillo, 2004, pp. 9-34; "La acción de amparo en Venezuela y su universalidad", en José de Jesús Naveja Macía (Coordinador), *Génesis, Desarrollo y Actualidad de Amparo en América Latina*, T. I, Ediciones Ilcsa, Tijuana México, pp. 109-141.

1546 *V.*, Allan R. Brewer-Carías, *Constitutional Protection of Human Rights in Latin America.* A Comparative Study of the *Amparo* Proceedings, Cambridge University Press, New York, 2008.

También corresponde conocer de la acción de habeas corpus (art. 10.1) y de la acción de amparo a las Cortes de Apelaciones cuando se intente por violación de los derechos fundamentales cometidos por los Jueces de letras Departamentales o seccionales, Jueces de Ejecución y Jueces de paz, en los casos de jurisdicción preventiva, o por los funcionarios departamentales o seccionales de orden político, administrativo o militar (art. 10).

En esta materia, los Juzgados de Letras también tienen competencia en materia de recurso de *habeas data* (art. 11.1) y en materia de recurso de amparo por violaciones de los derechos fundamentales cometidas por los inferiores en el orden jerárquico, según la materia; de violaciones cometidas por las corporaciones municipales o algunos de sus miembros, inclusive los Jueces de Policía y Alcaldes Auxiliares, y de las violaciones cometidas por empleados que no estén comprendidos en los supuestos anteriores (Art. 12).

En consecuencia, en materia de *hábeas corpus y de amparo*, la competencia se atribuye a todos los tribunales (art. 9 a 11) pero en materia de *habeas data*, la competencia queda en exclusividad en la Sala de lo Constitucional de la Corte Suprema de Justicia (art. 13).

En cuanto a los recursos de *habeas corpus* y de *habeas data*, los derechos protegidos mediante el *habeas corpus*, la libertad personal y la integridad y seguridad personales; y mediante el *habeas data*, el derecho a acceder a la información sobre su persona o bienes (art. 13)[1547].

En cuanto al procedimiento judicial, el mismo se regula como un procedimiento expedito. Particularmente, en materia de *hábeas corpus*, y *habeas data* se pueden ejercer sin necesidad de poder ni de formalidad alguna (art. 16); pudiéndose iniciar de oficio y no sólo a petición de parte (arts. 19 y 20), no requiriéndose formalidad alguna para el ejercicio de la acción, la cual puede presentarse sin la asistencia de abogado, verbalmente o por escrito, utilizando cualquier medio de comunicación, en horas o días hábiles e inhábiles y libre de costas (art. 16).

En esta materia de hábeas corpus, el principio del procedimiento está en la inmediatez de la protección (art. 26), debiendo realizarse sin pérdida de tiempo (art. 25). Los poderes del juez, en todo caso, atendiendo a la protección constitucional, son muy amplios.

---

1547 En esta materia debe decirse que la Ley sancionada en enero de 2004 entre sus regulaciones innovadoras había regulado el *habeas data* (Art. 13,3), a pesar de no existir en ese momento previsión expresa constitucional, pero en forma por demás confusa, para garantizar el derecho de las personas "al acceso a la información; impedir su transmisión o divulgación; rectificar datos inexactos o erróneos; actualizar información, exigir confidencialidad y la eliminación de información falsa; respecto de cualquier archivo o registro, privado o público, que conste en medios convencionales, electrónicos o informáticos, que produzcan daño al honor, a la intimidad personal, familiar, y a la propia imagen". Esta garantía, agregaba el artículo 13,3 de dicha Ley sancionada en enero de 2004 no afectaba "el secreto de las fuentes de información periodística (art. 13). La norma, en realidad, mezclaba conceptos y podía conducir a una desnaturalización de la acción de *hábeas data*, la cual tiene por objeto, básicamente, el acceso a los archivos y registros oficiales a los efectos de la corrección o eliminación de datos. En el texto de la Ley publicado en septiembre de 2005, se corrigieron estos defectos, previéndose el habeas data para acceder a "la información sobre si misma o sus bienes contenida en banco de datos públicos o privados, y en su caso, para actualizarla, rectificarla y/o enmendarla (art. 13.2).

En materia del *recurso de amparo*, las características más importantes de las regulaciones de la Ley, que lo reconoce como una "*garantía de amparo*" (art. 41), son las siguientes:

En cuanto a los derechos protegidos, conforme a la orientación de la Convención Americana, están los reconocidos en la Constitución y en los Tratados, convenciones y otros instrumentos internacionales sobre derechos humanos (art. 40.1).

En cuanto a la legitimación activa, la acción de amparo puede ser ejercida por cualquier persona sin distingo, sea natural o jurídica, y también la puede intentar cualquier persona en representación del agraviado y por cualquier otra civilmente capaz sin necesidad de poder (art. 44).

En cuanto a la legitimación pasiva, como se dijo, el amparo procede contra actos o hechos de cualquier autoridad, como los normativos, las sentencias o actos administrativos, quedando dentro de los hechos, las omisiones y dentro de los actos, las amenazas de violación (arts. 13 y 40). Amenazas y omisiones en todo caso son nombradas en los artículos 48, 49.6, 59, 63.1 y 64 de la Ley. También procede el amparo contra particulares, aún cuando en forma limitada, respeto de instituciones sostenidas con fondos públicos y las que actúen por delegación de algún órgano del Estado en virtud de concesión, de contrato u otra resolución válida (art. 42).

En cuanto a las formalidades de la acción, las mismas se regulan expresamente (art. 49), debiendo devolverse el escrito al accionante cuando tuviese deficiencias de redacción para que la enmiende (art. 50). La tramitación del amparo, por otra parte, debe hacerse con prelación a cualquier otro asunto, con excepción de los casos de exhibición personal (art. 51).

La Ley establece una importante innovación en cuanto a las medidas cautelares, las cuales se consagran con gran amplitud (art. 57), y no sólo se concretan a la suspensión de efectos del acto impugnado, como se regulaba anteriormente. En consecuencia, la medida cautelar puede consistir en órdenes de hacer o de deshacer o en prohibiciones consistentes en ordenes de no hacer.

Se establece en la Ley un procedimiento de dos instancias y en todo caso, una consulta obligatoria de las sentencias de los Jueces de Letras Departamentales o seccionales por parte de la Corte de Apelaciones (art. 68). En cuanto a las sentencias de primera instancia de las Cortes de Apelaciones en materia de amparo, también se establece la consulta obligatoria por ante la Sala Constitucional de la Corte Suprema (art. 68).

En cuanto a las sentencias de las Cortes de Apelaciones dictadas en segunda instancia, la ley prevé la posibilidad de ejercicio de un recurso de revisión extraordinario (a solicitud de parte como "petición de estudio") por ante la Sala de lo Constitucional (art. 68), la cual tiene potestad discrecional para resolver sobre la admisión de la misma.

### D. *La regulación del control de la constitucionalidad de las leyes*

Siguiendo la normativa constitucional, la Ley sobre la Justicia Constitucional reguló y desarrolló sólo el método concentrado de control de la constitucionalidad de las leyes y demás actos normativos[1548], y conforme a la orientación de la Constitución, estableció la competencia de la Sala de lo Constitucional para conocer de la acción o recurso de inconstitucionalidad, atribuyéndosele además competencia para la resolución de conflictos constitucionales entre los órganos del Estado (art. 107).

Los aspectos más relevantes de la Ley en esta materia son los siguientes:

Respecto del objeto de control, procede la acción de inconstitucionalidad contra las leyes; contra normas de carácter y aplicación general que infrinjan preceptos constitucionales, excepto los reglamentos cuya impugnación debe hacerse por ante la jurisdicción contencioso administrativa; contra las reforma constitucional adoptadas con inobservancia de los requisitos establecidos en la Constitución; contra las leyes aprobatorias de tratados internacionales que afecten una disposición constitucional, sancionadas sin seguirse el procedimiento establecido (art. 17) en la Constitución; y contra las ley que contraríen lo dispuesto en un Tratado o convención internacional del que Honduras forme parte (art. 76).

Respecto de la legitimación activa para interponer la acción, la Ley sigue el criterio restringido establecido tradicionalmente en la Constitución, limitándolo a los titulares de un "interés personal, directo y legítimo" (art. 77), y la acción es imprescriptible, en el sentido de que puede interponerse en cualquier momento posterior a la vigencia de la ley (art. 78).

El método concentrado de control de la constitucionalidad, por otra parte, se puede realizar también por vía incidental, cuando se interponga una excepción de inconstitucionalidad de una ley en un proceso (art. 82) o mediante remisión que haga ante la Sala de lo Constitucional un Tribunal que conozca del asunto, para que la Sala de lo Constitucional decida la inconstitucionalidad antes de que el juez dicte sentencia (art. 87). En estos casos de remisión del asunto a la Sala Constitucional continúa el procedimiento judicial de la cuestión principal, el cual sólo se suspende al momento de la citación para sentencia, en espera de la resolución sobre la inconstitucionalidad (art. 77) por la Sala de lo Constitucional.

Por último, en cuanto a los efectos de la sentencia, la Ley también establece los efectos generales, *erga omnes*, con carácter derogatorio (anulatorio) del acto impugnado (art. 94).

Como se puede apreciar de lo antes expuesto, el sistema hondureño de justicia constitucional, conforme a la normativa de la Constitución vigente, a pesar de que puede considerarse como un sistema mixto o integral que combina el método difuso

---

1548 En cuanto al método difuso de control, como se ha dicho, en la Ley sancionada el 20 de enero de 2004, se buscó actualizar por primera vez la norma constitucional del artículo 320, precisando que el control se podía ejercer por el juez competente que debe resolver el caso concreto, incluso de oficio (art. 74). Se estableció la posibilidad de apelación contra la sentencia que se dictase en la materia, y en cuanto a las sentencias de segunda instancia que dictasen las Cortes de Apelaciones, se previó la consulta obligatoria ante la Sala de lo Constitucional, en cuyo caso ésta también tenía poder discrecional de decidir (art. 78), quedando a juicio de la Sala su admisión. Estas previsiones, sin embargo, se eliminaron del texto de la Ley publicado en la gaceta en septiembre de 2005. Debe mencionarse, sin embargo, que en el artículo 118 de la Ley quedó la referencia al control difuso cuando se regula la no suspensión de recursos previos a sentencia, al referirse además de a las acciones de protección y a la inconstitucionalidad por vía de acción, a "los casos de incompatibilidad entre la Constitución y la ley ordinaria", lo que no obsta para que las partes hagan uso de los recursos procesales que la Constitución y las leyes les conceden.

con el método concentrado de control de la constitucionalidad de las leyes, en la ley sobre la Justicia Constitucional se ha regulado sólo como un sistema exclusivamente de control concentrado de la constitucionalidad.

La Constitución crea la Jurisdicción Constitucional atribuyéndole competencia a la Sala de lo Constitucional de la Corte Suprema de Justicia, para conocer de este control concentrado de la constitucionalidad de las leyes así como para la resolución de conflictos constitucionales ante los órganos del Poder Público. Además, se regulan las acciones de protección de los derechos humanos, es decir, el amparo, el *hábeas corpus* y el *hábeas data*, atribuyéndose la competencia para conocer de las acciones a los Tribunales en general, incluyéndose en ciertos casos a la Sala de lo Constitucional, salvo la acción de habeas data que se reserva a la Sala.

Este sistema de justicia constitucional desarrollado mediante por la Ley de la Justicia Constitucional, en todo caso, permite un adecuado ejercicio del control de constitucionalidad, incorporando a Honduras en las modernas corrientes de la Justicia Constitucional.

## IV. EL CONTROL CONCENTRADO DE LA CONSTITUCIONALIDAD DE LAS LEYES

### 1. *El régimen del método concentrado de control de la constitucionalidad en Honduras*

#### A. *Régimen general*

##### a. *La competencia exclusiva de la Sala de lo Constitucional como Jurisdicción Constitucional*

El método concentrado de control de la constitucionalidad se ha concebido en Honduras mediante la creación de la Sala de lo Constitucional de la Corte Suprema de Justicia, a la cual se ha atribuido constitucionalmente la potestad exclusiva para declarar la nulidad de las leyes, como Jurisdicción Constitucional. A tal efecto, el artículo 184 de la Constitución asigna a la Corte Suprema de Justicia, competencia para conocer y la resolver en forma "originaria y exclusiva" en materia de declaración de inconstitucionalidad de las leyes y sobre ello con los requisitos de las sentencias definitivas.

Además, el artículo 313.5 de la Constitución precisa que la Corte Suprema de Justicia tiene entre sus atribuciones la de declarar la inconstitucionalidad de las leyes en la forma y casos previstos en la Constitución; para lo cual el artículo 316 de la Constitución, introducido en la reforma de 2000, dispuso la creación de la Sala de lo Constitucional, como Jurisdicción Constitucional, atribuyéndole las siguientes competencias:

> 1. Conocer, de conformidad con esta Constitución y la Ley, de los recursos de *hábeas corpus*, amparo, inconstitucionalidad y revisión; y
>
> 2. Dirimir los conflictos entre los Poderes del Estado, incluido el Tribunal Nacional de Elecciones, así como, entre las demás entidades u órganos que indique la ley.

Para desarrollar estas normas constitucionales, la Ley dispuso:

*Artículo 74. Del conocimiento exclusivo.* Únicamente la Corte Suprema de Justicia, por medio de la Sala de lo Constitucional, como interprete último y definitivo de la Constitución en los casos concretos sometidos a su conocimiento, tiene la facultad originaria y exclusiva para conocer de la garantía de inconstitucionalidad y conforme a los artículos 184, 313 numeral 5) y 316 de la Constitución, y del control previo de constitucionalidad previsto en el artículo 216 de la misma.

Debe destacarse de esta norma, sin embargo, que tratándose de la consagración específica de la competencia exclusiva de la Sala de lo Constitucional para ejercer el control concentrado de la constitucionalidad de las leyes, resulta totalmente incomprensible la limitación que parecería derivarse de la norma respecto del carácter de la Sala Constitucional de ser "interprete último y definitivo de la Constitución" pero sólo referido "*a los casos concretos sometidos a su conocimiento*". Esta última frase, en realidad no parece tener sentido alguno, pues siendo el control de constitucionalidad que ejerce la Sala Constitucional un control abstracto, con decisiones anulatorias (derogatorias) de las leyes, de efectos generales en muchos casos desvinculado de casos concretos alguno, su potestad interpretativa no se puede limitar "a los casos concretos" entre otros factores porque entonces no se entenderían los efectos generales de las sentencias. La mención de "casos concretos *sometidos a su conocimiento*" quizás se refiere a insistir en que el control concentrado responde al principio dispositivo, y que la Sala de lo Constitucional no puede iniciar de oficio una acción o recurso de inconstitucionalidad, sino que siempre tiene que someterse a instancia de parte, al conocimiento de la Sala.

b. *El objeto del control*

De acuerdo con el artículo 76 de la Ley, la acción de inconstitucionalidad procede:

1. Contra las leyes y otras normas de carácter y aplicación general no sometidos al control de la jurisdicción contencioso administrativa, que infrinjan preceptos constitucionales.

2. Cuando se ponga en vigencia una reforma constitucional con inobservancia de los requisitos establecidos en la Constitución de la República;

3. Cuando al aprobarse un tratado internacional que afecte una disposición constitucional, no se siga el procedimiento establecido en el artículo 17 de la Constitución de la Republica;

4. Cuando la ley ordinaria contraríe lo dispuesto en un Tratado o convención internacional del que Honduras forma parte.

En todo caso, la acción de inconstitucionalidad puede ejercitarse contra una ley de manera total o parcial (art. 76) y el control de constitucionalidad procede por razón de forma o de contenido (art. 75). En ambos casos, a la Sala de lo Constitucional de la Corte Suprema de Justicia le compete el conocimiento y la resolución originaria y exclusiva en la materia, para lo cual debe pronunciarse con los requisitos de las sentencias definitivas. Cuando se trate de impugnaciones por razón de la forma, la acción puede fundamentarse en la inobservancia del proceso legislativo establecido en la Constitución, o cuando a una disposición se le atribuya el carácter de ley sin haber sido sancionada por el órgano legislativo. Cuando se trate de impugnaciones por razón de contenido, la acción puede intentarse cuando una ley es contraria a la Constitución (art. 75).

De acuerdo con estas normas, lo que se corrobora en el texto del artículo 78 de la ley, el control de la constitucionalidad de las leyes procede solamente contra leyes promulgadas después de que hayan entrado en vigencia.

Se debe destacar, por otra parte, que conforme al artículo 76,1 de la Ley, al corresponder a la jurisdicción contencioso administrativa conocer del control de la constitucionalidad e ilegalidad de los reglamentos y demás actos administrativos normativos o de efectos generales, estos están excluidos de la competencia de la Jurisdicción Constitucional, la cual controla sólo la constitucionalidad de las leyes y otras normas de carácter y aplicación general no sometidos al control de la jurisdicción contencioso administrativa, que infrinjan preceptos constitucionales.

### c. *La legitimación activa y la imprescriptibilidad de la solicitud*

Conforme al artículo 186 de la Constitución, que desarrolla el artículo 77 de la Ley, la declaración de inconstitucionalidad de una ley y su anulación (o su "derogación" como lo indica la norma), puede solicitarse sólo "por quien se considere lesionado en su interés directo, personal y legítimo." Se establece, así, a diferencia de la mayoría de los sistemas de control concentrado de constitucionalidad que muestra el derecho comparado, una legitimación activa que no se compadece completamente con las características el control abstracto de constitucionalidad, con efectos generales, por lo general desligados de casos concretos y de afectación de intereses personales, directos y legítimos.

La declaración de inconstitucionalidad de una ley o precepto legal en todo caso, podrá solicitarse en cualquier tiempo posterior a su vigencia, no previéndose lapso de caducidad alguno (art. 78).

### d. *Los diversos medios procesales de control*

Tal como lo dispone el artículo 185 de la Constitución y lo confirma el artículo 77 de la Ley, la declaración de inconstitucionalidad de una ley y su anulación o "derogación", puede solicitarse por quien se considere lesionado en su interés directo, personal y legítimo, mediante las siguientes dos vías procesales:

*Primero*, por vía de acción mediante el ejercicio de una acción o recurso de inconstitucionalidad que debe promoverse ante la Sala de lo Constitucional de la Corte Suprema de Justicia;

*Segundo*, por vía de excepción, que se puede oponer en cualquier procedimiento judicial en curso.

Además, también puede solicitar la declaración de inconstitucionalidad de una ley, de oficio, cualquier órgano jurisdiccional que conozca, en cualquier procedimiento judicial, antes de dictar sentencia o resolución. En estos dos últimos casos, las actuaciones respectivas se deben elevar ante la sala Constitucional siguiéndose el procedimiento hasta el momento de la citación para sentencia, a partir del cual, se debe suspender el procedimiento judicial de la cuestión principal en espera de la decisión sobre la inconstitucionalidad de la ley por la Sala Constitucional (art. 77).

Por último, también puede considerarse como método de control de constitucionalidad que ejerce la Jurisdicción Constitucional, la competencia de la Sala de lo Constitucional para resolver los conflictos de competencias constitucionales y para conocer, con carácter previo, de los proyectos de ley vetados por el Presidente de la República por razones de inconstitucionalidad.

### B. *La acción de inconstitucionalidad*

La primera vía procesal para que la Jurisdicción Constitucional ejerza el control concentrado de la constitucionalidad de las leyes, es la acción de inconstitucionalidad que se puede intentar directamente ante la Sala de lo Constitucional por quien se considere lesionado en su interés personal, legítimo y directo por la ley en cuestión.

#### a. *Los requisitos de la demanda y sus efectos*

La demanda de inconstitucionalidad por vía de acción conforme al artículo 79 de la Ley debe contener:

1. Suma y designación de la Sala de lo Constitucional.

2. El nombre y apellidos, profesión u oficio, domicilio y dirección para recibir notificaciones del solicitante o de su mandatario o representante legal;

3. El señalamiento de la ley o alguno o algunos de sus preceptos, cuya declaración de inconstitucionalidad se pretende;

4. Los motivos que le sirven de fundamento a la pretensión;

5. Explicación clara y precisa del interés directo, personal y legitimo que motiva su acción; así como la explicación del concepto que motiva su acción de inconstitucionalidad.

6. El lugar, fecha de la demanda y la firma del solicitante.

Además, con la demanda de inconstitucionalidad se debe acompañar copia del propio escrito de la demanda.

En todo caso, conforme con lo establecido en el artículo 116 de la Ley, la substanciación de las acciones de inconstitucionalidad, no obsta para que las partes hagan uso de los recursos procesales que la Constitución y las leyes les conceden.

La norma agrega, sin embargo, que ningún recurso ordinario o extraordinario debe ser resuelto en forma definitiva sino hasta que recaiga sentencia en la acción intentada, lo que en este caso de las acciones de inconstitucionalidad parece no tener sentido, ya que se trata de un control abstracto de la constitucionalidad de una ley, pudiendo conducir la aplicación de esta norma del artículo 116 a la posibilidad de paralización total de los procesos judiciales en los que se pueda aplicar la ley impugnada, hasta que la acción de inconstitucionalidad no se decidida.

b. *La admisión, la comunicación al Congreso y el traslado al Ministerio Público*

De acuerdo con lo establecido en el artículo 80 de la Ley, la Sala de lo Constitucional debe admitir la demanda de inconstitucionalidad, "por razón de forma" –agrega la Ley–, y debe librar comunicación a la "Secretaria del Congreso Nacional a efecto de que dentro del plazo de cinco días remita los antecedentes del proceso de formación de la ley impugnada o en su caso, informe".

De la redacción un poco confusa de la norma, puede sin embargo deducirse: primero, la exigencia de que la Sala adopte una decisión sobre la admisibilidad o no de la acción; y segundo, según se trate de una acción basada en inconstitucionalidades de forma o de contenido, la Sala entonces debe requerir del Congreso Nacional los antecedentes del proceso de formación de la ley, en el primer caso; y en todo caso, un informe sobre la inconstitucionalidad alegada.

Una vez recibidos los antecedentes o el informe, en su caso, la Sala debe dar traslado de estos por el término de seis días hábiles al Ministerio Público, para que emita su dictamen. Sin embargo, "cuando se tratare de un recurso por razón del contenido, se le dará el trámite correspondiente, oyendo el Dictamen del Ministerio Público" (Art. 80).

En todo caso, conforme al artículo 71 de la Ley, es causa de responsabilidad: "2.- La demora injustificada en la remisión, transmisión y entrega de los expedientes, mensajes y despachos", así como "3.- La alteración o la falsedad en los informes que deban rendirse por cualquier funcionario o persona"

c. *El desistimiento*

De acuerdo con el artículo 111 de la Ley, el accionante puede desistir en cualquier estado del procedimiento de la acción de inconstitucionalidad interpuesta, mediante su comparecencia personal. En los casos de las personas jurídicas, lo pueden hacer por medio de su representante legal debidamente acreditado.

En tal caso quedan subsistentes las acciones y recursos que puedan corresponderle a las partes con independencia de la acción desistida.

d. *Plazo para dictar sentencia*

La sentencia respectiva se debe dictarse dentro de los veinte (20) días hábiles siguientes al recibo del dictamen del Ministerio Público, o del vencimiento del plazo para hacerlo (art. 81).

C. *Del control concentrado de constitucionalidad por vía de incidental*

Como se ha dicho, el control de constitucionalidad de las leyes en Honduras, también puede ejercerse por la Sala de la Constitucional por vía incidental, cuando la cuestión de constitucionalidad se remita a la Sala de lo Constitucional por un juzgado o tribunal (órgano jurisdiccional) que esté conociendo de una causa, en primer lugar, cuando se lo solicite alguna parte que un proceso judicial haya opuesto una excepción de inconstitucionalidad de una ley; y en segundo lugar, de oficio, cuando sea que el mismo juzgado o tribunal el que formule la solicitud de control de constitucionalidad ante la Sala (art. 77).

En cuanto a este método concentrado de control de la constitucionalidad de las leyes por vía incidental, la Ley ha establecido las siguientes reglas:

a. *La excepción de inconstitucionalidad*

a'. *La oportunidad del planteamiento y sus efectos*

Como lo indica el artículo 82, la excepción de inconstitucionalidad se puede oponer en cualquier estado del proceso, siempre que sea "antes de la citación para sentencia." Se entiende, por supuesto, que la excepción la pueden oponer las partes en el proceso, y se debe referir a una ley que deba ser aplicada por el juez en la resolución del mismo.

En todo caso, si el órgano jurisdiccional estableciera que la excepción pretende dilatar el proceso, razonándolo debidamente, debe condenar al recurrente al pago de los daños y perjuicios ocasionados, los cuales se deben liquidar en la sede de instancia (art. 118). El artículo en realidad se refiere a "la acción" pero el sentido del mismo es que se refiera a las excepciones, que son las que pueden "dilatar el proceso".

b'. *El contenido del escrito*

El escrito de excepción deberá reunir los mismos requisitos establecidos en el artículo 79, antes comentado, que regula los requisitos de la demanda en la acción de inconstitucionalidad (art. 83). La parte, además, debe acompañar copia de este escrito (art. 79).

c'. *El trámite en la Sala de lo Constitucional: solicitud y traslado*

Una vez recibidas las actuaciones en la Corte Suprema de Justicia, la Sala de lo Constitucional debe resolver sobre la procedencia o improcedencia de la admisión de la excepción de inconstitucionalidad (art. 84); y admitida la excepción, conforme al artículo 85, la Sala de lo Constitucional debe proceder de conformidad con lo establecido en los artículos 80 y 81 antes indicados relativos a la comunicación que debe enviarse a la Secretaria del Congreso Nacional requiriéndose los antecedentes del proceso de formación de la ley impugnada o en su caso, el informe respectivo, así como al traslado de estos al Ministerio Público, para que emita su dictamen.

d'. *Los efectos de las excepciones temerarias*

Dispone el artículo 86 que si la inconstitucionalidad por vía de excepción fuese declarada improcedente en el trámite de la admisión o bien, en su caso, fuere declarada totalmente sin lugar en sentencia definitiva, el solicitante será responsable por el resarcimiento de los daños o perjuicios que hubiere ocasionado con motivo de la suspensión del procedimiento principal.

b. *La iniciativa de oficio de la cuestión de inconstitucionalidad*

Como lo indican los artículos 77.3 y 87 de la Ley, los órganos jurisdiccionales conociendo en cualquier procedimiento judicial, podrán solicitar de oficio a la Sala de lo Constitucional que declare la inconstitucionalidad de una ley o algunos de sus preceptos aplicables al caso concreto, y su anulación ("derogación"), cuando consideren que son contrarios a la Constitución o a un Tratado o Instrumento internacional, y que de dicha ley o precepto legal depende el fallo que deben dictar.

En la resolución mediante la que un juez inicie de oficio el proceso de inconstitucionalidad, solicitando la declaratoria de inconstitucionalidad, debe dictar una resolución motivada, señalando con precisión y claridad la ley o precepto legal que supone violatorio de la Constitución; y asimismo, debe razonar el por qué la decisión del juicio depende de la aplicación de la ley o precepto legal que estime violatorios a la Constitución (art. 88).

c. *La suspensión del procedimiento y la remisión de las actuaciones a la Sala de lo Constitucional*

De acuerdo con lo establecido en el artículo 185 de la Constitución, opuesta la excepción de inconstitucionalidad en un proceso, o planteada de oficio la cuestión de inconstitucionalidad "se suspenderán los procedimientos elevándose las actuaciones a la Corte Suprema de Justicia". La previsión constitucional, sin duda, debía desarrollarse legalmente a los efectos de que la excepción de inconstitucionalidad no se convirtiera en un mecanismo para suspender procesos ordinarios.

Por ello, en estos casos de excepción de inconstitucionalidad o de planteamiento de la cuestión de constitucionalidad de oficio, el artículo 77 de la Ley dispone que el órgano jurisdiccional correspondiente, si bien debe elevar las actuaciones a la Sala de lo Constitucional de la Corte Suprema de Justicia, debe en todo caso seguir el procedimiento hasta el momento de la citación para sentencia, y sólo es a partir de ese momento es que se suspende el procedimiento judicial de la cuestión principal en espera de la resolución de la Sala de lo Constitucional sobre la inconstitucionalidad (art. 77). El Juzgado o Tribunal, por tanto, no debe dictar sentencia sino hasta que la cuestión de constitucionalidad haya sido resuelta por la Sala Constitucional.

En esta forma, en la Ley se ha desarrollado lógicamente lo dispuesto en la última parte del artículo 185 de la Constitución, pues su aplicación literal podría conducir a la paralización total de los procedimiento en los casos de cuestiones incidentales de constitucionalidad, lo que contravendrían el sentido de la justicia constitucional que exige salvaguardar las garantías del debido proceso establecidas en la Convención Americana de Derechos Humanos (art. 8).

d. *La devolución de los antecedentes*

Conforme al artículo 93 de la Ley, cuando el proceso de constitucionalidad incidental hubiese sido promovido por vía de excepción o de oficio, la sentencia que recaiga se debe certificar y se remitir junto con las actuaciones del proceso principal, al órgano jurisdiccional de su competencia, para que entonces este decida de conformidad con la sentencia de la Corte Suprema. La remisión se debe hacer dentro de los cinco (5) días siguientes a la fecha de la notificación.

D. *Los conflictos de competencias constitucionales*

La Sala de lo Constitucional como Jurisdicción Constitucional tiene además, competencia para resolver los conflictos que se susciten entre los Poderes del Estado o entre cualquiera de éstos y el Tribunal Supremo Electoral; y los conflictos de competencia o atribuciones de las municipalidades entre si, y los que se produzcan entre el Ministerio Público, la Procuraduría General de la Republica y el Tribunal Superior de Cuentas art. 3.5). Ello se regula en el Título V de la Ley.

a. *La competencia de la Sala de lo Constitucional*

A tal efecto, el artículo 107 de la Ley le atribuye a la Sala, competencia para resolver:

1. Los conflictos de competencia o atribuciones que se susciten entre los Poderes del Estado o entre cualquiera de éstos y el Tribunal Supremo Electoral.

2. Los conflictos de competencia o atribuciones que se produzcan entre el Ministerio Público, la Procuraduría General de la Republica y el Tribunal Superior de Cuentas.

3. Los conflictos de competencia o atribuciones de las municipalidades entre si.

b. *La legitimación y la presentación de la solicitud*

La cuestión relativa a la resolución de conflictos de competencia, conforme al artículo 118, debe ser planteada por el titular de cualquiera de los órganos o entidades en conflicto, mediante una solicitud que debe ser presentada ante la Sala de lo Constitucional de la Corte Suprema de Justicia, en la cual se debe señalar con claridad y precisión la causa del conflicto y las normas jurídicas con el cual se relaciona (art. 108).

c. *El traslado y el informe*

La Sala de lo Constitucional debe dar traslado de inmediato de la solicitud o demanda de resolución de conflicto, a los titulares de los otros órganos o entidades, para que dentro de los seis días hábiles siguientes a la fecha de la recepción del traslado, exponga lo que considere oportuno sobre el asunto (art. 109).

De acuerdo con lo establecido en el artículo 70 de la Ley, son causas de responsabilidad, tanto la demora injustificada en la remisión, transmisión y entrega de los expedientes, mensajes y despachos, como la alteración o la falsedad en los informes que deban rendirse por cualquier funcionario o persona.

d. *La resolución del conflicto*

De acuerdo con lo establecido en el artículo 110, transcurrido el término antes señalado de seis días hábiles para que se pronuncie la otra parte, y esta se haya o no pronunciado, la Sala de lo Constitucional debe resolver el conflicto dentro de los cinco días hábiles siguientes. Dentro de dicho término, en todo caso, la Sala de lo Constitucional puede ordenar la práctica de cualquier prueba con suspensión del plazo para dictar sentencia.

La sentencia que recaiga se debe notificar a más tardar dentro de los diez días hábiles siguientes a los órganos o entidades involucradas en el conflicto. Dicha sentencia, en todo caso, tendrá el carácter de firme y, por supuesto, no admite recurso alguno (art. 110).

E. *El control previo de la constitucionalidad de las leyes*

De acuerdo con lo establecido en el artículo 216 de la Constitución, con motivo de la promulgación de las leyes por el Poder Ejecutivo, si este vetare el Proyecto de

Ley por razones de inconstitucionalidad, el mismo no puede someterse a nueva deliberación en el Congreso, sin que el asunto se someta previamente al conocimiento de a la Sala de lo Constitucional de la Corte Suprema de Justicia, órgano que debe emitir su dictamen en el término que el Congreso le señale.

En esta forma se configura una vía de control preventivo de la constitucionalidad de las leyes antes de su sanción.

## 2. *La sentencia de la Sala de lo Constitucional en ejercicio del control concentrado de constitucionalidad*

### A. *La necesidad del voto unánime y la intervención del Pleno*

De acuerdo con el artículo 316 de la Constitución, en los casos de decisiones relativas a la justicia constitucional, el artículo 8 de la Ley exige que para que la sentencia dictada sea definitiva, debe ser emitida por unanimidad de votos por la Sala de lo Constitucional de la Corte Suprema de Justicia. La sentencia debe proferirse en nombre de la Corte Suprema de Justicia y tendrán el carácter de definitiva.

Contra los fallos proferidos por unanimidad de la Sala de lo Constitucional, solo habrá el recurso de reposición, que podrá ser interpuesto en el acto de la notificación o al día siguiente hábil al de su notificación por la tabla de avisos del Despacho (art. 120).

Cuando la sentencia se pronuncie por mayoría de votos, el artículo 8 de la Ley dispone que el asunto debe someterse al pleno de la Corte Suprema de Justicia para su conocimiento y resolución definitiva, a cuyo efecto el Presidente de la Sala debe remitir la sentencia y sus antecedentes a la Presidencia de la Corte Suprema de Justicia, a más tardar al día siguiente hábil de haberse sometido a discusión y votación el asunto, quien en el acto de su recepción debe convocar al Pleno para su conocimiento y resolución dentro del término de diez días hábiles a partir de la fecha en que se hayan recibido los antecedentes.

Contra los fallos proferidos en su caso, por el Pleno de la Corte Suprema de Justicia, solo habrá el recurso de reposición, que podrá ser interpuesto en el acto de la notificación o al día siguiente hábil al de su notificación por la tabla de avisos del Despacho (art. 120).

### B. *La inmutabilidad de la sentencia y su aclaratoria.*

La Sala de lo Constitucional, conforme lo regula en general el artículo 6 de la Ley, en el ejercicio de la justicia constitucional no puede variar ni modificar sus sentencias después de firmadas; pero sí puede aclarar algún concepto oscuro o corregir errores materiales de las mismas.

Estas aclaraciones pueden hacerse de oficio dentro del día hábil siguiente al de la fecha de la sentencia, o a solicitud de parte, presentada a más tardar el día hábil siguiente al de la notificación. En este último caso, el órgano jurisdiccional debe resolver lo que estime procedente dentro del día hábil siguiente al de la presentación de la solicitud (art. 6).

### C. *Los alcances de la sentencia en el control concentrado de constitucionalidad y sus efectos extensivos*

De acuerdo con lo dispuesto en el artículo 89 de la Ley, la sentencia puede declarar la inconstitucionalidad total o parcial de una ley. La declaración parcial de inconstitucionalidad procede cuando la parte de la ley en la cual ocurre la violación, puede ser separada de la totalidad.

De lo contrario debe declararse la inconstitucionalidad de la totalidad de la ley en su conjunto. Conforme al artículo 123, las sentencias definitivas que recayeren deberán contener la motivación y fundamentación correspondiente a su parte resolutiva.

Además, conforme a los efectos extensivos de la declaratoria de inconstitucionalidad que regula el artículo 90 de la Ley, la sentencia que declare la inconstitucionalidad de un precepto legal, también puede declarar inconstitucionales no sólo aquellos preceptos de la misma ley con las cuales tenga una relación directa y necesaria, sino de otra u otras leyes con las cuales también tenga la misma relación directa y necesaria.

### D. *Los efectos de las sentencias conforme al método concentrado de control*

#### a. *Los efectos erga omnes de las sentencias anulatorias*

El artículo 316 de la Constitución dispone que las sentencias que declaren la inconstitucionalidad de las normas son "de ejecución inmediata y tendrán efectos generales, y por tanto derogarán la norma inconstitucional."

En el mismo sentido, el artículo 94 de la Ley dispone que la sentencia que declare la inconstitucionalidad de una ley o de un precepto de la misma, "será de ejecución inmediata, de efectos generales, y por tanto, derogarán la norma inconstitucional derogatorios". Es decir, la sentencia tiene efectos anulatorios, con carácter *erga omnes,* y efectos *ex nunc,* es decir, de carácter constitutivo (anulatorio), y en principio *pro futuro*. Por ello, la sentencia no afecta las situaciones jurídicas "que ya hayan sido definitivamente resueltas y ejecutadas." Es decir, no tiene efectos retroactivos, salvo en materia penal, donde beneficiará, en su caso, al procesado o condenado.

Dado el carácter *erga omnes* de los efectos de la sentencia que anula una ley, la misma debe ser publicada en el Diario Oficial. Sin embargo, la Constitución exige que ello se haga a través del Poder Legislativo, al cual debe ser comunicada para su publicación en el Diario Oficial *La Gaceta.*

En la Ley, sin embargo, no se estableció un término para que el Congreso Nacional haga publicar la sentencia, por lo que transcurrido un lapso razonable, a los efectos de garantizar la publicación y la propia potestad de la Jurisdicción Constitucional en asegurar los efectos de sus sentencias, la Sala de lo Constitucional podría ordenar directamente su publicación.

#### b. *Los efectos de la sentencia desestimatoria de la acción*

En los casos de sentencias en las cuales se haya declarado sin lugar la inconstitucionalidad alegada, conforme al artículo 91 de la Ley, los efectos de las mismas también son generales, en el sentido de que la Sala de lo Constitucional puede desestimar toda acción, excepción o cuestión de inconstitucionalidad cuando los motivos alegados sean los mismos, aunque se trate de personas distintas, en que se hubiese sustentado un proceso anterior en el que la respectiva sentencia haya declarado sin lugar la inconstitucionalidad.

E. *La notificación*

Las sentencias deben ser notificadas personalmente o de oficio por la Sala de lo Constitucional a más tardar el día siguiente de su fecha, mediante cédula fijada en la Tabla de Avisos (art. 92).

F. *Las consecuencias del entorpecimiento en la ejecución de las sentencias*

Conforme lo dispone el artículo 114 de la Ley, sin perjuicio de otras sanciones establecidas en la misma, la desobediencia, retardo u oposición a una resolución o sentencia dictada con motivo de las acciones constitucionales que ella regula, de parte de un funcionario o empleado del Estado, de sus instituciones desconcentradas o descentralizadas y demás a que se refiere el artículo 42, será causa legal de destitución, la que debe producirse de inmediato.

Además, toda persona extraña a los procesos que se regulan en la Ley, lo mismo que el funcionario judicial o administrativo que en cualquier forma, por acción u omisión, retarde, impida o estorbe su tramitación o ejecución, debe ser encausada de conformidad con la ley (art. 115).

## V. LA ACCIÓN DE *HABEAS CORPUS* O EXHIBICIÓN PERSONAL

El principio constitucional en materia de hábeas corpus está establecido en el artículo 182 que dispone lo siguiente:

> *Artículo 182.* El Estado reconoce la garantía de Hábeas Corpus o de Exhibición Personal. En consecuencia, toda persona agraviada o cualquiera otra en nombre de ésta tienen derecho a promoverla:
>
> 1. Cuando se encuentre ilegalmente presa, detenida o cohibida de cualquier modo en el goce de su libertad individual; y
>
> 2. Cuando en su detención o prisión legal, se apliquen al detenido o preso, tormentos, torturas, vejámenes, exacción ilegal y toda coacción, restricción o molestia innecesaria para su seguridad individual o para el orden de la prisión.
>
> La acción de *Hábeas Corpus* se ejercerá sin necesidad de poder ni de formalidad alguna, verbalmente o por escrito, utilizando cualquier medio de comunicación, en horas o días hábiles o inhábiles y libres de costa.
>
> Los jueces(zas) o magistrados(as) no podrán desechar la acción de *Hábeas Corpus* y tienen la obligación ineludible de proceder de inmediato para hacer cesar la violación a la libertad o a la seguridad personal.
>
> Los tribunales que dejaren de admitir estas acciones incurrirán en responsabilidad penal y administrativa.

Las autoridades que ordenaren y los agentes que ejecutaren el ocultamiento del detenido o que en cualquier forma quebrante esta garantía incurrirán en el delito de detención ilegal.

Conforme a estos principios que son tradicionales del sistema constitucional hondureño, la Ley regula la acción o recurso de hábeas corpus o exhibición personal conforme a las disposiciones que se indican a continuación.

1. *El objeto de la protección*

A. *Los derechos garantizados*

Conforme al artículo 13 de la Ley, por medio de la acción de exhibición personal o de *hábeas corpus* el Estado garantiza y debe hacer efectiva la libertad personal, que puede intentar toda persona agraviada o cualquiera otra en nombre de ésta, en particular:

1. Cuando se encuentre ilegalmente presa, detenida, cohibida de cualquier modo en el goce de su libertad; y

2. Cuando en su detención o prisión legal se apliquen al detenido o preso, tormentos, torturas, vejámenes, exacción ilegal y toda coacción, restricción o molestia innecesaria para su seguridad individual o para el orden de la prisión[1549].

En todo caso, conforme al artículo 15 de la Ley, cuando en la exhibición personal se aleguen otras violaciones que guarden relación con la libertad personal en cualquiera de sus formas y los hechos fueren conexos con el acto tenido como ilegítimo por constituir su causa o su finalidad, en esa vía se resolverá también sobre estas violaciones.

B. *Las situaciones protegidas*

A los efectos de la protección constitucional, el artículo 24 de la Ley define "las privaciones de libertad que se consideran ilegales y arbitrarias, señalando que "es ilegal y arbitraria":

1. Toda orden verbal de prisión o arresto, salvo si tiene como finalidad impedir la inminente comisión de un delito, la fuga de quienes hayan participado en aquél o evitar daños graves a las personas o a la propiedad.

2. Toda orden de prisión o arresto que no emane de autoridad competente o que haya sido expedida sin las formalidades legales o por motivos que no hayan sido previamente establecidos en la ley; y

3. Toda detención o arresto que no se cumpla en los centros destinados para el efecto por el Estado.

---

1549 En el texto de la Ley que se sancionó en enero de 2004, se incluía también expresamente la protección del derecho de trasladarse de un lugar a otro de la República y de permanecer, salir e ingresar a su territorio. Ello sin embargo, queda comprendido en la expresión general de cohibición de "cualquier modo en el goce de la libertad".

## 2. *La competencia*

De acuerdo con lo señalado en los artículos 9, 10 y 11 de la Ley, en el artículo 17, todos los órganos jurisdiccionales en sus respectivas jurisdicciones y competencias tienen competencia para conocer de la acción de *hábeas corpus* o de exhibición personal: la Sala de lo Constitucional (art. 9.1); las Cortes de Apelaciones, (art. 10.1) y los Juzgados (art. 11.1). Se trata por tanto, de una competencia judicial.

Estas autoridades judiciales, como lo indica el artículo 18 de la Ley, no pueden desechar esta acción constitucional, y tienen, además, la obligación ineludible de proceder de inmediato para hacer cesar la violación a la libertad o a la seguridad personal.

La contravención de esta disposición es sancionada en el artículo 18 de la Ley, en la siguiente forma: los titulares de los órganos jurisdiccionales que dejaren de admitir esta acción incurren en responsabilidad penal y administrativa; y las autoridades que ordenaren y los agentes que ejecuten el ocultamiento del detenido o que en cualquier forma quebranten esta garantía incurren en el delito de detención ilegal.

## 3. *El inicio del proceso*

La acción de exhibición personal se puede iniciar de oficio, por el órgano judicial respectivo o a petición de cualquier persona, sea o no pariente del supuesto ofendido (arts. 15 y 19).

### A. *El inicio a petición de parte (legitimación activa)*

La legitimación activa para intentar la acción de habeas corpus corresponde a toda persona agraviada o cualquier otra que actúe en su nombre, y que se encuentre en las situaciones establecidas en el artículo 13.1 antes mencionadas de lesión a la libertad y seguridad personales.

En todos estos casos, el agraviado o toda persona en su nombre, tiene derecho a pedir su inmediata exhibición ante los órganos jurisdiccionales para que se le restituya o asegure su libertad o se hagan cesar los tormentos, torturas, tratos crueles, inhumanos o degradantes, vejámenes, exacciones ilegales o demás coacciones, restricciones o molestias (art. 14).

### B. *Ausencia de formalismo y simplicidad de la demanda*

La presentación y substanciación de la acción de *hábeas corpus* se debe ejercer sin necesidad de poder ni de formalidad alguna, verbalmente o por escrito, utilizando cualquier medio de comunicación, en horas o días hábiles e inhábiles y libre de costas (art. 16). La demanda, por tanto, puede ser escrita u oral

En los casos de solicitud escrita, el artículo 21 de la Ley dispone que el peticionario debe expresar en la solicitud o acción, los hechos que la motivan; el lugar, real o probable, en que se encuentra el ofendido, si lo sabe, y la autoridad o persona a quien considere culpable. De ignorarse la identidad del supuesto autor de la violación constitucional, la demanda se debe tener por ejercitada contra el superior jerárquico de la dependencia respectiva, en su caso.

En caso de que la demanda de exhibición personal se solicite oralmente, el artículo 22 dispone que el órgano jurisdiccional respectivo debe levantar acta en la que debe dejar constancia del lugar y de la fecha, del nombre y apellidos del solicitante, del medio empleado para su formulación, así como de la fecha y hora de la solicitud, del nombre y apellidos de la persona detenida o agraviada, lugar en que se encuentra real o presuntamente, los hechos que motivaron la detención o prisión y, en general, los demás datos que sobre el hecho haya suministrado el interesado, y si fuere necesario en el mismo acto se debe hacer consignar el nombramiento del Juez Ejecutor. Si el actor no puede o no sabe escribir, se debe dejar constancia de ello en el acta.

De la lectura general de la Ley puede señalarse que la figura del Juez Ejecutor es clave en el procedimiento de *hábeas corpus*, desde sus inicios, en el trámite del mismo.

C. *El inicio de oficio*

De acuerdo con el artículo 20 de la Ley, la acción de exhibición personal se debe iniciar de oficio cuando el órgano jurisdiccional tenga noticias de que una persona se encuentra ilegalmente presa, detenida o cohibida de cualquier modo en el goce de su libertad personal, o cuando en su detención o prisión legal se le estén aplicando tormentos, torturas, tratos crueles, inhumanos o degradantes, o vejámenes de cualquier clase, o se le esté haciendo objeto de apremios ilegales o de coacción, restricción o molestia innecesaria para su seguridad individual o para el orden de la prisión.

En consecuencia, como lo indica el artículo 30 de la Ley, cuando los órganos jurisdiccionales o ejecutores tuvieren conocimiento de que alguno de los hechos a que se refiere el Artículo 24 (privaciones ilegales y arbitrarias de la libertad) están teniendo lugar, deben iniciar de inmediato el proceso correspondiente y se deben constituir sin demora en el lugar en que estuviere el agraviado, para los efectos previstos en la Ley.

A los efectos de asegurar la actuación de oficio, el artículo 23 impone a los alcaides, jefes, encargados y subalternos de un establecimiento o lugar en donde una persona se encuentre detenida, presa o privada de su libertad, la obligación de denunciar inmediatamente cualquier hecho que dé lugar a la exhibición personal del detenido o preso ante cualesquiera de los órganos jurisdiccionales a que la ley se refiere. En todo caso, el hecho o la circunstancia de que la correspondiente orden de privación de libertad haya sido dada por un superior jerárquico, no exime de esta obligación.

La contravención de esta obligación, conforme al mismo artículo 23 de la ley, sujeta a quienes la quebranten a lo que al efecto establezca la legislación penal aplicable.

4. *La tramitación del proceso*

A. *El principio de celeridad*

El artículo 4.3 de la Ley establece el principio de que la tramitación y resolución de la acción de hábeas corpus o exhibición personal será prioritaria respecto de cualquier otro asunto de que estuviere conociendo el correspondiente órgano jurisdiccional. Además, el artículo 25 dispone que la substanciación de la acción de *hábeas corpus* se deba hacer sin pérdida de tiempo, por lo que el respectivo órgano jurisdiccional debe posponer cualquier asunto de distinta naturaleza de que estuviere conociendo.

Adicionalmente, debe adoptar sin tardanza, las medidas necesarias para la averiguación del caso y para proteger la libertad o la seguridad del detenido o preso. En caso contrario, se le juzgará como coautor de la detención, vejación o agravio.

Para garantizar la aplicación del principio de celeridad, el artículo 36 de la Ley dispone que los mensajes telegráficos, postales, telefónicos, electrónicos, faxes o cualquier otro medio de comunicación relacionados con la exhibición personal se deben transmitir o enviar por la correspondiente oficina estatal o privada urgente y gratuitamente, debiendo darle constancia al interesado. Los Jefes de las indicadas oficinas son personalmente responsables por la falta de cumplimiento de esta disposición y se deben sancionar por el superior jerárquico con una multa equivalente a un día de su salario por cada día de atraso. Además, en artículo 70 de la Ley prohíbe que en el recurso de exhibición personal se puedan plantear cuestiones incidentales.

Adicionalmente, para asegurar la celeridad en los trámites, el artículo 71 establece como una causa de responsabilidad la negativa de admisión de una acción por causas distintas de las previstas en la ley o el retardo injustificado en su tramitación así como la demora injustificada en la remisión, transmisión y entrega de los expedientes, mensajes y despachos.

### B. *La inmediatez de la protección: auto de admisión*

Una vez recibida la solicitud o demanda de exhibición personal, conforme al artículo 26 de la Ley, el titular del órgano jurisdiccional o el Juez Ejecutor designado en su caso, debe ordenar, mediante auto, la inmediata exhibición del detenido o preso, ante el funcionario que se designe y éste al alcaide, jefe, encargado o subalterno, o a la persona presuntamente responsable, que presente al ofendido, así como el original o copia de la orden de detención y que rinda informe detallado de los hechos que la motivaron; todo lo cual debe cumplir dentro de un plazo que no exceda las 24 horas.

En el auto de admisión se debe ordenar, asimismo, no ejecutar acto alguno que pueda dar como resultado un cambio en las condiciones en que se encuentra el detenido o preso, salvo si ello es necesario para preservar su vida, su salud y su integridad física o mental.

El auto de admisión de la demanda de exhibición también se debe notificar al Ministerio Público, para el cumplimiento de los deberes de su cargo. La ausencia de apersonamiento del Ministerio Público sin embargo, no impide la tramitación y resolución del recurso.

En todo caso, conforme al artículo 35, el Juez Ejecutor, en su caso, pedirá el auxilio de la fuerza pública o de cualquier ciudadano para el cumplimiento de su cometido. La negativa a prestar dicho auxilio se sancionará de conformidad con lo dispuesto en la legislación penal.

### C. *El Informe y los efectos de su no presentación*

El informe que regula el artículo 26 de la Ley debe contener, por lo menos, lo siguiente:

1. Autoridad o persona que ordenó la detención ó vejación y el nombre y apellidos de quienes ejecutaren el correspondiente acto, con indicación de la fecha y circunstancias del mismo;

2. Las causas que motivaron la detención o la conducta denunciada y las circunstancias y fechas en que tuvieron lugar;

3. Indicación de si el detenido o preso ha estado únicamente bajo su inmediata custodia o si fue transferido de otro centro de reclusión ó detención, en cuyo caso indicará el nombre de éste, la fecha en que tuvo lugar el traslado, el estado físico del agraviado en dicho momento y el motivo de la transferencia; y

4. Firma y sello del servidor público o persona que rinde el informe.

Si el informe no se rinde en el término señalado, se deben tener por ciertos los hechos invocados por el demandante o solicitante y, si procede en derecho, se debe declarar con lugar la exhibición pedida (art. 26).

Conforme al artículo 71 de la Ley, como se ha dicho, son causas de responsabilidad, tanto la demora injustificada en la remisión, transmisión y entrega de los expedientes, mensajes y despachos, como la alteración o la falsedad en los informes que deban rendirse por cualquier funcionario o persona.

### D. *La presentación del agraviado (audiencia de exhibición)*

Conforme al artículo 27 de la Ley, la presentación del agraviado ante la autoridad requirente se debe efectuar sin excusas ni condiciones de ninguna clase. Si no se exhibe a la persona detenida o presa, el funcionario o empleado responsable debe ser destituido y el órgano jurisdiccional debe ordenar su detención y lo debe poner sin tardanza a la orden de la autoridad competente para que lo encause con base en lo dispuesto en la legislación penal; y debe ordenar, asimismo, la libertad del detenido o preso, si ello procede de conformidad con la ley.

Si la no exhibición obedece al propósito de ocultar al detenido o preso, bien sea en el mismo establecimiento o en cualesquiera otros, se debe proceder igualmente conforme se indica en el párrafo anterior y el delito se debe sancionar con la pena máxima aplicable al secuestro.

Si la no exhibición se debe a que la autoridad o persona ya no tiene bajo su custodia al detenido o preso porque haya sido trasladado a otro lugar o establecimiento, dicha persona o autoridad debe conducir al Juez Ejecutor al lugar o establecimiento en que se encuentra el detenido o preso, o al que fue trasladado.

En todo caso, conforme al artículo 31 de la Ley, el detenido o preso debe ser presentado al Juez Ejecutor, aún cuando la detención o prisión sea consecuencia de una orden de autoridad judicial competente y de un procedimiento legal regular.

En la audiencia de la exhibición el Juez ejecutor debe levantar un acta en la cual se deben asentar todas las incidencias que en ella ocurran (art. 34).

### E. *El lugar de la presentación y poderes del órgano jurisdiccional)*

Conforme al artículo 28 de la Ley, cuando la parte interesada lo haya solicitado o el Juez Ejecutor lo juzgue pertinente, la exhibición personal se debe practicar en el lugar en que se encuentre el detenido o preso, sin previo aviso a autoridad o persona alguna.

Notificado el auto de exhibición al Jefe del establecimiento o a quien haga sus veces, éste debe presentar de inmediato a la persona agraviada y entregarle sin tardanza al Juez Ejecutor el informe y antecedentes del caso. Mientras resuelve lo pertinente, el órgano jurisdiccional debe adoptar las medidas de seguridad que crea oportunas para proteger al detenido o preso. Tales medidas deben ser cumplidas, sin pretexto alguno, por las correspondientes autoridades.

Además, el Juez Ejecutor tendrá libre acceso a todas las dependencias del lugar de detención, en días u horas hábiles o inhábiles y debe hacer las pesquisas o interrogatorios que estime oportunos.

En caso de que la persona en cuyo favor se ejercita la acción de exhibición personal se encuentra bajo custodia de autoridad competente pero no ha transcurrido el término contenido en el Artículo 71 de la Constitución, el Juez Ejecutor debe declarar legal la detención o incomunicación, pero debe velar porque se ponga al detenido o preso a la orden de la autoridad competente para su juzgamiento (art. 32).

F. *La oposición*

De acuerdo con el artículo 29 de la Ley, si la autoridad o persona requerida negare haber restringido la libertad del beneficiario del recurso de hábeas corpus, el tribunal debe ordenar todas las medidas pertinentes para lograr la ubicación del mismo, reservando las actuaciones hasta que la persona aparezca o sea encontrada.

En los casos, por ejemplo, de desapariciones forzosas, conforme a esta norma, el procedimiento necesariamente permanece abierto hasta que la persona aparezca o fuera encontrada.

G. *Los medios de prueba*

En todo caso, el Juez Ejecutor puede, en cualquier momento del trámite y sin formalidad alguna, ordenar la comparecencia de los testigos, peritos o expertos que considere necesarios para esclarecer los hechos y recabar cualquier otra clase de información (art. 33).

5. *La sentencia en el juicio de habeas corpus*

Concluidos los trámites antes señalados, el Juez Ejecutor debe declarar sin dilación alguna si ha o no lugar a la acción.

Una vez recibidos los antecedentes contentivos de las actuaciones practicadas por el Juez Ejecutor o concluidas las mismas por el titular del órgano jurisdiccional, éste debe dictar la sentencia que corresponda dentro de los tres días hábiles siguientes (art. 37). En todo caso, las sentencias definitivas que recayeren, deben contener la motivación y fundamentación correspondiente a su parte resolutiva (art. 120).

De acuerdo con el artículo 38 de la ley, la sentencia debe declarar con lugar la exhibición personal, cuando se constate la violación de alguno de los supuestos establecidos en los artículos 13.1 y 24 de la Ley. En caso contrario se debe declarar sin lugar.

Conforme al artículo 39 de la Ley, si del estudio de los antecedentes a que se refieren los artículos de la Ley, resulta que la detención, restricción o amenaza es ilegal, el Juez Ejecutor debe decretar la orden de libertad del agraviado o la cesación de las restricciones, vejámenes, tratos crueles, inhumanos o degradantes, amenazas, apremios ilegales o de cualquier otra coacción, restricción o molestia innecesaria para la seguridad individual o para el orden de la prisión, y debe poner esos hechos en conocimiento del Ministerio Público con el objeto de que se ejerza la acción penal correspondiente.

Igual obligación la tiene el juez o magistrado que conozca de la acción una vez dictada la sentencia que declare con lugar la misma.

Las resoluciones anteriores tendrán el carácter de sentencias definitivas, una vez revisadas en su caso por la Sala de lo Constitucional.

Por otra parte, los titulares de los órganos jurisdiccionales que conozcan de las acciones a que esta ley se refiere, están obligados a imponer las sanciones previstas en la misma e incurrirán en responsabilidad civil y administrativa si no lo hicieren (art. 117).

## VI. LA ACCIÓN DE *HÁBEAS DATA*

La Ley sobre la Justicia Constitucional, reguló expresamente a la acción de *hábeas data*, en el Capítulo II del Título II, conjuntamente con la acción de exhibición personal, para garantizar el acceso de las personas a los datos personales que se puedan encontrar en los archivos públicos o privados.

La Ley, que como hemos dicho, se sancionó en enero de 2004 y se publicó en septiembre de 2005, sin embargo, solo contiene escasas normas en las cuales se reguló o refirió a la acción de habeas data; y en todo caso, en relación con dichas normas (arts. 3.1, 4.3, 9.1, 13.2, 40, 70 y 72), conforme al artículo 124 de la misma Ley, se dispuso que sólo entrarían en vigencia una vez que se ratificara la reforma de la Constitución en la materia que se discutió y aprobó durante los años 2004 y 2005, lo que ocurrió efectivamente mediante Decreto N° 381-2005 de 20 de enero de 2006 que se publicó en *La Gaceta* N° 30.920 de 4 de febrero de 2006.

Las siguientes son las regulaciones más destacadas en la Constitución y en la Ley sobre la materia.

### 1. *Derechos protegidos*

En la Ley, la acción de *habeas data* deriva del derecho de toda persona, de poder "acceder a la información sobre sí misma o sus bienes en forma expedita y no onerosa, ya esté contenida en base de datos, registros públicos o privados y, en el caso que fuere necesario, actualizarla, rectificarla y/o enmendarla" (art. 13.2).

Este ámbito de los derechos protegidos mediante esta acción de protección se ha ampliado en el artículo 182 de la Constitución, en el cual se indica que la acción está destinada a asegurar el "acceso a la información; impedir su trasmisión o divulgación; rectificar datos inexactos o erróneos; actualizar información; exigir confidencialidad y la eliminación de información falsa; respecto de cualquier archivo o registro, privado o público, que conste en medios convencionales, electrónicos o informáticos, que produzcan daño al honor, a la intimidad personal, familiar y a la propia imagen".

Esta garantía, agrega la norma constitucional, "no afectará el secreto de las fuentes de información periodística".

### 2. *Legitimación*

De acuerdo con el artículo 13 de la Ley, la legitimación para intentar la acción corresponde "únicamente" a "la persona cuyos datos personales o familiares consten en los archivos, registros públicos o privados;" condición que se establece también en el artículo 182.2 de la Constitución.

### 3. *La competencia*

En cuanto a la competencia para conocer de la acción de *habeas data*, contrariamente al carácter difuso que tiene la competencia judicial en materia de *habeas corpus* y amparo, la Ley atribuyó competencia exclusiva para conocerla a la Sala de lo Constitucional de la Corte Suprema (art. 9.1).

La misma competencia exclusiva de la Sala de lo Constitucional para conocer de esta acción de *habeas data* se estableció en la reforma constitucional aprobada mediante Decreto N° 181 de 2005 (art. 182.2; 313.5; 316 de la Constitución.

### 4. *Normas sobre tramitación*

Sobre las normas procesales aplicables a las acciones de *habeas data*, la Ley sólo estableció escasas regulaciones, disponiendo en general que las disposiciones que regulan el recurso de *habeas corpus* se deben aplicar en lo pertinente al procedimiento de habeas data (art. 40); y prescribiendo, también en general el orden de prioridad que deben tener los trámites judiciales en relación con la tramitación y resolución de las acciones constitucionales, de manera que la prioridad la tienen las acciones de *hábeas corpus* o exhibición personal, seguidas, por su orden, de la acción de *hábeas data*, de la de amparo y de la de inconstitucionalidad (art. 4.3).

A los efectos del inicio de la acción de *hábeas data* debe ejercer, la misma puede también iniciarse sin necesidad de poder ni de formalidad alguna, verbalmente o por escrito, utilizando cualquier medio de comunicación, en horas o días hábiles e inhábiles y libre de costas (art. 16).

Sin embargo, el artículo 40 de la Ley exige que el recurso de *habeas data* sólo puede interponerse ante la Sala de lo Constitucional de la Corte Suprema de Justicia "cuando se haya agotado el trámite administrativo correspondiente," lo que implica que la petición de acceso a la información debe haberse formulado ante la autoridad o institución correspondiente, y esta haya sido negada o no contestada.

De acuerdo con el artículo 18 de la Ley, las autoridades judiciales no pueden desechar esta acción constitucional de *habeas data* (art 18), y tienen, además, la obligación ineludible de proceder de inmediato para hacer cesar la violación al honor, la intimidad personal, familiar o la propia imagen como ahora lo establece el artículo 182.2 de la Constitución. Además, se aplica la norma relativa a la responsabilidad penal y administrativa (art. 70) en la cual incurren los titulares de los órganos que dejen de admitir esta acción de *habeas data*, también incorporada indicada en el artículo 182.2 de la Constitución. En materia de *habeas data* también se aplica la previsión del artículo 70 de la Ley que prohíbe que en los procesos se planteen cuestiones incidentales.

Por último, en materia de la sentencia en estos juicios de *habeas data*, el artículo 72 de la Ley dispone que las mismas producirán efecto de cosa juzgada solamente entre las partes y en relación con la controversia constitucional planteada.

## VII. LA ACCIÓN O RECURSO DE AMPARO

La acción de amparo está establecida en el artículo 183 de la Constitución, donde se precisa que "el Estado reconoce la garantía de amparo", por lo cual, "en consecuencia, toda persona agraviada o cualquiera otra en nombre de esta, tiene derecho a interponer recurso de amparo" conforme a la ley:

"1. Para que se le mantenga o restituya en el goce o disfrute de los derechos o garantías que la Constitución establece; y,

2. Para que se declare en casos concretos que un reglamento, hecho, acto o resolución de autoridad, no obliga al recurrente ni es aplicable por contravenir, disminuir o tergiversar cualquiera de los derechos reconocidos por esta Constitución".

Esta previsión fue también objeto de reforma en la reforma constitucional de 2006 (Decreto N° 381-2005), en la cual, en realidad, lo que se hizo fue eliminar el "amparo contra leyes" que establecía el numeral segundo de esta norma que anteriormente permitía que el amparo se pudiera intentar para que el juez competente declarase "en casos concretos que *una ley*", y no sólo resoluciones, actos o hechos de autoridad, no obligaban al recurrente ni le eran aplicable por contravenir, disminuir o tergiversar cualquiera de los derechos reconocidos por esta Constitución.

Con la reforma de 2006, simplemente desapareció la institución del amparo contra normas legales, concentrándose totalmente en la Sala de lo Constitucional el control de constitucionalidad.

### 1. *Los derechos protegidos*

Tal como lo precisan los artículos 41 y 42 de la Ley, el recurso de amparo tiene como finalidad proteger a las personas contra las acciones, omisiones o amenazas de violación de las autoridades públicas y demás entidades señaladas en la ley que lesionen, restrinjan, alteren o tergiversen los derechos reconocidos en la Constitución y en los tratados, convenciones y otros instrumentos internacionales sobre derechos humanos vigentes en la República de Honduras. Como se ha dicho, la Ley establece además, que el amparo tiene por objeto que el juez competente declare, en casos concretos, que un reglamento, hecho, acto o resolución de autoridad no obliga o no le es aplicable al reclamante por contravenir, disminuir o tergiversar cualesquiera de los mencionados derechos.

Se trata de una acción intentada en todo caso, contra violaciones constitucionales, por lo que el artículo 46.1 de la Ley precisa que el recurso de amparo es inadmisible cuando se aleguen violaciones de mera legalidad.

La Ley solo menciona como circunstancias agraviantes que pueden motivar el ejercicio de la acción de amparo, "las resoluciones, actos y hechos" de autoridades públicas o de particulares (art. 42) no haciendo mención expresa a las omisiones o a las amenazas de violación.

Sin embargo, las omisiones se mencionan en los artículos 48, 63.1 y 64 y las amenazas en los artículos 49.6 y 59; y en todo caso, constituyen un hecho, y las amenazas de violación que pueden motivar la acción para evitar que la misma se produzca, también se configuran como hechos o actos.

### 2. *La competencia*

En cuanto a la acción o recurso de amparo, la Ley distribuye la competencia judicial según la jerarquía de los actos objeto del recurso, de manera que puede decirse que la misma es de carácter difuso, en el sentido de que no se atribuye la competencia para decidirlo en forma exclusiva a un solo tribunal, como sucede en Nicaragua y Costa Rica (Sala Constitucional) o en Panamá (Corte Suprema de Justicia), sino a todos los Tribunales de la República, incluyendo a la Corte Suprema de Justicia, conforme al artículo 313.5 de la Constitución.

### A. *La Sala de lo Constitucional*

A la Sala de lo Constitucional se le atribuye competencia en los casos de amparo contra actos y hechos de autoridades públicas que violen derechos reconocidos en la Constitución y contra violaciones a los derechos o garantías que la Constitución, los tratados, convenciones y otros instrumentos internacionales establecen (art. 9.2; 41), cometidos por los siguientes funcionarios enumerados en el art. 9.3:

a. El Presidente de la República o los Secretarios de Estado.

b. Las Cortes de Apelaciones.

c. El Tribunal Superior de Cuentas, la Procuraduría General de la República y el Tribunal Supremo Electoral.

d. Las violaciones cometidas por los demás funcionarios con autoridad en toda la República.

### B. *Las Cortes de Apelaciones*

En cuanto a las Cortes de Apelaciones, conforme al artículo 10.2 de la Ley, en sus respectivas jurisdicciones se les atribuye competencia para conocer y resolver el recurso de amparo por violación de los derechos fundamentales, es decir, los derechos o garantías que la Constitución, los tratados, convenciones y otros instrumentos internacionales establecen (art. 40,1), que sean cometidas por:

a) Jueces de Letras Departamentales o Seccionales, Jueces de Sentencia, Jueces de Ejecución y Jueces de Paz, en los casos de jurisdicción preventiva,

b) Empleados departamentales o seccionales del orden político, administrativo o militar.

### C. *Los Juzgados de Letras*

En cuanto a los Juzgados de Letras, en sus respectivas jurisdicciones y competencias, conforme al artículo 10,2 de la Ley, en materia de recursos de amparo, conocerán y resolverán en los casos siguientes:

1. Por violaciones cometidas por los inferiores en el orden jerárquico, según la materia.

2. De las violaciones cometidas por las Corporaciones Municipales o alguno de sus miembros, inclusive los Jueces de Policía y Alcaldes Auxiliares.

3. De las violaciones cometidas por los empleados que no estén comprendidos en las disposiciones anteriores.

### D. *La regulación supletoria de la competencia*

Conforme al artículo 41 de la ley, cuando la acción de amparo se interpusiere ante un órgano jurisdiccional incompetente, éste debe remitir el escrito original al órgano jurisdiccional competente.

Por su parte, el artículo 12 regula el supuesto de "conocimiento a prevención en caso de ambigüedad", estableciendo el principio de que cuando la competencia no estuviere claramente establecida, debe conocer de la acción de *habeas corpus* y de amparo, a prevención, el órgano jurisdiccional que, por razón de la materia, tenga jurisdicción en el lugar donde ocurrió la violación o la amenaza de los derechos o en donde haya producido o pudiere producir efectos.

## 3. *Las personas protegidas (Legitimación activa)*

El amparo lo concibe la Constitución (art. 183) y la Ley (art. 41) como un derecho de toda persona a pedir amparo, sin hacer distingo alguno sobre si se trata de personas naturales y jurídicas, con el objeto general de proteger los derechos o garantías establecidos en la Constitución y en los tratados, convenciones y otros instrumentos internacionales, a los efectos de mantener o restituir a dichas personas en el goce o disfrute de los mismos; y además, como se ha dicho, para que respecto de reglamentos, hechos, actos o resoluciones de autoridad que contravengan, disminuyan o tergiversen cualquiera de los derechos reconocidos por la Constitución, en casos concretos se pueda obtener una decisión judicial en el sentido de que no obliga al recurrente ni le son aplicables.

Conforme al artículo 44, la acción de amparo puede ser ejercida por cualquier persona natural o jurídica y puede interponerse por la persona agraviada o por cualquier otra civilmente capaz sin necesidad de poder.

En este último caso debe prevalecer el criterio de la persona en cuyo favor se demanda o se interpone el amparo. Conforme al artículo 56 de la Ley, la acción de amparo también puede ser incoada por el Ministerio Público en representación del agraviado.

En todo caso, para que se admita el amparo, la lesión al derecho reclamado no debe ser consentida por la persona agraviada. Por ello, conforme al artículo 46.3, se considera inadmisible el recurso de amparo:

> 3. Cuando los actos hayan sido consentidos por el agraviado. Se entenderá que han sido consentidos por el agraviado, cuando no se hubieren ejercitado, dentro de los términos legales, los recursos o acciones, salvo los casos de probada imposibilidad para la interposición de los recursos correspondientes.

La Ley debió precisar que las acciones o recursos que conforme a esta norma deben agotarse previamente, tienen que ser sólo aquellos pertinentes y que efectivamente pudieran garantizar la protección constitucional de los derechos. De lo contrario el amparo podría quedar configurado como una acción meramente subsidiaria, vaciándosela de su carácter protectivo.

Además, también es inadmisible la acción de amparo, si se produce un consentimiento tácito por el agraviado, cuando no la hubiese ejercitado dentro del plazo establecido en el artículo 48 de esta Ley, que es de dos meses siguientes a la notificación del acto u omisión o a su toma de conocimiento del mismo.

## 4. *El objeto de la acción*

Como se dijo, conforme al artículo 42 de la Ley, puede solicitarse amparo contra "las resoluciones, actos y hechos" de cualquiera de los Poderes del Estado, incluyendo las entidades descentralizadas y desconcentradas, lo que comprende a las corporaciones municipales e instituciones autónomas. No se estableció expresamente la procedencia del amparo contra "omisiones o amenazas" pero las mismas pueden subsumirse como circunstancias agravantes en hechos y actos. Además, los artículos 48, 63.1 y 64 hacen mención a las omisiones para establecer el lapso de caducidad de la acción; y los artículos 49.6 y 59 a las amenazas para el decreto de medidas cautelares.

En consecuencia, puede decirse que la ley no excluye de la acción de amparo acto alguno de las autoridades públicas, pudiendo intentarse contra resoluciones, actos administrativos y sentencias. Solo quedarían excluidas de la acción de amparo las resoluciones dictadas en los juicios de amparo (art. 46.2).

En cuanto al amparo contra particulares, su procedencia no se establece en general, sino en forma limitada, de manera que el artículo 42 sólo lo admite cuando se trate de entidades sostenidas con fondos públicos o que actúen por delegación de algún órgano del Estado en virtud de concesión, de contrato u otra resolución válida.

En todo caso, precisa el artículo 43 que el recurso de amparo puede interponerse aún cuando el acto o hecho violatorio de los derechos no conste por escrito.

## 5. *El inicio del proceso*

### A. *Interposición a de la acción ante el órgano jurisdiccional competente*

El amparo debe interponerse, tal como lo indica el artículo 47 de la Ley, ante el órgano jurisdiccional competente, tal como se dispone en los artículos 9, 10, y 11 de la Ley, sin perjuicio de lo estatuido en los artículos 12 y 41 párrafo último de la misma. Esta última norma dispone, en particular que cuando la acción de amparo se interpusiese ante un órgano jurisdiccional incompetente, éste debe remitir el escrito original al órgano jurisdiccional competente. Además, el artículo 70 insiste en señalar que cuando el órgano jurisdiccional se declare incompetente para conocer de una acción de amparo, lo remitirá original al funcionario competente, a más tardar dentro de veinticuatro horas para que le de el curso correspondiente. La falta de cumplimiento de este precepto debe ser sancionada de conformidad con la ley.

En todo caso, cuando la competencia no estuviere claramente establecida, debe conocer de la acción de amparo, a prevención, el órgano jurisdiccional que, por razón de la materia, tenga jurisdicción en el lugar donde ocurrió la violación o la amenaza de los derechos o en donde haya producido o pudiere producir efectos (art. 12).

### B. *El lapso de caducidad*

Conforme se establece en el artículo 48 la demanda de la acción de amparo debe presentarse dentro de los dos meses siguientes a la fecha de la última notificación al afectado o de aquélla en que este haya tenido conocimiento de la acción u omisión que, a su juicio, le perjudica o pueda perjudicarle. En esta forma, se hace referencia a la omisión como circunstancia agraviante de los derechos fundamentales que puede motivar la acción de amparo

### C. *Las formalidades*

En el caso de la acción de amparo, conforme al artículo 49, la demanda debe interponerse siempre por escrito y debe contener por lo menos, lo siguiente:

1. La designación del órgano jurisdiccional ante el que se presenta;

2. Los nombres y apellidos, estado civil, nacionalidad, profesión u oficio, domicilio y lugar para recibir notificaciones del solicitante y, en su caso, de quien lo represente. Cuando quién promueva el amparo sea una persona jurídica, se indicarán, de manera sucinta, los datos relativos a su existencia, personalidad jurídica, nacionalidad, domicilio y fines;

3. Hecho, acto, resolución, orden o mandato contra el cual se reclama, con expresión del juicio o diligencia en que ha sido dictada la resolución orden o mandato reclamada, y la indicación de los recursos de que se ha hecho uso para obtener su subsanación.

4. Indicación concreta de la autoridad, funcionario, persona o entidad contra quien se interpone el amparo;

5. Relación de los hechos que motivan la solicitud, con las pruebas correspondientes que tuviere a su disposición;

6. El o los derechos constitucionales que se consideran violados o amenazados.

7. Lo que se pide;

8. Lugar y fecha;

9. Firma o huella digital si no sabe leer o escribir del recurrente o agraviado, y en su caso firma del representante o apoderado legal.

En todo caso, en beneficio de la protección constitucional, si por deficiencias en la redacción no pudiere determinarse el hecho o la razón de la solicitud de amparo u otro dato esencial de los previstos en el artículo 49, el órgano jurisdiccional le debe conceder al demandante un plazo de tres días hábiles para que corrija la demanda. Si no lo hiciere, entonces la acción se debe declarar inadmisible (art. 50).

## 6. *La sustanciación de la acción*

### A. *La prioridad y la celeridad*

Conforme se indica en el artículo 45, el recurso de amparo se debe sustanciarse con arreglo a los principios de independencia, oralidad en el debate, informalidad, publicidad, prevalencia del derecho sustancial, gratuidad, celeridad, economía procesal, eficacia y debido proceso. Además, el recurso de amparo debe ser sustanciado con prelación a cualquier otro asunto, salvo el de exhibición personal y en orden, el de *habeas data* (art. 4,3). En consecuencia, los órganos jurisdiccionales deben iniciar el trámite de las respectivas demandas el mismo día de su presentación o el día hábil siguiente (art. 51).

Precisamente como consecuencia del principio de la celeridad, el artículo 70 de la Ley dispone que en el recurso de amparo no podrán plantearse cuestiones incidentales.

Para asegurar la celeridad en los trámites, el artículo 71,1 establece como una causa de responsabilidad la negativa de admisión de una acción por causas distintas de las previstas en la ley o el retardo injustificado en su tramitación; así como la demora injustificada en la remisión, transmisión y entrega de los expedientes, mensajes y despachos (art. 71.2).

El artículo 113 de la Ley establece, además, que toda persona extraña a un proceso de amparo, lo mismo que el funcionario judicial o administrativo que en cualquier forma, por acción u omisión, retarde, impida o estorbe su tramitación o ejecución, será encausada de conformidad con la ley.

### B. *Efectos de la tramitación*

El artículo 116 de la ley dispone que la substanciación de las acciones de amparo no obste para que las partes hagan uso de los recursos procesales que la Constitución y las leyes les conceden. Sin embargo, precisa la norma que "ningún recurso ordinario o extraordinario será resuelto en forma definitiva sino hasta que recaiga sentencia en la acción intentada".

### C. *La admisión*

#### a. *La decisión de admisibilidad*

El procedimiento de amparo se inicia mediante auto en el cual el órgano jurisdiccional competente debe admitir la demanda o declararla inadmisible.

En este último caso ello sólo procede por las causales de inadmisibilidad establecidas en el artículo 46 y en la última parte del artículo 50. En estos casos, conforme al artículo 46, el órgano jurisdiccional debe rechazar de plano la demanda de amparo que fuese inadmisible.

Por lo demás, la negativa de admitir un amparo por causas distintas, produce responsabilidad (art. 71.1)

#### b. *Las causales de inadmisibilidad*

El artículo 46 de la Ley, en efecto establece que la acción de amparo es inadmisible en los siguientes casos:

1. Cuando se aleguen violaciones de mera legalidad.

2. Contra resoluciones dictadas en los juicios de amparo.

3. Cuando los actos hayan sido consentidos por el agraviado. Se entenderá que han sido consentidos por el agraviado, cuando no se hubieren ejercitado, dentro de los términos legales, los recursos o acciones, salvo los casos de probada imposibilidad para la interposición de los recursos correspondientes.

4. Cuando no se hubiese ejercitado la acción de amparo dentro del lapso establecido en el artículo 48.

5. Contra los actos consumados de modo irreparable;

6. Cuando han cesado los efectos del acto reclamado;

7. En los asuntos judiciales puramente civiles, con respecto a las partes que intervengan o hubieren intervenido en ellos y a los terceros que tuvieren expeditos recursos o acciones legales en el mismo juicio, y contra las sentencias definitivas, ejecutoriadas, en causa criminal.

8. Cuando se tuvieren expeditos recursos o acciones en la vía contencioso administrativa; y

9. Cuando examinados que sean los antecedentes, se constate en forma manifiesta que la acción tiene por objeto la dilación del proceso.

Otra causal de inadmisibilidad de la acción de amparo está regulada en el artículo 50 de la Ley, cuando establece que si por deficiencias en la redacción de la demanda, el demandante no la corrige dentro de un plazo de tres días hábiles, la acción se declarará inadmisible.

Ahora bien, si dentro del trámite del juicio llegare a constar en autos una causal de inadmisibilidad, el órgano jurisdiccional debe sobreseer las diligencias (art. 46).

#### c. *Las notificaciones y solicitud de informe*

Ahora bien, admitida la acción, de acuerdo con lo que dispone el artículo 52, en el auto de admisión de la demanda de amparo, el órgano jurisdiccional debe ordenar el libramiento de comunicación a la autoridad, persona o entidad contra la que se interpone la acción para que remita los respectivos antecedentes o rinda un informe circunstanciado en relación con los mismos.

El auto de admisión de la demanda de amparo, además, debe notificarse al Ministerio Público, para el cumplimiento de los deberes de su cargo. Sin embargo, la ausencia de apersonamiento del Ministerio Público no impide la tramitación y resolución del recurso.

El envío de los antecedentes no obsta para que la autoridad recurrida siga con el conocimiento del asunto hasta el momento de dictar sentencia definitiva, y con tal fin, dejará un extracto de las actuaciones principales, siempre y cuando el amparo no se haya admitido con suspensión del acto reclamado.

De acuerdo con el artículo 71.1 y 71.2, de la Ley, como antes se ha señalado, son causas de responsabilidad, tanto la demora injustificada en la remisión, transmisión y entrega de los expedientes, mensajes y despachos, como la alteración o la falsedad en los informes que deban rendirse por cualquier funcionario o persona.

#### d. *El informe del presunto agraviante*

Conforme al artículo 52 de la Ley, el plazo para remitir los antecedentes o el informe requeridos por el órgano jurisdiccional debe ser determinado por el mismo órgano jurisdiccional, pero no puede exceder de cinco días hábiles teniendo en cuenta la distancia y la rapidez de los medios de comunicación.

Los informes se consideran rendidos bajo juramento, por consiguiente, cualquier inexactitud o falsedad hace incurrir a quienes lo firmen en el delito de falsificación de documentos públicos.

Ahora bien, si dentro del plazo antes señalado no se enviaren los antecedentes o el informe, la autoridad que estuviere conociendo de la acción debe dictar un auto de apremio, mandando a requerir a la autoridad recurrida bajo el apercibimiento de que si no cumple dentro del termino de veinticuatro horas con el mandato, se tendrá como violado el derecho o garantía que motiva la acción, y se resolverá éste sin más trámite, salvo el caso fortuito o de fuerza mayor (art. 53).

Conforme al mismo artículo 53 de la Ley, el no envío de los antecedentes o, en su caso, del informe, hace incurrir al responsable en el delito de abuso de autoridad y los daños y perjuicios que se ocasionaren, corren por cuenta de quien haya incumplido antes indicado.

El órgano jurisdiccional ante quien se promoviere la acción, deberá hacer, a la autoridad recurrida, todas las prevenciones antes señaladas.

e. *La vista al presunto agraviado y la formalización del recurso*

Conforme al artículo 54 de la Ley, una vez recibidos los antecedentes o el informe en su caso, el órgano jurisdiccional debe conceder vista por cuarenta y ocho horas al recurrente para que formalice su petición por escrito.

Si el recurrente no formaliza el recurso, sin más trámites se deben sobreseer las diligencias. Sin embargo, si del escrito de interposición del amparo se aprecia que el recurrente desarrolló de manera puntual el concepto de la violación, se continuará con el trámite normal del proceso de amparo.

f. *Las pruebas*

El Artículo 49.5 de la Ley establece que la demanda de amparo se debe acompañar con las pruebas correspondientes que tuviere a su disposición el accionante.

Sin embargo, en todo caso, el órgano jurisdiccional respectivo puede decretar la apertura a pruebas, de oficio o a instancia de parte. El período probatorio no debe exceder de ocho días hábiles comunes para proponer y evacuar las pruebas ofrecidas. Este período puede ampliarse hasta por cuatro días hábiles, si se debe de rendir prueba fuera de la sede del órgano jurisdiccional que conozca del amparo (art. 55).

g. *La vista al Ministerio Público*

Una vez que se reciban los antecedentes o el informe, y evacuadas en su caso las pruebas, si la acción no es incoada por el Ministerio Público, se debe dar vista al Fiscal por el término de cuarenta y ocho horas para que emita su dictamen (art. 56).

h. *El desistimiento de la acción*

Conforme se regula en el artículo 111 de la Ley, en los casos de los juicios de amparo, el agraviado puede desistir en cualquier estado del procedimiento de la acción interpuesta, mediante su comparecencia personal. En los casos de las personas jurídicas, lo pueden hacer por medio de su representante legal debidamente acreditado.

En tal caso quedan subsistentes las acciones y recursos que puedan corresponderle a las partes con independencia de la acción desistida.

## 7. *Las medidas cautelares*

Una de las más importantes innovaciones de la Ley es la amplia regulación de la potestad judicial de dictar medidas cautelares para garantizar la inmediata protección constitucional, más allá de la sola suspensión del acto del agraviante. Se prevé, así, que las medidas cautelares podrán decretarse en el auto de admisión de la demanda o en cualquier estado del procedimiento, pero antes de dictar sentencia. (Art. 57).

### A. *Los tipos de medidas cautelares*

En materia de amparo, en beneficio de la protección constitucional y conforme a la formulación amplia del artículo 58, pueden decretarse todo tipo de medidas cautelares, entre ellas la suspensión provisional del acto reclamado, a instancia de parte y bajo la responsabilidad del peticionario.

En casos excepcionales, prudenciales y razonablemente apreciados por el órgano jurisdiccional, previa a la adopción de las medidas cautelares que correspondan, el órgano jurisdiccional puede decretar el rendimiento de la caución que, igualmente de manera prudencial y razonable, estime procedente.

### B. *Las causas para decretar las medidas cautelares*

El artículo 59 establece que se decretarán medidas cautelares sobre el acto, hecho, resolución, amenaza, orden o mandato reclamado, en los siguientes casos:

1. Si de su mantenimiento resulta peligro para la integridad personal del reclamante o una grave e inminente violación de un derecho fundamental;

2. Cuando su ejecución haga inútil el amparo al hacer difícil, gravosa o imposible la restitución de las cosas a su estado anterior;

3. Cuando sea notoria la falta de jurisdicción o competencia de la autoridad, persona o entidad contra la que se reclama;

4. En cualquier otra situación análoga a las anteriores.

### C. *La notificación*

Decretadas las medidas cautelares, se deben comunicar éstas a la autoridad, persona o entidad que corresponda, por escrito y por el medio de verificación más rápido dentro de las veinticuatro horas siguientes (art. 60).

### D. *La obligatoriedad de las medidas*

Las medidas cautelares dictadas, por supuesto, son de obligatorio cumplimiento. En consecuencia, conforme al artículo 62, si la autoridad, persona o entidad a quién se haya comunicado la medida cautelar desobedece la orden judicial y sigue actuando, el órgano jurisdiccional notificará al Ministerio Público para que ejercite la acción penal correspondiente.

El incumplimiento de esta obligación por parte de la autoridad recurrida, será sancionado de conformidad con lo establecido en el Código Penal, sin perjuicio del cumplimiento de la medida cautelar decretada.

### E. *La modificación y revocabilidad de las medidas*

En cualquier estado del juicio pero antes de dictar sentencia, el órgano jurisdiccional competente puede revocar o modificar la medida cautelar decretada, de oficio o a petición de parte. También se puede reconsiderar la denegatoria en virtud de circunstancias sobrevinientes que no se conocían en el momento en que se dictó la resolución (art. 61).

## 8. *La sentencia en el juicio de amparo*

### A. *La oportunidad*

El órgano jurisdiccional debe dictar sentencia dentro de los cinco días hábiles siguientes (art. 55) a vencimiento del término para la vista del Fiscal, la cual debe contener la motivación y fundamentación correspondiente a su parte resolutiva (art. 120).

También, conforme al artículo 53 de la Ley, si dentro del plazo correspondiente no se enviaren al órgano jurisdiccional los antecedentes o el informe, se tendrá como violado el derecho o garantía que motiva la acción, y se resolverá éste sin más trámite, salvo el caso fortuito o de fuerza mayor.

### B. *Requisitos en los casos de sentencias de la Sala de lo Constitucional*

En los casos en los cuales sea la Sala de lo Constitucional la que esté conociendo de la acción de amparo, de acuerdo con el artículo 316 de la Constitución, el artículo 8 de la Ley exige que para que la sentencia dictada sea definitiva, debe ser emitida por unanimidad.

Contra los fallos proferidos por unanimidad de la Sala de lo Constitucional, solo cabe el recurso de reposición, que puede ser interpuesto en el acto de la notificación o al día siguiente hábil al de su notificación por la tabla de avisos del Despacho (art. 120).

En los casos en los que no se logre la unanimidad, es decir, cuando las sentencias se pronuncien por mayoría de votos, entonces conforme al artículo 8 de la Ley, deberán someterse al pleno de la Corte Suprema de Justicia para su conocimiento y resolución definitiva. Para tal efecto el Presidente de la Sala debe remitir la sentencia y sus antecedentes a la Presidencia de la Corte Suprema de Justicia, a más tardar al día siguiente hábil de emitido el fallo, quien en el acto de su recepción debe convocar al Pleno para su conocimiento y resolución dentro del término de diez días hábiles a partir de la fecha en que se hayan recibido los antecedentes en la Presidencia de la Corte Suprema de Justicia.

Contra los fallos proferidos por el Pleno de la Corte Suprema de Justicia, solo cabe el recurso de reposición, que puede ser interpuesto en el acto de la notificación o al día siguiente hábil al de su notificación por la tabla de avisos del Despacho (art. 120).

### C. *El contenido de la sentencia*

#### a. *Las sentencias estimatorias del amparo y su carácter restablecedor y sancionatorio*

Conforme al artículo 63 de la Ley, la sentencia debe otorgar o denegar el amparo. Además, la sentencia puede declarar inadmisible la acción o recurso en los casos establecidos en el artículo 46 de la Ley.

La sentencia que *otorgue el amparo* debe contener en su parte dispositiva los siguientes elementos enumerados en el artículo 63 de la Ley:

1.- La mención concreta de la autoridad, persona o entidad contra cuya resolución, acción u omisión se concede el amparo;

2.- La indicación precisa de la resolución, acto o hecho de autoridad que no obliga al peticionario ni le es aplicable por contravenir, disminuir o tergiversar cualesquiera de los derechos fundamentales.

3.- La determinación precisa de la conducta a cumplir, con las especificaciones necesarias para su debida ejecución; y

4.- Las multas u otras sanciones aplicables.

El carácter restablecedor del amparo está determinado en el artículo 40, antes mencionado. Por ello el artículo 63 de la Ley prescribe que el órgano jurisdiccional, al dictar la sentencia, "debe tener siempre en cuenta que su finalidad es garantizar al agraviado en el pleno goce de sus derechos fundamentales y volver las cosas, siempre que sea posible, al estado anterior a la violación".

Además, específicamente, conforme al artículo 64 de la Ley, cuando la acción de amparo se haya ejercitado por la denegación de un acto o por una omisión, la sentencia debe ordenar su realización o que se ejecute el acto omitido. Nada dispone expresamente la Ley, sin embargo, en relación con los casos en los cuales la acción de amparo se haya ejercitado contra un acto material o mera actuación, en cuyo caso, la sentencia debe ordenar su inmediata cesación y disponer lo necesario para evitar toda nueva violación, perturbación, peligro o restricción.

Por otra parte, como se ha dicho, en la sentencia de amparo, el órgano jurisdiccional está obligado a imponer las multas u otras sanciones aplicables (art. 63.4) e incurrirán en responsabilidad civil y administrativa si no lo hicieren (art. 71.4 y 117).

#### b. *Las sentencias desestimatorias y sus efectos*

Cuando se trate de una sentencia que *deniegue el amparo*, en la misma se debe ordenar que se devuelvan los antecedentes a la autoridad recurrida y que se continúe con el trámite procedente (art. 63).

Conforme se establece en el artículo 67 de la Ley, que regula "el efecto excluyente y no prejuzgamiento de la sentencia denegatoria", la denegación del amparo deja a salvo las acciones civiles o penales que en derecho procedan contra el autor del agravio alegado y no prejuzga sobre ninguna materia.

### D. *La ejecución de la sentencia*

#### a. *La ejecución inmediata por el agraviante*

El artículo 65 de la Ley regula el cumplimiento inmediato de la sentencia que conceda el amparo, estableciendo que proferida la sentencia que lo otorga, el responsable del agravio debe cumplirla tan pronto como se haya puesto en su conocimiento lo resuelto. Si no lo hiciere, el órgano jurisdiccional debe entonces remitir al Ministerio Público certificación de las correspondientes actuaciones para que inicie la acción penal correspondiente.

En todo caso, el cumplimiento de la sentencia que otorga el amparo no impide que se proceda contra el responsable del agravio si sus acciones u omisiones generan responsabilidad (art. 66).

#### b. *La ejecución forzosa en caso de órdenes de hacer y el nombramiento de Juez Ejecutor*

Conforme al artículo 64 de la Ley, si la autoridad recurrida que motivó el recurso de amparo no procediere inmediatamente a ejecutar lo dispuesto en la sentencia, la Corte Suprema de Justicia, a petición de parte o de oficio, comisionará a otra autoridad del lugar o a un ciudadano, para que con el carácter de Juez Ejecutor, dé el debido cumplimiento a lo mandado a efecto de que ordene la realización o ejecución del acto omitido, y en su caso proceda a ordenar la inmediata cesación de la violación declarada, disponiendo lo necesario para evitar toda nueva violación, perturbación, peligro o restricción; asimismo debe comunicar lo actuado al Ministerio Público para que ejercite la acción penal correspondiente.

El Juez Ejecutor representa al órgano jurisdiccional que lo haya nombrado, goza de las prerrogativas e inmunidades de los miembros de dicho órgano y no podrá negarse a desempeñar el encargo, sino por enfermedad u otro motivo justo, a juicio del órgano que lo hubiere nombrado.

Para la eficacia de lo dispuesto en esta norma del artículo 64, el órgano jurisdiccional respectivo, o el Juez Ejecutor, en su caso, podrán requerir el auxilio de la fuerza pública, y en defecto de ella el de los ciudadanos, quienes están obligados a darlo y serán considerados como agentes de la autoridad.

#### c. *Las consecuencias del entorpecimiento en la ejecución de las sentencias*

Conforme lo dispone el artículo 112 de la Ley, sin perjuicio de otras sanciones establecidas en la misma, la desobediencia, retardo u oposición a una resolución o sentencia dictada con motivo de las acciones constitucionales que ella regula, de parte de un funcionario o empleado del Estado, de sus instituciones desconcentradas o descentralizadas y demás a que se refiere el artículo 40, será causa legal de destitución, la que debe producirse de inmediato.

Además, toda persona extraña a los procesos que se regulan en la Ley, lo mismo que el funcionario judicial o administrativo que en cualquier forma, por acción u omisión, retarde, impida o estorbe su tramitación o ejecución, debe ser encausada de conformidad con la ley (art. 113).

### E. *Los efectos judiciales de la sentencia de amparo: cosa juzgada*

Las sentencias dictadas en los procedimientos de amparo producen efecto de cosa juzgada solamente entre las partes con relación a la controversia constitucional planteada (art. 72).

El efecto de cosa juzgada, agrega dicha norma, sólo se puede hacer valer si la respectiva sentencia declara que la acción u omisión ha violado derechos constitucionales. Esta sentencia, sin embargo, no origina derechos subjetivos a favor de los particulares o del Estado, por lo que no puede oponerse como excepción de cosa juzgada en ningún proceso que se ventile con posterioridad ante los órganos jurisdiccionales.

### F. *La inmutabilidad de las sentencias y su aclaratoria*

Las sentencias de amparo, como todas las que se dicten en ejercicio de la justicia constitucional, conforme a lo que dispone el artículo 6 de la Ley, no se pueden variar ni modificar por los órganos jurisdiccionales después de firmadas; pero estos si pueden aclarar algún concepto oscuro o corregir errores materiales de las mismas.

Estas aclaraciones pueden hacerse de oficio dentro del día hábil siguiente al de la fecha de la sentencia, o a solicitud de parte, presentada a más tardar el día hábil siguiente al de la notificación.

En este último caso, el órgano jurisdiccional debe resolver lo que estime procedente dentro del día hábil siguiente al de la presentación de la solicitud.

### G. *La consulta obligatoria de las sentencias de amparo*

Dispone el artículo 68 de la Ley que la sentencia de amparo dictada por los Jueces de Letras Departamentales o Seccionales irá en trámite de consulta obligatoria para ante la Corte de Apelaciones que corresponda. Sobre la sentencia que se pronuncie en este procedimiento, a solicitud de parte la, Corte de Apelaciones debe elevar petición de estudio de la sentencia emitida para ante la Sala de lo Constitucional de la Corte Suprema de Justicia, la cual discrecionalmente debe resolver sobre su admisión.

La sentencia de amparo dictada por las Cortes de Apelaciones en primera instancia conforme se establece en el artículo 10 de la Ley, irá en trámite de consulta obligatoria para ante la Sala de lo Constitucional.

En estos dos últimos supuestos, las sentencias que emitan en su orden la Corte de Apelaciones o la Sala de lo Constitucional, no serán objeto de recurso alguno.

El órgano jurisdiccional competente que conozca de la consulta obligatoria antes indicada, debe fallar con sólo la vista de autos, dentro de seis días de haberlos recibido, reformando, confirmando o revocando la sentencia consultada, debiendo comunicar inmediatamente "por el medio de comunicación mas efectivo" a la autoridad recurrida que la dictó en primera instancia, ordenando su cumplimiento (art. 69).

### H. *La doctrina legal del amparo*

El artículo 72 de la Ley, sin duda bajo influencia de la legislación mexicana sobre el juicio de amparo, incorporó el denominado "precedente" al establecer a la llamada "doctrina legal en el amparo", la cual se produce cuando se dicten "tres sentencias conformes" por la Sala de lo Constitucional en las demandas de amparo, "por lo que deberán observarse como ley". Sin embargo, la Sala de lo Constitucional puede separarse de su propia jurisprudencia razonando la innovación.

De acuerdo con esta norma, entonces, las interpretaciones constitucionales que adopte la Sala de lo Constitucional en sus sentencias de amparo, que por principio tienen efectos *inter partes,* pueden adquirir efectos *erga omnes*, es decir, carácter vinculante en el sentido de que deben observarse como ley (efectos generales), cuando se han dictado tres sentencias conformes.

## VII. LA GARANTÍA EX POST FACTO DEL DEBIDO PROCESO Y LA REVISIÓN EXTRAORDINARIA DE SENTENCIAS

### 1. *El recurso de revisión*

La Constitución establece el principio general de que "ningún poder ni autoridad puede avocarse causas pendientes ni abrir juicios fenecidos" lo que repite el artículo 95 de la ley sobre la Justicia Constitucional; salvo por lo que se refiere a la potestad de revisión por parte de la sala de lo Constitucional en materia penal y civil.

A tal efecto, el artículo 186 de la Constitución, que es una norma que está incorporada en el Capítulo II (De la inconstitucionalidad y la revisión) del Título IV sobre "Las garantías constitucionales", atribuye competencia exclusiva a la Sala de lo Constitucional para conocer del recurso de revisión contra sentencias dictadas en juicios civiles y penales.

Esta es una potestad judicial de la Corte Suprema que en términos generales, sólo se justifica cuando hayan aparecido sobrevenidamente elementos desconocidos para el momento en que se dictó sentencia que desvirtúan su contenido o, en general, cuando se haya violado la garantía del debido proceso.

En cuanto a la garantía del debido proceso está establecida en diversas normas contenidas en los artículos 80 y siguientes de la Constitución, así como en el artículo 8 de la Convención Americana de Derechos Humanos; y se desdobla en múltiples garantías procesales, tales como: el derecho a un proceso justo conforme a las formalidades legales; el derecho al Juez natural; el derecho a un tribunal imparcial; el derecho a la presunción de inocencia; el derecho a la defensa y a ser informado de los cargos formulados; el derecho a ser oído; el derecho a un proceso sin dilaciones indebidas; el derecho a utilizar los medios de prueba pertinentes para su defensa; el derecho a no confesarse culpable y no declarar contra sí mismo; y el derecho a la tutela judicial efectiva de los derechos e intereses del procesado.

Ahora bien, aún cuando no se trata propiamente de un mecanismo exclusivo de justicia constitucional ya que en general lo consagran los ordenamientos procesales, el recurso de revisión puede identificarse como un medio extraordinario para la revisión *ex post facto* de sentencias definitivamente firmes en las cuales, por circunstancias sobrevenidas, pueda estimarse que en general, cuando se dictaron, vulneraron algunas de las garantías constitucional del debido proceso.

## 2. *La revisión en materia penal*

### A. *Los motivos para intentar el recurso*

Tal como lo dispone los artículos 95 y 96 de la Ley, las sentencias firmes dictadas en juicios penales pueden ser revisadas en cualquier tiempo por la Sala de lo Constitucional de la Corte Suprema de Justicia a favor de los condenados, a pedimento de estos, de cualquier persona, del Ministerio Público o de oficio en cualquiera de los casos siguientes cuando:

1. Dos o más personas hayan sido condenadas por un mismo delito, que sólo pudo ser cometido por una de ellas;

2. Una misma persona haya sido condenada por el mismo hecho delictivo, en dos sentencias distintas;

3. Una persona haya sido condenada en una sentencia, y absuelta en otra por el mismo hecho delictivo;

4. Una persona haya sido condenada como autor o cómplice del homicidio de otra que en realidad no ha fallecido;

5. Haya sido condenada alguna persona en virtud de sentencia con base en un documento o testimonio declarado después falso, por sentencia firme;

6. Después de la condena sobrevengan nuevos hechos o elementos de prueba que solos unidos a los ya examinados en el proceso, hagan evidente que el hecho no existió, que el condenado no lo cometió o que el hecho cometido, no es punible o encuadra en una norma mas favorable; o se produzca un cambio de doctrina legal que favorece al reo;

7. Se haya condenado por prevaricato o cohecho a alguno de los jueces por su actuación en el juicio que se trate; y,

8. Proceda la aplicación retroactiva de una ley penal por ser más benigna.

### B. *La legitimación y el lapso para solicitar la revisión*

El artículo 95 de la Ley, como se dijo, atribuye competencia a la Sala de lo Constitucional de la Corte Suprema de Justicia para rever sentencias dictadas en los procesos penales, las cuales pueden ser revisadas en toda época en favor de los condenados, a pedimentos de éstos, de cualquier persona, del Ministerio Público o de oficio.

### C. *Las formalidades de la solicitud de revisión*

La revisión debe ser promovida por escrito ante la Sala de lo Constitucional de la Corte Suprema de Justicia, con expresión concreta de los motivos en que se funda y de las disposiciones legales aplicables.

El peticionario debe ofrecer todos los medios de prueba que acrediten la verdad de sus afirmaciones, y acompañar la prueba documental o indicar el lugar o archivo en que se encuentre (Art. 97).

D. *La admisión y la audiencia de las partes*

La Sala de lo Constitucional de la Corte Suprema de Justicia debe resolver si admite o no la solicitud de revisión, y en caso de hacerlo, debe ordenar la inmediata remisión de los antecedentes y debe citar a las partes a una audiencia, que debe celebrarse dentro de los treinta días hábiles siguientes a la fecha de recepción de los antecedentes, para que la parte afectada con la admisión del recurso se pueda oponer al mismo y ambas partes presenten las pruebas en que se fundan sus pretensiones, debiendo oírse en la misma audiencia la opinión del Fiscal del Despacho, de no ser éste parte en el proceso.

Cumplido lo anterior, se debe suspender la audiencia por el tiempo que requiera para examinar las pruebas presentadas y dictar la sentencia que corresponda de conformidad a la materia. Dicha suspensión no podrá exceder de veinte (20) días hábiles (Art. 106).

E. *Los efectos de la interposición del recurso de revisión*

La Sala de lo Constitucional debe decidir sobre la admisibilidad o no de la solicitud de revisión, y si la admite, no suspenderá la ejecución de la sentencia salvo si por no existir duda en cuanto a la realidad de los hechos en que se funda la solicitud, la Sala dispone otra cosa y ordena la libertad del condenado. En caso necesario, puede aplicar una medida cautelar (Art. 98).

F. *Los efectos de la sentencia*

La Sala de lo Constitucional, según proceda, debe declarar sin lugar la revisión o anulará la sentencia impugnada (Art. 99). Además, conforme al artículo 101 de la Ley, en la sentencia que declare procedente la acción, la Sala de lo Constitucional de la Corte Suprema de Justicia debe ordenar, según el caso:

1. La libertad del condenado;

2. La restitución total o parcial de la suma de dinero pagada en concepto de multa;

3. El cese de la inhabilitación y de las penas accesorias, con devolución de los efectos del comiso, si ello es posible, y la cesación de las medidas de seguridad; y,

4. La ejecución de la nueva pena o la práctica de un nuevo cómputo, cuando en la nueva sentencia se imponga pena al condenado, con abono del tiempo que haya estado en prisión.

Ahora bien, conforme se regula en el artículo 99 de la ley, si la sentencia de la Sala de lo Constitucional anula la sentencia revisada, debe pronunciar el nuevo fallo y, en el caso de que se haya condenado por prevaricato o cohecho a alguno de los jueces por su actuación en el juicio (Art. 96.7), debe devolver los antecedentes al correspondiente Tribunal de Sentencia, para que se celebre nuevo juicio. En el nuevo juicio no puede intervenir ninguno de los miembros del Tribunal de Sentencia que hayan dictado el fallo revisado.

En el caso de que una misma persona haya sido condenada por el mismo hecho delictivo, en dos sentencias distintas (Art. 96.2), la Sala de lo Constitucional de la Corte Suprema de Justicia, debe declarar la nulidad de la sentencia en que se impugna mayor pena, dejando válida aquella en la que se condene a una pena menor.

En el caso de que una persona haya sido condenada en una sentencia, y absuelta en otra por el mismo hecho delictivo (Art. 96.3), se debe declarar la nulidad de la sentencia condenatoria, a efecto de que pueda ser ejecutada la sentencia absolutoria.

En todo caso, el rechazo de la solicitud de revisión no impide la interposición de una nueva solicitud, fundada en motivos distintos (Art. 100).

### 3. *La revisión en materia civil*

#### A. *Los motivos para intentar el recurso*

Conforme al artículo 102 de la Ley, en efecto, la Sala de lo Constitucional de la Corte Suprema de Justicia puede rever una sentencia firme pronunciada en juicio civil declarativo ordinario de mayor cuantía, en los casos siguientes:

1) Si después de pronunciada se recobraren documentos decisivos, detenidos por fuerza mayor, o por obra de la parte en cuyo favor se hubiere dictado.

2) Si hubiere recaído en virtud de documentos que al tiempo de dictarse ignoraba una de las partes haber sido reconocidos y declarados falsos, o cuya falsedad se reconociere o declarare después.

3) Si habiéndose dictado en virtud de prueba testifical, los testigos hubieren sido condenados por falso testimonio, dado en las declaraciones que sirvieren de fundamento a la sentencia.

4) Si la sentencia firme se hubiere dictado injustamente en virtud de cohecho, violencia u otra maquinación fraudulenta.

#### B. *La legitimación y el lapso para solicitar la revisión*

La Sala de lo Constitucional de la Corte Suprema de Justicia puede ejercer esta competencia de revisión extraordinaria respecto de sentencias firmes pronunciadas en un juicio civil, dentro de los seis meses siguientes de dictado el fallo cuya revisión se pretenda Así lo regula el artículo 186 de la Constitución y el artículo 95 de la Ley.

La legitimación activa para solicita la de revisión corresponde a las partes en el proceso, o con derecho a ser llamada a participar en él, debiendo interponerse el recurso, conforme al artículo 95 de la Ley, dentro de seis meses contados desde el día en que habiéndose realizado la última notificación, la sentencia quedó firme.

Por tanto, si el recurso se presentare pasado este plazo, se debe rechazar de plano. De acuerdo con los considerandos del Decreto N° 181-2005 de la reforma constitucional, se consideró como "un error someter las sentencias firmes en materia civil a un tiempo ilimitado para ser objeto de revisión."

### C. *La admisión y la audiencia de las partes*

De acuerdo con lo dispuesto en el artículo 106 de la ley, la Sala de lo Constitucional de la Corte Suprema de Justicia debe resolver si admite o no la solicitud de revisión, y en caso de hacerlo, debe ordenar la inmediata remisión de los antecedentes y debe citar a las partes a una audiencia, que debe celebrarse dentro de los treinta días hábiles siguientes a la fecha de recepción de los antecedentes, para que la parte afectada con la admisión del recurso se pueda oponer al mismo y ambas partes presenten las pruebas en que se fundan sus pretensiones, debiendo oírse en la misma audiencia la opinión del Fiscal del Despacho, de no ser éste parte en el proceso.

Cumplido lo anterior, se debe suspender la audiencia por el tiempo que requiera para examinar las pruebas presentadas y dictar la sentencia que corresponda de conformidad a la materia. Dicha suspensión no podrá exceder de veinte (20) días hábiles (Art. 108).

### D. *Los efectos de la interposición del recurso de revisión*

Tal como lo precisa el artículo 103 de la Ley, por la sola interposición de la acción no se suspende la ejecución de la sentencia impugnada. Sin embargo, la Sala, en vista de las circunstancias, a petición del recurrente, y oído el Fiscal, puede ordenar que se suspenda la ejecución de la sentencia, siempre que aquél diere fianza bastante para satisfacer el valor de lo litigado y los perjuicios que se causen con la inejecución de la sentencia, para el caso de que la acción fuere desestimada.

### E. *Los efectos de la sentencia*

En caso de que la Sala de lo Constitucional estimare *procedente* la revisión por haberse comprobado, con arreglo a la ley, los hechos en que se funda, conforme al artículo 104 de la Ley, la Sala así lo debe declarar y, en consecuencia, debe anular en todo o en parte la sentencia impugnada (art. 104).

En la misma sentencia que acepte el recurso de revisión la Sala debe además declarar si debe o no seguirse nuevo juicio. En el primer caso debe determinar, además el estado en que queda el proceso, el cual se debe remitir para su conocimiento al órgano jurisdiccional de que proceda. Dispone la misma norma del artículo 104 de la Ley, que las declaraciones que se hubieren hecho en el recurso de revisión, servirán de base al nuevo juicio, las cuales no podrán ser ya discutidas. En los casos en los cuales la acción de revisión se declare *improcedente,* se debe condenar en las costas al que lo hubiere promovido, y se ordenará que sean devueltos al órgano jurisdiccional que corresponda los autos mandados traer a la vista (Art. 105).

## *SECCIÓN QUINTA:*

## *EL SISTEMA DE JUSTICIA CONSTITUCIONAL DE LA REPÚBLICA DOMINICANA Y LA LEY ORGÁNICA DEL TRIBUNAL CONSTITUCIONAL Y DE LOS PROCEDIMIENTOS CONSTITUCIONALES (2011)*

**Esta Sección está conformada por el trabajo elaborado para el *VII Encuentro Iberoamericano de derecho procesal Constitucional*, celebrado en Santo Domingo en 2011, y que fue publicado con el título: "El sistema de justicia constitucional en la República Dominicana y el proyecto de Ley Orgánica**

**del Tribunal Constitucional y de los Procedimientos Constitucionales (2011), en *VII Encuentro Iberoamericano de derecho procesal Constitucional*, Comisionado de Apoyo a la Reforma y Modernización de la Justicia, Instituto Iberoamericano de Derecho procesal Constitucional, Santo Domingo 2011, T. I, pp. 285-330; en *Revista de Derecho Público*, N° 125, (enero-marzo 2011), Editorial Jurídica Venezolana, Caracas 2011, pp. 71-97; y en la *Revista Estudios Constitucionales*, N° 9, 1, Centro de Estudios Constitucionales de Chile, Universidad de Talca, Santiago de Chile, 2011, pp. 303-338. Publicado también con el título: "El sistema de justicia constitucional de la República Dominicana," en el libro: *Derecho Procesal Constitucional. Instrumentos para la Justicia Constitucional*, Ediciones Doctrina y Ley Ltda., Bogotá 2013, pp. 301-334.**

Con fecha 8 de noviembre de 2010, el Presidente de la República Dominicana, mediante Oficio N° 11339, sometió al Senado un Proyecto de Ley Orgánica del Tribunal Constitucional y de los Procesos Constitucionales, con el objeto de regular la organización del Tribunal Constitucional creado por la Constitución de enero de 2010, y "el ejercicio de la Justicia Constitucional entendida como la potestad del Tribunal Constitucional y el Poder Judicial de pronunciarse en materia constitucional en los asuntos de su competencia".

En su comunicación, además, el Presidente resumió que

> "la Justicia Constitucional se realiza mediante procesos y procedimientos constitucionales que tienen como objetivo sancionar las infracciones constitucionales, para garantizar la supremacía, integridad y eficacia de la Constitución, la defensa del orden constitucional, la adecuada interpretación constitucional y la protección efectiva de los derechos fundamentales."

A tal efecto, según expresó el Presidente en su comunicación, la Ley Orgánica estará regida por los siguientes principios rectores: "constitucionalidad, interdependencia, efectividad, oficiosidad, vinculatoriedad, inconvalidabilidad, favorabilidad, accesibilidad, celeridad, informalidad, gratuidad, inderogabilidad y supletoriedad".

El Presidente precisó además, que el Proyecto buscaba definir y regular, "la Justicia Constitucional y sus principios; la organización y atribuciones del Tribunal Constitucional; los procesos y procedimientos constitucionales, entre los que se encuentran: el control concentrado de constitucionalidad, el control difuso de constitucionalidad y el control preventivo de los tratados internacionales; los conflictos de competencia; las acciones de *habeas corpus*, *habeas data* y amparo; los procedimientos particulares de amparo, entre los cuales se encuentran: el amparo contra actos jurisdiccionales, el amparo de cumplimiento, el amparo colectivo y el amparo electoral; la revisión constitucional de sentencias; y el procedimiento de ejecución de sentencias de la Corte Interamericana de Derechos Humanos.

Luego de las discusiones en la Cámara del Senado el Proyecto fue discutido en la Cámara de Diputados donde fue aprobado en fecha 1 de marzo de 2011, habiendo sido devuelto al senado mediante oficio N° 201 de 4 de marzo de 2011 con el título de Ley Orgánica del Tribunal Constitucional y de los Procedimientos Constitucionales, el cual fue precedido de una serie de "Considerandos" en los cuales se motiva el mismo, expresándose entre otros aspectos sobre el "sistema robusto de justicia constitucional independiente y efectivo", que "la tutela de la justicia constitucional fue conferida, tanto al Tribunal Constitucional como al Poder Judicial, a través del control concentrado y el control difuso" (Considerando Quinto).

En ese marco, las presentes notas están destinadas a analizar globalmente este importante Proyecto de Ley (en adelante "Ley Orgánica"), en su versión de fecha 1 de marzo de 2011, en especial solo en lo que se refiera a sus previsiones en materia de control difuso de la constitucionalidad (III); en materia de control concentrado de la constitucionalidad, incluyendo el control *a posteriori* de la constitucionalidad de los actos estatales y de omisiones legislativas, el control a priori de los tratados internacionales y la solución de conflictos de competencia de orden constitucional (IV); y la revisión constitucional de sentencias constitucionales (V) y de amparo (VI) por el Tribunal Constitucional. No nos referiremos por tanto, a los procesos constitucionales de protección de los derechos fundamentales (amparo, habeas corpus, habeas data) que también están regulados detalladamente en la Ley Orgánica (arts. 63 a 114). Antes sin embargo, haremos algunas precisiones sobre los sistemas de justicia constitucional (I), y sobre las previsiones en la materia en la Constitución de la República Dominicana, y algunos principios generales en la Ley Orgánica (II).

## I. ALGUNAS PRECISIONES SOBRE LOS SISTEMAS DE JUSTICIA CONSTITUCIONAL

A los efectos de asegurarle al que en el Estado Constitucional de derecho, los órganos superiores de justicia puedan asumir el rol esencial de interpretar la Constitución y de ejercer el control de la constitucionalidad de los actos estatales, en el mundo contemporáneo, y de acuerdo a las peculiaridades de cada país y de cada sistema constitucional, se han venido estableciendo una variedad de sistemas de justicia constitucional, los cuales siempre se pueden clasificar tomando en cuenta lo que se haya dispuesto en relación con el o los órganos judiciales o de otra índole constitucional llamados a ejercer tal control de la constitucionalidad.

Es decir, sea cual fuere el sistema de justicia constitucional, cuando la potestad de ejercer el control de la constitucionalidad se atribuye a los órganos judiciales, estos pueden ser o todos los jueces que integran el Poder Judicial, o un solo órgano del mismo, u otro órgano separado del Poder Judicial al cual se atribuye la Jurisdicción Constitucional.

De allí la clásica distinción de los sistemas de justicia constitucional según el método de control que se ejerce: en primer lugar, el llamado método difuso de control, cuando el poder para apreciar la constitucionalidad o inconstitucionalidad de las leyes y, en su caso, declarar su inconstitucionalidad, se atribuye a todos los jueces de un país, cualquiera que sea su jerarquía; y en segundo lugar, el llamado método concentrado de control, conforme al cual el poder anulatorio respecto de las leyes y demás actos estatales contrarios a la Constitución se atribuye a un solo órgano del Poder judicial, sea a la Corte Suprema de Justicia del país o a un Tribunal Constitucional especialmente creado para ello, que incluso puede ser ubicado fuera del Poder Judicial.

Ambos sistemas de justicia constitucional, sin duda, aún cuando en su inicio respondían a principios diferentes, en muchos países coexisten en paralelo, como sucede en buena parte de los regímenes constitucionales de los países latinoamericanos y como está regulado expresamente en la Constitución de República Dominicana.

En cuanto al método difuso de control de constitucionalidad, como poder atribuido a todos los jueces para decidir sobre la inconstitucionalidad de una ley que deba aplicarse en un caso concreto, desaplicándola y aplicando preferentemente la Constitución, el mismo se lo regula expresamente en el artículo 188 de la Constitución de República Dominicana. Como en virtud de la supremacía de la Constitución, todo acto estatal contrario a la misma debe considerarse inconstitucional y nulo; todos los jueces tienen el poder-deber de apreciar dicha inconstitucionalidad. Ello es la consecuencia lógica cuando se habla de la Constitución como "norma suprema y fundamento de todo el ordenamiento jurídico" (art. 6).

Ahora bien, correspondiendo el método difuso de control de la constitucionalidad a todos los jueces, su ejercicio se caracteriza por ser de carácter incidental, en el sentido de que se ejerce al decidirse un caso concreto, como poder que puede ejercer cualquier juez, incluso de oficio. En estos casos, en consecuencia, no se trata de un proceso constitucional que tiene por objeto específico controlar la constitucionalidad de una ley, sino de una decisión judicial que se adopta en un proceso judicial cualquiera, con su propio objeto específico, en el cual, para decidirlo, se aprecia la inconstitucionalidad de la ley. Por ello, la decisión que en tal sentido se adopta, sólo tiene efectos inter partes y meramente declarativos. El juez, en estos casos, no anula la ley sino sólo la considera inconstitucional y nula, por lo que la decisión tiene en principio efectos *ex tunc*, pro praeterito.

En relación con este método difuso de control de constitucionalidad, en el derecho comparado se ha planteado el problema de la eventual falta de uniformidad o la disparidad de decisiones que podrían adoptar los jueces de distinta jerarquía, en torno a la inconstitucionalidad de una ley, habiéndose establecido diversos correctivos en los propios sistemas constitucionales. Uno de ellos es, por ejemplo, la asignación del carácter vinculante a las decisiones que adopte la Corte Suprema de Justicia en la materia cuando el asunto llegue a ese nivel, como sucede en los Estados Unidos de América.

Otro correctivo es, por ejemplo, la atribución a la Corte Constitucional o Tribunal Supremo de la competencia para conocer de un recurso extraordinario de revisión, como se ha establecido en las Constituciones de Colombia o Venezuela, lo que permite al Tribunal constitucional uniformizar la jurisprudencia y resolver con carácter obligatorio y vinculante sobre el tema. Esta es la solución adoptada en la Constitución de la República Dominicana.

Adicionalmente, otro correctivo al problema se logra precisamente con el establecimiento, en paralelo del método concentrado de control de constitucionalidad de las leyes, como también ocurre en la Constitución de República Dominicana siguiendo el modelo mixto e integral que se desarrolló inicialmente en América Latina en Colombia y Venezuela, otorgándose a las decisiones del Tribunal Constitucional el carácter de "precedentes vinculantes para los poderes públicos y todos los órganos del Estado " (art. 184). El principio se reitera en el artículo 31 de la Ley Orgánica y, además, en el artículo 7.13 al definir el principio de la "vinculatoriedad" como uno de los principios rectores del sistema de justicia constitucional, indicando que:

> "Las decisiones del Tribunal Constitucional y las interpretaciones que adoptan o hagan los tribunales internacionales en materia de derechos humanos constituyen precedentes vinculantes para los poderes públicos y todos los órganos del Estado."

Se destaca, en esta declaración, por supuesto, la importancia que significa la atribución mediante la Ley Orgánica, del carácter vinculante para el Estado de la república Dominicana que tienen las decisiones por ejemplo de la Corte Interamericana de Derechos Humanos.

Por otra parte, el método concentrado de control de constitucionalidad, como es sabido, tuvo su origen en América Latina y fue luego desarrollado durante el siglo pasado en Europa. Se caracteriza por la atribución a un solo órgano judicial, que puede ser el Tribunal o Corte Suprema con o sin Sala Constitucional, o un Tribunal Constitucional especial, del poder de conocer de la impugnación de leyes por inconstitucionalidad, y de anularlas en caso de que sean contrarias a la Constitución, con efectos *erga omnes*. Esta última opción es la que se ha seguido en la Constitución de 2010 de la República Dominicana con la creación del Tribunal Constitucional "para garantizar la supremacía de la Constitución, la defensa del orden constitucional y la protección de los derechos fundamentales" (art. 184).

Sin embargo, en realidad, lo que caracteriza al método concentrado de control de constitucionalidad de las leyes no es la creación de un tribunal constitucional, sino la atribución a un solo órgano judicial o tribunal constitucional del poder anulatorio de las mismas. Es decir, lo importante es la concentración del poder anulatorio de control en un solo órgano judicial o de control constitucional, más que la forma o naturaleza que puede tener el mismo.

Este método concentrado de control de la constitucionalidad, a diferencia del método difuso, como se ha dicho, se ejerce en un proceso en el cual su objeto principal es, precisamente, el juzgamiento de la inconstitucionalidad de una ley, la cual puede consistir en una decisión anulatoria de la misma, con efectos generales, *erga omnes*, y en general *ex nunc*, es decir pro futuro teniendo la decisión en consecuencia, carácter constitutivo.

El método concentrado de control, por otra parte, puede ser previo o posterior, según que se pueda ejercer contra leyes antes de que entren en vigencia o sólo una vez que están vigentes. En el caso de la República Dominicana el control concentrado de la constitucionalidad de las leyes en general es a posteriori, regulándose sin embargo un control en forma *a priori* respecto de" los tratados internacionales antes de su ratificación por el órgano legislativo" (art. 185,2), como también, por ejemplo, sucede en Colombia y en Venezuela.

El método concentrado de control, además, puede ser principal o incidental, según que la cuestión de la inconstitucionalidad de la ley llegue al juez constitucional por vía de una acción de inconstitucionalidad, la cual incluso en algunos casos, como sucede en Colombia, Panamá y Venezuela, puede ser una acción popular; o que llegue por vía incidental, por una incidencia planteada en un juicio concreto, como excepción de inconstitucionalidad, lo cual no sucede por supuesto, cuando se establece en paralelo el control difuso de constitucionalidad como es el caso de los sistemas mixtos o integrales, como el que se establece en la República Dominicana.

Por último, además del método difuso y concentrado de control de la constitucionalidad de la legislación existente, en el mundo contemporáneo también se han venido desarrollando mecanismos de control de la constitucionalidad de las omisiones del Legislador, cuando ha dejado de sancionar leyes indispensables para la completa aplicación o vigencia de la Constitución. Se trata del control de la constitucionalidad de las misiones legislativas.

## II. MARCO REGULATORIO GENERAL DE LA JUSTICIA CONSTITUCIONAL EN LA CONSTITUCIÓN DE LA REPÚBLICA DOMINICANA DE 2010

Como todas las Constituciones del mundo contemporáneo, la Constitución de la República Dominicana está revestida de supremacía en el ordenamiento jurídico, a cuyo efecto, en su propio texto se indica que:

> "Todas las personas y los órganos que ejercen potestades públicas están sujetos a la Constitución, norma suprema y fundamento del ordenamiento jurídico del Estado" (art. 6).

En la Constitución se regula, además, la garantía objetiva de la misma, al indicar que:

> "son nulos de pleno derecho toda ley, decreto, resolución, reglamento o acto contrarios a esta Constitución" (art. 6).

Estos principios se complementa, en la Ley Orgánica al disponer el principio de "inconvalibilidad" en el sentido de que:

> "la infracción de los valores, principios y reglas constitucionales está sancionada con la nulidad y se prohíbe su subsanación o convalidación" (art. 7.7)

La inconstitucionalidad, por tanto, no sólo se produce por violación directa de las normas constitucionales, sino de los valores, principios y reglas constitucionales, como lo indica artículo 6 de la Ley Orgánica, la Constitución se tiene por infringida:

> "cuando haya contradicción del texto de la norma, acto u omisión cuestionado, de sus efectos o de su interpretación o aplicación con los valores, principios y reglas contenidos en la Constitución y en los tratados internacionales sobre derechos humanos suscritos y ratificados por la República Dominicana o cuando los mismos tengan como consecuencia restar efectividad a los principios y mandatos contenidos en los mismos."

Para asegurar la supremacía normativa de la Constitución por sobre todo acto estatal, es decir, sobre todo acto dictado en ejercicio del Poder Público, incluyendo, por supuesto, las leyes y demás actos del Congreso, como se dijo, la propia Constitución ha establecido un marco general de la justicia constitucional, atribuyendo, por una parte, al Tribunal Constitucional en República Dominicana, competencia para ejercer tal control de constitucionalidad de dichos actos legislativos y otros actos estatales (art. 185,1), con potestad para anularlos cuando sean inconstitucionales; y además, por la otra, asignando a todos los tribunales competencia para declarar dichos actos como inconstitucionales e inaplicarlos en los casos concretos que decidan (art. 188). Como parte integrante de dicho control de constitucionalidad, está, por supuesto, el control de convencionalidad en relación con los tratados en materia de derechos humanos, ya que la Ley orgánica precisa que también hay infracción constitucional cuando se violan las normas, valores y reglas de los tratados.

### 1. *Base normativa de la justicia constitucional en la Constitución de 2010 y el sistema mixto o integral de justicia constitucional*

Se trata, por tanto, como dijimos, de un sistema mixto o integral de justicia constitucional que combina el control difuso con el control concentrado de la constitucionalidad y convencionalidad adoptado en otros países latinoamericanos como Colombia, Venezuela, Perú, Brasil, Ecuador, Guatemala, Nicaragua y México.

La consecuencia de ello es que en República Dominicana, al contrario de los que sucede, por ejemplo, en países como Costa Rica o Panamá, la justicia constitucional no se concentra en un solo órgano que conforma la "Jurisdicción Constitucional" como el Tribunal Constitucional, sino que se ejerce por éste y por todos los órganos judiciales.

Se distingue, entonces, en la República Dominicana, la "justicia constitucional" de la "Jurisdicción Constitucional". Esta última es una noción de carácter orgánico, que identifica un órgano estatal judicial o no que ejerce el control concentrado de la constitucionalidad de las leyes y demás actos normativos generalmente dictados de ejecución inmediata de la Constitución, con poderes anulatorios de las mismas, y que por ello, no tiene el monopolio de la "justicia constitucional".

En cambio, la noción de "justicia constitucional", es una noción material equiparable a "control de constitucionalidad", la cual, como se ha dicho, además de por el Tribunal Constitucional, también se ejerce por todos los jueces u órganos jurisdiccionales mediante el método difuso de control de constitucionalidad. Así se precisa en el artículo 5 de la Ley Orgánica al disponerse que

> "La justicia constitucional es la potestad del Tribunal Constitucional y del Poder Judicial de pronunciarse en materia constitucional en los asuntos de su competencia. Se realiza mediante procesos y procedimientos jurisdiccionales que tienen como objetivo sancionar las infracciones constitucionales para garantizar la supremacía, integridad y eficacia y defensa del orden constitucional, su adecuada interpretación y la protección efectiva de los derechos fundamentales" (art. 5)

Por ello, en la Constitución, además de crearse el Tribunal Constitucional como "Jurisdicción Constitucional," se regulan las competencias en materia de justicia constitucional que ejercen los demás tribunales de la República al decidir las excepciones de inconstitucionalidad cuando ejercen el método de control difuso de la constitucionalidad de las leyes, y al decidir los procesos iniciados mediante las acciones de *hábeas corpus*, amparo o hábeas data, o.

En resumen, la noción de justicia constitucional es carácter material o sustantiva y se refiere a la competencia que ejercen todos los órganos judiciales cuando les corresponde decidir casos concretos o juicios de amparo aplicando y garantizando la Constitución; en tanto que la expresión Jurisdicción Constitucional es, en cambio, de carácter orgánica, e identifica al órgano jurisdiccional al cual se ha atribuido en la Constitución competencia exclusiva en materia de control concentrado de la constitucionalidad de las leyes, y que es el Tribunal Constitucional.

Esta distinción, en todo caso, se acoge en la Ley Orgánica cuando dispone en el artículo 2 que la misma tiene como finalidad, no sólo reglar "la organización del Tribunal Constitucional" el cual conforme al artículo 3 ejerce sus funciones como Jurisdicción Constitucional; sino regular "el ejercicio de la justicia constitucional" la cual como hemos dicho se define en el artículo 5 como la potestad de los tribunales ("del Tribunal Constitucional y del Poder judicial") "de pronunciarse en materia constitucional en los asuntos de su competencia", la cual "se realiza mediante procesos y procedimientos constitucionales que tienen como objetivo sancionar las infracciones constitucionales para garantizar la supremacía, integridad y eficacia de la Constitución, la defensa del orden constitucional, la adecuada interpretación constitucional y la protección efectiva de los derechos fundamentales." En el mismo sentido, en el artículo 2 de la Ley Orgánica se insiste en que la justicia constitucional es "para garantizar la supremacía y defensa de las normas y principios constitucionales y del Derecho Internacional vigente en la República, su uniforme interpretación y aplicación, así como los derechos y libertades fundamentales consagrados en la Constitución o en los instrumentos internacionales de derechos humanos aplicables".

En este mismo sentido, por otra parte, es que se define la expresión "constitucionalidad" en el artículo 7.3 de la Ley Orgánica, al declarar que:

> "Corresponde al Tribunal Constitucional y al Poder Judicial, en el marco de sus respectivas competencias, garantizar la supremacía, integridad y eficacia de la Constitución y del bloque de constitucionalidad."

Por su parte, en cuanto al bloque de constitucionalidad, "que sirve de parámetro al control de la constitucionalidad y al cual está sujeto la validez formal y material de las normas infra constitucionales," conforme al artículo 7.10 de la Ley Orgánica, está integrado por:

> "los valores, principios y reglas contenidos en la Constitución y en los tratados internacionales sobre derechos humanos adoptados por los poderes públicos de la República Dominicana, conjuntamente con los derechos y garantías fundamentales de igual naturaleza a los expresamente contenidos en aquellos."

En esta forma puede decirse que se materializa en la Ley Orgánica, la previsión del artículo 74,3 de la Constitución que otorga jerarquía internacional a los "tratados, pactos y convenciones relativos a derechos humanos, suscritos y ratificados por el Estado dominicano," los cuales son, por tanto, "de aplicación directa e inmediata por los tribunales y demás órganos del Estado".

Por ello, como se dijo, en materia de derechos humanos, el control de constitucionalidad a cargo del Tribunal Constitucional y de los tribunales de la República, es además un control de convencionalidad.

En todo caso, todo este sistema mixto o integral de justicia constitucional en la Constitución de 2010 se concretiza en las previsiones expresas relativas al control concentrado de la constitucionalidad, al control difuso de la constitucionalidad y a los procesos de protección de los derechos fundamentales.

### 2. *El control difuso de la constitucionalidad en la Constitución de 2010*

En lo que se refiere al control difuso de la constitucionalidad, la Constitución de la República Dominicana lo reguló, en paralelo al control concentrado, al disponer en su artículo 188 que:

> "Los tribunales de la República conocerán la excepción de constitucionalidad en los asuntos sometidos a su conocimiento."

En estos casos, por tanto, todos los tribunales de la República tienen el carácter de jueces constitucionales cuando al resolver un caso concreto sobre el cual tengan conocimiento, declaren la inconstitucionalidad de una norma (el juez la considera "nula"), como si la misma nunca se hubiese dictado (*ab inicio*), y por tanto, la desapliquen al decidir el caso concreto. En estos casos, por supuesto, el juez no anula la ley cuestionada, competencia que está reservada al Tribunal Constitucional.

En este supuesto, la consideración de la ley aplicable al caso como inconstitucional con efectos retroactivos, debería permitir al juez, también, graduar dichos efectos, como es en general aceptado en el derecho comparado, en materia penal o sancionatoria si se trata de previsiones más favorables, o de respeto a ciertos derechos adquiridos.

### 3. *El control concentrado de la constitucionalidad en la Constitución de 2010*

El sistema de control concentrado de la constitucionalidad se establece en la Constitución mediante la regulación en el propio texto constitucional, en forma expresa, de la acción de inconstitucionalidad, del control a priori de la constitucionalidad de los tratados internacionales, de los procesos de resolución de conflictos constitucionales entre órganos del Estado y del control de constitucionalidad de las omisiones legislativas. En forma indirecta, también se abre posibilidad en la Constitución para la estructuración del control de la constitucionalidad de la actuación de los partidos políticos.

A tal efecto, el artículo 184 de la Constitución creó el Tribunal Constitucional "para garantizar la supremacía de la Constitución, la defensa del orden constitucional y la protección de los derechos fundamentales", al cual conforme al artículo 9 de la Ley Orgánica, le corresponde conocer de los casos previstos por el artículo 185 de la Constitución y de los que se le atribuyen en la Ley Orgánica, teniendo además competencia para conocer "de las cuestiones incidentales que surjan ante él y dirimirá las dificultades relativas a la ejecución de sus decisiones".

#### A. *Acción de inconstitucionalidad*

En lo que se refiere al control concentrado de la constitucionalidad, el artículo 185.1 de la Constitución le atribuye al Tribunal Constitucional como Jurisdicción Constitucional, competencia para conocer en única instancia de:

> "1) Las acciones directas de inconstitucionalidad contra las leyes, decretos, reglamentos, resoluciones y ordenanzas, a instancia del Presidente de la República, de una tercera parte de los miembros del Senado o de la Cámara de Diputados y de cualquier persona con interés legítimo y jurídicamente protegido".

Como consecuencia de esta competencia, el Tribunal Constitucional tiene el poder de anular los actos estatales inconstitucionales con efectos, en principio, hacia el futuro, aún cuando el Tribunal Constitucional tiene competencia para graduarlos y hacerlos retroactivos.

#### B. *El control de constitucionalidad a priori de los tratados internacionales*

Por otra parte, también como mecanismo de control concentrado de constitucionalidad, conforme al artículo 185.2 de la Constitución, el Tribunal Constitucional tiene competencia para conocer en única instancia, del "control preventivo de los tratados internacionales antes de su ratificación por el órgano legislativo."

### C. *El control concentrado de los conflictos constitucionales*

Además, en virtud de que el control concentrado de la constitucionalidad tiene por objeto, en particular, asegurar la efectiva vigencia de la parte orgánica de la Constitución, la cual en el mundo moderno y en el Estado democrático siempre se ha construido sobre la base de los principios tanto de la separación orgánica de poderes como de distribución territorial del Poder Público, en la Constitución se asigna también al Tribunal Constitucional competencia para resolver los "conflictos de competencia" entre los Poderes Públicos (art. 185,3).

Estos conflictos son básicamente, los que se originan entre los Poderes Legislativo y Ejecutivo y, además, respecto de los otros órganos constitucionales con autonomía funcional, de manera que todos actúen conforme a los poderes atribuidos en la Constitución, sancionando toda usurpación, por inconstitucionalidad.

Sin embargo, también correspondería al Tribunal Constitucional como órgano encargado del control de la constitucionalidad, mantener el principio de la distribución territorial del poder que establece la Constitución conforme al esquema de descentralización política adoptado, haciendo respetar la autonomía de las entidades municipales que están constitucionalmente establecidas. Por tanto, en el caso de los Municipios que en República Dominicana se dotan de autonomía (art. 199), los conflictos de competencia también caerían bajo la competencia del Tribunal Constitucional para resolver los conflictos de competencia constitucional entre las entidades territoriales.

### D. *El control de las omisiones legislativas absolutas*

La Constitución de 2010 no reguló en forma expresa la potestad del Tribunal Constitucional de controlar la constitucionalidad de las omisiones absolutas del Legislador, como por ejemplo, se regula expresamente en las Constituciones de Brasil, Colombia y Venezuela.

Sin embargo, habiéndose creado el Tribunal constitucional en el artículo 184 de la Constitución "para garantizar la supremacía de la Constitución, la defensa del orden constitucional y la protección de los derechos fundamentales," sin duda que el mismo, conforme a esta norma, tiene potestad para controlar la constitucionalidad de las omisiones legislativas absolutas, a los efectos de no sólo poder garantizar la supremacía de la Constitución frente a la omisión legislativa en regular mediante ley aspectos sustantivos necesarios para que aquélla tenga efectiva vigencia, sino para la defensa del orden constitucional y además, en particular, para la protección de los derechos fundamentales cuando la omisión legislativa pueda afectar su efectivo ejercicio.

Sobre esto, en todo caso, la Ley Orgánica dispuso al regular la acción directa de inconstitucionalidad, que la misma puede ser interpuesta ante el Tribunal Constitucional "contra las leyes, decretos, reglamentos, resoluciones y ordenanzas, que infrinjan, por acción u omisión, alguna norma sustantiva" (art. 36). Igualmente, el artículo 6 de la Ley Orgánica dispuso que la Constitución también se tenga por infringida "cuando haya contradicción del texto de la norma, acto u omisión cuestionado, de sus efectos o de su interpretación o aplicación con los valores, principios y reglas contenidos en la Constitución."

E. *El control de la constitucionalidad de la actuación de los partidos políticos*

Por último, también formaría parte del objeto del control de la constitucionalidad el velar por el mantenimiento del régimen político democrático, de manera de asegurar que no se rompa; sancionando cualquier actuación que sea contraria a los valores de la democracia que establece la Constitución. Por ello, incluso, en algunos países, los Tribunales Constitucionales tienen competencias para proscribir la actuación de partidos políticos cuyo objeto sea destruir la democracia misma. En la República Dominicana, por ejemplo, la actuación de los partidos debe realizarse "con sujeción a los principios establecidos en esta Constitución (art. 216), por lo que el control último de la constitucionalidad de la actuación de los partidos políticos también correspondería al Tribunal Constitucional.

4. *El control de constitucionalidad y la garantía de los derechos fundamentales en la Constitución de 2010*

Por otra parte, el control de constitucionalidad también tiene por objeto particular asegurar la vigencia de la parte dogmática de la Constitución, es decir, de los derechos fundamentales declarados en el texto constitucional, y en el caso de la República Dominicana, también los declarados en los tratados internacionales de derechos humanos a los que se da rango constitucional (art. 74,3). A estos efectos en la República Dominicana la Constitución ha establecido acciones específicas de protección como las de amparo, *hábeas corpus* y *hábeas data* (arts. 70-72), cuyo conocimiento corresponde en forma difusa a los tribunales de la República, consagrándose como principio fundamental en la Ley Orgánica (art. 7.4), lo que se denomina el principio de "efectividad" en el sentido de que:

> "Todo juez o tribunal debe garantizar la efectiva aplicación de las normas constitucionales y de los derechos fundamentales frente a los sujetos obligados o deudores de los mismos, respetando las garantías mínimas del debido proceso y está obligado a utilizar los medios más idóneos y adecuados a las necesidades concretas de protección frente a cada cuestión planteada, pudiendo conceder una tutela judicial diferenciada cuando lo amerite el caso en razón de sus peculiaridades."

5. *Principios generales en la Ley Orgánica del Tribunal Constitucional y de los Procedimientos Constitucionales (01/03/2010)*

Conforme al marco constitucional regulatorio de la justicia constitucional antes esbozada, en la Ley Orgánica del Tribunal Constitucional y de los Procedimientos Constitucionales de 2010, se ha establece el marco regulatorio legislativo general de todo el sistema mixto o integral de justicia constitucional de la República Dominicana, conforme a las previsiones que se resumen a continuación.

A. *Los diversos procesos constitucionales en la Ley Orgánica*

En la Ley Orgánica, en efecto, se regula en primer lugar, el control difuso de la constitucionalidad de las leyes y demás actos del Estado.

En segundo lugar, en la Ley Orgánica se regula el control concentrado de la constitucionalidad, previéndose la competencia del Tribunal Constitucional para conocer del proceso constitucional el control a posteriori de la constitucionalidad de las leyes y otros actos estadales, el cual se ejerce mediante la acción de inconstitucionalidad; el procedimiento constitucional del control *a priori* en relación específicamente con los tratados internacionales; y el proceso constitucional de la resolución de conflictos constitucionales.

En tercer lugar, en la Ley Orgánica también se regula en forma detallada, el régimen general de la garantía judicial de los derechos fundamentales, regulándose los procesos constitucionales en materia de *habeas corpus*, *habeas data* y amparo, a cuyo efecto se deroga la Ley número 437-06 de Recurso de Amparo de fecha 30 de noviembre del año 2006.

En cuarto lugar, en la Ley Orgánica también se establecen algunas previsiones, aún cuando incompletas, relativas al control de constitucionalidad de las omisiones absolutas del Legislador.

Y en quinto lugar, también se establecen en la Ley Orgánica previsiones destinadas a regular la potestad del Tribunal Constitucional de revisión de sentencias en materia constitucional; y de conocer en segunda instancia de los casos de amparo, *habeas corpus* y *habeas data* vía un recurso de revisión.

### B. *El principio de la progresividad en materia de derechos fundamentales*

En todos los procesos constitucionales que se regulan en la Ley Orgánica en los cuales esté en juego la protección de los derechos fundamentales, en la misma se ha establecido como principio rector que debe guiar los mismos, el principio de la progresividad o principio *pro homine*, que se denomina como principio de "favorabilidad" (art. 7.5), en el sentido de que se declara, primero, que "ninguna disposición de la presente ley puede ser interpretada en el sentido de limitar o suprimir el goce y ejercicio de los derechos y garantías fundamentales"; y segundo, que los jueces y funcionarios tienen el deber de interpretar y aplicar la Constitución y los derechos fundamentales de modo que se "optimice su máxima efectividad para favorecer al titular del derecho fundamental". La consecuencia del principio es que "cuando exista conflicto entre normas integrantes del bloque de constitucionalidad" debe prevalecer "la que sea más favorable al titular del derecho vulnerado," agregándose que "Si una norma infra constitucional es más favorable para el titular del derecho fundamental que las normas del bloque de constitucionalidad la primera se aplicará de forma complementaria, de manera tal que se asegure el máximo nivel de protección".

### C. *Los principios rectores de carácter adjetivo del conjunto de procesos constitucionales*

Respecto de todos estos procesos y procedimientos constitucionales, la Ley Orgánica, por otra parte, ha establecido en su artículo 7, un conjunto de principios rectores de carácter adjetivo, entre los cuales se destacan los siguientes:

En primer lugar, el principio de "accesibilidad" (art. 7.1), conforme al cual la jurisdicción debe estar "libre de obstáculos, impedimentos, formalismos o ritualismos que limiten irrazonablemente la accesibilidad y oportunidad de la justicia".

En segundo lugar, el principio de la "celeridad" (art. 7.2), conforme al cual, "los procesos de justicia constitucional, en especial los de tutela de los derechos fundamentales deben resolverse dentro de los plazos constitucional y legalmente previstos y sin demora innecesaria".

En tercer lugar, el principio de "informalidad" (art. 7.9), en el sentido de que los procesos y procedimientos constitucionales "deben estar exentos de formalismos o rigores innecesarios que afecten la tutela judicial efectiva".

En cuarto lugar, el principio de la "gratuidad" (art. 7.6), precisando que "la justicia constitucional no está condicionada a sellos, fianzas o gastos de cualquier naturaleza que dificulten su acceso o efectividad y no está sujeta al pago de costas, salvo la excepción de inconstitucionalidad cuando aplique".

En quinto lugar, el principio de la "inderogabilidad" (art. 7.8), disponiéndose que los procesos constitucionales "no se suspenden durante los estados de excepción y, en consecuencia, los actos adoptados que vulneren derechos protegidos o que afecten irrazonablemente derechos suspendidos, están sujetos al control jurisdiccional."

Y en sexto lugar, el principio de la "supletoriedad" (art. 2.13), en el sentido de que para la solución de toda "imprevisión, oscuridad, insuficiencia o ambigüedad" de la Ley, se deben aplicar supletoriamente "los principios generales del Derecho Procesal Constitucional y sólo subsidiariamente las normas procesales afines a la materia discutida, siempre y cuando no contradigan los fines de los procesos y procedimientos constitucionales y los ayuden a su mejor desarrollo".

## III. EL RÉGIMEN DEL CONTROL DIFUSO DE LA CONSTITUCIONALIDAD DE LAS LEYES Y DEMÁS ACTOS ESTATALES

Como se dijo, el artículo 188 de la Constitución regula el "control difuso" de la constitucionalidad, al atribuir a los tribunales de la República competencia para conocer de la "excepción de constitucionalidad" en los asuntos sometidos a su conocimiento;" control que también podría consistir en un control de convencionalidad, en virtud de la jerarquía constitucional de los tratados, pactos y convenciones relativos a derechos humanos, suscritos y ratificados por el Estado dominicano que, además, son de aplicación directa e inmediata por los tribunales y demás órganos del Estado (art. 74.3).

Por ello, en el Considerando Octavo de la Ley Orgánica se definió el control difuso como el poder "otorgado a los tribunales del Poder Judicial, los cuales por disposición de la propia normativa constitucional, tienen la facultad de revisar, en el marco de los procesos sometidos a su consideración, la constitucionalidad del ordenamiento jurídico dominicano;" habiéndose destinado los artículos 51 y 52 de la Ley Orgánica a regular, dentro de las modalidades de "control de constitucionalidad", este control difuso de la constitucionalidad, conforme a las siguientes reglas:

En primer lugar, se trata de un control de la constitucionalidad que puede realizar "todo juez o tribunal del Poder Judicial apoderado del fondo de un asunto" (art. 51).

En segundo lugar, es un control difuso de objeto amplio, en el sentido de que no sólo se establece respecto de las leyes, sino que procede respecto de tipo de acto estatal como una "ley, decreto, reglamento o acto" (art. 51).

Es decir, ni en la Constitución ni en la Ley se establece que se trate exclusivamente de un control de constitucionalidad de las leyes ni siquiera de los actos normativos, Sin embargo, el control difuso no procede respecto de los Tratados internacionales una vez que se han reputado constitucionales por el Tribunal Constitucional, de manera que el artículo 57, Parágrafo Único de la Ley Orgánica dispone que luego de que hayan sido objeto de control preventivo de constitucionalidad por el

Tribunal Constitucional, "ello impide que posteriormente, el mismo sea cuestionado por inconstitucional ante el Tribunal Constitucional o cualquier juez o tribunal por los motivos que valoró el Tribunal Constitucional".

En tercer lugar, la Ley Orgánica dispone que cuando ante un tribunal apoderado del fondo de un asunto "se alegue como medio de defensa la inconstitucionalidad de una ley, decreto, reglamento o acto," dicho tribunal "tiene competencia y está en el deber de examinar, ponderar y decidir la excepción planteada como cuestión previa al resto del caso".

En cuarto lugar, y contrariamente al sistema tradicional derivado del principio dispositivo, en el régimen de la República Dominicana revalorizándose el principio de la supremacía constitucional, se establece la posibilidad de que el control difuso de la constitucionalidad se pueda ejercer de oficio por todo juez o tribunal del Poder Judicial, en aquellas causas llamadas a su conocimiento.

Se sigue aquí la misma orientación adoptada en el sistema venezolano, a cuyo efecto por una parte se define en la Ley Orgánica, como principio de "oficiosidad", el que:

> "Todo juez o tribunal, como garante de la tutela judicial efectiva, debe adoptar de oficio las medidas requeridas para garantizar la supremacía constitucional y el pleno goce de los derechos fundamentales, aunque no hayan sido invocadas por las partes o lo hayan sido erróneamente" (art. 2.4).

Y por la otra, el artículo 52 de la Ley Orgánica expresamente dispone que:

> "El control difuso de la constitucionalidad debe ejercerse por todo juez o tribunal del Poder Judicial, aún de oficio, en aquellas causas sometidas a su conocimiento".

En quinto lugar, cuanto se trate de una decisión que acepte la excepción de inconstitucionalidad y la consecuencia de la misma sea la desestimación de la acción, la sentencia dictada es entonces recurrible ante la instancia superior. En el caso de que la decisión judicial sea de rechazo de la excepción de inconstitucionalidad, en la Ley Orgánica se dispone que las mismas sólo puedan ser recurridas con la sentencia que recaiga sobre el fondo del asunto (art. 51, parágrafo único).

Debe mencionarse, por último, que en la versión inicial del Proyecto de Ley sometido al Senado por el Presidente de la República (art. 30.3) se buscaba regular expresamente los casos en los cuales dentro de los procesos judiciales, fuera la Suprema Corte de Justicia, o una de sus Salas, la que declarase en su sentencia, por vía de excepción, la inconstitucionalidad de una norma, en cuyo caso se proponía que la misma debía remitirse al Tribunal Constitucional para que éste se pronunciase de manera definitiva sobre la conformidad o no a la Constitución de la norma cuestionada, sin perjuicio de la autoridad de cosa juzgada en el caso. Esta propuesta, sin embargo, no fue acogida en el Proyecto aprobado en el Congreso. De haberlo sido, hubiera sido el único caso del ejercicio del control concentrado de constitucionalidad de las leyes y demás normas, por vía incidental, como consecuencia del ejercicio del control difuso de la constitucionalidad de normas por la Corte Suprema.

## IV. EL RÉGIMEN DEL CONTROL CONCENTRADO DE LA CONSTITUCIONALIDAD DE LAS LEYES Y DEMÁS ACTOS ESTATALES Y DE LAS OMISIONES LEGISLATIVAS

### 1. *La acción de inconstitucionalidad*

El control concentrado de la constitucionalidad, como se dijo, en la Ley Orgánica y conforme a la Constitución, se atribuye al Tribunal Constitucional, el cual está definido como "el órgano supremo de interpretación y control de la constitucionalidad" (art. 1).

A tal efecto, y siguiendo lo previsto en la Constitución, en la Ley Orgánica se lo concibe como una institución autónoma de los poderes públicos y de los demás órganos del Estado (art. 1), por lo cual los jueces integrantes del Tribunal no están sujetos a mandato imperativo, ni reciben instrucciones de ninguna autoridad; no incurriendo en responsabilidad por los votos emitidos en el ejercicio de sus funciones (art. 18). Por ello, el artículo 3 de la Ley Orgánica expresamente dispone que "en el cumplimiento de sus funciones como jurisdicción constitucional, el Tribunal Constitucional solo se encuentra sometido a la Constitución, a las normas que integran el bloque de Constitucionalidad, a esta Ley Orgánica y a sus reglamentos".

Conforme a la Constitución, en definitiva, el Tribunal Constitucional fue concebido "con el objetivo de garantizar la supremacía de la Constitución, la defensa del orden constitucional y la protección de los derechos fundamentales" (Considerando Sexto de la Ley), con la competencia para conocer "de los procesos previstos por el artículo 185 de la Constitución".

#### A. *La competencia del Tribunal Constitucional*

##### a. *La precisión del objeto de la acción de inconstitucionalidad*

La competencia del Tribunal Constitucional en materia de control concentrado de la constitucionalidad está definida en la Ley Orgánica, en la Sección I ("Del control concentrado de constitucionalidad") del Capítulo I ("Del control de constitucionalidad") del Título II ("De los procesos y procedimientos constitucionales"), estableciéndose que dicho control se ejerce mediante el conocimiento de "la acción directa de inconstitucionalidad" que puede ser interpuesta ante el Tribunal Constitucional "contra las leyes, decretos, reglamentos, resoluciones y ordenanzas, que infrinjan, por acción u omisión, alguna norma sustantiva." (art. 36). Se entiende, por supuesto, que en esta expresión de infracción de "norma sustantiva" el artículo se esta refriendo a las infracciones constitucionales tal como se definen en el artículo 6 de la Ley Orgánica.

En el caso de los tratados internacionales, sin embargo, en la Ley Orgánica se dispone que los mismos, luego de que hayan sido objeto de control preventivo de constitucionalidad, y sean reputados como constitucionales, ello impide que los mismos pueden ser cuestionado por inconstitucional ante el Tribunal Constitucional por los motivos que valoró el Tribunal Constitucional (artículo 57, Párrafo único).

Ahora bien, con esta última excepción, se trata en general, de un control concentrado de constitucionalidad que se regula en la Ley en forma universal, que abarca materialmente todos los actos del Estado. Ello, sin duda, constituye una disidencia respecto de los sistemas de control concentrados de la constitucionalidad en el derecho comparado, cuyo objeto se limita normalmente a las leyes o demás actos de igual rango y valor (como los decretos leyes), así como respecto de actos de los órganos superiores del Estado dictados en ejecución directa de la Constitución, como por ejemplo serían los *interna corporis* del Congreso, los actos de gobierno, como los que declaran los estados de excepción, o las resoluciones, por ejemplo dictadas por la Corte Suprema de Justicia.

Es cierto que el artículo 184 de la Constitución atribuye al Tribunal Constitucional competencia para conocer de las "acciones directas de inconstitucionalidad contra las leyes, decretos, reglamentos, resoluciones y ordenanzas;" pero también es cierto que la misma Constitución regula la Jurisdicción Contencioso Administrativa, atribuyendo a los Tribunales Superiores Contencioso Administrativos competencia para "conocer de los recursos contenciosos contra los actos, actuaciones y disposiciones de autoridades administrativas contrarias al Derecho como consecuencia de las relaciones entre la Administración del Estado y los particulares, si éstos no son conocidos por los tribunales contencioso administrativos de primera instancia" (art. 165.2).

Por tanto, esta la Ley reguladora de la Jurisdicción Constitucional tendría que haber sido precisamente la que debía establecer con precisión el deslinde de su ámbito u objeto con relación al de la Jurisdicción Contencioso Administrativa, cuyos jueces también son jueces constitucionales, no sólo cuando ejercen el control difuso de la constitucionalidad como cualquier juez en los casos que resuelven, sin cuando anulan actos administrativos por razones de inconstitucionalidad que es una forma de "contrariedad del derecho".

En el caso de la República Dominicana, puede decirse que la Jurisdicción Constitucional no tiene el monopolio del control concentrado de la constitucionalidad; sino que lo que tiene es el monopolio del control concentrado de la constitucionalidad de ciertos actos estatales, como las leyes y los demás actos estatales de ejecución directa de la Constitución. El control concentrado de la constitucionalidad de los actos administrativos, en cambio, debe seguir bajo la competencia de los tribunales de la Jurisdicción Contencioso Administrativa.

#### b. *El necesario deslinde entre el objeto de la Jurisdicción Constitucional y la Jurisdicción contencioso administrativa*

El necesario deslinde de estas competencias entre los tribunales de las dos Jurisdicciones, la Constitucional y la Contencioso Administrativa, deberá ser, sin duda, una de las tareas iniciales del Tribunal Constitucional, lo que deberá hacer, como ha ocurrido en general en el derecho comparado, basándose en la naturaleza de los actos impugnados y no en los motivos de impugnación. Para ello, insistimos, resultan fundamentales las previsiones de la Constitución.

En cuanto a la Jurisdicción Contencioso Administrativa, la competencia de los tribunales de la misma es para conocer de la impugnación de los actos administrativos, o como lo dice el artículo 165,2 de la Constitución de "los actos, actuaciones y disposiciones de autoridades administrativas contrarias al Derecho como consecuencia de las relaciones entre la Administración del Estado y los particulares," por contrariedad al derecho, es decir, por vicios de inconstitucionalidad o de legalidad propiamente dicha.

Por supuesto, la clave de esta norma está en determinar, primero, si los actos administrativos normativos, como los reglamentos, se consideran o no como actos administrativos; y además, segundo, si hay actos administrativos que puedan estar excluidos del control contencioso administrativo, lo que en principio parece no permitir la norma.

En cuanto a la Jurisdicción Constitucional, la competencia del Tribunal Constitucional es para conocer de las "acciones directas de inconstitucionalidad contra las leyes, decretos, reglamentos, resoluciones y ordenanzas", tal como lo establece el artículo 185,2 de la Constitución. Ahora bien, es esta materia que el Tribunal Constitucional deberá interpretar la Constitución para distribuir la competencia entre ambas Jurisdicciones, pues si se atiene literalmente al texto, algunos "decretos, reglamentos, resoluciones y ordenanzas" pueden ser considerados o contener actos administrativos, y otros no.

Es decir, en ausencia de una precisa determinación legal por el legislador, deberá ser el Tribunal Constitucional el que precise cuándo algunos "decretos, reglamentos, resoluciones y ordenanzas" son meros actos administrativos y por tanto, sujetos al control de la Jurisdicción Contencioso Administrativa; y cuándo otros "decretos, reglamentos, resoluciones y ordenanzas" no son actos administrativos y por tanto, sujetos al control de la Jurisdicción Constitucional; y la clave para ello no es otra que la interpretación del sistema jurídico conforme a la doctrina de la creación del derecho por grados (Kelsen, Merkel) de manera que llámense como se llamen los actos estatales, deberían estar sometidos al control de la Jurisdicción Constitucional, aquellos actos estatales, como lo son las leyes, dictados en ejecución directa e inmediata de la Constitución o de previsiones constitucionales, con rango legal en la formación del orden jurídico. De resto, los otros actos estatales serían de rango sublegal como los actos administrativos, dictados en ejecución directa de la legislación (e indirecta de la Constitución) y, por tanto, sometidos al control de la Jurisdicción Contencioso Administrativa.

Esto implica que el criterio de distinción entre la Jurisdicción Constitucional y la Jurisdicción Contencioso Administrativa, debe establecerse con claridad con base en la naturaleza de los actos impugnados, independientemente de su denominación formal o de su forma jurídica, y por supuesto, de ninguna manera con base en los motivos de impugnación, pues los motivos de inconstitucionalidad se pueden formular en ambas Jurisdicciones.

De acuerdo con el artículo 139 de la Constitución el control de "legalidad" de los actos de la Administración Pública lo ejercen los tribunales, y en particular, los de la Jurisdicción Contencioso Administrativa que deben conocer de los recursos contenciosos contra los actos, actuaciones y disposiciones de autoridades administrativas "contrarias al Derecho" realizadas como consecuencia de las relaciones entre la Administración del Estado y los particulares (Artículo 165,2). Y "contrariedad al derecho" implica contrariedad a la Constitución y, además, a las leyes y demás fuentes de derecho, por lo que la impugnación de los actos administrativos por razón de inconstitucionalidad, es una competencia exclusiva de los tribunales de la Jurisdicción Contencioso Administrativa y no puede corresponder a la Jurisdicción Constitucional.

Por tanto, como se dijo, frente a los "decretos, resoluciones y ordenanzas" debe precisarse si en cada caso se trata o no de actos administrativos, pues si se trata de actos administrativos, la competencia para conocer de su impugnación corresponde a los tribunales de la Jurisdicción Contencioso Administrativa aún cuando los motivos de impugnación sean de inconstitucionalidad.

Solo en el caso de los "reglamentos," sin embargo, en particular los dictados por el Presidente de la República (Reglamentos Ejecutivos), aún tratándose de actos administrativos, en virtud de la mención expresa de la Constitución, podrían considerarse que como excepción, la competencia para conocer de su impugnación corresponde en forma exclusiva a la Jurisdicción Constitucional. Pero ello no debería aplicarse a reglamentos es decir, actos normativos dictados por otros funcionarios de la Administración.

En nuestro criterio, por ejemplo, la Ley Orgánica pudo haberse dispuesto, casuísticamente, que la acción directa de inconstitucionalidad podía ser interpuesta contra las leyes y resoluciones dictados por el Congreso Nacional; contra los reglamentos dictados por el Presidente de la República; contra los decretos ejecutivos y demás resoluciones emanados de los diversos órganos de los poderes públicos y dictados en ejecución directa e inmediata de la Constitución, incluyendo las declaratorias de los estados de excepción; y contra las ordenanzas, como leyes locales municipales; siempre que no se trate de actos administrativos cuya impugnación debe realizarse ante la Jurisdicción Contencioso Administrativa.

En tal sentido, además, debería aclararse en todo caso, que los actos administrativos de efectos particulares solo pueden ser impugnados ante la Jurisdicción Contencioso Administrativa aún cuando el motivo de impugnación sea su inconstitucionalidad.

La redacción de los artículos 184 y 185.1 de la Constitución impone que se interprete la competencia de las dos Jurisdicciones en el sentido de que los actos llamados a ser impugnados ante el Tribunal Constitucional (Jurisdicción Constitucional), con excepción de los reglamentos, sólo deben ser los actos estatales dictados en ejecución directa e inmediata de la Constitución; o en otros términos, que no debe proceder la impugnación ante la Jurisdicción Constitucional de los actos administrativos, los cuales sólo deben ser impugnados, conforme al artículo 165.2 de la Constitución, ante los tribunales de la Jurisdicción Contencioso Administrativa.

En la enumeración de actos estatales incluida en el artículo 36 de la Ley Orgánica, sin embargo, se sigue a la letra la misma que trae el artículo 185.1 de la Constitución, de la cual resulta, sin duda, unos actos estatales que definitivamente no son actos administrativos, como es el caso de las "leyes" y algunas "resoluciones" que dicta el Congreso Nacional o la Corte Suprema de Justicia.

En cuanto a los "reglamentos," como se dijo, aún siendo actos administrativos, es la Constitución la que prevé su impugnación ante el Tribunal Constitucional, por lo que en ausencia de precisión legal, es el Tribunal Constitucional el llamado a determinar si se trata de cualquier reglamento o acto reglamentario o normativo (que son actos administrativos) o sólo de ciertos Reglamentos como los Reglamentos Ejecutivos, es decir, los dictados por el Presidente de la República conforme al artículo 128,1,b de la Constitución. Todos los otros actos administrativos reglamentarios dictados por cualquier otra autoridad administrativa nacional, provincial o municipal deberían ser impugnables ante los tribunales de la Jurisdicción Contencioso Administrativa.

En cuanto a los otros actos enumerados en la norma del artículo 36 de la Ley Orgánica, también deberá ser el Tribunal Constitucional el que determine en su jurisprudencia interpretativa cuáles se reservan al conocimiento de la Jurisdicción Constitucional, que deberían ser solo aquellos dictados en ejecución directa e inmediata de la Constitución. Ello será necesario, por ejemplo, en relación con los "Decretos" que debe presumirse que se refiere a los dictados por el Presidente de la República. Estos, en general, son actos administrativos (impugnables, por tanto, ante la Jurisdicción Contencioso Administrativa) excepto aquellos dictados en ejecución directa e inmediata de la Constitución que serían los únicos que deberían ser impugnables ante la Jurisdicción Constitucional, como serían muchos de los dictados por el Presidente de la República como Jefe de Estado, por ejemplo, en materia de declaratoria de estados de excepción o estado de defensa nacional conforme al artículo 128,1 e y f de la Constitución, que serían lo que en otras latitudes se conocen como "actos de gobierno" impugnables ante el Tribunal Constitucional.

En cuanto a las "Ordenanzas" debe observarse que en la Constitución esa palabra sólo se utiliza precisamente en el artículo 185.2, y no se la usa para calificar ningún acto estatal específico. En la terminología de otros países de América Latina, las Ordenanza serían las "leyes locales," es decir, los actos normativos dictados por los Concejos Municipales autónomos, en las materias que la Constitución les asigna y reserva, que presumimos es el mismo sentido que tienen en la república Dominicana.

### B. *La legitimación activa para intentar la acción de inconstitucionalidad*

El artículo 37 de la Ley Orgánica regula la legitimación para interponer la acción de inconstitucionalidad, distinguiendo dos supuestos distintos con criterios diferentes.

#### a. *Legitimación activa del Presidente de la República y de representantes de las Cámaras Legislativas*

En primer lugar, se dispone que la acción directa en inconstitucionalidad pueda ser interpuesta a instancia del Presidente de la República o de una tercera parte de los miembros del Senado o de la Cámara de Diputados. En estos casos, la legitimación activa que se regula es específica, sin consideración alguna al interés que puedan tener dichos funcionarios en la impugnación.

#### b. *Legitimación respecto de los ciudadanos: la exigencia de un interés legítimo y protegido*

En segundo lugar, se establece en general que la acción de inconstitucionalidad puede ser impuesta por cualquier persona "con interés legítimo y jurídicamente protegido" (art. 37). En consecuencia, sea cual fuere la naturaleza del acto estatal objeto de la impugnación, es decir, trátese o no de un acto estatal de carácter normativo, la condición legal para intentar la acción de inconstitucionalidad es que sólo las personas afectados por los mismos, y que por tanto, sean titulares de un "interés legítimo", es decir, derivado de un título jurídico, y que se encuentre jurídicamente protegido, pueden interponerla.

En esta forma, se eliminó de la Ley Orgánica toda posibilidad de que la acción de inconstitucionalidad se pudiera configurar como una acción popular, que corresponde a todos los ciudadanos por el simple interés en la constitucionalidad, como existe en Colombia y Venezuela. A tal efecto, en el Proyecto enviado al Senado por el Presidente de la República en 2010 (art. 99), se disponía que frente a los actos normativos se presumía siempre que toda persona tenía un interés legítimo y jurídicamente protegido, con lo que la acción de inconstitucionalidad contra los actos normativos, se configuraba como una acción popular, pudiendo cualquier persona interponerla. No estableciéndose en el texto de la Ley Orgánica esta presunción legal, es forzado que se interprete que todo ciudadano siempre tiene "interés legítimo" en la constitucionalidad de los actos estatales, y que dado el principio constitucional de la supremacía, se presuma que por ello ese interés en la constitucionalidad está "jurídicamente protegido".

Nada se estableció expresamente en la Ley Orgánica sobre la posibilidad de acciones de inconstitucionalidad interpuestas contra actos estatales que vulneren derechos colectivos y del medio ambiente o intereses colectivos y difusos, por lo que respecto de los mismos se aplica la misma regla del interés legítimo y jurídicamente protegido.

### C. *Los principios del procedimiento en el proceso constitucional de anulación*

En cuanto al procedimiento en los procesos de control de constitucionalidad, la Ley Orgánica establece las siguientes reglas principales de procedimiento:

#### a. *Escrito de la demanda*

El escrito mediante el cual se interponga la acción de inconstitucionalidad debe ser presentado ante la Secretaría del Tribunal Constitucional, y en el mismo deben exponerse sus "fundamentos en forma clara y precisa, con cita concreta de las disposiciones constitucionales que se consideren infringidas" (art. 38).

#### b. *Admisión de la acción*

Si el Presidente del Tribunal Constitucional considera que se han cumplido los requisitos antes indicados, debe decidir sobre la admisión de la acción, debiendo en el auto de admisión de la acción, notificar el escrito al Procurador General República y a la autoridad de la que emane la norma o acto cuestionado, para que en el plazo de 30 días a partir de su recepción, manifiesten su opinión al respecto (art. 39).

La falta de dictamen del Procurador o de las observaciones de la autoridad cuya norma o acto se cuestione no impide la tramitación y fallo de la acción en inconstitucionalidad (art. 39, Parágrafo único).

El Presidente del Tribunal debe igualmente en el mismo acto de admisión, disponer que un extracto de la acción que ha sido incoada se publique en el portal institucional del Tribunal y en cualquier otro medio que se estime pertinente (art. 40).

En el Proyecto de Ley Orgánica sometido por el Presidente de la República al Senado (art. 30.16), se había previsto que conjuntamente con la acción de inconstitucionalidad, y mediante instancia separada, el accionante podía solicitar que mientras se decidiera la acción de inconstitucionalidad de la norma o acto impugnado, el Tribunal Constitucional podía disponer sobre la suspensión de sus efectos, hasta tanto dictara sentencia sobre la acción principal. Esta previsión fue eliminada al sancionarse la Ley Orgánica.

c. *Audiencia oral*

Una vez vencido el plazo antes indicado para la manifestación de la opinión del Procurador y de la autoridad de la que emane la norma o acto cuestionado, el Tribunal debe convocar a una audiencia oral y pública, a fin de que el accionante, dicha autoridad y el Procurador presente sus conclusiones. La no comparecencia de las partes no impide el fallo de la acción en inconstitucionalidad (art. 41).

En esta forma, al eliminarse de la ley Orgánica la popularidad de la acción, se eliminó también del procedimiento la posibilidad de intervención de terceros como coadyuvantes en las alegaciones que pudieren justificar la procedencia o improcedencia de la inconstitucionalidad, o para ampliar, en su caso, los motivos de inconstitucionalidad en relación con el asunto que les pudiese interesar, tal como se había dispuesto en el Proyecto de ley Orgánica que el Presidente de la república sometió al Senado en 2010 (art. 29.4).

d. *Informes técnicos*

El Tribunal Constitucional puede requerir de instituciones públicas o privadas informes técnicos para mejor resolver en ocasión de una acción de inconstitucionalidad (art. 42).

e. *Lapso de decisión*

El Tribunal Constitucional debe resolver la acción de inconstitucionalidad dentro de un término máximo de cuatro (4) meses, a partir de la fecha en que concluya la vista (Art. 43).

D. *Las sentencias del Tribunal Constitucional en materia de control concentrado de constitucionalidad*

La Ley Orgánica establece en el artículo 30, los siguientes tipos de tipos de sentencias en los procesos de control de constitucionalidad:

a. *Sentencias desestimatorias o de denegación*

En primer lugar, están las sentencias desestimatorias o de denegación de la acción en las cuales el Tribunal debe examinar todos los motivos de inconstitucionalidad que se hubieren alegado para fundamentarla.

Estas sentencias únicamente surten efecto entre las partes en el caso concreto y no producen cosa juzgada (Art. 44).

b. *Sentencias estimatorias y de anulación*

En segundo lugar, están las sentencias estimatorias o de acogimiento de la acción, que declaran la inconstitucionalidad y que, en consecuencia, disponen la anulación consecuente de la norma o los actos impugnados.

Estas sentencias producen cosa juzgada y eliminan la norma o acto del ordenamiento jurídico, lo que rige "a partir de la publicación de la sentencia" (art. 45). Esto significa que las sentencias anulatorias del Tribunal Constitucional tienen, en principio, efectos pro futuro, *ex nunc*; lo que se reafirma en el artículo 48 donde se afirma que "la sentencia que declara la inconstitucionalidad de una norma produce efectos inmediatos y para el porvenir".

Sin embargo, la norma autoriza por vía de excepción al Tribunal Constitucional para "reconocer y graduar excepcionalmente, de modo retroactivo, los efectos de sus decisiones de acuerdo a las exigencias del caso".

Estas sentencias que declaran la inconstitucionalidad de una norma o disposición general, deben declarar también la inconstitucionalidad de los demás preceptos de ella, o de cualquier otra norma o disposición cuya anulación resulte evidentemente necesaria por conexidad, así como la de los actos de aplicación cuestionados (Art. 46).

c. *Sentencias interpretativas en armonía con la Constitución y de desestimación de la anulación*

En tercer lugar, están las sentencias interpretativas de acuerdo con la Constitución y de desestimación de la anulación, sobre las cuales el artículo 47, dispone que el Tribunal Constitucional, en todos los casos que conozca, puede dictar "sentencias interpretativas de desestimación o rechazo que descartan la demanda de inconstitucionalidad, declarando la constitucionalidad del precepto impugnado, en la medida en que se interprete en el sentido que el Tribunal Constitucional considera como adecuado a la Constitución, o no se interprete en el sentido o sentidos que considera inadecuados". Se trata de las sentencias de interpretación de la ley en armonía con la Constitución evitando su anulación.

d. *Sentencias aditivas en los casos de estimación de la omisión legislativa relativa inconstitucional*

En cuarto lugar, están las sentencias aditivas o exhortativas dictadas en los casos de control de la constitucionalidad de omisiones legislativas relativas. En tal sentido, el artículo 47.I dispone expresamente la posibilidad para el Tribunal Constitucional, al controlar la inconstitucionalidad de las omisiones legislativas, de dictar sentencias interpretativas de estimación en las cuales se puede declarar expresamente la inconstitucionalidad parcial de un precepto, sin que dicha inconstitucionalidad afecte a su texto.

Puede tratarse de las llamadas sentencias interpretativas "aditivas", que son las sentencias dictadas cuando el Tribunal considera inconstitucional una omisión legislativa relativa en el sentido amplio de "ausencia de previsión legal expresa de lo que constitucionalmente debía haberse previsto," interpretando la norma en el sentido de contener lo que conforme a la Constitución debía haberse previsto; o realizando una "interpretación extensiva o analógica del precepto impugnado" para cubrir el vacío legislativo (art. 47.II).

E. *El carácter vinculante de las sentencias del Tribunal Constitucional*

Conforme a los principios establecidos en la Constitución (art. 184), las sentencias del Tribunal Constitucional en materia de control de constitucionalidad, son "definitivas e irrevocables", constituyendo "precedentes vinculantes para todos los poderes públicos y los órganos del Estado" (Considerando Séptimo de la ley Orgánica), lo que como se ha dicho se precisa en el artículo 7.13 la Ley Orgánica, y se reitera en el artículo 31 de la misma Ley Orgánica al disponerse que "las decisiones del Tribunal Constitucional son definitivas e irrevocables y constituyen precedentes vinculantes para los poderes públicos y todos los órganos del Estado". Se prevé en la norma, sin embargo, que el Tribunal Constitucional pude resolver "apartándose de su precedente," en cuyo caso debe expresar en los fundamentos de hecho y de derecho de la decisión "las razones por las cuales ha variado su criterio (art. 31.I).

F. *Algunas previsiones adjetivas en torno a las sentencias*

La Ley Orgánica, además, en torno a la sentencia, establece las siguientes provisiones generales de carácter adjetivo:

a. *Notificación*

Una vez dictadas la sentencia, cualquiera que fuese su forma, se debe notificar siempre; al Procurador General de la República, al accionante y "a las partes que hubieren intervenido" (art. 49), las que quedan reducidas a la autoridad o autoridades de las que emane la norma o acto cuestionado. Además, la Secretaría del Tribunal Constitucional la debe comunicar por nota a los funcionarios que conozcan del asunto principal y los de las demás partes, para que lo hagan constar en los autos, y debe publicar por tres veces consecutivas un aviso en el Boletín Constitucional así como en el portal institucional del Tribunal (art. 49.I).

La declaración de inconstitucionalidad se debe comunicar además, al Poder o Poderes, órganos o entidades que emitieron las normas o actos declarados inconstitucionales, así como, en su caso, "a los competentes para su corrección o conversión" (art. 49.II)

b. *Publicación*

El fallo debe publicarse íntegramente en el Boletín Constitucional, y reseñarse en un diario de circulación nacional y en las publicaciones oficiales de los textos a que pertenecían la norma o normas anuladas (art. 49.III).

A tal efecto, el artículo 4 de la Ley Orgánica precisa que el Boletín Constitucional es el órgano de publicación oficial de los actos del Tribunal Constitucional, debiendo además tener el Tribunal su propio portal institucional.

c. *Ejecución*

El Tribunal Constitucional, además, puede disponer en la sentencia, o en actos posteriores, el responsable de ejecutarla y, en su caso, resolver las incidencias de la ejecución (art. 50) conforme a lo dispuesto en el artículo 87 que regula los poderes del juez de amparo, conforme al cual, por tanto, el Tribunal Constitucional goza de los más amplios poderes para celebrar medidas de instrucción.

2. *El control preventivo de la constitucionalidad de los tratados internacionales*

Conforme al artículo 185.2 de la Constitución, el Tribunal Constitucional tiene competencia para conocer en única instancia, del "control preventivo de los tratados internacionales antes de su ratificación por el órgano legislativo," razón por la cual en los artículos 55 y siguientes de la Ley Orgánica se regula el procedimiento constitucional, estableciéndose las siguientes reglas:

A. *Carácter automático del control*

En primer lugar, se ratifica el carácter preventivo y obligatorio o automático del control, al disponerse que "previo a su ratificación por el Congreso Nacional", el

Presidente de la República debe someter los tratados internacionales suscritos por la República al Tribunal Constitucional, "a fin de que éste ejerza sobre ellos el control previo de constitucionalidad" (55).

B. *Ámbito y competencia del Tribunal*

En segundo lugar, en cuanto a la competencia del Tribunal Constitucional, el artículo 52 dispone que el mismo debe decidir "sobre la constitucionalidad o no de los tratados internacionales suscritos" dentro de los 30 días siguiente a su recibo, y, al hacerlo, el Tribunal debe indicar, si considerare que el Tratado es inconstitucional, "sobre cuales aspectos recae la inconstitucionalidad" así como las razones que fundamentan su decisión.

C. *Efectos de las sentencia*

En tercer lugar, en cuanto a los efectos de la sentencia del Tribunal Constitucional también se dispone en la Ley Orgánica, por una parte, que la misma es vinculante para el Congreso Nacional y el Poder Ejecutivo (art. 57); y por la otra, en los casos en los cuales el tratado internacional sea reputado constitucional, la decisión impide que, posteriormente, el mismo tratado sea cuestionado por inconstitucional ante el Tribunal Constitucional o cualquier juez o tribunal por los motivos que valoró el Tribunal Constitucional (art. 57, Párrafo único).

D. *Publicación de las sentencia*

La decisión del Tribunal Constitucional sobre el control preventivo de los tratados, también debe publicarse por los medios oficiales del Tribunal Constitucional (art. 58), es decir, el Boletín Constitucional y el portal del Tribunal Constitucional (art. 4).

3. *El control de la constitucionalidad de las omisiones legislativa absolutas*

Es evidente que al atribuirle, el artículo 184 de la Constitución, al Tribunal Constitucional competencia "para garantizar la supremacía de la Constitución, la defensa del orden constitucional y la protección de los derechos fundamentales", que frente a omisiones legislativas absolutas, el Tribunal tendría competencia para conocer de las denuncias que se formulen al respecto.

La Ley Orgánica, a tal efecto, reguló expresamente la posibilidad de intentar una acción autónoma de inconstitucionalidad contra las omisiones de las leyes (art. 36), considerando además las omisiones legislativas como infracciones constitucionales (art. 6).

La consecuencia de ello es la previsión en la Ley Orgánica, al regularse los tipos de sentencias que puede dictar el Tribunal, de las llamadas "sentencias exhortativas" en las cuales requiere o exhorta al legislador para dictar la normativa necesaria para cubrir un vacío legislativo absoluto.

En tal sentido, en el artículo 47.III de la Ley Orgánica se incluyó la posibilidad para el Tribunal Constitucional de dictar en estos casos de omisiones legislativas "cualquier otra modalidad admitida en la práctica constitucional comparada" lo cual abre un campo muy amplio de justicia constitucional, por ejemplo, cuando en las sentencias exhortativas el Tribunal en su mismo texto se establece el régimen legal aplicable, de vigencia temporal hasta que debe regir hasta tanto el legislador dicte la legislación correspondiente.

### 4. *El control de la constitucionalidad de los conflictos de competencia de orden constitucional*

Conforme al artículo 185.3 de la Constitución, el Tribunal Constitucional tiene competencia para conocer en única instancia de "los conflictos de competencia entre los poderes públicos, a instancia de uno de sus titulares."

#### A. *Naturaleza constitucional del conflicto*

Conforme al artículo 59 de la Ley Orgánica, este control es un control de constitucionalidad, por lo que los conflictos que el Tribunal Constitucional está llamado a resolver son sólo:

> "los conflictos de competencia de orden constitucional entre los poderes del Estado, así como los que surjan entre cualesquiera de estos poderes, y entes órganos constitucionales, entidades descentralizadas y autónomas, los municipios u otras personas de Derecho Público, o los de cualesquiera de éstas entre sí, salvo aquellos conflictos que sean de la competencia de otras jurisdicciones en virtud de la Constitución o leyes especiales" (art. 59).

Por tanto, conflictos meramente administrativos entre órganos o entidades de la Administración sobre competencias no reguladas en la Constitución, se deben someter, por ejemplo, al conocimiento de los tribunales de la Jurisdicción Contencioso Administrativa.

#### B. *Legitimación*

En cuanto a la iniciativa para plantear el conflicto constitucional, la Ley Orgánica dispone que el mismo debe ser planteado "por el titular de cualquiera de los poderes del Estado, órganos o entidades en conflicto," quien debe enviar a la Secretaría del Tribunal Constitucional, "un memorial con una exposición precisa de todas las razones jurídicas en que se fundamente el hecho en cuestión" (art. 60).

#### C. *Audiencia*

En cuanto al procedimiento, se dispone en la Ley Orgánica que el Presidente del Tribunal debe dar audiencia al titular del otro poder, órgano o entidad por un plazo improrrogable de 30 días, a partir de la recepción del memorial (art. 61).

#### D. *Sentencia*

Una vez cumplido el lapso antes mencionado para la audiencia, aunque no se hubiere contestado la audiencia, el Tribunal debe resolver el conflicto dentro de los siguientes 60 días, salvo que se considere indispensable practicar alguna prueba, en cuyo caso dicho plazo se contará a partir del momento en que ésta se haya practicado (art. 62). Por supuesto, en este caso, como en todas las sentencias del Tribunal Constitucional, la misma se considera como precedente vinculante.

## V. EL PROCESO CONSTITUCIONAL DE LA REVISIÓN CONSTITUCIONAL DE SENTENCIAS CONSTITUCIONALES ANTE EL TRIBUNAL CONSTITUCIONAL

La Constitución de 2010 establece, como principio general, en su artículo 277, que todas las decisiones judiciales que hubieran adquirido la autoridad de la cosa irrevocablemente juzgada, especialmente las dictadas en ejercicio del control directo de la constitucionalidad por la Suprema Corte de Justicia, hasta el momento de la proclamación de la Constitución (enero 2010), no pueden ser examinadas por el Tribunal Constitucional.

En cambio, dispuso la norma en relación con las sentencias dictadas con posterioridad a la entrada en vigencia de la Constitución, que las mismas están "sujetas al procedimiento que determine la ley que rija la materia". Se estableció así, indirectamente, la posibilidad para el Tribunal Constitucional de revisar sentencias definitivamente firmes por motivos de inconstitucionalidad.

### 1. *Previsión legal*

Fue por tanto conforme a esta autorización constitucional que en la Ley Orgánica se ha previsto un procedimiento para la "revisión constitucional de las decisiones constitucionales," conforme al cual, tal como lo dispone el artículo 53, el Tribunal Constitucional tiene "la potestad de revisar las decisiones jurisdiccionales que hayan adquirido la autoridad de la cosa irrevocablemente juzgada con posterioridad al 26 de enero de 2010, fecha de proclamación y entrada en vigencia de la Constitución", en las cuales se haya resuelto alguna cuestión constitucional.

El fundamento de este procedimiento de revisión constitucional de sentencias constitucionales, se expresó en los Considerandos Noveno y Décimo de la ley Orgánica, al declarar lo siguiente:

> "Considerando Noveno: Que se hace necesario establecer un mecanismo jurisdiccional a través del cual se garantice la coherencia y unidad de la jurisprudencia constitucional, siempre evitando la utilización de los mismos en perjuicio del debido proceso y la seguridad jurídica;

Considerando Décimo: Que en tal virtud, el artículo 277 de la Constitución de la República atribuyó a la ley la potestad de establecer las disposiciones necesarias para asegurar la adecuada protección y armonización de los bienes jurídicos envueltos en la sinergia institucional que debe darse entre el Tribunal Constitucional y el Poder Judicial, tales como la independencia judicial, la seguridad jurídica derivada de la adquisición de la autoridad de cosa juzgada y la necesidad de asegurar el establecimiento de criterios uniformes que garanticen en un grado máximo la supremacía constitucional y la protección de los derechos fundamentales".

### 2. *Supuestos de decisiones judiciales sujetas a revisión constitucional*

De acuerdo con estas declaraciones y con el mismo artículo 53 de la Ley Orgánica que está destinado a regular la "revisión constitucional de decisiones jurisdiccionales," sujeto a la limitación temporal antes mencionada así como al carácter de sentencia que ha adquirido autoridad de cosa irrevocablemente juzgada, la revisión procede respecto de las siguientes:

A. *Sentencias dictadas en materia de control difuso de la constitucionalidad*

En primer lugar, cuando se trate de decisiones judiciales que "declaren inaplicables por inconstitucional una ley, decreto, reglamento, resolución u ordenanza," en un caso concreto, es decir, en los casos sentencias en las cuales se ejerza el control difuso de la constitucionalidad.

B. *Sentencias que violen un precedente del Tribunal Constitucional*

En segundo lugar, cuando se trate de decisiones judiciales en las cuales se "viole un precedente del Tribunal Constitucional."

Siendo las sentencias del Tribunal Constitucional precedentes vinculantes, cuando una decisión judicial viole tal precedente su revisión constitucional.

C. *Sentencias que violen derechos fundamentales*

En tercer lugar, cuando se trate de sentencias en las cuales "se haya producido una violación de un derecho fundamental," siempre que concurran y se cumplan todos y cada uno de los siguientes requisitos:

a. Que el derecho fundamental vulnerado se haya invocado formalmente en el proceso, tan pronto quien invoque la violación haya tomado conocimiento de la misma;

b. Que se hayan agotado todos los recursos disponibles dentro de la vía jurisdiccional correspondiente y que la violación no haya sido subsanada; y

c. Que la violación al derecho fundamental sea imputable de modo inmediato y directo a una acción u omisión del órgano jurisdiccional, con independencia de los hechos que dieron lugar al proceso en que dicha violación se produjo, los cuales el Tribunal Constitucional no podrá revisar.

Debe mencionarse que en este tercer supuesto de revisión constitucional de sentencias, conforme al Párrafo único del artículo 53, la revisión sólo es admisible por el Tribunal Constitucional cuando éste considere "que, en razón de su especial trascendencia o relevancia constitucional, el contenido del recurso de revisión justifique un examen y una decisión sobre el asunto planteado". En estos casos, el Tribunal siempre debe motivar su decisión, lo que se ratifica en el artículo 31, Párrafo II, al indicar en general que "en los casos en los cuales esta ley establezca el requisito de la relevancia o trascendencia constitucional como condición de recurribilidad de la acción o recurso, el Tribunal debe hacer constar en su decisión los motivos que justifican la admisión".

D. *Sentencias de amparo constitucional*

En cuarto lugar, debe mencionarse en materia de las sentencias constitucionales sujetas a revisión por el Tribunal Constitucional, que también estarían las sentencias de amparo, aún cuando la revisión en este caso no se produzca mediante el recurso previsto en los artículos 53 y siguientes de la Ley Orgánica, sino mediante el recurso de revisión establecido en los artículos 94 y siguientes de la misma Ley Orgánica.

En estos casos, ciertamente, se regula la competencia del Tribunal Constitucional para conocer en segunda instancia (revisión o apelación) de las sentencias de primera instancia dictadas en materia de amparo, y si bien la revisión no es, por tanto, en principio, sólo de orden constitucional, pues comprende el conocimiento de la causa, uno de los motivos fundamentales de revisión es de tipo constitucional al punto de que se establece como requisito de admisibilidad del recurso de revisión, a la existencia de una "especial trascendencia o relevancia constitucional de la cuestión planteada, que se apreciará atendiendo a su importancia para la interpretación, aplicación y general eficacia de la Constitución, o para la determinación del contenido, alcance y la concreta protección de los derechos fundamentales" (art. 100).

### 2. *Legitimación activa*

Aún cuando la Ley Orgánica no estableció expresamente las condiciones de legitimación para intentar el recurso, se entiende que la misma corresponde a quienes hayan sido parte en el proceso jurisdiccional correspondiente.

### 3. *Normas generales de procedimiento*

El artículo 54 de la Ley Orgánica establece las siguientes normas básicas de procedimiento a seguir en materia de revisión constitucional de las decisiones jurisdiccionales:

#### A. *Lapso para recurrir y escrito del recurso*

El recurso de revisión constitucional debe interponerse mediante escrito motivado que debe ser depositado en la secretaría del tribunal que dictó la sentencia recurrida, en un plazo no mayor de treinta días a partir de la notificación de la sentencia (art. 54.1).

#### B. *Notificación a las partes y escrito de defensa*

El escrito contentivo del recurso debe ser notificado a las partes que participaron en el proceso resuelto mediante la sentencia recurrida, en un plazo no mayor de cinco días a partir de la fecha de su depósito (art. 54.2).

La otra parte del proceso, o "el recurrido" debe depositar el escrito de defensa en la secretaría del tribunal que dictó la sentencia, en un plazo no mayor de treinta días a partir de la fecha de la notificación del recurso. Este escrito de defensa debe ser notificado "al recurrente" en un plazo de cinco días contados a partir de la fecha de su depósito (art. 54.3).

#### C. *Remisión del expediente al Tribunal Constitucional y la decisión sobre la admisibilidad*

El tribunal que dictó la sentencia recurrida debe remitir a la Secretaría del Tribunal Constitucional copia certificada de la misma, así como de los escritos correspondientes presentados por las partes en un plazo no mayor de diez días contados a partir de la fecha de vencimiento del plazo para el depósito del escrito de defensa.

Las partes ligadas en el diferendo pueden diligenciar la tramitación de los documentos anteriormente indicados, en interés de que la revisión sea conocida, con la celeridad que requiere el control de la constitucionalidad (art. 54.4).

El recurso de revisión no tiene efecto suspensivo, salvo que, a petición, debidamente motivada, de parte interesada, el Tribunal Constitucional disponga expresamente lo contrario (art. 54.8)

Una vez recibidos los recaudos en el Tribunal Constitucional, el mismo tiene un plazo no mayor de 30 días, a partir de la fecha de la recepción del expediente, para decidir sobre la admisibilidad del recurso, estando obligado a motivar su decisión "en caso de que decida admitirlo" (art. 54.5).

D. *La sentencia de revisión y su efecto*

El Tribunal Constitucional debe realizar la revisión en "Cámara de Consejo, sin necesidad de celebrar audiencia" (art. 54.6), debiendo dictar sentencia de revisión en un plazo no mayor de 90 días contados a partir de la fecha de la decisión sobre la admisibilidad del recurso (art. 54.7).

La decisión del Tribunal Constitucional que acogiere el recurso, debe anular la sentencia objeto del mismo y el Tribunal Constitucional debe devolver el expediente a la secretaría del tribunal que la dictó (art. 54.9).

E. *La nueva decisión judicial*

Con motivo de la devolución del expediente al tribunal que dictó la sentencia recurrida, este deberá conocerá nuevamente del caso, con estricto apego al criterio establecido por el Tribunal Constitucional en relación del derecho fundamental violado o a la constitucionalidad o inconstitucionalidad de la norma cuestionada por la vía difusa (art. 54.10).

## VI. EL PROCEDIMIENTO DE REVISIÓN DE LAS SENTENCIAS DE AMPARO ANTE EL TRIBUNAL CONSTITUCIONAL

Como se dijo, de acuerdo con el artículo 94 de la Ley Orgánica, los procesos de amparo se desarrollan en dos instancias, siendo la segunda instancia el Tribunal Constitucional, razón por la cual, "todas las sentencias emitidas por el juez de amparo pueden ser recurridas en revisión por ante el Tribunal Constitucional."

En consecuencia, ningún otro recurso es posible, salvo la tercería, en cuyo caso debe procederse "con arreglo a lo que establece el derecho común" (art. 94, Párrafo único).

1. *Escrito de interposición del recurso*

El recurso de revisión de las sentencias de amparo se debe interponer mediante escrito motivado que debe ser depositado en la secretaría del juez o tribunal que rindió la sentencia, en un plazo de cinco (5) días contados a partir de la fecha de su notificación (art. 95).

Dicho escrito debe contener las menciones exigidas para la interposición de la acción de amparo, haciéndose constar además de forma clara y precisa los agravios causados por la decisión impugnada (art. 96).

2. *Notificación y escrito de defensa*

El recurso de revisión interpuesto debe ser notificado a las demás partes en el proceso, junto con las pruebas anexas, en un plazo no mayor de cinco (5) días (art.

97); de manera que en el plazo de cinco (5) días contados a partir de dicha notificación del recurso, las demás partes en el proceso deben depositar en la secretaría del juez o tribunal que rindió la sentencia, su escrito de defensa, junto con las pruebas que lo avalan (art. 98).

### 3. *Remisión al Tribunal Constitucional y requisitos de admisibilidad vinculados a la trascendencia constitucional de la cuestión*

Al vencerse el plazo para la presentación del escrito de defensa, la secretaría de juez o tribunal debe remitir sin demora el expediente conformado al Tribunal Constitucional (art. 99), a los efectos de que este decida sobre la admisibilidad del recurso.

Se destaca, a este respecto, que la admisibilidad de los recursos de revisión contra las sentencias de amparo es limitada, sólo cuando existan cuestiones constitucionales, y más específicamente, cuando haya "especial trascendencia o relevancia constitucional de la cuestión planteada," lo cual se debe apreciar por el Tribunal Constitucional, "atendiendo a su importancia para la interpretación, aplicación y general eficacia de la Constitución, o para la determinación del contenido, alcance y la concreta protección de los derechos fundamentales" (art. 100).

### 4. *Audiencia y sentencia*

En el curso del procedimiento que se sigue ante el Tribunal Constitucional, la posibilidad de convocar a una audiencia pública para una mejor sustanciación del caso, queda a juicio del Tribunal Constitucional, si "lo considera necesario" (art. 101).

La sentencia del Tribunal Constitucional sobre el recurso de revisión de las sentencias de amparo debe pronunciarse dentro del plazo máximo de 30 días que sigan a la recepción de las actuaciones (art. 102).

## *SECCIÓN SEXTA:*

## *LOS ACTOS ESTATALES SUJETOS AL CONTROL POR PARTE DEL TRIBUNAL CONSTITUCIONAL EN LA REPÚBLICA DOMINICANA, Y EL NECESARIO DESLINDE ENTRE LA JURISDICCIÓN CONSTITUCIONAL Y LA JURISDICCIÓN CONTENCIOSO ADMINISTRATIVA (2013)*

**Esta sección la conforma el trabajo sobre: "Los actos estatales sujetos al control por parte del Tribunal Constitucional en la República Dominicana, y el necesario deslinde entre la Jurisdicción Constitucional y la Jurisdicción Contencioso Administrativa," publicado en el *Anuario 2012. Tribunal Constitucional de* la República Dominicana, Santo Domingo, República Dominicana 2013, pp. 185-214.**

## I. SOBRE EL PRINCIPIO DE LA UNIVERSALIDAD DEL CONTROL JURISDICCIONAL DE LA ACTIVIDAD ESTATAL EN LA REPÚBLICA DOMINICANA

La consecuencia fundamental de los principios de supremacía constitucional, de formación del derecho por grados y de legalidad que derivan del texto de la Constitución de la República Dominicana[1550], es que todos los actos estatales están sometidos a control jurisdiccional, no existiendo en el ordenamiento jurídico dominicano actos estatales excluidos de dicho control judicial. De allí que dentro del marco constitucional del derecho público dominicano también se identifique el principio de la universalidad del control de los actos estatales por parte de los órganos del Poder Judicial.

Por ello, dejando aparte el control judicial que se ejerce sobre los actos judiciales (sistemas procesales de apelación, revisión y casación, art. 154, Constitución), los demás actos estatales están sujetos al control judicial por parte de los jueces competentes para ejercer tanto la justicia constitucional como la justicia contencioso-administrativa.

### 1. *El control de la constitucionalidad a cargo del Tribunal Constitucional (Jurisdicción Constitucional)*

En cuanto al sistema de justicia constitucional en República Dominicana el mismo tiene por objeto asegurar la supremacía normativa de la Constitución, la defensa del orden constitucional y la protección de los derechos fundamentales, y está concebido como un sistema mixto, en el cual: (i) el control difuso de la constitucionalidad se atribuye a todos los tribunales de la República con competencia para declarar los actos estatales normativos inconstitucionales e inaplicarlos en los casos concretos que decidan (art. 188); (ii) el control concentrado de constitucionalidad se atribuye al Tribunal Constitucional con competencia para anular ciertos actos estatales violatorios de la Constitución, (leyes, decretos, reglamentos, resoluciones y ordenanzas) con efectos *erga omnes* (art. 184); y (iii) la protección de los derechos fundamentales se atribuye mediante las acciones de amparo, *habeas corpus* y *habeas data*, a todos los tribunales de la República (art. 70-72), con el objeto específico de asegurar la vigencia de la parte dogmática de la Constitución, es decir, de los derechos fundamentales declarados en el texto constitucional, y además, de los declarados en los tratados internacionales de derechos humanos, a los que se otorga rango constitucional (art. 74,3).

Ahora bien, en cuanto al método difuso de control de constitucionalidad como poder atribuido a todos los jueces para poder decidir sobre la inconstitucionalidad de una ley o norma que deba aplicarse en un caso concreto, desaplicándola y aplicando preferentemente la Constitución (art. 188), responde al principio de la garantía objetiva de la supremacía de la Constitución. Conforme al mismo, todo acto contrario a la Constitución debe considerarse inconstitucional; y todos los jueces tienen el po-

---

1550 Véase lo expuesto en nuestro estudio Allan R. Brewer-Carías, "Las bases constitucionales del derecho administrativo en la República Dominicana", Ponencia para el *Congreso Internacional de Derecho Administrativo* con ocasión del *XI Foro Iberoamericano de Derecho Administrativo*, Santo Domingo, 12 de septiembre de 2012.

der-deber de apreciar dicha inconstitucionalidad. Ello es la consecuencia lógica de considerar a la Constitución como "norma suprema y fundamento de todo el ordenamiento jurídico" (art. 6).

Este método difuso de control de la constitucionalidad se caracteriza por ser de carácter incidental, en el sentido de que se ejerce por el juez al decidirse un caso concreto, como poder que incluso, en algunos países, puede ejercer cualquier juez de oficio. En la República Dominicana, la Constitución habla de excepción de constitucionalidad (art. 188) que el juez debe decidir, con efectos *inter partes* y meramente declarativos. El juez, en estos casos, nunca anula la ley, sólo la considera nula y la desaplica, por lo que la decisión tiene efectos *ex tunc, pro praeterito.*

La eventual falta de uniformidad que pueda resultar del ejercicio del control difuso de constitucionalidad, se resuelve en la Constitución al atribuirse al Tribunal Constitucional competencia, en paralelo, para ejercer el método concentrado de control de constitucionalidad de ciertos estatales (fundamentalmente los normativos: leyes, decretos, reglamentos, resoluciones y ordenanzas), que se entiende son dictados en ejecución directa de la Constitución, adoptando para tal fin decisiones de carácter vinculante, es decir, que se considera que "constituyen precedentes vinculantes para los poderes públicos y todos los órganos del Estado "(art. 184).

En cuanto a este control concentrado de la constitucionalidad, fundamentalmente está dirigido a asegurar, frente a los actos estatales, no sólo la efectiva vigencia de la parte dogmática de la Constitución, sino básicamente de su parte orgánica construida sobre la base de los principios de la separación orgánica de los poderes públicos y de su distribución territorial. Precisamente para ello, a los efectos de velar por el respeto del principio de la separación de poderes, en la República Dominicana, el Tribunal Constitucional, además de la competencia para anular actos estatales, tiene competencia para resolver los "conflictos de competencia" entre los poderes públicos (art. 185,3), básicamente, entre los poderes Legislativo y Ejecutivo y, además, respecto de los otros órganos constitucionales con autonomía funcional, de manera que todos actúen conforme a los poderes atribuidos en la Constitución, sancionando toda usurpación, por inconstitucionalidad.

Además, corresponde al Tribunal Constitucional, mantener el principio de la distribución territorial del poder que establece la Constitución conforme al esquema de descentralización política adoptado, haciendo respetar la autonomía de las entidades municipales que están constitucionalmente establecidas. En el caso de los Municipios que en República Dominicana se dotan de autonomía (art. 199), los conflictos de competencia de rango constitucional también caerían bajo la competencia del Tribunal Constitucional. Por último, también podría formar parte del objeto del control judicial de la constitucionalidad el velar por el mantenimiento del régimen político democrático, de manera de asegurar que no se rompa; sancionando cualquier actuación que sea contraria a los valores de la democracia que establece la Constitución; por ejemplo, cuando la Constitución dispone que la actuación de los partidos debe realizarse "con sujeción a los principios establecidos en esta Constitución (art. 216).

El método concentrado de control de constitucionalidad, a diferencia del método difuso, se ejerce en un proceso que se desarrolla ante el Tribunal Constitucional en el cual su objeto principal es, precisamente, la decisión sobre la inconstitucionalidad de un acto estatal (leyes, decretos, reglamentos, resoluciones y ordenanzas), la cual cuando declara con lugar la acción respectiva, consiste en una decisión anulatoria del mismo, con efectos generales, *erga omnes*, y en general *ex nunc*, es decir pro futuro teniendo la decisión en consecuencia, carácter constitutivo. Este control está concebido en la Constitución en general como un control posterior, respecto de actos estatales vigentes, aún cuando se regula también como control previo respecto de "los tratados internacionales antes de su ratificación por el órgano legislativo" (art. 185,2).

Ahora bien, en el marco de este panorama constitucional, puede decirse que en República Dominicana, la justicia constitucional no se concentra en un solo órgano judicial como el Tribunal Constitucional y que conforma la Jurisdicción Constitucional. Se distinguen así, las nociones de "justicia constitucional" y de "Jurisdicción Constitucional", de manera que esta última como noción orgánica, identifica un órgano judicial (el Tribunal Constitucional) que ejerce el control concentrado de la constitucionalidad de las leyes y demás actos estatales generalmente de ejecución inmediata de la Constitución, con poderes anulatorios de las mismas; pero el cual no tiene el monopolio de la "justicia constitucional". Por ello, la noción de "justicia constitucional", como noción material equiparable a "control de constitucionalidad," se ejerce, además de por la Jurisdicción Constitucional, por todos los jueces u órganos jurisdiccionales mediante el método difuso de control de constitucionalidad.

Por ello, en la Constitución, además de crearse el Tribunal Constitucional como "Jurisdicción Constitucional", se regulan las competencias en materia de justicia constitucional que ejercen los demás tribunales cuando conocen de las acciones de *hábeas corpus*, amparo o *hábeas data*; cuando ejercen el método de control difuso de la constitucionalidad de las leyes[1551], o cuando ejercen el control contencioso administrativo.

## 2. *El control de la contrariedad al derecho de los actos administrativos (Jurisdicción contencioso administrativa)*

Pero en paralelo al sistema de de justicia constitucional, en la Constitución de la República Dominicana, a los efectos de asegurar la sumisión y conformidad al derecho de los reglamentos y demás actos administrativos conforme al principio de la legalidad que deriva del Estado de Derecho, también se ha previsto la garantía judicial específica respecto de los mismos a cargo de los tribunales de la Jurisdicción contencioso administrativa, es decir, del conjunto de órganos judiciales encargados de controlar la legalidad y la legitimidad de las actuaciones de la Administración,

---

1551 *V.*, en general Allan R. Brewer-Carías, "El sistema de justicia constitucional en la República Dominicana y el proyecto de Ley Orgánica del Tribunal Constitucional y de los Procedimientos Constitucionales (2011), en *VII Encuentro Iberoamericano de derecho procesal Constitucional,* Comisionado de Apoyo a la Reforma y Modernización de la Justicia, Instituto Iberoamericano de Derecho procesal Constitucional, Santo Domingo 2011, T. I, pp. 285-330; "El sistema de justicia constitucional en la República Dominicana y el proyecto de Ley Orgánica del Tribunal Constitucional y de los Procedimientos Constitucionales (marzo, 2011), en *Revista de Derecho Público*, N° 125, (enero-marzo 2011), Editorial Jurídica Venezolana, Caracas 2011, pp. 71-97. *V.*, igualmente en en *Estudios Constitucionales*, N° 9, 1, Centro de Estudios Constitucionales de Chile, Universidad de Talca, Santiago de Chile, 2011, pp. 303-338, y en http://www.cecoch.cl/docs/pdf/revista_9_1_2011/14.%20EL%20SISTEMA_BREWER-CARIAS.pdf

tanto por sus actos, omisiones y en general la actividad administrativa, como por las relaciones jurídico-administrativas en las cuales aquélla intervenga[1552].

La norma fundamental que constitucionaliza esta Jurisdicción en la República Dominicana está contenida en el artículo 165.2 de la Constitución, la cual atribuye a los tribunales de la misma competencia para:

> "Conocer de los recursos contenciosos contra los actos, actuaciones y disposiciones de autoridades administrativas contrarias al Derecho como consecuencia de las relaciones entre la Administración del Estado y los particulares...(..)"

El efecto inmediato de la constitucionalización de la jurisdicción contencioso-administrativa en esta norma, en mi criterio, se manifiesta en los siguientes cuatro aspectos:[1553]

En *primer* lugar, en la *universalidad del control* que la Constitución regula respecto de los actos administrativos, es decir, de los "los actos, actuaciones y disposiciones de autoridades administrativas contrarias al Derecho como consecuencia de las relaciones entre la Administración del Estado y los particulares", en el sentido, de que todos, absolutamente todos los actos administrativos pueden ser sometidos a control judicial por los órganos de la jurisdicción contencioso-administrativa, por contrariedad al derecho, es decir, sea cual sea el motivo de la misma: inconstitucionalidad o ilegalidad en sentido estricto.

La Constitución no admite excepciones, y "contrarios a derecho" es una enunciación general que precisamente evita enumeraciones que podrían ser peligrosas al dejar fuera de control algunos actos administrativos. Como en definitiva lo ha decidido el Tribunal Constitucional,

> "cuando el artículo 165.2 de la Constitución emplea la denominación "contrariedad al derecho" ello implica contrariedad a la Constitución y, además, a las leyes y demás fuentes de derecho, por lo que la impugnación de los actos administrativos por razón de inconstitucionalidad, es una competencia de los tribunales de la jurisdicción contencioso administrativa y no puede corresponder a la jurisdicción constitucional"[1554].

Por tanto, la intención de la norma del artículo 165.2 fue la de que todos los actos administrativos, por cualquier motivo de impugnación que fuese, por contrariedad al derecho, pueden ser controlados por los Tribunales que conforman la Jurisdicción contencioso-administrativa. Ello, por supuesto, trae como consecuencia fundamental que cualquier exclusión de control respecto de actos administrativos específicos

---

1552 Allan R. Brewer-Carías, *Las Instituciones Fundamentales del Derecho Administrativo y la Jurisprudencia Venezolana.* Publicaciones de la Facultad de Derecho, Universidad Central de Venezuela, Caracas, 1964, pp. 295 y ss.

1553 Allan R. Brewer-Carías, *Nuevas Tendencias en el Contencioso Administrativo en Venezuela*, Caracas, 1993.

1554 Sentencia TC/0073/12 de 29 de noviembre de 2012, en http://www.tribunalconstitucional.gob.do /sites/default/files/documentos/Sentencia%20TC%200073-12%20C.pdf. En igual sentido véase sentencia TC/0073/12 de 29-11-2012 en http://www.tribunalconstitucional.gob.do/sites/default/files/documen tos/Sentencia%20TC%200073-12%20C.pdf sería inconstitucional, sea que dicha exclusión se haga por vía de ley o por las propias decisiones de los Tribunales.

A los efectos de asegurar la universalidad del control contencioso administrativo, en general en el derecho comparado han sido los propios órganos de la jurisdicción contencioso administrativa los que han ido ampliando el concepto de acto administrativo, a los efectos de asegurar que todo acto administrativo pueda ser objeto de control judicial, de manera que no haya actos administrativos que queden excluidos de control. Es la tendencia a la universalidad del control que hemos destacado en otro lugar[1555], lo que ha permitido, como hemos señalado, someter a control de legalidad y constitucionalidad a los actos administrativos dictados por las Administraciones Públicas no sólo en ejercicio de la función administrativa, sino en función normativa y jurisdiccional, así como los actos administrativos dictados por otros órganos del Estado distintos a la Administración Pública, y por entes de derecho privado o de derecho público no estatales, y por particulares dictados en función normativa o administrativa[1556].

En *segundo* lugar y como consecuencia de esta tendencia hacia la universalidad del control, está el elenco de *recursos y acciones* puestos a disposición de los particulares para acceder a la justicia contencioso administrativa que, por supuesto, además (i) del recurso de nulidad contra los actos administrativos de efectos generales o de efectos particulares, o contra los actos administrativos generales o individuales, con o sin pretensión de amparo constitucional, comprende (ii) el recurso por abstención o negativa de los funcionarios públicos a actuar conforme a las obligaciones legales que tienen; (iii) el conjunto de demandas contra los entes públicos; y (iv) las acciones para resolver los conflictos entre autoridades administrativas del Estado.

Pero en tercer lugar, la importancia de la constitucionalización de la jurisdicción contencioso-administrativa, es decir, del control judicial de constitucionalidad y legalidad de todos los actos administrativos, está en que no sólo la norma constitucional del artículo 165.2 persigue una asignación de competencias a unos órganos judiciales, sino en que consagra un derecho fundamental del ciudadano a la tutela judicial efectiva frente a la Administración, en el sentido de lo establecido en el artículo 69 de la propia Constitución. En esta forma, la jurisdicción contencioso administrativa se configura constitucionalmente como un instrumento procesal de protección de los administrados frente a la Administración, y no como un mecanismo de protección de la Administración frente a los particulares. De allí la ratificación del principio de la universalidad del control, en el sentido de que tratándose de un derecho constitucional al mismo, no podría el Legislador excluir de control a determinados actos administrativos. Por otra parte, tratándose de un derecho fundamental al control, en la relación privilegios estatales-libertad ciudadana, esta última debe prevalecer.

---

1555 *V.*, Allan R. Brewer-Carías, "La universalidad del control contencioso administrativo" en *Libro de la Amistad en Homenaje a Enrique Pérez Olivares,* Caracas 1992, pp. 203-226; y en *Nuevas Tendencias en el Contencioso Administrativo en Venezuela,* Caracas, 1993, pp. 19 y ss.

1556 *V.*, Allan R. Brewer-Carías, *Nuevas Tendencias en el Contencioso Administrativo en Venezuela, cit*, pp. 25 y ss.

Además, en cuarto lugar, la forma como están concebidas constitucionalmente la universalidad de control y el derecho ciudadano a la tutela judicial frente a la Administración, implica la asignación al juez contencioso-administrativo de amplísimos poderes de tutela, no sólo de la legalidad objetiva que debe siempre ser respetada por la Administración, sino de las diversas situaciones jurídicas subjetivas que pueden tener los particulares en relación a la Administración. Por ello, el juez contencioso-administrativo tiene competencia no sólo para anular los actos administrativos contrarios a derecho, sino para resolver "las acciones contencioso administrativas que nazcan de los conflictos surgidos entre la Administración Pública y sus funcionarios y empleados civiles" (art. 165.3); lo que le permite condenar a la Administración o a los funcionarios al pago de sumas de dinero y a la reparación de daños y perjuicios originados en responsabilidad de los mismos, y además, para disponer lo necesario para el restablecimiento de las situaciones jurídicas subjetivas lesionadas por la autoridad administrativa.

### 3. *La distinción entre el control que ejerce la Jurisdicción Constitucional y el control que ejerce la Jurisdicción contencioso administrativa*

Ahora bien, el establecimiento paralelo de un sistema de control judicial de conformidad con el derecho de los actos estatales, atribuido en la República Dominicana, por una parte, a la Jurisdicción Constitucional para el control de constitucionalidad de ciertos actos estatales, y por la otra, a la Jurisdicción Contencioso Administrativa para el control de conformidad con el derecho de los actos administrativos, impone la realización de la tarea fundamental consistente en establecer una clara distinción entre ambas Jurisdicciones.

Esta, en el caso de la República Dominicana como es en general en el derecho comparado, se ha establecido en la Constitución en relación con los actos impugnados y no en relación con los motivos de impugnación, en el sentido de que la Jurisdicción Constitucional no es la única que controla la constitucionalidad de los actos estatales pues la Jurisdicción Contencioso Administrativa también controla la constitucionalidad de los actos estatales. En ambos casos, los tribunales actúan como juez constitucional, y lo que las diferencia es el objeto del control, es decir, los actos estatales sometidos a control en una y otra.

Para establecer la diferencia mencionada, sin duda resultan fundamentales las previsiones de la Constitución. En cuanto a la Jurisdicción Contencioso Administrativa, la competencia de los tribunales de la misma es para conocer de la impugnación de los actos administrativos, o como lo dice el artículo 165.2 de la Constitución, de "los actos, actuaciones y disposiciones de autoridades administrativas contrarias al Derecho como consecuencia de las relaciones entre la Administración del Estado y los particulares;" y por "contrariedad al derecho" ha de entenderse tanto por vicios de inconstitucionalidad como por vicios de legalidad propiamente dicha. Por supuesto, la clave de esta norma está en determinar primero, que los actos administrativos normativos, como los reglamentos, son actos administrativos; y además, segundo, que no hay actos administrativos que estén excluidos del control contencioso administrativo. El control de la conformidad al derecho por la Jurisdicción Contencioso Administrativa, por tanto, se refiere a los actos administrativos, cualquiera que sea la "forma" jurídica que revistan y el órgano estatal que los dicte, incluidos en ellos decretos, reglamentos y resoluciones, siempre que sean de carácter sublegal, es decir, dictados en ejecución de competencias atribuidas por las leyes o de normas infraconstitucionales.

En consecuencia, por ejemplo, como lo resolvió el Tribunal Constitucional, un acto administrativo contenido en un Oficio (en el caso, el Oficio ALM-AU N° 0082/2010, de 22-09-2010) emitido por la Dirección General de Impuestos Internos, no correspondía ser juzgado por inconstitucionalidad por el Tribunal Constitucional, pues se trataba de un acto que tenía el "carácter de puro acto administrativo con efectos particulares, pues el funcionario público que suscribe el oficio impugnado arguye la potestad que le confiere la Ley N° 11-92 para reclamar el pago del ITBIS, por lo que se trata más bien de una situación litigiosa sujeta a un control de legalidad tributaria y cuya competencia corresponde a las jurisdicción contenciosa administrativa, de conformidad con lo establecido en el artículo 165.2 de la Ley Sustantiva"[1557].

En cuanto a la Jurisdicción Constitucional, la competencia del Tribunal Constitucional es para conocer de las "acciones directas de inconstitucionalidad contra las leyes, decretos, reglamentos, resoluciones y ordenanzas," tal como lo establece el artículo 185,2 de la Constitución, lo cual sólo se refiere a aquellos que sean dictados en ejecución directa e inmediata de la Constitución, y que pueden considerarse en general como de rango legal, por ejecutar directamente el texto constitucional. El objeto del control por el Tribunal Constitucional en este caso, y por motivos de inconstitucionalidad, es sólo de ciertos actos estatales en el sentido de que no puede ser de todos los "decretos, reglamentos, resoluciones y ordenanzas" aún cuando sean actos administrativos, pues ello dejaría sin buena parte de su competencia a la Jurisdicción Contencioso Administrativa, e implicaría reducir "contrariedad al derecho" a lo que sea sólo contrario a la ley o a la legalidad, lo que no se ajustaría a la Constitución.

Sin duda, como lo observamos en 2011 apenas la Ley de Orgánica del Tribunal Constitucional y de los Procedimientos Constitucionales salió publicada:

> "será la jurisprudencia tanto del Tribunal Constitucional como de los tribunales de la Jurisdicción Contencioso Administrativa la que irá determinando cuáles "decretos, reglamentos, resoluciones," son actos administrativos y por tanto sujetos al control de la Jurisdicción contencioso administrativa; y cuáles otros "decretos, reglamentos, resoluciones" no son actos administrativos y por tanto, sujetos al control de la Jurisdicción constitucional"[1558].

Y la clave para establecer dicha distinción no es otra que la interpretación del sistema jurídico conforme a la doctrina de la creación del derecho por grados[1559], de

---

1557 Sentencia TC/0051/12 de 19-10-2012, en http://www.tribunalconstitucional.gob.do/sites/default/files/documentos/Sentencia%20TC%200051-12%20C.pdf. Véase la crítica a dicha sentencia, que no compartimos, formulada por el profesor Jorge Prats, "La acción de inconstitucionalidad entró en coma", en Hoy, Santo Domingo, 9-11-2012, p. 10A.

1558 *V.*, en general, Allan R. Brewer-Carías, "El sistema de justicia constitucional en la República Dominicana y el proyecto de Ley Orgánica del Tribunal Constitucional y de los Procedimientos Constitucionales (2011), en *VII Encuentro Iberoamericano de derecho procesal Constitucional,* Comisionado de Apoyo a la Reforma y Modernización de la Justicia, Instituto Iberoamericano de Derecho procesal Constitucional, Santo Domingo 2011, T. I, pp. 285-330.

1559 Allan R. Brewer-Carías, *Nuevas Tendencias en el Contencioso Administrativo en Venezuela*, Caracas, 1993.

manera que llámense como se llamen los diversos actos estatales, los que deben estar sometidos al control de la Jurisdicción Constitucional son las leyes nacionales y las ordenanzas municipales, y todos los demás actos estatales, llámense "decretos, reglamentos o resoluciones", siempre que los mismos sean dictados en ejecución directa e inmediata de la Constitución. De resto, los otros actos estatales, llámense igualmente "decretos, reglamentos o resoluciones", serían actos administrativos dictados en ejecución directa de la legislación (e indirecta de la Constitución) y, por tanto, sometidos al control de la Jurisdicción Contencioso Administrativa.

## II. PRIMERA APROXIMACIÓN AL PROYECTO DE REGULACIÓN SOBRE LA JURISDICCIÓN CONSTITUCIONAL (MARZO 2010)

Con ocasión de la elaboración del proyecto de Ley de Tribunal Constitucional y de los Procesos Constitucionales, en marzo de 2010, formulé los siguientes comentarios:[1560]

### 1. *Apreciación general*

Sobre el sistema de justicia constitucional en la República Dominicana formulamos la siguiente apreciación general:

"1. El sistema de justicia constitucional concebido en la Constitución de la República Dominicana, sigue las características del sistema mixto o integral adoptado en otros países latinoamericanos como Colombia, Venezuela, Perú, Brasil, Ecuador, Guatemala, Nicaragua y México, en el cual se combina el control difuso de la constitucionalidad de las leyes cuyo ejercicio corresponde a todos los jueces, con el sistema de control concentrado de la constitucionalidad de las leyes y oros actos estatales atribuido a un Tribunal Constitucional, como Jurisdicción Constitución. Ello implica la necesidad de delimitar conceptual y jurídicamente la expresión "justicia constitucional" de la expresión "Jurisdicción Constitucional", ya que no son lo mismo, ni su significado es equivalente.

2. Es en el marco de este sistema mixto o integral que debe concebirse la Ley que, por tanto más que una Ley "del Tribunal Constitucional", es una Ley que lo que regula es el sistema de justicia constitucional en la República Dominicana, uno de cuyos componentes es la Jurisdicción Constitucional atribuida al Tribunal Constitucional. Por ello estimo que debería revisarse el nombre de la Ley, y pensarse más en una "Ley de la Justicia Constitucional". Ello implicaría la necesidad de abrir el Proyecto con algunas Disposiciones Generales donde se establezca el marco del sistema mixto, con previsiones generales sobre el método difuso y el método concentrado.

3. Siendo un sistema mixto o integral el establecido en la Constitución, no pueden incorporarse al Proyecto, previsiones que en otros sistemas, como los europeos, son propios de los sistemas exclusivamente concentrados, como sería el control concentrado por vía incidental que se ha incorporado en el Proyecto. Este es totalmente compatible con el control, difuso: si el juez ordinario puede

1560 Memorándum de fecha 10 de marzo de 2010 dirigido a los profesores Eduardo Jorge Pratt y Olivo Rodríguez.

decidir sobre la constitucionalidad de una ley aplicable al caso, declarando su inaplicabilidad, es contradictorio excusarlo que decida lo que debe decidir para el caso concreto, y abrir una incidencia ante el Tribunal Constitucional para resolver allí la inconstitucionalidad en forma general.

4. Por otra parte, la decisión de establecer una Jurisdicción Constitucional atribuida a un Tribunal Constitucional, impone la necesidad de delimitar, con precisión, su ámbito del ámbito de la Jurisdicción Contencioso Administrativa, cuyos jueces también son jueces constitucionales, no sólo cuando ejercen el control difuso de la constitucionalidad como cualquier juez, sin cuando anulan actos administrativos por razones de inconstitucionalidad que es una forma de contrariedad del derecho. En el caso de la República Dominicana, la Jurisdicción Constitucional no tiene el monopolio del control concentrado de la constitucionalidad; lo que tiene es el monopolio del control concentrado de la constitucionalidad de ciertos actos estatales, las leyes y los demás actos estatales de ejecución directa de la Constitución. El control concentrado de la constitucionalidad de los actos administrativos debe seguir en manos de los tribunales de la Jurisdicción Contencioso Administrativa. Lo que tendría el Tribunal Constitucional es un recurso último de revisión respecto de todas las sentencias "constitucionales" que se dicten.

## 2. *El universo del control judicial de la constitucionalidad*

Sobre el tema del universo del control de constitucionalidad formulamos el siguiente comentario general:

> "Estamos en presencia de una *Ley de Procesos Constitucionales*, de una *Ley de Control de Constitucionalidad* o de una *Ley de la Justicia Constitucional*, que se refiere al universo del control judicial de la constitucionalidad de los actos del Estado, que se puede determinar tomando en cuenta los siguientes elementos que se aprecian en el derecho comparado:
>
> En cuanto a su objeto, el mismo consiste en asegurar la supremacía normativa de la Constitución por sobre todo acto estatal, es decir, sobre todo acto dictado en ejercicio del Poder Público, incluyendo, por supuesto, las leyes y demás actos del Congreso. Como consecuencia, por ejemplo, el Tribunal Constitucional en República Dominicana tiene competencia para ejercer tal control de constitucionalidad de dichos actos legislativos y otros actos estatales (art. 185,1), con potestad para anularlos cuando sean inconstitucionales; y además, todos los tribunales tienen competencia para declararlos inconstitucionales e inaplicarlos en los casos concretos que decidan (art. 188).
>
> Por otra parte, el control de constitucionalidad también tiene por objeto particular asegurar la vigencia de la parte dogmática de la Constitución, es decir, de los derechos fundamentales declarados en el texto constitucional, y en el caso de la República Dominicana, también los declarados en los tratados internacionales de derechos humanos a los que se da rango constitucional (art. 74,3). A estos efectos por ejemplo en la República Dominicana se han establecido las acciones específicas de protección como las de amparo, *hábeas corpus* y *hábeas data* (arts. 70-72).

Además, el control judicial de la constitucionalidad también tiene por objeto asegurar la efectiva vigencia de la parte orgánica de la Constitución, la cual en el mundo moderno y en el Estado democrático, siempre se ha construido sobre la base de los principios tanto de la separación orgánica de poderes, como de la distribución territorial del Poder Público. Es decir, en definitiva, el control de constitucionalidad busca asegurar la vigencia de las normas constitucionales tanto atributivas de poder como limitativas del mismo. En tal sentido, por ejemplo, a los efectos de velar por el respeto del principio de la separación de poderes, en República Dominicana el Tribunal Constitucional tiene competencia para resolver los "conflictos de competencia" entre los Poderes Públicos (art. 185,3), básicamente, entre el Legislativo y Ejecutivo y, además, respecto de los otros órganos constitucionales con autonomía funcional, de manera que todos actúen conforme a los poderes atribuidos en la Constitución, sancionando toda usurpación, por inconstitucionalidad. Además, corresponde a los órganos judiciales encargados del control de la constitucionalidad, mantener el principio de la distribución territorial del poder que establece la Constitución conforme al esquema de descentralización política adoptado, haciendo respetar la autonomía de las entidades municipales que están constitucionalmente establecidas. En el caso de los Municipios que en república Dominicana se dotan de autonomía (art. 199), los conflictos de competencia también caerían bajo la competencia del Tribunal Constitucional.

Por último, también forma parte del objeto del control judicial de la constitucionalidad, velar por el mantenimiento del régimen político democrático, de manera de asegurar que no se rompa; sancionando cualquier actuación que sea contraria a los valores de la democracia que establece la Constitución. Por ello, incluso, en algunos países, los Tribunales Constitucionales tienen competencias para proscribir la actuación de partidos políticos cuyo objeto sea destruir la democracia misma.

En la República Dominicana, por ejemplo, la actuación de los partidos debe realizarse "con sujeción a los principios establecidos en esta Constitución (art. 216).

A los efectos de asegurarle al Poder Judicial la posibilidad de asumir el rol esencial que debe tener en el Estado Constitucional de derecho, de interpretación de la Constitución y de ejercer el control de la constitucionalidad de los actos estatales; en el mundo contemporáneo se han venido estableciendo una variedad de sistemas de justicia constitucional de acuerdo a las peculiaridades de cada país y de cada sistema constitucional, y se pueden agrupar en relación con él o los órganos judiciales llamados a ejercer tal control de la constitucionalidad.

En efecto, en todos los sistemas de justicia constitucional, la potestad de ejercer el control de la constitucionalidad siempre se atribuye, o a todos los jueces que integran el Poder Judicial, o a un solo órgano del mismo.

De allí la clásica distinción de los sistemas de justicia constitucional según el método de control que se ejerce: en primer lugar, el método difuso de control, cuando el poder para apreciar la constitucionalidad o inconstitucionalidad de las leyes y, en su caso, declarar su inconstitucionalidad, se atribuye a todos los jueces de un país, cualquiera que sea su jerarquía; y en segundo lugar, el método concentrado de control, conforme al cual el poder anulatorio de las leyes y demás actos estatales contrarios a la Constitución se atribuye a un solo órgano judicial, sea a la Corte Suprema de Justicia del país o a un Tribunal Constitucional especialmente creado para ello. Ambos sistemas de justicia constitucional, sin duda, responden a principios diferentes, pero pueden coexistir en paralelo, como sucede en buena parte de los regímenes constitucionales de los países latinoamericanos y como está regulado expresamente en la Constitución de República Dominicana.

El método difuso de control de constitucionalidad, que como poder atribuido a todos los jueces para poder decidir sobre la inconstitucionalidad de una ley que deba aplicarse en un caso concreto, desaplicándola y aplicando preferentemente la Constitución, se establece en el artículo 188 de la Constitución de república Dominicana, y responde al principio de la garantía objetiva de la supremacía de la Constitución. Conforme a este principio, todo acto contrario a la Constitución debe considerarse inconstitucional; y todos los jueces tienen el poder-deber de apreciar dicha inconstitucionalidad. Ello es la consecuencia lógica cuando se habla de la Constitución como "norma suprema y fundamento de todo el ordenamiento jurídico" (art. 6).

El método difuso de control de la constitucionalidad, en todo caso, se caracteriza por ser de carácter incidental, en el sentido de que se ejerce al decidirse un caso concreto, como poder que puede ejercer cualquier juez, incluso de oficio. En estos casos, en consecuencia, la decisión adoptada sólo tiene efectos *inter partes* y meramente declarativos. El juez, en estos casos, nunca anula la ley, sólo la considera nula, por lo que la decisión tiene efectos *ex tunc, pro praeterito*.

En relación con este método difuso de control de constitucionalidad, se ha planteado el problema de la eventual falta de uniformidad o la disparidad de decisiones que podrían adoptar los jueces de distinta jerarquía, sobre un tema de inconstitucionalidad de una ley. La solución a este problema, en todo caso, se ha establecido mediante correctivos que los propios sistemas constitucionales han ido van adoptando, como la atribución del carácter vinculante a la decisión que adopte la Corte Suprema de Justicia en la materia, como sucede en los Estados Unidos de América, y como se ha establecido por ejemplo en las Constituciones de Colombia o Venezuela, al conocer de un recurso extraordinario de revisión, lo que permite al Tribunal constitucional uniformizar la jurisprudencia y resolver con carácter obligatorio y vinculante sobre el tema.

En república Dominicana las decisiones del Tribunal Constitucional "constituyen precedentes vinculantes para los poderes públicos y todos los órganos del Estado" (art. 184). Otro correctivo al problema se logra con el establecimiento, en paralelo del método concentrado de control de constitucionalidad de las leyes, como ocurre en la Constitución de República Dominicana siguiendo el modelo mixto e integral que se desarrolló inicialmente en Colombia y Venezuela.

En efecto, en cuanto al método concentrado de control de constitucionalidad, puede decirse que el mismo tiene su origen en América Latina y fue luego desarrollado durante el siglo pasado en Europa. Se caracteriza por la atribución a un solo órgano judicial, que puede ser el Tribunal o Corte Suprema con o sin Sala Constitucional, o un Tribunal Constitucional especial, del poder de conocer de la impugnación de leyes por inconstitucionalidad, y de anularlas en caso de que sean contrarias a la Constitución, con efectos *erga omnes*. Este último modelo es el que se ha seguido en República Dominicana con la creación del Tribunal Constitucional "para garantizar la supremacía de la Constitución, la defensa del orden constitucional y la protección de los derechos fundamentales" (art. 184). Sin embargo, lo que caracteriza al método concentrado de control de constitucionalidad de las leyes, es la atribución a *un solo órgano judicial del poder anulatorio* de las mismas, más que la creación en si de un Tribunal Constitucional. Es decir, lo importante es la concentración de control en un órgano judicial, más que la forma o naturaleza que puede tener el mismo.

Este método concentrado de control de la constitucionalidad, a diferencia del método difuso, se ejerce en un proceso en el cual su objeto principal es, precisamente, la decisión sobre la inconstitucionalidad de una ley, la cual puede consistir en una decisión anulatoria de la misma, con efectos generales, *erga omnes*, y en general *ex nunc*, es decir *pro futuro* teniendo la decisión en consecuencia, carácter constitutivo.

El método concentrado de control, por otra parte, puede ser previo o posterior, según que se pueda ejercer contra leyes antes de que entren en vigor o sólo una vez que están vigentes. En el caso de la república Dominicana el control concentrado de la Constitucionalidad de las leyes en general es a posteriori, y se permite en forma *a priori* respecto de" los tratados internacionales antes de su ratificación por el órgano legislativo" (art. 185,2), como también, por ejemplo, sucede en Colombia y en Venezuela.

El método concentrado de control, además, puede ser principal o incidental, según que la cuestión de la inconstitucionalidad de la ley llegue al juez constitucional por vía de una acción de inconstitucionalidad, la cual incluso en algunos casos, como sucede en Colombia, Panamá y Venezuela, puede ser una acción popular; o que llegue por vía incidental, por una incidencia planteada en un juicio concreto, como excepción de inconstitucionalidad, lo que en general sucede cuando no se establece en paralelo el control difuso de constitucionalidad.

Ahora bien, en el marco de este panorama, puede decirse que en República Dominicana, al contrario de los que sucede, por ejemplo, en Costa Rica o Panamá, la justicia constitucional no se concentra en un solo órgano judicial como el Tribunal Constitucional, que conforma la "Jurisdicción Constitucional." Distinguimos, por tanto, las nociones de "justicia constitucional" de "Jurisdicción Constitucional", de manera que esta última noción de "Jurisdicción Constitucional" es una noción orgánica, que identifica un órgano judicial que ejerce el control concentrado de la constitucionalidad de las leyes y demás actos normativos generalmente de ejecución inmediata de la Constitución, con poderes anulatorios de las mismas; pero el cual no tiene el monopolio de la "justicia constitucional". Por su parte, esta noción de "justicia constitucional", en cambio, es una noción material equiparable a "control de constitucionalidad", la cual, como se ha dicho, también se ejerce por todos los jueces u órganos jurisdiccionales mediante el método difuso de control de constitucionalidad. Por ello, en la Constitución, además de crearse el Tribunal Constitucional como "Jurisdicción

Constitucional", se regulan las competencias en materia de justicia constitucional que ejercen los demás tribunales cuando conocen de las acciones de *hábeas corpus*, amparo o *hábeas data*, o cuando ejercen el método de control difuso de la constitucionalidad de las leyes".

3. *Algo sobre la distinción entre la Jurisdicción Constitucional y la Jurisdicción contencioso administrativa*

*En relación con el texto para Artículo 26 (Representación procesal del Estado), del Proyecto de Ley en el cual se preveía establecer que "La representación del Estado en los casos de procesos constitucionales contra la Administración se regirá por las leyes de lo contencioso-administrativo vigentes. En los demás casos y materias, el Estado estará representado por el Ministerio Público o los abogados que el Estado tenga a bien designar. La no participación de los representantes del Estado no afecta el inicio, la continuación, la finalización ni la validez de los procesos constitucionales", formulamos el siguiente comentario*:

> ***"Comentario 46:*** La expresión "procesos constitucionales contra la Administración" que se desarrollan ante la jurisdicción contencioso administrativa, sugiere que el Proyecto sigue el criterio de distinción entre la Jurisdicción Constitucional y la Jurisdicción Contencioso Administrativa, con base en los actos impugnados y no con base en los motivos de impugnación. De acuerdo con el artículo 139 de la Constitución el control de "legalidad" de los actos de la Administración Pública lo ejercen los tribunales, y en particular, los de la jurisdicción contencioso administrativa, que deben conocer de los recursos contenciosos contra los actos, actuaciones y disposiciones de autoridades administrativas "contrarias al Derecho" como consecuencia de las relaciones entre la Administración del Estado y los particulares (Artículo 165,2). Y "contrariedad al derecho" implica contrariedad a la Constitución y a además, a las leyes y demás fuentes de derecho, por lo que la impugnación de los actos administrativos por razón de inconstitucionalidad, es una competencia exclusiva de los tribunales de la jurisdicción contencioso administrativa y no de la Jurisdicción constitucional".

*En relación con el texto para Artículo 97 (Objeto de control) del Proyecto de Ley en el cual se preveía establecer que "La acción directa de inconstitucionalidad puede ser interpuesta ante el Tribunal Constitucional contra leyes, decretos, reglamentos, resoluciones, ordenanzas, así como también las declaratorias de estados de excepción", formulamos el siguiente comentario:*

> ***"Comentario 94:*** En materia de control de constitucionalidad, en sistemas como el de la República Dominicana que tienen una Jurisdicción Constitucional y una Jurisdicción Contencioso Administrativa, una tarea inicial fundamental que debe hacerse es establecer una clara distinción entre ambas Jurisdicciones, la cual en el caso de la República Dominicana como es en general en el derecho comparado, se ha establecido por los actos impugnados y no por los motivos de impugnación.
>
> Para ello, resultan fundamentales las previsiones de la Constitución. En cuanto a la jurisdicción contencioso administrativa, la competencia de los tribunales de la misma es para conocer de la impugnación de los actos administrativos, o

como lo dice el artículo 165,2 de la Constitución de "los actos, actuaciones y disposiciones de autoridades administrativas contrarias al Derecho como consecuencia de las relaciones entre la Administración del Estado y los particulares," por contrariedad al derecho, es decir, por vicios de inconstitucionalidad o de legalidad propiamente dicha. Por supuesto, la clave de esta norma está en determinar primero, si los actos administrativos normativos como los reglamentos, no se consideran actos administrativos; y además, segundo, si hay actos administrativos que estén excluidos del control contencioso administrativo, lo que en principio parece no permitir la norma.

En cuanto a la Jurisdicción Constitucional, la competencia del Tribunal Constitucional es para conocer de las "acciones directas de inconstitucionalidad contra las leyes, decretos, reglamentos, resoluciones y ordenanzas," tal como lo establece el artículo 185,2 de la Constitución. Ahora bien, es esta materia es el legislador el que debe interpretar la Constitución para distribuir la competencia entre ambas jurisdicciones, pues si se atiene literalmente al texto, algunos "decretos, reglamentos, resoluciones y ordenanzas" pueden contener actos administrativos, y otros no.

Es por tanto el legislador el que debe determinar cuando algunos "decretos, reglamentos, resoluciones y ordenanzas", son actos administrativos y por tanto sujetos al control de la jurisdicción contencioso administrativa; y cuando otros "decretos, reglamentos, resoluciones y ordenanzas", no son actos administrativos y por tanto, sujetos al control de la jurisdicción constitucional; y la clave para ello no es otra que la interpretación del sistema jurídico conforme a la doctrina de la creación del derecho por grados de Kelsen, de manera que llámense como se llamen los actos estatales, estarán sometidos al control de la Jurisdicción Constitucional, si los mismos son, como lo son las leyes, dictados en ejecución directa e inmediata de la Constitución; de resto serían actos administrativos, dictados en ejecución directa de la legislación (e indirecta de la Constitución) y por tanto sometidos al control de la jurisdicción contencioso administrativa".

*En relación con el texto para Artículo 99 (Interés legítimo y jurídicamente protegido) del Proyecto de Ley en el cual se preveía establecer que "En las acciones dirigidas contra leyes, reglamentos y disposiciones normativas dictadas por los poderes públicos se presume que toda persona tiene un interés legítimo y jurídicamente protegido en tanto eventual destinatario de la norma atacada en inconstitucionalidad. Los destinatarios de los actos no normativos o los afectados por los mismos se presumen tener un interés legítimo y jurídicamente protegido para accionar directamente en inconstitucionalidad. Si los actos cuestionados vulneran derechos colectivos y del medio ambiente o intereses colectivos y difusos tendrán legitimación para accionar las mismas personas legitimadas para interponer acciones de amparo colectivo en virtud de esta ley," formulamos el siguiente comentario*:

***"Comentario 96:*** Esta norma de acuerdo con lo que ya se ha mencionado en el ***Comentario 94***, también requiere ser revisada. Dejando aparte las leyes cuya impugnación, indudablemente cae en la Jurisdicción Constitucional, en la norma se hace referencia a actos normativos (reglamentos y disposiciones normativas) y a actos no normativos, que pueden ser susceptibles de impugnación mediante la acción de inconstitucionalidad. El tema, de nuevo es determinar, cuales de esos actos son dictados en ejecución directa de la Constitución que ameriten ser sometidos a la Jurisdicción Constitucional y cuales son de ejecución directa de la Constitución que haga que deban ser sometidos a la Jurisdicción contencioso administrativa. Entre los actos normativos que caerían en la Jurisdicción constitucional, además de las leyes, estarían, por ejemplo, los actos parlamentarios sin forma de ley como los *interna corporis*, o reglamentos de las Cámaras del Congreso, o los actos que declaran el Estado de Emergencia. Entre los actos normativos que caerían en la Jurisdicción contencioso administrativa, por su parte, estarían los reglamentos y resoluciones normativas. En cuanto a los actos no normativos que caerían en la Jurisdicción constitucional, solo serían los decretos dictados por el Presidente de la República en ejecución directa de la Constitución como los decretos que declaran el Estado de Emergencia y otros actos previstos en la Constitución (artículo 128); y los dictados por los otros Poderes públicos también en ejecución directa de la Constitución, como serían por ejemplo, además de las leyes, los actos dictados por las Cámaras del Senado o de Diputados conforme a sus atribuciones privativas (arts. 80, 83) y por el Congreso (artículo 93), como serían los parlamentarios sin forma de ley (*interna corporis*) es decir, los reglamentos de las Cámaras del Congreso. Entre los actos normativos que caerían en la Jurisdicción contencioso administrativa, por su parte, estarían los reglamentos y resoluciones normativas; y entre los actos no normativos, estarían los actos administrativos de efectos individuales".

*En relación con el texto para Artículo 122 (Conflictos de competencia) del Proyecto de Ley en el cual se preveía establecer que "Le corresponde al Tribunal Constitucional resolver los conflictos de competencia entre los poderes del Estado, así como los que surjan entre cualesquiera de estos poderes y entes u órganos creados por la Constitución, las entidades descentralizadas, autónomas, municipios u otras personas de Derecho Público, o los de cualesquiera de éstas, entre sí, salvo aquellos conflictos que sean de la competencia de otras jurisdicciones en virtud de la Constitución o leyes especiales," formulamos el siguiente comentario:*

***"Comentario 104:*** En esta materia de control de constitucionalidad de los conflictos de competencia, de nuevo es indispensable distinguir entre los conflictos de orden constitucional, entre órganos del Poder Público, en virtud de normas constitucionales, que son los que deben ir al conocimiento de la Jurisdicción Constitucional; de los conflictos administrativos entre autoridades y órganos del Estado, que son los que caen bajo la competencia de la Jurisdicción Contencioso Administrativa."

## III. SEGUNDA APROXIMACIÓN AL PROYECTO DE REGULACIÓN SOBRE EL OBJETO DE LA JURISDICCIÓN CONSTITUCIONAL (JUNIO 2010)

*Con ocasión de la discusión del proyecto de Ley de Tribunal Constitucional y de los Procesos Constitucionales, en junio de 2010, formulé los siguientes comentarios:*[1561]

1561 Memorándum de junio de 2010 dirigido a los profesores Eduardo Jorge Pratt y Olivo Rodríguez.

*En relación con el texto para Artículo 82 (Objeto del control) del Proyecto de Ley en el cual se preveía establecer que "La acción directa de inconstitucionalidad puede ser interpuesta ante el Tribunal Constitucional contra las leyes y resoluciones dictados por el Congreso Nacional; contra los reglamentos dictados por el Presidente de la República; contra los decretos ejecutivos y demás resoluciones emanados de los diversos órganos de los poderes públicos y dictados en ejecución directa e inmediata de la Constitución, incluyendo las declaratorias de los estados de excepción; y contra las ordenanzas; siempre que no se trate de actos administrativos cuya impugnación debe realizarse ante la jurisdicción contencioso administrativa,"formulamos el siguiente comentario:*

"**Nota 39**. La redacción de este artículo requiere que se parta del supuesto de que los actos que pueden impugnarse ante el Tribunal Constitucional (Jurisdicción Constitucional), con excepción de los reglamentos, sólo deben ser actos de ejecución directa e inmediata de la Constitución. O en otros términos, que no procede impugnar ante la Jurisdicción Constitucional a los actos administrativos, los cuales sólo pueden ser impugnados, conforme al artículo 165.2 de la Constitución, ante la jurisdicción contencioso administrativa. En la enumeración de actos incluida en el artículo, que sigue la que trae el artículo 185.2 de la Constitución, por tanto, hay actos que definitivamente NO son actos administrativos, como las "leyes" y las "resoluciones" que dicta el Congreso nacional. En cuanto a los "reglamentos" aún siendo actos administrativos, es la Constitución la que reserva su impugnación ante el Tribunal Constitucional, por lo que corresponde precisamente a la Ley Orgánica precisar que no se trata de cualquier reglamento o acto reglamentario (que son actos administrativos) sino sólo los Reglamentos Ejecutivos, es decir, los dictados por el Presidente de la República conforme al artículo 128,1,b. Todos los otros actos reglamentarios dictados por cualquier otra autoridad administrativa nacional, provincial o municipal serían impugnables ante la jurisdicción contencioso administrativa. En cuanto a los otros actos enumerados en la norma, es también precisamente la Ley Orgánica la que debe precisar que los que se reservan al conocimiento de la Jurisdicción Constitucional solo son aquellos dictados en ejecución directa e inmediata de la Constitución. Ello es claro, por ejemplo, en relación con los "Decretos" que debe presumirse que se refiere a los dictados por el Presidente de la República. Estos, en general, son actos administrativos (impugnables, por tanto, ante la jurisdicción contencioso administrativa) excepto aquellos dictados en ejecución directa e inmediata de la Constitución que serían los únicos impugnables ante la Jurisdicción Constitucional, como serían muchos de los dictados por el Presidente de la República como Jefe de Estado, por ejemplo, en materia de estados de excepción o estado de defensa nacional conforme al artículo 128,1 e y f de la Constitución, que sería lo que en otras latitudes se conocen como "actos de gobierno" impugnables ante el Tribunal Constitucional. En cuanto a las "Ordenanzas" debe observarse que en la Constitución esa palabra sólo se usa en el artículo 185.2, y no se usa para calificar ningún acto estatal específico. En la terminología de otros países de América Latina, las Ordenanza son las "leyes locales", es decir, los actos normativos dictados por los Concejos Municipales autónomos, en las materias que la Constitución les asigna y reserva. Me imagino que eso es a lo que se refiere la norma.

## IV. TERCERA APROXIMACIÓN AL PROYECTO DE REGULACIÓN SOBRE EL OBJETO DE LA JURISDICCIÓN CONSTITUCIONAL

*Con ocasión de la discusión del proyecto de Ley del Tribunal Constitucional y de los Procesos Constitucionales, en agosto de 2010, formulé los siguientes comentarios*:[1562]

*En relación con el texto para Artículo 48 (Objeto del control) del Proyecto de Ley en el cual se preveía establecer que "La acción directa de inconstitucionalidad puede ser interpuesta ante el Tribunal Constitucional contra las leyes, decretos, reglamentos, resoluciones, ordenanzas y otras disposiciones generales, incluso las adoptadas por sujetos privados, que infrinjan, por acción u omisión, alguna norma constitucional. Los actos administrativos de efectos particulares solo pueden ser impugnados ante la Jurisdicción Contencioso Administrativa aún cuando el motivo de impugnación sea su inconstitucionalidad. Procede además para revisar la constitucionalidad de la declaratoria de cualquiera de los estados de excepción, "formulamos el siguiente comentario:*

"**Nota**: Insisto en que es indispensable establecer un criterio de distinción entre la Jurisdicción Constitucional y la Jurisdicción Contencioso Administrativa. La Jurisdicción Constitucional no puede conocer de la impugnación de actos administrativos de efectos particulares por razones de inconstitucionalidad. Ello corresponde a la Jurisdicción Contencioso Administrativa (Contrariedad al derecho). Lo contrario significaría vaciar de contenido a esta última Jurisdicción. Menos aún puede pensarse que "actos administrativos adoptados por sujetos privados" puedan entrar en la competencia de la Jurisdicción Constitucional. Los sujetos privados por vía de excepción sólo pueden dictar actos administrativos, y en tal caso, los mismos deben controlarse por la Jurisdicción Contencioso Administrativa.

En conclusión, la Jurisdicción Constitucional es la llamada a controlar la constitucionalidad de los actos estatales que NO SEAN ACTOS ADMINISTRATIVOS.

Por ello estimo que debe agregarse a la norma la indicación marcada de que: "Los actos administrativos de efectos particulares solo pueden ser impugnados ante la Jurisdicción Contencioso Administrativa aún cuando el motivo de impugnación sea su inconstitucionalidad".

## V. COMENTARIOS SOBRE EL DESLINDE ENTRE EL LA JURISDICCIÓN CONSTITUCIONAL Y LA JURISDICCIÓN CONTENCIOSO ADMINISTRATIVO AL SANCIONARSE LA LEY DEL TRIBUNAL CONSTITUCIONAL Y DE LOS PROCESOS CONSTITUCIONALES (2011)

*Recién sancionada la Ley del Tribunal Constitucional y de los Procesos Constitucionales de Marzo de 2011, sobre el tema del deslinde del objeto de control en la*

1562 Memorándum de agosto de 2010 dirigido a los profesores Eduardo Jorge Pratt y Olivo Rodríguez.

*Jurisdicción Constitucional y en la Jurisdicción Contencioso Administrativa, hice los siguientes comentarios*:[1563]

1. *La acción de inconstitucionalidad*

En la Ley del Tribunal Constitucional y de los Procesos Constitucionales, el control concentrado de la constitucionalidad, conforme a la Constitución, se atribuye al Tribunal Constitucional, el cual está definido como "el órgano supremo de interpretación y control de la constitucionalidad" (art. 1).

A tal efecto, y siguiendo lo previsto en la Constitución, en la Ley Orgánica se lo concibe como una institución autónoma de los poderes públicos y de los demás órganos del Estado (art. 1), por lo cual los jueces integrantes del Tribunal no están sujetos a mandato imperativo, ni reciben instrucciones de ninguna autoridad; no incurriendo en responsabilidad por los votos emitidos en el ejercicio de sus funciones (art. 18). Por ello, el artículo 3 de la Ley Orgánica expresamente dispone que "en el cumplimiento de sus funciones como Jurisdicción Constitucional, el Tribunal Constitucional solo se encuentra sometido a la Constitución, a las normas que integran el bloque de Constitucionalidad, a esta Ley Orgánica y a sus reglamentos".

Conforme a la Constitución, en definitiva, el Tribunal Constitucional fue concebido "con el objetivo de garantizar la supremacía de la Constitución, la defensa del orden constitucional y la protección de los derechos fundamentales" (Considerando Sexto de la Ley), con la competencia para conocer "de los procesos previstos por el artículo 185 de la Constitución".

2. *Precisión sobre el objeto de la acción de inconstitucionalidad*

La competencia del Tribunal Constitucional en materia de control concentrado de la constitucionalidad está definida el la Ley Orgánica, en la Sección I ("Del control concentrado de constitucionalidad") del Capítulo I ("Del control de constitucionalidad") del Título II ("De los procesos y procedimientos constitucionales"), estableciéndose que dicho control se ejerce mediante el conocimiento de "la acción directa de inconstitucionalidad" que puede ser interpuesta ante el Tribunal Constitucional "contra las leyes, decretos, reglamentos, resoluciones y ordenanzas, que infrinjan, por acción u omisión, alguna norma sustantiva." (art. 36). Se entiende, por supuesto, que en esta expresión de infracción de "norma sustantiva" el artículo se esta refriendo a las infracciones constitucionales tal como se definen en el artículo 6 de la Ley Orgánica.

En el caso de los tratados internacionales, sin embargo, en la Ley Orgánica se dispone que los mismos, luego de que hayan sido objeto de control preventivo de constitucionalidad, y sean reputados como constitucionales, ello impide que los mismos pueden ser cuestionado por inconstitucional ante el Tribunal Constitucional por los motivos que valoró el Tribunal Constitucional (artículo 57, Párrafo único).

---

1563 *V.*, en general Allan R. Brewer-Carías, "El sistema de justicia constitucional en la República Dominicana y el proyecto de Ley Orgánica del Tribunal Constitucional y de los Procedimientos Constitucionales (2011), en *VII Encuentro Iberoamericano de derecho procesal Constitucional,* Comisionado de Apoyo a la Reforma y Modernización de la Justicia, Instituto Iberoamericano de Derecho procesal Constitucional, Santo Domingo 2011, T. I, pp. 285-330.

Ahora bien, con esta última excepción, si se sigue literalmente el contenido de la norma, estimé en marzo de 2011 que se trataría en general, de un control concentrado de constitucionalidad que se regula en la Ley en forma universal, que abarcaría materialmente todos los actos del Estado. Ello, sin duda, consideré que constituiría una disidencia respecto de los sistemas de control concentrados de la constitucionalidad en el derecho comparado, cuyo objeto se limita normalmente a las leyes o demás actos de igual rango y valor (como los decretos leyes), así como respecto de actos de los órganos superiores del Estado dictados en ejecución directa de la Constitución, como por ejemplo serían los *interna corporis* del Congreso, los actos de gobierno, como los que declaran los estados de excepción, o las resoluciones, por ejemplo dictadas por la Corte Suprema de Justicia.

Es cierto que el artículo 184 de la Constitución atribuye al Tribunal Constitucional competencia para conocer de las "acciones directas de inconstitucionalidad contra las **leyes, decretos, reglamentos, resoluciones y ordenanzas**;" pero también es cierto que la misma Constitución regula la Jurisdicción Contencioso Administrativa, atribuyendo a los Tribunales Superiores Contencioso Administrativos competencia para "conocer de los recursos contenciosos contra los **actos, actuaciones y disposiciones** de autoridades administrativas contrarias al Derecho como consecuencia de las relaciones entre la Administración del Estado y los particulares, si éstos no son conocidos por los tribunales contencioso administrativos de primera instancia" (art. 165.2).

Por tanto, estimé en marzo de 2011 que la Ley reguladora de la Jurisdicción Constitucional era precisamente la que debió establecer con precisión el deslinde de su ámbito u objeto con relación al de la Jurisdicción Contencioso Administrativa, cuyos jueces también son jueces constitucionales, no sólo cuando ejercen el control difuso de la constitucionalidad como cualquier juez en los casos que resuelven, sin cuando anulan actos administrativos por razones de inconstitucionalidad que es una forma de "contrariedad del derecho."

En el caso de la República Dominicana, puede decirse que la Jurisdicción Constitucional no tiene el monopolio del control concentrado de la constitucionalidad; sino que lo que tiene es el monopolio del control concentrado de la constitucionalidad de ciertos actos estatales, como las leyes y los demás actos estatales de ejecución directa de la Constitución. El control concentrado de la constitucionalidad de los actos administrativos, en cambio, está a cargo de los tribunales de la Jurisdicción Contencioso Administrativa.

### 3. *De nuevo sobre el necesario deslinde entre el objeto de la Jurisdicción Constitucional y la Jurisdicción contencioso administrativa*

En ausencia de regulaciones precisas en la Ley Orgánica, insistí en marzo de 2011, que el deslinde de estas competencias entre los tribunales de las dos Jurisdicciones, la Constitucional y la Contencioso Administrativa, debía ser, sin duda, una de las tareas iniciales del Tribunal Constitucional, lo que estimé debía hacer, como ha ocurrido en general en el derecho comparado, basándose en la naturaleza de los actos impugnados y no en los motivos de impugnación. Para ello, insistimos, resultaban fundamentales las previsiones de la Constitución.

En cuanto a la Jurisdicción Contencioso Administrativa, la competencia de los tribunales de la misma es para conocer de la impugnación de los **actos administra-**

**tivos**, o como lo dice el artículo 165,2 de la Constitución de "los actos, actuaciones y disposiciones de autoridades administrativas contrarias al Derecho como consecuencia de las relaciones entre la Administración del Estado y los particulares," por contrariedad al derecho, es decir, por vicios de inconstitucionalidad o de legalidad propiamente dicha. Por supuesto, la clave de esta norma está en determinar, primero, si los actos administrativos normativos, como los reglamentos, se consideran o no como actos administrativos, lo que en mi criterio no tiene duda; y además, segundo, si hay actos administrativos que puedan estar excluidos del control contencioso administrativo, lo que en mi criterio en principio parece no permitir la norma.

En cuanto a la Jurisdicción Constitucional, la competencia del Tribunal Constitucional es para conocer de las "acciones directas de inconstitucionalidad contra las **leyes, decretos, reglamentos, resoluciones y ordenanzas**," tal como lo establece el artículo 185,2 de la Constitución. Ahora bien, es esta materia que el Tribunal Constitucional debe interpretar la Constitución para distribuir la competencia entre ambas Jurisdicciones, pues si se atiene literalmente al texto, algunos "decretos, reglamentos, resoluciones y ordenanzas" pueden ser considerados o contener actos administrativos, y otros no.

Es decir, en ausencia de una precisa determinación legal por el legislador, consideré desde el inicio que debía ser el Tribunal Constitucional el que precisara cuándo algunos "decretos, reglamentos, resoluciones y ordenanzas" son meros actos administrativos y por tanto, sujetos al control de la Jurisdicción Contencioso Administrativa; y cuándo otros "decretos, reglamentos, resoluciones y ordenanzas" no son actos administrativos y por tanto, sujetos al control de la Jurisdicción Constitucional; y la clave para ello consideré y considero que no es otra que la interpretación del sistema jurídico conforme a la doctrina de la creación del derecho por grados (Kelsen, Merkl) de manera que llámense como se llamen los actos estatales, deben estar sometidos al control de la Jurisdicción Constitucional, aquellos actos estatales, como lo son las leyes, dictados en ejecución directa e inmediata de la Constitución o de previsiones constitucionales, con rango legal en la formación del orden jurídico. De resto, los otros actos estatales serían de rango sub-legal como los actos administrativos, dictados en ejecución directa de la legislación (e indirecta de la Constitución) y, por tanto, sometidos al control de la Jurisdicción Contencioso Administrativa.

Esto implica que el criterio de distinción entre la Jurisdicción Constitucional y la Jurisdicción Contencioso Administrativa, debe establecerse con claridad con base en la naturaleza de los actos impugnados, independientemente de su denominación formal o de su forma jurídica, y por supuesto, de ninguna manera con base en los motivos de impugnación, pues los motivos de inconstitucionalidad se pueden formular en ambas Jurisdicciones.

De acuerdo con el artículo 139 de la Constitución el control de "legalidad" de los actos de la Administración Pública lo ejercen los tribunales, y en particular, los de la Jurisdicción Contencioso Administrativa que deben conocer de los recursos contenciosos contra los actos, actuaciones y disposiciones de autoridades administrativas "contrarias al Derecho" realizadas como consecuencia de las relaciones entre la Administración del Estado y los particulares (Artículo 165,2). Y "contrariedad al derecho" implica contrariedad a la Constitución y, además, a las leyes y demás fuentes de derecho, por lo que la impugnación de los actos administrativos por razón de inconstitucionalidad, es una competencia exclusiva de los tribunales de la Jurisdicción Contencioso Administrativa y no puede corresponder a la Jurisdicción Constitucional.

Por tanto, como se dijo, frente a los "decretos, resoluciones y ordenanzas" debe precisarse si en cada caso se trata o no de actos administrativos, pues si se trata de actos administrativos, la competencia para conocer de su impugnación corresponde a los tribunales de la Jurisdicción Contencioso Administrativa aún cuando los motivos de impugnación sean de inconstitucionalidad. Solo en el caso de los "reglamentos," sin embargo, en particular los dictados por el Presidente de la República (Reglamentos Ejecutivos), aún tratándose de actos administrativos, en virtud de la mención expresa de la Constitución, podrían considerarse que como excepción a la competencia de la Jurisdicción Contencioso Administrativa, correspondiendo la competencia para conocer de su impugnación en forma exclusiva a la Jurisdicción Constitucional. Pero ello consideré que no debía aplicarse a reglamentos, es decir, a los actos administrativos normativos dictados por otros funcionarios de la Administración distintos al Presidente.

Por ello consideramos en marzo de 2011 que la Ley Orgánica pudo haberse dispuesto, casuísticamente, que la acción directa de inconstitucionalidad podía ser interpuesta:

a. Contra las leyes y resoluciones dictados por el Congreso Nacional;

b. Contra los reglamentos dictados por el Presidente de la República;

c. Contra los decretos ejecutivos y demás resoluciones emanados de los diversos órganos de los poderes públicos y dictados en ejecución directa e inmediata de la Constitución, incluyendo las declaratorias de los estados de excepción; y

d. Contra las ordenanzas, como leyes locales municipales; siempre que no se trate de actos administrativos cuya impugnación debe realizarse ante la Jurisdicción Contencioso Administrativa.

En tal sentido, además, consideraba en marzo de 2011 que debía haberse precisado en todo caso, que los actos administrativos de efectos particulares solo podían ser impugnados ante la Jurisdicción Contencioso Administrativa aún cuando el motivo de impugnación sea su inconstitucionalidad.

La redacción de los artículos 184 y 185.1 de la Constitución impone que se interprete la competencia de las dos Jurisdicciones en el sentido de que los actos llamados a ser impugnados ante el Tribunal Constitucional (Jurisdicción Constitucional), con excepción de los reglamentos, sólo deben ser los actos estatales dictados en ejecución directa e inmediata de la Constitución; o en otros términos, que no debe proceder la impugnación ante la Jurisdicción Constitucional de los actos administrativos, los cuales sólo deben ser impugnados, conforme al artículo 165.2 de la Constitución, ante los tribunales de la Jurisdicción Contencioso Administrativa.

En la enumeración de actos estatales que pueden ser objeto de impugnación ante la Jurisdicción Constitucional incluida en el artículo 36 de la Ley Orgánica, sin embargo, se sigue a la letra el mismo texto del artículo 185.1 de la Constitución (**leyes, decretos, reglamentos, resoluciones y ordenanzas**), del cual resulta, sin duda, unos actos estatales que definitivamente *no son* actos administrativos, como es el caso de las "leyes" y las "ordenanzas" y algunas "resoluciones" que dicta el Congreso Nacional, la Corte Suprema de Justicia u otros órganos constitucionales con autonomía.

En cuanto a los "reglamentos," como se dijo, aún siendo actos administrativos, es la Constitución la que prevé su impugnación ante el Tribunal Constitucional, por lo que en ausencia de precisión legal, consideré en marzo de 2011 que era el Tribunal Constitucional el llamado a determinar si se trata de cualquier reglamento o acto reglamentario o normativo (que son actos administrativos) o de sólo ciertos reglamentos como los Reglamentos Ejecutivos, es decir, los dictados por el Presidente de la República conforme al artículo 128,1,b de la Constitución, lo que sin duda es la solución acorde con la Constitución. Todos los otros actos administrativos reglamentarios dictados por cualquier otra autoridad administrativa nacional, provincial o municipal deben en cambio ser impugnados ante los tribunales de la Jurisdicción Contencioso Administrativa.

En cuanto a los otros actos enumerados en la norma del artículo 36 de la Ley Orgánica, también consideré en marzo de 2011 que debía ser el Tribunal Constitucional el que tiene que determinar en su jurisprudencia interpretativa cuáles se reservan al conocimiento de la Jurisdicción Constitucional, que deben ser solo aquellos dictados en ejecución directa e inmediata de la Constitución. Ello estimamos que era necesario, por ejemplo, en relación con los "Decretos" que debe presumirse que se refiere a los dictados por el Presidente de la República. Estos, en general, son actos administrativos (impugnables, por tanto, ante la Jurisdicción Contencioso Administrativa) excepto aquellos dictados en ejecución directa e inmediata de la Constitución que serían los únicos que deberían ser impugnables ante la Jurisdicción Constitucional, como serían muchos de los dictados por el Presidente de la República como Jefe de Estado, por ejemplo, en materia de declaratoria de estados de excepción o estado de defensa nacional conforme al artículo 128,1 e y f de la Constitución, que serían lo que en otras latitudes se conocen como "actos de gobierno" impugnables ante el Tribunal Constitucional.

En cuanto a las "Ordenanzas" debe observarse que en la Constitución esa palabra sólo se utiliza precisamente en el artículo 185.2, y no se la usa para calificar ningún acto estatal específico. En la terminología de otros países de América Latina, las Ordenanza serían las "leyes locales", es decir, los actos normativos dictados por los Concejos Municipales autónomos, en las materias que la Constitución les asigna y reserva, que presumimos es el mismo sentido que tienen en la República Dominicana.

## VI. CONCLUSIÓN: ENSAYO DE PRECISIÓN DE LA COMPETENCIA DE LA JURISDICCIÓN CONSTITUCIONAL

Con base en todo lo anteriormente expuesto, conforme al artículo 185.1 de la Constitución y al artículo 36 de la Ley Orgánica del Tribunal Constitucional y de los Procesos Constitucionales, corresponde al Tribunal Constitucional ejercer el control de constitucionalidad en relación con las "leyes, decretos, reglamentos, resoluciones y ordenanzas", actos estatales todos que tienen el rasgo común de que han de ser dictados en ejecución directa e inmediata de la Constitución, y no en ejecución de lo dispuesto en la legislación o en previsiones infraconstitucionales.

De esa enumeración establecida en la norma resulta claro, por supuesto, que los actos judiciales no pueden ser objeto de la acción de inconstitucionalidad ante el Tribunal Constitucional, no sólo porque no están enumerados en la norma, sino por que los mismos siempre tienen carácter sublegal, es decir, siempre son dictados en aplicación de normas infraconstitucionales[1564].

Los actos enumerados en la norma como objeto de la acción de inconstitucionalidad, por otra parte, puede decirse que *en general*, como lo expresó el Tribunal Constitucional, son "actos estatales de carácter normativo y alcance general"[1565], considerando que la acción directa de inconstitucionalidad "está orientada al ejercicio de un control *in abstracto* de los actos normativos del poder público"[1566], lo que es básicamente cierto siempre que sean dictados en ejecución directa de la Constitución.

En igual sentido, cuando el Tribunal Constitucional ha dicho que "la acción en inconstitucionalidad por vía directa o principal puede ser incoada no sólo contra la ley en sentido estricto, esto es, las disposiciones de carácter general y abstracto aprobadas por el Congreso Nacional y promulgadas por el Poder Ejecutivo, sino también contra toda norma obligatoria como los decretos, resoluciones y actos emanados de los poderes públicos"[1567], hay que precisar que ello es cierto, siempre que se trate de normas dictadas en ejecución directa de la Constitución y no en aplicación de normas infraconstitucionales (sublegal).

Estos, los actos estatales de carácter normativo dictados en ejecución de normas infraconstitucionales, están sometidos al control de la jurisdicción contencioso administrativa. Por tanto, los actos estatales que pueden ser objeto de la acción directa de inconstitucionalidad por parte del Tribunal Constitucional, son entonces los siguientes:

1. *Las leyes*

En primer lugar están las leyes, debiendo entenderse estas como los actos dictados por el Congreso nacional como cuerpo legislador, es decir, en ejecución de sus "atribuciones en materia legislativa" establecidas en el artículo 93.1 de la Constitución, y que son sancionadas conforme al procedimiento de formación de las leyes establecido en los artículos 96 y siguientes de la Constitución, y promulgadas por el Presidente de la República conforme al artículo 128.1.b de la misma Constitución.

---

1564 El Tribunal Constitucional en sentencia TC/0052/12 de 19-10-2012, consideró con razón que "Las decisiones jurisdiccionales no están incluidas en la disposición constitucional que instituye dicho recurso." Véase en http://www.tribunalconstitucional.gob.do/sites/default/files/documentos/Sentencia%20TC% 2000 52-12%20C.pdf

1565 El Tribunal Constitucional en su sentencia TC/0051/12 de 19-10-2012, resolvió que "La acción directa en inconstitucionalidad, como proceso constitucional, está reservada para la impugnación de aquellos actos señalados en los artículos 185.1 de la Constitución de la República y 36 de la Ley Orgánica N° 137-11 (leyes, decretos, reglamentos, resoluciones y ordenanzas), es decir, aquellos actos estatales de carácter normativo y alcance general". *V.*, en http://www.tribunalconstitucional.gob.do/sites/default/files /documentos/Sentencia%20TC%200051-12%20C.pdf. El profesor Jorge Prats

1566 *V.*, la mencionada sentencia del Tribunal Constitucional en sentencia TC/0052/12 de 19-10-2012, consideró con razón que "Las decisiones jurisdiccionales no están incluidas en la disposición constitucional que instituye dicho recurso". Véase en http://www.tribunalconstitucional.gob.do/sites/default /files/documentos/Sentencia%20TC%200052-12%20C.pdf

1567 *V.*, sentencia TC/0073/12 de 29-11-2012 en http://www.tribunalconstitucional.gob.do/sites/default/ files/documentos/Sentencia%20TC%200073-12%20C.pdf

## 2. *Las ordenanzas*

En segundo lugar están las Ordenanzas, siempre que se entienda por tales, los actos normativos dictados por los Municipios que tienen el carácter de leyes locales, sancionadas con base en la "potestad normativa" que les asigna el artículo 199 de la Constitución, adoptados en cada Municipio por el Concejo de Regidores que conforme al artículo 201 de la propia Constitución "es un órgano exclusivamente normativo, reglamentario y de fiscalización."

## 3. *Los reglamentos*

En tercer lugar están los reglamentos, s siempre que se trate de reglamentos dictados en ejecución directa de atribuciones constitucionales, como es el caso: *primero*, de los reglamentos ejecutivos, es decir, los actos normativos dictados por el Presidente de la República con base en la atribución que le asigna el artículo 128.1.b de la Constitución;[1568] y segundo, de los reglamentos dictados por órganos constitucionales con autonomía funcional, a los cuales la Constitución asigna directamente atribuciones reglamentarias como es el caso, por ejemplo, de la Junta Central Electoral, la cual conforme al artículo 212 de la Constitución "tiene facultad reglamentaria en los asuntos de su competencia", y conforme al artículo 212.IV tiene "facultad para reglamentar los tiempos y límites en los gastos de campaña, así como el acceso equitativo a los medios de comunicación". Todos los otros actos administrativos normativos o reglamentos dictados por funcionarios públicos en ejecución de atribuciones establecidas en las leyes, como actos administrativos de carácter sublegal que son, están sometidos a control de contrariedad al derecho por parte de los tribunales de la Jurisdicción Contencioso Administrativa, y escapan de la competencia del Tribunal Constitucional.

## 4. *Los decretos*

En cuarto lugar están los decretos dictados por el Presidente de la República (artículo 128.1.b de la Constitución) siempre que se trate de actos ejecutivos emanados en ejecución directa de atribuciones establecidas en la Constitución, de lo contrario, si son dictados en ejecución de normas infraconstitucionales, al ser de carácter sublegal, constituyen actos administrativos, en cuyo caso, la competencia para controlar su contrariedad al derecho (incluso su inconstitucionalidad) corresponde a los tribunales contencioso administrativos.

Entre esos decretos cuyo control de constitucionalidad corresponde al Tribunal Constitucional, por ejemplo, pueden mencionarse entre los dictados con base en las atribuciones establecidas en el artículo 128 la Constitución, los siguientes, y que en el derecho comparado se denominan actos de gobierno:[1569]

---

1568 Un ejemplo sería el decreto N° 452-02 relativo a los Administradores Generales de Bienes y casas o apartamentos promovidas y asignadas por el Estado, que fue anulado parcialmente por el Tribunal Constitucional. Véase sentencia TC/0093/12 de 21-12-2102 en http://tribunalconstitucional.gob.do/sites/de fault/files/ documentos/Sentencia%20TC%200093-12%20C.pdf

1569 *V.*, Allan R. Brewer-Carías, "Los actos de gobierno y los actos preeminentemente discrecionales", en Víctor Hernández Mendible (Director), *La actividad e inactividad administrativa y la Jurisdicción Contencioso Administrativa,* Caracas 2012, pp. 131-189; "El control de constitucionalidad de los actos del Poder Ejecutivo dictados en ejecución directa e inmediata de la Constitución y el principio de la formación del derecho por grados en Venezuela", en *Revista Jurídica UDABOL,* Universidad de Aquino Boli-

"f) Tomar las medidas necesarias para proveer y garantizar la legítima defensa de la Nación, en caso de ataque armado actual o inminente por parte de nación extranjera o poderes externos, debiendo informar al Congreso Nacional sobre las disposiciones adoptadas y solicitar la declaratoria de Estado de Defensa si fuere procedente;

g) Declarar, si no se encontrare reunido el Congreso Nacional, los estados de excepción de conformidad con las disposiciones previstas en los artículos 262 al 266 de esta Constitución;

h) Adoptar las medidas provisionales de policía y seguridad necesarias en caso de violación de las disposiciones del artículo 62, numeral 6 de esta Constitución que perturben o amenacen el orden público, la seguridad del Estado, el funcionamiento regular de los servicios públicos o de utilidad pública, o impidan el desenvolvimiento de las actividades económicas y que no constituyan los hechos previstos en los artículos 262 al 266 de esta Constitución."

5. *Las resoluciones*

Y en quinto lugar están las resoluciones, siempre que se trate de actos dictadas en ejecución directa e inmediata de atribuciones establecidas en la Constitución. Por tanto, en cuanto a las resoluciones del Presidente de la República (art. 128.1.b de la Constitución), si son dictadas en ejecución de atribuciones previstas en normas infraconstitucionales, al ser de carácter sublegal, su control de conformidad con el derecho corresponde a los tribunales constitucionales. En cuanto a las resoluciones dictadas por los Secretarios de Estado como órganos del Poder Ejecutivo, en general, se trata siempre a de actos administrativos sometidos al control de contrariedad al derecho por parte de los tribunales constitucionales. Por ello, por ejemplo, en el caso de la impugnación por vía de acción de inconstitucionalidad contra una la Resolución N° 283/2000, dictada por la Secretaría de Estado de Industria y Comercio reguladora del subsidio a los combustibles para la generación de electricidad, al analizar el acto impugnado, el Tribunal Constitucional constató que se trataba de un acto administrativo "dictado en ejercicio directo de poderes y competencias establecidas en disposiciones normativas infraconstitucionales, es decir, en normas de derecho inferiores a la Constitución" es decir, "dictada en ejecución directa e inmediata de la legislación," en ese caso, entre otras, de la Ley N° 290-66, Orgánica de la Secretaría de Estado de Industria y Comercio, de la Ley N° 4115, que le concede a la Corporación Dominicana de Electricidad la facultad para celebrar toda clase de actos y contratos relativos a su función específica; y de la Ley de Reforma de la Empresa Pública N° 141-97), razón por la cual declaró inadmisible la acción "al tratarse de una resolución que se emite en el ejercicio de un mandato directo de la ley." El Tribunal Constitucional argumentó que, al contrario, era "el fuero administrativo

via, Año 1, N° 1, La Paz 2012, pp. 83-129; "El régimen constitucional de los Decretos Leyes y de los actos de gobierno" en *Bases y Principios del Sistema Constitucional Venezolano (Ponencias del VII Congreso Venezolano de Derecho Constitucional realizado en San Cristóbal del 21 al 23 de noviembre de 2001)*, Asociación Venezolana de Derecho Constitucional, Universidad Católica del Táchira, San Cristóbal, 2002, pp. 25-74.

el competente para dirimir cuestiones que han tenido su origen en actos administrativos ejercidos por mandato de la ley, y es al Tribunal Contencioso Administrativo al que corresponde examinar la cuestión;" y que en el caso, aun cuando los "medios invocados por la accionante" eran "de índole constitucional, en virtud de la naturaleza del acto atacado (resolución que prescribe sobre el desarrollo de un contrato administrativo) tales alegatos corresponden ser examinados en la jurisdicción administrativa", conforme a lo dispuesto en los artículos 139 y 165.2 de la Constitución[1570].

En cuanto a las resoluciones emanadas del Congreso (art. 128.1.b de la Constitución) y sus Cámaras, en general, se trata de actos estatales que se dictan en ejecución directa de atribuciones establecidas en la Constitución, entre los cuales están, por ejemplo, los *interna corporis*, como serían los reglamentos internos del Congreso (art. 90.3 Constitución), los reglamentos concerniente al su servicio interior y al despacho de los asuntos que le son peculiares a lada Cámara, en los cuales en el uso de sus facultades disciplinarias, pueden establecer las sanciones que procedan (art. 87, 88), y los reglamentos de organización y funcionamiento (art. 119).

Por último, en cuanto a las resoluciones que puedan dictar los órganos constitucionales del Estado que gozan de autonomía funcional, se destacan, por ejemplo, el Consejo Nacional de la Magistratura y la Junta Central Electoral, cuyos actos dictados en ejecución directa de atribuciones constitucionales caerían dentro de la competencia del Tribunal Constitucional de resto, los actos administrativos de dichos órganos sólo podrían impugnarse ante la jurisdicción contencioso administrativa.

New York, enero de 2013.

## *SECCIÓN SÉPTIMA:*

## *EL SISTEMA MIXTO O INTEGRAL DE CONTROL DE CONSTITUCIONALIDAD EN VENEZUELA Y COLOMBIA (1995)*

**Esta sección es el texto del libro sobre: *El sistema mixto o integral de control de la constitucionalidad en Colombia y Venezuela*, Universidad Externado de Colombia (Temas de Derecho Público Nº 39) y Pontificia Universidad Javeriana (*Quaestiones Juridicae* Nº 5), Bogotá 1995, 120 pp.**

Dentro de los sistemas de control de la constitucionalidad que existen en el mundo, el sistema mixto de control de constitucionalidad que existe en Colombia y Venezuela, se configura como un modelo de justicia constitucional en sí mismo, mixto o integral, que combina el llamado sistema difuso con el sistema concentrado de control de constitucionalidad, y que se consolidó en nuestros países mucho antes de que este último se hubiese comenzado a implantar en Europa[1571]. También funciona en Guatemala, Perú, Brasil y El Salvador[1572].

1570 Sentencia TC/0073/12 de 29 de noviembre de 2012, en http://www.tribunalconstitucional.gob.do/sites/default/files/documentos/Sentencia%20TC%200073-12%20C.pdf

1571 El modelo colombo-venezolano fue analizado con el espíritu crítico que lo caracterizó, por Manuel Gaona Cruz, en las Primeras Jornadas Venezolano-Colombianas de Derecho Público que organizamos en Caracas en 1983 en su trabajo "El control de constitucionalidad de los actos jurídicos en Colombia ante

En efecto, en Venezuela, en la Constitución de 1858 se previó la competencia de la Corte Suprema de Justicia para conocer de la acción popular de inconstitucionalidad de los actos de las Legislaturas Provinciales, al atribuírsele en el artículo 113, ordinal 8° competencia para:

> "Declarar la nulidad de los Actos Legislativos sancionados por las legislaturas provinciales, a petición de cualquier ciudadano, cuando sean contrarios a la Constitución".

Esta atribución de la Corte Suprema se amplió, a partir de la Constitución de 1893, respecto de las leyes, decretos y resoluciones inconstitucionales (art. 110, ord. 8°).

Este control concentrado de la constitucionalidad se estableció, en paralelo, con el control difuso desarrollado durante el siglo pasado por la previsión expresa de la garantía objetiva de la Constitución (nulidad de los actos inconstitucionales) a partir de 1811[1573], el cual encontró consagración legal expresa a partir del Código de Procedimiento Civil de 1897, en una norma que se ha conservado desde entonces en todos los Códigos posteriores, en la cual se estableció:

> "Art. 10. Cuando la Ley vigente, cuya aplicación se pida, colidiere con alguna disposición constitucional, los tribunales aplicarán ésta con preferencia".

En el caso de Colombia, la competencia de la Corte Suprema de Justicia en materia de control de constitucionalidad se estableció por primera vez en la Constitución de 1886, respecto de los actos legislativos, en forma limitada y preventiva cuando hubiesen sido objetados por el Gobierno (arts. 88, 90 y 151, ord. 4°).

Posteriormente, en 1887, el artículo 5 de la Ley 57 estableció que:

> "Art. 5°. Cuando haya incompatibilidad entre una disposición constitucional y una legal, preferirá aquélla".

La norma consagraba el control difuso de la constitucionalidad de las leyes, pero lamentablemente, no por mucho tiempo, pues la Ley 153 del mismo año (art. 6°) eliminó toda posibilidad de que los jueces pudieran desaplicar leyes dictadas con posterioridad a la Constitución de 1886 que considerasen inconstitucionales en la resolución de casos concretos, exigiéndoles al contrario, aplicarlas "aún cuando parezca contraria a la Constitución" (art. 6°). El control difuso sólo quedó entonces

---

el Derecho Comparado", en *Derecho Público en Venezuela y Colombia, Archivo de Derecho Público y Ciencias de la Administración*, Vol. VII, 1984-1985, Instituto de Derecho Público, Caracas 1986, pp. 39 a 114; y en el Simposio organizado por la Universidad Externado de Colombia en 1984, recogido en el libro *Aspectos del control constitucional en Colombia*, Bogotá 1984, pp. 67 a 89.

1572 *V.*, en general, Allan R. Brewer-Carías, *Judicial Review in Comparative Law*, Cambridge 1989, pp. 183 y ss.

1573 *V.*, Humberto J. La Roche, "La jurisdicción constitucional en Venezuela y la nueva Ley Orgánica de la Corte Suprema de Justicia" en *La jurisdicción constitucional en Iberoamérica*, II Coloquio Iberoamericano de Derecho Constitucional, Universidad Externado de Colombia, Bogotá 1984, pp. 503 y ss. Véase sobre el sistema venezolano, Allan R. Brewer-Carías, *El control de la constitucionalidad de los actos estatales*, Caracas 1977; *Estado de Derecho y Control Judicial*, Madrid, 1987, pp. 25 y ss.; y "La Justicia Constitucional en Venezuela" en *Revista de la Universidad Externado de Colombia*, N° 3, Bogotá 1986, pp. 527 y ss.

vigente, respecto de leyes pre-constitucionales[1574], lo que en realidad consistía en un ejercicio interpretativo sobre el poder derogatorio de la Constitución respecto de las leyes precedentes.

Posteriormente, sólo fue mediante el Acto Legislativo Nº 3 de 31-10-1910 (reformatorio de la Constitución Nacional), que el sistema colombiano de justicia constitucional adquirió plena consagración, de carácter mixto, al establecerse en los artículos 40 y 41, la acción popular de inconstitucionalidad, en paralelo con el control difuso de la constitucionalidad de las leyes, en la forma siguiente:

> Art. 40. En todo caso de incompatibilidad entre la Constitución y la Ley se aplicarán de preferencia las disposiciones constitucionales.
>
> Art. 41. A la Corte Suprema de Justicia se le confía la guarda de la integridad de la Constitución. En consecuencia, además de las facultades que le confieren ésta y las leyes, tendrá las siguientes:

Decidir definitivamente sobre la exequibilidad de los actos legislativos que hayan sido objetados como inconstitucionales por el Gobierno, o sobre todas las leyes o decretos acusados ante ella por cualquier ciudadano como inconstitucionales, previa audiencia del Procurador General de la Nación.

De lo anterior resulta que la acción popular de control jurisdiccional de la constitucionalidad de las leyes, tiene su antecedente en la Constitución venezolana de 1858[1575] y en la Constitución colombiana de 1910; y que en el derecho positivo, el control difuso de la constitucionalidad de las leyes se consagró formalmente en Venezuela a partir de 1897 y en Colombia en un breve período en 1887 y luego, a partir de 1910.

Las reformas constitucionales que se han efectuado durante el presente siglo no han variado el modelo colombo-venezolano de control de la constitucionalidad, a la vez difuso y concentrado; siendo la única modificación la efectuada, en Colombia, de carácter orgánico, al atribuirse los aspectos del control concentrado, en 1979, a la Sala Constitucional de la Corte Suprema de Justicia y a partir de 1991, a la Corte Constitucional, pero sin variarse, afortunadamente, el modelo mixto o integral, que se erige como un tercer género frente al modelo de control concentrado exclusivo, europeo o latinoamericano; y al modelo americano o difuso.

Este sistema mixto o integral de control de la constitucionalidad, colombo-venezolano, con razón lo calificó Manuel Gaona Cruz, a pesar de todas las críticas que se le han hecho[1576], como:

> "el sistema de control constitucional más eficiente, completo, experimentado, avanzado y depurado de Occidente y por lo tanto del orbe, pues aglutina la organización, los mecanismos y la operancia de todos los existentes[1577]".

---

1574 *V.*, Manuel Gaona Cruz, "El control constitucional...", *loc. cit*, p. 91.

1575 Contrariamente a lo que afirma Cesar A. Quintero, "La jurisdicción constitucional en Panamá", en Jorge Fabrega P. (Compilador), *Estudios de Derecho Constitucional Panameño*, Panamá, 1987, p. 826.

1576 *V.*, Luis Carlos Sáchica, *El control de constitucionalidad*, Bogotá 1980, pp. 58 y 59; y *La Corte Constitucional y su jurisdicción*, Bogotá 1993, p. 24 y ss.

Por ello, ante las propuestas que se habían formulado en Colombia para el establecimiento de un sistema de control exclusivamente concentrado (en la orientación del sistema panameño, más que del modelo europeo), el mismo Manuel Gaona finalizaba su exposición en el Simposio de 1984, advirtiendo:

> "Francamente, entonces, no nos dejemos influir por manías doctrinarias extranjerizantes, que como no nos conocen, nos interpretan mal; ni menos por intereses ocasionales y pasajeros, siempre constantes y siempre distintos, de estirpe política o de efímero lucimiento personalista.
>
> Conozcamos y defendamos lo que tenemos y no sustituyamos por prurito imitativo lo que ya hemos perfeccionado y logrado con mayor experiencia y solidez llevar a un grado superior de avance y completud, como aporte al mundo de nuestro genio jurídico nacional[1578]".

Afortunadamente, el modelo no ha variado, y como se dijo, la diferencia fundamental entre el sistema colombiano y el venezolano es de carácter orgánico, en el sentido de que las competencias anulatorias de leyes inconstitucionales en Colombia, corresponde a la Corte Constitucional, integrada en el Poder Judicial; y en cambio, en Venezuela, como antes sucedía en Colombia, a la Corte Suprema de Justicia, situada en la cúspide del Poder Judicial.

En todo caso, sobre este sistema de justicia constitucional que existe en Venezuela y Colombia, de carácter mixto, la propia Corte Suprema de Justicia de Venezuela, al insistir sobre el ámbito del control de la constitucionalidad de las leyes, ha señalado que está encomendado:

> "no tan sólo al Supremo Tribunal de la República, sino a los jueces en general, cualquiera sea su grado y por ínfima que fuere su categoría. Basta que el funcionario forme parte de la rama judicial para ser custodio de la Constitución y aplicar, en consecuencia, las normas de ésta prevalecientemente a las leyes ordinarias... Empero, la aplicación de la norma fundamental por parte de los jueces de grado, sólo surte efecto en el caso concreto debatido, y no alcanza, por lo mismo, sino a las partes interesadas en el conflicto; en tanto, que cuando se trata de la ilegitimidad constitucional de las leyes pronunciadas por el Supremo Tribunal en ejercicio de su función soberana, como intérprete de la Constitución y en respuesta a la acción pertinente, los efectos de la decisión se extiende *erga omnes* y cobran fuerza de ley. En el primer caso, el control es incidental y especial; y en el segundo, principal y general; y cuando éste ocurre, vale decir, cuando el recurso es autónomo, éste es formal o material, según que la nulidad verse sobre una irregularidad concerniente al proceso elaborativo de la ley, o bien que no obstante haberse legislado regularmente en el aspecto formalista, el contenido intrínseco de la norma adolezca de vicios sustanciales[1579]".

---

1577 *V.*, en el libro de la Universidad Externado de Colombia, *Aspectos del control constitucional en Colombia, cit.* p. 67.

1578 *Ídem*, p. 89

1579 *V.*, sentencia de la antigua Corte Federal de 19-6-53, en *Gaceta Forense*, Nº 1, 1953, pp. 77 y 78.

En todo caso, además, tanto en Venezuela como en Colombia, el sistema mixto de control de la constitucionalidad, que combina el control concentrado con el control difuso, está concebido en paralelo con la consagración de garantías judiciales para la protección de los derechos constitucionales a través de las acciones de amparo o de tutela, cuyo conocimiento corresponde a todos los tribunales, generalmente de primera instancia.

Debe aclararse que algunos autores han calificado como mixto el sistema de control de constitucionalidad que mezcla el control concentrado exclusivo con la consagración de las acciones de *habeas corpus* y amparo, cuyo conocimiento corresponde a todos los tribunales ordinarios[1580]. En realidad, debe decirse que la existencia de garantías judiciales de los derechos constitucionales mediante las acciones de *habeas corpus*, amparo (tutela o protección), *habeas data* o los medios judiciales ordinarios (writs, référés, procedimientos de urgencia)[1581], es un signo de nuestro tiempo, por lo que todos los países con régimen de Estado de Derecho las consagran.

En general, la competencia para conocer y decidir las acciones de amparo o *habeas corpus* corresponde a los tribunales ordinarios, siendo excepcional su conocimiento exclusivo por Tribunales Constitucionales (es el sistema europeo de Alemania, Austria, España) o por la Corte Suprema de Justicia (es el caso excepcionalísimo en América Latina, de la Sala Constitucional de la Corte Suprema de Costa Rica).

Lo normal y común, se insiste, sobre todo en los países anglosajones, en Francia e Italia y en América Latina es la competencia de los tribunales ordinarios para conocer de estas acciones. En todo caso, al decidirlas, por supuesto, los jueces resuelven como jueces constitucionales cuestiones de inconstitucionalidad, pero limitadamente en relación a la protección de los derechos constitucionales.

El sistema difuso de control de la constitucionalidad de las leyes, en cambio, es mucho más amplio, y opera no sólo cuando se le plantea al Juez una cuestión de constitucionalidad en relación a la protección de derechos constitucionales, sino básicamente, cuando en un caso judicial ordinario que no tiene por objeto una cuestión constitucional, los jueces actúan como jueces constitucionales en todo caso en el cual deban aplicar una ley, que juzguen inconstitucional, aplicando preferentemente la Constitución.

Por ello, en realidad, el sistema mixto de control de constitucionalidad responde al modelo de Colombia y Venezuela, donde además del sistema de control concentrado existe el control difuso de la constitucionalidad de las leyes y donde además, como es natural, se prevén garantías judiciales (*habeas corpus*, tutela y amparo) de los derechos constitucionales cuyo conocimiento corresponde a los tribunales ordinarios.

---

1580 Como lo indica A. Hoyos, "El control judicial y el bloque de constitucionalidad en Panamá", *Boletín del Instituto de Investigaciones Jurídicas*, N° 75, UNAM, México 1992, p. 790.

1581 *V.*, Allan R. Brewer-Carías, *El amparo a los derechos y garantías constitucionales (una aproximación comparativa)*, Caracas 1994, pp. 21 y ss., Véase parte de este estudio en Manuel José Cepeda (ed), *La Carta de Derechos. Su interpretación y sus implicaciones*, Bogotá 1993, pp. 21 a 65.

A continuación nos limitaremos a exponer los aspectos más importantes de los sistemas concentrado y difuso de control de la constitucionalidad, conforme al modelo colombo-venezolano.

## I. EL SISTEMA DIFUSO DE CONTROL DE CONSTITUCIONALIDAD EN COLOMBIA Y VENEZUELA

### 1. *Aproximación general al sistema difuso de control de la constitucionalidad de las leyes y demás actos normativos*

La Constitución de Colombia de 1991, siguiendo la tradición establecida a partir de la reforma constitucional de 1910, y que se había plasmado en la Ley 57 de 1887, de efímera vigencia, establece en su artículo 4 el principio de la supremacía de la Constitución y la base del sistema de control difuso de la constitucionalidad de las leyes y demás actos normativos, así:

> "Art. 4°. La Constitución es norma de normas. En todo caso de incompatibilidad entre la Constitución y la Ley u otra norma jurídica, se aplicarán las disposiciones constitucionales".

En Venezuela, el artículo 20 del Código de Procedimiento Civil, con redacción similar a la norma prevista desde 1897, establece:

> "Art. 20. Cuando la Ley vigente, cuya aplicación se pida, colidiere con alguna disposición constitucional, los Jueces aplicarán ésta con preferencia".

Estas normas, que regulan el control difuso de la constitucionalidad de las leyes, confieren a cualquier Juez de cualquier nivel en la jerarquía judicial, el necesario poder para actuar como juez constitucional.

En consecuencia, conforme a dicha norma, todos los jueces, al aplicar la ley en un caso concreto sometido a su consideración, están autorizados a juzgar la constitucionalidad de dicha ley y, en consecuencia, a decidir su inaplicabilidad a dicho caso concreto cuando la consideren inconstitucional, dando aplicación preferente a la Constitución[1582].

Desde el punto de vista lógico y racional, este poder general de todo Juez de actuar como juez constitucional es la obvia consecuencia del principio de la supremacía constitucional, por lo que si la Constitución se considera como la Ley Suprema del país, o como lo dice la Constitución colombiana la "norma de normas", en todo caso de conflicto entre una Ley y la Constitución, ésta debe prevalecer, considerándose por lo demás, como un deber de todo juez, el decidir cual es la ley aplicable en un caso concreto. Como lo señaló el Juez William Paterson en una de las más viejas decisiones de la Corte Suprema de los Estados Unidos de América sobre la materia, en el caso *Vanhorne's Lessee v. Dorrance* (1795) hace doscientos años:

---

1582 Véase en general sobre el sistema difuso, Allan R. Brewer-Carías, *Judicial Review in Comparative Law, cit.*, pp. 127 y ss. En Venezuela, *v.*, Allan R. Brewer-Carías, "La Justicia constitucional en Venezuela", *loc. cit.*, pp. 533 y ss. No entendemos cómo en Colombia, ante la norma constitucional del artículo 4, Luis Carlos Sáchica niega la existencia del control difuso. *V.*, en La Corte Constitucional..., *cit.*, p. 26.

"... si un acto legislativo se opone a un principio constitucional el primero debe dejarse de lado y rechazarse por repugnante. Sostengo que es una posición clara y sonora que, en tales casos, es un deber de todo tribunal el adherirse a la Constitución y declarar tal acto nulo y sin valor[1583]".

O como fue definitivamente establecido por el Juez Marshall en el conocido caso *Marbury v. Madison* (1803), decidido por la misma Corte Suprema:

"Aquellos que aplican las normas a casos particulares, deben necesariamente exponer e interpretar aquella regla... de manera que si una Ley se encuentra en oposición a la Constitución... la Corte debe determinar cual de las reglas en conflicto debe regir el caso: Esta es la real esencia del deber judicial. Si en consecuencia, los tribunales deben ver la Constitución, y la Constitución es superior a cualquier acto ordinario de la Legislatura, es la Constitución, y no tal acto ordinario, la que debe regir el caso al cual ambas se aplican[1584]".

En consecuencia, la supremacía constitucional y el poder de todo juez de controlar la constitucionalidad de las leyes, son conceptos que están esencialmente unidos en el constitucionalismo moderno. Por ello debe recordarse que en relación a las Constituciones y a las Leyes de los Estados Miembros de la Federación Americana, se estableció expresamente en la Constitución de 1787 la muy conocida "Cláusula de Supremacía" contenida en el artículo VI, Sección 2, el cual dispone:

"Esta Constitución, y las leyes de los Estados Unidos que se expidan con arreglo a ella, y todos los Tratados celebrados o que se celebren bajo la autoridad de los Estados Unidos, serán la suprema Ley del país y los jueces de cada Estado estarán obligados a observarlos, a pesar de cualquier cosa en contrario, que se encuentre en la Constitución o las leyes de cualquier Estado".

Esta "Cláusula de Supremacía" se recogió en el artículo 227 de la Constitución venezolana de 1811, que estableció en una forma más amplia lo siguiente:

"La presente Constitución, las leyes que en consecuencia se expidan para ejecutarla y todos los Tratados que se concluyan bajo la autoridad del Gobierno de la Unión serán la Ley Suprema del Estado en toda la extensión de la Confederación, y las autoridades y habitantes de las Provincias estarán obligados a obedecerlas y observarlas religiosamente sin excusa ni pretexto alguno; pero las leyes que se expidieren contra el tenor de ella no tendrán ningún valor, sino cuando hubieren llenado las condiciones requeridas para una justa y legítima revisión y sanción".

Se destaca, en efecto, que el artículo 227 de la Constitución venezolana de 1811 iba más allá de lo establecido en el artículo VI, 2 de la Constitución Americana 1787, en el sentido de que no sólo estableció el principio de la supremacía, sino su consecuencia, es decir, la nulidad –"no tendrán ningún valor" dice la norma– de toda ley que contrarié la Constitución.

---

1583 Vanhorne's Lessec v. Dorrance, 2 Dallas 304 (1795). *V.*, el texto S.I. Kutler (ed), *The Supreme Court and the Constitution*, Readings in American Constitutional History, N.Y. 1984, p. 8.

1584 *Marbury v Madison*, 1 Cranch 137 (1803). Véase el texto en S.I. Kutler (ed), *op. cit*, p. 29.

Es decir, la Constitución de 1811 estableció la garantía de la supremacía constitucional, con la sanción de la nulidad de toda ley contraria a la Constitución. Ello, incluso, se estableció todavía más expresamente en relación a los derechos fundamentales al establecer, el último de los artículos del Capítulo relativo a los derechos del hombre, lo siguiente:

> "Art. 199. Para precaver toda transgresión de los altos poderes que nos han sido confiados, declaramos: que todas y cada una de las cosas constituidas en la anterior declaración de derechos están exentas y fuera del alcance del Poder general ordinario del gobierno y que, conteniendo o apoyándose sobre los indestructibles y sagrados principios de la naturaleza, toda ley contraria a ellas que se expida por la legislatura federal, o por las provincias será absolutamente nula y de ningún valor".

En todo caso, fue precisamente la "Cláusula de Supremacía" de la Constitución Americana, limitada en su formulación respecto a las Constituciones y Leyes de los Estados Miembros de la Federación, la que en el caso *Marbury v. Madison* (1803) fue extendida a las leyes federales, a través de una interpretación y aplicación lógica y racional del principio de la supremacía de la Constitución, el cual, como se ha visto, en Colombia y Venezuela encontró expresión formal en el derecho positivo.

2. *La compatibilidad del sistema con todos los sistemas jurídicos*

En consecuencia, el sistema difuso de control judicial de la constitucionalidad de las leyes puede decirse que no es un sistema peculiar a los sistemas jurídicos anglosajones o del *common law*, y que pudiera ser incompatible con los sistemas jurídicos de tradición civil o de derecho romano. Al contrario, el sistema de control difuso ha existido desde el siglo pasado en casi todos los países de América Latina, todos pertenecientes a la familia de tradición del derecho romano. Es el caso de México, Argentina y Brasil que siguieron el modelo norteamericano y el de Colombia y Venezuela donde coexiste con el sistema concentrado de control de la constitucionalidad.

También ha existido en Europa, en países con una tradición de derecho civil, como Suiza y Grecia. En Suiza, el sistema difuso fue establecido por primera vez en la Constitución de 1874, aún cuando en forma limitada, lo que se confirma en el sentido de que si bien el sistema suizo actualmente permite que los tribunales decidan sobre asuntos constitucionales, ello es sólo en cuanto a la inaplicabilidad de actos legislativos de los Cantones, pero no de las leyes federales[1585]. En Grecia donde se ha adoptado, también un sistema mixto de control de constitucionalidad, la Constitución de 1975 atribuye a todos los tribunales competencia para desaplicar una disposición cuyo contenido consideren contrario a la Constitución[1586]. Así el artículo 95 de dicha Constitución establece:

---

1585 *V.*, en H. Fix Zamudio, *Los Tribunales Constitucionales y los Derechos Humanos*, México, 1980, p. 17, 84; A. Jiménez Blanco, "El Tribunal Federal Suizo", *Boletín de Jurisprudencia Constitucional, Cortes Generales*, 6, Madrid, 1981, p. 477.

1586 Art. 93. *V.*, H. Fix Zamudio, *op. cit.*, p. 162; L. Favoreu, *Le control jurisdictionnel des lois et sa légitimité, Developpements recents en Europe Occidentale*. Association Internationale des Sciences Juridiques, Colloque d'Uppsala, 1984, (mineo), p. 14. Publicado también en L. Favoreu y J.A. Jolowicz (ed), *Le controle jurisdictionnel des lois. Légitimité effectivité et développements récents*, París, 1986, p. 17-68.

"Los Tribunales están obligados a no aplicar leyes cuyo contenido sea contrario a la Constitución".

En consecuencia, el método difuso de control judicial de constitucionalidad existe y ha funcionado en sistemas jurídicos tanto con tradición de *common law* como de derecho romano. Por ello, no estamos de acuerdo con Cappelleti y Adams, cuando señalan que existe una incompatibilidad fundamental entre el método difuso de control judicial de la constitucionalidad y los sistemas jurídicos basados en la tradición del derecho romano[1587], ni con lo que el mismo Mauro Cappelletti ha señalado en otra parte, al referirse a la experiencia de Italia y Alemania Federal antes de la creación de sus respectivas Corte y Tribunal Constitucionales, y señalar que esos países "revelaron completamente la desadaptación del método descentralizado (difuso) de control judicial para los países con sistemas jurídicos de derecho civil[1588]".

En nuestro criterio, los argumentos en favor del método concentrado de control judicial que se ha adoptado en Europa Continental, no pueden resolverse en base a su supuesta adaptabilidad o no con un sistema jurídico particular, sino en realidad, con el sistema de garantía constitucional que se adopte en relación a la supremacía de la Constitución. Entonces si se adopta el principio de la supremacía constitucional, la consecuencia lógica y necesaria es la atribución dada a todos los jueces del poder decidir cual norma debe ser aplicada cuando existe una contradicción entre una ley particular y la Constitución, estando entonces obligados a dar prioridad a la Constitución, como un verdadero deber, independientemente del sistema jurídico de tradición de *common law* o de derecho romano del país en particular.

Por supuesto, otra cuestión es la relativa a los efectos prácticos que puede tener la adopción del método difuso de control de la constitucionalidad. Así, en ausencia de método alguno de control de la constitucionalidad, en Europa, antes de los años veinte y con el marco tradicional del principio de la separación de poderes basado en los principios de soberanía del Legislador, de la supremacía de la Ley y de la desconfianza en los tribunales como órganos de control de la acción legislativa, las críticas al método difuso de control de la constitucionalidad formuladas en Europa, son tan antiguas como la existencia del mismo "modelo europeo" de control. Por ejemplo, Hans Kelsen, el creador del modelo austríaco hizo referencia a los problemas que originaba el método difuso de control para justificar "la centralización del poder para examinar la regularidad de las normas generales", subrayando "la ausencia de unidad en las soluciones" y "la incertidumbre legal" que resultaba cuando "un tribunal se abstenía de aplicar una ley considerada irregular, en tanto que otro Tribunal hacía lo contrario"[1589]. En sentido similar, Mauro Cappelleti y John Clarke Adams insisten en que el método difuso de control constitucional, "puede llevar

1587 M. Cappelletti, and J.C. Adams, "Judicial Review of legislation: European Antecedents and adaptations", *Harvard Law Review*, 79 (6), 1966, p. 1215.

1588 M. Cappelleti, *Judicial Review in the Contemporary World*, Indiannapolis, 1971, p. 59. En sentido similar M. Fromont considera que es "difícil admitir el método difuso de control de constitucionalidad en países con tradición de derecho romano". *V.*, «Preface» en J.C. Beguin, *Le Contróle de la Constitutionalité des lois en Republique Federale d'Allemagne*, Paris, 1982, p. V.

1589 *V.*, H. Kelsen, «La guarantie juridictionnelle de la Constitucion (La Justice constitutionnelle)», *Revue du Droit Public et de la Science Politique en France et a l'etranger*, 1928, p. 218.

a una grave incertidumbre y confusión, cuando un tribunal decide aplicar una ley y otro la considera inconstitucional"[1590].

Pero en realidad, estos problemas existen tanto en los sistemas del *common law* como de derecho romano que han adoptado el método difuso, no pudiendo considerarse como esencialmente peculiares a los países con tradición de derecho romano que lo hayan adoptado. Sin embargo, lo contrario pretenden demostrarlo Cappelletti y Adams basando su argumento en los efectos correctivos respecto de esos problemas, que tiene la doctrina del *stare decisis*, que es peculiar a los sistemas del *common law* y extraña a los sistemas de tradición de derecho romano. Su argumento, básicamente, es el siguiente:

"Conforme a la doctrina angloamericana del *stare decisis*, la decisión del más alto Tribunal en cualquier jurisdicción es obligatoria para todos los tribunales inferiores de la misma jurisdicción, por lo que tan pronto el Tribunal Supremo ha declarado una ley inconstitucional, ningún otro tribunal puede aplicarla. La Corte no necesita que se le confiera un especial poder para declarar una ley inválida, ni debe decidir otros aspectos más allá de la aplicabilidad de la ley cuestionada al caso concreto; el principio *stare decisis* hace el resto, al requerir de los otros tribunales el seguir el precedente en todos los casos sucesivos. Por lo que aun cuando la ley inconstitucional continúe en la *Gaceta Oficial*, es una "ley muerta".

Por ello, concluyen estos autores su argumento señalando:

> "...*stare decisis*, sin embargo, no es normalmente un principio de los sistemas jurídicos de derecho romano, donde los tribunales generalmente no están obligados por las decisiones de los más altos tribunales[1591]".

El argumento ha sido luego desarrollado por el mismo Cappelleti, al señalar:

> "por cuanto el principio de *stare decisis* es extraño a los jueces en los sistemas jurídicos de derecho civil, un método de control de la constitucionalidad que permita a cada juez decidir sobre la constitucionalidad de las leyes, puede conducir a que una ley pueda ser inaplicada por algunos jueces, por inconstitucional y ser considerada aplicable, por otros jueces en sus decisiones. Aún más, el mismo órgano judicial, que puede algún día haber desaplicado una ley, puede luego, al día siguiente, considerarla aplicable, cambiando su criterio acerca de la legitimidad constitucional de la Ley. Además, entre diferentes tipos o grados de tribunales podrían surgir diferencias, por ejemplo, entre un tribunal de la jurisdicción ordinaria y tribunales de la jurisdicción administrativa, o entre jueces jóvenes y más radicales de los tribunales inferiores y jueces mayores de conciencia tradicional de los tribunales superiores... El resultado extremadamente peligroso de ello, puede ser un grave conflicto entre órganos judiciales y una grave incertidumbre respecto de la Ley aplicable[1592]".

---

1590 M. Cappelletti, and J.C. Adams, "Judicial Review of legislation: European Antecedents and adaptations", *loc. cit.*, p. 1215.

1591 *Idem*, p. 1215.

1592 M. Cappelletti, *op. cit.*, p. 58.

Sin embargo, insistimos en que esos problemas derivados del principio de la supremacía constitucional existen tanto en países con tradición de sistemas de *common law* como de derecho romano, y si bien es cierto que la doctrina *stare decisis* es una corrección a los problemas anotados, dicha corrección no es absoluta, pues no todos los casos en los cuales los tribunales inferiores decidan cuestiones de constitucionalidad, por ejemplo, en los Estados Unidos, llegan a la Corte Suprema, la cual decide discrecionalmente los casos que conoce[1593].

Por otra parte, y aún cuando la doctrina *stare decisis*, tal como es conocida en los países del *common law*, no se aplica en países con sistemas jurídicos de la tradición del derecho romano, aquellos en los cuales se ha adoptado un método difuso de control de constitucionalidad han adoptado, paralelamente, sus propios correctivos a los problemas planteados, con efectos similares. Por ejemplo, en el sistema de amparo mexicano, la Constitución establece el principio de que la Ley de Amparo debe establecer los casos en los cuales la "jurisprudencia", es decir, los precedentes judiciales de las Cortes Federales, debe ser obligatoria[1594]. Por ello, la Ley de Amparo establece los casos en los cuales las decisiones de la Corte Suprema e incluso, de las Cortes de Circuito, deben considerarse como precedentes obligatorios, lo que sucede sólo cuando se hayan dictado cinco decisiones consecutivas, que no sean interrumpidas por alguna decisión incompatible, con el mismo efecto.

Los efectos de esta "jurisprudencia", incluso parcialmente, han sido considerados como equivalentes a los que resultan del principio *stare decisis*. Incluso, en el sistema de amparo mexicano, el llamado "amparo contra leyes" ha sido desarrollado también como una acción extraordinaria de inconstitucionalidad de leyes autoaplicativas, que afecten directamente derechos de un individuo, y que pueden ser impugnadas ante las Cortes Federales, permitiéndoles juzgar la inconstitucionalidad de la ley sin relación alguna con un proceso concreto[1595].

En sentido similar, en Argentina y Brasil, países que también siguen de cerca el modelo norteamericano en el sentido del poder otorgado a todos los tribunales de decidir no aplicar las leyes basados en consideraciones constitucionales, se ha establecido la institución procesal denominada "recurso extraordinario de inconstitucionalidad" que puede formularse ante la Corte Suprema contra decisiones judiciales adoptadas en última instancia en las cuales se considera una Ley federal como inconstitucional e inaplicable al caso concreto[1596]. En estos casos, la decisión adoptada por la Corte Suprema tiene efectos *in casu et inter partes*, pero siendo dictada por el Tribunal Supremo, tiene de hecho efectos obligatorios respecto de los tribunales in-

---

1593 28 U.S. Code, Secc. 1254, 1255, 1256, 1257. Véase también Rule Nº 17 of the Supreme Court.

1594 Art. 107 Sección XIII, parágrafo 1 de la Constitución (Enmienda de 1950-1951).

1595 R.D. Baker, *Judicial Review en México. A. Study of the Amparo Suit*, Austin, 1971, p. 164, 250-251, 256, 259.

1596 H. Fix Zamudio, *Veinticinco años de Evolución de la Justicia Constitucional, 1940-1965*, México 1968, pp. 26, 36; J. Carpizo y H. Fix Zamudio, "La necesidad y la legitimidad de la revisión judicial en América Latina. Desarrollo reciente", *Boletín Mexicano de Derecho Comparado*, 52, 1985, p. 33; también publicado en L. Favoreu y J.A. Jolowicz (ed), *Le controle jurisdictionnel des lois. Légitimité, effectivité et developpments récents*, París, 1986, pp. 119 y 151.

feriores[1597]. En igual sentido, otros países con tradición de derecho romano que han adoptado el método difuso de control de constitucionalidad, han establecido mecanismos judiciales especiales para superar los problemas que se puedan derivar de decisiones contradictorias en materia constitucional de tribunales diferentes. Es el caso de Grecia, donde la Constitución de 1975, estableció una Corte Suprema Especial con poderes para decidir sobre materias de inconstitucionalidad de las leyes, cuando se adopten decisiones contradictorias, en la materia, por el Consejo de Estado, la Corte de Casación o la Corte de Cuentas. En esos casos, las decisiones de la Corte Suprema Especial tienen efectos absolutos y generales en lo que concierne al control de la constitucionalidad de las leyes[1598].

Finalmente, en los otros países con tradición de derecho romano donde se ha adoptado el método difuso de control de la constitucionalidad, debe tenerse en cuenta, particularmente en materia de casación, el valor de las decisiones de la Sala de Casación de la Corte Suprema para los Tribunales de instancia.

En Venezuela, el Código de Procedimiento Civil establece que "los jueces de instancia procurarán acoger la doctrina de casación establecida en los casos análogos, para defender la integridad de la legislación y la uniformidad de la jurisprudencia" (art. 321). En tal sentido, en un reciente caso (4-10-89) decidido por la Corte Suprema de Justicia en Sala de Casación Civil, la Corte creyó haber ejercido el control difuso en relación al artículo 197 del Código de Procedimiento Civil, que regula los lapsos y términos procesales, y al declarar con lugar un recurso de casación, dictó una sentencia de enorme significación e importancia, no sólo porque estableció una interpretación abiertamente *contra legem* de una norma del Código de Procedimiento Civil, sino porque, al dictarla además, no desaplicó norma alguna, sino que pretendió dictar una norma, extinguiendo otra[1599]. Pero en todo caso, si en su sentencia, la Sala de Casación hizo uso del poder de control difuso de la constitucionalidad, esa doctrina, en principio, debe ser seguida por los jueces de instancia. Pero en los casos en que los asuntos no lleguen a la Sala de Casación, los sistemas de tradición de derecho romano con método difuso de control de constitucionalidad, han establecido correctivos a los problemas originados por la incertidumbre y conflictividad de decisiones judiciales, mediante el establecimiento de un sistema mixto de control de constitucionalidad, que combina el método difuso con el método concentrado. En América Latina es el caso de Guatemala, Colombia y Venezuela, donde como hemos dicho, paralelamente el método difuso de control de constitucionalidad, expresamente previsto en el derecho positivo, también existe un método concentrado de control de constitucionalidad, que autoriza a la Corte Suprema de Justicia o a la Corte Constitucional, para anular formalmente las leyes inconstitucionales, con efectos *erga omnes*, cuando es requerida mediante el ejercicio de una *actio popularis*,

---

1597 *V.*, J.R. Vanossi and P.E. Ubertone, *Instituciones de defensa de la Constitución en la Argentina*, UNAM, Congreso Internacional sobre la Constitución y su Defensa, México, 1982 (mineo), p. 32.

1598 *V.*, E. Spiolotopoulos, "Judicial Review of Legislative Act in Greece", *Temple Law Quarlety*, 56, (2), Philadelphia, 1983, p. 496-500.

1599 *V.*, nuestro prólogo a la obra de Humberto Briceño León, *La acción de inconstitucionalidad en Venezuela*, EJV, Caracas, 1990. Véase además, Allan R. Brewer-Carías "La sentencia de los lapsos procesales (1989) y el control difuso de la constitucionalidad de las leyes", *Revista de Derecho Público*, N° 40, Caracas 1989, pp. 157 a 175.

que puede ser interpuesta por cualquier habitante del país. En consecuencia, en estos países, paralelamente al poder atribuido a cualquier tribunal para considerar en un caso concreto una ley como inconstitucional y desaplicarla, la Corte Suprema de Justicia o la Corte Constitucional tiene el poder de anular con efectos generales las leyes impugnadas por inconstitucionales[1600].

En igual sentido, otros países europeos con tradición de derecho romano que han adoptado el método difuso de control de la constitucionalidad, también han adoptado paralelamente un método concentrado de control, asignando a la Corte Suprema del país, el poder de anular leyes inconstitucionales. Es el caso de Portugal y antes de Suiza, donde a pesar de que no exista control judicial de constitucionalidad en relación a las leyes federales, la Corte Federal tiene poder para declarar la inconstitucionalidad de leyes cantonales, con efectos *erga omnes*, cuando se requiera su decisión a través del denominado "recurso de derecho público" en casos de violación de derechos fundamentales[1601].

En consecuencia en el mismo sentido en que se han desarrollado la doctrina *stare decisis* en los países con sistemas jurídicos del *common law*, para resolver los problemas de incertidumbre y posible conflictividad entre las decisiones judiciales adoptadas por los diferentes tribunales en materia de inconstitucionalidad de las leyes que un método difuso puede originar, también los países con sistemas jurídicos de tradición de derecho romano que han adoptado el mismo método, también han desarrollado diversos mecanismos legales particulares para prevenir los efectos negativos originados por los mencionados problemas, sea otorgando carácter obligatorio a los precedentes, o sea asignando los poderes necesarios a una Corte Suprema para declarar la inconstitucionalidad de las leyes, con carácter general y efectos obligatorios.

Los eventuales problemas originados por la aplicación del método difuso de control de constitucionalidad de las leyes, en consecuencia, son comunes a los países que lo han adoptado, sea que pertenezcan a sistemas jurídicos con tradición de derecho romano o de *common law*, por lo que la adopción del método difuso no puede conducir, en sí mismo, a considerar el método difuso como incompatible con los sistemas jurídicos de derecho romano, por el solo hecho que no exista en ellos la regla del *stare decisis*.

En nuestro criterio, el único aspecto de compatibilidad que en este respecto es absoluto, es que cuando existe el principio de la supremacía de la Constitución, la consecuencia lógica del mismo es el poder de todos los jueces que tienen a su cargo la aplicación de la ley, de decidir sobre la inaplicabilidad de la legislación cuando ésta contradice la Constitución, dando preferencia a la Constitución en sí misma. Este fue el sistema original de control de la constitucionalidad, después del triunfo de la Constitución sobre el Legislador.

---

1600 *V.*, Allan R. Brewer-Carías, *El control concentrado de la constitucionalidad de las leyes*, pp. 44 y ss, y 88 y ss., 90 y ss, Caracas 1994. *V.*, este trabajo en el libro Homenaje a Carlos Restrepo Piedrahita. *Simposio Internacional sobre Derecho del Estado.* Universidad Externado de Colombia, T. III, Bogotá 1993, pp. 705 a 845.

1601 E. Zellweger, "El Tribunal Federal Suizo en calidad de Tribunal Constitucional", *Revista de la Comisión Internacional de Juristas*, Vol. VII (1), 1966, p. 119; H. Fix Zamudio, *Los Tribunales Constitucionales... cit.*, p. 84.

Sin embargo, en los países europeos con tradición de sistema jurídico de derecho romano, la tradicional desconfianza en relación al poder judicial ha sido la que ha abierto el camino al establecimiento de un sistema exclusivamente concentrado de control de la constitucionalidad que, en cierto sentido ha provocado el "redescubrimiento" de la supremacía constitucional a través de otros medios judiciales. Pero esto no puede conducir a que se considere el método difuso de control de la constitucionalidad de la legislación como incompatible con los sistemas jurídicos de derecho romano.

3. *La nulidad de los actos estatales inconstitucionales como garantía constitucional que fundamenta el control difuso*

Como hemos señalado, la esencia del método difuso de control de constitucionalidad radica en la noción de supremacía constitucional, en el sentido de que si la Constitución es la Ley Suprema de un país y que, como tal, prevalece sobre las otras leyes, ningún otro acto del Estado que sea contrario a la Constitución puede ser una Ley efectiva, y al contrario debe ser considerado como nulo. En palabras del Juez Marshall, si la Constitución es "la ley fundamental y suprema de una nación... un acto del legislador que repugne a la Constitución es nulo"[1602]. En este sentido, la efectiva garantía de la supremacía de la Constitución es que tales actos que colidan con la Constitución son, en efecto, nulos, y como tales, tienen que ser considerados por los Tribunales, los cuales son, precisamente, los órganos estatales llamados a aplicar las leyes.

En consecuencia, el primer aspecto que muestra la racionalidad del método difuso de control de constitucionalidad, es el principio de la nulidad de los actos estatales y particularmente de las leyes que colidan con la Constitución.

Ahora bien, en principio, la nulidad de un acto estatal significa que si tal acto pretende existir jurídicamente, objetivamente, en realidad, no existe porque es irregular, en el sentido de que no se corresponde con las condiciones establecidas para su emisión por una norma de rango superior. Esto fue lo que Hans Kelsen llamó la "garantía objetiva de la Constitución"[1603], lo que significa que un acto estatal nulo no puede producir efectos, y no necesita de ningún otro acto estatal posterior para quitarle su calidad usurpada de acto estatal. Al contrario, si otro acto estatal fuera necesario, entonces la garantía no sería la nulidad del acto, si no anulabilidad.

En consecuencia, en estricta lógica, la supremacía de la Constitución significa que todo acto estatal que viole la Constitución es nulo, y por tanto teóricamente, cualquier autoridad pública, e incluso, los particulares, estarían autorizados para examinar su irregularidad, declarar su inexistencia y considerar el acto inválido como no obligatorio. Por supuesto, esto podría conducir a la anarquía jurídica, por lo cual normalmente, el derecho positivo establece límites respecto de este poder de examinar la regularidad de los actos estatales, y lo reserva a los órganos judiciales. En consecuencia, cuando un acto estatal viola la Constitución y es nulo, este sólo debe ser examinado por los jueces y sólo los jueces deben tener el poder para considerarlo nulo. Debe señalarse, sin embargo, que en Colombia, dada la amplitud de la norma constitucional del artículo 4 (que recoge la incorporada al texto fundamental

---

1602 Marbury v. Madison 5 US (1 Cranch) 137, (1803). Véase el texto en S.I. Kutler (ed), *op. cit.*, p. 29.

1603 H. Kelsen, *loc. cit.*, p. 214.

en 1910), se ha considerado que además de los jueces, los funcionarios de la Administración tendrían el poder de desaplicar las normas que consideren inconstitucionales[1604], lo que sin duda, no sólo es inconveniente sino que no debería admitirse, por lo que ha sido rechazado por algunos autores[1605].

En todo caso, estimamos que, realmente, esta discusión es inadmisible. Creemos que la única aplicación lógica y compatible con la seguridad jurídica del sistema difuso, es la que conduce a atribuir esta facultad de control, a los jueces y tribunales. En un Estado de Derecho, solamente los jueces pueden ser jueces de la constitucionalidad de la legislación; al contrario, la atribución del poder de controlar la constitucionalidad de las leyes a todos los funcionarios públicos, en especial del Poder Ejecutivo, quienes tienen como tarea el aplicar la ley, podría llevar a la anarquía, siendo ello inadmisible en un Estado de Derecho

Pero sin embargo, a pesar de los límites impuestos por el derecho positivo respecto del poder de examinar la nulidad de los actos estatales, esto no significa que la garantía de la Constitución cese de ser la nulidad de los actos estatales y quede convertida en anulabilidad. Al contrario, la nulidad del acto inconstitucional persiste, pero con la limitación derivada de la reserva legal atribuida a los jueces para declarar, con exclusividad, su nulidad.

Así, hasta ese momento, el acto irregular debe ser considerado como siendo efectivo y obligatorio por cualquier autoridad pública, y especialmente, por las autoridades administrativas y por los particulares; pero una vez que el juez declara su inconstitucionalidad en relación a un caso concreto, entonces el acto deviene nulo y sin valor, en relación a dicho proceso. En conclusión, en el método difuso de control de la constitucionalidad, el deber de todos los jueces es el de examinar la constitucionalidad de las leyes, y declarar, cuando ello sea necesario, que una ley particular no debe ser aplicada a un proceso específico y que el juez esté conociendo, en razón de que es inconstitucional, y por tanto, debe considerarse nula y sin valor.

Lo anterior nos conduce al aspecto central de la racionalidad del método difuso de control de la constitucionalidad, el cual es que el poder para declarar la inconstitucionalidad de la legislación es atribuido a todos los jueces de un país determinado.

En efecto, si la Constitución es la Ley suprema del país, y el principio de la supremacía es aceptado, entonces la Constitución se debe aplicar con preferencia sobre cualquier otra ley que sea inconsistente con la misma, sea que ello esté expresamente establecido en el texto expreso de la Constitución, o sea una consecuencia implícita de su supremacía. Consecuentemente, las leyes que violen la Constitución o en cualquier forma colidan con sus normas, principios y valores, son, como hemos dicho, nulas y sin valor, y no pueden ser aplicadas por los Tribunales, los cuales tienen que aplicar preferentemente la Constitución.

---

1604 *V.*, Manuel Gaona C., "El control de constitucionalidad de los actos jurídicos en Colombia ante el derecho comparado", *loc. cit.*, p. 69; Luis Carlos Sáchica, *La Corte Constitucional...*, p. 25; Carlos Medellín, en la obra colectiva *Aspectos del control constitucional en Colombia, op. cit.*, p. 27.

1605 *V.*, las distintas opiniones en A. Copete Lizarralde, *Lecciones de Derecho Constitucional*, Bogotá, pp. 244; E. Sarría, *Guarda de la Constitución*, Bogotá, p. 78; Jaime Vidal Perdomo, *Derecho Constitucional General*, Bogotá 1985, p. 48; L.C. Sáchica, *La Constitución y su Defensa, Congreso Internacional sobre la Constitución y su Defensa*, UNAM, México, 1982, (mineo), p. 44.

Todos los Tribunales deben en consecuencia decidir los casos concretos que están considerando, como lo decía el Juez Marshall, "conforme a la Constitución desaplicando la ley inconstitucional" siendo esto "la verdadera esencia del deber judicial"[1606]. En consecuencia, en el método difuso de control de la constitucionalidad, este rol corresponde a todos los jueces y no sólo una Corte o Tribunal en particular, y no debe ser sólo visto como un poder atribuido a los Tribunales, sino como un deber de los mismos[1607], para decidir conforme a las reglas constitucionales, desaplicando las leyes contrarias a sus normas.

4. *El carácter incidental del método difuso y los poderes ex-officio de los jueces*

Este deber de todos los tribunales de dar preferencia a la Constitución y, en consecuencia, a desaplicar las leyes que consideren inconstitucionales y por tanto nulas y sin valor, nos lleva al tercer aspecto de la racionalidad del método difuso de control de la constitucionalidad de las leyes, el cual es que este deber judicial solo puede ser cumplido *incidenter tantum*, es decir en un proceso concreto del cual el juez esté conociendo, y donde la inconstitucionalidad de la ley o norma no es ni el objeto de dicho proceso ni el asunto principal del mismo.

En consecuencia, en este caso, siempre debe iniciarse un proceso ante un Tribunal en cualquier materia, por lo que el método difuso de control de la constitucionalidad siempre es un sistema incidental de control, en el sentido de que la cuestión de inconstitucionalidad de una ley y su inaplicabilidad, debe plantearse en un caso o proceso concreto ("cases or controversies" como lo a precisado la jurisprudencia norteamericana)[1608], cualquiera sea su naturaleza, en el cual la aplicación o no de una norma concreta es considerada por el Juez como relevante para la decisión del caso.

En consecuencia, en el método difuso de control de constitucionalidad, el objeto principal del proceso y de la decisión judicial no es la consideración abstracta de la constitucionalidad o inconstitucionalidad de la ley o su aplicabilidad o inaplicabilidad, sino mas bien, la decisión de un caso concreto de carácter civil, penal, administrativo, mercantil o laboral, etc. La cuestión de constitucionalidad, en consecuencia, sólo es un aspecto incidental del proceso que sólo debe ser considerada por el juez para resolver la aplicabilidad o no de una ley en la decisión del caso concreto, cuando surgen cuestiones relativas a su inconstitucionalidad.

Ahora bien, si se trata de un deber de los jueces el aplicar la Constitución en un caso concreto y desaplicar, para su decisión, la ley que consideren inconstitucional, debe señalarse que el otro aspecto de la racionalidad del método difuso, consiste en permitir a los jueces el considerar de oficio las cuestiones de constitucionalidad, a pesar de que ninguna de las partes en el proceso las haya planteado.

De hecho, esta es la consecuencia directa de la garantía de la Constitución cuando se establece como "garantía objetiva", lo que implica la nulidad de las leyes con-

---

1606 Marbury v. Madison 5 US (1 Cranch), 137, (1803).

1607 Confróntese B.O. Nwabueze, *Judicial control of legislative action and its legitimacy. Recent development. African regional report. International Association of Legal Sciences*. Uppsala Colloquium 1984 (mineo), p. 2-3. También publicado en L. Favoreu y J.A. Jolowicz (ed), *Le controle juridictionnel des lois. Légitimité, effectivité et développements récentes*. París, 1986, p. 193-222.

1608 *V.*, en Allan R. Brewer-Carías, *Judicial Review..., cit.*, pp. 136 y ss.

trarias a la Constitución, y lo que además produce como consecuencia, la reserva dada a los jueces para considerar la nulidad y la inaplicabilidad de una norma en un caso concreto. Por supuesto, en el caso de que la cuestión constitucional se formule, por una parte, en el proceso, efectivamente debe tratarse de una parte con la legitimación necesaria para actuar como tal, y el interés requerido para plantear la inaplicabilidad de la ley inconstitucional en el caso concreto.

En todo caso, en nuestra opinión, estimamos que la inconstitucionalidad de la ley en relación a los procesos particulares, no debe quedar a la sola instancia de las partes en el proceso, por lo que aún cuando las partes no planteen ante el Juez la cuestión de inconstitucionalidad, este tiene el deber de considerarla, y decidir, de oficio, sobre la inconstitucionalidad de la Ley.

Debe advertirse, sin embargo, que aún cuando este aspecto de la racionalidad del método difuso de control de la constitucionalidad es seguido en muchos países como Venezuela y Grecia[1609], debemos admitir que, en general, las normas procesales de la mayoría de los países prohíbe a los Tribunales considerar de oficio, al decidir un caso concreto, cualquier cuestión, incluso las cuestiones de inconstitucionalidad[1610].

En el caso de Colombia, si bien el texto de la Constitución no excluye los eventuales poderes ex officio que puedan tener los jueces para decidir, solos y sin que se lo requiera una parte, desaplicar una determinada ley, en el caso concreto, cuando la consideren inconstitucional tal como ocurre en Venezuela, todos los autores colombianos, sin excepción, entienden que lo que se establece en el artículo de la Constitución es una “excepción de inconstitucionalidad”, en el sentido de que, en todo caso, la cuestión constitucional debe plantearse por una de las partes en el proceso mediante una excepción relativa a la aplicabilidad de una ley[1611]; parte que debe tener un interés personal y directo en la no aplicación de la ley en el caso concreto[1612].

En todo caso, el signo común de la racionalidad del método difuso de control de la constitucionalidad es que sólo puede ser incidental, en un proceso concreto. Sin embargo, con motivo del ejercicio de una acción de amparo constitucional en Venezuela podría identificarse un sistema de control difuso de las leyes y actos normativos por vía principal.

En efecto, el artículo 3 de la Ley Orgánica de Amparo sobre Derechos y Garantías Constitucionales, establece:

---

1609 E. Spiliotopoulos, “Judicial review of legislative acts in Greece”, *loc. cit.*, p. 479.

1610 Por ejemplo, B.O. Nwabueze ha dicho que “El hecho de que este deber sólo puede ser ejercido a instancia de parte agraviada por una violación de la Constitución, refuerza la legitimidad de la función”. Esto significa que aún en presencia de una violación flagrante de la Constitución por el “legislador, la Corte no puede intervenir por su propia iniciativa. debe esperar a que alguien la inste”, *loc. cit.*, p. 3. *V.*, la discusión de J.R. Vanossi y P.E. Ubertone, *op. cit.*, p. 24, en G. Bidart Campos, *El Derecho Constitucional del Poder*, T. II, cap. XXIX; y en J.R. Vanossi, *Teoría Constitucional*, T. II, Buenos Aires, 1976, pp. 318 y 319.

1611 *V.*, J. Vidal Perdomo, *op. cit.*, pp. 47-48; L.Carlos Sáchica, *El control..., cit.* p. 64; E. Sarría, *op. cit*, p. 77; D.R. Salazar, *Constitución Política de Colombia*, Bogotá 1982, p. 307; A. Capele Lizzarralde, *Lecciones de Derecho Constitucional*, Bogotá, pp. 243-244.

1612 *V.*, A. Copete Lizarralde, *op. cit.*, p. 246.

Art. 3. "También procede la acción de amparo, cuando la violación o amenaza de violación deriven de una norma que colida con la Constitución. En este caso, la providencia judicial que resuelva la acción interpuesta deberá apreciar la inaplicación de la norma impugnada y el Juez informará a la Corte Suprema de Justicia acerca de la respectiva decisión".

En esta forma, en Venezuela se prevé la acción directa de amparo contra leyes o normas que violen o amenacen violar un derecho constitucional, en cuyo caso, estamos en presencia de un sistema de control difuso de la constitucionalidad por vía de acción.

En consecuencia, se trata de un control principal de la constitucionalidad de las leyes mediante una acción de amparo, pero con carácter difuso puesto que la acción no se intenta ante un solo órgano judicial, sino ante todos los jueces competentes en materia de amparo, que son los jueces de primera instancia con competencia, afín al del derecho o garantía constitucional violado o amenazado de violación. Sin embargo, cuando los hechos, actos u omisiones que originen las violaciones o amenazas de violación sucedan en lugares en los cuales no exista un tribunal de primera instancia, la acción de amparo se puede intentar por ante cualquier juez de la localidad (art. 9). En esta forma, el carácter difuso de la competencia judicial en materia de amparo convierte el amparo contra leyes y normas en un control principal y difuso de la constitucionalidad de las mismas.

En todo caso, tratándose de un control principal, por vía de acción, los poderes del juez de amparo en materia de control de la constitucionalidad se encuentran circunscritos a la cuestión planteada por el agraviado en lo que se refiere a la violación que denuncia de los derechos o garantías que podrían resultar lesionados por la ley o norma. Por lo tanto, el juez de amparo no tiene facultad alguna para actuar de oficio, ni tampoco para considerar de oficio otros vicios o violaciones de los derechos no denunciados por el agraviado.

Tal como lo establece el artículo 3 de la Ley Orgánica de Amparo sobre Derechos y Garantías Constitucionales, el Juez de amparo, en los casos de amparo contra leyes o normas, "debe examinar la inaplicabilidad de la norma", es decir que debe ejercer un control de la constitucionalidad parecido al control difuso clásico y decidir acerca de la inconstitucionalidad de la ley o norma sólo respecto del accionante.

### 5. *Los efectos de las decisiones en materia de control difuso de la constitucionalidad*

El último aspecto de la racionalidad del método difuso de control de constitucionalidad se refiere a los efectos de la decisión que adopten los Tribunales en relación a la constitucionalidad o aplicabilidad de la ley en un caso concreto; y este aspecto de los efectos de la decisión judicial se relaciona con dos preguntas primero, ¿a quién afecta la decisión? y segundo, ¿cuándo comienza a sufrir efectos?

#### A. *El efecto inter partes de las decisiones judiciales*

En relación al primer interrogante, la racionalidad del método difuso es que la decisión adoptada por el Juez sólo tiene efectos en relación a las partes en el proceso concreto en la cual aquella se adopta. En otras palabras, en el método difuso de control de constitucionalidad, la decisión adoptada sobre la inconstitucionalidad e inaplicabilidad de la ley en un caso, sólo tiene efectos *in casu et inter partes*, es decir en relación al caso concreto y exclusivamente en relación a las partes que han participado en el proceso, por lo que no puede ser aplicada a otros particulares. Esta es la consecuencia directa del antes mencionado aspecto relativo al carácter incidental del método difuso de control de constitucionalidad.

En efecto, si la decisión judicial sobre la constitucionalidad y aplicabilidad de una ley sólo puede ser adoptada en un proceso particular desarrollado entre partes concretas, la lógica del sistema es que la decisión sólo se puede aplicar a este proceso en particular, y a las partes del mismo, y en consecuencia, no puede ni beneficiar ni perjudicar a ningún otro individuo ni a otros procesos.

En consecuencia, si una ley es considerada inconstitucional en una decisión judicial, esto no significa que dicha ley ha sido invalidada y que no es efectiva y aplicable en otros casos. Sólo significa que en cuanto concierne a ese proceso particular, y a las partes que en el intervinieron en el cual el Juez decidió la inaplicabilidad de la Ley, es que ésta debe considerarse inconstitucional, nula y sin valor, sin que ello tenga ningún efecto en relación a otros procesos, otros jueces y otros particulares.

Sin embargo, para evitar la incertidumbre del orden legal y las contradicciones en relación a la aplicabilidad de las leyes, como se dijo, se han establecido correcciones a estos efectos inter partes, a través de la doctrina *stare decisis* o mediante regulaciones de derecho positivo cuando las decisiones se adoptan por la Corte Suprema de un país[1613].

B. *Los efectos declarativos de las decisiones judiciales*

Ahora bien, los efectos inter partes de la decisión judicial adoptada conforme al método de control difuso de constitucionalidad, están directamente relacionados con otras cuestiones concernientes también a los efectos de la decisión, pero en el tiempo, es decir, respecto de cuándo comienza a ser efectiva la declaración de inconstitucionalidad y, por supuesto, también en relación a la nulidad como garantía de la Constitución.

En efecto, hemos señalado que el principal aspecto de la racionalidad del método difuso de control de constitucionalidad es el de la supremacía de la Constitución sobre todos los demás actos estatales, lo que lleva a considerar que las leyes contrarias a la Constitución son nulas y sin valor, siendo ésta la garantía más importante de la Constitución. En consecuencia, cuando un Juez decide sobre la constitucionalidad de una ley, y la declara inconstitucional e inaplicable a un caso concreto, es porque la considera nula y sin valor, tal cual como si nunca hubiera existido. Por ello, la decisión tiene efectos declarativos: declara que una ley es inconstitucional y consecuentemente que ha sido inconstitucional desde que se dictó. Así, la ley cuya inaplicabilidad se decida por ser contraria a la Constitución, debe ser considerada por el Juez como si nunca hubiera tenido validez y como si siempre hubiese sido nula y sin valor. Por ello es que se dice que la decisión del Juez en virtud de ser de carácter declarativo, tiene efectos *ex tunc*, pro pretaerito o de carácter retroactivo, en el sentido de que dichos efectos se retrotraen al momento en que la norma considerada inconstitucional fue dictada, evitando que pueda tener efectos, por supuesto, sola-

1613 *V.*, Allan R. Brewer-Carías, *Judicial Review...*, *cit.*, pp. 151 y ss.

mente en lo que concierne al caso concreto decidido por el Juez y en relación a las partes que intervinieron en el proceso. El acto legislativo declarado inconstitucional por un Juez conforme al método difuso de control de constitucionalidad, por tanto, es considerado, ab initio, como nulo y sin valor, por lo que no es anulado por el Juez sino que este sólo declara su nulidad preexistente[1614].

Por tanto, en estos casos de control constitucional difuso, los jueces no pueden anular la ley sino considerarla inconstitucional, no pudiendo los efectos de su decisión extenderse o generalizarse. Por el contrario, tal como sucede en todos los sistemas con control judicial difuso, el Tribunal debe limitarse a decidir la no aplicación de la ley inconstitucional en el caso concreto, por supuesto, sólo cuando ello resulta pertinente para la resolución del caso. Por ello, la ley cuya aplicación ha sido denegada en un caso concreto, sigue vigente, y otros jueces pueden seguir aplicándola. Inclusive, el juez que decide no aplicar la ley en un caso concreto, podría cambiar de opinión en un juicio posterior[1615].

## II. EL SISTEMA CONCENTRADO DE CONTROL DE CONSTITUCIONALIDAD EN COLOMBIA Y VENEZUELA

Como se ha dicho, paralelamente al sistema difuso de control de constitucionalidad, en Colombia y Venezuela existe un sistema concentrado de dicho control de constitucionalidad de las leyes y demás actos de rango y valor de Ley, atribuido a la Corte Constitucional en Colombia y a la Corte Suprema de Justicia en Venezuela.

### 1. *Aproximación general al sistema concentrado de control de constitucionalidad*

En efecto, el sistema concentrado de control de la constitucionalidad, contrariamente al sistema difuso, se caracteriza por el hecho de que el ordenamiento constitucional confiere a un solo órgano estatal el poder de actuar como juez constitucional, generalmente de ciertos actos estatales, es decir, este sistema existe cuando un solo órgano estatal tiene la facultad de decidir jurisdiccionalmente la nulidad por inconstitucionalidad, de determinados actos estatales, particularmente de los actos legislativos y otros actos del Estado de rango y valor similar. Excepcionalmente, sin embargo, en algunos casos, como sucede en Panamá, el control no sólo se refiere a las leyes y demás actos de rango legal, sino materialmente a todos los actos estatales, lo que lo hace único en el derecho comparado. En todo caso, el sistema concentrado puede ser exclusivamente concentrado como el de Panamá, Honduras, Uruguay, Costa Rica o Paraguay, y el modelo europeo; o puede ser mixto combinado con el control difuso, como el colombo-venezolano.

Ahora bien, el órgano estatal dotado del privilegio de ser único juez constitucional en el sistema concentrado de control de la constitucionalidad puede ser la Corte Suprema de Justicia, ubicada en la cúspide de la jerarquía judicial de un país, como es el caso de Venezuela; o una Corte Constitucional creado especialmente por la Constitución, dentro o fuera de la jerarquía judicial, para actuar como único juez constitucional. En el caso de Colombia, la Corte Constitucional forma parte del Po-

---

1614 *V.*, estos principios en relación a Venezuela, en Allan R. Brewer-Carías, "La Justicia Constitucional en Venezuela", *loc. cit.*, pp. 538 y ss.

1615 *Cfr.* L. Carlos Sáchica, *El control ..., cit.*, p. 65.

der Judicial (art. 228 y ss.). En ambos casos, estos órganos tienen en común el ejercicio de una actividad jurisdiccional, como jueces constitucionales.

Por ello, el sistema concentrado de control de la constitucionalidad, aun cuando sea generalmente similar al "modelo europeo" de Tribunales constitucionales especiales[1616], no implica necesariamente la existencia de un Tribunal Constitucional especial, concebido constitucionalmente fuera del Poder Judicial. La experiencia latinoamericana de control concentrado de la constitucionalidad así lo demuestra, pues en general, han sido las Cortes Supremas de Justicia las que lo han ejercido; y en los casos en los cuales se ha atribuido a Tribunales Constitucionales el ejercicio del control, estos están integrados al Poder Judicial (Guatemala, Colombia, Ecuador y Bolivia) con la sola excepción del caso del Perú, cuya Constitución de 1993 creó el Tribunal Constitucional fuera del Poder Judicial.

En realidad, el sistema sólo implica la atribución a un órgano particular del Estado que ejerce una actividad jurisdiccional, del poder y del deber de actuar como juez constitucional. Esta es la esencia propia del sistema concentrado con relación al sistema difuso, sea que el órgano dotado del poder para actuar como juez constitucional sea el Tribunal más alto del Poder Judicial (Corte Suprema de Justicia) o un Tribunal especializado en materia constitucional, dentro del Poder Judicial; sea que se trate de un órgano constitucional especial, creado fuera de la organización judicial, aun cuando este último aspecto no resulte esencial para establecer la distinción.

Ahora bien, en todo caso, desde un punto de vista lógico y racional, también puede afirmarse que el poder conferido a un órgano estatal que ejerce una actividad jurisdiccional para que actúe como juez constitucional, es una consecuencia del principio de la supremacía de la Constitución. Así, en todo sistema de justicia constitucional, siendo la Constitución la Ley suprema del país, es evidente que en caso de conflicto entre un acto estatal y la Constitución, ésta última debe prevalecer.

Sin embargo, las Constituciones no siempre confieren poderes a todos los tribunales para que actúen como jueces constitucionales. Cuando así lo hacen, como hemos señalado, se trata de un sistema de control difuso de la constitucionalidad, como el que existe en casi toda América Latina concebido sea en forma exclusiva (México, Brasil, Argentina, por ejemplo) o en forma mixta, mezclado con un sistema concentrado (Guatemala, Colombia, Venezuela, Perú, Brasil, El Salvador).

Al contrario del sistema difuso, en muchos casos, las Constituciones reservan este poder a la Corte Suprema de Justicia o a un Tribunal Constitucional, sobre todo en lo que respecta a algunos actos del Estado, los cuales solamente pueden ser anulados por dicho órgano cuando contradicen la Constitución. En algunos casos excepcionales, como se dijo, como sucede en Panamá, el poder de la Corte Suprema para actuar como juez constitucional se refiere a absolutamente todos los actos estatales.

Al contrario, en casi todos los países en los cuales existe un sistema exclusivamente concentrado de control de la constitucionalidad, este sólo se refiere a las Leyes y actos de similar rango, por lo que todos los otros tribunales continúan teniendo plenos poderes para decidir sobre la constitucionalidad de las normas aplicables en

---

1616 M. Cappelletti, *op. cit.*, 1971, pp. 46,50,53.

cada caso concreto, salvo las de las leyes u actos dictados en ejecución inmediata de la Constitución[1617].

En efecto, por ejemplo, en los sistemas exclusivamente concentrados de control de constitucionalidad europeos, atribuidos a Tribunales Constitucionales, el poder de éstos para declarar la nulidad de actos estatales sólo se extiende a las Leyes (o proyectos de Leyes), incluyendo las Leyes aprobatorias de Tratados, y demás actos de rango legal o dictados en ejecución directa de la Constitución, como los actos de gobierno y los *interna corporis* de las Cámaras Legislativas (es el caso, en general, con diferencias entre uno u otro país, de Alemania, Austria, Italia, España y Portugal). La misma orientación, en general, la tienen los sistemas de control concentrado de la constitucionalidad de las leyes en América Latina, sea atribuido a Tribunales Constitucionales (Guatemala, Colombia, Ecuador, Perú, Bolivia, Chile) o a las Cortes Supremas de Justicia (El Salvador, Costa Rica, Colombia, Venezuela, Brasil, Uruguay, Paraguay). En general, y con diferencias entre cada país, el poder anulatorio de la Corte Suprema o del Tribunal Constitucional, como juez constitucional sólo se refiere a las leyes o proyectos de leyes y a los actos dictados en ejecución directa de la Constitución, como los Decretos Leyes, los actos de gobierno y los actos parlamentarios sin forma de Ley; adicionalmente, en algunos países, a los reglamentos.

De resto, los otros actos estatales no están sometidos a control concentrado de la constitucionalidad y desde el punto de vista de su conformación al texto constitucional, están sometidos al control de los jueces respectivos, por ejemplo, los contencioso-administrativos, que conocen de la contrariedad al derecho (ilegalidad o inconstitucionalidad) de los actos administrativos, incluyendo los Reglamentos. Es la situación en Colombia y Venezuela. En efecto, en Venezuela, la jurisdicción contencioso-administrativa tiene competencia para anular los actos administrativos individuales y normativos (estos últimos mediante acción popular) por razones de ilegalidad e inconstitucionalidad, por lo que la Corte Suprema de Justicia en Corte Plena, como juez concentrado de la constitucionalidad con poderes anulatorios, sólo tiene por objeto las leyes y demás actos de rango y valor de las leyes y excepcionalmente, los Reglamentos dictados por el Presidente de la República en Consejo de Ministros[1618]. En Colombia, la jurisdicción contencioso-administrativa es el juez de la constitucionalidad de los actos administrativos en paralelo a los poderes de la Corte Constitucional para juzgar la constitucionalidad de las leyes y demás actos de rango o valor similar[1619]. Por tanto, además de existir el control difuso de la constitucionalidad, en Venezuela y Colombia, ni la Corte Suprema de Justicia ni la Corte Constitucional monopolizan la justicia constitucional con poderes anulatorios.

---

1617 *Cf.* M. García Pelayo, "El 'Status' del Tribunal Constitucional". *Revista Española de Derecho Constitucional*, 1, Madrid, 1981, p. 19; E. García de Enterría, *La Constitución como norma y el Tribunal Constitucional*, Madrid, 1981, p. 65. En particular en los sistemas concentrados de control de la constitucionalidad, los tribunales dotados de funciones de justicia administrativa siempre tienen el poder para actuar como juez constitucional de los actos administrativos. *V.*, C. Frank, *Les fonctions juridictionnelles du Conseil d'Etat dans l'ordre constitutionnel*, Paris, 1974.

1618 *V.*, Allan R. Brewer-Carías, *Nuevas tendencias en el contencioso administrativo en Venezuela*, Caracas 1993, pp. 47 y ss.

1619 *V.*, Luis Carlos Sáchica, *La Corte Constitucional...*, *cit*, pp. 64 y 107 y ss.

En todo caso, debe recordarse que conforme a las orientaciones de Kelsen[1620] los actos del Estado sometidos al control jurisdiccional de constitucionalidad pueden ser considerados actos subordinados a la Constitución de manera inmediata; por lo tanto, el control de la constitucionalidad aparece como la consecuencia de la expresión jerárquica del ordenamiento legal[1621]. Por ello, el control de la constitucionalidad de los actos administrativos, normalmente subordinados a las leyes, generalmente también se confiere en Europa, a la jurisdicción administrativa y no a las Cortes Constitucionales.

No obstante, a pesar de estas directrices, el control jurisdiccional de los actos ejecutivos se confiere también, en Austria, al Tribunal Constitucional. Al respecto, Kelsen afirmaba:

> "Tal vez estos reglamentos no sean ...actos inmediatamente subordinados a la Constitución; su irregularidad consiste inmediatamente en su ilegalidad y, de manera mediata solamente, en su inconstitucionalidad. A pesar de ello, si nos proponemos aplicarles también la competencia de la jurisdicción constitucional, no es tanto por considerar la relatividad ...de la oposición entre constitucionalidad directa y constitucionalidad indirecta, sino en razón de la frontera natural entre actos jurídicos generales y actos jurídicos particulares"[1622].

Por consiguiente, según Kelsen, sólo se deben excluir de la jurisdicción constitucional los actos del Estado con efectos particulares (administrativos o judiciales)[1623]; lo que implica que en Austria, las normas ejecutivas o los actos administrativos con efectos generales también están sometidos a la jurisdicción del Tribunal Constitucional.

### 2. *El carácter expreso del sistema concentrado de control de la constitucionalidad como garantía de la Constitución*

Un sistema concentrado de control de la constitucionalidad de las leyes, el cual se basa en el principio de la supremacía de la Constitución, no puede desarrollarse como consecuencia de la labor pretoriana de los jueces en sus decisiones judiciales, como sucedió en el caso del sistema difuso de control de la constitucionalidad, por ejemplo, en los Estados Unidos y en Argentina. Al contrario, debe ser expresamente establecido en la Constitución. Por tanto, las funciones de justicia constitucional relativas a ciertos o a todos los actos del Estado, reservadas a la Corte Suprema o a un Tribunal Constitucional, requieren texto expreso.

Por consiguiente, dadas las limitaciones que ello implica tanto al deber como al poder de todos los jueces de determinar, en cada caso, la ley aplicable, sólo se puede implantar un sistema concentrado de control jurisdiccional de la constitucionalidad en la medida en que está previsto, *expressis verbis*, por normas constitucionales. En esta forma, la Constitución, como Ley suprema de un país, es el único texto que puede limitar los poderes y deberes generales de los tribunales para decidir la ley

1620 Hans Kelsen, «La garantie juridictionnelle de la Constitution. La Justice Constitutionelle», *loc. cit.*, p. 228.

1621 *Cf.* H. Kelsen, *loc. cit.*, pp. 228-231.

1622 *Idem*, p. 230.

1623 *Idem*, p. 232.

aplicable en cada caso; es la única habilitada para atribuir dichos poderes y deberes, en lo referente a ciertos actos del Estado, a ciertos órganos constitucionales, sea la Corte Suprema o una Corte, un Consejo o un Tribunal Constitucional, como poderes anulatorios.

En tal sentido, el artículo 241 de la Constitución de Colombia atribuye a la Corte Constitucional "la guarda de la integridad y supremacía de la Constitución", con poderes para anular por inconstitucionalidad los siguientes actos estatales: actos de reforma de la Constitución, por vicios de procedimiento; actos de convocatoria de referéndum o de asambleas constituyentes referentes a una reforma de la Constitución, por vicios de procedimiento; los referéndum referentes a leyes, consultas populares y plebiscitos nacionales, solamente por vicios de procedimiento en la convocatoria o en su realización; leyes, tanto por su contenido material como por vicios de procedimiento en su elaboración; decretos que tengan fuerza de ley dictados por el gobierno, por su contenido material o por vicios de procedimiento en su elaboración; decretos legislativos gubernamentales, tratados internacionales y leyes de ratificación de tratados. En general, es un control concentrado respecto de las leyes y demás actos estatales de similar rango y valor[1624]. Debe señalarse que con motivo de la reforma constitucional de 1991, fue superada la secular discusión sobre si las leyes aprobatorias de tratados podían o debían ser objeto de control de la constitucionalidad[1625]. Ahora ello se admite pero no sólo contra dichas leyes aprobatorias de tratados, sino contra los tratados internacionales en sí mismos[1626].

En Venezuela, conforme a la Constitución de 1961, el control de la constitucionalidad de los actos del Estado por la Corte Suprema en Corte Plena, a través de la acción popular también está reservado, en general, a los actos de rango o valor legal, es decir, a los actos de ejecución inmediata a la Constitución. A nivel nacional, los actos del Estado de rango legal son las leyes, los actos parlamentarios sin forma de ley y los actos del gobierno; y a nivel de los Estados miembros de la Federación y de los Municipios, las leyes de las Asambleas Legislativas de los Estados miembros y las Ordenanzas dictadas por los Concejos Municipales[1627]. En consecuencia en el nivel nacional, los actos promulgados por el Congreso y sus Cámaras Legislativas son los únicos que pueden ser objeto de una acción de inconstitucionalidad, así como los actos del Ejecutivo adoptados en ejecución directa e inmediata de la Constitución[1628]. En cuanto a los Reglamentos, éstos también pueden ser objeto de acción

---

1624 *V.*, Luis Carlos Sáchica, *La Corte Constitucional..., op. cit.* pp. 16 y ss.

1625 *V.*, las diversas opiniones a favor de ello en la obra colectiva *Aspectos del control constitucional en Colombia..., op. cit.*, pp. 20, 48 y 57.

1626 *V.*, Luis Carlos Sáchica, *La Corte Constitucional..., op. cit.* pp. 21, entiende que este poder de control sólo se aplica a los Tratados suscritos con posterioridad a la vigencia de la Constitución de 1991, pues la inconstitucionalidad sobrevenida, a su juicio, sólo se aplica a las normas de derecho interno.

1627 Las ordenanzas municipales tienen el carácter de leyes locales. *V.*, Allan R. Brewer-Carías, *El Régimen Municipal en Venezuela*, Caracas 1984, p. 162.

1628 La Corte Suprema de Justicia enunció claramente este criterio en los términos siguientes: "El examen de una acción de inconstitucionalidad supone la confrontación entre el acto que se considera viciado y las normas de la Constitución presuntamente infringidas por éste. Si tales normas condicionan el acto, es decir, determinan, por ejemplo, la finalidad de éste, la autoridad competente para realizarlo, o los requisitos intrínsecos o extrínsecos cuyo incumplimiento puede afectar su validez, la acción o recurso dirigido popular, sólo si se trata de los Reglamentos dictados por el Presidente de la República e Consejo de Ministros[1629]. De resto, la Corte Suprema en Sala Político-Administrativa en ejercicio de la jurisdicción contencioso-administrativa tiene competencia anulatoria en relación a los otros actos reglamentarios.

En este sentido, de conformidad con la Constitución, los siguientes actos de Estado podrían ser objeto de una acción de inconstitucionalidad: 1) las leyes nacionales; 2) las leyes de los Estados Federados; 3) las Ordenanzas Municipales; 4) los actos del Congreso o de las Cámaras Legislativas Nacionales, dictados en ejecución directa de la Constitución, y los actos de las Asambleas Legislativas o de los Concejos Municipales promulgados en el ejercicio de la función normativa (es decir, que no sean dictados en el ejercicio de la función administrativa, pues entonces constituirían actos administrativos)[1630]; 5) los actos de gobierno y los Reglamentos dictados por el Ejecutivo Nacional[1631].

En la Constitución no se enumera a los Tratados o a sus Leyes aprobatorias como objeto de control de la constitucionalidad por la Corte Suprema de Justicia en Corte Plena.

El tema se ha discutido ampliamente[1632], y ha habido contradicciones jurisprudenciales hasta que en 1989 la Corte Suprema admitió una demanda de inconstitucionalidad de la Ley que aprobó el Tratado que creó el Tribunal Andino de Justicia, y si bien la declaró sin lugar, aceptó la tesis de la impugnabilidad por inconstitucionalidad[1633].

En todo caso, por el carácter expreso del sistema en el derecho constitucional positivo, el sistema concentrado de control de la constitucionalidad de las leyes, también es compatible con todos los sistemas jurídicos, es decir, no es propio de los sistemas de derecho civil ni tampoco incompatible con la tradición del *common law*. En realidad, se trata de un sistema que debe establecerse en una Constitución escrita, y poco importa que el sistema jurídico del país sea de derecho civil o de *common law*, aun cuando es más frecuente en países de derecho civil[1634].

Por ello, la expresión de que "la práctica del *common law* siempre ha sido incompatible con la noción de tribunal constitucional especial según el modelo conti-

---

a anularlo por colidir con la Constitución, es de inconstitucionalidad". Sentencia de la Corte Suprema de Justicia en la Sala Político-Administrativa del 13/2/68, *Gaceta Forense* Nº 59, 1968, p. 83.

1629 La Corte Suprema ha reservado esta acción de inconstitucionalidad a los actos que tienen efectos *erga omnes* y que interesan a cualquiera. Véase sentencia de la Sala Político Administrativa de 14-3-60, *Gaceta Oficial* Nº 26222 de 1-4-60.

1630 *V.*, Allan R. Brewer-Carías, *Control de la Constitucionalidad de los actos estatales*, Caracas 1977.

1631 Artículo 215, apartes 3, 4 y 6 de la Constitución. Véase también el voto salvado del Magistrado J.G. Sarmiento Núñez en la sentencia de la Corte Suprema de Justicia del 29-4-65 publicada por la Imprenta Nacional, Caracas, 1965, p. 25; J.G. Sarmiento Núñez, "El Control de la Constitucionalidad de las Leyes y de los Tratados", *Libro Homenaje al Doctor Eloy Lares Martínez*, T. II, Caracas, 1984, pp. 705-707.

1632 *V.*, Allan R. Brewer-Carías, *El control de la constitucionalidad de los actos estatales, op. cit*. pp. 48 y ss.; *Instituciones Políticas y Constitucionales*, Caracas 1985, T. I, pp. 490 y ss.

1633 *V.*, Allan R. Brewer-Carías, "El control de la constitucionalidad de las leyes aprobatorias de Tratados Internacionales y la cuestión constitucional de la integración latinoamericana", *Revista de Derecho Público*, Nº 44, Caracas 1990, pp. 225 y ss.

1634 *V.*, Allan R. Brewer-Carías, *Judicial Review in Comparative Law, op. cit.*, pp. 186 y ss.

nental"[1635] en materia de control de la constitucionalidad, debe entenderse como una referencia al modelo europeo de Corte, Consejo o Tribunal Constitucional especial, y no, a un sistema "en el que la jurisdicción está determinada y limitada a ciertas cuestiones"[1636]. El sistema concentrado de control de la constitucionalidad no puede reducirse a los sistemas constitucionales exclusivamente concentrados ni a aquellos en los cuales existe una Corte, un Consejo o un Tribunal Constitucional. Por esta razón, como hemos dicho, consideramos que es erróneo para estudiar el sistema, el enfoque que consiste en identificar el sistema concentrado de control de la constitucionalidad de las leyes con el "modelo europeo" de Cortes, Consejos o Tribunales constitucionales especiales[1637].

De hecho, aun cuando el sistema concentrado de control de la constitucionalidad de las leyes se conozca también como el sistema "austríaco"[1638] o "modelo europeo"[1639] debido a la existencia de una Corte, un Consejo o un Tribunal Constitucional especial, encargado por la Constitución de actuar como juez constitucional fuera del Poder Judicial, debe recalcarse el hecho de que la característica fundamental del sistema no es la existencia de una Corte, una Consejo o un Tribunal Constitucional especial, sino más bien, la atribución exclusiva a un solo órgano constitucional del Estado del poder de actuar como juez constitucional en lo que respecta algunos actos del Estado, trátese de la Corte Suprema de Justicia existente en el país o de una Corte, un Consejo o un Tribunal Constitucional especialmente creado.

La adopción del sistema es una elección constitucional, tomada en función de las circunstancias concretas de cada país, pero no necesariamente implica la creación de Tribunales Constitucionales especiales con el fin de garantizar la justicia constitucional, ni la organización de tales Tribunales fuera del Poder Judicial.

En Europa, por ejemplo, la multiplicación de los Tribunales Constitucionales encargados de ejercer el sistema concentrado de control de la constitucionalidad de las leyes, debe considerarse como una consecuencia práctica de una tradición constitucional particular, vinculada al principio de la supremacía de la Ley, a la separación de los poderes y a la desconfianza hacia los jueces en lo que respecta al control de los actos estatales y particularmente de los administrativos[1640]. Sin embargo, esto no puede llevar a considerar que el "modelo" del sistema concentrado de control de la constitucionalidad de las leyes esté limitado a la creación de órganos constitucionales fuera del Poder Judicial, para que actúen como jueces constitucionales. Antes del

---

1635 E. Mc Whinney, "Constitutional Review in the Commonwealth", en E. Mosler (ed.), Verfassungs gerichtsbarkeit in der Gegenwart, Internationales Kolloquium, Max-Plank-Institut für Ausländisches öffentliches recht und völkerrecht, Heidelberg, 1961, Köln - Berlín, 1962, p. 80.

1636 *Ídem*, p. 80.

1637 *V.*, Allan R. Brewer-Carías, *El control concentrado de la constitucionalidad ..., op. cit.* pp. 16 y ss.

1638 M. Cappelletti, *Judicial Review in the Contemporary World, op. cit*, p. 50; J. Carpizo et H. Fix Zamudio, "La necesidad y la legitimidad de la revisión judicial en América Latina. Desarrollo reciente", *loc.cit.*, p. 36.

1639 L. Favoreu, «Actualité et légitimité du contrôle juridictionnel des lois en Europe occidentale», *Revue du Droit public et de la Science politique en France et à l'étranger*, 1985 (5), Paris, p. 1149. Publicado también en L. Favoreu y J.A. Jolowicz (ed.), *Le contrôle juridictionnel des lois. Légitimité, effectivité et développements récents*, Paris, 1986, pp. 17-68.

1640 *Cf.* M. Cappelletti, *op. cit.*, p. 54; M. Cappelletti y J.C. Adams, «Judicial Review of Legislation: European Antecedents and Adaptation», *loc. cit*, p. 1211.

"descubrimiento" europeo de la justicia constitucional a través de la creación de Cortes o Tribunales constitucionales especiales después de la Primera Guerra Mundial, otros países con tradición de derecho civil habían implantado, a partir de mitades del siglo pasado, sistemas concentrados de control de la constitucionalidad, atribuyendo a sus Cortes Supremas una jurisdicción exclusiva y original, con el fin de anular leyes y otros actos del Estado con efectos similares, cuando éstos contradicen la Constitución. Este es el caso de los sistemas constitucionales latinoamericanos, incluso si, con alguna frecuencia, han combinado el sistema concentrado con el sistema difuso de control de la constitucionalidad.

En efecto, puede decirse que los sistemas de control de la constitucionalidad que se han desarrollado en América Latina, se han ido orientando progresivamente hacia sistemas mixtos de control de la constitucionalidad, en los cuales coexisten el sistema difuso y el sistema concentrado. Este es el caso, por ejemplo, de Venezuela, Colombia, Brasil, Perú, El Salvador, y Guatemala. No obstante, algunos sistemas de América Latina, como el de Panamá, Uruguay, Honduras y Paraguay permanecieron exclusivamente concentrados, donde la Corte Suprema de Justicia tiene una jurisdicción exclusiva y original para declarar la inconstitucionalidad de las leyes.

Debe destacarse, sin embargo, que la modalidad del sistema concentrado de control de la constitucionalidad basado en la creación de un órgano constitucional especial, una Corte, un Consejo o un Tribunal para actuar como juez constitucional dotado del poder original y exclusivo para anular las leyes y otros actos de rango y efectos similares, ha marcado, por su carácter novedoso, la evolución de la justicia constitucional en las últimas décadas, desde la creación de las primeras Cortes Constitucionales en Austria y Checoslovaquia en 1920. El sistema fue adoptado más tarde en Alemania y en Italia después de la Segunda Guerra mundial, y hace menos de dos décadas en España y Portugal. También había sido adoptado, antes de 1990, en algunos países ex-socialistas (Yugoslavia, Checoslovaquia y Polonia) y se desarrolló bajo una forma particular en Francia. Bajo la influencia del modelo europeo pero de una manera incompleta, el sistema también se implantó en Guatemala, en la década de los sesenta, y en Chile hacia principios de los años 70, con la creación de un Tribunal Constitucional, y luego apareció en Ecuador y Perú donde fueron creados Tribunales de Garantías Constitucionales. En Perú, en 1993 dicho Tribunal fue sustituido por un Tribunal Constitucional. En 1991, la nueva Constitución colombiana, como se dijo, creó una Corte Constitucional, al igual que sucedió en Bolivia en 1994.

### 3. *La anulabilidad de los actos estatales como garantía constitucional que fundamenta el control concentrado*

Como se ha señalado anteriormente, la esencia del sistema concentrado de control de la constitucionalidad de las leyes, es la noción de supremacía de la Constitución. En efecto, si la Constitución es la Ley suprema de un país y, por lo tanto, prevalece ante todas las demás leyes, entonces un acto del Estado que contradiga la Constitución no puede constituir una norma efectiva; al contrario, debe considerarse nulo. Ahora bien, el principal elemento que aclara la diferencia entre los dos grandes sistemas de control de la constitucionalidad (difuso y concentrado) no es una posible concepción distinta de la Constitución y de su supremacía, sino más bien el tipo de garantía adoptada en el sistema constitucional para preservar dicha supremacía.

Como lo indicó Hans Kelsen en 1928, estas "garantías objetivas" son la nulidad o la anulabilidad del acto inconstitucional. Por nulidad se entiende, como lo explicó Kelsen, que el acto inconstitucional del Estado no puede considerarse objetivamente como un acto jurídico; en consecuencia, no se requiere, en principio, de ningún otro acto jurídico para quitarle al primero su calidad usurpada de acto jurídico. En este caso, teóricamente, cualquier órgano, cualquier autoridad pública o cualquier individuo tendría el derecho de examinar la regularidad de los actos considerados nulos, con el fin de decidir su irregularidad y juzgarlos no conformes y no obligatorios. En cambio, si otro acto jurídico fuera necesario para establecer la nulidad del acto inconstitucional, la garantía constitucional no sería la nulidad sino la anulabilidad[1641].

Ahora bien, en principio, la nulidad de los actos inconstitucionales del Estado es la garantía de la Constitución que conduce al sistema difuso de control de la constitucionalidad, aun cuando la ley positiva restrinja el poder que podría tener cualquier persona para juzgar como nulos los actos inconstitucionales[1642] y atribuya este poder de manera exclusiva a los tribunales, como se puede observar en forma generalizada, dado la necesidad de confiabilidad y seguridad jurídicas.

Por otra parte, la otra garantía de la Constitución, a saber la anulabilidad de los actos inconstitucionales del Estado es precisamente la que conduce, en principio, al sistema concentrado de control de la constitucionalidad de las leyes. Este es el caso del sistema colombiano y venezolano.

En efecto, el aspecto fundamental que muestra la racionalidad del sistema concentrado de control de la constitucionalidad de las leyes, es el principio de anulabilidad de los actos del Estado, cuando contradicen la Constitución.

Contrariamente a la nulidad de los actos del Estado, la anulabilidad de dichos actos, cuando se considera como una garantía objetiva de la Constitución, significa que el acto del Estado, aun irregular o inconstitucional, una vez producido por una institución pública, debe considerarse como un acto del Estado y, como tal, válido y efectivo hasta que el órgano que lo produjo lo derogue o revoque, o hasta que se decida su anulación por otro órgano del Estado, con los poderes constitucionales correspondientes. Este es precisamente el caso de los sistemas concentrados de control de la constitucionalidad, en los cuales la Constitución confiere el poder para anular, generalmente algunos actos del Estado, cuando se juzgan inconstitucionales, a un solo órgano constitucional, sea éste la Corte Suprema existente o un órgano creado especial y separadamente dentro o fuera del Poder Judicial, con funciones jurisdiccionales, que le permiten actuar como juez constitucional.

Sin embargo, debe señalarse que, en general en los sistemas concentrados de control de la constitucionalidad, la anulabilidad de los actos del Estado no constituye la única garantía de la Constitución, puesto que siempre va acompañada de la nulidad. En cierta manera, se configura como una restricción a la regla de la nulidad que deriva de la violación de la Constitución.

En efecto, se ha afirmado que en lo que respecta a la nulidad de los actos inconstitucionales del Estado, en el sistema difuso de control de la constitucionalidad, la ley positiva, con miras a evitar la anarquía jurídica, limita el poder teórico general

1641 H. Kelsen, *loc. cit.*, p. 214.

1642 *Idem*, p. 215.

de las autoridades públicas y los individuos para considerar como inexistente e inválido un acto inconstitucional del Estado, reservando dicho poder a los jueces. Esto significa que, de hecho, el acto inconstitucional del Estado sólo puede ser examinado por los tribunales, los cuales son los únicos en tener el poder para considerarlo nulo; lo que significa que, hasta ese momento, el acto irregular debe considerarse efectivo y obligatorio para las autoridades públicas y los individuos. Por ello, en el sistema difuso de control de la constitucionalidad, una vez que un tribunal ha apreciado y declarado la inconstitucionalidad del acto estatal en relación a un juicio particular, el acto se considera nulo con relación a dicho juicio.

En todo caso, esta misma situación también se presenta en los sistemas constitucionales dotados de un sistema concentrado de control de la constitucionalidad, con relación a todos los actos del Estado distintos de aquellos que sólo pueden ser anulados por el Tribunal Constitucional o por la Corte Suprema. En efecto, como se ha señalado, en lo que respecta a los actos del Estado de rango inferior en la jerarquía de las normas, por ejemplo, los actos administrativos normativos, todos los jueces, en un sistema concentrado de control de la constitucionalidad, tienen normalmente el poder de considerarlos nulos cuando son inconstitucionales, con relación al juicio particular en el cual fueron cuestionados. En estos casos, la garantía de la Constitución es la nulidad del acto inconstitucional del Estado, aun cuando solamente los tribunales estén habilitados para examinarlo.

En consecuencia, la particularidad del sistema concentrado de control de la constitucionalidad reside en el hecho de que la ley positiva establece un límite adicional a los efectos de la inconstitucionalidad de los actos, a saber que respecto de algunos de éstos, el poder para declarar su inconstitucionalidad y su invalidez, y por lo tanto, para considerarlos sin efectos, ha sido reservado exclusivamente a un solo órgano constitucional: la Corte Suprema existente o una Corte, un Consejo o un Tribunal Constitucional especial. En estos casos, y con relación a tales actos, tratándose normalmente de actos legislativos y otros actos del Estado de rango o efectos similares en el sentido en que están inmediatamente subordinados a la Constitución, la garantía de la Constitución ha sido reducida a la anulabilidad del acto del Estado considerado inconstitucional.

En conclusión, en los sistemas constitucionales que poseen un sistema concentrado de control de la constitucionalidad, el deber de todos los jueces y tribunales consiste en examinar la constitucionalidad de los actos del Estado. Sin embargo, cuando el acto cuestionado es una ley u otro acto inmediatamente subordinado o de ejecución directa de la Constitución, los tribunales ordinarios no pueden juzgar su inconstitucionalidad, puesto que dicho poder está reservado a un Tribunal Constitucional especial o a la Corte Suprema de un país determinado, el cual puede anular el acto. En este caso, la garantía de la Constitución es la anulabilidad y entonces el acto queda anulado con efectos generales, puesto que es considerado o declarado nulo, no solamente respecto de un caso particular, sino en general.

Salvo esta excepción jurisdiccional particular, la cual es propia del sistema concentrado de control de la constitucionalidad, todos los demás tribunales o jueces pueden, en un juicio concreto, decidir la inaplicabilidad de los actos normativos del Estado no contemplados por esta excepción, considerándolos nulos cuando los juzguen viciados de inconstitucionalidad. En estos casos, la garantía de la Constitución es, sin lugar a dudas, la nulidad.

## 4. *El carácter previo o posterior del control concentrado de la constitucionalidad de las leyes*

El sistema de control concentrado de la constitucionalidad puede tener un carácter previo o posterior, o ambos; según que los órganos encargados de ejercer su poder jurisdiccional de control lo hagan antes de que la Ley entre en vigencia, es decir antes de su promulgación, o una vez en vigencia. Por ello se distingue el control a priori del control *a posteriori* de la constitucionalidad de las leyes.

En general, puede decirse que los sistemas concentrados de control jurisdiccional que conforman al modelo europeo se caracterizan por la utilización de varios medios de control jurisdiccional de la constitucionalidad de las leyes vigentes, es decir, una vez promulgadas y después de que se hayan iniciado sus efectos normativos jurídicos. Sólo excepcionalmente algunos sistemas concentrados europeos prevén un medio de control preventivo sobre algunos actos del Estado, como por ejemplo en Francia, en relación a las leyes; en Italia, con respecto a las leyes regionales, y en España, en cuanto a las leyes orgánicas y los tratados internacionales.

En todo caso, el fundamento de la existencia de un sistema de control jurisdiccional *a posteriori* reside en la superación del dogma de la soberanía del Parlamento y de la ley, así como en la flexibilización del principio de separación de los poderes. El control jurisdiccional implica la existencia de una Constitución escrita y rígida, dotada de un carácter normativo directamente aplicable a los individuos; de manera que sus límites se imponen a todos los órganos constitucionales, incluyendo al legislador cuyas actividades deben estar en conformidad con su texto y, por lo tanto, sujetas a un control jurisdiccional.

De lo anterior se deduce que en general, puede decirse que lo característico del sistema concentrado de control de la constitucionalidad, sin duda, es el control posterior, que permite anular actos estatales efectivos inconstitucionales. Sin embargo, algunos sistemas de control concentrado sólo prevén un control previo de la constitucionalidad de las leyes, es decir, respecto de proyectos de ley, o de leyes sancionadas, antes de su promulgación, como sucede en Francia y Chile, por ejemplo.

En cuanto al modelo de control mixto de la constitucionalidad de las leyes en Colombia y Venezuela, el control concentrado que ejerce la Corte Constitucional o la Corte Suprema de Justicia, respectivamente, es tanto previo como posterior.

### A. *El control preventivo de la constitucionalidad de las leyes*

La Constitución de Colombia, a partir de 1886, ha previsto un método de control preventivo de la constitucionalidad en virtud del poder de veto a la legislación, atribuido al Presidente de la República (art. 167 y 241,8 de la Constitución de 1991).

En efecto, cuando una ley es objeto de un veto por causa de inconstitucionalidad, si las Cámaras Legislativas insisten en su promulgación, el Presidente de la República debe enviar el proyecto de ley a la Corte Constitucional la cual debe decidir en un lapso de seis días. En caso de que la Corte declare inconstitucional el proyecto de ley, éste debe ser archivado.

De acuerdo con el artículo 33 del Decreto 2067 de 4-9-91 por el cual se dictó el régimen procedimental de los juicios y actuaciones que deban seguirse ante la Corte Constitucional, si la Corte considera que el proyecto es sólo parcialmente inconstitucional, así lo debe indicar a la Cámara en que tuvo origen para que, con audiencia del Ministro del ramo, rehaga e integre las disposiciones afectadas. Si por el contrario, la Corte rechaza las objeciones constitucionales presentadas por el Presidente de la República, éste está obligado a promulgar la ley (art. 167). En tal sentido, el artículo 35 del Decreto N° 2067 establece que la sentencia surtirá efectos de cosa juzgada respecto de las normas invocadas formalmente por el gobierno y consideradas por la Corte, y obliga al Presidente de la República a sancionarlo.

Debe señalarse, además, que en Colombia existe un sistema de control preventivo de la constitucionalidad de los proyectos de leyes, de carácter obligatorio, es decir, sin que sea necesario el veto presidencial. Esto sucede respecto de las denominadas leyes estatutarias por el artículo 152 de la Constitución (las destinadas a regular los derechos fundamentales, la administración de justicia, la organización y régimen de los partidos políticos, instituciones de participación ciudadana y estados de excepción). En tales casos, conforme al artículo 153 de la Constitución y 39 del Decreto 2067, los proyectos de Ley, inmediatamente después de haber sido aprobados en segundo debate deben ser enviados a la Corte Constitucional para su revisión, lo cual se hará con la posibilidad de participación de cualquier ciudadano para defender o impugnar el proyecto.

En Venezuela, sólo fue a partir de la reforma constitucional de 1945, la Constitución estableció expresamente la posibilidad de un control preventivo de la constitucionalidad de las leyes nacionales, incluyendo las leyes de aprobación de tratados internacionales y de contratos de interés público, correspondiendo su ejercicio a la Corte Suprema de Justicia a petición del Presidente de la República, como consecuencia de su poder de veto respecto de leyes sancionadas por las Cámaras Legislativas (art. 91).

En la actualidad, la Constitución de 1961 prevé, en el procedimiento de "formación de leyes" esta misma posibilidad del veto presidencial contra las leyes sancionadas, en la forma siguiente:

El Presidente de la República debe promulgar las leyes sancionadas por las Cámaras Legislativas en un plazo de 10 días contados a partir del momento en que las recibe del Presidente del Congreso. Sin embargo, durante ese lapso, el Presidente puede pedir al Congreso, con el acuerdo del Consejo de Ministros, que se reconsidere la ley, mediante una exposición razonada con el fin de poder modificar ciertas disposiciones de la misma o levantar la sanción de toda la ley o parte de sus disposiciones.

Cuando la decisión de las Cámaras de ratificar la Ley sancionada se adopte por los dos tercios de los miembros presentes, el Presidente de la República debe proceder a promulgar la ley en el transcurso de los cinco días siguientes a partir de su recepción, sin poder formular nuevas observaciones. Sin embargo, en caso de que la decisión sea adoptada por mayoría simple, el Presidente de la República puede escoger entre promulgar la ley o devolverla al Congreso, en el mismo período de cinco días, para un nuevo y último examen. La subsiguiente decisión de las Cámaras en sesión conjunta es definitiva, aun cuando se adopte por mayoría simple, y por consiguiente, la ley debe ser promulgada por el Presidente en los cinco días subsiguientes a su recepción.

Sin embargo, si la objeción del Presidente de la República se basó en motivos de inconstitucionalidad, este puede solicitar a la Corte Suprema de Justicia, en los plazos señalados para la promulgación de la ley, que resuelva la inconstitucionalidad alegada, suspendiéndose la promulgación.

En esos casos, la Corte debe decidir en un plazo de diez días contados a partir del día en que reciba la comunicación del Presidente de la República. En caso de que la Corte rechace la inconstitucionalidad invocada, o si no toma su decisión en el plazo previsto, el Presidente de la República debe promulgar la ley en un lapso de cinco días contados a partir de la decisión de la Corte o del vencimiento del plazo para que esta decida (art. 173).

Si por el contrario, la Corte decide la cuestión y declara la inconstitucionalidad de la ley sancionada, ello impide su promulgación (art. 175), debiendo las Cámaras modificar el texto sancionado, aplicando la decisión de la Corte, que es de carácter obligatorio.

Pero además del control preventivo de la constitucionalidad de las leyes derivado del veto presidencial, también ello puede lograrse a través de la acción de amparo. En efecto, de acuerdo con lo establecido en los artículos 1 y 2 de la Ley Orgánica de Amparo sobre Derechos y Garantías Constitucionales, la acción de amparo procede contra toda amenaza de violación de derechos o garantías constitucionales proveniente de todo acto, hecho u omisión de particulares o de entes públicos. Por tanto, es incuestionable que si durante el procedimiento de formación de las leyes, que implica su aprobación en dos discusiones en cada una de las Cámaras Legislativas, éstas aprobasen un proyecto de norma que de sancionarse la ley, violaría un derecho o garantía constitucional, ello configuraría una amenaza cierta e inminente de violación de los mismos, que podría dar lugar a la protección constitucional consagrada en la Ley Orgánica de Amparo.

En esos supuestos, la persona amenazada de ser lesionada podría intentar una acción de amparo por ante la Corte Suprema de Justicia, contra tal amenaza de violación de su derecho o garantía constitucional para impedir que esa violación se produzca, mediante la obtención de un mandamiento judicial de amparo contra las Cámaras Legislativas para que se abstengan de sancionar la norma inconstitucional. Existiendo esta vía del amparo constitucional contra la amenaza de violación de los derechos constitucionales, no tendría sentido obligar al agraviado amenazado a que espere la sanción de la ley y por tanto que se apruebe y promulgue la ley inconstitucional, para que pueda ejercer la acción popular de inconstitucionalidad.

### B. *El control a posteriori de la constitucionalidad de las leyes y demás actos de rango o valor de ley*

Además del control preventivo de la constitucionalidad, en Colombia y Venezuela, el control concentrado de la constitucionalidad se realiza al igual que en Panamá, El Salvador y Nicaragua, mediante el ejercicio de una acción popular. Sin embargo, en Colombia, además del control *a posteriori* mediante acción popular que ejerce la Corte Constitucional, la Constitución prevé dos casos de ejercicio de control obligatorio de la constitucionalidad por la Corte Constitucional.

En efecto, en primer lugar, el artículo 241, ord. 7°, prevé que los decretos legislativos que emanen del Presidente de la República como consecuencia de un estado de sitio, declarado por causa de una guerra, crisis interna, o cuando el orden económico y social del país esté gravemente alterado (arts. 213, 214 y 215), deben ser sometidos en forma obligatoria a control de la constitucionalidad, para lo cual, al día siguiente de su promulgación, el Presidente de la República debe remitir estos decretos a la Corte Constitucional, a la cual corresponde decidir "definitivamente sobre su constitucionalidad" (art. 121). Cualquier ciudadano, puede intervenir en el procedimiento de revisión de los mencionados Decretos Legislativos, para defender o impugnar la constitucionalidad de los mismos (art. 37, Decreto 2067).

La Constitución también prevé en su artículo 241, ord. 10º, que la Corte Constitucional debe decidir definitivamente sobre la inconstitucionalidad de los Tratados internacionales y de las Leyes que los aprueben, a cuyo efecto, el Gobierno debe remitirlos a la Corte dentro de los 6 días siguientes a la sanción de la Ley. En el procedimiento, igualmente, cualquier ciudadano puede intervenir para defender o impugnar la constitucionalidad del Tratado o la Ley. Sólo si la Corte los declara constitucionales, el gobierno puede efectuar el canje de notas; en caso contrario, no serán ratificados.

Por último, aún cuando no se trate de leyes también se prevé un control previo obligatorio de la constitucionalidad de la convocatoria a un Referendo o a una Asamblea Constituyente para reformar la Constitución, y sólo por vicios de procedimiento en su formación, antes al pronunciamiento popular respectivo (art. 241, ord. 2º); así como de los referendos sobre leyes y de las consultas populares y plebiscitos del orden nacional, sólo por vicios de procedimiento en su convocatoria y realización (art. 241, ord. 3º). En estos últimos casos no se excluye la acción popular, pero la misma conforme al artículo 379 de la Constitución y al artículo 43 del Decreto 2067, sólo procede dentro del año siguiente a su promulgación.

### 5. *El carácter principal del sistema colombo venezolano de control concentrado de la constitucionalidad y la acción popular*

#### A. *La situación general en el derecho comparado*

Contrariamente al sistema difuso de control de la constitucionalidad, el cual siempre tiene un carácter incidental, el sistema concentrado puede tener bien sea un carácter principal o un carácter incidental, en la medida en que las cuestiones constitucionales relativas a las leyes lleguen a la Corte Suprema o a la Corte Constitucional en virtud de una acción directa intentada ante la misma, o cuando un tribunal inferior donde se planteó, a instancia de parte o ex officio, la cuestión constitucional, remite el asunto a la Corte. En Panamá, Uruguay, Honduras y Paraguay, donde sólo existe un sistema concentrado de control de la constitucionalidad, este es a la vez principal e incidental.

En consecuencia, otro aspecto de la racionalidad del sistema concentrado de control de la constitucionalidad de las leyes, en el cual el poder para anularlas se confiere a la Corte Suprema o a una Corte especial, que no se produce, por supuesto, en los sistemas mixtos, es que la cuestión constitucional puede alcanzar la Corte de manera directa o principal mediante una acción contra la ley o el acto estatal concreto o de manera incidental cuando la cuestión constitucional se plantea en un tribunal inferior con motivo de un juicio particular y concreto. En este caso, el juez debe remitir su decisión a la Corte Suprema o a la Corte Constitucional para luego poder adoptar la resolución final del caso, en conformidad con la decisión tomada por la Corte. En ambos casos, el control de la constitucionalidad es de tipo concentrado, porque un solo órgano está autorizado para juzgar la constitucionalidad de la ley.

Este sistema exclusivamente concentrado de control de la constitucionalidad, que se ejerce por vía principal y por vía incidental, es el propio del modelo europeo (Austria, Alemania, Italia, España). Por supuesto, no existe el método incidental en Portugal, pues este país adoptó el sistema mixto de control de constitucionalidad[1643].

En todo caso, en el sistema exclusivamente concentrado, en el método principal de control, la cuestión constitucional relativa a una ley u otro acto estatal es "la cuestión principal" y única del juicio iniciado mediante acción directa que puede ser interpuesta por ante la Corte Suprema o la Corte Constitucional, tanto por los ciudadanos mediante una *actio popularis* o regida por reglas de legitimación particulares, o por funcionarios o autoridades públicas específicas. En el método incidental, la cuestión constitucional puede ser planteada ante un tribunal ordinario como una cuestión incidental en el juicio o ex officio por el tribunal. Este tribunal es, entonces, el único que puede remitir la cuestión constitucional ante la Corte Suprema o la Corte Constitucional, en cuyo caso se debe suspender la decisión del caso concreto hasta que la cuestión constitucional haya sido resuelta por la Corte Suprema o la Corte Constitucional[1644]. En los sistemas mixtos de control de la constitucionalidad, donde a la vez existe un control difuso y concentrado de la constitucionalidad, en general, este último sólo se ejerce por vía principal, mediante el ejercicio de una acción o demanda de inconstitucionalidad.

Ahora bien, en el derecho comparado, el ejercicio del control concentrado de la constitucionalidad por vía principal, mediante una acción popular puede considerarse como el sistema más acabado, aún cuando no están frecuentes. En efecto, lo normal es que se limite el ejercicio de la acción directa a determinados funcionarios u órganos del Estado (Presidente del Gobierno, Ministerio Público, miembros del Parlamento), como sucede en Europa, para acceder a los Tribunales Constitucionales, o se exija una legitimación activa determinada (interés personal, directo) en caso de que se permita el ejercicio de la acción a los particulares, como sucede en Uruguay, Honduras y Paraguay.

En Panamá, desde 1941 y, sin duda, en este punto, por influencia del sistema colombiano, se estableció la acción popular como medio procesal para acceder a la jurisdicción constitucional de la Corte Suprema de Justicia. Igual sistema existe en Venezuela. La diferencia, en todo caso, entre el sistema panameño y el de Venezuela y Colombia, radica en el objeto del control, que es más amplio en Panamá, donde no sólo las leyes y demás actos estatales de rango o valor similar pueden ser impugnados por inconstitucionalidad mediante la acción popular, sino todos los actos estatales; y en que el sistema panameño o de control es exclusivamente concentrado, en tanto que el colombiano y el venezolano es mixto.

Debe señalarse, en todo caso, que además de los casos de Colombia, Venezuela y Panamá, también puede identificarse una acción popular de inconstitucionalidad, en El Salvador y Nicaragua.

En efecto, el artículo 96 de la Constitución de 1950 de El Salvador, cuyo texto recoge el artículo 183 de la Constitución de 1992, establece la competencia de la Corte Suprema de Justicia, por medio de la Sala de lo Constitucional, como "único

---

1643 *V.*, Allan R. Brewer-Carías, *Judicial Review in Comparative Law, op. cit.*, pp. 265 y ss.

1644 *Cf. Idem*, pp. 186 y ss.

tribunal competente para declarar la inconstitucionalidad de las leyes, decretos y reglamentos, en su forma y contenido, de un modo general y obligatorio, y podrá hacerlo a petición de cualquier ciudadano". Por su parte, el artículo 187 de la Constitución de Nicaragua establece "el Recurso por inconstitucionalidad contra toda ley, decreto o reglamento que se oponga a lo prescrito por la Constitución política, el cual podrá ser instaurado por cualquier ciudadano".

Se observa, en todo caso, que una pequeña diferencia podría identificarse en cuanto a la legitimación amplia de la acción popular: en Venezuela se otorga a cualquier persona, al igual que en Panamá; en cambio en El Salvador y Nicaragua[1645] al igual que en Colombia, se confiere a los ciudadanos, es decir, a quienes gozan de derechos políticos en los respectivos países. Por ello, en Colombia, los extranjeros y los nacionales menores de 18 años no pueden ejercer la acción popular[1646] lo que no sucede en Venezuela, donde la legitimación es más amplia y se refiere a cualquier persona, aún cuando no sea nacional o no goce de los derechos políticos.

En otros países, si bien la legitimación para ejercer la acción de inconstitucionalidad está sometida a algunas restricciones, en definitiva podría identificarse una acción popular de inconstitucionalidad, como es el caso de Guatemala, cuya Constitución de 1985, reguló los poderes de control de la constitucionalidad ejercidos por la Corte Constitucional, cuando se ejerce un recurso de inconstitucionalidad, concebido como una acción directa (art. 272,a) que puede ser interpuesta contra "las leyes y disposiciones de carácter general, objetadas parcial o totalmente de inconstitucionalidad" (arts. 267 y 272,a). Conforme a la Ley de Amparo, Exhibición personal y de constitucionalidad de 1986, tienen legitimación para plantear la inconstitucionalidad de leyes, reglamentos o disposiciones de carácter general, la Junta Directiva del Colegio de Abogados, el Ministerio Público, el Procurador de Derechos Humanos y "cualquier persona con el auxilio de tres abogados colegiados activos" (art. 134).

### B. *La acción popular de inconstitucionalidad en Venezuela*

En efecto, en Venezuela desde 1858, la principal característica de la competencia de la Corte Suprema de Justicia en el ejercicio de sus poderes de control concentrado de la constitucionalidad, es que puede ser requerida por cualquier persona natural o jurídica, que goce de sus derechos[1647]. Por consiguiente, el sistema concentrado de justicia constitucional en Venezuela siempre está concebido como un proceso de carácter principal que se desarrolla ante la Corte Suprema, cuando se introduce una acción popular. Dicha acción popular, tal como lo señaló la misma Corte en 1971, está abierta "a cualquiera del pueblo (de ahí su denominación)", siendo su objetivo "la defensa de un interés público que es a la vez simple interés del accionante quien,

---

1645 *Cfr.* Luis López Guerra, "Protección de los Derechos Fundamentales por la Jurisdicción Constitucional en Centro América y Panamá", en *Justicia Constitucional Comparada*, Instituto de Investigaciones Jurídicas, Centro de Estudios Constitucionales México-Centroamérica, UNAM, México 1993, p. 86.

1646 *V.*, los comentarios de Luis Carlos Sáchica al criticar las disposiciones del Decreto 2067 de 1991, en *La Corte Constitucional... op. cit.*, p. 75.

1647 *V.*, sentencia de la Corte Federal del 22/2/60, *Gaceta Forense* N° 27, 1960, pp. 107 et 108; así como la sentencia de la Corte Suprema de Justicia en la Sala Político-Administrativa del 3/10/63, *Gaceta Forense* N° 42, 1963, pp. 19 y 20, la del 6/2/64 *Gaceta Oficial* N° 27.373, 21/2/64, la del 30/5/63, *Gaceta Forense* N° 52, 1968, p. 109, y la del 25/9/73 *Gaceta Oficial* N° 1643 Extra, 21/3/74, p. 15.

por esta sola razón, no requiere estar investido de un interés jurídico diferenciado legítimo". Por consiguiente, en Venezuela, la acción popular está consagrada "para impugnar la validez de un acto del Poder Público, que por tener un carácter normativo y general, obra *erga omnes*, y por tanto, su vigencia afecta e interesa a todos por igual"[1648].

En consecuencia, conforme al artículo 134 de la Ley Orgánica de la Corte, la acción popular puede intentarse "en cualquier tiempo".

En cuanto al carácter popular de la acción, cabe señalar que su "popularidad", tradicionalmente muy amplia, fue de algún modo limitada desde 1976, por la Ley Orgánica de la Corte Suprema de Justicia, la cual exigió un interés simple "particularizado" para poder introducirla.

En efecto, el artículo 112 de dicha Ley exige que el acto impugnado debe lesionar, de algún modo, "los derechos e intereses" del recurrente. Por lo tanto, la amplia popularidad de la acción de inconstitucionalidad puede considerarse que ha sido objeto de una especie de restricción legal, sin que por ello haya perdido su carácter de "acción popular".

En efecto, una restricción de este tipo podría considerarse razonable ya que en realidad sólo afectaría la legitimación necesaria en casos extremos. Por ejemplo, si se impugna una Ley de una Asamblea Legislativa de uno de los Estados de la Federación, sería lógico que se considere necesario que el recurrente, por ejemplo, al menos, resida en ese Estado, que tenga bienes en su territorio o que sus derechos e intereses puedan, de algún modo, resultar lesionados por dicha ley[1649].

De todos modos, la misma Corte Suprema de Justicia aclaró las dudas con respecto a la posible restricción de la popularidad de la acción[1650], y consideró que la exigencia del artículo 112 de la Ley Orgánica en el sentido de que la ley impugnada debe lesionar "los derechos e intereses" del recurrente, no significa que la acción popular haya sido eliminada, ni que se haya establecido una exigencia especial de legitimación activa para requerir de la Corte Suprema el ejercicio del control de la constitucionalidad.

Según la Corte, el objeto de la acción popular es "la defensa objetiva de la majestad de la Constitución y su supremacía", y si bien es cierto que la Ley Orgánica de la Corte Suprema requiere que los derechos e intereses del recurrente hayan sido afectados, dicha expresión no debe interpretarse de manera "rigurosamente restrictiva"[1651].

---

1648 *V.*, la sentencia de la Corte Suprema de Justicia en la Sala Político-Administrativa del 18/2/71, *Gaceta Oficial* N° 1472 Extra, 11/6/71, p. 6; ver también la sentencia de la Corte Suprema de Justicia en la Sala Político-Administrativa del 6/2/64, *Gaceta Oficial* N° 27373, 21/2/64.

1649 Allan R. Brewer-Carías, *El Control de la Constitucionalidad..., op. cit.* p. 122.

1650 *V.*, L.H. Farías Mata, "¿Eliminada la Acción Popular del Derecho Positivo Venezolano?", *Revista de Derecho Público*, N° 11, EJV, Caracas 1982, pp. 5/18.

1651 Sentencia de la Corte en Sala Plena del 30/6/82, ver en *Revista de Derecho Público*, N° 11, EJV, Caracas 1982, p. 138.

Basándose en todo lo anterior, la Corte Suprema llegó a la conclusión de que cuando una persona ejerce la acción popular de inconstitucionalidad en virtud de los términos del artículo 112 de su Ley,

> "debe presumirse, al menos relativamente, que el acto de efectos generales recurrido en alguna forma afecta los derechos o intereses del recurrente en su condición de ciudadano venezolano, salvo que del contexto del recurso aparezca manifiestamente lo contrario"[1652].

Conforme a la Constitución de 1961, como se ha dicho, el control de la constitucionalidad de los actos del Estado a través de la acción popular está reservado a los actos de rango legal o normativo, es decir, a los actos de ejecución inmediata a la Constitución, y a los reglamentos dictados por el Presidente de la República en Consejo de Ministros.

La consecuencia directa del carácter popular de la acción de inconstitucionalidad en el sistema venezolano, es el carácter objetivo del proceso que se desarrolla ante la Corte Suprema como consecuencia de la acción.

En efecto, en Venezuela, la acción de inconstitucionalidad no se interpone contra el órgano del Estado (por ejemplo, el Congreso o el Presidente de la República) que hubiese adoptado o promulgado la ley cuestionada por inconstitucionalidad. En realidad, esta acción sólo se dirige contra un acto de Estado, como por ejemplo, una ley. Por consiguiente, en el proceso de inconstitucionalidad no hay "partes" propiamente dichas, ni demandante ni demandados en el sentido estricto del término. En realidad, el proceso de inconstitucionalidad es un proceso contra un acto, que puede ser iniciado por cualquier particular o funcionario público.

Por otra parte, como en el proceso de inconstitucionalidad no hay demandado, no es necesario citar a nadie[1653], y una vez que la acción es admitida, la Corte, en realidad, sólo debe notificar por escrito al Presidente de la entidad o al funcionario que promulgó el acto, y solicitar la opinión del Ministerio Público, en caso de que este no haya sido el que hubiese iniciado el proceso, quien puede consignar su informe antes de que se dicte la sentencia (art. 116 de la Ley Orgánica de la Corte).

La Corte puede, sin embargo, ordenar el emplazamiento público de los interesados, cuando lo estime necesario. Por tanto, así como cualquier persona natural o jurídica lesionada en sus derechos e intereses puede ejercer la acción popular de inconstitucionalidad de las leyes, también, toda persona, con el mismo simple interés, tiene derecho de presentar argumentos y alegatos durante el proceso, en defensa de la ley o del acto cuestionado (art. 137 de la Ley Orgánica de la Corte).

Para concluir, debe señalarse que el proceso de inconstitucionalidad debe comenzar mediante la introducción ante la Corte de un escrito de recurso en el que el

---

1652 En esta forma, la Corte reservó este recurso de inconstitucionalidad a los actos que tienen efectos *erga omnes* y que interesan a cualquiera. Véase al respecto la sentencia de la Corte Suprema de Justicia en la Sala Político-Administrativa del 14/3/60, *Gaceta Oficial* Nº 26.222, 1/4/60. pp. 154/225.

1653 *V.*, la sentencia de la Corte Federal en Sala Político-Administrativa del 20/11/40, Memoria 1941, pp. 265 y 266.

recurrente debe identificar claramente el acto cuestionado[1654], e indicar con precisión las inconstitucionalidades denunciadas, es decir, tanto las razones del recurso como las normas constitucionales supuestamente violadas[1655]. Sin embargo, tratándose de una acción popular que pone en juego la validez de una ley y la supremacía constitucional, estimamos que la Corte puede apreciar la inconstitucionalidad del acto cuestionado ex officio, por vicios no invocados por el recurrente[1656], sin tener que limitarse a conocer únicamente las denuncias formuladas en el escrito[1657].

Por consiguiente, si bien es cierto que la acción popular debe ser formulada por un recurrente por ante la Corte Suprema (art. 82 LOCSJ), la Corte no está totalmente sujeta a la voluntad del mismo en el juicio de inconstitucionalidad. Por ello, a pesar de que el recurrente puede desistir del recurso una vez que este haya sido intentado, la Corte tiene el poder de seguir conociendo dicho caso (art. 87 LOCSJ).

En cuanto a los motivos de la acción popular de inconstitucionalidad debe señalarse que este recurso puede ser interpuesto únicamente para invocar violaciones de la Constitución o colisiones con la misma, es decir, basado en motivos de inconstitucionalidad[1658]. De allí surge la tesis que ha formulado la Corte Suprema de Justicia en relación a la necesidad de que exista una violación directa de la Constitución para que la acción popular sea procedente[1659]. Según la Corte, la inconstitucionalidad no puede surgir de simples enunciados teóricos o de un posible conflicto entre la norma impugnada y otra norma cualquiera de la legislación ordinaria[1660], sino que debe ser el resultado de la violación directa de una norma constitucional.

En este sentido, la Corte Suprema sostuvo en una sentencia de 1983 lo siguiente:

> "En efecto, el artículo 133 de la Ley Orgánica de la Corte Suprema de Justicia, al establecer que la sola denuncia de la infracción del artículo 117 de la Constitución[1661] no podrá invocarse como fundamento de la acción y del recurso a que se refieren los artículos 112 y 121 *ejusdem*, sino que se requiere la de-

---

1654 Artículo 113 de la Ley Orgánica de la Corte Suprema de Justicia. Véase la sentencia de la Corte Suprema de Justicia en Sala Político-Administrativa del 23/1/69, *Gaceta Forense* N° 63, 1969, p. 95.

1655 Artículo 113 de la Ley Orgánica de la Corte Suprema de Justicia. Véase sentencia de la Corte Federal del 14/12/51, *Gaceta Forense* N° 6, 1950, pp. 46 y 47; y sentencia de la Corte Suprema de Justicia en Sala Político-Administrativa del 11/8/64, *Gaceta Forense* N° 45, 1964, pp. 185 y 186.

1656 En este sentido, la Procuraduría General de la República ha señalado que la constitucionalidad de los actos legislativos constituye una materia eminentemente pública. Por ello, en los juicios en los que son tratados tales problemas, las facultades del juez no están ni pueden estar limitadas por lo invocado y probado en actos. Véase Doctrina PGR 1963, Caracas 1964, pp. 23 y 24.

1657 Al igual que la Corte Suprema lo sostuvo en la sentencia de la Corte Suprema de Justicia en CP del 15/3/62, *Gaceta Forense* N° 760 especial, 22/3/62. En este sentido, J.G. Andueza sostiene que la decisión de la Corte no puede contener *ultra petita, La Jurisdicción Constitucional en el Derecho Venezolano*, Caracas 1955, p. 37.

1658 En consecuencia, ningún motivo de ilegalidad puede ser alegado. Véase la sentencia de la Corte Suprema de Justicia en Sala Político-Administrativa del 13/12/68, *Gaceta Forense* N° 59, 1969, pp. 85 y 86.

1659 Allan R. Brewer-Carías, *El Control de la Constitucionalidad..., op. cit.*, p. 131.

1660 *V.*, la sentencia de la Corte en Corte Plena del 26/2/85, *Revista de Derecho Público* N° 22, EJV, Caracas 1985, p. 164.

1661 El artículo 117 estipula lo siguiente: "La Constitución y las leyes definen las atribuciones del Poder Público cuyo ejercicio les debe estar sometido".

nuncia de otra disposición de aquella que "haya sido directamente infringida por el acto cuya nulidad se solicita", está señalando que la violación indirecta de una norma constitucional no podrá constituir fundamento del recurso de inconstitucionalidad... Afinando los conceptos expuestos ... podría agregarse que existe recurso por violación directa de la Carta Fundamental, cuando sea factible llegar a la solución positiva o negativa del problema planteado con la exclusiva aplicación de las normas constitucionales violadas"[1662].

La Corte Suprema ha señalado incluso que no todas las normas constitucionales pueden servir de base para la acción popular, y ha exigido que se trate de una norma directamente operativa, rechazando el recurso cuando las violaciones invocadas se refieran a normas programáticas[1663]. Sin embargo, esta doctrina no quiere decir que el control de la constitucionalidad de las leyes no pueda realizarse basándose en principios constitucionales. Por ejemplo, el artículo 50 de la Constitución establece expresamente que "la enumeración de los derechos y garantías contenida en esta Constitución no debe entenderse como negación de otros que, siendo inherentes a la persona humana, no figuren expresamente en ella". Por consiguiente, la Corte Suprema podría ejercer sus funciones de control de la constitucionalidad basándose en la violación de los derechos inherentes a la persona humana, no enumerados expresamente en el texto constitucional.

Finalmente, debe señalarse que la declaración de inconstitucionalidad debe necesariamente plantear una relación lógica, como consecuencia de una motivación seria y necesaria, entre el acto impugnado y la norma supuestamente transgredida por dicho acto[1664]. Esa es la razón por la que la Corte ha considerado formalmente insuficientes las denuncias de infracciones a normas constitucionales, cuando esa relación no surge de las denuncias. En todo caso, es evidente que puede ocurrir la violación de la Constitución cuando el acto objeto del recurso está en contradicción con el espíritu y propósito de una norma constitucional[1665] y no sólo cuando existe una contradicción literal entre la norma y el acto cuestionado.

Por último, debe señalarse que en Venezuela, tradicionalmente, la jurisprudencia de la Corte Suprema de Justicia ha rechazado sistemáticamente las solicitudes de suspensión de los efectos de los actos estatales de efectos generales impugnados por

---

1662 Véase la sentencia de la Corte Suprema de Justicia en Sala Político-Administrativa del 28/6/83, *Revista de Derecho Público* N° 15, EJV, Caracas 1983, pp. 155/156.

1663 *V.*, las sentencias de la Corte Suprema de Justicia en Corte Plena del 12/9/69, *Gaceta Forense* N° 65, 1969, p. 10, y en Sala Político-Administrativa del 27/4/69, *Gaceta Forense* N° 64, 1969, p. 23, así como la de la Corte Suprema de Justicia en Sala Político-Administrativa del 13/2/68, *Gaceta Forense* N° 59, 1969, pp. 85-86.

1664 *V.*, la sentencia de la Corte Suprema de Justicia en Sala Político-Administrativa del 21/12/67, *Gaceta Forense* N° 58, 1968, p. 68.

1665 *V.*, la sentencia de la Corte Federal del 25-3-58, *Gaceta Forense* N° 19, 1958, p. 58. Al contrario, la Procuraduría General de la República sostuvo que la infracción de las bases de la Constitución no puede constituir una causa de anulación de un texto legal. *V.*, *Doctrina PGR 1964*, Caracas 1965, p. 158. Sin embargo, la Procuraduría también sostuvo la tesis según la cual la Constitución es violada cuando la ley pretende alcanzar objetivos diferentes de aquellos fijados por la Constitución, y no solamente cuando existe una contradicción formal entre la norma constitucional y la norma legal. *Doctrina PGR 1969*, Caracas 1970, p. 111. De manera general, en cuanto a los distintos tipos de motivos de inconstitucionalidad de las leyes, ver *Doctrina PGR 1966*, Caracas 1967, pp. 170 a 174.

inconstitucionalidad. En una sentencia del 28 de julio de 1969, dictada con motivo de la impugnación de una ley de una Asamblea Legislativa, la Corte señaló que decretar la suspensión de los efectos de esa ley conduciría a una situación anormal según la cual bastaría con cuestionar ante la Corte, por inconstitucionalidad, un acto legislativo debidamente promulgado, concretamente una ley, para obtener por vía de sentencia previa, la suspensión de sus efectos, con el grave perjuicio de las facultades que corresponden al órgano legislativo[1666].

Sin embargo, esta doctrina fue modificada por la Ley Orgánica de Amparo sobre Derechos y Garantías Constitucionales de 1988, la cual prevé expresamente, que cuando se trata de leyes o normas que violan los derechos o garantías constitucionales, y se formula al mismo tiempo, con la acción popular de inconstitucionalidad de las leyes y otros actos normativos del Estado, una pretensión de amparo, la Corte Suprema de Justicia, si lo estima pertinente para la protección constitucional, puede decretar la suspensión de la aplicación de la norma a la situación jurídica concreta cuya violación se ha alegado, mientras dure el procedimiento de nulidad (art. 3).

Se trata, aquí, de la posibilidad de suspender los efectos de la norma cuestionada por vía de acción popular cuando se formula conjuntamente una pretensión de amparo, únicamente mientras dura el procedimiento de nulidad, y con efectos estrictos con respecto a la situación jurídica concreta del recurrente que ha invocado la violación.

### C. *La acción popular en Colombia*

En Colombia, como se ha dicho, conforme a la Constitución de 1991, todos los ciudadanos pueden interponer por ante la Corte Constitucional una acción popular para requerir la anulación, por inconstitucionalidad, de los siguientes actos estatales: actos de reforma de la Constitución, por vicios de procedimiento; actos de convocatoria de referéndum o de asambleas constituyentes referentes a una reforma de la Constitución, por vicios de procedimiento; los referéndum referentes a leyes, consultas populares y plebiscitos nacionales, solamente por vicios de procedimiento en la convocatoria o en su realización; leyes, tanto por su contenido material como por vicios de procedimiento en su elaboración; decretos que tengan fuerza de ley dictados por el gobierno, por su contenido material o por vicios de procedimiento en su elaboración; decretos legislativos gubernamentales, tratados internacionales y leyes de ratificación de tratados (art. 241).

El carácter popular de la acción de inconstitucionalidad viene dado por el hecho de que ésta puede ser ejercida por todos los ciudadanos, incluso sin tener ningún interés en particular, por lo que el procedimiento que se desarrolla ante la Corte Constitucional es de carácter objetivo. En efecto, esta acción no se intenta contra el Estado o contra uno de sus órganos, sino contra una ley o un acto estatal que tenga fuerza de ley. Esa es la razón por la cual, en principio, un ciudadano cualquiera puede intervenir en el procedimiento, adhiriéndose a la petición del accionante, o como

1666 *V.*, las sentencias de la Corte Suprema de Justicia en Sala Político-Administrativa de los 28 y 29/7/69, *Gaceta Forense* N° 65, 1969, pp. 102-103 y 115-116. Asimismo, ver las sentencias de la Corte Suprema de Justicia en Sala Político-Administrativa del 25/2/70, *Gaceta Forense* N° 67, 1970; del 21/6/71, *Gaceta Oficial* N° 1478 especial, 16/7/71, p. 39; y del 31-1-74, *Gaceta Oficial* N° 30322, 5/2/74, p. 227.

parte interesada en el mantenimiento de la ley impugnada (art. 242,2). Igualmente por este carácter popular, de conformidad con el artículo 242.2 de la Constitución, el Procurador de la República debe intervenir en todo caso de acción de inconstitucionalidad.

Finalmente, y como consecuencia del carácter popular de la acción, en principio, ningún plazo de caducidad está previsto para su ejercicio; por tanto, como es inextinguible, el ejercicio de la acción popular puede ser considerado como un derecho político de los ciudadanos. Sin embargo, debe señalarse que la reforma constitucional de 1991 estableció que cuando la acción se basa en vicios formales o de procedimiento de la ley impugnada, la acción está sometida a un lapso de caducidad de un año, contado a partir de la fecha de su publicación (art. 242,3 y 379).

### 6. *El poder de iniciativa del control concentrado de la constitucionalidad y los poderes ex-officio del juez constitucional*

Como viene de señalarse, en general, la cuestión de constitucionalidad referente a la validez de una ley normalmente se plantea en los sistemas concentrados de control, ante la Corte Suprema o la Corte Constitucional mediante una acción o por remisión de un tribunal inferior. En ambos casos, el juez constitucional debe decidir en derecho, sin considerar los hechos.

En ambos casos, como se señaló, la cuestión constitucional debe formularse ante la Corte Suprema o la Corte Constitucional, por lo que ésta no tiene iniciativa propia para actuar como juez constitucional[1667]. En esta forma, el principio *nemo judex sine actore* se aplica, pero una vez que la cuestión constitucional ha llegado a la Corte como consecuencia de una acción o de su remisión por parte de un tribunal inferior, el principio *in judex judicet ultra petitum partis* ya no es operante. Esto significa que la Corte Suprema o la Corte Constitucional, como juez constitucional, una vez requerida por una parte o por un medio incidental, tiene poderes ex officio para considerar cuestiones de constitucionalidad distintas a las que han sido planteadas[1668].

En efecto, la acción popular en Venezuela pone en juego la validez de una ley y la supremacía constitucional, por lo que estimamos que, como ya hemos señalado, la Corte Suprema puede apreciar la inconstitucionalidad del acto cuestionado ex officio, por vicios no invocados por el recurrente, sin tener que limitarse a conocer únicamente las denuncias formuladas en el escrito. Por consiguiente, si bien es cierto que la acción popular debe ser formulada por un recurrente por ante la Corte Suprema (art. 82 Ley Orgánica de la Corte), ésta no está totalmente sujeta a la voluntad del mismo en el juicio de inconstitucionalidad. Por ello, a pesar de que el recurrente puede desistir del recurso una vez que este haya sido intentado, la Corte tiene el poder de seguir conociendo del caso (art. 87 de la Ley Orgánica).

El caso de Colombia la Corte Constitucional, como guardián de la Constitución, puede considerar vicios de naturaleza constitucional diferentes de los que fueron

---

1667 De manera excepcional, el Tribunal Constitucional Federal de la Antigua Federación de Yugoslavia poseía poderes ex officio para iniciar un procedimiento de control de la constitucionalidad de las leyes. *V.*, Artículo 4 de la Ley de la Corte Constitucional de Yugoslavia, 31-12-1963, en B.T. Blagojevic (ed.), *Constitutional Judicature*, Beograd, 1965, p. 16.

1668 *V.*, en Allan R. Brewer-Carías, *El control concentrado...., cit.*, p. 58.

denunciados por el accionante o por los ciudadanos que hayan participado en el procedimiento y por consiguiente, puede declarar la inconstitucionalidad de la ley examinada por motivos diferentes a los expresados en la acción.

Así lo establece expresamente al artículo 22 del Decreto 2067 de 1991 al señalar que "La Corte Constitucional podrá fundar una declaración de inconstitucionalidad en la violación de cualquiera norma constitucional, así ésta no hubiere sido invocada en el curso del proceso".

Los vicios de inconstitucionalidad contenidos en el escrito de la acción, por tanto, no limitan en absoluto los poderes de la Corte que, como guardián de la integridad de la Constitución, está autorizada para examinar ex officio el acto cuestionado y para someterlo a todas las condiciones constitucionales[1669]. Por otra parte, el desistimiento de la acción por parte del recurrente no tiene efectos inmediatos, dado el papel atribuido a la Corte, y ésta, por consiguiente, puede continuar efectuando el examen constitucional del acto impugnado[1670].

En esta materia, la situación del modelo colombo venezolano, puede decirse que se repite, en general, en el derecho comparado. En efecto, en Panamá, el Código Judicial es expreso, en el sentido de otorgar poderes a la Corte Suprema para apreciar de oficio cuestiones constitucionales distintas de las alegadas respecto de las normas impugnadas, al establecer:

> Art. 2557. En estos asuntos la Corte no se limitará a estudiar la disposición tachada de inconstitucional únicamente a la luz de los textos citados en la demanda, sino que debe examinarla, confrontándola con todos los preceptos de la Constitución que estimen pertinentes.

Pero además, en los sistemas concentrados de control de la constitucionalidad en muchos casos, los jueces constitucionales tienen poderes de oficio para apreciar y declarar la inconstitucionalidad de otras normas de una ley distintas a las referidas en la acción[1671].

Es el caso del Tribunal Constitucional Federal de Alemania, cuya decisión sobre la conformidad o no de una Ley con la Constitución, si bien, en principio, puede adaptarse al contenido de la petición, del recurso constitucional o de la remisión que haya hecho un tribunal inferior, según el método utilizado para los fines del control; al pronunciar su decisión, el Tribunal Constitucional no está vinculado a las denuncias efectuadas, en el sentido de que puede plantear ex officio cualquier otro asunto de orden constitucional vinculado con la ley cuestionada o con cualquiera de los artículos de la misma, y por lo tanto, decidir *ultra petita*. Esta es la razón por la cual el mismo artículo 78 de la Ley Federal que instituye el Tribunal Constitucional Federal estipuló que:

---

1669 L.C. Sáchica, *El Control de la Constitucionalidad y sus mecanismos, op. cit*, p. 106; *La Corte Constitucional ..., op. cit.*, p. 84.

1670 A. Copete Lizarralde, *Lecciones de Derecho Constitucional, op. cit.*, p. 246.

1671 *V.,* Allan R. Brewer-Carías, *El control concentrado..., cit.* pp. 158 y ss.

"En caso de que otras disposiciones de la misma ley no estén conformes a la Constitución o a cualquier otra norma de la ley federal, el Tribunal Constitucional Federal puede al mismo tiempo declararlas nulas".

En Italia, en cambio, en todos los casos de control jurisdiccional de la constitucionalidad de las leyes, la Corte Constitucional debe decidir, "dentro de los límites" de la acción o del planteamiento judicial de la cuestión constitucional (art. 27 de la Ley 87), cuáles son las normas consideradas "ilegítimas", es decir inconstitucionales. En consecuencia, de conformidad con los términos de la Ley Nº 87, se ha considerado que la Corte Constitucional no tiene poderes ex officio para analizar cuestiones constitucionales distintas de aquellas que le son sometidas mediante el método incidental o mediante la acción o recurso en el método directo o principal de control de la constitucionalidad. Al respecto, la Corte sólo tiene el poder para declarar "cuáles son las otras disposiciones legislativas cuya ilegitimidad es producto de la decisión adoptada" (art. 27), pero no puede declarar la inconstitucionalidad de disposiciones legislativas diferentes de aquellas indicadas en la remisión efectuada por el juez ordinario o en la acción directa.

En España, como hemos dicho, el Tribunal Constitucional como juez constitucional e intérprete supremo de la Constitución, si bien no puede plantear ex officio una cuestión de inconstitucionalidad, una vez que se haya sometido una cuestión al Tribunal, éste tiene poderes ex officio para plantear otras cuestiones de inconstitucionalidad con respecto a la norma cuestionada, es decir, que puede "basar la declaración de inconstitucionalidad en la violación de cualquier disposición constitucional, haya sido o no invocada en el juicio" (art. 39,2 de la Ley Orgánica del Tribunal). Igualmente, el Tribunal puede ampliar la declaración de inconstitucionalidad a otras disposiciones de la ley a pesar de que se haya producido un cuestionamiento parcial, en casos afines o como consecuencia de la declaración relativa a las disposiciones cuestionadas.

### 7. *Los efectos de las decisiones en materia de control concentrado de la constitucionalidad*

El último aspecto de la racionalidad del sistema concentrado de control de la constitucionalidad se refiere a los efectos de las decisiones dictadas por la Corte Suprema o por la Corte Constitucional relativas a la inconstitucionalidad de la ley. Este aspecto de los efectos de la decisión judicial también responde a dos preguntas: primero, ¿a quién afecta la decisión?, y segundo, ¿cuándo comienzan los efectos de la decisión?

#### A. *Los efectos erga omnes de la decisión anulatoria*

En lo que a la primera pregunta se refiere, la racionalidad del sistema concentrado de control de la constitucionalidad implica que la decisión dictada por la Corte Suprema o por la Corte Constitucional, actuando como juez constitucional, tiene efectos generales *erga omnes*.

Este es el valor de las sentencias de la Corte Suprema de Justicia en Venezuela y de la Corte Constitucional en Colombia, siguiendo, en este sentido, la situación general en el derecho comparado.

En Colombia, también cuando la Corte Constitucional declara la inconstitucionalidad de un acto legislativo, esta decisión tiene efectos *erga omnes*. Además, conforme al artículo 21 del Decreto 2067 de 1991 tiene un valor de *res judicata* constitucional, y su contenido es obligatorio para todos (autoridades y funcionarios) de forma tal que con posterioridad no puede presentarse otra acción de inconstitucionalidad contra el mismo acto.

En particular, este valor de *res judicata* de las decisiones de la Corte Constitucional rige tanto en los casos en los cuales la Corte rechaza la acción de inconstitucionalidad, como en los casos en los cuales declara la inconstitucionalidad del acto impugnado.

Por otra parte, en Colombia, además, conforme al mismo Decreto 2067 de 1991, "la doctrina constitucional enunciada en las sentencias de la Corte Constitucional, mientras no sea modificada por ésta, será criterio auxiliar obligatorio para las autoridades y corrige la jurisprudencia (art. 23)"[1672].

Además en Colombia, si bien todos los Tribunales pueden ejercer el control de la constitucionalidad de leyes mediante el sistema difuso, sin embargo, en principio no pueden declarar la inaplicabilidad de la ley por el motivo de inconstitucionalidad que la Corte Constitucional hubiese rechazado. Sin embargo, el artículo 24 del Decreto 2067 de 1991 expresamente indica que la declaración de constitucionalidad de una norma no obsta para que proceda la acción de tutela respecto de acciones y omisiones de las autoridades o de los particulares derivadas de ella. Tampoco impide, que un juez no aplique la norma cuando por las circunstancias particulares del caso sea necesario proteger algún derecho constitucional que no fue considerado en la sentencia de la Corte Constitucional.

En el caso de Venezuela, la decisión de la Corte Suprema de Justicia al declarar la nulidad de una ley por inconstitucionalidad como consecuencia, de una acción popular, también tiene un valor general, es decir, *erga omnes* lo cual ha sido confirmado por la jurisprudencia de la misma Corte desde hace más de medio siglo. En efecto, en una sentencia fechada el 17 de noviembre de 1938, la antigua Corte Federal y de Casación expresó:

> "La Corte Federal y de Casación está en el grado más alto de la jerarquía judicial; la cosa juzgada por ella establecida, aun suponiéndola errada en doctrina, es siempre la última palabra del Poder Judicial, contra la cual no pueden nada en derecho, ni ella misma ni los otros dos Poderes.
>
> Siendo una institución federal, con atribuciones exclusivas para anular *erga omnes* las leyes y los actos del Poder Público que violen la Constitución, esto la constituye en soberano intérprete del texto constitucional y de las Leyes ordinarias, y en único juez de los actos de los Poderes Públicos y de los altos funcionarios del Estado.
>
> Cualquier funcionario, por elevado que sea, o cualquiera de los otros Poderes Públicos que pretenda hacer prevalecer su propia interpretación de la ley, sobre

---

1672 *V.*, las críticas a esta disposición en Luis Carlos Sáchica, *La Corte Constitucional, op. cit.*, pp. 88.

la interpretación y aplicación que de la misma haya hecho esta Corte al decidir o resolver algo sobre el mismo asunto, usurpa atribuciones y viola la Constitución y las leyes de la República"[1673].

La antigua Corte Federal y de Casación se pronunció en el mismo sentido, mediante una sentencia del 21 de marzo de 1939, cuando calificó sus decisiones como "disposiciones complementarias de la Constitución y de las leyes de la República, y surten sus efectos *erga omnes*"[1674]. Así mismo, por sentencia del 16 de diciembre de 1940, cuando señaló que sus decisiones "entran a formar una legislación especial emergente del Poder Constituyente secundario que en tales materias ejerce este Alto Tribunal"[1675]. La antigua Corte Federal fue coherente con ese criterio y, por sentencia del 19 de junio de 1953, señaló que sus decisiones "cobran fuerza de ley"[1676] porque tienen efectos *erga omnes*.

La Corte Suprema de Justicia, en época más reciente, a través de la Sala de Casación Civil, Mercantil y del Trabajo, precisó su posición en la materia, por sentencia del 12 de diciembre de 1963, de la manera siguiente:

> "El control absoluto de constitucionalidad lo ejerce la Corte Suprema de Justicia, en Pleno, cuando declara la nulidad total o parcial de una ley nacional por inconstitucional. Tal decisión deja sin efecto la Ley o la parte de ella que sea anulada, y tiene fuerza de cosa juzgada *erga omnes*. Esta nulidad es pronunciada en virtud de la llamada acción popular".

Una atribución similar, pero sólo en cuanto a leyes estadales y a ordenanzas municipales es ejercida por la Sala Político Administrativa de este Supremo Tribunal, también por acción popular y su declaratoria produce igualmente cosa juzgada *erga omnes*.

Quiere esto decir que la declaratoria de constitucionalidad o inconstitucionalidad de una Ley, por acción principal (popular) es definitiva y surte efectos contra todos, pues tal presunta Ley deja de serla desde el momento de ser declarada inconstitucional. Lo mismo ocurre en los casos de Leyes estadales y ordenanzas municipales, cuya inconstitucionalidad sea pronunciada[1677].

---

1673 *V.*, sentencia de la Corte Federal y de Casación en Sala Político-Administrativa del 17/11/38, Memoria 1939, pp. 330 a 334.

1674 *V.*, sentencia de la Corte Federal y de Casación en Sala Político-Administrativa del 21/03/39, Memoria, 1940, p. 176.

1675 *V.*, sentencia de la Corte Federal y de Casación en Sala Político-Administrativa del 16/12/40, Memoria, 1941, p. 311.

1676 *V.*, sentencia de la Corte Federal del 19/3/53, *Gaceta Forense* Nº 1, 1953, pp. 77-78. Por otra parte, en la sentencia de la Corte Suprema de Justicia en Sala Político-Administrativa del 19/11/68, *Gaceta Forense* Nº 62, 1968, pp. 106 a 113, se sostuvo que "los efectos de las decisiones dictadas por Corte Suprema en el ejercicio de sus atribuciones, sólo son válidos mientras subsiste la aplicación del precepto constitucional en el que se basan".

1677 *V.*, la sentencia de la Corte Suprema de Justicia en SCCMT del 12/12/63, *Gaceta Forense* Nº 42, 1963, pp. 667 a 672.

En definitiva, según la doctrina establecida por la Corte, la sentencia declaratoria de inconstitucionalidad de una ley, que por consiguiente anula esta última, tiene efectos *erga omnes*, con carácter de cosa juzgada.

En El Salvador, como lo dice el artículo 183 de la Constitución, la sentencia anulatoria de la Sala de lo Constitucional de la Corte Suprema se pronuncia "de modo general y obligatorio", es decir, con efectos *erga omnes*.

Por otra parte, en los países europeos dotados de Cortes o Tribunales Constitucionales, los efectos de las decisiones de los mismos, son siempre *erga omnes*[1678].

Es la situación en Alemania con las decisiones del Tribunal Constitucional, las cuales siempre tienen fuerza obligatoria para con todos los órganos constitucionales de la Federación y de los Lander, así como para con todas las autoridades y los tribunales, y, naturalmente, para todos los particulares. Por tanto, las decisiones del Tribunal Constitucional tienen efectos *erga omnes* (art. 31,1 de la Ley del Tribunal Constitucional Federal). Particularmente en los casos de control abstracto o concreto de las normas ejercido mediante petición o recurso por un órgano del Estado o remisión por un Tribunal inferior, en los casos en los que el Tribunal Constitucional declara la nulidad de una ley, la decisión reviste la misma fuerza que una ley (art. 31,2), en el sentido de que tiene un carácter obligatorio, *erga omnes*, inclusive para el propio Tribunal Constitucional.

Una situación similar se observa en Austria, donde la decisión del Tribunal Constitucional en materia de control jurisdiccional de la constitucionalidad de las leyes, de los decretos y otros actos del Estado, cuando anula una ley, tiene efectos *erga omnes*, es decir que es obligatoria para todos los tribunales, todas las autoridades administrativas (art. 139, 6; 140, 7) y los particulares.

En Italia, la decisión de la Corte Constitucional de declarar la inconstitucionalidad de una ley también tiene efectos *erga omnes* y, como consecuencia, conforme al artículo 137 de la Constitución, el acto "no puede aplicarse a partir del día siguiente a la publicación de la decisión".

En España, en lo que se refiere a las decisiones de anulación de una ley o de otras normas con fuerza de ley por cualquier medio de control jurisdiccional, sea cuando el Tribunal Constitucional decide un recurso de inconstitucionalidad, o cuando decide acerca de una cuestión de inconstitucionalidad planteada de manera incidental, el artículo 164,1 de la Constitución establece los efectos *erga omnes* de las decisiones, ya que tienen "plenos efectos frente a todos". Además, en los casos de aplicación del método incidental de control jurisdiccional, el Tribunal Constitucional debe inmediatamente informar el tribunal respectivo encargado del juicio, el cual debe a su vez notificar las partes.

En este caso, la Ley Orgánica del Tribunal prevé que el juez o el tribunal deberá cumplir la decisión a partir del momento en que se entere, y las partes a partir del momento en que sean notificadas (art. 38,3 de la Ley Orgánica del Tribunal Constitucional).

1678 *V.*, Allan R. Brewer Carías, *El control concentrado..., cit.* pp. 86 y 185 y ss.

### B. *Los efectos constitutivos de la decisión anulatoria del juez constitucional*

#### a. *La situación general del sistema*

Los efectos *erga omnes* de la decisión jurisdiccional en el sistema concentrado de control de la constitucionalidad de las leyes antes señalados, están estrechamente vinculados a la cuestión de los efectos temporales de la decisión, en particular, como consecuencia del principio anulabilidad de algunos actos del Estado como garantía de la Constitución.

En efecto, tal como se ha señalado anteriormente, el más importante aspecto de la racionalidad del sistema concentrado de control de la constitucionalidad, es que la supremacía de la Constitución con respecto a todos los demás actos del Estado, lleva a considerar que una ley contraria a la Constitución debe ser nula. También se señaló que, aun cuando la garantía de la Constitución en los sistemas de control de la constitucionalidad sea, en principio, la nulidad de los actos inconstitucionales del Estado, la Constitución ha restringido su propia garantía, en lo que respecta a algunos actos del Estado, como las leyes, reservando el examen y la declaración de su nulidad a un solo órgano constitucional: la Corte Suprema o una Corte, un Consejo o un Tribunal Constitucional especialmente creado, al cual se ha conferido el poder exclusivo de declarar la nulidad de dichos actos. En Panamá, como se ha dicho, el poder de la Corte Suprema de Justicia para controlar la constitucionalidad se refiere no sólo a las leyes, sino a todos los actos estatales.

En consecuencia, cuando un juez constitucional decide la anulación por inconstitucionalidad de una ley, la decisión jurisdiccional tiene efectos constitutivos: declara la nulidad de la ley debido a su inconstitucionalidad, habiendo ésta producido efectos hasta el momento en que se estableció su nulidad. De esta manera, la Corte considera, en principio, que la ley cuya nulidad ha sido declarada y establecida, ha sido válida hasta ese momento. Así sucede, por ejemplo, en Panamá, al establecer el Código Judicial en su artículo 2564, que:

> "Las decisiones de la Corte proferidas en materia de inconstitucionalidad son finales, definitivas, obligatorias y no tienen efecto retroactivo".

En todo caso, en algunos países, como Costa Rica, expresamente se prevé, en el derecho constitucional positivo, que los efectos de la declaración de inconstitucionalidad y anulación de la ley por parte de la Sala Constitucional de la Corte Suprema, son *ex tunc* y, por consiguiente, declarativos y retroactivos, salvo en lo referente a los derechos adquiridos de buena fe (art. 91 de la Ley de la Jurisdicción Constitucional), o respecto de situaciones consolidadas por prescripción, caducidad o en virtud de una sentencia judicial (art. 92 de la Ley).

#### b. *La situación en Colombia y Venezuela*

En Colombia, antes de 1991 el debate tradicional de los efectos *ex tunc* o *ex nunc* de las decisiones dictadas por la Corte al ejercer el control de la constitucionalidad, también se había dado, aún cuando la mayoría de los autores tendían a atribuir a las mismas sólo los efectos *ex nunc*, pro futuro[1679]. En 1991, el Decreto N° 2067 resolvió definitivamente la cuestión y estableció que:

> "los fallos de la Corte sólo tendrán efecto hacia el futuro, salvo para garantizar el principio de favorabilidad en materia penal, policiva y disciplinaria y en el caso previsto en el artículo 149 de la Constitución".

El supuesto de ese artículo 149 de la Constitución, es el de nulidad absoluta de los actos adoptados por miembros del Congreso en reunión efectuada fuera de las condiciones constitucionales.

En Venezuela, la Ley Orgánica de la Corte Suprema de 1976 no resolvió el problema planteado, sino que se limitó a señalar que la Corte debe determinar "los efectos de su decisión en el tiempo" (art. 119 y 131). Sin embargo, para precisar los efectos de las sentencias que anulan una Ley por inconstitucionalidad, debe recordarse que en Venezuela existe un sistema mixto de control de la constitucionalidad, lo que implica el funcionamiento de dos sistemas de justicia constitucional en paralelo: por un lado, el sistema difuso, ejercido por todos los jueces, y por otro, el sistema concentrado, ejercido por la Corte Suprema. Por consiguiente, no deben confundirse los efectos de las decisiones en materia de control de la constitucionalidad en uno y otro sistema.

En efecto, en relación a los casos de control difuso de la constitucionalidad, está claro que la decisión judicial de no aplicar una ley inconstitucional, incluso si tiene sólo y exclusivamente efectos inter partes, equivale a una decisión simplemente declarativa, con efectos retroactivos, *pro praeterito* o *ex tunc*. Al ejercer este control difuso, el juez no anula la ley, sino que declara o constata únicamente una inconstitucionalidad preexistente; de forma que ignora la existencia de la ley (es decir, que la considera inexistente) y no la aplica en el caso concreto que corresponde el conocimiento del juez.

Ahora bien, los efectos del control difuso de la constitucionalidad de las leyes son completamente diferentes de los efectos producidos por el ejercicio del control concentrado de la constitucionalidad, cuando la Corte Suprema declara la nulidad de una ley por inconstitucionalidad. En esos casos, cuando la Corte Suprema, en el ejercicio de sus atribuciones previstas en el artículo 215, párrafos 3 y 4 de la Constitución, "declara la nulidad" de la ley, es decir anula la ley, ésta, en principio, es válida y efectiva hasta que se publique la sentencia de la Corte, habiendo producido todos sus efectos a pesar de su inconstitucionalidad, en virtud de la presunción de la constitucionalidad de las leyes[1680].

Como el control de la constitucionalidad de las leyes atribuida a la Corte Suprema por el artículo 215, ordinales 3 y 4 de la Constitución es un control concentrado, ejercido mediante acción popular, resulta claro que la sentencia que anula la ley tiene efectos constitutivos, por lo que los efectos de la anulación de la ley por inconstitucionalidad, al no existir una norma expresa constitucional o legal que disponga la solución, sólo pueden producirse *erga omnes* pero hacia el futuro, es decir que las sentencias son, en principio, constitutivas, pro futuro y con efectos *ex*

---

1679 *Cf.* L.C. Sáchica, *El Control..., op. cit.*, p. 68; E. Sarría, *Guarda de la Constitución, cit.*, p. 83.

1680 J.G. Andueza, *op. cit.*, p. 90.

*nunc*, que no pueden referirse al pasado (no pueden ser retroactivas). Se puede afirmar que ese es el criterio que sigue no sólo la doctrina venezolana[1681], sino también la jurisprudencia de la Corte Suprema de Justicia, aun cuando la Corte no haya sido siempre constante[1682].

En todo caso, a partir de 1976, el artículo 131 de la Ley Orgánica de la Corte Suprema de Justicia atribuye a la Corte el poder de determinar "los efectos de su decisión en el tiempo". Por consiguiente, la Corte puede corregir los efectos desfavorables que podría engendrar el efecto ex nunc de sus decisiones, particularmente en el campo de los derechos y garantía constitucionales, y puede atribuir a sus sentencias efectos retroactivos, *pro praeterito, ex tunc*.

Por último, puede afirmarse que el conjunto de los sistemas de control jurisdiccional concentrado de la constitucionalidad de las leyes en Europa, ejercido por Cortes Constitucionales, confieren efectos generales a las decisiones de las Cortes Constitucionales que declaran la nulidad de una ley por su inconstitucionalidad, así como la eficacia *ex nunc* de éstas, es decir, únicamente hacia el futuro. Asimismo, se puede afirmar que ningún sistema concentrado de control jurisdiccional de la constitucionalidad de las leyes atribuye en Europa, a la decisión de la Corte Constitucional, efectos generales hacia el pasado, es decir, *ex tunc, pro praeterito*. Dichas decisiones no son puramente declarativas sino que son solamente constitutivas y no acarrean efectos retroactivos. Cuando se atribuyen efectos hacia el pasado, como en los sistemas alemán e italiano, éstos se limitan fundamentalmente al ámbito penal. Por otra parte, ello es lógico; pues sería monstruoso, debido a las repercusiones respecto a la seguridad pública, pretender que las decisiones de anulación de una ley por ser inconstitucional, tengan efectos puramente declarativos y que, por esta razón, los actos realizados previamente a la declaración de nulidad de la ley, deban ser considerados como no habiendo sido dictados ni cumplidos.

Asimismo, sería injusto que, en asuntos penales, las decisiones adoptadas de conformidad con una ley posteriormente declarada inconstitucional, y por lo tanto, nula, no sean consideradas también como nulas. Esta es la razón por la cual existe la excepción respecto a los asuntos penales establecida en la legislación italiana, en relación los efectos de las decisiones de anulación de una ley por inconstitucional, que en principio sólo se refieren al futuro.

Igualmente, esta misma situación conflictiva que se puede presentar entre la seguridad pública y las decisiones en materia penal ha llevado a la jurisprudencia de la

1681 En su libro La jurisdicción constitucional en el derecho venezolano (*op. cit.*). José Guillermo Andueza demostró clara y abundantemente que la sentencia de nulidad por inconstitucionalidad tiene un carácter constitutivo. En efecto, señaló que "la presunción de constitucionalidad de que gozan los actos de los Poderes Públicos hace que produzcan todos sus efectos jurídicos hasta tanto la Corte no pronuncie su nulidad. En consecuencia, la sentencia de la Corte deberá necesariamente respetar los efectos que el acto estadal produjo durante su vigencia" (p. 93), pues ésta "realiza una modificación en los efectos del acto estadal. Es decir, la sentencia hace ineficaz un acto que antes era válido" (p. 94). Según Andueza, y según la doctrina más ortodoxa, "lo que caracteriza a las sentencias constitutivas, es la ausencia de efectos retroactivos. Ellas estatuyen siempre pro futuro, *ex nunc*; es decir, que la sentencia produce sus efectos desde el día de su publicación" (p. 94). Por lo tanto, no compartimos el punto de vista de Humberto J. La Roche, *El Control Jurisdiccional en Venezuela y Estados Unidos*, Maracaibo, 1972, p. 153.

1682 *V.*, en general al respecto Allan R. Brewer-Carías, *Estado de Derecho y Control Judicial, op. cit.*, pp. 185 y ss.

Corte Suprema de los Estados Unidos a formular excepciones al principio contrario. En efecto, en los Estados Unidos, el control judicial de la constitucionalidad tiene un carácter difuso; de allí el carácter retroactivo de los efectos de las decisiones declaratorias de inconstitucionalidad que son puramente declarativas. Estas decisiones, en principio, tienen un ámbito de aplicación inter partes, pero sin embargo, en virtud de la técnica del precedente y de la regla *stare decisis*, dichas decisiones revisten un carácter general obligatorio. En todo caso, a pesar de ello, la jurisprudencia ha reducido el carácter retroactivo a las cuestiones penales, respetando en cambio los efectos producidos en materia civil y administrativa por una ley declarada inconstitucional[1683].

Ahora bien, en cuanto a las decisiones del Tribunal Constitucional en Austria, estas tienen efectos constitutivos en la medida en que anulan la ley o el decreto, pro futuro, *ex nunc*. Sin embargo, el Tribunal Constitucional tiene plenos poderes para anular leyes o decretos ya abrogados, es decir sin validez formal (arts. 139,4 y 140,4), lo que, en principio, implica los efectos retroactivos del control jurisdiccional, o sea una excepción a los efectos *ex nunc*.

De acuerdo con la regla general de los efectos *ex nunc*, propuesta por Hans Kelsen como una cuestión de principio[1684], las situaciones de hecho o aquellas verificadas antes de la anulación de la ley o el decreto, siguen estando sujetas a ésta o éste, salvo en el caso considerado en la decisión, a menos que el Tribunal decida de otra manera (arts. 139,6 y 140,7). Por consiguiente, las consecuencias negativas eventuales de la regla *ex nunc* pueden ser compensadas por la decisión del Tribunal.

Sin embargo, por lo general, los efectos de la decisión del Tribunal sólo comienzan el día de la publicación de la revocación del acto anulado por parte de la autoridad ejecutiva implicada, a menos que el Tribunal determine un plazo para la expiración de los efectos del acto anulado (arts. 139,5 y 140,5) no superior a un año. En este caso y sobre una base puramente discrecional, el inicio de los efectos *ex nunc*, derivados de la anulación de la ley puede ser pospuesto por el Tribunal.

En el caso de Italia, las decisiones de la Corte Constitucional también tienen carácter constitutivo ya que anulan la ley inconstitucional, y sus efectos son *ex nunc*, pro futuro.

Sin embargo, esta regla ha sido objeto de numerosas discusiones habiendo interpretado la Corte Constitucional la norma constitucional del artículo 136, la cual establece que el acto inconstitucional anulado ya no puede aplicarse a partir del día siguiente a la publicación de la decisión de la Corte, de la manera siguiente:

---

1683 *V.*, Allan R. Brewer-Carías, *Judicial Review...*, *cit.*, pp. 201, 223, 233; y *El control concentrado...cit.*, pp. 180 y ss.

1684 H. Kelsen, *loc. cit.*, p. 242. Por ejemplo, en lo que se refiere al sistema austríaco, L. Adamouch declaraba en 1954: "No se puede atribuir un simple valor declarativo a la decisión del Tribunal Constitucional que declara la inconstitucionalidad de una ley; no establece que una ley ha sido nula desde su origen y cuyos efectos deben ser nulos *ex tunc*, es decir, como si se tratara de un acto sin ningún valor jurídico desde su origen. Al contrario, la decisión del Tribunal Constitucional sólo anula el acto inconstitucional, es decir que destruye *ex nunc* su existencia jurídica, exactamente como si hubiese sido abolido por un acto legislativo posterior y como si la existencia jurídica de este acto hubiese terminado", en "Esperienza della Corte Constituzionale della Republica Austriaca", *Revista Italiana per la scienze giuridiche*, Milán, 1954.

> "... la decisión relativa a la inconstitucionalidad, si bien es cierto que excluye todos los efectos irrevocablemente producidos por la norma declarada inconstitucional, produce en cambio efectos sobre las situaciones jurídicas que aún no han concluido y que pueden ser regidas de una manera distinta como consecuencia de la decisión. La declaración de inconstitucionalidad de una ley acarrea su inaplicabilidad a todas las relaciones jurídicamente cuestionadas ya que éstas aún no han sido objeto de una decisión con fuerza *res judicata*. La consecuencia es que, en cualquier fase del juicio, el juez debe tomar en consideración, incluso ex officio, dicha decisión de ilegitimidad constitucional cuando decide la relación jurídica concreta de un caso, de la misma manera y en la misma medida que si se tratase de *ius superveniens*"[1685].

En realidad, este criterio de la Corte Constitucional confirma el carácter constitutivo de los efectos de las decisiones que declaran la inconstitucionalidad de las leyes, cuyas excepciones establece la Ley Nº 87 de 1953, en la cual los efectos retroactivos de la decisión sólo son aplicables en los casos penales, cuando se ha pronunciado una condena judicial sobre la base de una ley considerada luego como inconstitucional. En este caso, conforme al artículo 30 de la Ley Nº 87, su ejecución y sus efectos penales deben cesar. Otra excepción indirecta de los efectos *ex nunc* de la decisión deriva de la posibilidad de anulación de leyes ya revocadas.

En el caso de español de conformidad con el artículo 164,1 de la Constitución, la "declaración de inconstitucionalidad" o "declaración de nulidad" de una ley significa la anulación de ésta, siendo la garantía de la Constitución la anulabilidad de los actos del Estado inconstitucionales más que su nulidad. Por lo tanto, la ley declarada inconstitucional es anulada y la declaración tiene efectos *ex nunc*, pro futuro. Por este motivo el artículo 161,1 de la Constitución establece expresamente que las decisiones ya adoptadas en los procedimientos judiciales no pierden su valor *res judicata* y el artículo 40,1 de la Ley Orgánica del Tribunal Constitucional prevé lo siguiente:

> "Las sentencias declaratorias de la inconstitucionalidad de Leyes, disposiciones o actos con fuerza de ley, no permitirán revisar procesos fenecidos mediante sentencia con fuerza de cosa juzgada en los que se haya hecho aplicación de las leyes, disposiciones o actos inconstitucionales...".

Como sucede en la mayoría de los sistemas concentrados de control jurisdiccional de la constitucionalidad en Europa, la excepción a los efectos *ex nunc* se establece en los casos penales, permitiendo efectos retroactivos limitados, lo que se ha ampliado a las decisiones de los tribunales contenciosos administrativos en el caso de sanciones administrativas. Al respecto, el artículo 40,1 de la Ley Orgánica del Tribunal Constitucional prevé la posibilidad de revisar los juicios, en los casos siguientes:

> "procesos penales o contencioso administrativos referentes a un procedimiento sancionador en que, como consecuencia de la nulidad de la norma aplicada, resulte una reducción de la pena o de la sanción, o una exclusión, exención o limitación de la responsabilidad".

---

1685 Decisión Nº 3491, 1957. Citado en F. Rubio Llorente, *La Corte Constitucional Italiana*, Caracas 1966, p. 30.

Por último, en contraste con la situación en Austria, Italia y España y contrariamente a lo que afirmaba Hans Kelsen con respecto a los efectos de la decisión del juez constitucional en un sistema concentrado de control de la constitucionalidad, cuando éste resuelve la nulidad de una ley[1686]; según la tradición constitucional alemana[1687], en el caso de ejercicio de los controles abstracto y concreto de las normas y tratándose de una decisión acerca de un recurso constitucional contra una ley, cuando en la decisión se declara nula una ley, se entiende que dicha ley es declarada nula e inexistente ab initio, es decir que la decisión del Tribunal tiene efectos retroactivos, *ex tunc*. Esta doctrina tradicional sin embargo, fue mitigada por el Legislador, en la Ley federal que instituyó el Tribunal Constitucional, al limitar expresamente el alcance de la decisión estableciendo que cuando se declara una ley nula por inconstitucionalidad, sólo se pueden revisar las causas criminales en los casos en que la decisión judicial definitiva esté basada en dicha ley declarada nula (art 79,1 de la Ley del Tribunal Constitucional Federal). Todas las demás sentencias definitivas y no revisables, así como los actos administrativos basados en la ley declarada nula, deben quedar intactos; sin embargo su ejecución, en caso de que no se hubiese efectuado previamente, debe ser considerada ilegal (art. 79,2 de la Ley del Tribunal).

## CONCLUSIÓN

Como resulta de todo lo anteriormente expuesto, podemos concluir, como lo señalamos al inicio, que el sistema de control de la constitucionalidad, de Colombia y Venezuela, se puede considerar como un modelo más dentro de los sistemas de justicia constitucional, de carácter mixto e integral, con características particulares que lo distinguen desde el punto de vista del derecho comparado.

En efecto, los sistemas de control de la constitucionalidad que muestra el derecho comparado se pueden clasificar de la manera siguiente:

1. Según el órgano a quien compete su ejercicio, se clasifican en difusos o concentrados. En el primer caso, corresponde a todos los jueces; en el segundo caso, sólo corresponde a la Corte Suprema de Justicia o a un Tribunal Constitucional.

2. Según el objeto del control, se clasifican en restringidos o amplios. El control difuso generalmente es restringido en el sentido de que se ejerce sólo sobre las leyes, reglamentos y actos normativos aplicables para la decisión de un caso.

El control concentrado, generalmente también es de carácter restringido, en el sentido de que se ejerce sólo sobre las leyes y otros actos de rango legal por ser de ejecución directa de la Constitución. Un sistema amplio de control de constitucionalidad se refiere a todos los actos estatales.

3. Según el momento en el cual se ejerce el control concentrado, se clasifican en previos o posteriores, según que el control lo ejerza la Corte o el Tribunal Constitucional, antes o después de la promulgación de la Ley.

---

1686 H. Kelsen, *loc. cit*, p. 243.

1687 *Cf.* J.C. Béguin, *Le contrôle de la constitutionnalité des lois en République Fédéral d'Alemagne, op. cit.*, pp. 209-228.

4. Según el método utilizado para obtener el control concentrado, se clasifican en control por vía principal o por vía incidental. En el primer caso, la acción de inconstitucionalidad puede ser atribuida a determinados funcionarios u órganos del Estado, a quien tenga interés personal, legítimo y directo o a cualquier persona o ciudadano (acción popular). En el segundo caso, la decisión de plantear la cuestión de inconstitucionalidad por vía incidental, corresponde al juez ordinario, teniendo poderes ex-officio para ello.

5. Según la garantía objetiva que se establezca de la Constitución, se clasifican en controles que declaran la inconstitucionalidad de un acto estatal, con efectos *ex tunc*; y controles que anulan un acto estatal, generalmente con efectos *ex nunc*.

En el primer caso las sentencias son declarativas; en el segundo caso constitutivas. En general, el primer caso coincide con el sistema difuso de control de constitucionalidad; y el segundo, con el sistema concentrado de control.

Ahora bien, en cuanto al modelo colombo venezolano de control de la constitucionalidad, puede señalarse lo siguiente:

1. Es un sistema mixto o integral, que a la vez es difuso y concentrado.

2. El sistema difuso aplicado en Venezuela y Colombia habilita a todos los jueces a desaplicar las leyes cuando las consideren inconstitucionales, aplicando preferentemente la Constitución. Dichas decisiones, por supuesto, tienen efectos inter partes y *ex tunc*, siendo declarativas y retroactivas; y sólo están sometidas a los recursos de apelación o revisión ordinarios.

3. El sistema concentrado de justicia aplicado en Venezuela y Colombia es tanto *a priori* como *a posteriori*, y sólo se ejerce por vía principal.

El control concentrado *a priori* de la constitucionalidad, referido a las leyes no promulgadas, se ejerce por la Corte Suprema o la Corte Constitucional a requerimiento del Ejecutivo, cuando éste objete un proyecto de ley emanado del Congreso por razones de inconstitucionalidad.

En Colombia, sin embargo, se regulan diversos supuestos de control a priori de la constitucionalidad de carácter automático (leyes estatutarias).

El control concentrado *a posteriori* se refiere a las leyes y demás actos de igual rango y valor, y se ejerce por la Corte Suprema o la Corte Constitucional por vía principal, cuando se le requiere el ejercicio de dichos poderes de control, mediante acción popular. En Colombia, sin embargo, se regulan diversos supuestos de control de la constitucionalidad de carácter automático (Tratados internacionales y sus leyes aprobatorias) convocatoria a Asamblea Constituyente, por ejemplo.

## *SECCIÓN OCTAVA:*

## *ASPECTOS DE LA ACCIÓN DE INCONSTITUCIONALIDAD EN EL PERÚ Y VENEZUELA (LIMA, PERÚ, JULIO 2006)*

**El texto que conforma esta sección fue elaborado para el libro homenaje a Domingo García Belaúnde, *El Derecho Procesal Constitucional Peruano. Estudios en Homenaje a Domingo García Belaúnde* (José F. Palomino Manchego (coordinador), Lima 2006, T. II, pp. 761 a 774. Publicado también en el libro: *Estudios sobre el Estado Constitucional (2005-2006)*, Cua-**

**dernos de la Cátedra Fundacional Allan R. Brewer-Carías de Derecho Público, Universidad Católica del Táchira, Nº 9, Editorial Jurídica Venezolana, Caracas, 2007, pp. 689-698.**

Nadie en América Latina le ha dado tanto impulso al estudio de la justicia constitucional o en la terminología que él ha impuesto, del derecho procesal constitucional, como lo ha hecho, sistemáticamente y con maestría, mi muy apreciado amigo el profesor Domingo García Belaúnde. No sólo sus múltiples y excelentes obras así lo atestiguan, como también lo refleja su infatigable espíritu de convocatoria para tareas académicas, sino que de ello da fe su decisiva contribución a la elaboración del *Código Procesal Constitucional* del Perú, de mayo de 2004, el cual sin duda, servirá de modelo legislativo para muchos de nuestros países.

Por ello, como contribución a la *Obra Homenaje* que se le ofrece, y a la cual me siento muy honrado de poder contribuir, con gusto he preparado el siguiente comentario comparativo entre la acción de inconstitucionalidad regulada en el Código Procesal Constitucional del Perú, y su equivalente regulada en la Ley Orgánica del Tribunal Supremo de Justicia de Venezuela, del cual se evidencian más semejanzas que diferencias entre los sistemas de control de constitucionalidad de nuestros países.

## I. EL CONTROL CONCENTRADO DE LA CONSTITUCIONALIDAD DE LAS LEYES Y DEMÁS ACTOS ADMINISTRATIVOS NORMATIVOS EN UN SISTEMA MIXTO E INTEGRAL: PERÚ Y VENEZUELA

En efecto, el sistema de justicia constitucional en Venezuela, al igual que en el Perú, puede considerarse que es de carácter mixto o integral, pues combina el denominado método difuso de control de la constitucionalidad de las leyes, como poder-deber que tienen todos los jueces al decidir casos concretos, de desaplicar leyes que consideren contrarias a la Constitución aplicando preferentemente el texto fundamental; con el denominado método concentrado de control de la constitucionalidad de las leyes y demás actos de rango y valor de las mismas, ejercido exclusivamente y con poderes anulatorios por la Sala Constitucional del Tribunal Supremo de Justicia[1688].

Adicionalmente, en ambos países, también se establece el control de constitucionalidad respecto de los actos administrativos normativos (de rango sublegal), atribuyéndose su conocimiento a otros órganos judiciales: en Venezuela, a los órganos de la Jurisdicción Contencioso Administrativa, según el acto administrativo impugnado (nacional, estadal o municipal); y en el Perú, a las Salas correspondientes de la Corte Superior del Distrito respectivo o de la Corte Superior de Lima.

En ambos casos, en Venezuela, la acción para poner en movimiento el control de constitucionalidad de ambos tipos de actos estatales, es una acción popular, regulada en la Ley Orgánica del Tribunal Supremo de Justicia de mayo de 2004[1689]; en cambio en el Perú, la legitimación para poner en movimiento el control de constitucional-

---

1688 *V.*, Allan R. Brewer-Carías, *El sistema mixto e integral de control de la constitucionalidad en Colombia y Venezuela*, Universidad Externado de Colombia, Bogotá 1995; *El sistema de justicia constitucional en la Constitución de 1999*, Editorial Jurídica Venezolana, Caracas, 2000; *Judicial Review in Comparative Law*, Cambridge University Press, Cambridge 1989.

1689 *Gaceta Oficial* Nº 37.942 de 19-05-2004. *V.*, en general Allan R. Brewer-Carías, *Ley Orgánica del Tribunal Supremo de Justicia*, Editorial Jurídica Venezolana, Caracas 2004.

lidad varía, siendo una acción popular sólo cuando se impugnan actos administrativos normativos, conforme al Código Procesal Constitucional (Ley Nº 28237) (CPC), también de mayo de 2004.

El método de control concentrado de la constitucionalidad en ambos países, por tanto, tiene dos vertientes:

En Venezuela las dos vertientes están atribuidas a dos Jurisdicciones precisamente definidas: la Jurisdicción Constitucional que corresponde a la Sala Constitucional del Tribunal Supremo de Justicia y la Jurisdicción Contencioso Administrativa, que corresponde además de a la Sala Político Administrativa del Tribunal Supremo de Justicia, a otros tribunales de la misma. Esas dos vertientes, son:

1) Por una parte, el control concentrado de la constitucionalidad de las leyes y de otros actos estatales de rango legal o de valor similar a las leyes, el cual se atribuye sólo y exclusivamente a la Sala Constitucional del Tribunal Supremo de Justicia, la cual se ha configurado definitivamente en la Constitución de 1999 como una Jurisdicción Constitucional (arts. 266,1; 334 y 336 de la Constitución). Una de las novedades de la Constitución de 1999 fue, precisamente, la creación de la Sala Constitucional del Tribunal Supremo de Justicia (art. 262), a la cual ahora se le ha atribuido la Jurisdicción Constitucional (art. 266,1), consistente en la potestad anulatoria de las leyes y demás actos de igual rango y jerarquía o dictados en ejecución directa e inmediata de la Constitución.

2) Por la otra, el control concentrado de la constitucionalidad (e ilegalidad) de los reglamentos y demás actos administrativos de efectos generales (normativos), y por tanto de rango sublegal, el cual se atribuye a los órganos de la Jurisdicción Contencioso Administrativa (art. 259, 266,5 de la Constitución), formados por la Sala Político-Administrativa del Tribunal Supremo de Justicia, por las Cortes de lo Contencioso Administrativo y los Tribunales Superiores de lo Contencioso-Administrativo.

En cuanto al método de control concentrado de la constitucionalidad en el Perú, las dos vertientes también están atribuidas a dos Jurisdicciones precisamente definidas: la Jurisdicción Constitucional que corresponde al Tribunal Constitucional; y a la jurisdicción que ejercen las salas correspondientes de las Cortes Superiores de Distrito Judicial y de la Corte Superior de Lima. Esas dos vertientes, son:

1) Por una parte, el control concentrado de la constitucionalidad de las leyes y de otros actos estatales de rango legal el cual se atribuye sólo y exclusivamente al Tribunal Constitucional, configurado como Jurisdicción Constitucional (Arts. 201 de la Constitución y art. 77 CPC).

2) Por la otra, el control concentrado de la constitucionalidad de los reglamentos, normas administrativas y en general de toda norma jurídica de rango inferior a la ley, el cual se atribuye a la Sala correspondiente tanto de la Corte Superior del Distrito Judicial respectivo o de la Corte Superior de Lima (Art. 85 CPC).

En consecuencia, el control de la constitucionalidad de los actos estatales se ejerce en ambos países, tanto respecto de las leyes y demás actos de rango legal; como respecto de los actos normativos de rango sublegal (actos administrativos normativos).

## II. LA ACCIÓN DE INCONSTITUCIONALIDAD DE LAS LEYES Y DEMÁS ACTOS ESTATALES DE RANGO LEGAL

El primer proceso constitucional que se desarrolla ante la Jurisdicción Constitucional, y que ha sido históricamente el que ha caracterizado los sistemas de ambos países, es el que tiene por objeto que la Jurisdicción Constitucional juzgue con poderes anulatorios, la constitucionalidad de las leyes y demás actos estatales (nacionales, estadales –regionales– o municipales) de igual rango o valor que las leyes. La diferencia fundamental entre los sistemas de ambos países, sin embargo, está en la legitimación para accionar: en el caso de Venezuela, se trata de una acción popular de inconstitucionalidad, que por tanto, se puede ser intentada por cualquier persona[1690]; en cambio, en el Perú, la legitimación para accionar corresponde solo a ciertos funcionarios (art. 203 de la Constitución).

### 1. *El objeto del control de constitucionalidad*

En efecto, de acuerdo con el artículo 334 de la Constitución venezolana, y conforme a una tradición que se remonta a 1858[1691], corresponde a la Sala Constitucional conocer de los procesos de inconstitucionalidad de las leyes y demás actos de valor o rango de ley, al disponer que le "corresponde exclusivamente... como jurisdicción constitucional, declarar la nulidad de las leyes y demás actos de los órganos que ejercen el Poder Público dictados en ejecución directa e inmediata de la Constitución o que tengan rango de ley".

En esta forma, el artículo 336 de la Constitución, atribuye específicamente a la Sala Constitucional del Tribunal Supremo, como Jurisdicción Constitucional la potestad de ejercer el control concentrado de la constitucionalidad, con poderes anulatorios, de los siguientes actos estatales:

> 1. Declarar la nulidad total o parcial de las *leyes nacionales* y demás actos con *rango de ley* de la Asamblea Nacional que colidan con esta Constitución.
>
> 2. Declarar la nulidad total o parcial de las *Constituciones* y *leyes estadales*, de las *ordenanzas municipales* y demás actos de los cuerpos deliberantes de los Estados y Municipios dictados en *ejecución directa e inmediata* de la Constitución y que colidan con ésta.
>
> 3. Declarar la nulidad total o parcial de los *actos con rango de ley* dictados por el Ejecutivo Nacional que colidan con esta Constitución.
>
> 4. Declarar la nulidad total o parcial de los *actos en ejecución directa e inmediata* de la Constitución, dictados por cualquier otro órgano estatal en ejercicio del Poder Público.

---

1690 *V.*, Allan R. Brewer-Carías, *La Justicia Constitucional,* T. VI, *Instituciones Políticas y Constitucionales*, Editorial Jurídica Venezolana, Caracas 1996, pp. 137 y ss.

1691 *Ídem*, pp. 131 y ss.

El artículo 5°, párrafo 1°, de la Ley Orgánica del Tribunal Supremo de Justicia de 2004 ha precisado estas atribuciones de la Sala Constitucional, al atribuirle poderes para:

> 6. Declarar la nulidad total o parcial de las leyes nacionales y demás actos con rango de ley de la Asamblea Nacional, que colidan con la Constitución de la República Bolivariana de Venezuela, mediante el ejercicio del control concentrado de la constitucionalidad.
>
> La sentencia que declare la nulidad total o parcial deberá publicarse en la *Gaceta Oficial de la República Bolivariana de Venezuela*, determinando expresamente sus efectos en el tiempo;
>
> 7. Declarar la nulidad total o parcial de las Constituciones y leyes estadales, de las ordenanzas municipales y demás actos de los cuerpos deliberantes de los Estados, Municipios y del Distrito Capital, dictados en ejecución directa e inmediata de la Constitución y que colidan con ella, mediante el ejercicio del control concentrado de la constitucionalidad. La sentencia que declare la nulidad total o parcial deberá publicarse en la *Gaceta Oficial de la República Bolivariana de Venezuela* y en la *Gaceta Oficial Estadal o Municipal* que corresponda, determinando expresamente sus efectos en el tiempo;
>
> 8. Declarar la nulidad total o parcial de los actos con rango de ley dictados por el Ejecutivo Nacional, que colidan con la Constitución de la República Bolivariana de Venezuela, mediante el ejercicio del control concentrado de la constitucionalidad. La sentencia que declare la nulidad total o parcial deberá publicarse en la *Gaceta Oficial de la República Bolivariana de Venezuela*;
>
> 9. Declarar la nulidad total o parcial de los actos dictados por cualquier órgano en ejercicio del Poder Público, en ejecución directa e inmediata de la Constitución de la República Bolivariana de Venezuela, cuando colidan con ésta y que no sean reputables como actos de rango legal.

Por tanto, el control de constitucionalidad en Venezuela procede incluso contra las leyes aprobatorias de tratados[1692].

En el Perú, conforme al artículo 77 del CPC, el Tribunal Constitucional tiene competencia para anular los siguientes actos estatales:

> *Artículo 77.- Procedencia de la demanda de inconstitucionalidad.* La demanda de inconstitucionalidad procede contra las normas que tienen rango de ley: leyes, decretos legislativos, decretos de urgencia, tratados que hayan requerido o no la aprobación del Congreso conforme a los artículos 56 y 57 de la Constitución, Reglamento del Congreso, normas regionales de carácter general y ordenanzas municipales.

---

1692 *V.*, Allan R. Brewer-Carías, "El control de la constitucionalidad de las leyes aprobatorias de Tratados Internacionales y la cuestión constitucional de la integración latinoamericana", *Revista de Derecho Público,* N° 44, Editorial Jurídica Venezolana, Caracas, 1990, pp. 225 a 229.

2. *El contraste respecto de la legitimación para accionar en los sistemas peruano y venezolano*

En el Perú, la legitimación activa para intentar la acción de inconstitucionalidad de las leyes y demás actos de rango legal, corresponde exclusivamente a determinados órganos y sujetos; en cambio, la acción de inconstitucionalidad contra las leyes en Venezuela, es una acción popular.

En efecto, en el Perú es el artículo 203 de la Constitución la que restringe el ejercicio de la acción de inconstitucionalidad a los siguientes órganos, funcionarios o sujetos:

> *Artículo 203°*. Están facultados para interponer acción de inconstitucionalidad:
>
> 1. El Presidente de la República;
>
> 2. El Fiscal de la Nación;
>
> 3. El Defensor del Pueblo;
>
> 4. El veinticinco por ciento del número legal de congresistas;
>
> 5. Cinco mil ciudadanos con firmas comprobadas por el Jurado Nacional de Elecciones. Si la norma es una ordenanza municipal, está facultado para impugnarla el uno por ciento de los ciudadanos del respectivo ámbito territorial, siempre que este porcentaje no exceda del número de firmas anteriormente señalado.
>
> 6. Los presidentes de Región con acuerdo del Consejo de Coordinación Regional o los alcaldes provinciales con acuerdo de su Concejo, en materias de su competencia.
>
> 7. Los colegios profesionales en materias de su especialidad.

En cambio, en Venezuela, la acción de inconstitucionalidad es una acción popular (*actio popularis*), siendo este el aspecto más importante comparativamente hablando del sistema. Por ello, el artículo 21, párrafo 9° de la Ley Orgánica del Tribunal Supremo de Justicia establece que la legitimación activa para ejercer la acción de inconstitucionalidad, corresponde a:

> Toda persona natural o jurídica, que sea afectada en sus derechos o intereses por una ley, reglamento, ordenanza emanado de alguno de los órganos del Poder Público Nacional, Estadal o Municipal.

Conforme a esta norma, por tanto, todo habitante de la República con capacidad jurídica puede intentar la acción de inconstitucionalidad contra las leyes, sin distingo alguno, sean emanadas de la Asamblea Nacional, de los Consejos Legislativos de los Estados de la federación o de los Concejos Municipales (Ordenanzas).

La Ley Orgánica acoge, por tanto, la doctrina de la acción popular en cuanto a que legitima para intentar el recurso no sólo a los ciudadanos sino a "toda persona natural o jurídica"[1693].

Ahora bien en cuanto a la popularidad de la acción debe clarificarse el sentido de la regulación de la Ley Orgánica, cuando exige que el acto impugnado en alguna forma afecte los "derechos o intereses" del recurrente[1694]. Esta precisión del artículo 21, párrafo 9° de la Ley Orgánica (equivalente al artículo 112 de la derogada Ley Orgánica de la Corte Suprema de Justicia de 1976) podría considerarse que conduce en cierta forma a una reducción de la popularidad de la acción, a límites razonables, al exigirse que la lesión de los derechos o intereses del recurrente. En todo caso se trata de un simple interés, aun cuando específico.

Por ejemplo, si se tratase de una ley de un Estado de la federación venezolana, se podría exigir que el recurrente sea residente de dicho Estado o tenga bienes o intereses en el mismo, de manera que la ley impugnada pueda llegar a lesionar los intereses del recurrente, y éste pueda tener un simple interés en la constitucionalidad de la ley. Si por ejemplo, se trata de la impugnación de una Ordenanza Municipal se podría exigir, al menos, que el recurrente fuera residente del Municipio respectivo o, por ejemplo, tuviera bienes en él, de manera que sus derechos o su simple interés pudieran ser lesionados. En estos casos, por supuesto, no se perdería el carácter popular de la acción.

Si se tratase de una ley nacional, en cambio, cualquier habitante del país con capacidad jurídica podría impugnar la ley pues su interés simple en la constitucionalidad estaría lesionado por la ley inconstitucional. Sin embargo, aún en estos casos, algunas precisiones a la legitimación activa podrían surgir: si se tratase, por ejemplo, de la impugnación de una ley que estableciera una discriminación respecto a las mujeres, violatoria de la Constitución por discriminatoria, la acción, en principio, debería ser intentada por una mujer[1695]. La Ley Orgánica, sin quitarle la popularidad de la acción, puede considerarse que la precisa al grado de que exista una lesión potencial al interés del recurrente, por su residencia, por su condición o por la situación de sus bienes.

En este sentido, la antigua Corte Suprema de Justicia en Corte Plena, con motivo de la impugnación por vía de acción popular del Código Orgánico Tributario, había apreciado la legitimación del accionante en su condición de contribuyente, así:

> Tal como se alega en la demanda, la accionante –persona jurídica constituida– aparece con el interés legítimo que exige el artículo 112 de la Ley de la Corte para demandar la nulidad de disposiciones del Código Orgánico Tributario que es un acto legislativo de efectos generales, por cuanto es contribuyente

---

1693 *V.*, Allan R. Brewer-Carías, *La Justicia Constitucional*, T. VI, *Instituciones Políticas y Constitucionales, op. cit.*, pp. 144 y ss.

1694 *Cfr.* Allan R. Brewer-Carías, *Las garantías constitucionales de los derechos del hombre,* Editorial Jurídica Venezolana, Caracas, 1976, p. 53.

1695 *V.*, en contrario, la sentencia de la Corte Suprema de Justicia en Sala Plena de anulación del art. 970 del Código de Comercio, en *Jurisprudencia de Ramírez y Garay*, 1er. semestre, 1964, p. 599, *cit.*, por Humberto J. La Roche, *El control jurisdiccional de la constitucionalidad en Venezuela y Estados Unidos,* Maracaibo, 1972, p. 100.

de impuesto sobre la renta que solicitó reintegro, y por eso le conciernen las normas del Código Orgánico Tributario, en especial las que son objeto de la nulidad demandada en este caso"[1696].

En todo caso, las dudas acerca de la extensión de la restricción a la popularidad de la acción[1697] fueron dilucidadas por la antigua Corte Suprema de Justicia, la cual había considerado que la exigencia del artículo 112 de la derogada Ley Orgánica de la Corte Suprema de Justicia (que se recoge en la Ley de 2004) en el sentido de que la ley impugnada afecte los derechos e intereses del accionante, no significa que la acción popular se hubiera eliminado, ni que se hubiese establecido una especial exigencia de legitimación activa para solicitar de la Corte Suprema el ejercicio del control de la constitucionalidad. El objetivo de la acción popular, dijo la Corte, es la "defensa objetiva de la majestad de la Constitución y de su supremacía", y si es cierto que la Ley Orgánica de la Corte Suprema requiere que el accionante sea afectado "en sus derechos e intereses", esta expresión debe interpretarse en forma "rigurosamente restrictiva"[1698]. Con base en ello, la antigua Corte Suprema de Justicia, llegó a la conclusión de que:

> Cuando una persona ejerce el recurso de inconstitucionalidad en los términos del artículo 112 de su ley [art. 21, párrafo 9, Ley de 2004)), *debe presumirse*, al menos relativamente, que el acto recurrido en alguna forma afecta los derechos o intereses del recurrente en su condición de ciudadano venezolano, salvo que del contexto del recurso aparezca manifiestamente lo contrario, o que el mismo fuere declarado inadmisible conforme al artículo 115 de la ley de la Corte[1699].

Más recientemente, la Sala Constitucional del Tribunal Supremo de Justicia en sentencia N° 1077 de 22-08-01, ha puntualizado sobre la legitimación activa en la acción popular, lo siguiente:

> Por otra parte, existe en nuestro ordenamiento la acción popular de inconstitucionalidad, donde cualquier persona capaz procesalmente tiene interés procesal y jurídico para proponerla, sin necesidad de un hecho histórico concreto que lesione la esfera jurídica privada del accionante. Es el actor un tutor de la constitucionalidad y esa tutela le da el interés para actuar, haya sufrido o no un daño proveniente de la inconstitucionalidad de una ley. Este tipo de acciones populares es excepcional[1700].

---

1696 *V.*, la sentencia de 15-10-85 en *Revista de Derecho Público,* N° 25, Editorial Jurídica Venezolana, Caracas, 1986, p. 110.

1697 *V.*, L. H. Farías Mata, "¿Eliminada la Acción Popular del Derecho Positivo Venezolano?", en *Revista de Derecho Público,* N° 11, Editorial Jurídica Venezolana, Caracas, 1982, pp. 5-18.

1698 Sentencia de la Corte en Pleno de 30-06-82, en *Revista de Derecho Público*, N° 11, Editorial Jurídica Venezolana, Caracas, 1982, p. 138.

1699 *Ídem.* De acuerdo con este criterio, por tanto, como lo ha dicho la Corte Suprema en Sala Plena, la acción popular en definitiva "puede ser ejercida por cualquier ciudadano plenamente capaz". Sentencia de 19-11-85, en *Revista de Derecho Público*, N° 25, Editorial Jurídica Venezolana, Caracas, 1986, p. 131.

1700 Caso: *Servio Tulio León Briceño,* Sentencia N° 1077 de la Sala Constitucional de 22-09-00. *V.*, en *Revista de Derecho Público,* N° 83, Editorial Jurídica Venezolana, Caracas, 2000, pp. 247 y ss.

El artículo 21, párrafo 9° de la Ley Orgánica dispone, además, que el Fiscal General de la República y demás funcionarios a quienes las leyes les atribuyen tal facultad, también pueden "solicitar la nulidad del acto, cuando éste afecte un interés general". En el caso del Defensor del Pueblo, conforme al artículo 281,3 de la Constitución, tiene competencia para interponer acciones de inconstitucionalidad.

3. *Lineamientos generales sobre el proceso de constitucionalidad*

Debe señalarse que dada la naturaleza histórica de la acción popular de inconstitucionalidad, hasta la ley de 2004, el procedimiento seguido con ocasión de su ejercicio, no respondía a las reglas de un verdadero proceso, como en cambio ha sido la tradición en el Perú, consolidada ahora con el Código procesal Constitucional.

En contraste, en Venezuela, ha sido la Ley Orgánica del Tribunal Supremo de Justicia de 2004, la cual en materia de control de la constitucionalidad de las leyes, ha establecido la innovación sustancial de regular un verdadero proceso, al disponer que la acción popular constituye una "demanda" y prescribir la necesidad de "citar" a quienes se considera como demandados.

En cuanto a la demanda, el artículo 21, párrafo 10° de la Ley Orgánica dispone que en la misma se deba indicar con toda precisión la ley o acto impugnado, las disposiciones constitucionales o legales cuya violación se denuncie y las razones de hecho y de derecho en que se funde la acción. Si la nulidad se concreta a determinados artículos, a ellos se debe hacer mención expresa en la solicitud, indicándose respecto de cada uno la motivación pertinente. A la demanda se debe acompañar un ejemplar o copia del acto impugnado, el instrumento que acredite el carácter con que actúe el demandante, si no lo hace en nombre propio, y cualesquiera otros documentos que considere necesarios para hacer valer sus derechos.

El Juzgado de Sustanciación de la Sala Constitucional (art. 19, párrafo 5° LOTSJ), tal como lo dispone el en el artículo 21, párrafo 12° de la Ley Orgánica, en el auto de admisión debe ordenar "la citación del representante del organismo o del funcionario que haya dictado el acto"; y debe ordenar "la citación de los interesados, por medio de carteles que se publicarán en un diario de circulación nacional, para que se den por citados, en un lapso de 10 días hábiles siguientes: contados a partir de la publicación del cartel o de la notificación del último de los interesados".

El recurrente está obligado a consignar un ejemplar del periódico donde fue publicado el cartel, dentro de los 3 días siguientes a su publicación, de manera que el incumplimiento de esta obligación se entiende que desiste del recurso, y se debe ordenar el archivo del expediente.

En el auto de admisión de la demanda también debe citarse al Fiscal General de la República, si éste no hubiere iniciado el juicio, quien debe consignar un informe hasta el vencimiento del plazo para presentar los informes; y al Procurador General de la República en el caso de que la intervención de éste en el procedimiento fuere requerida por estar en juego los intereses patrimoniales de la República.

Durante el lapso de comparecencia de los interesados para hacerse parte en el juicio, también alegando un simple interés en la constitucionalidad, es decir, con el mismo carácter popular de la acción, pueden comparecer interesados dándose por citados con el carácter de coadyuvantes del demandante o como demandados, defensores de la constitucionalidad de la ley.

Es decir, en el proceso constitucional de la constitucionalidad de las leyes, una vez intentada y admitida una acción popular, cualquier persona que pueda ser lesionada en sus derechos e intereses puede coadyuvar en la impugnación o en la defensa del acto recurrido, siempre que reúna las mismas condiciones del demandante[1701].

## III. LA ACCIÓN POPULAR DE INCONSTITUCIONALIDAD DE LOS REGLAMENTOS Y DEMÁS ACTOS ADMINISTRATIVOS DE EFECTOS GENERALES (NORMATIVOS)

En materia de control de constitucionalidad de los actos administrativos normativos (reglamentos y demás disposiciones administrativas de efectos generales), tanto en Venezuela como en el Perú se establece la acción popular, la cual por tanto puede ejercerse por cualquier persona, tal y como lo dispone el artículo 84 del Código Procesal Constitucional del Perú. En el mismo sentido, el artículo 21, párrafo 9° de la Ley Orgánica del Tribunal Supremo de Justicia venezolana, dispone al iniciar la regulación de los juicios de nulidad contra los actos administrativos, que:

> "Toda persona natural o jurídica, que sea afectada en sus derechos o intereses por un ... acto administrativo de efectos generales emanado de alguno de los órganos del Poder Público Nacional, Estadal o Municipal ... puede demandar la nulidad del mismo ante el Tribunal Supremo de Justicia, por razones de inconstitucionalidad o de ilegalidad".

El régimen de la acción popular contra los reglamentos y demás actos administrativos de efectos generales, en Venezuela, es exactamente el mismo que el antes indicado para la impugnación de las leyes y demás actos de rango legal[1702].

## IV. LOS EFECTOS DE LA SENTENCIA DE INCONSTITUCIONALIDAD

Tanto en el Perú como en Venezuela, los poderes de control de constitucionalidad que ejercen tanto la Jurisdicción Constitucional (Tribunal Constitucional en el Perú y Sala Constitucional del Tribunal Supremo de Justicia en Venezuela) respecto de las leyes y demás de acto de rango legal, así como los otros tribunales competentes para conocer de la inconstitucionalidad de los reglamentos y demás actos administrativos normativos (Jurisdicción Contencioso Administrativa en Venezuela y Cortes Superiores Distritales y de Lima en el Perú), son de carácter anulatorios, con efectos generales, es decir, *erga omnes*.

En ambos sistemas, por otra parte, se sigue la racionalidad de las consecuencias anulatorias, al tener la decisión judicial efectos prospectivos *ex nunc o pro futuro,* es decir, que no se remontan al momento de la promulgación de la ley considerada inconstitucional. Por lo tanto, los efectos producidos hasta el momento de la anulación de la ley en principio, se consideran válidos. En consecuencia, la ley declara-

---

1701 Tal como lo precisaba la derogada Ley Orgánica de la Corte Suprema de Justicia de 1976 en su artículo 137: "Sólo podrán hacerse parte en los procedimientos a que se refieren las secciones Segunda y Tercera de este Capítulo, las personas que reúnan las mismas condiciones exigidas para el accionante o recurrente". Esta norma desapareció en la vigente Ley Orgánica del Tribunal Supremo de Justicia de 2004.

1702 *V.,* Allan R. Brewer-Carías, *La justicia contencioso-administrativa,* T. VII, *Instituciones Políticas y Constitucionales*, Editorial Jurídica Venezolana, Caracas 1997.

da inconstitucional por un juez constitucional en el sistema concentrado de control de la constitucionalidad de las leyes, también en principio, debe considerarse como un acto válido que ha producido efectos completos hasta su anulación por la el Tribunal. Esta racionalidad del principio anulatorio, sin embargo, admite algunas excepciones.

En efecto, en el Perú, el artículo 81 del Código Procesal Constitucional resuelve las distintas situaciones en la materia al disponer respecto de los "efectos de las sentencia fundadas" recaídas en el proceso de inconstitucionalidad que dejan sin efecto las normas sobre las cuales se pronuncian; que las mismas "tienen alcances generales y carecen de efectos retroactivos". Es decir, el principio general es el antes mencionado de los efectos constitutivos, *pro futuro* de las sentencias. A tal efecto, deben publicarse íntegramente en el *Diario Oficial El Peruano* y producen sus efectos desde el día siguiente de su publicación.

Sin embargo, en materia de declaración de inconstitucionalidad de normas tributarias por violación del artículo 74 de la Constitución, el Código dispone que el Tribunal debe determinar de manera expresa en la sentencia, "los efectos de su decisión en el tiempo", con lo cual se admite la posibilidad de otorgarle a la sentencia efectos *pro praeterito*. Por ello el Código autoriza al tribunal a resolver lo pertinente respecto de las situaciones jurídicas producidas mientras la ley estuvo en vigencia.

En el caso de las sentencias fundadas recaídas en el proceso de acción popular respecto de reglamentos y demás actos administrativos normativos, el tribunal está autorizado por el mismo artículo 81 del Código para determinar la nulidad, con efecto retroactivo, de las normas impugnadas; a cuyo efecto, la sentencia debe determinar sus alcances en el tiempo. Por supuesto, también tienen efectos generales y se deben publicarse en el *Diario Oficial El Peruano*.

En Venezuela, si bien la racionalidad del sistema anulatorio en la práctica jurisprudencial sigue las mismas líneas generales antes indicadas, la Ley Orgánica del Tribunal Supremo de Justicia se limita a indicar que en los casos de anulación de actos estatales por inconstitucionalidad, la sentencia debe determinar expresamente sus efectos en el tiempo (arts. 5, párrafo 1, ordinales 6 y 7 y artículo 21, párrafo 18). Estos, por tanto, si bien en principio son *ex nunc, pro futuro,* de acuerdo con lo que se resuelva en el caso concreto, pueden tener efectos *pro praeterito* es decir, retroactivos, *ex tunc*, considerando la norma nula *ab initio.*

## *SÉPTIMA PARTE*

## SOBRE LAS SENTENCIAS CONSTITUCIONALES Y LA INTERPRETACIÓN CONSTITUCIONAL

### *SECCIÓN PRIMERA:*

### *LA POTESTAD DE LA JURISDICCIÓN CONSTITUCIONAL PARA INTERPRETAR LA CONSTITUCIÓN CON EFECTOS VINCULANTES (2009)*

**Esta sección recoge el texto publicado en Jhonny Tupayachi Sotomayor (Coordinador), *El Precedente Constitucional Vinculante en el Perú (Análisis, Comentarios y Doctrina Comparada)*, Editorial ADRUS, Lima, setiembre del 2009, pp. 791-819. Publicado también con el título: "La potestad de la jurisdicción constitucional para interpretar la Constitución con efectos vinculantes," en el libro: *Derecho Procesal Constitucional. Instrumentos para la Justicia Constitucional*, Ediciones Doctrina y Ley Ltda., Bogotá 2013, pp. 481-503.**

El sistema venezolano de justicia constitucional, conforme a las previsiones expresas de los artículos 266, 334 y 336 de la Constitución de 1999, es uno de carácter mixto o integral que mezcla el llamado control difuso de la constitucionalidad de las leyes con el control concentrado de la constitucionalidad de las mismas[1]. Estos controles, como todo sistema de justicia constitucional, derivan del principio de la supremacía constitucional que también está establecido en forma expresa en el artículo 7 de la Constitución.

En dichas normas, después de declararse que la Constitución es la norma suprema del ordenamiento, en *primer lugar* se atribuye a la Sala Constitucional del Tribunal Supremo de Justicia (artículos 266 y 336) competencia para declarar la nulidad de

---

1 De acuerdo a la terminología acuñada por Piero Calamandrei, *La illegittimitá Costituzionale delle Leggi*, Padova, 1950, p. 5; y difundida por Mario Capelletti, *Judicial Review in the contemporary World*, Indianápolis, 1971. *V.*, sobre el sistema venezolano a la luz del derecho comparado, Allan R. Brewer-Carías, *Judicial Review in Comparative Law*, Cambridge University Press, 1989, y *El sistema mixto o integral de control de constitucionalidad en Colombia y Venezuela*, Bogotá, 1995; y Manuel Gaona Cruz, "El control judicial ante el Derecho Comparado" en *Archivo de Derecho Público y Ciencias de la Administración* (El Derecho Público en Colombia y Venezuela), Vol. VII, 1986, Caracas, 1986.

las leyes y demás actos de los cuerpos deliberantes de la República, de los Estados y de los Municipios dictados en ejecución directa de la Constitución, así como de los actos con rango legal dictados por el Ejecutivo Nacional, cuando sean violatorios de la Constitución. Ello comprende, en un Estado formalmente federal como el venezolano, en el nivel nacional, a los actos estatales de rango legal o de ejecución directa de la Constitución (leyes, actos parlamentarios sin forma de ley y actos de gobierno); en el nivel estadal, a las leyes emanadas de los Consejos Legislativos y demás actos de ejecución directa de la Constitución; y en el nivel municipal, a las Ordenanzas Municipales, consideradas como leyes locales, y demás actos de ejecución directa de la Constitución.

Es decir, la Constitución prevé un control judicial concentrado de la constitucionalidad de todos los actos estatales, con exclusión de los actos judiciales y de los actos administrativos respecto de los cuales prevé medios específicos de control de legalidad y constitucionalidad (recurso de casación, apelaciones y Jurisdicción Contencioso Administrativa). Este control de la constitucionalidad de los actos estatales permite a la Sala Constitucional del Tribunal Supremo de Justicia declarar su nulidad con efectos generales, *erga omnes*, cuando sean violatorios o colidan con la Constitución.

Pero en *segundo lugar*, además, la propia Constitución (artículo 334) dispone que todos los tribunales de la República tienen competencia para declarar la inconstitucionalidad de las leyes y demás actos estatales normativos que estén llamados a aplicar para decidir un caso concreto, dándole en tales casos, preferencia a las normas de la Constitución; potestad que, además, está expresamente establecida en los artículos 20 del Código de Procedimiento Civil y 19 del Código Orgánico Procesal Civil. Se trata, sin duda, del método difuso de control de la constitucionalidad de las leyes.

En estas normas, la Constitución venezolana de 1999 recogió lo que ha sido una larga tradición normativa que se remonta al siglo XIX, estableciendo un completo sistema mixto o integral de justicia constitucional, de los más completos en el derecho comparado. Su efectividad actual y durante la década de vigencia de la Constitución de 1999, sin embargo, lamentablemente ha quedado muy afectada dada la ausencia de efectiva autonomía e independencia del Poder Judicial en general[2] y, en particular, del Tribunal Supremo de Justicia y de su Sala Constitucional[3].

Por ello, estas notas sobre el tema de los efectos vinculantes de la interpretación constitucional que tienen las sentencias de la Jurisdicción Constitucional en Venezuela, lamentablemente están condicionadas por esta situación de dependencia del Poder Judicial, la cual ha servido, en muchos casos, para afianzar el autoritarismo en el país, conculcándose los derechos garantizados en la Constitución, en lugar de haber sido el instrumento para afianzar el Estado de Derecho y ampliar el ámbito de protección de los derechos fundamentales, para lo cual fue concebido.

---

2 *V.*, Allan R. Brewer-Carías, "La progresiva y sistemática demolición institucional de la autonomía e independencia del Poder Judicial en Venezuela 1999-2004", en *XXX Jornadas J.M Domínguez Escovar, Estado de derecho, Administración de justicia y derechos humanos*, Instituto de Estudios Jurídicos del Estado Lara, Barquisimeto, 2005, pp. 33-174.

3 *V.*, Allan R. Brewer-Carías, *Crónica de la "In" Justicia Constitucional. La Sala Constitucional y el Autritarismo en Venezuela*, Caracas 2008.

## I. LA JURISDICCIÓN CONSTITUCIONAL EN VENEZUELA Y LA INTERPRETACIÓN DE LA CONSTITUCIÓN

Todas las Constituciones requieren, en situaciones concretas, que alguna de sus normas sea interpretada, lo que ocurre incluso con Constituciones contemporáneas como la de Venezuela de 1999, la cual a pesar de que puede considerarse como una de las más extensas de América Latina de las últimas décadas, no deja de tener conceptos imprecisos o indeterminados[4] que, por tanto, requieren ser precisados o determinados por el juez constitucional en el marco de los principios y valores de la propia Constitución, a los efectos de garantizar su efectividad y supremacía. Esta labor interpretativa se requiere, por ejemplo, en todas aquellas normas donde se utilicen conceptos tales como libertad, orden público, democracia, justicia, dignidad, igualdad, función social o interés público[5]. Esto, al ser utilizados en la Constitución, necesariamente deben precisarse a la luz de los valores esenciales relacionados con los fundamentos generales de la sociedad y el sistema político, correspondiéndole entonces al juez constitucional, en situaciones concretas y desempeñando un papel creativo, determinar el sentido exacto de los mismos.

En esta labor, en todo caso, como sucede con cualquier juez en su labor interpretativa de las normas del ordenamiento, el juez constitucional no está autorizado para sustituir al Constituyente deduciendo conceptos distintos o contrarios a los establecidos en la Constitución, o contrarios a los valores fundamentales que le dan base a la Constitución.

Ello es así, incluso, por ejemplo, cuando al juez constitucional le corresponde adaptar normas constitucionales desfasadas y obsoletas a la realidad del mundo contemporáneo, lo que ocurre en sociedades con Constituciones muy antiguas en las cuales el juez constitucional, teniendo que defender la Constitución, debe adaptar los valores que en un momento dado estuvieron en la base de su sanción, a los valores de la sociedad y sistema políticos contemporáneos, con miras a "mantener viva la Constitución"[6].

Ello fue lo que por ejemplo permitió a la Suprema Corte de los Estados Unidos, adaptar normas constitucionales que habían sido dictadas a mitades del Siglo XIX, a las necesidades sociales y políticas contemporáneas, como sucedió hace varias décadas, con las importantes decisiones dictadas en relación con la discriminación racial en el sistema educativo. Fue así que, por ejemplo, al referirse a dicho tema a la luz de la Enmienda XIV de la Constitución norteamericana, que el *Chief Justice* Warren de la Corte Suprema declaró en el caso *Brown vs. Board of Education of Topeka,* 347 U.S. 483 (1954), que:

---

4 Estas son los llamados "conceptos jurídicos indeterminados" o "nociones jurídicas imprecisas" Véase F. Sainz Moreno, *Conceptos jurídicos, interpretación y discrecionalidad administrativa,* Madrid, 1976; E. García de Enterría, *La lucha contra las inmunidades de poder en el Derecho Administrativo,* Madrid, 1980, p. 32.

5 *V.,* M. Cappelletti, "Nécessité et légitimité de la justice constitutionnelle" en L. Favoreu (ed) *Cours Constitutionnelles Européennes et Droits fondamentaux,* Paris, 1982, p. 474.

6 *V.,* M. Cappelletti, "El formidable problema del control judicial y la contribución del análisis comparado", en *Revista de estudios políticos,* 13, Madrid 1980, p. 78.

"Al enfocar este problema no podemos regresarnos a 1868 cuando se adoptó la Enmienda, y ni siquiera a 1896 cuando sé decidió el caso *Plessy vs. Ferguson*. Debemos examinar la educación pública a la luz de su desarrollo completo y del lugar que ocupa actualmente en la vida americana, en toda la Nación. Solamente de esta manera puede determinarse si la segregación en las escuelas públicas priva a los demandantes de una protección igual de las leyes".

Tal afirmación lo llevó a concluir, señalando:

"Que en el campo de la educación pública la doctrina "separados pero iguales" no tiene lugar. Establecimientos educacionales separados son intrínsecamente desiguales. Por ello, sostenemos que los demandantes así como otros en situación similar de quienes han intentado las acciones son, debido a la segregación de la que se quejan, privados de una protección igual por parte de las leyes, garantizada por la Enmienda XIV".

En el mismo sentido, por ejemplo, esta adaptación de la Constitución por el juez constitucional quedó demostrada por el Consejo Constitucional en Francia, en el famoso caso de las Nacionalizaciones en 1982, en el cual, en ausencia de la previsión expresa de normas relativas a la propiedad en la Constitución de 1958, aplicó el artículo correspondiente de la Declaración de los Derechos del Hombre y del Ciudadano en 1789 y, consecuentemente, declaró al derecho de propiedad como un derecho de rango constitucional. En su decisión del 16 de enero de 1982[7], el Consejo Constitucional, luego de considerar que la norma sobre el derecho de propiedad de la Declaración de 1789 que lo regulaba como derecho "absoluto," era sin duda obsoleta, lo interpretó en un sentido radicalmente diferente al que tenía en 1789[8], estimando que:

"... si posteriormente a 1789 y hasta nuestros días, las finalidades y las condiciones de ejercicio del derecho de propiedad han experimentado una evolución caracterizada a la vez por una notable extensión de su campo de aplicación a dominios individuales nuevos, y por limitaciones exigidas por el interés general, los principios mismos enunciados por la Declaración de los Derechos del Hombre tienen pleno valor constitucional, tanto en lo que concierne al carácter fundamental del derecho de propiedad cuya conservación constituye uno de los objetivos de la sociedad política, y que está colocado en el mismo nivel que la libertad, la seguridad y la resistencia a la opresión, como en lo que concierne a las garantías otorgadas a los titulares de este derecho y las prerrogativas del poder público..."[9].

En esta forma, el Consejo Constitucional con su decisión y partiendo del Preámbulo de la Constitución, no sólo "creó" un derecho fundamental con rango constitucional, al asignar valor constitucional a los establecidos en la Declaración de 1789,

---

7 *V.*, L. Favoreu y L. Philip, *Les grandes décisions du Conseil Constitutionnel*", Paris 1984, pp. 525-562

8 *V.*, L. Favoreu, "Actualité et Légitimité du contrôle juridictionnel des lois en Europe occidentale", *Revue du droit public et de la science politique en France et à l'étranger*, 1984 (5), p. 1166.

9 *V.*, L. Favoreu y L. Philip, *Les grandes décisions..., cit.*, p. 526. *Cfr.* L. Favoreu, "Les décisions du Conseil Constitutionnel dan l'affaire des nationalisations", en *Revue du droit public et de la science politique en France et à l'étranger*, T. XCVIII, Nº 2, Paris 1982, p. 406.

sino que también adaptó el antiguo "sagrado" y absoluto derecho de propiedad consagrado hace más de doscientos años, al derecho limitado y limitable de nuestros tiempos, cuya preservación, sin embargo, lo llevó a declarar inconstitucionales algunos de los artículos de la Ley de Nacionalización.

De lo anteriormente señalado resulta claro que en todos los sistemas constitucionales dotados de Constituciones escritas, para que las Constituciones sean consideradas como leyes supremas cuyas normas deben prevalecer sobre cualquier otra en el ordenamiento jurídico, el principio de la supremacía de la Constitución no sólo se aplica a sus artículos escritos sino también a las normas no escritas que pueden deducirse por los jueces constitucionales del texto fundamental, como parte de los principios y valores supremos que constituyen el fundamento de una sociedad determinada y de su sistema político.

La labor interpretativa del juez constitucional cuando se está en presencia de textos constitucionales contemporáneos, en cambio, como es el caso de la de Venezuela de 1999, está más circunscrita a determinar el sentido y alcance de las normas en situaciones concretas, que a tener que "adaptar" las previsiones constitucionales al sentido de valores sociales y políticos que pudieran ser distintos a los que prevalecían cuando se sancionaron. Esa labor de interpretación de la Constitución es precisamente la que corresponde al juez constitucional que, como se ha dicho, en un sistema mixto e integral de justicia constitucional es, por una parte, cualquier tribunal, incluyendo las Salas del Tribunal Supremo, cuando ejerce el control difuso de la constitucionalidad de las leyes; y por la otra, la Sala Constitucional del Tribunal Supremo de Justicia la cual conforme artículo 335 de la Constitución, junto con todas las otras Salas, tiene la condición para ser el "último y máximo intérprete de la Constitución" y, además, tiene a su cargo ejercer el control concentrado de la constitucionalidad de las leyes[10].

La interpretación de la Constitución, por tanto, no es una materia reservada a la Sala Constitucional del Tribunal Supremo de Justicia, lo que la misma Sala ha reconocido en sentencia de 13 de diciembre de 2000 (Caso: *Alfredo Peña*) al señalar que si bien "le corresponde el monopolio interpretativo *último* de la Constitución", también:

> "al universo de los órganos públicos, así como a los entes privados y personas naturales, les toca, por su parte, interpretar el ordenamiento jurídico desde la Constitución, así como desplegar sus múltiples actividades hacia la Constitución (*Vid.* Sent. N° 457/2001), ya que, sin lugar a dudas, al existir desde el aspecto subjetivo una doble vinculación al texto constitucional, esto es, que sujeta en su actividad tanto a los órganos que ejercen el Poder Público como a los particulares, ésta –la vinculación– se traduce en una aplicación que sólo se logra mediante la interpretación constante del texto constitucional.

En consecuencia, dijo la Sala, "todos los ciudadanos, entes u órganos son, en mayor o menor medida, operadores jurídicos de la Carta Magna", siendo la diferencia con respecto a la interpretación constitucional que corresponde hacer a la Sala como "la última intérprete de la Constitución," el hecho de que sus sentencias destinadas a ese fin:

---

10 *V.*, Allan R. Brewer-Carías, *La Justicia Constitucional en Venezuela. Procesos y procedimientos constitucionales*, México, 2007.

"son vinculantes para todos los ciudadanos y demás órganos del Poder Público (inclusive las demás Salas de este Tribunal Supremo de Justicia), de lo cual deriva características muy precisas con respecto a la forma en que se hace la interpretación constitucional. En una, de la Constitución, la interpretación es general; en la otra, desde la Constitución, la interpretación es individual".

Con ocasión a esa interpretación que constantemente se realiza de la normativa constitucional, la Sala, con base en el Texto Fundamental, ha ahondado en la construcción teórica de los dos mecanismos de interpretación constitucional que existen en nuestro ordenamiento (*Vid.* Sent. N° 1309/2001). Es así como la Carta Magna estatuye un control difuso (artículo 334) y un control concentrado (artículo 335) de la constitucionalidad de la actividad pública, señalando en su artículo 335 la competencia del Tribunal Supremo de Justicia para garantizar la supremacía y efectividad de las normas y principios constitucionales, declarando a la Sala Constitucional su máximo y último intérprete para velar por la uniforme interpretación y aplicación de su articulado"[11].

En dicho sistema mixto o integral de justicia constitucional, por tanto, la característica esencial de la interpretación constitucional que realiza la Jurisdicción Constitucional es el su carácter vinculante para las otras Salas del Tribunal Supremo, para los tribunales de la República, y obviamente, para todas las autoridades públicas y los particulares. Hay por tanto dos posibilidades de interpretar la Constitución, una por la Sala Constitucional, y otra por los tribunales ordinarios, y lo que difiere entre ambas son los efectos vinculantes o no de la interpretación. Tal como lo puntualizó la propia Sala Constitucional en sentencia N° 106 de 11 de febrero de 2004, al destacar dos conclusiones en la materia:

"La primera, que todo control concentrado es una interpretación de la Constitución y, por ende, la interpretación del texto constitucional con carácter general y vinculante le está atribuida solamente a la Sala Constitucional; y, la segunda, que toda interpretación desde la Constitución no puede exceder del carácter individual, esto es, que la aplicación de la norma constitucional no puede exceder de los estrictos límites del caso en concreto"[12].

## II. LA INTERPRETACIÓN VINCULANTE DE LA CONSTITUCIÓN Y LA TENDENCIA DE LA SALA CONSTITUCIONAL A MONOPOLIZAR LA INTERPRETACIÓN CONSTITUCIONAL

En cuanto al carácter vinculante de la interpretación constitucional que pueda establecer la Sala Constitucional, el mismo está regulado en el artículo 335 de la Constitución, al disponer que:

"Las interpretaciones que establezca la Sala Constitucional sobre el contenido o alcance de las normas constitucionales son vinculantes para las otras Salas del Tribunal Supremo y demás tribunales de la República".

---

11 Exp: 03-3199.

12 Exp: 03-3199.

Sobre esta norma, la propia Sala Constitucional en su sentencia N° 106 de 11 de febrero de 2004 (Caso: *Interpretación del Estatuto Electoral del Poder Público en cuanto a la reelección de Gobernadores*), señaló que:

> "la interpretación contenida en el artículo 335 es una verdadera *iurisdatio*, en la medida que declara, *erga omnes*, el contenido y alcance de los principios y normas constitucionales (en contraposición al control difuso, donde los efectos interpretativos del fallo es individualizado); sin embargo, dentro del mismo sistema concentrado se debe distinguir la *iurisdatio* de la función que controla la constitucionalidad de las leyes (*iurisdictio*), pues esta función nomofiláctica decreta la invalidez de las normas que colidan con la constitución. En cambio aquélla es una función interpretativa, aunque también general, que no recae sobre normas subconstitucionales sino sobre el sistema constitucional mismo. Lo importante es que tanto la *iurisdatio* como la *iurisdictio* son funciones interpretativas que, por un lado, sólo le está permitido a la Sala Constitucional, y por el otro, no puede ser confundido con la interpretación que se haga desde la Constitución"[13].

El carácter vinculante de la interpretación constitucional que deriva del texto expreso del artículo 335 de la Constitución, y que realiza la Sala Constitucional, por tanto, no implica monopolio alguno de la Sala en materia de interpretación constitucional, pues esta también corresponde a todos los jueces cuando actúan como jueces constitucionales. Por ello, no parece tener lógica alguna la tendencia que se observa de algunas decisiones de la Sala Constitucional, la cual al asumir un carácter de *único* "máximo y último interprete de la Constitución" que no tiene, ha establecido, precisamente mediante una "interpretación vinculante" referidas a las propias normas que establecen el sistema de justicia constitucional (artículos 334, 335 y 336), disponiendo en sentencia N° 833 de 25 de mayo de 2001 (Caso: *Instituto Autónomo Policía Municipal de Chacao vs. Corte Primera de lo Contencioso Administrativo*), que cuando "el artículo 335 constitucional otorga al Tribunal Supremo de Justicia la garantía, supremacía y efectividad de las normas y principios constitucionales… lo que se evidencia es que *es a la Sala Constitucional a quien se refiere* el artículo 335 y no a las otras Salas del Tribunal Supremo de Justicia, ya que dicha norma establece que el Tribunal Supremo de Justicia es el máximo y último intérprete de la Constitución"[14].

De ello resultó, entonces, una ilegítima mutación constitucional, pues de una norma donde se hace referencia al "**Tribunal Supremo de Justicia**" que conforme al artículo 262 de la propia Constitución funciona "en **Sala Plena** y en las **Salas Constitucional, Político administrativa, Electoral, de Casación Civil, de Casación Penal y de Casación Social,**" y que dispone que:

> "El **Tribunal Supremo de Justicia** garantizará la supremacía y efectividad de las normas y principios constitucionales; será el máximo y último intérprete de esta Constitución y velará por su uniforme interpretación y aplicación".

---

13 *V.*, sentencia N° 106 11-2-2004 (Caso: *Interpretación del artículo 3 del Estatuto Electoral del Poder Público*), en *Revista de Derecho Público*, N° 97-98, Editorial Jurídica Venezolana, Caracas 2004, pp. 406 y ss.

14 *V.*, en *Revista de Derecho Público*, N° 85-88, Editorial Jurídica Venezolana, Caracas, 2001, pp. 370.

La Sala Constitucional en cambio ha dispuesto "con carácter vinculante" que dicha norma no dice lo que dice, sino que supuestamente diría algo así:

> **La *Sala Constitucional del* Tribunal Supremo de Justicia** garantizará la supremacía y efectividad de las normas y principios constitucionales; será el máximo y último intérprete de esta Constitución y velará por su uniforme interpretación y aplicación[15].

Pero no se quedó allí la Sala Constitucional en su "interpretación vinculante" de las normas constitucionales relativas al sistema de justicia constitucional y asumir el monopolio de la interpretación constitucional limitando el poder de las otras Salas del Tribunal Supremo para en sus respectivas jurisdicciones ser también "máximos y últimos intérprete de la Constitución" y "velar por su uniforme interpretación y aplicación;" sino que fue más allá en su interpretación vinculante y monopolística de la justicia constitucional, procediendo a limitar el ámbito del poder de los jueces en materia de control difuso de la constitucionalidad y de poder desaplicar normas que estimen inconstitucionales. La Sala Constitucional, en tal sentido, procedió a cercenarles a los jueces la potestad que necesariamente tienen que tener para interpretar las normas constitucionales en relación con las leyes que deben aplicar en los casos concretos que decidan, al disponer con carácter vinculante "en qué consiste el control difuso, y en qué consiste el control concentrado de la Constitución." Así, en la misma sentencia N° 833 de 15 de mayo de 2001 (Caso: *Instituto Autónomo Policía Municipal de Chacao vs. Corte Primera de lo Contencioso Administrativo*), ahora en relación con el artículo 334 de la Constitución, la Sala Constitucional, al formularse la pregunta de "¿si en ejercicio del control difuso un juez puede interpretar los principios constitucionales, y en base a ellos, suspender la aplicación de una norma?," respondió negándole el poder a los jueces de interpretar la Constitución, señalando que:

> "Fuera de la Sala Constitucional, debido a las facultades que le otorga el artículo 335 de la Constitución vigente, con su carácter de máximo y última intérprete de la Constitución y unificador de su interpretación y aplicación, **no pueden los jueces desaplicar o inaplicar normas, fundándose en principios constitucionales o interpretaciones *motu propio* que de ellas hagan**, ya que el artículo 334 comentado no expresa que según los principios constitucionales, se adelante tal control difuso. Esta es función de los jueces que ejercen el control concentrado, con una modalidad para el derecho venezolano, cual es que sólo la interpretación constitucional que jurisdiccionalmente haga esta Sala, es vinculante para cualquier juez, así esté autorizado para realizar control concentrado".

De ello derivó otra ilegítima mutación constitucional, pues de una norma que después de establecer que "todos los jueces o juezas de la República, en el ámbito de sus competencias y conforme a lo previsto en esta Constitución y en la ley, están en la obligación de asegurar la integridad de esta Constitución", dispone que:

---

15 El texto en ***cursiva y negrita*** sería el agregado a la norma que derivaría de la interpretación "vinculante" dispuesta por la Sala.

> En caso de incompatibilidad entre esta Constitución y una ley u otra norma jurídica, se aplicarán las disposiciones constitucionales, correspondiendo a los tribunales en cualquier causa, aun de oficio, decidir lo conducente,"

la Sala Constitucional resolvió "con carácter vinculante" que dicha norma no dice tal cosa, sino que lo que supuestamente diría algo así:

> En caso de incompatibilidad entre esta Constitución y una ley u otra norma jurídica, los jueces no pueden desaplicar o inaplicar normas, fundándose en principios constitucionales o interpretaciones ***motu propio*** que de ellas hagan, y sólo aplicarán las disposiciones constitucionales en cualquier causa, aun de oficio, sólo una vez que la Sala Constitucional haya ejercido el control concentrado en la materia[16].

En esta forma, la Sala Constitucional al interpretar las normas constitucionales relativas al sistema de justicia constitucional, ha establecido una interpretación "con carácter vinculante" de las mismas, otorgándose a si misma el monopolio de la interpretación constitucional, mutando ilegítimamente el texto constitucional. La verdad es que la interpretación judicial de una norma no es otra cosa que la operación intelectual del juez que tiene por objeto indagar sobre el significado, sentido, alcance, fin o valor de la norma general y abstracta que está contenida en la Constitución, en las leyes y en otros actos estatales normativos[17]. Sin embargo, con la excusa de interpretar la Constitución, el juez constitucional en ningún caso puede mutar ilegítimamente la Constitución, por lo que así como no puede sustituirse al Legislador, menos puede convertirse en Constituyente.

En efecto, en su labor de interpretar la Constitución, la Sala Constitucional no puede sustituirse en el pueblo, es decir, no puede crear nuevas normas constitucionales no previstas en el Texto o que no resulten de la integración de sus normas, ni puede modificarlas, estableciendo, por ejemplo, excepciones no previstas en ellas; así como tampoco puede dictar normas legales o modificar o reformar las que estén contenidas en las leyes sancionadas por la Asamblea Nacional. El juez constitucional nunca puede ser Constituyente ni Legislador; puede anular las leyes con efectos *erga omnes*, eliminándolas del ordenamiento jurídico con efectos similar a la derogación, como si fuera un "legislador negativo" (H. Kelsen); pero nunca puede ser un "legislador positivo", que dicta normas. De hacerlo, no sólo incurriría en usurpación de autoridad, por la usurpación de las funciones legislativas que corresponden a la Asamblea Nacional, lo que haría de la sentencia un acto nulo e ineficaz (artículo 138 de la Constitución), sino que violaría el principio democrático, que impone que la "ley" sólo puede ser emanación de los órganos del Estado integrados por represen-

---

16 El texto ***en cursiva y negrita*** sería el agregado a la norma que derivaría de la interpretación "vinculante" dispuesta por la Sala.

17 *V.*, en general, Claudia Storini, "Hermenéutica y Tribunal Constitucional", *Revista de Derecho Constitucional,* N° 5, Editorial Sherwood, Caracas, 2002, pp. 221 a 246; Claudia Storini, "El alcance jurídico de la teoría de la interpretación como límite a la labor del Tribunal Constitucional", *Revista de Derecho Constitucional,* N° 6, Editorial Sherwood, Caracas, 2003, pp. 191 a 212; Mario Pesci Feltri Martínez, "La jurisdicción normativa y los artículos 335 y 336 de la Constitución", en *El Derecho Público a comienzos del siglo XXI. Estudios homenaje al Profesor Allan R. Brewer-Carías,* T. I, Instituto de Derecho Público, UCV, Civitas Ediciones, Madrid, 2003, pp. 1029-1054.

tantes del pueblo, elegidos mediante votación popular. Es decir, al determinar la interpretación de una norma, la Sala no puede crear nuevas normas o reformar las que están expresamente en la ley.

Lamentablemente, sin embargo, la Sala Constitucional en Venezuela no ha seguido está lógica, y en más de una oportunidad por la vía de interpretar la Constitución, ha legislado, tal como ocurrió, por ejemplo, al establecer las normas de procedimiento tanto del proceso constitucional derivado de la acción de amparo, como del proceso constitucional de control concentrado de la constitucionalidad de las leyes. La propia Sala, en su sentencia N° 33 de 25 de enero de 2001 (Caso: *Revisión de la sentencia dictada por la Sala de Casación Social del Tribunal Supremo de Justicia de fecha 10 de mayo de 2001, interpuesta por Baker Hugher S.R.L),* argumentó como sigue sobre su carácter y naturaleza como "una instancia jurisdiccional con una marcada especialización de tutela, tendente a asegurar la integridad, supremacía y efectividad de la Constitución:"

> "Esta especialización se concreta en el ejercicio de la tutela constitucional en su máxima intensidad. No precisamente al modo en que la ejercía la Sala Plena de la entonces Corte Suprema de Justicia, la cual estaba restringida en sus funciones de garantía constitucional como si de un legislador negativo se tratase, es decir, la Sala Plena actuaba como un complemento del Poder Legislativo (único ente propiamente sujeto a la Constitución) en tanto se encargaba de revocar los actos de rango y fuerza de ley que éste dictaba contraviniendo la Constitución. Siendo que ésta no era concebida como un cuerpo jurídico normativo directamente aplicable a los distintos operadores jurídicos, se entendía que las interpretaciones de la Constitución que hiciera la Sala Plena no tenían carácter vinculante, y su influencia estaba asociada al efecto abrogatorio de los fallos de nulidad de actos con rango o fuerza de ley. Muy por el contrario, a esta Sala Constitucional le corresponde no sólo anular actos de esa naturaleza, sino que tiene asignada tanto la interpretación del texto constitucional, con el fin de salvar sus dificultades o contradicciones, como hacer valer el principio jurídico-político según el cual los derechos fundamentales preceden y limitan axiológicamente las manifestaciones del poder. Para ello se le ha puesto al frente del aparato jurisdiccional respecto a su aplicación, al punto de vincular sus decisiones a las demás Salas del Tribunal Supremo de Justicia, no sólo en gracia a su potestad anulatoria, sino como derivación de la función antes apuntada"[18].

La verdad es que la única diferencia que cabe destacar que existe entre la actuación de la Sala Plena de la antigua Corte Suprema y la de la Sala Constitucional del Tribunal Supremo, es que las decisiones que aquella adoptaba en materia de interpretación constitucional no tenían "formalmente" carácter vinculante (aunque si de hecho, como precedente, dado su rango de Tribunal Supremo), pero en cuanto a las funciones de órgano judicial en ejercicio del control concentrado de la constitucionalidad, puede decirse que no hay diferencia alguna. Antes y ahora, conforme a la Constitución, el órgano de la Jurisdicción Constitucional, al ejercer el control concentrado de la constitucionalidad de las leyes, lo que podía y puede hacer en relación

---

18 *V.*, en *Revista de Derecho Público*, N° 85-88, Editorial Jurídica Venezolana, Caracas, 2001, p. 401.

con las normas que considere inconstitucionales es anularlas, y ello sólo cuando la Sala conoce de una acción de nulidad. En los otros casos de procesos constitucionales como cuando decide una acción de amparo, o revisa una sentencia de amparo, o resuelve un recurso de colisión de leyes, lo que podría es interpretar las normas constitucionales con ocasión del caso concreto, pero ello no lo autoriza a legislar.

Sin embargo, como se ha dicho, la Sala Constitucional ha pretendido configurarse como "legislador positivo" al anular normas, tal como resulta del criterio expuesto en la sentencia Nº 319 de 9 de marzo de 2001 (Aclaratoria a la sentencia del Caso: *Nulidad artículos 917 del Código de Procedimiento Civil y artículo 18 de la Ley Orgánica del Poder Judicial*), al formular "ciertas consideraciones acerca de los efectos de la declaratoria de nulidad parcial en el control concentrado de la constitucionalidad de las leyes":

> "Así, observa esta Sala que según lo dispuesto en el artículo 266, numeral 1, de la Constitución, es atribución de este Tribunal Supremo de Justicia ejercer la Jurisdicción Constitucional; y, conforme a lo establecido en el artículo 336 numeral 1, *eiusdem*, es competencia exclusiva de esta Sala Constitucional "declarar la nulidad total o parcial de las leyes nacionales y demás actos con rango de ley de la Asamblea Nacional, que colidan con esta Constitución". Expuestas así las cosas, la referida norma asigna dos posibles consecuencias al ejercicio de dicho control por parte de esta Sala; una, determinar la nulidad total de la norma impugnada y la otra, la nulidad parcial de la misma, lo cual abre un abanico de posibilidades al momento de ejercer dicho control.
>
> Por tanto, cuando una norma es declarada enteramente nula es porque el operador jurídico, es decir la Sala, luego de haber realizado un análisis exhaustivo del contenido de la norma impugnada contrapuesto a los principios constitucionales señalados como trasgredidos, ha concluido que el valor normativo en ella contenido resulta inconstitucional, sin que medie posibilidad alguna de que persista su existencia en el mundo jurídico, pues se alteraría de forma insoslayable el orden instaurado, considerando que el dispositivo normativo contenido en el artículo 119 de la Ley Orgánica de la Corte Suprema de Justicia, le otorga la facultad de fijar los efectos de dicha declaratoria en el tiempo, es decir, hacia el pasado o pro futuro, lo cual en definitiva constituye la exclusión total de dicha norma en el sistema normativo existente.
>
> Situación diferente se plantea en los casos de nulidad parcial de una norma, donde la totalidad de la norma no resulta inconstitucional, sino que son algunos de sus elementos los que violan dispositivos constitucionales, supuesto en el cual, la Sala Constitucional excluye de la estructura de la norma el elemento que resulte inconstitucional, siempre y cuando el supuesto al cual va dirigida esa norma no desaparezca o se altere en su totalidad de forma tal que constituya una norma sin objeto.
>
> Ahora bien, en el último de los supuestos referidos, y que resulta ser el caso regulado por el fallo cuya aclaratoria se solicita, se debe admitir que la relación jurídica condicionada por la norma de una u otra manera, se ve afectada con el control de constitucionalidad ejercido, ya que la norma impugnada, a través de la declaratoria de nulidad parcial, se ha convertido en una *norma nueva y diferente*

*de la norma inicial*, lo cual implica aceptar, que al constituirse en una norma distinta, el operador jurídico debe plasmar en su sentencia el alcance del *nuevo dispositivo normativo*, pues, se parte de que dicha norma va integrada a un texto normativo sistemático, donde los preceptos establecidos en cada artículo, en reiteradas ocasiones guardan relación entre sí. De allí que, la determinación del alcance de dicha norma se hace fundamental para establecer en qué afecta la misma la relación jurídica que condiciona, así como el esquema aplicativo del texto normativo que integra.

Así pues, al prosperar la nulidad parcial de la norma impugnada *nace una nueva norma* y para aplicar tal norma, resulta necesario e indispensable su interpretación, lo cual no es posible hacerlo sin desentrañar previamente el significado de los signos en los que exteriormente se manifiesta, obviamente, sin perder nunca de vista el todo del cual forma parte, debiendo la Sala, en su condición de operador jurídico, imprimirle a la norma los caracteres ideológicos que lo llevaron a determinar su nulidad parcial en resguardo de los derechos constitucionales"[19].

Este es el supuesto de la necesaria integración del derecho que debe realizar la Sala Constitucional en los casos de anulación parcial de una ley. Mediante interpretación constitucional vinculante, la Sala debe integrar el derecho, y de acuerdo con los principios de la ley anulada parcialmente, definir la norma que debe ser aplicada en el fututo.

Pero ello sólo ocurre en casos de anulación parcial de una ley, en cuyo caso, la interpretación de la Constitución que se establezca con carácter vinculante, obliga a todos los órganos jurisdiccionales, los cuales están obligados a decidir con base en el criterio interpretativo fijado por la Sala. Lo contrario, como lo ha dicho la Sala "implicaría, además de una violación e irrespeto a la Constitución, una distorsión a la certeza jurídica y, por lo tanto, un quebrantamiento del Estado de derecho"[20].

## III. ALGO SOBRE LA PARTE DE LAS SENTENCIAS SOBRE INTERPRETACIÓN DE LA CONSTITUCIÓN QUE DEBE CONSIDERARSE COMO "VINCULANTE"

El artículo 335 de la Constitución, como se ha dicho, establece que son vinculantes "las interpretaciones" que establezca la Sala Constitucional "sobre el contenido o alcance de las normas constitucionales"[21], lo que exige de la Sala determinar con exac-

19 *V.*, en *Revista de Derecho Público*, Nº 85-88, Editorial Jurídica Venezolana, Caracas, 2001, pp. 395 y 396.

20 *V.*, sentencia de la Sala Constitucional Nº 2822 de 28-10-2003 (Caso: *SHRM de Venezuela C.A. vs Inspectoría del Trabajo de la Zona del Hierro de Puerto Ordaz, Estado Bolívar*), en *Revista de Derecho Público*, Nº 93-96, EJV, Caracas 2003, p. 500.

21 Como lo puntualizó la Sala Constitucional en su sentencia Nº 727 de 8 de abril de 2003, "es propicia la oportunidad para que la Sala insista en que, de un fallo de la Sala Constitucional, lo vinculante es la interpretación sobre el contenido y alcance de las normas constitucionales, como se apresuró a precisarlo en sentencia Nº 291 del 03 de mayo de 2000, en estos términos: "... debe puntualizar esta Sala que sus criterios vinculantes se refieren a la interpretación sobre el contenido y alcance de las normas constitucionales y no sobre la calificación jurídica de hechos, ajenos a las normas constitucionales". *V.*, en Revista de *Derecho Público*, Nº 93-96, Editorial Jurídica Venezolana, Caracas, 2003.

titud y precisión en sus generalmente extensas sentencias, cuál es exactamente la parte de las mismas que contienen la interpretación vinculante; operación que en ningún caso puede quedar en manos del lector de las mismas.

En otras palabras, el carácter "vinculante" de una interpretación constitucional sobre el contenido o alcance de las normas constitucionales que se haga en una sentencia de la Sala Constitucional no puede recaer sobre cualquier frase o razonamiento interpretativo que contenga la misma. Al contrario, de la sentencia debe derivarse en forma expresa la interpretación de la Sala "sobre el contenido o alcance de las normas constitucionales y principios constitucionales", que es la parte que tiene carácter lo que no se extiende a cualquier argumento o frase utilizado en la sentencia para la interpretación normativa.

Por tanto, en los casos de interpretación constitucional realizada por la Sala Constitucional, ello no significa que todo el cuerpo motivo de una sentencia pueda llegar a tener carácter vinculante. La "doctrina" expuesta por la Sala en una sentencia y que sirve de motivación para decidir, nunca podría tener carácter vinculante, aún cuando sea un valioso instrumento auxiliar para la aplicación de la Constitución. En realidad, lo que puede ser vinculante de una sentencia, sólo puede ser la parte resolutiva de la misma, en la cual la Sala Constitucional debe fijar la interpretación de la norma, y ello debe señalarlo expresamente.

Por ejemplo, en la sentencia N° 2651 de 02-10-2003 en relación con las atribuciones de los Alcaldes en materia de Registro Civil que se asignó al Poder Electoral, se indicó expresamente como interpretación sobre el contenido o alcance de las normas constitucionales pertinentes, lo siguiente:

> "1. El artículo 174 de la Constitución establece que la primera autoridad civil de los Municipios es el Alcalde, por lo que ningún funcionario distinto, puede tener atribuciones que sean privativas de esas autoridades. 2. Los prefectos, jefes civiles y cualquier otra autoridad pueden válidamente tener un ámbito de actuación coincidente con el territorio municipal, pero ello no implica, en ningún caso, la asunción de los poderes que correspondan a los Alcaldes como primera autoridad civil del Municipio".

Más adelante en la sentencia, la Sala agregó:

> "4. Como la primera autoridad civil de un Municipio es el Alcalde, de acuerdo con el artículo 174 de la Constitución, es él quien debe llevar los registros correspondientes, y ya no los Prefectos ni Jefes Civiles, antiguas primeras autoridades de Municipios y parroquias. Ello, sin perjuicio de las reglas para casos especiales que fijó el Código Civil. 5. Esa primera autoridad civil de los municipios, si bien anteriormente tenía el control total del Registro Civil, ahora debe actuar sólo como colaborador con el órgano que constitucionalmente tiene el poder de centralización del Registro: la Comisión de Registro Civil y Electoral, por lo que debe atenerse a lo que, al respecto, dispone la Ley Orgánica del Poder Electoral".

Después de estos razonamientos la Sala concluyó señalando:

> "Esta Sala, en virtud de que el presente fallo fija una interpretación vinculante de normas constitucionales, ordena publicarlo en la *Gaceta Oficial de la República Bolivariana de Venezuela*, por razones de seguridad jurídica, los efec-

tos de la decisión comenzaran a surgir a partir de esa publicación, con lo que esta Sala reconoce expresamente la validez de los actos registrales realizados con anterioridad por prefectos y jefes civiles"[22].

Y ello debe ser así, pues en ese caso la interpretación de la norma establecida, pasa a ser fuente del derecho del mismo rango constitucional que el que tiene la norma que se interpreta. Si lo que se interpreta es una norma constitucional, la interpretación adquiere rango constitucional, por lo que la Sala Constitucional no podría, *ad libitum,* estar modificando sus interpretaciones.

Por otra parte, de acuerdo con la misma norma constitucional del artículo 335, no tendría carácter vinculante la interpretación que pueda hacer la Sala Constitucional de alguna ley o cualquier norma de rango legal o reglamentario, salvo que ello sea hecho "desde la Constitución". Como lo estableció la Sala Constitucional en su sentencia N° 727 de 8 de abril de 2003:

> "... son vinculantes las interpretaciones que hace la Sala de normas infralegales pero desde la Constitución, para, la mayoría de las veces, la adaptación de aquéllas a un Texto Constitucional posterior, pero superior a ellas; en estos casos, la Sala determina cuál es la interpretación que debe darse a una norma de rango distinto al legal dentro de los parámetros de las normas, principios o valores superiores que se incorporaron a la Constitución de la República Bolivariana de Venezuela y que, desde allí, irradian a todo el ordenamiento jurídico"[23].

## IV. LOS PROCESOS CONSTITUCIONALES PARA LA INTERPRETACIÓN VINCULANTE DE LA CONSTITUCIÓN Y LA ACCIÓN AUTÓNOMA PARA LA INTERPRETACIÓN ABSTRACTA DE LA CONSTITUCIÓN

La interpretación vinculante de la Constitución efectuada por la Sala Constitucional sólo puede realizarse en uno de los procesos constitucionales que prevé el propio texto constitucional, en los que esté en juego un caso judicial donde se tenga que aplicar la Constitución, con motivo, por ejemplo, de la interposición de una acción popular de nulidad de las leyes por inconstitucionalidad; de una acción intentada contra una inconstitucional omisión del legislador; de una acción de amparo constitucional para la protección de un derecho constitucional; de una solicitud de control de constitucionalidad de tratados, de leyes orgánicas o de decretos de Estado de excepción; de la resolución de controversias constitucionales; o del ejercicio de la potestad de la Sala Constitucional para revisar sentencias de amparo de los tribunales o las dictadas con motivo del ejercicio del control difuso de la constitucionalidad de las leyes.

La interpretación constitucional es una operación que debe realizar el juez con motivo de uno de los procesos constitucionales cuyo objeto, por tanto, no es la interpretación de la Constitución en sí misma; ésta, en realidad, es un instrumento para la resolución judicial de la pretensión constitucional concreta que dio origen al proceso.

---

22 *V.*, en *Revista de Derecho Público*, N° 93-96, Editorial Jurídica Venezolana, Caracas, 2003.

23 *Ídem.*

Ello implica que la Jurisdicción Constitucional no está establecida para establecer interpretaciones abstractas de la Constitución. Sin embargo, ello no es así en Venezuela, donde la Sala Constitucional, igualmente mediante una interpretación vinculante del artículo 335 de la Constitución, "creó" un recurso autónomo de interpretación abstracta de la Constitución, y que ha sido el vehículo para que la Sala, a petición de cualquier persona con un interés legitimo y directo derivado de la situación jurídica en la cual se encuentra (incluyendo el propio Estado a petición del Procurador General de la República), pueda acudir a la Sala solicitando la interpretación de la Constitución, iniciándose un procedimiento constitucional (sin contradictorio) cuya pretensión es sólo la interpretación de la Constitución. Antes de esta mutación ilegítima de la Constitución, de acuerdo con la Constitución de 1999 el único proceso existente en la materia era el de interpretación de las leyes.

En efecto, con anterioridad a la entrada en vigencia de la Constitución de 1999, el artículo 42,24 de la derogada Ley Orgánica de la Corte Suprema de Justicia atribuyó competencia a la Sala Político Administrativa de la Corte Suprema para interpretar los "*textos legales*, en los casos previstos en la Ley". Fue siguiendo esa misma tradición, que la Constitución de 1999 estableció como competencia del Tribunal Supremo de Justicia, el "conocer de los recursos de interpretación sobre el contenido y alcance de los *textos legales*", pero "en los términos contemplados en la ley" (artículo 266,6), atribución que debe ser ejercida "por las diversas Salas conforme a lo previsto en esta Constitución y en la ley" (único aparte, artículo 266). Por ello, el artículo 31.5 de la Ley Orgánica del Tribunal Supremo de Justicia de 2010, atribuye a *todas las Salas* del Tribunal Supremo, competencia para:

> "Conocer las demandas de interpretación acerca del alcance e inteligencia de los textos legales, siempre que dicho conocimiento no signifique una sustitución del mecanismo, medio o recurso que disponga la ley para dirimir la situación de que se trate".

Ahora bien, a pesar de que el ordenamiento jurídico venezolano sólo regulaba y regula el recurso de interpretación respecto de textos legales, sin embargo, la Sala Constitucional en una importante sentencia N° 1077 de 22 de septiembre de 2000 (Caso: *Servio Tulio León Briceño*) consideró que "no requieren los ciudadanos de leyes que contemplen, en particular, el recurso de interpretación constitucional, para interponerlo"[24], procediendo a crear un recurso autónomo de interpretación abstracta de las normas constitucionales[25], no previsto constitucional ni legalmente, basándose

---

24 Este criterio fue luego ratificado en sentencias N° 1347 de 09-11-2000, en *Revista de Derecho Público,* N° 84, Editorial Jurídica Venezolana, Caracas, 2000, pp. 264 ss.; (N° 1387 de 21-11-2000, en *Ídem*, pp. 275 y ss., y N° 457 de 05-04-2001, entre otras.

25 Sobre este recurso véase en general, Ángela Figueruelo, "Consideraciones en torno al recurso de interpretación constitucional", en *Revista de Derecho Constitucional,* N° 4, Editorial Sherwood, Caracas, 2001, pp. 261-274; Cosimina Pellegrino Pacera, "La interpretación de la Constitución de 1999 por la Sala Constitucional del Tribunal Supremo de Justicia: ¿Existe un recurso autónomo de interpretación constitucional? (A raíz de la sentencia de fecha 22 de septiembre de 2000)", en *Libro Homenaje a Enrique Tejera París, Temas sobre la Constitución de 1999,* Centro de Investigaciones Jurídicas (CEIN), Caracas, 2001, pp. 291 a 332; Arcadio Delgado Rosales, "El recurso de interpretación en la Constitución de 1999" en *Revista de derecho del Tribunal Supremo de Justicia,* N° 2, Caracas, 2000, pp. 243 a 247; Marianella Villegas Salazar, "Comentarios sobre el recurso de interpretación constitucional en la Jurisprudencia de la Sala Constitucional", *Revista de Derecho Público,* N° 84, Editorial Jurídica Venezolana, Ca-

para ello en el artículo 26 de la Constitución que consagra el derecho de acceso a la justicia, del cual dedujo que si bien dicha acción no estaba prevista en el ordenamiento jurídico, tampoco estaba prohibida, agregando que, por lo tanto:

> "No es necesario que existan normas que contemplen expresamente la posibilidad de incoar una acción con la pretensión que por medio de ella se ventila, bastando para ello que exista una situación semejante a las prevenidas en la ley, para la obtención de sentencias declarativas de mera certeza, de condena, o constitutivas. Este es el resultado de la expansión natural de la juridicidad"[26].

La acción de interpretación de la Constitución, como lo precisó la Sala Constitucional, es una acción de igual naturaleza que la de interpretación de la ley[27], es decir, tiene por objeto obtener una sentencia declarativa de mera certeza sobre el alcance y contenido de las normas constitucionales, que no anula el acto en cuestión, pero que busca en efecto semejante, ya que en estos casos, coincide el interés particular con el interés constitucional; agregando que:

> "La finalidad de tal acción de interpretación constitucional sería una declaración de certeza sobre los alcances y el contenido de una norma constitucional, y formaría un sector de la participación ciudadana, que podría hacerse incluso como paso previo a la acción de inconstitucionalidad, ya que la interpretación constitucional podría despejar dudas y ambigüedades sobre la supuesta colisión. Se trata de una tutela preventiva"[28].

Sobre este recurso de interpretación, la Sala Constitucional ha dicho que a través del mismo, la Sala:

> "Precisará el núcleo de los preceptos, valores o principios constitucionales, en atención a dudas razonables respecto a su sentido y alcance, originadas en una presunta antinomia u oscuridad en los términos, cuya inteligencia sea pertinente aclarar por este órgano, a fin de satisfacer la necesidad de seguridad jurídica –sin que queden excluidos de por sí otros sentidos o alcances que la cultura política y jurídica o la ética pública desarrollen–. Su fin, pues, es esclarecedor y completivo y, en este estricto sentido, judicialmente creador; en ningún caso legislativo. Consiste primordialmente en una mera declaración, con efectos vinculantes sobre el núcleo mínimo de la norma estudiada o sobre su "intención" (comprensión) o extensión, es decir, con los rasgos o propiedades que se predican de los términos que forman el precepto y del conjunto de objetos o de dimensiones de la

---

racas, 2000, p. 417-425; y Allan R. Brewer-Carías, "Le recours d'interprétation abstrait de la Constitution au Vénézuéla", en *Le renouveau du droit constitutionnel, Mélanges en l'honneur de Louis Favoreu*, Dalloz, Paris, 2007, pp. 61-70.

26 *V.*, sentencia Nº 1077 de la Sala Constitucional de 22-09-2000 (Caso: *Servio Tulio León Briceño),* en *Revista de Derecho Público,* Nº 83, Editorial Jurídica Venezolana, Caracas, 2000, pp. 247 y ss. *V.*, además, la sentencia de la Sala Nº 1487 de 6-8-2004 (Caso*: Interpretación del artículo 72 de la Constitución de la República Bolivariana de Venezuela*), donde la sala ha recogido los principios generales que regulan este recurso de interpretación, en *Revista de Derecho Público,* Nº 99-100, Editorial Jurídica Venezolana, Caracas, 2004, pp. 322 ss.

27 *Ídem*

28 *Ibídem*

realidad abarcadas por él, cuando resulten dudosos u obscuros, respetando, a la vez, la concentración o generalidad de las normas constitucionales. Dicho carácter concentrado, que debe quedar incólume, más que un defecto es una ventaja de las normas constitucionales, es la condición de su operatividad y su adaptabilidad en el tiempo en razón de la dialéctica social.

Por lo tanto, en atención al carácter concentrado del control constitucional, es decir, siendo comprensivas muchas de sus normas de decisiones políticas fundamentales (en la terminología de Carl Schmitt), de determinaciones de fines del Estado o principios rectores de la política social o económica –al modo en que los han definido los constitucionalistas alemanes–, son, por ello, susceptibles de múltiples desarrollos; y en consideración de la posición de máximo intérprete constitucional del órgano de control, se deduce que las interpretaciones de esta Sala Constitucional, en general, o las dictadas en vía de recurso interpretativo, se entenderán vinculantes respecto al núcleo del caso estudiado, todo ello en un sentido de límite mínimo, y no de frontera intraspasable por una jurisprudencia de valores oriunda de la propia Sala, de las demás Salas o del universo de los tribunales de instancia"[29].

Las normas que pueden ser objeto de interpretación mediante este recurso, como también lo ha determinado la Sala Constitucional, son las que conforman el "bloque de constitucionalidad", es decir, además de las normas contenidas en la Constitución, las de los tratados o convenios internacionales que autorizan la producción de normas por parte de organismos multilaterales, las normas generales dictadas por la Asamblea Nacional Constituyente o aquellas otras normas también de rango legal que cumplen una función constitucional[30].

Para que la Sala entre a conocer de un recurso de interpretación, por otra parte, se requiere la existencia de una situación jurídica concreta, a los efectos de "reservar al recurso de interpretación su verdadera justificación y evitar que se convierta en un medio indiscriminado de resolución de consultas"[31]. Por ello, en cuanto a la legitimación necesaria para interponer la demanda, en la antes mencionada sentencia N° 1077 de 22 de septiembre de 2000, la Sala Constitucional ha señalado que el recurrente debe tener un interés particular en el sentido de que:

> "Como persona pública o privada debe invocar un interés jurídico actual, legítimo, fundado en una situación jurídica concreta y específica en que se encuentra, y que requiere necesariamente de la interpretación de normas constitucionales aplicables a la situación, a fin de que cese la incertidumbre que impide el desarrollo y efectos de dicha situación jurídica".

La Sala precisó, además, que se "está ante una acción con legitimación restringida, aunque los efectos del fallo sean generales"; por lo que señaló que "puede decla-

29 *V.*, en *Revista de Derecho Público*, N° 84, Editorial Jurídica Venezolana, Caracas, 2002, p. 267.

30 *V.*, sentencia de la Sala Constitucional N° 278 de 19-02-2002 en *Revista de Derecho Público*, N° 89-92, Editorial Jurídica Venezolana, Caracas, 2002.

31 *V.*, sentencia N° 2651 de fecha 02-10-2003 en *Revista de Derecho Público,* N° 93-96, Editorial Jurídica Venezolana, Caracas, 2003.

rar inadmisible un recurso de interpretación que no persiga los fines antes mencionados, o que se refiere al supuesto de colisión de leyes con la Constitución, ya que ello origina otra clase de recurso".

En la antes mencionada sentencia N° 1077 de 22-09-01, la Sala Constitucional reiteró su criterio sobre la legitimación activa para intentar el recurso de interpretación, señalando que el recurrente debe tener un "interés jurídico personal y directo", de manera que en la demanda se exprese con precisión, como condición de admisibilidad, "en qué consiste la oscuridad, ambigüedad o contradicción entre las normas del texto constitucional, o en una de ellas en particular; o sobre la naturaleza y alcance de los principios aplicables; o sobre las situaciones contradictorias o ambiguas surgidas entre la Constitución y las normas del régimen transitorio o del régimen constituyente"[32]. Agregando más adelante:

> "La petición de interpretación puede resultar inadmisible, si ella no expresa con precisión en qué consiste la oscuridad, ambigüedad o contradicción entre las normas del texto constitucional, o en una de ellas en particular; o sobre la naturaleza y alcance de los principios aplicables; o sobre las situaciones contradictorias o ambiguas surgidas entre la Constitución y las normas del régimen transitorio o del régimen constituyente"[33].

Adicionalmente, en otra sentencia, N° 1029 de 13-06-2001, la Sala Constitucional atemperó el rigorismo de declarar inadmisible el recurso si no se precisaba el contenido de la acción, ya que señaló que:

> "La solicitud deberá expresar: 1.- Los datos concernientes a la identificación del accionante y de su representante judicial; 2.- Dirección, teléfono y demás elementos de ubicación de los órganos involucrados; 3.- Descripción narrativa del acto material y demás circunstancias que motiven la acción".

En cuanto a los motivos del recurso, la Sala expresó que el recurso de interpretación tiene como objeto resolver:

> "Cuál es el alcance de una norma constitucional o de los principios que lo informan, cuando los mismo no surgen claros del propio texto de la Carta Fundamental; o de explicar el contenido de una norma contradictoria, oscura o ambigua; o del reconocimiento, alcance y contenido, de principios constitucionales"[34].

---

32 *V.*, Caso: *Servio Tulio León Briceño*, en *Revista de Derecho Público*, N° 83, Editorial Jurídica Venezolana, Caracas, 2000, pp. 247 y ss. Adicionalmente, en otra sentencia, N° 1029 de 13-06-2001, la Sala Constitucional atemperó el rigorismo de declarar inadmisible el recurso si no precisaba el contenido de la acción, ya que señaló que "La solicitud deberá expresar: 1.- Los datos concernientes a la identificación del accionante y de su representante judicial; 2.- Dirección, teléfono y demás elementos de ubicación de los órganos involucrados; 3.- Descripción narrativa del acto material y demás circunstancias que motiven la acción".

33 *V.*, Caso: *Servicio Tulio León Briceño*, en *Revista de Derecho Público*, N° 83, Editorial Jurídica Venezolana, Caracas, 2000, pp. 247 y ss.

34 *Ídem*.

En sentencia N° 1347, de 9 de septiembre de 2000, la Sala Constitucional delimitó aún más los contornos del recurso de interpretación constitucional, destacando los siguientes:

"2. Precisión en cuanto al motivo de la acción. La petición de interpretación puede resultar inadmisible, si ella no expresa con precisión en qué consiste la oscuridad o ambigüedad de disposiciones, o la contradicción entre las normas del texto constitucional; o sobre la naturaleza y alcance de los principios aplicables; o sobre las situaciones contradictorias o ambiguas observadas en el análisis comparativo de la Constitución y las normas del régimen transitorio o del régimen constituyente.

3. Será inadmisible el recurso, cuando en sentencias de esta Sala anteriores a su interposición, se haya resuelto el punto, y no sea necesario modificarlo. Este motivo de inadmisibilidad no opera en razón de la precedencia de una decisión respecto al mismo asunto planteado, sino a la persistencia en el ánimo de la Sala del criterio a que estuvo sujeta la decisión previa.

4. Por otro lado, esta Sala deja claramente establecido que el recurso de interpretación constitucional no puede sustituir los recursos procesales existentes ni traducirse en una acción de condena, ni declarativa, ni constitutiva, por lo que si el recurrente persigue adelantar un pronunciamiento sobre un asunto planteado ante otro órgano jurisdiccional o pretende sustituir con esta vía algún medio ordinario a través del cual el juez pueda aclarar la duda planteada, el recurso deberá ser declarado inadmisible por existir otro recurso.

En este sentido, ya se pronunció la Sala en la sentencia mencionada en los siguientes términos:

Ahora bien, el que esta Sala, como parte de las funciones que le corresponden y de la interpretación de la ley, de la cual forma parte la Constitución, pueda abocarse a conocer una petición en el sentido solicitado por el accionante, no significa que cualquier clase de pedimento puede originar la interpretación, ya que de ser así, se procuraría opinión de la Sala ante cualquier juicio en curso o por empezar, para tratar de vincular el resultado de dichos juicios, con la opinión que expresa la Sala, eliminando el derecho que tienen los jueces del país y las otras Salas de este Tribunal de aplicar la Constitución y de asegurar su integridad (artículo 334 de la vigente Constitución), así como ejercer el acto de juzgamiento, conforme a sus criterios; lográndose así que se adelante opinión sobre causas que no han comenzado, y donde tales opiniones previas tienden a desnaturalizar el juzgamiento.

5. Tampoco puede pretender el recurrente acumular a la pretensión interpretativa otro recurso o acción de naturaleza diferente, ya que conllevaría a la inadmisibilidad por inepta acumulación de pretensiones o procedimientos que se excluyen mutuamente. Tal sería el caso en que pretenda acumular un recurso de interpretación con un conflicto de autoridades, o que se solicite conjuntamente la nulidad de un acto de algún órgano del Poder Público –tanto en el caso que se pretenda que la decisión abarque ambas pretensiones o que las estime de forma subsidiaria–, o que promueva la interpretación de algún texto de naturaleza legal o sublegal, o la acumule con un recurso de colisión de leyes o de éstas con la propia Constitución.

6. De igual modo, será inadmisible la solicitud de interpretación cuando exista la convicción de que constituye un intento subrepticio de obtener resultados cuasi jurisdiccionales que desbordan el fin esclarecedor de este tipo de recursos; es decir, que lo planteado persiga más bien la solución de un conflicto concreto entre particulares o entre éstos y órganos públicos, o entre estos últimos entre sí; o una velada intención de lograr una opinión previa sobre la inconstitucionalidad de una ley. En fin, cuando lo pedido desnaturalice los objetivos del recurso de interpretación"[35].

Delimitada en esta forma el alcance del recurso de interpretación constitucional, todo apuntaba a que debía considerarse como otro de los procesos constitucionales destinados a garantizar la justicia constitucional, que requería de un accionante, y que debía implicar la apertura de un contradictorio; pues así como puede haber personas con interés jurídico en una determinada interpretación de la Constitución, igualmente puede haber otras personas que puedan tener un interés jurídico en otra interpretación. En tal sentido, la Sala debería emplazar y citar a los interesados para garantizarles que puedan hacerse parte en el proceso, y alegar a favor de una u otra interpretación del texto constitucional.

Sin embargo, sobre esto, después de haber creado el recurso, la Sala Constitucional, en sentencia Nº 2651 de 2 de octubre de 2003 (Caso: *Ricardo Delgado (Interpretación artículo 174 de la Constitución),* le negó el carácter de proceso constitucional señalando que en virtud de que "el recurso de interpretación debe tener como pretensión la exclusiva determinación del alcance de normas –en este caso constitucionales–", entonces "no hay *litis*, enfrentamiento entre unas partes, respecto de las cuales haya que procurar su defensa". Agregó la Sala:

> "Quizás parte de la confusión derive del hecho de que la jurisprudencia de esta Sala exige, para la admisión del recurso de interpretación, la existencia de un caso concreto. Eso podría llevar a creer que se está en presencia de un litigio, así sea eventual. De hecho, en el asunto de autos, la duda interpretativa enfrenta ya a varios órganos estatales, cada uno con su particular opinión.
>
> Ahora bien, la exigencia del caso concreto no es más que un reflejo de la necesidad de reservar al recurso de interpretación su verdadera justificación y evitar que se convierta en un medio indiscriminado de resolución de consultas. Por tanto, es sólo un requisito de legitimación –es decir, la puerta al tribunal–, sin que ello se materialice luego en la posibilidad de que el juez satisfaga pretensiones distintas a la meramente interpretativa.
>
> De acuerdo con lo indicado, el caso concreto es el requisito para pedir la interpretación, demostrando que hay mérito suficiente para que sea el Máximo Tribunal de la República el que se pronuncie, pero sin que ello dé lugar a que se resuelva el mismo: lo que se aclara es la duda interpretativa que existía en ese supuesto. La controversia se seguirá o se llevará ante quien corresponda, para lo cual se supone que el fallo de la Sala debe ser de utilidad. Es la razón, precisamente, de algunos de los fallos de inadmisión que ha dictado esta Sala, en las

---

35 *V.*, en *Revista de Derecho Público,* Nº 84, Editorial Jurídica Venezolana, Caracas, 2000, p. 270.

oportunidades en que los accionantes no se han limitado en su pretensión, sino que han pedido pronunciamiento distintos a la sola interpretación, queriendo que el caso concreto sea no sólo el legitimante del recurso, sino también el fondo de lo que se decidirá.

... Aunque en teoría la Sala no necesita realmente oír a nadie más para dar su opinión vinculante, la prudencia y la responsabilidad le exigen otra conducta. Por ello, la Sala no se limita a estudiar el caso aisladamente, con prescindencia de los pareceres ajenos, sino que procura llamar a quienes pudieran tener algo que decir y que, al hacerlo, podrían ilustrar a los magistrados en la toma de su propia postura. A veces no lo ha hecho, por la urgencia, y con ello no ha violado derecho alguno, pues –se insiste– no hay partes a las que proteger en su derecho. Ahora, el que no haya derechos en juego (aunque en el caso concreto bien puede haberlos) no implica que no haya intereses que tutelar. Para la protección de esos intereses la Sala formula invitaciones, no citaciones. No hay de qué defenderse, pero sí sobre qué opinar.

... Entonces, la Sala, aun cuando ninguna norma le obliga a llamar a nadie para decidir un recurso de interpretación, entiende necesario hacerlo, con base en ese derecho a la participación –extendido al ámbito judicial– y con fundamento en la imprescindible tutela de los intereses. Por ello, la Sala mantiene y mantendrá como práctica la de notificar y publicar edictos. No puede ser de otra forma, salvo en casos de urgencia, si se piensa en que el fallo será vinculante y de efectos *erga omnes*".

Debe indicarse, además, que en sentencia N° 1347, de fecha 09-11-2000, la Sala Constitucional delimitó el carácter vinculante de las interpretaciones establecidas con motivo de decidir los recursos de interpretación, señalando que:

"Las interpretaciones de esta Sala Constitucional, en general, o las dictadas en vía de recurso interpretativo, se entenderán vinculantes respecto al núcleo del caso estudiado, todo ello en un sentido de límite mínimo, y no de frontera intraspasable por una jurisprudencia de valores oriunda de la propia Sala, de las demás Salas o del universo de los tribunales de instancia".

Este recurso autónomo de interpretación abstracta de la Constitución creado por la Sala Constitucional ha sido utilizado con mucha frecuencia, pero en vez de ser un instrumento para el afianzamiento del Estado de derecho y la garantía de la seguridad jurídica, se ha convertido en un instrumento para la mutación ilegítima de la Constitución, la mayoría de las veces a petición del Poder Ejecutivo[36], mediante el cual la Sala Constitucional ha sustituido las funciones de los otros Poderes Públicos, asumiendo tareas asignadas al Legislador. La propia Sala Constitucional, sin embargo, y aun cuando no lo haya logrado en la práctica, en su sentencia N° 1347 de 9 de septiembre de 2000 hizo un esfuerzo por auto limitarse en este respecto, para evitar la

36 *V.*, Allan R. Brewer-Carías, "El juez constitucional al servicio del autoritarismo y la ilegítima mutación de la Constitución: el caso de la Sala Constitucional del Tribunal Supremo de Justicia de Venezuela (1999-2009)", en *IUSTEL, Revista General de Derecho Administrativo*, N° 21, junio 2009, Madrid, ISSN-1696-9650

tentación totalizante, señalando que en la solución de los recursos de interpretación constitucional, teniendo en cuenta el principio de la separación de poderes y su relación con la función de seguridad del Estado de derecho, la Sala no podrá convertirse:

"En línea con este razonamiento, la Sala no podrá suplir las potestades de los órganos del Poder Público u ordenar la manera en que se desempeñarán en el ejercicio de sus actividades propias, pues a todos ellos cabe actuar según sus competencias y de acuerdo con el derecho.

Por lo tanto, los órganos que integran el Poder Público, en la consecución de sus cometidos, no tendrán más dirección y vigilancia que la que establezca nuestra Constitución, las leyes y demás normas aplicables. Sería impropio del poder garantizador de la Constitución que ejerce esta Sala y a través de este recurso, el velar *motu propio* y de manera indiscriminada, por la eficacia y eficiencia, incluso en la realización de la Constitución, de los órganos legislativos y administrativos de la jerarquía que fuesen.

Esta posición delimita la función político-jurídica que le toca asumir a este Tribunal en cuanto a su función de máximo custodio de la Constitución. De allí que, si bien él se encuentra en la cúspide de los órganos judiciales que refieren sus funciones a la Constitución, su labor consiste, primeramente, de cara al universo de operadores jurídicos, en mantener abierta la posibilidad de que, en el ejercicio de las competencias que tienen atribuidas, cumplan con sus objetivos, participen plenamente en la toma de las decisiones en que les quepa actuar, y, una vez actuadas estas potencialidades, derechos, deberes o potestades, según sea el caso, controlar en grado a la competencia que la propia Constitución le faculta, la correspondencia de dichas actuaciones con respecto a la norma fundamental.

Lo político administrativo o legislativo, en el sentido de elegir el camino o el modo más acorde con el bienestar social, si bien el procedimiento de su elección en muchos casos viene ya señalado por la Constitución, así como los campos en que se mueve la realidad social a que deben prestar sus servicios, sólo le corresponde dictarlo a los entes que ejercen las estrictas funciones político administrativas o legislativas, sin que este Tribunal ante les señale la mejor forma de hacerlo.

8.- En definitiva, la Sala se cuidará, con el mayor rigor, al absolver un recurso de interpretación, pues es su propio juez y freno, de no pronunciarse sobre acciones a ser ejecutadas, programas a ser encaminados, políticas a ser establecidas o, en fin, sobre la manera de ejercer sus funciones otros órganos; siempre orientándose dentro del marco teleológico de la norma que estuviere en cuestión, sea que ésta persiga definir diferentes grados de organización y cohesión de la vida social, establecer autoridades y roles sociales, reglas de comportamiento o directivas para la acción, procedimientos para la resolución de conflictos, o la distribución del uso de la fuerza; ya sea que dichas normas respondan a la función conservadora o promocional que se le asigna al derecho, con sus respectivos mecanismos positivos o negativos de control"[37].

---

37 *V.*, en *Revista de Derecho Público*, N° 84, Editorial Jurídica Venezolana, Caracas, 2000, p. 268.

Sin embargo, y a pesar de estas declaraciones, la Sala Constitucional no sólo ha actuado como legislador positivo, dictando normas legales[38] e, incluso, reformando de oficio normas legales[39], sino que mediante la interpretación constitucional vinculante establecida al decidir recursos abstractos de interpretación, ha asumido el rol de Poder Constituyente y ha reformado la propia Constitución, la mayoría de las veces a solicitud del Procurador General de la república, como ha ocurrido, por ejemplo, con la eliminación del principio de la alternabilidad republicana[40], la modificación de la distribución de competencias entre el Poder Nacional y los Estados, rompiendo la forma federal del Estado;[41] la eliminación de la prohibición de financiamiento con fondos públicos a las actividades electorales de los partidos políticos;[42] la modificación del ámbito de la competencia del Tribunal Supremo en mate-

---

38 *V.*, Allan R. Brewer-Carías, "El juez constitucional como legislador positivo y la inconstitucional reforma de la Ley Orgánica de Amparo mediante sentencias interpretativas," en Eduardo Ferrer Mac-Gregor y Arturo Zaldívar Lelo de Larrea (Coordinadores), *La ciencia del derecho procesal constitucional. Estudios en homenaje a Héctor Fix-Zamudio en sus cincuenta años como investigador del derecho*, Instituto de Investigaciones Jurídicas, Universidad Nacional Autónoma de México, T. V, México 2008, pp. 63-80 y en *Crónica sobre la "in" Justicia Constitucional. La Sala Constitucional y el autoritarismo en Venezuela*, Colección Instituto de Derecho Público, Universidad Central de Venezuela, N° 2, Caracas, 2007, pp. 545-563.

39 *V.*, la reforma del artículo 31 de la Ley de Impuesto sobre la renta "sancionada" en sentencia N° 301 de 27-01-2007, (Caso: *Adriana Vigilanza y Carlos A. Vecchio*), Expediente N° 01-2862, en *Gaceta Oficial* N° 38.635 de fecha 01-03-2007. Véanse los comentarios a la sentencia en Allan R. Brewer-Carías, "El juez constitucional en Venezuela como legislador positivo de oficio en materia tributaria", en *Revista de Derecho Público*, N° 109 (enero-marzo 2007), Editorial Jurídica Venezolana, Caracas 2007, pp. 193-212 y en *Crónica sobre la "in" Justicia Constitucional. La Sala Constitucional y el autoritarismo en Venezuela*, N° 2, Colección Instituto de Derecho Público, Universidad Central de Venezuela, Caracas, 2007, pp. 565-592; *V.*, sobre el mismo tema, Allan R. Brewer-Carías, "De cómo la Jurisdicción constitucional en Venezuela, no sólo legisla de oficio, sino subrepticiamente modifica las reformas legales que "sanciona", a espaldas de las partes en el proceso: el caso de la aclaratoria de la sentencia de Reforma de la Ley de Impuesto sobre la Renta de 2007, *Revista de Derecho Público*, N° 114, Editorial Jurídica Venezolana, Caracas 2008, pp. 267-276. *V.*, además, sobre la sentencia N° 301 de 27-02-2007, la sentencia de la Sala Constitucional N° 980 de 17-06-2008, en la misma *Revista de Derecho Público*, N° 114, Editorial Jurídica Venezolana, Caracas 2008, pp. 183 y ss.

40 *V.*, sentencias de la Sala Constitucional Nos. 49 y 53 de 3 de febrero de 2009 (Caso: *Interpretación de los artículos 340,6 y 345 de la Constitución*), en http://www.tsj.gov.ve/decisions/scon/Febrero/ 53-3209-2009-08-1610.html; y en *Revista de Derecho Público*, N° 117, Editorial Jurídica Venezolana, Caracas, 2009, pp. 78 ss. Véanse los comentarios sobre esta sentencia en Allan R. Brewer-Carías, "El Juez Constitucional vs. La Alternabilidad Republicana (La reelección continua e indefinida)," en *Revista de Derecho Público*, N° 117, Editorial Jurídica Venezolana, Caracas, 2009, pp. 205 ss.

41 *V.*, sentencia de la Sala Constitucional N° 565 de fecha 15 de Abril de 2008 (caso *Procuradora General de la República*, recurso de interpretación del artículo 164.10 de la Constitución de 1999), en http://www.tsj.gov.ve/decisiones/scon/Abril/565-150408-07-1108.htm y en *Revista de Derecho Público*, N° 114, Editorial Jurídica Venezolana, Caracas, 2008, pp. 132 ss. Véanse los comentarios sobre esta sentencia en Allan R. Brewer-Carías, "La Sala Constitucional como poder constituyente: la modificación de la forma federal del estado y del sistema constitucional de división territorial del poder público, en *Revista de Derecho Público*, N° 114, Editorial Jurídica Venezolana, Caracas 2008, pp. 247-262.

42 *V.*, sentencia de la Sala Constitucional N° 780 de 8 de mayo de 2008 (Exp. N° 06-0785), en *Revista de Derecho Público*, N° 114, Editorial Jurídica Venezolana, Caracas, 2008, pp. 124 y ss. *V.*, los comentarios sobre esta sentencia en Allan R. Brewer-Carías, "El juez constitucional como constituyente: El caso del financiamiento de las campañas electorales de los partidos políticos en Venezuela", en *Revista de Derecho Público*, N° 117, Editorial Jurídica Venezolana, Caracas, 2009, pp. 195 y ss.

ria de antejuicio de mérito respecto de altos funcionarios del Estado;[43] y las modificaciones al ámbito de las propias competencias de la Sala Constitucional como Jurisdicción Constitucional[44].

## *SECCIÓN SEGUNDA:*

## *LOS EFECTOS DE LAS SENTENCIAS CONSTITUCIONALES EN VENEZUELA (2008)*

**Esta sección recoge el texto sobre "Los efectos de las sentencias constitucionales en Venezuela," publicado en el *Anuario Internacional sobre Justicia Constitucional, No. 22, Centro de Estudios Políticos y Constitucionales*, Madrid 2008, pp. 19-66. Publicado también en el libro: *Derecho Procesal Constitucional. Instrumentos para la Justicia Constitucional*, Ediciones Doctrina y Ley Ltda., Bogotá 2013, pp. 505-544.**

Los efectos de las sentencias constitucionales varían según el proceso o procedimiento constitucional en los cuales aquellas se dicten. En consecuencia, el tema se torna más complejo en sistemas de justicia constitucional mixtos, como el que se ha desarrollado en Venezuela[45], estructurado con múltiples procesos y procedimientos constitucionales que se desarrollan, no sólo ante la Jurisdicción Constitucional, sino ante la Jurisdicción Ordinaria y la Jurisdicción Contencioso-Administrativa, mediante los cuales los particulares pueden demandar el control judicial de la constitucionalidad de todos los actos del Estado.

En primer lugar, están los procesos constitucionales que se desarrollan ante la Jurisdicción Ordinaria, que se desarrollan en dos casos: primero, cuando los jueces, conforme al método difuso de control de constitucionalidad de las leyes y demás actos estatales normativos, las desaplican al decidir casos concretos, conforme lo autoriza el artículo 334 de la Constitución; y segundo, cuando deciden procesos de amparo constitucional de derechos y garantías constitucionales conforme se establece en el artículo 27 de la Constitución.

---

43 *V.*, sentencia de la Sala Constitucional N° 1684 del 4 de noviembre de 2008 (Caso: *Carlos Eduardo Giménez Colmenárez*, Expediente N° 08-1016), en *Revista de Derecho Público*, N° 116, Editorial Jurídica Venezolana, Caracas 2008, p. 168 y ss. *V.*, los comentarios sobre esta sentencia en Allan R. Brewer-Carías, "La ilegítima mutación de la constitución hecha por el juez constitucional en materia de antejuicios de mérito de altos funcionarios del estado", en *Revista de Derecho Público*, N° 116, Editorial Jurídica Venezolana, Caracas 2008, pp. 261 y ss.

44 *V.*, sobre el tema: Allan R. Brewer-Carías, "La ilegítima mutación de la Constitución por el Juez Constitucional en materia de justicia constitucional", en *Libro Homenaje a Josefina Calcaño de Temeltas*, Fundación de Estudios de Derecho Administrativo (FUNEDA), Caracas 2009.

45 *V.*, Allan R. Brewer-Carías, *El sistema mixto o integral de control de la constitucionalidad en Colombia y Venezuela*, Universidad Externado de Colombia (Temas de Derecho Público N° 39) y Pontificia Universidad Javeriana (*Quaestiones Juridicae* N° 5), Bogotá 1995, 120 pp. Publicado también en *Revista Tachirense de Derecho*, Universidad Católica del Táchira, N° 5-6, San Cristóbal, enero-diciembre 1994, pp. 111-164; en *Anuario de Derecho Constitucional Latinoamericano*, Fundación Konrad Adenauer, Medellín-Colombia 1996, pp. 163-246; y en G. J. Bidart Campos y J. F. Palomino Manchego (Coordinadores), *Jurisdicción Militar y Constitución en Iberoamérica, Libro Homenaje a Domingo García Belaúnde*, Instituto Iberoamericano de Derecho Constitucional (Sección Peruana), Lima 1997, pp. 483-560.

En segundo lugar, están los procesos y procedimientos constitucionales que se desarrollan específicamente ante la Jurisdicción Constitucional, los cuales conforme a los artículos 266,1 y 334 de la Constitución se atribuyen a la Sala Constitucional del Tribunal Supremo de Justicia, y que están destinados a controlar la constitucionalidad de las leyes y demás actos estatales de similar rango y valor o dictados en ejecución directa de la Constitución. Este control de constitucionalidad se configura como un sistema de control concentrado de la constitucionalidad de dichos actos estatales, que otorga a dicha Sala Constitucional el monopolio de su declaratoria de nulidad con efectos *erga omnes*.

Y en tercer lugar, está el proceso de control de constitucionalidad (además de legalidad) de los reglamentos y demás actos administrativos, cuyo conocimiento, conforme al artículo 259 de la Constitución, se atribuye a la Jurisdicción Contencioso-Administrativa, integrada por la Sala Político-Administrativa y la Sala Electoral del Tribunal Supremo de Justicia y demás tribunales determinados por la ley. Este control también se configura como un sistema de control concentrado de la constitucionalidad de dichos reglamentos y demás actos administrativos, que otorga a dichas Salas y demás tribunales el monopolio de su declaratoria de nulidad, por inconstitucionalidad (además de ilegalidad), también con efectos *erga omnes*.

A continuación nos vamos a referir a los efectos de las sentencias constitucionales dictadas por los tribunales de la Jurisdicción Ordinaria y por la Sala Constitucional del Tribunal Supremo, como Jurisdicción Constitucional; y por último nos referiremos al tema de los efectos vinculantes de las sentencias de interpretación de la Constitución dictadas por la Sala Constitucional del Tribunal Supremo.

En cuanto a los efectos de las sentencias constitucionales dictadas por la los tribunales de la Jurisdicción Contencioso Administrativa, como los mismos son similares a los de las sentencias dictadas al resolverse las acciones populares de inconstitucionalidad, rigiéndose por las mismas normas de la Ley Orgánica del Tribunal Supremo de Justicia, estimamos redundante referirnos a ello en forma separada. En tal materia nos remitimos, *mutatis mutandi*, a lo que exponemos en cuanto al régimen de las sentencias dictadas en los juicios de constitucionalidad.

## I. LOS EFECTOS DE LAS SENTENCIAS CONSTITUCIONALES DICTADAS POR LOS TRIBUNALES DE LA JURISDICCIÓN ORDINARIA

En Venezuela, el juez ordinario es juez constitucional no sólo cuando aplica el método difuso de control de constitucionalidad de las leyes y demás actos normativos, sino además, cuando decide una acción de amparo constitucional de derechos y garantías constitucionales.

Desde 1897, el Código de Procedimiento Civil estableció la posibilidad de que todo órgano judicial pueda ejercer el control de la constitucionalidad de las leyes y demás actos normativos al decidir cualquier proceso, cuando la ley vigente cuya aplicación se pida, colidiere con alguna disposición constitucional, en cuyo caso los tribunales deben aplicar ésta con preferencia.

Se trata del método difuso de control de la constitucionalidad de las leyes, que ha recogido el artículo 334 de la Constitución de 1999, conforme al cual cualquiera de las partes en un proceso, puede solicitar la inaplicabilidad de una Ley que se estime inconstitucional, en cuyo caso, el juez, el cual también está autorizado para decidir el asunto de oficio, puede aplicar con preferencia la Constitución e inaplicar la ley en el caso concreto, teniendo por supuesto la decisión efectos *inter partes*[46].

Pero además, los jueces ordinarios en Venezuela tienen competencia para conocer de procesos de amparo constitucional para la protección de los derechos y garantías establecidos en la Constitución, tal como se establece en el artículo 27 de la Constitución, mediante un procedimiento breve, público, oral, gratuito y no sujeto a formalidades, en el cual el juez puede restablecer inmediatamente la situación jurídica infringida.

El proceso de amparo, por tanto, no es monopolio de un sólo tribunal, como sucede en España o en Costa Rica, sino que corresponde a todos los jueces de primera instancia (e incluso a cualquier juez de la localidad en caso de que en ella no haya juez de primera instancia), en cuyas decisiones, siempre se produce un juicio de control de la constitucionalidad relativo a la protección de derechos y garantías constitucionales[47].

### 1. *Los efectos de las sentencias de control difuso de la constitucionalidad de las leyes*

El tema de los efectos de la decisión que adopten los tribunales en relación con la constitucionalidad o aplicabilidad de una ley en un caso concreto, tiene dos vertientes: primero, la determinación de a quién afecta la decisión de declarar la inconstitucionalidad de la ley y desaplicarla, y segundo, determinar el momento a partir del cual la decisión judicial, es decir, la desaplicación de la ley comienza a surtir efectos.

#### A. *Los efectos inter partes de la decisión judicial y sus excepciones*

En relación con el primer punto, conforme a la racionalidad del método difuso de control de constitucionalidad[48], la decisión adoptada por el Juez sólo tiene efectos en relación con las partes en el proceso concreto en la cual aquella se adopta.

En otras palabras, en el método difuso de control de constitucionalidad, la decisión adoptada sobre la inconstitucionalidad e inaplicabilidad de la ley en un caso, sólo tiene efectos *in casu et inter partes,* es decir, en relación con un caso concreto y exclusivamente, en relación con las partes que han participado en el proceso, por lo que no puede ser aplicada a otros particulares ni a otros casos. Esta es la consecuencia directa del carácter incidental del método difuso de control de constitucionalidad.

En consecuencia, si una ley es considerada inconstitucional en una decisión judicial, esto no significa que dicha ley ha sido invalidada y que no es efectiva y aplicable en otros casos.

---

46 *V.*, en general, Allan R. Brewer-Carías, *La Justicia Constitucional*, Vol. VI, *Instituciones políticas y constitucionales*, Universidad Católica del Táchira, Editorial Jurídica Venezolana, Caracas-San Cristóbal, 1996, pp. 121 y ss.

47 *V.*, en general, Allan R. Brewer-Carías, *El derecho y la acción de amparo*, Vol. V, *Instituciones políticas y constitucionales*, Universidad Católica del Táchira, Editorial Jurídica Venezolana, Caracas-San Cristóbal, 1998.

48 *V.*, Allan R. Brewer-Carías, *Judicial Review in Comparative Law*, Cambridge University Press, Cambridge, 1989.

Sólo significa que en cuanto concierne a ese proceso particular, y a las partes que en él intervinieron en el cual el Juez decidió la inaplicabilidad de la ley, es que ésta debe considerarse inconstitucional, nula y sin valor, sin que ello tenga ningún efecto con relación a otros procesos, otros jueces y otros particulares.

### B. *Los efectos generales en caso de control difuso en juicios de amparo de derechos o intereses colectivos y difusos*

Debe señalarse, sin embargo, que en los casos en los cuales sea la Jurisdicción Constitucional (la Sala Constitucional del Tribunal Supremo) la que ejerza el control difuso de la constitucionalidad de las leyes al conocer de acciones de amparo intentadas en defensa de intereses colectivos o difusos, los efectos de la decisión tienen entonces efectos generales.

En esos casos, en ausencia de regulación legal, la Sala Constitucional no sólo se ha reservado el conocimiento de dichas acciones[49], sino que ha resuelto en sentencia Nº 85 de 24 de enero de 2002, (Caso: *Asociación Civil Deudores Hipotecarios de Vivienda Principal (Asodeviprilara) vs. Superintendencia de Bancos y Otras Instituciones Financieras y otros*), que:

> Como resultado de todo control difuso, la ley sobre la que se ejerce el control no ha sido anulada por inconstitucional, y sólo deja de aplicarse en el caso concreto, que en materia de acciones por derechos e intereses difusos o colectivos … tienen un rango de desaplicación de mayor amplitud, producto de lo "universal" de la pretensión y de la naturaleza *erga omnes* de los fallos que en ellos se dictan; y por ello la desaplicación de la ley al caso, no resulta tan puntual como cuando en un juicio concreto se declara inaplicable una ley por inconstitucional, o se declara inconstitucional a una norma ligada a la situación litigiosa[50].

### C. *Los efectos declarativos de las decisiones judiciales*

Ahora bien, los efectos *inter partes* que como principio tienen las decisiones judiciales adoptadas conforme al método de control difuso de control de constitucionalidad, están directamente relacionados con otras cuestiones concernientes también a los efectos de la decisión, pero en el tiempo, es decir, respecto de cuándo comienza a ser efectiva la declaratoria de inconstitucionalidad.

En efecto, siendo el principal aspecto de la racionalidad del método difuso de control de constitucionalidad el de la supremacía de la Constitución sobre todos los demás actos estatales, lo que lleva a considerar que las leyes contrarias a la Constitución son nulas y sin valor, siendo ésta la garantía más importante de la Constitución, en consecuencia, cuando un juez decide sobre la constitucionalidad de una *ley, y* la declara inconstitucional e inaplicable a un caso concreto, es porque la considera nula y sin valor, como si nunca hubiera existido.

---

49 *V.*, por ejemplo, sentencia Nº 255 de 15-3-2005 (Caso: *Federación Venezolana de Fútbol vs. Sala Electoral del Tribunal Supremo de Justicia*), en *Revista de Derecho Público*, Nº 101, Editorial Jurídica Venezolana, Caracas 2005, p. 212.

50 *V.*, en *Revista de Derecho Público*, Nº 89-92, Editorial Jurídica Venezolana, Caracas, 2002.

Por ello, la decisión judicial en estos casos tiene efectos declarativos, en el sentido que declara que la ley es inconstitucional, considerándola como tal desde que se dictó. Por ello, la ley cuya inaplicabilidad se decida por ser contraria a la Constitución, debe ser considerada por el juez como si nunca hubiera tenido validez y como si siempre hubiese sido nula y sin valor. Por ello es que se dice que la decisión del juez, en virtud de ser de carácter declarativo, tiene efectos *ex tunc, pro pretaerito* o de carácter retroactivo[51], en el sentido de que dichos efectos se retrotraen al momento en que la norma considerada inconstitucional fue dictada, impidiendo entonces que la ley pueda tener efectos en lo que concierne al caso concreto decidido por el juez y con relación a las partes que intervinieron en el proceso. El acto legislativo declarado inconstitucional por un juez conforme al método difuso de control de constitucionalidad, por tanto, es considerado, como nulo y sin valor *ab initio*, por lo que no es anulado por el juez sino que éste sólo declara su inconstitucionalidad (y nulidad) preexistente, descartando su aplicación al caso.

2. *Los efectos de las sentencias de amparo constitucional*

El artículo 27 de la Constitución de 1999 siguiendo la orientación del artículo 49 de la Constitución de 1961, reguló el proceso de amparo constitucional como un derecho constitucional[52], el cual se puede ejercer a través de múltiples medios o recursos judiciales de protección, incluyendo la acción de amparo[53], así:

> *Artículo 27:* Toda persona tiene derecho a ser amparada por los tribunales en el goce y ejercicio de los derechos y garantías constitucionales, aun de aquellos inherentes a la persona que no figuren expresamente en esta Constitución o en los instrumentos internacionales sobre derechos humanos.
>
> El procedimiento de la acción de amparo constitucional será oral, público, breve, gratuito y no sujeto a formalidad, y la autoridad judicial competente tendrá potestad para restablecer inmediatamente la situación jurídica infringida o la situación que más se asemeje a ella. Todo tiempo será hábil y el tribunal lo tramitará con preferencia a cualquier otro asunto.
>
> La acción de amparo a la libertad o seguridad podrá ser interpuesta por cualquier persona, y el detenido o detenida será puesto bajo la custodia del tribunal de manera inmediata, sin dilación alguna.

---

51 *V.*, Allan R. Brewer-Carías, "Algunas consideraciones sobre el control jurisdiccional de la constitucionalidad de los actos estatales en el derecho venezolano" en *Revista de Administración Pública*, N° 76, Madrid 1975, pp. 419-446.

52 *V.*, en general Allan R. Brewer-Carías, *Derecho y acción de amparo*, Vol. V, *Instituciones políticas y constitucionales*, Universidad Católica del Táchira, Editorial Jurídica Venezolana, Caracas-San Cristóbal, 1998.

53 *V.*, en general, Hildegard Rondón de Sansó, *La acción de amparo contra los Poderes Públicos*, Editorial Arte, Caracas 1994; Hildegard Rondón de Sansó, *Amparo constitucional,* Editorial Arte, Caracas 1998; Gustavo Linares Benzo, El proceso de amparo, Universidad Central de Venezuela, Caracas 1999; Rafael J. Chavero Gazdik, *El nuevo régimen del amparo constitucional en Venezuela,* Edit. Sherwood, Caracas 2001.

El ejercicio de este derecho no puede ser afectado, en modo alguno, por la declaración del estado de excepción o de la restricción de garantías constitucionales.

### A. *Los efectos restablecedores*

En particular, sobre este proceso, debe destacarse la precisión que hace esta norma sobre la competencia del juez de amparo para restablecer inmediatamente la situación jurídica infringida, y además, alternativamente, "o la situación que más se asemeje a ella".

Por ello, conforme a lo que se reguló en la Ley Orgánica de Amparo sobre Derechos y Garantías Constitucionales de 1988[54], la acción tiene esencialmente naturaleza y efectos restablecedores, debiendo ser "capaz, suficiente y adecuada para lograr que el mandamiento de amparo que se otorgue se baste por sí solo, sin necesidad de acudir a otro u otros procedimientos judiciales, para volver las cosas al estado en que se encontraban para el momento de la vulneración y hacer desaparecer definitivamente el acto o hecho lesivo o perturbador"[55]; o como lo dispone el artículo 1 de la Ley Orgánica, que se restablezca la situación jurídica infringida a "la situación que más se asemeje a ella"[56].

Por ese efecto eminentemente restablecedor, mediante la sentencia de amparo no se pueden crear situaciones jurídicas nuevas o modificar las existentes[57], sino lo que se puede es restablecer las cosas al estado en que se encontraban para el momento de la lesión, haciendo desaparecer el hecho o acto invocado y probado como lesivo o perturbador a un derecho o garantía constitucional. Por ello es que precisamente cuando la violación de un derecho constitucional convierte la situación jurídica infringida en una situación irreparable, la acción de amparo es considerada inadmisible.

---

54 *V.*, Allan R. Brewer-Carías y Carlos M. Ayala Corao, *Ley Orgánica de Amparo sobre derechos y garantías constitucionales,* Caracas 1988.

55 Sentencia de la antigua Corte Suprema de Justicia en Sala Político Administrativa de 10-7-91 (Caso *Tarjetas Banvenez*), en *Revista de Derecho Público,* N° 47, EJV, Caracas, 1991, pp. 169-170.

56 En tal sentido, la antigua Corte Suprema de Justicia, Sala Plena declaró inadmisible una acción de amparo contra el cobro indebido de un impuesto, cuando el mismo ha sido ya pagado, considerando que en ese caso no es posible restablecer la situación jurídica infringida. Sentencia de 21-3-88, *Revista de Derecho Público,* N° 34, EJV, Caracas, 1988, p. 114. Por otra parte, la Corte Primera de lo Contencioso Administrativo en sentencia de 7-9-89, ha declarado inadmisible una acción de amparo de derechos a la protección de la maternidad (descanso pre y post natal), incoada después del parto. Véase sentencia de la Corte Primera de lo Contencioso Administrativo de 17-9-89, *Revista de Derecho Público* N° 40, EJV, Caracas, 1989, p. 111.

57 *V.*, sentencia de la antigua Corte Suprema de Justicia, Sala Político Administrativa de 27-10-93 (Caso *Ana Drossos*), y 4-11-93 (Caso *Partido Convergencia*), *Revista de Derecho Público,* N° 55-56, EJV, Caracas, 1993, pp. 340. La Corte Primera de lo Contencioso Administrativo ha considerado que mediante el amparo no se puede crear un título o derecho. Sentencia N° 1679 de 14-12-2000 (Caso: *Administradora Futuro, S.A. vs. Alcaldía del Municipio Baruta del Estado Miranda*), *Revista de Derecho Público*, N° 84, EJV, Caracas 2000, p. 365.

En otras palabras, conforme al artículo 6,1 de la Ley Orgánica, "se entenderá que son irreparables los actos que, mediante el amparo, no puedan volver las cosas al estado que tenían antes de la violación"[58].

### B. *La ausencia de efectos anulatorios*

Sin embargo, en Venezuela, y salvo en materia de amparo contra decisiones judiciales, la sentencia de amparo no tiene efectos anulatorios respecto del acto lesivo, tal y como lo consideró la antigua Corte Suprema de Justicia en sentencia de 1° de noviembre de 1990, que declaró inadmisible una acción de amparo, cuando la única forma de reparar la situación jurídica infringida sea la nulidad de un acto administrativo, lo que no cabe ser decidido en una decisión de amparo[59].

Particularmente cuanto al amparo se ejerce contra normas, la decisión del juez en ningún caso puede ser anulatoria sino que sólo debe apreciar la inaplicación de la norma respecto del accionante que solicita amparo. Siendo como es una decisión de protección, por ello tiene efectos *inter partes,* es decir, en relación al accionante y las partes intervinientes en el juicio. De acuerdo al artículo 3 de la Ley Orgánica, en estos casos, la protección equivale a la suspensión de efectos de la ley respecto del accionante, es decir, a la no aplicabilidad de la misma en el caso.

En cambio, en los casos de amparo contra sentencias, como la acción se intenta ante el juez superior de aquél que dictó la sentencia cuestionada, la sentencia si tiene efectos anulatorios[60].

### C. *La ausencia de efectos indemnizatorios o compensatorios*

Por otra parte, la sentencia de amparo tampoco tiene contenido indemnizatorio[61]. Como lo ha sostenido la Corte Primera de lo Contencioso Administrativo "los pedimentos de indemnizaciones monetarias escapan de la naturaleza y objeto del amparo, el cual se ha previsto como un medio restablecedor de situaciones

---

58 *V.*, sentencia de la Corte Primera de lo Contencioso Administrativo de 14-1-92, *Revista de Derecho Público,* N° 49, EJV, Caracas, 1992, p. 130; y de la antigua Corte Suprema de Justicia, Sala Político Administrativa de 4-3-93, *Revista de Derecho Público,* Nos. 53-54, EJV, Caracas, 1993, p. 260.

59 *V.*, sentencia de la antigua Corte Suprema de Justicia, Sala Político Administrativa de 1-11-90, *Revista de Derecho Público,* N° 44, EJV, Caracas, 1990, pp. 152-153; sentencia de la Corte Primera de lo Contencioso Administrativo de, 10-9-92, *Revista de Derecho Público,* N° 51, EJV, Caracas, 1992, p. 155; sentencia de la Corte Primera de lo Contencioso administrativo de 13-4-2000 (Caso: *Inversora Pano, C.A. vs. Oficina Subalterna del Tercer Circuito de Registro del Municipio Libertador del Distrito Federal*), en *Revista de Derecho Público*, N° 82, EJV, Caracas 2000, p. 497.

60 *V.*, por ejemplo, sentencia de la Sala Constitucional N° 2212 de 9-11-2001 (Caso: *Agustín R. Hernández F. vs. Juzgado Primero de Primera Instancia en lo Civil, Mercantil y del Tránsito de la Circunscripción Judicial del Área Metropolitana de Caracas*), en *Revista de Derecho Público*, N° 85-88, EJV, Caracas 2001, p. 443; y sentencia de la sala Electoral N° 25 de 23-3-2004 (Caso: *Pedro A. Matute y otros vs. Junta Directiva Club Campestre Paracotos*), en *Revista de Derecho Público*, N° 97-98, EJV, Caracas 2004, p. 448.

61 La Corte Primera de lo Contencioso Administrativo ha considerado que mediante el amparo no se puede crear un título o derecho. Sentencia N° 1679 de 14-12-2000 (Caso: *Administradora Futuro, S.A. vs. Alcaldía del Municipio Baruta del Estado Miranda*), *Revista de Derecho Público*, N° 84, EJV, Caracas 2000, p. 365.

jurídicas infringidas –o de las que más se asemejen a éstas– mediante el cese de la constatada violación constitucional"[62].

D. *El tema de la cosa juzgada en las sentencias de amparo*

Otro aspecto importante en materia de efectos de las sentencias de amparo, se refiere al tema de la cosa juzgada, respecto de la cual el artículo 36 de la Ley Orgánica establece que:

> "La sentencia firme de amparo producirá efectos jurídicos, respecto al derecho o garantía objetos del proceso, sin perjuicio de las acciones o recursos que legalmente correspondan a las partes".

Por supuesto, hay tantas y tan múltiples situaciones derivadas de las pretensiones de amparo, que respecto de ellas no puede darse más solución general legislativa que la expresada en esta norma, en cuanto a los efectos de la sentencia de amparo. Es decir, ella sólo produce efectos "respecto al derecho o garantía objeto del proceso" en cuanto al mandamiento de restablecimiento o restitución del goce y ejercicio del mismo.

Es cierto que en algunos casos esto basta para asegurar la protección y no es necesario resolver ninguna otra cuestión jurídica adicional por otros medios judiciales; sin embargo, en otros casos, pueden quedar cuestiones jurídicas pendientes que deben resolverse por vías distintas; por lo que la norma señala que la decisión de amparo se adopta "sin perjuicio de las acciones o recursos que legalmente correspondan a las partes".

Esta situación se plantea, por ejemplo, siempre que se intente la acción autónoma de amparo contra un acto administrativo por ante el tribunal de primera instancia (art. 9°). En estos casos, como se dijo, la decisión de amparo no puede pronunciarse sobre la nulidad del acto administrativo, en el sentido de que aun cuando se pronuncie sobre su ilegitimidad e inconstitucionalidad, no puede anularlo. En estos supuestos, la decisión de amparo solo tiene efectos sobre el derecho o garantía objeto del proceso, en el sentido que el juez de amparo al restablecer la situación jurídica infringida, lo que hace es suspender los efectos del acto administrativo frente al cual se ha solicitado amparo, pero no lo anula; razón por la cual el acto administrativo formalmente sigue vigente, con su carácter de ejecutividad por la presunción de legalidad que lo acompaña. Lo único que hace la decisión de amparo es suspender su ejecutoriedad respecto del agraviado, pero no lo anula ni lo extingue. Por ello, en estos casos, la decisión de amparo se adopta sin perjuicio de la acción contencioso administrativa de nulidad que debe intentarse ante los órganos de la Jurisdicción Contencioso Administrativa competentes[63].

---

62 *V.*, sentencia de 5-5-2000 (Caso: *Pedro A. Flores R. vs. Dirección General Sectorial de los Servicios de Inteligencia y Prevención (DISIP)*, en *Revista de Derecho Público*, N° 82, EJV, Caracas 2000, p. 473. Además, sentencia N° 1424 de 2-11-2000 (Caso: *Raquel M. Pacheco P. vs. Hospital "Victorino Santaella" y otro*), en *Revista de Derecho Público*, N° 84, EJV, Caracas 2000, p. 365.

63 Por ello, la Corte Primera de lo Contencioso Administrativo he dado efectos temporales a la decisión de amparo, a los efectos de que el agraviado intente el recurso contencioso correspondiente. *V.*, por ejemplo, sentencia N° 962 de 19-7-2000 (Caso: *Elizett C. Abreu A. y otros vs. Instituto de Tecnología de Maracaibo*), en *Revista de Derecho Público*, N° 83, EJV, Caracas 2000, pp. 357 y ss.

### E. *Los efectos inter partes de la sentencia de amparo y su extensión general en caso de protección de intereses colectivos o difusos*

Por último, debe señalarse que dado el carácter personal o subjetivo de los juicios de amparo, la sentencia de amparo en principio tiene efectos *inter partes* y en relación con las autoridades que deben cumplir el mandamiento judicial. Sin embargo, dada la consagración constitucional de la tutela judicial efectiva de los intereses colectivos y difusos, en estos casos de amparo protegiendo dichos derechos, los efectos de la decisión se han extendido a otras personas ubicadas en la misma situación jurídica que la protegida.

Esto fue analizado por la Sala Constitucional del Tribunal Supremo en sentencia Nº 2675 de 17 de diciembre de 2001 (Caso: *Ministerio del Interior y de Justicia*) y en relación con los efectos de las sentencias, admitió que cuando se trata de proteger derechos o intereses difusos o colectivos, los efectos directos de la sentencia pueden "extenderse a otras personas que no eran partes, si les favorecían".[64] Es decir, conforme a lo resuelto por la misma Sala en sentencia de 30 de junio de 2000 (Caso: *Defensoría del Pueblo vs. Comisión Legislativa Nacional*), cuando "la acción de amparo es interpuesta con base en un derecho o interés colectivo o difuso, el mandamiento a acordarse favorecerá bien a un conjunto de personas claramente identificables como miembros de un sector de la sociedad, en el primer caso; bien a un grupo relevante de sujetos indeterminados apriorísticamente, pero perfectamente delimitable con base a la particular situación jurídica que ostentan y que les ha sido vulnerada de forma específica, en el segundo supuesto". Es decir, conforme a la doctrina de la Sala, "una de las características de algunas sentencias del ámbito constitucional es que sus efectos se apliquen a favor de personas que no son partes en un proceso, pero que se encuentren en idéntica situación a las partes, por lo que requieren de la protección constitucional, así no la hayan solicitado con motivo de un juicio determinado", agregando que:

> "El restablecimiento de la situación jurídica, ante la infracción constitucional, tiene que alcanzar a todos lo que comparten tal situación y que a su vez son perjudicados por la violación, ya que lo importante para el juez constitucional, no es la protección de los derechos particulares, sino la enmienda de la violación constitucional, con el fin de mantener la efectividad y supremacía constitucional; y en un proceso que busca la idoneidad, la efectividad y la celeridad, como lo es por excelencia el constitucional, resulta contrario a los fines constitucionales, que a quienes se les infringió su situación jurídica, compartida con otros, víctima de igual trasgresión, no se les restablezca la misma, por no haber accionando, y que tengan que incoar otras acciones a los mismos fines, multiplicando innecesariamente los juicios y corriendo el riesgo que se dicten sentencias contradictorias.
>
> En estos casos, se está en presencia de efectos procesales que se extienden a una comunidad en la misma situación jurídica, la cual es diversa de la comunidad de derecho contemplada en el Código Civil, pero existente con relación a

64 Caso: *Glenda López y otros vs IVSS, V.*, en *Revista de Derecho Público*, Nº 85-88, Editorial Jurídica Venezolana, Caracas 2001, pp. 453 y ss.

las infracciones constitucionales que a todos aquejan y que no puede sostenerse que existe con respecto a unos (los que demandaron y obtuvieron sentencia favorable) y no con respecto a otros, los no demandantes...

En consecuencia, acciones como las de amparo constitucional, si son declaradas con lugar, sus efectos se hacen extensibles a todos los que se encuentran en la misma e idéntica situación así no sean partes en el proceso"[65].

3. *La revisión de las sentencias constitucionales dictadas mediante el método difuso o en materia de amparo constitucional y los efectos vinculantes de la interpretación de la Jurisdicción Constitucional*

A los efectos de poder uniformizar los criterios jurisprudenciales establecidos por todos los tribunales en aplicación del método difuso de control de constitucionalidad o en materia de amparo cuando se atribuye a todos los jueces, en muchos sistemas se han establecido correcciones a los posibles efectos dispersos de las sentencias, estableciéndose la posibilidad de que las mismas puedan ser revisadas por el más alto Tribunal del país, cuyas sentencias son dotadas de autoridad general.

Es el caso, por ejemplo de los Estados Unidos a través del *writ of certiorari* y la doctrina *stare decisis* que hace obligatorias las sentencias de la Corte Suprema, lo que se ha establecido también en América Latina a través de recursos extraordinarios de revisión ante las Cortes Supremas, o de revisión obligatoria por estas o por Tribunales constitucionales de las sentencias constitucionales dictadas por los tribunales de instancia. Es decir, frente a la crítica europea (kelseniana) al método difuso de control de constitucionalidad de las leyes, que conlleva a la dispersión de las decisiones judiciales en materia constitucional, para garantizar la posibilidad de la uniformización de la interpretación jurisprudencial de la Constitución, los sistemas jurídicos han establecido diversos mecanismos que permiten al más alto tribunal del país conocer en última instancia de las sentencias en las que se aplique dicho método.

Es el caso en Venezuela, donde la Constitución (artículo 336,10) asigna a la Sala Constitucional del Tribunal Supremo la competencia para precisamente revisar, a su discreción, las sentencias definitivamente firmes dictadas por los tribunales en las cuales se aplique el método difuso, o se hayan dictado en un juicio de amparo, y hayan sido objeto de un recurso extraordinario de revisión.

Esta competencia "extraordinaria, excepcional, restringida y discrecional" como ha sido calificada por la Sala Constitucional[66], fue recogida en el artículo 5, párrafo 1°, 16 de la Ley Orgánica del Tribunal Supremo, donde se reguló como competencia excepcional para que la Sala Constitucional pudiera revisar, a su juicio y discreción, mediante un recurso extraordinario[67] que se podía ejercer contra sentencias de *últi-*

---

65 *V.*, en *Revista de Derecho Público*, N° 85-88, Editorial Jurídica Venezolana, Caracas 2001, pp. 473 y ss. *V.*, además, la sentencia N° 412 de 8 de marzo de 2002, en *Revista de Derecho Público*, N° 89-92, Editorial Jurídica Venezolana, Caracas 2002.

66 *V.*, sentencia de la Sala Constitucional N° 2585 de 03-11-2003 (Caso: *Tulio A. Álvarez; revisión de sentencia*), en *Revista de Derecho Público*, N° 93-96, EJV, Caracas 2003, p. 541

67 *V.*, en general, José V. Haro G., "El mecanismo extraordinario de revisión de sentencias definitivamente firmes de amparo y control difuso de la constitucionalidad previsto en el artículo 336, numeral 10 de la Constitución", en *Revista de Derecho Constitucional,* N° 3 (julio-diciembre), Editorial Sherwood, Cara-

*ma instancia* dictadas por los tribunales de la República, incluidas las otras Salas del Tribunal Supremo, en materia de amparo constitucional o dictadas en ejercicio del método difuso de control de la constitucionalidad de las leyes. La revisión, por tanto, se consideró inadmisible respecto de sentencias interlocutorias, como son las que resuelven amparos cautelares[68], excepto cuando sean definitivamente firmes[69].

Esta potestad revisora de la Sala[70], es de ejercicio discrecional a los efectos de evitar que se pueda abrir un recurso de obligatoria admisión y decisión por la Sala, contra todas las sentencias referidas, lo cual sería imposible de manejar por la magnitud de casos. De allí la discrecionalidad que tiene la Sala Constitucional para escoger los casos en los cuales juzga conveniente conocer del recurso de revisión[71].

Ahora bien, ante la ausencia de legislación reguladora de la Jurisdicción Constitucional, la Sala Constitucional fue construyendo sucesivamente, mediante su labor interpretativa, los contornos del recurso extraordinario de revisión y el alcance de su potestad revisora. Ya a finales de 2000, como consecuencia de las sentencias Nos. 1, 2, 44 y 714 de ese mismo año, la Sala resumía el conjunto de reglas o condiciones que debía presentar una sentencia para que procediera dicho recurso, así:

> 1°) La sentencia que se pretenda someter a revisión debe haber cumplido con la doble instancia, bien sea por la vía de la apelación o de la consulta, por lo cual no debe entenderse como una nueva instancia.
>
> 2°) La revisión constitucional se admitirá sólo a los fines de preservar la uniformidad de la interpretación de normas y principios constitucionales o cuando exista una deliberada violación de preceptos de ese rango, lo cual será analizado por la Sala Constitucional, siendo siempre facultativo de ésta su procedencia.
>
> 3°) Como corolario de lo anterior, a diferencia de la consulta, el recurso de revisión constitucional no procede ipso iure, ya que éste depende de la iniciati-

---

cas, 2000, pp. 231-266; Adán Febres Cordero, "La revisión constitucional", en *Nuevos estudios de derecho procesal, Libro Homenaje a José Andrés Fuenmayor,* Vol. I, Tribunal Supremo de Justicia, Colección Libros Homenaje, N° 8, Caracas, 2002 pp. 489 a 508.

68 *V.*, sentencia de la Sala Constitucional N° 218 de 29-10-2003 (Caso: *Tulio A. Álvarez; revisión de sentencia*), en *Revista de Derecho Público*, N° 93-96, EJV, Caracas 2003, p. 536

69 *V.*, sentencia de la Sala Constitucional N° 442 de 23-03-2004 (Caso: *Revisión de sentencia (Ismael García)*, en *Revista de Derecho Público*, N° 97-98, EJV, Caracas 2004, p. 431.

70 En cierta forma, el recurso es similar al denominado *writ of cerciorari* del sistema norteamericano. *V.*, Allan R. Brewer-Carías, *Judicial Review in Comparative Law*, *op. cit.*, p. 141. Véase los comentarios de Jesús María Casal, *Constitución y Justicia Constitucional,* Caracas 2000, p. 92.

71 En definitiva, como lo ha señalado la Sala Constitucional en su sentencia N° 727 de 8 de abril de 2003, la norma constitucional: [n]o dispone, de manera alguna, la creación de una tercera instancia en los procesos cuyas decisiones son sometidas a revisión. El precepto constitucional que se refirió lo que incorpora es una potestad estrictamente excepcional y facultativa para la Sala Constitucional que, como tal, debe ejercerse con la máxima prudencia en cuanto a la admisión y procedencia de recursos de revisión de sentencias definitivamente firmes". Caso: *Revisión de la sentencia dictada por la Sala Electoral en fecha 21 de noviembre de 2002*), en *Revista de Derecho Público*, N° 93-96, Editorial Jurídica Venezolana, Caracas, 2003.

va de un particular, y no de la del juez que dictó la decisión, a menos que la propia Sala Constitucional de oficio así lo acuerde, tomando en cuenta siempre la finalidad del recurso[72].

Sin embargo, la Sala Constitucional fue expandiendo su potestad revisora[73], incluyendo otras sentencias distintas a las dictadas en materia de control difuso o de amparo[74], y además las sentencias dictadas por las otras Salas del Tribunal Supremo de Justicia, lo que fue recogido en la Ley Orgánica del Tribunal Supremo de 2004 (artículo 5°, párrafo 4°)[75].

Sin embargo, en relación con las sentencias de instancia, luego de toda la evolución jurisprudencial antes indicada, al sancionarse la Ley Orgánica del Tribunal Supremo de Justicia en 2004, el artículo 5, párrafo 1°,16, la Asamblea Nacional redujo la competencia de la Sala Constitucional, conforme a la Constitución, sólo para "revisar las sentencias de definitivamente firmes de amparo constitucional y control difuso de control de la constitucionalidad de las leyes o normas jurídicas, dictadas por los demás tribunales de la República". Frente a esta limitación del legislador, la reacción de la Sala Constitucional no se hizo esperar, y mediante sentencia N° 1922 de 3 de septiembre de 2004 (Caso: *Jorge L. Rodríguez vs. Decisión Juzgado Accidental Superior Agrario del Estado Aragua, Carabobo y Cojedes*) indicó que ello generaba "un cambio respecto a los supuestos de procedencia para la revisión constitucional, establecidos –con carácter vinculante a falta de regulación legal– por la Sala en sentencia dictada el 6 de febrero de 2001 (caso *Corpoturismo*)", desconociendo la norma legal y ratificando la creación jurisprudencial[76].

La Sala Constitucional, además, para ejercer el control de constitucionalidad respecto de cualquier sentencia, se auto-atribuyó poderes de control de oficio, rom-

---

72 *V.*, sentencia de 02-11-2000 (Caso: *Roderick A. Muñoz P. vs. Juzgado de los Municipios Carache, Candelaria y José Felipe Márquez Cañizales de la Circunscripción Judicial del Estado Trujillo*) en *Revista de Derecho Público*, N° 84, (octubre-diciembre), Editorial Jurídica Venezolana, Caracas, 2000, p. 367.

73 En sentencia de la Sala Constitucional N° 899 de 31-5-2002, la Sala se había arrogado la competencia para de oficio dejar sin efecto dediciones judiciales que considerase quebrantaban preceptos constitucionales. Véase en *Revista de Derecho Público*, N° 85-88, Editorial Jurídica Venezolana, Caracas 2001, pp. 393-394.

74 Mediante sentencia N° 93 de 6 de febrero de 2001 (Caso: *Olimpia Tours and Travel vs. Corporación de Turismo de Venezuela*), la Sala comenzó a ampliar su propia competencia revisora, agregando como objeto de revisión otras sentencias dictadas por las Salas del Tribunal Supremo u otros tribunales, distintas a las dictadas en materia de amparo o de control difuso de constitucionalidad. *V.*, en *Revista de Derecho Público*, N° 85-88, Editorial Jurídica Venezolana, Caracas, 2001, pp. 414-415; sentencia N° 727 de 8 de abril de 2003, Caso: *Revisión de la sentencia dictada por la Sala Electoral en fecha 21 de noviembre de 2002*, en *Revista de Derecho Público*, N° 93-96, Editorial Jurídica Venezolana, Caracas, 2003.

75 En estos casos, ha resuelto la Sala, que la competencia de revisión debe entenderse que no es respecto de cualquier tipo de sentencia, sino que debe tratarse de un fallo que decida sobre el fondo de lo debatido. Véase sentencia N° 2235 de 22-9-2004 (Caso: *Miguel A. Carico M. vs. Decisión Sala de Casación Social del Tribunal Supremo de Justicia*), en *Revista de Derecho Público*, N° 99-100, Editorial Jurídica Venezolana, Caracas 2004, p. 325.

76 *V.*, en *Revista de Derecho Público*, N° 99-100, Editorial Jurídica Venezolana, Caracas 2004, p. 381. En sentido similar véase la sentencia de la Sala Constitucional N° 1573 de 12-7-2005 (Caso: *Carbonell Thielsen, C.A. vs. Revisión de sentencia de la Sala de Casación Civil del Tribunal Supremo de Justicia*), en *Revista de Derecho Público*, N° 103, EJV, Caracas 2005, p. 238 ss.

piendo el principio dispositivo[77], resolviendo incluso, que puede ejercer mediante la institución del avocamiento, que la Sala misma creó antes de la entrada en vigencia de la Ley Orgánica de 2004, el conocimiento de cualquier causa, que curse en cualquier tribunal[78]; doctrina que fue recogida por la Ley Orgánica de 2004 (ar-tículo 18, párrafo 11°). Dada las repercusiones de esta atribución generalizada, la propia Ley Orgánica dispuso que "esta atribución deberá ser ejercida con suma prudencia y sólo en caso grave, o de escandalosas violaciones al ordenamiento jurídico que perjudique ostensiblemente la imagen del Poder Judicial, la paz pública, la decencia o la institucionalidad democrática venezolana, y se hayan desatendido o mal tramitado los recursos ordinarios o extraordinarios que los interesados hubieren ejercido"(artículo 18, párrafo 12°, Ley 2004).

La sentencia de la Sala Constitucional cuando decide un recurso de revisión constitucional, tiene en todo caso la autoridad derivada de ser emitida por la Jurisdicción Constitucional, pero además puede tener expresamente efectos vinculantes si así lo decide la Sala conforme a lo que dispone el artículo 335 de la Constitución, tal como se señalará más adelante.

Sobre la revisión constitucional de sentencias, por último, debe destacarse que conforme a la evolución jurisprudencial señalada, la Ley Orgánica del Tribunal Supremo de Justicia amplió la competencia de la Sala Constitucional, atribuyéndole en el artículo 25, la potestad para:

> 10. Revisar las sentencias definitivamente firmes que sean dictadas por los Tribunales de la República, cuando hayan desconocido algún precedente dictado por la Sala Constitucional; efectuado una indebida aplicación de una norma o principio constitucional; o producido un error grave en su interpretación; o por falta de aplicación de algún principio o normas constitucionales.
>
> 11. Revisar las sentencias dictadas por las otras Salas que se subsuman en los supuestos que señala el numeral anterior, así como la violación de principios jurídicos fundamentales que estén contenidos en la Constitución de la República Bolivariana de Venezuela, tratados, pactos o convenios internacionales suscritos y ratificados válidamente por la República o cuando incurran en violaciones de derechos constitucionales.
>
> 12. Revisar las sentencias definitivamente firmes en las que se haya ejercido el control difuso de la constitucionalidad de las leyes u otras normas jurídicas, que sean dictadas por las demás Salas del Tribunal Supremo de Justicia y demás Tribunales de la República

---

77 *V.*, sentencia N° 331 de 13 de marzo de 2001 (Caso: *Henrique Capriles R. vs. Comisión Nacional de Casinos, Salas de Bingo y Máquinas Traganíqueles*) en *Revista de Derecho Público*, N° 85-88, Editorial Jurídica Venezolana, Caracas 2001, p. 391.

78 *V.*, sentencia N° 456 de 15 de marzo de 2002 (Caso: *Arelys J. Rodríguez vs. Registrador Subalterno de Registro Público, Municipio Pedro Zaraza, Estado Carabobo*), en *Revista de Derecho Público*, N° 89-92, Editorial Jurídica Venezolana, Caracas 2002. *V.*, además, sentencia N° 806 de 24 de abril de 2002 (Caso: *Sindicato Profesional de Trabajadores al Servicio de la Industria Cementera*), en *Revista de Derecho Público*, N° 89-92, Editorial Jurídica Venezolana, Caracas 2002, pp. 179 y ss.

Además, en el artículo 35, la Ley Orgánica se precisa que cuando la Sala ejerza la revisión de sentencias definitivamente firmes, la misma debe determinar los efectos inmediatos de su decisión y en la misma puede, primero reenviar la controversia a la Sala o Tribunal respectivo o segundo, conocer la causa, y ello en dos supuestos: (i) siempre que el motivo que haya generado la revisión constitucional sea de mero derecho y no suponga una nueva actividad probatoria; o (ii) que la Sala pondere que el reenvío pueda significar una dilación inútil o indebida, cuando se trate de un vicio que pueda subsanarse con la sola decisión que sea dictada.

## II. LOS EFECTOS DE LAS SENTENCIAS CONSTITUCIONALES, DICTADAS POR LA SALA CONSTITUCIONAL DEL TRIBUNAL SUPREMO COMO JURISDICCIÓN CONSTITUCIONAL

La Jurisdicción Constitucional en Venezuela, que se ejerce en exclusiva por la Sala Constitucional del Tribunal Supremo de Justicia (artículo 266,1 de la Constitución), tiene a su cargo el ejercicio del control de la constitucionalidad de las leyes y demás actos estatales de igual rango y valor y de los dictados en ejecución directa e inmediata de la Constitución.

La sentencias constitucionales que dicta, pueden consistir en la interpretación de la norma impugnada acorde con la Constitución, con base en el principio *favor constitutione*[79]; en la declaración de la nulidad total o parcial del acto impugnado o en la declaración de improcedencia de la acción o recurso, no pudiendo contener decisiones de condena por daños y perjuicios[80]. En estos casos, el carácter de la decisión es mero declarativo, por lo que no tiene vías de ejecución coactiva[81].

La sentencias constitucionales dictadas por la Jurisdicción Constitucional, por otra parte, se emiten en varios procesos y procedimientos constitucionales, todos destinados a garantizar la supremacía de la constitución y el control de constitucionalidad de los actos estatales, sea que resuelvan los juicios iniciados mediante el ejercicio de la acción popular de inconstitucionalidad, o en los casos de control de la constitucionalidad preventiva de los tratados y leyes sancionadas antes de su promulgación; de control de la constitucionalidad de la omisión del Legislador; de los procesos de resolución de controversias constitucionales entre los órganos del Estado; de procesos de interpretación abstracta de la Constitución; y de control de constitucionalidad obligatorio de las leyes orgánicas y de los decretos leyes de los estados de excepción. Además, están las sentencias dictadas por la Jurisdicción Consti-

---

79 *V.*, la sentencia N° 2855 de 20-11-2002 (Caso: *Impugnación de varios artículos del Decreto con Fuerza de Ley de Tierras y Desarrollo Agrario*), en *Revista de Derecho Público*, N° 89-92, EJV, Caracas 2002, p. 376. *V.*, además, sentencias N° 899 de 20-5-2005 (Caso: *Impugnación del Plan Especial "Centro Cívico de Chacao" y la Ordenanza de Zonificación del Centro Cívico de Chacao del Municipio Chacao del Estado Miranda*), en *Revista de Derecho Público*, N° 102, EJV, Caracas 2005, p. 154; y N° 934 de 9-5-2006 (Caso: *Impugnación del artículo 11 de la Ley Orgánica del Poder Electoral*), en *Revista de Derecho Público*, N° 106, EJV, Caracas 2006, p. 68.

80 *V.*, sentencia de la Sala Constitucional N° 302 de 16-3-2005 (Caso: *Impugnación de la Ordenanza Electoral de Justicia de Paz del Municipio Autónomo Baruta del Estado Miranda*), en *Revista de Derecho Público*, N° 101, EJV, Caracas 2005, p. 206.

81 *V.*, sentencia de la antigua Corte Suprema de Justicia, Sala Político Administrativa de 6-2-64 en *Gaceta Forense*, N° 43, 1964, pp. 162 y 163.

tucional al decidir los recursos extraordinarios de revisión de las sentencias dictadas por los tribunales aplicando el método difuso o en materia de amparo, a la que ya nos hemos referido.

### 1. *Los efectos de las sentencias constitucionales que resuelven los procesos de inconstitucionalidad de las leyes iniciados mediante acción popular*

Uno de los rasgos más característicos de la Jurisdicción Constitucional en Venezuela, es la existencia de la acción popular de inconstitucionalidad de las leyes, mediante la cual cualquier ciudadano con el simple interés en la legalidad, puede iniciar el proceso de inconstitucionalidad de las leyes y demás actos con rango y valor de ley o dictados en ejecución directa e inmediata de la Constitución, ante la Sala Constitucional del Tribunal Supremo.

En efecto, de acuerdo con el artículo 334 de la Constitución, y conforme a una tradición que se remonta a 1858[82], el artículo 32 de la Ley Orgánica del Tribunal Supremo de 2010 identifica la acción de inconstitucionalidad como "demanda popular de inconstitucionalidad" lo que otorga legitimación activa para ejercerla contra las leyes y demás actos de ejecución directa de la Constitución a toda persona natural o jurídica, sin siquiera precisar como lo hacía la Ley anterior de 2004 (art. 21, párr. 9) que fuera "afectada en sus derechos o intereses."

Conforme a esta norma, por tanto, todo habitante del país con plena capacidad jurídica puede intentar el recurso de inconstitucionalidad contra las leyes, sin distingo alguno, sean emanadas de la Asamblea Nacional, de los Consejos Legislativos de los Estados de la federación o de los Concejos Municipales (Ordenanzas). Por tanto, a nivel nacional, la acción popular procede incluso contra las leyes aprobatorias de tratados[83]. La Ley Orgánica acoge, por tanto, la doctrina de la acción popular en cuanto a que legitima para intentar el recurso no sólo a los ciudadanos sino a toda persona natural o jurídica[84].

#### A. *Efectos de las sentencias declarativas de la improcedencia de la acción*

En el caso de que la sentencia sea declarativa de la improcedencia de la acción popular de inconstitucionalidad y, por tanto, de los vicios de inconstitucionalidad denunciados, la decisión tiene, sin duda, efectos *erga omnes* en relación a la constitucionalidad de la Ley, al menos en cuanto a los artículos impugnados y a los vicios denunciados. En relación a éstos, la decisión tiene el valor de cosa juzgada, los cuales por supuesto no se extienden a otros actos legislativos similares que puedan ser impugnados, por los mismos vicios[85]. Es decir, los efectos de *cosa juzgada* de la

---

82 *V.*, Allan R. Brewer-Carías, *La Justicia Constitucional*, T. VI, *Instituciones Políticas y Constitucionales, op. cit*, pp. 131 y ss.

83 *V.*, Allan R. Brewer-Carías, "El control de la constitucionalidad de las leyes aprobatorias de Tratados Internacionales y la cuestión constitucional de la integración latinoamericana", *Revista de Derecho Público,* N° 44, Editorial Jurídica Venezolana, Caracas, 1990, pp. 225 a 229.

84 *V.*, Allan R. Brewer-Carías, *La Justicia Constitucional*, T. VI, *Instituciones Políticas y Constitucionales, op. cit.*, pp. 144 y ss.

85 Por ejemplo, la Sala de Casación Civil, entonces en una decisión de 12-12-63, en *Gaceta Forense,* N° 42, 1963, pp. 667 a 672.

decisión del Tribunal Supremo concerniente a la constitucionalidad de las leyes, sea cuando la ley es anulada o cuando la acción popular es declarada sin lugar, sólo se refieren a la particular y específica ley impugnada ante la Sala Constitucional, y no pueden extenderse respecto de otros actos legislativos.

Por tanto, en caso de una decisión de la Sala Constitucional declarando sin lugar una acción popular contra una ley, y en consecuencia, estimando su constitucionalidad, tiene efectos *erga omnes* y valor de cosa juzgada en el sentido de que la constitucionalidad de esa Ley debe ser admitida por todos los jueces, quienes están obligados a seguir el criterio de la Sala. Por tanto, declarada por la Sala la constitucionalidad de una ley no podrían los jueces de instancia, conforme a los artículos 334 de la Constitución y 20 del Código de Procedimiento Civil, inaplicarla a un caso concreto por considerarla inconstitucional[86].

B. *Efectos de la sentencia declarativa de la nulidad del acto impugnado: valor erga omnes*

Cuando la decisión de la Sala Constitucional es de declaratoria de nulidad de la ley o acto impugnado, totalmente, o de los artículos del mismo que hayan sido atacados, ello produce la cesación de los efectos del acto, y la Sala, inclusive, puede pronunciarse sobre la nulidad de todos los actos que se realizaron con base al acto declarado nulo[87].

El pronunciamiento de la Sala Constitucional tiene valor general, es decir, *erga omnes,* lo que ha sido doctrina del Tribunal Supremo desde la década de los años treinta, sosteniendo que "cualquier funcionario, por elevado que sea, o cualquiera de los otros Poderes Públicos que pretenda hacer prevalecer su propia interpretación que la Ley, sobre la interpretación y aplicación que de la misma haya hecho esta Corte al decidir o resolver algo sobre el mismo asunto, usurpa atribuciones y viola la Constitución y las leyes de la República"[88].

Por su parte, la antigua Corte Suprema de Justicia en Sala de Casación Civil, Mercantil y del Trabajo en sentencia de 21 de diciembre de 1963, fue precisa en este sentido:

> "El control absoluto de constitucionalidad lo ejerce en primer término la Corte Suprema de Justicia, en pleno, cuando declara la nulidad total o parcial de una Ley nacional por inconstitucional. Tal decisión deja sin efecto la Ley o la parte de ella que sea anulada, y tiene fuerza de cosa juzgada *erga omnes*. Esta nulidad es pronunciada en virtud de la llamada acción popular.

---

86 *V.,* sentencia de la antigua Corte Suprema de Justicia, Sala de Casación Civil de 11-8-71 en *Gaceta Forense,* N° 73, 1971, pp. 477 y ss. *V.*, además, *Doctrina Procuraduría General de la República, 1963,* Caracas, 1964, pp. 199 y ss.

87 *V.,* sentencia de la antigua Corte Suprema de Justicia, de 4-4-74 en *Gaceta Oficial* N° 1.657, Extraordinaria de 7-6-74, pp. 2 y 3.

88 *V.,* sentencia de la antigua Corte Federal y de Casación, Sala Político Administrativa 17-11-38, en *Memoria 1939,* pp. 330 a 334. En igual sentido se pronunció la antigua Corte Federal en sentencia del 21-03-39, en *Memoria 1940,* p. 176); y en sentencia de 16-12-40 en *Memoria 1941,* p. 311), y en sentencia del 19-06-53, en *Gaceta Forense*, N° 1, 1953, pp. 77 y 78; y la antigua Corte Suprema de Justicia, Sala Político Administrativa en sentencia de 19-11-68, en *Gaceta Forense*, N° 62, 1968, pp. 106 a 113.

Una atribución similar, pero sólo en cuanto a leyes estadales y ordenanzas municipales, es ejercitada por la Sala Político-Administrativa de este Supremo Tribunal, también por acción popular, y su declaratoria produce igualmente cosa juzgada *erga omnes*.

Quiere esto decir que la declaratoria de constitucionalidad o inconstitucionalidad de una Ley, por acción principal (popular) es definitiva y surte efectos contra todos, pues tal presunta Ley deja de serlo desde el momento de ser declarada inconstitucional.

Lo mismo ocurre en los casos de Leyes estadales y ordenanzas municipales, cuya inconstitucionalidad sea pronunciada"[89].

Sobre los efectos de las sentencias dictadas al ejercer el control concentrado de constitucionalidad, la Ley Orgánica del Tribunal Supremo de Justicia a dispuesto en forma general que los efectos de la sentencia "serán de aplicación general" (art. 32).

### C. *Los efectos de la declaratoria de nulidad parcial de normas*

En los casos de declaratoria de nulidad parcial de normas, la Sala Constitucional ha desarrollado una doctrina conforme a la cual, asumiendo poderes normativos, le ha dado efectos integradores a la decisión respectiva de manera que la norma anulada parcialmente, con un nuevo contenido, surta efectos.

En tal sentido, en una aclaración de la sentencia que declaró la nulidad parcial del artículo 197 del Código de Procedimiento Civil sobre lapsos procesales, la Sala resolvió en estos casos de nulidad parcial de una norma:

> [...] se debe admitir que la relación jurídica condicionada por la norma de una u otra manera, se ve afectada con el control de constitucionalidad ejercido, ya que la norma impugnada, a través de la declaratoria de nulidad parcial, se ha convertido en una norma nueva y diferente de la norma inicial, lo cual implica aceptar, que al constituirse en una norma distinta, el operador jurídico debe plasmar en su sentencia el alcance del nuevo dispositivo normativo, pues, se parte de que dicha norma va integrada a un texto normativo sistemático, donde los preceptos establecidos en cada artículo, en reiteradas ocasiones guardan relación entre sí.
>
> De allí que, la determinación del alcance de dicha norma se hace fundamental para establecer en qué afecta la misma la relación jurídica que condiciona, así como el esquema aplicativo del texto normativo que integra".
>
> Así pues, al prosperar la nulidad parcial de la norma impugnada nace una nueva norma y para aplicar tal norma, resulta necesario e indispensable su interpretación, lo cual no es posible hacerlo sin desentrañar previamente el significado de los signos en los que exteriormente se manifiesta, obviamente, sin perder nunca de vista el todo del cual forma parte, debiendo la Sala, en su con-

---

89 *V.*, sentencia de la antigua Corte Suprema de Justicia, Sala de Casación Civil de 12-12-63 en *Gaceta Forense*, N° 42, pp. 667 a 672.

dición de operador jurídico, imprimirle a la norma los caracteres ideológicos que lo llevaron a determinar su nulidad parcial en resguardo de los derechos constitucionales"[90].

### D. *La cuestión de los efectos temporales de las sentencias dictadas en ejercicio del control concentrado de la constitucionalidad*

Pero dentro de los efectos de las sentencias declaratorias de nulidad por inconstitucionalidad, sin duda, el problema fundamental que se plantea, se refiere al momento en que comienzan a producirse, es decir, si el acto declarado nulo se considera que surtió sus efectos hasta que se lo anuló la Sala, o al contrario, si se estima como si nunca hubiera surtido efectos. Bajo otro ángulo, la cuestión es determinar si la decisión de la Sala comienza a surtir efectos desde el momento que se publica o sus efectos se retrotraen al momento en que el acto anulado se dictó.

Ni la Ley Orgánica de la Corte Suprema de Justicia de 1976 ni la Ley Orgánica del Tribunal Supremo de Justicia de 2004 resolvieron expresamente dichas cuestiones, sino que se limitaron a señalar que la Sala Constitucional debía determinar "expresamente sus efectos en el tiempo"(artículo 5, párrafo 1°, numerales 6 y 7). El tema, sin embargo, parece haberse resuelto, aun cuando algo confusamente, en la reforma de la Ley Orgánica del Tribunal Supremo de 2010 al disponerse en su artículo 126 la necesaria publicación de las sentencias del Tribunal Supremo en la *Gaceta Judicial* de la República "cuando su contenido sea de interés general" y, en todo caso, "cuando declaren la nulidad de normas" agregándose que si bien las sentencias tienen autenticidad desde su publicación en el expediente la Sala tiene potestad para "fijar los efectos de sus decisiones en el tiempo".

De ello podría deducirse que como principio, los efectos de la nulidad comienzan a partir de la publicación, sin perjuicio de que la sala pueda modular los efectos de su decisión en el tiempo.

Debe señalarse en torno a esta materia que existiendo en Venezuela un sistema mixto de justicia constitucional, que implica el funcionamiento en paralelo, de los dos métodos básicos de control de constitucionalidad que muestra el derecho comparado: por una parte el sistema difuso, que se ejerce por todos los jueces, y por la otra el sistema concentrado que se ejerce por la Sala Constitucional del Tribunal Supremo; (y respecto de los actos administrativos por los órganos de la jurisdicción contencioso-administrativa); no ha sido infrecuente la confusión sobre los efectos de las decisiones en materia de control de la constitucionalidad, lo que ha llevado en muchos casos a la aplicación de la doctrina de la garantía de la nulidad del acto inconstitucional, propia del control difuso, al sistema de control concentrado, ignorando las diferencias fundamentales entre los dos sistemas de justicia constitucional. Por ejemplo, como resulta de la sentencia de la Sala Constitucional N° 359 de 15 de mayo de 2000:

---

90 *V.*, sentencia N° 319 de 9-3-2001 (Aclaratoria de la sentencia sobre nulidad parcial de los artículos 197 del Código de Procedimiento Civil y 18 de la Ley Orgánica del Poder Judicial), en *Revista de Derecho Público*, N° 85-88, EJV, Caracas 2001, pp. 395 y ss.

"Ahora bien, de acuerdo con lo previsto en el artículo 119 de la Ley Orgánica de la Corte Suprema de Justicia, se debe determinar los efectos en el tiempo de las decisiones anulatorias de normas. En este sentido, la jurisprudencia de la Corte Suprema de Justicia ha indicado que en tales casos, debe entenderse que produce sus efectos *ex tunc*, es decir, hacia el pasado. Así, en reciente sentencia con ocasión de decidir la solicitud de ejecución de un fallo que no había fijado los efectos en el tiempo de una sentencia anulatoria, se indicó:

"Ha sido señalado precedentemente que la sentencia anulatoria extinguió la norma por considerarla viciada, sin limitar, de conformidad con lo dispuesto en el artículo 131 de 14 Ley Orgánica de la Corte Suprema de Justicia, los efectos de la anulación en el tiempo, en razón de lo cual, este efecto es *ex tunc,* es decir hacia el pasado; opera desde el momento mismo en que la norma fue dictada" (Sentencia de la Sala Político Administrativa del 11 de noviembre de 1999, caso *Policarpo Rodríguez*).

En el caso antes citado, si bien se dio efecto *ex tunc* al fallo anulatorio, la sentencia fijó los términos de la ejecución, es decir, los parámetros y el tiempo mediante los cuales los afectados por la norma anulada podían ejercer sus derechos.

En el caso de autos, esta Sala por razones de seguridad jurídica, para evitar un desequilibrio en la estructura de la administración pública estadal y la preservación de los intereses generales, así como en resguardo de los derechos de los beneficiados por la ley Estadal, fija los efectos *ex nunc,* es decir, a partir de la publicación de este fallo por la Secretaria de esta Sala Constitucional"[91].

En realidad, el principio opera en sentido inverso: en principio, por razones de seguridad jurídica las sentencias anulatorias de leyes tienen efectos *ex nunc*, y excepcionalmente, cuando la protección constitucional de derechos así lo exija, pueden ser dotadas de efectos *ex tunc*.

En efecto, en la aplicación del método control concentrado de control de constitucionalidad, la Sala Constitucional asume su rol de supremo intérprete[92] o defensor[93] de la Constitución, a la cual corresponde ser el fiel de la balanza en la aplicación del principio de la separación de poderes[94] teniendo que proclamar, al decidir la acción de inconstitucionalidad, la "extinción jurídica" del acto recurrido o el mante-

---

91 *V.*, en *Revista de Derecho Público,* N° 82, Editorial Jurídica Venezolana, Caracas, 2000, p. 454. *V.*, además, sentencia N° 816 de 26-7-00, en *Revista de Derecho Público,* N° 83, Editorial Jurídica Venezolana, Caracas, 2000, p. 273.

92 Lo que implica la irreversibilidad de sus decisiones. La doctrina ha sido establecida desde hace muchos años por la propia Corte. *V.*, por ejemplo, sentencia de la antigua Corte Federal y de Casación de 17-11-38 en *Memoria 1939,* pp. 330 y ss.

93 *V.*, sentencia de la antigua Corte Suprema de Justicia, Sala Político Administrativa de 4-3-41 en *Memoria 1942,* pp. 128 a 130.

94 *V.*, por ejemplo, sentencia de la antigua Corte Federal y de Casación, Sala Político Administrativa de 3-5-39 en *Memoria, 1940,* p. 217; y de 17-4-41 en *Memoria, 1942,* pp. 182 y ss.

nimiento del mismo con la plenitud de sus efectos[95]. En cambio, cuando se aplica el método de control difuso de la constitucionalidad de las leyes, el juez desaplica una ley que estima inconstitucional aplicando preferentemente la Constitución, sin afectar la validez de la ley, teniendo la decisión efectos declarativos, que se aplican *in casu et inter partes,* y se extienden *pro pretaerito*[96].

Por tanto, la "retroactividad" de la declaratoria de no aplicabilidad de la ley, tiene sólo sentido bajo el ángulo de que el juez estima que ella nunca ha surtido efectos, es decir, de que los efectos de la declaración de inconstitucionalidad operan *ex tunc,* al ser una decisión mero declarativa de una inconstitucionalidad o nulidad preexistente. En este sentido, por ejemplo, la apreciación de la inconstitucionalidad de la ley ya derogada, pero que se aplicó durante su vigencia al caso concreto que el juez está conociendo, tiene justificación, pues la declaratoria de inaplicabilidad de la ley, al ignorar su existencia, tiene sentido para el proceso, aun cuando la ley esté derogada en el momento de la decisión. Por ello, como la decisión judicial que se pronuncia en el control difuso de la constitucionalidad de las leyes tiene "efectos retroactivos", evidentemente que pueden referirse a las leyes derogadas, respecto de los efectos que pudo producir durante su vigencia[97].

En esos casos, el juez no anula la ley al ejercer el control difuso, sino que sólo declara o constata una inconstitucionalidad preexistente, por lo que ignora la existencia de la ley (la considera inexistente) y no la aplica al caso concreto cuyo conocimiento jurisdiccional le corresponde.

Esos efectos, en todo caso, son completamente diferentes a los efectos que produce el ejercicio del control concentrado de la constitucionalidad cuando la Sala Constitucional anula una ley por inconstitucionalidad. En estos casos, cuando la Sala, como Jurisdicción Constitucional, ejerce sus atribuciones previstas en el artículo 336 de la Constitución, "declara la nulidad" de la ley, es decir, anula la ley, la cual hasta el momento en que se publique la sentencia de la Sala, es válida y eficaz, surtiendo todos los efectos no obstante su inconstitucionalidad. La decisión, por tanto, carece de eficacia retroactiva, la misma tiene efectos *ex nunc o pro futuros*[98]; y esto en virtud de la presunción de constitucionalidad que las leyes tienen[99], equivalente, *mutatis mutandis,* a la presunción de la legalidad que acompaña a los actos administrativos[100].

---

95 *V.,* sentencia de la antigua Corte Suprema de Justicia, Sala Político Administrativa de 20-1-66 en *Gaceta Forense,* N° 51, 1968, p. 13

96 *V.,* A. y S. Tune, *Le Système Constitutionnel des Etats Unis d'Amerique,* París, 1954, V. II, pp. 294 y 295.

97 *V.,* J. G. Andueza, *La jurisdicción constitucional en el derecho venezolano*, Caracas, 1955, pp. 56-57.

98 *V.,* por ejemplo, sentencia de la antigua Corte Federal y de Casación, Sala Político Administrativa 17-11-38 en *Memoria 1939,* pp. 330 a 334; sentencia de la CF de 19-6-53 en *Gaceta Forense,* N° 1, 1953, pp. 77 y ss.; y sentencia de la antigua Corte Suprema de Justicia, Sala Plena de 29-4-65 publicada por la *Imprenta Nacional,* 1965, pp. 113 y 116. *Cfr. Doctrina Procuraduría General de la República, 1963,* Caracas, 1964, pp. 199 a 201.

99 *V.,* J. G. Andueza, *La jurisdicción constitucional...op. cit.*, p. 90.

100 *V.,* Allan R. Brewer-Carías, *Las Instituciones Fundamentales del Derecho Administrativo y Jurisprudencia Venezolana,* Caracas, 1964, p. 31.

Ninguno de los sistemas concentrados del control de la constitucionalidad de las leyes que se conocen en el derecho comparado, atribuye efectos hacia el pasado, es decir, *ex tunc, pro pretaerito* a todas las sentencias declaratorias de nulidad por inconstitucionalidad, las cuales no son mero declarativas, ni tienen efecto retroactivos, sino que son sólo constitutivas; y en los sistemas italianos y alemán, éstos posibles efectos hacia el pasado son restringidos fundamentalmente al ámbito penal[101].

La solución de estas dos legislaciones -la italiana y la alemana- es lógica, pues si bien sería monstruoso, por las repercusiones que tendría sobre la seguridad jurídica, pretender que las sentencias declaratorias de la nulidad por inconstitucionalidad de una ley tengan efectos mero declarativos, y que, por tanto, se tuvieran como nunca dictados o cumplidos los actos realizados antes de que la ley fuera declarada nula, asimismo podría resultar injusto que en los casos penales, las sentencias adoptadas conforme a una ley declarada posteriormente nula, no fueran afectados por la anulación por inconstitucionalidad. De ahí la excepción respecto de los casos penales que la legislación italiana y alemana establece para el principio de que los efectos de las sentencias declaratorias de nulidad por inconstitucionalidad sólo se producen hacia el futuro.

Es más, la misma situación pragmática del conflicto que puede surgir entre la seguridad jurídica y las sentencias penales, ha llevado a la jurisprudencia norteamericana a establecer excepciones al principio contrario. En Estados Unidos, el control constitucional es de carácter difuso, siendo los efectos de las sentencias declaratorias de inconstitucionalidad de carácter retroactivo, por ser mero declarativas. En principio, el ámbito de dichas sentencias es *inter partes,* pero en virtud de la técnica de los precedentes, y de la regla *stare decisis* las mismas adquieren carácter general obligatorio. Sin embargo, a pesar de ello, la jurisprudencia ha extendido el carácter retroactivo sólo a los casos penales, respetando, al contrario, los efectos cumplidos en materias civiles, y administrativas en base a una ley declarada inconstitucional[102].

Ahora bien, siendo el control de la constitucionalidad de las leyes atribuido por la Constitución a la Sala Constitucional del Tribunal Supremo un control similar a los concentrados que muestra el derecho comparado, es evidente que los efectos de la declaratoria de nulidad por inconstitucionalidad de una ley, en ausencia de norma expresa constitucional o legal alguna, sólo pueden ser *erga omnes* pero hacia el futu-

---

101 Tal es el supuesta por ejemplo, de la Ley Constitucional italiana de 11 de marzo de 1953, que establece las normas complementarias de la Constitución en lo concerniente a la Corte Constitucional, cuyo artículo 30 expresa: "Las normas declaradas inconstitucionales no pueden ser aplicadas a partir del día siguiente a la publicación de la decisión. Cuando en aplicación de la norma declarada inconstitucional haya sido pronunciada una sentencia irrevocable, cesará su ejecución y todos los efectos penales" (*V.,* F. Rubio Llorente, *La Corte Constitucional Italiana,* Cuadernos del Instituto de Estudios Políticos, N° 8, UCV, Caracas, 1966, p. 53). Asimismo la Ley del Tribunal Constitucional Federal Alemán de 12 de marzo de 1951, establece que "permanecen inmutables las resoluciones firmes, apoyadas en una norma declarada nula" por el Tribunal Constitucional Federal, aun cuando "es admisible la revisión del procedimiento según los preceptos de la Ley de Procedimiento Penal, contra una sentencia penal formal apoyada" sobre la misma norma declarada nula (*V.,* Art. 79 en F. Rubio Llorente, "El Tribunal Constitucional Alemán", *Revista de la Facultad de Derecho,* UCV, N° 18, Caracas, 1959, p. 154).

102 *V.,* J. A. C. Grant, "The legal effect of a rulling that a statute is inconstitucional" *Detroit College of Law Review,* 1978, pp. 207-237, *Cfr.* M. Cappelletti, "El control jurisdiccional de la constitucionalidad de las leyes en el derecho comparado", *Revista de la Facultad de Derecho,* 65, México, 1966, pp. 63-64.

ro; es decir, las sentencias son en principio constitutivas, *pro futuro y* sus efectos *ex nunc* no pueden extenderse hacia el pasado (no pueden ser retroactivas). Puede decirse que este ha sido el criterio no sólo seguido en el pasado por la doctrina venezolana[103], sino por la jurisprudencia de la antigua Corte Suprema de Justicia, aun cuando en uno que en otro caso, la antigua Corte en Sala de Casación Civil[104], como ahora la Sala Constitucional, no han sido consecuentes.

En efecto, las antiguas Cortes Suprema[105] y la antigua Corte Suprema en Sala Político-Administrativa[106], sostuvieron el carácter constitutivo de los efectos de las sentencias en materia de control de la constitucionalidad; criterio que sin embargo fue contradicho por algunas sentencias de la antigua Sala de Casación Civil de la Corte Suprema[107].

En todo caso, el carácter constitutivo de los efectos de las decisiones de la Sala Constitucional declaratorias de nulidad por inconstitucionalidad de las leyes, es congruente con las decisiones respecto de las solicitudes de nulidad por inconstitucionalidad de leyes ya derogadas, lo que en general se ha rechazado[108], precisamente por considerarse que dichas sentencias no tiene efectos retroactivos[109].

En todo caso, en el centro de la cuestión a partir de 1976 estaba el artículo 131 de la Ley Orgánica de la Corte Suprema de Justicia, que era igual al artículo 5, párrafo 1°, numerales 6 y 7 de la Ley Orgánica del Tribunal Supremo de Justicia, el cual atribuye, a la Sala Constitucional la obligación de establecer los efectos de sus decisiones en el tiempo, con lo que a pesar de que en principio, los efectos de sus decisiones declaratorias de nulidad por inconstitucionalidad debían seguir siendo, como en todos los sistemas concentrados de justicia constitucional, de carácter constitutivo, y de efectos *pro futuro, ex nunc*[110], la Sala podía corregir los efectos desfavorables que la rigidez de este principio pueda provocar, particularmente en el campo de los derechos y garantías constitucionales, y atribuirle a sus sentencias efectos retroactivos, *pro pretaerito, ex tunc.* Como se dijo, la reforma de la ley del Tribunal Su-

---

103 *V.,* José G. Andueza, *La Jurisdicción Constitucional en el Derecho Venezolano op. cit.* En contra Humberto J. la Roche, *El control Jurisdiccional en Venezuela y Estados Unidos*, Maracaibo, 1972, p. 153.

104 *V.,* en *Gaceta Forense,* N° 101, año 1978, pp. 591-592.

105 *V.,* sentencia de la antigua Corte Federal y de Casación de 20-12-40, *cit.* por J. G. Andueza, *La jurisdicción constitucional...op. cit.,* p. 90; de 17-11-38, *Memoria 1939,* p. 330; de 21-3-39, en *Memoria 1940,* p. 176; y de 16-12-40 en *Memoria 1941,* p. 311; y de la antigua Corte Federal de 19-6-53, en *Gaceta Forense,* N° 1, 1953, pp. 77 y 78. Véase además, la sentencia de la antigua Corte Federal y de Casación, Sala Político Administrativa 27-2-40 en *Memoria 1941,* p. 20.

106 *V.,* sentencias de la antigua Corte Suprema de Justicia, Sala Político Administrativa de 20-1-66 en *Gaceta Forense,* N° 51, 1966, p. 13; de 15-2-67 en *Gaceta Forense,* N° 55, 1967, p. 70; y de 18-11-65 en *Gaceta Forense,* N° 50, 1967, p. 111.

107 *V.,* en *Gaceta Forense,* N° 101, año 1978, pp. 591-592.

108 *V.,* sentencias de la antigua Corte Federal y de Casación, Sala Plena 21-12-49, en *Gaceta Forense,* N° 1, 1949, p. 15; y de la antigua Corte Suprema de Justicia, Sala Político Administrativa de 20-1-66, en *Gaceta Forense,* N° 51, 1968, pp. 13 y 14.

109 *V.,* J. G. Andueza, *La jurisdicción constitucional...op. cit.,* pp. 56 y 57.

110 Por ejemplo en sentencia de antigua Corte Suprema de Justicia, Sala Político-Administrativa de 23-2-84, al declarar la nulidad por inconstitucional del acto de instalación de una Asamblea Legislativa, la Corte dispuso expresamente que "la presente decisión no tendrá efecto retroactivo alguno en relación con las actuaciones cumplidas por la Asamblea Legislativa" (Consultada en original).

premo de 2010, abandonó la forma imprecisa de la Ley anterior, y pareció prever en el artículo 126 los efectos de la sentencia de nulidad a partir de la publicación en la Gaceta Judicial, "sin perjuicio" de que la Sala tenga potestad de "fijar los efectos de sus decisiones en el tiempo".

Conforme a esto último, la sala tiene potestad para retrotraer los efectos de sus sentencias hacia el pasado, lo que procede particularmente en estos casos relativos a los derechos y garantías constitucionales, donde el problema de la rigidez del principio de los efectos *ex nunc, pro futuro* de la sentencia anulatoria de una ley, y que podría significar que la Ley violatoria de una garantía constitucional, a pesar de su declaratoria de nulidad, pudo producir efectos hasta que se produjo esa declaratoria, queda resuelto, por la propia Constitución, ya que establece una garantía contra esa situación, al declarar la nulidad absoluta de los "actos del Poder Público" -incluso las leyes- que lesionen los derechos y garantías constitucionales (artículo 25).

Por tanto, la nulidad absoluta de ciertos actos expresamente establecidos en la Constitución, es lo que permite que ciertas sentencias de la Corte declaratorias de nulidad de una ley, tengan efecto retroactivo, hacia el pasado, y se las considere como de carácter declarativo, *ex tunc*. En decir, y a pesar del poder que tiene la propia Sala Constitucional para determinar los efectos de sus decisiones en el tiempo, en el ordenamiento constitucional venezolano sólo puede llegarse a admitir que las sentencias de la misma, declaratorias de nulidad de una ley, tienen siempre la categoría de sentencias declarativas, produciendo efectos hacia el pasado, en los casos en que la propia Constitución califica a una ley o acto estatal como nulo o ineficaz, supuesto que sólo se regula en los artículos 25 y 138 de la Constitución. En efecto, el artículo 25 de la Constitución contiene la primera de las normas que declara *per se,* la nulidad absoluta de "todo acto dictado en ejercicio del Poder Público", en los cuales se incluyen las leyes, cuando "viole o menoscabe los derechos garantizados por esta Constitución y la ley".

Conforme a esta primera excepción expresa, una ley que, por ejemplo, establezca una discriminación fundada en "la raza, el sexo, el credo o la condición social", viola expresamente el derecho a la igualdad garantizado en el artículo 21 de la Constitución, o una ley que por ejemplo, regule "penas infamantes o perpetuas" viola abiertamente el artículo 44,3° de la Constitución. Ahora bien, conforme al texto constitucional del artículo 25, esas leyes serían "nulas", con vicio de nulidad absoluta, no pudiendo producir ningún efecto jurídico e inclusive no debiendo ser aplicadas por autoridad alguna, so pena de incurrir en responsabilidad.

En estos casos, la decisión de la Sala Constitucional al declarar la nulidad por inconstitucionalidad de la ley no podría tener otro carácter que el mero declarativo, en virtud del texto expreso de la Constitución. Se trata, en efecto, de la constatación de una nulidad ya establecida en la Constitución, extinguiéndose la ley hacia el futuro y hacia el pasado, en el sentido que en virtud de la propia declaratoria de la ley como "nula" por la Constitución, se considera que ella nunca pudo surtir efectos.

Por tanto, en los supuestos en que están en juego los derechos garantizados por la Constitución y que son los que regula el artículo 25 de dicho texto, la sentencia declaratoria de nulidad de la ley inconstitucional, no podría tener efectos constitutivos, ni en consecuencia, podría dejar incólumes los efectos producidos por una ley inconstitucional con anterioridad a la declaratoria de nulidad por la Sala.

El segundo caso de regulación expresa de la excepción al principio del efecto constitutivo de las sentencias de la Corte Suprema declaratoria de nulidad por inconstitucionalidad de las leyes, está contenido en el artículo 138 de la Constitución que establece, que "toda autoridad usurpada es ineficaz, y sus actos son nulos"; y por usurpación de autoridad hay que entender "el vicio que acompaña a todo acto dictado por una persona desprovista totalmente de autoridad"[111], es decir, "el usurpador es aquel que la ejerce y realiza sin ningún tipo de investidura, ni regular ni prescrita. El concepto de usurpación, en este caso, emerge cuando una persona que no tiene *auctoritas* actúa como autoridad"[112], en el sentido del término "autoridad", que emplea la Constitución (artículos 138 y 350). De allí que, como dice la Constitución, la autoridad usurpada sea ineficaz y sus actos sean nulos. Este segundo caso de texto expreso de la Constitución que declara como "nulo", con vicio de nulidad absoluta e "ineficaz", un acto estatal, implica que la sentencia que declare la nulidad por inconstitucionalidad, por ejemplo, de una ley dictada por un gobierno que se organice por la fuerza sólo puede tener efectos declarativos de una nulidad (absoluta) ya establecida expresamente en la propia Constitución.

Pero, insistimos, aparte de estas dos previsiones expresas de la Constitución mediante las cuales el mismo texto constitucional declara la nulidad absoluta de una ley, lo cual produce, como consecuencia, que la sentencia de la Sala Constitucional declaratoria de la nulidad por inconstitucionalidad tenga meros efectos declarativos; sólo podrían admitirse como excepción al principio adoptado por nuestro sistema constitucional, de los efectos constitutivos de las sentencias de la Sala declaratorias de la nulidad por inconstitucionalidad de las leyes que se estiman, como principio general, viciadas de nulidad relativa (anulabilidad), en aquellos casos en los cuales la misma Sala, en forma expresa en su sentencia, establezca la nulidad absoluta, por ejemplo, en algunos supuestos de usurpación de funciones, concepto constitucional enteramente distinto al señalado de usurpación de autoridad[113] o en otros que determine expresamente[114]. Sin embargo, si la Sala no califica expresamente en su decisión a una ley que declara nula como viciada de nulidad absoluta, retrotrayendo los efectos de la nulidad hacia el pasado, se tiene como vigente el principio general señalado de la nulidad relativa.

De acuerdo con lo anteriormente señalado, por tanto, puede concluirse que, como principio general, toda sentencia declaratoria de nulidad por inconstitucionalidad de una ley dictada por la Sala Constitucional conforme al artículo 336 de la Constitución, tiene efectos *erga omnes,* y el carácter de una sentencia constitutiva, de nulidad

---

111 *V.*, Allan R. Brewer-Carías, *Las Instituciones Fundamentales del Derecho Administrativo y la Jurisprudencia Venezolana*, Caracas, 1964, p. 62.

112 *Idem*, p. 59.

113 *V.*, Allan R. Brewer-Carías, *Las Instituciones Fundamentales... cit.*, p. 60.

114 *V.*, sentencias de la antigua Corte Federal y de Casación, Sala Político Administrativa 28-3-41 en *Memoria 1942,* p. 158; y de la antigua Corte Suprema de Justicia en la Sala Político-Administrativa de 5-12-85, al declarar la nulidad, por ilegalidad (violación de la Ley Orgánica de Régimen Municipal) de una Ordenanza de zonificación municipal, aun cuando no estaban en juego la violación de derechos fundamentales, la Sala dejó "expresa constancia de que los efectos de la anulación de derechos fundamentales, de carácter absoluto, se retrotraen, por tanto, al 12 de mayo de 1983, fecha de la entrada en vigencia de la Ordenanza impugnada" (Consultada en original, p. 15).

relativa, con efectos *ex-nunc, pro futuro* salvo que el propio texto de la sentencia declare la nulidad absoluta de la ley o ésta se pronuncie en virtud de lo previsto en los artículos 25 y 138 de la Constitución, en cuyo caso, tendría carácter declarativo.

Sin embargo, inclusive en estos casos, esta retroactividad de la sentencia no sería absoluta, sino que en realidad implicaría que todas las situaciones particulares nacidas de la aplicación de la ley declarada nula serían susceptibles de impugnación, por lo que en muchos supuestos podría sostenerse que permanecían incólumes las situaciones jurídicas respecto de cuya impugnación se hayan consumado los lapsos de caducidad o prescripción de las acciones correspondientes.

### E. *Los efectos de cosa juzgada*

Por último, tratándose de una actividad jurisdiccional emanada de la Jurisdicción Constitucional (artículo 334 de la Constitución) la declaratoria de nulidad, así como sus alcances, como resultado de una sentencia que produce efectos *erga omnes*, se convierte en cosa juzgada.

Como lo ha señalado la Sala Constitucional, la sentencia "debe ser acatada y respetada por los órganos legislativos que dictaron la ley anulada total o parcialmente, o por los órganos del poder público que produjeron el acto, ya que la sentencia firme equivale a una ley (artículo 273 del Código de Procedimiento Civil) y es vinculante hacia el futuro (artículo 273 del Código de Procedimiento Civil), sin que ningún juez pueda volver a sentenciar la controversia ya decidida por un fallo (artículo 272 del Código de Procedimiento Civil), por lo que el tema juzgado en el proceso no es objeto de nueva discusión y la colectividad en su totalidad (personas naturales y jurídicas), deben respetar la nulidad declarada sin poder alzarse contra ella"[115].

La consecuencia de ello, es que entre las características de las sentencias definitivamente firmes dictadas por la Jurisdicción Constitucional, es el de la presunción legal que impide, por la autoridad de la cosa juzgada, que lo que ha sido objeto de la sentencia firme, vuelva a discutirse, o pierda sus efectos, por lo que éstos se mantienen en el tiempo. La consecuencia de ello, es "que la nulidad declarada por inconstitucionalidad que indica con precisión la disposición anulada [...], invalida la ley o el acto, señalando sus efectos *ex nunc* o *ex tunc* [...], pero siempre partiendo de la base que hacia el futuro dejó de existir la ley anulada total o parcialmente, sin que ella tenga vigencia alguna"[116].

Por último, debe indicarse que precisamente por el efecto de cosa juzgada ha llevado a la Sala Constitucional a declarar *in limine* como inconstitucional los artículos de una nueva ley, que reediten artículos precedentemente anulados por la Sala[117].

---

115 *V.*, la sentencia de la Sala Constitucional Nº 181 de 16-2-2006, en *Revista de Derecho Público*, Nº 105, EJV, Caracas, 2006, p. 220

116 *Ídem*. p. 221

117 *V.*, sentencia Nº 728 de 5-4-2006 (Caso: *Impugnación del artículo 421 del Código Penal*), en *Revista de Derecho Público*, Nº 106, EJV, Caracas 2006, p. 214

## 2. *Los efectos de las sentencias constitucionales dictadas en los procesos de control preventivo de la constitucionalidad de los Tratados y de las leyes sancionadas no promulgadas*

### A. *La sentencia en los casos de control preventivo de constitucionalidad de los tratados*

En el artículo 336, ordinal 5° de la Constitución de 1999 se estableció una innovación en materia de control de constitucionalidad, al regularse la competencia de la Sala Constitucional, en relación con los *tratados internacionales,* para:

> *5º.* Verificar, a solicitud del Presidente o Presidenta de la República o de la Asamblea Nacional, la conformidad con esta la Constitución de los tratados internacionales suscritos por la República antes de su ratificación.

Se incorporó así al sistema de justicia constitucional venezolano, un proceso de control de constitucionalidad (que se recoge en el artículo 25.5, de la Ley Orgánica, 2010) que tuvo su origen en los sistemas constitucionales europeos, como el francés y el español, y que existe en Colombia, mediante el cual se permite el control de la constitucionalidad de un tratado internacional suscrito por la República, antes de su ratificación y en su caso, antes de su aprobación por ley.

En estos casos, lo que el Tribunal Supremo en Sala Constitucional debe verificar es "la conformidad con la Constitución de los tratados internacionales suscritos por la República antes de su ratificación"; es decir, después de su suscripción por el Ejecutivo Nacional, pero antes de su ratificación; teniendo la solicitud de control por objeto verificar la conformidad del Tratado Constitucional con la Constitución; por lo que si el tratado no resulta conforme con la Constitución, el efecto de la misma es que entonces no puede ser ratificado.

Es evidente, en todo caso, que si la Sala Constitucional considera en su decisión que el Tratado Internacional es conforme con la Constitución, ello produce cosa juzgada y entonces no podría posteriormente ejercerse contra la ley aprobatoria del Tratado una acción popular de inconstitucionalidad.

### B. *La sentencia en los casos de control preventivo de constitucionalidad de leyes sancionadas antes de su promulgación*

Otro medio de control preventivo de la constitucionalidad de las leyes es el previsto en el artículo 214 de la Constitución, respecto de las leyes sancionadas por la Asamblea Nacional, que puede solicitar el Presidente de la República, al recibir la ley sancionada para su promulgación, en el lapso que tiene para promulgar las leyes.

Sobre este proceso constitucional, debe destacarse que también es una innovación de la Constitución de 1999, que lo ha regulado desvinculándolo del llamado "veto presidencial" a las leyes, que siempre implica su devolución a la Asamblea Nacional. En efecto, en Venezuela se había regulado tradicionalmente el veto presidencial a las leyes, ahora también regulado en el artículo 214 de la Constitución, de manera que una vez que una ley se ha sancionado, el Presidente de la Asamblea Nacional debe remitirla al Presidente de la República para su promulgación. El Presidente, dentro del lapso de 10 días que tiene para la promulgación, con acuerdo del Consejo de Ministros, puede solicitar a la Asamblea Nacional, mediante exposición razonada, que modifique alguna de las disposiciones de la ley o levante la sanción a toda ley o parte de ella. En esos casos, la Asamblea debe decidir acerca de los aspectos planteados por el Presidente por mayoría absoluta de los diputados presentes y le remitirá la ley para su promulgación. En este caso, el Presidente debe proceder a promulgar la ley dentro de los 5 días siguientes a su recibo, sin poder formular nuevas observaciones ante la Asamblea.

En la Constitución de 1961, sin embargo, se disponía que cuando el veto presidencial se hubiese fundado en la inconstitucionalidad de la ley, entonces, dentro del término que tenía para promulgar la ley luego de su devolución al Congreso, el Presidente podía acudir a la Corte Suprema de Justicia, solicitando su decisión acerca de la inconstitucionalidad de la misma. Este sistema de control preventivo de constitucionalidad estaba ligado al veto presidencial y debía pasar primero por la devolución de la ley al Congreso, con base en argumentos de inconstitucionalidad (art. 173).

En la Constitución de 1999, este sistema se cambió radicalmente, y el artículo 214, si bien regula el veto presidencial, luego, en párrafo aparte, establece que "cuando el Presidente de la República considere que la ley o alguno de sus artículos es inconstitucional solicitará el pronunciamiento de la Sala Constitucional del Tribunal Supremo de Justicia, en el lapso de diez días que tiene para promulgar la misma".

En estos casos, el Tribunal Supremo de Justicia debe decidir en el término de quince días contados desde el recibo de la comunicación del Presidente de la República, y si el Tribunal negare la inconstitucionalidad invocada o no decidiere en el lapso anterior, el Presidente o Presidenta de la República puede promulgará la ley dentro de los cinco días siguientes a la decisión del Tribunal o al vencimiento de dicho lapso.

Por último, debe señalarse que la competencia de la Sala Constitucional sólo se refiere al control de proyectos de leyes nacionales, por lo que se ha declarado incompetente para conocer del proceso de inconstitucionalidad de leyes estadales, decidiendo además, que no pueden las Constituciones estadales establecer dicha competencia[118].

### 3. *Los efectos de las sentencias constitucionales dictadas en los procesos de control de la inconstitucionalidad de la omisión del Legislador*

Otro proceso constitucional novedoso en materia de justicia constitucional que establece la Constitución de 1999, es el denominado control de la constitucionalidad de las omisiones de actuación de los órganos legislativos[119].

En tal sentido, el artículo 336 de la Constitución atribuyó a la Sala Constitucional, competencia para:

118 Véase sentencia Nº 194 de 15-2-2001 (Caso: *Control preventivo de constitucionalidad sobre el Proyecto de Ley de Reforma Parcial de la Ley Especial de Conservación, Administración y Aprovechamiento de la Vialidad del Estado Trujillo*), en *Revista de Derecho Público*, Nº 85-88, EJV, Caracas 2001, p. 416 y ss.

119 Es una institución que tiene su origen en el sistema portugués, véase Allan R. Brewer-Carías, *Judicial Review in Comparative Law*, *op. cit.*, p. 269. Véase Jesús María Casal, "La protección de la Constitución frente a las omisiones legislativas", en *Anuario de Derecho Constitucional Latinoamericano,* Edición 2003, Konrad Adenauer Stiftung, Montevideo, 2003, pp. 33 a 82.

> *7.* Declarar la inconstitucionalidad de las omisiones del poder legislativo municipal, estadal o nacional, cuando hayan dejado de dictar las normas o medidas indispensables para garantizar el cumplimiento de la Constitución, o las hayan dictado en forma incompleta, y establecer el plazo y, de ser necesario, los lineamientos de su corrección.

La Ley Orgánica del Tribunal Supremo de Justicia ha reiterado esta competencia de la Sala Constitucional, en el artículo 25.7, asignándole potestad para:

> *7.* Declarar la inconstitucionalidad de las omisiones del Poder Legislativo Municipal, Estadal o Nacional, cuando haya dejado de dictar las normas o medidas indispensables para garantizar el cumplimiento con la Constitución de la República Bolivariana de Venezuela, o las haya dictado en forma incompleta, así como las omisiones de cualquiera de los órganos del Poder Público Nacional, Estadal o Municipal, y establecer el plazo y, si fuera necesario, los lineamientos o las medidas para su corrección.

Esta norma, sin duda, consagra una amplísima potestad de control de las conductas omisivas del legislador atribuida a la Sala Constitucional y que supera el inicial antecedente portugués. En efecto, en el supuesto de la Constitución Portuguesa, la legitimación para requerir el ejercicio de esta potestad de control de constitucionalidad la tenían el Presidente de la República, el Ombudsman o los Presidentes de las Regiones Autónomas[120]; en cambio, en el texto de la Constitución de 1999 no se establece condicionamiento alguno a la legitimación, por lo que tratándose de omisiones normativas[121], el mecanismo para impulsar su control puede recibir el mismo tratamiento de una *acción popular*, es decir, bastaría el simple interés en la constitucionalidad para intentar la acción.

La Sala Constitucional del Tribunal Supremo ha ejercicio este control en varios supuestos. En relación con las omisiones en materia de emisión de leyes, en sentencia N° 3118 de 6 octubre de 2003, la Sala declaró la inconstitucionalidad de la omisión de la Asamblea Nacional en dictar la Ley Orgánica de Régimen Municipal (Caso: *Inconstitucionalidad de la omisión de la Asamblea Nacional por no haber dictado dentro del plazo fijado por el Constituyente de 1999 una Ley sobre Régimen Municipal*), destacando que la falta de sanción de la ley sobre régimen municipal dentro del plazo previsto en la Disposición Transitoria Cuarta de la Constitución constituía una violación del Texto Fundamental, a la que debía dársele pronta terminación.

En atención a ello, la Sala ordenó a la Asamblea Nacional preparar, discutir y sancionar, dentro del plazo máximo de tres (3) meses contados a partir de la notificación del fallo, una ley sobre régimen municipal que se adaptase a las previsio-

---

120 *V.*, Allan R. Brewer-Carías, *Judicial Review in Comparative Law,* Cambridge University Press, Cambridge 1989, p. 269.

121 O como lo ha calificado la Sala Constitucional: "Silencio legislativo y el funcionamiento anormal legislativo", en sentencia Nº 1819 de 08-08-2000 de la Sala Político-Administrativa (Caso: *René Molina vs. Comisión Legislativa Nacional*), en *Revista de Derecho Público,* Nº 83, Editorial Jurídica Venezolana, caracas 2000, p. 266.

nes del Capítulo IV del Título IV de la Constitución y, en especial, a los principios contenidos en su artículo 169[122].

En estos casos, evidentemente, la Sala Constitucional no podría sustituirse en el legislador y dictar la ley respectiva, obviando la función de la representación popular y el procedimiento constitucional de formación de las leyes.

Sin embargo, la Sala Constitucional ha forzado su rol en la materia y si bien ha reconocido que por la complejidad de la materia la jurisdicción constitucional difícilmente podría suplir la omisión del Legislador en su totalidad, señalando que "es constitucionalmente imposible incluso para esta Sala, pese a su amplia competencia constitucional, transformarse en legislador y proporcionar a la colectividad las normas que exige", sin embargo ha considerado que si está facultada para proporcionar soluciones a aspectos concretos, incluso por medio de la adopción de reglas generales que ocupen temporalmente el lugar de las normas ausentes, pero no para corregir por completo la inactividad del legislador y dictar las normas que se requieran[123].

La Sala Constitucional, por otra parte, ha conocido del recurso por omisión de sus funciones por la Asamblea Nacional, pero no en la demora en dictar leyes, sino en realizar nombramientos que debe hacer conforme a la Constitución.

Así ocurrió respecto del nombramiento de los miembros (rectores) del Consejo Nacional Electoral ante la omisión de la Asamblea, pero con la peculiaridad de que no sólo se la declaró como inconstitucional, sino que la Sala se sustituyó en el ejercicio de tal atribución. En efecto, mediante sentencia Nº 2073 de 4 de agosto de 2003, (Caso: *Hernann E. Escarrá Malavé; acción de inconstitucionalidad por omisión contra la Asamblea Nacional*), la Sala le fijó un lapso a la Asamblea Nacional para hacer los nombramientos, y luego de que la designación de los titulares del Consejo Nacional Electoral no se pudo realizar por la Asamblea Nacional, por no haber podido lograr los acuerdos políticos necesarios que aseguraran la mayoría calificada que exige la Constitución para tales nombramientos, la Sala Constitucional mediante sentencia Nº 2341 de 25 de agosto de 2003 (Caso: *Hernann E. Escarrá Malavé; acción de inconstitucionalidad por omisión contra la Asamblea Nacional*), una vez verificado que hasta esa fecha la Asamblea Nacional no había designado a los rectores del Poder Electoral, y estando dentro del lapso que la Sala misma se fijó para hacer la designación, procedió a hacerlo previas una serie de consideraciones generales justificando la no sumisión a las exigencias de la Constitución para ello[124].

Partiendo de estas consideraciones, la Sala Constitucional no se limitó a suplir la abstención de la Asamblea Nacional nombrando a los rectores del Consejo Nacional Electoral, obviando los procedimientos constitucionales de postulación y de mayoría calificada de la Asamblea, sino que extralimitándose en sus funciones y limitando injustificada e ilegítimamente la autonomía del Consejo Nacional Electoral como órgano rector de dicho Poder Público, procedió a nombrar directamente a todos los

---

122 *V.*, en *Revista de Derecho Público*, Nº 93-96, Editorial Jurídica Venezolana, Caracas, 2003, pp. 525 y ss.

123 *V.*, sentencia Nº 1043 de 31-5-2004 (Caso: *Consejo Legislativo del Estado Zulia*), en *Revista de Derecho Público*, Nº 97-98, EJV, Caracas 2004, p. 408.

124 *V.*, en *Revista de Derecho Público*, Nº 93-96, Editorial Jurídica Venezolana, Caracas, 2003, pp. 525 y ss.

funcionarios directivos del organismo, competencia que no correspondía a la Asamblea Nacional (sino al propio Consejo Nacional Electoral que estaba nombrando) y respecto de cuyo ejercicio no se había producido omisión alguna que pudiera justificar tales nombramientos.

En dicha sentencia, de acuerdo con el artículo 13 de la Ley Orgánica del Poder Electoral, la Sala además de nombrar a los rectores principales y sus respectivos, designó al Presidente y Vicepresidente del cuerpo, lo que correspondía al mismo; al Secretario y al Consultor Jurídico del Consejo Nacional Electoral; a los integrantes de los órganos subordinados: Junta Nacional Electoral; Comisión de Registro Civil y Electoral; Comisión de Participación Política y Financiamiento; y a los miembros de un Consejo de Participación[125].

4. *Los efectos de las sentencias constitucionales dictadas en la resolución de las controversias constitucionales entre los órganos del poder público*

El Tribunal Supremo, en Sala Constitucional, también tiene competencia, conforme al artículo 336 de la Constitución, para:

> *9.* Dirimir las controversias constitucionales que se susciten entre cualesquiera de los órganos del Poder Público.

Esta competencia de la Sala que recoge el artículo 25.9 de la Ley Orgánica de 2010, tiene por objeto principal dirimir las controversias constitucionales que se susciten entre los órganos del Poder Público, tanto en su división horizontal como en su distribución vertical a los efectos de "la protección de la estructura institucional del Estado y su régimen competencial, con el propósito de corregir las eventuales invasiones por parte de algún órgano del Poder Público en la esfera de competencias de otro"[126].

De lo anterior resulta que esta competencia de la Sala Constitucional, como Jurisdicción Constitucional, tiene por objeto resolver las controversias o conflictos constitucionales que se planteen entre los órganos que ejercen el Poder Público, tanto en su distribución vertical (República, Estados y Municipios), como en su división horizontal a nivel nacional (Poder Legislativo, Poder Ejecutivo, Poder Judicial, Poder Ciudadano, Poder Electoral) y a nivel estadal y municipal (Poder Legislativo y Poder Ejecutivo); y las mismas deben ser de naturaleza constitucional, es decir, aquellas cuya decisión depende del examen, interpretación y aplicación de normas constitucionales, tales como las que se refieren al reparto competencial entre los diferentes órganos del Estado, especialmente, las que distribuyen el poder en los niveles

---

125 *V.*, Allan R. Brewer-Carías, "El secuestro del Poder Electoral y la confiscación del derecho a la participación política mediante el referendo revocatorio presidencial: Venezuela 2000-2004", en *Boletín Mexicano de Derecho Comparado*, Instituto de Investigaciones Jurídicas, Universidad Nacional Autónoma de México, N° 112. México, enero-abril 2005 pp. 11-73; además de "La Sala Constitucional vs. el Estado Democrático de derecho: el secuestro del Poder Electoral" en *Crónica sobre la "in" Justicia Constitucional. La Sala Constitucional y el autoritarismo en Venezuela.* Colección Instituto de Derecho Público, Universidad Central de Venezuela, N° 2. Caracas, 2007, pp. 197-23.

126 *V.*, sentencia de la Sala Constitucional N° 1937 de 15-7-2003 (Caso: *Controversia constitucional entre el Alcalde del Municipio Píritu del Estado Falcón y el Concejo Municipal de dicha entidad político territorial*), en *Revista de Derecho Público*, N° 93-96, EJV, Caracas 2003, pp. 529 ss.

nacional, estadal y municipal[127]; entendiéndose por controversia, "aquella situación en la cual dos o más personas, discuten larga y reiteradamente, contendiendo y alegando razones contra el parecer de otro sobre intereses contrapuestos"[128].

Es decir, se trata de la resolución de controversias sobre atribuciones *constitucionales* entre los órganos que ejercen el Poder Público; que son distintas a las controversias administrativas que se puedan suscitar entre la República, los Estados, Municipios u otro ente público, las que compete ser resueltas por la Sala Político-Administrativa del Tribunal Supremo de Justicia (art. 266,4), como Jurisdicción Contencioso-Administrativa[129].

### 5. *Los efectos de las sentencias constitucionales dictadas en los procesos de interpretación constitucional*

Debe mencionarse, además, entre las competencias de la Sala Constitucional como Jurisdicción Constitucional, la atribución que tiene para conocer de recursos abstractos de interpretación de la Constitución, los cuales han sido creados por la propia Sala Constitucional[130], mediante la interpretación que le ha dado al artículo 335 de la Constitución, que atribuye al Tribunal Supremo el carácter de ser "máximo y último intérprete de la Constitución".

La Sala Constitucional, en la sentencia N° 1077 de 22 de septiembre de 2000 (Caso: *Servio Tulio León Briceño*) consideró que "no requieren los ciudadano de leyes que contemplen, en particular, el recurso de interpretación constitucional, para interponerlo"[131], procediendo a crear un recurso autónomo de interpretación de las normas constitucionales, no previsto constitucional ni legalmente, basándose para

---

127 *V.*, por ejemplo, sentencia de la Sala Constitucional N° 2401 de 8-10-2004 (Caso: *Gobernador del Estado Carabobo vs. Poder Ejecutivo Nacional*), en *Revista de Derecho Público,* N° 99-100, EJV, Caracas 2004, p. 317.

128 *V.*, sentencia de la Sala Político Administrativa N° 1819 de 08-08-2000 (Caso: *René Molina vs. Luis Miquilena*), en *Revista de Derecho Público*, N° 83, (julio-septiembre), Editorial Jurídica Venezolana, Caracas, 2000, p. 267. *V.*, en general, Gilberto Alejandro Guerrero-Rocca, "Controversias constitucionales y conflictos de autoridad: Una necesaria distinción", en *Revista de Derecho Constitucional,* N° 7, enero-junio 2003, Editorial Sherwood, Caracas, 2003, pp. 137 a 159.

129 Sentencia de la Sala Político Administrativa N° 1819 de 08-08-2000 (Caso: *René Molina vs. Comisión Legislativa Nacional*) en *Revista de Derecho Público,* N° 83, Editorial Jurídica Venezolana, Caracas 2000, pp. 264 y ss.

130 *V.*, en general, Ángela Figueruelo, "Consideraciones en torno al recurso de interpretación constitucional", en *Revista de Derecho Constitucional,* N° 4 (enero-julio), Editorial Sherwood, Caracas, 2001, pp. 261-274; Cosimina Pellegrino Pacera, "La interpretación de la Constitución de 1999 por la Sala Constitucional del Tribunal Supremo de Justicia: ¿Existe un recurso autónomo de interpretación constitucional? (A raíz de la sentencia de fecha 22 de septiembre de 2000)", en *Libro Homenaje a Enrique Tejera París, Temas sobre la Constitución de 1999,* Centro de Investigaciones Jurídicas (CEIN), Caracas, 2001, pp. 291 a 332; Arcadio Delgado Rosales, "El recurso de interpretación en la Constitución de 1999" en *Revista de derecho del Tribunal Supremo de Justicia,* N° 2, Caracas, 2000, pp. 243 a 247; Marianella Villegas Salazar, "Comentarios sobre el recurso de interpretación constitucional en la Jurisprudencia de la Sala Constitucional", *Revista de Derecho Público,* N° 84, (octubre-diciembre), Editorial Jurídica Venezolana, Caracas, 2000, p. 417-425.

131 Este criterio fue luego ratificado en sentencias N° 1347 de fecha 09-11-00, en *Revista de Derecho Público,* N° 84, Editorial Jurídica Venezolana, Caracas, 2000, pp. 264 y ss.; (N° 1387 de 21-11-00, en *Ídem*, pp. 275 y ss., y N° 457 de 05-04-01, entre otras.

ello en el artículo 26 de la Constitución que consagra el derecho de acceso a la justicia, del cual dedujo que si bien dicha acción no estaba prevista en el ordenamiento jurídico, tampoco estaba prohibida[132].

La acción de interpretación de la Constitución, como lo precisó la Sala Constitucional, es una acción de igual naturaleza que la de interpretación de la ley[133], es decir, tiene por objeto obtener una sentencia declarativa de mera certeza sobre el alcance y contenido de las normas constitucionales, que no anula el acto en cuestión, pero que busca en efecto semejante, ya que en estos casos, coincide el interés particular con el interés constitucional; agregando que:

> "La finalidad de tal acción de interpretación constitucional sería una declaración de certeza sobre los alcances y el contenido de una norma constitucional, y formaría un sector de la participación ciudadana, que podría hacerse incluso como paso previo a la acción de inconstitucionalidad, ya que la interpretación constitucional podría despejar dudas y ambigüedades sobre la supuesta colisión. Se trata de una tutela preventiva"[134].

Las sentencias dictadas en este proceso constitucional sobre interpretación, tienen por objeto precisar "el núcleo de los preceptos, valores o principios constitucionales, en atención a dudas razonables respecto a su sentido y alcance, originadas en una presunta antinomia u oscuridad en los términos, cuya inteligencia sea pertinente aclarar por este órgano, a fin de satisfacer la necesidad de seguridad jurídica sin que queden excluidos de por sí otros sentidos o alcances que la cultura política y jurídica o la ética pública desarrollen". De acuerdo con la doctrina de la sala Constitucional, por tanto, el fin de estas sentencias:

> "es esclarecedor y completivo y, en este estricto sentido, judicialmente creador; en ningún caso legislativo. Consiste primordialmente en una mera declaración, con efectos vinculantes sobre el núcleo mínimo de la norma estudiada o sobre su "intención" (comprensión) o extensión, es decir, con los rasgos o propiedades que se predican de los términos que forman el precepto y del conjunto de objetos o de dimensiones de la realidad abarcadas por él, cuando resulten dudosos u obscuros, respetando, a la vez, la concentración o generalidad de las normas constitucionales. Dicho carácter concentrado, que debe quedar incólume, más que un defecto es una ventaja de las normas constitucionales, es la condición de su operatividad y su adaptabilidad en el tiempo en razón de la dialéctica social[135].

---

132 *V.*, sentencia N° 1077 de la Sala Constitucional de 22-09-00 (Caso: *Servio Tulio León Briceño)*, en *Revista de Derecho Público,* N° 83, Editorial Jurídica Venezolana, Caracas, 2000, pp. 247 y ss. *V.*, además, la sentencia de la Sala N° 1487 de 6-8-2004 (Caso: *Interpretación del artículo 72 de la Constitución de la República Bolivariana de Venezuela*), donde la sala ha recogido los principios generales que regulan este recurso de interpretación, en *Revista de Derecho Público,* N° 99-100, Editorial Jurídica Venezolana, Caracas, 2004, pp. 322 y ss.

133 *Ídem*

134 *Ibídem*

135 *V.*, en *Revista de Derecho Público*, N° 84, (octubre-diciembre), Editorial Jurídica Venezolana, Caracas, 2002, p. 267.

Para que la Sala entre a conocer de un recurso de interpretación, por otra parte, se requiere la existencia de un caso concreto, a los efectos de "reservar al recurso de interpretación su verdadera justificación y evitar que se convierta en un medio indiscriminado de resolución de consultas"[136], correspondiendo entonces la legitimación a un recurrente que debe tener un "interés jurídico actual, legítimo, fundado en una situación jurídica concreta y específica en que se encuentra, y que requiere necesariamente de la interpretación de normas constitucionales aplicables a la situación, a fin de que cese la incertidumbre que impide el desarrollo y efectos de dicha situación jurídica"[137].

En cuanto a los efectos de la sentencia dictada en el recurso de interpretación, la misma tiene como objeto resolver:

> Cuál es el alcance de una norma constitucional o de los principios que lo informan, cuando los mismo no surgen claros del propio texto de la Carta Fundamental; o de explicar el contenido de una norma contradictoria, oscura o ambigua; o del reconocimiento, alcance y contenido, de principios constitucionales[138].

Por otra parte, en una sentencia Nº 1347, de 9 de septiembre de 2000, la Sala Constitucional consideró que "el recurso de interpretación constitucional no puede sustituir los recursos procesales existentes ni traducirse en una acción de condena, ni declarativa, ni constitutiva, por lo que si el recurrente persigue adelantar un pronunciamiento sobre un asunto planteado ante otro órgano jurisdiccional o pretende sustituir con esta vía algún medio ordinario a través del cual el juez pueda aclarar la duda planteada, el recurso deberá ser declarado inadmisible por existir otro recurso"[139].

Por último, en sentencia Nº 1347, de fecha 09-11-2000, la Sala Constitucional delimitó el carácter vinculante de las interpretaciones establecidas con motivo de decidir los recursos de interpretación, señalando que:

> "Las interpretaciones de esta Sala Constitucional, en general, o las dictadas en vía de recurso interpretativo, se entenderán vinculantes respecto al núcleo del caso estudiado, todo ello en un sentido de límite mínimo, y no de frontera intraspasable por una jurisprudencia de valores oriunda de la propia Sala, de las demás Salas o del universo de los tribunales de instancia".

---

136 *V.*, sentencia Nº 2651 de fecha 02-10-2003 en *Revista de Derecho Público,* Nº 93-96, Editorial Jurídica Venezolana, Caracas, 2003.

137 *V.*, sentencia Nº 1077 de 22-09-01, Caso: *Servio Tulio León Briceño*, en *Revista de Derecho Público*, Nº 83, Editorial Jurídica Venezolana, Caracas, 2000, pp. 247 y ss. Adicionalmente, en otra sentencia, Nº 1029 de 13-06-2001, la Sala Constitucional atemperó el rigorismo de declarar inadmisible el recurso si no precisaba el contenido de la acción, ya que señaló que "La solicitud deberá expresar: 1.- Los datos concernientes a la identificación del accionante y de su representante judicial; 2.- Dirección, teléfono y demás elementos de ubicación de los órganos involucrados; 3.- Descripción narrativa del acto material y demás circunstancias que motiven la acción."

138 *Idem.*

139 *V.*, en *Revista de Derecho Público*, Nº 84, (octubre-diciembre), Editorial Jurídica Venezolana, Caracas, 2000, p. 270.

### 6. *Los efectos de las sentencias constitucionales dictadas en los procedimientos de control de constitucionalidad obligatorio de leyes orgánicas y decretos leyes de estados de excepción*

#### A. *El control obligatorio de constitucionalidad de ciertas leyes orgánicas*

Conforme al artículo 203 de la Constitución, la Sala Constitucional debe pronunciarse sobre la constitucionalidad del carácter orgánico de las *leyes orgánicas* que así hayan sido calificadas por la Asamblea Nacional, antes de su promulgación. No se trata, por tanto, de un procedimiento de control de constitucionalidad establecido respecto de cualquier ley orgánica, sino de sólo aquellas así calificadas por la Asamblea Nacional al admitirse el proyecto por el voto de las 2/3 partes de los integrantes presentes antes de iniciarse la discusión del respectivo proyecto de ley.

Son estas últimas leyes que la Asamblea Nacional haya calificado expresamente de orgánicas, las que el Presidente de la Asamblea o el Presidente de la República deberá remitir, *automáticamente*, antes de su promulgación, a la Sala Constitucional del Tribunal Supremo de Justicia, para que ésta se pronuncie acerca de la constitucionalidad de ese carácter orgánico.

En estos casos, la declaratoria de la inconstitucionalidad del carácter orgánico de una ley, tiene por efecto que no puede promulgarse como tal ley orgánica sino como ley ordinaria.

#### B. *El control de constitucionalidad obligatorio de los decretos de estado de excepción*

La Constitución regula el régimen de los estados de excepción, autorizando al Presidente de la República para decretarlos mediante decretos leyes, conforme al artículo 337 de la Constitución, en caso de "circunstancias de orden social, económico, político, natural o ecológico, que afecten gravemente la seguridad de la Nación, de las instituciones y de los ciudadanos y ciudadanas, a cuyo respecto resultan insuficientes las facultades de las cuales se disponen para hacer frente a tales hechos". El régimen de los estados de excepción ha sido regulado en la Ley Orgánica sobre Estados de Excepción de 15-08-2001[140].

En estos casos de estados de excepción, que conforme al artículo 338 de la Constitución, pueden ser el estado de alarma, el estado de emergencia económica, el estado de conmoción interior y el estado de conmoción exterior, el Presidente de la República, en Consejo de Ministros, puede decretarlos, mediante actos que como lo precisa el artículo 22 de la Ley Orgánica, tiene "rango y fuerza de Ley". En estos casos, además, conforme se establece en el artículo 337 de la Constitución, el Presidente de la República en Consejo de Ministros también puede restringir temporalmente las garantías consagradas en la Constitución "Salvo las referidas a los derechos a la vida, prohibición de incomunicación o tortura, el derecho al debido proceso, el derecho a la información y los demás derechos humanos intangibles"[141].

---

140 *Gaceta Oficial* N° 37261 de 15-08-2001.

141 En relación con la enumeración de las garantías constitucionales de derechos que no pueden ser objeto de restricción, en forma alguna, conforme al artículo 337 (regulados en los artículos 43; 43, ord. 2; 46,

De acuerdo con el artículo 339 de la Constitución, el Decreto que declare el Estado de excepción debe en todo caso ser remitido por el Presidente de la República a la Sala Constitucional del Tribunal Supremo, para que ésta se pronuncie sobre su inconstitucionalidad. Por ello, el artículo 336 le atribuye a la Sala, competencia expresa para:

7. *Revisar, en todo caso, aun de oficio, la constitucionalidad de los decretos que declaren estados de excepción dictados por el Presidente o Presidenta de la República*

Esta atribución de control de constitucionalidad obligatorio, constituye otra novedad introducida por la Constitución de 1999, conforme al antecedente de Colombia (art. 241,7). En Venezuela se ha agregado, sin embargo, la posibilidad de ejercicio de esta atribución por la Sala, *de oficio*. Se trata, en efecto, del único supuesto constitucional en el cual la Sala puede actuar de *ex officio*, una vez que el Decreto se haya publicado en *Gaceta Oficial*.

En ejercicio de este control, la Sala Constitucional puede pronunciarse no sólo sobre la constitucionalidad de los decretos que declaren el estado de excepción, sino sobre la constitucionalidad del contenido de los mismos conforme a lo dispuesto en los artículos 337 y siguientes de la Constitución. En particular, la Sala debe verificar, al decretarse el estado de excepción y restringirse alguna garantía constitucional, si el decreto contiene, por ejemplo, efectivamente, la necesaria *regulación* sobre el ejercicio del derecho cuya garantía se restringe" (art. 339).

## III. LOS EFECTOS VINCULANTES DE LAS SENTENCIAS CONSTITUCIONALES DICTADAS POR LA JURISDICCIÓN CONSTITUCIONAL

De acuerdo con la Constitución, la interpretación constitucional que haga la Sala Constitucional del Tribunal Supremo puede ser vinculante, a cuyo efecto el artículo 335 de la Constitución señala que:

> "Las interpretaciones que establezca la Sala Constitucional sobre el contenido o alcance de las normas constitucionales son vinculantes para las otras Salas del Tribunal Supremo y demás tribunales de la República".

En estos casos, los efectos de las sentencias constitucionales vinculantes, es que "todos los órganos jurisdiccionales del país, están obligados a decidir con base en el criterio interpretativo que la Sala tenga de las normas constitucionales, pues, de no ser así, ello implicaría, además de una violación e irrespeto a la Constitución, una distorsión a la certeza jurídica y, por lo tanto, un quebrantamiento del Estado de Derecho"[142].

---

ord. 1; 49 y 58 de la Constitución), debe considerarse que forman parte de "los demás derechos humanos intangibles" cuyas garantías tampoco pueden restringirse, los indicados como no restringibles en el Pacto Internacional de Derechos Civiles y Políticos (art. 4), y en la Convención Americana de Derechos Humanos (art. 27).

142 *V.*, sentencia de la Sala Constitucional N° 2822 de 28-10-2003 (Caso: *SHRM de Venezuela C.A. vs Inspectoría del Trabajo de la Zona del Hierro de Puerto Ordaz, Estado Bolívar*), en *Revista de Derecho Público*, N° 93-96, EJV, Caracas 2003, p. 500; y sentencia N° 106 11-2-2004 (Caso: *Interpretación del*

En todo caso, en su labor de interpretar la Constitución, la Sala Constitucional no puede sustituirse en el pueblo, es decir, no puede crear nuevas normas constitucionales no previstas en el Texto o que no resulten de la integración de sus normas, ni puede modificarlas, estableciendo, por ejemplo, excepciones no previstas en ellas; así como tampoco puede dictar normas legales o modificar o reformar las que estén contenidas en las leyes sancionadas por la Asamblea Nacional.

El juez constitucional nunca puede ser legislador; puede anular las leyes con efectos *erga omnes*, eliminándolas del ordenamiento jurídico, con efecto similar a la derogación, como si fuera un "legislador negativo" (H. Kelsen); pero nunca puede ser un "legislador positivo", que dicta normas.

De hacerlo, no sólo incurriría en usurpación de autoridad, por la usurpación de las funciones legislativas que corresponden a la Asamblea Nacional, lo que haría de la sentencia un acto nulo e ineficaz (art. 138 C), sino que violaría el principio democrático, que impone que la "ley" sólo puede ser emanación de los órganos del Estado integrados por representantes del pueblo, elegidos mediante votación popular. Es decir, al determinar la interpretación de una norma, la Sala no puede crear nuevas normas o reformar o derogar las que están expresamente en la ley.

Sin embargo, lamentablemente, la Sala Constitucional en Venezuela, no ha seguido está lógica, y en más de una oportunidad ha legislado por la vía de interpretar la Constitución. La propia Sala, en su sentencia N° 33 de 25 de enero de 2001 (Caso: *Revisión de la sentencia dictada por la Sala de Casación Social del Tribunal Supremo de Justicia de fecha 10 de mayo de 2001, interpuesta por Baker Hugher S.R.L),* argumentó como sigue sobre su carácter y naturaleza como "una instancia jurisdiccional con una marcada especialización de tutela, tendente a asegurar la integridad, supremacía y efectividad de la Constitución":

> "Esta especialización se concreta en el ejercicio de la tutela constitucional en su máxima intensidad. No precisamente al modo en que la ejercía la Sala Plena de la entonces Corte Suprema de Justicia, la cual estaba restringida en sus funciones de garantía constitucional como si de un legislador negativo se tratase, es decir, la Sala Plena actuaba como un complemento del Poder Legislativo (único ente propiamente sujeto a la Constitución) en tanto se encargaba de revocar los actos de rango y fuerza de ley que éste dictaba contraviniendo la Constitución. Siendo que ésta no era concebida como un cuerpo jurídico normativo directamente aplicable a los distintos operadores jurídicos, se entendía que las interpretaciones de la Constitución que hiciera la Sala Plena no tenían carácter vinculante, y su influencia estaba asociada al efecto abrogatorio de los fallos de nulidad de actos con rango o fuerza de ley.
>
> Muy por el contrario, a esta Sala Constitucional le corresponde no sólo anular actos de esa naturaleza, sino que tiene asignada tanto la interpretación del texto constitucional, con el fin de salvar sus dificultades o contradicciones, como hacer valer el principio jurídico-político según el cual los derechos fundamentales preceden y limitan axiológicamente las manifestaciones del poder. Para ello

---

*artículo 3 del Estatuto Electoral del Poder Público*), en *Revista de Derecho Público*, N° 97-98, EJV, Caracas 2004, pp. 406 y ss.

se le ha puesto al frente del aparato jurisdiccional respecto a su aplicación, al punto de vincular sus decisiones a las demás Salas del Tribunal Supremo de Justicia, no sólo en gracia a su potestad anulatoria, sino como derivación de la función antes apuntada"[143].

Ahora bien, conforme a la Constitución, al ejercer el control concentrado de la constitucionalidad de las leyes, lo que la Sala puede hacer en relación con las normas que considere inconstitucionales es anularlas y ello sólo cuando la Sala conoce de una acción de nulidad, pero nunca cuando decide una acción de amparo, o revisa una sentencia de amparo, o decide un recurso de interpretación abstracto. En los casos en los cuales conozca de un recurso de colisión de leyes, lo que podría resolver la Sala es declarar cual ley debe prevalecer en relación con otra, en virtud del poder derogatorio de las leyes. En todo caso, además, puede interpretar las normas constitucionales incluso con carácter vinculante, pero ello no la autoriza a legislar.

Sin embargo, como antes se ha analizado al comentar los efectos de las sentencias declaratorias de la nulidad parcial de leyes, la Sala Constitucional ha pretendido configurarse como "legislador positivo" al anular normas, tal como resulta del criterio expuesto en la sentencia N° 319 de 9 de marzo de 2001 (Aclaratoria a la sentencia del Caso: *Nulidad artículos 917 del Código de Procedimiento Civil y artículo 18 de la Ley Orgánica del Poder Judicial*), señalando que al declararse dicha nulidad parcial el resultado "se ha convertido en *una norma nueva y diferente de la norma inicial,* lo cual implica aceptar, que al constituirse en una norma distinta, el operador jurídico debe plasmar en su sentencia el alcance del *nuevo dispositivo normativo*".

Es decir, que "al prosperar la nulidad parcial de la norma impugnada *nace una nueva norma* y para aplicar tal norma, resulta necesario e indispensable su interpretación, lo cual no es posible hacerlo sin desentrañar previamente el significado de los signos en los que exteriormente se manifiesta, obviamente, sin perder nunca de vista el todo del cual forma parte, debiendo la Sala, en su condición de operador jurídico, imprimirle a la norma los caracteres ideológicos que lo llevaron a determinar su nulidad parcial en resguardo de los derechos constitucionales[144].

Pero por otra parte, debe señalarse que lo que puede ser vinculante de una sentencia de la Sala Constitucional sólo puede ser la parte resolutiva de la misma, en la cual la Sala fija la interpretación de una norma, y ello debe señalarlo expresamente[145]. La interpretación de la norma establecida, entonces, en la parte resolutiva de una sentencia, pasa a ser fuente del derecho del mismo rango que el que tiene la norma que se interpreta: si es una norma constitucional, la interpretación adquiere rango constitucional, y si es una ley la que se interpreta, adquiere rango legal. Por ello, la Sala Constitucional no puede, *ad libitum,* estar modificando sus interpretaciones.

Por otra parte, para que se produzca la interpretación vinculante de una norma constitucional, debe estar en juego un caso judicial relativo a la misma, sea con mo-

---

143 *V.*, en *Revista de Derecho Público,* N° 85-88, Editorial Jurídica Venezolana, Caracas, 2001, p. 401.

144 *V.*, en *Revista de Derecho Público*, N° 85-88, Editorial Jurídica Venezolana, Caracas, 2001, pp. 395 y 396.

145 *V.*, por ejemplo, la sentencia N° 2651 de 02-10-2003, en *Revista de Derecho Público*, N° 93-96, Editorial Jurídica Venezolana, Caracas, 2003.

tivo de una acción popular de nulidad; de una acción por omisión; de una acción de amparo constitucional; de una solicitud de control de constitucionalidad de tratados, de leyes orgánicas o de decretos de Estado de excepción; de la resolución de una controversia constitucional o del conocimiento de un recurso de revisión contra sentencias de amparo o dictadas con motivo del ejercicio del control difuso de la constitucionalidad. En esos casos no pueden considerarse vinculantes los razonamientos o la parte "motiva" de las sentencias, sino sólo la interpretación que se haga, en concreto, del contenido o alcance de una norma específica de la Constitución.

En todo caso, lo que debe quedar claramente precisado es que la Sala Constitucional no puede pretender por la vía de la interpretación de la Constitución sustituir las funciones de los otros Poderes Públicos, ni asumir las tareas del Legislador ni de la Administración. La propia Sala Constitucional en su sentencia Nº 1347 de 9 de septiembre de 2000 ha hecho el esfuerzo por auto-limitarse en este respecto, para evitar la tentación totalizante, señalando que en la solución de los recursos de interpretación constitucional, teniendo en cuenta el principio de la separación de poderes y su relación con la función de seguridad del Estado de derecho, la Sala no podrá convertirse en "Un obstáculo ni en un contralor del ejercicio de las funciones de los órganos del Poder Público" ni "suplir las potestades de los órganos del Poder Público u ordenar la manera en que se desempeñarán en el ejercicio de sus actividades propias, pues a todos ellos cabe actuar según sus competencias y de acuerdo con el derecho", agregando: "Lo político administrativo o legislativo, en el sentido de elegir el camino o el modo más acorde con el bienestar social, si bien el procedimiento de su elección en muchos casos viene ya señalado por la Constitución, así como los campos en que se mueve la realidad social a que deben prestar sus servicios, sólo le corresponde dictarlo a los entes que ejercen las estrictas funciones político administrativas o legislativas, sin que este Tribunal ex ante les señale la mejor forma de hacerlo"[146].

## *SECCIÓN TERCERA:*

## *LOS EFECTOS DE LAS SENTENCIAS DICTADAS EN LOS PROCESOS DE INCONSTITUCIONALIDAD DE LAS LEYES EN EL PERÚ Y SU CONTRASTE CON EL SISTEMA VENEZOLANO (2009)*

**El texto de esta sección es el del trabajo sobre "Los efectos de las sentencias dictadas en los procesos de inconstitucionalidad las leyes en el Perú y su contraste con el sistema venezolano," fue publicado en Jhonny Tupayachi Sotomayor (Coordinador), *Código Procesal Constitucional Comentado. Homenaje a Domingo García Belaúnde*, Editorial Adrus, Lima 2009, pp. 969-983. Publicado también con el título: "Los efectos de las sentencias dictadas en los procesos de inconstitucionalidad de las leyes en el Perú y su contraste con el sistema venezolano," en el libro: *Derecho Procesal Constitucional. Instrumentos para la Justicia Constitucional*, Ediciones Doctrina y Ley Ltda., Bogotá 2013, pp. 545-557.**

146 *V.*, en *Revista de Derecho Público*, Nº 84, Editorial Jurídica Venezolana, Caracas, 2000, p. 268.

El Código Procesal Constitucional del Perú de 2005, como todo Código producto de un buen proceso de codificación legislativa, reguló comprehensivamente todos los aspectos de la actuación judicial en materia de control de constitucionalidad de las leyes, particularmente la ejercida por la Jurisdicción Constitucional, la cual en Perú se ha atribuido al Tribunal Constitucional. Dicha normativa, por supuesto se ajustó a las disposiciones de la Constitución de 1993 que en la materia tuvo un avance muy importante.

Entre los aspectos que se han regulado expresamente en materia de control de constitucionalidad de las leyes en el Perú, y en los cuales se puede identificar un importante contraste con la regulación establecida en Venezuela, donde la Jurisdicción Constitucional está atribuida a la Sala Constitucional del Tribunal Supremo de Justicia (artículo 266,1 de la Constitución 1999), es en lo que se refiere a los efectos de las sentencias dictadas en el proceso constitucional de las leyes.

Como lo hemos observado en otro lugar, en contraste con el régimen peruano[147], uno de los rasgos más característicos de la justicia constitucional en Venezuela[148], al igual que en Colombia[149], es la existencia de la acción popular de inconstitucionalidad de las leyes, mediante la cual cualquier ciudadano con el simple interés en la legalidad, puede intentar la acción de inconstitucionalidad de las leyes y demás actos con rango y valor de ley o dictados en ejecución directa e inmediata de la Constitución. En el Perú, en cambio, la legitimación para impugnar la inconstitucionalidad de las leyes corresponde exclusivamente a determinados órganos y sujetos que se enumeran en el artículo 203 de la Constitución: el Presidente de la República; el Fiscal de la Nación; el Defensor del Pueblo; el 25% del número legal de congresistas; 5.000 ciudadanos con firmas comprobadas por el Jurado Nacional de Elecciones; los presidentes de Región con acuerdo del Consejo de Coordinación Regional o los alcaldes provinciales con acuerdo de su Concejo, en materias de su competencia; y los colegios profesionales en materias de su especialidad. La acción popular sólo se ha establecido en Perú para impugnar reglamentos y demás actos estatales de rango sublegal.

---

147 *V.*, Allan R. Brewer-Carías, "Aspectos de la acción de inconstitucionalidad en Perú y Venezuela", en José F. Palomino Manchego (Coordinador*), El derecho procesal constitucional peruano. Estudios en homenaje a Domingo García Belaúnde*, T. II, Editorial Jurídica Grijley, Lima 2005. pp. 761-773

148 Sobre el tema nos hemos ocupado en diversas publicaciones durante las últimas décadas. v Allan R. Brewer-Carías, "Algunas consideraciones sobre el control jurisdiccional de la constitucionalidad de los actos estatales en el derecho venezolano" en *Revista de Administración Pública*, N° 76, Madrid 1975, pp. 419-446; *El control de la constitucionalidad de los actos estatales*, Colección Estudios Jurídicos, N° 2, Editorial Jurídica Venezolana, Caracas 1977; *Estado de Derecho y Control Judicial (Justicia Constitucional, Contencioso Administrativo y Amparo en Venezuela)*, Instituto Nacional de Administración Pública, Madrid 1987; *Judicial Review in Comparative Law*, Cambridge University Press, Cambridge 1989; *El control concentrado de la constitucionalidad de las leyes. Estudio de derecho comparado*, Universidad Católica del Táchira, Editorial Jurídica Venezolana, Caracas-San Cristóbal 1994; *Instituciones Políticas y Constitucionales,* T. VI: La Justicia Constitucional, Universidad Católica del Táchira, Editorial Jurídica Venezolana, Caracas-San Cristóbal Caracas 1996; *La Justicia Constitucional (Procesos y procedimientos constitucionales)*, Instituto Mexicano de Derecho Procesal Constitucional, Ed. Porrúa, México 2007.

149 *V.*, Allan R. Brewer-Carías, *El sistema mixto o integral de control de la constitucionalidad en Colombia y Venezuela*, Universidad Externado de Colombia (Temas de Derecho Público N° 39) y Pontificia Universidad Javeriana (*Quaestiones Juridicae* N° 5), Bogotá 1995.

Las sentencias que se dictan en los procesos de inconstitucionalidad de las leyes pueden ser globalmente de dos tipos: por una parte, las que declaran sin lugar la acción, confirmando la constitucionalidad de la ley impugnada; y por la otra, las que declaran la inconstitucionalidad total o parcial de la ley.

En este último caso, cuando la decisión es de declaratoria de nulidad de la ley o acto impugnado, totalmente, o de los artículos del mismo que hayan sido atacados, ello produce la cesación de los efectos del acto, y el Tribunal, inclusive, puede pronunciarse sobre la nulidad de todos los actos que se realizaron con base al acto declarado nulo[150].

## I. LOS EFECTOS *ERGA OMNES* DE LAS SENTENCIAS EN LOS PROCESOS DE INCONSTITUCIONALIDAD Y LA COSA JUZGADA

En uno u otro caso, las sentencias tienen diferentes efectos, pero siempre tienen efectos generales, es decir, *erga omnes*, y fuerza de cosa juzgada en relación con la particular y específica ley impugnada, la cual no puede extenderse respecto de otros actos legislativos.

El pronunciamiento de la Sala Constitucional tiene valor general, es decir, *erga omnes*, lo que ha sido doctrina del Tribunal Supremo –antes Corte Suprema de Justicia– desde la década de los treinta, sosteniendo que "cualquier funcionario, por elevado que sea, o cualquiera de los otros Poderes Públicos que pretenda hacer prevalecer su propia interpretación de la Ley, sobre la interpretación y aplicación que de la misma haya hecho esta Corte al decidir o resolver algo sobre el mismo asunto, usurpa atribuciones y viola la Constitución y las leyes de la República"[151].

Por su parte, la antigua Corte Suprema de Justicia de Venezuela en Sala de Casación Civil, Mercantil y del Trabajo en sentencia de 21 de diciembre de 1963, fue precisa en este sentido:

> "El control absoluto de constitucionalidad lo ejerce en primer término la Corte Suprema de Justicia, en pleno, cuando declara la nulidad total o parcial de una Ley nacional por inconstitucional. Tal decisión deja sin efecto la Ley o la parte de ella que sea anulada, y tiene fuerza de cosa juzgada *erga omnes*. Esta nulidad es pronunciada en virtud de la llamada acción popular.
>
> Una atribución similar, pero sólo en cuanto a leyes estadales y ordenanzas municipales, es ejercitada por la Sala Político-Administrativa de este Supremo Tribunal, también por acción popular, y su declaratoria produce igualmente cosa juzgada *erga omnes*.

---

150 *V.*, sentencia de la antigua Corte Suprema de Justicia, de 4-4-1974 en *Gaceta Oficial* N° 1.657, Extraordinaria de 7-6-74, pp. 2 y 3.

151 *V.*, sentencia de la antigua Corte Federal y de Casación, Sala Político Administrativa 17-11-38, en *Memoria 1939,* pp. 330 a 334. En igual sentido se pronunció la antigua Corte Federal en sentencia del 21-03-39, en *Memoria 1940,* p. 176); y en sentencia de 16-12-40 en *Memoria 1941,* p. 311), y en sentencia del 19-06-53, en *Gaceta Forense*, N° 1, 1953, pp. 77 y 78; y la antigua Corte Suprema de Justicia, Sala Político Administrativa en sentencia de 19-11-68, en *Gaceta Forense*, N° 62, 1968, pp. 106 a 113.

Quiere esto decir que la declaratoria de constitucionalidad o inconstitucionalidad de una Ley, por acción principal (popular) es definitiva y surte efectos contra todos, pues tal presunta Ley deja de serlo desde el momento de ser declarada inconstitucional. Lo mismo ocurre en los casos de Leyes estadales y ordenanzas municipales, cuya inconstitucionalidad sea pronunciada"[152].

Por otra parte, tratándose de una actividad judicial realizada por la Jurisdicción Constitucional la decisión en los procesos constitucionales contra las leyes, como se dijo, adquiere fuerza de cosa juzgada. Como lo ha señalado la Sala Constitucional de Venezuela, la sentencia "debe ser acatada y respetada por los órganos legislativos que dictaron la ley anulada total o parcialmente, o por los órganos del poder público que produjeron el acto, ya que la sentencia firme equivale a una ley (artículo 273 del Código de Procedimiento Civil) y es vinculante hacia el futuro (artículo 273 del Código de Procedimiento Civil), sin que ningún juez pueda volver a sentenciar la controversia ya decidida por un fallo (artículo 272 del Código de Procedimiento Civil), por lo que el tema juzgado en el proceso no es objeto de nueva discusión y la colectividad en su totalidad (personas naturales y jurídicas), deben respetar la nulidad declarada sin poder alzarse contra ella"[153].

La consecuencia de ello, es que entre las características de las sentencias definitivamente firmes dictadas por la Jurisdicción Constitucional, es el de la presunción legal que impide, por la autoridad de la cosa juzgada, que lo que ha sido objeto de la sentencia firme, vuelva a discutirse, o pierda sus efectos, por lo que éstos se mantienen en el tiempo. Por último, debe indicarse que precisamente por el efecto de cosa juzgada ha llevado a la Sala Constitucional de Venezuela a declarar *in limene* como inconstitucional los artículos de una nueva ley, que reediten artículos precedentemente anulados por la Sala[154].

En cuanto a los efectos de cosa juzgada de las sentencias del Tribunal Constitucional del Perú en materia de inconstitucionalidad de las leyes desde que quedan firmes, conforme al artículo 82 del Código Procesal Constitucional, "tienen autoridad de cosa juzgada, por lo que vinculan a todos los poderes públicos". El Código peruano, en todo caso precisa que "la declaratoria de inconstitucionalidad de una ley por vicios formales no obsta para que ésta pueda ser demandada ulteriormente por razones de fondo".

## II. LOS EFECTOS DE LAS SENTENCIAS DESESTIMATORIAS DE LAS ACCIONES DE INCONSTITUCIONALIDAD

En el caso de que la sentencia sea declarativa de la improcedencia de la acción de inconstitucionalidad y, por tanto, de los vicios de inconstitucionalidad denunciados, la decisión tiene, sin duda, efectos *erga omnes* en relación a la constitucionalidad de la Ley, al menos en cuanto a los artículos impugnados y a los vicios denunciados.

152 *V.*, sentencia de la antigua Corte Suprema de Justicia, Sala de Casación Civil de 12-12-63 en *Gaceta Forense,* N° 42, pp. 667 a 672.

153 *V.*, la sentencia de la Sala Constitucional N° 181 de 16-2-2006, en *Revista de Derecho Público*, N° 105, EJV, Caracas, 2006, p. 220.

154 *V.*, sentencia N° 728 de 5-4-2006 (Caso: *Impugnación del artículo 421 del Código Penal*), en *Revista de Derecho Público,* N° 106, Editorial Jurídica Venezolana, Caracas 2006, p. 214

En relación a éstos, la decisión tiene el valor de cosa juzgada, los cuales por supuesto no se extienden a otros actos legislativos similares que puedan ser impugnados, por los mismos vicios.

Por tanto, en Venezuela, en caso de una decisión de la Sala Constitucional declarando sin lugar una acción popular de inconstitucionalidad contra una ley, y en consecuencia, estimando su constitucionalidad, tiene efectos *erga omnes* y valor de cosa juzgada en el sentido de que la constitucionalidad de esa Ley debe ser admitida por todos los jueces, quienes están obligados a seguir el criterio de la Sala. Por tanto, declarada por la Sala la constitucionalidad de una ley no podrían los jueces de instancia, conforme a los artículos 334 de la Constitución y 20 del Código de Procedimiento Civil, inaplicarla a un caso concreto mediante el control difuso de inconstitucionalidad por considerarla inconstitucional[155].

Esta solución, que en Venezuela resulta de los principios generales aplicables en la materia, en el Perú ha sido adoptada expresamente en el artículo VI del Código Procesal Constitucional donde se regula el control difuso de constitucionalidad, al disponer que "Los jueces no pueden dejar de aplicar una norma cuya constitucionalidad haya sido confirmada en un proceso de inconstitucionalidad..."

## III. LOS EFECTOS DE LAS SENTENCIAS DE ANULACIÓN DE LAS LEYES POR INCONSTITUCIONALIDAD

Pero dentro de los efectos de las sentencias declaratorias de nulidad por inconstitucionalidad, sin duda, el problema fundamental que se plantea se refiere al momento en que comienzan a producirse, es decir, si el acto declarado nulo se considera que surtió sus efectos hasta que se lo anula por la Sala, o al contrario, se estima como si nunca hubiera surtido efectos. Bajo otro ángulo, la cuestión es determinar si la decisión de la Sala comienza a surtir efectos desde el momento que se publica o sus efectos se retrotraen al momento en que el acto anulado se dictó.

En esta materia existe un claro contraste en las regulaciones de derecho positivo en el Perú y en Venezuela.

En el Perú, es la Constitución la que establece la pauta en la materia al disponer primero, en el artículo 103 donde regula el principio de irretroactividad de las leyes, que si bien las mismas sólo se derogan por otras leyes, también "quedan sin efectos por sentencia que declara su inconstitucionalidad"; y segundo, en el artículo 204 se señala que en los casos de sentencias que declaren la inconstitucionalidad de una norma dictadas por el Tribunal Constitucional, la misma queda sin efecto al día siguiente de su publicación en el diario oficial, agregando que "No tiene efecto retroactivo la sentencia del Tribunal que declara inconstitucional, en todo o en parte, una norma legal".

Ello lo desarrolla el artículo 81 del Código Procesal Constitucional relativo a los "efectos de las sentencia fundadas" recaídas en el proceso de inconstitucionalidad de las leyes, "dejan sin efecto las normas sobre las cuales se pronuncian;" y que las

---

155 *V.*, sentencia de la antigua Corte Suprema de Justicia, Sala de Casación Civil de 11-8-71 en *Gaceta Forense*, N° 73, 1971, pp. 477 y ss. *V.*, además, *Doctrina Procuraduría General de la República, 1963*, Caracas, 1964, pp. 199 y ss.

mismas "tienen alcances generales y carecen de efectos retroactivos". Es decir, se reitera el principio general de los efectos constitutivos, pro futuro de las sentencias, a cuyo efecto se deben publicarse "íntegramente en el Diario Oficial El Peruano y producen sus efectos desde el día siguiente de su publicación;" lo que se reitera en el artículo 82 del mismo Código.

Esta irretroactividad de las sentencias que anulan leyes por inconstitucionalidad se precisa en el artículo 83 del Código al disponer que las mismas "no conceden derecho a reabrir procesos concluidos en los que se hayan aplicado las normas declaradas inconstitucionales", salvo en las materias previstas en los artículos 103 y 74 de la Constitución. Estas materias, como indicamos más adelante, son la materia penal cuando favorece al reo, y la materia tributaria. Por último, en el Código peruano también se resuelve expresamente el tema de los efectos de la sentencia que declara la nulidad de una ley, respecto de las leyes que la misma hubiere derogado, en el sentido de que "por la declaración de inconstitucionalidad de la ley "no recobran vigencia las disposiciones legales que ella hubiera derogado".

En contraste con tan precisas normas, en Venezuela, ni la Constitución, ni la Ley Orgánica de la Corte Suprema de Justicia de 1976 ni la Ley Orgánica del Tribunal Supremo de Justicia de 2004 resolvieron expresamente estas cuestiones de los efectos temporales de las sentencias de inconstitucionalidad de las leyes, habiéndose limitado las referidas Leyes Orgánicas a señalar que la Sala Constitucional debía determinar en sus sentencias sus "efectos en el tiempo"(artículo 5, párrafo 1°, numerales 6 y 7, Ley 2004). En la Ley Orgánica del Tribunal Supremo de Justicia, se ha conservado la misma potestad de la Sala "de fijar los efectos de sus decisiones en el tiempo," al establecer en forma confusa, que los efectos de la sentencia son a partir de su publicación en la Gaceta Judicial, aun cuando su autenticidad es desde su publicación en el expediente (art. 126).

Ahora bien, existiendo también en Venezuela un sistema mixto de justicia constitucional[156], que implica el funcionamiento en paralelo, de los dos métodos básicos de control de constitucionalidad que muestra el derecho comparado: por una parte el sistema difuso, que se ejerce por todos los jueces, y por la otra el sistema concentrado que se ejerce por la Sala Constitucional del Tribunal Supremo; (y respecto de los actos administrativos por los órganos de la jurisdicción contencioso-administrativa); no ha sido infrecuente la confusión sobre los efectos de las decisiones en materia de control de la constitucionalidad, lo que ha llevado en muchos casos a la aplicación de la doctrina de la garantía de la nulidad del acto inconstitucional, propia del control difuso, al sistema de control concentrado, ignorando las diferencias fundamentales entre los dos sistemas de justicia constitucional. Por ejemplo, ello resulta de la sentencia de la Sala Constitucional N° 359 de 15 de mayo de 2000:

> "Ahora bien, de acuerdo con lo previsto en el artículo 119 de la Ley Orgánica de la Corte Suprema de Justicia, se debe determinar los efectos en el tiempo de las decisiones anulatorias de normas. En este sentido, la jurisprudencia de la Corte Suprema de Justicia ha indicado que en tales casos, debe entenderse que

---

156 *V.*, Allan R. Brewer-Carías, *El sistema mixto o integral de control de la constitucionalidad en Colombia y Venezuela*, Universidad Externado de Colombia (Temas de Derecho Público N° 39) y Pontificia Universidad Javeriana (*Quaestiones Juridicae* N° 5), Bogotá 1995.

produce sus efectos *ex tunc*, es decir, hacia el pasado. Así, en reciente sentencia con ocasión de decidir la solicitud de ejecución de un fallo que no había fijado los efectos en el tiempo de una sentencia anulatoria, se indicó:

> "Ha sido señalado precedentemente que la sentencia anulatoria extinguió la norma por considerarla viciada, sin limitar, de conformidad con lo dispuesto en el artículo 131 de la Ley Orgánica de la Corte Suprema de Justicia, los efectos de la anulación en el tiempo, en razón de lo cual, este efecto es *ex tunc*, es decir hacia el pasado; opera desde el momento mismo en que la norma fue dictada" (Sentencia de la Sala Político Administrativa del 11 de noviembre de 1999, caso *Policarpo Rodríguez*).
>
> En el caso antes citado, si bien se dio efecto *ex tunc* al fallo anulatorio, la sentencia fijó los términos de la ejecución, es decir, los parámetros y el tiempo mediante los cuales los afectados por la norma anulada podían ejercer sus derechos.
>
> En el caso de autos, esta Sala por razones de seguridad jurídica, para evitar un desequilibrio en la estructura de la administración pública estadal y la preservación de los intereses generales, así como en resguardo de los derechos de los beneficiados por la ley Estadal, fija los efectos *ex nunc*, es decir, a partir de la publicación de este fallo por la Secretaría de esta Sala Constitucional"[157].

En realidad, el principio opera en sentido inverso, precisamente como se ha regulado expresamente en el Perú: en principio, por razones de seguridad jurídica las sentencias anulatorias de leyes tienen efectos *ex nunc*, hacia el futuro y excepcionalmente, cuando la protección constitucional de derechos así lo exija, pueden ser dotadas de efectos *ex tunc*.

En efecto, en la aplicación del método control concentrado de control de constitucionalidad, la Sala Constitucional de Venezuela asume su rol de supremo intérprete[158] o defensor[159] de la Constitución, a la cual corresponde ser el fiel de la balanza en la aplicación del principio de la separación de poderes[160] teniendo que proclamar, al decidir la acción de inconstitucionalidad, la "extinción jurídica" del acto recurrido o el mantenimiento del mismo con la plenitud de sus efectos[161]. La consecuencia de ello, es "que la nulidad declarada por inconstitucionalidad que indica con precisión la disposición anulada [...], invalida la ley o el acto, señalando sus efectos *ex nunc* o

---

157 *V.*, en *Revista de Derecho Público,* N° 82, Editorial Jurídica Venezolana, Caracas, 2000, p. 454. *V.*, además, sentencia N° 816 de 26-7-00, en *Revista de Derecho Público,* N° 83, Editorial Jurídica Venezolana, Caracas, 2000, p. 273.

158 Lo que implica la irreversibilidad de sus decisiones. La doctrina ha sido establecida desde hace muchos años por la propia Corte. *V.*, por ejemplo, sentencia de la antigua Corte Federal y de Casación de 17-11-38 en *Memoria 1939,* pp. 330 y ss.

159 *V.*, sentencia de la antigua Corte Suprema de Justicia, Sala Político Administrativa de 4-3-41 en *Memoria 1942,* pp. 128 a 130.

160 *V.*, por ejemplo, sentencia de la antigua Corte Federal y de Casación, Sala Político Administrativa de 3-5-39 en *Memoria, 1940,* p. 217; y de 17-4-41 en *Memoria, 1942,* pp. 182 y ss.

161 *V.*, sentencia de la antigua Corte Suprema de Justicia, Sala Político Administrativa de 20-1-66 en *Gaceta Forense,* N° 51, 1968, p. 13.

*ex tunc* [...], pero siempre partiendo de la base que hacia el futuro dejó de existir la ley anulada total o parcialmente, sin que ella tenga vigencia alguna"[162].

En cambio, cuando se aplica el método de control difuso de la constitucionalidad de las leyes, el juez desaplica una ley que estima inconstitucional aplicando preferentemente la Constitución, sin afectar la validez de la ley, teniendo la decisión efectos declarativos, que se aplican *in casu et inter partes*, y se extienden *ex tunc*, *pro pretaerito*[163]. Por tanto, la "retroactividad" de la declaratoria de no aplicabilidad de la ley, tiene sólo sentido bajo el ángulo de que el juez estima que ella nunca ha surtido efectos, es decir, que los efectos de la declaración de inconstitucionalidad operan *ex tunc*, al ser una decisión mero declarativa de una inconstitucionalidad o nulidad preexistente. En este sentido, por ejemplo, la apreciación de la inconstitucionalidad de la ley ya derogada, pero que se aplicó durante su vigencia al caso concreto que el juez está conociendo, tiene justificación, pues la declaratoria de inaplicabilidad de la ley, al ignorar su existencia, tiene sentido para el proceso, aun cuando la ley esté derogada en el momento de la decisión.

Por ello, como la decisión judicial que se pronuncia en el control difuso de la constitucionalidad de las leyes tiene "efectos retroactivos", evidentemente que pueden referirse a las leyes derogadas, respecto de los efectos que pudo producir durante su vigencia[164]. En esos casos, el juez no anula la ley al ejercer el control difuso, sino que sólo declara o constata una inconstitucionalidad preexistente, por lo que ignora la existencia de la ley (la considera inexistente) y no la aplica al caso concreto cuyo conocimiento jurisdiccional le corresponde.

Esos efectos, en todo caso, son completamente diferentes a los efectos que produce el ejercicio del control concentrado de la constitucionalidad cuando la Sala Constitucional anula una ley por inconstitucionalidad. En estos casos, cuando la Sala, como Jurisdicción Constitucional, ejerce sus atribuciones previstas en el artículo 336 de la Constitución, "declara la nulidad" de la ley, es decir, anula la ley, la cual hasta el momento en que se publique la sentencia de la Sala, es válida y eficaz, surtiendo todos los efectos no obstante su inconstitucionalidad. La decisión, por tanto, carece de eficacia retroactiva, la misma tiene efectos ex nunc o pro futuros[165]; y esto en virtud de la presunción de constitucionalidad que las leyes tienen[166], equivalente, *mutatis mutandis*, a la presunción de la legalidad que acompaña a los actos administrativos[167].

---

162 *Idem*. p. 221

163 *V.*, A. y S. Tune, *Le Système Constitutionnel des Etats Unis d'Amerique*, París, 1954, V. II, pp. 294 y 295.

164 *V.*, J. G. Andueza, *La jurisdicción constitucional en el derecho venezolano*, Caracas, 1955, pp. 56-57.

165 *V.*, por ejemplo, sentencia de la antigua Corte Federal y de Casación, Sala Político Administrativa 17-11-38 en *Memoria 1939*, pp. 330 a 334; sentencia de la antigua Corte Federal de 19-6-53 en *Gaceta Forense*, Nº 1, 1953, pp. 77 y ss.; y sentencia de la antigua Corte Suprema de Justicia, Sala Plena de 29-4-65 publicada por la *Imprenta Nacional*, 1965, pp. 113 y 116. *Cfr. Doctrina Procuraduría General de la República, 1963*, Caracas, 1964, pp. 199 a 201.

166 *V.*, J. G. Andueza, *La jurisdicción constitucional...op. cit.*, p. 90.

167 *V.*, Allan R. Brewer-Carías, *Las Instituciones Fundamentales del Derecho Administrativo y Jurisprudencia Venezolana*, Caracas, 1964, p. 31.

Ninguno de los sistemas concentrados del control de la constitucionalidad de las leyes que se conocen en el derecho comparado, atribuye efectos hacia el pasado, es decir, *ex tunc*, *pro pretaerito* a todas las sentencias declaratorias de nulidad por inconstitucionalidad, las cuales no son mero declarativas, ni tienen efecto retroactivos, sino que son sólo constitutivas; y en los sistemas italianos y alemán, éstos posibles efectos hacia el pasado son restringidos fundamentalmente al ámbito penal[168]. Y la solución de estas dos legislaciones –la italiana y la alemana– es lógica, pues si bien sería monstruoso, por las repercusiones que tendría sobre la seguridad jurídica, pretender que las sentencias declaratorias de la nulidad por inconstitucionalidad de una ley tengan efectos mero declarativos, y que, por tanto, se tuvieran como nunca dictados o cumplidos los actos realizados antes de que la ley fuera declarada nula, asimismo podría resultar injusto que en los casos penales, las sentencias adoptadas conforme a una ley declarada posteriormente nula, no fueran afectados por la anulación por inconstitucionalidad. De ahí la excepción respecto de los casos penales que la legislación italiana y alemana establece para el principio de que los efectos de las sentencias declaratorias de nulidad por inconstitucionalidad sólo se producen hacia el futuro.

Como se ha dicho, esta excepción también se aplica en el Perú, conforme al artículo 83 del Código Procesal Constitucional, donde las sentencias que declaren la inconstitucionalidad de una ley penal cuando favorece al reo o de una ley tributaria, pueden conducir a que se reabran procesos concluidos en los que se hayan aplicado las normas declaradas inconstitucionales (art. 83). En particular, en materia tributaria, el Código agrega que el Tribunal Constitucional "debe determinar de manera expresa en la sentencia los efectos de su decisión en el tiempo" y debe resolver "lo pertinente respecto de las situaciones jurídicas producidas mientras estuvo en vigencia."

Es más, la misma situación pragmática del conflicto que puede surgir entre la seguridad jurídica y las sentencias penales, ha llevado a la jurisprudencia norteamericana a establecer excepciones al principio contrario. En Estados Unidos, el control constitucional es de carácter difuso, siendo los efectos de las sentencias declaratorias de inconstitucionalidad de carácter retroactivo, por ser mero declarativo. En principio, el ámbito de dichas sentencias es inter partes, pero en virtud de la técnica de los precedentes, y de la regla *stare decisis* las mismas adquieren carácter general obligatorio.

---

168 Tal es el supuesta por ejemplo, de la Ley Constitucional italiana de 11 de marzo de 1953, que establece las normas complementarias de la Constitución en lo concerniente a la Corte Constitucional, cuyo artículo 30 expresa: "Las normas declaradas inconstitucionales no pueden ser aplicadas a partir del día siguiente a la publicación de la decisión. Cuando en aplicación de la norma declarada inconstitucional haya sido pronunciada una sentencia irrevocable, cesará su ejecución y todos los efectos penales" (*V.*, F. Rubio Llorente, *La Corte Constitucional Italiana,* Cuadernos del Instituto de Estudios Políticos, N° 8, UCV, Caracas, 1966, p. 53). Asimismo la Ley del Tribunal Constitucional Federal Alemán de 12 de marzo de 1951, establece que "permanecen inmutables las resoluciones firmes, apoyadas en una norma declarada nula" por el Tribunal Constitucional Federal, aun cuando "es admisible la revisión del procedimiento según los preceptos de la Ley de Procedimiento Penal, contra una sentencia penal formal apoyada" sobre la misma norma declarada nula. *V.*, Art. 79 en F. Rubio Llorente, "El Tribunal Constitucional Alemán", *Revista de la Facultad de Derecho*, UCV, N° 18, Caracas, 1959, p. 154.

Sin embargo, a pesar de ello, la jurisprudencia ha extendido el carácter retroactivo sólo a los casos penales, respetando, al contrario, los efectos cumplidos en materias civiles, y administrativas en base a una ley declarada inconstitucional[169].

Ahora bien, siendo el control de la constitucionalidad de las leyes atribuido en Venezuela a la Constitución a la Sala Constitucional del Tribunal Supremo de Justicia, un control similar a los concentrados que muestra el derecho comparado, como el que existe en el Perú, es evidente que los efectos de la declaratoria de nulidad por inconstitucionalidad de una ley, en ausencia de norma expresa constitucional o legal alguna, sólo pueden ser producidos *erga omnes* pero hacia el futuro; es decir, las sentencias son en principio constitutivas, pro futuro y sus efectos ex nunc no pueden extenderse hacia el pasado (no pueden ser retroactivas).

Puede decirse que este ha sido el criterio no sólo seguido en el pasado por la doctrina venezolana[170], sino por la jurisprudencia de la antigua Corte Suprema de Justicia, aun cuando en uno que en otro caso, la antigua Corte Suprema de Justicia en Sala de Casación Civil[171], como ahora la Sala Constitucional, no han sido consecuentes.

En efecto, la antigua Corte Federal y de Casación y Corte Federal[172] y la antigua Corte Suprema en Sala Político-Administrativa[173], sostuvieron el carácter constitutivo de los efectos de las sentencias en materia de control de la constitucionalidad; criterio que sin embargo fue contradicho por algunas sentencias de la Sala de Casación Civil de la antigua Corte Suprema de Justicia[174].

En todo caso, el carácter constitutivo de los efectos de las decisiones de la Sala Constitucional declaratorias de nulidad por inconstitucionalidad de las leyes, es congruente con las decisiones respecto de las solicitudes de nulidad por inconstitucionalidad de leyes ya derogadas, lo que en general se ha rechazado[175], precisamente por considerarse que dichas sentencias no tiene efectos retroactivos[176].

---

169 *V.*, J. A. C. Grant, "The legal effect of a rulling that a statute is inconstitucional" *Detroit College of Law Review,* 1978, pp. 207-237; Mario Cappelletti, "El control jurisdiccional de la constitucionalidad de las leyes en el derecho comparado", *Revista de la Facultad de Derecho,* 65, México, 1966, pp. 63-64.

170 *V.*, José G. Andueza, *La Jurisdicción Constitucional en el Derecho Venezolano op. cit.* En contra Humberto J. la Roche, *El control Jurisdiccional en Venezuela y Estados Unidos,* Maracaibo, 1972, p. 153.

171 *V.*, en *Gaceta Forense,* N° 101, año 1978, pp. 591-592.

172 *V.*, sentencia de la antigua Corte Federal y de Casación de 20-12-40, *cit.* por J. G. Andueza, *La jurisdicción constitucional...op. cit.,* p. 90; de 17-11-38, *Memoria 1939,* p. 330; de 21-3-39, en *Memoria 1940,* p. 176; y de 16-12-40 en *Memoria 1941,* p. 311; y de la antigua Corte Federal de 19-6-53, en *Gaceta Forense,* N° 1, 1953, pp. 77 y 78. Véase además, la sentencia de la antigua Corte Federal y de Casación, Sala Político Administrativa 27-2-40 en *Memoria 1941,* p. 20

173 *V.*, sentencias de la antigua Corte Suprema de Justicia, Sala Político Administrativa de 20-1-66 en *Gaceta Forense,* N° 51, 1966, p. 13; de 15-2-67 en *Gaceta Forense,* N° 55, 1967, p. 70; y de 18-11-65 en *Gaceta Forense,* N° 50, 1967, p. 111.

174 *V.*, en *Gaceta Forense,* N° 101, año 1978, pp. 591-592.

175 *V.*, sentencias de la antigua Corte Federal y de Casación, Sala Plena 21-12-49, en *Gaceta Forense,* N° 1, 1949, p. 15; y de la antigua Corte Suprema de Justicia, Sala Político Administrativa de 20-1-66, en *Gaceta Forense,* N° 51, 1968, pp. 13 y 14.

176 *V.*, J. G. Andueza, *La jurisdicción constitucional...op. cit.,* pp. 56 y 57.

En todo caso, en el centro de la cuestión a partir de 1976 estaba el artículo 131 de la Ley Orgánica de la Corte Suprema de Justicia, que al igual que al artículo 5, párrafo 1°, numerales 6 y 7 de la Ley Orgánica del Tribunal Supremo de Justicia, de 2004 y en cierta forma el artículo 126 de la Ley Orgánica del mismo Tribunal de 2010 atribuye, a la Sala Constitucional la potestad de establecer los efectos de sus decisiones en el tiempo, con lo que a pesar de que en principio, los efectos de sus decisiones de declaratorias de nulidad por inconstitucionalidad son, como en todos los sistemas concentrados de justicia constitucional, de carácter constitutivo, y de efectos pro futuro, *ex nunc*[177], la Sala puede corregir los efectos desfavorables que la rigidez de este principio pueda provocar, particularmente en el campo de los derechos y garantías constitucionales, y atribuirle a sus sentencias efectos retroactivos, *pro pretaerito*, *ex tunc*.

Por supuesto, incluso en estos casos relativos a los derechos y garantías constitucionales en nuestro criterio el problema de la rigidez del principio de los efectos *ex nunc*, pro futuro de la sentencia anulatoria de una ley, y que podría significar que la Ley violatoria de una garantía constitucional, a pesar de su declaratoria de nulidad, pudo producir efectos hasta que se produjo esa declaratoria, queda resuelto, pues es la propia Constitución la que establece una garantía contra esa situación, al declarar la nulidad absoluta de los "actos del Poder Público" –incluso las leyes– que lesionen los derechos y garantías constitucionales (artículo 25).

Por tanto, la nulidad absoluta de ciertos actos expresamente establecidos en la Constitución, es lo que permite que ciertas sentencias de la Sala Constitucional declaratorias de nulidad por inconstitucionalidad de una ley, tengan efecto retroactivo, hacia el pasado, y se las considere como de carácter declarativo, *ex tunc*. En decir, y a pesar del poder que tiene la propia Sala Constitucional para determinar los efectos de sus decisiones en el tiempo, en el ordenamiento constitucional venezolano sólo podría llegarse a admitir que las sentencias de la misma, declaratorias de nulidad de una ley, tienen siempre la categoría de sentencias declarativas, produciendo efectos hacia el pasado, en los casos en que la propia Constitución califica a una ley o acto estatal como nulo o ineficaz, supuesto que sólo se regula en los artículos 25 y 138 de la Constitución. En efecto, el artículo 25 de la Constitución contiene la primera de las normas que declara per se, la nulidad absoluta de "todo acto dictado en ejercicio del Poder Público", en los cuales se incluyen las leyes, cuando "viole o menoscabe los derechos garantizados por esta Constitución y la ley".

Conforme a esta primera excepción expresa, una ley que, por ejemplo, establezca una discriminación fundada en "la raza, el sexo, el credo o la condición social", viole expresamente el derecho a la igualdad garantizado en el artículo 21 de la Constitución, o una ley que por ejemplo, regule "penas infamantes o perpetuas" viola abiertamente el artículo 44,3 de la Constitución. Ahora bien, conforme al texto constitucional del artículo 25, esas leyes serían "nulas", con vicio de nulidad absoluta, no pudiendo producir ningún efecto jurídico e inclusive no debiendo ser aplicadas por autoridad alguna, so pena de incurrir en responsabilidad. En estos casos, la decisión

---

177 Por ejemplo en sentencia de antigua Corte Suprema de Justicia, Sala Político-Administrativa de 23-2-84, al declarar la nulidad por inconstitucional del acto de instalación de una Asamblea Legislativa, la Corte dispuso expresamente que "la presente decisión no tendrá efecto retroactivo alguno en relación con las actuaciones cumplidas por la Asamblea Legislativa" (Consultada en original).

de la Sala Constitucional al declarar la nulidad por inconstitucionalidad de la ley no podría tener otro carácter que el mero declarativo, en virtud del texto expreso de la Constitución. Se trata, en efecto, de la constatación de una nulidad ya establecida en la Constitución, extinguiéndose la ley hacia el futuro y hacia el pasado, en el sentido que en virtud de la propia declaratoria de la ley como "nula" por la Constitución, se considera que ella nunca pudo surtir efectos. Por tanto, en los supuestos en que están en juego los derechos garantizados por la Constitución y que son los que regula el artículo 25 de dicho texto, la sentencia declaratoria de nulidad de la ley inconstitucional, no podría tener efectos constitutivos, ni en consecuencia, podría dejar incólumes los efectos producidos por una ley inconstitucional con anterioridad a la declaratoria de nulidad por la Sala.

El segundo caso de regulación expresa de la excepción al principio del efecto constitutivo de las sentencias del Tribunal Supremo declaratorias de nulidad por inconstitucionalidad de las leyes, está contenido en el artículo 138 de la Constitución que establece, que "toda autoridad usurpada es ineficaz, y sus actos son nulos"; y por usurpación de autoridad hay que entender "el vicio que acompaña a todo acto dictado por una persona desprovista totalmente de autoridad"[178], es decir, "el usurpador es aquel que la ejerce y realiza sin ningún tipo de investidura, ni regular ni prescrita. El concepto de usurpación, en este caso, emerge cuando una persona que no tiene auctoritas actúa como autoridad"[179], en el sentido del término "autoridad", que emplea la Constitución (arts. 138 y 350). De allí que, como dice la Constitución, la autoridad usurpada sea ineficaz y sus actos sean nulos. Este segundo caso de texto expreso de la Constitución que declara como "nulo", con vicio de nulidad absoluta e "ineficaz", un acto estatal, implica que la sentencia que declare la nulidad por inconstitucionalidad, por ejemplo, de una ley dictada por un gobierno que se organice por la fuerza, sólo puede tener efectos declarativos de una nulidad ya establecida expresamente en la propia Constitución.

Pero, insistimos, que aparte de estas dos previsiones expresas de la Constitución venezolana mediante las cuales el mismo texto constitucional declara la nulidad absoluta de una ley, lo cual produce, como consecuencia, que la sentencia de la Sala Constitucional declaratoria de la nulidad por inconstitucionalidad tenga meros efectos declarativos; sólo podrían admitirse como excepción al principio adoptado por nuestro sistema constitucional, de los efectos constitutivos de las sentencias de la Sala Constitucional declaratorias de la nulidad por inconstitucionalidad de las leyes que se estiman, como principio general, viciadas de nulidad relativa (anulabilidad), en aquellos casos en los cuales la misma Sala, en forma expresa en su sentencia, establezca la nulidad absoluta, por ejemplo, en algunos supuestos de usurpación de funciones, concepto constitucional enteramente distinto al señalado de usurpación de autoridad[180] o en otros que determine expresamente[181].

---

178 *V.*, Allan R. Brewer-Carías, *Las Instituciones Fundamentales del Derecho Administrativo y la Jurisprudencia Venezolana*, Caracas, 1964, p. 62.

179 *Idem*, p. 59.

180 *V.*, Allan R. Brewer-Carías, *Las Instituciones Fundamentales... cit.*, p. 60.

181 *V.*, sentencias de la antigua Corte Federal y de Casación, Sala Político Administrativa 28-3-41 en Memoria 1942, p. 158; y de la antigua Corte Suprema de Justicia en la Sala Político-Administrativa de 5-12-85, al declarar la nulidad, por ilegalidad (violación de la Ley Orgánica de Régimen Municipal) de una Orde-

Sin embargo, si la Sala no califica expresamente en su decisión a una ley que declara nula como viciada de nulidad absoluta, retrotrayendo los efectos de la nulidad hacia el pasado, se tiene como vigente el principio general señalado de la nulidad relativa.

De acuerdo con lo anteriormente señalado, por tanto, puede concluirse que, como principio general, toda sentencia declaratoria de nulidad por inconstitucionalidad de una ley dictada por la Sala Constitucional del Tribunal Supremo de Justicia de Venezuela conforme al artículo 336 de la Constitución, tiene efectos *erga omnes*, y el carácter de una sentencia constitutiva, de nulidad relativa, con efectos *ex-nunc*, pro futuro salvo que el propio texto de la sentencia declare la nulidad absoluta de la ley o ésta se pronuncie en virtud de lo previsto en los artículos 25 y 138 de la Constitución, en cuyo caso, tendría carácter declarativo.

Sin embargo, inclusive en estos casos, esta retroactividad de la sentencia no sería absoluta, sino que en realidad implicaría que todas las situaciones particulares nacidas de la aplicación de la ley declarada nula serían susceptibles de impugnación, por lo que en muchos supuestos podría sostenerse que permanecían incólumes las situaciones jurídicas respecto de cuya impugnación se hayan consumado los lapsos de caducidad o prescripción de las acciones correspondientes.

En el sistema peruano, como se ha visto, conforme a la misma lógica del control concentrado de constitucionalidad de las leyes, en los procesos constitucionales contra las leyes, la Constitución y el Código Procesal Constitucional establecen el principio general de los efectos prospectivos ex nunc o pro futuro de las sentencias, es decir, que no se remontan al momento de la promulgación de la ley considerada inconstitucional, sino que surten efectos a partir de la publicación de la sentencia. Por lo tanto, los efectos producidos hasta el momento de la anulación de la ley en principio, se consideran válidos, con la sola excepción de que se trate de una ley penal anulada cuando la anulación favorece al reo o de una ley tributaria, en cuyo caso, como se ha visto, el Tribunal debe determinar de manera expresa en la sentencia, "los efectos de su decisión en el tiempo", con lo cual se admite la posibilidad de otorgarle a la sentencia efectos *pro praeterito*. Por ello el Código autoriza al Tribunal a resolver lo pertinente respecto de las situaciones jurídicas producidas mientras la ley estuvo en vigencia.

En Venezuela, la racionalidad del sistema anulatorio en la práctica jurisprudencial sigue las mismas líneas generales antes indicadas. Sin embargo, la Ley Orgánica del Tribunal Supremo de Justicia no es nada precisa en la materia en su artículo 126 cuando prescribe la publicación de las sentencias en la Gaceta Judicial, agregando que en los casos de anulación de actos estatales por inconstitucionalidad, la Sala tiene potestad para determinar sus efectos en el tiempo (art. 126). Estos, por tanto, si bien en principio son *ex nunc*, *pro futuro*, de acuerdo con lo que se resuelva en el caso concreto, pueden tener efectos *pro praeterito* es decir, retroactivos, *ex tunc*, considerando la norma nula *ab initio*.

---

nanza de zonificación municipal, aun cuando no estaban en juego la violación de derechos fundamentales, la Sala dejó "expresa constancia de que los efectos de la anulación de derechos fundamentales, de carácter absoluto, se retrotraen, por tanto, al 12 de mayo de 1983, fecha de la entrada en vigencia de la Ordenanza impugnada" (Consultada en original, p. 15).

## *OCTAVA PARTE*

## SOBRE EL CONTROL DE CONVENCIONALIDAD

### *SECCIÓN PRIMERA:*

### *SOBRE EL CONTROL DE CONVENCIONALIDAD, SU CONCEPTUALIZACIÓN Y SU NECESARIO DESLINDE RESPECTO DEL CONTROL DE CONSTITUCIONALIDAD*

**Esta sección es el texto del estudio que con el mismo título de control de convencionalidad, su conceptualización y su necesario deslinde respecto del control de constitucionalidad", se publicó en el *Liber Amicorum en honor al Dr. Juan Manuel Pellerano Gómez*, Santo Domingo, República Dominicana, 2013**

En el marco del Sistema Interamericano de Derechos Humanos, se entiende por control de convencionalidad[1884] tanto la función judicial que ejerce la Corte Interamericana de Derechos Humanos cuando decide sobre las violaciones cometidas por los Estados miembros a los derechos humanos consagrados en la Convención Americana de Derechos Humanos, como la función jurisdiccional que ejercen los jueces y tribunales nacionales en el ámbito interno cuando aplican las normas de la Convención Americana de derechos Humanos para resolver denuncias sobre violaciones de los derechos consagrados en la misma. En ambos casos dicha función siempre tiene por objeto revisar las actuaciones de los órganos del Estado, incluidos los jueces, a la luz de la Convención Americana sobre Derechos Humanos, de sus Protocolos adicionales y de la propia jurisprudencia convencional sentada por la Corte Interamericana de manera de asegurar que las disposiciones de la Convención no se

---

1884 *V.*, en general sobre el tema: Ernesto Rey Cantor, *Control de Convencionalidad de las Leyes y Derechos Humanos*, México, Editorial Porrúa-Instituto Mexicano de Derecho Procesal Constitucional, 2008; Juan Carlos Hitters, "Control de constitucionalidad y control de convencionalidad. Comparación," en *Estudios Constitucionales*, Centro de Estudios Constitucionales de Chile, Universidad de Talca, Año 7, N° 2, 2009, pp. 109-128; Susana Albanese (Coordinadora), *El control de convencionalidad*, Buenos Aires, Ed. Ediar, 2008; Eduardo Ferrer Mac-Gregor, "El control difuso de convencionalidad en el Estado constitucional", en Fix-Zamudio, Héctor, y Valadés, Diego (Coordinadores), *Formación y perspectiva del Estado mexicano*, México, El Colegio Nacional-UNAM, 2010, pp. 151-188; Eduardo Ferrer Mac-Gregor, "Interpretación conforme y control difuso de convencionalidad el nuevo paradigma para el juez mexicano," en *Derechos Humanos: Un nuevo modelo constitucional*, México, UNAM-IIJ, 2011, pp. 339-429.

vean mermadas por la aplicación de leyes contrarias a su objeto y fin, de lo que resulta la obligación que tiene la Corte Interamericana como los tribunales nacionales de hacer que aquellas prevalezcan sobre las normas del derecho interno.

Este control de convencionalidad, que ha adquirido tanta notoriedad en los últimos años, en realidad es tan viejo como la vigencia misma de la Convención Americana sobre Derechos Humanos[1885]. En realidad, ese ha sido y es, precisamente, el control que usualmente ha realizado y realiza la Corte Interamericana de Derechos Humanos en sus sentencias, cuando al juzgar las violaciones a la Convención Americana sobre derechos Humanos cometidas por los actos u omisiones de los Estados, ha tenido que confrontar las normas de la misma con las previsiones del derecho interno, de manera que en los casos en los cuales ha encontrado que estas son contrarias o incompatibles con aquella, ha ordenando a los Estados realizar la corrección de la inconvencionalidad, por ejemplo modificando la norma cuestionada[1886].

Ese también ha sido el control que han ejercido y ejercen los jueces o tribunales nacionales cuando han juzgado la validez de los actos del Estado, al confrontarlos no sólo con la Constitución respectiva, sino con el elenco de derechos humanos y de obligaciones de los Estados contenidos en la Convención Americana, o al aplicar las decisiones vinculantes de la Corte Interamericana, decidiendo en consecuencia, conforme a sus competencias, la anulación de las normas nacionales o su desaplicación en el caso concreto.

En esta materia, en realidad, tanto a la Corte Interamericana como con los jueces nacionales estuvieron aplicando dicho control de convencionalidad por casi cuarenta años desde que la Convención fuera suscrita (1969) sin haberlo identificado con precisión, hasta que gracias a la importante conceptualización efectuada en 2003 por el juez Sergio García Ramírez de la Corte Interamericana de Derechos Humanos, se captara en sus propios contornos dicho control que la propia Corte y los jueces y tribunales nacionales venían ejerciendo con anterioridad.

## I. LA CONCEPTUALIZACIÓN DEL CONTROL DE CONVENCIONALIDAD Y SUS DOS VERTIENTES

En esta materia, por tanto, lo que realmente es nuevo ha sido, por una parte, la afortunada acuñación de un término como ha sido el de "control de convencionali-

---

1885 *V.*, en el mismo sentido, Karlos A. Castilla Juárez, "El control de convencionalidad. Un nuevo debate en México a partir de la sentencia del caso Radilla Pacheco," en Eduardo Ferrer Mac Gregor (Coordinador), *El control difuso de convencionalidad. Diálogo entre la Corte Interamericana de Derechos Humanos y los jueces nacionales), FUNDAp,* Querétaro, México 2012, pp. 83-84.

1886 Por ello, el juez Eduardo Ferrer Mac-Gregor ha señalado que el "control concentrado de convencionalidad" lo venía realizando la Corte IDH desde sus primeras sentencias, sometiendo a un examen de convencionalidad los actos y normas de los Estados en un caso particular." Véase su Voto razonado a la sentencia de la Corte Interamericana en el caso *Cabrera García y Montiel Flores vs. México* de 26 de noviembre de 2010 (Párr. 22), en http://www.corteidh.or.cr/docs/casos/articulos/seriec_220_esp.pdf . También ha dicho con razón que "el control de convencionalidad constituye la razón de ser de la Corte Interamericana". Véase en Eduardo Ferrer Mac Gregor, "Interpretación conforme y control difuso de convencionalidad. El nuevo paradigma para el juez mexicano", en Eduardo Ferrer Mac Gregor (Coordinador), *El control difuso de convencionalidad. Diálogo entre la Corte Interamericana de Derechos Humanos y los jueces nacionales), FUNDAp,* Querétaro, México 2012, p. 132.

dad"[1887], que Sergio García Ramírez propuso en su Voto razonado a la sentencia del caso *Myrna Mack Chang vs. Guatemala*, de 25 de noviembre de 2003;[1888] y por la otra, la clarificación de que dicho control de convencionalidad se efectúa en dos vertientes, dimensiones o manifestaciones: por un lado a nivel internacional por la Corte Interamericana, y por el otro, en el orden interno de los países, por los jueces y tribunales nacionales[1889]. Estas dos vertientes, las identificó Sergio García Ramírez distinguiendo entre "el control propio, original o externo de convencionalidad" que ejerce la Corte Interamericana, y el "control interno de convencionalidad" que ejercen los tribunales nacionales;[1890] y Eduardo Ferrer Mac Gregor, distinguiendo entre el "control concentrado" de convencionalidad" que ejerce la Corte Interamericana, en sede internacional, y el "control difuso" de convencionalidad, a cargo de los jueces nacionales, en sede interna[1891].

Estas dos vertientes, en efecto, las detectó el propio Juez García Ramírez al año siguiente, en otro Voto razonado, esta vez a la sentencia del Caso *Tibi vs. Ecuador* de 7 de diciembre de 2004, cuando efectuó una comparación entre el control de constitucionalidad y el control de convencionalidad, considerando en cuanto a la función de la Corte Interamericana, que la misma se asemejaba a la de los tribunales

---

1887 Como lo ha destacado Juan Carlos Hitters, "Claro está que cuando se utiliza la terminología de "control de convencionalidad", no se quiere decir que recién a partir del citado asunto la Corte IDH haya ejercido tal potestad, porque desde siempre el cuerpo hace una comparación entre ambos esquemas, destacando por supuesto la prioridad de la regla supranacional; lo que en verdad ha sucedido es que desde ese momento se utiliza tal fraseología". *V.*, Juan Carlos Hitters, "Control de constitucionalidad y control de convencionalidad. Comparación", en *Estudios Constitucionales*, Centro de Estudios Constitucionales de Chile, Universidad de Talca, Año 7, N° 2, 2009, pp. 109-128.

1888 *V.*, Voto Concurrente Razonado del Juez Sergio García Ramírez a la sentencia en el caso *Myrna Mack Chang Vs. Guatemala*, de 25 de noviembre de 2003, Serie C N° 101, http://www.corteidh.or.cr/docs/casos/articulos/seriec_101_esp.pdf, donde se refirió al "'control de convencionalidad' que trae consigo la jurisdicción de la Corte internacional" (Párr. 27). *V.*, el comentario del propio Sergio García Ramírez sobre dicho voto y la evolución de su aporte al desarrollo de la noción en Sergio García Ramírez, "El control judicial interno de convencionalidad," en Eduardo Ferrer Mac Gregor (Coordinador), *El control difuso de convencionalidad. Diálogo entre la Corte Interamericana de Derechos Humanos y los jueces nacionales), FUNDAp,* Querétaro, México 2012, pp. 230 y ss. Véase igualmente los comentarios a los criterios de García Ramírez en Karlos A. Castilla Juárez, "El control de convencionalidad. Un nuevo debate en México a partir de la sentencia del caso Radilla Pacheco," en Eduardo Ferrer Mac Gregor (Coordinador), *El control difuso de convencionalidad. Diálogo entre la Corte Interamericana de Derechos Humanos y los jueces nacionales), FUNDAp,* Querétaro, México 2012, pp. 87 ss.

1889 Algunos autores, sin embargo, niegan que existan estas dos vertientes en el control de convencionalidad, argumentando que el mismo está reservado a la Corte Interamericana, negando la posibilidad de que los jueces y tribunales nacionales lleven a cabo dicho control. Karlos A. Castilla Juárez, "El control de convencionalidad. Un nuevo debate en México a partir de la sentencia del caso Radilla pacheco," en Eduardo Ferrer Mac Gregor (Coordinador), *El control difuso de convencionalidad. Diálogo entre la Corte Interamericana de Derechos Humanos y los jueces nacionales), FUNDAp,* Querétaro, México 2012, pp. 88 y ss.

1890 *V.*, Sergio García Ramírez, "El control judicial interno de convencionalidad," en Eduardo Ferrer Mac Gregor (Coordinador), *El control difuso de convencionalidad. Diálogo entre la Corte Interamericana de Derechos Humanos y los jueces nacionales), FUNDAp,* Querétaro, México 2012, pp. 213.

1891 *V.*, Eduardo Ferrer Mac Gregor, "Interpretación conforme y control difuso de convencionalidad. El nuevo paradigma para el juez mexicano", en Eduardo Ferrer Mac Gregor (Coordinador), *El control difuso de convencionalidad. Diálogo entre la Corte Interamericana de Derechos Humanos y los jueces nacionales), FUNDAp,* Querétaro, México 2012, p. 132.

constitucionales cuando juzgan la inconstitucionalidad de las leyes y demás actos normativos conforme a las reglas, principios y valores constitucionales; agregando que dicha Corte analiza los actos de los Estados que llegan a su conocimiento "en relación con normas, principios y valores de los tratados en los que funda su competencia contenciosa;" y que si bien "los tribunales constitucionales controlan la 'constitucionalidad', el tribunal internacional de derechos humanos resuelve acerca de la 'convencionalidad' de esos actos"[1892].

Por otra parte, en cuanto al control de constitucionalidad que realizan los órganos jurisdiccionales internos, de acuerdo con lo expresado por el mismo García Ramírez, estos "procuran conformar la actividad del poder público –y, eventualmente, de otros agentes sociales– al orden que entraña el Estado de Derecho en una sociedad democrática," en cambio, "el tribunal interamericano, por su parte, pretende conformar esa actividad al orden internacional acogido en la Convención fundadora de la jurisdicción interamericana y aceptado por los Estados partes en ejercicio de su soberanía"[1893].

A raíz de estas reflexiones quedó claro en el mundo internacional de los derechos humanos que bajo la misma denominación de "control de convencionalidad" se han venido ejerciendo dos tipos de controles, por dos tipos de órganos jurisdiccionales distintos ubicados en niveles diferentes, uno en el ámbito internacional y otros en el ámbito nacional, y con dos efectos jurídicos completamente distintos, lo que amerita realizar algunas puntualizaciones sobre uno y otro a los efectos de podernos centrar en el objeto específico de esta exposición que es sobre las perspectivas del control de convencionalidad en materia de amparo de los derechos fundamentales[1894].

---

1892 Voto razonado del Juez Sergio García Ramírez a la sentencia en el caso *Tibi vs. Ecuador*, Sentencia de 7 de septiembre de 2004, Serie C N° 114 (Párr. 3), en http://www.corteidh.or.cr/docs/casos/ articulos/seriec_114_esp.pdf. Véanse los comentarios sobre las dos vertientes del control de convencionalidad en Víctor Bazan y Claudio Nash (Editores), *Justicia Constitucional y derechos Fundamentales. El Control de Convencionalidad 2011*, Centro de Derechos Humanos Universidad de Chile, Konrad Adenauer Stiftung, 2011, pp. 24, 59; y Víctor Bazán, "Estimulando sinergias: de diálogos jurisprudenciales y control de convencionalidad", en Eduardo Ferrer Mac Gregor (Coordinador), *El control difuso de convencionalidad. Diálogo entre la Corte Interamericana de Derechos Humanos y los jueces nacionales), FUNDAp,* Querétaro, México 2012, pp. 14 ss.

1893 Voto razonado del Juez Sergio García Ramírez a la sentencia en el caso *Tibi vs. Ecuador*, Sentencia de 7 de septiembre de 2004, Serie C N° 114 (Párr. 4), en http://www.corteidh.or.cr/docs/casos/articulos /seriec_114_esp.pdf.

1894 En cuanto a las leyes de reguladoras del amparo que se mencionan sólo con el nombre de cada país, son las siguientes: ARGENTINA. Ley N° 16.986. Acción de Amparo, 1966; BOLIVIA. Ley N° 1836. Ley del Tribunal Constitucional, 1998; BRAZIL. Lei N° 12.016 Mandado de Segurança, 2009; COLOMBIA. Decretos Ley N° 2591, 306 y 1382. Acción de Tutela, 2000; COSTA RICA. Ley N° 7135. Ley de la Jurisdicción Constitucional, 1989; ECUADOR. Ley N° 000. RO/99. Ley de Control Constitucional, 1997; EL SALVADOR. Ley de Procedimientos Constitucionales, 1960; GUATEMALA. Decreto N° 1-86. Ley de Amparo. Exhibición personal y Constitucionalidad, 1986; HONDURAS. Ley sobre Justicia Constitucional, 2004; MÉXICO. Ley de Amparo, reglamentaria de los artículos 103 y 107 de la Constitución Política, 1936 (última reforma, 2011); NICARAGUA. Ley N° 49. Amparo, 1988; PANAMÁ. Código Judicial, Libro Cuarto: Instituciones de Garantía, 1999; PARAGUAY. Ley N° 1.337/88. Código Procesal Civil, Título II. El Juicio de Amparo, 1988; PERÚ. Ley N° 28.237. Código Procesal Constitucional, 2005; REPÚBLICA DOMINICANA. Ley Orgánica del Tribunal Constitucional y de los Procesos Constitucionales, 2011; URUGUAY. Ley N° 16.011. Acción de Amparo, 1988; VENEZUELA. Ley Orgánica de Amparo sobre Derechos y Garantías Constitucionales, 1988.

## II. LA TRADICIÓN DEL CONTROL DE CONTROL DE CONVENCIONALIDAD EN EL ÁMBITO INTERNO

En cuanto al control de convencionalidad ejercido por los jueces y tribunales nacionales, si bien desde hace décadas se había venía realizando en muchas jurisdicciones nacionales, fue luego de la conceptualización efectuada por el juez García Ramírez, y a partir de la sentencia de la Corte Interamericana en el caso *Almonacid Arellano y otros vs. Chile* de 26 de septiembre de 2006[1895], cuando el término se acuñó en la jurisprudencia para identificar el control que ejercen dichos jueces cuando frente a normas nacionales que deban aplicar a casos concretos de los cuales conozcan, le dan prevalencia a las previsiones de la Convención Americana cuando aquellas normas nacionales le sean contrarias. Este control ocurre, igualmente cuando los jueces nacionales aplican en el ámbito interno las sentencias vinculantes de la Corte Interamericana. Dicho control de convencionalidad, además, particularmente en países en los cuales la Convención tiene rango constitucional o forma parte del bloque de la constitucionalidad, los jueces nacionales pueden, según sus respectivas competencias, no sólo desaplicar sino incluso anular las normas internas contrarias a la Convención Americana.

En la citada sentencia *Almonacid Arellano y otros vs. Chile* de 26 de septiembre de 2006, en efecto, la Corte Interamericana, después de aceptar que "los jueces y tribunales internos están sujetos al imperio de la ley y, por ello, están obligados a aplicar las disposiciones vigentes en el ordenamiento jurídico" de cada país, consideró sin embargo, que cuando los Estados respectivos han ratificado la Convención Americana, en virtud de que los jueces están sometidos a ella, eso los "obliga a velar porque los efectos de las disposiciones de la Convención no se vean mermadas por la aplicación de leyes contrarias a su objeto y fin, y que desde un inicio carecen de efectos jurídicos"[1896].

Partiendo de esa premisa, la Corte Interamericana concluyó con su conocida afirmación de que "el Poder Judicial debe ejercer una especie de 'control de convencionalidad' entre las normas jurídicas internas que aplican en los casos concretos y la Convención Americana sobre Derechos Humanos", agregando, incluso que en esa tarea "el Poder Judicial debe tener en cuenta no solamente el tratado, sino también la interpretación que del mismo ha hecho la Corte Interamericana, intérprete última de la Convención Americana"[1897].

Este control de convencionalidad, sin embargo, como hemos dicho, a pesar de la novedosa denominación introducida en 2006, se había ejercido con anterioridad por los tribunales nacionales en América Latina. Ello ocurrió, por ejemplo, en Venezuela, antes de que se iniciara el régimen autoritario que a partir de 1999 asaltó y se

---

1895 *V.*, sentencia en el caso *Almonacid Arellano y otros vs. Chile* de 26 de septiembre de 2006, en http://www.corteidh.or.cr/docs/casos/articulos/seriec_154_esp.pdf

1896 *Ídem.*, Párr.124.

1897 Para llegar a esta conclusión, la Corte Interamericana precisó que dicho control "tiene sustento en el principio de la buena fe que opera en el Derecho Internacional, en el sentido que los Estados deben cumplir las obligaciones impuestas por ese Derecho de buena fe y sin poder invocar para su incumplimiento el derecho interno, regla que se encuentra recogida en el artículo 27 de la Convención de Viena sobre los Tratados." *Ídem.* Párr. 125.

apoderó del Estado, incluyendo el Tribunal Supremo de Justicia y todos los tribunales de la República; cuando en la década de los setenta, los tribunales de instancia comenzaron a aplicar preferentemente la Convención Americana en relación con previsiones del derecho interno pocos años después de que la misma hubiera comenzado a entrar en vigor, con lo cual, por ejemplo pudieron cambiar, la interpretación jurisprudencial restrictiva que había sentado la antigua Corte Suprema de Justicia en 1970, que conducía en la práctica a la inadmisibilidad de la acción de amparo.

El artículo 49 de la Constitución de 1961 entonces vigente, en efecto había establecido el derecho de todas las personas a ser amparadas por los tribunales "en el goce y ejercicio de los derechos y garantías que la Constitución establece, *en conformidad con la Ley*", frase ésta última de la cual dedujo la Corte Suprema que el ejercicio de tal derecho había quedado supeditado a lo que la ley estableciera. Ello, además, era lo que se deducía del texto de la Exposición de Motivos del proyecto de Constitución, donde al justificar la inclusión de la Disposición Transitoria (Quinta) que reglamentaba provisionalmente el derecho de *hábeas corpus*, se indicó que ello había sido "a fin de no dejar en suspenso" la eficacia del artículo en materia de libertad personal hasta la promulgación de la ley respectiva;[1898] ley que sólo se sancionó en 1988[1899]. Ello implicó que en los primeros lustros de vigencia de la Constitución, con excepción de la libertad personal, los demás derechos y garantías constitucionales carecieron de un efectivo instrumento de protección judicial.

Lo anterior, sin embargo, no fue obstáculo para que hacia finales de la década de los sesenta, algunos jueces de instancia comenzaran a admitir acciones de amparo para proteger otras libertades o garantías distintas de la libertad individual[1900], apli-

1898 *V.*, Exposición de Motivos del Proyecto de Constitución en *Revista de la Facultad de Derecho*, UCV, N° 21 Caracas, 1961, p. 381.

1899 *V.*, Ley Orgánica de Amparo a los Derechos y Garantías Constitucionales en *Gaceta Oficial* N° 34060 de 27 de septiembre de 1988. Sobre esta Ley véanse los comentarios de Allan R Brewer-Carías y Carlos Ayala Corao, *Ley Orgánica de Amparo a los Derechos y Garantías Constitucionales*, Editorial Jurídica Venezolana, 6ª, ed., Caracas 2007.

1900 Por sentencia del 13 de septiembre de 1968 del Juez Séptimo de Primera Instancia en lo Penal del Distrito Federal, confirmada por fallo de 4-10-68 de la Corte Superior Segunda en la Penal del Distrito Federal, se otorgó amparo a un ciudadano contra un acto administrativo que ordenó la detención de su automóvil en virtud de que el mismo no había sido importado regularmente al país. (*V.*, R. Escala Zerpa, *Recurso de Amparo contra arbitrariedad de Funcionario Público,* Caracas, 1968). Asimismo, con fecha 14 de abril de 1989 otro Juez de Primera Instancia en lo Civil del Distrito Federal, acordó recurso de amparo, confirmado por decisión de 14 de julio de 1969 de la Corte Superior Segunda en lo Civil y Mercantil del Distrito Federal, contra un acto de la Policía Técnica Judicial que detuvo a un particular y se le obligó a reconocer como padre de un menor y a pagar una pensión alimentaria. Estas decisiones, tomadas de referencias contenidas en la publicación periódica *Síntesis Jurídica* (Escritorio Santana Mujica) fueron comentadas por dicha publicación en los siguientes términos: "Como un paso formativo del lento avance de nuestro país hacia un eficiente estado de derecho, ha de apuntarse las iniciales sentencias, derivadas de jueces penales y civiles, donde se derrota la tesis restrictiva, que se sostuvo inicialmente de que el amparo no era aplicable en el país, pese a su consagración en la Constitución porque carecía de reglamentación. Ahora se sostiene que cualquier juez es competente para conocer y decidir el amparo, que el fallo dictado no tiene consulta, que la ausencia de procedimiento no impide la procedencia del amparo, porque la Constitución dice: "la falta de la ley reglamentaria en estos derechos no menoscaba el ejercicio de los mismos". (Art. 50 CN), y se otorga ante cualquier acto público o privado, que desconozca, disminuya a menoscabe las garantías constitucionales. Véase además, Jesús R. Quintero "Recursos de Amparo, La cuestión central en dos sentencias y un voto salvado", en *Revista de la Facultad de Derecho,* N° 9, UCAB, Caracas, 1969-1970, pp. 157 a 206.

cando para ello, el procedimiento previsto para el *hábeas corpus*, invocando incluso como antecedente la decisión del caso *Ángel Siri* de la Corte Suprema de Argentina dictada el 27 de diciembre de 1.957, en la cual, conforme al principio de la progresividad[1901] se abrió el camino para la generalización de la acción de amparo[1902]. Ello sin embargo fue contrariado por la Corte Suprema de Justicia a finales de 1970[1903], al considerar en relación con la Disposición Transitoria Quinta constitucional, que "la protección de cualquier otro derecho –establecido o no en la Constitución– queda excluida del campo de aplicación de esa norma, por ser evidente la intención del constituyente de limitar su alcance al caso expresamente previsto por ella", calificando las decisiones que se habían venido adoptadas por jueces de instancia en lo penal amparando otros derechos distintos a la libertad personal, como una "extralimitación de atribuciones"[1904], y considerando al artículo 49 constitucional como de carácter programático, y por tanto, no aplicable directamente"[1905].

---

1901 *V.*, lo expuesto en Allan R. Brewer-Carías. "La reciente evolución jurisprudencial en relación a la admisibilidad del recurso de amparo", en *Revista de Derecho Público,* N° 19, Caracas, 1984, pp. 207 y ss.

1902 *V.*, la referencia al caso *Ángel Siri en José Luis Lazzarini,* "El juicio de amparo", *La Ley*, Buenos Aires, 1987, pp. 26 ss. y 373 ss.; Alí Joaquín Salgado, *Juicio de amparo y acción de inconstitucionalidad*, Ed. Astrea, Buenos Aires, 1987, pp. 5; Néstor Pedro Sagües, *Derecho Procesal Constitucional. Acción de Amparo,* Volumen 3, 2a Edición, Editorial Astrea, Buenos Aires, 1988, pp. 9 ss.

1903 En la sentencia de la Corte Suprema de Justicia en Sala Político Administrativa de 11 de noviembre de 1970, en *Gaceta Oficial* N° 1.447, Extraordinaria de diciembre de 1970, pp. 27 y 28, ya se vislumbra la interpretación que posteriormente se adoptaría: "A diferencia de otras situaciones en relación a las cuales el Congreso, aún no ha determinado por Ley, cuál es el juez competente y el procedimiento a seguir a fin de obtener amparo judicial...".

1904 *V.*, sentencia de la Corte Suprema de Justicia en Sala Político Administrativa de 14 de diciembre de 1970 en *Gaceta Oficial* N° 29.434 de 6 de febrero de 1971 pp. 219.984 y 219.985, y en *Gaceta Forense,* N° 70, 1970, pp. 179 ss. Esta decisión fue ratificada por sentencia de la misma Corte de 26 de abril de 1971 en *Gaceta Oficial* N° 1.478, Extraordinaria de julio de 1971, p. 31; y por Acuerdo de 24 de abril de 1972 en *Gaceta Oficial* N° 29.788 de 25 de abril de 1972, p. 222 y 865. El criterio de la Corte había sido también el de la Procuraduría General de la República. Véase, *Doctrina Procuraduría General de la República 1970.* Caracas 1971, pp. 37 ss.

1905 La Corte dijo: "no es una norma directa e inmediatamente aplicable por los jueces, sino un precepto programático, sólo parcialmente reglamentada para la fecha en que la Constitución fue promulgada, y dirigido particularmente al Congreso, que es el órgano al cual compete la reglamentación de las garantías constitucionales, en conformidad con los artículos 136, ordinal 24, y 139 de la Constitución. Tal es la interpretación que da la Corte al artículo 49 al analizar sus previsiones aisladamente con el fin de desentrañar la mente del constituyente del lenguaje usado por éste para expresar su voluntad. Pero esta interpretación gramatical se robustece con la observación adicional de que el constituyente se habría abstenido de regular el procedimiento de *hábeas corpus,* si hubiera considerado que para hacer efectivo el amparo bastaba lo dicho en el artículo 49 respecto al procedimiento, no siendo indispensable su reglamentación legal para determinar el fuero competente y el modo de proceder". De consiguiente, agregó la Corte.: "el constituyente supone la existencia de una ley anterior al hecho o acto que afecte el derecho cuya protección se solicite; que autorice a determinados jueces para obrar en el sentido que pretenda el actor; y que establezca un procedimiento adecuado a la finalidad que se persiga. Dado el número y variedad de las situaciones jurídicas, en que pueda estar comprometido un derecho o una garantía constitucional, era forzoso que el constituyente dejara al legislador ordinario la potestad de establecer las reglas conforme a las cuales los tribunales deben amparar el goce y ejercicio de los derechos y garantías constitucionales, teniendo en cuenta no sólo las previsiones ya existentes que es necesario apreciar para atribuir a un determinado tribunal el conocimiento de un asunto, y establecer el procedimiento a seguir en cada situación." *V.,* la sentencia de la Corte Suprema de Justicia en Sala Político Administrativa de 14 de diciembre de 1970 en *Gaceta Forense*, N° 70, Caracas 1970, pp. 179 y ss.

A esa interpretación que había sido sentada en una sentencia aislada, la Sala Político Administrativa de la Corte Suprema de Justicia, incluso, le dio una aplicación general al dictar un "Acuerdo" de 24 de abril de 1972 conforme a las potestades reglamentarias que le otorgaba el artículo 138 de la Ley Orgánica del Poder Judicial, en el cual precisó que:

> "la competencia de los Tribunales de Primera Instancia y Superiores en lo Penal de la República, a que se refiere la Disposición Transitoria Quinta de la Constitución, se limita exclusivamente al conocimiento del recurso de *hábeas corpus* previsto en dicha norma; y que en consecuencia, toda decisión que no esté apoyada en la competencia específica de dichos Tribunales o que invada la atribuida por la Constitución y las Leyes, a otros órganos judiciales, constituye una usurpación o extralimitación de atribuciones[1906]".

En esta forma quedó en general fuera de la competencia de los tribunales penales el poder conocer de acciones de amparo respecto de derechos cuyo conocimiento no formase parte de su competencia específica. Como el Acuerdo no consideró que fuera indispensable que para que una acción de amparo pudiera ser interpuesta ante otros tribunales fuera necesaria la sanción de una ley previa que regulara expresamente la acción, después de que Venezuela ratificó la Convención Americana sobre Derechos Humanos en 1977 (e igualmente, el Pacto Internacional de Derechos Económicos, Sociales y Culturales, en 1978, y el Pacto Internacional de Derechos Civiles y Políticos el mismo año 1978), los tribunales comenzaran a admitir acciones de amparo en virtud de la consagración en esos instrumentos internacionales (por ejemplo, el artículo 25.1 de la Convención Americana), del derecho de toda persona a un recurso sencillo y rápido o a cualquier otro recurso efectivo ante los Tribunales competentes que lo amparen contra actos que violen los derechos humanos[1907].

Fue con base en estos antecedentes, cuando pocos años después comenzó a modificarse la rigidez interpretativa que en materia de la admisibilidad de las acciones de amparo se había enunciado en 1970, lo que se produjo con una sentencia de un juzgado civil de instancia de 24 de noviembre de 1982 (Caso *Rondalera*)[1908], en la cual se admitió una acción de amparo para la protección del derecho a la educación. Si bien al final en primera instancia se declaró sin lugar la acción, una vez apelada la sentencia, el Juzgado Superior competente en cambio decretó el amparo solicitado mediante sentencia de 10 de febrero de 1983[1909], para lo cual, al referirse al problema de la competencia, señaló:

> "el mandato del Constituyente de amparar está dirigido a todos los Jueces, y que si bien la jurisprudencia de la Corte Suprema de Justicia ha definido la incompetencia de los Tribunales Penales para conocer de juicios de amparo distintos a las que tengan por objeto la privación o restricción de la libertad humana, pues de ellos corresponde conocer a la Jurisdicción Penal con exclusividad,

1906 *V.*, el texto en *Gaceta Oficial* N° 29.788 de 25 de abril de 1972. *V.*, así mismo en la revista Ministerio Público, N° 19, Caracas 1972, pp. 105-107.

1907 *V.*, en *Gaceta Oficial* N° 31.256 de 14 de junio de 1977 y N° 2.146 Extra, de 28 de enero de 1978.

1908 *V.*, René Molina Galicia, *El Amparo a Rondalera*, Ediciones, Síntesis Jurídica, Caracas, 1984, p. 80.

1909 *Ídem*, pp. 106 a 169.

persiste en cuanto al recurso de amparo la competencia genérica que establece el artículo 49 de la Constitución, lo que hace competente a dicho Tribunal, como tribunal civil para conocer en primer grado de este recurso de amparo que evidentemente pretende obtener la protección de un derecho civil como son el de educar, mediante el ejercicio de la actividad docente y el de recibir educación en plantel escogido por los padres[1910]".

El Tribunal Superior, para llegar a esta conclusión, al referirse a la sentencia de la Corte Suprema de Justicia de 1970, puntualizó además, que después de 21 años de vigencia de la Constitución de 1961, y a pesar de que no se había "reglamentado ese recurso efectivo, rápido y eficaz, para desentrañar las violaciones", salvo el amparo de la libertad personal y las restricciones de que ella pueda ser objeto, mediante el *Hábeas Corpus*, ya eran:

> "leyes vigentes en Venezuela los Tratados Internacionales cuya normativa transcribimos en materia de derechos humanos, políticos, civiles y penales, la que nos lleva a la conclusión de que la situación jurídica en Venezuela no es la misma de 1970, y la jurisprudencia favorable a la admisión a la acción de amparo a nivel de instancia se ha incrementado con los problemas de competencia, por ser llevados a la jurisdicción penal, aun cuando se trate de materias civiles, por la experiencia que se reconoce a dicha jurisdicción en el manejo de *Hábeas Corpus*[1911]".

Esta puede considerarse, en Venezuela, como el antecedente remoto del control de convencionalidad que permitió, con base en las disposiciones de la Convención Americana, que se generalizara la admisión de las acciones de amparo aún sin que se hubiese dictado la ley que la regulara; interpretación que fue luego acogida por la propia Corte Suprema de Justicia en Sala Político-Administrativa, al decidir sobre una acción de amparo que había sido intentada por un candidato presidencial contra una decisión del Consejo Supremo Electoral que limitaba el derecho a realizar propaganda electoral en condiciones de igualdad. Se trató del caso *Andrés Velázquez* decidido mediante sentencia de 20 de octubre de 1983[1912], en el cual se admitió la posibilidad del ejercicio de acciones de amparo para la protección de derechos distintos al de *hábeas corpus,* al considerar que el carácter programático del artículo 49 de la Constitución, había quedado superado "desde el momento en que por Ley se habían aprobado Convenciones Internacionales sobre derechos humanos que exigían la garantía del amparo."

Se admitió así la acción de amparo en Venezuela, con base en el control de convencionalidad que realizó la Corte Suprema, exigiéndole sin embargo a los tribunales de instancia que ejercieran la competencia en la materia con prudencia "tratando de suplir por medio de la analogía y demás instrumentos de interpretación de que los provee el sistema jurídico venezolano, la lamentable ausencia de una ley reglamentaria de la materia", precisando que debían conocer de los "recursos de amparo de

---

1910 *Ídem,* pp. 152 a 163.

1911 *Ídem,* p. 149.

1912 *V.*, en *Revista de Derecho Público*, N° 11, Editorial Jurídica Venezolana, Caracas 1983, pp. 169 y 170. Véase el comentario sobre esta sentencia del Magistrado ponente del fallo, René De Sola, "El Recurso de Amparo en Venezuela" en *Revista SIC,* N° 472, Caracas, febrero 1985, pp. 74 ss.

acuerdo con la afinidad que con su competencia natural tengan los derechos que se pretendan vulnerados"[1913].

Posteriormente, en forma más directa, e igualmente en materia de admisibilidad de la acción de amparo en ausencia de previsiones constitucionales y legales, mediante un control de convencionalidad y en aplicación de la Convención Americana, en 1999 se admitió la acción de amparo en la República Dominicana, donde hasta esa fecha no se había admitido por falta de reglas de procedimiento relativas al amparo, incluyendo normas legales atributivas de competencia judiciales para conocer de la acción. Se trató de la sentencia del caso *Productos Avon S.A* dictada por la Corte Suprema el 24 de febrero de 1999 con motivo de un amparo ejercido contra una decisión judicial por violación de derechos laborales, que admitió la acción en ausencia de disposiciones constitucionales o legales sobre la misma, prescribiendo incluso las normas de procedimiento aplicables[1914], declarando para tal fin que "el recurso de amparo previsto en el artículo 25,1 de la Convención Americana de Derechos Humanos de San José, Costa Rica, del 22 de noviembre de 1969, es una institución de derecho positivo dominicano, por haber sido adoptada y aprobada por el Congreso Nacional, mediante Resolución N° 739 del 25 de diciembre de 1977, de conformidad con el artículo 3, de la Constitución de la República"[1915].

---

1913 *Ídem*, p. 170.

1914 El caso se desarrolló como sigue: 1. La empresa demandante alegó que la decisión judicial del tribunal laboral había violado su derecho a ser juzgado por el juez natural, a cuyo efecto solicitó a la Corte Suprema que: primero, declarara en su sentencia que el amparo debía considerarse como una institución dominicana de derecho público; y segundo, que la Corte Suprema, de acuerdo con las disposiciones de la Ley Orgánica Judicial que le atribuye a la Corte el poder de resolver sobre el procedimiento aplicable en caso de que no exista uno legalmente prescrito, disponiendo las normas respectivas, que en consecuencia estableciera dichas normas en relación con los recursos de amparo. Adicionalmente, el recurrente solicitó a la Corte que dictara una medida cautelar suspendiendo los efectos de la sentencia laboral impugnada mientras durase el juicio de amparo. 2. La Corte Suprema, a los efectos de decidir, estableció el criterio que los tratados internacionales invocados por el recurrente, particularmente los artículos 8 y 25,1 de la Convención Americana de Derechos Humanos, eran parte del derecho interno de la República Dominicana, y tenían la finalidad de garantizar la protección judicial de los derechos fundamentales reconocidos en la Constitución, en la ley y en la indicada Convención, contra todo acto violatorio de dichos derechos, cometido por cualquier persona actuando o no en el ejercicio de funciones públicas, por lo que incluso se admitía contra actuaciones de particulares. En este aspecto, la Corte Suprema resolvió que: "Contrariamente a como ha sido juzgado en el sentido de que los actos violatorios tendrían que provenir de personas no investidas con funciones judiciales o que no actúen en el ejercicio de esas funciones, el recurso de amparo, como mecanismo protector de la libertad individual en sus diversos aspectos, no debe ser excluido como remedio procesal específico para solucionar situaciones creadas por personas investidas de funciones judiciales ya que, al expresar el artículo 25.1 de la Convención, que el recurso de amparo está abierto a favor de toda persona contra actos que violes sus derechos fundamentales, "aún cuando tal violación sea cometida por personas que actúen en ejercicio de sus funciones oficiales", evidentemente incluye entre éstas a las funciones judiciales". Igualmente, la Corte resolvió que la vía del amparo: "Queda abierta contra todo acto u omisión de los particulares o de los órganos o agentes de la administración pública, incluido la omisión o el acto administrativo, no jurisdiccional. Del poder judicial, si lleva cualquiera de ellos una lesión, restricción o alteración, a un derecho constitucionalmente protegido. *V.*, en *Iudicum et Vita, Jurisprudencia nacional de América Latina en Derechos Humanos*, N° 7, T. I, Instituto Interamericano de Derechos Humanos, San José, Costa Rica, Diciembre 2000 p. 329 y ss. *V.*, los comentarios a dicha sentencia en Allan R. Brewer-Carías, "La admisión jurisprudencial de la acción de amparo en ausencia de regulación constitucional o legal en la República Dominicana", *Ídem*, pp. 334 ss.; y en *Revista IIDH*, Instituto Interamericano de Derechos Humanos, San José 2000, pp. 95-102.

1915 *V.*, en en *Iudicum et Vita, Jurisprudencia nacional de América Latina en Derechos Humanos*, N° 7, T. I, Instituto Interamericano de Derechos Humanos, San José, Costa Rica, Diciembre 2000 p. 333

Esta sentencia de la Corte Suprema de la República Dominicana fue también un claro ejemplo de control de convencionalidad contra la omisión legislativa, admitiéndose la acción de amparo para la protección de los derechos humanos de acuerdo con lo establecido en la Convención Americana de Derechos Humanos.

Antes, sin embargo, la antigua Corte Suprema de Justicia de Venezuela, como Jurisdicción Constitucional, también había ejercido el control de convencionalidad al anular diversas disposiciones legales basando su decisión en la violación de los derechos establecidos en la Convención Americana de Derechos Humanos, considerados, de acuerdo con lo establecido en el artículo 50 de la Constitución de 1961 (equivalente al artículo 22 de la Constitución de 1999), como "derechos inherentes a la persona humana"[1916].

Así ocurrió, por ejemplo, en 1996, cuando la antigua Corte Suprema de Justicia, al decidir la acción popular de inconstitucionalidad que se había intentado contra la Ley de División Político Territorial del Estado Amazonas por no haberse respetado los derechos de participación política de las comunidades indígenas que debieron haber sido consultadas, resolvió que siendo dicho Estado de la federación venezolana mayormente poblado por dichas comunidades, la sanción de dicha Ley sin previamente haberse oído la opinión de las mismas, mediante consulta popular, significó la violación del derecho constitucional a la participación política, el cual aún cuando no estaba expresamente enumerado en la Constitución de 1961, fue considerado como inherente a la persona humana, como un "principio general de rango constitucional en una sociedad democrática", aplicando la cláusula abierta del artículo 50 constitucional y además, la Convención Americana de derechos Humanos[1917]. Para ello, la Corte decidió que en el caso había ocurrido una violación a los derechos constitucionales de las minorías establecidos en la Constitución y en los tratados y convenciones internacionales, en particular, al derecho a la participación política en el proceso de elaboración de leyes.

El año siguiente, en 1997, la misma antigua Corte Suprema de Venezuela dictó otra importante decisión, en este caso anulando una ley nacional, la llamada Ley de Vagos y Maleantes, por considerarla inconstitucional por violación de las garantías judiciales y al debido proceso, basándose de nuevo en el "proceso de constitucionalización de los derechos humanos de acuerdo con el artículo 50 de la Constitución", y considerando que dicha ley "vulnera *ipso jure*, Convenciones Internacionales y Tratados, sobre los derechos del hombre, en la medida en que dichos instrumentos adquie-

---

1916 *V.*, Allan R. Brewer-Carías, "La interrelación entre los Tribunales Constitucionales de América Latina y la Corte Interamericana de Derechos Humanos, y la cuestión de la inejecutabilidad de sus decisiones en Venezuela", en Armin von Bogdandy, Flavia Piovesan y Mariela Morales Antonorzi (Coordinadores), *Direitos Humanos, Democracia e Integracao Jurídica na América do Sul*, Lumen Juris Editora, Rio de Janeiro 2010, pp. 661-701

1917 *V.*, sentencia de 5 de diciembre de 1996, caso: *Antonio Guzmán, Lucas Omashi y otros*, en *Revista de Derecho Público*, N° 67-68, Editorial Jurídica venezolana, Caracas 1996, pp. 176 ss. Véase sobre ello, Allan R. Brewer-Carías, "La interrelación entre los Tribunales Constitucionales de América Latina y la Corte Interamericana de Derechos Humanos, y la cuestión de la inejecutabilidad de sus decisiones en Venezuela," en Armin von Bogdandy, Flavia Piovesan y Mariela Morales Antonorzi (Coordinadores), *Direitos Humanos, Democracia e Integraçao Jurídica na América do Sul*, Lumen Juris Editora, Rio de Janeiro 2010, pp. 661-701; Carlos Ayala Corao, "El diálogo jurisprudencial entre los Tribunales internacionales de derechos humanos y los Tribunales constitucionales", Boris Barrios González (Coordinador), *Temas de Derecho Procesal Constitucional Latinoamericano*, Memorias I Congreso Panameño de Derecho Procesal Constitucional y III Congreso Internacional Proceso y Constitución, Panamá 2012, pp. 180-181.

ren jerarquía constitucional." La Corte en efecto, consideró a la ley impugnada como infamante, al permitir detenciones ejecutivas o administrativas de personas consideradas como vagos o maleantes sin garantía alguna del debido proceso, basando su decisión en el artículo 5 de la Declaración Universal de los Derechos Humanos y en la Convención Americana sobre Derechos Humanos, la cual consideró que "se ha incorporado a nuestro Derecho Interno como norma ejecutiva y ejecutable reforzada por la jurisprudencia, la cual le ha dado el carácter de parámetro de constitucionalidad. Ello entraña la incorporación a nuestro ordenamiento jurídico interno del régimen previsto en convenciones internacionales." La Corte consideró que la ley impugnada era inconstitucional en virtud de que omitía las garantías de un juicio justo establecidas en los artículo 7 y 8 de la Convención Americana y en los artículos 9 y 14 del Pacto Internacional de Derechos Civiles y Políticos, y porque además era discriminatoria, violando el artículo 24 de la misma Convención Americana, cuyo texto íntegro se transcribió en la sentencia[1918]. Se trató, sin duda, de un ejemplo claro de control de convencionalidad ejercido por la jurisdicción Constitucional interna.

## III. EL DESARROLLO CONCEPTUAL RECIENTE DEL CONTROL DE CONVENCIONALIDAD EN EL ORDEN INTERNO EN LA JURISPRUDENCIA DE LA CORTE INTERAMERICANA DE DERECHOS HUMANOS

En todo caso, esa tendencia de desarrollo del control de convencionalidad del orden normativo interno realizado por los jueces nacionales, como se dijo, fue la que encontró su definición conceptual expresa en la sentencia antes mencionada de la Corte Interamericana, dictada en el caso *Almonacid Arellano y otros vs. Chile* de 26 de septiembre de 2006, cuyo contenido ha sido reiterado en otras decisiones posteriores como por ejemplo, las dictadas en los casos.[1919]

---

1918 *V.*, sentencia de 6 de noviembre de 1997, en *Revista de Derecho Público* N° 71-72, Editorial Jurídica Venezolana, Caracas 1997, pp. 177 y ss. Véase Allan R. Brewer-Carías, "La interrelación entre los Tribunales Constitucionales de América Latina y la Corte Interamericana de Derechos Humanos, y la cuestión de la inejecutabilidad de sus decisiones en Venezuela", en Armin von Bogdandy, Flavia Piovesan y Mariela Morales Antonorzi (Coodinadores), *Direitos Humanos, Democracia e Integracao Jurídica na América do Sul*, Lumen Juris Editora, Rio de Janeiro 2010, pp. 661-701. Carlos Ayala Corao, "El diálogo jurisprudencial entre los Tribunales internacionales de derechos humanos y los Tribunales constitucionales," en Boris Barrios González (Coordinador), *Temas de Derecho Procesal Constitucional Latinoamericano*, Memorias I Congreso panameño de Derecho Procesal Constitucional y III Congreso Internacional Proceso y Constitución, Panamá 2012, pp. 181-182.

1919 *V.*, por ejemplo, las sentencias en los casos *Trabajadores Cesados del Congreso (Aguado Alfaro y otros) v. Perú* de 24 de noviembre de 2006; *La Cantuta vs. Perú* de 29 de noviembre de 2006 (Párr. 173); *Boyce y otros vs. Barbados de* 20 de noviembre de 2007 (Párr. 78); *Fermín Ramírez y Raxcacó Reyes v. Guatemala*" de 9 de mayo de 2008, (Párr. 63); *Heliodoro Portugal vs. Panamá de* 12 de agosto de 2008 (Párr. 180); *Rosendo Radilla Pacheco vs. Estados Unidos Mexicanos de* 23 de noviembre de 2009 (Párr. 339); *Manuel Cepeda Vargas vs. Colombia de* 26 de mayo de 2010 (Párr. 208, nota 307); *Comunidad Indígena Xákmok Kásek vs. Paraguay* de 24 de agosto de 2010; *Fernández Ortega y Otros vs. México* 30 de agosto de 2010); *Rosendo Cantú y Otra vs. México de* 31 de agosto de 2010 (Párr. 219); *Ibsen Cárdenas e Ibsen Peña vs. Bolivia de* 1° de septiembre de 2010 (Párr. 202); *Vélez Loor vs. Panamá de* 23 de noviembre de 2010 (Párr. 287); *Gomes Lund y Otros (Guerrilha do Araguaia) vs. Brasil de* 24 de noviembre de 2010 (Párr. 106), y *Cabrera García y Montiel Flores vs. México* de 26 de noviembre de 2010 (Párr. 225).

En el citado caso *Trabajadores Cesados del Congreso (Aguado Alfaro y otros) v. Perú* de 2006, en efecto, sobre el control de convencionalidad, la Corte Interamericana reiteró lo que antes había expuesto en el sentido de que:

> "Cuando un Estado ha ratificado un tratado internacional como la Convención Americana, sus jueces están sometidos a ella, lo que les obliga a velar porque el efecto útil de la Convención no se vea mermado o anulado por la aplicación de leyes contrarias a sus disposiciones, objeto y fin;"

Agregando que en esos casos,

> "los órganos del Poder Judicial deben ejercer no sólo un control de constitucionalidad, sino también de convencionalidad *ex officio*, entre las normas internas y la Convención Americana, evidentemente en el marco de sus respectivas competencias y de las regulaciones procesales pertinentes"[1920].

De acuerdo con estas definiciones conceptuales el control de convencionalidad se concibe en el orden interno por la Corte Interamericana, como una tarea asignada básicamente al "Poder Judicial" en general, es decir, a los "jueces y tribunales internos" sin distinción alguna, e independientemente de las regulaciones que puedan existir en materia de control de constitucionalidad en cada país, siendo este quizás el dato de mayor interés a retener de dicha definición por las repercusiones que conlleva. Como lo dijo con toda precisión el juez Eduardo Ferrer Mac Gregor en su Voto razonado al caso *Cabrera García y Montiel Flores vs. México* de 2010, el control de convencionalidad en el ámbito interno "convierte al juez nacional en juez internacional: en un primer y auténtico guardián de la Convención Americana...Los jueces nacionales se convierten en los primeros intérpretes de la normatividad internacional"[1921].

Por ello, como también lo expresó Ferrer Mac Gregor en su Voto razonado al mismo caso:

> "no existe duda de que el "control de convencionalidad" debe realizarse *por cualquier juez o tribunal que materialmente realice funciones jurisdiccionales*, incluyendo, por supuesto, a las Cortes, Salas o Tribunales Constitucionales, así como a las Cortes Supremas de Justicia y demás altas jurisdicciones de los veinticuatro países que han suscrito y ratificado o se han adherido a la Convención Americana sobre Derechos Humanos y con mayor razón de los

---

1920 *V.*, sentencia en el caso *Trabajadores Cesados del Congreso (Aguado Alfaro y otros) v. Perú* de de 24 de noviembre de 2006 (Párr. 128), en http://www.corteidh.or.cr/docs/casos/articulos/seriec_158_esp. pdf

1921 *V.*, Eduardo Ferrer Mac-Gregor, Voto razonado a la sentencia de la Corte Interamericana en el caso *Cabrera García y Montiel Flores vs. México* de 26 de noviembre de 2010 (Párr. 24), en http://www.cor teidh.or.cr/docs/casos/articulos/seriec_220_esp.pdf. *V.*, en igual sentido, Eduardo Ferrer Mac Gregor, "Interpretación conforme y control difuso de convencionalidad. El nuevo paradigma para el juez mexicano," en Eduardo Ferrer Mac Gregor (Coordinador), *El control difuso de convencionalidad. Diálogo entre la Corte Interamericana de Derechos Humanos y los jueces nacionales), FUNDAp,* Querétaro, México 2012, p. 141. *V.*, Néstor Pedro Sagües, "El 'control de convencionalidad' en el sistema interamericano y sus anticipos en el ámbito de los derechos económico-sociales. Concordancias y diferencias con el sistema europeo," en Eduardo Ferrer Mac Gregor (Coordinador), *El control difuso de convencionalidad. Diálogo entre la Corte Interamericana de Derechos Humanos y los jueces nacionales), FUNDAp,* Querétaro, México 2012, p. 428

veintiún Estados que han reconocido la jurisdicción contenciosa de la Corte IDH, 33 de un total de treinta y cinco países que conforman la OEA"[1922].

Esto significa entonces que conforme a la doctrina de la Corte Interamericana, el control de convencionalidad corresponde ser ejercido en el ámbito interno por todos los jueces y tribunales, sin distingo, lo que implica:

En *primer lugar*, que se ejerce en las Jurisdicciones Constitucionales. Es decir, por una parte, por todos los Tribunales Constitucionales donde estos existan, estén estos ubicados dentro del Poder Judicial (Bolivia, Colombia, Ecuador, Guatemala, República Dominicana) o fuera del mismo (Chile, Perú), e independientemente de que ejerzan el control concentrado de constitucionalidad en forma exclusiva (Bolivia, Chile) o combinado con el método difuso (Colombia, Ecuador, Guatemala, Perú, República Dominicana); y por la otra, a las Cortes Supremas de Justicia cuando estén configuradas como tal Jurisdicción Constitucional, sea que ejerzan el control concentrado a través de una Sala Constitucional (Costa Rica, El Salvador, Honduras, Paraguay, Venezuela) o en Pleno (Brasil, México, Nicaragua, Panamá, Uruguay), e independientemente de que ejerzan dicho control de constitucionalidad concentrado en forma exclusiva (Costa Rica, El Salvador, Honduras, Panamá. Paraguay y Uruguay) o combinado con el método difuso (Venezuela, Nicaragua).

En *segundo lugar*, que corresponde a todos los jueces y tribunales (incluyendo las Cortes Supremas) que en el orden interno ejerzan un control difuso de la constitucionalidad, sea que se trate de la única forma de control de constitucionalidad existente en el país (Argentina) o que lo ejerzan en forma combinada con el método concentrado (Colombia, Ecuador, Guatemala, Perú, Nicaragua, México, República Dominicana y Venezuela).

Y en *cuarto lugar*, que corresponde a todos los jueces y tribunales aún cuando en el orden interno no tengan asignado el ejercicio del control difuso de constitucionalidad (Bolivia, Chile, Costa Rica, Panamá, Honduras, Paraguay, Uruguay), pues en definitiva, si bien se pueden establecer semejanzas entre el control de constitucionalidad y el control de convencionalidad[1923], se trata de dos procesos distintos, de manera que en ningún caso se puede considerar al control de convencionalidad como un control de constitucionalidad, particularmente porque cuando se ejerce en el orden interno, su fuente no se encuentra en la Constitución de los respectivos países, sino en la Convención Americana como integrante que es del bloque de la constitucionalidad.

---

1922 *V.*, Eduardo Ferrer Mac-Gregor, Voto razonado a la sentencia de la Corte Interamericana en el caso *Cabrera García y Montiel Flores vs. México* de 26 de noviembre de 2010 (Párr. 20, 23), en http://www.corteidh.or.cr/docs/casos/articulos/seriec_220_esp.pdf . En el mismo Voto razonado, el juez Ferrer Mac-Gregor agregó que "la doctrina del "control difuso de convencionalidad" establecida por la Corte IDH tiene como destinatarios *a todos los jueces nacionales*, que deben ejercer dicho "control" con independencia de su jerarquía, grado, cuantía o materia de competencia que la normatividad interna les otorgue." *Ídem*, Párr. 33. Véase igualmente en Eduardo Ferrer Mac Gregor, "Interpretación conforme y control difuso de convencionalidad. El nuevo paradigma para el juez mexicano", en Eduardo Ferrer Mac Gregor (Coordinador), *El control difuso de convencionalidad. Diálogo entre la Corte Interamericana de Derechos Humanos y los jueces nacionales), FUNDAp,* Querétaro, México 2012, p. 139.

1923 *V.*, Karlos A. Castilla Juárez, "El control de convencionalidad. Un nuevo debate en México a partir de la sentencia del caso Radilla Pacheco," en Eduardo Ferrer Mac Gregor (Coordinador), *El control difuso de convencionalidad. Diálogo entre la Corte Interamericana de Derechos Humanos y los jueces nacionales), FUNDAp,* Querétaro, México 2012, p. 337.

## IV. ALGO SOBRE LOS EFECTOS DEL CONTROL DE CONVENCIONALIDAD EJERCIDO POR LA CORTE INTERAMERICANA DE DERECHOS HUMANOS

Por otra parte, por lo que respecta al control de convencionalidad ejercido en el ámbito internacional por la Corte Interamericana, las sentencias nunca tienen efectos ni anulatorios ni invalidatorios como resultado del mismo, limitándose la Corte Interamericana a ordenar al Estado cuyas normas han infringido los derechos garantizados en la Convención, a adoptar las medidas necesarias para reformar sus normas internas para adecuar los preceptos legales a lo establecido en la Convención, incluso las de orden constitucionales[1924], como sucedió en casos decididos por la Corte Interamericana respecto de Chile y Trinidad[1925], y proceder a dejar sin efecto los actos Estatales lesivos. Esta adecuación, como lo destacó la Corte Interamericana en la sentencia del caso *Heliodoro Portugal vs. Panamá* de 12 de agosto de 2008, implica la adopción de medidas en dos vertientes, a saber:

> "i) la supresión de las normas y prácticas de cualquier naturaleza que entrañen violación a las garantías previstas en la Convención o que desconozcan los derechos allí reconocidos u obstaculicen su ejercicio; y ii) la expedición de normas y el desarrollo de prácticas conducentes a la efectiva observancia de dichas garantías"[1926].

Esta obligación de los Estados puede implicar incluso la de adaptar y modificar la propia Constitución como se decidió por la Corte Interamericana en la sentencia del caso *La Ultima Tentación de Cristo* de 2001. En dicha sentencia, la Corte Interamericana entendió que "la responsabilidad internacional del Estado puede generarse por actos u omisiones de cualquier poder u órgano de éste, independientemente de su jerarquía, que violen la Convención Americana, considerando que en dicho caso, dicha responsabilidad internacional del Estado chileno "se generó en virtud de que el artículo 19 número 12 de la Constitución establece la censura previa en la producción cinematográfica y, por lo tanto, determina los actos de los Poderes Ejecutivo, Legislativo y Judicial". Fue en virtud de ello, que además de declarar la violación al derecho a la libertad de pensamiento y de expresión consagrado en el artículo 13 de la Convención

---

1924 *V.*, Néstor Sagüés, "El control de convencionalidad. En particular sobre las Constituciones Nacionales", *La Ley*, 2009-B, p. 761; y Víctor Bazán y Claudio Nash (Editores), *Justicia Constitucional y derechos Fundamentales. El Control de Convencionalidad 2011*, Centro de Derechos Humanos Universidad de Chile, Konrad Adenauer Stiftung, 2011, pp. 33, 78; Humberto Noguera Alcalá, "Los desafíos del control de convencionalidad del *corpus iuris* interamericano. Para los tribunales nacionales, en especial, para los Tribunales Constitucionales", en Eduardo Ferrer Mac Gregor (Coordinador), *El control difuso de convencionalidad. Diálogo entre la Corte Interamericana de Derechos Humanos y los jueces nacionales*), FUNDAp, Querétaro, México 2012, p. 337.

1925 *V.*, Ernesto Rey Cantor, "Controles de convencionalidad de las leyes", en Eduardo Ferrer Mac Gregor (Coordinador), *El control difuso de convencionalidad. Diálogo entre la Corte Interamericana de Derechos Humanos y los jueces nacionales*), FUNDAp, Querétaro, México 2012, p. 412.

1926 *V.*, la sentencia en el caso *Heliodoro Portugal vs. Panamá*. Excepciones Preliminares, Fondo, Reparaciones y Costas. Sentencia de 12 de agosto de 2008. Serie C N° 186 (Párr. 180-181), en http://www.corteidh.or.cr/docs/casos/articulos/seriec_186_esp.pdf. Véase el comentario en Juan Carlos Hitters, "Control de constitucionalidad y control de convencionalidad. Comparación", en *Estudios Constitucionales*, Centro de Estudios Constitucionales de Chile, Universidad de Talca, Año 7, N° 2, 2009, pp. 109-128.

Americana, en perjuicio de los señores Juan Pablo Olmedo Bustos y otros, decidió "que el Estado debe modificar su ordenamiento jurídico interno, en un plazo razonable, con el fin de suprimir la censura previa para permitir la exhibición de la película "La Última Tentación de Cristo", y debe rendir a la Corte Interamericana de Derechos Humanos, dentro de un plazo de seis meses a partir de la notificación de la presente Sentencia, un informe sobre las medidas tomadas a ese respecto"[1927].

Otro ejemplo destacado que debe mencionarse fue la sentencia en el caso *Raxcacó Reyes vs. Guatemala*, Sentencia de 15 de septiembre de 2005[1928] en la cual la Corte Interamericana, consideró que una norma (art. 201) del Código Penal de Guatemala que permitía la pena de muerte en determinadas circunstancias, infringía la prohibición de privación arbitraria de la vida establecida en el artículo 4.1 y 4.2 de la Convención, razón por la cual ordenó al Estado guatemalteco que debía reformar el artículo 201 del Código Penal, que en la reforma el Estado "en ningún caso, ampliará el catálogo de delitos sancionados con la pena capital previsto con anterioridad a la ratificación de la Convención Americana", y que mientras ello ocurría el Estado debía "abstenerse de aplicar la pena de muerte y ejecutar a los condenados por el delito de plagio o secuestro exclusivamente"[1929].

En sentido similar, en el caso *Cabrera García y Montiel Flores vs. México* de 26 de noviembre de 2010[1930], la Corte Interamericana al constatar que el Estado mexicano había violado el derecho a la protección judicial previsto en el artículo 25.1, en relación con el artículo 1.1 de la Convención Americana, declaró que el artículo 57 del Código de Justicia Militar era incompatible con la Convención Americana, ordenando al Estado "adoptar, en un plazo razonable, las reformas legislativas pertinentes para compatibilizar la citada disposición con los estándares internacionales en la materia y de la Convención Americana, de conformidad con lo establecido en esta Sentencia"[1931].

## V. CONTROL DE CONVENCIONALIDAD Y CONTROL DE CONSTITUCIONALIDAD

Por todo ello, en nuestro criterio, el desarrollo del control de convencionalidad en la doctrina establecida por la Corte Interamericana, no supedita ni puede supedi-

---

1927 *V.*, sentencia en el caso *"La Última Tentación de Cristo" [Olmedo Bustos y otros] vs. Chile*, Sentencia de 5 de febrero de 2001, Serie C N° 73 (Párr. 103.4), en http://www.corteidh.or.cr/docs/casos/articulos/Seriec_73_esp.pdf Igualmente se destaca la sentencia de la Corte Interamericana en caso *Caesar vc. Trinidad* de 11 de marzo de 2005. Véase en comentario en Ernesto Rey Cantor, "Controles de convencionalidad de las leyes", en Eduardo Ferrer Mac Gregor (Coordinador), *El control difuso de convencionalidad. Diálogo entre la Corte Interamericana de Derechos Humanos y los jueces nacionales), FUNDAp*, Querétaro, México 2012, pp. 412-413.

1928 *V.*, sentencia en el caso *Raxcacó Reyes vs. Guatemala*, Sentencia de 15 de septiembre de 2005, Serie C N° 133, en http://www.corteidh.or.cr/docs/casos/articulos/seriec_133_esp.pdf

1929 *Ídem*, Párr. 132.

1930 La Corte citó en apoyo las sentencias dictadas en los casos *Radilla Pacheco vs. México* de 23 de noviembre de 2009, (Párr. 341 y 342) en http://www.corteidh.or.cr/docs/casos/articulos/seriec_209_esp.pdf *Fernández Ortega y otros. vs. México*, (Párr. 238 y 239), y *Rosendo Cantú y otra vs. México*, de 30 de agosto de 2012 (Párr. 221 y 222) en http://www.corteidh.or.cr/docs/casos/articulos/seriec_215_esp.pdf.

1931 *V.*, sentencia de la Corte Interamericana en el caso *Cabrera García y Montiel Flores vs. México* de 26 de noviembre de 2010 (Párr. 234), en http://www.corteidh.or.cr/docs/casos/articulos/seriec_220_esp.pdf

tar dicho control a la existencia de un determinado sistema de justicia constitucional que se pueda haberse desarrollado en cada país. Por ello consideramos, por ejemplo, que en los países en los cuales no existe un control difuso de la constitucionalidad, nada impide que los jueces y tribunales a los cuales se aplica directamente las previsiones de la Convención Americana, no puedan ejercer el control difuso de convencionalidad. Tal es el caso, por ejemplo, en los países en los cuales existen sistemas de justicia constitucional exclusivamente concentrados (Bolivia, Chile, Costa Rica, El Salvador, Honduras, Panamá. Paraguay y Uruguay), donde además de que las previsiones de la Convención Americana formen parte del bloque de constitucionalidad, las mismas obligan a todos los jueces y tribunales nacionales, siendo de aplicación directa por parte de todos ellos. Sin embargo, por ejemplo, en relación con Chile, a pesar de coincidir en que el control de convencionalidad es distinto al control de constitucionalidad, Humberto Noguera Alcalá, en definitiva hace depender uno de otro y considera que en dicho país, el control de convencionalidad sólo lo puede ejercer el órgano que ejerce el control de constitucionalidad que en ese caso es de carácter concentrado, que es el Tribunal Constitucional[1932]. Al contrario Néstor Pedro Sagües, considera que todos los jueces en el ámbito interno deben ejercer el control de convencionalidad "que aunque no se encuentre habilitado para declarar la inconstitucionalidad, *v.gr.*, a una regla del Código Civil, de todos modos tiene, en el máximo esfuerzo posible, que modularla y hacerla operar conforme y no contra, a la Constitución Local"[1933].

En nuestro criterio, sin embargo, cuando afirmamos que todos los jueces nacionales tienen competencia para ejercer el control de convencionalidad, es para ejercerlo, de manera que aún en los países que tienen un sistema concentrado de control de constitucionalidad, y a pesar del control concentrado de constitucionalidad existente, todos los jueces y tribunales deben aplicar la Convención Americana y por ello están llamados a ejercer el control difuso de convencionalidad, lo que implica que en caso de incompatibilidad o conflicto entre una norma interna que deban aplicar para resolver un caso concreto y normas de la Convención Americana, deben dar preferencia a éstas y desaplicar las normas de derecho interno contrarias a la Convención. Dicho control de convencionalidad que los jueces deben ejercer, por supuesto, lo deben realizar, como lo precisó la Corte Interamericana, "en el marco de sus respectivas competencias y de las regulaciones procesales pertinentes." Ello es, de acuerdo con su competencia por la materia, el grado y el territorio que tengan en el ámbito interno, sin que en ello tenga ningún condicionante la competencia que puedan tener en materia de control de constitucionalidad, que es otra cosa.

Por tanto, no estamos de acuerdo que en materia de control de convencionalidad, se pueda afirmar, como lo hizo por ejemplo la Suprema Corte de México en sentencias de diciembres de 2011, en el sentido de que el ejercicio de este control difuso de convencionalidad "deberá adecuarse al modelo de control de constitucionalidad

1932 *V.*, Humberto Noguera Alcalá, "Los desafíos del control de convencionalidad del *corpus iuris interamericano*. Para los tribunales nacionales, en especial, para los Tribunales Constitucionales", en Eduardo Ferrer Mac Gregor (Coordinador), *El control difuso de convencionalidad. Diálogo entre la Corte Interamericana de Derechos Humanos y los jueces nacionales), FUNDAp,* Querétaro, México 2012, pp. 354, 363.

1933 *V.*, Néstor Pedro Sagües, "El 'control de convencionalidad' en el sistema interamericano y sus anticipos en el ámbito de los derechos económico-sociales. Concordancias y diferencias con el sistema europeo", en Eduardo Ferrer Mac Gregor (Coordinador), *El control difuso de convencionalidad. Diálogo entre la Corte Interamericana de Derechos Humanos y los jueces nacionales), FUNDAp,* Querétaro, México 2012, p. 426.

existente en nuestro país" o que "debe ser acorde con el modelo general de control establecido constitucionalmente"[1934]. La afirmación, por supuesto, no tiene mayores consecuencias si sólo se atiende a la situación en México, pues el sistema de justicia constitucional ha evolucionado hacia un sistema mixto o integral de control de constitucionalidad que existe en el presente, en el cual coexiste el control concentrado que ejerce la Suprema Corte, coexiste con el control difuso que ejercen los tribunales en general.

Sin embargo, una afirmación como la mencionada si tendría consecuencias en países como Panamá, Costa Rica o Chile, donde sólo existe un sistema de control concentrado de constitucionalidad que ejerce en exclusiva la Corte Suprema y no existe control difuso de constitucionalidad[1935], lo que podría llevar a la conclusión que los jueces en general no podrían ejercer el control de convencionalidad[1936]. Esta ha sido también, por ejemplo, la conclusión a la que ha llegado el magistrado Jerónimo Mejía Edwards de la Corte Suprema de Panamá, al indicar también que el control de convencionalidad en el ámbito interno debe ejercerse "a la luz del sistema de constitucionalidad previsto en el país"[1937] o "a la luz de las disposiciones internas que reglamentan el control de constitucionalidad de las leyes y demás actos del Estado"[1938], concluyendo que tratándose en el caso de Panamá de un sistema completamente concentrado de control de constitucionalidad, el control de convencionalidad solo puede ejercerse "a través de esos mecanismos que se efectúa el control de constitucionalidad" pudiendo los jueces en caso de encontrar una incompatibilidad entre una ley y la Convención Americana, solamente elevar la consulta respectiva ante la Corte Suprema de Justicia para que sea ésta la que ejerza el control de convencionalidad[1939].

En estos casos de países en los cuales no existe control difuso de la constitucionalidad de las leyes, el propio juez Eduardo Ferrer Mac Gregor, quién también ha contribuido al desarrollo conceptual de los contornos del control de convencionali-

---

1934 *V.*, las sentencias en Alfonso Jaime Martínez Lazcano, "Control difuso de convencionalidad en México", en Boris Barrios González (Coordinador), *Temas de Derecho Procesal Constitucional Latinoamericano*, Memorias I Congreso panameño de Derecho Procesal Constitucional y III Congreso Internacional Proceso y Constitución, Panamá 2012, pp. 209- 210. Véase igualmente las referencias en Víctor Bazán y Claudio Nash (Editores), *Justicia Constitucional y derechos Fundamentales. El Control de Convencionalidad 2011*, Centro de Derechos Humanos Universidad de Chile, Konrad Adenauer Stiftung, 2011, pp. 41, 80.

1935 *V.*, Allan R. Brewer-Carías, "El sistema panameño de justicia constitucional a la luz del Derecho Comparado", en *Revista Novum Ius*, Edicion Nº 15, Editada por los Miembros de la Asociación Nueva Generación Jurídica publicación estudiantil de la Facultad de Derecho y Ciencias Políticas de la Universidad de Panamá, Panamá, 2010. pp. 130-168.

1936 Como se señaló, así lo considera por ejemplo respecto de Chile, Véase Humberto Noguera Alcalá, "Los desafíos del control de convencionalidad del *corpus iuris interamericano*. Para los tribunales nacionales, en especial, para los Tribunales Constitucionales," en Eduardo Ferrer Mac Gregor (Coordinador), *El control difuso de convencionalidad. Diálogo entre la Corte Interamericana de Derechos Humanos y los jueces nacionales), FUNDAp,* Querétaro, México 2012, pp. 354, 363.

1937 *V.*, Jerónimo Mejía Edwards, "Control de constitucionalidad y convencionalidad en Panamá," en Boris Barrios González (Coordinador), *Temas de Derecho Procesal Constitucional Latinoamericano*, Memorias I Congreso panameño de Derecho Procesal Constitucional y III Congreso Internacional Proceso y Constitución, Panamá 2012, pp. p. 258

1938 *Ídem*, p. 261

1939 *Ídem*, 261-263

dad en nuestros países, particularmente en su voto razonado a la sentencia de la Corte Interamericana en el caso *Cabrera García y Montiel Flores v. México* de 26 de noviembre de 2010, ha estimado que en esos casos en los cuales el control de convencionalidad es ejercido por los jueces y tribunales en países en los cuales no existe control difuso de constitucionalidad, se trata de un control de "menor intensidad" quedando limitado el juez, en esos casos, a sólo producir "interpretaciones conformes" a la Convención, sin poder decidir sobre la inaplicabilidad de normas cuando son inconvencionales[1940].

El razonamiento del juez Ferrer Mac Gregor parte de la interpretación de la frase de la jurisprudencia de la Corte Interamericana, según la cual el control de convencionalidad que deben ejercer todos los jueces de oficio, lo deben realizar "evidentemente en el marco de sus respectivas competencias y de las regulaciones procesales correspondientes"[1941], considerando sin embargo que la misma no puede interpretarse como "limitante para ejercer el "control difuso de convencionalidad," sino como una manera de "graduar" la intensidad del mismo;[1942] concluyendo entonces con su apreciación de que "el grado de intensidad del "control difuso de convencionalidad" disminuye en aquellos sistemas donde no se permite el "control difuso de constitucionalidad" y, por consiguiente, no todos los jueces tienen la facultad de dejar de aplicar una ley al caso concreto"[1943].

---

1940 *V.*, Eduardo Ferrer Mac Gregor, voto razonado a la sentencia caso *Cabrera García y Montiel Flores vs. México* de 26 de noviembre de 2010 (Párr. 37), en http://www.corteidh.or.cr/docs/casos/articulos/seriec_220_esp.pdf El mismo juez Ferrer Mac Gregor ha agregado: "En caso de incompatibilidad absoluta, donde no exista "interpretación convencional" posible, si el juez carece de facultades para desaplicar la norma, se limitará a señalar la inconvencionalidad de la misma o, en su caso, "plantear la duda de inconvencionalidad" ante otros órganos jurisdiccionales competentes dentro del mismo sistema jurídico nacional que puedan ejercer el "control de convencionalidad" con mayor intensidad. Así, los órganos jurisdiccionales revisores tendrán que ejercer dicho "control" y desaplicar la norma o bien declarar la invalidez de la misma por resultar inconvencional (Párr. 39), *Ídem.* Véase igualmente en Eduardo Ferrer Mac Gregor, "Interpretación conforme y control difuso de convencionalidad. El nuevo paradigma para el juez mexicano," en Eduardo Ferrer Mac Gregor (Coordinador), *El control difuso de convencionalidad. Diálogo entre la Corte Interamericana de Derechos Humanos y los jueces nacionales), FUNDAp,* Querétaro, México 2012, pp. 110, 123, 147, 148

1941 *V.*, Eduardo Ferrer Mac Gregor, Voto razonado a la sentencia caso *Cabrera García y Montiel Flores vs. México* de 26 de noviembre de 2010 (Párr. 39), en http://www.corteidh.or.cr/docs/casos/articulos/seriec_220_esp.pdf. Véase igualmente en Eduardo Ferrer Mac Gregor, "Interpretación conforme y control difuso de convencionalidad. El nuevo paradigma para el juez mexicano", en Eduardo Ferrer Mac Gregor (Coordinador), *El control difuso de convencionalidad. Diálogo entre la Corte Interamericana de Derechos Humanos y los jueces nacionales), FUNDAp,* Querétaro, México 2012, pp. 147, 151. Véase también Claudio Nash Rojas, "Comentarios al trabajo de Víctor Bazán: 'El control de convencionalidad: incógnitas, desafíos y perspectivas", en Victor Bazan y Claudio Nash (Editores), *Justicia Constitucional y derechos Fundamentales. El Control de Convencionalidad 2011*, Centro de Derechos Humanos Universidad de Chile, Konrad Adenauer Stiftung, 2011, p. 65.

1942 *V.*, Eduardo Ferrer Mac Gregor, Voto razonado a la sentencia caso *Cabrera García y Montiel Flores vs. México* de 26 de noviembre de 2010 (Párr. 35), en http://www.corteidh.or.cr/docs/casos/articulos/seriec_220_esp.pdf.

1943 *Ídem*, Párr. 37. Véase también Aylín Ordóñez Reyna, "Apuntes a Él control de convencionalidad: incógnitas, desafíos y perspectivas", de Víctor Bazán, en Víctor Bazán y Claudio Nash (Editores), *Justicia Constitucional y derechos Fundamentales. El Control de Convencionalidad 2011*, Centro de Derechos Humanos Universidad de Chile, Konrad Adenauer Stiftung, 2011, p. 80.

Estimamos, al contrario, que en relación con este control difuso de convencionalidad que ha definido la jurisprudencia de la Corte Interamericana para ser ejercido en el ámbito interno, "implica que todos los jueces, sin distinción, pueden ejercerlo"[1944], independientemente de que el sistema de justicia constitucional no admita el ejercicio del control difuso de constitucionalidad, por parte de los jueces ordinarios[1945].

Es sin duda útil hacer la comparación entre el sistema de control de constitucionalidad y el control de convencionalidad, como lo hizo en su momento el juez García Ramírez, pero en nuestro criterio, por ser distintos ambos controles[1946], ello no autoriza a hacer depender el funcionamiento del último respecto de lo que se establezca en el primero.

Por otra parte, de acuerdo con la doctrina de la Corte Interamericana, ese control difuso de convencionalidad lo deben ejercer todos los jueces, sin distinción, *de oficio*, lo que siempre ocurre, por supuesto, en el curso de un proceso que ha sido iniciado a instancia de parte.

Sobre ello, sin embargo, el magistrado Ernesto Jinesta de la Corte Suprema de Costa Rica ha considerado que con la sentencia de la Corte Interamericana en el caso *Trabajadores Cesados del Congreso v. Perú*,[1947] se produjo:

> "una modificación o reforma tácita de todas las legislaciones nacionales en materia de acciones de inconstitucionalidad, por cuanto, ahora el respectivo Tribunal o Sala, de oficio y aunque no haya sido solicitado por la parte que plantea la acción, debe efectuar el test de convencionalidad de la norma, disposición o acto interno o local"[1948].

De ello concluyó el magistrado Jinesta que:

> "en el Derecho Procesal Constitucional se da un salto parcial, a nivel interamericano, de un sistema dispositivo a uno parcialmente inquisitivo en materia de control de convencionalidad, por lo cual los Tribunales y Salas, so pena de

1944 *V.*, Alfonso Jaime Martínez Lazcano, "Control difuso de convencionalidad en México," en Boris Barrios González (Coordinador), *Temas de Derecho Procesal Constitucional Latinoamericano*, Memorias I Congreso panameño de Derecho Procesal Constitucional y III Congreso Internacional Proceso y Constitución, Panamá 2012, p 201.

1945 Véase las dudas y discusión sobre esta posibilidad de que todos los jueces ejerzan en el ámbito interno el control de convencionalidad aún cuando el sistema de control de constitucionalidad adoptado no los autorice a ejercer el control difuso de constitucionalidad, en Aylín Ordóñez Reyna, "Apuntes a Él control de convencionalidad: incógnitas, desafíos y perspectivas" de Víctor Bazán, en Víctor Bazán y Claudio Nash (Editores), *Justicia Constitucional y derechos Fundamentales. El Control de Convencionalidad 2011*, Centro de Derechos Humanos Universidad de Chile, Konrad Adenauer Stiftung, 2011, pp. 75, 76, 81.

1946 *V.*, Claudio Nash Rojas, "Comentarios al trabajo de Víctor Bazán: 'El control de convencionalidad: incógnitas, desafíos y perspectivas'," en Víctor Bazán y Claudio Nash (Editores), *Justicia Constitucional y derechos Fundamentales. El Control de Convencionalidad 2011*, Centro de Derechos Humanos Universidad de Chile, Konrad Adenauer Stiftung, 2011, p. 65

1947 *V.*, sentencia en el caso *Trabajadores Cesados del Congreso (Aguado Alfaro y otros) v. Perú* de de 24 de noviembre de 2006 (Párr. 128), en http://www.corteidh.or.cr/docs/casos/articulos/seriec _158_esp.pdf

1948 *V.*, Ernesto Jinesta L., "Control de convencionalidad ejercido por los Tribunales y Salas Constitucionales," en Eduardo Ferrer Mac-Gregor, (Coordinador), *El control difuso de convencionalidad. Diálogo entre la Corte Interamericana de derechos humanos y los jueces nacionales. En memoria del Ministro José de Jesús Gudiño Pelayo*, Funda, Querétaro, México 2012, p. 278

hacer incurrir al Estado respectivo en responsabilidad internacional por omisión, deben efectuar, oficiosamente de convencionalidad, obviamente, todo dentro del marco de sus respectivas competencias y regulaciones procesales domésticas"[1949].

Sin embargo, en realidad, la competencia de las Jurisdicciones Constitucionales para poder conocer de oficio, en el curso de un proceso ya incoado por una parte, de vicios de inconstitucionalidad no denunciados, o de los jueces de ejercer de oficio el control difuso de inconstitucionalidad no es nada nuevo en América latina, habiendo sido consagrado en muchos casos legalmente[1950]. Por lo demás, la referencia que hizo en este sentido la Corte Interamericana en las sentencias citadas sobre este control de convencionalidad de oficio, en nuestro criterio no elimina el principio dispositivo que rige los procesos judiciales, significando que la actuación de oficio para ejercer el control de convencionalidad se tiene que producir siempre en el curso de un proceso iniciado a instancia de parte, aún cuando las partes no lo hayan planteado la cuestión de convencionalidad. El tema, en todo caso, lo que plantea hacia el futuro como tema de discusión en esta materia, es la posibilidad o el deber, no ya sólo de los tribunales nacionales, sino de la propia Corte Interamericana de poder ejercer de oficio el control de convencionalidad, cuando en los procesos por violación de derechos de la Convención Americana de los cuales esté conociendo, evidencie *motu proprio* la existencia de violaciones respecto de otros derechos de la Convención aún cuando no hayan sido denunciadas por la víctima, y que resulten de las actas del expediente.

New York, noviembre de 2012

## *SECCIÓN SEGUNDA:*

## *SOBRE ALGUNOS ANTECEDENTES DE LA PROTECCIÓN DEL DERECHO CONVENCIONAL EN EL ÁMBITO INTERNO (2013)*

**En esta sección se recoge el texto sobre "*A*lgunos antecedentes de la protección del derecho convencional en el ámbito interno", que fue presentado como Ponencia al I*V Congreso Iberoamericano de Derecho Público y Administrativo*, organizado por la Asociación e Instituto Iberoamericano de Derecho Público y Administrativo, Prof. Jesús González Pérez; la Universidad Católica de Santiago de Guayaquil, y la Asociación Iberoamericana de Profesionales del Derecho Administrativo Jesús González Pérez, Capitulo – Ecuador, Guayaquil, 22 al 25 de octubre de 2013. Se publicó en la *Revista Iberoamericana de Derecho Público y Administrativo*, Asociación e Instituto Iberoamericano de Derecho Administrativo Prof. Jesús González Pérez, Colegio de Abogados de Costa Rica, Año 14, N° 14, N° 14, San José 2014, pp. 90-1081.**

---

1949 *Ídem*.

1950 *V.*, por ejemplo, Allan R. Brewer-Carías, "Régimen y alcance de la actuación judicial de oficio en materia de justicia constitucional en Venezuela", en *Estudios Constitucionales. Revista Semestral del Centro de Estudios Constitucionales,* Año 4, N° 2, Universidad de Talca, Santiago, Chile 2006, pp. 221-250. Publicado en *Crónica sobre la "In" Justicia Constitucional. La Sala Constitucional y el autoritarismo en Venezuela*, N° 2, Colección Instituto de Derecho Público. Universidad Central de Venezuela, Editorial Jurídica Venezolana, Caracas 2007, pp. 129-159.

La más importante manifestación de la vigencia del derecho convencional en el ámbito interno de los países, en particular del derivado de la Convención Americana de Derechos Humanos, está, sin duda, en lo que el Juez Sergio García Ramírez denominó en su Voto razonado a la sentencia del caso *Myrna Mack Chang vs. Guatemala*, de 25 de noviembre de 2003[1951] como "control de convencionalidad"[1952], y cuyo ejercicio se desarrolla en dos vertientes: primero, por parte de la propia Corte Interamericana de Derechos Humanos, que lo ha aplicado desde siempre[1953] al confrontar las acciones de los Estados con el elenco de derechos humanos y de obligaciones de los Estados contenidos en la Convención Americana; y segundo, por los jueces o tribunales nacionales cuando juzgan sobre la validez de los actos del Estado, al confrontarlos, no sólo con la Constitución respectiva, sino también con las previsiones de la Convención Americana, o al aplicar las decisiones vinculantes de la Corte Interamericana, decidiendo en consecuencia, conforme a sus competencias,

---

1951 *V.*, Voto Concurrente Razonado del Juez Sergio García Ramírez a la sentencia en el caso *Myrna Mack Chang vs. Guatemala*, de 25 de noviembre de 2003, Serie C N° 101, http://www.corteidh.or.cr/docs/casos/articulos/seriec_101_esp.pdf, donde se refirió al "'control de convencionalidad' que trae consigo la jurisdicción de la Corte internacional" (Párr. 27). Véase el comentario del propio Sergio García Ramírez sobre dicho voto y la evolución de su aporte al desarrollo de la noción en Sergio García Ramírez, "El control judicial interno de convencionalidad", en Eduardo Ferrer Mac Gregor (Coordinador), *El control difuso de convencionalidad. Diálogo entre la Corte Interamericana de Derechos Humanos y los jueces nacionales), FUNDAp*, Querétaro, México 2012, pp. 230 y ss. Véase igualmente los comentarios a los criterios de García Ramírez en Karlos A. Castilla Juárez, "El control de convencionalidad. Un nuevo debate en México a partir de la sentencia del caso *Radilla Pacheco*", en Eduardo Ferrer Mac Gregor (Coordinador), *El control difuso de convencionalidad. Diálogo entre la Corte Interamericana de Derechos Humanos y los jueces nacionales), FUNDAp*, Querétaro, México 2012, pp. 87 y ss.

1952 *V.*, Ernesto Rey Cantor, *Control de Convencionalidad de las Leyes y Derechos Humanos*, México, Editorial Porrúa-Instituto Mexicano de Derecho Procesal Constitucional, 2008; Juan Carlos Hitters, "Control de constitucionalidad y control de convencionalidad. Comparación", en *Estudios Constitucioles*, Centro de Estudios Constitucionales de Chile, Universidad de Talca, Año 7, N° 2, 2009, pp. 109-128; Susana Albanese (Coordinadora), El control de convencionalidad, Buenos Aireas, Ed. Ediar, 2008; Eduardo Ferrer Mac-Gregor, "El control difuso de convencionalidad en el Estado constitucional", en Fix-Zamudio, Héctor, y Valadés, Diego (Coordinadores), *Formación y perspectiva del Estado mexicano*, México, El Colegio Nacional-UNAM, 2010, pp. 151-188; Eduardo Ferrer Mac-Gregor, "Interpretación conforme y control difuso de convencionalidad el nuevo paradigma para el juez mexicano," en *Derechos Humanos: Un nuevo modelo constitucional*, México, UNAM-IIJ, 2011, pp. 339-429; Carlos Ayala Corao, *Del diálogo jurisprudencial al control de convencionalidad*, Editorial Jurídica venezolana, Caracas 2013, pp. 113 ss. Véase además, Jaime Orlando Santofimio y Allan R. Brewer-Carías, *Control de convencionalidad y responsabilidad del Estado*, Universidad Externado de Colombia, Bogotá 2013.

1953 *V.*, en el mismo sentido, Karlos A. Castilla Juárez, "El control de nconvencionalidad. Un nuevo debate en México a partir de la sentencia del caso *Radilla Pacheco*," en Eduardo Ferrer Mac Gregor (Coordinador), *El control difuso de convencionalidad. Diálogo entre la Corte Interamericana de Derechos Humanos y los jueces nacionales), FUNDAp*, Querétaro, México 2012, pp. 83-84. Por ello, el juez Eduardo Ferrer Mac-Gregor ha señalado que el "control concentrado de convencionalidad" lo venía realizando la Corte IDH desde sus primeras sentencias, sometiendo a un examen de convencionalidad los actos y normas de los Estados en un caso particular." Véase su Voto razonado a la sentencia de la Corte Interamericana en el caso *Cabrera García y Montiel Flores vs. México* de 26 de noviembre de 2010 (Párr. 22), en http://www.corteidh.or.cr/docs/casos/articulos/seriec_220_esp.pdf. También ha dicho con razón que "el control de convencionalidad constituye la razón de ser de la Corte Interamericana". Véase en Eduardo Ferrer Mac Gregor, "Interpretación conforme y control difuso de convencionalidad. El nuevo paradigma para el juez mexicano", en Eduardo Ferrer Mac Gregor (Coordinador), *El control difuso de convencionalidad. Diálogo entre la Corte Interamericana de Derechos Humanos y los jueces nacionales), FUNDAp*, Querétaro, México 2012, p. 132.

por ejemplo, incluso, la anulación de las normas nacionales o su desaplicación en el caso concreto[1954].

Estas dos vertientes, en efecto, las detectó el propio Juez García Ramírez al año siguiente de la anterior sentencia, en otro Voto razonado, esta vez a la sentencia del Caso *Tibi vs. Ecuador* de 7 de diciembre de 2004, cuando efectuó una comparación entre el control de constitucionalidad y el control de convencionalidad, considerando en cuanto a la función de la Corte Interamericana, que la misma se asemejaba a la de los tribunales constitucionales cuando juzgan la inconstitucionalidad de las leyes y demás actos normativos conforme a las reglas, principios y valores constitucionales; agregando que dicha Corte analiza los actos de los Estados que llegan a su conocimiento "en relación con normas, principios y valores de los tratados en los que funda su competencia contenciosa;" y que si bien "los tribunales constitucionales controlan la 'constitucionalidad', el tribunal internacional de derechos humanos resuelve acerca de la 'convencionalidad' de esos actos"[1955]. Por otra parte, en cuanto al control de constitucionalidad que realizan los órganos jurisdiccionales internos, de acuerdo con lo expresado por el mismo García Ramírez, estos "procuran conformar la actividad del poder público –y, eventualmente, de otros agentes sociales– al orden que entraña el Estado de Derecho en una sociedad democrática", en cambio, "el tribunal interamericano, por su parte, pretende conformar esa actividad al orden internacional acogido en la Convención fundadora de la jurisdicción interamericana y aceptado por los Estados partes en ejercicio de su soberanía"[1956].

Ahora bien, en particular en relación con el control de convencionalidad ejercido por los jueces y tribunales nacionales, si bien desde hace décadas se había venía realizando en muchas jurisdicciones nacionales, fue luego de la conceptualización efec-

---

1954 Algunos autores, sin embargo, niegan que existan estas dos vertientes en el control de convencionalidad, argumentando que el mismo está reservado a la Corte Interamericana, negando la posibilidad de que los jueces y tribunales nacionales lleven a cabo dicho control. Karlos A. Castilla Juárez, "El control de convencionalidad. Un nuevo debate en México a partir de la sentencia del caso *Radilla Pacheco*," en Eduardo Ferrer Mac Gregor (Coordinador), *El control difuso de convencionalidad. Diálogo entre la Corte Interamericana de Derechos Humanos y los jueces nacionales), FUNDAp,* Querétaro, México 2012, pp. 88 ss. Sobre las dos vertientes vease Sergio García Ramírez, "El control judicial interno de convencionalidad", en Eduardo Ferrer Mac Gregor (Coordinador), *El control difuso de convencionalidad. Diálogo entre la Corte Interamericana de Derechos Humanos y los jueces nacionales), FUNDAp,* Querétaro, México 2012, pp. 213; y Eduardo Ferrer Mac Gregor, "Interpretación conforme y control difuso de convencionalidad. El nuevo paradigma para el juez mexicano", en Eduardo Ferrer Mac Gregor (Coordinador), *El control difuso de convencionalidad. Diálogo entre la Corte Interamericana de Derechos Humanos y los jueces nacionales), FUNDAp,* Querétaro, México 2012, p. 132.

1955 Voto razonado del Juez Sergio García Ramírez a la sentencia en el caso *Tibi vs. Ecuador*, Sentencia de 7 de septiembre de 2004, Serie C N° 114 (Párr. 3), en http://www.corteidh.or.cr/docs/casos/articulos/seriec_114_esp.pdf. Véanse los comentarios sobre las dos vertientes del control de convencionalidad en Víctor Bazán y Claudio Nash (Editores), *Justicia Constitucional y derechos Fundamentales. El Control de Convencionalidad 2011*, Centro de Derechos Humanos Universidad de Chile, Konrad Adenauer Stiftung, 2011, pp. 24, 59; y Víctor Bazán, "Estimulando sinergias: de diálogos jurisprudenciales y control de convencionalidad," en Eduardo Ferrer Mac Gregor (Coordinador), *El control difuso de convencionalidad. Diálogo entre la Corte Interamericana de Derechos Humanos y los jueces nacionales), FUNDAp,* Querétaro, México 2012, pp. 14 ss.

1956 Voto razonado del Juez Sergio García Ramírez a la sentencia en el caso *Tibi Vs. Ecuador*, Sentencia de 7 de septiembre de 2004, Serie C N° 114 (Párr. 4), en http://www.corteidh.or.cr/docs/casos/articulos/seriec_114_esp.pdf.

tuada por el juez García Ramírez, y a partir de la sentencia de la Corte Interamericana en el caso *Almonacid Arellano y otros vs. Chile* de 26 de septiembre de 2006[1957], cuando el término se acuñó en la jurisprudencia para identificar el control que ejercen dichos jueces cuando frente a normas nacionales que deban aplicar a casos concretos de los cuales conozcan, le dan prevalencia a las previsiones de la Convención Americana cuando aquellas normas nacionales le sean contrarias. Este control ocurre, igualmente cuando los jueces nacionales aplican en el ámbito interno las sentencias vinculantes de la Corte Interamericana. Dicho control de convencionalidad, además, particularmente en países en los cuales la Convención tiene rango constitucional o forma parte del bloque de la constitucionalidad, los jueces nacionales pueden, según sus respectivas competencias, no sólo desaplicar sino incluso anular las normas internas contrarias a la Convención Americana.

En la citada sentencia *Almonacid Arellano y otros vs. Chile* de 26 de septiembre de 2006, en efecto, la Corte Interamericana, después de aceptar que "los jueces y tribunales internos están sujetos al imperio de la ley y, por ello, están obligados a aplicar las disposiciones vigentes en el ordenamiento jurídico" de cada país, consideró sin embargo, que cuando los Estados respectivos han ratificado la Convención Americana, en virtud de que los jueces están sometidos a ella, eso los "obliga a velar porque los efectos de las disposiciones de la Convención no se vean mermadas por la aplicación de leyes contrarias a su objeto y fin, y que desde un inicio carecen de efectos jurídicos"[1958].

Partiendo de esa premisa, la Corte Interamericana concluyó con su conocida afirmación de que "el Poder Judicial debe ejercer una especie de 'control de convencionalidad' entre las normas jurídicas internas que aplican en los casos concretos y la Convención Americana sobre Derechos Humanos," agregando, incluso que en esa tarea "el Poder Judicial debe tener en cuenta no solamente el tratado, sino también la interpretación que del mismo ha hecho la Corte Interamericana, intérprete última de la Convención Americana"[1959].

Este control de convencionalidad, sin embargo, como hemos dicho, a pesar de la novedosa denominación introducida en 2006, se había ejercido con anterioridad por los tribunales nacionales en América Latina en relación con muchos de los derechos garantizados en la Convención Americana[1960]. Entre los antecedentes más destaca-

---

1957 *V.*, sentencia en el caso *Almonacid Arellano y otros v Che* de 26 de septiembre de 2006, en http://www.corteidh.or.cr/docs/casos/articulos/seriec_154_esp.pdf

1958 *Ídem.*, Párr.124

1959 Para llegar a esta conclusión, la Corte Interamericana precisó que dicho control "tiene sustento en el principio de la buena fe que opera en el Derecho Internacional, en el sentido que los Estados deben cumplir las obligaciones impuestas por ese Derecho de buena fe y sin poder invocar para su incumplimiento el derecho interno, regla que se encuentra recogida en el artículo 27 de la Convención de Viena sobre los Tratados". *Ídem*. Párr. 125.

1960 *V.*, Allan R. Brewer-Carías, "La aplicación de los tratados internacionales sobre derechos humanos en el orden interno", en *Revista IIDH*, Instituto Interamericano de Derechos Humanos, N° 46, San José 2007, pp. 219-271; y "La aplicación de los tratados internacionales sobre derechos humanos en el orden interno. Estudio de derecho constitucional comparado latinoamericano," en *El sistema interamericano de protección de los derechos humanos y su repercusión en los órdenes jurídicos nacionales*, Poder Judicial de la Federación, Suprema Corte de Justicia de la Nación, México 2009, Libro Electrónico (ISBN 978-970-712-903-0).

dos, en las páginas que siguen queremos referirnos a la protección, mediante control de convencionalidad, de sólo tres de los derechos garantizados en la Convención: el derecho a la protección judicial o amparo; el derecho a la participación política, y la garantía judicial del debido proceso y derecho a la revisión de los fallos, a los cuales nos referiremos a continuación específicamente.

## I. APLICACIÓN DEL DERECHO CONVENCIONAL PARA LA PROTECCIÓN JUDICIAL DEL DERECHO DE AMPARO O A LA PROTECCIÓN JUDICIAL

Un primer campo de manifestación de control de convencionalidad en el ámbito interno que queremos destacar, es el relativo a la protección de la garantía de la protección judicial o del derecho de amparo, que se manifestó por ejemplo en Venezuela, una vez que entró en vigencia la Convención americana sobre Derechos Humanos, y por supuesto, antes de que se iniciara el régimen autoritario que a partir de 1999 asaltó y se apoderó del Estado, incluyendo el Tribunal Supremo de Justicia y todos los tribunales de la República.

En efecto, en la década de los setenta, los tribunales de instancia comenzaron a aplicar preferentemente la Convención Americana en relación con previsiones del derecho interno pocos años después de que la misma hubiera comenzado a entrar en vigor, con lo cual, por ejemplo pudieron cambiar, la interpretación jurisprudencial restrictiva que había sentado la antigua Corte Suprema de Justicia en 1970, que conducía en la práctica a la inadmisibilidad de la acción de amparo.

El artículo 49 de la Constitución de 1961 entonces vigente, en efecto había establecido el derecho de todas las personas a ser amparadas por los tribunales "en el goce y ejercicio de los derechos y garantías que la Constitución establece, *en conformidad con la Ley*", frase ésta última de la cual dedujo la Corte Suprema que el ejercicio de tal derecho había quedado supeditado a lo que la ley estableciera. Ello, además, era lo que se deducía del texto de la Exposición de Motivos del proyecto de Constitución, donde al justificar la inclusión de la Disposición Transitoria (Quinta) que reglamentaba provisionalmente el derecho de *hábeas corpus*, se indicó que ello había sido "a fin de no dejar en suspenso" la eficacia del artículo en materia de libertad personal hasta la promulgación de la ley respectiva;[1961] ley que sólo se sancionó en 1988[1962]. Ello implicó que en los primeros lustros de vigencia de la Constitución, con excepción de la libertad personal, los demás derechos y garantías constitucionales carecieron de un efectivo instrumento de protección judicial.

Lo anterior, sin embargo, no fue obstáculo para que hacia finales de la década de los sesenta, algunos jueces de instancia comenzaran a admitir acciones de amparo para proteger otras libertades o garantías distintas de la libertad individual[1963], apli-

1961 *V.*, Exposición de Motivos del Proyecto de Constitución en *Revista de la Facultad de Derecho,* UCV, N° 21 Caracas, 1961, p. 381.

1962 *V.*, Ley Orgánica de Amparo a los Derechos y Garantías Constitucionales en *Gaceta Oficial* N° 34060 de 27 de septiembre de 1988. Sobre esta Ley véanse los comentarios de Allan R Brewer-Carías y Carlos Ayala Corao, *Ley Orgánica de Amparo a los Derechos y Garantías Constitucionales*, Editorial Jurídica Venezolana, 6ª, ed., Caracas 2007.

1963 Por sentencia del 13 de septiembre de 1968 del Juez Séptimo de Primera Instancia en lo Penal del Distrito Federal, confirmada por fallo de 4-10-68 de la Corte Superior Segunda en la Penal del Distrito Federal, se otorgó amparo a un ciudadano contra un acto administrativo que ordenó la detención de su autocando para ello, el procedimiento previsto para el *hábeas corpus*, invocando incluso como antecedente la decisión del caso *Ángel Siri* de la Corte Suprema de Argentina dictada el 27 de diciembre de 1.957, en la cual, conforme al principio de la progresividad[1964] se abrió el camino para la generalización de la acción de amparo[1965]. Ello sin embargo fue contrariado por la Corte Suprema de Justicia a finales de 1970[1966], al considerar en relación con la Disposición Transitoria Quinta constitucional, que "la protección de cualquier otro derecho –establecido o no en la Constitución– queda excluida del campo de aplicación de esa norma, por ser evidente la intención del constituyente de limitar su alcance al caso expresamente previsto por ella", calificando las decisiones que se habían venido adoptadas por jueces de instancia en lo penal amparando otros derechos distintos a la libertad personal, como una "extralimitación de atribuciones"[1967], y considerando al artículo 49 constitucional como de carácter programático, y por tanto, no aplicable directamente.

La Corte, en efecto, en sentencia de la Sala Político Administrativa de 14 de diciembre de 1970, sobre dicha norma resolvió que:

---

móvil en virtud de que el mismo no había sido importado regularmente al país. (*V.*, R. Escala Zerpa, *Recurso de Amparo contra arbitrariedad de Funcionario Público,* Caracas, 1968). Asimismo, con fecha 14 de abril de 1989 otro Juez de Primera Instancia en lo Civil del Distrito Federal, acordó recurso de amparo, confirmado por decisión de 14 de julio de 1969 de la Corte Superior Segunda en lo Civil y Mercantil del Distrito Federal, contra un acto de la Policía Técnica Judicial que detuvo a un particular y se le obligó a reconocer como padre de un menor y a pagar una pensión alimentaria. Estas decisiones, tomadas de referencias contenidas en la publicación periódica *Síntesis Jurídica* (Escritorio Santana Mujica) fueron comentadas por dicha publicación en los siguientes términos: "Como un paso formativo del lento avance de nuestro país hacia un eficiente estado de derecho, ha de apuntarse las iniciales sentencias, derivadas de jueces penales y civiles, donde se derrota la tesis restrictiva, que se sostuvo inicialmente de que el amparo no era aplicable en el país, pese a su consagración en la Constitución porque carecía de reglamentación. Ahora se sostiene que cualquier juez es competente para conocer y decidir el amparo, que el fallo dictado no tiene consulta, que la ausencia de procedimiento no impide la procedencia del amparo, porque la Constitución dice: "la falta de la ley reglamentaria en estos derechos no menoscaba el ejercicio de los mismos". (Art. 50 CN), y se otorga ante cualquier acto público o privado, que desconozca, disminuya a menoscabe las garantías constitucionales". *V.*, además, Jesús R. Quintero "Recursos de Amparo, La cuestión central en dos sentencias y un voto salvado", en *Revista de la Facultad de Derecho,* N° 9, UCAB, Caracas, 1969-1970, pp. 157 a 206.

1964 *V.*, lo expuesto en Allan R. Brewer-Carías. "La reciente evolución jurisprudencial en relación a la admisibilidad del recurso de amparo", en *Revista de Derecho Público,* N° 19, Caracas, 1984, pp. 207 y ss.

1965 *V.*, la referencia al caso *Ángel Siri en José Luis Lazzarini*, "El juicio de amparo", *La Ley*, Buenos Aires, 1987, pp. 26 ss. y 373 ss.; Alí Joaquín Salgado, *Juicio de amparo y acción de inconstitucionalidad*, Ed. Astrea, Buenos Aires, 1987, pp. 5; Néstor Pedro Sagües, *Derecho Procesal Constitucional. Acción de Amparo*, Volumen 3, 2ª Edición, Editorial Astrea, Buenos Aires, 1988, pp. 9 y ss.

1966 En la sentencia de la Corte Suprema de Justicia en Sala Político Administrativa de 11 de noviembre de 1970, en *Gaceta Oficial* N° 1.447, Extraordinaria de diciembre de 1970, pp. 27 y 28, ya se vislumbra la interpretación que posteriormente se adoptaría: "A diferencia de otras situaciones en relación a las cuales el Congreso, aún no ha determinado por Ley, cuál es el juez competente y el procedimiento a seguir a fin de obtener amparo judicial...".

1967 *V.*, sentencia de la Corte Suprema de Justicia en Sala Político Administrativa de 14 de diciembre de 1970 en *Gaceta Oficial* N° 29.434 de 6 de febrero de 1971 pp. 219.984 y 219.985, y en *Gaceta Forense*, N° 70, 1970, pp. 179 y ss. Esta decisión fue ratificada por sentencia de la misma Corte de 26 de abril de 1971 en *Gaceta Oficial* N° 1.478, Extraordinaria de julio de 1971, p. 31; y por Acuerdo de 24 de abril de 1972 en *Gaceta Oficial* N° 29.788 de 25 de abril de 1972, p. 222 y 865. El criterio de la Corte había sido también el de la Procuraduría General de la República. Véase, *Doctrina Procuraduría General de la República 1970*, Caracas 1971, pp. 37 y ss.

> "No es una norma directa e inmediatamente aplicable por los jueces, sino un precepto programático, sólo parcialmente reglamentada para la fecha en que la Constitución fue promulgada, y dirigido particularmente al Congreso, que es el órgano al cual compete la reglamentación de las garantías constitucionales, en conformidad con los artículos 136, ordinal 24, y 139 de la Constitución. Tal es la interpretación que da la Corte al artículo 49 al analizar sus previsiones aisladamente con el fin de desentrañar la mente del constituyente del lenguaje usado por éste para expresar su voluntad. Pero esta interpretación gramatical se robustece con la observación adicional de que el constituyente se habría abstenido de regular el procedimiento de *hábeas corpus,* si hubiera considerado que para hacer efectivo el amparo bastaba lo dicho en el artículo 49 respecto al procedimiento, no siendo indispensable su reglamentación legal para determinar el fuero competente y el modo de proceder"[1968].

De consiguiente, agregó la Corte:

> "el constituyente supone la existencia de una ley anterior al hecho o acto que afecte el derecho cuya protección se solicite; que autorice a determinados jueces para obrar en el sentido que pretenda el actor; y que establezca un procedimiento adecuado a la finalidad que se persiga. Dado el número y variedad de las situaciones jurídicas, en que pueda estar comprometido un derecho o una garantía constitucional, era forzoso que el constituyente dejara al legislador ordinario la potestad de establecer las reglas conforme a las cuales los tribunales deben amparar el goce y ejercicio de los derechos y garantías constitucionales, teniendo en cuenta no sólo las previsiones ya existentes que es necesario apreciar para atribuir a un determinado tribunal el conocimiento de un asunto, y establecer el procedimiento a seguir en cada situación"[1969].

A esa interpretación que había sido sentada en una sentencia aislada, la Sala Político Administrativa de la Corte Suprema de Justicia, incluso, le dio una aplicación general al dictar un "Acuerdo" de 24 de abril de 1972 conforme a las potestades reglamentarias que le otorgaba el artículo 138 de la Ley Orgánica del Poder Judicial, en el cual precisó que:

> "la competencia de los Tribunales de Primera Instancia y Superiores en lo Penal de la República, a que se refiere la Disposición Transitoria Quinta de la Constitución, se limita exclusivamente al conocimiento del recurso de *hábeas corpus* previsto en dicha norma; y que en consecuencia, toda decisión que no esté apoyada en la competencia específica de dichos Tribunales o que invada la atribuida por la Constitución y las Leyes, a otros órganos judiciales, constituye una usurpación o extralimitación de atribuciones"[1970].

En esta forma quedó en general fuera de la competencia de los tribunales penales el poder conocer de acciones de amparo respecto de derechos cuyo conocimiento no

---

1968 *V.,* la sentencia de la Corte Suprema de Justicia en Sala Político Administrativa de 14 de diciembre de 1970 en *Gaceta Forense*, N° 70, Caracas 1970, pp. 179 ss.

1969 *Idem.*

1970 *V.,* el texto en *Gaceta Oficial* N° 29.788 de 25 de abril de 1972. *V., así mismo en la Revista Ministerio Público,* N° 19, Caracas 1972, pp. 105-107.

formase parte de su competencia específica. Como el Acuerdo no consideró que fuera indispensable que para que una acción de amparo pudiera ser interpuesta ante otros tribunales fuera necesaria la sanción de una ley previa que regulara expresamente la acción, después de que Venezuela ratificó la Convención Americana sobre Derechos Humanos en 1977 (e igualmente, el Pacto Internacional de Derechos Económicos, Sociales y Culturales, en 1978, y el Pacto Internacional de Derechos Civiles y Políticos el mismo año 1978), los tribunales comenzaran a admitir acciones de amparo en virtud de la consagración en esos instrumentos internacionales (por ejemplo, el artículo 25.1 de la Convención Americana), del derecho de toda persona a un recurso sencillo y rápido o a cualquier otro recurso efectivo ante los Tribunales competentes que lo amparen contra actos que violen los derechos humanos[1971].

Fue con base en estos antecedentes, cuando pocos años después comenzó a modificarse la rigidez interpretativa que en materia de la admisibilidad de las acciones de amparo se había enunciado en 1970, lo que se produjo con una sentencia de un juzgado civil de instancia de 24 de noviembre de 1982 (Caso *Rondalera)*[1972], en la cual se admitió una acción de amparo para la protección del derecho a la educación. Si bien al final en primera instancia se declaró sin lugar la acción, una vez apelada la sentencia, el Juzgado Superior competente en cambio decretó el amparo solicitado mediante sentencia de 10 de febrero de 1983[1973], para lo cual, al referirse al problema de la competencia, señaló:

> "el mandato del Constituyente de amparar está dirigido a todos los Jueces, y que si bien la jurisprudencia de la Corte Suprema de Justicia ha definido la incompetencia de los Tribunales Penales para conocer de juicios de amparo distintos a las que tengan por objeto la privación o restricción de la libertad humana, pues de ellos corresponde conocer a la Jurisdicción Penal con exclusividad, persiste en cuanto al recurso de amparo la competencia genérica que establece el artículo 49 de la Constitución, lo que hace competente a dicho Tribunal, como tribunal civil para conocer en primer grado de este recurso de amparo que evidentemente pretende obtener la protección de un derecho civil como son el de educar, mediante el ejercicio de la actividad docente y el de recibir educación en plantel escogido por los padres[1974]".

El Tribunal Superior, para llegar a esta conclusión, al referirse a la sentencia de la Corte Suprema de Justicia de 1970, puntualizó además, que después de 21 años de vigencia de la Constitución de 1961, y a pesar de que no se había "reglamentado *ese recurso efectivo, rápido y eficaz*, para desentrañar las violaciones," salvo el amparo de la libertad personal y las restricciones de que ella pueda ser objeto, mediante el *Hábeas Corpus*, ya eran:

> "leyes vigentes en Venezuela los Tratados Internacionales cuya normativa transcribimos en materia de derechos humanos, políticos, civiles y penales, la que nos lleva a la conclusión de que la situación jurídica en Venezuela no es la

1971 *V.*, en *Gaceta Oficial* N° 31.256 de 14 de junio de 1977 y N° 2.146 Extra, de 28 de enero de 1978.

1972 *V.*, René Molina Galicia, *El Amparo a Rondalera,* Ediciones, Síntesis Jurídica, Caracas, 1984, p. 80.

1973 *Idem,* pp. 106 a 169.

1974 *Idem,* pp. 152 a 163.

misma de 1970, y la jurisprudencia favorable a la admisión a la acción de amparo a nivel de instancia se ha incrementado con los problemas de competencia, por ser llevados a la jurisdicción penal, aun cuando se trate de materias civiles, por la experiencia que se reconoce a dicha jurisdicción en el manejo de *Hábeas Corpus*"[1975].

Esta puede considerarse, en Venezuela, como el antecedente remoto del control de convencionalidad que permitió, con base en las disposiciones de la Convención Americana, que se generalizara la admisión de las acciones de amparo aún sin que se hubiese dictado la ley que la regulara; interpretación que fue luego acogida por la propia Corte Suprema de Justicia en Sala Político-Administrativa, al decidir sobre una acción de amparo que había sido intentada por un candidato presidencial contra una decisión del Consejo Supremo Electoral que limitaba el derecho a realizar propaganda electoral en condiciones de igualdad. Se trató del caso *Andrés Velázquez* decidido mediante sentencia de 20 de octubre de 1983[1976], en el cual se admitió la posibilidad del ejercicio de acciones de amparo para la protección de derechos distintos al de *hábeas corpus,* al considerar que el carácter programático del artículo 49 de la Constitución, había quedado superado "desde el momento en que por Ley se habían aprobado Convenciones Internacionales sobre derechos humanos que exigían la garantía del amparo".

Se admitió así la acción de amparo en Venezuela, con base en el control de convencionalidad que realizó la Corte Suprema, exigiéndole sin embargo a los tribunales de instancia que ejercieran la competencia en la materia con prudencia "tratando de suplir por medio de la analogía y demás instrumentos de interpretación de que los provee el sistema jurídico venezolano, la lamentable ausencia de una ley reglamentaria de la materia", precisando que debían conocer de los "recursos de amparo de acuerdo con la afinidad que con su competencia natural tengan los derechos que se pretendan vulnerados"[1977].

Con posterioridad, en 1988, se sancionó la Ley Orgánica de Amparo sobre derechos y garantías constitucionales[1978], con la cual se abrió definitivamente el camino para la utilización de este recurso judicial para la protección de los derechos humanos, particularmente debido a la ineficacia de los medios judiciales ordinarios para asegurar tal protección. Sin embargo, antes de que entrara en vigencia la Ley Orgánica, fue mediante la interpretación constitucional de la cláusula abierta y la aplicación de las convenciones internacionales que la acción de amparo se aceptó en Venezuela.

Posteriormente, en forma más directa, e igualmente en materia de admisibilidad de la acción de amparo en ausencia de previsiones constitucionales y legales, mediante un control de convencionalidad y en aplicación de la Convención Americana,

---

1975 *Idem,* p. 149.

1976 *V.*, en *Revista de Derecho Público*, N° 11, Editorial Jurídica Venezolana, Caracas 1983, pp. 169 y 170. Véase el comentario sobre esta sentencia del Magistrado ponente del fallo, René De Sola, "El Recurso de Amparo en Venezuela" en *Revista SIC,* N° 472, Caracas, febrero 1985, pp. 74 ss.

1977 *Idem,* p. 170.

1978 *Gaceta Oficial* N° 33891 de 220-01-1988. *V.*, en general sobre dicha Ley, Allan R. Brewer-Carías y Carlos Ayala Corao, *Ley Orgánica de Amparo sobre derechos y garantías constitucionales*, Caracas, 1988.

en 1999 se admitió la acción de amparo en la República Dominicana, donde hasta esa fecha no se había admitido por falta de reglas de procedimiento relativas al amparo, incluyendo normas legales atributivas de competencia judiciales para conocer de la acción.

En efecto, el sistema constitucional de la República Dominicana también puede ubicarse en este grupo constitucional, donde los tratados tienen el mismo rango que las leyes. Por ello, y precisamente por el hecho de que la República Dominicana es uno de los pocos países de América Latina que no tiene consagrado en el texto constitucional el recurso o acción de amparo como medio judicial de protección de los derechos humanos, la Corte Suprema aplicó la Convención Americana de Derechos Humanos para admitir jurisprudencialmente la acción o recurso de amparo.

En efecto, el artículo 3 de la Constitución de la Republica Dominicana establece que "La República Dominicana reconoce y aplica las normas del Derecho Internacional general y americano en la medida en que sus poderes públicos las hayan adoptado". Conforme a ello, en 1977 el Congreso aprobó la Convención Americana de Derechos Humanos, en cuyos artículo 8,2 y 25,1 se regulan los principios generales del debido proceso y, en particular, la acción o recurso de amparo para la protección de los derechos humanos declarados en la Convención, en las Constituciones y en las leyes de los Estados miembros.

De acuerdo con estas previsiones, si bien era cierto que la Constitución no regulaba expresamente la acción o recurso de amparo, el mismo estaba consagrado en la Convención Americana, por lo que dicho recurso podía ejercerse por toda persona en protección de sus derechos. El problema, sin embargo, radicaba en la ausencia de las reglas de procedimiento relativas al amparo, incluyendo la ausencia de normas legales atributivas de competencia judiciales para conocer de la acción, las cuales sólo se establecieron en la Ley de Amparo de 2006. Ello explica por qué hasta 1999 no se habían intentado acciones de amparo.

Ese año, sin embargo, una empresa privada, la empresa *Productos Avon S.A.*, intentó un recurso de amparo ante la Corte Suprema contra una sentencia dictada por un juzgado con competencia en materia laboral, alegando violación de derechos constitucionales, y fue dicha acción la que originó la admisibilidad jurisprudencial de la acción de amparo en la República Dominicana sin que hubiera disposición constitucional o legal sobre la misma.

En efecto, la Corte Suprema en su sentencia del 24 de febrero de 1999, admitió la acción de amparo intentada por la mencionada empresa *Avon*, declarando al amparo como "una institución de derecho positivo" y prescribiendo en la decisión las reglas básicas de procedimiento para el ejercicio de tales acciones de amparo[1979]. El caso se desarrolló como sigue:

1. La empresa demandante alegó que la decisión judicial del tribunal laboral había violado su derecho a ser juzgado por el juez natural, a cuyo efecto solicitó a la Corte

1979 *V.*, en *Iudicum et Vita, Jurisprudencia nacional de América Latina en Derechos Humanos*, N° 7, T. I, Instituto Interamericano de Derechos Humanos, San José, Costa Rica, Diciembre 2000 p. 329 y ss. Véanse los comentarios a dicha sentencia en Allan R. Brewer-Carías, "La admisión jurisprudencial de la acción de amparo en ausencia de regulación constitucional o legal en la República Dominicana", *idem*, pp. 334 y ss; y en *Revista IIDH*, Instituto Interamericano de Derechos Humanos, San José, 2000.

Suprema que: primero, declarara en su sentencia que el amparo debía considerarse como una institución dominicana de derecho público; y segundo, que la Corte Suprema, de acuerdo con las disposiciones de la Ley Orgánica Judicial que le atribuye a la Corte el poder de resolver sobre el procedimiento aplicable en caso de que no exista uno legalmente prescrito, disponiendo las normas respectivas, que en consecuencia estableciera dichas normas en relación con los recursos de amparo. Adicionalmente, el recurrente solicitó a la Corte que dictara una medida cautelar suspendiendo los efectos de la sentencia laboral impugnada mientras durase el juicio de amparo.

2. La Corte Suprema, a los efectos de decidir, estableció el criterio que los tratados internacionales invocados por el recurrente, particularmente los artículos 8 y 25,1 de la Convención Americana de Derechos Humanos, eran parte del derecho interno de la República Dominicana, y tenían la finalidad de garantizar la protección judicial de los derechos fundamentales reconocidos en la Constitución, en la ley y en la indicada Convención, contra todo acto violatorio de dichos derechos, cometido por cualquier persona actuando o no en el ejercicio de funciones públicas, por lo que incluso se admitía contra actuaciones de particulares. En este aspecto, la Corte Suprema resolvió que:

> "Contrariamente a como ha sido juzgado en el sentido de que los actos violatorios tendrían que provenir de personas no investidas con funciones judiciales o que no actúen en el ejercicio de esas funciones, el recurso de amparo, como mecanismo protector de la libertad individual en sus diversos aspectos, no debe ser excluido como remedio procesal específico para solucionar situaciones creadas por personas investidas de funciones judiciales ya que, al expresar el artículo 25.1 de la Convención, que el recurso de amparo está abierto a favor de toda persona contra actos que violes sus derechos fundamentales, "aún cuando tal violación sea cometida por personas que actúen en ejercicio de sus funciones oficiales", evidentemente incluye entre éstas a las funciones judiciales".

Igualmente, la Corte resolvió que la vía del amparo:

> "Queda abierta contra todo acto u omisión de los particulares o de los órganos o agentes de la administración pública, incluido la omisión o el acto administrativo, no jurisdiccional. Del poder judicial, si lleva cualquiera de ellos una lesión, restricción o alteración, a un derecho constitucionalmente protegido"[1980].

En relación con este tema, la decisión de la Corte Suprema de la República Dominicana puede considerarse como muy importante en virtud de admitir claramente que la acción de amparo también procede contra particulares, siguiendo en tal sentido la concepción amplia del amparo iniciada en Argentina y que se sigue en Uruguay, Chile, Perú, Bolivia y Venezuela. La concepción restringida, en cambio, que excluye el amparo contra particulares, es la que se sigue en México, Brasil, Panamá, El Salvador y Nicaragua.

La decisión de la Corte Suprema de la República Dominicana también siguió la concepción amplia del amparo, al admitirlo contra decisiones judiciales, tal como está aceptada en la Convención Americana, y en contra de la tendencia observada en otros países latinoamericanos que excluyen la acción de amparo contra sentencias o decisiones judiciales, como es el caso de Argentina, Uruguay, Costa Rica, Panamá,

---

1980 *Idem*. p. 332.

El Salvador, Honduras y Nicaragua. En la Ley de Amparo de 2006, sin embargo, se excluyeron los actos judiciales de la acción de amparo. En Colombia, el decreto de 1999, regulador de la acción de tutela también admitió la acción de amparo contra decisiones judiciales, pero la Corte Constitucional rápidamente anuló el artículo 40 que lo consagraba, considerando que violaba el derecho a la cosa juzgada de las decisiones judiciales definitivas[1981]. Sin embargo, posteriormente, la tutela fue admitida contra decisiones judiciales fundamentándose en el control de la vía de hecho judicial como instrumento para enfrentar y someter la arbitrariedad judicial[1982].

3. En relación con la decisión de la Corte Suprema de la República Dominicana de 1999, adicionalmente decidió que incluso en ausencia de reglas de procedimiento respecto del trámite del recurso de amparo, contrariamente a lo que sucedía con el recurso *habeas corpus* que en cambio si disponía de una regulación legal que establecía el juez competente y el procedimiento respectivo; tratándose el amparo de un medio judicial simple, rápido y efectivo para la protección de todos los otros derechos constitucionales distintos a los protegidos mediante el *habeas corpus*, ningún juez podría rechazar su admisión aduciendo la ausencia de regulación legal. A tales efectos, la Corte Suprema, conforme se establece en el artículo 29,2 de la Ley Orgánica Judicial, y a los efectos de evitar la confusión que podría ocasionar la ausencia de reglas de procedimiento, invocó su potestad de establecerlas, resolviendo en definitiva:

> "Declarar que el recurso de amparo previsto en el artículo 25,1 de la Convención Americana de Derechos Humanos DE SAN José, Costa Rica, del 22 de noviembre de 1969, es una institución de derecho positivo dominicano, por haber sido adoptada y aprobada por el Congreso Nacional, mediante Resolución N° 739 del 25 de diciembre de 1977, de conformidad con el artículo 3, de la Constitución de la República"[1983].

Como consecuencia, la Corte Suprema pasó a resolver los problemas prácticos que podría originar la aceptación del amparo, estableciendo las reglas de procedimiento, así: primero, determinando que la competencia para conocer en materia de amparo corresponde a los tribunales de primera instancia en el lugar donde se haya producido la acción u omisión cuestionada; y segundo, estableciendo las reglas de procedimiento, en sentido similar a las dispuestas en los artículos 101 y siguientes de la ley N° 834 de 1978, agregando algunas referencias respecto de los plazos para intentar la acción ante los tribunales, de la audiencia que debe tener lugar para decidir, de los plazos para decidir y del lapso de apelación.

La Corte Suprema, finalmente, a los efectos de evitar los abusos que podría producir la admisión del amparo, recordó que dicho recurso no debía entenderse como la introducción de una tercera instancia en los procesos judiciales[1984].

---

1981 Sentencia C.543 de 24 septiembre de 1992. *V.*, en Manuel José Cepeda Espinosa, *Derecho Constitucional Jurisprudencia*, Legis, Bogotá 2001, p. 1009 y ss.

1982 Sentencia T-213 de 13 de mayo de 1994. *Idem*, p. 1022 y ss.

1983 *Idem*. p. 333

1984 *V.*, en *Iudicum et Vita, Jurisprudencia nacional de América Latina en Derechos Humanos*, N° 7, T. I, Instituto Interamericano de Derechos Humanos, San José, Costa Rica, Diciembre 2000 p. 329 y ss. *V.*, los comentarios a dicha sentencia en Allan R. Brewer-Carías, "La admisión jurisprudencial de la acción de amparo en ausencia de regulación constitucional o legal en la República Dominicana", *idem*, pp. 334 ss.

Esta sentencia de la Corte Suprema de la República Dominicana, adoptada en ausencia de regulaciones constitucionales y legales sobre la acción de amparo, admitiendo este medio judicial de protección de los derechos humanos de acuerdo con lo establecido en la Convención Americana de derechos Humanos, sin duda, fue una de las más importantes sentencias de dicha Corte en la materia, no sólo en relación con la admisibilidad de la acción de amparo[1985], sino en cuanto a la aplicabilidad directa en el orden interno de las disposiciones de la Convención Americana de Derechos Humanos. La materia, como se dijo, luego se reguló en la Ley de Amparo de 2006.

## II. APLICACIÓN DEL DERECHO CONVENCIONAL PARA LA PROTECCIÓN JUDICIAL DEL DERECHO A LA PARTICIPACIÓN POLÍTICA

Una segunda manifestación del control de convencionalidad en el ámbito interno, se manifestó también en Venezuela, por la antigua Corte Suprema de Justicia de Venezuela, actuando entonces como Jurisdicción Constitucional, al anular diversas disposiciones legales que consideró violaban derechos establecidos en la Convención Americana de Derechos Humanos, que de acuerdo con lo establecido en el artículo 50 de la Constitución de 1961 (equivalente al articulo 22 de la Constitución de 1999), fueron considerados como "derechos inherentes a la persona humana"[1986].

Dicha norma, en efecto establece el principio de que la enunciación de los derechos y garantías contenidos en la Constitución y en los instrumentos internacionales sobre derechos humanos "no debe entenderse como negación de otros que, siendo *inherentes a la persona*, no figuren expresamente en ellos", agregando que "la falta de ley reglamentaria de estos derechos no menoscaba el ejercicio de los mismos".

En relación con el significado de estos derechos inherentes a la persona humana la antigua Corte Suprema de Justicia de Venezuela, en una sentencia de 31 de enero de 1991, señaló lo siguiente:

> "Tales derechos inherentes de la persona humana son derechos naturales, universales, que tienen su origen y son consecuencia directa de las relaciones de solidaridad entre los hombres, de la necesidad del desarrollo individual de los seres humanos y de la protección del medio ambiente".

En consecuencia, la misma Corte concluyó disponiendo que:

---

1985 *Idem*, p. 334 y ss.

1986 *V.*, Allan R. Brewer-Carías, "La interrelación entre los Tribunales Constitucionales de América Latina y la Corte Interamericana de Derechos Humanos, y la cuestión de la inejecutabilidad de sus decisiones en Venezuela", en Armin von Bogdandy, Flavia Piovesan y Mariela Morales Antonorzi (Coordinadores), *Direitos Humanos, Democracia e Integracao Jurídica na América do Sul*, Lumen Juris Editora, Rio de Janeiro 2010, pp. 661-701.

"Dichos derechos comúnmente están contemplados en Declaraciones Universales y en textos nacionales o supranacionales y su naturaleza y contenido como derechos humanos no debe permitir duda alguna por ser ellos de la esencia misma del ser y, por ende, de obligatorio respeto y protección"[1987].

Ahora bien, en aplicación de esta doctrina, en 1996, la antigua Corte Suprema de Justicia, al decidir la acción popular de inconstitucionalidad que se había intentado contra la Ley de División Político Territorial del Estado Amazonas, por no haberse respetado los derechos de participación política de las comunidades indígenas, decidió que siendo dicho Estado de la federación uno mayormente poblado por dichas comunidades indígenas, la sanción de dicha Ley sin previamente haberse oído la opinión de las mismas, mediante consulta popular, significó la violación del derecho constitucional a la participación política.

Aún cuando dicho derecho no estaba expresamente enumerado en la Constitución de 1961, la Corte fundamentó su decisión en la cláusula abierta del artículo 50 constitucional (equivalente al artículo 22 de la Constitución de 1999), considerando que el derecho a la participación política era un derecho inherente a la persona humana, como "principio general de rango constitucional en una sociedad democrática"; agregando, en relación al caso decidido, que "por ser un derecho de las minorías" (los indígenas, en el presente caso), era susceptibles "de la tutela judicial conforme al artículo 50 *ejusdem*, los grandes tratados y convenciones internacionales sobre los derechos humanos y las leyes nacionales y estadales". En dicha sentencia del 5 de diciembre de 1996, la Corte señaló que:

"En el presente caso no se demostró el cumplimiento cabal de la normativa en cuanto a la participación ciudadana, restándole al acto impugnado la legitimación originaria conferida por la consulta popular. Alegan los oponentes al recurso intentado que fueron consultados los órganos oficiales, como el Ministerio del Ambiente y de los Recursos Naturales Renovables y el Servicio Autónomo Ambiental de Amazonas y se recibieron observaciones de diferentes organizaciones indígenas, asimismo, antes de la promulgación de la Ley, el Gobernador explicó a la Organización Regional de Pueblo Indígenas las razones de la Ley. Estima la Corte que este procedimiento constituye una expresión tímida e insignificante del derechos constitucional de participación ciudadana en la formación de la ley. Tal participación debe manifestarse antes y durante la actividad legislativa y no tan solo en el momento de su promulgación por parte del Gobernador del Estado. Por otra parte, el hecho que se consultaron los referidos organismos nacionales (actuación idónea) no exime la obligatoriedad de cumplimiento de la consulta popular sobre todo en una materia en la cual está involucrada: el régimen de excepción de las comunidades indígenas (de rango constitucional) el carácter multiétnico y pluricultural, la biodiversidad, la cultura, religión y lengua propia de las comunidades indígenas, el derecho a la tierra que respecto a dichas comunidades es de interés social e inalienable, en definitiva, la organización municipal (como lo es el acto impugnado) constitutivo del marco institucional de tales realidades preexistentes, permanentes y objetivas.

---

1987 Caso: *Anselmo Natale*. Consultada en original. *V.*, el texto en Carlos Ayala Corao, "La jerarquía de los instrumentos internacionales sobre derechos humanos", en *El nuevo derecho constitucional latinoamericano*, IV Congreso Venezolano de Derecho Constitucional, Vol. II, Caracas 1996, y *La jerarquía constitucional de los tratados sobre derechos humanos y sus consecuencias*, México, 2003.

La participación es un fenómeno de la vida democrática, que al manifestarse antes de dictarse la norma, instruye a la autoridad sobre los intereses legítimos y necesidades de la comunidad y produce, a posteriori, consecuencias positivas, que se revelan en el respaldo democrático de su aplicación"[1988].

Y al analizar en concreto la Ley de División Territorial del Estado Amazonas, la Corte estimó que en la formación de la misma:

> "Con la cual se modifican las condiciones económicas y sociales de la región, se cambia el entorno vital del individuo, se establecen los municipios y sus límites, se modifica la normativa jurídica (consecuencia de la mencionada división), se cambia el entorno vital del individuo, se establecen los municipios y sus límites, se modifica la normativa jurídica (consecuencia de la mencionada división), se afecta la tenencia de las tierras, se ordena el territorio bajo un nuevo régimen, se cambia la vida cotidiana voluntad de los mismos indígenas. Más aún, su participación debe ser considerada con especial atención, en vista de que los indígenas constituyen uno de los grupos sociales más expuestos a la violación de sus derechos humanos, por sus condiciones socio-económicas, culturales y aislamiento, por cuanto en su hábitat intervienen intereses distintos y a veces contrarios a los legítimos derechos de la población autóctona, porque, lamentablemente, la historia de la humanidad, evidencia un largo y triste padecer de las minorías, en algunos casos por el desconocimiento de sus legítimos derechos, en otros, por la cultura del odio y el perjuicio. Es entonces, en este contexto, que los derechos humanos de los indígenas, cobran mayor fortaleza y esta Corte así lo reconoce expresamente. Asimismo, precisa el alto tribunal, que la lesión de los derechos humanos de las minorías no les atañe sólo a esas comunidades sino a la nación entera, en virtud de la solidaridad y protección de los intereses superiores del gentilicio venezolano (artículos 57 y 51 de la Carta Magna)".

De acuerdo con esta decisión, la antigua Corte Suprema Venezolana decidió que en el caso sometido a su consideración, había ocurrido una violación a los derechos constitucionales de las minorías establecidos en la Constitución y en los tratados y convenciones internacionales, en particular, al derecho a la participación política en el proceso de elaboración de leyes, debido a la ausencia de consulta popular a las comunidades indígenas, como consecuencia de lo cual declaró la nulidad de la ley estadal impugnada.

Sobre la protección del derecho a la participación política, más recientemente, en relación con las dudas que se habían planteado, en 1998, en varios recursos de interpretación, sobre la posibilidad de que el Presidente electo de la República convocara un referéndum consultivo para resolver sobre la convocatoria de una Asamblea Constituyente que no estaba regulada en la Constitución de 1961, como mecanismo para la reforma constitucional, la antigua Corte Suprema de Justicia en Sala Político Administrativa dictó sendas decisiones de 19 de enero de 1999, admitiendo la posibilidad de que se convocara dicho referéndum consultivo, fundamentando su decisión en el derecho a la participación política de los ciudadanos, para lo cual se basó,

---

1988 Caso: *Antonio Guzmán, Lucas Omashi y otros*, en *Revista de Derecho Público*, N° 67-68, Editorial Jurídica Venezolana, Caracas, 1996, pp. 176 y ss.

de nuevo, en el artículo 50 de la Constitución, conforme al cual consideró tal derecho como uno derecho implícito y no enumerado, inherente a la persona humana.

La Corte entonces consideró al referéndum como un derecho inherente a la persona humana, decidiendo lo siguiente:

> "Ello es aplicable, no sólo desde el punto de vista metodológico sino también ontológicamente, ya que si se considerara que el derecho al referendo constitucional depende de la reforma de la Constitución vigente, el mismo estaría supeditado a la voluntad del poder constituido, lo que pondría a éste por encima del poder soberano.
>
> La falta de tal derecho en la Carta Fundamental tiene que interpretarse como laguna de la Constitución, pues no podría admitirse que el poder soberano haya renunciado *ab initio* al ejercicio de un poder que es obra de su propia decisión política"[1989].

La conclusión de la decisión de la Corte Suprema fue que no era necesario que se reformara previamente la Constitución a los efectos de reconocer como un derecho constitucional el referéndum o la consulta popular sobre la convocatoria a una Asamblea Constituyente, con lo que se abrió la posibilidad judicial de convocar la Asamblea nacional Constituyente sin previsión constitucional expresa[1990], con todas las consecuencias institucionales que ello produjo y continúa produciendo[1991].

## III. APLICACIÓN DEL DERECHO CONVENCIONAL PARA LA PROTECCIÓN DEL DEBIDO PROCESO, EN PARTICULAR EL DERECHO A LA REVISIÓN DE SENTENCIAS

La tercera manifestación del ejercicio del control de convencionalidad que deriva de la aplicación del derecho convencional en el ámbito interno para la protección de derechos se refiere a las garantías judiciales del debido proceso.

Un caso significativo puede mencionarse, decidido igualmente en Venezuela antes de 1999, específicamente en 1997, en el cual la antigua Corte Suprema dictó otra importante decisión anulando una ley nacional, la llamada Ley de Vagos y Maleantes, por considerarla inconstitucional, basándose de nuevo en el "proceso de constitucionalización de los derechos humanos de acuerdo con el artículo 50 de la Constitución", y considerando que dicha ley "vulnera *ipso jure*, Convenciones Internacionales y Tratados, sobre los derechos del hombre, en la medida en que dichos instrumentos adquieren jerarquía constitucional"[1992].

En efecto, en su sentencia del 6 de noviembre de 1997, la antigua Corte Suprema consideró a la ley impugnada como infamante, al permitir detenciones ejecutivas o administrativas de personas consideradas como vagos o maleantes, sin

---

1989 *V.*, en *Revista de Derecho Público,* N° 77-80, Editorial Jurídica Venezolana, Caracas 1999, p. 67

1990 *V.*, los comentarios en Allan R. Brewer-Carias, "La configuración judicial del proceso constituyente o de cómo el guardián de la Constitución abrió el camino para su violación y para su propia extinción", en *Revista de Derecho Público,* N° 77-80, Editorial Jurídica Venezolana, Caracas 1999, pp. 453 y ss.

1991 *V.*, Allan R. Brewer-Carías, *Golpe de Estado y proceso constituyente en Venezuela*, Instituto de Investigaciones Jurídicas, UNAM, México 2002.

1992 *V.*, en *Revista de Derecho Público* N° 71-72, Editorial Jurídica Venezolana, Caracas, 1997, pp. 177 y ss.

garantía alguna del debido proceso, basando su decisión en el artículo 5 de la Declaración Universal de los Derechos Humanos y en la Convención Americana sobre Derechos Humanos, la cual "se ha incorporado a nuestro Derecho Interno como norma ejecutiva y ejecutable reforzada por la jurisprudencia, la cual le ha dado el carácter de parámetro de constitucionalidad. Ello entraña la incorporación a nuestro ordenamiento jurídico interno del régimen previsto en convenciones internacionales"[1993].

La Corte consideró que la ley impugnada era inconstitucional en virtud de que omitía las garantías de un juicio justo establecidas en los artículo 7 y 8 de la Convención Americana y en los artículos 10 y 14 del Pacto Internacional de Derechos Civiles y Políticos, y porque, además, era discriminatoria, violando el artículo 24 de la misma Convención Americana cuyo texto íntegro se transcribió en la sentencia. La Corte se refirió en su decisión anulatoria, además, a la existencia de:

> "Informes de instituciones defensoras de los Derechos Humanos. Dichos documentos censuran abiertamente la ley venezolana sobre vagos y maleantes. Son muchas las recomendaciones orientadas a poner fin a su vigencia. Conviene observar que se ha exhortado al Gobierno venezolano a adoptar e implementar una serie de recomendaciones, a los efectos de reducir las violaciones a los derechos humanos, derivadas de la aplicación de la Ley sobre Vagos y Maleantes. Sobre todo se he hablado de la necesidad de impulsar la discusión de Ley de Protección a la Seguridad Ciudadana, que supuestamente se encontraba en ese proceso"[1994].

Pero en materia de protección en el ámbito interno del derecho convencional del debido proceso, deben destacarse varios casos en los cuales los tribunales nacionales han protegido el derecho de las personas a la revisión judicial o a la doble instancia, aplicando las previsiones de la Convención Americana sobre Derechos Humanos.

Un importante caso se decidió en Argentina, donde la Constitución de Argentina otorga una jerarquía superior a las leyes, es decir, rango constitucional, a un importante grupo de tratados y declaraciones internacionales que estaban vigentes en 1994; específicamente los enumerados en el artículo 75.22 de la Constitución, que dice:

> "La Declaración Americana de los Derechos y Deberes del Hombre; la Declaración Universal de Derechos Humanos; la Convención Americana sobre Derechos Humanos; el Pacto Internacional de Derechos Económicos, Sociales y Culturales; el Pacto Internacional de Derechos Civiles y Políticos y su Protocolo Facultativo; la Convención sobre la Prevención y la Sanción del Delito de Genocidio; la Convención Internacional sobre la Eliminación de todas las Formas de Discriminación Racial; la Convención sobre la Eliminación de todas las Formas de Discriminación contra la Mujer; la Convención contra la Tortura y otros Tratos o Penas Crueles, Inhumanos o Degradantes; la Convención sobre los Derechos del Niño".

---

1993 *Idem.*

1994 *Idem.*

Estos instrumentos internacionales conforme se indica en el texto constitucional "en las condiciones de su vigencia, tienen jerarquía constitucional, no derogan artículo alguno de la primera parte de esta Constitución y deben entenderse complementarios de los derechos y garantías por ella reconocidos". Aparte de ello, el mismo artículo precisa que "solo podrán ser denunciados, en su caso, por el Poder Ejecutivo nacional, previa aprobación de las dos terceras partes de la totalidad de los miembros de cada Cámara".

En relación con los otros tratados en materia de derechos humanos diferentes a los enumerados en el artículo 75,22, la Constitución estableció que "luego de ser aprobados por el Congreso, requerirán del voto de las dos terceras partes de la totalidad de los miembros de cada Cámara para gozar de la jerarquía constitucional".

De acuerdo con todas estas previsiones constitucionales, la Corte Suprema de Justicia de la Nación ha aplicado la Convención Americana de Derechos Humanos, dando prevalencia a sus previsiones en relación con las leyes, como sucedió respecto del Código de Procedimiento Penal. Al contrario de lo que se establece en la Convención Americana, dicho Código excluía el derecho de apelación respecto de algunas decisiones judiciales de acuerdo a la cuantía de la pena. La Corte Suprema de la Nación declaró la invalidez por inconstitucionalidad de dichas normas limitativas de la apelación, aplicando precisamente el artículo 8,1,h de la Convención Americana que garantiza, como se ha dicho, el derecho de apelar las decisiones judiciales por ante un tribunal superior"[1995].

Por otra parte, también en Argentina, los tribunales han considerado las decisiones de la Comisión Interamericana y de la Corte Interamericana como obligatorias, incluso antes de que los tratados internacionales de derechos humanos fueran constitucionalizados en la reforma constitucional de 1994. En una sentencia de 7 de julio de 1992, la Corte Suprema aplicó la *Opinión Consultiva OC-7/86*[1996] de la Corte Interamericana, señalando que: "la interpretación del Pacto debe, además guiarse por la jurisprudencia de la Corte Interamericana de Derechos Humanos, uno de cuyos objetivos es la interpretación del Pacto de san José (Estatuto, artículo 1)"[1997].

En 1995, la misma Corte Suprema de Argentina consideró que debido al reconocimiento por el Estado de la jurisdicción de la Corte Interamericana para resolver casos de interpretación y aplicación de la Convención Americana, sus decisiones

---

1995 Sentencia de 04-04- 1995, Caso *Giroldi, H.D. y otros. V.*, en Aida Kemelmajer de Carlucci and María Gabriela Abalos de Mosso, "Grandes líneas directrices de la jurisprudencia argentina sobre material constitucional durante el año 1995", en *Anuario de Derecho Constitucional latinoamericano 1996*, Fundación Konrad Adenauer, Bogotá, 1996, pp. 517 y ss.; y en Carlos Ayala Corao, "Recepción de la jurisprudencia internacional sobre derechos humanos por la jurisprudencia constitucional" en *Revista del Tribunal Constitucional*, N° 6, Sucre, Bolivia, Nov. 2004, pp. 275 y ss.

1996 Opinión Consultiva OC-7/86 de 29 de agosto de 1986. Exigibilidad del derecho de rectificación o respuesta (arts. 14.1, 1.1 y 2 de la Convención Americana sobre Derechos Humanos).

1997 Sentencia caso *Miguel A. Ekmkdjiam, Gerardo Sofivic y otros*, en Ariel E. Dulitzky, "La aplicación de los tratados sobre derechos humanos por los tribunales locales: un estudio comparado" en La aplicación de los tratados sobre derechos Humanos por los tribunales locales, Centro de Estudios Legales y Sociales, Buenos Aires, 1997; y en Carlos Ayala Corao, "Recepción de la jurisprudencia internacional sobre derechos humanos por la jurisprudencia constitucional" en *Revista del Tribunal Constitucional*, N° 6, Sucre, Bolivia, Nov. 2004, pp. 275 y ss.

"deben servir de guía para la interpretación de los preceptos convencionales"[1998]. En otras decisiones, la Corte Suprema revocó decisiones de tribunales inferiores por considerar que las interpretaciones que las sustentaban eran incompatibles con la doctrina de la Comisión Interamericana de Derechos Humanos[1999].

En Costa Rica también se dio aplicación al derecho convencional, incluso conforme a la Constitución reformada de 1983, la cual dispone que: "Los tratados públicos, los convenios internacionales y los concordatos, debidamente aprobados por la Asamblea Legislativa, tendrán desde su promulgación o desde el día que ellos designen, autoridad superior a las leyes (Artículo 7). La Sala Constitucional sin embargo le otorgó a los tratados internacionales en materia de derechos humanos, rango constitucional e incluso supra constitucional de contener disposiciones más favorables al ejercicio de los mismos.

Con base en ello, la Sala Constitucional de la Corte Suprema de Costa Rica aplicó directamente la Convención Americana de Derechos Humanos, con prevalancia sobre las leyes, al considerar que las normas "legales que contradigan [un tratado] deban tenerse simplemente por derogadas, en virtud precisamente del rango superior del tratado"[2000]. En esta forma, al considerar que el artículo 8.2 de la Convención americana "reconoce como derecho fundamental de todo ser humano, imputado en una causa penal por delito, el de recurrir del fallo" la Sala consideró que el artículo 472 del Código de Procedimientos Penales que limitaban el ejercicio del recurso de casación debían tenerse "por no puestas" y entender "que el recurso de casación a que ahí se alude está legalmente otorgado a favor del reo condenado a cualquier pena en sentencia dictada en una causa panal por delito".

La Sala Constitucional, en una sentencia posterior N° 719-90 declaró con lugar el recurso de inconstitucionalidad intentado contra el artículo 474 del Código de Procedimientos Penales, anulándolo y considerando en consecuencia, como "no puestas las limitaciones al derecho a recurrir en casación a favor del imputado contra la sentencia penal por delito, establecidas en el artículo". Para ello, la Sala partió de la consideración de que:

> "Lo único que, obviamente, impone la Convención Americana es la posibilidad de recurso ante un Tribunal Superior contra la sentencia penal por delito, de manera que al declararse inconstitucionales las limitaciones impuestas por el artículo 474 incisos 1) y 2) del Código de Procedimientos Penales, los requerimientos del artículo 8.2 inciso h) de la Convención estarían satisfechos, con la

1998 Sentencia caso *H Giroldi recurso de casación*, 17-04-1995. Véase en *Jurisprudencia Argentina*, Vol. 1995-III, p. 571; y en Carlos Ayala Corao, "Recepción de la jurisprudencia internacional sobre derechos humanos por la jurisprudencia constitucional" en *Revista del Tribunal Constitucional*, N° 6, Sucre, Bolivia, Nov. 2004, pp. 275 y ss.

1999 Caso *Bramajo*, September 12, 1996. Véase en *Jurisprudencia Argentina*, Nov. 20, 1996; y en Carlos Ayala Corao, "Recepción de la jurisprudencia internacional sobre derechos humanos por la jurisprudencia constitucional" en *Revista del Tribunal Constitucional*, N° 6, Sucre, Bolivia, Nov. 2004, pp. 275 y ss.

2000 Sentencia 282-90, caso *violación del artículo 8.2 de la Convención Americana por el derogado artículo 472 del Código de Procedimientos Penales*. Consultada en original.

sola salvedad de que el de casación no fuera el recurso ante juez o tribunal superior, en los términos de dicha norma internacional"[2001].

Se destaca, sin embargo, que en otra sentencia N° 1054-94, la Sala Constitucional declaró sin lugar la impugnación por inconstitucionalidad del artículo 426 del Código de Procedimientos Penales, por las mismas razones antes señaladas de negativa del recurso en materia de contravenciones y no de delitos, por considerar que en su jurisprudencia, lo que ha establecido la Sala con claridad es "que la citada Convención Americana establece la doble instancia como derecho fundamental de todo ser humano, imputado en una causa penal por delito, de recurrir del fallo ante un superior, y no indistintamente en todas las materias"[2002].

Ahora bien, volviendo al caso de Venezuela, también en relación con el derecho a la revisión judicial de sentencias, o derecho a la segunda instancia o derecho de apelación, se aplicó preferentemente la Convención Americana ejerciéndose el control de convencionalidad.

En efecto, la Ley Orgánica de la Corte Suprema de Justicia de 1976, al regular transitoriamente los tribunales de la jurisdicción contencioso administrativa[2003], dispuso que en los casos de impugnación de algunos actos administrativos como los emanados de institutos autónomos o Administraciones desconcentradas o independientes, la competencia para decidir de la acción correspondía en única instancia a la Corte Primera de lo Contencioso Administrativa, sin apelación ante la Sala Político Administrativa de la Corte Suprema. La Constitución de 1999 solo reguló como derecho constitucional el derecho de apelación en materia de juicios penales a favor de la persona declarada culpable (art. 40,1); por lo que en otros casos, como el mencionado de los juicios contencioso administrativos, no existe una garantía constitucional expresa a la apelación, por lo que en los casos de las decisiones de la Corte Primera de lo Contencioso, conociendo en única instancia, la apelación había sido siempre declarada inadmisible.

Después de la entrada en vigencia de la Constitución de 1999, sin embargo, en algunos casos se ejercieron recursos de apelación contra decisiones de la Corte Primera de lo Contencioso Administrativa para ante la Sala Político Administrativa del Tribunal Supremo, alegándose la inconstitucionalidad de la norma de la Ley Orgánica que limitaba el derecho de apelación en ciertos casos.

Como consecuencia de ello, en algunos casos los tribunales contencioso administrativos, en ejercicio del control difuso de constitucionalidad, admitieron la apelación basándose en el derecho de apelar las decisiones judiciales ante el tribunal superior que se establece en el artículo 8,2,h de la Convención Americana de Derechos Humanos, la cual se consideró como formando parte del derecho constitucional interno del país. El tema finalmente también llegó a decisión por la Sala Constitucional del Tribunal Supremo, la cual en una decisión N° 87 del 13 de marzo de 2000, resolvió lo siguiente:

---

2001 Consultada en original.

2002 *Idem*.

2003 *V.*, los comentarios en Allan R. Brewer-Carías y Josefina Calcaño de Temeltas, *Ley Orgánica de la Corte Suprema de Justicia*, Editorial Jurídica Venezolana, Caracas 1978.

"Puesta en relación esta norma con la disposición prevista en el artículo 49, numeral 1, de la Constitución de la República, en la cual el derecho a recurrir del fallo se atribuye únicamente a la persona declarada culpable, y se autoriza el establecimiento de excepciones al citado derecho, cabe interpretar que la norma de la convención es más favorable al goce y ejercicio del citado derecho, puesto que consagra el derecho de toda persona a ser oída, no sólo en la sustanciación de cualquier acusación, penal, sino también en la determinación de sus derechos y obligaciones de orden civil, laboral, fiscal o de cualquier otro carácter, establece el derecho a recurrir del fallo, sin excepción alguna; le atribuye la naturaleza de garantía mínima; otorga su titularidad a toda persona, con independencia de su condición en el proceso; y establece que el titular del citado derecho ha de ser tratado bajo el principio de igualdad plena.

Puesta en relación esta norma en referencia con la disposición prevista en el último aparte del artículo 185 de la Ley Orgánica de la Corte Suprema de Justicia, cabe interpretar que esta última es incompatible con aquélla, puesto que niega, en términos absolutos, el derecho que la convención consagra, siendo que el ordenamiento constitucional no atribuye a la Corte Primera de lo Contencioso Administrativo el rango de tribunal supremo"[2004].

Con fundamente en lo antes mencionado, la Sala Constitucional concluyó su decisión, señalando que:

"reconoce y declara, con fundamento en la disposición prevista en el artículo 23 de la Constitución de la República, que el artículo 8, numerales 1 y 2 (literal h), de la Convención Americana sobre Derechos Humanos, forma parte del ordenamiento constitucional de Venezuela; que las disposiciones que contiene, declaratorias del derecho a recurrir del fallo, son más favorables, en lo que concierne al goce y ejercicio del citado derecho, que la prevista en el artículo 49, numeral 1, de dicha Constitución; y que son de aplicación inmediata y directa por los tribunales y demás órganos del Poder Público"[2005].

La Sala Constitucional incluso resolvió el caso estableciendo una interpretación obligatoria, que exigía la re-redacción de la Ley Orgánica, disponiendo lo siguiente:

"En consecuencia, visto que el último aparte, primer párrafo, del artículo 185 de la Ley Orgánica de la Corte Suprema de Justicia, dispone lo siguiente: "Contra las decisiones que dicto dicho Tribunal en los asuntos señalados en los ordinales 1 al 4 de este artículo no se oirá recurso alguno"; visto que la citada disposición es incompatible con las contenidas en el artículo 8, numerales 1 y 2 (literal h), de la Convención Americana sobre Derechos Humanos, las cuales están provistas de jerarquía constitucional y son de aplicación preferente; visto que el segundo aparte del artículo 334 de la Constitución de la República establece lo siguiente: "En caso de incompatibilidad entre esta Constitución y una ley u otra norma jurídica, se aplicarán las disposiciones constitucionales, co-

2004 Caso: *C.A. Electricidad del Centro (Elecentro) y otra vs. Superintendencia para la Promoción y Protección de la Libre Competencia. (Procompetencia)*, en *Revista de Derecho Público*, N° 81, Editorial Jurídica Venezolana, Caracas 2000, pp. 157 y ss.

2005 *Idem*, p. 157.

rrespondiendo a los tribunales en cualquier causa, aun de oficio, decidir lo conducente", ésta Sala acuerda dejar sin aplicación la disposición transcrita, contenida en el último aparte, primer párrafo, del artículo 185 de la Ley Orgánica en referencia, debiendo aplicarse en su lugar, en el caso de la sentencia que se pronuncie, de ser el caso, sobre el recurso contencioso administrativo de anulación interpuesto por la parte actora ante la Corte Primera de lo Contencioso Administrativo (expediente N° 99-22167), la disposición prevista en el último aparte, segundo párrafo, del artículo 185 *eiusdem*, y la cual es del tenor siguiente: 'Contra las sentencias definitivas que dicte el mismo Tribunal ... podrá interponerse apelación dentro del término de cinco días, ante la Corte Suprema de Justicia (*rectius*: Tribunal Supremo de Justicia)'. Así se decide"[2006].

## IV. LA LAMENTABLE REGRESIÓN EN LA PROTECCIÓN DEL DERECHO CONVENCIONAL EN VENEZUELA, CONSECUENCIA DEL RÉGIMEN AUTORITARIO

La Constitución de Venezuela de 1999 ubicarse dentro de los sistemas que garantizan la aplicación directa de los tratados internacionales en materia de derechos humanos en el orden interno, al otorgarle incluso jerarquía supra constitucional a los derechos humanos declarados en dichos tratados internacionales cuando contengan previsiones más favorables. El artículo 23 de dicho texto constitucional, en efecto, dispone lo siguiente:

> **Artículo 23**. Los tratados, pactos y convenciones relativos a derechos humanos, suscritos y ratificados por Venezuela, tienen jerarquía constitucional y prevalecen en el orden interno, en la medida en que contengan normas sobre su goce y ejercicio más favorables a las establecidas en esta Constitución y en las leyes de la República, y son de aplicación inmediata y directa por los tribunales y demás órganos del Poder Público.

Al establecer esta norma que los derechos humanos declarados en los tratados, pactos y convenciones internacionales prevalecen respecto de las normas del orden jurídico interno si contienen disposiciones más favorables al goce y ejercicio de dichos derechos, se está refiriendo no sólo a lo que está establecido en las leyes, sino a lo dispuesto en la propia Constitución, otorgándole en consecuencia rango supra constitucional a dichos derechos declarados en instrumentos internacionales.

Este artículo de la Constitución venezolana, sin duda, es uno de los más importantes en materia de derechos humanos[2007], no sólo por establecer el mencionado rango supra constitucional a los derechos declarados en tratados internacionales, sino por establecer la aplicación inmediata y directa de dichos tratados por los tribunales y demás autoridades del país. Su inclusión en la Constitución, sin duda, fue un avance significativo en la construcción del esquema de protección de los derechos humanos.

---

2006 *Idem*. p. 158.

2007 La incorporación de este artículo en el texto de la Constitución, se hizo a propuesta nuestra. *V.*, Allan R. Brewer-Carías, *Debate Constituyente, (Aportes a la Asamblea Nacional Constituyente)*, Fundación de Derecho Público, Caracas 1999, pp. 88/111 y ss.

Sin embargo, desafortunadamente, esta clara disposición constitucional ha sido interpretada por la Sala Constitucional del Tribunal Supremo de Justicia, en una forma abiertamente contraria tanto a su texto como a lo que fue la intención del constituyente.

En efecto, en la sentencia N° 1492 del 7 de julio de 2003, al decidir una acción popular de inconstitucionalidad intentada contra varias normas del Código Penal contentivas de normas llamadas "leyes de desacato" por violación de relativas a la libertad de expresión y, en particular, de lo dispuesto en tratados y convenciones internacionales, la Sala Constitucional de dicho Tribunal Supremo, resolvió en la siguiente forma:

En primer lugar, la Sala comenzó señalando que el artículo 23 de la Constitución contiene dos elementos claves: En primer lugar, indicó respecto de los derechos referidos en la normas, que "se trata de derechos humanos aplicables a las personas naturales"; y en segundo lugar, que el artículo constitucional "se refiere a normas que establezcan derechos, no a fallos o dictámenes de instituciones, resoluciones de organismos, etc., prescritos en los Tratados, sino sólo a normas creativas de derechos humanos"; agregando que se "se trata de una prevalencia de las normas que conforman los Tratados, Pactos y Convenios (términos que son sinónimos) relativos a derechos humanos, pero no de los informes u opiniones de organismos internacionales, que pretendan interpretar el alcance de las normas de los instrumentos internacionales"[2008].

La Sala Constitucional luego concluyó señalando que del artículo 23 de la Constitución, es claro que:

> "La jerarquía constitucional de los Tratados, Pactos y Convenios se refiere a sus normas, las cuales, al integrarse a la Constitución vigente, el único capaz de interpretarlas, con miras al Derecho Venezolano, es el juez constitucional, conforme al artículo 335 de la vigente Constitución, en especial, al intérprete nato de la Constitución de 1999, y, que es la Sala Constitucional, y así se declara".

Y más adelante insistió en señalar que:

> "Al incorporarse las normas sustantivas sobre derechos humanos, contenidas en los Convenios, Pactos y Tratados Internacionales a la jerarquía constitucional, el máximo y último intérprete de ellas, a los efectos del derecho interno es esta Sala Constitucional, que determina el contenido y alcance de las normas y principios constitucionales (artículo 335 constitucional), entre las cuales se encuentran las de los Tratados, Pactos y Convenciones suscritos y ratificados legalmente por Venezuela, relativos a derechos humanos"[2009].

Con fundamento en esta proposición, la Sala Constitucional concluyó su decisión señalando que "es la Sala Constitucional quien determina cuáles normas sobre derechos humanos de esos tratados, pactos y convenios, prevalecen en el orden interno; al igual que cuáles derechos humanos no contemplados en los citados instrumentos internacionales tienen vigencia en Venezuela"; concluyendo de la siguiente manera:

---

2008 *V.*, en *Revista de Derecho Público,* N° 93-96, Editorial Jurídica Venezolana, Caracas 2003, pp. 136 y ss.

2009 *Idem.*

> "Esta competencia de la Sala Constitucional en la materia, que emana de la Carta Fundamental, no puede quedar disminuida por normas de carácter adjetivo contenidas en Tratados ni en otros textos Internacionales sobre Derechos Humanos suscritos por el país, que permitan a los Estados partes del Tratado consultar a organismos internacionales acerca de la interpretación de los derechos referidos en la Convención o Pacto, como se establece en el artículo 64 de la Ley Aprobatoria de la Convención Americana sobre Derechos Humanos, Pacto de San José, ya que, de ello ser posible, se estaría ante una forma de enmienda constitucional en esta materia, sin que se cumplan los trámites para ello, al disminuir la competencia de la Sala Constitucional y trasladarla a entes multinacionales o transnacionales (internacionales), quienes harían interpretaciones vinculantes"[2010].

La Sala Constitucional concluyó su decisión fundamentándose en los principios de soberanía, argumentado que las decisiones de los tribunales internacionales pueden ser aplicados en Venezuela sólo cuando estén conformes con lo que dispone la Constitución.

En consecuencia, el rango supra constitucional de los tratados cuando establezcan regulaciones más favorables en relación con el goce y ejercicio de los derechos humanos, puede considerarse que fue eliminado de un solo golpe por la Sala Constitucional, al asumir el monopolio absoluto de la interpretación constitucional, lo que de acuerdo con la Constitución no solo corresponde a dicha Sala.

En todo caso, el principal problema en relación con este criterio restrictivo de la Sala Constitucional en relación con la interpretación del valor de las decisiones de los organismos internacionales, es que la misma fue dictada como una interpretación vinculante de la Constitución, limitando así el poder general de los jueces al ejercer el control difuso de la constitucionalidad, de poder aplicar directamente y dar prevalencia en el orden interno a las normas de la Convención Americana.

La interpretación restrictiva, por otra parte, se adoptó en una decisión de la Sala Constitucional que fue dictada para negarle todo valor o rango constitucional a las "recomendaciones" de la Comisión Interamericana de Derechos Humanos, rechazando en consecuencia a considerar que los artículos impugnados del Código Penal limitativos de la libertad de expresión del pensamiento en relación con funcionarios públicos, eran inconstitucionales por contrariar las recomendaciones de la Comisión Interamericana, que el accionate había argumentado que eran obligatorias para el país.

La Sala Constitucional, al contrario, consideró que de acuerdo con la Convención Americana, la Comisión puede formular "recomendaciones" a los gobiernos a los efectos de que adopten en su derecho interno medidas progresivas a favor de los derechos humanos, al igual que tomen provisiones para promover el respeto de los derechos (art. 41,b) considerando que:

> "Si lo recomendado debe adaptarse a la Constitución y a las leyes de los Estados, es porque ello no tiene naturaleza obligatoria, ya que las leyes internas o la Constitución podrían colidir con las recomendaciones.

2010 *V.*, en *Revista de Derecho Público,* N° 93-96, Editorial Jurídica Venezolana, Caracas 2003, pp. 136 y ss.

Por ello, el articulado de la Convención nada dice sobre el carácter obligatorio de la recomendación, lo que contrasta con la competencia y funciones del otro órgano: la Corte, la cual –según el artículo 62 de la Convención– puede emitir interpretaciones obligatorias sobre la Convención siempre que los Estados partes se la pidan, lo que significa que se allanan a dicho dictamen.

Si la Corte tiene tal facultad, y no la Comisión, es forzoso concluir que las recomendaciones de ésta, no tienen el carácter de los dictámenes de aquélla y, por ello, la Sala, para el derecho interno, declara que las recomendaciones de la Comisión Interamericana de Derechos Humanos, no son obligatorias.

Ahora bien, a juicio de esta Sala, las recomendaciones de la Comisión como tales, deben ser ponderadas en lo posible por los Estados miembros. Estos deben adaptar su legislación a las recomendaciones, siempre que ellas no colidan con las normas constitucionales, pero para esta adaptación no existe un término señalado y, mientras ella se practica, las leyes vigentes que no colidan con la Constitución o, según los tribunales venezolanos, con los derechos humanos contemplados en las Convenciones Internacionales, siguen siendo aplicables hasta que sean declaradas inconstitucionales o derogadas por otras leyes"[2011].

En definitiva, la Sala concluyó resolviendo que las recomendaciones de la Comisión en relación con las leyes de desacato, solo eran puntos de vista de la Comisión sin efectos imperativos u obligatorios, es decir, manifestaciones de alerta dirigida a los Estados para que en el futuro derogasen o reformasen dichas leyes a los efectos de su adaptación al derecho internacional. Lamentablemente, la Sala Constitucional olvidó tomar en cuenta lo que los Estados están obligados a hacer en relación con las recomendaciones, que es adoptar las medidas para adaptar su derecho interno a la Convención; medidas que por supuesto no se agotan con la sola derogación o reforma de leyes, siendo una de dichas medidas, precisamente, la interpretación judicial que podía y debía ser dada por el juez constitucional conforme a las recomendaciones, que fue lo que la Sala Constitucional venezolana eludió hacer.

Al contrario, en la misma materia, en la Argentina, por ejemplo, luego de que la Comisión Interamericana de Derechos Humanos considerara que las leyes de amnistía (*Punto Final y Obediencia Debida*) dictadas en ese país, así como las medidas de perdón aprobadas por el gobierno en relación con los crímenes cometidos por la dictadura militar eran contrarias a la Convención Americana, los tribunales comenzaron a considerar tales leyes como inconstitucionales por violar el derecho internacional siguiendo lo recomendado por las instancias internacionales[2012].

En todo caso, la Sala Constitucional de Venezuela, en la antes mencionada sentencia, al contrario concluyó su aproximación restrictiva señalando que

2011 *V.*, en *Revista de Derecho Público,* N° 93-96, Editorial Jurídica Venezolana, Caracas 2003, p. 141.

2012 Sentencia de 4-03-2001, Juzgado Federal N° 4, caso *Pobrete Hlaczik*, citado en Kathryn Sikkink, "The transnacional dimension of judicialization of politics in Latin América", en Rachel Sieder et al (ed), *The Judicalization of Politics in Latin América,* Palgrave Macmillan, New York, 2005, pp. 274, 290.

"Una interpretación diferente es otorgarle a la Comisión un carácter supranacional que debilita la soberanía de los Estados miembros, y que –como ya lo apuntó la Sala– lo prohíbe la Constitución vigente.

Consecuente con lo señalado, la Sala no considera que tengan carácter vinculante, las recomendaciones del Informe Anual de la Comisión Interamericana de los Derechos Humanos, correspondiente al año 1994 invocado por el recurrente. Dicho Informe hace recomendaciones a los Estados Miembros de la Organización de los Estados Americanos para derogar o reformar las leyes, para armonizar sus legislaciones con los tratados en materia de derechos humanos, como lo es la Convención Americana sobre Derechos Humanos, Pacto San José de Costa Rica; por lo que el Informe con recomendaciones no pasa de ser esto: un grupo de recomendaciones que los Estados acatarán o no, pero que, con respecto a esta Sala, no es vinculante, y así se declara[2013].

La verdad, sin embargo, es que después de la sentencia de la Sala Constitucional de Venezuela, el Código Penal fue efectivamente reformado, pero no en relación con las normas que encajan dentro de las llamadas "leyes de desacato" no se produjo adaptación alguna.

De nuevo, en contraste con esta desatención del Estado a las recomendaciones de la Comisión Interamericana, se encuentra en cambio el caso de Argentina, donde en 1995, el Congreso decidió en relación con las mismas materias pero derogando las normas que establecían los mismos delitos sobre "leyes de desacato", precisamente en cumplimiento de las recomendaciones de la Comisión Interamericana en la materia[2014].

La mencionada aproximación restrictiva de la Sala Constitucional del Tribunal Supremo de Justicia de Venezuela en relación con el valor en el derecho interno de las decisiones de la Comisión Interamericana de Derechos Humanos, en todo caso, ya había sido adoptada con anterioridad por la misma Sala Constitucional en una sentencia de 17 de mayo de 2000, en la cual objetó los poderes cuasijurisdiccionales de la Comisión Interamericana de Derechos Humanos. El caso, referido a la *Revista Exceso*, fue el siguiente:

El director y una periodista de dicha Revista intentaron una acción de amparo constitucional contra una sentencia de un tribunal penal dictada en un proceso por difamación e injuria contra ellos, pidiendo protección a su derecho a la libre expresión del pensamiento y a la libertad de información.

Ante la falta de decisión de la acción de amparo, los accionantes acudieron ante la Comisión Interamericana denunciando el mal funcionamiento del sistema judicial

---

2013 Sentencia N° 1942 de 15 de Julio de 2003, en *Revista de Derecho Público,* N° 93-96, Editorial Jurídica Venezolana, Caracas 2003, pp. 136 y ss.

2014 Caso *Verbistky*, Informe N° 22/94 de la Comisión de 20-09-1994, caso 11.012 (Argentina). Véase los comentarios de Antonio Cançado Trindade, "Libertad de expresión y derecho a la información en los planos internacional y nacional", en *Iudicum et Vita, Jurisprudencia nacional de América Latina en Derechos Humanos*, N° 5, Instituto Interamericano de Derechos Humanos, San José, Costa Rica, Diciembre 1997, pp. 194-195. *V.*, el "Informe sobre la compatibilidad entre las leyes de desacato y la Convención Americana sobre Derechos Humanos de 17 de febrero de 1995", en *Estudios Básicos de derechos Humanos*, Vol. X, Instituto Interamericano de Derechos Humanos, San José 2000.

venezolano, solicitando protección internacional contra el Estado venezolano por violación al derecho a la libre expresión del pensamiento y al debido proceso, así como contra las amenazas judiciales penales contra el director y la periodista de la Revista. La Comisión Interamericana, en el caso, adoptó algunas medidas preventivas de protección.

La Sala Constitucional, en su momento, al decidir sobre la acción de amparo intentada, consideró que este caso efectivamente se habían violado los derecho de los accionantes al debido proceso, pero no así su libertad de información; y en relación con las medidas cautelares adoptadas por la Comisión Interamericana, las calificó de inaceptables, señalando que:

> "Igualmente considera inaceptable la instancia de la Comisión Interamericana de Derechos Humanos de la Organización de los Estados Americanos en el sentido de solicitar la adopción de medidas que implican una crasa intromisión en las funciones de los órganos jurisdiccionales del país, como la suspensión del procedimiento judicial en contra de los accionantes, medidas que sólo pueden tomar los jueces en ejercicio de su competencia e independencia jurisdiccional, según lo disponen la Carta Fundamental y las leyes de la República Bolivariana de Venezuela, aparte lo previsto en el artículo 46, aparte b) de la Convención Americana de Derechos Humanos o Pacto de San José (Costa Rica), que dispone que la petición sobre denuncias o quejas de violación de dicha Convención por un Estado parte, requerirá que "se haya interpuesto y agotado los recursos de jurisdicción interna, conforme a los principios del derecho internacional generalmente reconocidos", lo cual fue pretermitido en el caso de autos, por no haber ocurrido retardo judicial imputable a esta Sala según lo indicado en la parte narrativa de este fallo"[2015].

Esta desafortunada decisión puede considerarse como contraria al artículo 31 de la Constitución de Venezuela, que consagra expresamente el derecho constitucional de toda persona de poder acudir ante los organismos internacionales de derechos humanos como la Comisión Interamericana, solicitando amparo respecto de sus derechos violados. Por tanto, es difícil imaginar cómo es que este derecho constitucional se podría ejercer, si ha sido la misma Sala Constitucional la que ha rechazado la jurisdicción de la Comisión Interamericana.

La regresión del Tribunal Supremo de Justicia de Venezuela en relación con la protección internacional de los derechos humanos, pasó luego por el desconocimiento de las decisiones adoptadas por la Corte Interamericana sobre Derechos Humanos, a las cuales calificó de inejecutables en Venezuela[2016], y respecto de las cuales

---

2015 Caso *Faitha M.Nahmens L. y Ben Ami Fihman Z. (Revista Exceso)*, Exp. N°: 00-0216, Sentencia N° 386 de 17-5-2000. Consultada en original. Véase en Carlos Ayala Corao, "Recepción de la jurisprudencia internacional sobre derechos humanos por la jurisprudencia constitucional", en *Revista del Tribunal Constitucional*, N° 6, Sucre, Bolivia, Nov. 2004, pp. 275 y ss.

2016 *V.*, Allan R. Brewer-Carías, "La interrelación entre los Tribunales Constitucionales de América Latina y la Corte Interamericana de Derechos Humanos, y la cuestión de la inejecutabilidad de sus decisiones en Venezuela", en Armin von Bogdandy, Flavia Piovesan y Mariela Morales Antonorzi (Coordinadores), *Direitos Humanos, Democracia e Integracao Jurídica na América do Sul*, Lumen Juris Editora, Rio de Janeiro 2010, pp. 661-701; *Anuario Iberoamericano de Justicia Constitucional*, Centro de Estudios Políticos y Constitucionales, N° 13, Madrid 2009, pp. 99-136; y en *Gaceta Constitucional*. Análisis multiinventó la posibilidad de que se pudiera ejercer un recurso para el control de constitucionalidad de las mismas, precisamente ejercido por el Procurador General de la República, es decir, por el abogado del Estado, para asegurar no aplicarlas;[2017] todo lo cual culminó con la denuncia de la Convención Interamericana de Derechos Humanos por parte del Estado de Venezuela en 2012[2018].

disciplinario de la jurisprudencia del Tribunal Constitucional, *Gaceta Jurídica*, T. 16 Año 2009, Lima 2009, pp. 17-48.

2017 *V.*, Allan R. Brewer-Carías, "El ilegítimo "control de constitucionalidad" de las sentencias de la Corte Interamericana de Derechos Humanos por parte la Sala Constitucional del Tribunal Supremo de Justicia de Venezuela: el caso de la sentencia *Leopoldo López vs. Venezuela, 2011*," en *Constitución y democracia: ayer y hoy. Libro homenaje a Antonio Torres del Moral*. Editorial Universitas, Vol. I, Madrid, 2013, pp. 1095-1124.

2018 *V.*, Carlos Ayala Corao, "Inconstitucionalidad de la denuncia de la Convención Americana sobre Derechos Humanos por Venezuela," en *Revista de Derecho Público*, N° 131, Editorial Jurídica Venezolana, Caracas 2012, pp. 39-76.

# ÍNDICE

## *SECCIÓN QUINTA:* ALGUNOS RETOS DE LA JUSTICIA CONSTITUCIONAL EN AMÉRICA LATINA A COMIENZOS DEL SIGLO XXI

## *SECCIÓN SEGUNDA*: EL SISTEMA DE JUSTICIA CONSTITUCIONAL EN LA CONSTITUCIÓN DE 1999 (COMENTARIOS SOBRE SU DESARROLLO JURISPRUDENCIAL Y SU EXPLICACIÓN, A VECES ERRADA, EN LA EXPOSICIÓN DE MOTIVOS), (2000)

***SECCIÓN TERCERA:***
**INSTRUMENTOS DE JUSTICIA CONSTITUCIONAL EN VENEZUELA (ACCIÓN DE INCONSTITUCIONALIDAD, CONTROVERSIA CONSTITUCIONAL, PROTECCIÓN CONSTITUCIONAL FRENTE A PARTICULARES)" (2002)**

## TERCERA PARTE
## EL RÉGIMEN LEGAL DE LA JURISDICCIÓN CONSTITUCIONAL EN LA LEY ORGÁNICA DEL TRIBUNAL SUPREMO DE JUSTICIA (2010)

### *SECCIÓN PRIMERA*: ASPECTOS DEL RÉGIMEN CONSTITUCIONAL Y LEGAL DEL TRIBUNAL SUPREMO DE JUSTICIA

***SECCIÓN TERCERA*:**
**RÉGIMEN COMÚN PROCEDIMENTAL ANTE EL TRIBUNAL SUPREMO DE JUSTICIA**



***SECCIÓN CUARTA*:**
**LOS DIVERSOS PROCESOS Y PROCEDIMIENTOS CONSTITUCIONALES QUE SE DESARROLLAN ANTE LA JURISDICCIÓN CONSTITUCIONAL**

**CUARTA PARTE**
**LA JUSTICIA CONSTITUCIONAL Y LOS PROCESOS Y PROCEDIMIENTOS CONSTITUCIONALES (2007)**

***SECCIÓN PRIMERA*:**
**LA JUSTICIA CONSTITUCIONAL IMPARTIDA POR LA JURISDICCIÓN ORDINARIA: EL MÉTODO DIFUSO DE CONTROL DE CONSTITUCIONALIDAD**



***SECCIÓN SEGUNDA*:**
**LA JUSTICIA CONSTITUCIONAL EJERCIDA POR LA JURISDICCIÓN CONSTITUCIONAL (2007)**
**SUB-SECCIÓN PRIMERA: JURISDICCIÓN CONSTITUCIONAL**

**SUB-SECCIÓN CUARTA: LOS OTROS PROCESOS DE CONTROL CONCENTRADO DE LA CONSTITUCIONALIDAD POR VÍA PRINCIPAL**

## SEXTA PARTE
## ESTUDIOS SOBRE LA SITUACIÓN Y PROGRESO DE LA JUSTICIA CONSTITUCIONAL EN AMÉRICA LATINA

### *SECCIÓN PRIMERA*:
### UNA APROXIMACIÓN COMPARATIVA SOBRE LA JUSTICIA CONSTITUCIONAL EN AMÉRICA LATINA (1997/2013)

**_SECCIÓN TERCERA_: LA JUSTICIA CONSTITUCIONAL EN HONDURAS: PRIMERA APROXIMACIÓN (2003)**

## *SECCIÓN QUINTA*: EL SISTEMA DE JUSTICIA CONSTITUCIONAL DE LA REPÚBLICA DOMINICANA Y LA LEY ORGÁNICA DEL TRIBUNAL CONSTITUCIONAL Y DE LOS PROCEDIMIENTOS CONSTITUCIONALES (2011)

**_SECCIÓN SÉPTIMA_: EL SISTEMA MIXTO O INTEGRAL DE CONTROL DE CONSTITUCIONALIDAD EN VENEZUELA Y COLOMBIA (1995)**

**SECCIÓN TERCERA**
**LOS EFECTOS DE LAS SENTENCIAS DICTADAS EN LOS PROCESOS DE INCONSTITUCIONALIDAD DE LAS LEYES EN EL PERÚ Y SU CONTRASTE CON EL SISTEMA VENEZOLANO (2009)**



**OCTAVA PARTE**
**SOBRE EL CONTROL DE CONVENCIONALIDAD**

***SECCIÓN PRIMERA*:**
**SOBRE EL CONTROL DE CONVENCIONALIDAD, SU CONCEPTUALIZACIÓN Y SU NECESARIO DESLINDE RESPECTO DEL CONTROL DE CONSTITUCIONALIDAD**



***SECCIÓN SEGUNDA*:**
**SOBRE ALGUNOS ANTECEDENTES DE LA PROTECCIÓN DEL DERECHO CONVENCIONAL EN EL ÁMBITO INTERNO (2013)**

www.ingramcontent.com/pod-product-compliance
Lightning Source LLC
LaVergne TN
LVHW080332021026
849160LV00028B/983
*9789803652975*